DAS NEUE TESTAMENT
UND FRÜHCHRISTLICHE SCHRIFTEN

Übersetzt und kommentiert
von Klaus Berger
und Christiane Nord

Insel Verlag

Erste Auflage 1999

Druck: Friedrich Pustet, Regensburg
Printed in Germany
4 5 6 – 04 03 02 01 00

INHALT

Zur Anordnung, Übersetzung und Kommentierung

Historischer, religionsgeschichtlicher, theologischer und übersetzungswissenschaftlicher Überblick ... 11
Die Textgrundlage ... 12
Der Umfang der Schriften ... 12
Der unersetzliche Wert des Kanons ... 13
Die Abfolge der Schriften ... 15
Zur Art der Übersetzung ... 17
Zur übersetzungstheoretischen Grundlage ... 17
Verstandene Fremdheit ... 22
Die Bibel als etwas Fremdes ... 24
Thesen und Gegenthesen zur Übersetzungsmethode ... 28

Das neue Testament und frühchristliche Schriften

Zweiter Johannesbrief · 50 n. Chr. ... 35
Dritter Johannesbrief · 50 n. Chr. ... 38
Paulus: Erster Thessalonicherbrief · 50 n. Chr. ... 40
Zweiter Thessalonicherbrief · 50 n. Chr. ... 48
Erster Petrusbrief · 50-55 n. Chr. ... 53
Erster Johannesbrief · 55 n. Chr. ... 63
Jakobusbrief · 55 n. Chr. ... 73
Paulus: Erster Korintherbrief · 55 n. Chr. ... 82
Paulus: Zweiter Korintherbrief · 55/56 n. Chr. ... 113
Paulus: Galaterbrief · 56 n. Chr. ... 134
Paulus: Römerbrief · 56 n. Chr. ... 148
Hebräerbrief · 56 n. Chr. ... 182
Paulus: Philipperbrief · 56-58 n. Chr. ... 205
Epheserbrief · 60 n. Chr. ... 212
Kolosserbrief · 60 n. Chr. ... 222
Barnabasbrief · 60 n. Chr. ... 235
Paulus: Philemonbrief · 61 n. Chr. ... 264
Logienquelle (Q) · 60/65 n. Chr. ... 267
Papyrus Oxyrhynchos 840 · 60/65 n. Chr. ... 299

Papyrus Oxyrhynchos 1224 · 60/65 n. Chr. 301
Didache · 60/65 n. Chr. 302
Fajjum-Fragment · 60/65 n. Chr. 312
Evangelium nach Johannes · 68/69 n. Chr. 313
Offenbarung des Johannes · 68/69 n. Chr. 360
Fragment Joh 7,53-8,11 · vor 70 n. Chr. 389
Evangelium nach Markus · vor 70 n. Chr. 390
Evangelium nach Lukas · 65-71 n. Chr. 435
Apostelgeschichte · 65-71 n. Chr. 506
Evangelium nach Matthäus · 71 n. Chr. 569
Thomas-Evangelium · 70-80 n. Chr. 644
Papyrus Egerton 2 · 75 n. Chr. 670
Papyrus 11710 Berlin · 75 n. Chr. 672
Koptisches Fragment Straßburg · 75 n. Chr. 673
Sekundärer Markusschluß · 75 n. Chr. 674
Evangelium nach Petrus · 75 n. Chr. 675
Freer Logion · 75 n. Chr. 681
Judasbrief · 75 n. Chr. 682
Clemens von Rom: Erster Klemensbrief · 75 n. Chr. 685
Zweiter Klemensbrief · 75 n. Chr. 723
Zweiter Petrusbrief · 75 n. Chr. 737
Erster Timotheusbrief · 75 n. Chr. 743
Zweiter Timotheusbrief · 75 n. Chr. 753
Titusbrief · 80 n. Chr. 760
Papyrus Cair[o]ensis · 90 n. Chr. 765
Anonymes Evangelienfragment aus den Acta Pauli ·
90 n. Chr. 766
Quadratus-Fragment · um 100 n. Chr. 768
Das Buch Elchesai · um 110 n. Chr. 769
Ignatius von Antiochien: 7 Briefe · 117 n. Chr. 775
Hermas: Der Hirt des Hermas · 120 n. Chr. 815
Polykarp von Smyrna: Zwei Briefe an die Philipper ·
130 n. Chr. 914
Geheimes Markus-Evangelium · 130 n. Chr. 924
»Unbekanntes Berliner Evangelium« · 130 n. Chr. 926
Oden Salomos · 140 n. Chr. 933
Kerygma Petri · 140 n. Chr. 972
Hebräer-Evangelium · 140 n. Chr. 977
Nazaräer-Evangelium · 140 n. Chr. 980
Ebioniten-Evangelium · 140 n. Chr. 983
Ägypter-Evangelium · 140 n. Chr. 985
Epistula Apostolorum · 150 n. Chr. 987

Testimonium Veritatis · 150 n. Chr. 1019
Interpretation der Gnosis · 150 n. Chr. 1030
Brief an Rheginus · 150 n. Chr. 1041
Evangelium Veritatis · 150 n. Chr. 1048
Papias-Fragmente · 150 n. Chr. 1066
Evangelium des Philippus · 150 n. Chr. 1079
Agrapha · 1. bis 5. Jahrhundert 1112
Apokalypse Petri · 150 n. Chr. 1163
Brief an die Laodizener · 150 n. Chr. 1190
Dritter Brief an die Korinther · 150 n. Chr. 1192
Akten des Paulus · 150 n. Chr. 1195
Papyrus Hamburgensis · 300 n. Chr. 1212
Apokalypse des Paulus · 150 n. Chr. 1223
Akten des Petrus · 150 n. Chr. 1227
Diognetbrief · 160 n. Chr. 1247
Melito von Sardes: Passah-Homilie · 160 n. Chr. 1260
Prot-Evangelium des Jakobus · 160 n. Chr. 1279
Kindheitsevangelium des Thomas · 160 n. Chr. 1294
Evangelium nach Maria · 160 n. Chr. 1305
Markionitische Prologe zu Paulus · 180 n. Chr. 1310
Tatian, Evangelienharmonie · 180 n. Chr. 1313
Frühe christliche Interpolationen in frühjüdischen Schriften · 2. Jahrhundert 1329
Das Tanzlied in den Acta Iohannis · vor 200 n. Chr. 1349
Zwei alte Christus-Hymnen · vor 200 n. Chr. 1355
Das Hochzeitslied aus den Acta Thomae · vor 200 n. Chr. 1358

Abkürzungen 1363
Weiterführende Literatur 1369
Schriften des neutestamentlichen Kanons 1373

ZUR ANORDNUNG, ÜBERSETZUNG UND KOMMENTIERUNG

Historischer, religionsgeschichtlicher, theologischer und übersetzungswissenschaftlicher Überblick

Überblick

Hier wird eine Übersetzung der ältesten und grundlegenden Schriften des Christentums vorgelegt, die in mehrfacher Hinsicht neuartig ist:
Dem *Umfang* nach: Die kanonischen Schriften des Neuen Testaments werden durch viele andere Schriften ergänzt, die etwa bis zum Jahre 200 n. Chr. entstanden sind. Das sind Schriften, die – wenn die Kirche es seinerzeit gewollt hätte – ebenfalls in den Kanon hätten aufgenommen werden können. So wird gewissermaßen der Büchertisch rekonstruiert, aus dem die Kirche ausgewählt hat. Das findet man in keiner anderen deutschen Ausgabe.
Der *Abfolge* nach: In dieser Übersetzung orientiert sich die Reihenfolge der Schriften am mutmaßlichen Entstehungsdatum, während traditionelle Ausgaben die Texte nach einem gedachten historischen Verlauf (Leben Jesu, Zeit der Apostel, Briefe der Apostel, Ende der Welt) anordnen. Durch die Umstellung stehen nun z. B. die Apostelbriefe am Anfang, erst später folgen die Evangelien, und auch deren Reihenfolge ist anders als im Kanon gewohnt. Diese historische Einordnung ist bisher nirgends konsequent vollzogen worden, sie macht aber die Geschichte des frühesten Christentums besser nachvollziehbar.
Der *Art der Übersetzung* nach: Üblicherweise werden Bibelübersetzungen nur von Theologen gemacht und dann in Kommissionen erörtert, die eine Fülle von Kompromissen schließen und damit die »Ecken und Kanten« abschleifen, die in so alten Texten unvermeidlich sind.
Diese Übersetzung ist das Produkt der Zusammenarbeit eines Neutestamentlers und einer Übersetzungswissenschaftlerin. Sie folgt den neueren Einsichten der modernen »funktionalen« Übersetzungstheorie. Durch Theorie und Praxis dieser Übersetzung wird der Grundsatz »je wörtlicher, desto sinngetreuer« widerlegt. Es geht um verständliche Wiedergabe des Sinnes und dabei durchaus um eine inhaltlich entschiedene Übersetzung, nicht um eine Wort-für-Wort-Wiedergabe, die doch nur scheinbar neutral ist. Diese Übersetzung ist die erste konsequente Anwendung der neuesten Übersetzungstheorie auf die Bibel.
Aber keine Angst: Viele Übersetzungsentscheidungen werden jedoch kommentiert und erläutert. Darüber hinaus wird jeder Schrift eine ausführliche Einleitung vorangestellt.

Die Textgrundlage

Grundlage der Übersetzung ist für das Neue Testament die griechische Ausgabe *Novum Testamentum Graece* von Nestle-Aland, 26. Auflage. Für die Apostolischen Väter beziehen wir uns auf die Ausgabe der Wiss. Buchgesellschaft *Schriften des Urchristentums I-III* (J. A. Fischer, K. Wengst, U. H. J. Körtner, M. Leutzsch, Darmstadt: Wissenschaftliche Buchgesellschaft 1966-1998). Für alle übrigen Texte ist jeweils in der Einleitung vermerkt, aufgrund welcher Vorlage die Übersetzung angefertigt wurde.
Die arabischen »Agrapha« – das sind außerhalb der Evangelien tradierte Jesusworte – sind hier erstmalig ins Deutsche übersetzt worden, und zwar nach der Ausgabe von Michael Asin et Palacios in der *Patrologia Orientalis XIII*, Paris 1919, und *XIX*, Paris 1926.

Der Umfang der Schriften

Die vorgelegte Sammlung umfaßt alle frühchristlichen Schriften, die nach Gattung, Inhalt und Anspruch für eine Aufnahme in eine kanonische, d. h. kirchlich maßgebliche und verbindliche Sammlung der Texte der frühesten Christenheit in Frage gekommen wären oder tatsächlich in den Kanon aufgenommen wurden. Außer den Schriften des Neuen Testaments sind dies Schriften, die bis etwa zum Jahre 200 n. Chr. entstanden sind.
Als um diese Zeit und vermutlich in der römischen Gemeinde der christliche Kanon zusammengestellt wurde, war das sicher kein Akt der reinen Willkür, denn die vier Evangelien und die Schriften des Apostels Paulus lagen als Sammlungen mit den Titeln *Kyrios* (»Der Herr«) und *Apostolos* (gemeint war der Apostel Paulus) schon seit Jahrzehnten vor. Jedenfalls aber handelte es sich um eine Auswahl aus einem größeren Vorrat an Schriften, die damals in Rom bekannt waren.
Insbesondere in den vergangenen 125 Jahren hat man nun eine Reihe von frühchristlichen Schriften aus der ältesten Zeit wiederentdeckt, und zwar ausnahmslos solche aus dem östlichen Teil des Römischen Reiches. Dazu gehört zum Beispiel die *Lehre der Zwölf Apostel* (»Didache«), die man 1873 in der Bibliothek des Patriarchen in Istanbul fand, dazu gehören Papyri aus Ägypten, besonders die umfangreichen Papyrusbestände von Oxyrhynchus und die kostbare Bibliothek von Nag Hammadi.

Wir haben keinen Grund anzunehmen, daß die römische Gemeinde alle oder auch nur die meisten dieser alten Texte bereits gekannt hat. Es ist daher ein reizvolles Unternehmen, den damals geschlossenen Sack gewissermaßen zu Versuchszwecken wieder zu öffnen und die Situation zu rekonstruieren, in der sich die römische Gemeinde im Jahre 200 befunden hätte, wenn sie zusätzlich zu den ihr damals vorliegenden auch alle die Schriften gekannt hätte, die ihr – wie man heute weiß – tatsächlich unbekannt waren. Kurzum: Wie sah am Vorabend der Kanonbildung das Sortiment der in Frage kommenden Schriften aus? Genauer: Wie hätte es aussehen können, wenn wirklich alle Schriften dabeigewesen wären, die die Chance hatten, aufgenommen zu werden?

Welche Merkmale waren Voraussetzung dafür, daß eine Schrift diese Chance hatte? In den Kanon hätte man Texte aufnehmen können, die der literarischen Gattung nach zum bisher bekannten Sockel der maßgeblichen Schriften paßten, also Evangelien über das Leben Jesu, Evangelien über die Lehre Jesu auf dem Ölberg, Berichte über die Taten von Aposteln (die sogenannten Apostelgeschichten) und ferner Briefe oder Apokalypsen von Aposteln oder Apostelschülern (wie z. B. Clemens von Rom, der Schüler des Petrus war), ferner Texte, die ähnlich wie Apostelbriefe aussahen (wie die Briefe des Ignatius von Antiochien) und Offenbarungsschriften wie der *Hirt des Hermas*. Auch jüdische nichtkanonische Texte in christlicher Rezension wie etwa die *Himmelfahrt des Jesaja* oder die christlichen Passagen der Patriarchentestamente hätten hineinkommen können, da ihre Autorität durch alttestamentliche Größen gedeckt war. Die Schriften der frühen christlichen Apologeten, also etwa Justins des Märtyrers, die sicher um das Jahr 200 vorlagen, waren dagegen in dieser Hinsicht chancenlos.

Der unersetzliche Wert des Kanons

Dadurch, daß der »Sack wieder aufgemacht« wird, soll an der Größe »Kanon« nicht gerüttelt werden, und dies aus folgenden Gründen: *Erstens* hat die römische Kirche bei ihrer Auswahl auch im Lichte heutiger historisch-kritischer Methoden einen »recht guten Geschmack« bewiesen und aus dem, was sie zur Auswahl hatte, wenigstens im Prinzip das Älteste und Vertrauenswürdigste ausgewählt. *Zweitens* ist der Kanon ein sichtbares Zeichen der Einheit der Kirche. Alle christlichen Kirchen und Konfessionen berufen sich auf diese gemeinsame Basis. Und schon zum Zeitpunkt der Zusammenstellung des Kanons war diese Sammlung die gemeinsame Gesprächsgrundlage, auf die sich die verschiedenen Ortskirchen verständigen konnten. Als Zeichen der Einheit ist der Kanon auch von verbindlicher Qualität. *Drittens* ist mit der Existenz des christlichen Kanons nichts, aber auch gar nichts über den Wert oder Unwert aller übrigen Zeugnisse gesagt, besonders derer, die gar nicht im Blickfeld standen. Positiv formuliert heißt das: Die Größe Kanon besagt, daß *wenigstens* die in ihm versammelten Schriften authentisch auf Jesus und die Zeit der Anfänge weisen. Daß, historisch gesehen, auch andere Schriften dieses können, ohne freilich normativ-verbindlich zu sein, ist damit nicht ausgeschlossen.

Die Frage nach dem »Wert« gilt besonders angesichts heutiger Möglichkeiten historischer Forschung, die die römische Kirche um 200 nicht haben konnte. Auch wenn man diese Möglichkeiten nicht überschätzen darf, so ist es doch nicht unplausibel, die Grenze 200 n. Chr. anzunehmen. Denn mit dieser Grenze scheint wirklich das Äußerste an Mitteln aufgeboten, um noch auf Spuren Jesu und der frühen Apostel selbst stoßen zu können.

Darüber hinaus zeigt ein Blick auf die Kanongeschichte, daß – abgesehen von den vier Evangelien und dem Corpus Paulinum – die Geschichte des christlichen Kanons auch um 200 nicht abgeschlossen war; sie war es im Westen bis zum Konzil von Trient nicht und ist es, im Blick auf einige nicht zur »Orthodoxie« gehörenden Ostkirchen, bis heute nicht. Insofern besteht wirklich Anlaß, auf eine gewisse Toleranzbreite auch des neutestamentlichen Kanons hinzuweisen. Denn viele der in unserer Sammlung vereinigten Schriften gehörten mindestens zeitweise zum normativen Kanon, so etwa der Erste Klemensbrief oder der *Hirt des Hermas*.

Daß es auch noch lange nach 200 n. Chr. Schriften gab, deren Zugehörigkeit zum Kanon umstritten war bzw. ist, läßt nochmals das Unternehmen als sinnvoll erscheinen, alle tatsächlich oder möglicherweise in Frage kommenden Texte zu vereinen.

Die Grenze des Jahres 200 n. Chr. gilt verständlicherweise nicht für die sogenannten Agrapha, die in anderen Schriften nur als Zitate von Einzelsätzen vorkommen. Da diese Sätze anders und leichter zu überliefern waren als kompakte Schriften, muß man hier mit anderen Zeiträumen rechnen. Die vorliegende Ausgabe versucht, dem Rechnung zu tragen und eine sonst nirgends erreichte Vollständigkeit wenigstens anzustreben.

Der *Nutzen* einer derart erweiterten Sammlung frühchristlicher Schriften besteht in folgendem: Schon ein erster Blick auf die so hinzugewonnenen Texte zeigt, daß der Reichtum der frühchristlichen

Schriften noch ungleich größer ist, als er sich ohnehin schon dem bietet, der wirklich alle kanonischen Schriften ernsthaft gelten läßt. Das heißt: Das Bild von der urchristlichen Theologiegeschichte als einer Art »Explosionsgeschehen«[1] wird hier bestätigt und verstärkt. Denn am Anfang steht nicht ein einheitliches Glaubensbekenntnis, sondern sehr früh eine große Vielzahl theologischer Ansätze. Die beiden ersten Jahrhunderte gehören im wesentlichen noch in die Phase des Auseinanderstrebens verschiedenartiger Entwürfe. Diesen Reichtum gilt es zur Kenntnis zu nehmen, und entsprechend sollte man sich vor inhaltlichen Festlegungen des »Kerygmas« hüten. Eine mögliche Bedeutung für die Gegenwart besteht dann darin, daß eine gewisse Pluralität in der Lehre zumindest ausgehalten, wenn nicht gar bejaht werden sollte. Denn die frühchristliche Explosion ist offenbar ein religionsgeschichtliches Unikum. Sie könnte darin begründet sein, daß man sehr frei war, auf die jeweils »vor Ort« gegebene Situation einzugehen. Diese Freiheit war auch theologisch, christologisch und pneumatologisch begründet.

Die Vielfalt der frühchristlichen Ansätze ist daher ein lebendiges Zeugnis für eine sehr ausgeprägte hermeneutische Kompetenz der frühchristlichen Theologen. Das »Evangelium« erwies sich von Anfang an als so unglaublich wandlungsfähig, daß die Probleme mit der Einheit der Bekenntnisse auch von daher den christlichen Kirchen mit in die Wiege gelegt wurden. Der theologische Grund für diese Vielfalt wird von Paulus bedacht und formuliert: Nach 1 Kor 9,14-23 kann Paulus »allen alles« werden, weil er sich als Sklave aller betrachtet. Diese Freiheit des Sklaven rührt aus der Nichtigkeit kreatürlicher Grenzziehungen angesichts der Größe und Weitherzigkeit Gottes her.

Die Abfolge der Schriften

Die Texte dieser Ausgabe sind nicht in der vertrauten kanonischen, sondern in einer *chronologischen* Reihenfolge angeordnet. Dieses Verfahren wurde bereits der angesehenen zweibändigen Übersetzung und Kommentierung der neutestamentlichen Schriften unter der Herausgeberschaft von Johannes Weiß (zusammen mit H. Gunkel, W. Bousset, A. Jülicher und anderen) zugrunde gelegt (*Die Schriften des Neuen Testaments*, I./II., Göttingen 1907), in der zum

---

[1] Vgl. dazu: K. Berger: Theologiegeschichte des Urchristentums, Tübingen 2. Aufl. 1995, passim.

Beispiel Johannesevangelium und Johannesbriefe erst nach der Offenbarung des Johannes in Band 2 plaziert werden.
Natürlich ist es ein Nachteil einer solchen Anordnung, daß die Chronologie immer nur *mutmaßlich* sein kann, während die kanonische Abfolge wenigstens bis zum Philemonbrief hin fest ist. Es ist ja zu bedenken, daß wir keine einzige Schrift des frühen Christentums sicher datieren können. Wie will man da eine zeitliche Gruppierung versuchen? Andererseits aber ist es eine Erfahrungstatsache, daß die kanonische Anordnung nach wie vor unglaublich suggestiv ist und auch in der Geschichte so gewirkt hat. Durch die kanonische Anordnung wird der Eindruck erweckt, als spanne sich ein großer, historisch genau so greifbarer Bogen vom Stammbaum in Matthäus 1 bis zum himmlischen Jerusalem in Offenbarung 22 und als sei dieser Bogen wie eine fortlaufende Erzählung zu deuten. Die kanonische Anordnung ist daher bereits selbst eine massive inhaltliche Deutung und präsentiert sich als Abbildung des chronologischen Verlaufs. Umstellungen hat man nur insoweit gewagt, als man Paulus vor die Evangelien stellte und Markus an die Stelle des Matthäus setzte und innerhalb der Paulinischen Briefe ein paar Änderungen vornahm. Im übrigen aber verführt diese Anordnung dazu, daß man die kanonische Plazierung eines Textes mit einer Altersangabe gleichsetzt.
Besonders verhängnisvoll wirkt sich die kanonische Plazierung »am Ende« für den Judasbrief und die Offenbarung des Johannes, für den Hebräer- und den Jakobusbrief sowie für das »vierte« Evangelium, also das Johannesevangelium, aus. Denn späte Schriften gelten vielfach als verfälscht, verdorben, unecht, unwichtig.
Mit der anderen Anordnung soll daher *erstens* darauf hingewiesen werden, daß die Fragen der Datierung sehr umstritten sind und daß hier nur eine, wenn auch eine in sich konsequent dargestellte Möglichkeit der Datierung dargelegt wird.[2] *Zweitens* soll auf den in der Wissenschaft unbestrittenen, in der Praxis aber zumeist vergessenen Sachverhalt aufmerksam gemacht werden, daß die Briefe des Neuen Testaments insgesamt früher anzusetzen sind als die verfaßten Evangelien. Daraus ergeben sich erhebliche theologische Konsequenzen. *Drittens* schließlich ist es nötig zu zeigen, daß die nicht in den neutestamentlichen Kanon aufgenommenen Schriften wenigstens teilweise älter sein können als die in den Kanon übernommenen. Es soll so dem Eindruck gegengesteuert werden, als sei das Entstehungs-

2 Vgl. dazu im übrigen: K. Berger, Theologiegeschichte des Urchristentums, 2. Aufl. 1995; Im Anfang war Johannes, Stuttgart 1997.

datum einer Schrift ein verläßlicher Hinweis auf den Wert der in ihr gebotenen Theologie. Das gilt vor allem für die nicht in den Kanon aufgenommenen Schriften. Sie sind eben nicht pauschal als »jünger und deshalb wertloser« einzustufen. *Viertens* könnte eine Lektüre der Schriften in anderer als der gewohnten Reihenfolge vielleicht manche neue Einsicht eröffnen. Eine gewisse Verfremdung des Gewohnten ist angesichts einer eingefahrenen kanonisch gewordenen Gewohnheit möglicherweise hilfreich.

Eine erste Anregung zu diesem Unternehmen, was Umfang und Reihenfolge der Schriften betrifft, ging in den 70er Jahren von dem jüdischen Religionswissenschaftler Jacob Taubes aus.

ZUR ART DER ÜBERSETZUNG

Zur übersetzungstheoretischen Grundlage

Jedes Übersetzen geht aus von einem Ausgangstext, geschrieben von einem Verfasser in einer Ausgangssprache für Adressaten seiner eigenen Kultur, die wir »Ausgangskultur« nennen. Hier sind es die Texte des Neuen Testaments und andere Texte, die unter ähnlichen zeitlichen und kulturellen Bedingungen entstanden sind wie das Neue Testament. Wie jeder Mensch, der mit einem Text etwas erreichen will, haben auch die Verfasser unserer Ausgangstexte (die sich vermutlich keine Gedanken darüber machten, daß ihre Texte in den folgenden zweitausend Jahren immer wieder für Angehörige der verschiedensten Kulturen übersetzt werden sollten) bei der Abfassung die Erwartungen, Verstehensbedingungen, Ansprechbarkeit der Menschen im Blick gehabt, für die sie die Texte verfaßten – ob sie ihnen nun über Ereignisse berichten, ihre persönlichen Erfahrungen mit ihnen teilen wollten, sie ermahnen und zur Umkehr aufrufen oder ihnen die möglicherweise schreckenerregenden Konsequenzen ihres Lebenswandels drastisch vor Augen führen wollten. Wir können also sagen, daß die Autoren mit ihren Texten bei den Rezipienten etwas bewirken wollten und daß die Texte diese »intendierte Funktion« wohl um so besser erfüllen konnten, je genauer sie für die Adressaten maßgeschneidert waren.

Soweit werden sicher noch die meisten zustimmen. Beim Übersetzen solcher Texte für andere Adressaten, deren eigene Situation, in der sie die Übersetzung lesen werden, nicht nur zeitlich und örtlich, sondern auch kulturell eine ungeheure Distanz zu der Situation der

ursprünglichen Adressaten aufweist, gibt es nun grundsätzlich zwei Möglichkeiten, die schon Cicero erkannte, als er in *De optimo genere oratorum* sinngemäß schrieb (Einfügungen in eckigen Klammern von uns): »Entweder man orientiert sich wie ein ›interpres‹ [also ein ›richtiger Übersetzer‹] an der Textvorlage oder wie ein ›orator‹ [also wie ein Redner, der überzeugen will] an seinen Hörern!« Dabei fand er selbst die letztere Art des Übersetzens sinnvoller. In der Folge gab es immer wieder Übersetzer, meist waren es Bibelübersetzer (wie Hieronymus oder Luther), die sich vor dasselbe Dilemma gestellt sahen. Mit den Worten Schleiermachers[3] gesagt: »Entweder der Uebersezer läßt den Schriftsteller möglichst in Ruhe und bewegt den Leser ihm entgegen; oder er läßt den Leser möglichst in Ruhe und bewegt den Schriftsteller ihm entgegen. Beide [Wege] sind so gänzlich von einander verschieden, daß durchaus einer von beiden so streng als möglich muß verfolgt werden, aus jeder Vermischung aber ein höchst unzuverlässiges Resultat nothwendig hervorgeht, und zu besorgen ist daß Schriftsteller und Leser sich gänzlich verfehlen.« Schleiermacher fand übrigens, daß nur die zweite Verfahrensweise die Bezeichnung »Übersetzen« verdiene, während die erste unter das »Dolmetschen« falle – womit er die Übersetzung von Texten »in dem Gebiete des Geschäftslebens« (heute würden wir sie Gebrauchstexte nennen) meinte, während der »eigentliche Uebersezer vornämlich in dem Gebiete der Wissenschaft und Kunst« seines Amtes walte.[4]
In Deutschland hat nun Schleiermacher die Auffassungen vom Übersetzen stärker beeinflußt als Cicero. Und da das Übersetzen lange Zeit die Domäne der Philologien war, die sich auch mehr mit literarischen als mit Gebrauchstexten beschäftig(t)en, ist die Auffassung von der treuen oder »getreuen« als der wahren oder »eigentlichen« Übersetzung immer noch weit verbreitet. Und viele von uns erinnern sich an das Übersetzen im schulischen Fremdsprachenunterricht (nicht nur Latein, auch Englisch oder Französisch!) nach der Devise »So (ge)treu wie möglich, so frei wie nötig«.
Die meisten werden sich aber auch daran erinnern, welcher Art die Produkte waren, die dabei herauskamen. Denn was heißt das eigentlich: eine »treue« Übersetzung? Wem ist sie verpflichtet, was bewahrt sie »treu«? Zeigt eine »treue« Übersetzung, wie der Aus-

3 Schleiermacher, Friedrich (1813), Ueber die verschiedenen Methoden des Uebersezens. In: Störig, H. J. (Hrsg.) (1963), Das Problem des Übersetzens, Darmstadt: Wiss. Buchges., 38-70, hier: 47.
4 Op. cit., 39.

gangstext wirklich ist, gibt sie genau das wieder, was der Ausgangstext ausdrückt? Ist das überhaupt möglich?

»Wenn in jeder Sprache alles, was gemeint werden kann, auch ausdrückbar ist, so muß es prinzipiell möglich sein, das, was in einer Sprache ausgedrückt ist, in jede andere Sprache zu übersetzen«, so formuliert Koller[5] das *Axiom der Übersetzbarkeit*, das bereits auf Humboldt zurückgeht. Dieses Axiom, das eine weitverbreitete Meinung repräsentiert, ist vor allem deshalb interessant, weil es auf zwei sehr wackligen Füßen steht: Zum einen wird hier die Tatsache völlig vernachlässigt, daß das, was ein Angehöriger der Ausgangskultur »meint« und in der Ausgangssprache »ausdrückt«, ganz spezifisch von dieser Kultur geprägt ist, so daß ein »Übersetzen« *von Sprache zu Sprache* keineswegs die Invarianz des je und je kulturspezifisch »Gemeinten« impliziert; und zum anderen hängt die Gültigkeit des Axioms entscheidend davon ab, was man unter »Übersetzen« versteht.

Nicht nur im allgemeinen Verständnis, sondern auch in der traditionell-philologisch geprägten Übersetzungswissenschaft wird die von einer Übersetzung erwartete *Treue* zum Original weitgehend mit »Äquivalenz« gleichgesetzt. Über die Herkunft des Begriffs gibt es verschiedene Hypothesen. Neben der gemeinsprachlichen Verwendung im Sinne von »Gleichwertigkeit«, »Wertgleichheit« existieren mehrere Fachbegriffe, zum einen in der Logik (»Gleichwertigkeit des Wahrheitsgehalts, der Bedeutung zweier Aussagen«), zum anderen in der Mathematik (»Gleichwertigkeit zweier Mengen, die dann besteht, wenn zwischen den Elementen der beiden Mengen eine umkehrbar eindeutige Zuordnung möglich ist«), zum dritten in der Elektrotechnik (»Zwei Wechselstromschaltungen, die trotz verschiedenen Aufbaus des Netzwerks für alle Frequenzen gleiches elektrisches Verhalten nach außen zeigen, heißen äquivalent«). Und auch Luhmanns systemtheoretischer Äquivalenzbegriff wird als mögliche Quelle angeführt[6]: »A und B sind funktional äquivalent, sofern beide geeignet sind, das Problem X zu lösen.«[7]

Welchen Äquivalenzbegriff man auch immer zugrunde legt: Diejenigen, die von einer Forderung nach Äquivalenz zwischen dem in Ausgangs- und Zieltext Ausgedrückten als dem Ideal einer

---

5 Werner Koller, Einführung in die Übersetzungswissenschaft, Heidelberg 1979, 152.

6 Vgl. Katharina Reiss & Hans J. Vermeer, Grundlegung einer allgemeinen Translationstheorie, Tübingen 1984, 129.

7 N. Luhmann, Soziologische Aufklärung. Aufsätze zur Theorie sozialer Systeme, Opladen 1970, 17.

»treuen« Abbildung des Ausgangstexts durch den Zieltext ausgehen, machen sich etwas vor: Schon innerhalb einer zeitlichen Epoche oder eines engeren Kulturraums kommt es einer Quadratur des Kreises gleich, wenn man den Ausgangstext, das heißt hier: den Wortlaut, die Formulierung des Ausgangstexts, »treu« abbilden und *gleichzeitig* seine Wirkung, Funktion, »Bedeutung« – oder wie man das, was sich bei der Lektüre im Bewußtsein des Rezipienten abspielt, auch immer nennen will – konstant halten will. Um wieviel mehr gilt das dann für Kulturen, die zeitlich und räumlich in großer Distanz zueinander stehen. Dieses Kunststück kann deshalb nicht gelingen, weil jedes »Verstehen« eines Textes ein Zusammenwirken von vorher Gewußtem und neu Erfahrenem ist, weil wir beim Lesen eines Textes, auch wenn er noch so vertraut erscheint – oder vielleicht gerade weil er so vertraut erscheint – nicht »aus unserer Haut« herauskönnen, und diese Haut ein Produkt unserer kulturellen Sozialisation und Prägung ist. Texte aus fremden Kulturen *meinen* wir zu verstehen, »wie *sie* sind«, und verstehen sie doch in Wirklichkeit nur, »wie *wir* sind«.
Diese Erkenntnisse über das Wesen des Verstehens, die sich in der Literaturwissenschaft beispielsweise als »Rezeptionsästhetik« niedergeschlagen haben, führten – zusammen mit einer Einbeziehung von handlungs- und kulturtheoretischen Modellen – zu einer »kulturellen Wende« in der Übersetzungswissenschaft etwa Ende der 70er Jahre dieses Jahrhunderts. Ausgangs- und Zieltexte werden nicht mehr als primär *sprachliche* Zeichen gesehen, die man von einer Situation in die andere transferieren kann, sondern als Instrumente kommunikativen Handelns, das immer und ausschließlich »in-Situation-in-Kultur« stattfindet. Es gibt keinen kulturfreien Raum, alle Situationen sind in Kulturen eingebettet und durch diese geprägt. Wobei Kultur nicht gleich Sprache ist – denn auch innerhalb eines Sprachraums (denken wir an Deutschland Ost und West oder Österreich) finden wir Verhaltensunterschiede zuhauf, obwohl wir doch alle (fast) die gleiche Sprache sprechen. Umgekehrt kann man auch in bezug auf bestimmte Wertvorstellungen oder Weltsichten von einer »westeuropäischen Kultur« reden, obwohl in diesem Raum mehrere verschiedene Sprachen gesprochen werden.[8] Das oben skizzierte Dilemma des Übersetzens zwischen

---

8 Zum hier verwendeten Kulturbegriff vgl. Goodenough, Ward H. (1964), Cultural anthropology and linguistics, in: Dell Hymes (ed.): Language in Culture and Society: A Reader in Linguistics and Anthropology, New York: Harper & Row, 36-40, und in seinem Sinne Göhring,

»Treue« und »Freiheit« findet im Rahmen dieses Modells einen Bezugspunkt: Übersetzen heißt, den Ausgangstext *so* in die Zielsprache und Kultur zu transferieren, daß der entstandene Zieltext für die Empfänger in ihrer Situation und Kultur *kohärent* ist, daß er in einer Weise mit ihrem kulturgeprägten Weltwissen (einschließlich des Wissens oder vermeintlichen Wissens über fremde Kulturen) zusammenwirken kann, die »Verstehen« möglich macht. Da dieses Zusammenwirken für verschiedene Textarten oder verschiedene Kommunikationszwecke unterschiedlich aussehen kann, können nicht alle Texte nach der gleichen Methode übersetzt werden (was gerade den Reiz des Übersetzens ausmacht und bisher erfolgreich verhindert hat, daß der Berufsstand durch den Computer ersetzt wurde!), und manchmal muß sogar *ein und derselbe Text* (jetzt im Sinne des Sprachzeichens gemeint, denn im Sinne der kommunikativen Handlung und ihrer Wirkung auf den Rezipienten gibt es gar nicht »den« einen Text) für verschiedene kommunikative Zwecke je und je unterschiedlich übersetzt werden.

Das ist der Grundsatz des »funktionsorientierten« oder »funktionalen« Übersetzens: Wie ein Text übersetzt wird – ob treu oder frei, ob wörtlich oder adaptierend, ob Wort für Wort oder paraphrasierend –, hängt davon ab, was man mit der Übersetzung bewirken will, welche kommunikative »Funktion« der Zieltext für die Empfänger in der Zielkultur haben soll. Und das Interessante dabei ist: Je weniger man den Ausgangstext verändert, um so weniger ist »Bewahrung der Funktion« möglich. Oder anders gesagt: Wenn man die Funktion bewahren will, muß man oft die Form des Textes sehr stark verändern. Das ist am Beispiel der Übersetzung von Buchtiteln[9] oder Werbetexten leicht zu erkennen.

Für Werbetexte akzeptieren das auch die meisten Menschen (und retten ihren Übersetzungsbegriff, indem sie lieber von »Übertragung« oder »Adaptation« als von Übersetzung reden). Aber für biblische Texte? Einige sehr ehrenwerte Übersetzungswissenschaft-

---

Heinz (1978), ›Interkulturelle Kommunikation: Die Überwindung der Trennung von Fremdsprachen- und Landeskundeunterricht durch einen integrierten Fremdverhaltensunterricht‹, in Matthias Hartig (ed.), Soziolinguistik, Psycholinguistik. Kongreßberichte der 8. Jahrestagung der Gesellschaft für Angewandte Linguistik, vol. 4, Stuttgart: Hochschulverlag, 9-14, neuerdings auch Nord, Christiane, »Übersetzen – Spagat zwischen den Kulturen?«, TextconText 11 = NF 1, 1997, 149-161.

9 Vgl. Nord, Christiane, Einführung in das funktionale Übersetzen. Am Beispiel von Titeln und Überschriften, Tübingen: Francke (= UTB 1734) 1993.

ler[10] sind ohnehin der Meinung, daß »Bibelübersetzung« ein eigener theoretischer Bereich in ihrer Wissenschaft sein müsse, weil für sie andere Kriterien gälten als für die literarische oder die Fachübersetzung. Wir teilen diese Auffassung nicht. Auch bei einer Übersetzung biblischer Texte muß man sich Gedanken machen, *wozu* und *für wen* man sie übersetzt – gerade weil es so viele verschiedene Übersetzungen vorher (und vermutlich nachher!) gibt. Wenn man sich dies *vor Beginn* der Übersetzungsarbeit klarmacht, ist die Chance, daß man eine »globale«, für die Gesamtheit der Texte geltende Übersetzungsstrategie auch über so viele Seiten hin konsistent durchhält, wenigstens ein bißchen größer als ohne eine theoretische Reflexion. Auch das *Münchener Neue Testament*, das eine radikale Wörtlichkeit verfolgt, oder – am anderen Ende der Skala – die *Gute Nachricht* verfolgen eine bestimmte Übersetzungsstrategie, und angesichts der Vielfalt der denkbaren Adressatenkreise (von Theologiestudierenden mit mangelnden Griechischkenntnissen bis zu Menschen, denen das Christentum fremd geworden ist und die daher die Texte als literarische Zeugnisse einer vergangenen Epoche lesen) und der kommunikativen Zwecke, für die man die Texte verwenden möchte (ein Text zum Vorlesen im Gottesdienst muß andere Qualitäten haben als ein Text, den man zu Studienzwecken liest), ist eine Vielfalt der Übersetzungen durchaus legitim – solange niemand den Anspruch erhebt, »die« einzig richtige Übersetzung vorzulegen.

Verstandene Fremdheit

Der eigene Weg, den wir gegenüber den vorhandenen Übersetzungen gehen, läßt sich durch das Stichwort *verstandene Fremdheit* beschreiben. Das bedeutet: Die Texte werden als Zeugnisse fremder Menschen aus einer anderen Kultur und Zeit gewürdigt, die Übersetzung versucht jedoch, diese Andersheit so wiederzugeben, daß sie bis zu einem gewissen Grade nachvollziehbar wird. Es geht daher um eine Gratwanderung: Was der Text sagt, darf nicht verraten werden, es darf in der Sache nicht verstellt oder verfälscht werden, andererseits aber wird es dem Leser ermöglicht, für die fremde Sache Verständnis aufzubringen, Analogien mit ihr zu entdecken und sie als Wert oder Unwert zu erkennen, am Ende vielleicht sogar für sie zu optieren.

---

10 So beispielsweise Wolfram Wilss, Übersetzungswissenschaft – Probleme und Methoden, Tübingen: Narr 1977.

In der Regel ist nun, wie wir gesehen haben, eine dem Wort als Übersetzungseinheit verpflichtete Übersetzung nicht das geeignete Mittel zu diesem Zweck. Im Gegenteil: Durch »wortgetreue« Übersetzungen werden in Wahrheit die größten Mißverständnisse erzeugt, die dann oft eine sehr erhebliche und belastende Wirkungsgeschichte haben.

Ein Beispiel: Für das griechische Wort *atheos* in Eph 2,12 bieten die Lexika »ohne Gott, gottlos«, und alle bekannten deutschen Übersetzungen übernehmen dies. Das ist zwar eine wörtliche Übersetzung, sie weckt jedoch beim deutschen Leser falsche Assoziationen und läßt ihn an den »Atheisten« denken, der nach demselben griechischen Wort benannt worden ist. Ein Mensch »ohne Gott«, ein »Gottloser«, ist für uns jemand, der *an nichts* glaubt. Darum geht es jedoch bei der antiken Verwendung des Wortes nachweislich überhaupt nicht. Ein *atheos* ist jemand, der den betreffenden Gott, von dem im Kontext die Rede ist, nicht kennt. Daß er andere Götter kennt und verehrt, ist geradezu selbstverständliche Voraussetzung. Er ist also kein Atheist, sondern hat aus der Sicht der jeweiligen Autoren kein legitimes Gottesverhältnis, verehrt die falschen Götter oder vollzieht seinen Kult auf die falsche Weise. Aus der Sicht eines Judenchristen ist daher der ein *atheos,* der den Gott Israels nicht kennt. Und umgekehrt werden Juden und Christen als *atheoi* bezeichnet, um darauf hinzuweisen, daß sie die homerischen Götter oder andere bekannte Gottheiten nicht kennen.

Das Prinzip *verstandene Fremdheit* hat[11] jedoch nicht die Funktion einer Ermäßigung der biblischen Aussagen, einer Anpassung an unsere Vorstellungen oder gar Modernisierung. Darum geht es gerade nicht, und eine solche Modernisierung sollte unter allen Umständen vermieden werden. Denn der Ansatz dieser Übersetzung ist nicht die Meinung, alte und überholte Ansichten der Bibel müßten durch die Übersetzung geglättet, mit unserer Weltsicht kompatibel und erträglich gemacht werden. Sondern die Texte sollen zunächst einmal richtig verstanden und vor naheliegenden Mißverständnissen geschützt werden. Genauer gesagt: Es wird ein Vorschlag gemacht, wie die Aussagen des alten Textes wenigstens prinzipiell nachvollziehbar werden könnten.

---

11 Vgl. K. Berger, Hermeneutik des Neuen Testaments (UTB), Tübingen 1999 (Neubearb.), passim.

Die Bibel als etwas Fremdes

Vorausgesetzt ist dabei, daß die Bibel etwas Fremdes ist und daß sie uns gerade deshalb etwas zu sagen hat. Die biblischen Texte sind in einer anderen Kultur entstanden, die sich von der heutiger Übersetzer, die sie ins Deutsche bringen wollen, nicht nur unwesentlich, sondern in der Substanz unterscheidet. Die Existenz anthropologischer Konstanten durch Zeit und Raum ist unseres Erachtens empirisch nicht nachweisbar, und damit entfällt die Basis für eine Vereinnahmung der Bibel durch die modernen Humanwissenschaften, auch und gerade in der protestantischen Theologie. Darüber hinaus bezeugen die biblischen Texte auch noch einmal in sich selbst ganz erhebliche Kulturdifferenzen, die sich daraus erklären, daß die Bibel Texte aus der Welt des Alten Orients in manchen Psalmen (z. B. Ps 109/110) bis hin zu den Gedanken der kynisch-stoischen Popularphilosophie bei Paulus enthält. So sind Ausgangstextverfasser und heutige Rezipienten der Texte nicht nur durch eine, sondern durch mehrere kulturelle Distanzen getrennt. Was dies für die Übersetzung bedeutet, mögen zwei knappe Beispiele zeigen.

Erstes Beispiel: In Joh 20,11f heißt es von Maria Magdalena nach M. Luther: »Als sie nun weinte, guckte sie in das Grab, und sihet zween Engel in weißen Kleidern...« Luthers »guckte« gibt das griechische »sie beugte sich vornüber, und siehe« wieder, und dementsprechend übersetzt U. Wilckens »beugte sich in das Grab vor und sah«, das *Münchener Neue Testament* »vorbeugte sie sich ins Grab«, die *Gute Nachricht*: »Dabei beugte sie sich vor und schaute hinein.« Die offene Frage bei diesen Übersetzungen ist, warum eine Frau, die weint, sich plötzlich derart vornüberbeugt, daß ihr Blick durch die niedrige Öffnung weit in das Innere des Grabes fällt und sie dort die beiden Engel sitzen sieht. Nun gehört aber der gebeugte Rücken zum Klageritual des antiken Judentums[12] (noch heute kennen wir das Wort »gramgebeugt«), und daher der

> Übersetzungsvorschlag: »Maria aber blieb vor dem Grab und weinte bitterlich, von Kummer und Schmerz gebeugt. Als sie aufblickte, sah sie plötzlich in der Grabkammer...«

---

12 Vgl. O. Fuchs, E. S. Gerstenberger, Art. *Klage* usw., in: *Neues Bibellexikon*, Bd II, Lief. 8/9, S. 491ff (mit Lit.). – Der Zusammenhang zwischen Klage und Buße ist noch beim mit gebeugtem Rücken gesprochenen *Confiteor* der tridentinischen Messe erkennbar.

Der Zusammenhang zwischen Klage und Sehen wird so anatomisch begreiflich.

Zweites Beispiel: Als Jesus sich als Sohn Gottes bekennt, »zerriß der Hohepriester sein Gewand« (Mk 14,63). Ähnlich Rätselhaftes geschieht auch in Act 14,14: Paulus und Barnabas werden von der Menge als »Zeus« bzw. »Hermes« identifiziert. »Als die Apostel Barnabas und Paulus das hörten, zerrissen sie ihre Kleider, sprangen in die Volksmenge hinein und schrien...« Luther übersetzt: »Da zerriß der Hohepriester seinen Rock« bzw. »zerrissen sie ihre Kleider und sprungen unter das Volck«, die *Gute Nachricht* schreibt »Zerriß sein Gewand« bzw. »zerrissen sie ihre Kleider«. Das *Münchener Neue Testament* gibt für Act 14,14 nur »zerreißend ihre Gewänder«. Der Leser darf in allen Fällen raten, worin der sachliche Zusammenhang des Textes besteht. Denn bei welcher Gelegenheit zerreißt man heute schon die Kleider, die man gerade anhat?

Unser Übersetzungsvorschlag für Mk 14,63 (Act 14,14 entsprechend): »Da riß er sich [voll Trauer über die Gotteslästerung] die Kleider vom Leibe.«

Im Rahmen jüdischer Trauerrituale werden Kleider zerrissen, um in Verbundenheit mit dem Toten zu zeigen, daß man nun auch selbst nicht mehr weiterleben will, das Kleid symbolisiert die soziale Existenz.[13] Wer also sein Gewand zerreißt, stellt sich auf die Seite des mißhandelten, geprügelten, ausgestoßenen Gottes, der »tödlich« beleidigt worden ist. Die Hinzufügung in Klammern macht daher deutlich, daß das Zerreißen der Kleider in beiden Fällen in unmittelbarem Zusammenhang mit der im Kontext beschriebenen Vergottung von Menschen steht, die als die schlimmste Greueltat gilt. Dabei umfaßt »Trauer« hier mehr als Traurigsein, vielmehr Klage, Protest, Abkehr und Umkehr in einem.

Die Beispiele sollten zeigen: Die Übersetzung eines Textes bleibt sinnlos, wenn weder Übersetzer noch seine möglichen Adressaten den Text überhaupt in seinem Zusammenhang verstehen können.

Wie fragwürdig die Forderung nach Äquivalenz zwischen Original und Übersetzung ist, wird besonders deutlich an den sogenannten Rätselworten. Nehmen wir den bekannten Fall des »Heiligen«, der

---

13 Vgl. z. B. in der Josefsgeschichte Gen 37,29.34 (Ruben und Jakob zerreißen aus Trauer über Josephs Verschwinden ihre Kleider und demonstrieren zugleich, daß sie daran nicht schuldig sein wollen).

»Hunde« und der Perlen, die man nicht »vor die Säue werfen« soll. M. Luther übersetzt Mt 7,6:

> Ihr sollt das Heiligthum nicht den Hunden geben, und eure Perlen sollt ihr nicht vor die Säue werffen, auf daß die dieselbigen nicht zertretten mit ihren Füssen, und sich wenden und euch zerreissen.

Der Sinn dieser Stelle ist bis heute so rätselhaft, daß selbst der große und gelehrte Kommentar von U. Luz[14] vor dieser Stelle resigniert und auf die Ermittlung eines Sinnes definitiv verzichtet. Nun hat die Stelle gerade wegen des sehr plastischen Stils eine lebhafte Wirkungsgeschichte gehabt, die freilich keineswegs im Sinne dessen verlief, was man sonst unter »Evangelium« versteht. Schon die Didache (1. Jh. n. Chr.) deutet sie so, daß man das Abendmahl nicht an Ungetaufte geben solle. Schon in der ältesten Verwendung wird also die Stelle auf Kosten Außenstehender gedeutet. Heute wird sie zumeist so verstanden, daß man sich für bestimmte Menschen einfach »zu schade« sein soll. Etwa in dem Sinne: Wenn ein Philosoph mit Gymnasiasten diskutiert, dann heißt das: Perlen vor die Säue werfen.

Es geht zunächst um ein exegetisches Problem. Eine Analyse des inneren Zusammenhangs der auf den ersten Blick unvereinbaren Textelemente kann nämlich zu dem Ergebnis führen, daß es sich hier gar nicht um ein Wort gegen Außenstehende handelt. Im gesamten Kontext ab 7,1 geht es vielmehr immer um das Prinzip, daß Gleiches zu Gleichem gehört. Und eben deshalb gehört Heiliges nicht den Hunden, wie auch gleiches Maß die Antwort auf jede Tat ist (7,1f). Die genannte Stelle 7,6 ist daher nicht platt sozialpsychologisch zu deuten, sondern ihr Sinn liegt auf einer höheren Abstraktionsebene.

Exegetisch ist auch zu klären, wie das »Heilige« und die »Hunde« sich zueinander verhalten. Es kann doch wohl nicht darum gehen, daß z. B. heilige Tempelgeräte Hunden zum Spielen gegeben werden. Niemand wäre auf die Idee gekommen. Aber das Matthäusevangelium selbst behandelt den Fall, daß heiliges, nämlich gesegnetes jüdisches Brot (und nur jüdisches Brot wird gesegnet) nicht den Hunden gegeben wird (Mt 15,26), und zwar hier im Zusam-

---

[14] U. Luz: Das Evangelium nach Matthäus, Bd I, 1985, 382: »Ich erlaube mir den Vorschlag, das Logion in seinem matthäischen Kontext überhaupt nicht zu deuten. Matthäus war ein konservativer Autor...« Daß Konservativität mit mangelndem Nachdenken zu tun haben soll, ist nicht einleuchtend.

menhang mit dem Problemfeld heidnischer Unreinheit, in das auch die Schweine gehören.

Wenn dies der exegetisch zu erhebende Sinn ist, hat eine Übersetzung unseres Erachtens die Aufgabe, dieses Wort Mt 7,6 *vor den unchristlichen Nachwirkungen der eigenen Wirkungsgeschichte zu schützen.* Daher folgender Übersetzungsvorschlag: »Gebt das gesegnete Brot nicht den Hunden zu fressen und werft die Perlen nicht den Schweinen vor. Denn sonst zertreten sie sie mit ihren Füßen und wenden sich voll Wut über das falsche Futter gegen euch und greifen euch an. [Vielmehr gehört immer nur Entsprechendes zusammen.]«

Für die Frage nach der Äquivalenz ergibt sich aus diesem Beispiel:

1. Eine rein »lexikalische« Übersetzung schafft keine Verstehbarkeit für kulturell entfernte Leser.
2. Eine solche wortgetreue Übersetzung kann sich, wie an diesem Fall gezeigt, ganz unevangelisch verselbständigen und dem Sinn des Kontextes gänzlich entgegenwirken.
3. Die »Übersetzung ist die Vollendung der Auslegung« (H. G. Gadamer), weil eben zunächst der Ausleger grundsätzlich davon ausgehen muß, daß ein überliefertes Wort in seinem Kontext sinnvoll ist und etwa im Ganzen eines Evangeliums eine bestimmte Funktion hatte. Unterläßt der Ausleger diese Untersuchung, dann ist seine Übersetzung schlecht, weil sie eine höchst fragwürdige Weise der Bibelrezeption nachahmt, nämlich die »Steinbruchmethode« der Leute, die wahllos aus dem Kontext gerissene Bibelstellen zitieren.
4. An die Stelle des Konzepts der Äquivalenz sollte daher abgestufte und variable Funktionalität treten.

Das folgende Wort aus dem ThomasEv 21 (1. Jh.) kann zeigen, daß manche Abschnitte ohne kleine Verständnisbrücken im Text gar nicht verständlich wären:

> Maria Magdalena sagte zu Jesus: »Womit kann man deine Jün- 1
> ger vergleichen?« / Jesus erwiderte: »Sie sind wie Sklaven, denen 2
> ein Feld anvertraut ist, das ihnen nicht gehört. / Wenn die Eigen- 3
> tümer des Feldes [die Mächte, die in der Welt herrschen] kom-
> men, werden sie sagen: ›Gebt uns unser Feld wieder.‹ / Vor dem 4
> Angesicht der Eigentümer sind die Sklaven nackt [denn ihnen ge-
> hört nichts, nicht einmal ihre Kleidung, ihr Leib]. Darum geben
> sie den Eigentümern ihr Feld [alles, was sie auf Erden haben] und
> verzichten darauf.«

Dabei sollte der Grundsatz herrschen, daß etwas, das ein damals zeitgenössischer Leser aus Erinnerung »wissen« konnte, ergänzt werden darf. Gewiß, Texte wie das ThomasEv waren für Menschen geschrieben, die mit den biblischen Traditionen vertraut waren, die z. B. wußten, daß Mann und Frau einst in Adam eins waren, wie folgender Text aus ThomasEv 11 zeigt:

> 4 Damals seid ihr aus einem [Adam] zwei [Mann und Frau] geworden. Nun da ihr zwei seid, was wollt ihr tun? [Die Zeit zum Handeln ist jetzt: Wir wollen wieder einer werden.]

Heute wissen das nicht einmal mehr kirchliche Insider. Die Stelle kann aus dem Stand bestenfalls ein Fachexeget deuten, der schon mehrfach Vorlesungen über das Thomas-Evangelium und die Texte der frühen Gnosis gehalten hat. Wer also in der Übersetzung auf Erläuterungen verzichtet, der reduziert die verstehenden Leser auf drei, vier Spezialisten und schafft für alle anderen völlig kryptische Literatur. Das aber waren diese Texte nie – insofern wäre hier auf diese Weise auch keine »Äquivalenz« von Funktion oder Wirkung erreicht. Wer so übersetzt, könnte eigentlich auf das Übersetzen ganz verzichten und nur die dekorativen koptischen Buchstaben abschreiben.

Thesen und Gegenthesen zur Übersetzungsmethode

Den neueren deutschen Bibelübersetzungen liegen weitgehend Grundentscheidungen zugrunde, die wir im folgenden als »Thesen« zu formulieren versuchen. In der jeweiligen Gegenthese dazu wird der hermeneutische Hintergrund der hier vertretenen Übersetzung dargestellt und an Beispielen erläutert.

These 1: Es kann nur eine Art von Übersetzung geben, nämlich die »getreue«; alles andere sind »Übertragungen«. – *Gegenthese:* Je nach Adressaten, Übersetzungsauftrag und »Sitz im Leben« der Übersetzung kann und muß es viele Übersetzungen geben.
Beispiel: Die Spannweite umfaßt gegenwärtig ein Spektrum an Bibelübersetzungen, das von dem radikal die Strukturen des griechischen Ausgangstextes reproduzierenden *Münchener Neuen Testament* (Hg. G. Hainz) bis zur *Guten Nachricht* reicht.

These 2: Eine Übersetzung ist dem Wort Gottes treu, wenn sie die griechische Wortfolge nachahmt. – *Gegenthese:* Eine Übersetzung sollte nicht gegenüber dem fremden Wortlaut sklavisch treu, sondern gegenüber dem Verfasser des Ausgangstexts »loyal« sein, indem sie versucht, dessen »fremde« Aussageintention so gut wie möglich zu vermitteln. Das ist und bleibt eine Gratwanderung.

Beispiel: Röm 5,8. Streng nach der griechischen Wortfolge übersetzt das *Münchener Neue Testament*: »Es beweist aber seine Liebe zu uns Gott, weil, als wir noch Sünder waren, Christos für uns starb.« Martin Luther (rev. Fassung 1984): »Gott aber erweist seine Liebe zu uns darin, daß Christus für uns starb, als wir noch Sünder waren.« Schon bei Luther zählen wir in diesem Satz drei gravierende Umstellungen.

Unsere Übersetzung: »Doch Gott hat uns sogar damals schon seine Liebe geschenkt, als wir als Sünder noch ganz weit entfernt von ihm waren. Denn damals ist der Messias für uns gestorben.«

These 3: Eine Übersetzung ist getreu, wenn sie der im zweisprachigen Wörterbuch angebotenen Entsprechung eines Wortes folgt. – *Gegenthese:* Abgesehen davon, daß ein zweisprachiges Wörterbuch keine Bedeutungen, sondern in bereits (zu einer bestimmten Zeit, für einen bestimmten Zweck, von bestimmten Übersetzern) angefertigten Zieltexten belegte, »statistisch« nachweisbare Wortentsprechungen bietet, kann die immer gleiche Wiedergabe eines wichtigen Wortes in verschiedenen Kontexten zur Vernebelung eines ganzen Sachverhaltes führen.

Beispiel: Am Beispiel der gegenwärtig diskutierten Rechtfertigungslehre läßt sich das gut zeigen. Die zentrale Bibelstelle Röm 3,25-26 bietet nach der zumeist im Gottesdienst verlesenen Übersetzung größte Schwierigkeiten:

Martin Luther (rev. Fassung 1984): »Den hat Gott für den Glauben hingestellt als Sühne in seinem Blut zum Erweis seiner Gerechtigkeit, indem er die Sünden vergibt, die früher begangen wurden in der Zeit seiner Geduld, um nun in der Zeit seine Gerechtigkeit zu erweisen, daß er selbst gerecht ist und gerecht macht den, der da ist aus dem Glauben an Jesus.«

Unsere Übersetzung: »Den gewaltsamen Tod Jesu hat Gott als 25
Anlaß genommen, um Jesus Christus für alle und öffentlich zum Ort der Vergebung zu machen. So hat Gott bewiesen, daß er selbst gerecht ist, indem er die Sünden, die die Menschen vorher begangen hatten, nachsichtig vergeben hat. Diese Vergebung wird dem einzelnen dadurch zuteil, daß er an Jesus als ihren Vermittler glaubt. / Gott hat jetzt gezeigt, daß er selbst gerecht ist, 26

das heißt, daß er aus reiner Barmherzigkeit Gemeinschaft mit Menschen will, und er nimmt den Menschen, der an Jesus glaubt, als gerecht an. Der Glaube macht den Menschen für Gott als gerecht annehmbar.«

These 4: Eine Übersetzung ist treu, wenn sie sich jeder Deutung enthält. – *Gegenthese:* Es gibt keine inhaltlich neutralen Übersetzungen. Die meisten Übersetzungen legen trotz ihrer scheinbaren Neutralität bestimmte Deutungen eher nahe als andere. Unsere Übersetzung bekennt sich zu einer bestimmten Deutung.
Beispiel: Mk 10,45. Martin Luther (rev. Fassung 1984): »Der Menschensohn ist ... gekommen, daß er ... sein Leben gebe als Lösegeld für viele.« Nahegelegt wird hier der Bezug auf den Tod.

Unsere Übersetzung: »Denn auch der Menschensohn ist nicht dazu da, sich bedienen zu lassen, sondern er ist dazu da, zu dienen und sein Leben einzusetzen stellvertretend für alle.«

These 5: Eine Übersetzung ist kirchlich, wenn sie kirchlicher Redeweise folgt. – *Gegenthese:* Die kirchliche Redeweise ist allzuoft nicht mehr verständlich. Zwar muß man in einer Religion keineswegs alles »verstehen«, doch eine nicht verstehbare Übersetzung ist der falsche Ort für das Geheimnis.
Beispiel: Lk 1,42. Fritz Tillmann (1927): »Du bist gebenedeit unter den Weibern, und gebenedeit ist die Frucht deines Leibes.«

Unsere Übersetzung: »Auf dir liegt Gottes Segen mehr als auf anderen Frauen, und gesegnet ist dein Kind.« – Wer versteht heute das Verb »benedeien«? *Das Große Wörterbuch der deutschen Sprache* (8 Bde, 1993 ff.) markiert es als »veraltet« und gibt als Kontextbeispiel genau diese eine Stelle an.

These 6: Der Maßstab für die Übersetzung ist das Einzelwort. – *Gegenthese:* Ein Text besteht nicht aus der Summe seiner Wörter, sondern diese ergeben miteinander und im Zusammenwirken mit dem Vorwissen des Rezipienten als ein verflochtenes Gewebe den möglichen Sinn.
Beispiel: Mt 6,22. Ulrich Wilckens (1970): »Das Auge ist des Leibes Licht. Wenn dein Auge gesund ist, so wird auch dein ganzer Leib hell erleuchtet sein. Ist dein Auge aber krank, dann wird's in deinem ganzen Leib stockfinster sein. Wenn nun das Licht in dir finster ist, wie finster ist es dann!«

Unsere Übersetzung: »Das Auge ist Licht für den ganzen Leib. Wenn das Auge klar ist, dann ist der ganze Leib hell erleuchtet.

Wenn schon dein eigenes Licht die Finsternis in dir nicht vertreibt, wie groß ist dann die Finsternis draußen!«

These 7: Die Einführung des Männer wie Frauen berücksichtigenden Sprachgebrauchs ist ideologisierend und Menschenwerk. – *Gegenthese:* Es ist zu fragen, ob eine Übersetzung sich als »dokumentarisch«-rekonstruierend versteht oder ob sie auch theologische Laien heute ansprechen und erreichen will. Im letzteren Falle sollte man alle Menschen ansprechen, die den Text hören sollen.
Beispiel: Lk 6,23. Martin Luther (rev. Fassung 1984): »... denn das gleiche haben ihre Väter den Propheten getan.«

Unsere Übersetzung: »Den Propheten ist es mit den Voreltern dieser Leute genauso ergangen.«

These 8: Ein Übersetzer, der sich durch zahlreiche Zusätze und Umstellungen über den Ausgangstext »erhebt«, leistet keine Übersetzung, sondern nur eine Übertragung. Er verunreinigt Gottes Wort durch Menschenwort. – *Gegenthese:* Bei großer kultureller Distanz gegenüber der Bibel und bei zunehmender Distanz der potentiellen Leserschaft zum tradierten Bibelgebrauch ist es eine missionarische Aufgabe, die Botschaft dem Verstehen der Menschen zu erschließen.
Beispiel: Lk 3,8. Martin Luther (rev. Fassung 1984): »Seht zu, bringt rechtschaffene Früchte der Buße.«

Unsere Übersetzung: »Eure Taten müssen endlich von eurer Umkehr zeugen.« »Früchte der Buße« ist eine Wendung, die viele Menschen aus einleuchtenden Gründen (Überstrapazierung in der Predigt der sechziger und siebziger Jahre dieses Jahrhunderts) nicht verstehen können.

Das wohl bekannteste Beispiel in dieser Hinsicht ist M. Luthers Einfügung von »sola« = »allein« in der Paulinischen Formulierung »durch den Glauben« in Römer 3,28: »So halten wir es nun, daß der Mensch gerecht werde ohne des Gesetzes Werck allein durch den Glauben.« Das Wörtchen »allein« hat keine Entsprechung im griechischen Text, sondern ist ein systematisch-theologisch bedingter Zusatz M. Luthers, der die Aussage klarer macht.

These 9: Ein Übersetzer, der die biblischen Vorstellungen für moderne Menschen verständlich machen will, verrät sie, läuft den Menschen hinterher und verzichtet darauf, sie mit dem Ärgernis der Botschaft zu konfrontieren. – *Gegenthese:* Das notwendige und unaufgebbare Ärgernis der Botschaft liegt tiefer. Es ist eine verhängnisvolle Fehleinschätzung, wenn es in einer bestimmten Sprachform und in bestimmten Vorstellungen gesehen wird. Der vorliegenden Übersetzung geht es gerade darum, das wahre Ärgernis (Angebot und Forderung) zu allererst herauszustellen.

These 10: Wer stark vom Wortlaut abweicht, zerstört den Menschen ihre geistliche Heimat. – *Gegenthese:* Wer neu übersetzt, kann die Menschen dazu bringen, neu zuzuhören und nachzudenken.
Beispiele: Lk 2,14 und Lk 1,28.
Martin Luther (rev. Fassung 1984) übersetzt Lk 2,14: »Ehre sei Gott in der Höhe und Friede auf Erden bei den Menschen seines Wohlgefallens.«

Unsere Übersetzung: »Alle Ehre Gott im Himmel und Friede den Menschen auf Erden, die Gott erwählt hat.«

Fritz Tillmann (1927) übersetzt Lk 1,28: »Gegrüßt seist du, Gnadenvolle, der Herr ist mit dir.«

Unsere Übersetzung: »Ich grüße dich, Gott ist dir gnädig, der Herr ist mit dir.«

Heidelberg, 1999 Klaus Berger und Christiane Nord

DAS NEUE TESTAMENT
UND FRÜHCHRISTLICHE SCHRIFTEN

Zweiter Johannesbrief

Eigenart: Der 2 Joh ist ein Gemeindebrief, der vor Irrlehrern warnt und das Liebesgebot als das »Gebot von Anfang an« nochmals einschärft. Der 2. und 3. Johannesbrief stehen von allen neutestamentlichen Briefen dem antiken Privatbrief noch am nächsten.

Verfasser: Wie bei 3 Joh ist der Verfasser ein »Ältester« – entweder eine Würdebezeichnung oder (unwahrscheinlicher) ein einzelner Ältester; aber das Ältestenamt wird im frühen Christentum sonst nur kollegial wahrgenommen. Ganz gleich, wie weit es sich um eine schon verfestigte Funktionsbezeichnung handelt – das Milieu ist judenchristlich.
Neuerdings plädiert M. Hengel (Die johanneische Frage, Tübingen 1993) mit Vehemenz dafür, in dem von Papias erwähnten »Alten« von Ephesus, dem Presbyter Johannes, den Verfasser der drei Johannesbriefe zu erkennen. Vgl. zu dieser These: J. Schmid, Einleitung in das Neue Testament, 1973, S. 628: »Der (von Papias erwähnte Presbyter Johannes)... ist ein Mann der zweiten christlichen Generation. Die Gleichsetzung des Presbyters des 2 und 3 Joh mit dem von Papias genannten Presbyter ist darum nicht wahrscheinlich, weil Papias nicht bloß einen Presbyter, sondern deren mehrere kennt, von denen er einige noch persönlich kennengelernt hat (bei Eusebius, H. E. III 25,3). Sie erscheinen bei ihm als Träger der apostolischen Überlieferung, vor allem als Apostelschüler. In den beiden Johannesbriefen dagegen liegt in dem Wort der Ausdruck einer gewissen Würde und persönlichen Autorität, wie die Art beweist, mit der er in beiden Briefen spricht.... Durchaus unwahrscheinlich ist, daß der Verfasser sich deshalb ›der Alte‹ nennt, weil er sich nicht ›Apostel‹ nennen konnte.«
Unbestritten ist, daß 2 und 3 Joh denselben Verfasser haben.

Datierung: Wie bei 3 Joh (s. d.). Mit vielen anderen Forschern bin ich der Meinung, 2 Joh sei das älteste Produkt der johanneischen Schule. Um 50 n. Chr. Andere datieren auf die Zeit um 90 n. Chr. oder um die Jahrhundertwende – ein Hinweis darauf, mit wie großen Unsicherheiten jede Datierung behaftet ist. – Der Ausdruck »Antichrist« spricht nicht gegen frühe Datierung (vgl. auch 1 Joh 2,18), es handelt sich um eine Parallelbildung zu dem ebenfalls erst christlich belegten »Pseudochristos« in Mk 13,22. Er weist hin auf die frühe dualistisch geprägte Phase der Auseinandersetzung um die charismatische Legitimität Jesu (vgl. 1 Joh 4,3 und die gleichfalls pneumatologischen Ansätze in 1 Kor 12,3; Mk 3,22-30); auch nach Act 6,14 geht es um ein solches Konzept des Anti-Messias, das dort nur auf Jesus übertragen wird (vgl. Dan 7,25!).

Adressaten: Die Gemeinde wird als »Herrin« angeschrieben – soll damit gesagt sein, daß sie eine Art »Stadt« ist?

Probleme: Die hier bekämpften Irrlehrer sind offensichtlich dieselben wie in 1 Joh. Denn sie bezweifeln, daß *Jesus Christus im Fleisch gekommen* sei. Es wird über sie gesagt, sie hätten »sich entfernt von der Lehre Jesu Christi«. Neu ist hier die Aufforderung, sie nicht zu grüßen und nicht ins Haus aufzunehmen.

Theologie: Daß *Jesus Christus im Fleisch gekommen* sei, bezieht sich nicht auf die Diskussion um wahre Leiblichkeit Jesu (gegen Doketismus: Scheinleib-These) oder auf wahres Menschsein Jesu (Irenäus von Lyon, um 190 n. Chr.), sondern darauf, daß Jesus (als Mensch) unter den schwachen, sterblichen Menschen gewirkt und ihnen in all ihrem Mangel geholfen hat.

ZWEITER BRIEF DES JOHANNES

Dies ist ein Schreiben des Gemeindeältesten an die Gemeinde, die 1
als »auserwählte Herrin« angeredet wird. Ich schreibe es an dich
und deine Kinder. Ich denke herzlich und in Liebe an euch, da wir
dieselbe Überzeugung haben, die sich auf Gottes Treue gründet.
Das gilt nicht nur für mich, sondern auch für alle anderen, die von
dieser Botschaft überzeugt sind. / Denn diese Überzeugung ist für 2
uns ein fester, bleibender Halt. / Und Gott, unser Vater, wie auch 3
Jesus Christus, der Sohn des Vaters, wird euch immer mit Zuwen-
dung, voll Erbarmen und Frieden begleiten, verläßlich und voll
Liebe. / Ich habe mich sehr gefreut, als ich erfuhr, daß viele von dei- 4
nen Kindern als überzeugte Christen leben, so wie es der Vater von
uns erwartet. / Wenn ich mich jetzt an dich wende, verehrte Herrin, 5
dann will ich dir keine neue Vorschrift geben. Ich wiederhole nur
das Gebot, das wir von Anfang an haben, nämlich unsere Ver-
pflichtung zu gegenseitiger Liebe. / Liebe heißt, daß wir nach Got- 6
tes Geboten leben. Dies ist das Gebot, das ihr von Anfang an gehört
habt und nach dem ihr leben sollt. / Es gibt viele Irrlehrer in der 7
Welt, die nicht bekennen, daß Jesus der Messias ist, der als
Mensch[1] gekommen ist. Wer das nicht bekennt, ist ein Verführer
und Antichrist. / Nehmt euch in acht, daß euch das, was wir be- 8
wirkt haben, nicht wieder verlorengeht. Achtet vielmehr darauf,
daß ihr das auch erlangt, was euch zusteht. / Jeder, der zur Lehre 9
über den Messias noch etwas hinzufügen will und sich nicht auf das
Überliefern beschränkt, der weiß nichts von Gott. Wer bei der
Lehre bleibt, der hat Gemeinschaft mit dem Vater und dem Sohn. /
Wenn jemand zu euch kommt und nicht diese Lehre vertritt, nehmt 10
ihn nicht in euer Haus auf, grüßt ihn nicht einmal. / Denn wer ihn 11
grüßt, beteiligt sich schon an seinen bösen Taten. / Ich hätte euch 12
noch viel zu sagen, aber ich möchte es nicht schriftlich tun, sondern
euch besuchen und von Angesicht zu Angesicht mit euch reden.
Darauf freue ich mich schon von Herzen. / Es grüßen dich, Herrin, 13
die Kinder deiner Schwester, die erwählt ist wie du.

[1] Wörtlich: »im Fleisch«, d. h. mit Wirkung dort, wo Menschen schwach und sterblich sind, also für Sünde und Tod. Es kann wohl vorausgesetzt werden, daß dieser Christus selbst etwas mit dem Heiligen Geist zu tun hat.

Dritter Johannesbrief

Eigenart: Anders als bei 2 Joh handelt es sich um einen Privatbrief, und zwar um einem Empfehlungsbrief.

Verfasser: Wie bei 2 Joh ist der Absender der »Älteste«.

Datierung: Das Milieu ist judenchristlich; darauf weist schon die Funktionsbeschreibung »Ältester«. Zu Heiden besteht demonstrativ kein Kontakt (V. 7). Das frühchristliche Briefformular ist noch nicht entwickelt. V. 9 könnte 2 Joh voraussetzen. Der Streit, der dann 2 Joh, 1 Joh und das Johanneische Evangelium betreffen wird, ob das Liebesgebot »alt« oder »neu« ist, spielt hier noch keine Rolle. Immerhin teilt er mit dem übrigen frühen Christentum die Gemeindebezeichnung »ekklesia« (Versammlung). Noch sind Wandermissionare kennzeichnend für den Kontakt zwischen Christen. Aus allen diesen Gründen muß der Brief sehr alt sein. – Wir setzen ihn um das Jahr 50 n. Chr. an und nehmen an, er sei gleichzeitig mit 2 Joh verfaßt worden.

Adressaten: Der angeschriebene Gaius soll die Brüder, die er schon einmal gastlich aufgenommen hat, mit materiellen Mitteln stützen. – In der Gemeinde aber regiert Diotrephes, der den »Ältesten« nicht anerkennt, seine Autorität zu untergraben versucht und die gastliche Aufnahme der Missionare verbietet. Man hat gefragt: Ist Diotrephes der rechtgläubige »Bischof« und der Presbyter der Häretiker?

Probleme: Der Streit zwischen Diotrephes und dem Ältesten bleibt nach Ausmaß und Ursache ganz unklar.

Theologie: Liebe und Gastfreundschaft gegenüber denen werden eingeschärft, die um des »Namens« willen tätig sind.

DRITTER BRIEF DES JOHANNES

Der Älteste schreibt dies an den lieben Gaius. Ich denke herzlich an 1
dich, da wir dieselbe Überzeugung haben. / Mein Lieber! Ich wün- 2
sche dir, daß du gesund bist und daß es dir in jeder Hinsicht so gut-
geht, wie es innerlich schon der Fall ist. / Ich habe mich sehr ge- 3
freut, als einige Brüder zu mir kamen und berichteten, wie treu du
zum Glauben stehst und daß du auch danach lebst. / Etwas Schö- 4
neres kann ich mir gar nicht vorstellen, als daß meine Kinder nach
ihrer christlichen Überzeugung leben. / Mein Lieber! Alles, was du 5
deinen Brüdern und Schwestern, auch wenn du sie gar nicht per-
sönlich kennst, Gutes tust, kommt aus deiner Treue und Beständig-
keit. / Die Brüder, von denen ich sprach, haben vor ihren Heimat- 6
gemeinden deine Liebe bezeugt. Wenn sie nun wieder zu euch
kommen, solltest du sie mit allem Notwendigen versorgen und
dann weiterschicken. Das sieht Gott gern. / Denn sie haben sich im 7
Dienste des Namens Gottes auf den Weg gemacht und auf jede Zu-
wendung von seiten der Heiden verzichtet. / Solche Leute müssen 8
wir aufnehmen, so werden wir Mitarbeiter im christlichen Glau-
ben. / Ich habe eurer Gemeinde einen Brief geschrieben, doch 9
Diotrephes, der so gern an der Spitze der Gemeinde steht, läßt sich
von mir nichts sagen. / Wenn ich persönlich zu euch komme, werde 10
ich euch deshalb ein paar Dinge über ihn erzählen. Denn mit bösen
Worten erzählt er Schauergeschichten über mich. – Und was noch
schlimmer ist: Er weigert sich, die reisenden Mitchristen aufzuneh-
men, und diejenigen, die Christen werden wollen, weist er ab und
wirft sie aus der Gemeinde. / Mein Lieber, ahme nicht das Böse, 11
sondern das Gute nach. Wer Gutes tut, ist Gottes Kind. Wer
Schlechtes tut, hat von Gott keine Ahnung. / Demetrius stellen alle 12
ein gutes Zeugnis aus, auch ich, und du weißt, daß man sich auf
mein Zeugnis verlassen kann. / Ich hätte dir noch viel zu sagen, 13
doch ich will es jetzt nicht schriftlich tun. / Ich hoffe, dich bald zu 14
sehen und persönlich mit dir sprechen zu können. / Ich wünsche dir 15
Frieden. Es grüßen dich eure Freunde, und ich selbst grüße auch
alle Freunde, die ich mit Namen kenne.

Paulus: Erster Thessalonicherbrief

Eigenart: Der 1 Thess ist wohl der älteste erhaltene Paulusbrief und damit eines der frühesten erhaltenen schriftlichen Dokumente des Christentums. Im Verhältnis zu anderen Paulusbriefen fehlt ein eigentliches Mittelstück (Corpus).

Datierung: Der Brief könnte um 50 n. Chr. in Korinth entstanden sein. Nach Act 18,5 traf Paulus dort Silvanus und Timotheus – eben die beiden Mitarbeiter, die er als Mitabsender in 1,1 nennt.

Adressaten: Paulus hatte die Gemeinde in Thessaloniki gegründet; die Stadt ist bis heute wichtige Hafenstadt und Verkehrsknotenpunkt. In der Gemeinde gab es hauptsächlich Heidenchristen; daher sagt Paulus ganz pauschal in 1,9, die Adressaten hätten sich von toten Götzen zum lebendigen Gott bekehrt. Aber Act 17,1 bescheinigt der Stadt auch eine Synagoge.

Probleme: Die Gemeinde hat Verfolgungen zu erleiden, und zwar von den nichtchristlichen Mitbewohnern. Sahen diese in den Christen eine Art Juden? Paulus spricht antiken Antijudaismus im Brief deutlich an. – Oder stecken hinter der Verfolgung durch Heiden auch – wie es die Act häufig bezeugt – eifersüchtige Juden? – Es ist bezeichnend, daß wir schon bzw. gerade in einem so frühen Dokument des ältesten Christentums den Widerschein erfahrener Parusieverzögerung haben: Nach 4,13 sind Probleme aufgetreten, weil Christen gestorben sind, obwohl man sie doch als die »messianische Generation« gepriesen hatte. Die Frage war: Werden sie dann also die Wiederkunft Jesu nicht erleben, weil sie zuvor gestorben sind? Um diese Frage zu beantworten, führt Paulus die Auferstehung als Hilfsvorstellung ein, von der er offenbar in seiner ersten Predigt noch nicht viel gesagt hatte.

Theologie: Der Brief ist an Christen gerichtet, die noch nicht lange Christen sind. Daher überwiegt zunächst das Thema Bekehrung. In keinem anderen Brief behandelt Paulus dieses Thema so intensiv. Zum Thema Bekehrung gehört auch Versuchung und Verfolgung. Noch nicht entfaltet sind die Rechtfertigungslehre und die Auffassung vom stellvertretenden Tod Jesu (nur kurz in 5,10 erwähnt.) – Im übrigen erwartet Paulus die entscheidende rettende Rolle Jesu erst für dessen Wiederkunft (1,10). Auch sonst betont dieser Brief die Endereignisse sehr stark. Die Anfrage der Gemeinde nach dem Geschick der Toten beantwortet Paulus mit einer genauen Abfolge der Endereignisse. In 5,1-11 fügt er ein Stück Wachsamkeitsmahnung hinzu, das große Ähnlichkeit mit den entsprechenden Mahnungen der Verkündigung Jesu hat.

ERSTER BRIEF AN DIE THESSALONICHER

1 *Kapitel 1* Paulus, Silvanus und Timotheus an die Gemeinde in
Saloniki. Verbunden sind wir alle miteinander durch Gott, unseren
Vater, und unsern Herrn Jesus Christus. Wir senden euch Gottes
Gnade und seinen Frieden.
2 Wir haben allen Grund, euretwegen Gott unaufhörlich zu danken.
3 In jedem Gebet erwähnen wir euch mit Namen. / Immer wenn wir
zu Gott, unserem Vater, beten, sprechen wir von eurem tatkräftigen
Glauben, eurer starken Liebe und eurer geduldigen Hoffnung, die
sich in vielen schweren Zeiten bewährt hat, weil sie auf unseren
4 Herrn Jesus Christus gegründet ist. / Gott liebt euch über alles, Brü-
5 der und Schwestern, und hat euch auserwählt. / Darum ist das Evan-
gelium nicht nur als Wort zu euch gekommen, sondern auch als
Wundermacht, als wunderbare Gabe des Heiligen Geistes, als feste
Gewißheit. Ihr wißt ja noch, wie es war, als wir damals zu euch ka-
6 men. / Inzwischen habt ihr dem Herrn und unserem Beispiel nachge-
eifert. Ihr habt bewiesen, daß die Botschaft wirklich bei euch ange-
kommen ist, denn ihr habt einerseits dafür gelitten, andererseits
aber auch aus der Freude Kraft geschöpft, die Gottes Geist schenkt.
7 / So seid ihr zum Vorbild geworden für alle Christen in Makedonien
8 und Achaia. / Denn von eurer Gemeinde aus ist nicht nur die Bot-
schaft des Herrn in Makedonien und Achaia verbreitet, sondern die
Kunde von unserem Glauben an Gott überallhin getragen worden.
9 Daher wäre es eigentlich unnötig, euch weiter zu belehren. / Denn
alle Welt ist voll des Lobes darüber, wie bereitwillig ihr uns aufge-
nommen habt, und spricht davon, daß ihr, die ihr früher Götzen ge-
dient habt, jetzt umgekehrt seid zu dem lebendigen, einzig wahren
10 Gott[1] / und daß ihr auf Jesus, seinen Sohn, hofft, den er aus Toten
auferweckt hat, der vom Himmel her wiederkommen und uns retten
wird[2] aus seinem kommenden Zorngericht.

---

[1] Paulus spricht hier über die Bekehrung der Thessalonicher in der typischen jüdisch-hellenistischen Bekehrungsterminologie. Die Rede ist z. B. vom lebendigen Gott im Unterschied zu den toten Götzen der Vergangenheit.

[2] Der Akzent liegt hier ganz auf dem künftigen Erlöserwirken Jesu. Anders akzentuiert Paulus z. B. in Röm 5,10f: Das Größere ist jetzt schon geschehen, das weniger Gewichtige kommt noch. – In der »Frühzeit« argumentiert Paulus offenbar anders.

Kapitel 2 Liebe Schwestern und Brüder! Ihr wißt doch noch, wie 1
gesegnet und durchaus erfolgreich unser Wirken bei euch von An-
fang an gewesen ist. / Vorher hatten wir, wie ihr wißt, in Philippi 2
viel zu leiden gehabt und waren sogar mißhandelt worden. Trotz-
dem faßten wir uns ein Herz und haben euch mit Gottes Hilfe das
Evangelium verkündet – keine geringe Aufgabe! / Streng nach der 3
Wahrheit, lauter und ohne Vorbehalt haben wir euch gepredigt. /
Gott hat uns die Botschaft anvertraut, nachdem er uns auf Herz 4
und Nieren geprüft hatte, und genauso, wie er sie uns gab, ver-
kündigen wir sie weiter. Das tun wir nicht den Menschen zu Ge-
fallen, sondern für Gott, der unsere Herzen genau kennt. / Wir tun 5
es auch nicht, um jemandem nach dem Munde zu reden oder um
einen Vorwand zu haben, daß wir Geld kassieren – Gott ist unser
Zeuge –, / und auch nicht, um bei euch oder anderen Menschen 6
irgendwelchen Ruhm zu erringen, / oder weil wir als Apostel des 7
Messias erwarteten, besonders geehrt zu werden. Wir haben ein-
fach nur getan, was unsere Aufgabe war, so wie eine Mutter, die
ihr Kind stillt. / Voller Zuneigung wollten wir euch nicht nur am 8
Evangelium Gottes teilhaben lassen, sondern euch auch uns selbst
geben. Denn wir haben euch liebgewonnen. / Ihr werdet euch er- 9
innern, liebe Schwestern und Brüder, daß uns das auch einigen
Schweiß gekostet hat. Denn Tag und Nacht haben wir für unsern
Lebensunterhalt gearbeitet, um euch das Evangelium Gottes ver-
künden zu können, ohne einem von euch zur Last zu fallen. / Das 10
könnt ihr selbst genauso bezeugen wie Gott. Wir haben versucht,
eine Stütze für euren Glauben zu sein, indem wir anständig lebten
und keinen Anlaß zum Tadel gaben. / Und ihr erinnert euch sicher, 11
daß wir uns um euch gekümmert haben wie ein Vater um seine
Kinder. / Jeden einzelnen von euch haben wir angeleitet, getröstet 12
und eindringlich ermahnt, daß ihr euch so verhaltet, wie Gott es
will. Er hat euch in sein Reich berufen, weil er euch verherrlichen
will. / Wir danken Gott immer wieder, daß ihr unsere Botschaft 13
nicht als Menschenwort, sondern wirklich als das, was sie ist,
nämlich als Gottes Wort, angenommen habt. Weil ihr glaubt, ist
Gott auch in euch wirksam. / Liebe Brüder und Schwestern, ihr 14
habt euch an den Christengemeinden in Judäa ein Beispiel genom-
men. Ihr habt dasselbe erlitten wie sie. Was sie von den Juden
erleiden mußten, habt ihr von euren Landsleuten erleiden müs-
sen. / Die Juden haben erst die Propheten getötet, dann Jesus, 15
unseren Herrn, und schließlich haben sie uns verfolgt, / um zu ver- 16
hindern, daß wir den Heiden die Botschaft der Rettung predigen.
So gefallen sie Gott nicht, denn ihr Tun ist menschenfeind-

lich.[3] Schon immer haben sie Sünden aufgehäuft, jetzt aber ist das
Maß voll. Gottes Zorn ist schon für immer auf sie gekommen.[4]
17 Liebe Brüder und Schwestern! Dadurch, daß wir nicht mehr bei
euch sind, sind wir regelrecht verwaist. Doch wir sind nur äußer-
lich von euch getrennt, nicht im Herzen, und es wird nicht lange
dauern. Wir haben alles darangesetzt, euch so schnell wie möglich
wiederzusehen, weil wir so große Sehnsucht nach euch haben, /
18 und waren auch – ich, Paulus, sogar zweimal – drauf und dran,
19 euch zu besuchen, doch der Satan hat es verhindert. / Denn ihr,
ganz besonders ihr, seid unsere ganze Hoffnung und Freude und
werdet uns die allergrößte Ehre machen, wenn unser Herr Jesus
20 Christus wiederkommt. / Ihr seid unser Stolz und unsere Freude.

1 *Kapitel 3* Schließlich konnte ich es nicht länger aushalten, nichts
von euch zu hören, und beschloß, allein in Athen zurückzubleiben
2 / und Timotheus, unsern lieben Bruder und Mitarbeiter Gottes bei
der Verkündigung des Evangeliums von Jesus, zu euch zu schicken.
3 Er soll euch stärken und ermutigen in eurem Glauben, / damit nie-
mand wankend wird in diesen Zeiten der Bedrängnis. Daß wir
schwere Zeiten durchmachen, ist nicht verwunderlich, denn das ist
4 unsere Bestimmung. / Wir hatten es schon vorhergesehen, als wir
bei euch waren. Und genau so ist es denn auch gekommen, wie
5 euch bekannt ist. / Darum hielt ich es nicht mehr aus, daß ich nichts
mehr von euch hörte, und schickte Timotheus zu euch, um zu er-
fahren, wie es mit eurem Glauben aussieht. Hoffentlich hatte der
Teufel mit seinen Versuchungen[5] bei euch keinen Erfolg, sonst
wäre ja alle die Mühe, die wir uns mit euch gegeben haben, um-
6 sonst gewesen. / Gerade kommt Timotheus von euch zurück und

---

3 Paulus übernimmt hier Elemente das antiken Antijudaismus. Er verwendet sie als Jude im Rahmen der deuteronomistischen Prophetentradition, wonach Israel alle seine Propheten mißhandelt hat und dafür jeweils bestraft wurde (vgl. dazu: O. H. Steck: Israel und das gewaltsame Geschick der Propheten, 1967).

4 Da der Brief lange vor der Zerstörung Jerusalems (70 n. Chr.) geschrieben ist, ist der Zorn wohl auf die endgültige Verstockung Israels zu beziehen (vgl. so auch Röm 9,22, im Kontext ab 9,18), d. h., daß es das Evangelium nicht mehr wahrnehmen kann. In Röm 11 ändert Paulus seine Position: Israel findet am Ende das Erbarmen Gottes (Röm 11,25-32).

5 Der Teufel als Versucher richtet sich traditionell an Neubekehrte, das gilt im Judentum wie im Christentum. Die Identität der Neubekehrten ist noch ungesichert, und der »Teufel«, der sich meldet, ist oft die eigene Vergangenheit.

bringt uns die frohe Botschaft, daß euer Glaube lebendig ist und
sich in Liebe zeigt, daß ihr uns noch immer in guter Erinnerung
habt und uns gerne wiedersehen wollt, was auf Gegenseitigkeit be-
ruht. / So sind die Nachrichten über euch und eure Treue in unserer 7
gegenwärtig sehr schwierigen und bedrängten Lage ein großer
Trost für uns. / Wenn ihr in eurem Christentum standfest seid, be- 8
deutet das für uns wahrhaftig Leben, / weil wir uns so sehr über 9
euch freuen können. Wie sollen wir Gott dafür nur angemessen
danken? / Wir beten unaufhörlich darum, euch bald wiedersehen 10
zu dürfen, damit euer Glaube bald vollkommen ist, / und daß Gott, 11
unser Vater, und unser Herr Jesus Christus unsere Schritte zu euch
lenken mögen. / Euch aber gebe der Herr, daß eure Liebe zueinan- 12
der und zu allen Menschen an Kraft und Reichtum gewinne und
daß unsere Liebe euch gegenüber ihr in nichts nachstehe. / Er ma- 13
che eure Herzen stark, daß ihr heilig und gerecht dasteht vor unse-
rem Gott und Vater, wenn Jesus mit allen seinen heiligen Engeln
wiederkommt.

Kapitel 4 Liebe Brüder und Schwestern! Im Namen des Herrn Je- 1
sus Christus möchten wir euch dies ans Herz legen: Wenn ihr das,
was ihr von uns angenommen habt, in eurem Leben Wirklichkeit
werden laßt, dann wird euer Christentum lebendig, vielfältig und
reich. Das sieht Gott gern. / Einige der Christenpflichten, die wir 2
euch im Namen Jesu Christi mitgeteilt haben, sind euch wohlbe-
kannt, wie ihr euch erinnern werdet. / Gott will, daß ihr heilig seid. 3
Das bedeutet, daß ihr euch von aller Sexgier verabschiedet, / daß 4
ihr in allem, was den Sex betrifft, mit dem Leib voll heiliger Ehr-
furcht umgeht. / Seid nicht maßlos triebhaft, wie man es den Hei- 5
den nachsagt, die den Schöpfer nicht achten. / Vergreift euch auch 6
nicht am Eigentum von Bruder oder Schwester, haut sie nicht übers
Ohr! In allen solchen Dingen ist Gott ein strenger Richter, wie wir
euch bereits eingeschärft haben. / Daß Gott uns berufen hat, bedeu- 7
tet nicht, daß es nun auf nichts mehr ankommt, sondern er hat uns
in die Heiligkeit hineingerufen, und das heißt Unterscheidung, bei
der es sehr wohl auf alles ankommt. / Die Mißachtung der Gebote, 8
die mit der Heiligkeit zu tun haben, richtet sich nicht etwa gegen
den menschlichen Verkündiger, sondern gegen Gott selbst, der sei-
nen Heiligen Geist auch in euch gelegt und so euch heilig gemacht
hat. / Über die geschwisterliche Liebe unter Christen muß ich euch 9
ja nichts schreiben, / denn ihr liebt einander, als hätte Gott selbst 10
es euch gelehrt. Auch gegenüber allen Gemeinden in ganz Makedo-
nien übt ihr bereits christliche Liebe. Wir bitten euch: Verstärkt

11 eure Bemühungen noch mehr! / Es muß eine Ehrensache für euch
sein, anständig und unauffällig zu leben, vor der eigenen Tür zu
kehren und mit eurer Hände Arbeit Geld zu verdienen. Seht zu, /
12 daß ihr nach außen hin keinen Anstoß erregt und daß ihr keine
fremde Hilfe braucht.
13 Liebe Brüder und Schwestern! Ich möchte euch gern etwas über die
entschlafenen Christen sagen, damit ihr nicht so traurig sein müßt
14 wie die anderen Menschen, die keine Hoffnung haben. / Nach un-
serem Glauben ist Jesus gestorben und auferstanden, und gerade
so, wie Jesus auferstanden ist, wird Gott mit ihm zusammen auch
15 die entschlafenen Christen auferweckt sichtbar werden lassen. / Ich
möchte es euch mit einem Wort des Herrn sagen: Wenn wir bis da-
hin noch am Leben sind, werden wir bei der Wiederkunft des
16 Herrn nicht weiter vorne stehen als die Entschlafenen. / Die Rei-
henfolge der Ereignisse wird so sein: Wenn der Ruf des Erzengels
zu hören ist und die Trompete Gottes ertönt, steigt der Herr Jesus
Christus vom Himmel herab, und dann werden zuerst die im Glau-
17 ben an Jesus gestorbenen Toten auferstehen, / bevor wir, die noch
Lebenden, zusammen mit den Auferstandenen in Wolken entrückt
werden, dem Herrn entgegen, der in der Luft kommt.[6] Wenn wir
ihn erreicht haben, werden wir mit ihm vereint werden und vereint
18 bleiben. / Mit dieser Hoffnung könnt ihr einander trösten.

1 *Kapitel 5* Über den genauen Zeitpunkt, Brüder und Schwestern,
2 muß ich euch nichts schreiben, / denn ihr wißt ja: Der Tag des
Herrn kommt wie ein Dieb in der Nacht; keiner weiß, wann es sein
3 wird. / Wenn man euch sagt: »Seid nur ruhig, es ist alles in Ord-
nung!«, gerade dann braut sich ein jähes Vernichtungsgericht zu-
sammen. Es trifft euch ohne Vorwarnung, wie die erste Wehe eine
schwangere Frau. Keiner entkommt ihm.
4 Brüder und Schwestern! Sitzt nicht im Finstern herum, sonst über-
5 rascht euch der Tag des Herrn wie ein Dieb. / Denn ihr seid Kinder
des Lichts und des Tages. Wir gehören nicht zu den finsteren Gesel-
6 len der Nacht. / Daher wollen wir uns nicht hinlegen und die Zeit
verschlafen wie die übrigen, sondern wachen und nüchtern bleiben.
7 / Denn wer nachts schläft und wer nachts betrunken ist, beide ge-
8 hören der Dunkelheit. / Wir aber gehören dem Tag. Darum wollen
wir einen klaren Kopf behalten. Wir sind gut gerüstet: Unser Pan-

---

[6] Auferstehung ereignet sich hier – wie auch nach 1 Kor 15 – nur an den Entschlafenen, nicht an allen. Die Lebenden werden entrückt und müssen nicht erst sterben.

zer sind Glaube und Liebe, und unser Helm ist die Hoffnung auf
Heil. / Denn Gott will nicht, daß wir dem Zorngericht verfallen, 9
sondern daß wir durch unsern Herrn Jesus Christus gerettet wer-
den, / der an unserer Stelle gestorben ist. Wenn wir gerettet werden, 10
heißt das, daß wir mit dem Herrn zusammen leben, und dann ist es
ganz gleich, ob wir wachen oder schlafen, denn dann ist die Zeit
der Bewährung vorbei. / So sollt ihr einander ermahnen und im 11
Glauben stärken, wie ihr es ja auch schon tut. / Liebe Brüder und 12
Schwestern! Wir bitten euch: Hört auf die, die unter euch Missi-
onsarbeit leisten, auch auf die Gemeindevorsteher und diejenigen,
die euch den rechten Weg weisen. / Dankt ihnen das, was sie tun, 13
durch besonders liebevolle Behandlung und lebt in Frieden mitein-
ander. / Laßt euch dies als Mahnung mitgeben: Liebe Brüder und 14
Schwestern, kümmert euch um die, die keine Ordnung kennen,
muntert die Ängstlichen auf, helft den Schwachen, habt Geduld mit
allen. / Keiner soll Böses mit Bösem heimzahlen, sondern setzt alles 15
daran, einander und überhaupt allen immer Gutes zu tun. / Seid al- 16
lezeit fröhlich. / Laßt nicht nach im Beten. / Dankt Gott! So will es 17, 18
Gott, und er hat es durch Jesus Christus auch möglich gemacht und
euch gezeigt. / Laßt den Heiligen Geist nicht erlöschen! / Achtet 19, 20
prophetische Gaben nicht gering! / Prüft alles kritisch, nur das 21
Gute behaltet. / Von allen Verkleidungen des Satans haltet euch 22
fern! / Gott, der allein Heil und Frieden schenkt, lasse euch immer 23
mehr und ganz und gar sein heiliges Volk und Eigentum werden, er
behüte euch ganz an eurem Innersten, am Herzen und am Leib, da-
mit ihr ohne Tadel seid, wenn unser Herr Jesus Christus wieder-
kommt. / Der euch ruft, ist der treue Gott; er wird tun, was er ver- 24
sprochen hat. / Brüder und Schwestern, betet für uns. / Grüßt alle 25, 26
Schwestern und Brüder mit einem heiligen Kuß. / Im Namen des 27
Herrn bitte ich euch dringend, diesen Brief allen Brüdern und
Schwestern vorzulesen. / Unser Herr Jesus Christus begleite euch 28
mit seiner Gnade.

Zweiter Thessalonicherbrief

Eigenart: Umstritten ist vor allem das Verhältnis zum 1 Thess. Einerseits stimmt das Vokabular weitgehend überein. Auch das Thema ist weitgehend das von 1 Thess 4,13-5,11 (Endereignisse). Doch andererseits wehrt sich 2 Thess 2,2 ausdrücklich gegen einen Paulusbrief oder angeblich von Paulus geschriebenen Brief, wonach das Ende (der Tag des Herrn) unmittelbar bevorstünde. Meint der Verfasser dieses Briefes damit den 1 Thess? Ist der Verfasser des Briefes Paulus oder ein Paulusschüler, der es besser machen und sich weniger mißverständlich äußern will als sein Meister? Diese Fragen sind fast alle ungeklärt.

Datierung: Wenn 2 Thess 2,2 auf 1 Thess 4-5 oder eine Auslegung dieses Stückes Bezug nimmt, dann kann er nicht lange danach entstanden sein. Denn wenn der Tag des Herrn so nahe ist, kann es nicht jahrelang dauern, bis sich alles erfüllt. Auch wenn 2,2 nicht 1 Thess meint, sondern vielleicht Röm 13,11 oder ähnliches, so ist auch hier der Abstand sicher nicht lang gewesen. Ich plädiere dafür, daß der Brief sich entweder nahe an 1 Thess anschließt, dann ist er um 50 entstanden, oder nahe an den Römerbrief, dann ist er um 56 entstanden. Zwischen 50 und 56 würde ich den Brief daher datieren. Er bekämpft jedenfalls eine offenbar nicht ganz abwegige Paulusdeutung, gleich, ob der vorausgesetzte Paulusbrief echt oder unecht ist.

Adressaten: Die Adressaten sind wieder die Gemeindechristen in Thessaloniki. Der Stil setzt voraus, daß 1 Thess bekannt ist, oder weist auch zusätzlich darauf hin, daß der Verfasser wegen der Materie auf den Stil des 1 Thess zurückgreifen mußte.

Probleme: Der Brief behandelt die Frage, wie nahe für die Christen »das Ende« ist. Die Antwort: Das Ende kommt noch lange nicht. Das Böse, das sich am Ende ganz entfalten wird, hat sich noch nicht einmal offen gezeigt. Es wird noch aufgehalten. – Die Frage ist auch, ob die Müßiggänger, die Kapitel 3 erwähnt, nicht (mehr) arbeiten, weil sie das nahe Ende erwarten oder weil sie die christliche Gastfreundschaft mißbrauchen.

Theologie: Trotz der Anleihen bei Paulus ist der 2 Thess ein ganz eigenständiges Dokument. Es vertritt eine judenchristliche Apokalyptik, die großes Gewicht auf die künftige Offenbarung Jesu Christi in Herrlichkeit legt. Tod und Auferstehung Jesu spielen ebenso keine Rolle wie die Rechtfertigungslehre. Das alles spricht eher für archaischere Verhältnisse als für späte Nachahmung des Paulus, die schon wieder stark re-apokalyptisiert wäre.

ZWEITER BRIEF AN DIE THESSALONICHER

1 *Kapitel 1* Paulus, Silvanus und Timotheus an die Gemeinde in Sa-
loniki. Verbunden sind wir alle miteinander durch Gott, unseren
2 Vater, und unseren Herrn Jesus Christus. / Von Gott, dem Vater,
und Jesus Christus, dem Herrn, geben wir Gnade und Heil an euch
3 weiter. / Wir haben allen Grund, euretwegen Gott unaufhörlich zu
danken, Brüder und Schwestern, denn euer Glaube ist kräftig ge-
worden, und die Liebe, die euch alle miteinander verbindet, ist
4 stark. / Daher stellen wir euch voller Stolz den anderen Gemeinden
als Beispiel hin und heben lobend hervor, mit welcher Geduld und
Treue ihr grausame Verfolgung und bittere Drangsal ausgehalten
5 habt. / Für euch und für die anderen ist dies ein Hinweis auf Gottes
kommendes gerechtes Gericht. Denn was euch betrifft, so kann
man, nachdem ihr euch so bewährt habt, jetzt schon erkennen, daß
ihr an der Herrschaft Gottes, um derentwillen ihr leidet, teilhaben
6 werdet. / Was unsere Feinde betrifft, so ist es nur gerecht, daß Gott
7 an denen Vergeltung übt, die euch quälen. / Und es ist ebenso ge-
recht, daß Gott euch, die ihr jetzt bedrängt und gequält werdet, aus
allen Leiden erlösen wird, wenn Jesus Christus, der Herr, mit den
Engeln, die Zeichen seiner Macht sind, vom Himmel her sichtbar
8 wird. / Dann wird das Feuer alle strafen, die Gott nicht kennen und
nicht dem Evangelium von unserem Herrn Jesus Christus folgen. /
9 Sie werden dies mit ewigem Verderben büßen. Alle Strafe und alles
10 Heil gehen aus vom Herrn und von seiner herrlichen Kraft. / Wenn
er kommt, wird er herrlich sein inmitten seiner Heiligen und umju-
belt werden von allen, die glauben. Da ihr euch mit eurem Glauben
auf unser Zeugnis eingelassen habt, werdet auch ihr an jenem Tag
11 dabeisein. / Daher beten wir ohne Unterlaß: Unser Gott möge sein
Werk vollenden, indem er euch so werden läßt, wie er es wollte, als
er euch berief, indem er das Maß seiner Güte, mit der er euch er-
wählt hat, vollmacht und indem er euren Glauben in Werken kraft-
12 voll sichtbar werden läßt. / So wird unser Herr Jesus Christus ver-
herrlicht durch euch und ihr durch ihn. Alles aber ist Gnade
unseres Gottes und unseres Herrn Jesus Christus.

1 *Kapitel 2* Liebe Brüder und Schwestern! Wir glauben, daß unser
Herr Jesus Christus wiederkommen wird und daß wir mit ihm ver-
2 einigt werden. / Laßt euch, darum bitten wir, nicht so schnell er-

schüttern, daß ihr vor Angst und Schrecken den Verstand verliert.
Es soll da angeblich ein Wort des Heiligen Geistes, eine Bemerkung
von uns oder sogar einen Brief geben, aus denen man entnehmen
kann, daß der Tag des Herrn schon vor der Tür steht. / Laßt euch 3
durch nichts und niemanden täuschen. Bevor das Ende kommt,
müssen erst viele untreu werden. Und dann muß auch noch erst der
Widersacher, der Erzböse, der Verderber offenbart werden. / Er 4
stellt sich über alle Götter und über alles, was heilig ist, setzt sich
in Gottes Tempel in Jerusalem und behauptet, er sei Gott. / Wie ihr 5
euch erinnern werdet, hatte ich euch schon, als ich bei euch war,
gesagt, / wie es ablaufen wird: Der Erzböse treibt zwar jetzt schon 6-7a
sein Unwesen, ist aber noch nicht sichtbar, irgend etwas zögert dies
noch hinaus[1], bis der festgesetzte Zeitpunkt da ist. / Wenn dann 7b
die Macht[2], die ihn jetzt noch zurückhält, verschwindet, / zeigt 8
sich der Erzböse offen. / Er hat seine Kraft vom Satan und wirkt 9
trügerische Machttaten, Zeichen und Wunder. Ihn wird Jesus, der
Herr, wenn er wiederkommt, mit einem einzigen Hauch vernich-
ten. / Diejenigen, die der Erzböse in die Irre geführt hat, werden 10
verlorengehen. Denn weil sie die Liebe Gottes nicht annehmen
konnten, werden sie nicht gerettet. / Gott schickt ihnen den trüge- 11
rischen Wahn, damit sie auf die Lüge hereinfallen. / So werden alle 12
verurteilt werden, die dem einzig wahren Gott nicht geglaubt ha-
ben und statt dessen dem Unrecht nachgelaufen sind. / Liebe Brü- 13
der und Schwestern! Ohne Unterlaß müssen wir Gott dankbar sein
für euch. Denn der Herr liebt euch und hat euch erwählt, so daß ihr
als erstes Glied einer Kette weiterer Gemeinden gerettet werdet. Er
hat euch durch den Heiligen Geist geheiligt und euch den Glauben
geschenkt. / Weil er euch durch unsere Verkündigung des Evange- 14
liums berufen hat, sollt ihr teilhaben an der Herrlichkeit unseres
Herrn Jesus Christus. / Da ihr so begnadet seid, bleibt standhaft 15
und bewahrt all das treu, was ich euch mündlich oder brieflich ge-
lehrt und überliefert habe. / Ich wünsche euch, daß unser Herr Je- 16
sus Christus und Gott, unser Vater, der uns liebt und dessen große
Gnade uns diese starke Hoffnung geschenkt hat, euch in euren

[1] Das, was hinauszögert, betrifft hier (anders als sonst in den apokalyptischen Texten) nicht das kommende Gute, sondern hier bleibt das davor kommende Böse noch verhüllt.

[2] Der griechische Text läßt offen, ob es sich um eine dingliche Größe, zum Beispiel das Römische Reich oder die Bosheit der Welt (Vers 6), oder um eine personale Größe, z. B. einen prophetischen Widersacher (Vers 7), handelt. In der Forschung ist diese Frage umstritten.

Herzen froh machen und euch die Kraft zu guten Werken und Worten geben mögen.

1 *Kapitel 3* Liebe Brüder und Schwestern! Betet für uns, daß sich
die Botschaft schnell verbreitet und überall – wie bei euch – mit
2 Lobpreis angenommen wird. / Betet, daß wir von bösen und gemei-
nen Menschen befreit werden. Denn nicht alle finden zum Glau-
3 ben. / Der treue Gott stärke euch und bewahre euch vor dem Teu-
4 fel. / Wir setzen unser Vertrauen auf Gott, daß ihr tun werdet, was
5 wir euch sagen. / Der Herr lenke eure Herzen, daß ihr Gott liebt
6 und geduldig ausharrt, eins mit Christus. / Brüder und Schwestern!
Im Namen Jesu Christi legen wir euch ans Herz, euch von allen in
der Gemeinde fernzuhalten, die kein ordentliches Leben führen,
7 wie wir es euch vorgelebt haben. / Denn ihr kennt ja das Beispiel,
dem man nacheifern sollte: Wir haben bei euch ein ordentliches Le-
8 ben geführt / und uns unseren Lebensunterhalt von niemandem
schenken lassen, sondern Tag und Nacht mit eigener Hände Arbeit
mühsam unser Brot verdient, damit wir niemandem zur Last fallen,
9 / obwohl wir durchaus das Recht hätten, uns von einer Gemeinde
ernähren zu lassen. Doch wir wollten euch ein Beispiel geben, dem
10 ihr nacheifern könnt. / Denn als wir bei euch waren, haben wir ja
den Grundsatz verkündet: »Wer nicht arbeiten will, soll auch nicht
11 essen!« / Nun haben wir gehört, daß einige bei euch ihren Beruf
aufgegeben haben und kein ordentliches Leben mehr führen, son-
12 dern die Zeit totschlagen, anstatt sie zu nutzen. / Solchen Leuten
legen wir im Namen des Herrn Jesus dringend ans Herz, daß sie
ordentlich ihr Tagewerk verrichten und sich so ihren Lebensunter-
13 halt verdienen sollen. / Ihr aber, Brüder und Schwestern, werdet
14 nicht müde, Gutes zu tun. / Wenn jemand aber auf unseren Brief
hier nicht hören will, so merkt ihn euch und meidet seine Gesell-
15 schaft, ächtet ihn. / Doch behandelt ihn nicht wie einen Feind, son-
16 dern helft ihm, sich zu bessern, er ist schließlich euer Bruder. / Gott,
der Herr des Friedens, schenke euch immer und überall Heil und
17 Frieden. Der Herr sei mit euch allen. / Herzliche Grüße, euer Pau-
lus.
Diesen Gruß habe ich eigenhändig geschrieben. An dieser Hand-
18 schrift erkennt ihr die Echtheit meiner Briefe. / Unser Herr Jesus
Christus sei gnädig bei euch allen. Amen.

Erster Petrusbrief

Eigenart: Ähnlich wie Jak ist 1 Petr ein Rundbrief, der sich an mehrere Gemeinden richtet.

Datierung: Der Verfasser teilt viele Überzeugungen mit Paulus, manchmal bis in den Wortlaut hinein. Oft ist die Gestalt, in der er mit Paulus Gemeinsames bietet, sichtlich älter als die Paulinische Fassung (vgl. dazu K. Berger, Theologiegeschichte des Urchristentums, 2. A. 1995, §§ 254-264). Daher ist der Brief zwischen 50 und 55 zu datieren.

Verfasser: Neuerdings wird wieder erwogen, ob nicht doch der Apostel Petrus der Verfasser des Briefes sein könnte. Interessant wäre dann, daß er sich nach 5,1 zwar auf die Augenzeugenschaft beim Leiden Jesu beruft, nicht aber auf die Vision des Auferstandenen. Man könnte sagen: Mit den Adressaten hat er ja nur das Leiden gemeinsam. Hier betont er eben im Kontext nicht seine Sonderrolle.

Adressaten: Der Brief ist laut 1,1 an Heidenchristen gerichtet, die in einem Bereich wohnen, den Paulus mit seiner Mission nicht erreicht hat.

Probleme: Die verschiedenen Gemeinden der Adressaten leiden soziale Diskrimierung seitens ihrer heidnischen Umwelt. Sieht diese die Christen als eine Art Juden an? Der Verfasser versucht, dieser Situation Positives abzugewinnen, indem er den Christen nahelegt, ihr Außenseitertum als den Status von Fremdlingen zu bejahen.

Theologie: An zwei Punkten ragt 1 Petr besonders hervor: in seiner Leidenstheologie und in der Darstellung der Gemeinde als Tempel. Mit der Leidenstheologie kann der Verfasser die Situation theologisch mit Jesus und seinem Leiden verbinden. Durch die Tempel-Theologie kann er der Gemeinde ein kräftiges Bewußtsein theologischer Identität vermitteln. In den ausführlich referierten Haustafeln entwirft der Verfasser (ähnlich wie Kol und Eph) ein moralisches Ordnungsschema für antike Heidenchristen. Dieses Schema ist nicht am jüdischen Gesetz orientiert, sondern am Pflichtenkatalog des »Hauses« in der hellenistischen Welt. Mit Paulus und dem Hebr gehört der 1 Petr zu den drei Säulen der frühen antiochenischen Brieftheologie.

ERSTER BRIEF DES PETRUS

Kapitel 1 Petrus, der Apostel Jesu, des Messias, schreibt diesen 1
Brief an die Christen, die von Gott erwählt, aber doch Fremde in
der Diaspora von Pontus, Galatien, Kappadokien, der Provinz Asia
und Bithynien sind. / Ihr seid von Gott, dem Vater, auserwählt und 2
vom Heiligen Geist geheiligt worden. Jesus Christus habt ihr als eu-
rem Herrn gehorcht, seid mit seinem Blut besprengt und dadurch
rein geworden. Gottes Gnade und Gottes Friede mögen euch reich-
lich geschenkt werden. / Gott sei gelobt. Er ist der Vater unseres 3
Herrn Jesus Christus und hat uns sein großes Erbarmen erwiesen,
indem er Jesus Christus aus den Toten auferweckt hat. Dadurch hat
er auch uns eine begründete Hoffnung auf Leben geschenkt und
uns noch einmal neu geschaffen. / Denn auch wir dürfen dasselbe 4
erwarten. Im Himmel ist etwas ganz Reines für euch aufgehoben,
das nicht vergeht und nicht welkt. / Wenn ihr Gott im Glauben die 5
Treue haltet, bewahrt er euch in seiner Macht, bis ihr das Heil
schauen dürft, das am Ende der Zeit offenbar wird. / Ihr habt allen 6
Grund zur Freude. Denn die Zeit, in der ihr Kummer habt und im-
mer wieder vor Bewährungsproben gestellt werdet, ist bald vorbei.
Weil die Abfolge von Schmerz und Herrlichkeit unumkehrbar ist,
könnt ihr sicher sein: / Wenn ihr die Zeit der Bewährung treu über- 7
standen habt, dann ist das, wie wenn Gold im Feuer geläutert ist.
Dabei gehört Gold nur zu den vergänglichen Dingen. Ihr jedoch
werdet dann, wenn Jesus Christus offenbart wird, gelobt, geehrt
und mit Herrlichkeit gekrönt.[1] / Obwohl ihr Jesus Christus jetzt 8
nicht sehen könnt, liebt ihr ihn. Aber weil ihr ihn nicht schauen
könnt, ist dafür euer Glaube um so mehr von Jubel, von unsäg-
licher Freude und großer, wenn auch verborgener, Herrlichkeit er-
füllt. / Dadurch erlangt ihr euer Heil, das Ziel eures Weges im Glau- 9
ben. / Schon die Propheten, die nach dieser Erklärung gefragt und 10
gesucht hatten, haben die Gnade Gottes, die ihr empfangen habt,
verkündet. / Weil der Geist Jesu Christi selbst sie inspiriert hatte, 11

[1] Das theologische Grundschema des 1 Petr: Jetzt ist eine Zeit des Leidens. Das sind Drangsale, die man besonders als Neubekehrter zu ertragen hat (vgl. genauso: Jak 1 und 1 Thess 3), denn sie sollen die Probe darauf liefern, daß die Bekehrung echt ist. Auf diese kurze Zeit des Leidens folgt die Offenbarung der Herrlichkeit. Jesus Christus ist diesen Weg schon als Urbild gegangen. – In der Gegenwart gibt es neben dem Leiden jetzt schon die Freude, ein Geschenk des Heiligen Geistes.

konnten sie Jesu Leiden und die Herrlichkeit danach vorhersagen.
12 Als sie aber wissen wollten, wann dies sein würde, / wurde ihnen
geoffenbart, daß diese Botschaft nicht für sie selbst, sondern für
euch gedacht war. Jetzt wird sie euch durch die Boten, die euch das
Evangelium gebracht haben, in der Kraft des Heiligen Geistes, der
vom Himmel her kommt, verkündet. Diese Botschaft ist so herr-
lich, daß selbst die Engel voller Sehnsucht sich vom Himmel her
13 vornüber neigen, um einen Blick darauf zu werfen. / Darum haltet
euch bereit und seid nicht schläfrig, sondern hellwach. Erwartet al-
les von Gott, der euch bei der Offenbarung Jesu Christi voll Gnade
14 beschenken wird. / Ich wünsche mir, daß ihr jetzt gehorsame Kin-
der seid und nicht in die Haltlosigkeit von damals, als ihr noch Hei-
15 den wart, zurückfallt. Paßt euch nicht dem Alten an, / sondern
nehmt den heiligen Gott selbst zum Maßstab. Er hat euch berufen,
16 und ihr sollt in eurem Leben so werden wie er. / Wie er nach der
17 Schrift sagt: »Seid heilig, denn ich bin heilig.« / Gott wird ohne An-
sehen der Person jeden einzelnen nach seinem Werk richten. Daher
müßtet ihr eigentlich die restliche Zeit eures Erdendaseins wie
Fremdlinge im Exil in Furcht und Angst vor ihm leben. Doch ihr
18 ruft diesen Gott ja auch als Vater an / und wißt, daß er euch erhört
hat. Daher geht es nicht nur um Furcht und Angst [(21b) sondern
um Glaube und Hoffnung]. Ihr wurdet nicht mit vergänglichen
Schätzen aus Gold und Silber, wie das bei Götzen üblich ist, aus
19 eurem angestammten dumpfen Heidentum freigekauft, / sondern
durch das kostbare Blut des reinen, makellosen Lammes Jesus
20 Christus. / Schon vor Erschaffung der Welt hatte Gott ihn im Sinn,
aber er hat ihn erst jetzt, gegen Ende der Zeiten, geoffenbart, weil
21 sich nun die Botschaft euch, den Heiden, zuwendet. / Weil Gott ihn
aus Toten auferweckt und mit Herrlichkeit gekrönt hat, könnt ihr
22 an Gott glauben und auf Gott hoffen. / Ihr könnt euch Gott ganz
zu eigen geben, indem ihr euch gehorsam an ihn haltet. Da dies in
reiner Geschwisterliebe zum Ausdruck kommt, liebt einander von
23 Herzen und laßt euch nicht davon abbringen. / Denn ihr seid neu
geboren, aber nicht auf irdische Art, sondern so, daß es kein Ende
gibt. Durch das bleibende Wort des lebendigen Gottes seid ihr neu
24 geschaffen. / Alles Irdische ist wie Gras oder wie eine prächtig blü-
25 hende Wiese. Das Gras verdorrt und die Blüten fallen ab. / Das
Wort Gottes aber bleibt für immer. Das ist die Botschaft, die uns
verkündigt wurde.

1 *Kapitel* 2 Legt alles ab, was nicht mehr zu euch paßt: Verbannt
alles Böse, alle Listen aus eurem Sinn, laßt das Heucheln, vergeßt

Neid und verleumderische Nachrede. / Wie Neugeborene nach 2
Milch schreien, so verlangt nach unverfälschter Redlichkeit. Diese
Nahrung läßt euch heranwachsen, dem Ziel der Erlösung entgegen.
/ Dann werdet ihr schmecken, wie freundlich Jesus, unser Herr, ist. 3
/ Zu ihm dürft ihr gehen. Er ist ein Stein im Tempel des lebendigen 4
Gottes, von den Menschen mißachtet, doch in Gottes Augen aus-
erwählt und unverzichtbar. / Auch ihr seid solche Steine.[2] Gott ist 5
der Baumeister und baut mit euch sein Haus. Als heilige Priester
sollt ihr Opfer darbringen, wie Gott sie will, und Jesus Christus
bringt sie zu Gott. / So sagt Gott nach der Schrift: »Auf Sion setze 6
ich meinen auserwählten, unverzichtbaren Eckstein. Wer an ihn
glaubt, wird nicht enttäuscht.« / Ihr seid als Glaubende unverzicht- 7
bar für Gottes Tempel. Für die aber, die den Glauben ablehnen,
wird der Stein, den die Bauarbeiter als wertlos weggeworfen haben,
zu einem entscheidenden Stein, / aber in einem unheilvollen Sinne 8
zum Stein, über den sie stolpern, zur Klippe, über die sie zu Fall
kommen. Sie stoßen sich an diesem Stein, weil sie der Verkündi-
gung nicht glauben. Doch den Stein hatte Gott für sie bestimmt. /
Ihr aber seid die Auserwählten, eine königliche Priesterschaft, ein 9
heiliges Volk[3], Gottes Eigentum. Denn ihr sollt die großen Taten
Gottes verkündigen, der euch aus der Finsternis in sein wunderba-
res Licht berufen hat. / Einst wart ihr nicht Volk Gottes[4], jetzt aber 10
seid ihr es. Einst wart ihr fern von Gottes Erbarmen, jetzt aber habt
ihr es gefunden. / Ihr Lieben! Ihr seid unter den anderen Menschen 11
wie Fremde und wie auf der Durchreise. So ermuntere ich euch: Ihr
dürft eure Triebe nicht zügellos ausleben. Es geht in diesem Kampf
um euch selbst. / Euer Leben mitten unter Heiden muß vorbildlich 12
sein. Da ihr ihnen fremd vorkommt, werfen sie euch ja genau das
Gegenteil vor. Sorgt also dafür, daß die Menschen eure guten
Werke wahrnehmen und sich dann an das halten, was sie mit eige-
nen Augen gesehen haben. Dann können sie sich retten lassen und
am Tage des Gerichts Gott loben, wenn er kommt. / Unterwerft 13
euch allen Menschen, um des Herrn willen, obwohl sie nur Ge-
schöpfe sind wie ihr. Unterwerft euch dem römischen Kaiser, bei

[2] In Texten von Qumran (1 QS 8) und im Neuen Testament (1 Kor 3; Eph 2; Apk 21f) gibt es die Anschauung, daß Menschen miteinander – als Gemeinde – Gottes Tempel sind. Keineswegs setzt diese bildliche Deutung des Tempels eine Feindschaft gegenüber dem Tempel in Jerusalem voraus.

[3] Vgl. Ex 19,6; 23,22.

[4] Vgl. Hos 1,6.9; 2,3.25.

14 uns König genannt, er hat die Macht.[5] / Unterwerft euch den Statt-
haltern, sie sind vom Kaiser eingesetzt und sollten die Übeltäter be-
15 strafen und die Guten loben. / Denn Gott will, daß ihr das Gute tut
und dadurch den Unverstand der Leute zum Schweigen bringt, die
16 euch aus Unwissenheit bekämpfen. / Unterwerft euch als Freie.
Nehmt eure Freiheit nicht als Deckmantel für Böses, sondern han-
17 delt frei – als Sklaven Gottes. / Gebt allen die schuldige Ehre, liebt
18 eure christlichen Geschwister, fürchtet Gott, ehrt den Kaiser. / Nun
zu euch Sklaven: Unterwerft euch euren Herren und fürchtet sie,
indem ihr alles tut, was sie wollen. Unterwerft euch nicht nur den
guten und freundlichen Herren, sondern auch den launischen. /
19 Gnade wirkt auch darin, daß einer wegen der Bindung seines Ge-
20 wissens an Gott Kummer erträgt und ungerecht leiden muß. / Es ist
gewiß nicht rühmlich, wenn einer aufgrund von eigenen Vergehen
Strafe aushalten muß. Doch wenn ihr leidet, obwohl ihr Gutes tut
und das dann geduldig ertragt, daran zeigt sich Gottes Gnade. /
21 Dazu seid ihr berufen. Denn auch Jesus, der Messias, hat gelitten,
und zwar stellvertretend für euch. Er hat euch ein Beispiel gegeben,
22 damit ihr in seine Fußstapfen treten könnt. / Denn er hat keine
23 Sünde begangen und keine boshaften Worte gesagt. / Er wurde be-
leidigt und hat die Schmähung nicht mit gleicher Münze zurückge-
geben. Er mußte leiden und hat nicht gedroht. Er hat sich ganz dem
24 gerechten Richter anheimgegeben. / Er hat unsere Sünden mit sei-
nem eigenen Leib auf das Kreuz hinaufgetragen, damit wir von un-
seren Sünden befreit werden und nun ganz für die Gerechtigkeit da
25 sein können. Durch seine Wunden seid ihr geheiligt worden. / Denn
ihr wart wie verirrte Schafe, doch jetzt seid ihr umgekehrt zu Jesus
Christus, eurem Herrn, der euch bewacht und beschützt.

1 *Kapitel 3* Nun zu euch Frauen. Auch ihr sollt euch unterwerfen,
und zwar euren Männern. Es mag ja sein, daß sie von der Botschaft
nichts halten. Doch durch die Art, in der ihr lebt, könnt ihr sie auch
2 ohne Worte gewinnen. / Sie können mit eigenen Augen sehen, wie
3 ihr heilig und in Gottesfurcht lebt. / Euer Schmuck soll nicht äußer-
lich sein, etwa indem ihr das Haar raffiniert frisiert, Goldschmuck
4 anlegt oder elegante Kleider anzieht. / Der Schmuck, der wirklich
schön macht, besteht darin, daß der unsichtbare, innere Herzens-
mensch erfüllt ist von unvergänglichem, sanftem und friedfertigem
5 Heiligen Geist. Vor Gott ist dies alles eine Kostbarkeit. / So haben
sich auch früher die heiligen Frauen geschmückt, die alles von Gott

[5] Hier ist 1 Petr eng mit Röm 13,1-7 verwandt.

erwarteten. Sie haben sich ihren Männern unterworfen. / Sara war 6
Abraham gehorsam, den sie ihren Herrn nannte. Ihr könnt ihre
Töchter werden, wenn ihr Gutes tut und vor nichts Angst habt. /
Für die Männer gilt ähnliches: Geht verständnisvoll mit euren 7
Frauen um, ihr wißt ja doch, daß sie körperlich manchmal schwä-
cher zu sein scheinen. Doch ehrt sie, denn wie ihr sind sie Anwärter
auf die Gnade des Lebens. Andernfalls ist all euer Beten umsonst. /
Das wichtigste am Ende: Seid euch einig, liebt eure christlichen Ge- 8
schwister, seid barmherzig und demütig. / Vergeltet nicht Böses mit 9
Bösem. Wenn man euch schmäht, zahlt nicht mit gleicher Münze
zurück, sondern segnet den Schmäher. Denn ihr seid dazu berufen,
daß ihr Segen empfangt, so wie ihr Segen ausgeteilt habt. / Wer das 10
Leben liebt und gute Tage sehen will, soll sich davor hüten, böse
Worte oder Gemeines zu sagen. / Er soll sich vom Bösen abwenden 11
und das Gute tun. Er soll den Frieden suchen und ihn verwirk-
lichen. / Gott hat ein Auge auf die Gerechten und erhört ihr Gebet. 12
Doch wer Böses tut, den trifft sein Zorn. / Und wer könnte euch 13
wirklich Böses antun, wenn ihr dem Guten nacheifert? / Selbst 14
wenn ihr leiden müßt, weil ihr Gutes getan habt, seid ihr dennoch
selig zu preisen. Will euch jemand Furcht einjagen, so habt keine
Angst vor ihm und laßt euch nicht verwirren. / Nur Christus, den 15
Herrn, bewahrt heilig in euren Herzen. Seid stets bereit, jedem Aus-
kunft zu geben, der euch nach dem Grund für euren Glauben fragt.
/ Tretet den anderen gegenüber voll Freundlichkeit auf und bemüht 16
euch um ein gutes Gewissen. Dann werden die Außenstehenden,
die euch verleumden und euer gutes, christliches Verhalten herab-
setzen, beschämt. / Es ist besser, wenn ihr – so es denn Gottes Wille 17
ist – leiden müßt, obwohl ihr Gutes getan habt, als wenn ihr auf-
grund von Missetaten leiden müßtet. / Denn auch der Messias ist 18
einmal für die Sünden gestorben, unschuldig, ganz gerecht, in Stell-
vertretung für die Ungerechten. Sein Ziel war, euch zu Gott zu füh-
ren. Als sterblicher Mensch erlitt er den Tod, doch durch Gottes
Heiligen Geist wurde er wieder lebendig gemacht. / Dabei hat er 19
auch den Geistern gepredigt, die im Gefängnis festgehalten werden,
den Totengeistern der Menschen, / die zu Noahs Zeiten lebten.[6] Als 20

---

[6] Die hier berichtete Auffassung ist zu unterscheiden von der in der Ostkirche verbreiteten der Höllenfahrt Christi. Die letztere wird zwischen Tod und Auferstehung Jesu angenommen und besteht darin, daß Jesus unerkannt als Toter in das Totenreich eindringt und dann von drinnen her Tod und Hades überwältigt und die Hölle leert. In 1 Petr 3 bleibt der Zeitpunkt offen, und die Besiegung des Todes spielt keine Rolle. Jesus

die Arche schon im Bau war, hatte Gott zuerst noch geduldig gewartet, ob sich die Menschen doch noch bekehrten, aber da sie das
nicht taten, wurden ja nur acht Menschen in der Arche aus der
21 Sintflut gerettet. / Ein Gegenbild zur Arche ist jetzt die Taufe. Sie
rettet uns dadurch, daß unser Gewissen offiziell vor Gott für rein
22 erklärt wird. Denn Jesus Christus ist auferstanden / und sitzt jetzt
als unser Fürsprecher an der rechten Seite Gottes. Nachdem ihm
die Engel, Mächte und Gewalten unterworfen wurden, ist er in den
Himmel eingezogen.

1 *Kapitel 4* Der Messias hat nun als Mensch gelitten, und ich fordere euch auf, seinem Beispiel zu folgen. Denn wer freiwillig Leiden
2 erträgt, hat aufgehört zu sündigen. / Er will für den Rest seines Lebens nicht mehr den menschlichen Trieben dienen, sondern für
3 Gottes Willen dasein. / Lange genug stand in der jetzt vergangenen
Zeit das Treiben der Heiden im Mittelpunkt: Zügellosigkeit, Haltlosigkeit, Sauf- und Freßgelage, endlose Besäufnisse und entgleiste
4 Feste zu Ehren von Götzen. / Da ihr all diese Lustbarkeiten nicht
mitmachen wollt, empfinden euch die anderen als Außenseiter, als
Fremde, und sie zeigen das auch deutlich, indem sie ihre Witze über
5 euch und euren Glauben machen. / Doch sie werden vor Gott Rechenschaft ablegen müssen, denn Gott wird Lebende und Tote rich-
6 ten. / Deswegen wurde auch den Toten das Evangelium verkündet,
damit sie – nachdem sie nach Menschenart durch den Tod ihr Urteil
empfangen hatten – doch noch durch den Heiligen Geist bei Gott
7 und für Gott leben können. / Das Ende der Welt ist nahe. Deswegen
8 seid vernünftig und hellwach und betet! / Vor allem: Laßt nicht
nach in der Liebe zueinander, denn Liebe deckt eine Menge Sünden
9 zu. / Seid gastfreundlich zueinander, ohne euch heimlich zu be-
10 schweren. / Jeder nutze das besondere Charisma[7], das er empfangen hat, als besondere, heilsame Gabe, die – für Menschen unerklärbar – auf den Himmel zurückweist. So setzt eure Charismen als
Dienste in der Gemeinde um, weil die Gnade Gottes vielfältig ist
11 und Menschen verlangt, die sich in Gottes Haus auskennen. / Wenn
jemand das Charisma der Rede hat, dann soll er sich bemühen,
Worte Gottes zu sagen. Wenn jemand Dienste leistet, soll er sie tun
aus der Kraft, die Gott zuteilt. So soll in allem, was ihr tut, Gott
verherrlicht werden. Jesus Christus bewirkt diese Verherrlichung

---

verkündet das Evangelium (vgl. 4,6), und dann können alle am Heiligen Lebensgeist teilhaben, ohne daß der Ausdruck Auferstehung schon fällt.

7 Vgl. zur Paulinischen Charismen-Lehre in 1 Kor 12 und in Röm 12.

als der Mittler zwischen Gott und Mensch. Gott sei die Ehre und
die Macht für immer. Amen.
Liebe Brüder und Schwestern! Seid nicht befremdet, wenn ihr zur 12
Bewährung eures Glaubens wie durch Feuer hindurchmüßt. / Ihr 13
habt ja an den Leiden Jesu Christi Anteil. Darüber dürft ihr euch
freuen. Denn ihr werdet auch in Freude und Jubel ausbrechen,
wenn seine Herrlichkeit vor aller Augen offenbar wird. / Und wenn 14
ihr jetzt beschimpft werdet, weil ihr Christen seid, dann gilt: Selig
seid ihr, weil der Heilige Geist Gottes jetzt schon auf euch ruht, der
Geist der Herrlichkeit. / Niemand unter euch soll verdiente Strafen 15
erleiden wie jemand, der gemordet, gestohlen, Böses getan oder
sich in fremde Angelegenheiten eingemischt hat. / Doch wenn einer 16
als Christ leiden muß, soll er sich nicht schämen, sondern gerade
deswegen Gott lobpreisen. / Denn immer beginnt das Gericht bei 17
Gottes eigenem Haus, so auch jetzt. Wenn es also bei uns schon so
anfängt, wie wird es dann erst am Ende die treffen, die Gottes
Evangelium ablehnen? / Und wenn der Gerechte schon kaum noch 18
gerettet wird, wo sollen dann erst der Gottlose und der Sünder blei-
ben? / Wer daher jetzt leidet, darf nach Gottes Willen sein Leben in 19
die treuen Hände des Schöpfers legen und selber dabei Gutes tun.

Kapitel 5 Was die Ältesten, eure Gemeindeleitung, betrifft: Ich, 1
Petrus, bin unter euch eine Art Mitältester und außerdem Augen-
zeuge der Leiden des Messias, doch ich habe auch schon Anteil an
der Herrlichkeit, die offenbar werden wird. / Ich fordere euch auf: 2
Weidet Gottes Herde, die bei euch ist, nicht gezwungenermaßen,
sondern freiwillig, wie Gott es will. Seid nicht auf Gewinn aus, son-
dern tut es, weil es euch Freude macht. / Beutet die nicht aus, die 3
euch zugeteilt wurden, sondern seid Vorbilder für die Herde. /
Wenn dann Jesus, der oberste Hirte, offenbar wird, werdet ihr für 4
immer mit Herrlichkeit gekrönt. / Ebenso sollt auch ihr Jüngeren 5
euch den Älteren unterwerfen. Alle aber solltet ihr gegenüber ein-
ander demütig werden. Denn Gott ist gegen die Hochmütigen, den
Demütigen wendet er sich zu. / Beugt euch also demütig unter Got- 6
tes mächtige Hand, so wird er euch zur rechten Zeit zu Ehren kom-
men lassen. / Alle Sorge, die ihr habt, werft auf Gott, denn er küm- 7
mert sich um euch. / Seid nüchtern und bleibt wach. Euer Feind, der 8
Teufel, läuft brüllend wie ein hungriger Löwe umher auf der Suche
nach jemandem, den er verschlingen kann. / Widersetzt euch ihm 9
fest im Glauben. Denn ihr wißt, daß eure Brüder und Schwestern
in der ganzen Welt dasselbe durchstehen müssen wie ihr. / Unser 10
Gott hat jedem seine Gabe persönlich geschenkt. Durch Jesus Chri-

stus hat er uns in seine unvergängliche Herrlichkeit berufen. Nach
kurzer Zeit des Leidens wird er uns vollenden, stärken, uns Kraft
11 verleihen und uns ein Fundament geben. / Sein ist die Macht für im-
12 mer und ewig. / Durch Silvanus, meinen treuen Bruder, habe ich
euch, glaube ich, eine kurze Nachricht zukommen lassen. Ich habe
euch ermahnt und wiederholt bezeugt, daß die Gnade Gottes, in
13 der ihr steht, wirklich Gottes Gnade ist. / Es grüßt euch die Ge-
meinde der Auserwählten in Babylon und ferner mein Schüler Mar-
14 kus. / Grüßt einander mit dem heiligen Kuß[8] der Liebe. In der Ge-
meinschaft mit Jesus Christus komme auf euch alle Heil und Segen
von Gott.

---

[8] Der heilige Kuß ist auch aus Paulusbriefen bekannt. Man kann erwägen, ob es sich hier um eine frühe Praxis handelt, in der Christen sich gegenseitig den Heiligen Geist mitteilen bzw. ihn wieder neu entfachen.

Erster Johannesbrief

Eigenart: Ähnlich wie z. B. der Hebr läßt 1 Joh nur gegen Ende briefliche Elemente erkennen (5,13: »Das habe ich euch geschrieben...«), doch ein Formular fehlt ebenso wie ein formal erkennbarer Aufbau.

Verfasser: Aufgrund der bedeutenden Ähnlichkeiten mit dem JohEv lag es nahe, für beide frühchristlichen Schriften denselben Autor anzunehmen. Da man das JohEv dem Zebedaiden Johannes zuschrieb, mußte dieses auch für 1 Joh geschehen. Doch sind die Differenzen beträchtlich. Sie lassen es m. E. nicht geraten sein, denselben Autor anzunehmen.

Datierung: Während man früher der Anordnung im Kanon folgte und 1-3 Joh zeitlich nach dem JohEv ansetzte, hat sich in der neueren Diskussion auch eine Meinung herausgebildet, nach der vielleicht – wie sonst im Neuen Testament auch – die Briefe generell älter sein könnten als die Evangelien. Das führte zunächst dazu, jedenfalls 1 Joh dem Evangelium zeitlich vorzuordnen. Einige Gründe: Das Evangelium ist in seiner Position gegenüber der »Welt« weit weniger radikal als 1 Joh. Nach dem JohEv wird die Welt durch das »Wort« geschaffen, und Gott wendet sich der Welt liebevoll zu, indem er den Sohn sendet. Nach 1 Joh dagegen gibt es keine Brücke zwischen Gemeinde und Welt. – Während im 1 Joh immer wieder »hart« zu Liebe und Bekenntnis aufgefordert wird, ist nach dem Evangelium Jesus selbst viel stärker als Mittler zwischen Gott und Mensch erkennbar; hier wird mit anschaulicher Mitmenschlichkeit gefüllt, was im Brief recht abstrakt gefordert wird. Jesus als Mensch neutralisiert im besten Sinne des Wortes viele Konflikte und setzt an die Stelle von Fronten den Blick auf den Menschen Jesus. Seine Worte machen die christliche Position missionarisch etwas plausibler. Der 1 Joh ist dagegen eher nur für »Eingeweihte« geschrieben. – Das stark dualistische Christentum des 1 Joh weist entfernte Ähnlichkeiten mit dualistischen Zügen der sogenannten Logienquelle auf. Entstehung um 55 n. Chr.

Adressaten: Der Brief richtet sich an Judenchristen. Die Schlußmahnung »Hütet euch vor den Götzen!« könnte darauf hinweisen, daß es sich um Judenchristen in der jüdischen Diaspora handelt.

Probleme: Die »Gegner« bestreiten mit der Rolle Jesu im Fleisch (d. h. zugunsten der Menschen, vgl. dazu die Einleitung zu 2 Joh) auch seine Wirksamkeit zur Vergebung der Sünden. Einer der Vorschläge lautete, hier sei von Doketismus (neuerdings: Proto-D.) die Rede, d. h., im Rahmen eines dualistischen Weltbildes werde Jesu wahre Leiblichkeit bestritten, der Verfasser bekämpfe eine Art Engelchristologie. Doch das ist erst ein Problem der Gnostiker des 2. Jh. n. Chr. Viel näher liegt es, von dem in Joh 1 genannten Problem auszugehen: Was geschieht, wenn Christen noch weiter sündigen? Hat der Messias, der traditionell Reinigung bewirkt und für die Sünder bittet, wirklich etwas davon gebracht? Wenn der Verfasser auf Jesus als Parakleten verweist (2,1f), dann meint er die Rolle des Erhöhten, die genau das bewirkt. Und die Rede vom »Fleisch« des Christus bezieht sich wohl eher auf den Bereich der Sünde, in dem der Messias erschienen ist und in dem er wirkte.

Theologie: In 1 Joh wird der enge Zusammenhang zwischen Bekenntnis und Liebe betont. Beides hängt deshalb zusammen, weil der Sohn Gottes wie jedes Kind Gottes Gott in seiner Liebe nachahmt, die von Gott empfangene Liebe weitergeben muß. Jesus als Sohn Gottes anzuerkennen heißt daher nichts anderes, als diesen Zusammenhang auch anzuerkennen.

ERSTER BRIEF DES JOHANNES

Kapitel 1 Wir schreiben euch über das Wort vom Leben. Also 1
über das, was von allem Anfang an da war.[1] Wir haben es gehört
und mit eigenen Augen gesehen, wir haben es betrachtet und mit
unseren Händen betastet.[2] / Das Leben, das wahre und einzige Le- 2
ben, wurde enthüllt, offenbar gemacht. Wir haben es gesehen und
bezeugen und verkünden euch, daß dieses Leben sogar das ewige
Leben ist. Es war erst bei Gott, beim Vater, und wurde dann uns
geoffenbart. / Was wir da gesehen und gehört haben, das geben wir 3
nun an euch weiter, damit auch zwischen euch und uns Gemein-
schaft ist und wir beide Gemeinschaft haben mit Gott, dem Vater,
und mit Jesus Christus, seinem Sohn. / Wir schreiben euch dies, da- 4
mit ihr euch mit uns freut und so unsere Freude vollkommen
wird.[3]

Die Botschaft, die wir an euch weitergeben, haben wir von Jesus 5
Christus gehört: Gott ist Licht, keinerlei Finsternis ist in ihm. / Wer 6
behauptet, Gemeinschaft mit ihm zu haben, mit seinem Handeln
aber in der Finsternis bleibt, der tut nicht, was Gott will, weil sein
Wort Lüge ist. / Wenn wir aber unser Handeln am Licht ausrichten, 7
weil auch Gott im Licht ist, dann stehen wir mit ihm und unterein-
ander in Gemeinschaft. Dann kann das Blut Jesu, des Sohnes Got-
tes, auch wirklich jede Schuld von uns abwaschen. / Wer behauptet, 8
daß er keine Sünde[4] begangen hat, der betrügt sich selbst und lebt
fern von Gottes Wahrheit. / Wenn wir unsere Sünden bekennen, 9
zeigt er sich treu und ist bereit, die volle Gemeinschaft wiederher-
zustellen; er vergibt unsere Sündenschuld und befreit uns von je-

---

1 Vgl. dazu Joh 1,1.14. Zu den Unterschieden: K. Berger, Theologiegeschichte 2. A. 1995, § 149, S. 273.

2 Der Verfasser spricht als Augenzeuge – ein wichtiger Hinweis für Frühdatierung!

3 Vgl. dazu Bernhard von Clairvaux, Sentenzen III 70: »... Freude und Leben für den ganzen Leib, und weil dieser durch die Berührung als ganzer im Geist belebt und gestärkt wurde, können wir gewissermaßen mit einem Siegestanz des Geistes ausrufen: Was wir gesehen und gehört haben, haben auch unsere Hände angefaßt: das Wort des Lebens. Daher fügen wir auch bei allen unseren Gebeten an: Durch Christus, unseren Herrn ...«.

4 Das Problem der Adressaten des 1 Joh scheint auch darin zu bestehen, ob Jesus wirklich von den Sünden befreit hat, und zwar dauerhaft. Darauf antwortet der Verfasser in K. 1-2.

10 dem Vorwurf, der uns treffen könnte. / Wer sagt, er habe nie eine
Sünde begangen, macht Gott zum Lügner, und bei ihm ist Gottes
Botschaft gar nicht angekommen.

1 *Kapitel 2* Meine lieben Kinder, dies schreibe ich euch, damit ihr
nicht wieder schuldig werdet. Wenn es aber doch geschieht, dann
gilt: In Jesus Christus, der ganz frei von Schuld und Sünde ist, ha-
2 ben wir einen Beistand bei Gott Vater.[5] / Weil er frei von Sünde ist,
kann er auch selbst mit seiner Person für alle Schuld geradestehen,
3 nicht nur für unsere, sondern für die der ganzen Welt. / Daß jemand
ihm wirklich begegnet ist, erkennt man daran, daß er sich nach sei-
4 nen Geboten richtet. / Wer behauptet: »Ich kenne ihn«, seine Ge-
bote aber nicht einhält, der sagt nicht nur das Falsche, sondern dem
5 fehlen Gottes Licht und Klarheit ganz und gar. / Wer aber das Ge-
bot des Messias bewahrt, in dem ist Gottes liebevolle Zuwendung
wirklich zum Ziel gekommen. Und daran erkennt man, daß wir in
6 seiner Nähe sind. / Wer behauptet, mit ihm in Kontakt zu stehen,
der muß auch leben, wie Jesus gelebt hat.
7 Ihr Lieben! Was ich von euch verlange, ist einerseits nichts Neues.
Es ist das alte Gebot, das ihr von Beginn an kennt, die Botschaft,
8 die ihr gehört habt.[6] / Andererseits ist das Gebot, das ich euch
schreibe, doch wieder neu, denn es ist die Auswirkung der hellen,
klaren Gegenwart Gottes, der Wahrheit bei ihm und bei euch. Denn
die Finsternis vergeht sichtlich, und das wahre Licht scheint schon,
9 weil Gott bei euch angekommen ist. / Doch wer behauptet, er stehe
im Strahlkreis des Lichtes, und doch seinen Bruder oder seine
Schwester nicht liebt, der steht immer noch im Bannkreis der Fin-
10 sternis. / Wer seinen Bruder oder seine Schwester liebt, bleibt im
Strahlkreis des Lichts, und er bringt niemanden dazu, vom Glau-
11 ben abzufallen. / Wer aber seinen Bruder oder seine Schwester haßt,
der steht in der Finsternis, tappt im Dunkeln und weiß nicht, wo er
hingeht, weil die Finsternis ihn ganz blind gemacht hat.
12 Ich schreibe dies für euch, liebe Kinder, um euch darauf aufmerk-
sam zu machen, daß eure Sündenschuld im Namen Jesu, der für sie

---

5 Der Verfasser denkt wohl sicher an den erhöhten Christus, der als Anwalt beim Vater für uns eintritt. – Zur späteren Auslegung vgl. Bernhard v. Clairvaux, Sentenzen III 70: Der Sohn stellt dem Vater den Sünder vor: »Sieh, Vater, den Preis für mein Blut. Wenn du ihn wegen seiner Sünde zur Rechenschaft ziehst, sieh für ihn mein Blut...« Daran wird M. Luther später anknüpfen.

6 Zur Diskussion um das »alte« und »neue« Gebot im Joh. Schrifttum: vgl. K. Berger, Theologiegeschichte, 2. A. 1995, § 147.

geradegestanden hat, vergeben ist. / Und ich schreibe es auch für 13
euch, ihr Väter, die ihr ihn, Jesus, der von Anfang der Welt an da
ist, doch damals ganz zuerst kennengelernt habt. Ich schreibe es
auch für euch, ihr jungen Männer. Denn ihr habt doch den Teufel
besiegt. / Ich habe an euch geschrieben, liebe Kinder, denn ihr wißt 14
doch, wer der Vater ist. Und ich habe an euch geschrieben, ihr Väter, denn ihr habt Jesus, der von Anfang der Welt an da ist, damals ganz zuerst kennengelernt. Und ich habe an euch geschrieben, ihr jungen Männer, denn ihr seid doch kräftig, und Gottes Botschaft ist fest in euch verankert, und ihr habt den Teufel besiegt.

Hängt euer Herz nicht an die Welt und an das, was in ihr ist. Wer 15
sein Herz daran hängt, den hat die Liebe Gottes des Vaters noch
nicht erfaßt. / Denn alles, was uns wie unsichtbare Fäden an die 16
Welt fesselt, das kommt gewiß nicht von Gott: sinnliche und triebhafte Gier, Blicke, die andere ausziehen oder arm machen. / Die 17
Welt vergeht und mit ihr die Gier nach der Welt, und nur wer Gottes Willen tut, darf für immer am Leben bleiben.

Liebe Kinder, wir leben in der letzten Zeit kurz vor dem Ende. Ihr 18
habt ja gehört, daß dann ein Antichrist[7] kommt, und jetzt sind
sogar viele da! Daran können wir erkennen, daß es nun wirklich
bald mit der Welt zu Ende geht. / Diese Leute kommen aus unserer 19
Kirche, aber sie stammen nicht wirklich aus unserer Gemeinschaft. Sonst wären sie bei uns geblieben. So erweisen sie sich insgesamt bloß als Menschen, die nie wirklich zu uns gehört haben. / Ihr dagegen seid alle von Gott gesalbt und wißt alle darum. 20
/ Ich habe euch ja auch nicht geschrieben, um euch zu belehren, 21
weil ihr nichts wißt. Im Gegenteil, ihr wißt genau, daß Gottes
Wirklichkeit mit Lug und Trug unvereinbar ist. / Wer behauptet, 22
Jesus sei nicht der Messias, der lügt und betrügt, der ist der Antichrist, weil er den Vater und den Sohn zugleich leugnet. / Denn 23
wer leugnet, daß Jesus der Sohn ist, bestreitet damit auch, daß
Gott der Vater ist. Und wer den Sohn bekennt, der bekennt sich
auch zum Vater. / Ihr solltet also darauf achten, daß das, was ihr 24
von allem Anfang an gehört habt, auch euer Bekenntnis bleibt.
Denn wenn das so bleibt, dann bleibt auch ihr beim Sohn und
beim Vater. / Und das ewige Leben hat der Sohn uns selbst verhei- 25
ßen. / Dieses wollte ich euch schreiben, um euch vor denen zu 26
warnen, die euch verwirren möchten. / Doch ihr seid am Anfang 27

[7] Hier ist nicht an den Antichrist im späteren politischen Sinne gedacht, sondern man sollte mit Mk 13,6.22 (Pseudochristusse) vergleichen. Vgl. zur Einleitung in 2 Joh.

von Gott mit Heiligem Geist gesalbt, und diese Salbung soll unver-
lierbar bleiben. So ist es gar nicht nötig, daß euch noch einer zu-
sätzlich belehrt. Eure eigene Salbung belehrt euch über alles, denn
was ihr habt, ist wahr und nicht Lug und Trug. So wie ihr durch
28 die Salbung belehrt seid, sollt ihr bleiben. / Und nun, liebe Kinder,
bleibt doch dem Herrn treu. Denn dann können wir ihm, wenn er
wiederkommt, voll Freude und zuversichtlich entgegengehen und
29 müssen uns nicht beschämen lassen. / Er ist ja gerecht, und jeder,
der gerecht handelt, ist sein Kind.

1 *Kapitel 3* Gott der Vater hat uns so geliebt, daß wir Kinder Got-
tes heißen und Kinder Gottes sind. Die Menschen in der Welt wis-
2 sen nicht recht, wer wir sind, weil sie Gott nicht kennen. / Ihr Lie-
ben! Kinder Gottes sind wir jetzt, aber wer wir sein werden, ist
noch nicht offenbar. Doch wenn Jesus Christus offenbar wird,
dann werden wir jedenfalls ihm ähnlich sein. Denn wir werden ihn
sehen, wie er selbst ist, und so werden auch alle sehen, wer wir
3 sind. / Und jeder, der sich von dieser Hoffnung bestimmen läßt, der
gibt sich so Gott zu eigen, wie Jesus Christus es selbst getan hat. /
4 Jeder, der Unrecht tut, verstößt auch gegen das Gesetz, denn Un-
5 recht ist nichts anderes als Ablehnung des Gesetzes. / Jesus Christus
wurde geoffenbart, damit er die Sünden wegnimmt, und das kann
6 er nur, weil er selbst keinerlei Unrecht getan hat. / Jeder, der bei
ihm bleibt, kann gar nichts Unrechtes tun. Jeder, der Unrecht tut,
7 hat ihn dagegen nie gesehen oder kennt ihn gar nicht. / Meine Kin-
der, niemand soll euch etwas vormachen. Jeder, der Gutes tut und
8 gerecht handelt, der ist auch gerecht, wie Jesus. / Wer aber unrecht
tut, der ist vom Teufel, denn der Teufel kann von Anbeginn an nur
sündigen. Der Sohn Gottes wurde geoffenbart, damit er die Werke
9 des Teufels zerstört.[8] / Jeder, der aus Gott geboren und Kind Gottes
ist, der tut nichts Unrechtes, weil Gottes Same in ihm ist. Er kann
gar kein Unrecht tun, denn er ist doch Gottes Kind, von Gott gebo-
10 ren. / Eben darin unterscheiden sich Kinder Gottes sichtbar von
Kindern des Teufels. Nur wer Gutes tut und seinen Bruder und
11 seine Schwester liebt, der ist Kind Gottes. / Die Botschaft, die ihr
von Anfang an gehört habt, heißt: Wir wollen einander lieben. /
12 Anders als Kain, der auf der Seite des Bösen stand und seinen Bru-
der ermordete, und das doch nur, weil sein Handeln im ganzen
13 böse war, das seines Bruders aber gut. / Brüder und Schwestern,

[8] Eine ähnliche Aussage über das Zerstören der Werke, dort aber »des Weiblichen«, bietet das ÄgypterEv Frgm 1b (s. unten).

wundert euch nicht, wenn die Menschen in der Welt euch hassen. /
Wir wissen, daß wir den großen und entscheidenden Schritt vom 14
Tod zum Leben getan haben, denn wir lieben unsere Geschwister.
Wer nicht liebt, ist im Tod geblieben. / Wer seinen Bruder oder seine 15
Schwester haßt, ist ein Mörder. Kein Mörder kann ewiges Leben
auf Dauer in sich haben. / Liebe erkennen wir daran, daß zum Bei- 16
spiel Jesus sein ganzes Leben für uns eingesetzt hat. So sollten auch
wir unser Leben dem Dienst an unseren Brüdern und Schwestern
weihen. / Wer aber die Lebensgüter der Welt besitzt und sieht, daß 17
sein Bruder Not leidet, und ihm dennoch sein Erbarmen verwei-
gert, den kann Gott nicht weiterlieben.
Meine Kinder! Wir wollen nicht nur mit Worten und Sprüchen lie- 18
ben, sondern mit konkreten und verläßlichen Taten. / Daran wer- 19
den wir merken können, ob wir auf der Seite des verläßlichen und
treuen Gottes stehen und vor seinem Angesicht Ruhe für unser
Herz finden können. / Denn weil wir nie ganz vollkommen sein 20
können, wird unser Herz uns immer wieder anklagen. Doch wir
müssen wissen, daß Gott größer ist als unser Herz und weiß, was
wir wollen und können. / Ihr Lieben! Wenn unser Herz Ruhe ge- 21
funden hat, weil es uns nicht mehr anklagt, können wir uns voll
Zuversicht an Gott wenden. / Alles, um was wir bitten, wird er uns 22
dann geben, weil wir seine Gebote halten und tun, was er will. /
Sein Gebot heißt: Wir sollen uns verlassen auf den Namen seines 23
Sohnes Jesus Christus und einander lieben, wie er uns geboten hat.
/ Wer seine Gebote hält, der bleibt ihm nahe, und Jesus Christus 24
bleibt ihm nahe. Daß er bei uns bleibt, merken wir daran, daß er
uns von seinem Heiligen Geist gegeben hat.

Kapitel 4 Ihr Lieben! Verlaßt euch nicht auf alles, was die Leute 1
als Heiligen Geist ausgeben. Vielmehr prüft, ob es sich wirklich um
Wirkungen von Gottes Geist handelt. Denn es gibt viele Falschpro-
pheten in der Welt. / Daß einer den Geist Gottes hat, könnt ihr 2
daran erkennen, daß er bekennt, daß Jesus der Messias ist, der als
Mensch unter uns war. / Und jeder, der das nicht bekennt, hat nicht 3
Gottes Geist, sondern in ihm wirkt der Antichrist, von dessen
Kommen ihr gehört habt und der schon in der Welt ist. / Ihr, meine 4
Kinder, seid Gottes Kinder, und ihr habt die Gegner schon besiegt,
denn Gott in euch ist stärker als der, der in der Welt wirksam ist. /
Die Gegner sind ganz der Welt verhaftet, deswegen reden sie so und 5
deswegen hören die Menschen in der Welt gerne auf sie. / Wir aber 6
sind Kinder Gottes, und wer Gott kennt, der hört auf uns, und wer
keine Ahnung von Gott hat, der will uns nicht zuhören. Das ist ge-

nau der Unterschied zwischen dem wahren Gottesgeist und dem
Geist des Irrtums.
7 Ihr Lieben! Wir wollen einander lieben, denn die Liebe ist Gottes
Geschenk, und jeder, der liebt, ist Gottes Kind und hat Gott er-
8 kannt. / Wer nicht liebt, hat keine Ahnung von Gott, denn Gott ist
9 Liebe.[9] / Gott hat uns seine Liebe dadurch gezeigt, daß er seinen
einzigen Sohn in die Welt geschickt hat, damit wir durch ihn das Le-
10 ben haben sollen. / Darin besteht seine Liebe, daß nicht wir Gott ge-
liebt haben, sondern daß er uns zuerst geliebt hat und seinen Sohn
gesandt hat, der als der Gerechte für alle unsere Sünden geradeste-
11 hen kann. / Ihr Lieben! Wenn Gott uns so geliebt hat, dann müssen
12 auch wir einander lieben. / Niemand hat Gott je gesehen. Doch
wenn wir einander lieben, dann ist Gott bei uns, und seine Liebe
13 kommt durch unsere Liebe zum Ziel. / Daß er uns von seinem Geist
gegeben hat, können wir daran erkennen, daß er bei uns ist und wir
14 bei ihm. / Und wir haben mit eigenen Augen gesehen und können be-
zeugen, daß der Vater den Sohn als Erlöser der Welt gesandt hat. /
15 Jeder, der bekennt, daß Jesus der Sohn Gottes ist, dessen Herz ist er-
16 füllt von Gottes Gegenwart, und er ist Gott nahe. / Die Liebe, die
Gott uns entgegenbringt, haben wir erfahren, und an ihr halten wir
uns fest. Gott ist ein anderes Wort für Liebe, und Liebe ist ein ande-
res Wort für Gott. Wer tätig und dauerhaft Liebe übt, der bleibt Gott
17 nahe, und dessen Herz erfüllt Gott mit seiner Gegenwart. / Wenn die
Wirksamkeit der Liebe uns ganz durchdringt, dann müssen wir
auch am Tage des Gerichts keine Angst mehr haben. Denn wie Gott
Sieger gegenüber der Welt ist, so sind auch wir es. Deshalb kennt die
18 Liebe keine Angst. / Wo die Liebe wirklich wirksam ist, da wirft sie
die Angst hinaus. Denn Angst bezieht sich immer auf Strafe, und so-
lange jemand Angst hat, ist er von der Liebe noch nicht durchdrun-
19, 20 gen. / Wir können Liebe üben, weil Gott uns zuerst geliebt hat. / Wer
behauptet, daß er Gott liebt, und dabei seinen Bruder haßt, der lügt.
Denn wer seinen Bruder, den er doch sehen kann, nicht liebt, der
kann auch Gott nicht lieben, den er noch nicht einmal sehen kann. /
21 Gott hat uns das Gebot gegeben, daß wir Gott und zugleich auch
Bruder und Schwester lieben sollen.

1 *Kapitel 5* Wer glaubt, daß Jesus der Messias ist, der ist Gottes
Kind. Und wer den liebt, der ihn in die Welt gesetzt hat, der liebt
auch den anderen, den der Vater außer ihm noch in die Welt gesetzt

---

9 Vgl. dazu: K. Berger, Theologiegeschichte, 2. A. 1995, § 136 A und § 146.

hat. / Und wenn einer fragt, woran man das denn sehen kann, daß 2
wir alle Kinder Gottes lieben, dann sei geantwortet: Daran, daß wir
Gott lieben und seine Gebote halten. / Liebe zu Gott besteht darin, 3
daß wir seine Gebote halten – und seine Gebote sind nicht schwer. /
Denn alles, was von Gott her kommt, hat soviel Kraft, daß es die 4
Welt besiegen kann. Und der Sieg über die Welt wird uns durch un-
seren Glauben geschenkt. / Und kein anderer ist Sieger über die Welt 5
als der, der glaubt, daß Jesus der Sohn Gottes ist. / Jesus Christus 6
wird wirksam in Wasser und Blut. Denn er hat Blut vergossen bei
seinem Tod, und dieses wird wirksam im Wasser der Taufe, das uns
wäscht. Der Heilige Geist gibt Zeugnis von dem, was in der Taufe
geschieht: Wir werden Kinder Gottes. Und der Heilige Geist ist Got-
tes Wirklichkeit im Wort. / So gibt es drei Zeugen: / Geist, Wasser 7, 8
und Blut.[10] Und diese drei stimmen überein. / Wenn wir schon das 9
Zeugnis von Menschen anzunehmen pflegen, um wieviel mehr gilt
dann das Zeugnis Gottes. Denn Gott hat Zeugnis abgelegt über sei-
nen Sohn – bei dessen Taufe durch den Heiligen Geist. / Wer nun an 10
Jesus als den Sohn Gottes glaubt, der hat das Zeugnis in sich, weil
Gott sein Herz durch seine Gegenwart erfüllt. Wer Gott aber nicht
glaubt, der macht ihn zum Lügner, weil er das, was Gottes Geist bei
Jesu Taufe gesagt hat, nicht für wahr hält. So hat er dem Zeugnis
nicht geglaubt, das Gott über seinen eigenen Sohn abgelegt hat. /
Was bedeutet dieses Zeugnis nun für uns? Gottes Gegenwart in un- 11
seren Herzen bedeutet ewiges Leben, und dieses hat Gott sichtbar
durch den Sohn vermittelt. / Wer sich an den Sohn hält, der hat An- 12
teil am Leben. Wer das nicht tut, hat auch kein Leben.
Diesen Brief habe ich euch geschrieben, damit ihr wißt, daß ihr An- 13
teil am ewigen Leben habt, wenn ihr nur an den Namen des Sohnes
Gottes glaubt. / Dazu gehört auch, daß wir fest darauf vertrauen 14
dürfen, daß er uns erhört, wenn wir um etwas bitten, das nach sei-
nem Willen ist. / Und wann immer wir wissen können, daß er uns 15
erhört, dann haben wir schon erhalten, worum wir ihn gebeten
hatten. / Wenn jemand sieht, daß sein Bruder oder seine Schwester 16
unrecht tut, dann kann er Gott für ihn oder sie bitten und wird
ihnen dadurch Anteil am ewigen Leben verschaffen, vorausge-
setzt, daß es keine tödliche Verfehlung war, eine, die vom Leben
abschneidet.[11] Es gibt solche Verfehlungen, und da hilft keine Für-

10 Die Beziehung dieser drei Größen zueinander klärt unsere Übersetzung von V. 6.

11 Das ist entweder mangelnde Liebe zu christlichen Geschwistern oder mangelndes Bekenntnis zu Jesus als Messias oder – wahrscheinlich – beides.

17 bitte. / Eine Verfehlung im allgemeinen Sinne ist jedes Unrecht.
Nicht jedes Unrecht ist tödlich.
18 Ein Kind Gottes kann kein Unrecht tun. Ein Kind Gottes bewahrt
Gott in seinem Herzen, so daß der Teufel ihm nichts anhaben kann.
19 / Wir sind Gottes Kinder, aber die ganze Welt liegt im Macht-
20 bereich des Teufels. / Gottes Sohn hilft uns und schenkt uns Ein-
sicht, so daß wir Gottes Wirklichkeit erkennen. Und dann stehen
wir in dieser Wirklichkeit und nahe bei Gottes Sohn Jesus Christus.
So ist es mit der Wirklichkeit Gottes, und so ist es mit dem ewigen
Leben.
21 Ihr Lieben! Hütet euch vor den Götzen![12]

[12] Diese Mahnung kann sich sehr wohl auf judenchristliche Adressaten beziehen.

Jakobusbrief

Eigenart: Aus Luthers Vorrede zum Jakobusbrief von 1522 rührt die Meinung, der Brief sei eine lose Spruchsammlung, da der Verfasser »eins so unordentlich ins andere« werfe. Jedoch läßt der Brief schon rein äußerlich bestimmte Schwerpunkte erkennen. Diese sind: Reichtum und Bewährung des Glaubens, insbesondere das Thema Glaube und Werke, näherhin auch Großmütigkeit und Geduld.

Datierung: Der Brief zeigt wenig Gemeinsamkeiten mit den Hauptlinien Paulus/Johannes oder Paulus/Synoptiker oder Synoptiker/Johannes und Paulus/1 Petr/Hebr. – Er steht reichlich abseits dieser Linien. Wenn der Brief in Kapitel 2 Stellung gegen Paulus bezieht, dann dürfte der Brief nachpaulinisch sein. Wenn dieses nicht der Fall ist – und das nehme ich an (Argumente dazu besonders in: K. Berger, Theologiegeschichte des Urchristentums, 2. A. 1995, § 93) – dann handelt es sich um ein frühes judenchristliches Zirkularschreiben zur Ermutigung von Neubekehrten. Ich rechne daher mit einer Entstehung um 50 n. Chr. – Eine ähnliche Hochschätzung des Herrenbruders Jakobus zeigt ThomasEv 12 – einer der Gründe, es zusammen mit dem Jak außerhalb der dominierenden paulinisch-synoptisch-johanneischen Linie anzusetzen.

Verfasser: Der Briefeingang behauptet, der Herrenbruder Jakobus sei der Verfasser. Das ist – da man ohnehin voraussetzen kann, daß auch Jesus Griechisch gesprochen hat – nicht ganz unwahrscheinlich. Und wenn das Leben des Herrenbruders, wie es der Kirchenvater Eusebius nach Quellen des 2. Jh.s berichtet, ohnehin ein Leben des Gebets und des Verzichts (Nasiräat) geführt hat, dann passen die Empfehlungen des Briefes ganz gut dazu.

Adressaten: Die Adressaten sind griechisch sprechende Judenchristen.

Probleme: Der Brief erörtert besonders die typischen Probleme von Neubekehrten. Diese sind: die Anfechtungen, ob man die rechte Wahl getroffen hat, die Frage, wie der Glaube in die Tat umsetzbar ist (Abraham war da ein bekanntes Beispiel, denn er galt als der erste Proselyt). Immer wieder geht es dabei auch um Sünden, die man mit dem Mund begeht.

Theologie: Der Glaube derer, die durch Gottes Wort neugeboren sind, muß sich durch Wort und Tat bewähren. Besonderes Gewicht legt der Jak auf das Wort. In jedem Kapitel wird durchgespielt, was Gottes Wort an den Menschen ist und wie der Mensch sich auch in seinen Worten bewährt (z. B. Gebet, nicht schwören).

BRIEF DES JAKOBUS

Kapitel 1 Dies schreibt Jakobus, Sklave Gottes und Jesu Christi, 1
des Herrn, den zwölf Stämmen Israels, die verstreut unter den Hei-
den wohnen.[1] Herzliche Grüße! / Liebe Brüder und Schwestern! 2
Wenn ihr mit eurem Glauben vielen harten Bewährungsproben
ausgesetzt seid, dürft ihr das als ganz besonderen Grund zur Freude
betrachten. / Denn je mehr euer Glaube sich bewährt, um so stärker 3
wird eure Fähigkeit, Leid und Schmerz auszuhalten.[2] / Wer aber 4
geduldig aushalten kann, bei dem kann und soll sich das so auswir-
ken, daß alles, was er tut, rundum überzeugend und vollkommen
ist. In diesem Sinne sollt ihr vor Gott und Mensch glaubwürdig
sein, und nichts soll fehlen. / Wenn aber jemand trotzdem meint, 5
daß ihm etwas fehlt, zum Beispiel Weisheit, dann soll er doch Gott
darum bitten. Gott pflegt bereitwillig allen zu geben, er weist kei-
nen zurück und wird ihm geben, worum er bittet. / Wer Gott um 6
etwas bittet, zweifle nicht daran, daß er es bekommen wird. Sonst
gleicht er einer Meereswoge, die, vom Wind getrieben, hin und her
geworfen wird. / Einem solchen Zweifler schenkt Gott sicher 7
nichts. / Denn er hat zwei gegensätzliche Seelen, eine bittende und 8
eine zweifelnde, in seiner Brust, die keine Einheit bilden, so daß Un-
stetigkeit sein Merkmal ist. / Gegensätze zwischen den Menschen 9
sind dagegen leichter auszugleichen: Wer elend dran ist, der darf
stolz sein, daß Gott ihn hoch einschätzt. / Und wer aber reich ist, 10
der darf stolz sein, wenn er trotzdem demütig ist, weil er ja verge-
hen wird wie eine Ackerblume. / Wenn die Sonne am Himmel em- 11
porsteigt, versengt sie mit ihrer Glut den Halm, und die Blüte fällt
ab, der schöne Anblick schwindet dahin. So wird auch der Reiche
verwelken mit all seinem Gepränge. / Selig, wer die Bewährungs- 12
probe als Christ geduldig besteht. Wer durchhält, wird mit unver-
gänglichem Leben gekrönt. So hat Gott es denen verheißen, die ihn
lieben. / Wer eine Bewährungsprobe durchstehen muß, soll nicht 13
sagen, Gott wolle das so. Denn genausowenig wie ein Mensch Gott
auf die Probe stellen kann, will Gott das mit einem Menschen tun.

---

1 Der Jak wird als Brief (aus Jerusalem) in die Diaspora verstanden, so auch andere literarische Briefe der zwischentest. Zeit, etwa der »Brief des Jeremia« der LXX (Vgl.: Baruch 6).

2 Die Stichwörter Glaube, Bewährung und Geduld bilden ein Wortfeld, das immer wieder vorkommt, wenn Neubekehrte angesprochen werden, so auch in 1 Petr 1 und in 1 Thess 2.

14 / Wenn man sich zu bewähren hat, dann immer und ausschließlich
gegenüber der eigenen Triebhaftigkeit, die an jedem einzelnen zerrt
15 oder ihn ködert. / Das Ganze ist dann wie zweifaches Zeugen und
Gebären: Die Triebhaftigkeit des Menschen ist wie ein Mutter-
schoß, der den bösen Gedanken empfängt und die böse Tat gebiert.
Die böse Tat ihrerseits wird reif und wächst sich aus, und sie gebiert
16 den Tod. / Macht euch über diesen schrecklichen Zusammenhang
17 keine falschen Vorstellungen! / Aber ähnliches gilt auch von der
Gegenseite: Alles, was gut und bewundernswert ist, kommt vom
Himmel als Geschenk von Gott, dem Vater der Lichter, der unver-
änderlich ist und nicht den kleinsten Hauch des Wandels zeigt. /
18 Auch hier gibt es Zeugung und Geburt: Gott wollte uns, durch das
Wort der Wahrheit hat er uns als seine Wunschkinder in die Welt
19 gesetzt, als die Erstlinge seiner [neuen] Schöpfung. / Liebe Brüder
und Schwestern! Ein jeder sei schnell bereit zum Zuhören, aber mit
20 dem Reden soll er sich Zeit lassen und ebenso mit dem Zorn. / Wer
21 zürnt, ist nicht gerecht, wie Gott es fordert. / Deswegen legt alle
schmutzigen Reden und alle Bosheit ab, die um sich greift, werdet
vielmehr sanft und nehmt das Wort an, das Gott euch eingepflanzt
22 hat, das euch erlösen kann. / Setzt das Wort der Verkündigung in
die Tat um! Wenn ihr das Wort nur hört, betrügt ihr euch selbst. /
23 Denn wer das Wort nur hört und nicht auch umsetzt, der ist wie
24 einer, der sich im Spiegel betrachtet / und, kaum daß er sich um-
25 dreht, schon ganz und gar vergessen hat, wie er aussieht. / Wer sich
aber eifrig und ausdauernd über das Gesetz beugt, um es zu studie-
ren, der ist nicht so einer, der nur hört und vergißt, sondern einer,
der das Gesetz auch tut, und das Tun befreit ihn von aller Angst,
26 und also wird er selig sein, weil er das Gesetz tut. / So ist es auch
sonst mit Wort und Tat: Wenn einer meint, fromm zu sein, aber sein
Mundwerk nicht im Zaum hält, dann betrügt er nur sich selbst,
27 und seine Frömmigkeit ist nichts wert. / Die reine und vollkom-
mene Frömmigkeit vor unserem Gott und Vater besteht darin, sich
um Waisen und Witwen zu kümmern in ihrer Not und sich selbst
frei zu halten von aller Korruption.

1 *Kapitel 2* Liebe Brüder und Schwestern! Laßt es eine Konsequenz
eures Glaubens an unseren Herrn Jesus Christus sein, daß ihr nicht
2 voreingenommen seid. / Wenn in eure Synagoge ein Mann kommt,
fein gekleidet und mit goldenen Ringen am Finger, dann sagt ihr
wohl zu ihm: »Kommen Sie, hier ist Platz für Sie.« Wenn aber ein
3 armer Mann hereinkommt, schäbig gekleidet, / dann sagt ihr zu
ihm: »Stellen Sie sich dahin, Sie können auch an meiner Fußbank

sitzen.« / Wenn ihr auf diese Weise feine Unterschiede macht und 4
die Menschen in zwei Klassen einteilt, habt ihr keine verläßlichen
Kriterien. / Aus allen Menschen auf der Welt hat Gott die Armen 5
auserwählt. Sie sind reich im Glauben, und für sie ist Gottes König-
reich bestimmt, das er denen versprochen hat, die ihn lieben. Doch
ihr habt den Armen verachtet. / Dabei wollen euch die Reichen nur 6
beherrschen. Sie zerren euch vor die Gerichte / und entehren so den 7
Namen Gottes, der über euch angerufen wurde, der euch zu Gottes
Eigentum macht und eure Würde begründet. / Außerdem könnt ihr 8
ein königliches Gesetz erfüllen: »Liebe deinen Nächsten wie dich
selbst.«[3] Wenn ihr so handelt, dann macht ihr es richtig. / Doch 9
wenn ihr voreingenommen seid, tut ihr unrecht. Das Gesetz ent-
larvt uns als Sünder. / Denn wer ansonsten das ganze Gesetz hütet, 10
aber in einem Gebot fehlt, der hat alle Gebote übertreten.[4] / Denn 11
derselbe Gott, der gesagt hat: »Du sollst nicht die Ehe brechen«,
hat auch gesagt: »Du sollst nicht töten.«[5] Daher gilt: Wenn du zwar
die Ehe nicht brichst, aber tötest, dann hast du das Gesetz übertre-
ten. / Redet und handelt in dem Bewußtsein, daß ihr durch das Ge- 12
setz gerichtet werdet, dessen Tun Freiheit von aller Angst und Ver-
urteilung bedeutet. / Denn unbarmherzig ist das Gericht für den, 13
der selbst unbarmherzig ist. Erbarmen triumphiert über das Ge-
richt. / Liebe Brüder und Schwestern! Was hilft es, wenn einer sagt: 14
»Ich glaube«, wenn er diesem Satz keine Taten folgen läßt? Der
Glaube allein kann ihn sicher nicht retten! / Angenommen, ein Bru- 15
der oder eine Schwester haben nichts anzuziehen und nichts zu es-
sen / und einer von euch erklärt ihnen: »Geht in Frieden, wir wün- 16
schen euch Wärme und Nahrung!« und gibt ihnen nicht, was sie
nötig brauchen – nichts wird alles fromme Reden helfen. / So ist es 17
auch mit dem Glauben. Wenn er sich nicht im Tun äußert, dann ist
er für sich selbst genommen tot. / Doch es könnte einer Glauben 18
und Tun auf verschiedene Personen verteilen wollen und sagen: Du
magst glauben, ich für mein Teil bin der Tatmensch. Damit bin ich
nicht einverstanden. Da soll mir jemand den Glauben zeigen, der
ohne das Tun auskommt. Und umgekehrt kann man ebenso un-
möglich am bloßen Tun den Glauben erkennen. Beides gehört zu-
sammen. / Glaubst du einfach nur, daß der eine und einzige Gott 19
existiert? Herzlichen Glückwunsch! Auch die Dämonen glauben

3 Lev 19,18.
4 Vgl. Gal 3,10; 5,3.
5 Vgl. Ex 20,13.14 und Dt 5,17.18.

20 das und zittern doch vor Angst.[6] / Es gibt ein gutes Beispiel dafür,
21 daß Glaube ohne Taten sinnlos ist. / Schon unseren Vater Abraham
hat Gott aufgrund seines Tuns als Gerechten eingestuft, weil er be-
22 reit war, seinen Sohn Isaak auf dem Alter zu opfern. / Daran kann
man sehen, daß Glaube mit Handeln zusammengehört, daß der
23 Glaube erst im Handeln seine vollständige Gestalt erlangt. / So war
es bei Abraham. Denn mit der Opferung Isaaks ging in Erfüllung,
was schon vorher in der Schrift berichtet wurde: »Abraham glaubte
Gott, und Gott erkannte ihn als Gerechten an«[7], und er wurde
24 fortan »Gottes Freund«[8] genannt. / Daraus wird erkennbar, daß
ein Mensch aufgrund dessen, was er tut, als gerecht anerkannt wird
25 und nicht allein wegen seines Glaubens. / Ähnlich wurde auch die
Hure Rahab aufgrund ihres Handelns als gerecht anerkannt, denn
sie hatte die Kundschafter aufgenommen und sie auf anderem
26 Wege weggeschickt. / Wie der Leib ohne Lebensgeist tot ist, so ist
auch der Glaube ohne entsprechendes Handeln tot.

1 *Kapitel 3* Liebe Brüder und Schwestern! Nicht zu viele von euch
sollten Lehrer werden. Denn wir Lehrer – ich bin ja auch einer – wer-
2 den im Gericht strenger beurteilt als andere. / Wir alle machen im-
mer wieder viele Fehler, denn es gehört schon sehr viel dazu, mit sei-
nen Worten nie einen Fehler zu machen. Das kann nur, wer seinen
3 ganzen Leib fest im Zaum hält. / Bei den Pferden machen wir das so:
Wir legen ihnen die Kandare ins Maul, damit sie uns gehorchen, und
4 so können wir ihren ganzen Körper lenken. / Oder nehmen wir zum
Beispiel die Schiffe: Sie sind so riesengroß und werden von starken
Winden getrieben, doch mit einem ganz kleinen Ruder werden sie
5 gelenkt, wohin der Steuermann fahren will. / So ist auch die Zunge
ein kleines Körperglied, doch sie bringt große Worte hervor. Aber
auch ein kleines Feuerchen kann ja einen ganzen Wald in Brand
6 setzen. / Und die Zunge ist ein Feuer, weil sie die ganze Bosheit des
Herzens nach außen kehren kann. Die Zunge ist ein Glied unseres
Leibes und kann dem ganzen Leib Schaden zufügen. Sie ist am Höl-

---

[6] Vor allem ist es Gottes Name, vor dem alle Geister erzittern. Das ist eigentlich eine angemessene und übliche Reaktion gegenüber dem König und Herrn (öfter in den Zauberpapyri). Jak deutet so, daß dieses Zittern aus schlechtem Gewissen geschieht, aus Mangel an guten Werken.

[7] Gen 15,6. – Der Verfasser faßt Gen 15,6 als Verheißung, die nach dem Bestehen der Versuchung eingelöst wird. Der Bekenntnisglaube ist nur der Anfang eines Treue- und Bewährungsprozesses.

[8] 2 Chron 20,7 und besonders die außerkanonischen Texte des Frühjudentums.

lenfeuer entzündet worden und setzt das ganze Rad des Lebens in
Brand. / Alle Tiere, Raubtiere und Vögel, Kriechtiere und sogar 7
Meerestiere kann der Mensch zähmen. / Nur des Menschen Zunge 8
kann niemand bändigen. Sie ist ein unbeherrschbares Verhängnis,
voll von tödlichem Gift. / Mit der Zunge können wir zwar unseren 9
Gott und Vater lobpreisen, mit der Zunge können wir aber auch die
Menschen verfluchen, obwohl Gott sie nach seinem Bild geschaffen
hat.[9] / So können Segen und Fluch aus demselben Mund kommen. 10
Doch das darf nicht sein. / Es kann doch nicht aus einer Quelle 11
erquickendes und brackiges Wasser hervorsprudeln. / Ein Feigen- 12
baum bringt keine Oliven hervor, ein Weinstock keine Feigen, eine
Salzquelle kein Süßwasser. / Meint vielleicht einer unter euch, er sei 13
weise und gebildet? Dann soll er erst zeigen, daß er ein glaubwürdi-
ges Leben führt, in dem Weisheit mit Freundlichkeit gepaart ist. /
Wenn ihr aber bitteren Streit und Haß in euren Herzen habt, dann 14
prahlt nicht mit eurer Weisheit, bleibt lieber bei der Wahrheit. / Eine 15
Weisheit[10], die Streit bringt, kommt nicht von Gott, sondern von der
Gegenseite, sie ist nur irdisch und ganz oberflächlich und vom Teu-
fel. / Denn wo Streit und Haß sind, geht alles durcheinander, und 16
eine Bosheit gibt die andere. / Die Weisheit von Gott dagegen kennt 17
nur Gott als ihr Maß, das heißt: sie ist heilig, sie ist friedlich und
gütig, sie gibt nach und ist voll Erbarmen, sie bringt Gutes hervor
und ist nicht zwiespältig, sie kennt keine Heuchelei. / Wer Taten des 18
Friedens vollbringt, wird Frieden und Gerechtigkeit ernten.

Kapitel 4 Woher kommen denn die Kämpfe und Streitigkeiten 1
unter euch? Sie kommen daher, daß eure Triebhaftigkeit kein Maß
mehr kennt. / Ihr begehrt etwas ganz weit Entferntes. Ihr giert und 2
geifert, doch das führt nicht zum Ziel. Ihr kämpft und führt
Kriege darum, doch ihr bekommt es nicht, weil ihr Gott nicht
darum bitten könnt. / Und auch wenn ihr Gott bittet, bekommt 3
ihr es nicht, weil euer Bitten nicht redlich ist, denn ihr wollt es
doch nur zur Befriedigung eurer Verschwendungssucht haben. /
Ihr Treulosen! Freundschaft mit der Welt ist Feindschaft gegen 4
Gott. Wer die Welt liebt, kann nur Gottes Feind sein.[11] / Nicht um- 5

---

9 Nur an dieser Stelle wird im Neuen Testament Gen 1,27 so zitiert, wie es in Gen 1 gemeint war, nämlich auf jeden Menschen bezogen.

10 Über die Beziehung zu 1 Kor 1f: K. Berger, Theologiegeschichte, 2. A. 1995, § 93, S. 190.

11 Jak hat hier Anteil am judenchristlichen Dualismus, den wir auch sonst aus den 60er Jahren des 1. Jh. n. Chr. besonders gut kennen (Lk 16,13; ThomasEv; 1 Joh und JohEv).

sonst heißt es in der Schrift: »Gott erhebt mit Leidenschaft
6 Anspruch auf den Geist, den er in uns wohnen ließ.« / Doch die
Gnade, die er zu schenken hat, ist noch weitaus reicher. Deswegen
steht in der Schrift: »Die überheblich sind, weil sie schon alles haben,
haben in Gott ihren Gegner. Doch den Demütigen schenkt er
7 Gnade.« / Unterwerft euch Gott, leistet dem Teufel Widerstand,
8 dann wird er euch in Ruhe lassen. / Wenn ihr Gott entgegengeht,
dann kommt er euch entgegen. Wer gesündigt hat, reinige durch
Umkehr seine Hände von Schuld. Wer zweifelt, heilige sein Herz
9 durch eindeutigen Glauben. / Wenn es euch ernst ist mit der Umkehr,
klagt, trauert und weint. Wer lacht, der soll weinen. Wer sich
10 freut, der soll jammern. / Wer sich selbst geringachtet vor Gott,
11 den wird er erhöhen. / Streut keine Verleumdungen gegeneinander
aus. Wer einen anderen verleumdet oder tadelt, der verleumdet
und tadelt das Gesetz. Und wer das Gesetz tadelt, der urteilt nur
12 darüber und tut es nicht. / Einer nur ist Gesetzgeber und Richter:
Gott, der retten und vernichten kann. Wer bist du schon, daß du
deinen Nächsten richten willst!
13 Nun zu euch Geschäftsleuten, die ihr sagt: Heute oder morgen brechen
wir zu einer Geschäftsreise in diese oder jene Stadt auf, wir
werden dort etwa ein Jahr bleiben und gewinnbringende Geschäfte
14 machen. / Ihr kennt doch das Morgen gar nicht, ihr wißt nicht, was
der nächste Tag bringen wird. Als Menschen seid ihr nur wie der
Rauch, der für einen Augenblick zu sehen ist und dann wieder verschwindet.
15 / Ihr solltet lieber sagen: »Wenn Gott es will, dann werden
16 wir leben und dies oder jenes tun«, / anstatt jetzt mit euren unvorsichtigen
17 Plänen zu prahlen. Solches Prahlen ist nicht gut. / Und
auch wer Gelegenheit und Kraft hat, Gutes zu tun, und es nicht tut,
tut Böses.

1 *Kapitel 5* Nun noch zu euch, ihr reichen Leute! Ihr solltet weinen
und wehklagen über das Elend, das ihr zu erwarten habt. /
2 Euer Reichtum ist schon verrottet! Eure Kleider sind schon von
3 Motten zerfressen! / Euer Gold und Silber sind oxidiert, und die
Reste werden euch anklagen und auch euer Fleisch zerfressen wie
Feuer. Solche Schätze habt ihr aufgehäuft, obwohl doch das Ende
4 nahe ist. / Und andererseits: Der Lohn, den ihr den Arbeitern, die
eure Felder abgemäht haben, vorenthalten habt, schreit gen Himmel.
Und die Klage der Erntearbeiter ist bis zu den Ohren Gottes
5 gedrungen. / Auf Erden habt ihr geschwelgt und euch vergnügt,
6 obwohl der Tag des Gemetzels vor der Tür steht. / Den Gerechten
habt ihr verurteilt und getötet, damit er euch nicht mehr zum Hin-

dernis wird.[12] / Brüder und Schwestern! Harrt aus bis zur Wieder- 7
kunft des Herrn. Auch der Bauer muß geduldig warten, bis der
Boden wertvolle Früchte hervorbringt, auf Frühregen und Spätre-
gen. / Übt auch ihr euch in Geduld! Schöpft Kraft für eure Herzen. 8
Denn die Wiederkunft des Herrn steht bevor. / Jammert nicht ei- 9
ner über den anderen, damit Gott euch nicht richten muß. Denn
der Richter steht vor der Tür. / Liebe Brüder und Schwestern, 10
nehmt euch die Propheten als Vorbild für Geduld und Langmut in
unverschuldeten Leiden. Sie haben im Auftrag Gottes gesprochen
/ und preisen die selig, die geduldig aushalten. Ihr wißt, wie gedul- 11
dig Hiob gelitten hat, und ihr wißt doch auch, was der Herr am
Ende tun wird: Er ist voll Erbarmen und Barmherzigkeit. / Vor al- 12
lem aber: Laßt das Schwören! Schwört weder beim Himmel noch
bei der Erde, noch bei irgend etwas anderem. Sondern wenn ihr ja
sagt, soll das ein Ja sein, und wenn ihr nein sagt, ein Nein. An-
dernfalls werdet ihr im Gericht verurteilt. / Alles ist Anlaß, sich an 13
Gott zu wenden: Wer leidet, soll beten, wem es gutgeht, der soll
singen. / Wer krank ist bei euch, soll die Ältesten[13] der Gemeinde 14
rufen. Sie sollen über ihm beten und ihn im Namen Gottes mit Öl
salben! / Wenn ihr glaubt, was ihr betet, dann wird das Gebet den 15
Kranken gesund werden lassen, denn Gott wird ihn aufrichten. /
Hat er etwas Böses getan, so wird Gott ihm vergeben. Bekennt 16
also einander eure Vergehen und betet füreinander, damit Gott
euch Heilung schenkt. Das Gebet eines Gerechten kann vieles be-
wirken. / Elia war ein Mensch wie wir, und durch das Gebet er- 17
reichte er, daß es nicht regnete. Daher regnete es auf der Erde drei
Jahre und sechs Monate nicht. / Und dann betete er ein zweites 18
Mal, und dann gab der Himmel Regen, und die Erde ließ ihre
Frucht hervorkommen. / Liebe Brüder und Schwestern! Wenn ei- 19
ner aus eurer Gemeinde von der Wahrheit abkommt und ein ande-
rer ihn zurückgewinnt, / dann gilt: Wer einen Sünder zurückge- 20
winnt von seinem Irrweg, der rettet damit seine Seele aus dem Tod
und kann so eine Menge Sünden zudecken und sühnen.[14]

---

12 Dieses könnte die einzige Stelle sein, an der Jak auf den Tod Jesu Bezug nimmt. Doch wegen der »ihr«-Anrede halte ich das für ausgeschlossen.

13 Es spricht für den judenchristlichen Hintergrund des Jak, daß hier die jüdischen Formen von gemeindlicher Selbstverwaltung auf die Christengemeinde übertragen werden.

14 Vgl. ähnlich 1 Petr 4,8.

Paulus: Erster Korintherbrief

Eigenart: Der Erste Korintherbrief antwortet auf eine Reihe von Anfragen und Problemen, die in der Gemeinde von K. aufgetaucht waren. Am Schluß steht in Kapitel 15 die Erörterung der Frage nach der Auferstehung. Daß dieses Kapitel die Schlußposition einnimmt, ist nicht ganz zufällig. Denn auch in anderen christlichen Dokumenten stehen die »Endereignisse« auch literarisch am Ende (z. B. Mk 13; Mt 24f; Didache 16).

Datierung: Der Brief gehört vermutlich in die Frühzeit der Paulinischen Briefproduktion. Er ist wohl vor dem Galater- und Römerbrief anzusetzen. Die Terminologie der Rechtfertigungslehre fehlt noch in 1 Kor. Die Begriffe Gesetz, Gebot, Gerechtigkeit sind jedoch schon vorhanden. Es fehlt aber noch die spannungsreiche Zuordnung von Christus und Gesetz, Glaube und Werken, Glaube und Gerechtigkeit. Auch aus diesem Grunde wird der 1 Kor früh datiert. Zudem findet man hier einen hierarchischen Ansatz, der später nicht mehr vorkommt: Gott–Christus–Gemeinde (Mann–Frau)–(Welt) werden im Sinne einer Besitzes- und Befehlshierarchie vorgestellt. – Man kann annehmen, daß der Brief im letzten Jahr des Paulinischen Aufenthaltes in Ephesus entstanden ist. Das wäre dann Frühjahr 55 n. Chr. als Entstehungsdatum.

Adressaten: Das alte Korinth war 146 v. Chr. zerstört worden. Im Jahre 44 v. Chr. war Korinth von Caesar als römische Kolonie für Veteranen neu gegründet worden. 27 v. Chr. wurde die Stadt das Haupt der senatorischen Provinz Achaia. Philo von Alexandrien (1. Jh. n. Chr.) bezeugt eine jüdische Kolonie in Korinth, Act 18,4 eine Synagoge für Korinth. Für das 2. Jh. n. Chr. sind eine Vielzahl hellenistisch-orientalischer Kulte hier bezeugt, zu denen auch der Isis-Kult gehörte. – Der Gründer der Gemeinde in Korinth ist Paulus selbst, als Datum der Gründung der Gemeinde gilt das Jahr 50. Eine großer Teil der Gemeinde gehörte zur Unterschicht, aber es gab auch namentlich bekannte wohlhabende Mitglieder, wie den Synagogenvorsteher Crispus (vgl. 1,14) oder Erastos (vgl. Röm 16,23). – In der Gemeinde existierten unterschiedliche Gruppen, wohl sicher eine Gruppe, die man Paulus, und eine, die man Apollos zuordnen konnte. Fraglicher ist schon, ob es eine Petrus-(Kephas-)Gruppe gab, da das wohl voraussetzen würde, daß Petrus in

Korinth gewirkt hätte. Die Existenz einer Christus-Fraktion ist besonders fraglich. Doch die These, daß es in Korinth Enthusiasten gegeben hätte, stützt sich ausdrücklich auf diesen Namen. Denn »Christus«, das wäre eben nicht »Jesus«, sondern der erhöhte Herr. Die Enthusiasten, ein Forschungskonstrukt speziell für Korinth (sonst wissen wir nichts von ihnen!) hätten gemeint, mit der Erhöhung Jesu sei auch für die Gemeinde schon das Weltende überstanden. Dem soll dann eine »libertinistische« Moral entsprochen haben, die sich vor allem in sexueller Ausschweifung und in orgiastischen Feiern gezeigt habe. Generalnenner sei gewesen: Das Reich Gottes ist schon da. – Doch es ist sehr schwierig, die im einzelnen auch ganz anders interpretierbaren Andeutungen des 1 Kor zusammenhängend als Darstellung eines Enthusiasmus zu lesen. – Zweifellos gab es Mißstände beim Herrenmahl (11,27-34). Doch diese schienen weder durch Enthusiasmus noch sozial bedingt zu sein, sondern eher dadurch, daß es beim hellenistischen Mahl in Korinth keinen einheitlichen Beginn gab (anders für das jüdische Mahl: der Segen über dem Brot).

Probleme: Für Paulus besteht das Problem darin, daß die Gemeinde trotz verschiedener Mißstände nicht eingreift, um das eigene Ansehen zu schützen, oder daß Gemeindeglieder vor heidnischen Gerichten Prozesse gegeneinander führen. Die Fragen sind im einzelnen: Darf ein Christ ein Verhältnis mit seiner Mutter haben? Muß es ein gemeindliches Schiedsgericht geben? Wie ist die Prostitution zu beurteilen, wie die Ehescheidung? Sollte man lieber jungfräulich bleiben? Darf man Fleisch essen, das für heidnische Götzen geschlachtet worden ist? Müssen sich Frauen durch eine Kopfbedekkung beim Beten und prophetischen Reden besonders schützen? Muß man in den Sprachen der Engel reden können, um in der Gemeinde angesehen zu sein? Dürfen Frauen in der Gemeinde öffentlich reden? Muß man an die Auferstehung glauben, um Christ zu sein? – Diese Probleme ergeben sich zum Teil daraus, daß die Mitglieder der Gemeinde in Korinth noch nicht lange Christen sind. Manche Fragen stellen sich zum ersten Mal in der Geschichte des frühen Christentums. Manche rühren auch einfach daher, daß die jüdische Ethik andere Prioritäten hat als die hellenistische Popularethik.

Theologie: Das zentrale christliche Ereignis ist die Auferstehung Jesu Christi. Denn mit ihr hat die Überwindung der Todesmächte begonnen. Dieses wird am Ende zur Befreiung der Welt von Tod und Vergänglichkeit führen. Das wird die zweite, vom Heiligen Geist gewirkte Schöpfung sein. In der Gegenwart der Gemeinde äußert sich die Zukunft schon dadurch, daß sie den Heiligen Geist empfangen hat. Jeder einzelne und zugleich auch die Gemeinde ist dadurch Tempel des Heiligen Geistes. Die Gemeinde ist Christi Leib. Beim Abendmahl wird diese Identität erneuert: Durch die Gabe des einen Brotes wird die Gemeinde von ihrer Wurzel her erneuert.

ERSTER BRIEF AN DIE KORINTHER

Kapitel 1 Paulus, durch Gottes Willen berufener Apostel des 1
Messias Jesus, und Bruder Sosthenes an die Gemeinde Gottes in
Korinth. / Von Gott, unserem Vater, und von Jesus Christus, unse- 2
rem Herrn, überbringen wir euch Gnade und Heil. / Ihr seid durch 3
Jesus Christus als Heilige[1] berufen und Gottes Eigentum und da-
durch mit uns und mit allen auf dieser weiten Erde, die, wenn sie
zu Gott beten, den Namen unseres Herrn Jesus Christus nennen, in
Gemeinschaft verbunden. / Unaufhörlich danke ich Gott für euch, 4
daß er euch durch Jesus Christus in Gnaden angenommen hat. /
Durch ihn seid ihr reich geworden, so daß ihr geistlich reden und 5
die Wahrheit erkennen könnt. / Gleichzeitig hat sich die Botschaft 6
von Christus in euch gefestigt. / Euch fehlt also keine Gabe des Gei- 7
stes, und vielfältig beschenkt erwartet ihr die Wiederkunft unseres
Herrn Jesus Christus. / Gott wird euch weiter im Glauben festigen, 8
damit ihr am Ende den Tag der Wiederkunft unseres Herrn Jesus
Christus bestehen könnt. / Das gebe euch der treue Gott, der euch 9
berufen hat in die Gemeinschaft mit seinem Sohn Jesus Christus,
unserem Herrn. / Brüder und Schwestern! Ich nenne den Namen 10
unseres Herrn Jesus Christus und ermahne euch in seinem Auftrag:
Seid einig! Gebt acht, daß in eurer Gemeinde keine Spaltungen ent-
stehen, versucht, einen gemeinsamen Standpunkt zu finden und zu
bewahren. / Leute aus dem Haus der Chloe haben mir nämlich be- 11
richtet, daß es unter euch Streit gibt. / Vermutlich fühlt sich jeder 12
von euch einem anderen zugehörig.[2] Der eine sagt: »Ich gehöre zu
Paulus«, ein anderer: »Ich gehöre zu Apollos«, ein dritter: »Ich ge-
höre zu Petrus« und ein vierter: »Ich gehöre zu Christus!« Da muß
ich doch fragen: / Seit wann ist denn Christus geteilt? Ist etwa Pau- 13

---

[1] Die Paulinische Benennung der Gemeinden als »Heilige« meint nicht moralische Qualitäten, sondern bezeichnet die Gemeinde insgesamt als Gottes Eigentum, und zwar im Sinne der Träger von Gottes Herrschaft.

[2] Die Fortsetzung in V. 13b gibt einen Anhaltspunkt dafür, wie diese Spaltungen (»Parteien in Korinth«) entstanden sind: Wer von einem der genannten Lehrer bzw. Apostel getauft war, fühlte sich offenbar diesem bleibend im Sinne eines Verhältnisses Lehrer/Schüler verpflichtet. Paulus versucht, diese »Seilschaften« zu überwinden, indem er darauf hinweist, daß er sowieso fast niemanden in Korinth (mit Wasser) getauft hat. Die Geisttaufe dagegen haben alle empfangen (1 Kor 12,13).

lus für euch gekreuzigt worden? Oder seid ihr auf den Namen des
14 Paulus getauft worden? / Glücklicherweise kann ich sagen, daß ich
15 von euch nur Crispus und Gaius getauft habe. / Niemand soll be-
16 haupten, ihr wärt auf meinen Namen getauft. / Ach ja, auch die Fa-
milie des Stephanas habe ich getauft. Aber sonst wüßte ich keinen,
17 den ich getauft hätte. / Der Messias hat mich nämlich nicht zum
Taufen ausgesandt, sondern zur Verkündigung des Evangeliums.
Dabei soll allerdings das Kreuz[3] des Messias stehenbleiben und
nicht mit möglichst vielen klugen Worten wegdiskutiert werden /
18 zwischen denen, die die Botschaft vom Kreuz für Unsinn halten
(und sie werden verlorengehen), und den anderen, die glauben, daß
19 sich gerade im Kreuz Gottes Kraft gezeigt hat. / Denn nach der
Schrift sagt Gott: »Das kluge Geschwätz der Weisen will ich erstik-
ken, und die vernünftige Rede der sogenannten Vernünftigen will
20 ich null und nichtig machen.« / Wo sind sie denn geblieben, die
Weisen, die Bibelfesten, die Diskussionsredner dieser Welt? Gott
21 hat allen Tiefsinn der Welt als Unsinn entlarvt. / Denn als die Men-
schen in der Welt die Weisheit, die Gott ihnen geschenkt hatte,
nicht dazu nutzten, um etwas von Gott wahrzunehmen, beschloß
Gott, das Heil denen zu schenken, die auf dem Weg über den Un-
22 sinn der Kreuzesbotschaft den Weg zum Glauben finden. / Juden
fordern Wunderzeichen, um glauben zu können. Griechen fragen
23 nach Argumenten. / Wir Apostel aber verkündigen den gekreuzig-
ten Messias. Das ist für Juden ein Stein des Anstoßes, Heiden hal-
24 ten es für Unsinn. / Für die Christen aber, die Gott berufen hat, Ju-
den- und Heidenchristen, verkündigen wir den Messias als den, an
25 dem Gott seine Macht und seine Weisheit erwiesen hat. / Denn
Gottes »Unsinn« ist weiser als die Menschen, und Gottes »Schwä-
26 che« ist stärker, als Menschen überhaupt sein können. / Wißt ihr
noch, Brüder und Schwestern, wie es war, als ihr Christen wurdet,
als Gott euch berief? Da waren nicht viele, die unter Menschen als
weise gelten würden, nicht viele, die Macht hatten, nicht viele mit
27 adligem Stammbaum. / Gott hat aus allen Menschen eher die we-
niger klugen gewählt, um die sogenannten Weisen zu beschämen.
Er hat die Benachteiligten erwählt, um die Privilegierten zu blamie-
28 ren. / Er hat die Nichtadligen und die Verachteten erwählt, die
nichts gelten, um das, was Geltung und Status hat, zu nichts zu ma-

[3] Das Kreuz des Messias ist deshalb die passende Antwort im Parteienstreit, weil es Verzicht auf alles menschliche Prestige bedeutet: Das Kreuz ist die schändlichste Art der Hinrichtung. Wenn Gott nach dem Prinzip Kreuz verfährt, bedeutet das das Ende aller Vergötzung von Kriterien menschlicher Macht.

chen. / Denn kein Mensch soll sich vor Gott hinstellen und sich 29
brüsten. / Doch euch hat Gott durch Jesus Christus berufen. Jesus 30
stellt sich vor uns, durch ihn sind wir als Gerechte angenommen,
als Heilige sind wir Gottes Eigentum, befreit von Sünde und Tod. /
So steht es schon in der Schrift[4]: »Stolz sein darf man nur auf das, 31
was Gott selbst geschenkt hat, nur auf Gott selbst.«

Kapitel 2 Liebe Brüder und Schwestern! Als ich bei euch war, um 1
euch die Botschaft Gottes zu bringen, da ging es mir nicht darum,
mit langen, großartigen und tiefsinnigen Reden zu glänzen. / Ich 2
kannte nur Jesus, den Gekreuzigten. / Als ich zu euch kam, fühlte 3
ich mich ziemlich elend, ich hatte große Angst und zitterte am gan-
zen Leib. / Meine Predigt war gewiß nicht tiefsinnig oder besonders 4
überzeugend, und doch wurden Geist und Kraft sichtbar. / So muß 5
es sein, denn Glaube beruht nicht auf menschlichem Tiefsinn, son-
dern ihr wurdet angesteckt durch die Kraft Gottes. / Denen, die im 6
Glauben erwachsen geworden sind, kann ich Gottes Weisheit über-
mitteln. Ich meine aber nicht das, was die Menschen unter Weisheit
verstehen, und auch nicht die Parolen der Mächtigen dieser Welt,
die doch zugrunde gehen müssen. / Wenn ich von Gottes Weisheit 7
rede, meine ich eine für gewöhnlich verborgene Weisheit, die Gott
schon hervorgebracht hat, bevor die Welt wurde. Gott will uns teil-
haben lassen an seiner Herrlichkeit – das ist das Geheimnis der
Welt. / Keiner der Mächtigen dieser Welt kannte dieses Geheimnis. 8
Sonst hätten sie Jesus, den Herrn der Herrlichkeit, nicht gekreuzigt.
/ Doch dieses sonst unzugängliche, herrliche Geheimnis ist, so heißt 9
es in der Schrift[5], für uns bestimmt: »Welche Herrlichkeit Gott für
die bereit hält, die ihn lieben, hat kein Auge je gesehen, kein Ohr je
vernommen, kein Herz je erfaßt.« / Gott hat uns dieses Geheimnis 10
eröffnet, indem er uns seinen Heiligen Geist schenkte. Der Heilige
Geist[6] kann alles ergründen, auch die unfaßbaren Dimensionen

---

[4] Jer 9,22.

[5] Unbekannter Ursprung. Es handelt sich bei diesem Satz um einen Baustein, der in verschiedenen Apokalypsen nachweisbar ist und immer die Größe der zukünftigen Verheißung beschreibt.

[6] Die Argumentation mit dem Heiligen Geist ergänzt die mit dem Kreuz in Kapitel 1: Der Heilige Geist ist eine reine Gottesgabe, irgendwelche menschlichen Maßstäbe spielen keine Rolle. Der Heilige Geist kann auch allein die Autorität des Apostels begründen: Keiner, der den Geist nicht hat, vermag ihn zu beurteilen. Daß die Korinther den Geist noch nicht haben, zeigt sich an ihrer mangelnden Friedfertigkeit. Wie auch Jak 3,14 zeigt, ist Heiliger Geist mit Friedfertigkeit gleichzusetzen. Auch in Jak 3 geht es um die wahre Weisheit.

11 Gottes. / Denn was in einem Menschen steckt, das weiß doch nur
sein Geist. Und so ist auch Gottes Geist der einzige, der die Ge-
12 heimnisse Gottes kennt. / Wir aber haben nicht den Geist der Welt
empfangen, sondern den Heiligen Geist von Gott, damit wir erfas-
13 sen können, was Gott uns geschenkt hat. / Und das sage ich nicht
in den gelehrten Worten der üblichen Menschenweisheit, sondern
wie es mich der Heilige Geist gelehrt hat. Durch den Heiligen Geist
14 Gottes kann ich verstehen, was Geist Gottes ist. / Mit seinen nor-
malen Geistesgaben kann kein Mensch aufnehmen, was Gottes
Geist zu sagen hat. Er denkt, es sei Unsinn, und er weiß nicht ein-
mal, daß man, um so etwas zu verstehen, den Heiligen Geist
15 braucht. / Wer aber vom Heiligen Geist belehrt ist, kann alles ver-
stehen, ihn selbst kann allerdings kein anderer Mensch beurteilen
16 und verstehen. / Denn, um die Schrift zu zitieren: »Wer hat je die
Gedanken Gottes denken können, wer könnte ihn gar belehren?«
Ich aber habe als Apostel die Gedanken Jesu, des Messias.

1 *Kapitel 3* Liebe Brüder und Schwestern! Leider konnte ich zu
euch nicht wie zu Menschen reden, die Gottes Geist geschenkt be-
kamen. Ihr wart leider noch immer schwache, anfällige, sehr ge-
wöhnliche Menschen, als Christen eher Säuglinge und noch nicht
2 aus den Kinderschuhen heraus. / So konnte ich euch erst einmal nur
Milch geben, noch keine feste Speise, denn die konntet ihr noch
3 nicht vertragen, könnt es auch jetzt noch nicht. / Denn noch seid
ihr allzu gewöhnliche Menschen. Unter euch herrschen ja Neid und
Streit, und das ist leider allzu menschlich und nur menschlich und
4 nichts Göttliches. / Wenn der eine sagt: »Ich gehöre zu Paulus« und
der andere: »Ich gehöre zu Apollos« – das ist leider allzu mensch-
5 lich. / Denn wer ist schon Apollos, wer ist Paulus? Sie sind Men-
schen, durch deren Dienst ihr zum Glauben gekommen seid. Jeder
6 von beiden hat nur das getan, wozu der Herr ihn befähigt hat. / Ich
habe gepflanzt, und Apollos hat das Pflänzchen begossen. Doch
7 Gott hat es wachsen lassen. / Daher zählt weder der, der gepflanzt,
noch der, der gegossen hat, sondern allein Gott, der das Wachstum
8 gegeben hat. / Den, der gepflanzt, und den, der gegossen hat, ver-
bindet, daß jeder seinen Lohn nach seiner Leistung empfangen
9 wird. / Denn wir arbeiten gemeinsam an Gottes Sache. Ihr in Ko-
10 rinth seid Gottes Ackerfeld und Gottes Bauwerk. / Gott schenkte
mir seine Gnade als Auftrag für Korinth, und so habe ich bei euch
nach allen Regeln der Kunst ein Fundament gelegt. Ein anderer
wird darauf weiterbauen. Wie er das tut, das ist allein seine Sache.
11 / Denn ein anderes Fundament als das, das ich gelegt habe, nämlich

Jesus Christus, wird er nicht legen können. / Mit welchem Material 12
einer weiterbaut auf dem Fundament, ob es nun Gold oder Silber
ist, kostbare Steine oder Holz, Heu oder Stroh, das wird alles of-
fenkundig werden. / Der Jüngste Tag wird es ans Licht bringen, 13
denn Gottes Feuer wird sichtbar machen, wie das Werk jedes ein-
zelnen beschaffen ist. / Wenn das Bauwerk standhält, wird er be- 14
lohnt. / Wenn es verbrennt, wird er bestraft. Der Täter selbst wird 15
zwar gerettet, jedoch so wie einer, der durchs Feuer gehen mußte.[7]
/ Weil ihr Gottes Tempel seid, wohnt Gottes Geist in euch. / Wer 16, 17
Gottes Tempel zerstört, den wird Gott zerstören. Denn der Tempel
Gottes, also ihr selbst, ist heilig. / Macht euch nichts vor! Wer unter 18
euch sich jetzt in dieser Welt für weise hält, der lerne auf diese Weis-
heit verzichten. / Denn was man so normalerweise für weise hält, 19
das ist in den Augen Gottes Unsinn. Die Schrift[8] sagt es: »Gott
fängt die Weisen in ihrer Schlauheit.« / Und weiter[9]: »Der Herr 20
kennt die Gedanken der Weisen. Es sind taube Blüten.« / Daher soll 21
unter Menschen niemand prahlen. Denn alles, was es gibt, gehört
euch allen gemeinsam. / Alles und alle gehören euch: Paulus, Apol- 22
los, Petrus, die Welt, Leben und Tod, Gegenwart und Zukunft. Al-
les gehört euch, und ihr gehört Christus, Christus aber gehört Gott.

Kapitel 4 Betrachtet mich als einen Menschen im Dienst Christi, 1
als einen Hüter der verborgenen Schätze Gottes. / Von einem sol- 2
chen wird wie von jedem Verwalter erwartet, daß er sich als zuver-
lässig erweist. / Doch wenn ihr oder irgendein menschlicher Ge- 3
richtstag über mich urteilen wollt, macht mir das gar nichts aus. Ich
habe mir auch selbst nichts vorzuwerfen, / denn ich bin mir keines 4
Vergehens bewußt. Aber damit bin ich nicht gerecht gesprochen.
Allein der Herr kann über mich urteilen.[10] / Daher solltet auch ihr 5
nicht den Jüngsten Tag vorwegnehmen und niemanden und nichts
vorher richten. Wenn der Herr wiederkommt, wird er alle verbor-
gene Finsternis ans Licht bringen und die innersten Gedanken der
Menschen offenlegen. Dann wird ein jeder von Gott Lob oder Ta-

[7] Es geht um das Gericht über Christen. Wenn die Werke verbrannt werden, die ein Christ mangelhaft gewirkt hat, so ist das für ihn eine Schande. Gerettet wird er trotzdem. Ob das für Christen generell gilt oder nur für bestimmte Werke, ist sehr umstritten. Denn nach 3,17 wird doch zumindest der noch sehr viel härter bestraft, der die Kirche zerstört (»ihn wird Gott zerstören«).

[8] Hiob 5,12f.

[9] Ps 94,11.

[10] Das war schon die logische Konsequenz aus dem Abschnitt 2,15-3,3.

6 del empfangen. / Liebe Brüder und Schwestern! Was ich eben ge-
sagt habe, möchte ich jetzt auf euer Verhältnis zu Apollos und mir
anwenden. Von uns könnt ihr lernen, was es bedeutet, daß Gott al-
lem ein Maß gesetzt hat, oder wie die Schriftgelehrten sagen:
»Nicht über das hinaus, was geschrieben steht.« Keiner soll sich ge-
7 genüber den anderen aufblähen. / Denn wer gibt einem denn das
Recht dazu? Alles, was man hat, hat man doch geschenkt bekom-
men. Und wenn man es geschenkt bekommen hat, besteht kein
Grund, sich zu brüsten, als hätte man es aus eigener Vollkommen-
8 heit. / Ihr habt offenbar schon zu viel geschenkt bekommen, so satt
und verwöhnt und reich seid ihr! Und ohne mein Zutun seid ihr
schon großmächtige Könige und Königinnen geworden. Herzli-
chen Glückwunsch! Ach, wärt ihr doch auch souverän, dann
9 könnte ich ja vielleicht mit euch mitregieren. / Doch uns Apostel
hat Gott offenbar als billige Ausschußware gedacht, als wären wir
sowieso zum Tode verurteilt. Denn für die ganze Welt, für Engel
wie für Menschen, sind wir die Witzfiguren einer Jahrmarktskomö-
10 die. / Ich spiele die Rolle des Idioten, weil ich zu Christus gehöre,
ihr aber seid die Klugen wegen eurer guten Beziehungen zu Chri-
stus. Ich bin schwach, und ihr seid stark; ihr seid berühmt, doch ich
11 bin ein Niemand.[11] / Bis heute bekomme ich nichts zu essen und zu
trinken, ich habe kaum noch Kleidung, so daß ich frieren muß,
12 werde verprügelt und gehöre nirgendwohin. / Ich schufte mit mei-
nen eigenen Händen. Wenn man mich schmäht, segne ich, wenn ich
13 verfolgt werde, übe ich Geduld. / Wenn man mich verunglimpft,
tröste ich. Wir Apostel sind ja doch immer noch der allerletzte Ab-
14 schaum der Welt. / Ich möchte euch mit diesem Brief nicht beschä-
men, sondern euch nur zurechtweisen, weil ihr meine geliebten
15 Kinder seid. / Denn auch wenn ihr zehntausend christliche Lehrer
hättet, so hättet ihr doch nur einen Vater. Denn in Gemeinschaft
mit Jesus, dem Messias, habe ich euch durch das Evangelium ge-
16, 17 zeugt. / Daher fordere ich euch auf: Folgt meinem Beispiel![12] / Aus
diesem Grunde habe ich Timotheus, meinen lieben, treuen Bruder
und Mitchristen, zu euch geschickt. Er soll euch an all das erinnern,

---

[11] Hier folgt eine der typischen Aufzählungen der Leiden, die Paulus zu bestehen hat (»Peristasenkataloge«). Sie sind für Paulus direkter Erweis der Zugehörigkeit zum gekreuzigten Christus.

[12] Derartige Aufforderungen bei Paulus sind nicht Ausdruck eines »unanständigen Prahlens«, sondern folgen einem pädagogischen Grundprinzip des Altertums. Der Lehrer weiß, daß er vor allem durch sein Beispiel wirkt. Daher gibt es Evangelien, die den Weg des Lehrers Jesus im ganzen darstellen.

was ich im Dienst Jesu, des Messias, unternommen habe, wie ich
weltweit in den Gemeinden wirke und lehre. / Einige von euch ha- 18
ben sich aufgebläht, als wollte und würde ich euch nie wieder be-
suchen. / Ich will aber sehr bald zu euch kommen, wenn es der Herr 19
nur zuläßt. Und dann möchte ich selbst in Augenschein nehmen, ob
die wirkliche Kraft der Prahlhänse mit ihren Worten mithalten
kann. / Denn Gottes Reich besteht bekanntlich nicht nur in Wor- 20
ten, sondern in Kraft. Was wollt ihr lieber? Soll ich mit dem Stock
zu euch kommen oder voll Liebe und mit der Milde des Heiligen
Geistes?

Kapitel 5 Immer wieder hört man von einem Sexskandal bei 1
euch, der selbst bei Heiden unvorstellbar wäre: Jemand hat seine 2
Mutter als Frau. / Doch ihr blast euch auf. Ihr solltet lieber traurig
sein und euch wünschen, daß einer, der so etwas tut, aus eurer 3
Mitte verschwindet. / Ich jedenfalls habe über ihn schon mein Ur- 4
teil gesprochen. Auch wenn ich nicht physisch bei euch bin, / ist es
so, als hättet ihr euch im Namen unseres Herrn Jesus Christus ver-
sammelt, ich wäre im Geiste bei euch und wir hätten in der Kraft 5
unseres Herrn Jesus Christus beschlossen, / diesen Mann dem Sa-
tan zu übergeben[13], damit dieser seine physische Existenz ver-
nichte. Nur so könnte sein Innerstes am Jüngsten Tag gerettet wer- 6
den. / Eure Prahlerei ist nicht schön. Ganz klar: Ein kleines Stück 7
Sauerteig kann den gesamten Teig durchsäuern. / Entfernt den alten
Sauerteig, damit ihr werdet, was ihr seid: ungesäuerter frischer
Teig. Denn Jesus, der Messias, ist als unser Passahlamm geschlach- 8
tet worden.[14] / Daher wollen wir das Passahfest ohne den alten Sau-
erteig feiern, befreit vom Sauerteig der Unmoral und Bosheit, nur
mit dem reinen, ungesäuerten, lauteren und unverfälschten Teig. /
In einem früheren Brief habe ich euch geschrieben, ihr solltet den 9
Kontakt mit Menschen, die ihren Trieben freien Lauf lassen, mei- 10
den. / Damit meine ich nicht alle diejenigen außerhalb der Ge-
meinde, die in dieser Welt ihrem Geschlechtstrieb freien Lauf las-
sen, alle Habgierigen, Ausbeuter oder Götzendiener, denn dann 11
müßtet ihr ja aus dieser Welt auswandern! / Nein, in meinem
Schreiben[15] meinte ich Mitchristen, die ihrem Geschlechtstrieb

---

13 Gemeint ist eine feierliche Verfluchung, wie sie als gemeinschaftliche gottesdienstliche Aktion aus Texten von Qumran belegt werden kann.

14 Es geht hier nicht um den Sühnetod Jesu, sondern darum, daß die Christen angesichts des Passahlamms Jesus alle alte und veraltete Lebenspraxis aufgeben.

15 Gemeint ist ein vorangegangener nicht erhaltener Korintherbrief.

freien Lauf lassen oder habgierig sind, die Götzen anbeten, den
Glauben lästern, Säufer oder Wucherer sind. Mit solchen Men-
12 schen sollt ihr auch nicht gemeinsam Mahlzeit halten. / Warum
sollte ich denn die Menschen außerhalb der Gemeinde verurteilen?
13 Das wird Gott besorgen. / Aber eure Mitchristen, die müßt ihr be-
urteilen. Daher reißt, wie es in der Schrift[16] heißt, das Böse mit
Stumpf und Stiel aus eurer Mitte!

1 *Kapitel 6* Da hat einer von euch einen Streit mit einem anderen.
Und er schämt sich nicht, sein Recht vor einem heidnischen Richter
zu suchen. Er sollte die Sache doch in der Gemeinde der Heiligen
2 klären! / Denn die Gemeinde der Heiligen wird, wie ihr wißt, die
ganze Welt richten. Und wenn die ganze Welt von euch gerichtet
wird, dann werdet ihr doch wohl auch solche Bagatellangelegenhei-
3 ten beurteilen können. / Sogar über Engel werden wir zu Gericht sit-
zen. Dann werden wir doch auch alltägliche Fälle beurteilen kön-
4 nen! / Aber so ist es bei euch: Wenn ihr solche alltäglichen Streitfälle
habt, dann wendet ihr euch ausgerechnet an Außenstehende, die ihr
sonst als Nichtchristen verachtet, die in eurer Gemeinde nichts gel-
5 ten. / Ihr solltet euch wirklich schämen. Da ihr doch alle so weise
seid, wird es doch vielleicht unter euch irgendeinen Vernünftigen ge-
ben, der die Sache zwischen Glaubensbrüdern entscheiden könnte?
6 / Doch so ist die Lage: Ein Christ führt vor Heiden einen Prozeß ge-
7 gen einen Mitchristen. / Dabei ist es schon an sich ein Armutszeug-
nis, daß ihr überhaupt Rechtsstreitigkeiten miteinander habt.
Warum laßt ihr euch das Unrecht nicht einfach gefallen? Warum
8 laßt ihr euch nicht einfach etwas wegnehmen? / Ihr tut genau das
Gegenteil: Euren Mitchristen tut ihr unrecht, ja, ihr beraubt sie so-
9 gar. / Ihr wißt doch ganz genau, daß Menschen, die unrecht tun, das
Reich Gottes nicht erben können. Damit keine Mißverständnisse
aufkommen: Kein Lüstling, kein Götzendiener und kein Ehebre-
10 cher, kein Strichjunge und kein Knabenschänder, / kein Langfinger
und kein Halsabschneider, kein Trunkenbold, kein Lästermaul und
11 kein Wegelagerer wird das Reich Gottes erben. / All das wart ihr, je-
denfalls manche von euch. Doch jetzt seid ihr reingewaschen, heilig
geworden, als Gerechte angenommen im Namen unseres Herrn Je-
12 sus Christus und durch den Heiligen Geist unseres Gottes. / Der Satz
»Alles ist erlaubt« gilt zwar, doch ich füge hinzu: Nicht alles ist auch
zuträglich. »Alles ist erlaubt« – doch ich darf mich nicht von jeman-
13 dem ungerecht beherrschen lassen. / Man darf sagen: »Alles, was

[16] Z. B. Dt 17,7; 19,19.

wir essen, ist erlaubt« oder: »Die Speisen sind für den Bauch, und der Bauch ist für die Speisen da.« Gott wird nämlich beides, Speisen und Bauch, zerstören. Anders verhält es sich mit zügelloser Triebhaftigkeit, denn für sie ist der Leib[17] nicht bestimmt. Vielmehr gilt: »Der Leib ist für den Herrn bestimmt, und der Herr wird sich um
den Leib kümmern.« / Denn Gott hat Jesus, unseren Herrn, von den 14
Toten auferweckt und wird auch uns von den Toten auferwecken in
seiner Macht. / Der Leib jedes Christen ist ein Glied am Leib Jesu, 15
des Messias. Wie kann ich da dem Leib Jesu ein Glied wegnehmen
und es einer Dirne geben? Das darf doch nicht sein! / Ihr wißt ja: Wer 16
mit einer Dirne zusammen ist, der wird mit ihr ein Leib. Denn in der
Schrift steht: »Die beiden werden ein Leib sein.« / Doch andererseits 17
gilt auch: Wenn ein Mensch mit dem Herrn eins ist, dann ist da ein
einziger Heiliger Geist. / Daher laßt euch auf keinen Fall mit einer 18
Dirne ein. Jede andere Sünde, die ein Mensch begeht, betrifft nicht
seinen Leib, sondern einen Gegenstand außerhalb [zum Beispiel
Geld oder Ansehen]. Wer sich aber mit einer Dirne einläßt, der vergeht sich gegen seinen eigenen Leib. Denn er ist mit dem ganzen Leib
dabei, und es geht um nichts Drittes. / Jeder Leib eines Christen ist 19
ein Tempel des Heiligen Geistes.[18] Der Heilige Geist wohnt in euch.
Gott hat ihn euch geschenkt. Ihr seid damit Gottes Eigentum und
gehört euch nicht mehr selbst. / Der Preis, mit dem ihr erkauft wur- 20
det, war hoch: Gott hat sich selbst als Heiligen Geist in euer Herz
gegeben und euch so zum Eigentum erworben. Verherrlicht Gott mit
eurem Leib.

Kapitel 7 Eure schriftliche Anfrage betraf das Thema der Enthalt- 1
samkeit. Grundsätzlich muß man festhalten, daß es gut für einen
Mann ist, wenn er enthaltsam lebt. / Doch damit nicht Zügellosig- 2
keit und insbesondere Prostitution einkehrt, soll jeder Mann seine
Frau haben und jede Frau ihren Mann.[19] / Der Mann soll seiner 3
Frau geben, was er ihr schuldig ist, und so auch die Frau ihrem
Mann. / Die Frau bestimmt nicht über ihren eigenen Leib, sondern 4
der Mann. Ebenso bestimmt der Mann nicht über seinen eigenen

17 Paulus unterscheidet den Leib, das ist der ganze Mensch, vom Bauch, das ist nur ein Teil. Sexualität ist eine Sache des ganzen Menschen.

18 Sowohl die Gemeinde ist Tempel des Heiligen Geistes (1 Kor 3,17) als auch jeder einzelne mit seinem Leib. Das ist kein Gegensatz, sondern eine Ergänzung.

19 Man beachte, daß Paulus hier und im folgenden immer beide Seiten, Mann und Frau, bedenkt. Das ist Ausdruck spezifischer »Gerechtigkeit«.

5 Leib, sondern die Frau. / Wenn ihr euch einander entzieht, dann
nur im gegenseitigen Einvernehmen und nur für eine Weile. Dann
habt ihr Zeit für das Gebet und könnt danach doch wieder zusam-
menkommen, damit der Satan euch nicht in Versuchung führt, weil
6 ihr euch nicht beherrschen könnt. / Diesen zeitweiligen Verzicht ge-
7 stehe ich euch zu, es ist kein Gebot. / Eigentlich hätte ich es gern,
daß alle Menschen so lebten wie ich. Aber ich weiß: Jeder hat sein
eigenes Charisma[20] von Gott. Mein Charisma ist die Ehelosigkeit.
8 / Den Unverheirateten und Witwen sage ich: Es ist gut für sie, wenn
9 sie so bleiben wie ich. / Wenn sie sich aber nicht beherrschen kön-
nen, sollen sie heiraten. Denn es ist besser zu heiraten, als vor Ver-
10 langen in Flammen zu stehen. / Den Verheirateten sage ich – und
das sagt auch Jesus, der Herr –, daß eine Frau sich von ihrem Mann
11 nicht scheiden lassen sollte. / Wenn es aber unumgänglich ist, dann
soll sie in Zukunft unverheiratet bleiben und allein leben oder sich
wieder mit ihm versöhnen. Genauso soll ein Mann seine Frau nicht
12 aus der Ehe entlassen. / Allen anderen sage ich – in diesem Falle
habe ich kein Wort des Herrn –, daß ein Christ, der eine nicht-
christliche Frau hat, die einwilligt, mit ihm zu leben, sie nicht ent-
13 lassen soll. / Und wenn eine christliche Frau einen nichtchristlichen
Mann hat, der einwilligt, mit ihr zu leben, dann soll sie ihn nicht
14 entlassen. / Ein nichtchristlicher Ehemann wird durch eine christli-
che Frau heilig, und eine nichtchristliche Ehefrau wird durch ihren
christlichen Ehemann heilig. Früher hätten ihre Kinder als unrein
gegolten, jetzt aber sind sie heilig, weil sie mit einem christlichen El-
15 ternteil zusammenleben. / Wenn sich der nichtchristliche Teil vom
anderen trennen will, soll er das tun. Unter diesen Umständen ist
der Christ oder die Christin nicht sklavisch gebunden. Schließlich
16 hat euch Gott zum Frieden berufen. / Außerdem ist es gar nicht aus-
gemacht, ob der christliche Partner den anderen wirklich zum
17 Glauben führen und damit retten kann. / Grundsätzlich soll jeder
so leben, wie Gott es ihm zugeteilt hat und wozu er ihn anschei-
18 nend berufen hat. In allen Gemeinden lasse ich es so halten. / Ist
zum Beispiel ein beschnittener Jude Christ geworden, dann hat
19 Gott ihn eben so berufen. / Auf Beschneidung kommt es nicht an,
auch nicht auf Unbeschnittensein, sondern allein darauf, daß man
20 die Gebote Gottes hält.[21] / Jeder soll bleiben, wie Gott ihn berufen

20 »Charisma« ist nach Paulus eine außergewöhnliche Gabe, die menschlich nicht zu erklären ist. Grundsätzlich hat jede Christin und jeder Christ eine solche Gabe und soll damit für den Geber missionarisch wirksam werden.

21 Diese radikale jüdische Position teilt Paulus auch als Christ. Auch die

hat. / Bist du als Sklave berufen, dann mach dir nichts daraus. 21
Wenn du aber frei werden kannst, nimm es um so lieber wahr.[22] /
Denn der christliche Sklave ist ein Freigelassener des Herrn. Und 22
ein freier Mensch, der Christ wurde, ist ein Sklave Jesu Christi. / Ihr 23
wurdet um einen hohen Preis freigekauft. Begebt euch also nicht in
sklavische Abhängigkeit von Menschen. / Liebe Brüder und Schwe- 24
stern! Jeder soll vor Gott so bleiben, wie Gott ihn berufen hat. /
Über Unverheiratete hat der Herr meines Wissens nichts gesagt. Ich 25
sage euch meine Meinung dazu, und weil der Herr mir doch so of-
fensichtlich sein Erbarmen erwiesen hat, könnt ihr mir vertrauen. /
Ich meine, daß es angesichts der Not, die uns in der letzten Zeit vor 26
dem Ende der Welt bevorsteht, für alle Menschen gut wäre, wenn
sie unverheiratet blieben. / Wer an eine Frau gebunden ist, braucht 27
zwar nicht zu versuchen, von ihr loszukommen. / Aber wer keine 28
Frau hat, soll sich nicht auf die Suche begeben. Wenn er dann doch
heiratet, ist es keine Sünde, genausowenig wie wenn eine zuvor un-
verheiratete Frau heiratet. Doch alle Verheirateten werden unter
der Not viel zu leiden haben. Und das möchte ich euch gern erspa-
ren. / Liebe Brüder und Schwestern! Die Zeit vor dem Ende der 29
Welt ist knapp, die Tage sind wie zusammengedrängt und laufen
schneller. Wer eine Frau hat, soll daher so handeln, als wäre eine
Frau nicht der größte Schatz, / wer weint, soll so weinen, als wäre 30
Weinen nicht das Bitterste, wer sich freut, soll sich so freuen, als
wäre Freude nicht das Höchste, wer etwas kauft, soll sich vorstel-
len, er dürfte es nicht behalten. / Und wer die Welt in Gebrauch 31
nimmt, soll das so tun, als dürfte er sie nicht verbrauchen, da doch
die sichtbare Gestalt dieser Welt sehr schnell vergeht. / Ich will nur, 32
daß ihr euch keine überflüssigen Sorgen macht. Jemand, der unver-
heiratet ist, sorgt sich darum, was der Herr will und wie er ihm ge-
fallen kann. / Jemand, der verheiratet ist, sorgt sich darum, was 33
seine Mitmenschen von ihm wollen und wie er seiner Frau gefallen
kann. / Er ist in seiner Sorge geteilt. Eine unverheiratete Frau oder 34
eine unberührte Frau kann sich darum sorgen, was der Herr will,
so daß sie heilig ist, das heißt: ganz und gar Gott gehört, nicht nur
in ihrem Innersten, sondern auch mit ihrem Leib. Eine verheiratete
Frau dagegen sorgt sich darum, was ihre Mitmenschen von ihr wol-

---

Gabe des Heiligen Geistes ermöglicht nach Röm und Gal nur besser, das Gesetz zu erfüllen.

[22] Hier ist die Deutung sehr umstritten: Soll der Christ das Freiwerden »um so lieber« wahrnehmen – oder die Sklaverei (und dann auf das Freiwerden verzichten)? Unsere Übersetzung hat sich für das erstere entschieden.

35 len und wie sie ihrem Mann gefallen kann. / Dies alles sage ich
nicht, um euch an die Kette zu legen, sondern weil ich euch helfen
will, unbehelligt, anständig und beharrlich dem Herrn zu dienen. /
36 Wenn ein Christ einer unberührten Frau zugetan ist und glaubt, die
guten Sitten zu verletzen, wenn er sie nicht heiratet, oder wenn sie
schon älter sind, dann soll er tun, was naheliegt: Wenn sie heiraten,
37 sündigen sie nicht. / Wenn aber ein anderer, der ebenfalls einer un-
berührten Frau zugetan ist, in seinem Herzen ganz standhaft ist,
ferner kein äußerer Zwang zur Heirat besteht, er seinen Willen
ganz unter Kontrolle hat und entschlossen ist, nicht zu heiraten,
38 dann sollen sie nicht heiraten, und er tut das richtige. / Wer also hei-
39 ratet, macht es gut, wer nicht heiratet, macht es besser. / Eine Ehe-
frau ist so lange an ihren Mann gebunden, wie er lebt. Wenn der
Mann stirbt, darf sie heiraten, wen sie will. Doch es sollte ein
40 Christ sein. / Doch nach meiner Einschätzung – und ich glaube
doch, den Heiligen Geist zu haben – wird sie glücklicher sein, wenn
sie unverheiratet bleibt.

1 *Kapitel 8* Ein anderes Thema ist das Essen von Fleisch, das frem-
den Göttern geweiht[23] ist. Auch wenn wir die rechte Gotteser-
kenntnis alle gemeinsam haben, wird man leicht überheblich, so-
lange es allein bei der Erkenntnis[24] bleibt. Nur die Liebe hilft uns
allen gemeinsam weiter, nur sie macht uns zu einer wirklichen Ge-
2 meinde. / Jeder, der meint, er könnte sich auf seine Erkenntnis et-
3 was einbilden, der hat noch nicht die rechte Erkenntnis. / Diese be-
steht nämlich darin, daß er Gott liebt und daß Gott ihn kennt. /
4 Kommen wir auf das Essen von fremden Göttern geweihtem
5 Fleisch zurück. Es gibt nur einen Gott und keinen sonst, / die ande-
ren sind nur himmlische oder irdische Pseudogötter. Es gibt viele
davon, eben sogenannte »Götter« und sogenannte »Herren«, /
6 doch wir kennen nur den einen Gott und Vater, der alles geschaffen

[23] Es geht um das sogenannte Götzenopferfleisch. Bei der Schlachtung eines Tieres »entschuldigte« sich der Schlachter bei den Göttern dafür, daß er in ihr Recht eingriff. Er weihte das geschlachtete Tier förmlich der Gottheit und erkannte damit deren Recht an. Jede Schlachtung war daher mit einem religiösen Akt verbunden. Viele Christen nahmen daran Anstoß, weil sie nicht in eine heidnische Weihe verwickelt sein wollten. Der Kauf eines solchen Tieres oder Fleisches wurde als Verstoß gegen das christliche Bekenntnis aufgefaßt.

[24] »Erkenntnis« haben besonders die »Aufgeklärten« in Korinth, die sich über die Bedenken der Ängstlichen hinwegsetzen können. Paulus selbst ist ein Aufgeklärter.

hat und für den wir leben, und einen Herrn, Jesus Christus, durch
den alles geschaffen ist, auch wir.[25] / Doch die Erkenntnis, daß es 7
nur einen Gott gibt, wirkt nicht für alle Christen befreiend. Dieje-
nigen, die aus alter Gewohnheit beim Essen von gekauftem Fleisch
denken, daß es fremden Göttern geweiht ist, haben dann Gewis-
sensbisse und beschädigen damit ihr doch so empfindliches Gewis-
sen. / Ihnen muß ich sagen: Was wir essen, hat nichts mit unserem 8
Verhältnis zu Gott zu tun. Zu essen oder aufs Essen zu verzichten
ist vor Gott weder ein Makel noch ein Vorzug. / Den Aufgeklärten 9
aber muß ich sagen: Achtet darauf, daß ihr mit eurem Verhalten
nicht die Gefühle der Empfindlichen verletzt. / Wenn einer von den 10
Empfindlichen mit ansehen muß, wie ein Aufgeklärter im Götzen-
tempel eine Mahlzeit einnimmt, könnte er verführt werden, das-
selbe zu tun, und dies würde sein empfindliches Gewissen[26] auf den
Plan bringen. / So wird durch aufgeklärtes Verhalten ein Empfind- 11
licher, ein Bruder, um dessentwillen Christus gestorben ist, / in töd- 12
liche Verwirrung gebracht. Damit versündigt ihr euch nicht nur ge-
gen christliche Geschwister, sondern auch gegen Christus selbst. /
Wenn also meine Eßgewohnheiten meine Mitchristen verletzen, 13
dann will ich aus Rücksicht auf sie lieber nie mehr Fleisch essen.

Kapitel 9 Angesichts solcher Aufforderungen zur Rücksicht- 1
nahme[27] könnte ich jedoch auch fragen: Bin ich nicht frei, weil ich
unseren Herrn Jesus Christus in einer Vision gesehen habe, so daß
mir außer ihm kein anderer Vorschriften machen kann, und weil
ich als Apostel des Herrn eure Gemeinde gegründet habe? / Wenn 2
ich überhaupt für jemanden Apostel bin, dann für euch. Als christ-
liche Gemeinde seid ihr die Beglaubigung für mein Apostelamt, so
will es der Herr. / Wenn sich Leute über mich ein Urteil anmaßen, 3
dann halte ich ihnen entgegen: / Ich habe doch die Freiheit zu essen 4
und zu trinken, was ich will. / Ich dürfte auch auf die Missionsrei- 5
sen eine christliche Ehefrau mitnehmen wie die anderen Apostel,
die Brüder des Herrn und Kephas. / Ebenso wie sie dürften auch 6
Barnabas und ich auf Kosten der Gemeinde leben und brauchten

[25] Paulus zitiert hier vorformuliertes Glaubensgut.

[26] Nicht das eigene Gewissen, sondern das des anderen ist daher hier der Maßstab für das Verhalten. Paulus steht damit gegen eine Individualisierung des Gewissensbegriffs.

[27] Paulus fügt hier den Fall des Verzichts auf Rechte ein, um deutlich zu machen: Auch den sogenannten Starken, den Aufgeklärten, in Korinth wird zugemutet, auf ein fraglos bestehendes Recht, auf eine Freiheit, zu verzichten.

7 nicht selbst für unsern Unterhalt zu sorgen. / Denn wer als Soldat
dient, kommt für seinen Sold doch nicht selbst auf. Und anderer-
seits wird doch, wer einen Weinberg anpflanzt, auch die Trauben
genießen wollen. Und wer eine Herde hütet, wird doch auch von
8 der Milch trinken wollen. / Das ist nicht nur gesunder Menschen-
9 verstand, sondern auch Meinung des Gesetzes. / Dort heißt es:
»Man soll dem Ochsen beim Dreschen nicht das Maul zubinden.«
10 Und damit hat Gott nicht nur die Ochsen, / sondern auch uns ge-
meint. Denn wer auf dem Feld ackert, tut es in der Hoffnung auf
einen Ertrag, und wer drischt, darf sich darauf freuen, etwas abzu-
11 bekommen. / Ich habe bei euch Geistliches gesät, da wäre es doch
12 nur recht und billig, Materielles zu ernten. / Wenn andere das bei
euch dürfen, dann ich doch erst recht! Doch ich habe von meinem
Recht keinen Gebrauch gemacht, sondern bezahle alles selber, da-
13 mit das Evangelium Jesu Christi keine Einbuße erleidet. / Noch ein-
mal: Wer am Tempel arbeitet, der darf auch von den Opfergaben
essen. Wer am Altar beschäftigt ist, bekommt dort auch zu essen. /
14 So hat der Herr angeordnet, daß die Boten des Evangeliums auch
15 davon leben sollten. / Doch ich habe dies nicht geschrieben, um von
jetzt ab Geld bei euch zu nehmen. Ich benötige nichts. Lieber würde
ich sterben wollen, als euch zur Last zu fallen. Diesen Stolz kann
16 mir niemand nehmen. / Denn wenn ich das Evangelium verkün-
dige, dann geht es nicht um meinen Stolz, sondern Gott zwingt
mich dazu. Wehe mir, wenn ich das Evangelium nicht verkündige!
17 / Wenn ich dabei freiwillig auf Unterhalt verzichte, dann darf ich
Lohn erwarten. Verzichte ich gezwungenermaßen, dann gehört das
18 eben zu meinem Beruf und zu meinem Auftrag. / Mein Lohn be-
steht dann aber darin, daß ich das Evangelium spesenfrei verkün-
dige und bei der Verkündigung das, was mir zusteht, gerade nicht
19 verlange. / Denn ich bin frei von allen Dingen und habe mich zum
20 Sklaven aller gemacht, um möglichst alle zu gewinnen. / Wenn ich
Juden bekehren will, lebe ich als Jude. Wenn ich Menschen gewin-
nen will, die unter dem Gesetz leben, stelle ich mich ihnen gleich,
21 obwohl ich selbst nicht dem Gesetz unterworfen bin. / Und ebenso
verhalte ich mich, wo Menschen das Gesetz nicht kennen, um auch
diese zu gewinnen. Ich selbst lebe freilich nicht ohne Gesetz, son-
22 dern nach dem Gesetz des Messiaskönigs Jesus. / Auf Menschen,
die empfindlich sind, nehme ich Rücksicht, um auch sie zu gewin-
nen. Alle nur denkbaren Lebensformen habe ich übernommen, um
23 wenigstens einige zu retten. / All dies tue ich, um genauso auf die
Menschen einzugehen wie das Evangelium selbst, um den gleichen
24 Weg zu gehen. / So ist es doch auch beim Wettlauf im Stadion: Alle

laufen, aber nur einer kann gewinnen. Ihr müßt also laufen, damit
ihr gewinnen könnt! / Jeder Wettkämpfer bereitet sich auf den 25
Wettkampf vor, indem er Verzicht übt. Die Wettkämpfer im Sta-
dion tun es für einen vergänglichen Preis, wir aber tun es für einen
unvergänglichen Preis. / Ich weiß, für welches Ziel ich laufe, ich 26
schlage nicht ziellos in die Luft, sondern hole gezielt aus. / Ich sta- 27
chele meinen Leib an und halte ihn wie einen Sklaven, um selbst
glaubwürdig zu sein, wenn ich anderen die Botschaft verkündige.

Kapitel 10 Liebe Brüder und Schwestern! Gott hat immer das 1
ganze Volk bedacht, doch dann sind viele von ihm abgefallen.
Denkt nur an den Auszug aus Ägypten: Vor allen zog die Wolken-
säule her, alle konnten durchs Meer ziehen. / Alle wurden so gewis- 2
sermaßen auf den Namen des Mose getauft. / Alle haben dasselbe 3
Brot vom Himmel gegessen, / alle haben dasselbe Wasser aus dem 4
Fels getrunken. Das ist auch symbolisch zu verstehen; denn der
Fels, aus dem sie getrunken hatten, zog hinter ihnen her[28], und er
war der Messias. / Doch an den meisten von ihnen hatte Gott keine 5
Freude. Daher wurden sie in der Wüste niedergestreckt – tot, / zur 6
Abschreckung für uns. Im Gegensatz zu ihnen sollen wir unsere
Gier bezähmen. / Betet keine falschen Götter an, wie einige von ih- 7
nen es taten. In der Schrift heißt es: »Das Volk setzte sich zu essen
und zu trinken, und dann standen sie auf und tanzten um die Göt-
ter herum.« / Wir wollen auch nicht der Sexgier erliegen wie einige 8
von ihnen, woraufhin 23000 an einem Tage sterben mußten. /
Wenn wir zweifeln, wollen wir nicht ausprobieren, ob Gott über- 9
haupt reagiert, wie etliche von ihnen, die dann durch Schlangen
umkamen. / Gebt euch nicht der Klage hin wie eine Reihe von ih- 10
nen, die dann dem Engel des Verderbens anheimfielen / und zur Ab- 11
schreckung bestraft wurden. Die Schrift berichtet davon, um uns zu
warnen, weil es uns jetzt am Ende der Zeiten vielleicht noch ärger
ergehen könnte.[29] / Wer daher meint, fest auf seinen Beinen zu ste- 12
hen, sehe zu, daß er nicht auf die Nase fällt. / Auch wenn ihr gegen 13
Versuchungen kämpfen müßt, halten sie sich doch in einem für
Menschen erträglichen Rahmen. Gott steht treu zu euch und wird
nicht zulassen, daß ihr über das Maß des Erträglichen hinaus ver-
sucht werdet. Er wird dafür sorgen, daß ihr bei aller Versuchung
auch den Ausweg finden könnt. / Hütet euch also vor falschen Göt- 14

[28] Die rabbinische Legende vom mit Israel mitwandernden Felsen wird hier bereits vorausgesetzt, der Fels wird auf Jesus bezogen.

[29] Ein ähnlicher Gedankengang findet sich in Hebr 3,12-4,11.

15 tern, ihr Lieben. / Ihr habt doch Verstand, und daher beurteilt
16 selbst, was ich sage. / Wenn wir beim Herrenmahl über dem Becher
den Segen sprechen, dann haben wir alle Anteil am Blut, das heißt:
am gewaltsamen Tod, des Messias. Und das Brot, das wir teilen,
stiftet die Gemeinschaft mit dem Leib des Messias, mit ihm selbst.
17 / Denn wir alle zusammen sind wie ein Brot und ein Leib und haben
18 alle Anteil an dem einen Brot. / So war es doch auch in der Ge-
schichte des Volks Israel: Wer von den Opfergaben ißt, hat auch
19 Anteil am Opferaltar. / Heißt dies, daß fremden Göttern Geopfertes
oder sogar die fremden Götter selbst religiöse Kraft und Bedeutung
20 haben? / Dazu ist zu sagen: Was die Leute fremden Göttern opfern,
bringen sie Dämonen dar, nicht unserem Gott. Ich möchte aber auf
21 keinen Fall, daß ihr euch mit Dämonen einlaßt. / Daher dürft ihr
keinesfalls nacheinander den Becher der Dämonen und den Becher
des Herrn trinken oder nacheinander mit beiden Mahlgemein-
22 schaft halten. / Oder wollt ihr Gott wütend machen? Seid ihr stär-
23 ker als Gott? / Wenn Christen auch alles erlaubt ist, so bringt doch
nicht alles Nutzen. Wenn auch alles erlaubt ist, so macht uns doch
24 nicht alles zu einer wirklichen Gemeinde. / Und wir wollen doch
nicht nach dem streben, was uns selbst hilft, sondern was den an-
25 deren und allen hilft. / Ihr dürft alles essen, was auf dem Markt zu
26 haben ist. Das braucht euer Gewissen nicht zu quälen, / denn die
27 ganze Welt und alles, was sie erfüllt, gehört Gott. / Wenn ihr eine
Einladung von Nichtchristen annehmt, dürft ihr ruhig von allem
essen, was sie euch vorsetzen. Ihr braucht euer Gewissen nicht mit
der Frage zu quälen, ob vielleicht einiges fremden Göttern geweiht
28 war oder nicht. / Doch wenn einer von den Nichtchristen[30] zu euch
sagt: »Dies ist fremden Göttern geweihtes Fleisch!«, dann eßt es
nicht, und zwar um dessentwillen, der euch darauf aufmerksam ge-
29 macht hat, wegen seines Gewissens. / Wenn ich so deutlich sage,
daß es wegen des Gewissens des Nichtchristen ist, kann man natür-
lich fragen: Wozu soll ich meine Freiheit einem fremden Gewissen
30 unterordnen? / Denn wenn ich doch in Gottes Gnade stehe – wie
soll da jemand von mir schlecht denken wegen etwas, für das ich
31 eigentlich Gott nur danken kann? / Alles was ihr tut, ob ihr nun
etwas eßt oder trinkt oder nicht, soll der Verherrlichung Gottes
32 dienen. / Dazu gehört auch, daß ihr versucht, bei Griechen und
33 Heiden keinen Anstoß zu erregen. / Sagt euch immer: Ich will ver-

[30] Im Unterschied zu Kapitel 8 geht es hier nicht um den christlichen Bruder, der »schwach« ist, sondern um den Außenstehenden. Sogar sein Gewissen ist dem Gebrauch der Freiheit des »Starken« übergeordnet.

suchen, das Wohlwollen aller zu erreichen. Nach Kräften suche ich nicht, was mir, sondern was allen nützt.

Kapitel 11 Eifert mir nach, so wie ich Jesus, dem Messias, nach- 1
eifere. / Ich muß euch loben, weil ihr euch alles merkt, was ich euch 2
gesagt, und bewahrt, was ich euch überliefert habe. / Denkt daran, 3
daß es eine Rangfolge gibt: Frau – Mann – Christus – Gott. / Das 4
hat Konsequenzen beim Beten und wenn ihr prophetisch redet.
Wenn ein Mann dabei eine Kopfbedeckung trägt, gehört sich das
nicht. / Anders bei der Frau: Wenn sie keine Kopfbedeckung dabei 5
trägt, gehört sich das nicht. / Dann könnte sie sich auch gleich kahl 6
scheren lassen. Da es sich aber für eine Frau nicht gehört, sich kahl
scheren zu lassen, muß sie also ihr Haupt verhüllen, wenn sie betet
oder prophetisch redet. / Der Mann muß sein Haupt nicht verhül- 7
len, da er unmittelbar Bild und Abglanz Gottes ist. / Die Frau ist 8
dagegen nur Abglanz des Mannes. Denn der Mann kommt nicht
von der Frau, sondern die Frau vom Mann, / und der Mann ist 9
nicht wegen der Frau erschaffen worden, sondern die Frau wegen
des Mannes. / Weil die Frau durch Engel gefährdet[31] ist, die ihren 10
Leib unfruchtbar machen oder ihr Herz verwirren können, muß sie
ein zusätzliches Hoheitszeichen und einen Schutz auf dem Haupt
tragen. / Doch in der Gemeinschaft mit Christus gibt es Mann und 11
Frau nicht ohne einander, sondern nur zusammen. / Denn Eva 12
wurde aus Adam geschaffen, und jeder Mann kommt durch eine
Frau auf die Welt. Beide aber kommen von Gott her. / Doch ihr 13
wißt ja selbst, daß es für eine Frau nicht schicklich ist, mit unver-
hülltem Haupt zu beten. / Und uns lehrt schon die Natur, daß es 14
sich für einen Mann nicht gehört, das Haar lang zu tragen, / wäh- 15
rend für eine Frau langes Haar eine Auszeichnung ist, da sie ihr
Haupt damit verhüllen kann. / Wenn es hierüber Streit gibt, kann 16
ich nur ein für allemal sagen: Wir und auch die anderen christlichen
Gemeinden haben es nie anders gehalten. / In diesem Zusammen- 17
hang muß ich allerdings ein ernstes Wort mit euch reden. Wenn ihr
als Gemeinde zusammen seid, ist das der Gemeinschaft offensicht-
lich nicht förderlich, sondern eher abträglich. / Denn wie ich höre 18
und fast auch glaube, sollen sich immer wieder Parteien bilden, /
weil man ja anders wohl nicht herausfinden kann, wer etwas taugt 19

[31] Die Frau ist als Ursprung des Lebens in ihrer Fruchtbarkeit gefährdet, wenn sie sich beim Beten und Prophezeien hineinwagt in den Bereich der Engel und Geister, die nicht nur gut sind. Die Kopfbedeckung hat einen apotropäischen Charakter, d. h. sie soll das Böse abwehren.

20 bei euch und wer nicht. / Wenn ihr zum Mahl zusammen seid, dann
21 ist das alles andere als ein gemeinsames Herrenmahl. / Denn in
Wirklichkeit nimmt jeder für sich ein Mahl ein, und der eine hun-
22 gert, während sich der andere den Bauch voll schlägt.[32] / Das könn-
tet ihr vielleicht zu Hause tun! Aber so mißachtet ihr die Gemeinde
und demütigt diejenigen, die nichts zu essen mitgebracht haben.
23 Dafür kann ich euch nun wirklich nicht loben! / Denn ich habe
euch doch berichtet, was ich von Jesus Christus her überliefert be-
kommen habe: In der Nacht, bevor er an die Römer ausgeliefert
wurde, hielt Jesus mit den Jüngern ein Mahl. Zuerst nahm er ein
24 Brot, / sprach das Dankgebet und verteilte es mit den Worten: »Das
bin ich, und ich bin für euch da.[33] Genauso sollt ihr zur Erinnerung
25 an mich das Mahl halten.« / Als sie das Brot gegessen hatten, nahm
Jesus den Becher in die Hand und sagte dazu: »Wenn wir aus die-
sem Becher den Wein trinken, dann ist das der Neue Bund, der
durch meinen gewaltsamen Tod, durch mein Blut, geschlossen wor-
den ist. Immer wenn ihr so das Mahl haltet, dann tut es in Erinne-
26 rung an mich.« / Denn jedesmal, wenn ihr so das Brot eßt und aus
dem Becher trinkt, dann bezeugt ihr damit, daß der Herr, der euch
27 durch den Tod entrissen wurde, wiederkommen wird. / Wer als Un-
ruhestifter oder Aufwiegler beim Herrenmahl sitzt, der vergeht sich
28 gegen den Leib und den blutigen Tod des Herrn. / Jeder soll sich da-
29 her selbst prüfen, bevor er am Mahl teilnimmt. / Die Gemeinde ist
Leib Christi. Wer das für das Mahl nicht bedenkt, zieht Gottes
30 Strafgericht auf sich. / Deswegen sind so viele krank und schwach
31 bei euch oder sterben früh. / Wenn ihr weniger selbstgefällig wärt,
32 würde ein derartiges Strafgericht Gottes überflüssig. / Doch wenn
Gott uns so straft, dann will er uns erziehen, solange noch Zeit ist,
damit wir nicht dereinst zusammen mit der gottlosen Welt verur-
teilt werden.
33 Deshalb wartet aufeinander, wenn ihr euch zum Essen versam-
34 melt. / Wenn einer wirklich Hunger hat, soll er vorher zuhause es-
sen! So vermeidet ihr es, wegen der Ungerechtigkeiten bei euren
Zusammenkünften ein strenges Gericht auf euch zu ziehen. Alles
andere will ich bei meinem Besuch regeln.

---

32 Damit ist nicht gesagt, daß diese unterschiedlichen Eßgewohnheiten etwas mit Reichtum oder Armut zu tun haben. Es kann ja durchaus sein, daß reiche Leute üppige Gastmähler verschmähen (sonst wären sie vielleicht gar nicht so reich geworden).

33 Wörtlich: »Das ist mein Leib für euch«. »Leib« heißt bei Paulus nicht der Körper und schon gar nicht der am Kreuz aufgehängte Leichnam. Sondern Leib steht für die Summe der Sozialkontakte des Menschen.

Kapitel 12 Liebe Brüder und Schwestern! Nun ein paar Worte 1
über den Heiligen Geist und die Gaben, die Gott durch ihn
schenkt.[34] / Als ihr noch Heiden wart – ihr könnt euch sicher gut 2
erinnern –, waren die fremden Götter, an die ihr euch gewandt
habt, ganz stumm. Das ist jetzt anders: Gott redet durch seinen
Geist in euch. / Deshalb ist es nicht gleichgültig, was ihr sagt. Wer 3
von Gottes Geist erfüllt ist, wird kein »Verflucht sei Jesus« über die
Lippen bringen. Und wenn einer sagt »Jesus ist der Herr«, dann
kann das auch nur von Gottes Heiligem Geist her verstanden wer-
den. / Die Gaben sind verschieden, doch gewirkt von demselben 4
Geist. / Es gibt verschiedene Aufgaben in der Gemeinde, doch der- 5
selbe Herr hat sie verteilt. / Es gibt auch verschiedenartige Bega- 6
bungen, doch derselbe Gott hat bei jedem einzelnen alles bewirkt.
/ Und überall, wo sich der Geist so sichtbar äußert, ist der Maßstab, 7
ob es allen anderen nützt. / Wenn Gott den Heiligen Geist schenkt, 8
dann gibt er dem einen damit die Fähigkeit, Lebensweisheit zu leh-
ren, einem zweiten die Gabe, theologisch[35] zu reden, / einem dritten 9
wundertätigen Glauben, einem vierten die Kraft zum Heilen. Und
immer ist es derselbe Heilige Geist. / Einem fünften schenkt Gott 10
die Fähigkeit zu erstaunlichen Machttaten, einem sechsten die
Gabe, prophetisch zu predigen, einem siebten die Gabe, echte von
falschen Geistwirkungen zu unterscheiden. Ein weiterer erhält die
Gabe, in fremden Sprachen zu reden, und wieder ein anderer kann
fremde Rede übersetzen. / All dies wirkt ein und derselbe Heilige 11
Geist, der nach seinem Willen jedem einzelnen eine bestimmte
Gabe zuteilt. / Die Gemeinde ist wie ein Leib, der aus vielen Glie- 12
dern zu einem zusammengefügt ist. So ist es auch mit Christus. /
Denn weil wir alle mit demselben Geist getauft wurden, sind wir 13
jetzt ein einziger Leib.[36] / Zu einem Leib gehören aber viele Glieder 14
und nicht nur eins. / Auch wenn zum Beispiel der eine Fuß sagt: 15
»Weil ich keine Hand bin, sondern nur ein Fuß, gehöre ich nicht
zum Leib«, gehört er natürlich doch zum Leib. / Oder wenn das 16
eine Ohr sagt: »Ich bin kein Auge, sondern nur ein Ohr, also ge-

[34] Der Heilige Geist (der Tauf-Geist) wird gedacht als Transporteur der einzelnen Gaben. Zum Verständnis von Charisma bei Paulus vgl. 7,1-4.

[35] Das griechische Wort »gnosis« haben wir oft mit »Theologie« übersetzt. Denn es geht ja nicht um irgendeine Erkenntnis, sondern um theologische Erkenntnis dabei.

[36] Leib ist im Umfeld des Paulus auch eine politische Metapher. Was anderswo vom Staat gilt, wendet Paulus auf die Gemeinde an. Denn auch der Begriff für Gemeinde/Kirche, »ekklesia«, ist ein politischer (»Volksversammlung«).

höre ich nicht zum Leib«, ändert das auch nichts daran, daß es zum
17 Leib gehört. / Wäre der ganze Leib Auge, dann könnte er nicht hö-
18 ren. Wäre er ganz Ohr, dann bliebe nichts fürs Riechen. / Gott hat
eben jeden Körperteil nach seinem Willen zu einem bestimmten
19 Zweck gedacht. / Wären alle Teile identisch, dann bildeten sie kei-
20 nen Leib. / Vielmehr sind viele Teile erforderlich, damit es einen
21 Leib gibt. / So kann ein Auge nicht zur Hand sagen: »Ich brauche
dich nicht«. Und der Kopf kann nicht zu den Füßen sagen: »Ich
22 brauche euch nicht«. / Im Gegenteil: Gerade die Teile des Leibes,
die weniger wert zu sein scheinen, sind erst recht notwendig. /
23 Manche, die wir für besonders schäbig halten, behandeln wir ei-
gens mit Ehrerbietung, und was uns anstößig zu sein scheint, ver-
24 hüllen wir mit modischem Glanz. / Die anderen Teile des Leibes ha-
ben das nicht nötig. Vielmehr hat Gott es so eingerichtet, daß er
den scheinbar zu kurz gekommenen besonderen Glanz zuteil wer-
25 den ließ. / So wollte er Zwist im Leib vermeiden. Alle Glieder sollen
sich vielmehr dem einen gemeinsamen Ziel verschreiben, daß der
26 Leib lebt. / Und Leben bedeutet: Wenn ein Glied leidet, leiden alle
anderen mit. Wenn eines Ehre empfängt, freuen sich alle anderen
27 mit. / Ihr seid alle miteinander Leib Christi, damit ist jeder von euch
28 für sich Teil des Leibes. / In diesem Leib, der die Gemeinde ist, hat
Gott zuerst Apostel bestellt, danach Propheten, dann Lehrer, dar-
auf einige, die Wunder wirken sollen, andere, die Kranke heilen
können, wieder andere, die helfen oder Menschen führen können.
Manchen hat er die Fähigkeit gegeben, in fremden Sprachen zu re-
29 den. / Es können doch nicht alle Apostel, Propheten oder Lehrer
30 sein. Nicht jeder kann Wunder wirken / oder heilen oder in anderen
31 Sprachen reden oder übersetzen. / Kämpft darum, daß ihr die be-
sten Gaben bekommt! Doch es gibt einen noch besseren Weg[37],
und von dem will ich jetzt reden.

1 *Kapitel 13* Könnte ich auch alle Sprachen der Menschen und der
Engel[38], ich wäre doch nur ein schepperndes Blech und eine
2 stumme Saite, wenn ich nicht liebte. / Könnte ich auch predigen wie
ein Prophet und wüßte ich alle Geheimnisse und alle Theologie und
könnte mein Glaube Berge versetzen, ich wäre doch nichts, wenn
3 ich nicht liebte. / Und gäbe ich all meine Habe fort und ließe mich
als Märtyrer verbrennen, es nützte mir doch nichts, wenn ich nicht

37 Der bessere Weg (als das Sich-Ausgleichen der Gaben) ist die Liebe.

38 Die Engel sprechen nach jüdischer Auffassung vor allem Hebräisch und verwandte Sprachen.

liebte. / Liebe ist geduldig und freundlich, hält sich fern von hekti- 4
schem Eifer und Klamauk, von Dünkel und Frechheit, / sie kennt 5
keinen Eigennutz und keine Verbitterung. Heimtücke ist ihr ge-
nauso zuwider / wie die hämische Freude am Unrecht. Wer liebt, 6
freut sich mit dem anderen über alles, was gut ist. / Wer liebt, kann 7
alles vergeben, kann von Herzen glauben, inständig hoffen und al-
les ertragen. / Prophetische Gaben vergehen, Sprachkenntnisse ver- 8
blassen, Theologie wird ein Opfer der Zeitläufte – Liebe bleibt. /
Denn was wir erkennen, sind nur Bruchstücke, und was wir predi- 9
gen, ist Stückwerk. / Doch angesichts des Vollkommenen wird ver- 10
gehen, was nur Mosaikstein war. / Als ich noch klein war, habe ich 11
wie ein Kind geredet, gedacht und geurteilt. Nun bin ich erwach-
sen, und die Kinderdinge sind vergangen. / Alles was wir jetzt se- 12
hen, sehen wir nur undeutlich und wie durch einen Spiegel verzerrt,
dereinst aber werden wir es unmittelbar sehen. Jetzt ist meine
Theologie nur Stückwerk, dereinst aber wird alles klar und deut-
lich werden, so wie Gott mich klar und deutlich erkannt hat. / Was 13
bleibt, sind drei Dinge: Glaube, Hoffnung, Liebe. Das Größte aber
ist die Liebe.

Kapitel 14 All euer Sinnen und Trachten soll auf die Liebe gerich- 1
tet sein. Kämpft darum, daß ihr die besten Geistesgaben bekommt,
besonders darum, daß ihr prophetisch predigen könnt. / Wenn man 2
nämlich in den Sprachen der Engel reden kann, erreicht man nicht
die Menschen, sondern nur Gott, und so kann keiner mit Gewinn
dem zuhören, der, vom Geist inspiriert, rätselhafte Dinge sagt. /
Mit der prophetischen Predigt dagegen kann man Menschen stär- 3
ken, aufmuntern oder trösten. / In einer Engelssprache erreicht 4
man nur sich selbst, mit prophetischer Predigt dagegen die Ge-
meinde. / Ich möchte durchaus, daß ihr alle in den Sprachen der En- 5
gel redet, noch mehr wünsche ich mir aber, daß ihr prophetisch
predigt. Prophetische Predigt ist wichtiger als die Fähigkeit, in En-
gelssprachen zu reden, es sei denn, die Engelssprache würde über-
setzt, damit die Gemeinde etwas davon hat. / Käme ich zu euch und 6
redete nur in Engelssprachen, was würde es euch nützen? Ihr habt
doch nur Gewinn von dem, was ich sage, wenn ich euch eine Of-
fenbarung, eine theologische Einsicht, eine prophetische Predigt
oder eine Belehrung weitergebe. / Das ist wie bei einer Flöte oder 7
Gitarre: Wenn die Töne nicht zu erkennen sind, hat die Musik für
niemanden eine Wirkung. / Oder beim Militär: Wenn das Trompe- 8
tensignal unklar ist, wird keiner sich zur Schlacht bereit machen. /
So ist es auch bei euch: Rätselhafte Äußerungen versteht keiner. Da 9

10 kann man auch gleich in den Wind reden. / Es gibt Tausende von
Sprachen in der Welt, alle verständigen sich in irgendwelchen Spra-
11 chen. / Doch wenn ich die Sprache eines anderen nicht verstehe,
gibt es keinen Kontakt zwischen uns, und wir bleiben Fremde für-
12 einander. / Wenn ihr also um besondere Gaben ringt, dann denkt
doch daran, daß sie möglichst dazu geeignet sind, eine wirkliche
13 Gemeinde entstehen zu lassen. / Wer also in einer Engelssprache re-
14 den kann, der bitte um die Gabe des Übersetzens. / Denn wenn ich
Gott in der Engelssprache lobpreise, dann betet nur mein Innerstes,
15 mein Verstand aber geht leer aus. / Ich sollte aber Gott mit meinem
16 Innersten und auch mit dem Verstand loben und danken. / Denn
wenn einer nur mit seinem Innersten Gott lobt, dann kann doch ein
anderer, der nichts versteht, nicht aufrichtig auf sein Loblied mit
17 »Amen« antworten.[39] Er weiß ja gar nicht, worum es geht. / Der
eine singt dann ein schönes Danklied, doch der andere hat nichts
18 davon. / Ich bin Gott dankbar, daß ich mehr als ihr in den Sprachen
19 der Engel reden kann. / Doch in der Gemeindeversammlung will
ich lieber nur fünf Worte verständlich reden, um andere zu unter-
weisen, als zehntausend in einer fremden Sprache.
20 Liebe Brüder und Schwestern! Ahnungslos wie Kinder solltet ihr
sein, wenn es um Heimtücke geht, nicht aber, was den Gebrauch
21 eures Verstandes betrifft. / Gott sagt in der Schrift[40]: »Durch
Fremdlinge und in fremden Sprachen will ich zu meinem harthöri-
gen Volk reden, aber dennoch werden sie nicht auf mich hören.« /
22 Daraus wird klar, daß die Rede in fremden Sprachen an diejenigen
gerichtet ist, die nicht glauben, und nicht an die Christen. Prophe-
23 tische Predigt dagegen richtet sich an die Gläubigen. / Wenn nun in
einer Gemeindeversammlung alle in fremden Sprachen reden, wer-
den Unbeteiligte oder Nichtchristen, die dazukommen, bestimmt
24 sagen: »Ihr seid alle verrückt!« / Wenn aber alle prophetisch predi-
gen und ein Unbeteiligter oder Nichtchrist dazukommt, dann kann
es geschehen, daß ihm alle auf den Kopf zusagen, wie es um ihn
steht, weil sie aussprechen können, was er bisher niemandem ge-
25 sagt hat: / die Geheimnisse seines Herzens. Darüber wird er so er-
staunt und erschrocken sein, daß er vor Gott auf die Knie fällt und
26 ruft: »Gott ist wirklich in eurer Mitte!« / Was folgt daraus? Bei eu-
ren Zusammenkünften bringt jeder etwas anderes mit: Einer trägt
mit einem Psalm zu eurer Versammlung bei, ein anderer mit einem

---

39 »Amen« ist die übliche Antwort im prinzipiell dialogisch gedachten Gottesdienst bis heute.

40 Jes 28,11f.

Bericht, wieder ein anderer mit einer Offenbarung, einem Hymnus
in fremder Sprache oder einer Übersetzung. Alles soll so vorgetra-
gen werden, daß die übrigen etwas davon haben. / Wenn jemand 27
Loblieder in einer fremden Sprache vortragen will, dann sollten es
höchstens zwei oder drei sein, und zwar bitte nacheinander, und ei-
ner soll sie übersetzen. / Wenn kein Übersetzer da ist, soll man von 28
vornherein auf die fremden Sprachen verzichten, jedenfalls in der
Gemeindeversammlung. Für sich selber und für Gott kann jeder in
fremden Sprachen reden, soviel er will. / Wenn prophetische Predi- 29
ger da sind, sollen sie zwei oder drei Gruppen bilden, die dann je-
weils ihren Kommentar dazu geben. / Wenn einer redet und ein an- 30
derer gleichzeitig eine Offenbarung empfängt, dann soll der erste
seine Rede abbrechen. / So könnt ihr alle nacheinander prophetisch 31
predigen, so daß alle etwas lernen und ihnen Trost und Mut zuge-
sprochen wird. / Ein jeder Prophet kann seinen prophetischen Geist 32
zügeln. / Denn Gott liebt nicht das Chaos, sondern die Ordnung 33
und den Frieden. Daher soll auch bei euch gelten, was in allen
christlichen Gemeinden gilt: / Bei den Versammlungen dürfen 34
Frauen[41] nicht das Wort ergreifen. Das ist verboten, denn sie sollen
sich unterordnen, wie auch das Gesetz vorschreibt. / Wollen sie et- 35
was wissen, dann sollen sie zu Hause ihre Ehemänner fragen. Denn
es gehört sich nicht für eine Frau, in der Versammlung das Wort zu
ergreifen. / Das Wort Gottes hat schließlich nicht bei euch seinen 36
Ursprung, und ihr wart auch nicht seine einzigen Adressaten! /
Wenn also jemand meint, hier widersprechen zu müssen, weil er 37
sich als Prophet betrachtet oder für geistbegabt hält, dann soll er
wissen: Was ich euch schreibe, ist Gebot des Herrn. / Wer so tut, als 38
kenne er es nicht, den wird der Herr behandeln, als kenne er ihn
nicht. / Das wichtigste: Bemüht euch darum, daß ihr prophetisch 39
predigen könnt, hindert jedoch niemanden daran, in fremden Spra-
chen zu reden. / Alles soll anständig und ordentlich geschehen. 40

Kapitel 15 Liebe Brüder und Schwestern! Ich möchte euch an das 1
Evangelium erinnern, das ich euch verkündigt habe. Ihr habt es an-
genommen und dadurch festen Stand gewonnen. / Vom Evangelium 2
hängt es ab, ob ihr selig werdet. Haltet das Wort, das ich euch ver-
kündigt habe, in Treue fest, sonst war eure Bekehrung eine taube

---

41 Die Verse 34-35 stehen in einzelnen Handschriften nach V. 40. Diese Position ist jedoch nicht als »alt« anzusehen. – Zum Inhalt vgl. 1 Tim 2,11 f. – Nach 14,37b geht es in den Anweisungen um eine auf Jesus zurückzuführende Tradition.

3 Nuß. / So wie man es mir berichtet hat, konnte ich es euch von An-
fang an weitersagen: Jesus, der Messias, ist stellvertretend gestor-
4 ben für unsere Sünden, wie es schon in der Schrift steht. / Er wurde
begraben und am dritten Tage auferweckt, wie es schon in der
5 Schrift steht. / Als Auferstandener ist er Petrus erschienen, danach
6 den Zwölfen. / Dann ist er mehr als 500 Brüdern gleichzeitig er-
schienen. Die meisten von ihnen leben noch und können es bezeu-
7 gen, nur wenige sind schon verstorben. / Dann erschien er seinem
8 Bruder Jakobus, dann allen Aposteln einzeln. / Zuletzt erschien er
9 auch mir, diesem Pfuschwerk[42], / der ich unter allen Aposteln der
unwerteste bin, nicht wert, Apostel zu heißen, weil ich die Ge-
10 meinde Gottes verfolgt habe. / Alles, was ich bin, bin ich durch Got-
tes Gnade. Was Gott mir gnädig geschenkt hat, ist jedoch nicht un-
wirksam geblieben: Ich habe mehr als die anderen gearbeitet, oder
11 besser: Gottes Gnade hat mich als Helfer verwendet. / Aber davon
abgesehen ist meine Botschaft genau so, wie ich sie euch verkündet
12 habe, so daß ihr zum Glauben gekommen seid. / Sie lautete: »Gott
hat Jesus, den Messias, von den Toten auferweckt.« Daher ist es mir
völlig unbegreiflich, wie da einige von euch sagen können, es gebe
13 keine Auferstehung von Toten.[43] / Gäbe es keine Auferstehung von
Toten, dann wäre doch auch Jesus, der Messias, nicht auferweckt
14 worden. / Wäre aber Jesus nicht auferweckt worden, dann wäre
meine Botschaft sinnlos, und euer Glaube hätte keine Grundlage. /
15 Und ich selbst hätte wissentlich etwas Falsches über Gott behaup-
tet. Denn er hat den Messias auferweckt. Er hätte ihn gar nicht auf-
erwecken können, wenn es stimmte, daß es keine Auferweckung
16 von Toten gibt. / Denn wenn keiner Tote auferwecken kann, dann
17 kann auch der Messias nicht auferweckt worden sein. / Wäre aber
der Messias nicht auferweckt worden, dann wäre euer Glaube sinn-
los. Und ihr hättet eure Sünden behalten [da Jesus nicht für euch
18 vor Gott eintreten könnte]. / Auch die im Glauben an Jesus den
19 Messias Entschlafenen wären dann verloren. / Und wenn wir nur
für unser irdisches Leben auf den Messias hofften, wären wir unter
allen Menschen die ärmsten, da wir auf einen Toten hofften.

42 Wörtlich: Fehlgeburt, Scheusal, Mißgeburt. – Wir haben uns hier für eine funktionale Übersetzung entschieden.

43 Die Leute sagen nicht: Die Auferstehung ist schon geschehen – so aber 2 Tim 2,18. Das ist etwas ganz anderes. – Leute, die Auferstehung schlicht bezweifeln, werden in der jüdischen Überlieferung als Epikuräer und Anhänger Kains geschildert (»Es gibt kein Gericht, keinen Tag des Herrn, keine Auferstehung«).

Doch Jesus Christus ist auferweckt worden aus den Toten, als er- 20
ster, und nach ihm wird es vielen genauso widerfahren. / Durch den 21
Menschen Adam kam der Tod, durch den Menschen Jesus wird die
Auferstehung der Toten kommen.[44] / Genauso wie durch Adam auf 22
alle der Tod gekommen ist, werden durch den Messias Jesus alle,
die glauben, lebendig gemacht werden. / Die Reihenfolge steht fest: 23
Der allererste ist Jesus, der Messias, dann, wenn er wiederkommt,
sind alle an der Reihe, die zu ihm gehören. / Dann kommt das Ende 24
der Zeiten. Nachdem alle Mächte, Herrscher und Gewalten besiegt
sind, wird Jesus, der Messias, seine Herrschaft an den Gott und
Vater aller Menschen zurückgeben. / Denn der Messias soll nur so 25
lange herrschen, bis Gott ihm all seine Feinde zu Füßen gelegt hat.
/ Als letzter Feind wird der Tod besiegt. / Denn wie es in der Schrift 26, 27
heißt, unterwirft Gott ihm alles und legt es ihm zu Füßen. »Alles«
heißt: alles außer Gott selbst, der ihm alles unterwirft. / Wenn alles 28
unterworfen ist, dann wird sich auch der Sohn dem unterwerfen[45],
der ihm alles unterworfen hat, damit dann in allen Menschen und
allen Dingen nur Gott ist, so daß nichts ihm fremd ist. / Und wenn 29
Totenauferweckung unmöglich ist, wozu lassen sich dann Christen
anstelle Verstorbener taufen?[46] Dann ließe sich für die Toten ja
nichts gewinnen, und eine stellvertretende Taufe wäre zwecklos. /
Und wozu begebe ich mich dann stündlich neu in Lebensgefahr, 30
/ wozu setze ich mich Tag um Tag dem Tod aus? Ich bin mir der 31
Auferstehung genauso sicher, wie ich weiß, daß eure Bekehrung für
mich vor Christus Jesus, unserem Herrn, eine besondere Ruhmes-
tat ist – das ist beides gleich gewiß. / In Ephesus habe ich als schwa- 32
cher Mensch gegen Feinde gekämpft, die wie wilde Bestien waren.
Wozu das alles, wenn es keine Auferstehung gibt? Gäbe es keine
Auferstehung von den Toten, so müßten wir doch sagen: Lieber
fressen und saufen, denn morgen ist alles aus. / Laßt euch nichts 33
vormachen: Schlechter Umgang verdirbt gute Sitten. / Werdet wie- 34
der nüchtern, handelt anständig und meidet die Sucht der Sünde.
Zu eurer Schande muß ich leider sagen: Einzelne von euch wissen
offenbar gar nicht, daß wir es mit Gott zu tun haben. / Aber sicher 35

44 Vgl. zur (Anti-)Typologie Adam–Christus auch Röm 5,12-21.

45 Die selbständige Rolle des Sohnes ist dann beendet. Die »Unterwerfung« bedeutet das Ende seiner Sendung.

46 Ein offenbar von Paulus selbst eingeführter Brauch war die Totentaufe. Zugunsten verstorbener Familienmitglieder oder Freunde ließ man sich stellvertretend taufen. Die Kirche hat diesen Brauch später nicht übernommen, da Stellvertretung beim zentralen Heilszugang – im Unterschied zu stellvertretendem Fürbittgebet sonst – nicht möglich erscheint.

wird jemand fragen: Totenauferstehung – wie soll das überhaupt
möglich sein? Was für einen Leib sollen denn die Auferstandenen
36 haben? / Das will ich gern erklären! Ein Samenkorn, das in die Erde
gelegt wird, muß sich erst auflösen und sterben, bevor es wieder
37 neu lebendig wird. / Bei Weizen und anderem Getreide kommt das
Korn nackt in die Erde und nicht in der Gestalt, die es einmal haben
38 wird.[47] / Gott gibt allem, was lebt, nach seinem Willen eine be-
stimmte Gestalt. Für jeden Samen bestimmt er ein eigenes Gewand,
39 einen eigenen Leib. / Daher hat nicht alles, was lebt, die gleiche Ge-
stalt: Menschen haben beispielsweise eine andere Gestalt als das
40 Vieh oder die Vögel oder die Fische. / Himmlische und irdische Ge-
stalten sind ebenfalls unterschiedlich, etwa im Hinblick auf ihre
41 Schönheit. / Sonne, Mond und Sterne unterscheiden sich in ihrem
42 Glanz, und kein Stern strahlt wie der andere. / So ist es auch bei der
Auferstehung von Toten. Ein sterblicher Leib wird in die Erde ge-
43 legt, doch ein unvergänglicher Leib wird auferweckt. / Ein Leib
ohne Glanz kommt in die Erde, ein von Gottes Herrlichkeit um-
hüllter Leib wird auferweckt. Schwaches wird in die Erde gelegt,
44 Kraftvolles wird auferweckt. / In die Erde kommt ein sterblicher,
schwacher, anfälliger Leib, auferweckt wird ein Leib, in dem Got-
tes Heiliger Geist lebendig ist. Es gibt also einen schwachen, sterb-
lichen Leib und einen, in dem die Kraft des Heiligen Geistes leben-
45 dig ist. / In der Schrift heißt es: »Der erste Adam hatte nur ein
sterbliches Leben. Der letzte Adam dagegen ist voll von Heiligem
46 Geist, der göttliches Leben schenkt.« / Also gab es keineswegs erst
das göttliche Leben aus Heiligem Geist und dann das schwache ir-
dische Leben, sondern zuerst gab es das schwache irdische Leben.
47 / Denn Adam, der erste Mensch, war aus Lehm, also aus der Erde
geboren. Der zweite, vollkommene Adam aber, Jesus, kommt vom
48 Himmel.[48] / So wie Adam waren dann auch seine Kinder aus Lehm.
Und so wie der himmlische Mensch ist, sind auch die anderen, die
49 zu ihm gehören. / Früher waren wir Menschen nach dem Bild des
erdgeborenen Adam, jetzt aber gleichen wir dem himmlischen
50 Adam. / Das Reich Gottes ist nichts für schwaches Fleisch und Blut.
51 Unvergängliches verträgt sich nicht mit Vergänglichem. / Ich sage
euch etwas, was noch keiner weiß: Alle werden umgewandelt, aber
52 nicht alle müssen vorher sterben. / Auferstehung geschieht in einem
ganz kurzen Augenblick, sobald der Engel das letzte Trompetensi-

[47] Vgl. auch 1 Clem 23-27.
[48] Paulus dreht hier die Reihenfolge der beiden Schöpfungsberichte von Gen 1 und Gen 2 um.

gnal gegeben hat. Auf das Signal hin werden die Toten auferweckt,
so daß sie unvergänglich werden. Wir Lebenden werden verwan-
delt und dadurch unvergänglich werden. / Was vergehen kann, 53
muß ein neues Gewand anlegen, die Unvergänglichkeit. Was ster-
ben kann, braucht ein neues Kleid, die Unsterblichkeit. / Denn 54
wenn beide, Vergängliches und Sterbliches, ihre neue Hülle anle-
gen, dann erfüllt sich das Schriftwort: »Der Tod ist verschlungen in
den Sieg des Lebens hinein. / Sag, Tod, wo ist dein Sieg geblieben, 55
wo hast du deinen Stachel gelassen?« / Denn wenn der Tod 56
herrscht, dann ist die Sünde[49] die Handlangerin seiner Macht, da
sie mit dem Tod bestraft wird. Der Agent der Sünde aber ist das Ge-
setz, weil es die Sünde greifbar macht, wenn man es übertritt. /
Doch Gott gebührt aller Dank, denn er hat uns durch unseren 57
Herrn Jesus Christus den Sieg über Agenten und Handlanger des
Unheils geschenkt. / Deshalb, liebe Brüder und Schwestern, werdet 58
fest, laßt euch nicht im Glauben erschüttern, tut allezeit aus gan-
zem Herzen und mit bereiten Händen, was Gott von euch erwartet.
Weil er der Herr ist, ist keine Mühe vergeblich.

Kapitel 16 Was die Geldsammlung für die Christen in Jerusalem 1
betrifft, könnt ihr so verfahren, wie es auf meine Anordnung hin
auch die Gemeinden in Galatien tun. / Jeder legt jeden Sonntag ge- 2
rade so viel zurück, wie er entbehren kann. Wenn ich dann komme,
lasse ich alles einsammeln. / Dann könnt ihr alles überprüfen, und 3
ich schicke eure Kollekte mit Empfehlungsbriefen nach Jerusalem.
/ Wenn es erforderlich ist, kann ich sie auch gern selbst hinbringen. 4
/ Ich treffe gerade die Vorbereitungen für meine Reise durch Make- 5
donien und werde nach dieser Reise zu euch kommen. / Dann 6
möchte ich möglichst etwas länger oder sogar den ganzen Winter
bei euch bleiben, und ihr könnt mir dann auf dem Weg zu meinem
nächsten Ziel Begleitschutz geben. / Ich möchte euch nicht nur auf 7
der Durchreise besuchen, sondern hoffe, daß ich – so Gott will –
einige Zeit bei euch bleiben kann. / Bis Pfingsten will ich in Ephesus 8
bleiben. / Denn dort stehen mir alle Türen offen, und es sind viele 9
Gegner zu widerlegen. / Wenn Timotheus zu euch kommt, sorgt 10
bitte dafür, daß er unbeschwert bei euch sein kann. Denn er tut wie
ich das Werk, das der Herr uns aufgetragen hat. / Keiner soll ihn 11
herabsetzen. Gebt ihm in Frieden Geleit, damit er zu mir kommen
kann. Ich erwarte ihn mit den Brüdern und Schwestern hier. / Was 12

[49] In V. 56f geht Paulus auf Sünde und Gesetz ein, um zu demonstrieren, wie nachhaltig der Tod in der gegenwärtigen Schöpfung herrscht.

unseren Bruder Apollos betrifft, so hatte ich ihn dringend gebeten,
euch zusammen mit den Brüdern aufzusuchen. Aber er wollte zu
diesem Zeitpunkt unter keinen Umständen zu euch kommen, son-
13 dern lieber erst später. / Überwindet eure Schläfrigkeit, seid treu
14 und standhaft im Glauben, mutig und stark. / Alles, was ihr tut, tut
15 mit Liebe. / Liebe Brüder und Schwestern, nehmt das ernst, was ich
euch sage! Ihr wißt, daß Stephanas und seine Familie die ersten
Christen in Achaia waren und sich für den Dienst an anderen Chri-
16 sten zur Verfügung gestellt haben. / Solchen Menschen, aber auch
jedem anderen, der mitarbeitet und sich abmüht, sollt ihr euch un-
17 terordnen. / Ich freue mich, daß Stephanas und Fortunatus und
Achaikus hier bei mir sind. Das tröstet mich darüber hinweg, daß
18 ihr nicht alle hier sein könnt. / Sie haben mein und euer Herz beru-
19 higt. Solchen Menschen solltet ihr stets Anerkennung zollen! / Die
Gemeinden von Achaia lassen euch grüßen, ebenso Aquila und
20 Priscilla und ihre Hausgemeinde / und alle Brüder und Schwestern!
21 Grüßt auch ihr einander mit heiligem Kuß. / Diesen Gruß schreibe
22 ich, Paulus, mit eigener Hand. / Wer den Herrn nicht liebt, soll ver-
23 flucht sein. Komm, Herr, und bestrafe jeden, der so ist. / Die Gnade
24 unseres Herrn Jesus Christus begleite euch. / Meine Liebe ist immer
bei euch allen, denn Jesus Christus ist unser gemeinsamer Herr.

Paulus: Zweiter Korintherbrief

Eigenart: Anders als bei 1 Kor ist hier die Einheitlichkeit des Briefes besonders umstritten. Es könnte sein, daß die Kapitel 8 und 9 für sich bestehende Hauptteile je eines Kollektenbriefes waren. Es könnte sein, daß die Kapitel 10-13 ein fremdes Stück sind, und das gilt auch für die Kapitel 6 und 7. Man hat erwogen, ob nicht vielleicht Paulus selbst aus vorhandenen eigenen Briefen diese Sammlung (Epitome) hergestellt hat. Doch es ist – ähnlich wie beim JohEv – bei weitem das einfachste, den Brief als Einheit zu lesen. Dazu kann besonders auch moderne Rhetorikforschung helfen.

Datierung: Der 2 Kor könnte im Herbst des Jahres 55 n. Chr. in Makedonien geschrieben worden sein. In Makedonien hat Paulus inzwischen Titus getroffen (7,5f).

Adressaten: Anders als in 1 Kor sind die Adressaten nicht nur in Korinth, sondern in ganz Achaia (1,1). Neu gegenüber 1 Kor ist, daß hier »Gegner« von außen her in die Gemeinde eingedrungen sind. Diese »Gegner« sind wohl griechisch sprechende Judenchristen (wie Paulus), die sich von Paulus offenbar gar nicht substanziell unterscheiden. – In Korinth ist inzwischen eine Front aktiver Gegner des Paulus entstanden. Besonders in Kap. 10 seines Briefes kündigt er an, bei seinem Kommen in Korinth diese Gegner schonungslos zu überwinden.

Probleme: Wenn man den Brief als literarische Einheit wertet, dann geben die Ausführungen zum Apostolat des Paulus in den Kapiteln 1-4 Sinn in bezug auf die Gegner in Kapitel 10-13 des Briefes. Paulus stellt seine Auffassung über seinen Apostolat dar. – Für Paulus bestand das große Problem darin, daß in Korinth andere Apostel eingedrungen waren, die eine kaum abweichende Lehre vertraten (Paulus läßt das nirgends erkennen), deren Tätigkeit er aber zutiefst mißbilligte. Paulus ist der Auffassung, daß Gott selbst ihm diese Gemeinde als Auftrag gegeben hat – und keinem anderen. So begründet er das apostolische Territorialprinzip.

Theologie: Im Mittelpunkt dieses Briefes steht der Apostolat des Paulus. Der Apostel ist Diener des Neuen Bundes, der von größerer Herrlichkeit ist als der Alte Bund. Der Apostel ist das, was von

Jesus Christus ausgeht und zu den Menschen hingelangt, er ist Mittler der Versöhnung. – Nirgends sonst wird bei Paulus so deutlich der Apostel selbst in seinem Geschick zu einem Teil der Botschaft: Er ist aus Lebensgefahr errettet worden, und das ist ein Zeichen des Gottes, der Tote zum Leben erweckt. Er stellt in all den Leiden, die ihm bei seiner Verkündigung zuteil werden, den leidenden Christus selbst dar. Er zeigt an seinem Leib das Sterben Christi. So ist der Apostel selbst eine lebendige Inszenierung der Botschaft. Dem Leiden, das er täglich erduldet, steht das Leben auf der Seite der Gemeinde gegenüber, das eine Frucht dieses Leidens ist.

ZWEITER BRIEF AN DIE KORINTHER

Kapitel 1 Paulus, durch Gottes Willen berufener Apostel des 1
Messias Jesus, und mein lieber Bruder Timotheus an die Gemeinde
Gottes in Korinth samt allen Christen in ganz Achaia. / Von Gott 2
unserem Vater und von Jesus Christus unserem Herrn übermitteln
wir euch Gnade und Heil.
Gelobt sei Gott, der Vater unseres Herrn Jesus Christus, unser 3
barmherziger Vater, der uns nicht im Stich läßt / und uns beisteht 4
in aller Not, so daß wir diesen Beistand an euch in eurer Bedrängnis
weitergeben können. / Mit dem Beistand ist es genauso wie mit dem 5
Leiden: Wir teilen das Leiden Christi, aber dafür wirkt auch sein
Beistand durch uns. / Und das gilt auch für euch: Wenn wir be- 6
drängt werden, dann geschieht es, damit ihr Beistand und Rettung
erfahrt. Und wenn man uns beisteht, dann geschieht es, damit ihr
Beistand erfahrt, wenn ihr dieselben Leiden erdulden müßt wie wir.
/ Beides teilt ihr mit uns, unser Leiden und unseren Beistand. Des- 7
halb setzen wir ganz fest darauf, daß Gott euch helfen wird. / Liebe 8
Brüder und Schwestern, euch ist sicher zu Ohren gekommen, daß
ich neulich in der Provinz Asia in Todesgefahr schwebte. Was ich
ertragen mußte, ging schier über meine Kraft, so daß ich schon
dachte, es wäre um mich geschehen. / Ich hatte mich schon aufge- 9
geben. Aber dadurch fehlte mir jede Möglichkeit, auf mich selbst
zu vertrauen. Es blieb mir nichts anderes übrig, als die Hoffnung
einzig auf Gott zu setzen, der Tote auferwecken kann.[1] / Er hat 10
mich gleichsam aus dem Tod befreit. Das wird er auch in Zukunft
tun. Ich baue darauf, daß er mich immer befreien wird. / Dazu 11
brauche ich eure Mithilfe im Gebet, damit viele Menschen Gott für
die Gnade danken, die er mir erwiesen hat. / Ich darf mich rühmen, 12
mit reinem Gewissen vor euch zu stehen. Mein Gewissen beschei-
nigt mir, daß ich heilig und rein, wie Gott es erwartet, vor den
Menschen und besonders vor euch aufgetreten bin, nicht in eitler
Weisheit, sondern so, daß ich der Gnade Raum gegeben habe. / Ich 13
möchte euch auch nur das schreiben, was ihr lesen und verstehen
könnt, / und gebe mir Mühe, daß ihr alles voll und ganz begreift. 14

[1] Nach der Christus-Vision vor Damaskus ist dieses das zweite biographische Ereignis, an dem Paulus seinen Glauben festmachen kann. Wird er in Ephesus aus Lebensgefahr errettet?

Das ist ja zum Teil schon der Fall. So habt ihr beispielsweise schon
begriffen, daß wir am Jüngsten Tag ganz aufeinander angewiesen
15 sind: Ihr seid mein Ruhm, und ich bin euer Ruhm. / Im Vertrauen
darauf wollte ich schon vor längerer Zeit zu euch kommen, damit
16 ihr mich wiedersehen könnt. / Ich hatte vor, über Korinth nach Ma-
kedonien zu reisen, von dort dann zu euch zurückzukommen und
17 mich dann in eurer Begleitung weiter nach Judäa zu begeben. / Das
habe ich bestimmt nicht leichtfertig geplant! Und ich bin in meinen
Entschlüssen auch nicht so wankelmütig, daß ein Ja zugleich ein
18 Nein wäre. / Der treue Gott möge verhüten, daß mein Wort euch
19 gegenüber so doppelbödig ist. / Denn nur Gottes Sohn Jesus Chri-
stus, den ich mit Silvanus und Timotheus bei euch verkündigt habe,
20 ist das Ja und das Nein zugleich. / Alles, was Gott je versprochen
hat – durch Jesus Christus hat er das Ja der Erfüllung gesprochen.
Auf dieses Ja antworten wir daher [im Gottesdienst nach der
Schriftlektüre] mit dem bestätigenden »Amen«, Gott zur Ehre. /
21 Gott gibt uns und euch in Jesus Christus festen gemeinsamen Bo-
22 den unter die Füße. / Er »versiegelt« uns auch und macht uns un-
durchlässig für alles, was uns von außen bedroht, indem er den
Heiligen Geist als Vorgeschmack auf das Kommende in unsere
23 Herzen legt. / Ich bin einfach deshalb nicht zu euch gekommen,
24 weil ich euch schonen wollte – Gott ist mein Zeuge. / Denn ich will
ja euer Christentum nicht beherrschen, sondern nur zu eurer
Freude beitragen. Denn ihr seid ja schon recht standfest im christ-
lichen Glauben.

1 *Kapitel 2* Ich habe beschlossen, nicht zu euch zu kommen, weil
2 ich euch nicht wieder traurig machen wollte. / Denn wenn ich euch
3 betrübe, dann bleibt mir ja keiner, der mich froh macht. / Daher
habe ich euch auch geschrieben, daß ich nicht zu euch kommen
wollte, weil mich sonst die Menschen, die mich eigentlich froh ma-
chen müßten, mit ihrer Traurigkeit anstecken würden. In Wirklich-
keit ist es doch so, daß ihr und ich gemeinsam uns gegenseitig un-
4 sere Freude mitteilen sollten. / Denn obwohl ich euch aus großer
Not und aus heftigem Kummer geschrieben und dabei viele Tränen
vergossen habe, wollte ich euch doch mit dem Tränenbrief[2] nicht
betrüben, sondern wünschte mir vor allem, daß ihr die große Liebe
5 spürt, die ich euch gegenüber hege. / Wenn hier überhaupt jemand

[2] Ein nicht erhaltener Brief zwischen 1 Kor und 2 Kor. Manche Forscher möchten diesen Brief in bestimmten Passagen von 1 Kor oder 2 Kor wiederfinden.

einen anderen traurig gemacht hat, dann hat der Betreffende nicht
mich betrübt, sondern – um es vorsichtig auszudrücken – zumin-
dest bis zu einem gewissen Grade euch alle. / Aber bei der Strafe, 6
die die Mehrheit gegen ihn verhängt hat, solltet ihr es bewenden
lassen. / Ihr solltet ihn weniger strafen als vielmehr Gnade walten 7
lassen und ihm Mut zusprechen, damit der Missetäter nicht in
Kummer ersäuft. / Daher fordere ich euch auf, ihm gegenüber den 8
Weg verzeihender Liebe zu wählen. / Die Art und Weise, wie ihr auf 9
meinen Brief hin handelt, soll mir nur zeigen, ob ihr mir wirklich
in allem Folge leistet und euch so bewährt. / Wem ihr vergebt, dem 10
verzeihe auch ich. Von mir selbst kann ich sagen: Wenn ich über-
haupt etwas zu vergeben hatte, dann war es wegen euch und sozu-
sagen unter den Augen Jesu Christi. / Denn wir dürfen uns vom 11
Teufel nicht über den Tisch ziehen lassen. Wir wissen ja genau, was
er will.
In Troas standen mir, als ich dort die Botschaft verkündigen wollte, 12
alle Türen offen, wie der Herr es wollte. / Aber weil ich meinen Bru- 13
der Titus dort nicht fand, hatte ich keine Ruhe. Daher verabschie-
dete ich mich gleich wieder und reiste nach Makedonien. / Ich 14
danke Gott dafür, daß er meinen Weg stets zu einem Triumphzug
mit Christus werden läßt. Wie einen Geruch, der durch alle Ritzen
dringt, läßt er die Botschaft durch mich überallhin gelangen, so daß
die Menschen ihn anerkennen. / In Gottes Diensten bin ich wie der 15
Geruch des gesalbten Messias, der sowohl zu denen, die sich retten
lassen, als auch zu denen, die verloren bleiben, durchdringt.[3] / Für 16
die einen bin ich tödlicher Gifthauch, für die anderen frischer war-
mer Lebensodem. Ich weiß nicht, ob ich einer solch hohen Aufgabe
gewachsen bin. / Aber jedenfalls verhökere ich im Unterschied zu 17
manch anderen Gottes Wort nicht unter Wert, sondern rede in Got-
tes Auftrag und unter seinen Augen rein und unverfälscht aus der
Kraft Jesu Christi.

Kapitel 3 Das riecht ja schon wieder sehr nach Eigenlob! Dabei 1
brauche ich doch im Unterschied zu anderen weder für euch noch
von euch ein Empfehlungsschreiben. / Mein Empfehlungsbrief seid 2
einfach ihr selbst, denn da ich euch liebe, seid ihr in mein Herz ge-
schrieben, und das ist ein Brief, den alle erkennen und lesen können.
/ Dieser Brief ist von Jesus Christus verfaßt, und ich bin nur der 3
Überbringer. / Durch Jesus Christus vertraue ich auf Gott, daß all 4

[3] Eine wichtige Aussage über die Auffassung des Paulus von seinem Apostolat: Er ist etwas von Jesus Christus, das zu den Menschen dringt.

5 dies wahr und gut ist. / Denn ich bin ja nicht kraft meiner eigener
Vollkommenheit zu meinem Dienst geeignet, sondern dadurch, /
6 daß Gott mir die Fähigkeit geschenkt hat, den neuen Bund zu den
Menschen zu bringen. Dieser neue Bund ist nicht mit Buchstaben[4],
sondern mit Heiligem Geist aufgezeichnet. Buchstaben sind tod-
7 bringend, der Heilige Geist aber macht lebendig. / Die Bundesord-
nung, die mit Buchstaben in Stein eingemeißelt war, hat Menschen
zum Tod verurteilt. Zwar hat Gott diese Ordnung, als er sie stiftete,
mit dem Lichtglanz seiner Herrlichkeit ausgezeichnet, so daß die Is-
raeliten Mose nicht ins Angesicht blickten, weil es so hell leuchtete
von Gottes Feuerglanz. Aber dieser Glanz war vergänglich und
8 wurde mit der Zeit immer schwächer. / Die neue Bundesordnung,
die durch den Heiligen Geist vermittelt wird, dagegen ist viel, viel
9 herrlicher. / Denn wenn schon die Ordnung, die zum Tode verur-
teilt, mit soviel Herrlichkeit vermittelt wird, um wieviel leuchtender
10 muß da die Ordnung vermittelt werden, die gerecht spricht. / Sein
Glanz ist so überwältigend, daß der erste Bund daneben ganz matt
11 und glanzlos wirkt. / Wenn schon das herrlich war, was doch zu-
12 grunde ging, um wieviel herrlicher muß das sein, was bleibt. / Weil
wir unsere Hoffnung auf das setzen, was bleibt, sind wir sehr zu-
13 versichtlich / und brauchen es nicht Mose gleichzutun, der sein Ge-
sicht mit einer Decke verhüllte, damit[5] die Israeliten nicht sahen,
14 wie der Lichtglanz gänzlich verging. / Offenbar haben die Israeliten
dabei ihre Wahrnehmungsfähigkeit verloren. Bis heute hindert so
etwas wie eine Decke[6] sie daran, bei der Verlesung der Urkunde des
Alten Bundes wahrzunehmen, daß dieser Bund durch Christus
15 längst aufgehoben ist. / Bis heute liegt so etwas wie eine Decke über
16 ihren Herzen, wenn aus der Schrift Moses vorgelesen wird. / In der
Schrift heißt es aber bereits: »Wenn einer sich zum Herrn hinwendet

4 Das Vergleichsglied zwischen »Empfehlungsbriefen« und »Bund« ist die Schriftlichkeit. Paulus macht anhand der Bundes-Problematik deutlich, daß das Wirken des Heiligen Geistes über jeder Schriftlichkeit steht.

5 In Ex 34,30 verhüllt Mose sein Angesicht, damit die Israeliten nicht geblendet werden. Der Sinn der Verhüllung ist im Alten Testament nicht die Verschleierung der Vergänglichkeit des Alten Bundes. Daß es darum gehen soll, ist erst Paulinische Interpretation.

6 Auch bei dieser zweiten Deutung der Decke hält sich Paulus nicht an das Alte Testament. Er deutet die Decke auf dem Gesicht des Mose so, daß sie alle (!) Juden daran hindert, die Schrift richtig zu lesen. Könnten sie das, so Paulus, dann wäre ihnen längst aufgegangen, daß der Alte Bund mit Christus ein Ende hatte und durch einen Neuen Bund abgelöst wurde.

und sich bekehrt, dann wird die Decke weggezogen.«[7] / Mit »zum 17
Herrn« ist dabei »zum Heiligen Geist« gemeint. Wo aber der Geist
Gottes ist, da ist Freiheit von allem, was trennt, und damit ist von
der Decke, die den freien Blick verhindert, bis hin zum Todesurteil
alles aufgehoben. / Wir Christen müssen unser Gesicht nicht mit ei- 18
ner Decke verhüllen. Frei und offen dürfen wir die Herrlichkeit des
Herrn sehen, die auf unserem Antlitz widerscheint. Und weil wir
auf den Herrn selbst blicken, der uns den Geist schenkt, werden wir
immer mehr in die Herrlichkeit des Herrn hineinverwandelt.[8]

Kapitel 4 Daher lasse ich mich nicht kleinkriegen, weil ich doch 1
durch Gottes Erbarmen zur Verkündigung beauftragt bin. / Jeder 2
Art von Verhüllung und Geheimnistuerei habe ich abgeschworen.
Nur wer sich schämen muß, hat etwas zu verbergen. Beim Wort
Gottes aber ist kein Raum für Hintergedanken und verschlagene
Tricks, sondern es geht mir gerade darum, Gottes Wirklichkeit of-
fenzulegen. So kann ich im Angesicht Gottes vor jeden Menschen
hintreten und mich der Beurteilung durch sein Gewissen stellen. /
Verhüllt ist die Botschaft einzig und allein für diejenigen, die aus 3
Unverstand verlorengehen. / Weil der Teufel, der Gott dieser Welt, 4
sie verblendet hat, können sie nicht glauben und sind unempfäng-
lich für die Botschaft des Lichts und der Herrlichkeit, deren Inhalt
Jesus Christus selbst ist, Gottes Ebenbild. / Ihn möchte ich verkün- 5
digen, nicht mich selbst. Jesus Christus ist der Herr, und eben des-
wegen bin ich euer Sklave. So verkündige ich es. / Diesen Dienst hat 6
Gott mit dem Wort begründet: »Wo Finsternis war, soll Licht strah-
len.«[9] Gott selbst ist das Licht in unseren Herzen geworden und hat
uns seine strahlende Herrlichkeit spüren lassen, die im Widerschein
auf dem Antlitz Jesu Christi leuchtet. / Sie ist ein unermeßlicher 7
Schatz, den ich in meinem Leib wie in einem Tongefäß verwahre.
Daran wird ganz deutlich, daß die reiche Vollmacht, die ich habe,
von Gott kommt und nicht von mir selbst. Das zeigt sich auch
an meinem Geschick: / Immer wieder gerate ich in Bedrängnis, 8
doch nie in Verzweiflung, ständig gerate ich in tausend Nöte, doch
nie in Hoffnungslosigkeit. / Ich werde verfolgt und bin doch nicht 9

---

7 Vgl. Ex 34,34. Die Hinwendung zum Herrn bezieht sich im Alten Testament auf die Gottesbegegnung Moses im Offenbarungszelt. Paulus deutet sie im Sinne der Bekehrung zu Christus.

8 Dieser Vers gibt den wichtigen Grundsatz wieder: Sehen verwandelt.

9 Vgl. Gen 1,3. Paulus macht – wie das hellenistische Judentum vor ihm – die Erschaffung des Lichts zum Urbild jeder Bekehrung zum Judentum.

von Gott verlassen, ich werde verleumdet und gehe doch nicht un-
10 ter. / Tagtäglich ertrage ich Jesu Leiden und Sterben am eigenen
Leibe. Doch jedesmal rettet mich sichtbar und offenkundig die
11 Kraft des Lebens, die von Jesus ausgeht. / Denn solange ich lebe,
werde ich wegen Jesus immer wieder dem Tod ausgesetzt. So soll
die von Jesus ausgehende Kraft des Lebens auch an meinem sterb-
12 lichen Leib sichtbar werden. / Daher gilt: Auf meiner Seite wirkt
13 der Tod, auf eurer dagegen das Leben. / Aber dennoch ist uns und
euch derselbe Geist geschenkt, der uns die Kraft zum Glauben gibt.
Denn so steht es geschrieben: »Ich glaube, deshalb rede ich«[10], und
weil ich glaube, deshalb predige ich. [Und darin äußert sich der le-
14 bensspendende Heilige Geist.] / Und der, der unseren Herrn Jesus
Christus aus Toten auferweckt hat, wird [durch denselben Heiligen
Geist] auch uns aufwecken, so daß wir und ihr dann mit Jesus ver-
15 eint gemeinsam auferstanden sind. / Das alles geschieht, damit ihr
gerettet werden könnt. Weil ihr so viele seid, wird die Gnade ver-
vielfacht. Und dadurch kommen auf diesem Wege immer mehr
16 Leute dazu, Gott zu danken. Und so wird er verherrlicht. / Eben
deshalb lasse ich mich nicht kleinkriegen. Zwar wird mein irdi-
sches Leben nach und nach aufgerieben und zerstört. Doch gleich-
zeitig wird das, was ich zukünftig sein werde, auf unsichtbare
Weise schon jetzt ganz neu in mir[11] begründet und wächst mit je-
17 dem neuen Tag. / Denn obwohl die gegenwärtige Bedrängnis nur
leicht wiegt, hat sie doch schwerwiegende Folgen: unfaßbare Fülle
18 ewiger Herrlichkeit. / Unser Blick geht nicht auf das, was man se-
hen kann, denn das ist vergänglich, sondern auf das Unsichtbare,
denn das ist ewig.

1 *Kapitel 5* Ich zweifle nicht daran, daß wir, wenn unser Erdenleib
stirbt und unser Zelt hier abgebrochen wird, von Gott einen neuen
Leib, ein neues, himmlisches, nicht von Menschenhand, sondern
2 von Gott gemachtes ewiges Haus bekommen werden.[12] / Jetzt hier

[10] Vgl. Ps 116,10.

[11] Paulus spricht hier vom »inneren Menschen«, er meint damit die neue, endgültige Identität des Menschen. Sie wird jetzt durch das Wirken des Heiligen Geistes in einem Prozeß erschaffen.

[12] Paulus spricht hier vom Geschick des Christen direkt nach dem Tod. Das Haus aus Gott ist ein neuer Leib. Dennoch ist das, was hier beschrieben wird, nicht Auferstehung, denn Auferstehung ist ein universales Geschehen, nur in Jesus Christus schon vorabgebildet. Paulus vermeidet es daher ganz offensichtlich mit Absicht, hier von Auferstehung zu reden.

auf Erden stöhnen wir noch [unter der Last der Vergänglichkeit]
und sehnen uns danach, unser neues himmlisches Haus in Besitz zu
nehmen, den neuen Leib wie ein Kleid anzuziehen. / Denn wenn wir 3
den alten Leib abgelegt haben, wollen wir nicht nackt dastehen. /
Und solange wir im Zelt dieses irdischen Leibes wohnen, stöhnen 4
wir immer wieder unter der Last der Angst, daß wir den alten Leib
nur ausziehen, aber keinen neuen werden anziehen dürfen. Denn
wir wünschen uns doch so sehr, daß alles, was sterben kann und
was tot ist, vom Leben Gottes aufgehoben und wie verschlungen
werden möge. / Dazu hat Gott uns bestimmt und uns als eine Art 5
Abschlag auf das, was er uns verheißen hat, schon den Heiligen
Geist gegeben. / Deswegen blicken wir stets mit großer Vorfreude 6
auf das, was kommt. In unserem irdischen Leib leben wir wie im
Exil, fern vom Herrn. / Jetzt geht es noch um Glauben und noch 7
nicht um Schauen. / Wir wünschen uns von Herzen, daß wir aus 8
dem Exil dieses irdischen Leibes in unsere Heimat beim Herrn
wandern und dort wohnen dürfen, und darauf freuen wir uns. /
Deshalb setzen wir alles daran, unserem Herrn Freude zu machen, 9
jetzt im Exil und dann in der Heimat. / Denn wenn wir alle vor den 10
Richterstuhl unseres Herrn Jesus Christus treten müssen, wird of-
fenkundig werden, was einer an Gutem oder Bösem getan hat, und
er wird das Entsprechende an seinem eigenen Leib erfahren. / Ich 11
weiß also recht genau, warum ich selbst den Herrn fürchten muß.
Während ich an andere Menschen immer nur von außen heran-
komme und nur versuchen kann, sie zu überreden oder zu überzeu-
gen, stehe ich vor Gottes Augen genau so da, wie ich innen drin
wirklich bin. / Ich will mich nicht schon wieder selber loben, aber 12
ich kann euch ein paar Gründe nennen, weshalb ihr Leuten gegen-
über, die bei ihrer Angeberei mehr Wert auf Äußerlichkeiten als auf
das Herz legen, vielleicht stolz auf mich sein könntet. / Denn wenn 13
der Geist über mich kommt und ich außer mich gerate, dann ge-
schieht das nur zwischen Gott und mir. Und wenn ich vernünftig
rede, geschieht das zwischen euch und mir. / Was mich treibt, ist die 14
Liebe, die ich von Jesus, dem Messias, empfange. Der neue Maß-
stab ist: Weil einer für alle gestorben ist, kommt sein Tod allen zu-
gute, und wir alle sind tot für unsere früheren Verfilzungen und La-
sten. / Weil der Messias Jesus für alle gestorben ist, dürfen wir 15
unser Leben zwar scheinbar behalten, aber doch nicht darüber ver-
fügen, als wäre es unser eigener Besitz, sondern es jetzt dem unter-
stellen, dem wir gehören, weil er für uns gestorben und auferweckt
worden ist. / Von jetzt ab hat sich unsere Beurteilung von Men- 16
schen grundlegend geändert. Der Maßstab ist nicht mehr das, was

äußerlich Eindruck macht. Auch Jesus, den Messias, habe ich viel-
17 leicht einmal so beurteilt, aber das ist Vergangenheit.[13] / Alle, die
mit Christus verbunden sind, sind wie neu geschaffen. Das Alte ist
18 vergangen, alles ist neu geworden. / Der Ursprung dafür liegt bei
Gott, der Jesus Christus gesandt hat, damit er zwischen ihm und
uns Versöhnung stiftet. Und mich hat er beauftragt, dabei zu hel-
19 fen. / Denn durch den Messias Jesus hat Gott Versöhnung zwischen
sich und der Welt gestiftet. Er hat den Menschen in der Welt ihre
Schuld vergeben und mich beauftragt, die Versöhnungsbotschaft
20 auszurichten. / So stehe ich als Gesandter im Dienst Jesu, des Mes-
sias. Es ist, wie wenn Gott durch mich die Menschen dazu auffor-
dert: »Laßt euch mit mir versöhnen.« Darum bitte ich euch anstelle
21 Jesu Christi. / Jesus war ohne Schuld, doch weil Gott alle unsere
Schuld auf ihm abgeladen hat, wurden wir durch Jesus Christus
von der Schuld freigesprochen und stehen daher so gerecht da, wie
Gott es will.

1 *Kapitel 6* Als Apostel wirke ich mit Jesus zusammen und fordere
euch auf: Laßt Gottes Gnadengeschenk nicht vergebens sein! /
2 Denn jetzt ist der Zeitpunkt gekommen. Nach der Schrift[14] sagt
Gott: »Wenn es soweit ist, erkläre ich es euch, wenn der Tag
3 kommt, rette ich euch.« Jetzt ist es soweit, der Tag des Heils ist
jetzt! / Und damit unser Dienst nicht in Verruf kommt, möchte ich
4 durch mein Verhalten niemanden unnötig verunsichern. / Vielmehr
will ich immer beweisen, daß ich in Gottes Dienst stehe, indem ich
geduldig bin, alle Not und Bedrängnis ertrage, auch wenn man mir
5 kaum Luft zum Atmen läßt. / Ich werde geschlagen, schmachte im
Kerker, rackere mich ab, finde keinen Schlaf, bekomme nichts zu
6 essen. / Dennoch versuche ich, Gottes Eigentum zu bleiben, ich be-
mühe mich um theologische Erkenntnis, gebe mir Mühe, langmütig
und freundlich zu sein, weil ich nach dem Heiligen Geist handeln
7 und meine Liebe ohne Hintergedanken zeigen möchte. / Gestärkt
durch Gott selbst, will ich Verläßliches sagen. Mit beiden Händen
8 will ich für mehr Gerechtigkeit kämpfen. / Manchmal fühle ich
mich geehrt, ein andermal mißachtet, manche Leute verhöhnen
mich, andere loben mich, wieder andere betrachten mich als einen

13 Wörtlich: «... wenn wir auch Christus dem Fleische nach gekannt haben.« Der Satz wurde vielfach auf den historischen Jesus bezogen. So diente er dann der Rechtfertigung der liberal-exegetischen Unterscheidung zwischen dem historischen Jesus und dem Christus des Glaubens. Doch darum geht es im Kontext gar nicht.

14 Vgl. Jes 49,8.

Irrlehrer, obwohl ich doch die Wahrheit sage. / Manchmal beachtet 9
mich keiner, dann erweist man mir wieder große Hochachtung, oft
bin ich an Todes Enden und dann doch wieder quicklebendig, zu-
weilen werde ich halbtot geschlagen, aber ich sterbe nicht. / Ich bin 10
oft traurig, doch immer voll Freude, ich bin arm und mache doch
viele reich, ich habe nichts und besitze doch alles. / Liebe Korin- 11
ther! Ich habe euch sehr persönlich gepredigt und mein Herz für
euch weit werden lassen. / Es stimmt nicht, daß in meinem Herzen 12
kein Platz für euch wäre; aber vielleicht ist in eurem Herzen kein
Platz für mich. / Ich rede zu euch wie zu Kindern: Macht mit mir 13
dasselbe, was ich mit euch mache, und laßt euer Herz für mich weit
werden. / Macht nicht gemeinsame Sache mit denen, die nicht glau- 14
ben. Gerechtigkeit und Unmoral sind unvereinbar wie Licht und
Finsternis, / wie Christus und Beliar[15], wie Glaube und Unglaube. 15
/ Was hat Gottes Tempel mit Götzen zu tun? Wir sind doch als Ge- 16
meinde Haus des lebendigen Gottes. Denn Gott hat gesagt[16]: »Ich
will bei ihnen wohnen und mit ihnen leben. Ich will ihr Gott sein,
und sie werden mein Volk sein. / Deswegen geht ihnen aus dem 17
Weg, sagt euch von ihnen los! Wenn ihr Unreines nicht anrührt,
dann will ich euch annehmen. / Ich will euer Vater sein, und ihr 18
sollt meine Kinder sein, sagt Gott, der überall herrscht«.

Kapitel 7 Im Blick auf diese wunderbaren Verheißungen wollen 1
wir, liebe Brüder und Schwestern, allen Schmutz und Schund ab-
stoßen, Gott fürchten und heilig werden. / Laßt mich euch bitte 2
mein Verhalten erklären! Ich habe doch keinen von euch benach-
teiligt oder verletzt oder übervorteilt. / Ich will euch auch nicht ver- 3
urteilen. Ihr seid, wie gesagt, so fest in meinem Herzen, daß ich ge-
meinsam mit euch leben und sterben möchte. / Ich vertraue euch 4
sehr und bin doch ganz stolz auf euch! Obwohl meine Lage ziem-
lich schlecht ist, bin ich doch getrost und voller Freude. / Auf mei- 5
ner Reise nach Makedonien gab es keinen Augenblick zum Aufat-
men, statt dessen ständig zermürbende Angriffe, nach außen
Machtkämpfe, im Inneren Ängste. / Doch Gott stützt alle, die im 6
Elend sind, und hat mir dadurch sehr geholfen, daß Titus bei mir
war. / Titus hat mich nicht nur durch seine Anwesenheit aufgerich- 7
tet, sondern mir vor allem berichtet, daß ihr euch nach mir sehnt,

---

15 Vor allem aus den Texten von Qumran her geläufiger Name für den Teufel.

16 Mischzitat: vgl. Lev 26,11f; Ez 37,27; Jes 52,11; Jer 51,45; 2 Sam 7,14; Jer 31,9; Jes 43,6; Hos 2,1(1,10); 2 Sam 7,8 LXX.

daß ihr von Herzen bedauert, was vorgefallen ist, und daß ihr für
8 mich Partei ergreift. Das hat mich sehr glücklich gemacht. / Und ei-
gentlich kann ich nicht bedauern, daß ich euch durch meinen Brief
vielleicht weh getan habe. Vielleicht hat es mir anfänglich ein we-
nig leid getan, daß mein Brief euch so getroffen hat, doch mittler-
9 weile bin ich doch eher froh darüber. / Ich freue mich nicht über eu-
ren Schmerz, sondern darüber, daß er bei euch zu einem Umdenken
geführt hat. So war es ein Schmerz im Sinne Gottes. Und ihr seid
10 durch mich nicht einfach nur abgestraft worden. / Denn wenn man
traurig ist, wie Gott es will, ist man auf dem Weg zu einer Reue, die
niemand bereuen wird. Ein Kummer nach Art der Welt, die von
Gott nichts weiß, ist dagegen immer ein Schritt in Richtung Tod. /
11 Daß ich euch so im Sinne Gottes traurig gemacht habe, hat viele
gute Folgen gehabt: Wie beflissen seid ihr jetzt! Wie eifrig habt ihr
euch bei mir entschuldigt![17] Wie aufgebracht seid ihr über den
Schuldigen! Wie groß ist eure Angst, alles zu verderben! Wie sehr
sehnt ihr euch danach, Frieden mit mir zu schließen, was tut ihr
nicht alles, um das zu erreichen! Und außerdem sollte ja der Schul-
dige auch bestraft werden! Durch all das habt ihr gezeigt, daß man
12 euch in dieser Sache nichts vorwerfen kann. / Ich habe ja auch ge-
rade an euch alle geschrieben, weil es mir eben nicht um den ging,
der unrecht getan, und auch nicht um den, der Unrecht erlitten hat,
sondern darum, festzustellen, ob ihr euch wirklich für mich ein-
setzt. Das sollte für euch selbst und vor Gott ganz klar werden. Aus
13 diesem Grunde war eure Reaktion eine große Hilfe für mich. / Über
diese für mich sehr tröstlichen Dinge hinaus habe ich mich vor al-
lem darüber gefreut, daß ihr Titus so glücklich gemacht habt, in-
14 dem ihr ihn alle so herzlich aufgenommen habt. / So habt ihr mich
nicht enttäuscht, denn ich hatte mich doch ihm gegenüber so lo-
bend über euch geäußert. Es stimmt also auf beiden Seiten: Ich
habe euch die Wahrheit gesagt, und daß mein Stolz auf euch be-
rechtigt ist, ist durch euer Verhalten gegenüber Titus Wahrheit ge-
15 worden. / Und Titus ist jetzt ganz für euch eingenommen, denn er
weiß ja noch, wie ihr ihn voll Furcht und Zittern aufgenommen
16 habt und dann alle sehr folgsam wart. / Ich bin so froh, daß ich
mich in allem auf euch verlassen kann.

1 *Kapitel 8* Liebe Brüder und Schwestern! Gottes Gnade hat in den
2 makedonischen Gemeinden ganz Besonderes gewirkt. / Die Ge-
meinden haben in großer Standfestigkeit sehr viel aushalten müs-

[17] Oder: Wie sehr verteidigt ihr mich jetzt!

sen. Doch die Freude ihres Glaubens hielt mit ihren Leiden Schritt,
und diese Freude bewirkte trotz ihrer bitteren Armut wunderbare
Großherzigkeit. / Ich kann es bezeugen: Sie spendeten, soviel sie 3
entbehren konnten, ja noch mehr, als sie entbehren konnten, und
ohne daß man sie dazu auffordern mußte. / Sie baten uns inständig, 4
an dem Gnadenwerk, der Kollekte für die Christen in Jerusalem,
teilnehmen zu dürfen. / Sie gaben reichlicher, als ich es mir er- 5
träumt hatte. Sie haben sich geradezu selbst verschenkt, zuallererst
dem Herrn, dann aber auch uns allen, so wie Gott es gerne sieht. /
Deshalb konnte ich Titus ermuntern, dieses Gnadenwerk auch bei 6
euch so fortzusetzen, wie es begonnen worden war. / Ihr seid ja mit 7
allem so reichlich begnadet, mit Glauben, mit der Macht des Wor-
tes, mit Theologie, mit tätiger Hingabe und Liebe, die ihr von mir
als Geschenk gern aufgenommen habt. So wünsche ich mir, daß ihr
auch für dieses Gnadenwerk reich genug beschenkt sein, daß ihr
selbst schenken könnt.[18] / Befehlen will ich euch das natürlich 8
nicht. Doch indem ich euch die Großherzigkeit anderer vor Augen
stelle, möchte ich feststellen, wie echt eure Liebe ist. / Jesus Christus 9
ist uns auf diesem Weg des Gnadenwerkes vorangegangen: Er war
reich an unzerstörbarem göttlichen Leben und ist um euretwillen
arm, nämlich ein sterblicher Mensch, geworden. So solltet ihr da-
durch, daß er arm geworden ist, reich werden, das heißt: ewiges Le-
ben erlangen.[19] / Ich empfehle euch dringend, euch an der Kollekte 10
zu beteiligen. Vor einem Jahr habt ihr ja schon den Entschluß ge-
faßt und auch begonnen, ihn umzusetzen. / Bringt die Sache jetzt 11
zu einem Ende, damit dem mutigen Entschluß auch eine entspre-
chend tatkräftige Ausführung folgt. / Wenn nur der gute Wille da 12
ist, wird jede Gabe dankbar angenommen, die aus dem kommt,
was einer hat. Niemand braucht etwas zu geben, was er nicht hat!
/ Es geht ja nicht darum, anderen Erleichterung zu verschaffen, in- 13
dem ihr in Not geratet. Das Ziel ist vielmehr Ausgleich, gleicher
Wohlstand für alle. / So soll in der jetzigen Situation das, was ihr 14
übrig habt, das ausgleichen, was die anderen noch zuwenig haben.
Und wenn es einmal umgekehrt ist, sollen die anderen das herge-
ben, was sie zuviel haben, um damit das auszugleichen, was bei
euch Mangel ist. / Denn so steht es in der Schrift[20]: »Wer viel be- 15
saß, hatte nicht zuviel, und wer wenig besaß, hatte nicht zuwenig.«

---

18 Paulus läßt hier die Gnadengabe unmittelbar in die finanzielle Gabe übergehen; er nennt beides »charis«.

19 Das Mittelalter hat hier mit der Lehre vom seligen Tausch (Gottheit gegen Menschheit, Menschheit gegen Gottheit) eingesetzt.

20 Ex 16,18.

16 / Ich danke Gott, daß er Titus die gleiche Begeisterung für euch ins
17 Herz gelegt hat wie mir. / Denn er hat meine Bitte sogleich begeistert aufgegriffen und tat sogar noch ein übriges, indem er von sich
18 aus zu euch gereist ist. / Wir haben ihm den Bruder[21] mitgegeben, der für die Ausbreitung des Evangeliums in allen Gemeinden gelobt
19 wird. / Die anderen Gemeinden haben ihn übrigens beauftragt, mich zur Ehre Gottes nach Jerusalem zu begleiten, wenn ich zum Abschluß dieses Gnadenwerkes[22] dort das Geld abliefern werde.
20 Dadurch konnte ich auch selbst wieder Mut fassen, / weil auf diese Weise vermieden wird, daß ich in Verdacht gerate, wenn ich eine so
21 große Summe allein verwalte. / Denn ich will dafür sorgen, daß nicht nur vor Gott alles in Ordnung ist, sondern daß auch vor den
22 Menschen der Anstand gewahrt bleibt. / Mit ihnen habe ich noch einen weiteren Bruder zu euch geschickt, den ich schon oft als sehr hilfsbereit erlebt habe. Und weil er große Stücke auf euch hält, ist
23 er besonders eifrig dabei. / Mein Mitarbeiter Titus hilft mir immer, wenn es um euch geht. Die beiden anderen Brüder sind von anderen Gemeinden bestellte Apostel, sie machen Christus Ehre. /
24 Beweist nun den anderen Gemeinden, daß eure Liebe echt ist und daß ich euch mit Recht bei ihnen gerühmt habe.

1 *Kapitel 9* Viel mehr muß ich wegen der Kollekte für die Christen
2 in Jerusalem wohl nicht schreiben. / Ich kenne ja eure Hilfsbereitschaft. Bei den Makedoniern rede ich immer voller Lob darüber und erzähle ihnen, daß in Achaia schon seit dem letzten Jahr ge-
3 sammelt wird. Euer Eifer hat die meisten angesteckt. / Ich schicke jetzt die Brüder zu euch, damit ich mit meinem Lob für euch recht behalte und eure Kollekte dann auch wirklich so ist, wie ich gesagt
4 habe. / Ich möchte nicht mit Makedoniern bei euch ankommen und dann feststellen müssen, daß ihr nicht gesammelt habt. Bringt mich – oder besser: euch selbst – also nicht durch euer Verhalten in Ver-
5 legenheit. / Ich muß die Brüder bitten, mir vorauszureisen und bei euch die angekündigte Spende einzusammeln, damit alles bereitliegt, wenn ich komme. Ich erwarte eine Gabe, die reichlich ist wie ein Segen und nicht kläglich, als wäre sie der Habgier abgerungen.
6 / Denn wer sparsam sät, wird spärlich ernten, und wer mit vollen

[21] Mutmaßungen über die Identität dieses Bruders aufgrund von Act 20,4: Timotheus, Tychikus, Trophimus. Für Trophimus spricht auch Act 21,29.

[22] Man beachte auch hier wieder, daß Paulus die theologische Gnade genauso benennt wie die finanzielle Zuwendung.

Händen Segen sät, wird auch mit vollen Händen Segen ernten. /
Jeder soll so viel geben, wie er es sich in seinem Herzen vorgenom- 7
men hat, nicht mit Trauermiene oder widerwillig. Denn wer mit
Freude gibt, den hat Gott lieb. / Gott kann euch an seinem Gnaden- 8
werk so reichlich Anteil geben, daß ihr in allem genug habt und
darüber hinaus noch durch viele gute Werke Gottes Gnade weiter-
geben könnt. / So steht es in der Schrift[23]: »Gott hat die Gaben ver- 9
teilt, er hat den Bedürftigen gegeben, was nötig ist. Das ist seine
Art, gerecht zu sein, und sie wird Bestand haben.« / Gott gibt dem 10
Sämann Saatgut und Brot. Auch wird er das, was ihr säen könnt,
beschaffen. Dann wird er all das, was ihr Gerechtes tut, wachsen
lassen und üppig vermehren. / Wenn ihr freigebig seid, ist das euer 11
wahrer Reichtum. Und der Kreis schließt sich, wenn wir eure
Spende überbringen und deshalb viele Menschen Gott danken. /
Denn diese Kollekte soll nicht nur die Not der Christen in Jerusa- 12
lem lindern, sie soll dazu führen, daß viele in den Dank gegenüber
Gott einstimmen. / Denn wenn ihr euch in diesem Kollektendienst 13
bewährt, werden die Christen in Jerusalem Gott loben, weil ihr
euch so demütig zum Evangelium Jesu Christi bekennt, es zum
Maßstab eures Handelns macht und freigebig seid in der Kollekte
für sie und für andere. / Sie werden für euch beten und euch gerne 14
sehen wollen, weil Gottes Gnadenwerk an euch und durch euch so
reich gewirkt hat. / Ich danke Gott für sein unermeßlich großes Ge- 15
schenk.

Kapitel 10 Ich selbst, Paulus, muß noch etwas über meinen 1
Dienst sagen und euch um etwas bitten, und zwar so sanft und
freundlich, wie es unserem Messiaskönig entspricht. Wenn ich per-
sönlich bei euch auftrete, bin ich immer bescheiden und eher un-
scheinbar. Nur wenn ich euch von woanders her schreibe, bin ich
mutiger. / Doch ich bitte euch, zwingt mich nicht dazu, wenn ich 2
komme, mutig und entschieden gegenüber denen aufzutreten, die
offenbar der Meinung sind, Paulus sei ein hinfälliger Schwächling.
/ Ich bin zwar ein schwacher Mensch, doch wer mir den Kampf auf- 3
zwingt, wird sich wundern.[24] / Denn meine Waffen sind nicht 4
schwach und brüchig, sondern hier wirkt Gottes Macht. Festungen
der Gegner werde ich zerstören, Gedankenpaläste schleifen, / jeden 5

23 Ps 112,9.

24 Paulus ändert hier den Tonfall. Das war Anlaß zu vielfältigen Teilungshypothesen oder zu psychologischen Versuchen (»nach unruhig durchwachter Nacht«).

Wall, den ihr gegen das wahre Christentum aufschüttet, mache ich
dem Erdboden gleich, alle Freigeisterei setze ich gefangen und
6 zwinge sie zum Gehorsam gegen Jesus, den Messias. / Ich bin
durchaus bereit, jeden Ungehorsam strengstens zu ahnden, damit
7 ihr endlich alle gehorcht.[25] / Seht doch den Tatsachen ins Auge!
Wenn jemand meint, er gehöre zu Christus, dann soll er bedenken,
8 daß das auch von mir gilt. / Darüber hinaus könnte ich darauf
pochen, daß mir der Herr Vollmacht verliehen hat, wenn auch zum
Aufbauen und nicht zur Zerstörung. Nähme ich diese Vollmacht in
9 Anspruch, so könnte ich damit durchaus Eindruck machen. / Dies
geht an die Adresse derer, die meinen, ich wollte euch durch Briefe
10 einschüchtern. / Denn einige Leute sagen: »Seine Briefe sind ge-
wichtig und voll Saft und Kraft, doch sein Auftreten ist erbärmlich,
11 und wenn er redet, ist das zum Lachen.«[26] / Wer so denkt, soll sich
nichts vormachen: Genauso wie als Briefschreiber aus der Ferne in
12 Worten, werde ich, wenn ich bei euch bin, in Taten sein. / Ich
möchte mich nicht unbedingt mit gewissen Leuten, die sich selbst
für so großartig halten, auf eine Stufe stellen oder messen. Sie set-
zen sich selbst als Maßstab[27] und sind dann stolz auf ihre Vollkom-
menheit, wenn sie – o Wunder! – mit diesem Maßstab genau über-
13 einstimmen! / Ich will dagegen nicht mein eigener Maßstab sein,
sondern an dem Maßstab gemessen werden, den Gott für mich ge-
setzt hat. Dieser Maßstab bestand und besteht darin, Korinth zu
14 missionieren. / Ich möchte meine Selbstzufriedenheit nicht so über-
anstrengen wie die Leute, die gar nicht bis Korinth gelangt sind. Ich
bin als Beauftragter des Evangeliums Jesu Christi zu euch gekom-
15 men. / Darum will ich mich auch nicht maßlos selbst rühmen und
mit fremden Federn schmücken. Ich hoffe aber, daß ich, sobald ihr
im Glauben fester geworden seid, unter euch nach dem Maßstab,
16 der für mich selbst gilt, immer mehr an Ansehen gewinne. / Auch
dann will ich mich nicht nach dem Maßstab anderer rühmen, son-
17 dern weit über Korinth hinaus das Evangelium verkünden. / Wer
von sich redet, soll sich nicht selbst, sondern Gott und Gottes Han-

[25] Paulus begreift seinen Dienst durchaus militärisch. Er weiß, daß der König, für den er streitet, nicht widerstandslos aufgenommen wird.

[26] Diese Stelle ist von großer historischer Bedeutung, denn nur hier finden wir ein Echo auf die tatsächliche historische Wirkung des missionarischen Auftretens des Apostels.

[27] Der »Maßstab« ist nach dem Verständnis des Apostels Gottes Auftrag an ihn allein, hier in Korinth eine Gemeinde zu gründen. Weil Paulus das so sieht, kann er das Wirken anderer in Korinth nicht gutheißen. Anders noch über Apollos in 1 Kor 3,5-17.

deln zur Grundlage wählen. / Denn wer nur sich selbst rühmt, kann 18
nicht überzeugen. Gott selbst muß ihn empfehlen.

Kapitel 11 Ich wünsche mir, daß ihr meine Narrheit ein Weilchen 1
ertragt. Ihr tut ja schon euer Bestes und ertragt mich sogar selbst. /
Denn ich kämpfe um euch mit Gottes eigener Leidenschaft. Ich 2
spiele die Rolle eines Brautführers, ihr seid die Braut.[28] Ich habe
euch einem Mann verlobt und will euch unbedingt als unberührte
Jungfrau vor Christus stellen. / Doch ich habe Angst um euch. So 3
wie die Schlange, dieses hinterhältige Biest, einst Eva betrogen hat,
so, fürchte ich, könntet auch ihr verführt und betrogen werden,
und dann wäre es um eure Reinheit und Lauterkeit gegenüber dem
Messias geschehen. / Ihr ertragt es ja bereitwillig, wenn einer da- 4
herkommt und einen anderen Jesus verkündigt als ich oder wenn
ihr einen anderen Geist empfangt, der zu dem, den ihr durch mich
empfangen habt, nicht paßt, oder wenn ihr ein anderes Evangelium
annehmt, als ich es gepredigt habe. / Doch ich finde, daß ich mit 5
den Super-Aposteln gut mithalten kann. / Denn ich bin vielleicht 6
kein begnadeter Redner, aber ein guter Theologe[29], das habe ich
euch immer wieder bewiesen. / Oder war es etwa ein Fehler, daß 7
ich meine eigenen Interessen hintangestellt habe, damit ihr zu Eh-
ren kommt? War es ein Fehler, euch die Verkündigung des Evange-
liums nichts kosten zu lassen? / Andere Gemeinden habe ich kahl- 8
gefressen. Sie zahlten mir einen Sold, damit ich euch dienen konnte.
/ Selbst wenn ich bei euch war, bin ich niemandem zur Last gefal- 9
len, wenn ich etwas brauchte. Denn alles Notwendige haben die
Brüder aus Makedonien gestiftet. Ich wollte euch in keiner Hin-
sicht zur Last fallen und werde das auch weiterhin so halten. / Die- 10
sen Stolz wird mir niemand in Achaia nehmen können, so wahr
Christus in mir lebt. / Warum halte ich daran fest? Etwa weil ich 11
euch nicht liebe? Gott weiß, daß das Gegenteil der Fall ist. / Ich 12
werde auch weiter so handeln. Es gibt Leute, die nur darauf war-

---

28 Der Jesus der vier Evangelien redet als »Bräutigam«, in Apk 21f wird das himmlische Jerusalem als Braut des Lammes (des Messias) geschildert, und hier spricht Paulus schon für seine Gegenwart von der Braut. Je nach Perspektive steht also der Bräutigam im Vordergrund, der noch auf die Braut wartet (Evangelien), oder die Braut steht im Blickpunkt, die sich für ihren Bräutigam bereitet. – Im Hintergrund steht das alttestamentliche Bild von der Ehe zwischen Gott und Gottesvolk. Wenn der Messias kommt, erlebt es eine Neuauflage.

29 Auch hier wurde das Wort »gnosis« mit »Theologie« übersetzt, denn es geht ja nicht um irgendeine Erkenntnis.

ten, daß ich ihnen einen Angriffspunkt biete. Für sie gilt wie für
mich: Jeder soll bei dem dingfest gemacht werden, dessen er sich
13 rühmt. / Ich halte sie für Falschapostel und Lügenmissionare, die in
14 das Gewand christlicher Apostel geschlüpft sind.[30] / Das war zu er-
15 warten: Da sich selbst Satan als Engel des Lichts verkleidet, / liegt
es nahe, daß sich seine Handlanger zum Schein in Engel der Ge-
rechtigkeit verwandeln können. Aber weil ihre Werke tot sind,
16 wird so auch ihr Ende sein. / Falls ihr jetzt glaubt, ich sei nicht bei
Verstand, ertragt meine Narrheit ein Weilchen, zum Beispiel, wenn
17 ich mich etwas rühme. / Jetzt rede ich nicht im Sinne des Herrn,
sondern so, als wäre ich mit Narrheit geschlagen, ich übe nur das
18 Sich-Anpassen. / Weil viele Leute sich nach Menschenart selbst rüh-
19 men, will ich das auch einmal tun. / Ihr seid ja so weise, daß ihr
20 gern einmal einen Narren ertragt. / Ihr ertragt es gern, wenn einer
euch unterjocht und ausbeutet, wenn er nimmt, was er nehmen
21 kann, wenn er prahlt oder euch ins Gesicht schlägt. / Ich muß zu
meiner Schande gestehen, daß ich dazu leider zu schwach bin. Aber
wenn einer übermütig ist – das kann ich schon lange. Wohlge-
22 merkt, ich rede jetzt wie ein Narr. / Die Gegner prahlen: »Wir sind
auserwählte Hebräer.« Das bin ich auch. Sie sagen: »Wir sind noble
Israeliten.« Das bin ich auch. Sie sagen: »Wir sind Kinder Abra-
23 hams.« Das bin ich auch. / Sie sagen: »Wir dienen Christus.« Jetzt
prahle ich: »Ich diene ihm noch mehr. Ich habe viel größere Mühsal
zu ertragen, muß viel häufiger nachts wachen, werde viel öfter ver-
24 prügelt oder dem Tod ausgesetzt. / Die Juden ließen mich fünfmal
auspeitschen mit 39 Hieben, dreimal wurde ich mit dem Stock ver-
25 prügelt, einmal gesteinigt, / dreimal ging das Schiff unter, auf dem
ich segelte, einen ganzen Tag und eine Nacht trieb ich auf dem
26 Meer. / Unzählige Male hatte ich die Mühen endloser Fußwande-
rungen zu ertragen, kam in tausend Gefahren durch reißende Flüs-
se, durch gemeine Räuber, durch wutentbrannte Juden und habgie-
rige Heiden, habe mich in unbekannte Ortschaften verirrt, die Tük-
ken der Wüste ertragen, mich den Launen des Meeres ausgesetzt
27 und den Listen falscher Brüder. / Ich habe Mühsal und Schwerstar-
beit ertragen, lag nachts oft schlaflos, meine Gefährten waren Hun-
ger und Durst, oft mußte ich fasten und Kälte und Nacktheit erdul-
28 den. / Ganz zu schweigen von der alltäglichen Arbeit: Tag für Tag
belagerten mich die Leute, um alle meine Gemeinden mußte ich

30 Inhaltliche Verschiedenheiten in der Botschaft werden nicht erkennbar. Es reicht offenbar, daß diese Apostel sich in Korinth, unter Paulus' geliebten Kindern, breitmachen.

mich kümmern. / Wenn einer schwach und krank ist, dann bin ich 29
es. Wenn irgendwo die Gefahr droht, daß einer vom Wege ab-
kommt, dann brennt sie mir auf den Nägeln. / Wenn ich mich schon 30
selbst herausstreichen muß, dann will ich das wenigstens mit mei-
nen armseligen, schwachen und bedürftigen Seiten tun. / Gott, der 31
Vater unseres Herrn Jesus Christus, sei gelobt in Ewigkeit: Er weiß,
daß ich nicht lüge. / In Damaskus ließ der Statthalter von König 32
Aretas sogar die ganze Stadt bewachen, um mich zu ergreifen. / Ich 33
konnte seinem Zugriff nur dadurch entrinnen, daß man mich in
einem Korb durch ein Fenster in der Mauer herabließ.

Kapitel 12 Es kann manchmal nötig sein, sich selbst zu rühmen – 1
ob es auch förderlich ist, das steht freilich auf einem anderen Blatt.
Zum Schluß möchte ich jetzt über Visionen und Offenbarungen
des Herrn sprechen. / Ich kenne einen Christen, der – vierzehn 2
Jahre ist es her – bis zum dritten[31] Himmel entrückt wurde. Ich
weiß nicht, ob es eine Entrückung des ganzen Leibes war oder ob
ich meinen Leib verlassen hatte, das weiß Gott allein. / Und ich 3
weiß von demselben Christen, daß er in gleicher Weise, über die al-
lein Gott Näheres weiß, / ins Paradies entrückt wurde und dort 4
Worte hörte, die man mit menschlicher Sprache nicht wiedergeben
kann. / Diesen Menschen kann ich rühmen, aber das bin nicht ich. 5
Bei mir selber kann ich nur auf meine kranken und schwachen Sei-
ten hinweisen. / Doch wollte ich mich selbst rühmen, so wäre das 6
keine Narrheit. Denn ich sage die Wahrheit. Ich möchte aber ver-
hindern, daß einer Dinge von mir annimmt, die über das hinausge-
hen, was man sehen oder von mir selber hören kann. / Das betrifft 7
auch das Übermaß an Offenbarungen. Damit ich mich nicht allzu
überheblich aufführe, wurde mir als Stachel im Fleisch ein körper-
liches Leiden, ein Engel Satans, mitgegeben, der mich schlagen soll,
wenn ich übermütig werde. / Schon dreimal habe ich den Herrn ge- 8
beten, der Engel Satans solle doch bitte von mir weggehen. / Der 9
Herr antwortete mir: »Nein. Daß du meine Gnade hast, muß dir
genügen.« Denn Gottes Kraft kommt da zur vollen Wirkung, wo
Menschen schwach und krank sind. Am liebsten streiche ich meine
Schwächen und Krankheiten heraus, weil ich so hoffen kann, daß
Christus seine Kraft in mir wohnen und wirken läßt. / Deswegen 10
freue ich mich über Krankheiten und Mißhandlungen, über Drang-

[31] Im Rahmen damaliger apokalyptischer Tradition ist der 3. Himmel durchaus als der höchste belegt. – Vgl. zur Sache: H.-C. Meier: Mystik bei Paulus, Tübingen 1998.

sal und Verfolgung, über jegliche Notlage, wenn ich sie für Christus
11 erleiden muß. Denn wenn ich schwach bin, gibt er mir Kraft. / Jetzt
bin ich so unklug gewesen, mich selbst zu rühmen. Ihr habt mich
dazu gezwungen. Eigentlich hättet ihr mich rühmen müssen. Denn
neben den sogenannten Super-Aposteln kann ich, sofern ich über-
12 haupt etwas bin, ohne weiteres bestehen. / All die Wunderzeichen,
wie man sie von einem Apostel erwartet, konnte ich unter euch
vollbringen. Erinnert euch an all meine Geduld, an die Zeichen, die
13 Wunder und Machttaten, die ich gewirkt habe.[32] / Nur in einem
Punkt seid ihr gegenüber anderen Gemeinden benachteiligt wor-
den: Ich habe euch nicht materiell in Anspruch genommen. Vergebt
14 mir dieses Unrecht! / Jetzt bereite ich gerade meinen dritten Besuch
bei euch vor, aber ich werde auch jetzt nichts von euch verlangen.
Denn ich bin nicht auf euer Geld aus, sondern auf euch. Denn es ist
doch so, daß nicht die Kinder für ihre Eltern sorgen müssen, son-
15 dern die Eltern für ihre Kinder. / Für euer Wohlergehen will ich
gern alles hergeben, lasse ich mir bis aufs letzte Hemd alles neh-
men. Aber es ist kaum zu fassen: Je mehr ich euch liebe, desto we-
16 niger erfahre ich Gegenliebe von euch. / Also gut: Ich bin euch nicht
zur Last gefallen. Doch vielleicht bin ich einer, der euch mit List
17 und Tücke umgarnt und eingefangen hat? / Vielleicht habe ich euch
ja durch einen, den ich zu euch geschickt habe, aufs Glatteis führen
18 lassen? / Ich hatte Titus zusammen mit einem anderen Bruder zu
euch geschickt. Hat er euch etwa ausgebeutet? Sollte er von der ge-
meinsamen Linie abgewichen sein? Haben wir nicht denselben Weg
19 eingeschlagen? / Wieder mag es so aussehen, als müßte ich mich vor
euch verteidigen. Aber ich spreche im Angesicht Gottes, als einer,
der mit Christus verbunden ist. All dies, liebe Schwestern und Brü-
20 der, dient ausschließlich dazu, euch als Gemeinde zu stärken. / Ich
hatte nur Angst, wir würden vielleicht, wenn ich zu euch komme,
voneinander enttäuscht sein, wenn bei euch Streit und Neid, Zorn
und Wut, Verleumdung und Klatsch, Prahlerei und Chaos herr-
21 schen. / Ich fürchte auch, daß mein Gott mich vor euch demütigt,
wenn ich zu euch komme, und daß ich dann traurig sein muß über
alle, die früher Verfehlungen begangen haben und nicht umgekehrt
sind und sich nicht losgesagt haben von ihrer Maßlosigkeit, ihrer
Sexgier und ihrer Zügellosigkeit.

[32] Vgl. dieselbe Sache in Röm 15,19.

Kapitel 13 Jetzt komme ich zum dritten Mal zu euch. Denn zwei 1
oder drei Zeugenaussagen braucht jedes Verfahren.[33] / Allen, die 2
Schuld auf sich geladen haben, aber auch allen anderen sage ich
schon vorher: Wenn ich komme, werde ich euch auch diesmal nicht
schonen. / Ihr sucht ja einen Beweis dafür, daß Christus in mir re- 3
det. Also wird er zeigen, daß er euch gegenüber nicht schwach ist,
sondern stark. / Er wurde gekreuzigt, weil er ein schwacher sterb- 4
licher Mensch war, doch er wurde auferweckt und hat neues Leben
aus Gottes Kraft. Und obwohl ich auch Anteil an seiner Schwäche
habe, werde ich euch gegenüber zeigen, daß ich in Gottes Kraft mit
ihm verbunden bin. / Prüft euch selbst, ob ihr noch fest im Glauben 5
steht. Versucht festzustellen, ob ihr euch bewährt habt. Wenn ihr
euch selbst kritisch betrachtet – könnt ihr dann erkennen, daß Je-
sus Christus unter euch wohnt? Wenn ihr es nicht erkennt, dann
habt ihr versagt. / Ich hoffe jedoch, ihr werdet einsehen, daß ich je- 6
denfalls bisher nicht versagt habe. / Ich bete zu Gott, daß ihr euch 7
nichts zuschulden kommen laßt – nicht, um recht zu behalten, son-
dern damit ihr das Gute tut, selbst wenn ich dann vielleicht als ei-
ner daständе, der versagt hat. / Denn ich kann nur für die Wahrheit 8
etwas tun, nicht gegen sie. / Ich freue mich, wenn ich selbst meine 9
Stärke nicht zeigen muß, sondern wenn ihr eure Stärke zeigen
könnt. Darum bete ich, daß ihr zurechtkommt. / Ich schreibe euch 10
dies aus der Ferne, damit ich, wenn ich bei euch bin, nicht die Voll-
macht, die mir der Herr gegeben hat, in all ihrer Strenge anwenden
muß. Denn eigentlich soll sie dazu dienen, euch aufzurichten, und
nicht dazu, euch zu maßregeln. / Im übrigen, liebe Brüder und 11
Schwestern, laßt die Freude bei euch Einzug halten, tröstet und er-
muntert euch gegenseitig, bewahrt Eintracht und Frieden unterein-
ander. Gott, der Liebe und Frieden schenkt, verlasse euch nicht. /
Teilt einander [durch] den heiligen Kuß [den Heiligen Geist mit]. 12
Alle Christen hier am Ort lassen euch grüßen. / Unser Herr Jesus 13
Christus begleite euch in seiner Gnade. Gott der Herr schenke euch
seine Liebe, der Heilige Geist verbinde euch alle untereinander.

33 Vgl. Dt 19,15.

Paulus: Galaterbrief

Eigenart: Der Galaterbrief[1] gehört zu den unbezweifelt echten Paulusbriefen. Er stammt in jedem Falle (zusammen mit Röm und Phil) aus der Spätzeit des Paulus. Das ist daran erkennbar, daß Paulus hier gegenüber früheren Briefen teilweise andere Positionen annimmt. Das gilt insbesondere für das Verhältnis gegenüber dem Judentum als religiöser Institution (vgl. dazu: K. Berger, Theologiegeschichte, 2. A. 1995, § 300). Im Unterschied zu früheren Briefen (wie 1 Thess) ist die Frage nach dem Verhältnis zwischen Judentum und Christentum auf die Rolle von Gesetz und Beschneidung zugespitzt. Im Unterschied zum Röm ist Beschneidung hier das dominierende und kontroverse Thema.

Adressaten: Die Situation, in die hinein Paulus schreibt, ist durch folgende Faktoren gekennzeichnet: Paulus hatte in Galatien in seiner Frühzeit selbst eine Heidenmission ohne Beschneidung durchgeführt. Das heißt: Die Heiden, die Paulus für das Evangelium gewonnen hat, blieben auch Heiden. In der Zwischenzeit waren aber andere christliche Missionare in Galatien eingedrungen, die unter Berufung auf Jesus, auf Paulus selbst und die Gemeinde in Jerusalem auch von den Heidenchristen Beschneidung forderten, und zwar nachträglich, als Zusatz zu ihrem Getauftsein durch Paulus. Paulus sieht in dieser Absicht den Nerv seines Evangeliums getroffen. Denn eine über den Glauben an Jesus Christus hinausgehende Zulassungsbedingung zu Christus konnte er nicht akzeptieren.
Die *Gegner* des Paulus in Galatien sind wohl Judenchristen, die sich eine Zugehörigkeit zum Gott Israels und Jesu Christi gar nicht anders vorstellen können, als wenn Menschen sich beschneiden lassen.
In seinem Gedankengang klärt Paulus zunächst in Kapitel 1-2 seine Legitimation, die es ihm überhaupt erlaubt, ein Evangelium für die Heiden zu verkündigen. Zu diesem Zweck entfaltet er in einem einzigartigen autobiographischen Stück seine eigene Position innerhalb der Landschaft der frühchristlichen Gemeinden. Die Kapitel 2,15-5,12 entfalten die Argumente des Paulus. Sich nach Empfang

---

1 Neuere Kommentare: H. D. Betz: Der Brief an die Galater; H. Schlier: Der Brief an die Galater (1961); D. Lührmann: Der Brief an die Galater (1978); F. Mußner: Der Galaterbrief (1973).

der (Geist-)Taufe nachträglich beschneiden zu lassen, würde darauf hinauslaufen, alle bisher empfangenen Gaben des Christentums, alle Geistesgaben und alle Freiheit, aufzugeben zugunsten eines Rückfalls in Anschauungen, die heidnischem Götzendienst nicht ferne stehen. Am Schluß ab 5,13 bis 6,18 liefert Paulus eine Mahnrede für die Gemeinde in Galatien. Es geht hier um eine Art Torah für die Heiden. Die Heiden brauchen Normen, die aber nicht mit dem Rückfall unter die Beschneidung und das Ritualgesetz identisch sind. Paulus gelingt es auf dieser Gratwanderung, die Grundlinien einer christlichen Ethik zu formulieren, die ihre Mitte in der Liebe hat und doch auf alle Wege der gesetzlichen Annäherung an Gott verzichten kann, weil Jesus Christus diese Annäherung ein für allemal geleistet hat. Diese Ethik ist wesentlich durch den Heiligen Geist bestimmt. Weil dieser Liebe Gottes zu den Menschen im menschlichen Herz ist, kann er sich auch leicht als Liebe auswirken.
In seiner Wirkungsgeschichte war der Gal vor allem für Augustinus und die Reformation (M. Luther) bedeutsam. Dazu trugen nicht wenig die scharfen Formulierungen in Gegensätzen bei. Es ist jedoch zu beachten, daß Paulus keine Abschaffung oder Auflösung des Gesetzes will, sondern lediglich eine Befreiung von der ständigen Verurteilung durch das Gesetz als kritischen Maßstab. Dokument des Willens Gottes bleibt das Gesetz auch nach Gal.

Datierung: Unmittelbar vor dem Römerbrief im Frühjahr 56.

BRIEF AN DIE GALATER

1 *Kapitel 1* Der Apostel Paulus schreibt diesen Brief an die Gemein-
den in Galatien. Zum Apostel wurde ich nicht von Menschen und
auch nicht von Gott durch Menschen ernannt, sondern unmittel-
bar von Jesus Christus und Gott, dem Vater, der Jesus von den To-
2 ten auferweckt hat. / Mitabsender dieses Briefes sind alle hier ver-
3 sammelten Brüder und Schwestern. / Wir übermitteln euch Gnade
und Heil von Gott, unserem Vater, und von unserem Herrn Jesus
4 Christus. / Denn Jesus Christus hat sein ganzes Leben als Gegenge-
wicht für unsere Sünden in die Waagschale geworfen, weil er nach
dem Willen Gottes, unseres Vaters, die Aufgabe hatte, uns aus allen
unheilvollen Verstrickungen, die jetzt die Welt bestimmen, zu be-
5, 6 freien. / Alle Herrlichkeit gebührt für immer Gott. Amen. / Ich
kann nur darüber staunen[1], daß ihr so schnell zu einem ganz ande-
ren Evangelium umgeschwenkt seid, das eigentlich gar kein Evan-
gelium ist. Gott hatte euch doch berufen, um euch durch Jesus
7 Christus gnädig zu befreien. / Und nun laßt ihr euch von irgendwel-
chen Leuten den Kopf verdrehen und das Evangelium des Messias
8 in sein Gegenteil verkehren. / Doch verflucht[2] sei jeder, der euch ein
anderes Evangelium bringen möchte als das, welches ich euch ver-
kündet habe. Gott soll ihn richten. So ein Fluch würde jeden tref-
fen, der so verdrehtes Zeug redete, auch mich oder selbst einen En-
9 gel vom Himmel. / Noch einmal: Wer euch ein anderes Evangelium
10 verkündet, den trifft Gottes Fluch. / Gegenüber Menschen verhalte
ich mich anders als gegenüber Gott. Menschen muß ich zu über-
zeugen versuchen, Gott will ich gefallen – nicht umgekehrt. Denn
wenn ich Menschen gefallen wollte, dann wäre ich nicht mehr
11 Sklave Jesu, des Messias. / Liebe Brüder und Schwestern! Ich er-
kläre hiermit verbindlich: Das Evangelium, das ich euch verkündet
12 habe, ist kein Menschenwerk. / Ich habe es auch nicht von Men-
schen übernommen oder gelernt, sondern es wurde mir selbst ge-
13 offenbart, als ich Jesus Christus in einer Vision schaute.[3] / Ihr habt

---

1 Anstelle der üblichen Danksagung (an Gott, für den guten Zustand der Gemeinden) steht hier der Ausdruck des Erstaunens.

2 Unter »anathema« ist zu verstehen: Jemand wird durch vollmächtiges Wort der Sphäre des absoluten Unheils überantwortet.

3 Paulus meint damit seine sogenannte Berufungsvision vor Damaskus. Nach seiner Darstellung erfolgte sie nur als Vision, ohne daß Paulus etwas hörte.

sicher gehört, wie erbittert ich früher für die jüdische Religion ge-
kämpft habe. In maßlosem Eifer habe ich die Kirche Gottes, die
Christen, verfolgt, um sie auszurotten. / Weitaus stärker als viele 14
meiner jüdischen Zeitgenossen war ich von meinem Judentum er-
füllt, und viel heftiger als sie habe ich für die von unseren Vätern
übernommenen Überlieferungen gestritten. / Doch vom Mutterleib 15
an hatte Gott mich erwählt[4], so daß sein Wille an mir wirksam
werden konnte, indem er mich in gnädiger Zuwendung berief. / Er 16
hat mir in einer Vision seinen Sohn geoffenbart[5], damit ich ihn un-
ter den Heidenvölkern als das leibhaftige Evangelium verkünden
sollte. Als das geschah, habe ich nicht als erstes Menschen um Rat
gefragt. / Ich bin auch nicht als erstes nach Jerusalem zu denen ge- 17
gangen, die schon seit längerer Zeit zu Aposteln berufen waren. Ich
begab mich vielmehr zunächst in die Gegend namens Arabia, süd-
lich von Damaskus, und dann nach Damaskus zurück. / Erst drei 18
Jahre später zog ich nach Jerusalem hinauf, um Petrus zu besuchen.
Bei ihm blieb ich zwei Wochen. / Ich bin damals keinem anderen 19
Apostel begegnet und von den wichtigen Leuten nur Jakobus, dem
Herrenbruder. / Gott ist mein Zeuge, er weiß, daß ich nicht lüge. / 20
Dann reiste ich nach Syrien und Kilikien. / Die Christengemeinden 21, 22
in Judäa kannten mich nicht persönlich, / aber sie hatten ein Ge- 23
rücht über mich gehört: »Der Paulus, der uns erst verfolgt hat, der
verkündigt jetzt das Evangelium, den Glauben, den er früher aus-
rotten wollte. / Gott sei gelobt, der das an Paulus getan hat.« 24

Kapitel 2 Nach 14 weiteren Jahren zog ich wieder nach Jerusalem 1
hinauf, dieses Mal nahm ich Barnabas und als meinen Helfer auch
Titus mit. / Gott hatte mir in einer Offenbarung befohlen, mich nach 2
Jerusalem zu begeben. Um sicherzugehen, daß ich auf dem richtigen
Weg war, erläuterte ich dort den Jerusalemer Autoritäten vertrau-
lich das Evangelium, das ich unter den Heiden verkünde. / Danach 3
haben sie nicht einmal meinen Begleiter Titus, einen griechischen
Heiden, genötigt, sich beschneiden zu lassen. / Allerdings hatten sich 4
dort falsche Brüder eingeschlichen, die erkunden sollten, was es mit
dem Verzicht auf Beschneidung, den wir als Christen in Freiheit

4 So kennzeichnet Paulus seine Berufung als Prophet, vgl. Jer 1,5; Jes 49,1; Lk 1,15b.

5 Die Offenbarung des Sohnes bedeutet auch die Einsicht, daß Jesus Sohn Gottes durch den Heiligen Geist ist. Und ferner gilt das Prinzip: Verähnlichung durch Sehen. Wenn Paulus den Sohn visionär erblickt, wird er selbst von Heiligem Geist erfüllt.

praktizieren, auf sich hat. Sie wollten uns diese Freiheit nehmen, /
5 doch wir haben ihnen keinen Augenblick lang nachgegeben, es ge-
lang ihnen nicht, uns in die Enge zu treiben. So konnte das Evange-
6 lium rein und unverfälscht auch für euch bewahrt bleiben. / Die Je-
rusalemer Autoritäten aber – es tut nichts zur Sache, wer das damals
war, denn vor Gott sind alle Menschen gleich – machten mir keine
7 besonderen Auflagen.[6] / Sie erkannten an, daß Gott mir das Evange-
lium ohne Beschneidung anvertraut hat, Petrus aber das Evangelium
8 mit Beschneidung[7]. / Denn derselbe Gott, der Petrus zum Apostel-
amt mit Beschneidung bestellt hat, hat mich für die Heiden bestellt.
9 / Die Jerusalemer Autoritäten erkannten an, daß Gott mir offenbar
eine besondere Gnadengabe geschenkt hat. Jakobus, Petrus und Jo-
hannes, die drei sogenannten Säulen der Gemeinde, reichten Barna-
bas und mir zum Zeichen der Gemeinschaft die Hand. Damit war
vereinbart, daß wir zu den Heiden, sie aber zu den Beschnittenen ge-
10 hen würden. / Allerdings sollten wir uns besonders um die Armen
kümmern, was ich dann auch sogleich in die Wege geleitet habe[8]. /
11 Nicht so harmonisch verlief die Begegnung mit Petrus in Antiochien.
Er betrug sich so unmöglich, daß ich mich offen gegen ihn stellen
12 mußte. / Zuerst hielt er bedenkenlos Mahlgemeinschaft mit Heiden-
christen, bis einige Leute aus dem Kreis des Herrenbruders Jakobus
kamen. Daraufhin zog er sich – offensichtlich aus Furcht vor den
nichtchristlichen Juden – von den gemeinsamen Mahlzeiten zurück.
13 / Auch die anderen Judenchristen taten dies, und zwar wohl alle ge-
14 gen ihre Überzeugung und wider bessere Einsicht. / Ich mußte also
feststellen, daß sie von der verläßlichen Botschaft des Evangeliums
ganz erheblich abgewichen waren. Daher sagte ich in aller Öffent-
lichkeit zu Petrus[9]: »Du hast doch als Judenchrist offen mit Heiden-

---

[6] Anders beschreibt es Act: Paulus habe (zusammen mit Barnabas) für die Gemeinde Antiochiens das sogenannte Aposteldekret mit auf den Weg bekommen (Inhalt: Act 15,20 u.ö.). Allerdings hat Paulus insoweit recht, als ihm das Aposteldekret ja nicht persönlich auferlegt wurde, sondern nur der Gemeinde Antiochiens, deren Abgeordneter allerdings Paulus damals war.

[7] Unklar ist, was das heißt, denn Petrus ist z.B. nach Act 10 als Heidenmissionar tätig, und das bezeugen auch 1.2 Petr. Hat Petrus eine judenzentrierte Mission getrieben?

[8] Das ist die sogenannte Paulinische Kollekte, die Paulus in vielen seiner Briefe betreibt, von der wir aber nicht wissen, ob die Jerusalemer Gemeinde sie als Zeichen der Zugehörigkeit am Ende annehmen konnte.

[9] Im Original: »Kephas«. Das ist das aramäische Wort für »Fels«, griech. »petros/-a«. – Im übrigen hatte Petrus wohl durch das Praktizieren der Mahlgemeinschaft in Antiochien die Abmachung von Jerusalem ver-

christen gegessen, hast also nicht nach jüdischen Regeln, sondern
sozusagen heidnisch gelebt. Da kannst du doch nun nicht von den
Heidenchristen verlangen, daß sie dir zuliebe jüdisch leben und nach
jüdischen Regeln essen! / Wir sind von Geburt an Juden, nicht ein- 15
fach nur Sünder wie die Heiden. / Doch kein Mensch kann allein 16
aufgrund von Handlungen, für die das Gesetz der Maßstab ist, als
gerecht, das heißt: als einer, der Gottes Anspruch genügt, beurteilt
werden. Das kann nur aufgrund des Glaubens an Jesus Christus ge-
schehen. Und ich glaube an Jesus Christus, um durch den Glauben
an ihn gerecht zu sein und nicht durch mein Handeln, das am Maß-
stab des Gesetzes beurteilt wird. Denn nach dem Maßstab des
Gesetzes kann kein Mensch je als gerecht gelten. / Wenn wir Ju- 17
denchristen das Gerechtwerden durch Jesus Christus suchen, ent-
decken wir, daß auch wir nur Sünder sind. Hat Christus uns etwa zu
Sündern werden lassen? Ist er Handlanger der Sünde und breitet sie
auf alle aus? Keineswegs! / Es ist doch nicht anzunehmen, daß Chri- 18
stus erst die Herrschaft der Sünde zerstört und sie dann wiederauf-
richtet. Wenn einer die Herrschaft der Sünde wiederaufrichtete,
würde er ja auch zwangsläufig Gottes Gebot übertreten. / Nein, es 19
hat sich ganz anders abgespielt: Nach dem Maßstab des Gesetzes
war ich zum Tode verurteilt. Diesen Tod bin ich gestorben, und zwar
in der Taufe, da ich mit Christus mitgekreuzigt worden bin.[10] Durch
diesen Tod bin ich von allen Ansprüchen des Gesetzes frei, vor allem
von jeder Schuld, und habe ein neues Leben. / Der alte Paulus lebt 20
nicht mehr, und mein neues Leben ist so durch und durch von Chri-
stus bestimmt, daß ich sagen kann: In mir lebt Christus. Noch lebe
ich als sterblicher Mensch, aber mein wirkliches Leben besteht im
Glauben an den Sohn Gottes, der mich geliebt und sein ganzes Le-
ben für mich gegeben hat. Daran habe ich durch den Glauben An-
teil. / Damit will ich nicht Gottes Gnade im nachhinein für überflüs- 21
sig erklären. Wenn es möglich wäre, nach dem Maßstab des
Gesetzes gerecht zu sein, also Gottes Ansprüchen zu genügen, dann
hätte Christus nicht kommen müssen, und sein Tod wäre sinnlos
gewesen.

---

letzt, und er lenkt ein, als Leute von Jakobus her geschickt werden, um ihm die Gefahren zu schildern, die sein Tun für die Jerusalemer mit sich bringt. Jakobus, den Herrenbruder, wird diese Kirchengemeinschaft schließlich das Leben kosten.

10 Die Taufe bedeutet Abschied vom bisherigen Leben, insofern ein Sterben. Da der Täufling diesen Abschied nicht allein vollzieht, sondern mit Christus und auf ihn hin, ist die Bekehrung/Taufe ein Mitsterben mit Christus.

1 *Kapitel 3* Seid ihr noch bei Verstand, ihr Galater? Oder hat je-
mand einen bösen Geist in euch fahren lassen? Ich habe euch doch
deutlich vor Augen geführt, was der gekreuzigte Christus Jesus be-
2 deutet.[11] / Könnt ihr mir vielleicht erklären, woher ihr den Heiligen
Geist empfangen habt – durch Handeln nach dem Maßstab des Ge-
3 setzes oder durch den Gehorsam im Glauben? / So sehr hat man
euch um den Verstand gebracht. Mit dem Heiligen Geist habt ihr
begonnen, und nun seid ihr buchstäblich auf das nackte, schwache
4 Fleisch[12] gekommen. / War also alles umsonst, was ihr erfahren
5 habt, alles vergebens? / Gott schenkt euch seinen Heiligen Geist
und wirkt Wundertaten unter euch. Meint ihr wirklich, er tut das,
weil euer Handeln vor dem Gesetz vollkommen war, oder nicht
6 vielmehr deshalb, weil ihr gehorsam einfach geglaubt habt? / Abra-
ham war so: Er hat Gott vertraut, an ihn geglaubt, und das wurde
ihm als Gerechtheit gewertet.[13] So genügte er Gottes Ansprüchen.
7, 8 / Kinder Abrahams sind also nur diejenigen, die glauben wie er. / In
der Schrift ist bereits vorgesehen, daß Gott die Heidenvölker als ge-
recht ansehen wird, wenn sie nur glauben. Denn Abraham wurde
es wie ein Evangelium im voraus verkündet: »Alle Völker sollen
9 durch dich gesegnet sein.«[14] / Das bedeutet: Alle, die glauben, wer-
10 den mit Abraham, der als erster glaubte, gesegnet. / Wer dagegen
sein Handeln nur unter den Maßstab des Gesetzes stellt, steht unter
einem Fluch, weil es in der Schrift heißt[15]: »Wer in seinem Handeln
nicht alles befolgt, was im Buch des Gesetzes steht, ist verflucht.« /
11 Andererseits geht aber aus der Schrift hervor, daß durch das Gesetz
keiner vor Gott für gerecht erklärt wird. Sonst hieße es nicht[16]:
»Der Gerechte wird leben aus Glauben.« Wenn es heißt: »aus
Glauben«, dann bedeutet das: Durch nichts anderes als eben durch

[11] Der gekreuzigte Christus bedeutet zunächst einmal Abschied von allen Wertmaßstäben der »Welt« (vgl. so dann auch später: Gal 5,24; 6,14). Für die Augen der Welt, wie die judenchristlichen Gegner sie darstellen und sehen, ist Beschneidung ein Adelsprädikat (Gal 6,13-16). Mit der Zugehörigkeit zum gekreuzigten Christus sind alle diese Werte entfallen. Wer sich trotzdem beschneiden läßt, handelt gegen das Prinzip des Kreuzes. – Vom stellvertretenden Tod Jesu zur Vergebung der Sünden ist in diesem Vers nicht die Rede. Wo Paulus in Gal *davon* spricht, gebraucht er nicht das Wort »Kreuz«.

[12] Das ist hier doppeldeutig: a) zu beziehen auf das Stück »Fleisch«, an dem Beschneidung vollzogen wird, und b) im Sinne der Schwachheit und Todverfallenheit des unerlösten Menschen.

[13] Gen 15,6.

[14] Gen 12,3; 18,18.

[15] Dt 27,26.

[16] Hab 2,4.

Glauben gibt es Gerechte. / Gesetz hat eine ganz andere Stellung als 12
Glauben. Vom Gesetz heißt es[17]: »Nur wer es erfüllt, wird leben.«
/ Uns hat Jesus, der Messias, von dem Fluch freigekauft, der uns ge- 13
troffen hatte, weil wir das Gesetz nicht ganz erfüllt haben. Er hat
all unser Verfluchtsein auf sich geladen und ist damit sozusagen
selbst ganz Fluch geworden. Denn in der Schrift[18] steht: »Jeder ist
verflucht, der am Galgen hängt.« Jesus hing am Galgen des Kreu-
zes. / Wenn der Fluch beseitigt ist, kann der Segen wirken. Auf diese 14
Weise soll der Segen, der Abraham verheißen wurde, durch Jesus
Christus auf alle Völker kommen. Dieser Segen aber ist nichts an-
deres als Gottes Heiliger Geist, der uns durch den Glauben allein
zugänglich wird. / Liebe Brüder und Schwestern! Nehmen wir ein 15
Bild aus dem allgemeinen Menschenleben: Bei einem Testament,
das beglaubigt ist, kann niemand etwas hinzusetzen oder streichen.
/ Auch bei Abraham ging es um eine Regelung für die Erben. Denn 16
die Verheißungen wurden Abraham und – wie es heißt – seinem
Kind gegeben. Es heißt nicht: »seinen Kindern«, in der Mehrzahl,
sondern es ist nur von einem die Rede: »und deinem Kind«[19]. Die-
ses Kind ist Jesus, der Messias. / Dieses Testament hat Gott beglau- 17
bigt, bevor es in der Schrift aufgezeichnet wurde. Daher konnte es
durch das 430 Jahre später erlassene Gesetz des Mose nicht ungül-
tig gemacht werden, so als ob die Verheißung gestrichen wäre. /
Denn wären wir Erben durch das Gesetz des Mose, dann wäre ja 18
der Weg über die Verheißung, durch die auch Abraham Gottes
Gnade erfuhr, ausgeschlossen. / Wozu ist dann aber das Gesetz da? 19
Gott hat es zusätzlich gegeben, damit es als Maßstab alle Übertre-
tungen meßbar macht, und zwar so lange, bis das Kind geboren
wurde, dem die Verheißung gilt. Und weil er es durch Engel ge-
geben hat, brauchte er Mose als Mittler. / Wenn Gott allein das 20
Gesetz unmittelbar den Menschen gegeben hätte, wäre kein Mitt-
ler nötig gewesen. Aber es waren viele Engel, und damit sie mit
einer Stimme redeten, war ein Mittler erforderlich. Aber dadurch
besteht beim Gesetz ein größerer Abstand zwischen Mensch und
Gott.[20] / Kann also das Gesetz Gottes Verheißung aufheben? Ge- 21

17 Lev 18,5.

18 Dt 21,23; der Text wird in der sogenannten Tempelrolle von Qumran (Kol. 64,8-12) zitiert und auf Landesverrat ausgelegt.

19 Gen 12,7; 13,15; 17,7; 22,18; 24,7.

20 Entgegen verbreiteter Auslegung besagen diese Sätze nichts gegen das Gesetz, das etwa »nur« von Engeln gegeben sei. Die Engel sind schließlich auch Repräsentanten Gottes. Der Abstand zu Gott ist größer. Beim Heiligen Geist, der durch Christus zu den Menschen kam, ist das anders:

wiß nicht! Denn nur ein Gesetz, das Leben schenken kann, würde
22 Gerechtheit bewirken. Doch das Gegenteil war der Fall: / Das Gesetz hat alle verurteilt und sie durch seinen Schuldspruch alle zusammen eingeschlossen wie Strafgefangene. Dadurch blieb der Weg der Verheißung offen, und er gilt für alle, die glauben. Und jetzt, im Glauben an Jesus Christus, können wir diesen Weg be-
23 schreiten und zum Ziel gelangen. / Bevor diese Zeit des Glaubens anbrach, waren wir im Gefängnis des Gesetzes zusammengepfercht und warteten sehnsüchtig auf die Offenbarung dessen, das kom-
24 men sollte, eben des Glaubens. / So wie ein Lehrer[21] auf das Leben vorbereitet, hat uns das Gesetz auf Christus vorbereitet und darauf, daß unser Glaube stark genug wäre, damit Gott uns als Gerechte
25 behandeln konnte. / Nun ist die Zeit des Glaubens da, und wir sind gerecht und frei und müssen die Anklage und Verurteilung durch
26 das Gesetz nicht mehr fürchten. / Denn durch den Glauben an den
27 Messias Jesus seid ihr alle Kinder Gottes. / Da ihr auf Jesus Christus getauft seid, habt ihr ihn wie ein Kleid angezogen und seid mit ihm
28 eins. Daher gilt alles, was für ihn gilt, auch für euch.[22] / Damit sind die trennenden Unterschiede zwischen Juden und Griechen, Sklaven und Freien, Männern und Frauen verschwunden. Weil ihr Jesus
29 Christus gehört, seid ihr alle einer geworden. / Und weil ihr ihn wie ein Kleid angezogen habt[23], seid ihr ein und derselbe wie er und damit das Kind Abrahams und also auch Erbe und Träger der Verheißung.

1 *Kapitel 4* Einem Kind sieht man noch nicht an, daß es künftig Hausherr und Erbe sein wird. Es sieht nicht anders aus als ein
2 Sklave. / Denn solange sein Vater es will, steht ein Kind unter der
3 Obhut eines Erziehers und anderer Aufsichtspersonen. / Ähnlich war es auch mit uns: Solange wir Kinder waren, waren wir wie
4 Sklaven unter der Herrschaft von Mächten der Welt. / Doch als es an der Zeit war, sandte Gott seinen Sohn. Er wurde von einer Frau
5 geboren und lebte unter dem Maßstab des Gesetzes, / um die ande-

---

Er wird nicht durch Engel und Mittler gegeben, sondern direkt von Gott ins Herz (vgl. Röm 5,5).

21 Der Lehrer ist hier so wenig negativ gesehen wie sonst. Das Gesetz wird mit dem Lehrer verglichen, weil es den notwendigen Benimm einschärft.

22 Das bezieht sich insbesondere auf die in 3,16 beschriebene Rolle Jesu, »der« Same Abrahams zu sein. Wenn die Christen Jesus angezogen haben, können sie auch »der« Same Abrahams sein.

23 Denn das Kleid bedeutet Identität, und die war nach Gal 3,16 nötig, um die Verheißung zu erben.

ren, die auch unter dem Maßstab des Gesetzes standen, freizukau-
fen und um aus uns Sklaven Kinder zu machen. / Daß ihr schon 6
Kinder seid, könnt ihr daran sehen, daß Gott nicht nur seinen Sohn
gesandt hat, sondern auch den Geist seines Sohnes in unsere Her-
zen gelegt hat. Der Geist ruft, wenn wir beten, in unseren Herzen:
»Abba, Vater!« / Wer so ruft, ist nicht mehr Sklave, sondern Kind. 7
Wer aber Kind ist, der ist auch Erbe. Das sind wir durch Gottes
Handeln geworden. / Vorher habt ihr nichts von Gott gewußt und 8
wart im Götzendienst versklavt. / Jetzt aber habt ihr Gott erkannt, 9
oder besser gesagt: Gott hat euch erkannt und euch erwählt. Da
muß ich euch doch fragen: Wollt ihr wirklich zurückfallen auf die
schwachen und armseligen Mächte der Welt[24] und euch wieder in
ihre Sklaverei begeben? / Genau das kommt nämlich dabei heraus, 10
wenn ihr dauernd genau auf bestimmte Tage, Monate, Jahreszei-
ten[25] und Jahre achtet. / Bei soviel Astrologie muß ich doch Angst 11
bekommen, daß alle meine Mühen bei euch vergebens waren. /
Gegenüber dem Gesetz könnt ihr es halten wie ich: Obwohl ich 12
Jude bin, lebe ich als Heidenchrist wie ihr. Liebe Brüder und Schwe-
stern, ich bitte euch inständig, auf mich zu hören. Ihr habt mir bis-
her nie etwas Schlimmes angetan! / Als ich das erste Mal bei euch 13
war, habe ich euch als kranker, schwacher Mann das Evangelium
verkündet. / Mein gesundheitlicher Zustand hat euch wirklich ei- 14
nige Nachsicht abverlangt, doch ihr habt mich nicht mißachtet
oder vor mir ausgespuckt, sondern mich aufgenommen wie einen
Engel Gottes, wie Jesus Christus selbst! / Wo ist eure anfängliche 15
Begeisterung geblieben? Ich könnte schwören, daß ihr beide Augen
für mich hergegeben hättet. / Bin ich jetzt euer Feind geworden, 16
weil ich euch gegenüber nichts von der Botschaft zurückgenommen
habe? / Meine Gegenspieler werben mit unlauteren Mitteln um 17
euch, sie wollen euch und eure Mitbrüdern entzweien, damit ihr
dann ganz auf sie angewiesen seid und euch um sie bemüht. / Mir 18
wäre es lieber, wenn ihr euch um mich bemühen würdet, und zwar
nicht nur, wenn ich bei euch bin, sondern auch jetzt! / Ihr seid doch 19
meine Kinder, und wie eine Mutter liege ich noch einmal in
schmerzhaften Wehen, solange bis Christus in euch Gestalt ge-
winnt. / Ich wünschte, ich könnte bei euch sein und so zu euch re- 20

---

24 Wenn die Gemeinden in Galatien nach ihrem Christwerden zusätzlich jüdische Elemente übernehmen, so ist das in der Sicht des Paulus keine Vollendung des Christentums, sondern geradezu ein Rückfall ins Judentum. Paulus setzt die genannten jüdischen rituellen Elemente mit solchen des Heidentums gleich.

25 Vgl. Kerygma Petri (s. unten), Fragment 6.

den, wie ihr es gerade jetzt nötig habt. Denn ich bin ratlos, was ich
21 mit euch anfangen soll. / Wenn ihr euch so liebend gern am Maß-
stab des Gesetzes messen lassen wollt – habt ihr das Gesetz über-
22 haupt gelesen? / Dort steht nämlich geschrieben: Abraham hatte
zwei Söhne, einen von einer Sklavin und einen von einer freien
23 Frau. / Der von der Sklavin geborene ist auf übliche Weise gezeugt
worden, der von der freien Frau Geborene aber aufgrund einer Ver-
24 heißung. / Das kann man bildlich[26] so deuten, daß die beiden
Frauen für die beiden Bundesschlüsse stehen: Der eine ist der Bund
der Hagar, der auf dem Sinai geschlossen wurde. Alle die unter ihm
25 zur Welt kommen, sind Sklaven. / Die Verbindung zwischen Hagar
und Sinai ist daraus abzuleiten, daß Hagars Kinder die Ismaeliten,
also Araber, sind und daß der Berg Sinai eben in Arabien liegt.[27]
Daher symbolisiert der Sinai Knechtschaft, und zwar bezogen auf
26 das bestehende irdische Jerusalem. / Der andere ist der Bund der
Sarah. Zu ihr gehört das himmlische Jerusalem, das für Freiheit
27 steht. Es ist unsere Mutter. / Denn so steht es geschrieben[28]: »Juble,
du Unfruchtbare, die du bisher nie Kinder hattest. Du, die du nie
Wehen gespürt hast, laß dein Freudengeschrei hören! Denn jetzt
hast du, du Einsame, viel mehr Kinder als die Frau, die einen Mann
28 hat.« / Ihr aber, liebe Schwestern und Brüder, seid Kinder der Ver-
29 heißung, wie es Isaak war. / Doch schon damals glaubte der Sohn,
der auf üblichem Weg gezeugt worden war, er müßte den anderen,
der durch Gottes besonderes Wirken zur Welt gekommen war, ver-
30 folgen. So ist es auch jetzt. / Dazu heißt es in der Schrift: »Wirf die
Sklavin und ihren Sohn hinaus. Denn der Sohn der Sklavin soll
31 nicht mit dem Sohn der Freien das Erbe teilen dürfen.«[29] / Auch aus
dieser Verfolgung, liebe Schwestern und Brüder, geht hervor, daß
wir nicht Kinder der Sklavin, sondern Kinder der freien Frau sind.

1 *Kapitel 5* Der Messias Jesus hat uns befreit von jeder Verurteilung
und von allem Entzweienden.[30] Seid also standhaft und laßt euch

[26] Die allegorische Deutung folgt hier dem antiken Bildschema, nach dem zwei unterschiedliche Frauengestalten für entgegengesetzte Prinzipien stehen (vgl. Herakles am Scheideweg).

[27] Die Logik ist hier darauf bezogen, daß der Berg Sinai in Arabien liegt, Hagar aber Mutter der Araber ist. Daß vom Sinai das versklavende Gesetz kam, stimmt so großartig überein damit, daß Hagar selbst Sklavin war. – Sara wird dann konsequent als Gegenbild gezeichnet.

[28] Jes 54,1.

[29] Gen 21,10.12.

[30] Nur in dieser Hinsicht und nicht überhaupt ist das Gesetz abgeschafft.

nicht wieder einfangen unter das Joch der Sklaverei. / Ich, Paulus, er- 2
kläre euch: Wenn ihr euch jetzt zusätzlich noch beschneiden laßt,
wird Christus und Christentum ohne Sinn, ohne Wert oder Nutzen
für euch sein. / Jedem, der sich beschneiden läßt, kann ich nur be- 3
scheinigen: Er muß dann das Gesetz vollkommen erfüllen. / Wenn 4
ihr auf dem Weg der Gesetzeserfüllung gerecht werden wollt, dann
habt ihr euch von Jesus Christus losgesagt und seid aus der Gnade
herausgefallen. / Denn wir haben doch den Heiligen Geist empfan- 5
gen, und unsere Hoffnung, in Gemeinschaft mit Gott leben zu kön-
nen, weil er uns als Gerechte annimmt, gründet sich darauf, daß wir
glauben können. / Wenn einer mit Jesus Christus lebt, ist es unerheb- 6
lich, ob er beschnitten ist oder nicht, was zählt, ist vielmehr der
Glaube, der durch Liebe Wirklichkeit wird. / Ihr wart doch so schön 7
vorangekommen. Wer nur hat euch dann so eingemauert, daß Got-
tes verläßliches Wort nicht mehr zu euch durchkam? / Was man euch 8
jetzt eingeredet hat, kommt jedenfalls nicht von dem Gott, der euch
berufen hat. / Und schon ein kleines Stück Sauerteig kann den gan- 9
zen Teig durchsäuern. / Weil wir gemeinsam vor unserem Herrn ste- 10
hen, vertraue ich jedoch darauf, daß ihr euch von mir überzeugen
laßt. Doch wer auch immer der Mensch ist, der euch verwirrt hat, er
wird im Gericht Gottes die Folgen tragen müssen. / Bedenkt doch, 11
liebe Brüder und Schwestern: Wenn ich den Gegnern nachgäbe und
jetzt auch die Beschneidung verkündigte und forderte, dann hätten
sie keinen Grund mehr, mich zu verfolgen. Dann wäre ich schön an-
gepaßt, und das Ärgernis des Kreuzes wäre nicht mehr da. Auf die
Beschneidung zu verzichten, bedeutet für diese Leute, daß man ei-
nen hohen irdischen Wert mißachtet. Genau das ist aber das Kreuz:
Absage an all das, was viel gilt unter Menschen. / Sollen sich die 12
Leute, die euch aufwiegeln, ruhig gleich ganz verschneiden lassen! /
Ihr, liebe Brüder und Schwestern, seid doch zur Freiheit von aller 13
Enge und Angst berufen! Doch mißversteht Freiheit nicht als Frei-
brief für hemmungslose Ichsucht, sondern leistet einander Sklaven-
dienst durch Liebe. / Denn das ganze Gesetz wird erfüllt, wenn man 14
das eine tut: Liebe deinen Nächsten wie dich selbst.[31] / Wenn ihr je- 15
doch auf einander losgeht und euch beißt, werdet ihr euch bald ge-
genseitig verschlingen! / Ich fordere euch dagegen auf: Laßt euch 16
vom Heiligen Geist führen und nicht von eurer egoistischen Trieb-
haftigkeit. / Denn die Triebe neigen zur Maßlosigkeit, und daher lie- 17
gen sie im Dauerstreit mit dem Heiligen Geist. Beide sind geborene
Widersacher. Die Triebhaftigkeit hindert euch immer wieder daran,

31 Lev 19,18.

18 zu tun, was ihr eigentlich tun wollt. / Wenn ihr euch aber vom Heili-
gen Geist leiten laßt, dann seid ihr von der Verurteilung durch das
19 Gesetz befreit. / Was der triebhafte Egoismus hervorbringt, ist ganz
klar: Menschen, die nach Sex gieren, die kein Maß kennen, sich Aus-
20 schweifungen hingeben, / Götzen anbeten, Gift und Galle speien[32],
die zänkisch und streitsüchtig sind, mißgünstige Raufbolde, die In-
21 trigen, Parteienstreit und Spaltungen anzetteln. / Sie säen Neid, man
trifft sie auf Sauf- und Freßgelagen. Da kommt eins zum anderen,
22 und – wie gesagt – für solche ist Gottes Herrschaft nicht offen. / Wer
sich aber vom Heiligen Geist leiten läßt, der kann lieben, sich freuen,
Frieden halten, der hat einen langen Atem, ist freundlich und gütig,
23 treu, / von sanfter Geduld und Selbstbeherrschung. Solche Men-
24 schen kann und wird das Gesetz nicht verurteilen. / Zwischen de-
nen, die zu Jesus, dem Messias, gehören, und ihren früheren selbst-
süchtigen und maßlosen Trieben steht das Kreuz. Denn sie haben
25 sich von ihrer Vergangenheit endgültig verabschiedet. / Wenn der
Heilige Geist unser neues Leben ist, wollen wir auch danach han-
26 deln. / Daher verbietet sich von selbst, daß wir angeberisch sind, daß
einer den anderen zum Duell herausfordert oder daß wir einander
beneiden.

1 *Kapitel 6* Liebe Brüder und Schwestern! Es kann ja vorkommen,
daß jemand bei einer krummen Sache ertappt wird. Doch wer sich
vom Heiligen Geist führen läßt, sollte versuchen, solch einen Übel-
täter im Geiste der sanften Geduld wieder auf den richtigen Weg zu
bringen, und auch bei sich selbst kritisch darauf achten, wo er viel-
2 leicht selbst gefährdet ist. / Wenn jeder dem anderen hilft, seine
Last zu tragen, könnt ihr im Sinne des Messias Jesus das Gesetz er-
3 füllen. / Wenn einer sich einbildet, er sei etwas ganz Besonderes, ob-
4 wohl er es nicht ist, betrügt er sich selbst. / Jeder sollte vor allem
sein eigenes Tun kritisch beurteilen. Im besten Falle darf er dann ge-
genüber sich selbst auf sich stolz sein, aber nicht andere damit be-
5, 6 lasten. / Denn jeder hat ja seine eigene Last zu tragen. / Wer Unter-
richt im Evangelium genießt, soll mit dem Lehrer alles teilen. /
7 Täuscht euch nicht, Gott läßt sich nicht überlisten. Jeder wird das
8 ernten, was er gesät hat. / Wer seiner Selbstsucht gehorcht, wird als
Frucht seiner Selbstsucht reine Vergänglichkeit ernten. Wer aber
auf den Heiligen Geist setzt, der wird als Frucht des Heiligen Gei-
stes das ewige Leben ernten. Laßt uns daher nicht müde werden,

[32] Wörtlich: ihre Mitmenschen vergiften. Wegen des Kontexts wird hier »vergiften« metaphorisch interpretiert.

das Gute zu tun. / Wenn es an der Zeit ist, werden wir die Früchte 9
daraus ernten, wenn wir nicht vorher aufgeben. / Solange wir also 10
noch Zeit dazu haben, wollen wir jedermann Gutes erweisen, be-
sonders aber denen, die zu unserer Christenfamilie gehören. / Jetzt 11
könnt ihr sehen, wie schwerfällig ich mit eigener Hand schreibe. /
Aber dies ist meine wichtigste Mahnung: Einige Leute, die vor den 12
anderen gut dastehen wollen, nötigen euch zur Beschneidung. Ihr
Hauptmotiv ist, daß sie dann keine Verfolgung mehr zu fürchten
brauchen. Damit haben sie das Kreuz Christi neutralisiert. Kreuz
Christi bedeutet Absage an alles, was gewöhnlich als hoher Wert
gilt, und das ist bei Juden die Beschneidung.[33] / Doch diese Leute 13
lassen sich zwar beschneiden, halten aber selbst das Gesetz nur
ganz unzureichend. Sie wollen eure Beschneidung nur, um damit
anzugeben, was sie an eurem Fleisch vollbracht haben. / Für mich 14
ist das Kreuz unseres Herrn Jesus Christus das einzige, worauf ich
stolz sein kann. Denn weil ich zu Jesus Christus gehöre, steht das
Kreuz zwischen den Dingen der Welt und mir: Mit dem, was in der
Welt als wertvoll gilt, habe ich nichts zu tun, und es hat mit mir
nichts zu tun. / Denn für mich gilt weder Beschnittensein noch Un- 15
beschnittensein, sondern eine ganz neue Schöpfung. / Und wer sich 16
an diesen Maßstab hält, dem darf ich Gottes Frieden und Erbar-
men wünschen. Das gilt auch für das von Gott erwählte Volk, Is-
rael. / Im übrigen wünsche ich mir, daß keiner mir unnötige Müh- 17
sal bereitet. Denn die Wunden und Narben an meinem Leib
gehören genauso wie ich untrennbar zu meinem Messias. / Jesus 18
Christus sei euch gnädig, liebe Schwestern und Brüder, und er soll
fest in euren Herzen sein. Amen.

[33] Das ist die traditionelle jüdische Gegenreaktion gegen den Spott der Heiden über das Beschnittensein. Die Juden antworten auf den Spott mit der Erklärung, Abraham sei König und Beschneidung sei ein Adelszeichen. Daher werden Nichtbeschnittene verachtet und gelten als Nichtse.

Paulus: Römerbrief

Eigenart: Der Röm ist das längste Schreiben des Paulus; er behandelt weithin allgemeinere Themen grundsätzlicher Art (z. B. ob es überhaupt notwendig ist, Christ zu werden, da die Offenbarung Gottes doch mit dem Alten Testament schon vorliegt). Daher hat man ihn als Lehrbrief oder auch als Testament des Paulus bezeichnet. Zusammen mit dem Galaterbrief (vgl. auch Phil 3) stellt der Römerbrief am ausführlichsten die Paulinische Rechtfertigungslehre dar. Die Frage ist recht müßig, ob Paulus diese Lehre seit seiner Bekehrung schon immer vertreten hat oder ob sie ihm erst zu Gal und Röm eingefallen ist. Es geht immer um beides zugleich.

Datierung: Der Brief könnte im Frühjahr 56 n. Chr. in Korinth entstanden sein. Die Diakonin Phoibe könnte den Brief überbracht haben (Röm 16,1f ist ein Empfehlungsschreiben für diese Frau). Laut Röm 15,28-29 soll die römische Gemeinde sich dafür einsetzen, daß die paulinische Kollekte in Jerusalem von den dortigen Christen angenommen wird. Denn daran hängt für Paulus die Legitimität seiner heidenchristlichen Gemeinden. Ohne sichtbare Verbindung mit Gottes Volk »schweben« sie gewissermaßen »in der Luft«.

Adressaten: Der Brief vermeidet in den Kapiteln 1-15 den Ausdruck »Gemeinde«; offenbar gab es in Rom nur einen losen Verband von Christen. Die ausführliche Bezugnahme auf Juden und Heiden im theologischen Teil des Briefes (Kapitel 1-11) macht es wahrscheinlich, daß die Adressaten Juden- und Heidenchristen sind. Daraus ergibt sich das theologische Grundthema: Wie kann Gott Heidenchristen als gleichberechtigte Glieder des Gottesvolkes zulassen, ohne daß er die Treue zu seinem Volk aufgibt?

Probleme: Als aktuelles Problem schildert der Römerbrief das gespannte Verhältnis zwischen Starken und Schwachen. Unter den »Schwachen« sind in Rom offenbar Judenchristen zu verstehen, die Wein und Fleisch ablehnen und bestimmte Tage einhalten. Die Starken dagegen sind aufgeklärte Christen, die sich an asketischen Riten nicht beteiligen. Paulus möchte um der Rolle Jesu Christi willen das gegenseitige Übereinander-Richten unterbinden. Das ist offenbar auch der konkrete Sitz im Leben der Rechtfertigungslehre. Denn wenn Gott den Menschen nicht verurteilt und nicht richtet, dann hat auch kein Mensch das Recht, über einen anderen zu urteilen. Wenn der Glaubende durch die Rechtfertigung sogar in die Lebensgemeinschaft mit Gott aufgenommen wurde, kann ihm kein Mensch die Lebensgemeinschaft verweigern.

Theologie: Der Römerbrief klärt tatsächlich einerseits ein dogmatisches Problem, nämlich ob es notwendig ist, Christ zu werden, um überhaupt zu Gott zu gelangen. Die Antwort ist: Ja, denn nur Jesus Christus hat uns von Gottes Zorn erlöst. Nur in der Kraft des Heiligen Geistes, den es vor Jesus bei den Menschen nicht gab, kann Gottes Wille erfüllt werden. Davon handelt Röm 1-8. – Das andere aber ist das Problem des Volkes Gottes, ein »heilsgeschichtliches« und »kirchliches« Problem. Gottes »erste Liebe« ist und bleibt Israel, und er wird auch alle Verheißungen gegenüber seinem Volk erfüllen. Daß es jetzt auch Heidenchristen gibt, ist nur ein Schritt auf Gottes Weg mit den Menschen. Aber es ist nur der vorletzte. Der letzte Schritt wird darin bestehen, daß Gott auch sein Volk wieder annimmt. Er wird ihm den Erlöser auf dem Berg Sion gegenübertreten lassen. Dann wird er sich aller erbarmt haben.

BRIEF AN DIE RÖMER

1 *Kapitel 1* Paulus, Sklave Jesu Christi, berufener Apostel, an alle
Christen in Rom, Gottes auserwählte, berufene Heilige. Von Gott,
unserem Vater, und von Jesus Christus, dem Herrn, überbringe ich
2 euch Gnade und Heil. / Gott hat mich zum Botschafter seines Evan-
geliums erwählt, das er zuvor bereits durch seine Propheten in der
3 Heiligen Schrift hat verkündigen lassen. / Das Evangelium handelt
von Gottes Sohn. Als sterblicher Mensch stammte er von David[1]
4 ab, / aber indem Gott ihn aus Toten auferweckte, gab er ihm durch
den Heiligen Geist die Kraft unzerstörbaren Lebens und setzte ihn
5 als seinen Sohn ein.[2] Er ist Jesus Christus, unser Herr. / Er hat mir
seine Gnade geschenkt und mich zum Apostel berufen, damit ich
für ihn unter allen Heidenvölkern wirke, so daß sie glauben können
6 und Gott gehorsam werden. / Auch ihr in Rom gehört zu diesen
Völkern, doch ihr seid bereits berufen durch Jesus, den Messias. /
7 [Von Gott, unserem Vater, und von unserem Herrn Jesus Christus
überbringe ich euch Gnade und Heil.][3]
8 Zuallererst danke ich meinem Gott für euch alle. Und diesen Dank
überbringt ihm Jesus Christus, der erhöht zu seiner Rechten sitzt.
Weil man überall in der Welt von eurem Glauben erzählt, danke ich
9 Gott / und erwähne im Gebet immer wieder euren Namen. Gott
kann bezeugen, daß mein Innerstes[4] ein einziger Gottesdienst ist, in
10 dem ich das Evangelium von seinem Sohn verkündige. / Immer wie-
der bitte ich Gott, er wolle mich endlich den Weg zu euch finden
11 lassen. / Denn ich sehne mich danach, euch persönlich kennenzu-
lernen, um euch an geistlicher Gabe und stärkender Kraft teilhaben
12 zu lassen. / Oder vielmehr: Ich möchte bei euch sein, auf daß wir
miteinander neuen Mut bekommen, wenn wir erfahren, was der
Glaube des einen für den Glauben des anderen bedeutet und umge-
kehrt.

---

1 Vgl. 2 Tim 2,8 ; Ignatius v. A., An die Smyrnäer 1 f.

2 Damit bleibt offen, ob Jesus nach dieser (traditionellen) Formel erst durch die Auferstehung zum Sohn Gottes *wird*. Bei Paulus ist Jesus jedenfalls schon Sohn Gottes als der von Gott in die Welt Gesandte (1,3a; 8,3).

3 Dieser zum konventionellen Briefeinleitungsschema gehörige Satz wurde nach Satz 1 eingefügt.

4 Das griech. Wort *pneuma* kann bei Paulus manchmal nicht im Sinne des Heiligen Geistes Gottes übersetzt werden.

Liebe Brüder und Schwestern! Ihr könnt mir glauben, daß ich 13
schon oft vorhatte, euch zu besuchen, aber es ist immer etwas da-
zwischengekommen. Ich würde gerne die Früchte meines Wirkens
auch bei euch mit eigenen Augen sehen wie bei anderen Heidenvöl-
kern. / Griechen und Nichtgriechen, Gebildeten und weniger Gebil- 14
deten, allen habe ich etwas mitzuteilen, / und daher bin ich gern be- 15
reit, auch euch in Rom das Evangelium zu verkündigen, an mir soll
es wenigstens nicht liegen. / Denn ich kann das Evangelium nicht 16
verschämt für mich behalten, sondern will es frei heraus und offen
allen sagen. Denn wenn ich es verkündige, wirkt Gottes Kraft, und
alle, die glauben, werden gerettet, zuerst die Juden[5], dann die Grie-
chen. / Durch meine Verkündigung wird es möglich, daß ein 17
Mensch für Gott als gerecht[6] annehmbar wird, wenn er dem Evan-
gelium glaubt. So schafft also der Glaube diese Gerechtheit. Und
daß Gott so handelt, weckt selbst wieder neuen Glauben. So steht
es auch in der Schrift[7]: »Der Gerechte ist gerecht, weil er glaubt.«
/ Das gilt auch umgekehrt: Wo Menschen gottlos und deshalb un- 18
gerecht sind, kann Gott sie nicht als Gerechte annehmen, sondern
läßt sie seinen Zorn vom Himmel her spüren. In und mit all ihrer
Ungerechtheit wollten die Menschen Gottes Wirklichkeit nicht
wahrhaben. / Denn eigentlich hätten sie Gott erkennen können, 19
weil er den Menschen etwas von sich gezeigt hat: / Gott, der Un- 20
sichtbare, hat die Welt geschaffen, und wenn man vernünftig nach-
denkt, kann man von der Schöpfung, die man sieht, auf den Schöp-
fer, den man nicht sieht, schließen und erkennen, daß er ewig,
mächtig und göttlich ist. Die Menschen können sich also nicht her-
ausreden: / Sie kannten Gott, haben jedoch nicht die Konsequenz 21
daraus gezogen, daß sie ihm die Ehre gaben oder ihm dankten, son-
dern richteten ihre Gedanken auf Wesenloses, so daß ihr Herz im-
mer leerer und finsterer wurde. / Sie behaupteten, weise zu sein, 22
und benahmen sich doch wie Toren. / Die überwältigende Herrlich- 23
keit des unvergänglichen Gottes gaben sie her für Götzenbilder
in Gestalt von sterblichen Menschen, Vögeln, Vierfüßlern und
Kriechtieren.[8] / Zur Strafe hat Gott sie ihren eigenen maßlosen Be- 24

---

[5] Immer wieder nennt Paulus diese Abfolge im Röm (z. B. 2,9.10; 3,9), denn er hält daran fest, daß die Juden etwas Besonderes sind, Gottes erste Liebe und sein auserwähltes Volk (Röm 9,4f).

[6] Erläuterung von »gerecht« bei Paulus ... (»Gerecht*heit*« statt »Gerech*tigkeit*«, um modernes Verständnis von Gerechtigkeit zu vermeiden).

[7] Hab 2,4.

[8] Paulus denkt hier wohl speziell an Gestalten des ägyptischen Heidentums. Vgl. auch Kerygma Petri (s. unten), Fragment 5.

gierden ausgeliefert, so daß sie gegenseitig ihre Körper schändeten.
25 / Die Menschen haben die Wirklichkeit Gottes gegen Truggebilde
eingetauscht und Geschaffenes anstelle des Schöpfers verehrt und
angebetet. Doch der Schöpfer wird sie überdauern und sei gelobt in
26 Ewigkeit. / Weil die Menschen also Geschaffenes und Schöpfer ver-
tauscht haben, hat Gott sie ihren Begierden ausgeliefert, mit denen
sie sich doch nur selbst entehren. So kam es, daß Frauen lesbisch
wurden und die natürlichen sexuellen Beziehungen gegen unnatür-
27 liche eingetauscht[9] haben. / So kam es auch, daß Männer schwul
wurden. Statt der Natur zu folgen und mit Frauen zu verkehren,
entbrannten sie in perverser Lust für ihresgleichen und trieben Un-
zucht mit anderen Männern, wofür sie am eigenen Leibe die gebüh-
28 rende Strafe empfingen. / Weil die Menschen Gott nicht zur Kennt-
nis genommen haben, hat er sie ihrer törichten Haltlosigkeit
29 preisgegeben[10], so daß sie das Böse tun. / Randvoll sind sie mit Un-
gerechtigkeit und Bosheit, Habgier und Korruptheit, Neid, Mord-
gier, Streitsucht, Intrigen und Schlechtigkeit. Sie spielen ein doppel-
30 tes Spiel / und leisten Spitzeldienste, beschimpfen Gott, sind voll
anmaßendem, prahlerischem Dünkel. Sie haben nur Schlechtes im
31 Sinn und verweigern ihren Eltern den Gehorsam. / Verstand, Treue,
32 Liebe und Erbarmen sind ihnen fremd. / Sie wissen zwar genau, daß
nach Gottes Rechtssatzung auf solch ein Verhalten die Todesstrafe
steht. Dennoch handeln sie nicht nur selbst so, sondern klatschen
auch noch Beifall, wenn andere es tun.

1 *Kapitel 2* Es gibt für dich, Mensch, keine Entschuldigung, wenn
du andere verurteilst. Denn was du anderen vorwirfst, tust du doch
selbst. Mit deinem Urteil gegen andere verurteilst du daher nur
2 dich selbst. / Wer so etwas tut, der wird unweigerlich von Gottes
3 Strafgericht verurteilt. / Meinst du wirklich, du könntest dem Straf-
gericht Gottes entkommen, wenn du genau das tust, was du bei
4 anderen verurteilst, / oder du könntest es dir leisten, Gottes freund-
liches Entgegenkommen und seine geduldige Nachsicht in den

---

[9] Auf die unrechtmäßige Vertauschung in der Gottesverehrung antwortet Gott, indem er die Menschen verstockt und der sexuellen Vertauschung ausliefert (Talio).

[10] In V. 24 und V. 28 ist vom Preisgeben Gottes die Rede. Daß die Menschen Böses tun, ist nach Paulus eine Folge der Verehrung des falschen Gottes. Daher zielt die Frage nach dem wahren Gott gerade für einen pharisäischen Moralisten wie Paulus auf eine vormoralische Basisentscheidung. Erst aufgrund der Auferweckung Jesu Christi hat Gott sich neu zu erkennen gegeben.

Wind zu schlagen, wo dich doch der gütige Gott zum Umdenken
geradezu drängt? / Doch du bist hart, unzugänglich und nicht zur 5
Buße bereit, und so sorgst du selbst dafür, daß sich Gottes Zorn ge-
gen dich bis zum Tag des Zorns und der Abrechnung immer mehr
auftürmt. / Dann wird Gott, der gerechte Richter, jedem den Lohn 6
zukommen lassen, der seinem Tun entspricht[11]: / Den einen, die ge- 7
duldig durch gute Werke Ansehen, Ehre und Unvergänglichkeit ge-
sucht haben, wird das ewige Leben geschenkt. / Die anderen, die ihr 8
Leben lang Unfrieden gestiftet und sich nicht an Gottes Wirklich-
keit gehalten haben, ernten Gottes Zorn und Wut. / Jeder, der Bö- 9
ses tut, vor allem wenn er Jude, aber auch wenn er Grieche ist, wird
Qual und Angst erben. / Jeder, der Gutes tut, vor allem wenn er 10
Jude, aber auch wenn er Grieche ist, wird Herrlichkeit, Ehre, Heil
und Frieden erben. / Denn da macht Gott keine Unterschiede. / 11
Menschen, die unrecht getan haben, ohne das Gesetz zu kennen, 12
werden nicht nach dem Maßstab des Gesetzes verurteilt, aber den-
noch verlorengehen. Menschen, die unrecht getan haben, obwohl
sie das Gesetz kennen, werden nach dem Maßstab des Gesetzes
verurteilt werden. / Denn Gott nimmt nicht jemanden als Gerech- 13
ten an, der das Gesetz nur hört, sondern nur den, der es befolgt. /
Wenn also die Heidenvölker, die das Gesetz nicht kennen, dennoch 14
etwas nach dem Gesetz tun, weil die Naturordnung es fordert,
dann haben sie, da sie Teil der Natur sind, gewissermaßen das Ge-
setz in sich selbst. / Das ist so zu verstehen: Das Tun, das das Gesetz 15
fordert, ist als ein inneres Programm in sie hineingelegt. Man spürt
davon etwas, wenn das Gewissen sich regt. Denn dann gibt es im
Gewissen Streit zwischen Anklage und Verteidigung. / Und den 16
Spruch des Gewissens eben wird Gott beim Gericht durch Jesus
Christus als Richter bestätigen lassen.
Ihr Juden, denkt einmal selbstkritisch über folgendes nach: Ihr 17
nennt euch Juden, stützt euch auf das Gesetz und seid stolz auf eu-
ren Gott. / Durch das Gesetz wißt ihr, was Gott will, und könnt, da 18
ihr in der Auslegung des Gesetzes geschult seid, auch zwischen
Wichtig und Unwichtig unterscheiden. / Ihr traut euch zu, Blinde 19
zu führen und den Menschen, die im Dunkeln sitzen, das Licht des
Gesetzes zu bringen. / Ihr meint, daß ihr Ausbilder der Unwissen- 20
den und Lehrer der Unerfahrenen sein könnt, weil euch das Gesetz
die höchste Form der Erkenntnis und des Zugangs zur Wirklichkeit

[11] Das »Gericht nach Werken« gilt auch für Christen. Doch sie sind diejenigen, die das rechte Tun leicht erbringen können, da sie ein neues Sein geschenkt bekommen haben.

21 Gottes bereitstellt. / Doch in Wahrheit sieht es so aus: Andere willst
du belehren und willst selbst nichts lernen. Du sagst, man soll nicht
22 stehlen, und stiehlst doch selbst. / Du verbietest den Ehebruch und
brichst selbst die Ehe. Du bezeichnest Götzendienst als Greuel und
23 huldigst doch selbst in deinem eigenen Tempel dem Mammon. / Du
bist stolz auf das Gesetz, doch dadurch, daß du es übertrittst, setzt
24 du Gottes Ansehen aufs Spiel. / Denn so steht es geschrieben[12]:
25 »Euretwegen spotten die Völker über Gott.« / Alles hängt daran,
ob man das Gesetz wirklich befolgt. Nur dann ist es sinnvoll, be-
schnitten zu sein. Befolgt man es nicht, so ist es auch gleich, ob man
26 beschnitten ist oder Heide. / Und wenn unbeschnittene Heiden das
27 Gesetz befolgen, dann gilt das, als wären sie beschnitten. / Also ist
es besser, unbeschnitten zu sein und das Gesetz zu erfüllen[13], als
Schrift und Beschneidung zu besitzen und das Gesetz zu übertreten.
28 Die ersteren könnten über die letzteren zu Gericht sitzen. / Denn
Jude zu sein besteht nicht darin, sichtbar am Leib beschnitten zu
29 sein, / sondern es ist immer eine unsichtbare Eigenschaft: Ein Jude
ist am Herzen beschnitten in seinem Innersten, nicht nur äußerlich
dem Buchstaben nach. Ein Jude findet sein Lob bei Gott, nicht bei
Menschen.

1 *Kapitel 3* Man kann nun fragen: Was ist das Besondere daran,
2 sichtbar Jude, also beschnitten zu sein? Was hat man davon? / In
jeder Hinsicht eine ganze Menge! Erstens sind den Juden Gottes
3 verheißende Worte anvertraut. / Das ist deshalb ein bleibender Vor-
zug, weil auch die Untreue einiger Gottes Treue auf keinen Fall zer-
4 stören wird. / Denn Gott ist verläßlich und bleibt, der Mensch je-
doch ist unzuverlässig und kann nicht bestehen – wie die Lüge mit
ihren kurzen Beinen. So steht in der Schrift[14] über Gottes Worte:
»In deinen Worten wirst du recht behalten, im Prozeß wirst du sie-
5 gen.« / Nun könnte man meinen, wenn Gottes Treue und Gerecht-
heit nur vor dem dunklen Hintergrund menschlicher Untreue zum
Leuchten kommt, wenn er also unsere Schlechtigkeit braucht, uns
aber dann mit seinem Zorn dafür straft, dann wäre er doch ein un-
6 gerechter Gott. Aber das ist menschliche Logik, / so stimmt es
nicht! Denn es gibt doch einen Grund dafür, daß Gott die Welt
7 richten wird. / Ich bin auf jeden Fall ein Sünder und werde nicht un-
verdient verurteilt. Da kann es doch nicht sein, daß Gottes Verläß-

12 Jes 52,5.
13 Vgl. 1 Kor 7,19.
14 Ps 51,6.

lichkeit nur im Kontrast zu meinem Wankelmut zum Leuchten
kommt! Daß ich Sünder bin, hat damit nichts zu tun. / Auch ist un- 8
sinnig, daß mir verleumderisch angehängt wird, ich hätte gesagt:
Laßt uns Böses tun, auf daß Gutes kommt.[15] Auch in dieser Hin-
sicht ist das Gute nicht vom Bösen abhängig. Leute, die so etwas
verbreiten, haben ihre Strafe verdient.
Kommen wir zurück zu der Frage, ob wir Juden bevorzugt sind. 9
Nein, das sind wir keineswegs. Denn wie ich vorher sagte, sind
beide, Juden und Griechen, der Macht der Sünde unterworfen. / So 10
heißt es schon in der Schrift[16]: »Es gibt keinen einzigen Gerechten.
/ Keiner hat etwas begriffen, keiner sucht Gott. / Alle haben den 11, 12
rechten Weg verlassen, alle wurden sie Nichtsnutze, keiner ist an-
ders. / Ihr Schlund ist wie ein offenes Grab, so tödlich sind ihre 13
Worte. Mit ihrer Zunge verbreiten sie Intrigen. Ihre Rede ist wie
Natterngift. / Sie fluchen und geifern. / Auch vor Blutvergießen 14, 15
schrecken sie nicht zurück. / Ruinen und Elend pflastern ihren Weg. 16
/ Den Weg zum Frieden kennen sie nicht. / Gott fürchten sie nicht.« 17, 18
/ Die Schriftstelle bezieht sich auf die Menschen, denen das Gesetz 19
gegeben wurde. Durch diese Worte soll den allzu Selbstsicheren das
Maul gestopft werden und alle Welt vor Gott schuldig dastehen. /
Durch die Taten, wie sie das Gesetz verlangt, wird nie ein Mensch 20
vor Gott als gerecht dastehen, denn das Gesetz läßt uns die Sünde
erkennen.
Doch jetzt gibt es einen anderen Weg, wie man – unabhängig vom 21
Gesetz – für Gott als gerecht annehmbar werden kann, einen Weg,
der aber ebenfalls von Gesetz und Propheten bezeugt wird. / Dieser 22
neue Weg führt über den Glauben an Jesus Christus und steht für
alle offen, wenn sie nur glauben. Da gibt es keinerlei Unterschiede
zwischen Juden und Nichtjuden. / Denn alle sind wir Sünder, und 23
wir haben auch nicht das kleinste Fünkchen von Gottes Lichtglanz
und Herrlichkeit. / Und wie werden alle gerecht? Dadurch, daß 24
Gott gnädig etwas schenkt. Denn Jesus Christus hat die Menschen
befreit. Wie und warum? / Den gewaltsamen Tod Jesu hat Gott als 25
Anlaß genommen, um Jesus Christus für alle und öffentlich zum
Ort der Vergebung zu machen. So hat Gott bewiesen, daß er selbst
gerecht ist, indem er die Sünden, die die Menschen vorher began-
gen hatten, nachsichtig vergeben hat. Diese Vergebung wird dem
einzelnen dadurch zuteil, daß er an Jesus als ihren Vermittler
glaubt. / Gott hat jetzt gezeigt, daß er selbst gerecht ist, das heißt, 26

---

15 Paulus äußert sich in der Tat so ähnlich: Röm 5,20-6,1.
16 Ps 14,1-8.

daß er aus reiner Barmherzigkeit Gemeinschaft mit Menschen will,
und er nimmt den Menschen, der an Jesus glaubt, als gerecht an.
Der Glaube macht den Menschen für Gott als gerecht annehmbar.
27 / Und was ist mit dem Stolz der Juden?[17] Der hat dann keine Be-
rechtigung mehr! Und das Gesetz? Am Gesetz, das durch Werke er-
füllt wird, hat sich nichts geändert. Das Neue besteht darin, daß
der Sinn des Gesetzes, daß nämlich Menschen gerecht sein sollen,
28 durch Glauben erlangt wird. / Denn nach unserer Auffassung wird
ein Mensch nie durch Werke gerecht, die das Gesetz fordert, son-
29 dern durch Glauben. / Ist Gott nur für die Juden da und nicht für
30 die Heiden? Doch, auch für die Heiden! / Denn es gibt nur einen
einzigen Gott, und er will beide als gerecht annehmen, die Juden
und die Heiden, und beide werden für ihn dadurch annehmbar,
31 daß sie glauben. / Wird also durch unsere Deutung des Glaubens
das Gesetz beseitigt? Keineswegs! Das Gesetz wird dadurch sogar
bestätigt, daß sein Sinn positiv gesehen wird.

1 *Kapitel 4* Doch was ist mit Abraham, unserem jüdischen Erzva-
ter? Hatte er nicht etwas, auf das er stolz sein konnte, hatte er nicht
2 Gott gefunden und Gnade vor ihm erlangt? / Ja, wenn Abraham auf-
grund seines eigenen Verhaltens gerecht geworden wäre, dann hätte
er Grund gehabt, stolz zu sein. Aber für eine Gerechtheit, wie sie vor
3 Gott gilt, hätte das nicht gereicht. / In der Schrift heißt es viel-
mehr[18]: »Abraham glaubte Gott. Und das wurde ihm als Gerecht-
4 heit gewertet.« / Sein Weg war der Weg des Glaubens, nicht der
Werke. Wenn man den Weg der Werke geht, erhält man Leistungs-
5 lohn, nicht Gnadenlohn. / Geht man aber den Weg des Glaubens
und glaubt an den, der die Gottlosen als gerecht annimmt, dann
6 wird solcher Glaube als Gerechtheit gewertet. / Schon David preist
den Menschen selig, den Gott als gerecht annimmt, ohne daß es um
7 seine Werke geht, wenn er sagt[19]: / »Selig sind die, deren Unrecht
8 vergeben und deren Sünden zugedeckt wurden. / Selig sind die, de-
9 ren Sünde Gott nicht wertet.« / Bezieht sich nun diese Seligpreisung
auf beschnittene Juden oder auf unbeschnittene Heiden? Wir gehen
wieder von der Schriftstelle aus, in der es heißt[20]: »Abrahams
10 Glaube wurde als Gerechtheit gewertet.« / Wann wurde er so gewer-

---

17 Davon hatte Paulus in 2,23 gesprochen, vgl. auch 2,17. Der Stolz Israels bestand darin, von Gott erwählt zu sein und von ihm das Gesetz erhalten zu haben.

18 Gen 15,6.

19 Ps 32,1f.

20 Gen 15,6.

tet? Als er schon beschnitten war oder vorher, als er noch unbe-
schnittener Heide war? Doch wohl, als er noch unbeschnitten war!
/ Als Abraham glaubte, war er noch unbeschnittener Heide, und als 11
solcher wurde er auch als gerecht angenommen. Die Beschneidung,
die er später empfing, war nur eine Beglaubigung[21] seiner Gerecht-
heit, ein Siegel, das Gott wie eine Bestätigung darunter gesetzt hat,
daß er ihn als gerecht angenommen hatte. So ist Abraham in zweifa-
cher Hinsicht Erzvater geworden: Zum einen ist er Vater aller Hei-
denchristen, die glauben, ohne beschnitten zu sein, und die doch
aufgrund ihres Glaubens als gerecht angenommen sind. / Und zum 12
anderen ist er unser Vater geworden, also Vater der Judenchristen,
die wie Unbeschnittene glauben, aber zusätzlich beschnitten sind. /
Außerdem hat die Verheißung an Abraham, er und sein Samen wür- 13
den die ganze Erde[22] bevölkern und besitzen, überhaupt nichts mit
dem Gesetz zu tun, sondern nur mit seiner Gerechtheit aufgrund des
Glaubens. / Wären die das Gesetz befolgenden Juden ohnehin die 14
künftigen Besitzer, so hätten Glaube und Verheißung keine Bedeu-
tung. / Die Befolgung des Gesetzes kann deshalb nicht die Bedin- 15
gung für den Besitz der Welt sein, weil man es doch immer wieder
übertreten wird und damit Gottes Zorn hervorruft. Als es nur
Glaube und Verheißung gab und noch kein Gesetz, konnte man es
auch noch nicht übertreten. / Deswegen ist Glaube die einzige Bedin- 16
gung, und dann kann Gnade die einzige Grundlage für die Erfüllung
der Verheißung sein. Wenn das so ist, gelten die Verheißungen für
alle Kinder Abrahams, nicht nur für die das Gesetz befolgenden Ju-
den, sondern auch für die, die nur seinen Glauben teilen. Damit ist
er unser aller Vater. / Wenn es in der Schrift[23] heißt: »Ich habe dich 17
zum Vater vieler Völker gemacht«, dann ist damit eine Vaterschaft
gemeint, die durch Ähnlichkeit, durch Nachahmung von Abrahams
Glauben, zustande kommt. Abraham hat an den geglaubt, der die
Toten[24] lebendig machen kann und der durch sein Wort etwas ins
Dasein ruft, das so vorher noch nicht da war. / Abraham hat ge- 18

21 Wörtlich: »als Zeichen« vgl. Gen 17,10f.

22 Vgl. Gen 18,18. – Im Alten Testament ist nur vom »Land« die Rede. Weil man dieses griech. Wort (ge) auch als »Erde« verstehen kann, konnte daraus hier »die Welt« werden, so daß es Paulus im Sinne universaler Heidenmission verstehen konnte.

23 Gen 17,5.

24 Zu beziehen ist das auf Abrahams erstorbene Zeugungsfähigkeit; für Paulus ist entscheidend die Entsprechung zu 4,24! – Vgl. die Formulierung im zeitgenössischen jüd. Schemone Esre (18-Bitten-Gebet): »... der die Toten lebendig macht.«

glaubt und sich gegen alle Hoffnung der Hoffnung anvertraut. So
wurde er, wie ihm verheißen wurde, Vater vieler Völker, denn Gott
hatte ihm gesagt[25]: »Zahlreich wie die Sterne des Himmels sollen
19 deine Kinder sein.« / Weil sein Glaube so stark war, konnte Abra-
ham seinen Leib ansehen, der doch hundert Jahre alt und vertrock-
net war, und daran denken, daß Sarahs Mutterschoß nicht mehr
20 fruchtbar war, / und zweifelte doch nicht an Gottes Verheißung,
sondern glaubte nur noch fester. In der Gewißheit, daß er es mit
21 Gott zu tun hatte, / verließ er sich darauf, daß dieser Gott das, was
22 er verheißen hatte, auch wahr machen würde. / Deswegen wurde
23 sein Glaube als Gerechtheit gewertet. / Das Schriftwort[26] »Sein
Glaube wurde als Gerechtheit gewertet« bezieht sich jedoch nicht
24 nur auf Abraham, / sondern auch auf uns. Auch uns wird es Gott als
Gerechtheit werten, daß wir an ihn glauben, der unseren Herrn Je-
25 sus von den Toten erweckt hat. / Wegen unserer Verfehlungen hat
Gott Jesus an die Menschen ausgeliefert und ihn auferweckt, um uns
als Gerechte annehmen zu können. Denn unser Glaube stützt sich
auf seine Auferweckung.

1 *Kapitel 5* Aufgrund unseres Glaubens kann Gott uns nun als Ge-
rechte annehmen. Weil Jesus Christus zwischen Gott und uns ver-
2 mittelt, gibt es jetzt Frieden mit Gott. / Und weil Jesus Christus uns
auch Zugang zu Gottes Thron vermittelt hat, stehen wir in der
Gunst Gottes, des Königs, und bekennen voll Stolz unsere Hoff-
nung, daß wir an Gottes Glanz und Herrlichkeit teilhaben werden.
3 / Doch wir sind auch stolz darauf, jetzt noch große Drangsal durch-
4 stehen zu müssen, denn da lernt man Geduld.[27] / Wer weiß, was
Geduld ist, der besteht auch jede Bewährungsprobe. Und das ist
5 wieder Grund zur Hoffnung. / Wir wissen, daß wir mit unserer
Hoffnung nicht auf dem Holzweg sind, denn schon jetzt hat Gott
uns mit dem Heiligen Geist auch seine herzliche Liebe zugewandt.
6 / Denn Jesus, der Messias, ist für uns gestorben, damals, als wir
7 ganz schwach und elend und gottlos waren. / Nun wird wohl selbst
für einen Menschen, der gut und edel ist, kaum jemand gerne ster-
8 ben wollen. / Doch Gott hat uns sogar damals schon seine Liebe ge-

[25] Gen 15,5.
[26] Gen 15,6.
[27] Paulus argumentiert hier mit einem sogenannten Kettenschluß. Dieser umfaßt die Glieder: Drangsal – Geduld – Bewährung – Hoffnung(sgut) – nicht blamiert werden/nicht auf dem Holzweg sein. Der Kettenschluß leitet logisch aus der unerfreulichen Gegenwart über in eine herrlichere Zukunft.

schenkt, als wir als Sünder noch ganz weit entfernt von ihm wa-
ren.[28] Denn damals ist der Messias für uns gestorben. / Wenn wir 9
also dank seines stellvertretenden Todes für Gott als Gerechte an-
nehmbar wurden, dann werden wir durch seine Vermittlung auch
vor Gottes kommendem Zorngericht bewahrt bleiben.[29] / Denn da- 10
mals, als wir noch Feinde Gottes waren, hat Gott den Tod seines
Sohnes als Stellvertretung gewertet, und dadurch wurden wir mit
ihm versöhnt.[30] Nach dieser Versöhnung werden wir dann um so
leichter durch das Leben des Auferstandenen das endgültige Heil
erlangen. / Wir haben nicht nur diese Hoffnung, sondern bekennen 11
uns auch stolz zu unserem Gott[31], weil Jesus Christus als Mittler
unsere Versöhnung mit Gott bewirkt hat. / Durch den einen Men- 12
schen Adam[32] hat die Sünde Einzug gehalten in die Welt und in ih-
rem Gefolge der Tod. Und weil[33] alle sündigten, galt die Herrschaft
des Todes auch für alle und jeden. / Die Menschen in der Welt sün- 13
digten also schon, bevor ihnen das Gesetz gegeben wurde, nur war
ohne das Gesetz nicht zu bestimmen, was Sünde war. / Daher führte 14
der Tod schon in der Zeit von Adam bis Mose sein Regiment über
die, die sündigten, auch wenn sie nicht wie Adam ein ausdrück-
liches Gebot übertraten. Adams Sündenfall ist aber sozusagen das
Vorbild für alles weitere. / Sündenfall und Gnadentat weisen bei al- 15
len Gemeinsamkeiten doch viel größere Unterschiede auf. Durch
Adams Sündenfall kam der Tod über alle Menschen. Auch Gottes
Gnade und das Gnadengeschenk des einen Menschen Jesus Chri-
stus wirken auf alle Menschen, aber viel kräftiger und durchdrin-
gender. / Und unterschiedlich sind auch die Folgen: Durch den Sün- 16
denfall eines einzigen Menschen kam Gericht und Verurteilung
über alle. Durch die Gnadentat aber wurde der Sündenfall vieler als
Gerechtheit gewertet. / Durch den Sündenfall des einen konnte der 17

---

28 Paulus versteht daher die Wertung des Todes Jesu durch Gott als einen Akt der Feindesliebe Gottes (vgl. V. 10).

29 Vgl. dazu 1 Thess 1,9f. – Hier wie dort steht die Rettung vor dem Zorn noch aus.

30 Für Paulus ist die vollzogene Versöhnungstat das Wichtigere, damit sind die Menschen »über den Berg«. Das Leichtere kommt. Dieses Schlußverfahren vom Schwereren auf das Leichtere (a maiore ad minus) ist in der Umwelt des Paulus geläufig. Paulus kann es auf diese Weise gelingen, Hoffnung zu wecken.

31 Kontrast zu Röm 2,17b!

32 Christus/Adam auch in 1 Kor 15,21f.45-49.

33 Die lat. Version (Vulgata) hat hier »in quo«, d.h. »in Adam sündigten alle«, offenbar im Sinne einer »corporate identity«. Der griechische Text läßt eine Deutung auf die Erbsünde nicht zu.

Tod sein Regiment aufrichten. Viel leichter wird es sein, daß alle, die durch den einen Mittler Jesus Christus Gnade in Überfülle und Gerechtheit geschenkt bekommen haben, ein Regiment des Lebens
18 führen. / Der Sündenfall des einen führte für alle Menschen zur Verurteilung. Das gerechte Leben des anderen[34] führte für alle Menschen dahin, daß sie im ewigen Leben als Gerechte angenom-
19 men sind. / Durch den Ungehorsam des einen wurden alle anderen zu Sündern, durch den Gehorsam des anderen wurden alle zu Ge-
20 rechten. / In der Zeit zwischen Adam und Jesus kam zusätzlich das Gesetz – wozu? Im nachhinein kann man sagen: damit alle den Sündenfall erleben. Wo aber die Sünde blüht, da blüht die Gnade
21 noch kräftiger. / Das wahre Gesicht des Regiments der Sünde ist der Tod. Das Regiment der Gnade aber führt, weil Menschen durch die Vermittlung unseres Herrn Jesus Christus als Gerechte angenommen sind, zum ewigen Leben.

1 *Kapitel 6* Wenn ich sage: »Je mehr Sünde, desto mehr Gnade«,
heißt das aber keineswegs, daß wir möglichst viel weitersündigen
2 sollen, damit die Gnade noch größer werden kann. / Denn wir ha-
ben ja mit der Sünde ganz und gar nichts mehr zu schaffen, wir sind
gewissermaßen tot für die Sünde – wie sollen wir da noch unser Le-
3 ben mit ihr teilen? / Da wir bei der Taufe Jesus, dem Messias, über-
4 eignet wurden, haben wir auch teil an seinem Tod. / [Das wird da-
durch sinnfällig gemacht], daß wir in das Taufwasser hineinsteigen
wie in ein Grab.[35] Und wie der Messias aus Toten auferweckt
wurde, indem Gottes Herrlichkeit ihn berührte, bekleidete und ver-
wandelte, so sollen auch wir [wenn wir aus dem Taufwasser wieder
5 heraussteigen] ein neues Leben führen. / Wenn wir also sein Sterben
und seinen Tod [im Taufritus] nachvollziehen, soll und wird es mit
6 seiner Auferstehung genauso sein. / Wenn wir mit Christus mitster-
ben, wird unser altes Ich mit ans Kreuz geschlagen, es ist nichts
mehr wert und muß verschwinden. Wir waren ein einziger Filz[36]

---

34 Jesu ganzes Leben wird hier als stellvertretender Gehorsam in Gerechtigkeit gewertet (s. V. 19).

35 Das Problem der Auslegung besteht hier darin: Was hat die Taufe zu tun mit dem »Mitbegrabenwerden« mit Christus »auf den Tod«? – Entweder betont man den Metanoia-(Umkehr-)Aspekt der Taufe, dann ist sie wie Abschiednehmen und Sterben gegenüber allem in der Welt. Oder man orientiert sich über die Umkehr hinaus am Ritus. Wir sind dem letzteren gefolgt, weil Paulus hier auf den Ritus Bezug nimmt.

36 Wörtlich: »Leib der Sünde«. Da »Leib« bei Paulus die Summe aller Außenkontakte und auch der Beziehung zu sich selbst meint, geht es hier offensichtlich um die Verflochtenheit des ganzen Menschen in Sünde.

aus Sünde und Schuld, aber [durch die Taufe] ist dieser Filz aufge-
löst, und wir sind dem Regiment von Sünde und Schuld nicht mehr
unterworfen. / Weil wir [in der Taufe] wirklich gestorben sind, gilt 7
auch für uns: Wer stirbt, ist damit frei von aller Sündenschuld. /
Und wir glauben, daß wir, wenn wir in der Taufe mit Christus mit- 8
gestorben sind, auch mit ihm zusammen leben werden. / Denn nach 9
seiner Auferweckung aus Toten stirbt Christus nie mehr. Weil der
Tod über ihn keine Macht mehr hat, ist Jesus der erste freie
Mensch. / Sterben bedeutet immer ein für allemal Abschied von 10
Sünde und Schuld; was aber danach lebt, das lebt ein Leben von
Gott her und auf ihn hin. / Das gilt auch für euch: Durch euren Tod 11
in der Taufe seid ihr für die Sünde tot, durch die enge Verbindung
mit Christus Jesus aber lebt ihr ein neues Leben von Gott her und
auf ihn hin. / Die Sünde hat keine Macht mehr über euren sterbli- 12
chen Leib, in dem ihr ja noch weiterlebt. Rennt nicht den Wahnge-
bilden der Gier nach, / laßt eure Glieder nicht der Sucht nach Un- 13
recht dienen. Vielmehr stellt euch in Gottes Dienst. Denn ihr wart
tot und seid lebendig geworden. Eure Glieder sollen nun Werk-
zeuge für gerechtes Tun in Gottes Dienst sein. / Da ihr nicht mehr 14
unter dem Gesetz steht, ist nicht mehr die Sündenschuld eure Her-
rin, sondern die Gnade. / Was folgt daraus? Dürfen wir also munter 15
drauflossündigen, weil wir nicht mehr unter dem Gesetz stehen,
sondern unter der Gnade? Keineswegs! / Denn wem ihr gehorcht, 16
wem ihr dient, dessen Sklave seid ihr. Es gibt nur zwei Möglichkei-
ten: Sünde oder Gerechtsein. Wer der Sünde gehorcht, erntet den
Tod. / Gott sei Dank, daß ihr die richtige Wahl getroffen habt: Frü- 17
her wart ihr Sklaven der Sünde, jetzt aber gehorcht ihr nicht mehr
wie unter Zwang, sondern von Herzen der apostolischen Lehre, die
euch überliefert worden ist.[37] / Da ihr von der Sklaverei der Sünde 18
befreit seid, könnt ihr jetzt Sklaven der Gerechtheit werden. / Wenn 19
ich hier von »Sklaven« der Gerechtheit rede, ist das ein Vergleich,
der natürlich etwas hinkt, aber weil unser menschliches Fassungs-
vermögen begrenzt ist, muß ich einfach Bilder gebrauchen. Früher
habt ihr euch wie Sklaven in den Dienst von immer größerer Ge-
setzlosigkeit und Schlechtigkeit gestellt. Wenn ihr euch jetzt wie
Sklaven in den Dienst der Gerechtheit stellt, könnt ihr heilig wer-
den. / Als ihr Sklaven der Sünde wart, gab es noch keine Verpflich- 20
tung zum Gerechtsein. / Der Unterschied zwischen den beiden 21

---

37 Dieser Vers wird von vielen Auslegern für eine sekundäre Glosse gehalten – doch ohne Grund. Vgl. dazu auch Röm 16,17. Es geht eben nicht nur um Abstraktes, sondern auch um konkret Kirchliches.

Möglichkeiten zeigt sich am Ergebnis. Wenn ihr die Sünde wählt,
kommt etwas heraus, dessen ihr euch jetzt nur noch schämt, und
22 am Ende steht schließlich der Tod. / Jetzt aber seid ihr befreit von
der Schuldhaft der Sünde und Sklaven Gottes geworden. Hier ist
23 das Ergebnis Heiligkeit, das Ziel ist ewiges Leben. / Denn der Skla-
venlohn, den die Sünde zahlt, ist der Tod, Gott aber schenkt ewiges
Leben, das uns durch den Mittler Jesus Christus, unseren Herrn,
zuteil wird.

1 *Kapitel 7* Liebe Brüder und Schwestern! Ihr wißt ja im Gesetz gut
Bescheid: Solange ein Mensch lebt, ist er dem Gesetz unterworfen.
2 / Eine verheiratete Frau, zum Beispiel, ist durch das Gesetz an ihren
Mann gebunden, solange er lebt. Wenn ihr Mann stirbt, wird sie
3 aus der gesetzlichen Bindung an ihren Mann entlassen. / Wenn sie
sich zu Lebzeiten ihres Mannes mit einem anderen einläßt, begeht
sie nach dem Gesetz Ehebruch. Doch wenn ihr Mann stirbt, betrifft
sie dieses Gesetz nicht mehr, dann ist eine Verbindung mit einem
4 anderen kein Ehebruch. / Brüder und Schwestern! Weil euer Ster-
ben mit Christus in der Taufe ein wirklicher Tod war, seid ihr frei
geworden von der Bindung an das Gesetz.[38] Und wenn das Sterben
in der Taufe ein Mitsterben mit Jesus Christus war, dann ist das
neue Leben ein Mitleben mit dem Auferstandenen. Diese enge Ge-
meinschaft, in die ihr durch euer Sterben hineingekommen seid,
nenne ich Leib Christi. In dem neuen Leben mit dem Auferstande-
5 nen soll all unser Handeln Tribut an Gott sein. / Als wir noch kraft-
los und dem Tod verfallen waren, brannte die maßlose Gier in un-
seren Gliedern, unser Handeln war Tribut an den Tod. Das hatte
insofern mit dem Gesetz zu tun, als es den, der es übertritt, zum
6 Tod verurteilt. / Nun aber sind wir befreit vom verurteilenden Ge-
setz. Wir sind durch den Tod diesem Kerker entronnen. So sind wir
jetzt nicht mehr Sklaven des alten Buchstabens, sondern des neu ge-
7 schenkten Heiligen Geistes.[39] / Dennoch kann man nicht sagen,
daß das Gesetz Sünde sei. Allerdings habe ich erst durch das Gesetz
die Sünde kennengelernt, und zwar auf dem Weg über die Gier, die

[38] Das Bild vom Ehepartner wird hier »schief«, weil nicht der verstorbene Partner sich bei der Ehe neu bindet, sondern der überlebende! Paulus will indes nur auf die Freiheit vom Gesetz (als verurteilender Instanz) durch Sterben hinaus.

[39] Ich fasse die Wortverbindung Buchstabe/Geist hier anders auf als in 2,29. Denn hier geht es nicht nur um das verborgene Innere, sondern um den dort ansetzenden Heiligen Geist. Daher spricht Paulus auch hier von der Neuheit, im Sinne des neuen inneren Menschen.

ich durch das Gebot: »Du sollst deine Gier bezähmen!« kennengelernt habe.
So ist es mir ergangen: Die Sünde wollte mich töten[40], und um ihr 8
Ziel zu erreichen, benutzte sie das wichtigste der Zehn Gebote,
nämlich das letzte: »Du sollst deine Gier bezähmen!« Denn in der
Schrift heißt es: »Wer dieses Gebot übertritt, muß sterben.« Also
begann die Sünde, in mir die Gier zu entfachen. Das habe ich damit
gemeint, als ich sagte: Ohne Gesetz keine Sünde. / Das war bei 9
Adam ja auch so: In der ersten Zeit gab es kein Gesetz. Dann kam
das Gebot, und die Sünde blühte auf. / Damit war mein Tod besie- 10
gelt. Eigentlich sollte das Gebot Leben schützen, doch weil die
Sünde es vor ihren Wagen spannte, mußte es mich zum Tod verur-
teilen.[41] / Um ihr Ziel zu erreichen, gaukelte mir die Sünde in einem 11
erfolgreichen Täuschungsmanöver vor, es gehe um Leben, doch es
war nur Gier. / Das Gesetz ist heilig, das Gebot Gottes ist heilig, ge- 12
recht und gut. / Ist nun aus dem, was eigentlich gut war, nur für 13
mich der Tod geworden? Keineswegs! Dann läge es ja nur an mir.
Nein, die Sünde wollte unbedingt ihre eigenen Ziele durchsetzen.
Dadurch, daß sie durch das gute Gebot für mich das Todesurteil bewirkt hat, konnte sie sich selbst verwirklichen. So hat sich gezeigt,
daß sie vor allem anderen in diesem Unglück ihre Hände im Spiel
hat, wobei das Gesetz nur Mittel zum Zweck für sie war. / Das Ge- 14
setz ist von Gott und von der Art des Heiligen Geistes.[42] Ich dagegen bin nur ein schwacher, sterblicher Mensch, Sklave unter der
Herrschaft der Sünde.[43] / Meine Handlungsweise kommt mir selbst 15
ganz fremd vor. Denn sie entspricht gar nicht meinem Wesen, sondern ist etwas, das ich verabscheue. / Das, was ich tue, will ich also 16
gar nicht wirklich, und deshalb bejahe ich das gute Gesetz voll und
ganz und möchte es gern befolgen. / Da nun aber die Sünde in mir 17
wohnt und mich lenkt, handle ich nicht selbst, sondern sie läßt

40 Paulus berichtet hier von sich in »archetypischer Weise«, nämlich so, wie es von Adam in jüdischer Überlieferung berichtet wird. Darauf weist besonders die Rede vom Betrug in V. 11 (vgl. Gen 3,13).

41 Vgl. die Androhung des Todes in Gen 3,3.

42 Oder: göttlicher, himmlischer Art. – Unsere Übersetzung legt Wert auf die Korrespondenz zwischen dem pneumatischen Charakter des Gesetzes und dem pneumatischen Charakter des Menschen, der das Gesetz dann erfüllen kann (Röm 8,4).

43 Hier geht es m. E. um den vor-christlichen Menschen. Aber darauf liegt nicht der Ton, sondern es geht für den Christen um die Frage, woran er sich in seinem gegenwärtigen Zustand orientieren soll: an seiner armseligen Zerrissenheit oder am Heiligen Geist. Darum geht es ab 8,1. Die Kapitelgrenze sprengt hier Zusammengehöriges.

18 mich handeln. / Und weil ich ein schwacher Mensch bin, gibt es in
mir nichts Gutes, und ich kann das Gute höchstens wollen, aber
19 nicht tun. / Wenn ich also nicht das Gute tue, das ich will, sondern
20 das Böse, das ich nicht will, / dann bin doch nicht eigentlich ich es,
der handelt, sondern die Sünde handelt, die sich bei mir eingenistet
21 hat. / Unter diesen Umständen erhält das Gesetz eine ganz andere
Funktion, als Gott sie gedacht hatte. Es steht einem Menschen ge-
genüber, der das Gute tun will, das es fordert, und dem doch das
22 Böse naheliegt, das es verurteilt. / Denn da, wo der neue, innere,
vom Heiligen Geist geschaffene Mensch in mir schon lebendig ist,
23 stimme ich Gottes Gesetz freudig zu. / Doch in meinem Leib tobt
immer noch der Kampf, und da hat Gottes Gesetz eine andere
Rolle. Für meine Vernunft ist das Gesetz ein willkommener Partner,
doch in meinem Leib herrscht die Sünde, und so muß dasselbe Ge-
setz mich verurteilen, weil die Sünde es vor ihren Wagen gespannt
24 hat. / Ich armer Mensch! Kann mich denn niemand aus der Dienst-
25 barkeit auslösen, der ich mit meinem Leib ausgeliefert bin? / Doch
Gott sei Dank! Wenn ich auf unseren Herrn Jesus Christus blicke,
ist das Entscheidende bereits geschehen. [Es ist auch ein Unterschied, ob ich auf mich allein schaue oder auf alle Christen.][44] Was mich allein betrifft, so muß ich sagen: Meine Vernunft steht ganz im Dienst von Gottes Gesetz, als Mensch mit einem sterblichen Leib aber stehe ich unter einem Gesetz, mit dem mich die Sünde verurteilt.

1 *Kapitel 8* Doch wir sind ja nicht allein, sondern alle mit Christus
2 verbunden, und daher verurteilt uns kein Gesetz mehr. / Denn jetzt
gilt das Gesetz Gottes gegenüber, ja: in Menschen, die vom Heili-
gen Geist erfüllt sind, und das bedeutet, daß wir am Leben Jesu
Christi, des Auferstandenen, teilhaben. Wenn das Gesetz uns so be-
gegnet, dann hat es seine alte Rolle ganz abgelegt und steht nicht
3 mehr im Dienst von Sünde und Tod. / Solange das Gesetz[45] allein
einem schwachen Menschen gegenüberstand, spiegelte es nur dessen Schwachheit wider und konnte ihn nicht retten. Doch dadurch, daß Gott seinen Sohn als sterblichen Menschen gesandt hat, der

44 Man sollte sich zur Lösung des Problems 7,25 vielleicht orientieren an dem Gegensatz von »ich für mich« in 7,25b und »die in Christus« von 8,1. Denn »ich für mich« bin einsam und hilflos, »die in Christus« sind alle, die zur neuen Schöpfung (und zum Leib des Christus) gehören.

45 Nicht zu vergessen: Das Gesetz ist nach 7,12.14 »heilig« und »himmlisch/pneumatisch«. Daher kann ihm gegenüber der Mensch, beläßt man ihn in seiner alten Verfassung, nur scheitern.

uns Sündern ähnlich, aber doch kein Sünder ist, hat er die Sünde
auf ihrem eigenen Feld, nämlich im Leib eines sterblichen Men-
schen, besiegt und verurteilt. / [Jesus ist Sohn Gottes durch den 4
Heiligen Geist und gibt ihn an uns weiter.] Wenn wir in unserem
Tun auf den Heiligen Geist bauen und nicht auf unsere eigene
Schwäche starren, dann können wir das, was das Gesetz fordert,
endlich wirklich tun. / Wer immer nur daran denkt, daß er nur ein 5
sterblicher Mensch ist, bleibt den üblichen Grenzen und Beschrän-
kungen verhaftet. Wer den Heiligen Geist empfängt, kann diese
Grenzen überschreiten. / Denn mit der üblichen Beschränktheit 6
läuft er dem Tod in die Arme. Wenn er aber dem Heiligen Geist
folgt, dann sind ihm Frieden und ewiges Leben verheißen. / Wer 7
nur Schwäche zum Maßstab macht, steht gegen Gott. Er scheitert
an seinem Gesetz und wird es nie erfüllen können. / So kann er Gott 8
nicht gefallen. Er hat die Chance, durch den Heiligen Geist Gott
ähnlich zu werden, ausgeschlagen. / Ihr habt den Heiligen Geist 9
empfangen: Er wohnt in euren Herzen, daher gehört ihr zu ihm.
Wer den Geist Jesu Christi nicht empfangen hat, gehört nicht zu
ihm. / Wenn Christus so in euch wohnt, dann hat zwar euer sicht- 10
barer Leib noch die Altlast der Sterblichkeit zu tragen. Doch weil
Gott euch als Gerechte angenommen hat, habt ihr den Geist emp-
fangen, und das bedeutet ewiges Leben. / Durch die Kraft des Hei- 11
ligen Geistes hat Gott Jesus von den Toten auferweckt. Dadurch
daß er diesen Geist in euren Herzen wohnen läßt, wird er eure
sterblichen Leiber auferwecken und in unsterbliche verwandeln. /
Brüder und Schwestern! Genau aus diesem Grund dürfen wir nicht 12
die kreatürliche Schwäche zum Maßstab unseres Handelns ma-
chen. / Denn sonst erwartet uns nur noch der Tod. Wenn ihr aber 13
den Heiligen Geist zum Maßstab macht und von allem, was für
eure alte sterbliche Existenz wichtig war, Abschied nehmt, könnt
ihr ewig leben. / Wer den Heiligen Geist seine Triebfeder sein läßt, 14
ist Kind Gottes. / Ihr müßt keine Angst mehr haben, denn der 15
Heilige Geist, den ihr empfangen habt, begründet keine neue Skla-
verei, sondern macht euch zu Kindern, die »Abba, unser Vater!«[46]
rufen können. / So bescheinigt der Heilige Geist uns, genauer: un- 16

[46] Vgl. dazu auch Gal 4,6 und Mk 14,36. – Aus nichts geht hervor, daß diese Anrede eine Erfindung Jesu wäre. Vielmehr scheint »Abba« von Heidenchristen im Sinne des *Gottesnamens* verstanden worden zu sein. Es fällt auf, daß es immer heißt: »Abba, Vater.« Die Griechen sagten: »Zeus, Vater.« Die Namenlosigkeit des jüdischen Gottes wurde für Heidenchristen so »überwunden« durch das Wort »abba«.

17 serem Innersten[47], daß wir Kinder[48] Gottes sind. / Als Gottes Kin-
der sind wir aber auch Gottes Erben, und zwar mit Christus ge-
meinsam. Denn wenn wir mit ihm zusammen leiden, werden wir
18 auch mit ihm zusammen mit Herrlichkeit beschenkt. / Die Herr-
lichkeit, die wir künftig erben werden, ist – davon bin ich überzeugt
– unvergleichlich viel größer als das Ausmaß der Leiden, die wir
19 hier zu ertragen haben. / Denn die ganze Schöpfung vergeht vor
Sehnsucht danach, daß Gottes Kinder endlich in dieser Herrlichkeit
20 vor aller Augen treten. / Adam hat das Gebot, sich die Schöpfung
untertan zu machen[49], leider so erfüllt, daß er sie ungefragt durch
seinen Sündenfall dem Tod und der Vergänglichkeit unterworfen
21 hat. / Aber wenn die Schöpfung durch den Menschen und mit ihm
in den Tod hineingerissen wurde, kann sie, so hoffen wir, auch wie
die Kinder Gottes vom Joch der Vergänglichkeit frei werden und
22 teilhaben an der wunderbaren Freiheit vom Tod. / Noch stöhnt die
23 ganze Schöpfung, alle Kreaturen gemeinsam, in Wehen, / auch wir
Christen. Aber weil Gott uns – gewissermaßen als Anzahlung – den
Heiligen Geist geschenkt hat, können wir auch auf das Ganze hof-
fen, doch wir stöhnen um so mehr, weil unser Leib noch nicht vom
Tod erlöst ist und wir uns doch so sehr danach sehnen, durch und
24 durch Kinder Gottes zu sein. / Denn der größere Teil – das, was wir
erst erhoffen – steht noch aus. Was man erhofft, kann man noch
nicht sehen, denn was man schon sehen kann, braucht man nicht
25 zu erhoffen. / Da wir also auf etwas hoffen, das unsichtbar ist,
brauchen wir viel Geduld, wenn wir unsere Sehnsucht nicht aufge-
26 ben wollen. / Auch der Heilige Geist in uns stöhnt. Mit Ausrufen
des Stöhnens in unübersetzbarer himmlischer Sprache tritt er bei
Gott für uns ein, um uns schwachen Menschen zu helfen. Denn von
uns aus wissen wir nicht, mit was für Worten wir uns Gott im Ge-
27 bet nähern dürfen. / Der Heilige Geist tritt für alle Christen bei
Gott als ihr Anwalt[50] ein, und Gott, der unsere Herzen kennt und
ihn als Liebe in sie hineingelegt hat, weiß, was der Heilige Geist
28 will. / So hilft dies alles den Christen, die Gott lieben können, zum

47 Es geht um den unsichtbaren, Gott zugewandten und für Gott offenen Bereich des Menschen, der im Griech. auch »pneuma« genannt wird (wie der Hl. Geist); vgl. 1,9.

48 Denn wer Abba ruft, wendet sich damit an einen »Vater« und erklärt sich selbst zum Kind.

49 Gen 1,28b.

50 Paulus und das JohEv/1 Joh kennen den doppelten Anwalt: Jesus und den Heiligen Geist/Paraklet. Der eine von beiden Anwälten ist jeweils beim Menschen auf Erden, der andere bei Gott an Gottes Thron.

Guten. Sie sind die Erwählten und Berufenen. / Die Christen sind 29
Gottes Wunschkinder, und von Anfang an möchte er, daß sie ge-
nauso werden wie sein erstgeborener Sohn, damit dieser viele Ge-
schwister bekommt. / Die Kinder, die sich Gott gewünscht hat, die 30
hat er auch berufen, dann auch als Gerechte angenommen, dann
herrlich beschenkt. / Was bedeutet das? Wenn Gott für uns ist, wer 31
könnte dann noch etwas gegen uns ausrichten? / Gott hat seinen ei- 32
genen Sohn nicht geschont, sondern ihn zugunsten von uns allen in
die Welt gegeben. Wie sollte er da nicht uns zusammen mit dem
Sohn in jeder Hinsicht beschenken? / Wer kann es wagen, gegen die 33
Auserwählten Gottes Klage zu erheben? Gott spricht uns frei. / Wer 34
sollte uns da noch verurteilen? Jesus Christus ist gestorben, dann
aber auferstanden; er ist erhöht zur Rechten Gottes und tritt für
uns ein. / Können Bedrängnis, Angst und Verfolgung, Hunger oder 35
Nacktsein, Gefahr oder Hinrichtung uns noch von der Liebe des
Messias zu uns trennen? / In der Schrift steht, daß wir bis aufs Blut 36
für unseren Glauben verfolgt werden[51]: »Weil wir zu dir gehören,
sind wir ständig in Lebensgefahr. Wir werden schon als Schlacht-
vieh betrachtet.« / Doch weil Jesus uns seine Liebe erwiesen hat, 37
können wir alle Versuchungen siegreich bestehen. / Nicht einmal 38
die extremsten Gegensätze wie Tod oder Leben, gute Engel oder
böse Gewalten, Gegenwart oder Zukunft, liebevolle oder gefährli-
che Mächte, / hohe Berge oder tiefe Täler oder überhaupt irgend- 39
eine Kreatur können uns trennen von Gott, der uns in unserem
Herrn Jesus Christus seine Liebe erwiesen hat.

Kapitel 9 Glaubt mir, ich meine es wirklich so und kann es guten 1
Gewissens beteuern: Der Heilige Geist läßt mir keine Ruhe, euch zu
sagen, / daß mein Volk mich mit tiefer Trauer und großem Schmerz 2
erfüllt. / Ich würde es sogar auf mich nehmen, von unserem Messias 3
getrennt und fern zu sein, wenn ich dadurch meinen jüdischen Ge-
schwistern helfen könnte. Sie gehören doch zu mir / und sind durch 4
den Ehrennamen Israeliten ausgezeichnet. Sie sind die Kinder Got-
tes, denen Gott seine Herrlichkeit gezeigt und mit denen, das heißt:
mit Abraham und Mose, er jeweils den Bund geschlossen hat. Ihnen
hat er das Gesetz gegeben, sie dienen ihm im Tempel, für sie gelten
die Verheißungen, / ihnen gehören die Erzväter. Aus diesem Volk 5
stammt Jesus, der Messias. Gott, der Herr über alles, sei gelobt für
alle diese Gaben in Ewigkeit. Amen. / Gottes Wort ist zwar keines- 6
wegs hinfällig geworden, doch nicht jeder, der aus Israel kommt,

51 Ps 44,23.

7 gehört zu Israel. / Und nicht alle, die leiblich von Abraham abstam-
men, sind schon deshalb als seine Kinder zu betrachten. Denn es
8 heißt[52]: »Mit Israel wird dir ein Nachkomme berufen.« / Also sind
nicht alle, die leiblich von Abraham abstammen, Kinder Gottes,
9 sondern erst die Berufung macht sie dazu. / Die Verheißung für die
Geburt Isaaks lautete[53]: »Nächstes Jahr um diese Zeit komme ich
10 wieder, dann wird Sarah einen Sohn haben.« / Auch bei Rebekka
war es ähnlich, als sie von unserem Erzvater Isaak mit Zwillingen
11 schwanger war. / Die beiden Kinder waren noch nicht geboren, und
12 keiner von beiden hatte Gutes oder Böses tun können, / da sagte
Gott zu Rebekka[54]: »Der Ältere soll dem Jüngeren dienen.« Denn
darum geht es immer: Gott bestimmt in freiem Entschluß, wen er er-
wählt. Entscheidend ist seine Wahl, nicht irgendwelche Werke des
13 Menschen. / Ähnlich sagt Gott nach der Schrift[55]: »Jakob habe ich
14 geliebt, aber Esau gehaßt.« / Was bedeutet das? Ist Gott also unge-
15 recht? Keineswegs! / Schon zu Mose sagte Gott[56]: »Erbarmen und
16 Mitleid schenke ich, wem ich will.« / Das Erbarmen Gottes hängt
daher allein von seinem Wollen ab, nicht von Wünschen oder Wer-
17 ken des Menschen. / Auch zu Pharao sagt Gott nach der Schrift[57]:
»Nur deswegen habe ich dich als König eingesetzt, um an dir meine
Macht zu zeigen und damit so mein Name aller Welt bekannt wird.«
18 / Nach seinem freien Willen wird Gott sich des einen erbarmen, den
anderen aber verstocken, also harthörig und hartherzig machen und
19 dadurch ins Unheil schicken. / Man kann nun fragen: Wieso darf
Gott den Menschen dann zur Rechenschaft ziehen, wenn sich doch
20 seinem Willen keiner entgegenstemmen kann? / Gegenfrage: Wer
bist du denn, daß du als Mensch Rechenschaft von Gott verlangen
dürftest? Das Tongefäß kann doch nicht seinen Töpfer vorwurfsvoll
21 fragen, wozu er es so und nicht anders gemacht hat![58] / Hat nicht ein
Töpfer das Recht, aus seinem Ton zu machen, was er will – Tafelge-
22 schirr oder Nachtgeschirr? / Gott darf seinen Zorn wie auch seine
Macht an dem zeigen, was er schafft. Einerseits erschafft er in Wut
mißlungene Gefäße, die zum Zertrümmern gedacht sind, und er-
23 trägt sie noch dazu in Großmut. / Und andererseits erschafft er mit
großer Liebe gefertigte Gefäße, die dazu gedacht sind, all seine Herr-

[52] Gen 21,12.
[53] Gen 18,10.14.
[54] Gen 25,23.
[55] Mal 1,2f.
[56] Ex 33,19.
[57] Ex 9,16.
[58] Jes 29,16.

lichkeit zu zeigen. / Solche Gefäße sind wir, und Gott hat uns nicht 24
nur aus Juden, sondern auch aus Heiden berufen. / Schon der Pro- 25
phet Hosea läßt Gott sagen[59]: »Menschen, die nicht mein Volk wa-
ren, werde ich berufen als mein Volk. So wie eine Frau, die nicht ge-
liebt war und dann geliebt wird. / Und ich sage nicht zu ihnen: ›Ihr 26
seid nicht mein Volk‹, sondern man wird sie ›Kinder des lebendigen
Gottes‹ nennen.« / Jesaja sagt über Israel[60]: »Wären auch die Kinder 27
Israels so zahlreich wie Sand am Meer, es würde doch nur ein kleiner
Teil gerettet werden. / Denn der Herr verwirklicht sein Wort auf der 28
Erde, indem er ihre Zahl drastisch verringert.« / Der Prophet Jesaja 29
hat es vorhergesagt[61]: »Wie Sodom und Gomorrha wäre es uns er-
gangen, hätte Gott, der Herr der Heere, nicht einige Nachkommen
Abrahams übriggelassen.« / Was folgt daraus? Die Heidenvölker, 30
die gar nicht darauf aus waren, von Gott angenommen zu werden,
hat er als Gerechte angenommen, weil er ihren Glauben als Gerecht-
heit gelten läßt. / Doch Israel, das so sehr darauf aus war, in der Er- 31
füllung des Gesetzes als gerecht dazustehen, konnte das Gesetz nicht
wirklich ganz erfüllen und hat diesen Maßstab verfehlt. / Warum ist 32
Israel nicht gerecht? Weil es durch Werke, die das Gesetz fordert, ge-
recht dastehen wollte, doch den Weg der Gerechtheit aus Glauben
links liegen gelassen hat, als Jesus, der Messias, zu ihm gesandt
wurde. An diesem Stolperstein sind die nichtchristlichen Juden ge-
strauchelt. / Es steht schon in der Schrift, daß Gott sagt[62]: »Ich will 33
auf dem Sionsberg einen Felsbrocken als Stolperstein aufstellen.
Nur wer an ihn glaubt, wird nicht straucheln.«

Kapitel 10 Liebe Brüder und Schwestern! Es ist mein innigster 1
Herzenswunsch und ich bete flehentlich zu Gott, daß mein Volk
den Weg zum Heil finden möge. / Ich kann meinen nichtchristlichen 2
Geschwistern wirklich bescheinigen: Wenn sich jemand bemüht, es
Gott recht zu machen, dann sie. Doch ihnen fehlt die rechte Ein-
sicht. / Denn sie versuchen, auf dem alten, rein jüdischen Weg[63] 3

59 Hos 2,25.
60 Jes 10,22f.
61 Jes 1,9.
62 Jes 28,16; 8,14.
63 Wörtlich: »eigene Gerechtheit aufzustellen«. Die unter den Auslegern strittige Frage ist: Richtet sich Paulus gegen menschliche Leistung »an sich«, oder richtet er sich gegen die Beibehaltung des jüdischen Sonderwegs durch die Juden »an Christus vorbei«? Die Reformation deutete anthropologisch im Sinne der Leistung des einzelnen, exegetisch zutreffend ist aus meiner Sicht allein die Deutung auf den jüdischen Weg (»eigene G.« im Sinne der jüdischen G.).

gerecht zu werden. Sie wissen nicht, welche Gerechtheit vor Gott
gilt. Sie haben den wahren Weg zur Gerechtheit links liegenlassen.
4 / Denn Christus hat das gebracht, was das Gesetz nicht leisten
konnte[64]: Er hat bewirkt, daß Menschen gerecht sind, dadurch,
5 daß Gott jeden als Gerechten annimmt, wenn er nur glaubt. / Mose
schreibt[65]: »Wer die vom Gesetz geforderte Gerechtheit durch sein
6 Tun erreicht, der wird leben.« / Aber wo es dann um die Gerecht-
heit aus Glauben geht, sagt die Schrift etwas, das nicht mehr vom
Gesetz, sondern nur noch über Jesus Christus gelten kann[66]: »Du
solltest nicht fragen: Wer kann in den Himmel hinaufsteigen, um
dort das Heil zu suchen und es auf die Erde zu bringen?« Das hieße
also: Wer kann Christus aus dem Himmel herabholen? Das ist doch
7 nicht mehr nötig, weil er schon herabgekommen ist. / »Und du soll-
test nicht fragen: Wer kann in die Unterwelt hinabsteigen, um dort
das Heil zu suchen und es auf die Erde zu bringen?« Also: Wer
kann Christus aus dem Reich der Toten wieder heraufführen? Das
ist doch nicht mehr nötig, weil er doch schon auferstanden ist. /
8 Jetzt gilt vielmehr dieses andere Schriftwort[67]: »Das Wort, das Heil
bedeutet, ist ganz nah bei dir, in deinem Mund und in deinem Her-
zen.« Das heißt: Das Wort, mit dem wir unseren Glauben beken-
nen, ist die Antwort auf die Verkündigung durch die Apostel. /
9 Denn wenn du dich »mit deinem Mund« zu Jesus als dem Herrn
bekennst und wenn du »mit deinem Herzen« glaubst, daß Gott Je-
sus von den Toten auferweckt hat, dann wirst du nicht verlorenge-
10 hen. / Denn wer mit seinem Herzen glaubt, dessen Glauben wertet
Gott als Gerechtheit. Und wer mit seinem Mund bekennt, geht
11 nicht verloren. / Denn in der Schrift heißt es[68]: »Wer an ihn glaubt,
12 wird nicht straucheln.« / Dies gilt ohne Unterschied für Juden und
Nichtjuden. Denn für sie alle ist der eine Gott der gemeinsame
Herr. Und auf wirklich alle, die ihn anrufen, antwortet er mit rei-
13 chem Erbarmen. / Denn jedem, der den Namen des Herrn anruft,
14 wird das Heil geschenkt werden. / Doch man kann nur den anru-

---

[64] Wörtlich: »Christus ist des Gesetzes Ende/Ziel.« Unsere Übersetzung ist zu begründen durch die Paulinische Argumentation in V. 6-9 bzw. 6-13.

[65] Dt 9,4; 30,12f.

[66] Dt 30,12-14. Im Wortlaut des Alten Testaments meint die Stelle: Die Weisung Gottes ist hier und jetzt gegeben, niemand muß sie weitläufig anderswo suchen. Diese auf das Gesetz bezogene Stelle wird von Paulus systematisch auf Jesus Christus umgedeutet. Die Einzelheiten aus Dt 30,12-14 lassen sich auf Jesu Sendung und Auferstehung deuten.

[67] Dt 30,14.

[68] Jes 28,18.

fen, an den man glaubt, und man kann nur glauben, wenn man
vorher die Botschaft gehört hat. Wie sollte man sie aber hören,
wenn es keine Verkündiger gäbe? / Verkündiger gibt es nur, wenn 15
Gott sie gesandt hat. So heißt es in der Schrift[69]: »Willkommen,
wer die frohe Botschaft bringt.« / Doch nicht alle haben auf die 16
frohe Botschaft gehört. Jesaja sagt es schon[70]: »Herr, wer hat uns
denn überhaupt zugehört?« / Glaube kommt vom Hören, über das 17
Hören ist das Wort des Messias zu uns gelangt. / Hat Israel etwa 18
keine Gelegenheit gehabt, die Botschaft zu hören? Doch gewiß,
denn in der Schrift heißt es[71]: »In die ganze Welt gelangte ihr Wort,
und die Grenzen der Erde erreichte ihre Predigt.« / Hat Israel die 19
Botschaft vielleicht nicht verstanden? Doch gewiß. Hierzu schreibt
Mose, daß Gott zu Israel sagt[72]: »Ich werde euch neidisch machen
auf Menschen, die eigentlich nicht mein Volk sind. Ich werde euch
zornig machen über ein Volk, das nicht versteht.« Also habt ihr die
Botschaft dann doch nicht verstanden! / Jesaja wagt sich vor und 20
sagt[73]: »Ich habe mich finden lassen von denen, die mich nicht ge-
sucht haben, und ich habe mich denen gezeigt, die nicht nach mir
gefragt haben.« Also wart ihr diejenigen, die gesucht und gefragt
haben. / Zu Israel aber sagt Gott[74]: »Den ganzen Tag schon strecke 21
ich meine Hände aus zu einem Volk, das doch ungehorsam ist und
Widerworte hat.«

Kapitel 11 Hat also Gott sein Volk verstoßen? Keineswegs. Ich 1
selbst bin ein lebendes Beispiel dafür, daß das nicht so ist: Ich bin
Israelit, Kind Abrahams, aus dem Stamm Benjamin. / Gott hat sein 2
Volk nicht verstoßen; er hat es doch schon seit jeher als sein Volk
gewollt. Als Elia, wie es in der Schrift heißt, gegen Israel vor Gott
Klage führt und sagt[75]: / »Herr, deine Propheten haben sie ermor- 3
det, deine Altäre haben sie niedergerissen. Ich bin als einziger üb-
riggeblieben, und nun trachten sie mir nach dem Leben«, / da ant- 4
wortet ihm Gott: »7000 Männer habe ich zurückbehalten, die
Baal, den Götzen, nicht angebetet haben.« / So gibt es auch jetzt ei- 5
nen Teil des Volkes, den Gott in seiner Gnade auserwählt hat. / Aus 6
reiner Gnade hat er so gehandelt und nicht, weil die Menschen vor-

[69] Jes 52,7.
[70] Jes 53,1.
[71] Ps 19,5.
[72] Dt 32,21.
[73] Jes 65,1.
[74] Jes 65,2.
[75] 1 Reg 19,10.14f.

her etwas Gutes getan hätten. Denn sonst wäre es ja keine Gnade.
7 / Was folgt daraus? Israel hat nicht erlangt, was es gesucht hat,
doch Gott hat wiederum einen Teil der Menschen auserwählt. Die
8 anderen wurden verstockt, / so wie es in der Schrift heißt[76]: »Gott
hat sie dumpf gemacht und ihnen Augen gegeben, die nichts sehen,
9 und Ohren, die nichts hören, bis auf den heutigen Tag.« / Und David sagt[77]: »Zur Strafe soll ihnen im Halse stecken bleiben, was sie
10 arglos zu sich nehmen. / Ihre Augen sollen sich verfinstern, daß sie
nichts mehr sehen können, und ihr Rücken soll für immer unter das
11 Joch der Sklaverei gebeugt sein.« / Mußten sie also straucheln, damit sie endgültig zu Fall kommen? Keineswegs! Durch ihr Straucheln sollte vielmehr für die Heiden der Weg zum Heil frei werden.
12 Gott wollte die Juden zornig machen.« / Wenn nun schon das Versagen Israels der ganzen Welt Gottes reiche Gnade brachte und seine Niederlage den Weg bereitete, damit die Fülle von Gottes Segen zu den Heidenvölkern kam, um wieviel größeres Heil wird es dann für alle bedeuten, wenn die Juden vollzählig mit Gott ver-
13 söhnt sind. / Euch Heidenchristen sage ich: In meiner Funktion als
Heidenapostel bin ich froh über das, was ich für die Heiden tun
14 kann. / Meine jüdischen Geschwister will ich zum Protest herausfordern, um sie zum Nachdenken zu bringen, vielleicht kann ich ja
15 einige von ihnen retten. / Daß jetzt die meisten Juden verstoßen
wurden, hat der nichtjüdischen Welt die Versöhnung gebracht. Wenn aber am Ende diese Juden wieder angenommen werden, wird
16 es für alle das Fest der Auferstehung sein. / Was euch Heidenchristen angeht, so gelten für euch das Bild vom Teig und das Bild vom Ölbaum. Wenn ein Teil des Teigs für die Priester ausgesondert und als »heilig« erklärt wird, dann ist der ganze Teig heilig. Und wenn die Wurzel eines Baumes heilig ist, dann sind es auch alle Zweige.
17 / An Gottes Ölbaum wurden einige Zweige herausgeschnitten, und
an ihrer Stelle wurdet ihr Heidenchristen, obwohl ihr unedle Zweige seid, eingesetzt, so daß ihr jetzt mit der saftspendenden
18 Wurzel des Ölbaums verbunden seid. / Aber ihr sollt euch deshalb
nicht besser dünken als die Zweige, die herausgeschnitten wurden. Bedenkt doch, daß die Wurzel euch trägt und nicht ihr die Wurzel.
19 / Ihr könnt mir nun entgegenhalten: »Die Zweige wurden heraus-
20 geschnitten, damit wir eingesetzt wurden!« / Das ist schon richtig,
aber diese Juden wurden herausgeschnitten, weil sie nicht glauben wollten. Auch eure Zugehörigkeit ist allein von eurem Glauben ab-

[76] Dt 29,3.
[77] Ps 69,23f.

hängig. Ihr habt keinen Grund zum Dünkel, eher solltet ihr Angst
haben. / Denn wenn Gott die Zweige, die von Natur aus am Baum 21
wuchsen, nicht verschont hat, wird er sicher auch euch nicht besser
behandeln, wenn euch der Glaube fehlt. / Daran könnt ihr Gottes 22
Freundlichkeit, aber auch seine Strenge erkennen. Die Strenge trifft
diejenigen, die gestrauchelt sind. Die Güte trifft euch, wenn ihr
euch an sie haltet, sonst werdet auch ihr herausgeschnitten. / Doch 23
wenn die Juden, die jetzt nicht glauben, ihren Weg ändern, werden
auch sie wieder in den Baum eingesetzt. Dazu hat Gott Macht. / Es 24
war ja so: Ihr seid aus einem wilden Ölbaum herausgeschnitten und
gegen die Natur auf einen edlen Ölbaum aufgepfropft worden. Da
ist es doch ein leichtes für Gott, die Juden in ihren eigenen Ölbaum
wieder einzusetzen, da sie doch die natürlichen Zweige sind.
Liebe Brüder und Schwestern! Ich lasse euch einen Blick auf die Zu- 25
kunft werfen, die noch verhüllt ist. Ihr braucht euch nichts einzu-
bilden, denn die Verstockung der Juden wird nur so lange dauern,
bis alle Heidenvölker für das Evangelium gewonnen sind. / Ganz Is- 26
rael wird so zum Heil kommen, wie es in der Schrift beschrieben
ist[78]: »Von Sion her kommt der Befreier, der Israels Schuld aufhe-
ben wird. / Und ich werde meinen Bund mit ihnen verwirklichen, 27
wenn ich ihre Sünden vergebe.« / Wegen euch Heidenchristen sind 28
die Juden, die jetzt nicht glauben, Feinde des Evangeliums, das
doch für Juden und Heiden gilt. Doch wegen der Erzväter sind sie
erwählt und von Gott geliebt. / Denn was er ihnen geschenkt hat, 29
wird Gott niemals zurücknehmen, und daß er sie berufen hat, wird
er niemals bereuen. / Es gab ja auch eine Zeit, in der ihr Gott nicht 30
gehorcht habt. / Doch jetzt hat sich Gott eurer erbarmt, weil die 31
Mehrzahl der Juden ihm nicht gehorcht. / Denn alle, jeden zu seiner 32
Zeit, hat Gott in den Ungehorsam geführt, um sich am Ende aller
erbarmen zu können. / Gott ist so reich an Gnade, so weise und 33
vorausschauend, seine Entscheidungen sind unergründlich, und
sein Handeln ist unbegreiflich. / »Niemand konnte Gott erfassen, 34
einen Ratgeber brauchte er nicht«, heißt es in der Schrift.[79] / Er ist 35
von niemandem abhängig und keinem zu Dank verpflichtet oder
etwas schuldig. / Denn alles kommt von ihm, hat durch ihn Bestand 36
und kehrt zu ihm zurück. Alle Ehre gebührt in Ewigkeit ihm.

Kapitel 12 Brüder und Schwestern! In der Kraft des barmherzigen 1
Gottes ermahne ich euch: Gebt euer Leben, euch selbst, als Opfer,

---

78 Jes 59,20.21; Jer 31,33f.
79 Jes 40,13; Hiob 15,8; Jer 23,18.

mit dem ihr Gott anerkennt. Weil Gott lebt, gebührt ihm ein leben-
2 diges Opfer, das seid ihr selbst, und so will es Gott. / Verändert euch,
nicht indem ihr euch dieser Welt anpaßt, sondern indem ihr in eu-
rem Inneren anders werdet. Lernt zu unterscheiden, was Gott will
3 und was nicht. / Im Namen und in der Kraft von Gottes Gnade sage
ich zu jedem einzelnen von euch: »Schuster, bleib bei deinem Lei-
sten!« Das heißt: Trage genau da Verantwortung, wo Gott dich hin-
4 gestellt hat. / Denn wir sind alle zusammen Glieder des einen Leibs
5 der Kirche, jedes Glied hat aber eine Funktion.[80] / Trotz unserer gro-
ßen Anzahl sind wir alle zusammen der eine Leib in Christus, aber
6 jeder hat seine bestimmteAufgabe. / Bei jedem einzelnen hat ja die
Gnade, die ihm geschenkt wurde, eine jeweils andere Begabung her-
vorgebracht. Daher ermahne ich auch jeden anders: Wer prophe-
tisch reden kann, der soll es so tun, daß die anderen darin ihren
7 Glauben wiedererkennen. / Wer eine Aufgabe im Dienst der Ge-
meinschaft ausüben kann, soll wirklich dienen. Wer lehren kann,
8 soll einfach nur Lehrer sein. / Wer anderen gut zureden kann, der
soll es tun. Wem das Abgeben leichtfällt, der soll ohne Vorbehalte
teilen. Wer Verantwortung für alle übernimmt, soll sie mit Hingabe
tragen. Wer sich um Notleidende kümmert, soll es mit fröhlichem
9 Gesicht tun. / In der Liebe sollt ihr nicht falsches Spiel treiben. Wirk-
lich verabscheuen sollt ihr die Heimtücke, auf reine Güte sollt ihr
10 versessen sein. / Geschwisterliche Liebe untereinander übt mit Lei-
denschaft. Einer überbiete den anderen an Zuvorkommenheit. /
11 Erlahmt nicht im Eifer, laßt das Feuer des Heiligen Geistes in euch
12 glühen. Dient Gott dem Herrn wie Sklavinnen und Sklaven. / Blickt
froh in die Zukunft, seid standhaft in der Bedrängnis und ausdau-
13 ernd im Gebet. / Wenn auswärtige Mitchristen in Not sind, helft ih-
nen durch eure Gaben. Gastfreundschaft sei euer höchstes Ziel! /
14 Werdet ihr verfolgt, segnet eure Verfolger, stets komme euch das
15 Segnen leichter über die Lippen als das Verfluchen! / Freut euch mit
16 denen, die sich freuen, und weint mit denen, die traurig sind. / Seid
euch einig im Denken und Handeln füreinander und miteinander.
Strebt nicht ständig unzufrieden nach mehr, sondern haltet es mit
den Demütigen und Bescheidenen. Bildet euch nichts ein auf eure
17 Klugheit! / Vergeltet niemandem Böses mit Bösem, sondern schreibt
18 das Gute für alle auf eure Fahnen. / Haltet, wenn möglich, mit allen
19 Frieden. / Übt nicht Rache auf eigene Faust, sondern überlaßt Zorn,
Gericht und Rache Gott. Denn nach der Schrift sagt Gott[81]: »Mein

---

80 Vgl. die ähnliche Argumentation mit Leib und Charismen in 1 Kor 12.
81 Dt 32,35.

ist die Rache, ich allein will vergelten.« / Vielmehr[82] gib deinem 20
Feind zu essen, wenn er Hunger hat. Gib ihm zu trinken, wenn er
Durst hat. Denn wenn er dann immer noch dein Feind bleibt, wird
er sich immer mehr ins Unrecht setzen und das Gericht Gottes auf
sich ziehen. / Laß dich nicht vom Bösen überwältigen, sondern über- 21
winde du das Böse durch das Gute.

Kapitel 13 Jeder soll sich der Staatsgewalt unterwerfen. Denn alle 1
Gewalt ist von Gott eingesetzt. / Wer sich nicht der Staatsgewalt 2
unterwirft, widersetzt sich daher der Anordnung Gottes. Wer sich
aber widersetzt, den wird Gott verurteilen. / Den jeweiligen Herr- 3
scher muß nur fürchten, wer Böses getan hat, nicht, wer Gutes ge-
tan hat. Wenn du willst, daß dich die Staatsgewalt in Ruhe läßt, tu
Gutes, dann lobt sie dich. / Denn sie steht im Dienst Gottes, damit 4
du dich an ihr orientierst und das Gute tust. Tust du aber Böses,
hast du allen Grund zur Angst. Denn die Staatsgewalt hat nicht
umsonst die Gerichtsbarkeit inne. Schließlich steht sie im Dienst
Gottes, um das Zorn- und Strafgericht an denen zu vollziehen, die
Böses tun. / Nicht nur aus diesem Grund muß man sich ihr unter- 5
werfen, sondern auch weil ihr Urteil vom Gewissen jedes einzelnen
bestätigt wird, da dieses genauso zwischen Gut und Böse unter-
scheidet. / Deswegen müßt ihr auch Steuern zahlen! Denn die 6
Staatsgewalt ist Gottes ausführendes Organ beim Weltregiment
und kann daher die Steuern eintreiben. / Gebt jedem, was ihr ihm 7
schuldig seid und was ihm gebührt: Steuern und Zoll dem einen,
Angst und Ehrfurcht dem anderen. / Gegenüber jedem erfüllt eure 8
Pflicht und Schuldigkeit! Nur in der Liebe ist es anders: Hier gibt
es keine begrenzte Pflicht, sie ist grenzenlos. Denn wer den anderen
liebt, hat das Gesetz erfüllt. / Alle Gebote, wie die gegen Ehebruch, 9
Mord, Diebstahl, Gier und so weiter, kann man in dem einen Satz
zusammenfassen: »Liebe deinen Nächsten wie dich selbst.«[83] / Wer 10
den Nächsten liebt, tut ihm nichts Böses. So ist die Liebe die voll-
kommene Erfüllung des Gesetzes. / Daran haltet euch, denn ihr 11
wißt ja, daß nicht mehr viel Zeit ist. Ihr müßt langsam aufwachen,
denn seit damals, als wir Christen wurden, ist das Heil näher ge-
rückt. / Die Nacht geht dem Ende zu, der Tag ist zum Greifen nahe. 12
Deshalb müssen wir alles, was dunkel ist, abstreifen und alles anle-
gen, was strahlendes Licht ist. Zieht die finsteren Übeltaten aus und
legt euch die strahlenden Wohltaten um. / Mit anständigen Klei- 13

---

82 Prov 21,25f; 2 Reg 6,22.
83 Lev 19,18.

dern wollen wir uns zeigen, wie es sich am Tage gehört: nicht mit
Sauf- und Freßgelagen, nicht mit Orgien von Sex und Üppigkeit,
14 nicht mit Streit und Kollegenneid. / Zieht Jesus Christus an, unsern
Herrn, und laßt die Sorge um das tägliche Leben nicht in maßlose
Gier ausarten.

1 *Kapitel 14.* Schließt jemanden, dessen Glauben euch schwach[84]
und altmodisch zu sein scheint, nicht aus! Streitet nicht über unter-
2 schiedliche Auffassungen. / Der eine mag Speisegebote für überholt
halten, der weniger Gefestigte dagegen nimmt nur Rohkost zu
3 sich.[85] / Wer keine Speisegebote kennt, soll den, der sie befolgt,
nicht verachten. Und wer sich an Einschränkungen hält, soll umge-
kehrt den anderen nicht verurteilen. Denn Gott hat ihn doch auch
4 angenommen. / Niemand würde ja auch den Sklaven eines anderen
Herrn zur Rechenschaft ziehen. Ob ein Sklave sich bewährt oder
nicht, entscheidet sein eigener Herr, und er wird standfest sein kön-
5 nen, wenn sein Herr ihm den Rücken stärkt. / Für den einen Chri-
sten gelten an manchen Tagen bestimmte rituelle Regeln, für den
anderen sind alle Tage gleich. Nur soll niemand gegen seine Über-
6 zeugung handeln. / Wer an bestimmten Tagen besondere Fastenre-
geln einhält, tut es für den Herrn. Wer keine solchen Regeln ein-
hält, tut es gleichfalls für den Herrn, wenn er denn das Dankgebet
an Gott richtet. Und wer auf bestimmte Speisen verzichtet, tut es
7 für den Herrn, denn auch er richtet das Dankgebet an Gott. / Kei-
ner von uns lebt ja nur für sich allein, und keiner stirbt nur für sich
8 allein. / Wenn wir leben, leben wir im Angesicht des Herrn, und
wenn wir sterben, sterben wir im Angesicht des Herrn. Im Leben
9 und im Tod gehören wir dem Herrn. / Denn Jesus, der Messias, ist
gestorben und wieder lebendig geworden, um Herr zu sein über
10 Tote und Lebende. / Deswegen gibt es gar keinen Grund, den Bru-
der oder die Schwester zu verurteilen[86] oder zu verachten, denn wir

---

84 Im kulturellen Umfeld des Neuen Testaments bedeutet »schwach«: abergläubisch, ängstlich, kulturell rückständig, von irrationalen religiösen Ängsten geleitet .

85 Möglich ist, daß es sich bei den Schwachen in Rom um Judenchristen handelt, die das Christentum als eine besondere Form der Bußbewegung auffassen (nach dem Vorbild Joh. des Täufers). Daher könnte man hier die asketischen Tendenzen erklären, die sonst im Judentum nur am Rande stehen.

86 Das Thema des Röm scheint zu sein: Wenn Gott die Menschen für gerecht erklärt und wenn niemand gegen den Menschen klagen kann (Röm 8,33), dann haben Menschen kein Recht, über einander zu urteilen (Röm 2,1 und Röm 14f).

haben denselben Herrn, und wir werden alle vor Gottes Richter-
stuhl treten müssen. / Denn nach der Schrift sagt Gott[87]: »So wahr 11
ich lebe, jedes Knie wird sich vor mir beugen müssen, und jeder
Mensch wird sich zu mir bekennen.« / So wird jeder einzelne von 12
uns vor Gott Rechenschaft ablegen müssen. / Daher wollen wir 13
nicht einer den anderen maßregeln. Für jeden gelte vielmehr die
Maßregel, daß keiner einem Bruder oder einer Schwester einen
Grund gibt, an ihm Anstoß zu nehmen oder vom Glauben abzufal-
len. / Ich bin der festen Überzeugung – und das durch meine Bin- 14
dung an Jesus, den Herrn –, daß nichts an sich unrein ist, sondern
immer nur für den, der meint, es sei unrein. / Wenn du mit deinen 15
Mitchristen über Speisegebote streitest und ihnen damit Kummer
machst, dann fehlt es dir an Liebe. Wegen solcher Gebote solltest
du den Glauben des Mitchristen, für den Jesus, der Messias, gestor-
ben ist, nicht aufs Spiel setzen! / Der Schatz, der euch anvertraut ist, 16
darf nicht durch solche Streitereien in Mißkredit geraten. / Denn 17
Gottes Herrschaft hängt nicht an Essen und Trinken, sondern lebt
davon, daß ihr gerecht miteinander umgeht, Frieden haltet und
dank des Heiligen Geistes in euren Herzen voller Freude seid. /
Wenn ihr in diesem Sinne Sklaven Jesu des Messias seid, könnt ihr 18
Gottes Anerkennung und die Achtung der Menschen erwarten. / So 19
wollen wir nach allem trachten, was die Einigkeit fördert und wo-
mit wir einander Halt geben in Gottes Bauwerk. / Dieses Bauwerk 20
soll niemand wegen Speisegeboten zum Einsturz bringen. Grund-
sätzlich gilt: Alles ist rein. Doch schlimm ist es, wenn jemand da-
durch, daß er gegen seine Überzeugung Speiseregeln über Bord
wirft, in seiner Identität verletzt wird. / Daher solltest du auf alles, 21
was deinen Mitchristen ins Wanken bringen könnte, gerne verzich-
ten, sei es Fleisch oder Wein oder was auch immer. / Dein Glaube 22
ist eine persönliche und einmalige Lebensbeziehung zwischen Gott
und dir, in der du nur dann glücklich sein kannst, wenn du dir nicht
selbst Vorwürfe machen mußt, daß du ihr nicht gerecht wirst. / Wer 23
gegen die eigene Überzeugung Speisegebote übertritt, der ist des-
halb verurteilt, weil es nicht im Rahmen seiner Glaubensbeziehung
zu Gott steht. Denn alles, was außerhalb dieser Beziehung ge-
schieht, ist Sünde.

Kapitel 15 Wir, deren Glauben schon gefestigt ist, sollten die 1
Empfindlichkeiten aller derer mittragen, deren Glaube unserer An-
sicht nach nicht auf der Höhe der Zeit ist, und nicht nur das tun, was

[87] Jes 49,18; 45,23.

2 wir selbst gerne hätten. / Jeder von uns sollte dem Nächsten einen
Gefallen tun, wenn er so Halt gewinnen kann in Gottes Bauwerk. /
3 Denn auch Jesus, der Messias, hat nicht einfach getan, was er selbst
wollte. Sondern mit der Schrift hätte er sagen können[88]: »All das,
4 mit dem die frechen Leute Gott verhöhnen, trifft mich.« / Was im
voraus in der Schrift aufgezeichnet wurde, soll unserer Belehrung
dienen, damit wir unsere Hoffnung auf zweierlei gründen können:
auf innere Geduld und Treue und auf die Ermunterung durch die
5 Schrift. / Gott, der beides schenkt, Geduld und Ermunterung, gebe
euch eine starke Einigkeit in euren Überzeugungen. Das entspricht
6 genau dem, was Jesus, der Messias, lehrt. / Einmütig und wie aus
einem Munde sollt ihr Gott loben, den Vater unseres Herrn Jesus
7 Christus. / Deswegen nehmt euch gegenseitig an, wie auch Jesus, der
8 Messias, uns zur Verherrlichung Gottes angenommen hat. / Jesus,
der Messias, hat die jüdische Beschneidung mit allen ihren Konse-
quenzen auf sich genommen, damit Gott seine Treue erweisen und
9 seine Verheißungen an die Väter erfüllen konnte. / Die Heidenvölker
aber haben jetzt Anlaß, Gott für sein Erbarmen zu loben. Denn so
heißt es in der Schrift[89]: »Ich will dich lobpreisen inmitten der Hei-
10 denvölker und deinen Namen loben.« / Oder[90]: »Brecht in Jubel aus,
11 ihr Heidenvölker, gemeinsam mit Gottes Volk.« / Und an einer an-
deren Stelle: »All ihr Völker, lobt den Herrn. Alle Nationen sollen
12 ihn loben.« / Und Jesaja sagt[91]: »Der Wurzelsproß aus Jesse kommt,
er steht auf und wird über die Völker herrschen, auf ihn werden die
13 Heidenvölker ihre Hoffnung setzen.« / Gott aber ist doch der, auf
den wir hoffen können. Er schenke euch ein volles Maß an Freude
und Frieden in eurem Glauben, damit ihr reich werdet an Hoffnung.
14 Der Heilige Geist gebe euch Kraft dazu. / Liebe Brüder und Schwe-
stern! Ich weiß doch, wie freundlich ihr seid, wie gut ihr Bescheid
wißt und wie ihr stets in der Lage seid, einander mit Rat und Tat zur
15 Seite zu stehen. / Ich habe euch zum Teil recht kühne Dinge geschrie-
ben, doch all das sollte eigentlich nur dazu dienen, euch zu ermah-
16 nen. Gott hat mir Gnade gegeben / und mich bevollmächtigt, im
Auftrag Jesu, des Messias, zu den Heidenvölkern zu gehen und in
priesterlichem Dienst das Evangelium Gottes zu verwalten, damit
die Heiden ihr Leben Gott weihen. Der Heilige Geist hat sie heilig

88 Ps 69,10.
89 Ps 18,50.
90 Ps 117,1.
91 Jes 11,1.10.

gemacht, und Gott soll seine Freude daran haben. / Ich bin stolz dar- 17
auf vor Gott, doch es war nur möglich, weil Jesus Christus das alles
zusammen mit mir gewirkt hat. / Alles, was ich hier nennen kann, 18
hat Jesus Christus durch mich gewirkt, damit die Heidenvölker zum
Gehorsam kommen: Wort und Tat, / die Kraft der Wunder und Zei- 19
chen, die Machterweise des Heiligen Geistes. So konnte ich von Je-
rusalem aus in einem großen Bogen bis nach Illyrien das Evangelium
von Jesus Christus verbreiten. / Es war für mich eine Ehrenpflicht, 20
das Evangelium nur dort zu verkünden, wo man vom Namen Jesu,
des Messias, noch nichts gehört hatte, denn ich wollte nicht auf ei-
nem Fundament aufbauen, das andere gelegt hatten. / Ich hielt mich 21
an das Schriftwort[92]: »Diejenigen sollen ihn kennenlernen, denen
noch nichts über ihn verkündet wurde, und die noch nichts von ihm
gehört haben, sollen es begreifen.« / Mehrmals hatte ich vor, zu euch 22
zu kommen, und wurde daran gehindert. / Doch jetzt habe ich in 23
dieser Gegend keine Arbeitsmöglichkeit mehr. Da ich schon seit vie-
len Jahren den sehnlichen Wunsch habe, zu euch zu kommen und
dann nach Spanien weiterzureisen, hoffe ich jetzt, daß ich auf der
Durchreise zu euch kommen / und euch kennenlernen kann und daß 24
ihr mich, wenn ich mich bei euch erst einmal etwas erholt habe, re-
gelrecht entsendet. / Jetzt aber reise ich zuerst nach Jerusalem und 25
bringe den Christen dort eine Spende. / Denn die Gemeinden von 26
Makedonien und Achaia hatten beschlossen, für die Armen der Je-
rusalemer Christengemeinde Geld zu sammeln. / Sie fühlten sich in 27
deren Schuld. Weil die Heidenvölker an den geistlichen Gütern der
Jerusalemer teilhaben, wollten sie ihnen dies mit irdischen Gütern
vergelten. / Wenn ich das erledigt und den Ertrag der Sammlung ord- 28
nungsgemäß übergeben habe, will ich über Rom nach Spanien rei-
sen. / Wenn ich zu euch komme, bringe ich euch den ganzen Segen 29
Jesu, des Messias, mit. / Liebe Brüder und Schwestern, verbunden 30
mit euch durch unseren Herrn Jesus Christus und durch die Liebe,
die der Heilige Geist schenkt, bitte ich euch: Steht mir mit euren Ge-
beten in meinem Ringen mit Gott zur Seite, wenn es darum geht, /
daß ich die Leute in Judäa, die nicht glauben wollen, loswerde und 31
daß die Christen in Jerusalem die Kollekte, die ich ihnen bringe, be-
reitwillig annehmen. / Ich möchte doch so gerne voll Freude von 32
Gott zu euch geführt werden und mich bei euch erholen. / Gott, der 33
Frieden schenkt, sei euer aller Schutz und Beistand.

92 Jes 52,15.

1 *Kapitel 16*[93] Ich lege euch hiermit Phoibe, unsere Schwester, ans
2 Herz, die im Dienst der Gemeinde von Kenchreä steht. / Sie hat den-
selben Herrn wie wir alle; nehmt sie daher freundlich auf und be-
handelt sie so, wie es sich gegenüber Christen anderer Gemeinden
gehört. Steht ihr hilfreich zur Seite, wann immer sie es braucht. Sie
3 hat vielen geholfen, auch mir. / Grüßt Prisca und Aquila[94], meine
4 Mitarbeiter und Mitchristen, / die mein Leben unter Einsatz ihres
eigenen Lebens gerettet haben. Nicht nur ich, sondern auch alle hei-
5 denchristlichen Gemeinden schulden ihnen großen Dank. / Grüßt
auch die Gemeinde, die in ihrem Haus zusammenkommt, und auch
meinen lieben Freund Epainetos, den ersten Christen aus der Pro-
6, 7 vinz Asia. / Grüßt Maria, die viel für euch getan hat, / sowie Andro-
nikus und Junia, meine Blutsverwandten und Mitgefangenen, her-
8 ausragende Apostel, die schon länger Christen sind als ich. / Grüßt
9 meinen lieben Freund und Mitchristen Ampliatos / und meinen Mit-
arbeiter Urbanos, der mir in Jesus, dem Messias, verbunden ist.
10 Grüßt auch meinen lieben Freund Stachys, / meinen bewährten Mit-
christen Apelles und die Leute aus dem Haus des Aristobulos. /
11 Grüßt meinen Verwandten Herodion und die Mitchristen aus dem
12 Haus des Narkissos. / Grüßt die tatkräftigen Mitchristinnen Try-
phaina und Tryphosa und die unermüdliche Freundin und Mitchri-
13 stin Persis. / Grüßt den Mitchristen Rufus, den der Herr erwählt hat,
14 und seine Mutter, die auch mir zur Mutter geworden ist. / Grüßt
Asynkritos, Phlegon, Hermes, Patrobas, Hermas und die Brüder, die
15 bei ihnen sind. / Grüßt Philologos und Julia, Nereus und seine
16 Schwester Olympas und alle die Heiligen, die bei ihnen sind. / Grüßt
einander mit dem heiligen Kuß, [durch den ihr euch gegenseitig den
Heiligen Geist weitergebt]. Es grüßen euch alle Gemeinden Jesu, des
17 Messias. / Liebe Brüder und Schwestern! Zum Schluß ermahne ich
euch: Hütet euch vor denen, die Zwietracht säen und ärgerliche Dis-
kussionen anzetteln und euch von der Lehre, die ihr anfangs emp-
18 fangen habt, abbringen wollen. Geht ihnen aus dem Weg. / Solche
Irrlehrer dienen nicht unserem Herrn Jesus Christus, sondern ihrem
eigenen Bauch. Sie reden den Leuten nach dem Mund, schmeicheln
19 ihnen und betrügen so die Arglosen. / Euer Gehorsam gilt als vor-
bildlich und ist allgemein bekannt, darüber freue ich mich. Ich wün-
sche mir, daß ihr weise das Gute tut und das Böse mit Lauterkeit ab-

[93] Die Verse 16,1-2 sind ein klassischer Empfehlungsbrief, wie Paulus sie selbst freilich für sich ablehnt (2 Kor 3).

[94] Ist der Röm später für eine besondere Fassung, die man nach Ephesus senden wollte, um diese Grüße erweitert worden?

wehrt. / Gott, der Heil und Frieden schenkt, wird sehr bald den 20
Satan euch unterwerfen und vernichten. Unser Herr Jesus Christus
begleite euch mit seiner Gnade. / Es grüßen euch mein Mitarbeiter 21
Timotheus, meine Verwandten Lukios, Jason und Sosipatros. /
Auch ich, Paulus' Mitbruder Tertios, der ich diesen Brief nach Dik- 22
tat geschrieben habe, grüße euch herzlich. / Es grüßen euch ebenfalls 23
Erastos, der Stadtkämmerer, und unser Bruder Quartus. / Unser 24
Herr Jesus Christus bleibe mit seiner Gnade bei euch allen. Amen.[95]
/ Gott kann euch stärken, so verheißt es das Evangelium, und das ist 25
die Botschaft von Jesus Christus. In dieser Botschaft ist das verbor-
gene Ziel der Weltgeschichte enthüllt worden, das endlos lange Zei-
ten hindurch geheim war, / jetzt aber offengelegt wurde. Es wurde 26
schon in den prophetischen Schriften beschrieben und wird jetzt
durch den Auftrag des ewigen Gottes allen Völkern bekannt ge-
macht. / Er ist der eine und einzige Gott, der Sitz der Weisheit. Er hat 27
alles geoffenbart durch Jesus Christus. Sein ist alle Herrlichkeit in
Ewigkeit. Amen.

95 Dieser Vers wird nur von einzelnen Handschriften geboten.

Hebräerbrief

Eigenart: Dem Hebr fehlt am Anfang jedes briefliche Element, nur am Schluß ist er wie Paulinische Briefe gestaltet (Auftrag über Grüße; »Die Gnade sei mit euch allen.«). Nur recht undeutlich sind die Umrisse einer konkreten Gemeinde zu erkennen.

Verfasser: Man hat lange erwogen, ob eine Frau Verfasser des Hebr ist (wegen der wichtigen Rolle der Frauen z.B. in Hebr 11), und ausgeschlossen ist das nicht. Jedenfalls steht der Brief Paulus recht nahe, doch glaubt heute niemand an eine Autorschaft des Paulus. Vielmehr bilden der Autor dieses Briefes, der Autor des 1 Petr und Paulus ein wichtiges theologisches Trio in der Theologiegeschichte des Urchristentums.

Datierung: Der Tempel in Jerusalem besteht offenbar noch. Grundfragen im Verhältnis zum Judentum sind zu klären. Ähnliches behandelt auf vergleichbare Weise Paulus im Römerbrief. Es besteht kein Grund, den Hebräerbrief später als den Römerbrief anzusetzen: um 56 n. Chr.

Adressaten: Nach 13,24 läßt der Verfasser die Adressaten grüßen von »den Christen aus Italien«. Daraus kann man folgern, daß die Adressaten in Italien wohnen und auf diesem Wege von ihren Landsleuten, die im Augenblick (wegen Verbannung?) anderswo, nämlich am Abfassungsort des Hebr, sitzen, gegrüßt werden sollen. Es geht aber auch umgekehrt: Der Verfasser sitzt in Italien und läßt die Adressaten von seinen italischen Christen grüßen. Jedenfalls bezeugt der Brief frühe italische Christen (außerhalb Roms?).
Das Christentum der Adressaten ist durch Predigt von seiten einiger Augenzeugen Jesu, durch Wunderzeichen und charismatische Gaben geprägt (2,3f). Die Charismen des Anfangs haben an Attraktivität verloren. Dazu braucht es nicht Jahrzehnte, sondern das kann mitunter recht schnell geschehen. Der Gottesdienst wird mangelhaft besucht, die Gemeinde ist müde geworden.

Probleme: Der Verfasser kann nicht mit allem noch einmal von vorne beginnen, denn die Gemeinde ist ja schon christlich. Wer einmal die Gabe des Heiligen Geistes empfangen hat, der steht nach urchristlicher Auffassung auf jeden Fall im Bereich des Endgültigen. So muß der Verfasser das Begonnene zur Reife fortführen. – Er nimmt an, daß die Gemeinde zwei Probleme haben könnte: Die Attraktivität des jüdischen Tempelkults (vor 70!) und die bleibende Rätselhaftigkeit und Anstößigkeit des Todes Jesu am Kreuz. Im Hintergrund steht die Frage, welche Bedeutung die »erste Offenbarung«, die Schrift, für Christen hat.

Theologie: Die Schrift (unser »Altes Testament«) ist Typos des Neuen. Sie bildet das, was mit Jesus geschehen ist, im voraus ab, aber das Neue überbietet das Alte wie Himmlisches das nur Irdische. Daher wird die Verpflichtung für die größer, die das Neue empfangen haben. Denn wenn schon das alte Bundesvolk bei Mißachtung der Gebote Gottes bestraft wurde, wie hart werden die Sanktionen dann erst für das neue Bundesvolk sein, wenn es die größere Offenbarung mißachtet. – Der Verfasser des Briefes stellt das an der Landverheißung und anhand der Sinaigesetzgebung dar, aber auch am Vergleich von Mose und Jesus. Vor allem eignet sich dafür der alttestamentliche Tempelkult und die aus 1. Mose 14 und Psalm 110,1-4 gewonnene Auffassung vom Hohenpriestertum Jesu im Himmel, das nach der Art des Melchisedek sei. Dieses Hohepriestertum wird dem des Alten Testaments gegenübergestellt, das sich besonders am Versöhnungstag verwirklicht. Jesu Tod wird mit dem Tun des Hohenpriesters am Versöhnungstag verglichen.

BRIEF AN DIE HEBRÄER

1 *Kapitel 1* Vor Zeiten hat der himmlische Vater viele Male und in
vielfältiger Weise durch die Propheten zu unseren Vätern gespro-
2 chen. / Jetzt, am Ende der Zeiten, hat er noch einmal zu uns gere-
det, und zwar durch seinen Sohn. So wie er durch ihn hat werden
lassen alle Räume und Zeiten und alles, was sie erfüllt, hat er ihn
3 dazu ausersehen, daß ihm alles gehören soll. / Er läßt den Wider-
schein seiner strahlenden Herrlichkeit im Sohn aufleuchten und hat
ihm seinen Stempel aufgedrückt, so daß am Sohn sichtbar wird,
wer der Vater ist.[1] Mit dem Befehl seines mächtigen Wortes hält der
Sohn das All im Gleichgewicht.[2] Er hat uns von Sündenschuld be-
freit und sitzt in der Höhe zur Rechten des unsagbar großen Gottes.
4 / Ein weiter Abstand trennt seine Erhabenheit von den Engeln. Sie
sind nur Engel und nicht Sohn, das läßt schon ihr Name erkennen.
5 / Denn zu keinem Engel hat Gott je gesagt: »Mein Sohn bist du,
heute habe ich dich in die Welt gesetzt.«[3] Und ebensowenig hat
Gott je von einem Engel gesagt: »Ich will Vater für ihn sein, er soll
6 Sohn für mich sein.«[4] / Und als Gott seinen erstgeborenen Sohn
dem Kosmos vorstellt, sagt er: »Alle Engel sollen ihn anbeten.«[5] /
7 Über Gottes Verhältnis zu den Engeln dagegen heißt es in der
Schrift: »Er macht Geistermächte zu seinen Engeln und Wesen wie
8 Feuer zu seinen Dienern.«[6] / Den Sohn aber redet der Psalmenbeter
so an: »Dein Thron, o Gott, steht fest für immer und ewig, und
9 seine Herrschaft ist das Zepter, das alles ordnet und regiert. / Du
hast Gerechtigkeit geliebt und Unrecht gehaßt. Deshalb hat allein
dich Gott zum Zeichen seiner Freude mit Öl gesalbt – nicht aber
10 deine Freunde.«[7] / Und weiter sagt er: »Du hast, Herr, am Anfang
die Erde gegründet, und die Himmel sind das Werk deiner Hände.
11 / All das wird vergehen, du aber bleibst, auch wenn alle zerschlissen
12 werden wie ein altes Kleid. / Wie einen Mantel wirst du sie zusam-

---

1 Zum Sohn als Offenbarung des Vaters vgl. verwandte Anfänge urchristlicher Schriften: Joh 1,1-14; Kol 1,15-22. Vgl. ferner 1 Kor 8,6f.

2 Betont ist daher nicht das Erschaffen durch das Wort, sondern das, wie es wörtlich heißt »Tragen durch das mächtige Wort«.

3 Vgl. Ps 2,7.

4 Vgl. 2 Sam 7,14.

5 Vgl. Deut 32,43 LXX.

6 Vgl. Ps 104,4.

7 Vgl. Ps 45,7f.

menrollen, wie ein Gewand verlieren sie Form und Farbe. Doch du
bleibst derselbe, und die Zahl deiner Jahre ist unendlich.«[8] / Zu kei- 13
nem Engel hat Gott je gesagt: »Setz dich rechts von mir auf den
Thron, ich will dir all deine Feinde unterwerfen und als Fußsche-
mel unter deine Füße legen.«[9] / Die Engel sind insgesamt nur zum 14
Dienen bestellt. Gott schickt sie aus, um uns zu helfen, denn uns ist
das höchste Heil verheißen.

Kapitel 2 Deshalb müssen wir um so mehr auf das achten, was 1
Gott uns sagt, damit wir das Ziel nicht verfehlen. / Schon Gottes 2
erste Botschaft, die er durch Engel hatte ausrichten lassen, war gül-
tig, so daß Menschen, die Gebote übertraten oder ungehorsam wa-
ren, dafür entsprechend bestraft wurden. / Wie sollen dann erst wir 3
dem Gericht entkommen, wenn wir dies unvergleichlich herrlichere
Angebot des Heils mißachten? Der Herr selbst hat es zuerst ver-
kündet. Dann haben es die Ohrenzeugen für uns verbindlich aus-
gerichtet. / Und Gott selbst hat ihr Zeugnis bekräftigt, indem er es 4
durch Zeichen, Wunder und vielfache mächtige Taten begleitete.
Schließlich hat er seinen Heiligen Geist jedem einzelnen in Form ei-
ner eigens ihm zugedachten Gabe zugeteilt. / Denn nicht Engeln, 5
sondern Menschen hat er die Herrschaft über die kommende neu-
geordnete Welt zugedacht. / In der Schrift hat das einer so bezeugt: 6
»Was ist schon der Mensch, daß du überhaupt an ihn denken
magst? Was bedeutet schon ein kleiner Mensch, daß du dich über-
haupt um ihn kümmerst? / Doch nur für eine kurze Zeit hast du ihn 7
niedriger gesetzt als die Engel. Dann hast du ihn gekrönt mit Herr-
lichkeit und Ehre / und hast ihm alles unterworfen und zu Füßen 8
gelegt.«[10] Wenn er sagt: » . . . du hast ihm alles unterworfen«, meint
er wirklich alles und nimmt nichts aus. Jetzt können wir zwar noch
nicht sehen, daß ihm alles unterworfen ist. / Doch wir können Jesus 9
sehen, den Gott für eine kurze Zeit niedriger als die Engel gesetzt
hat, denn er hat gelitten und ist gestorben, den er nun aber mit
Herrlichkeit und Ehre gekrönt hat. Denn Gott hat es in seiner
Gnade so eingerichtet, daß Jesus, als er sterben mußte, stellvertre-
tend für jeden von uns gestorben ist. / Denn wenn es zutrifft, daß 10
alle Dinge seinetwegen und durch ihn geworden sind, dann ist er
doch nicht sinnlos oder nur für sich allein gestorben. Sondern dann
war sein Leiden sein Weg in die himmlische Welt. Und auf diesem

[8] Vgl. Ps 102,26-28.
[9] Vgl. Ps 110,1.
[10] Vgl. Ps 8,5-7LXX.

Weg führt er einen langen Zug vieler Gotteskinder an, die er zu
Gottes Herrlichkeit führt, so daß sie ihm ihre Erlösung verdanken.
11 Das ist die Vollendung des Schöpfungswerks. / Jesus erlöst die
Menschen, indem er sie heilig macht. So können sie Gottes Ansprü-
chen genügen. Daß aber einer heilig macht und daß Menschen auf
diesem Weg heilig werden, das kann nur geschehen, weil beide den-
selben heiligen Gott haben und weil Gott ihr gemeinsamer Vater
ist. Deswegen scheut sich Jesus nicht, die Menschen Geschwister zu
12 nennen. / So sagt er beispielsweise im Psalm: »Ich will deinen Na-
men meinen Geschwistern verkündigen, im Kreis der Gemeinde
13 will ich dich loben.«[11] / Und weiter: »Da bin ich, und da sind all
14 die Gotteskinder, die Gott mir anvertraut hat.« / Kinder oder Ge-
schwister gibt es immer dort, wo Menschen blutsverwandt sind.
Auch Jesus hatte wie ein Blutsverwandter die gleiche menschliche
Natur wie wir. Nur so konnte er durch seinen Tod den Teufel ent-
15 machten, der die Gewalt über den Tod hat. / So konnte er die be-
freien, die ihr ganzes Erdenleben über von der Angst vor dem Tod
16 versklavt waren. / Weil es Menschen und nicht Engel sind, um die
17 sich Gott so innig kümmert, / konnte Jesus für sie nur dann vor
Gott ein barmherziger und treuer Hoherpriester werden, um die
Sündenschuld des ganzen Volkes zu beseitigen, wenn er in allem
18 seinen Geschwistern ähnlich wurde. / Er hat sich allem ausgesetzt
und es bis zum Ende durchgestanden. Nur deshalb kann er uns hel-
fen in den Prüfungen, denen wir ausgesetzt sind.

1 *Kapitel 3* Heilige Brüder und Schwestern, euch hat doch Gottes
Ruf erreicht. Darum nehmt euch ein Beispiel an Jesus, Gottes Apo-
2 stel, zu dem wir uns als unserem Hohenpriester bekennen. / Er ist
treu gegenüber Gott, der ihn in die Welt gesetzt hat. Auch Mose
3 war, mit allen in seinem Haus, die zu ihm gehörten, treu. / Doch
Jesus ist von Gott mit viel größerer Herrlichkeit ausgestattet wor-
den als Mose, so wie dem Erbauer eines Hauses größere Ehre zu-
4 kommt als dem Haus. / Jedes Haus hat seinen Baumeister, doch
Gott ist der oberste Baumeister, der alles insgesamt gebaut hat. /
5 Mose war in seinem Haus ein treuer Diener über alles, was ihm an-
vertraut war. Daher wurde er zum Zeugen für die Botschaft, die
6 jetzt verkündigt wird. / Christus aber ist der Sohn des Hauses. Wir
wiederum sind sein Haus, seine Familie. Wir sind treu, wenn wir
unsere Freiheit und unsere selbstbewußte Zuversicht bis zum Ende
7 ganz fest bewahren. / Deswegen gilt, was der Heilige Geist sagt:

---

[11] Vgl. Ps 22,23.

»Heute hört ihr Gottes Wort. / Seid doch nicht so unzugänglich 8
und widerborstig wie eure Väter! Mit ihrem Aufstand beim Auszug
aus Ägypten können sie euch als abschreckendes Beispiel dienen!
Sie haben damals in der Wüste die Versuchung, / die ihnen als Be- 9
währungsprobe auferlegt wurde, nicht bestanden, / obwohl sie 10
vierzig Jahre lang mein Wirken hätten sehen können. Deswegen
wurde ich zornig auf dieses Pack und sagte mir: ›Immer ziehen sie
die falschen Schlüsse[12] und merken nicht, was ich von ihnen will.‹
/ Da habe ich in meinem Zorn geschworen: ›Sie sollen das verhei- 11
ßene Land, meinen Ruheort, nicht erreichen.‹«[13] / Achtet also dar- 12
auf, daß ihr alle treu bleibt und nicht vom lebendigen Gott abfallt.
/ Helft euch vielmehr gegenseitig jeden Tag, solange es noch Zeit 13
ist, daß keiner sich taub stellt und zum Ungehorsam verführen läßt.
/ Denn wir haben am Messias Anteil bekommen und sollten nun 14
dieses Gut, dessen Grundstein schon ganz zu Anfang gelegt wurde,
bis zum Schluß ganz fest halten. / Genauso wie es in der Schrift 15
heißt[14]: »Heute hört ihr Gottes Wort. Seid doch nicht so unzugäng-
lich und widerborstig wie eure Väter!« / Alle, die unter Moses Füh- 16
rung Ägypten verlassen hatten, hörten Gottes Wort und standen
trotzdem gegen ihn auf. / Und daher richtete sich 40 Jahre lang 17
Gottes Zorn gegen sie, weil sie ungehorsam waren. So mußten sie
in der Wüste sterben. / Denn allen, die den Gehorsam verweigerten, 18
galt Gottes Schwur, daß sie sein Land nicht erreichen sollten. / Und 19
so kam es auch: Weil sie nicht glauben wollten, durften sie nicht in
das Land einziehen.

Kapitel 4 Weil also keiner von den Menschen damals in Gottes 1
Land einziehen konnte, gilt die Verheißung noch. Aber es besteht
durchaus Grund zu der Befürchtung, daß auch wir uns die Gele-
genheit entgehen lassen. / Denn wie die Menschen damals haben 2
auch wir die Botschaft gehört. Doch bloßes Hören nützt nichts,
wenn zu dem Gehörten nicht auch der Glaube dazukommt. / Denn 3
nur wer glaubt, kann in das Land einziehen. Denn Gott – so die
Schrift – hat gesagt[15]: »In meinem Zorn habe ich geschworen: Sie
sollen mein Land nicht erreichen!« Dabei steht es doch, von Gott
gemacht, seit Anbeginn der Schöpfung bereit. / Denn in der Schrift 4
heißt es über den siebten Schöpfungstag[16]: »Und am siebten Tage

[12] Wörtlich: »... irren sie in ihrem Herzen.«
[13] Ps 95,7-11.
[14] Ps 95,7.8.
[15] Ps 95,11.
[16] Gen 2,2.

hielt Gott Ruhe, nachdem er alle seine Werke vollendet hatte.« /
5 Genau darauf bezieht sich doch der Satz[17]: »Sie sollen das verhei-
6 ßene Land, meinen Ruheort, nicht erreichen.« / Aus diesen beiden
Schriftstellen geht folgendes hervor: Einerseits hat noch keiner das
Land, in dem Gott Ruhe hielt, erreicht; die Verheißung ist also
noch offen, da diejenigen, die als erste die Botschaft erhielten, das
7 Land nicht erreichten, weil sie nicht glaubten. / Andererseits hat
Gott noch einmal einen neuen Termin festgesetzt, und das ist heute.
Denn sehr lange nach der Zeit der Wüstenwanderung heißt es bei
David über die Erfüllung der Verheißung[18]: »Heute hört ihr Gottes
8 Wort! Seid doch nicht so unzugänglich!« / Wenn Josua damals mit
dem Gottesvolk das verheißene Land erreicht hätte, könnte David
9 nicht von einem anderen, so viel späteren Tag reden. / Also ist dem
10 Volk Gottes noch eine Sabbatruhe verheißen. / Von Gott kann man
sagen: Er hat schon den Ort erreicht, an dem er von seinen Werken
11 ausruht. / Darum wollen wir uns beeilen, diesen Ort, Gottes Land,
zu erreichen, damit wir nicht genauso scheitern wie das unglückli-
12 che Wüstenvolk. / Denn Gottes Wort ist lebendig, kräftig und
schneidet besser als das schärfste Messer. Es kann sogar das Innere
des Menschen von seinem heiligen oder unheiligen Geist trennen,
es trennt Mark und Bein voneinander und scheidet die guten und
13 bösen Wünsche und Gedanken des Herzens. / Vor Gott bleibt
nichts verborgen, alles liegt nackt und bloß vor seinen Augen. Vor
ihm haben wir Rechenschaft abzulegen.
14 Doch wir haben einen großen Hohenpriester, Jesus Christus, der
durch die Himmel hindurch bis zu Gottes Thron gelangt ist, weil er
15 Sohn Gottes ist. An dem Bekenntnis wollen wir festhalten. / Denn
unser Hoherpriester steht uns bei: Wenn wir schwach sind, fühlt er
mit uns; wenn wir stolpern, taumelt er mit uns, wenn wir Angst
und Schmerz leiden, ist er auf unserer Seite. Jeder Versuchung hat
16 er sich ausgesetzt, aber gestrauchelt ist er nicht. / Deshalb wollen
wir voll Zuversicht zum Gnadenthron Gottes treten, denn Jesus
Christus wird uns gnädig und barmherzig helfen, wenn wir es nötig
haben.

1 *Kapitel 5* Jeder Hohepriester, der selbst Mensch ist, wird einge-
setzt, damit er anstelle der anderen Menschen vor Gott dient und,
zum Beispiel, statt ihrer blutige und unblutige Opfer darbringt. /
2 Weil er selbst ein schwacher Mensch ist, kann er mit denen mitfüh-

[17] Ps 95,11.
[18] Ps 95,7f.

len, die vieles nicht wissen oder falsch denken. / Deshalb muß ein 3
solcher Hoherpriester nicht nur für das Volk, sondern auch für
seine eigenen Sünden Schuldopfer darbringen. / Das Ehrenamt des 4
Priesters pflegt man nicht selbst an sich zu reißen, sondern man
muß – so war es auch bei Aaron – von Gott dazu berufen sein. /
Auch Jesus Christus hat nicht einfach von sich aus das Hohepriе- 5
steramt ergriffen, sondern er wurde von Gott dazu berufen. Gott
hat zu ihm gesagt[19]: »Du bist mein Sohn. Heute habe ich dich in
die Welt gesetzt.« / Und an einer anderen Stelle sagt er zu ihm[20]: 6
»Hiermit bist du für immer Priester nach der Ordnung des Melchi-
sedech.« / Als Jesus als Mensch unser Erdendasein mit uns teilte, 7
brachte er Gott eine besondere Opfergabe dar. Laut schreiend und
weinend betete er dabei zu Gott und flehte ihn, den einzigen, der
die Macht dazu hatte, an, ihn aus den Fängen des Todes zu retten.
Weil er demütig und ehrfürchtig war, hat Gott ihn erhört.[21] / Ob- 8
wohl er Sohn Gottes war, hat er aus allem, was er erlitt, leibhaftig
erfahren müssen, was Gehorsam ist, was es also bedeutet, Gewalt
nicht mit Gewalt zu vergelten. / Er ging seinen Weg zu Ende bis vor 9
Gottes Thron im Himmel. Für alle, die ihm auf diesem Weg gehor-
sam nachfolgen, hat er bewirkt daß sie durch ihn für immer vor al-
lem Tod bewahrt bleiben. / Dazu hat Gott ihn »Hoherpriester nach 10
der Ordnung des Melchisedek« genannt. / Darüber müßte ich nun 11
lange reden, aber ich bin mir nicht sicher, ob ihr mich richtig ver-
stehen würdet, denn ihr seid doch recht unzugänglich geworden. /
Obwohl ihr eigentlich inzwischen schon längst Lehrer geworden 12
sein müßtet, ist es nun offenbar nötig, daß ihr selbst noch belehrt
werden müßt, und zwar über die allerersten Grundlagen der Worte
Gottes. Ihr habt anscheinend wieder Milch nötig, weil ihr noch
keine feste Nahrung vertragt. / Wie ein Säugling könnt ihr die har- 13
ten Brocken der »Lehre der Gerechtigkeit« noch nicht verdauen. /
Sie sind etwas für Fortgeschrittene, die aufgrund ihres durch Erfah- 14
rung geschulten Unterscheidungsvermögens bereits Gut und Böse
beurteilen können.

Kapitel 6 Trotzdem wollen wir jetzt aber nicht noch einmal die 1
Anfangsgründe der Lehre über den Messias behandeln, sondern
uns der Lehre vom himmlischen Heiligtum zuwenden, die für Fort-

[19] Ps 2,7.
[20] Ps 110,4.
[21] Zwischen Hebr 5,7 und der Gethsemane-Tradition scheinen Beziehungen zu bestehen. Doch es geht eher um allgemeinere Topoi: vgl. K. Berger: Theologiegeschichte des Urchristentums, 2. A. 1995, § 231 A.

2 geschrittene ist. / Die Grundlagen setzen wir als bekannt voraus:
daß man zum Beispiel die unter der Herrschaft lebloser Götzen er-
wartbaren »toten« Werke, die auf dem Weg zum ewigen Leben nur
Ballast sind, unterlassen soll, daß man an Gott glauben soll, daß es
verschiedene Formen der Taufe gibt, daß Handauflegung für Chri-
sten wesentlich ist, daß Tote auferstehen und daß jeder für die
3 Ewigkeit von einem Gericht beurteilt wird. / Wenn Gott unseren
4 Weg gnädig begleitet, wird unser Vorhaben gelingen. / Gänzlich
von vorne anzufangen ist auch schon deshalb nicht möglich, weil
der Heilige Geist immer ein für allemal verliehen wird. Christen,
denen Gott das Licht des Evangeliums geschenkt hat, die die himm-
lische Gabe des Heiligen Geistes schon geschmeckt und daran An-
5 teil haben, / die von Gottes mächtigem Wort und auch von den
Kräften der kommenden Welt in charismatischen Erfahrungen eine
Kostprobe genossen haben, können das nicht ungeschehen ma-
6 chen.[22] / Und wenn solche Leute abfallen, dann ist es unmöglich,
sie erneut zur Umkehr kommen zu lassen, weil sie nach dem Christ-
werden für sich den Sohn Gottes noch einmal gekreuzigt und öf-
7 fentlich zum Gespött gemacht haben. / Das ist so wie mit der Erde:
Sie trinkt begierig den Regen, der sie kräftig benetzt, und bringt
8 Pflanzen hervor für den, der sie bebaut. / Aber wenn sie Dornen
und Disteln hervorbringt, ist sie nichts wert, dann trifft sie ein
9 Fluch, und am Ende wird sie verbrannt. / Ihr Lieben, auch wenn ich
jetzt so hart mich euch rede, bin ich doch überzeugt, daß ihr nicht
10 so wertlos seid und daß es am Ende gut für euch ausgeht. / Denn
Gott ist nicht so ungerecht, daß er vergißt, was ihr getan und wel-
che Liebe ihr seinem Namen gegenüber gezeigt habt und daß ihr
11 früher und auch jetzt noch den Mitchristen dient. / Ich wünsche mir
sehnlichst, daß jeder und jede von euch eifrig, voller Hoffnung und
12 guten Mutes bis zum Ende durchhält. / Laßt nicht nach in eurem
Bemühen, sondern nehmt euch die zum Vorbild, die treu und ge-
13 duldig ausharrten und dadurch die Verheißungen erlangten. / So
wie Abraham, dem Gott eine Verheißung zuteil werden ließ. Da
Gott bei nichts Höherem schwören konnte als bei sich selbst,
14 schwor er bei sich selbst[23]: / »Fürwahr, ich will dich segnen und
15 deine Familie sehr zahlreich machen.« / Daraufhin wartete Abra-
16 ham voller Geduld, und Gott erfüllte ihm die Verheißung. / Men-
schen schwören bei dem, was höher ist als sie, und ein Eid, mit dem
man seine Aussage bekräftigt, steht über jedem Streit zwischen Ja

[22] Vgl. Vers 4: »ein für allemal«.
[23] Gen 22,16f.

und Nein. / So wollte Gott dadurch, daß er sich des Eides bediente, 17
denjenigen, denen die Verheißung galt, besonders deutlich zeigen,
wie unverrückbar fest seine Verheißungen stehen. / Durch seinen 18
doppelten Schwur hat Gott sich selbst festgelegt, so daß seine Ver-
heißung unmöglich eine Lüge sein kann. Das gibt allen, die bei ihm
eine Zuflucht für ihre Hoffnung suchen, einen starken Halt. / Wie 19
einen sicheren und festen Anker für unsere Herzen haben wir die-
sen Halt dort festgemacht, wo nicht Sehen, sondern nur Hoffen
zählt: auf der anderen Seite des himmlischen Vorhangs. / Als erster 20
von uns ist allein Jesus Christus bereits dorthin vorgedrungen, der
nach der Priesterordnung des Melchisedek für immer unser Hoher-
priester ist.

Kapitel 7 »Melchisedek« nennt die Schrift[24] den König von Sa- 1
lem, der Priester des Höchsten Gottes war. Er begegnete Abraham
bei dessen Rückkehr vom Sieg über die Könige und segnete ihn. /
Abraham übereignete ihm den zehnten Teil von allem, was er er- 2
beutet hatte. Der Name Melchisedek heißt übersetzt »gerechter
König«. Er wird auch König von Salem genannt, das heißt »Frie-
denskönig«. / Da die Schrift kein Wort über seine Herkunft sagt, 3
müssen wir davon ausgehen, daß Melchisedek keinen Vater, keine
Mutter und keinen Stammbaum hatte. Und da weder seine Geburt
noch sein Tod erwähnt werden, ist sein Leben ohne Anfang und
Ende. All das ist genau wie beim Sohn Gottes, und wie er ist er auch
Priester für immer. / Wie bedeutend er ist, kann man schon daraus 4
erkennen, daß der Erzvater Abraham ihm den zehnten Teil von sei-
ner besten Kriegsbeute gab. / Und obwohl die Söhne Levis von 5
Abraham abstammen, dürfen sie als Priester nach dem Gesetz vom
Volk, also von ihren eigenen Brüdern, ebenso den zehnten Teil von
allem verlangen. / Doch als Melchisedek, der nicht mit ihnen ver- 6
wandt war, von Abraham den zehnten Teil der Kriegsbeute an-
nahm, hat er ihn als Träger der Verheißung gesegnet. / Es gilt aber 7
der unbestrittene Grundsatz, daß der Geringere vom Größeren ge-
segnet wird. / Im Falle der Leviten nehmen sterbliche Menschen 8
den Zehnten von allem, im Fall Melchisedeks aber einer, der nach
dem Zeugnis der Schrift ewig lebt. / Kurz gesagt: Als Melchisedek 9
von Abraham den Zehnten nahm, hat er ihn auch von Levi genom-
men, der jetzt selbst den Zehnten nimmt. / Denn Levi war schon in 10
der Lende des Vaters Abraham, als ihm Melchisedek begegnete. /
Daß durch das levitische Priestertum die Vollendung unseres Heils 11

---

24 Gen 14,17-20.

gekommen ist, erscheint nun jedoch völlig undenkbar, denn unter
dem levitischen Priestertum hat das Volk zwar das Gesetz empfan-
gen, doch in der Schrift heißt es schon, daß es nötig sei, einen an-
deren Priester – eben nach der Ordnung des Melchisedek[25] und
12 nicht nach der des Aaron – einzusetzen. / Wenn sich aber die Ord-
nung des Priestertums ändert, muß sich zwangsläufig auch die
13 Kultordnung, das Gesetz, ändern. / Jesus, von dem hier die Rede
ist, gehörte nicht dem Stamm Aarons, sondern einem anderen
Stamm, dem Stamm Juda, an, aus dem nie zuvor Priester hervor-
14 gingen. / Zumindest hat Mose über Priester aus Juda nichts gesagt.
15 / Daß es sich um zwei verschiedene Ordnungen des Priestertums
handelt, wird nicht nur daran deutlich, daß in der Schrift auf beide
verwiesen wird, sondern auch daran, daß sie unterschiedlich gear-
tet sind. Die Priesterordnung des Melchisedek erkennt man an dem
16 anderen Priester, der ihm ganz ähnlich geartet ist: / Jesus. Er ist
Priester nach den Regeln einer Ordnung, die sich nicht nur auf
sterbliche Menschen bezieht, sondern auf die Kraft unzerstörbaren
17 Lebens. / Denn von ihm heißt es in der Schrift: »Du bist Priester für
18 alle Zeit nach der Priesterordnung des Melchisedek.« / Damit wird
die frühere, alte Kultordnung aufgehoben, denn sie ist nur vergäng-
19 lich, schwach und bewirkt kein Heil. / Das Gesetz hat nichts zur
himmlischen Vollendung führen können. Statt dessen wird nun der
20 Grund für eine überlegene Hoffnung gelegt. / Auf dem alten Weg
wurde man Priester ohne eidliche Versicherung. Doch der neue
21 Weg zu Gott wird durch einen Schwur festgelegt. / Jeder Vertreter
der Kultordnung wird durch einen Eid eingesetzt, indem Gott zu
ihm sagt[26]: »Geschworen hat der Herr, nicht wird es ihn gereuen:
22 Du bist Priester für immer.« / Wenn in dieser neuen Ordnung die
Priester durch einen Eid und für immer eingesetzt werden, ist Jesus
23 also Mittler eines besseren Bundes. / In der alten Ordnung gibt es
viele Priester, weil jeder sterben muß und deshalb nicht bleiben
24 kann. / Das Priestertum des Hohenpriesters, der für immer bleibt,
25 ist dagegen unvergänglich. / Deshalb kann es alle die für immer
zum Heil führen, deren Mittler auf dem Weg zu Gott Jesus ist.
26 Denn er ist immer lebendig und kann für sie eintreten. / Das ist ge-
nau der Hohepriester, den wir brauchen: heilig, ohne Schuld, nicht
in Zwielichtiges verwickelt, der sich von den Sündern fernhält und
über alle Himmel erhöht ist, so daß er ständig für uns bei Gott ein-
27 treten kann. / Er muß nicht Tag für Tag zuerst für die eigenen Sün-

[25] Ps 110,4.
[26] Ps 110,4.

den und dann für die des Volkes Opfer darbringen wie in der alten
Ordnung die Priester oder der Hohepriester, der einmal im Jahr zu
opfern pflegte. / Denn das Gesetz stellt schwache, sterbliche Men- 28
schen als Hohepriester auf. In der auf das alte Gesetz folgenden
Neuordnung ist dagegen der Sohn als Hoherpriester für allezeit bei
Gott über Tod und Schwäche erhaben.

Kapitel 8 Das Wichtigste, was ich euch zu sagen habe, ist also: 1
Wir haben einen Hohenpriester, der im Himmel auf dem Thron
sitzt, der zur Rechten von Gottes Thron steht. / Er leistet als Prie- 2
ster im wahren, himmlischen Heiligtum den heiligen Dienst, der
von Gott, nicht von Menschen eingerichtet worden ist. / Denn jeder 3
Hohepriester wird eingesetzt, damit er Opfergaben und andere Op-
fer darbringt. / Auf der Erde könnte er gar nicht Priester sein, weil 4
dort Opfer und andere Gaben durch das jüdische Gesetz bestimmt
werden. / Wer den Priesterdienst nach diesem Gesetz vollzieht, lei- 5
stet ihn nur dem schwachen Abbild, einem Abglanz der himmli-
schen Ordnung. Als Mose das Zelt für den Gottesdienst errichten
wollte, trug ihm ein Gotteswort auf[27]: »Mach alles nach dem
himmlischen Vorbild, das ich dir auf dem Sinai gezeigt habe.« /
Jesus, dem neuen Hohenpriester, wurde dagegen ein ganz anderer 6
Dienst übertragen, so daß er uns einen viel wirksameren Bund ver-
mitteln konnte, der ja auch auf einer besseren gesetzlichen Grund-
lage geschlossen wurde. / Wäre der erste Bund ganz vollkommen 7
gewesen, hätte es der zweiten Bundesordnung überhaupt nicht be-
durft. / Schon in der Schrift sagt Gott an einer Stelle voll Tadel zu 8
den Juden[28]: »Die Zeit wird kommen, da werde ich für das Volk
Israel und das Volk der Juden einen neuen Bund schließen. / Dieser 9
Bund ist anders als der, den ich mit ihren Vätern geschlossen habe.
Damals faßte ich sie bei der Hand und führte sie aus Ägypten her-
aus. Denn sie waren nicht treu bei den Satzungen meines Bundes
geblieben, und daher hatte ich mich auch nicht um sie gekümmert.
/ Der neue Bund, den ich später mit dem Volk Israel schließen 10
werde, sieht so aus: Ich werde ihnen meine Gebote ins Herz legen
und aufs Herz schreiben. Ich werde ihr Gott sein, und sie werden
mein Volk sein. / Keiner wird mehr seine Mitbürger belehren oder 11
Bruder und Schwester aufmerksam machen müssen mit Worten
wie: ›Suche den Herrn!‹ Denn alle, groß und klein, werden mich
kennen. / Mit ihren Versäumnissen und ihren Verfehlungen werde 12

[27] Ex 25,40.
[28] Jer 31,31-34.

13 ich gnädig umgehen, und ihre Sünden will ich vergessen.« / Wenn
Gott von einem »neuen Bund« spricht, nennt er den früheren Bund
indirekt »alt«, und alles, was alt wird und veraltet, vergeht.

1 *Kapitel 9* Die erste, alte Ordnung enthielt Regeln für den Gottes-
2 dienst und das irdische Heiligtum. / Das erste Zelt war so eingerich-
tet: In einem abgetrennten Teil, dem »Heiligen«, befanden sich der
3 siebenarmige Leuchter und die Vorzeigebrote. / Dieses »Heilige«
war durch einen Vorhang vom Vorhof abgetrennt. Durch einen
zweiten Vorhang war dann davon wiederum das »Allerheiligste«
4 abgeteilt. / Hier befinden sich der goldene Rauchopferaltar, die
rundum vergoldete Bundeslade, der goldene Krug mit Manna, der
Aaronsstab mit seinen Knospen und die beiden Tafeln des Bundes-
5 schlusses mit den Zehn Geboten, / darüber die Cherubim in ihrem
goldenen Glanz, die ihre Flügel über den Sühnedeckel breiten. All
6 diese Dinge kann ich hier nicht im einzelnen beschreiben. / Das ir-
dische Heiligtum besteht also aus zwei Teilen: dem Heiligen und
dem Allerheiligsten. In das Heilige gehen täglich die Priester, um
7 die Kulthandlungen zu vollziehen. / In das Allerheiligste geht nur
der Hohepriester, einmal im Jahr, mit dem Blut von Ziegenböcken
und Stieren, das er für seine eigenen Verfehlungen und die des Vol-
8 kes darbringt. / Diese durch den Heiligen Geist geoffenbarte An-
ordnung von Heiligem und Allerheiligstem im irdischen Tempel in
Jerusalem ist ein Sinnbild für die gegenwärtige Weltzeit. Solange
der Tempel besteht, bleibt der wahre Heilsweg den meisten ge-
nauso verborgen wie der Dienst und die Handlungen der Priester
9 im Heiligen und im Allerheiligsten. / Denn in der gegenwärtigen
Zeit werden noch immer blutige und unblutige Opfer dargebracht,
die den, der diesen Kult vollzieht, nicht in seinem Gewissen heilig
10 machen können. / Es geht doch nur um rituelle Vorschriften für Es-
sen und Trinken und unterschiedliche Waschungen, von schwachen
Menschen gemachte Gebote, die nur bis zur Zeit der Neuregelung
11 am Ende gültig sind. / Seit aber Jesus Christus da ist, ist er der Ho-
hepriester, der uns himmlische Güter vermittelt hat, und zwar an
dem viel größeren und weit vollkommeneren Tempelzelt im Him-
mel, das nicht von Menschenhand gemacht ist und nicht zu dieser
12 Schöpfung gehört. / Jesus ist als Hoherpriester in das himmlische
Allerheiligste gegangen – nicht mit dem Blut von Ziegenböcken
und Stieren, sondern mit dem eigenen Blut, und zwar ein für alle-
13 mal, und hat Erlösung für immer bewirkt. / Wenn schon das Blut
von Ziegenböcken und Stieren und die Asche der roten Kuh die
Gläubigen, die damit besprengt werden, so reinigen können, daß

sie leiblich heilig sind, / um wieviel besser kann da das Blut Christi 14
unser Gewissen von aller Schuld rein machen, die wir durch die uns
von leblosen Götzen eingeflüsterten »toten« Werke, die auf dem
Weg zum ewigen Leben nur Ballast sind, auf uns geladen haben.
Denn Jesus Christus hat sich selbst, den vollkommen Gerechten,
Gott dargebracht, in der Kraft des Heiligen Geistes, also nicht
mehr im Bereich der schwachen Kreatur, sondern mit ewiger Gel-
tung und grenzenloser Wirkung. Daher können auch wir jetzt dem
lebendigen Gott dienen. / Da Jesus durch sein Wirken den neuen 15
Bund vermittelt hat, sollten wir, die Berufenen, nun das ewige Erbe,
die verheißene Heimat im Himmelreich bei Gott, in Besitz nehmen.
Denn die Übertretungen, die unter dem ersten Bund begangen wur-
den, sind nun durch die Kraft seines Todes gesühnt. / Man kann 16
den Bund auch als ein Testament auffassen. Ein Testament tritt erst
in Kraft, wenn der Mensch, der es erlassen hat, verstorben ist. /
Solange der Erblasser noch lebt, hat das Testament keine Funktion; 17
erst wenn er stirbt, wird es rechtskräftig. / Daher wurde das erste 18
Testament durch das Blut von Ziegenböcken und Stieren – Sinnbild
des Todes – rechtskräftig gemacht. / Nachdem Mose dem Volk das 19
ganze Gesetz Satz für Satz hatte vorlesen lassen, tränkte er schar-
lachrote Wolle und eine Ysop-Pflanze mit dem Blut von Ziegen-
böcken und Stieren und besprengte damit und mit Wasser das
Heilige Buch und das ganze Volk und / sagte[29]: »Dies ist das Bun- 20
desblut zur Bekräftigung des Bundes, den Gott mit euch geschlos-
sen hat.« / Und in derselben Weise besprengte er auch das Zelt und 21
alle Gottesdienstgeräte mit Blut. / Durch das Besprengen mit Blut, 22
also eine Art Blutvergießen, wird beinahe alles rein gemacht und
geheiligt. So steht es im Gesetz. Und durch Blutvergießen geschieht
überhaupt Vergebung. / Die irdischen Abbilder der himmlischen 23
Urbilder wurden also durch den Ritus des Besprengens mit Blut
heilig gemacht. Die himmlischen Urbilder aber werden durch ein
besseres Verfahren gereinigt und geheiligt. / Jesus, der Messias, hat 24
nämlich nicht ein von Menschen gemachtes Heiligtum, ein bloßes
Abbild des wahren Heiligtums im Himmel, sondern den Himmel
selbst betreten, um dort vor Gott selbst für uns einzutreten. / Er tat 25
dies auch nicht regelmäßig, wie der Hohepriester, der jedes Jahr mit
fremdem Blut in das Heiligtum hineingeht, / denn sonst hätte er ja 26
seit Anbeginn der Welt schon viele Male leiden müssen. Er ist viel-
mehr jetzt, kurz vor dem Ende der Welt, ein einziges Mal sichtbar
geworden, um die mächtigen Folgen der Sünde durch sein Opfer zu

[29] Ex 24,6-8.

27 beseitigen. / So ist es mit uns Menschen: Einmal müssen wir ster-
28 ben, danach bleibt nur das Gericht. / Und so ist es auch mit dem
Messias: Einmal wurde er geopfert, um die Sünden aller wegzutra-
gen. Wenn er ein zweitesmal kommt, muß er sich um die Sünde der
Menschheit nicht mehr kümmern. Dann kommt er für die, die ihn
als ihren Heiland ersehnen.

1 *Kapitel 10* Das Gesetz zeigt nur den Abglanz der Dinge, die wir
für die Zukunft erhoffen, es gibt uns noch nicht ihr wirkliches Ur-
bild. Daher kann es auch diejenigen, die jedes Jahr immer dieselben
2 Riten vollziehen, nicht zum Heil führen. / Wenn sie durch den Kult
wirklich ein für allemal rein geworden wären, hätten sie ja nie mehr
opfern müssen, da sie sich keiner Schuld mehr bewußt wären. /
3 Doch schon die Tatsache, daß es die Riten des Versöhnungstags
4 gibt, erinnert sie alljährlich an ihre Sünden. / Dabei kann doch das
Blut von Ziegenböcken und Stieren unmöglich Sünden wegneh-
5 men. / Deswegen sagt Jesus beim Einzug in die Welt mit den Worten
des Psalms[30]: »Du wolltest nicht, daß ich dir Opfer und Brandopfer
bringe. Vielmehr hast du mir einen Leib bereitet, mit dem ich dir
6 dienen kann. / Brandopfer für die Sünden der Menschen heißt du
7 nicht gut. / Ich sagte: ›Ich komme, um deinen Willen, Gott, zu
8 tun.‹« / Zuerst sagt er, daß Gott »Opfer und Brandopfer« und
»Brandopfer für die Sünden der Menschen« – also alles, was nach
dem Gesetz dargebracht wird – nicht will und nicht gutheißt. /
9 Dann sagt er: »Ich komme, um deinen Willen zu tun.« Damit hebt
er die Verpflichtung zu Brandopfer und Sündopfer auf und bekräf-
10 tigt um so mehr die Bereitschaft, Gottes Willen zu tun. / Durch
diese Bereitschaft sind wir ein für allemal heilig gemacht worden,
dadurch, daß Jesus seinen Leib, also sein ganzes Leben, Gott dar-
11 gebracht hat. / Jeder Priester steht Tag für Tag am Altar und bringt
in seinem Dienst vielfach dieselben Opfer dar, die jedoch nie die
12 Sünden beseitigen können. / Jesus aber hat ein einziges Opfer für
die Sünden dargebracht und hat sich für immer an Gottes rechte
13 Seite gesetzt, / wo er darauf wartet, daß ihm seine Feinde als Fuß-
14 schemel unter seine Füße gelegt werden. / Denn durch ein einziges
Opfer hat er alle die für immer zur himmlischen Vollendung vor
Gott geführt, die er heilig und zu Gottes Eigentum gemacht hat. /
15 Das bestätigt uns auch der Heilige Geist in der Schrift. Denn dort
16 heißt es[31]: / »Der neue Bund, den ich später mit dem Volk Israel

30 Ps 40,7-9.
31 Jer 31,33.

schließen werde, sieht so aus: Ich lege ihnen meine Gebote ins Herz,
schreibe sie in ihren Verstand. / Ihre Sünden und Übertretungen 17
von früher will ich vergessen.« / Wo Gott aber alle Übertretungen 18
vergeben und vergessen hat, bedarf es auch keines Opfers für die
Sünden mehr. / Liebe Brüder und Schwestern! Dank des Blutes, das 19
Jesus für uns vergossen hat, steht uns der Zugang in das himmli-
sche Heiligtum offen. / Weil Jesus Mensch ist wie wir, kann er für 20
uns die Tür zum Himmel sein. Auf diese Weise ist er der neue, le-
bendige Weg selbst, der Vorhang, durch den Gott zugänglich wird.
/ Er ist als der große Priester über Gottes Tempel gesetzt. / So wol- 21, 22
len wir also mit einem Herzen, das er rein gemacht hat, und mit ei-
nem Glauben, dem er Kraft und Zuversicht geschenkt hat, vor Gott
hintreten. Denn unsere Herzen sind reingewaschen von jedem Ma-
kel des schlechten Gewissens, wir sind in klarem Wasser gebadet. /
So wollen wir unbeugsam festhalten an unserem Bekenntnis zu 23
dem, was wir erhoffen. Denn Gott, der die Verheißungen gegeben
hat, ist treu. / Wir wollen darauf achten, daß wir uns gegenseitig zu 24
Liebe und anderen guten Taten anspornen. / Wir wollen nicht – wie 25
es sich einige angewöhnt haben – unseren Versammlungen fernblei-
ben, sondern einander dazu anhalten, sie zu besuchen. Und das um
so mehr, als der Tag des Herrn nicht mehr fern ist. / Wenn wir jetzt, 26
nachdem wir Gottes Wirklichkeit kennengelernt haben, vorsätzlich
sündigen, kann uns kein Sündopfer mehr helfen. / Dann können 27
wir nur noch ein schreckliches Gericht erwarten, ein Feuer, das gie-
rig alle Gegner verschlingt. / Schon wenn jemand das Gesetz des 28
Mose übertreten hatte und es dafür zwei oder drei Zeugen gab,
wurde er schonungslos zum Tode verurteilt. / Eine wieviel schlim- 29
mere Strafe muß da den treffen, der den Sohn Gottes mit Füßen
tritt und durch sein Verhalten unsere Erlösung – also das Blut des
Bundes, mit dem wir erlöst sind – offen mißachtet und dadurch den
Geist, der ihm aus Gnade geschenkt ist, beleidigt. / Wir wissen 30
doch, wer sagt[32]: »Mein ist die Rache, ich will vergelten.« Und in
der Schrift heißt es auch[33]: »Der Herr wird sein Volk richten.« /
Schrecklich ist es, in die Hände des lebendigen Gottes zu fallen. / 31
Denkt doch daran, wie es früher war, als das Licht des Glaubens 32
frisch in euch entzündet war. Viele Leiden ertrugt ihr geduldig, / ob 33
ihr nun selbst geschmäht und bedrängt und zum Gespött vorge-
führt wurdet oder ob eure Freunde und Bekannten solches durch-
stehen mußten. / Wenn ihr in Fesseln lagt oder man euch eure ganze 34

32 Vgl. Dt 32,35.
33 Ps 135,14.

Habe wegnahm, habt ihr das mit Freuden ertragen, weil ihr sicher
wart, daß ihr einen besseren und bleibenden Besitz im Himmel
35 habt. / Werft doch eure große Freude am Glauben nicht fort! Denn
36 es wartet doch reicher Lohn auf euch! / Ihr braucht nur etwas Ge-
duld, um Gottes Willen treu zu erfüllen, bis ihr seine Verheißung
37 erlangt. / So heißt es doch in der Schrift[34]: »Nur noch kurze, ganz
kurze Zeit, dann wird kommen, der da kommen soll, und er wird
38 sich nicht verspäten. / Wer bei mir als Gerechter lebt, der wird sein
Leben ganz gewinnen, wenn er treu bleibt. Doch wenn er aufgibt,
39 will ich nichts mehr von ihm wissen.« / Wir aber werden nicht auf-
geben und untergehen, sondern unserem Glauben treu bleiben, um
uns selbst nicht zu verlieren.

1 *Kapitel 11* Glauben besteht darin, daß ein Stück des Erhofften als
geheime Kraft schon wirklich ist. Der Glaube ist selbst der Beweis
2 für das, was man nicht sehen kann. / Die Schrift stellt vielen Men-
schen aus früherer Zeit für ihren Glauben ein gutes Zeugnis aus: /
3 Im Glauben nehmen auch wir wahr, daß die Räume und Zeiten der
Welt durch Gottes Wort geschaffen sind, also das Sichtbare durch
das Unsichtbare. Glaube ist die Kraft, das zu sehen, obgleich man
4 es nicht sieht. / In der Kraft seines Glaubens brachte Abel Gott
mehr Opfer dar als Kain und gilt deshalb als gerecht. Gott selbst
nannte ihn so, als er das Opfer darbrachte. Durch die Kraft des
Glaubens ist Abels Stimme noch immer zu vernehmen, dadurch,
5 daß sein Blut laut nach Rache schreit. / Durch die Kraft seines
Glaubens wurde Henoch ins Paradies entrückt und mußte nicht
sterben. Weil Gott ihn entrückt hatte, konnte ihn niemand finden.
Die Schrift bezeugt, daß Gott an ihm Gefallen gefunden hat, bevor
6 er entrückt wurde. / An einem, der nicht glaubt, kann Gott nicht
Gefallen finden. Denn jeder, der vor Gott treten will, muß ja im
Glauben annehmen, daß es ihn gibt und daß er allen, die ihn su-
7 chen, reichen Lohn zuteil werden läßt. / In der Kraft seines Glau-
bens erhielt Noah von Gott eine Offenbarung über Dinge, die man
noch nicht sehen konnte, und baute in ehrfurchtsvollem Gehorsam
eine Arche, um seine Sippe zu retten. So wurde die Arche des Ge-
rechten zum Zeichen seines Urteils über die Welt. [Denn wenn der
Gerechte gegen alle Welt, die ihn feindselig und ungläubig umgibt,
ein Zeichen baut, das seine Rettung verheißt, macht er dadurch
deutlich, daß die Welt ungerecht und heillos ist.] So wurde Noah
aufgrund seines Glaubens und seiner Treue als gerecht angesehen.

---

34 Jes 26,20.

/ In der Kraft seines Glaubens gehorchte Abraham, als Gott ihn 8
rief, und machte sich, ohne zu wissen, wohin er ging, auf zu dem
Ort, den er in Besitz nehmen sollte. / In der Kraft seines Glaubens 9
wohnte Abraham im verheißenen Land wie ein Fremder. Als wäre
es ein fremdes Land, wollte er gemeinsam mit Isaak und Jakob,
Trägern derselben Verheißung, dort nur in Zelten hausen. / Denn 10
seine Sehnsucht richtete sich auf die Stadt, die wirkliche Funda-
mente hat, das himmlische Jerusalem, dessen Baumeister Gott
selbst ist. / Durch die Kraft des Glaubens wurde Sarahs Schoß emp- 11
fänglich für Abrahams Samen, obwohl sie schon so alt war. Sarah
baute darauf, daß Gott, der ihr Nachkommen verheißen hatte, treu
sein würde. / Deshalb stammten von dem einen Abraham, obwohl 12
er aufgrund seines Alters kein Kind mehr hätte zeugen können,
Kinder ab, deren Zahl[35] so groß war wie die der Sterne am Himmel
und der Sandkörner am Meer. / In der Kraft ihres Glaubens be- 13
kannten alle Kinder Abrahams, Fremdlinge und Heimatlose im hei-
ligen Land zu sein. Für sie alle hatten sich die Verheißungen bis zu
ihrem Tode nicht erfüllt, doch sie sahen sie von ferne und freuten
sich darauf. / Wer so redet, gibt damit zu erkennen, daß er seine 14
Heimat erst sucht und noch nicht gefunden hat. / Wenn für jene Is- 15
raeliten damals das Land, aus dem sie ausgezogen waren, eine Hei-
mat gewesen wäre, dann hätten sie Zeit und Gelegenheit gehabt,
zurückzukehren. / Doch sie sehnten sich nach einer besseren, der 16
himmlischen Heimat. So kann man Gott ohne weiteres den Gott
Abrahams, Isaaks und Jakobs nennen, weil er ihnen eine himmli-
sche Stadt in Aussicht gestellt hat. Wenn man ihn so nennen darf,
wird er seine Anhänger nicht enttäuschen und bloßstellen. / In der 17
Kraft seines Glaubens konnte Abraham, als er versucht wurde,
Isaak auf den Altar legen, bereit, den einzigen Sohn zu opfern, für
den er doch all die Verheißungen empfangen hatte. / Denn ihm war 18
ja gesagt worden: »Dein Same wird Isaak genannt werden.« / Weil 19
Abraham glaubte, daß Gott Menschen aus Toten erwecken kann,
erhielt er Isaak zurück, und genauso werden alle Glaubenden
durch die allgemeine Totenauferstehung ihre Toten zurückerhalten.
/ In der Kraft dieses Glaubens an Gottes Wirken in der Zukunft 20
segnete Isaak Jakob und Esau. / In der Kraft seines Glaubens seg- 21
nete der Erzvater in seiner Todesstunde jeden einzelnen von Josefs
Söhnen. Und gestützt auf seinen Stab neigte er sein Haupt und be-
tete zu Gott. / In der Kraft seines Glaubens erinnerte Josef auf sei- 22
nem Sterbebett an den Auszug der Kinder Israels und gab Anwei-

35 Gen 15,5.

23 sungen, wie seine Gebeine bestattet werden sollten. / In der Kraft
ihres Glaubens hielten Moses Eltern ihren neugeborenen Sohn drei
Monate verborgen. Sie sahen, daß er ein schönes Kind war, und
24 hatten doch vor dem König und seinem Gebot keine Angst. / In der
Kraft seines Glaubens wollte Mose, als er erwachsen geworden
25 war, sich nicht Sohn der Tochter Pharaos nennen lassen, / sondern
zog es vor, mit dem Volk Gottes zu leiden, anstatt für eine kurze
26 Zeit des Wohlstands Schuld auf sich zu laden. / Im Vergleich zu den
Schätzen Ägyptens hielt er es für einen weitaus größeren Reichtum,
die Schmach des Messias zu tragen, weil er wußte, was er sich dafür
27 einhandelte. / In der Kraft seines Glaubens verließ Mose Ägypten
ohne Angst vor Pharaos Wut. Denn er hatte den unsichtbaren Gott
28 so vor Augen, als sähe er ihn. Das gab ihm Mut und Ausdauer. / In
der Kraft seines Glaubens feierte Mose das Passahfest und ließ die
Türpfosten mit Blut besprengen, damit der Todesengel, der die
29 Erstgeburt töten sollte, daran vorbeigehen sollte. / In der Kraft ih-
res Glaubens durchschritten Mose und die übrigen Israeliten das
Rote Meer, als wäre es trockenes Land, während die Ägypter bei
30 der Berührung mit dem Meer umkamen. / Durch die Kraft des
Glaubens der Israeliten fielen die Mauern von Jericho, nachdem sie
31 sieben Tage lang belagert worden waren. / Dank ihres Glaubens
kam die Hure Rahab nicht mit denen zusammen um, die den Glau-
ben verweigerten, weil sie die Kundschafter in Frieden aufgenom-
32 men hatte. / Es fehlt mir die Zeit, noch all die anderen aufzuzählen
und über Gideon und Barak, über Samson und Jephta, über David,
33 Samuel und die Propheten zu berichten. / In der Kraft ihres Glau-
bens haben sie Königreiche bezwungen, gerechte Taten vollbracht,
34 Verheißenes erlangt, Löwen den Rachen gestopft. / Sie haben
mächtige Feuer gelöscht, entkamen dem sicheren Tod durch das
Schwert, wurden sehr stark, obwohl sie vorher schwach waren,
konnten große Kriegstaten vollbringen und gegnerische Stellungen
35 auflösen. / Frauen erhielten ihre Toten wie aus der Auferstehung zu-
rück. Andere ertrugen schlimmste Martern und wollten kaum frei-
gelassen werden, weil sie sich etwas Besseres erhofften: die Aufer-
36 stehung aus Toten. / Andere erduldeten Hohn und Geißelhiebe,
37 Fesseln und Kerkerhaft. / Sie ließen sich steinigen, verbrennen oder
zersägen oder von Schwertern durchbohren. Sie liefen in Schaf-
oder Ziegenfellen herum, litten Not und Bedrängnis und große
38 Qualen. / Andere, bei denen – kurz gesagt – die Welt es nicht zu
schätzen wußte, daß sie auf ihr lebten, irrten in Einöden umher und
39 auf Berghöhen und lebten in Erdlöchern. / Von diesen allen bezeugt
die Schrift: Aufgrund der Kraft ihres Glaubens konnten sie darauf

verzichten, nur irdische Verheißungen zu erlangen. / Denn Gott hat 40
für uns etwas Besseres vorgesehen. Und nur mit uns zusammen sol-
len alle diese Menschen ihr himmlisches Ziel erreichen.

Kapitel 12 Wenn uns schon ein solcher Wald von Zeugen umgibt, 1
dann wollen wir alles ablegen, was uns am Laufen hindert, beson-
ders die Sünde, und uns mit Ausdauer an dem Marathonlauf[36] be-
teiligen, der vor uns liegt. / Dabei blicken wir zu Jesus auf, der den 2
langen Zug aller Glaubenden durch die Geschichte hin anführt bis
in den Himmel hinein. Als Auserwählter hätte sich Jesus sicher für
Freude und Freiheit von Leid entscheiden können, doch statt des-
sen ertrug er geduldig das Kreuz. Trotz seines schändlichen Endes
hat er sich rechts neben Gottes Thron gesetzt. / Wenn ihr bedenkt, 3
was Jesus an frechen und gemeinen Anwürfen der Gottlosen ertra-
gen mußte, dann werdet ihr nicht so schnell nachlassen und müde
werden. / Noch habt ihr im Kampf gegen die Mißachtung Gottes 4
noch nicht bis zum Äußersten, bis aufs Blut widerstehen müssen. /
Die folgende Mahnung ist an euch gerichtet, denn ihr seid doch die 5
Kinder[37]: »Mein Kind, wenn Gott dich erzieht, so nimm das ernst.
Wenn er dich straft, sei nicht niedergeschlagen. / Denn der Herr er- 6
zieht nur, wen er liebt. Jedes Kind, das er annimmt, das stellt er un-
ter seine Zucht.« / Haltet also Gottes Erziehung geduldig aus. Alle 7
Eltern erziehen ihre Kinder. / Würde euch Gott nicht erziehen, dann 8
wärt ihr Bastarde, aber nicht seine richtigen Kinder. / Unsere 9
menschlichen Eltern haben uns erzogen, und wir hatten Respekt
vor ihnen. Dem Vater und Herrn der Geister müssen wir uns jedoch
gehorsam unterwerfen, damit wir leben können. / Menschliche El- 10
tern erziehen ihre Kinder nur für kurze Zeit und so, wie sie es für
gut halten. Gott aber erzieht uns zu unserem Besten, damit wir An-
teil an seiner Heiligkeit gewinnen. / Erziehung ist zunächst niemals 11
ein Spaß, sondern tut eher weh. Doch vom Ergebnis her betrachtet,
befähigt sie zu Frieden und gerechtem Handeln. / Deswegen: Strafft 12
eure müden Arme und streckt eure lahmen Knie! / Geht stracks ge- 13
radeaus und lungert nicht herum, damit die angeschlagenen Glied-
maßen nicht ganz zusammenbrechen, sondern wieder zu Kräften
kommen. / Bemüht euch eifrig um Frieden mit jedermann, aber 14
auch um Heiligkeit, also darum, euch von Korruption und Ver-
strickung freizuhalten, denn ohne sie kann keiner Gott schauen. /

36 Die »Szene hinter dem Text« verweist darauf, daß es hier nicht darum geht, wer als erster ins Ziel kommt, sondern um Durchhaltevermögen.

37 Prov 3,11f.

15 Achtet einer auf den anderen, damit keiner zu kurz kommt, wenn
Gottes Gnade verteilt wird. Sorgt dafür, daß keiner bitter wird.
Denn wie leicht wird das dann Mode und ergreift alle, bis die ganze
16 Gemeinde in Mitleidenschaft gezogen ist. / Keiner soll leichtfertig
Kontakte zu Heiden pflegen wie Esau, der immerhin bereit war, für
17 einen Teller Linsen sein Erstgeburtsrecht zu verkaufen. / Ihr wißt ja,
daß er dann, als er gesegnet werden wollte, zurückgewiesen wurde.
Obwohl er sich unter Tränen darum bemühte, gab es keine Mög-
18 lichkeit zur Umkehr mehr für ihn. / Denn ihr steht nicht vor dem
Berg Sinai wie die Menschen des ersten Bundes. Sie hätten damals
den Berg mit Händen berühren können, Feuer loderte in der
19 Nacht[38], es herrschten Finsternis und Sturm. / Eine Trompete er-
tönte. Donnerschläge hallten vom Himmel. Die Menschen, die das
alles anhören mußten, wollten unbedingt von jedem weiteren Wort
20 verschont bleiben. / Sie konnten es nicht ertragen, zu hören, daß
21 selbst ein Tier, das den Berg berührte, zu steinigen sei. / So großen
Schrecken bewirkte die Erscheinung, daß selbst Mose sagte: »Ich
22 bin voll Furcht und Zittern.« / Ihr dagegen steht vor einem ganz an-
deren Berg, dem Berg Sion. Hier ist die Stadt des lebendigen Gottes,
das himmlische Jerusalem. Hier ist eine Festversammlung von
23 Zehntausenden von Engeln. / Hier ist die Kirche der Engel, der
Erstgeborenen, deren Namen im Himmel aufgeschrieben sind. Hier
ist Gott, der Richter aller, hier sind die Gerechten, die das himmli-
24 sche Ziel schon erreicht haben. / Hier ist Jesus, der Mittler des
neuen Bundes, hier ist Blut, mit dem die Christen besprengt wer-
25 den, das weit lauter nach Rache schreit als Abels Blut. / Seht zu,
daß ihr Gott nicht abweist, der hier redet: Wenn schon damals die
Menschen auf Erden der Strafe dessen nicht entkommen konnten,
der ihnen die Offenbarung zuteil werden ließ, um wieviel weniger
können wir jetzt der Strafe entkommen, wenn wir uns von dem ab-
26 wenden, der vom Himmel her redet. / Damals konnte seine Stimme
die Erde erschüttern, jetzt aber verkündet er: »Noch ein einziges
Mal werde ich Erschütterung bringen, nicht nur über die Erde,
27 auch über den Himmel.« / Daß er »noch ein einziges Mal« sagt, be-
deutet: Die geschaffenen Dinge werden durch die Erschütterung so
umgewandelt, daß nur das unverändert bleibt, was nicht zu er-
28 schüttern ist. / Wir nehmen daher ein Reich in Empfang, das nicht
zu erschüttern ist. Dafür wollen wir danken und diesen Dank zur
Grundlage unseres Dienstes vor Gott machen. Wir hoffen, daß die-

[38] Vgl. zur Schilderung: Ex 19,16-19.

ser Dienst Gott gefällt und wollen ihn fromm und ehrfürchtig voll-
ziehen. / Denn unser Gott ist verzehrendes Feuer.[39] 29

Kapitel 13 Bewahrt euch die geschwisterliche Liebe! / Vergeßt 1, 2
nicht, Gastfreundschaft zu üben! Denn manche hatten schon, ohne
daß sie es wußten, Engel zu Gast. / Denkt an die Gefangenen, als 3
wärt ihr mit ihnen gefesselt. Gedenkt der Mißhandelten, weil ihr
auch selbst ein Christenleben im Leib durchstehen müßt. / Haltet 4
die Ehe heilig, bewahrt in allem, was die Sexualität betrifft, euer
Herz rein. Gott ist ein strenger Richter über Lüsternheit und Ehe-
bruch. / Seid nicht geldgierig, begnügt euch mit dem, was ihr habt. 5
Denn Gott selbst hat gesagt: »Ich werde dich nicht aufgeben und
nicht im Stich lassen!« / Deshalb sollen wir frohen Muts in die Zu- 6
kunft blicken und sagen[40]: Der Herr ist mein Helfer, ich brauche
keine Angst zu haben. Was kann mir ein Mensch schon antun? /
Vergeßt eure Lehrer nicht, die euch Gottes Wort verkündigt haben! 7
Blickt auf das Ende ihres Lebens und nehmt ihre Treue zum Vor-
bild. / Jesus Christus ist treu. Er ist gestern und heute derselbe und 8
ist es für immer. / Laßt euch nicht von schillernden und exotischen 9
Lehrmeinungen beeinflussen. Die Kraft zum Leben bekommen wir
durch Gnade, nicht durch bestimmte Riten bei den Mahlzeiten.
Wer sich daran hielt, hatte doch nichts davon. / Diejenigen, die 10
Gott dienen, dürfen weder vom Altar im sichtbaren Tempel noch
vom himmlischen Altar irgend etwas essen. / In der alten Ordnung 11
wurden die Tiere, deren Blut der Hohepriester wegen der Sünden
des Volkes in das Allerheiligste hineinträgt, außerhalb des Lagers
verbrannt.[41] / Entsprechend in der neuen Ordnung: Um das Volk 12
durch sein Blut zu Gottes reinem Eigentum zu machen, mußte Jesus
außerhalb der Stadtmauer leiden und sterben. / Deshalb laßt uns 13
hinausziehen zu ihm vor die Stadt und uns genauso verspotten las-
sen, wie sie es mit ihm gemacht haben. / Denn wir haben hier auf 14
Erden keine Stadt auf Dauer, sondern wir suchen die zukünftige
Stadt. / Jesus ist unser Hoherpriester. Durch ihn bringen wir mit 15
unserem Gesang, in dem wir seinen Namen bekennen, Gott allzeit
ein Lobopfer dar. / Vergeßt auch nicht, Gutes zu tun und füreinan- 16
der zu sammeln. Denn über solche Opfer freut sich Gott. / Folgt ge- 17
horsam euren Lehrern. Sie sind Tag und Nacht für euch da, weil sie
Rechenschaft über euch ablegen müssen. Arbeitet so mit ihnen zu-

---

[39] Jes 33,14; Dt 4,24; 9,3.
[40] Ps 118,6.
[41] Lev 16,27.

sammen, daß sie ihren Dienst mit Freude und nicht unter Stöhnen
18 tun. Denn sonst würde es euch nicht gut bekommen. / Betet für
mich. Ich glaube, daß ich ein gutes Gewissen haben kann, weil ich
19 mir in allen Dingen Mühe gebe. / Ich bitte euch, besonders darum
20 zu beten, daß ich möglichst bald zu euch kommen kann. / Unser
Gott schenkt Frieden und Heil. Er hat unseren Herrn Jesus aus To-
ten erweckt. Jesus ist der große Gute Hirt, sein Blut, durch das er
21 alles bewirkt hat, ist das Blut des Bundes für immer. / Gott gebe
euch, daß ihr alles tut, was gut ist und was seinem Willen ent-
spricht. Durch Jesus Christus gebe er euch die Kraft zu tun, was
22 ihm gefällt. Ihm gebührt die Ehre für immer. Amen. / Ich bitte euch,
liebe Brüder und Schwestern, nehmt mir diese mahnenden Worte
23 nicht übel, sie waren ja nicht allzu lang. / Übrigens ist unser Bruder
Timotheus freigelassen worden. Mit ihm zusammen will ich euch
24 besuchen, sobald er hierher kommt. / Grüßt all eure Lehrer und alle
25 Christen. Es grüßen euch die Christen aus Italien. / Gott lasse seine
Gnade bei euch allen sein.

Paulus: Philipperbrief

Eigenart: Sieht man von den judaistischen Gegnern in Kapitel 3 ab, dann ist das Verhältnis zwischen Apostel und Gemeinde nirgends so gut wie in diesem Brief dargestellt.

Datierung: Hat Paulus den Phil während seiner Gefangenschaft in Rom um das Jahr 60 geschrieben? Die ältere Hypothese nahm eine Entstehung in Ephesus zwischen 56 und 58 an.

Adressaten: Die Gemeinde in Philippi ist die älteste christliche Gemeinde auf europäischem Boden. Als Paulus den »Übertritt« nach Europa wagte, hatte er zugleich einen entscheidenden Schritt zur Verselbständigung getan. Das war wohl um das Jahr 50, auf der zweiten Missionsreise. In Philippi wird keine Synagoge, wohl aber eine jüdische Gebetsstätte vorausgesetzt. Die Gottesfürchtige Lydia läßt sich taufen. – Der Name der Stadt war Colonia Julia Augusti Philippiensis. Denn sie war unter Philipp II. von Makedonien, dem Vater Alexanders des Großen, gegründet worden und unter Antonius und Octavius mit Römern und römischen Veteranen besiedelt worden. – Das Verhältnis der Gemeinde zu Paulus ist grundsätzlich positiv. Die Gemeinde hat sich an der Kollekte des Paulus für Jerusalem beispielhaft beteiligt, und Paulus hat die Gemeinde nach ihrer Gründung zweimal besucht.

Probleme: Das Hauptproblem ist mit der Tatsache verbunden, daß Paulus in 3,1b-4,1.8f einen anderen Ton anschlägt, als er ihn im Brief sonst gebraucht. Daher fühlten sich dann sogleich die Literarkritiker auf den Plan gerufen, die einen »Kampfbrief« heraustrennen wollten. Paulus muß hier gegen die nachträgliche Beschneidung Stellung beziehen. Dabei greift Paulus in dem falschen Wollen einiger Philipper nicht die Leistung an, sondern den an Gottes Willen vorbei selbstgewählten Maßstab.

Theologie: Im Zentrum der Auslegung dieses Briefes steht seit jeher 2,6-11. – Daß dieses Stück vorpaulinisch ist, ändert nichts daran, daß Paulus es sich theologisch aneignet. Im Kontext geht es deutlich um Jesus als Vorbild und Urbild. Denn das Anliegen des Paulus ist die Einheit der Gemeinde.

BRIEF AN DIE PHILIPPER

1 *Kapitel 1* Paulus und Timotheus, Sklaven Jesu Christi, schreiben
diesen Brief an alle Christen in Philippi, auch an alle, die dort Auf-
2 sicht führen und andere Dienste leisten. / Von Gott, unserem Vater,
und vom Herrn Jesus Christus geben wir Gnade und Heil an euch
3 weiter. / Immer wenn ich an euch denke, kann ich meinem Gott nur
4 für euch danken. / Und allezeit schließe ich euch alle in meinen Für-
5 bitten ein. Große Freude erfüllt mich, / wenn ich daran denke, wie
ihr vom ersten Tage an bis jetzt dem Evangelium treu verbunden
6 seid. / Ich glaube ganz fest, daß Gott, der in euch den guten Anfang
gemacht hat, an dem Tag, an dem Jesus Christus wiederkommt, al-
7 les zu einem guten Ende führen wird. / Natürlich bin ich mit allen
meinen Gedanken bei euch und habe eine so hohe Meinung von
euch, weil ihr in meinem Herzen seid. Wenn ich in Fesseln liege,
wenn ich mich vor Gericht verteidigen muß oder wenn ich das
Evangelium in den Herzen festklopfen darf, dann seid ihr alle mit
8 mir gemeinsam von Gott gnädig und liebevoll angenommen. / Gott
ist mein Zeuge: Ich sehne mich nach euch allen mit jener Liebe, die
9 von Jesus herkommt und mir durch Mark und Bein geht. / Darum
bete ich, daß eure Liebe in gegenseitigem Verstehen und eure Ein-
10 fühlungsgabe immer mehr wachsen möge. / Dann erkennt ihr ge-
nau die feinen Unterschiede und könnt am Tag Jesu Christi rein
11 und ohne Fehler dastehen, / gesegnet mit den reichen Früchten ei-
nes geradlinigen Lebens, das ihr durch die Kraft Jesu Christi führen
12 konntet, so daß Gott gelobt und verherrlicht würde. / Es will mir
scheinen, liebe Schwestern und Brüder, daß die Leiden und die Ver-
folgung, die mich getroffen haben, wohl hauptsächlich das Evange-
13 lium fördern sollen. / Allen Beamten im Gerichtsgebäude und auch
sonst allen hier ist ganz klar, daß ich wegen Christus in Fesseln
14 liege. / Die meisten christlichen Geschwister haben durch meine
Gefangenschaft den Mut gefunden, ohne Angst Gottes Wort zu
15 verkünden. / Einige zwar betätigen sich jetzt als Verkündiger, weil
sie neidisch und eifersüchtig auf mich waren und jetzt ihre Stunde
gekommen sehen. Doch andere nehmen die Aufgabe wahr, Chri-
16 stus zu verkündigen, weil sie guten Willens sind. / So verkünden die
einen Christus aus Liebe und wissen, daß es meine Aufgabe ist, für
17 das Evangelium vor Gericht einzustehen. / Andre aber hat der Ehr-
geiz gepackt, um mir in der Gefangenschaft zusätzlich Kummer zu
bereiten, weil ihre Verkündigung nicht aus lauteren Motiven er-

folgt. / Doch was macht es? Ganz gleich, auf welche Weise es ge- 18
schieht, ob unter einem Vorwand oder aus ehrlichem Herzen, ich
freue mich jedenfalls heute und auch künftig immer, wenn Christus
verkündigt wird. / Ich weiß, daß meine Gefangenschaft dazu füh- 19
ren wird, daß ich gerettet werde. Denn ihr betet für mich, und Jesus
Christus gibt mir Kraft durch seinen Heiligen Geist. / Ich darf er- 20
warten, daß meine Hoffnung nicht enttäuscht wird, und bin zuver-
sichtlich, daß, wie bisher so auch jetzt, Christus durch mein leibli-
ches Geschick verherrlicht wird, ob ich nun lebe oder sterbe. / Denn 21
mein Leben ist nur Christus, und wenn ich physisch sterbe, so ist
das nur ein Gewinn. / Wenn ich aber nach Gottes Willen weiter auf 22
Erden leben soll, so kann ich hier wirken und Früchte bringen. Ich
weiß nicht, was ich wählen sollte, / und bin zwischen den zwei 23
Möglichkeiten hin- und hergerissen. Einerseits sehne ich mich da-
nach, hier Abschied zu nehmen und ganz bei Christus zu sein. Das
ist bei weitem das beste Los. / Andererseits ist es wegen euch weit- 24
aus notwendiger, daß ich am Leben bleibe. / Doch davon bin ich 25
fest überzeugt: Wenn ich bleibe, werde ich vor allem deshalb bei
euch allen bleiben, damit ihr als Christen etwas davon habt, vor al-
lem Freude. / Daher sollt ihr, wenn ich euch wieder besuche, dank- 26
bar, stolz und glücklich sein über alles, was Jesus Christus durch
mich bewirkt. / Allein eins ist wichtig: Lebt gemeinsam miteinander 27
nach dem Evangelium Jesu Christi. Ich möchte sicher sein, daß ihr
durch den einen Heiligen Geist verbunden und ganz einig seid und
für den Glauben an das Evangelium kämpft, ganz gleich, ob ich
nun zu euch komme und euch sehe oder ob ich weiter entfernt bin
und nur von euch höre. / Ich möchte auch sicher sein, daß ihr euch 28
von den Gegnern in keiner Hinsicht einschüchtern laßt. Wenn die
Gegner so etwas versuchen, zeigen sie nur ihre Verlorenheit, für uns
aber ist es ein Zeichen, daß Gott uns rettet, wenn wir widerstehen
können. / Alle messianische Gnaden-Wohltat wurde euch zuteil: Ihr 29
könnt nicht nur an Christus glauben, sondern dürft auch für ihn
leiden. / Ihr habt dieselbe Auseinandersetzung zu führen, die ihr 30
auch an mir seht und von der ich euch jetzt berichte.

Kapitel 2 Ihr werdet ständig ermuntert, die Gemeinschaft mit 1
Christus zu bewahren. Ihr werdet liebevoll getröstet, ihr habt eine
Gemeinschaft, die von Gottes Geist getragen ist, ihr habt die Kraft,
euch zu erbarmen und mitzufühlen. / Über all das freue ich mich. 2
Ihr könnt meine Freude vollkommen machen, wenn ihr euch ganz
einig seid, einander alle gleichmäßig liebt und ein Herz und eine
Seele seid und wenn ihr alle an demselben Strang zieht. / Laßt euch 3

weder von Eifersucht noch von Ehrgeiz leiten, sondern übertrefft
4 euch gegenseitig in Demut. / Seht nicht auf eure eigenen Ziele, son-
5 dern blickt alle auf das, was für andere gut ist. / So sollt ihr mitein-
ander umgehen, wie es für die Gemeinschaft mit Jesus Christus
6 selbstverständlich ist. / Jesus Christus hatte Gottes Gestalt. Doch er
meinte nicht, daß jemand, der Gott so ähnlich ist, wie entrückt und
7 fern von Leiden und Tod sein müsse. / Deshalb hat er auf sein Vor-
recht verzichtet und hat Sklavengestalt angenommen. Er wurde wie
8 wir Menschen, führte genauso ein Leben wie wir, / wurde elend wie
9 wir und gehorchte Gottes Auftrag bis zum Tod am Kreuz. / Deswe-
gen hat Gott ihn in den höchsten Rang erhöht und ihm erlaubt, sich
Gott nennen zu lassen, denn er hat ihm seinen eigenen Namen ver-
10 liehen, den Namen über alle Namen. / So soll alles im Himmel, auf
11 Erden oder unter der Erde ihn anbeten, / und alle Menschen sollen
zur Ehre Gottes, des Vaters, bekennen: »Jesus Christus ist der
12 Herr.« / Daran, meine Lieben, sollt ihr zuallererst denken. Ihr habt
immer gehorcht, nicht nur, wenn ich bei euch war, auch wenn ich
nicht bei euch war. Ich fordere euch daher auf: Wagt euch mit
13 Furcht und Zittern auf den Weg zu eurem Heil bei Gott. / Denn ihr
habt es mit Gott zu tun. Er allein kann, wie er will, euch die Kraft
14 geben zum Wollen und zum Tun. / Tut alles ohne Murren und Ein-
15 wände. / So bleibt ihr lauter und rein, unschuldige Kinder Gottes,
inmitten einer verkehrten und verdrehten Gesellschaft. Dann seid
16 ihr wie das Licht der Welt. / Wenn ihr das Wort des Lebens festhal-
tet, dann werdet ihr an dem Tag, wenn Christus wiederkommt und
Gericht hält, mein Stolz und der Grund meines Rühmens sein, und
dann kann ich gewiß sein, daß ich nicht ins Leere gelaufen oder
17 umsonst gearbeitet habe. / Mein Leben ist wie ein Trankopfer –
ausgeschüttet und hingeopfert. Wenn ich aber mein Leben und Tun
für euren Glauben einsetze, freue ich mich doch, und Mitfreude mit
18 euch allen erfüllt mich. / Ich wünsche mir, daß wir einen gemeinsa-
19 men Grund zur Freude haben. Freut euch mit mir! / Weil ich mit
dem Herrn so eng verbunden bin, hoffe ich ganz fest, daß ich Ti-
motheus bald zu euch senden kann, damit auch ich erleichtert bin,
20 wenn ich höre, wie es euch geht. / Unter allen Gleichgesinnten
wüßte ich keinen, der sich freundlicher um euch kümmern könnte
21 als Timotheus. / Die meisten sind ja nicht selbstlos und suchen
22 nicht gerade das, was im Sinne Jesu Christi ist. / Ihr wißt selbst, daß
Timotheus sehr bewährt ist. Wie ein Kind seinem Vater hat er mir
23 bei der Verkündigung des Evangeliums geholfen. / Ich hoffe, daß
ich ihn schicken kann, wenn ich in meiner eigenen Sache klarer
24 sehe. / Ich hoffe im Herrn, daß auch ich dann bald kommen kann.

/ Ich hielt es auch für notwendig, meinen Bruder, Mitarbeiter und 25
Mitstreiter Epaphroditos zu euch zu schicken. Er wird für euch
Apostel sein und meine Angelegenheiten und Aufgaben bei euch
wahrnehmen. / Er sehnt sich nach euch allen und machte sich Sor- 26
gen, weil ihr von seiner Krankheit gehört hattet. / Er war auch 27
wirklich sterbenskrank. Aber Gott hatte Erbarmen mit ihm, nicht
nur mit ihm, sondern auch mit mir, sonst hätte ich eine traurige Ge-
schichte nach der anderen erlebt. / Um so bereitwilliger schicke ich 28
ihn nun zu euch, damit ihr euch wieder freuen könnt, wenn ihr ihn
seht. / Nehmt ihn auf, da ihr denselben Herrn habt wie er. Nehmt 29
ihn voll Freude auf. Haltet Gäste wie ihn in Ehren, / denn er ist für 30
die christliche Mission bis an die Grenze des Todes gegangen, er hat
sein Leben aufs Spiel gesetzt, um das leisten zu können, was ihr für
mich nicht leisten konntet.

Kapitel 3 Liebe Brüder und Schwestern, freut euch, und wenn ihr 1
euch freut, soll eure Freude ihren Grund in Gott haben. Wenn ich
euch nochmals dasselbe schreibe, so ist das für mich nicht lästig,
doch euch gibt es Sicherheit. / Da, seht sie an, die Hunde, die fal- 2
schen Missionare, die Zer-schnittenen. / Denn die Be-schnittenen, 3
das sind wir. Gottes Geist macht unseren Gottesdienst wirklich zu
einem Dienst vor Gott, Jesus Christus ist unser Ruhm und die
Grundlage unseres Vertrauens, nicht sterbliche und schwache Men-
schen. / Aber für mich ist auch das rein Menschliche nicht ganz 4
wertlos. Wenn es um die jüdischen Kriterien geht, so wird mich
kaum jemand darin überbieten können: / Acht Tage nach meiner 5
Geburt wurde ich beschnitten, ich stamme aus dem Volk Israel,
dem Stamm Benjamin, bin Hebräer aus hebräischer Familie, was
die Einhaltung des Gesetzes betrifft, bin ich Pharisäer. / Mit großem 6
Eifer verfolgte ich die Christen und lebte ohne Tadel in der Gerech-
tigkeit, die das Gesetz verlangt. / Doch was ich damals für einen 7
Gewinn hielt, betrachte ich nun – angesichts Jesu Christi – als
Strafe. / Eigentlich halte ich im Vergleich dazu, welchen überragen- 8
den Wert es für mich hat, meinem Herrn Jesus Christus begegnet
zu sein, alles andere für Strafe, ja geradezu für wertlosen Dreck,
wenn ich nur Christus gewinnen und mich in ihm neu finden kann.
/ In meinem Leben mit Christus verblaßt meine Gerechtigkeit, die 9
an den Kriterien des Gesetzes zu messen war, vollständig. Was
zählt, ist allein die Gerechtigkeit, deren Maßstab der Glaube ist,
der sich an Jesus Christus entzündet. Das ist die Gerechtigkeit, die
Gott mir wegen des Glaubens anrechnet. / Glaube – das heißt, ihm 10
begegnet zu sein, der Kraft seiner Auferstehung, und seine Leiden

gemeinschaftlich zu teilen, so daß ich auch seinem Tod immer ähn-
11 licher werde, / um auch einst an der Auferstehung aus Toten teilzu-
12 haben. / Ich habe noch nicht alles empfangen, den Lauf noch nicht
vollendet. Doch ich laufe dem Ziel entgegen, um es zu ergreifen,
13 nachdem Jesus Christus mich ergriffen hat. / Liebe Brüder und
Schwestern, ich kann mir nicht vorstellen, daß ich das Ziel schon
erlangt habe. Eines aber kann ich sagen: Mit jedem neuen Schritt
versinkt das, was hinter mir liegt, weiter in Vergessenheit. Und das,
14 was vor mir liegt, rückt in meiner Erwartung näher. / Mein Ziel ist
Jesus Christus, er ist der Siegespreis. Der Lauf begann, als Gott
15 mich in die Gemeinschaft mit Jesus Christus rief. / Dieses sollte
man für sich gelten lassen, auch wenn man sich »vollkommen«
nennt. Solltet ihr in dem einen oder anderen Punkt abweichend ur-
16 teilen – Gott wird es euch schon noch offenbaren. / Doch wir wol-
len nicht hinter das zurückfallen, was wir einmal erreicht haben. /
17 Liebe Brüder und Schwestern! Eifert mir nach und schaut auf all
18 diejenigen, die das schon tun, so wie ich es euch vormache. / Es gibt
leider eine ganze Menge schlimmer Leute unter euch. Ich habe sie
euch schon öfter genannt, aber jetzt muß ich sie, unter Tränen sage
19 ich es, Feinde des Kreuzes Christi nennen. / Ihr Ende ist Untergang,
ihr Gott ist der Bauch, ihre Ehre ist ihre Schande, sie denken rein
20 diesseitig. / Doch unsere Heimat ist im Himmel. Von dort her er-
21 warten wir auch als Erlöser den Herrn Jesus Christus. / Unseren
elenden menschlichen Leib wird er so verwandeln, daß er seinem
verherrlichten Leib ähnlich wird. Das geschieht aus der Kraft Got-
tes, der ihm alles unterwerfen kann, auch alles, was sich unserer
Verherrlichung widersetzen sollte.

1 *Kapitel 4* So seid ihr, liebe, herzlich geliebte Brüder und Schwe-
stern, meine Freude und mein Lohn. Seid daher standhaft im Glau-
2 ben an Gott. / Ich ermutige Euodia und Syntyche, daß sie sich einig
3 werden im Herrn. / Ich bitte aber auch dich, lieber Freund, nimm
dich ihrer an. Sie haben mir mit Klemens und meinen übrigen Mit-
arbeitern bei der Verkündigung geholfen. Ihre Namen stehen sicher
4 im Buch des Lebens. / Freut euch allezeit, daß ihr mit Gott und
durch ihn miteinander verbunden seid. Ich möchte es gern wieder-
5 holen: Freut euch! / Laßt doch, so bitte ich euch, alle Menschen er-
6 fahren, wie freundlich ihr seid. Das Ende steht vor der Türe. / Sorgt
euch um nichts, denn ihr könnt ja beten. So sollen eure Wünsche
allezeit, wenn ihr betet und bittet, begleitet von Dank und Lob vor
7 Gott kommen. / Das Heil, das Gott schenkt, ist unvorstellbar für
unsere Herzen und unser Denken. Gott schenkt es uns, indem er

unser Herz und unser Denken in der Gemeinschaft mit Jesus Chri-
stus bewahrt. / Im übrigen, liebe Brüder und Schwestern, denkt im- 8
mer an unsere Ziele: Beständigkeit und Ehrbarkeit, Gerechtigkeit
und Heiligkeit, Beliebtheit und Ausstrahlung, besondere Charak-
terzüge oder lobenswertes Handeln – an all dies sollt ihr immer
denken. / Und das sollt ihr tun: alles, was ihr gelernt, empfangen, 9
gehört oder an mir gesehen habt! Dann wird Gott, der Gott des
Friedens, immer bei euch sein. / Ich habe mich sehr gefreut, daß ihr 10
in unserer Verbundenheit mit dem Herrn schon früher an mich ge-
dacht habt. Ihr wolltet es ja schon die ganze Zeit über tun, doch es
ergab sich keine Gelegenheit. / Ich sage das jetzt nicht, weil ich ge- 11
rade in einer Notlage bin. Außerdem habe ich ja gelernt, in jeder
Lage auf mich selbst gestellt zurechtzukommen. / Ich komme zu- 12
recht, wenn es mir elend geht und wenn ich alles reichlich habe. Im-
mer und in allen Dingen bin ich mit mir im reinen, ob ich satt bin
oder hungrig, ob ich Überfluß habe oder Mangel leide. / Das kann 13
ich, weil Gott mir die Kraft dazu gibt. / Doch es war schön von 14
euch, daß ihr mir in meiner Bedrängnis Beistand geleistet habt. / Ihr 15
wißt ja sicher, liebe Philipper, daß eure Gemeinde am Anfang mei-
ner Mission für das Evangelium, als ich aus Makedonien kam, die
einzige war, die mir für meine Verkündigung etwas gegeben hat. /
Ihr habt mir sogar nach Thessaloniki und noch weiter ein- oder 16
zweimal etwas für meinen Bedarf geschickt. / Ich möchte nun nicht 17
noch mehr erbitten, sondern wünsche euch, daß sich auf eurem ei-
genen Konto die Zinsen für euer Tun mehren, die euch Gott gut-
schreibt. / Epaphroditos hat mir eure Gabe überbracht. Ich habe al- 18
les erhalten und bin reichlich beschenkt. Es ist ein Opfer, das Gott
gerne annimmt, das ihm gefällt wie lieblicher Duft. / Euch soll mein 19
Gott aber reichlich schenken, was ihr braucht. Denn er kann üppig
geben, und da wir mit Jesus Christus eins sind, leuchtet darin seine
Herrlichkeit auf. / Alle Herrlichkeit gebührt ihm, Gott, unserem 20
Vater, für allezeit. Amen. / Grüßt jeden Christen bei euch, der mit 21
Jesus Christus in Gemeinschaft steht. Es grüßen euch die Brüder
und Schwestern, die hier bei mir sind. / Alle Christen hier grüßen 22
euch, besonders die aus dem kaiserlichen Dienst. / Jesus Christus, 23
unser Herr, begleite mit seiner Gnade eure Herzen.

Epheserbrief

Eigenart: Die Adressierung an die Epheser ist in den Handschriften erst sekundär, d. h., ein konkreter Gemeindebezug fehlt. Die Ähnlichkeiten zum Kol sind bedeutend. Daher hat man früher daran gedacht, daß der eine den anderen als Vorlage benutzt hätte.

Verfasser: Ein Schüler des Paulus, der überdies sehr viel mit einem anderen Paulusschüler, dem Verfasser des Kol, gemeinsam hat. Über Paulus hinaus lehren beide Verfasser als Besonderheiten: Die Auferstehung ist schon in der Taufe geschehen, Christus ist das Haupt des Leibes.

Datierung: Wie Kol um das Jahr 60, also durchaus schon vor dem Lebensende des Paulus. Früher dachte man daran, Eph setze Kol voraus. Doch die Ähnlichkeiten sind so gestreut und folgen so wenig der Reihenfolge der Abschnitte in beiden Briefen, und sie sind wirklich geballt nur in einem Satz, ausgerechnet in der Notiz über Tychikus (Kol 4,7f; Eph 6,21f) vorhanden, daß man sie anders als durch Abschreiben erklären muß.

Adressaten: Kleinasiatische Gemeinden.

Probleme: Der Eph ist nahezu der einzige Brief im Neuen Testament, der keine konkreten Spannungen und bekämpfte Irrlehren erkennen läßt. Die theologische Frage im Hintergrund ist das Verhältnis von Juden(christen) und Heiden(christen).

Theologie: Eph versucht, das Anliegen des Röm besonders hinsichtlich des Verhältnisses von Kirche und Israel auf seine Art umzusetzen. Im Mittelpunkt des Briefes steht eine Versöhnungstheologie (2,11-22), nach der Jesus durch seinen gewaltsamen Tod die Feindschaft zwischen Juden und Heiden beseitigt hat, so daß nunmehr Frieden mit Gott und dadurch auch untereinander bestehen kann. Dieser Frieden wird umgesetzt in der Kirche, dem Leib Christi.

BRIEF AN DIE EPHESER

Kapitel 1 Ich, Paulus, nach Gottes Willen Apostel Jesu Christi, 1
schreibe dies an die Heiligen in Ephesus und an alle, die durch den
Glauben zu Jesus Christus gehören. / Gott, unser Vater, und unser 2
Herr Jesus Christus sind euch gnädig und schenken euch Frieden.
[1]Lobend wollen wir uns zu Gott wenden.[2] Er ist der Vater unseres 3
Herrn Jesus Christus. Er hat sich uns zugewandt mit allem Segen
vom hohen Himmel her, indem er Jesus sandte. / Denn er hat uns 4
zu seinem Eigentum gemacht gemeinsam mit Christus[3] vor Anbe-
ginn der Welt. Heilig sollten wir sein und ohne Makel vor seinem
Angesicht. Voll Liebe / wollte er schon immer, daß wir seine Kin- 5
der würden. Durch Jesus wurden wir es; so wie er sollen wir wer-
den.[4] Das ist Gottes erklärter Wille. / Denn er will, daß wir seine 6
herrliche Gnade loben, die er uns geschenkt hat durch seinen Sohn,
den er liebt. / Durch seinen Sohn sind wir befreit. Er war bereit zum 7

---

[1] Zu Eph 1,3-11: Der hier übersetzte Text ist im Griechischen ein einziger Satz, einer der längsten und häufig als »barock« bezeichneten Passagen des frühchristlichen Griechisch. Um diesen Abschnitt verständlich zu machen, war es nötig, kürzere Sätze zu bilden. Diese mußten dann aber ihrerseits wieder verknüpft werden, damit der Zusammenhang sichtbar werden konnte.

[2] Durch die Übersetzung mit *»uns zu Gott wenden«* in V. 3 und *»er hat sich uns zugewandt«* in V. 4 wird zum Ausdruck gebracht, daß im Griechischen beide Male dasselbe Wort *segnen* steht. Wörtlich müßte es heißen: *»Gesegnet sei Gott..., der uns gesegnet hat.«* Das läßt die deutsche Sprache für das erste Glied nicht zu. Der Sache nach aber geht es um den bemerkenswerten Tatbestand, daß kultisches Sprechen in beiden Richtungen, von oben nach unten wie von unten nach oben, mit dem gleichen Ausdruck benannt wird. Das trifft für das Hebräische, Griechische und Lateinische zu, ist also ein Merkmal der antiken Mittelmeerkulturen. Dieses in Erinnerung zu rufen bedeutet, ein wichtiges Element kultischer Weltanschauung zurückzugewinnen.

[3] Anstelle von *»hat zum Eigentum gemacht«* wird zumeist *»erwählte«* übersetzt. Dieses wird jedoch oft moralistisch oder im Sinne exaltierten Bewußtseins verstanden, der juristische Aspekt des Eigentums wird dann unterschlagen. – An der Stelle des griechischen *»in Christus«* steht hier »gemeinsam mit Christus«, da es sich nicht primär um eine lokale, sondern um eine soziale Aussage handelt. Die Präexistenz ist Ausdruck der Erstrangigkeit unter allen Geschöpfen. Sie gilt in jüdischen Texten von Israel bzw. seinen Vätern Abraham, Isaak und Jakob.

[4] Der Satz *»so wie er sollen wir werden«* gibt das griechische *»auf ihn hin«* wieder; das man so deuten darf: vgl. Eph 4,16. Jesus ist der Maßstab, den es zu erreichen gilt.

grausamen Tod, um damit für uns die Freiheit zu erkaufen. So wur-
den unsere Verfehlungen vergeben.[5] Denn reich ist die Gnade, die
8, 9 Gott / über uns ausgeschüttet hat. Voll Weisheit und Klugheit / hat
er uns wissen lassen seinen geheimen Willen.[6] Das hat er beschlos-
10 sen und bestimmt um seines Sohnes willen. / So hat er festgelegt,
was sein wird, wenn alle Zeit abgelaufen ist. Und alles sollte mit
Christus ein Haupt und seinen Sinn bekommen, alles im Himmel
11 und alles auf Erden.[7] / Zusammen mit Christus wurden wir auch
als Erben eingesetzt.[8] Denn dazu hat er uns von Anfang an be-
12 stimmt. Und was er will, das tut er auch. / Er will, daß die Men-
schen im Blick auf uns [Judenchristen], die wir schon lange auf den
Messias hofften, seine Herrlichkeit lobpreisen.[9]
13 Auch ihr seid dem Messias verbunden. Weil ihr zu ihm gehört, habt
ihr die Botschaft vernommen, die Halt gibt, das Evangelium, das
euch rettet. Weil ihr zu ihm gehört, seid ihr gläubig geworden und
habt den Heiligen Geist empfangen. Durch ihn sollt ihr wohlbehal-
14 ten sein, bis Gott seine Verheißung wahr macht. / Der Heilige Geist
ist ein Pfand für unser zukünftiges Erbe. Durch dieses Pfand sind
wir freigekauft und werden Gottes Eigentum, so daß die Menschen
im Blick auf uns seine Herrlichkeit lobpreisen.
15 Ich habe gehört, daß ihr Jesus, dem Herrn, die Treue haltet und
16 daß ihr alle Heiligen liebt. / Deshalb danke ich Gott immer für

[5] Hier steht im Griechischen *»haben wir Loskauf durch sein Blut«*. Die Rede vom »Blut« hat an dieser Stelle und auch sonst im Neuen Testament zu schweren Mißverständnissen geführt. Denn die Kreuzesstrafe ist nicht blutig, und der Gedanke an physisches Opferblut liegt fern, da das Judentum keine Menschenopfer kennt. Es geht um Jesu konsequente Bereitschaft, ohne Abweichung Gottes Willen und seiner Sendung »bis aufs Blut« treu zu bleiben. Der Wille Jesu ist das Entscheidende. Der Wille ist auch nach den Propheten das wahre Opfer.

[6] Der *»geheime Wille«* ist (vgl. Eph 3,4-6), daß Gott jetzt die Heiden hinzunehmen will.

[7] Das griechische Wort *Oikonomia* (*»hat festgelegt«*) sollte inhaltlich nicht im Sinne »heilsgeschichtlicher Periodisierung« o. ä. überinterpretiert werden. Es besagt hier schlicht »Verwaltung, Plan, Festsetzung, Regiment«. – Traditionelle Übersetzungen sprechen hier nur von *»Haupt«*; *ein Haupt und seinen Sinn* ist vielleicht angemessener, da es nicht um eine äußerliche Beziehung geht, sondern um das Bestimmtwerden von innen her.

[8] Im Kontext besteht ein Zusammenhang zwischen Liebe, Kindschaft und Erbe.

[9] Die wörtliche Übersetzung *»vorher hoffend in Christus«* läßt viele Deutungen zu. Geht es darum, daß die judenchristlichen Verfasser des Eph schon immer auf den Messias gehofft hatten? Oder verstärkt das *»vorher«* nur das Hoffen? Das *»in Christus«* kann Grund und auch Gegenstand der Hoffnung sein.

euch und denke an euch, wenn ich bete. / Ich bitte Gott, der sich 17
in unserem Herrn Jesus Christus sichtbar gezeigt hat, den Vater
voll Herrlichkeit, er gebe euch, daß ihr ihn besser erkennt. Dazu
schenke er euch noch mehr vom Heiligen Geist, der weise macht
und Verborgenes offenbart. / Er gebe euch, daß ihr mit dem Her- 18
zen sehen könnt, zu welcher Zukunft ihr berufen seid und wie
reich das herrliche Erbe der Christen / und wie groß seine Macht 19
ist, an der wir im Glauben Anteil haben. / Die Größe seiner Macht 20
hat Gott an Jesus Christus erwiesen, da er ihn allein von den Toten
auferweckt hat. Er hat ihn im Himmel an seine rechte Seite ge-
setzt. Das bedeutet: / Jesus Christus thront über allen Machtha- 21
bern, Gebietern, Gewaltigen, Majestäten und über allen Mächten,
die man bei ihrem Namen anrufen kann, jetzt und in der kom-
menden Welt. / Und Gott hat ihm alles zu Füßen gelegt und unter- 22
worfen und hat ihn zum Haupt der Kirche gemacht. Die Kirche ist
sein Leib. / Der leeren Hülle des Leibes verleiht er durch seine 23
Fülle Substanz.

Kapitel 2 Früher wart ihr tot, schuldig, süchtig, aus der Bahn ge- 1
worfen. / Ihr verhieltet euch, wie es in dieser Welt üblich ist. Ihr 2
folgtet dem Satan, dessen Reich zwischen Himmel und Erde ist und
dessen Geist jetzt in allen denen herrscht, die ohne Halt sind und
Gott nicht gehorchen können. / Wir alle haben uns ja früher so ver- 3
halten nach unseren Lüsten und Bedürfnissen, taten, was uns ge-
rade in den Sinn kam, und waren, wie alle anderen, von vornherein
leichte Beute für Gottes Zorngericht.
Aber Gott geizt nicht mit Erbarmen, weil er uns innig liebt. / Er hat 4, 5
uns, die wir tot und entgleist waren, gemeinsam mit Christus über-
haupt erst lebendig gemacht. Aus Gnade seid ihr erlöst. / Und er hat 6
uns gemeinsam mit Jesus Christus auferweckt und uns im Himmel
einen Platz gegeben. / So will er für alle Zukunft zeigen, daß er mit 7
Gnade nicht geizt. Voll Güte begegnet er uns in Jesus Christus. /
Denn aus Gnade seid ihr erlöst, durch Glauben habt ihr dazu ja ge- 8
sagt. Dies kam nicht aus euch selbst, Gott wollte es schenken. / Wir 9
sollten es uns nicht mit guten Werken verdienen, damit niemand
sich damit brüsten konnte. / Denn er hat uns dazu erschaffen, daß 10
wir in Gemeinschaft mit Christus Jesus gute Werke tun. Gott hat
sie uns schon vorgezeichnet, wie müssen sie uns nur von ihm abse-
hen.
Daher erinnert euch daran, daß ihr früher einfach nur Heiden wart. 11
Die Juden nannten euch verächtlich »Unbeschnittene«, dabei war
doch ihre eigene Beschneidung nur von Menschenhand. / Ihr lebtet 12

damals ohne Christus, getrennt vom Volk Israel, für euch galten
Bund und Verheißung nicht. So lebtet ihr in der Welt dahin.
13 Ihr hattet nicht den richtigen Gott und wart ohne Hoffnung. Ihr
wart damals ganz fern – durch Jesus Christus, besonders durch sei-
14 nen Tod, gehört ihr jetzt dazu. / Denn er hat Frieden gemacht. Er
hat verbunden, was getrennt war. Und er hat die Mauer der Feind-
schaft zwischen Gott und euch eingerissen. Durch sein Menschsein
15 hat er / diese Feindschaft, die durch die Übertretung des Gesetzes
entstanden ist, aufgehoben. Die Judenchristen und die Heidenchri-
sten hat er durch sein Leiden zu einem neuen einheitlichen Typ von
16 Christen gemacht. / Er hat beide durch seinen stellvertretenden Tod
mit Gott versöhnt, indem er sie zu einer Gemeinschaft wie zu einem
einzigen Leib zusammenfügte. Dadurch hat er die Feindschaft zwi-
17 schen ihnen getötet. / Er brachte die frohe Botschaft für euch Hei-
18 den draußen und für uns Juden drinnen. / Beide haben durch ihn
Zugang zu Gott Vater, weil er sie durch den Heiligen Geist Gott
19 ähnlich werden ließ. / So seid ihr Heidenchristen jetzt nicht mehr
Fremde oder Ausländer, sondern gleichberechtigte Mitbürger der
Judenchristen, die »Heilige« heißen, und gehört zu Gottes Haus. /
20 Es ist erbaut auf dem Fundament der Apostel und Propheten. Der
21 Eckpfeiler ist Jesus selbst. / Er hält das Haus zusammen, und so
wächst das ganze Haus organisch empor zum Gotteshaus, wie der
22 Herr es will. / In der Gemeinschaft mit Jesus werdet auch ihr in der
Kraft des Geistes mitaufgebaut zur Wohnung Gottes.

1 *Kapitel 3* Deshalb habe ich, Paulus, mich um Jesu willen gefan-
2 gennehmen lassen, damit es euch Heiden zugute komme. / Ihr habt
ja gehört, daß Gott mich dafür vorgesehen hat, seine Gnade an
3 euch weiterzugeben. / Dieser geheime Plan Gottes wurde mir, wie
ich euch schon kurz schrieb, durch eine Offenbarung enthüllt. /
4 Wenn ihr mein Schreiben noch einmal lest, wird euch klar, daß
ich verstanden habe, was Gott insgeheim mit Christus vorhatte. /
5 Früheren Menschengeschlechtern wurde dieser Plan nicht enthüllt,
aber jetzt wurde er seinen heiligen Aposteln und Propheten durch
6 den Heiligen Geist offenbart. / Gott will nämlich, daß den Heiden
das Evangelium verkündigt wird, damit sie durch die Vermittlung
Jesu Christi teilhaben am Erbe, an seinem Leib und an der Verhei-
7 ßung. / Kraft seiner Gnade hat Gott mir die Vollmacht erteilt, Treu-
8 händer dieses Evangeliums zu sein. / Obwohl ich der allergeringste
aller Heiligen bin, wurde mir diese Gunst zuteil. Den Heiden soll
ich den unermeßlichen Reichtum des Messias als Evangelium ver-
9 künden / und ihnen die Augen öffnen für den geheimen Plan, den

Gott, der Schöpfer aller Dinge, über viele Weltalter hinweg für sich
behalten hatte. / Dann gehören sie zur himmlischen Gemeinde de- 10
rer, die um Gottes Thron versammelt sind, und können auf diese
Weise den Machthabern und Gebietern die Weisheit Gottes, die bei
jedem Volk eine andere Gestalt hat, entgegenhalten. / So hat Gott 11
für den Ablauf der Zeiten alles auf Jesus Christus, unseren Herrn,
hin geplant. / Dank Jesus dürfen wir ohne Furcht hintreten vor 12
Gott und voll Zuversicht sein, weil wir auf ihn bauen. / Deswegen 13
bitte ich euch: Werdet nicht schwach, weil ich bedrängt bin. Es ist
alles nur für euch. Darauf könnt ihr stolz sein.
So beuge ich meine Knie vor dem himmlischen Vater, / dem eigent- 14, 15
lichen Vater aller Geschöpfe im Himmel und auf Erden. / Ich flehe 16
zu ihm, daß er euch teilhaben lasse an seiner unermeßlichen Herr-
lichkeit, damit ihr stark werdet durch seinen Heiligen Geist und da-
mit der neue Mensch in euch Gestalt annimmt / und Christus in eu- 17
ren Herzen wohnen kann, wenn ihr auf ihn baut. Die Liebe soll der
Boden sein, in dem ihr wurzelt, das Fundament, auf dem ihr erbaut
seid, / damit ihr gemeinsam mit allen Heiligen die unfaßbare Breite 18
und Länge, Höhe und Tiefe dessen, was Gott ist, ermessen könnt /
und begreift, daß die Liebe, die von Christus ausgeht, mehr wert 19
ist als alle Erkenntnis. Dann werdet ihr ganz und gar erfüllt mit
Gott.
Gott kann noch weitaus mehr tun, als wir zu bitten wagen oder 20
überhaupt denken können. Diese Kraft läßt er schon in uns wirk-
sam sein. / Ihm gebührt alle Ehre und Verherrlichung in der Kirche, 21
dort, wo man mit Jesus Christus eins ist in alle Ewigkeit. Amen.

Kapitel 4 Aus meiner Gefangenschaft um des Herrn willen er- 1
mahne ich euch: Werdet dem Ruf gerecht, der an euch erging. / Seid 2
demütig im Herzen und verträglich, seid sehr geduldig und ver-
sucht, liebevoll miteinander auszukommen. / Bemüht euch, die 3
vom Heiligen Geist gestiftete Einheit zu bewahren, bleibt in Frie-
den verbunden. / Ein Leib seid ihr und ein Geist. Denn berufen seid 4
ihr zu einer einzigen Hoffnung: / Es gibt nur einen Herrn, einen 5
Glauben, eine Taufe, / einen Gott, der aller Vater ist. Er regiert über 6
alles, wirkt durch alles, ist in allem verborgen.
Was aber euch betrifft, so hat jeder einzelne Gnade empfangen, so- 7
viel Christus ihm davon geschenkt hat. / Darum heißt es[10]: »Er stieg 8
hinauf in die Höhe, und wie ein Kriegsherr machte er Gefangene
und teilte Geschenke unter die Menschen aus.« / Wenn es aber heißt: 9

---

10 Ps 68,19.

»Er stieg hinauf«, dann setzt das doch voraus, daß er zuerst hinab-
10 stieg, und zwar nach unten, auf die Erde. / Derselbe Christus stieg
hinab und dann hinauf bis über alle Himmel, um seine Herrschaft
11 überall durchzusetzen. / Und er berief auch die einen als Apostel, an-
dere als Propheten, andere als Evangelisten, wieder andere als Hir-
12 ten und Lehrer. / Sie sollten die Heiligen anleiten, ihre Aufgaben
13 zu erfüllen, und den Leib Christi aufbauen. / So sollen wir alle die
Einheit des Glaubens erreichen, die Erkenntnis, daß er der Gottes-
sohn ist, den vollkommenen Menschen, der von Kopf bis Fuß von
14 Christus erfüllt und erwachsen ist. / So sollen wir nicht länger wie
Kleinkinder sein, hin und her geschaukelt, von jedem Lüftchen
neuer Theorien umgetrieben. Die sind doch zufällig wie das Wür-
felspiel von Menschen und heimtückische, gezielte Täuschungs-
manöver.
15 Wir dagegen können darauf bauen, daß der Herr uns wirklich
16 liebt, und wollen ihm entgegenwachsen in allen Dingen. / Denn er
ist das Haupt des Leibes. Von ihm her wächst der ganze Leib har-
monisch und organisch dank seiner Glieder und Gelenke. Jeder ein-
zelne Teil hat dabei seine Aufgabe. So wächst der Bau des Leibes
durch Liebe.
17 Wenn ich euch das folgende sage, berufe ich mich auf den Herrn:
Lauft nicht länger wie die Heiden herum, die keinen Sinn finden
18 können / und in deren Herzen es finster ist. Sie haben keine Ge-
meinschaft mit dem lebendigen Gott, weil sie einfach unwissend
19 und unzugänglich sind. / Sie haben sich selbst betäubt und dem
maßlosen Konsum ausgeliefert. Sie brechen jedes Tabu, nur weil sie
immer mehr haben wollen.
20, 21 Ihr aber habt Christus kennengelernt, und das ändert alles: / Ihr
habt von ihm gehört und seid unterwiesen worden in den Lebens-
22 grundsätzen, die bei Jesus gelten. / Zieht den alten Menschen aus,
das alte Kleid, mit dem ihr früher herumgelaufen seid, verdorben
23 durch trügerische Angebote der Lust. / Werdet neue Menschen im
24 Geist. / Zieht das neue Kleid an, den neuen Menschen, der auf Gott
25 gegründet ist, gerecht und wahrhaft heilig. / Zieht damit auch die
Lüge aus, jeder soll mit seinem Mitmenschen ehrlich reden. Denn
26 wir gehören als Glieder zum selben Leib. / Ihr könnt ruhig böse sein
aufeinander, aber laßt es nicht bis zur Verletzung kommen. Ver-
27 söhnt euch, bevor die Sonne untergeht. / Und gebt dem Satan kei-
28 nen Fingerbreit Raum. / Wer gestohlen hat, soll damit aufhören
und mit eigener Hände Arbeit Gutes schaffen, von dem er dann
Notleidenden etwas abgeben kann.
29 Sprecht kein gemeines Wort, sondern gute Worte, wie sie nötig

sind, um andere aufzubauen, und die den Hörern Freude machen.
/ Und macht den Heiligen Geist Gottes nicht traurig. Denn durch 30
ihn bleibt ihr wohlbehalten, bis ihr erlöst werdet.
Alle Bitterkeit und Wut, Zorn, Geschrei, Lästerreden und über- 31
haupt alle Boshaftigkeit seien ferne von euch. / Seid vielmehr 32
freundlich zueinander, zeigt Erbarmen und seid bereit zu vergeben,
denn auch Gott hat euch vergeben durch Jesus Christus.

Kapitel 5 Eifert also Gott nach, weil ihr seine Kinder seid, die er 1
liebt. / Und schenkt reichlich Liebe. Denn Christus hat euch zuerst 2
geliebt. Er hat sein Leben eingesetzt für euch, er hat es dargebracht
und geopfert, und Gott nahm es gerne an.
Sexgier, Habgier und Haltlosigkeit sollt ihr noch nicht einmal dem 3
Namen nach kennen. So gehört es sich für Heilige. / Das gilt auch 4
für unanständiges, dummes Gerede und für angeblich Witziges. Ihr
solltet lieber danken. / Denn merkt euch dies: Wer sexgierig oder 5
habgierig oder haltlos ist, der ist eigentlich ein Götzendiener, am
Reich Christi und am Reich Gottes hat er nicht teil. / Keiner soll 6
euch mit leeren Worten betrügen. Deswegen droht Gottes Zorn-
gericht allen, die ihm nicht gehorchen. / Macht nicht gemeinsame 7
Sache mit ihnen.
Denn einst wart ihr von Finsternis umhüllt, jetzt aber steht ihr im 8
Licht, weil ihr zum Herrn gehört. Verhaltet euch wie Kinder des
Lichts. / Denn aus Licht wachsen Güte, Gerechtestun und Ehrlich- 9
keit als Früchte heran. / Versucht, sorgfältig zu ergründen, was der 10
Herr von euch will, / und haltet euch fern von den Werken der Fin- 11
sternis, die nur Scheinfrüchte sind. Entlarvt sie, / denn was sie ins- 12
geheim anrichten, ist so schandbar, daß man es gar nicht sagen
darf. / Aber Licht enthüllt alles. / Und nur was selbst Licht ist, hält 13, 14
der Enthüllung stand. Deswegen heißt es[11]:

Aufstehen, du Schlafmütze!
Steh auf von den Toten,
dann geht Christus, die Sonne, über dir auf.

Achtet genau darauf, daß ihr nicht die Dummen, sondern die Klu- 15
gen seid. / Seht zu, daß ihr die Zeit zum Guten nutzt. Denn die Tage 16
sind voll von Bösem.
Deswegen seid nicht dumm, sondern begreift, was der Wille des 17
Herrn ist.

---

[11] Zitat unbekannten Ursprungs. In Apokalypsen öfter im Zusammenhang der Parusie zitiert, hier aber auf Bekehrung zu Jesus bezogen. Die erste Zeile entspricht der konventionellen Form des Weckliedes.

18 Berauscht euch nicht mit Wein, sonst gibt es keine Rettung; laßt
19 euch vielmehr vom Geist erfüllen. / Tragt einander Loblieder, Hym-
nen und vom Heiligen Geist eingegebene Lieder vor. Lobt und jubelt
20 dem Herrn von Herzen. / So dankt allezeit Gott dem Vater für alle
21 Dinge. Nennt dabei den Namen unseres Herrn Jesus Christus. / Und
unterwerft euch einer dem anderen in Ehrfurcht, als gälte es Chri-
22 stus. / Ihr Frauen, unterwerft euch euren Männern, als gälte es dem
23 Herrn. / Denn der Mann ist das Haupt der Frau, wie auch Christus
24 Haupt der Kirche ist und sie als seinen Leib erlöst. / Wie also die Kir-
che sich Christus unterwirft, so unterwerft auch ihr Frauen euch den
25 Männern in allen Dingen. / Ihr Männer, liebt eure Frauen, wie auch
26 Christus die Kirche geliebt und sein Leben für sie eingesetzt hat. / Er
hat sie heilig gemacht, er hat sie durch das Bad seines Wortes gerei-
27 nigt. / So hat er sich die Kirche als wunderschöne Frau ohne Makel
oder Runzel oder sonst einen Schönheitsfehler an die Seite gestellt.
28 Heilig und makellos sollte sie sein. / So sollen die Männer ihre
Frauen liebhaben wie ihren eigenen Leib. Wer seine Frau liebt, der
29 liebt sich selbst. / Denn niemand hat je seinen eigenen Leib gehaßt,
sondern jeder nährt und pflegt ihn. So handelt auch Christus an der
30, 31 Kirche. / Denn wir sind Glieder seines Leibes. / Deswegen verläßt ein
Mann Vater und Mutter und schließt sich seiner Frau an. Und die
32 beiden werden ein Leib sein.[12] / Was dieser Satz bedeutet, ist nicht
offenkundig, ich meine, er bezieht sich auf die Verbindung von Chri-
33 stus und Kirche. / Aber auch ihr sollt ein jeder seine Frau lieben wie
sich selbst. Die Frau aber soll vor dem Mann Respekt haben.

1 *Kapitel 6* Ihr Kinder, gehorcht euren Eltern, weil es der Herr will.
2 / Denn so gehört es sich: »Du sollst deinen Vater und deine Mutter
ehren«[13] ist das erste von den Zehn Geboten, dem eine Verheißung
3 beigegeben ist. / Sie lautet: Damit es dir gut geht und du ein langes
4 Leben auf Erden hast. / Und ihr Eltern, bringt eure Kinder nicht in
Wut, sondern sorgt für sie und erzieht sie, wie Gott es will, und
5 weist ihnen den Weg. / Ihr Sklaven, gehorcht eurem irdischen Herrn
6 mit Respekt und Scheu, aufrichtig, als gälte es Christus. / Nicht
nur, wenn euer Herr hinschaut, ihm zu Gefallen, sondern von Her-
7 zen erfüllt Gottes Willen als Sklaven Christi. / Redlich sollt ihr die-
8 nen, als gälte es dem Herrn und nicht nur einem Menschen. / Ihr
sollt wissen, daß jeder das Gute, das er tut, vom Herrn wiederbe-
kommt, ob er ein Sklave ist oder frei.

---

[12] Gen 2,24.
[13] Ex 20,12.

Und ihr Herren, behandelt die Sklaven entsprechend, verzichtet auf 9
Drohungen. Bedenkt, daß ihr denselben Herrn im Himmel habt
wie sie und daß vor ihm alle gleich sind. / Um dies alles zu können, 10
braucht ihr Kraft, und Kraft bekommt ihr beim Herrn, denn er ist
stark. / Um den Schlichen des Teufels zu widerstehen, wappnet 11
euch mit Gottes Kraft. / Denn ihr kämpft nicht gegen Menschen, 12
sondern gegen Machthaber und Gebieter in den Lüften, gegen die
unsichtbaren Herren dieser finsteren Welt, gegen die bösen Geister-
mächte zwischen Himmel und Erde. / Deswegen legt Gottes Waffen 13
an, damit ihr dem Bösen widerstehen könnt, wenn es kommt, mit
ihm fertig werdet und ihm standhaltet. / Stellt euch zum Kampf auf. 14
Nehmt Glaubwürdigkeit als Gürtel, Gerechtestun als Rüstung, /
die Bereitschaft zur Friedfertigkeit nach dem Evangelium als 15
Schuhwerk. / Dazu nehmt den Glauben als Schild, mit dem ihr die 16
Brandpfeile des Bösen ersticken könnt. / Setzt die Erlösung als 17
Helm auf, ergreift den Heiligen Geist, das Wort Gottes, als
Schwert. / Wappnet euch, indem ihr allezeit inständig betet und 18
fleht, der Heilige Geist gebe euch die Worte dazu. Deshalb müßt ihr
wachen und beharrlich für alle Heiligen beten, / auch für mich, da- 19
mit mir das rechte Wort zur rechten Zeit gegeben wird, so daß ich
mutig das Evangelium verkündigen und seinen verborgenen Sinn
offenlegen kann, / denn selbst in Ketten bin ich Botschafter des 20
Evangeliums. Betet, daß ich mutig meinen Auftrag erfülle.
Darüber, wie es mir ergeht, wird euch Tychikus alles berichten, der 21
liebe Bruder und bewährte Treuhänder im Auftrag des Herrn. / Ich 22
schicke ihn besonders deshalb zu euch, damit ihr wißt, wie es um
mich steht, und damit er euch aufmuntert.
Frieden und Liebe, die aus Glauben kommt, den Brüdern und 23
Schwestern von Gott, dem Vater, und unserem Herrn Jesus Chri-
stus. / Allen, die unseren Herrn Jesus Christus lieben, sei Gott gnä- 24
dig, und er bewahre sie unversehrt für immer.

Kolosserbrief

Eigenart: Der Kol wehrt bestimmte rituell-asketische Ordnungsvorstellungen ab und führt andererseits positiv für seine Gemeinde die Haustafeln als Standesmahnung ein, um ihr eine alternative Ordnung anzubieten.

Datierung: Für die Datierung wichtig ist, daß der Ort um 61 n. Chr. durch ein Erdbeben zerstört wurde. Von daher ergibt sich entweder eine recht späte nachpaulinische Abfassung (für 114 n. Chr. ist aber wieder eine Inschrift belegt, die einen offenbar schon länger existierenden Herakleskult in K. voraussetzt) oder eine Abfassung vor 61. Ich halte das letztere, also das Jahr 60 n. Chr., für das Wahrscheinlichste (s. u.).

Verfasser: Die Briefe an die Epheser und an die Kolosser sind von zwei unterschiedlichen Paulusschülern verfaßt, die doch außer dem Geprägtsein durch Paulus sehr viele weitere Gemeinsamkeiten besitzen.

Adressaten: Die Stadt Kolossai lag in der Nähe von Hierapolis und Laodicea im Tal des Kykos, eines Nebenflusses des Mäander am Ende einer Schlucht. In allen drei Städten gab es zahlreiche jüdische Bürger. Der Ort Kolossai war durch Wollindustrie bekannt. Die Kolosser kennen Paulus nicht persönlich (2,1), sie haben vielmehr das Evangelium durch den Heidenchristen Epaphras vernommen (1,7; 4,12). Eine besonders interessante Rolle spielt Tychikus. Er wird als der Überbringer des Briefes von Paulus her vorgestellt. Dieselbe Empfehlung, mit der er hier eingeführt wird, findet sich auch im Epheserbrief. Es ist der Satz Kol 4,7f; Eph 6,21f: »Das, was mich (Paulus) betrifft, wird euch Tychikus mitteilen, der geliebte Bruder und treue Diener (und Mitsklave; so nur Kol) im Herrn. Ich habe ihn gerade dazu zu euch geschickt, damit ihr wißt, wie es mir geht und daß er eure Herzen ermuntere.« Jedenfalls liegt in diesem Satz entweder eine literarische Beziehung vor (»Abschreiben«), oder es geht um eine vereinbarte Gemeinsamkeit zwischen den beiden Verfassern. Ich gehe vom letzteren aus.

Beziehungen zum Epheserbrief

Kol und Eph haben vieles miteinander gemeinsam – ähnlich wie es das auch heute noch gibt, daß zwei Schüler eines Lehrers zueinander besonders engen Kontakt haben und Ähnliches schreiben. Über die mit Paulus verbindenden Züge hinaus sind diese Gemeinsamkeiten folgende:

– Christus ist das Haupt des Leibes der Kirche.
– Sein Tod und seine Erhöhung werden als Sieg über die Mächte und Gewalten vorgestellt.
– Die Christen waren vor der Taufe schon tot in ihren Sünden, sind aber seit der Taufe »auferstanden« mit Christus. Damit ist das entscheidende eschatologische Ereignis schon vollzogen (Kol 2,12f; Eph 2,5f).
– Ein Weltgericht wird nicht besonders ausgemalt. Bis dahin gibt es vielmehr den Prozeß eines qualitativen Wachstums des Leibes Christi. Dieser Prozeß kann auch als Erfülltwerden vorgestellt sein (Kol 1,19; 2,9; Eph 1,23).
– Beide Briefe orientieren sich an umfänglichen Haustafeln. Sie regeln das christliche Alltagsleben im Sinne des Miteinanderlebens der verschiedenen »Stände« in einer antiken Großfamilie (Haus).
– Im Gottesdienst kennen beide »geistgewirkte Gesänge« als wesentlichen Teil.
– Für beide ist das Revelationsschema (Offenbarung des bislang verborgenen Geheimnisses durch den Dienst des Apostels) von zentraler Bedeutung (bei Paulus nur am Rande in Röm 16,25f wichtig).

Abweichungen vom Epheserbrief

Trotz der großen und einzigartigen Übereinstimmungen mit dem Eph hat der Kol einige wichtige Besonderheiten und Abweichungen:

– Nur in Kol wird die Taufe als Mitbegrabenwerden vorgestellt (2,12), in Eph (2,5f) dagegen nicht.
– Daß Jesus Schöpfungsmittler gewesen wäre (Kol 1,16f), kann man dem Eph nicht entnehmen. Eph spricht nur von der Erwählung der Christen »in ihm« vor Grundlegung der Welt. Aber damit ist noch nicht einmal zwingend gesichert, daß es sich um eine Präexistenz Jesu handeln soll.
– Nach Kol 3,10f verschwinden die Unterschiede zwischen Griechen und Juden, Beschnittenen und Unbeschnittenen, Barbaren und Skythen, Sklaven und Freien durch die Taufe, die als Neuschöpfung verstanden wird. Auch nach Eph wird eine neue Ein-

heit hergestellt, aber durch den Versöhnungstod Jesu Christi und nur zwischen Judenchristen und Heidenchristen (Eph 2,11-22).
- Im Eph wird das Thema Ehe in den Haustafeln erweitert um den typologischen Vergleich Christus/Kirche. Der Eph betont im ganzen deutlicher die Rolle der »Kirche«, und entsprechend ist für ihn das Thema »Einheit« (der Kirche) wichtiger als für Kol.
- Der Kol setzt sich mit »Gegnern« auseinander, die eine abweichende Gottesdienst- und Askesepraxis vertreten; wahrscheinlich handelt es sich um eine starke innergemeindliche Richtung; jedenfalls ist diese für den Verfasser des Briefes die Gegenposition. Davon ist im Eph nichts zu sehen.

Probleme: Die vom Verfasser des Kol bekämpfte Position ist ein Christentum, in dem Kontakte zur himmlischen Welt eine große Rolle spielen, also ein visionär und asketisch, kurzum ein mystisch geprägtes Christentum. Ähnlich war das wohl in Korinth, zumindest bevor Paulus den Ersten Korintherbrief schrieb. Denn auch dort war, wie das Reden in den »Sprachen der Engel« (1 Kor 13) noch bezeugt, der Kontakt mit der himmlischen Welt, besonders mit den Engeln, Merkmal des Christentums. Denn auch der erhöhte Christus war in deren Gemeinschaft. Die entscheidende Frage für die Kolosser war: Bedurfte es nicht, um zu dieser noblen Gesellschaft zu gehören, bestimmter Voraussetzungen auf seiten des Menschen? Konnte man sich etwa durch Visionen dieser Gemeinschaft vergewissern? Der Text Kol 2,18 ist wohl zu deuten im Sinne der demütigen Verehrung der Engel, verbunden mit einem visionären Eintritt in das himmlische Heiligtum. Um dessen würdig zu sein, mußte man sich aber an die himmlische Ordnung halten, nämlich Festtage, Neumonde und Sabbate einhalten, die nach Auffassung des Frühjudentums eine Ordnung vor allem für die Engel waren. Dazu gehörte auch der Verzicht auf bestimmte Mahlzeiten und Getränke, ferner durfte man sich durch Anfassen, Kosten und Berühren nicht verunreinigen. Alles das bedeutete »freigewählte kultische Verehrung«, eine bestimmte »Demutsgesinnung« und Askese, d. h. »Schonungslosigkeit« gegenüber dem Leib (Kol 2,23).
Es liegt viel daran, dieses nicht als irgendeine exotische Häresie zu betrachten, sondern als eine Gestalt frühen Christentums, in dem man sich grundsätzlich wohl an Jesus orientierte, in der konkretem mystischen Frömmigkeit dagegen unsicher war, wieweit man nicht auch den anderen Himmelsbewohnern Respekt und Ehrfurcht, Verehrung und vielleicht sogar Anbetung erweisen mußte. Unter

»Mystik« verstehe ich Kontakt mit unsichtbaren Personen des »Himmels« (auch Gebet und Lied gehören dazu), mystische Frömmigkeit ist bei den Gegnern des Kol ausgeprägt als Enthaltsamkeit und Einhalten von bestimmten Kultzeiten um der Gemeinschaft mit den Engeln willen, d. h.: um sich auf das anspruchsvolle Miteinander mit Engeln einzustellen. Im Frühjudentum ist derartige »Mystik« auch schon in Texten aus den Qumran-Höhlen und von der Massadah belegt.

Denn der Mensch war doch eben »unter die Engel gesetzt« (Psalm 8, griechische Fassung). Auch sonst steht das frühe Christentum der frühjüdischen Mystik nicht gerade fern, wie die Bedeutung von Gebet und Visionen zeigt. Kol 2,8 weist mit dem Vorwurf der »Menschensatzungen« in den Bereich frühchristlicher Kritik am Pharisäertum.

Der Verfasser des Kol nannte alles dieses zusammenfassend »Philosophie« (2,8), und das war deshalb möglich, weil dieser Ausdruck unterschiedliche jüdische Richtungen bezeichnen konnte, wenn sie nur den einen Gott des Himmels verehrten. – Ähnlich wie Paulus (Gal 4,9) kann der Verfasser des Kol aber dieser Richtung auch vorwerfen, sie kümmerten sich zu sehr um die »Elemente der Welt« (Kol 2,8.20), verstanden als materiell begründete Weltordnung. Wie bei Paulus wird daher Hinwendung von Heidenchristen zu einem am Kalender orientierten Judentum mit dem Ausdruck belegt, der sonst für Götzendienst gebraucht wird.

Wir halten fest: Wie für den frühen Paulus, so spielt auch in Kolossai der Kontakt mit der himmlischen Welt und die Gemeinschaft mit den Engeln eine große Rolle. Bei Paulus zeigte sich das besonders in der Wertschätzung des Zungenredens, die er selbst nie ablegt. Doch in Korinth ist eine Verbindung mit Askese und jüdischem Kalender nicht nachweisbar.

Theologie:

1. Thema der Auseinandersetzung des Kol mit seinen Gegnern ist so etwas wie eine religiöse Subkultur nach Art der modernen Esoterik. Ohne beide gleichzusetzen, sind doch charakteristische Dinge gut vergleichbar: Jenseits des Rationalen sind verschiedene Mächte der himmlischen Welt interessant. Die Zuwendung zu ihnen ist magisch, mystisch oder kultisch. Magisch, das heißt: nicht personhaft, sondern dinglich-automatisch. Mystisch heißt: Kontakt mit Personen des Himmels. Kultisch heißt: Der Weg läuft über Riten (Enthaltsamkeit, Zeiten).

Die Antwort, die der Kol gibt, ist nun nicht rationalistischer Art, wie sie heute weithin von den Großkirchen gegeben wird. Der Kol antwortet vielmehr mit seiner Christologie. Damit geht er einen wohl wünschenswerten Mittelweg zwischen Rationalismus und Esoterik. Er gibt der himmlischen Welt eine streng monarchische Ordnung, die er ähnlich im irdischen Haus gelten läßt. An der Stelle der unkontrollierten Vielheit steht bei ihm die mythisch-geistlich begründete Einheit und Einheitlichkeit.

2. Christen sind schon mit Christus auferstanden (Kol 2,12). Das bedeutet: Nichts, auch der Tod nicht, kann sie von Gott trennen. Der künftige leibliche Tod verliert an Bedeutung. Die daraus zu begründende Einstellung gegenüber dem Tod ist zu vergleichen mit der Ansicht des Franziskus v. Assisi über den »Bruder Tod«.

3. Der Tod Jesu hat für die Christen absolut freien Zugang zu Gott hin bewirkt. Anrufungen von Engeln sind nicht mehr notwendig. Denn die Christen stehen in der Gemeinschaft von Engeln vor Gott und rufen nicht mehr sie an, sondern mit ihnen Gott. Das geschieht in den »geistgewirkten Liedern«. Von daher wäre Gottesdienst neu zu erfassen als Hofstaat rund um den Herrn der Welt.

4. Die Versöhnungstat Jesu Christi bezieht sich nicht (zuerst) auf die Versöhnung von Menschen untereinander, sondern auf den Frieden mit Gott. Da Versöhnung in der Regel auf Zerstörung folgt, ist mit diesen Aussagen auch dies gemeint: Zerstörung ist jetzt ein für allemal genug geschehen. Gott hat überdies diese »Kriegsfolge« Zerstörung (die Ermordung Jesu im Krieg der Menschen gegen Gott) zum Zeichen seiner Vergebung gemacht, indem er Jesu Tod stellvertretend wertete.

5. Der Gedankengang des Kol zwingt zu der Annahme, daß auch für den Verfasser Mächte und Gewalten nicht bedeutungslos sind. Als Anwälte der Heiligkeit und Erhabenheit Gottes konnten sie durchaus mit Recht den »Schuldschein« des Menschen geltend machen. Aktuell ist daran die Warnung vor billiger Gnade. Wer die Größe Gottes und seine Heiligkeit ahnt, der kann auch zu ermessen versuchen, was es bedeutet, von ihm geliebt zu sein.

6. Mit seinem Ansatz »Christus das Haupt des Leibes« zeigt der Verfasser sein Interesse an Ordnungsstrukturen in der Schöpfung, in der Kirche und im christlichen Haus (Haustafeln). Diese innere Ordnung, die das Haupt stiftet, ist strukturell monarchisch (und nicht pluralistisch wie bei einer Vielzahl von Engelmächten) und so effizient für eine »Ordnung«. Schon Paulus hatte in 1 Kor 14 angesichts der Vielfalt von Erfahrungen mit »dem Himmel« darauf hingewiesen, der Gott der Christen sei ein Gott der Ordnung. Kol (und Eph) machen das nun nicht nur für die Struktur des Gottesdienstes,

sondern für Kirche und Leben klar. Damit wird zum ersten Male ein umfassender christlicher Ansatz einer Ordnung von Kirche und Alltagsleben vorgelegt – eine Art Norm, aber außerhalb des Gesetzes. Während noch bei Paulus die Charismen wichtig waren als Identität von Gabe und Norm für den einzelnen, sind es in Kol und Eph die Haupt-Leib-Strukturen in Kirche und Haus. So finden Christen jenseits des jüdischen Gesetzes eine ganz an Jesus Christus ausgerichtete Ordnung. Das Bild, die Wirklichkeit, an der sie sich orientieren, ist ein Organismus, dessen lebendiges Grundgesetz Jesus Christus als Mittler und Versöhner ist.

So ist die Gemeinde als Leib Christi sich selbst Gesetz, weil hier Gottes eigenste Fülle herrscht. Die merkwürdigen Unterscheidungen zwischen Indikativ und Imperativ fallen so dahin.

7. Die Haustafeln legen schon als Gattung den Schluß nahe: Für Kol geht es um das heilige Haus Gottes – dieses ist aber jetzt nicht mehr nur das himmlische Heiligtum, sondern dieses Haus ist die Gemeinde auf Erden.

Daher trägt die Gemeinde den Titel »Heilige« (Kol 1,2) – und nicht nur oder primär die Engel. Zu Heiligen hat die Christen die Versöhnungstat Jesu gemacht. Und Hausgenossen Gottes heißen sonst die klassischen Heiligen, die Engel. Wenn die Gemeinde Gottes Haus ist, dann bedeutet das etwas für die Strukturen in der Gemeinde und die Rolle Gottes darin: Verhältnismäßig oft ist von Gott als Vater die Rede (Kol 1,2.3.12; 3,17). Herrschaft Gottes gilt im Haus des Königs (1,13, vgl. auch Eph 2,14). Wenn Gott der Herr, Vater und König ist, dann sind die für uns oft anstößigen Haustafeln durch die generelle Unterordnung aller unter Gott nicht so »schädlich«, wie es oft auf den ersten Blick scheint.

8. Der Kol deutet den Tod Jesu als Versöhnung. Damit ist der Tod Jesu hier kein Opfer, auch kein Sühnopfer im alttestamentlich-kultischen Sinn des Wortes. Sondern der Tod des Unschuldigen wird zum Akt der Stellvertretung für alle Schuldigen – ganz außerhalb des rituellen »Muß«. Gott »braucht« kein Opfer. Jesu Tod ist daher gerade nicht Fortsetzung der seit Abraham und Isaak ja abgeschafften Menschenopfer. Der ist vielmehr im weiteren Sinne als Stellvertretung anzusehen, nicht im engeren kultischen Sinne.

9. Kol kennt keine apokalyptische Eschatologie, er kennt weder Auflösung oder Zerstörung des Kosmos noch Auferstehung der Toten am Ende. Könnte das eine Hilfe für die Umsetzung von Endzeitaussagen sein? Die Zerstörung der Welt geht ja schon in hohem Maße vom Menschen aus – aber das, was stabil bleiben kann, verdankt seine Festigkeit der Tatsache, daß es im Schöpfungswort ge-

gründet und gehalten ist. Wäre das eine Antwort auf zahlreiche apokalyptische Zukunftsängste?
Kol beschreibt Zukunft im wesentlichen als »Offenbarwerden« (3,4). So tut es auch das Judentum. Das heißt doch: Es kommt nichts Aufgesetztes, Willkürlich, gänzlich Neues hinzu, sondern es geht nur um die Konsequenzen dessen, was jetzt und immer schon geschieht. Damit wird der Endzeiterwartung der Charakter des überflüssigen Zusatzes genommen. Alle Schriften des Neuen Testaments sind sich darin einig: Am Ende werden wir mit Gottes Wirklichkeit konfrontiert. Dann werden wir wahrnehmen, was eigentlich ist und was eigentlich zählt.
10. Nicht alle Menschen generell sind einfach schon »Bild Gottes«. Jesus ist Bild Gottes. Das geht über die Aussage von Gen 1,26, daß der Mensch als Mann und Frau Gottes Bild sei, weit hinaus. »Bild Gottes« zu sein ist eine vor allem funktionale Aussage, denn jeweils der ist »Bild« Gottes, der Gott am nächsten steht. Für die Gefährdung der Adressaten des Kol durch demutsvollen Engeldienst ist das ein wichtiges Korrektiv: In die Nähe zu Gott gelangen Menschen durch ihn, den Mittler ihrer Versöhnung. Die Christen gehören zu seinem Leib, damit sind sie eins mit dem, der Maß und Haupt aller Dinge ist. Der Brief stärkt somit das aristokratische Statusbewußtsein der Christen.
11. Die Christen sollen nun das, was ihrem Status entspricht, auch in ihrem Handeln wahrnehmen und wahrmachen (Kol 3,5). Es geht somit um die Konsequenzen aus dem neuen Sein. Es kommt nur darauf an, sich ganz auf dieses Sein einzulassen.
12. Die alten Unterteilungen (z. B. Sklaven/Freie) sind nicht beseitigt, aber sie sind nicht mehr trennend. Schöpfung besteht ja in differenzierter Ordnung. Diese Ordnung der Differenzen hat nun ihren Charakter verändert. Gottes Versöhnungstat hat die Grenzen zwischen Gott und Mensch beseitigt und die zwischen den Menschen ihrer feindseligen Wirkung beraubt. Wenn Frieden mit Gott ist, wieviel mehr erst unter den Menschen. Denn Christus ist das Prinzip des Friedens. Vor ihm werden alle Grenzen gegenstandslos.

BRIEF AN DIE KOLOSSER

Kapitel 1 Ich, Paulus, nach Gottes Willen Apostel Jesu Christi, 1
und der Bruder Timotheus schreiben dies / an die Heiligen in Ko- 2
lossai, die Brüder und Schwestern, die durch den Glauben zu Jesus
Christus gehören. Gott, unser Vater, sei euch gnädig und schenke
euch Frieden.
Wir danken Gott immer für euch, wenn wir zu ihm beten, da er der 3
Vater unseres Herrn Jesus Christus ist. / Wir haben gehört, daß ihr 4
Jesus die Treue haltet und daß ihr alle Heiligen liebt, / dürft ihr 5
doch auf etwas hoffen, das im Himmel für euch bereit liegt. Durch
die Botschaft, die Halt gibt, habt ihr davon schon gehört. / So wie 6
diese Pflanze, das Evangelium, überall in der Welt fruchtbares
Wachstum entfaltet, ist sie auch zu euch gelangt, seitdem ihr von
der gnädigen Zuwendung Gottes gehört und sie als euren wahren
Halt anerkannt habt. / So seid ihr Jünger geworden durch unseren 7
lieben Mitsklaven Epaphras, den verläßlichen Treuhänder Jesu
Christi an unserer Statt. / Er hat uns berichtet von der Liebe, die ihr 8
in der Kraft des Geistes übt.
Seitdem wir das wissen, beten wir daher allezeit für euch und bitten 9
darum, daß ihr ganz und gar erkennen könnt, was Gott will, und
daß ihr durch den Geist wirklich weise und verständig werdet. /
Möge euer Handeln so sein, wie es eurem Herrn gemäß ist, so daß 10
er seine Freude daran hat. Eure Frucht mögen lauter gute Taten
sein und euer Wachstum tiefere religiöse Einsicht.
Gott stärke euch mit seiner wunderbaren, herrlichen Kraft. Dann 11
könnt ihr alles ertragen und aushalten und freudig dem Vater / da- 12
für danken, daß ihr durch ihn befähigt seid, in den Kreis der Heili-
gen des Himmels im Licht aufgenommen zu werden. / Aus den 13
Klauen der Finsternis hat er uns befreit und uns der Herrschaft sei-
nes lieben Sohnes unterstellt, / der uns befreit und uns die Sünden 14
vergeben hat.
Er ist Gott, den niemand je sah, wie aus dem Gesicht geschnitten. 15
Er ist der erste Sohn, vor aller Schöpfung. / Denn durch ihn wurden 16
alle Dinge im Himmel und auf Erden geschaffen, Sichtbares und
Unsichtbares, Throne, Majestäten, Machthaber und Gebieter. Alle
Dinge sind mit seiner Hilfe und auf ihn hin geschaffen. / Er selbst 17
ist vor allen Dingen, und alle Dinge bestehen durch ihn. / Und er ist 18
das Haupt des Leibes, der Kirche. Er ist der Anfang, Erstgeborener
aus dem Mutterschoß der Erdengräber. Auch hierbei sollte er, wie

19 immer, der Erste sein. / Denn in ihm wollte Gott in seiner ganzen
20 Fülle wohnen, / und mit seiner Hilfe wollte er erreichen, daß alle
Dinge wieder mit ihm versöhnt werden. Dazu hat er Frieden gestif-
tet durch Jesu gewaltsamen Tod am Kreuz. So wurde mit Jesu Hilfe
alles auf Erden und im Himmel mit Gott versöhnt.
21 Auch euch hat Jesus mit Gott versöhnt. Ihr wart ihm früher ganz
fremd, ja geradezu Gesinnungsfeinde, und das zeigte sich in euren
22 bösen Taten. / Jetzt aber seid ihr mit ihm versöhnt worden durch
den Tod, den Jesus an seinem Menschenleib erlitt. So könnt ihr
selbst jetzt heilig, ohne Makel und frei von Anklage Gott gegen-
übertreten.
23 Doch solltet ihr nun auch treu am Glauben festhalten und unbeirrt
auf eurem Fundament stehenbleiben, ohne abzufallen von der fro-
hen Hoffnungsbotschaft, die ihr vernommen habt. Sie wurde in der
ganzen Schöpfung unter dem Himmel verkündet, und ich, Paulus,
bin ihr Treuhänder geworden.
24 Daher freue ich mich jetzt, daß ich zu eurem Nutzen leiden darf. So
kann ich mit meinem sterblichen Körper das beitragen, was dem
25 Leib Christi, der Kirche, an Qualen noch gefehlt hat. / Treuhänder
für die Kirche bin ich geworden. Denn Gott hat mich dafür vorgese-
26 hen, sein Wort in Fülle an euch weiterzugeben. / Es geht um Gottes
geheime Absicht, die seit unzähligen Zeitaltern und Geschlechtern
verborgen gehalten, jetzt aber seinen Heiligen offenbart wurde. /
27 Ihnen wollte Gott dieses herrliche, reiche Geheimnis enthüllen, das
sich unter den Heiden verwirklicht: Die erhoffte Herrlichkeit ist da,
28 Christus ist in eurer Mitte. / Ihn verkündigen wir und versuchen, alle
Menschen durch Mahnung und weise Belehrung zu vollkommenen
29 Christenmenschen zu machen. / Diesem Ziel gilt meine ganze Mühe,
dafür streite ich mit der Energie und Kraft, die er in mir wirkt.

1 *Kapitel* 2 Ihr sollt wissen, wie sehr ich mich für euch, für die Lao-
dizener und andere, die mich persönlich nicht kennen, einsetze. /
2 Ich möchte ihre Herzen aufmuntern, und sie sollen erfahren, daß
das Band der Liebe sie eint. Sie sollen wirklich tief im Herzen das
3 Geheimnis Gottes, das Christus ist, erfassen und begreifen. / Er ist
die Schatzkammer, die alle Schätze der Weisheit und Einsicht birgt.
4 / Dies sage ich euch, damit niemand euch zu Irrsinnstaten überre-
5 det. / Ich bin zwar nicht physisch bei euch, doch durch den Heiligen
Geist. Voll Freude sehe ich, wie ihr Ordnung haltet und wie fest
euer Glaube an Christus ist.
6 Ihr habt Christus Jesus als euren Herrn angenommen. Dann han-
7 delt auch nach seiner Regel. / Er ist das Erdreich, ihr seid die Wur-

zeln; er das Fundament, ihr das Haus, das darauf gebaut ist. Bleibt
fest und treu im Glauben, wie es die Lehre vorschreibt. Dafür
könnt ihr gar nicht dankbar genug sein.
Gebt acht, daß euch niemand mit Pseudophilosophien und leeren 8
Trugideen, die doch nur von Menschen in Umlauf gesetzt wurden,
den Kopf verdreht. Sie orientieren sich doch nur an den Dingen der
geschaffenen Welt, nicht an Christus, / in dem Gott mit seiner Fülle 9
ganz und leibhaftig wohnt. / Ihr seid erfüllt von Christus, denn er 10
ist der Herr über alle Machthaber und Gebieter.
Durch Jesus Christus seid ihr auch beschnitten mit einer Beschnei- 11
dung, die nicht von Menschenhand gemacht ist. Sie besteht darin,
daß der sterbliche Leib entfernt wird. / Denn durch die Taufe seid 12
ihr mit Christus mitbegraben, und dadurch seid ihr auch mit ihm
mitauferweckt worden. Durch euren Glauben hat die Kraft Gottes,
der Jesus von den Toten auferweckt hat, auch für euch gewirkt. /
Ihr wart ja tot wegen eurer Missetaten und weil euer Körper unbe- 13
schnitten war. Aber Gott hat euch zusammen mit Jesus lebendig ge-
macht und euch alle Missetaten vergeben. / Dadurch, daß er den 14
Schuldschein, der auf euch ausgestellt war, gelöscht und ungültig
gemacht hat, indem er ihn an den Pfahl des Kreuzes anheftete, / hat 15
er die bösen Mächte und Dämonen, die als Ankläger der Menschen
auftreten, abgeschüttelt, sie öffentlich blamiert und[1] durch den Ge-
kreuzigten über sie triumphiert.
Daher soll euch niemand verurteilen, wenn ihr bestimmte Vor- 16
schriften über Essen und Trinken und die Einhaltung der Feiertage,

---

1 Das Wort »Schuldurkunde« in V. 14 bezeichnet nicht nur den Schuldschein, den der Schuldner persönlich signiert und der beim Gläubiger aufbewahrt wird, sondern das Wort kann auch – und zwar in apokalyptischen Texten über Gottes Gericht – die Gerichtsbücher bezeichnen, in denen die Werke der Menschen verzeichnet sind, nach denen sie gerichtet werden (z. B. Apk 20,12). Die Werke werden dabei wohl im Zusammenhang mit den (erfüllten und) übertretenen Geboten aufgezählt. Von daher ist der Zusatz »den Geboten nach« in V. 14 in manchen Hss. zu verstehen. Das griech. Wort für »anheften« heißt auch: anschmieden, und so geschah es mit Kriegsgefangenen z. B. in Triumphzügen. Man könnte überlegen, ob nicht nur Jesus gekreuzigt ist, sondern mit ihm der Schuldschein der Menschheit. Während Jesus aus dem Kreuz befreit und zu Gott erhoben wurde, bleibt der Schuldnachweis ans Kreuz geheftet und ist in dieserm Sinne »aus der Mitte fortgeschafft« (hier: »gelöscht und ungültig gemacht«). Kol 2,14 verwendet hier die Formel, die Dt 21,21 vom Gekreuzigten gebraucht: »So sollst du das Böse aus deiner Mitte fortschaffen.« Damit will Kol 2,14 sagen: Nicht Jesus wird am Ende fortgeschafft, sondern das Schuldregister der Menschen. So hat das Kreuz einen schriftgemäßen Sinn, nämlich das Böse zu beseitigen.

17 des Neumonds oder des Sabbats nicht einhaltet. / All das war nur
ein schwaches Abbild dessen, was jetzt gilt, leiblos wie der Schat-
ten, den ein Körper wirft. Der Körper aber ist die Ordnung des
18 Christus. / Laßt euch nicht davon beeindrucken, wenn jemand auf
euch herabschaut, der von Engelverehrung schwärmt. Er hatte viel-
leicht eine Vision, in der er in den Himmel kam und nach demüti-
gen Anrufungen der einzelnen Engel schließlich das himmlische
Heiligtum betreten durfte. So jemand ist völlig zu Unrecht maßlos
eingebildet, weil seine Vorstellungskraft nur die eines schwachen
Menschen bleibt und er sich alles nur typisch menschlich vorstellt.
19 / Er hat sich nicht an Christus, das Haupt, gehalten, von dem her
in Gottes Kraft der ganze Leib organisch mit all seinen Gelenken
und Muskeln geworden ist.

20 Dank eurer engen Verbindung mit Jesus Christus seid ihr doch für
alles Weltliche gestorben. Warum laßt ihr euch da Vorschriften ma-
21 chen, als wärt ihr noch immer Weltkinder? / Wie etwa: Faß dies
22 nicht an! Iß das nicht! Berühr jenes nicht! / Solche Dinge sind doch
vergänglich, zum Verbrauch und zum Verzehr bestimmt, und die
Gebote und Lehren über ihre Verwendung sind doch nur von Men-
23 schen gemacht. / Man erhebt den Anspruch, diese Sonderriten, De-
mutsgesten und Askesen seien Weisheit. Doch diese sehr irdischen
Erfindungen haben keinen Wert, sondern dienen nur dem unersätt-
lichen Ehrgeiz der Menschen.

1 *Kapitel 3* Wenn ihr nun mit Christus auferweckt worden seid,
dann lebt und strebt auch nach dem, was Gott im Himmel will.
2 Dort sitzt Christus zu seiner Rechten. / Denkt himmlisch, nicht ir-
3 disch. / Denn für das Irdische seid ihr tot. Euer neues Leben kann
man weder sehen noch begreifen, doch ihr lebt mit Christus in der
4 Gemeinschaft Gottes. / Wenn Christus einmal unverhüllt dastehen
wird als der, der er wirklich ist, euer Leben, dann werdet auch ihr
unverhüllt dastehen mit ihm, in unvorstellbarer Herrlichkeit.

5 So wie man abgestorbene Körperteile amputieren muß, trennt euch
von den alten Gewohnheiten, die noch zur irdischen Welt gehören:
Sexgier, Angepaßtheit, hemmungslose Triebhaftigkeit, Habgier,
6 denn all dies ist dasselbe wie Götzendienst / und trägt ungehorsa-
7 men Menschen nur den Zorn Gottes ein. / Auch ihr habt früher so
8 gelebt. / Aber jetzt könnt ihr all das ablegen: Zorn, Wut, Mißgunst,
9 Lästern und böse Nachrede. / Belügt einander nicht. Zieht den al-
10 ten Menschen mit seinen Taten wie ein altes Kleid aus, / zieht den
neuen Menschen an. Denn dieser wird ganz neu geschaffen als Got-
tes Ebenbild, auf daß ihr euren Schöpfer immer tiefer erkennt. /

Hier zählt es nicht, ob jemand Grieche oder Jude, beschnitten oder 11
unbeschnitten, Barbar oder Skythe, Sklave oder Freier ist[2], sondern
Christus ist alles in ihnen, und in ihnen allen ist nur er.
Zieht nun ein neues Kleid an, ihr Auserwählten Gottes, ihr Heiligen 12
und Geliebten. Und dieses neue Kleid heißt, daß ihr euch von Her-
zen erbarmt, daß ihr freundlich seid und Demut übt, daß ihr fried-
fertig, voll Langmut / und geduldig miteinander seid. Vergebt ein- 13
ander, wenn jemand gegen den anderen einen Groll hegt. Wie der
Herr euch vergeben hat, so sollt auch ihr einander vergeben. / Über 14
all dies zieht als Überkleid die Liebe an. Sie erst näht die Einzel-
stücke zu einem hübschen Gewand zusammen. / Und der Friede, 15
den Jesus Christus in euer Herz gelegt hat, durchdringe alles. Die-
sen Frieden in dem einen Leib der Kirche zu verwirklichen, dazu
seid ihr berufen.
Entfaltet die Botschaft Christi in ihrem ganzen Reichtum in euch! 16
Wenn ihr lehrt oder einander den Weg weist, dann voll Weisheit!
Singt als Gnadenkinder mit Psalmen, Hymnen und Liedern, die der
Heilige Geist euch eingibt, aus vollem Herzen unserem Gott. / Und 17
bei allem, was ihr wirkt mit Wort oder Tat, ruft zu eurem Schutz
den Namen Jesu, des Herrn, an. Wenn ihr Gott, dem Vater, das
Dankgebet sprecht, dann nennt Jesus als Mittler.
Ihr Frauen, unterwerft euch euren Männern. In der Gemeinschaft 18
mit dem Herrn muß das so sein. / Ihr Männer, habt eure Frauen lieb 19
und laßt euch nicht gegen sie einnehmen. / Ihr Kinder, gehorcht eu- 20
ren Eltern in allem, denn so hat es der Herr gern in seinem Volk. /
Ihr Eltern, schüchtert eure Kinder nicht ein, damit sie keine Duck- 21
mäuser werden. / Ihr Sklaven, gehorcht eurem irdischen Herrn in 22
allem, nicht nur wenn er hinschaut und damit er sich freut, sondern
aufrichtig, in Furcht vor dem Herrn. / Was ihr auch tut, tut es von 23
Herzen, als gälte es dem Herrn und nicht den Menschen. / Ihr wißt 24
ja, daß der Herr es euch vergelten wird mit eurem Erbteil. Euer
Dienst gelte Christus, dem Herrn. / Denn auch wer unrecht getan 25
hat, bekommt das zurück, was er getan hat, ohne Ansehen der Per-
son.

Kapitel 4 Ihr Herrinnen und Herren, behandelt eure Sklaven ge- 1
recht und gleich. Denn ihr wißt: Auch ihr habt einen Herrn, und
zwar im Himmel. / Betet beharrlich! Bleibt wach zum Beten und 2
Danken. / Betet auch für mich, daß Gott für meine Botschaft die 3
Pforten öffnet, damit ich das verborgene Evangelium Christi offen-

---

[2] Vgl. Gal 3,28; 1 Kor 12,13.

4 bar machen kann. Dafür liege ich in Fesseln. / Ich will dieses Ge-
heimnis öffentlich sagen, so wie es mein Auftrag ist.
5 Gegenüber Außenstehenden verhaltet euch weise, nutzt jede
6 Chance. / Seht zu, daß man euch gern zuhört, andererseits soll es
an Pfeffer nicht fehlen. Ihr müßt auf jede Frage eine Antwort wis-
sen.
7 Darüber, wie es mir ergeht, wird euch Tychikus alles berichten, der
8 liebe Bruder und bewährte Treuhänder im Auftrag des Herrn. / Ich
schicke ihn besonders deshalb zu euch, damit ihr wißt, wie es um
9 mich steht, und damit er euch aufmuntert. / Mit ihm schicke ich
den treuen, lieben Bruder Onesimus, der ja aus eurer Gemeinde ist.
Die beiden werden euch über alles, was es von hier zu berichten
gibt, informieren.
10 Grüße soll ich euch sagen von Aristarch, meinem Mitgefangenen,
und von Markus, dem Vetter des Barnabas. Ihr wißt ja schon, daß
11 ihr ihn freundlich aufnehmen sollt, wenn er zu euch kommt. / Es
grüßt euch auch Jesus, genannt Justus. Die hier Genannten sind
meine einzigen jüdischen Mitarbeiter für die Arbeit am Reich Got-
12 tes; sie sind mein Trost hier. / Grüßen läßt euch auch Epaphras, der
ja aus eurer Gemeinde kommt. Er ist Sklave Jesu Christi und betet
immer mit äußerster Kraft für euch, daß euer Christentum über-
13 zeugend wird und daß ihr ganz nach Gottes Willen lebt. / Ich kann
ihm nur bescheinigen, daß er sich für euch und für die Christen in
14 Laodizea und Hierapolis sehr eingesetzt hat. / Es grüßen euch auch
15 mein lieber Lukas, der Arzt, und Demas. / Grüßt die Brüder in Lao-
dizea sowie Nympha und die Gemeinde, die sich in ihrem Haus
16 versammelt. / Und wenn dieser Brief bei euch vorgelesen worden
ist, laßt ihn auch in der Gemeinde der Laodizener vorlesen. Und
umgekehrt lest auch ihr den Brief, den ich an die Laodizener
17 schreibe. / Und richtet Archippus folgende Mahnung von mir aus:
»Sieh zu, daß du den Auftrag erfüllst, den du vom Herrn empfan-
gen hast.«
18 Der Gruß ist von meiner eigenen Hand: Paulus. Denkt daran, daß
ich in Fesseln liege. Gott bleibe bei euch mit allem, was er euch
schenkt!

Barnabasbrief

Eigenart: Barn ist ein Lehrschreiben, das apologetisch-schriftgelehrt vor allem grundsätzliche Auffassungen früher Christen (z. B. über Jesus, sein Leiden und den »Bund«) aus dem Alten Testament erweisen will. Der Brief ist damit (neben dem Hebr und den Schriften des Apologeten Justinus Martyr) ein einzigartiges Dokument frühen christlichen Schriftgebrauchs. Der Verfasser nennt das, was er durch die Schriftbeweise vermitteln will, »Erkenntnis«. Den Schluß der Schrift bildet eine altertümliche Fassung der Zwei-Wege-Lehre, die wir ähnlich in den Kapiteln 1-7 der Didache finden.

Verfasser: Der Verfasser beherrscht die zeitgenössische jüdische Technik des Schriftbeweises und die von daher geläufigen Regeln der Auslegung. Seine Kenntnis der Schrift und der jüdischen Praxis zeigt, daß er Judenchrist ist.

Adressaten: Während man früher an heidenchristliche Adressaten dachte, mehren sich in der neueren Forschung Argumente dafür, daß es sich um eine sehr harte Auseinandersetzung christlich gewordener Juden mit ihren nicht christlich gewordenen Glaubensbrüdern handelt. Im Visier des Verfassers stehen Christen, die etwas versöhnlicher über das Verhältnis von Juden und Judenchristen urteilen und behaupten: *»Der Bund umfaßt jene und uns«*, d. h. die behaupten, die Bundesschlüsse (mit Abraham, besonders offenbar: mit Mose) seien auch für die nichtchristlichen Juden gültig. Diese Position vertreten im Neuen Testament Paulus, Eph und Lukas(Ev.).

Datierung: Wegen der Auseinandersetzung mit judenchristlichen Positionen der Frühzeit (s. o.) gehört der Barn nach meinem Urteil an das Ende der 1. christlichen Generation (Argumente auch in: K. Berger, Theologiegeschichte des Urchristentums, 2. A. 1995. § 363 Der Standort des Barnabasbriefes). Die Härte der Auseinandersetzung erinnert an ähnliche Mentalität im JohEv, wenn auch der Stil anders ist. – Ob 16,4 die Tempelzerstörung des Jahres 70 n. Chr. und nicht vielmehr eine frühere (Wiederaufbau!) voraussetzt, ist mir nicht mehr gewiß. Andere Datierung: um 130 n. Chr.

Theologie: Der Brief eifert mit Juden gegen Juden um das rechte Verständnis der Schrift. Denn es gibt für ihn nur eine einzige Offenbarung, und die ist in der Schrift festgelegt. Der Verfasser macht Ernst damit, daß sich auf dem Boden der Schrift (es gibt nur das Alte Testament) die Legitimität des Christentums entscheiden soll. Synoptische Überlieferungen werden in einem Zustand vor der Verschriftlichung referiert.

Griechischer Text nach P. Prigent, E. A. Kraft, Épître de Barnabe, Paris 1971.

BRIEF DES BARNABAS

Kapitel 1 Ich grüße euch in Frieden, meine Söhne und Töchter, 1
im Auftrag des Herrn, der uns liebt.
Eindrucksvoll und reichlich hat euch Gott seine Gerechtigkeit be- 2
wiesen. Deshalb bin ich sehr froh, daß der Heilige Geist euch so mit
Seligkeit und Herrlichkeit beschenkt hat. Denn dadurch hat seine
gnadenvolle Zuwendung von Beginn an in euch Wurzeln geschla-
gen. / Noch mehr beglückwünsche ich aber mich selbst, wenn ich, 3
wie ich hoffe, als euer Missionar gerettet werden kann. Denn an
euch kann ich wirklich sehen, daß der Herr in seiner reichen Liebe
den Heiligen Geist über euch ausgegossen hat. Daher hat mich
mein lang ersehnter Besuch bei euch völlig überwältigt. / Dieses 4
weiß ich nun sehr genau. Und da ich nach meiner Predigt bei euch
vieles besser verstehe, bin ich mir auch sicher, daß es der Herr war,
der mich auf meinem Weg zur Gerechtigkeit geleitet hat. So drängt
es mich von ganzem Herzen, euch mehr zu lieben als mein eigenes
Leben, denn bei euch haben sich fester Glaube und Liebe mit der
Hoffnung auf Leben, das von Gott kommt, verbunden. / Ich denke, 5
daß es sich lohnt, Menschen, die so vom Geist erfüllt sind, zu die-
nen. Ich möchte mich um euch kümmern, euch etwas von dem Gu-
ten weitergeben, das ich selbst empfangen habe, und euch diesen
kurzen Brief schreiben. Er soll dazu beitragen, daß ihr nicht nur
glaubt, sondern den Inhalt des Glaubens auch tiefer begreift.
Drei Grundsätze kennzeichnen den Herrn. Erstens: Hoffnung auf 6
Leben – darin besteht unser ganzer Glaube, sein Anfang und sein
Ende; zweitens: Gerechtigkeit – darin besteht das ganze Gericht,
sein Anfang und sein Ende; drittens: Wenn die Menschen einander
leichten Herzens und fröhlich lieben, zeigt dies, daß sie gerecht ge-
handelt haben.
Der Herrgott hat uns durch die Propheten wissen lassen, was einst 7
war und was jetzt ist. Von dem, was dereinst sein wird, gab er uns
einen Vorgeschmack. Wir sehen nun, daß eins nach dem anderen
von dem, was er gesagt hat, Wirklichkeit wird. Und so dürfen wir
uns dem Heiligtum unseres Glaubens an Gott nun reicher ausge-
stattet und würdiger nähern. / Ich möchte euch nur auf ein paar 8
kleine Dinge aufmerksam machen, nicht wie ein Schulmeister, son-
dern von gleich zu gleich. Ich wünsche mir, daß ihr schon jetzt dar-
aus Nutzen zieht.

1 *Kapitel 2* Die Zeiten sind böse, und das Regiment führt derjenige,
der sie böse macht, der Satan. Daher müssen wir uns in acht neh-
men und herausfinden, was für eine Gerechtigkeit das jetzt sein
2 kann, die der Herr von uns fordert. / Ehrfurcht und Ausdauer hel-
fen unserem Glauben; Geduld und Selbstbeherrschung sind unsere
3 Kampfgenossen. / Wenn sich nun diese rein erhalten[1], gesellen sich
ihnen Weisheit, Verstehen, Wissenschaft und Erkenntnis freudig
bei.
4 Durch alle Propheten hat Gott uns gesagt, daß er keinerlei Opfer
braucht, weder Schlachtopfer noch Brandopfer, noch andere Op-
5 fergaben. / »*Was soll ich mit der Masse eurer Schlachtopfer?*«
spricht der Herr. »*Die Brandopfer habe ich satt, und das Fett von
Lämmern und das Blut von Stieren und Ziegenböcken will ich
nicht, auch nicht, wenn ihr im Heiligtum vor mein Angesicht tretet.
Wer hat solche Opfer aus euren Händen verlangt? Den Vorhof mei-
nes Heiligtums sollt ihr nicht mehr betreten. Wenn ihr Feinmehl
bringt, so habe ich nichts davon. Räucherwerk ist mir ein Greuel.
6 Eure Neumonde und Sabbate halte ich nicht aus.*«[2] / Er hat all dies
abgeschafft, weil das neue Gesetz unseres Herrn Jesus Christus frei
von dem Zwang, Äußerlichkeiten zu erfüllen, ohne eine von Men-
7 schen bereitete Opfergabe auskommen soll. / Er sagt ja auch [zu
den Juden][3]: »*Habe ich etwa euren Vätern, als sie aus Ägypten aus-
zogen, geboten, mir Brand- und Schlachtopfer darzubringen?* /
8 [4] *Nein, sondern ich habe ihnen geboten: Keiner von euch soll sei-
nem Nächsten in seinem Herzen Böses nachtragen, den Meineid
9 sollt ihr verabscheuen.*« / Wir sind doch nicht so dumm, daß wir
den Willen unseres gütigen Vaters nicht erkennen, denn er sagt uns
ja, wie wir vor ihn hintreten sollen; er will nicht, daß wir uns dau-
ernd den Kopf zerbrechen wie die anderen, die dann in die Irre lau-
10 fen. / Zu uns sagt er[5]: »*Ein zerknirschtes Herz ist für den Herrn ein
echtes Opfer; ein Herz, das seinen Schöpfer lobt, ist für ihn ein an-
genehmer Duft.*« – Wir sollten sehr genau herausfinden, was unser
Heil ist, liebe Brüder und Schwestern, damit nicht der Böse, der
Teufel, dem Irrglauben unter uns Einlaß verschafft und uns unse-
rem Leben abspenstig macht.

---

[1] Die Auffassung vom Kampf ist magischer Art: Es siegt derjenige, der sich rein erhält.
[2] Jes 1,11-13.
[3] Jer 7,22f.
[4] Sach 8,17.
[5] Ps 51,19.

Kapitel 3 An einer anderen Stelle heißt es für die Juden zu diesem 1
Thema[6]: »*Warum fastet ihr vor mir*«, *spricht der Herr,* »*meint ihr,*
daß ich heute euer Geschrei erhöre? Nicht diese Art von Fasten will
ich«, *spricht der Herr,* »*nicht einen Menschen, der sich in Demuts-*
übungen erniedrigt.« / Selbst wenn ihr euren Nacken krümmt wie 2
einen Ring und euch in Sack und Asche hüllt, dürft ihr auch das
nicht ein Fasten nennen, das Gott gefällt. / Für uns Christen heißt 3
es[7]: »*Das Fasten, das ich will*«, *spricht der Herr,* »*ist so: Löse jede*
ungerechte Fessel, kündige Verträge, die Menschen vergewaltigen
und knebeln, schenke Unterdrückten die Freiheit, zerreiße jede un-
gerechte Vereinbarung. Verteile dein Brot an die Hungernden, und
wenn du einen siehst, der nackt ist, gib ihm Kleidung. Obdachlose
führe in dein Haus, und wenn du einen siehst, der im Elend ist,
übersieh ihn nicht, denn er ist dein Verwandter[8].« / *Dann wird dein* 4
Licht wie ein Morgenstern aufstrahlen, deine Kleider werden zu
glänzen beginnen, deine Gerechtigkeit wird dir als Ehrengeleit vor-
angehen, und die Herrlichkeit Gottes wird dich wie ein Gewand
umhüllen. / Dann wirst du zu Gott rufen, und er wird dich erhören. 5
Noch während du sprichst, wird er sagen: »*Ich bin da.*« *So wird es*
geschehen, wenn du Menschen nicht mehr knebelst, die Faust nicht
mehr reckst zur Gewalt, wenn du nicht mehr nur mit gehässigen
Bemerkungen etwas abgibst, sondern dem Hungrigen dein Brot
von Herzen schenkst und mit dem Elenden Erbarmen übst. / Weit 6
vorausschauend in seiner Barmherzigkeit, hat Gott uns durch die
Schrift über all dies schon im voraus unterrichtet. Er hat daran ge-
dacht, daß wir, das Volk, das er Jesus, seinem Erwählten, gegeben
hat, einen reinen, unvermischten Glauben haben möchten. So
wollte er, daß wir – anders als die Proselyten – nicht am jüdischen
Gesetz scheitern.

Kapitel 4 Für die nächste Zukunft müssen wir nun sorgfältig er- 1
kunden, was uns retten kann. Grundsätzlich meiden sollten wir al-
les Handeln gegen Gottes Gesetz, damit die bösen Taten nicht Herr
über uns werden. Den Wahn der Gegenwart wollen wir mit Haß
verfolgen, damit wir mit Liebe in Zukunft belohnt werden. / Wir 2
wollen uns nicht selbst einen Freibrief ausstellen, mit schlechten,
unsittlichen Menschen gemeinsame Sache zu machen, denn sonst

[6] Jes 58,4f.
[7] Jes 58,6-10.
[8] Die Übersetzung folgt hier der Handschrift L (Codex Corbeiensis). In anderen Vorlagen heißt es: »...auch wenn er dein Verwandter ist.«

würden wir ihnen gleich. / Das Ärgernis der Endzeit ist nahe, von
dem Henoch schreibt. Denn der Herr hat die Zeiten und Tage abgekürzt, damit sein Auserwählter schneller kommt und sein Erbteil
4 in Besitz nimmt. / So sagt es auch der Prophet[9]: »*Zehn Königreiche werden auf Erden regieren, und danach wird ein kleiner König aufstehen, der drei der Könige auf einen Streich in den Staub werfen*
5 *wird.*« / Ähnlich spricht darüber auch Daniel[10]: »*Ich sah das vierte Tier, böser, stärker und schrecklicher als alle Tiere der Erde, und aus ihm brachen zehn Hörner hervor und dazu ein kleines Horn als Nebenschößling. Das warf auf einen Streich drei der großen Hörner*
6 *in den Staub.*« / Versucht, den Sinn zu begreifen!
Aber als einer von euch, der euch alle einzeln und insgesamt mehr als sein Leben liebt, bitte ich euch noch um eins: Gebt auf euch acht und stellt euch nicht mit gewissen Leuten auf eine Stufe, deren Sprüche ihr nachbetet und deren Sündenregister ihr so nur noch weiter anreichert, indem ihr sagt: »Der Bund gehört den Juden und
7 uns Christen.« / Uns gehört er zwar, aber die Juden haben ihn für immer verloren, obwohl Mose ihn schon empfangen hatte. Denn in der Schrift heißt es[11]: »*Und Mose fastete auf dem Berg Sinai vierzig Tage und vierzig Nächte und empfing den Bund vom Herrn, stei-*
8 *nerne Tafeln, beschrieben mit dem Finger Gottes.*« / Doch sie wandten sich den Götzenbildern zu und verloren ihn. Und Gott sagte[12]: »*Mose, Mose, steig schnell herab, denn dein Volk, das du aus Ägypten herausgeführt hast, hat das Gesetz übertreten.*« Mose »*begriff und warf die zwei Tafeln, die er in den Händen hielt, fort.*« So wurde der Bund der Juden aufgelöst, damit jetzt der Bund Jesu, des Auserwählten, wie mit einem Siegel in unsere Herzen eingeprägt werden kann, wenn wir an ihn glauben und auf ihn hoffen.
9 Ich will euch viele Dinge schreiben, doch nicht wie ein Lehrer nur in kleinen Portionen und von oben herab, sondern wie es sich für einen gehört, der – als der Geringste von euch – euch alle liebt. Jetzt, in der Endzeit, müssen wir auf der Hut sein. Ein ganzes christlich geführtes Leben wird umsonst gewesen sein, wenn wir nicht jetzt in der bösen Zeit und angesichts der kommenden Ärger-
10 nisse standhaft sind, wie es sich für Kinder Gottes gehört. / Damit der Schwarze, der Teufel, sich nicht bei uns einnisten kann, wollen wir alles Unnütze und den Weg des Bösen grundsätzlich meiden.

[9] Dan 7,24.
[10] Dan 7,7f.
[11] Ex 31,18; 34,28.
[12] Ex 32,7; Dt 9,12; Ex 32,19.

Verkriecht euch nicht in euer Gehäuse und bleibt nicht für euch al-
lein, als wärt ihr schon endgültig für gerecht erklärt. Statt dessen
kommt zusammen und sucht gemeinsam nach dem, was für alle gut
ist. / Denn in der Schrift steht[13]: »*Wehe denen, die nur für sich selbst* 11
klug sind und nur nach ihrem eigenen Urteil weise.« Wir wollen
uns von Gottes Geist erfüllen lassen, wollen sein Heiligtum wer-
den, soweit wir selbst dazu beitragen können. Wir wollen uns in
der Furcht Gottes einüben und darum ringen, daß wir seine Gebote
bewahren und so Freude an seinem Gesetz haben können. / Ohne 12
Ansehen der Person wird Gott die Welt richten. Jeder wird so emp-
fangen werden, wie es seinem Handeln entspricht. Wenn er gut
war, wird seine Gerechtigkeit ihm als Ehrengeleit vorangehen. War
er böse, bekommt er den Lohn für seine Schlechtigkeit.
Wir sollten uns nie darauf ausruhen, daß wir berufen sind, und wir 13
dürfen nicht in unseren Sünden schläfrig werden. Denn sonst ge-
winnt der Teufel, der böse Fürst, Macht über uns und drängt uns
weg vom Reich des Herrn! / Und noch eins, liebe Schwestern und 14
Brüder: Ihr seht ja, daß Israel trotz der vielen Zeichen und Wunder,
die vor seinen Augen geschahen, von Gott verlassen ist. Wir wollen
also darauf achten, daß das Schriftwort[14] »*Viele sind gerufen, aber*
wenige bleiben als Erwählte übrig« nicht auf uns zutrifft.

Kapitel 5 Der Herr hat es auf sich genommen, seinen Leib denen 1
hinzuhalten, die ihn töten wollten. Denn wenn wir mit seinem Blut
besprengt würden, sollten wir durch Vergebung der Sünden heilig
werden. / Die Schrift sagt über ihn[15]: »*Weil wir schuldig geworden* 2
sind, wurde er verwundet, und weil wir gesündigt haben, mußte er
Schmerz erdulden. Wie ein Schaf führte man ihn zur Schlachtbank,
wie ein Lamm gab er keinen Laut vor dem, der ihn schor,« und
meint damit sowohl Israel als auch uns. / Wir müssen dem Herrn 3
sehr dafür danken, daß er uns geoffenbart hat, was war, was ist
und was sein wird. / In der Schrift aber heißt es[16]: »*Aus gutem* 4
Grund werden für Vögel Fangnetze ausgespannt.« Das bedeutet:
Ein Mensch, der den gerechten Weg wohl kennt, sich aber an den
finsteren Weg hält, wird zu Recht zugrunde gehen.
Auch dies noch, Brüder und Schwestern: Der Herr hat es auf sich 5
genommen, für uns zu leiden, obwohl er der Herr der ganzen Welt

13 Jes 5,21.
14 Vgl. Mt 22,14.
15 Jes 53,5.7.
16 Prov 1,17.

ist. Bei der Weltschöpfung sagte Gott zu ihm[17]: »*Wir wollen einen
Menschen machen, uns ähnlich und vergleichbar.*« Dennoch hat er
es auf sich genommen, durch Menschenhand zu leiden. Wie paßt
6 das zusammen? / Die Propheten haben sein Kommen angekündigt,
wie er selbst es ihnen eingegeben hatte. Und er hat es auf sich ge-
nommen, als Mensch auf die Welt zu kommen, um den Tod zu ver-
nichten und um zu zeigen, daß es die Auferstehung der Toten gibt.
7 So hat er erfüllt, was den Vorfahren verheißen wurde. Er hat sich
ein neues Volk eingesetzt, um als Mensch auf Erden zu zeigen, daß
8 er selbst die Menschen auferwecken und richten wird. / Überdies
verkündigte er die Botschaft und zeigte Israel seine überwältigende
Liebe, indem er es lehrte und große Wunder und Zeichen voll-
9 brachte. / Er offenbarte sich als Sohn Gottes, als er seine Apostel zu
künftigen Verkündigern des Evangeliums erwählte und sich dafür
ausgerechnet Menschen aussuchte, die über die Maßen sündig wa-
ren. So wollte er ihnen sagen[18]: »*Ich bin nicht gekommen, Gerechte
10 zu berufen, sondern Sünder.*« / Denn wäre er nicht als Mensch ge-
kommen, hätten die Menschen unmöglich bei seinem Anblick ge-
rettet werden können.
Er mußte sich einfach verhüllen, weil ja die Augen der Menschen
nicht einmal die strahlende Helligkeit der Sonne ertragen können,
obwohl diese doch vergänglich und nur das Werk seiner Hände
ist.
11 Der Sohn Gottes kam auch deshalb als Mensch, weil damit bei de-
nen, die schon seine Propheten auf den Tod verfolgt hatten, das
12 Maß der Sünden voll werden sollte. / Denn wenn Gott sagt[19]:
»*Wenn sie ihren Hirten schlagen, gehen die Schafe der Herde zu-
grunde*«, heißt das, daß sie die Wunden an Jesu Körper verursacht
13 haben. Deswegen hat er das Leiden ertragen. / Und er wollte gerade
auf diese Art, nämlich am Kreuz, leiden, weil der Prophet über ihn
sagt[20]: »*Verschone mein Leben vor dem Schwert.*« Und auch: »*Na-
gele meinen Körper an, denn böse Menschen haben sich zusammen-
14 gerottet und sind aufgestanden gegen mich.*« / Und an einer ande-
ren Stelle[21]: »*Meinen Rücken habe ich hingehalten für Geißelhiebe
und meine Wangen für Schläge, doch mein Gesicht habe ich hart ge-
macht wie Felsgestein.*«

17 Gen 1,26.
18 Vgl. Mt 9,13.
19 Sach 13,6f.
20 Ps 22,21; 119,120; 22,17.
21 Jes 50,6f.

Kapitel 6 Auch für die Situationen, in denen Jesus Gottes Befehl 1
ausführte, lassen sich Schriftstellen nennen. So könnte Jesus gefragt
haben[22]: »*Wer will gegen mich prozessieren? Er trete mir entge-
gen!*« Oder: »*Wer will mit mir rechten? Er soll nur herankommen
zum Sklaven Gottes!* / [23]*Wehe euch, ihr werdet alle verschlissen* 2
werden wie ein Gewand, und die Motten sollen euch fressen!« Und
daß Jesus wie ein harter Stein hingesetzt wurde, an dem Menschen
zerschellen sollten, belegt ein anderes Prophetenwort[24]: »*Ich will
als Grundstein für Sion einen Stein legen, der kostbar und erlesen
und ein unverzichtbarer Eckstein ist.*« / Danach heißt es[25]: »*Wer an* 3
ihn glaubt, wird für immer leben.« Richtet sich denn unsere Hoff-
nung auf einen Stein? Keineswegs! Alle Stellen beziehen sich auf
den Körper des Herrn. Er hat seinen Körper hart gemacht wie einen
Stein. In der Schrift heißt es: »*Er hat mich aufgestellt als harten
Fels.*« / Und an einer anderen Stelle sagt der Prophet[26]: »*Gerade* 4
*der Stein, den die Bauarbeiter weggeworfen haben, ist zum Eckstein
geworden. Dies ist der große, wunderbare Tag, den der Herr ge-
macht hat.*«
Ich schreibe es euch etwas einfacher, damit ihr es versteht. Ich bin 5
doch nur der Allergeringste und auf eure Liebe angewiesen.
Und weiter sagt der Prophet[27]: »*Böse Menschen haben sich zusam-* 6
*mengerottet und mich umzingelt, wie Bienen eine Wabe umschwir-
ren. Und um mein Gewand haben sie das Los geworfen.*« / Weil 7
Jesus doch sichtbar kommen und körperlich leiden sollte, wurde
vorhergesagt, wie es ihm ergehen würde. Und über Israel sagt der
Prophet[28]: *Wehe ihnen, sie haben einen schlimmen Plan gefaßt, der
auf sie selbst zurückfallen wird. Denn sie haben gesagt: »Wir wollen
den Gerechten fesseln, er ist uns unbequem.«*
Und Mose, ein anderer Prophet, sagt zu ihnen[29]: »*So spricht der* 8
*Herr: ›Zieht ein in das Land, das Gott Abraham, Isaak und Jakob
mit einem Eid verheißen hat, das gute Land, in dem Milch und Ho-
nig nur so fließen, und nehmt es in Besitz.‹*« / Wenn man in der ge- 9
lehrten Schriftauslegung bewandert ist, kann man das so wiederge-
ben: Hofft auf Jesus, der sichtbar als Mensch kommen und leiden

22 Jes 50,8f.
23 Jes 50,8f.
24 Jes 28,16.
25 Jes 50,7.
26 Ps 118,22.24.
27 Ps 22,17; 118,12; 22,19.
28 Jes 3,9f.
29 Ex 33,1.3.

wird. Denn wenn in der Verheißung »*Land*« gesagt wird, muß man
»*Mensch*« verstehen. Das »*Land*«, die Erde, hat auch Gewalt erlit-
10 ten, als Adam aus ihr geknetet wurde. / Aber warum heißt es »*ein
gutes Land, in dem Milch und Honig nur so fließen*«? Darauf gibt
es eine Antwort, und unser Herr sei gelobt, liebe Brüder und
Schwestern, weil er uns die Gabe geschenkt hat, seine Geheimnisse
zu erkennen und zu begreifen. Denn der Prophet spricht Rätsel-
worte Gottes, die nur versteht, wer weise ist und verständig und
11 wer seinen Gott liebt. / Durch die Vergebung der Sünden hat er uns
neu gemacht. Wir sind jetzt eine neue Art von Mensch und fangen
12 wie ein Kind von vorne an, weil er uns neu geformt hat. / Denn wir
sind gemeint, wenn Gott nach der Schrift zum Sohn sagt[30]: »*Wir
wollen nach unserem Bild und Gleichnis den Menschen machen,
und sie sollen herrschen über die Tiere der Erde, über die Vögel des
Himmels und die Fische des Meeres.*« Und als der Herr sah, wie er
uns so schön gemacht hatte, sagte er: »*Wachst und werdet viele und
erfüllt die Erde.*« Das sagte er zum Sohn.
13 Auch für eine andere Stelle kann ich euch zeigen, daß er von uns
spricht. Über die zweite Schöpfung, die er am Ende der Welt macht,
sagt Gott[31]: »*Ich will die letzten Dinge machen wie die ersten.*«
Deswegen hat der Prophet verkündigt: »*Geht hinein in das Land,
in dem Milch und Honig nur so fließen, und unterwerft es euch.*« /
14 Nun sind wir neu geschaffen, wie es bei einem anderen Propheten
heißt[32]: »*So spricht der Herr: ›Ich will die steinernen Herzen her-
ausreißen* – bei denen nämlich, die der Heilige Geist voraussah –
und menschliche Herzen einsetzen.‹« Denn er wollte ja selbst als
15 Mensch sichtbar werden und in uns wohnen. / Für Gott, liebe Brü-
der und Schwestern, ist die Wohnung unseres Herzens ein heiliger
16 Tempel. / Denn an einer anderen Stelle sagt er[33]: »*In wem soll ich
vor dem Herrn, meinem Gott, erscheinen, und in wem soll ich ver-
herrlicht werden?*« Dann gibt er die Antwort: »*Ich werde dich prei-
sen in der Versammlung meiner Brüder und Schwestern und dir sin-
gen inmitten der Gemeinde der Heiligen.*« Also sind wir diejenigen,
die er in das Gelobte Land hineingeführt hat.
17 Was bedeutet nun *Milch und Honig*? Ein Neugeborenes wird zuerst
mit Honig und Milch am Leben erhalten. Für uns sind das der
Glaube an die Verheißung und das Wort, durch die wir am Leben

---

30 Gen 1,26.28.
31 Ursprung des Zitates unklar.
32 Ez 11,19; 36,26.
33 Ps 42,3; 22,23.

erhalten werden, so daß wir die Erde beherrschen können. / Der 18
Prophet hat aber auch, wie wir oben sahen, vorhergesagt[34]: »*Und
sie sollen wachsen und viele werden und herrschen über die Fische.*«
Wer kann denn über die Tiere, die Fische und die Vögel des Him-
mels herrschen? Wir müssen bedenken, daß Herrschen eine Frage
der Macht ist. Daß einer mit Erfolg befehlen kann, erweist ihn als
Herrn. / Das ist zwar jetzt noch nicht der Fall, aber er hat uns doch 19
zumindest gesagt, daß es dann der Fall sein wird, wenn wir so voll-
kommen geworden sind, daß für uns der vom Herrn verheißene
Bund Wirklichkeit werden kann.

Kapitel 7 Ihr dürft euch also freuen, zumal wenn ihr bedenkt, 1
daß Gott uns alles zuvor geoffenbart hat. Daher können wir nun,
wenn es geschieht, seine Handschrift wiedererkennen und ihm da-
für danken und ihn loben. / Der Sohn Gottes, der der Herr ist und 2
Lebendige und Tote richten wird, hat einen schmerzvollen Tod er-
litten. Seine Wunden sollten uns lebendig machen. Also wollen wir
vertrauensvoll annehmen, daß der Gottessohn nur unseretwegen
gelitten hat und leiden konnte.
Als er gekreuzigt war, gab man ihm Essig und Galle zu trinken [wo- 3
durch er den Fastentag nicht einhielt]. Dazu paßt, was die Priester
des Tempels in dem Gebot offenbarten[35]: »*Wer den Fasttag nicht
hält, soll den Tod erleiden.*« Für unsere Erlösung gibt es ein Vor-
bild: Isaak, der Gott auf dem Altar dargebracht wurde. Genauso
sollte, so wollte es Gott, Jesus, sein Sohn, Gefäß des Heiligen Gei-
stes, wie ein Opfer dargebracht werden.
Zum zweiten heißt es beim Propheten[36] : »*Und s i e sollen von dem 4
Ziegenbock essen, der am Fastentag für alle Sünden dargebracht
wird.*« Das heißt: Allein die Priester sollen die Eingeweide ungewa-
schen mit Essig essen. / Wer also kein Priester ist [wie Jesus], darf 5
am Fastentag nichts zu sich nehmen [sondern muß sterben, wenn
er es tut]. Weiter heißt es[37]: »*Das Volk soll fasten und trauern in
Sack und Asche.*« Wenn die Menschen also fasten und trauern [weil
sie Jesus, den Gerechten, getötet haben], wird daran deutlich, daß
sie Jesu Leiden verursacht haben. Und weiter steht dort: »*Für
die Sündenschuld meines Volkes soll ich meinen Körper darbrin-*

---

34 Gen 1,26.28.
35 Lev 23,29.
36 Herkunft unklar.
37 Herkunft unklar.

gen, und die Priester[38] *werden ihm zu trinken geben Galle mit Essig.«*[39]
6 Nun hört genau zu. Gott hat geboten[40]: Nehmt zwei makellose
Böcke, die gleich aussehen, und bringt sie dem Priester. Dann soll
der Priester den einen als Brandopfer für die Sünden nehmen. /
7 Was soll mit dem anderen geschehen? *Verflucht soll der andere*
sein, heißt es in der Schrift. Gebt acht, hier wird ein Vorbild für
8 Jesus erkennbar! / Die Schrift schreibt vor[41]: *Spuckt ihn an, durch-*
bohrt ihm die Beine, damit sie am Kreuz befestigt werden können,
und verbindet ihm mit einem roten Wolltuch die Augen. Dann soll
ihn jemand in die Ödnis hinaustragen. Dort nimmt der Träger die
Wollbinde ab und legt sie auf einen wilden Brombeerstrauch, des-
sen Früchte wir gern essen, wenn wir welche finden. Aber nur die
9 Früchte dieses dornigen Brombeerstrauchs sind süß. / Das ist so zu
deuten: Der eine wird auf dem Altar geopfert – der andere wird
verflucht und mit roter Wolle bekränzt. Dieser letzte ist der, den
die Menschen am Gerichtstag im roten Wollmantel des Triumpha-
tors sehen werden. Dann werden sie sagen: Ist das nicht der, den
wir einst gekreuzigt, mißachtet, durchbohrt und angespuckt
haben? Wirklich, das ist der, der damals behauptete, er sei Sohn
Gottes.[42]
10 Und weshalb zwei Böcke, die gleich aussehen? Es müssen zwei makellose, gleich aussehende oder sogar gleiche Böcke sein, damit die Menschen, wenn sie ihn zum zweitenmal kommen sehen, erschrekken, weil er so aussieht wie der erste, der geopfert wurde. Es ist also wieder genauso wie bei Jesus, wenn sie ihn zum zweitenmal kommen sehen.
11 Was aber bedeutet es, daß man die Wollbinde in den dornigen Brombeerstrauch legt? Das ist ein Bild für die Gemeinde, die sich Jesus zum Beispiel nimmt. Denn wer die wollene Binde haben will,

---

[38] Bis hierhin ist dieser Satz in der 1. Person Sing. formuliert, also sozusagen im Munde Jesu: »Ich will für die Sünden meines (neuen) Volkes mein Fleisch darbringen, und ihr werdet mir zu trinken geben …«

[39] Das heißt: So wie die Priester nach der Schrift das Fleisch des Bockes opfern und mit Essig tränken, so opfern sie Jesus und tränken auch sein Fleisch mit Essig, indem sie ihm Essig zu trinken geben.

[40] Lev 16,7f.

[41] Herkunft unklar.

[42] Also *erstens*: Was der Bock erleiden mußte, steht für Jesu Leiden. Die rote Wolle steht für seinen Sieg am Ende, wenn er der Richter sein wird. Das Nebeneinander der beiden Böcke bedeutet *zweitens*: Die beiden Parusien Jesu werden damit abgebildet, die eine, in der er Opfer war, die andere, in der er Vollender ist.

muß die Stacheln des Dornstrauchs aushalten und also leiden, wenn er sie nehmen will. So, sagt Jesus, können auch die, die mich sehen und an meinem Reich teilhaben wollen, nur durch Drangsal und Leiden hindurch mit mir in Beziehung treten.

Kapitel 8 Welches Vorbild soll eurer Meinung nach das folgende 1
Gebot darstellen, das Gott Israel erteilt hat[43]: Männer, die voll sind
mit Sünden, sollen ein Kalb als Schlachtopfer darbringen und nach
dem Schlachten verbrennen. Dann sollen drei junge Männer die
Asche des Kalbs in Gefäße füllen, eine rote Wollbinde um ein Holz-
stück legen – also wieder ein Vorbild für das hölzerne Kreuz und
den Purpurmantel – und mit dem Ysopstengel jeden einzelnen aus
dem Volk mit Wasser und Asche besprengen, damit sie von ihren
Sünden frei und dann heilig werden. / Ganz einfach sagt es Mose: 2
Das Kalb ist Jesus. Die ihn als Opfer darbringen, sind die Sünder,
die Jesus zur Tötung führen. Sie werden dann nicht mehr erwähnt,
der Ruhm der Sünder ist offenbar vergangen, weil keine Rede mehr
davon ist. / Die jungen Männer, die das Volk mit Wasser und Asche 3
besprengen, sind diejenigen, die uns die Vergebung der Sünden und
die Reinigung des Herzens verkündigen, also die zwölf, denen der
Herr die Vollmacht zur Verkündigung des Evangeliums gegeben
hat. Die Zahl Zwölf ist ein Hinweis auf die zwölf Stämme Israels,
denen das Evangelium verkündet werden soll. / Daß es drei junge 4
Männer sind, weist auf Abraham, Isaak und Jakob, die groß sind
vor Gott. / Die um das Holzstück gewickelte Wollbinde bedeutet: 5
Jesus, im Purpurmantel, herrscht als König am Holz. Und wer auf
ihn hofft, wird in Ewigkeit leben [denn das Holz steht für den
Baum des ewigen Lebens]. / Und daß Wolle und Ysop zusammen 6
erwähnt werden, bedeutet: In seiner Herrschaft wird die Zeit unse-
rer Erlösung eine böse und dunkle Zeit sein, denn der dunkle Saft
des Ysop ist ein Heilmittel gegen Schmerzen.
So ist für uns das alles ganz leicht zu verstehen, für die nichtchrist- 7
lichen Juden jedoch, die nicht auf das Wort des Herrn gehört ha-
ben, ist es rätselhaft und unverständlich.

Kapitel 9 An vielen Stellen der Schrift spricht Gott über das Hö- 1
ren und daß dafür unser Herz beschnitten werden muß. Zum Beispiel[44]: *»Sie haben es gehört und mir gehorcht«* oder *»Die in der Ferne werden es hören, sie werden erkennen, was ich getan habe«*

43 Nu 19,2f.
44 Ps 18,45; Jes 33,13; Jer 4,4.

und *So spricht der Herr: »Laßt euch beschneiden an euren Herzen.«*
2 / An einer anderen Stelle heißt es[45]: *»Höre Israel, so spricht der*
Herr, dein Gott.« An wieder einer anderen Stelle spricht der Geist
des Herrn prophetisch: *»Wer will ewig leben? Der soll hören auf die*
3 *Stimme meines Sklaven«.* / Und[46]: *»Höre, Himmel, und neige dein*
Ohr, Erde, denn der Herr hat dieses als gültige Willenserklärung ge-
sprochen«. Weiter sagt er: *»Hört das Wort des Herrn, ihr Herrscher*
dieses Volkes!« Und: *»Hört, Kinder, die Stimme des Rufers in der*
Wüste!« Gott hat also unsere Ohren beschnitten, damit wir sein
Wort hören und glauben können.[47]
4 Die Beschneidung, auf welche die nichtchristlichen Juden ihr Ver-
trauen setzten, ist dagegen ungültig geworden. Denn Gott hat ge-
sagt, daß die Beschneidung nicht körperlich vollzogen werden soll.
Die nichtchristlichen Juden haben auf die Einflüsterung eines bösen
5 Engels gehört und diese Weisung übertreten. / Dabei hatte Gott
zwar zu ihnen gesagt[48]: *»So gebietet euch der Herr euer Gott: ›Sät*
nicht unter Dornen! Laßt euch beschneiden für euren Herrn!‹«,
aber dann geht es weiter: *»Laßt euer unzugängliches Herz beschnei-*
den, und lernt, euren Nacken zu beugen.« Und an einer anderen
Stelle: *»Alle Heidenvölker haben nur eine unbeschnittene Vorhaut,*
doch dieses Volk hat ein unbeschnittenes, unzugängliches Herz.« /
6 Man könnte einwenden, daß das Volk Israel die Beschneidung als
Siegel [für seine Gerechtigkeit][49] empfangen hat. Aber da auch je-
der Syrer und Araber und alle Götzenpriester beschnitten sind,
müßten diese ja auch zum Bund gehören, wenn man ihn so weit
versteht. Und auch die Ägypter sind alle beschnitten.
7 Liebe Kinder, hier gibt es viel zu lernen: Abraham hat als erster die
Beschneidung vollzogen und dabei im Heiligen Geist auf Jesus vor-
8 ausgeblickt, indem er drei Buchstaben als Gebote verstand. / Denn
es heißt in der Schrift[50]: *»Und Abraham beschnitt aus seinem Haus*
18 Männer und 300 Männer.« Was erkennen wir daraus? Erst 18,
dann nach einem Abstand 300. Die Zahl 18 läßt sich so in Buch-
staben ausdrücken: 10 = Jota[51], 8 = Eta. Das ergibt JE. Die Zahl

---

45 Jer 7,2f; Ps 34,13; Ex 15,26.

46 Jes 1,2.10; Jes 40,3.

47 Hier wird die Beschneidung des Herzens mit der Beschneidung der Ohren gleichgesetzt.

48 Jer 4,3f; Dt 10,16; Jer 9,25f.

49 Vgl. Röm 4,11.

50 Gen 17,23ff; 14,14.

51 Bei der Ermittlung der Zahlen kommt zwischen Epsilon und Zeta »Stigma«, daher ist Jota der 10. Buchstabe.

300 wird gnadenhaft geheimnisvoll durch das T dargestellt. Mit
den beiden ersten Buchstaben ist also Jesus gemeint, mit dem drit-
ten Buchstaben das Kreuz. / Gott, der die Gabe seiner Lehre tief in 9
uns verankert hat, weiß, daß niemand von mir je etwas Persönli-
cheres zu hören bekommen hat. Doch ich habe gedacht, daß ihr es
wert seid, solche Dinge zu erfahren.

Kapitel 10 Wenn Mose sagt[52]: »*Eßt kein Fleisch von Schweinen,* 1
auch nicht von Adlern, Habichten oder Raben und keinen Fisch
ohne Schuppen«, so denken wir, daß er damit drei Gebote weiter-
gibt, die er von Gott empfangen hat. / Denn im 5. Buch Mosis sagt 2
er[53]: »*An dieses Volk will ich meine Gesetze erlassen.*« Aber man
darf diese Worte nicht als Speiseverbote auffassen. Als solche sind
sie nicht Gottes Gebot, sondern das, was Mose, vom Heiligen Geist
bewegt, daraus gemacht hat.
Mit dem Verbot, Schweinefleisch zu essen, ist vielmehr gemeint: 3
Hänge dich nicht an Menschen, die wie Schweine sind. Wenn sie
üppig leben, vergessen sie ihren Herrn, doch wenn sie Mangel lei-
den, erkennen sie ihn wieder. Wenn ein Schwein frißt, erkennt es
seinen Herrn nicht, wenn es Hunger hat, schreit es, und wenn es zu
essen bekommt, ist es wieder still.
Daß man weder Adler noch Habicht, Hühnergeier oder Raben es- 4
sen soll, heißt in Wirklichkeit: Versuche nicht, Leuten zu gleichen
oder mit Leuten zu verkehren, die nicht wissen, wie man seinen Le-
bensunterhalt durch Mühe und Schweiß verdient, sondern viel-
mehr aus lauter Schlechtigkeit fremdes Gut rauben und scheinbar
harmlos nur darauf lauern, in ihrer Habgier andere über den Tisch
zu ziehen. All diese Vögel beschaffen sich ihre Nahrung nicht
selbst. Sie sitzen vielmehr untätig herum und suchen zu erspähen,
wie sie die Beute der anderen vertilgen können, so abscheulich böse
sind sie.
Daß man Muräne, Polyp und Tintenfisch nicht essen soll, heißt: Du 5
sollst dich nicht mit solchen Menschen gemein machen, die ganz
gottlos und schon zum Tode verurteilt sind. Denn nur diese Fische
sind dazu verdammt, in der Tiefe des Meeres herumzuschwimmen,
ohne jemals aufzutauchen, oder hausen tief unten auf dem Meeres-
boden. / Auch Hasen soll man nicht essen. Warum? Damit man 6
kein Knabenschänder oder so etwas ähnliches wird. Denn der Hase
bekommt jedes Jahr einen After mehr.

---

52 Vgl. Lev 11; Dt 14.
53 Dt 4,1f.

7 Aber auch Hyänen sollst du nicht essen. Das bedeutet: Werde kein Ehebrecher oder Verführer, und mache dich nicht mit solchen gemein. Denn dieses Tier ändert von Jahr zu Jahr sein Geschlecht und
8 ist bald männlich, bald weiblich. / Aber auch das Wiesel hat Mose zu Recht abgelehnt. Damit ist gemeint, daß du nicht zu den Leuten gehören sollst, die in ihrer Verdorbenheit Unzucht mit dem Mund treiben, und daß du auch lasterhafte Frauen meiden sollst, die das tun. Denn das Wiesel empfängt mit seinem Maul[54].

9 Mose hat also drei Gebote über das Essen von Tieren empfangen und sie, vom Heiligen Geist angeleitet, in dieser Form weitergegeben. Die nichtchristlichen Juden aber, die nur auf sinnliche Gier aus sind, haben seine Worte so aufgefaßt, als ginge es wirklich darum, was man essen dürfe oder nicht.

10 Auch David sagt über diese drei Gebote, als er davon erfährt[55]: »*Glückselig der Mensch, der nicht lebt, wie die Gottlosen es sich denken* – also wie die Fische in Finsternis und Tiefe –, *der den Weg der Frevler nicht teilt* – so wie die, die nur scheinheilig Gott fürchten und leben wie ein Schwein –, *und der nicht auf dem Stuhl der Verdorbenen gesessen hat*« – wie die Vögel, die zum Raub dasitzen. So habt ihr in seinem ersten Psalm eine vollständige Auslegung dieser Gebote.

11 An einer anderen Stelle sagt Mose[56]: »*Ihr dürft alle Spalthufer und Wiederkäuer essen.*« Wenn solch ein Tier Futter bekommt, dann kennt es den, der ihn füttert, und wenn es sich zum Wiederkäuen ausruht, ist es sichtlich froh, daß es ihn hat. Das hat Mose gut beobachtet. Daher bedeutet dieses Gebot für uns: Hängt euch an die,

- die den Herrn fürchten,
- die in ihrem Herzen nachsinnen über die besondere Bedeutung der Worte, die sie empfangen haben,
- die die Gebote des Herrn lehren und bewahren,
- die wissen, daß das Nachsinnen Freude bedeutet, und das Wort des Herrn förmlich wiederkäuen.

Der Spalthufer steht für den Gerechten, der einerseits in dieser Welt lebt, doch andererseits den heiligen Äon, die neue Welt, erwartet.

12 Mose hat das Gesetz also ganz richtig weitergegeben. / Doch wie hätten es die nichtchristlichen Juden richtig verstehen oder begreifen können? Wir jedoch haben die Gebote Gottes richtig begriffen

54 Diese Auffassung kommt daher, daß das Wiesel seine Jungen im Maul herumträgt.

55 Ps 1,1.

56 Lev 11,3; Dt 14,6.

und verkünden sie so, wie Gott es gewollt hat. Damit wir sie begreifen können, hat Gott unsere Ohren und Herzen »beschnitten«, das heißt: für das richtige Verstehen geöffnet.

Kapitel 11 Wenn wir nun untersuchen wollen, ob Gott im voraus 1
etwas über das Wasser der Taufe und das Kreuz offenbaren wollte,
stellen wir fest: Über die Taufe steht in der Schrift, daß Israel die
Taufe, die Sündenvergebung bringt, nicht annehmen werde, son-
dern seinen eigenen Weg gehen wolle. / Der Prophet sagt[57]: »*Ent-* 2
setze dich, Himmel, und du, Erde, erschauere, denn dieses Volk hat
zweimal Böses getan: Mich, die Quelle des Lebens, haben sie ver-
lassen, und sich selbst haben sie eine Todesgrube ausgehoben. /
[58]*Ist etwa mein heiliger Berg Sinai nichts als ein öder Fels? Ihr wer-* 3
det sein wie Jungvögel, die ratlos herumflattern, wenn ihr Nest zer-
stört ist.« / Und weiter heißt es[59]: »*Ich werde vor dir hergehen und* 4
Berge einebnen, eherne Tore zerstören, eiserne Riegel zerbrechen
und dir die unentdeckten Schätze geben, die im Dunkel verborgen
sind, damit die Menschen erkennen, daß ich Gott der Herr bin. /
[60]*Und du wirst wohnen in einer hochgelegenen Felsgrotte eines* 5
starken Felsens, in der das Wasser immer fließt. Ihr werdet einen
glanzvollen König sehen und daran denken, daß ihr den Herrn
fürchtet.« / Nach einem anderen Propheten sagt Gott[61]: »*Wer dies* 6
tut, wird wie ein Baum sein, der dort gepflanzt ist, wo die Quelle
sich in Wasserläufe teilt. Der Baum wird seine Frucht zu seiner Zeit
hervorbringen, und seine Blätter werden nicht abfallen. Alles, was
er tut, wird gut gelingen. / Ganz anders die Gottlosen. Sie sind wie 7
der Staub, den der Wind von der Erde wegweht. Deshalb werden
die Gottlosen im Gericht nicht auferstehen, und andererseits gibt es
dort, wo die Gerechten zusammensein werden, keine Gottlosen.
Denn Gott hält seine Hand über dem Weg der Gerechten, und der
Weg der Gottlosen wird vergehen.« / Habt ihr gemerkt, daß der 8
Prophet über das Wasser und das Kreuz zugleich gesprochen hat?
Denn er preist die selig, die ihre Hoffnung auf das Kreuz, symboli-
siert durch den Baum, gegründet haben und zum »Wasser« hinab-
gestiegen sind. Wenn er sagt »zu seiner Zeit«, dann meint er den
Zeitpunkt, an dem er alles vergelten wird. Und wenn er davon
spricht, daß die Blätter des Baumes nicht abfallen werden, dann

57 Jer 2,12f.
58 Jes 16,1f.
59 Jes 45,2f; 33,16.
60 Jes 33,16ff.
61 Ps 1,3-6.

meint er: Jedes Wort, das aus eurem Munde kommt, wenn euer
Glaube in Liebe Gestalt gewonnen hat, wird für viele Bekehrung
und Hoffnung bedeuten.
9 Und weiter sagt ein anderer Prophet[62]: »*Das Land Jakobs war das
am meisten gelobte vor jedem anderen Land.*« Das bedeutet: Gott
verherrlicht das Land, die Erde, als das irdene Gefäß des Heiligen
10 Geistes. / Und dann heißt es[63]: »*Es zog sich ein Fluß zur Rechten
hin, und schöne Bäume ragten an seiner Seite auf, und wer von*
11 *ihnen ißt, wird allezeit leben.*« / Das bedeutet: Bedeckt mit Sünden-
schuld und Schmutz steigen wir bei der Taufe zum Wasser hinab,
und wenn wir wieder hinaufsteigen, tragen wir Gottesfurcht und
Hoffnung auf Jesus durch den Heiligen Geist als Früchte im Her-
zen. Und »wer von diesen Früchten ißt, wird für immer leben«
heißt: Wer auf diese Worte hört und sein Vertrauen darauf setzt,
wird für immer leben.

1 *Kapitel 12* Ähnlich spricht Gott bei einem anderen Propheten
über das Kreuz.[64] Als der fragt: »*Und wann wird sich dieses ereig-
nen?*« antwortet Gott: »*Wenn ein Baum sich neigt und wieder auf-
richtet und von seinem Holz Blut tropft.*« Das ist wieder eine Aus-
sage über das Kreuz und über den, der gekreuzigt werden wird.
2 Als Israel von anderen Stämmen bekriegt wurde, sprach Gott auch
zu Mose und forderte ihn auf, die Israeliten daran zu erinnern, daß
sie deshalb bekriegt würden, weil sie wegen ihrer Sündenschuld
dem Tod ausgeliefert seien. Daher gab der Heilige Geist Mose ins
Herz, daß er das Kreuz und den, der leiden müsse, sinnbildlich im
voraus darstellen solle, um ihnen zu zeigen, daß sie, wenn sie auf
den so Dargestellten nicht hofften, auf ewig bekriegt werden wür-
den. Da legte Mose mitten im Schlachtgetümmel einen Schild auf
den anderen und stellte sich darauf, so daß er alle anderen über-
ragte. Er breitete die Arme aus, und so konnte Israel siegen. Jedes-
mal, wenn er die Arme sinken ließ, wurden wieder Israeliten getö-
3 tet. / Dadurch sollten sie erkennen, daß sie nur in der Hoffnung auf
ihn gerettet werden konnten.
4 Bei einem anderen Propheten heißt es[65]: »*Den ganzen Tag lang habe
ich meine Hände ausgestreckt nach einem Volk, das ungehorsam ist
und widerspricht, wenn ich es auf einen gerechten Weg bringen will.*«

62 Herkunft unbekannt.
63 Ez 47,1-12?
64 Herkunft unbekannt.
65 Jes 65,2.

Durch das Symbol für den Sündenfall Israels gab Mose ebenfalls 5
einen Hinweis darauf, daß Jesus leiden muß und lebendig machen
wird, obwohl man meinte, er sei umgekommen. Weil Evas Übertre-
tung durch eine Schlange zustande gekommen war, ließ Gott die Is-
raeliten von Schlangen beißen, so daß sie daran starben. Damit
wollte er sie darauf hinweisen, daß sie wegen ihrer Übertretungen
die Drangsal des Todes erleiden würden. / Da stellte Mose, obwohl 6
er doch selbst geboten hatte, daß man kein gegossenes oder ge-
schnitztes Bild als Gott haben dürfe, ein Gußbild her, das als Symbol
für Jesus dienen sollte. Und zwar fertigte er eine Schlange aus Erz,
die er [an einem Pfahl befestigt] wie ein strahlendes Feldzeichen auf-
stellte.[66] Dann rief er mit der Ankündigung einer besonderen Bot-
schaft das Volk herbei. / Die Israeliten versammelten sich und baten 7
Mose, Gott um Heilung anzuflehen. Mose erwiderte[67]: »Wenn einer
von euch gebissen worden ist, soll er zu der Schlange gehen, die am
Holz aufgehängt ist. Wenn er glaubt und hofft, daß die Schlange,
obwohl sie tot ist, doch lebendig machen kann, dann wird er so-
gleich gerettet.« Und so machten sie es. Auch darin leuchtet wieder
ein Stück der Herrlichkeit Jesu Christi auf. Denn durch ihn und auf
ihn hin bestehen alle Dinge und geschieht alles in der Welt.
Ein letztes Beispiel[68]: Mose gab dem Sohn des Propheten Nave den 8
Namen Josua, griechisch: Jesus, um damit dem ganzen Volk klar-
zumachen, daß der Vater alles offenbart, was seinen Sohn Jesus be-
trifft. / Als er ihm diesen Namen gegeben hatte, bestellte er ihn zum 9
Kundschafter des Landes und sagte zu ihm[69]: »*Nimm das Buch in
deine Hände und schreibe: So spricht der Herr: Der Sohn Gottes
wird am Ende der Tage das ganze Haus Amaleks mit Stumpf und
Stil ausrotten.*« / Auch hier geht es wieder um Jesus, nicht um den 10
Menschensohn, sondern um den Gottessohn, und an Josua wird im
voraus deutlich, daß er als Mensch erscheinen wird.
Weil aber die nichtchristlichen Juden voraussichtlich einwenden
werden, daß der Messias Sohn Davids sein muß, sagt David, der
den Irrtum der Sünder befürchtete und erkannte, selbst schon vor-
aus[70]: »*Der Herr hat zu meinem Herrn gesagt: Setz dich rechts von
mir auf deinen Thron, bis ich deine Feinde dir zu Füßen lege.*« /
Und weiter heißt es bei Jesaja[71]: »*Es sagte der Herr zu meinem* 11

[66] Dt 27,15.
[67] Vgl. Nu 21,8ff.
[68] Vgl. Nu 13,17.
[69] Ex 17,14.
[70] Vgl. Mt 22,43f und Ps 110,1.
[71] Jes 45,1.

Herrn, dessen Rechte er ergriffen hatte, daß Heidenvölker ihm gehorsam werden, ›und die Macht von Königen werde ich zerbrechen.‹« David spricht also von ihm als dem Herrn und nicht als dem Sohn.

1 *Kapitel 13* Jetzt wollen wir prüfen, ob das jüdische Volk Erbe des Bundes ist, wer das erste Volk ist und ob der Bund für die nicht-
2 christlichen Juden oder für uns gilt. / Über das Volk heißt es in der Schrift[72]: *»Isaak bat Gott, die Unfruchtbarkeit seiner Frau Rebekka zu beheben, und sie empfing daraufhin ein Kind. Dann ging Rebekka hinaus in die Wüste, um vom Herrn etwas über ihr Kind zu erfahren. Gott ließ ihr sagen: ›In deinem Leib sind zwei Völker, unter dem Herzen trägst du zwei Nationen, und das eine Volk wird das andere übertreffen, das ältere wird dem jüngeren dienen.‹«* /
3 Bedenkt, wer Isaak und wer Rebekka ist und auf wen sich das »äl-
4 ter« und »jünger« bezieht. / In einer anderen Prophetie ist es noch deutlicher zu erkennen[73]: *»Jakob sagt zu seinem Sohn Joseph: ›Gott hat dafür gesorgt, daß ich dich wiedersehen kann. Bring mir deine*
5 *beiden Söhne, daß ich sie segne.‹* / [74]*Und Joseph brachte Ephraim und Manasse. Manasse führte er zur rechten Hand seines Vaters, damit der ihn segnen konnte, weil er der ältere war. Doch Jakob sah in der Kraft des Heiligen Geistes bildlich das Volk, das später kommen sollte, und legte seine Hände überkreuz auf die Köpfe der beiden Knaben. So segnete er mit der rechten Hand Ephraim, den jüngeren der beiden. Da sagte Joseph zu Jakob: ›Leg deine rechte Hand anders, auf Manasses Kopf, denn er ist doch mein Erstgeborener.‹ Jakob erwiderte jedoch: ›Das weiß ich, aber der Größere soll dem*
6 *Geringeren dienen, und der Geringere soll gesegnet sein.‹«* / An den Personen kann man daher deutlich ablesen, wer der erste und der Erbe des Bundes ist.
7 Abschließend und zur Abrundung unserer Erkenntnisse sei noch Abraham erwähnt. Als Abraham als einziger an Gott glaubte und Gott ihn als gerecht einstufte, sagte Gott zu ihm[75]: *»Ich habe dich, Abraham, zum Vater aller Völker bestimmt, die an mich glauben, ohne beschnitten zu sein.«*

---

72 Gen 25,21f.
73 Gen 48,11.9.
74 Gen 48,14ff.
75 Gen 17,5.

Kapitel 14 Wenn wir nun wissen wollen, ob Gott den Bund, den 1
er gemäß seinem Schwur gegenüber den Vätern mit dem Volk
schließen wollte, wirklich dem Volk Israel geschenkt hat, können
wir sagen: Er hatte ihn zwar für das Volk Israel bestimmt, doch die
vorchristlichen Juden konnten ihn wegen ihrer großen Sünden-
schuld nicht in Besitz nehmen. / Denn so berichtet der Prophet[76]: 2
»Vierzig Tage und vierzig Nächte fastete Mose auf dem Berg Sinai,
um den Bund des Herrn für das Volk in Empfang zu nehmen. Dann
empfing er von Gott die beiden Tafeln, geschrieben von Gottes
Hand, durch den Heiligen Geist. Mose nahm die Tafeln und wollte
sie hinunterbringen, um sie dem Volk auszuhändigen.« / Da sagte 3
Gott[77]: *»›Mose, steig schnell hinab, denn dein Volk, das du aus*
Ägypten herausgeführt hast, hat sich gegen das Gesetz vergangen.‹
Und als Mose herunterkam, sah er, daß sie sich wieder eherne Got-
tesbilder gegossen hatten. Da warf er die Tafeln auf den Boden, und
die Tafeln des Bundes zerbrachen.«
Mose hatte also die Tafeln entgegengenommen, die vorchristlichen 4
Juden aber waren des Bundes nicht wert. Mose hatte aber die Ta-
feln nur als Diener entgegengenommen, und so konnten wir den
Bund empfangen. Uns hat ihn der Herr selbst gegeben, denn indem
er um unsretwillen geduldet und gelitten hat, hat er uns zu dem
Volk gemacht, das alles bekommen sollte, was Gott zu geben hat. /
Jesus, der Herr, ist ja gerade gekommen, damit einerseits die nicht- 5
christlichen Juden das Maß ihrer Sündenschuld voll machten und
andererseits wir durch ihn den Bund empfingen, den er selbst von
Gott empfangen hatte. Durch sein Erscheinen sollte er unsere zu
Tode erschöpften und dem haltlosen Irrtum ausgelieferten Herzen
aus der Finsternis befreien und durch seine Verkündigung uns den
Bund Gottes zukommen lassen.
Denn in der Schrift ist beschrieben, wie der Vater Jesus den Auftrag 6
gibt, uns aus der Finsternis zu erlösen und sich ein heiliges Volk zu
schaffen. / Beim Propheten heißt es[78]: *»Ich, Gott der Herr, habe* 7
dich gerufen, um Gemeinschaft zu stiften. Ich will deine Hand er-
greifen und dich stark machen. Und ich bestelle dich zum Bund für
das Volk Israel und zum Licht für die Heidenvölker. Du sollst die
Augen der Blinden öffnen, die Gefesselten aus ihrer Gefangenschaft
befreien und die erlösen, die in der Finsternis des Kerkers schmach-
ten.« Hier wird uns deutlich, woraus wir befreit wurden.

---

76 Ex 24,18; 31,18.
77 Ex 32,7ff.
78 Jes 42,6f.

8 Und weiter heißt es dort[79]: »*Ich habe dich bestellt zum Licht für die*
Heidenvölker, damit du Erlösung wirkst bis zu den Grenzen der
Erde. So spricht Gott, der Herr, der dich erlöst hat.«
9 Und an einer anderen Stelle[80]: »*Gott der Herr hat seinen Heiligen*
Geist auf mich gelegt. Deswegen hat er mich gesalbt und mir Voll-
macht gegeben, den Armen das Evangelium zu verkünden. Er hat
mich dazu gesandt, die zu heilen, deren Herzen zerknirscht sind,
den Gefangenen ihre Freilassung und den Blinden neues Augenlicht
zu verkünden. Ich soll ein Jahr ausrufen, das Gott gefällt, und den
Tag der Vergeltung, um die Trauernden zu trösten.«

1 *Kapitel 15* Auch über den Sabbat steht etwas in den Zehn Gebo-
ten, die Gott Mose auf dem Berg Sinai von Angesicht zu Angesicht
mitgeteilt hat[81]: »*Haltet den Sabbat des Herrn heilig mit reinen Hän-*
2 *den und reinem Herzen.*« / An einer anderen Stelle heißt es[82]: »*Wenn*
meine Kinder den Sabbat bewahren, will ich ihnen mein Erbarmen
3 *zuteil werden lassen.*« / Den Sabbat nennt Mose auch am Anfang der
Schöpfungsgeschichte[83]: »*In sechs Tagen schuf Gott die Werke, die*
er mit seinen Händen machte. Am siebten Tag waren sie vollendet.
Gott ruhte aus und erklärte diesen Tag zu seinem Eigentum.« /
4 Wenn es dort heißt, daß nach sechs Tagen die Werke vollendet wa-
ren, dann bedeutet das: In 6000 Jahren wird Gott die gesamte Ge-
schichte der Welt zu ihrem Ende führen. Denn ein Tag bedeutet bei
ihm tausend Jahre. Er selbst bezeugt es, soweit ich sehe, mit den
Worten[84]: »*Ein Tag des Herrn wird sein wie tausend Jahre.*« Dem-
nach, meine lieben Kinder, wird in sechs Tagen, das heißt in sechs-
5 tausend Jahren, alles zu Ende sein. / »Am siebten Tag ruhte er aus«,
das bedeutet: Wenn sein Sohn wiederkommt, dann wird er die Zeit
des Unrechts beenden, die Gottlosen richten, Sonne, Mond und
Sterne verwandeln. Und dann kann er sehr gut am siebten Tage aus-
6 ruhen. / Schließlich heißt es ja noch: »*Du sollst den Sabbat heilig hal-*
ten mit reinen Händen und reinem Herzen«. Wenn es jetzt in dieser
Welt wirklich möglich gewesen wäre, daß jemand diesen Tag, den
Gott geheiligt und zu seinem Eigentum erklärt hat, mit reinem Her-
zen hätte heilig halten können, dann wären wir Christen des Irrtums
7 überführt. / Da es aber offensichtlich jetzt nicht möglich war, den

79 Jes 49,6f.
80 Jes 61,1f.
81 Ex 20,8.
82 Jer 17,24f, vgl. Ex 31,13ff.
83 Gen 2,2.
84 Ps 90,4.

Sabbat rein zu bewahren, werden wir doch vielleicht später Ruhe
finden und ihn heilig halten können, dann nämlich, wenn Gott uns
endgültig für gerecht erklärt, wenn wir das verheißene ewige Leben
bekommen haben, wenn kein Unrecht mehr besteht, wenn Gott
alles neu macht, wenn er uns also selbst heilig gemacht hat, dann
werden wir auch den Sabbat heilig halten können.
Wenn Gott sagt[85]: »*Eure Neumonde und Sabbate ertrage ich* 8
nicht«, meint er: Nicht die jetzt gefeierten Sabbate will ich, sondern
allein den Sabbat, den ich selbst gemacht habe, den Sabbat, an dem
ich selbst die ganze Weltgeschichte zur Ruhe bringen und den An-
fang des achten Tages machen werde, das heißt: den Anfang einer
anderen, neuen Welt. / Deswegen begehen wir auch den achten Tag, 9
den Sonntag, uns zur Freude als ersten Tag. Denn an diesem Tag ist
Jesus auferstanden von den Toten und den Jüngerinnen und Jün-
gern erschienen und in den Himmel hinaufgestiegen.

Kapitel 16 Auch über den Tempel will ich euch etwas sagen. Die 1
unglückseligen nichtchristlichen Juden sind im Irrtum, weil sie sich
an ein sichtbares Gebäude klammern, als wäre es Gottes Haus, und
nicht an ihren Gott, der sie erschaffen hat. / Geradezu wie die Hei- 2
den haben sie ihn im Tempel in einem heiligen Bereich eingeschlos-
sen. Doch als Gott den Tempel für ungültig erklärt, sagt er[86]: »*Wer
hat den Himmel mit der Spanne einer Hand abgemessen oder die
Erde mit der Elle? Bin ich nicht der einzige, der das könnte? So
spricht der Herr: Der Himmel ist mein Thronsitz, die Erde der
Schemel meiner Füße. Was für ein Haus wollt ihr mir da noch
bauen, oder wo soll mein Ruheort sein?*« – Daran könnt ihr sehen:
Die nichtchristlichen Juden machten sich etwas vor.
Schließlich sagt Gott an anderer Stelle: »*Die diesen Tempel nieder-* 3
gerissen haben, werden ihn auch wiederaufbauen.«[87] / Das wird so 4
sein: Weil die Israeliten Krieg führten, wurde der Tempel von den
Feinden zerstört. Jetzt werden die Diener ihrer Feinde den Tempel
wiederaufbauen. / In der Schrift wurde auch geoffenbart, daß die 5
Stadt, der Tempel und das Volk Israel ihren Feinden preisgegeben
werden sollen[88]: »*In der Endzeit wird Gott die Schafe seiner Weide,
ihren Pferch und ihren Turm zum Verderben preisgeben.*« Und so ist
es auch geschehen.

---

85 Jes 1,13.
86 Jes 40,12; 66,1.
87 Sehr freie Wiedergabe von Jes 49,17.
88 Hen(äth) 89,56.66.

6 Wenn wir uns fragen, ob es wirklich einen Tempel Gottes gibt, kön-
nen wir sagen: Es gibt ihn, aber nur dort, wo Gott selbst ihn schafft
und errichtet. Denn es steht geschrieben[89]: *Wenn die Woche sich
vollendet, wird der Tempel Gottes herrlich im Namen des Herrn er-
7 baut werden.* / Daraus geht für mich hervor, daß es einen Tempel
geben wird. Aber wie soll er »im Namen des Herrn« errichtet wer-
den? Das ist so zu verstehen. Bevor wir zum Glauben an Gott ka-
men, war die Behausung, die unser Herz bieten konnte, vergänglich
und schwach wie ein von Menschenhand gemachter Tempel. Denn
unser Herz war voll von Götzendienst und ein Haus der Dämonen,
8 weil der Hausherr alles tat, was Gottes Willen widersprach. / Doch
im Namen des Herrn wird ein Tempel neu errichtet werden. Achtet
auch darauf, daß Gottes Tempel *herrlich* gebaut wird. Das wird so
geschehen: Dadurch, daß Gott unsere Sünden vergeben hat und wir
alles von ihm, von seinem Namen, erwarten, sind wir neu gewor-
den, von Grund auf noch einmal geschaffen. Deshalb ist unser
9 Herz jetzt wirklich Wohnung für Gott, der in uns wohnt. / Das
müssen wir uns so vorstellen: Das Wort, in dessen Gestalt er treu[90]
bei uns ist, der Ruf, mit dem er uns zu Trägern der Verheißung
macht, die Weisheit, mit der er uns Gebote gibt, die Weisungen der
apostolischen Lehre – all das sind Formen, wie Gott in unserem
Herzen wohnt. Schließlich: Gott selbst redet prophetisch in unse-
rem Herzen, er selbst wohnt in uns. Alle Menschen, die bis dahin
dem Tode versklavt sind, führt er in den unvergänglichen Tempel
hinein. Denn er öffnet das Tor seines Tempels, indem er dem einen
10 den Mund öffnet und dem anderen Buße schenkt. / Denn wer erlöst
werden will, der blickt nicht auf das Äußere des Menschen, der ihn
bekehrt, sondern auf den, der in ihm wohnt und redet, und wun-
dert sich gewaltig. Denn noch nie hat er solche Worte aus dem
Mund dieses Menschen vernommen, aber er hat sie auch noch nie
hören wollen [und nun führen sie ihn in die unsichtbare Wirklich-
keit von Gottes Tempel]. So ist es mit dem Tempel des Heiligen Gei-
stes[91], der für den Herrn gebaut wird.

---

89 Vgl. Dan 9,24f.

90 Die meisten anderen Übersetzungen reden hier vom »Wort des Glaubens an ihn«. Das gibt nicht viel Sinn, da es im folgenden immer um Gottes Aktivität geht.

91 Dieser Tempel ist eben nicht nur individualistisch gedacht (gegen Ph. Vielhauer), sondern gemeinsam, in und zwischen den Glaubenden, aber unsichtbar.

Kapitel 17 Nach besten Kräften und möglichst einfach habe ich versucht, euch alles zu erklären, und ich hoffe, daß ich nichts Wichtiges ausgelassen habe. / Ich habe aus der Schrift argumentiert. Schriebe ich euch über Gegenwart oder Zukunft in Gleichnissen und Bildern, so würdet ihr gar nichts verstehen. Soweit dieses Thema.

Kapitel 18 Wir wollen uns aber noch einem anderen Thema und Lehrgebiet zuwenden. Es gibt zwei Wege, die wir lehren und die wir auslegen dürfen[92]: den Weg zum Licht und den Weg zur Finsternis. Die Unterschiede zwischen beiden Wegen sind groß. Denn auf dem einen Weg walten Engel Gottes, die Licht bringen, auf dem anderen Engel des Teufels. / Und über den einen herrscht Gott, der von jeher und für allezeit ist, über den anderen aber der Fürst dieser ungerechten Welt und Zeit.

Kapitel 19 Dies ist der Weg zum Licht[93]: Wenn einer auf einem Weg ein bestimmtes Ziel erreichen will, soll er sich anstrengen bei allem, was er unternimmt. Im einzelnen wissen wir über diesen Weg folgendes: / Du sollst den lieben, der dich geschaffen hat.[94] Du sollst den fürchten, der dich gemacht hat. Du sollst den lobpreisen, der dich aus dem Tod erlöst hat. Sei gütig von Herzen und suche den wahren Reichtum im Heiligen Geist. Meide die Gemeinschaft mit denen, die auf dem Weg zum Tode gehen.[95] Meide alles, was Gott mißfällt, sag dich los von aller Scheinheiligkeit.[96] Verletze nicht die Gebote des Herrn.[97] / Erhöhe dich nicht selbst[98], sondern sei immer und überall demütig. Maße dir keinen Ruhm an. Schmiede keine bösen Pläne gegen deinen Nächsten.[99] Füttere dein Herz nicht mit Frechheit.[100] / Du sollst nicht huren, nicht ehebrechen, nicht Knaben schänden.[101] Verkünde Gottes Wort nicht vor

92 Das Wort »exousia« wird hier im Sinne der Lehrvollmacht verstanden, die bedeutet, etwas auslegen zu dürfen.
93 Vgl. Did 1,2.
94 Vgl. Did 1,2.
95 Vgl. 2 Kor 6,14f.
96 Vgl. Did 4,12.
97 Vgl. Did 4,13.
98 Vgl. Did 3,9.
99 Vgl. Did 2,6.
100 Vgl. Did 3,9.
101 Vgl. Did 2,2.

Menschen, die es nicht wert sind.[102] Sei nicht voreingenommen,
wenn du einen Missetäter zur Rede stellst.[103] Sei sanftmütig und
gelassen. Wenn du etwas nur gehört hast, beurteile es mit Vor-
sicht.[104] Trage deinem Bruder oder deiner Schwester nichts Böses
5 nach.[105] / Erlaube dir keinen Zweifel, ob es irgendwann ein endgül-
tiges Gericht Gottes geben wird oder nicht.[106] Nenne nicht aus be-
langlosem Anlaß den Namen des Herrn.[107] Liebe deinen Nächsten
mehr als dich selbst.[108] Du sollst nicht ein Kind abtreiben oder ein
Neugeborenes töten.[109] Laß in der Erziehung deines Sohnes oder
deiner Tochter nicht locker, und laß sie nicht im Stich, sondern un-
6 terweise sie von Kindesbeinen an im Glauben an Gott.[110] / Du sollt
das, was deinem Nächsten gehört, nicht an dich zu bringen versu-
chen.[111] Sei nicht habgierig.[112] Hänge dich nicht an die Rockschöße
hochgestellter Persönlichkeiten, sondern verkehre mit bescheide-
nen und anständigen Leuten. Was auch immer dir zustößt, be-
trachte es als gut, weil du weißt, daß nichts geschieht, ohne daß
7 Gott es zuläßt.[113] / Du sollst eindeutig reden. Du sollst nicht dop-
pelzüngig sein.[114] Unterwirf dich deinen Herren, weil sie Gottes
Abbild sind, in Respekt und Ehrfurcht. Wenn dein Sklave oder
deine Sklavin auf denselben Gott ihre Hoffnung setzen wie du,
dann gib ihnen nicht Befehle, wenn du in schlechter, bitterer Laune
bist. Denn sonst könnte es geschehen, daß sie auch die Furcht vor
Gott verlieren, der über euch und auch über ihnen ist. Denn er ist
nicht gekommen, um nur ganz bestimmte Jünger und Jüngerinnen
zu berufen, sondern um die zu berufen, die der Heilige Geist so vor-
8 bereitet hat, daß sie den Ruf leicht annehmen konnten.[115] / Teile
alle deine Güter mit deinem Nächsten und behaupte nicht, daß et-

---

102 Wörtlich: »... vor unreinen Menschen«, vgl. 1 QS 5,10-18; 9,16f.
103 Vgl. Did 4,3.
104 Wörtlich: »Zittere vor Worten, die du gehört hast.« Anders als in der Parallele Did 3,8 geht es hier dem Zusammenhang nach um Worte gegen andere Menschen.
105 Vgl. Did 2,3.
106 Vgl. Did 4,4.
107 Vgl. Ex 20,7; Dt 5,11.
108 Vgl. Did 1,2.
109 Vgl. Did 2,2b.
110 Vgl. Did 4,9.
111 Vgl. Did 2,2.
112 Vgl. Did 2,6.
113 Vgl. Did 3,9f.
114 Vgl. Did 2,4.
115 Vgl. Did 4,10f.

was nur dir persönlich gehört. Denn wenn ihr das Unvergängliche
miteinander teilt, um wieviel mehr könnt ihr das Vergängliche zur
gemeinsamen Sache machen.[116] Sei nicht vorlaut, denn der Mund
kann zur Schlinge des Todes werden. Soweit es möglich ist, halte
dich aus aller Korruption heraus. / Sei nicht einer, der zum Nehmen 9
die Hand aufhält, sie aber zum Geben wieder schließt.[117] Liebe je-
den wie deinen Augapfel, der dir das Wort des Herrn verkündet. /
Denke Tag und Nacht daran, daß der Gerichtstag kommen wird, 10
und suche jeden Tag Kontakt mit Christen. Das kann auf verschie-
dene Weise geschehen: Man kann sich mit der Wortverkündigung
mühen, man kann die Menschen aufmuntern und bestrebt sein, ih-
nen durch das Wort das Heil zu bringen, man kann mit den Hän-
den arbeiten und dadurch Sünden wiedergutmachen.[118] / Sei nicht 11
zögerlich beim Geben. Wenn du gegeben hast, klage nicht darüber,
daß du es getan hast. Denn du wirst schon erfahren, daß Gott dir
deine Gabe reich vergelten wird.[119] Bewahre sorgfältig, was du
empfangen hast, füge nichts hinzu und nimm nichts weg.[120] Hasse
das Böse, urteile gerecht.[121] / Spaltung sollst du vermeiden. Stifte 12
Frieden, indem du die Streitenden zusammenführst.[122] Deine Sün-
den sollst du vor der Gemeinde bekennen. Mit schlechtem, unver-
söhntem Gewissen geh nicht zum Gebet.[123]

Kapitel 20 Der Weg, der in die schwarze Finsternis führt, ist 1
krumm und voll Fluch.[124] Denn dieser Weg führt zum ewigen Tod
und ist auch mit anderen Bestrafungen gepflastert. Auf diesem Weg
liegt all das, was den Menschen zerstört. Dazu gehören Götzen-
dienst, Frechheit und Machtdünkel, Scheinheiligkeit und Doppel-
züngigkeit, Ehebruch, Mord und Raub. Ferner Überheblichkeit,
absichtliche Verletzung von Regeln, Tücke, offene Bosheit und
Frechheit, auch Giftmischerei, Zauberei und Habgier, schließlich
mangelnde Gottesfurcht. / Dazu passen dann Leute, welche die Gu- 2
ten verfolgen, Gottes Wirklichkeit hassen und die Lüge lieben, die
keine Ahnung davon haben, daß Gerechtigkeit sich lohnt, denen

116 Vgl. Did 4,8.
117 Vgl. Did 4,5.
118 Vgl. Did 4,6.
119 Vgl. Did 4,7.
120 Vgl. Did 4,13, dort bezogen auf die »Gebote«.
121 Vgl. Did 4,3.
122 Vgl. Did 4,3.
123 Vgl. Did 4,14.
124 Vgl. Did 5,1.

am Guten nichts gelegen ist, die das gerechte Gericht nicht vollziehen, sich nicht um Witwen und Waisen kümmern, sich wegen der Gottesfurcht keine schlaflosen Nächte bereiten, wohl aber wegen ihrer bösen Pläne, denen Sanftmut und Geduld ganz fern liegen, die den leeren Wahn lieben und dem Lohn nachjagen, sich nicht der Armen erbarmen und nicht um Mühselige mühen, die schnell mit Verleumdungen bei der Hand sind, ihren Schöpfer nicht kennen, ihre Kinder umbringen, Gottes Geschöpfe vernichten, den Bedürftigen die Tür weisen, die Bedrängten unterdrücken, den Reichen zur Hand gehen und die Armen ungerecht verurteilen, kurz: die durch und durch Sünder sind.

1 *Kapitel 21* Wichtig ist nun, daß jemand, der sich die hier aufge-
schriebenen Gebote des Herrn durch Lernen aneignet, auch nach
ihnen lebt. Denn nur wer das tut, wird verherrlicht, wenn Gottes
Herrschaft offenbart wird. Wer den anderen Weg wählt, wird zu-
sammen mit seinen Werken umkommen. Daher gibt es für die
einen Auferstehung, für die anderen Vergeltung.
2 Ich habe eine Bitte an die Höhergestellten, wenn ihr meinen wohl-
meinenden Rat annehmen wollt: Um euch herum habt ihr viele
3 Menschen, denen ihr Gutes tun könnt. Tut es auch! / Der Tag des
Herrn ist nahe. An diesem Tag wird alles, was nicht gut ist, mit dem
Bösen zusammen zugrunde gehen. Der Herr steht vor der Tür, er
4 hat den Lohn, den er vergeben wird, schon in der Hand. / Ich bitte
euch mit Nachdruck: Setzt für euch selbst gute Gesetze in Kraft,
gebt euch selbst zuverlässigen Rat. Laßt zwischen Wort und Tat
5 keinen Unterschied sein. / Gott, der Herr der ganzen Welt, schenke
euch, daß ihr weise und verständig seid, daß ihr versteht, was er
6 will, und seine Gebote erfassen könnt, dazu Geduld. / Laßt euch
von Gott belehren und sucht herauszufinden, was Gott von euch
will, und dann tut es, damit man euch am Gerichtstag unter den
Gerechten findet.
7 Wenn der Satz »Das Gute behält man« stimmt, dann denkt doch
bitte an dieses Schreiben und seinen Verfasser. Bewegt alles in eu-
rem Herzen, damit mein sehnliches Wünschen und meine schlaflo-
sen Nächte doch noch zu etwas Gutem führen. Darf ich euch um
8 diesen Gunsterweis bitten? / Solange ihr noch gesund und munter
seid[125], vergeßt bitte auch nicht die kleinste Einzelheit, sondern be-
müht euch unaufhaltsam darum, alle Gebote zu erfüllen. Sie sind

125 Wörtlich: »in der Schönheit eurer Leiber lebt«.

es wert. / Deswegen habe ich mich bemüht, euch alles zu schreiben, 9
so gut ich nur kann.

Lebt wohl, ihr Kinder des Friedens und der Liebe. Der herrliche und gnädige Gott bleibe bei euch.

Paulus: Philemonbrief

Eigenart: Der Sklave Onesimos ist seinem Herrn entlaufen und hat ihn dabei wohl auch noch weiter geschädigt (V. 18). Paulus gewährte ihm Asyl. Er bekehrte ihn, und Onesimus half Paulus in seiner Gefangenschaft und bei der Mission. Paulus respektiert aber die Rechtslage und benutzt die Gelegenheit der Reise des Tychikus nach Kolossai, ihm den Onesimus als Reisebegleiter mitzugeben. Der Brief soll Onesimus vor der sonst üblichen harten Strafe schützen, vielmehr soll Philemon ihn als Bruder freilassen und im Herrn annehmen. Am liebsten möchte Paulus ihn als Gehilfen zurückhaben. Doch er läßt Philemon alle Freiheit.

Datierung: Ist Rom der Abfassungsort (vgl. »alter Mann« in V. 9), dann könnte der Brief 61 n. Chr. entstanden sein.

Adressaten: Die Hausgemeinde des Philemon.

Probleme: Die apostolische Autorität wird auch zu Eigennutz eingesetzt.

Theologie: schonender Einsatz apostolischer Autorität. Der Brief ist ein interessantes Beispiel dafür, wie soziale Probleme (Sklaverei) im frühen Christentum thematisiert werden; der Brief ist weder ein allgemeines Programm noch ein flammender Aufruf, sondern ein Versuch, einvernehmlich zu einer menschlichen Lösung zu kommen.

BRIEF AN PHILEMON

Diesen Brief schreibt Paulus, Gefangener Jesu Christi, zusammen 1
mit dem Bruder Timotheus, an unseren lieben Mitarbeiter Phi-
lemon, / an unsere Schwester Apphia und unseren Mitstreiter Ar- 2
chippus mit der ganzen Gemeinde, die sich in deinem Haus versam-
melt. / Von Gott unserem Vater und von unserem Herrn Jesus 3
Christus geben wir Liebe und Frieden an euch weiter. / Ich danke 4
allzeit meinem Gott, wenn ich in meinem Gebet deinen Namen
nenne. / Ich höre, daß du Jesus, den Herrn, und alle Christen liebst 5
und ihnen treu anhängst. / Dein Glaube wirkt sich als Sorge für die 6
Gemeinschaft aus, so daß du jede Gelegenheit wahrnimmst, die
sich dir bei uns bietet, um im Blick auf Jesus, den Messias, Gutes
zu tun. / Ich habe mich sehr gefreut über deine Liebe, und es hat 7
mich sehr aufgemuntert, weil du, lieber Bruder, die anderen Chri-
sten im Innersten getröstet und beruhigt hast. / Deswegen wage ich 8
es, lieber Bruder, mutig, weil ich doch mit Christus verbunden bin,
dir etwas ans Herz zu legen, was wohl deine Pflicht ist. / Besser ge- 9
sagt: Ich bitte dich um einen Liebesdienst. Sieh mich an: Ich, Pau-
lus, bin ein alter Mann, jetzt wegen Jesus Christus in Gefangen-
schaft. / Es geht um Onesimos. Er ist sozusagen mein Kind, weil er 10
während meiner Gefangenschaft hier Christ geworden ist. / Früher 11
hättest du ihn nur für einen Nichtsnutz gehalten, doch jetzt könnte
er für dich und für mich sehr nützlich werden. / Ich habe ihn zu dir 12
zurückgeschickt, aber er ist mir ans Herz gewachsen. / Eigentlich 13
hätte ich ihn gern hierbehalten, damit er mir an deiner Stelle wäh-
rend meiner Gefangenschaft bei der Verkündigung des Evange-
liums hilft. / Doch ohne dein Einverständnis wollte ich nichts ent- 14
scheiden. Denn nur freiwillig sollst du Gutes tun, ich will dich nicht
unter Druck setzen. / Vielleicht sollte die zeitweilige Trennung von 15
ihm ohnehin nur dazu gut sein, daß du ihn jetzt für immer zurück-
erhältst und er bei dir bleibt. / Wenn er schon für mich nicht mehr 16
wie ein Sklave, sondern viel eher ein lieber Bruder ist, wieviel mehr
dürfte er dann für dich bedeuten – sowohl als Mitmensch wie als
Christ. / Wenn du nun mich als jemand betrachtest, der in enger 17
christlicher Gemeinschaft mit dir steht, dann nimm ihn zu dir, als
ob ich es wäre. / Wenn er dir etwa Unrecht zugefügt hat oder dir 18
etwas schuldig geblieben ist, dann stelle mir das in Rechnung. / Ich, 19
Paulus, schreibe diese Sätze mit eigener Hand, ich will dir alles er-
statten. Ich will ja gar nicht erwähnen, daß du dich in gewisser

20 Weise mir verdankst. / Ja, Bruder, ich hätte gerne Freude an dir,
weil wir doch verbunden sind im Herrn. Beruhige mein Herz, weil
21 wir doch eins sind in Jesus Christus. / So vertraue ich auf deinen
Gehorsam und schreibe dir diesen Brief. Ich weiß ja, daß du noch
22 weit mehr tun wirst, als ich erbeten habe. / Außerdem kannst du
ein Quartier für mich besorgen. Denn ich hoffe, daß eure Gebete
23 Erfolg haben, so daß ich zu euch kommen kann. / Es grüßt dich
mein Mitgefangener Epaphras, mir verbunden im Dienste Jesu, des
24 Messias. / Es grüßen dich auch meine Mitarbeiter Markus, Ari-
25 starch, Denas und Lukas. / Der Herr Jesus Christus bleibe mit sei-
ner Gnade deinem Herzen nahe.

Logienquelle (Q)

Eigenart: Als Logienquelle bezeichnet man die gemeinsame »Quelle« (daher das Kürzel »Q«), die die Evangelisten Matthäus und Lukas außer (jeweils einer anderen Fassung von) Markus noch benutzt haben. Die gemeinsamen Übereinstimmungen gegen Markus sind recht zahlreich, und dazu kommen auch Doppelungen gegenüber Markus. Beide Aspekte zusammengenommen haben die Hypothese einer mündlichen oder schriftlichen Sammlung nahegelegt. Diese Sammlung hätte hauptsächlich aus Einzelworten (auch: Gleichnissen) bestanden. Wunderberichte waren kaum vorhanden. Es fehlten Kindheitsberichte und jede Art Erzählung über das Geschick Jesu (Passion, Auferstehung). So legte sich die Hypothese nahe, es handele sich um eine Sammlung von Worten Jesu, die vielleicht als Ergänzung, vielleicht als Korrektur, vielleicht aber auch unabhängig von Markus zustande gekommen sei. Formale Analogien bietet dazu das Thomasevangelium, das ja gleichfalls keine Erzählung über Jesu Geschick bietet, ferner das Philippusevangelium, schließlich auch in mancher Hinsicht der Jakobusbrief, der viele Elemente einer Sammlung hat.
Daß diese Sammlung schriftlich existiert habe, ist eine unbewiesene Hypothese. Dennoch wird hier der Versuch gemacht, diese Überlieferung schriftlich darzustellen.
Für eine schriftliche Fassung spricht, daß die Technik der Verkettung von Einzellogien (besonders dort, wo beide Evangelisten Q-Worte in derselben Abfolge bieten) der Technik des ThomasEv entspricht. Die Regeln der Textlinguistik (Stichwort, Synonymität, Opposition) wurden auch von diesen Sammlern angewendet. Derartige Vorgänge sind bei der Herstellung von Manuskripten gut vorstellbar.

Art der Präsentation: Da vermutlich sowohl Lukas als auch Matthäus an dem gemeinsamen Material gearbeitet haben und da auch nicht feststeht, ob sie dieses gemeinsame Material nicht schon jeweils bearbeitet empfangen haben, wäre es mißlich gewesen, eine ganz bestimmte »Urform« der Logienquelle herzustellen. Diese Schwierigkeit würde sich noch erhöhen, wenn man die Parallelen des ThomasEv hinzunähme. Häufig ist die Fassung des ThomasEv vielleicht noch genuiner als die bei Matthäus oder Lukas überlieferte. Da es sich hier aber um unbeweisbare Hypothesen handelt, habe ich mich zu folgender Art der Darbietung entschlossen: Lukas selbst betont im Vorwort seines Evangeliums (Lk 1,1-4) sein historisches Interesse. Wir lassen uns darauf ein und bieten die Logienquelle *nach der lukanischen Fassung*, d. h. auch: in der Reihenfolge des LkEv. In der Fußnote steht jeweils die matthäische Version. So kann man bei der Benutzung stets beides vergleichen.

Datierung: Unabhängig von der unentscheidbaren Frage, ob dieses gemeinsame Material mündlich oder schriftlich vorlag, ist vorauszusetzen, daß die Sammlung älter ist als die Evangelien des Matthäus oder des Lukas. Eine Zerstörung Jerusalems muß man nicht voraussetzen, auch wenn einzelne Drohworte sie zum Inhalt haben. Andererseits spielt die Mission in Israel noch eine große Rolle.

Theologie: Theologisch ist die Logienquelle sehr viel strenger als das MkEv. Während es z. B. bei Mk heißt, man solle sich davor hüten, Jesus nicht zu verleugnen, fordert die Logienquelle auf, Jesus zu bekennen. Die Worte über die Freiheit von der Sorge finden sich insgesamt nur in der Logienquelle, die hier viel vom Lebensstil Jesu erkennen läßt. Der Dualismus (Gott/Welt) ist stärker ausgeprägt als im MkEv. – In dieser Hinsicht steht die Logienquelle dem ThomasEv und großen Teilen der Agrapha-Überlieferung nahe. Das könnte auch gattungsbedingt sein. Denn es könnte die Gattung »Sprüche der Weisen« zugrunde liegen. Derartige Sprüche sind in unserem Kulturkreis stets durch eine Verbindung von Erkennen und Askese ausgezeichnet. Es ist kein Zufall, daß diese Gattung dann auch bei Bernhard von Clairvaux wiederauflebt.

LOGIENQUELLE (Q)

1. Lk 3,7-9

In Scharen zogen die Menschen hinaus, um sich von Johannes tau- 7
fen zu lassen. Er aber ermahnte sie: »Ihr Natterngezücht! Niemand
kann euch einen Schleichweg sagen, auf dem ihr Gottes Zornge-
richt entkommen könnt. / Nur eines hilft: Eure Taten müssen end- 8
lich von eurer Umkehr zeugen. Bildet euch nicht ein, es könnte euch
helfen, daß ihr Abrahams Kinder seid. Ich versichere euch: Aus die-
sen Steinen da kann Gott Abraham jederzeit neue Kinder schaffen.
/ Die Axt liegt schon an den Baumwurzeln bereit: Jeder Baum, der 9
keine guten Früchte liefert, wird umgehauen und ins Feuer gewor-
fen.«[1]

2. Lk 3,16f

Aber Johannes erklärte jedem, der es hören wollte: »Ich taufe euch 16
mit Wasser. Es wird jedoch einer kommen, der stärker ist als ich.
Ich wäre nicht einmal würdig, ihm auf Knien die Riemen seiner
Sandalen zu lösen. Er wird euch taufen mit heiligem Geist und mit
Feuer. / In seiner Hand hält er schon die Schaufel, mit der er das 17
ausgedroschene Getreide gegen den Wind werfen wird. So wird er
es von Spreu und Staub reinigen und den Weizen in seine Scheune
bringen. Die Spreu wird er verbrennen mit einem Feuer, das nicht
erlischt.«[2]

---

1 Mt 3,7-10: / Als Johannes sah, daß Pharisäer und Sadduzäer in Scharen kamen, um sich taufen zu lassen, ermahnte er sie: »Ihr Natterngezücht! Niemand kann euch einen Schleichweg sagen, auf dem ihr Gottes Zorngericht entkommen könnt. / Nur eines hilft: Eure Taten müssen endlich von eurer Umkehr zeugen. / Bildet euch nicht ein, es könnte euch helfen, daß ihr Abrahams Kinder seid. Ich versichere euch: Aus diesen Steinen da kann Gott Abraham jederzeit neue Kinder schaffen. / Die Axt liegt schon an den Baumwurzeln bereit: Jeder Baum, der keine guten Früchte liefert, wird umgehauen und ins Feuer geworfen.

2 Mt 3,11-12: / Ich taufe euch mit Wasser zum Zeichen der Umkehr. Es wird jedoch einer kommen, der stärker ist als ich. Ich wäre nicht einmal würdig, ihm seine Sandalen hinterherzutragen. Er wird euch mit heiligem Geist und mit Feuer taufen. / In seiner Hand hält er schon die Schaufel, mit der er das ausgedroschene Getreide gegen den Wind werfen wird. So wird er es von Spreu und Staub reinigen und den Weizen in seine Scheune bringen. Die Spreu wird er verbrennen mit einem Feuer, das nicht erlischt.«

3. Lk 4,1-13

1 Jesus war ganz erfüllt vom Heiligen Geist. Vom Jordanufer aus
2 führte ihn der Heilige Geist in die Wüste. / Dort wurde er 40 Tage
lang vom Teufel auf die Probe gestellt. Da er keinerlei Nahrung zu
3 sich nahm, überfiel ihn gegen Ende der Zeit großer Hunger. / Da
sagte der Teufel zu ihm: »Wenn du Gottes Sohn bist, kannst du
4 doch diesen Stein durch ein einziges Wort zu Brot machen!« / Doch
Jesus erwiderte: »Es steht geschrieben, daß der Mensch nicht vom
5 Brot allein lebt.« / Daraufhin führte ihn der Teufel auf eine An-
höhe, zeigte ihm für einen kurzen Augenblick alle Reiche der Erde
6 / und sagte: »Über all dies gebe ich dir strahlende Macht. Denn mir
wurde sie übergeben, und ich kann sie weitergeben, wem ich will.
7, 8 / Wenn du mich nur anbetest, wird dir alles gehören.« / Jesus
jedoch entgegnete: »Es steht geschrieben: Du sollst Gott deinen
9 Herrn anbeten und ihm allein dienen.« / Da führte der Teufel Jesus
nach Jerusalem und auf die höchste Zinne des Tempels und for-
10 derte ihn auf: »Bist du Gottes Sohn, so spring hier herunter. / Denn
es steht doch geschrieben: Seine Engel werden dich in seinem Auf-
11 trag behüten, / sie werden dich auf Händen tragen, damit du dich
12 an keinem Stein stößt.« / Jesus aber entgegnete: »Es steht geschrie-
ben: Du sollst den Herrn, deinen Gott, nicht auf die Probe stellen.«
13 / Da gab es der Teufel vorläufig auf, Jesus auf die Probe zu stellen.[3]

---

[3] Mt 4,1-11: / Dann wurde Jesus vom Heiligen Geist in die Wüste geführt. Der Teufel sollte ihn auf die Probe stellen. / Vierzig Tage lang nahm er keinerlei Nahrung zu sich, so daß ihn gegen Ende der Zeit großer Hunger überfiel. / Da trat der Teufel auf ihn zu und sagte, um ihn auf die Probe zu stellen: »Wenn du Gottes Sohn bist, kannst du doch diese Steine durch ein einziges Wort zu Brot machen!« / Doch Jesus erwiderte: »Es steht geschrieben, daß der Mensch nicht vom Brot allein lebt, vielmehr lebt er von allem, was Gott sagt.« / Dann nahm ihn der Teufel in die heilige Stadt Jerusalem mit bis auf die höchste Zinne des Tempels / und forderte ihn auf: »Bist du Gottes Sohn, so spring herunter. Denn es steht doch geschrieben: ›Seine Engel werden dich in seinem Auftrag behüten, sie werden dich auf Händen tragen, damit du dich an keinem Stein stößt.‹« / Jesus aber entgegnete: »Es steht auch geschrieben: ›Du sollst den Herrn, deinen Gott, nicht auf die Probe stellen.‹« / Daraufhin führte ihn der Teufel auf einen sehr hohen Berg, zeigte ihm alle Reiche der Erde und ihre Herrlichkeit / und sagte zu ihm: »Dies alles gebe ich dir, wenn du mich nur anbetest.« / Jesus jedoch entgegnete: »Weg mit dir, Satan! Denn es steht geschrieben: ›Du sollst Gott deinen Herrn anbeten und ihm allein dienen.‹« / Da ließ der Teufel von ihm ab. Engel kamen und waren Jesus zu Diensten.

4. Lk 6,20f

Jesus setzte sich[4], sah seine Jüngerinnen und Jünger an und sagte: 20
»Selig ihr Armen, denn ihr werdet frei von aller Not, wenn Gott
König ist. / Selig, die ihr jetzt hungert, denn Gott wird euch satt 21
machen. Selig, die ihr jetzt weint, denn ihr werdet lachen.[5]

5. Lk 6,22f

Selig seid ihr, wenn die anderen euch hassen, euch ausstoßen, euch 22
beschimpfen und euren Namen mit Abscheu nennen, weil ihr zu
Jesus gehört, dem Menschensohn. / Freut euch und jubelt, wenn 23
man euch das antut. Denn im Himmel werdet ihr reich entschädigt.
Den Propheten ist es mit den Voreltern dieser Leute genauso ergangen.[6]

6. Lk 6,27f

Hört zu! Ich sage euch: Liebt eure Feinde, tut denen Gutes, die euch 27
hassen. / Segnet, die euch verfluchen. Betet für die, die euch miß- 28
handeln.[7]

7. Lk 6,29f

Wenn dir jemand eine Ohrfeige auf die eine Seite gibt, halte ihm 29
auch die andere hin. Wenn dir jemand den Mantel wegnimmt, hindere ihn nicht daran, auch das Hemd zu nehmen. / Gib jedem, was 30
er von dir haben will. Wenn dir einer etwas wegnimmt, fordere es nicht zurück.[8]

---

[4] Wörtlich: Jesus erhob seine Augen zu seinen Jüngern ... Das setzt sachlich voraus, daß Jesus »unten« ist und die Jünger oben. Diese Position hatte Jesus offenbar, weil er, wie beim Lehren üblich, saß. Wir übersetzen auch »Jüngerinnen«, weil insbesondere nach Lukas zum weiteren Kreis der Jünger auch Frauen gehörten (vgl. Lk 8,1-3).

[5] Mt 5,3-6: / »Selig die armen Menschen, die gequält werden, denn sie werden frei sein, wenn Gott König ist. / Selig die Menschen, die traurig sind, denn sie werden Trost finden. / Selig, die auf Gewalt verzichten, denn ihnen gehört die Zukunft. / Selig, die Hunger und Durst nach Gerechtigkeit haben, denn Gott wird sie satt machen.

[6] Mt 5,11f: / Selig seid ihr, wenn die anderen euch beschimpfen, verfolgen und verleumden, weil ihr zu mir gehört. / Freut euch und jubelt, denn im Himmel werdet ihr reich entschädigt. Die Propheten vor euch wurden genauso verfolgt.

[7] Mt 5,44: Doch ich sage euch: Liebt eure Feinde, betet für eure Verfolger.

[8] Mt 5,39-42: / Doch ich sage euch: Verzichtet überhaupt auf Vergeltung und leistet so dem Bösen keine Gegenwehr! Vielmehr: Wenn dir einer rechts eine Ohrfeige gibt, dann halte ihm auch die linke Seite hin. / Und

8. Lk 6,31

Geht so mit den Menschen um, wie ihr selbst behandelt werden möchtet.[9]

9. Lk 6,32-36

32 Wenn ihr nur die liebt, die euch auch lieben, könnt ihr keine Liebe
von Gott mehr erwarten. Auch die Gottlosen lieben nur die, von
33 denen sie auch geliebt werden. / Wenn ihr nur denen Gutes tut, von
denen ihr Gutes empfangt, dann könnt ihr nichts mehr von Gott
34 empfangen. Auch die Gottlosen handeln so. / Wenn ihr etwas nur
unter der Bedingung verleiht, daß ihr es zurückbekommt, was
könnt ihr da noch von Gott erwarten? Auch die Gottlosen wollen
das, was sie verleihen, auf Heller und Pfennig zurückbekommen. /
35 Macht es anders: Liebt eure Feinde, tut Gutes, ohne eine Gegen-
leistung zu erhoffen, leiht aus, ohne etwas zurückzuerwarten.
36 Dann wird Gott euch reich entschädigen... / Seid barmherzig, so
wie euer Vater barmherzig ist.[10]

10. Lk 6,35b

Wenn ihr auch so handelt, werdet ihr ihm ähnlich und könnt deshalb seine Kinder sein.[11]

11. Lk 6,37-42

37 Verurteilt nicht andere, dann wird Gott euch auch nicht verurteilen. Spielt nicht den Richter, dann wird Gott euch ein gnädiger Richter sein. Laßt Schulden nach, dann wird Gott euch vergeben. /

---

wenn einer mit dir einen Prozeß um dein Hemd führen will, überlaß es ihm und gib ihm deinen Mantel dazu. / Und wenn dich einer zwingen will, eine Meile mit ihm zu gehen, dann geh zwei Meilen mit ihm. / Gib jedem, was er von dir haben will. Wenn einer von dir etwas leihen will, weise ihn nicht ab.

9 Mt 7,12: Geht so mit den Menschen um, wie ihr selbst behandelt werden möchtet. Denn darin besteht das ganze Gesetz und die Propheten.

10 Mt 5,46-48: / Wenn ihr nur die liebt, die euch auch lieben, könnt ihr keinen himmlischen Lohn mehr erwarten. So halten es ja auch die Zöllner. / Und wenn ihr nur eure Brüder und Schwestern grüßt, dann tut ihr nichts Besonderes. So handeln doch auch die Heiden. / Vollkommenheit besteht darin, nur auf den himmlischen Lohn zu setzen. Seid also vollkommen, wie es euer himmlischer Vater ist.

11 Mt 5,45: So werdet ihr Kinder eures himmlischen Vaters. Denn der läßt seine Sonne aufgehen über Böse und Gute und läßt es regnen über Gerechte und Ungerechte.

Schenkt weg, was ihr habt, dann wird Gott euch beschenken. Wenn 38
Gott zurückschenkt, ist das ohne Grenze, ohne Maß und überreich.
So wie ihr bemeßt, was ihr gebt, wird Gott bemessen, was er euch
zurückgibt.« – / »Was starrst du auf den Splitter im Auge deines 41
Bruders, und den Balken in deinem eigenen Auge bemerkst du
nicht? / Wie kannst du zu deinem Bruder sagen: ›Komm, Bruder, 42
ich will dir den Splitter aus dem Auge ziehen‹, wo du doch den Bal-
ken in deinem eigenen Auge nicht siehst? Scheinheilig bist du, zieh
erst den Balken aus deinem eigenen Auge, dann sieh zu, wie du den
Splitter aus dem Auge deines Bruders ziehst.«[12]

12. Lk 6,39

Dann gab Jesus den Jüngern ein paar Gleichnisse: »Ein Blinder kann unmöglich einen Blinden führen. Da fallen nur beide in den Graben. Fragt euch: Ist der, der urteilt, wirklich besser?[13]

13. Lk 6,40

Der Schüler ist nicht besser als sein Lehrer, und wenn er ausgelernt hat, ist er auch nur wie er.[14]

14. Lk 6,43-45

Ein gesunder Baum trägt keine faulen Früchte, und ein kranker 43
Baum keine guten. / Was ein Baum wert ist, kann man an den 44
Früchten sehen. Disteln liefern keine Feigen und Dornen keine
Weintrauben. / Wie eine große Truhe birgt das Herz des Menschen 45
einen Vorrat, aus dem er schöpft, was er anderen mitteilt. Birgt das

12 Mt 7,1-5: / Verurteilt nicht andere, dann wird Gott euch auch nicht verurteilen. / Denn wie ihr selber richtet, so wird Gott euch richten. So wie ihr bemeßt, was ihr gebt, wird Gott bemessen, was er euch zurückgibt. / Was starrst du auf den Splitter im Auge deines Bruders, und den Balken in deinem eigenen Auge bemerkst du nicht? / Und wie kannst du zu deinem Bruder sagen: ›Komm, Bruder, ich will dir den Splitter aus dem Auge ziehen‹, wo doch der Balken in deinem eigenen Auge ist? / Scheinheilig bist du, zieh erst den Balken aus deinem eigenen Auge, dann sieh zu, wie du den Splitter aus dem Auge deines Bruders ziehst.

13 Mt 15,14: Laßt die Pharisäer reden! Sie sind blinde Blindenführer. Wenn ein Blinder einen anderen Blinden führt, fallen beide in den Graben.«

14 Mt 10,24f: / Ein Schüler soll es nicht besser haben als sein Lehrer, und ein Sklave ist nicht größer als sein Herr. / Der Schüler soll zufrieden sein, wenn es ihm ergeht wie seinem Lehrer, und der Sklave, wenn man ihn behandelt wie seinen Herrn. Wenn sie den Hausherrn Oberteufel genannt haben, dann werden sie wohl erst recht seine Leute so nennen.

Herz einen Schatz, so ist das, was der Mensch weitergibt, gut. Enthält es nur wertlosen Tand, so gibt er Schlechtes weiter. Denn der Mund verrät, wovon das Herz übervoll ist.[15]

15. Lk 6,46

Was ruft ihr mich an ›Herr, Herr‹ und tut doch nicht, was ich von euch will?[16]

16. Lk 6,47-49

47 Laßt mich an einem Vergleich deutlich machen, wie das ist, wenn
einer zu mir kommt, mir zuhört und dann auch tut, was ich ihm
48 sage: / Ein Bauherr läßt eine tiefe Grube ausheben und die Funda-
mente auf Felsgestein setzen. Wenn dann das Hochwasser kommt,
umspülen die reißenden Fluten das Haus, können es aber nicht zum
49 Einsturz bringen, weil es solide gebaut ist. / Bei den anderen, die zu-
hören, aber das Gehörte nicht in dieTat umsetzen, ist es dagegen,
wie wenn jemand ein Haus ohne Fundament einfach in den Sand
baut. Wenn dann ein Hochwasser kommt und die Fluten um das
Haus tosen, fällt es augenblicklich zusammen, und alles liegt in
Trümmern.«[17]

[15] Mt 7,16-20: / Nur an den Früchten kann man sie unterscheiden. Von Dornenbüschen kann man keine Weintrauben ernten und von Disteln keine Feigen. / Ein gesunder Baum trägt gute Früchte, ein kranker Baum faule. / Ein gesunder Baum dagegen trägt keine faulen Früchte, und ein kranker Baum keine guten. / Jeder Baum, der keine guten Früchte liefert, wird umgehauen und ins Feuer geworfen./ An ihren Taten also werdet ihr die falschen Propheten erkennen können.
Mt 12,33-35: / Ein gesunder Baum trägt nur gute Früchte, und ein kranker Baum nur faule. Denn was ein Baum wert ist, kann man an den Früchten sehen. / Schlangenbrut seid ihr! Wenn ihr so schlecht seid, könnt ihr doch keine guten, wahren Worte hervorbringen. Denn der Mund verrät, wovon das Herz übervoll ist. / Wie eine große Truhe birgt das Herz des Menschen einen Vorrat, aus dem er schöpft, was er anderen mitteilt. Birgt das Herz einen Schatz, so ist das, was der Mensch weitergibt, gut. Enthält es nur wertlosen Tand, so gibt er Schlechtes weiter.

[16] Mt 7,21: Nicht jeder, der zu mir sagt ›Herr, Herr‹, wird in Gottes Herrschaft hineingelangen, sondern nur der, der den Willen meines himmlischen Vaters tut.

[17] Mt 7,24-27: / Jeder, der mir zuhört und dann auch tut, was ich ihm sage, ist wie ein kluger Bauherr, der sein Haus auf Felsgestein gesetzt hat. / Wenn dann Dauerregen kommt, die Flüsse über die Ufer treten und die

17. Lk 7,1-10

Als Jesus seine Rede vor dem Volk beendet hatte, ging er nach Kap- 1
ernaum hinein. / Dort hatte ein römischer Hauptmann einen Skla- 2
ven, den er sehr schätzte. Der war todkrank. / Als der Hauptmann 3
von Jesus hörte, schickte er einige jüdische Vorsteher zu ihm mit
der Bitte, er solle kommen und seinem Sklaven das Leben retten. /
Als sie zu Jesus kamen, drangen sie in ihn: »Der Hauptmann hat 4
deine Hilfe verdient, / denn er liebt unser Volk und hat auf eigene 5
Kosten eine Synagoge für uns bauen lassen.« / Jesus ging mit ihnen, 6
aber als sie nicht mehr weit vom Haus des Hauptmanns entfernt
waren, schickte dieser ihm ein paar Freunde entgegen, die übermit-
telten ihm folgende Botschaft des Hauptmanns: »Herr, ich will
nicht, daß du meinetwegen in Schwierigkeiten kommst, wenn du
als Jude mein Haus betrittst. Als Heide bin ich dessen gar nicht
würdig. / Daher wagte ich es auch nicht, selbst zu dir zu kommen. 7
Doch durch ein einziges Wort aus deinem Mund wird mein Sklave
gesund sein. / Auch in meinem Beruf haben Worte Macht. Ich habe 8
Vorgesetzte und bin selbst Vorgesetzter von Soldaten. Wenn ich zu
einem sage ›Geh!‹, dann geht er, oder zu einem anderen ›Komm!‹,
dann kommt er. Wenn ich meinem Sklaven sage: ›Tu dies und das!‹,
dann tut er es.« / Jesus war höchst erstaunt über die Worte des 9
Hauptmanns und sagte zu den Leuten, die ihm folgten: »So großes
Vertrauen ist mir nicht einmal in Israel entgegengebracht worden,
das kann ich euch sagen.« / Als die ausgesandten Freunde in das 10
Haus des Hauptmanns zurückkehrten, stellten sie fest, daß der
Sklave gesund geworden war.[18]

Stürme ums Haus toben, können sie es doch nicht zum Einsturz bringen, weil es auf Felsengrund gesetzt ist. / Bei den anderen, die zuhören, aber das Gehörte nicht in die Tat umsetzen, ist es dagegen, wie wenn ein dummer Mensch ein Haus einfach in den Sand baut. / Wenn dann der Dauerregen kommt, die Flüsse über die Ufer treten und die Stürme ums Haus toben, stürzt es sogleich zusammen, und übrig bleibt ein großer Trümmerhaufen.«

[18] Mt 8,5-10.13: / Als Jesus nach Kapernaum hineinging, kam ein römischer Hauptmann auf ihn zu und sprach ihn an: / »Herr, mein Sklave liegt mit Lähmungen zu Hause und hat große Schmerzen.« / Jesus sagte: »Ich komme und heile ihn.« / Daraufhin sagte der Hauptmann: »Herr, ich will nicht, daß du meinetwegen in Schwierigkeiten kommst, wenn du als Jude mein Haus betrittst. Als Heide bin ich dessen gar nicht würdig. Doch durch ein einziges Wort aus deinem Mund wird mein Sklave gesund sein. / Auch in meinem Beruf haben Worte Macht. Ich habe Vor-

18. Lk 7,18-23

18 Auch die Jünger des Johannes erzählten ihrem Lehrer von all dem,
19 was geschehen war. Er rief zwei von ihnen zu sich / und sandte sie
aus, sie sollten Jesus fragen: »Bist du der, der kommen soll, oder
20 müssen wir auf einen anderen warten?« / Als sie bei Jesus ankamen,
sagten die Männer zu ihm: »Johannes der Täufer schickt uns mit
der Frage: ›Bist du der, der kommen soll, oder müssen wir auf einen
21 anderen warten?‹« / Zu diesem Zeitpunkt hatte Jesus gerade viele
Menschen von Krankheiten, schweren Leiden und bösen Geistern
22 geheilt und auch vielen Blinden das Augenlicht geschenkt. / So gab
er zur Antwort: »Richtet Johannes aus, was ihr gesehen und gehört
habt: Blinde können sehen, Lahme können gehen, Aussätzige sind
rein. Taube können hören, Tote werden auferweckt, den Armen
23 wird das Evangelium verkündet. / Aber außerdem gilt: Selig, wer
nicht so an mir und meinen Worten Anstoß nimmt, daß er an mir
irre wird und nicht glauben kann.«[19]

19. Lk 7,24-28

24 Als die Boten des Johannes gegangen waren, redete Jesus zu seinen
Zuhörern über Johannes: »Was habt ihr erwartet, als ihr in die Wü-
ste hinausgezogen seid: ein Schilfrohr, das jeder Windhauch zum
25 Schwanken bringt? / Oder was wolltet ihr sehen: einen Menschen
in weichen Wollkleidern? Doch Menschen in prächtiger Kleidung,
26 die im Luxus leben, findet ihr in den Palästen. / Oder was wolltet
ihr sehen: einen Propheten? Ich kann euch versichern: Johannes ist

---

gesetzte und bin selbst Vorgesetzter von Soldaten. Wenn ich zu einem sage ›Geh!‹, dann geht er, oder zu einem anderen ›Komm!‹, dann kommt er. Wenn ich meinem Sklaven sage: ›Tu dies und das!‹, dann tut er es.« / Jesus war höchst erstaunt über die Worte des Hauptmanns und sagte zu den Leuten, die ihm folgten: »Amen, ich sage euch, so großes Vertrauen ist mir von niemandem in Israel entgegengebracht worden.« / Und Jesus wandte sich zu dem Hauptmann: »Geh nun, denn es soll so geschehen, wie du es mir zugetraut hast.« Und in derselben Stunde war der Sklave geheilt.

19 Mt 11,2-6: / Johannes der Täufer aber hörte im Gefängnis vom Wirken des Messias. Und er sandte einige seiner Jünger aus, / sie sollten Jesus fragen: »Bist du der, der kommen soll, oder müssen wir auf einen anderen warten?« / Jesus gab ihnen zur Antwort: »Richtet Johannes aus, was ihr gesehen und gehört habt: / Blinde können sehen, Lahme können gehen, Aussätzige sind rein. Taube können hören, Tote werden auferweckt, den Armen wird das Evangelium verkündet. / Aber außerdem gilt: Selig, wer nicht so an mir und meinen Worten Anstoß nimmt, daß er an mir irre wird und nicht glauben kann.«

mehr als ein Prophet. / Über Johannes steht in der Schrift: ›Gott 27
sagt: Ich sende meinen Boten vor dir her. Er soll dir den Weg eb-
nen.‹ / Ich versichere euch: Unter den von einer Frau Geborenen ist 28
Johannes der Größte. Doch unter den von Gott Geborenen, unter
den Kindern seines Reiches, ist selbst der Kleinste größer als er.[20]

20. Lk 7,31-35

Mit wem soll man diese Gesellschaft vergleichen? / Vielleicht mit 31, 32
Kindern auf dem Spielplatz, die sich gegenseitig vorwerfen, Spiel-
verderber zu sein. Die einen sagen: ›Wir wollten mit euch Hochzeit
spielen und haben Musik gemacht, aber ihr wolltet nicht dazu tan-
zen.‹ Die anderen sagen: ›Wir wollten Beerdigung spielen, aber ihr
wolltet nicht mitheulen.‹ / Das bedeutet: Johannes der Täufer trat 33
wie ein Trauernder auf und verzichtete auf Brot und Wein, aber ihr
habt ihn von euch gestoßen und gesagt, er sei ein Besessener. / Dann 34
kam der Menschensohn, der Freude hatte am Essen und Trinken.
Doch ihr habt ihn von euch gestoßen und gesagt: Der frißt und
säuft, er kumpelt mit Zöllnern und Gottlosen. / Doch wer weise 35
war, der konnte der Weisheit recht geben und nicht sich selbst, in-
dem er seine Mängel zugab und sich gern belehren ließ.«[21]

---

20 Mt 11,7-11: / Als die Boten des Johannes gegangen waren, redete Jesus zu seinen Zuhörern über Johannes: »Was habt ihr erwartet, als ihr in die Wüste hinausgezogen seid: ein Schilfrohr, das jeder Windhauch zum Schwanken bringt? / Oder wolltet ihr einen Menschen in weichen Wollkleidern sehen? Menschen in weichen Wollkleidern findet ihr in den Palästen. / Oder wolltet ihr einen Propheten sehen? Ich kann euch versichern: Johannes ist mehr als ein Prophet. / Über Johannes steht in der Schrift: ›Gott sagt: Ich sende meinen Boten vor dir her. Er soll dir den Weg ebnen.‹ / Ich versichere euch: Unter den von einer Frau Geborenen ist Johannes der Größte. Doch unter den von Gott Geborenen, den Kindern seines Reiches, ist selbst der Kleinste größer als er.

21 Mt 11,16-19: / Mit wem soll ich diese Gesellschaft vergleichen? Vielleicht mit Kindern auf dem Spielplatz, die sich gegenseitig vorwerfen, Spielverderber zu sein. / »Die einen sagen: Wir wollten mit euch Hochzeit spielen und haben Musik gemacht, aber ihr wolltet nicht dazu tanzen.« Die anderen sagen: »Wir wollten Beerdigung spielen, aber ihr wolltet nicht mitheulen.« / Das bedeutet: Johannes der Täufer trat wie ein Trauernder auf und verzichtete auf Brot und Wein, aber ihr habt ihn von euch gestoßen und gesagt, er sei ein Besessener. / Dann kam der Menschensohn, der Freude hatte am Essen und Trinken. Doch ihr habt ihn von euch gestoßen und gesagt: Der frißt und säuft, er kumpelt mit Zöllnern und Gottlosen. Doch bei beiden konnte man an ihren Werken erkennen, daß Gottes Weisheit in ihnen handelte.

21. Lk 9,57-60

57 Unterwegs wandte sich jemand an Jesus: »Ich will dir folgen, wo-
58 hin du auch gehst.« / Jesus erwiderte ihm: »Die Füchse haben ihren
Bau und die Vögel ihre Nester. Nur der Menschensohn weiß noch
59 nicht einmal, wo er sich zum Schlafen hinlegen soll.« / Einen ande-
ren forderte er auf: »Folge mir!« Der aber bat: »Erlaube mir bitte
60 noch, erst meinen Vater zu beerdigen.« / Jesus erwiderte ihm: »Laß
die Toten sich gegenseitig begraben, doch du geh und verkündige
Gottes Herrschaft.«[22]

22. Lk 10,2-12

2 Zu ihnen sagte er: »Die Ernte ist riesig, doch es gibt viel zuwenig
Erntearbeiter. So fleht zu ihm, dem die Felder gehören, daß er ge-
3 nug Arbeiter in seine Ernte schickt. / Nun geht! Ich schicke euch
4 wie Schafe mitten unter Wölfe. / Nehmt keinen Geldbeutel mit,
keinen Reisesack, keine Sandalen, grüßt niemanden unterwegs. /
5 Wenn ihr ein Haus betretet, grüßt so: ›Friede komme über dieses
6 Haus.‹ / Wenn ein friedliebender Mensch dort wohnt, wird euer
Friedenswunsch an ihm in Erfüllung gehen. Andernfalls wird euer
7 Frieden zu euch zurückkehren. / Schlagt dann in dem Haus euer
Quartier auf. Eßt und trinkt, was sie euch vorsetzen. Denn wer ar-
beitet, hat auch seinen Lohn verdient. Wechselt nicht von Quartier
8 zu Quartier. / Wenn ihr in eine Stadt kommt und sie euch aufneh-
9 men, eßt, was sie euch auftischen. / Heilt die Kranken, die sich dort
10 aufhalten. Sagt ihnen: ›Gottes Herrschaft steht vor der Tür.‹ / Wo
sie euch in einer Stadt nicht aufnehmen, ruft beim Weggehen auf
11 den Gassen: / ›Selbst den Staub, den wir aus eurer Stadt noch an un-
seren Füßen tragen, schütteln wir ab und lassen ihn euch da, weil
wir nichts mit euch gemeinsam haben wollen. Doch wißt: Gottes
12 Herrschaft steht vor der Tür.‹ / Ich versichere euch: Am Gerichtstag
wird es selbst den Leuten von Sodom erträglicher ergehen als einer
solchen Stadt.[23]

---

[22] Mt 8,19-22: / Unterwegs wandte sich ein Schriftgelehrter an ihn und sagte: »Ich will dir folgen, wohin du auch gehst.« / Jesus erwiderte: »Die Füchse haben ihren Bau und die Vögel ihre Nester. Nur der Menschensohn weiß noch nicht einmal, wo er sich zum Schlafen hinlegen soll.« / Ein Jünger bat ihn: »Erlaube mir bitte noch, erst meinen Vater zu beerdigen.« / Jesus erwiderte ihm: »Folge mir und laß die Toten sich gegenseitig begraben.«

[23] Mt 9,37f, Mt 10,7-15: / Da sagte er zu seinen Jüngern: »Die Ernte ist riesig, doch es gibt viel zu wenig Erntearbeiter. / So fleht zu ihm, dem die

23. Lk 10,13-15

Wehe dir, Chorazin, wehe dir, Bethsaida! Hätten Tyrus und Sidon 13
die mächtigen Wundertaten gesehen, die ich bei euch gewirkt habe,
dann hätten sich selbst diese hartgesottenen Sünder bekehrt und
zum Zeichen der Buße Säcke angezogen und sich Asche aufs Haupt
gestreut. / Doch Tyrus und Sidon wird es im Gericht erträglicher er- 14
gehen als euch. / Und du, Kapernaum, wähnst wohl, deine steile 15
Karriere führe himmelan? Täusche dich nicht, du wirst in das tief-
ste Loch fallen.[24]

Felder gehören, daß er genug Arbeiter in seine Ernte schickt.« 10: / Geht hin und sagt: ›Gottes Herrschaft steht vor der Tür.‹ / Heilt die Kranken, weckt die Toten auf, macht die Aussätzigen rein und treibt die Dämonen aus. Als Geschenk habt ihr eure Vollmacht empfangen, als Geschenk sollt ihr auch deren Früchte weitergeben. / Nehmt kein Geld mit auf die Reise, steckt weder Goldstücke noch Silber- oder Kupfergeld in die Taschen eurer Gürtel. / Nehmt keinen Reisesack mit auf den Weg, nur ein einziges Hemd, keine Sandalen und keinen Wanderstock. Für all das sollen die Gemeinden sorgen, denn wer arbeitet, hat auch seinen Lohn verdient. / Wenn ihr in eine Stadt oder ein Dorf kommt, erforscht zunächst, ob wir dort schon Freunde haben oder sich redliche Menschen finden, die es wert sind, daß ihr sie beehrt. Wechselt dann nicht das Quartier, sondern bleibt in einem Haus, bis ihr weiterzieht. / Wenn ihr ein Haus betretet, begrüßt die Bewohner mit dem Friedensgruß. / Und wenn es die Leute wert sind, dann soll ihnen der Segen, den ihr gesprochen habt, zuteil werden. Wenn es die Leute nicht wert sind, nehmt ihr euren Segen selbst wieder mit, so seid ihr für schlechte Behandlung entschädigt. / Wenn man euch in einer Stadt nicht aufnehmen und auf eure Worte nicht hören will, ruft beim Weggehen aus dem Haus oder aus der Stadt: ›Selbst den Staub aus eurer Stadt, den wir noch an unseren Füßen tragen, schütteln wir ab!‹ / Doch ich versichere euch: Am Gerichtstag wird es selbst dem Land von Sodom und Gomorrha erträglicher ergehen als einer solchen Stadt.

24 Mt 11,21-24: / Wehe dir, Chorazin, wehe dir, Bethsaida! Hätten Tyrus und Sidon die mächtigen Wundertaten gesehen, die ich bei euch gewirkt habe, dann hätten sich selbst diese hartgesottenen Sünder bekehrt und zum Zeichen der Buße Säcke angezogen und sich Asche aufs Haupt gestreut. / Doch ich versichere euch, Tyrus und Sidon wird es im Gericht erträglicher ergehen als euch. / Und du, Kapernaum, wähnst wohl, deine steile Karriere führe himmelan? Täusche dich nicht, du wirst in das tiefste Loch fallen. Hätte Sodom die mächtigen Wundertaten gesehen, die ich bei dir gewirkt habe, dann hätte es sich bekehrt und bestände bis zum heutigen Tag. / Ich versichere euch: Am Gerichtstag wird es selbst den Leuten von Sodom erträglicher ergehen als einer solchen Stadt.

24. Lk 10,16

Wer auf euch Jünger hört, der hört auf mich. Wer euch ablehnt, der lehnt mich ab. Wer mich ablehnt, der lehnt den ab, der mich gesandt hat.«[25]

25. Lk 10,21f

21 Jesus war voller Freude, ganz erfüllt vom Heiligen Geist und rief: »Dankbar erkenne ich an, Vater, Herr des Himmels und der Erde, daß du deine Botschaft den Klugen und Gebildeten vorenthalten,
22 doch den Einfachen mitgeteilt hast! Sie hast du auserwählt. / Meine ganze Botschaft habe ich von meinem Vater. Allein der Vater weiß, wer der Sohn ist. Aber auch allein der Sohn weiß, wer der Vater ist. Doch es gibt Menschen, denen der Sohn dies offenbart.«[26]

26. Lk 10,23f

23 Als sie unter sich waren, wandte sich Jesus den Jüngern zu und sagte: »Selig seid ihr als Zeugen dessen, was vor euren Augen ge-
24 schieht! / Denn manch ein Prophet oder König hätte das gerne erlebt, was ihr sehen und hören dürft.«[27]

27. Lk 11,1-4

1 Jesus hatte an einem abgeschiedenen Ort gebetet. Danach bat ihn einer der Jünger: »Herr, lehre uns beten, denn auch Johannes hat
2 seine Jünger dies gelehrt.« / Jesus erwiderte: »Wenn ihr betet, dann sagt: Vater, laß uns und andere deinen Namen ehren und heilig hal-
3 ten. Laß uns und andere deine Herrschaft anerkennen.[28] / Gib uns
4 jeden Tag das Brot für den kommenden Tag.[29] / Vergib uns unsere

[25] Mt 10,40: Wer euch aufnimmt, der nimmt mich auf. Und wer mich aufnimmt, der nimmt den auf, der mich gesandt hat.

[26] Mt 11,25-27: / Bei einer Gelegenheit rief Jesus aus: »Dankbar erkenne ich an, Vater, Herr des Himmels und der Erde, daß du deine Botschaft den Klugen und Gebildeten vorenthalten, doch den Einfachen mitgeteilt hast! / Sie hast du auserwählt. / Meine ganze Botschaft habe ich von meinem Vater. Allein der Vater weiß, wer der Sohn ist. Aber auch allein der Sohn weiß, wer der Vater ist. Doch es gibt Menschen, denen der Sohn dies offenbart.«

[27] Mt 13,16-17: / Selig seid ihr, weil ihr wahrnehmt, was vor euren Augen und Ohren geschieht. / Amen, ich sage euch: Manch ein Prophet oder Gerechter hätte das gerne erlebt, was ihr sehen und hören dürft.

[28] Markion, Gregor von Nyssa und einige Minuskeln: Laß deinen Heiligen Geist auf uns kommen, daß er uns rein macht.

[29] Vgl. zur Übersetzung: K. Berger: Manna. Mehl und Sauerteig. Korn und Brot im Alltag der frühen Christen, Stuttgart 1995.

Sünden, denn auch wir vergeben allen, die uns etwas schuldig geblieben sind. Führe uns nicht in Versuchung!«[30]

28. Lk 11,9-13

»Ich kann euch nur sagen: Bittet, und Gott wird euch geben. Sucht, 9
und ihr werdet finden. Klopft an, und Gott wird euch öffnen. /
Denn wer bittet, dem wird Gott geben; wer sucht, der wird finden; 10
wer anklopft, dem wird Gott öffnen.
Wenn ein Kind zu seinem Vater kommt und ihn um einen Fisch bit- 11
tet – meint ihr, der Vater würde ihm statt des Fisches eine Schlange
in die Hand drücken? / Oder das Kind bittet um ein Ei. Meint ihr, 12
der Vater wird ihm einen Skorpion geben? / Wenn schon ihr sün- 13
dige Menschen euren Kindern doch nur Gutes zu geben wißt, um
wieviel eher wird dann euer himmlischer Vater denen Heiligen
Geist schenken, die ihn darum bitten!«[31]

29. Lk 11,14-20.23

Jesus hatte einen stummen bösen Geist ausgetrieben. Als der böse 14
Geist den Kranken verließ, fing der Stumme an zu reden. Da
staunte das Volk. / Einige aber sagten: »Im Bunde mit Beelzebul, 15
dem Oberteufel, treibt er die Dämonen aus.« / Andere wollten ihn 16
auf die Probe stellen und verlangten ein Zeichen vom Himmel von
ihm. / Jesus durchschaute sie und sagte: »Wenn ein Reich uneins ist, 17
bricht es zusammen, es wird ein Ruinenfeld, weil ein Haus über das
andere stürzt. / Wenn daher ein Teufel zerstritten ist mit dem ande- 18

---

30 Mt 6,9-13: / So sollt ihr beten: Vater unser im Himmel, laß uns und andere deinen Namen ehren und heilig halten. / Laß uns und andere deine Herrschaft anerkennen und deinen Willen tun, damit das, was im Himmel bereits geschieht, auch auf Erden wirklich werden kann. / Gib uns heute das Brot für morgen. / Und vergib uns unsere Schuld, weil auch wir denen bereits vergeben haben, die uns etwas schuldig geblieben sind. / Und führe uns nicht in Versuchung, sondern befreie uns von dem Bösen.

31 Mt 7,7-11: / Bittet, und Gott wird euch geben. Klopft an, und Gott wird euch öffnen. / Denn jeder, der bittet, empfängt, und wer sucht, der findet, wer klopft, dem wird geöffnet. / Das wird es doch wohl auch unter euch nicht geben: Ein Kind kommt zu seinem Vater und bittet ihn um ein Brot – meint ihr, der Vater würde ihm statt des Brotes einen Stein in die Hand drücken? / Oder das Kind bittet um einen Fisch. Meint ihr, der Vater wird ihm eine Schlange geben? / Wenn schon ihr sündigen Menschen euren Kindern doch nur Gutes zu geben wißt, um wieviel eher wird dann euer himmlischer Vater denen Gutes schenken, die ihn darum bitten!

ren, dann kann ihr Reich keinen Bestand haben. Das unterstellt ihr
ja, wenn ihr behauptet, daß ich im Bunde mit Beelzebul die Dämo-
19 nen austreibe. / Gesetzt den Fall, ihr hättet recht und ich triebe
wirklich im Bunde mit Beelzebul die Dämonen aus, dann muß ich
doch die Gegenfrage stellen: Im Bunde mit wem treiben eure Kin-
der Dämonen aus? Die werden dann über euch das Urteil sprechen.
20 / Nein, ich treibe die bösen Geister mit Gottes Finger, mit seiner
Kraft, aus. Wenn das geschieht, dann ist Gottes Reich schon zu
23 euch gekommen ... / Es gibt nur zwei Möglichkeiten: Entweder
man ist für mich, oder man ist gegen mich, entweder man sammelt
Menschen, oder man treibt sie auseinander.«[32]

30. Lk 11,24-26

24 »Wenn der böse Geist von einem Menschen ausfährt, dann durch-
streift er die Wüste auf der Suche nach einer neuen Wohnung. Fin-
det er keine, sagt er bei sich: ›Ich will in das Haus zurückkehren,
25 von wo ich ausgefahren bin.‹ / Er geht hin und findet es aufgeräumt
26 und behaglich. / Dann geht er und holt noch sieben andere Geister
hinzu, die noch schlimmer sind als er, zieht wieder ein und wohnt
dort. So ist es dann um den Menschen nachher noch viel schlimmer
bestellt als vorher.«[33]

---

[32] Mt 12,22-28.30: / Dann brachten sie Jesus einen Besessenen, der blind und stumm war. Jesus heilte ihn, so daß er sehen und sprechen konnte. / Alle waren außer sich vor Staunen und fragten: »Ist er etwa der Sohn Davids, der verheißen ist?« / Als aber die Pharisäer das hörten, sagten sie: »Im Bunde mit Beelzebul, dem Oberteufel, treibt er die Dämonen aus.« / Jesus durchschaute sie und sagte: »Wenn ein Reich uneins ist, bricht es zusammen, es wird ein Ruinenfeld. Und eine Stadt oder ein Haus, die in sich zerstritten sind, haben keinen Bestand. / Wenn ein Teufel den anderen austreibt, ist er mit ihm zerstritten, und wie soll dann ihr Reich weiter bestehen? / Gesetzt den Fall, ihr hättet recht und ich triebe wirklich im Bunde mit Beelzebul die Dämonen aus, dann muß ich die Gegenfrage stellen: Im Bunde mit wem treiben eure Kinder Dämonen aus? Die werden dann über euch das Urteil sprechen. / Nein, ich treibe die bösen Geister mit Gottes Geist aus. Wenn das geschieht, dann ist Gottes Reich schon zu euch gekommen. / Es gibt nur zwei Möglichkeiten: Entweder man ist für mich oder man ist gegen mich, entweder man sammelt Menschen oder man treibt sie auseinander.

[33] Mt 12,43-45: / Wenn der böse Geist aus einem Menschen ausfährt, dann durchstreift er die Wüste auf der Suche nach einer neuen Wohnung. Findet er keine, / sagt er bei sich: ›Ich will in das Haus zurückkehren, von wo ich ausgefahren bin.‹ Er geht hin und findet es unbewohnt, aufgeräumt und behaglich. / Dann geht er und holt noch

31. Lk 11, 29-32

Als die Massen sich herandrängten, sagte Jesus: »Ihr seid ein 29
schlimmes, verdorbenes Pack! Ihr fordert eindeutige Zeichen, die
mich beglaubigen sollen. Doch es gibt nur ein einziges Zeichen: jemand, der Umkehr predigt, wie der Prophet Jona es getan hat. /
Wie Jona für die Leute von Ninive ein von Gott geschicktes Zei- 30
chen war, daß sie umkehren sollten, so ist auch der Menschensohn
für dieses Pack ein Zeichen. / Die Königin von Saba wird mit ihren 31
Zeitgenossen im Gericht auftreten und euch verurteilen. Sie kam
damals aus dem tiefen Süden, um die Weisheit Salomos zu hören,
doch hier ist jetzt mehr als Salomo. / Die Menschen aus Ninive wer- 32
den im Gericht auftreten mit diesem Pack und es verurteilen. Denn
sie haben sich damals bekehrt auf Jonas Predigt hin, doch hier ist
jetzt mehr als Jona.[34]

32. Lk 11,33

Niemand zündet ein Talglicht an und stellt es in die Ecke, wo niemand hinschaut, oder stülpt einen Topf darüber, sondern er setzt es auf den Leuchter, damit jeder, der das Haus betritt, das Licht sehen kann.[35]

---

sieben andere Geister hinzu, die noch schlimmer sind als er, zieht wieder ein und wohnt dort. So ist es dann um den Menschen nachher noch viel schlimmer bestellt als vorher. Genauso wird es diesem bösen Pack ergehen.

34 Mt 12,38-42: / Da forderten einige der Schriftgelehrten und Pharisäer Jesus auf: »Guter Lehrer, laß uns doch ein Zeichen am Himmel sehen, das dich beglaubigen kann.« Jesus erwiderte: »Ihr seid ein schlimmes, verdorbenes Pack! Ihr fordert eindeutige Zeichen, die mich beglaubigen sollen. Doch es gibt nur ein einziges Zeichen: jemand, der Umkehr predigt, wie der Prophet Jona es getan hat. / Denn wie Jona drei Tage und drei Nächte im Bauch des großen Fisches war, so wird der Menschensohn drei Tage und drei Nächte im Herzen der Erde sein. / Die Menschen aus Ninive werden mit diesem Pack im Gericht auftreten und es verurteilen. Denn sie haben sich damals bekehrt auf Jonas Predigt hin, doch hier ist jetzt mehr als Jona. / Die Königin von Saba wird mit diesem Pack im Gericht auftreten und es verurteilen. Sie kam damals aus dem tiefen Süden, um die Weisheit Salomos zu hören, doch hier ist jetzt mehr als Salomo.«

35 Mt 5,15: Und wer ein Licht anzündet, wird keinen Topf darüber stülpen, sondern es auf den Leuchter stellen, damit es allen im Haus hellen Schein gibt.

33. Lk 11,34-36

34 Das Auge ist Licht für den ganzen Leib. Wenn das Auge klar ist,
dann ist der ganze Leib hell erleuchtet, wenn es trüb ist, dann ist
35 der ganze Leib finster. / Achte darauf, daß das Licht, das du hast,
36 nicht verfinstert ist. / Wenn dein Leib ganz hell erleuchtet ist ohne
eine Spur von Finsternis, dann wird er im ganzen so hell sein, wie
wenn ein Blitz dich erhellt.«[36]

34. Lk 11,39.42-44.46-48.52

39 Da sagte der Herr zu ihm: »Die Oberfläche von Becher und Schüs-
sel reibt ihr blank, doch innerlich strotzt ihr von Habgier und Bos-
42 heit. / Doch wehe euch, ihr Pharisäer! Bei Kräutern wie Minze und
Würzraute und allem übrigen, was der Garten hervorbringt, führt
ihr den Zehnten an den Tempel ab, doch Gerechtigkeit gegen Mit-
menschen und Liebe gegenüber Gott laßt ihr links liegen. Das eine
43 solltet ihr tun, aber das andere nicht lassen. / Wehe euch, ihr Pha-
risäer! In der Synagoge sitzt ihr gerne in der ersten Reihe und auf
44 dem Markt laßt ihr euch gerne grüßen. / Wehe euch, denn ihr seid
wie aufgelassene Gräber. Ahnungslos trampeln die Menschen dar-
über hin und werden unrein durch die Berührung mit dem Tod.« /
46 Jesus sagte weiter: »Wehe auch euch, ihr Lehrer des Gesetzes! Ihr
packt den Menschen Lasten auf, die niemand tragen kann, doch ihr
selbst macht keinen Finger krumm, eine Last auch nur anzurühren.
47 / Wehe euch, denn ihr baut Grabmäler für die Propheten, die doch
48 eure Eltern umgebracht haben. / So seid ihr Zeugen und stimmt den
Taten eurer Eltern zu. Denn sie haben die Propheten ermordet, ihr
aber baut Grabmäler – zwei Teile ein und derselben Tat, sie zu be-
52 seitigen. / Wehe euch, ihr Gesetzeslehrer! Den Schlüssel zu eurem
Schulhaus habt ihr eingesteckt. Doch ihr selbst geht nicht hinein
und den Lernwilligen verwehrt ihr den Zutritt.«[37]

---

[36] Mt 6,22f: / Das Auge ist Licht für den ganzen Leib. Wenn das Auge klar ist, dann ist der ganze Leib hell erleuchtet, / wenn es trüb ist, dann ist der Leib finster. Wenn schon dein eigenes Licht die Finsternis in dir nicht vertreibt, wie groß ist dann die Finsternis draußen!

[37] Mt 23,25: Wehe euch, ihr Schriftkundigen und Pharisäer, ihr Scheinheiligen! Die Oberfläche von Becher und Schüssel reibt ihr blank, doch innerlich strotzen sie von Habgier und Geilheit.

Mt 23,23: Wehe euch, Ihr Schriftgelehrten und Pharisäer, ihr Scheinheiligen! Bei Minze, Anis und Kümmel führt ihr den Zehnten an den Tempel ab, doch bei dem, was nach dem Gesetz viel wichtiger ist, bei

35. Lk 11,49-51

»Deswegen hat die Weisheit Gottes über sich und die Juden gesagt: 49
›Ich sende zu ihnen Propheten und Apostel. Viele von ihnen werden
sie verfolgen und töten.‹ / Doch Gott wird alles Blut, das seit An- 50
fang ungerecht auf der Welt vergossen wurde, von diesem Gesindel
zurückfordern, / vom Blut Abels über das Blut der Propheten bis 51
hin zum Blut des Zacharias, der zwischen Altar und Tempel umge-
bracht wurde. Ja, ich sage euch: Gott wird dieses Blut von euch ein-
fordern.[38]

36. Lk 12,2f

Denn alles, was man verbergen möchte, wird aufgedeckt werden, 2
was man geheim halten möchte, wird bekannt werden. / Darum: 3
Was ihr im Finstern leise sagt, das wird bei Licht laut zu hören sein.

Gerechtigkeit gegen Mitmenschen, Erbarmen und Treue, seid ihr nicht so penibel. Das eine solltet ihr tun, aber das andere nicht lassen.

Mt 23,6-7: / Sie wissen es sehr zu schätzen, wenn man ihnen bei Einladungen den besten Platz zuweist und wenn sie beim Gottesdienst in der vordersten Reihe sitzen dürfen. / Sie lieben es, wenn die Leute sie in der Öffentlichkeit voll Ehrfurcht grüßen.

Mt 23,27: Wehe euch, ihr Schriftkundigen und Pharisäer, ihr Scheinheiligen! Denn ihr seid wie weiß angestrichene Grabmäler, die von außen schön aussehen, im Innern aber voll sind von Totengebein und allerlei Unrat.

Mt 23,4: Sie schnüren schwere Lasten zusammen und packen sie anderen auf die Schultern, doch sie selbst krümmen keinen Finger, um sie zu tragen.

Mt 23,29-31: / Wehe euch, ihr Schriftkundigen und Pharisäer, ihr Scheinheiligen, denn ihr baut den Propheten Grabmäler und schmückt die Gräber der Gerechten. / Und ihr sagt: ›Wenn wir zur Zeit unserer Väter gelebt hätten, dann hätten wir uns nicht wie sie an der Mordkampagne gegen die Propheten beteiligt.‹ / Doch damit gebt ihr ja selbst schon zu, daß ihr die Nachkommen derer seid, die die Propheten umgebracht haben.

Mt 23,13: Wehe euch, ihr Schriftgelehrten und Pharisäer, ihr Scheinheiligen! Denn ihr verschließt das Himmelreich vor den Menschen, indem ihr die Zulassungsbedingungen immer höher schraubt. Doch ihr selbst geht nicht hinein, und den Lernwilligen verwehrt ihr den Zutritt.

38 Mt 23,34-36: / Deswegen schicke ich Propheten, Weise und Schriftgelehrte zu euch. Viele von ihnen werdet ihr töten und kreuzigen, andere in euren Synagogen auspeitschen und von einer Stadt in die andere verfolgen. / Deswegen wird die Strafe über euch kommen für alles unschuldige Blut, das auf der Erde vergossen worden ist seit dem Blut des gerechten Abel bis zum Blut von Zacharias, dem Sohn des Barachias, den ihr zwischen Tempel und Altar umgebracht habt. / Amen, ich sage euch, die Strafe dafür wird über diese Generation kommen!

Was ihr drinnen ins Ohr flüstert, das wird vom Dach aus laut ertönen.[39]

37. Lk 12,4-7

4 Euch, meinen Freunden, will ich etwas über die Angst sagen. Habt
keine Angst vor denen, die euch zwar umbringen können, danach
5 euch aber nichts weiter anhaben können. / Vielmehr habt Angst
vor Gott. Er kann euch nicht nur töten, sondern auch in die Hölle
6 werfen. Ja, vor ihm sollt ihr Angst haben. / Spatzen sind billig. Fünf
gefangene Spatzen kosten zwei Groschen. Doch um jeden einzelnen
7 von ihnen kümmert sich Gott. / Selbst jedes Haar auf eurem Kopf
ist gezählt. Habt keine Angst: Ihr seid mehr wert als ganze
Schwärme von Spatzen.[40]

38. Lk 12,8f

8 Ich sichere euch zu: Jeder, der sich vor den Menschen zu mir be-
kennt, zu dem wird sich auch der Menschensohn bekennen vor den
9 Engeln Gottes. / Wer mich verleugnet vor den Menschen, der wird
auch verleugnet werden vor den Engeln Gottes.[41]

39. Lk 12,10

Wenn jemand etwas gegen den Menschensohn sagt, wird es ihm Gott vergeben können. Wer aber lästerliche Worte gegen den Heiligen Geist sagt oder höhnisch bestreitet, daß er von Gott kommt, dem kann Gott nicht vergeben.[42]

---

39 Mt 10,26f: / Habt keine Angst vor ihnen! Denn alles, was man verbergen möchte, wird aufgedeckt werden, und was man geheim halten möchte, wird bekannt werden. / Was ich euch im Finstern leise sage, das sagt laut bei Licht. Was ihr drinnen ins Ohr geflüstert bekommt, das verkündet laut von den Dächern aus.

40 Mt 10,28-31: / Habt keine Angst vor denen, die euch zwar leiblich umbringen, doch euer Innerstes nicht töten können. Habt aber Angst vor Gott. Denn er kann euch äußerlich wie innerlich in der Hölle umkommen lassen. / Spatzen sind billig, zwei kosten nur einen Groschen. Doch kein Spatz fällt auf die Erde, ohne daß euer Vater es zuläßt. / Selbst jedes Haar auf eurem Kopf hat er gezählt. / Habt keine Angst: Ihr seid mehr wert als ganze Schwärme von Spatzen.

41 Mt 10,32f: / Jeder, der sich vor den Menschen zu mir bekennt, zu dem werde auch ich mich bekennen vor meinem Vater im Himmel. / Wer mich aber verleugnet vor den Menschen, den werde auch ich verleugnen vor meinem Vater im Himmel.

42 Mt 12,32: Wenn jemand etwas gegen den Menschensohn sagt, wird Gott es ihm vergeben können. Wer aber lästerliche Worte gegen den

40. Lk 12,11f

Wenn euch eure Feinde vor die Synagogengerichte schleppen oder 11
vor Machthaber und Gewaltträger, macht euch keine Sorgen, wie
ihr euch verteidigen oder was ihr vorbringen sollt. / Denn im ent- 12
scheidenden Augenblick wird euch der Heilige Geist eingeben, was
ihr sagen sollt.«[43]

41. Lk 12,22-31

Zu den Jüngern sagte Jesus: »Deswegen sage ich euch: Sorgt euch 22
nicht um euren Lebensunterhalt, darum, was ihr essen sollt, und
auch nicht um euren Leib, darum, was ihr anziehen sollt. / Euer Le- 23
ben ist doch mehr als Nahrung, euer Leib mehr als Kleidung. / Seht 24
euch die Raben an. Sie wissen nichts von Saat oder Ernte, sie ken-
nen keine Silos und keine Scheunen. Gott sorgt für ihre Nahrung.
Und ihr seid doch so viel mehr wert als diese Vögel. / Auch wenn 25
ihr euch noch so viel Sorgen machtet, könntet ihr doch euren Kör-
per nicht einmal um eine Elle größer machen. / Wenn ihr also noch 26
nicht einmal das Bescheidenste verändern könnt, was zerbrecht ihr
euch dann den Kopf um die übrigen, viel größeren Dinge? / Denkt 27
an die Lilien. Sie wissen nichts von Spinnrädern oder Webstühlen.
Doch ich kann euch versichern: Selbst Salomo in all seiner Pracht
war nicht so herrlich gekleidet wie eine von ihnen. / Gott hat die 28
Feldblumen und die Gräser, die heute da sind und morgen ver-
brannt werden, so prächtig gekleidet! Um wieviel mehr wird er sich
um euch kümmern. Ihr solltet mehr Vertrauen wagen! / Fragt nicht: 29
Was sollen wir essen, was sollen wir trinken? Laßt euch nicht aus
der Ruhe bringen! / So fragen doch nur Menschen, die nicht an 30
Gott glauben. Doch euer Vater weiß, was ihr braucht. / Sucht zuerst 31
Gottes Herrschaft, dann gibt es Kleidung und Nahrung geschenkt
dazu![44]

Heiligen Geist sagt oder höhnisch bestreitet, daß er von Gott kommt, dem kann Gott nicht vergeben, weder jetzt noch dann.

43 Mt 10,19f: / Wenn man euch ausliefert, dann macht euch nicht im voraus Sorgen darüber, wie ihr reden oder was ihr sagen sollt. / Denn nicht ihr redet, sondern der Heilige Geist Gottes, eures Vaters, redet dann in euch.

44 Mt 6,25-33: / Deswegen sage ich euch: Sorgt euch nicht um euren Lebensunterhalt und darum, was ihr essen sollt, und auch nicht um euren Leib und darum, was ihr anziehen sollt. Ist nicht euer Leben mehr als

42. *Lk 12,33f*

33 Verkauft, was ihr habt, und gebt es denen, die es nötig brauchen.
Besorgt euch Geldbeutel, die nicht mürbe und löcherig werden.
Verschafft euch einen unerschöpflichen Schatz im Himmel, wo kein
34 Dieb einbrechen und keine Motte fressen kann. / Denn wo ihr eu-
ren Schatz sammelt, da seid ihr auch mit dem Herzen.[45]

43. *Lk 12,39f*

39 Denn eines ist klar: Wenn ein Hausherr genau wüßte, wann der
Einbrecher kommt, dann würde er den Einbruch zu verhindern
40 wissen. / Da er es aber nicht weiß, muß er ständig in Alarmbereit-
schaft sein. Das gilt auch für euch, denn ihr wißt nicht, wann der
Menschensohn wiederkommt.«[46]

Nahrung und euer Leib mehr als Kleidung? / Seht euch die Vögel des Himmels an. Sie wissen nichts von Saat oder Ernte und sammeln keine Vorräte für den Winter. Euer himmlischer Vater sorgt für ihre Nahrung. Und ihr seid doch so viel mehr wert als sie. / Auch wenn ihr euch noch soviel Sorgen machtet, könntet ihr doch euren Körper nicht einmal um eine Elle größer machen. / Und was sorgt ihr euch um eure Kleidung? Denkt doch daran, wie die Lilien im Garten blühen. Sie wissen nichts von Spinnrädern und Webstühlen. / Doch ich kann euch versichern: Selbst Salomo in all seiner Pracht war nicht so herrlich gekleidet wie eine von ihnen. / Gott hat die Feldblumen und die Gräser, die heute da sind und morgen verbrannt werden, so prächtig gekleidet! Um wie viel mehr wird er sich um euch kümmern. Ihr solltet mehr Vertrauen wagen! / Sorgt euch also nicht und fragt nicht: Was sollen wir essen, was sollen wir trinken, was sollen wir anziehen? / So fragen doch nur Menschen, die nicht an Gott glauben. Doch euer Vater im Himmel weiß, was ihr braucht. / Sucht zuerst Gottes Herrschaft und fragt nach dem, was Gott von euch fordert, dann gibt es Kleidung und Nahrung geschenkt dazu!

45 Mt 6,19-21: / Sammelt euch nicht Schätze auf der Erde, wo Motten und Würmer sie auffressen, wo sie von Dieben durchwühlt und gestohlen werden. / Sammelt euch Schätze im Himmel, wo sie weder von Motten noch von Würmern aufgefressen und nicht von Dieben durchwühlt oder gestohlen werden. / Denn wo ihr euren Schatz sammelt, da seid ihr auch mit dem Herzen.

46 Mt 24,43f: / Doch eines ist klar: Wenn ein Hausherr genau wüßte, wann der Einbrecher kommt, dann würde er den Einbruch zu verhindern wissen. / Da er es aber nicht weiß, muß er ständig in Alarmbereitschaft sein. Das gilt auch für euch, denn ihr wißt nicht, wann der Menschensohn wiederkommt.«

44. Lk 12,42b-46

Jesus antwortete: »Ein zuverlässiger, umsichtiger Sklave, den der 42
Herr zum Vorgesetzten der anderen Sklaven und zum Verwalter
macht, sorgt für ihre regelmäßige Kost. / Selig ist der Sklave, den 43
der Herr so sorgen sieht, wenn er nach Hause kommt. / Er wird 44
ihm sicherlich all seinen Besitz anvertrauen. / Es kann aber sein, 45
daß sich der Verwalter sagt: ›Ach, mein Herr kommt ja doch nicht
so bald!‹ Und er beginnt, seine Mitsklavinnen und Mitsklaven zu
schlagen und zu schinden, selbst aber frißt und säuft er und hält
Zechgelage. / Zu diesem bösen Verwalter kommt der Herr ganz un- 46
erwartet und überraschend. Er wird ihn zweiteilen, es wird ihm
dreckig ergehen wie den Gottlosen.[47]

45. Lk 12,51-53

Ihr sollt nicht denken, ich sei ein Friedensapostel. Nein, ich bringe 51
Ärger und Streit. / Ab jetzt wird sich eine fünfköpfige Familie so 52
zerstreiten, daß drei gegen zwei stehen und zwei gegen drei. / Der 53
Vater wird sich mit dem Sohn zerstreiten, die Mutter mit der Tochter und die Schwiegermutter mit der Schwiegertochter.[48]

46. Lk 12,57-59

Offenbar seid ihr unfähig, selbständig herauszufinden, was genau 57
jetzt zu tun ist. / Bei einem Strafverfahren in Schuldsachen gibt es 58
eine lange Zeit der Prozeßvorbereitung. Wenn man einen harten

---

[47] Mt 24,45-51: / Dann sagte Jesus weiter: »Ein zuverlässiger, umsichtiger Sklave, den der Herr zum Vorgesetzten der anderen Sklaven und zum Verwalter macht, sorgt für deren regelmäßige Kost. / Selig ist der Sklave, den der Herr so sorgen sieht, wenn er nach Hause kommt. / Amen, ich sage euch, er wird ihm all seinen Besitz anvertrauen. / Ein schlechter Verwalter sagt sich vielleicht: ›Ach, mein Herr wird ja doch nicht so bald wieder dasein!‹ / Und er beginnt, seine Mitsklavinnen und Mitsklaven zu schlagen und zu schinden, selbst aber frißt und säuft er mit den Zechern. / Zu diesem bösen Verwalter kommt der Herr ganz unerwartet und überraschend. / Er wird ihn zweiteilen, es wird ihm dreckig ergehen wie den Scheinheiligen. Und alle werden sie heulen und vor Schmerz mit den Zähnen knirschen.«

[48] Mt 10,34-36: / Ihr sollt nicht denken, ich sei ein Friedensapostel. Nein, ich bringe das Schwert, das trennt und zerschneidet. / Denn ich bin gekommen, zu entzweien. Der Vater wird sich mit dem Sohn zerstreiten, die Mutter mit der Tochter und die Schwiegermutter mit der Schwiegertochter. / Und die Hausgenossen eines Menschen sind von jetzt ab seine Feinde.

Gläubiger hat, sollte man eine außergerichtliche Einigung versuchen, um sich nicht vor Gericht zerren lassen zu müssen. Doch es kommt ein Zeitpunkt, da ist alles zu spät. Du wirst vor den Richter geschleppt, der übergibt dich dem Vollzugsbeamten, und der steckt
59 dich in Kerkerhaft. / Dort kommst du dann nicht wieder heraus,
ehe du alles bis auf den letzten Pfennig bezahlt hast.«[49]

47. Lk 13,18f

18 »Für die Herrschaft Gottes«, sagte Jesus, »gilt dieses Gleichnis: /
19 Ein Mensch legte ein Senfkorn in die Gartenerde. Es wuchs, und es
wurde ein Baum daraus, in dessen Zweigen die Vögel nisten konnten.[50]

48. Lk 13,20f

20, 21 Und noch ein Gleichnis für die Herrschaft Gottes: / Eine Frau nahm
Sauerteig und knetete ihn in drei Meßbecher Feinmehl hinein, bis der ganze Teig durchsäuert war.«[51]

49. Lk 13,23f

23 Da fragte einer: »Herr, stimmt es, daß nur wenige Menschen selig
24 werden können?« / Jesus erwiderte: »Es ist eine schmale Tür, und
ihr müßt kämpfen, damit ihr hindurchgehen dürft. Ich versichere euch: Viele, die versuchen hineinzukommen, werden es nicht schaffen.[52]

---

49 Mt 5,25f: / Setz alles daran, dich mit deinem Gläubiger außergerichtlich zu einigen, solange du noch mit ihm auf dem Weg zum Gericht bist. Sonst könnte es so weit kommen, daß er dich dem Richter übergibt und dieser dich dann weitergibt an den Vollzugsbeamten und du in Kerkerhaft gesteckt wirst, / amen, ich sage dir, dort kommst du dann nicht wieder heraus, ehe du alles bis auf den letzten Groschen bezahlt hast.«

50 Mt 13,31f: Dann erzählte Jesus ihnen noch ein Gleichnis: »Die Herrschaft Gottes gleicht einem Senfkorn, das ein Mann auf seinen Acker gesät hat. / Zu diesem Zeitpunkt ist das Senfkorn der kleinste von allen Samen überhaupt. Wenn es aber dann wächst, wird es größer als alles anderes, was im Garten wächst. Und es wird zu einem Baum, in dessen Zweigen die Vögel Nester bauen können.«

51 Mt 13,33: Und dann noch ein Gleichnis für die Herrschaft: »Eine Frau nahm Sauerteig und knetete ihn in drei Meßbecher Feinmehl hinein, bis der ganze Teig durchsäuert war.«

52 Mt 7,13f: / Versucht, durch das enge Tor in Gottes Reich hineinzugehen. Denn der andere, breite und bequeme Weg führt ins Verderben. Diesen Weg gehen viele. / Doch zum Leben leitet nur das enge Tor und der schmale Weg. Diesen Weg finden nur wenige.

50. Lk 13,26

Dann werdet ihr sagen: ›Wir waren doch deine Landsleute, haben Speise und Trank mit dir geteilt, und du warst unser Lehrer auf unseren Gassen.‹[53]

51. Lk 13,28f

Dann werdet ihr heulen und vor Schmerz mit den Zähnen knir- 28
schen, wenn ihr seht, daß Abraham, Isaak und Jakob sowie alle
Propheten dort sind, wo Gott allein herrscht, und nur ihr selbst
dürft nicht hinein. / Aus allen vier Himmelsrichtungen werden Hei- 29
den kommen und Platz nehmen an der Tafel in Gottes Reich.[54]

52. Lk 13,34f

Jerusalem, Jerusalem! Die Propheten ermordest du, Gottes Ge- 34
sandte steinigst du. Wie oft wollte ich deine Kinder um mich sam-
meln, so wie eine Henne ihre Küken unter die Flügel nimmt. Doch
ihr wolltet nicht. / Zur Strafe wird euer Haus verlassen dastehen, 35
der Tempel leer sein. Doch eines Tages werdet ihr mich wiedersehen. Dann werdet ihr mir zurufen: ›Willkommen! Du bist der, der da kommen soll in Gottes Namen.‹[55]

53. Lk 14,11

Wer sich selbst hoch einstuft, wird sich ganz unten wiederfinden. Wer sich für gering hält, wird nach oben kommen.«[56]

---

[53] Mt 7,22f: / Viele werden zu mir am Gerichtstag sagen: ›Herr, Herr, wir haben doch in deinem Namen prophetisch gepredigt und in deinem Namen Dämonen ausgetrieben. Wir haben auch in deinem Namen viele Wunder gewirkt.‹ / Doch dann werde ich ihnen offen sagen müssen: ›Ich kenne euch gar nicht und kann nichts mit euch anfangen. Weg hier alle, ihr habt Böses getan!‹

[54] Mt 8,11f: / Ich kann euch versichern: Aus allen vier Himmelsrichtungen werden Heiden kommen und Platz nehmen an der Tafel mit Abraham, Isaak und Jakob im Himmelreich. / Die Kinder des Reiches aber werden hinausgeworfen dorthin, wo es ganz finster ist. Dort werden sie heulen und vor Schmerz mit den Zähnen knirschen.

[55] Mt 23,37-39: / Jerusalem, Jerusalem! Die Propheten ermordest du, Gottes Gesandte steinigst du. Wie oft wollte ich deine Kinder um mich sammeln, so wie eine Glucke ihre Küken unter die Flügel nimmt. Doch ihr wolltet es nicht. / Zur Strafe wird euer Haus verlassen dastehen, der Tempel leer sein. Doch eines Tages werdet ihr mich wiedersehen. Dann werdet ihr mir zurufen: ›Willkommen! Du bist der, der da kommen soll in Gottes Namen.‹

[56] Mt 23,12: Wer sich selbst hoch einstuft, wird sich ganz unten wiederfinden. Und wer sich für gering hält, der wird nach oben kommen.

54. Lk 14,15-24

15 Das hörte einer von Jesu Tischgenossen und meinte dazu: »Glück-
16 selig, wer in Gottes Reich an der Speisetafel sitzen darf.« / Jesus er-
widerte: »Ein Mann gab ein großes Essen und hatte viele Gäste ein-
17 geladen. / Als das Mahl beginnen sollte, schickte er seinen Sklaven
aus und ließ den Eingeladenen sagen: ›Ihr könnt jetzt kommen, es
18 ist soweit.‹ / Da fing einer nach dem anderen an, sich zu entschul-
digen. Der erste sagte: ›Ich habe ein Stück Land gekauft und muß
19 es unbedingt ansehen. Ich bitte um Entschuldigung.‹ / Ein anderer
sagte: ›Ich habe zehn Zugochsen gekauft, die muß ich ausprobieren
20 gehen. Ich bitte um Entschuldigung.‹ / Ein dritter sagte: ›Ich habe
geheiratet und kann meine Frau nicht allein lassen. Ich bitte um
21 Entschuldigung.‹ / Als der Sklave zurückkam und alles seinem
Herrn berichtete, wurde dieser wütend und befahl dem Sklaven:
›Dann geh sofort auf die Straßen und Plätze der Stadt und bring mir
die Armen, die Krüppel, die Blinden und Gelähmten ins Haus.‹ /
22 Als der Sklave wiederkam und sagte: ›Herr, dein Befehl ist ausge-
23 führt. Es ist immer noch Platz.‹, / sagte der Herr: ›Geh hinaus an
die Wege und Zäune und zerre alle in mein Haus, die du finden
24 kannst, damit es voll wird.‹ / Ich kann euch versichern: Keiner von
denen, die zuerst eingeladen waren, wird an meiner Tafel sitzen.«[57]

[57] Mt 22,1-12: / Dann redete Jesus weiterhin in Gleichnissen zu den Menschen: / »Mit dem Reich Gottes verhält es sich wie in folgender Geschichte: Ein König wollte seinem Sohn die Hochzeit ausrichten. / Er schickte seine Sklaven aus und ließ die Eingeladenen rufen. Doch diese wollten nicht kommen. / Da schickte er nochmals andere Sklaven hin, mit dem Auftrag, ihnen auszurichten: ›Das Essen habe ich vorbereitet, meine Stiere und Mastkälber sind geschlachtet, und alles steht bereit.‹ / Die aber wollten nicht kommen und gingen weg, der eine zu seinem Akker, ein anderer zu seinem Laden, / die übrigen aber ergriffen die Sklaven und mißhandelten und töteten sie. / Da wurde der König wütend, er schickte seine Heere, vernichtete die Mörder und ließ ihre Stadt in Brand setzen. / Dann sagte er zu seinen Sklaven: ›Die Hochzeit ist zwar bereit, doch die Eingeladenen waren es nicht wert. / Geht daher auf die Straßen und Plätze und ladet alle zur Hochzeit ein, die ihr dort findet.‹ / Also gingen seine Sklaven auf die Straßen und Plätze und lasen alle auf, die sie dort fanden, Böse und Gute. So füllte sich der Hochzeitssaal mit Gästen. / Dann kam der König herein, um seine Gäste kennenzulernen, und erblickte einen Mann, der von dem in der Garderobe angebotenen Festgewand keinen Gebrauch gemacht hatte, sondern in Alltagskleidung dasaß. / Er sagte zu ihm: ›Lieber Freund, wie bist du hier ohne Festgewand überhaupt hereingekommen?‹ Der Mann gab keine Antwort.

55. Lk 14,26

»Wer sich mir anschließt und mein Jünger sein will, der muß das Band zwischen sich und Vater, Mutter, Frau und Kindern, Brüdern und Schwestern zerschneiden, sie gleichsam hassen. Er muß auch sich selbst, sein eigenes irdisches Leben, hassen.[58]

56. Lk 14,27

Wer mein Jünger sein will, der soll den Querbalken für sein Kreuz schultern und hinter mir hergehen.[59]

57. Lk 14,34f

Salz ist etwas Gutes. Es ist auch unersetzlich. Selbst wenn es mög- 34
lich wäre, daß es fad würde – man könnte es mit nichts anderem
wieder salzig machen. / Es würde weder für Acker noch für Mist- 35
haufen taugen, man müßte es einfach wegwerfen. Denkt gut dar-
über nach, was das für euch bedeutet!«[60]

58. Lk 15,4-7

»Ein Mann besitzt hundert Schafe. Eins geht ihm verloren. Er läßt 4
die 99 übrigen in der Wüste zurück und geht dem verlorenen nach,
bis er es gefunden hat. / Als er es gefunden hat, legt er es voll Freude 5
auf seine Schultern / und trägt es nach Hause. Dann ruft er Freunde 6
und Nachbarn zusammen: ›Freut euch mit mir. Ich habe mein ver-
lorenes Schaf wiedergefunden. Es ist wieder da!‹ / Ich kann euch 7
versichern: Genauso freut sich Gott über einen einzigen Gottlosen,
der umkehrt, anstatt über 99 Gerechte, die keine Umkehr brau-
chen.[61]

---

58 Mt 10,37: Wer Vater oder Mutter mehr liebt als mich, der hat es nicht verdient, mein Jünger zu heißen. Und wer Sohn oder Tochter mehr liebt als mich, der ist meiner nicht wert.«

59 Mt 10,38: »Schultere den Querbalken für dein Kreuz und folge mir nach. Nur so bist du meiner würdig.«

60 Mt 5,13: Ihr seid das Salz der Erde. Salz ist unersetzlich. Selbst wenn es möglich wäre, daß es fad würde – man könnte es mit nichts anderem wieder salzig machen. Es würde für nichts taugen, man müßte es einfach wegwerfen, und die Menschen würden darüber hin trampeln.

61 Mt 18,12-14: / Wie findet ihr folgende Geschichte: Ein Mann besitzt hundert Schafe. Eins verirrt sich. Er läßt die 99 übrigen in den Bergen zurück und geht dem verirrten nach, bis er es gefunden hat. / Als er es gefunden hat, amen, ich sage euch, da freut er sich über dieses Schaf mehr als über die 99, die sich nicht verirrt hatten. / So will auch euer Vater im Himmel unter keinen Umständen, daß sich auch nur eines dieser Christenkinder verirrt.

59. Lk 16,13

Kein Haussklave kann zwei Herren zugleich dienen. Er kann nur den einen hassen und den anderen lieben oder den einen ehren und den anderen verachten. Ihr könnt nicht Gott und dem Geld gleichzeitig dienen.«[62]

60. Lk 16,16

Bevor Johannes der Täufer auftrat, gab es nur das Gesetz und die Propheten. Seitdem er aufgetreten ist, wird das Evangelium von Gottes Herrschaft verkündet, und unter diese Herrschaft soll jeder Mensch gebracht werden.[63]

61. Lk 16,17

Doch das Gesetz bleibt bestehen: Eher vergehen Himmel und Erde, als daß auch nur ein Häkchen am Gesetz ungültig wird.[64]

62. Lk 16,18

Ein Beispiel: Jeder, der sich von seiner Frau trennt und eine andere heiratet, der bricht seine Ehe. Wer eine Frau heiratet, die von einem Mann geschieden ist, der bricht ihre Ehe.[65]

63. Lk 17,3f

3 Schaut euch selbst gut auf die Finger. Wenn dein Bruder unrecht
4 tut, weise ihn zurecht. Kehrt er um, vergib ihm. / Und wenn er sie-
benmal an einem Tag unrecht tut und er sieben Mal umkehrt und
dir sagt: Ich bereue!, dann vergib ihm siebenmal.«[66]

---

62 Mt 6,24: Kein Sklave kann zwei Herren zugleich dienen. Er kann nur den einen hassen und den anderen lieben oder den einen ehren und den anderen verachten. Ihr könnt nicht Gott und dem Geld gleichzeitig dienen.

63 Mt 11,12f: / Seitdem Johannes der Täufer aufgetreten ist, wird noch immer und bis heute um Gottes Herrschaft gekämpft, und nur wer kämpft, erringt diese Herrschaft. / Alle Propheten und das Gesetz haben prophetisch gepredigt. Auch Johannes hat es so getan, bis zu ihm erstreckt sich diese Zeit.

64 Mt 5,18: Amen, ich sage euch: Solange diese Welt besteht, wird kein Punkt und kein Komma vom Gesetz abgeschafft. Alles muß erst verwirklicht werden.

65 Mt 5,31f: / Man hat gesagt: Wer sich von seiner Frau trennt, soll ihr einen Scheidbrief geben. / Doch ich sage euch: Jeder, der sich von seiner Frau trennt, ohne daß sie selbst die Ehe gebrochen hat, der veranlaßt sie, die [bestehende] Ehe zu brechen. Und wer eine Frau heiratet, deren Mann sich von ihr getrennt hat, der bricht ihre [noch bestehende] Ehe.

66 Mt 18,15.21-22: / Wenn dein Bruder – das gleiche gilt natürlich auch

64. Lk 17,5f

Da baten die Apostel den Herrn: »Mach unseren Glauben stär- 5
ker!« / Der Herr erwiderte: »Wäre euer Glaube nur so groß wie ein 6
Senfkorn, dann könntet ihr zum nächsten Maulbeerbaum sagen:
Zieh deine Wurzeln aus der Erde und verpflanze dich ins Meer. Und
er würde es tun und euch gehorchen.«[67]

65. Lk 17,23f.37.26f.30.34f

»Wenn Leute zu euch sagen: ›Seht, dort ist es!‹ oder ›Seht, hier ist 23
es!‹, dann geht nicht hin, lauft ihnen nicht nach. / Wenn der Men- 24
schensohn an seinem Tag kommt, dann wird er plötzlich hell leuch-
tend da sein, wie ein Blitz, der von einer Himmelsgegend in die an-
dere zuckt.«
Die Jünger fragten: »Wo wird das geschehen, Herr?« Jesus antwor- 37
tete ihnen: »Wo ein Aas ist, finden sich blitzschnell die Geier ein. So
schnell kommt das Gericht über die Menschen.«
In der Zeit bis zur Offenbarung des Menschensohnes wird es so 26
sein wie zu Noahs Zeiten: / Bevor Noah in die Arche ging, lebten 27
die Menschen wie gewöhnlich dahin, sie aßen und tranken, heira-
teten und wurden verheiratet. Und plötzlich kam die Flut und ver-
nichtete alles.
Genauso wird es sein, wenn der Menschensohn offenbart wird. 30
Ich kann euch sagen: »Von zwei Männern, die auf einem Bett lie- 34
gen, wird in dieser Nacht der eine abgeholt, der andere zurückge-
lassen. / Von zwei Frauen, die eine Getreidemühle betätigen, wird 35
die eine abgeholt, die andere bleibt zurück.«[68]

---

für deine Schwester – Unrechtes getan hat, dann geh zu ihm hin und nimm ihn dir vor unter vier Augen. Hört er auf dich, dann hast du deinen Bruder wiedergewonnen ... / Da trat Petrus auf ihn zu und fragte: »Herr, wie oft muß ich meinem Bruder oder meiner Schwester vergeben, wenn sie mir unrecht tun? Darf ich sagen: Siebenmal?« / Jesus antwortete: »Ich sage dir: nicht nur siebenmal, sondern siebenmal siebzigmal.«

[67] Mt 17,20: Jesus antwortete: »Weil ihr so kleingläubig seid! Amen, ich erkläre euch: Wäre euer Glaube auch nur so groß wie ein Senfkorn, so wäre euer Wort doch so vollmächtig, daß ihr zu diesem Berg sagen könntet: Geh weg von hier und begib dich dorthin, er würde sich bewegen, und alles wäre euch möglich.«

[68] Mt 24,26-28.37.40-41: / Wenn Leute zu euch sagen: ›In der Wüste ist er!‹ oder: ›Er hält sich in dem und dem Haus versteckt!‹, dann geht nicht hin, glaubt ihnen nicht. / Wenn der Menschensohn kommt, dann wird er plötzlich hell leuchtend da sein, wie ein Blitz, der von Osten nach We-

66. Lk 17,33

Es wird alles so plötzlich sein, daß man sagen kann: Wer sein leibliches Leben dann noch umständlich retten will, der wird es verlieren. Nur wer es mutig mit einer Flucht aufs Spiel setzt, wird es gewinnen.[69]

67. Lk 18,14

Ich versichere euch: »Den Steuereintreiber hat Gott freigesprochen, und so kehrte er nach Hause zurück, aber nicht den Pharisäer. Denn wer sich selbst unten einstuft, der kommt nach oben. Wer sich aber oben einstuft, der wird unten enden.«[70]

68. Lk 19,12-27

12 Er sagte: »Ein Fürst wollte in ein fernes Land reisen, um sich dort
13 krönen zu lassen und dann als König zurückzukehren. / Er rief
seine zehn Sklaven zusammen, händigte jedem Silbergeld im Werte
von einem Pfund aus und sagte: ›Macht damit Geschäfte, bis ich
14 wiederkomme.‹ / Er war sehr unbeliebt bei seinen Bürgern. Daher
schickten sie ihm eine Abordnung hinterher, die ihm erklären
15 sollte: ›Wir wollen dich nicht als unsern König!‹ / Wie er dann als
gekrönter König zurückkam, ließ er die Sklaven, denen er sein Geld
anvertraut hatte, zusammenrufen, um festzustellen, was ein jeder
16 erwirtschaftet hatte. / Der erste kam und meldete: ›Herr, aus dei-
17 nem einen Pfund sind zehn Pfund geworden.‹ / Der König lobte ihn:
›Sehr gut, du bist ein vorbildlicher Knecht. Weil du mit dem wenigen zuverlässig gewirtschaftet hast, will ich dir Großes anver-
18 trauen: die Herrschaft über zehn Städte.‹ / Dann kam der zweite
Sklave und sagte: ›Dein eines Pfund, Herr, hat sich verfünffacht.‹ /

---

sten zuckt. / Wo ein Aas ist, finden sich blitzschnell die Geier ein. So schnell kommt das Gericht über die Menschen ... / In der Zeit bis zur Wiederkunft des Menschensohnes wird es so sein wie zu Noahs Zeiten: Denn in den Tagen vor der Sintflut lebten die Menschen wie gewöhnlich dahin, sie aßen und tranken, heirateten und wurden verheiratet, bis eines Tages Noah in die Arche ging ... / Von zwei Männern, die auf dem Feld sind, werden dann die Engel den einen mitnehmen, den anderen dort lassen. / Von zwei Frauen, die eine Getreidemühle betätigen, wird die eine geholt, die andere bleibt zurück.

[69] Mt 10,39: Denn wer sich selbst als Ziel betrachtet, der wird sich verfehlen. Wer sich aber aufgibt für mich, der kann sich selbst finden.

[70] Mt 23,12: Wer sich selbst hoch einstuft, wird sich ganz unten wiederfinden. Und wer sich für gering hält, der wird nach oben kommen.

Auch ihn lobte der Herr und sagte: ›Du sollst über fünf Städte re- 19
gieren.‹ / Der dritte Sklave kam und sagte: ›Herr, hier nimm dein 20
Pfund. Ich habe es sorgfältig in mein Taschentuch eingewickelt und
aufgehoben. / Denn ich hatte Angst vor dir, weil du doch einer bist, 21
der kein Pardon kennt. Du hebst ab, wo du nichts eingezahlt hast,
und erntest, wo du nicht gesät hast.‹ / Da erwiderte ihm der Herr: 22
›Deine eigenen Worte verwende ich jetzt gegen dich, du untaugli-
cher Sklave. Du wußtest, ich bin einer, der kein Pardon kennt, ich
hebe ab, wo ich nichts eingezahlt habe, und ernte, wo ich nicht ge-
sät habe. / Warum hast du mein Geld nicht zur Bank gebracht, so 23
daß ich bei meiner Rückkehr wenigstens das Geld mit dem Zins
wiederbekommen hätte?‹ / Zu den Umstehenden sagte er: ›Nehmt 24
ihm das Pfund weg und gebt es dem, der aus einem Pfund zehn ge-
macht hat.‹ / Sie erwiderten: ›Herr, der hat doch schon zehn Pfund! 25
Soll er noch mehr bekommen?‹ / Der Herr erwiderte: ›Ja! Jedem, 26
der viel hat, wird viel gegeben. Dem, der wenig hat, wird auch das
wenige noch genommen. / Und meine Feinde, die mich nicht als 27
König wollten, bringt her und schlachtet sie vor meinen Augen.‹«[71]

---

[71] Mt 25,14-30: / »Das Himmelreich gleicht auch folgender Geschichte: Ein Mann wollte verreisen. Er rief seine Sklaven zusammen und teilte sein Barvermögen unter sie auf. / Dem einen Sklaven händigte er eine Summe im Wert von fünf, einem anderen im Wert von zwei und einem dritten im Wert von einem Talent aus, jedem nach seinen Fähigkeiten. Dann reiste er ab. Kaum war er abgereist /, da begann der erste mit seinem Anteil zu wirtschaften und gewann die gleiche Summe noch einmal hinzu. / Auch der zweite konnte seinen Anteil im Wert verdoppeln. / Doch der dritte, der das wenigste empfangen hatte, ging hin, grub ein Loch in die Erde und versteckte dort das Geld seines Herrn. / Nach langer Zeit kam der Herr der Sklaven zurück und verlangte Rechenschaft. / Da kam der erste mit dem Geld im Wert von zehn Talent und sagte: ›Herr, fünf Talent hast du mir gegeben. Ich habe die gleiche Summe noch einmal hinzugewonnen.‹ / Der Herr sagte zu ihm: ›Sehr gut, du bist ein vorbildlicher, treuer Knecht. Weil du mit dem wenigen zuverlässig gewirtschaftet hast, will ich dir viel anvertrauen. Ich will dir die Herrschaft über viele Güter geben. Du kannst dich jetzt freuen über das, was dein Herr für dich bestimmt hat.‹ / Dann kam der zweite mit dem Geld im Wert von vier Talent. Er sagte: ›Herr, zwei Talent hast du mir gegeben. Ich habe zwei weitere hinzugewonnen.‹ / Der Herr sagte zu ihm: ›Sehr gut, du bist ein vorbildlicher, treuer Knecht. Weil du mit dem wenigen zuverlässig gewirtschaftet hast, will ich dir viel anvertrauen. Ich will dir die Herrschaft über viele Güter geben. Du kannst dich jetzt freuen über das, was dein Herr für dich bestimmt hat.‹ / Schließlich kam der dritte, der das wenigste empfangen hatte, und sagte: ›Herr, ich wußte, daß du ein harter Mensch bist. Du hebst ab, wo du nichts ein-

69. Lk 22,28-30

28 Ihr habt gemeinsam mit mir alle meine Versuchungen durchgestan-
29 den. / Wie mir der Vater das Reich vermacht hat, so vermache ich
30 es euch. / Dann sollt ihr essen und trinken an meiner Tafel in meinem Königreich, und ihr werdet auf Thronen sitzen und Israels zwölf Stämme regieren.[72]

gezahlt hast, und erntest, wo du nicht gesät hast. / Ich hatte Angst vor dir, und da habe ich dein Geld in der Erde vergraben. Da hast du es zurück.‹ / Da schimpfte der Herr: ›Du untauglicher, fauler Sklave! Du wußtest, ich hebe ab, wo ich nichts eingezahlt habe, und ernte, wo ich nicht gesät habe. / Du hättest mein Geld wenigstens zur Bank bringen können, so daß ich es bei meiner Rückkehr mit Zinsen hätte abholen können.‹ / Zu den Umstehenden sagte er: ›Nehmt ihm das Geld weg und gebt es dem, der die zehn Talent hat. / Ja! Jedem, der viel hat, wird viel gegeben, und er wird ganz viel haben. Dem, der wenig hat, wird auch das wenige noch genommen. / Werft also den nutzlosen Sklaven in die Finsternis hinaus, wo alle heulen und vor Schmerz mit den Zähnen knirschen.‹

72 Mt 19,28: Jesus erwiderte: »Amen, ich sage euch: Ihr, die ihr mir nachgefolgt seid, werdet in Gottes neuer Welt, wenn der Menschensohn auf seinem herrlichen Thron Platz nimmt, auch selber auf zwölf Thronen sitzen und die zwölf Stämme Israels regieren.«

Papyrus Oxyrhynchos 840

Erläuterung: Im Jahre 1905 wurde dieses Fragment in Oxyrhynchos (Behnesa, Mittelägypten) gefunden. Es ist wohl Teil eines Amulettbüchleins aus dem 4./5. Jh. gewesen, das nur 8,5 × 7 cm maß. Die Schrift ist daher mikroskopisch klein. – Der Text muß aus einem verschollenen Evangelium »synoptischen Stils« stammen. Denn der Vorwurf, sich nicht an die Reinheitsgesetze zu halten, ist aus Mk 7,1ff bekannt, andererseits geißelt Jesus aber auch die hohle unethische Reinheit der pharisäischen Kontrahenten (Mt 23,27f). Die »Wasser des ewigen Lebens« könnten auf Verwandtschaft mit dem JohEv weisen. – Datierung: zur Zeit der ältesten Evangelien, noch vor der Gabelung synoptisch/johanneisch. Vorschlag: 60/65 n. Chr.
Griechischer Text nach A. de Santos Otero: Los evangelios apócrifos, Madrid 1963, 78-82.

... bevor er seine Schandtat begeht, überlegt er vorher alles. Doch achtet darauf, daß ihr nicht dasselbe wie sie erlebt. Denn böse Menschen müssen nicht nur, solange sie unter den Lebenden weilen, Vergeltung empfangen, sie leiden auch danach unter Bestrafung und Peinigung.«
Dann nahm Jesus die Jünger mit und führte sie in den Tempelbezirk. Er ging im Tempel umher. Da trat ein pharisäischer Oberpriester namens Levi auf sie zu und fragte den Heiland: »Wer hat dir erlaubt, hier im heiligen Tempelbezirk herumzulaufen und diese heiligen Kultgeräte zu besichtigen, obwohl du dich nicht vorher gewaschen hast und deine Jünger ungewaschene Füße haben? Du hast dieses Heiligtum schmutzig betreten. Dies ist aber ein heiliger, reiner Ort. Jeder, der hier herumläuft und die Kultgeräte besichtigt, muß sich gewaschen und die Kleider gewechselt haben.« – Kaum hatte er das gesagt, da blieb der Heiland mit den Jüngern stehen und fragte zurück: »Du bist hier ja auch im Tempel. Bist du denn rein?« Der Oberpriester erwiderte: »Ja, ich bin rein. Denn ich habe mich im Davidsteich gewaschen, bin auf der einen Stiege hinab- und auf der anderen wieder hinaufgestiegen. Ich habe weiße, reine Kleider angezogen, und dann erst bin ich hergekommen und habe mir die heiligen Dinge angesehen.« Da sagte der Heiland zu ihm: »Wehe euch Blinden, die ihr nicht seht! Du hast dich in diesem ste-

henden Wasser gewaschen, in das Tag und Nacht Hunde und Schweine getrieben werden. Beim Waschen hast du die äußere Haut abgerieben. Auch die Dirnen und Flötenspielerinnen salben und baden die äußere Haut, reiben sie ab und schminken sie. So machen sie den Männern schöne Augen und wecken ihre Begierde. In ihrem Inneren aber wimmelt es von Skorpionen und Bosheit. Von meinen Jüngern und von mir sagst du, wir seien nicht gewaschen. Doch wir sind gewaschen, untergetaucht in allzeit lebendigem Wasser, das vom Himmel herabkommt... Aber wehe denen,...

Papyrus Oxyrhynchos 1224

Die Schriftart (Datum der Abschrift) weist auf den Anfang des 4. Jh. n. Chr. Der Wortlaut ist von den Synoptikern unabhängig, kommt aber aus vergleichbarer Quelle. Entstehung des Textes: 60-65 n. Chr. – Die Seitenangaben bei den folgenden Zitaten beziehen sich auf die numerierten Seiten des Papyrusbuches in Oxyrhynchos, in dem man die Texte gefunden hat: Griechischer Text nach B. P. Grenfell, A. S. Hunt, Papyri Oxyrrhynchi X, London 1914, 1-10.

Als die Schriftgelehrten, Pharisäer und Priester Jesus sahen, waren sie empört, daß er mit Sündern zu Tische lag. Jesus aber hörte es und sagte: »Die Gesunden brauchen den Arzt nicht ... (S. 175)
und betet für eure Feinde. Denn wer nicht gegen euch ist, der ist für euch. Wer heute fern ist, wird morgen nahe sein ...« (S. 176)

Die Didache. Lehre des Herrn, für Heidenchristen gegeben durch die zwölf Apostel

Eigenart: »Didache« heißt »Lehre«, die laut (sekundärer, in der Überlieferung unsicherer) Überschrift den (zwölf) Aposteln zugewiesen wird. Es handelt sich weniger um eine Kirchenordnung, wie man oft annahm, als vielmehr um einen Katechismus mit Anweisungen über die liturgischen Vollzüge und den Umgang mit Wanderpropheten.

Inhalt: K. 1-6: Zwei-Wege-Lehre, K. 7-10: liturgische Anordnungen, K. 11-13 Umgang mit Wanderpredigern, K. 14-15 Elemente des Gemeindelebens, Episkopen und Diakone, K. 16 Apokalypse. Die Schrift wurde erst 1873 in der griechischen Urfassung gefunden und dann 1883 bzw. 1884 veröffentlicht. Forschungsgeschichtlich war die Schrift wichtig, weil man sah, daß es hier noch einen weiten Apostelbegriff gibt, der nicht auf den Zwölferkreis bezogen ist.

Datierung: Das Material, das mit den Evangelien vergleichbar ist, setzt diese nicht voraus. Es ist vor deren Abfassung formuliert worden. Das Auffallendste ist, daß nichts davon hier als Jesuswort genannt wird. Die Abfassung wird daher vor der Fixierung der Evangelien synoptischen Typs anzusetzen sein (69/65 n. Chr.).

Quellen: präsynoptisches Material, Gebetsformeln (Vaterunser, Brot- und Weinworte), die Zwei-Wege-Lehre in K. 1-7 weist enge Beziehungen zur (älteren Version) im Barn auf.

Theologie: Die ersten sieben Kapitel sind Taufkatechese. Diese enthält wenig spezifisch Christliches. Die Abendmahlsworte sind Segensworte über Brot und Wein und weisen noch keine Beziehung zu Jesu Leiden, Sterben oder Auferstehung auf. Es handelt sich um messianisch interpretierte jüdische Mahlgebete. Tod und Auferstehung Jesu fehlen auch im ganzen in dieser Schrift. – Den Abschluß bildet eine »Apokalypse«, in der der »Weltverwirrer« eine Art pseudoprophetisches Gegenbild zu Jesus ist.
Griechischer Text nach W. Rordorf, A. Tuiler: La Doctrine des Douze Apôtres, Paris 1978.

LEHRE DER ZWÖLF APOSTEL

Kapitel 1 Zwei Wege gibt es, der eine führt zum Leben, der an- 1
dere zum Tod. Die beiden Wege sind sehr unterschiedlich.
Der Weg zum Leben sieht so aus: Erstens sollst du Gott lieben, der 2
dich geschaffen hat. Zweitens sollst du deinen Nächsten lieben wie
dich selbst. Füge keinem anderen zu, was du selbst nicht erleiden
willst. / Aus diesen Grundsätzen ergibt sich die folgende Lehre: Seg- 3
net alle, die euch verfluchen! Betet für eure Feinde! Fastet für eure
Verfolger! Denn was habt ihr davon, wenn ihr nur die liebt, die
euch lieben? Das tun schließlich auch die Heiden. Doch ihr sollt
auch die lieben, die euch hassen. Dann werdet ihr keinen Feind
mehr haben. / Halte dich fern von aller Maßlosigkeit, die bei 4
Menschen, die einen schwachen Körper haben, aus Gier entsteht.
Wenn einer dich auf die rechte Wange schlägt, dann halte ihm auch
die andere hin, so wirst du vollkommen sein. Wenn jemand dich
zwingt, eine Meile mitzugehen, dann geh zwei Meilen mit ihm.
Wenn jemand deinen Mantel wegnimmt, gib ihm noch das Hemd
dazu! Wenn jemand dir dein Eigentum wegnehmen will, hindere
ihn nicht daran. Du kannst es ja auch gar nicht. / Gib jedem das, 5
worum er dich bittet, und schlag es ihm nicht ab. Denn der Vater
will, daß alle von dem geben, was sie empfangen haben. Glückselig
ist, der nach diesem Gebot Gottes gibt. Dann ist er ganz frei von
Schuld. Aber wehe dem, der anderen etwas wegnimmt. Nur wer
anderen etwas wegnimmt, weil er Mangel leidet, ist ganz frei von
Schuld. Wer aber anderen etwas wegnimmt, ohne daß er es nötig
braucht, der wird Rechenschaft ablegen müssen, warum und wozu
er es genommen hat. Wenn er ins Gefängnis kommt, wird man ihn
über das, was er getan hat, verhören, und er wird nicht aus dem
Gefängnis herauskommen, bevor er nicht den letzten Pfennig zu-
rückgegeben hat.
Doch auch das folgende Wort gilt vom Umgang mit Geld: Behalte 6
dein Geld so lange in deiner Hand, bis es schwitzt und du genau er-
forscht hast, wem du es am besten als Almosen geben sollst.

Kapitel 2 Dies ist das zweite Gebot der Lehre: / Du sollst nicht tö- 1, 2
ten, du sollst nicht ehebrechen, du sollst nicht Knaben schänden,
du sollst nicht huren, du sollst nicht stehlen, du sollst nicht zau-
bern, du sollst nicht Gift mischen, du sollst kein Kind abtreiben, du
sollst kein Neugeborenes töten. Du sollst nicht versuchen, an dich

3 zu bringen, was deinem Nächsten gehört. / Du sollst keinen Mein-
eid schwören. Du sollst nicht falsches Zeugnis reden. Du sollst über
Mitmenschen nicht schlecht reden. Du sollst nicht nachtragend
4 sein. / Du sollst eindeutig reden. Du sollst nicht doppelzüngig sein.
Denn die Doppelzüngigkeit ist die Schlinge, durch die der Tod seine
5 Herrschaft ausübt. / Dein Wort soll nicht verlogen sein, nicht hohl,
6 sondern dein Tun entspreche ihm ganz. / Sei nicht habgierig, nicht
räuberisch, nicht scheinheilig, nicht unfair, nicht überheblich,
7 schmiede keine bösen Pläne gegen deinen Nächsten! / Du sollst kei-
nen Menschen hassen, sondern ihn entweder zur Rede stellen und
tadeln oder für ihn beten oder in Liebe für ihn mehr tun als für dich
selbst.

1 *Kapitel 3* Mein liebes Kind, flieh vor allem Bösen und vor allem,
2 was wie Böses auftritt. / Sei nicht zornig, denn Zorn führt zum
Mord. Sei kein Eiferer, kein Streithahn und kein Wutkopf, denn
3 das alles führt zum Morden. / Mein Kind, laß deine Triebe nicht
maßlos werden, denn Lüsternheit führt zu Sexgier. Sei auch kein
Zotenerzähler und gewöhne dir geile Blicke ab. Denn das alles
4 führt zum Ehebruch. / Mein Kind, werde nicht abergläubisch, denn
das Ende ist Götzendienst. Meide auch magische Beschwörungen,
Astrologie und Sühnezauber. Unterdrücke selbst den Wunsch in
dir, so etwas mitzuerleben. Denn das alles führt zu Götzendienst. /
5 Liebes Kind, fang nicht an zu lügen, denn wer lügt, der stiehlt auch.
Sei auch nicht geldgierig oder ruhmgierig. Denn das führt zum
Diebstahl.
6 Liebes Kind, gewöhne dir auch nicht das Murren und Klagen an,
denn das führt zur Gotteslästerung. Sei auch nicht frech oder übel-
7 launig, denn auch daraus entsteht Gotteslästerung. / Sei vielmehr
8 sanft, denn die Sanften werden das Land erben. / Sei geduldig und
barmherzig, sei ohne Falsch und laß dich nicht aus der Ruhe brin-
gen. Sei gütig und ehrfürchtig gegenüber dem Wort Gottes und dem
9 Bekenntnis der Gemeinde.[1] / Erhöhe dich nicht selbst und füttere
dein Herz nicht mit Hochmut. Hänge dich nicht an die in der Ge-
sellschaft Angesehenen, sondern verkehre mit den Redlichen und
10 den Geringen. / Was dir zustößt, nimm als gut an, denn du weißt
ja, daß nichts ohne Gott geschieht.

---

[1] Wörtlich: »und zittere allzeit vor dem Wort, das du gehört hast«: Im Hintergrund steht das Zittern vor Gottes Wort nach Jesaja 66,2 (Gott blickt auf den, der vor seinen Worten zittert).

Kapitel 4 Mein Kind, vergiß bei Tag und bei Nacht nicht den, der 1
dir Gottes Wort verkündet. Halte ihn in Ehren wie den Herrn
selbst. Denn dort, wo von der Herrschaft des Herrn die Rede ist,
da ist er auch selbst. / Bemühe dich, täglich Mitchristen zu sehen, 2
damit du durch ihre Worte Ruhe findest. / Verursache keine Spal- 3
tungen! Stifte Frieden zwischen Leuten, die streiten! Urteile ge-
recht, sei unparteiisch, wenn du Missetäter zur Rede stellst. / Mach 4
dir keine zweiflerischen Gedanken, ob es einst ein endgültiges Ge-
richt Gottes geben wird oder nicht.[2] / Sei nicht einer, der zum Neh- 5
men die Hände aufhält, sie aber zum Geben zusammenballt. / Hast 6
du dir mit der Arbeit deiner Hände Geld verdient, gib es als süh-
nendes Lösegeld für deine Sünden. / Sei nicht zögerlich beim Ge- 7
ben. Wenn du gegeben hast, klage nicht darüber, daß du es getan
hast. Denn du wirst schon erfahren, daß Gott dir deine Gabe reich
vergelten wird. / Weise den Bedürftigen nicht ab, sondern teile alle 8
Güter mit deinem Bruder und deiner Schwester und behaupte
nicht, daß etwas nur dir persönlich gehört. Denn wenn ihr das Un-
vergängliche miteinander teilt, könnt ihr doch erst recht das Ver-
gängliche zur gemeinsamen Sache machen. / Werde nicht müde, 9
deinen Sohn oder deine Tochter zu erziehen und auf sie zu achten,
sondern unterweise sie von Kindesbeinen an im Glauben an Gott.[3]
/ Wenn dein Sklave oder deine Sklavin ihre Hoffnung auf denselben 10
Gott setzen wie du, dann gib ihnen nicht Befehle, wenn du in
schlechter, bitterer Laune bist. Denn sonst könnte es geschehen,
daß sie auch die Furcht vor Gott verlieren, der über euch und auch
über ihnen ist. Denn er ist nicht einfach der Gott derer, die mächtig
sind. Er kennt kein Ansehen der Person, sondern ist zu denen ge-
kommen, die der Heilige Geist so vorbereitet hat, daß sie den Ruf
leicht annehmen können. / Ihr Sklaven, unterwerft euch euren Her- 11
ren in Ehrerbietung und Furcht. Sie sind Abbild Gottes. / Hasse alle 12
Scheinheiligkeit und alles, was dem Herrn mißfällt. / Verliere die 13
Gebote des Herrn nicht aus den Augen, bewahre, was du übernom-
men hast, füge nichts hinzu und nimm nichts weg. / Deine Sünden 14
sollst du vor der Gemeinde bekennen. Mit schlechtem, unversöhn-
tem Gewissen geh nicht zum Gebet. Dies ist der Weg, der zum
Leben führt.

---

[2] Vgl. die georgische Übersetzung: »Darüber sollst du auch nicht zweifeln, ob das Gericht Gottes über alle Menschen gemäß ihren Werken kommen wird oder nicht.«

[3] Wörtlich: »in der Furcht des Herrn«.

1 *Kapitel 5* Der Weg, der zum Tod führt, sieht so aus: Vor allem ist
er böse und voll Fluch. Auf diesem Weg gehen all diejenigen, die
Mord und Ehebruch begehen, ihren triebhaften Gelüsten folgen,
huren und stehlen, Götzen anbeten und Magie betreiben, andere
Menschen durch Gift umbringen und berauben, falsches Zeugnis
ablegen. Dort gehen die Scheinheiligen, die Wendehälse, die Heim-
tückischen, die Angeber, die Boshaften und Frechen, die Habgieri-
gen und die Zotenerzähler, die Neidhammel, die dreisten Flegel,
2 die hochnäsigen Prahlhänse. / Sie verfolgen die Gerechten, hassen
die Wahrheit, lieben die Lüge, kennen keinen Lohn für anständi-
ges Verhalten und handeln selbst entsprechend, haben mit gutem
Handeln oder gerechtem Gericht nichts im Sinn. Schlaflose Nächte
haben sie nicht, weil sie Gutes, sondern weil sie Böses im Schilde
führen. Sanftheit und Geduld liegen ihnen fern. Sie lieben das
Wertlose, sind auf kurzfristige Belohnungen erpicht. Sie zeigen
kein Erbarmen mit den Armen, haben kein Mitleid, da es ihnen
nicht weh tut, wenn ein anderer leidet. Sie erkennen ihren Schöp-
fer nicht, töten Kinder, richten Gottes Kreaturen zugrunde, weisen
den Bedürftigen ab, laden dem Bedrückten noch mehr auf, stehen
den Reichen zur Seite und verurteilen Arme grundsätzlich, da sie
Richter ohne Gesetz sind, mit vielfältiger Schuld belastet. Mein
Wunsch für euch, liebe Kinder: Gott verschone euch vor solchen
Menschen.

1 *Kapitel 6* Hör nicht auf jemanden, der dich dazu verführen will,
diesen Weg der guten Lehre zu verlassen, denn so einer lehrt dich
2 fernab von Gott. / Wenn du alles halten und das ganze Joch des
Herrn tragen kannst, dann bist du vollkommen. Wenn du nicht al-
3 les fertigbringst, dann tu soviel, wie du kannst. / Erfülle die Speise-
gebote, die du erfüllen kannst. Nur vom Götzenopferfleisch mußt
du dich ganz fernhalten. Denn das zu essen, ist nichts anderes als
Anbetung toter Götzen.

1 *Kapitel 7* Nun möchten wir euch etwas über die Taufe sagen.
Haltet es so: Lest zuerst alles vor, was bis hierher geschrieben steht.
Dann tauft auf den Namen des Vaters und des Sohnes und des Hei-
2 ligen Geistes, und zwar in fließendem Wasser. / Wenn kein fließen-
des Wasser vorhanden ist, tauft mit anderem Wasser. Wenn nur
3 warmes Wasser da ist, tauft mit dem. / Wenn von beidem nicht ge-
nug da ist, gießt dem Täufling dreimal Wasser über den Kopf auf
den Namen des Vaters und des Sohnes und des Heiligen Geistes. /
4 Vor der Taufe sollen der Täufer und der Täufling fasten, wenn mög-

lich, auch noch andere mit ihnen. Der Täufling soll einen Tag oder
zwei Tage lang fasten.

Kapitel 8 Seht zu, daß man eure Fastenzeiten nicht mit denen der 1
Scheinheiligen verwechseln kann. Denn die fasten montags und
donnerstags, ihr aber sollt mittwochs und freitags fasten. / Betet 2
auch nicht wie die Scheinheiligen, sondern wie es der Herr in sei-
nem Evangelium befohlen hat, nämlich:
»Vater unser im Himmel, geheiligt soll dein Name sein, dein Reich
komme, dein Wille geschehe wie im Himmel, so auf der Erde. Un-
ser Brot für morgen gib uns heute. Und vergib uns unsere Schuld,
wie auch wir unsern Schuldnern vergeben, und führe uns an der
Versuchung vorbei, erlöse uns von dem Bösen. Denn dein ist die
Kraft und die Herrlichkeit für immer.« / Dreimal am Tag sollt ihr 3
so beten.

Kapitel 9 Nun einige Worte über die Eucharistiefeier. So sollt ihr 1
Dank sagen: / Zuerst über den Becher: »Wir danken dir, unser Va- 2
ter, für den Messias. Er ist der heilige Weinstock aus König Davids
Geschlecht. In Jesus, der dir gehorcht, hast du ihn uns geoffenbart.
Denn dein ist die Herrlichkeit für immer.« / Dann über das geteilte 3
Brot: »Wir danken dir, unser Vater, für das Leben und die Er-
kenntnis, die du uns geoffenbart hast durch Jesus, der dir ge-
horcht. Dein ist die Herrlichkeit für allezeit.« / Und: »Die Körner 4
dieses Brotes wuchsen, jedes für sich, auf den Höhen heran. Erst
durch das Sammeln wurden sie ein Laib. Ebenso sammle deine
Kirche aus allen Gegenden der Erde, daß sie eins werde in deinem
Reich. Wir loben dich: Dein ist alle Herrlichkeit und Macht. Und
Jesus bringe dieses Lob vor dich für allzeit. / Nur wer auf den Na- 5
men des Herrn getauft ist, soll essen oder trinken bei unserer
Danksagung. Denn darüber hat der Herr gesagt: ›Gebt das Heilige
nicht den Hunden.‹«

Kapitel 10 Nach dem Sättigungsmahl sollt ihr so Dank sagen: / 1
»Wir danken dir, heiliger Vater, denn du selbst, dein heiliger Name, 2
wohnt jetzt in unseren Herzen. Wir danken dir, weil du uns durch
Jesus, der dir gehorcht, Erkenntnis, Glaube und Unsterblichkeit
hast schmecken lassen. Dein ist alle Herrlichkeit für allezeit.« /
Oder: »Du Herr, der du überall und am Ende herrschst, hast alles 3
geschaffen um deinetwillen. Du hast den Menschen Speise und
Trank zum Genuß gegeben, damit sie dir danken. Uns hast du über-
dies himmlische Speise, himmlischen Trank und ewiges Leben ge-

4 schenkt durch ihn, der dir gehorcht. / Vor allem danken wir dir,
weil du so mächtig bist. Alle Herrlichkeit ist für allezeit dein.« /
5 Oder: »Gedenke, Herr, deiner Kirche. Befreie sie von allem Bösen
und mache sie vollkommen durch deine Liebe. Sammle sie von den
vier Winden her, sie, die du heilig gemacht hast, daß sie eingehe in
dein Reich, das du für sie bereitet hast. Denn Dein ist alle Macht
6 und Herrlichkeit für allezeit.« / Und: »Es komme Gnade und es vergehe
diese Welt. Hosianna, hilf doch, du Gott Davids. Wenn einer
heilig ist, soll er zum Mahl hinzutreten, wenn nicht, soll er umden-
7 ken. Komm, Herr, amen.« / Die Propheten dürfen mit ihren eigenen
Worten die Danksagung sprechen.

1 *Kapitel 11* Wenn nun einer zu euch kommt und alles das lehrt,
2 was hier steht, dann nehmt ihn auf. / Wenn aber einer lehren will,
sich selber aber nicht an das hält, was hier steht, und es dadurch
für ungültig erklärt, daß er eine andere Lehre vertritt, dann sollt ihr
nicht auf ihn hören. Doch wenn einer mit seiner Lehre gerechtes
Handeln und Erkenntnis des Herrn mehren kann, nehmt ihn auf,
als wäre er der Herr selbst.
3 Mit Aposteln und Propheten verfahrt nach den Grundsätzen des
4 Evangeliums, und zwar so: / Jeder Apostel, der zu euch kommt, soll
5 aufgenommen werden wie der Herr. / Doch soll er höchstens einen
Tag, notfalls zwei Tage bleiben. Wenn er drei Tage bleibt, ist er ein
6 falscher Prophet. / Wenn ein Apostel euch verläßt, soll er nur so
viel Brot mitnehmen, wie er bis zur nächsten Übernachtungsmöglichkeit
braucht. Wenn er um Geld bittet, ist er ein falscher Prophet.
7 Keinen Propheten, der mit der Autorität des Heiligen Geistes zu
sprechen behauptet, sollt ihr überprüfen oder beurteilen. Das ist zu
gefährlich für euch, denn jede Sünde wird vergeben außer der
Sünde wider den Heiligen Geist. Sie besteht darin, daß man einem
8 den Geist abspricht, der ihn in Wirklichkeit doch hat. / Doch nicht
jeder, der mit der Autorität des Heiligen Geistes redet, ist ein Prophet.
Das ist er nur, wenn er auch prophetisches Verhalten zeigt.
Ob er ein echter oder ein falscher Prophet ist, erkennt man an sei-
9 nem Verhalten. / Wenn ein Prophet im Namen des Heiligen Geistes
eine Mahlzeit bestellt, dann darf das nicht eigennützig sein. Ißt er
10 selber davon, dann ist er ein falscher Prophet. / Jeder Prophet, der
etwas über Gottes Wirklichkeit erzählt, aber nicht tut, was er sagt,
11 ist ein falscher Prophet. / Es kann sein, daß ein bewährter und ech-
ter Prophet mit einer Frau zusammenlebt, die er nicht berührt, und
so das Geheimnis der Kirche auf Erden, Christus und seine Braut,

das Gottesvolk, in einer Zeichenhandlung darstellt. Wenn er nicht das, was er selbst tut, auch von anderen verlangt, dann sollt ihr nicht über ihn urteilen. Gott wird es tun. Solche Zeichenhandlungen kennt man auch von den alten Propheten.

Wenn einer mit der Autorität des Heiligen Geistes sagt: »Gib mir 12
Geld« oder »Gib mir dies oder das«, dann sollt ihr nicht auf ihn hören. Wenn er aber etwas für andere erbittet, die Mangel leiden, dann soll niemand über ihn urteilen.

Kapitel 12 Jeder, der im Namen des Herrn zu euch kommt, soll 1
zuerst einmal aufgenommen werden. Dann sollt ihr ihn prüfen und
euch über ihn Klarheit verschaffen. Denn ihr habt doch Verstand
und könnt auch sonst gut unterscheiden, zum Beispiel rechts und
links. / Wenn er auf der Durchreise ist, helft ihm nach Kräften. Er 2
soll jedoch höchstens zwei, oder notfalls drei Tage bei euch bleiben.
/ Wenn er sich aber bei euch niederlassen will, etwa als Handwer- 3
ker, dann soll er arbeiten und von seiner Hände Arbeit leben. /
Wenn er sich auf kein Handwerk versteht, dann sollt ihr nach eu- 4
rem Ermessen Arbeit für ihn finden, damit kein Christ arbeitslos
bei euch leben muß. / Wenn er keine Arbeit annehmen will, dann 5
ist er kein Christ, sondern ein Schnorrer. Vor solchen seid auf der
Hut!

Kapitel 13 Jeder wahre Prophet, der sich bei euch niederlassen 1
will, verdient es, daß ihm die Gemeinde Unterhalt gewährt. / Das 2
gilt auch für einen wahren Lehrer. / Den Unterhalt für die Prophe- 3
ten sollt ihr so zur Verfügung stellen: Sie sollen jeweils das erste
Produkt von Kelter und Tenne oder die Erstgeburt von Rindern
und Schafen erhalten. Denn sie erfüllen jetzt die Funktion, die nach
dem jüdischen Gesetz die Hohenpriester innehaben. / Habt ihr kei- 4
nen Propheten, so gebt diese Dinge den Armen! / Wenn du ein Brot 5
backst, dann nimm ein bißchen Teig ab und gib es nach dem Gebot
an die Priester weiter. / Wenn du einen Krug Wein oder Öl an- 6
brichst, nimm den ersten Schluck ab und gib ihn den Propheten. /
Auch von Silbergeld und Kleidung, ja, von allem Besitz, den du er- 7
wirbst, nimm das erste Stück, wie es dir angemessen erscheint, und
gib es weiter, wie das Gesetz es verlangt.

Kapitel 14 Versammelt euch jeden Sonntag, teilt das Brot und 1
sagt Dank. Vorher bekennt eure Sünden, damit euer Opfer rein ist.
/ Wer mit seinem Kollegen oder Freund zerstritten ist, soll erst dann 2
bei der Versammlung erscheinen, wenn sie sich wieder versöhnt ha-

3 ben, damit euer Opfer nicht unrein wird. / Das hat Gott der Herr
so gesagt: »An jedem Ort und zu jeder Zeit bringt mir ein reines
Opfer dar. Denn ich bin ein großer König, und mein Name ist wun-
derbar unter den Heidenvölkern.«

1 *Kapitel 15* Bischöfe und Diakone werden durch Handauflegung
eingesetzt. Sie sollen friedfertige Männer sein, die dieser Aufgabe
würdig sind und keine finanziellen Absichten verfolgen, Männer,
die wahrhaftig und erprobt sind. Denn sie leiten den Gottesdienst
2 bei euch, auch den der Propheten und Lehrer. / Überseht sie also
nicht: Zusammen mit Propheten und Lehrern genießen sie bei euch
die höchste Achtung.
3 Wenn ihr einander zur Rede stellt, dann bitte im Frieden und nicht
im Zorn. So steht es im Evangelium. Und wenn einer sich gegen den
Nächsten verfehlt hat, dann soll so lange keiner mit ihm reden oder
4 ihm zuhören, bis er sich besonnen hat. / Beim Beten und Almosen-
geben und bei allem, was ihr sonst tut, haltet euch an das, was ihr
im Evangelium unseres Herrn gehört habt.

1 *Kapitel 16* Achtet wachsam auf euer Leben. Die Lampen in euren
Händen laßt nicht erlöschen, eure Tatkraft soll nicht erschlaffen,
seid vielmehr stets bereit. Denn ihr wißt nicht genau, wann unser
2 Herr wiederkommt. / Kommt häufig zusammen und versucht ge-
meinsam herauszufinden, was für euch gut ist. Denn die ganze ver-
gangene Zeit, in der ihr treu im Glauben wart, wird euch nichts
nützen, wenn ihr nicht vollständig bis zum Ende durchhaltet, son-
3 dern vorher abfallt. / Denn in der letzten Zeit vor dem Ende wird
es zahlreiche falsche Propheten geben und Leute, die den Glauben
zerstören. Schafe werden sich in Wölfe verwandeln und Liebe in
4 Haß. / Wenn die Haltlosigkeit zunimmt, werden die Menschen ein-
ander hassen, verfolgen und ausliefern. Dann wird der Weltverfüh-
rer erscheinen und sich als Sohn Gottes ausgeben. Er wird Zeichen
und Wunder tun, er wird die Erde beherrschen und Schandtaten
anrichten, wie es sie seit Bestehen der Welt nicht gegeben hat. /
5 Dann kommen die Menschen in die Feuerprobe der Bewährung.
Viele werden vom Glauben abfallen und verlorengehen. Die, die
geduldig in Treue aushalten, werden gerettet und nicht verflucht. /
6 Dann werden die Zeichen von Gottes Wirksamkeit erscheinen:
Zuerst wird der Himmel auseinandergerissen, dann ertönt das
Zeichen des Posaunentons, dann erfolgt das dritte Zeichen: die
7 Auferstehung Toter. / Nicht alle Toten werden auferstehen, son-
dern es wird sein, wie es in der Schrift heißt: »Der Herr wird kom-

men, und alle seine Heiligen mit ihm. / Dann werden die Men- 8
schen in der Welt sehen, wie der Herr kommt auf den Wolken des
Himmels.«

Fajjum-Fragment

Einleitung: Das Fragment (aus der Papyrussammlung des Erzherzogs Rainer in Wien) ist auf das 3. Jh. zu datieren (Datum der Abschrift). Man hat lange angenommen, der Text sei eine Vorstufe zur synoptischen Evangelienbildung. – Heute sieht man den Text an als »Exzerpt oder Fragment eines uns bisher nicht bekannten Evangeliums« (W. Schneemelcher). – Der Name Fajjum-Fragment ist recht willkürlich; Fajjum ist der mutmaßliche Fundort in Ägypten. Entstehung: mutmaßlich 60-65 n. Chr.

Als sie gegessen hatten, wie es der Brauch war, sagte Jesus: »Alle werdet ihr in dieser einen Nacht straucheln. So steht es in der Schrift: ›Den Hirten will ich schlagen, und seine Schafe werden verstreut werden.‹« Da sagte Petrus: »Und wenn alle straucheln, ich nicht.« Da erwiderte Jesus: »Ehe der Hahn zweimal gekräht hat, wirst du mich dreimal verleugnen« ...

Evangelium nach Johannes

Eigenart: Dieses Evangelium beginnt mit einer Darstellung der Würde Jesu, die man Prolog nennt. Das haben die anderen Evangelien nicht. Ähnliche Stücke über die Rolle Jesu bei der Schöpfung zeigen aber neutestamentliche Briefe, so der Kolosserbrief 1,15-18 und der Hebräerbrief 1,1-4. – Anders als in den drei ersten Evangelien wird die Jesus-Überlieferung nicht auf mosaikartig zusammengestellten Einzelüberlieferungen aufgebaut, sondern das Evangelium bietet (oft jeweils nach einem Wunderbericht) längere Dialoge und Monologe Jesu. Die Wunderüberlieferungen gliedern den »öffentlichen« Teil des Wirkens Jesu. Der umfangreiche Schlußteil des JohEv (13-21) ist dem Abschied Jesu gewidmet und enthält in den Kapiteln 13-17 die sogenannten Abschiedsreden.

Datierung: Die Datierung des JohEv ist in jüngster Zeit äußerst umstritten. Der ältere Konsens nimmt an, das JohEv sei das jüngste, weil es eine weit fortgeschrittene Christologie habe (Jesus als eingeborener Sohn Gottes: 1,18) und weil er hier als menschgewordenes Wort (Logos) bezeichnet werde. – Dagegen habe u. a. ich jüngst eine Frühdatierung vorgeschlagen, und zwar mit dem Hinweis darauf, daß die Zerstörung Jerusalems hier nicht vorausgesetzt sei, daß keinerlei Gemeinde- oder Kirchenverfassung ausgeprägt sei und daß ein stark judenchristliches Milieu vorherrsche. Deuteworte zu Brot und Wein beim Abendmahl seien noch ebenso unbekannt wie das Vaterunser. Vielmehr stehe der Evangelist in vielen Punkten Paulus nahe, es sei also ein judenchristliches Evangelium und daher fehle auch im wesentlichen die Botschaft vom Reich Gottes. – Ich nehme daher eine Datierung zwischen dem Tod des Petrus und der Zerstörung Jerusalems an, also die Jahre 68 oder 69 n. Chr. – Zur näheren Begründung dieser Datierung vgl. K. Berger: Im Anfang war Johannes, Stuttgart 1997.

Adressaten: Aufgrund der bedeutenden Ähnlichkeiten zwischen Texten aus Qumran und dem JohEv ist anzunehmen, daß sich das JohEv an Griechisch sprechende Judenchristen richtet. Wieweit sie mit den Adressaten der drei Johannesbriefe identisch sind, bleibt offen. Die Verfasser des JohEv und der Briefe haben aber etwas miteinander zu tun.

Theologie: Im Mittelpunkt des JohEv steht eine Gesandten-Christologie: Jesu Weg führt ihn »vom Himmel herab« wieder »zum Himmel hin« – metaphorische Umschreibungen für Gesandtsein von Gott und Beendigung der Sendung durch den Gang zum Vater hinauf. Das Ziel dieser Sendung war: In Jesus Christus selbst bietet Gott den Menschen sein lebendiges und Leben spendendes Wort an. Der Inhalt dieses Wortes ist Liebe, Einssein. Das JohEv verfolgt darin eine äußerst konsequente Auslegung des ersten Gebots. Gott ist nicht nur der einzige und eine, er will seine Einheit auch mitteilen, und zwar als Liebe. Daher ist er mit dem Sohn eins und der Sohn mit ihm. Daher ist auch dort Gottes Herrlichkeit, wo die an Jesus Glaubenden einig sind. Jede Liebe bildet direkt Gott ab. – Der Heilige Geist, den Jesus nach seinem Weggang sendet, hat im JohEv einen besonderen Namen: Paraklet (Helfer, Anwalt). Im Unterschied etwa zu Paulus, wo der Heilige Geist die Kraft zum Handeln nach Gottes Gebot schenkt und wo er auch die Auferweckung garantiert, wirkt der Paraklet nur begrenzt, und zwar hauptsächlich verbal. Er gibt die Worte zum Widerstehen vor irdischen Tribunalen, er erinnert an Jesu Worte und lehrt ihr Verständnis (hat also im JohEv selbst ein Zeugnis seines Wirkens hinterlassen). – Jesus als der Gesandte führt die Menschen in eine kritische Situation, denn sie müssen sich angesichts seiner für Glauben oder Nichtglauben, für Finsternis oder Licht, entscheiden. Da die wichtigste Scheidung – auch die zwischen Leben und Tod – jetzt vollzogen ist, verliert das Endgericht an Bedeutung.

Quellen: Aus theologischen Gründen nahm man früher an, der Evangelist habe eine sogenannte Semeia-Quelle verarbeitet (»Zeichen-Quelle«, eine Sammlung von Wundertaten), von der der Evangelist selbst sich aber im Evangelium wunderkritisch distanziert habe. Eine besondere Quelle könnte dem Passionsbericht zugrunde liegen. Doch auch für diese Frage kann man der Meinung sein, daß gemeinsame mündliche Traditionen die Nähe zu den ersten drei Evangelien erklären. – Viel diskutiert wurde auch ein mehr oder weniger kompliziertes Schichten-Modell, nach dem im JohEv mehrere Redaktoren, zumindest ein »kirchlicher Redaktor«, tätig gewesen sein sollen. Wenigstens das 21. Kapitel soll später hinzugefügt worden sein. Alle diese Redaktor-Theorien sind wohl Ausdruck dessen, daß es recht schwierig ist, sich in das JohEv angemessen hineinzudenken. Wo das gelingen kann, werden Schichtenmodelle wohl überflüssig.

DAS EVANGELIUM NACH JOHANNES

Kapitel 1

Prolog 1,1-18

Zuerst war das Wort da, Gott nahe und von Gottes Art. / Es war 1, 2
am Anfang bei Gott. / Alle Dinge sind durch das Wort entstanden. 3
Ohne das Wort konnte nichts werden. / In ihm war das Leben, und 4
für die Menschen ist Leben auch Licht. / Das Licht macht die Fin- 5
sternis hell, und die Finsternis hat das Licht nicht verschluckt.
Dann kam ein Mensch, von Gott gesandt, der hieß Johannes. / Er 6, 7
war zur Zeugenschaft bestellt und sollte Zeugnis ablegen von dem
Licht, damit alle durch ihn zum Glauben kämen. / Er war nicht 8
selbst das Licht, sondern sollte nur Zeugnis ablegen von dem Licht.
Aber einer war wirklich das Licht und strahlt hell in jeden Men- 9
schen hinein, der zur Welt kommt. / Er war in der Welt; die Welt 10
entstand durch ihn, doch sie wies ihn ab. / Er kam in die Welt, die 11
durch ihn geworden und deshalb sein eigen war, doch seine eigenen
Menschen nahmen ihn nicht an. / Denen aber, die ihn annahmen, 12
gab er die Freiheit, sich seinem Namen anzuvertrauen und Kinder
Gottes zu werden, / aus Gott geboren und nicht kreatürlich, nicht 13
aus menschlichem Trieb oder Willen.
Das Wort erschien in einem Menschen und wohnte bei uns. Wir 14
sahen seine Herrlichkeit, die so herrlich ist, wie wenn der einzige
Sohn von seinem Vater allen Ruhm allein erbt. Dieses Wort ist ganz
Gnade und ganz Gottes Wesen. / Johannes legt Zeugnis ab von 15
ihm: »Diesen meinte ich, als ich sagte: ›Nach mir kommt einer, der
vor mir entstanden ist, weil er früher da war als ich.‹« / Denn nur 16
so konnten wir alle, ob vor ihm oder nach ihm, aus dem schöpfen,
was ihm in Fülle gegeben ist, Gnade und nochmals Gnade. / Durch 17
Mose gab Gott das Gesetz, durch Jesus Christus wurde uns Gnade
und Gottes Wesen selbst zuteil. / Keiner hat Gott je gesehen. Der 18
einzige Sohn, der von Gottes Art ist und seinen Platz neben dem
Vater hat, brachte von ihm Kunde.

Zeugnisse für Jesus 1,19-51

Und als die Juden aus Jerusalem Priester und Leviten zu Johannes 19
sandten, um ihn zu fragen: »Wer bist du?«, bekannte und beteuerte
dieser / ohne Wenn und Aber: »Ich bin nicht der Messias.« / Sie frag- 20, 21
ten: »Wer bist du dann? Bist du Elia?« Er sagte: »Nein.« »Bist du der

22 Prophet?« Darauf er: »Nein.« / Sie fragten noch einmal: »Wer bist
du? Wir müssen doch denen, die uns geschickt haben, eine Antwort
23 überbringen. Was sagst du selbst über dich?« / Johannes antwortete:
»Ich bin die Stimme dessen, der in der Wüste ruft: Ebnet den Weg für
den Herrn! So hat es der Prophet Jesaja gesagt.«
24 Und einige von denen, die man zu ihm geschickt hatte, gehörten zu
25 den Pharisäern /, und die fragten: »Warum taufst du, wenn du we-
26 der der Messias noch Elia noch der Prophet[1] bist?« / Johannes ant-
wortete: »Ich taufe mit Wasser. Unter euch ist einer, den ihr nicht
27 kennt. / Er ist mein Nachfolger. Ich wäre nicht einmal würdig, ihm
28 die Riemen seiner Sandalen zu lösen.« / Dies geschah in Bethanien,
29 auf der anderen Seite des Jordans, wo Johannes taufte. / Als Johan-
nes am folgenden Tag Jesus auf sich zukommen sah, sagte er: »Er
30 ist Gottes Lamm, und so tilgt er die Sünde der Welt. / Über ihn habe
ich gesagt: ›Nach mir kommt einer, der schon vor mir war, früher
31 als ich.‹ / Zuerst kannte ich ihn nicht, aber damit er für Israel er-
32 kennbar wird, bin ich gekommen und taufe mit Wasser. / Ich bin
Zeuge: Ich habe den Heiligen Geist wie eine Taube vom Himmel
33 herabkommen und auf ihm sitzen bleiben sehen. / Ich wußte nicht,
wer er war. Doch Gott, der mich zum Taufen mit Wasser geschickt
hat, hatte mir gesagt: ›Wenn du den Geist auf einen Mann herab-
kommen siehst und er auf ihm bleibt, dann weißt du: Dieser wird
34 mit dem Heiligen Geist taufen.‹ / Ich habe das gesehen und bin
Zeuge: Er ist der Sohn Gottes.«
35, 36 Am nächsten Tag sahen Johannes und zwei seiner Jünger / Jesus un-
37 terwegs. Johannes sagte: »Er ist Gottes Lamm.« / Die zwei Jünger
38 hörten seine Worte und folgten Jesus. / Jesus wandte sich um. Als
er bemerkte, daß sie ihm folgten, fragte er: »Was sucht ihr?« Sie
entgegneten: »Rabbi (übersetzt heißt das »Lehrer«), wo wohnst
39 du?« / Jesus antwortete: »Kommt mit, dann werdet ihr es sehen.«
Sie gingen mit ihm und sahen, wo er wohnte, und blieben den gan-
40 zen Tag bei ihm, bis vier Uhr nachmittags.[2] / Einer der beiden, die
die Worte des Johannes gehört hatten und Jesus gefolgt waren, war
41 Andreas, der Bruder des Simon Petrus. / Als dieser dann als erstem
seinem Bruder Simon begegnete, sagte er zu ihm: »Wir haben den
42 Messias entdeckt.« (*Messias* heißt übersetzt »Christus«.) / Dann
führte er ihn zu Jesus. Jesus blickte ihn an und sagte: »Du bist Si-
mon, des Johannes Sohn. Du heißt jetzt Kephas.« (*Kephas* heißt
43 übersetzt »Petrus«.) / Als Jesus am nächsten Tag im Begriff war,

---

1 Vgl. Dt 18,15.18.
2 Wörtlich: »die zehnte Stunde«, gerechnet ab 6 Uhr morgens.

nach Galiläa aufzubrechen, traf er Philippus und sagte zu ihm:
»Folge mir.« / Philippus kam aus Bethsaida, der Stadt, aus der auch 44
Andreas und Petrus stammten. / Er traf Nathanael und sagte zu 45
ihm: »Wir haben den entdeckt, über den Mose im Gesetz geschrieben hat und den die Propheten angekündigt haben. Es ist Jesus, der
Sohn von Joseph aus Nazareth.« / Nathanael entgegnete: »Kann 46
aus Nazareth etwas Gutes kommen?« Philippus antwortete:
»Komm mit, dann wirst du es sehen.« / Als Jesus Nathanael auf 47
sich zukommen sah, sagte er: »Er ist ein wahrer Israelit. Er ist aufrichtig.« / Nathanael sagte zu Jesus: »Woher kennst du mich?« 48
Jesus antwortete: »Bevor dich Philippus ansprach, habe ich dich
unter dem Feigenbaum gesehen.« / Da sagte Nathanael: »Rabbi, du 49
bist der Sohn Gottes, du bist der König Israels.« / Aber Jesus ent- 50
gegnete: »Nur weil ich dir gesagt habe, daß ich dich unter dem Feigenbaum sah, bist du schon zum Glauben gekommen. Aber du
wirst noch viel größere Dinge erfahren. / Amen, amen, ich sage 51
euch: Ihr werdet sehen, daß der Himmel offen steht und die Engel
Gottes den Menschensohn umringen.«

Kapitel 2

Durch seine Zeichen bringt Jesus die Menschen zum Glauben

2,1-25

Am dritten Tag feierte man eine Hochzeit im galiläischen Kana. 1
Jesu Mutter war dort, / aber auch Jesus und seine Jünger waren 2
Hochzeitsgäste. / Der Wein ging aus, und Jesu Mutter sprach zu ih- 3
rem Sohn: »Der Wein ist alle!« / Jesus erwiderte: »Frau, was willst 4
du von mir?[3] Noch ist es nicht soweit, daß andere über mich bestimmen.« / Jesu Mutter wandte sich an die Tischdiener: »Tut, was 5
er euch sagt.« / Es standen dort aber sechs Wasserkrüge, wie sie den 6
Juden zur Reinigung dienen. Jeder Krug faßte 80 bis 120 Liter. /
Jesus bat sie: »Füllt die Krüge mit Wasser.« Da füllten sie sie bis an 7
den Rand. / Jesus sagte ihnen: »Nehmt davon und bringt es dem 8
Mundschenk.« So taten sie. / Der Mundschenk nahm eine Kost- 9
probe – das Wasser war zu Wein geworden, doch er wußte nicht,
woher der Wein kam. Die Tischdiener wußten Bescheid. Sie hatten
ja das Wasser eingefüllt. Da bat der Mundschenk den Bräutigam zu
sich / und sagte: »Man setzt doch Gästen zuerst den besseren Wein 10
vor und später, wenn die Gäste getrunken haben, den weniger gu-

[3] Zur Übersetzung vgl. K. Berger: Einführung in die Formgeschichte, UTB 1444, 155.

11 ten. Wieso hast du den guten Wein bis jetzt aufgehoben?« / Jesus
wirkte so sein erstes Wunder in Kana in Galiläa und zeigte so seine
Herrlichkeit, und seine Jünger glaubten an ihn.
12 Danach ging Jesus nach Kapernaum hinab, mit ihm seine Mutter,
13 seine Brüder und Jünger. Dort blieben sie wenige Tage. / Das Pas-
sahfest der Juden war nahe, und Jesus ging nach Jerusalem hinauf.
14 / Im Tempel sah er die Verkäufer der Rinder, Schafe und Tauben so-
15 wie die Geldwechsler dasitzen. / Er flocht eine Peitsche aus Stricken
und trieb sie alle aus dem Tempel, auch die Schafe und Rinder. Er
schüttete das Kleingeld der Wechsler aus und warf ihre Tische um.
16 / Den Taubenverkäufern sagte er: »Weg mit diesen Sachen hier!
17 Macht das Haus meines Vaters nicht zur Ramschbude.« / Jesu Jün-
ger erinnerten sich an die Schriftstelle »Der Eifer für dein Haus ver-
18 zehrt mich«. / Die Juden reagierten mit der Frage: »Was für ein Be-
19 glaubigungswunder für diese Tat kannst du vorzeigen?« / Jesus
antwortete ihnen: »Zerstört diesen Tempel, und binnen drei Tagen
20 werde ich ihn wieder aufbauen.« / Die Juden erwiderten: »46 Jahre
hat der Bau dieses Tempels gedauert, und du willst ihn in drei
21 Tagen wieder aufbauen?« / Jesus hatte aber, als er vom Tempel
22 sprach, seinen Leib gemeint. / Nach der Auferstehung erinnerten
sich dann seine Jünger an diese Worte. So stützte sich ihr Glaube
sowohl auf die Schrift als auch auf Jesu Wort.
23 Als Jesus dann zum Passahfest in Jerusalem war, kamen viele zum
Glauben an ihn. Sie bekannten sich zu seinem Namen, weil sie seine
24 Wundertaten sahen. / Jesus selbst aber war ihnen gegenüber nicht
auf gläubiges Vertrauen angewiesen, sondern er hatte sichere Er-
25 kenntnis über aller Herzen. / Zeugnisse anderer über Menschen
brauchte er nicht, denn er wußte selbst genau über der Menschen
Inneres Bescheid.

Kapitel 3

Jesus erklärt seine Sendung anhand der Taufe 3,1-36

1 Ein Pharisäer namens Nikodemus, der zur jüdischen Führungs-
2 schicht gehörte, / kam eines Nachts zu Jesus und bekannte: »Rabbi,
wir wissen, daß du ein Lehrer bist, der von Gott kommt. Denn wer
solche Wunder wirkt wie du, der muß schon mit Gott zu tun ha-
3 ben.« / Jesus antwortete: »Amen, amen, ich sage dir: Nur einer, der
4 von oben her geboren wird, kann Gottes Reich sehen.« / Darauf
fragte Nikodemus: »Und wenn jemand schon älter ist, wie kann er
dann geboren werden? Kann er etwa wieder in den Leib seiner
5 Mutter zurück und noch einmal geboren werden?« / Jesus antwor-

tete: »Amen, amen, ich sage dir: Nur wer aus Wasser und Geist ge-
boren wird, kann in Gottes Reich hineingelangen. / Eine Kreatur 6
bringt immer nur wieder Kreaturen hervor. Der Heilige Geist dage-
gen bringt Heiligen Geist hervor. / Wenn ich also gesagt habe: ›Ihr 7
müßt von neuem geboren werden‹, dann ist das nicht widersinnig.
/ Denn der aus Geist geboren wurde, ist wie der Wind. Der weht, 8
wo er will; man kann ihn hören. Doch woher er kommt und wohin
er geht, das weiß keiner.«
Da fragte Nikodemus: »Wie kann man aus Geist geboren werden?« 9
/ Jesus entgegnete ihm: »Du als Lehrer Israels weißt das nicht? / 10
Amen, amen, ich sage dir: Was der Täufer und ich wissen, das ver- 11
künden wir, und wir bezeugen, was wir gesehen haben. Und trotz-
dem wollt ihr unser Zeugnis nicht hören. / Wenn ihr schon nicht 12
glaubt, was ich euch über Irdisches sage, wieviel weniger werdet ihr
dann glauben, was ich euch über den Himmel sage. / Allein der 13
Menschensohn ist in den Himmel hinaufgestiegen, wie er zuvor
vom Himmel herabgestiegen ist.
Mose hat in der Wüste die eherne Schlange oben an einem Pfahl 14
aufgehängt. So muß auch der Menschensohn oben an einem Pfahl
aufgehängt werden, / damit jeder, der an ihn glaubt, für immer lebt. 15
/ Denn Gott hat die Welt so sehr geliebt, daß er den Menschen sei- 16
nen einzigen Sohn geschenkt hat, damit jeder, der an ihn glaubt, für
immer lebt und nicht verlorengeht. / Gott hat seinen Sohn nicht in 17
die Welt gesandt, damit er sie verurteilt, sondern damit sie durch
ihn gerettet wird. / Wer an ihn glaubt, wird nicht verurteilt. Wer 18
aber nicht an ihn glauben und sich nicht zum Namen von Gottes
einzigem Sohn bekennen will, der ist schon verurteilt. / Das ent- 19
scheidet sich so: Als das Licht in die Welt kam, liebten die Men-
schen, deren Werke böse waren, die Finsternis mehr als das Licht.
/ Denn wer Böses tut, haßt das Licht und meidet es, damit seine Ta- 20
ten nicht ans Licht kommen. / Wer aber tut, was Gott gemäß ist, 21
stellt sich ins Licht, damit offenbar wird, daß seine Taten nach Got-
tes Willen waren.«
Danach kam Jesus mit seinen Jüngern nach Judäa. Dort hielt er sich 22
eine Weile mit ihnen auf und taufte viele Menschen. / Auch Johan- 23
nes taufte, und zwar bei Ainon nahe Salim, weil dort viel Wasser
war, und er hatte großen Zulauf. / Man hatte ihn noch nicht gefan- 24
gengenommen. / Als einige seiner Jünger einmal mit einem anderen 25
Juden über die Reinigung durch die Taufe uneins waren, / gingen 26
sie zu Johannes und sagten: »Rabbi, der Mann, der damals am an-
deren Jordanufer bei dir war und über den du Zeugnis abgelegt
hast, tauft jetzt auch, und alle kommen zu ihm.« / Johannes erwi- 27

derte: »Ein Mensch kann sich nur nehmen, was ihm der Himmel
28 gibt. / Ihr seid Zeugen, daß ich gesagt habe: ›Ich bin nicht der Chri-
29 stus, sondern Gott hat mich vor ihm geschickt.‹ / Bräutigam ist, wer
bei der Braut ist. Der Freund des Bräutigams steht draußen vor dem
Brautgemach und freut sich, wenn er den Freudenruf[4] des Bräuti-
30 gams hört. Ich freue mich von ganzem Herzen. / Je heller die Sonne
leuchtet, um so mehr verblaßt der Mond. So ist es mit ihm und mir.
31 / Wer von oben kommt, steht höher als alle. Wer nur von der Erde
her kommt, der redet auch Irdisches. Wer vom Himmel her kommt,
32 steht über allen. / Er bezeugt, was er gesehen und gehört hat. Doch
33 sein Zeugnis will keiner hören. / Wer aber seinem Zeugnis Glauben
34 schenkt, der schenkt damit Gott selbst Glauben.[5] / Denn wer von
Gott gesandt ist, der redet Gottes Wort, weil Gott seinen Geist
35 überreichlich schenkt. / Der Vater liebt den Sohn und hat ihm alles
36 anvertraut. / Wer an den Sohn glaubt, lebt für immer. Wer aber dem
Sohn nicht glaubt, wird das Leben nicht sehen, sondern unter Got-
tes Zorn stehen.«

Kapitel 4

Jesus und die Samaritanerin 4,1-42

1 Den Pharisäern war zu Ohren gekommen, daß Jesus mehr Jünger als
2 Johannes gewann und sie taufte / oder vielmehr von seinen Jüngern
3 taufen ließ. / Als Jesus davon erfuhr[6], verließ er Judäa und ging nach
4 Galiläa zurück. / Auf dem Weg dahin mußte er Samarien durchque-
5 ren. / Dann kam er nach Sychar, einem samarischen Dorf, das nicht
weit von dem Stück Land entfernt lag, das Jakob seinem Sohn Jo-
6 seph vermacht hatte. / Dort war ein Brunnen, der Jakobsbrunnen,
an den sich Jesus setzte, ermüdet von der langen Wanderung. Es war
7 gegen 12 Uhr. / Da kam eine samarische Frau zum Wasserschöpfen.
8 Jesus sagte zu ihr: »Hast du auch etwas zu trinken für mich?« / Seine
9 Jünger waren ins Dorf gegangen, um etwas zu essen zu kaufen. / Die
samarische Frau sagte: »Wie kannst du als Jude mich, die Samarita-
nerin, um etwas zu trinken bitten?« (Die Juden halten sich nämlich

[4] Geht es um den Freudenruf, den der Bräutigam ausstößt, wenn er die Braut »genommen« hat?

[5] Wörtlich: »Er bestätigt, daß Gott wahr ist«, das heißt: daß Gott recht hat.

[6] Jesus fürchtete offenbar, daß sich die Pharisäer auf die Seite des Täufers stellen und dadurch eine Konkurrenz zwischen ihm und dem Täufer hervorrufen würden.

von Samaritanern fern.) / Jesus antwortete ihr: »Wenn du wüßtest, 10
was Gott gibt und wer ich bin, dann hättest du mich um frisches
Wasser gebeten und ich hätte es dir gereicht.« / Die Frau entgegnete: 11
»Herr, du hast kein Schöpfgefäß, und der Brunnen ist tief. Woher
willst du das frische Wasser nehmen? / Kannst du etwa mehr als Ja- 12
kob, unser Vater? Er hat uns nämlich den Brunnen geschenkt und
selbst daraus getrunken, wie auch seine Kinder und seine Herde.« /
Jesus erwiderte: »Jeder, der von diesem Wasser trinkt, wird danach 13
wieder Durst bekommen. / Wer aber von dem Wasser trinkt, das ich 14
ihm gebe, der wird nie mehr Durst haben. Vielmehr wird das Was-
ser, das ich ihm gebe, in ihm selbst zu einer Quelle werden, die bis ins
ewige Leben sprudelt.« / Da sagte die Frau: »Herr, gib mir von die- 15
sem Wasser, damit ich keinen Durst mehr habe und nicht mehr hier-
herkommen muß, um Wasser zu schöpfen.« / Darauf forderte Jesus 16
sie auf: »Geh, ruf deinen Mann und hole ihn her.« / Die Frau ant- 17
wortete: »Ich habe keinen Mann.« Und Jesus sagte: »Ganz richtig,
du hast keinen Mann. / Denn du hattest fünf, und der, den du jetzt 18
hast, ist nicht dein Mann. Das hast du ganz richtig gesagt.« / Die 19
Frau staunte: »Du bist ja ein Prophet, Herr. Ich sehe es. / Unsere Vor- 20
fahren beteten Gott auf diesem Berg an. Ihr dagegen sagt, man
müsse Gott auf dem Berg in Jerusalem anbeten.« / Jesus sagte: »Es 21
kommt eine Zeit, da wird man den Vater weder auf diesem Berg
noch in Jerusalem anbeten. / Ihr betet Gott an, aber ihr kennt ihn 22
nicht. Wir beten ihn an, aber wir kennen ihn. Das Heil kommt ja von
den Juden. / Aber es kommt die Zeit, und das ist jetzt, da werden 23
Menschen den Vater wirklich anbeten, im Heiligen Geist und wie es
Gott zukommt. Solche Anbetung will der Vater. / Denn Gott ist Hei- 24
liger Geist, und wer ihn anbetet, kann das nur tun in der Kraft des
Heiligen Geistes und wie es Gott zukommt.« / Die Frau sagte: »Ich 25
weiß, daß ein Messias kommen wird, der sogenannte Christus.
Wenn er kommt, wird er uns alles sagen.« / Da sagte Jesus: »Das bin 26
ich, der mit dir spricht.«

Unterdessen waren seine Jünger zurückgekehrt, und sie nahmen 27
daran Anstoß, daß er mit einer Frau redete. Aber keiner sagte zu
ihm: »Was willst du von ihr?« oder »Was hast du mit ihr zu reden?«
Die Frau ließ ihren Krug stehen, ging ins Dorf und erzählte den 28
Leuten: / »Da ist ein Mann, der mir alles, was ich getan habe, auf 29
den Kopf zu gesagt hat. Vielleicht ist er der Christus.« / Da mach- 30
ten sich die Leute aus dem Dorf auf den Weg zu Jesus.

Unterdessen forderten die Jünger Jesus auf: »Rabbi, iß doch 31
etwas.« / Jesus entgegnete: »Ich esse etwas, das ihr nicht kennt.« / 32
Da sagten die Jünger zueinander: »Hat ihm vielleicht jemand an- 33

34 ders etwas zu essen gebracht?« / Jesus aber sagte: »Ich esse den Wil-
len Gottes, der mich geschickt hat, und erfülle seinen Auftrag.
35 Ihr kennt doch die Bauernregel: ›Nach der Saat der Monde vier,
steht die Ernte vor der Tür.‹ Dann seht nur hin auf die Felder. Das
36 Korn leuchtet golden und ist reif zur Ernte. / Die Erntearbeiter sind
schon eingestellt. Die Frucht, die sie einfahren, sind Menschen, für
das ewige Leben bestimmt. So sollen sich beide freuen, Sämann
37 und Erntearbeiter. / Hier gilt der Satz: Was der eine sät, erntet der
38 andere. / Ich habe euch beauftragt, dort zu ernten, wo ihr nicht das
Feld bestellt habt. Andere haben das Feld bestellt, und ihr habt sie
abgelöst.«
39 Viele von den Samaritanern aus jenem Dorf gelangten zum Glau-
ben an Jesus, weil die Frau bezeugt hatte: »Er hat mir alles auf den
40 Kopf zu gesagt.« / Sie gingen zu Jesus und baten ihn, bei ihnen zu
41 bleiben. Er blieb zwei Tage dort, / und durch seine Predigt kamen
42 noch viel mehr Leute zum Glauben. / Zu der Frau sagten sie: »Jetzt
glauben wir nicht nur, weil du es uns erzählt hast. Wir haben es
selbst gehört und wissen, daß er wirklich der Heiland der Welt ist.«

Jesus heilt den Sohn des Beamten von Kapernaum 4,43-54

43, 44 Zwei Tage später zog Jesus von dort weg weiter nach Galiläa. / Er
zitierte den Satz: »Kein Prophet gilt etwas in der eigenen Heimat.«
45 / Aber als er nun nach Galiläa gelangte, nahmen ihn die Bewohner
gern auf, denn sie waren selbst zum Passahfest in Jerusalem gewe-
46 sen und hatten alles miterlebt, was er getan hatte. / Jesus kam auch
wieder nach Kana in Galiläa, wo er das Wasser in Wein verwandelt
hatte. Ein königlicher Beamter, dessen Sohn sterbenskrank in Ka-
47 pernaum lag, / hatte gehört, daß Jesus auf dem Weg von Judäa nach
Galiläa war. Da ging er zu ihm und bat ihn, nach Kapernaum hin-
48 unterzukommen und seinen Sohn gesund zu machen. / »Nur wenn
49 ihr Zeichen und Wunder seht, glaubt ihr«, sagte Jesus zu ihm. / Der
Beamte antwortete: »Herr, geh hinunter, bevor mein Kind stirbt.«
50 / Jesus erwiderte: »Geh nach Hause, dein Sohn lebt.« Der Mann
51 glaubte, was Jesus ihm sagte, und machte sich auf. / Unterwegs ka-
men ihm seine Sklaven entgegengelaufen und riefen: »Dein Kind
52 lebt.« / Da fragte er, seit wann es dem Kind besser gehe. Sie antwor-
53 teten: »Gestern um ein Uhr mittags war das Fieber weg.« / Da er-
innerte sich der Vater, daß Jesus ihm genau um diese Zeit gesagt
hatte: »Dein Sohn lebt.« Und er und seine ganze Familie kamen
54 zum Glauben. / Dieses war das zweite Wunder in Kana, und Jesus
wirkte es, nachdem er von Judäa nach Galiläa gezogen war.

Kapitel 5

Jesus heilt den Kranken am Bethesda-Teich 5,1-47

Dann ging Jesus zum jüdischen Fest nach Jerusalem hinauf. / In 1, 2
Jerusalem liegt am Schafstor ein Wasserbecken – auf hebräisch:
»Betzata« –, umgeben von fünf Säulenhallen. / In diesen Hallen la- 3
gen viele Kranke, Blinde, Lahme und von Auszehrung Befallene. /
Manchmal stieg ein Engel des Herrn zum Teich herab, wodurch 4
das Wasser in Bewegung geriet, und wer danach als erster ins Was-
ser stieg, der wurde gesund. / Dort lag auch ein Mensch, der seit 38 5
Jahren krank war. / Jesus sah ihn daliegen und gewahrte, daß er 6
sich schon lange mit seiner Krankheit quälte. Er fragte ihn: »Willst
du gesund werden?« / Der Kranke antwortete: »Herr, ich habe nie- 7
manden, der mich zum Teich trägt, wenn sich das Wasser bewegt.
Und wenn ich allein den Teich erreichen will, ist immer schon ein
anderer vor mir dort.« / Da sagte Jesus zu ihm: »Steh auf, nimm 8
deinen Strohsack und lauf!« / Kaum hatte Jesus das gesagt, da war 9
der Mann gesund. Er nahm seinen Strohsack und konnte wieder
laufen. – Das alles geschah am Sabbat.
Nun machten die Juden dem Geheilten Vorhaltungen: »Es ist doch 10
Sabbat, du darfst den Strohsack nicht tragen!«[7] / Der aber erwi- 11
derte: »Der mich gesund gemacht hat, sagte zu mir: ›Nimm deinen
Strohsack und lauf!‹« / Da fragten die Juden: »Wer ist denn das, der 12
zu dir gesagt hat: ›Nimm und lauf!‹?« / Der Geheilte wußte es nicht. 13
Denn Jesus war inzwischen weitergezogen, da sich zu viele Men-
schen am Ort der Heilung versammelt hatten. / Als Jesus den Ge- 14
heilten später im Tempel wiedertraf, sagte er zu ihm: »Du bist ge-
sund geworden. Höre auf zu sündigen, damit es dir nicht noch
schlimmer ergeht.« / Der Mann ging fort und erzählte den Juden, 15
Jesus sei es gewesen, der ihn gesund gemacht habe. / Und weil Jesus 16
das alles am Sabbat getan hatte, begannen die Juden, ihn zu verfol-
gen. / Jesus hielt ihnen vor: »Mein Vater wirkt ohne Unterbre- 17
chung, und so halte ich es auch.« / Aber daraufhin trachteten sie 18
ihm um so erbitterter nach dem Leben, weil er nicht nur das Sab-
batgebot gebrochen, sondern Gott seinen Vater genannt und sich
mit ihm dadurch auf eine Stufe gestellt habe. / Dagegen sagte Jesus: 19
»Amen, amen, ich sage euch: Der Sohn tut alles nur so, wie er es
den Vater tun sieht. Was der Vater tut, macht der Sohn nach. / Denn 20
der Vater liebt den Sohn und zeigt ihm alle seine Werke. Er wird
ihm noch größere zeigen als diese, und ihr werdet staunen.

---

7 Vgl. Jer 17,21.

21 Denn wie der Vater die Toten aufweckt und lebendig macht, so
22 macht auch der Sohn lebendig, wen er will. / So richtet der Vater
auch keinen Menschen, sondern hat alle Gerichtsgewalt an den
23 Sohn übergeben. / So sollen alle den Sohn achten, wie sie den Va-
ter achten würden. Wer den Sohn nicht achtet, der achtet damit
24 auch den Vater nicht, der ihn gesandt hat. / Amen, amen, ich sage
euch: Wer mein Wort hört und an den glaubt, der mich gesandt
hat, der lebt für immer. Er kommt nicht ins Gericht, sondern hat
den Tod schon hinter sich gelassen und ist ins Leben gekommen. /
25 Amen, amen, ich sage euch: Die Zeit kommt, und sie kommt jetzt,
da hören die Toten die Stimme des Gottessohnes, und wer sie hört,
26 wird leben. / Wie der Vater die Quelle des Lebens ist, so hat er
27 auch den Sohn damit begabt, Leben zu schenken. / Er hat ihm die
Vollmacht verliehen, das Gericht zu vollziehen, weil er der Men-
schensohn ist.
28 Daher müßt ihr eines begreifen: Es kommt der Tag[8], da werden alle
29 in den Gräbern seine Stimme hören, / und die Guten werden aus
den Gräbern auferstehen zum ewigen Leben. Die Bösen aber wer-
30 den auferstehen zur Verurteilung. / Ich kann nichts aus eigener
Vollmacht tun. Das Gericht vollziehe ich so, wie ich es vom Vater
höre. Mein Gericht ist gerecht, weil ich nicht meinem eigenen Wil-
len folge, sondern dem Willen dessen, der mich gesandt hat.
31 Wenn nur ich selbst Zeugnis über mich ablege, dann ist meine Zeu-
32 genaussage nicht glaubwürdig. / Wenn aber ein anderer, Gott,
Zeugnis über mich ablegt, weiß ich, daß dieses Zeugnis Beweis-
33 kraft besitzt. / Johannes, den ihr habt befragen lassen, hat ein
34 glaubwürdiges Zeugnis abgelegt. / Ich aber bin auf das Zeugnis von
Menschen nicht angewiesen. Johannes habe ich erwähnt, weil ich
35 euch zu eurem eigenen Besten folgendes sagen muß: / Er war eine
brennende, leuchtende Fackel, aber ihr wolltet euch nur für eine
36 Stunde in seinem Licht sonnen. / Ich halte mich an ein Zeugnis, das
mehr Gewicht hat als das des Johannes. Denn meine Aufträge hat
mir der Vater erteilt. Wenn ich sie erfüllen kann, ist das ein Zeugnis
37 dafür, daß mich der Vater gesandt hat. / Auf diese Weise hat der Va-
ter, der mich gesandt hat, für mich Zeugnis abgelegt. Ihr habt nie-
38 mals seine Stimme gehört, noch je seine Gestalt gesehen. / Auch
sein Wort tragt ihr nicht in euren Herzen, denn ihr glaubt nicht an

---

[8] In V. 28-30 geht es um die Zukunft bei der Parusie. Diese wird ähnlich geschildert wie das Wirken des Menschensohnes in der Gegenwart ab V. 21. Ein Grund zu literarkritischen Scheidungen besteht aber doch wohl nicht.

den, den er gesandt hat. / Ihr durchforscht die Schrift, weil ihr 39
meint, in ihr stecke das ewige Leben. Doch die Schrift ist ein Zeug-
nis für mich. / Ihr aber wollt nicht zu mir kommen, sondern weist 40
das Leben ab. / Ich bin auf Ehrungen von Menschen nicht angewie- 41
sen. / Daher macht es mir nichts aus, wenn ihr mich nicht ehren 42
wollt. Aber es macht mir wohl etwas aus, wenn ich erkennen muß,
daß ihr Gott nicht liebt. / Ich bin im Namen meines Vaters gekom- 43
men, und trotzdem nehmt ihr mich nicht an. Andere Leute, die in
ihrem eigenen Namen kommen, nehmt ihr gerne an. / Wie könnt 44
ihr auch zum Glauben finden, wenn ihr euch von menschlichen Eh-
rungen abhängig macht und gleichzeitig die Ehre und Herrlichkeit,
die Gott euch schenken möchte, zurückweist. / Ihr müßt nicht glau- 45
ben, daß ich euch beim Vater verklagen werde. Aber Mose klagt
euch an, er, auf den ihr eure Hoffnung gesetzt hattet. / Hättet ihr 46
Mose geglaubt, dann könntet ihr auch mir glauben, denn seine
Schrift handelt von mir. / Wenn ihr schon seiner Schrift nicht 47
glaubt, wie sollt ihr dann meinen Worten glauben können?«

Kapitel 6

Jesus macht die Fünftausend satt 6,1-15

Danach ging Jesus ans andere Ufer des Tiberias-Sees in Galiläa. / 1
Viele Menschen folgten ihm, weil sie seine wunderbaren Kranken- 2
heilungen miterlebt hatten. / Jesus stieg mit seinen Jüngern auf die 3
Anhöhe und setzte sich dort mit ihnen nieder. / Es war kurz vor 4
dem jüdischen Passahfest. / Als Jesus die vielen Menschen erblickte, 5
die zu ihm gekommen waren, wandte er sich an Philippus: »Wo sol-
len wir Brot kaufen, damit sie etwas zu essen haben?« / Jesus fragte 6
so, weil er wissen wollte, was Philippus antworten würde; er selbst
hatte schon einen Plan. / Philippus antwortete: »Für zweihundert 7
Silberdenare Fladenbrot würde nicht reichen, um jedem auch nur
ein Stückchen zu geben.« / Einer der Jünger – es war Andreas, der 8
Bruder des Petrus – sagte zu Jesus: / »Da kommt ein Junge mit fünf 9
Gerstenbroten und zwei Fischen. Aber wie soll das für so viele
Menschen reichen?« / Jesus sagte nur: »Die Leute sollen sich erst 10
einmal hinsetzen.« Da ließen sich rund 5000 Menschen auf einer
großen Wiese nieder. / Jesus nahm nun die Brote, sprach das Dank- 11
gebet und verteilte das Brot an die Leute, die dasaßen. Auch von
den Fischen gab er allen, soviel sie essen wollten. / Als sie satt wa- 12
ren, sagte er zu seinen Jüngern: »Sammelt die Brotreste ein, damit
nichts umkommt.« / Sie sammelten alles ein, was die Leute von den 13
fünf Gerstenbroten übriggelassen hatten, und füllten zwölf Körbe

14 damit. / Als die Menschen sahen, daß Jesus hier dieses Wunder ge-
wirkt hatte, sagten sie: »Er ist wahrhaftig der Prophet, der in die
15 Welt kommen soll.« / Jesus bemerkte, daß einige Leute sich an-
schickten, ihn zu entführen und zum König zu machen, und zog
sich wieder allein in die Berge zurück.

Jesus wandelt auf dem See 6,16-21

16, 17 Gegen Abend gingen die Jünger an den See hinunter. / Sie bestiegen
ein Boot und nahmen Kurs auf Kapernaum am gegenüberliegenden
18 Ufer. Es war schon dunkel, Jesus war noch nicht bei ihnen, / und
19 der See war aufgewühlt, denn es ging ein heftiger Wind. / Als sie
etwa drei Meilen zurückgelegt hatten, erblickten sie Jesus. Er kam
20 über das Wasser bis nahe an das Boot. Da erschraken sie. / Jesus
21 sagte zu ihnen: »Ich bin es doch, habt keine Angst.« / Sie wollten
ihn zu sich ins Boot ziehen, da war das Boot auch schon an der Lan-
destelle, auf die sie zusteuerten, angekommen.

Jesus spricht über das Brot des Lebens und schickt die Jünger, die
22 *nicht glauben, fort 6,22-71*

Am nächsten Morgen sahen Menschen, die drüben bei Kapernaum
am See standen, daß nur ein einziges Boot an der Landestelle lag,
und es wurde ihnen klar, daß die Jünger ohne Jesus das Boot be-
23 stiegen hatten.[9]
Dann kamen andere Boote aus Tiberias zu der Stelle, wo Jesus das
24 Dankgebet gesprochen hatte und so viele Menschen satt geworden
waren. / Als nun die Ankömmlinge bemerkten, daß weder Jesus
noch seine Jünger dort waren, stiegen sie wieder in ihre Boote und
25 gelangten auf der Suche nach Jesus in die Gegend von Kapernaum
26 / am anderen Seeufer. Als sie ihn dort fanden, fragten sie ihn:
»Rabbi, wann bist du denn hierhergekommen?« / Jesus antwortete:
»Amen, amen, ich sage euch: Ihr sucht mich nicht, weil ihr Wun-
27 derzeichen gesehen habt, die zum Glauben führen, sondern weil ihr
von den Broten gegessen habt und satt geworden seid. / Strebt nicht
nach solch vergänglicher Nahrung, sondern nach der, die für im-

---

9 Die Menschen, die das sahen, werden so indirekt zu Zeugen des Seewandels Jesu. Sie sehen, daß nur die Jünger ankamen und daß es nur ein Boot gab. Also mußte Jesus noch am Ausgangsort sein – oder wunderbar über das Meer gewandelt sein. Die Leute bei der Stelle der Speisung finden dort weder Jesus noch die Jünger. Dafür sind die Menschen aus den Booten von Tiberias Zeugen. – Die Schwierigkeiten der Auslegung mit 6,22 rühren daher, daß man das »jenseits« von Kapernaum aus dachte, nicht aber vom Ort der Speisung aus.

mer ist. Diese Nahrung kann euch der Menschensohn geben, denn
Gott hat ihn beglaubigt.[10]
Da fragten die Leute: »Was sollen wir denn tun, um Gottes Willen 28
zu erfüllen?« / Jesus antwortete: »Gott will, daß ihr an den glaubt, 29
den er gesandt hat. Das sollt ihr tun.« / Sie baten ihn: »Kannst du 30
nicht ein sichtbares Wunderzeichen wirken? Dann können wir
auch an dich glauben. Was kannst du machen? / Unsere Väter ha- 31
ben das Manna in der Wüste gegessen, und die Schrift sagt dazu:
›Brot vom Himmel hat er ihnen zu essen gegeben.‹« / Darauf erwi- 32
derte Jesus: »Amen, amen, ich sage euch: Mose hat euch damals
nicht Brot vom Himmel gegeben, sondern mein Vater gibt euch
jetzt das wahre Himmelsbrot. / Denn Gottes Brot kommt vom 33
Himmel herab und bringt der Welt Leben.« / Die Juden baten: 34
»Herr, gib uns immer von diesem Brot.« / Da sagte Jesus: »Ich *bin* 35
das Lebensbrot. Wer zu mir kommt, wird nie mehr hungrig sein.
Wer an mich glaubt, wird nie mehr durstig sein. / Doch ich habe es 36
euch schon gesagt: Obwohl ihr mich, der ich selbst das Wunderzei-
chen vom Himmel bin, gesehen habt, glaubt ihr doch nicht. / Alle[11], 37
die der Vater mir anvertraut, kommen zu mir, und wer zu mir
kommt, den schicke ich nicht fort. / Denn ich bin vom Himmel her- 38
abgestiegen, aber nicht um meinen eigenen Willen zu tun, sondern
um Gottes Willen zu tun. Er hat mich gesandt. / Er will, daß ich kei- 39
nen von denen verlorengehen lasse, die er mir anvertraut hat, daß
ich vielmehr jeden auferstehen lasse am Jüngsten Tag. / Der Vater 40
will, daß jeder, der den Sohn sieht, an ihn glaubt und für immer
lebt, weil ich ihn auferwecken soll am Jüngsten Tag.«
Als Jesus sagte: »Ich bin das Lebensbrot vom Himmel«, da regten 41
sich die Juden über ihn auf. / Sie schimpften: »Er ist doch Jesus, der 42
Sohn von Joseph. Wir kennen seine Eltern. Wie kann er da sagen:
›Ich bin vom Himmel herabgestiegen‹?« / Aber Jesus sagte: »Regt 43
euch nicht auf! / Jeder, der zu mir kommt, kommt auf Betreiben des 44
Vaters, der mich gesandt hat; ich werde ihn am Jüngsten Tage auf-

10 Wörtlich: »besiegelt« oder »versiegelt«. Im ersteren Falle wäre die bestätigende Beglaubigung durch Gott gemeint – nach dem Kontext am ehesten vorstellbar durch die Wunder, die Gott für und durch Jesus wirkt (vgl. Joh 5,20.36). Im letzteren Falle ginge es um den Schutz, den Gott Jesus gewährt. Er ist Gottes »Wort« und bedarf der Versiegelung wie eine Urkunde, damit niemand den Text zerstört, verfälscht oder ergänzt. Gottes Beistand für Jesus bestünde in diesem Sinne darin, daß er mit ihm ist (Joh 3,2).

11 Wörtlich: »alles«. Aus der Fortführung des Satzes wird deutlich, daß es sich um Menschen handelt.

45 erwecken. / Bei den Propheten steht geschrieben: ›Alle wird Gott
46 belehren.‹ / Keiner hat je den Vater gesehen – außer dem, der von
47 Gott her kommt. / Amen, amen, ich sage euch: Wer an mich glaubt,
48, 49 lebt für immer. / Ich selbst bin das Lebensbrot. / Eure Väter haben
in der Wüste das Manna gegessen und sind dennoch gestorben. /
50 Hier ist das Himmelsbrot – wenn man davon ißt, wird man den
51 Tod nicht schauen. / Ich bin das Lebensbrot, vom Himmel herab-
gekommen. Wer von diesem Brot ißt, wird für immer leben. Das
Brot, das ich austeile, bin ich selbst, ein Mensch aus Fleisch und
52 Blut, damit die Welt lebt.« / Da diskutierten die Juden untereinan-
53 der: »Wie kann Jesus uns sein Fleisch zu essen geben?« / Jesus aber
sagte: »Amen, amen, ich sage euch: Nur wenn ihr das Fleisch des
54 Menschensohnes eßt und sein Blut trinkt, habt ihr das Leben. / Wer
mein Fleisch kaut und mein Blut schlürft, lebt für immer. Ihn werde
55 ich am Jüngsten Tag auferwecken. / Denn mein Fleisch kann man
56 essen und mein Blut kann man trinken. / Wer so ißt und trinkt, der
57 bleibt bei mir und ich bleibe bei ihm. / Unzerstörbares Leben – das
gibt es beim Vater, der mich gesandt hat, und bei mir durch den Va-
58 ter und bei dem, der mich ißt, durch mich. / Hier ist das Brot vom
Himmel. Bei unseren Vorfahren war es noch anders: Sie haben ge-
gessen und sind dennoch gestorben. Wer dagegen dieses Brot ißt,
59 der wird für immer leben.« / Dies lehrte Jesus in der Synagoge von
Kapernaum.
60 Viele seiner Jünger sagten: »Seine Worte sind zu hart, kein Mensch
61 kann sie ertragen.« / Als Jesus bemerkte, daß seine eigenen Jünger
an seinen Worten Anstoß nahmen, sagte er: »Findet ihr das anstö-
62 ßig? / Ihr werdet es erleben, daß der Menschensohn dorthin hinauf-
63 geht, wo er vorher war. / Dann werdet ihr es verstehen: Lebendig
macht doch nur der Heilige Geist. Fleisch und Blut nützen nichts.
Heiligen Geist und ewiges Leben, das schenken meine Worte. /
64 Aber unter euch sind einige, die nicht glauben.« (Jesus wußte von
Anfang an, wer die waren, die nicht glaubten, und wer der war, der
65 ihn ausliefern sollte.) / Und er fügte hinzu: »Deswegen habe ich
euch gesagt: Nur der, dem der Vater die Gabe dazu verleiht, kann
zu mir kommen.«
66 Darauf trennten sich viele der Jünger von Jesus und zogen nicht
67 weiter mit ihm. / Zu den Zwölfen sagte Jesus: »Vielleicht wollt
68 auch ihr gehen?« / Simon Petrus erwiderte: »Herr, zu wem sollen
69 wir gehen? Deine Worte bedeuten ewiges Leben. / Wir glauben und
70 wissen: Du bist der Heilige Gottes.« / Jesus erwiderte: »Ich habe
71 doch euch zwölf erwählt – aber einer ist der Teufel.« / Er meinte
Judas Iskariot, denn er, einer der Zwölf, sollte ihn ausliefern.

Kapitel 7

Wer Jesus ist, das ist verborgen und umstritten 7,1-8,29

Im Anschluß daran zog Jesus durch Galiläa. Nach Judäa wollte er 1
nicht, weil die Juden ihm nach dem Leben trachteten. / Doch als das 2
jüdische Laubhüttenfest vor der Tür stand, / sagten die Jünger zu 3
Jesus: »Du solltest nach Judäa gehen, damit auch deine Jünger dort
die Wunder sehen, die du tust. / Denn wer im verborgenen wirkt, 4
kann nicht bekannt werden. Zieh nach Judäa und zeige dich der
Welt!« / Man muß allerdings wissen, daß auch seine Geschwister 5
nicht an Jesus glaubten. / Jesus erwiderte: »Für mich ist der richtige 6
Zeitpunkt noch nicht gekommen. Für euch aber ist es immer die
rechte Zeit. / Die Welt hegt keinen Haß gegen euch persönlich. Bei 7
mir ist das anders. Meine Botschaft ist eine Anklage gegen die bö-
sen Taten der Welt. / Geht ihr nur zum Fest. Ich gehe nicht hin, 8
denn meine Zeit ist noch nicht um.« / Und er blieb in Galiläa, wie 9
er gesagt hatte.

Aber nachdem seine Geschwister zum Fest nach Jerusalem hinauf- 10
gezogen waren, da zog er auch selbst hinauf, allerdings nicht in al-
ler Öffentlichkeit, sondern heimlich. / Beim Laubhüttenfest suchten 11
ihn einige Juden und fragten: »Wo steckt er nur?« / Viele Gerüchte 12
waren über ihn im Umlauf. Manche sagten: »Er meint es ehrlich.«
Andere hingegen urteilten: »Nein, er ist ein Volksverführer.« / Aber 13
aus Furcht vor den Römern redeten die Juden nicht in der Öffent-
lichkeit über ihn. / Als das Fest zur Hälfte vorbei war, ging Jesus in 14
den Tempel und lehrte dort. / Die Leute wunderten sich: »Wie kann 15
er die Schrift auslegen, ohne es gelernt zu haben?« / Jesus aber 16
sagte: »Meine Lehre ist nicht von mir, sondern von dem, der mich
gesandt hat. / Wenn jemand bereit ist, Gottes Willen zu tun, dann 17
wird er merken, ob meine Lehre von Gott kommt oder meine ei-
gene Erfindung ist. / Wer nur Eigenes verkündet, dem geht es um 18
die eigene Ehre. Wem es um die Ehre dessen geht, der ihn gesandt
hat, der meint es ehrlich und tut nichts Böses. / Hat euch Mose 19
nicht das Gesetz gegeben? Und doch handelt keiner von euch da-
nach. Warum wollt ihr mich beseitigen?« / Die Leute erwiderten: 20
«Du bist verrückt. Wer will dich denn töten?« / Jesus erwiderte: 21
»Ich habe nur einmal etwas getan – und dennoch nehmt ihr alle
Anstoß an mir. / Mose hat euch doch die Beschneidung befohlen 22
(sie stammt allerdings nicht von Mose, sondern aus der Zeit der
Väter), und ihr führt sie auch am Sabbat durch. / Dann wird also 23
trotz des Sabbats und nur, um so das Gesetz des Mose zu erfüllen,
ein Knabe beschnitten, also an einem Teil seines Körpers krank ge-

macht. Wie könnt ihr da so haßerfüllt gegen mich sein, weil ich am
24 Sabbat einen ganzen Menschen gesund gemacht habe? / Urteilt
doch bitte sachlich und gerecht!«
25 Einige der Jerusalemer sagten: »Ist das nicht der, den sie umbringen
26 wollen? / Und er hält öffentlich Reden, und keiner warnt ihn? Ist
etwa die Volksführung der Meinung, daß er wirklich der Messias
27 ist? / Aber wir wissen doch, woher er kommt. Beim Christus aber
28 weiß niemand, wo er herkommt.« / Dagegen sagte Jesus, als er im
Tempel lehrte: »Ihr kennt mich zwar und wißt, woher ich komme,
aber ich bin nicht im eigenen Auftrag hier, sondern Gott, der
29 Wahre, hat mich geschickt, und den kennt ihr nicht. / Ich kenne
30 ihn, denn ich komme von ihm her, und er hat mich gesandt.« / Sie
sagten, man sollte ihn ergreifen, doch keiner legte Hand an ihn,
31 denn seine Stunde war noch nicht gekommen. / Viele aus dem Volk
glaubten an ihn und sagten: »Mehr Wunder als er kann auch der
32 Christus nicht tun, wenn er kommt.« / Als die Pharisäer und die
Hohenpriester hörten, daß die Leute so über Jesus redeten, schick-
33 ten sie Diener aus, die ihn ergreifen sollten. / Jesus aber sagte: »Ich
werde nur noch eine Weile bei euch sein, dann gehe ich zu dem, der
34 mich gesandt hat. / Wenn ihr mich sucht, werdet ihr mich nicht fin-
35 den. Und wo ich sein werde, da könnt ihr nicht hinkommen.« / Da
sagten die Juden zueinander: »Wo will er nur hingehen, daß er sa-
gen kann, wir würden ihn nicht finden? Vielleicht will er zu den
Griechen in die Diaspora gehen und ihnen die Botschaft bringen. /
36 Was meint er nur, wenn er sagt: »Wenn ihr mich sucht, werdet ihr
mich nicht finden« und »Wo ich sein werde, da könnt ihr nicht hin-
kommen«?
37 Am letzten Feiertag in der Festwoche stand Jesus da und rief:
»Wenn jemand Durst hat, soll er zu mir kommen und trinken. /
38 Wenn einer an mich glaubt, dann gilt, was die Schrift über mich
sagt: Ströme lebendigen Wassers werden aus meinem Leib fließen.«
39 / Damit meinte Jesus den Geist, den die empfangen sollten, die an
ihn glaubten. Denn der Heilige Geist war noch nicht bei den Men-
schen, weil Jesus noch nicht in die Herrlichkeit eingegangen war. /
40 Als die Leute diese Worte hörten, sagten viele: »Dieser Mann ist
41 wirklich der Prophet.« / Andere sagten: »Dieser Mann ist der Mes-
sias.« Dagegen wandten einige ein: »Kommt der Messias etwa aus
42 Galiläa? / Steht nicht in der Schrift, daß der Christus aus dem Ge-
schlecht Davids kommen werde und aus Bethlehem, wo David
43, 44 wohnte?« / Die Leute zerstritten sich seinetwegen. / Einige sagten,
45 man müsse ihn ergreifen, aber keiner legte Hand an ihn. / Da gin-
gen die Diener unverrichteter Dinge zu den Hohenpriestern und

Pharisäern zurück. Die sagten zu ihnen: »Warum habt ihr ihn nicht
mitgebracht?« / Die Diener antworteten: »So wie er hat noch kein 46
Mensch geredet.« / Darauf erwiderten die Pharisäer: »Seid ihr etwa 47
auch irregeleitet? Habt ihr euch etwa auch verführen lassen? / Kei- 48
ner von den Führern des Volkes oder von uns glaubt an ihn. / Aber 49
dieses dumme Volk ist dazu verdammt, das Gesetz nicht zu ken-
nen.« / Da sagte Nikodemus, der damals zu Jesus gekommen war[12] 50
und der ja selbst ein Pharisäer war: / »Unser Gesetz verurteilt kei- 51
nen, der das Gesetz nicht kennt und nicht weiß, was er tut.« / Sie 52
erwiderten: »Stammst du etwa auch aus Galiläa? Wenn du genau
nachliest, wirst du feststellen, daß noch nie ein Prophet aus Galiläa
gekommen ist.« /[13] Da gingen sie alle nach Hause. 53

Kapitel 8

Jesus aber stieg auf den Ölberg. / Am nächsten Morgen ging er wie- 1, 2
der in den Tempel. Das ganze Volk kam zu ihm, und er saß da und
lehrte sie. / Da führten die Schriftgelehrten und Pharisäer eine Frau 3
herein, die man beim Ehebruch ertappt hatte. Sie stellten sie vor ihn
hin / und sagten: »Lehrer, diese Frau wurde beim Ehebruch er- 4
tappt. / Mose hat uns im Gesetz aufgetragen, solche Frauen zu stei- 5
nigen. Was sagst du dazu?« / Das war eine Fangfrage, die einen 6
Vorwand für die Anklage liefern sollte. Jesus aber bückte sich und
schrieb mit dem Finger etwas auf den Boden. / Als sie weiter in ihn 7
drangen, richtete er sich auf und sagte: »Derjenige von euch, der
ohne Sünde ist, soll als erster einen Stein auf sie werfen!« / Dann 8
bückte er sich wieder und schrieb weiter. / Als sie seine Worte hör- 9
ten, gingen sie beschämt davon, die Ältesten zuerst. Jesus blieb al-
lein zurück, die Frau stand immer noch vor ihm. / Er richtete sich 10
auf und sagte zu ihr: »Frau, wo sind denn die Ankläger? Hat dich
keiner verurteilt?« / Sie antwortete: »Keiner, Herr.« Da sagte Jesus: 11
»Auch ich verurteile dich nicht. Nun geh und sündige nie wieder.«
Dann wandte er sich erneut an sie und sagte: »Ich bin das Licht der 12
Welt. Wer mir nachfolgt, der irrt nicht im Dunkeln umher, sondern
erlangt das Licht des Lebens.« / Da sagten die Pharisäer: »Du willst 13
Zeuge in eigener Sache sein. Solche Art Zeugnis gilt nicht.« / Jesus 14

---

12 Siehe Joh 3.1 ff.

13 Der Abschnitt 7,53-8,11 gehört nicht ursprünglich zum JohEv, sondern ist hier aus einem anderen, unbekannten Evangelium eingefügt worden. Daher wird dieses Stück unten auch als eigener frühchristlicher Text vorgestellt.

erwiderte: »Bei mir ist es gültig, auch wenn ich mein eigener Zeuge
bin, denn ich weiß, woher ich gekommen bin und wohin ich gehe.
Ihr aber wißt nicht, woher ich gekommen bin und wohin ich gehe.
15 / Ihr sprecht ein Urteil nach Menschenart, ich aber spreche über
16 niemanden ein Urteil. / Wenn ich aber doch einmal ein Urteil spre-
che, dann ist es gültig, denn ich bin nicht allein, sondern wir sind
17 zwei, ich und der Vater, der mich gesandt hat. / In eurem Gesetz
steht doch, daß ein Zeugnis gültig ist, wenn es von zwei Personen
18 abgelegt wird. / Ich bin der eine Zeuge, und der Vater, der mich ge-
19 sandt hat, ist der andere Zeuge für mich.« / Da fragten sie: »Wo ist
denn dein Vater?« Jesus erwiderte: »Ihr kennt weder mich noch
meinen Vater. Wüßtet ihr, wer ich bin, dann wüßtet ihr auch, wer
20 mein Vater ist.« / Als Jesus dies sagte, stand er neben dem Opfer-
kasten im Tempel und lehrte. Keiner ergriff ihn, denn seine Stunde
war noch nicht gekommen.
21 Dann sagte er noch einmal: »Ich werde fortgehen, und ihr werdet
mich suchen. Ihr werdet in eurer Sünde sterben. Wo ich hingehe,
22 dorthin könnt ihr nicht kommen.« / Da fragten sich die Juden:
»Will er Selbstmord begehen, weil er sagt: ›Wo ich hingehe, dorthin
23 könnt ihr nicht kommen‹?« / Jesus sagte zu ihnen: »Ihr seid von
unten, ich aber bin von oben. Ihr seid aus dieser Welt, ich aber
24 stamme nicht aus dieser Welt. / Ich habe euch schon gesagt, daß ihr
in euren Sünden sterben werdet. Denn wenn ihr nicht glaubt, daß
ich der bin, der ich zu sein behaupte, werdet ihr in euren Sünden
25 sterben.« / Sie fragten: »Wer bist du?« Jesus antwortete: »Davon
26 spreche ich doch schon die ganze Zeit.[14] / Auch über euch hätte ich
einiges zu sagen, aber vor der Welt sage ich nur das, was ich von
27 dem gehört habe, der mich gesandt hat. Sein Wort gilt.« / Sie merk-
28 ten nicht, daß er seinen Vater meinte. / Jesus sagte weiter: »Wenn
ihr den Menschensohn erhöht habt, dann werdet ihr erkennen, daß
ich der bin, der ich zu sein behaupte, und daß ich nicht in eigenem
Auftrag handle, sondern nur das sage, was mich der Vater gelehrt
29 hat. / Der mich gesandt hat, ist bei mir. Er läßt mich nicht allein,
denn ich tue immer das, was er will.«

Jesus nennt die Juden Kinder des Teufels 8,30-59

30, 31 Als Jesus das sagte, bekehrten sich viele zu ihm. / Da sagte er zu den
Juden, die sich zu ihm bekehrt hatten: »Wenn ihr meiner Botschaft
32 treu bleibt, seid ihr wirklich meine Jünger. / Ihr werdet Gottes
33 Wirklichkeit erfahren, und das wird euch befreien.« / Sie entgegne-

[14] Wörtlich: »Was ich zu Anfang sagte, sage ich auch jetzt zu euch.«

ten: »Wir sind doch freie Kinder Abrahams und waren niemals Skla-
ven, die man hätte befreien müssen. Wie kannst du da sagen: ›Das
wird euch befreien‹?« / Jesus antwortete: »Amen, amen, ich sage 34
euch: Jeder, der sündigt, ist Sklave der Sünde. / Haussklave muß kei- 35
ner für immer bleiben, aber das Kind seines Vaters bleibt man für
immer. / Wenn euch daher der Sohn die Freiheit schenkt, dann seid 36
ihr wirklich frei. / Ihr seid zwar Kinder Abrahams, aber dennoch 37
wollt ihr mich töten, weil ihr für meine Botschaft keinen Platz in eu-
rem Herzen hattet. / Ich sage doch nur, was ich von meinem Vater 38
gelernt habe. Ebenso tut ihr, was ihr von eurem Vater gelernt habt.«
/ Sie antworteten: »Unser Vater ist Abraham.« Da sagte Jesus: 39
»Wenn ihr Kinder Abrahams wärt, dann würdet ihr so handeln wie
Abraham! / Aber ihr wollt mich töten, obwohl ich euch doch nur 40
von der Wirklichkeit Gottes erzählt habe, von dem, was ich von
Gott gehört habe. So etwas wie das, was ihr tun wollt, hat Abraham
nicht getan. / Ihr tut genau dasselbe wie euer Vater.« Sie erwiderten: 41
»Wir stammen von unserem rechtmäßigen Vater ab, Gott ist doch
unser einziger Vater.« / Da sagte Jesus: »Wäre Gott euer Vater, dann 42
würdet ihr mich lieben. Denn ich bin von Gottes Art und komme
von ihm her. Nicht im eigenen Auftrag bin ich hier, sondern als Got-
tes Gesandter. / Ich frage mich: Warum wollt ihr meine Botschaft 43
nicht als gültig anerkennen? Weil ihr meine Worte gar nicht begrei-
fen könnt. / Denn euer Vater ist der Teufel, und ihr wollt nur tun, 44
was ihm gefällt. Seit Kain und Abel mordet er Menschen, und keiner
steht Gott so fern wie er, denn in ihm ist nichts von Gott. Was er
sagt, ist Lug und Trug, so ist er selbst, und so ist auch sein Vater. /
Mir aber glaubt ihr nicht, weil ich von Gottes Wirklichkeit rede und 45
nicht von Lug und Trug. / Kann mir einer von euch eine Verfehlung 46
nachweisen? Warum glaubt ihr mir nicht, wenn ich Wahres über
Gottes Wirklichkeit sage? / Wer von Gott her kommt, der kann Got- 47
tes Worte verstehen. Ihr könnt mich nicht verstehen, weil ihr nicht
von Gott her kommt.«
Da fragten seine jüdischen Gegner: »Haben wir nicht recht, wenn 48
wir sagen, daß du ein Samaritaner bist und einen bösen Geist in dir
hast?« / Jesus antwortete: »Ich habe keinen bösen Geist in mir, son- 49
dern ich erkenne meinen Vater an, aber ihr wollt mich nicht aner-
kennen. / Ich strebe nicht nach Ehre für mich selbst, aber es gibt ei- 50
nen, der nach meiner Ehre strebt. Von ihm hängt es ab, wer recht
hat. / Amen, amen, ich sage euch: Wer sich an mein Wort hält, wird 51
nie den Tod schauen.« / Da entgegneten seine jüdischen Gegner: 52
»Jetzt haben wir klar erkannt, daß du einen bösen Geist in dir hast.
Abraham und die Propheten sind gestorben, aber du sagst: ›Wer

53 sich an mein Wort hält, wird nie den Tod schauen.‹ / Bist du etwa
größer als unser Vater Abraham, der gestorben ist, und als die Pro-
pheten, die gestorben sind? Welche Herrlichkeit maßt du dir an?«
54 / Jesus erwiderte: »Wenn ich mir diese Herrlichkeit nur anmaßte,
würde das nichts bedeuten. Diese Herrlichkeit hat mir jedoch mein
55 Vater gegeben, er, den ihr unseren Gott nennt. / Ihr habt ihn noch
gar nicht kennengelernt. Ich aber kenne ihn wohl. Wollte ich das
bestreiten, dann müßte ich lügen, so wie ihr lügt. Doch ich kenne
56 ihn, und ich halte mich an sein Wort. / Euer Vater Abraham brach
in Jubel aus, als ihm verheißen wurde, er dürfe einen Blick in die
Zeit werfen, in der ich da sei. Er schaute sie in einer Vision und
57 freute sich darüber.« / Da sagten seine jüdischen Gegner zu ihm:
»Du bist noch keine fünfzig Jahre alt und willst Zeitgenosse Abra-
58 hams gewesen sein?« / Jesus erwiderte ihnen: »Ehe Abraham über-
59 haupt gelebt hat, lebe ich.« / Da hoben sie Steine auf und wollten
ihn damit bewerfen. Doch Jesus versteckte sich und verließ den
Tempel.

Kapitel 9

Jesus heilt den Blindgeborenen 9,1-41

1 Im Vorbeigehen erblickte Jesus einen Mann, der von Geburt an
2 blind war. / Da fragten ihn seine Jünger: »Rabbi, haben seine Eltern
3 oder er selbst gesündigt, daß er blind wurde?« / Jesus antwortete:
»Weder er selbst noch seine Eltern haben gesündigt, sondern an
4 ihm soll Gottes Wirken sichtbar werden. / Solange es Tag ist, muß
ich tun, was Gott von mir will, da er mich gesandt hat. Es kommt
5 die Nacht, in der kein Tun mehr möglich ist. / Solange ich in der
6 Welt bin, bin ich Licht für die Welt.« / Bei diesen Worten spie Jesus
auf den Boden, dann formte er einen Klumpen aus Erde und Spei-
7 chel, bestrich damit die Augen des Blinden / und sagte zu ihm:
»Geh und wasch dich im Siloah-Teich.« »Siloah« heißt übersetzt
»der Gesandte«. Da ging der Blinde hin, wusch sich, und als er zu-
rückkam, konnte er sehen.

8 Da wunderten sich seine Nachbarn und alle, denen er vom Betteln
her bekannt war, und fragten sich: »Ist das nicht der, der da immer
9 saß und bettelte?« Einige meinten: »Genau, das ist er!« / Andere
sagten: »Nein, das ist er nicht, er sieht ihm nur ähnlich.« Er selbst
10 sagte: »Doch, das bin ich.« / Da fragten sie ihn: »Wie wurden dir
11 die Augen geöffnet?« / Er antwortete: »Der Mann, der Jesus heißt,
hat mit feuchter Erde meine Augen gesalbt und zu mir gesagt: ›Geh
zum Siloah-Teich und wasch dich.‹ Ich tat, was er sagte, und jetzt

kann ich sehen.« / Da fragten sie ihn: »Wo ist er denn jetzt?« Der 12
Geheilte erwiderte: »Das weiß ich nicht.«
Da brachte man ihn zu den Pharisäern. / Der Tag, an dem Jesus den 13, 14
Erdklumpen geformt und ihm die Augen geöffnet hatte, war ein
Sabbat gewesen. / Die Pharisäer fragten ihn ebenfalls, wie er sehend 15
geworden sei. Er sagte: »Er hat mir feuchte Erde auf die Augen ge-
strichen, dann habe ich mich gewaschen, und nun kann ich sehen.«
/ Da sagten einige von den Pharisäern: »Der Mann kommt nicht 16
von Gott, denn er hält den Sabbat nicht.« Andere meinten: »Wie
sollte ein Sünder solche Wunder tun können?« Sie konnten sich
nicht einigen. / Da befragten sie erneut den geheilten Blinden: »Was 17
sagst du selbst über den, der dir die Augen geöffnet hat?« Der
sagte: »Er ist ein Prophet.« / Die jüdischen Lehrer wollten nicht 18
glauben, daß er erst blind gewesen und dann von seiner Blindheit
geheilt worden war, und riefen seine Eltern. / Sie fragten sie: »Ist 19
das euer Sohn, der, wie ihr sagt, blind geboren ist? Wieso kann er
jetzt sehen?« / Die Eltern antworteten: »Ja, das ist unser Sohn, und 20
er wurde blind geboren. / Wieso er jetzt sehen kann oder wer seine 21
Augen geöffnet hat, das wissen wir nicht. Fragt ihn doch selbst, er
ist erwachsen und kann selbst reden.« / Das sagten sie, weil sie vor 22
den jüdischen Lehrern Angst hatten. Denn diese hatten schon ver-
einbart, jeden, der öffentlich sagte, Jesus sei der Christus, aus der
Synagoge zu vertreiben. / Deswegen sagten die Eltern: »Er ist doch 23
erwachsen, fragt ihn selbst.«
Da riefen die Pharisäer nochmals den geheilten Blinden herbei und 24
herrschten ihn an: »Bei Gott, sag die Wahrheit! Es ist doch klar,
daß dieser Mensch namens Jesus ein Sünder ist, oder?« / Er antwor- 25
tete: »Ob er ein Sünder ist, weiß ich nicht. Ich weiß nur, daß ich
blind war und nun sehen kann.« / Da fragten sie: »Was hat er mit 26
dir gemacht? Wie hat er deine Augen geöffnet?« / Er antwortete: 27
»Ich habe es euch schon einmal gesagt, aber ihr wolltet es nicht
glauben. Warum wollt ihr es noch einmal hören? Wollt etwa auch
ihr seine Jünger werden?«[15] / Da lachten sie ihn aus und sagten: 28
»Du bist Jesu Jünger, wir sind Jünger des Mose. / Nach unserer 29
Lehre hat Gott zu Mose gesprochen. Bei Jesus aber wissen wir
nicht, woher er kommt.« / Der Geheilte erwiderte: »Das ist doch 30
sehr merkwürdig! Er hat mir die Augen geöffnet, und ihr tut so, als
wüßtet ihr nicht, woher er kommt. / Einen Sünder pflegt Gott nicht 31

15 Der Satz gibt Aufschluß darüber, wie man Jünger Jesu werden konnte: Man ließ sich eine Begebenheit oder ein Jesuswort mehrfach erzählen, um sie sich einzuprägen.

32 zu erhören, sondern nur den, der fromm seinen Willen tut. / Es ist
noch nie vorgekommen, daß einer einem von Geburt an Blinden
33 die Augen geöffnet hat. / Käme Jesus nicht von Gott, dann könnte
34 er gar kein Wunder tun.« / Da sagten sie zu ihm: »Du bist doch
vom Scheitel bis zur Sohle als Sünder geboren, und du willst uns be-
lehren?« Und sie stießen ihn aus der Gemeinde aus.
35 Jesus hatte gehört, daß die Pharisäer den geheilten Blinden ausge-
stoßen hatten, und als er ihn traf, fragte er ihn: »Glaubst du an den
36 Menschensohn?« / Der Geheilte fragte zurück: »Wer ist das, Herr,
37 an den ich glauben soll?« / Jesus antwortete: »Du hast ihn schon
38 gesehen, und er spricht gerade mit dir.« / Da sagte der geheilte
39 Blinde: »Herr, ich glaube!« und fiel vor ihm nieder. / Daraufhin
sagte Jesus: »Ich bin als Richter in diese Welt gesandt worden.
Denn die Blinden soll ich sehend machen, und die sehen, sollen
blind werden.«
40 Als einige der Pharisäer, die Jesus begleiteten, das hörten, fragten
41 sie ihn: »Sind wir etwa auch blind?« / Jesus antwortete: »Wärt ihr
nur körperlich blind, so wärt ihr keine Sünder. Da ihr aber behaup-
tet, euch fehle nichts und ihr könntet sehen, müßt ihr Sünder blei-
ben.«

Kapitel 10

Jesus spricht über den guten Hirten 10,1-42

1 »Amen, amen, ich sage euch: Wer Schafe stehlen oder rauben will,
betritt den Pferch nicht durch das Gatter, sondern klettert an einer
2 anderen Stelle über den Zaun. / Der Hirte tritt durch das Gatter ein,
3 / das ihm der Türhüter öffnet. Die Schafe erkennen seine Stimme.
Die Schafe, die ihm gehören, ruft er bei ihrem Namen und führt sie
4 hinaus. / Dabei geht er vor ihnen her, und die Schafe folgen ihm,
5 weil sie seine Stimme kennen. / Einem Fremden würden sie nicht
folgen. Vor ihm würden sie weglaufen, weil sie seine Stimme nicht
6 kennen.« / Als Jesus den Pharisäern dieses Gleichnis erzählte, ver-
7 standen sie nicht, was er damit meinte. / Da sagte er: »Amen, amen,
8 ich sage euch: Ich bin das Gatter. / Alle, die vor mir kamen, waren
9 Diebe und Räuber. Auf sie hörten die Schafe nicht. / Ich bin das
Gatter. Wer durch mich ein und aus geht, wird gerettet und findet
eine Weide.
10 Wenn der Dieb in den Pferch kommt, will er nur Schafe stehlen,
schlachten, vernichten. Ich aber bin gekommen, damit sie Leben in
11 Fülle haben. / Ich bin der gute Hirt. Ein guter Hirt setzt sich ganz
12 für seine Schafe ein. / Wenn ein gedungener Schafhüter, dem die

Schafe nicht gehören, einen Wolf kommen sieht, läßt er die Schafe
im Stich und läuft weg. Und der Wolf reißt die Schafe oder jagt sie
auseinander. / Dem gedungenen Hüter liegt nichts an den Schafen. 13
/ Ich bin der gute Hirt und kenne meine Schafe, und meine Schafe 14
kennen mich, / so wie mich der Vater kennt und ich den Vater 15
kenne und mein Leben meinen Schafen schenke. / Außerhalb dieses 16
Pferchs habe ich noch andere Schafe. Auch die muß ich führen. Sie
werden auf meine Stimme hören, und dann werden alle Schafe eine
einzige Herde mit einem einzigen Hirten sein.
Der Vater liebt mich, weil ich mein Leben meinen Schafen schenke. 17
Ich werde es wiederbekommen. / Niemand hat es mir genommen, 18
sondern ich verschenke es freiwillig. Ich habe die Freiheit, es zu ver-
schenken, und die Freiheit, es mir wieder zu nehmen. So erfülle ich
den Auftrag meines Vaters.« / Über den Sinn dieser Worte konnten 19
sich seine jüdischen Zuhörer nicht einigen. / Viele sagten: »Er hat 20
einen Dämon und ist verrückt, warum hört ihr ihm überhaupt zu?«
/ Andere sagten: »So spricht kein Besessener. Kann etwa ein Dämon 21
Blinde heilen?«
Als dann im Herbst das Neujahrsfest in Jerusalem gefeiert wurde / 22
und Jesus im Tempel in der Säulenhalle Salomos auf und ab ging, / 23
da umringten ihn einige Juden und fragten: »Wie lange willst du 24
uns noch im ungewissen lassen? Wenn du der Christus bist, dann
sag es uns offen!« / Jesus antwortete: »Ich habe es euch gesagt, aber 25
ihr wollt es nicht glauben! Die Werke, die ich im Namen meines Va-
ters tue, sprechen für mich. / Aber ihr wollt es nicht glauben, weil 26
ihr nicht zu meinen Schafen gehört. / Meine Schafe hören auf meine 27
Stimme, ich kenne sie, und sie folgen mir. / Ich gebe ihnen ewiges 28
Leben, und sie werden niemals verlorengehen. Aus meiner Hand
kann sie niemand rauben. / Mein Vater, der sie mir anvertraute, ist 29
größer als alle, und keiner kann sie aus der Hand des Vaters rau-
ben. / Ich und der Vater sind eins.[16]« / Da schleppten die Juden 30, 31
Steine herbei, um ihn zu steinigen. / Jesus sagte ihnen: »Ich habe 32
vor euren Augen viele Wunder gewirkt, die vom Vater kamen. Wel-
ches davon ist der Anlaß, daß ihr mich steinigen wollt?« / Die Juden 33
erwiderten: »Nicht wegen eines Wunders wollen wir dich steini-
gen, sondern weil du behauptet hast, du seist Gott, obwohl du nur
ein Mensch bist.« / Da sagte Jesus zu ihnen: »Steht nicht in eurem 34

[16] Hier wird nicht behauptet, daß Jesus Gottvater sei, vielmehr sind Vater und Sohn gemeinsam Eigentümer der Schafe. Es handelt sich um eine juristische Aussage über die Eigentumsverhältnisse, nicht aber um einen Hinweis auf das Wesen Gottes.

35 Gesetz: ›Ich habe gesagt, ihr seid Götter‹? / Diejenigen, an die sich
Gottes Wort richtet, werden also Götter genannt. Wenn aber das,
was in der Schrift steht, gilt, könnt ihr nicht behaupten, daß ich, /
36 den der Vater geheiligt und in die Welt gesandt hat, lästere, wenn
37 ich sage: Ich bin Gottes Sohn. / Wenn ich nicht täte, was mein Vater
mir aufgetragen hat, brauchtet ihr nicht an mich zu glauben. /
38 Wenn ihr aber nicht an mich glaubt, obwohl ich tue, was der Vater
will, dann laßt euch wenigstens von meinen Taten überzeugen, da-
mit ihr endlich begreift, daß in mir der Vater ist und ich in ihm.[17]«
39, 40 Da wollten sie ihn erneut steinigen, aber er entwich ihnen. / Er ging
von dort wieder an das gegenüberliegende Jordanufer, an die Stelle,
41 wo Johannes zuerst getauft hatte. Dort blieb er. / Zahlreiche Juden
kamen zu ihm und sagten: »Johannes hat zwar keine Wunder ge-
42 wirkt, aber alles, was er über Jesus gesagt hat, ist wahr.« / Darauf-
hin bekehrten sich viele zu Jesus.

Kapitel 11

Jesus erweckt Lazarus von den Toten auf 11,1-46

1 Lazarus aus dem Dorf Bethanien war schwer krank. Aus Bethanien
2 stammten auch seine Schwestern Maria und Martha. / Maria war
die Frau, die Jesus mit Öl gesalbt und seine Füße mit ihren Haaren
3 getrocknet hatte. / Maria und Martha schickten jemand zu Jesus
4 mit der Nachricht: »Herr, dein Freund ist krank.« / Als Jesus das
hörte, sagte er: »Diese Krankheit führt nicht zum Tod, sondern zur
Verherrlichung Gottes. Durch sie soll Gottes Sohn verherrlicht wer-
5 den.« / Jesus war mit Martha, Maria und Lazarus sehr eng befreun-
6 det. / Nachdem er von der Krankheit des Lazarus erfahren hatte,
7 blieb er jedoch noch zwei Tage dort, wo er war. / Dann erst sagte
8 er zu seinen Jüngern: »Wir wollen wieder nach Judäa gehen.« / Da
entgegneten die Jünger: »Rabbi, du willst wieder dahin gehen, wo
9 dich die Juden steinigen wollten?« / Jesus erwiderte: »Hat der Tag
nicht zwölf Stunden? Wenn einer bei Tage geht, stolpert er nicht,
10 denn er hat die Sonne, das Licht der Welt. / Wenn jemand nachts
11 geht, stolpert er leicht, weil er kein Licht bei sich hat.« / Dann sagte
er: »Unser Freund Lazarus ist eingeschlafen, ich will hingehen und
12 ihn aufwecken.« / Da sagten die Jünger: »Herr, wenn er nur einge-

[17] Es handelt sich hier um die sogenannte reziproke Immanenz, das heißt um eine Übereinstimmung im Wollen und Handeln. Eine mystische oder im strengen Sinne theologische Bedeutung liegt hier fern. Das Mißverständnis der Juden liegt aber gerade auf der theologischen Ebene. Leider sind viele christliche Ausleger diesem Mißverständnis gefolgt.

schlafen ist, kann er geheilt werden.« / Jesus hatte aber gemeint, 13
daß Lazarus gestorben sei, während die Jünger dachten, er schlafe
wirklich nur.
Da redete Jesus offen mit ihnen: »Lazarus ist gestorben. / Ich bin 14, 15
froh, daß ich nicht vorher bei ihm war, und zwar euretwegen, weil
ihr auf diese Weise jetzt zum Glauben kommen könnt. Gehen wir
zu ihm!« / Da sagte Thomas, den sie den »Zwilling« nannten, zu 16
den anderen Jüngern: »Ziehen wir mit Jesus nach Jerusalem, um
mit ihm zu sterben!«
Als sie ankamen, war Lazarus schon vier Tage vorher bestattet 17
worden. / Bethanien war nicht weit von Jerusalem, nur etwa 15 18
Stadien[18] entfernt. / Viele Juden waren zu Martha und Maria ge- 19
kommen, um sie in ihrer Trauer um den Bruder zu trösten. / Als 20
Martha hörte, daß Jesus auf dem Weg zu ihr sei, ging sie ihm ent-
gegen. Maria blieb zu Hause. / Als Martha Jesus sah, sagte sie: 21
»Herr, wärst du nur hiergewesen, dann hätte mein Bruder nicht
sterben müssen. / Doch ich bin sicher, daß Gott dir jede Bitte erfül- 22
len wird.« / Jesus tröstete sie: »Dein Bruder wird auferstehen.« / 23
Martha erwiderte: »Gewiß, bei der Auferstehung am Jüngsten Tag 24
wird er auferstehen.« / Jesus aber entgegnete: »Ich bin die Aufer- 25
stehung und das Leben. Wer an mich glaubt, wird leben, auch
wenn er stirbt. / Wer lebt und an mich glaubt, wird niemals sterben. 26
Glaubst du das?« / Sie antwortete: »Ja, Herr, ich glaube, daß du der 27
Christus bist, der Sohn Gottes, der in die Welt kommt.« / Dann 28
ging sie zurück zu ihrer Schwester Maria und flüsterte ihr zu: »Der
Lehrer ist da und will dich sprechen.« / Daraufhin machte sich Ma- 29
ria sogleich auf den Weg zu Jesus, / der noch nicht ins Dorf gekom- 30
men war, sondern dort wartete, wo ihn Martha getroffen hatte. /
Die jüdischen Freunde, die bei Maria zu Hause gewesen waren und 31
sie getröstet hatten, folgten ihr; sie dachten, Maria gehe zum
Grabe, um dort zu trauern. / Als Maria zu Jesus gelangte, fiel sie 32
ihm zu Füßen mit den Worten: »Herr, wärst du hier gewesen, so
wäre mein Bruder nicht gestorben.« / Jesus sah, wie sehr sie und 33
ihre jüdischen Freunde, die mit ihr gekommen waren, trauerten,
und ihn ergriff Mitleid und Erschütterung. / Er fragte: »Wohin habt 34
ihr ihn gelegt?« Sie antworteten: »Herr, komm und sieh selbst.« /
Jesus brach in Tränen aus. / Da sagten die anwesenden Juden: »Er 35, 36
hat ihn doch sehr lieb gehabt.« / Einige meinten: »Er hat doch dem 37
Blinden die Augen geöffnet, hätte er da nicht den Tod des Lazarus
verhindern können?« / Wieder wurde Jesus von großer Trauer er- 38

[18] 1 Stadion sind 192 m. Die Entfernung ist daher 2,88 km.

griffen. Er ging zum Grab. Es war eine Höhle, vor der ein Stein lag.
39 / Jesus sagte: »Schafft den Stein weg!« Martha, die Schwester des
Toten, wandte ein: »Herr, er stinkt bereits, er ist doch schon seit
40 vier Tagen tot.« / Jesus erwiderte: »Ich habe dir doch gesagt: Wenn
41 du glaubst, wirst du Gottes Herrlichkeit sehen.« / Da schafften sie
den Stein weg. Jesus blickte zum Himmel und sagte: »Vater, ich
42 danke dir, daß du mich erhört hast. / Ich wußte, daß du mich im-
mer erhörst. Ich habe nur gebetet, damit die Menschen, die hier ste-
43 hen, merken, daß du mich gesandt hast und kein anderer.« / Nach
44 diesen Worten rief er laut: »Lazarus, komm heraus.« / Lazarus kam
heraus, an Füßen und Händen mit Totenbinden umwickelt, das
Schweißtuch vor dem Gesicht. Jesus sagte: »Nehmt ihm die Binden
45 ab, damit er nach Hause gehen kann.« / Viele von Marias jüdischen
Freunden, die mit ihr gekommen waren, bekehrten sich zu Jesus,
46 als sie das sahen. / Einige von ihnen gingen jedoch zu den Pharisä-
ern und meldeten ihnen, was Jesus getan hatte.

Die Ratsversammlung beschließt, daß Jesus sterben soll 11,47-57

47 Da beriefen die Hohenpriester und Pharisäer eine Ratsversamm-
lung ein und sagten: »Was sollen wir tun? Dieser Jesus wirkt so
48 viele Wunder. / Wenn wir ihn gewähren lassen, werden sich alle zu
ihm bekehren, und die Römer werden kommen und unsere Stadt
49 Jerusalem und unser Volk vernichten.« / Einer von ihnen, Kaiphas,
50 der in jenem Jahr Hoherpriester war, gab zu bedenken: / »Es ist
nützlicher für euch, wenn einer anstelle des ganzen Volkes stirbt,
51 als wenn das ganze Volk zugrunde geht.« / Dies sagte er nicht aus
eigenem Antrieb, sondern weil er als Hoherpriester jenes Jahres die
Gabe der Prophetie hatte. So prophezeite er, daß Jesus anstelle des
52 ganzen Volkes sterben würde. / Er sollte aber nicht nur anstelle des
jüdischen Volkes sterben, sondern durch seinen Tod auch alle über
53 die ganze Welt verstreuten Gotteskinder zusammenführen. / Von
jenem Tage an plante die jüdische Führungsschicht, Jesus umzu-
54 bringen. / Daher zeigte sich Jesus nicht mehr öffentlich unter den
Juden, sondern zog in die Gegend am Rande der Wüste, in die Stadt
Ephraim, und hielt sich dort mit den Jüngern auf.

55 Das jüdische Passahfest war nahe. Vor dem Passahfest machten
sich viele Leute aus der Umgebung auf den Weg nach Jerusalem
56 hinauf, um sich auf das Fest vorzubereiten. / Sie suchten Jesus, und
als sie im Tempel beieinanderstanden, sagten sie zueinander: »Was
57 meint ihr, wird er zum Fest kommen?« / Die Hohenpriester und
Pharisäer hatten angeordnet, wenn jemand wüßte, wo Jesus sei,
solle er es melden, damit man ihn ergreifen könne.

Kapitel 12

Jesus wird durch Maria gesalbt 12,1-11

Sechs Tage vor dem Passahfest war Jesus nach Bethanien gekom- 1
men, wo Lazarus wohnte, den er von den Toten auferweckt hatte. /
Dort wurde für Jesus ein Abendessen gegeben; Martha bediente die 2
Gäste, und Lazarus war einer von denen, die mit Jesus speisten. /
Maria nahm ein Gefäß mit kostbarem echtem Nardenöl, salbte Je- 3
sus die Füße und trocknete sie mit ihren Haaren ab. Das Haus wurde
erfüllt vom Duft des Öls. / Da sagte Judas von Iskariot, derjenige 4
von den Jüngern, der ihn übergeben sollte: / »Warum hat man dieses 5
Öl nicht für dreihundert Denare verkauft und das Geld den Armen
gegeben?« / Das sagte er nicht, weil ihm an den Armen lag, sondern 6
weil er für die Kasse zuständig war und die Einnahmen verwaltete
und daher jeden Groschen dreimal umdrehte. / Jesus erwiderte: 7
»Laß sie nur, sie hat es im voraus für mein Begräbnis getan. / Denn 8
die Armen habt ihr immer bei euch, mich aber werdet ihr nicht im-
mer haben.« / Eine Menge Juden hatten erfahren, daß er in Betha- 9
nien war, und kamen dorthin, nicht nur wegen Jesus, sondern auch
um Lazarus zu sehen, den er von den Toten auferweckt hatte. / Die 10
Hohenpriester planten, auch Lazarus zu töten, / denn viele Juden 11
kamen seinetwegen und bekehrten sich zu Jesus.

Jesus zieht in Jerusalem ein, und seine Verherrlichung wird angekündigt 12,12-50

Am nächsten Morgen verbreitete sich unter den Leuten, die zum 12
Fest gekommen waren, die Kunde, Jesus sei auf dem Weg nach Je-
rusalem. / Sie nahmen Palmzweige und liefen ihm in Scharen entge- 13
gen. Sie riefen[19]: »Hosianna, Gottes Segen über den, der im Namen
des Herrn kommt, über den König Israels!« / Jesus fand einen klei- 14
nen Esel und setzte sich darauf. So steht es schon in der Schrift[20]: /
»Nur Mut, Tochter Sion! Dein König kommt auf einem Esel.« 15
Den Jüngern fiel es zunächst nicht auf, daß diese Schriftstelle erfüllt 16
wurde. Erst als Jesus verherrlicht war, bemerkten sie die Überein-
stimmung zwischen der Schrift und dem, was mit Jesus geschah. /
Die vielen Zeugen, die dabeigewesen waren, als Jesus Lazarus aus 17
dem Grab herausrief und von den Toten auferweckte, hatten über-
all von diesem Wunder berichtet, / und weil die Leute in Jerusalem 18
auch davon gehört hatten, liefen sie Jesus entgegen. / Da sagten die 19

---

19 Vgl. Ps 118,25.
20 Vgl. Jes 40,9; Sach 9,9.

Pharisäer zueinander: »Ihr seht, es hilft alles nichts. Alles, was
20 Beine hat, läuft hinter ihm her.« / Unter denen, die zum Fest nach
Jerusalem hinaufgezogen waren, um im Tempel zu beten, waren
21 auch einige Griechen. / Sie wandten sich an Philippus aus Bethsaida
22 in Galiläa und baten: »Herr, wir wollen Jesus sehen.« / Philippus
besprach sich mit Andreas, und dann gingen sie zusammen zu Jesus
23 und fragten ihn. / Jesus antwortete: »Jetzt wird der Menschensohn
24 in die Herrlichkeit eingehen. / Amen, amen, ich sage euch: Wenn
ein Weizenkorn in die Erde fällt und nicht stirbt, bleibt es nur *ein*
25 Weizenkorn. Nur wenn es stirbt, bringt es viele Ähren hervor. / Wer
an seinem Leben hängt, wird es verlieren. Wer aber sein Leben los-
26 läßt in dieser Welt, wird es behalten als ein Leben für immer. / Wer
mein Diener ist, soll mir nachfolgen. Wo ich bin, wird auch mein
Diener sein. Wer mein Diener ist, den wird der Vater mit Ehre krö-
27 nen. / Ich bin voller Angst. Was soll ich beten? Soll ich sagen: Vater
rette mich aus dieser schweren Stunde? Nein, ich bin doch aus ei-
nem anderen Grund bis hierher gelangt. Ich will also beten: Vater,
28 zeige deine Herrlichkeit.« / Da ertönte eine Stimme vom Himmel:
29 »So war es, und so wird es sein.« / Da dachten einige von den Um-
stehenden, es habe gedonnert. Andere meinten: »Ein Engel hat mit
30 ihm gesprochen.« / Jesus sagte: »Diese Worte galten nicht mir, son-
31 dern euch. / Jetzt wird diese Welt gerichtet. Der Herrscher dieser
32 Welt soll vertrieben werden. / Und wenn ich über die Erde erhöht
33 bin, werde ich alle nachziehen.« / Mit diesen Worten deutete Jesus
34 an, auf welche Weise er sterben würde. / Die Leute sagten: »Das
Gesetz lehrt, daß der Messias ewig am Leben bleibt. Wie kannst du
dann sagen, daß der Menschensohn erhöht werden muß? Wer ist
35 überhaupt dieser Menschensohn?« / Jesus antwortete: »Noch für
eine kurze Zeit ist das Licht bei euch. Geht euren Aufgaben nach,
solange ihr Licht habt, damit ihr nicht im Finstern umherlaufen
müßt. Wer im Dunkeln tappt, weiß nicht, wohin der Weg führt. /
36 Solange ihr das Licht habt, haltet euch an das Licht, damit ihr Kin-
der des Lichts werdet.« Nach diesen Worten ging Jesus weg, ohne
ihnen zu sagen, wohin.
37 Obwohl er doch vor ihren Augen so große Wunder getan hatte,
38 glaubten sie nicht an ihn. / So sollte das Wort des Propheten Jesaja
erfüllt werden, in dem es heißt[21]: »Herr, keiner glaubt uns. Und
39 niemand kennt deine Macht.« / Warum sie nicht glauben konnten,
40 sagt ein anderes Wort Jesajas[22]: / »Er hat ihre Augen blind gemacht

[21] Jes 53,1.
[22] Jes 6,9f.

und ihr Herz hart, damit sie mit ihren Augen nicht sehen und mit
ihrem Herzen nicht denken können, so daß sie nicht umkehren und
ich sie nicht heilen kann.« / Als Jesaja das sagte, sah er Jesu Herr- 41
lichkeit, und ihn hat er damit gemeint. / Viele aus der jüdischen 42
Führungsschicht glaubten jedoch an Jesus, bekannten sich aber aus
Angst vor den Pharisäern nicht dazu, um nicht aus der Synagoge
ausgestoßen zu werden. / Denn sie wollten lieber bei den Menschen 43
gut angesehen sein als bei Gott. / Jesus aber erklärte: »Wer an mich 44
glaubt, der glaubt in Wirklichkeit an den, der mich gesandt hat. /
Und wer mich sieht, der sieht den, der mich gesandt hat. / Ich bin 45, 46
als Licht in die Welt gekommen, damit diejenigen, die an mich
glauben, nicht in der Finsternis bleiben. / Und wenn jemand meine 47
Worte hört und sie doch nicht bewahrt, so werde nicht ich sein
Richter sein. Denn ich bin nicht gekommen, um die Welt zu rich-
ten, sondern um sie zu retten. / Wer mir nicht folgt und meine 48
Worte nicht annimmt, der hat seinen Richter schon gefunden. Am
Jüngsten Tag wird er an dem gemessen werden, was ich jetzt gesagt
habe. / Denn ich habe mir meine Botschaft nicht selbst ausgedacht, 49
sondern der Vater, der mich gesandt hat, hat mir aufgetragen, was
ich sagen soll. / Und ich weiß, daß von diesem Auftrag mein ewiges 50
Leben abhängt. Alles, was ich sage, gebe ich so weiter, wie es mir
der Vater gesagt hat.«

Kapitel 13

Jesus wäscht den Jüngern die Füße 13,1-30

Kurz vor dem Passahfest war Jesus zur Gewißheit gelangt, daß 1
seine Stunde gekommen war und er die Welt verlassen und zum Va-
ter gehen sollte. Er liebte seine Jünger auf dieser Welt bis an sein
Lebensende. / Sie veranstalteten ein Mahl zusammen. Der Teufel 2
hatte es Judas von Iskariot, dem Sohn Simons, schon eingegeben,
Jesus auszuliefern. / Jesus wußte, daß der Auftrag des Vaters sein 3
ganzes Leben umfaßte und daß er so, wie er von Gott gekommen
war, auch wieder zu ihm hingehen würde. / Er erhob sich vom 4
Mahl, zog sein Gewand aus und legte sich ein Tuch um die Lenden
wie ein Sklave. / Dann goß er Wasser in eine Schüssel und begann, 5
den Jüngern die Füße zu waschen und mit dem Lendentuch abzu-
trocknen. / Als die Reihe an Simon Petrus kam, fragte dieser: / 6
»Herr, warum willst du mir die Füße waschen?« Jesus antwortete: 7
»Das verstehst du noch nicht. Du wirst es später begreifen.« / Da 8
sagte Petrus: »Ich lasse nicht zu, daß du mir die Füße wäschst.«
Jesus entgegnete: »Wenn ich sie dir nicht wasche, dann bekommst

9 du nichts ab von dem, was ich bin.« / Darauf sagte Simon Petrus:
»Herr, dann wasche nicht nur meine Füße, sondern auch meine
10 Hände und meinen Kopf.« / Aber Jesus erwiderte: »Es genügt, daß
die Füße gewaschen werden, dann ist man schon ganz rein. Ihr seid
11 jetzt rein, nur einer von euch nicht.« / Das sagte er, weil er schon
12 wußte, wer ihn ausliefern würde. / Als Jesus ihnen die Füße gewa-
schen hatte, zog er sich an, legte sich wieder zu Tisch und sagte zu
den Jüngern: »Begreift ihr, warum ich euch die Füße gewaschen
13 habe? / Ihr nennt mich Lehrer und Herr, und das zu Recht. Denn
14 das bin ich. / Als Herr und Lehrer habe ich euch die Füße gewa-
schen, und nun müßt ihr euch auch gegenseitig die Füße waschen.
15 / Denn ich habe euch ein Beispiel gegeben, damit ihr genauso han-
16 delt wie ich. / Amen, amen, ich sage euch: Ein Sklave ist nicht grö-
ßer als sein Herr und ein Apostel nicht größer als der, der ihn ge-
17, 18 sandt hat. / Denkt daran und handelt so, dann seid ihr selig. / Das
gilt nicht für alle von euch. Ich weiß genau, wen ich mir ausgesucht
habe und wen nicht. Doch die Schriftstelle muß erfüllt werden, in
der es heißt[23]: ›Einer der mein Brot ißt, versetzt mir hinterrücks ei-
19 nen Tritt.‹ / Ich sage es euch jetzt schon im voraus, damit ihr wißt,
20 daß ich gemeint bin, wenn es soweit ist. / Amen, amen, ich sage
euch: Wer den aufnimmt, den ich aussende, nimmt mich auf. Und
21 wer mich aufnimmt, nimmt den auf, der mich gesandt hat.« / Und
heftig erregt fügte er hinzu: »Amen, amen, ich sage euch: Einer von
22 euch wird mich ausliefern.« / Da blickten die Jünger einander rat-
23 los an, weil sie nicht wußten, wen er meinte. / Simon Petrus gab
24 dem Lieblingsjünger, der an Jesu Seite lag, / ein Zeichen und fragte:
25 »Weißt du, wen er meint?« / Da lehnte sich der Lieblingsjünger zu
26 Jesus zurück und fragte: »Herr, wen meinst du?« / Jesus ant-
wortete: »Es ist der, dem ich das Brot eintunke und gebe.« Dann
nahm er ein Stück Brot, tunkte es ein und gab es Judas, dem Sohn
27 Simons von Iskariot. / Da fuhr der Teufel in Judas, und Jesus sagte
28 zu ihm: »Was du tun willst, tu bald.« / Keiner der Tischgenossen
29 begriff, was Jesus damit meinte. / Weil Judas der Kassenwart war,
dachten einige, daß Jesus ihn vielleicht auffordern wollte, alles
Notwendige für das Passahfest zu besorgen oder den Armen etwas
30 zu geben. / Judas aß den Bissen Brot und ging schnell hinaus. Es
war Nacht.

Jesu Abschiedsrede 13,31-14,31

Als Judas hinausgegangen war, sagte Jesus: »Jetzt ist der Men- 31
schensohn verherrlicht worden und Gott durch ihn. / Weil Gott 32
durch ihn verherrlicht wurde, wird auch Gott ihn mit seiner eige-
nen Herrlichkeit beschenken, und das wird bald sein. / Kinder, nur 33
noch kurze Zeit bin ich bei euch. Ihr werdet mich suchen, aber wie
ich es schon den anderen Juden gesagt habe, so sage ich es jetzt
auch euch: Ihr werdet nicht dorthin kommen können, wo ich hin-
gehe. / Ich gebe euch ein neues Gebot: Liebt einander. Ihr sollt ein- 34
ander so lieben, wie ich euch geliebt habe. / Daran, daß ihr einan- 35
der liebt, sollen alle erkennen, daß ihr meine Jünger seid.« / Da 36
fragte ihn Simon Petrus: »Herr, wohin gehst du denn?« Jesus ant-
wortete: »Wohin ich gehe, dorthin kannst du mir jetzt nicht folgen,
sondern erst später.« / Petrus fragte: »Herr, warum kann ich dir 37
jetzt nicht folgen? Ich werde mein Leben für dich einsetzen.« / Jesus 38
entgegnete: »Dein Leben willst du für mich einsetzen? Amen,
amen, ich sage dir: Ehe der Hahn kräht, wirst du mich dreimal ver-
leugnet haben.«

Kapitel 14

»Euer Herz soll nicht wankend werden. Vertraut euch Gott an und 1
mir. / Im Hause meines Vaters sind viele Wohnungen. Sonst hätte 2
ich euch nicht gesagt, daß ich hingehe, um euch dort eine Bleibe zu
schaffen. / Und wenn ich hingegangen bin und euch eine Bleibe ge- 3
schaffen habe, komme ich wieder und nehme euch zu mir, damit
ihr auch dort seid, wo ich bin. / Ihr kennt ja den Weg zu dem Ort, 4
zu dem ich gehe.« / Thomas wandte ein: »Nein, Herr, wir wissen 5
nicht, wo du hingehst. Woher sollen wir den Weg kennen?« / Dar- 6
auf sagte Jesus: »Ich bin der Weg und die Wahrheit und das Leben;
zum Vater kommt man einzig und allein durch mich. / Hättet ihr 7
mich erkannt, dann hättet ihr auch meinen Vater erkannt. Dabei
habt ihr ihn doch schon kennengelernt und gesehen.« / Da bat ihn 8
Philippus: »Herr, zeig uns den Vater, das wird uns schon genügen.«
/ Aber Jesus erwiderte: »So lange Zeit bin ich schon bei euch, und 9
du hast nicht gemerkt, wer ich bin, Philippus? Wer mich gesehen
hat, der hat den Vater gesehen. Wie kannst du dann sagen: Zeige
uns den Vater! / Glaubst du nicht, daß ich mit dem Vater eins bin 10
und der Vater mit mir? Was ich sage, das sage ich nicht aus eigenem
Antrieb, sondern der Vater, der mit mir eins ist, handelt durch mich
auf diese Weise. / Ihr müßt mir glauben, wenn ich sage, daß ich eins 11
bin mit dem Vater und der Vater mit mir. Wenn ihr meinen Worten

12 nicht glauben könnt, dann glaubt wegen dem, was ich tue. / Amen,
amen, ich sage euch: Wer an mich glaubt, der wird auch selbst sol-
che Taten vollbringen wie ich und noch größere als diese. Denn ich
13 gehe zum Vater. / Und was ihr in meinem Namen erbittet, das
werde ich euch geben, damit der Vater verherrlicht wird durch den
14 Sohn. / Wenn ihr mich um etwas bittet in meinem Namen, werde
15, 16 ich es euch geben. / Wenn ihr mich liebt, haltet meine Gebote. / Und
ich werde den Vater bitten, und er wird euch einen anderen Für-
17 sprecher geben, der immer bei euch sein soll, / den wahren und
wirklichen Geist Gottes. Die Welt kann ihn nicht begreifen, weil sie
ihn weder sieht noch kennt. Ihr kennt ihn, denn er weilt bei euch
18 und ist mit euch eins. / Ich werde euch nicht als Waisenkinder zu-
19 rücklassen, ich komme wieder zu euch. / Es dauert nicht mehr
lange, dann wird die Welt mich nicht mehr sehen. Ihr aber seht
20 mich, denn ich lebe, und auch ihr werdet leben. / Dann werdet ihr
erkennen, daß ich mit dem Vater eins bin und ihr mit mir wie ich
21 mit euch. / Wer meine Gebote hält und sie bewahrt, der liebt mich.
Wer mich liebt, wird von meinem Vater geliebt werden, und ich
22 werde ihn lieben und mich ihm zeigen.« / Da fragte Judas, nicht der
von Iskariot: »Herr, warum willst du dich nur uns zeigen und nicht
23 der Welt?« / Jesus antwortete: »Wenn jemand mich liebt, wird er
mein Wort bewahren, und mein Vater wird ihn lieben, und wir wer-
24 den zu ihm gehen und bei ihm wohnen. / Wer mich nicht liebt, be-
wahrt meine Worte nicht. Aber das Wort, das ihr hört, ist nicht
mein Wort, sondern das Wort des Vaters, der mich gesandt hat. /
25, 26 Dieses sage ich euch, solange ich noch bei euch bin. / Der Fürspre-
cher aber, der Heilige Geist, den der Vater in meinem Namen sen-
den wird, der wird euch alles erklären und euch an alles erinnern,
27 was ich euch gesagt habe. / Ich gebe euch Frieden, meinen Frieden,
das ist anders, als wenn die Welt Frieden gibt. Euer Herz soll nicht
28 wankend werden und nicht verzagen. / Ihr habt gehört, daß ich
euch gesagt habe, ich gehe weg und komme wieder zu euch. Wenn
ihr mich liebtet, würdet ihr euch freuen, daß ich zum Vater gehe,
29 denn der Vater ist größer als ich. / Ich habe es euch jetzt gesagt, be-
vor es geschieht, damit ihr es dann, wenn es geschieht, erkennt. /
30 Ich werde nicht mehr viel zu euch sagen, denn bald kommt der
31 Herrscher dieser Welt, aber er hat keine Macht über mich. / Doch
laßt uns jetzt gehen, damit die Welt erkennt, daß ich den Vater liebe
und so handle, wie es der Vater mir aufgetragen hat.«

Kapitel 15

Jesus ist der wahre Weinstock. Jesus spricht über Liebe und Haß 15,1-16,4

»Ich bin Gottes Weinstock. Mein Vater ist der Winzer. / Jede Rebe 1, 2
an mir, die unfruchtbar ist, schneidet er heraus, und jede fruchtbare
Rebe reinigt er von überschüssigen Trieben, damit sie noch mehr
Frucht trägt. / Ihr seid schon rein durch das Wort, das ich euch ge- 3
sagt habe. Bleibt eins mit mir, so bleibe auch ich eins mit euch. / So 4
wie die Rebe nur Frucht tragen kann, wenn sie am Weinstock bleibt,
so könnt auch ihr nur Frucht tragen, wenn ihr eins bleibt mit mir.
/ Ich bin der Weinstock, ihr die Reben. Wer eins mit mir bleibt und 5
mit dem ich eins bleibe, der wird reiche Frucht tragen, denn ohne
mich könnt ihr nichts ausrichten. / Wenn einer nicht eins bleibt mit 6
mir, wird er herausgeschnitten wie die unfruchtbare Rebe, und er
verdorrt. Die verdorrten Reben werden gesammelt und ins Feuer
geworfen, so daß sie verbrennen. / Wenn ihr eins mit mir bleibt und 7
meine Worte mit euch, dann wird euch jede Bitte erfüllt. / Dadurch, 8
daß ihr reiche Frucht tragt und meine Jünger seid, wird die Herr-
lichkeit meines Vaters sichtbar. / Wie mich der Vater geliebt hat, so 9
habe ich euch geliebt. Bleibt in meiner Liebe. / Wenn ihr meine Ge- 10
bote bewahrt, werdet ihr in meiner Liebe bleiben, so wie auch ich
die Gebote meines Vaters bewahrt habe und in seiner Liebe bleibe.
/ Dies habe ich euch gesagt, damit ihr euch mit mir freut und eure 11
Freude vollkommen ist. / Daher mein Gebot: Liebt einander, wie ich 12
euch geliebt habe. / Niemand liebt mehr als derjenige, der sein 13
Leben für seine Freunde einsetzt. / Ihr seid meine Freunde, wenn ihr 14
tut, was ich euch auftrage. / Ich nenne euch nicht mehr Sklaven, 15
denn ein Sklave weiß nicht, was sein Herr vorhat. Euch habe ich
aber Freunde genannt, denn ich habe euch alles mitgeteilt, was ich
von meinem Vater gehört habe. / Nicht ihr habt mich erwählt, son- 16
dern ich euch, und ich habe euch dazu ausersehen, daß ihr hingeht
und Frucht tragt und daß eure Frucht nicht verdirbt, damit mein
Vater euch alles gibt, um was ihr ihn in meinem Namen bittet. /
Daher trage ich euch auf: Liebt einander. / Wenn euch die Welt haßt, 17, 18
dann denkt daran, daß sie mich zuvor gehaßt hat. / Wenn ihr Kinder 19
der Welt wärt, würde euch die Welt wie ihr Eigenes lieben; weil ihr
aber nicht Kinder der Welt seid, sondern ich euch aus der Welt her-
ausgeholt habe, deswegen haßt sie euch. / Denkt daran, was ich 20
euch gesagt habe: Der Sklave ist nicht größer als sein Herr. Die mich
verfolgen, werden auch euch verfolgen. Die mein Wort bewahren,
werden auch eures bewahren. / Die euch etwas antun, tun es 21

meinetwegen, denn sie kennen den nicht, der mich gesandt hat. /
22 Wenn ich nicht gekommen wäre und ihnen die Botschaft gebracht
hätte, dann wäre das keine Sünde. Nun aber können sie sich nicht
23 herausreden, daher ist es eine Sünde. / Wer mich haßt, der haßt auch
24 meinen Vater. / Hätte ich die Werke nicht unter ihnen getan, die
doch kein anderer getan hat, dann wäre es keine Sünde. Jetzt aber
haben sie mich gesehen und dennoch mich und meinen Vater
25 gehaßt. / Das mußte geschehen, damit der Satz aus ihrem Gesetz er-
26 füllt wird, in dem es heißt: ›Sie haßten mich grundlos.‹ / Wenn aber
der Fürsprecher kommt, den ich euch vom Vater her schicken
werde, der wahre Gottesgeist, der vom Vater ausgeht, dann wird er
27 Zeugnis ablegen über mich. / Auch ihr werdet Zeugnis ablegen,
denn ihr seid von Anfang an bei mir gewesen.«

Kapitel 16

1 »All dies habe ich euch gesagt, damit ihr nicht abtrünnig werdet. /
2 Sie werden euch aus den Synagogen hinauswerfen. Es wird sogar
soweit kommen, daß sie euch umbringen, weil sie meinen, Gott ei-
3 nen Dienst zu erweisen. / Das werden sie tun, weil sie weder den
4 Vater noch mich kennen. / Doch ich habe es euch jetzt gesagt, damit
ihr daran denkt, wenn es soweit ist. Zu Anfang habe ich es euch
nicht gesagt, weil ich ja bei euch war.

Jesus kündigt seine Erhöhung zum Vater an 16,5-33

5 Nun aber gehe ich fort zu dem, der mich gesandt hat, und keiner
6 von euch fragt mich: Wohin gehst du? / Jetzt ist euer Herz von
7 Trauer erfüllt, weil ich es euch gesagt habe. / Doch ich sage euch
die Wahrheit: Es ist gut für euch, wenn ich fortgehe. Denn sonst
käme der Fürsprecher nicht zu euch. Wenn ich fortgehe, werde ich
8 ihn zu euch schicken. / Wenn er kommt, wird er der Welt beweisen,
9 daß es Sünde, Gerechtigkeit und Gericht gibt. / Sünde gibt es da-
10 durch, daß die Menschen nicht an mich glauben. / Gerechtigkeit
gibt es dadurch, daß ich zum Vater gehe, so daß ihr mich nicht
11 mehr seht. / Das Gericht ist dadurch vollzogen, daß der Herrscher
12 dieser Welt abgesetzt worden ist. / Ich hätte euch noch vieles zu sa-
13 gen, aber dazu seid ihr jetzt noch nicht stark genug. / Wenn der
wahre Gottesgeist kommt, wird er euch die Augen öffnen für die
ganze Wahrheit Gottes. Denn er wird nicht aus eigenem Antrieb re-
den, sondern weitersagen, was er vom Vater hört, und euch erklä-
14 ren, was dann sein wird. / Und er wird mich dadurch verherrlichen,
15 daß er es euch im Sinne meiner Botschaft erklärt. / Alles, was der

Vater hat, gehört auch mir. Deswegen habe ich euch gesagt, er wird
es euch im Sinne meiner Botschaft erklären. / Es dauert nicht mehr 16
lange, dann werdet ihr mich nicht mehr sehen, und wiederum nicht
lange danach werdet ihr mich wieder sehen.« / Einige seiner Jünger 17
fragten sich: »Was meint er nur, wenn er sagt: ›Es dauert nicht mehr
lange, dann werdet ihr mich nicht mehr sehen, und wiederum nicht
lange danach werdet ihr mich wieder sehen‹, und was bedeutet es,
wenn er sagt: ›Ich gehe zum Vater‹? / Was heißt ›nicht mehr lange‹? 18
Wir wissen nicht, was er meint.« / Jesus merkte, daß sie ratlos wa- 19
ren, und sagte: »Das läßt euch wohl keine Ruhe, daß ich gesagt
habe: ›Es dauert nicht mehr lange, dann werdet ihr mich nicht mehr
sehen, und wiederum nicht lange danach werdet ihr mich wieder
sehen.‹ / Amen, amen, ich sage euch: Ihr werdet weinen und weh- 20
klagen, die Welt aber wird sich freuen. Ihr werdet traurig sein, doch
eure Trauer wird sich in Freude verwandeln. / Wenn eine Frau in 21
den Wehen liegt, dann leidet sie Qualen in der Stunde der Geburt,
wenn sie aber das Kind geboren hat, vergißt sie alle Nöte vor lauter
Freude darüber, daß ein Menschenkind zur Welt gekommen ist. /
Auch ihr leidet jetzt Qualen, aber ich werde wieder bei euch sein, 22
und euer Herz wird sich freuen, und diese Freude wird euch nie-
mand nehmen können.
Und dann werdet ihr mich um nichts mehr bitten. Amen, amen, ich 23
sage euch: Alles, um was ihr den Vater bittet, wird er euch um mei-
netwillen geben. / Bis jetzt habt ihr ihn nicht gebeten, euch etwas um 24
meinetwillen zu geben. Bittet, so werdet ihr das Erbetene bekom-
men, und dann wird eure Freude vollkommen sein. / Bisher habe ich 25
zu euch in vieldeutigen Worten geredet. Aber es wird eine Zeit kom-
men, da werde ich nicht mehr vieldeutig, sondern eindeutig über den
Vater zu euch reden. / Dann werdet ihr ihn bitten, euch um meinet- 26
willen etwas zu geben, aber ich werde nicht euer Fürbitter beim Va-
ter sein, / weil der Vater für seine Liebe zu euch keinen Vermittler 27
mehr braucht. Denn ihr habt mich geliebt und geglaubt, daß ich von
Gott gekommen bin. / Ich bin vom Vater ausgegangen und in die 28
Welt gekommen, und ich werde die Welt wieder verlassen und zum
Vater gehen.« / Da sagten seine Jünger: »Sieh da, jetzt redest du ein- 29
deutig und nicht mehr in vieldeutigen Worten. / Nun haben wir er- 30
kannt, daß du alles durchschaust und schon vorher weißt, was je-
mand dich fragen will. Deswegen glauben wir, daß du von Gott
kommst.« / Jesus entgegnete: »Meint ihr, daß ihr jetzt schon richtig 31
an mich glaubt? / Es kommt eine Zeit, und die ist jetzt, da werdet ihr 32
in alle Richtungen versprengt und laßt mich allein. Doch ich bin
nicht allein, weil mein Vater bei mir ist. / Das sage ich euch, damit ihr 33

eins mit mir seid und Frieden habt. In der Welt leidet ihr Qualen, doch seid getrost, ich habe die Welt besiegt.«

Kapitel 17

Das sogenannte hohepriesterliche Gebet Jesu 17,1-26

1 Nach diesen Worten blickte Jesus zum Himmel auf und sagte: »Va-
ter, es ist soweit. Verherrliche deinen Sohn, damit der Sohn dich
2 verherrlicht. / Denn du hast ihm Macht gegeben über alle Men-
schen, damit er allen, die du ihm anvertraut hast, ewiges Leben
3 schenkt. / Das ewige Leben bedeutet, daß sie dich als den einzigen
und wahren Gott und Jesus Christus, den du gesandt hast, erken-
4 nen. / Ich habe dich auf Erden verherrlicht und das Werk voll-
5 bracht, zu dem du mich beauftragt hast. / Und nun, Vater, gib mir
die Herrlichkeit, die ich einst hatte, als ich bei dir war vor der Ent-
6 stehung der Welt. / Ich habe den Menschen aus der Welt, die du mir
anvertraut hast, deinen Namen verkündigt. Sie gehörten dir, und
7 du hast sie mir anvertraut, und sie haben dein Wort bewahrt. / Jetzt
haben sie gemerkt, daß alles von dir ist, was du mir gegeben hast.
8 / Denn die Worte, die du mir gesagt hast, habe ich ihnen weiterge-
sagt, und sie haben sie angenommen, und sie haben wirklich er-
kannt, daß ich von dir ausgegangen bin. Und sie haben geglaubt,
9 daß du mich gesandt hast. / Ich bitte dich für sie, nicht für die Welt
bitte ich, sondern für die, die du mir anvertraut hast, weil sie dir
10 gehören. / Und alles, was mir gehört, gehört dir, und was dir ge-
hört, das gehört auch mir, und an ihnen wird meine Herrlichkeit
11 sichtbar.[24] / Ich bin ab jetzt nicht mehr in der Welt, doch sie sind in
der Welt. Ich aber gehe zu dir. Vater, Heiliger, behüte sie unter dei-
nem Namen, den du mir gegeben hast, damit sie miteinander eins
12 sein sollen, so wie auch wir eins sind. / Als ich bei ihnen war, habe
ich sie behütet in deinem Namen, den du mir gegeben hast, und
habe auf sie geachtet, und keiner von ihnen ist verlorengegangen
außer dem einen unseligen Menschen, damit die Schrift erfüllt
13 würde. / Jetzt aber komme ich zu dir. Diese Worte spreche ich in
14 der Welt, damit meine Jünger sich genauso freuen wie ich. / Ich
habe ihnen dein Wort weitergesagt, und die Welt hat sie gehaßt,
weil sie nicht ihre Kinder sind, so wie auch ich kein Kind der Welt
15 bin. / Ich bitte nicht darum, daß du sie aus der Welt nimmst, son-
16 dern daß du sie vor allem Bösen behütest. / Sie sind keine Kinder
17 der Welt, so wie ich keines bin. / Mach sie zu deinem Eigentum in

---

[24] Vgl. 17,22.

deiner göttlichen Gegenwart. Dein Wort ist deine Gegenwart. / Wie 18
du mich in die Welt gesandt hast, so habe ich sie in die Welt ge-
sandt. / Und für sie mache ich mich zu deinem Eigentum, damit 19
auch sie dein Eigentum sind in deiner göttlichen Gegenwart. / Ich 20
bitte nicht allein für diese Jünger hier, sondern auch für alle, die
durch der Jünger Wort an mich glauben. / Laß alle eins sein, wie 21
du, Vater, mit mir eins bist und ich mit dir. Laß auch sie eins mit
uns sein, damit die Welt glauben kann, daß du mich gesandt hast.
/ Ich habe ihnen die Herrlichkeit, die du mir gegeben hast, weiter- 22
gegeben, damit sie eins sind, wie auch wir eins sind. / Ich bin eins 23
mit ihnen, und du bist eins mit mir, dann wird auch ihre Einheit
vollkommen sein. So kann die Welt erkennen, daß du mich gesandt
und sie geliebt hast, wie du mich geliebt hast. / Vater, ich will, daß 24
diejenigen, die du mir anvertraut hast, mit mir dorthin kommen,
wo ich sein werde, damit sie meine Herrlichkeit schauen, die du mir
geschenkt hast, weil du mich geliebt hast vor Erschaffung der Welt.
/ Vater, Gerechter, die Welt hat dich nicht erkannt, aber ich habe 25
dich erkannt, und die Jünger haben erkannt, daß du mich gesandt
hast. / Und ich habe ihnen deinen Namen verkündigt, damit die 26
Liebe, mit der du mich geliebt hast, auch in ihnen und ich eins mit
ihnen sein kann.«

Kapitel 18

Jesu Leiden, Tod und Auferstehung 18,1-20,31

Nach diesen Worten machte sich Jesus mit seinen Jüngern auf an das 1
andere Ufer des Kedron-Baches, wo ein Garten lag. Dort gingen sie
hinein. / Auch Judas, der ihn ausliefern sollte, kannte den Ort, weil 2
Jesus sich häufig mit seinen Jüngern dort traf. / Nun sammelte Judas 3
einen Trupp Soldaten und einige von den Hohenpriestern und Pha-
risäern gestellte Handlanger um sich, und mit Fackeln und Laternen
und schwer bewaffnet kamen sie in den Garten. / Jesus wußte, was 4
mit ihm geschehen würde, und trat ihnen mit den Worten entgegen:
»Wen sucht ihr?« / Sie antworteten: »Jesus, den Nasoräer.« Er erwi- 5
derte: »Das bin ich.« Judas, der ihn ausliefern sollte, stand daneben.
/ Als Jesus nun sagte: »Das bin ich«, da wichen sie zurück. Sie fielen 6
hin. / Da fragte er sie noch einmal: »Wen sucht ihr?« Sie antworteten 7
wieder: »Jesus, den Nasoräer.« / Darauf entgegnete Jesus: »Ich habe 8
euch doch gesagt, das ich es bin. Wenn ich der bin, den ihr sucht,
dann laßt meine Jünger gehen.« / So sollte das erfüllt werden, was 9
Jesus gesagt hatte: »Von denen, die du mir anvertraut hast, ist keiner
verlorengegangen.« / Simon Petrus zog ein Messer heraus, das er bei 10

sich trug, hieb auf den Sklaven des Hohenpriesters, mit Namen Mal-
11 chus, ein und schlug ihm das rechte Ohr ab. / Jesus fuhr Petrus an:
»Steck dein Messer in die Scheide. Soll ich den Kelch, den mir der
Vater zugedacht hat, nicht leeren?«
12 Die Soldaten mit ihrem Anführer und den jüdischen Handlangern
13 nahmen Jesus gefangen und fesselten ihn. / Sie führten ihn zuerst zu
Hannas, dem Schwiegervater des Kaiphas, der in diesem Jahr Ho-
14 herpriester war / und der ja den Juden geraten hatte: »Es ist gut,
wenn ein einziger Mensch anstelle des ganzen Volkes stirbt.« /
15 Simon Petrus und ein anderer Jünger gingen hinter Jesus her. Dieser
andere Jünger war mit dem Hohenpriester bekannt; daher betrat er
16 mit Jesus zusammen den Hof des Hauses des Hohenpriesters, / wäh-
rend Petrus draußen vor der Tür stehenblieb. Dann kam der andere
Jünger, der Bekannte des Hohenpriesters, wieder heraus, sprach mit
17 der Pförtnerin und nahm Petrus mit hinein. / Da sagte die Pförtnerin
zu Petrus: »Gehörst nicht auch du zu den Jüngern dieses Men-
18 schen?« Petrus antwortete: »Nein.« / Da es kalt war, zündeten Skla-
ven und einige von den Handlangern ein Kohlenfeuer an, stellten
sich im Kreis darum herum und wärmten sich. Petrus stellte sich
19 auch dazu. / Der Hohepriester fragte Jesus nach seinen Jüngern und
20 nach seiner Lehre. / Jesus antwortete: »Ich habe offen vor aller Welt
geredet. Stets habe ich in der Synagoge oder im Tempel gelehrt, wo
sich alle Juden treffen. Nie habe ich eine Geheimlehre verbreitet. /
21 Warum fragst du mich also? Frag die Menschen, die meine Lehre
22 gehört haben. Sie wissen Bescheid.« / Daraufhin gab einer der da-
beistehenden Handlanger Jesus eine Ohrfeige und sagte: »So spricht
23 man nicht mit dem Hohenpriester!« / Jesus erwiderte: »Beweise
mir, daß ich etwas Unrechtes gesagt habe, wenn du kannst! Wenn
24 es aber nicht unrecht war, warum schlägst du mich dann?« / Darauf
schickte Hannas Jesus gefesselt zum Hohenpriester Kaiphas. /
25 Simon Petrus stand noch immer am Feuer und wärmte sich. Da
sagte einer zu ihm: »Gehörst nicht auch du zu den Schülern von
Jesus?« Petrus stritt es ab und beteuerte: »Nein, ich gehöre nicht
26 dazu!« / Da sagte einer der Sklaven des Hohenpriesters, ein Ver-
wandter von dem Mann, dem Petrus das Ohr abgeschlagen hatte:
»Ich habe dich doch mit Jesus zusammen im Garten gesehen.« /
27 Petrus leugnete noch einmal, und da krähte auch schon der Hahn.
28 Am frühen Morgen wurde Jesus dann vom Hause des Kaiphas zum
Palast des Statthalters gebracht. Da die Juden den heidnischen Pa-
last nicht betraten, weil sie sich für das Passahmahl kultisch rein
29 halten mußten, / trat Pilatus heraus zu ihnen und fragte: »Was habt
30 ihr gegen diesen Mann vorzubringen?« / Sie antworteten: »Er hat

unrecht getan, darum übergeben wir ihn dir.« / Pilatus erwiderte: 31
»Übernehmt ihr ihn und richtet ihn nach eurem Gesetz.« Da sagten
die Juden: »Wir können aber keine Todesstrafe verhängen.« / Auf 32
diese Weise sollte in Erfüllung gehen, was Jesus über die Art seines
Todes gesagt hatte. / Pilatus kehrte in den Palast zurück, ließ Jesus 33
rufen und fragte ihn: »Bist du der Judenkönig?« / Jesus fragte zu- 34
rück: »Bist du selbst auf diese Frage gekommen, oder haben dir an-
dere von mir erzählt?« / Pilatus antwortete: »Ich bin doch kein 35
Jude! Dein Volk und die Hohenpriester haben dich mir übergeben.
Was hast du verbrochen?« / Jesus erwiderte: »Mein Königreich ist 36
kein irdisches Reich. Wäre es das, so hätten meine Gefolgsleute für
mich gekämpft, um zu verhindern, daß ich den jüdischen Führern
ausgeliefert werde. Doch mein Königreich ist nicht irdisch.« / Da 37
fragte ihn Pilatus: »Also bist du doch ein König?« Jesus antwortete:
»Das hast du gesagt. Ich selbst sage über mich: Ich bin dazu auf der
Welt, um Zeugnis abzulegen für die wahre Wirklichkeit. Jeder, der
aus der Wirklichkeit Gottes kommt, hört auf mein Wort.« Darauf-
hin fragte Pilatus: »Was ist denn die wahre Wirklichkeit?« / Danach 38
ging er wieder zu den Juden hinaus und sagte zu ihnen: »Ich finde
nicht, daß er schuldig ist. / Es ist doch guter Brauch, daß ich euch 39
zum Passahfest einen Gefangenen freilasse. Soll ich euch also den
Judenkönig freigeben?« / Da schrien sie wieder alle durcheinander 40
und riefen: »Nicht Jesus, sondern Barabbas!« Barabbas aber war
ein Straßenräuber.

Kapitel 19

Pilatus ließ Jesus abführen und auspeitschen. / Die Soldaten floch- 1, 2
ten einen Kranz aus Dornen und setzten ihn Jesus auf den Kopf. Sie
legten ihm einen Purpurmantel um, / stellten sich vor ihn hin und 3
riefen »Sieg und Heil dir, Judenkönig!« und schlugen ihn ins Ge-
sicht. / Da ging Pilatus noch einmal hinaus zu den Juden und sagte 4
zu ihnen: »Seht her, ich bringe ihn euch hier heraus, damit ihr wißt:
Ich finde nicht, daß er schuldig ist.« / Als dann Jesus heraustrat mit 5
der Dornenkrone und dem Purpurmantel, sagte Pilatus: »Da,
schaut ihn euch an, den Menschen!« / Als die Hohenpriester und 6
die Handlanger Jesus so stehen sahen, riefen sie: »Ans Kreuz mit
ihm! Ans Kreuz!« Da sagte Pilatus: »Dann nehmt ihr ihn und kreu-
zigt ihn. Ich finde nicht, daß er schuldig ist.« / Die Juden entgegne- 7
ten: »Wir haben ein Gesetz, und nach diesem Gesetz muß er ster-
ben, weil er behauptet, Gottes Sohn zu sein.« / Als Pilatus diese 8
Anklage hörte, wurde ihm angst und bange. / Er ging wieder in den 9

Palast und fragte Jesus: »Woher kommst du?« Jesus gab keine Ant-
10 wort. / Da sagte Pilatus zu ihm: »So, du willst nicht mit mir reden?
Weißt du nicht, daß ich sowohl die Macht habe, dich freizulassen,
11 als auch die Macht, dich zu kreuzigen?« / Jesus erwiderte: »Alle
Macht, die du mir gegenüber ausüben kannst, ist dir von oben ge-
geben worden. Deswegen liegt die größere Schuld bei denen, die
12 mich dir übergeben haben.« / Von da an wollte Pilatus ihn doch lie-
ber freilassen. Die Juden aber riefen: »Wenn du ihn freiläßt, bist du
kein Freund des Kaisers. Wer sich zum König erklärt, empört sich
gegen den Kaiser.«
13 Als Pilatus das hörte, führte er Jesus nach draußen und setzte sich
auf einen Richterstuhl an der Stelle, die Steinpflaster genannt wird,
14 hebräisch *Gabbata*. / Es war der Tag vor dem Passahfest, gegen 12
Uhr mittags. Dann wandte sich Pilatus an die Juden: »Das ist euer
15 König.« / Da riefen die Juden: »Weg, weg mit ihm, kreuzige ihn!«
Pilatus entgegnete: »Euren König soll ich kreuzigen lassen?« Die
16 Hohenpriester erwiderten: »Nur der Kaiser ist unser König.« / Da
überließ Pilatus ihnen Jesus zur Kreuzigung.
17 Nun übernahmen die Juden Jesus. / Er mußte den Querbalken des
Kreuzes selbst tragen bis zu dem Ort, den man Schädelstätte, he-
18 bräisch *Golgotha*, nannte. / Dort kreuzigten sie ihn und mit ihm
19 zwei andere, rechts und links von ihm, Jesus in der Mitte. / Pilatus
ließ ein Schild schreiben und es am Kreuz anbringen, darauf stand:
20 »Jesus, der Nasoräer, Judenkönig« / in hebräischer, lateinischer
und griechischer Sprache. Weil die Kreuzigungsstelle nahe bei der
21 Stadt lag, würden viele Juden dieses Schild lesen. / Darum sagten
die jüdischen Hohenpriester zu Pilatus: »Bitte, laß nicht ›Judenkö-
22 nig‹ schreiben, sondern ›selbsternannter Judenkönig‹!« / Aber Pila-
tus erwiderte: »Was ich geschrieben habe, gilt. Ich ändere nichts.«
23 / Nachdem die Soldaten Jesus gekreuzigt hatten, nahmen sie seine
Gewänder und teilten sie durch vier, für jeden Soldaten ein Stück.
Das Untergewand war ohne Naht, von oben an in einem Stück ge-
24 webt. / Da sagten die Soldaten zueinander: »Laßt es uns nicht zer-
schneiden, sondern auslosen, wer es bekommt.« So sollte das
Schriftwort erfüllt werden, in dem es heißt: »Sie teilten meine Klei-
der unter sich auf. Und über mein Gewand warfen sie das Los.«
25 Genau das taten die Soldaten. / Bei dem Kreuz, an dem Jesus hing,
standen seine Mutter und deren Schwester, mit ihnen auch Maria,
26 die Frau des Klopas, und Maria von Magdala. / Jesus sah seine
Mutter dastehen und auch den Jünger, den er besonders liebte. Da
27 sagte er zu seiner Mutter: »Er ist jetzt dein Sohn.« / Und zu dem

Jünger sagte er: »Sie ist jetzt deine Mutter.« Daraufhin nahm der
Jünger Jesu Mutter in sein Haus auf.
Danach merkte Jesus, daß sein Ende gekommen war. Damit das 28
Schriftwort erfüllt wurde, sagte er: »Ich habe Durst.« / Sie tauchten 29
einen Schwamm in ein Gefäß mit Essig, das in der Nähe stand,
steckten ihn auf einen Rohrstock und hielten ihn Jesus an den
Mund. / Als Jesus den Essig genommen hatte, sagte er: »Es ist zu 30
Ende.« Er neigte sein Haupt und gab den Lebensgeist zurück.
Es war Freitag, der Vorbereitungstag für den Sabbat, und da man 31
die Leichname der Gekreuzigten nicht am Sabbat – überdies an ei-
nem großen Sabbat[25] – hängen lassen wollte, erbaten einige Juden
von Pilatus die Erlaubnis, den Gekreuzigten die Beine zu zerschlagen
und sie wegschaffen zu lassen. / Die Soldaten kamen herbei und zer- 32
schlugen zuerst dem einen und dann dem anderen der beiden Män-
ner, die mit Jesus gekreuzigt worden waren, die Beine. / Als sie aber 33
zu Jesus kamen, sahen sie, daß er schon tot war, und zerschlugen
ihm nicht die Beine. / Einer der Soldaten stieß ihm jedoch seinen 34
Speer in die Seite, und sogleich flossen Blut und Wasser heraus. / Es 35
gibt einen Augenzeugen, der dieses Geschehen bezeugt hat. Wir be-
stätigen: Sein Zeugnis ist wahr. Und der Augenzeuge weiß auch, daß
er die Wahrheit sagt. Daher könnt auch ihr es glauben. / Dies alles 36
ist geschehen, damit die Schriftstelle erfüllt wurde, in der es heißt[26]:
»Kein Knochen soll ihm zerbrochen werden.« / Und eine andere 37
Stelle lautet: »Sie werden den erblicken, den sie durchbohrt haben.«
Joseph von Arimathia war ein Jünger Jesu, doch er bekannte sich 38
nicht öffentlich dazu, weil er sich vor den Juden fürchtete. Nach
diesen Ereignissen bat er Pilatus, den Leichnam Jesu abnehmen zu
dürfen. Pilatus erlaubte es. So nahm Joseph von Arimathia den
Leichnam Jesu ab. / Auch Nikodemus fand sich ein – er war an- 39
fangs einmal nachts bei Jesus gewesen – und brachte Salböl aus
Myrrhe und Aloe mit, gut dreißig Liter. / Die beiden nahmen nun 40
den Leichnam Jesu vom Kreuz ab, salbten ihn und wickelten ihn
nach jüdischer Sitte in Leinentücher ein. / In der Nähe der Stelle, 41
wo die Kreuzigung stattgefunden hatte, lag ein Garten, und darin
befand sich eine neue, bisher unbenutzte Felsengrabkammer. / Weil 42
sie so nah gelegen war und weil ja der Sabbat vor der Tür stand,
legten sie Jesus dort hinein.

---

25 Wahrscheinlich war dieser Sabbat der erste Festtag der Passahwoche.

26 Gemeint ist entweder der Passahritus (dann stellt der Evangelist sich Jesus als Passahlamm vor): Ex 12,46.10 LXX, oder der leidende Gerechte, um den Gott sich sorgt: Ps 34,21.

Kapitel 20

1 Es war am Sonntag, am ersten Wochentag nach dem Sabbat, mor-
gens in der Frühe. Es war noch dunkel, da kam Maria aus Magdala
zum Grab und sah, daß der Stein vom Eingang des Grabes wegge-
2 rollt worden war. / Da lief sie zu Simon Petrus und zu dem anderen
Jünger, den Jesus besonders liebte, und rief: »Man hat den Herrn
aus dem Grab genommen, und keiner weiß, wo sie ihn hingebracht
3 haben!« / Da machten sich Petrus und der andere Jünger sofort auf
4 zum Grab. / Sie liefen beide zusammen los, doch der andere Jünger
war schneller als Petrus, er eilte voraus und kam als erster zum
5 Grab. / Er bückte sich, um durch die Öffnung zu schauen, und sah
die Leichentücher daliegen, ging jedoch nicht in das Grab hinein. /
6 Dann kam auch Simon Petrus. Er ging in die Grabkammer hinein.
7 Er sah die Leichentücher daliegen, / aber das Schweißtuch, das man
Jesus aufs Gesicht gelegt hatte, lag nicht bei den anderen Tüchern,
8 sondern einzeln zusammengerollt etwas abseits. / Dann erst ging
auch der andere Jünger, der zuerst dagewesen war, in die Grab-
kammer. Als er sah, wie es darin aussah, glaubte er, Jesus sei auf-
9 erstanden. / Damals kannten die beiden Jünger noch nicht die
Schriftstelle, in der es heißt, daß Jesus aus Toten auferstehen solle.
10, 11 / Die Jünger gingen nun nach Hause zurück. / Maria aber blieb vor
dem Grab und weinte bitterlich, von Kummer und Schmerz ge-
12 beugt. Als sie aufblickte, / sah sie plötzlich in der Grabkammer
zwei Engel in leuchtenden Gewändern an der Stelle sitzen, wo Jesus
13 gelegen hatte, einen am Kopfende und einen am Fußende. / Die En-
gel sprachen sie an: »Warum weinst du, gute Frau?« Sie antwortete:
»Sie haben meinen Herrn weggenommen, und ich weiß nicht, wo-
14 hin sie ihn gebracht haben.« / Dann drehte sie sich um und sah ei-
nen Mann dastehen. Es war Jesus, doch sie wußte nicht, daß er es
15 war. / Er fragte sie: »Warum weinst du, gute Frau? Suchst du jeman-
den?« Sie dachte, er sei der Gärtner, und antwortete: »Herr, wenn
du ihn weggetragen hast, sag mir bitte, wo er ist, damit ich ihn ho-
16 len kann.« / Da sagte Jesus zu ihr: »Maria!« Sie machte einen
Schritt auf ihn zu, um ihn kniefällig zu verehren, und rief: »Rab-
17 buni!« Das ist hebräisch und heißt »Lehrer«. / Jesus aber bat sie:
»Noch nicht anbeten, bitte! Denn noch bin ich nicht zum Vater
hinaufgestiegen. Aber lauf zu meinen Brüdern und sag ihnen, daß
ich hinaufgehen werde zu meinem Vater, zu eurem Vater, zu mei-
18 nem Gott, zu eurem Gott.« / Da ging Maria aus Magdala zu den
Jüngern und sagte: »Ich habe den Herrn gesehen.« Und sie berich-
tete, was er ihr aufgetragen hatte.

Es war Abend geworden an jenem Sonntag, dem ersten Tag nach 19
dem Sabbat. Aus Furcht vor den Juden hatten sich die Jünger in
einem Raum versammelt, die Türen waren fest verschlossen. Da
stand auf einmal Jesus mitten unter ihnen und sagte: »Friede sei mit
euch.« / Bei diesen Worten zeigte er ihnen seine Hände und seine 20
Seite. Als die Jünger den Herrn sahen, wurden sie von großer
Freude erfüllt. / Jesus sagte noch einmal: »Friede sei mit euch. Wie 21
mich der Vater gesandt hat, sende ich euch.« / Danach blies er sie 22
an und sagte zu ihnen: »Empfangt Heiligen Geist. / Wenn ihr Men- 23
schen die Sünden vergebt, dann ist das gültig. Und wenn ihr die
Vergebung verweigert, dann gilt das auch.«
Einer von den Zwölfen, Thomas, den sie den »Zwilling« nannten, 24
war nicht dabeigewesen, als Jesus zu ihnen kam. / Als die anderen 25
Jünger ihm berichteten: »Wir haben den Herrn gesehen!« sagte er:
»Das würde ich nur glauben, wenn ich mit meinen eigenen Augen
die Wunden von den Nägeln an seinen Händen sehen und meine
Hand in seine Seite legen könnte.«
Acht Tage später waren die Jünger wieder im Haus versammelt; 26
Thomas war auch dabei. Da trat trotz der verschlossenen Türen
wieder Jesus in ihre Mitte und sagte: »Friede sei mit euch.« / Dann 27
wandte er sich an Thomas und forderte ihn auf: »Leg deinen Finger
hier in die Wunden an meinen Händen und sieh sie dir an, strecke
deine Hand aus und leg sie in die Wunde an meiner Seite, und sei
nicht ungläubig, sondern gläubig.« / Da sagte Thomas: »Mein Herr 28
und mein Gott!« / Jesus aber entgegnete: »Du hast jetzt geglaubt, 29
weil du mich gesehen hast. Selig, wer in Zukunft glauben wird,
ohne mich gesehen zu haben.«
Noch viele andere Wunderzeichen hat Jesus vor den Jüngern getan, 30
die nicht in dieser Buchrolle verzeichnet sind. / Was hier in diesem 31
Buch steht, wurde aufgeschrieben, damit ihr glaubt, daß Jesus der
Messias, der Sohn Gottes, ist, und damit ihr durch den Glauben
Leben habt, weil er es ist.

Kapitel 21

Jesus erscheint vor sieben Jüngern am See bei Tiberias 21,1-25

Danach zeigte sich Jesus seinen Jüngern nochmals am See bei 1
Tiberias, und das war so: / Simon Petrus war zusammen mit Tho- 2
mas, den sie den »Zwilling« nannten, Nathanael aus Kana in Ga-
liläa, den Söhnen des Zebedäus und zwei weiteren Jüngern am See.
/ Als er zu ihnen sagte: »Ich gehe fischen«, riefen sie: »Wir kommen 3
mit!« Sie zogen alle zusammen los und fuhren mit einem Boot hin-

4 aus, doch in der ganzen Nacht fingen sie nichts. / Als es schon Mor-
gen wurde, stand Jesus am Ufer, aber die Jünger ahnten nicht, daß
5 er es war. / Er fragte sie: »Habt ihr nicht etwas, das man zum Brot
6 dazu essen kann?« Sie antworteten: »Nein.« / Da befahl er ihnen:
»Werft an der rechten Bootsseite das Netz aus, dann werdet ihr et-
was finden.« Sie warfen das Netz aus und fingen so viele Fische,
7 daß sie das Netz kaum noch ziehen konnten. / Da sagte der Jünger,
den Jesus besonders liebte, zu Petrus: »Es ist der Herr.« Als Simon
Petrus das hörte, warf er sein Obergewand über – er war nackt –
8 und sprang in den See, um Jesus entgegenzuschwimmen. / Die an-
deren Jünger ruderten an Land. Sie hatten nicht weit zu rudern, nur
rund hundert Meter, und schleppten das Fischnetz hinter dem Boot
9 her. / Als sie landeten, sahen sie schon Fische auf einem Holzkoh-
10 lenfeuer und Brot daliegen. / Jesus rief ihnen zu: »Bringt mir ein
11 paar von den Fischen, die ihr gerade gefangen habt.« / Simon Pe-
trus stieg die Uferböschung hinauf und schleppte das Netz an Land.
Es waren große Fische darin, und obwohl das Netz so voll war, riß
12 es nicht. / Da rief Jesus die Jünger herbei: »Kommt her und früh-
stückt!« Keiner von den Jüngern wagte, ihn zu fragen: »Wer bist
13 du?« Denn sie wußten, daß es der Herr war. / Jesus gesellte sich zu
den Jüngern, nahm Brot und Fisch und verteilte beides unter sie. /
14 Dies war schon das dritte Mal, daß Jesus sich nach seiner Aufer-
weckung von den Toten seinen Jüngern zeigte.

15 Als sie gegessen hatten, fragte Jesus den Simon Petrus: »Simon,
Sohn des Johannes, liebst du mich mehr als die anderen hier?« Er
antwortete: »Ja, Herr, du weißt, daß ich dich liebhabe.« Darauf
16 sagte Jesus zu ihm: »Weide meine Lämmer.« / Dann fragte er ihn
zum zweiten Mal: »Simon, Sohn des Johannes, liebst du mich?« Er
antwortete wieder: »Ja, Herr, du weißt, daß ich dich liebe.« Darauf
17 sagte Jesus: »Weide meine Schafe.« / Dann fragte er ihn zum dritten
Mal: »Simon, Sohn des Johannes, liebst du mich?« Da wurde Pe-
trus traurig, daß Jesus ihn schon zum dritten Male fragte: »Liebst
du mich?«, und erwiderte: »Herr, du weißt doch alles, was in den
Menschen ist, dann wird es dir auch nicht verborgen geblieben
sein, daß ich dich liebhabe.« Aber Jesus sagte wieder zu ihm:
18 »Weide meine Schafe. / Amen, amen, ich sage dir, als du jung warst,
hast du dich selbst gegürtet und bist dort hingegangen, wo du hin-
gehen wolltest. Wenn du alt bist, wirst du ergeben deine Hände
ausstrecken, ein anderer wird dich gürten, ein neuer Herr, dessen
Sklave du sein wirst, und er wird dich dorthin führen, wohin du
19 nicht willst.« / Mit diesen Worten deutete Jesus an, welchen Tod Pe-
trus sterben werde, nämlich den Sklaventod am Kreuz, durch den

er Gott verherrlichen würde. Und dann sagte Jesus: »Folge mir.« /
Da blickte sich Petrus um und sah, daß der Jünger, den Jesus beson- 20
ders liebte, nachgekommen war. Dieser Jünger hatte auch beim
Mahl an der Brust Jesu gelehnt und gefragt: »Herr, wer von uns
wird dich ausliefern?« / Als Petrus ihn nun erblickte, fragte er Jesus: 21
»Herr, was wird denn aus ihm?« / Jesus antwortete: »Wenn es mein 22
Wille ist, daß er so bleibt, wie er jetzt ist, bis ich wiederkomme –
was geht es dich an? Du sollst mir nachfolgen!« / Dieses Wort ver- 23
breitete sich nun unter den Brüdern so, als hätte Jesus gesagt: »Die-
ser Jünger wird nicht sterben.« Doch Jesus hatte ihm nicht verhei-
ßen, daß er nicht sterben würde, sondern er hatte gesagt: »Wenn es
mein Wille ist, daß er so bleibt, wie er jetzt ist, bis ich wieder-
komme – was geht es dich an?«

Dies ist der Jünger, der alles, was hier berichtet ist, bezeugt und der 24
es hat aufschreiben lassen. Und wir als die Gemeinde wissen, daß
sein Zeugnis wahr ist. / Jesus hat noch vieles andere getan. Wollte 25
man es alles schriftlich niederlegen, selbst die ganze Welt würde
wohl die Buchrollen nicht fassen.

Die Offenbarung des Johannnes

Eigenart: Das ganze Buch ist als Brief gekennzeichnet, es enthält sieben Briefe an Gemeinden in Kleinasien und hat als »Anhang« in den Kapiteln 4-21 eine einzigartige Verknüpfung von Geschichtsvision und Himmelsreise. Das Buch steht im Zeichen der Naherwartung.

Datierung: Das Buch zeigt Verwandtschaft mit Paulus, wenn der Seher Johannes auch eher auf der judenchristlichen Seite steht und allzu stark pagane Auswüchse des paulinischen Christentums anprangert (Frauen als Prophetinnen, Erlaubnis von Mischehen mit Heiden, Genuß von Götzenopferfleisch). Elemente aus den Evangelien sind bekannt, aber die Evangelien sind keine schriftlichen Vorlagen. Die Nähe zum JohEv ist nicht überragend bedeutsam. Da Jerusalem noch nicht zerstört ist, legt sich eine Entstehung vor 70 nahe. Da andererseits Nero bekannt ist und als Gegenbild zu Jesus gesehen wird, scheint eine Datierung auf 68/69 n. Chr. plausibel.

Verfasser: Der Seher Johannes schreibt nicht pseudonym, sondern im eigenen Namen (darauf weist auch 22,10: die Schrift soll nicht versiegelt werden). Die Überschneidungen mit dem JohEv, die früher zu der Annahme verleiteten, die Verfasser seien identisch, sind nicht zahlreicher als die zu anderen Schriften des frühen Christentums auch.

Adressaten: Die sieben Gemeinden Kleinasiens sind in Gefahr, durch Kompromisse mit der hellenistischen Kultur und dem Kaiserkult die christliche Identität aufzugeben; drei der sechs Städte gehörten einem Verband zur Pflege des Kaiserkultes an (Ephesus, Pergamon, Smyrna).

Probleme: Das Martyrium der Christen in Rom und das des Christen Antipas in Kleinasien hatte die Gemeinden aufgeschreckt. Wer getauft war, der hatte jetzt schon mit Handelsboykott seitens der heidnischen Mitbevölkerung zu rechnen.

Theologie: Anders als in 1 Petr ist die Reaktion auf eine ähnliche Situation in der ApkJoh die Einordnung der römischen Staatsmacht in einen metaphysischen Dualismus. Die Staatsmacht ist vom Teufel, und vor allem Nero äfft den wahren Heiland nach (besonders dank des Rückkehr-Mythos, der die Menschen des 1. Jh.s ungeheuer beeindruckt haben muß).

DIE OFFENBARUNG DES JOHANNES

1 *Kapitel 1* Dies ist eine Offenbarung Jesu Christi, die er von Gott
empfangen hat. Damit wollte Gott denen, die ihm gehorsam sind,
zeigen, was bald geschehen muß. Er[1] hat sie Johannes, der ihm
gehorsam ist, durch einen Engel mitgeteilt, den er gesandt hat. /
2 Johannes bezeugt das Wort Gottes und legt Zeugnis ab über Jesus
3 Christus und über alles, was er gesehen hat. / Selig, wer diese Buch-
rolle liest, selig, wer auf diese prophetischen Worte hört, und selig,
wer das, was hier aufgeschrieben ist, beherzigt. Denn das Ende ist
nah.
4 Johannes richtet dieses Schreiben an die sieben Gemeinden in der
Provinz Asia. Der Herr[2], die sieben Erzengel vor seinem Thron und
Jesus Christus sind euch gnädig und schenken euch Frieden. Der
5 Herr ist der, der ist und der war und der kommen wird. / Jesus
Christus legt von ihm Zeugnis ab und ist ihm treu, er wurde als er-
ster aus den Toten neugeboren und herrscht über die Könige der
Erde. Er hat uns geliebt und uns mit seinem Blut freigekauft aus un-
6 seren Sünden. / Er hat uns zu einem Königsvolk gemacht und zu
heiligen Priestern vor Gott, seinem Vater. Ihm gebührt die Herrlich-
keit und die Kraft für immer und ewig. Amen.
7 Wenn Jesus auf den Wolken kommt, wird jeder ihn sehen. Die ihn
am Kreuz durchbohrt haben, werden ihn wiedersehen. Seinetwe-
gen werden alle Völker der Erde ihr Los beklagen. Ja und amen.
8 »Ich bin das A und das O«, sagt Gott, der Herr. »Ich bin der, der
ist und der war und der kommen wird, der Herr über alles.«
9 Ich bin Johannes, euer Bruder. Gemeinsam leiden wir, gemeinsam
hoffen wir geduldig auf das Reich, verbunden durch Jesus. Ich bin
gerade auf der Insel Patmos, um Gottes Wort zu verkünden und
10 von Jesus Zeugnis zu abzulegen. / Am Sonntag kam der Heilige
Geist über mich, und ich hörte hinter mir eine Stimme, laut wie eine
11 Trompete[3], die sagte: / »Schreibe alles, was du siehst, in eine Buch-

[1] Umstritten ist, ob Jesus seinen Engel sendet (Apk 22,16) oder Gott selbst (Apk 22,6). Am Ende ist das aber kein Gegensatz.

[2] Der Verfasser Johannes vermeidet hier den Gottesnamen. Im Deutschen wird das nachgeahmt, indem wir nicht »Gott«, sondern »der Herr« schreiben.

[3] Luther übersetzt »Posaune«. Posaunen gibt es jedoch erst seit dem Mittelalter, während die Trompete bereits in der Antike bekannt ist (vgl. Brockhaus).

rolle und schicke sie an die sieben Gemeinden: nach Ephesus,
Smyrna, Pergamon, Thyatira, Sardes, Philadelphia und Laodizea.«
/ Und ich wandte mich um, weil ich sehen wollte, wer mit mir 12
sprach. Als ich mich umwandte, erblickte ich sieben goldene
Leuchter. / In ihrer Mitte stand jemand wie ein Mensch mit einem 13
langen Gewand bis auf die Füße und einem goldenen Gürtel bis an
die Brust. / Haupt und Haar leuchteten wie schneeweiße Wolle, 14
seine Augen wie eine Feuerflamme. / Seine Füße glänzten wie liba- 15
nesisches Golderz, das im Feuerofen geläutert wurde, seine Stimme
donnerte wie das Meer bei Sturmflut. / In seiner Rechten hielt er 16
sieben Sterne, und aus seinem Mund kam ein scharfes, zweischnei-
diges Schwert. Und sein Antlitz erstrahlte wie die Sonne, wenn sie
im Zenit steht.
Als ich ihn sah, fiel ich vor ihm nieder wie tot. Er aber legte seine 17
rechte Hand auf mich und sagte: »Fürchte dich nicht, ich bin der
Erste und der Letzte / und der Lebendige. Ich war tot, doch ich lebe 18
für immer und ewig. Ich habe die Schlüssel, um das Reich des Todes
in der Unterwelt zu öffnen.
Schreibe nun auf, was du gesehen hast: das, was ist, und das, was 19
in Zukunft geschehen wird. / Die sieben Sterne in meiner Rechten 20
und die sieben goldenen Leuchter haben folgende Bedeutung: Die
sieben Sterne sind die Boten[4] der sieben Gemeinden, die sieben
Leuchter sind die sieben Gemeinden.

Kapitel 2 Dem Boten der Gemeinde von Ephesus sollst du folgen- 1
des schreiben: Diese Worte sind von dem, der die sieben Sterne in
seiner Rechten hält und im Kreis der sieben goldenen Leuchter
steht. / Ich weiß, daß dein Handeln gut war, daß du unter Mühen 2
verkündigt und geduldig ausgehalten hast. Ich weiß, daß du Schur-
ken nicht ertragen kannst. Du hast auch die geprüft, die sich selbst
Apostel nannten, und du hast sie als Lügner entlarvt. / Du bist ge- 3
duldig, um meinetwillen hast du manches ertragen und bist nicht
müde geworden. / Doch ich muß dir vorwerfen, daß du die Glut der 4
ersten Liebe hast erkalten lassen. / Denk daran, von welcher Höhe 5
du herabgestürzt bist! Kehre um und handle wieder so wie zu An-
fang! Wenn du das nicht tust und nicht umkehrst, dann komme ich
und stoße deinen Leuchter von seinem Platz. / Doch für dich 6

[4] Umstritten ist, ob es sich um Engel oder um menschliche Boten handelt. Beides ist sprachlich möglich. Auch bei Paulus kennen wir freilich spezifische Gemeinde-Boten. Sie organisieren den Kontakt frühchristlicher Gemeinden untereinander und tragen zum Teil den Titel »Apostel«.

spricht, daß du genau wie ich nicht ertragen kannst, was die Niko-
7 laiten tun. / Dies soll jedermann bedenken, denn es ist eine Bot-
schaft des Heiligen Geistes an die Gemeinden. Dem Sieger werde
ich zu essen geben vom Baum des Lebens, der in Gottes Paradies-
garten steht.
8 Und dem Boten der Gemeinde in Smyrna sollst du folgendes schrei-
ben: Diese Worte sind von dem Ersten und Letzten, von dem, der
9 tot war und wieder lebendig wurde. / Ich weiß, daß du bedrängt
und arm bist. Aber eigentlich bist du doch reich, weil du von Gott
her lebst. Ich weiß, daß du beleidigt wirst von denen, die behaup-
ten, Juden zu sein, die aber in Wahrheit die Gemeinde Satans sind.
10 / Hab keine Angst vor dem, was du erleiden wirst. Um euch zu prü-
fen, wird der Teufel einige von euch ins Gefängnis werfen. Zehn
Tage werdet ihr Not leiden. Sei treu bis zum Tod, dann werde ich
11 dich mit Leben krönen. / Dies soll jedermann bedenken, denn es ist
eine Botschaft des Heiligen Geistes an die Gemeinden. Dem Sieger
wird der zweite Tod, die endgültige Verdammnis, nichts mehr an-
haben können.
12 Dem Boten der Gemeinde in Pergamon sollst du folgendes schrei-
ben: Diese Worte sind von dem, der das scharfe, zweischneidige
13 Schwert hat. / Ich weiß, daß du dort wohnst, wo Satans Thron
steht. Doch du hältst an mir fest und hast deinem Gottesglauben
nicht abgeschworen, selbst damals nicht, als mein treuer Zeuge An-
tipas bei euch, wo Satan wohnt, ermordet wurde.
14 Nur wenig habe ich dir vorzuwerfen. Es gibt bei dir Leute, die an
Bileams Lehre festhalten. Bileam stiftete den Balak an, die Israeli-
ten dazu zu verführen, daß sie Fleisch aßen, das den Götzen ge-
weiht war, und schamlos mit heidnischen Frauen verkehrten. /
15 Ebenso gibt es bei dir Leute, die der Lehre der Nikolaiten anhän-
16 gen. / Kehre also um! Wenn du das nicht tust, dann komme ich sehr
bald und führe Krieg gegen sie mit dem Schwert, das aus meinem
17 Mund kommt. / Dies soll jedermann bedenken, denn es ist eine Bot-
schaft des Heiligen Geistes an die Gemeinden. Dem Sieger werde
ich von dem Manna zu essen geben, das der Himmel verborgen
hält. Und ich werde ihm einen weißen Stein geben, auf dem ein
neuer Name geschrieben steht, den nur er kennt; dieser Name ist
ein Geheimname, der ihn schützen wird.
18 An den Boten der Gemeinde in Thyatira sollst du folgendes schrei-
ben: Diese Worte sind vom Sohn Gottes, der Augen hat wie Feuer-
19 flammen und Füße wie libanesisches Golderz. / Ich weiß, wie du
handelst, wie du liebst, daß du treu bist, Wohltätigkeit übst und
viel erduldest. Und in letzter Zeit tust du sogar mehr als früher. /

Aber ich muß dir vorwerfen, daß du die Frau Iezebel gewähren 20
läßt, die sich Prophetin nennt. Mit ihrer Lehre verführt sie diejeni-
gen, die mir gehorsam sind, dazu, Mischehen mit heidnischen
Frauen einzugehen und Fleisch zu essen, das den Götzen geweiht
ist. / Ich habe ihr Zeit zur Umkehr gewährt, aber sie will von ihrer 21
sexuellen Verirrung nicht ablassen. / Ich werde sie auf das Bett 22
schleudern, auf dem sie zu sündigen pflegt, und ihre Liebhaber
dazu. Da werden sie große Drangsal erleiden, falls sie nicht umkeh-
ren von ihrem Tun. / Ihre Kinder werde ich töten, und alle Gemein- 23
den sollen erkennen, daß ich der bin, der die Menschen in ihrem In-
nersten kennt und sie auf Herz und Nieren prüft, und daß ich jeden
von euch so behandeln werde, wie er selbst gehandelt hat. / Euch 24
aber, den übrigen in Thyatira, die ihr nicht dieser Lehre anhängt
und nicht in die »Tiefen Satans«, wie sie das nennen, vorgedrungen
seid, euch will ich keine weitere Last auferlegen. / Was ihr habt, das 25
beherzigt, bis ich komme.
Dem Sieger, der bis zum Ende so handelt wie ich, werde ich Macht 26
geben über die Völker. / Er wird sie regieren mit eiserner Knute 27
oder sie zerschlagen wie irdenes Geschirr. / Am Glanz des Morgen- 28
sterns, den ich von meinem Vater empfangen habe, werde ich auch
ihn teilhaben lassen. / Dies soll jedermann bedenken, denn es ist 29
eine Botschaft des Heiligen Geistes an die Gemeinden.

Kapitel 3 An den Boten der Gemeinde in Sardes sollst du fol- 1
gendes schreiben: Diese Worte sind von dem, der die sieben Geister
Gottes hat und die sieben Sterne. Ich weiß, wie du handelst. Man
denkt, du lebst, aber du bist tot. / Sei hellwach! Stärke die an- 2
deren, die kurz vor dem Sterben sind. Dein Tun ist noch nicht so,
wie es vor Gott sein soll. / Denk daran, wie du damals die Bot- 3
schaft gehört und angenommen hast. Beherzige sie und kehre um!
Wenn du nicht hellwach bist, wirst du nicht bemerken, wann ich
komme, denn ich komme wie ein Einbrecher. / Aber es gibt einige 4
wenige Leute in Sardes, die noch eine reine Weste haben. Sie wer-
den mit mir in strahlender Helle stehen, denn sie haben es ver-
dient.
Der Sieger wird leuchtend dastehen, sein Name ist im Buch des Le- 5
bens verzeichnet. Ich werde mich zu ihm bekennen vor meinem Va-
ter und seinen Engeln. / Dies soll jedermann bedenken, denn es ist 6
eine Botschaft des Heiligen Geistes an die Gemeinden. / Dem Boten 7
der Gemeinde in Philadelphia sollst du folgendes schreiben: Diese
Worte sind von dem Heiligen, der wirklich ist wie Gott, der den
Schlüssel Davids zu Himmel und Hölle, zu Leben und Tod in Hän-

den hat. Wenn er damit aufschließt, so ist es endgültig; wenn er zu-
8 schließt, ist es für immer. / Ich weiß, wie du gehandelt hast. Daher
habe ich für dich eine Tür zum Himmel geöffnet, die niemand mehr
schließen kann. Denn du hast nur geringe irdische Macht, hast
mein Wort beherzigt und mich nicht verleugnet.
9 Daher überantworte ich dir Leute aus der Gemeinde Satans, die sich
fälschlich Juden nennen. Ich werde dafür sorgen, daß sie zu dir kom-
men und vor dir auf die Knie fallen und anerkennen, daß ich dich er-
10 wählt habe. / Weil du meine Ermahnung zum Durchhalten nicht fal-
lengelassen hast, werde auch ich dich nicht fallenlassen in der Zeit
11 der Prüfung, die allen Erdbewohnern bevorsteht. / Ich komme bald.
Halte fest an dem, was du hast, damit niemand dich um den Preis für
12 deine Mühen bringt. / Den Sieger werde ich zur Säule in Gottes Tem-
pel machen, die immer dortbleiben wird. Auf seine Stirn werde ich
den Namen Gottes schreiben und den Namen der Stadt Gottes, des
neuen Jerusalem, das vom Himmel her kommt, und auch meinen ei-
13 genen neuen Namen. / Dies soll jedermann bedenken, denn es ist
eine Botschaft des Heiligen Geistes an die Gemeinden.
14 Dem Boten der Gemeinde in Laodizea sollst du folgendes schrei-
ben: Diese Worte sind von dem Amen, bei dem und mit dem man
schwört, von dem treuen und unerschütterlichen Zeugen, durch
15 den Gottes Schöpfung seit Anbeginn besteht. / Ich weiß, wie du ge-
handelt hast, es war weder kalt noch heiß, aber eins von beiden
16 sollte es sein. / Weil du weder heiß noch kalt, sondern lauwarm bist,
17 werde ich dich ausspucken. / Du prahlst: ›Reich bin ich und noch
reicher geworden, ich leide keinen Mangel.‹ Aber du weißt gar
18 nicht, wie elend, erbärmlich, arm, blind und nackt du bist. / Ich
gebe dir einen Rat: Um wahrhaft reich zu werden, kaufe von mir
im Feuer geläutertes Gold und leuchtend reine Gewänder, damit
man deine schändliche Nacktheit nicht entdeckt. Kaufe von mir
Augensalbe, damit du damit deine Augen behandeln und wieder se-
19 hen kannst. / Wen ich liebe, dem sage ich, was für Fehler er hat, und
20 versuche, ihn zu bessern. Nimm es an und kehre um! / Ich stehe vor
der Tür und klopfe an. Wer auf meinen Ruf hört und die Tür öffnet,
zu dem werde ich hereinkommen, und wir werden zusammen
Mahlzeit halten.
21 Dem Sieger werde ich erlauben, zusammen mit mir auf meinem
Thron zu sitzen. Auch ich bin ja Sieger und darf neben meinem Va-
22 ter auf seinem Thron sitzen. / Dies soll jedermann bedenken, denn
es ist eine Botschaft des Heiligen Geistes an die Gemeinden.«

Kapitel 4 Danach sah ich am Himmel eine Tür, die stand offen. 1
Und da war wieder die Stimme, die ich zuerst gehört hatte, laut wie
eine Trompete, die forderte mich auf: »Steig hier herauf! Ich will
dir zeigen, was in Zukunft geschehen muß.« / Kaum hatte sie das 2
gesagt, da kam der Geist über mich. Ein Thron stand da im Him-
mel, und darauf saß einer. / Sein Antlitz leuchtete wie Jaspis und 3
funkelte wie Karneol. Schimmernd wie Smaragd umgab ein Strah-
lenkranz den Thron. / Rings um den Thron waren vierundzwanzig 4
weitere Throne angeordnet, darauf saßen vierundzwanzig Wür-
denträger in leuchtenden Gewändern und mit goldenen Kronen. /
Aus dem Thron in der Mitte drangen Blitze und krachende Don- 5
nerschläge. Vor ihm brannten sieben Feuerfackeln, die sieben Gei-
ster Gottes. / Davor war eine Art See, durchsichtig wie Glas, fast 6
wie Kristall. Und ich sah vier Tiere, eins vor dem Thron und drei
verteilt im Kreis ringsum, vorne und hinten ganz mit Augen be-
deckt. / Das erste Tier war wie ein Löwe, das zweite wie ein junger 7
Stier, das dritte hatte ein Gesicht wie ein Mensch, das vierte sah aus
wie ein Adler im Flug. / Jedes Tier hatte sechs Flügel, die auch au- 8
ßen und innen mit Augen bedeckt waren. Tag und Nacht sangen sie
ohne Unterlaß: »Heilig, heilig, heilig bist du Herr. Du bist Herr
über alles. Du warst, und du bist, und du kommst.«
Die vier Tiere erweisen dem lebendigen Gott auf dem Thron Ehre 9
und Dank für alle Zeit und verherrlichen ihn immerdar. / Auch die 10
vierundzwanzig Würdenträger fallen vor dem allzeit lebendigen
Gott auf dem Thron anbetend auf die Knie und legen ihre Kronen
vor dem Thron nieder mit den Worten: / »Herr, unser Gott, dein ist 11
die Herrlichkeit, die Ehre und die Macht. Denn du hast alles ge-
schaffen, durch deinen Willen haben alle Dinge Bestand und Ord-
nung.«

Kapitel 5 In der Rechten des Thronenden sah ich eine Buchrolle, 1
die innen und außen beschrieben und mit sieben Siegeln gesichert
war. / Und ich sah einen mächtigen Engel, der rief laut: »Gibt es ei- 2
nen, der würdig ist, die Siegel der Buchrolle zu öffnen und sie zu
lesen?« / Und niemand im Himmel, auf der Erde oder unter der 3
Erde war in der Lage, die Buchrolle zu öffnen oder zu lesen. / Ich 4
weinte sehr, weil sich keiner fand, der würdig gewesen wäre, die
Buchrolle zu öffnen oder zu lesen. / Doch einer der Würdenträger 5
sagte zu mir: »Weine nicht! Denn der Löwe aus dem Stamm Juda,
der Sproß Davids, hat gesiegt. Er darf die Buchrolle und ihre sieben
Siegel öffnen.«
Da sah ich, daß mitten vor dem Thron und den vier Tieren und mit- 6

ten vor den Würdenträgern etwas stand, das aussah wie ein ge-
schlachtetes Lamm mit sieben Hörnern und sieben Augen. Die sie-
ben Augen sind die sieben Geister Gottes, ausgesandt in alle Welt.
7 / Das Lamm trat hinzu und nahm die Buchrolle aus der Rechten des
8 Thronenden. / Und als es die Buchrolle empfangen hatte, fielen die
vier Tiere und die vierundzwanzig Würdenträger vor ihm nieder.
Dann spielten einige auf der Kithara, andere brachten goldene
9 Schalen voll Räucherwerk herbei, die Gebete der Heiligen. / Und
sie sangen dem Lamm zu Ehren ein neues[5] Lied: »Nur du sollst die
Buchrolle nehmen und ihre Siegel öffnen. Denn du bist geschlachtet
worden und hast mit deinem Blut für Gott aus allen Geschlechtern,
Sprachgemeinschaften, Völkern und Nationen ein Volk erkauft. /
10 Für unseren Gott hast du sie zum Königsvolk und zu Priestern ge-
macht, und sie werden Könige sein auf der Erde.«
11 Und ich schaute und schaute und hörte den Gesang unzähliger En-
gel rund um den Thron, den Gesang der Tiere und der Würdenträ-
12 ger, / der laut ertönte: »Macht, Reichtum, Weisheit, Kraft, Ehre,
13 Herrlichkeit und Segen dem geschlachteten Lamm!« / Ich hörte,
wie alle Geschöpfe im Himmel, auf der Erde und unter der Erde
und auf dem Meer riefen: »Lobpreis, Ehre, Herrlichkeit und Macht
dem Thronenden und dem Lamm für immer und ewig.«
14 Die vier Tiere antworteten »Amen« zur Bestätigung. Die Würden-
träger fielen auf die Knie und beteten Gott an.

1 *Kapitel 6* Ich sah, wie das Lamm eines der sieben Siegel öffnete.
Da hörte ich eines der vier Tiere mit Donnerstimme rufen:
2 »Komm!« / Und ich sah ein weißes Pferd, darauf saß ein Bogen-
schütze. Ihm wurde eine Krone verliehen, damit er immer nur sie-
3 gen sollte. / Als das zweite Siegel geöffnet wurde, hörte ich das
4 zweite Tier rufen: »Komm!« / Und ein zweites Pferd trabte heran,
es war rot. Der Reiter sollte den Frieden wegnehmen von der Erde.
Die Menschen sollten einander morden. Daher bekam er ein großes
Schwert.
5 Als das dritte Siegel geöffnet wurde, hörte ich das dritte Tier rufen:
»Komm!« Nun sah ich ein schwarzes Pferd, dessen Reiter eine
6 Waage in der Hand hielt. / Und ich vernahm einen Ruf aus der
Mitte der vier Tiere: »Ein Kilo Weizen einen Denar! Drei Kilo Ger-
ste einen Denar! Öl und Wein sollen nicht im Preis steigen.«

---

5 Der Ausdruck »neu« im Zusammenhang hellenistisch-politischer Szene bedeutet: Etwas, das exklusiv auf diesen Herrscher zu beziehen ist und von ihm gilt; vgl. den Ausdruck »neues Gebot« im JohEv und in 1 Joh.

Als das vierte Siegel geöffnet wurde, hörte ich das vierte Tier rufen: 7
»Komm!« / Und ich sah ein leichenblasses Pferd. Der Reiter hieß 8
Tod, und Hades war sein Reitknecht. Ihnen wurde Gewalt verlie-
hen über ein Viertel der Erde, Gewalt, zu töten durch Schwert,
Hunger, Pest und die wilden Tiere der Erde.
Als das fünfte Siegel geöffnet wurde, sah ich unter dem himmli- 9
schen Altar die stehen, die um des Wortes Gottes willen und wegen
ihres Zeugnisses ermordet worden waren. / Sie schrien laut: »Wie 10
lange, heiliger und wahrhaftiger Herr, soll es noch dauern, bis dein
Gericht über die Erdenmenschen kommt und du Vergeltung übst
dafür, daß wir ermordet wurden?« / Jeder von ihnen erhielt ein 11
leuchtendes Gewand. Man tröstete sie, sie sollten noch ein wenig
ausruhen, bis die Zahl ihrer Brüder und Schwestern voll sei, die
gleich ihnen ermordet werden sollten.
Als das sechste Siegel geöffnet wurde, bebte die Erde gewaltig, die 12
Sonne wurde schwarz wie ein Sack aus Ziegenfell, der ganze Mond
wurde wie Blut. / Die Sterne fielen vom Himmel auf die Erde, wie 13
wenn starker Wind unreife Feigen vom Baum schüttelt. / Der Him- 14
mel wurde wie eine Buchrolle zusammengerollt und verschwand.
Alle Berge und Inseln wurden aus ihren Halterungen gerissen. / Die 15
Könige der Erde, die Machthaber und Heerführer, die Reichen und
Mächtigen, die Freien, aber auch alle Sklaven versteckten sich in
den Höhlen und zwischen den Felsen der Berge. / »Fallt auf uns«, 16
forderten sie die Berge und Felsen auf, »verbergt uns vor dem, der
auf dem Thron sitzt, und vor dem Lamm. / Denn der große Tag ist 17
da, an dem ihr Zorn losbricht. Wer wird ihm standhalten können?«

Kapitel 7 Dann sah ich vier Engel an den vier Ecken der Erde ste- 1
hen. Sie hielten die vier Winde zurück, so daß kein Wind mehr
wehte über Land, Meer oder Wald. / Und einen anderen Engel sah 2
ich heraufsteigen vom Osten her. Er hielt ein Siegel des lebendigen
Gottes in der Hand und rief den vier Engeln, denen die Macht ver-
liehen war, Erde und Meer Schaden zuzufügen, / laut zu: »Laßt 3
Erde, Meer und Wald so lange unversehrt, bis wir diejenigen, die
unserem Gott gehorsam sind, an der Stirn versiegelt haben, damit
sie nicht abtrünnig werden.«
Und ich hörte, wie viele durch das Siegel geschützt werden sollten. 4
Es waren einhundertundvierundvierzigtausend aus allen Stämmen
Israels: / zwölftausend aus dem Stamme Juda, zwölftausend aus dem 5
Stamme Ruben, zwölftausend aus dem Stamme Gad, / zwölftausend 6
aus dem Stamme Aser, zwölftausend aus dem Stamme Nephtalim,
zwölftausend aus dem Stamme Manasse, / zwölftausend aus dem 7

Stamme Simeon, zwölftausend aus dem Stamme Levi, zwölftausend
8 aus dem Stamme Issachar, / zwölftausend aus dem Stamme Sebulon,
zwölftausend aus dem Stamme Joseph und zwölftausend aus dem
9 Stamme Benjamin. / Dann erblickte ich eine unzählbare Menge
Menschen aus allen Völkern, Stämmen, Nationen und Sprachge-
meinschaften. In strahlenden Gewändern und mit Palmzweigen in
10 der Hand standen sie vor dem Thronenden und dem Lamm / und
riefen laut: »Heil unserem Gott auf dem Thron und dem Lamm!«
11 Alle Engel, die Würdenträger und die vier Tiere, die rings um den
12 Thron standen, fielen anbetend auf die Knie / und riefen: »Amen,
Lobpreis, Herrlichkeit, Weisheit, Dank, Ehre, Kraft und Macht un-
serem Gott für immer und ewig. Amen.«
13 Und einer der Würdenträger fragte mich: »Weißt du denn, wer die
14 in den strahlenden Gewändern sind und woher sie kommen?« / Ich
antwortete: »Sag du es mir, Herr!« Da erklärte er mir: »Sie haben
große Bedrängnis durchgestanden. Im Blut des Lammes haben sie
15 ihre Gewänder reingewaschen. / Deswegen stehen sie vor Gottes
Thron und dienen ihm in seinem Tempel Tag und Nacht. Und Gott
16 thront über ihnen.[6] / Hunger und Durst werden sie nicht mehr quä-
len. Keine Glut wird auf sie fallen, und die Sonne wird sie nicht
17 mehr versengen. / Denn das Lamm mitten auf dem Thron wird ihr
Hirt sein, es wird sie zu Quellen frischen Wassers führen. Und Gott
wird jede Träne von ihren Augen abwischen.«

1 *Kapitel 8* Als schließlich das siebte Siegel geöffnet wurde, war es
2 etwa eine halbe Stunde lang ganz still im Himmel. / Ich sah die sie-
3 ben Engel vor Gott stehen. Jeder erhielt eine Trompete. / Ein wei-
terer Engel stellte sich vor dem Brandopferaltar auf[7] und füllte
Feuerbrand in sein goldenes Räucherfaß. Dazu bekam er eine
große Menge Weihrauch, den er, vermischt mit den Gebeten aller
Heiligen, auf dem goldenen Räucheraltar direkt vor dem Thron
4 verbrennen sollte. / So stieg der Duft des Weihrauchs, den der Engel
zusammen mit den Gebeten der Heiligen dargebracht hatte, vor
5 Gott auf. / Dann nahm der Engel das leergebrannte Räucherfaß,
füllte es erneut mit Feuerbrand vom Brandopferaltar und kippte es
über der Erde aus. So entstanden krachende Donnerschläge, Blitze
und Erdbeben.

---

[6] Hier ist auch die Vorstellung der Schechina Gottes (eine unsichtbare Weise der Erscheinung und Gegenwart Gottes in der Welt) wichtig, die »auf den Menschen bleibt«.

[7] Vgl. Lk 1,11.

Die sieben Engel mit den sieben Trompeten stimmten ihre Instru- 6
mente. / Dann blies der erste, und Hagel und Feuer, vermischt mit 7
Blut, fielen auf die Erde herab. Je ein Drittel der Erde, der Wälder
und des grünen Grases verbrannte. / Der zweite Engel blies, und ein 8
riesiger Feuerberg stürzte ins Meer. Ein Drittel des Meeres wurde
zu Blut, / ein Drittel der Lebewesen im Meer ging zugrunde, ein 9
Drittel der Schiffe versank. / Der dritte Engel blies, und aus dem 10
Himmel stürzte ein großer Stern wie eine Fackel brennend auf ein
Drittel der Flüsse und Quellen. / Es war der Wermutstern. Ein Drit- 11
tel der Gewässer wurde zu Wermut, und viele Menschen starben,
weil das Wasser bitter geworden war. / Der vierte Engel blies, und 12
je ein Drittel der Sonne, des Mondes und der Sterne wurde getrof-
fen und verfinsterte sich, so daß je ein Drittel von Tag und Nacht
ausfielen. / Da bemerkte ich einen Adler, der in der Mitte des Him- 13
mels flog und laut schrie: »Dreimal Wehe den Erdenbewohnern,
wenn die drei übrigen Trompeten ertönen werden.«

Kapitel 9 Der fünfte Engel blies, und ich sah einen Stern vom 1
Himmel auf die Erde fallen. Er bekam den Schlüssel für den Tun-
nel, der die Erde mit dem Höllenschlund[8] verbindet. / Als der Stern 2
den Tunnel aufschloß, stieg Rauch wie aus einem großen Schorn-
stein heraus, so daß sich Sonne und Luft verfinsterten. / Aus dem 3
Rauch krochen Heuschrecken auf die Erde, die waren gewalttätig
wie Skorpione. / Ihr Auftrag lautete: »Gras, Gesträuch und Wälder 4
laßt unversehrt, stürzt euch auf die Menschen, die nicht durch Got-
tes Siegel auf ihrer Stirn geschützt sind.« / Sie durften sie nicht 5
töten, sondern sollten sie fünf Monate lang so quälen, daß sie
Schmerzen litten wie von Skorpionstichen. / Wenn die Menschen 6
dann sterben wollten, könnten sie es nicht, wenn sie den Tod her-
beisehnten, würde er sie fliehen.
Diese heuschreckenartigen Wesen waren wie Pferde zur Schlacht 7
gerüstet. Auf dem Kopf trugen sie eine Art goldene Krone, sie hat-
ten ein Menschengesicht, / Haare wie eine Frau, Zähne wie die ei- 8
nes Löwen, / Brustschilde wie Eisenpanzer, und das Schwirren ihrer 9
Flügel klang wie das Rattern von Wagen und wie Hufgetrappel von
Pferden, die in die Schlacht ziehen. / Am Schwanz hatten sie Sta- 10
cheln wie Skorpione, mit denen sie die Menschen fünf Monate lang
quälen dürfen. / Ihr König ist der Engel des Höllenschlunds. Sein 11

[8] Luther übersetzt »Abgrund«. Der Ort der eschatologischen Strafe (unsere »Hölle«) ist für die Apokalypse ein Feuersee.

Name ist auf hebräisch Abaddon, auf griechisch Apollyon, der Verderber.
12 Das war der erste Weheruf. Die beiden anderen Weherufe werden folgen.
13 Der sechste Engel blies, und von den vier goldenen Hörnern an den
Ecken des goldenen Rauchopferaltars vor Gottes Thron ertönte
14 ein Befehl an den sechsten Trompetenengel: / »Laß die vier Engel
15 frei, die am großen Euphratfluß in Fesseln liegen.« / Die vier Engel,
die dazu ausersehen waren, genau zu diesem Zeitpunkt ein Drittel
16 der Menschheit zu töten, wurden freigelassen. / Die berittenen
Truppen waren, wie ich hörte, zwanzigtausendmal zehntausend
Mann stark.
17 Ich sah die Pferde und die Reiter: Ihre Brustschilde waren feuerrot,
hyazinthenblau oder schwefelgelb. Die Köpfe der Pferde waren wie
Löwenhäupter, aus ihren Mäulern spieen sie Feuer, Rauch und
18 Schwefel. / So wurde ein Drittel der Menschheit durch dreifache
Peinigung vernichtet, die aus ihren Rachen quoll: durch die Feuersglut, den erstickenden Qualm und den ätzenden, giftigen Schwefel.
19 / Nicht nur mit den Mäulern üben die Pferde ihr Strafgericht aus,
sondern auch mit ihren Schwänzen, an denen Schlangenköpfe das
Züchtigungswerk vollenden.
20 Aber die Menschen, die nicht durch diese Qualen umgekommen
waren, ließen auch jetzt nicht von ihren Götzen ab, die doch nur
von Menschenhand gemacht waren. Sie beteten weiter die Dämonen an und die Götzenbilder aus Gold, Silber, Erz, Stein und Holz,
21 die weder sehen noch hören, noch laufen können. / Sie ließen nicht
ab von Mord, Giftmischerei, Sexgier und Räuberei.

1 *Kapitel 10* Da sah ich noch einen Engel. Er war stark und kam,
angetan mit einer Wolke, vom Himmel herab. Über seinem Haupt
stand ein Regenbogen, sein Antlitz leuchtete wie die Sonne, seine
2 Beine glänzten wie Feuersäulen. / In seiner Hand hielt er eine kleine
geöffnete Buchrolle. Seinen rechten Fuß hatte er auf das Meer gesetzt, mit dem linken stand er auf dem Land.
3 Er brüllte laut wie ein Löwe, und die sieben Donner antworteten. /
4 Ich wollte aufschreiben, was sie gesagt hatten, aber da befahl mir
eine Stimme vom Himmel her: »Schreib nicht auf, was die sieben
Donner gesagt haben, sondern halte es geheim!«
5 Der Engel aber, der mit einem Fuß auf dem Meer und mit dem an-
6 deren auf dem Land stand, erhob seine Rechte zum Himmel. / Und
beim ewig lebendigen Gott, dem Schöpfer des Himmels, der Erde
und des Meeres und all dessen, was darin ist, schwor er feierlich:

»Die Zeit ist abgelaufen. / Wenn der siebente Engel die Trompete 7
bläst, dann ist es soweit: Gottes verborgene Verheißung, das Evan-
gelium Gottes für seine gehorsamen Propheten, wird erfüllt.
Wieder hörte ich die Himmelsstimme, die sagte zu mir: »Geh und 8
nimm die geöffnete Buchrolle aus der Hand des Engels, der auf dem
Meer und dem Land steht.« / Ich ging zu dem Engel und bat ihn, 9
mir die Buchrolle zu geben. Er sagte: »Nimm sie und iß sie auf.
Dein Magen wird davon bitter werden, doch schmecken wird sie
honigsüß.«
Ich nahm die kleine Buchrolle aus der Hand des Engels und aß sie 10
auf. Sie schmeckte honigsüß. Und als ich sie gegessen hatte, wurde
mein Magen bitter. / Und die Stimme sagte zu mir: »Du mußt noch 11
einmal Prophet sein über Völker, Nationen und viele Könige.«

Kapitel 11 Ich bekam ein Schilfrohr in die Hand, gerade gewach- 1
sen wie ein Stab, und erhielt den Auftrag: »Miß damit den Tempel
Gottes aus und den Altar und zähle die Menschen, die im Tempel
Gottesdienst halten. / Den Vorhof außen am Tempel brauchst du 2
nicht auszumessen, denn er ist den Heiden preisgegeben, welche die
heilige Stadt Jerusalem 42 Monate lang verwüsten werden. / Ich 3
will meine beiden Zeugen beauftragen, daß sie, zum Zeichen der
Trauer und der Umkehr in Säcke gekleidet, 1260 Tage lang als Pro-
pheten wirken sollen.« / Diese beiden Zeugen sind beim Propheten 4
Sacharja mit dem Bild der beiden Ölbäume und der beiden Leuch-
ter vor Gott angekündigt. / Will ihnen jemand unrecht tun, dann 5
rufen sie Feuer vom Himmel, das ihre Feinde verbrennt. Wer ihnen
unrecht tun will, der kommt auf diese Weise um. / Sie können den 6
Himmel zuschließen, so daß es in der Zeit, in der sie als Propheten
wirken, nicht regnet. Sie können Wasser in Blut verwandeln und
die Erde mit Strafen schlagen, wie und so oft sie wollen. / Wenn ihr 7
Zeugendienst beendet ist, dann steigt das Tier aus dem Höllen-
schlund empor, kämpft gegen sie und besiegt und tötet sie. / Ihre 8
Körper bleiben auf der breiten Straße der großen Stadt Jerusalem
liegen, die man im übertragenen Sinne auch Sodom oder Ägypten
nennt und wo auch Jesus, ihr Herr, gekreuzigt wurde.
Dreieinhalb Tage lang liegen die beiden Getöteten dort, und Men- 9
schen aus allen Nationen, Stämmen, Sprachgemeinschaften und
Völkern werden sie da liegen sehen, denn es ist verboten, sie zu be-
statten. / Die Erdenbewohner freuen sich darüber, sind fröhlich 10
und schicken sich Geschenke wie zu einem Freudenfest, denn diese
beiden Propheten hatten sie ja schrecklich gequält. / Nach dreiein- 11
halb Tagen fährt von Gott her Lebensgeist in sie hinein, und sie ste-

12 hen auf. Großer Schrecken befällt alle, die das sehen. / Dann ruft
eine Stimme laut vom Himmel her: »Kommt herauf!« Und sie stei-
13 gen mit einer Wolke zum Himmel hinauf. / In diesem Augenblick
bebt die Erde so mächtig, daß ein Zehntel der Stadt einstürzt. 7000
Menschen kommen ums Leben, die übrigen kommen mit dem
14 Schrecken davon und bekennen sich zum Gott des Himmels. / Das
war das zweite Wehe. Das dritte ließ nicht lange auf sich warten. /
15 Der siebente Engel blies, und im Himmel ertönte eine laute Stimme,
die sagte: »Jetzt ist die Herrschaft unseres Herrn und seines Mes-
16 sias angebrochen. Er wird regieren in Ewigkeit.« / Und die 24 Wür-
denträger, die Gott gegenüber auf ihren Thronen saßen, fielen an-
17 betend vor Gott auf ihr Angesicht / und riefen gemeinsam: »Dank
sei dir, Gott, Herr über alle Dinge, der du bist und der du warst.
Dank sei dir, daß du die Macht ergriffen hast und daß du unser Kö-
18 nig bist. / Die Heidenvölker wüteten, doch nun ist dein Zorngericht
gekommen, zu richten die Toten und zu belohnen deine gehorsa-
men Propheten und die Heiligen, die deinen Namen führen, ob vor-
nehm oder gering, das Gericht, das die vernichten wird, die Ver-
19 nichtung über die Erde gebracht haben.« / Dann tat sich der
himmlische Tempel auf, und begleitet von Blitz, Getöse, Donner,
Erdbeben und wildem Hagelsturm erschien Gottes Bundeslade in
seinem Tempel.

1 *Kapitel 12* Da erschien ein großes Zeichen am Himmel: eine
Frau, bekleidet mit der Sonne, den Mond unter ihren Füßen, um
2 ihr Haupt einen Kranz von zwölf Sternen. / Sie war schwanger und
3 schrie vor Schmerz, von Wehen gepeinigt. / Dann erschien ein zwei-
tes Zeichen am Himmel: ein großer feuriger Drache mit sieben
4 Köpfen, darauf sieben Kronen und zehn Hörner. / Mit seinem
Schwanz fegte er ein Drittel der Sterne vom Himmel auf die Erde.
Der Drache blieb gegenüber der Frau stehen, die bald gebären
sollte, denn er wollte das Neugeborene gleich nach der Geburt ver-
5 schlingen. / Die Frau gebar einen Sohn, der alle Völker weiden wird
6 mit eisernem Stab. Das Kind wurde zu Gottes Thron entrückt, / die
Frau aber floh in die Wüste, wo Gott einen Ort für sie vorbereitet
7 hatte, an dem sie 1260 Tage versorgt werden konnte. / Im Himmel
gab es Krieg: Michael und seine Engel kämpften gegen den Dra-
8 chen, der ebenfalls mit Hilfe seiner Engel Krieg führte. / Doch bald
verließen ihn seine Kräfte, so daß er und seine Engel sich nicht
9 mehr am Himmel halten konnten. / So wurde der große Drache –
das ist die Schlange der Urgeschichte, auch Satan oder Teufel ge-
10 nannt – mitsamt seinen Engeln auf die Erde geworfen. / Und ich

hörte eine laute Stimme im Himmel sagen: »Jetzt ist die Zeit der Er-
lösung und die Herrschaft unseres Gottes und seines Messias ange-
brochen. Denn der Ankläger, der unsere Brüder Tag und Nacht vor
Gott im Himmel verklagt hat, wurde hinausgeworfen.
Unsere Brüder haben den Ankläger besiegt durch das Blut des Lam- 11
mes. Sie haben durch ihr Bekenntnis Zeugnis abgelegt, ihr irdisches
Leben geringgeschätzt und den Tod verachtet. / Daher freut euch, 12
ihr Himmel und alle, die darin wohnen. Aber wehe der Erde und
dem Meer. Denn zu euch ist der Teufel herabgekommen, und er
schnaubt vor Wut, weil er weiß, daß seine Zeit knapp bemessen
ist.«
Als der Drache sah, daß er auf die Erde geworfen worden war, be- 13
gann er die Frau zu verfolgen, die den Sohn geboren hatte. / Aber 14
der Frau wurden die beiden Flügel des großen Adlers geliehen, da-
mit sie zu dem Ort in der Wüste fliegen konnte, wo sie in Sicherheit
vor dem Drachen 1260 Tage lang versorgt werden sollte. / Der Dra- 15
che aber stieß aus seinem Maul einen Wasserschwall hinter der
Frau her, um sie hinwegzuschwemmen. / Da kam die Erde der Frau 16
zu Hilfe. Sie öffnete ihren Schlund und verschluckte den Wasser-
schwall, den der Drache aus seinem Maul gestoßen hatte. / Der 17
Drache tobte vor Wut über die Frau und erklärte ihren übrigen
Kindern, die Gottes Gebote hielten und das Zeugnis gern bewahr-
ten, den Krieg. / Am Ufer des Meeres machte der Drache halt. 18

Kapitel 13 Und ich sah aus dem Meer ein Tier mit zehn Hörnern 1
und sieben Köpfen heraufsteigen. Auf den zehn Hörnern trug es
zehn Kronen, und auf den Köpfen standen Herrschertitel geschrie-
ben, die es sich in gotteslästerlicher Weise angemaßt hatte. / Das 2
Tier sah aus, soweit ich erkennen konnte, wie ein Leopard, doch es
hatte Bärentatzen und einen Löwenrachen. Der Drache übertrug
ihm seine Macht, seinen Thron und umfassende Gewalt. / Einer sei- 3
ner Köpfe war anscheinend tödlich getroffen worden, doch die
Wunde wurde geheilt. Daraufhin liefen alle Menschen der Erde
dem Tier voller Staunen nach / und beteten den Drachen an, weil 4
er dem Tier soviel Gewalt verliehen hatte. Auch das Tier beteten sie
an und riefen: »Keiner kommt dem Tiere gleich, keiner kann es mit
ihm aufnehmen.« / Das Tier durfte Gott mit großen Lästerreden 5
beleidigen und 42 Monate, dreieinhalb Jahre lang, seine Gewalt
ausüben. / Es lästerte gewaltig gegen Gott, gegen seinen heiligen 6
Namen und den Tempel und gegen alle, die im Himmel wohnen. /
Es durfte auch Krieg führen gegen die Heiligen, die Christen, und 7
sie bezwingen. Der Teufel gab ihm Gewalt über alle Stämme, Völ-

8 ker, Sprachgemeinschaften und Nationen, / damit alle Erdenbe-
wohner es anbeteten. Doch sein Name steht nicht in dem seit An-
beginn geführten Buch der Lebendigen, das dem geschlachteten
9 Lamm gehört. / Hört genau hin und nehmt euch zu Herzen, was ich
10 sage: / Wer andere in Gefangenschaft führt, geht selbst in Gefan-
genschaft. Wer andere mit dem Schwert hinrichtet, wird selbst dem
Schwert zum Opfer fallen. Der entscheidende Maßstab wird die
Geduld und die Treue der Heiligen sein.
11 Dann sah ich noch ein Tier aus dem Meer heraufsteigen. Es hatte
12 zwei Hörner wie das Lamm, doch es redete wie der Drache. / Das
erste Tier hatte ihm alle Gewalt übertragen, und es übte sie in sei-
nem Namen aus. Es brachte die ganze Welt und ihre Bewohner
dazu, das erste Tier, dessen Todeswunde wunderbar geheilt worden
13 war, anzubeten. / Das zweite Tier wirkte große Wunder, so ließ es
14 etwa vor den Augen der Menschen Blitze erscheinen. / Durch die
Wundertaten, die es unter der Aufsicht des ersten Tieres tun darf,
betört es die Erdenbewohner und verführt sie dazu, dem ersten
Tier, das vom Schwert verwundet und wieder geheilt worden war,
15 in götzendienerischer Weise ein Kultbild zu errichten. / Diesem Göt-
zenbild durfte das zweite Tier sogar die Kraft zum Atmen verleihen,
so daß es sprechen konnte. Es durfte auch die dem Tode ausliefern,
16 die sich weigerten, das Götzenbild anzubeten. / Dagegen ließ es al-
len denjenigen, die das erste Tier anbeteten, Großen und Kleinen,
Reichen und Armen, Freien und Sklaven, ein Abzeichen auf die
17 rechte Hand oder auf die Stirn drücken, / um die Menschen, die
kein Abzeichen mit dem Namen oder der Zahl des Tieres trugen,
vom Handel auszuschließen, so daß sie weder kaufen noch verkau-
18 fen können. / Wer dies alles versteht, ist weise. Wer Verstand hat
und die Zahlen in Buchstaben umsetzen kann, bekommt die Zahl
666 heraus. Das ist die Zahl des Tieres [sie steht für ›Kaiser Nero‹].

1 *Kapitel 14* Dann schaute ich eine Vision. Auf dem Berg Sion
stand das Lamm, und bei ihm waren 144000 Menschen, die auf der
2 Stirn seinen Namen und den seines Vaters trugen. / Vom Himmel
her hörte ich eine Stimme wie brüllende Wasserfluten, wie lauten
3 Donner und wie Harfenklang. / Die Menge, die vor dem Thron, vor
den vier Throntieren und dem Ältesten stand, stimmte ein neues
Lied an, das nur die 144000, die von der Erde freigekauft worden
4 waren, beherrschten, / die nämlich, die keine Mischehe mit heidni-
schen Frauen eingegangen waren und daher als rein wie Jungfrauen
gelten. Sie sind dem Lamm überallhin nachgefolgt. Für Gott und
das Lamm sind sie die ersten Freigekauften aus allen Menschen, /

frei von jeder Falschheit, ganz ohne Schuld. / Und ich sah noch ei- 5, 6
nen Engel hoch am Himmel fliegen, der sollte den Erdenbewohnern
jedem Volk und Stamm, jeder Sprachgemeinschaft und Nation, ein
für immer gültiges Evangelium verkündigen. / Er rief laut: »Fürch- 7
tet Gott und gebt ihm die Ehre, denn es ist Zeit für sein Gericht.
Betet den an, der Himmel und Erde, das Meer und die Wasserquel-
len gemacht hat.« / Hinter ihm flog noch ein weiterer Engel und 8
rief: »Sie ist gefallen, sie ist gefallen, Babylon, die große Stadt! Alle
Völker hat sie gezwungen, sich mit ihrer götzendienerischen Hure-
rei gemein zu machen und sich Gottes Gericht zu verdienen. Sie hat
sie trinken lassen von ihrem Wein, der zum bitteren Wein des Zorn-
gerichts wurde.«
Und noch ein dritter Engel folgte und rief laut: »Alle, die das Tier 9
anbeten und sein Kultbild und die sein Abzeichen tragen an Stirn
oder Hand, / werden den bitteren Zornwein Gottes trinken. Unver- 10
dünnt ist dieser Wein, und vor den Augen der heiligen Engel und
des Lammes werden sie mit Feuer und Schwefel gepeinigt werden.
/ Der Rauch des Feuers, das sie peinigt, wird auf immer zum Him- 11
mel steigen. Und die das Tier und sein Kultbild anbeten oder das
Abzeichen mit ihrem Namen tragen, werden keine Ruhe finden Tag
und Nacht. / Der entscheidende Maßstab ist, ob die Christen, die 12
Heiligen, standhaft sind, ob sie die Gebote Gottes und die Treue zu
Jesus bewahren.«
Und eine Stimme vom Himmel befahl mir: »Schreib auf: Von jetzt 13
an sind alle selig, die in Treue zum Herrn sterben. Der Geist sagt:
Wahrlich, sie werden von ihren Mühen ausruhen können, denn
ihre Taten sind nicht vergessen, wie sie selbst auch nicht vergessen
sind.«
Und ich sah eine leuchtende Wolke, und darauf thronte einer, der 14
aussah wie ein Mensch. Auf dem Haupt trug er eine goldene Krone,
in der Hand hielt er eine scharfe Sichel. / Ein weiterer Engel trat aus 15
dem himmlischen Tempel hervor und rief dem, der auf der Wolke
thronte, laut zu: »Laß deine Sichel arbeiten, ernte jetzt, jetzt ist es
Zeit, denn alles ist reif.« / Und der auf der Wolke thronte, schickte 16
Schnitter mit der Sichel zur Erde, und die Ernte der Erde wurde ein-
gebracht. / Und ein weiterer Engel mit scharfem Winzermesser trat 17
aus dem himmlischen Tempel hervor. / Auch der Engel, der über 18
das Feuer wacht, kam vom Altar her. Mit lauter Stimme rief er dem
Engel mit dem scharfen Winzermesser zu: »Schicke einen Schnitter
mit deinem scharfen Winzermesser, daß er die Trauben am Wein-
berg der Erde abschneidet, denn ihre Beeren sind reif.« / Da 19
schickte der Engel einen Schnitter mit seinem Winzermesser zur

Erde. Der schnitt die Trauben vom Weinstock und warf sie in die
20 große Kelterpresse, das ist der Zorn Gottes. / Außerhalb der Stadt
wurden die Trauben in der Kelterpresse gestampft. Das heraustre-
tende Traubenblut reichte den Pferden bis an den Zaum, es floß an
die 1600 Stadien weit.[9]

1 *Kapitel 15* Da sah ich wieder ein großes, schreckliches Zeichen
am Himmel: die sieben Engel mit den sieben letzten Katastrophen-
2 schlägen, mit denen das Zorngericht Gottes endet. / Ich sah ein
Meer wie aus Glas, von Feuer durchglüht. Und alle, die siegreich
dem Tier, seinem Götzenbild und dem Unheil der Zahl 666 ent-
kommen waren, standen am Ufer des gläsernen Meeres mit Harfen
3 von Gott / und sangen das Lied des Mose, der Gott gehorsam war,
und das Lied des Lammes: »Herr, Gott, der du überall herrschst.
Großes und Wunderbares hast du getan. Gerecht und dauerhaft
4 hast du gehandelt. / Du König der Völker, alle fürchten und lob-
preisen deinen Namen. Denn du allein bist heilig, und alle Völker
werden kommen und niederfallen vor dir. Denn dein Wirken in der
Geschichte ist offenbar geworden.«
5 Und danach hatte ich eine Vision: Der himmlische Tempel, das Zelt
6 der Offenbarung, tat sich auf. / Heraus kamen die sieben Engel mit
den sieben Katastrophenschlägen. Sie trugen Gewänder aus reinem
7 weißem Leinen und um die Brust ein breites goldenes Band. / Und
eines der vier Throntiere überreichte den sieben Engeln sieben gol-
dene Schalen, randvoll gefüllt mit dem Zorn Gottes, der nicht ver-
8 geht. / Da füllte sich der Tempel mit Rauch aus dem Feuerbrand der
Herrlichkeit Gottes und seiner Macht. Niemand konnte den Tem-
pel betreten, bis die sieben Engel die sieben Katastrophenschläge
ausgeteilt hatten.

1 *Kapitel 16* Ich hörte eine laute Stimme vom Tempel her, die den
sieben Engeln befahl: »Geht und schüttet die sieben Schalen mit
2 Gottes Zorn auf die Erde aus.« / Da ging der erste Engel hin und
goß seine Schale aus auf die Erde. Und alle, die das Abzeichen des
Tieres trugen und sein Götzenbild anbeteten, bekamen schlimme,
3 schmerzhafte Geschwüre. / Der zweite Engel goß seine Schale aus
in das Meer. Und das Meer wurde zu Blut wie das Blut, das aus Lei-
4 chen kommt, und alles Leben im Meer ging zugrunde. / Der dritte
Engel goß seine Schale aus in die Flüsse und Wasserquellen, und sie
5 wurden zu Blut. / Da hörte ich den Engel, der über die Wasser

9 1600 Stadien sind etwa 307,2 Kilometer.

herrscht, sagen: »Deine Strafe ist gerecht, Herr, gerechter Gott! /
Denn die Menschen haben deine Heiligen und Propheten blutig 6
hingerichtet, so gibst du ihnen als Vergeltung Blut zu trinken. Sie
haben es verdient.« / Auch der Altar hatte eine Stimme, die man hö- 7
ren konnte. Er sagte: »Ja, Herr, Gott, der du überall herrschst, dein
Gericht ist gerecht, und deine Urteile haben Bestand.« / Der vierte 8
Engel goß seine Schale aus auf die Sonne. Und die Sonne erhielt die
Erlaubnis, die Menschheit mit Gluthitze zu versengen, / so daß die 9
Menschen schreckliche Brandwunden erlitten. Da empörten sie
sich gegen Gott, machten ihn für diese Katastrophenschläge ver-
antwortlich, anstatt sich zu bekehren, und weigerten sich, ihm die
Ehre zu geben. / Der fünfte Engel goß seine Schale über den Thron 10
des Tieres aus. Da verloschen in seinem Reich alle Lichter, und die
Menschen zerbissen sich vor Schmerz die Zunge. / Sie machten den 11
Gott des Himmels dafür verwantwortlich, daß sie so litten und daß
ihre Geschwüre schmerzten, aber sie bekehrten sich nicht und än-
derten nicht ihr Verhalten. / Der sechste Engel goß seine Schale in 12
den Euphrat. Da trocknete er aus, so daß der Weg für die Könige
aus dem Osten frei wurde. / Und ich sah, wie aus dem Maul des 13
Drachen, aus dem Rachen des Tieres und aus dem Mund des Lü-
genpropheten[10] drei böse Geister wie Frösche heraussprangen, /
drei Dämonen, die große Wundertaten vollbringen und ausschwär- 14
men zu den Königen der ganzen Welt. Sie trommeln sie zusammen
zum letzten Weltkrieg am Tag des Gerichtes Gottes, der Herr über
alles ist. / Jesus sagt: »Ich komme überraschend wie ein Einbrecher. 15
Selig, wer aufbleibt und nicht schläft.« Selig, wer seine Kleider
nachts anbehält, damit er sich dann, wenn Jesus kommt, nicht
schämen muß, weil er nackt dasteht. / Die Dämonen trieben die 16
Könige an dem Ort zusammen, der hebräisch Harmagedon heißt. /
Der siebte Engel goß seine Schale in die Luft aus. Und laut tönten 17
vom Thron aus dem Tempel die Worte: »Die Schale ist ausgegos-
sen.« / Es blitzte, dröhnte und donnerte, die Erde bebte so heftig 18
wie noch seit Menschengedenken nicht. / Die Städte der Heiden 19
versanken in Schutt und Asche, und das große Babylon zerfiel in
drei Teile, denn für Babylon war die Zeit der Abrechnung gekom-
men. Es bekam zu trinken vom Becher des Zornweins Gottes. / Die 20
Inseln versanken, die Berge wurden flach. / Zentnerschwere Hagel- 21
brocken fielen vom Himmel auf die Menschen. Und wieder mach-
ten die Menschen nur Gott für die schreckliche Hagelkatastrophe
verantwortlich.

---

[10] Die Angabe bezieht sich auf das zweite Tier aus Apk 13,11-18.

1 *Kapitel 17* Einer der sieben Engel, die die Schalen ausgegossen
hatten, flog zu mir und sagte: »Ich will dir jetzt zeigen, welches Ge-
richt die große Hure treffen wird, die bei den vielen Armen eines
2 Flusses sitzt. / Die Könige der Erde haben sich mit ihr eingelassen,
und die Erdbewohner haben sich an ihr wie an Wein berauscht.« /
3 In der Kraft von Gottes Geist führte mich der Engel in eine Wüste.
Dort sah ich eine Frau auf einem roten Tier reiten. Auf dem Tier,
das sieben Köpfe und zehn Hörner hatte, standen lauter Herrscher-
titel geschrieben, die es sich in gotteslästerlicher Weise angemaßt
4 hatte. / Die Frau war in Purpur und Rot gekleidet und mit Gold,
Edelsteinen und Perlen geschmückt. In der Hand hielt sie einen gol-
denen Becher voll von dem Greuel und Schmutz ihrer gottlosen Ge-
5 schäftstüchtigkeit. / Auf ihrer Stirn stand ihr Deckname: »Baby-
lon«, Metropole und Mutter aller Ausbeutung und aller Greuel der
6 Erde. / Die Frau war betrunken vom Blut der Heiligen und der Blut-
7 zeugen Jesu. Als ich sie sah, war ich sehr erschrocken. / Da sagte
der Engel: »Du brauchst nicht zu erschrecken. Ich will dir erklären,
was das alles bedeutet, die Frau und das Tier mit den sieben Köpfen
8 und den zehn Hörnern, auf dem sie reitet. / Das Tier, das du gese-
hen hast, gab es früher einmal, aber jetzt ist es nicht mehr da. Es
wird noch einmal aus dem Höllenschlund emporsteigen, aber dann
geht es seinem endgültigen Untergang entgegen. Alle, deren Name
nicht seit Anbeginn der Welt im Buch des Lebens steht, werden sehr
bestürzt sein, wenn sie sehen, daß das Tier, das so lange da war,
9 plötzlich nicht mehr da ist und auch nicht mehr dasein wird. / Wer
Verstand hat, findet die Deutung: Die sieben Köpfe des Tieres sind
die sieben Hügel Roms, denn auf ihnen reitet die Frau. Außerdem
10 meint das Bild sieben römische Kaiser. / Fünf davon gehören schon
der Vergangenheit an, einer regiert gerade, der nächste wird dem-
nächst regieren, doch seine Herrschaft wird nicht lange dauern. /
11 Das Tier, das früher da war und jetzt nicht mehr da ist, steht für
den achten Kaiser, der die Reihe der sieben Kaiser fortsetzt und sei-
12 nem Untergang entgegengeht. / Die zehn Hörner, die du gesehen
hast, sind zehn Könige, die ihre Herrschaft noch nicht angetreten
haben. Für eine einzige Stunde werden sie zusammen mit dem Tier
13 königliche Macht erlangen. / Einmütig werden sie ihre Stärke und
14 königliche Macht dem Tier zur Verfügung stellen / und Krieg füh-
ren gegen das Lamm, doch das Lamm wird sie besiegen, denn der
Messias ist der Herr über die Herren und der König über die Kö-
nige. Seine Gefolgsleute, die er berufen und auserwählt hat, sind
15 treu.« / Dann sagte der Engel weiter: »Die Flußarme, an denen, wie
du gesehen hast, die Hure sitzt, sind Stämme, Völker, Nationen

und Sprachgemeinschaften. / Und die zehn Hörner, die du am Tier 16
gesehen hast, werden einst die Hure verabscheuen, sie nackt aus-
ziehen und einsam dastehen lassen und dann ihr Fleisch und sie
selbst verbrennen. / Denn Gott hat ihnen seinen Willen ins Herz 17
eingegeben, den sie vollstrecken sollen. Einmütig übertragen sie
ihre Herrschaft dem Tier, bis Gottes Worte in Erfüllung gehen. /
Die Frau, die du gesehen hast, ist die große Stadt, die über alle 18
Könige der Welt herrscht.«

Kapitel 18 Danach sah ich einen weiteren Engel vom Himmel 1
herabsteigen. Er strahlte so große Macht aus, daß von seinem
Glanz die Erde ganz hell wurde. / Er rief mit kräftiger Stimme: »Sie 2
ist gefallen! Gefallen ist Babylon, die große Stadt. Dämonen hausen
in ihr, und Nistplatz ist sie für böse Geister und abscheuliche, tod-
bringende geflügelte Tiere. / Denn alle Völker haben sich berauscht 3
am Wein ihrer götzendienerischen Hurerei. Die Könige der Erde
haben sich mit ihr eingelassen, und die Geschäftemacher aller Welt
haben aus ihrer Gier nach Luxus und Pomp Profit geschlagen.«
Dann ertönte wieder eine Stimme vom Himmel: »Mein Volk, sag 4
dich los von dieser Stadt! Macht keine gemeinsame Sache mit die-
ser Verbrecherin, sonst werdet ihr auch in ihre Katastrophen mit
hineingezogen. / Denn himmelhoch türmen sich ihre Verbrechen, 5
doch Gott hat keine einzige ihrer Schandtaten vergessen. / Zahlt ihr 6
mit gleicher Münze zurück, was sie euch hat erleiden lassen. Ver-
geltet ihr doppelt, was sie euch angetan hat. Füllt den Becher zwei-
mal für sie mit dem bitteren Trank, den sie euch gemischt hat. / Was 7
sie sich auf eure Kosten an Pomp und Luxus geleistet hat, das zahlt
ihr heim in Schmerz und Trauer. Weil sie sich sagt: ›Ich bin Königin,
mir kann keiner, ich bin kein Kind von Traurigkeit und werde doch
nicht in Witwenkleidern versauern!‹ / trifft sie das Unheil als ge- 8
ballte Ladung an einem einzigen Tag: Tod, Leid und Hunger, alles
auf einmal. Die ganze Stadt verbrennt zu Schutt und Asche. Denn
Gott ist der Herr, er hat die Macht und vollzieht das Gericht über
sie. / Und die Könige der Erde, die sich mit ihr eingelassen und in 9
Saus und Braus mit ihr geschwelgt haben, werden um sie weinen
und jammern, wenn sie die Stadt in Flammen aufgehen sehen. /
Voller Angst davor, selbst Qualen zu erleiden, werden sie von ferne 10
zusehen und rufen: ›Wehe, wehe, Babylon, du große, du mächtige
Stadt, in einer einzigen Stunde hat dich das Gericht getroffen.‹ /
Und die Geschäftemacher aller Welt werden um sie weinen und 11
klagen, weil jetzt niemand mehr ihre Waren kaufen wird, / Schiffs- 12
ladungen von Gold und Silber, Edelsteinen und Perlen, feinstem

Leinen und Purpur, Seide und kostbarem rotem Farbstoff, Thu-
jahölzer und Gefäße aus Elfenbein, allerlei Gegenstände aus Edel-
13 holz und Bronze, Eisen und Marmor, / dazu Zimt und Balsam,
Salböl und Weihrauch, schließlich Wein und Öl, Feinmehl und Wei-
zen, Rinder und Schafe, Unmengen von Pferden und Wagen, von
14 Sklaven und Menschen – so sieht man es in Rom. / Das frische
Obst, woran sonst dein Herz hängt, ist nicht mehr zu haben, aller
Luxus und Glanz ist vergangen, unwiederbringlich ist alles dahin.
15 / Die damit Handel getrieben und daraus Profit gezogen haben,
werden von ferne zusehen, voller Angst davor, selbst Qualen zu er-
16 leiden, und weinen und klagen und / rufen: ›Wehe, wehe, Babylon,
du große Stadt, Babylon, du hast es genossen, dich zu kleiden mit
feinstem Leinen, mit Stoffen in Purpur und Rot, du hast dich be-
17 hängt mit Zierat aus Gold, Edelstein und Perlen, / und innerhalb ei-
ner einzigen Stunde ist all dieser Reichtum dahin.‹ Kapitäne und
Schiffspassagiere, Matrosen auf Küstenbooten und auf Hochsee-
18 schiffen sehen von ferne / die Rauchschwaden aus den verbrannten
Ruinen aufsteigen und klagen: ›Babylon war die größte und herr-
19 lichste Stadt!‹ / Zum Zeichen der Trauer streuen sie sich Sand auf
den Kopf und rufen schluchzend: ›Wehe, wehe, du große Stadt: An
deinem Reichtum sind alle Reeder reich geworden, und innerhalb
20 einer einzigen Stunde ist alles untergegangen!‹ / Jubele über den Un-
tergang dieser Stadt, Himmel, jubelt, ihr Heiligen, ihr Apostel und
Propheten. Denn Gott hat ihr heimgezahlt, was sie euch angetan
hat.«
21 Da hob ein starker Engel einen Stein auf, schwer wie ein Mühlstein,
und warf ihn ins Meer mit den Worten: »So wird Babylon fallen,
22 die große Stadt, und sie wird untergehen. / Das Lied der Harfen-
spieler und Sänger, der Flötenspieler und Trompetenbläser wird
verstummen in dir. Kein Handwerker, gleich welcher Zunft, wird
je wieder in dir wirken. Kein Mühlwerk wird mehr zu hören sein.
23 / Keine Lampe wird mehr brennen, kein Brautpaar wird mehr juch-
zen in dir. Die Großen der Erde haben mit dir Geschäfte gemacht.
24 Mit deinem Gift hast du alle Völker auf Abwege geführt. / Besudelt
hat sich Babylon mit dem Blut der ermordeten Propheten und Hei-
ligen, ja aller grausam Ermordeten der ganzen Welt.«

1 *Kapitel 19* Dann hörte ich einen vielstimmigen gewaltigen Ge-
sang im Himmel: »Halleluja! Heil unserem Gott! Er ist herrlich
2 und mächtig. / Seine Urteile sind gerecht und unvergänglich. Er hat
die große Hure verurteilt, die durch ihren Götzendienst die Erde
verdorben hat. An ihr hat er Vergeltung geübt für den Mord an de-

nen, die zu ihm gehörten.« / »Halleluja!« sangen sie. »Die Rauch- 3
schwaden aus dem Feuergericht über die Stadt sollen für alle Zeiten
als Mahnmal am Himmel stehen.« / Da fielen die 24 Ältesten und 4
die vier Thronwesen anbetend vor Gottes Thron nieder und san-
gen: »Amen, halleluja.« / Vom Thron her ertönte der Ruf: »Lobt 5
unseren Gott alle, die zu ihm gehören, alle, die ihn fürchten, klein
und groß.« / Wieder hörte ich den Gesang einer unübersehbaren 6
Menge, tosend wie ein Wasserfall, donnernd wie ein Gewitter. Sie
sangen: »Halleluja, der Herr, unser Gott, hat die Herrschaft ergrif-
fen und ist Herr über alles. / Wir wollen uns freuen und jubeln und 7
ihm die Ehre geben, denn bald ist die Hochzeit des Lammes. Die
Braut hat sich geschmückt, / sie durfte das strahlend weiße Leinen- 8
gewand anlegen.« / Und der Engel sagte zu mir: »Glückselig, die 9
zum Hochzeitsmahl des Lammes eingeladen sind!« Und weiter:
»Das sind zuverlässige Worte Gottes.« / Als ich ihm zu Füßen fallen 10
wollte, um ihn anzubeten, gebot er mir Einhalt und sagte: »Allein
Gott sollst du anbeten! Du und deine Brüder, die über Jesus Zeug-
nis ablegen, haben den gleichen Rang wie ich. Denn im Zeugnis
über Jesus wirkt der prophetische Geist.«
Und durch eine spaltbreite Öffnung im Himmel sah ich einen Rei- 11
ter auf einem weißen Pferd, mit Namen »Treue und Beständigkeit«,
er ist ein gerechter Richter und Kämpfer. / Seine Augen glühen wie 12
eine Feuerflamme, auf dem Haupt trägt er viele Kronen. Auf sei-
nem Haupt steht ein Name, den nur er selbst kennt. / Sein Mantel 13
ist voller Blut, sein Name ist »Schöpfungswort Gottes«. / Hinter 14
ihm her zieht das Heer des Himmels, Reiter in weißen Leinenge-
wändern auf weißen Pferden. / Aus seinem Mund kommt ein schar- 15
fes Schwert, mit dem er die Heiden schlagen soll. Er wird sie mit
eiserner Knute regieren und zertreten wie Trauben in der Presse, in
welcher der Zornwein Gottes gekeltert wird, der Herr ist über alles.
/ Auf dem Mantel des Reiters und auf seinem Beinpanzer steht ge- 16
schrieben: »König über alle Könige und Herr über alle Herren.«
Und ich sah einen Engel in der Sonne stehen, der rief allen Vögeln, 17
die am Himmel fliegen, zu: »Kommt, sammelt euch zum großen
Festmahl Gottes! / Freßt die Könige, die Generäle und die Mächti- 18
gen, die Pferde samt Reitern, die Freien und die Sklaven, die Klei-
nen und die Großen.« / Und ich sah, wie das Tier und die Könige 19
der Welt mit ihren Heeren gemeinsam Krieg führten gegen den Rei-
ter und sein Heer. / Sie ergriffen das Tier und den Lügenpropheten, 20
der vor seinen Augen die Wunder gewirkt hatte, durch die alle so
sehr betört wurden, daß sie daraufhin das Abzeichen des Tieres
trugen und sein Kultbild anbeteten, und warfen beide bei lebendi-

21 gem Leibe in einen See aus brennendem Schwefel. / Die übrigen
wurden durch das Schwert getötet, das aus dem Mund des Reiters
kam, und alle Vögel sättigten sich an ihnen.

1 *Kapitel 20* Da sah ich einen Engel vom Himmel herabkommen.
Er hielt den Schlüssel zum Höllenschlund und eine starke Kette in
2 seiner Hand. / Er packte den Drachen, die Schlange der Urge-
schichte, die auch Teufel oder Satan heißt, und fesselte ihn für tau-
3 send Jahre. / Gefesselt warf er ihn in den Höllenschlund und ver-
schloß und versiegelte ihn darüber. Denn tausend Jahre lang sollten
die Völker von seinem verführerischen Lug und Trug verschont
bleiben. Danach würde er wieder für eine kurze Zeit freigelassen
werden müssen.
4 Dann sah ich Throne aufgestellt. Allen, die darauf Platz genommen
hatten, wurde Gerichtsgewalt übertragen. Ich sah auch, daß die
auferstanden waren, die man enthauptet hatte, weil sie sich stand-
haft zu Jesus und zum Wort Gottes bekannt und das Tier und sein
Kultbild nicht angebetet und sein Abzeichen nicht an Stirn und
Hand getragen hatten. Als Auferstandene herrschen sie mit Chri-
5 stus tausend Jahre, / während die übrigen Toten bis zum Ende der
tausend Jahre nicht wieder lebendig werden.
Die tausendjährige Herrschaft der auferstandenen Märtyrer mit
6 Christus ist die erste Auferstehung. / Glückselig und heilig, wer
daran teilnehmen darf. Da diese Märtyrer für immer leben, hat
kein Tod mehr Macht über sie, und daher bleiben sie auch vom
zweiten, endgültigen Tod im Feuersee verschont. Im Himmel die-
nen sie Gott und Jesus, dem Messias, als Priester und herrschen mit
ihm tausend Jahre lang.
7 Nach Ablauf der tausend Jahre wird der Teufel aus seinem Verlies
8 freigelassen. / Wenn er in Freiheit ist, wird er die Völker an den vier
Enden der Erde, Gog und Magog, die zahlreich sind wie Sand am
9 Meer, dazu verführen, gemeinsam Krieg zu führen. / Dann ziehen
sie hinauf auf die Hochfläche der Erde und umzingeln Jerusalem,
die Wohnung des heiligen Gottesvolkes, die geliebte Stadt. Doch
10 Feuer, das vom Himmel herabkommt, vernichtet sie, / und der Teu-
fel, der sie verführt hat, wird in den See aus brennendem Schwefel
geworfen, in dem schon das Tier und der Lügenprophet sind. Dort
wartet Qual auf sie Tag und Nacht und für alle Ewigkeit.
11 Und ich sah Gottes großen, strahlend hellen Thron. Vor dem Ant-
litz dessen, der darauf saß, flohen Erde und Himmel, sie vergingen
12 und waren nicht mehr. / Ich sah auch die Toten, Hohe und Nied-
rige, vor dem Thron stehen. Buchrollen wurden geöffnet, und nach

den darin enthaltenen Aufzeichnungen wurde jeder seinen Werken
entsprechend gerichtet. Eine zweite Buchrolle, das Buch des Le-
bens, enthielt das Verzeichnis aller Erlösten. / Als sie geöffnet 13
wurde, gaben das Meer, der Tod und die Totenwelt alle Toten her-
aus, die ihnen anvertraut waren, und ein jeder wurde vom Gericht
nach seinen Taten beurteilt. / Tod und Totenreich wurden in die 14
Flammen des Feuersees geworfen. / Alle, deren Namen nicht im 15
Buch des Lebens steht, werden in diesen See geworfen und sterben
so den zweiten, endgültigen und unwiderruflichen Tod.

Kapitel 21 Und ich sah einen neuen Himmel und eine neue Erde. 1
Die Gestalt des alten Himmels und der alten Erde war nicht mehr
da, auch das Meer nicht. / Ich sah, daß die heilige Stadt Jerusalem 2
von Gott ganz neu erbaut war, geradewegs vom Himmel auf die
Erde versetzt. Sie war schön wie eine Braut, die sich für ihren Bräu-
tigam geschmückt hat. / Vom Thron her ertönte eine laute Stimme: 3
»Hier wohnt Gott gemeinsam mit den Menschen. Wenn Gott bei
ihnen wohnt, sind sie endgültig sein Volk, und er ist als ihr Gott für
immer bei ihnen. / Alle Tränen wird er von ihren Augen abwischen. 4
Es wird keinen Tod mehr geben, und keine dumpfe Trauer, keine
Verzweiflungsschreie und keinen peinigenden Schmerz. Denn alles,
was früher war, ist vorbei.«
Gott auf dem Thron sagte: »Ich mache alles neu.« Und zu mir sagte 5
er: »Schreib auf: Dieses Versprechen gilt! / Und weiter schreibe: Ich 6
habe es erfüllt. Denn ich bin das A und das O, der Erste und der
Letzte, vor allem Anfang und nach allem Ende. Jeden, der Durst
hat, lasse ich aus der Quelle des Lebens trinken. / Der Sieger wird 7
das alles bekommen, und ich werde sein Gott sein und er mein
Kind. / Wer aber feige ist und die Treue bricht, wer abfällt und mor- 8
det, wer nach Sex giert und wer Menschen vergiftet, wer Götzen
anbetet und wer die Wahrheit verrät – alle diese kommen in den See
mit brennendem Schwefel und müssen den zweiten Tod sterben.«
Dann kam einer der sieben Engel zu mir, welche die sieben Schalen 9
mit den sieben letzten Katastrophenschlägen ausgegossen hatten,
und sprach mich an: »Komm, ich zeige dir die Braut des Lammes.«
/ Dann führte er mich in der Kraft des Heiligen Geistes auf einen 10
riesig hohen Berg. Er zeigte mir die heilige Stadt Jerusalem, gerade-
wegs vom Himmel auf die Erde versetzt, / strahlend von Gottes 11
Herrlichkeit, funkelnd wie ein Edelstein, durchscheinend wie Jas-
pis. / Eine dicke, hohe Mauer umgibt die Stadt, mit zwölf Tortür- 12
men. Auf jedem Tor, das von einem Engel bewacht wird, steht der
Name eines der zwölf Stämme Israels geschrieben, / es sind jeweils 13

14 drei Tore in jeder der vier Himmelsrichtungen. / Die Stadtmauer
steht auf zwölf Fundamenten, und diese tragen die Namen der
15 zwölf Apostel des Lammes. / Der Engel, der mit mir redete, hatte
einen goldenen Meßstab, mit dem maß er die Größe der Stadt, ihrer
16 Tortürme und der Stadtmauer. / Die Stadt hat einen quadratischen
Grundriß. Jede Seite war zwölftausend Stadien[11] lang, das sind gut
zweitausenddreihundert Kilometer. Länge, Breite und Höhe sind
17 gleich, wie bei einem Würfel. / Die Stadtmauer ist 144 Ellen[12] (der
18 Engel übernahm das Menschenmaß) hoch und ebenso dick. / Die
Stadtmauer ist aus Jaspis erbaut, die Stadt selbst aus glasreinem
19 Gold. / Die Fundamente der Stadtmauer sind von großer Schön-
heit, denn sie bestehen aus verschiedenfarbenen Edelsteinen. Das
erste Fundament ist aus grünlichem Jaspis, das zweite aus blauem
Saphir, das dritte aus rotem Chalzedon, das vierte aus hellgrünem
20 Smaragd, / das fünfte aus rotbraunem Sardonyx, das sechste aus
gelbrotem Karneol, das siebte aus goldgelbem Chrysolit, das achte
aus meergrünem Beryll, das neunte aus gelbglänzendem Topas, das
zehnte aus goldgrün schimmerndem Chrysopras, das elfte aus dun-
21 kelrotem Hyazinth, das zwölfte aus purpurnem Amethyst. / Die
zwölf Tortürme sind zwölf Perlen, jeder Torturm besteht aus einer
einzigen Perle, und die Hauptstraße der Stadt ist aus glasreinem
Gold.

22 Ein Tempel ist dort nicht zu sehen, denn Gott, der Herr, selbst, der
überall herrscht, ist zusammen mit dem Lamm der Tempel dieser
23 Stadt. / Die Stadt kann auch auf das Leuchten der Sonne und auf
den Schein des Mondes verzichten, denn Gottes Herrlichkeit erfüllt
24 sie mit ihrem Glanz, und das Lamm schenkt ihr Licht. / Im hellen
Leuchten der Stadt werden die Völker der Erde leben, und die Kö-
25 nige der Welt werden all ihren Glanz nur aus ihr beziehen.[13] / Fin-
stere Nacht gibt es dort nicht mehr, daher können die Tore der
26 Stadt allezeit offenstehen. / Alle Herrlichkeit und aller Glanz der
27 Völker ist Widerschein ihres strahlenden Lichts. / Nichts Unreines
darf in diese Stadt kommen, man läßt keinen hinein, der abgefallen
ist oder die Wahrheit verraten hat. Nur diejenigen dürfen sie betre-
ten, die im Lebensbuch des Lammes verzeichnet sind.

---

11 12000 Stadien sind etwa 2304 Kilometer.

12 144 Ellen sind etwa 72 Meter.

13 Wörtlich: »führen ihre Herrlichkeit auf sie zurück«, d. h., sie haben ihre eigene Herrlichkeit nur als Widerspiegelung der Stadt. Die gewöhnliche Übersetzung »tragen ihre Herrlichkeit in die Stadt« unterbricht den Zusammenhang der Verse 23-26 sinnwidrig.

Kapitel 22 Der Engel zeigte mir auch einen Fluß mit frischem, 1
kristallklarem Wasser, der aus dem Thron Gottes und des Lammes
entsprang. / Genau auf halbem Weg zwischen der Hauptstraße der 2
Stadt und dem Fluß steht der Lebensbaum. Er trägt zwölfmal
Früchte, in jedem Monat einmal, und seine Blätter dienen den Völ-
kern als Medizin.[14] / Es wird niemals nötig sein, jemanden aus der 3
Stadt zu verbannen, denn niemand bedroht die Sicherheit der
Stadt. Dort, wo der Thron Gottes und des Lammes in der Stadt
steht, werden diejenigen, die zu Gott gehören, Gottesdienst halten.
/ Sie werden Gottes Angesicht schauen und seinen Namen auf ihrer 4
Stirn tragen. / Es wird keine nächtliche Finsternis mehr geben, so 5
daß man weder Leuchter noch Sonnenlicht benötigt, sondern Gott,
der Herr, wird über ihnen leuchten, und für alle Zeit werden die
herrschen, die zu ihm aufblicken.
Der Engel sagte mir: »Meine Worte und Erklärungen sind zuverläs- 6
sig und haben Bestand. Gott, der Herr, der jedem Propheten seinen
Geist zuteilt, hat mich als seinen Engel gesandt, damit ich denen,
die zu ihm gehören, zeige, was bald geschehen soll. / Er läßt sagen: 7
›Ich komme bald. Glückselig, wer an den Worten dieses Propheten-
buches festhält.‹« / All dies habe ich, Johannes, gehört und gese- 8
hen. Als ich dem Engel, der mir dies alles gezeigt hatte, zu Füßen
fallen und ihn anbeten wollte, / gebot er mir Einhalt und sagte: »Al- 9
lein Gott darfst du anbeten. Ich habe den gleichen Rang wie du und
deine Brüder, die Propheten, und wie alle, die an den Worten dieses
Buches festhalten.«
Dann sagte er noch: »Du brauchst die Worte dieser prophetische 10
Buchrolle nicht zu versiegeln. Es lohnt nicht mehr, die Zeit bis zur
Erfüllung ist zu kurz. / Wer unrecht tut, soll dabei bleiben, wer den 11
Schmutz liebt, soll sich weiter im Dreck suhlen. Der Gerechte soll
weiter so handeln wie bisher, der Heilige soll seinen Weg nicht ver-
lassen. Es hat keinen Zweck mehr, sein Verhalten zu ändern. / Der 12
Herr spricht: ›Ich komme bald und bringe den Lohn für alle mit.
Jedem will ich geben, was ihm nach seinem Handeln zusteht. / Ich 13
bin das A und das O, der Erste und der Letzte, vor allem Anfang
und nach allem Ende. / Glückselig, die ihr Gewand waschen und 14
Reinheit erlangen. Sie werden vom Baum des Lebens essen und die
Stadt Jerusalem betreten dürfen. / Doch draußen bleiben muß, wer 15
unrein bleiben will, wer andere vergiftet, wer sich von Sexgier trei-

[14] Die medizinische Rolle von Blättern bestimmter Pflanzen ist auch heute noch groß und weit verbreitet.

ben läßt, wer mordet und Götzen anbetet, und draußen bleiben müssen alle, die mit Wort oder Tat die Wahrheit verraten.‹
16 Jesus sagt: ›Ich habe meinen Boten, den Seher Johannes, gesandt,
damit er euch dies alles weitersagt für die Gemeinden. Denn ich bin
der Sproß aus Davids Geschlecht, ich bin der Morgenstern.‹
17 Und der Heilige Geist und die Braut des Lammes rufen: ›Komm!‹
Und jeder, der es hört, soll in den Ruf einstimmen und rufen:
›Komm!‹ Jeder, der Durst hat, soll kommen, jeder, der trinken will,
soll frisches Wasser geschenkt bekommen.«
18 Ich, Johannes, warne jeden, der die Prophetenworte dieses Buches
hört: Wenn einer etwas zu diesem Buch hinzufügt[15], dann wird
Gott ihm alle Katastrophenschläge zuteil werden lassen, die in die-
19 sem Buch beschrieben sind. / Wenn einer etwas wegnimmt von den
Prophetenworten dieses Buches, dann wird Gott ihm seinen Anteil
an dem Lebensbaum und an der heiligen Stadt wegnehmen, die in
diesem Buch beschrieben sind.
20 Jesus, der dies ausrichten läßt, sagt: »Ja, ich komme bald.« Und wir
antworten: »Amen, komm, Jesus, unser Herr!«
21 Jesus, der Herr, bleibt bei uns allen mit dem, was er uns schenkt.

---

15 Sogenannte Kanonisationsformel, die die Integrität der Schrift erhalten soll, vgl. Dt 4,2; 13,1.

Fragment Joh 7,53-8,11

Einleitung: Der Text gehörte nicht ursprünglich zum JohEv, sondern stammte aus einem unbekannten Evangelium. Im JohEv hat der Text im Laufe der handschriftlichen Überlieferung Platz gefunden, weil Jesus nach 8,15 sagt: *Ich richte niemanden.* – Die frühe Datierung ergibt sich aus den Gesprächspartnern und der Gesprächssituation (»synoptischer Stil«). Datum: vor 70 n. Chr. Griechischer Text nach Nestle-Aland, Novum Testamentum Graece, 26. Aufl.

7

Da gingen sie alle nach Hause. – 53

8

Jesus aber stieg auf den Ölberg. / Am nächsten Morgen ging er wie- 1, 2
der in den Tempel. Das ganze Volk kam zu ihm, und er saß da und
lehrte sie. / Da führten die Schriftgelehrten und Pharisäer eine Frau 3
herein, die man beim Ehebruch ertappt hatte. Sie stellten sie vor ihn
hin / und sagten: »Lehrer, diese Frau wurde beim Ehebruch er- 4
tappt. / Mose hat uns im Gesetz aufgetragen, solche Frauen zu stei- 5
nigen. Was sagst du dazu?« / Das war eine Fangfrage, die einen 6
Vorwand für die Anklage liefern sollte. Jesus aber bückte sich und
schrieb mit dem Finger etwas auf den Boden. / Als sie weiter in ihn 7
drangen, richtete er sich auf und sagte: »Derjenige von euch, der
ohne Sünde ist, soll als erster einen Stein auf sie werfen!« / Dann 8
bückte er sich wieder und schrieb weiter. / Als sie seine Worte hör- 9
ten, gingen sie beschämt davon, die Ältesten zuerst. Jesus blieb al-
lein zurück, die Frau stand immer noch vor ihm. / Er richtete sich 10
auf und sagte zu ihr: »Frau, wo sind denn die Ankläger? Hat dich
keiner verurteilt?« / Sie antwortete: »Keiner, Herr.« Da sagte Jesus: 11
»Auch ich verurteile dich nicht. Nun geh und sündige nie wieder.«

Das Evangelium nach Markus

Eigenart: Wie viele antike Biographien setzt dieses Evangelium mit dem Beginn des öffentlichen Auftretens Jesu ein. Kindheitsberichte fehlen daher. Am Schluß des Evangeliums ist besonders auffällig, daß der griechische Text mit der Notiz in 16,8 endet: » ... denn sie fürchteten sich.«

Datierung: Das MkEv gilt generell als das älteste der vier kanonischen Evangelien. Denn einerseits meint man seit dem 19. Jh. nachweisen zu können, daß die Evangelien nach Matthäus und Lukas das MkEv benutzt haben und daher also jünger sind. Zum anderen kann man aufgrund von 13,14 (Greuel der Verwüstung) nicht zwingend auf die Zerstörung Jerusalems schließen, denn »Verwüstung« bezieht sich wohl eher auf einen kultischen Mißstand (Götzenbild, daher unsere Übersetzung mit »entsetzlicher Frevel«). Es ist daher möglich, die Entstehung des Evangeliums vor dem Jahre 70 anzunehmen. Mk 13,2 wäre dann Wiedergabe einer naheliegenden Ahnung. Neuerdings hat die These, Mk 13,14 beziehe sich auf die Caligula-Krise, wieder Anhänger gefunden. Kaiser Caligula hatte die Absicht, im Tempel sein Standbild aufzustellen. Von daher vermutet man dann das Jahr 40 als Datum der Entstehung von Mk 13 (als apokalyptisches Flugblatt) oder des ganzen Evangeliums. Ich möchte für eine Abfassung vor dem Jahre 70 plädieren, da ich eine bereits geschehene Tempelzerstörung nicht voraussetzen kann.
Eine Reihe römischer Lehnwörter (*modius, legio, speculator, denarius, pugnus, sextarius, quadrans, flagellare, praetorium, centurio*) hat Rom als Entstehungsort vermuten lassen. In Mk 12,42 wird auch das römische Äquivalent im Münzsystem angegeben. Auch die Petrus-Markus-Tradition weist nach Rom. Davon abgesehen, kommen aber auch alle anderen Stätten der frühen Christenheit als Abfassungsorte in Frage. Daß der Verfasser für Adressaten in Rom schreibt, halte ich für das wahrscheinlichste. Das Argument, das MkEv verrate keine Spuren des Römerbriefes, ist schon allein im Blick auf Römer 13,7/Mk 12,13-17 fraglich (Problem des Steuerzahlens).

Adressaten: Weil jüdische Begriffe und Einrichtungen für Nichtjuden erläutert werden (so das Händewaschen in 7,3f) und weil der Evangelist aramäische Ausdrücke übersetzt (z. B. Mk 3,17: Boanerges »Donnersöhne«), kann man jedenfalls auch auf heidenchristliche Adressaten schließen. Andererseits betritt Jesus kein nichtjüdisches Haus. Den geheilten (heidnischen) Gerasener läßt er nicht als Jünger in seiner Nachfolge zu (Mk 5). Die Einbettung der beiden Speisungsberichte in Mk 6,30-44 (Abschluß des Wirkens Jesu unter Juden) und in 8,1-10 (Zuwendung zu den Menschen in heidnischen Gegenden) weist auf Judenchristen und Heidenchristen. Die Antworten Jesu auf Probleme bei der Auslegung des Sabbatgesetzes, der Reinheitsvorschriften (Mk 7), die Affinität der Argumentation in Mk 10,4-6 zu der in der Damaskusschrift aus Qumran und die beiden Hauptgebote – das alles verweist darauf, daß die Anfragen und Probleme der Judenchristen wenigstens ernst genommen werden.

Theologie: In diesem Evangelium sind die Wunder ein besonderer Erweis der Vollmacht Jesu und dem Titel »Gottes Sohn« oder »Christus« zugeordnet. Vor allem in der zweiten Hälfte des Evangeliums wird der Ausdruck *Menschensohn* zur Bezeichnung Jesu wichtiger. Dieser Ausdruck bezeichnet oft die Spannung zwischen der Hoheit Jesu als dem höchsten Vollmachtsträger Gottes (der Menschensohn aus Daniel 7,9-14) und dem tatsächlichen Ergehen Jesu.

Seit rund einhundert Jahren hat man an die im MkEv zu beobachtenden Schweigegebote besondere Theorien geknüpft. Die Theorie des Messiasgeheimnisses entstand im Zusammenhang mit der »liberalen Jesusforschung«. Für diese Forschung sah es so aus: Jesus verbot Geheilten, Jüngern und den Dämonen, seine Identität vor Ostern publik zu machen. Das sei ein Trick des Evangelisten, mit dessen Hilfe dieser die faktische Nichtexistenz christologischer oder messianischer Überlieferungen aus vorösterlicher Zeit habe bewältigen wollen – frei nach dem Motto: Sie wußten es zwar, doch sie durften es nicht weitersagen. So gehörten das Wundergeheimnis und das Messiasgeheimnis zusammen. Die zentrale Stelle war Markus 9,9 (s. dort). Nach Ostern habe man dann erst begonnen, über Jesu Identität nachzudenken. Dieser Ansatz erscheint heute vielen als zu konstruiert. Der Evangelist ist ja nach dieser Theorie ein raffinierter Täuscher. So könnte es sein, falls es sich bei dem Schweigegebot um eine vorösterliche Tradition handelt, daß Jesus tatsächlich Konflikten mit der jüdischen Führungsschicht ausweichen wollte, indem er seinen Anspruch zurückstellte.

Eine besondere Rolle spielt dagegen das sogenannte Gleichnisgeheimnis mit der Verstockungstheorie. Nach Mk 4,11 sind alle Außenstehenden, die Jesus nicht nachfolgen und nicht zum Jüngerkreis gehören, nicht in der Lage, die Gleichnisse zu verstehen, ja schlimmer noch: Die Gleichnisse sind dazu da, diese Menschen tiefer in ihrem Unglauben zu verstocken. Denn die Gleichnisse sind nie eindeutig auszulegen, sondern bleiben zwei- oder mehrdeutig. Die Geschichte der Gleichnisdeutung zeigt das. Stammt diese Konzeption von Jesus – oder hat hier eine bereits resignierende Gemeinde aus dem Volksheiland Jesus eine finstere, menschenabweisende Gestalt gemacht? In dieser Frage ist entscheidend, was für ein Jesusbild man hat. Ich meine, daß es sich nicht um eine sekundäre Verfälschung handeln muß. Jesus kann doch wohl durchaus vor Ostern eine verbindliche Nachfolge gefordert haben; allein in diesem Rahmen bestand auch die Möglichkeit, durch weiteres Zuhören die Gleichnisse zu verstehen.

Quellen: Ob der Evangelist irgendwelche schriftlichen Quellen, zum Beispiel »ältere Sammlungen« (etwa: Streitgespräche) oder eine Passionserzählung (die dann Ähnlichkeiten mit der Vorlage zum JohEv aufwies), verwendet hat, ist umstritten. Ebenso schwer fällt es auch, bestimmte Schichten zu denken, die einem Endredaktor vorgegeben gewesen sein sollen. – Neuerdings ist die Komposition des ganzen vorliegenden Evangeliums als »biographisch« verständlich gemacht worden (D. Frickenschmidt).

Neuere Kommentare: R. Pesch (2 Bde.), J. Gnilka (2 Bde.), D. Lührmann.

DAS EVANGELIUM NACH MARKUS

Kapitel 1

Johannes der Täufer verkündigt und tauft 1,1-8

Dies ist das Evangelium, das Jesus Christus, Gottes Sohn, verkün- 1
det hat.[1] Angefangen hat es mit Johannes dem Täufer. / Denn nach 2
dem Propheten Jesaja sagt Gott über ihn zu Jesus[2]: »Ich sende mei-
nen Boten vor dir her, er wird dein Wegbereiter sein.« / Und Jesaja 3
selbst sagt über Johannes[3]: »In der Wüste wird er auftreten und
rufen: Baut für den Herrn eine Straße, ebnet ihm seinen Weg!«
Und also rief Johannes der Täufer in der Wüste die Leute dazu 4
auf, umzukehren und sich taufen zu lassen, auf daß Gott die Sün-
den vergebe.[4] / Und alle Einwohner von Juda und von Jerusalem 5
strömten zu Johannes hinaus in die Wüste. Sie ließen sich von ihm
im Jordan taufen, und weil sie dadurch rein geworden waren,
konnten sie ihre Sünden bekennen und um Vergebung bitten.[5] /
Johannes trug ein Gewand aus Kamelhaar und einen ledernen 6
Gürtel. Er ernährte sich von gerösteten Heuschrecken und wildem
Honig.[6]

---

1 Andere mögliche Übersetzungen: Anfang des Evangeliums über Jesus Christus. – Unser Vorschlag geht davon aus, das Evangelium berichte vor allem über Jesu eigene Verkündigung. Andere orientieren sich an 1 Kor 15,2-4 und nehmen Tod und Auferstehung als zentrale Daten des sogenannten »Kerygma«, das in den Evangelien nur illustriert und sekundär historisiert worden sei.

2 Beachtenswert: Das Evangelium beginnt mit einer Anrede Gottes an den (präexistent gedachten?) Jesus über Johannes den Täufer, als deren Zeuge Jesaja gedacht ist.

3 Jesaja sagt das nicht über Johannes, sondern über Gott oder einen Engel selbst.

4 Wörtlich: Taufe der Umkehr zur Vergebung der Sünden. Durch die Übersetzung soll dem Mißverständnis vorgebeugt werden, es gehe um einen Automatismus zwischen Eintauchen und Sündenvergebung. Es geht wohl um ein Gebet (wie Luk 3,1).

5 Übersetzung durch zwei Verben, denn das griechische Verb heißt nicht nur »bekennen«, sondern gleichzeitig auch »um Vergebung flehen«.

6 Nahrung und Kleidung des Johannes entsprechen zeitgenössischen Vorstellungen von einem Propheten (besonders: Elia), der vegetarisch und abstinent lebt.

7 Und dies war seine Botschaft: »Nach mir kommt einer, der stärker ist als ich.[7] Ich wäre nicht einmal würdig, ihm auf Knien die Rie-
8 men seiner Sandalen zu lösen. / Ich habe euch mit Wasser getauft, aber er wird euch mit heiligem Geist taufen.«[8]

Jesus wird getauft 1,9-11

9 Und gerade zu der Zeit kam Jesus aus dem galiläischen Nazareth
10 zu Johannes und ließ sich von ihm im Jordan taufen. / Und kaum war er aus dem Wasser wieder heraufgestiegen, da sah er, wie der Himmel sich einen Spaltbreit öffnete und der Heilige Geist auf ihn
11 herabflog und sich auf ihn setzte wie eine Taube.[9] / Und eine Stimme rief vom Himmel her: »Du bist mein lieber Sohn, an dir habe ich meine Freude.«[10]

Jesus wird in der Wüste versucht 1,12-13

12 Und kaum war dies geschehen, da drängte ihn der Heilige Geist, in
13 die Wüste zu gehen. / Er blieb vierzig Tage in der Wüste und wurde vom Teufel auf die Probe gestellt.[11] Die wilden Tiere taten ihm nichts an, und die Engel waren ihm zu Diensten.

---

[7] Es ist nicht klar, wen Johannes hier meint. Geht das Wort auf Johannes zurück, meint er wohl kaum Jesus, sondern entweder Gott selbst oder einen (zunächst nicht mit Jesus identifizierten) Menschensohn oder eine messianische Gestalt, die dann für Markus mit Jesus identisch ist.

[8] Die Taufe mit heiligem Geist sieht Markus vielleicht schon in den Exorzismen erfüllt, erst Lukas nimmt die Erfüllung dieser Weissagung zu Pfingsten an.

[9] Der Vergleich mit der Taube ist wohl deshalb gewählt, weil die Art des Fliegens verglichen werden soll, denn Tauben bewegen sich durch die Luft und lassen sich dann an einer Stelle nieder. Insoweit sind sie nicht sehr flugfreudig.

[10] Durch die Gabe des Heiligen Geistes wird Jesus zum Sohn Gottes bzw. als Sohn Gottes erkennbar. Überall im Neuen Testament hängen Gotteskindschaft und Geist zusammen.

[11] Hier, in der ersten Versuchung, wird Jesu Legitimität geprüft im Sinne der Frage nach der Echtheit der Gottessohnschaft. Man kann das MkEv wohl gliedern nach den Versuchungen, die Jesus zu bestehen hat und auf die dann jeweils eine bestätigende Antwort des Himmels folgt: 1. Mk 1,13: Der Teufel versucht, Jesus zum Abfallen zu bringen, Jesus bleibt standfest. Antwort des Himmels: Die wilden Tiere lassen Jesus unberührt, Engel dienen ihm (Frieden mit dem Kosmos), 2. Mk 8,32f: Petrus wendet sich gegen das von Jesus in Aussicht gestellte Leiden. Da er als Versucher auftritt, wird Petrus »Satan« genannt. Antwort des Himmels: Jesu Verklärung nach Mk 9,3-8. 3. Mk 14,33-38: Jesus betet in Todesängsten und bezeichnet das selbst als Versuchung (14,38). Antwort des Himmels: Jesus wird durch das Gebet gekräftigt. 4. Mk 15,30-32: Versuchung, vom Kreuz herabzusteigen. Antwort des Himmels: Auferstehung Jesu.

Jesus verkündet das Gottesreich 1,14-15

Dann wurde Johannes in den Kerker geworfen. Jesus kehrte nach 14
Galiläa zurück und verkündigte Gottes Evangelium. / Er sagte: 15
»Die Zeit ist reif, Gottes Herrschaft steht vor der Tür.[12] Kehrt also
um und glaubt, wie es das Evangelium will!«

Jesus beruft die ersten Jünger 1,16-20

Als Jesus am Ufer des Sees von Tiberias entlangzog, erblickte er 16
Simon und seinen Bruder Andreas und sah, wie sie im See ihre
Fischernetze auswarfen. / Da sagte er zu ihnen: »Auf, kommt mit 17
mir! Ich will euch zu Menschenfischern machen.«[13] / Und kaum 18
hatte er das gesagt, da ließen sie ihre Netze fallen und folgten ihm
nach. / Ein Stückchen weiter erblickte Jesus dann Jakobus, den 19
Sohn des Zebedäus, und seinen Bruder Johannes, die gerade im
Boot die Netze zurechtlegten. / Und kaum hatte er sie gesehen, da 20
rief er sie auch. Und sie ließen ihren Vater Zebedäus mit den Heu-
erlingen im Boot zurück und zogen hinter Jesus her.

Jesus treibt einen Dämon aus 1,21-28

Und kaum waren sie in Kapernaum, da ging Jesus, weil Sabbat war, 21
in die Synagoge und ergriff das Wort, um die Schrift auszulegen.[14] /
Und alle waren hocherstaunt über seine Auslegung. Denn sie strahlte 22
große Kraft aus, war nicht dürr wie die der Schriftgelehrten.
Und kaum war das geschehen, da erschien in dieser Synagoge ein 23
Mann, der war von einem bösen Geist besessen. / Der schrie: »Jesus 24
von Nazareth, was führst du gegen mich im Schilde? Willst du mich
vernichten? Ich kenne dich genau, du bist der Heilige Gottes.«[15] /
Und Jesus fuhr ihn an: »Sei still! Geh da raus!« / Der böse Geist 25, 26

---

12 Wörtlich: Gottes Herrschaft ist nahe gekommen. Unter dem Zentralbegriff *Gottes Herrschaft* versteht Markus: Anerkennung von Gottes Willen durch die Menschen und dadurch Eintreten in einen heilvollen Verheißungsraum, in dem nur noch Gott bestimmt.

13 Jesu Berufung der ersten vier Jünger ist ganz ähnlich gestaltet wie die Berufung des Elisa durch Elia in 1 Kön 19,19-20.

14 Zu allen sogenannten Evangelien-Anfängen gehören als gleichbleibende Elemente: Bericht über den Täufer, Jüngerberufung, erster Auftritt Jesu in der Synagoge seiner Heimatstadt.

15 Als Träger des Heiligen Geistes (Mk 1,12) kann Jesus den unreinen Geistern (Dämonen) befehlen. Anders als heute werden Dämonen personifiziert erfahren, weil nach antiken Vorstellungen ein moderner Personbegriff noch nicht vorlag. Alles, was Macht, Stimme und Eigenwillen besaß, konnte personifiziert werden. Jesus wird Heiliger Gottes genannt wie im Judentum Simson (Ri 13,5), der »Heiliger Gottes« hieß und charismatischer Geistträger war.

zerrte an seinem Opfer, schrie laut auf und fuhr aus dem Mann heraus.
27 Und alle gerieten so ins Staunen über Jesu Wort und Tat, daß sie
sich gegenseitig fragten: »Was ist das nur? Eine neue Lehre voller
Kraft – sogar den bösen Geistern befielt er, und sie gehorchen
28 ihm!« / Und kaum war all das geschehen, da verbreitete sich die
Kunde von Jesus überall in Galiläa und im ganzen Umland.

Jesus heilt die Schwiegermutter des Petrus 1,29-31

29 Und kaum hatten Jesus und die Jünger die Synagoge verlassen, da
gingen sie zu dem Haus der Brüder Simon und Andreas und nah-
30 men auch die Brüder Jakobus und Johannes mit. / Und kaum hat-
ten sie das Haus betreten, da berichteten die Jünger Jesus, daß
31 Simons Schwiegermutter mit hohem Fieber im Bett lag. / Jesus trat
an ihr Bett, ergriff ihre Hand und zog sie hoch. Und sie stand auf
und war fieberfrei und bediente alle Gäste.

Jesus heilt und treibt Dämonen aus (1. Sammelbericht) 1,32-39

32 Als es Abend wurde und die Sonne unterging, brachte man alle
33 Kranken und Besessenen zu Jesus. / Die ganze Stadt versammelte
34 sich vor der Tür. / Und Jesus heilte viele Kranke, die an den ver-
schiedensten Krankheiten litten, und trieb auch viele Dämonen
aus. Aber den Dämonen verbot er preiszugeben, was sie über ihn
35 wußten. / Früh am Morgen, es war noch dunkel, stand er auf und
36 ging in die Einsamkeit hinaus, um dort zu beten. / Simon und seine
37 Freunde gingen ihm nach. / Als sie ihn fanden, sagten sie: »Alle su-
38 chen dich!« / Jesus antwortete: »Laßt uns woanders hingehen, in
die nächsten Dörfer. Auch dort will ich predigen, denn dazu bin ich
39 da.« / Und er zog durch das ganze Land und predigte überall in den
Synagogen der Galiläer und trieb die Dämonen aus.

Jesus heilt einen Aussätzigen 1,40-45

40 Einmal kam ein Aussätziger zu Jesus, fiel vor ihm nieder, umklam-
merte seine Knie und flehte ihn an: »Du kannst mich rein machen,
41 wenn du es nur willst.« / Und Jesus streckte voll Mitleid seine Hand
aus, berührte den Aussätzigen und sagte: »Ich will es. Werde
42 rein.«[16] / Und kaum hatte er das gesagt, da verschwand der Aus-

[16] Da der Heilige Geist, den Jesus empfangen hat, Inbegriff der Reinheit ist, kann Jesus mit dieser offensiven Reinheit auch Unreine rein machen. Anders bei den Pharisäern, die sich wohl zum Schutz ihrer Reinheit absonderten und den Kontakt mit Unreinen (z. B. Aussätzigen) mieden.

satz. / Und kaum war der Kranke rein, da herrschte Jesus ihn an: / 43
»Geh jetzt, aber sag keinem etwas. Zeige dich dem Priester und 44
bringe zum Dank für die Heilung vom Aussatz die Opfer dar, die
Mose vorgeschrieben hat.[17] Das wird den Priestern meine Vollmacht beweisen.« / Dann ging er davon und predigte von da an viel 45
und verbreitete die Botschaft.[18] Daraufhin konnte er sich nicht
mehr in der Stadt sehen lassen, sondern mußte sich draußen in der
Wüste aufhalten, und die Menschen kamen von überall her zu ihm.

Kapitel 2

Jesus heilt einen Gelähmten 2,1-12

Jesus kam wieder einmal nach Kapernaum, und nach ein paar 1
Tagen hatte es sich herumgesprochen: Er ist in seinem Haus. / Da 2
strömten so viele Leute zusammen, daß es nicht einmal mehr vor
der Tür Platz gab. Und Jesus verkündigte ihnen seine Botschaft. /
Da kamen Leute, die einen Gelähmten zu ihm bringen wollten, der 3
von vier Männern getragen wurde. / Aber wegen der vielen Men- 4
schen konnten sie nicht zu ihm gelangen. Da deckten sie über der
Stelle, wo er war, das Dach seines Hauses ab. Sie machten eine Öff-
nung und ließen die Bahre herab, auf welcher der Gelähmte lag. /
Und Jesus erkannte ihren Glauben und sagte zu dem Gelähmten: 5
»Mein Sohn, deine Sünden sind dir vergeben.« / Da dachten einige 6
von den Schriftgelehrten, die dabei saßen, für sich: / »Warum 7
spricht der so? Er maßt sich Gottes Vollmacht an! Denn wer kann
Sünden vergeben außer Gott allein?« / Und kaum hatten sie das ge- 8
dacht, da las Jesus, dank des Heiligen Geistes, der ihm gegeben
war, ihre Gedanken und fragte sie: »Warum denkt ihr so? / Was 9
kann man dem Gelähmten leichter sagen: ›Deine Sünden sind dir
vergeben‹ – oder: ›Auf, nimm deine Bahre und gebrauch deine
Beine!‹ / Ihr werdet gleich sehen, daß der Menschensohn Vollmacht 10
hat, auf Erden Sünden zu vergeben.« / Und zu dem Gelähmten ge- 11
wandt, sagte er: »Ich sage dir: Auf, nimm deine Bahre und geh nach
Hause!« / Und der stand auf, nahm sofort seine Bahre und ging vor 12
aller Augen fort. Da gerieten alle außer sich und lobten Gott und
sagten: »So etwas haben wir noch nie erlebt.«

---

[17] Vgl. Lev 13,49; 14,2-4. – Jesus schickt den Geheilten zu den jüdischen Autoritäten, um diese zu Zeugen für seine Heilertätigkeit werden zu lassen.

[18] Offensichtlich befolgt der Geheilte Jesu Befehl nicht, zu den Priestern zu gehen, sondern beginnt gleich mit umfassender Verkündigung. Auch später wird Jesu Auftrag zu begrenzter Publizität öfter übertreten.

Jesus beruft Levi und lädt Zöllner an seinen Tisch 2,13-17

13 Jesus ging wieder nach draußen und wanderte am See entlang. Da
liefen die Menschen in Massen zu ihm hin, und er lehrte sie das
14 Evangelium. / Als er am Zollhaus vorbeikam, sah er dort Levi, den
Sohn des Alphaios, sitzen. Er sagte zu ihm: »Folge mir nach!«, und
Levi stand auf und folgte ihm nach.
15 Einmal waren Jesus und seine Jünger gerade in seinem Haus bei
Tisch, mit ihnen mehrere Zöllner und Gottlose, die Jesus nämlich
16 in großer Zahl folgten. / Die Schriftkundigen unter den Pharisäern
sahen, daß Jesus mit Gottlosen und Zöllnern ein gemeinsames
Mahl hielt, und sagten zu seinen Jüngern: »Warum lädt er Zöllner
17 und Gottlose an seinen Tisch?« / Jesus hörte es und entgegnete ih-
nen: »Nicht die Gesunden brauchen den Arzt, sondern die Kran-
ken. Ich bin dazu da, die Gottlosen zur Umkehr aufzurufen und
nicht die Gerechten.«

Jesus spricht über die Fastengebote 2,18-22

18 Die Jünger des Johannes und die Pharisäer hielten bestimmte Fa-
stengebote ein. Daher traten Neugierige an Jesus mit der Frage
heran: »Warum halten die Jünger des Johannes und der Pharisäer
19 Fastengebote ein, deine Jünger aber nicht?« / Jesus erwiderte:
»Können etwa die künftigen Hochzeitsgäste in der Zeit Fastenge-
bote einhalten, wenn der künftige Bräutigam mit ihnen schon die
20 Vorhochzeit feiert? / Es werden Tage kommen, an denen der Bräu-
tigam nicht mehr da ist, und dann werden sie Fastengebote einhal-
21 ten. / Niemand würde auf ein altes Gewand einen Flicken aus har-
tem, neuem Stoff setzen. Denn wenn man das tut, reißt der neue
Flicken vom alten Gewebe, und das Loch wird größer als vorher. /
22 Und niemand würde neuen Wein in alte Lederschläuche füllen.
Denn wenn man das tut, zerreißt der Wein die Schläuche, und dann
sind Wein und Schläuche verloren. Jungen Wein füllt man in neue
Lederschläuche.«

Die Jünger reißen am Sabbat im Saatfeld Halme ab 2,23-28

23 Einmal wanderte Jesus am Sabbat durch die Saatfelder. Da fiel es
seinen Jüngern ein, Halme auszurupfen, um einen Weg zu bahnen.
24 / Die Pharisäer sagten: »Schau doch mal, was deine Jünger da am
25 Sabbat Verbotenes tun!« / Jesus erwiderte: »Ihr habt wohl nie gele-
sen, was David getan hat, als er in Nöten war, weil er und seine
26 Freunde Hunger hatten: / Er ging in den Tempel – Abiathar war
Hoherpriester – und aß von den Schaubroten, die nur die Priester
27 essen dürfen, und gab auch seinen Begleitern etwas ab.« / Und dann

sagte Jesus: »Der Sabbat ist für den Menschen gemacht und nicht
der Mensch für den Sabbat. / Daher hat der Menschensohn das 28
Recht, den Sabbat zugunsten der Menschen auszulegen.«

Kapitel 3

Jesus heilt am Sabbat die abgestorbene Hand 3,1-6

Als Jesus wieder einmal in die Synagoge ging, fand er dort einen 1
Menschen, dessen Hand war ganz abgestorben. / Die Pharisäer lie- 2
ßen Jesus nicht aus den Augen, um zu sehen, ob er den Kranken am
Sabbat heilen würde. Denn sie wollten ihn verklagen. / Da sagte 3
Jesus zu dem Mann mit der abgestorbenen Hand: »Steh auf und
stell dich in die Mitte!« / Und zu den Umstehenden sagte er: »Darf 4
man am Sabbat Gutes tun – oder soll man am Sabbat Schlechtes
tun? Darf man jemanden retten – oder soll man ihn töten?« Da
schwiegen sie. / Zornig blickte Jesus in die Runde, und voll Trauer 5
darüber, daß sie so herzlos waren, sagte er zu dem Kranken:
»Streck deine Hand aus!« Der Mann tat es, und seine Hand war
wieder heil. / Die Pharisäer verließen sofort die Synagoge, und zu- 6
sammen mit den Anhängern des Herodes faßten sie den Beschluß,
ihn zu töten.

Jesus heilt und treibt Dämonen aus (2. Sammelbericht) 3,7-12

Daraufhin ging Jesus mit seinen Jüngern an den See Genesareth. 7
Ihm folgten sehr viele Menschen aus Galiläa, aus Judäa, / aus Jeru- 8
salem und Idumäa und von jenseits des Jordans und aus der Ge-
gend um Tyrus und Sidon, sehr viele Menschen, die von seinen
Taten gehört und sich zu ihm aufgemacht hatten.
Jesus trug den Jüngern auf, ein Boot für ihn bereitzulegen, damit er 9
durch die Massen nicht in Bedrängnis geriete. / Denn weil er immer 10
wieder Menschen heilte, fielen alle, die unter der Geißel von Krank-
heiten litten, über ihn her, um ihn zu berühren. / Und die bösen Gei- 11
ster fielen, sobald sie seiner ansichtig wurden, vor ihm nieder und
schrien: »Du bist Gottes Sohn!« / Aber immer wieder fuhr er sie an, 12
sie sollten sein Geheimnis nicht preisgeben.

Jesus beruft die Zwölf 3,13-19

Dann stieg er hinauf ins Gebirge, und unterwegs forderte er alle, 13
die er mithaben wollte, zum Mitgehen auf, und sie folgten ihm. /
Zwölf wählte er aus, die sollten ihn von jetzt ab begleiten, zur Ver- 14
kündigung ausgesandt werden / und Vollmacht über die Dämonen 15
haben. / Damit begründete er den Zwölferkreis. In diesen berief er 16

17 Simon, dem er den Beinamen Petrus gab; / Jakobus und Johannes,
die Söhne des Zebedäus, denen er den Beinamen Boanerges, Don-
18 nersöhne, gab; / außerdem Andreas, Philippus, Bartholomäus,
Matthäus, Thomas, Jakobus, den Sohn des Alphaios, Thaddäus,
19 Simon den Kanaanäer / und Judas Iskariot, der ihn später auslie-
fern sollte.

Jesus wird von seinen Angehörigen für verrückt erklärt 3,20-21

20 Jesus ging nach Hause. Und wieder strömte dort die Volksmenge
zusammen, so daß noch nicht einmal Platz genug war, um etwas zu
21 essen. / Als seine Verwandten davon hörten, machten sie sich auf,
um ihn daran zu hindern, weiter aufzutreten. Denn sie sagten: »Er
ist verrückt geworden.«

Jesus spricht über die Austreibung von Dämonen 3,22-30

22 Und die Schriftkundigen, die aus Jerusalem gekommen waren, fäll-
ten das Urteil: »Er ist vom Teufel besessen, und zwar von Beelzebul.
Im Bunde mit dem Oberteufel treibt er die Dämonen aus.«
23 Daraufhin rief Jesus sie herbei und hielt ihnen folgende Gleichnisse
24 vor: »Wie soll ein Satan den anderen austreiben können? / Wenn
25 ein Reich uneins ist, kann es keinen Bestand haben. / Und wenn
26 eine Familie uneins ist, wird sie auseinanderbrechen. / Daher: Wenn
ein Teufel aufsteht gegen den anderen und sie uneins sind, dann
kann das Teufelsregime keinen Bestand haben, sondern wird aus-
27 einanderbrechen. / So ist es auch bei einem Raubüberfall in einem
Haus. Wenn der Hausbewohner bei Kräften ist, muß man ihn erst
fesseln, bevor man ihm sein Eigentum wegnehmen kann. Dann erst
kann man sein Haus plündern.
28 Amen, ich sage euch: Alles wird Gott den Menschen vergeben, alle
Sünden und auch alle lästerlichen Reden, die sie sich ihm selbst ge-
29 genüber anmaßen. / Aber wer sich über den Heiligen Geist ein lä-
sterliches Urteil anmaßt, der erhält in Ewigkeit keine Vergebung.
30 Seine Schuld ist ewig.« / Denn die Gegner hatten über Jesus gesagt:
»Er hat einen bösen Geist.«

Jesus benennt seine wahren Verwandten 3,31-35

31 Jesu Mutter und seine Brüder wollten zu ihm. Sie blieben vor dem
32 Haus stehen und schickten jemanden hinein, ihn zu rufen. / Er saß
drinnen im Kreise vieler Zuhörer, und man sagte ihm: »Deine Mut-
ter und deine Geschwister sind da, sie stehen draußen und wollen
33 zu dir.« / Doch er erwiderte: »Wer ist denn das, meine Mutter und
34 meine Geschwister?« / Er blickte um sich auf die, welche um ihn

herumsaßen, und sagte: »Das ist meine Mutter, das sind meine Ge-
schwister. / Denn jeder, der den Willen Gottes tut, der ist mein Bru- 35
der, meine Schwester, meine Mutter.«

Kapitel 4

Jesus erzählt das Gleichnis von den Samenkörnern 4,1-9

Ein andermal begann Jesus am Seeufer zu lehren. Es war eine so rie- 1
sige Menschenmenge zusammengekommen, daß er sich im Boot sit-
zend vom See aus an sie wandte. Die Zuhörer dagegen standen
dichtgedrängt am Ufer entlang. / Er lehrte, indem er viele verschie- 2
dene Gleichnisse erzählte. Er sagte: / »Hört zu! Einer ging aus, um 3
zu säen. / Und als er den Samen ausstreute, fiel einiges daneben, den 4
ganzen Weg entlang. Da kamen die Vögel und pickten es auf. / An- 5
deres fiel auf felsigen Grund, wo nicht viel Erde war, und ging gleich
auf, weil es nicht tief genug in der Erde lag. / Und als dann die Sonne 6
heiß schien, verbrannte es und trocknete aus, weil es keine Wurzeln
hatte. / Wieder anderes fiel in die Dornen, aber das Dornengestrüpp 7
überwucherte und erstickte es, so daß es keine Frucht trug. / Man- 8
ches aber fiel auf guten Boden, wuchs kräftig in die Höhe und trug
Frucht. Aus jedem Samenkorn wurden dreißig oder sechzig oder
hundert.« / Und er fügte hinzu: »Denkt gut darüber nach!« 9

Jesus erklärt, wozu er in Gleichnissen redet 4,10-12

Als er dann allein war, fragten ihn seine Begleiter und auch die 10
Zwölf nach dem Zweck und der Bedeutung der Gleichnisse. / Und 11
er antwortete: »Unter euch ist Gottes Herrschaft unsichtbar, als
Geheimnis, gegenwärtig.[19] Aber für diejenigen, die draußenstehen,
erzähle ich alles in Gleichnissen, / damit sie sehen und doch nichts 12
erkennen, hören und doch nichts verstehen, so daß sie nicht um-
kehren können und keine Vergebung finden.«[20]

---

[19] Wörtlich: »Euch ist das Geheimnis des Reiches Gottes gegeben.« Das bezieht sich nicht auf das Verständnis, denn das fehlt den Jüngern sichtlich noch. Das Wort Geheimnis bezieht sich auf den Zustand des Reiches, nicht auf die Erkenntnis der Jünger.

[20] Hier liegt die sogenannte Verstockung nach Jes 6,9f. vor. Demnach hat Jesus die Gleichnisse erzählt, um die Außenstehenden immer tiefer in ihr Unverständnis und Mißverstehen hineinzuführen. Die Alternative ist dann nur: Nicht zu den Außenstehenden zu gehören und sich von Jesus in die Schar der Jünger aufnehmen zu lassen. – Auslegungen, die ein solches »hartes« Jesusbild ablehnten, mußten die Stelle für unecht erklären. Vgl. dazu die methodische Auseinandersetzung bei K. Berger: Einführung in die Formgeschichte, UTB 1444, 1987, § 1.

Jesus erklärt das Gleichnis von den Samenkörnern 4,13-20

13 Und er fügte hinzu: »Wenn ihr schon dieses Gleichnis nicht ver-
14 steht, wie wollt ihr da all die anderen begreifen? / Ich sage euch die
15 Auflösung: Das, was der Sämann sät, ist die Botschaft. / Bei den
Samenkörnern, die am Weg entlang danebengefallen sind, verhält
es sich so: Die Botschaft wird ausgesät, aber kaum daß sie gehört
wurde, kommt gleich der Satan und nimmt die in die Hörenden
16 hineingesäte Botschaft wieder weg. / Bei den Samenkörnern, die auf
felsigen Grund gesät wurden, verhält es sich so: Die Menschen hö-
ren die Botschaft und nehmen sie gleich voll Freude an, aber sie las-
sen sie nicht Wurzeln schlagen, sondern behalten sie nur für den
17 Augenblick. / Und wenn sie dann in Not geraten oder wegen der
18 Botschaft verfolgt werden, dann fallen sie gleich ab. / Anders ist es
mit den unter die Dornen gesäten Samen. Da geht es um solche, die
19 zuerst die Botschaft hören. / Dann aber dringen die irdischen Sor-
gen, Verführung durch Reichtum und Konsumgier ein und erstik-
20 ken die Botschaft. Keine Frucht kann entstehen. / Und bei den auf
den guten Boden gesäten Körnern geht es um solche, die die Bot-
schaft hören und annehmen. Sie bringen Früchte, einer dreißig,
einer sechzig, einer hundert.«

Jesus erklärt, wie das Gericht sein wird 4,21-25

21 Jesus fragte die Jünger: »Ist ein Licht dazu da, daß man einen Topf
darüberstülpt oder es unters Bett stellt? Nein, man stellt es auf den
22 Leuchter. / Alles Verborgene kommt dann ans Licht. Alles Geheime
23, 24 wird offenbar. / Denkt gut darüber nach!« / Und dann sagte er:
»Nehmt euch zu Herzen, was ich euch jetzt sage! Genau das, was
ihr austeilt, bekommt ihr zurück, und zwar noch mit einer Zugabe.
25 / Denn wer etwas hat, der bekommt noch etwas dazu. Und wer
wenig hat, dem wird auch das noch genommen.«

Jesus erzählt das Gleichnis von der selbstwachsenden Saat 4,26-29

26 Jesus sagte: »Mit der Herrschaft Gottes ist es so: Ein Mensch sät
27 aus auf seinem Feld. / Im Rhythmus von Tag und Nacht, von Schla-
fen und Wachen, lebt er dahin. Der Samen aber keimt, der Keim
28 wird lang, der Mensch nimmt das alles nicht wahr. / Denn das
Fruchtbringen besorgt die Erde selbst, erst treibt sie den Halm,
29 dann die Ähre, dann steht der volle Weizen auf der Ähre. / Wenn
die Frucht reif genug ist, schickt der Mensch gleich die Sichel, denn
die Erntezeit ist da.«

Jesus erzählt das Gleichnis vom Senfkorn 4,30-34

Jesus sagte: »Mit welchem Gleichnis soll ich denn die Herrschaft 30
Gottes erfassen, womit soll ich sie vergleichen? / Vielleicht mit ei- 31
nem Senfkorn! Wenn das Senfkorn in die Erde gelegt wird, dann ist
es der kleinste von allen Samen überhaupt. / Aber wenn es ausgesät 32
ist, treibt es hoch und wird größer als alles andere, was im Garten
wächst. Und es wird zu einem Baum mit weit ausladenden Zwei-
gen, in dessen Schatten die Vögel Nester bauen können.«
Immer wieder predigte er den Menschen in solchen Gleichnissen, 33
weil sie so zumindest zuhören konnten. / Überhaupt alles sagte er 34
ihnen als Gleichnis verschlüsselt, und nur wenn sie unter sich wa-
ren, gab er seinen Jüngern jeweils die Auflösung.

Jesus beruhigt den Sturm auf dem See 4,35-41

Am Abend desselben Tages schlug Jesus den Jüngern vor: »Laßt 35
uns ans gegenüberliegende Ufer fahren.« / Die Jünger schickten die 36
Leute nach Hause und stiegen zu Jesus ins Boot, und auch andere
Boote gesellten sich dazu. / Da erhob sich ein schwerer Sturm, und 37
die Wellen schwappten in das Boot, so daß es schon vollzulaufen
begann. / Jesus aber schlief im Heck des Bootes auf einem Kopfkis- 38
sen. Die Jünger weckten ihn mit den Worten: »Meister, läßt es dich
ganz kalt, wenn wir ertrinken?« / Als Jesus ganz aufgewacht war, 39
schrie er den Sturm und den See an: »Hört auf damit, Ruhe jetzt!«
Sofort legte sich der Sturm, und es wurde ganz still. / Jesus fragte 40
die Jünger: »Warum habt ihr denn solche Angst? Wieso fehlt euch
der Glaube?« / Und die Jünger erschraken sehr und fragten einan- 41
der: »Was ist das nur für einer, daß sogar Sturm und See ihm gehor-
chen?«

Kapitel 5

Jesus heilt den Besessenen von Gerasa 5,1-20

Als Jesus und die Jünger an das gegenüberliegende Seeufer, das Ge- 1
biet bei Gerasa, gelangten / und Jesus kaum aus dem Boot gestiegen 2
war, da kam ihm aus dem Gräberfeld ein Mensch mit einem bösen
Geist entgegen. / Der wohnte in den Grabstätten. Selbst mit Ketten 3
konnte ihn niemand mehr fesseln. / Man hatte nämlich oft ver- 4
sucht, ihn mit Fußeisen und Ketten zu fesseln, aber er hatte die Ket-
ten zerrissen und die Fußeisen durchgescheuert, er war einfach
nicht zu bändigen. / Immerzu, Tag und Nacht, hielt er sich im Grä- 5
berfeld oder in der Bergwüste auf, schrie und schlug mit Steinen auf
sich ein. / Als er Jesus von weitem erblickte, lief er hin, warf sich 6

7 vor ihm nieder und schrie laut: / »Was führst du im Schilde gegen
mich, Jesus, du Sohn des höchsten Gottes? Ich beschwöre dich bei
8 Gott: Quäl mich nicht!« / Jesus sagte zu ihm: »Raus aus diesem
9 Menschen, du böser Geist!« / und dann fragte er: »Wie heißt du?«
Und der böse Geist antwortete: »Ich heiße Legion, denn wir sind
10 viele.« / Und dann flehte er Jesus an, er möge sie bitte nicht außer
11 Landes schicken. / Nun weidete dort am Berg eine große Schweine-
12 herde. / Die bösen Geister bettelten: »Schick uns in die Schweine,
13 in sie möchten wir hineinfahren.« / Das gestand Jesus ihnen zu. Da
fuhren die bösen Geister aus dem Mann aus und in die Schweine
hinein. Und die Herde, etwa zweitausend Schweine, raste den Ab-
hang hinunter und ersoff im See.
14 Die Schweinehirten flohen in die Stadt und in die Höfe und berich-
teten von dem Ereignis. Und die Leute kamen herbei, um zu sehen,
15 was geschehen war. / Als sie bei Jesus ankamen, erblickten sie den,
der vorher von dem Geist namens Legion besessen gewesen war, er
16 saß da, angezogen und ganz vernünftig. Da fürchteten sie sich. / Die
Augenzeugen berichteten ihnen, was dem Besessenen widerfahren
17 und wie die Sache mit den Schweinen gewesen war. / Und da baten
18 sie Jesus, ihre Gegend zu verlassen. / Als Jesus ins Boot stieg, bat
19 ihn der Geheilte, fortan mit ihm ziehen zu dürfen. / Doch Jesus ließ
es nicht zu, sondern gebot ihm: »Geh in dein Haus zu deiner Fami-
lie und verkündige ihnen, was der Herr dir Gutes getan und daß er
20 dir Erbarmen gezeigt hat.« / Und der Geheilte ging fort und begann
in den Zehn Städten zu verkündigen, was ihm Jesus Gutes getan
hatte, und alle staunten.

Jesus heilt die blutflüssige Frau und erweckt die Tochter des Jairus zum Leben 5,21-43

21 Als Jesus wieder einmal mit dem Boot an das gegenüberliegende
Ufer gefahren war, strömte eine große Menschenmenge dort zu-
22 sammen. Jesus stand noch am Ufer, / da kam einer der Synagogen-
23 vorsteher, er hieß Jairus. Als er Jesus sah, fiel er ihm zu Füßen / und
erklärte wortreich, daß seine Tochter im Sterben liege. Dann sagte
er: »Komm und leg ihr die Hände auf, dann wird sie gerettet und
24 kann leben.« / Jesus ging mit ihm fort, und viele Menschen folgten
ihm auf dem Fuße.
25 Und da war auch eine Frau, die litt seit zwölf Jahren an unstillbaren
26 Blutungen. / Sie hatte von vielen Ärzten manches erdulden müssen
und ihr ganzes Vermögen aufgebraucht. Doch alles hatte nichts ge-
27 nützt, und es ging ihr immer schlechter. / Da sie von Jesus gehört
hatte, drängte sie sich durch die Menge von hinten an ihn heran

und berührte sein Gewand. / Denn sie hatte sich gesagt: Wenn ich 28
nur sein Gewand berühren kann, werde ich gesund. / Und kaum 29
hatte sie sein Gewand berührt, da versiegten die Blutungen, und sie
spürte, daß sie von dieser Geißel befreit war. / Und kaum hatte sie 30
das gespürt, da bemerkte auch Jesus, wie eine Kraft von ihm aus-
gegangen war, und er wandte sich zur Menge und fragte: »Wer hat
mein Gewand berührt?« / Seine Jünger sagten: »Siehst du nicht, wie 31
dich die Masse eingekeilt hat, und da fragst du noch: ›Wer hat mich
berührt?‹« / Aber Jesus blickte um sich, um zu sehen, wer es getan 32
hatte. / Die Frau, die ja wußte, was mit ihr geschehen war, trat voll 33
Furcht und Zittern vor, warf sich Jesus zu Füßen und erzählte ihm
ihre ganze Geschichte. / Und Jesus sagte zu ihr: »Tochter, dein 34
Glaube hat dich gesund gemacht. Geh hin in Frieden, und sei ge-
heilt und befreit von der Geißel deiner Krankheit.«
Und während er noch redete, kamen Leute vom Haus des Synago- 35
genvorstehers her und sagten zu Jairus: »Deine Tochter ist gestor-
ben. Was belästigst du noch weiter den Lehrer?« / Jesus aber tat so, 36
als hätte er das nicht gehört, und beruhigte den Synagogenvor-
steher: »Hab keine Angst, vertraue nur mir!« / Er nahm niemand 37
außer Petrus, Jakobus und Johannes, den Bruder des Jakobus, mit
zum Haus des Synagogenvorstehers. / Und als sie näher kamen, 38
war dort ein Tumult von Weinenden und laut Wehklagenden. /
Jesus ging ins Haus und wies die Leute zurecht: »Warum lärmt und 39
heult ihr so? Das Kind ist nicht tot, es schläft nur.« / Sie lachten ihn 40
aus. Jesus aber schickte alle hinaus und nahm nur die Eltern des
Kindes und seine Begleiter mit in den Raum, in dem die Tochter des
Jairus lag. / Er ergriff ihre Hand und sagte zu ihr: »Talitha kum«, 41
das heißt übersetzt: »Ich befehle dir, Mädchen, steh auf!« / Und 42
gleich stand sie auf und lief umher, denn sie war schon zwölf Jahre
alt. Und alle waren außer sich vor Verwunderung. / Jesus aber ge- 43
bot ihnen, daß niemand es erfahren solle. Und er forderte sie auf,
dem Mädchen zu essen zu geben, damit alle sähen, daß sie wirklich
lebendig und kein Gespenst war.

Kapitel 6

Jesus predigt erfolglos in Nazareth 6,1-6

Jesus verließ das Seeufer und ging in seine Vaterstadt. Seine Jünger 1
folgten ihm. / Am Sabbat ergriff er das Wort in der Synagoge, um 2
die Schrift auszulegen. Viele hörten zu, waren höchst verwundert
und sagten: »Woher hat er das? Wie kann er nur so klug sein? Was
für Wunder wirkt er mit seinen Händen! / Ist er nicht der Zimmer- 3

mann, der Sohn von Maria, der Bruder von Jakobus, Joses, Judas
und Simon? Haben wir nicht seine Schwestern hier bei uns?« Und
4 sie wußten nicht, was sie von ihm halten sollten. / Jesus aber er-
klärte ihnen: »Ein Prophet gilt eben nichts in seiner Vaterstadt,
5 auch nicht bei seinen Verwandten und in seiner Familie.« / Er
konnte dort auch kein Wunder wirken. Nur wenige Kranke heilte
er durch Handauflegung. Und er staunte über den Unglauben der
6 Leute. / Daraufhin zog er durch die Dörfer im Umkreis und lehrte
dort.

Jesus sendet die Zwölf aus 6,7-13

7 Und Jesus rief die Zwölf herbei und sandte sie zum erstenmal aus,
immer zu zweit. Er verlieh ihnen Vollmacht gegen die bösen Geister
8 / und gebot ihnen, auf den Weg nur einen Wanderstab mitzuneh-
9 men, aber kein Brot, keinen Reisesack und kein Geld im Gurt, / nur
10 Sandalen und nur ein einziges Hemd. / Er sagte zu ihnen: »Wenn ihr
euch an einem Ort in einem Haus einquartiert, dann behaltet dieses
11 Quartier, bis ihr den Ort verlaßt. / Und wenn ihr in einem Ort nicht
aufgenommen werdet und man euch auch nicht hören will, dann
schüttelt beim Weggehen den Staub von euren Füßen zum Zeichen,
12 daß jede Gemeinschaft aufgehoben ist.« / Und die Jünger zogen aus
13 und predigten Umkehr. / Sie trieben viele Dämonen aus, salbten
viele Kranke mit Öl und machten sie gesund.

Herodes hält Jesus für den auferstandenen Johannes 6,14-16

14 Davon hörte König Herodes, denn Jesu Name war nun bekannt ge-
worden. Man sagte: »Johannes der Täufer ist von den Toten aufer-
15 standen, deswegen wirken solche Wunderkräfte in Jesus.« / Andere
sagten: »Er ist Elia«, wieder andere: »Er ist ein Prophet, einer wie
16 die alten Propheten.« / Als Herodes das hörte, sagte er: »Johannes,
der, den ich habe enthaupten lassen, ist von den Toten auferweckt
worden.«

Johannes der Täufer wird enthauptet 6,17-29

17 Herodes hatte nämlich Johannes durch Häscher ergreifen und ge-
fesselt in den Kerker werfen lassen, und zwar wegen der Geschichte
mit Herodias, der Frau seines Bruders Philippus, die er geheiratet
18 hatte. / Johannes hatte zu Herodes gesagt: »Du darfst dir nicht ein-
19 fach die Frau deines Bruders nehmen.« / Herodias war deshalb wü-
tend auf ihn und wollte seinen Tod, aber sie konnte sich nicht
20 durchsetzen. / Denn Herodes hatte Angst vor Johannes; er wußte,
daß Johannes gerecht und heilig war und wollte ihn vor Schaden

bewahren. Zwar war er sehr verunsichert, wenn er ihn hörte – doch
er hörte ihm gern zu.
Als Herodes an seinem Geburtstag für die hohen Beamten, die Be- 21
fehlshaber und die Mächtigen Galiläas ein Gelage veranstaltete,
sah Herodias ihre Chance gekommen. / Ihre Tochter trat ein und 22
tanzte. Sie gefiel dem Herodes und seinen Tischgenossen über alle
Maßen, und so wandte sich der König an das Mädchen: »Verlange
von mir, was du willst, ich will es dir geben.« / Und er schwor ihr 23
hoch und heilig: »Ich will dir alles geben, um was du mich bittest,
und wäre es die Hälfte meines Reiches.« / Da ging das Mädchen zu 24
seiner Mutter und fragte sie: »Worum soll ich ihn bitten?« Die
Mutter sagte: »Um das Haupt Johannes des Täufers.« / Sogleich 25
eilte die Tochter zum König und sagte: »Ich will, daß du mir unver-
züglich das Haupt Johannes des Täufers auf einem Teller bringen
läßt.« / Da wurde der König sehr traurig. Doch weil er es geschwo- 26
ren hatte und wegen der Tischgenossen wollte er ihr die Bitte nicht
abschlagen. / Daher beauftragte er einen Henker, ihm das Haupt 27
des Johannes zu bringen. Und der ging hin und enthauptete Johan-
nes im Kerker, / trug sein Haupt auf einem Teller herein und gab 28
diesen dem Mädchen, und das Mädchen gab ihn seiner Mutter. /
Als die Jünger des Johannes davon hörten, kamen sie, nahmen sei- 29
nen Leichnam und bestatteten ihn.

Die Zwölf kehren zurück 6,30-31

Die Zwölf, die ausgesandt worden waren, versammelten sich bei 30
Jesus und berichteten ihm über alles, was sie getan und gelehrt hat-
ten. / Jesus sagte: »Zieht euch zurück in die Einsamkeit und ruht 31
etwas aus.« Denn sie hatten mit so vielen Menschen zu tun gehabt,
daß sie noch nicht einmal Zeit zum Essen gehabt hatten.

Jesus macht Fünftausend satt 6,32-44

So fuhren sie zusammen mit Jesus mit dem Boot an eine einsame 32
Stelle am Ufer. / Aber viele sahen sie abfahren, erkannten sie und 33
strömten zu Fuß von allen Ortschaften her zusammen, so daß sie
eher da waren als die Jünger. / Als Jesus aus dem Boot stieg und 34
die vielen Menschen sah, taten sie ihm von Herzen leid, denn sie
waren wie Schafe, die keinen Hirten hatten. Da begann er, ihnen
ausführlich die Botschaft zu verkündigen. / Und als es schon spät 35
geworden war, wandten sich die Jünger an Jesus mit den Worten:
»Die Gegend ist einsam, und es ist schon sehr spät. / Schick sie 36
fort, damit sie sich auf den Höfen und in den Dörfern in der Um-
gebung etwas zu essen kaufen können.« / Jesus aber forderte sie 37

auf: »Gebt ihr ihnen zu essen.« Sie sagten: »Gut, wir gehen für
zweihundert Denare Brote kaufen und geben sie ihnen zu essen.«
38 / Jesus fragte: »Seht einmal nach, wie viele Brote ihr habt.« Sie
39 zählten nach und sagten: Fünf Brote und zwei Fische. / Da sagte
40 Jesus, sie sollten sich in Gruppen auf dem Gras lagern. / Also lie-
41 ßen sie sich nieder, in Gruppen zu hundert und zu fünfzig. / Jesus
nahm die fünf Brote und die zwei Fische, blickte zum Himmel,
segnete und zerteilte die Brote und gab sie seinen Jüngern zum
42 Verteilen. Auch die zwei Fische verteilte er an alle. / Und alle aßen,
43 bis sie satt waren, / und danach sammelten sie noch zwölf Körbe
44 voll Resten von Brot und Fisch ein. / Fünftausend Menschen hat-
ten gegessen.

Jesus geht über das Wasser 6,45-52

45 Und kaum war das geschehen, da hieß Jesus seine Jünger mit dem
46 Boot an das gegenüberliegende Seeufer nach Bethsaida segeln. / Er
47 selbst schickte das Volk fort und stieg auf den Berg, um zu beten. /
Wie es dunkel wurde, war das Boot mitten auf dem See und Jesus
48 allein an Land. / Als er sah, daß sie große Mühe hatten, gegen den
Sturm zu kreuzen, machte er sich auf, morgens zur Zeit der vierten
49 Nachtwache, und schritt einfach über das Wasser auf sie zu. / Er
war schon beinahe an ihnen vorüber, da merkten sie, daß er auf
dem Wasser ging, und dachten, sie sähen ein Gespenst. Da schrien
50 sie laut auf, / denn sie waren alle außer sich vor Schreck bei diesem
Anblick. Er aber sprach sie sogleich an und sagte: »Habt keine
51 Angst, ich bin es doch, fürchtet euch nicht.« / Er stieg zu ihnen ins
Boot, und schon legte sich der Sturm, und ihr Erstaunen kannte
keine Grenzen.
52 Denn trotz der Brotvermehrung hatten sie noch nichts verstanden,
sie waren wie vernagelt.

Jesus heilt Kranke in Genesareth (3. Sammelbericht) 6,53-56

53, 54 Dann nahmen sie Kurs auf Genesareth und legten dort an. / Kaum
waren sie aus dem Boot gestiegen, da erkannten die Leute Jesus. /
55 Sie sagten überall Bescheid, und man schleppte die Kranken auf
56 Bahren immer dahin, wo er angeblich gerade war. / Und wenn er in
Dörfer, Städte oder Höfe kam, wurden sofort die Kranken auf ei-
nen Platz im Freien gebracht, und man bat ihn, er möchte sie doch
wenigstens den Zipfel seines Gewandes berühren lassen. Und wer
ihn berührte, wurde geheilt.

Kapitel 7

Jesus lehrt über Reinheit und Unreinheit 7,1-23

Als Pharisäer und auch Schriftkundige aus Jerusalem bei Jesus 1
zusammenkamen, / beobachteten sie, daß einige der Jünger Jesu 2
mit unreinen, also mit ungewaschenen, Händen aßen. / Gemäß der 3
Überlieferung der Alten essen die Pharisäer und überhaupt alle Ju-
den nie, ohne sich vorher mit der Faust gründlich die Hände zu
schrubben. / Und wenn sie vom Markt kommen, dann waschen sie 4
sich vor dem Essen sogar ganz. Sie halten sich auch an manche an-
dere Tradition, so waschen sie zum Beispiel Becher, Näpfe, Töpfe
und die Liegen ab. / Die Pharisäer und die Schriftkundigen fragten 5
Jesus: »Warum halten sich deine Jünger nicht an die Tradition,
warum essen sie mit unreinen Händen?« / Jesus erwiderte ihnen: 6
»Zu Recht bezieht sich der Prophet Jesaja auf euch Heuchler, wenn
er sagt[21]: Dieses Volk ehrt mich nur mit Lippenbekenntnissen, ihre
Herzen sind weit weg von mir. / Ihr Gottesdienst ist nichts wert, sie 7
lehren nur Menschengebote. / Gottes Gebot laßt ihr fahren, an 8
Menschentraditionen haltet ihr fest. / Und außerdem: Ganz präch- 9
tig schafft ihr Gottes Gebot ab, um eure Tradition bewahren zu
können. / So hat doch Mose gesagt[22]: ›Du sollst Vater und Mutter 10
ehren!‹ und: ›Wer Vater oder Mutter schmäht, soll sterben!‹ / Ihr 11
aber setzt fest: ›Wenn jemand zu seinem Vater oder seiner Mutter
über irgendwelche Dinge sagt, sie seien *korban*, also eine heilige
Gabe und damit ihrer Verfügung entzogen, / dann braucht er sie 12
nicht mehr für den Unterhalt seiner Eltern zu verwenden. / Auf 13
diese Weise setzt ihr mit eurer Tradition Gottes Wort außer Kraft.
Und ihr tut eine ganze Menge solcher Dinge.«
Jesus rief erneut die Menge zusammen und sagte ihnen: »Hört alle 14
genau her! / Nichts, was von außen in einen Menschen hinein- 15
kommt, kann ihn unrein machen, sondern nur das, was aus ihm
herauskommt. / Jedermann denke darüber nach.« 16
Als er die Volksmenge verlassen hatte und wieder ins Haus gegan- 17
gen war, fragten ihn seine Jünger nach der Bedeutung seiner Worte.
/ Jesus antwortete: »Begreift auch ihr nichts? Versteht ihr nicht, daß 18
alles das, was von außen in einen Menschen hineinkommt, ihn
nicht unrein machen kann? / Denn es geht nicht in sein Herz, son- 19
dern in seinen Bauch, und von dort hinaus in den Abort.« Auf diese
Weise erklärte Jesus alle Speisen für rein. / Und er fuhr fort: »Nur 20

---

[21] Jes 29,13 LXX.
[22] Ex 20,12; Dt 5,16.

das, was aus einem Menschen herauskommt, macht ihn unrein. /
21 Denn von innen her, aus den Herzen der Menschen, kommen die
22 bösen Gedanken, Sexgier, Raub und Mord, Ehebruch, / Habgier,
Gemeinheit, Tücke, Genußsucht, Neid und böse Reden, Überheb-
23 lichkeit und Dummheit. / Alle diese Bosheiten gehen nach außen
und machen einen Menschen unrein.«

Jesus heilt die Tochter der Syrophönikerin 7,24-30

24 Von dort aus machte sich Jesus auf in das Gebiet von Tyros. Er ging
in ein Haus und bestimmte, daß niemand erfahren solle, daß er da
25 sei. Doch er konnte nicht verborgen bleiben. / Kaum war er ange-
kommen, da hörte eine Frau von ihm, deren Tochter von einem bö-
sen Geist besessen war. Sie ging zu Jesus und fiel vor ihm auf die
26 Knie. / Die Frau war Griechin, sie war in dem zur Provinz Syrien
gehörigen Phönikien geboren. Sie bat Jesus, den Dämon aus ihrer
27 Tochter auszutreiben. / Jesus schlug ihre Bitte ab: »Zuerst müssen
die Kinder satt werden. Es geht nicht an, den Kindern das Brot
28 wegzunehmen und es den Hunden zu fressen zu geben.« / Die Frau
aber ließ nicht locker: »Herr, die Hunde unter dem Tisch fressen
29 doch nur von den Stücken, die die Kinder fallen lassen.« / Da sagte
Jesus: »Weil du das so schön gesagt hast, wird dein Wunsch erfüllt:
30 Der Dämon ist aus deiner Tochter ausgefahren.« / Und die Frau
ging nach Hause und fand ihre Tochter auf dem Bett, und der Dä-
mon war weg.

Jesus heilt den Taubstummen 7,31-37

31 Dann verließ Jesus das Gebiet von Tyrus wieder und zog durch
32 Sidon zum See Tiberias mitten in das Gebiet der Zehn Städte. / Die
Leute brachten ihm einen Taubstummen und baten ihn, diesem die
33 Hand aufzulegen. / Da nahm Jesus den Taubstummen beiseite. Er
legte ihm die Finger in die Ohren und berührte seine Zunge mit
34 Speichel. / Dann blickte er zum Himmel auf, seufzte, da er die ge-
sammelte Kraft in sich spürte, und sagte: »Ephata«, das heißt:
35 »Öffne dich!« / Und kaum hatte er das gesagt, da öffneten sich die
Ohren des Taubstummen, die Fessel seiner Zunge löste sich, und er
36 konnte sprechen. / Jesus schärfte den Leuten ein, es niemandem
weiterzusagen. Je mehr er es ihnen aber einschärfte, um so mehr
37 verbreiteten sie es. / Und sie staunten über alle Maßen und sagten:
»Gut hat er alles gemacht, den Tauben gibt er das Gehör und den
Stummen die Sprache.«

Kapitel 8

Jesus macht Viertausend satt 8,1-9

In jenen Tagen war wieder eine große Menschenmenge bei Jesus. 1
Sie hatten nichts zu essen. Da rief Jesus die Jünger und sagte zu ih-
nen: / »Mir tut es weh, daß die Leute schon drei Tage bei mir sind 2
und nichts zu essen haben. / Wenn ich sie hungrig nach Hause 3
schicke, sterben sie auf dem Heimweg. Einige von ihnen sind von
weit her gekommen.« / Seine Jünger erwiderten: »Hier in der Wü- 4
ste kann sie doch niemand mit Nahrung versorgen!« / Jesus fragte: 5
»Wie viele Brote habt ihr?« Die Jünger antworteten: »Sieben.« / Da 6
forderte Jesus das Volk auf, sich auf den Boden zu setzen. Dann
nahm er die sieben Brote, sprach das Dankgebet, zerteilte die Brote
und gab sie seinen Jüngern zum Verteilen. Und die gaben jedem ein
Stück. / Sie hatten auch ein paar kleine Fische. Darüber sprach Je- 7
sus ebenfalls das Lobgebet und befahl, sie auch zu verteilen. / Die 8
Leute aßen und wurden satt. Und es waren noch sieben Körbe voll
Brotreste übrig. / Es waren etwa viertausend Leute. Und Jesus 9
schickte die Leute nach Hause.

Jesus verweigert den Pharisäern das geforderte Zeichen 8,10-13

Kaum war das geschehen, da stieg er mit den Jüngern in ein Boot, 10
und sie segelten in das Gebiet von Dalmanutha. / Dort begannen die 11
Pharisäer von sich aus, mit Jesus Wortgefechte zu führen. Sie forder-
ten von ihm, er solle durch ein Zeichen am Himmel seine Vollmacht
beweisen. So wollten sie ihn prüfen. / Jesus seufzte, weil dies den 12
Heiligen Geist in ihm betrübte, und sagte: »Wozu möchte dieses
Pack ein Zeichen zum Beweis meiner Vollmacht sehen? Amen, ich
sage euch: Diesem Pack wird kein Zeichen gegeben.« / Und er ließ 13
sie stehen, bestieg das Boot und fuhr an das gegenüberliegende Ufer.

Jesus warnt vor dem Sauerteig der Pharisäer 8,14-21

Und wieder hatten sie vergessen, Brot mitzunehmen. Nur ein einzi- 14
ges Brot hatten sie bei sich im Boot. / Als Jesus sie mahnte: »Hütet 15
euch vor dem Sauerteig der Pharisäer und des Herodes!« / tuschel- 16
ten die Jünger untereinander: »Wir haben kein Brot!« / Jesus hörte 17
es und sagte: »Was schwatzt ihr, daß ihr kein Brot habt? Habt ihr
noch immer nichts begriffen und verstanden? Ihr seid ja wie verna-
gelt! / Augen habt ihr und schaut nicht hin, Ohren habt ihr und 18
hört nicht zu![23] / Wißt ihr nicht mehr, daß ich neulich fünf Brote 19

---

[23] Vgl. Jer 5,21; Ez 12,2. Vgl. hier: Mk 4,11f.

an fünftausend Leute verteilt habe. Na, und wie viele Körbe Brot-
20 reste habt ihr davongetragen?« Sie sagten: »Zwölf.« / Er fragte wei-
ter: »Und als ich die sieben Brote an die viertausend Leute verteilt
habe, wie viele Körbe Brotreste waren es da?« Die Jünger antwor-
21 teten: »Sieben.« / Darauf Jesus: »Habt ihr noch nichts begriffen?«

Jesus heilt den Blinden bei Bethsaida 8,22-26

22 Jesus und die Jünger kamen nach Bethsaida. Die Leute brachten ei-
23 nen Blinden zu ihm und baten ihn, er möge ihn berühren. / Da faßte
er den Blinden an der Hand, führte ihn aus dem Dorf heraus und
spuckte in seine Augen. Er legte ihm die Hände auf und fragte ihn:
24 »Kannst du etwas sehen?« / Der Blinde blickte auf und sagte: »Ich
sehe die Menschen, die dort umhergehen, wie große Bäume.« /
25 Dann legte Jesus noch einmal die Hände auf die Augen des Blinden,
26 und da sah dieser alles klar und deutlich und war geheilt. / Und Jesus
schickte ihn nach Hause mit den Worten: »Geh nicht ins Dorf!«

Petrus erkennt Jesus als Messias 8,27-30

27 Jesus zog mit seinen Jüngern durch die Dörfer bei Caesarea Phi-
lippi. Unterwegs fragte er seine Jünger: »Was sagen die Leute über
28 mich?« / Die Jünger antworteten: »Die einen sagen, du seist Johan-
nes der Täufer, andere, du seist Elia, wieder andere, du seist einer
29 von den alten Propheten.« / Da fragte Jesus sie: »Und ihr, für wen
haltet ihr mich?« Petrus antwortete: »Du bist der Messias, der
30 Christus.« / Und er schärfte ihnen ein, sie sollten niemandem etwas
über ihn sagen.

Jesus kündigt zum erstenmal seinen Tod und seine Auferstehung an 8,31-33

31 Da sagte er ihnen zum erstenmal, was geschehen würde: »Der
Menschensohn muß viel leiden, er muß geächtet werden von den
Ältesten, den Hohenpriestern und den Schriftkundigen, er muß den
32 Tod erleiden und nach drei Tagen auferstehen.« / Da Jesus dies
ganz öffentlich verkündete, nahm Petrus ihn beiseite und begann,
33 ihm Vorhaltungen zu machen. / Jesus aber wandte sich um, blickte
die Jünger an und schalt Petrus: »Stell dich hinter mich, Satan.[24]
Du denkst nicht wie Gott, sondern wie die Menschen.«

[24] Diese Aufforderung meint die Nachfolge, denn wer Jesus nachfolgt, geht hinter ihm her. Der Befehlston entspricht den Exorzismen. Jüngerberufungen und Exorzismen zeichnen sich durch gleichermaßen harschen Befehlston aus.

Jesus erklärt, was Nachfolge bedeutet 8,34-9,1
Jesus rief das Volk und auch seine Jünger zu sich und sagte: »Wenn 34
jemand hinter mir gehen will, soll er nicht an sich selbst denken,
sondern nach meinem Vorbild Kreuz und Schande auf sich neh-
men. / Denn wer sich selbst als Ziel hat, wird sich verfehlen. Wer 35
sich aber aufgibt für mich und das Evangelium, der wird sich selbst
finden. / Denn was nützt es, wenn einem die ganze Welt zu Füßen 36
liegt, man aber mit seinem Herzen dafür büßen muß? / Was hat der 37
Mensch Kostbareres als sein Herz? / Wer sich meiner und meiner 38
Worte schämt vor diesem geilen und gottlosen Pack, dessen wird
sich auch der Menschensohn schämen, wenn er wiederkommt,
herrlich wie sein Vater und von Engeln begleitet.«

Kapitel 9

Jesus sagte zu seinen Jüngern: »Amen, ich sage euch, einige von de- 1
nen, die hier stehen, werden noch vor ihrem Tode sehen, wie
machtvoll Gott seine Herrschaft verwirklicht.«

Jesus wird verklärt 9,2-10
Nach sechs Tagen nahm Jesus Petrus, Jakobus und Johannes bei- 2
seite und führte sie ganz allein in die Einsamkeit eines hohen Ber-
ges. Und dort wurde er vor ihren Augen verwandelt. / Seine Ge- 3
wänder begannen zu leuchten, so hell, wie kein Färber auf Erden
sie machen könnte. / Es erschienen ihnen Elia und Mose, die rede- 4
ten mit Jesus. / Daraufhin sagte Petrus zu Jesus: »Rabbi, laß uns 5
hier bleiben. Wir wollen drei Hütten bauen, eine für dich, eine für
Mose und eine für Elia.« / Petrus begriff eben nicht, was da vor sich 6
ging, und alle drei Jünger fürchteten sich sehr. / Auf einmal wurden 7
Jesus, Mose und Elia von einer Wolke eingehüllt, aus der ertönte
eine Stimme: »Dies ist mein geliebter Sohn. Hört auf ihn!« / Und 8
als sie sich umblickten, sahen sie plötzlich nur noch Jesus. / Als sie 9
vom Berg herabstiegen, schärfte ihnen Jesus ein, sie sollten das Ge-
sehene vorerst niemandem erzählen. Das dürften sie erst nach der
Auferstehung des Menschensohnes von den Toten tun. / Sie merk- 10
ten sich dies und diskutierten miteinander, was das sei: von den
Toten auferstehen.

Jesus erklärt die Wiederkunft Elias 9,11-13
Dann wandten sie ein: »Die Schriftkundigen sagen aber doch, vor 11
der allgemeinen Auferstehung müsse erst noch Elia kommen!« /
Darauf erwiderte Jesus: »Tatsächlich kommt zuerst Elia und bringt 12

alles in Ordnung.[25] Doch wie kann dann die Schrift über den Menschensohn sagen, er müsse sehr leiden und geächtet werden? Wann
13 soll das denn sein? / Das ist so zu erklären: Elia ist schon gekommen, und zwar als Johannes der Täufer, und die Menschen haben ihm alle nur erdenklichen Grausamkeiten angetan. So steht es ja auch über ihn in der Schrift. Also müssen beide, Elia und der Menschensohn, erst leiden, bevor die Auferstehung kommt.«[26]

Jesus heilt einen besessenen Jungen 9,14-29

14 Jesus und die drei Jünger kamen zu den übrigen Jüngern zurück.
Sie waren umringt von einer großen Menschenmenge und in Wort-
15 gefechte mit den Schriftkundigen verwickelt. / Kaum hatten die vie-
len Menschen Jesus gesehen, da waren sie außer sich vor Freude,
16 liefen auf ihn zu und begrüßten ihn herzlich. / Jesus fragte die
17 Schriftkundigen: »Warum streitet ihr mit meinen Jüngern?« / Einer
aus dem Volk antwortete ihm: »Meister, ich habe meinen Sohn zu
18 dir gebracht. Er hat einen bösen Geist, der ist stumm. / Und wo im-
mer er ihn an seinem Leib zu packen kriegt, da zerrt er an ihm
herum, und dann hat der Junge Schaum vor dem Mund, knirscht
mit den Zähnen und wird ganz steif. Ich habe deine Jünger gebeten,
19 den bösen Geist auszutreiben, doch sie konnten es nicht.« / Da rief
Jesus: »Ihr ungläubiges Pack! Kann ich überhaupt noch bei euch
20 bleiben? Ihr seid nicht zum Aushalten! Bringt ihn zu mir!« / Sie
führten den Besessenen zu ihm. Und kaum erblickte der böse Geist
Jesus, da riß er den Jungen hin und her, der fiel auf die Erde, wälzte
21 sich herum und bekam Schaum vor dem Mund. / Jesus fragte den
Vater: »Wie lange hat er das schon?« Der Vater antwortete: »Von
22 Kind an. / Oft hat der böse Geist ihn ins Feuer oder ins Wasser ge-
worfen und ihn fast umgebracht. Hab Erbarmen mit uns und hilf
23 uns, wenn du kannst!« / Jesus erwiderte: »Was das ›Wenn du
kannst...‹ betrifft, da kann ich dir nur sagen: Wer glaubt, kann al-
24 les.« / Kaum hatte Jesus das gesagt, da schrie der Vater des Kindes:
25 »Ich glaube doch, hilf meinem Unglauben.«[27] / Jesus sah, daß in-
zwischen eine große Menge Volks zusammenströmte. Da fuhr er
den bösen Geist an: »Du sprachloser und stummer Geist, ich be-

[25] Vgl. Mal 3,23.

[26] Für beide Gestalten, für Elia (Johannes den Täufer) und den Menschensohn (Jesus) liegt daher der Zeit der Auferstehung eine Phase des Leidens voraus.

[27] Der Satz ist nicht ein Widerspruch in sich selbst. Vielmehr nennt der Vater aus Bescheidenheit seinen geringen Glauben »Unglauben«. Dieser erscheint nun als das eigentlich der Hilfe Bedürftige!

fehle dir: Raus aus dem Jungen, und daß du nie wieder in ihn hin-
einfährst!« / Der Geist schrie, zerrte das Kind schrecklich hin und 26
her und fuhr aus. Der Junge lag da wie tot, so daß viele sagten: »Er
ist gestorben.« / Jesus aber ergriff seine Hand und weckte ihn, und 27
er stand auf. / Als Jesus dann nach Hause ging, fragten ihn die Jün- 28
ger im Vertrauen: »Warum konnten wir ihn nicht austreiben?« /
Jesus erwiderte: »Diese Art Dämon kann nur ausfahren, wenn man 29
betet und fastet.«

Jesus kündigt zum zweitenmal seinen Tod und seine Auferstehung an 9,30-32

Dann verließen sie den Ort und zogen durch Galiläa. Jesus wollte 30
nicht, daß jemand erführe, wo er war. / Er erklärte seinen Jüngern: 31
»Der Menschensohn wird in die Hände der Menschen ausgeliefert
werden. Sie werden ihn töten, aber drei Tage nach seinem Tod wird
er auferstehen.« / Sie verstanden seine Worte nicht, trauten sich 32
aber auch nicht, ihn zu fragen.

Die Jünger streiten um die Rangfolge 9,33-37

Sie gelangten nach Kapernaum. Als sie im Haus waren, fragte Jesus 33
die Jünger: »Was habt ihr unterwegs besprochen?« / Da verstumm- 34
ten sie, denn sie hatten darüber gestritten, wer von ihnen der Wich-
tigste sei. / Jesus setzte sich, rief die Zwölf zu sich und sagte: »Wer 35
der erste sein will, soll der letzte von allen sein und allen anderen
dienen.« / Dann nahm er ein Kind, stellte es in die Mitte, umarmte 36
es und sagte: / »Wer so ein Kind um meinetwillen aufnimmt, der 37
nimmt mich auf. Und wer mich aufnimmt, der nimmt nicht mich
auf, sondern den, der mich gesandt hat.«

Jesus sagt: »Wer nicht gegen uns ist, der ist für uns« 9,38-41

Johannes sagte zu Jesus: »Meister, wir kennen einen, der deinen 38
Namen anruft und damit Dämonen austreibt. Wir haben ihn daran
gehindert, weil er nicht mit uns Gemeinschaft hält.« / Jesus erwi- 39
derte: »Ihr braucht ihn nicht zu hindern! Keiner kann in meinem
Namen Wunder wirken und gleichzeitig schlecht über mich reden.
/ Denn wer nicht gegen uns ist, der ist für uns. / Wer euch auch nur 40, 41
ein Glas Wasser zu trinken gibt, weil ihr Christen seid, amen, ich
sage euch, der wird bestimmt dafür belohnt werden.

Jesus ermahnt die Jünger zu vorbildlichem Verhalten 9,42-50

Und wer durch sein Verhalten ein einziges Christenkind dazu bringt, 42
die Gemeinschaft zu verlassen, der wird so entsetzlich bestraft wer-

den, daß es dagegen angenehm wäre, mit einem Mühlstein um den
43 Hals ins Meer versenkt zu werden. / Und wenn dich deine Hand
dazu bringt, vom Glauben abzufallen, schlag sie ab! Denn es ist bes-
ser, verstümmelt ins Leben zu gehen, als mit zwei Händen in die
44, 45 Hölle geworfen zu werden, / in das unlöschbare Feuer. / Und wenn
dich dein Fuß dazu verführt, vom Glauben abzufallen, schlag ihn
46 ab! / Denn es ist besser, lahm ins Leben zu gehen, als mit zwei Füßen
47 in die Hölle geworfen zu werden. / Und wenn dich dein Auge dazu
verführt, vom Glauben abzufallen, reiß es heraus! Denn es ist besser,
einäugig ins Gottesreich zu gehen, als mit zwei Augen in die Hölle
48 geworfen zu werden, / wo die Würmer unaufhörlich an einem fres-
49 sen und das Feuer nicht gelöscht wird. / Dieses Feuer ist unvergäng-
lich wie Salz. Jeder kommt damit in Berührung. Wenn er nicht zer-
50 fressen wird, wird er bewahrt. / Salz macht haltbar. Wenn die
haltbarmachende Kraft des Salzes verlorengehen könnte, hätte man
kein Salz mehr, um es selbst haltbar zu machen. Frieden ist wie Salz.
Habt Salz bei euch, das heißt: Haltet Frieden untereinander.«

Kapitel 10

Jesus spricht mit den Pharisäern über Ehe und Ehescheidung 10,1-12

1 Von dort machte Jesus sich auf nach Judäa jenseits des Jordans.
Wieder versammelten sich bei ihm große Menschenmengen, und
wie gewöhnlich verkündigte er ihnen die Botschaft.
2 Pharisäer kamen und fragten Jesus: »Darf sich ein Mann von seiner
3 Frau lossagen?« So wollten sie ihn auf die Probe stellen. / Jesus
4 fragte zurück: »Was gebietet euch Mose?« / Sie antworteten: »Mose
hat erlaubt, sich von der Frau nach Ausstellung eines Scheidungs-
5 briefes loszusagen.«[28] / Da sagte Jesus: »Dieses Gebot hat Mose für
6 euch geschrieben, weil ihr so hartgesotten seid. / Gott aber hat
Mann und Frau vom Anfang der Schöpfung an als einen Mann und
7 eine Frau erschaffen.[29] / Deswegen verläßt der Mann seine Eltern
8 und hängt sich an seine Frau, / und die beiden bilden eine neue
Sippe.[30] Daher sind sie dann nicht mehr zwei Einzelmenschen, son-

28 Dt 24,1.
29 Vgl. Gen 1,27 und 2,24.
30 Meistens »sollen zu einem Fleisch werden«. Das ist schon biologisch gesehen nicht richtig. Im Alten Testament heißt »Fleisch« in solchen Zusammenhängen: »Verwandtschaft, Sippe, Familie«. Die Vorstellung ist also: Der Mann gibt seine Sippe auf und bildet zusammen mit der geheirateten Frau eine neue Sippe. Das Wort »Fleisch« wird dann aber im

dern ein Paar. / Was Gott nun so verbunden hat, darf der Mensch 9
nicht trennen.« / Als sie im Haus waren, fragten die Jünger Jesus 10
noch einmal nach diesem Thema. / Zu ihnen sagte Jesus: »Wer sich 11
von seiner Frau lossagt und eine andere heiratet, bricht gegenüber
der ersten Frau die Ehe. / Und wenn eine Frau sich von ihrem Mann 12
lossagt und einen anderen heiratet, bricht sie ebenfalls die Ehe.«

Jesus segnet die Kinder 10,13-16

Die Leute wollten Kinder zu Jesus bringen, damit er ihnen die 13
Hände auflegte. Die Jünger aber hinderten sie daran. / Als Jesus das 14
sah, wurde er ungehalten und sagte: »Laßt die Kinder doch zu mir
kommen! Hindert sie nicht daran! Denn wer so ist wie sie, für den
werden die Verheißungen von Gottes Herrschaft erfüllt. / Amen, 15
ich sage euch: Wer sich Gottes Herrschaft nicht anvertraut wie ein
Kind, der wird ihre Segnungen nicht genießen.« / Und er umarmte 16
die Kinder, legte ihnen die Hände auf und segnete sie.

Jesus spricht über Reichtum und Nachfolge 10,17-31

Als Jesus auf die Straße hinausging, lief ein Mann auf ihn zu, fiel 17
vor ihm nieder und fragte: »Guter Meister, was muß ich tun, um
das ewige Leben zu bekommen?« / Jesus antwortete: »Was nennst 18
du mich ›gut‹? Allein Gott ist gut! / Du kennst doch die Gebote: 19
Morde nicht! Brich nicht die Ehe! Stiehl nicht! Leg nicht falsches
Zeugnis ab! Beraube niemanden! Ehre deine Eltern!« / Der Mann 20
erwiderte: »Meister, all das habe ich von Kindesbeinen an beher-
zigt.« / Jesus blickte ihn liebevoll an und sagte dann: »Eins fehlt dir 21
noch. Geh, verkauf, was du hast, gib es den Armen – dann hast du
einen Schatz im Himmel – und auf, folge mir nach.« / Diese Worte 22
betrübten den Mann sehr, und er seufzte und ging traurig davon,
denn er war sehr reich.
Jesus blickte in die Runde und sagte zu seinen Jüngern: »Wie 23
schwierig ist es doch für reiche Leute, an den Verheißungen von
Gottes Herrschaft teilzuhaben.« / Die Jünger erschraken sehr über 24
seine Worte. Jesus sagte noch einmal: »Kinder, wie schwierig ist es,
in das Reich Gottes zu kommen. / Leichter geht ein Kamel durch 25
ein Nadelöhr, als daß ein Reicher in den Himmel kommt.« / Die 26
Jünger entsetzten sich noch mehr und sagten zueinander: »Wer

Bibelgriechischen im Sinne von »Mensch« verstanden; der alte soziologische Sinn und Hintergrund ist verblaßt. Daher dann die Übersetzung von V. 8b. Der Schriftbeweis spielt daher mit zwei unterschiedlichen Bedeutungen von »Fleisch«.

27 kann da noch gerettet werden?« / Jesus blickte sie an und sagte:
»Bei den Menschen sicher niemand, aber bei Gott ist es möglich.
Bei Gott ist alles möglich.«
28 Da wandte Petrus ein: »Wir haben aber doch alles aufgegeben und
29 sind dir gefolgt.« / Jesus erwiderte: »Amen, ich sage euch: Jeder, der
wegen mir und des Evangeliums Haus, Geschwister, Eltern, Kinder
30 oder Äcker verlassen hat, der wird zwar Verfolgung erleiden, / aber
all dies in dieser Welt, in der Großfamilie der Christen, hundertfach
zurückerhalten: Häuser, Geschwister, Mütter und Kinder sowie
Äcker. In der kommenden Welt wird er das ewige Leben bekom-
31 men. / Viele, die jetzt ganz oben sind, werden dann ganz unten sein,
und die jetzt die Letzten sind, werden die Ersten sein.«

Jesus kündigt zum drittenmal seinen Tod und seine Auferstehung an 10,32-34

32 Ihr Weg führte sie hinauf nach Jerusalem, Jesus ging voran, und das
wunderte die Jünger sehr. Die hinterhergingen, hatten Angst. Da
nahm Jesus nochmals die Zwölf beiseite und erklärte ihnen zum er-
33 sten Male genau, was ihm zustoßen werde: / »Jetzt gehen wir hin-
auf nach Jerusalem. Der Menschensohn wird den Hohenpriestern
und Schriftgelehrten ausgeliefert werden. Sie werden ihn zum Tode
34 verurteilen und ihn den Heiden übergeben. / Sie werden ihn ver-
spotten, anspucken, geißeln und töten. Und nach drei Tagen wird
er auferstehen.«

Jesus spricht vom Herrschen und vom Dienen 10,35-45

35 Jakobus und Johannes, die Söhne des Zebedäus, wandten sich an
Jesus und sagten: »Meister, wir wollen, daß du uns alles erfüllst,
36 worum wir dich bitten.« / Jesus antwortete: »Welchen Wunsch soll
37 ich euch denn erfüllen?« / Sie erwiderten: »Mach, daß wir einer
rechts und einer links von dir sitzen dürfen in deiner Herrlichkeit.«
38 / Jesus erwiderte: »Ihr wißt nicht, worum ihr bittet. Könnt ihr den
Kelch des Leidens austrinken wie ich? Könnt ihr mit der Taufe des
39 Todes getauft werden wie ich?« / Sie antworteten: »Ja, das können
wir.« Da sagte Jesus: »Den Kelch des Leidens werdet ihr austrinken
wie ich, mit der Taufe des Todes werdet ihr getauft werden wie ich.
40 / Aber die Plätze rechts und links von mir habe ich nicht zu verge-
ben. Die bekommt der, den Gott dafür vorgesehen hat.«
41 Die zehn übrigen Jünger hörten das Gespräch und begannen, sich
42 über Johannes und Jakobus zu ärgern. / Jesus rief sie zu sich und
sagte zu ihnen: »Ihr wißt, daß die berühmten Machthaber ihre Völ-
ker unterdrücken und daß ihre Staatsführer ihnen die Freiheit rau-

ben. / Unter euch soll es anders sein: Wer groß werden will unter 43
euch, soll allen dienen; / wer der Erste sein will unter euch, soll sich 44
allen unterordnen. / Denn auch der Menschensohn ist nicht dazu 45
da, sich bedienen zu lassen, sondern er ist dazu da, zu dienen und
sein Leben einzusetzen stellvertretend für alle.«

Jesus heilt den blinden Bettler Bartimäos 10,46-52

Sie gelangten nach Jericho. Als sie – Jesus, seine Jünger und viele 46
Leute mit ihnen – Jericho wieder verließen, da hockte der blinde
Bettler Bartimäos, der Sohn des Timäos, am Wegesrand. / Er hörte, 47
Jesus, der Nazarener, sei da, und begann zu schreien: »Jesus, Sohn
Davids, erbarme dich meiner.« / Viele fuhren ihn an, er solle still 48
sein. Er aber schrie um so mehr: »Sohn Davids, erbarme dich mei-
ner!« / Jesus blieb stehen und sagte: »Ruft ihn her!« Die Leute rie- 49
fen dem Blinden zu: »Los, auf, er ruft dich!« / Der Blinde warf sein 50
Gewand ab, sprang auf und eilte auf Jesus zu. / Jesus fragte ihn: 51
»Was ist dein Wunsch, was soll ich für dich tun?« Der Blinde ant-
wortete: »Herr, mach, daß ich sehe.« / Da sagte Jesus: »Gut. Dein 52
Glaube hat dich gesund gemacht.« Sogleich konnte der Blinde
sehen, und er folgte Jesus auf dem Weg nach.

Kapitel 11

Jesus zieht in Jerusalem ein 11,1-11

Als sie sich Jerusalem näherten, schickte Jesus in der Gegend von 1
Bethphage und Bethanien am Ölberg zwei von seinen Jüngern vor
sich her, / mit dem Auftrag: »Geht in das nächste Dorf. Kaum wer- 2
det ihr es betreten haben, da werdet ihr ein Eselsfüllen angebunden
finden, auf dem noch nie ein Mensch geritten ist. Bindet es los und
führt es her. / Wenn euch jemand fragt: ›Wieso dürft ihr das tun?‹, 3
dann sagt: ›Der Herr braucht es und wird es gleich wieder zurück-
bringen.‹« / Und sie gingen hin und fanden ein Füllen, das an einen 4
Torpfosten draußen bei der Straße angebunden war, und banden es
los. / Und einige Herumstehende fragten: »Wieso dürft ihr das Fül- 5
len losbinden?« / Sie antworteten, wie Jesus sie geheißen hatte, und 6
man ließ sie ziehen. / Sie führten das Füllen zu Jesus, legten Kleider 7
darauf, und Jesus saß auf. / Viele breiteten ihre Kleider auf dem 8
Weg vor Jesus aus, andere Büschel von Binsen, die sie auf den Fel-
dern abgeschnitten hatten. / Das ganze Gefolge rief[31]: »Hosianna! 9
Gesegnet bist du, weil du in Gottes Namen kommst. / Gesegnet das 10

---

[31] Ps 118,25f.

Reich unseres Vaters David, das [durch dich] kommt! Hosianna sei
Gott in der Höhe!«
11 Jesus zog in Jerusalem ein und ging zum Tempel. Er sah sich den
Tempel genau an, aber da es schon spät war, ging er mit den Zwölfen nach Bethanien.

Jesus verflucht den Feigenbaum 11,12-14

12 Als sie am Morgen von Bethanien weggingen, hatte Jesus Hunger.
13 / Da sah er von ferne einen Feigenbaum in vollem Laub und ging
hin, um ein paar Feigen zu pflücken. Doch als er zu dem Baum
14 kam, sah er nur Blätter. Denn es war nicht die Zeit für Feigen. / Da
sagte Jesus zu dem Feigenbaum: »Nie wieder soll jemand von dir
eine Feige essen!« Die Jünger hörten es.

Jesus vertreibt die Händler aus dem Tempelvorhof 11,15-19

15 Als sie nach Jerusalem zum Tempel kamen, vertrieb Jesus die Verkäufer und Käufer aus dem Tempel. Die Tische der Wechsler und
16 die Stände der Taubenverkäufer stieß er um. / Er ließ niemanden
17 Töpfe[32] durch den Tempel tragen. / Und er erklärte: »In der Schrift
steht[33]: ›Mein Haus wird ein Gebetshaus für alle Völker sein.‹ Ihr
18 jedoch benutzt es nur, um euren schäbigen Profit zu machen.« / Das
hörten die Hohenpriester und die Schriftkundigen, und sie suchten
nach einer Möglichkeit, Jesus aus dem Wege zu räumen. Sie hatten
Angst vor ihm, denn schließlich war das ganze Volk hingerissen
19 von seiner Botschaft. / Als es Abend wurde, übernachteten Jesus
und die Jünger außerhalb der Stadt.

Jesus spricht über die Wirkung des Betens 11,20-26

20 Als sie morgens wieder an dem Feigenbaum vorbeigingen, sahen
21 sie, daß er bis an die Wurzeln verdorrt war. / Petrus erinnerte sich
an Jesu Wort und sagte zu Jesus: »Sieh mal, der Feigenbaum, den
22 du verflucht hast, ist vertrocknet.« / Jesus antwortete: »Man muß
23 eben im Glauben eins sein mit Gott. / Amen, amen, ich sage euch:
Wer zu diesem Berg sagt: Erhebe dich und stürze dich ins Meer!
und wer nicht zweifelt in seinem Herzen, sondern glaubt, daß das
24 geschieht, was er sagt, dessen Wort wird in Erfüllung gehen. / Deswegen sage ich euch: Glaubt nur, daß euch all das, worum ihr betet
25 und bittet, zuteil wird, dann wird es so sein. / Und wenn ihr dasteht

[32] Sacharja 14,20.
[33] Jes 56,7.

und betet, vergebt jedem, gegen den ihr etwas habt. / [Dann wird 26
euer Vater im Himmel auch euch eure Verfehlungen vergeben.]«[34]

Die Hohenpriester fragen Jesus nach seiner Vollmacht 11,27-33

Und wieder kamen sie nach Jerusalem. Als Jesus im Tempel umher- 27
ging, kamen die Hohenpriester, Schriftkundigen und Ältesten zu
ihm und fragten ihn: / »Sag uns, welche Vollmacht du für dein Auf- 28
treten hast. Wer berechtigt dich zu deinem Tun?« / Jesus entgegnete 29
ihnen: »Beantwortet mir nur eine einzige Frage, dann will ich auf
eure Bitte eingehen: / War die Taufe des Johannes von Gott oder 30
von Menschen?« / Da gingen sie miteinander zu Rate: »Wenn wir 31
sagen ›von Gott‹, dann wird er sagen: Warum habt ihr dann dem
Johannes nicht geglaubt? / Aber sollen wir sagen, ›von Men- 32
schen‹?« Sie hatten Angst vor dem Volk, denn alle hielten Johannes
für einen Propheten. / So antworteten sie Jesus: »Wir wissen es 33
nicht.« Da sagte Jesus: »Dann sage ich euch auch nicht, welche
Vollmacht ich für mein Tun habe.«

Kapitel 12

Jesus erzählt das Gleichnis von den bösen Winzern 12,1-12

Jesus erzählte ihnen ein Gleichnis: »Ein Mann legte einen Weinberg 1
an. Er umgab ihn mit einer Mauer, grub eine Kelter und baute ei-
nen Turm.[35] Dann verpachtete er den Weinberg an Winzer und rei-
ste fort. / Als der Termin für die Zahlung des Pachtzinses kam, 2
schickte er einen Bediensteten zu den Winzern. / Diese ergriffen den 3
Abgesandten, folterten ihn und schickten ihn mit leeren Händen
zurück. / Da sandte der Eigentümer einen zweiten Bediensteten aus. 4
Die Winzer mißhandelten auch diesen und schlugen ihm den Kopf
blutig. / Er schickte noch einen, und diesen brachten sie um. Noch 5
viele andere schickte er zu ihnen. Sie folterten oder töteten sie alle.
/ Da blieb nur noch sein Sohn, den er sehr liebte. Den schickte er 6
als letzten zu ihnen, denn er sagte sich: Meinen Sohn werden sie re-
spektieren. / Die Winzer aber sagten zueinander: ›Das ist der Erbe. 7
Wir wollen ihn umbringen, dann gehört der Weinberg uns.‹ / Sie er- 8
griffen und töteten ihn und warfen seinen Leichnam aus dem Wein-
berg hinaus. / Was wird nun der Eigentümer des Weinbergs tun? Er 9
wird selbst kommen, die Winzer umbringen und den Weinberg an
andere verpachten. / Ihr kennt wohl nicht die folgende Stelle aus 10

[34] V. 26 ist in manche Handschriften nach Mt 6,15 eingedrungen.
[35] Vgl. Jes 5,1f.

der Schrift:[36] ›Der Stein, den die Bauarbeiter nicht gebrauchen
11 konnten, wurde zum wichtigsten Stein des Hauses.‹ / Das ist das
Wunder, das Gott vor unseren Augen gewirkt hat.«
12 Seine Gegner hätten Jesus gern gefangengenommen, aber sie hatten
Angst vor den Leuten. Denn sie wußten, daß er mit diesem Gleich-
nis sie gemeint hatte.

Jesus antwortet auf die Frage nach der Kaisersteuer 12,13-17

13 Daher schickten sie einige der Pharisäer und der Anhänger des He-
14 rodes zu Jesus, um ihm eine Fangfrage zu stellen: / »Meister, wir
wissen, daß man sich auf dich verlassen kann und daß du unpartei-
isch urteilst. Denn du bist unbestechlich und lehrst wirklich Gottes
Weg. Darf man dem Kaiser Steuern zahlen oder nicht? Sollen wir
15 zahlen oder nicht?« / Jesus durchschaute ihre Arglist und erwi-
derte: »Ihr wollt mich wohl hereinlegen? Zeigt mir einen Denar
16 her!« / Sie taten es. Jesus fragte: »Wessen Bild und Namen trägt der
17 Denar?« Sie erwiderten: »Die des Kaisers.« / Da sagte Jesus: »Was
dem Kaiser gehört, gebt dem Kaiser! Was aber Gott gehört, gebt
Gott!«[37] Und sie staunten über ihn.

Jesus antwortet auf die Frage nach der Auferstehung 12,18-27

18 Sadduzäer, das sind Leute, die eine Auferstehung leugnen, wandten
19 sich an Jesus mit der Frage: / »Meister, Mose hat folgendes geschrie-
ben[38]: ›Wenn jemandes Bruder stirbt und eine Witwe, aber kein Kind
hinterläßt, dann soll er die Witwe heiraten und auf diese Weise sei-
20 nem verstorbenen Bruder Nachkommen verschaffen.‹ / Nun aber
folgender Fall: Da waren sieben Brüder. Der erste heiratete und
21 starb, hinterließ aber kein Kind. / Da nahm der zweite Bruder die
22 Frau. Auch er starb ohne Nachkommen. Ebenso der dritte. / Alle sie-
ben starben ohne Nachkommen. Als letzte starb auch die Frau. /
23 Wessen Frau wird sie nun bei der Auferstehung? Bedenke: Alle sie-
24 ben hatten dieselbe Frau!« / Jesus erwiderte ihnen: »Weder versteht
25 ihr etwas von der Bibel noch von Gottes Macht. / Wenn die Men-
schen von den Toten auferstehen, gibt es keine Ehe mehr. Denn wie
26 Engel im Himmel werden sie sein. / Darüber, daß Tote auferweckt
werden, könntet ihr etwas bei Mose finden, und zwar in der Ge-
schichte mit dem brennenden Dornbusch. Dort sagt Gott zu Mose[39]:

[36] Ps 118,22f.
[37] Ihr tragt sein Bild, sein Name ist über euch ausgerufen.
[38] Dt 25,5f.
[39] Ex 3,2.6.

›Ich bin der Gott Abrahams und Isaaks und Jakobs.‹ / Also ist er 27
kein Gott der Toten, sondern der Lebenden.[40] Ihr irrt euch also gewaltig.«

Jesus erklärt die beiden wichtigsten Gebote 12,28-34

Einer der Schriftkundigen hörte sie diskutieren und vernahm auch 28
Jesu treffende Antwort. Darum fragte er Jesus: »Welches Gebot ist
das wichtigste?« / Jesus erwiderte[41]: »Das wichtigste ist: ›Höre, Is- 29
rael, der Herr unser Gott ist der einzige Gott. / Liebe Gott deinen 30
Herrn aus ganzem Herzen, aus ganzer Seele, mit all deinem Ver-
stand und mit all deiner Kraft.‹ / Das zweitwichtigste ist[42]: ›Liebe 31
deinen Nächsten wie dich selbst.‹ Kein Gebot ist wichtiger als diese
beiden.« / Der Schriftkundige erwiderte: »Sehr gut, Meister, völlig 32
richtig hast du gesagt[43]: Gott ist ein einziger, und es gibt keinen
Gott außer ihm. / Und ihn zu lieben aus ganzem Herzen und mit all 33
seiner Klugheit und mit aller Kraft und den Nächsten zu lieben wie
sich selbst, das ist mehr als alle Brandopfer und als alle Opfer über-
haupt.« / Jesus bemerkte, daß seine Antwort sehr verständig war, 34
und sagte zu ihm: »Du bist ganz nahe an Gottes Herrschaft.« Und
daraufhin wagte niemand, noch Fragen an Jesus zu stellen.

Jesus fragt die Pharisäer, ob der Messias Davids Sohn oder Herr ist 12,35-37

Danach legte Jesus im Tempel die Schrift aus. Er sagte: »Stimmt es 35
wirklich, daß – wie die Schriftkundigen sagen – der Messias Davids
Sohn ist? / Denn David selbst sagt doch, und der Heilige Geist 36
spricht aus ihm[44]: ›Gott, der Herr, hat zu meinem Herrn gesagt:
Setz dich zu meiner Rechten, bis ich dir deine Feinde zu Füßen
lege.‹ / David selbst nennt den Messias also Herr. Wie soll er da sein 37
Sohn sein können?«

Jesus warnt vor den scheinheiligen Schriftgelehrten 12,38-40

Die vielen Menschen hörten Jesus gern. Bei seiner Schriftauslegung 38
sagte er zu ihnen: »Nehmt euch in acht vor den Schriftgelehrten,
die nur eines wollen: in Talaren umhergehen, in der Öffentlichkeit

---

40 Weil er sagt: »Ich bin...«. Also leben Abraham, Isaak und Jakob, obwohl sie doch gestorben sind. Also sind sie auferstanden. Also gibt es Auferstehung.

41 Dt 6,4f.

42 Lev 19,18.

43 Dt 4,35, 6,4f.

44 Ps 110,1.

39 von allen gegrüßt werden und überall, / beim Gottesdienst und bei
40 Einladungen, die ersten Plätze zugewiesen bekommen. / Wer aber
seine Gebete mit großem Getue verrichtet und sich gleichzeitig die
Häuser von Witwen unter den Nagel reißt, der wird im Gericht be-
sonders hart bestraft.«

Jesus bewertet das Opfer der armen Witwe 12,41-44

41 Jesus setzte sich gegenüber von dem Opferkasten nieder und sah
zu, wie die Leute Geld hineinwarfen. Etliche reiche Leute warfen
42 viel Geld hinein. / Da kam eine arme Witwe daher und warf zwei
43 kleine Kupfermünzen im Wert von etwa einem Pfennig hinein. / Je-
sus rief seine Jünger herbei und sagte zu ihnen: »Amen, ich sage
euch: Diese arme Witwe hat mehr in den Opferkasten geworfen als
44 alle anderen. / Denn alle anderen haben gegeben, was sie übrig hat-
ten, sie aber hat alles gegeben, was sie in all ihrer Armut noch be-
saß. Sie gab ihr ganzes Leben.«

Kapitel 13

Jesus kündigt die Zerstörung des Tempels an 13,1-4

1 Als Jesus den Tempel verließ, sagte einer seiner Jünger zu ihm:
2 »Meister, was für Steine und was für Bauwerke!« / Jesus sagte: »Du
siehst diese großen Bauwerke, und ich sage dir: Kein Stein wird auf
3 dem anderen bleiben. Alles wird zerstört werden.« / Und als er auf
dem Ölberg saß, dem Tempel gegenüber, nahmen ihn Petrus, Jako-
4 bus, Johannes und Andreas beiseite und fragten: / »Sag uns, wann
wird das sein? Woran werden wir erkennen, daß es soweit ist?«

Jesus beschreibt den Anfang des Weltendes 13,5-8

5 Da sagte Jesus: »Denkt an meine Worte: Niemand soll euch in die
6 Irre führen. / Viele Leute werden unter meinem Namen auftreten
und sagen: Ich bin Jesus. Sie werden viele Menschen in die Irre füh-
7 ren. / Wenn ihr hört, daß es Kriege gibt oder Kriege geben soll,
dann laßt euch nicht erschrecken. Das muß so geschehen, aber es
8 ist noch nicht das Ende. / Volk wird sich gegen Volk wenden und
Reich gegen Reich. Vielerorts wird es Erdbeben geben. Hungers-
nöte werden kommen. Das wird aber erst der Anfang der Endzeit-
wehen sein.

Jesus kündigt Verfolgung und Auslieferung an 13,9-13

9 Denkt an meine Worte: Auch ihr selbst seid betroffen. Man wird
euch ausliefern an Gerichte und an Synagogen. Ihr werdet gefoltert

werden und wegen mir vor Regenten und Könige gestellt werden,
um meine Zeugen zu sein. / Erst muß dann allen Völkern das Evan- 10
gelium verkündet werden. / Wenn man euch ausliefert und vor- 11
führt, dann macht euch nicht im voraus Sorgen darüber, was ihr sa-
gen sollt. Sondern sagt das, was euch Gott im rechten Augenblick
eingibt. Denn nicht ihr redet, sondern der Heilige Geist. / Ein Bru- 12
der wird den anderen und ein Vater sein Kind dem Henker auslie-
fern. Kinder werden sich gegen ihre Eltern wenden und an ihrem
Tod schuldig werden. / Alle werden euch hassen wegen mir. Wer 13
aber durchhält bis zum Ende der Zeit, der wird gerettet.

Jesus weissagt künftige Schrecken in Judäa 13,14-20

Wenn ihr aber im Tempel, an einer Stelle, wo dies nicht sein darf, 14
einen entsetzlichen Frevel seht, dann denkt daran, daß ihr das
schon hier gelesen habt. Die in Judäa wohnen, sollen dann ins Ge-
birge flüchten. / Wer gerade auf dem Dachgarten seines Hauses ist, 15
gehe nicht nach unten oder ins Haus hinein, um etwas von dort zu
holen. / Wer auf dem Feld ist, der gehe nicht zurück nach Hause, 16
um seinen Mantel zu holen. / Dann gilt: Wehe den Schwangeren 17
und den stillenden Müttern. / Betet, daß es nicht im Winter ge- 18
schieht. / Dann wird ein solches Elend herrschen wie nie zuvor, seit- 19
dem die Welt besteht, die Gott geschaffen hat, und wie nie wieder
danach. / Und wenn Gott diese Zeit nicht verkürzt hätte, könnte 20
keiner gerettet werden. Aber wegen seiner Auserwählten hat Gott
die Zeit verkürzt.

Jesus warnt vor falschen Propheten und Christussen 13,21-23

Wenn dann jemand zu euch sagt: Hier ist Christus! oder Dort ist 21
er!, dann glaubt es nicht. / Falsche Christusse und falsche Prophe- 22
ten werden auftreten und Zeichen und Wunder wirken, um die
Auserwählten möglichst in die Irre zu führen. / Denkt an meine 23
Worte, ich habe euch alles vorher gesagt.

Jesus beschreibt die Ankunft des Menschensohnes 13,24-27

Nach dem Elend wird sich dann die Sonne verfinstern, der Mond 24
wird nicht mehr scheinen; / die Sterne werden vom Himmel fallen, 25
und die Himmelsmächte werden völlig durcheinandergeraten. /
Dann wird man den Menschensohn auf den Wolken kommen 26
sehen, mit großer Macht und Herrlichkeit. / Dann wird der Men- 27
schensohn seine Engel aussenden, damit sie seine Auserwählten aus
allen Himmelsrichtungen, soweit die Erde und soweit der Himmel
reicht, einsammeln sollten.

Jesus nennt den Feigenbaum zum Vergleich 13,28-29

28 Der Feigenbaum kann euch als Gleichnis dienen: Wenn seine
Zweige schwellen und die Blätter hervorsprießen, dann weiß man,
29 daß der Sommer nahe ist. / So sollt auch ihr, wenn ihr all diese Er-
eignisse seht, wissen, daß der Menschensohn unmittelbar vor der
Tür steht.

Jesus spricht über den Zeitpunkt seiner Wiederkunft 13,30-32

30 Amen, ich sage euch: Denen, die jetzt leben, wird das alles noch wi-
31 derfahren. / Himmel und Erde werden vergehen, meine Worte aber
32 nicht. / Welcher Tag und welche Stunde es sein werden, das weiß
nur Gott und kein Mensch, auch die Engel und selbst der Sohn wis-
sen es nicht.

Jesus mahnt zur Wachsamkeit 13,33-37

33 Denkt an meine Worte: Schlaft nicht, denn ihr wißt nicht, wann es
34 soweit ist. / Es ist wie in dem folgenden Gleichnis: Ein Mensch will
verreisen. Bei seiner Abreise trägt er seinen Bediensteten auf, sie
sollten alle ihre Aufgaben in eigener Verantwortung ausführen. Der
35 Türhüter soll wachen. / Seid also gute Türhüter, denn ihr wißt
nicht, wann der Hausherr zurückkommt – spätabends oder um
36 Mitternacht oder beim ersten Hahnenschrei oder morgens. / Seht
zu, daß er euch nicht schlafend findet, wenn er überraschend
37 kommt. / Und das sage ich nicht nur euch, sondern allen: Schlaft
nicht!«

Kapitel 14

Jesu Ermordung wird beschlossen 14,1-2

1 Es war zwei Tage vor dem Passahfest und die Zeit der ungesäuerten
Brote. Die Hohenpriester und Schriftkundigen suchten nach einem
2 Weg, Jesus mit List zu ergreifen und zu töten. / Sie sagten: »Es darf
keinesfalls am Passahfest sein, sonst gibt es Unruhen im Volk.«

Jesus wird von der Sünderin mit kostbarem Öl gesalbt 14,3-9

3 Jesus hielt sich in Bethanien im Hause Simons des Aussätzigen auf.
Als sie bei Tisch waren, kam eine Frau mit einem Alabastergefäß
voll kostbaren feinen Nardenöls herein. Sie zerbrach das Gefäß
4 und träufelte Jesus das Öl über den Kopf. / Einige aber waren em-
5 pört und sagten sich: »Wozu diese Verschwendung von Öl? / Man
hätte dieses Öl für dreihundert Denare verkaufen und den Erlös
den Armen geben können.« Und sie machten der Frau Vorhaltun-

gen. / Jesus aber sagte: »Laßt sie in Ruhe, hört auf zu schimpfen. 6
Sie hat ein gutes Werk an mir getan. / Denn Arme habt ihr allezeit 7
bei euch, und wenn ihr wollt, könnt ihr ihnen Gutes tun; mich aber
habt ihr nicht immer. / Sie hat getan, was sie tun konnte. Sie hat 8
meinen Leib im voraus für mein Begräbnis gesalbt. / Amen, ich sage 9
euch: Überall auf der ganzen Welt, wo das Evangelium verkündet
wird, wird man auch ihrer gedenken und erzählen, was sie getan
hat.«

Judas liefert Jesus aus 14,10-11

Judas Iskariot aber, einer von den Zwölfen, ging fort zu den Ho- 10
henpriestern, um ihnen zu sagen, daß er ihnen Jesus überantworten
wolle. / Die vernahmen es hoch erfreut und versprachen ihm Geld. 11
Und er suchte nach einer günstigen Gelegenheit, sein Vorhaben
auszuführen.

Das Passahmahl wird vorbereitet 14,12-16

Am ersten Tag der Zeit, in der man Brot ungesäuert ißt, fragten die 12
Jünger Jesus: »Was meinst du, wohin sollen wir gehen, um das Pas-
sahmahl vorzubereiten?« / Jesus schickte zwei seiner Jünger voraus 13
mit folgendem Auftrag: »Geht nach Jerusalem hinein. Dort wird
euch ein Mann mit einem Wasserkrug entgegenkommen. Ihm geht
nach. / In dem Haus, in das ihr dann kommt, meldet dem Haus- 14
herrn: Der Lehrer läßt fragen: ›Wo ist der Raum, in dem ich mit
meinen Jüngern das Passahmahl einnehmen kann?‹ / Er wird euch 15
einen großen Raum im oberen Stockwerk zeigen, der bereits mit
Liegepolstern ausgelegt ist. Dort sollt ihr das Passahmahl für uns
vorbereiten.« / Die Jünger machten sich auf in die Stadt und fanden 16
alles so vor, wie Jesus gesagt hatte. Dann bereiteten sie das Passah-
mahl vor.

Jesus sagt seine Auslieferung voraus 14,17-21

Gegen Abend kam Jesus mit den Zwölfen. / Als sie bei Tisch waren 17, 18
und aßen, ergriff Jesus das Wort und sagte: »Amen, ich sage euch:
Einer von euch wird mich ausliefern. Einer, der hier mit mir ißt.« /
Da wurden die Jünger traurig, und einer nach dem anderen fragte 19
ihn: »Etwa ich?« / Jesus sagte: »Es ist einer von den Zwölfen, der- 20
jenige, der gleichzeitig mit mir den Bissen in die Suppenschüssel
tunkt. / Der Menschensohn geht zwar fort, wie die Schrift es über 21
ihn sagt. Aber wehe dem Menschen, der ihn ausliefert. Für ihn
wäre es besser, er wäre gar nicht geboren.«

Jesus setzt das Abendmahl ein 14,22-25

22 Und als sie aßen, nahm Jesus ein Brot, sprach das Lobgebet, teilte
das Brot und gab es den Jüngern mit den Worten: »Da, nehmt, das
23 bin ich.« / Und dann nahm er den Becher, sprach das Dankgebet,
24 reichte ihnen den Becher, und sie tranken alle daraus. / Dazu sagte
25 er: »Das ist mein Bundesblut, ausgeschenkt für alle. / Amen, ich
sage euch: Von jetzt ab werde ich erst wieder trinken, was aus Trau-
ben gekeltert wurde, wenn Gottes Herrschaft vollendet ist.«

Jesus sagt die Flucht der Jünger und die Verleugnung des Petrus voraus 14,26-31

26 Jesus und die Jünger sangen den Hymnus, den man nach dem Pas-
27 sahmahl singt, und zogen zum Ölberg. / Unterwegs sagte er zu ih-
nen: »Ihr alle werdet abtrünnig werden, denn in der Schrift heißt
es: ›Ich will den Hirten erschlagen, und die Schafe werden ver-
28 streut.‹ [45] / Doch wenn ich auferweckt bin, werde ich euch nach
29 Galiläa vorausgehen.« / Petrus erwiderte: »Mögen auch alle ande-
30 ren abtrünnig werden, ich nicht.« / Aber Jesus sagte zu ihm:
»Amen, ich sage dir: Heute, in dieser Nacht, bevor der Hahn drei-
31 mal gekräht hat, wirst du mich dreimal verleugnet haben.« / Petrus
aber beteuerte: »Selbst wenn ich mit dir sterben muß – ich werde
dich nicht verleugnen.« Alle übrigen Jünger beteuerten dasselbe.

Jesus betet in Gethsemane 14,32-42

32 Sie gelangten an einen Ort namens Gethsemane. Dort sagte Jesus zu
33 den Jüngern: »Bleibt hier sitzen, bis ich gebetet habe.« / Er nahm Pe-
trus, Jakobus und Johannes mit sich. Da überfiel ihn Zittern und Za-
34 gen, / und er sagte zu ihnen: »Ich habe große Angst vor dem Sterben.
35 Wartet hier und bleibt wach.« / Er ging ein paar Schritte weiter, warf
sich zu Boden und betete zu Gott, ihm, wenn es möglich sei, die
36 Stunde des Leidens zu ersparen. / Er betete: »Abba, Vater, du kannst
doch alles. Mach, daß ich diesen Leidensbecher nicht austrinken
muß. Doch nicht, was ich will, sondern was du willst, soll gesche-
37 hen.« / Dann ging er zurück zu den Jüngern und sah, daß sie schlie-
38 fen. Er fragte Petrus: »Simon, schläfst du? / Konntest du nicht eine
Stunde wach bleiben? Bleibt wach und betet, damit euer Glaube die
Belastungsprobe besteht. Der Heilige Geist macht mutig, aber als
39 bloße Menschen sind wir feige.« / Dann entfernte sich Jesus erneut
40 und wiederholte sein Gebet. / Als er zu den Jüngern zurückkehrte,
fand er sie wieder schlafend vor, denn die Augen waren ihnen zuge-

[45] Vgl. Sach 13,7.

fallen, und sie konnten Jesus keine Erklärung dafür geben. / Als Jesus 41
das dritte Mal wiederkam, sagte er zu den Jüngern: »Ihr schlaft ja
immer noch und ruht euch aus! Aber nun ist es wirklich genug. Jetzt
ist der Augenblick, da der Menschensohn an die Gottlosen ausgelie-
fert wird. / Steht auf, wir wollen gehen. Der mich ausliefert, ist da.« 42

Jesus wird verhaftet 14,43-52

Und Jesus hatte noch nicht ausgeredet, da kam Judas, einer von den 43
Zwölfen, und mit ihm ein ganzer Trupp Männer mit Schwertern
und Knüppeln, geschickt von den Hohenpriestern, den Schriftkun-
digen und den Ältesten. / Mit diesen hatte er ein Zeichen vereinbart; 44
er hatte gesagt: »Der, den ich küssen werde, der ist es. Ergreift ihn
und nehmt ihn in Gewahrsam.« / Und kaum war Judas gekommen, 45
da ging er auf Jesus zu, begrüßte ihn: »Rabbi!« und küßte ihn. / Die 46
Männer aber ergriffen Jesus und nahmen ihn gefangen. / Einer von 47
denen, die dabeistanden, zog sein Schwert und schlug dem Bedien-
steten des Hohenpriesters ein Ohr ab. / Daraufhin sagte Jesus: »Wie 48
um einen Räuber zu fangen, seid ihr mit Schwertern und Knüppeln
ausgezogen. / Dabei war ich doch täglich bei euch im Tempel, um 49
euch die Schrift auszulegen. Da habt ihr mich nicht verhaftet. Aber
nach der Schrift muß es so sein.«[46] / Alle Jünger ließen Jesus im Stich 50
und flohen. / Ein junger Mann lief hinter Jesus her, er trug nichts als 51
ein Hemd. / Jemand versuchte ihn zu ergreifen, bekam aber nur sein 52
Hemd zu packen, so daß er splitternackt entkam.

Jesus wird vom Hohen Rat verhört 14,53-65

Sie führten Jesus dem Hohenpriester vor. Alle Hohenpriester, Älte- 53
sten und Schriftkundigen versammelten sich. / Petrus folgte Jesus in 54
einiger Entfernung in den Hof im Haus des Hohenpriesters, setzte
sich dort zu den Bediensteten und wärmte sich am Feuer. / Die Ho- 55
henpriester und das ganze Gericht suchten nach Zeugenaussagen
gegen Jesus, aufgrund deren sie ihn zum Tode verurteilen könnten,
doch sie fanden keine. / Denn es fanden sich zwar viele falsche Zeu- 56
gen gegen Jesus, aber ihre Zeugnisse stimmten nicht überein. / Ein- 57
zelne standen auf und legten falsches Zeugnis gegen Jesus ab, indem
sie behaupteten: / »Wir haben gehört, daß er gesagt hat: ›Ich werde 58
diesen von Händen gemachten Tempel zerstören und binnen drei
Tagen einen neuen, nicht von Händen gemachten Tempel auf-
bauen.‹« / Aber nicht einmal hierin stimmten ihre Aussagen überein. 59
/ Da stand der Hohepriester mitten im Saal auf und fragte Jesus: 60

[46] Vgl. Lk 22, 37 mit Jesaja 53, 12.

»Hast du zu den Zeugenaussagen, die hier gegen dich vorgebracht
61 werden, nichts zu sagen?« / Jesus aber schwieg und gab keinerlei
Antwort. Da wandte sich der Hohepriester nochmals an ihn mit der
62 Frage: »Bist du der Christus, der Sohn des Hochgelobten?« / Jesus
erwiderte: »Ich bin es. Ihr werdet sehen, daß der Menschensohn zur
Rechten der Macht [Gottes] sitzt und mit den Wolken des Himmels
63 kommt.«[47] / Da riß sich der Hohepriester die Kleider vom Leibe und
rief: »Was brauchen wir noch Zeugenaussagen? Ihr habt doch ge-
64 hört, wie er Gott gelästert hat. / Welche Strafe scheint euch angemes-
65 sen?« Einhellig urteilten sie, er habe den Tod verdient. / Einige be-
gannen ihn anzuspucken; sie verbanden ihm die Augen, schlugen ihn
mit Fäusten und spotteten: »Du bist doch ein Prophet, sag, wer hat
dich geschlagen?« Die Bediensteten traktierten ihn mit Ohrfeigen.

Petrus verleugnet Jesus 14,66-72

66 Währenddessen saß Petrus noch unten im Hof. Da kam eine der
67 Mägde des Hohenpriesters, / sah Petrus am Feuer sitzen, schaute
ihn an und sagte: »Du warst auch bei Jesus, dem Nazarener.« /
68 Petrus aber stritt es ab und sagte: »Ich weiß gar nicht, wovon du
69 redest.« Und er ging nach draußen in den Vorhof. / Die Magd sah
ihn auch dort und sagte zu den Umstehenden: »Der gehört auch zu
70 denen.« / Petrus jedoch stritt es wiederum ab. Kurze Zeit später
sagten die Umstehenden zu Petrus: »Du gehörst wirklich zu denen,
71 denn du bist aus Galiläa.« / Petrus aber schwor heilige Eide und
sagte: »Ich will verflucht sein, wenn ich den Mann kenne, von dem
72 ihr sprecht.« / Kaum hatte er das gesagt, da krähte der Hahn zum
zweiten Mal. Petrus erinnerte sich daran, daß Jesus zu ihm gesagt
hatte: »Bevor der Hahn dreimal gekräht hat, wirst du mich dreimal
verleugnet haben.« Und er sank in sich zusammen und weinte.

Kapitel 15

Jesus wird an Pilatus überstellt 15,1

1 Kaum war das alles geschehen, da kamen die Hohenpriester, die
Ältesten und die Schriftkundigen und das ganze Gericht zu einem
Beschluß: Jesus wurde gefesselt, abgeführt und Pilatus überstellt.

Jesus wird von Pilatus verhört 15,2-5

2 Pilatus fragte ihn: »Bist du der König der Juden?« Jesus antwortete:
3 »Ja.« / Die Hohenpriester trugen zahlreiche Anklagepunkte gegen

[47] Vgl. Dan 7,13.

Jesus vor. / Dann wandte sich Pilatus nochmals an Jesus: »Hast du 4
dazu nichts zu sagen? Hörst du, was sie dir alles vorwerfen?« / Als 5
Jesus nicht antwortete, wunderte sich Pilatus sehr.

Jesus wird verurteilt und Barabbas freigelassen 15,6-15

Aus Anlaß des Passahfests pflegte Pilatus den Juden jeweils einen 6
Gefangenen nach ihrer Wahl zu begnadigen. / Zu dieser Zeit war 7
ein Mann namens Barabbas gemeinsam mit Aufrührern in Haft,
die bei einem Aufstand einen Mord begangen hatten. / Eine große 8
Volksmenge zog nun zum Palast des Pilatus hinauf und begann, ihn
um die übliche Begnadigung zu bitten. / Pilatus fragte sie: »Wollt 9
ihr von mir eine Amnestie für den König der Juden?« / Er hatte 10
nämlich bemerkt, daß die Hohenpriester Jesus aus Neid ausgelie-
fert hatten. / Die Hohenpriester waren es auch, die das Volk auf- 11
hetzten, er solle ihnen lieber Barabbas freigeben. / Pilatus fragte die 12
Menge: »Was soll ich denn nun mit dem machen, den ihr König der
Juden nennt?« / Jetzt schrie das Volk: »Ans Kreuz mit ihm!« / Pila- 13, 14
tus entgegnete: »Was hat er denn Böses getan?« Da schrien sie noch
lauter: »Ans Kreuz mit ihm!« / Da ließ Pilatus Barabbas frei, weil 15
er dem Volk einen Gefallen tun wollte. Jesus aber übergab er den
römischen Soldaten zur Geißelung und Kreuzigung.

Jesus wird von den Soldaten verhöhnt 15,16-20

Diese führten Jesus in den Innenhof des sogenannten Prätoriums 16
und riefen die ganze Mannschaft zusammen. / Sie zogen Jesus die 17
Kleider aus, hängten ihm einen Purpurmantel um und setzten ihm
eine aus Dornenzweigen geflochtene Krone auf. / Dann ließen sie 18
ihn hochleben: »Heil dir, König der Juden!« / Sie schlugen ihm mit 19
einem Stock auf den Kopf und spuckten ihn an. Höhnisch beugten
sie das Knie vor ihm, als wollten sie ihm huldigen. / Danach nah- 20
men sie ihm den Purpurmantel wieder ab, zogen ihm seine Kleider
wieder an und führten ihn zur Kreuzigung hinaus.

Jesus geht zur Kreuzigung 15,21

Einen Mann, der gerade von der Feldarbeit nach Hause ging, zwan- 21
gen sie, den Querbalken[48] für die Kreuzigung zu tragen. Er hieß
Simon von Kyrene und war der Vater von Alexander und Rufus.

---

[48] Das Kreuz bestand aus einem in der Erde fest verankerten senkrechten Pfahl, an dem jeweils ein Querbalken befestigt wurde. Diesen mußte der Delinquent selbst zur Hinrichtungsstätte tragen.

Jesus wird gekreuzigt 15,22-26

22 Die Soldaten führten Jesus zu der Anhöhe Golgotha, das heißt
23 übersetzt »Schädel-Berg«. / Sie reichten ihm mit Myrrhe gewürzten
24 Wein, aber er nahm ihn nicht. / Dann kreuzigten sie ihn und verlo-
25 sten seine Kleidungsstücke untereinander.[49] / Als sie ihn kreuzigten,
26 war es neun Uhr morgens.[50] / Eine Aufschrift am Kreuz gab den
Grund für seine Hinrichtung an: »König der Juden«.

Der Gekreuzigte wird verhöhnt 15,27-32

27 Neben Jesus kreuzigten die Soldaten zwei Straßenräuber, einen
29 rechts und einen links.[51] / Die Vorübergehenden verzogen höhnisch
das Gesicht und spotteten: »Bist du nicht der, der den Tempel zer-
stören und innerhalb von drei Tagen wieder aufrichten wollte? /
30, 31 Befreie dich doch selbst, steig vom Kreuz herab!« / Ähnlich läster-
ten die Hohenpriester untereinander und auch die Schriftkundigen:
32 »Anderen hat er geholfen, sich selbst kann er nicht helfen. / Soll
doch der Messias, der König Israels, jetzt vom Kreuz herunterkom-
men, dann können wir es sehen und glauben.« Und auch die neben
Jesus gekreuzigten Straßenräuber machten sich über ihn lustig.

Jesus stirbt am Kreuz 15,33-39

33, 34 Von zwölf bis drei Uhr herrschte Finsternis im ganzen Land. / Um
drei Uhr schrie Jesus laut[52]: *Eloi, eloi, lama sabachtani*, das heißt
übersetzt: »Mein Gott, mein Gott, wozu hast du mich verlassen?«
35 / Einige der Umstehenden, die das hörten, sagten: »Hört, er ruft
36 Elia!« / Einer lief fort und holte einen mit Essig getränkten
Schwamm, steckte ihn auf einen Stab, gab Jesus zu trinken und rief:
37 »Mal sehen, ob Elia kommt und ihn vom Kreuz abnimmt!« / Jesus
38 aber schrie laut auf und starb. / Da zerriß der Vorhang des Tempels
39 von oben nach unten in zwei Stücke. / Der Hauptmann, der dabei-
stand und miterlebt hatte, wie Jesus gestorben war, sagte: »Dieser
Mensch war wirklich Gottes Sohn.«

---

49 Vgl. Ps 22,19.

50 Die Stunden werden vom Tagesbeginn, von sechs Uhr unserer Rechnung an, gezählt.

51 Vers 28 ist nur in manchen Handschriften erhalten und lautet: Und so erfüllte sich die Schriftstelle: »Und er wurde unter die Verbrecher gezählt.« (Jes 53,12; vgl. Lk 22, 37.)

52 Ps 22,2.

Die Frauen als Zeuginnen 15,40-41

Unter den Frauen, die alles aus einiger Entfernung mit angesehen 40
hatten, waren Maria Magdalena, Maria, die Frau Jakobus' des
Kleinen, die Mutter des Joses und Salome[53], / die Jesus auf seinen 41
Wanderungen durch Galiläa begleitet und für das Lebensnotwendige gesorgt hatten, und außerdem viele andere Frauen, die mit Jesus nach Jerusalem hinaufgezogen waren.

Jesus wird ins Grab gelegt 15,42-47

Als der Freitag, der Tag vor dem Sabbat, sich dem Abend zuneigte, 42
wagte es Joseph von Arimathia, zu Pilatus zu gehen und ihn um
Jesu Leichnam zu bitten. / Joseph war ein ehrwürdiges Mitglied des 43
Rates, aber er setzte seine Hoffnung auf das Reich Gottes. / Pilatus 44
wollte nicht glauben, daß Jesus schon gestorben war. Er bestellte
den Hauptmann, der beim Kreuz gestanden hatte, zu sich, um zu
hören, ob Jesus wirklich schon gestorben sei. / Da der Hauptmann 45
dies bestätigte, erlaubte Pilatus Joseph, den Leichnam abzunehmen. / Joseph kaufte ein Leichentuch, nahm Jesus vom Kreuz ab, 46
wickelte ihn in das Tuch und legte ihn in ein Felsengrab. Er rollte
einen Stein vor die Öffnung des Grabes. / Maria Magdalena und 47
Maria, die Mutter des Joses, sahen genau, wohin Jesus gelegt
wurde.

Kapitel 16

Die Frauen empfangen die Auferstehungsbotschaft im leeren Grab 16,1-8

Als der Sabbat vorüber war, kauften Maria Magdalena und Maria, 1
die Mutter des Jakobus, und Salome Essenzen, um Jesus damit einzubalsamieren. / Sehr früh am Sonntag, bei Sonnenaufgang, ge- 2
langten sie zum Grab. / Sie sagten zueinander: »Wer wird uns den 3
Stein aus dem Eingang des Grabes wegrollen?« / Doch als sie näher 4
hinsahen, bemerkten sie, daß der große, schwere Stein weggerollt
worden war. / Sie gingen in das Grab hinein und sahen rechts einen 5
Jüngling in einem leuchtenden Gewand sitzen. Da erschraken sie
sehr. / Der Jüngling sagte zu ihnen: »Habt keine Angst. Ihr sucht 6
Jesus, den Nazarener, der gekreuzigt wurde. Er ist auferweckt worden. Er ist nicht hier. Hier hat man ihn hingelegt. / Macht euch auf 7
und sagt seinen Jüngern und Petrus, daß er euch nach Galiläa vorausgeht. Dort werdet ihr ihn sehen, wie er es euch gesagt hat. / Eilig 8

53 Vgl. zu diesem Text direkt: Mk 15,47 und 16,1.

verließen die Frauen das Grab und rannten davon, zitternd vor Entsetzen. Der Schreck verschlug ihnen die Sprache, daher erzählten sie es niemandem.

[*Sekundärer Markusschluß V. 9-20:*
9 Jesus[54] erstand von den Toten auf, und am frühen Sonntagmorgen
erschien er zuerst Maria Magdalena, der er sieben Dämonen aus-
10 getrieben hatte. / Sie ging zu seinen Gefährten, die um ihn trauerten
11 und weinten, und berichtete ihnen, was ihr widerfahren war. / Als
diese hörten, daß Jesus lebe und ihr erschienen sei, konnten sie es
12 nicht glauben. / Danach aber erschien er in fremder Gestalt zweien
13 seiner Gefährten, die gerade auf dem Weg zum Feld waren. / Diese
erzählten es den anderen, aber die glaubten es auch den beiden
14 nicht. / Zuletzt erschien er den elf Jüngern bei einem gemeinsamen
Mahl. Er tadelte sie wegen ihres Unglaubens und ihrer Sturheit,
weil sie denen, die ihn nach der Auferweckung sahen, keinen Glau-
15 ben geschenkt hatten. / Dann sagte er zu ihnen: »Geht in die ganze
16 Welt und verkündet allen Geschöpfen das Evangelium. / Wer glaubt
17 und sich taufen läßt, wird gerettet werden, / wer aber nicht glaubt,
wird verurteilt werden. An denjenigen, die glauben, werden sich
Wunder zeigen: Wenn sie meinen Namen nennen, werden sie Dä-
18 monen austreiben und in fremden Sprachen reden können. / Wenn
sie Schlangen in die Hand nehmen oder tödliches Gift trinken, wird
ihnen nichts geschehen. Durch Handauflegen können sie Kranke
19 heilen.« / Nach diesen Worten wurde Jesus in den Himmel aufge-
20 nommen[55] und setzte sich zur Rechten Gottes. / Die Gefährten zo-
gen in die Welt und verkündigten überall das Evangelium. Jesus,
der Herr, half ihnen dabei und bekräftigte die Botschaft durch die
Wunder, die sich an ihnen zeigten.]

---

54 Die Verse 16,9-20 bilden den sogenannten »sekundären Markusschluß«. Er wurde später aufgrund anderer Überlieferungen hinzugefügt, weil man die Auskunft von 16,8 für unzureichend hielt.

55 Diese »Himmelfahrt« Jesu bietet gegenüber der in Act 1,9-11 berichteten nicht notwendig eine Dublette. Denn es kann sich in einem der beiden Fälle um einen typischen Erscheinungsschluß handeln. Das heißt, in keinem der beiden Fälle ist zwingend vorausgesetzt, daß sich die »Erhöhung« Jesu an die rechte Seite erst durch den hier berichteten Akt vollzieht.

Das Evangelium nach Lukas

Eigenart: Das Evangelium gehört mit der Apostelgeschichte zusammen. Beide können als Produkte desselben Autors gelten. Daher wird in unserer Ausgabe – im Kontrast zu anderen Bibelübersetzungen – die Einheit zwischen beiden Werken auch in der Anordnung wiederhergestellt. – Dennoch ist es möglich, daß die Act zumindest in weiten Teilen älter bzw. früher sind als das Evangelium. – Das Konzept, das beide Teile verbindet, ist: Der Evangelist will den Weg aufzeigen, den die Botschaft des jüdischen Messias vom kleinen Ort Nazareth bzw. Bethlehem her bis nach Rom genommen hat. Dabei ist dem Evangelisten besonders die Verkettung von Juden- und Heidenchristen angelegen. Durch eine Reihe wichtiger Symbole der Kontinuität verbindet er die palästinischen Jünger der Anfangszeit mit den Jüngern in den Großstädten in heidnischer Umgebung. Dazu gehören Gebet und Tempel. Indem vorchristliche Juden, Jesus und die frühe Gemeinde regelmäßig beten, wird eine heilsgeschichtliche Kontinuität erstellt. Der Tempel ist Ort vieler wichtiger Geschehnisse, auch nach Act 22 der entscheidenden visionären Aussendung des Paulus.

Datierung: 21,24 scheint auf die Zerstörung Jerusalems zurückzublicken. Doch die Umzingelung (circumvallatio) gehörte zur antiken Belagerungstaktik. Auch für das LkEv gilt: Die Zerstörung Jerusalems lag »in der Luft«. Wenn z. Zt. des Abschlusses der Act Paulus noch nicht den Märtyrertod gestorben ist, dann kann doch wohl nicht die Rede davon sein, daß »Lukas« aus der Perspektive der »dritten Generation« auf das Urchristentum zurückblickt. Auch das hohe Maß literarischer Bildung, das aus Lk 1,1-4 hervorgeht, ist kein Argument gegen eine relativ frühe Datierung. Ich rechne daher mit einer Datierung zwischen 65 und 75 n. Chr.

Adressaten: Der Evangelist bemüht sich sehr intensiv, Jesus als Messias der Juden zu zeichnen. Er ist so gut mit dem Judentum vertraut, daß man ihn selbst als Judenchristen bezeichnen muß. An der Stelle der Erfüllungszitate des MtEv (s. d.) bieten bei Lukas die Hymnen in der Kindheitsgeschichte (Magnificat, Benedictus und Nunc dimittis) ein eindrückliches Bild davon, wie der Evangelist sich die Erfüllung der Väterverheißungen vorgestellt hat. Weiteres kann man erkennen, wenn man das sogenannte Aposteldekret der Act einbezieht (s. d.).

Theologie: Ein besonderes Thema für Lukas ist Reichtum und Armut. Der Evangelist hat großes Gespür für die Bedeutung dieses Themas (ähnlich wie später das ThomasEv und die arabischen Agrapha). Er betont stark die Besitzlosigkeit Jesu (»alles verkaufen«), erzählt aber gleichzeitig, daß reiche Frauen die Jesusbewegung mit ihrem Vermögen unterstützt haben (Lk 8,1-3). Er bemüht sich sodann zu zeigen, wie die frühe Gemeinde in Act bestrebt war, das Ideal Jesu auch nach seinem Tod zu bewahren: Wer größeren Reichtum hatte, sollte ihn jederzeit zur freien Verfügung der Gemeinde bereithalten. Von Fall zu Fall sollten Güter verkauft werden, um Bettelarme in der Gemeinde gar nicht erst entstehen zu lassen. – Eine wichtige theologische Größe ist im LkEv der Heilige Geist. Die Entstehung Jesu durch den Heiligen Geist überbietet Johannes den Täufer, der doch auch schon vom Mutterschoß an vom Heiligen Geist erfüllt war. Immerhin noch körperlich sichtbar empfangen die Jünger den Geist zu Pfingsten, und durch Handauflegung wird er denen später zuteil, die ihn noch nicht mit der Taufe empfingen.

Quellen: Man kann annehmen, daß der Verfasser ähnlich wie der Verfasser des MtEv außer einer Fassung des MkEv auch die sogenannte Logienquelle und umfangreiches Sondergut aufgenommen hat. Gerade im Sondergut trifft man immer auch Berührungen mit der Tradition des JohEv.

DAS EVANGELIUM NACH LUKAS

Kapitel 1

Lieber Theophilus! Mein Unterfangen ist nicht neu – schon etliche 1
haben versucht, die Ereignisse darzustellen, die sich bei uns zuge-
tragen haben. / Sie wurden uns von Augenzeugen überliefert, die 2
von Anfang an dabei waren und sich in den Dienst der Botschaft
gestellt haben. / Auch ich hielt es für richtig, den Geschehnissen von 3
ihrem Anfang her genau nachzugehen und sie für dich der Reihe
nach aufzuschreiben, / damit du einsiehst, daß all das, was du ge- 4
lernt hast, wohlbegründet ist.[1]

Die Geburt Johannes des Täufers wird angekündigt 1,5-25

Zu der Zeit, als Herodes König von Judäa war, lebte ein Priester 5
namens Zacharias aus dem Geschlecht Abija mit seiner Frau Elisa-
beth, die von den Töchtern Aarons abstammte. / Beide führten ein 6
gerechtes Leben vor Gott, streng und ohne Tadel befolgten sie alle
Gebote Gottes. / Sie waren kinderlos, denn Elisabeth war unfrucht- 7
bar, und beide waren schon im fortgeschrittenen Alter. / Eines Ta- 8
ges hatte Zacharias Priesterdienst im Tempel, wie es der Zeitplan
vorsah. / Die einzelnen priesterlichen Dienste wurden nämlich aus- 9
gelost, und Zacharias war das Weihrauchopfer zugefallen. / Drau- 10
ßen vor dem Bereich, in dem sich der Altar für Rauchopfer befand,
stand eine große Menschenmenge und betete. / Als Zacharias den 11
Tempel betrat, sah er einen Engel des Herrn rechts vom Rauchop-
feraltar stehen. / Er erschrak sehr, große Angst ergriff ihn. / Der En- 12, 13
gel redete ihn an: »Fürchte dich nicht, Zacharias! Dein Flehen
wurde erhört: Deine Frau Elisabeth wird dir einen Sohn schenken,
und du sollst ihn Johannes nennen. / Du wirst dich freuen und ju- 14
beln, und viele Menschen werden über seine Geburt glücklich sein,
/ denn er wird groß sein in den Augen Gottes. Wein oder anderes 15
Rauschgetränk wird er nicht trinken. Vom Mutterschoß an wird er
vom Heiligen Geist erfüllt sein, / und er wird viele Israeliten zu 16
Gott, ihrem Herrn, bekehren, / dem er als Bote vorausgeht in dem 17
gleichen Geist und der gleichen Kraft wie Elia. Er wird die Eltern
mit den Kindern versöhnen und die Abtrünnigen Redlichkeit leh-

[1] 1,1-4 sind ein Proömion nach der Art antiker Historiker. Lukas versteht sich in dieser Tradition.

18 ren. Er bereitet das Volk auf Gottes Kommen vor.« / Zacharias
fragte den Engel: »An welchem Zeichen kann ich denn erkennen,
daß du die Wahrheit sagst? Ich bin doch ein alter Mann, und meine
19 Frau ist auch nicht mehr jung.« / Der Engel antwortete: »Ich bin
Gabriel, der Engel, der vor Gottes Thron steht. Gott hat mich ge-
20 schickt, dir diese frohe Botschaft zu verkünden. / Das Zeichen, das
du verlangst, ist dieses: Zur Strafe dafür, daß du meinen Worten
nicht geglaubt hast, wirst du stumm sein, bis alles Versprochene
21 eingetroffen und erfüllt ist.« / Draußen vor dem Tempel wartete
das Volk auf Zacharias, und die Leute fragten sich, warum er sich
22 verspätete. / Als er dann herauskam und nicht sprechen konnte,
wurde ihnen klar, daß er im Tempel eine Erscheinung gehabt hatte.
Er versuchte sich durch Gebärden verständlich zu machen, aber er
23 blieb weiterhin stumm. / Als die Zeit des Priesterdienstes zu Ende
24 war, zogen sie wieder in ihr Haus. / Nach einiger Zeit wurde Elisa-
beth schwanger und zog sich fünf Monate lang ganz zurück. Sie
25 sagte: / »Gott hat jetzt an mir gehandelt und meine Kinderlosigkeit
beseitigt; sie war eine Schande in den Augen der Menschen.«

Die Geburt Jesu wird angekündigt 1,26-38

26 Als Elisabeth im sechsten Monat war,[2] schickte Gott den Engel Ga-
27 briel nach Nazareth, in ein galiläisches Dorf. / Gabriel wurde zu ei-
ner Jungfrau namens Maria gesandt, die mit einem Mann namens
28 Joseph verlobt war. / Der Engel trat zu Maria ins Haus und sagte:
29 »Ich grüße dich, Gott ist dir gnädig, der Herr ist mit dir.« / Maria
erschrak, denn sie wußte nicht, was dieser Gruß bedeuten sollte. /
30 Da sagte der Engel: »Hab keine Angst, Maria, Gott hat dich gnädig
31 auserwählt. / Du wirst schwanger werden und einen Sohn gebären,
32 den sollst du Jesus nennen. / Er wird zu den Großen gehören, ja, er
wird Sohn Gottes, des Allerhöchsten, heißen. Gott, der Herr, wird
33 ihm den Thron seines Vaters David geben. / Und er wird König sein
über Israel, Jakobs Haus, für alle Zeit. Und sein Reich wird für im-
34 mer bestehen.« / Maria fragte: »Wie soll das alles geschehen, ich
35 habe doch keinen Mann?« / Der Engel antwortete: »Der Heilige
Geist wird über dich kommen, und die Kraft Gottes wird dich um-
hüllen. Deswegen wird dein Kind ganz heilig sein und Gottes Sohn
36 heißen. / Nimm folgendes als Zeichen: Auch Elisabeth, deine Ver-
wandte, ist trotz ihres hohen Alters schwanger geworden, sie wird
einen Sohn bekommen und ist schon im sechsten Monat, obwohl
37 es doch hieß, sie sei unfruchtbar. / Doch bei Gott ist nichts unmög-

[2] Vgl. 1,36.

lich.« / Da sagte Maria: »So will ich denn dem Herrn gehorchen, 38
dein Wort gehe an mir in Erfüllung.« Dann verschwand der Engel.

Maria besucht Elisabeth 1,39-45

Sogleich machte sich Maria eilends auf in das judäische Gebirgs- 39
dorf, / wo Zacharias und Elisabeth wohnten. Sie begrüßte Elisa- 40
beth, / und als diese Marias Gruß hörte, hüpfte das Kind in ihrem 41
Leib vor Freude. Der Heilige Geist kam über sie, / und sie rief laut: 42
»Auf dir liegt Gottes Segen, mehr als auf allen anderen Frauen, und
gesegnet ist dein Kind. / Wie ist es nur möglich, daß die Mutter mei- 43
nes Herrn zu mir kommt? / Denn als ich deinen Gruß hörte, hüpfte 44
das Kind in meinem Leib vor Freude und Jubel. / Du bist glücklich 45
zu preisen, weil du daran geglaubt hast, daß Gottes Verheißung an
dir in Erfüllung geht.«

Maria preist den Herrn 1,46-56

Da sagte Maria[3]: 46

»Lobpreisen will ich den Herrn
und mich freuen an Gott, meinem Heiland. 47
Gnädig nimmt er mich an, mich unwürdige Frau, 48
so daß mich nun glücklich preisen alle, die je geboren.
Großes hat Gott an mir getan in seiner Macht, 49
ich lobe seinen heiligen Namen.
Er übt Erbarmen allezeit 50
an denen, die ihn fürchten.
Mit starker Hand hat er mir geholfen 51
und die Übermütigen in alle Winde zerstreut.
Die Mächtigen hat er vom Thron gestürzt 52
und die Elenden aufgerichtet.
Die Hungrigen hat er satt gemacht 53
und die Reichen leer ausgehen lassen.
Er hat sich Israels angenommen, seines Kindes, 54
und sich unser erbarmt.
Er hat nicht vergessen, was er Abraham und seinen Kindern 55
für alle Zeit verhieß.«

Nachdem Maria etwa drei Monate bei Elisabeth geblieben war, 56
kehrte sie nach Hause zurück.

---

3 Vgl. dazu 1 Sam 2,1-10 (Lobgesang der Hanna).

Johannes der Täufer wird geboren 1,57-66

57 Für Elisabeth aber kam der Zeitpunkt der Geburt, und sie gebar ih-
58 ren Sohn. / Als ihre Nachbarn und Verwandten hörten, daß sie
durch Gottes großes Erbarmen Mutter geworden war, freuten sie
59 sich mit ihr. / Am achten Tag kamen sie zur Beschneidung des Kin-
des alle zusammen. Sie wollten ihn Zacharias nennen, nach seinem
60 Vater, / doch seine Mutter Elisabeth widersprach: »Nein, er soll Jo-
61 hannes heißen.« / Die Verwandten erwiderten: »Aber niemand in
62 der ganzen Verwandtschaft heißt so!« / Und sie bestürmten seinen
Vater Zacharias, er solle über den Namen seines Sohnes entschei-
63 den. / Zacharias bat um eine Schreibtafel und schrieb darauf: »Er
64 soll Johannes heißen.« Da staunten alle. / Und mit einem Male löste
65 sich seine Zunge, er konnte wieder sprechen und lobte Gott. / Da
wurde den Nachbarn angst und bange, und bald erzählte man sich
66 im ganzen judäischen Bergland, was da geschehen war. / Alle, die
es hörten, waren tief in ihrem Herzen berührt, und sie sagten: »Was
wird aus dem Jungen wohl noch werden? Auf ihn hat Gott seine
Hand gelegt.«

Zacharias lobt den Herrn 1,67-80

67 Und auf Zacharias, seinen Vater, kam der Heilige Geist, so daß er
in prophetischer Rede verkündete:

68 »Gelobt sei der Herr, der Gott Israels,
der sein Volk erlöst und befreit hat.
69 Im Geschlecht Davids, der ihm gehorsam war, hat er
ein kräftiges Zeichen des Heils gesetzt,
70 wie er es verheißen hat
durch seine Propheten von Anfang an.
71 Er hat versprochen, uns zu retten vor unseren Feinden,
aus der Hand derer, die uns hassen.
72 So zeigt er unseren Eltern sein Erbarmen,
indem er wahr macht, was er beim heiligen Bundesschluß
gelobt hat.
73 Denn er hatte unserem Vater Abraham geschworen,
74 daß er uns die Kraft schenken wollte,
von Angst und von Feinden befreit
75 heilig und gerecht ihm zu dienen
alle Tage unseres Lebens.
76 Dich, Johannes, wird man Prophet Gottes, des Höchsten,
nennen.
Denn als sein Bote wirst du ihm vorausgehen,
du wirst sein Wegbereiter sein.

Gottes Volk wirst du die Erlösung nahebringen 77
durch Vergebung seiner Sünden.
Denn unser Gott hat mit uns Erbarmen. 78
Wenn er zu uns kommt, wird es sein, wie wenn die Sonne
aufgeht.
Er wird leuchten für uns, die wir in des Todes tiefem 79
Schatten sitzen,
und er lenkt uns auf den Weg des Friedens.«
Der kleine Johannes wuchs heran und wurde groß und stark durch 80
den Geist. Bis zu seinem öffentlichen Auftreten in Israel lebte er in
der Wüste.

Kapitel 2

Die Geburt Jesu 2,1-14
Zu eben dieser Zeit erging von Kaiser Augustus ein Erlaß, daß je- 1
dermann sich in Steuerlisten[4] eintragen lassen solle. / Dies war die 2
erste derartige Erfassung, und sie fand in der Amtsperiode des Qui-
rinius als Legat von Syrien statt. / Daraufhin gingen alle Leute zu 3
dem Ort, von dem ihre Familie herkam, um sich dort registrieren
zu lassen. / Joseph, der von David abstammte, ging daher aus Na- 4
zareth in Galiläa hinauf in Davids Geburtsort Bethlehem in Judäa,
/ um sich zusammen mit seiner Verlobten Maria, die ein Kind er- 5
wartete, registrieren zu lassen. / Als sie in Bethlehem waren, kam 6
der Zeitpunkt der Geburt, / und Maria gebar ihren ersten Sohn. Sie 7
wickelte ihn in Windeln und legte ihn in eine Futterkrippe, denn sie
hatten keine Unterkunft in der Herberge gefunden. / Zu derselben 8
Zeit hielten gerade einige Hirten auf freiem Feld in der Umgebung
von Bethlehem Nachtwache bei ihrer Herde, / als plötzlich ein En- 9
gel des Herrn vor ihnen erschien und ein gleißender Glanz vom
Himmel her rings um sie aufleuchtete. Sie standen starr vor Schrek-
ken. / Da sagte der Engel: »Habt keine Angst, denn was ich euch zu 10
sagen habe, wird euch mit großer Freude erfüllen und gilt dem gan-
zen Volk. / In der Stadt Davids ist heute einer geboren worden, der 11
euer Retter sein wird: Christus, der Herr. / Und so werdet ihr ihn 12
erkennen: Er ist ein kleines Kind in Windeln, das in einer Futter-
krippe liegt.« / Und plötzlich war der Engel umringt von einer un- 13

4 Zur möglichen historischen Berechtigung der lukanischen Angaben vgl. Klaus Rosen: Jesu Geburtsdatum, der Census des Quirinius und eine jüdische Steuererklärung aus dem Jahr 127 n. Chr., in: Jahrbuch f. Antike und Christentum 38 (1995), 5-15.

überschaubaren Schar von anderen Engeln, die lobten Gott und
14 riefen: / »Alle Ehre Gott im Himmel und Frieden den Menschen auf
Erden, die Gott erwählt hat.«

Die Hirten gehen nach Bethlehem 2,15-21

15 Als dann die Engel wieder zum Himmel aufgefahren waren, sagten
die Hirten zueinander: »Wir wollen nach Bethlehem gehen und se-
hen, was dort geschehen ist, wie der Herr uns hat wissen lassen.« /
16 Sie machten sich sogleich auf den Weg nach Bethlehem, und dort
17 fanden sie Maria und Joseph und das Kind in der Krippe. / Als sie
das Kind sahen, berichteten sie, was der Engel zu ihnen über dieses
18 Kind gesagt hatte, / und alle, die dabei waren, hörten es voller Stau-
19 nen. / Maria aber merkte sich jedes Wort, und tief in ihrem Herzen
20 erinnerte sie sich an das, was sie selbst gehört hatte. / Dann kehrten
die Hirten zu ihren Herden zurück, und sie lobten Gott und dank-
ten ihm für alles, was sie gehört und, der Weisung des Engels fol-
21 gend, gesehen hatten. / Als das Kind acht Tage nach seiner Geburt
beschnitten wurde, erhielt es den Namen Jesus, wie der Engel Ma-
ria vor der Empfängnis befohlen hatte.

Jesus wird zum Tempel gebracht 2,22-40

22 Nach Ablauf der vierzig Tage, die das Gesetz des Mose als heilige
Zeit für eine junge Mutter vorschreibt, wurde Jesus von seinen El-
tern nach Jerusalem gebracht. Dort sollte er Gott zu Füßen gelegt
23 werden, / denn im Gesetz Gottes heißt es[5], daß jeder erstgeborene
24 Sohn Gott gehören und daher heilig genannt werden soll. / Man
kann einen erstgeborenen Sohn nur von diesem Anspruch Gottes
freikaufen, indem man ein Turteltaubenpärchen oder zwei Jung-
25 vögel opfert.[6] / Damals lebte in Jerusalem ein gerechter und from-
mer Mann namens Simeon, der, vom Heiligen Geist erfüllt, sich
26 nichts sehnlicher wünschte als eine heilvollere Zeit für Israel. / Ihm
hatte der Heilige Geist geweissagt, daß er noch vor seinem Tode mit
27 eigenen Augen den Messias Gottes sehen sollte. / Gottes Geist
führte ihn gerade in den Tempel, als Jesus von seinen Eltern dort-
hin gebracht wurde, um der Gesetzesvorschrift Genüge zu tun. /
28 Da nahm er Jesus auf den Arm und lobte Gott mit folgenden
Worten:

29 »Nun kannst du, Herr, deinen Sklaven freilassen,
denn dein Wort hat sich erfüllt und das Heil ist da.

5 Ex 13,2.12.15.
6 Lev 12,8; 5,11; Nu 6,10.

Jetzt sehe ich selbst, wie du Erlösung / gewirkt hast 30, 31
vor den Augen aller Völker.
Um die Heiden zu erleuchten, hast du ein Licht angezündet 32
und Israel, dein Volk, mit Herrlichkeit gekrönt.«
Die Eltern Jesu wußten nicht, was sie von all dem halten sollten, 33
was über ihr Kind gesagt wurde. / Simeon segnete sie und sagte zu 34
Maria, Jesu Mutter: »An diesem Kind werden dereinst in Israel
viele so sehr Anstoß nehmen, daß sie fallen. Für viele andere aber
wird es eine Stütze sein, an der sie sich aufrichten können. Jesus
wird umstritten sein in Israel. / An ihm werden sich die Geister der- 35
art scheiden, daß deutlich wird, wer ein jeder ist. Dein Herz aber
wird von einem Schwert durchbohrt werden.«
Auch die uralte Prophetin Hanna, eine Tochter Fanuels aus dem 36
Stamm Aser, die nach ihrer Jungmädchenzeit sieben Jahre lang mit
ihrem Mann gelebt hatte / und nun schon seit 84 Jahren Witwe war 37
und im Tempel lebte, wo sie Gott diente, indem sie ständig fastete
und betete, / trat hinzu, stimmte ein Lied zum Lob Gottes an und 38
richtete eine Prophezeiung über Jesus an alle, die auf die Erlösung
Jerusalems hofften. / Nachdem Jesu Eltern alles getan hatten, was 39
das Gesetz Gottes vorschreibt, kehrten sie nach Galiläa in ihr Dorf
Nazareth zurück. / Und das Kind wuchs heran und wurde klug und 40
verständig. Gottes Segen lag auf ihm.

Der zwölfjährige Jesus diskutiert im Tempel 2,41-52
Jesu Eltern pflegten jedes Jahr zum Passahfest nach Jerusalem zu 41
gehen. / So hielten sie es auch, als Jesus zwölf Jahre alt war. / Als 42, 43
sie sich nach den Festtagen auf den Rückweg machten, blieb Jesus
unbemerkt in Jerusalem. / Seine Eltern, die annahmen, daß er sich 44
den anderen Pilgern angeschlossen hatte, gingen zunächst eine Ta-
gesreise weit und suchten ihn dann bei Verwandten und Bekann-
ten. / Als sie ihn nicht fanden, kehrten sie nach Jerusalem zurück, 45
um ihn dort zu suchen. / Nach insgesamt drei Tagen fanden sie ihn 46
im Tempel, wo er mitten unter den Lehrern saß und mit ihnen dis-
kutierte. / Alle, die ihn hörten, staunten über seine Auffassungs- 47
gabe und seine Antworten. / Als seine Eltern ihn dort sitzen sahen, 48
waren sie sehr erschüttert, und Maria sagte zu Jesus: »Mußtest du
uns das antun? Dein Vater und ich haben dich gesucht und waren
schon in großer Sorge.« / Jesus erwiderte: »Ihr hättet mich nicht 49
suchen sollen. Ihr hättet euch doch denken können, daß ich im
Haus meines Vaters bin.« / Seine Eltern verstanden seine Antwort 50
nicht. / Jesus aber ging gehorsam mit seinen Eltern nach Nazareth 51
hinunter. Maria bewahrte alles in ihrem Herzen. / Jesus wurde 52

älter, größer und klüger, so daß Gott und die Menschen ihre Freude an ihm hatten.

Kapitel 3

Johannes der Täufer verkündigt und tauft 3,11-20

Kaiser Tiberius herrschte nun schon fünfzehn Jahre, Pontius Pilatus
1 war Statthalter in Judäa, Herodes Antipas regierte über einen Teil
Galiläas, sein Bruder Philipp über einen Teil von Ituräa und des
Trachoniterlandes und Lysanias über einen Teil von Abilene, / in
2 Jerusalem waren Hannas und Kaiphas Hohepriester. Da wurde Jo-
hannes, der Sohn des Zacharias, der in der Wüste lebte, von Gott
berufen. / Er durchzog die ganze Gegend am Jordan und forderte
3 die Menschen auf, zu Gott umzukehren und sich taufen zu lassen,
damit ihnen ihre Sünden vergeben würden. / So stand es schon im
4 Buch des Propheten Jesaja beschrieben[7]:
»In der Wüste wird einer auftreten und rufen: ›Baut für den Herrn
eine Straße, ebnet seinen Weg. / Füllt alle Täler auf, tragt Berge und
5 Hügel ab. Begradigt alle Windungen der Wege und glättet jede
holprige Stelle. / Denn alle Menschen sollen Gottes Heil erfahren.‹«
6 In Scharen zogen die Menschen hinaus, um sich von Johannes tau-
7 fen zu lassen. Er aber ermahnte sie: »Ihr Natterngezücht! Niemand
kann euch einen Schleichweg sagen, auf dem ihr Gottes Zornge-
richt entkommen könnt. / Nur eines hilft: Eure Taten müssen end-
8 lich von eurer Umkehr zeugen. Bildet euch nicht ein, es könnte euch
helfen, daß ihr Abrahams Kinder seid. Ich versichere euch: Aus die-
sen Steinen da kann Gott jederzeit Abraham neue Kinder schaffen.
9 / Die Axt liegt schon an den Baumwurzeln bereit: Jeder Baum, der
keine guten Früchte liefert, wird umgehauen und ins Feuer gewor-
10, 11 fen.« / Da fragten die Leute: »Was sollen wir denn tun?« / Johannes
antwortete: »Wer zwei Hemden hat, gebe eins davon dem, der kei-
12 nes hat. Und wer zu essen hat, soll genauso teilen.« / Es kamen
auch Zöllner zur Taufe, die fragten: »Lehrer, was sollen wir tun?«
13 / Johannes gab ihnen zur Antwort: »Treibt nur so viel ein, wie an-
14 geordnet ist.« / Auch Soldaten fragten ihn: »Was sollen wir denn
tun?« Johannes antwortete: »Plündert nicht und erpreßt nieman-
den, sondern begnügt euch mit eurem Sold.«
15 Das Volk knüpfte hohe Erwartungen an Johannes, und man speku-
16 lierte schon, ob er vielleicht der Messias sei. / Aber Johannes er-
klärte jedem, der es hören wollte: »Ich taufe euch mit Wasser. Es

[7] Jes 40,3-5.

wird jedoch einer kommen, der stärker ist als ich. Ich wäre nicht
einmal würdig, ihm auf Knien die Riemen seiner Sandalen zu lösen.
Er wird euch taufen mit heiligem Geist und mit Feuer. / In seiner 17
Hand hält er schon die Schaufel, mit der er das ausgedroschene Ge-
treide gegen den Wind werfen wird. So wird er es von Spreu und
Staub reinigen und den Weizen in seine Scheune bringen. Die Spreu
wird er verbrennen mit einem Feuer, das nicht erlischt.«
Mit solchen Worten und vielen Ermahnungen verkündete Johannes 18
dem Volk die frohe Botschaft. / Er kritisierte König Herodes offen, 19
weil er Herodias, die Frau seines Bruders, geheiratet hatte und über-
haupt so viel Böses anrichtete. / Daraufhin machte Herodes das Maß 20
seiner Schandtaten voll, indem er Johannes ins Gefängnis warf.

Jesus wird von Johannes getauft 3,21-22

Als all diese Menschen von Johannes getauft wurden, ließ sich auch 21
Jesus taufen. Als er betete, tat sich plötzlich der Himmel auf, / der 22
Heilige Geist kam sichtbar auf ihn herab wie eine Taube, und eine
Stimme rief vom Himmel her: »Du bist mein lieber Sohn, an dir
habe ich meine Freude.«

Die Abstammung Jesu 3,23-38

Zu Beginn seines Wirkens war Jesus etwa dreißig Jahre alt. Wie 23
man glaubte, war er ein Sohn Josephs. Dessen Vorväter sind: / Eli, 24
Matthat, Levi, Melchi, Jannai, Joseph, / Mattathias, Amos, Na- 25
hum, Hesli, Naggai, / Maath, Mattathias, Semein, Joseph, Joda, / 26
Jochanan, Resa, Serubbabel, Sealthiel, Neri, Melchi, / Addi, Ko- 27, 28
sam, Elmadam, Er, / Jesus, Elieser, Jorim, Matthath, Levi, / Simeon, 29, 30
Juda, Joseph, Jonam, Eljakim, / Melea, Menna, Matthata, Nathan, 31
David, / Isai, Jobed, Boas, Sala, Nahason, / Amminadab, Admin, 32, 33
Arni, Hezron, Perez, Juda, / Jakob, Isaak, Abraham, Thara, Nahor, 34
/ Serug, Regu, Peleg, Heber, Selah, / Kainam, Arpachsad, Sem, 35, 36
Noah, Lamech, / Methusalah, Henoch, Jared, Mahalaleel, Kenan, 37
/ Enos, Seth, Adam, Gott. 38

Kapitel 4

Jesus wird vom Teufel versucht 4,1-13

Jesus war ganz erfüllt vom Heiligen Geist. Vom Jordanufer aus 1
führte ihn der Heilige Geist in die Wüste. / Dort wurde er 40 Tage 2
lang vom Teufel auf die Probe gestellt. Da er keinerlei Nahrung zu
sich nahm, überfiel ihn gegen Ende der Zeit großer Hunger. / Da 3
sagte der Teufel zu ihm: »Wenn du Gottes Sohn bist, kannst du doch

4 diesen Stein durch ein einziges Wort zu Brot machen!« / Doch Jesus
erwiderte: »Es steht geschrieben[8], daß der Mensch nicht vom Brot
5 allein lebt.« / Daraufhin führte ihn der Teufel auf eine Anhöhe,
6 zeigte ihm für einen kurzen Augenblick alle Reiche der Erde / und
sagte: »Über all dies gebe ich dir strahlende Macht. Denn mir
wurde sie übergeben, und ich kann sie weitergeben, wem ich will.
7, 8 / Wenn du mich nur anbetest, wird dir alles gehören.« / Jesus jedoch
entgegnete: »Es steht geschrieben[9]: Du sollst Gott, deinen Herrn
9 anbeten und ihm allein dienen.« / Da führte der Teufel Jesus nach
Jerusalem und auf die höchste Zinne des Tempels und forderte ihn
10 auf: »Bist du Gottes Sohn, so spring hier herunter. / Denn es steht
doch geschrieben[10]: Seine Engel werden dich in seinem Auftrag be-
11 hüten, / sie werden dich auf Händen tragen, damit du dich an kei-
12 nem Stein stößt.« / Jesus aber entgegnete: »Es steht geschrieben[11]:
13 Du sollst den Herrn, deinen Gott, nicht auf die Probe stellen.« / Da
gab es der Teufel vorläufig auf, Jesus auf die Probe zu stellen.

Jesus beginnt sein Wirken in Galiläa 4,14-15

14 Und erfüllt von der Kraft des Heiligen Geistes kehrte Jesus nach
Galiläa zurück. Sein Ruf verbreitete sich in der ganzen Gegend. /
15 Jesus lehrte in den Synagogen, und alle lobten ihn.

Jesus predigt in Nazareth 4,16-30

16 Als Jesus nach Nazareth kam, wo er aufgewachsen war, ging er am
Sabbat wie gewöhnlich in die Synagoge. Er stand auf, um aus der
17 Schrift vorzulesen, / und man reichte ihm eine Buchrolle mit dem
Text des Jesaja. Jesus öffnete die Rolle und fand die Stelle, an der
geschrieben steht[12]:
18 »Der Geist des Herrn ist auf mich gekommen. So hat Gott mich ge-
salbt. Er hat mich gesandt, den Armen die frohe Botschaft zu ver-
künden, den Gefangenen die Freiheit und den Blinden das Augen-
19 licht zu geben. Die Gefolterten soll ich befreien / und ein Jahr der
Gnade Gottes ausrufen.«
20 Jesus schloß die Buchrolle wieder, reichte sie dem Synagogendiener
zurück und setzte sich. Die Blicke aller Synagogenbesucher waren
21 auf ihn gerichtet. / Er begann mit den Worten: »Diese Prophetie ist
22 heute vor euch in Erfüllung gegangen.« / Alle stimmten ihm zu und

[8] Dt 8,3.
[9] Dt 6,13f.
[10] Ps 91,11f.
[11] Dt 6,16.
[12] Jes 61,1f.

waren begeistert, daß er so deutlich von der Gnade sprach. Stau-
nend fragten sie sich: »Aber ist er nicht Josephs Sohn?« / Jesus fuhr 23
fort: »Sicher werdet ihr mir das Sprichwort vorhalten ›Ein guter
Arzt heilt sich selbst zuerst!‹ und mich auffordern: ›Solche Taten,
wie wir sie aus Kapernaum von dir gehört haben, mußt du nun
auch hier in deiner Vaterstadt tun.‹ / Doch amen, ich sage euch: 24
Kein Prophet gilt etwas in seiner Heimat. / So war es auch zur Zeit 25
des Propheten Elia, als es dreieinhalb Jahre nicht regnete und gro-
ßer Hunger über das ganze Land kam. Es gab viele Witwen in Is-
rael, / doch Elia wurde nur zu der Witwe in Sarepta im heidnischen 26
Sidon gesandt. / Und zur Zeit des Propheten Elisa gab es viele Aus- 27
sätzige in Israel, doch nur Naaman, der Syrer, wurde geheilt.« / Als 28
die Synagogenbesucher dies hörten, wurden sie wütend. / Sie spran- 29
gen auf, trieben Jesus aus der Stadt hinaus und drängten ihn bis an
den Steilhang des Berges, auf dem Nazareth liegt, um ihn hinabzu-
stürzen. / Doch Jesus schritt mitten durch sie hindurch und verließ 30
sie.

Jesus wirkt in Kapernaum 4,31-44

Dann kam er nach Kapernaum in Galiläa hinunter und lehrte am 31
Sabbat die Bewohner des Ortes. / Und alle waren hocherstaunt 32
über seine Auslegung, denn sie strahlte große Kraft aus. / Da er- 33
schien in dieser Synagoge ein Mann, der von einem bösen Dämon
besessen war. Der schrie laut: / »Halt, Jesus von Nazareth, was 34
führst du gegen mich im Schilde? Willst du mich vernichten? Ich
kenne dich genau, du bist der Heilige Gottes!« / Jesus fuhr ihn an: 35
»Sei still, geh da raus!« Der Dämon warf sein Opfer zu Boden, fuhr
aus ihm heraus und konnte ihm nicht mehr schaden. / Und alle ge- 36
rieten ins Staunen und sagten zueinander: »Wie mächtig ist sein
Wort! Voller Kraft kann er den bösen Geistern befehlen, und sie
fahren aus.« / Die Kunde von Jesus verbreitete sich überall im gan- 37
zen Umland. / Jesus verließ die Synagoge und ging in das Haus des 38
Simon Petrus. Dessen Schwiegermutter litt unter hohem Fieber,
und die Jünger baten Jesus, sich um sie zu kümmern. / Jesus trat an 39
das Kopfende ihres Krankenlagers, herrschte das Fieber an, und sie
war fieberfrei. Kaum war sie vom Lager aufgestanden, da bediente
sie alle Gäste. / Nach Sonnenuntergang brachten alle Leute ihre 40
Kranken zu Jesus. Sie litten an den verschiedensten Krankheiten,
doch Jesus legte jedem einzelnen von ihnen die Hände auf und
heilte sie. / Bei vielen Leuten fuhren Dämonen aus, die schrien: »Du 41
bist der Sohn Gottes!« Jesus fuhr sie an, sie sollten nicht weiterver-
breiten, daß sie wußten, daß er der Christus war. / Als es Tag 42

wurde, ging Jesus in die Einsamkeit hinaus. Die Volksscharen such-
ten ihn und spürten ihn auf. Sie versuchten, ihn festzuhalten, weil
43 sie nicht wollten, daß er sie verließ. / Jesus aber sagte zu ihnen: »Ich
muß auch anderswo das Evangelium von Gottes Herrschaft ver-
44 kündigen, denn dazu bin ich da.« / Und er predigte in den Synago-
gen von Judäa und trieb Dämonen aus.

Kapitel 5

Petrus fängt eine große Menge Fische 5,1-11

1 Einmal stand Jesus am Ufer des Sees Genesareth. Die Menge umla-
2 gerte ihn, um das Wort Gottes zu hören. / Da sah Jesus zwei am
Ufer festgetäute Boote. Die Fischer waren an Land gegangen und
3 reinigten ihre Netze. / Jesus stieg in eines der Boote, es war das des
Simon Petrus, und bat ihn, ein wenig vom Ufer abzustoßen. Vom
4 Boot aus sprach er dann zur Menschenmenge am Ufer. / Nach dem
Ende seiner Rede forderte er Simon Petrus auf: »Fahr hinaus, dort-
hin, wo der See ganz tief ist, und dann wirf mit deinen Leuten die
5 Netze zum Fang aus!« / Simon Petrus antwortete: »Herr, wir haben
die ganze Nacht über mühsam, aber vergebens etwas zu fangen ver-
sucht. Aber weil du es sagst, will ich es noch einmal versuchen.« /
6 Als sie daraufhin taten, was Jesus befohlen hatte, fingen sie so viele
7 Fische, daß die Netze zu reißen begannen. / Sie winkten die Fischer
im anderen Boot zu Hilfe, daß sie mit anfassen sollten. Sie kamen,
und gemeinsam füllten sie die Fische in beide Boote, so daß sie tief
8 im Wasser lagen. / Als Simon Petrus das sah, warf er sich vor Jesus
9 nieder und rief: »Weg von mir, Herr, ich bin ein Sünder.« / Ihm und
den anderen, die bei ihm waren, war ein tiefer Schrecken in die
10 Glieder gefahren, weil sie so viele Fische gefangen hatten. / Seinen
Gefährten Jakobus und Johannes, den Söhnen des Zebedäus, er-
ging es nicht anders. Zu Simon Petrus gewandt sagte Jesus: »Keine
11 Angst, von jetzt ab wirst du Menschen fischen.« / Die Fischer ru-
derten an Land. Die drei Jünger ließen alles zurück und folgten
Jesus.

Jesus heilt einen Aussätzigen 5,12-16

12 In einer der Ortschaften traf Jesus auf einen Menschen, der über
und über voll Aussatz war. Als er Jesus sah, warf er sich ihm zu Fü-
ßen auf sein Angesicht und flehte: »Herr, du kannst mich rein ma-
13 chen, wenn du es nur willst.« / Jesus streckte die Hand aus und be-
rührte den Aussätzigen mit den Worten: »Ich will es, werde rein.«
14 Kaum hatte er das gesagt, da verschwand der Aussatz. / Jesus be-

fahl ihm: »Geh jetzt, aber sag keinem etwas. Zeige dich dem Prie-
ster und bringe zum Dank für deine Heilung vom Aussatz die Op-
fer dar, die Mose vorgeschrieben hat. Das wird den Priestern meine
Vollmacht beweisen.« / Doch die Kunde über Jesus verbreitete sich 15
nur um so mehr, große Scharen von Menschen kamen zusammen,
um ihn zu hören und von ihren Krankheiten geheilt zu werden. /
Jesus aber zog sich in die Wüste zurück und betete. 16

Jesus heilt den Gelähmten 5,17-26

Eines Tages verkündete Jesus wieder seine Lehre. Vor ihm saßen 17
Pharisäer und Gesetzeslehrer, die aus allen Dörfern Galiläas und
Judäas und sogar aus Jerusalem gekommen waren. In der Kraft
Gottes konnte Jesus Kranke heilen. / Da kamen Männer, die einen 18
Gelähmten auf einer Tragbahre zu ihm bringen wollten. Sie ver-
suchten, ihn hineinzutragen und die Bahre vor Jesus niederzuset-
zen. / Wegen der Menschenmenge fanden sie jedoch keinen Weg, zu 19
Jesus vorzudringen. So stiegen sie auf das Dach, deckten einige Zie-
gel ab und ließen durch die Öffnung den Kranken mit der Bahre
hinab, genau vor Jesus hin. / Jesus erkannte ihren Glauben und 20
sagte zu dem Gelähmten: »Deine Sünden sind dir vergeben.« / Da 21
wurden die Schriftgelehrten und Pharisäer nachdenklich: »Wer ist
denn das? Er lästert ja Gott. Sünden vergeben kann doch nur Gott
allein!« / Jesus las ihre Gedanken und fragte sie: »Worüber denkt 22
ihr nach? / Was kann man leichter sagen: ›Deine Sünden sind dir 23
vergeben‹ – oder: ›Auf, gebrauch deine Beine!‹? / Ihr werdet gleich 24
sehen, daß der Menschensohn Vollmacht hat, auf Erden Sünden zu
vergeben.« Und zu dem Gelähmten gewandt, sagte er: »Ich sage
dir: Auf, nimm deine Bahre und geh nach Hause.« / Und sogleich 25
stand er vor ihren Augen auf, nahm seine Bahre, ging nach Hause
und lobte Gott. / Da gerieten alle außer sich vor Schrecken, lobten 26
Gott und sagten: »Heute haben wir etwas ganz Wunderbares er-
lebt.«

Jesus beruft Levi und ißt mit den Zöllnern 5,27-32

Jesus ging wieder nach draußen und sah beim Zollhaus den Zöllner 27
Levi sitzen. Er forderte ihn auf: »Folge mir nach.« / Levi stand auf, 28
ließ alles zurück und folgte Jesus nach. / Später gab er Jesus zu Eh- 29
ren ein großes Festessen in seinem Haus, zu dem auch viele Zöllner
und deren Bekannte geladen waren. / Daraufhin beschwerten sich 30
die Pharisäer und ihre Schriftgelehrten bei Jesu Jüngern und sagten:
»Wie könnt ihr mit Zöllnern und Gottlosen gemeinsam essen und
trinken?« / Jesus gab zur Antwort: »Nicht die Gesunden brauchen 31

32 den Arzt, sondern die Kranken. / Ich bin dazu da, die Gottlosen zur
Umkehr aufzurufen und nicht die Gerechten.«

Jesus spricht über die Fastengebote 5,33-39

33 Ein andermal hielten Jesus seine Gegner vor: »Die Jünger des Johannes fasten häufig und sprechen lange Gebete, so halten es auch
34 die Schüler der Pharisäer, doch deine Jünger feiern Gelage.« / Da
erwiderte Jesus: »Ihr könnt doch nicht verlangen, daß die künftigen Hochzeitsgäste ausgerechnet in der Zeit Fastengebote einhalten, in der der künftige Bräutigam mit ihnen die Vorhochzeit feiert!
35 / Es werden Tage kommen, an denen der Bräutigam nicht mehr da
36 ist, und dann werden sie Fastengebote einhalten.« / Dazu erzählte
er ihnen zwei Gleichnisse: »Niemand schneidet einen Flicken aus einem neuen Gewand heraus und setzt ihn auf ein altes Kleid. Denn wenn man das tut, hat man das neue Gewand zerschnitten, und zu dem alten Kleid paßt der Flicken aus dem neuen Gewand doch gar
37 nicht. / Und niemand würde neuen Wein in alte Lederschläuche füllen. Denn wenn man das tut, zerreißt der neue Wein die Schläuche.
38 Und dann sind Wein und Schläuche verloren. / Jungen Wein füllt
39 man in neue Lederschläuche. / Und niemand, der alten Wein trinkt,
will gleich anschließend neuen haben, denn er wird sich sagen: »Der alte schmeckt reifer.«

Kapitel 6

Die Jünger reißen am Sabbat Halme im Saatfeld aus 6,1-5

1 Einmal wanderte Jesus am Sabbat durch die Saatfelder. Seine Jünger rissen Ähren aus, zerrieben sie mit der Hand und aßen die Kör-
2 ner. / Einige von den Pharisäern sagten: »Warum tut ihr Verbotenes
3 am Sabbat?« / Jesus entgegnete: »Ihr habt wohl nicht gelesen, was
4 David getan hat, als er und seine Freunde Hunger hatten: / Er ging
in den Tempel, aß von den Schaubroten, von denen doch nur Prie-
5 ster essen dürfen, und gab seinen Begleitern davon ab.« / Und dann
sagte er noch: »Der Menschensohn hat auch das Recht, die Sabbatgebote auszulegen.«

Jesus heilt am Sabbat die abgestorbene Hand 6,6-11

6 An einem späteren Sabbat kam Jesus in die Synagoge, um seine
Lehre zu verkünden. Da fand er dort einen Menschen, dessen
7 rechte Hand ganz abgestorben war. / Die Schriftgelehrten und Pharisäer ließen Jesus nicht aus den Augen, um zu sehen, ob er den Kranken am Sabbat heilen würde. Denn sie suchten einen Grund,

ihn anklagen zu können. / Jesus durchschaute ihre Gedanken und 8
sagte zu dem Mann mit der abgestorbenen Hand: »Steh auf und
stell dich in die Mitte.« Als dieser sich in die Mitte gestellt hatte, /
sagte Jesus zu den Umstehenden: »Ich frage euch: Darf man am 9
Sabbat Gutes tun – oder soll man am Sabbat Schlechtes tun? Darf
man jemanden retten – oder soll man ihn töten?« / Dann blickte er 10
in die Runde und sagte zu dem Kranken: »Streck deine Hand aus!«
Der Mann tat es, und seine Hand war wieder heil. / Die Gegner 11
Jesu gerieten in ohnmächtige Wut, und dann beredeten sie miteinander, was sie Jesus antun könnten.

Jesus beruft die zwölf Jünger 6,12-16

Eines Abends stieg Jesus auf einen Berg, um zu beten, und er ver- 12
brachte die Nacht im Gebet. / Als es Tag wurde, rief er seine Jünger 13
und wählte aus ihnen zwölf aus. Diese nannte er Apostel. / Es wa- 14
ren Simon, den er auch Petrus nannte, Simons Bruder Andreas,
Jakobus, Johannes, Philippus, Bartholomäus, / Matthäus, Thomas, 15
Jakobus, der Sohn des Alphaios, Simon, genannt der Zelot, / Judas, 16
der Sohn des Jakobus, und Judas Iskariot, der ihn später verraten
sollte.

Die Predigt auf dem Feld 6,17-19

Dann stieg er mit den Jüngern vom Berg herab und machte halt auf 17
einem ebenen Feld. Dort wartete eine große Zahl von Jüngern und
auch viel Volk aus ganz Judäa und Jerusalem und aus dem Küstengebiet von Tyrus und Sidon. / Sie waren gekommen, um Jesus zu 18
hören, und hofften, von ihren Krankheiten geheilt zu werden. / Alle 19
wollten ihn berühren, denn die Heilkraft, die er ausstrahlte, machte
alle gesund.

Die Seligpreisungen 6,20-23

Jesus setzte sich[13], sah seine Jüngerinnen und Jünger an und sagte: 20
»Selig ihr Armen, denn ihr werdet frei von aller Not, wenn Gott
König ist.
Selig, die ihr jetzt hungert, denn Gott wird euch satt machen. 21
Selig, die ihr jetzt weint, denn ihr werdet lachen.

---

13 Wörtlich: »Jesus erhob seine Augen zu seinen Jüngern ...« Das setzt sachlich voraus, daß Jesus »unten« ist und die Jünger oben. Diese Position hatte Jesus offenbar, weil er, wie beim Lehren üblich, saß. Wir übersetzen auch »Jüngerinnen«, weil insbesondere nach Lukas zum weiteren Kreis der Jünger auch Frauen gehörten (vgl. Lk 8,1-3).

22 Selig seid ihr, wenn die anderen euch hassen, euch ausstoßen, euch
beschimpfen und euren Namen mit Abscheu nennen, weil ihr zu Je-
23 sus gehört, dem Menschensohn. / Freut euch und jubelt, wenn man
euch das antut. Denn im Himmel werdet ihr reich entschädigt. Den
Propheten ist es mit den Voreltern dieser Leute genauso ergangen.

Die Weherufe 6,24-26

24 Aber wehe euch, ihr Reichen, ihr habt euren Anteil[14] schon kassiert.

25 Wehe euch, die ihr jetzt volle Bäuche habt, ihr werdet hungern.
Wehe euch, die ihr jetzt schäbig lacht, denn ihr werdet jammern und heulen.

26 Wehe euch, wenn euch die anderen Schmeichelhaftes sagen. Denn genauso haben ihre Voreltern die falschen Propheten behandelt.

Jesus spricht über die Feindesliebe 6,27-35

27 Hört zu! Ich sage euch: Liebt eure Feinde, tut denen Gutes, die euch
28 hassen. / Segnet, die euch verfluchen. Betet für die, die euch miß-
29 handeln. / Wenn dir jemand eine Ohrfeige auf die eine Seite gibt,
halte ihm auch die andere hin. Wenn dir jemand den Mantel weg-
30 nimmt, hindere ihn nicht daran, auch das Hemd zu nehmen. / Gib
jedem, was er von dir haben will. Wenn dir einer etwas wegnimmt,
31 fordere es nicht zurück. / Geht so mit den Menschen um, wie ihr
selbst behandelt werden möchtet.

32 Wenn ihr nur die liebt, die euch auch lieben, könnt ihr keine Liebe
von Gott mehr erwarten. Auch die Gottlosen lieben nur die, von
33 denen sie auch geliebt werden. / Wenn ihr nur denen Gutes tut, von
denen ihr Gutes empfangt, dann könnt ihr nichts mehr von Gott
34 empfangen. Auch die Gottlosen handeln so. / Wenn ihr etwas nur
unter der Bedingung verleiht, daß ihr es zurückbekommt, was
könnt ihr da noch von Gott erwarten? Auch die Gottlosen wollen
das, was sie verleihen, auf Heller und Pfennig zurückbekommen. /
35 Macht es anders: Liebt eure Feinde, tut Gutes, ohne eine Gegenlei-
stung zu erhoffen, leiht aus, ohne etwas zurückzuerwarten. Dann
wird Gott euch reich entschädigen. Gott ist freundlich gegenüber
den Undankbaren und Bösen. Wenn ihr auch so handelt, werdet ihr
ihm ähnlich und könnt deshalb seine Kinder sein.

---

[14] Fast überall: »euren Trost schon empfangen«. Doch das im Hebräischen möglicherweise zugrundeliegende Wort kann nicht nur mit »Trost«, sondern auch mit »Ruheort, Landbesitz« wiedergegeben werden, daher hier im Sinne von Anteil am verheißenen Land.

Jesus spricht über das Verhältnis zum Nächsten 6,36-42
Seid barmherzig, so wie euer Vater barmherzig ist. / Verurteilt nicht 36, 37
andere, dann wird Gott euch auch nicht verurteilen. Spielt nicht
den Richter, dann wird Gott euch ein gnädiger Richter sein. Laßt
Schulden nach, dann wird Gott euch vergeben. / Schenkt weg, was 38
ihr habt, dann wird Gott euch beschenken. Wenn Gott zurück-
schenkt, ist das ohne Grenze, ohne Maß und überreich. So wie ihr
bemeßt, was ihr gebt, wird Gott bemessen, was er euch zurück-
gibt.«
Dann gab Jesus den Jüngern ein paar Gleichnisse: »Ein Blinder 39
kann unmöglich einen Blinden führen. Da fallen nur beide in den
Graben. Fragt euch: Ist der, der urteilt, wirklich besser? / Der Schü- 40
ler ist nicht besser als sein Lehrer, und wenn er ausgelernt hat, ist
er auch nur wie er. / Was starrst du auf den Splitter im Auge deines 41
Bruders, und den Balken in deinem eigenen Auge bemerkst du
nicht? / Wie kannst du zu deinem Bruder sagen: ›Komm, Bruder, 42
ich will dir den Splitter aus dem Auge ziehen‹, wo du doch den Bal-
ken in deinem eigenen Auge nicht siehst? Scheinheilig bist du, zieh
erst den Balken aus deinem eigenen Auge, dann sieh zu, wie du den
Splitter aus dem Auge deines Bruders ziehst.

Jesus erklärt, wie Gutes und Böses zu erkennen ist 6,43-46
Ein gesunder Baum trägt keine faulen Früchte, und ein kranker 43
Baum keine guten. / Was ein Baum wert ist, kann man an den 44
Früchten sehen. Disteln liefern keine Feigen und Dornen keine
Weintrauben. / Wie eine große Truhe birgt das Herz des Menschen 45
einen Vorrat, aus dem er schöpft, was er anderen mitteilt. Birgt das
Herz einen Schatz, so ist das, was der Mensch weitergibt, gut. Ent-
hält es nur wertlosen Tand, so gibt er Schlechtes weiter. Denn der
Mund verrät, wovon das Herz übervoll ist. / Was ruft ihr mich an 46
›Herr, Herr‹, und tut doch nicht, was ich von euch will?

Jesus erzählt das Gleichnis vom Hausbau 6,47-49
Laßt mich an einem Vergleich deutlich machen, wie das ist, wenn 47
einer zu mir kommt, mir zuhört und dann auch tut, was ich ihm
sage: / Ein Bauherr läßt eine tiefe Grube ausheben und die Funda- 48
mente auf Felsgestein setzen. Wenn dann das Hochwasser kommt,
umspülen die reißenden Fluten das Haus, können es aber nicht zum
Einsturz bringen, weil es solide gebaut ist. / Bei den anderen, die zu- 49
hören, aber das Gehörte nicht in die Tat umsetzen, ist es dagegen,
wie wenn jemand ein Haus ohne Fundament einfach in den Sand
baut. Wenn dann ein Hochwasser kommt und die Fluten um das

Haus tosen, fällt es augenblicklich zusammen, und alles liegt in Trümmern.«

Kapitel 7

Jesus heilt den Sklaven des Hauptmanns von Kapernaum 7,1-10[15]

1 Als Jesus seine Rede vor dem Volk beendet hatte, ging er nach Ka-
2 pernaum hinein. / Dort hatte ein römischer Hauptmann einen Skla-
3 ven, den er sehr schätzte. Der war todkrank. / Als der Hauptmann
von Jesus hörte, schickte er einige jüdische Vorsteher zu ihm mit
der Bitte, er solle kommen und seinem Sklaven das Leben retten. /
4 Als sie zu Jesus kamen, drangen sie ihn: »Der Hauptmann hat deine
5 Hilfe verdient, / denn er liebt unser Volk und hat auf eigene Kosten
6 eine Synagoge für uns bauen lassen.« / Jesus ging mit ihnen, aber
als sie nicht mehr weit vom Haus des Hauptmanns entfernt waren,
schickte dieser ihm ein paar Freunde entgegen, die übermittelten
ihm folgende Botschaft des Hauptmanns: »Herr, ich will nicht, daß
du meinetwegen in Schwierigkeiten kommst, wenn du als Jude
mein Haus betrittst. Als Heide bin ich dessen gar nicht würdig. /
7 Daher wagte ich es auch nicht, selbst zu dir zu kommen. Doch
durch ein einziges Wort aus deinem Mund wird mein Sklave ge-
8 sund sein. / Auch in meinem Beruf haben Worte Macht. Ich habe
Vorgesetzte und bin selbst Vorgesetzter von Soldaten. Wenn ich zu
einem sage ›Geh!‹, dann geht er, oder zu einem anderen ›Komm!‹,
dann kommt er. Wenn ich meinem Sklaven sage: ›Tu dies und das!‹,
9 dann tut er es.« / Jesus war höchst erstaunt über die Worte des
Hauptmanns und sagte zu den Leuten, die ihm folgten: »So großes
Vertrauen ist mir nicht einmal in Israel entgegengebracht worden,
10 das kann ich euch sagen.« / Als die ausgesandten Freunde in das
Haus des Hauptmanns zurückkehrten, stellten sie fest, daß der
Sklave gesund geworden war.

Jesus erweckt den Jüngling in Nain 7,11-17

11 Bald darauf wanderte Jesus in Begleitung seiner Jüngerinnen und
12 Jünger und vieler anderer Menschen nach Nain. / In der Nähe des
Dorftores begegnete er einem Leichenzug. Der einzige Sohn einer
Witwe war gestorben, und nun trug sie ihn mit großem Gefolge zu
13 Grabe. / Als Jesus die Frau erblickte, ergriff ihn großes Mitleid, und
14 er sagte zu ihr: »Hör auf zu weinen!« / Er trat auf den Sarg zu und
berührte ihn, so daß die Träger anhielten. Dann sagte er: »Junger

[15] Vgl. Joh 4,46-53.

Mann, ich befehle dir: Steh auf.« / Da setzte sich der Jüngling auf 15
und begann zu reden. Jesus gab ihn seiner Mutter zurück. / Schrek- 16
ken erfaßte alle, und sie lobten Gott mit den Worten: »Ein großer
Prophet ist unter uns aufgetreten!« und: »Gott kümmert sich wirk-
lich um sein Volk!« / Die Kunde von diesem Ereignis verbreitete 17
sich in ganz Judäa und Umgebung.

Jesus antwortet Johannes dem Täufer 7,18-23

Auch die Jünger des Johannes erzählten ihrem Lehrer von all dem, 18
was geschehen war. Er rief zwei von ihnen zu sich / und sandte sie 19
aus, sie sollten Jesus fragen: »Bist du der, der kommen soll, oder
müssen wir auf einen anderen warten?« / Als sie bei Jesus ankamen, 20
sagten die Männer zu ihm: »Johannes der Täufer schickt uns mit
der Frage: ›Bist du der, der kommen soll, oder müssen wir auf einen
anderen warten?‹« / Zu diesem Zeitpunkt hatte Jesus gerade viele 21
Menschen von Krankheiten, schweren Leiden und bösen Geistern
geheilt und auch vielen Blinden das Augenlicht geschenkt. / So gab 22
er zur Antwort: »Richtet Johannes aus, was ihr gesehen und gehört
habt[16]: Blinde können sehen, Lahme können gehen, Aussätzige
sind rein. Taube können hören, Tote werden auferweckt, den Ar-
men wird das Evangelium verkündet. / Aber außerdem gilt: Selig, 23
wer nicht so an mir und meinen Worten Anstoß nimmt, daß er an
mir irre wird und nicht glauben kann.«

Jesus spricht über Johannes den Täufer 7,24-35

Als die Boten des Johannes gegangen waren, redete Jesus zu seinen 24
Zuhörern über Johannes: »Was habt ihr erwartet, als ihr in die Wü-
ste hinausgezogen seid: ein Schilfrohr, das jeder Windhauch zum
Schwanken bringt? / Oder was wolltet ihr sehen: einen Menschen 25
in weichen Wollkleidern? Doch Menschen in prächtiger Kleidung,
die im Luxus leben, findet ihr in den Palästen. / Oder was wolltet 26
ihr sehen: einen Propheten? Ich kann euch versichern: Johannes ist
mehr als ein Prophet. / Über Johannes steht in der Schrift[17]: ›Gott 27
sagt: Ich sende meinen Boten vor dir her. Er soll dir den Weg eb-
nen.‹ / Ich versichere euch: Unter den von einer Frau Geborenen ist 28
Johannes der Größte. Doch unter den von Gott Geborenen, unter
den Kindern seines Reiches, ist selbst der Kleinste größer als er. /
Das gesamte Volk, auch die Zöllner, haben die Botschaft des Jo- 29
hannes gehört, gaben Gott recht und nicht sich selbst, indem sie

[16] Zum folgenden Katalog vgl. Jes 35,5; 61,1.
[17] Ex 23,20; Mal 3,1.

ihre Schuld vor ihm bekannten, und ließen sich von Johannes tau-
30 fen. / Nur die Pharisäer und Gesetzeslehrer wollten das Heilsange-
bot Gottes für sich nicht gelten lassen und lehnten die Taufe ab.

Jesus erzählt das Gleichnis von den schmollenden Kindern 7,31-35

31, 32 Mit wem soll man diese Gesellschaft vergleichen? / Vielleicht mit
Kindern auf dem Spielplatz, die sich gegenseitig vorwerfen, Spiel-
verderber zu sein. Die einen sagen: ›Wir wollten mit euch Hochzeit
spielen und haben Musik gemacht, aber ihr wolltet nicht dazu tan-
zen.‹ Die anderen sagen: ›Wir wollten Beerdigung spielen, aber ihr
33 wolltet nicht mitheulen.‹ / Das bedeutet: Johannes der Täufer trat
wie ein Trauernder auf und verzichtete auf Brot und Wein, aber ihr
34 habt ihn von euch gestoßen und gesagt, er sei ein Besessener. / Dann
kam der Menschensohn, der Freude hatte am Essen und Trinken.
Doch ihr habt ihn von euch gestoßen und gesagt: ›Der frißt und
35 säuft, er kumpelt mit Zöllnern und Gottlosen.‹ / Doch wer weise
war, der konnte der Weisheit recht geben und nicht sich selbst, in-
dem er seine Mängel zugab und sich gern belehren ließ.«

Jesus wird von der Sünderin gesalbt 7,36-50

36 Ein Pharisäer lud Jesus zum Essen ein. Jesus betrat sein Haus und
37 nahm Platz bei Tisch. / Doch in der Stadt lebte auch eine Frau mit
schlechtem Ruf. Als sie erfuhr, daß Jesus bei dem Pharisäer zu Gast
38 war, nahm sie ein Fläschchen mit kostbarem Salböl / und erschien
plötzlich weinend am Fußende des Polsters, auf dem Jesus lag. Sie
ließ ihre Tränen über Jesu Füße rinnen, trocknete sie mit ihrem
39 Haarschopf ab, küßte sie zärtlich und salbte sie mit dem Öl. / Der
Pharisäer, der Jesus eingeladen hatte, wurde dabei sichtlich unru-
hig, und er dachte: »Wäre Jesus ein Prophet, dann wüßte er, was
das für eine Frau ist, die sich an ihn heranmacht, und daß sie einen
40 schlechten Ruf hat.« / Jesus las seine Gedanken und fragte: »Si-
mon, darf ich dir etwas sagen?« Der Pharisäer antwortete: »Sag es
41 nur, verehrter Lehrer.« / Jesus begann: »Ein Geldverleiher hatte
zwei Schuldner. Der eine schuldete ihm fünfhundert Denare[18], der
42 andere fünfzig. / Da keiner von ihnen das Geld zurückzahlen
konnte, erließ der Geldverleiher beiden ihre Schulden. Was meinst
43 du nun: Welcher wird ihn mehr lieben?« / Simon antwortete:

---

[18] Ein Denar hat zur Zeit des Neuen Testaments rund 4 Gramm Silber. Die Umrechnung auf heutige Werte hängt vom jeweiligen Silberpreis ab. Geht man davon aus, daß ein Gramm Silber zwischen 2 und 3 Euro kostet, würde 1 Denar den Wert von rund 10 Euro haben.

»Wohl der, dem mehr geschenkt wurde.« »Genau!« sagte Jesus. /
Er wies auf die Frau und fuhr fort: »Sieh dir diese Frau an! Ich kam 44
in dein Haus, doch du hast mir kein Wasser für die Reinigung der
Füße gereicht. Diese Frau aber hat ihre Tränen über meine Füße
rinnen lassen und sie mit ihren Haaren abgetrocknet. Du hast mir
keinen Begrüßungskuß gegeben. / Sie aber hat, seitdem sie herein- 45
gekommen ist, nicht aufgehört, mir die Füße zu küssen. / Du hast 46
meinen Kopf nicht mit Öl gesalbt, sie aber hat mit Salböl meine
Füße verwöhnt. / Deswegen, das versichere ich dir, sollen ihre vie- 47
len Sünden vergeben sein, denn sie hat viel geliebt. Der aber, dem
wenig vergeben werden muß, wird auch weniger lieben.« / Dann 48
sagte Jesus zu der Frau: »Deine Sünden sind dir vergeben.« / Da fin- 49
gen die übrigen Gäste an, sich zu fragen: »Was ist denn das für ei-
ner, daß er Sünden vergibt?« / Jesus aber wandte sich noch einmal 50
an die Frau und sagte: »Dein Glaube hat dich gerettet. Geh nun,
Gott segne dich mit Frieden.«

Kapitel 8

Die Jüngerinnen Jesu 8,1-3

In der Folgezeit zog Jesus von Stadt zu Stadt und von Dorf zu Dorf 1
und verkündete das Evangelium von Gottes Herrschaft. Die Zwölf
begleiteten ihn. / Es waren auch Frauen dabei, die Jesus von bösen 2
Geistern und Krankheiten geheilt hatte: Maria, genannt Magda-
lena, bei der Jesus sieben böse Geister ausgetrieben hatte, / Jo- 3
hanna, die Frau des Chuza, eines Beamten des Herodes, Susanna
und viele andere. Mit ihrem Vermögen sorgten sie für den Unter-
halt Jesu und der Jünger.

Jesus erzählt das Gleichnis von den Samenkörnern 8,4-8

Eine große Menschenmenge hatte sich versammelt, und aus den be- 4
nachbarten Städten waren die Leute zu Jesus gekommen. Jesus er-
zählte ihnen ein Gleichnis: / »Einer ging aus, um zu säen. Und als 5
er den Samen ausstreute, fiel einiges daneben, den ganzen Weg ent-
lang, und wurde zertreten, oder die Vögel des Himmels pickten es
auf. / Anderes fiel auf das Felsgestein, wuchs ein wenig, aber trock- 6
nete dann aus, weil die Feuchtigkeit fehlte. / Wieder anderes fiel 7
mitten unter die Dornen, doch die Dornen wuchsen auch mit und
erstickten es. / Anderes aber fiel auf guten Boden, wuchs empor und 8
trug hundertfältige Frucht.« Am Schluß rief Jesus: »Denkt gut dar-
über nach!«

Jesus erklärt, wozu er in Gleichnissen redet 8,9-10

9 Da fragten die Jünger Jesus nach der Bedeutung des Gleichnisses.
10 Er erwiderte: »Euch schenkt Gott die Gabe, daß ihr das Geheimnis
seiner verborgenen Herrschaft verstehen könnt. Doch für die übri-
gen erzähle ich alles in Gleichnissen, damit sie sehen und doch
nichts erkennen, hören und doch nichts verstehen.[19]

Jesus erklärt das Gleichnis von den Samenkörnern 8,11-15

11, 12 Dies ist die Auflösung: Die Saat ist das Wort Gottes. / Die Samen-
körner, die am Weg entlang danebengefallen sind, sind die, bei de-
nen, kaum daß sie gehört haben, gleich der Satan kommt und die
Botschaft wieder aus ihren Herzen nimmt, damit sie nicht glauben
13 können und verlorengehen. / Bei den Samenkörnern, die auf das
Felsgestein gefallen sind, verhält es sich so: Die Menschen hören
die Botschaft und nehmen sie gleich voll Freude an. Aber sie lassen
sie nicht Wurzeln schlagen, sondern sie glauben nur für den Augen-
blick, und wenn sie Zeiten der Erprobung durchstehen müssen, fal-
14 len sie ab. / Bei den unter die Dornen gefallenen Samen geht es um
solche, die zuerst hören, dann aber fortgehen und erstickt werden
von Sorgen, Reichtum und den Freuden des Lebens, so daß sie
15 keine Frucht tragen können. / Bei den auf den guten Boden gesäten
Körnern geht es um solche, die mit offenem, gutem Herzen die Bot-
schaft hören, sie festhalten und geduldig Früchte bringen.

Jesus erklärt, wie das Gericht sein wird 8,16-18

16 Niemand zündet eine Kerze an und deckt sie dann mit einem Gefäß
zu oder stellt sie unters Bett, sondern er setzt sie auf den Leuchter,
17 damit jeder, der das Haus betritt, das Licht sehen kann. / Alles Ver-
borgene kommt ans Licht, und alles Geheime wird erkannt und
18 wird offenbar. / Nehmt euch zu Herzen, was ich euch sage: Denn
wer etwas hat, der bekommt noch etwas dazu. Und wer wenig hat,
dem wird auch das noch genommen.«

Jesus benennt seine wahren Verwandten 8,19-21

19 Seine Mutter und andere Verwandte wollten ihn besuchen, konn-
ten aber wegen der großen Volksmenge nicht bis zu ihm durchkom-
20 men. / Jemand überbrachte Jesus die Nachricht, seine Mutter und
21 seine Verwandten seien da und warteten draußen auf ihn. / Jesus
gab ihm jedoch zur Antwort: »Meine Mutter und meine Geschwi-

[19] Vgl. Jes 6,9f.

ster sind alle, die das Wort Gottes hören und es in die Tat umsetzen.«

Jesus beruhigt den Stum auf dem See 8,22-25

Zu dieser Zeit bestieg Jesus eines Tages mit seinen Jüngern ein Boot 22
und sagte zu ihnen: »Laßt uns an das gegenüberliegende Ufer fahren.« So legten sie ab. / Während der Überfahrt schlief Jesus ein. 23
Plötzlich erhob sich ein schwerer Sturm, das Boot füllte sich mit
eindringendem Wasser, und die Bootsbesatzung war in Gefahr. / Da 24
gingen die Jünger zu Jesus und weckten ihn mit den Worten: »Jesus, wach auf! Wir gehen unter!« Als Jesus ganz aufgewacht war,
brüllte er den Sturm und die Wogen energisch an. Der Sturm hörte
auf, und es wurde ganz still. / Da fragte Jesus die Jünger: »Wo ist 25
denn euer Glaube geblieben?« Die Jünger erschraken sehr und
fragten einander: »Was ist das nur für einer, daß er Sturm und Wasser befehlen kann und sie ihm gehorchen?«

Jesus heilt den Besessenen von Gerasa 8,26-39

Sie segelten weiter und gelangten bis in das Gebiet bei Gerasa, das 26
Galiläa gegenüber am anderen Ufer des Sees liegt. / Als Jesus aus 27
dem Boot gestiegen und an Land gegangen war, kam ihm aus der
Stadt ein Mann entgegen, der von bösen Geistern besessen war. Er
lief schon lange unbekleidet umher und wohnte nicht in einem
Haus, sondern in einem Gräberfeld. / Als er Jesus erblickte, schrie 28
er auf, lief hin, warf sich vor ihm nieder und rief mit lauter Stimme:
»Was führst du im Schilde gegen mich, Jesus, du Sohn des höchsten
Gottes! Ich flehe dich an: Quäl mich nicht!« / Jesus hatte nämlich 29
auf den bösen Geist eingeredet, er solle aus dem Mann herausfahren. Der böse Geist hatte den Mann oftmals so gepackt, daß man
versuchte, ihn wie einen Gefangenen mit Ketten und Fußeisen zu
fesseln, doch der Mann hatte die Fesseln zerrissen und war vom bösen Geist in die Einöde getrieben worden. / Jesus fragte ihn: »Wie 30
heißt du?« Der böse Geist antwortete: »Ich heiße Legion.« Denn es
waren viele Dämonen in ihn hineingefahren. / Sie flehten Jesus an, 31
er möge sie bitte nicht in die Hölle verbannen. / Nun weidete dort 32
eine recht große Schweineherde. Die bösen Geister bettelten, er
möge ihnen erlauben, in die Schweine zu fahren. Und Jesus gestand
es ihnen zu. / Da fuhren die bösen Geister aus dem Mann heraus 33
und in die Schweine hinein. Und die Herde raste den Abhang hinunter und ersoff im See. / Die Schweinehirten mußten alles mitan- 34
sehen, flohen in die Stadt und in die Höfe und berichteten von dem
Ereignis. / Und die Leute kamen, um zu sehen, was geschehen war. 35

Als sie bei Jesus ankamen, sahen sie den, von dem die bösen Geister
ausgefahren waren, angezogen und ganz vernünftig zu Jesu Füßen
36 sitzen. Da fürchteten sie sich. / Die Augenzeugen berichteten ihnen,
37 wie der Besessene geheilt worden war. / Die Menschen in der Umgebung von Gerasa baten ihn, von dort weg und woanders hinzugehen. Denn große Angst hatte sie erfaßt. Als Jesus in das Boot ge-
38 stiegen war und zur Rückfahrt aufbrechen wollte, / bat ihn der
Mann, von dem die Dämonen ausgefahren waren, fortan bei ihm
bleiben zu dürfen. Doch Jesus schickte ihn fort mit den Worten: /
39 »Geh nach Hause und verkünde dort, was der Herr dir Gutes getan
hat.« Und der Geheilte ging nach Hause und verkündete in der
ganzen Stadt, was ihm Jesus Gutes getan hatte.

Jesus heilt die blutflüssige Frau 8,40-48

40 Als Jesus an das gegenüberliegende Ufer zurückkehrte, empfing ihn
41 eine große Volksmenge, die ihn schon sehnlich erwartete. / Da kam
einer der Synagogenvorsteher, er hieß Jairus, fiel Jesus zu Füßen
42 und bat ihn, doch in sein Haus zu kommen, / denn seine einzige
Tochter, zwölf Jahre alt, liege im Sterben. Als Jesus sich aufmachen
wollte, gab es kein Durchkommen, denn das viele Volk erdrückte
43 ihn fast. / Da war eine Frau, die litt seit zwölf Jahren an unstillbaren
Blutungen. Sie hatte ihr ganzes Vermögen für Ärzte aufgewendet,
44 doch niemand hatte ihr helfen können. / Sie drängte sich von hinten
an Jesus heran und hielt den Saum seines Gewandes fest. Kaum
45 hatte sie ihn berührt, da kam die Blutung zum Stillstand. / Da fragte
Jesus: »Wer hat mich angefaßt?« Als sich niemand meldete, sagte
Petrus: »Meister, die Leute drängeln doch so und erdrücken dich
46 fast.« / Doch Jesus blieb dabei: »Jemand hat mich berührt, denn ich
47 habe bemerkt, wie eine Kraft von mir ausgegangen ist.« / Da sah
die Frau ein, daß ihre Berührung nicht verborgen geblieben war,
trat zitternd vor, warf sich Jesus zu Füßen und bekannte vor allen
Umstehenden, weswegen sie Jesus angefaßt hatte und daß sie au-
48 genblicklich geheilt worden war. / Jesus erwiderte: »Tochter, dein
Glaube hat dich gesund gemacht. Geh, Gott segne dich mit Frieden.«

Jesus erweckt die Tochter des Jairus zum Leben 8,49-56

49 Noch während Jesus redete, kam einer vom Haus des Synagogenvorstehers her und sagte zu Jairus: »Deine Tochter ist gestorben,
50 belästige den Lehrer nicht weiter.« / Jesus hörte es und erwiderte:
51 »Hab keine Angst, vertraue nur mir, dann wird sie gerettet.« / Als
er zum Haus des Jairus kam, ließ er niemanden mit zu dessen Toch-

ter hineingehen außer Petrus, Johannes, Jakobus und den Eltern
des Mädchens. / Alle weinten und beklagten das Mädchen. Jesus 52
wies sie zurecht: »Weint nicht, sie ist nicht tot, sie schläft nur.« / Da 53
lachten sie ihn aus, denn sie wußten, daß sie tot war. / Doch Jesus 54
ergriff die Hand des Mädchens und rief: »Mädchen, steh auf!« / Da 55
kehrte ihr Lebensgeist zurück, und sie stand sogleich auf. Jesus forderte die Leute auf, ihr zu essen zu geben. / Die Eltern waren außer 56
sich vor Verwunderung. Jesus gebot ihnen, daß sie niemandem erzählen sollten, was geschehen war.

Kapitel 9

Jesus sendet die Zwölf aus 9,1-6

Jesus rief die zwölf Apostel zusammen und verlieh ihnen Kraft und 1
Vollmacht gegen alle bösen Geister. / Er sandte sie aus, die Herr- 2
schaft Gottes zu verkündigen und die Kranken zu heilen. / Und er 3
sagte zu ihnen: »Nehmt nichts mit auf den Weg, weder Wanderstab
noch Reisesack, noch Brot, noch Geld und nur ein einziges Hemd.
/ Und wenn ihr euch in ein Haus einquartiert, dann behaltet dieses 4
Quartier, bis ihr die Stadt verlaßt. / Und wenn ihr irgendwo nicht 5
aufgenommen werdet, dann schüttelt bei eurem Weggehen aus der
Stadt den Staub von euren Füßen zum Zeichen, daß jede Gemein-
schaft mit ihnen aufgehoben ist.« / Und die Apostel zogen aus und 6
verkündeten das Evangelium von Dorf zu Dorf. Überall vollbrachten sie Heilungswunder.

Jesus wird für den auferstandenen Johannes gehalten 9,7-9

Herodes, der über einen Teil des Landes herrschte, hatte von all 7
diesen Ereignissen gehört und wußte nicht, was er davon halten
sollte. Denn einige sagten: »Johannes der Täufer ist von den Toten
auferweckt worden«, / andere meinten, Elia sei aus seiner Entrük- 8
kung herabgekommen und erschienen, wieder andere meinten,
einer von den alten Propheten sei wiederauferstanden. / Herodes 9
sagte: »Johannes habe ich enthauptet. Doch was ist das für einer, über den ich so etwas höre?« Und er wollte ihn gerne kennenlernen.

Jesus macht Fünftausend satt 9,10-17

Die Apostel kehrten zurück zu Jesus und berichteten ihm, was sie 10
alles getan hatten. Und er nahm sie beiseite und zog sich mit ihnen
in die Stadt Bethsaida zurück. / Als die Volksscharen das merkten, 11
folgten sie Jesus. Er wies sie nicht ab, sondern sprach zu ihnen über

Gottes Herrschaft und heilte diejenigen, die Heilung brauchten. /
12 Als der Tag sich zu neigen begann, traten die Zwölf mit einer Bitte
an ihn heran: »Wir sind hier wirklich in der Einöde. Schick die
Leute fort, damit sie sich auf den Höfen und in den Dörfern der
13 Umgebung ausruhen und etwas zu essen finden können.« / Jesus er-
widerte ihnen: »Gebt ihr ihnen zu essen!« Die Jünger wandten ein:
»Wir haben nur fünf Brote und zwei Fische – oder wir müßten uns
14 aufmachen und für das ganze Volk Essen kaufen.« / Allein die An-
zahl der Männer war schon fünftausend. Da wies Jesus die Jünger
an: »Sagt den Leuten, sie sollen sich in Gruppen zu etwa 50 Leuten
15 zum Essen hinsetzen.« / Die Jünger taten, was er sagte, und baten
16 alle, sich hinzusetzen. / Jesus nahm die fünf Brote und die zwei
Fische, blickte zum Himmel, segnete und zerteilte die Brote und
gab sie seinen Jüngern, die sie dem Volk zum Essen vorsetzten. /
17 Und alle aßen, bis sie satt waren. Und danach sammelten sie noch
zwölf Körbe voll mit Resten ein.

Petrus erkennt Jesus als Messias 9,18-20

18 Einmal betete Jesus für sich in der Einsamkeit. Da fragte er seine
Jünger, die sich in der Nähe aufhielten: »Was sagen die Leute über
19 mich?« / Die Jünger antworteten: »Die einen sagen, du seist Johan-
nes der Täufer, andere, du seist Elia, wieder andere sagen, einer von
20 den alten Propheten sei wiederauferstanden.« / Da fragte Jesus sie:
»Und ihr, für wen haltet ihr mich?« Petrus antwortete: »Für den
Messias, der von Gott kommt.«

Jesus kündigt zum erstenmal seinen Tod und seine Auferstehung an 9,21-22

21 Da fuhr Jesus sie an, sie sollten niemandem etwas über ihn sagen. /
22 Dann sagte er, der Menschensohn werde viel leiden müssen und ge-
ächtet werden von den Ältesten, Hohenpriestern und Schriftgelehr-
ten, er werde den Tod erleiden und am dritten Tage auferweckt
werden.

Jesus erklärt, was Nachfolge bedeutet 9,23-27

23 An alle gewandt, sagte er: »Wenn jemand hinter mir hergehen will,
soll er nicht an sich selbst denken, sondern nach meinem Vorbild
24 jeden Tag Kreuz und Schande auf sich nehmen. / Denn wer sich
selbst als Ziel hat, wird sich verfehlen. Wer sich aber aufgibt für
25 mich, der wird sich selbst finden. / Denn was nützt es, wenn einem
die ganze Welt zu Füßen liegt, man sich aber selbst verliert oder da-
26 für büßen muß? / Wer sich meiner und meiner Worte schämt, des-

sen wird sich auch der Menschensohn schämen, wenn er herrlich
wie auch der Vater und die heiligen Engel wiederkommt. / Ich sage 27
euch die Wahrheit: Einige von denen, die hier stehen, werden noch
vor ihrem Tode Gottes Herrschaft sehen können.«

Jesus wird verklärt 9,28-36

Nach diesen Worten waren etwa acht Tage vergangen, da nahm 28
Jesus Petrus, Johannes und Jakobus beiseite und stieg mit ihnen ins
Gebirge, um zu beten. / Während er betete, verwandelte sich das 29
Aussehen seines Gesichtes, und sein Gewand leuchtete hell wie der
Blitz. / Da redeten mit einem Male zwei Männer mit ihm, sie waren 30
als Mose und Elia erkennbar. / Herrlichkeit war ihr Aussehen, und 31
sie redeten mit Jesus über sein Ende, das sich in Jerusalem erfüllen
sollte. / Petrus und die beiden anderen Jünger waren vom Schlaf 32
überwältigt worden. Als sie aufwachten, sahen sie Jesu Herrlich-
keit und auch die beiden Männer, die bei ihm standen. / Als die bei- 33
den sich anschickten, von Jesus wegzugehen, wandte sich Petrus an
Jesus: »Meister, laß uns hier bleiben. Wir wollen drei Hütten
bauen, eine für dich, eine für Mose, eine für Elia.« Petrus begriff
eben nicht, was da vor sich ging. / Und als er so redete, wurden sie 34
auf einmal von einer Wolke eingehüllt. Die Jünger bekamen große
Angst, als die Wolke auf sie zukam und sie umfaßte. / Aus der 35
Wolke ertönte eine Stimme: »Dies ist mein auserwählter Sohn.
Hört auf ihn.« / In diesem Augenblick war Jesus wieder allein. Die 36
Jünger bewahrten Schweigen und erzählten damals niemandem
etwas von dem, was sie gesehen hatten.

Jesus heilt den besessenen Jungen 9,37-43

Am folgenden Tag stieg Jesus mit den Jüngern den Berg hinunter. Da 37
kam ihnen eine große Menschenmenge entgegen. / Ein Mann aus 38
der Volksmenge rief: »Meister, bitte, kümmere dich um meinen
Sohn, es ist mein einziger. / Oft packt ihn ein Geist, er schreit plötz- 39
lich und zerrt ihn im Krampf hin und her, dann steht ihm Schaum
vor dem Mund. Der Geist läßt nicht ab von ihm und zermürbt ihn. /
Ich habe deine Jünger gebeten, ihn auszutreiben, doch sie konnten es 40
nicht.« / Da rief Jesus: »Ihr ungläubiges und verdorbenes Pack! 41
Kann ich überhaupt noch bei euch bleiben? Ihr seid nicht zum Aus-
halten! Bring deinen Sohn hier zu mir her!« / Doch als der Sohn her- 42
ankam, warf der Geist ihn zu Boden und riß ihn hin und her. Da fuhr
Jesus den bösen Geist an. Er heilte den Jungen und gab ihn seinem
Vater wieder. / Alle waren erschrocken über Gottes Größe. 43a

Jesus kündigt zum zweitenmal seinen Tod und seine Auferstehung an 9,43b-45

43b Als alle noch staunend über Jesu Taten dastanden, wandte Jesus
44 sich an seine Jünger: / »Hört gut zu! Der Menschensohn wird in die
45 Hände der Menschen ausgeliefert werden.« / Doch die Jünger verstanden seine Worte nicht. Die Bedeutung war ihnen so verborgen, daß sie sie nicht erfassen konnten. Sie trauten sich aber auch nicht, ihn danach zu fragen.

Die Jünger streiten um die Rangfolge 9,46-48

46 Aber es kam ihnen in den Sinn zu überlegen, wer wohl der Größte
47 von ihnen sei. / Doch Jesus durchschaute sie, rief einem Kind zu, es
48 sollte sich neben ihn stellen, / und sagte ihnen: »Wer dieses Kind in meinem Namen aufnimmt, der nimmt mich auf. Und wer mich aufnimmt, der nimmt nicht mich auf, sondern den, der mich gesandt hat. Denn der Kleinste unter euch allen, der ist allein groß.«

Jesus sagt: »Wer nicht gegen uns ist, der ist für uns« 9,49-50

49 Johannes sagte zu Jesus: »Meister, wir kennen einen, der deinen Namen anruft und damit Dämonen austreibt. Wir haben ihn daran
50 gehindert, weil er nicht mit uns Gemeinschaft hält.« / Jesus erwiderte ihm: »Ihr braucht ihn nicht zu hindern! Denn wer nicht gegen uns ist, der ist für uns.«

Jesus wandert nach Jerusalem 9,51-62

51 Als Jesu Lebenszeit auf Erden[20] zu Ende ging, schlug er den Weg
52 nach Jerusalem ein. / Er sandte Boten vor sich her. Als sie in einem
53 samaritanischen Dorf ein Quartier für ihn suchten, / wollten die Dorfbewohner ihn nicht aufnehmen, weil er in Richtung Jerusalem
54 wanderte. / Daraufhin fragten die Jünger Jakobus und Johannes: »Herr, sollen wir mit unserem Wort Feuer vom Himmel herabru-
55 fen, so daß Blitze sie vernichten?« / Jesus wandte sich um, herrschte sie an und verbot es ihnen. [Und er sagte: Ihr wißt nicht, was für
56 ein Geist da aus euch spricht. / Denn der Menschensohn ist nicht
57 dazu da, Menschen zu vernichten, sondern zu retten.][21] / So wanderten sie in ein anderes Dorf.

---

[20] Das griechische Wort *analempsis* kommt nur hier in der Bibel vor. Es wird zumeist mit »Himmelfahrt« übersetzt, doch es kann auch »Lebensende, Tod« bedeuten. Wir ziehen diese mögliche Bedeutung vor, weil hier nicht die besondere Art des Weggehens Jesu nach der Auferstehung, sondern sein Ende in Jerusalem im Blick steht (vgl. besonders 13,32f).

[21] Dieser Vers ist nur in manchen Handschriften überliefert.

Unterwegs wandte sich jemand an Jesus: »Ich will dir folgen, wo-
hin du auch gehst.« / Jesus erwiderte ihm: »Die Füchse haben ihren 58
Bau und die Vögel ihre Nester. Nur der Menschensohn weiß noch
nicht einmal, wo er sich zum Schlafen hinlegen soll.« / Einen ande- 59
ren forderte er auf: »Folge mir!« Der aber bat: »Erlaube mir bitte
noch, erst meinen Vater zu beerdigen.« / Jesus erwiderte ihm: »Laß 60
die Toten sich gegenseitig begraben, doch du geh und verkündige
Gottes Herrschaft.« / Ein anderer sagte: »Ich will dir folgen, Herr. 61
Aber erst laß mich bitte Abschied nehmen von meiner Familie.« /
Jesus erwiderte ihm: »Wer pflügen will, darf nicht nach hinten 62
schauen. Sonst ist er für Gottes Herrschaft ungeeignet.«

Kapitel 10

Jesus sendet die 72 Jünger aus 10,1-12

Dann berief der Herr 72 andere Jünger. Er schickte sie immer zu 1
zweit vor sich her in jede Stadt und an jeden Ort, wohin er selbst
gehen wollte. / Zu ihnen sagte er: »Die Ernte ist riesig, doch es gibt 2
viel zu wenig Erntearbeiter. So fleht zu ihm, dem die Felder gehö-
ren, daß er genug Arbeiter in seine Ernte schickt. / Nun geht! Ich 3
schicke euch wie Schafe mitten unter Wölfe. / Nehmt keinen Geld- 4
beutel mit, keinen Reisesack, keine Sandalen, grüßt niemanden un-
terwegs. / Wenn ihr ein Haus betretet, grüßt so: ›Friede komme 5
über dieses Haus!‹ / Wenn ein friedliebender Mensch dort wohnt, 6
wird euer Friedenswunsch an ihm in Erfüllung gehen. Andernfalls
wird euer Frieden zu euch zurückkehren. / Schlagt dann in dem 7
Haus euer Quartier auf. Eßt und trinkt, was sie euch vorsetzen.
Denn wer arbeitet, hat auch seinen Lohn verdient. Wechselt nicht
von Quartier zu Quartier. / Wenn ihr in eine Stadt kommt und sie 8
euch aufnehmen, eßt, was sie euch auftischen. / Heilt die Kranken, 9
die sich dort aufhalten. Sagt ihnen: ›Gottes Herrschaft steht vor der
Tür.‹ / Wo sie euch in einer Stadt nicht aufnehmen, ruft beim Weg- 10
gehen auf den Gassen: / ›Selbst den Staub, den wir aus eurer Stadt 11
noch an unseren Füßen tragen, schütteln wir ab und lassen ihn euch
da, weil wir nichts mit euch gemeinsam haben wollen. Doch wißt:
Gottes Herrschaft steht vor der Tür.‹ / Ich versichere euch: Am Ge- 12
richtstag wird es selbst den Leuten von Sodom erträglicher ergehen
als einer solchen Stadt.

Jesus wettert gegen die unbekehrbaren Städte Galiläas 10,13-16

Wehe dir, Chorazin, wehe dir, Bethsaida! Hätten Tyrus und Sidon 13
die mächtigen Wundertaten gesehen, die ich bei euch gewirkt habe,

dann hätten sich selbst diese hartgesottenen Sünder bekehrt und
zum Zeichen der Buße Säcke angezogen und sich Asche aufs Haupt
14 gestreut. / Doch Tyrus und Sidon wird es im Gericht erträglicher er-
15 gehen als euch. / Und du, Kapernaum, wähnst wohl, deine steile
Karriere führe himmelan? Täusche dich nicht, du wirst in das tief-
16 ste Loch fallen. / Wer auf euch Jünger hört, der hört auf mich. Wer
euch ablehnt, der lehnt mich ab. Wer mich ablehnt, der lehnt den
ab, der mich gesandt hat.«

Jesus dankt Gott für seinen Auftrag 10,17-24

17 Bei ihrer Rückkehr meldeten die 72 von Jesus ausgesandten Jünger
voll Freude: »Herr, auch die bösen Geister gehorchen uns, wenn
18 wir nur deinen Namen nennen.« / Jesus erwiderte: »Ich hatte eine
Vision: Satan fiel wie ein Blitz vom Himmel. Denn im Himmel ist
er schon besiegt, um so mehr müssen er und die Dämonen auf Er-
19 den noch bekämpft werden. / Und euch habe ich die Gabe gegeben,
daß ihr ohne Schaden wie über Schlangen und Skorpione gehen
könnt, ich meine: daß ihr gefeit seid gegen jeden Anschlag des Fein-
20 des, so daß er euch nichts Böses antun kann. / Ihr solltet euch we-
niger darüber freuen, daß die bösen Geister euch gehorchen, als
vielmehr darüber, daß ihr mit euren Namen auf der Bürgerliste des
21 Himmels verzeichnet seid.« / Jesus war voller Freude, ganz erfüllt
vom Heiligen Geist und rief: »Dankbar erkenne ich an, Vater, Herr
des Himmels und der Erde, daß du deine Botschaft den Klugen und
Gebildeten vorenthalten, doch den Einfachen mitgeteilt hast! Sie
22 hast du auserwählt. / Meine ganze Botschaft habe ich von meinem
Vater. Allein der Vater weiß, wer der Sohn ist. Aber auch allein der
Sohn weiß, wer der Vater ist. Doch es gibt Menschen, denen der
23 Sohn dies offenbart.« / Als sie unter sich waren, wandte sich Jesus
den Jüngern zu und sagte: »Selig seid ihr als Zeugen dessen, was
24 vor euren Augen geschieht! / Denn manch ein Prophet oder König
hätte das gerne erlebt, was ihr sehen und hören dürft.«

Jesus erzählt das Gleichnis vom barmherzigen Samaritaner 10,25-37

25 Da trat ein Gesetzeslehrer auf, um Jesus auf die Probe zu stellen:
»Verehrter Lehrer, was muß ich getan haben, um das ewige Leben
26 zu bekommen?« / Jesus fragte zurück: »Was sagt das Gesetz zu die-
27 ser Frage? Was liest man da?« / Der Gesetzeslehrer erwiderte[22]:
»Liebe deinen Gott von ganzem Herzen, mit allem, was in dir ist

[22] Dt 6,5.

an Leben, an Verstand und an Kraft. Und[23] liebe deinen Nächsten
wie dich selbst.« / Jesus bestätigte: »Du hast richtig geantwortet. 28
Tu so, und du wirst leben.« / Der Gesetzeslehrer wollte seine Frage 29
ins rechte Licht rücken und bat um eine weitere Erklärung: »Wer
ist denn mein Nächster?« / Daraufhin holte Jesus etwas weiter aus 30
und sagte: »Ein Mann, der von Jerusalem nach Jericho hinunter-
ging, fiel unter die Räuber. Sie nahmen ihm alles weg, was er an-
hatte, verprügelten ihn, ließen ihn halbtot liegen und machten sich
davon. / Zufällig wanderte ein Priester denselben Weg hinunter. Er 31
sah den Mann liegen und ging vorbei. / Auch ein Levite kam an 32
denselben Ort, sah den Mann und ging vorbei. / Da kam ein Sama- 33
ritaner des Wegs zu der Stelle, wo der Mann lag, sah ihn und wurde
von Mitleid ergriffen. / Er ging zu ihm hin, behandelte seine Wun- 34
den mit Öl und Wein und verband sie. Dann setzte er ihn auf seinen
eigenen Esel, brachte ihn in ein Gasthaus und versorgte ihn. / Am 35
nächsten Morgen nahm er zwei Silbermünzen aus seinem Geldbeu-
tel und gab sie dem Gastwirt mit dem Auftrag: ›Versorge ihn! Soll-
test du noch mehr brauchen, so will ich es dir erstatten, wenn ich
wieder vorbeikomme.‹ / Wer von den dreien ist deiner Ansicht nach 36
der Nächste dessen geworden, der unter die Räuber gefallen war?«
/ Der Gesetzeslehrer antwortete: »Der sich seiner erbarmt hat.« Je- 37
sus antwortete: »Geh hin und handle ebenso.«

Maria und Martha 10,38-42

Auf ihrem Reiseweg gelangte Jesus mit seinen Jüngern und Jünge- 38
rinnen in ein Dorf. Dort bot ihnen eine Frau namens Martha Quar-
tier in ihrem Haus an. / Sie hatte eine Schwester namens Maria, die 39
setzte sich dem Herrn zu Füßen und hörte ihm zu. / Martha machte 40
sich große Mühe mit der Versorgung der Gäste, und so beklagte sie
sich bei Jesus: »Herr, findest du es nicht merkwürdig, daß meine
Schwester die ganze Versorgung der Gäste mir überläßt? Sag du ihr
doch, daß sie mit anfassen soll.« / Der Herr entgegnete ihr: »Mar- 41
tha, ich will gerne anerkennen, daß du vor lauter Machen und Tun
nicht weißt, wo dir der Kopf steht. / Doch wirklich nötig ist nur 42
eins. Maria hat sich für das Bessere entschieden. Niemand wird es
ihr nehmen können.«

[23] Lev 19,18.

Kapitel 11

Jesus lehrt die Jünger das Vaterunser 11,1-4

1 Jesus hatte an einem abgeschiedenen Ort gebetet. Danach bat ihn
einer der Jünger: »Herr, lehre uns beten, denn auch Johannes hat
2 seine Jünger dies gelehrt.« / Jesus erwiderte: »Wenn ihr betet, dann
sagt: Vater, laß uns und andere deinen Namen ehren und heilig hal-
3 ten. Laß uns und andere deine Herrschaft anerkennen.[24] / Gib uns
4 jeden Tag das Brot für den kommenden Tag.[25] / Vergib uns unsere
Sünden, denn auch wir vergeben allen, die uns etwas schuldig ge-
blieben sind. Führe uns nicht in Versuchung!«

Jesus macht Mut zum Bitten 11,5-13

5 Dann erzählte er ihnen folgende Geschichte: »Da geht einer um
Mitternacht zu seinem Freund und sagt: ›Leih mir bitte drei Brote,
6 / denn ein Bekannter ist unterwegs bei mir hängengeblieben und ich
7 kann ihm nichts anbieten.‹ / Wird dann der Freund von drinnen her
antworten: ›Laß mich jetzt in Ruhe! Denn die Tür ist schon abge-
schlossen, die Kinder schlafen schon bei mir im Bett. Ich kann nicht
aufstehen, um dir etwas zu geben!‹? Nein, das wird er nicht tun. /
8 Ich kann euch versichern: Wenn er die Bitte schon nicht um der
Freundschaft willen erfüllt, dann wird er doch aufstehen und dem
anderen geben, was er braucht, weil ihm dessen Dreistigkeit Ein-
9 druck macht. / Ich kann euch nur sagen: Bittet, und Gott wird euch
geben. Sucht, und ihr werdet finden. Klopft an, und Gott wird euch
10 öffnen. / Denn wer bittet, dem wird Gott geben; wer sucht, der
wird finden; wer anklopft, dem wird Gott öffnen.
11 Wenn ein Kind zu seinem Vater kommt und ihn um einen Fisch bit-
tet – meint ihr, der Vater würde ihm statt des Fisches eine Schlange
12 in die Hand drücken? / Oder das Kind bittet um ein Ei. Meint ihr,
13 der Vater wird ihm einen Skorpion geben? / Wenn schon ihr sün-
digen Menschen euren Kindern doch nur Gutes zu geben wißt, um
wieviel eher wird dann euer himmlischer Vater denen Heiligen
Geist schenken, die ihn darum bitten!«

---

[24] Markion, Gregor von Nyssa und einige Minuskeln: Laß deinen Heiligen Geist auf uns kommen, daß er uns rein macht.

[25] Vgl. zur Übersetzung: K. Berger: Manna, Mehl und Sauerteig. Korn und Brot im Alltag der frühen Christen, Stuttgart 1995.

Jesus spricht über die Austreibung der Dämonen 11,14-23

Jesus hatte einen stummen bösen Geist ausgetrieben. Als der böse 14
Geist den Kranken verließ, fing der Stumme an zu reden. Da
staunte das Volk. / Einige aber sagten: »Im Bunde mit Beelzebul, 15
dem Oberteufel, treibt er die Dämonen aus.« / Andere wollten ihn 16
auf die Probe stellen und verlangten ein Zeichen vom Himmel von
ihm. / Jesus durchschaute sie und sagte: »Wenn ein Reich uneins ist, 17
bricht es zusammen, es wird ein Ruinenfeld, weil ein Haus über das
andere stürzt. / Wenn daher ein Teufel zerstritten ist mit dem ande- 18
ren, dann kann ihr Reich keinen Bestand haben. Das unterstellt ihr
ja, wenn ihr behauptet, daß ich im Bunde mit Beelzebul die Dämo-
nen austreibe. / Gesetzt den Fall, ihr hättet recht und ich triebe 19
wirklich im Bunde mit Beelzebul die Dämonen aus, dann muß ich
doch die Gegenfrage stellen: Im Bunde mit wem treiben eure Kin-
der Dämonen aus? Die werden dann über euch das Urteil sprechen.
/ Nein, ich treibe die bösen Geister mit Gottes Finger, mit seiner 20
Kraft, aus. Wenn das geschieht, dann ist Gottes Reich schon zu
euch gekommen. / Wenn ein mächtiger Mensch bis an die Zähne 21
bewaffnet sein Gehöft bewacht, dann hat er Frieden für sich und
für seinen Besitz. / Wenn aber einer kommt, der mächtiger ist als er, 22
und ihn besiegt, dann wird er ihm die Waffen, auf die er sein Ver-
trauen setzte, wegnehmen und die Beute verteilen. / Es gibt nur 23
zwei Möglichkeiten: Entweder man ist für mich, oder man ist ge-
gen mich, entweder man sammelt Menschen, oder man treibt sie
auseinander.

Jesus beschreibt die Rückkehr der ausgetriebenen Dämonen 11,24-26

Wenn der böse Geist von einem Menschen ausfährt, dann durch- 24
streift er die Wüste auf der Suche nach einer neuen Wohnung. Fin-
det er keine, dann sagt er bei sich: ›Ich will in das Haus zurückkeh-
ren, von wo ich ausgefahren bin.‹ / Er geht hin und findet es 25
aufgeräumt und behaglich. / Dann geht er und holt noch sieben an- 26
dere Geister hinzu, die noch schlimmer sind als er, zieht wieder ein
und wohnt dort. So ist es dann um den Menschen nachher noch
viel schlimmer bestellt als vorher.«

Eine Frau preist Jesus selig 11,27-32

Als Jesus so redete, rief eine Frau aus dem Volk: »Selig ist die Frau, 27
deren Leib dich getragen hat und an deren Brust du gesogen hast.«
Jesus erwiderte: »Ja, selig sind die, die Gottes Wort hören und hal- 28
ten.«

29 Als die Massen sich herandrängten, sagte Jesus: »Ihr seid ein
schlimmes, verdorbenes Pack! Ihr fordert eindeutige Zeichen, die
mich beglaubigen sollen. Doch es gibt nur ein einziges Zeichen: je-
mand, der Umkehr predigt, wie der Prophet Jona es getan hat. /
30 Wie Jona für die Leute von Ninive ein von Gott geschicktes Zei-
chen war, daß sie umkehren sollten, so ist auch der Menschensohn
31 für dieses Pack ein Zeichen. / Die Königin von Saba wird mit ihren
Zeitgenossen im Gericht auftreten und euch verurteilen. Sie kam
damals aus dem tiefen Süden, um die Weisheit Salomos zu hören,
32 doch hier ist jetzt mehr als Salomo. / Die Menschen aus Ninive wer-
den im Gericht auftreten mit diesem Pack und es verurteilen. Denn
sie haben sich damals bekehrt auf Jonas Predigt hin, doch hier ist
jetzt mehr als Jona.

Jesus sagt: »Das Auge ist das Licht des Leibes« 11,33-36

33 Niemand zündet ein Talglicht an und stellt es in die Ecke, wo nie-
mand hinschaut, oder stülpt einen Topf darüber, sondern er setzt
es auf den Leuchter, damit jeder, der das Haus betritt, das Licht se-
34 hen kann. / Das Auge ist Licht für den ganzen Leib. Wenn das Auge
klar ist, dann ist der ganze Leib hell erleuchtet, wenn es trüb ist,
35 dann ist der ganze Leib finster. / Achte darauf, daß das Licht, das
36 du hast, nicht verfinstert ist. / Wenn dein Leib ganz hell erleuchtet
ist ohne eine Spur von Finsternis, dann wird er im ganzen so hell
sein, wie wenn ein Blitz dich erhellt.«

Jesus wettert gegen die Pharisäer und Schriftgelehrten 11,37-54

37 Als Jesus redete, lud ihn ein Pharisäer zum Essen ein. Jesus folgte
38 der Einladung und begab sich zu Tisch. / Doch als der Pharisäer be-
merkte, daß Jesus sich vor der Mahlzeit nicht zur rituellen Reini-
39 gung die Hände wusch, nahm er daran Anstoß. / Da sagte der Herr
zu ihm: »Die Oberfläche von Becher und Schüssel reibt ihr blank,
40 doch innerlich strotzt ihr von Habgier und Bosheit. / Ihr meßt mit
zweierlei Maß. Denn Gott, der das Außen wie das Innen geschaffen
41 hat, ist auch Herr über beides. / Spendet doch den Inhalt von Be-
cher und Schüssel denen, die es nötig haben. Dann ist alles rein für
42 euch. / Doch wehe euch, ihr Pharisäer! Bei Kräutern wie Minze und
Würzraute und allem übrigen, was der Garten hervorbringt, führt
ihr den Zehnten an den Tempel ab, doch Gerechtigkeit gegen Mit-
menschen und Liebe gegenüber Gott laßt ihr links liegen. Das eine
43 solltet ihr tun, aber das andere nicht lassen. / Wehe euch, ihr Pha-
risäer! In der Synagoge sitzt ihr gerne in der ersten Reihe, und auf
44 dem Markt laßt ihr euch gerne grüßen. / Wehe euch, denn ihr seid

wie aufgelassene Gräber. Ahnungslos trampeln die Menschen darüber hin und werden unrein durch die Berührung mit dem Tod.« /
Da wandte einer der Gesetzeslehrer ein: »Guter Lehrer, wenn du so 45
redest, dann ziehst du auch uns in den Dreck.« / Jesus erwiderte: 46
»Wehe auch euch, ihr Lehrer des Gesetzes! Ihr packt den Menschen Lasten auf, die niemand tragen kann, doch ihr selbst macht keinen
Finger krumm, eine Last auch nur anzurühren. / Wehe euch, denn 47
den Propheten, die doch von euren Eltern umgebracht wurden,
baut ihr Grabmäler. / So seid ihr Zeugen und stimmt den Taten eu- 48
rer Eltern zu. Denn sie haben die Propheten ermordet, ihr aber baut Grabmäler – zwei Teile ein und derselben Tat, sie zu beseitigen. /
Deswegen hat die Weisheit Gottes über sich und die Juden gesagt: 49
›Ich sende zu ihnen Propheten und Apostel. Viele von ihnen werden
sie verfolgen und töten.‹ / Doch Gott wird alles Blut, das seit An- 50
fang ungerecht auf der Welt vergossen wurde, von diesem Gesindel
zurückfordern, / vom Blut Abels über das Blut der Propheten bis 51
hin zum Blut des Zacharias, der zwischen Altar und Tempel umgebracht wurde. Ja, ich sage euch: Gott wird dieses Blut von euch ein-
fordern. / Wehe euch, ihr Gesetzeslehrer! Den Schlüssel zu eurem 52
Schulhaus habt ihr eingesteckt. Doch ihr selbst geht nicht hinein,
und den Lernwilligen verwehrt ihr den Zutritt.« / Als Jesus das 53
Haus verlassen hatte, waren die Schriftkundigen und Pharisäer sehr aufgebracht, und von da ab achteten sie argwöhnisch auf je-
den Ausspruch Jesu. / Sie lauerten hinterhältig darauf, ob sie eines 54
seiner Worte gegen ihn würden verwenden können.

Kapitel 12

Jesus warnt vor dem Sauerteig der Pharisäer 12,1-3

Zehntausende Menschen hatten sich inzwischen versammelt, so 1
daß sie sich fast gegenseitig auf den Füßen standen. Jesus wandte sich zuerst an die Jünger: »Nehmt euch in acht vor dem Sauerteig der Pharisäer, dem schleichenden Einfluß ihrer Schauspielerei. /
Denn alles, was man verbergen möchte, wird aufgedeckt werden, 2
was man geheimhalten möchte, wird bekannt werden. / Darum: 3
Was ihr im Finstern leise sagt, das wird bei Licht laut zu hören sein. Was ihr drinnen ins Ohr flüstert, das wird vom Dach aus laut ertönen.

Jesus macht den Jüngern Mut und mahnt zur Gottesfurcht 12,4-12

Euch, meinen Freunden, will ich etwas über die Angst sagen. Habt 4
keine Angst vor denen, die euch zwar umbringen können, danach

5 euch aber nichts weiter anhaben können. / Vielmehr habt Angst vor
Gott. Er kann euch nicht nur töten, sondern auch in die Hölle wer-
6 fen. Ja, vor ihm sollt ihr Angst haben. / Spatzen sind billig. Fünf ge-
fangene Spatzen kosten zwei Groschen. Doch um jeden einzelnen
7 von ihnen kümmert sich Gott. / Selbst jedes Haar auf eurem Kopf ist
gezählt. Habt keine Angst: Ihr seid mehr wert als ganze Schwärme
von Spatzen.
8 Ich sichere euch zu: Jeder, der sich vor den Menschen zu mir be-
kennt, zu dem wird sich auch der Menschensohn bekennen vor den
9 Engeln Gottes. / Wer mich verleugnet vor den Menschen, der wird
10 auch verleugnet werden vor den Engeln Gottes. / Wenn jemand et-
was gegen den Menschensohn sagt, wird es ihm Gott vergeben
können. Wer aber lästerliche Worte gegen den Heiligen Geist sagt
oder höhnisch bestreitet, daß er von Gott kommt, dem kann Gott
11 nicht vergeben. / Wenn euch eure Feinde vor die Synagogengerichte
schleppen oder vor Machthaber und Gewaltträger, macht euch
keine Sorgen, wie ihr euch verteidigen oder was ihr vorbringen
12 sollt. / Denn im entscheidenden Augenblick wird euch der Heilige
Geist eingeben, was ihr sagen sollt.«

Jesus warnt vor der Besitzgier 12,13-15

13 Da wandte sich einer aus dem Volk an Jesus: »Guter Lehrer, bring
meinen Bruder dazu, in die Aufteilung unseres gemeinsamen Erbes
14 einzuwilligen.« / Jesus erwiderte: »Nein! Niemand hat mich als
15 Richter oder Testamentsvollstrecker über euch eingesetzt.« / Zur
Menge gewandt sagte Jesus: »Die Besitzgier meidet wie die Pest!
Denn das Leben kann doch nicht in Bergen von Besitztümern be-
stehen.«

Jesus erzählt das Gleichnis vom reichen Bauern 12,16-21

16 Dann erzählte er ihnen ein Gleichnis: »Ein reicher Mann besaß eine
17 blühende Landwirtschaft. / Eine Erweiterung des Betriebes wurde
fällig, und bei den Vorüberlegungen fiel auf, daß nicht genügend
18 Scheunen vorhanden waren. / Da beschloß er: ›Ich werde die beste-
henden Scheunen abreißen und größere bauen, in denen ich die Ge-
19 treideernte sammeln und alle meine Güter unterbringen kann. / Und
dann‹, so dachte der Reiche bei sich, ›werde ich zu mir selbst sagen
können: Du hast viele Vorräte für viele Jahre. Genieße die freie Zeit,
20 iß und trink und stürze dich in die Freuden des Lebens.‹ / Doch da
sagte Gott zu ihm: ›Du närrischer Mensch, noch heute nacht werde
ich dein Leben von dir zurückfordern. Wem soll dann gehören, was
21 du so groß organisiert hast?‹ / So ergeht es dem, der für sich selbst

Schätze aufhäuft, aber vor Gott mit leeren Händen dastehen wird, weil er sich um einen Schatz im Himmel nicht gekümmert hat.«

Jesus ruft zur Freiheit von der Sorge auf 12,22-34

Zu den Jüngern sagte Jesus: »Deswegen sage ich euch: Sorgt euch 22
nicht um euren Lebensunterhalt, darum, was ihr essen sollt, und
auch nicht um euren Leib, darum, was ihr anziehen sollt. / Euer Le- 23
ben ist doch mehr als Nahrung, euer Leib mehr als Kleidung. / Seht 24
euch die Raben an. Sie wissen nichts von Saat oder Ernte, sie kennen
keine Silos und keine Scheunen. Gott sorgt für ihre Nahrung. Und
ihr seid doch soviel mehr wert als diese Vögel. / Auch wenn ihr euch 25
noch so viele Sorgen machtet, könntet ihr doch euren Körper nicht
einmal um eine Elle größer machen.[26] / Wenn ihr also noch nicht ein- 26
mal das Bescheidenste verändern könnt, was zerbrecht ihr euch
dann den Kopf um die übrigen, viel größeren Dinge? / Denkt an die 27
Lilien. Sie wissen nichts von Spinnrädern oder Webstühlen. Doch
ich kann euch versichern: Selbst Salomo in all seiner Pracht war
nicht so herrlich gekleidet wie eine von ihnen. / Gott hat die Feldblu- 28
men und die Gräser, die heute da sind und morgen verbrannt wer-
den, so prächtig gekleidet! Um wieviel mehr wird er sich um euch
kümmern. Ihr solltet mehr Vertrauen wagen! / Fragt nicht: Was sol- 29
len wir essen, was sollen wir trinken? Laßt euch nicht aus der Ruhe
bringen! / So fragen doch nur Menschen, die nicht an Gott glauben. 30
Doch euer Vater weiß, was ihr braucht. / Sucht zuerst Gottes Herr- 31
schaft, dann gibt es Kleidung und Nahrung geschenkt dazu!
Habt keine Angst, auch wenn ihr nur eine kleine Herde seid. Euer 32
Vater hat euch erwählt als Stützen seiner Herrschaft. / Verkauft, 33
was ihr habt, und gebt es denen, die es nötig brauchen. Besorgt
euch Geldbeutel, die nicht mürbe und löcherig werden. Verschafft
euch einen unerschöpflichen Schatz im Himmel, wo kein Dieb ein-
brechen und keine Motte fressen kann. / Denn wo ihr euren Schatz 34
sammelt, da seid ihr auch mit dem Herzen.

Jesus mahnt zur Wachsamkeit 12,35-48

Wie Sklaven, die in der Nacht dienstbereit angekleidet sind und das 35
Licht brennen lassen, / so sollt ihr dienstbereit den Herrn erwarten. 36
Dann könnt ihr ihm, wenn er von der Hochzeitsfeier nach Hause
kommt und klopft, sofort die Tür öffnen. / Selig sind die Sklaven, 37

[26] Andere Möglichkeit der Übersetzung: »seine Lebenszeit auch nur um eine Stunde verlängern«. Der Text bietet »Lebenszeit/Körpergröße« und »Elle«.

die der Herr wachend antrifft, wenn er kommt. Amen, ich sage
euch, er wird so begeistert von euch sein, daß er euch zu Tisch bit-
38 tet, sich selbst die Kellnerschürze umbindet und euch bedient. / Und
wenn der Herr erst kommt, wenn die zweite Schicht der Nachtwa-
che oder auch schon die dritte vorbei ist und dann trotzdem die
Sklaven so in Bereitschaft vorfindet, kann man sie nur selig preisen.
39 / Denn eines ist klar: Wenn ein Hausherr genau wüßte, wann der
Einbrecher kommt, dann würde er den Einbruch zu verhindern
40 wissen. / Da er es aber nicht weiß, muß er ständig in Alarmbereit-
schaft sein. Das gilt auch für euch, denn ihr wißt nicht, wann der
41 Menschensohn wiederkommt.« / Da fragte Petrus: »Erzählst du
42 diese Gleichnisse nur für uns Apostel oder für alle?« / Jesus antwor-
tete: »Ein zuverlässiger, umsichtiger Sklave, den der Herr zum Vor-
gesetzten der anderen Sklaven und zum Verwalter macht, sorgt für
43 ihre regelmäßige Kost. / Selig ist der Sklave, den der Herr so sorgen
44 sieht, wenn er nach Hause kommt. / Er wird ihm sicherlich all sei-
45 nen Besitz anvertrauen. / Es kann aber sein, daß sich der Verwalter
sagt: ›Ach, mein Herr kommt ja doch nicht so bald!‹ Und er be-
ginnt, seine Mitsklavinnen und Mitsklaven zu schlagen und zu
46 schinden, selbst aber frißt und säuft er und hält Zechgelage. / Zu
diesem bösen Verwalter kommt der Herr ganz unerwartet und
überraschend. Er wird ihn zweiteilen, es wird ihm dreckig ergehen
47 wie den Gottlosen. / Auf den Verwalter, der den Willen seines
Herrn zwar genau kennt, aber nicht danach handelt, wartet die
48 Peitsche. / Wer den Willen seines Herrn nicht so genau kennt und
Böses tut, wird weniger abbekommen. Denn wem der Herr viel
gibt, von dem fordert er viel. Wem der Herr viel anvertraut, von
dem verlangt er um so mehr.

Jesus fordert eindeutige Entscheidung 12,49-53

49 Ich bin dazu da, ein Feuer auf Erden zu entzünden. Ach, wäre es
50 doch schon entfacht! / Eine Taufe mit dem Wasser des Todes steht
51 mir bevor. Ach, hätte ich sie doch schon hinter mir! / Ihr sollt nicht
denken, ich sei ein Friedensapostel. Nein, ich bringe Ärger und
52 Streit. / Ab jetzt wird sich eine fünfköpfige Familie so zerstreiten,
53 daß drei gegen zwei stehen und zwei gegen drei. / Der Vater wird
sich mit dem Sohn zerstreiten, die Mutter mit der Tochter und die
Schwiegermutter mit der Schwiegertochter.«

Jesus spricht über die Zeit 12,54-59

54 Jesus sagte zu der Menge, die sich um ihn scharte: »Wenn ihr eine
Wolke im Westen heraufziehen seht, sagt ihr: Es gibt bald Regen.

Und so kommt es. / Oder wenn ihr merkt, daß der Wind von Süden 55
kommt, sagt ihr: Jetzt wird es heiß. Und so wird es. / Ihr macht 56
euch und anderen etwas vor! Himmel und Erde könnt ihr vom Gesicht ablesen, was kommt. Doch bei der Zeit versagt eure Deutung.
/ Offenbar seid ihr unfähig, selbständig herauszufinden, was genau 57
jetzt zu tun ist. / Bei einem Strafverfahren in Schuldsachen gibt es 58
eine lange Zeit der Prozeßvorbereitung. Wenn man einen harten Gläubiger hat, sollte man eine außergerichtliche Einigung versuchen, um sich nicht vor Gericht zerren lassen zu müssen. Doch es kommt ein Zeitpunkt, da ist alles zu spät. Du wirst vor den Richter geschleppt, der übergibt dich dem Vollzugsbeamten, und der steckt
dich in Kerkerhaft. / Dort kommst du dann nicht wieder heraus, 59
ehe du alles bis auf den letzten Pfennig bezahlt hast.«

Kapitel 13

Jesus mahnt zur Umkehr 13,1-5

Als Jesus die Schreckensnachricht erfuhr, daß Pilatus einige Galiläer 1
hatte ermorden lassen, die gerade im Tempel Tieropfer darbrachten,
so daß sich Menschenblut mit Tierblut vermischte, / sagte er: »Ihr 2
müßt nicht meinen, daß die ermordeten Galiläer größere Sünder
oder schlechtere Menschen waren als alle anderen! / Ich sage euch: 3
Wenn ihr nicht radikal umdenkt, werdet ihr alle genauso umkommen. / Und denkt auch an die achtzehn Menschen, die neulich beim 4
Einsturz des Turmes von Siloah ums Leben kamen. Ihr müßt nicht meinen, daß sie größere Schuld auf sich geladen hatten als alle anderen Einwohner Jerusalems. / Ich sage euch: Wenn ihr nicht radikal 5
umdenkt, werdet ihr alle genauso umkommen.«

Jesus erzählt das Gleichnis vom Feigenbaum 13,6-9

Und er erzählte folgendes Gleichnis: »Da hatte jemand in seinem 6
Weinberg einen Feigenbaum gepflanzt. Doch immer, wenn es Zeit für die Feigenernte war, fand er keine einzige reife Frucht an dem
Baum. / Da sagte er zum Weingärtner: ›Das geht nun schon drei 7
Jahre so. Immer, wenn ich komme, um zu ernten, finde ich nichts.
Hau den Baum um! Er saugt nur unnütz den Boden aus.‹ / Der 8
Weingärtner wandte ein: ›Herr, laß ihn noch dieses eine Jahr stehen! Ich will den Boden ringsherum aufgraben und Mist darauf
tun. / Vielleicht trägt der Baum dann im nächsten Jahr Früchte. 9
Wenn es aber dann wieder nicht klappt, hau ich ihn um.‹«

Jesus heilt eine Besessene am Sabbat 13,10-17

10 Eines Sabbats lehrte Jesus in einer der Synagogen der Stadt die Bot-
11 schaft. / Da war eine Frau, die seit achtzehn Jahren von einem bö-
sen Geist besessen war, der ihr alle Körperkräfte raubte. Sie ging
12 ganz gebückt und konnte sich nicht mehr aufrichten. / Als Jesus sie
13 sah, rief er ihr zu: »Gute Frau, du bist deine Krankheit los!« / Er
legte ihr die Hände auf, und sogleich konnte sie sich aufrichten und
14 lobte Gott. / Weil Jesus sie aber an einem Sabbat geheilt hatte,
schimpfte der Synagogenvorsteher laut: »Sechs Tage dürft ihr ar-
beiten, in dieser Zeit könnt ihr euch auch heilen lassen, aber nicht
15 am Sabbat!« / Der Herr entgegnete: »Ihr alle bindet doch auch am
Sabbat Ochs oder Esel von der Futterkrippe los und führt sie zur
16 Tränke. / Diese Frau hier, eine Tochter Abrahams, hat der Teufel
achtzehn Jahre lang gebunden gehalten – lange genug. Dann darf
17 ich sie doch wohl losbinden, auch wenn heute Sabbat ist?« / Diese
Antwort beschämte alle seine Widersacher. Die Leute aber freuten
sich über Jesu herrliche Taten.

Jesus erzählt das Gleichnis vom Senfkorn und das Gleichnis vom Sauerteig 13,18-21

18 »Für die Herrschaft Gottes«, sagte Jesus, »gilt dieses Gleichnis: /
19 Ein Mensch legte ein Senfkorn in die Gartenerde. Es wuchs, und es
wurde ein Baum daraus, in dessen Zweigen die Vögel nisten konn-
20, 21 ten. / Und noch ein Gleichnis für die Herrschaft Gottes: / Eine Frau
nahm Sauerteig und knetete ihn in drei Meßbecher Feinmehl hin-
ein, bis der ganze Teig durchsäuert war.«

Jesus spricht über den Zugang zu Gottes Reich 13,22-30

22 Jesus nahm seinen Weg nach Jerusalem und lehrte die Menschen in
23 den Städten und Dörfern. / Da fragte einer: »Herr, stimmt es, daß
24 nur wenige Menschen selig werden können?« / Jesus erwiderte: »Es
ist eine schmale Tür, und ihr müßt kämpfen, damit ihr hindurchge-
hen dürft. Ich versichere euch: Viele, die versuchen hineinzukom-
25 men, werden es nicht schaffen. / Schließlich wird der Herr zur Tür
gehen und sie verriegeln. Dann werdet ihr von draußen her rufen:
›Herr, mach uns auf!‹ Doch er wird euch von drinnen her antwor-
ten: ›Wer ist denn da? Woher kommt ihr? Ich kenne euch nicht.‹ /
26 Dann werdet ihr sagen: ›Wir waren doch deine Landsleute, haben
Speise und Trank mit dir geteilt, und du warst unser Lehrer auf un-
27 seren Gassen.‹ / Doch er wird euch erwidern: ›Ich kann nichts mit
28 euch anfangen. Weg hier alle, ihr habt Böses getan!‹ / Dann werdet
ihr heulen und vor Schmerz mit den Zähnen knirschen, wenn ihr

seht, daß Abraham, Isaak und Jakob sowie alle Propheten dort
sind, wo Gott allein herrscht, und nur ihr selbst dürft nicht hinein.
/ Aus allen vier Himmelsrichtungen werden Heiden kommen und 29
Platz nehmen an der Tafel in Gottes Reich. / So werden die Heiden, 30
die sonst die Letzten wären, am Ende die Ersten. Und ihr, die Erwählten, werdet die Letzten sein.«

Jesus trotzt Herodes 13,31-33

Da kamen Pharisäer und warnten Jesus: »Geh weg von hier, Hero- 31
des will dir ans Leben!« / Jesus trug ihnen auf: »Meldet dem Fuchs: 32
Ich treibe Dämonen aus und vollbringe Heilungen. Das tue ich
heute und morgen, und am dritten Tag hat es ein Ende. / Heute 33
nämlich, morgen und übermorgen muß ich nach Jerusalem wandern, denn alle Propheten müssen dort sterben.«

Jesus klagt über Jerusalem 13,34-35

Jerusalem, Jerusalem! Die Propheten ermordest du, Gottes Ge- 34
sandte steinigst du. Wie oft wollte ich deine Kinder um mich sammeln, so wie eine Henne ihre Küken unter die Flügel nimmt. Doch
ihr wolltet nicht. / Zur Strafe wird euer Haus verlassen dastehen, 35
der Tempel leer sein. Doch eines Tages werdet ihr mich wiedersehen. Dann werdet ihr mir zurufen: ›Willkommen! Du bist der, der da kommen soll in Gottes Namen.[27]‹«

Kapitel 14

Jesus fragt die Pharisäer, ob man am Sabbat jemanden heilen darf 14,1-6

Eines Sabbats ging Jesus zu einem hochrangigen Pharisäer zum Es- 1
sen. Alle Pharisäer, die dort waren, ließen ihn nicht aus den Augen.
/ Nahe bei Jesus war ein Mann, der Wasseransammlungen in sei- 2
nem Körper hatte. / Da wandte sich Jesus an die Gesetzeslehrer und 3
Pharisäer und fragte: »Darf man an einem Sabbat jemanden heilen
– oder soll man ihn krank lassen?« / Keiner sagte ein Wort. Jesus 4
berührte den Kranken mit der Hand, machte ihn gesund und
schickte ihn fort. / Zu seinen jüdischen Gegnern gewandt fragte er: 5
»Wenn jemandes Kind oder sein Vieh am Sabbat in einen Brunnenschacht fällt, wird er es da nicht umgehend wieder herausziehen?«
/ Darauf konnte keiner eine Antwort geben. 6

---

[27] Vgl. Ps 118,26.

Jesus spricht über die Rangordnung beim Gastmahl 14,7-15

7 Als Jesus bemerkte, wie die Gäste um die besten Plätze rangelten,
8 wandte er sich mit einem Gleichnis an sie: / »Angenommen, dich
lädt jemand zu einem Hochzeitsessen ein, da wirst du doch nicht
schnurstracks auf den besten Platz zusteuern und ihn besetzen.
Denn es könnte ja jemand eingeladen sein, der statt deiner für den
9 Ehrenplatz vorgesehen ist. / Wie peinlich, wenn du dann mit ihm
10 tauschen und auf den letzten Platz rücken mußt. / Setz dich doch als
Gast von vornherein auf den geringeren Platz. Wenn dich dann der
Gastgeber auffordert aufzurücken, ist das eine Ehre für dich vor all
11 den Gästen. / Jeder, der sich nach oben drängt, wird sich unten wie-
derfinden. Und jeder, der sich unten einstuft, wird nach oben kom-
12 men.« / Und zu seinem Gastgeber sagte er: »Angenommen, du willst
zum Mittag oder zum Abend ein Essen geben. Ich rate dir: Lade
nicht deine Freunde ein oder deine Brüder, Verwandten und reichen
Nachbarn. Sie würden mit einer Gegeneinladung antworten, und
13 dann wäre die Bilanz wieder ausgeglichen für dich. / Sondern wenn
du Leute einladen willst, rufe Arme, Krüppel, Gelähmte und Blinde.
14 / Glückselig bist du, weil diese Menschen keine Gegenleistung er-
bringen werden. Diese kannst du dann bei der Auferstehung erwar-
15 ten.« / Das hörte einer von Jesu Tischgenossen und meinte dazu:
»Glückselig, wer in Gottes Reich an der Speisetafel sitzen darf.«

Jesus erzählt das Gleichnis vom Gastmahl 14,16-24

16 Jesus erwiderte: »Ein Mann gab ein großes Essen und hatte viele
17 Gäste eingeladen. / Als das Mahl beginnen sollte, schickte er seinen
Sklaven aus und ließ den Eingeladenen sagen: ›Ihr könnt jetzt kom-
18 men, es ist soweit.‹ / Da fing einer nach dem anderen an, sich zu
entschuldigen. Der erste sagte: ›Ich habe ein Stück Land gekauft
19 und muß es unbedingt ansehen. Ich bitte um Entschuldigung.‹ / Ein
anderer sagte: ›Ich habe zehn Zugochsen gekauft, die muß ich aus-
20 probieren gehen. Ich bitte um Entschuldigung.‹ / Ein dritter sagte:
›Ich habe geheiratet und kann meine Frau nicht allein lassen. Ich
21 bitte um Entschuldigung.‹ / Als der Sklave zurückkam und alles sei-
nem Herrn berichtete, wurde dieser wütend und befahl dem Skla-
ven: ›Dann geh sofort auf die Straßen und Plätze der Stadt und
bring mir die Armen, die Krüppel, die Blinden und Gelähmten ins
22 Haus.‹ / Als der Sklave wiederkam und sagte: ›Herr, dein Befehl ist
23 ausgeführt. Es ist immer noch Platz.‹, / sagte der Herr: ›Geh hinaus
an die Wege und Zäune und zerre alle in mein Haus, die du finden
24 kannst, damit es voll wird. / Ich kann euch versichern: Keiner von
denen, die zuerst eingeladen waren, wird an meiner Tafel sitzen.‹«

Jesus spricht über die Nachfolge 14,25-35

Eine große Schar Menschen wanderte immer mit Jesus mit. Zu ih- 25
nen sagte Jesus: / »Wer sich mir anschließt und mein Jünger sein 26
will, der muß das Band zwischen sich und Vater, Mutter, Frau und
Kindern, Brüdern und Schwestern zerschneiden, sie gleichsam has-
sen. Er muß auch sich selbst, sein eigenes irdisches Leben, hassen.
/ Wer mein Jünger sein will, der soll den Querbalken für sein 27
Kreuz schultern und hinter mir hergehen. / Wer einen Turm bauen 28
will, setzt sich doch auch zunächst hin und überschlägt die Ko-
sten, ob das Geld reicht. / Denn sonst gehen ihm vielleicht nach 29
der Grundsteinlegung die Mittel aus, so daß er nicht weiterbauen
kann. Und alle, die an der Bauruine vorübergehen, spotten: / ›Hier 30
hat einer zu bauen angefangen, und dann ist ihm wohl das Geld
ausgegangen!‹ Also: Erst überlegen, dann entscheiden. / Das ist 31
auch beim Militär so. Bevor ein König sich anschickt, in das Land
eines anderen Königs einzumarschieren, wird er sich zuerst hinset-
zen und überlegen, ob seine 10 000 Mann den 20 000, mit denen
der andere ihm entgegenzieht, gewachsen sind. / Stellt er fest, daß 32
es nicht reicht, dann wird er lieber seine Unterhändler zu Friedens-
verhandlungen ausschicken, solange die feindliche Armee noch
weiter weg ist. / Wer mein Jünger oder meine Jüngerin sein will, 33
muß alles ablegen, was ihm gehört. / Salz ist etwas Gutes. Es ist 34
auch unersetzlich. Selbst wenn es möglich wäre, daß es fad würde
– man könnte es mit nichts anderem wieder salzig machen. / Es 35
würde weder für den Acker noch für Misthaufen taugen, man
müßte es einfach wegwerfen. Denkt gut darüber nach, was das für
euch bedeutet!«

Kapitel 15

Jesus erzählt das Gleichnis vom verlorenen Schaf 15,1-7

Die Zöllner und andere, die dem Glauben fernstanden, kamen mu- 1
tig in Jesu Nähe, um ihn zu hören. / Darüber empörten sich die 2
Pharisäer und Schriftkundigen: »Dieser Jesus läßt Gottlose zu sich,
und er ißt sogar mit ihnen.« / Daraufhin hielt Jesus ihnen folgendes 3
Gleichnis vor: / »Ein Mann besitzt hundert Schafe. Eins geht ihm 4
verloren. Er läßt die 99 übrigen in der Wüste zurück und geht dem
verlorenen nach, bis er es gefunden hat. / Als er es gefunden hat, 5
legt er es voll Freude auf seine Schultern / und trägt es nach Hause. 6
Dann ruft er Freunde und Nachbarn zusammen: ›Freut euch mit
mir. Ich habe mein verlorenes Schaf wiedergefunden. Es ist wieder
da!‹ / Ich kann euch versichern: Genauso freut sich Gott über einen 7

einzigen Gottlosen, der umkehrt, anstatt[28] über 99 Gerechte, die
keine Umkehr brauchen.

Jesus erzählt das Gleichnis vom verlorenen Groschen 15,8-10
8 Eine Frau hatte zehn Groschen. Einen hat sie verloren. Sie zündet
ein Licht an, fegt das ganze Haus und sucht sorgfältig, bis sie die
9 Münze findet. / Als sie sie wiedergefunden hat, ruft sie ihre Freun-
dinnen und Nachbarinnen zusammen und ruft: ›Freut euch mit
mir! Der Groschen, den ich verloren hatte, ist wieder da! Ich habe
10 ihn wiedergefunden.‹ / Ich versichere euch: Genauso werden sich
Gottes Engel freuen über einen einzigen Gottlosen, der umkehrt.«

Jesus erzählt das Gleichnis vom verlorenen Sohn 15,11-32
11, 12 Jesus sagte: »Ein Mann hatte zwei Söhne. / Eines Tages sagte der
jüngere zum Vater: ›Vater, gib mir mein Erbteil.‹ Daraufhin teilte
13 der Vater seinen Besitz unter die beiden Söhne auf. / Kurze Zeit spä-
ter machte der jüngere Sohn alles, was er bekommen hatte, zu Geld
und zog fort in ein fernes Land. Dort vergeudete er sein Erbteil
14 durch ein liederliches Leben. / Als er alles aufgebraucht hatte,
brach gerade eine schwere Hungersnot in jenem Land aus, so daß
15 er in großes Elend geriet. / Er wandte sich um Hilfe an einen der
Bürger des Landes, und der schickte ihn aufs Feld zum Schweine-
16 hüten. / Dort sah er die Johannesbrotbaum-Schoten, die als Futter
für die Schweine dienten, und er hatte einen Riesenhunger, aber
17 niemand gab ihm welche. / Da ging er in sich und sagte sich:
›Manch ein Lohnarbeiter meines Vaters hat mehr Brot als genug,
18 und ich muß hier Hungers sterben. / Ich will mich zu meinem Vater
aufmachen und ihm sagen: Vater, ich habe gesündigt vor Gott und
19 vor dir. / Ich habe es nicht verdient, weiter dein Sohn zu heißen.
20 Stell mich als einen deiner Lohnarbeiter an.‹ / Und er machte sich
auf zu seinem Vater. Dieser erblickte ihn schon von weitem, und
sein Sohn tat ihm von Herzen leid. Er rannte auf ihn zu, fiel ihm um
21 den Hals und umarmte und küßte ihn. / Der Sohn sagte: ›Vater, ich
habe gesündigt vor Gott und vor dir. Ich habe es nicht verdient,
22 weiter dein Sohn zu heißen.‹ / Da forderte der Vater seine Bedien-
steten auf: ›Holt schnell ein Feiertagsgewand und zieht es ihm an,
23 steckt ihm einen Ring an den Finger und gebt ihm Sandalen. / Holt
das Mastkalb und schlachtet es, wir wollen ein Festmahl halten. /
24 Denn er, mein Sohn, war tot und ist wieder lebendig, er war verlo-

[28] Der Komparativ hat im Judengriechisch oft alternativ-ausschließende Bedeutung, vgl. auch Lk 16,8.

ren und wurde wiedergefunden.‹ Und sie begannen, ein Freudenfest
zu feiern. / Als aber der ältere Sohn vom Felde nach Hause kam und 25
Musik und Tanz hörte, / rief er einen der Bediensteten zu sich und 26
fragte, was denn da los sei. / Der antwortete: ›Dein Bruder ist da. 27
Dein Vater hat das Mastkalb schlachten lassen, weil dein Bruder
heil wieder zurück ist.‹ / Da wurde der ältere Sohn böse und wei- 28
gerte sich, das Haus zu betreten. Als sein Vater herauskam, um ihn
hereinzubitten, / sagte er: ›So viele Jahre schon schufte ich für dich. 29
Jeden Auftrag habe ich erfüllt. Mir hast du niemals auch nur ein
Böcklein gegönnt, wenn ich mit Freunden feiern wollte. / Aber 30
kaum taucht dieser da, dein Sohn, der sein Vermögen mit Huren
durchgebracht hat, wieder auf, da schlachtest du für ihn das Mast-
kalb!‹ / Der Vater sagte: ›Aber mein Sohn, du bist doch immer bei 31
mir, und alles, was mir gehört, ist auch dein Besitz. / Du solltest 32
dich freuen und mitfeiern, denn er, dein Bruder, war tot und ist
wieder lebendig, er war verloren und wurde wiedergefunden.‹ «

Kapitel 16

Jesus erzählt das Gleichnis vom lebenstüchtigen Verwalter 16,1-9

Jesus sagte zu seinen Jüngerinnen und Jüngern: »Ein reicher Mann 1
hatte einen Verwalter angestellt. Als ihm hinterbracht wurde, der
Verwalter verschleudere seinen Besitz, / rief er ihn zu sich und fuhr 2
ihn an: ›Was muß ich da über dich hören! Sobald du die Abschluß-
bilanz erstellt hast, bist du entlassen!‹ / Da fragte sich der Verwal- 3
ter: ›Was soll ich nur machen? Mein Herr hat mir gekündigt, zur
Feldarbeit bin ich zu ungeschickt, zu betteln schäme ich mich. /
Doch halt, ich habe eine Idee. Ich will sicherstellen, daß es Leute 4
gibt, die mich in ihr Haus aufnehmen, wenn ich hier entlassen bin.‹
/ Er rief die Schuldner seines Herrn alle nacheinander zu sich und 5
fragte den ersten: ›Wieviel schuldest du meinem Herrn?‹ / Der ant- 6
wortete: ›Hundert Faß Öl.‹ Der Verwalter wies ihn an: ›Nimm
deine Schuldurkunde und schreib: Ich schulde fünfzig Maßkrüge
Öl. Und unterschreib es mit deinem Namen.‹ / Dann fragte er den 7
nächsten: ›Wieviel schuldest du meinem Herrn?‹ Er erwiderte:
›Hundert Sack Weizen.‹ Der Verwalter wies ihn an: ›Nimm deine
Schuldurkunde und schreib: Ich schulde achtzig Sack Weizen.‹ / Da 8
lobte der Herr den Verwalter, denn obwohl die Anstiftung zur
Urkundenfälschung ein Vergehen war, hatte er nicht dumm gehan-
delt. Die Weltkinder sind im Umgang miteinander oft klug, die
Gottes- oder Lichtkinder sind dumm im Vergleich dazu. / Ich for- 9
dere euch auf: Seid klug, kauft euch mit dem Geld aus der unge-

rechten Welt Freunde, die euch dann in die ewigen Häuser im Himmel aufnehmen, wenn hier alles vorbei ist.

Jesus fordert die Entscheidung zwischen Gott und dem Geld 16,10-13

10 Wer im Kleinen zuverlässig ist, der ist es auch im Großen. Das glei-
11 che gilt für die Unzuverlässigkeit. / Wer also mit dem Geld aus der
ungerechten Welt nicht zuverlässig umgeht, dem wird keiner den
12 wahren, himmlischen Schatz anvertrauen. / Wer mit fremdem Be-
sitz nicht zuverlässig umgegangen ist, dem wird niemand das in
13 Obhut geben, was ihm einmal selbst gehören soll. / Kein Haus-
sklave kann zwei Herren zugleich dienen. Er kann nur den einen
hassen und den anderen lieben oder den einen ehren und den ande-
ren verachten. Ihr könnt nicht Gott und dem Geld gleichzeitig die-
nen.«

Jesus spricht über das Gesetz 16,14-18

14 Die Pharisäer hatten das alles mit angehört, und weil sie dem Geld
15 recht zugetan waren, machten sie sich nun über Jesus lustig. / Der
aber gab scharf zurück: »Ihr versucht, vor den Menschen gerecht
dazustehen. Doch Gott allein weiß, wie es in eurem Herzen aus-
sieht. Denn was in den Augen der Menschen lobenswert ist, das ist
16 für Gott ein Greuel. / Bevor Johannes der Täufer auftrat, gab es nur
das Gesetz und die Propheten. Seitdem er aufgetreten ist, wird das
Evangelium von Gottes Herrschaft verkündet, und unter diese
17 Herrschaft soll jeder Mensch gebracht werden. / Doch das Gesetz
bleibt bestehen: Eher vergehen Himmel und Erde, als daß auch nur
18 ein i-Punkt am Gesetz ungültig wird. / Ein Beispiel: Jeder, der sich
von seiner Frau trennt und eine andere heiratet, der bricht seine
Ehe. Wer eine Frau heiratet, die von einem Mann geschieden ist,
der bricht ihre Ehe.

Jesus erzählt die Geschichte vom reichen Mann und vom armen Lazarus 16,19-31

19 Es war einmal ein reicher Mann, der kleidete sich aufwendig in
Purpur und feines Leinen. Sein Leben bestand Tag um Tag aus
20 Luxus, Protz und seichten Freuden. / An seiner Haustür lag, wie
weggeworfen, ein bettelarmer Mann namens Lazarus, ganz mit
21 Geschwüren bedeckt, / der hätte so gern seinen Hunger mit den
Tischabfällen aus dem Haus des Reichen gestillt. Zu alledem bela-
gerten ihn auch noch die Straßenhunde, die an seinen Wunden
22 leckten und sie weiter verunreinigten. / Als Lazarus starb, trugen

ihn Engel in Abrahams Schoß. Auch der Reiche starb und wurde
begraben. / Er kam in die Hölle. In seinen Folterqualen blickte er 23
auf und sah von ferne Abraham und in seinem Schoß Lazarus. / Da 24
rief er: ›Vater Abraham, hab Erbarmen mit mir. Schick doch bitte
Lazarus, er soll seinen Finger mit Wasser befeuchten und mir die
Zunge kühlen. Denn ich leide schrecklich in dieser Hitze.‹ / Doch 25
Abraham erwiderte: ›Vergiß nicht: Dein Glück hast du in deinem
irdischen Leben empfangen. Lazarus hat damals sein Unglück er-
lebt. Nun ist es umgekehrt. Lazarus ist hier glücklich, und du mußt
leiden. / Außerdem ist die Kluft zwischen euch und uns so tief, daß 26
man selbst beim besten Willen nicht von hier zu euch kommen
könnte und umgekehrt.‹ / Da bat der Reiche: ›Ich flehe dich an, Va- 27
ter Abraham, schick Lazarus in mein Elternhaus, / wo meine fünf 28
Brüder leben. Er soll ihnen sagen, was in Himmel und Hölle ge-
schieht, damit nicht auch sie in diese Peinigungen geraten.‹ / Doch 29
Abraham erwiderte: ›Deine Brüder haben doch Mose und die Pro-
pheten. Auf die sollen sie hören.‹ / Der Reiche wandte ein: ›Aber, 30
Vater Abraham, sie werden doch sicherer umkehren, wenn aus dem
Totenreich direkt einer zu ihnen kommt.‹ / Abraham antwortete: 31
›Nein, wenn sie auf Mose und die Propheten nicht gehört haben,
dann werden sie sich auch nicht überzeugen lassen, wenn einer von
den Toten aufersteht.‹«

Kapitel 17

Jesus ermahnt die Jünger zu vorbildlichem Verhalten 17,1-4

Jesus wandte sich an seine Jünger und Jüngerinnen: »Es ist wohl 1
immer so, daß Menschen an ihrem Glauben irre werden und ab-
fallen. Doch wehe jedem, der dazu beiträgt. / Lieber sollte er mit 2
einem Mühlstein um den Hals lebendig ins Meer geworfen wer-
den, als daß er eines von meinen Schäfchen[29] dazu bringt, am
Glauben irre zu werden. / Schaut euch selbst gut auf die Finger. 3
Wenn dein Bruder unrecht tut, weise ihn zurecht. Kehrt er um,
vergib ihm. / Und wenn er siebenmal an einem Tag unrecht tut 4
und siebenmal umkehrt und dir sagt: ›Ich bereue!‹, dann vergib
ihm siebenmal.«

Jesus spricht über die Kraft des Glaubens 17,5-6

Da baten die Apostel den Herrn: »Mach unseren Glauben stär- 5
ker!« / Der Herr erwiderte: »Wäre euer Glaube nur so groß wie ein 6

[29] Wörtlich: von diesen Kleinen (= Geringen), d. i. der Gemeinde.

Senfkorn, dann könntet ihr zum nächsten Maulbeerbaum sagen: Zieh deine Wurzeln aus der Erde und verpflanze dich ins Meer. Und er würde es tun und euch gehorchen.

Jesus spricht über das Verhältnis zwischen Herr und Sklave 17,7-10

7 Wenn jemand einen Sklaven für das Feld oder für die Herde hat,
der von der Arbeit nach Hause kommt, dann wird er ihn doch nicht
gleich zu Tisch bitten. / Sondern er wird ihm sagen: ›Mach mir et-
was zu essen, binde dir die Schürze um und bediene mich bei der
8 Mahlzeit. Danach kannst auch du essen und trinken.‹ / Wird er sich
dann bei dem Sklaven, der die Aufträge erfüllt hat, großartig be-
9 danken? Doch wohl nicht! / So sollt auch ihr erst alles tun, was
euch aufgetragen ist, und dann sagen: ›Wir sind doch nur Sklaven,
10 taugen zu allem und zu gar nichts und haben nur getan, was wir
tun sollten.‹«

Jesus heilt die zehn Leprakranken 17,11-19

11 Auf dem Weg nach Jerusalem wanderte Jesus mitten durch Sama-
12 rien und Galiläa. / Am Eingang eines Dorfes kamen ihm zehn Le-
13 prakranke entgegen. In einiger Entfernung blieben sie stehen / und
14 riefen: »Jesus, guter Meister, hab Erbarmen mit uns.« / Als Jesus sie
sah, rief er ihnen zu: »Auf, zeigt euch den Priestern zur Gesund-
heitskontrolle!« Auf dem Weg dorthin verschwand der Aussatz,
15 und sie wurden rein. / Einer von ihnen machte, als er seine Heilung
bemerkte, kehrt und ging, Gott aus vollem Halse lobend, zu Jesus
16 zurück. / Er fiel ihm zu Füßen und dankte ihm. Er war übrigens Sa-
17 maritaner. / Jesus fragte verwundert: »Wurden nicht zehn Men-
18 schen rein? Wo sind die übrigen neun? / War wirklich nur dieser
eine, ein Ausländer, bereit, zurückzukehren und Gott die Ehre zu
19 geben?« / Und zu dem Geheilten sagte er: »Geh nur, dein Glaube
hat dich gesund gemacht.«

Jesus beschreibt, wie Gottes Herrschaft kommt 17,20-25

20 Pharisäer fragten Jesus: »Wann bricht Gottes Herrschaft an?« Jesus
antwortete: »Gottes Herrschaft ist nicht etwas, das sich zuerst
durch bestimmten Zeichen auf Erden oder am Himmel ankündigt
21 und dann plötzlich ausbricht. / Man wird auch nicht sagen können
›Hier ist sie!‹ oder ›Dort ist sie!‹. Sondern unsichtbar ist Gottes
Herrschaft bereits unter euch. Sie kann hervorbrechen und dann
22 sichtbar werden.« / Zu den Jüngern und Jüngerinnen sagte er: »Es
wird eine Zeit kommen, da werdet ihr euch danach sehnen, auch

nur einen Tag in Gemeinschaft mit dem Menschensohn mitzuerle-
ben. Aber es wird euch nicht vergönnt sein. / Wenn Leute zu euch 23
sagen: ›Seht, dort ist es!‹ oder ›Seht, hier ist es!‹, dann geht nicht
hin, lauft ihnen nicht nach. / Wenn der Menschensohn an seinem 24
Tag kommt, dann wird er plötzlich hell leuchtend da sein, wie ein
Blitz, der von einer Himmelsgegend in die andere zuckt. / Doch zu- 25
erst muß der Menschensohn noch viel leiden und von diesem Men-
schengesindel abgelehnt und weggeworfen werden.

Jesus vergleicht die Ankunft des Menschensohnes mit einer Katastrophe 17,26-37

In der Zeit bis zur Offenbarung des Menschensohnes wird es so 26
sein wie zu Noahs Zeiten: / Bevor Noah in die Arche ging, lebten 27
die Menschen wie gewöhnlich dahin, sie aßen und tranken, heira-
teten und wurden verheiratet. Und plötzlich kam die Flut und ver-
nichtete alles. / Auch zur Zeit des Lot war es ähnlich: Die Men- 28
schen lebten dahin, aßen und tranken, kauften und verkauften,
pflanzten und bauten. / Doch dann mußte Lot aus Sodom fliehen, 29
es schüttete Feuer und Schwefel vom Himmel, und alle gingen zu-
grunde. / Genauso wird es sein, wenn der Menschensohn offenbart 30
wird. / Wer dann auf dem Dach seines Hauses sitzt, sollte nicht erst 31
ins Haus hinuntersteigen, um seine Sachen zu holen. Wer auf dem
Feld arbeitet, sollte nicht erst nach Hause zurückgehen. / Denkt 32
daran, wie es mit Lots Frau war. / Es wird alles so plötzlich sein, 33
daß man sagen kann: Wer sein leibliches Leben dann noch um-
ständlich retten will, der wird es verlieren. Nur wer es mutig mit
einer Flucht aufs Spiel setzt, wird es gewinnen. / Ich kann euch sa- 34
gen: Von zwei Männern, die auf einem Bett liegen, wird in dieser
Nacht der eine abgeholt, der andere zurückgelassen. / Von zwei 35
Frauen, die eine Getreidemühle betätigen, wird die eine abgeholt,
die andere bleibt zurück.«[30] / Die Jünger fragten: »Wo wird das ge- 37
schehen, Herr?« Jesus antwortete ihnen: »Wo ein Aas ist, finden
sich blitzschnell die Geier ein. So schnell kommt das Gericht über
die Menschen.«

---

30 V. 36 steht nur in manchen Handschriften: »Zwei werden auf einem Acker arbeiten. Der eine wird mitgenommen, der andere aber dort gelassen werden.«

Kapitel 18

Jesus erzählt das Gleichnis von der beharrlichen Witwe 18,1-8

1 Jesus mahnte die Jüngerinnen und Jünger, sie sollten nicht nachlas-
sen, immer wieder zu beten, und verdeutlichte dies in einem Gleich-
2 nis: / »In einer Stadt lebte ein Richter, der weder von Gottesfurcht
3 noch von Menschenliebe etwas hielt. / An ihn wandte sich eine
Witwe aus der Stadt und bedrängte ihn unablässig: ›Verschaffen Sie
mir mein Recht. Die Gegenpartei darf nicht Recht behalten.‹ /
4 Lange Zeit verschleppte der Richter das Verfahren, aber dann sagte
er sich: ›Gott und Menschen sind mir egal. / Doch diese Witwe geht
mir langsam auf die Nerven. Deshalb will ich ihren Prozeß wieder-
aufnehmen, damit sie mir nicht noch am Ende ein blaues Auge
6 schlägt.‹« / Dazu sagte Jesus: »Hört genau hin, was der faule Rich-
7 ter gesagt hat! / Um wieviel mehr wird Gott seinen Auserwählten
Recht schaffen, wenn sie ihn Tag und Nacht bedrängen. Meint ihr
8 nicht, daß er sich ihrer erbarmen wird? / Ganz sicher wird er ihnen
sehr bald zu ihrem Recht verhelfen. Aber die Frage ist, ob der Men-
schensohn, wenn er auf die Erde kommt, wirklich solche Beharr-
lichkeit vorfinden wird!«

Jesus erzählt das Gleichnis vom Pharisäer und dem Steuereinnehmer 18,9-14

9 Über Menschen, die sich auf ihre eigene Gerechtigkeit etwas einbil-
den und alle übrigen Menschen verachten, erzählte Jesus folgendes
10 Gleichnis: / »Zwei Männer stiegen zum Tempel hinauf zum Beten,
11 der eine war ein Pharisäer, der andere ein Steuereintreiber. / Der
Pharisäer stellte sich hin und sprach bei sich folgendes Gebet:
›Gott, ich danke dir, daß ich nicht so bin wie die anderen, wie die
Habgierigen und Korrupten, wie die Ehebrecher und wie dieser
12 Steuereintreiber da. / Ich nehme am Sabbat nur eine Mahlzeit zu
mir und zahle freiwillig zehn Prozent Einkommenssteuer an den
13 Tempel.‹ / Der Steuereinnehmer aber blieb ganz weit weg vom Al-
tar stehen und wagte kaum, die Augen zum Himmel zu erheben. Er
schlug sich reuevoll an die Brust und sagte: ›Herr, sei mir Sünder
14 gnädig.‹ / Ich versichere euch: Den Steuereinnehmer hat Gott frei-
gesprochen, und so kehrte er nach Hause zurück, aber nicht den
Pharisäer. Denn wer sich selbst unten einstuft, der kommt nach
oben. Wer sich aber oben einstuft, der wird unten enden.«

Jesus segnet die Kinder 18,15-17
Die Leute wollten Kinder zu Jesus bringen, damit er ihnen die 15
Hände auflegte. Die Jünger aber sahen es und hinderten sie daran.
/ Jesus jedoch rief die Kinder zu sich und sagte: »Laßt die Kinder 16
doch zu mir kommen! Hindert sie nicht daran! Denn wer so ist wie
sie, für den werden die Verheißungen von Gottes Herrschaft erfüllt.
/ Amen, ich sage euch: Wer sich Gottes Herrschaft nicht anvertraut 17
wie ein Kind, der wird ihre Segnungen nicht genießen.«

Jesus spricht über Reichtum und Nachfolge 18,18-30
Einer der jüdischen Führer fragte Jesus: »Guter Meister, was muß 18
ich tun, um das ewige Leben zu bekommen?« / Jesus antwortete: 19
»Was nennst du mich ›gut‹? Allein Gott ist gut! / Du kennst doch 20
die Gebote[31]: Brich nicht die Ehe! Morde nicht! Stiehl nicht! Leg
nicht falsches Zeugnis ab! Ehre deine Eltern!« / Der Mann erwi- 21
derte: »All das habe ich von Kindesbeinen an beherzigt.« / Darauf- 22
hin sagte Jesus: »Eins fehlt dir noch. Geh, verkauf alles, was du
hast, gib es den Armen – dann hast du einen Schatz im Himmel –
und auf, folge mir nach.« / Der Mann hörte diese Worte und wurde 23
sehr betrübt, denn er war sehr reich.
Da sagte Jesus mit einem Blick auf ihn zu seinen Jüngern: »Wie 24
schwierig ist es doch für reiche Leute, an den Verheißungen von
Gottes Herrschaft teilzuhaben. / Leichter geht ein Kamel durch ein 25
Nadelöhr, als daß ein Reicher in den Himmel kommt.« / Seine Zu- 26
hörer fragten: »Wer kann da denn noch gerettet werden?« / Jesus 27
antwortete: »Bei den Menschen sicher niemand, aber bei Gott ist
es möglich.«
Da wandte Petrus ein: »Wir haben aber doch alles, was uns ge- 28
hörte, aufgegeben und sind dir gefolgt.« / Jesus erwiderte: »Amen, 29
ich sage euch: Jeder, der wegen Gottes Herrschaft Haus, Frau, Ge-
schwister, Eltern oder Kinder verlassen hat, / der wird all dies in 30
dieser Welt vielfach zurückerhalten. In der kommenden Welt wird
er das ewige Leben bekommen.«

Jesus kündigt zum drittenmal seinen Tod und seine Auferstehung an 18,31-34
Dann nahm Jesus die Zwölf beiseite und sagte zu ihnen: »Wir ge- 31
hen jetzt nach Jerusalem hinauf. Alles, was die Propheten über den
Menschensohn geschrieben haben, wird in Erfüllung gehen.

[31] Dt 5,16-20 LXX; Ex 20,12-16.

32 Der Menschensohn wird den Heiden ausgeliefert werden. Sie wer-
33 den ihn verspotten, schmähen und anspucken, / dann werden sie
ihn geißeln und töten. Und am dritten Tage wird er auferstehen.« /
34 Die Jünger verstanden nichts von dem, was Jesus sagte. Sie begrif-
fen nicht, wovon er redete und was er meinte.

Jesus heilt den Blinden vor Jericho 18,35-43

35 Sie gelangten nach Jericho. Dort hockte ein Blinder am Wegesrand
36 und bettelte. / Als er die vielen Menschen herbeiströmen hörte,
37 fragte er, was da los sei. / Man sagte ihm: »Jesus, der Nasoräer,
38 kommt vorbei!« / Da begann zu er schreien: »Jesus, Sohn Davids,
39 erbarme dich meiner!« / Die an der Spitze des Zuges Laufenden
fuhren ihn an, er solle still sein. Er aber schrie um so mehr: »Sohn
40 Davids, erbarme dich meiner!« / Jesus blieb stehen und befahl, ihn
zu ihm zu bringen. Als der Blinde näher herankam, fragte Jesus ihn:
41 / »Was ist dein Wunsch, was soll ich für dich tun?« Der Blinde ant-
42 wortete: »Herr, mach, daß ich sehe.« / Da sagte Jesus zu ihm: »Sei
43 wieder sehend. Dein Glaube hat dich gesund gemacht.« / Sogleich
konnte der Blinde wieder sehen, und er folgte Jesus auf dem Weg
nach und lobte Gott. Und auch alle Leute, die das mitangesehen
hatten, lobten Gott.

Kapitel 19

Jesus besucht den Steuereinnehmer Zakchäus 19,1-10

1, 2 Jesus kam nach Jericho und durchquerte den Ort. / Ein Mann na-
mens Zakchäus, ein wohlhabender, hochrangiger Steuereinnehmer,
3 der dort lebte, / wollte Jesus gerne kennenlernen. Aber wegen des
4 Andrangs bei Jesus schaffte er es nicht, denn er war sehr klein. / Da
lief er Jesus auf dem Weg voraus und kletterte auf einen Feigen-
5 baum, um ihn sehen zu können, wenn er vorbeikäme. / Als Jesus an
den Feigenbaum kam, blickte er hoch und forderte Zakchäus auf:
»Komm schnell herunter! Heute muß ich bei dir zu Hause zu Gast
6 sein!« / Da stieg dieser sofort vom Baum herab und war ganz selig,
7 Jesus als Gast zu haben. / Als die anderen Leute das sahen, sag-
ten sie empört: »Von einem Gottlosen läßt er sich beherbergen!« /
8 Zakchäus aber trat vor den Herrn mit den Worten: »Die Hälfte von
dem, was ich verdiene, gebe ich immer den Armen, und wenn ich
jemanden übervorteilt habe, gebe ich es ihm vierfach zurück.« /
9 Jesus erwiderte: »Heute ist das Heil zu diesem Haus gekommen,
10 denn auch Zakchäus gehört zu Abrahams Kindern. / Denn der
Menschensohn ist dazu da, Verlorenes zu suchen und zu retten.«

Jesus erzählt das Gleichnis vom anvertrauten Geld 19,11-28
Dann erzählte Jesus denen, die zuhören wollten, wieder ein Gleich- 11
nis. Es war nicht mehr weit bis Jerusalem, und die Leute glaubten,
daß Gottes Herrschaft sehr bald anbrechen würde. / Er sagte: »Ein 12
Fürst wollte in ein fernes Land reisen, um sich dort krönen zu las-
sen und dann als König zurückzukehren. / Er rief seine zehn Skla- 13
ven zusammen, händigte jedem Silbergeld im Werte von einem
Pfund aus und sagte: ›Macht damit Geschäfte, bis ich wieder-
komme.‹ / Er war sehr unbeliebt bei seinen Bürgern. Daher schick- 14
ten sie eine Abordnung hinter ihm her, die ihm erklären sollte: ›Wir
wollen dich nicht als unsern König!‹ / Wie er dann als gekrönter 15
König zurückkam, ließ er die Sklaven, denen er sein Geld anver-
traut hatte, zusammenrufen, um festzustellen, was ein jeder erwirt-
schaftet hatte. / Der erste kam und meldete: ›Herr, aus deinem ei- 16
nen Pfund sind zehn Pfund geworden.‹ / Der König lobte ihn: ›Sehr 17
gut, du bist ein vorbildlicher Knecht. Weil du mit dem wenigen zu-
verlässig gewirtschaftet hast, will ich dir Großes anvertrauen: die
Herrschaft über zehn Städte.‹ / Dann kam der zweite Sklave und 18
sagte: ›Dein eines Pfund, Herr, hat sich verfünffacht.‹ / Auch ihn 19
lobte der Herr und sagte: ›Du sollst über fünf Städte regieren.‹ / Der 20
dritte Sklave kam und sagte: ›Herr, hier nimm dein Pfund. Ich habe
es sorgfältig in mein Taschentuch eingewickelt und aufgehoben. /
Denn ich hatte Angst vor dir, weil du doch einer bist, der kein Par- 21
don kennt. Du hebst ab, wo du nichts eingezahlt hast, und erntest,
wo du nicht gesät hast.‹ / Da erwiderte ihm der Herr: ›Deine eige- 22
nen Worte verwende ich jetzt gegen dich, du untauglicher Sklave.
Du wußtest, ich bin einer, der kein Pardon kennt, ich hebe ab, wo
ich nichts eingezahlt habe, und ernte, wo ich nicht gesät habe. /
Warum hast du mein Geld nicht wenigstens zur Bank gebracht, so 23
daß ich bei meiner Rückkehr zumindest das Geld mit dem Zins
wiederbekommen hätte?‹ / Zu den Umstehenden sagte er: ›Nehmt 24
ihm das Pfund weg und gebt es dem, der aus einem Pfund zehn ge-
macht hat.‹ / Sie erwiderten: ›Herr, der hat doch schon zehn Pfund! 25
Soll er noch mehr bekommen?‹ / Der Herr erwiderte: ›Ja! Jedem, 26
der viel hat, wird viel gegeben. Dem, der wenig hat, wird auch das
wenige noch genommen. / Und meine Feinde, die mich nicht als 27
König wollten, bringt her und schlachtet sie vor meinen Augen.‹« /
Nach diesem Gleichnis setzte Jesus seine Reise fort, bergauf in 28
Richtung Jerusalem.

Jesus zieht in Jerusalem ein 19,29-40

29 Als sie sich den Orten Bethphage und Bethanien am Ölberg näher-
30 ten, schickte Jesus zwei von seinen Jüngern vor / und gab ihnen fol-
genden Auftrag: »Geht in das nächste Dorf. Gleich am Ortseingang
werdet ihr ein Eselsfüllen, auf dem noch nie ein Mensch geritten ist,
finden, das dort angebunden ist. Bindet es los und führt es her. /
31 Wenn euch jemand fragt: ›Wozu bindet ihr es los?‹, dann sagt: ›Der
32 Herr braucht es.‹« / Sie machten sich auf den Weg und fanden alles
33 so, wie Jesus gesagt hatte. / Als sie das Füllen losbanden, fragten die
34 Besitzer: »Wieso dürft ihr das Füllen losbinden?« / Sie antworteten:
35 »Der Herr braucht es.« / Sie führten das Füllen zu Jesus, legten
36 Kleider darauf und halfen ihm aufsitzen. / Als er losritt, breiteten
37 sie auch Kleider auf dem Weg vor Jesus aus. / Wie er sich so dem
Hang des Ölbergs näherte, stimmte die ganze Jüngerschar aus vol-
lem Hals und in großer Freude ein Loblied auf Gott an. So viel
38 Wunderbares hatten sie erlebt, / daß sie riefen[32]: »Gelobt sei der
König, der kommt im Namen des Herrn. Von Gott im Himmel
kommt das Heil, sein ist alle Ehre in der Höhe.«
Da forderten einige Pharisäer aus der Volksmenge Jesus auf: »Gu-
ter Lehrer, sag deinen Jüngern, sie sollen damit aufhören!« / Jesus
39 erwiderte ihnen: »Ich kann euch nur sagen: Wenn meine Jünger
40 schweigen müssen, werden die Steine [bei der Zerstörung Jerusa-
lems vor Schmerz] um so lauter schreien.«

Jesus weint über Jerusalem 19,41-44

41 Als die Stadt in Sichtweite vor ihnen lag, brach Jesus in Tränen aus
42 und sagte: / »Hättest du heute nur erkannt, worin der Schlüssel für
deine friedliche Zukunft liegt. Doch du hast deine Augen verschlos-
43 sen. / Es wird eine Zeit für dich kommen, da werden deine Feinde
einen Wall um dich aufwerfen und dich von allen Seiten her umzin-
44 geln und belagern. / Sie werden dich dem Erdboden gleichmachen
und deine Kinder vernichten. Sie werden in dir keinen Stein auf
dem anderen lassen. Denn du hast den Augenblick blind verkannt,
durch den das Heil bei dir hätte eintreten können.«

Jesus jagt die Händler aus dem Tempel 19,45-48

45 Dann ging Jesus in den Tempel und fing an, die Händler hinauszu-
46 jagen. Er sagte: / »In der Schrift steht[33]: ›Mein Haus soll ein Gebets-
haus sein.‹ Ihr jedoch benutzt es nur, um euren schäbigen Profit zu

---

[32] Vgl. Ps 118,26.
[33] Jes 56,7.

machen.« / Jeden Tag ging Jesus in den Tempel und lehrte dort. Ob- 47
wohl die Hohenpriester und die Schriftkundigen und die Führungsschicht des Volkes nach einer Gelegenheit Ausschau hielten, ihn aus
dem Wege zu räumen, / fanden sie doch keinen Weg, ihren Plan zu 48
verwirklichen, denn er war ständig von einer Schar andächtiger Zuhörer umringt.

Kapitel 20

Die Hohenpriester fragen Jesus nach seiner Vollmacht 20,1-8

In dieser Zeit, als Jesus das Volk im Tempel lehrte und das Evange- 1
lium verkündete, kamen einmal die Hohenpriester, Schriftkundigen und Ältesten zu ihm / und fragten ihn: »Sag uns, welche Voll- 2
macht du für dein Auftreten hast. Wer berechtigt dich zu deinem
Tun?« / Jesus entgegnete ihnen: »Beantwortet mir nur eine einzige 3
Frage, dann will ich auf eure Bitte eingehen: / War die Taufe des Jo- 4
hannes von Gott oder von Menschen?« / Da gingen sie miteinander 5
zu Rate: »Wenn wir sagen ›von Gott‹, dann wird er sagen: Warum
habt ihr dann dem Johannes nicht geglaubt? / Aber sollen wir sagen 6
›von Menschen‹? Dann werden sie uns alle steinigen, denn sie halten Johannes für einen Propheten.« / So antworteten sie Jesus: »Wir 7
wissen es nicht.« / Da sagte Jesus: »Dann sage ich euch auch nicht, 8
welche Vollmacht ich für mein Tun habe.«

Jesus erzählt das Gleichnis von den bösen Winzern 20,9-19

Jesus erzählte der Volksmenge ein Gleichnis: »Ein Mann legte einen 9
Weinberg an, verpachtete ihn an Winzer und reiste für unbestimmte Zeit fort. / Als der Termin für die Zahlung des Pachtzinses 10
kam, schickte er einen Bediensteten zu den Winzern. Diese folterten ihn und schickten ihn mit leeren Händen zurück. / Da sandte 11
der Eigentümer einen zweiten Bediensteten aus. Die Winzer folterten und mißhandelten auch diesen und schickten ihn mit leeren
Händen zurück. / Er schickte noch einen, und auch diesem brach- 12
ten sie Verwundungen bei und warfen ihn hinaus. / Da sprach der 13
Besitzer des Weinbergs bei sich: ›Was soll ich jetzt tun? Ich will meinen Sohn schicken, den ich sehr liebe. Vielleicht werden sie ihn respektieren.‹ / Als die Winzer ihn erblickten, sagten sie zueinander: 14
›Das ist der Erbe. Wir wollen ihn umbringen, dann gehört der
Weinberg uns.‹ / Sie ergriffen und töteten ihn und warfen seinen 15
Leichnam aus dem Weinberg hinaus. Was wird nun der Eigentümer
des Weinbergs tun? / Er wird selbst kommen, die Winzer umbrin- 16
gen und den Weinberg an andere verpachten.« Als die Leute das

17 hörten, riefen sie: »Gott bewahre uns davor!« / Jesus blickte den
Menschen ins Gesicht und sagte: »Da gibt es eine Stelle in der
Schrift, die auf euch paßt[34]: ›Der Stein, den die Bauarbeiter nicht
gebrauchen konnten, wurde zum wichtigsten Stein des Hauses.‹ /
18 Jeder, der auf den Stein fällt, wird sich alle Knochen brechen. Und
19 auf wen der Stein fällt, der wird zermalmt.« / Die Schriftkundigen
und Hohenpriester hätten Jesus damals gern gefangengenommen,
aber sie hatten Angst vor den Leuten. Denn sie wußten, daß er mit
diesem Gleichnis sie gemeint hatte.

Jesus beantwortet die Frage nach der Kaisersteuer 20,20-26

20 Daher lauerten sie Jesus auf und schickten Leute zu ihm, die sich
gut darauf verstanden, den glaubensstrengen Gerechten zu mimen,
um Jesus eine Fangfrage zu stellen und ihn dann der jüdischen Füh-
21 rung und der Regierung auszuliefern. / Und sie fragten ihn heuch-
lerisch: »Meister, wir wissen, daß man sich auf dich verlassen kann
und daß du unparteiisch urteilst. Denn du bist unbestechlich und
22 lehrst wirklich Gottes Weg. / Darf man dem Kaiser Steuern zahlen
23 oder nicht? Sollen wir zahlen oder nicht?« / Jesus durchschaute ihre
Arglist und Verschlagenheit und erwiderte: »Ihr wollt mich wohl
24 hereinlegen? / Zeigt mir einen Denar her! Wessen Bild und Namen
25 trägt der Denar?« Sie erwiderten: »Die des Kaisers.« / Da sagte
Jesus: »Was dem Kaiser gehört, müßt ihr dem Kaiser geben! Was
26 aber Gott gehört, müßt ihr Gott geben!«[35] / Seine Gegner konnten
ihm aus dieser Antwort vor all dem Volk keinen Strick drehen, und
alle staunten über ihn und sagten lieber nichts mehr.

Jesus beantwortet die Frage nach der Auferstehung 20,27-40

27 Sadduzäer, das sind Leute, die eine Auferstehung leugnen, wandten
28 sich an Jesus / mit der Frage: »Meister, Mose hat folgendes ge-
schrieben[36]: ›Wenn jemandes Bruder stirbt und eine Witwe, aber
kein Kind hinterläßt, dann soll er die Witwe heiraten und auf diese
Weise seinem verstorbenen Bruder Nachkommen verschaffen.‹ /
29 Nun aber folgender Fall: Da waren sieben Brüder. Der erste heira-
30 tete und starb, hinterließ aber kein Kind. / Da nahm der zweite Bru-
31 der die Frau. Auch er starb ohne Nachkommen. / Ebenso der dritte.
32 Alle sieben starben ohne Nachkommen. / Zuletzt starb auch die
33 Frau. / Wessen Frau wird sie nun bei der Auferstehung? Bedenke:

34 Vgl. Ps 118,22.

35 Ihr tragt sein Bild, sein Name ist über euch ausgerufen.

36 Dt 25,5f.

Sie war mit allen sieben verheiratet!« / Jesus erwiderte ihnen: »Die 34
Menschen dieser bestehenden Welt heiraten und werden geheiratet.
/ Doch für die Menschen, die auferstehen und zur kommenden 35
Welt gehören dürfen, gibt es keine Ehe mehr. / Denn wie die Engel 36
im Himmel werden sie gar nicht mehr sterben können, also auch
nicht gebären. Wer auferstanden ist, gehört zu Gottes Kindern und
ist wie die Engel. / Darüber, daß Tote auferweckt werden, könnt ihr 37
etwas bei Mose finden, und zwar in der Geschichte mit dem bren-
nenden Dornbusch. Dort nennt Mose Gott den Gott Abrahams
und Isaaks und Jakobs. / Also ist er kein Gott der Toten, sondern 38
der Lebenden. So leben alle, deren Gott er sich nennt, aus seiner
Kraft.« / Einige der Schriftkundigen applaudierten Jesus: »Gut 39
gesagt, Meister!« / Keiner wagte es, ihm noch weitere Fragen zu 40
stellen.

Jesus fragt die Pharisäer, ob der Messias Davids Sohn oder Herr ist 20,41-44

Da wandte Jesus sich von sich aus an seine Gegner: »Stimmt es 41
wirklich, daß – wie man bei euch sagt – der Messias Davids Sohn
ist? / Denn David selbst hat doch im Buch der Psalmen gesagt[37]: 42
›Gott der Herr hat zu meinem Herrn gesagt: Setz dich zu meiner
Rechten, / bis ich dir deine Feinde zu Füßen lege.‹ / David selbst 43, 44
nennt den Messias also ›Herr‹. Wie soll er da sein Sohn sein kön-
nen?«

Jesus warnt vor den scheinheiligen Schriftgelehrten 20,45-47

Als alle andächtig zuhörten, sagte Jesus zu seinen Jüngerinnen und 45
Jüngern: / »Nehmt euch in acht vor den Schriftgelehrten, die nur 46
eines wollen: in Talaren umhergehen, in der Öffentlichkeit von
allen gegrüßt werden und überall, beim Gottesdienst und bei Ein-
ladungen, die ersten Plätze zugewiesen bekommen. / Wer aber seine 47
Gebete mit großem Getue verrichtet und sich gleichzeitig die Häu-
ser von Witwen unter den Nagel reißt, wird im Gericht besonders
hart bestraft.«

Kapitel 21

Jesus bewertet das Opfer der armen Witwe 21,1-4

Jesus sah zu, wie die reichen Leute Geld in den Opferkasten des 1
Tempels legten. / Er beobachtete auch eine arme Witwe, die zwei 2

37 Vgl. Ps 110,1.

kleine Kupfermünzen im Wert von etwa einem Pfennig hineinwarf.
3 / Da sagte er zu seinen Jüngerinnen und Jüngern: »Glaubt mir:
Diese arme Witwe hat mehr in den Opferkasten geworfen als alle
4 anderen. / Denn die anderen haben gegeben, was sie übrig hatten,
sie aber hat alles gegeben, was sie in ihrer Armut besaß. Sie gab ihr
ganzes Leben.«

Jesus kündigt die Zerstörung des Tempels an 21,5-6

5 Beim Anblick des Tempels sagten Leute zu Jesus: »Was für kostbare
Steine! Was für herrliche Dinge haben die Leute zum Schmuck ge-
6 stiftet!« / Er erwiderte: »Es kommt eine Zeit, da wird kein Stein auf
dem anderen bleiben, alles wird zerstört werden!«

Jesus beschreibt den Anfang des Weltendes 21,7-11

7 Da fragten ihn die Jünger: »Sag uns, guter Lehrer, wann wird das
8 sein? Woran werden wir erkennen, daß es soweit ist?« / Er antwor-
tete: » Achtet auf euch! Niemand soll euch in die Irre führen. Denn
viele Leute werden unter meinem Namen auftreten und sagen: ›Ich
bin Jesus.‹ Oder sie sagen: ›Das Ende ist da.‹ Schließt euch ihnen
nicht an! / Wenn ihr hört, daß es Kriege gibt oder Unruhen, dann
laßt euch nicht erschrecken. Das muß so geschehen, aber es ist noch
9 nicht das Ende.« / Dann sagte er zu ihnen: »Volk wird sich gegen
Volk wenden und Reich gegen Reich. / Es wird starke Erdbeben ge-
10 ben. Vielerorts werden Hungersnöte und Seuchen wüten. Auch am
11 Himmel werden Katastrophen und gewaltige Veränderungen ge-
schehen.

Jesus kündigt die Verfolgung der Gemeinde an 21,12-19

12 Bevor das alles eintritt, wird man Hand an euch legen und euch
verfolgen. Man wird euch an Synagogen ausliefern und in Gefäng-
nisse stecken. Wegen mir werdet ihr vor Regenten und Könige ge-
13 stellt werden. / Wenn das geschieht, habt ihr den Beweis, daß ich
14 die Wahrheit sage. / Prägt euren Herzen eines gut ein: Macht euch
15 nicht vorher Sorgen, was ihr zu eurer Verteidigung sagen sollt. / Ich
will euch Worte von solcher Weisheit eingeben, daß ihnen keiner
16 eurer Widersacher widerstehen oder widersprechen kann. / Eltern,
Geschwister, Verwandte und Freunde werden euch ausliefern und
17 manche von euch sogar in den Tod schicken. / Alle werden euch
18 hassen wegen mir. / Euch aber soll kein Haar gekrümmt werden. /
19 Wenn ihr geduldig aushaltet, werdet ihr das Leben gewinnen.

Jesus weissagt künftige Schrecken in Judäa 21,20-24
Wenn ihr seht, daß Jerusalem von Heeren umzingelt ist, dann wißt: 20
Es wird bald verwüstet. / Die Bewohner Judäas sollen dann ins Ge- 21
birge flüchten. Wer im Zentrum Judäas wohnt, soll hinausziehen,
und wer in den benachbarten Gebieten wohnt, soll nicht nach Judäa
hineinkommen. / Denn dies ist die Zeit, da Gott Vergeltung übt, da- 22
mit alles, was geschrieben steht, erfüllt wird. / Dann gilt: Wehe den 23
Schwangeren und den stillenden Müttern. Betet, daß es nicht im
Winter geschieht. Dann wird großes Elend herrschen, / und die 24
Menschen werden mit dem Schwert getötet oder als Gefangene in
alle Völker verschleppt. Die Heiden werden über Jerusalem hin-
trampeln, bis die Zeit der Heimsuchung durch die Heiden vorbei ist.

Jesus beschreibt die Ankunft des Menschensohns 21,25-33
An Sonne, Mond und Sternen werden Vorzeichen zu sehen sein. 25
Auf der Erde werden die Völker in ihrer Bedrängnis nicht wissen,
welche Schrecken das Tosen des Meeres und der Wellen ankündi-
gen soll. / Die Menschen werden vor Angst kaum noch Luft holen 26
können, weil sie zittern vor dem, was auf die Erde zukommt. Die
Himmelskörper werden aus der Bahn springen.
Und dann wird man den Menschensohn auf den Wolken kommen 27
sehen, mit großer Macht und Herrlichkeit. / Wenn dies alles be- 28
ginnt, dann richtet euch auf und erhebt euer Haupt. Denn eure Er-
lösung ist ganz nahe.«
Dann erzählte Jesus ihnen ein Gleichnis: »Seht den Feigenbaum, 29
aber auch alle die anderen Bäume: / Wenn sie junge Triebe anset- 30
zen, dann wißt ihr doch, daß der Sommer nahe ist. / So sollt ihr, 31
wenn ihr all diese Ereignisse seht, auch wissen, daß das Reich Got-
tes unmittelbar vor der Tür steht. / Amen, ich sage euch: Denen, die 32
jetzt leben, wird das alles noch widerfahren.
Himmel und Erde werden vergehen, meine Worte aber nicht. 33

Jesus mahnt zur Wachsamkeit 21,34-38
Paßt auf euch auf! Beschwert eure Herzen nicht mit Fressen, Saufen 34
und den Sorgen des Alltags. Sonst überrascht euch der Gerichtstag
so plötzlich wie eine / Falle, die zuschnappt, denn er kommt über 35
alle Erdenbewohner auf einmal. / Gönnt euch keinen Schlaf, son- 36
dern betet beharrlich, damit ihr dem kommenden Unheil entrinnen
könnt. Nur so könnt ihr bestehen vor dem Menschensohn.«
Am Tage lehrte Jesus die Tempelbesucher. Nachts aber ging er hin- 37
aus und verbrachte die Zeit am Ölberg. / Das ganze Volk gönnte 38
sich kaum Schlaf und ging gleich morgens zu ihm, um ihn im Tem-
pel zu hören.

Kapitel 22

Judas liefert Jesus aus 22,1-6

1 Das Fest der ungesäuerten Brote, das Passahfest, war gekommen. /
2 Die Hohenpriester und Schriftkundigen suchten nach einem Weg,
Jesus zu töten. Denn es machte ihnen angst, wie das Volk Jesus
3 nachlief. / Aber in das Herz des Judas Iskariot, eines von den Zwöl-
4 fen, war der Satan gefahren. / Er ging zu den Hohenpriestern und
der Tempelpolizei und besprach mit ihnen, wie er ihnen Jesus über-
5 antworten wollte. / Die waren hocherfreut und boten ihm Geld zur
6 Belohnung an. / Judas war einverstanden und suchte nach einer
günstigen Gelegenheit, sein Vorhaben auszuführen, ohne daß das
Volk es merkte.

Das Passahmahl wird vorbereitet 22,7-13

7 In der Zeit, in der man Brot ungesäuert ißt, gibt es einen Tag, an dem
8 das Passahlamm geschlachtet werden muß. / Als es soweit war, gab
Jesus Petrus und Johannes den Auftrag: »Geht los und bereitet das
9 Passahmal für uns vor.« / Da fragten die Jünger: »Was meinst du,
10 wohin sollen wir gehen, um es vorzubereiten?« / Jesus antwortete:
»Geht nach Jerusalem hinein. Dort wird euch ein Mann mit einem
11 Wasserkrug entgegenkommen. Ihm geht nach. / In dem Haus, in das
ihr dann kommt, meldet dem Hausherrn: Der Lehrer läßt fragen:
›Wo ist der Raum, in dem ich mit meinen Jüngern das Passahmahl
12 einnehmen kann?‹ / Er wird euch einen großen Raum im oberen
Stockwerk zeigen. Dort sollt ihr das Passahmahl für uns vorberei-
13 ten.« / Die Jünger machten sich auf in die Stadt und fanden alles so
vor, wie Jesus gesagt hatte. Dann bereiteten sie das Passahmahl vor.

Das Passahmahl 22,14-23

14 Als es Zeit für das Passahmahl war, begab sich Jesus mit den Apo-
15 steln zu Tisch. / Er sagte zu ihnen: »Ich habe mich sehr danach ge-
sehnt, noch mit euch das Passahmahl essen zu können, bevor ich
16 leiden und sterben muß. / Euch sage ich es: Dies ist mein letztes Pas-
sahmahl. Erst wenn Gottes Reich offenbar wird, werde ich wieder
17 das Mahl der Vollendung zu mir nehmen.« / Er nahm den Becher,
sprach das Dankgebet und sagte: »Nehmt und teilt diesen Wein
18 miteinander. / Euch sage ich: Ich werde von jetzt ab keinen Wein
mehr trinken. Erst wenn Gottes Reich offenbar wird, werde ich
wieder Wein trinken.«
19 Dann nahm er ein Brot, sprach das Dankgebet, teilte das Brot und
gab es den Jüngern mit den Worten: »Das bin ich für euch. Tut dies

immer zur Erinnerung an mich.« / Ebenso nahm er nach der Mahl- 20
zeit den Becher und sagte: »Dieser Becher ist der neue Bund, gestif-
tet durch mein Blut. Er wird für euch ausgeschenkt.
Derjenige, der mich ausliefern wird, nimmt hier zusammen mit uns 21
das Mahl ein. / Der Menschensohn geht jetzt zwar zurück zum 22
Himmel, wie es ihm bestimmt ist, aber wehe dem Menschen, der
ihn ausliefert.« / Die Jünger fingen an, miteinander zu diskutieren, 23
wer aus ihrer Runde das tun würde.

Jesus spricht vom Herrschen und vom Dienen 22,24-30

Außerdem stritten sie darüber, wer von ihnen der Wichtigste sei. / 24
Jesus tadelte sie: »Bei den Heidenvölkern sind diejenigen König, die 25
alle anderen unterdrücken, und wer die Freiheit raubt, wird Wohl-
täter genannt. / Ihr sollt das nicht nachahmen. Sondern der Größte 26
unter euch soll sich verhalten, als wäre er der Geringste, und der
Meister, als wäre er der Diener. / Das kann man doch deutlich se- 27
hen: Wer bei Tisch dient, der steht, und wer sich bedienen läßt, der
liegt. Ist etwa der größer, der liegt? Ich bin unter euch als euer Die-
ner. / Ihr habt gemeinsam mit mir alle meine Versuchungen durch- 28
gestanden. / Wie mir der Vater das Reich vermacht hat, so verma- 29
che ich es euch. / Dann sollt ihr essen und trinken an meiner Tafel 30
in meinem Königreich, und ihr werdet auf Thronen sitzen und
Israels zwölf Stämme regieren.

Jesus ermahnt die Jünger, gerüstet zu sein 22,31-38

Simon, Simon, der Satan hat sich ausbedungen, euch durcheinan- 31
derrütteln zu dürfen wie auf einem Sieb. / Doch ich habe für dich 32
im Gebet darum gerungen, daß dein Glaube nicht erlöschen möge.
Und genauso sollst du deine Brüder und Schwestern stärken, wenn
du zurückgefunden hast zum Glauben.« / Petrus entgegnete: »Herr, 33
ich bin doch bereit, mit dir zusammen ins Gefängnis zu gehen und
sogar in den Tod.« / Da sagte Jesus zu ihm: »Petrus, bevor der 34
Hahn heute gekräht hat, wirst du dreimal geleugnet haben, mich
überhaupt zu kennen.«
Dann wandte er sich an die Jünger und sagte: »Als ich euch neulich 35
das erstemal aussandte, wies ich euch an, auf Geldbeutel, Rucksack
und Sandalen zu verzichten. Hat euch etwas gefehlt?« Die Jünger
antworteten: »Nein, uns hat nichts gefehlt.« / Daraufhin Jesus: 36
»Jetzt ist es anders. Wer einen Geldbeutel hat, nehme ihn mit. Wer
einen Rucksack hat, binde ihn um. Wer kein langes Messer hat, soll
seinen Mantel verkaufen, um eines zu erwerben. / Denn an mir 37
muß die Schriftstelle in Erfüllung gehen, in der es heißt: ›Er wurde

wie ein Verbrecher behandelt.‹ Mein Leben kommt jetzt ans Ziel.«
38 / Die Jünger erwiderten: »Herr, hier sind zwei Messer.« Jesus sagte:
»Das dürfte reichen.«

Jesus betet in Gethsemane 22,39-46

39 Jesus verließ die Stadt und ging wie gewöhnlich zum Ölberg. Die
40 Jüngerinnen und Jünger folgten ihm. / Als sie am Ölberg waren,
forderte Jesus sie auf: »Betet, damit ihr nicht in Versuchung gera-
41 tet.« / Dann entfernte er sich von ihnen, etwa einen Steinwurf weit,
42 fiel auf die Knie und betete: / »Vater, wenn es dein Wille ist, mach,
daß ich diesen bitteren Leidenskelch nicht trinken muß. Doch nicht
43 nach meinem, sondern nach deinem Willen soll es gehen.« / Da er-
44 schien ihm ein Engel Gottes und stärkte ihn. / Jesus geriet in Todes-
angst und betete immer flehentlicher. Wie Blut tropfte sein Schweiß
45 zur Erde. / Dann erhob er sich vom Beten, ging zu den Jüngern und
46 sah, daß sie eingeschlafen waren, vor Kummer erschöpft. / Er rief:
»Was schlaft ihr? Auf, betet, damit die Versuchung nicht Herr über
euch wird!«

Jesus wird verhaftet 22,47-53

47 Und er hatte noch nicht ausgeredet, da kam ein Haufen Menschen
auf ihn zu, allen voran Judas, einer von den Zwölfen. Er trat auf
Jesus zu und wollte ihm den üblichen Begrüßungskuß geben. /
48 Doch Jesus hielt ihm entgegen: »Willst du mit einem Kuß den
49 Menschensohn ausliefern, Judas?« / Als die Jünger sahen, daß es
brenzlig wurde, fragten sie: »Herr, sollen wir mit den langen Mes-
50 sern zustechen?« / Ohne die Antwort abzuwarten, hieb schon ei-
ner von ihnen dem Sklaven des Hohenpriesters das rechte Ohr ab.
51 / Da griff Jesus ein und sagte: »Schluß damit!« Er hob das Ohr auf
52 und machte den Sklaven wieder heil. / Dann sagte er zu den Ho-
henpriestern, den Offizieren der Tempelwache und den Ältesten:
»Wie gegen einen Räuber seid ihr mit Schwertern und Knüppeln
53 ausgezogen. / Jeden Tag war ich mit euch im Tempel zusammen,
und keiner hat auch nur eine Hand nach mir ausgestreckt. Doch
jetzt ist eure große Stunde, die Finsternis kann ihre Macht zei-
gen.«

Petrus verleugnet Jesus 22,54-62

54 Die Häscher nahmen Jesus fest, führten ihn ab und brachten ihn in
die Residenz des Hohenpriesters. Petrus folgte in einiger Entfer-
55 nung. / Im Innenhof des Hauses brannte ein Feuer, und Petrus setzte
56 sich dort zu dem Wachpersonal. / Da erkannte ihn eine Magd im

Schein des Feuers, blickte ihm ins Gesicht und sagte: »Der hier war
auch bei Jesus.« / Petrus aber stritt es ab und behauptete: »Ich 57
kenne Jesus gar nicht, gute Frau.« / Kurz darauf erkannte ihn noch 58
jemand und sagte: »Auch der gehört zu den Jesusleuten.« Petrus
aber leugnete wieder: »Nein, bester Mann, das stimmt nicht.« / Es 59
war noch keine Stunde vergangen, da bestand ein dritter darauf:
»Wirklich, auch er war bei Jesus, er ist doch Galiläer.« / Petrus 60
stellte sich dumm: »Guter Mann, ich weiß gar nicht, wovon du re-
dest.« Und während er noch redete, krähte ein Hahn. / Da drehte 61
sich Jesus zu Petrus um und blickte ihn an. Und Petrus erinnerte
sich daran, wie Jesus gesagt hatte: »Bevor der Hahn heute kräht,
wirst du mich dreimal verleugnen.« / Er floh nach draußen und be- 62
gann bitterlich zu weinen.

Jesus wird vor dem Hohen Rat verhört 22,63-71

Jesus hingegen wurde von seinen Bewachern geschlagen und ver- 63
spottet. / Sie verbanden ihm die Augen und höhnten: »Du bist doch 64
ein Prophet und siehst, was andere nicht sehen. Sag uns: Wer hat
dich geschlagen?« / Und sie nahmen sich ihm gegenüber noch viele 65
andere Frechheiten und verletzende Unverschämtheiten heraus. /
Als es Tag wurde, versammelten sich das Presbyterium, die Hohen- 66
priester und Schriftkundigen, und man führte Jesus in den Sit-
zungssaal. / Sie forderten ihn auf: »Wenn du der Messias bist, dann 67
sag es uns!« Jesus entgegnete: »Wenn ich euch das sage, werdet ihr
es doch nicht glauben. / Wenn ich euch Gegenfragen stelle, werdet 68
ihr nicht antworten. / Aber von jetzt an wird der Menschensohn 69
zur Rechten der Macht sitzen, das heißt: zur Rechten Gottes.« / Da 70
fragten sie: »Bist du der Sohn Gottes?« Jesus antwortete: »Das
habt ihr gesagt.« / Die Mitglieder des Rates waren zufrieden: »Was 71
brauchen wir da noch ein Zeugnis? Wir haben es doch aus seinem
eigenem Munde gehört.«

Kapitel 23

Jesus wird von Pilatus verhört 23,1-7

Alle erhoben sich von ihren Plätzen und führten Jesus zu Pilatus. / 1
Dort fingen sie an, über ihn herzuziehen: »Wir haben herausgefun- 2
den, daß dieser Mann unser Volk aufhetzt und die Menschen an-
stiftet, dem Kaiser keine Steuern zu zahlen. Außerdem behauptet
er, der Messias, ein König, zu sein.« / Pilatus fragte ihn: »Bist du 3
der König der Juden?« Jesus antwortete: »Das hast du gesagt.« / Da 4
wandte sich Pilatus an die Hohenpriester und das Volk und sagte:

5 »Ich finde keine Schuld an diesem Mann.« / Doch sie beharrten auf
ihren Anschuldigungen: »Er wiegelt das Volk auf und verbreitet
seine Lehre in ganz Judäa, von Galiläa bis hierher!«
6, 7 / Als Pilatus »Galiläa« hörte, fragte er, ob Jesus Galiläer sei. / Als
man ihm bestätigte, daß Herodes der zuständige Landesherr war,
ließ er Jesus zu Herodes bringen, der sich in diesen Tagen gerade in
Jerusalem aufhielt.

Jesus wird vor Herodes geführt 23,8-12

8 Als Herodes Jesus sah, freute er sich sehr. Denn er wollte ihn schon
lange kennenlernen, weil er viel über ihn gehört hatte. Er hätte
9 auch zu gerne erlebt, wie Jesus ein Wunder wirkte. / Nun stellte er
ihm eine Frage nach der anderen, doch Jesus antwortete auf keine.
10 / Die Hohenpriester und Schriftkundigen wurden bei ihm vorstellig
11 und versuchten, Jesus mit ihrer Anklage schwer zu belasten. / Da
hatten dann Herodes und seine Offiziere nur noch Hohn und Spott
für ihn übrig, sie steckten ihn in ein lächerliches Prachtgewand und
schickten ihn zu Pilatus zurück.
12 An diesem Tag schlossen die alten Feinde Herodes und Pilatus
Freundschaft.

Jesus wird verurteilt und Barabbas begnadigt 23,13-25

13 Pilatus ließ die Hohenpriester, andere Führer des Volkes und das
14 ganze Volk zusammenrufen / und befahl: »Bringt mir diesen Mann,
der angeblich das Volk verführt. Ich habe ihn in eurem Beisein ver-
15 hört und eure Anschuldigungen nicht bestätigt gefunden. / Herodes
ging es genauso, und daher hat er ihn mir zurückgeschickt. Er hat
16 nichts getan, was die Todesstrafe rechtfertigt. / Ich will ihn auspeit-
17 schen lassen und dann nach Hause schicken.« / Nach altem Brauch
mußte Pilatus den Juden zu jedem Fest einen Gefangenen durch
18 Amnestie freilassen. / Die Volksmassen schrien: »Weg mit Jesus!
19 Freiheit für Barabbas!« / Barabbas saß wegen staatsfeindlicher Um-
20 triebe und Mord im Gefängnis. / Pilatus wollte Jesus freilassen und
21 versuchte sie zu überreden. / Aber auf das Stichwort »Jesus« hin
22 schrien sie: »Kreuzigen! Kreuzigen!« / Ein drittes Mal wandte sich
Pilatus an das Volk: »Was hat Jesus denn Böses getan? Ich finde
nichts an ihm, das die Todesstrafe verdient. Ich will ihn auspeit-
23 schen lassen und nach Hause schicken.« / Die Menge aber forderte
lautstark, er solle Jesus kreuzigen. Und ihre Stimmen waren un-
24 überhörbar. / Daher beschloß Pilatus, ihrer Forderung nachzuge-
25 ben. / So ließ er den wegen staatsfeindlicher Umtriebe und Mord
inhaftierten Barabbas frei und opferte Jesus dem Willen des Volkes.

Jesus wird nach Golgatha geführt 23,26-32
Als sie Jesus abführten, kam ihnen Simon von Kyrene entgegen, auf 26
dem Weg vom Felde nach Hause. Sie luden ihm den Querbalken
des Kreuzes auf, und er trug ihn hinter Jesus her. / Eine große 27
Menge Volks folgte Jesus, darunter auch Frauen, die um Jesus klag-
ten und weinten. / Jesus wandte sich zu ihnen um und sagte: »Ihr 28
Töchter Jerusalems! Weint nicht um mich, sondern um euch selbst
und eure Kinder. / Denn es kommt eine Zeit, da wird man sagen: 29
Glücklich zu preisen sind die Unfruchtbaren! Glücklich zu preisen
ist jeder Schoß, der nie geboren hat! Glücklich zu preisen ist jede
Brust, die nicht gestillt hat! / Dann werden die Menschen in ihrer 30
Bedrängnis den Bergen zurufen[38]: ›Stürzt auf uns nieder!‹ und den
Hügeln: ›Deckt uns zu!‹ / Denn wenn selbst das grüne Holz schon 31
brennt, um wieviel heller wird das trockene Holz lodern. [Wenn
selbst der Gerechte viel leiden muß und nur mit Mühe gerettet
wird, um wieviel härter trifft die Ungerechten Gottes Zornesglut.]
/ Mit Jesus zusammen wurden auch zwei Verbrecher zur Hinrich- 32
tung geführt.

Jesus wird gekreuzigt 23,33-49
Und als sie an den Ort kamen, der Kranion genannt wird, wurden 33
diese beiden rechts und links von Jesus gekreuzigt. / Jesus betete: 34
»Vater vergib ihnen. Denn sie sind unwissend und begreifen nicht,
was ihr Tun bedeutet.« Die Soldaten zerteilten Jesu Gewänder und
verlosten die Stücke untereinander. / Die Leute standen gaffend da- 35
bei. Auch die Führer des Volkes höhnten: »Anderen hat er gehol-
fen, soll er sich doch selbst helfen, wenn er der Messias und Gottes
Auserwählter ist!« / Die Soldaten kamen ebenfalls herbei, hänsel- 36
ten ihn, reichten ihm Essig zu trinken / und riefen ihm zu: »Wenn 37
du der König der Juden bist, dann hilf dir doch selbst!« / Über sei- 38
nem Kopf war eine Inschrift angebracht, die lautete: »Dies ist der
König der Juden.«
Einer der beiden am Kreuz hängenden Verbrecher verhöhnte Jesus: 39
»Ich denke du bist der Messias? Hilf doch dir und uns!« / Da fuhr 40
ihm der andere über den Mund: »Glaubst du immer noch nicht an
Gott? Wir sind zur selben Strafe verurteilt wie er, / doch wir zu 41
Recht und weil wir unsere Strafe verdient haben, Jesus aber, ob-
wohl er nichts Böses getan hat.« / Und Jesus bat er: »Denke an 42
mich, wenn du in dein Königreich kommst.« / Jesus erwiderte: 43
»Amen, ich sage dir: Noch heute wirst du mit mir im Paradies

[38] Hos 10,8.

44 sein.« / Es war schon zwölf Uhr mittags. Da wurde es plötzlich drei
45 Stunden lang stockfinster auf der ganzen Erde. / Denn die Sonne
versagte ihren Dienst. Der Vorhang vor dem Allerheiligsten des
46 Tempels riß in seiner ganzen Länge mitten durch. / Jesus schrie
laut[39]: »Vater, in deine Hände lege ich mein Leben.« Mit diesen
Worten hauchte er sein Leben aus.
47 Der Hauptmann der diensthabenden Hundertschaft, der all dies
mit ansah, lobte Gott und sagte: »Dieser Mann war wirklich ge-
48 recht.« / Alle anderen Augenzeugen schlugen sich reuevoll an die
49 Brust und kehrten in die Stadt zurück. / Die Menschen, die Jesus
näher kannten, beobachteten das Geschehen von ferne. Die
Frauen, die Jesus von Galiläa her als Jüngerinnen begleitet hatten,
gehörten zu den Augenzeugen.

Joseph von Arimathia bestattet Jesus 23,50-54

50 Ein Mitglied des Rates namens Joseph, ein freundlicher und ge-
51 rechter Mann aus der judäischen Stadt Arimathia, / hatte dem
Beschluß, Jesus zum Tode zu verurteilen und zu kreuzigen, nicht
52 zugestimmt, denn er wartete auf Gottes Reich. / Nun ging er zu
53 Pilatus und bat ihn: »Gib mir den Toten.« / Er nahm Jesu Leichnam
vom Kreuz, hüllte ihn in ein Leinentuch und bestattete ihn in einem
54 Felsengrab, in dem noch kein Mensch gelegen hatte. / Es war Frei-
tag, und der Sonnenuntergang kündigte den Sabbat an.

Die Frauen sind Zeuginnen der Bestattung 23,55-56

55 Die Frauen, die Jesus von Galiläa her begleitet hatten, waren Jo-
seph von Arimathia gefolgt. Als sie sahen, wie er den Toten in dem
56 Grab bestattete, / kehrten sie nach Hause zurück und bereiteten
Balsam und Salböl für die Totensalbung vor. Am folgenden Tag
hielten sie jedoch die vom Gesetz vorgeschriebene Sabbatruhe ein.

Kapitel 24

Die Frauen empfangen die Auferstehungsbotschaft im leeren Grab 24,1-12

1 Am Sonntag, am ersten Tag der Woche, in aller Herrgottsfrühe,
gingen die Frauen mit dem Balsam, den sie besorgt hatten, zum
2 Grab. / Der Stein aber, der das Grab verschlossen hatte – er war
3 weggerollt worden. / Sie gingen in das Grab hinein, fanden aber

39 Ps 31,6.

den Leichnam des Herrn nicht. / Als sie sich ratlos fragten, was ge- 4
schehen war, standen plötzlich zwei Männer bei ihnen – in Gewän-
dern, hell wie der Blitz. / Angst ergriff sie, und sie wagten nicht auf- 5
zublicken. Da sagten die Engel zu ihnen: »Was sucht ihr den, der
doch lebt, bei den Toten? / Er ist nicht hier, sondern er ist aufer- 6
weckt. Denkt doch daran, was er zu euch gesagt hat, als er noch bei
euch in Galiläa war: / ›Der Menschensohn muß übergeben werden 7
in die Hände gottloser Menschen, er muß gekreuzigt werden und
am dritten Tag auferstehen.‹« / Da erinnerten sich die Frauen an 8
Jesu Worte. / Sie kehrten vom Grab in die Stadt zurück und berich- 9
teten alles den elf Jüngern und allen übrigen. / Unter den Frauen be- 10
fanden sich Maria Magdalena und Johanna sowie Maria, die Frau
des Jakobus. Die übrigen Frauen, die auch dabei waren, bestätigten
ihr Zeugnis vor den Aposteln. / Doch diese hielten alles für Weiber- 11
geschwätz und glaubten ihnen kein Wort. / Nur Petrus machte sich 12
auf, lief zum Grab, und als er gebückt hineinging, sah er nur die
Leichentücher daliegen. Er fragte sich verwundert, was wohl ge-
schehen war, und kehrte in sein Haus zurück.

Jesus erscheint den Jüngern bei Emmaus 24,13-35

Am selben Tage waren zwei Jünger von Jerusalem unterwegs nach 13
Emmaus, das etwa zwölf Kilometer entfernt lag. / Sie redeten mitein- 14
ander über das, was mit Jesus in Jerusalem geschehen war. / Wäh- 15
rend sie erregt aufeinander einredeten, gesellte sich Jesus zu ihnen
und ging ein Stück mit ihnen. / Doch sie waren mit Blindheit geschla- 16
gen und erkannten ihn nicht. / Er fragte sie: »Was wälzt ihr denn da 17
für Probleme auf eurer Wanderung?« Da blieben sie ganz traurig
stehen. / Der eine, er hieß Kleopas, sagte vorwurfsvoll zu Jesus: »Du 18
bist offenbar der einzige Jerusalemer, der nicht weiß, was dort in
diesen Tagen geschehen ist.« / Jesus fragte: »Was ist denn gesche- 19
hen?« Sie antworteten: »Das mit Jesus von Nazareth. Er war ein
Prophet, und alles, was er sagte und was er tat, im Angesicht Gottes
und vor dem Volk, war voll Kraft. / Die Hohenpriester und unsere 20
Führung haben ihn an die Römer ausgeliefert. Er wurde zum Tode
verurteilt und gekreuzigt. / Wir aber hatten gehofft, er sei der kom- 21
mende Retter Israels. Aber nun ist schon seit drei Tagen alles aus. /
Allerdings haben uns einige Frauen aus unserem Kreis aufregende 22
Dinge erzählt. Sie waren frühmorgens beim Grab, / fanden Jesu 23
Leichnam nicht und kamen mit der Behauptung, sie hätten Engel ge-
sehen und die hätten gesagt: ›Jesus lebt.‹ / Als einige unserer Freunde 24
zum Grab gingen, fanden sie die Aussage der Frauen bestätigt, doch
Jesus selbst haben sie nicht gesehen.« / Da sagte Jesus zu ihnen: »Be- 25

greift ihr immer noch nichts? Glaubt doch einfach der Botschaft der
26 Propheten. / Denn der Messias mußte durch das Leiden hindurch in
27 seine Herrlichkeit eingehen.« / Er zitierte Aussprüche von Mose und
allen anderen Propheten und machte ihnen klar, was in der ganzen
28 Schrift über ihn steht. / Schließlich kamen sie am Ziel ihres Weges
29 in Emmaus an. Jesus tat so, als wollte er weitergehen. / Doch die Jün-
ger drangen in ihn: »Bleib bei uns, es wird doch schon dunkel, der
Tag geht zur Neige.« Jesus ließ sich überreden und betrat mit ihnen
30 die Herberge. / Als er sich mit ihnen an der Tafel niedergelassen
hatte, nahm er das Brot, sprach das Segensgebet, teilte das Brot und
31 gab es ihnen. / Da gingen ihnen die Augen auf, und sie erkannten
32 ihn. Doch in dem Augenblick war er verschwunden. / Und sie sagten
zueinander: »Brannte nicht unser Herz, als er unterwegs mit uns
33 sprach und uns die Schrift erklärte?« / Und unverzüglich machten
sie sich auf und kehrten nach Jerusalem zurück. Sie fanden die elf
34 Apostel und ihre Freunde versammelt. / Die erzählten ihnen: »Der
35 Herr ist wahrhaft auferstanden und Simon Petrus erschienen.« / Da
berichteten die beiden Jünger, was ihnen unterwegs widerfahren
war und wie sie Jesus daran erkannt hatten, wie er das Brot teilte.

Jesus erscheint den Jüngern 24,36-53

36 Als sie so miteinander sprachen, stand auf einmal Jesus selbst mit-
37 ten unter ihnen. / Sie waren wie vor den Kopf gestoßen und voller
Angst, denn sie meinten, ein Gespenst zu sehen, das Jesu Gestalt
38 nachäffte. / Da sagte er zu ihnen: »Warum erschreckt ihr vor mir?
39 Warum überwältigen Zweifel und Mißtrauen euer Herz? / Da:
meine Hände, meine Füße mit den Spuren der Kreuzigung. Ihr seht:
Ich bin es selbst. Wenn ihr mich berührt und betastet, könnt ihr
feststellen: Ich bin kein Gespenst ohne Leib, ohne Fleisch und Kno-
40 chen. Meinen Leib könnt ihr spüren.« / Bei diesen Worten zeigte er
41 auf seine Hände und seine Füße. / Noch konnten sie es kaum glau-
ben, hin- und hergerissen zwischen Freude und Entsetzen, da sagte
42 Jesus zu ihnen: »Habt ihr etwas zu essen hier?« / Sie gaben ihm ein
43 Stück gebratenen Fisch. / Er nahm den Fisch und aß mit ihnen. /
44 Dann wandte er sich an die Jünger und sagte: »Als ich vor meinem
Leiden noch bei euch war, habe ich euch gesagt: Alles, was im Ge-
setz des Mose, in den Propheten und Psalmen über mich geschrie-
45 ben steht, muß in Erfüllung gehen.« / Dann erklärte er ihnen die
46 Schrift. Er sagte: / »Über den Messias steht geschrieben, daß er lei-
47 den und am dritten Tage aus Toten auferstehen muß. / Und ferner:
Allen Völkern muß in seinem Namen angeboten werden, daß sie
umkehren und so Vergebung der Sünden erlangen können. Der An-

fang soll in Jerusalem gemacht werden. / Als Augen- und Ohren- 48
zeugen könnt ihr dies alles glaubwürdig verkünden. / Auf euch 49
sende ich herab, was mein Vater euch verheißen hat. Wartet in der
Stadt, bis ihr Gottes Kraft anziehen könnt wie eine Rüstung, wie
ein neues strahlendes Kleid.«
Dann führte Jesus die Jüngerinnen und Jünger nach Bethanien hin- 50
aus. Er erhob seine Hände zum Segen. / Und während er sie noch 51
segnete, war er verschwunden. / Voller Freude kehrten die Jünge- 52
rinnen und Jünger nach Jerusalem zurück, / und sie wurden nicht 53
müde, Gott im Tempel zu loben.

Die Apostelgeschichte

Eigenart: Dieses Buch erzählt die Geschichte der frühchristlichen Mission zwischen den Erscheinungen des Auferstandenen bis zur Ankunft des Paulus in Rom. Die Mittel der Darstellung sind ähnlich wie in den Evangelien (Wundererzählungen, Reiseberichte, Leidenserzählungen). Im Mittelpunkt steht freilich nicht eine Figur wie in den Evangelien, sondern vor allem drei: Stephanus, Petrus und Paulus. Petrus und Paulus werden weitgehend parallel dargestellt. Die Apostel Petrus und Paulus sowie Philippus sind jeweils für sich ein gesonderter, selbständiger Beginn der beschneidungsfreien Heidenmission.

Datierung: Die Act müssen abgeschlossen worden sein, bevor das Martyrium des Paulus in Rom allgemein bekannt wurde. Daher ist mit einer Abfassung Ende der 60er Jahre zu rechnen.

Adressaten: Die Tatsache, daß das auf dem sogenannten Apostelkonvent (ca. 48 n. Chr.) erstellte »Aposteldekret« (Act 15,20) innerhalb dieses Buches öfter wiederholt wird, weist darauf hin, daß es im Adressatenbereich um ein Zusammenleben von Judenchristen und Heidenchristen ging. Denn dieses Dekret ermöglicht es Juden(christen), mit Heidenchristen auf derselben Basis zusammenzuleben, auf der nach dem alttestamentlichen Gesetz Israel mit andersgläubigen Heiden in demselben Land leben konnte. – Überdies wird so vielfältig die Notwendigkeit und Legitimität einer beschneidungsfreien Heidenmission begründet, daß man sich recht gut Juden und Judenchristen als Adressaten dieser im Grunde apologetischen Schrift vorstellen kann. Wichtig ist, daß die Pharisäer offenbar umworben werden. Sie gelten als der »bessere Teil« des Judentums.

Theologie: Der Verfasser dieses Buches betont sehr stark die Rolle der zwölf Apostel. Sie gelten als Garanten der historischen Verbindung mit Jesus. Fast immer werden nur sie auch Apostel genannt. Sie vermitteln auch den Heiligen Geist an die Kirche (durch Taufen und/oder Handauflegung). Im Pfingstereignis sieht der Verfasser den Anbruch der Endzeit nach dem Propheten Joel (Zitat aus Joel 3 in Act 2,17-21).

Quellen: Sichere Ergebnisse haben die unterschiedlichen Hypothesen nicht gebracht. Man hat nach einer »antiochenischen Quelle« gesucht oder die »Wir-Berichte« als Teile eines Reisetagebuchs (des Lukas?) auszuscheiden gesucht. Bisweilen zeigen sich Berührungen mit dem MkEv. Von dem, was Paulus in seinen Briefen als seinen theologischen Standpunkt erkennen läßt, weiß der Verfasser der Act nur wenig.

DIE APOSTELGESCHICHTE

Kapitel 1

Proömium 1,1-2

1 Lieber Theophilus, mein erster Bericht handelte von Jesu Anfängen
2 / und umfaßte all sein Wirken und Lehren, bis er in den Himmel
aufgenommen wurde, nachdem er zuvor seinen auserwählten Apo-
steln durch den Heiligen Geist den Auftrag zur Verkündigung ge-
geben hatte.

Jesu Himmelfahrt 1,3-11

3 Nach seinem Leiden und Sterben hatte er sich vor ihnen vielfältig
als lebendig erwiesen. Vierzig Tage hindurch erschien er ihnen im-
4 mer wieder und sprach zu ihnen über die Herrschaft Gottes. / Beim
gemeinsamen Mahl gebot er ihnen, Jerusalem nicht zu verlassen.
»Wartet, bis ihr die vom Vater verheißene Gabe erhaltet, von der
5 ich euch erzählt habe. / Denn Johannes hat euch mit Wasser ge-
tauft, bald aber sollt ihr mit Heiligem Geist getauft werden.«
6 Bei einer ihrer Begegnungen mit ihm fragten ihn die Jünger: »Herr,
7 wirst du jetzt die Herrschaft Israels wiederherstellen?« / Er erwi-
derte: »Es steht euch nicht zu, den genauen Zeitraum und Zeit-
punkt zu kennen, die allein der Vater in seiner Vollmacht bestimmt
8 hat. / Aber ihr werdet die Kraft des Heiligen Geistes empfangen. Er
wird auf euch herabkommen, und dann werdet ihr Zeugnis für
mich ablegen in Jerusalem, in ganz Judäa, in Samarien und bis an
die Grenzen der Erde.«
9 Nach diesen Worten wurde Jesus vor den Augen der Jünger in den
Himmel emporgehoben. Eine Wolke nahm ihn auf und entzog ihn
10 ihren Blicken. / Und als die Jünger Jesus nachsahen, wie er in den
Himmel hinauffuhr, da standen plötzlich zwei Männer in leuchten-
den Kleidern bei ihnen, die redeten sie an:
11 »Ihr Galiläer, was starrt ihr zum Himmel? Jesus ist von euch zum
Himmel aufgefahren, und auf genau dieselbe Weise werdet ihr ihn
auch wiederkommen sehen.«

Matthias wird zum Nachfolger des Judas bestellt 1,12-26

12 Daraufhin kehrten die Jünger vom Ölberg, der nicht weiter von der
Stadt entfernt ist, als man am Sabbat gehen darf, nach Jerusalem
13 zurück. / Als sie dort angekommen waren, stiegen sie in das obere

Stockwerk eines Hauses hinauf und blieben dort. Es waren Petrus,
Johannes und Jakobus, Andreas, Philippus und Thomas, Bartholo-
mäus und Matthäus, Jakob, der Sohn des Alphäus, Simon der Ze-
lot und Judas, Jakobs Sohn. / Zusammen mit den Jüngerinnen, mit 14
Maria, der Mutter Jesu, und seinen männlichen Verwandten ver-
brachten sie dort die Zeit mit Beten.
Da stellte sich Petrus in die Mitte der Brüder und Schwestern und 15
begann zu reden. Etwa 120 Menschen hatten sich versammelt. /
»Brüder und Schwestern«, sagte er, »ich will euch etwas über Judas 16
sagen, über den, der den Häschern den Weg zu Jesus gezeigt hat.
Durch ihn muß eine Prophezeiung erfüllt werden, die vom Heiligen
Geist kam und uns durch David gesagt worden ist. / Judas gehörte 17
ja zu uns Zwölfen und hatte die gleichen Aufgaben wie wir. / Als er 18
mit dem Geld, das er für seine Schandtat erhalten hatte, ein Stück
Land kaufte, stürzte er plötzlich vornüber und platzte in der Mitte,
so daß all seine Eingeweide herausquollen. / Alle Leute in Jerusa- 19
lem hörten davon, und seitdem nannten sie das Feldstück in ihrer
Sprache Hakeldamach, also ›Blutacker‹. / Denn im Buch der Psal- 20
men steht geschrieben[1]: ›Sein Land soll einsam werden, niemand
soll es bewohnen.‹ Und es heißt dort auch: ›Seine Aufgabe soll ein
anderer übernehmen.‹ / Daher soll jetzt einer von denen, die die 21
ganze Zeit über mit uns zusammen waren, als Jesus, der Herr, un-
ter uns weilte, / also von der Johannestaufe bis zur Himmelfahrt, 22
die Aufgabe übernehmen, mit uns zusammen seine Auferstehung
zu bezeugen.« / Zwei Männer wurden zur Wahl aufgestellt: Joseph, 23
der Sohn des Sabbas, genannt ›der Gerechte‹, und Matthias. / Dann 24
beteten alle zusammen: ›Herr, du kennst das Herz aller Menschen.
Zeige uns, welchen von diesen beiden du dazu ausersehen hast, /
daß er den Aposteldienst und die Aufgabe übernehmen soll, die 25
Judas aufgegeben hat, um seinen eigenen Weg zu gehen.‹ / Danach 26
losten sie. Das Los fiel auf Matthias[2], und damit war er zu den elf
Aposteln hinzugewählt.

Kapitel 2

Die Apostel werden vom Heiligen Geist erfüllt 2,1-13

Am fünfzigsten Tag nach dem Passahfest, dem jüdischen Pfingst- 1
fest, saßen alle Apostel und Jüngerinnen gerade mit Maria und den

[1] Ps 69,26.

[2] Bei dem Losverfahren wurden zwei Lose in ein Gefäß gegeben. Dieses wurde so lange geschüttelt, bis ein Los herausfiel.

2 männlichen Verwandten Jesu zusammen, / als sie plötzlich vom
Himmel her etwas wie einen mächtigen Sturm heranbrausen hör-
3 ten, der erfüllte das ganze Haus, in dem sie saßen. / Und sie sahen,
4 wie züngelnde Flammen auf einen jeden herabkamen. / Da wurden
sie alle vom Heiligen Geist erfüllt und begannen, in fremden Spra-
chen zu reden, gerade wie der Geist es ihnen eingab.
5 In Jerusalem wohnten viele fromme Juden aus aller Herren Länder.
6 / Als nun das Getöse im Haus der Jünger ertönte und viele von
ihnen dorthin zusammenströmten, waren sie über alle Maßen
erstaunt, denn ein jeder hörte die Jünger in seiner eigenen Sprache
7 reden. / Sie gerieten außer sich vor Verwunderung und konnten es
nicht fassen: »Kommen nicht alle, die wir reden hören, aus Gali-
8 läa? / Wie kann es sein, daß ein jeder von uns sie in seiner eigenen
9 Sprache versteht, mit der er aufgewachsen ist? / Wir sind doch Par-
ther oder Meder, Elamiter oder Mesopotamier, wir kommen aus
Judäa oder aus Kappadokien, aus Pontus oder aus der Provinz
10 Kleinasien, / aus Phrygien oder Pamphylien, aus Ägypten oder aus
11 Libyen bei Kyrene, wir sind zugewanderte Römer, / Juden oder
Proselyten, Kreter oder Araber, und wir hören, wie sie in unserer
12 eigenen Sprache von Gottes großen Taten reden.« / Erstaunt und
verlegen fragten sie einander: »Was hat das nur zu bedeuten? /
13 Manche spotteten: »Sie haben wohl zuviel Süßwein gesoffen und
sind betrunken!«

Petrus predigt zu Pfingsten 2,14-39

14 Doch da trat Petrus mit den übrigen elf Aposteln hervor und erhob
seine Stimme: »Hört zu, ihr Juden und alle Einwohner Jerusalems!
15 Ich habe euch etwas mitzuteilen. / Die Jünger sind nicht betrunken,
16 wie ihr denkt. Es ist doch erst 9 Uhr morgens. / Vielmehr erfüllt
sich, was der Prophet Joel geweissagt hat[3]:
17 ›So spricht der Herr: In der Zeit vor dem Ende der Welt werde ich
meinen Geist über alle Menschen ausgießen. Eure Söhne und Töch-
ter werden prophetisch reden, und eure jungen Menschen werden
18 Visionen schauen. Eure Alten werden Träume haben. / Über alle
Männer und Frauen, die mir gehorsam sind, werde ich dann mei-
19 nen Geist ausgießen, und sie werden prophetisch reden. / Und ich
werde Wunderzeichen am Himmel droben erscheinen lassen und
Wundertaten auf der Erde unten, Blut, Feuer und rauchigen Dunst.
20 / Die Sonne wird in Finsternis verwandelt und der Mond in Blut,

[3] Joel 3,1-5.

aber dann kommt der große, strahlende Tag des Herrn, / und jeder 21
Mensch, der den Namen des Herrn anruft, wird gerettet werden.‹
Hört mir zu, Israeliten! Gott hat Jesus, den Nasoräer, vor euren 22
Augen beglaubigt durch die Machttaten, Wunder und Zeichen,
die er durch Jesus unter euch gewirkt hat, wie ihr wißt. / Diesen 23
Jesus habt ihr ausgeliefert in die Hände der Heiden, ihr habt ihn
durch sie aufhängen lassen und umgebracht. Es war Gottes Rat-
schluß. / Aber Gott hat ihn auferweckt und die Fesseln[4] des Todes 24
durchschnitten. So konnte der Tod Jesus nicht beherrschen und
behalten. / Schon David läßt Jesus sagen[5]: ›Immer habe ich den 25
Herrn vor Augen, denn er steht zu meiner Rechten, damit ich
nicht ins Wanken gerate. / Mein Herz ist voll Freude, mein Mund 26
bricht in Jubel aus. Und ich schwacher Mensch darf hoffen für
meinen Leib. / Denn du, Gott, verläßt mich nicht, du läßt mich 27
nicht in die Schattenwelt des Todes geraten, du gibst den Leib dei-
nes Heiligen nicht der Vergänglichkeit preis. / Du hast mir Wege 28
zum Leben gezeigt, du machst mich fröhlich, indem du mir dein
Angesicht zuwendest.‹
Brüder und Schwestern! Über unseren Vater David kann ich frank 29
und frei sagen: Er ist gestorben und wurde begraben, und sein Grab
ist bis heute zu sehen. / David war Prophet und baute darauf, daß 30
Gott ihm mit einem Eid zugesichert hatte, er werde einen seiner
Söhne auf seinem Thron regieren lassen.[6] / So hat er auch die Auf- 31
erstehung Jesu Christi vorhergesehen und hat gesagt[7], Gott werde
ihn im Totenreich nicht verlassen und er werde den Tod nicht
schauen. / Das ist auf Jesus gemünzt, den Gott hat auferstehen las- 32
sen, wie wir alle bezeugen können. / Nachdem er auf den Ehren- 33
platz zur Rechten Gottes erhöht wurde, hat Jesus den verheißenen
Heiligen Geist vom Vater genommen und nun ausgegossen. Genau
das habt ihr eben erlebt. / Denn nicht David ist zum Himmel hin- 34
aufgestiegen, sondern Jesus. Ihn meint David, wenn er sagt[8]: ›Gott
der Herr sagt zu meinem Herrn: ‚Setz dich auf den Ehrenplatz zu
meiner Rechten. / Ich will dir deine Feinde unter deine Füße legen.‘‹ 35
/ Ganz Israel kann es jetzt klar und deutlich erkennen: Gott hat 36

4 Wörtlich: »die Wehen des Todes«; wahrscheinlich bezieht sich der Sprecher aber auf den Ausdruck »die Stricke des Todes« in der hebr. Bibel, und zwar in Ps 17,5 und 114,3. Das hebr. Wort *chäbäl,* »Strick«, wurde möglicherweise als *chebel,* »Schmerz, Wehe«, gelesen.

5 Ps 16,8-11.

6 Ps 132,11.

7 Ps 16,10.

8 Ps 110,1.

Jesus zum Herrn und zum Messias gemacht, eben den Jesus, den ihr
gekreuzigt habt.«
37 Als die jüdischen Zuhörer dies vernahmen, tat ihnen ihr Herz
weh. Sie fragten Petrus und die anderen Apostel: »Brüder, was sol-
38 len wir tun?« / Petrus antwortete: »Bekehrt euch, und jeder lasse
sich taufen auf den Namen Jesu Christi, damit euch die Sünden
vergeben werden. So werdet ihr den Heiligen Geist geschenkt be-
39 kommen. / Diese Verheißung gilt für euch, für eure Kinder und
auch für alle, die als Heiden weitab stehen; sie gilt für alle, die der
40 Herr, unser Gott, ruft.« / Petrus sagte und bezeugte noch vieles
mehr, und zum Schluß rief er: »Laßt euch retten aus dieser ver-
41 bohrten Gesellschaft!« / Die Zuhörer ließen sich überzeugen und
wurden getauft. Die Gemeinde erhielt einen Zuwachs von rund
3000 Getauften.

Das Leben der ersten Gemeinde 2,42-47

42 Diese hielten sich treu an die Lehre der Apostel, bewahrten die Ge-
meinschaft, feierten gemeinsam das Mahl und beteten regelmäßig.
43 / Die Außenstehenden beobachteten dies voll Angst und Schrecken,
zumal die Apostel außerdem zahlreiche Wunder und Zeichen wirk-
44 ten. / Alle Gläubigen aber hielten eng zusammen. Sie betrachteten
45 ihren Besitz als gemeinsames Eigentum, / und wenn sie etwas davon
46 verkauften, wurde der Erlös geteilt. / Jeden Tag beteten sie einmütig
im Tempel, in den Häusern wurde bei den gemeinsamen Mahlzei-
ten das Brot zerteilt. Sie waren reinen Herzens und voller Jubel da-
47 bei, / sie lobten Gott, und das Volk schätzte sie sehr. Jeden Tag
schenkte Gott ihrer Gemeinde einen weiteren Zuwachs an Erlö-
sten.

Kapitel 3

Petrus und Johannes heilen und predigen im Namen Jesu 3,1-4,22

1 Eines Tages stiegen Petrus und Johannes zur Gebetsstunde gegen
2 12 Uhr mittags in den Tempel hinauf. / Da wurde gerade ein Mann
herbeigetragen, der von Geburt an lahm war und der täglich an der
sogenannten »Schönen Pforte des Tempels« hingesetzt wurde, da-
3 mit er die Tempelbesucher um ein Almosen bitten konnte. / Als er
sah, daß Petrus und Johannes in den Tempel gehen wollten, bat er
4 sie um eine milde Gabe. / Petrus blickte ihn an – Johannes ebenso
5 – und sagte: »Schau her auf uns!« / Der Gelähmte richtete seine Au-
6 gen auf sie, denn er hoffte auf eine Gabe. / Petrus aber sagte zu ihm:
»Gold oder Silber habe ich nicht. Doch was ich habe, gebe ich dir.

Im Namen Jesu Christi, des Nasoräers, gebrauche deine Beine!« /
Er ergriff die rechte Hand des Gelähmten und richtete ihn auf. Und 7
sogleich gewannen seine Füße und die Knöchel Kraft. / Er sprang 8
auf, konnte stehen und gehen, ging mit ihnen in den Tempel, lief
und sprang umher und lobte Gott. / Alles Volk sah ihn herumlaufen 9
und Gott loben. / Als die Menschen ihn als den erkannten, der im- 10
mer an der »Schönen Pforte« des Tempels gesessen und gebettelt
hatte, konnten sie nicht fassen, was mit ihm geschehen war. / Er 11
hielt Petrus und Johannes fest, und bald entstand bei ihnen in der
sogenannten Säulenhalle Salomos der reinste Volksauflauf von
Menschen, die vor Staunen außer sich waren. / Petrus nahm die Ge- 12
legenheit wahr, um sich an das Volk zu wenden, und sagte: »Ihr
Israeliten, was wundert ihr euch über das, was geschehen ist, was
starrt ihr uns an, als hätten wir selbst aus eigener Kraft oder Hei-
ligkeit den Lahmen zum Gehen gebracht? / Nein, es war der Gott 13
Abrahams, Isaaks und Jakobs, der Gott unserer Väter, der mit die-
ser Tat Jesus verherrlicht hat, seinen Sohn. Ihr habt ihn ausgeliefert
und euch von ihm losgesagt vor Pilatus. Der wollte ihn doch frei-
lassen, / ihr aber habt den Heiligen und Gerechten abgelehnt und 14
die Freilassung eines Mörders vorgezogen. / Ihr habt den Fürsten 15
des Lebens getötet, doch Gott hat ihn aus Toten auferweckt. Wir
sind Zeugen. / Und der Name Jesu hat diesem geheilten Gelähmten, 16
den ihr kennt und den ihr hier seht, Kraft geschenkt, weil er an ihn
glaubte. Dieser Glaube, der durch Jesus besteht, hat ihn vor euer
aller Augen ganz gesund gemacht. / Nun weiß ich, Brüder und 17
Schwestern, daß ihr in Unwissenheit gehandelt habt, und ebenso
eure Führung. / Gott aber hat dadurch dafür gesorgt, daß das, was 18
er durch alle Propheten verkündet hat, erfüllt wurde: daß sein Mes-
sias würde leiden müssen. / Darum denkt um und bekehrt euch, da- 19
mit euch die Sünden vergeben werden / und Gott die Zeit des Auf- 20
atmens kommen lassen kann. Dann kann er euch auch Jesus
senden, den für euch vorherbestimmten Messias, / den jetzt der 21
Himmel aufnehmen muß bis zu der Zeit, in der Gott all das ver-
wirklicht, was er durch seine heiligen Propheten seit Anbeginn an-
gekündigt hat.
Schon Mose hat gesagt[9]: ›Aus meinen Brüdern wird Gott der Herr 22
einen Propheten wie mich auswählen, den er euch senden wird. Auf
ihn sollt ihr hören in allem, was er zu euch sagt.[10] / Und jeder, der 23
nicht auf diesen Propheten hört, wird aus dem Volk ausgetilgt wer-

---

[9] Dt 18,15.18.
[10] Lev 23,29.

24 den.‹ / Und auch alle Propheten, die auftraten, von Samuel an, ha-
25 ben solch ein Ereignis am Ende der Tage angekündigt. / Ihr seid nun
die Söhne der Propheten und die Erben des Bundes, den Gott mit
euren Vätern geschlossen hat, als er zu Abraham sagte[11]: ›Durch
deinen Nachkommen sollen gesegnet werden alle Völker der Erde.‹
26 / Für euch Israeliten hat Gott seinen Sohn zuerst in die Welt ge-
sandt. Jesus segnet euch, wenn sich ein jeder von euch abwendet
von allem, was er Böses getan hat.«

Kapitel 4

1 Als die Apostel derart zum Volk predigten, zogen sie sich den Zorn
2 der Priester, des Tempelhauptmanns und der Sadduzäer zu, / die
sich darüber aufregten, daß sie dem Volk mit ihrer Lehre verkün-
3 deten, durch Jesus sei die Auferstehung aus Toten gekommen. / Als
es schon Abend geworden war, wurden sie verhaftet und sollten bis
4 zum nächsten Morgen in Gewahrsam gehalten werden. / Viele –
insgesamt 5000 – von denen, die die Predigt gehört hatten, wurden
gläubig.
5 Am folgenden Morgen versammelte sich in Jerusalem die politische
Führung des Volkes, dazu kamen die Ältesten und die Schriftkun-
6 digen, / ebenso der Hohepriester Annas, ferner Kaiphas, Johannes,
7 Alexander und Mitglieder der hohepriesterlichen Familie. / Sie lie-
ßen die Apostel zum Verhör vorführen und fragten: »Wer hat euch
zu eurer Predigt die Vollmacht gegeben? In wessen Namen habt ihr
8 das getan?« / Erfüllt vom Heiligen Geist, antwortete Petrus: »Ver-
9 ehrte Repräsentanten des Volkes, sehr geehrte Ältesten! / Wir ha-
ben uns heute zu verantworten, weil wir einem kranken Menschen
geholfen haben. Strittig ist, in wessen Namen und Auftrag er ge-
10 heilt wurde. / Nun sei euch und dem ganze Volk Israel kundgetan:
Dieses ist im Namen Jesu, des Nasoräers, geschehen. Ihr habt ihn
gekreuzigt, doch Gott hat ihn aus den Toten auferweckt. In seinem
Namen und Auftrag steht dieser zuvor Gelähmte gesund vor euren
11 Augen. / Jesus ist der Stein[12], den ihr, die Bauleute, verworfen habt
12 und der doch zum Eckstein geworden ist. / Heil gibt es durch kei-
nen anderen. Nur wenn wir diesen Namen anrufen, gibt es für uns
Menschen auf Erden Hoffnung auf Heil.«
13 Der große Freimut von Petrus und Johannes beeindruckte die Zu-
hörer sehr, vor allem, weil sie ja wußten, daß die Apostel weder

[11] Gen 22,18.
[12] Ps 118,22.

lesen noch schreiben konnten und keine Schulbildung hatten,
sondern lediglich Begleiter Jesu gewesen waren. / Und da sie den 14
Geheilten neben ihnen stehen sahen, wußten sie nichts zu entgeg-
nen. / So forderten sie die Apostel und den Geheilten auf, den Rats- 15
saal zu verlassen, und berieten miteinander: / »Was sollen wir mit 16
diesen Menschen machen? Sie haben ein klar erkennbares Wunder-
zeichen gewirkt, das weiß ganz Jerusalem, und wir können es nicht
bestreiten. / Doch damit sie nicht noch mehr von ihrer Botschaft 17
unters Volk bringen, soll ihnen unter Androhung von Strafe unter-
sagt werden, je wieder irgendeinem Menschen im Namen Jesu ge-
genüberzutreten.« / Dann riefen sie die Apostel herein und verbo- 18
ten ihnen, auch nur ein einziges Wort im Namen Jesu zu äußern. /
Petrus und Johannes aber entgegneten: »Urteilt selbst, ob es vor 19
Gott gerecht sein kann, euch zu gehorchen und Gott nicht zu ge-
horchen. / Wir können doch unmöglich verschweigen, was wir ge- 20
sehen und gehört haben.« / Daraufhin ließen die Volksführer die 21
Apostel frei, drohten ihnen aber mit Strafe, falls sie sich nicht an
das Verbot hielten. Sie gleich zu bestrafen erschien ihnen nicht op-
portun, vor allem wegen des Volkes, denn alle priesen Gott für
das Wunder, das geschehen war. / Der Geheilte war über vierzig 22
Jahre alt.

Einmütigkeit hält die Gemeinde zusammen 4,23-5,16

Nach ihrer Freilassung gingen die Apostel zu ihren Mitchristen und 23
berichteten über die Drohungen der Hohenpriester und Ältesten. /
Daraufhin beteten sie gemeinsam: »Herr, Schöpfer des Himmels, 24
der Erde, des Meeres und aller Kreatur darin, / du hast mit dem 25
Heiligen Geist durch David, unseren Vater und deinen gehorsamen
Diener, gesagt[13]: ›Was sind die Heiden wutentbrannt, was planen
die Völker Böses, / was stehen die Könige der Erde kampfbereit da, 26
und was haben sich die Fürsten zusammengerottet? Sie alle sind an-
getreten gegen den Herrn und gegen seinen Messias.‹ / Sie haben 27
sich tatsächlich zusammengerottet in dieser Stadt, Herodes und
Pontius Pilatus und die Stämme Israels, um gegen Jesus, deinen hei-
ligen Sohn, den du zum Messias gesalbt hast, / zu vollziehen, was 28
deinem mächtigen Ratschluß entspricht. / Nun blicke auf ihre Dro- 29
hungen, Herr, und laß die, die dir gehorsam sind, mit großem Mut
deine Botschaft verkünden. / Strecke deine Hand aus, daß Heilun- 30
gen, Zeichen und Wunder geschehen, wenn die Apostel den Namen
deines heiligen Sohnes Jesus anrufen.« / Und als sie so beteten, 31

[13] Ps 2,1 f.

bebte die Erde an dem Ort, an dem sie sich versammelt hatten, und
alle wurden vom Heiligen Geist erfüllt und verkündigten mutig
Gottes Wort.
32 Trotz ihrer großen Zahl waren die Glaubenden ein Herz und eine
Seele. Nicht einer behauptete, irgend etwas von seinem Eigentum
gehöre nur ihm allein. Sie betrachteten alles als gemeinsamen Be-
33 sitz. / Und die Apostel des Herrn Jesus Christus bezeugten kraftvoll
34 seine Auferstehung. Reicher Segen[14] lag auf ihnen allen. / Keiner litt
Mangel. Wenn jemand einmal Ländereien oder Häuser verkaufte,
35 gab er den erzielten Kaufpreis her / und legte ihn den Aposteln zu
Füßen. Der Anteil eines jeden am gemeinsamen Eigentum hing von
36 seiner Bedürftigkeit ab. / So verkaufte zum Beispiel Joseph, ein Le-
vit aus Zypern, den die Apostel Barnabas nannten, also den Auf-
munterer, einen Acker, der ihm gehörte. Den Erlös gab er her und
legte ihn den Aposteln zu Füßen.

Kapitel 5

1 Doch ein Mann namens Ananias hatte gemeinsam mit seiner Frau
2 Saphira ein Stück Land verkauft, / von dem Erlös jedoch – unter
Mitwissen seiner Frau – heimlich etwas für sich beiseite geschafft.
3 So legte er nur einen Teil des Geldes den Aposteln zu Füßen. / Da
sagte Petrus: »Ananias, warum hast du den Teufel in dein Herz ge-
lassen? Du hast einen Teil des Erlöses unterschlagen und den Heili-
4 gen Geist belogen! / Du hättest doch das Grundstück auch behalten
oder nach dem Verkauf frei über das Geld verfügen können! Warum
bist du nur auf diesen unseligen Gedanken gekommen? Du hast
5 nicht Menschen belogen, sondern Gott!« / Als Ananias diese Worte
hörte, fiel er tot um, und alle, die das sahen, waren zutiefst erschrok-
6 ken. / Die jüngeren Männer erhoben sich, nahmen Ananias auf und
7 trugen ihn hinaus, um ihn zu begraben. / Etwa drei Stunden später
kam auch seine Frau, die nichts von dem Geschehen mitbekommen
8 hatte. / Petrus fragte sie: »War dies der gesamte Verkaufserlös?« Sie
9 bejahte. / Da fuhr Petrus sie an: »Wie konntet ihr gemeinschaftlich
den Geist Gottes so versuchen? Die Männer, die deinen Mann be-

[14] Wörtlich: »große Gnade«. Nach dem Zusammenhang geht es jedoch nicht um Rechtfertigung, sondern um eine Beschreibung des »Glücks« der Gemeinde in Jerusalem. Das Wort »Gnade« kann in diesem Zusammenhang dann entweder bedeuten: Ansehen, Wohlwollen (bei den Außenstehenden) – oder gnädiger Segen Gottes, der durchaus auch Wohlstand umfassen kann. Gerade diese Seite wird aber in V. 34-36 geschildert.

graben haben, stehen schon vor der Tür. Sie werden auch dich hin-
austragen.« / Sogleich fiel Saphira vor dem Apostel tot zu Boden. 10
Die jungen Männer kamen herein, sahen, daß sie tot war, und tru-
gen sie hinaus, um sie bei ihrem Mann zu begraben. / Große Angst 11
ergriff die ganze Gemeinde und alle, die dieses hörten.
Die Apostel wirkten zahlreiche Zeichen und Wunder im Volk. Oft 12
trafen sie einträchtig in der Säulenhalle Salomos im Tempel zusam-
men. / Von den übrigen Gemeindemitgliedern wagte keiner, mit ih- 13
nen in engeren Kontakt zu treten, doch das Volk verehrte sie. /
Mehr als zuvor wurden neue Gläubige gewonnen, Scharen von 14
Männern und Frauen. / Man trug sogar die Kranken auf die Straße 15
hinaus, legte sie auf Bahren und Matten, damit, wenn Petrus vor-
beikäme, wenigstens sein Schatten auf einen von ihnen fiele. / Auch 16
aus den Städten in der Umgebung von Jerusalem kamen viele Men-
schen. Man brachte Kranke, die von bösen Geistern besessen wa-
ren, und sie alle wurden geheilt.

Die Apostel werden von den Sadduzäern verfolgt 5,17-33

Das alles erfüllte den Hohenpriester und seine Gefolgsleute, die 17
Gruppe der sogenannten Sadduzäer, mit Wut. / Sie ließen die Apo- 18
stel überwältigen und in das öffentliche Gefängnis werfen. / Doch 19
ein Engel des Herrn öffnete nachts die Gefängnistüren, geleitete die
Apostel hinaus und sagte: / »Geht in den Tempel, stellt euch dorthin 20
und verkündet dem Volk die lebendige Botschaft ohne alle Abstri-
che.« / Die Jünger befolgten den Auftrag des Engels, gingen im Mor- 21
gengrauen in den Tempel und verkündigten die Lehre. Später kamen
auch der Hohepriester und seine Gefolgsleute zum Tempel. Sie rie-
fen das Synhedrium und den jüdischen Ältestenrat zusammen und
schickten Diener zum Gefängnis, um die Apostel zu holen. / Die Die- 22
ner konnten jedoch die Apostel im Gefängnis nicht finden. / Sie 23
kehrten zurück und meldeten: »Das Gefängnis war verschlossen,
die Türen unversehrt, die Wächter standen davor. Als wir die Türen
öffneten, war niemand drinnen.« / Als der Tempelhauptmann und 24
die Hohenpriester dies hörten, waren sie völlig ratlos und konnten
sich das Geschehen nicht erklären. / Da kam plötzlich einer und be- 25
richtete: »Die beiden Männer, die ihr ins Gefängnis geworfen habt,
lehren im Tempel vor dem Volk!« / Sofort ging der Hauptmann mit 26
den Dienern hin und verhafteten die Apostel, allerdings ohne jeg-
liche Gewaltanwendung, denn sie hatten große Angst, das Volk
könnte sie durch Steinigung lynchen. / Sie führten sie ins Syn- 27
hedrium zum Verhör. Der Hohepriester herrschte sie an: / »Wir ha- 28
ben euch doch ausdrücklich verboten, das Volk im Namen Jesu zu

lehren. Doch ihr erfüllt ganz Jerusalem mit eurer Lehre, und wenn
es nach eurem Wunsch ginge, müßten wir allesamt für Jesu angeb-
29 lich unschuldig vergossenes Blut büßen.« / Darauf erwiderten Petrus
und die übrigen Apostel: »Im Zweifelsfalle müssen wir Gott gehor-
chen, nicht den Menschen.
30 Der Gott der Väter hat Jesus auferweckt – ihr hattet ihn ans Kreuz
31 gehängt und ermordet. / Gott hat ihn, der zum Heil führt und er-
löst, erhöht und auf den Ehrenplatz zu seiner Rechten gesetzt. So
hat er Israel ermöglicht, umzukehren und sich seine Sündenschuld
32 vergeben zu lassen. / Wir Apostel bezeugen das alles, und gleich uns
tut das auch Gottes Heiliger Geist, den Gott denen geschenkt hat,
33 die ihm gehorsam folgen.« / Diese Worte brachten den Hohenprie-
ster und die Seinen so aus der Fassung, daß sie die Apostel beseiti-
gen wollten.

Gamaliel tritt für die Apostel ein 5,34-42

34 Da erhob sich im Synhedrium ein Pharisäer namens Gamaliel, ein
beim ganzen Volk geachteter Gesetzeslehrer. Er beantragte, die
35 Apostel für kurze Zeit hinauszuschicken. / Dann wandte er sich an
die Versammlung und sagte: »Israeliten! Überlegt euch gut, was ihr
36 mit diesen Männern tut! / Vor einiger Zeit trat ein gewisser Theu-
das auf, der einen gewaltigen Anspruch für sich selbst geltend
machte und bereits viertausend Anhänger hatte. Als man Theudas
beseitigt hatte, löste sich seine Anhängerschaft auf, und jetzt ist sie
37 ganz verschwunden. / Etwas später, zur Zeit der Volksschätzung,
erschien Judas, der Galiläer, und brachte einen Teil des Volkes auf
seine Seite. Auch er ist nicht mehr da, und seine Gefolgschaft ist in
38 alle Winde verstreut. / Daher gebe ich euch im Hinblick auf diese
Bewegung jetzt den folgenden Rat: Laßt die Finger von diesen
Menschen, laßt sie einfach gewähren. Wenn diese Bewegung und
ihr Wirken rein menschlichen Ursprungs ist, wird sie von selbst zu-
39 grunde gehen. / Ist sie aber von Gott, solltet ihr sie nicht zugrunde
richten wollen. Sonst würdet ihr ja als Widersacher Gottes daste-
40 hen.« Gamaliel konnte seine Zuhörer überzeugen. / Sie riefen die
Apostel wieder herein, ließen sie auspeitschen, verboten ihnen noch
41 einmal, in Jesu Namen zu reden, und schickten sie fort. / Voll
Freude darüber, daß sie für den Namen Jesu mißhandelt worden
42 waren, verließen die Apostel das Synhedrium. / Sie hörten nicht
auf, das Volk im Tempel und im Hause zu lehren und das Evange-
lium von Jesus Christus zu verkündigen.

Kapitel 6

Stephanus betreut die Hellenisten 6,1-15

Damals wuchs die Zahl der Jünger stark an. Doch bald fühlten sich 1
die griechisch sprechenden Judenchristen, die sogenannten Helle-
nisten, gegenüber den aramäisch sprechenden, den sogenannten
Hebräern, zurückgesetzt. Sie beklagten sich, die Witwen aus ihrer
Gemeinschaft würden bei der täglichen Versorgung übersehen. /
Da riefen die zwölf Apostel alle Jünger zusammen und erklärten: 2
»Wir können es nicht verantworten, die Predigt zu vernachlässigen,
weil wir durch die Versorgung Bedürftiger mit Mahlzeiten zu stark
in Anspruch genommen werden. / Sucht aus eurer Mitte sieben 3
Männer aus, die anerkanntermaßen reich an Heiligem Geist und an
Weisheit sind. Diese sollen für die Versorgung zuständig sein. / Wir 4
selbst wollen uns intensiver dem Gebet und der Verkündigung wid-
men.« / Alle stimmten diesem Vorschlag zu. Die Jünger bestimmten 5
Stephanus, einen Mann voller Glauben und Heiligem Geist, ferner
Philippus, Prochorus, Nikanor, Timon, Parmenas und den Prosely-
ten Nikolaus aus Antiochien, / und stellten sie vor den Aposteln 6
auf, von denen sie dann durch Handauflegung und unter Gebeten
eingesetzt wurden.
Gottes Wort verbreitete sich, und die Zahl der Jünger in Jerusalem 7
wuchs schnell. Auch eine große Zahl von Priestern wurde gläubig.
Begnadet und voll charismatischer Kraft wirkte Stephanus bedeu- 8
tende Wunderzeichen im Volk. / Dadurch machte er sich Mitglieder 9
der sogenannten Synagoge der Libertiner, der Kyrenäer und Alex-
andriner, der Kilikier und der Leute aus Kleinasien zu Feinden.
Immer wieder suchten sie Streit, / waren aber der geistgewirkten 10
Weisheit des Stephanus nicht gewachsen. / Da stifteten sie heimlich 11
Leute zu der Behauptung an, sie hätten von Stephanus Lästereien
gegen Mose und Gott gehört, / und wiegelten auch das Volk und 12
die Ältesten und Schriftgelehrten auf. Stephanus wurde umzingelt
und zum Synhedrium geschleppt. / Dort traten falsche Zeugen ge- 13
gen ihn auf mit der Behauptung: »Dieser Mensch redet fortwäh-
rend lästerlich gegen Tempel und Gesetz. / Wir haben ihn sagen 14
hören: ›Jesus, der Nasoräer, wird den Tempel zerstören und die
Gesetze ändern, die wir seit Mose überliefert haben.‹« / Als darauf- 15
hin alle, die im Synhedrium Platz genommen hatten, Stephanus an-
blickten, sahen sie, wie sein Antlitz wie das eines Engels leuchtete.

Kapitel 7

Stephanus redet vor dem Synhedrium 7,1-53

1 Der Hohepriester fragte Stephanus, ob die Anschuldigungen zuträ-
2 fen. / Stephanus erwiderte:
»Liebe Väter, liebe Brüder, ich möchte euch etwas erzählen. Als un-
ser Vater Abraham noch im Zweistromland wohnte, vor seiner
Übersiedlung nach Harran, erschien ihm Gott, der Herr der Herr-
3 lichkeit, und befahl ihm[15]: / ›Trenne dich von deiner Heimat und
4 von deiner Familie und zieh in das Land, das ich dir zeige.‹ / Da
wanderte Abraham aus dem Chaldäerland aus und ließ sich in Har-
ran nieder. Nach dem Tod seines Vaters zog er von Harran nach
5 Palästina, wo ihr noch immer wohnt. / Doch Gott gab Abraham
keinen Erbbesitz in diesem Land, keinen Fußbreit. Er gab ihm
lediglich die Verheißung[16], daß er und seine Nachkommenschaft
dereinst das Land besitzen würden. Dabei hatte Abraham zu der
6 Zeit noch kein einziges Kind. / Zunächst aber versprach ihm Gott
etwas anderes[17]: »Deine Nachkommen werden in fremdem Lande
wohnen, sie werden dort Sklavendienste tun, und vierhundert Jahre
7 lang wird es ihnen schlecht ergehen.« / Aber Gott sagte auch[18]:
»Ich werde das Volk, unter dem sie Sklaven sind, bestrafen, und
dann werden die Nachkommen Abrahams von dort wegziehen und
8 mich hier an diesem Ort anbeten.« / Und als Bundeszeichen gab
Gott Abraham die Beschneidung. Dann zeugte Abraham Isaak und
beschnitt ihn am achten Tag nach seiner Geburt. Dann zeugte Isaak
9 Jakob und dieser die zwölf Erzväter. / Die Erzväter verkauften Jo-
10 seph aus Eifersucht nach Ägypten. Gott aber war mit ihm, / rettete
ihn aus allen seinen Nöten und schenkte ihm die Gunst des Pharao
und die Weisheit, die den König von Ägypten so beeindruckte, daß
er ihn zum Regenten Ägyptens und zum Herrn über sein ganzes
11 Vermögen einsetzte. / Doch dann kam eine Hungersnot über ganz
Ägypten und über Kanaan. Die Not war groß, und unsere Vorfah-
12 ren hatten nichts zu essen. / Als Jakob hörte, daß es in Ägypten
Getreide gebe, schickte er seine Söhne, unsere Väter, mehrmals
13 dorthin. / Beim zweitenmal gab sich Joseph seinen Brüdern zu er-
14 kennen, und der Pharao erkannte, daß Joseph Jude war. / Joseph
lud seinen Vater und seine ganze Sippe, 75 Personen, nach Ägypten

---

15 Gen 12,1.
16 Gen 12,7; 13,15.
17 Gen 15,13f; Ex 2,22; 12,40.
18 Ex 3,12.

ein. / Und Jakob zog nach Ägypten herab, wo er dann später starb, 15
wie auch unsere übrigen Vorfahren. / Sie alle wurden nach Sichem 16
überführt und in dem Grab bestattet, das Abraham von den Kin-
dern Emmors in Sichem gekauft hatte.
Als aber das Ende der von Gott in seiner Verheißung an Abraham 17
genannten 400 Jahre kam, da war das jüdische Volk in Ägypten
schon groß und zahlreich geworden. / Da bestieg ein neuer König 18
den ägyptischen Thron, der wußte nichts von Joseph. / Voller 19
Heimtücke gegen unser Volk zwang er unsere Vorfahren, ihre
Kleinkinder auszusetzen, damit sie nicht überlebten. / Damals 20
wurde Mose geboren, und Gott fand an ihm Gefallen. Drei Mo-
nate lang wurde er im Elternhaus aufgezogen. / Dann wurde er 21
ausgesetzt, aber die Tochter des Pharaos nahm ihn bei sich auf
und zog ihn als ihren Sohn groß. / Mose wurde umfassend in der 22
ägyptischen Weisheit ausgebildet. Seine Worte und Taten waren
eindrucksvoll. / Mit vierzig Jahren faßte er den Entschluß, sich um 23
seine Brüder und Schwestern, die Kinder Israels, zu kümmern. /
Als er erlebte, wie ein Jude von einem Ägypter Unrecht erleiden 24
mußte, stand er ihm bei und rächte den Mißhandelten, indem er
den Ägypter erschlug. / Er meinte, seine Brüder und Schwestern 25
müßten begreifen, daß Gott sie durch ihn retten wollte. Doch sie
begriffen es nicht. / Am nächsten Tag kam er zufällig dazu, wie 26
zwei sich stritten, und er forderte die Streitenden zur Versöhnung
auf mit den Worten: ›Ihr seid doch Brüder. Warum tut ihr einander
unrecht?‹ / Doch der eine, der seinem Bruder unrecht getan hatte, 27
stieß Mose weg und sagte[19]: ›Wer hat dich zum Aufseher und
Richter über uns bestellt? / Willst du mich etwa umbringen, wie 28
gestern den Ägypter?‹ / Daraufhin floh Mose aus Ägypten und 29
lebte als Einwanderer im Land Midian. Dort wurden ihm zwei
Söhne geboren.
Nach Ablauf von vierzig Jahren erschien ihm in der Wüste des Sinai- 30
gebirges in einem brennenden Dornbusch ein Engel. / Mose konnte 31
nicht fassen, was er da sah. Als er genauer nachsehen wollte, hörte
er Gottes Stimme sagen[20]: / ›Ich bin der Gott deiner Väter, der Gott 32
Abrahams, Isaaks und Jakobs.‹ Zittern und Beben erfaßte Mose,
und er wagte nicht, näher heranzutreten. / Der Herr sagte zu Mose: 33
›Zieh deine Schuhe aus, denn dort, wo du stehst, ist heiliges Land. /
Ich sehe, daß mein Volk in Ägypten gequält wird, ich höre sein Stöh- 34
nen und steige nun vom Himmel herab, es zu retten. Deshalb sende

[19] Ex 2,14f.
[20] Ex 3,6-8.

35 ich dich nach Ägypten. Geh!‹ / Denselben Mose, den die Israeliten
mit den Worten ›Wer hat dich zum Aufseher und Richter bestellt?‹
fortgeschickt hatten, hat Gott durch den Engel, der ihm im Dorn-
busch erschien, als Anführer und Befreier nach Ägypten gesandt. /
36 Er führte die Israeliten aus Ägypten heraus in die Freiheit und voll-
brachte große Wunderzeichen in Ägypten, im Roten Meer und vier-
37 zig Jahre lang in der Wüste. / Er hat den Kindern Israels gesagt[21]:
›Aus meinen Brüdern wird Gott der Herr einen Propheten wie mich
auswählen, den er euch senden wird.‹
38 Als die Israeliten sich in der Wüste versammelt hatten, war Mose
Mittler zwischen dem Engel, der im Sinaigebirge mit ihm sprach,
unseren Vorfahren und euch. Die Worte, die er für euch entgegen-
39 nahm, sollten Leben stiften. / Doch unsere Vorfahren wollten ihm
nicht gehorchen, sie lehnten ihn ab und hielten sich an Ägypten. /
40 So sagten sie zu Aaron[22]: ›Fertige uns Götterbilder an, die sollen
vor uns herziehen. Denn wir wissen nicht, was aus Mose gewor-
41 den ist, der uns aus Ägypten herausgeführt hat.‹ / Sie machten sich
ein Stierbild, opferten diesem Götzen und freuten sich über das
42 Werk ihrer Hände. / Da wandte sich Gott von ihnen ab und ließ
sie die Sterne anbeten. So steht es bei den Propheten[23]: ›Habt ihr
etwa mir in den vierzig Jahren in der Wüste Opfer dargebracht
43 oder Tiere geschlachtet, Haus Israel? / Nein, ihr habt das Zelt des
Götzen Moloch mitgeführt und den Stern des Götzen Romfa. Sol-
che Bilder habt ihr euch für euren Götzendienst gemacht. Deswe-
gen werde ich euch in die Verbannung führen, noch weiter als Ba-
bylon.‹
44 Gott hatte Mose befohlen, nach dem himmlischen Vorbild, das er
gesehen hatte, ein Zelt zu bauen[24], und in diesem Zelt konnten un-
45 sere Vorfahren Offenbarungen empfangen. / Als sie das Land der
Heiden, die Gott unter Josua vor ihnen vertrieb, eroberten, nah-
men sie das Zelt mit und bewahrten es sorgsam bis zur Zeit Davids.
46 / David gewann Gottes Zuneigung und bat ihn, für Jakobs Nach-
47 kommen einen Platz für das Zelt zu finden. / Salomo aber baute
48 Gott ein Haus. / Doch Gott, der Höchste, wohnt nicht in Häusern,
die von Menschenhand gemacht sind. Der Prophet hat das so aus-
49 gedrückt[25]: / ›Gott sagt: Mein Thronsitz ist der Himmel, der Sche-
mel für meine Füße ist die Erde. Wie wollt ihr mir da ein Haus

21 Dt 18,15.
22 Ex 32,1.23.
23 Am 5,23-27.
24 Vgl. Ex 25,40.
25 Jes 66,1 f.

bauen, oder wie soll ich in einem Raum wohnen? / Ich habe doch 50
all das eigenhändig geschaffen.‹
Dickfellig und unsensibel seid ihr, und immer wieder fallt ihr dem 51
Heiligen Geist in den Arm. Das gilt von euren Vorfahren wie von
euch. / Eure Väter haben alle Propheten verfolgt. Sie haben die ge- 52
tötet, die im voraus verkündet haben, daß der Gerechte kommen
wird. Ihr habt jetzt diesen Gerechten verraten und ermordet. / Ihr 53
durftet das Gesetz empfangen, wie Engel es angeordnet hatten.
Doch ihr habt es nicht gehalten.«

Stephanus wird gesteinigt 7,54-60

Auf diese Worte hin ergrimmten seine Zuhörer so, daß sie vor Wut 54
mit den Zähnen knirschten. / Stephanus aber, selig erfüllt vom Hei- 55
ligen Geist, blickte zum Himmel auf, sah Gottes Herrlichkeit und
Jesus zur Rechten Gottes. / Er rief: »Ich sehe den Himmel offen, der 56
Menschensohn steht zur Rechten Gottes.« / Da kreischten seine 57
Zuhörer laut, hielten sich die Ohren zu und stürzten sich alle zu-
sammen auf ihn. / Sie jagten ihn zur Stadt hinaus und bewarfen ihn 58
mit Steinen. Einige, die das mitbekommen hatten, zogen ihre Ober-
kleider aus und legten sie zu Füßen eines jungen Mannes namens
Saul ab. / Während Stephanus gesteinigt wurde, rief er zum Him- 59
mel: »Herr Jesus, nimm mich auf.« / Dann fiel er auf die Knie und 60
schrie: »Herr, kreide ihnen diese Schuld nicht an!« Nach diesen
Worten starb er.

Kapitel 8

Saul hieß diesen Lynchmord gut. / Zu dieser Zeit wurde die Ge- 1, 2
meinde in Jerusalem erbittert verfolgt. Alle Gemeindeglieder außer
den Aposteln wurden über ganz Judäa und Samaria verstreut. / Ein 2a
paar fromme Menschen bestatteten Stephanus und hielten eine
große Totenklage ab. / Saul trachtete danach, die Gemeinde zu zer- 3
stören. Er durchkämmte die Häuser nach christlichen Männern
und Frauen, und wenn er welche fand, sorgte er dafür, daß sie ins
Gefängnis geworfen wurden.

Die Apostel missionieren Samarien 8,4-25

Die aus Jerusalem Vertriebenen zogen in kleinen Gruppen durch 4
das Land und verkündeten das Evangelium. / Als Philippus nach 5
Sebaste, der Hauptstadt von Samarien, herunterkam und Christi
Botschaft verkündete, / waren alle hingerissen von dem, was er 6
sagte, und von den Wundern, die er wirkte, / wenn die bösen Gei- 7

ster vieler Besessener mit lautem Geschrei ausfuhren und viele
8 Lahme und Krüppel geheilt wurden. / So war die Freude groß in der
ganzen Stadt.
9 Schon seit längerem lebte in Sebaste ein Mann namens Simon, ein
Hexenmeister, der die Samarier zum Staunen brachte, weil er sagte,
10 er sei der Größte. / Alt und jung war von ihm hellauf begeistert,
und sie sagten: »Er ist die Kraft Gottes, die man auch die Große
11 Kraft nennt.« / Sie waren ihm verfallen, weil er sie einige Zeit lang
12 mit seinen Hexenkünsten faszinierte. / Doch als dann Philippus
kam und das Evangelium vom Reich Gottes und vom Namen Jesu
verkündete, glaubten ihm die Männer und Frauen in Samarien und
13 ließen sich taufen. / Auch Simon wurde Anhänger des Philippus
und gläubig. Er ließ sich taufen, und als er die großen Wundertaten
sah, war er außer sich vor Staunen.
14 Als den Aposteln in Jerusalem zu Ohren kam, daß Samarien das
Wort Gottes angenommen hatte, sandten sie Petrus und Johannes
15 dorthin. / Diese begaben sich nach Samarien hinunter und beteten
für die dortigen Christen, sie möchten den Heiligen Geist empfan-
16 gen. / Denn sie waren zwar auf den Namen Jesu getauft, hatten
17 aber noch nicht den Heiligen Geist. / Als ihnen aber die Apostel die
Hände auflegten, empfingen sie den Heiligen Geist.
18 Als Simon sah, daß man durch Handauflegung der Apostel den
Heiligen Geist empfangen konnte, brachte er den Aposteln Geld /
19 und bat: »Gebt auch mir diese Vollmacht, daß alle, denen ich die
20 Hände auflege, den Heiligen Geist empfangen können.« / Doch Pe-
trus entgegnete: »Soll dich und dein Geld doch der Teufel holen!
Wenn du denkst, daß man durch Geld erwerben kann, was doch
21 Gott allein schenkt, / dann kannst du nicht am Christentum teilha-
22 ben. Denn dann ist dein Herz nicht aufrichtig vor Gott. / Kehre um,
laß ab von diesem bösen Denken und bitte Gott, daß er dir deine
23 schlechten Absichten verzeiht. / Denn sonst wird dich Gottes Zorn
24 treffen, weil du in Unrecht verstrickt bist. / Simon sagte: »Betet für
mich zu Gott, damit mich das, was ihr angedroht habt, nicht
25 trifft.« / Die Apostel kehrten nach Jerusalem zurück, und unter-
wegs legten sie mit ihren Worten von der Botschaft Zeugnis ab und
verkündeten das Evangelium den Bewohnern in vielen Ortschaften
Samariens.

Philippus bekehrt den äthiopischen Kämmerer 8,26-40

26 Ein Engel des Herrn forderte Philippus auf: »Auf, geh nach Süden
27 auf der Wüstenstraße, die von Jerusalem nach Gaza führt.« / Phil-
ippus machte sich auf und traf auf der Straße einen Äthiopier, einen

Eunuchen, der bei Kandake, der äthiopischen Königin, Hofbeam-
ter war und als Kämmerer den gesamten königlichen Schatz ver-
waltete. / Er kehrte gerade von einer Reise nach Jerusalem zurück, 28
wo er im Tempel gebetet hatte, saß in seinem Reisewagen und las
das Buch des Propheten Jesaja. / Da gab der Heilige Geist Philippus 29
den Auftrag: »Geh hin und bleibe dicht an diesem Reisewagen.« /
Als sich Philippus dem Wagen näherte und hörte, wie der Äthiopier 30
die Worte des Propheten Jesaja las, fragte er ihn: »Verstehst du
überhaupt, was du da liest?« / Der Äthiopier antwortete: »Wie soll 31
ich es verstehen können, wenn mich niemand anleitet?« Er bat
Philippus, aufzusteigen und neben ihm Platz zu nehmen. / Der 32
Schriftabschnitt, den er gerade las, lautete[26]: »Wie ein Schaf wurde
er zur Schlachtbank geführt, und wie ein Lamm im Angesicht sei-
nes Scherers keinen Laut gibt, tut er den Mund nicht auf. / Als er 33
am tiefsten erniedrigt war, wurde das Urteil gegen ihn aufgehoben.
Wer wird seine Nachkommen zählen können? Sein Leben ist von
der Erde weggenommen.«
Der Eunuch fragte Philippus: »Wen meint der Prophet damit? 34
Meint er sich selbst oder einen anderen?« / Da begann Philippus 35
mit der Unterweisung und erschloß ihm, ausgehend von dieser Je-
sajastelle, das Evangelium von Jesus. / Als sie an der Straße, auf der 36
sie einherzogen, eine Wasserstelle entdeckten, sagte der Hofbe-
amte: »Hier ist Wasser, warum soll ich mich nicht taufen lassen?«[27]
/ Er ließ den Reisewagen anhalten, beide stiegen ins Wasser hinab, 38
und Philippus taufte den Eunuchen. / Als aber der Täufling aus dem 39
Wasser stieg, wurde Philippus vom Heiligen Geist entrückt. Der
Eunuch sah ihn nicht mehr, aber voll Freude zog er seines Weges. /
Philippus jedoch fand sich in Azot wieder, und er zog mit der Ver- 40
kündigung des Evangeliums durch alle Ortschaften, bis er nach
Cäsarea gelangte.

Kapitel 9

Saul wird bekehrt 9,1-30

Saul aber wütete weiterhin mit Drohungen und Mord gegen die Jün- 1
ger des Herrn. Eines Tages ging er zum Hohenpriester / und bat ihn 2
um Empfehlungsschreiben für die jüdischen Synagogen in Damas-

---

[26] Jes 53,7f.

[27] V. 37 findet sich nur in manchen Handschriften und lautet: Philippus sagte ihm: »Wenn du aus ganzem Herzen glaubst, dann kannst du gerettet werden.« Der Kämmerer antwortete: »Ich glaube, daß Jesus Christus der Sohn Gottes ist.«

kus. Er wollte die christlichen Männer und Frauen, die er dort auf-
3 spürte, dann gefesselt nach Jerusalem abführen lassen. / Als er kurz
vor Damaskus war, umgab ihn plötzlich himmlischer Lichtglanz. /
4 Er fiel zu Boden und hörte eine Stimme: »Saul, Saul, was verfolgst du
5 mich?« / »Wer bist du, Herr?«, fragte er, und er erhielt zur Antwort:
6 »Ich bin Jesus, den du verfolgst. / Steh auf und geh in die Stadt. Dort
7 wirst du erfahren, was ich von dir will.« / Seinen Begleitern ver-
schlug es die Sprache. Die Stimme hörten sie zwar, aber sie konnten
8 niemanden sehen. / Saul stand auf, und als er die Augen öffnete,
merkte er, daß er blind war. Da nahm ihn ein Begleiter an die Hand
9 und führte ihn nach Damaskus hinein. / Die Blindheit dauerte noch
drei Tage, und in dieser Zeit nahm Saul keine Nahrung zu sich.
10 In Damaskus lebte ein Jünger namens Ananias. Dem erschien der
Herr und redete ihn an: »Ananias!« Ananias erwiderte: »Ich bin
11 bereit, Herr.« / Der Herr sagte: »Auf, geh in die Gerade Straße und
erkundige dich im Haus des Judas nach Saul aus Tarsus. Er betet
12 gerade. / Er hat schon in einer Vision gesehen, daß ein Mann na-
mens Ananias zu ihm kommen und ihm die Hände auflegen würde,
13 um seine Blindheit zu heilen.« / Darauf entgegnete Ananias dem
Herrn, der ihm erschienen war: »Herr, ich habe schon von vielen
Leuten gehört, was dieser Mann der Gemeinde deiner Heiligen in
14 Jerusalem Schreckliches angetan hat. / Und für Damaskus besitzt er
eine Vollmacht der Hohenpriester, alle Christen gefangenzuneh-
15 men.« / Da erwiderte der Herr: »Geh trotzdem hin! Denn ich habe
diesen Mann dazu auserwählt, meinen Namen den Heiden, den
16 Königen und den Kindern Israels zu verkündigen. / Ich will ihm sa-
gen, daß er im Dienst für meinen Namen sehr viel leiden muß.«
17 Ananias machte sich auf, ging in das ihm benannte Haus, legte Saul
die Hände auf und sagte: »Lieber Bruder Saul, der Herr, Jesus, der
dir auf deinem Weg erschienen ist, hat mich geschickt. Du sollst wie-
der sehen können, und der Heilige Geist soll über dich kommen.«
18 / Augenblicklich löste sich die Blindheit von seinem Auge wie Schup-
pen von der Haut. Er konnte wieder sehen, stand auf und ließ sich
19 taufen, / nahm auch Nahrung zu sich und erholte sich wieder. Er
20 blieb noch einige Tage bei den Christen in Damaskus. / Kaum war
er getauft, da begann er, in den Synagogen Jesus als den Sohn Gottes
21 zu verkündigen. / Alle, die davon hörten, wunderten sich über die
Maßen und meinten: »Saul hat doch in Jerusalem die Christen be-
seitigen wollen und kam hierher, um sie zu verhaften und den Ho-
22 henpriestern auszuliefern.« / Angesichts solcher Reden wurde Sauls
Auftreten um so erfolgreicher. Er redete auf die damaszenischen Ju-
23 den ein, bis er sie überzeugt hatte, daß Jesus der Messias ist. / Nach

einigen Tagen beschlossen die Juden, ihn zu beseitigen. / Doch Saul 24
erfuhr von ihrem Vorhaben. Da sie Tag und Nacht die Stadttore be-
obachten ließen, um ihn zu ergreifen und zu lynchen, / wurde Saul 25
nachts von seinen Jüngern in einem Korb über die Mauer hinabge-
lassen.[28] / So gelang ihm die Flucht nach Jerusalem, wo er Anschluß 26
an die Christengemeinde suchte. Doch bei den Jüngern überwog die
Angst vor ihm, denn sie konnten nicht glauben, daß seine Wandlung
zum Jünger echt war. / Allein Barnabas nahm sich seiner an und 27
brachte ihn zu den Aposteln. Ihnen erzählte Saul von seiner Chri-
stusvision auf dem Weg nach Damaskus, er berichtete, daß der Herr
mit ihm gesprochen hatte und wie er in Damaskus unter dem Na-
men Jesu zum mutigen Verkündiger geworden war. / Von nun an 28
lebte Saul mit den Jüngern in Jerusalem und verkündigte immer mu-
tiger die Botschaft von Jesus und der Kraft seines Namens. / Er pre- 29
digte auch griechischsprechenden Juden und geriet mit ihnen in
Dauerstreit. Daraufhin versuchten diese, ihn zu beseitigen. / Die 30
christlichen Brüder bemerkten es jedoch rechtzeitig, begleiteten Saul
nach Cäsarea und schickten ihn von dort nach Tarsus.

Petrus heilt Aeneas und erweckt Tabitha auf 9,31-43

Für die Kirche in ganz Judäa, Galiläa und Samarien brach jetzt eine 31
friedliche Zeit an. Gottesfurcht bestimmte das geistliche Funda-
ment und ihr gesamtes Verhalten. Der Heilige Geist stand der Kir-
che bei, und sie wuchs. / Petrus reiste durch das ganze Land und ge- 32
langte auch zu den Christen in Lydda. / Dort traf er auf einen Mann 33
namens Aeneas, der war gelähmt und seit 18 Jahren bettlägerig. /
Petrus sagte zu ihm: »Aeneas, Jesus Christus heilt dich! Steh auf 34
und mach dein Bett selbst!« Kaum hatte Petrus das gesagt, da stand
der Kranke auf. / Alle Bewohner Lyddas und der Saron-Ebene 35
konnten sehen, daß er gesund war, und wurden Christen.
In Joppe lebte eine Jüngerin namens Tabitha, das heißt übersetzt 36
»Gazelle«. Sie hatte sehr viel Gutes getan und viel gespendet. /
Damals wurde sie krank und starb. Sie wurde gewaschen und im 37
Schlafgemach im oberen Stockwerk aufgebahrt. / Nun liegt Lydda 38
in der Nähe von Joppe. Als daher die Christen in Joppe hörten, Pe-
trus sei in Lydda, schickten sie zwei Männer zu ihm mit der Bitte,
unverzüglich zu ihnen zu kommen. / Petrus ging sofort mit ihnen. 39
Als er in Joppe ankam, führte man ihn unverzüglich in das Ge-
mach, wo alle Witwen des Ortes sich weinend zu ihm drängten und
ihm die Röcke und Kleider zeigten, die »die Gazelle« zu ihren Leb-

[28] Vgl. 2 Kor 11,32f.

40 zeiten für sie genäht hatte. / Petrus bat sie alle, den Raum zu verlas-
sen, betete auf Knien und sprach dann den Leichnam mit den Wor-
ten an: »Steh auf, Tabitha!« Da schlug Tabitha die Augen auf,
41 erblickte Petrus und setzte sich auf. / Petrus reichte ihr die Hand
und half ihr beim Aufstehen. Dann rief er die übrigen Christen
samt den Witwen herbei und gab ihnen Tabitha lebendig zurück. /
42 Das wurde in ganz Joppe bekannt, und viele kamen zum Glauben
43 an Jesus, den Herrn. / Petrus blieb mehrere Tage in Joppe und
wohnte bei Simon, dem Gerber.

Kapitel 10

Petrus bekehrt die ersten Heiden 10,1-11,18

1 In Cäsarea lebte ein Hauptmann namens Cornelius aus dem soge-
2 nannten italischen Regiment. / Er glaubte samt seiner ganzen Fami-
lie an Gott und ehrte ihn. Dem jüdischen Volk gab er großzügige
3 Spenden und verrichtete regelmäßig die Gebete. / Eines Tages – es
war gegen drei Uhr mittags – sah er in einer Vision ganz deutlich
einen Engel Gottes bei sich eintreten, der ihn mit »Cornelius!« an-
4 redete. / Cornelius starrte ihn an und sagte voller Angst: »Was
willst du von mir, Herr?« Der Engel erwiderte: »Gott hat deine Ge-
bete und deine Spenden angenommen, und sie sind im Himmel un-
5 vergessen. / Schicke nun Boten nach Joppe und laß Simon holen,
6 der Petrus genannt wird. / Dieser ist zu Gast bei einem Gerber na-
7 mens Simon, dessen Haus liegt am Meer.« / Als der Engel gegangen
war, rief Cornelius zwei Bedienstete und einen besonders gottes-
fürchtigen von den Soldaten, die ihm persönlich zur Bedienung zu-
8 gewiesen waren, / erzählte ihnen alles und schickte sie nach Joppe.
9 / Am folgenden Tag gegen zwölf Uhr mittags, als sie noch unter-
wegs, aber nicht mehr weit von Joppe entfernt waren, ging Petrus
10 auf den Dachgarten des Hauses hinauf, um zu beten. / Da verspürte
er Hunger und wollte etwas essen. Während das Essen noch zube-
11 reitet wurde, hatte Petrus eine Vision. / Er sah den Himmel einen
Spaltbreit geöffnet. Eine Art großes Tischtuch wurde an vier Zip-
12 feln auf die Erde herabgelassen. / Darin waren alle möglichen Arten
13 von Vierfüßlern, Kriechtieren und Vögeln. / Eine Stimme rief: »Auf,
14 Petrus, schlachte sie und iß.« / Petrus entgegnete: »Nein, Herr,
15 noch nie habe ich etwas Gemeines oder Unreines gegessen.« / Die
Stimme sagte: »Was Gott für rein erklärt, darfst du nicht für unrein
16 halten.« / Dies wiederholte sich noch zweimal. Kaum war die
Stimme verklungen, da wurde das Tuch mit seinem Inhalt in den
17 Himmel hinaufgezogen. / Als Petrus noch darüber rätselte, was die

Vision bedeuten sollte, hatten sich die von Cornelius geschickten
Männer zum Haus Simons des Gerbers durchgefragt und standen
vor der Tür. / Sie riefen: »Ist hier Simon, genannt Petrus, zu Gast?« 18
/ Da sagte der Heilige Geist zu Petrus, der noch immer über die Vi- 19
sion nachgrübelte: »Zwei[29] Boten suchen dich, / steig schnell hinab 20
und geh ohne Bedenken mit ihnen, denn ich habe sie geschickt.« /
Petrus stieg hinab zu den Männern und stellte sich ihnen vor: »Ich 21
bin der Mann, den ihr sucht. Was wollt ihr von mir?« / Sie antwor- 22
teten: »Der Hauptmann Cornelius, ein gerechter Mann, der an
Gott glaubt, sehr angesehen bei allen Juden, hat von einem Engel
die Weisung erhalten, dich in sein Haus zu bitten und auf deine
Botschaft zu hören.« / Da bat Petrus die Männer herein, bewirtete 23
sie und gab ihnen ein Nachtquartier. Am nächsten Morgen machte
er sich mit ihnen auf, und auch einige Christen aus Joppe zogen mit
ihm. / Sie erreichten Cäsarea am folgenden Tag. Cornelius erwar- 24
tete sie schon und hatte seine Verwandten und engsten Freunde zu-
sammengerufen. / Als Petrus sein Haus betrat, fiel Cornelius vor 25
ihm auf die Knie. / Petrus aber hob ihn auf und sagte: »Steh auf, 26
auch ich bin nur ein Mensch.« / Im Gespräch mit ihm ging er weiter 27
in das Haus hinein und fand dort eine große Versammlung von
Menschen vor. / Er sagte zu ihnen: »Ihr wißt, daß es für Juden ver- 28
boten ist, mit Nichtjuden gemeinsam zu leben oder ihr Haus zu be-
treten. Doch Gott selbst hat mir geoffenbart, daß ich keinen Men-
schen als gemein oder unrein bezeichnen darf. / Deshalb bin ich 29
ohne Bedenken eurer Einladung gefolgt. Aber sagt mir bitte,
warum ihr mich habt kommen lassen?«
Cornelius antwortete: »Vor drei Tagen war es, da war ich zur glei- 30
chen Zeit wie jetzt, gegen drei Uhr mittags, in meinem Haus ins Ge-
bet vertieft, als plötzlich ein Mann in leuchtendem Gewand vor mir
stand / und sagte: ›Cornelius, Gott hat dein Gebet gehört, und 31
deine Spenden sind im Himmel nicht vergessen. / Schicke nun Bo- 32
ten nach Joppe und laß sie Simon rufen, der auch Petrus heißt. Er
ist zu Gast bei einem Gerber namens Simon, dessen Haus liegt am
Meer.‹ / Sogleich schickte ich Leute zu dir, und jetzt freuen wir uns, 33
daß du da bist. Nun sind wir alle vor Gottes Angesicht versammelt,
um zu hören, was der Herr dir aufgetragen hat.« / Petrus begann: 34
»Nun begreife ich den Satz erst wirklich, daß Gott kein Ansehen
der Person kennt. / Denn aus jedem Volk ist Gott jeder von Herzen 35
willkommen, der an ihn glaubt und der tut, was vor ihm recht ist.

[29] Vgl. 10,7: Der Soldat ist zum Schutz mitgegeben und zählt nicht als Bote.

36 / Sein Wort hat er den Kindern Israels gesandt, als er ihnen durch
Jesus Christus, den Herrn aller Menschen, Frieden verkündete. /
37 Ihr wißt, was überall in Judäa geschehen ist. Begonnen hat es in Ga-
38 liläa nach der Verkündigung der Taufe durch Johannes. / Da hat
Gott Jesus von Nazareth mit Heiligem Geist und mit seiner Kraft
gesalbt. Danach ist Jesus durch das Land gezogen und hat allen, die
unter der Herrschaft des Teufels litten, Gutes getan und sie geheilt,
39 denn Gott war mit ihm. / Wir Apostel bezeugen alles, was er im jü-
dischen Land und in Jerusalem getan hat. Die Menschen haben ihn
40 getötet, indem sie ihn am Kreuzesholz aufhängten. / Gott hat ihn
auferweckt am dritten Tag und hat den Auferstandenen erscheinen
41 lassen, / nicht öffentlich, sondern vor von Gott ausersehenen Zeu-
gen. Wir Apostel sind diese Zeugen, denn wir haben nach seiner
42 Auferstehung zusammen mit ihm gegessen und getrunken. / Er hat
uns beauftragt, dem Volk seine Botschaft zu verkünden. Wir sollen
bezeugen: Er wird über Lebende und Tote richten, dazu hat Gott
43 ihn eingesetzt. / Alle Propheten weisen bereits darauf hin, daß allen
Menschen die Sünden vergeben werden, die an ihn glauben. Denn
44 sein Name ist groß und heilig.« / Während Petrus noch redete, kam
45 der Heilige Geist über alle, die seine Predigt gehört hatten. / Die
Judenchristen, von denen sich auch etliche bei Petrus eingefunden
hatten, waren außer sich vor Staunen, daß die Gabe des Heiligen
46 Geistes auch auf Heiden ausgegossen wurde, / als sie hörten, wie
die Heiden plötzlich in den Sprachen der Engel redeten und Gott
47 lobten. / Da sagte Petrus zu ihnen: »Wenn sie den Heiligen Geist
empfangen haben wie wir, kann ihnen niemand mehr das Wasser
48 der Taufe verwehren.« / So ließ er sie im Namen und Auftrag Jesu
Christi taufen. Danach baten sie ihn, ein paar Tage bei ihnen zu
bleiben.

Kapitel 11

1 Die Apostel und andere Christen in Judäa hörten, daß auch Hei-
2 den die christliche Botschaft angenommen hätten. / Als Petrus wie-
der nach Jerusalem hinaufging, machten ihm die Judenchristen
3 Vorhaltungen, / weil er zu Heiden ins Haus gegangen sei und mit
4 ihnen gegessen habe. / Da ergriff Petrus das Wort und erklärte ih-
5 nen der Reihe nach, wie alles geschehen war: / »Ich hielt mich in
der Stadt Joppe auf und war ins Gebet vertieft. Da hatte ich eine
Vision: Eine Art großes Tischtuch wurde an vier Zipfeln vom
6 Himmel bis zu mir herabgelassen. / Ich betrachtete genau den In-
halt: alle möglichen Arten von Vierfüßlern, Kriechtieren und Vö-

geln. / Eine Stimme rief: ›Auf, Petrus, schlachte sie und iß.‹ / Ich 7, 8
entgegnete: ›Nein, Herr, noch nie habe ich etwas Gemeines oder
Unreines gegessen.‹ / Die Stimme vom Himmel sagte: ›Was Gott 9
für rein erklärt, darfst du nicht für unrein halten.‹ / Dies wieder- 10
holte sich noch zweimal. Dann wurde alles wieder in den Himmel
hinaufgenommen. / Kaum war das Tuch verschwunden, da stan- 11
den zwei Boten und ein Soldat vor dem Haus, in dem wir zu Gast
waren; sie waren von Cäsarea aus zu mir geschickt worden. / Der 12
Heilige Geist wies mich an, ihnen ohne Bedenken zu folgen. Sechs
Brüder begleiteten mich bis in das Haus des Cornelius nach Cäsa-
rea. / Cornelius berichtete uns, ein Engel sei ihm in seinem Haus 13
erschienen und habe gesagt: ›Schicke Boten nach Joppe, laß sie Si-
mon, genannt Petrus, holen. / Petrus wird dir eine Botschaft ver- 14
künden, durch die du samt deiner ganzen Familie gerettet wirst.‹ /
Als ich mit meiner Predigt begann, kam der Heilige Geist auf sie, 15
so wie er zu Pfingsten auf uns gekommen war. / Da erinnerte ich 16
mich daran, daß Jesus gesagt hatte: ›Johannes hat mit Wasser ge-
tauft, doch ihr sollt mit Heiligem Geist getauft werden.‹ / Wenn 17
nun Gott den Heiden, die an den Herrn Jesus Christus glauben,
dieselbe Gabe geschenkt hat wie uns – konnte ich da Gottes Wir-
ken hindern?« / Auf diese Worte des Petrus hin beruhigten sich die 18
Zuhörer, lobten Gott und sagten: »Auch den Heiden hat Gott die
Möglichkeit geschenkt, zum Leben umzukehren.«

Barnabas und Saul wirken in Antiochien 11,19-26

In Jerusalem hatte man nicht nur Stephanus gesteinigt, sondern 19
auch andere Christen hart bedrängt und verfolgt. Einige von ihnen
wurden bis nach Phönikien, Zypern oder Antiochien versprengt.
Doch sie predigten nur zu Juden. / Andere dagegen, die aus Zypern 20
und aus Kyrene nach Antiochien kamen, trugen das Evangelium
von Jesus als dem Herrn auch heidnischen Griechen vor. / Weil 21
Gottes Kraft ihre Worte begleitete, kamen sehr viele zum Glauben
und bekehrten sich. / Als das der Gemeinde in Jerusalem zu Ohren 22
kam, schickte sie Barnabas nach Antiochien. / Er kam, sah das Wir- 23
ken von Gottes Gnade und freute sich darüber. Er ermunterte alle,
bei ihrem Herzensentschluß zu bleiben. / Barnabas war ein sehr gu- 24
ter Missionar, treu im Glauben und reich beschenkt vom Heiligen
Geist. Viele Leute wurden für den Herrn gewonnen. / Danach 25
machte sich Barnabas nach Tarsus auf, um Saul zurückzuholen. /
Als er ihn gefunden hatte, nahm er ihn mit nach Antiochien. Ein 26
ganzes Jahr lang wirkten beide gemeinsam in der Gemeinde von
Antiochien und gaben die Glaubenslehre an sehr viele weiter. In

Antiochien wurden Jüngerinnen und Jünger zuerst Christen genannt.

Die Gemeinde in Jerusalem wird verfolgt 11,27-12,25

27 Zu dieser Zeit kamen von Jerusalem Propheten nach Antiochien. /
28 Einer von ihnen, Agabus, stand auf und weissagte, erfüllt vom Hei-
ligen Geist: »Es wird auf der ganzen Erde eine große Hungersnot
herrschen.« Als sich seine Prophezeiung unter Claudius erfüllte, /
29 beschlossen die antiochenischen Jünger, den Brüdern und Schwe-
stern in Judäa Hilfe zu leisten, und zwar sollte jeder entsprechend
30 seinem Wohlstand spenden. / Das Gespendete wurde durch Barna-
bas und Saul den Ältesten in Judäa übergeben.

Kapitel 12

1 Damals ließ König Herodes einige aus der Gemeinde festnehmen
2 und mißhandeln. / Jakobus, den Bruder des Johannes, ließ er mit
3 dem Schwert enthaupten. / Als er bemerkte, daß die Juden dies gerne
sahen, ließ er zur Zeit des Passahfestes auch noch Petrus verhaften. /
4 Er steckte ihn ins Gefängnis und ordnete vier Gruppen Soldaten zu
je vier Mann zu seiner Bewachung ab. Nach dem Passahfest wollte
5 er ihn dem Volk vorführen. / Während Petrus im Gefängnis eingeker-
6 kert war, betete die Gemeinde unaufhörlich für ihn zu Gott. / In der
Nacht, bevor Herodes ihm den Prozeß machen wollte, schlief Petrus
zwischen zwei Soldaten, mit zwei Ketten an sie gefesselt. Wächter
standen vor der Tür Wache.
7 Mit einem Male stand der Engel des Herrn da, strahlendes Licht er-
füllte die Zelle. Der Engel stieß Petrus in die Seite, um ihn zu wecken,
und sagte: »Steh auf, schnell!« Da fielen Petrus die Ketten von den
8 Armen ab. / Der Engel befahl: »Leg deinen Gürtel um und zieh die
Sandalen an!« Petrus tat es. Dann sagte der Engel: »Wirf den Mantel
9 um und folge mir.« / Petrus folgte dem Engel nach draußen. Er wußte
nicht, ob er all dies für Wirklichkeit oder für einen Traum halten
10 sollte. / Sie gingen an der ersten und an der zweiten Wache vorbei
und gelangten an das eiserne Tor, das zur Stadt führt. Es öffnete sich
ihnen wie von selbst. Sie traten hinaus und gingen noch eine Gasse
nebeneinanderher, dann war der Engel plötzlich verschwunden.
11 Als Petrus zu sich kam, sagte er: »Jetzt bin ich mir ganz sicher. Gott
hat also wirklich seinen Engel gesandt, mich aus der Hand des He-
rodes errettet und vor allem bewahrt, was das jüdische Volk gern ge-
12 sehen hätte.« / Als ihm dies alles klargeworden war, ging er zum
Haus der Maria, der Mutter des Johannes, dem man den Beinamen

Markus gegeben hatte. Dort waren viele Christen versammelt und
ins Gebet vertieft. / Als Petrus an das Hoftor klopfte, kam eine Be- 13
dienstete namens Rhode und fragte, wer da sei. / Sie erkannte die 14
Stimme des Petrus, vergaß vor lauter Freude, das Hoftor zu öffnen,
lief hinein zu den anderen und meldete, Petrus stehe vor dem Hoftor.
/ Da sagten die anderen zu ihr: »Du bist verrückt!« Doch sie versi- 15
cherte mit Nachdruck, daß es so sei. Darauf erwiderten die anderen:
»Es ist ein Engel, der aussieht wie er.[30]« / Petrus aber klopfte weiter. 16
Als sie schließlich öffneten und ihn erblickten, waren sie außer sich
vor Freude. / Petrus bat mit einer Handbewegung um Ruhe und be- 17
richtete ihnen, wie Gott ihn aus dem Gefängnis befreit hatte. Er bat
auch, dieses Jakobus und den anderen Brüdern und Schwestern mit-
zuteilen. Dann verließ er die Stadt, um sich an einen anderen Ort zu
begeben. / Als es Tag wurde, gab es erhebliche Aufregung unter den 18
Soldaten: Was war mit Petrus geschehen? / Herodes ließ ihn suchen, 19
und als man ihn nicht fand, verhörte er die Wachen und ließ sie ab-
führen.

Dann zog er von Judäa hinab zu seinem Hauptsitz Cäsarea, um
dort vorerst zu bleiben.

Herodes lag mit den Bewohnern von Tyrus und Sidon in erbitter- 20
tem Streit. Nun zogen Abgesandte beider Städte gemeinsam zu ihm
hin und baten ihn, durch Vermittlung des Kämmerers Blastus, des-
sen Vertrauen sie hatten gewinnen können, um eine friedliche Bei-
legung des Streites, da sie nämlich ihre Lebensmittel aus dem kö-
niglichen Gebiet bezogen. / Am vereinbarten Tag nahm Herodes 21
königlich gewandet auf der Rednertribüne Platz und richtete eine
Ansprache an die Menge, in der er die Einigung öffentlich verkün-
dete. / Die Menge jubelte ihm begeistert zu: »So kann nur ein Gott 22
reden, ein Mensch kann das nicht!« / Kaum hatte Herodes das mit 23
Wohlgefallen angehört, da schlug ihn ein Engel des Herrn. Denn er
hatte die Ehre für sich behalten, die doch Gott allein gebührt. Wür-
mer zerfraßen ihn, und er kam elend um.

Der Botschaft dagegen war ein starkes Wachstum beschieden. / 24
Barnabas und Saul überbrachten die Kollekte der Gemeinde in 25

---

30 Engel und Dämonen sind Nachahme-Geister. Sie können die Gestalt eines Erdenmenschen annehmen, so daß es dieser selbst zu sein scheint. Der Zweifel, ob es der Betreffende selbst ist, kann entschieden werden, wenn der Erscheinende essen und trinken kann (das können Geister nicht), oder wenn er bestimmte körperliche Merkmale trägt, die z.B. durch Leiden dem »Original« hinzugefügt wurden (die Hände oder die Seite Jesu).

Jerusalem und kehrten, in Begleitung von Johannes, der den Bei-
namen Markus hat, von dort nach Antiochien zurück.

Kapitel 13

Paulus unternimmt seine erste Missionsreise 13,1-14,28

1 In der Gemeinde von Antiochien gab es eine Reihe von Propheten
und Lehrern, unter ihnen Barnabas und Simeon, auch der Schwarze
genannt, ferner Lukios von Kyrene, Manaen, der Schulfreund des
2 Fürsten Herodes, und Saul. / Als sie eines Tages fasteten und Gottes-
dienst hielten, inspirierte der Heilige Geist einen von ihnen zu fol-
gendem Wort: »Gebt mir Barnabas und Saul für eine besondere Auf-
3 gabe, zu der ich sie berufen habe.« / Die Gemeinde fastete und betete
erneut, dann legten sie den beiden die Hände auf und ließen sie
ziehen.
4 So schickte der Heilige Geist die beiden aus, und sie gelangten über
5 Seleukia mit dem Schiff nach Zypern. / In der zyprischen Stadt Sa-
lamis verkündigten sie Gottes Wort in den jüdischen Synagogen. Jo-
6 hannes Markus half ihnen dabei. / Sie durchquerten die ganze Insel
und stießen in Paphos auf einen Zauberer, einen jüdischen Falsch-
7 propheten namens Barjesus. / Dieser wohnte bei dem römischen
Statthalter Sergius Paulus, einem sehr vernünftigen Mann, der
Barnabas und Saul zu sich bat, um von ihnen das Wort Gottes zu
8 hören. / Im Gegenzug versuchte Barjesus, der sich auch »Elymas,
der Zauberer« nannte, mit allen Mitteln, den Statthalter vom Glau-
9 ben abzuhalten. / Doch da wurde Saul, wir nennen ihn von jetzt an
mit seinem römischen Namen Paulus, vom Heiligen Geist ergriffen.
10 Er blickte dem Zauberer streng in die Augen / und fuhr ihn an: »Du
elender Intrigant, du Schurke, du Satansbrut, du Charakterlump,
11 hörst du endlich auf, Gottes Zielen im Wege zu stehen? / Gott straft
dich mit eigener Hand. Ab sofort sollst du blind sein, und du wirst
so lange die Sonne nicht mehr sehen, wie der Herr es will!«
Kaum hatte Paulus das gesagt, da überfiel den Zauberer schwarze
Nacht, und alles war stockfinster für ihn. Unbeholfen tappte er um-
12 her, auf der Suche nach einem, der ihn bei der Hand nähme. / Als
der Statthalter Sergius Paulus das sah, kam er zum Glauben, ganz
überwältigt von der Lehre Jesu, des Herrn.
13 Von Paphos aus stachen Paulus und seine Begleiter, außer Johannes
Markus, der nach Jerusalem zurückehrte, in See und gelangten
14 nach Perge in Pamphylien. / Von Perge aus durchquerten sie das
Land bis Antiochien in Pisidien. Als es Sabbat war, setzten sie sich
15 in die Synagoge. / Nach der Lesung aus dem Gesetz und den Pro-

pheten wandten sich die Synagogenvorsteher an Paulus und seine
Begleiter mit den Worten:
»Brüder, wenn ihr dem Volk ein Wort der Seelsorge zu sagen habt,
dann tut es.« / Paulus stand auf, gebot mit einer Handbewegung 16
Ruhe und begann: »Ihr Israeliten und alle, die ihr Gott fürchtet, hört
mich an! / Gott, der Gott dieses Volkes Israel, hat unsere Väter er- 17
wählt und das Volk in der ägyptischen Fremde groß werden lassen.
Mit machtvoll erhobenem Arm hat er sie dann aus Ägypten heraus-
geführt. / Nachdem er sie vierzig Jahre lang in der Wüste ernährt 18
hatte, / vernichtete er sieben Stämme in Kanaan und gab ihr Land Is- 19
rael zum Besitz. / Das alles dauerte 450 Jahre. Dann setzte er Richter 20
über sie ein, bis der Prophet Samuel auftrat. / Als dann die Israeliten 21
einen König haben wollten, gab Gott ihnen Saul, den Sohn von Kis
aus dem Stamme Benjamin. Nachdem dieser sie vierzig Jahre lang
regiert hatte, / setzte Gott ihn ab und bestimmte David zum König 22
über sie, dessen Vorzüge er so beschrieb: ›Ich habe gefunden, daß
David, Sohn des Jesse, ein Mann nach meinem Herzen ist, der alles
tun wird, was ich will.‹ / Aus seinem Geschlecht ließ Gott Jesus als 23
Retter für Israel hervorgehen, wie er es verheißen hatte. / Vor Jesu 24
Auftreten hatte Johannes der Täufer das ganze Volk Israel zu einer
Bußtaufe aufgefordert. / Am Ende seines Wirkens sagte er: ›Ich bin 25
nicht der, für den ihr mich haltet. Aber nach mir kommt einer, der
ist so groß, daß ich nicht würdig bin, die Riemen seiner Sandalen zu
lösen.‹ / Ihr Brüder und Schwestern, Kinder Abrahams, und ihr alle, 26
die ihr Gott fürchtet, Gott richtet die Botschaft des Heils jetzt an
uns. / Denn die Einwohner Jerusalems und die jüdische Führung ha- 27
ben Jesus nicht verstanden, und durch ihr Urteil haben sie bewirkt,
daß sich die Worte der Propheten, die an jedem Sabbat vorgelesen
werden, erfüllten. / Obwohl sie keine todeswürdige Schuld fanden, 28
forderten sie von Pilatus seine Hinrichtung. / Als sie alles genau so 29
vollzogen hatten, wie es über ihn geschrieben stand, nahmen sie ihn
vom Kreuz ab und legten ihn in ein Grab. / Gott aber erweckte Je- 30
sus von den Toten auf. / Viele Tage lang erschien er denen, die mit 31
ihm von Galiläa nach Jerusalem hinaufgezogen waren. Sie sind jetzt
seine Zeugen vor dem Volk.
Und wir verkünden euch die Erfüllung der Verheißung, die unsern 32
Vätern gegeben wurde, als Evangelium. / Denn diese Verheißung hat 33
Gott eingelöst für unsere Kinder, indem er Jesus sandte, von dem
es im zweiten Psalm heißt[31]: ›Mein Sohn bist du, heute habe ich dich
als Erben eingesetzt.‹ / Und darüber, daß er auferstehen und nicht 34

31 Ps 2,7.

verwesen würde, hat er durch den Propheten gesagt: ›Ich werde
euch geben das Heilige und Unvergängliche, das ich David verspro-
35 chen habe.‹ / Und in einem anderen Psalm heißt es[32]: ›Du läßt deinen
36 Heiligen keine Verwesung schauen.‹ / Da David nur für seine Gene-
ration einen Auftrag zu erfüllen hatte, entschlief er nach Gottes Wil-
37 len, wurde bei seinen Vätern begraben und verweste. / Jesus aber,
38 den Gott auferweckt hat, ist nicht verwest. / Durch ihn, liebe Brüder
und Schwestern, gibt es Vergebung der Sünden, wie wir sie verkün-
digen. Und während ihr durch das Gesetz des Mose von vielem
39 nicht freigesprochen werden konntet, / wird durch Jesus jeder von
40 allem freigesprochen, wenn er nur glaubt. / Seht zu, daß nicht ein-
41 trifft, was die Propheten geweissagt haben[33]: / ›Ich werde zu euren
Lebzeiten etwas so Großes vollbringen, daß ihr, wenn euch einer
davon erzählt, mit offenen Mündern dastehen und es nicht glauben,
sondern es für Irrsinn halten werdet. Und dann werdet ihr zugrunde
42 gehen.‹ / Als Paulus und Barnabas die Synagoge verließen, baten die
Zuhörer sie, ihnen am nächsten Sabbat mehr von dieser Botschaft
43 zu erzählen. / Als sie sich dann nach diesem Gottesdienst von zahl-
reichen Juden und frommen Proselyten umringt sahen, redeten sie
weiter auf sie ein und gewannen sie dafür, der Botschaft von der
44 Gnade Gottes nicht wieder den Rücken zu kehren. / Am folgenden
Sabbat versammelte sich fast die ganze Stadt in der Synagoge, um
45 die Apostel predigen zu hören. / Als die Juden das sahen, wurden
sie von Neid erfüllt. Immer wieder erhoben sie Einspruch gegen
46 Paulus' Worte und zogen seine Vollmacht in Zweifel. / Da entgeg-
neten ihnen Paulus und Barnabas frank und frei: »Ihr solltet die er-
sten sein, denen das Wort Gottes verkündet wird. Da ihr es aber zu-
rückweist und damit zeigt, daß ihr das ewige Leben nicht verdient
47 habt, wenden wir uns jetzt den Heiden zu. / Denn der Herr hat uns
folgenden Auftrag erteilt[34]: ›Ich setze dich ein als Licht für die Hei-
den. Du sollst Rettung sein bis an die Grenzen der Erde.‹
48 Als das die Heiden hörten, freuten sie sich, priesen das Wort Got-
tes, und alle, die für das ewige Leben bestimmt waren, kamen zum
49, 50 Glauben. / Die Botschaft verbreitete sich im ganzen Land. / Doch
die Juden hetzten die vornehmen Frauen, die dem Judentum nahe-
standen, und die politischen Führer der Stadt auf und zettelten ge-
gen Paulus und Barnabas eine Verfolgung an, so daß sie aus diesem
51 Gebiet ausgewiesen wurden. / Diese aber schüttelten als Zeichen

[32] Ps 16,10.
[33] Hab 1,5.
[34] Jes 49,6.

der Verfluchung den Staub der Stadt von ihren Füßen und zogen
nach Ikonion. / Die neugewonnenen Jünger wurden von Freude 52
und Heiligem Geist erfüllt.

Kapitel 14

Auch in Ikonion kamen, nachdem Paulus und Barnabas in der Syn- 1
agoge gepredigt hatten, etliche Juden und eine große Menge Hei-
den zum Glauben. / Die übrigen Juden aber hetzten die Heiden ge- 2
gen die Gemeinde auf und brachten sie wieder vom Glauben ab. /
Trotzdem konnten Paulus und Barnabas noch längere Zeit dort 3
wirken. Mutig predigten sie die Gnadenbotschaft, voll Vertrauen
auf Gott, dessen Wirken dadurch sichtbar wurde, daß er unter den
Händen der Apostel Zeichen und Wunder geschehen ließ.
Die Leute waren geteilter Meinung. Manche standen auf seiten der 4
Juden, andere hielten zu den Aposteln. / Die ersteren machten der- 5
art Stimmung gegen die Apostel, daß die nichtchristlichen Heiden
und Juden samt ihren Führern schließlich mit ihnen abrechnen und
sie steinigen wollten. / Doch Paulus und Barnabas bemerkten ihre 6
Absicht und flohen in die Gegend um die lykaonischen Ortschaften
Lystra und Derbe, / wo sie weiter das Evangelium verkündeten. 7
In Lystra saß ein Mann am Weg, der von Geburt an lahm war und 8
niemals auch nur einen Schritt hatte gehen können. / Er hatte Pau- 9
lus predigen hören. Als Paulus ihm ins Gesicht blickte und ihm an-
sah, daß er den rettenden Glauben hatte, / sagte er laut zu ihm: 10
»Auf! Stell dich auf deine Füße!« Und der Lahme sprang auf und
konnte laufen.
Als die Leute sahen, was Paulus getan hatte, riefen sie auf lykao- 11
nisch: »Die Götter sind in Menschengestalt zu uns herabgestie-
gen!« / Und sie nannten Barnabas Zeus und Paulus Hermes, weil er 12
das Wort führte. / Der Priester des Zeusheiligtums der Stadt machte 13
sich schon daran, auf dem Platz am Stadttor mit Kränzen ge-
schmückte Stiere zusammenzutreiben, um gemeinsam mit dem
Volk den Aposteln ein feierliches Opfer darzubringen. / Als Barna- 14
bas und Paulus davon hörten, rissen sie sich [voll Trauer über die
Gotteslästerung] ihre Gewänder vom Leibe und versuchten schleu-
nigst, die versammelte Menschenmenge von ihrem Vorhaben abzu-
bringen: / »Wozu tut ihr das, Leute? Wir sind sterbliche Menschen 15
wie ihr. Unsere Botschaft an euch soll doch gerade dazu dienen,
daß ihr euch von diesen leeren und toten Götzen abwendet und
zum lebendigen Gott bekehrt, dem Gott, der Himmel und Erde und
Meer gemacht hat und alles, was darin lebt. / In den vergangenen 16

Generationen hat Gott alle Heidenvölker ihre eigenen Wege gehen
17 lassen. / Doch er hat sich ihnen durchaus bereits zu erkennen gegeben: Er hat es vom Himmel her regnen lassen, er hat Zeiten für die Ernte festgesetzt, er hat euch Nahrung geschenkt und eure Herzen fröhlich gemacht.«
18 Doch trotz dieser Worte konnten sie die Leute nur mit Mühe davon
19 abbringen, ihnen zu opfern. / Dann kamen von Antiochien und Ikonion her Juden herbei, die wiegelten das Volk auf und steinigten Paulus. Dann schleiften sie ihn vor die Stadt, denn sie glaubten, daß
20 er tot war. / Doch als nur noch Christen um ihn herumstanden, stand Paulus auf und ging in die Stadt zurück. Am nächsten Mor-
21 gen verließen er und Barnabas die Stadt in Richtung Derbe. / Auch dort verkündeten sie das Evangelium, gewannen viele neue Christen und kehrten dann über Lystra und Ikonion nach Antiochien
22 zurück. / Überall stärkten sie die Herzen der Christen, ermunterten sie, dem Glauben treu zu bleiben, und trösteten sie: »Nur durch
23 viele Drangsale hindurch führt unser Weg in Gottes Reich.« / In jeder christlichen Gemeinde bestellten sie Älteste, indem sie ihnen die Hand auflegten, fasteten, Gebete sprachen und sie der Obhut des Herrn empfahlen, dem sie sich glaubend zugewandt hatten.
24, 25 Über Pisidien kamen sie nach Pamphylien. / Sie verkündigten die Botschaft in Perge und gelangten dann nach Attaleia hinunter. /
26 Von dort segelten sie nach Antiochien zurück, von wo aus sie, begleitet von guten Wünschen, die Gnade Gottes möge mit ihnen sein, zur der Aufgabe, die sie jetzt vollbracht hatten, aufgebrochen
27 waren. / Nach ihrer Rückkehr berichteten sie, was Gott unter ihren Händen gewirkt hatte: Er hatte den Heiden die Tür zum Glauben
28 geöffnet. / Barnabas und Paulus hielten sich noch eine geraume Zeit bei der Gemeinde auf.

Kapitel 15

Das Apostelkonzil beschließt über die Grundsätze der Heidenmission 15,1-35

1 Eines Tages kamen Leute aus Judäa nach Antiochien und behaupteten: »Wer nicht die Beschneidung nach mosaischem Gesetz voll-
2 zieht, kann nicht gerettet werden.« / Paulus und Barnabas widersprachen und gerieten in heftigen Streit mit ihnen. Da beschloß die Gemeinde, daß Paulus und Barnabas und noch einige andere aus ihrem Kreis diese Streitfrage durch die Apostel und Ältesten in Je-
3 rusalem klären lassen sollten. / Mit einem offiziellen Auftrag von der Gemeinde zogen sie durch Phönikien und Samarien, wo sie

überall in den Gemeinden von der Bekehrung der Heiden berichte-
ten und freudige Zustimmung ernteten, nach Jerusalem. / Dort an- 4
gekommen, wurden sie von der Gemeinde, den Aposteln und den
Ältesten formell empfangen.
Sie berichteten über alles, was Gott gewirkt hatte, während er mit
ihnen war. / Sogleich erhoben einzelne aus der Richtung der Phari- 5
säer, die Christen geworden waren, die Forderung: »Die Heiden
müssen beschnitten werden, und man muß sie lehren, das Gesetz
des Mose zu halten.« / Daraufhin hielten die Apostel und die Älte- 6
sten eine Versammlung ab, um darüber zu beraten. / Nach hitzigem 7
Streit erhob sich Petrus und sagte:
»Liebe Brüder! Mich hat Gott zuerst unter euch dazu auserwählt,
daß durch meine Predigt die Heiden das Evangelium hören und
gläubig werden sollten. / Ihnen zuliebe hat Gott, der die Herzen der 8
Menschen genau kennt, ein sichtbares und hörbares Zeichen gege-
ben, indem er ihnen seinen Heiligen Geist genauso wie uns ge-
schenkt hat. / Weil er ihr Herz durch den Glauben rein gemacht 9
hat, sind alle Unterschiede zwischen ihnen und uns verschwunden.
/ Warum fordert ihr also Gott heraus, indem ihr den Heidenchri- 10
sten das Joch des Gesetzes auferlegen wollt, das weder unsere Väter
noch wir tragen konnten? / Der Glaube, den wir und sie gemeinsam 11
haben, besteht doch darin, daß wir alle durch die Gnade Jesu Chri-
sti gerettet werden.«
Da verstummten alle und lauschten Barnabas und Paulus, die er- 12
zählten, welche Wunder und Zeichen Gott durch sie unter den Hei-
den gewirkt hatte. / Als sie ihren Bericht beendet hatten, meldete 13
sich Jakobus, der Herrenbruder, zu Wort und sagte: / »Ihr Brüder! 14
Simon Petrus hat dargestellt, wie es angefangen hat, daß Gott sich
den Heiden zuwandte, um auch aus ihnen ein Volk unter seinem
Namen zu sammeln. / Das entspricht den Worten der Propheten, 15
denn in der Schrift heißt es[35]: / ›Danach werde ich mich ihnen wie- 16
der zuwenden und die verfallene Hütte Davids wieder aufbauen.
Ich will die Trümmer wieder zusammenfügen und die Hütte wieder
aufrichten. / Und dann sollen die anderen anfangen, den Herrn zu 17
suchen, alle Heidenvölker, über denen mein Name ausgerufen ist
und die dadurch schon immer mir gehören.‹
So sagt es Gott, der all dies von Ewigkeit her hat verkünden lassen. 18
/ Daher bin ich dafür, daß wir denen aus den Heidenvölkern, die 19
sich zu Gott bekehrt haben, keine unnötige Last auferlegen sollten.
/ Doch wir sollten ihnen einen Brief schreiben und ihnen die Vor- 20

35 Amos 9,11f LXX.

schriften darlegen, die auch sonst für Fremdlinge galten, die beim
Volk Israel wohnten, also: Verzicht auf Götzenopferfleisch, keine
Mischehen mit Heiden und kein Verzehr des Fleischs von Tieren,
die nicht geschächtet wurden, so daß das Blut vollständig heraus-
21 fließen konnte, oder von Blut. / Denn diese Gebote stehen seit alters
im Gesetz des Mose, das in jeder Stadt an jedem Sabbat in den Syn-
22 agogen vorgelesen wird.« / Daraufhin beschlossen die Apostel, die
Ältesten und die ganze Gemeinde, zwei Männer aus ihrer Mitte zu
bestimmen, die mit Paulus und Barnabas nach Antiochien reisen
sollten, und zwar Judas, genannt Bar Sabbas, und Silas, beide füh-
rende Persönlichkeiten der Gemeinde.
23 Sie gaben ihnen einen Brief mit folgendem Inhalt mit: »Von den
Aposteln und Ältesten, euren Brüdern, an die heidenchristlichen
Brüder und Schwestern in Antiochien, Syrien und Kilikien. Wir
24 senden euch herzliche Grüße! / Wir haben vernommen, daß die
Bemerkungen einiger unserer Jerusalemer Mitbrüder, zu denen wir
sie nicht ermächtigt hatten, bei euch Verwirrung gestiftet haben. /
25 Daher sind wir zusammengekommen und haben geeignete Männer
bestimmt, die unsere lieben Brüder Barnabas und Paulus zu euch
26 begleiten sollen: Judas und Silas. / Barnabas und Paulus haben
schon ihr ganzes Leben zur Ehre unseres Herrn Jesus Christus ein-
27 gesetzt. / Unsere Gesandten Judas und Silas werden euch dasselbe
28 auch mündlich ausrichten, was wir euch hier schreiben. / Denn der
Heilige Geist hat uns beschließen lassen, euch keine weiteren Ge-
29 bote aufzuerlegen außer denen, die unbedingt nötig sind: / Verzicht
auf Götzenopferfleisch und Verzehr von Blut, kein Fleisch von Tie-
ren, die nicht geschächtet sind, und keine Mischehen mit Heiden.
30 Wenn ihr dies einhaltet, wird es euch gutgehen. Lebt wohl!« / Dann
verabschiedeten sie die Abgesandten. Nachdem diese dann in An-
tiochien angekommen waren, übergaben sie den Brief der versam-
31 melten Gemeinde. / Als der Brief vorgelesen wurde, freuten sich alle
32 über die ermutigende Entscheidung. / Judas und Silas, die selbst
auch Propheten waren wie die Propheten in Antiochien, sprachen
lange mit den Gemeindemitgliedern, machten ihnen Mut und
33 stärkten sie. / Nach einiger Zeit wurden sie von der Gemeinde mit
Segenswünschen verabschiedet, weil sie zu ihrer Gemeinde in Jeru-
34 salem zurückkehren sollten. [/ Silas aber beschloß dazubleiben, und
35 Judas ging allein zurück.][36] / Paulus und Barnabas blieben in An-
tiochien. Zusammen mit vielen anderen lehrten sie das Wort des
Herrn und verkündigten das Evangelium.

[36] V. 34 steht nur im westlichen Text.

Paulus unternimmt seine zweite Missionsreise 15,36-18,22
Einige Tage später wandte sich Paulus an Barnabas und sagte: 36
»Laß uns noch einmal in alle Orte zurückkehren, in denen wir das
Wort Gottes verkündet haben, und nachsehen, wie es den Gemein-
den geht.« / Barnabas wollte unbedingt Johannes, genannt Mar- 37
kus, wieder auf diese Reise mitnehmen, / doch Paulus war damit 38
nicht einverstanden, da Markus sie schon in Pamphylien verlassen
und sich dann am weiteren Missionswerk nicht beteiligt hatte. /
Nach einer heftigen Auseinandersetzung trennten sie sich. Barna- 39
bas nahm Markus mit sich und segelte nach Zypern. / Paulus 40
wählte sich Silas als Begleiter. Die Gemeinde verabschiedete ihn
mit dem Wunsch, Gott möge ihm gnädig sein. So zogen sie aus /
und durchquerten Syrien und Kilikien und stärkten die dortigen 41
Gemeinden.

Kapitel 16

So kam Paulus wieder nach Derbe und Lystra. Dort gab es einen 1
Christen namens Timotheus. Seine Mutter war eine gläubige Ju-
denchristin, sein Vater Grieche. / Die Gemeinden in Lystra und 2
Ikonion wußten nur Gutes über ihn zu berichten. / Paulus beschloß, 3
ihn auf seine Reise mitzunehmen. Aber aus Rücksicht auf die Juden
in jener Gegend beschnitt er ihn. Denn alle wußten, daß man bisher
unter dem Einfluß seines griechischen Vaters auf eine Beschneidung
verzichtet hatte.
Bei ihrer Reise von Stadt zu Stadt übergaben Paulus und Silas den 4
Gemeinden jeweils die Beschlüsse der Apostel und Ältesten in Je-
rusalem mit der Bitte, sie zu beachten. / Die Gemeinden kräftigten 5
sich im Glauben und hatten von Tag zu Tag mehr Zulauf. / Über 6
Phrygien gelangten Paulus und Silas nach Galatien, doch auf Wei-
sung des Heiligen Geistes verzichteten sie darauf, auch in der Pro-
vinz Asia zu predigen. / Als sie an die Grenze Mysiens kamen, wä- 7
ren sie auch gern nach Bithynien weitergezogen, doch eine
Weisung des Geistes Jesu verbot es ihnen. / So zogen sie an Mysien 8
vorbei nach Troas hinab. / Nachts hatte Paulus eine Vision. Er sah 9
einen Makedonier vor sich stehen, der ihn bat: / »Komm herüber 10
nach Makedonien, hilf uns!« Kaum hatte Paulus die Vision ge-
schaut, da machten wir uns auf den Weg nach Makedonien. Denn
wir waren sicher, daß Gott uns berufen hatte, den Makedoniern
das Evangelium zu bringen. / Wir segelten von Troas ab und liefen 11
Samothrake an, am folgenden Tag dann Neapolis. / Von dort fuh- 12
ren sie nach Philippi, das eine römische Siedlung und die wichtig-

ste Stadt Makedoniens war. In dieser Stadt hielten wir uns einige
Tage auf.
13 Am Sabbat begaben wir uns zu einer Stelle am Fluß vor dem Stadt-
tor, von der wir annahmen, daß es ein Betplatz der Juden war. Hier
ließen wir uns nieder und knüpften ein Gespräch mit den Frauen
14 an, die dort zusammengekommen waren. / Unter ihnen war eine
Purpurhändlerin aus Thyatira namens Lydia, die dem Judentum
nahestand. Gott schloß ihr das Herz auf, so daß sie die Predigt des
15 Paulus annehmen konnte. / Als auch ihre ganze Familie getauft war,
bat sie Paulus und seine Gefährten: »Wenn ihr euch davon über-
zeugt habt, daß ich treu zum Herrn stehe, dann kommt doch in
mein Haus und nehmt dort Quartier.« Sie ließ nicht locker, bis wir
die Einladung annahmen.
16 Auf dem Weg zu dem jüdischen Betplatz trafen wir auf eine Skla-
vin, die von einem Wahrsagegeist besessen war und durch ihre
17 Wahrsagerei ihren Besitzern schon viel Geld eingebracht hatte. / Sie
lief hinter Paulus und uns her und rief: »Diese Männer sind Sklaven
des höchsten Gottes. Sie verkündigen euch den Weg zum Heil.« /
18 Das tat sie viele Tage lang. Als Paulus es schließlich nicht mehr er-
tragen konnte, drehte er sich um und fuhr den Geist an: »Im Na-
men Jesu Christi befehle ich dir: Laß ab von dieser Frau!« Und au-
19 genblicklich wich der Geist von ihr. / Als aber ihre Besitzer sahen,
daß jetzt die Aussicht auf weitere Gewinnausbeute dahin war, lie-
ßen sie Paulus und Silas ergreifen, zu den Marktwächtern schlep-
20 pen / und dann den Prätoren vorführen. Bei diesen beschwerten sie
sich: »Diese Männer bringen unsere Stadt in Aufruhr. Sie sind Ju-
21 den / und wollen Lebensgewohnheiten einführen, die wir als römi-
sche Bürger nicht dulden und schon gar nicht praktizieren dürfen.«
22 / Auch der Pöbel war aufgebracht gegen sie. Da zerrissen die Präto-
ren zum Zeichen des Abscheus[37] ihre Gewänder und befahlen, Pau-
23 lus und Silas auszupeitschen. / Nachdem sie eine große Anzahl Peit-
schenhiebe erhalten hatten, wurden sie ins Gefängnis geworfen.
Der Gefängniswärter erhielt die Anweisung, sie fest einzuschließen.
24 / Daraufhin ließ er sie in die hinterste Zelle sperren und schloß den
25 Holzblock um ihre Füße. / Um Mitternacht fingen Paulus und Silas
an zu beten und Gott Lobeshymnen zu singen, und die Mitgefan-
26 genen hörten zu. / Plötzlich bebte die Erde so heftig, daß die Grund-
mauern des Gefängnisses erschüttert wurden. Alle Türen sprangen
27 auf, und die Ketten aller Gefangenen fielen ab. / Als der Gefängnis-
wärter wach wurde und sah, daß alle Türen des Gefängnisses

[37] Vgl. Mk 14,63.

offenstanden, zückte er schon seinen Dolch, um sich umzubringen,
denn er dachte, die Gefangenen seien geflohen. / Da rief Paulus ihm 28
zu: »Tu dir nichts an, wir sind doch alle noch hier.« / Der Gefäng- 29
niswärter ließ Fackeln kommen, um den Raum zu beleuchten,
stürzte ins Gefängnis und fiel zitternd vor Paulus und Silas nieder.
/ Dann führte er sie nach draußen und fragte sie: »Was muß ich tun, 30
um gerettet zu werden?« / Paulus und Silas antworteten: »Glaube 31
an Jesus, den Herrn, dann wirst du gerettet und mit dir dein ganzes
Haus.« / Dann verkündeten sie ihm und allen in seinem Haus das 32
Wort Gottes. / Noch in derselben Nacht nahm der Gefängniswärter 33
sie bei sich auf und wusch ihnen das Blut von den Striemen der Peit-
schenhiebe. Unmittelbar darauf ließ er sich und seine Familie tau-
fen. / Er führte sie hinauf in sein Haus, wo bereits der Tisch gedeckt 34
war, und er und seine ganze Familie freuten sich über die Maßen
darüber, daß sie Christen geworden waren.
Als es hell wurde, sandten die Prätoren Gerichtsdiener zum Ge- 35
fängniswärter mit der Anweisung: »Laß die Menschen frei.« / Der 36
Gefängniswärter setzte Paulus davon in Kenntnis: »Die Prätoren
haben Gerichtsdiener geschickt, euch freizulassen. Da ihr jetzt frei
seid, zieht hin in Frieden!« / Paulus aber entgegnete: »Ohne Ge- 37
richtsurteil haben sie uns öffentlich auspeitschen lassen und ins Ge-
fängnis geworfen, obwohl wir römische Bürger sind, und jetzt
möchten sie uns heimlich abschieben. Das lassen wir uns nicht ge-
fallen. Sie sollen persönlich kommen und uns hinausgeleiten.« / Als 38
die Prätoren hörten, daß Paulus und Silas Römer waren, bekamen
sie einen Schrecken. / Sie begaben sich zu ihnen, entschuldigten 39
sich, führten sie aus dem Gefängnis hinaus und baten sie, die Stadt
zu verlassen. / Paulus und Silas gingen vom Gefängnis aus zu Lydia, 40
wo sie einige Gemeindemitglieder antrafen, denen sie Mut zuspra-
chen. Dann verließen sie die Stadt.

Kapitel 17

Auf dem Weg über Amphipolis und Apollonia gelangten Paulus 1
und Silas nach Saloniki. Dort gab es eine Synagoge. / Wie er es ge- 2
wohnt war, ging Paulus hin und predigte dort an drei Sabbaten.
Ausgehend von den Schrifttexten, / die er interpretierte, wies er 3
nach, daß derjenige, der Christus, der Messias, sei, leiden und aus
Toten auferstehen müsse. Daraus zog er den Schluß: »Jesus, den ich
euch verkünde, ist der Christus, der Messias.«
Einige von den Juden konnte Paulus überzeugen, so daß sie sich 4
Paulus und Silas anschlossen, darüber hinaus aber eine große An-

zahl von den der Synagoge nahestehenden Griechen, darunter eine
ganze Reihe Frauen aus höheren Schichten.
5 Da wurden die Juden eifersüchtig und holten sich ein paar üble
Burschen, die auf dem Markt herumlungerten. Sie machten Kra-
wall und versetzten die Stadt in Aufregung. Vor dem Haus des Ja-
son machten sie halt und versuchten, Paulus und Silas herauszuho-
6 len, um sie dem Volk auszuliefern. / Als sie die beiden nicht fanden,
schleppten sie Jason und einige andere Gemeindemitglieder vor die
Stadtpräfekten. Sie schrien: »Das sind die Leute, die die ganze Welt
7 umkrempeln wollen. Jetzt sind sie hier, / Jason hat sie aufgenom-
men. Sie alle handeln gegen die Vorschriften des Kaisers. Sie be-
8 haupten, sie hätten einen anderen König, nämlich Jesus.« / Mit die-
9 sen Worten hetzten sie den Pöbel und die Stadtpräfekten auf. / Sie
ließen Jason und die anderen erst frei, nachdem diese eine Kaution
10 gezahlt hatten. / Die Gemeinde aber schickte sofort Paulus und
Silas im Schutz der Dunkelheit nach Beröa.
11 Als sie dort ankamen, gingen sie in die Synagoge. / Die Juden waren
hier aufgeschlossener als in Saloniki. Sie hörten die Botschaft be-
reitwillig an und machten sich die Mühe, täglich an der Schrift
12 nachzuprüfen, ob das, was Paulus sagte, zutraf. / Viele von den Ju-
den kamen zum Glauben, von den Griechen hauptsächlich Frauen
aus den höheren Schichten, aber auch einige Männer.
13 Als den Juden in Saloniki zu Ohren kam, daß Paulus selbst in Beröa
die Botschaft verkündete, kamen einige von ihnen herbei, um auch
14 dort das Volk aufzuwiegeln und aufzuhetzen. / Daraufhin schickte
die Gemeinde Paulus sofort hinunter zur Küste. Silas und Timotheus
15 blieben dagegen in Beröa. / Paulus wurde von seinen Begleitern nach
Athen gebracht. Er bat sie, bei ihrer Rückkehr Silas und Timotheus
auszurichten, sie sollten so schnell wie möglich nachkommen.

Paulus in Athen 17,16-34

16 Paulus erwarte sie in Athen. Er war zutiefst entsetzt, daß die Stadt
17 voll von Götzenbildern war. / In der Synagoge predigte er den Ju-
den und denen, die dem Judentum nahestanden. Tagsüber sprach
18 er auf dem Marktplatz die Passanten an. / Auch einige von den epi-
kuräischen und den stoischen Philosophen kamen mit ihm ins Ge-
spräch. Einige sagten. »Was will denn diese Saatkrähe hier mit ih-
ren aufgepickten Weisheiten?« Andere meinten: »Er scheint uns
mit fremden Göttern missionieren zu wollen! Er verkündet Jesus
19 und Anastasis!«[38] / Wieder andere nahmen ihn mit, führten ihn

[38] Die Zuhörer verstehen das griechische Wort Anastasis (»Auferstehung«) nicht und halten es für den Namen einer weiblichen Gottheit.

zum Areopag und fragten ihn: »Können wir mehr über deine neuen
Lehransichten erfahren? / Manches klingt fremd für unsere Ohren. 20
Wir möchten gerne wissen, was es damit auf sich hat.« / Die Athe- 21
ner und die Durchreisenden in der Stadt sind dafür bekannt, daß
sie ständig damit beschäftigt sind, Gerüchte über das jeweils Neue-
ste in Umlauf zu setzen.
Paulus trat in die Mitte des Areopags und sagte: »Liebe Athener! 22
Ich sehe, daß ihr sehr religiös seid. / Auf meinem Weg durch die 23
Stadt habe ich viele Zeugnisse eurer Frömmigkeit gefunden, darun-
ter sogar einen Altar mit der Inschrift: ›Für einen unbekannten
Gott‹. Ich bin hier, um euch den zu verkündigen, den ihr verehrt,
ohne ihn zu kennen.

Der Gott, der die Welt gemacht hat 24
und alles, was in ihr ist,
der ist auch der Herr des Himmels und der Erde.
Deshalb wohnt er nicht in Tempeln, die von Menschenhand
gebaut sind.
Da er keine Bedürfnisse hat, muß er auch nicht von 25
Menschen versorgt werden.
Denn er selbst gibt alles Leben, die Luft und alles Nötige.

Aus einem einzigen Menschen hat er das ganze Menschenge- 26
schlecht werden lassen und gemacht, daß es die ganze Erde besie-
delt hat. Er hat den Kalender und die Epochen der Geschichte fest-
gesetzt und die Grenzen zwischen den besiedelten Landstrichen. /
Er ließ die Menschen danach streben, Gott zu ertasten oder zu fin- 27
den, da er doch jedem einzelnen von uns sehr nahe ist. / Denn wir 28
leben, bewegen uns und sind in ihm. Einige von euren Dichtern
haben es so gesagt[39]: ›Wir sind von derselben Art wie Gott.‹
Da wir also von Gottes Art sind, müssen wir nicht länger denken, 29
Gott sei wie Gold, Silber, Stein oder wie ein Gespinst der Kunst
oder der Phantasie. / Gott will die Zeit, in der ihr ihn nicht kanntet, 30
nicht zählen und bietet allen Menschen überall in der Welt die
Möglichkeit, umzukehren. / Denn er hat auch einen Tag bestimmt, 31
an dem er die ganze Welt einem gerechten Gericht unterwirft. Den
Richter, Jesus Christus, hat er schon bestellt, den Glauben an ihn
hat er allen leichtgemacht, indem er ihn von den Toten hat aufer-
stehen lassen.«
Als die Athener das Stichwort »von den Toten auferstehen« ver- 32
nahmen, lachten ihn einige aus. Andere waren höflicher und sag-
ten: »Das kannst du uns ein andermal erzählen.« / Daraufhin 33

[39] Aratus, Phainomena 5.

34 verließ Paulus die Zuhörer. / Doch immerhin hatte er einige über-
zeugen können, so daß sie zum Glauben kamen. Unter ihnen war
auch Dionysios, ein Mitglied des Areopags, und eine Frau namens
Damaris.

Kapitel 18

Paulus in Korinth 18,1-17

1, 2 Danach verließ Paulus Athen und ging nach Korinth. / Dort lernte er
Aquila und seine Frau Priscilla kennen. Aquila war Judenchrist und
stammte aus Pontos. Er war erst kürzlich von Italien her eingereist,
3 da Kaiser Claudius alle Juden aus Rom ausgewiesen hatte. / Er nahm
Paulus auf und gab ihm Arbeit, weil er ebenfalls Zeltmacher war.
4 Jeden Sabbat predigte Paulus in der Synagoge und konnte viele Ju-
5 den und Griechen überzeugen. / Als dann endlich Silas und Timo-
theus aus Makedonien nachgekommen waren, konnte sich Paulus
ganz der Mission widmen. Anhand der Schrift versuchte er den Ju-
6 den zu zeigen, daß Jesus der verheißene Messias sei. / Als aber die
Juden das nicht akzeptierten und behaupteten, seine Predigt ent-
behre jeder Grundlage, schüttelte Paulus den Staub aus seinen Klei-
dern als Zeichen, daß er nichts mehr mit ihnen zu tun haben wollte,
und verfluchte sie mit den Worten: »Euer Blut komme über euer
Haupt [was soviel heißt wie ›Ihr müßt selbst die Verantwortung
tragen und wissen, was ihr tut‹]. Ich bin daran nicht schuld und
gehe von jetzt an zu den Heiden.«
7 Er verließ die Synagoge und ging zu Titius Justus, einem Mann, der
dem Judentum nahestand. Dessen Haus stand neben der Synagoge.
8 / Auch Krispus, der Synagogenvorsteher, kam mit seiner ganzen
Hausgemeinschaft zum Glauben an Jesus. Als man in Korinth da-
von hörte, kamen viele weitere zum Glauben und ließen sich taufen.
9 / Da hatte Paulus eines Nachts eine Vision: Jesus erschien ihm und
10 sagte: »Hab keine Angst! Predige mutig! / Ich bin mit dir, und nie-
mand kann dir etwas tun, denn in dieser Stadt gehören viele zu mei-
nem Volk.«
11 So blieb Paulus achtzehn Monate in Korinth und verkündete das
12 Wort Gottes. / Aber die Juden, die einmütig gegen Paulus waren,
schleppten ihn vor den Richterstuhl Gallios, der damals Statthalter
13 der römischen Provinz Achaia war. / Die Anklage lautete: »Dieser
Mann versucht die Menschen zu einer gesetzwidrigen Religion zu
14 verleiten.« / Noch bevor Paulus den Mund auftun konnte, entgeg-
nete Gallio den Juden: »Wäre dies ein Verbrechen oder eine Verun-
treuung oder Fälschung, müßte ich euch pflichtgemäß anhören. /

Doch eure Anklage betrifft etwas, worüber man verschiedener Mei- 15
nung sein kann: Für Fragen, welche die Lehre, einzelne Personen
oder euer eigenes jüdisches Gesetz betreffen, seid ihr selbst zustän-
dig. Ich bin nicht gewillt, in diesen Fragen euer Richter zu sein.« /
Und er verwies sie von der Richtertribüne. 16
Da ergriffen die umstehenden Korinther den Synagogenvorsteher 17
Sosthenes und verprügelten ihn vor dem Richterstuhl. Doch Gallio
kümmerte sich nicht um den Vorgang. / Paulus blieb noch einige 18
Tage in Korinth, verabschiedete sich dann von der Gemeinde und
begab sich mit Priscilla und Aquila, die ihn begleiteten, nach Syrien.
In Kenchreä ließ sich Paulus das Haupt scheren, wie er es einmal ge-
lobt hatte. / Als sie in Ephesus angekommen waren, beschlossen Pris- 19
cilla und Aquila, dort zu bleiben. Paulus ging zunächst in die Syn-
agoge und predigte den Juden. / Aber als sie ihn baten, noch länger 20
zu bleiben, winkte er ab / und verabschiedete sich mit den Worten: 21
»Wenn Gott will, komme ich wieder zu euch.« Dann verließ er
Ephesus / und begab sich nach Cäsarea. Von dort ging er zu Fuß 22
nach Jerusalem hinauf. Nach einem kurzen Besuch bei der Ge-
meinde ging er wieder hinunter nach Antiochien.

Paulus unternimmt seine dritte Missionsreise 18,23-21,26

Paulus verbrachte in Antiochien einige Zeit, verließ dann die Stadt 23
wieder und zog durch Galatien und Phrygien und machte allen Jün-
gern Mut.
Um diese Zeit kam Apollos, ein Judenchrist alexandrinischer Her- 24
kunft, ein gebildeter Mann und sehr bewandert in der Schriftaus-
legung, nach Ephesus. / Er war in der christlichen Lehre unterrich- 25
tet worden, und wenn er redete, spürte man die Glut des Heiligen
Geistes. Was er über Jesus lehrte, war sehr treffend, allerdings
kannte er nur die Form der Taufe, die von Johannes dem Täufer
vollzogen wurde. / Unbekümmert trat er in der Synagoge von 26
Ephesus auf. Als Priscilla und Aquila ihn hörten, nahmen sie ihn zu
sich und legten ihm die christliche Lehre noch genauer dar. / Apol- 27
los wollte weiter in die römische Provinz Achaia ziehen. Die Ge-
meinde bestärkte ihn darin und bat die dortigen Christen in einem
Empfehlungsbrief, ihn aufzunehmen. Als er dorthin kam, konnte er
dank des Wirkens der Gnade den dortigen Christen von großer
Hilfe sein. / Schlagend widerlegte er die Juden in öffentlichen Dis- 28
puten, indem er aus der Schrift nachwies, daß Jesus der Messias ist.

Kapitel 19

1 Während Apollos in Korinth wirkte, kam Paulus auf dem Weg über
das kleinasiatische Hochland nach Ephesus und fand dort einige
2 Christen vor. / Er fragte sie: »Habt ihr, als ihr Christen wurdet, den
Heiligen Geist empfangen?« Sie antworteten: »Wir haben gar nicht
3 gewußt, daß es einen Heiligen Geist gibt.« / Er fragte sie: »Was für
eine Taufe habt ihr denn empfangen?« Sie erwiderten: »Die Johan-
4 nes-Taufe.« / Da erklärte ihnen Paulus: »Johannes hat die Menschen
getauft, die sich bekehrt hatten, aber er hat sie aufgefordert, an den
5 zu glauben, der nach ihm komme, nämlich an Jesus.« / Daraufhin
6 ließen sie sich auf den Namen des Herrn Jesus taufen. / Paulus legte
ihnen die Hände auf, und so kam der Heilige Geist auf sie herab. Sie
7 redeten in fremden Sprachen und wie Propheten. / Es waren insge-
samt etwa zwölf Männer.
8 Paulus ging auch in die Synagoge und predigte dort. Mutig missio-
9 nierte er drei Monate lang für das Reich Gottes. / Doch einige zeig-
ten sich unzugänglich. Sie wollten Paulus nicht folgen und stritten
dem Christentum öffentlich jede Berechtigung ab. Da kehrte Paulus
ihnen den Rücken und zog mit seinen Anhängern aus der Synagoge
aus. Dafür hielt er jeden Tag Vorträge im Lehrsaal von Tyrannos. /
10 Das tat er etwa zwei Jahre lang, so daß alle in der Provinz Asia, Ju-
11 den wie Griechen, von der christlichen Botschaft erfuhren. / Außer-
dem wirkte Gott durch die Hände des Paulus erstaunliche Macht-
12 taten. / Und sogar seine Schweißtücher und andere Tücher, die mit
seiner Haut in Berührung gekommen waren, bewirkten, wenn man
sie Kranken auflegte, daß diese gesund wurden und die bösen Gei-
13 ster von ihnen wichen. / Auch einige von den jüdischen Wanderex-
orzisten versuchten, Besessene von ihren bösen Geistern zu befreien,
indem sie den Namen des Herrn Jesus nannten und sagten: »Ich be-
14 fehle euch im Namen Jesu, den Paulus verkündet, fahrt aus!« / Aber
als die sieben Söhne eines gewissen Skevas, eines jüdischen Hohen-
15 priesters, dies auch versuchten, / entgegnete der böse Geist: »Jesus
kenne ich, und wer Paulus ist, weiß ich auch. Aber wer seid denn
16 ihr?« / Und auf einmal stürzte der Besessene auf sie, warf sie zu Bo-
den und überwältigte sie, so daß sie nackt und blutig geschlagen aus
17 dem Haus fliehen mußten. / Als dieser Vorfall den Juden und Grie-
chen in Ephesus zu Ohren kam, erschraken alle sehr und lobten den
Namen Jesu, des Herrn.
18 Viele kamen zum Glauben und bekannten, daß sie Sünder gewesen
19 waren. / Viele von denen, die Zauberei getrieben hatten, trugen ihre
Zauberbücher – in einem Wert von schätzungsweise 50 000 Silber-

stücken – auf einem Haufen zusammen und verbrannten sie öffent-
lich. / So wurde durch Gottes Kraft das Christentum stark und 20
mächtig.
Nach diesen Geschehnissen beschloß Paulus, zuerst noch nach Ma- 21
kedonien und Achaia und dann nach Jerusalem zu ziehen. »Denn
wenn ich dort war«, sagte er sich, »muß ich auch nach Rom.« /
Nach Makedonien schickte er zwei seiner Gehilfen voraus, Timo- 22
theus und Erastos. Er selbst blieb noch eine Zeitlang in Kleinasien. /
Zu diesem Zeitpunkt kam es in Ephesus wegen des Christentums zu 23
schweren Unruhen.
Ein ephesinischer Silberhändler namens Demetrius, der silberne Ar- 24
temis-Tempelchen herstellen ließ und so den Handwerkern reichlich
Arbeit und Brot verschaffte, / rief die Handwerker und ihre Gesellen 25
zusammen und hielt folgende Rede: »Liebe Leute, ihr wißt, daß un-
ser Wohlstand auf der Herstellung dieser Figürchen beruht. / Nun 26
kommt dieser Paulus daher und gewinnt, wie ihr seht und hört, nicht
nur in Ephesus, sondern fast in der ganzen Provinz Asia viele Leute
für sich und macht sie uns abspenstig, indem er lehrt: ›Dinge, die von
Menschenhand gemacht sind, sind keine Götter.‹ / Er ist in doppelter 27
Hinsicht gefährlich: Zum einen kommt unser Gewerbe in Verruf,
und zum anderen verliert der große Tempel der Göttin Artemis seine
Bedeutung und Artemis, die man doch in der ganzen Provinz Asia,
ja auf der ganzen Erde anbetet, ihren Glanz.« / Daraufhin schrien die 28
Zuhörer wutentbrannt im Chor: »Die Artemis von Ephesus ist die
Größte!« / Die ganze Stadt geriet in Aufruhr, alle Leute stürmten in 29
Richtung Amphitheater und schleppten auch Gaius und Aristarch,
die makedonischen Reisegefährten des Paulus, mit.
Paulus selbst wollte den Volksmassen gegenübertreten, doch seine 30
Jünger hinderten ihn daran. / Einige leitende Beamte aus der 31
Provinzverwaltung, die Paulus wohlgesonnen waren, ließen ihn
durch Mittelsmänner warnen, durch ein Auftreten im Theater
nicht sein Leben aufs Spiel zu setzen. / Dort schrien ohnehin alle 32
durcheinander, die Versammlung war das reinste Chaos, und die
meisten wußten nicht einmal, weshalb sie zusammengelaufen
waren.
Die Juden schickten Alexander nach vorn, und der wurde aus der 33
Menge herausgerufen. Er wollte mit einer Handbewegung Ruhe
schaffen und die Juden vor dem Volk verteidigen. / Als die Menge 34
aber hörte, daß er Jude war, schrien alle wie aus einem Mund: »Die
Artemis von Ephesus ist die Größte!« Das Gebrüll dauerte an die
zwei Stunden. / Dann konnte der Stadtdirektor die Menge zur 35
Ruhe bringen und sprach zu ihnen:

»Liebe Epheser! Jeder Mensch weiß, daß die Stadt Ephesus die
Schirmherrin des Tempels der großen Artemis und ihres vom Him-
36 mel gefallenen Standbildes ist. / Das ist und bleibt unbestritten,
und daher solltet ihr ganz ruhig sein und nichts Überstürztes tun.
37 / Ihr habt diese Menschen hierher geschleppt, obwohl sie weder
38 Tempelräuber sind noch Artemis gelästert haben. / Wenn Deme-
trius und seine Handwerker etwas gegen jemanden vorzubringen
haben, dann gibt es dafür Gerichte und Behörden, vor denen sie
39 gegeneinander prozessieren können. / Und wenn euch das nicht
reicht, dann kann die Sache in einer regulären Volksversammlung
40 geklärt werden. / Auch wir laufen Gefahr, uns aufgrund der heuti-
gen Krawalle eine Anklage wegen Aufstands einzuhandeln. Denn
zur Rechtfertigung dieses Tumults läßt sich kein plausibler Grund
anführen.« Mit diesen Worten gelang es ihm, die Zusammenrot-
tung aufzulösen.

Kapitel 20

1 Als der Lärm verhallt war, ließ Paulus seine Jüngerinnen und Jün-
ger holen. Nachdem er ihnen den Rücken gestärkt hatte, verab-
2 schiedete er sich und brach nach Makedonien auf. / Er durchzog
Makedonien, sprach dort allen immer wieder Mut zu und gelangte
3 nach Griechenland. / Dort wirkte er drei Monate lang. Als er mit
dem Schiff nach Syrien fahren wollte, verübten Juden einen An-
schlag gegen ihn. Daher entschloß er sich, auf dem Weg über Ma-
4 kedonien nach Palästina zurückzukehren. / Sopater, der Sohn des
Pyrrhus, aus Beröa, Aristarchus und Sekundus aus Saloniki, Gaius
aus Derbe, Timotheus und Tychikus und Trophimus aus der Pro-
5 vinz Asia, die sich ihm anschließen wollten, / reisten voraus und
6 warteten auf uns in Troas. / Wir anderen segelten nach dem Passah-
fest aus Philippi ab und trafen uns fünf Tage später mit allen in
7 Troas. Dort blieben wir sieben Tage. / An einem Sonntag hatten wir
uns zum gemeinsamen Mahl versammelt. Paulus hielt eine Predigt.
Da er am nächsten Tag aufbrechen wollte, redete er bis Mitter-
8 nacht. / Im Versammlungsraum im Obergeschoß brannten zahlrei-
9 che Lampen. / Ein junger Mann namens Eutychos saß, in tiefen
Schlaf versunken, auf dem Fensterbrett. Als Paulus immer weiter
redete, stürzte er plötzlich im Schlaf aus dem dritten Stock auf die
10 Erde, und man hob ihn tot auf. / Da eilte Paulus hinunter, legte sich
auf ihn, preßte sich fest an ihn und rief: »Keine Sorge, er lebt!« /
11 Dann stieg er wieder hinauf, feierte mit ihnen das Mahl, aß auch
selbst, predigte noch bis zum Morgengrauen weiter und brach

dann auf. / Der junge Mann wurde gesund und munter hereinge- 12
führt, und das bestärkte alle sehr im Glauben.
Wir alle fuhren mit dem Schiff nach Assus, außer Paulus, der die 13
Strecke lieber zu Fuß gehen wollte und daher angeordnet hatte, daß
wir ihn dort erst an Bord nehmen sollten. / Als wir ihn dann in As- 14
sus an Bord genommen hatten, segelten wir nach Mytilene. / Von 15
dort ging es am folgenden Tag weiter bis auf die Höhe von Chios.
Am nächsten Tag legten wir in Samos ab und gelangten einen Tag
später nach Milet. / Paulus hatte nämlich beschlossen, nicht in 16
Ephesus zu landen, um in der Provinz Asia keine Zeit zu verlieren.
Er hatte es eilig, weil er möglichst zu Pfingsten in Jerusalem sein
wollte. / Doch von Milet aus forderte er durch Boten die Ältesten 17
der Gemeinde von Ephesus auf, zu ihm zu kommen. / Als sie ka- 18
men, sagte er zu ihnen:
»Wie ihr wißt, war ich die ganze Zeit, die ich in der Provinz Asia
verbrachte, bei euch. / Ich habe mich bemüht, ein demütiger Sklave 19
des Herrn zu sein, obwohl mir die Anschläge der Juden nichts als
Tränen gebracht haben und eine schwere Prüfung für mich waren.
/ Ich habe euch nichts verschwiegen, was ihr zum Heil wissen müßt, 20
und euch sowohl in der Öffentlichkeit als auch in euren Häusern
die Lehre verkündet. / Juden und Heiden habe ich gepredigt, zu 21
Gott umzukehren und an unseren Herrn Jesus Christus zu glauben.
/ Jetzt hat mir der Heilige Geist befohlen, nach Jerusalem zu gehen. 22
Ich weiß nicht, was dort auf mich zukommt, / auch wenn der Hei- 23
lige Geist mich in jeder Stadt wissen läßt, daß mich in Jerusalem
Fesseln und Leiden erwarten. / Doch mein physisches Leben spielt 24
keine Rolle. Wichtig ist nur, daß ich meinen Weg zu Ende gehe und
die Aufgabe erfülle, die mir Jesus, der Herr, anvertraut hat: das
Evangelium der Gnade Gottes zu verkündigen. / Ich weiß, daß ihr 25
mich nicht mehr wiedersehen werdet, ihr und alle anderen, denen
ich auf meinem Weg Gottes Herrschaft verkündet habe. / Daher 26
versichere ich euch heute: Mich trifft keine Blutschuld. / Denn ich 27
habe nichts verschwiegen und euch den Willen Gottes vollständig
kundgetan. / Achtet auf euch und die ganze Herde, über die euch 28
der Heilige Geist als Hirten eingesetzt hat. Weidet die Kirche Got-
tes, die Jesus Christus durch sein eigenes Blut erworben hat. / Ich 29
weiß, daß nach meinem Abschied reißende Wölfe bei euch eindrin-
gen und die Herde verwüsten werden. / Aus eurer Mitte werden 30
Leute aufstehen und Falsches reden, um die Gemeinde hinter sich
zu bringen. / Deshalb paßt auf und vergeßt nicht, wie ich drei Jahre 31
lang ununterbrochen Tag und Nacht und unter Tränen jedem ein-
zelnen von euch den rechten Weg gewiesen habe. / Wenn ich euch 32

jetzt verlasse, wünsche ich euch, daß Gott mit seinem Gnadenwort
bei euch sein möge, so daß ihr zu seinem heiligen Tempel werdet
33 und mit allen anderen Heiligen das Verheißene erbt. / Silber, Gold
34 und vornehme Kleidung habe ich nicht begehrt. / Ihr selbst wißt,
daß ich mit eigener Hände Arbeit für meinen Lebensunterhalt und
35 den meiner Begleiter gesorgt habe. / Mit alledem wollte ich euch
zeigen, daß man hart arbeiten muß, um den Bedürftigen helfen zu
können. Erinnert euch an das, was Jesus, der Herr, gesagt hat: Selig
36 ist, wer gibt, und nicht, wer nimmt.« / Nach diesen Worten kniete
37 Paulus nieder, und sie beteten alle gemeinsam. / Alle weinten bitter-
38 lich und umarmten und küßten Paulus. / Am meisten bekümmerte
sie, daß er gesagt hatte, sie würden ihn nicht wiedersehen. Dann ge-
leiteten sie ihn zum Schiff.

Kapitel 21

1 Wir verabschiedeten uns von ihnen, segelten los und erreichten
auf direktem Wege Kos, am Tag darauf Rhodos und dann Patara.
2 / Als wir dort ein Schiff fanden, das Phönikien ansteuern sollte,
3 gingen wir an Bord und fuhren mit. / Wir sichteten Zypern, ließen
es aber links liegen und nahmen Kurs auf Syrien. In Tyros löschte
4 das Schiff seine Ladung, daher gingen wir an Land. / Wir machten
die dortigen Christen ausfindig und blieben sieben Tage bei ihnen.
Durch sie ließ der Heilige Geist erneut Paulus vor der Fahrt nach
5 Jerusalem warnen. / Als unsere Zeit dort um war, zogen wir wei-
ter. Alle geleiteten uns mit Frauen und Kindern bis vor die Stadt.
6 Am Hafen knieten wir zum Gebet nieder, / verabschiedeten uns
von unseren Gastgebern und bestiegen das Schiff. Sie gingen nach
Hause.
7 Von Tyros aus führte uns die letzte Etappe unserer Seereise nach
Ptolemais, wo wir die Gemeinde begrüßten und einen Tag lang
8 blieben. / Am nächsten Morgen wanderten wir nach Cäsarea und
gingen zu dem Evangelisten Philippus, einem der sieben Helleni-
9 sten. Bei ihm blieben wir. / Er hatte vier unverheiratete Töchter, die
10 als Prophetinnen wirkten. / Als wir dort schon ein paar Tage wohn-
ten, kam ein Prophet namens Agabus von Judäa herunter nach Cä-
11 sarea. / Er trat auf uns zu, nahm den Gürtel des Paulus, fesselte sich
damit Hände und Füße und sagte: »So spricht der Heilige Geist:
Genauso werden die Juden in Jerusalem den Mann, dem dieser
12 Gürtel gehört, fesseln und ihn den Heiden ausliefern.« / Darauf
versuchten wir und die einheimischen Christen, Paulus von der
13 Reise nach Jerusalem abzubringen. / Paulus aber erwiderte nur:

»Warum weint ihr? Ihr brecht mir das Herz! Ich bin bereit, mich in
Jerusalem nicht nur für den Namen des Herrn Jesus fesseln zu las-
sen, sondern auch für ihn zu sterben.« / Da Paulus sich einfach 14
nicht umstimmen ließ, beruhigten wir uns damit, daß wir uns sag-
ten: »Der Wille des Herrn soll geschehen.«
Danach machten wir uns reisefertig und begaben uns hinauf nach 15
Jerusalem. / Auch Gemeindemitglieder aus Cäsarea zogen mit uns. 16
Sie führten uns zu dem Zyprer Mnason, einem Jünger aus früheren
Tagen. Bei ihm waren wir zu Gast. / Als wir Jerusalem erreichten, 17
nahm uns die Gemeinde herzlich auf. / Am folgenden Tag gingen 18
wir mit Paulus zusammen zu Jakobus, wo auch alle Gemeindeälte-
sten versammelt waren. / Paulus begrüßte sie und berichtete in allen 19
Einzelheiten, was er in Gottes Kraft mit seinem Dienst unter den
Heidenvölkern bewirkt hatte.
Da lobten die Zuhörer Gott und sagten zu Paulus: »Du siehst, 20
Bruder, wie viele Christen es unter den Juden gibt. Sie alle lassen
nichts auf das Gesetz kommen. / Man hat ihnen erzählt, daß du 21
durch deine Lehre alle Diasporajuden dazu bringen willst, von
Mose abzufallen. Man sagt, du verbötest ihnen, ihre Kinder zu be-
schneiden und nach dem Gesetz zu leben. / Was soll nun werden? 22
Sicher werden sie erfahren, daß du hier bist. / Wir raten dir, folgen- 23
des zu tun: Es gibt hier bei uns vier Männer, die ein Nasiräatsge-
lübde[40] abgelegt haben, das heißt, sie verzichten eine Zeitlang dar-
auf, ihr Haupthaar zu schneiden, und trinken keinen Wein. / Nimm 24
sie zu dir, lebe wie sie und bereite dich mit ihnen auf den abschlie-
ßenden Tempelgottesdienst vor. Übernimm die Kosten für ihre Op-
fertiere, damit sie ihr Gelübde halten und sich dann das Haar
schneiden lassen können. Dann werden alle erkennen, daß nichts
von dem wahr ist, was über dich berichtet wird, sondern daß du
vielmehr auch das Gesetz hältst. / Was die Heidenchristen betrifft, 25
so haben wir ihnen ja selbst in einem Brief unseren Beschluß mit-
geteilt, daß sie sich hüten sollen vor dem Verzehr von Götzenopfer-
fleisch, Blut und Ungeschächtetem und vor Mischehen mit Hei-
den.« / Daraufhin kümmerte sich Paulus am folgenden Tag um die 26
Nasiräer, unterwarf sich ihren rituellen Regeln und ging regelmä-
ßig in den Tempel. Er versprach ihnen, für jeden einzelnen die Op-
fertiere zu bezahlen, und stellte ihnen damit das Ende ihrer Nasirä-
atszeit in Aussicht.

[40] Vgl. 6,9-20.

Paulus wird in Jerusalem gefangengenommen 21,27-40
27 Kurz vor dem Ende der sieben letzten Tage der Nasiräatszeit wurde
Paulus jedoch von einigen Juden aus der Provinz Asia im Tempel
gesehen. Sie hetzten die Menge auf, packten Paulus und schrien: /
28 »Zu Hilfe, ihr Juden! Dieser Mensch fordert in seiner Lehre überall
dazu auf, das heilige Volk und sein Gesetz zu mißachten und den
Tempel zu entweihen. Er nimmt unbeschnittene Griechen in den
29 Tempelbezirk mit und verunreinigt diesen dadurch.« / Sie hatten
nämlich Paulus in der Stadt zusammen mit dem Epheser Trophi-
mus gesehen und glaubten, er habe ihn mit in den Tempel genom-
men.
30 Die ganze Stadt geriet in Aufruhr, das Volk strömte zusammen,
Paulus wurde ergriffen und aus dem Tempelbezirk herausge-
31 schleppt. Hinter ihm schlossen sich sofort die Tore. / Die Menge
schickte sich an, Paulus zu lynchen. Als dem Kommandanten der
römischen Legion zu Ohren kam, daß ganz Jerusalem in Aufruhr
32 sei, / begab er sich mit einem Trupp Soldaten und Hauptleuten un-
verzüglich ins Zentrum des Geschehens hinunter. Als die Leute ihn
33 und sein Gefolge kommen sahen, ließen sie von Paulus ab. / Der
Kommandant trat auf Paulus zu, nahm ihn fest, ließ ihn an Händen
und Füßen fesseln und befragte die Umstehenden, wer der Mann
34 sei und was er getan habe. / In dem Tumult schrien die einen dies,
die anderen das, so daß der Kommandant keine richtige Auskunft
erhielt. Daher ließ er Paulus in die Kaserne bringen.
35 Die Stufen zur Kaserne hinauf mußten die Soldaten Paulus tragen,
36 um ihn vor der Gewalttätigkeit der Menge zu schützen. / Denn ein
grölender Volkshaufen war ihnen gefolgt und brüllte: »Er muß
37 weg!« / An der Schwelle zur Kaserne wandte sich Paulus an den
Kommandanten: »Kann ich kurz mit dir reden?« Der Komman-
38 dant war erstaunt: »Du sprichst Griechisch? / Bist du nicht der
Ägypter, der vor Tagen die 14 000 terroristischen Sikarier aufge-
39 hetzt und an die Küste geführt hat?« / Paulus erwiderte: »Nein, ich
bin ein Jude aus Tarsus in Kilikien und Bürger dieser bedeutenden
40 Stadt. Ich bitte um die Erlaubnis, zum Volk zu sprechen.« / Der
Kommandant erlaubte es. Paulus stellte sich an den Aufgang zur
Kaserne und bat mit einer Handbewegung das Volk um Aufmerk-
samkeit. Als alle ruhig waren, hielt er auf hebräisch folgende Rede:

Kapitel 22

Erste Verteidigungsrede des Paulus 22,1-30

»Liebe Glaubensschwestern und -brüder! Laßt mich zu meiner Ver- 1
teidigung folgendes sagen.« / Als die Leute Paulus hebräisch reden 2
hörten, merkten sie auf. / »Ich bin Jude aus Tarsus in Kilikien. Auf- 3
gewachsen bin ich hier in Jerusalem als Schüler des Gamaliel, ich wurde streng nach dem väterlichen jüdischen Gesetz ausgebildet. Ich hänge – genauso wie ihr – mit Leidenschaft und ganzem Herzen
an unserem Gott. / Früher habe ich das Christentum bis aufs Blut 4
verfolgt. Männer und Frauen ließ ich fesseln und ins Gefängnis wer-
fen. / Der Hohepriester und alle Ältesten können das bezeugen. Mit 5
Empfehlungsbriefen aus ihrer Hand war ich zu den Glaubensbrüdern nach Damaskus aufgebrochen, um die dortigen Christen in Fesseln zur Bestrafung nach Jerusalem zu bringen.

Doch auf der Reise, kurz vor Damaskus, geschah etwas Erstaun- 6
liches. Es war um die Mittagszeit. Plötzlich war um mich herum glei-
ßend helles Himmelslicht. / Ich stürzte zu Boden und hörte eine 7
Stimme, die sagte: ›Saul, Saul, warum verfolgst du mich?‹ / Ich erwi- 8
derte: ›Wer bist du, Herr?‹ Er antwortete: ›Ich bin Jesus, der Nasi-
räer, den du verfolgst.‹ / Meine Begleiter konnten zwar das Licht se- 9
hen, doch die Stimme, die zu mir sprach, konnten sie nicht hören. /
Ich sagte: ›Ich bin bereit, Herr.‹ Der Herr sagte zu mir: ›Auf, geh 10
nach Damaskus, dort wirst du erfahren, was du nach Gottes Willen tun sollst.‹

Der Glanz des Himmelslichts hatte mich geblendet, so daß ich nicht 11
mehr sehen konnte, und daher nahmen meine Begleiter mich an der
Hand und führten mich nach Damaskus. / Dort wohnte Ananias, 12
ein frommer, gesetzestreuer Mann, hoch angesehen bei seinen jüdi-
schen Mitbürgern. / Der kam zu mir, stellte sich vor mich und sagte: 13
›Bruder Saul, mach die Augen auf.‹ Da konnte ich wieder sehen und
erblickte ihn. / Ananias sagte weiter: ›Der Gott unserer Väter hat 14
dich erwählt, sein Werkzeug zu sein. Du solltest Jesus, den Gerech-
ten, sehen und seine Stimme hören / und nun vor allen Menschen be- 15
zeugen, daß du ihn gesehen und was du von ihm gehört hast. / Was 16
zögerst du noch? Laß dich taufen, wasch deine Sünden ab und bekenne dich zu seinem Namen.‹

Als ich dann nach Jerusalem zurückgekehrt war und im Tempel be- 17
tete, hatte ich eine Vision. / Ich erblickte Jesus, und er sagte zu mir: 18
›Beeile dich und verlaß sofort Jerusalem, denn was du von mir pre-
digst, werden sie dort nicht annehmen.‹ / Ich erwiderte: ›Herr, sie 19
wissen doch, daß ich deine Christen in den Synagogen festnehmen

20 und auspeitschen ließ. / Und als Stephanus, dein Zeuge, blutig ge-
lyncht wurde, stand ich beifällig dabei und bewachte die Kleider, die
21 seine Mörder abgelegt hatten, um sie nicht zu beflecken.‹ / Doch
Jesus bestand darauf: ›Geh los, denn ich will dich zu Heiden sen-
22 den, die weit entfernt wohnen.‹« / Bis zu diesem Augenblick hatten
die Leute Paulus ruhig zugehört. Nun aber fingen sie an zu schreien:
23 »Er muß weg! So einer darf nicht am Leben bleiben!« / Sie tobten,
rissen sich die Kleider vom Leib[41] und warfen eine Handvoll Erde
in die Luft – so sehr haßten sie ihn.
24 Der Kommandant ließ Paulus in die Kaserne führen und ordnete
an, durch Peitschenhiebe aus ihm herauszuprügeln, weshalb die
25 Juden ihn niedergeschrien hatten. / Als die Folterknechte ihn in die
Knie zwangen, um ihn auszupeitschen, gebot Paulus ihnen Einhalt,
indem er sich an den aufsichtführenden Hauptmann wandte und
sagte: »Einen römischen Bürger dürft ihr nicht auspeitschen, schon
26 gar nicht ohne Gerichtsverfahren.« / Da suchte der Hauptmann
eilig den Kommandanten auf und sagte vorwurfsvoll: »Was soll
27 man da tun? Dieser Mensch ist römischer Bürger.« / Da ging der
Kommandant selbst zu Paulus und fragte ihn: »Sag mir ehrlich, bist
28 du römischer Bürger?« Paulus antwortete: »Ja.« / Der Komman-
dant sagte: »Ich selbst mußte das Bürgerrecht für viel Geld erwer-
29 ben!« Paulus entgegnete: »Ich besitze es von Geburt an.« / Sofort
ließen die Folterer von Paulus ab. Als der Kommandant hörte, daß
Paulus römischer Bürger sei, bekam er es mit der Angst zu tun, weil
30 er ihn hatte fesseln lassen. / Er ließ ihm am folgenden Tag die Fes-
seln abnehmen, und um endlich festzustellen, weshalb die Juden
ihn anklagten, ordnete er eine Versammlung der Hohenpriester
und des ganzen Hohen Rates, des Synhedriums, an und ließ ihnen
Paulus vorführen.

Kapitel 23

Paulus spricht vor dem Hohen Rat 23,1-10

1 Paulus sah den Ratsmitgliedern fest ins Gesicht und sagte: »Liebe
2 Brüder! Bis heute diene ich Gott mit gutem Gewissen.« / Daraufhin
befahl der Hohepriester Ananias den Umstehenden, Paulus auf den
3 Mund zu schlagen. / Darauf sagte Paulus: »Und dich wird Gott
schlagen, du scheinheiliger Heuchler! Du sitzt da und willst mich
nach dem Gesetz richten, doch du selbst verstößt gegen das Gesetz,

41 D. h.: zum Zeichen ihres Wunsches, lieber nicht bei der Rede dabeigewesen zu sein.

indem du mich schlagen läßt.« / Da sagten die Umstehenden: »So 4
redet man doch nicht mit dem Hohenpriester Gottes!« / Paulus er- 5
widerte: »Liebe Brüder, ich wußte nicht, daß er der Hohepriester
ist. Ich weiß doch, daß geschrieben steht: ›Über den Führer eines
Volkes rede nicht schlecht!‹«
Wohl wissend, daß im Synhedrium die beiden Parteien Pharisäer 6
und Sadduzäer vertreten waren, rief Paulus aus: »Brüder, ich bin
Pharisäer und komme aus einer pharisäischer Familie. Und nun
stehe ich wegen der pharisäischen Zukunftserwartung, besonders
wegen meiner Ansichten über die Totenauferstehung, hier vor Ge-
richt.« / Als er das sagte, kam es zu Wortgefechten zwischen Phari- 7
säern und Sadduzäern, und die Ratsversammlung spaltete sich in
zwei Lager. / Die Sadduzäer bestritten nämlich, daß es Auferste- 8
hung, Engel und Heiligen Geist gebe, während die Pharisäer es be-
jahten. / Daraufhin erhob sich lautes Gezeter. Einige der pharisäi- 9
schen Schriftkundigen standen auf und erklärten: »Diesem Mann
können wir nichts vorwerfen. Vielleicht hat ein Geist oder ein En-
gel zu ihm gesprochen?« / Als daraufhin ein heftiger Tumult ent- 10
stand, bekam der Kommandant Angst, sie könnten Paulus buch-
stäblich in Stücke reißen. Daher ließ er Paulus von einem Trupp
Soldaten aus dem Getümmel herausholen und in die Kaserne
bringen.

Paulus wird nach Cäserea gebracht 23,11-24,9

In der folgenden Nacht hatte Paulus wieder eine Vision, in der ihm 11
Jesus, der Herr, erschien und sagte: »Hab Mut! Wie du über mich
und meine Botschaft in Jerusalem Zeugnis abgelegt hast, so sollst
du es auch in Rom tun.« / Im Morgengrauen schmiedeten einige jü- 12
dische Führer ein Komplott. Sie gelobten, so lange nichts zu essen
und zu trinken, bis sie Paulus aus dem Weg geräumt hätten. / Mehr 13
als vierzig Männer gehörten zu dieser Verschwörung. / Sie erklärten 14
den Hohenpriestern und Ältesten: »Wir haben feierlich geschwo-
ren, so lange nichts zu essen und zu trinken, bis wir Paulus aus dem
Weg geräumt haben, und wollen verflucht sein, wenn wir diesen
Eid brechen. / Geht ihr nun im Namen des Hohen Rates zum Kom- 15
mandanten und bittet ihn, euch Paulus vorführen zu lassen, weil ihr
diesen Fall genauer untersuchen wollt. Auf dem Weg zu euch wer-
den wir ihn abfangen und umbringen.« / Dieser hinterhältige Plan 16
kam dem Neffen des Paulus zu Ohren. Er schlich sich in die Ka-
serne und erzählte Paulus davon. / Da rief Paulus einen der Haupt- 17
leute herbei und sagte: »Führe diesen jungen Mann zum Komman-
danten. Er hat ihm etwas mitzuteilen.« / Der Hauptmann nahm ihn 18

mit, führte ihn zum Kommandanten und sagte: »Der Gefangene
Paulus ließ mich rufen und bat mich, diesen jungen Mann zu dir zu
19 führen, da er dir etwas mitzuteilen hat.« / Der Kommandant nahm
20 ihn beiseite und fragte ihn: »Was hast du mir mitzuteilen?« / Der
Neffe des Paulus antwortete: »Einige Juden haben beschlossen,
dich zu bitten, daß du Paulus morgen ins Synhedrium hinunterbrin-
21 gen läßt, angeblich, um ihn genauer zu befragen. / Traue ihnen
nicht! Es sind mehr als vierzig Männer, die Paulus heimtückisch
nachstellen. Sie haben sich verschworen, so lange nichts zu essen
und zu trinken, bis sie ihn aus dem Weg geräumt haben. Sie stehen
schon bereit und warten nur darauf, daß du einverstanden bist.« /
22 Der Kommandant entließ den jungen Mann und schärfte ihm ein:
»Sage niemandem etwas von dem, was du mir anvertraut hast.« /
23 Dann rief er zwei Hauptleute herbei und befahl ihnen: »Bis 9 Uhr
heute abend sind 200 Soldaten für den Abmarsch nach Cäsarea
24 bereitzustellen, dazu 70 Reiter und 200 Leichtbewaffnete. / Stellt
Maultiere bereit, laßt Paulus aufsitzen und bringt ihn sicher zum
25 Statthalter Felix.« / Dazu schrieb er folgenden Brief:
26 »Claudius Lysias an den werten Statthalter Felix. Ich grüße dich! /
27 Dieser Mann wurde von Juden ergriffen, die ihn beseitigen wollten.
Als ich erfuhr, daß er römischer Bürger ist, griff ich mit einem
28 Trupp Soldaten ein und brachte ihn in Sicherheit. / Da ich wissen
wollte, weshalb sie ihn anklagten, ließ ich ihn vor ihren Hohen Rat
29 führen. / Ich konnte ermitteln, daß er nichts getan hat, was Todes-
strafe oder Kerkerhaft rechtfertigt. Es ging nur um Streitigkeiten
30 über das jüdische Gesetz. / Da ich erfahren habe, daß ein Anschlag
auf ihn geplant ist, überweise ich ihn hiermit umgehend an dich.
Auch den Anklägern habe ich mitgeteilt, sie sollten sich mit ihrer
Anklage gegen ihn an dich wenden.«
31 Weisungsgemäß brachten die Soldaten Paulus in der Nacht nach
32 Antipatris. / Als es Morgen wurde, ließen sie ihn in Begleitung der
Reiter allein weiterziehen und kehrten selbst zur Kaserne zurück. /
33 In Cäsarea angekommen, übergaben die Reiter dem Statthalter den
34 Brief und führten ihm Paulus vor. / Der Statthalter las den Brief und
fragte Paulus, aus welcher Provinz er komme. Paulus antwortete:
35 »Aus Kilikien.« Der Statthalter sagte: / »Ich werde dich verhören,
wenn sich auch deine Ankläger hier eingefunden haben.« Er ord-
nete an, Paulus im Palast des Herodes in Gewahrsam zu halten.

Kapitel 24

Fünf Tage später begab sich der Hohepriester Ananias mit einigen 1
Vertretern des Ältestenrats und einem Rechtsanwalt namens Ter-
tullus nach Cäsarea, um gegen Paulus Anklage zu erheben. / Paulus 2
wurde gerufen, und Tertullus trug dem Statthalter seine Anklage
vor: »Sehr verehrter Herr Statthalter! Dir verdanken wir eine so
lange Friedenszeit, und dank deiner Fürsorge hat sich vieles für un-
ser Volk verbessert. / Das erkennen wir immer und überall sehr 3
dankbar an. / Ich möchte dich nicht ermüden, sondern bitte nur für 4
einen Augenblick um gnädiges Gehör. / Wir mußten feststellen, daß 5
dieser Paulus die reinste Pest ist. Als Vorsteher der Sekte der Nasi-
räer stiftet er überall Juden zum Aufruhr an. / Wir haben ihn dabei 6
erwischt, wie er versucht hat, den Tempel zu entweihen. [Wir hät-
ten ihn gern nach unserem Gesetz verurteilt, / doch der Komman- 7
dant Lysias intervenierte, entriß ihn mit großem Aufgebot an
militärischer Macht unseren Händen / und ordnete an, unsere 8
Ankläger sollten sich an dich wenden.][42] Wenn du ihn verhörst,
wirst du selbst von ihm all das erfahren, was den Grund für unsere
Anklage bildet.« / Diesem Vortrag schlossen sich die übrigen Juden 9
an und bekräftigten die Aussagen des Rechtsanwalts.

Zweite Verteidigungsrede des Paulus 24,10-21

Daraufhin gab der Statthalter durch einen Wink Paulus Gelegen- 10
heit, sich zu verteidigen. Paulus sagte: »Da ich weiß, daß du seit
vielen Jahren der für dieses Volk zuständige Richter bist, bringe ich
vertrauensvoll meine Verteidigung vor. / Erst vor 12 Tagen – das 11
kannst du überprüfen – bin ich nach Jerusalem gekommen, um im
Tempel zu beten. / Und niemand kann behaupten, ich hätte jeman- 12
den mit umstrittenen Themen belästigt oder einen Aufruhr ange-
zettelt, sei es im Tempel, in den Synagogen oder sonst irgendwo in
der Stadt. / Die Gegenseite kann für ihre Anklage nicht den gering- 13
sten Beweis anführen. / Jedoch bekenne ich eines: In der christ- 14
lichen Gemeinde, die von der Gegenpartei als ›Sekte‹ bezeichnet
wurde, diene ich keinem anderen Gott als dem jüdischen Gott der
Väter, und alles, was im Gesetz und bei den Propheten geschrieben
steht, ist auch mein Glaube. / Ich teile die Hoffnung aller Juden auf 15
Gott und halte fest daran, daß es eine Auferstehung der Gerechten
und der Ungerechten geben wird. / Deshalb bemühe ich mich, vor 16
Gott und den Menschen immer ein gutes Gewissen zu haben. /

---

[42] V. 6b-8a nur in manchen Handschriften.

17 Mehrere Jahre hindurch habe ich Almosen für mein Volk gesam-
melt und bin zu diesem Zweck und auch, um Opfer darbringen zu
18 lassen, nach Jerusalem gereist. / Dort konnte man mich, den Vor-
schriften des Nasiräats gehorchend und geheiligt, im Tempel fin-
19 den, ganz ohne Lärm und Tumult. / Aber es gibt da einige Juden aus
der Provinz Asia, die angeblich etwas gegen mich vorzubringen ha-
20 ben. Sie sollten vor dir erscheinen und Anklage erheben. / Oder
sonst sollen die Leute, die hier anwesend sind, doch sagen, ob sie
an mir, als ich vor dem Hohen Rat in ihrer Mitte stand, noch ir-
21 gendein anderes Verbrechen entdeckt haben / außer dem einen
Satz: »Weil ich an die Auferstehung Toter glaube, stehe ich heute
bei euch vor Gericht.«

Paulus bleibt in Gefangenschaft 24,22-27

22 Da unterbrach Felix die Verhandlung und vertagte sie, da er zuerst
Genaueres über das Christentum wissen wollte. Er sagte: »Ich
werde in dieser Sache entscheiden, wenn der Kommandant Lysias
23 hierherkommt.« / Er wies den Hauptmann an, Paulus bewachen zu
lassen, ihm aber gewisse Hafterleichterungen zuzugestehen, so daß
24 sich seine Leute um ihn kümmern könnten. / Nach einigen Tagen
erschien Felix mit seiner jüdischen Frau Drusilla. Er ließ Paulus
kommen und wollte von ihm mehr über den Glauben an Jesus
25 Christus hören. / Paulus sprach mit ihm über die Themen Gerech-
tigkeit, Einschränkung der Begierden und Jüngstes Gericht. Da be-
kam Felix es mit der Angst zu tun und sagte: »Für diesmal reicht
es. Geh nur. Wenn ich Zeit habe, werde ich dich wieder rufen las-
26 sen.« / Vielleicht hoffte er auch, Paulus würde ihm Geld zur Beste-
chung geben und ließ ihn deshalb öfter holen, um mit ihm zu spre-
27 chen. / Als zwei Jahre vergangen waren, wurde Felix von seinem
Nachfolger Porcius Festus abgelöst. Den Juden zuliebe behielt er
aber Paulus in Gefangenschaft.

Kapitel 25

Paulus wird erneut verhört 25,1-27

1 Als Festus sein Amt als Provinzstatthalter angetreten hatte, machte
2 er einen Besuch in Jerusalem. / Dort wurden die Hohenpriester und
andere führende Juden bei ihm vorstellig und baten ihn, ihnen in der
3 Sache gegen Paulus / einen besonderen Gefallen zu tun und ihn nach
Jerusalem zu verlegen. Sie planten nämlich, ihn unterwegs in einen
4 Hinterhalt zu locken und zu töten. / Festus aber antwortete, Paulus
werde in Cäsarea bleiben. Er selbst werde in Kürze dorthin zurück-

kehren. / Er sagte: »Wenn es unter euch Leute gibt, die in der Lage 5
sind, diesem Mann Gesetzesverstöße nachzuweisen, dann sollen sie
mit nach Cäsarea kommen und dort Anklage gegen ihn erheben.« /
Festus hielt sich nicht länger als acht oder zehn Tage in Jerusalem 6
auf. Dann zog er nach Cäsarea hinab, beraumte gleich am nächsten
Morgen eine Gerichtsverhandlung an und ließ Paulus vorführen.
Als Paulus erschien, umringten ihn gleich die jüdischen Wortführer, 7
die von Jerusalem her mitgekommen waren, und erhoben viele
schwere Vorwürfe gegen ihn, die sie jedoch nicht beweisen konnten.
/ Paulus erhob Einspruch: »Ich habe mich weder gegen das jüdische 8
Gesetz noch gegen den Tempel oder gegen den Kaiser auch nur im
geringsten vergangen.« / Um den Juden einen Gefallen zu tun, fragte 9
Festus daraufhin Paulus: »Willst du, daß ich wegen dieser Vorwürfe
in Jerusalem über dich zu Gericht sitze?« / Paulus antwortete: »In 10
Rechtsfragen ist der Kaiser für mich zuständig. Vor ihm muß der
Prozeß gegen mich geführt werden. Den Juden habe ich kein Un-
recht getan, wie du sehr genau weißt. / Wenn ich unrecht getan und 11
etwas verbrochen habe, das den Tod verdient, dann bitte ich nicht
um Gnade. Wenn aber die Anklage der Juden gegen mich unbegrün-
det ist, darf mich niemand an sie ausliefern. Ich rufe hiermit den
Kaiser als zuständigen Richter an.« / Darauf beriet sich Festus mit 12
seinen Beisitzern und erklärte: »Du hast den Kaiser als Richter an-
gerufen, also sollst du vor den Kaiser kommen.« / Einige Tage später 13
kamen König Agrippa und seine Frau Berenike nach Cäsarea, um
Festus einen Besuch abzustatten. / Nach ein paar Tagen kam Festus 14
vor dem König auf Paulus zu sprechen und trug ihm den Fall vor:
»Mein Vorgänger Felix hat mir einen Gefangenen hinterlassen. / Als 15
ich dann in Jerusalem war, erstatteten die Hohenpriester und Mit-
glieder des jüdischen Ältestenrats Anzeige gegen ihn und forderten
seine Bestrafung. / Ich antwortete ihnen: ›Die Römer liefern nieman- 16
den aus, wenn er nicht zuvor Gelegenheit bekommen hat, sich per-
sönlich gegenüber den Anklägern zu verteidigen.‹ / Als die Ankläger 17
sich daraufhin hier einfanden, ließ ich ihnen den Mann gleich am
folgenden Tag in einer Gerichtsverhandlung vorführen. / Entgegen 18
meiner Annahme konnten jedoch die Ankläger keinerlei rechtswirk-
same Begründung für ihre Anklage vorlegen, / sondern ihre Vor- 19
würfe hatten nur mit innerjüdischen religiösen Streitfragen zu tun.
Dabei ging es auch um einen gewissen Jesus, der verstorben ist, von
dem Paulus aber behauptete, er lebe. / Da ich hierzu nicht Stellung 20
nehmen konnte, fragte ich Paulus, ob er nicht lieber nach Jerusalem
gehen wolle, damit die Sache dort entschieden werden könne. /
Dann aber rief Paulus den Kaiser als zuständigen Richter an, und 21

dies bedeutet, daß er bis zur Entscheidung des Kaisers hier in Gewahrsam zu halten ist. Ich befahl daher, ihn zu bewachen, bis ich ihn zum Kaiser schicken kann.«
22 Daraufhin sagte Agrippa zu Festus: »Ich würde diesen Menschen
auch gern einmal kennenlernen.« »Morgen«, erwiderte Festus,
23 »sollst du ihn hören.« / Am nächsten Tag fanden sich Agrippa und
Berenike mit großem Gefolge im Audienzsaal ein, dazu auch Kommandanten und Honoratioren der Stadt. Festus ließ Paulus herein-
24 führen / und begrüßte die Anwesenden: »Majestät, sehr verehrte
Gäste! Ihr seht hier den Mann, dessen Kopf zahlreiche Juden sowohl
hier als auch in Jerusalem unter großem Geschrei von mir gefordert
25 haben. / Nach meiner Auffassung hat er jedoch nichts getan, was die
Todesstrafe verdient. Weil er selbst den Kaiser als zuständigen Richter angerufen hat, habe ich beschlossen, ihn nach Rom zu überstel-
26 len. / Aber ich weiß nicht recht, was ich dem Kaiser Stichhaltiges
über ihn schreiben soll. Deswegen habe ich ihn euch, besonders aber
dir, Majestät, vorgeführt. Vielleicht ergibt sich aufgrund dieses Ver-
27 hörs etwas, das ich dem Kaiser schreiben kann. / Es erscheint mir
nicht besonders sinnvoll, einen Gefangenen nach Rom zu schicken,
ohne etwas über die Anklage zu sagen.«

Kapitel 26

Dritte Verteidigungsrede des Paulus 26,1-32

1 König Agrippa wandte sich an Paulus: »Hiermit gestatte ich dir, in
eigener Sache zu reden.« Paulus bat mit einer Handbewegung um
Ruhe und hielt seine Verteidigungsrede:
2 »Ich schätze mich glücklich, Majestät, mich heute vor dir gegen die
3 Anklagen der Juden verteidigen zu dürfen, / zumal du ja ein ausgewiesener Kenner aller jüdischen Lebensfragen und Probleme bist.
4 Deswegen bitte ich um so mehr um dein großherziges Gehör. / Den
Juden ist meine Lebensgeschichte wohlbekannt, da ich in Jerusalem
5 als Kind meines Volkes groß geworden bin. / Sie kennen mich von
früher her und können, wenn sie nur wollen, bezeugen, daß ich nach
den Regeln des Pharisäismus, der strengen Richtung unserer Reli-
6 gion, gelebt habe. / Und nun stehe ich vor Gericht, weil ich auf die
Erfüllung der Verheißung, die Gott den Vätern gegeben hat, hoffe, /
7 genauso sehnlich wie unser ganzes zwölfstämmiges Volk, das, um
diese Erfüllung zu erleben, Tag und Nacht Gottesdienst hält. Und
wegen dieser Hoffnung werde ich von Juden angeklagt, Majestät. /
8 Ist es so schwer zu glauben, daß Gott Tote auferwecken kann und es
9 getan hat? / Ich selbst war früher einer, der den Glauben an den Na-

men des Nasiräers Jesus mit allen Mitteln bekämpfen zu müssen
meinte. / In Jerusalem habe ich das auch getan. Als Bevollmächtigter 10
der Hohenpriester habe ich viele der dortigen Gemeindemitglieder
ins Gefängnis geworfen. Wenn es darum ging, sie umzubringen,
stimmte ich dafür. / Überall in den Synagogen habe ich sie unter Fol- 11
ter und Strafandrohung gezwungen, ihr Bekenntnis zu widerrufen.
Bis in die Städte der Diaspora habe ich sie erbittert verfolgt. / Als ich 12
zu diesem Zweck, ausgestattet mit Vollmacht und Erlaubnis der
Hohenpriester, / eines Tages in Richtung Damaskus unterwegs war, 13
tauchte plötzlich um die Mittagszeit ein Licht vom Himmel her alles
um uns herum in gleißende Helligkeit, strahlender als die Sonne. /
Wir alle stürzten zu Boden, und ich hörte, wie eine Stimme zu mir 14
auf hebräisch sagte: ›Saul, Saul, was verfolgst du mich? Gegen mich
anzugehen ist so sinnlos, wie wenn ein Ochse sich gegen das Joch
aufbäumt.‹ / ›Wer bist du, Herr?‹ fragte ich. Der Herr antwortete: 15
›Ich bin Jesus, den du verfolgst. / Steh auf! Ich bin dir erschienen, um 16
dich als Diener und als Zeuge dessen zu bestellen, was du jetzt siehst
und was du noch sehen wirst. Immer werde ich es sein, der dir er-
scheint. / Ich habe dich erwählt aus Juden und Heiden und sende 17
dich zu den Heiden, / damit du ihnen die Augen öffnest, so daß sie 18
umkehren von der Finsternis zum Licht, aus der Herrschaft Satans
hin zu Gott. So werden ihre Sünden vergeben, und weil sie an mich
glaubten, erhalten sie einen Platz unter allen von Gott erwählten
Heiligen.‹ / Ich bin, Majestät, der himmlischen Vision gefolgt. / 19
Zuerst habe ich den Juden in Damaskus, in Jerusalem und in ganz 20
Judäa, dann aber den Heidenvölkern gepredigt, sie sollten umkeh-
ren, sich zu Gott hinwenden und entsprechend handeln. / Und dies 21
ist der Grund, warum mich die Juden im Tempel ergriffen und ver-
sucht haben, mich zu lynchen. / Doch Gott hat mir bis heute gehol- 22
fen, und so konnte ich bis heute die Botschaft bezeugen vor groß und
klein. Meine Botschaft ist keine andere als das, was Mose und die
Propheten prophezeit haben, / daß nämlich der Messias leiden muß, 23
aber dann als erster Auferstandener durch die Apostel Israel und
den Heiden Licht bringen wird.«
Als Paulus sich mit diesen Worten verteidigt hatte, rief Festus laut: 24
»Du bist verrückt, Paulus! Das viele Studieren hat deinen Geist
krank gemacht!« / Paulus aber erwiderte: »Das stimmt nicht, ver- 25
ehrter Festus, meine Worte sind ebenso plausibel wie vernünftig. /
Auch der König, vor dem ich hier sprechen darf, versteht viel von 26
diesen Dingen. Ich bin überzeugt, daß er sich in allem hervorragend
auskennt. Denn die Sache mit Jesus ist schließlich nicht im hinter-
sten Winkel der Welt geschehen. / Du glaubst doch an die Prophe- 27

28 ten, Majestät, oder etwa nicht?« / Da meinte Agrippa: »Du bringst
29 mich noch dazu, daß ich Christ werde!« / Paulus erwiderte: »Ich
möchte Gott bitten, daß er über kurz oder lang dich und alle Zeugen
meiner Rede zu Christen werden läßt und daß sie so werden wie ich
30 – ohne die Fesseln natürlich.« / Der König, der Statthalter und Bere-
31 nike und die übrige Zuhörerschaft standen auf / und meinten beim
Hinausgehen: »Dieser Mensch tut nichts, was Tod oder auch nur
32 Gefangenschaft verdient hätte.« / Und Agrippa sagte zu Festus:
»Dieser Mensch könnte freigelassen werden, hätte er nicht den Kai-
ser angerufen.«

Kapitel 27

Paulus wird per Schiff nach Rom überstellt 27,1-28,15

1 Als der Termin unserer Abreise nach Italien festgesetzt war, wurden
Paulus und einige andere Gefangene einem Hauptmann namens
2 Julius von der kaiserlichen Kohorte anvertraut. / Wir bestiegen ein
Schiff aus Adramytium[43], das die kleinasiatischen Küstenhäfen an-
laufen sollte. Unter unseren Begleitern war auch Aristarch, der Ma-
3 kedonier aus Saloniki. / Am folgenden Tag legte wir in Sidon an. Ju-
lius gestattete Paulus großzügig, dort seine Freunde zu besuchen,
4 um sich versorgen zu lassen. / Von Sidon aus stachen wir in See. Auf-
grund ungünstiger Winde mußten wir um Zypern herumfahren. /
5 Wir segelten die Küste von Kilikien und Pamphylien entlang nach
6 Myra in Lykien. / Dort machte der Hauptmann ein Schiff aus Alex-
andrien ausfindig, das nach Italien fuhr, und ließ uns auf dieses
Schiff umsteigen.
7 Viele Tage hindurch kamen wir nur schlecht vorwärts und gelangten
8 mit Mühe bis Knidos. / Weil wir aufgrund der Windverhältnisse
nicht gleich an Kreta herankamen, segelten wir bei Kap Salmone um
die Insel herum und an der Ostküste entlang, bis wir mit großer
Mühe einen Ort namens »Schöner Hafen« nahe der Stadt Lasaia er-
9 reichten. / Das alles hatte eine Menge Zeit gekostet. Nach der Zeit
des Herbstfastens ging es schon auf Oktober zu, und das Segeln
wurde langsam gefährlich. Da wandte Paulus sich an die Mann-
10 schaft und sagte: / »Leute! Wenn wir jetzt weiterfahren, sehe ich sehr
große Gefahren, Schaden und Verlust für die Ladung und das Schiff,
11 aber auch für Leib und Leben auf uns zukommen.« / Doch der
Hauptmann vertraute mehr dem Steuermann und dem Kapitän als
12 den Worten des Paulus. / Da der »Schöne Hafen« ohnehin zum

[43] heute: Hadramaut.

Überwintern nicht geeignet war, beschloß die Mehrheit, noch etwas
weiterzufahren und möglichst den Hafen Phoinix zu erreichen, um
dort zu überwintern. Phoinix liegt ebenfalls auf Kreta und ist nach
Süd- und Nordwesten hin offen.
Da sich ein leichter Südwind aufmachte, meinten sie, ihr Vorhaben 13
sei schon so gut wie gelungen, lichteten die Anker und fuhren dicht
an der Küste Kretas entlang. / Doch bald darauf brauste von den 14
Bergen ein Orkan herab, der gefürchtete Nordost. / Wie ein Spiel- 15
zeug wurde das Schiff fortgerissen, und wir mußten uns einfach trei-
ben lassen. / Als wir in den Windschatten der kleinen Insel Klauda 16
südlich von Kreta trieben, konnten wir mit großer Mühe / und unter 17
Einsatz aller möglichen Hilfsmittel das Beiboot einholen. Die See-
leute zurrten um das ganze Schiff Taue fest, um es zu sichern. Da sie
befürchteten, in die Große Syrte verschlagen zu werden, warfen sie
den Treibanker aus, eine Art Floß, das die Fahrt des im Sturm trei-
benden Schiffs verlangsamte. / Da der Orkan unserem Schiff schwer 18
zusetzte, warfen die Seeleute am nächsten Tag die Ladung über Bord
/ und am dritten Tag des Unwetters sogar noch die Schiffsaus- 19
rüstung. / Tagelang sah man weder Sonne noch Sterne, und der 20
schwere Sturm tobte unaufhörlich, so daß jede Hoffnung auf Ret-
tung schwand. / Niemand mochte mehr etwas essen. Da stellte sich 21
Paulus vor sie hin und sagte: »Wenn ihr auf mich gehört hättet und
im ›Schönen Hafen‹ geblieben wärt, wäre es nicht zu diesen Gefah-
ren und Verlusten gekommen. / Aber nun bitte ich euch, den Mut 22
nicht sinken zu lassen. Wir werden zwar das Schiff verlieren, aber
keiner wird umkommen. / Heute nacht ist mir ein Engel meines Got- 23
tes erschienen, / der sagte: ›Keine Angst, Paulus! Du mußt vor den 24
Kaiser treten, und deshalb läßt Gott alle, die mit dir auf dem Schiff
sind, um deinetwillen am Leben.‹ / Daher seid guten Mutes, Leute! 25
Denn ich kann Gott vertrauen, daß es genauso sein wird, wie es mir
gesagt wurde. / Wir werden an einer Insel stranden.« 26
Als wir schon vierzehn Tage in der Adria trieben, hatten die Seeleute 27
gegen Mitternacht den Eindruck, daß sie sich dem Land näherten. /
Sie ließen das Senkblei hinunter: Es waren 20 Klafter. Nach einer 28
Weile maßen sie noch einmal und kamen auf 15 Klafter. / Da sie 29
fürchteten, auf ein Küstenriff aufzulaufen, warfen sie vier Heckan-
ker aus und hofften, daß es bald Tag würde. / Einige Seeleute wollten 30
das Schiff verlassen und ließen, unter dem Vorwand, auch einen
Buganker zu setzen, das Beiboot aufs Meer hinunter. / Da warnte 31
Paulus den Hauptmann und die Soldaten: »Wenn die Mannschaft
nicht auf dem Schiff bleibt, gibt es für euch keine Rettung.« / Dar- 32
aufhin kappten die Soldaten die Haltetaue des Beiboots und ließen

33 es wegtreiben. / Vor Tagesanbruch ermahnte Paulus alle auf dem
Schiff, etwas zu essen. Er sagte: »Schon vierzehn Tage habt ihr nichts
34 im Magen, da ihr nichts zu euch genommen habt. / Ich sage euch, ihr
müßt jetzt etwas essen. Dann könnt ihr überleben. Denn keinem
35 wird ein Haar gekrümmt werden.« / Nach diesen Worten nahm Pau-
lus Brot, sprach laut ein Dankgebet, teilte das Brot aus und begann
36, 37 zu essen. / Da faßten alle wieder Mut und aßen auch. / Wir waren
38 insgesamt 276 Menschen auf dem Schiff. / Als sie satt waren, mach-
ten sie das Schiff leichter, indem sie die Mehlsäcke über Bord war-
39 fen. / Als es Tag wurde, konnten sie nicht erkennen, welche Küste sie
da vor sich sahen. Aber sie entdeckten eine Bucht mit flachem
40 Strand. Dort wollten sie das Schiff auf Grund setzen. / So kappten sie
die Ankertaue und ließen die Anker im Meer versinken. Gleichzeitig
machten sie die Steuerruder klar. Sie hißten das Vordersegel und se-
41 gelten auf den Strand zu. / Als sie an eine Sandbank gerieten, ließen
sie das Schiff auf Grund laufen. Weil der Bug festsaß, war das Schiff
unbeweglich, so daß das Heck unter der Gewalt der Wellen ausein-
42 anderbrach. / Die Soldaten beschlossen, die Gefangenen einfach zu
43 töten, damit keiner schwimmend entkommen könnte. / Doch der
Hauptmann hinderte sie an der Ausführung ihres Plans, weil er Pau-
lus retten wollte. Er ordnete an, diejenigen, die schwimmen konn-
ten, sollten als erste über Bord springen und versuchen, ans Ufer zu
44 gelangen. / Die übrigen sollten entweder Holzplanken als Floß be-
nutzen oder von den Schiffsleuten auf den Schultern an Land getra-
gen werden. So wurden alle gerettet.

Kapitel 28

1 Nach unserer Rettung erfuhren wir, daß die Insel Malta genannt
2 wird. / Die Inselbewohner empfingen uns mit außergewöhnlicher
Freundlichkeit. Sie zündeten ein Feuer an und holten uns alle zu sich
heran, denn es hatte angefangen zu regnen und die Kälte kroch her-
3 auf. / Paulus suchte ein Bündel Reisig zusammen und legte es auf
das Feuer, um es zu schüren, da schoß eine Natter aus dem Reisig-
4 haufen und verbiß sich in seiner Hand. / Als die Inselbewohner das
Tier an der Hand des Paulus hängen sahen, erschraken sie und dach-
ten: »Dieser Mensch muß ein Mörder sein. Aus dem Meer konnte
er sich noch retten, aber jetzt fordert die Göttin der Gerechtigkeit
5 sein Leben.« / Paulus aber schüttelte die Natter ab und warf sie ins
6 Feuer. Sie hatte ihm nichts getan. / Die Umstehenden erwarteten,
daß sein Arm nun anschwellen oder daß er tot umfallen würde.
Doch nichts dergleichen geschah! Paulus war nichts Böses gesche-

hen, so daß die Stimmung umschwenkte und die Leute nun dachten,
er sei ein Gott.
Nicht weit von der Stelle, an der wir an Land gegangen waren, hatte 7
der Obmann der Insel, ein Mann namens Publius, seine Besitzun-
gen. Er nahm uns freundlich auf und gewährte uns drei Tage lang
Gastfreundschaft. / Als der Vater des Publius plötzlich an starkem 8
Durchfall erkrankte und darniederlag, ging Paulus zu ihm, betete,
legte ihm die Hände auf und konnte ihn gesund machen. / Daraufhin 9
kamen auch die übrigen Kranken der Insel zu Paulus und ließen sich
heilen. / Sie überhäuften uns mit Ehrungen und gaben uns beim Ab- 10
schied alles mit, was wir brauchten. / Nach drei Monaten verließen 11
wir die Insel Malta mit einem alexandrinischen Schiff, das dort
überwintert hatte. Es war am Bug mit den Bildern der Dioskuren
Castor und Pollux geschmückt. / Wir segelten nach Syrakus und 12
blieben dort drei Tage. / Dann fuhren wir entlang der Küste in einem 13
großen Bogen nach Regium. Als einen Tag später ein Südwind auf-
kam, gelangten wir in zwei Tagen nach Puteoli, dem Haupthafen
Italiens. / Dort trafen wir auf Mitchristen, die uns baten, eine Woche 14
bei ihnen zu bleiben.
Dann brachen wir nach Rom auf. / Von dort kamen uns Gemeinde- 15
mitglieder, die von unserer Ankunft gehört hatten, schon bis zum
Appiusmarkt und den Drei Tavernen entgegen. Als Paulus sie sah,
dankte er Gott und faßte neuen Mut.

Paulus wirkt in Rom 28,16-30

Als wir nach Rom hineinkamen, erhielt Paulus die Erlaubnis, unter 16
Aufsicht eines Soldaten in einem Privatquartier zu wohnen. / Nach 17
drei Tagen rief er die Vorsteher der römischen Juden zusammen. Als
sie sich eingefunden hatten, sagte er:
»Ich habe weder unserem Volk etwas angetan, noch die Gesetze un-
serer Väter mißachtet oder gebrochen. Dennoch hat man mich von
Jerusalem aus gefesselt den Römern übergeben. / Nachdem sie mich 18
verhört hatten, wollten die Römer mich freilassen, da sie keine
Schuld an mir fanden, die eine Todesstrafe rechtfertigte. / Da die Ju- 19
den das aber nicht wollten, sah ich mich gezwungen, den Kaiser als
zuständigen Richter anzurufen. / Aus diesem Grunde habe ich euch 20
heute hierher gebeten, um mit euch sprechen zu können. Denn ich
predige nichts anderes als das, was alle Israeliten hoffen, und bin
deswegen in Gefangenschaft.«
Die Juden erwiderten: »Für uns bist du ein unbeschriebenes Blatt. 21
Wir haben keinen Brief aus Judäa erhalten, und es ist auch keiner
von den dortigen Brüdern hier erschienen und hat Schlechtes über

22 dich berichtet. / Wir legen Wert darauf, deine Meinung zu hören.
Denn wir wissen, daß die christliche Richtung überall auf Wider-
23 spruch stößt.« / Sie machten einen Tag aus, an dem sie sich mit Pau-
lus treffen wollten, und es kamen noch sehr viel mehr Menschen zu
ihm. Er legte ihnen das Reich Gottes aus und brachte ihnen, ausge-
hend vom Gesetz des Mose, die Botschaft über Jesus nahe. Das dau-
24 erte den ganzen Tag, von morgens bis abends. / Manche stimmten
25 dem zu, was Paulus sagte, andere wollten nichts glauben. / Da sie
sich nicht einigen konnten, brachen sie schließlich auf. Zum Ab-
schluß sagte Paulus: »Es ist schon wahr, was der Heilige Geist durch
26 den Propheten Jesaja zu euren Vätern / gesagt hat[44]: ›Geh hin zu die-
sem Volk und sage ihm: Ihr werdet hinhören und nichts verstehen,
27 hinschauen und nichts sehen. / Denn das Herz dieses Volkes ist ver-
stockt. Sie halten sich die Ohren zu und schließen die Augen, um nur
ja nicht mit ihren Augen zu sehen und mit ihren Ohren zu hören
oder mit ihrem Herzen zu begreifen und sich zu bekehren, so daß ich
28 sie heilen kann.‹ / Ihr sollt nur wissen: Diese Heilstat Gottes gilt den
29 Heiden. Sie werden hinhören.« [/ Nachdem Paulus dies den Juden
30 gesagt hatte, gingen sie in heftigem Streit davon.][45] / Volle zwei Jahre
lang wohnte Paulus in dem Quartier, wo er so viele Besucher emp-
fangen konnte, wie er wollte. Frei und offen und völlig ungehindert
verkündete er die Botschaft vom Reich Gottes und die Lehre über
Jesus Christus, den Herrn.

---

44 Jes 6,9f.
45 V. 29 nur in manchen Handschriften.

Das Evangelium nach Matthäus

Eigenart: Wie das LkEv hat das MtEv eine entfaltete Kindheitsgeschichte (mit Stammbaum), und wie Lk und Joh kennt Mt mehrere Ostererscheinungen. Besonderes Merkmal dieses Evangeliums sind die fünf großen Redekomplexe (Mt 5-7: Bergpredigt; 13: Gleichnisse; 18: Gemeindeprobleme; 23: Weherede; 24-25: Abschlußgleichnisse).

Datierung: Die Mehrzahl der Forscher ist der Meinung, das MtEv sei nach der Zerstörung Jerusalems verfaßt worden. Darauf wiesen 22,7 (im Gleichnis: Auf die Mißhandlung und Ermordung der Sklaven reagiert der Gastgeber mit Verbrennung der Stadt); 21,41; 23,38 (Ankündigung der Tempelzerstörung) und 23,36 (»diese Generation«). Doch alle diese Hinweise sind extrem unsicher. Daher konnten neuere Vorschläge zu einer früheren Datierung (C.P. Thiede) zumindest Interesse wecken. Eine Frühdatierung ist nicht ausgeschlossen, wenn man damit rechnen mag, daß eine Zerstörung Jerusalems als Strafe Gottes wenigstens absehbar war. – Doch weist wohl die innere Verbindung von 27,25 (Selbstverfluchung der Juden) und 23,36-39 (Zerstörung) darauf, daß die Zerstörung Jerusalems die Selbstverfluchung abgelöst hat. Das »Blut«, von dem beide Stellen reden, ist mit der Zerstörung Jerusalems gesühnt, so daß der Evangelist nun versuchen könnte, unter Hinweis auf diesen Zusammenhang auch die Juden noch einmal anzusprechen. Denn mit der Zerstörung der Stadt ist alles Blut gesühnt. – Ich rechne daher mit einer Abfassung des Evangeliums um das Jahr 71. – Die Lokalisierung in »Syrien« ist ganz ungewiß, da überhaupt nicht sicher ist, ob die Stellen bei Ignatius von Antiochien, die man gerne für dieses Evangelium beansprucht, wirklich auf Matthäus zielen.

Adressaten: Das MtEv richtet sich sowohl an Juden- wie auch an Heidenchristen. Damit aber sprengt es den Rahmen, den man sich üblicherweise als Adressaten denkt, nämlich eine »Gemeinde«. Vielleicht ist das MtEv gar nicht an eine Einzelgemeinde gerichtet, sondern an eine ganze Reihe christlicher Gruppen. Für *Judenchristen* spricht außer Mt 5,17 (Erfüllung des Gesetzes), 5,18 (Kein Buchstabe des Gesetzes ist ungültig) auch besonders 23,3 (Die Jünger sollen tun, was die Pharisäer sagen). Nach 10,5f und 15,24 (gesandt nur zu Israel) wird die Mission auf Israel begrenzt. Nach Mt

24,20 hält man auch noch den Sabbat. – Andererseits spricht für *heidenchristliche* Adressaten vor allem der sogenannte Missionsbefehl in 28,19, das Zitat in 12,18-21 (die »Völker« schöpfen Hoffnung) und die Distanz, die aus der Bezeichnung »*eure* Synagogen« und der Übergabe des Weinbergs an ein (anderes) Volk, das Früchte bringt (21,43), erkennbar ist. – Fraglich ist dagegen, ob in Mt 8,11 nicht vielmehr die traditionelle Völkerwallfahrt im Blick steht. Höchst fraglich ist auch, ob sich Jesus nach den sogenannten Antithesen (5,21-48) »über Mose« stellt. – Die Vereinbarkeit der Beschränkung der Mission auf Israel und die Aufforderung zur Heidenmission ist das theologisch größte Problem. Neuerdings hat A. v. Dobbeler darauf hingewiesen, daß es sich bei der Mission an die Heiden nach Mt 28,19 um einen ganz anderen Typ von Mission handelt als bei der gegenüber Israel. Während bei Israel die Wundervollmacht und die »Werke des Christus« im Vordergrund stehen, werden die Heiden zu Jüngern durch Lehrübermittlung, die vor allem in der Bekehrung zu Gott und der Weitergabe des MtEv selbst bestanden haben dürfte. In dieser Hinsicht schlössen sich dann beide Arten von Mission nicht direkt aus, sondern ergänzten einander.

Theologie: Dem genauen Gehorsam gegenüber dem Gesetz (5,17) entsprechen auch die sogenannten Erfüllungs- oder Reflexionszitate. Bei den letzteren geht es darum, daß immer wieder Stationen auf dem Lebens- und Leidensweg Jesu, aber auch seine Taten und Worte als Erfüllung einzelner prophetischer Worte angesehen werden. Die Einleitung für diese Zitate ist jeweils ähnlich: »... damit die Schrift erfüllt würde, die durch den Propheten verkündet worden ist...« Auf diese Weise erscheint die Offenbarung als eine Einheit, Wort (bei Mose und den Propheten) und Tat oder Tatsache (bei Jesus) gehören zusammen. Gott wird als der gemeinsame Urheber der Schrift und der Sendung Jesu erkennbar. – In der Frage des Gesetzes sind zwei Dinge bemerkenswert. Einmal kann das ganze Gesetz nicht nur in den beiden Hauptgeboten (Gottes- und Nächstenliebe) zusammengefaßt werden, sondern auch in der positiv gefaßten »Goldenen Regel« (Was du dir wünschst, tu anderen: Mt 7,14). Letzteres ist offenbar die Version der beiden Liebesgebote für Heidenchristen, denn die »Goldene Regel« ist außerhalb der Bibel entstanden. Wenn die Heidenchristen sich an diese (nicht anspruchslose!) Regel halten, haben sie das ganze Gesetz erfüllt. – Zum anderen verfolgt die sogenannte Bergpredigt eine besonders radikale Richtung, die man freilich nur auf dem Hintergrund der

Botschaft vom Reich Gottes versteht. Denn anders als für den gewöhnlichen Juden zur Zeit des Alten Testaments kam es nun darauf an, nicht nur »lange zu leben auf Erden«, sondern darüber hinaus »in den Himmel« zu kommen. Das aber konnte nur erreicht werden, wenn man das Gesetz nicht nur bewahrte, sondern ganz genau bewahrte und sogar noch überbot. Von einer Auflösung des Gesetzes kann daher keine Rede sein. Und Mt 5,17 (Erfüllung) paßt sehr wohl zu den sogenannten Antithesen in Mt 5,21-48. Denn bei diesen ist vorausgesetzt: Das Gesetz gilt ohnehin. Vielmehr war die Frage: Was muß man darüber hinaus noch tun, um in den Himmel zu kommen? Das war allerdings ein Ziel, das man im Alten Testament noch gar nicht kannte. Die ersten vier Antithesen geben die Antwort mit verschärften moralischen Reinheitsgeboten (Blutschuld, Verunreinigung an verheirateten Frauen, Besudelung des Täters durch Befleckung des heiligen Namens Gottes in unheiligen Affären). Die beiden letzten Antithesen (Mt 5,42-48) haben so etwas wie den Märtyrer vor Augen, der geduldig dem Weg Jesu folgt. Im Unterschied zu allen anderen Evangelien betont dieses Evangelium das Recht der Gemeinde, selbst über ihre Grenzen zu bestimmen. Es ist das »Binden und Lösen« von Mt 16,19 und 18,18. Dabei geht es vermutlich um das Recht zur Sündenvergebung an der Schwelle der Gemeinde, das sich wohl auch auf Christensünden nach der Taufe bezieht (die Taufe selbst ist nach Mt nicht sündenvergebend, vgl. Mt 3,1 im Unterschied zu Mk 1,4; vgl. auch 28,19). Dieses Recht wird jedenfalls in dem Bund begründet, dessen Träger die Gemeindemitglieder sind (Mt 26,28).

Quellen: Die Quellen des MtEv sind nach allgemeiner Überzeugung das MkEv, die sogenannte Logienquelle (Q) und umfangreiches sogenanntes Sondergut. – Ob das MkEv dem Mt-Evangelisten in der jetzigen Form vorgelegen hat oder in einer revidierten Fassung, die manche Übereinstimmungen auch mit Lukas erklärbar machte, wird diskutiert.

Besondere Beziehungen bestehen zwischen dem MtEv und paulinischer Theologie. – Ob das MtEv seinerseits der Didache und Ignatius als Quelle vorgelegen hat, darf bezweifelt werden. Viel zu sehr hat man sich auf feste Quellen verlassen und der gemeinsamen mündlichen Tradition zu wenig Chancen eingeräumt.

DAS EVANGELIUM NACH MATTHÄUS

Kapitel 1

Der Stammbaum Jesu 1,1-17

1 Dies ist der Stammbaum Jesu Christi von Abraham über David:
2 Abrahams Sohn war Isaak, Isaaks Sohn war Jakob, Jakobs Söhne
3 waren Juda und seine Brüder. / Judas Kinder mit Thamar waren
Fares und Sara. Der Sohn des Fares war Esrom. Esroms Sohn war
4 Aram. / Arams Sohn war Aminadab, Aminadabs Sohn war Naa-
5 son. Naasons Sohn war Salman. / Salmans Sohn mit Rahab war
6 Boes. Boes' Sohn mit Ruth war Jobed. Jobeds Sohn war Jesse. / Jes-
ses Sohn war König David. Davids Sohn mit der Frau des Uria war
7 Salomo. / Salomos Sohn hieß Roboam, Roboams Sohn hieß Abia,
8 Abias Sohn hieß Asaf. / Asafs Sohn hieß Josafat, Josafats Sohn hieß
9 Joram, Jorams Sohn hieß Ozia. / Ozias Sohn hieß Joatham,
Joathams Sohn hieß Achaz. Der Sohn des Achaz hieß Ezechia. /
10 Ezechias Sohn war Manasse, Manasses Sohn war Amos, der Sohn
11 des Amos hieß Josia. / Die Söhne Josias waren Jechonia und seine
Brüder; sie lebten zur Zeit der Babylonischen Gefangenschaft. /
12 Nach der Verschleppung nach Babylon wurde Jechonia ein Sohn
namens Salathiel geschenkt. Salathiels Sohn war Zorobabel. /
13 Zorobabels Sohn war Abiud, Abiuds Sohn war Eliakim, Eliakims
14 Sohn war Azor. / Azors Sohn hieß Sadok. Sadoks Sohn hieß Achim.
15 Achims Sohn hieß Eliud. / Eliuds Sohn hieß Eleazar, Eleazars Sohn
16 hieß Matthan. Matthans Sohn hieß Jakob. / Jakobs Sohn hieß Jo-
seph. Er war der Mann von Maria, die Jesus Christus, den Messias,
17 geboren hat. / Von Abraham bis David sind es insgesamt vierzehn
Generationen, auch von David bis zur Babylonischen Gefangen-
schaft sind es vierzehn Generationen, und von da an bis zur Geburt
des Messias sind es noch einmal vierzehn Generationen.

Die Besonderheit der Geburtsgeschichte Jesu 1,18-25

18 Dies ist die Geburtsgeschichte Jesu, des Messias. Seine Mutter, Ma-
ria, war mit Joseph verlobt. Noch bevor sie miteinander geschlafen
hatten, stellte es sich heraus, daß Maria ein Kind erwartete, und
19 zwar durch Wirkung des Heiligen Geistes. / Daraufhin entschloß
sich Joseph, der ein guter Mann war, sie nicht öffentlich bloßzustel-
20 len, sondern sich ohne weiteres Aufsehen von ihr zu trennen. / Als
er noch darüber nachdachte, erschien ihm im Traum ein Engel des

Herrn, der sagte zu ihm: »Joseph, du Nachkomme Davids, hab
keine Angst und nimm deine Frau Maria zu dir. Das Kind, das sie
unter dem Herzen trägt, hat sie durch den Heiligen Geist empfan- 21
gen. / Es ist ein Junge, nenne ihn Jesus. Denn er wird sein Volk aus
seinen Sünden befreien. / So soll sich erfüllen, was Gott durch den 22
Propheten verkündigt hat[1]: / ›Eine Jungfrau wird schwanger wer- 23
den und einen Sohn zur Welt bringen. Man wird ihn ›Emmanuel‹
nennen, das heißt ›Gott mit uns‹.« / Joseph erwachte und tat alles, 24
was ihm der Engel des Herrn gesagt hatte. Er nahm Maria zu sich
/ und schlief nicht mit ihr, bis das Kind geboren wurde. Dem Kind 25
gab er den Namen »Jesus«.

Kapitel 2

Die Anbetung der Sterndeuter 2,1-12

Jesus war in der Regierungszeit des Königs Herodes in Bethlehem 1
in Judäa geboren worden. Kurz darauf gelangten Sterndeuter aus
dem Osten nach Jerusalem und erkundigten sich: / »Wo ist der Kö- 2
nig der Juden, der hier gerade geboren wurde? Wir haben nämlich
seinen Stern aufgehen sehen und sind hergekommen, um ihn anzu-
beten.« / Als König Herodes das hörte, bekam er große Angst, die 3
auch auf die anderen Menschen in Jerusalem übergriff. / Er rief alle 4
Hohenpriester und Schriftkundigen des Volkes zusammen und
fragte sie, wo dieser König der Juden geboren werden sollte. / Die 5
Antwort lautete: »In Bethlehem in Judäa.« Denn so steht es beim
Propheten[2]: / »Du, Bethlehem, bist keineswegs die geringste unter 6
den wichtigen Städten Judas. Denn aus dir soll ein Herrscher her-
vorgehen, der mein Volk Israel führen wird wie ein Hirt seine
Herde.« / Da rief Herodes unter Ausschluß der Öffentlichkeit die 7
Sterndeuter zu sich und erkundigte sich nach dem genauen Zeit-
punkt, zu dem ihnen der Stern erschienen sei. / Dann schickte er sie 8
nach Bethlehem und sagte: »Geht und forscht genau nach dem
Kind. Meldet mir, wenn ihr es gefunden habt, damit auch ich hin-
gehen und es anbeten kann.« / Der Bitte des Königs folgend, gingen 9
die Sterndeuter nach Bethlehem. Und der Stern, den sie hatten auf-
gehen sehen, zog ihnen voraus, bis er über dem Ort stehenblieb, wo
das Kind war. / Als sie den Stern wiedererkannten, brachen sie in 10
freudigen Jubel aus. / Sie gingen in das Haus, sahen das Kind mit 11
seiner Mutter Maria, fielen auf die Knie und beteten es an. Sie öff-

---

[1] Jes 7,14.
[2] Micha 5,1.3.

neten ihre Schatzbehälter und brachten ihm Geschenke, Gold,
12 Weihrauch und Myrrhe dar. / Da sie im Traum eine himmlische
Weisung erhielten, nicht wieder zu Herodes zu gehen, zogen sie auf
einem anderen Weg in ihr Land zurück.

Die Flucht nach Ägypten 2,13-15

13 Als sie fortgezogen waren, erschien Joseph ein Engel des Herrn im
Traum und forderte ihn auf: »Steh auf, nimm dein Kind und seine
Mutter und fliehe nach Ägypten. Bleibe dort, bis ich dir Bescheid
sage. Denn Herodes wird das Kind suchen, um es zu beseitigen.« /
14 Als Joseph mitten in der Nacht erwachte, stand er sogleich auf,
15 nahm das Kind und seine Mutter und floh nach Ägypten. / Dort
blieb er bis nach Herodes' Tod. So sollte Gottes Wort in Erfüllung
gehen, das durch den Propheten verkündet worden war[3]: »Aus
Ägypten habe ich meinen Sohn herbeigerufen.«

Der Kindermord in Bethlehem 2,16-18

16 Als Herodes dann merkte, daß die Sterndeuter ihn getäuscht hat-
ten, packte ihn große Wut, und er ließ in Bethlehem und Umgebung
alle Knaben bis zum Alter von zwei Jahren – das war der Zeitraum,
17 den ihm die Sterndeuter angegeben hatten – umbringen. / Da
18 wurde erfüllt, was der Prophet Jeremia gesagt hatte[4]: / »Aus Rama
hörte man Geschrei, Wehklagen und bitteres Weinen. Rachel weint
um ihre Kinder, sie ist untröstlich, weil sie nicht mehr da sind.«

Die Rückkehr aus Ägypten 2,19-23

19 Nach Herodes' Tod erschien Joseph in Ägypten ein Engel des
20 Herrn im Traum, / der sagte zu ihm: »Steh auf, nimm dein Kind
und seine Mutter und zieh in das Land Israel. Denn die Menschen,
21 die dem Kind nach dem Leben trachteten, sind gestorben.« / Joseph
stand auf, nahm das Kind und seine Mutter und machte sich auf in
22 das Land Israel. / Als er aber hörte, daß Archelaos als Nachfolger
von Herodes König über Judäa geworden war, bekam er Angst,
dorthin zu gehen. Im Traum empfing er die Weisung, nach Galiläa
23 zu ziehen. / Er zog nach Galiläa und ließ sich in Nazareth nieder.
So sollte das Prophetenwort erfüllt werden: »Er wird Nasoräer
heißen«.[5]

---

3 Hos 11,1; Nu 23,22.

4 Jer 31,15.

5 Die Herkunft des Zitates ist unbekannt. Mir scheint ein Bezug zu den Nasiräern (Ri 13,5; Nu 6) sicher zu sein. Mit Nazareth hat die Stelle ursprünglich nichts zu tun.

Kapitel 3

Johannes predigt und tauft 3,1-6

In jener Zeit trat Johannes der Täufer in der judäischen Wüste auf 1
und predigte. / Er sagte: »Kehrt um, denn Gottes Herrschaft ist 2
nahe an uns herangerückt.« / Schon der Prophet Jesaja[6] hat ge- 3
sagt[7]: »In der Wüste wird er auftreten und rufen: ›Baut für den
Herrn eine Straße, ebnet ihm seinen Weg!‹« / Johannes trug ein Ge- 4
wand aus Kamelhaar und einen ledernen Gürtel. Er ernährte sich
von gerösteten Heuschrecken und wildem Honig.[8] / Alle Einwoh- 5
ner von Jerusalem und ganz Judäa und aus der ganzen Jordange-
gend strömten zu Johannes hinaus in die Wüste / und ließen sich 6
von ihm im Jordan taufen, nachdem sie zuvor ihre Sünden bekannt
und um Vergebung gebeten hatten.[9]

Johannes mahnt zur Umkehr 3,7-10

Als Johannes sah, daß Pharisäer und Sadduzäer in Scharen kamen, 7
um sich taufen zu lassen, ermahnte er sie: »Ihr Natterngezücht!
Niemand kann euch einen Schleichweg sagen, auf dem ihr Gottes
Zorngericht entkommen könnt.
Nur eines hilft: Eure Taten müssen endlich von eurer Umkehr zeu- 8
gen. / Bildet euch nicht ein, es könnte euch helfen, daß ihr Abra- 9
hams Kinder seid. Ich versichere euch: Aus diesen Steinen da kann
Gott Abraham jederzeit neue Kinder schaffen. / Die Axt liegt schon 10
an den Baumwurzeln bereit: Jeder Baum, der keine guten Früchte
liefert, wird umgehauen und ins Feuer geworfen.

Johannes kündigt die Ankunft des Messias an 3,11-12

Ich taufe euch mit Wasser zum Zeichen der Umkehr. Es wird jedoch 11
einer kommen, der stärker ist als ich. Ich wäre nicht einmal würdig,
ihm seine Sandalen hinterherzutragen. Er wird euch mit heiligem
Geist und mit Feuer taufen. / In seiner Hand hält er schon die 12
Schaufel, mit der er das ausgedroschene Getreide gegen den Wind
werfen wird. So wird er es von Spreu und Staub reinigen und den

---

6 Jesaja sagt das nicht über Johannes, sondern über Gott selbst oder einen Engel.

7 Jes 40,3.

8 Nahrung und Kleidung des Johannes entsprechen zeitgenössischen Vorstellungen von einem Propheten (besonders: Elia), der vegetarisch und abstinent lebt. Heuschrecken gelten nicht als Fleisch.

9 Übersetzung durch zwei Verben. Das griechische Verb heißt nicht nur *bekennen*, sondern gleichzeitig auch *um Vergebung flehen*.

Weizen in seine Scheune bringen. Die Spreu wird er verbrennen mit einem Feuer, das nicht erlischt.«

Jesus wird von Johannes getauft 3,13-17

13 Gerade zu dieser Zeit kam Jesus aus Galiläa zu Johannes, um sich
14 von ihm im Jordan taufen zu lassen. / Johannes wollte ihn daran
hindern und sagte: »Ich müßte von dir getauft werden, was
15 kommst du da zu mir?« / Doch Jesus entgegnete: »Laß mich, wir
beide sollen nur das tun, was Gott von jedem verlangt, den er als
Gerechten annehmen will.«[10] Da gab Johannes nach.
16 Kaum hatte Jesus sich taufen lassen und war aus dem Wasser wieder heraufgestiegen, da öffnete sich der Himmel, und Jesus sah, wie der Heilige Geist auf ihn herabflog und sich auf ihn setzte wie eine Taube.[11]
17 Und eine Stimme rief vom Himmel her[12]: »Dies ist mein lieber Sohn, an ihm habe ich meine Freude.«[13]

Kapitel 4

Jesus wird in der Wüste versucht 4,1-11

1 [14]Dann wurde Jesus vom Heiligen Geist in die Wüste geführt. Der
2 Teufel sollte ihn auf die Probe stellen. / Vierzig Tage lang nahm er
keinerlei Nahrung zu sich, so daß ihn gegen Ende der Zeit großer
3 Hunger überfiel. / Da trat der Teufel auf ihn zu und sagte, um ihn
auf die Probe zu stellen: »Wenn du Gottes Sohn bist, kannst du
4 doch diese Steine durch ein einziges Wort zu Brot machen!« / Doch
Jesus erwiderte[15]: »Es steht geschrieben, daß der Mensch nicht vom
5 Brot allein lebt, vielmehr lebt er von allem, was Gott sagt.« / Dann

---

10 Wörtlich: »alle Gerechtigkeit erfüllen«. Im Blick auf Mt 28,19f geht Jesus den Weg jedes Christen demütig voran, obwohl er selbst eine Taufe nicht nötig hat. Daß dieser kurze Dialog zwischen Jesus und dem Täufer »unecht« sei, muß man nicht unbedingt finden. Denn die Erfahrung der Sündlosigkeit Jesu ist ganz zentral im frühen Christentum.

11 Der Vergleich mit der Taube ist wohl deshalb gewählt, weil die Art des Fliegens verglichen werden soll, denn Tauben bewegen sich durch die Luft und lassen sich dann an einer Stelle nieder. Insoweit sind sie nicht sehr flugfreudig.

12 Jes 42,1 und Ps 2,7.

13 Durch die Gabe des Heiligen Geistes wird Jesus zum Sohn Gottes bzw. als Sohn Gottes erkennbar. Überall im Neuen Testament hängen Gotteskindschaft und Geist zusammen.

14 Die Lk-Parallele hat die Reihenfolge geändert. So gilt in bezug auf Mt: Lk 4,1-4.9-12.5-8.13.

15 Dt 8,3.

nahm ihn der Teufel in die heilige Stadt Jerusalem mit bis auf die
höchste Zinne des Tempels / und forderte ihn auf: »Bist du Gottes 6
Sohn, so spring herunter. Denn es steht doch geschrieben[16]: ›Seine
Engel werden dich in seinem Auftrag behüten, sie werden dich auf
Händen tragen, damit du dich an keinem Stein stößt.‹« / Jesus aber 7
entgegnete: »Es steht auch geschrieben[17]: ›Du sollst den Herrn, dei-
nen Gott, nicht auf die Probe stellen.‹« / Daraufhin führte ihn der 8
Teufel auf einen sehr hohen Berg, zeigte ihm alle Reiche der Erde
und ihre Herrlichkeit / und sagte zu ihm: »Dies alles gebe ich dir, 9
wenn du mich nur anbetest.« / Jesus jedoch entgegnete[18]: »Weg mit 10
dir, Satan! Denn es steht geschrieben: ›Du sollst Gott, deinen
Herrn, anbeten und ihm allein dienen.‹« / Da ließ der Teufel von 11
ihm ab. Engel kamen und waren Jesus zu Diensten.

Jesus zieht nach Galiläa 4,12-17

[19]Als Jesus hörte, daß man Johannes in den Kerker geworfen hatte, 12
kehrte er nach Galiläa zurück. / Er verließ die Gegend um Nazareth 13
und blieb längere Zeit in Kapernaum am See Genesareth, im Gebiet
der Stämme Sebulon und Naphtali. / So sollte in Erfüllung gehen, 14
was der Prophet Jesaja gesagt hat[20]: / »Du Land von Sebulon und 15
Naphtali, am See, auf der anderen Seite des Jordans, du bist das
Galiläa der Heiden! / Das Volk, das im Dunkeln wohnt, hat ein 16
großes Licht gesehen, und für die Menschen, die im finsteren Schat-
tenreich des Todes leben, ist ein großes Licht aufgegangen.« / Von 17
da an begann Jesus mit der Verkündigung. Er rief den Leuten zu:
»Kehrt um! Gottes Herrschaft steht vor der Tür.«[21]

Jesus beruft die ersten Jünger 4,18-22

[22]Als Jesus eines Tages am Ufer des Sees von Tiberias entlangging, 18
erblickte er zwei Brüder: Simon, der später Petrus hieß, und seinen
Bruder Andreas, und sah, wie sie im See ihre Fischernetze auswar-
fen. Sie waren nämlich Fischer. / Da sagte er zu ihnen: »Auf, kommt 19

---

16 Ps 91,11f.
17 Dt 6,16.
18 Dt 5,9; 6,13.
19 Mk 1,14-15.
20 Jes 8,23; 9,1.
21 Wörtlich: Gottes Herrschaft ist nahe gekommen. Unter dem Zentralbegriff *Gottes Herrschaft* versteht Markus: Anerkennung von Gottes Willen durch die Menschen und dadurch Eintreten in einen heilvollen Verheißungsraum, in dem nur noch Gott bestimmt.
22 Mk 1,16-20.

20 mit mir! Ich will euch zu Menschenfischern machen.«[23] / Und kaum
hatte er das gesagt, da ließen sie ihre Netze fallen und folgten ihm
21 nach. / Ein Stückchen weiter erblickte Jesus dann zwei weitere Män-
ner: Jakobus, den Sohn des Zebedäus, und seinen Bruder Johannes,
die gerade im Boot mit ihrem Vater die Netze zurechtlegten. Und er
22 rief auch sie. / Und kaum hatte er sie gerufen, da ließen sie das Boot
und ihren Vater Zebedäus zurück und zogen mit ihm.

Jesus verkündigt und heilt 4,23-25

23 [24]Jesus zog durch das ganze Land Galiläa und lehrte die Juden
überall in den Synagogen. Er verkündete das Evangelium von Got-
tes Herrschaft und heilte im Volk alle Krankheiten und Gebrechen.
24 / Die Kunde von Jesus verbreitete sich in ganz Syrien. Und man
brachte alle zu ihm, denen es elend erging, die sich mit verschiede-
nen Krankheiten und großen Schmerzen quälten, Besessene, Ner-
venkranke und Gelähmte, und Jesus heilte sie.
25 Sehr viele Menschen aus Galiläa, aus dem Gebiet der Zehn Städte,
aus Jerusalem, aus Judäa und von jenseits des Jordans folgten ihm.

Die Bergpredigt, Kapitel 5-7

Kapitel 5

Die Seligpreisungen 5,1-12

1 [25]Als Jesus die Menschenmassen sah, stieg er auf einen Berg und
2 setzte sich hin. Als seine Jünger zu ihm kamen, / begann er, ihnen
die Lehre zu verkünden:
3 [26]»Selig die armen Menschen, die gequält werden, denn sie werden
frei sein, wenn Gott König ist.
4 Selig die Menschen, die traurig sind, denn sie werden Trost finden.
5 Selig, die auf Gewalt verzichten, denn ihnen gehört die Zukunft.[27]

[23] Jesu Berufung der ersten vier Jünger ist ganz ähnlich gestaltet wie die Berufung des Elisa durch Elia in 1 Kön 19,19-20.

[24] Mk 1,39.28; 3,7b-8a.

[25] Lk 6,12a.17a.20a.

[26] Lk 6,20b-23.

[27] Wörtlich: »... sie werden das Land besitzen«; gemeint ist: das Heilige Land Palästina. Dieses ist Inhalt der Verheißungen an die Väter. Da jedoch der Landbesitz immer weiter spiritualisiert wird, steht diese Seligpreisung für Verheißung und Zukunft überhaupt.

Selig, die Hunger und Durst nach Gerechtigkeit haben, denn Gott 6
wird sie satt machen.
Selig die Barmherzigen, denn Gott wird sich ihrer erbarmen. 7
Selig, die im Herzen rein sind, denn sie werden Gott sehen. 8
Selig, die Frieden stiften, denn Gott wird sie seine eigenen Kinder 9
nennen.
Selig die unschuldig Verfolgten, denn Gott schenkt ihnen sein 10
Reich.
Selig seid ihr, wenn die anderen euch beschimpfen, verfolgen und 11
verleumden, weil ihr zu mir gehört.
Freut euch und jubelt, denn im Himmel werdet ihr reich entschä- 12
digt. Die Propheten vor euch wurden genauso verfolgt.

Jesus nennt die Jünger Salz und Licht 5,13-14

[28]Ihr seid das Salz der Erde. Salz ist unersetzlich. Selbst wenn es 13
möglich wäre, daß es fad würde – man könnte es mit nichts ande-
rem wieder salzig machen. Es würde für nichts taugen, man müßte
es einfach wegwerfen, und die Menschen würden darüber hintram-
peln.
Ihr seid die Sonne, das Licht der Welt. Eine Stadt oben auf der 14
Spitze eines Berges wird von allen gesehen.
[29]Und wer ein Licht anzündet, wird keinen Topf darüber stülpen, 15
sondern es auf den Leuchter stellen, damit es allen im Haus hellen
Schein gibt. / So sollt ihr Licht für die Menschen sein. Sie sollen se- 16
hen, was ihr tut, und so zu Gott finden und euren Vater im Himmel
loben.

Jesus warnt vor der Abschaffung des Gesetzes 5,17-20

[30]Denkt nicht, ich wollte das Gesetz oder die Worte der Propheten 17
für ungültig erklären. Ganz im Gegenteil, ich will das alles in die
Tat und in die Wirklichkeit umsetzen. / Amen, ich sage euch: So- 18
lange diese Welt besteht, wird kein Punkt und kein Komma vom
Gesetz abgeschafft. Alles muß erst verwirklicht werden. / Ich warne 19
jeden, der auch nur das allerkleinste Tüpfelchen aus dem Gesetz
abschafft und das dann als Lehre verkündet. Wenn Gottes Herr-
schaft offenbar wird, steht so einer als der Allerletzte da. Wer aber
das Gesetz erfüllt und lehrt, der steht dann ganz vorn da. / Denn 20
ich sage euch: Nur dann, wenn ihr euch noch wesentlich strenger

[28] Lk 14,34-35a.
[29] Mk 4,21b.
[30] Lk 16,16-17.

an Gottes Ansprüche an Gerechtheit haltet als die Schriftkundigen
und Pharisäer, werdet ihr an Gottes Herrschaft Anteil haben.

Jesus überbietet das 5. Gebot 5,21-26

21 Früher sagte man: Du sollst nicht töten[31], und wer tötet, ist ein Ver-
22 brecher. / Doch ich sage euch: Wer auf seinen Bruder zornig ist, der
ist ein Verbrecher. Wer zu seinem Bruder oder seiner Schwester
»Du Schwein« sagt, dem wird der Prozeß gemacht. Und wer
23 »Idiot« sagt, der hat die Feuerhölle verdient. / Wenn du nun dein
Opfer zum Altar trägst und dir dabei einfällt, daß dein Bruder oder
24 deine Schwester etwas gegen dich haben, / laß dein Opfer vor dem
Altar stehen und versöhne dich zuerst mit ihnen und bringe dann
25 dein Opfer dar. / Setz alles daran, dich mit deinem Gläubiger au-
ßergerichtlich zu einigen, solange du noch mit ihm auf dem Weg
zum Gericht bist. Sonst könnte es so weit kommen, daß er dich
dem Richter übergibt und dieser dich dann weitergibt an den Voll-
26 zugsbeamten und du in Kerkerhaft gesteckt wirst. / Amen, ich sage
dir, dort kommst du dann nicht wieder heraus, ehe du alles bis auf
den letzten Groschen bezahlt hast.«

Jesus überbietet das 6. Gebot 5,27-30

27, 28 Früher hat man gesagt: Du sollst nicht ehebrechen.[32] / Doch ich
sage euch: Jeder, der eine Frau anblickt und sie in Gedanken aus-
zieht, hat schon in seinem Herzen Ehebruch mit ihr begangen. /
29 [33]Und wenn dein rechtes Auge dich dazu verführt, unrecht zu tun,
reiß es heraus und wirf es weg. Denn besser einer deiner Körperteile
geht verloren, als daß du mit vollständigem Leib in die Hölle ge-
30 worfen wirst. / Und wenn deine rechte Hand dich dazu verführt,
unrecht zu tun, schlag sie ab und wirf sie weg. Denn besser einer
deiner Körperteile geht verloren, als daß du mit vollständigem Leib
in die Hölle geworfen wirst.

Jesus überbietet das Verbot der Ehescheidung 5,31-32

31 [34]Man hat gesagt[35]: Wer sich von seiner Frau trennt, soll ihr einen
32 Scheidbrief geben. / Doch ich sage euch: Jeder, der sich von seiner
Frau trennt, ohne daß sie selbst die Ehe gebrochen hat, der veran-

---

31 Ex 20,13.
32 Ex 20,14.
33 Mk 9,47.43.
34 Lk 16,18.
35 Dt 24,1.

laßt sie, die [bestehende] Ehe zu brechen. Und wer eine Frau heiratet, deren Mann sich von ihr getrennt hat, der bricht ihre [noch bestehende] Ehe.

Jesus überbietet das Verbot des Schwörens 5,33-37

Und weiter sagte man früher[36]: Du sollst keinen Meineid schwö- 33
ren, sondern erfüllen, was du dem Herrn unter Eid versprochen
hast. / Doch ich sage euch: Schwört überhaupt nicht. Schwört nicht 34
beim Himmel, denn er ist Gottes Thron. / Schwört nicht bei der 35
Erde, denn sie ist der Schemel für Gottes Füße. Schwört nicht bei
Jerusalem, denn sie ist die Stadt Gottes, des großen Königs. [Also
würdet ihr immer bei Gott schwören, dessen Name nicht aus ge-
ringfügigem Anlaß genannt werden darf.] / Auch bei deinem Haupt 36
sollst du nicht schwören, denn auch darüber ist Gott der Herr,
kannst du doch mit deinem Wort nicht ein einziges Haar heller
oder dunkler machen. / Anstatt zu schwören, sag nur: ›Ja‹ oder 37
›Nein‹. Alles weitere ist vom Teufel.

Jesus überbietet das Verbot der Rache 5,38-42

[37]Man hat gesagt: Begrenzt die Rache, zum Beispiel für ein ausge- 38
schlagenes Auge nur das eine Auge des Täters[38], für einen ausge-
schlagenen Zahn nur einen Zahn des Täters. / Doch ich sage euch: 39
Verzichtet überhaupt auf Vergeltung und leistet so dem Bösen keine
Gegenwehr! Vielmehr: Wenn dir einer rechts eine Ohrfeige gibt,
dann halte ihm auch die linke Seite hin. / Und wenn einer mit dir 40
einen Prozeß um dein Hemd führen will, überlaß es ihm und gib
ihm deinen Mantel dazu. / Und wenn dich einer zwingen will, eine 41
Meile mit ihm zu gehen, dann geh zwei Meilen mit ihm. / [39]Gib je- 42
dem, was er von dir haben will. Wenn einer von dir etwas leihen
will, weise ihn nicht ab.

Jesus überbietet das Gebot der Nächstenliebe 5,43-48

Man hat gesagt: Liebe deinen Nächsten, doch hasse deinen Feind. 43
/ Doch ich sage euch: Liebt eure Feinde, betet für eure Verfolger. / 44
So werdet ihr Kinder eures himmlischen Vaters. Denn der läßt seine 45
Sonne aufgehen über Böse und Gute und läßt es regnen über Ge-
rechte und Ungerechte. / Wenn ihr nur die liebt, die euch auch lie- 46

[36] Ex 20,7; Lev 19,12; Ps 50,14.
[37] Lk 6,29-30.
[38] Ex 21,24f; Lev 24,19f.
[39] Lk 6,27-28.32-36.

ben, könnt ihr keinen himmlischen Lohn mehr erwarten. So halten
47 es ja auch die Zöllner. / Und wenn ihr nur eure Brüder und Schwe-
stern grüßt, dann tut ihr nichts Besonderes. So handeln doch auch
48 die Heiden. / Vollkommenheit besteht darin, nur auf den himm-
lischen Lohn zu setzen. Seid also vollkommen, wie es euer himm-
lischer Vater ist.

Kapitel 6

Jesus erklärt, wie man Almosen geben und beten soll 6,1-8

1 Wenn ihr etwas Gutes tut, dann tut es nicht vor großem Publikum.
Sonst braucht ihr ja keinen Lohn mehr bei eurem Vater im Himmel.
2 / Wenn du etwas für Bedürftige spendest, verzichte darauf, es auszu-
posaunen wie die Scheinheiligen in den Synagogen und auf den Stra-
ßen, die von den anderen gelobt werden wollen. Amen, ich sage
3 euch: Sie haben damit ihre Belohnung schon. / Wenn du etwas spen-
4 dest, soll deine linke Hand nicht wissen, was die rechte tut, / damit
die Spende nicht auffällt. Dann wird dein Vater, der auch das Unauf-
5 fällige sieht, es dir lohnen. / Und wenn ihr betet, stellt euch nicht in
den Synagogen und an Straßenecken[40] in Positur wie die Scheinhei-
ligen, um von jedermann gesehen zu werden. Amen, ich sage euch:
6 Sie haben damit ihre Belohnung schon. / Wenn du betest, dann geh
in dein eigenes Zimmer, schließ die Tür ab und bete zu deinem Vater
dort, wo es niemand sieht. Dein Vater, der das sieht, was niemand
7 sonst sieht, wird es dir vergelten. / Wenn ihr betet, dann redet nicht
viele leere, dumme Worte wie die Heiden zu ihren leeren, dummen
Götzen. Denn sie meinen, daß sie nur durch viele Worte an viele Göt-
8 zen erhört werden. / Das müßt ihr ihnen nicht nachmachen! Denn
euer Vater ist Gott, und er weiß, was ihr braucht, bevor ihr nur bittet.

Jesus lehrt die Jünger das Vaterunser 6,9-13

9 [41]So sollt ihr beten: ›Vater unser im Himmel, laß uns und andere
10 deinen Namen ehren und heilig halten. / Laß uns und andere deine
Herrschaft anerkennen und deinen Willen tun, damit das, was im
Himmel bereits geschieht, auch auf Erden wirklich werden kann. /
11, 12 Gib uns heute das Brot für morgen.[42] / Und vergib uns unsere
Schuld, weil auch wir denen bereits vergeben haben, die uns etwas

40 Wörtlich: »da, wo die Straßen Winkel bilden«. Das können Ecken oder Kreuzungen sein.

41 Lk 11,2-4.

42 Vgl. zur Übersetzung: K. Berger: Manna, Mehl und Sauerteig. Korn und Brot im Alltag der frühen Christen, Stuttgart 1995, 78f.

schuldig geblieben sind. / Und führe uns nicht in Versuchung, son- 13
dern befreie uns von dem Bösen.‹
Denn wenn ihr den Menschen ihre Verfehlungen vergebt, dann 14
wird euch auch euer Vater im Himmel vergeben. / Wenn ihr das 15
nicht könnt, kann auch Gott euch nicht vergeben.

Jesus erklärt, wie man fasten soll 6,16-18

Wenn ihr fastet, schaut nicht sauertöpfisch drein wie die Scheinhei- 16
ligen, die ein möglichst mürrisches Gesicht aufsetzen, damit die
Leute auch merken, daß sie fasten. Amen, ich sage euch, sie haben
damit ihre Belohnung schon! / Wenn du fastest, dann wasche dein 17
Gesicht und pflege deine Haare, / damit nicht die Leute dein Fasten 18
bemerken, sondern allein dein Vater, der das sieht, was nicht auf-
fällt, und es dir vergelten wird.

Jesus erklärt, wo man Schätze sammeln soll 6,19-21

[43]Sammelt euch nicht Schätze auf der Erde, wo Motten und Wür- 19
mer sie auffressen, wo sie von Dieben durchwühlt und gestohlen
werden. / Sammelt euch Schätze im Himmel, wo sie weder von 20
Motten noch von Würmern aufgefressen und nicht von Dieben
durchwühlt oder gestohlen werden. / Denn wo ihr euren Schatz 21
sammelt, da seid ihr auch mit dem Herzen.

Jesus sagt: »Das Auge ist das Licht für den Leib« 6,22-23

[44]Das Auge ist Licht für den ganzen Leib. Wenn das Auge klar ist, 22
dann ist der ganze Leib hell erleuchtet, / wenn es trüb ist, dann ist 23
der Leib finster. Wenn schon dein eigenes Licht die Finsternis in dir
nicht vertreibt, wie groß ist dann die Finsternis draußen!

Jesus fordert die Entscheidung zwischen Gott und dem Geld 6,24

[45]Kein Sklave kann zwei Herren zugleich dienen. Er kann nur den 24
einen hassen und den anderenlieben oder den einen ehren und den
anderen verachten. Ihr könnt nicht Gott und dem Geld gleichzeitig
dienen.

Jesus ermuntert die Jünger zur Freiheit von der Sorge 6,25-34

[46]Deswegen sage ich euch: Sorgt euch nicht um euren Lebensunter- 25
halt und darum, was ihr essen sollt, und auch nicht um euren Leib

43 Lk 12,33-34.
44 Lk 11,34-36.
45 Lk 16,13.
46 Lk 12,22-32.

und darum, was ihr anziehen sollt. Ist nicht euer Leben mehr als
26 Nahrung und euer Leib mehr als Kleidung? / Seht euch die Vögel
des Himmels an. Sie wissen nichts von Saat oder Ernte und sammeln keine Vorräte für den Winter. Euer himmlischer Vater sorgt
für ihre Nahrung. Und ihr seid doch so viel mehr wert als sie. /
27 Auch wenn ihr euch noch soviel Sorgen machtet, könntet ihr doch
euren Körper nicht einmal um eine Elle größer machen.[47]
28 Und was sorgt ihr euch um eure Kleidung? Denkt doch daran, wie
die Lilien im Garten blühen. Sie wissen nichts von Spinnrädern und
29 Webstühlen. / Doch ich kann euch versichern: Selbst Salomo in all
seiner Pracht war nicht so herrlich gekleidet wie eine von ihnen. /
30 Gott hat die Feldblumen und die Gräser, die heute da sind und
morgen verbrannt werden, so prächtig gekleidet! Um wieviel mehr
wird er sich um euch kümmern. Ihr solltet mehr Vertrauen wagen!
31 / Sorgt euch also nicht und fragt nicht: Was sollen wir essen, was
32 sollen wir trinken, was sollen wir anziehen? / So fragen doch nur
Menschen, die nicht an Gott glauben. Doch euer Vater im Himmel
33 weiß, was ihr braucht. / Sucht zuerst Gottes Herrschaft und fragt
nach dem, was Gott von euch fordert, dann gibt es Kleidung und
34 Nahrung geschenkt dazu! / Belastet euch also nicht mit Sorgen für
den nächsten Tag. Für jeden Tag, den Gott werden läßt, sorgt er
aufs neue. Und es trägt auch jeder Tag seine eigene Last.

Kapitel 7

Jesus verurteilt die Selbstgerechtigkeit 7,1-6

1 [48]Verurteilt nicht andere, dann wird Gott euch auch nicht verurtei-
2 len. / Denn wie ihr selber richtet, so wird Gott euch richten. So wie
ihr bemeßt, was ihr gebt, wird Gott bemessen, was er euch zurück-
3 gibt. / Was starrst du auf den Splitter im Auge deines Bruders, und
den Balken in deinem eigenen Auge bemerkst du nicht?
4 Und wie kannst du zu deinem Bruder sagen: ›Komm, Bruder, ich
will dir den Splitter aus dem Auge ziehen‹, wo doch der Balken in
5 deinem eigenen Auge ist? / Scheinheilig bist du, zieh erst den Balken
aus deinem eigenen Auge, dann sieh zu, wie du den Splitter aus dem
6 Auge deines Bruders ziehst. / Gebt das gesegnete Brot nicht den
Hunden zu fressen und werft die Perlen nicht den Schweinen vor.

---

[47] Andere Möglichkeit der Übersetzung: »seine Lebenszeit auch nur um eine Stunde verlängern«. Der Text bietet »Lebenszeit/Körpergröße« und »Elle«.

[48] Lk 6,37-42.

Denn sonst zertreten sie sie mit ihren Füßen und wenden sich voll Wut über das falsche Futter gegen euch und greifen euch an.

Jesus macht Mut zum Bitten 7,7-11

Bittet, und Gott wird euch geben. Klopft an, und Gott wird euch 7
öffnen. / Denn jeder, der bittet, empfängt, und wer sucht, der fin- 8
det, wer klopft, dem wird geöffnet. / Das wird es doch wohl auch 9
unter euch nicht geben: Ein Kind kommt zu seinem Vater und bittet
ihn um ein Brot – meint ihr, der Vater würde ihm statt des Brotes
einen Stein in die Hand drücken? / Oder das Kind bittet um einen 10
Fisch. Meint ihr, der Vater wird ihm eine Schlange geben? / Wenn 11
schon ihr sündigen Menschen euren Kindern doch nur Gutes zu ge-
ben wißt, um wieviel eher wird dann euer himmlischer Vater denen
Gutes schenken, die ihn darum bitten! / [49]Geht so mit den Men- 12
schen um, wie ihr selbst behandelt werden möchtet. Denn darin be-
steht das ganze Gesetz und die Propheten.

Jesus spricht über den Zugang zu Gottes Reich 7,13-14

Versucht, durch das enge Tor in Gottes Reich hineinzugehen. Denn 13
der andere, breite und bequeme Weg führt ins Verderben. Diesen
Weg gehen viele. / Doch zum Leben leitet nur das enge Tor und der 14
schmale Weg. Diesen Weg finden nur wenige.

Jesus entlarvt die falschen Propheten 7,15-20

Haltet euch fern von den falschen Propheten! Sie kommen als 15
Schafe verkleidet zu euch und sind in Wahrheit raubgierige Wölfe.
/ Nur an den Früchten kann man sie unterscheiden. Von Dornen- 16
büschen kann man keine Weintrauben ernten und von Disteln
keine Feigen. / Ein gesunder Baum trägt gute Früchte, ein kranker 17
Baum faule. / Ein gesunder Baum dagegen trägt keine faulen 18
Früchte, und ein kranker Baum keine guten. / Jeder Baum, der 19
keine guten Früchte liefert, wird umgehauen und ins Feuer gewor-
fen. / An ihren Taten also werdet ihr die falschen Propheten erken- 20
nen können.

Jesus warnt die unechten Christen 7,21-23

[50]Nicht jeder, der zu mir sagt ›Herr, Herr‹, wird in Gottes Herr- 21
schaft hineingelangen, sondern nur der, der den Willen meines
himmlischen Vaters tut. / Viele werden zu mir am Gerichtstag 22

49 Lk 6,31.
50 Lk 6,46; 13,25-27.

sagen: ›Herr, Herr, wir haben doch in deinem Namen prophetisch
gepredigt und in deinem Namen Dämonen ausgetrieben. Wir ha-
23 ben auch in deinem Namen viele Wunder gewirkt.‹ / Doch dann
werde ich ihnen offen sagen müssen: ›Ich kenne euch gar nicht
und kann nichts mit euch anfangen. Weg hier alle, ihr habt Böses
getan!‹

Jesus erzählt das Gleichnis vom Hausbau 7,24-27

24 [51]Jeder, der mir zuhört und dann auch tut, was ich ihm sage, ist wie
ein kluger Bauherr, der sein Haus auf Felsgestein gesetzt hat. /
25 Wenn dann Dauerregen kommt, die Flüsse über die Ufer treten und
die Stürme ums Haus toben, können sie es doch nicht zum Einsturz
26 bringen, weil es auf Felsengrund gesetzt ist. / Bei den anderen, die
zuhören, aber das Gehörte nicht in die Tat umsetzen, ist es dage-
gen, wie wenn ein dummer Mensch ein Haus einfach in den Sand
27 baut. / Wenn dann der Dauerregen kommt, die Flüsse über die Ufer
treten und die Stürme ums Haus toben, stürzt es sogleich zusam-
men, und übrig bleibt ein großer Trümmerhaufen.«

Die Menschen staunen über Jesu Lehre 7,28-29

28 Als Jesus seine Rede beendet hatte, waren die Leute hoch erstaunt
29 über seine Worte. / Denn seine Lehre strahlte große Kraft aus, war
nicht dürr wie die der jüdischen Schriftgelehrten.

Kapitel 8

Jesus heilt den Aussätzigen 8,1-4

1, 2 [52]Als Jesus vom Berg herabstieg, folgten ihm viele Leute. / Da kam
ein Aussätziger zu Jesus, fiel vor ihm nieder und flehte ihn an: »Du
3 kannst mich rein machen, Herr, wenn du es nur willst.« / Und Jesus
streckte seine Hand aus, berührte den Aussätzigen und sagte: »Ich
will es. Werde rein.«[53] Und kaum hatte er das gesagt, da verschwand
4 der Aussatz, und der Mann wurde rein. / Und Jesus forderte ihn auf:
»Geh jetzt, aber sag keinem etwas. Zeige dich dem Priester und

---

51 Lk 6,47-49.
52 Mk 1,40-44.
53 Da der Heilige Geist, den Jesus empfangen hat, Inbegriff der Reinheit ist, kann Jesus mit dieser offensiven Reinheit auch Unreine rein machen. Anders bei den Pharisäern, die sich wohl zum Schutz ihrer Reinheit absonderten und den Kontakt mit Unreinen (z. B. Aussätzigen) mieden.

bringe das Opfer dar, das Mose vorgeschrieben hat.[54] Das wird den Priestern meine Vollmacht beweisen.«

Jesus heilt den Sklaven des Hauptmanns von Kapernaum 8,5-13

Als Jesus nach Kapernaum hineinging, kam ein römischer Haupt- 5
mann auf ihn zu und sprach ihn an: / »Herr, mein Sklave liegt mit 6
Lähmungen zu Hause und hat große Schmerzen.« / Jesus sagte: »Ich 7
komme und heile ihn.« / Daraufhin sagte der Hauptmann: »Herr, 8
ich will nicht, daß du meinetwegen in Schwierigkeiten kommst,
wenn du als Jude mein Haus betrittst. Als Heide bin ich dessen gar
nicht würdig. Doch durch ein einziges Wort aus deinem Mund wird
mein Sklave gesund sein. / Auch in meinem Beruf haben Worte 9
Macht. Ich habe Vorgesetzte und bin selbst Vorgesetzter von Solda-
ten. Wenn ich zu einem sage ›Geh!‹, dann geht er, oder zu einem an-
deren ›Komm!‹, dann kommt er. Wenn ich meinem Sklaven sage: ›Tu
dies und das!‹, dann tut er es.« / Jesus war höchst erstaunt über die 10
Worte des Hauptmanns und sagte zu den Leuten, die ihm folgten:
»Amen, ich sage euch, so großes Vertrauen ist mir von niemandem
in Israel entgegengebracht worden.« / Ich kann euch versichern: Aus 11
allen vier Himmelsrichtungen werden Heiden kommen und Platz
nehmen an der Tafel mit Abraham, Isaak und Jakob im Himmel-
reich. / Die Kinder des Reiches aber werden hinausgeworfen dort- 12
hin, wo es ganz finster ist. Dort werden sie heulen und vor Schmerz
mit den Zähnen knirschen. / Und Jesus wandte sich zu dem Haupt- 13
mann: »Geh nun, denn es soll so geschehen, wie du es mir zugetraut
hast.« Und in derselben Stunde war der Sklave geheilt.

Jesus heilt die Schwiegermutter des Petrus 8,14-15

[55]Und Jesus ging zum Haus des Petrus und fand dort dessen 14
Schwiegermutter mit hohem Fieber im Bett liegen. / Er ergriff ihre 15
Hand, und sie war fieberfrei. Sie stand auf und bediente den Gast.

Jesus heilt Kranke am Abend 8,16-17

[56]Als es Abend wurde, brachte man viele Besessene zu Jesus. Er 16
trieb mit der Kraft seines Wortes die bösen Geister aus und heilte
alle Kranken. / So erfüllte sich das Wort des Propheten Jesaja[57]: »Er 17

54 Vgl. Lev 13,49; 14,2-4. Jesus schickt den Geheilten zu den jüdischen Autoritäten, um diese zu Zeugen für seine Heilertätigkeit werden zu lassen.

55 Mk 1,29-31.

56 Mk 1,32-34.

57 Jes 53,4.

hat unsere Gebrechen von uns genommen und unsere Krankheiten beseitigt.«

Jesus spricht über die Nachfolge 8,18-22

18 Als Jesus die vielen Leute sah, die ihn umdrängten, ordnete er an,
daß sich alle auf die andere Seite des Seeufers begeben sollten.
19 [58]Unterwegs wandte sich ein Schriftgelehrter an ihn und sagte: »Ich
20 will dir folgen, wohin du auch gehst.« / Jesus erwiderte: »Die
Füchse haben ihren Bau und die Vögel ihre Nester. Nur der Menschensohn weiß noch nicht einmal, wo er sich zum Schlafen hinle-
21 gen soll.« / Ein Jünger bat ihn: »Erlaube mir bitte noch, erst meinen
22 Vater zu beerdigen.« / Jesus erwiderte ihm: »Folge mir und laß die
Toten sich gegenseitig begraben.«[59]

Jesus beruhigt den Sturm auf dem See 8,23-27

23, 24 [60]Als Jesus in ein Boot stieg, folgten ihm seine Jünger. / Da entstand
plötzlich ein gewaltiges Beben im Meer, so daß die Wellen über
25 dem Boot zusammenschlugen. Jesus aber schlief. / Die Jünger gin-
gen zu ihm, weckten ihn und riefen: »Herr, rette uns, wir ertrin-
26 ken!« / Jesus entgegnete: »Seid doch nicht so ängstlich, ihr Klein-
gläubigen!« Dann stand er auf und schrie den Sturm und den See
27 an, und es wurde ganz still. / Und die Menschen staunten und sag-
ten: »Was ist das nur für einer, daß sogar Sturm und See ihm gehorchen?«

Jesus heilt den Besessenen von Gerasa 8,28-34

28 Als Jesus an das gegenüberliegende Seeufer, das Gebiet bei Gerasa,
gelangte, kamen ihm aus dem Gräberfeld zwei Menschen entgegen,
die besessen waren. Sie waren so gefährlich, daß niemand auf dem
29 Weg an ihnen vorbeikommen konnte. / Sie schrien Jesus an: »Was
führst du im Schilde gegen uns, du Sohn Gottes? Erst am Ende der
Zeit darfst du uns besiegen, was kommst du schon vorher hierher,
30 uns zu quälen?« / Nun weidete aber in einiger Entfernung eine
31 große Schweineherde. / Die Dämonen bettelten: »Wenn du uns aus-
32 treibst, schick uns bitte in die Schweine!« / Und Jesus befahl ihnen:

58 Lk 9,57-60.

59 Eine selbstverständliche Pietätspflicht (auch gegenüber nächsten Angehörigen), zugleich ein Stück interreligiöser Humanität, wird von Jesus hier für belanglos erklärt angesichts der heiligen Verpflichtung vor Gott. Alles – die Gebote der Schrift, pharisäische Ethik und eben auch völkerverbindende Humanität – verblassen angesichts von Jesu Ruf und Anspruch.

60 Mk 4,35-41.

»Weg mit euch!« Da fuhren die bösen Geister aus dem Mann aus
und in die Schweine hinein.[61] Und die Herde raste den Abhang hin-
unter und ersoff im See. / Die Schweinehirten flohen in die Stadt 33
und berichteten von dem Ereignis und von der Heilung der Beses-
senen. / Da liefen alle Leute aus der Stadt Jesus entgegen. Als sie ihn 34
erreichten, baten sie ihn, ihre Gegend zu verlassen.

Kapitel 9

Jesus heilt den Gelähmten in Kapernaum 9,1-8
[62]Jesus stieg in ein Boot, überquerte den See Genesareth und ge- 1
langte in sein Kapernaum. / Da brachten Leute auf einer Bahre ei- 2
nen Gelähmten zu ihm.
Jesus erkannte ihren Glauben und sagte zu dem Gelähmten: »Nur
Mut, mein Sohn, deine Sünden sind dir vergeben.« / Da dachten ei- 3
nige von den Schriftgelehrten für sich: »Er maßt sich Gottes Voll-
macht an!« / Und Jesus las ihre Gedanken und fragte sie: »Warum 4
denkt ihr gleich Böses? / Was kann man leichter sagen: ›Deine Sün- 5
den sind dir vergeben‹ – oder: ›Auf, gebrauch deine Beine‹? / Ihr 6
werdet gleich sehen, daß der Menschensohn Vollmacht hat, auf Er-
den Sünden zu vergeben.« Und zu dem Gelähmten gewandt sagte
er: »Ich sage dir: Auf, nimm deine Bahre und geh nach Hause!« /
Und der stand auf und ging in sein Haus. / Da gerieten alle außer 7, 8
sich und lobten Gott, der einem Menschen solche Wunderkraft ver-
liehen hatte.

Jesus beruft Matthäus und hält Mahl mit den Zöllnern 9,9-13
[63]Jesus ging weiter und sah bei der Zollstelle einen Mann namens 9
Matthäus sitzen. Er sagte zu ihm: »Folge mir nach!«, und Mat-
thäus stand auf und folgte ihm nach. / Einmal waren Jesus und 10
seine Jünger gerade in seinem Haus bei Tisch, mit ihnen mehrere
Zöllner und Gottlose, die Jesus nämlich in großer Zahl folgten. /
Die Pharisäer, die das sahen, fragten seine Jünger: »Warum lädt 11
euer Lehrer Zöllner und Gottlose an seinen Tisch?« / Jesus hörte es 12
und entgegnete ihnen: »Nicht die Gesunden brauchen den Arzt,
sondern die Kranken. / Überlegt doch einmal, was das heißt, wenn 13
Gott sagt[64]: ›Nicht Opfer will ich, sondern Barmherzigkeit von

---

[61] Das ist die sog. Epipompe, der Übergang von einem Besessenen zum anderen.

[62] Mk 2,1-12.

[63] Mk 2,13-17.

[64] Hos 6,6.

Mensch zu Mensch.‹ Ich bin dazu da, die Gottlosen zur Umkehr aufzurufen und nicht die Gerechten.«

Jesus spricht über die Fastengebote 9,14-17

14 [65]Dann traten die Jünger des Johannes an Jesus mit der Frage
heran: »Warum halten wir und die Pharisäer Fastengebote ein,
15 deine Jünger aber nicht?« / Jesus erwiderte: »Können etwa die
künftigen Hochzeitsgäste in der Zeit trauern, wenn der künftige
Bräutigam bei ihnen ist?[66] Es werden Tage kommen, an denen der
Bräutigam nicht mehr da ist, und dann werden sie Fastengebote
16 einhalten. / Niemand würde auf ein altes Gewand einen Flicken aus
hartem, neuem Stoff setzen. Denn wenn man das tut, reißt der neue
17 Flicken vom Gewand, und das Loch wird größer als vorher. / Und
niemand würde neuen Wein in alte Lederschläuche füllen. Denn
wenn man das tut, zerreißen die Schläuche, und dann sind Wein
und Schläuche verloren. Jungen Wein füllt man in neue Lederschläuche. Das ist für beide besser.«

Jesus heilt die blutflüssige Frau und erweckt ein totes Mädchen zum Leben 9,18-26

18 [67]Als Jesus ihnen dies erklärt hatte, kam einer der Synagogenvorsteher, fiel Jesus zu Füßen und bat ihn: »Meine einzige Tochter ist gerade gestorben. Komm, leg ihr die Hand auf, damit sie wieder leben-
19 dig wird.« / Jesus erhob sich und folgte ihm zusammen mit seinen
20 Jüngern. / Doch eine Frau, die seit zwölf Jahren an unstillbaren Blutungen litt, drängte sich von hinten an Jesus heran und hielt ihn am
21 Saum seines Gewandes fest. / Denn sie hatte sich gesagt: »Wenn ich
22 nur sein Gewand berühren kann, werde ich gesund.« / Jesus wandte
sich um, erblickte die Frau und sagte: »Nur Mut, junge Frau, dein
Glaube hat dich gesund gemacht.« Und von dem Augenblick an war
23 die Frau gesund. / Dann betrat Jesus das Haus des Synagogenvorstehers. Er erblickte die Flötenspieler, die schon zum Begräbnis gekom-
24 men waren, und die aufgeregte Menge. Da sagte er: / »Hinaus mit
euch! Das Mädchen ist nicht tot, es schläft nur.« Da lachten sie ihn
25 aus. / Als Jesus die Leute hinausgedrängt hatte, ergriff er die Hand
26 des Mädchens, und das Mädchen stand auf. / Diese Neuigkeit verbreitete sich in der ganzen Gegend.

---

[65] Mk 2,18-22.

[66] Das ist die Zeit der sog. Vorhochzeit, in dieser Zeit gibt der künftige Bräutigam seinen Freunden Wein als Zeichen der Vorfreude »aus«.

[67] Lk 8,40-56.

Jesus heilt zwei Blinde und einen besessenen Stummen 9,27-34
Als Jesus weiterzog, liefen zwei Blinde hinter ihm her und riefen im- 27
merzu: »Sohn Davids, erbarme dich unser!« / Als Jesus in sein Haus 28
ging, kamen die beiden Blinden hinterher, und Jesus fragte sie:
»Glaubt ihr, daß ich das kann: euch helfen?« Sie antworteten: »Ja,
Herr.« / Da berührte Jesus ihre Augen und sagte: »Was ihr im Glau- 29
ben von mir erwartet habt, soll geschehen!« / Da konnten sie sehen. 30
Jesus sagte streng zu ihnen: »Paßt auf, keiner soll es bemerken!« / Die 31
Geheilten jedoch gingen hinaus und erzählten von Jesus in der gan-
zen Gegend. / Nachdem die beiden Geheilten Jesus verlassen hatten, 32
brachte man einen Stummen zu ihm, der außerdem besessen war. /
Nachdem Jesus den Dämon ausgetrieben hatte, konnte der Stumme 33
reden. Die Leute aber staunten und sagten: »So etwas war ja in Israel
noch nie da!« / Die Pharisäer dagegen sagten: »Er kann nur Dämo- 34
nen austreiben, weil er mit dem Fürsten der Dämonen im Bunde ist.«

Jesus braucht Helfer für die Verbreitung der Botschaft 9,35-38
Jesus aber zog umher von Stadt zu Stadt und von Dorf zu Dorf. Er 35
trat als Lehrer in den jüdischen Synagogen auf, verkündete das
Evangelium von Gottes Herrschaft und heilte jede Krankheit und
alle Gebrechen. / Als Jesus immer wieder die vielen Menschen er- 36
blickte, die zu ihm kamen, taten sie ihm von Herzen leid, denn sie
waren müde und hilflos wie Schafe, die keinen Hirten haben. / Da 37
sagte er zu seinen Jüngern[68]: »Die Ernte ist riesig, doch es gibt viel
zuwenig Erntearbeiter. / So fleht zu ihm, dem die Felder gehören, 38
daß er genug Arbeiter in seine Ernte schickt.«

Kapitel 10

Jesus verleiht den zwölf Jüngern Vollmacht 10,1-4
[69]Darauf rief Jesus seine zwölf Jünger herbei und verlieh ihnen 1
Vollmacht gegen die bösen Geister. Sie sollten sie austreiben und
jede Krankheit und alle Gebrechen heilen. / Die zwölf Apostel hei- 2
ßen so: Der erste ist Simon, auch Petrus genannt, dann sein Bruder
Andreas, dann Jakobus, der Sohn des Zebedäus, und sein Bruder
Johannes. / Dazu kommen Philippus und Bartholomäus, Thomas 3
und Matthäus, der Zöllner, Jakobus, der Sohn des Alphaios, und
Thaddäus, / Simon, der Kanaanäer, und Judas Iskariot, der ihn spä- 4
ter ausliefern sollte.

[68] Vgl. Lk 10,2.
[69] Mk 6,7; 3,13b-19.

Jesus sendet die Jünger aus 10,5-16

5 Diese zwölf schickte Jesus mit der folgenden Anweisung aus: »Geht
6 nicht zu den Heiden und betretet keine samaritanische Stadt. / Geht
7 nur zu den verirrten Schafen Israels. / Geht hin und sagt: ›Gottes
8 Herrschaft steht vor der Tür.‹ / Heilt die Kranken, weckt die Toten
auf, macht die Aussätzigen rein und treibt die Dämonen aus. Als
Geschenk habt ihr eure Vollmacht empfangen, als Geschenk sollt
9 ihr auch deren Früchte weitergeben. / Nehmt kein Geld mit auf die
Reise, steckt weder Goldstücke noch Silber- oder Kupfergeld in die
10 Taschen eurer Gürtel. / Nehmt keinen Reisesack mit auf den Weg,
nur ein einziges Hemd, keine Sandalen und keinen Wanderstock.
Für all das sollen die Gemeinden sorgen, denn wer arbeitet, hat
11 auch seinen Lohn verdient. / Wenn ihr in eine Stadt oder ein Dorf
kommt, erforscht zunächst, ob wir dort schon Freunde haben oder
sich redliche Menschen finden, die es wert sind, daß ihr sie beehrt.
Wechselt dann nicht das Quartier, sondern bleibt in einem Haus,
12 bis ihr weiterzieht. / Wenn ihr ein Haus betretet, begrüßt die Be-
13 wohner mit dem Friedensgruß. / Und wenn es die Leute wert sind,
dann soll ihnen der Segen, den ihr gesprochen habt, zuteil werden.
Wenn es die Leute nicht wert sind, nehmt ihr euren Segen selbst
wieder mit, so seid ihr für schlechte Behandlung entschädigt. /
14 Wenn man euch in einer Stadt nicht aufnehmen und auf eure Worte
nicht hören will, ruft beim Weggehen aus dem Haus oder aus der
Stadt: ›Selbst den Staub aus eurer Stadt, den wir noch an unseren
15 Füßen tragen, schütteln wir ab!‹ / Doch ich versichere euch: Am
Gerichtstag wird es selbst dem Land von Sodom und Gomorrha er-
16 träglicher ergehen als einer solchen Stadt. / Ich schicke euch wie
Schafe mitten unter Wölfe. Seid umsichtig wie die Schlangen unter
dem Laub[70] und gutmütig wie die Tauben.

Jesus kündigt künftige Verfolgungen an 10,17-25

17 [71]Nehmt euch in acht vor den Menschen! Man wird euch auslief-
18 ern an Gerichte und in den Synagogen auspeitschen. / Wegen mir
werdet ihr vor Regenten und Könige geschleppt werden, um vor ih-
19 nen und vor den Heiden meine Zeugen zu sein. / Wenn man euch
ausliefert, dann macht euch nicht im voraus Sorgen darüber, wie
20 ihr reden oder was ihr sagen sollt. / Denn nicht ihr redet, sondern
21 der Heilige Geist Gottes, eures Vaters, redet dann in euch. / Ein
Bruder wird den anderen und ein Vater sein Kind dem Henker aus-

[70] Erläuterung: »die sich der Gefahr nicht direkt aussetzen ...«
[71] Vgl. Mk 13,9-13.

liefern. Kinder werden sich gegen ihre Eltern wenden und an ihrem
Tod schuldig werden. / Alle werden euch hassen wegen mir. Wer 22
aber durchhält bis zum Ende der Zeit, der wird gerettet. / Wenn sie 23
euch verfolgen in der einen Stadt, dann flieht in eine andere. Denn:
Amen, ich sage euch, ihr werdet ohnehin in den Städten Israels mit
eurem Auftrag gar nicht fertig werden, bis der Menschensohn zum
Gericht kommt. / Ein Schüler soll es nicht besser haben als sein 24
Lehrer, und ein Sklave ist nicht größer als sein Herr. / Der Schüler 25
soll zufrieden sein, wenn es ihm ergeht wie seinem Lehrer, und der
Sklave, wenn man ihn behandelt wie seinen Herrn. Wenn sie den
Hausherrn Oberteufel genannt haben, dann werden sie wohl erst
recht seine Leute so nennen.

Jesus macht den Jüngern Mut und mahnt zur Gottesfurcht 10,26-33

Habt keine Angst vor ihnen![72] Denn alles, was man verbergen 26
möchte, wird aufgedeckt werden, und was man geheimhalten
möchte, wird bekannt werden. / Was ich euch im Finstern leise 27
sage, das sagt laut bei Licht. Was ihr drinnen ins Ohr geflüstert be-
kommt, das verkündet laut von den Dächern aus. / Habt keine 28
Angst vor denen, die euch zwar leiblich umbringen, doch euer In-
nerstes nicht töten können. Habt aber Angst vor Gott. Denn er
kann euch äußerlich wie innerlich in der Hölle umkommen lassen.
/ Spatzen sind billig, zwei kosten nur einen Groschen. Doch kein 29
Spatz fällt auf die Erde, ohne daß euer Vater es zuläßt. / Selbst jedes 30
Haar auf eurem Kopf hat er gezählt. / Habt keine Angst: Ihr seid 31
mehr wert als ganze[73] Schwärme von Spatzen. / Jeder, der sich vor 32
den Menschen zu mir bekennt, zu dem werde auch ich mich beken-
nen vor meinem Vater im Himmel. / Wer mich aber verleugnet vor 33
den Menschen, den werde auch ich verleugnen vor meinem Vater
im Himmel.

Jesus fordert eindeutige Entscheidung 10,34-36

Ihr sollt nicht denken, ich sei ein Friedensapostel. Nein, ich bringe 34
das Schwert, das trennt und zerschneidet. / Denn ich bin gekom- 35
men, zu entzweien. Der Vater wird sich mit dem Sohn zerstreiten,
die Mutter mit der Tochter und die Schwiegermutter mit der
Schwiegertochter. / Und die Hausgenossen eines Menschen sind 36
von jetzt ab seine Feinde.

---

[72] Vgl. Lk 12,2-9.
[73] Vgl. Lk 12,51-53.

Jesus nennt die Bedingungen der Nachfolge 10,37-39

37 [74]Wer Vater oder Mutter mehr liebt als mich, der hat es nicht ver-
dient, mein Jünger zu heißen. Und wer Sohn oder Tochter mehr
38 liebt als mich, der ist meiner nicht wert. / Schultere den Querbalken
für dein Kreuz und folge mir nach. Nur so bist du meiner würdig.
39 / Denn wer sich selbst als Ziel betrachtet, der wird sich verfehlen.
Wer sich aber aufgibt für mich, der kann sich selbst finden.

Jesus sagt: »Wer einen Christen aufnimmt, nimmt mich auf« 10,40-42

40 Wer euch aufnimmt, der nimmt mich auf. Und wer mich aufnimmt,
41 der nimmt den auf, der mich gesandt hat. / [75]Wer einen Propheten
aufnimmt, weil er ein Prophet ist, der wird belohnt werden wie ein
Prophet. Und wer einen Gerechten aufnimmt, weil er ein Gerechter
42 ist, der wird belohnt werden wie ein Gerechter. / Und wer einem
dieser Jünger, die man die ›Kleinen‹ nennt, auch nur ein Glas Was-
ser zu trinken gibt, weil er ein Jünger ist, amen, ich sage euch, der
wird bestimmt dafür belohnt werden.«

Kapitel 11

Jesus zieht weiter durch Israel 11,1

1 Nachdem Jesus seine Rede mit den Anweisungen an die zwölf
Jünger beendet hatte, zog er weiter, um in den Städten Israels zu
lehren.

Jesus antwortet Johannes dem Täufer 11,2-6

2 [76]Johannes der Täufer aber hörte im Gefängnis vom Wirken des
3 Messias. Und er sandte einige seiner Jünger aus, / sie sollten Jesus
fragen: »Bist du der, der kommen soll, oder müssen wir auf einen
4 anderen warten?« / Jesus gab ihnen zur Antwort: »Richtet Johan-
5 nes aus, was ihr gesehen und gehört habt[77]: / Blinde können sehen,
Lahme können gehen, Aussätzige sind rein. Taube können hören,
Tote werden auferweckt, den Armen wird das Evangelium verkün-
6 det. / Aber außerdem gilt: Selig, wer nicht so an mir und meinen
Worten Anstoß nimmt, daß er an mir irre wird und nicht glauben
kann.«

---

74 Vgl. Lk 14,25-27.
75 Vgl. Mk 9,41.
76 Vgl. Lk 7,18-23.
77 Vgl. Jes 29,18f; 35,5f; 61,1.

Jesus redet über Johannes den Täufer 11,7-15

[78]Als die Boten des Johannes gegangen waren, redete Jesus zu sei- 7
nen Zuhörern über Johannes: »Was habt ihr erwartet, als ihr in die
Wüste hinausgezogen seid: ein Schilfrohr, das jeder Windhauch
zum Schwanken bringt? / Oder wolltet ihr einen Menschen in wei- 8
chen Wollkleidern sehen? Menschen in weichen Wollkleidern fin-
det ihr in den Palästen. / Oder wolltet ihr einen Propheten sehen? 9
Ich kann euch versichern: Johannes ist mehr als ein Prophet. / Über 10
Johannes steht in der Schrift[79]: ›Gott sagt: Ich sende meinen Boten
vor dir her. Er soll dir den Weg ebnen.‹ / Ich versichere euch: Unter 11
den von einer Frau Geborenen ist Johannes der Größte. Doch unter
den von Gott Geborenen, den Kindern seines Reiches, ist selbst der
Kleinste größer als er.
Seitdem Johannes der Täufer aufgetreten ist, wird noch immer und 12
bis heute um Gottes Herrschaft gekämpft, und nur wer kämpft, er-
ringt diese Herrschaft. / Alle Propheten und das Gesetz haben pro- 13
phetisch gepredigt. Auch Johannes hat es so getan, bis zu ihm er-
streckt sich diese Zeit. / Und wenn ihr es so annehmen wollt: Er ist 14
Elias, der vor dem Ende der Welt kommen soll. / Zieht daraus den 15
rechten Schluß für euch!

Jesus erzählt das Gleichnis von den schmollenden Kindern 11,16-19

[80]Mit wem soll ich diese Gesellschaft vergleichen? Vielleicht mit 16
Kindern auf dem Spielplatz, die sich gegenseitig vorwerfen, Spiel-
verderber zu sein. / Die einen sagen: »Wir wollten mit euch Hoch- 17
zeit spielen und haben Musik gemacht, aber ihr wolltet nicht dazu
tanzen.« Die anderen sagen: »Wir wollten Beerdigung spielen,
aber ihr wolltet nicht mitheulen.« / Das bedeutet: Johannes der 18
Täufer trat wie ein Trauernder auf und verzichtete auf Brot und
Wein, aber ihr habt ihn von euch gestoßen und gesagt, er sei ein
Besessener. / Dann kam der Menschensohn, der Freude hatte am 19
Essen und Trinken. Doch ihr habt ihn von euch gestoßen und
gesagt: Der frißt und säuft, er kumpelt mit Zöllnern und Gott-
losen.
Doch bei beiden konnte man an ihren Werken erkennen, daß Got-
tes Weisheit in ihnen handelte.«

---

[78] Lk 7,24-28; 16,16.
[79] Ex 23,20; Mal 3,1.
[80] Lk 7,31-35.

Jesus wettert gegen die unbekehrbaren Städte Galiläas 11,20-24

20 [81]Dann wandte sich Jesus gegen die Städte, die die Mehrzahl seiner
Wundertaten gesehen, doch sich nicht bekehrt hatten, und rief: /
21 »Wehe dir, Chorazin, wehe dir, Bethsaida! Hätten Tyrus und Sidon
die mächtigen Wundertaten gesehen, die ich bei euch gewirkt habe,
dann hätten sich selbst diese hartgesottenen Sünder bekehrt und
zum Zeichen der Buße Säcke angezogen und sich Asche aufs Haupt
22 gestreut. / Doch ich versichere euch, Tyrus und Sidon wird es im
23 Gericht erträglicher ergehen als euch. / Und du, Kapernaum,
wähnst wohl, deine steile Karriere führe himmelan? Täusche dich
nicht, du wirst in das tiefste Loch fallen. Hätte Sodom die mächti-
gen Wundertaten gesehen, die ich bei dir gewirkt habe, dann hätte
24 es sich bekehrt und bestände bis zum heutigen Tag. / Ich versichere
euch: Am Gerichtstag wird es selbst den Leuten von Sodom erträg-
licher ergehen als einer solchen Stadt.«

Jesus lobt Gott 11,25-27

25 [82]Bei einer Gelegenheit rief Jesus aus: »Dankbar erkenne ich an,
Vater, Herr des Himmels und der Erde, daß du deine Botschaft den
Klugen und Gebildeten vorenthalten, doch den Einfachen mitge-
26, 27 teilt hast! / Sie hast du auserwählt. / Meine ganze Botschaft habe
ich von meinem Vater. Allein der Vater weiß, wer der Sohn ist. Aber
auch allein der Sohn weiß, wer der Vater ist. Doch es gibt Men-
schen, denen der Sohn dies offenbart.«

Jesus ruft die Mühseligen und Beladenen (Der Heilandsruf) 11,28-30

28 Dann rief er: »Ihr alle, denen man Lasten und Bürden aufgeladen
29 hat, kommt zu mir, ich will euch aufatmen lassen. / Laßt euch zum
Dienst verpflichten durch mich, nehmt euch ein Beispiel an mir: Ich
verzichte auf Gewalt und habe ein demütiges Herz. Dann werdet
30 ihr Ruhe finden für euch selbst. / Denn mein Dienst ist erträglich,
und meine Last ist leicht.«

Kapitel 12

Die Jünger reißen am Sabbat Halme im Saatfeld aus 12,1-8

1 [83]Einmal wanderte Jesus am Sabbat durch die Saatfelder. Seine Jün-
ger bekamen Hunger und begannen, Halme auszurupfen und Kör-

[81] Lk 10,13-15.12.
[82] Lk 10,21-22.
[83] Mk 2,23-28.

ner zu essen. / Die Pharisäer sagten zu Jesus: »Schau doch mal, was 2
deine Jünger da am Sabbat Verbotenes tun!« / Jesus erwiderte: »Ihr 3
habt wohl nicht gelesen, was David getan hat, als er und seine
Freunde Hunger hatten: / Er ging in den Tempel und aß von den 4
Schaubroten, die nur die Priester essen dürfen, nicht aber er und
seine Freunde. / Oder habt ihr nicht im Gesetz gelesen, daß die Prie- 5
ster regelmäßig den Sabbat übertreten, indem sie Tempeldienst tun,
und doch dabei unschuldig sind, weil der Tempeldienst vom Sab-
batgebot ausgenommen ist? / Ich versichere euch: Hier ist Größeres 6
als der Tempel. / Die Schrift sagt: ›Ich will nicht Opfer nehmen, 7
sondern Erbarmen schenken.‹ Hättet ihr nur erkannt, was dieser
Satz bedeutet, dann würdet ihr nicht Unschuldige verurteilen. /
Denn der Menschensohn hat das Recht, den Sabbat zugunsten der 8
Menschen auszulegen.«

Jesus heilt am Sabbat die abgestorbene Hand 12,9-14

[84]Als Jesus von dort weg in ihre Synagoge ging, / fand er einen 9, 10
Menschen, dessen Hand war ganz abgestorben. Und seine Gegner
fragten ihn: »Ist es erlaubt, einen Kranken am Sabbat zu heilen?«,
weil sie ihn verklagen wollten. / Doch Jesus erwiderte: »Wenn je- 11
mand von euch ein einziges Schaf besitzt und es fällt am Sabbat in
eine Grube, wird er es da nicht packen und wieder auf die Beine
stellen? / Und wieviel mehr wert ist ein Mensch als ein Schaf! Des- 12
halb darf man am Sabbat Gutes tun.« / Dann sagte er zu dem Kran- 13
ken: »Streck deine Hand aus!« Der Mann tat es, und die abgestor-
bene Hand war wieder gesund wie die andere. / Die Pharisäer 14
verließen die Synagoge und faßten den Beschluß, ihn zu töten.

Durch Jesu Heilungen wird die Schrift erfüllt 12,15-21

Jesus bemerkte das und ging von dort weg. Viele folgten ihm, und 15
er heilte sie alle. / Doch er schärfte ihnen ein, sie sollten ihn nicht 16
verraten. / So sollte das Wort des Propheten Jesaja in Erfüllung ge- 17
hen[85]: / »Das ist mein Sohn[86], den ich erwählt habe, den ich liebe 18
und mir wünsche. Meinen Heiligen Geist lege ich auf ihn, und er
wird den Heiden mein Recht verkünden. / Er wird nicht streiten 19

---

84 Mk 3,1-6.
85 Jes 42,1-4.
86 Der hebräische Text hat »Sklave«, das Griechische der LXX verwendet ein Wort, das sowohl Sklave als auch Kind bedeuten kann. Für Matthäus ist der Text in Jesaja offenbar die Vorlage für die Taufstimme (Mt 3,17). Nach seinem Verständnis handelt es sich daher um den Sohn.

und nicht schreien, in den Gassen wird man seine Stimme nicht her-
20 aushören. / Ein geknicktes Schilfrohr wird er nicht abbrechen, ei-
nen glimmenden Docht wird er nicht löschen, bis er mein Recht
21 zum Sieg geführt hat. / Auf seinen Namen werden die Heiden ihre
Hoffnung setzen.«

Jesus spricht über die Austreibung der Dämonen 12,22-32

22 Dann brachten sie Jesus einen Besessenen, der blind und stumm
23 war. Jesus heilte ihn, so daß er sehen und sprechen konnte. / Alle
waren außer sich vor Staunen und fragten: »Ist er etwa der Sohn
24 Davids, der uns verheißen ist?« / Als aber die Pharisäer das hörten,
sagten sie: »Im Bunde mit Beelzebul, dem Oberteufel, treibt er die
25 Dämonen aus.« / Jesus durchschaute sie und sagte: »Wenn ein
Reich uneins ist, bricht es zusammen, es wird ein Ruinenfeld. Und
eine Stadt oder ein Haus, die in sich zerstritten sind, haben keinen
26 Bestand. / Wenn ein Teufel den anderen austreibt, ist er mit ihm zer-
27 stritten, und wie soll dann ihr Reich weiterbestehen? / Gesetzt den
Fall, ihr hättet recht und ich triebe wirklich im Bunde mit Beelzebul
die Dämonen aus, dann muß ich doch die Gegenfrage stellen: Im
Bunde mit wem treiben eure Kinder Dämonen aus? Die werden
dann über euch das Urteil sprechen.
28 Nein, ich treibe die bösen Geister mit Gottes Geist aus. Wenn das
29 geschieht, dann ist Gottes Reich schon zu euch gekommen. / So ist
es auch, wenn ein Haus ausgeraubt werden soll. Wenn der Haus-
bewohner ein kräftiger Mensch ist, muß man ihn erst fesseln, bevor
30 man sein Haus plündern kann. / Es gibt nur zwei Möglichkeiten:
Entweder man ist für mich, oder man ist gegen mich, entweder man
31 sammelt Menschen, oder man treibt sie auseinander. / Ich erkläre
es euch: Alles, was Menschen an Lästerworten äußern oder an
Schuld auf sich laden, kann Gott den Menschen vergeben. Nur
wenn sie gegen den Heiligen Geist lästern, kann er es ihnen nicht
vergeben. [Denn wo Heiliger Geist ist, da ist immer das Letzte und
32 Endgültige.] / Wenn jemand etwas gegen den Menschensohn sagt,
wird Gott es ihm vergeben können. Wer aber lästerliche Worte
gegen den Heiligen Geist sagt oder höhnisch bestreitet, daß er von
Gott kommt, dem kann Gott nicht vergeben, weder jetzt noch
dann.

Jesus erklärt, wie Gutes und Böses zu erkennen ist 12,33-37

33 Ein gesunder Baum trägt nur gute Früchte, und ein kranker Baum
nur faule. Denn was ein Baum wert ist, kann man an den Früchten
34 sehen. / Schlangenbrut seid ihr! Wenn ihr so schlecht seid, könnt ihr

doch keine guten, wahren Worte hervorbringen. Denn der Mund
verrät, wovon das Herz übervoll ist.
Wie eine große Truhe birgt das Herz des Menschen einen Vorrat, 35
aus dem er schöpft, was er anderen mitteilt. Birgt das Herz einen
Schatz, so ist das, was der Mensch weitergibt, gut. Enthält es nur
wertlosen Tand, so gibt er Schlechtes weiter. / Ich versichere euch: 36
Am Tag des Gerichtes werdet ihr Rechenschaft ablegen müssen
über jedes böse Wort, das ihr sagt. / Denn aufgrund seiner Worte 37
wird jemand freigesprochen oder verurteilt.«

Jesus wettert gegen die Schriftgelehrten und Pharisäer 12,38-42
[87]Da forderten einige der Schriftgelehrten und Pharisäer Jesus auf: 38
»Guter Lehrer, laß uns doch ein Zeichen am Himmel sehen, das
dich beglaubigen kann.« / Jesus erwiderte: »Ihr seid ein schlim- 39
mes, verdorbenes Pack! Ihr fordert eindeutige Zeichen, die mich
beglaubigen sollen. Doch es gibt nur ein einziges Zeichen: jemand,
der Umkehr predigt, wie der Prophet Jona es getan hat. / Denn wie 40
Jona drei Tage und drei Nächte im Bauch des großen Fisches war,
so wird der Menschensohn drei Tage und drei Nächte im Herzen
der Erde sein. / Die Menschen aus Ninive werden mit diesem Pack 41
im Gericht auftreten und es verurteilen. Denn sie haben sich da-
mals bekehrt auf Jonas Predigt hin, doch hier ist jetzt mehr als
Jona. / Die Königin von Saba wird mit diesem Pack im Gericht 42
auftreten und es verurteilen. Sie kam damals aus dem tiefen Sü-
den, um die Weisheit Salomos zu hören, doch hier ist jetzt mehr
als Salomo.

Jesus beschreibt die Rückkehr der ausgetriebenen Dämonen 12,43-45
[88]Wenn der böse Geist aus einem Menschen ausfährt, dann durch- 43
streift er die Wüste auf der Suche nach einer neuen Wohnung. Fin-
det er keine, / sagt er bei sich: ›Ich will in das Haus zurückkehren, 44
von wo ich ausgefahren bin.‹ Er geht hin und findet es unbewohnt,
aufgeräumt und behaglich. / Dann geht er und holt noch sieben an- 45
dere Geister hinzu, die noch schlimmer sind als er, zieht wieder ein
und wohnt dort. So ist es dann um den Menschen nachher noch
viel schlimmer bestellt als vorher. Genauso wird es diesem bösen
Pack ergehen.«

---

[87] Lk 11,29-30.32.31.
[88] Lk 11,24-26.

Jesus benennt seine wahren Verwandten 12,46-50
46 [89]Als Jesus noch mit den Leuten redete, standen auf einmal seine
Mutter und seine Geschwister vor der Tür und wollten zu ihm. /
47 Einer sagte zu ihm: »Deine Mutter und deine Geschwister sind da, sie
48 stehen draußen und wollen mit dir sprechen.« / Doch er erwiderte:
49 »Wer ist denn das, meine Mutter und meine Geschwister?« / Mit ausgestreckter
Hand zeigte er auf seine Jünger und sagte: »Das ist meine
50 Mutter, das sind meine Geschwister. / Denn jeder, der den Willen
Gottes tut, der ist mein Bruder, meine Schwester, meine Mutter.«

Kapitel 13

Jesus erzählt das Gleichnis von den Samenkörnern 13,1-9
[90]Eines Tages verließ Jesus sein Haus und setzte sich ans Ufer des
1 Sees. / Da kam eine so riesige Menschenmenge zusammen, daß er
sich in ein Boot setzte und sich vom See aus an die Zuhörer wandte,
2 die dichtgedrängt am Ufer entlang standen.
Er erzählte ihnen viele verschiedene Gleichnisse. Zuerst sagte er:
3 »Ein Mann ging aus, um zu säen. / Und als er den Samen aus-
4 streute, fiel einiges daneben, den ganzen Weg entlang. Da kamen
die Vögel und pickten es auf. / Anderes fiel auf felsigen Grund, wo
5 nicht viel Erde war, und ging gleich auf, weil es nicht tief genug in
der Erde lag. / Als dann aber die Sonne heiß schien, verbrannte es
6 und trocknete aus, weil es keine Wurzeln hatte. / Wieder anderes
7 fiel in die Dornen, aber das Dornengestrüpp überwucherte und er-
stickte es. / Manches aber fiel auf guten Boden und trug Frucht. Aus
8 jedem Samenkorn wurden hundert oder sechzig oder dreißig neue
Samenkörner.«
Und am Schluß sagte er: »Denkt gut darüber nach!«
9

Jesus erklärt, wozu er in Gleichnissen redet 13,10-17
[91]Seine Jünger traten hinzu und fragten: »Wozu erzählst du den
10 Leuten Gleichnisse?« / Jesus antwortete: »Euch ist es gegeben, die
11 Geheimnisse des Himmelreiches zu verstehen, den anderen aber
nicht. / Denn wer etwas hat, der bekommt noch etwas dazu, immer
12 mehr. Und wer wenig hat, dem wird auch das noch genommen. /
Deshalb spreche ich zu den anderen in Gleichnissen, denn sie sehen
13 und erkennen doch nichts, hören und verstehen doch nichts, noch

---

[89] Mk 3,31-35.
[90] Mk 4,1-9.
[91] Mk 4,10-12.

begreifen sie etwas. / Und es erfüllt sich für sie die Prophetie des Je- 14
saja[92]: ›Ihr werdet hören und doch nichts verstehen, hinsehen und
doch nichts erkennen, / denn dieses Volk ist innerlich abgestumpft, 15
sie stopfen sich die Ohren zu und kneifen ihre Augen zu, damit sie
nur ja nichts sehen und hören oder verstehen können. Denn dann
müßten sie sich ja bekehren, und ich könnte sie heilen.‹ / Selig seid 16
ihr, weil ihr wahrnehmt, was vor euren Augen und Ohren ge-
schieht. / Amen, ich sage euch: Manch ein Prophet oder Gerechter 17
hätte das gerne erlebt, was ihr sehen und hören dürft.

Jesus erklärt das Gleichnis von den Samenkörnern 13,18-23

Ich will euch nun das Gleichnis von den Samenkörnern erklären: / 18
Bei jedem, der von Gottes Herrschaft hört, aber das Gehörte nicht 19
versteht, kommt[93] der Teufel und nimmt die den Hörenden ins
Herz hineingesäte Botschaft wieder weg. So ist das mit den Samen-
körnern, die am Weg entlang danebengefallen sind. / Bei den Sa- 20
menkörnern, die auf felsigen Grund gesät wurden, verhält es sich
so: Der Mensch hört die Botschaft und nimmt sie gleich voll Freude
an, / aber er läßt sie nicht Wurzeln schlagen, sondern behält sie nur 21
für den Augenblick. Wenn er dann in Not gerät oder wegen der
Botschaft verfolgt wird, dann wird er gleich abtrünnig. / Anders ist 22
es mit dem unter die Dornen gesäten Samen. Da geht es um den,
der zuerst die Botschaft hört. Dann aber dringen die irdischen Sor-
gen und die Verführung durch Reichtum ein und ersticken die Bot-
schaft. Keine Frucht kann entstehen. / Und bei dem auf den guten 23
Boden gesäten Korn geht es um den, der die Botschaft hört und an-
nimmt. Solche bringen Früchte, der eine hundert, der andere sech-
zig, der andere dreißig.«

Jesus erzählt das Gleichnis vom Unkraut zwischen dem Weizen 13,24-30

Dann legte Jesus ihnen ein weiteres Gleichnis vor: »Mit der Herr- 24
schaft Gottes ist es wie mit einem Menschen, der guten Samen auf
seinen Acker sät. / Eines Nachts, als alle schliefen, schlich sein 25
Feind auf das Feld, säte Unkraut zwischen den Weizen und stahl
sich davon. / Als die Halme emporwuchsen und Frucht ansetzten, 26
kam auch das Unkraut zum Vorschein. / Da gingen die Sklaven zum 27
Gutsherrn und sagten: »Herr, du hast doch guten Samen auf deinen
Acker gesät. Woher kommt jetzt das Unkraut?« / Der Gutsherr gab 28

92 Jes 6,9f.
93 Mk 4,13-20.

ihnen zur Antwort: »Das muß einer getan haben, der uns schaden
will.« Da fragten seine Sklaven: »Sollen wir nun hingehen und das
29 Unkraut ausreißen?« / Der Gutsherr antwortete: »Nein, laßt das
bleiben! Wenn ihr das Unkraut ausreißt, dann rupft ihr doch den
30 Weizen gleich mit aus. / Laßt beides bis zur Ernte miteinander auf-
wachsen. Zur Erntezeit werde ich dann den Schnittern sagen: Sam-
melt zuerst das Unkraut und gebt es bündelweise zum Verbrennen.
Den Weizen aber sammelt für meine Scheune.«

Jesus erzählt das Gleichnis vom Senfkorn 13,31-32

31 [94]Dann erzählte Jesus ihnen noch ein Gleichnis: »Die Herrschaft
Gottes gleicht einem Senfkorn, das ein Mann auf seinen Acker ge-
32 sät hat. / Zu diesem Zeitpunkt ist das Senfkorn der kleinste von al-
len Samen überhaupt. Wenn es aber dann wächst, wird es größer
als alles andere, was im Garten wächst. Und es wird zu einem
Baum, in dessen Zweigen die Vögel Nester bauen können.«

Jesus erzählt das Gleichnis vom Sauerteig 13,33

33 [95]Und dann noch ein Gleichnis für die Herrschaft Gottes: »Eine
Frau nahm Sauerteig und knetete drei Meßbecher Feinmehl hinein,
bis der ganze Teig durchsäuert war.«

Mit der Gleichnisrede erfüllt Jesus ein Prophetenwort 13,34-35

34 [96]Immer wieder predigte Jesus den Menschen in solchen Gleichnis-
35 sen. Überhaupt alles sagte er ihnen als Gleichnis verschlüsselt. / So
sollte in Erfüllung gehen, was ein Prophet gesagt hat[97]: »Ich will
Gleichnisse erzählen, will verkünden, was noch nie gehört wurde,
da es seit Anbeginn der Welt verborgen war.«

Jesus erklärt das Gleichnis vom Unkraut zwischen dem Weizen 13,36-43

36 Dann ließ Jesus die Volksmenge stehen und ging in sein Haus. Die
Jünger wandten sich an ihn mit der Bitte: »Erkläre uns doch das
37 Gleichnis vom Unkraut im Acker!« / Jesus gab ihnen zur Antwort:
38 »Der den guten Samen sät, ist der Menschensohn. / Der Acker ist die
Welt. Der gute Same, das sind die Kinder der Herrschaft Gottes. Das
39 Unkraut sind die Kinder des Teufels. / Der Feind, der sie aussät, ist

94 Mk 4,30-32.
95 Lk 13,20-21.
96 Mk 4,33-34.
97 Ps 78,2.

der Teufel. Die Ernte ist das Ende der Welt. Die Erntearbeiter sind
die Engel. / Wie man das Unkraut sammelt und ins Feuer wirft, wird 40
es am Ende der Welt sein. / Der Menschensohn wird seine Engel aus- 41
senden, und sie werden alle, die für andere zum Ärgernis geworden
sind, und alle, die Böses tun, aus seinem Herrschaftsgebiet hinaus /
in den Feuerofen werfen. Vor Schmerz werden sie heulen und mit 42
den Zähnen knirschen. / Dann werden die Gerechten strahlen wie 43
die Sonne im Reich ihres Vaters. Denkt gut darüber nach!

Jesus erzählt die Gleichnisse vom Schatz im Acker und von der Perle 13,44-46

Die Herrschaft Gottes ist wie ein Schatz, der in einem Acker ver- 44
graben war. Einer fand den Schatz, doch er vergrub ihn gleich wie-
der. Voller Freude verkaufte er all seinen Besitz und erwarb mit
dem Erlös den Acker. / Und weiter: Mit der Herrschaft Gottes ist 45
es auch wie in der folgenden Geschichte: Ein Händler war auf der
Suche nach schönen Perlen. / Da fand er eine ganz kostbare Perle. 46
Er verkaufte all seinen Besitz und erwarb die Perle.

Jesus erzählt das Gleichnis vom Schleppnetz 13,47-50

Und weiter: Mit Gottes Herrschaft ist es wie mit einem Schlepp- 47
netz, das ins Meer geworfen wurde. Es fing Fische aller Art ein. /
Als das Netz ganz voll war, zogen die Fischer es ans Ufer, setzten 48
sich hin und sortierten die Fische. Die guten legten sie in Körbe, die
schlechten jedoch warfen sie weg. / So wird es am Ende der Welt 49
sein: Die Engel werden kommen und die Bösen aus den Gerechten
aussondern. / Sie werden die Bösen in den Feuerofen werfen. Vor 50
Schmerz werden sie jammern und mit den Zähnen knirschen.«

Jesus beendet seine Gleichnisrede 13,51-52

Nun fragte Jesus die Jünger: »Habt ihr das alles verstanden?« Sie 51
bejahten. / Daraufhin sagte Jesus zu ihnen: »Deshalb ist jeder 52
Schriftkundige, der Bescheid weiß über Gottes Herrschaft, wie ein
Gutsherr, der eine große Vorratskammer besitzt und daraus Neues
und Altes hervorholt.«

Jesus predigt erfolglos in Nazareth 13,53-58

[98]Als Jesus seine Gleichnisrede beendet hatte, ging er von dort weg. 53
/ Er gelangte in seine Heimatstadt Nazareth und ergriff am Sabbat 54
das Wort in der Synagoge, um die Schrift auszulegen. Die Zuhörer

[98] Mk 6,1-6.

waren höchst verwundert und sagten: »Woher hat er das? Wie kann
55 er nur so klug sein? Was für Wunder wirkt er! / Ist er nicht der Zim-
mermann, der Sohn von Maria, der Bruder von Jakobus, Joseph,
56 Simon und Judas? / Haben wir nicht alle seine Schwestern hier bei
57 uns? Woher hat er das nur alles?« / Und sie wußten nicht, was sie
von ihm halten sollten. Jesus aber erklärte ihnen: »Ein Prophet gilt
eben nichts in seiner Vaterstadt, in seiner Familie.«
58 Er konnte dort auch nur wenige Wunder wirken, weil die Leute
kein Vertrauen zu ihm hatten. Daraufhin zog er durch die Dörfer
im Umkreis und lehrte dort.

Kapitel 14

Herodes hält Jesus für den auferstandenen Johannes 14,1-2

1 [99]Als nun die Gerüchte über Jesus zu König Herodes drangen, /
2 sagte dieser zu seinem Gefolge: »Das ist Johannes der Täufer, er ist
von den Toten auferstanden, deswegen wirken solche Wunder-
kräfte in Jesus.«

Johannes der Täufer wird enthauptet 14,3-12

3 Herodes hatte nämlich Johannes durch Häscher ergreifen und ge-
fesselt in den Kerker werfen lassen, und zwar wegen der Geschichte
4 mit Herodias, der Frau seines Bruders. / Johannes hatte zu Herodes
5 gesagt: »Du darfst sie nicht einfach zur Frau nehmen.« / Da wollte
Herodes seinen Tod, doch er hatte Angst vor den Leuten, denn sie
6 hielten Johannes für einen Propheten. / Als Herodes seinen Ge-
burtstag feierte, tanzte die Tochter der Herodias vor allen Gästen.
7 Sie gefiel Herodes sehr, / und er schwor er ihr hoch und heilig:
8 »Bitte mich, um was du willst, du sollst es haben.« / Das Mädchen
ließ sich von ihrer Mutter anstiften und bat ihn: »Gib mir auf ei-
9 nem Teller das Haupt Johannes des Täufers.« / Da wurde der König
sehr traurig. Doch weil er es geschworen hatte und wegen der
10 Tischgenossen befahl er, ihr das Erbetene zu geben, / und ließ Jo-
11 hannes im Kerker enthaupten. / Sein Haupt wurde auf einem Teller
hereingebracht und dem Mädchen ausgehändigt, und das Mäd-
12 chen gab es seiner Mutter. / Dann holten die Jünger des Johannes
den Leichnam und bestatteten ihn. Sie berichteten Jesus selbst da-
von.

[99] Mk 6,14.

Jesus macht die Fünftausend satt 14,13-21
[100]Als Jesus die Nachricht erhielt, fuhr er mit dem Boot an eine ein- 13
same Stelle am Ufer, aber viele Leute hörten davon und gingen ihm
von den Ortschaften her nach. / Als Jesus aus dem Boot stieg und 14
die vielen Menschen sah, taten sie ihm von Herzen leid, und er
heilte ihre Kranken. / Als es Abend geworden war, wandten sich die 15
Jünger an Jesus und sagten: »Die Gegend ist einsam, und es ist
schon spät. Schick sie fort, damit sie sich in den Dörfern etwas zu
essen kaufen können.« / Jesus aber entgegnete: »Die Leute müssen 16
nicht weggehen. Gebt ihr ihnen zu essen.« / Sie sagten: »Wir haben 17
hier aber nur fünf Brote und zwei Fische.« / Daraufhin bat Jesus sie: 18
»Bringt sie mir her!« / Und er forderte die Leute auf, sie sollten sich 19
auf dem Gras lagern. Dann nahm er die fünf Brote und die zwei Fi-
sche, blickte zum Himmel, segnete und zerteilte die Brote und die
zwei Fische und gab sie seinen Jüngern, die Jünger aber verteilten
sie an die Leute.
Und alle aßen, bis sie satt waren, und danach sammelten sie noch 20
zwölf Körbe voll Brotreste ein. / Fünftausend Menschen hatten ge- 21
gessen, Frauen und Kinder noch nicht mitgezählt.

Jesus geht über das Wasser 14,22-33
[101]Und kaum war das geschehen, da hieß Jesus seine Jünger mit 22
dem Boot an das gegenüberliegende Seeufer segeln. / Er schickte 23
das Volk fort und stieg auf den Berg, um in der Einsamkeit zu be-
ten. Auch als es dunkel wurde, war er noch allein dort. / Das Boot 24
war schon weit draußen mitten auf dem See. Da die Jünger gegen
den Sturm kreuzten, wurde das Schiff von den hohen Wellen sehr
bedrängt. / Da machte sich Jesus auf, morgens zur Zeit der vierten 25
Nachtwache, und lief einfach über das Wasser auf sie zu. / Als die 26
Jünger sahen, daß er auf dem Wasser ging, erschraken sie sehr und
riefen: »Ein Gespenst!« Und sie schrien vor Angst. / Jesus aber 27
sprach sie sogleich an und sagte: »Habt keine Angst, ich bin es
doch, fürchtet euch nicht.« / Da rief Petrus ihm zu: »Herr, wenn du 28
es bist, dann befiehl mir, auf dem Wasser zu dir zu kommen.« /
Jesus sagte: »Komm!« Und Petrus stieg aus dem Schiff und ging 29
über das Wasser, Jesus entgegen. / Doch als er sah, wie der Sturm 30
wütete, bekam er Angst. Sogleich begann er zu versinken und
schrie: »Herr, rette mich!« / Kaum hatte er geschrien, da ergriff ihn 31
Jesus mit ausgestreckter Hand und sagte zu ihm: »Du Kleingläubi-

100 Lk 9,10-17.
101 Vgl. Mk 6,45-52.

32 ger, wozu hast du gezweifelt?« / Beide stiegen ins Boot, und schon
33 legte sich der Sturm. / Die Jünger im Boot fielen vor Jesus nieder
und sagten: »Du bist wirklich Gottes Sohn!«

Jesus und die Jünger kehren nach Genesareth zurück 14,34-36

34, 35 Dann nahmen sie Kurs auf Genesareth. / Als die Leute Jesus erkannten, ließen sie überall in der Umgebung Bescheid sagen, und
36 man schleppte alle Kranken zu ihm hin. / Sie baten ihn, doch wenigstens den Zipfel seines Gewandes berühren zu dürfen. Und wer
ihn berührte, wurde geheilt.

Kapitel 15

Jesus redet über Reinheit und Unreinheit 15,1-20

1 Damals kamen Pharisäer und auch Schriftkundige aus Jerusalem
2 bei Jesus zusammen. Sie fragten Jesus: / »Warum mißachten deine
Jünger die Tradition, warum essen sie mit unreinen Händen?« /
3 Jesus erwiderte ihnen: »Ihr übertretet sogar Gottes Gebot wegen
4 eurer Tradition. / Denn Gott hat gesagt[102]: ›Du sollst Vater und
5 Mutter ehren!‹ und: ›Wer Vater oder Mutter schmäht, soll sterben!‹
/ Ihr aber setzt fest: ›Wenn jemand zu seinem Vater oder seiner Mutter über irgendwelche Dinge sagt, sie seien *korban*, also eine heilige
6 Gabe, und damit ihrer Verfügung entzogen, / dann braucht er sie
nicht mehr für den Unterhalt seiner Eltern zu verwenden.‹ Auf
diese Weise setzt ihr mit eurer Tradition Gottes Wort außer Kraft.
7 / Zu Recht bezieht sich der Prophet Jesaja auf euch Heuchler, wenn
8 er sagt[103]: / ›Dieses Volk ehrt mich nur mit Lippenbekenntnissen,
9 ihre Herzen sind weit weg von mir. / Ihr Gottesdienst ist nichts
wert, sie lehren nur Menschengebote.‹«
10 Dann rief Jesus erneut die Menge zusammen und sagte zu ihnen:
11 »Hört alle genau her! / Nichts, was von außen durch den Mund in
einen Menschen hineinkommt, kann ihn unrein machen, sondern
12 nur das, was aus dem Mund herauskommt.« / Da kamen Jesu Jünger zu ihm und fragten ihn: »Weißt du, daß dein Wort die Pharisäer
13 sehr geärgert hat?« / Jesus antwortete: »Jede Pflanze, die mein
himmlischer Vater nicht selbst gepflanzt hat, wird er ausreißen. /
14 Laßt die Pharisäer reden! Sie sind blinde Blindenführer. Wenn ein
Blinder einen anderen Blinden führt, fallen beide in den Graben.« /
15, 16 Petrus bat ihn: »Erkläre uns bitte das Wort vom Unreinen.« / Jesus

102 Ex 20,12; Dt 5,16.
103 Jes 29,13LXX; Ps 78,36f.

erwiderte: »Begreift auch ihr noch nichts? / Versteht ihr nicht, daß 17
alles das, was von außen in den Mund hineinkommt, in den Bauch
geht und von dort hinaus in den Abort? / Aber was von innen her 18
kommt, aus den Herzen der Menschen, / also die bösen Gedanken, 19
Mord, Ehebruch, Sexgier, Raub, falsches Zeugnis und böse Reden,
/ das macht einen Menschen unrein. Doch mit ungewaschenen 20
Händen zu essen, das macht ihn nicht unrein.«

Jesus heilt die Tochter der Kanaanäerin 15,21-28

Von dort aus machte sich Jesus auf in das Gebiet von Tyros und Si- 21
don. / Da lief eine Kanaanäerin, die dort wohnte, auf die Straße 22
hinaus und rief laut: »Erbarme dich meiner, Herr, Sohn Davids!
Meine Tochter ist von einem bösen Geist besessen!« / Jesus beach- 23
tete sie nicht. Da kamen die Jünger auf Jesus zu und baten ihn:
»Schick sie fort, denn sie schreit hinter uns her.« / Jesus erklärte: 24
»Ich bin nur zu den verirrten Schafen Israels gesandt.« / Doch die 25
Frau lief zu Jesus und fiel vor ihm auf die Knie. Sie rief: »Herr, hilf
mir!« / Jesus antwortete: »Es geht nicht an, den Kindern das Brot 26
wegzunehmen und es den Hunden zu fressen zu geben.« / Die Frau 27
aber ließ nicht locker: »Herr, die Hunde fressen doch nur von den
Stücken, die von den Tischen ihrer Herren fallen.« / Da antwortete 28
Jesus: »Liebe Frau, dein Glaube ist bewundernswert groß. Dein
Wunsch soll dir erfüllt werden.« Und von dieser Stunde an war ihre
Tochter gesund.

Jesus heilt viele Kranke im Gebirge 15,29-31

Dann verließ Jesus diese Gegend und zog am Ufer des Sees Genesa- 29
reth entlang. Er stieg in das Gebirge hinauf und ließ sich an einer
Stelle nieder. / Da kamen sehr viele Menschen dorthin, die brachten 30
Lahme, Krüppel, Blinde, Stumme und viele andere Kranke mit zu
ihm. Sie legten sie ihm zu Füßen auf den Boden, und er heilte sie. /
Da staunten die Leute, als sie erlebten, wie Stumme zu reden began- 31
nen, Krüppel gesund wurden, Lahme gehen und Blinde sehen
konnten. Sie lobten den Gott Israels.

Jesus macht die Viertausend satt 15,32-39

Daraufhin rief Jesus die Jünger herbei und sagte zu ihnen: »Mir tut 32
es weh, daß die Leute schon drei Tage bei mir sind und nichts zu
essen haben. Ich will sie nicht hungrig nach Hause schicken, sonst
sterben sie auf dem Heimweg.« / Die Jünger erwiderten: »Woher 33
sollen wir hier in der Einöde so viel Nahrung nehmen, daß wir das
Volk versorgen können?« / Jesus fragte: »Wie viele Brote habt ihr?« 34

35 Die Jünger antworteten: »Sieben, dazu ein paar kleine Fische.« / Da
36 forderte Jesus das Volk auf, sich auf den Boden zu setzen. / Er nahm
die sieben Brote und die Fische, sprach das Dankgebet, zerteilte al-
les und gab es seinen Jüngern zum Verteilen. Die Jünger gaben es
37 den Leuten. / Alle aßen, bis sie satt waren. Und mit den Brotresten
38 konnten die Jünger noch sieben Körbe füllen. / Etwa viertausend
Männer hatten gegessen, dazu noch eine Menge Frauen und Kin-
39 der. / Dann schickte Jesus die Leute nach Hause. Er selbst stieg in
ein Boot und segelte in die Gegend von Magadan.

Kapitel 16

Jesus verweigert den Pharisäern das geforderte Zeichen 16,1-4

1 Es kamen Pharisäer und Sadduzäer zu Jesus. Sie wollten ihn auf die
Probe stellen und verlangten von ihm, er solle ihnen ein Zeichen
2 vom Himmel zeigen. / Jesus entgegnete ihnen: »Abends sagt ihr: Es
3 gibt gutes Wetter, denn der Himmel ist feuerrot. / Und morgens
sagt ihr: Heute gibt es Novemberwetter, denn der Himmel ist be-
deckt und feuerrot. So könnt ihr das, was sich am Himmel zeigt,
4 gut beurteilen, aber die Zeichen der Zeit nehmt ihr nicht wahr. / Ihr
seid ein schlimmes, verdorbenes Pack! Ihr fordert eindeutige Zei-
chen, die mich beglaubigen sollen. Doch es gibt nur ein einziges
Zeichen: jemand, der Umkehr predigt, wie der Prophet Jona es ge-
tan hat.« Und er ließ sie stehen und ging weg.

Jesus warnt vor dem Sauerteig der Pharisäer 16,5-12

5 Die Jünger gelangten an das gegenüberliegende Ufer. Und wieder
6 hatten sie vergessen, Brot mitzunehmen. / Jesus aber mahnte sie:
»Hütet euch vor dem Sauerteig der Pharisäer und der Sadduzäer!«
7 / Die Jünger dachten bei sich: »Wir haben doch gar kein Brot mit-
8 genommen!« / Jesus bemerkte es und sagte: »Was schwatzt ihr da?
Macht ihr euch Sorgen darüber, daß ihr kein Brot habt? Ihr seid
9 kleingläubig. / Habt ihr noch immer nichts begriffen? Wißt ihr
nicht mehr, daß ich neulich fünf Brote an fünftausend Leute verteilt
habe? Na, und wie viele Körbe Brotreste habt ihr davongetragen?«
10 / Er fragte weiter: »Und als ich die sieben Brote an die viertausend
11 Leute verteilt habe, wie viele Körbe Brotreste waren es da? / Habt
ihr noch nicht begriffen, daß ich mit meinen Worten nicht die sicht-
baren Brote gemeint habe? Vielmehr: Hütet euch vor dem Sauer-
12 teig der Pharisäer und der Sadduzäer!« / Da begriffen die Jünger,
daß Jesus nicht den Sauerteig der Brote gemeint hatte, sondern die
Lehre der Pharisäer und Sadduzäer, vor der sie sich hüten sollten.

Petrus erkennt Jesus als den Messias 16,13-20

Jesus zog mit seinen Jüngern durch die Gegend bei Cäsarea Phi- 13
lippi. Da fragte er seine Jünger: »Was sagen die Leute über mich,
den Menschensohn?« / Die Jünger antworteten: »Die einen sagen, 14
du seist Johannes der Täufer, andere, du seist Elia, wieder andere,
du seist Jeremia oder einer von den alten Propheten.« / Da fragte 15
Jesus sie: »Und ihr, für wen haltet ihr mich?« / Simon Petrus ant- 16
wortete: »Du bist der Messias, der Christus, der Sohn des lebendi-
gen Gottes.« / Jesus erwiderte: »Du bist glücklich zu preisen, Si- 17
mon, Sohn des Johannes, denn dein Bekenntnis verdankst du nicht
Menschen aus Fleisch und Blut, sondern meinem Vater im Himmel,
der es dir geoffenbart hat. / Und ich sage dir: Du bist Petrus, Fel- 18
senmann. Denn du bist der Fels, auf dem ich das Haus meiner Kir-
che bauen will. Tod und Vergänglichkeit werden ihr nichts anha- 19
ben. / Dir will ich die Schlüssel zum Himmelreich geben, so kannst
du bestimmen, wer hineinkommt und wer nicht. Du bestimmst
über die Grenzen, und was du auf Erden tust, gilt auch im Himmel.
Wen du bannst, der ist auch vor Gott gebannt. Wem du Sünden ver-
gibst, dem wird sie auch Gott vergeben.« / Dann trug Jesus ihnen 20
auf, sie sollten niemandem sagen, daß er der Messias sei.

Jesus kündigt zum erstenmal seinen Tod und seine Auferstehung an 16,21-23

Von da an begann Jesus, der Messias, seinen Jüngern zu offenba- 21
ren, wie es weitergehen würde: »Ich muß nach Jerusalem fortgehen
und von den Ältesten, den Hohenpriestern und den Schriftkundi-
gen vieles erdulden, ich muß den Tod erleiden und nach drei Tagen
auferstehen.« / Da nahm Petrus ihn beiseite und begann, ihm Vor- 22
haltungen zu machen: »Gott bewahre! So etwas soll dir nie gesche-
hen!« / Jesus aber wandte sich um, blickte die Jünger an und schalt 23
Petrus: »Stell dich hinter mich, Satan.[104] Du willst mich zu Fall
bringen, denn du denkst nicht wie Gott, sondern wie die Men-
schen.«

Jesus spricht über die Bedingungen der Nachfolge 16,24-28

Dann sagte er zu seinen Jüngern: »Wenn jemand hinter mir gehen 24
will, soll er nicht an sich selbst denken, sondern nach meinem Vor-
bild Kreuz und Schande auf sich nehmen und mir nachfolgen. /
Denn wer sich selbst als Ziel hat, wird sich verfehlen. Wer sich aber 25
aufgibt für mich, der wird sich selbst finden. / Was nützt es, wenn 26

---

104 Vgl. Anmerkung zu Mk 8,33 in diesem Buch.

einem die ganze Welt zu Füßen liegt, man aber mit seinem Herzen
dafür büßen muß? Was hat der Mensch Kostbareres als sein Herz?
27 / Denn der Menschensohn wird wiederkommen, herrlich wie sein
Vater und von seinen Engeln begleitet. Und dann wird er alle so be-
28 handeln, wie sie selber gehandelt haben. / Amen, ich sage euch,
einige von denen, die hier stehen, werden noch vor ihrem Tode
sehen, wie machtvoll der Menschensohn seine Herrschaft aufrich-
tet.«

Kapitel 17

Jesus wird verklärt 17,1-9

1 Nach sechs Tagen nahm Jesus Petrus, Jakobus und Johannes, des-
sen Bruder, beiseite und führte sie ganz allein in die Einsamkeit ei-
2 nes hohen Berges. / Und dort wurde er vor ihren Augen verwandelt.
Sein Angesicht leuchtete wie die Sonne. Seine Gewänder begannen
3 zu leuchten, so hell wie reines Himmelslicht. / Da erschienen ihnen
4 Mose und Elia, die redeten mit Jesus. / Daraufhin sagte Petrus zu
Jesus: »Rabbi, laß uns hier bleiben. Wenn du einverstanden bist,
wollen wir drei Hütten bauen, eine für dich, eine für Mose und eine
5 für Elia.« / Als er noch redete, wurden Jesus, Mose und Elia von
einer Wolke eingehüllt, aus der ertönte eine Stimme: »Dies ist mein
6 geliebter Sohn, ihn habe ich erwählt. Hört auf ihn!« / Als die Jünger
das hörten, wurden sie von schrecklicher Angst ergriffen und fielen
7 zu Boden. / Jesus trat auf sie zu, berührte sie mit der Hand und
8 sagte: »Steht auf, habt keine Angst!« / Und als sie sich umblickten,
sahen sie plötzlich nur noch Jesus.
9 Als sie vom Berg herabstiegen, schärfte ihnen Jesus ein, sie sollten
das Gesehene vorerst niemandem erzählen. Das dürften sie erst
nach der Auferstehung des Menschensohnes von den Toten tun.

Jesus spricht von der Wiederkunft Elias 17,10-13

10 Da wandten die Jünger ein: »Die Schriftkundigen sagen aber doch,
vor der allgemeinen Auferstehung müsse erst noch Elia kommen!«
11 / Darauf erwiderte Jesus: »Tatsächlich kommt zuerst Elia und
12 bringt alles in Ordnung.[105] / Das ist so zu erklären: Elia ist schon
gekommen, und zwar als Johannes der Täufer, und die Menschen
haben ihn nicht anerkannt und ihm alle nur erdenklichen Grau-
samkeiten angetan. So steht es ja auch über ihn in der Schrift. Also
müssen beide, Elia und der Menschensohn, erst leiden, bevor die

[105] Mal 3,23.

Auferstehung kommt.« / Da verstanden die Jünger, daß Jesus 13
Johannes den Täufer gemeint hatte.

Jesus heilt den besessenen Jungen 17,14-21

Als sie alle zusammen wieder zu den anderen Menschen kamen, lief 14
Jesus ein Mann entgegen, der ihn kniefällig / bat: »Herr, hab Erbar- 15
men mit meinem Sohn. Er hat sehr kranke Nerven, es geht ihm sehr
schlecht. Oft fällt er ins Feuer oder ins Wasser. / Ich habe ihn zu dei- 16
nen Jüngern gebracht, doch sie konnten ihn nicht heilen.« / Da rief 17
Jesus: »Ihr ungläubiges und verdorbenes Pack! Kann ich überhaupt
noch bei euch bleiben? Ihr seid nicht zum Aushalten!« Und zu dem
Mann sagte er: »Bring deinen Sohn zu mir her!« / Dann herrschte 18
er den bösen Geist an, und der verließ das Kind, so daß es von jener
Stunde an geheilt war. / Als Jesus allein war, gingen die Jünger zu 19
ihm und fragten: »Warum konnten wir diesen bösen Geist nicht
austreiben?« / Jesus antwortete: »Weil ihr so kleingläubig seid! 20
Amen, ich erkläre euch: Wäre euer Glaube auch nur so groß wie ein
Senfkorn, so wäre euer Wort doch so vollmächtig, daß ihr zu die-
sem Berg sagen könntet: Geh weg von hier und begib dich dorthin,
er würde sich bewegen, und alles wäre euch möglich.«[106]

Jesus kündigt zum zweitenmal seinen Tod und seine Auferstehung an 17,22-23

Als Jesus und die Jünger in Galiläa wieder zusammentrafen, er- 22
klärte Jesus seinen Jüngern: »Der Menschensohn wird in die
Hände der Menschen ausgeliefert werden. / Sie werden ihn töten, 23
aber drei Tage nach seinem Tod wird er auferstehen.« Da wurden
die Jünger sehr traurig.

Jesus zahlt die Tempelsteuer 17,24-27

Als Jesus und seine Jünger nach Kapernaum kamen, gingen die 24
Kassierer der Tempelsteuer zu Petrus und beschwerten sich: »Euer
Lehrer zahlt keine Tempelsteuer!« / Petrus erwiderte: »Doch!« Als 25
er das gemeinsame Haus betrat, kam ihm Jesus zuvor und fragte:
»Sag es selbst, Simon, von wem erheben die Könige der Welt Zölle
oder Steuern, von ihren eigenen Kindern oder von Fremden?« / Als 26
Petrus antwortete: »Natürlich von den Fremden«, da erwiderte
ihm Jesus: »Also sind doch wohl die Kinder von der Zahlung be-

[106] V. 21 ist aus dem MkEv eingedrungen und steht nur in manchen Handschriften: »Diese Art (von Dämonen) läßt sich nur mit Gebet und Fasten austreiben.«

27 freit! / Aber wir wollen ihnen keinen zusätzlichen Grund liefern, daß sie an uns irre werden. Deshalb geh an den See und wirf die Angel aus. Nimm den ersten Fisch, den du fängst, öffne sein Maul, und du wirst ein Silberstück finden. Nimm es und gib es den Kassierern für mich und für euch.«

Kapitel 18

Die Jünger streiten um die Rangfolge 18,1-5

1 Einmal kamen die Jünger zu Jesus mit der Frage: »Wer wird, wenn
Gott seine Herrschaft offenbart, der Wichtigste und Bedeutendste
2 sein?« / Da rief er ein Kind herbei, stellte es in die Mitte und sagte:
3 / »Amen, ich erkläre euch: Wenn ihr nicht umkehrt und wie die
Kinder alles von Gott erwartet, könnt ihr in Gottes Herrschaft
4 nicht hineinkommen. / Wer dagegen so unwichtig und anspruchs-
los dastehen mag wie dieses Kind, der ist der Größte, wenn Gottes
5 Herrschaft offenbar wird. / Und wer so ein Kind um meinetwillen
aufnimmt, der nimmt mich auf.

Jesus ermahnt die Jünger zu vorbildlichem Verhalten 18,6-9

6 Und wer durch sein Verhalten ein einziges Christenkind dazu bringt,
den Glauben an mich aufzugeben, der wird so entsetzlich bestraft
werden, daß es dagegen angenehm wäre, mit einem Mühlstein um
7 den Hals ins tiefste Meer versenkt zu werden. / Wehe der Welt, weil
durch sie Menschen vom Glauben abfallen. So etwas ist zwar unver-
meidlich, doch wehe dem Menschen, der dafür den Anlaß gibt. /
8 Und wenn dich deine Hand oder dein Fuß dazu bringen, vom Glau-
ben abzufallen, schlag sie ab, wirf sie fort! Denn es ist besser, ver-
stümmelt oder lahm ins Leben zu gehen, als mit zwei Händen oder
9 zwei Füßen in das unlöschbare Feuer geworfen zu werden. / Und
wenn dich dein Auge dazu verführt, vom Glauben abzufallen, reiß
es heraus, wirf es fort! Denn es ist besser, einäugig ins Leben zu ge-
hen, als mit zwei Augen in die Feuerhölle geworfen zu werden.

Jesus spricht über die Rettung der Verlorenen 18,10-14

10 Hütet euch davor, gegen eines dieser Christenkinder überheblich zu
sein. Ich erkläre euch: Sie haben sehr gute Beziehungen zum Him-
mel, denn ihre Patrone sind Engel, die meinem himmlischen Vater
12 allezeit direkt ins Gesicht sehen.[107] / [108]Wie findet ihr folgende Ge-

[107] V. 11 steht nur in manchen Handschriften und lautet: »Denn der Menschensohn ist gekommen, um das Verlorene zu retten.«

[108] Lk 15,3-7.

schichte: Ein Mann besitzt hundert Schafe. Eins verirrt sich. Er läßt
die 99 übrigen in den Bergen zurück und geht dem verirrten nach,
bis er es gefunden hat. / Als er es gefunden hat, amen, ich sage euch, 13
da freut er sich über dieses Schaf mehr als über die 99, die sich nicht
verirrt hatten. / So will auch euer Vater im Himmel unter keinen Um- 14
ständen, daß sich auch nur eines dieser Christenkinder verirrt.

Jesus erklärt, wie man mit Geschwistern umgehen soll, die unrecht getan haben 18,15-18

Wenn dein Bruder – das gleiche gilt natürlich auch für deine Schwe- 15
ster – Unrechtes getan hat, dann geh zu ihm hin und nimm ihn dir
vor unter vier Augen. Hört er auf dich, dann hast du deinen Bruder
wiedergewonnen. / Hört er nicht auf dich, dann nimm noch einen 16
oder zwei aus der Gemeinde hinzu, damit – wie es das Gesetz vor-
sieht – alles immer vor zwei oder drei Zeugen entschieden wird.[109]
/ Hört er auch auf sie nicht, dann gib die Sache an die Gemeinde 17
weiter. Will er auch auf sie nicht hören, dann behandle ihn wie ei-
nen Heiden oder einen Zöllner, so als gehörte er nicht mehr zu
euch.[110] / Amen, ich sage euch: Wen ihr mit Bann belegt, der wird 18
auch vor Gott gebannt sein. Wem ihr Sünden vergebt, dem wird sie
auch Gott vergeben.

Jesus sagt zu, daß ein gemeinsames Gebet erhört wird 18,19-20

Und weiter: Amen, ich sage euch: Wenn zwei wirklich eins sind auf 19
Erden, dann mögen sie bitten, um was sie wollen, mein Vater im
Himmel wird es ihnen geben. / Denn wo zwei oder drei sich ver- 20
sammeln und meinen Namen anrufen, da bin ich in ihrer Mitte.«

Jesus sagt, wie oft man seinen Geschwistern vergeben soll 18,21-22

Da trat Petrus auf ihn zu und fragte: »Herr, wie oft muß ich mei- 21
nem Bruder oder meiner Schwester vergeben, wenn sie mir unrecht
tun? Darf ich sagen: Siebenmal?« / Jesus antwortete: »Ich sage dir: 22
nicht nur siebenmal, sondern siebenmal siebzigmal.

Jesus erzählt das Gleichnis vom bösen Sklaven 18,23-35

Mit der Herrschaft Gottes ist es wie mit einem König, der mit seinen 23
Sklaven Abrechnung hielt. / Gleich zu Beginn wurde ihm einer vor- 24

---

109 Dt 19,15.

110 Im zeitgenössischen Judentum (auch in Qumran) ist diese Auslegung von Lev 19,17-18 öfter belegt, und zwar auch im Sinne mehrerer Instanzen, die konsultiert werden können. Nur im MtEv findet sich der Ausschluß aus der Gemeinde.

25 geführt, der zehntausend Denar Schulden hatte. / Weil er nichts zu-
rückbezahlen konnte, befahl der Herr, ihn selbst, seine Familie und
26 seine ganze Habe zu verkaufen, um den Erlös einzuziehen. / Da fiel
der Sklave auf die Knie vor ihm und rief: ›Verlängere doch bitte
27 meine Frist, dann will ich dir alles zurückbezahlen.‹ / Da ließ sich
der Herr des verschuldeten Sklaven erweichen, befahl, ihn freizu-
28 lassen und erließ ihm die ganze Schuld. / Der Sklave ging davon und
traf einen seiner Mitsklaven, der ihm hundert Denar schuldete. Er
packte ihn an der Kehle, würgte ihn und sagte: ›Zahle zurück, was
29 du mir schuldest!‹ / Da fiel sein Mitsklave auf die Knie vor ihm und
rief: ›Verlängere doch bitte meine Frist, dann will ich dir alles zu-
30 rückbezahlen.‹ / Der Sklave lehnte diese Bitte unwillig ab und ließ
seinen Mitsklaven so lange ins Gefängnis werfen, bis er die Schuld
31 zurückbezahlt hatte. / Die übrigen Mitsklaven mußten das alles mit
ansehen und wurden sehr traurig. Sie berichteten ihrem Herrn die
32 ganze Geschichte. / Da ließ der Herr den Sklaven rufen und hielt ihm
vor: ›Du bist ein böser Sklave. Weil du mich gebeten hast, habe ich
33 dir die ganze Schuld erlassen. / Weil ich mich deiner erbarmt habe,
34 hättest auch du dich deines Mitsklaven erbarmen müssen.‹ / Zornig
übergab ihn der Herr den Strafvollziehern, die ihn so lange peinigen
35 sollten, bis er ihm die ganze Schuld zurückgegeben hätte. / So wird
auch euch mein Vater im Himmel behandeln, wenn nicht jeder von
euch seinem Bruder oder seiner Schwester von Herzen vergibt.«

Kapitel 19

Jesus spricht über Ehe, Ehelosigkeit und Ehescheidung 19,1-12

1 Als Jesus diese Rede beendet hatte, machte er sich von Galiläa auf
2 nach Judäa jenseits des Jordans. / Es liefen große Menschenmengen
3 hinter ihm her, und er heilte sie dort. / Pharisäer kamen und fragten
Jesus, um ihn auf die Probe zu stellen: »Darf sich ein Mann von sei-
4 ner Frau aus beliebigem Grund lossagen?«/ Jesus erwiderte: »Ihr
habt wohl die Schrift nicht gelesen! Dort steht[111]: ›Gott hat Mann
und Frau vom Anfang der Schöpfung an als einen Mann und eine
5 Frau erschaffen.‹« / Und dann fuhr er fort[112]: »Deswegen verläßt
der Mann seine Eltern und hängt sich an seine Frau, und die beiden
6 bilden eine neue Sippe.[113] / Daher sind sie dann nicht mehr zwei

111 Gen 1,27.
112 Gen 2,24.
113 Meistens »sollen zu einem Fleisch werden«. Das ist schon biologisch gesehen nicht richtig. Im Alten Testament heißt »Fleisch« in solchen Zusammenhängen: »Verwandtschaft, Sippe, Familie«. Die Vorstellung

Einzelmenschen, sondern ein Paar. Was Gott nun so verbunden hat,
darf der Mensch nicht trennen.« / Da fragten ihn die Jünger: 7
»Warum hat Mose dann festgesetzt, daß der Mann der Frau einen
Scheidungsbrief geben und sich so von ihr lossagen darf?« / Jesus 8
antwortete: »Mose hat euch, weil ihr so hartgesotten seid, erlaubt,
euch von eurer Frau loszusagen. Am Anfang war es nicht so. / Ich 9
sage euch aber: Wer sich von seiner Frau lossagt und eine andere
heiratet, bricht gegenüber der ersten Frau die Ehe. Anders ist es nur
für den Fall, daß die Ehefrau schon selbst während ihrer Ehe mit
einem anderen Mann verkehrt hat. Dann ist der Ehemann frei, sich
von ihr loszusagen.« / Da meinten die Jünger: »Wenn das für das 10
Verhältnis von Mann und Frau gelten soll, wäre es besser, gar nicht
zu heiraten.« / Darauf sagte Jesus: »Was ich euch jetzt sagen will, 11
können nur die wenigsten wirklich begreifen, nur die, denen Gott
es geschenkt hat. / Es gibt Eunuchen, die so geboren wurden. Und 12
es gibt Eunuchen, die sind von Menschen dazu gemacht worden.
Doch es gibt auch Eunuchen, die freiwillig auf die Ehe verzichten
wegen der Herrschaft Gottes. Sie haben sich sozusagen selbst zu
Eunuchen gemacht. Denkt gut darüber nach!«

Jesus segnet die Kinder 19,13-15

[114]Da brachten die Leute Kinder zu Jesus, um ihn zu bitten, ihnen die 13
Hände aufzulegen und über ihnen ein Segensgebet zu sprechen. Die
Jünger aber hinderten sie daran. / Jesus jedoch sagte: »Laßt die Kin- 14
der zu mir kommen! Hindert sie nicht daran! Denn wer so ist wie sie,
für den werden die Verheißungen von Gottes Herrschaft erfüllt.« /
Und er legte den Kindern die Hände auf und ging weg von dort. 15

Jesus spricht über Reichtum und Nachfolge 19,16-30

Da lief ein junger Mann auf Jesus zu und fragte: »Meister, was muß 16
ich Gutes tun, um das ewige Leben zu bekommen?« / Jesus antwor- 17
tete ihm: »Was fragst du mich nach dem Guten? Allein Gott ist gut!
Wenn du das ewige Leben erstrebst, dann halte die Gebote!« / Der 18
Mann fragte: »Welche?« Jesus erwiderte[115]: »Morde nicht! Brich

---

ist also: Der Mann gibt seine Sippe auf und bildet zusammen mit der geheirateten Frau eine neue Sippe. Das Wort »Fleisch« wird dann aber im Bibelgriechischen im Sinne von »Mensch« verstanden; der alte soziologische Sinn und Hintergrund ist verblaßt. Daher dann die Übersetzung von V. 8b. Der Schriftbeweis spielt also mit zwei unterschiedlichen Bedeutungen von »Fleisch«.

[114] Mk 10,13-16.

[115] Ex 20,13-16; Dt 5,17-20; Lev 19,18.

19 nicht die Ehe! Stiehl nicht! Leg nicht falsches Zeugnis ab! / Ehre
20 deine Eltern! Liebe deinen Nächsten wie dich selbst.« / Da sagte der
junge Mann: »Meister, all das habe ich beherzigt. Was fehlt mir
21 noch?« / Jesus antwortete: »Eins fehlt dir noch. Wenn du vollkommen
men sein willst, geh, verkauf alles, was du hast, gib den Erlös den
Armen – dann hast du einen Schatz im Himmel – und auf, folge mir
22 nach.« / Als der junge Mann diese Worte hörte, ging er traurig da-
23 von, denn er war sehr reich. / Jesus sagte zu seinen Jüngern: »Amen,
ich sage euch: Es ist schwierig für reiche Leute, an den Verheißun-
24 gen von Gottes Herrschaft teilzuhaben. / Ich kann nur nochmals
betonen: Leichter geht ein Kamel durch ein Nadelöhr, als daß ein
25 Reicher in den Himmel kommt.« / Als sie es hörten, waren die Jün-
ger völlig entsetzt und sagten zueinander: »Wer kann da noch ge-
26 rettet werden?« / Jesus blickte sie an und sagte: »Bei den Menschen
sicher niemand, aber bei Gott ist es möglich. Bei Gott ist alles mög-
27 lich.« / Da wandte Petrus ein: »Wir haben aber doch alles aufgege-
28 ben und sind dir gefolgt. Was bekommen wir dafür?« / Jesus erwi-
derte: »Amen, ich sage euch: Ihr, die ihr mir nachgefolgt seid,
werdet in Gottes neuer Welt, wenn der Menschensohn auf seinem
herrlichen Thron Platz nimmt, auch selber auf zwölf Thronen sit-
29 zen und die zwölf Stämme Israels regieren. / Und jeder, der wegen
mir Haus, Geschwister, Eltern, Kinder oder Äcker verlassen hat,
der wird ein Vielfaches davon zurückerhalten und das ewige Leben
30 bekommen. / Viele, die jetzt ganz oben sind, werden dann ganz un-
ten sein, und die jetzt die Letzten sind, werden die Ersten sein.«[116]

Kapitel 20

Jesus erzählt das Gleichnis vom gleichen Lohn für ungleiche Arbeit 20,1-16

1 »Die Herrschaft Gottes ist wie die folgende Geschichte von einem
Weingutsbesitzer. Morgens in der Frühe ging er hin, um Arbeiter für
2 seinen Weinberg anzuheuern. / Er kam mit den Tagelöhnern über-
ein, daß er den üblichen Lohn von einem Denar für den Tag zahlen
3 werde, und schickte sie in seinen Weinberg. / Vormittags gegen neun
Uhr sah er auf dem Markt weitere Männer ohne Arbeit herumste-
4 hen. / Auch sie forderte er auf: ›Geh in meinen Weinberg, ich werde
5 euch gerechten Lohn geben.‹ / Die Tagelöhner folgten seiner Auffor-
derung. Mittags gegen zwölf und nachmittags gegen drei Uhr stellte
6 er wieder Leute ein. / Als er abends gegen fünf Uhr auf den Markt-

[116] Vgl. 19,30 mit 20,16!

platz ging, fand er dort immer noch Arbeitslose stehen und fragte
sie: ›Was steht ihr hier den ganzen Tag ohne Arbeit herum?‹ / Sie ant- 7
worteten: ›Keiner hat uns eingestellt.‹ Da forderte er sie auf: ›Los, an
die Arbeit mit euch, geht auch ihr in meinen Weinberg!‹ / Kurz nach 8
sechs Uhr sagte der Weinbergbesitzer zu seinem Verwalter: ›Ruf alle
Arbeiter zusammen und zahle ihnen ihren Lohn aus. Fang mit denen
an, die zuletzt gekommen sind, und zahle zuletzt die aus, die zuerst
gekommen sind.‹ / Da meldeten sich zuerst die Männer, die gegen 9
fünf Uhr nachmittags gekommen waren, und empfingen jeder einen
Denar. / Und als dann die an die Reihe kamen, die zuerst gekommen 10
waren, dachten sie, sie würden mehr bekommen. Doch auch sie be-
kamen jeder einen Denar. / Als sie ihren Lohn empfangen hatten, är- 11
gerten sie sich über den Weingutsbesitzer / und beschwerten sich bei 12
ihm: ›Die Leute, die zuletzt gekommen sind, haben nur eine Stunde
gearbeitet. Trotzdem hast du ihnen den gleichen Lohn bezahlt wie
uns, und wir haben doch den ganzen Tag über geschuftet in all der
Hitze!‹ / Der Weingutsbesitzer sagte zu einem von ihnen: ›Lieber 13
Freund, ich habe dir kein Unrecht getan. Wir waren uns doch über
den einen Denar einig geworden. / Geh und sei mit deinem Lohn zu- 14
frieden. Denn ich will alle gleich bezahlen, auch den letzten. /
[Schließlich geht es um mein Geld und um meinen Weinberg, und da 15
bestimme allein ich.] Oder bist du böse, weil ich gut bin? / Sei auf der 16
Hut! Denn auf diese Weise können leicht aus den Letzten Erste wer-
den und umgekehrt. Ob einer meine Güte ertragen kann, danach
richtet sich in Zukunft, wer Erster und wer Letzter ist. Denn der
Lohn ist für alle gleich.‹«

Jesus kündigt zum drittenmal seinen Tod und seine Auferstehung an 20,17-19

[117]Jesu Weg führte hinauf nach Jerusalem. Unterwegs nahm er die 17
zwölf beiseite und erklärte ihnen: / »Jetzt gehen wir hinauf nach Je- 18
rusalem. Der Menschensohn wird den Hohenpriestern und Schrift-
gelehrten ausgeliefert werden. Sie werden ihn zum Tode verurteilen
/ und ihn den Heiden übergeben, damit sie ihn verspotten, geißeln 19
und kreuzigen. Und am dritten Tage wird er auferstehen.«

Jesus spricht über Herrschen und Dienen 20,20-28

[118]Da kamen die Söhne des Zebedäus mit ihrer Mutter zu Jesus. 20
Die Mutter fiel vor ihm auf die Knie. / Jesus fragte sie: »Was willst 21

[117] Mk 10,32-34.
[118] Mk 10,35-45.

du?« Sie antwortete: »Bewirke doch durch dein Wort, daß meine
beiden Söhne in deinem Reich einer rechts und einer links von dir
22 sitzen dürfen.« / Jesus erwiderte: »Ihr wißt nicht, worum ihr bittet.
Könnt ihr den Kelch des Leidens austrinken wie ich?« Sie antwor-
23 teten: »Ja, das können wir.« / Da sagte Jesus: »Den Kelch des Lei-
dens werdet ihr austrinken wie ich. Aber die Plätze rechts und links
von mir habe ich nicht zu vergeben. Die bekommt der, den mein
24 Vater dafür vorgesehen hat.« / Die zehn übrigen Jünger hörten das
Gespräch und begannen, sich über die beiden Brüder zu ärgern. /
25 Jesus aber rief sie zu sich und sagte zu ihnen: »Ihr wißt, daß die be-
rühmten Machthaber ihre Völker unterdrücken und daß ihre
26 Staatsführer ihnen die Freiheit rauben. / Unter euch soll es anders
27 sein: Wer groß werden will unter euch, soll allen dienen; / und wer
28 der Erste sein will unter euch, soll sich allen unterordnen. / Denn
auch der Menschensohn ist nicht dazu da, sich bedienen zu lassen,
sondern er ist dazu da, zu dienen und sein Leben einzusetzen stell-
vertretend für alle.«

Jesus heilt zwei Blinde 20,29-34

29 Als Jesus mit seinen Jüngern Jericho verließ, folgte ihm eine große
30 Volksschar. / Da saßen zwei Blinde am Weg. Als sie hörten, Jesus
gehe vorbei, schrien sie: »Herr, erbarme dich unser, Sohn Davids!«
31 / Die Leute fuhren sie an, sie sollten still sein. Sie aber schrien um
32 so mehr: »Herr, erbarme dich unser, Sohn Davids.« / Da blieb Jesus
stehen, rief sie zu sich und fragte: »Was wollt ihr denn, was soll ich
33 für euch tun?« / Die Blinden antworteten: »Herr, mach, daß Gott
34 unsere Augen öffnet.« / Da hatte Jesus Erbarmen mit ihnen. Und
kaum hatte er ihre Augen berührt, da konnten sie sehen, und sie
folgten Jesus auf dem Weg nach.

Kapitel 21

Jesus zieht in Jerusalem ein 21,1-11

1 [119]Als sie sich Jerusalem näherten und in die Gegend von Beth-
phage und Bethanien am Ölberg kamen, schickte Jesus zwei von
2 seinen Jüngern vor sich her, / mit dem Auftrag: »Geht in das näch-
ste Dorf. Gleich am Ortseingang werdet ihr eine Eselin angebunden
finden, zusammen mit ihrem Fohlen. Bindet sie los und führt sie
3 her. / Wenn euch jemand fragt, dann antwortet: ›Der Herr braucht
4 sie und wird sie gleich wieder zurückbringen.‹ / Dies alles geschah,

[119] Mk 11,1-11.

damit das Wort des Propheten in Erfüllung ging[120]: / »Sagt zur 5
Stadt auf dem Sion, der Tochter Gottes: ›Achte darauf: Dein König
kommt zu dir. Er übt keine Gewalt, er sitzt auf einem Esel, dem Fül-
len einer Eselin.‹« / Da gingen die Jünger los und taten alles, wie 6
Jesus sie geheißen hatte. / Sie führten die Eselin und das Fohlen 7
herbei, legten Kleider darauf, und Jesus saß auf. / Viele Menschen 8
breiteten ihre Kleider auf dem Weg vor Jesus aus, andere kleine
Zweige, die sie längs des Wegs von den Bäumen abgeschnitten hat-
ten. / Die Leute und das ganze Gefolge riefen: »Hosianna, Hilfe 9
kommt von dir, Sohn Davids! Gesegnet bist du, weil du in Gottes
Namen kommst. Hosianna, Hilfe kommt von Gott!«[121]
Als Jesus in Jerusalem einzog, geriet die ganze Stadt in Unruhe, und 10
man fragte: »Was ist denn das für einer?« / Die Leute aber sagten: 11
»Dies ist der Prophet Jesus aus Nazareth in Galiläa.«

Jesus vertreibt die Händler aus dem Tempelvorhof 21,12-17

[122]Jesus ging in den Tempel hinein, vertrieb alle Verkäufer und 12
Käufer aus dem Tempel und stieß die Tische der Wechsler und die
Stände der Taubenverkäufer um. / Dabei sagte er: »In der Schrift 13
steht[123]: ›Mein Haus wird ein Gebetshaus sein.‹ Ihr jedoch benutzt
es nur, um euren schäbigen Profit zu machen.« / Im Tempel kamen 14
Blinde und Lahme zu Jesus, und er heilte sie. / Als aber die Hohen- 15
priester und Schriftkundigen sahen, was für wunderbare Dinge Je-
sus tat, und hörten, wie die Kinder im Tempel »Hosianna, Hilfe
kommt von dir, Sohn Davids!« riefen, da wurden sie unwillig / und 16
sagten zu Jesus: »Hörst du, was die da rufen?« Jesus antwortete:
»Natürlich höre ich das. Habt ihr nie das Schriftwort gehört[124]:
›Ich will machen, daß Kinder und Säuglinge mich loben mit ihrer
Stimme‹?« / Danach ließ Jesus seine Jünger zurück und ging aus der 17
Stadt hinaus nach Bethanien, wo er auch übernachtete.

Jesus verflucht den Feigenbaum 21,18-19

[125]Als er am Morgen in die Stadt zurückging, hatte er Hunger. / Da 18, 19
sah er einen Feigenbaum am Weg stehen. Doch wie er an ihm nur
Blätter fand, sagte er zu dem Feigenbaum: »Nie wieder sollst du

---

120 Jes 62,11; Sach 9,9.
121 Vgl. Ps 118,25f.
122 Mk 11,15-19.
123 Jes 56,7; 60,7; Jer 7,11.
124 Ps 8,3 LXX.
125 Mk 11,12-14.

eine Frucht tragen.« Kaum hatte Jesus das gesagt, da verdorrte der Feigenbaum.

Jesus spricht über die Wirkung des Glaubens Mt 21,20-22

20 Als die Jünger den Feigenbaum sahen, waren sie hocherstaunt und
sagten: »Wie konnte das geschehen, daß der Feigenbaum so plötz-
21 lich verdorrt ist?« / Jesus erwiderte: »Amen, ich sage euch, wenn
ihr glaubt und nicht zweifelt, dann könnt ihr nicht nur einen Fei-
genbaum verdorren lassen, sondern wenn ihr zu diesem Berg sagt:
›Erhebe dich und stürze dich ins Meer!‹, dann wird euer Wort in Er-
22 füllung gehen. / Und all das, worum ihr betet und bittet, wird euch
zuteil werden, wenn ihr nur glaubt.«

Die Hohenpriester fragen Jesus nach seiner Vollmacht 21,23-27

23 [126]Als Jesus in den Tempel ging und dort lehrte, kamen die Hohen-
priester und Ältesten auf ihn zu und fragten: »Sag uns, welche
Vollmacht du für dein Auftreten hast. Wer berechtigt dich zu dei-
24 nem Tun?« / Jesus entgegnete ihnen: »Beantwortet mir nur eine
25 einzige Frage, dann will ich auf eure Bitte eingehen: / Woher kam
die Taufe des Johannes, von Gott oder von Menschen?« Da gin-
gen sie miteinander zu Rate: »Wenn wir sagen ›von Gott‹, dann
wird er sagen: ›Warum habt ihr dann dem Johannes nicht ge-
26 glaubt?‹ / Aber sollen wir sagen ›von Menschen‹? Wir haben doch
Angst vor dem Volk, denn alle halten Johannes für einen Prophe-
27 ten.« / So sagten sie zu Jesus: »Wir wissen es nicht.« Darauf erwi-
derte Jesus: »Dann sage ich euch auch nicht, welche Vollmacht ich
für mein Tun habe.«

Jesus erzählt das Gleichnis von den ungleichen Söhnen 21,28-32

28 Dann sagte er: »Urteilt selbst: Ein Winzer hatte zwei Söhne. Er
wandte sich an den ersten und sagte: ›Bitte, tu heute etwas im Wein-
29 berg.‹ / Der Sohn weigerte sich zunächst, überlegte es sich dann
30 aber und ging doch hin. / Dann wandte sich der Vater mit derselben
Bitte an den zweiten Sohn. Der gab zur Antwort: ›Ja, Herr, ich will
31 es tun.‹ Doch dann ging er gar nicht hin. / Wer von den beiden hat
nun den Willen seines Vaters erfüllt?« Die Hohenpriester und Älte-
sten antworteten: »Der erste.« Darauf sagte Jesus: »Amen, ich sage
euch: Die Zöllner und Dirnen finden eher den Weg in Gottes Herr-
32 schaft als ihr. / Denn Johannes der Täufer ist zu euch gekommen
und hat euch den gerechten Weg, wie Gott ihn will, gezeigt, und er

---

[126] Mk 11,27-33.

ist ihn selbst gegangen. Doch ihr habt ihm nicht geglaubt. Aber die Zöllner und Dirnen haben ihm geglaubt. Und selbst, als ihr saht, wie sie sich bekehrten, habt ihr es euch nicht anders überlegt und habt ihm immer noch nicht geglaubt.

Jesus erzählt das Gleichnis von den bösen Winzern 21,33-46

[127]Hört euch noch ein Gleichnis an: Ein Gutsbesitzer legte einen 33
Weinberg an. Er umgab ihn mit einer Mauer, grub eine Kelter und
baute einen Turm. Dann verpachtete er den Weinberg an Winzer
und reiste fort. / Als die Zeit der Ernte kam, schickte er seine Skla- 34
ven zu den Winzern, sie sollten den Pachtzins holen. / Die Winzer 35
ergriffen die Sklaven, folterten die einen, töteten die anderen und
steinigten die dritten. / Da sandte der Eigentümer weitere Sklaven 36
aus, noch mehr als beim ersten Male. Die Winzer mißhandelten
auch diese. / Zuletzt schickte er sein Sohn zu ihnen, denn er sagte 37
sich: Meinen Sohn werden sie respektieren. / Die Winzer aber sa- 38
hen den Sohn und sagten bei sich: ›Das ist der Erbe. Wir wollen ihn
umbringen, dann gehört der Weinberg uns.‹ / Sie ergriffen ihn, war- 39
fen ihn aus dem Weinberg hinaus und töteten ihn. / Was wird nun 40
der Eigentümer des Weinbergs mit den Winzern tun, wenn er
kommt?« / Da sagten die Zuhörer: »Er wird die Bösen genau ihrem 41
Tun entsprechend bestrafen und den Weinberg an andere Winzer
verpachten, die ihm den Pachtzins aus den Erträgen rechtzeitig be-
zahlen.« / Und Jesus fügte hinzu: »Ihr habt wohl nie die folgende 42
Stelle aus der Schrift gelesen[128]: ›Der Stein, den die Bauarbeiter
nicht gebrauchen konnten, wurde zum wichtigsten Stein des Hau-
ses.‹ Das ist das Wunder, das Gott vor unseren Augen gewirkt hat.
/ Deswegen sage ich euch: Gott wird machen, daß ihr nicht mehr 43
zu seinem Reich gehört, vielmehr wird ein neues Volk die Früchte
des Reiches erbringen. / Wer auf diesen Stein fällt, der wird zer- 44
schellen; auf wen er aber fällt, den wird er zerquetschen.« / Als die 45
Hohenpriester und Pharisäer die Gleichnisse Jesu vernahmen und
merkten, daß er sie damit gemeint hatte, / hätten sie Jesus gern er- 46
griffen, doch sie hatten Angst vor der Volksmenge, die Jesus für
einen Propheten hielt.

---

[127] Mk12,1-12.
[128] Ps 118,22f.

Kapitel 22

Jesus erzählt das Gleichnis vom Hochzeitsmahl des Königs 22,1-14

1 [129]Dann redete Jesus weiterhin in Gleichnissen zu den Menschen: /
2 »Mit dem Reich Gottes verhält es sich wie in folgender Geschichte:
3 Ein König wollte seinem Sohn die Hochzeit ausrichten. / Er schickte
seine Sklaven aus und ließ die Eingeladenen rufen. Doch diese woll-
4 ten nicht kommen. / Da schickte er nochmals andere Sklaven hin,
mit dem Auftrag, ihnen auszurichten: ›Das Essen habe ich vorberei-
tet, meine Stiere und Mastkälber sind geschlachtet, und alles steht
5 bereit.‹ / Sie aber wollten nicht kommen und gingen weg, der eine zu
6 seinem Acker, ein anderer zu seinem Laden, / die übrigen aber ergrif-
7 fen die Sklaven und mißhandelten und töteten sie. / Da wurde der
König wütend, er schickte seine Heere, vernichtete die Mörder und
8 ließ ihre Stadt in Brand setzen. / Dann sagte er zu seinen Sklaven:
›Die Hochzeit ist zwar bereit, doch die Eingeladenen waren es nicht
9 wert. / Geht daher auf die Straßen und Plätze und ladet alle zur
10 Hochzeit ein, die ihr dort findet.‹ / Also gingen seine Sklaven auf die
Straßen und Plätze und lasen alle auf, die sie dort fanden, Böse und
11 Gute. So füllte sich der Hochzeitssaal mit Gästen. / Dann kam der
König herein, um seine Gäste kennenzulernen, und erblickte einen
Mann, der von dem in der Garderobe angebotenen Festgewand kei-
12 nen Gebrauch gemacht hatte, sondern in Alltagskleidung dasaß. / Er
sagte zu ihm: ›Lieber Freund, wie bist du hier ohne Festgewand
13 überhaupt hereingekommen?‹ Der Mann gab keine Antwort. / Da
sagte der König zu den Bediensteten: ›Bindet ihm Füße und Hände
und werft ihn in die Finsternis hinaus. Dort wird er heulen und mit
14 den Zähnen knirschen. / Denn viele sind berufen, doch nur wenige
sind auserwählt.‹«[130]

Jesus antwortet auf die Frage nach der Kaisersteuer 22,15-22

15 [131]Nun gingen die Pharisäer hin und heckten einen Plan aus, wie sie
16 Jesus eine Fangfrage stellen könnten. / Sie schickten ihm einige ih-
rer Schüler und Anhänger des Herodes, die sagten zu ihm: »Mei-
ster, wir wissen, daß man sich auf dich verlassen kann und daß du

[129] Lk 14,16-24.

[130] Im Sinne der großen Strenge des MtEv macht dieser Satz darauf aufmerksam, daß auch das Heil der Christen nicht fester Besitz ist, sondern gefährdet bleibt; ähnlich urteilt auch Paulus nach Röm 11,20-22.

[131] Mk 12,13-17.

wirklich Gottes Weg lehrst. Außerdem bist du unparteiisch und un-
bestechlich. / Sage uns nun, was meinst du: Darf man dem Kaiser 17
Steuern zahlen oder nicht?«
Jesus durchschaute ihre Bosheit und erwiderte: »Ihr wollt mich 18
wohl hereinlegen, Ihr Schlaufüchse? / Zeigt mir eine Steuermünze 19
her!« Sie brachten ihm einen Denar. / Jesus fragte: »Wessen Bild 20
und Name steht auf dem Denar?« / Sie antworteten: »Bild und 21
Name des Kaisers.« Da sagte Jesus: »Was dem Kaiser gehört, gebt
dem Kaiser! Was aber Gott gehört, gebt Gott!«[132] / Und alle, die es 22
hörten, staunten über ihn.[133]

Jesus antwortet auf die Frage nach der Auferstehung 22,23-33

Dann wandten sich einige Sadduzäer, das sind Leute, die eine Auf- 23
erstehung leugnen, an Jesus / und stellten ihm folgende Frage: 24
»Meister, Mose hat folgendes geschrieben[134]: ›Wenn jemand stirbt
und eine Witwe, aber kein Kind hinterläßt, dann soll sein Bruder
die Witwe heiraten und auf diese Weise seinem verstorbenen Bru-
der Nachkommen verschaffen.‹ / Nun aber folgender Fall: Da wa- 25
ren sieben Brüder. Der erste heiratete und starb, hinterließ aber
kein Kind. So hinterließ er seine Frau seinem Bruder. / Ebenso der 26
zweite und der dritte, bis die sieben voll waren. / Als letzte starb 27
auch die Frau. / Wessen Frau wird sie nun bei der Auferstehung? 28
Bedenke: Sie war die Frau von allen sieben!« / Jesus erwiderte ih- 29
nen: »Ihr versteht weder etwas von der Bibel noch von Gottes
Macht. / Wenn die Menschen von den Toten auferstehen, gibt es 30
keine Ehe mehr. Denn sie werden wie Engel im Himmel sein. / Über 31
die Auferweckung der Toten gibt die Stelle in der Schrift – die ihr
offenbar nicht kennt! – Aufschluß, in der Gott selbst zu euch
sagt[135]: / ›Ich bin der Gott Abrahams und Isaaks und Jakobs.‹ Also 32
ist er kein Gott der Toten, sondern der Lebendigen.«[136] / Als das die 33
Leute hörten, waren sie sehr erstaunt über Jesu Lehre.

[132] Ihr tragt sein Bild, sein Name ist über euch ausgerufen.
[133] Mk 12,18-27.
[134] Dt 25,5f.
[135] Ex 3,6.
[136] Was hier als Schlußfolgerung genannt wird, ist in Wirklichkeit eher die Prämisse der Auslegung: Wenn der lebendige Gott sich als Gott von x bezeichnet, dann muß das voraussetzen, daß x am Leben ist. Also sind Abraham, Isaak und Jakob am Leben. Nun berichtet aber die Schrift von ihrem Tod. Also sind sie mittlerweile schon auferstanden.

Jesus erklärt die zwei wichtigsten Gebote 22,34-40

34 [137]Die Pharisäer hörten, daß Jesus den Sadduzäern das Maul ge-
35 stopft hatte, und versammelten sich. / Einer von ihnen, ein Gesetzes-
36 lehrer, fragte Jesus, um ihn auf die Probe zu stellen: / »Guter Lehrer,
37 welches Gebot ist das wichtigste im Gesetz?« / Jesus erwiderte: »Das
wichtigste ist[138]: Liebe Gott, deinen Herrn, aus ganzem Herzen, aus
38 ganzer Seele, mit all deinem Verstand. / Dies Gebot ist groß, und es
39 ist das wichtigste. / Das zweitwichtigste Gebot ist dem ersten sehr
40 ähnlich[139]: Liebe deinen Nächsten wie dich selbst. / An diesen bei-
den Gesetzen hängt das ganze Gesetz und die Propheten.«

Jesus fragt die Pharisäer, ob der Messias Davids Sohn oder Herr ist 22,41-46

41 [140]Dann aber stellte Jesus den versammelten Pharisäern eine Frage:
42 / »Was meint ihr über den Messias – wessen Sohn ist er?« Sie ant-
43 worteten: »Davids Sohn.« / Darauf erwiderte Jesus: »David selbst
nennt ihn doch ›Herr‹, und der Heilige Geist spricht aus ihm[141]: /
44 ›Gott der Herr hat zu meinem Herrn gesagt: Setz dich zu meiner
45 Rechten, bis ich dir deine Feinde zu Füßen lege.‹ / Wenn David
selbst den Messias ›Herr‹ nennt – wie soll er da sein Sohn sein?« /
46 Auf diese Frage konnte kein Mensch Jesus eine Antwort geben, und
von diesem Tage an wagte es keiner mehr, ihn durch Fangfragen
auf die Probe zu stellen.

Kapitel 23

Jesus wettert gegen die scheinheiligen Pharisäer und Schriftgelehrten 23,1-36

1 [142]Dann redete Jesus zu den Leuten und zu seinen Jüngern und sagte:
2 / »Die Schriftgelehrten und die Pharisäer belehren euch über das Ge-
3 setz des Mose und legen es aus. / Tut alles, was sie euch sagen, und
haltet daran fest. Doch handelt nicht nach ihrem schlechten Vor-
4 bild. Denn sie halten sich nicht an das, was sie reden. / Sie schnüren
schwere Lasten zusammen und packen sie anderen auf die Schul-
tern, doch sie selbst krümmen keinen Finger, um sie zu tragen. /

[137] Mk 12,28-31.
[138] Dt 6,5.
[139] Lev 19,18.
[140] Mk 12,35-37.
[141] Ps 110,1.
[142] Lk 20,45-46; 11,52; 20,47; 11,42.39-41.44.47-51.

Alles, was sie tun, tun sie so, daß die anderen Leute sie dabei sehen. 5
Sie machen auch ihre Gebetsriemen besonders breit und die Quasten
an ihren Gewändern besonders lang. / Sie wissen es sehr zu schätzen, 6
wenn man ihnen bei Einladungen den besten Platz zuweist und
wenn sie beim Gottesdienst in der vordersten Reihe sitzen dürfen. /
Sie lieben es, wenn die Leute sie in der Öffentlichkeit voll Ehrfurcht 7
grüßen und wenn die Menschen sie »Rabbi« nennen. / Ihr jedoch 8
sollt euch nicht Rabbi nennen lassen. Denn einer, Jesus, ist euer Leh-
rer, und ihr alle seid nur Geschwister untereinander. / Sagt auch zu 9
keinem Menschen ›unser Vater‹. Denn euer Vater ist nur einer: Gott
im Himmel. / Laßt euch auch nicht ›Lehrmeister‹ nennen, denn ihr 10
habt nur einen Lehrmeister, den Messias. / Und wer der Größte sein 11
will, der soll allen dienen. / Wer sich selbst hoch einstuft, wird sich 12
ganz unten wiederfinden. Und wer sich für gering hält, der wird
nach oben kommen.
Wehe euch, ihr Schriftgelehrten und Pharisäer, ihr Scheinheiligen! 13
Denn ihr verschließt das Himmelreich vor den Menschen, indem
ihr die Zulassungsbedingungen immer höher schraubt. Doch ihr
selbst geht nicht hinein, und den Lernwilligen verwehrt ihr den Zu-
tritt.
[143]Wehe euch, ihr Schriftgelehrten und Pharisäer, ihr Scheinheili- 14
gen! Denn ihr verrichtet eure Gebete mit großem Getue und reißt
euch gleichzeitig die Häuser von Witwen unter den Nagel! Ihr wer-
det im Gericht besonders hart bestraft. / Wehe euch, ihr Schriftge- 15
lehrten und Pharisäer! Um auch nur einen einzigen Menschen zu
finden, den ihr zum Übertritt[144] bewegen könnt, reist ihr um die
halbe Welt. Doch wenn einer einwilligt, dann verderbt ihr ihn so,
daß er zur Ausgeburt der Hölle wird, noch doppelt so schlimm wie
ihr selbst.
Wehe euch, ihr blinden Blindenführer! Ihr sagt: ›Wer beim Tempel 16
schwört, der ist nicht an den Schwur gebunden. Aber wer beim
Gold des Tempels schwört, der ist gebunden.‹ / So seid ihr dumm 17
und blind. Denn was ist größer, das Gold oder der Tempel, der das
Gold erst heilig macht. Denn je größer das ist, bei dem ihr schwört,
um so verpflichtender ist der Schwur, so wäre es folgerichtig. [Doch
in Wahrheit ist jeder Schwur verpflichtend.] / Und ihr sagt: ›Wer 18
beim Altar schwört, der ist nicht an den Schwur gebunden. Aber

[143] Dieser Vers ist nur in wenigen Handschriften bezeugt. Vgl. Mk 12,40; Lk 20,47.

[144] Gemeint ist wohl: zum Pharisäertum (nicht zum Judentum; das J. war keine Missionsreligion).

wer bei der Opfergabe schwört, die auf dem Altar dargebracht
19 wird, der ist gebunden.‹ / Ihr seid blind! Denn was ist größer, die
20 Gabe oder der Altar, der doch die Gabe erst heilig macht? / Wer
also beim Altar schwört, der schwört bei ihm und bei allem, was
21 darauf liegt. / Und wer beim Tempel schwört, der schwört bei ihm
22 und dem, der darin wohnt, bei Gott. / Und wer beim Himmel
schwört, der schwört bei Gottes Thron und bei dem, der darauf
sitzt.
23 Wehe euch, Ihr Schriftgelehrten und Pharisäer, ihr Scheinheiligen!
Bei Minze, Anis und Kümmel führt ihr den Zehnten an den Tempel
ab, doch bei dem, was nach dem Gesetz viel wichtiger ist, bei Ge-
rechtigkeit gegen Mitmenschen, Erbarmen und Treue, seid ihr
nicht so penibel. Das eine solltet ihr tun, aber das andere nicht las-
24 sen. / Ihr seid blinde Blindenführer! Wenn eine Fliege in die Flüssig-
keit gefallen ist, die ihr trinken wollt, schüttet ihr alles durchs
Sieb, um sie herauszunehmen, doch Kamele schluckt ihr herunter.
25 / Wehe euch, ihr Schriftkundigen und Pharisäer, ihr Scheinheiligen!
Die Oberfläche von Becher und Schüssel reibt ihr blank, doch in-
26 nerlich strotzen sie vor Habgier und Geilheit. / Du blinder Phari-
säer, mach zuerst rein, was innen drin ist, dann wird das Äußere
von selbst rein.
27 Wehe euch, ihr Schriftkundigen und Pharisäer, ihr Scheinheiligen!
Denn ihr seid wie weiß angestrichene Grabmäler, die von außen
schön aussehen, im Innern aber voll sind von Totengebein und al-
28 lerlei Unrat. / So seht auch ihr für die Menschen von außen gerecht
aus, doch im Innern seid ihr voll Scheinheiligkeit und Bosheit.
29 Wehe euch, ihr Schriftkundigen und Pharisäer, ihr Scheinheiligen,
denn ihr baut den Propheten Grabmäler und schmückt die Gräber
30 der Gerechten. / Und ihr sagt: ›Wenn wir zur Zeit unserer Väter ge-
lebt hätten, dann hätten wir uns nicht wie sie an der Mordkam-
31 pagne gegen die Propheten beteiligt.‹ / Doch damit gebt ihr ja selbst
schon zu, daß ihr die Nachkommen derer seid, die die Propheten
32 umgebracht haben. / Und ihr habt das Maß eurer Väter randvoll
33 gemacht. / Ihr Schlangen und Natternbrut! Wie wollt ihr der Hölle
34 entgehen, die auf euch wartet? / Deswegen schicke ich Propheten,
Weise und Schriftgelehrte zu euch. Viele von ihnen werdet ihr töten
und kreuzigen, andere in euren Synagogen auspeitschen und von
35 einer Stadt in die andere verfolgen. / Deswegen wird die Strafe über
euch kommen für alles unschuldige Blut, das auf der Erde vergos-
sen worden ist seit dem Blut des gerechten Abel bis zum Blut von
Zacharias, dem Sohn des Barachias, den ihr zwischen Tempel und

Altar umgebracht habt. / Amen, ich sage euch, die Strafe dafür wird 36
über diese Generation kommen!

Jesus klagt über Jerusalem 23,37-39

[145]Jerusalem, Jerusalem! Die Propheten ermordest du, Gottes Ge- 37
sandte steinigst du. Wie oft wollte ich deine Kinder um mich sam-
meln, so wie eine Glucke ihre Küken unter die Flügel nimmt. Doch
ihr wolltet es nicht. / Zur Strafe wird euer Haus verlassen dastehen, 38
der Tempel leer sein. / Doch eines Tages werdet ihr mich wieder- 39
sehen. Dann werdet ihr mir zurufen[146]: ›Willkommen! Du bist der,
der da kommen soll in Gottes Namen.‹ «

Kapitel 24

Jesus kündigt die Zerstörung des Tempels an 24,1-3

Als Jesus den Tempel verließ, traten seine Jünger auf ihn zu, um 1
ihm die Tempelbauten zu zeigen. / Jesus sagte zu ihnen: »Seht ihr 2
diese großen Bauwerke? Amen, ich sage euch: Kein Stein wird auf
dem anderen bleiben. Alles wird zerstört werden.« / Und als er auf 3
dem Ölberg saß, kamen seine Jünger zu ihm, nahmen ihn beiseite
und fragten ihn: »Sag uns, wann wird das sein? Woran werden wir
erkennen, daß du wiederkommst und daß diese Welt und Zeit zu
Ende geht?«

Jesus beschreibt den Anfang des Weltendes 24,4-8

[147]Da sagte Jesus: »Denkt an meine Worte: Niemand soll euch in 4
die Irre führen. / Viele Leute werden unter meinem Namen auftre- 5
ten und behaupten: ›Ich bin der Messias.‹ Sie werden viele Men-
schen in die Irre führen. / Wenn ihr Nachrichten oder Gerüchte 6
über Kriege hört, dann laßt euch nicht erschrecken. Das muß so ge-
schehen, aber es ist noch nicht das Ende. / Volk wird sich gegen 7
Volk wenden und Reich gegen Reich. Hungersnöte werden kom-
men, vielerorts wird es Erdbeben geben. / Das wird aber erst der 8
Anfang der Endzeitwehen sein.

Jesus kündigt Verfolgung und Auslieferung an 24,9-14

Dann werden die Menschen euch Folter und Qualen ausliefern. / 9
Viele werden abfallen, Menschen werden einander ausliefern und 10

---

145 Lk 13,34-35.
146 Ps 118,26.
147 Mk 13,5-8.

11 sich gegenseitig hassen. / Viele falsche Propheten werden auftreten
12 und Menschen verführen. / Und weil allmählich jede Ordnung ver-
13 lorengeht, wird auch bei vielen die Liebe erkalten. / Wer aber
14 durchhält bis zum Ende der Zeit, der wird gerettet. / Und dann
wird dieses Evangelium vom Reich Gottes in der ganzen Welt ver-
kündet werden. Allen Heidenvölkern wird es ein Zeugnis sein. Und
dann kommt das Ende.

Jesus weissagt künftige Schrecken in Judäa 24,15-22

15 [148]Wenn ihr aber im Tempel, an heiligem Ort, einen entsetzlichen
Frevel seht, von dem der Prophet Daniel gesprochen hat, dann denkt
16 daran, daß ihr das schon hier gelesen habt. / Die in Judäa wohnen,
17 sollen dann ins Gebirge flüchten. / Wer gerade auf dem Dachgarten
seines Hauses ist, gehe nicht nach unten, um etwas aus dem Haus zu
18 holen. / Wer auf dem Feld ist, gehe nicht zurück, um seinen Mantel
19 zu holen. / Dann gilt: Wehe den Schwangeren und den stillenden
20 Müttern. / Betet, daß ihr nicht im Winter oder am Sabbat fliehen
21 müßt. / Dann wird ein solches Elend herrschen wie nie zuvor, seit-
22 dem die Welt besteht, und wie nie wieder danach. / Und wenn Gott
diese Zeit nicht verkürzt hätte, könnte keiner gerettet werden. Aber
wegen seiner Auserwählten hat Gott die Zeit verkürzt.

Jesus warnt vor falschen Propheten und Christussen 24,23-25

23 [149]Wenn dann jemand zu euch sagt: ›Hier ist Christus!‹ oder ›Dort
24 ist er!‹, dann glaubt ihm nicht. / Falsche Christusse und falsche Pro-
pheten werden auftreten und große Zeichen und Wunder wirken,
25 um die Auserwählten möglichst in die Irre zu führen. / Ich habe
euch alles vorher gesagt.

Jesus beschreibt die Ankunft des Menschensohnes 24,26-31

26 [150]Wenn Leute zu euch sagen: ›In der Wüste ist er!‹ oder: ›Er hält
sich in dem und dem Haus versteckt!‹, dann geht nicht hin, glaubt
27 ihnen nicht. / Wenn der Menschensohn kommt, dann wird er plötz-
lich hell leuchtend da sein, wie ein Blitz, der von Osten nach We-
28 sten zuckt. / Wo ein Aas ist, finden sich blitzschnell die Geier ein.
So schnell kommt das Gericht über die Menschen.
29 [151]Sogleich nach dem Elend wird sich dann die Sonne verfinstern,

---

[148] Mk 13,14-20.
[149] Mk 13,21-23.
[150] Lk 17,23-24.37b.
[151] Mk 13,24-27.

der Mond wird nicht mehr scheinen; die Sterne werden vom Him-
mel fallen, und die Himmelsmächte werden völlig durcheinander-
geraten. / Dann wird das Zeichen des Menschensohnes am Himmel 30
erscheinen, die Wolken, auf denen er kommt, dann werden alle
Völker der Erde in Wehgeschrei ausbrechen, und sie werden den
Menschensohn auf den Wolken des Himmels kommen sehen, mit
großer Macht und Herrlichkeit. / Dann wird ein lauter Trompeten- 31
stoß ertönen, und der Menschensohn wird seine Engel aussenden,
und sie werden seine Auserwählten aus allen Himmelsrichtungen
zusammenholen, soweit die Erde und soweit der Himmel reicht.

Jesus nennt den Feigenbaum zum Vergleich 24,32-33

[152]Der Feigenbaum kann euch als Gleichnis dienen: Wenn seine 32
Zweige schwellen und die Blätter hervorsprießen, dann weiß man,
daß der Sommer nahe ist. / Wenn ihr all diese Ereignisse seht, sollt 33
also auch ihr wissen, daß der Menschensohn unmittelbar vor der
Tür steht.

Jesus spricht über den Zeitpunkt seiner Wiederkunft 24,34-36

[153]Amen, ich sage euch: Denen, die jetzt leben, wird das alles noch 34
widerfahren. / Himmel und Erde werden vergehen, meine Worte 35
aber nicht. / Welcher Tag und welche Stunde es sein werden, das 36
weiß nur Gott, der Vater, allein, und kein Mensch, auch die Engel
und selbst der Sohn wissen es nicht.

Jesus vergleicht die Ankunft des Menschensohns mit einer Sintflut 24,37-41

[154]In der Zeit bis zur Wiederkunft des Menschensohnes wird es so 37
sein wie zu Noahs Zeiten: / Denn in den Tagen vor der Sintflut leb- 38
ten die Menschen wie gewöhnlich dahin, sie aßen und tranken, hei-
rateten und wurden verheiratet, bis eines Tages Noah in die Arche
ging. / Aber die Menschen verstanden nicht, was das bedeuten 39
sollte. Und plötzlich kam die Flut und vernichtete alles. Genauso
wird es sein, wenn der Menschensohn wiederkommt. / Von zwei 40
Männern, die auf dem Feld sind, werden dann die Engel den einen
mitnehmen, den anderen dort lassen. / Von zwei Frauen, die eine 41
Getreidemühle betätigen, wird die eine geholt, die andere bleibt zu-
rück.

---

152 Mk 13,28-29.
153 Mk 13,30-32.
154 Lk 17,26-27.30.34-35.

Jesus mahnt zur Wachsamkeit 24,42-44

42 [155]Seid daher wachsam, denn ihr wißt nicht, an welchem Tag euer
43 Herr kommt. / Doch eines ist klar: Wenn ein Hausherr genau
wüßte, wann der Einbrecher kommt, dann würde er den Einbruch
44 zu verhindern wissen. / Da er es aber nicht weiß, muß er ständig in
Alarmbereitschaft sein. Das gilt auch für euch, denn ihr wißt nicht,
wann der Menschensohn wiederkommt.«

Jesus erzählt das Gleichnis vom klugen und vom bösen Sklaven 24,45-51

45 [156]Dann sagte Jesus weiter: »Ein zuverlässiger, umsichtiger Sklave,
den der Herr zum Vorgesetzten der anderen Sklaven und zum Ver-
46 walter macht, sorgt für deren regelmäßige Kost. / Selig ist der Sklave,
47 den der Herr so sorgen sieht, wenn er nach Hause kommt. / Amen,
48 ich sage euch, er wird ihm all seinen Besitz anvertrauen. / Ein
schlechter Verwalter sagt sich vielleicht: ›Ach, mein Herr wird ja
49 doch nicht so bald wieder da sein!‹ / Und er beginnt, seine Mitskla-
vinnen und Mitsklaven zu schlagen und zu schinden, selbst aber
50 frißt und säuft er mit den Zechern. / Zu diesem bösen Verwalter
51 kommt der Herr ganz unerwartet und überraschend. / Er wird ihn
zweiteilen, es wird ihm dreckig ergehen wie den Scheinheiligen. Und
alle werden sie heulen und vor Schmerz mit den Zähnen knirschen.«

Kapitel 25

Jesus erzählt das Gleichnis von den klugen und den dummen Mädchen 25,1-13

1 »Dann wird offenkundig werden, daß man das Himmelreich mit
folgender Geschichte vergleichen kann: Da waren zehn junge Mäd-
chen, die bei einer Hochzeitsfeier dem Bräutigam entgegengehen
und ihn dann mit Öllampen in der Hand feierlich zur Hochzeit be-
2 gleiten sollten. / Fünf der jungen Mädchen waren dumm, fünf klug.
3 / Die dummen Mädchen nahmen zwar ihre gefüllten Lampen mit,
4 vergaßen aber, weiteres Öl einzupacken. / Die klugen Mädchen
5 nahmen dagegen außer ihren Lampen auch Öl in Krügen mit. / Der
Bräutigam verspätete sich, und alle Mädchen nickten ein und
6 schliefen. / Gegen Mitternacht aber rief jemand plötzlich: ›Der
7 Bräutigam! Geht ihm entgegen!‹ / Da wachten die Mädchen auf
8 und richteten ihre Lampen her. / Die dummen Mädchen wandten

[155] Lk 12,39-40.
[156] Lk 12,42-46.

sich an die klugen und bettelten: ›Bitte, gebt uns von eurem Öl ab,
unsere Lampen erlöschen gleich.‹ / Die aber erwiderten: ›Nein, es 9
reicht nicht für uns alle. Geht euch selbst welches kaufen!‹ / Wäh- 10
rend die dummen Mädchen nun weggingen, um Öl zu besorgen,
kam der Bräutigam. Die anderen, die bereit waren, gingen mit ihm
zur Hochzeitsfeier, und die Haustür wurde verschlossen. / Als spä- 11
ter auch die dummen Mädchen vor der Tür standen und riefen:
›Herr, Herr, mach uns auf!‹, / ließ ihnen der Bräutigam ausrichten: 12
›Amen, ich sage euch, ich kenne euch nicht.‹ / Seid also auf der Hut, 13
denn ihr kennt weder Tag noch Stunde.

Jesus erzählt das Gleichnis von den anvertrauten Geldern 25,14-30

[157]Das Himmelreich gleicht auch folgender Geschichte: Ein Mann 14
wollte verreisen. Er rief seine Sklaven zusammen und teilte sein
Barvermögen unter sie auf. / Dem einen Sklaven händigte er eine 15
Summe im Wert von fünf, einem anderen im Wert von zwei und ei-
nem dritten im Wert von einem Talent[158] aus, jedem nach seinen
Fähigkeiten. Dann reiste er ab. Kaum war er abgereist, / da begann 16
der erste mit seinem Anteil zu wirtschaften und gewann die gleiche
Summe noch einmal hinzu. / Auch der zweite konnte seinen Anteil 17
im Wert verdoppeln. / Doch der dritte, der das wenigste empfangen 18
hatte, ging hin, grub ein Loch in die Erde und versteckte dort das
Geld seines Herrn. / Nach langer Zeit kam der Herr der Sklaven zu- 19
rück und verlangte Rechenschaft. / Da kam der erste mit dem Geld 20
im Wert von zehn Talent und sagte: ›Herr, fünf Talent hast du mir
gegeben. Ich habe die gleiche Summe noch einmal hinzugewon-
nen.‹ / Der Herr sagte zu ihm: ›Sehr gut, du bist ein vorbildlicher, 21
treuer Knecht. Weil du mit dem wenigen zuverlässig gewirtschaftet
hast, will ich dir viel anvertrauen. Ich will dir die Herrschaft über
viele Güter geben. Du kannst dich jetzt freuen über das, was dein
Herr für dich bestimmt hat.‹ / Dann kam der zweite mit dem Geld 22
im Wert von vier Talent. Er sagte: ›Herr, zwei Talent hast du mir
gegeben. Ich habe zwei weitere hinzugewonnen.‹ / Der Herr sagte 23
zu ihm: ›Sehr gut, du bist ein vorbildlicher, treuer Knecht. Weil du
mit dem wenigen zuverlässig gewirtschaftet hast, will ich dir viel
anvertrauen. Ich will dir die Herrschaft über viele Güter geben. Du
kannst dich jetzt freuen über das, was dein Herr für dich bestimmt
hat.‹ / Schließlich kam der dritte, der das wenigste empfangen 24
hatte, und sagte: ›Herr, ich wußte, daß du ein harter Mensch bist.

---

[157] Lk 19,11-27.

[158] »Talent« ist eine Gewichtsangabe und entspricht ca. 30 kg Silber.

Du hebst ab, wo du nichts eingezahlt hast, und erntest, wo du nicht
25 gesät hast. / Ich hatte Angst vor dir, und da habe ich dein Geld in
26 der Erde vergraben. Da hast du es zurück.‹ / Da schimpfte der Herr:
›Du untauglicher, fauler Sklave! Du wußtest, ich hebe ab, wo ich
27 nichts eingezahlt habe, und ernte, wo ich nicht gesät habe. / Du hät-
test mein Geld wenigstens zur Bank bringen können, so daß ich es
28 bei meiner Rückkehr mit Zinsen hätte abholen können.‹ / Zu den
Umstehenden sagte er: ›Nehmt ihm das Geld weg und gebt es dem,
29 der die zehn Talent hat. / Ja! Jedem, der viel hat, wird viel gegeben,
und er wird ganz viel haben. Dem, der wenig hat, wird auch das
30 wenige noch genommen. / Werft also den nutzlosen Sklaven in die
Finsternis hinaus, wo alle heulen und vor Schmerz mit den Zähnen
knirschen.‹

Jesus beschreibt das Weltgericht 25,31-46

31 Der Menschensohn wird kommen in seiner Herrlichkeit, und alle
Engel werden ihn begleiten. Er wird sich auf seinen herrlichen
32 Thron setzen. / Dann werden sich alle Heidenvölker[159] vor ihm ver-
sammeln, und er wird die Menschen voneinander trennen, wie der
33 Hirte die weißen Schafe von den schwarzen Ziegen[160] trennt. / Die
Schafe wird er zu seiner Rechten aufstellen, die Ziegen zu seiner
34 Linken. / Dann wird der König denen sagen, die zu seiner Rechten
stehen: ›Kommt her! Mein Vater im Himmel segnet euch! Hier ist
35 euer Königreich, das auf euch wartet seit Erschaffung der Welt. / Ich
war hungrig, und ihr habt mir zu essen gegeben, ich war durstig,
und ihr habt mir zu trinken gegeben, ich war fremd, und ihr habt
36 mich bei euch aufgenommen, / ich war nackt, und ihr habt mir Klei-
dung gegeben, ich war krank, und ihr habt mich besucht, ich war
37 im Gefängnis, und ihr seid zu mir gekommen.‹ / Dann werden die
Gerechten ihn fragen: ›Herr, wann haben wir dir zu essen gegeben,
38 als du hungrig warst, oder zu trinken, als du durstig warst? / Wann
haben wir dich aufgenommen, als du als Fremder vor uns standest,
39 und haben dir Kleidung gegeben, als du nackt warst? / Wann haben
wir dich besucht, als du krank warst, oder sind zu dir gekommen,
40 als du im Gefängnis warst?‹ / Und der König wird zu ihnen sagen:
›Amen, ich sage euch, was ihr einem dieser meiner geringsten Brü-

159 Vom Gericht über Israel ist in Mt 19,28 die Rede.

160 Die übliche Übersetzung mit »Böcken« ist sexistisch vereinfachend und irreführend. Bei der Gegenüberstellung mit Schafen bedeutet das Wort *erifos* »Ziegen«. Da die Ziegen in Palästina schwarz sind und die Schafe weiß, geht es hier um den Kontrast zwischen Weiß als Farbe der Gerechten und Schwarz als Farbe der Ungerechten.

der Gutes getan habt, das habt ihr mir getan.‹ / Dann wird der Kö- 41
nig zu denen zur Linken sagen: ›Weg von mir! Ihr seid verflucht.
Geht ins ewige Feuer, das für den Teufel und seine Engel bestimmt
ist. / Denn ich war hungrig, und ihr habt mir nicht zu essen gegeben, 42
ich war durstig, und ihr habt mir nicht zu trinken gegeben, / ich war 43
fremd, und ihr habt mich nicht bei euch aufgenommen, ich war
nackt, und ihr habt mir keine Kleidung gegeben, ich war krank und
im Gefängnis, und ihr habt mich nicht besucht.‹ / Dann werden 44
sie zurückfragen: ›Herr, wann haben wir dir nicht gedient, als du
hungrig oder durstig, fremd oder nackt, krank oder im Gefängnis
warst?‹ / Und der König wird ihnen antworten: ›Amen, ich sage 45
euch, alles Gute, das ihr einem von diesen Geringsten nicht getan
habt, das habt ihr auch mir nicht getan.‹ / Und die einen werden in 46
die ewige Bestrafung gehen, die Gerechten aber ins ewige Leben.«

Die Leidens- und Auferstehungsgeschichte 26-28

Kapitel 26

Jesu Ermordung wird beschlossen 26,1-5

Und als Jesus diese Rede beendet hatte, sagte er zu seinen Jüngern: 1
/ »In zwei Tagen beginnt die Passahzeit, und der Menschensohn 2
wird zur Kreuzigung übergeben.« / Zur gleichen Zeit versammelten 3
sich die Hohenpriester und Ältesten des Volkes im Palast des Ho-
henpriesters Kaiphas. / Sie faßten den Beschluß, Jesus heimlich zu 4
verhaften und zu beseitigen. / Sie sagten: »Es darf keinesfalls am 5
Passahfest sein, sonst gibt es Unruhen im Volk.«

Jesus wird mit kostbarem Öl gesalbt 26,6-13

Jesus hielt sich in Bethanien im Hause Simons, des Aussätzigen, 6
auf. / Da kam plötzlich eine Frau mit einem Alabastergefäß voll 7
kostbaren feinsten Öls herein. Sie träufelte Jesus das Öl über den
Kopf, als er beim Mahl lag. / Als die Jünger das sahen, waren sie 8
empört und sagten zueinander: »Wozu diese Verschwendung? /
Man hätte dieses Öl verkaufen und den Erlös den Armen geben 9
können!« / Jesus aber hörte es und sagte: »Schimpft nicht mit der 10
Frau. Sie hat ein gutes Werk an mir getan. / Denn Arme habt ihr 11
allezeit bei euch, mich aber habt ihr nicht immer. / Sie hat meinen 12
Leib im voraus für mein Begräbnis gesalbt. / Amen, ich sage euch: 13
Überall auf der ganzen Welt, wo dieses Evangelium verkündet

wird, wird man auch ihrer gedenken und erzählen, was sie getan
hat.«[161]

Judas liefert Jesus aus 26,14-16

14 [162]Judas Iskariot aber, einer von den Zwölfen, ging fort zu den Ho-
15 henpriestern / und sagte zu ihnen: »Was zahlt ihr mir, wenn ich ihn
euch übergebe?« Da setzten sie einen Preis von 30 Silberstücken
16 aus. / Von da an suchte Judas nach einer günstigen Gelegenheit,
sein Vorhaben auszuführen.

Das Passahmahl wird vorbereitet 26,17-19

17 [163]Am ersten Tag der Zeit, in der man Brot ungesäuert ißt, kamen
die Jünger zu Jesus und fragten ihn: »Was meinst du, wo sollen wir
18 das Passahmahl für dich vorbereiten?« / Jesus beauftragte sie:
»Geht nach Jerusalem zu einem Mann – er nannte ihnen den Na-
men – und sagt ihm: ›Unser Lehrer läßt dir bestellen: Meine Zeit ist
abgelaufen. Bei dir halte ich mit meinen Jüngern das Passahmahl.‹«
19 / Die Jünger taten, was Jesus ihnen aufgetragen hatte, und bereite-
ten das Passahmahl vor.

Jesus sagt den Verrat voraus 26,20-25

20 [164]Gegen Abend legte sich Jesus mit den zwölf Jüngern zu Tisch. /
21 Als sie aßen, ergriff Jesus das Wort und sagte: »Amen, ich sage
22 euch: Einer von euch wird mich ausliefern.« / Da wurden die Jün-
ger sehr traurig, und einer nach dem anderen fragte ihn: »Etwa
23 ich?« / Jesus sagte: »Derjenige ist es, der gerade gleichzeitig mit mir
24 den Bissen in die Suppenschüssel getunkt hat. / Der Menschensohn
geht zwar fort, wie die Schrift es über ihn sagt. Aber wehe dem
Menschen, der ihn ausliefert. Für ihn wäre es besser, er wäre gar
25 nicht geboren.« / Da fragte Judas, der ihn ausgeliefert hatte: »Bin
ich es etwa, Rabbi?« Jesus erwiderte: »Ja, du bist es.«

Jesus setzt das Abendmahl ein 26,26-29

26 [165]Und als sie aßen, nahm Jesus ein Brot, sprach das Lobgebet,
teilte das Brot und gab es den Jüngern mit den Worten: »Da, nehmt

---

[161] Hier wird demnach ein technischer Gebrauch des Wortes Evangelium vorausgesetzt, der bereits das Geschick Jesu umfaßt. Nur weil es darum geht, werden auch Taten einzelner Menschen darin wichtig.

[162] Mk 14,10-11.

[163] Mk 14,12-16.

[164] Mk 14,17-21.

[165] Mk 14,22-25.

und eßt, das bin ich.« / Und dann nahm er den Becher, sprach das 27
Dankgebet, reichte ihnen den Becher, und sagte: »Trinkt alle dar-
aus. / Denn das ist *mein* Bundesblut, ausgeschenkt für alle, damit 28
Sünden vergeben werden können. / Ich versichere euch: Von jetzt 29
ab werde ich erst wieder mit euch trinken, was aus Trauben gekel-
tert wurde, wenn meines Vaters Herrschaft vollendet ist.«

Jesus sagt die Flucht der Jünger und die Verleugnung des Petrus voraus 26,30-35

[166]Jesus und die Jünger sangen den Hymnus, den man nach dem 30
Passahmahl singt, und zogen zum Ölberg. / Dann sagte er zu ihnen: 31
»Ihr alle werdet in dieser Nacht von mir abtrünnig werden, denn
in der Schrift heißt es: ›Ich will den Hirten erschlagen, und die
Schafe werden verstreut.‹ / Doch wenn ich auferweckt bin, werde 32
ich euch nach Galiläa vorausgehen.« / Petrus erwiderte: »Mögen 33
auch alle anderen von dir abtrünnig werden, ich nicht.« / Aber 34
Jesus sagte zu ihm: »Amen, ich sage dir: Noch heute nacht, bevor
der Hahn gekräht hat, wirst du mich dreimal verleugnet haben.« /
Petrus aber beteuerte: »Selbst wenn ich mit dir sterben muß – ich 35
werde dich nicht verleugnen.« Alle übrigen Jünger beteuerten das-
selbe.

Jesus betet in Gethsemane 26,36-46

[167]Dann gelangte Jesus mit den Jüngern an einen Ort namens Geth- 36
semane. Dort sagte er zu ihnen: »Bleibt hier sitzen, bis ich dort hin-
ten gebetet habe.« / Er nahm Petrus und die beiden Söhne des Ze- 37
bedäus mit sich. Da überfiel ihn Trauer und Zittern, / und er sagte 38
zu ihnen: »Ich habe große Angst vor dem Sterben. Wartet hier und
bleibt wach.« / Er ging ein paar Schritte weiter, warf sich auf sein 39
Angesicht und betete: »Mein Vater, wenn es möglich ist, soll dieser
Leidensbecher an mir vorübergehen. Doch nicht was ich will, son-
dern was du willst, soll geschehen.« / Dann ging er zurück zu den 40
Jüngern und sah, daß sie schliefen. Er fragte Petrus: »Simon, konn-
tet ihr nicht eine Stunde mit mir wach bleiben? / Bleibt wach und 41
betet, damit euer Glaube die Belastungsprobe besteht. Der Heilige
Geist macht mutig, aber als bloße Menschen sind wir feige.« /
Dann entfernte sich Jesus erneut und betete: »Mein Vater, wenn ich 42
diesen Leidensbecher unbedingt austrinken muß, dann geschehe
dein Wille.« / Als er zu den Jüngern zurückkehrte, lagen sie wieder 43

166 Mk 14,26-31.
167 Mk 14,32-42.

44 schlafend da, denn die Augen waren ihnen zugefallen. / Und erneut
entfernte sich Jesus von den Jüngern und betete zum dritten Mal. /
45 Als er wiederkam, sagte er zu den Jüngern: »Ihr schlaft ja immer
noch und ruht euch aus! Aber nun ist es wirklich genug. Jetzt ist
der Augenblick, da der Menschensohn an die Gottlosen ausgelie-
46 fert wird. / Steht auf, wir wollen gehen. Der mich ausliefert, ist da.«

Jesus wird verhaftet 26,47-56

47 [168]Und Jesus hatte noch nicht ausgeredet, da kam Judas, einer von
den Zwölfen, und mit ihm ein ganzer Trupp Männer mit Schwer-
tern und Knüppeln, ausgeschickt von den Hohenpriestern und den
48 Ältesten des Volkes. / Mit diesen hatte er ein Zeichen vereinbart; er
hatte gesagt: »Der, den ich küssen werde, der ist es. Ergreift ihn.«
49 / Und kaum war Judas gekommen, da ging er auf Jesus zu, sagte:
50 »Sei gegrüßt, Rabbi!« und küßte ihn. / Jesus jedoch entgegnete:
»Freund, tu das, wozu du da bist!« Dann traten die Männer auf
51 Jesus zu und nahmen ihn gefangen. / Einer von Jesu Gefährten
streckte die Hand aus, zog sein Schwert und schlug dem Bedienste-
52 ten des Hohenpriesters ein Ohr ab. / Da wandte Jesus sich an den
Täter: »Steck dein Schwert an seinen Ort zurück. Denn alle, die das
53 Schwert ergreifen, werden durch das Schwert umkommen. / Ich
könnte doch leicht meinen Vater um Hilfe bitten, und er würde mir
54 mehr als zwölf Legionen Engel senden. / Doch dann könnte die
55 Schrift nicht erfüllt werden, nach der es so geschehen muß.« / Dann
sagte Jesus zu den Leuten: »Wie um einen Räuber zu fangen, seid
ihr mit Schwertern und Knüppeln ausgezogen. Dabei habe ich doch
täglich bei euch im Tempel gesessen, um euch die Schrift auszule-
56 gen. Da habt ihr mich nicht verhaftet. / Dieses alles ist geschehen,
damit die Schriften der Propheten erfüllt würden.« Dann ließen alle
Jünger Jesus im Stich und flohen.

Jesus wird vor dem Hohen Rat verhört 26,57-68

57 [169]Die Häscher hielten Jesus fest und führten ihn dem Hohenprie-
ster Kaiphas vor, bei dem sich auch die Schriftkundigen und Älte-
58 sten versammelt hatten. / Petrus folgte Jesus in einiger Entfernung in
den Hof im Haus des Hohenpriesters und setzte sich dort zu den Be-
59 diensteten, um zu sehen, wie die Sache ausgehen würde. / Die Ho-
henpriester und das ganze Gericht suchten nach falschen Zeugen-
aussagen gegen Jesus, um ihn zum Tode verurteilen zu können, /

[168] Mk 14,43-50.
[169] Mk 14,53-65.

doch sie fanden keine, obwohl sich viele Falschzeugen meldeten. 60
Zum Schluß meldeten sich zwei und / behaupteten: »Dieser hat ge- 61
sagt: ›Ich kann den Tempel Gottes zerstören und binnen drei Tagen
wieder aufbauen.‹« / Da stand der Hohepriester auf und fragte 62
Jesus: »Hast du zu den Zeugenaussagen, die hier gegen dich vor-
gebracht werden, nichts zu sagen?« / Jesus aber schwieg. Da wandte 63
sich der Hohepriester nochmals an ihn mit der Frage: »Ich be-
schwöre dich beim lebendigen Gott! Sage uns, bist du der Messias,
der Sohn Gottes?« / Jesus erwiderte: »Das hast du gesagt. Aber ich 64
sage euch: Von jetzt an werdet ihr den Menschensohn[170] nur noch
zur Rechten der Macht [Gottes] sitzen und mit den Wolken des
Himmels kommen sehen.« / Da riß sich der Hohepriester die Kleider 65
vom Leibe und rief: »Er hat Gott gelästert! Was brauchen wir noch
Zeugenaussagen? Ihr habt doch gehört, wie er Gott gelästert hat. /
Welche Strafe scheint euch angemessen?« Sie urteilten, er habe den 66
Tod verdient. / Da spuckten sie ihm ins Gesicht und prügelten mit 67
Fäusten auf ihn ein. Andere schlugen ihn von hinten / und forderten 68
ihn auf: »Du bist doch ein Prophet, sag, wer hat dich geschlagen?«

Petrus verleugnet Jesus 26,69-75

[171]Petrus saß draußen im Hof. Da trat eine Magd auf ihn zu und 69
sagte: »Du warst auch bei Jesus, dem Galiläer.« / Petrus aber stritt 70
es laut ab, stellte sich dumm und behauptete: »Ich weiß gar nicht,
wovon du redest.« / Als Petrus zur Tür hinausging, sah ihn eine an- 71
dere Magd und sagte zu denen, die dort standen: »Der gehört auch
zu den Jesusleuten.« / Petrus aber stritt es wieder ab und leistete 72
einen Eid darauf, daß er diesen Menschen nicht kenne. / Kurze Zeit 73
später traten wieder Leute auf Petrus zu, blieben stehen und sagten
ihm auf den Kopf zu: »Du gehörst wirklich zu denen, deine Sprache
verrät dich.« / Da begann Petrus heilige Eide zu schwören und 74
sagte: »Ich will verflucht sein, wenn ich den Mann kenne, von dem
ihr sprecht.« Und kaum hatte er das gesagt, da krähte der Hahn. /
Da erinnerte sich Petrus daran, daß Jesus zu ihm gesagt hatte: 75
»Bevor der Hahn gekräht hat, wirst du mich dreimal verleugnet
haben.« Und er rannte nach draußen und weinte bitterlich.

---

[170] Vgl. Dan 7,13.
[171] Lk 22,56-62.

Kapitel 27

Jesus wird an Pilatus überstellt 27,1-2

1 [172]Als es Morgen wurde, kamen alle Hohenpriester und die Älte-
2 sten des Volkes zu dem Beschluß, Jesus zu töten. / Sie ließen ihn fes-
seln, abführen und dem römischen Statthalter Pilatus übergeben.

Judas erhängt sich 27,3-10

3 Da sah Judas, der ihn ausgeliefert hatte, daß Jesus so gut wie ver-
urteilt war. Ihn packte die Reue, und er wollte den Hohenpriestern
4 und Ältesten die dreißig Silberstücke zurückbringen. / Er sagte:
»Ich habe Schuld auf mich geladen, denn ich habe einen Unschul-
digen ausgeliefert.« Die Hohenpriester und Ältesten nahmen je-
doch das Geld nicht zurück und sagten: »Wir haben damit nichts
5 mehr zu tun. Das ist jetzt deine Sache.« / Da warf Judas das Geld
in den Tempel und machte sich davon. Dann ging er hin und er-
6 hängte sich. / Die Hohenpriester nahmen das Geld und sagten:
»Man darf es nicht in den Tempelschatz tun, denn an dem Geld
7 klebt das Blut eines Menschen.« / Sie berieten sich und kauften mit
8 dem Geld den Acker eines Töpfers als Friedhof für Fremde. / Daher
9 heißt dieses Feld bis heute noch Blutfeld. / Damit erfüllte sich das
Wort des Propheten Jeremia[173]: »Und sie nahmen die dreißig Sil-
10 berstücke, den Preis, den die Israeliten geschätzt hatten, / und ver-
wendeten sie für den Acker eines Töpfers, wie es der Herr mir ge-
boten.«

Jesus wird von Pilatus verhört 27,11-14

11 [174]Jesus aber brachte man vor den Statthalter Pilatus. Pilatus fragte
12 ihn: »Bist du der König der Juden?« Jesus antwortete: »Ja.« / Als
die Hohenpriester und Ältesten zahlreiche Anklagepunkte gegen
13 ihn vortrugen, sagte er nichts. / Dann wandte sich Pilatus nochmals
14 an Jesus: »Hörst du nicht, was sie dir alles vorwerfen?« / Als Jesus
nicht antwortete, wunderte sich Pilatus sehr.

Jesus wird verurteilt und Barabbas freigelassen 27,15-26

15 [175]Aus Anlaß des Passahfests pflegte Pilatus den Juden jeweils einen
16 Gefangenen nach ihrer Wahl zu begnadigen. / Zu dieser Zeit war

---

[172] Mk 15,1.
[173] Vgl. Sach 11,12f. Herkunft aus Jer fraglich.
[174] Mk 15,2-5 (Mt 27,11-14).
[175] Mk 15,6-15.

ein berüchtigter Mann namens Barabbas in Haft. / Als sich nun das 17
Volk versammelt hatte, fragte Pilatus die Menge: »Wen soll ich
euch freilassen, Barabbas oder Jesus, den man den Messias nennt?«
/ Er wußte nämlich, daß man Jesus aus Neid ausgeliefert hatte. / Als 18, 19
er gerade auf seinem Richterstuhl Platz genommen hatte, schickte
seine Frau einen Boten zu ihm und ließ ihm sagen: »Laß die Hände
von diesem Gerechten. Ich habe heute nacht seinetwegen einen
entsetzlichen Alptraum gehabt.« / Doch die Hohenpriester und die 20
Ältesten hetzten das Volk auf, sie sollten die Freilassung von Barab-
bas erbitten, für Jesus aber die Hinrichtung verlangen. / Als Pilatus 21
daher fragte: »Welchen wollt ihr? Wen von den beiden soll ich frei-
lassen?« rief die Menge: »Barabbas!« / Pilatus fragte weiter: »Was 22
soll ich denn nun mit Jesus machen, den sie den Messias nennen?«
Jetzt schrien alle: »Ans Kreuz mit ihm!« / Pilatus entgegnete: »Was 23
hat er denn Böses getan?« Sie schrien aber noch lauter: »Ans Kreuz
mit ihm!« / Da sah Pilatus ein, daß er nichts bewirken konnte, daß 24
vielmehr der Tumult nur noch größer wurde. Er ließ sich etwas
Wasser geben und wusch sich vor den Augen des Volkes die Hände
mit den Worten: »Ich trage keine Schuld an dieser Hinrichtung. An
meinen Händen soll kein Blut kleben. Das ist jetzt allein eure Sa-
che.« / Die Leute riefen: »Sein Blut komme über uns und unsere 25
Kinder!« Das heißt: Wenn er unschuldig ist, soll uns und unsere
Kinder dieselbe Strafe treffen wie ihn![176] / Da ließ Pilatus ihnen Ba- 26
rabbas frei, Jesus aber übergab er den römischen Soldaten zur Gei-
ßelung und Kreuzigung.

Jesus wird von den Soldaten verhöhnt 27,27-31

[177]Die Soldaten des Statthalters nahmen Jesus und führten ihn in 27
den Palast, das sogenannte Prätorium, wo sich die ganze Mann-
schaft um ihn versammelte. / Sie zogen Jesus die Kleider aus, häng- 28
ten ihm einen Purpurmantel um / und setzten ihm eine aus Dornen- 29
zweigen geflochtene Krone auf den Kopf. Sie drückten ihm einen
Stock aus Schilfrohr in die rechte Hand, beugten höhnisch das Knie
vor ihm, als wollten sie ihm huldigen, und ließen ihren Spott an
ihm aus, indem sie riefen: »Heil dir, König der Juden!« / Sie spuck- 30
ten ihn an und schlugen ihm mit einem Knüppel auf den Kopf. /

---

[176] Für das MtEv ist diese »Selbstverfluchung« mit der in Mt 23,35f verkündeten Zerstörung Jerusalems bereits in Erfüllung gegangen und damit vollständig abgegolten. Diese Sperre, die das MtEv gegen antijüdische Auslegung von 27,25 einbaut, wurde leider im Mittelalter übersehen.

[177] Mk 15,16-20a.

31 Danach nahmen sie ihm den Purpurmantel wieder ab, zogen ihm
seine Kleider wieder an und führten ihn ab zur Kreuzigung.

Jesus wird gekreuzigt 27,32-37

32 [178]Als sie die Stadt verließen, trafen sie auf einen Mann namens Si-
mon, aus Kyrene. Sie zwangen ihn, den Querbalken für die Kreuzi-
33 gung zu tragen. / Als sie zu der Anhöhe Golgotha, das heißt »Schä-
34 delberg«, gelangten, / reichten sie Jesus mit Galle gemischten Wein,
35 aber er kostete und wollte ihn nicht trinken. / Dann kreuzigten sie
36 ihn und verlosten seine Kleidungsstücke untereinander[179]. / Sie
37 setzten sich auf den Boden und bewachten ihn. / Oberhalb seines
Hauptes brachten sie eine Aufschrift am Kreuz an, die den Grund
für seine Hinrichtung angab: »Jesus, der König der Juden.«

Der Gekreuzigte wird verhöhnt 27,38-44

38 [180]Dann kreuzigten die Soldaten neben Jesus zwei Straßenräuber, ei-
39 nen rechts und einen links. / Die Vorübergehenden verzogen höh-
40 nisch das Gesicht / und spotteten: »Wolltest du nicht den Tempel zer-
stören und innerhalb von drei Tagen wieder aufrichten? Befreie dich
doch selbst, wenn du Gottes Sohn bist, und steig vom Kreuz herab!«
41 / Ähnlich lästerten die Hohenpriester gemeinsam mit den Schrift-
42 kundigen und Ältesten: / »Anderen hat er geholfen, sich selbst kann
er nicht helfen. Wenn er wirklich der König Israels ist, soll er jetzt
43 vom Kreuz herunterkommen, dann können wir an ihn glauben. / Er
glaubt ja an Gott, soll der ihn doch retten, wenn er ihn liebt. Er hat
44 ja gesagt: ›Ich bin Gottes Sohn.‹« / Genauso machten sich auch die
neben Jesus gekreuzigten Straßenräuber über ihn lustig.

Jesus stirbt am Kreuz 27,45-54

45 [181]Von zwölf bis drei Uhr herrschte Finsternis im ganzen Land. /
46 Um drei Uhr schrie Jesus laut: »Eloi, eloi, lama sabachtani«, das
heißt[182]: »Mein Gott, mein Gott, wozu hast du mich verlassen?« /
47 Einige der Umstehenden, die das hörten, sagten: »Hört, er ruft
48 Elia!« / Kaum hatte er das gerufen, da lief einer fort, nahm einen
Schwamm, tränkte ihn mit Essig, steckte ihn auf einen Stab und
49 gab ihm zu trinken. / Die übrigen sagten: »Mal sehen, ob Elia
50 kommt und ihn befreit!« / Jesus aber schrie laut auf und starb. /

178 Mk 15,20b-21.
179 Vgl. Ps 22,19.
180 Mk 15,27-32.
181 Mk 15,33-39.
182 Ps 22,9.

Da zerriß der Vorhang des Tempels von oben nach unten in zwei 51
Stücke. Die Erde bebte, und die Felsen spalteten sich. / Die Gräber 52
taten sich auf, und viele verstorbene Gerechte wurden auferweckt.
/ Sie kamen nach der Auferstehung Jesu aus ihren Gräbern heraus, 53
gingen in die heilige Stadt Jerusalem und erschienen vielen Leuten.
/ Doch als der Hauptmann und die Soldaten, die mit ihm Jesus be- 54
wachten, das Erdbeben und die anderen Zeichen wahrnahmen,
sagten sie: »Dieser war wirklich Gottes Sohn.«

Die Frauen sind Zeuginnen der Kreuzigung 27,55-56

[183]Eine Anzahl Frauen hatten alles aus einiger Entfernung beob- 55
achtet. Sie waren Jesus aus Galiläa gefolgt und hatten für das Le-
bensnotwendige gesorgt. / Unter ihnen waren Maria Magdalena, 56
Maria, die Mutter des Jakobus, die Mutter Josephs und die Mutter
von Jakobus und Johannes, den Söhnen des Zebedäus.

Jesus wird ins Grab gelegt 27,57-61

[184]Als es Abend wurde, wagte es Joseph von Arimathia, ein wohl- 57
habender Mann, der Jesus als Jünger zugetan war, / zu Pilatus zu 58
gehen und ihn um Jesu Leichnam zu bitten. Pilatus ordnete an, daß
man ihm den Leichnam aushändigen sollte. / Joseph nahm den 59
Leichnam Jesu und wickelte ihn in reines Leinentuch. / Er legte ihn 60
in sein eigenes neues Felsengrab, rollte einen großen Stein vor den
Eingang und ging fort. / Maria Magdalena und die andere Maria 61
waren auch dort und saßen dem Grab gegenüber.

Das Grab wird bewacht 27,62-66

Am folgenden Morgen, es war der Sabbat, kamen die Hohenprie- 62
ster und Pharisäer bei Pilatus zusammen / und sagten: »Verehrter 63
Herr, wir haben noch gut in Erinnerung, daß dieser Betrüger da
noch zu Lebzeiten gesagt hat: ›Nach drei Tagen werde ich aufer-
weckt.‹ / Gib daher Befehl, daß das Grab bis zum dritten Tag gesi- 64
chert wird. Sonst kommen noch seine Jünger, stehlen seinen Leich-
nam und sagen dem Volk: ›Er ist von den Toten auferstanden.‹ Und
dann wäre der letzte Betrug noch schlimmer als der erste.« / Pilatus 65
gab ihnen zur Antwort: »Hier habt ihr eine Wachmannschaft. Geht
hin und sichert das Grab, so gut ihr nur könnt.« / Sie gingen hin 66
und sicherten das Grab, indem sie den Stein am Eingang zur Grab-
kammer versiegelten und eine Wache aufstellten.

---

[183] Mk 15,40-41.
[184] Mk 15,42-47.

Kapitel 28

Die Frauen empfangen die Auferstehungsbotschaft am leeren Grab 28,1-8

1 Am Abend des Sabbat, kurz bevor mit dem Sonntag die neue Wo-
che begann, kamen Maria Magdalena und die andere Maria, um
2 das Grab Jesu zu besuchen. / Da bebte plötzlich die Erde heftig.
Denn ein Engel des Herrn stieg vom Himmel herab, ging zum
3 Grab, wälzte den Stein weg und setzte sich darauf. / Er war hell wie
4 der Blitz, sein Gewand leuchtete wie Schnee. / Bei denen, die das
Grab bewachten, löste er solches Entsetzen aus, daß sie vor Angst
5 schlotterten und ohnmächtig zu Boden fielen. / Darauf sagte der
Engel zu den Frauen: »Habt keine Angst! Ihr sucht Jesus, den Ge-
6 kreuzigten. / Er ist nicht hier, er ist auferweckt worden, wie er vor-
7 hergesagt hat. Seht dort die Stelle, wo er gelegen hat. / Macht euch
schnell auf und richtet seinen Jüngern aus: ›Er ist von den Toten
auferweckt worden und geht euch nach Galiläa voraus. Dort wer-
8 det ihr ihn sehen!‹ Das trage ich euch auf.« / Eilig verließen die
Frauen das Grab und rannten voll Schrecken und voll großer
Freude davon, um es seinen Jüngern zu berichten.

Die Frauen sehen den Auferstandenen 28,9-10

9 Da kam ihnen Jesus entgegen und sagte: »Ich grüße euch!« Die
Frauen liefen zu ihm hin, umschlangen seine Füße und beteten ihn
10 an. / Jesus sagte zu ihnen: »Habt keine Angst! Geht und meldet
meinen Brüdern, daß sie nach Galiläa gehen sollen. Dort werden
sie mich sehen.«

Der Hohe Rat besticht die Wache zur Falschaussage 28,11-15

11 Während die Frauen noch auf dem Weg waren, gingen einige Sol-
daten von der Wachtruppe in die Stadt und meldeten den Hohen-
12 priestern alles, was geschehen war. / Diese trafen sich mit den Älte-
sten und faßten einen gemeinsamen Plan. Sie gaben den Soldaten
13 Geld und beauftragten sie, / folgendes auszusagen: »Während wir
nachts schliefen, sind seine Jünger gekommen und haben ihn ge-
14 stohlen.« / Sie erklärten ihnen: »Wenn dies der Statthalter Pilatus
hört, werden wir ihn überzeugen, und ihr dürft ganz unbesorgt
15 sein.« / Die Soldaten nahmen das Geld und taten, was man ihnen
gesagt hatte. Und dieses Gerücht wird bei den Juden bis auf den
heutigen Tag verbreitet.

Der Auferstandene sendet die Jünger aus 28,16-20

[185]Die elf Jünger aber zogen nach Galiläa auf den Berg, zu dem 16
Jesus sie bestellt hatte. / Manche erblickten Jesus und beteten ihn 17
an, andere aber zweifelten. / Dann kam Jesus zu ihnen und erklärte 18
ihnen: »Mir hat Gott alle Vollmacht im Himmel und auf der Erde
gegeben. / Geht hin und macht alle Heidenvölker zu Jüngern und 19
Jüngerinnen. Tauft sie auf den Namen des Vaters, des Sohnes und
des Heiligen Geistes. / Lehrt sie, daß sie alles bewahren sollen, was 20
ich euch aufgetragen habe. Ich bin bei euch allezeit bis an das Ende
der Welt [und der Zeit].«

[185] Mk 16,14-16a (Mt 28,16-20).

Thomas-Evangelium

Eigenart: Das ThomasEv ist eine unverbundene Sammlung von Jesusworten (Logien), kurzen Szenen, die in einem Jesuswort gipfeln (Chrien), und Dialogen. Eine fortlaufende Erzählung gibt es ebensowenig wie eine Passionsgeschichte.
Das ThomasEv wurde in vollständiger Fassung in koptischer Sprache erst 1945 gegenüber von Nag Hammadi in Chenoboskion gefunden. Der Text ist aus dem Griechischen übersetzt. Nach dem Fund von 1945 konnte man nun auch die griechischen Fragmente näher identifizieren, die man 1897 und 1903 in Oxyrhynchos in Mittelägypten gefunden hatte, denn dem Papyrus Oxyrhynchos 1 entspricht nun ThomasEv 26-33.77b, dem Papyrus Oxyrhynchos 654 entspricht ThomasEv Prolog plus 1-17, dem Papyrus Oxyrhynchos 655 entspricht ThomasEv 36-39. – Auch einige altkirchliche Zitate konnte man jetzt verifizieren.

Verfasser: Die Sammlung ist laut Prolog von Didymos Judas Thomas verfaßt. Einen Thomas Didymos kennt das JohEv in 21,2, die syrische Version (Cureton) von Joh 14,22 kennt auch einen Judas Thomas. Außerhalb des Neuen Testaments findet sich ein solcher Judas Thomas in den apokryphen Thomasakten. – Vielleicht sind in dieser Gestalt der Bruder Jesu namens Judas (Mk 6,3) und eben der Thomas Didymus aus Joh 21,2. zusammengelegt worden – Da die Acta Thomae im 3. Jahrhundert in Syrien entstanden sind, vermuteten viele Syrien als Entstehungsort auch schon dieser Sammlung.

Datierung: Die ältere Forschung neigte dazu, das ThomasEv in das 2. Jh. n. Chr. zu verlegen. Inzwischen zeigen jedoch neuere Untersuchungen (K. Berger: Theologiegeschichte des Urchristentums, 2. A. 1995, s. v. ThomasEv; J. Schröter: Erinnerung an Jesu Worte. Studien zur Rezeption der Logienüberlieferung in Markus, Q und Thomas, 1997), daß die Version, die das ThomasEv von Jesusworten bietet, häufig ebenbürtig neben die Logienquelle tritt oder sogar noch älter sein könnte. Der Begriff »Gnosis« ist überdies fraglich geworden, da man fast alles, was man früher auf ein gnostisches System meinte zurückführen zu müssen, nun anders oder allgemein im Rahmen eines Dualismus verstehen kann. Daher spätestens: 70-80 n. Chr.

Adressaten: Besonders auffällig ist, daß in Logion 12 Jakobus, der Herrenbruder, als Leiter der Christen in Jerusalem angesehen wird. Damit zeigt das ThomasEv eine unvergleichlich starke Orientierung an Jerusalem. Diese dürfte durchaus den historischen Gegebenheiten bis zum Jahre 70 n. Chr. entsprechen.

Theologie: Die inhaltlichen Positionen sind häufig archaisch, und es bestehen Beziehungen nicht nur zu den Synoptikern, sondern auch zum JohEv und zu Paulus. Beim näheren Hinsehen kann man feststellen, daß das ThomasEv nicht zufällig bunt gewürfelt ist, sondern daß die einzelnen Logien durch Stichwortverbindung, Opposita, Teile bekannter »Wortfelder« und Synonyma sowie durch gemeinsame Architektonik (»Strukturen«) zusammenhängen.

Koptischer Text nach B. Layton, Leiden 1989; griechische Fragmente nach A. de Santos Otero: Los evangelios apócrifos, Madrid 1963, 87-95.
Die Unterteilung in Verse ist hier neu.

THOMAS-EVANGELIUM

Dies sind die Worte Jesu, des Lebendigen. Sie waren bis jetzt verborgen. Didymos Judas Thomas hat sie aufgeschrieben.

1

Jesus sagt: »Wer die Bedeutung dieser Worte findet, wird nicht sterben.«

2

1 Jesus sagt: »Wer sucht, soll so lange weitersuchen, bis er findet. /
2, 3 Wenn er aber findet, wird er erschrocken sein. / Wenn er erschrok-
4 ken ist, wird er staunen. / Und er wird König sein über die unsicht-
bare Welt.«[1]

3

1 Jesus sagt: »Da gibt es Leute, die euch anleiten möchten. Wenn sie
sagen: ›Gottes Herrschaft ist im Himmel‹, hört nicht hin, denn da
2 sind die Vögel des Himmels früher als ihr. / Wenn sie zu euch sagen:
›Gottes Herrschaft ist im Meer‹, hört nicht hin, denn da sind euch
3 die Fische des Meeres voraus. / Gottes Herrschaft ist vielmehr
4 [überall in dieser Welt,] innerhalb und außerhalb von euch.[2] / Wenn
ihr euch selbst erkennt, wird Gott euch erkennen und erwählen.
Dann werdet ihr begreifen, daß ihr Kinder des lebendigen Vaters
5 seid. / Wenn ihr euch aber nicht selbst erkennt, lebt ihr weiter in Ar-
mut und seid geradezu die Armut selbst.«

4

1 Jesus sagt: »Ein altgewordener Mensch wird nicht zögern, einen
Säugling, der gerade sieben Tage alt ist, nach dem Ort des Lebens
[also nach Gott] zu fragen. Und er wird [Antwort bekommen und]
2 leben. / Denn viele, die jetzt ganz vorne sind [und als weise gelten],
3 werden ganz hinten stehen. / Es wird überhaupt keinen Unterschied
mehr geben.«

[1] Wörtlich: »über das All«. Das »All« ist Fachausdruck für die unsichtbare göttliche Welt.

[2] Vgl. Lk 17,21.

5

Jesus sagt: »Nimm wahr, was direkt vor deinen Augen liegt. Dann 1
wird Gott dir enthüllen, was für dich noch verborgen ist. / Denn 2
Gott wird alles enthüllen, was verborgen ist.«

6

Die Jünger fragen Jesus: »Willst du, daß wir fasten? Wie sollen wir 1
beten, und wie sollen wir Almosen geben? Auf welche Speisen sol-
len wir achten?«
Jesus sagt: »Lügt nicht, laßt keinen Gegensatz zwischen außen und 2
innen entstehen. / Tut nichts, was ihr gar nicht tun wolltet. / Denn 3, 4
Gott sieht alles.[3] / Alles, was jetzt verborgen ist, wird offenbar wer- 5
den. / Und alles, was jetzt verhüllt ist, wird enthüllt werden.«[4] 6

7

Jesus sagt: »Selig der Mensch, der den Löwen verschlingt.[5] Dann 1
wird der Löwe Mensch. / Und wehe dem Menschen, den der Löwe 2
verschlingt. Dann wird der Mensch ein Löwe.«

8

Jesus sagt: »Der Mensch ist wie ein kluger Fischer, der sein Netz ins 1
Meer warf und es voll kleiner Fische aus dem Meer heraufzog. / Un- 2
ter den kleinen Fischen fand der kluge Fischer einen großen, guten
Fisch. / Da warf er alle kleinen Fische wieder ins Meer hinab und 3
behielt den großen Fisch für sich. So hatte er ohne besondere Mühe
auf geschickte Weise einen großen Fisch gefangen. / Denkt gut dar- 4
über nach!«[6]

9

Jesus sagt: »Einer ging aus, um zu säen. Er nahm eine Handvoll 1
Saatgut und warf es aus. / Einiges fiel auf den Weg. Da kamen die 2
Vögel und pickten es auf. / Anderes fiel auf den Fels und trieb keine 3
Wurzel in die Erde, so daß es keine Ähren emporsprießen lassen

3 Wörtlich: »Denn alles ist enthüllt vor dem Angesicht der Wahrheit.«

4 Vgl. Mk 4,22.

5 Wörtlich: »Selig der Löwe, den der Mensch essen wird ...« Der Löwe steht seit Platon für »das Tier im Menschen«. In diesem Wort wird diskutiert, ob der Mensch zum Tier wird oder umgekehrt. In der 2. Satzhälfte heißt es im überlieferten Textbestand in beiden Teilen des Wortes jeweils » ... und der Löwe wird Mensch sein.« Hier liegt möglicherweise ein Übertragungsfehler vor.

6 Vgl. Mt 13,47f. Differenz: Der größte Fisch ist hier Gottes Reich.

4 konnte. / Wieder anderes fiel in die Dornen, aber das Dorngestrüpp
5 erstickte die Saat, und Würmer fraßen sie. / Manches aber fiel auf
guten Boden und brachte gute Frucht hervor. Aus jedem Samenkorn wurden sechzig oder hundertundzwanzig.«[7]

10

Jesus sagt: »Ich habe Feuer in die Welt geworfen und will aufpassen, daß es nicht ausgeht, bevor es lodert.«[8]

11

1 Jesus sagt: »Dieser sichtbare untere Himmel wird vergehen, und
auch der Himmel darüber wird vergehen. [Alles andere nicht.]
2 Und die [seelisch] Toten leben nicht, und die [wahrhaft] Lebendigen werden nicht sterben.
3 In der Zeit, als ihr Totes verschlungen habt, da habt ihr es lebendig
gemacht. [Diese Zeit ist jetzt.] Aber was werdet ihr tun, wenn ihr im
Licht seid? [Das wissen wir nicht, die Zeit zum Handeln ist jetzt.]
Damals seid ihr aus einem [Adam] zwei [Mann und Frau] gewor-
4 den. Da ihr aber nun zwei seid, was wollt ihr werden?« [Die Zeit
zum Handeln ist jetzt: Wir wollen wieder einer werden.]

12

Die Jünger sagten zu Jesus: »Wir wissen, daß du uns verlassen
1 wirst. Wer soll dann über uns herrschen?«
Jesus sagte zu ihnen: »Woher auch immer ihr gekommen seid – geht
2 zu Jakobus, dem Gerechten. Um seinetwillen sind der Himmel und
die Erde entstanden.«

13

Jesus sagte zu seinen Jüngern: »Vergleicht mich mit anderen Gestal-
1 ten und sagt mir, wem ich gleiche.«
Simon Petrus sagte zu ihm: »Du bist wie ein gerechter Engel.«
2 Matthäus sagte zu ihm: »Du bist wie ein kluger Philosoph.«
3 Thomas sagte zu ihm: »Meister, mein Mund kann es überhaupt
4 nicht ertragen zu sagen, wem du gleichst.«[9]
5 Jesus sagte: »Ich bin nicht dein Meister. Du hast getrunken und
dich berauscht an der sprudelnden Quelle, die ich nur ausgemessen
habe.«

---

7 Vgl. Mk 4,3-8; Mt 13,3-8; Lk 8,5-8.
8 Vgl. Lk 12,49.
9 Vgl. Mk 8,27-30.

Jesus nahm Thomas beiseite und sagte drei Worte zu ihm. 6
Als Thomas zu den anderen Jüngern zurückkam, fragten sie ihn: 7
»Was hat Jesus zu dir gesagt?«
Thomas antwortete: »Wenn ich euch auch nur eines von den Wor- 8
ten, die mir Jesus gesagt hat, weitersagen würde, würdet ihr Steine nehmen und mich damit bewerfen [weil ich in euren Augen der Gotteslästerung schuldig wäre]. Doch aus den Steinen würde Feuer schlagen und euch verbrennen [weil nicht ich, sondern ihr der Gotteslästerung schuldig wärt].«

14

Jesus sagte zu den Jüngern: »Wenn ihr fastet, dann begeht ihr eine 1
Sünde in eurem Herzen. / Wenn ihr betet, könnt ihr ganz leicht ver- 2
urteilt werden. / Wenn ihr Almosen gebt, dann schadet ihr euch.[10] 3
Und geht ihr in ein Land und wandert von Ort zu Ort, dann eßt, 4
wenn man euch gastlich aufnimmt, was man euch vorsetzt. Heilt die Kranken.[11]
Denn unrein macht euch nicht, was in euren Mund hineingeht – 5
sondern was aus eurem Mund herauskommt, das wird euch unrein machen.«[12]

15

Jesus sagt: »Wenn ihr einen seht, der nicht von einer Frau geboren wurde, werft euch nieder auf euer Angesicht und betet ihn an. Denn er ist euer Vater.«

16

Jesus sagt: »Vielleicht denken die Menschen, daß ich gekommen 1
bin, um Frieden auf die Welt zu bringen. / Doch sie wissen nicht, 2
daß ich gekommen bin, um Zwietracht auf die Erde zu bringen,
Feuer, Schwert und Krieg. / Denn wenn fünf Menschen in einem 3
Haus sind, werden drei gegen zwei und zwei gegen drei sein. Der Vater wird gegen den Sohn sein und der Sohn gegen den Vater. /
Jeder wird einzeln für sich dastehen.«[13] 4

---

[10] Vgl. Mt 6,2-18.
[11] Vgl. Lk 10,8.
[12] Vgl. Mk 7,15.
[13] Vgl. Mt 10,34-36.

17

Jesus sagt: »Ich werde euch etwas geben, das kein Auge gesehen und kein Ohr gehört hat, das keine Hand berührt hat und das keinem Menschen in den Sinn gekommen ist.«

18

1 Die Jünger fragten Jesus: »Sage uns: Wie wird unser Ende sein?« /
2 Jesus antwortete: »Habt ihr denn schon den Anfang entdeckt, daß
ihr jetzt nach dem Ende fragt? Denn wo der Anfang ist, dort wird
auch das Ende sein [nämlich bei Gott].
3 Selig, wer im Anfang [in der Gnade Gottes] steht. Er wird das Ende
erleben und nicht sterben.«

19

1 Jesus sagt: »Selig ist, wer [seit Ewigkeit als Auserwählter bei Gott]
2 war, bevor er wurde. / Wenn ihr meine Jünger werdet und auf
meine Worte hört, werden euch diese Steine dienen.
3 Im Paradies gibt es fünf Bäume [des Lebens], die sich weder im
Sommer noch im Winter verändern.[14] Ihre Blätter fallen nicht ab. /
4 Wer sie wahrnimmt, wird nicht sterben.«

20

1 Die Jünger baten Jesus: »Sag uns, womit man die Herrschaft Got-
2 tes vergleichen kann.« / Jesus sagte zu ihnen: »Sie ist wie ein Senf-
3, 4 korn. / Es ist der kleinste von allen Samen überhaupt. / Wenn es
aber in einen Acker gelegt wird, treibt es einen großen Sproß her-
vor, der den Vögeln des Himmels[15] Schutz bietet.«

21

1 Maria Magdalena fragte Jesus: »Womit kann man deine Jünger
2 vergleichen?« / Jesus antwortete: »Sie sind wie Sklaven, denen ein
3 Feld anvertraut ist, das ihnen nicht gehört. / Wenn die Eigentümer
des Feldes [die Mächte, die in der Welt herrschen] kommen, wer-
4 den sie sagen: ›Gebt uns unser Feld wieder.‹ / Vor dem Angesicht
der Eigentümer sind die Sklaven nackt [denn ihnen gehört nichts,
nicht einmal ihre Kleidung, ihr Leib]. Darum geben sie den Eigen-

---

[14] Geht es bei diesen fünf Bäumen um die fünf Bücher Mosis? Sie sind ja ganz vorrangig Offenbarung. Sollte das zutreffen, dann könnte es sich um ein Stück aus dem frühen samaritanischen Christentum handeln (wie ThomasEv 60), denn die Samaritaner hielten in polemischer Weise an der Alleingültigkeit des Pentateuch fest.

[15] Vgl. Mk 4,30-32; Mt 13,31-32; Lk 13,18-19.

tümern ihr Feld [alles, was sie auf Erden haben] und verzichten dar-
auf.
Deshalb erkläre ich: Wenn ein Hausherr erfährt, daß ein Dieb kom- 5
men will, wird er wachsam nach ihm Ausschau halten und ihn
nicht eindringen lassen in das Haus, dessen Hausherr er ist, damit
seine Habe nicht geraubt wird. / Ihr aber seid wachsam gegenüber 6
[den Dieben aus] der Welt. / Seid dienstbereit angekleidet[16], sam- 7
melt all eure Kraft, damit die Räuber keinen Weg finden, sich euch
zu nähern[17]. / Denn in der gefährlichen Zeit des Gerichts wird über 8
das entschieden, was für ein Weiterleben notwendig ist.[18] / Möge 9
in eurer Mitte ein Mensch sein, der diese Sätze verstehen kann. /
Als die Früchte reif waren, kam er schnell mit der Sichel und erntete 10
sie.[19] / Denkt gut darüber nach!« 11

22

Jesus sah kleine Kinder, die gestillt wurden. / Er sagte zu seinen 1, 2
Jüngern: »Diese Kleinen, die gestillt werden, kann man mit denen
vergleichen, die in die Herrschaft Gottes eingehen.« / Die Jünger 3
fragten: »Werden wir denn als Säuglinge in Gottes Herrschaft ein-
gehen?« / Jesus antwortete: »Wenn ihr die zwei zu einem macht 4
[und versöhnt], wenn ihr das Innere wie das Äußere macht [so daß
kein Graben zwischen Sagen und Handeln ist] und das Äußere wie
das Innere und das Obere wie das Untere [so daß keine Unter-
schiede in Wert und Rang bestehen], / nämlich, daß ihr das Männ- 5
liche und das Weibliche zu einem einzigen macht[20], so daß das
Männliche nicht weiterhin männlich und das Weibliche nicht wei-
terhin weiblich ist, / wenn es neue Augen gibt anstelle der alten, 6
eine neue Hand anstelle der alten, neue Füße anstelle der alten, eine
ganz neue Gestalt anstelle der alten [wenn also der ganze Leib ver-
wandelt ist dank eurer Art zu leben], / dann werdet ihr eingehen in 7
Gottes Herrschaft.«

---

[16] Vgl. Lk 12,35-36; ThomasEv 103.

[17] Vgl. besonders ThomasEv 103 und Lk 12,39-40; Mt 24,43f.

[18] Wörtlich: Es wird vorgefunden werden (»finden« als Fachausdruck für Aktivitäten im Weltgericht wie 2 Petr 3,10b), d. h., das Gericht wird entscheiden über das, was ihr als Lebensnotwendiges ersehnt. Das Gericht beschäftigt sich also nicht mit Nebensächlichem, sondern mit dem Lebensnotwendigen. Der Zusammenhang mit dem Gericht ist durch die Dieb-Metapher gegeben: Das Gericht kommt wie ein Dieb.

[19] Vgl. Mk 4,29.

[20] Vgl. 2 Clem 12,2-4; Act Petr.

23
Jesus sagt: »Ich werde euch auserwählen, einen aus tausend und zwei aus zehntausend.[21] Und die beiden werden dastehen als ein einziger Mensch [ohne trennende Unterschiede].«

24
1 Jesu Jünger sagten: »Zeige uns den Ort, an dem du bist.[22] Denn wir
2 müssen danach suchen.« / Jesus erwiderte: »Denkt genau nach
3 über das, was ich jetzt sage: / Ein Mensch des Lichts hat in seinem
Inneren ein Licht, und es erleuchtet die ganze Welt.[23] Wenn es nicht leuchtet, ist Finsternis.«

25
1,2 Jesus sagt: »Liebe deinen Bruder wie dein Leben. / Behüte ihn wie deinen Augapfel.«

26
1 Jesus sagt: »Den Splitter, der im Auge deines Bruders ist, siehst du.
Doch den Balken, der in deinem eigenen Auge ist, siehst du nicht. /
2 Wenn du den Balken aus deinem Auge herausziehst, dann wirst du
so gut sehen, daß du den Splitter aus dem Auge deines Bruders herausziehen kannst.«[24]

27
1 Jesus sagt: »Wenn ihr nicht auf das verzichtet, was die Welt bietet,
2 werdet ihr die Herrschaft Gottes nicht finden. / Wenn ihr nicht den
Sabbat wirklich als Sabbat haltet, werdet ihr den Vater nicht sehen.«

28
1 Jesus sagt: »Ich stand mitten in der Welt und offenbarte mich ihnen
2 als Mensch. / Ich fand, daß sich die Menschen alle satt getrunken
3 hatten. Ich fand keinen unter ihnen, der durstig war. / Da taten mir
die Kinder der Menschen leid, weil sie in ihrem Herzen blind sind
und nicht sehen. Denn leer kamen sie in die Welt und haben nichts
4 Eiligeres zu tun, die Welt auch wieder leer zu verlassen. / Doch jetzt
haben sie sich satt getrunken. Wenn sie erst einmal ihren Weinrausch abschütteln, werden sie umdenken.«[25]

---

21 Vgl. Ps 91,7.
22 Vgl. Joh 1,38 (»Wo bist du?«); 14,8 (»Zeige uns den Vater«).
23 Vgl. Joh 8,12 (Licht der Welt).
24 Vgl. Mt 7,3-5.
25 Zum Zusammenhang von Nüchternheit und Bekehrung vgl. 1 Thess 5,6-8; Lk 12,45.

29

Jesus sagt: »Daß der menschliche Körper des Messias Jesus ent- 1
standen ist, weil Gott durch seinen Heiligen Geist den Sohn Gottes
senden wollte, ist ein Wunder. / Daß aber der Heilige Geist Gottes 2
dazu da ist, daß er in den menschlichen Körper [Jesu und aller an-
deren Kinder Gottes] eingeht, ist das allergrößte Wunder über-
haupt. / Ich staune darüber, wie dieser große Reichtum in diese 3
ärmliche Wohnung gekommen ist.«[26]

30

Jesus sagt: »Wo drei Götter sind, da sind Götter. / Wo aber zwei 1, 2
Menschen sind oder auch nur einer, da bin ich mit ihm.« [Denn ich,
der wahre und einzige Gott, suche nicht die Gesellschaft von Göt-
tern, sondern von Menschen.]

31

Jesus sagt: »Kein Prophet ist willkommen in seinem Dorf.[27] / Kein 1, 2
Arzt kann die heilen, die ihn gut kennen.«

32

Jesus sagt: »Eine Stadt, die auf einem hohen Berg erbaut und befestigt ist, kann nicht fallen. Sie kann auch nicht verborgen bleiben.«[28]

33

Jesus sagt: »Was du hörst mit deinem Ohr, verkündige es auf euren 1
Dächern für andere Ohren. / Denn niemand zündet ein Licht an 2
und stellt es unter einen Topf oder an eine verdeckte Stelle. / Son- 3
dern er setzt es auf den Leuchter, damit alle, die dort wohnen, das
Licht sehen.«[29]

34

Jesus sagt: »Wenn ein Blinder einen Blinden führt, fallen beide in die Grube.«[30]

---

[26] Wörtlich: Wenn der Leib wegen des Geistes entstanden ist, ist es ein Wunder. Wenn aber der Geist wegen des Leibes entstanden ist, dann ist es ein wunderbares Wunder.

[27] Vgl. Mk 6,4f; Mt 13,57b; Lk 4,24; Joh 4,44.

[28] Vgl. Mt 5,14.

[29] Vgl. Mk 4,21; Mt 5,15; Lk 8,16; 11,33. – Der Ausdruck »hereinkommen und herausgehen« (so wörtlich) meint Leute, die in einem Haus wohnen.

[30] Vgl. Mt 15,14; Lk 6,39.

35

1 Jesus sagt: »So ist es, wenn jemand ein Haus ausrauben will: Wenn
der Hausbewohner ein kräftiger Mensch ist, muß man ihn erst fes-
2 seln, / bevor man sein Haus betreten und plündern kann.«

36

Jesus sagt: »Macht euch nicht vom Morgen bis zum Abend und vom Abend bis zum Morgen Gedanken, was ihr anziehen werdet.«[31]

37

1 Jesu Jünger fragten: »Wann wirst du uns [zu deiner Wiederkunft]
2 erscheinen, wann werden wir dich [wieder]sehen?« / Jesus sagte:
»Wenn ihr, ohne euch zu schämen, eure Kleider auszieht, diese
Kleider [euren Leib] unter eure Füße legt und wie kleine Kinder
3 [zum Zeichen der Geringachtung] darauf herumtrampelt,[32] / dann
werdet [ihr] den Sohn des lebendigen Gottes sehen, und ihr werdet
euch nicht fürchten.«

38

1 Jesus sagt: »Oftmals habt ihr euch danach gesehnt, diese Worte zu
hören, die ich euch sage. Und ihr habt niemand anderen, von dem
2 ihr sie hören könntet. / Es wird Tage geben, da werdet ihr nach mir
suchen, aber mich nicht finden.«[33]

39

1 Jesus sagt: »Die Pharisäer und die Schriftgelehrten haben die Schlüs-
sel empfangen, mit denen sie alles Erkennen zugänglich machen
2 können, [doch] sie haben diese Schlüssel versteckt. / Sie sind selbst
[in das Erkennen] nicht hineingegangen und haben auch die nicht
3 hineingehen lassen, die es wollten. / Ihr aber, seid umsichtig wie die
Schlangen [unter dem Laub] und gutmütig wie die Tauben.«[34]

40

1 Jesus sagt: »Ein Weinstock wurde außerhalb [des Weinbergs] des
2 Vaters gepflanzt. / Und weil er nicht befestigt ist, wird er ausgeris-
sen werden mit seiner Wurzel [und] zugrunde gehen.«

---

31 Vgl. Mt 6,25; Lk 12,22.
32 Vgl. Ägypter-Evangelium (s. unten) 4.
33 Vgl. Joh 7,34. (»Ihr werdet mich suchen, aber nicht finden.«)
34 Vgl. Mt 10,16.

41
Jesus sagt: »Wer [etwas] in seiner Hand hat, dem wird gegeben wer- 1
den. / Und wer fast nichts hat, dem wird auch das wenige genom- 2
men werden.«[35]

42
Jesus sagt: »Werdet Vorübergehende!«[36]

43
Jesu Jünger fragten: »Wer bist du, daß du uns solches sagen 1
kannst?« / [Jesus erwiderte:] »Versteht ihr nicht aus dem, was ich 2
zu euch sage, wer ich bin? / Doch ihr seid wie die Juden geworden. 3
Sie lieben den Baum und hassen seine Frucht, oder sie lieben die
Frucht und hassen den Baum.« [Das heißt: Sie lieben entweder nur
den Vater oder nur den Sohn, aber nicht beide zusammen.]

44
Jesus sagt: »Wer den Vater lästert, dem kann vergeben werden. / 1
Und wer den Sohn lästert, dem kann vergeben werden. / Wer aber 2, 3
den Heiligen Geist lästert, dem kann nicht vergeben werden, weder
auf der Erde noch im Himmel.«[37]

45
Jesus sagt: »Trauben erntet man nicht von Dornengestrüpp, Feigen 1
pflückt man nicht vom Kameldorn, denn diese geben keine Frucht.
/ Wie eine Truhe ist des Menschen Herz. Birgt das Herz einen 2
Schatz, so ist das, was der Mensch weitergibt, gut. / Enthält es nur 3
wertlosen Tand, so gibt der Mensch nur Schlechtes weiter. Er redet
Übles. / Denn der Mund verrät, wovon das Herz übervoll ist.«[38] 4

46
Jesus sagt: »Von Adam bis zu Johannes dem Täufer gibt es unter 1
den von Frauen Geborenen keinen, der Johannes den Täufer über-
ragt, so daß er nicht demütig seine Augen vor ihm senken müßte.

35 Vgl. Mt 25,29.

36 Vgl. Weisheitsschrift aus der Kairoer Geniza 2,18-3,1: Wie eine Brücke, die man überquert, so ist diese Welt für die Menschen. Eilen nicht die Wanderer zu ihrer Herberge? So sollen die Weisen zu ihrer Herberge eilen. Weitere Belege im Kommentar von K. Berger (Die W. aus der Kairoer Geniza, 1989, 2. A. 1996).

37 Vgl. Mk 3,28-30; Mt 12,31f; Lk 12,10.

38 Vgl. Mt 7,16-20; 12,33-35; Lk 6,43-45.

2 Ich habe euch aber gesagt: Wer unter euch klein wird, der wird auf
Gottes Herrschaft treffen und wird mehr sein als Johannes.«[39]

47

1 Jesus sagt: »Unmöglich kann ein Mensch auf zwei Pferden zugleich
2 reiten oder zwei Bogen zugleich spannen. / So kann auch unmög-
lich ein Sklave zwei Herren dienen. Andernfalls wird er, indem er
den einen ehrt, den anderen schmähen.[40]
3 Niemand trinkt alten Wein und will sofort anschließend neuen
4 Wein trinken. / Und neuen Wein füllt man nicht in alte Schläuche,
sonst zerreißen sie. Ebensowenig füllt man alten Wein in einen
neuen Schlauch, weil sonst der Wein durch den Schlauch verdorben
5 wird. / Man näht auch nicht einen alten Flicken auf ein neues Klei-
dungsstück, denn sonst entsteht ein anderer Riß.«[41]

48

Jesus sagt: »Wenn zwei in einem Haus miteinander Frieden schlie-
ßen können, dann können sie auch zu einem Berg sagen: ›Geh weg
von hier und begib dich dort drüben hin‹, und er wird es tun.«[42]

49

1 Jesus sagt: »Selig sind die Einsamen, sie sind die Erwählten. Denn
2 sie werden die Herrschaft Gottes finden. / Ihr stammt von dort und
werdet wieder dorthin gehen.«

50

1 Jesus sagt: »Wenn man euch fragt: ›Woher stammt ihr?‹, dann ant-
wortet: ›Wir kommen aus dem Licht, von dem Ort, an dem das
Licht durch sich selbst geworden ist. Es hat sich hingestellt und ist
2 in denen sichtbar geworden, die sein Abbild sind.‹ / Wenn man
euch fragt: ›Seid ihr das?‹, dann antwortet: ›Ja, wir sind seine Kin-
3 der, wir sind die Erwählten des lebendigen Vaters.‹ / Wenn man
euch fragt: ›Woran kann man das erkennen?‹, dann antwortet: ›An
Bewegung [wir sind Geschöpfe] und Ruhe [wir gehören zu Gott].‹«

39 Vgl. zu 1 und 2: Lk 7,28; Mt 11,11; 18,1-3. – Vgl. auch ThomasEv 15 und PhilippusEv 99 (123).

40 Vgl. Mt 6,24; Lk 16,13; 2 Clem 6,1.

41 Vgl. Mk 2,18-22; Mt 9,14-17; Lk 5,33-39.

42 Vgl. Mt 17,20 (Lk 9,6).

51
Die Jünger fragten Jesus: »Wann wird die Ruhe[43] der Toten eintre- 1
ten, und wann wird die neue Welt kommen?« / Jesus antwortete: 2
»Die Ruhe, die ihr erwartet, ist schon gekommen, aber ihr erkennt
sie nicht.«

52
Die Jünger sagten zu Jesus: »Vierundzwanzig Propheten haben in 1
Israel gesprochen, und alle haben durch dich gesprochen [weil sie
an deinem Heiligen Geist Anteil hatten].«
Jesus erwiderte: »Ihr habt den Lebendigen abgewiesen und fangt 2
an, von den Toten zu sprechen.«

53
Einige Jünger fragten Jesus: »Nützt die Beschneidung oder nicht?« 1
/ Jesus antwortete: »Wenn sie etwas nützte[44], dann würde man 2
schon beschnitten vom Vater aus der Mutter gezeugt. / Aber die 3
wahre Beschneidung im Geist ist besser als alles andere.«

54
Jesus sagt: »Selig sind die Armen. Denn euch gehört die Herrschaft Gottes.«[45]

55
Jesus sagt: »Wer nicht seinen Vater und seine Mutter hassen kann, 1
der kann nicht mein Jünger sein.[46] / Und wer nicht seine Brüder 2
und Schwestern hassen und nicht sein Kreuz tragen kann wie ich,
der ist meiner nicht wert.«

---

[43] In der Synopse Nestle-Aland wird »Ruhe« neuerdings als irrtümliche Eintragung aus Logion 50,3 angesehen. Ohne Anhalt an der Textüberlieferung wird statt dessen von »Auferstehung« gesprochen, und zwar im Blick auf 2 Tim 2,28 (»die Auferstehung ist schon geschehen«). Das Verfahren ist methodisch nicht legitim. Die »Ruhe« ist ein raumzeitliches Gebilde (Äon), und daher kann sie durchaus (vgl. Hebr 3) einen zeitlichen Anfang für bestimmte Menschen haben. In Hebr 3 ist Ruhe ausdrücklich die Zeit des 7. Schöpfungstages. – Zudem ist das Thomas-Ev nach Stichwörtern gereiht.

[44] Vgl. Röm 2,25-3,2a (Wann Beschneidung nützt).

[45] Vgl. Mt 5,3; Lk 6,20b.

[46] Vgl. Lk 14,26 (Mt 10,37).

56

1 Jesus sagt: »Wer die Welt durchschaut hat, der hat herausgefun-
den, daß sie tot ist, ein Leichnam [und nicht der lebendige Gott]. /
2 Und wer diesen Leichnam gefunden hat, dessen ist die Welt nicht
würdig.«[47]

57

1 Jesus sagt: »Die Herrschaft des Vaters ist wie ein Mensch, der [gu-
2 ten] Samen [gesät] hatte. / Eines Nachts kam sein Feind und säte
3 Unkraut zwischen den guten Samen. / Der Mensch ließ die Sklaven
das Unkraut nicht ausreißen, sondern sagte zu ihnen: ›Daß ihr nur
nicht hingeht und das Unkraut ausreißt und dann den Weizen
4 gleich mit. / Denn zur Erntezeit wird das Unkraut zum Vorschein
kommen. Dann wird man es ausreißen und verbrennen.‹«[48]

58

Jesus sagt: »Selig der Mensch, der sich geplagt hat.[49] Er hat das Leben gefunden.«

59

Jesus sagt: »Haltet Ausschau nach dem Lebendigen, solange ihr am Leben seid. Denn sonst sterbt ihr und möchtet ihn sehen und könnt es aber nicht.«[50]

60

1 Jesus beobachtete auf dem Weg nach Judäa einen Samaritaner bei
2 dem Versuch, ein Lamm zu stehlen. / Er sagte zu den Jüngern:
3 »Schaut mal, der Samaritaner ist hinter dem Lamm her.« / Die Jün-
4 ger erwiderten: »Ja, er will es töten und dann essen.« / Da sagte
Jesus: »Solange das Lamm am Leben ist, kann er es nicht essen. Er
5 muß es erst töten, und dann ist es ein Kadaver.« / Die Jünger stimm-
6 ten zu: »Genau. Nur so kann er es machen.« / Daraufhin sagte
Jesus zu ihnen: »Sucht auch ihr nach einem Ort für euch, an dem
ihr in Ruhe [und Sicherheit] seid [bei Gott], damit ihr nicht [von
den Mächten der Welt] getötet und gegessen werdet.«

---

47 Vgl. ThomasEv 80; 111; Hebr 11,38.
48 Vgl. Mt 13,24-30.
49 Oder: »der gelitten hat«.
50 Vgl. ThomasEv 38.

61

Jesus sagt: »Zwei werden auf demselben Lager liegen und ruhen. 1
Der eine wird sterben, und der andere wird leben.«[51] / Salome 2
fragte: »Wer bist du denn, Mann? Du hast als Gast auf meinem La-
ger Platz genommen und von meinem Tisch gegessen.« / Jesus ant- 3
wortete: »Ich stamme von dem, der [sich immer] gleich ist. Mir ist
gegeben worden von dem, was meinem Vater gehört.« / Da sagte 4
Salome zu ihm: »Ich bin deine Jüngerin.« / Jesus erwiderte: »Des- 5
wegen sage ich: Wenn einer wüst und verlassen ist, wird er voller
Licht sein. Wenn er aber [von Gott] getrennt ist, wird er voll Fin-
sternis sein.«

62

Jesus sagt: »Ich vertraue meine Geheimnisse denen an, die ihrer 1
würdig sind. / Was deine Rechte tut, darf deine Linke nicht wis- 2
sen.«[52]

63

Jesus sagt: »Ein reicher Mann besaß eine blühende Landwirtschaft. Da sagte er sich: ›Ich werde mit dem, was ich habe, gut wirtschaften, ich werde säen und ernten, ich werde pflanzen und meine Scheunen mit Früchten füllen, damit ich keinen Mangel habe.‹ So dachte er bei sich. Und in derselben Nacht starb er. Denkt gut darüber nach!«[53]

64

Jesus sagt: »Ein Mensch hatte Gäste [eingeladen]. Als er das Mahl 1
bereitet hatte, schickte er seinen Sklaven aus, um die Gäste zu ru-
fen. / Der Sklave kam zu dem ersten und sagte zu ihm: ›Mein Herr 2
läßt dich zum Essen bitten.‹ / Der antwortete: ›Ich habe Geld[for- 3
derungen] gegenüber Kaufleuten. Sie kommen heute abend zu einer
Schuldnerversammlung zu mir, und ich muß ihnen die Zahlungsbe-
dingungen nennen. Ich bitte deinen Herrn, mich zu entschuldigen.‹
/ Dann kam der Sklave zu dem nächsten und sagte: ›Mein Herr läßt 4
dich zum Essen bitten.‹ / Der antwortete: ›Ich habe gerade ein Haus 5
gekauft und muß mich einen Tag darum kümmern. Ich werde keine

51 Vgl. Lk 17,34.

52 Der zweite Satz ist nicht im Sinne eines Imperativs für den Fall des Almosens in der Bergpredigt gedacht, sondern es handelt sich um einen symbolischen Imperativ. Der Satz bringt zum Ausdruck, was Jesus unter Geheimnis versteht und daß dieses sehr strikt aufzufassen ist.

53 Vgl. Lk 12,16-21.

6 Zeit haben.‹ / Der Sklave ging zu einem dritten und sagte: ›Mein
7 Herr läßt dich zum Essen bitten.‹ / Der aber antwortete: ›Mein
Freund heiratet, und ich bin für das Festessen zuständig. Ich kann
nicht kommen. Ich bitte deinen Herrn, mich zu entschuldigen.‹ /
8 Als der Sklave nun zu einem vierten kam und sagte: ›Mein Herr läßt
9 dich zum Essen bitten‹, / antwortete dieser: ›Ich habe ein Dorf gekauft.
Da ich dabei bin, die Abgaben einzufordern, kann ich nicht
10 kommen. Ich bitte, mich zu entschuldigen.‹ / Da ging der Sklave zu
seinem Herrn zurück und sagte: ›Alle, die du zum Mahl eingeladen
11 hattest, haben sich entschuldigt.‹ / Darauf sagte der Herr: ›Geh hinaus
auf die Straße und bring alle herbei, die du findest, sie sollen
12 mit mir Mahl halten.‹«[54] / Die Händler und Kaufleute werden nicht
an den Ort[55] meines Vaters gelangen.

65

1 Jesus sagt: »Ein gütiger Mensch[56] besaß einen Weinberg. Er verpachtete
ihn an Winzer, damit sie den Weinberg für ihn bearbeiten
2 und ihm den Ertrag zukommen lassen sollten. / Eines Tages
schickte er seinen Sklaven zu den Winzern, um den Ertrag einzufordern.
3 / Die Winzer packten den Sklaven, schlugen ihn und hätten
ihn fast getötet. Der Sklave ging zurück und berichtete seinem
4 Herrn davon. / Da sagte der Herr: ›Vielleicht haben sie ihn nicht erkannt!‹
5 / und schickte einen anderen Sklaven, aber die Winzer
6 schlugen auch ihn. / Schließlich schickte der Herr seinen Sohn und
7 sagte sich: ›Vielleicht werden sie meinen Sohn achten.‹ / Die Winzer
wußten, daß der Sohn den Weinberg erben würde, packten ihn und
8 schlugen ihn tot. / Denkt gut darüber nach.«[57]

66

Jesus sagt: »Zeigt mir den Stein, den die Bauleute nicht gebrauchen konnten. Er ist der Eckstein.«[58]

67

Jesus sagt: »Wer die unsichtbare göttliche Welt[59] erkennt, aber nicht sich selbst, der hat alles verfehlt.«

---

54 Vgl. Lk 14,15-24 (Mt 22,1-14).
55 Im Koptischen: Plural (»an die Orte«).
56 Möglich ist vom Textbestand her auch: »Wucherer«.
57 Vgl. Mk 12,1-9.
58 Vgl. Mk 12,10.
59 Vgl. Anm. zu Logion 2.

68

Jesus sagt: »Selig seid ihr, wenn sie euch hassen und verfolgen.[60] / 1
Doch eure Verfolger können keinen Ruheort[61] finden an dem Ort, 2
an dem sie euch verfolgt haben [in dieser Welt].«

69

Jesus sagt: »Selig, die verfolgt wurden, indem man ihr Herz ver- 1
letzte.[62] Sie haben den Vater wirklich erkannt. / Selig, die um de- 2
rentwillen hungern, die mit ihrem Leib hungern.«

70

Jesus sagt: »Wenn ihr [lebendiges Feuer][63] in euch erzeugt, so wird 1
es euch retten. / Wenn ihr es nicht in euch habt, wird das, was ihr 2
nicht in euch habt, [als fremdes Feuer, von außen her] euch töten
[im Gericht].«

71

Jesus sagt: »Ich werde [dieses] Haus [zerstören], und niemand wird es aufbauen können.«[64]

72

Ein Mensch sagte zu Jesus: »Sage meinen Brüdern, sie sollen den 1
Besitz meines Vaters mit mir teilen.«[65]
Jesus sagte zu ihm: »Niemand hat mich beauftragt, Güter unter 2
Menschen aufzuteilen.« / Dann wandte er sich zu den Jüngern und 3
fragte sie: »Bin ich etwa einer, der teilt [und nicht vielmehr einer,
der Menschen vereint]?«

73

Jesus sagt: »Die Ernte ist groß, doch es gibt nur wenige Arbeiter. Bittet aber den Herrn, daß er Arbeiter in die Ernte schickt.«[66]

---

[60] Vgl. Mt 5,11; Lk 6,22.

[61] Vgl. ThomasEv 60,6.

[62] Wörtlich: »die verfolgt wurden in ihrem Herzen«. M. E. handelt es sich um eine Analogiebildung zu Mt 5,3 (»die Armen im Geiste«). Auch dort ist der »Geist«, das Innere, dasjenige, was durch Armut bedrängt ist. Vgl. Mt 5,11.

[63] Statt »Feuer« kann man auch »Reinheit« sagen. Die Reinheit, mit der der Mensch im Gericht konfrontiert wird, läßt ihm, wenn er unrein ist, keine Chance.

[64] Vgl. Mk 14,58; Mt 26,61; Joh 2,19; Act 6,14.

[65] Vgl. Lk 12,13-14.

[66] Vgl. Mt 9,37.

74

Jesus sagt: »Herr, es sind viele rings um den Brunnen, aber niemand ist im Brunnen.«

75

Jesus sagt: »Es stehen viele vor der Türe, doch nur vereinzelte werden in den Hochzeitssaal hineingehen.«

76

1 Jesus sagt: »Die Herrschaft des Vaters ist wie ein Kaufmann, der
2 ein Warenlager hatte und eine Perle fand. / Der Kaufmann war
klug. Er verkaufte alle Waren und kaufte sich allein die Perle.[67]
3 Sucht auch ihr nach einem Schatz. Dieser Schatz verdirbt nicht, er
bleibt, dort kommt keine Motte hin, um ihn zu fressen, und kein
Wurm zerstört ihn.«

77

1 Jesus sagt: »Ich bin das Licht, das über allem ist. Ich bin die himm-
lische Welt. Sie ist aus mir hervorgegangen, und in mir hat sie ihr
2, 3 Ziel erreicht.[68] / Spaltet ein Stück Holz, ich bin da. / Hebt einen
Stein auf, ihr werdet mich dort finden.«

78

1 Jesus sagt: »Wozu seid ihr aufs Land hinausgegangen? Wollt ihr ein
2 Schilfrohr sehen, das vom Wind bewegt wird, / oder Menschen, die
3 weiche Kleidung tragen wie Könige und Vornehme?[69] / Sie tragen
zwar weiche Kleider, aber sie werden die Wahrheit nicht erkennen
können.«

79

1 Eine Frau aus der Menge sagte zu Jesus: »Selig der Leib, der dich
2 getragen hat, und die Brüste, die dich genährt haben.« / Jesus erwi-
derte: »Selig, die das Wort des Vaters gehört und es wirklich beach-
3 tet haben.[70] / Denn Tage werden kommen, da ihr sagen werdet: ›Se-
lig der Leib, der nicht empfangen hat, und die Brüste, die keine
Milch gegeben haben.‹«[71]

---

[67] Vgl. Mt 13,44-46 und auch Mt 6,19-21; Lk 12,33-34.
[68] Vgl. 1 Kor 8,6; Röm 11,36.
[69] Vgl. Lk 7,24f; Mt 11,7f.
[70] Vgl. Lk 11,27f.
[71] Vgl. Weish 3,13; Lk 23,29.

80

Jesus sagt: »Wer die Welt durchschaut hat, der hat herausgefunden, 1
daß sie tot ist, ein Leichnam [und nicht der lebendige Gott]. / Und 2
wer diesen Leichnam gefunden hat, dessen ist die Welt nicht würdig.«[72]

81

Jesus sagt: »Wer reich [an unzerstörbarem Leben] geworden ist, soll König sein. Und wer [irdische] Macht hat, soll auf sie verzichten.«[73]

82

Jesus sagt: »Wer mir nahe ist, ist dem Feuer nahe. / Und wer mir 1, 2
fern ist, ist der Herrschaft Gottes fern.«[74]

83

Jesus sagt: »Die Menschen können nur die Bilder sehen, aber nicht 1
das Licht [der göttlichen Gegenwart] in ihnen. / Das Licht des 2
Vaters wird sich selbst offenbaren. Aber das Licht ist so [hell], daß man sein Bild darin nicht anschauen kann, so daß es verborgen bleibt.«

84

Jesus sagt: »Wenn ihr euer Abbild seht, freut ihr euch. / Es gibt aber 1, 2
[himmlische Ur-]Bilder von euch, die vor euch entstanden sind. Sie können nicht sterben und werden nicht auf Erden sichtbar. Wenn ihr sie einst seht, dann werdet ihr sie kaum ertragen können [so herrlich sind sie].«

85

Jesus sagt: »Adam ist entstanden aus einer großen [himmlischen] 1
Kraft und aus einem großen Reichtum [ewigen Lebens]. Aber er wurde euer nicht würdig [weil er durch sein Verhalten das ewige
Leben verlor, das ihr doch habt]. / Denn wäre er würdig gewesen, 2
wäre er nicht gestorben. [Ihr aber werdet leben.]«

---

[72] Vgl. ThomasEv 56; Hebr 11,38a.
[73] Vgl. ThomasEv 110.
[74] Unbek. Berliner Evangelium (s. unten) 9,7-9.

86
1 Jesus sagt: »[Die Füchse haben] ihre Höhlen, und die Vögel haben
2 ihr Nest. / Aber der Menschensohn hat keinen Ort, wo er sein
Haupt hinlegen und ruhen kann.«[75]

87
1 Jesus sagt: »Elend ist der Leib, der an einem Leibe hängt [wie der
2 Mann an der Frau, wenn sie miteinander schlafen].[76] / Und elend
ist der Mensch, der innerlich an diesen beiden [Leibern, also an der
Sexualität] hängt.«

88
1 Jesus sagt: »Die Engel werden [im Gericht] zu euch kommen und
die Propheten.[77] Und sie werden euch das geben, was euch gehört
2 [den Lohn für eure Taten]. / Und ihr eurerseits gebt ihnen [jetzt]
das, was in eurer Hand ist [was in eurer Macht steht, euren Gehor-
sam], und so könnt ihr dann [guten Gewissens] fragen: ›Wann wer-
den sie kommen und nehmen, was ihnen gehört [den Erweis des
Gehorsams]?‹«

89
1 Jesus sagt: »Weshalb reinigt ihr [vor allem] die Außenseite des Be-
2 chers? / Versteht ihr nicht, daß der, der die Innenseite geschaffen
hat, derselbe ist, der auch die Außenseite geschaffen hat?[78] [Und
das gilt auch für Menschen.]«

90
1 Jesus sagt: »Kommt zu mir, denn mein Joch ist sanft und meine
2 Herrschaft mild, / und ihr werdet Ruhe finden für euch.«[79]

91
1 Die Leute baten Jesus: »Sage uns, wer du bist, damit wir an dich
2 glauben.« / Jesus entgegnete: »Ihr prüft das Aussehen des Himmels

75 Vgl. Mt 8,20; Lk 9,58.
76 Vgl. Gen 2,24; 1 Kor 6,16f.
77 Der Text geht aus von der verbreiteten Ansicht, daß das Gericht durch diejenigen Boten Gottes vollzogen werden wird, die dem Menschen in der Zeit davor die Maßstäbe des Gerichts verkündigt haben. Zu den Propheten gehören besonders Mose und Jeremia, aber auch Henoch. Die Engel als Gerichtinstanz werden öfter genannt, z. B. Lk 12,9.
78 Vgl. Lk 11,39-41; Mt 23,25-26.
79 Vgl. Mt 11,28-30.

und der Erde. Doch den, der vor euch ist, habt ihr nicht erkannt. Denn ihr wißt nicht, wie ihr das prüfen sollt.«

92

Jesus sagt: »Sucht, und ihr werdet finden. Damals wolltet ihr etwas von mir wissen, und ich habe es euch nicht gesagt. Jetzt, da ich es sagen will, fragt ihr nicht danach.«[80]

93

Jesus sagt: »Gebt das Heilige nicht den Hunden, damit sie es nicht 1
auf den Misthaufen tragen. / Werft die Perlen nicht den Schweinen 2
hin, damit sie sie nicht zerstören.«[81]

94

Jesus sagt: »Wer sucht, wird finden. / Wer anklopft, dem wird ge- 1, 2
öffnet werden.«[82]

95

Jesus sagt: »Wenn ihr Geld habt, verleiht es nicht, um dafür Zinsen 1
zu bekommen. / Vielmehr gebt es dem, von dem ihr es nicht zu- 2
rückerhalten werdet.«[83]

96

Jesus sagt: »Die Herrschaft des Vaters gleicht [einer] Frau, / die ein 1, 2
wenig Sauerteig nahm, ihn unter das Mehl knetete und große Brote
daraus machte. / Denkt gut darüber nach!«[84] 3

97

Jesus sagt: »Die Herrschaft des [Vaters] ist wie eine Frau, die auf 1
ihrem Kopf einen bis oben hin mit Mehl gefüllten Krug trug. / Sie 2
hatte einen weiten Weg bis nach Hause. Der Henkel des Kruges zer-
brach. Das Mehl rieselte hinter der Frau auf den Weg. / Sie jedoch 3
bemerkte nichts und wußte nichts von ihrem Mißgeschick. / Als sie 4
zu Hause angekommen war, stellte sie den Krug auf den Boden und
fand ihn leer.«

80 Vgl. Mt 7,7.
81 Vgl. Mt 7,6.
82 Vgl. Mt 7,7.
83 Vgl. Mt 5,42; Lk 6,34-35.
84 Vgl. Mt 13,38.

98

1 Jesus sagt: »Die Herrschaft des Vaters ist wie ein Mann, der
2 plante, einen Vornehmen zu töten. / [Er wollte seine Kraft und Ge-
schicklichkeit zuvor prüfen.] Er zückte das Messer in seinem
Hause und stach es in die Wand, um zu sehen, ob seine Hand
3 stark [genug] sei. / Dann tötete er den Vornehmen.«[85]

99

1 Die Jünger sagten zu Jesus: »Deine Geschwister und deine Mutter
2 stehen draußen.« / Jesus sagte zu ihnen: »Die hier, die den Willen
3 meines Vaters tun, sind meine Geschwister und meine Mutter. / Sie
werden hineingehen in die Herrschaft meines Vaters.«[86]

100

1 Die Leute zeigten Jesus eine Goldmünze und fragten ihn: »Die Be-
diensteten des Kaisers fordern von uns Steuern. [Was hältst du da-
2 von?]« / Jesus antwortete: »Gebt dem Kaiser, was des Kaisers ist. /
3, 4 Gebt Gott, was Gottes ist. / Und was mein ist, gebt mir [den Gehor-
sam gegen meine Gebote].«[87]

101

1 Jesus sagt: »Wer nicht seinen [irdischen] Vater und seine [irdische]
2 Mutter hassen kann wie ich, kann nicht mein Jünger sein. / Und
wer seinen [himmlischen] Vater und seine [himmlische] Mutter
[den Heiligen Geist] nicht lieben kann wie ich, kann nicht mein
3 Jünger sein.[88] / Denn meine wahre Mutter gab mir das Leben.«

102

Jesus sagt: »Wehe ihnen, den Pharisäern, denn sie sind wie ein Hund, der auf dem Futtertrog der Rinder schläft. Er frißt nicht selbst, läßt aber auch die Rinder nicht fressen.«[89]

---

85 Daß man sich bei der Herrschaft Gottes vorher prüfen soll, sagt auch Lk 14,28-33.

86 Vgl. Mk 3,31-5.

87 Vgl. Mk 12,13-17; Mt 22,16-21; Lk 20,20-25. – Zur Deutung des 3. Gliedes vgl. oben ThomasEv 88.

88 Vgl. Lk 14,26; Mt 10,37.

89 Vgl. Lk 11,52; Mt 23,13 und ThomasEv 39.

103
Jesus sagt: »Selig der Mensch, der weiß, zu welcher Stunde der Nacht die Räuber eindringen werden.[90] Dann kann er aufstehen, seinen Bediensteten Anweisungen geben und sich anziehen, bevor sie hereinkommen.«

104
Die Jünger sagten zu Jesus: »Komm, laß uns heute beten und fa- 1
sten.« / Jesus erwiderte: »Ich habe keine Sünde getan und wurde in 2
keinem Fall besiegt. / Doch wenn der Bräutigam aus dem Braut- 3
gemach herauskommt, dann mag man fasten und beten.«[91]

105
Jesus sagt: »Wer den [himmlischen] Vater und die [himmlische] Mutter erkennen wird, den wird man Hurensohn nennen [weil er seine irdischen Eltern verleugnet].«[92]

106
Jesus sagt: »Wenn ihr die zwei zu einem macht [das Trennende be- 1
seitigt],[93] werdet ihr [so werden wie ich. Wie ich Menschensohn
bin, werdet ihr] Menschensöhne sein. / Und wenn ihr sagt: ›Berg, 2
erhebe dich‹, dann wird er sich wegheben.«[94]

107
Jesus sagt: »Die Herrschaft Gottes ist wie ein Hirt, der einhundert 1
Schafe hat. / Eines von ihnen, das größte, hatte sich verlaufen. Da 2
ließ er die neunundneunzig stehen und suchte nach dem einen, bis
er es fand.[95] / Nachdem er sich so geplagt hatte, sagte er zu dem 3
Schaf: ›Ich liebe dich mehr als die neunundneunzig anderen.‹«

108
Jesus sagt: »Wer von meinem Mund trinkt, wird werden wie ich. / 1
Ich selbst werde zu ihm werden, / und was verborgen ist, wird sich 2, 3
ihm offenbaren.«[96]

---

[90] Vgl. Mt 24,43; Lk 12,39.
[91] Vgl. Mk 2,19-20; Mt 9,15; Lk 5,34f.
[92] Vgl. ThomasEv 101.55.
[93] Vgl. ThomasEv 22.
[94] Vgl. Mt 17,20.
[95] Vgl. Mt 18,12-14; Lk 15,3-7.
[96] Vgl. ThomasEv 106.

109
1 Jesus sagt: »Die Herrschaft Gottes ist wie ein Mann, der auf einem
Acker einen verborgenen Schatz hatte, von dem er nichts wußte. /
2 Nach seinem Tod hinterließ er den Acker seinem Sohn. Der Sohn
3 wußte ebenfalls nichts von dem Schatz und verkaufte ihn.[97] / Und
der Käufer fand dann beim Pflügen den Schatz. Er begann, Geld gegen Zinsen zu verleihen, an wen er wollte.

110
Jesus sagt: »Wer die Welt gefunden hat und reich geworden ist, soll auf die Welt verzichten.«[98]

111
1 Jesus sagt: »Die Himmel werden sich aufrollen[99], und so auch die
2 Erde vor euch. / Und wer lebendig ist aus dem Lebendigen [Gott],
3 wird nicht sterben. / Oder wißt ihr nicht, daß Jesus sagt: ›Wer sich
selbst gefunden hat, dessen ist die Welt nicht würdig‹?«[100]

112
Jesus sagt: »Wehe dem Körper, der am Herzen des Menschen hängt [denn der Körper wird abgestoßen werden]. Wehe dem Herzen, das am Körper hängt [denn es wird mit dem Körper zugrunde gehen].«[101]

113
1 Die Jünger fragten Jesus: »Wann wird die Herrschaft Gottes offen-
2 bar werden?« [Jesus antwortete]: / »Nicht dann, wenn man es er-
3 wartet. / Man wird auch nicht sagen können: ›Hier ist es!‹ oder
4 ›Dort ist es!‹[102] / Sondern die Herrschaft des Vaters ist [jetzt schon]
ausgebreitet über die Erde, und die Menschen sehen sie nicht.«

114
1 Simon Petrus sagte zu den anderen: »Maria soll nicht mit uns mit-
gehen. Denn die Frauen sind nicht würdig, das Leben zu haben.« /
2 Jesus entgegnete: »Ich werde sie zu mir in den Bereich Gottes

[97] Vgl. ThomasEv 76; Mt 13,44-46.
[98] Vgl. ThomasEv 81.
[99] Vgl. Jes 34,3b-4; Apk 6,14.
[100] Vgl. ThomasEv 56.80.
[101] Vgl. ThomasEv 87.
[102] Vgl. Lk 17,20-21. – ThomasEv 51 und 3.

ziehen, dann ist sie nicht mehr weiblich [denn im Himmel gibt es
nicht Geschlecht, Geburt und Tod][103], sondern genauso ein leben- 3
diger männlicher Geist wie ihr. / Ich sage euch aber: Eine Frau, die
sich den Männern gleichmacht, kann eintreten in die Herrschaft
Gottes.«[104]

---

103 Vgl. ThomasEv 22; zu »ziehen«: Joh 12,32.

104 Wer aus diesem Logion eine sexistische Tendenz herausliest, hat es mißverstanden. Denn es geht um eine metaphorische Bedeutung von »Mann« bzw. »männlich«, und zwar im Sinne von »unvergänglich«, »nicht dem Tod unterworfen«. In einem zweiten Schritt kann man dann fragen, wie es zu dieser Metaphorik kam. Das Wort »Frau« bzw. »weiblich« steht für »sterblich« oder »vergänglich«, weil Frauen gebären und weil alles Geborene stirbt. Im Sinne der strikten Zweiteilung der Welten und Zeiten bleibt »Mann« dann für das ewige Leben. – In bezug auf Sexualität sind alle dualistischen Texte im übrigen für eine Überwindung der Zweiteilung.

Papyrus Egerton 2

Einleitung: Es ist umstritten, ob die Fragmente (2 Blätter und Rest eines dritten; dann P. Köln Nr. 255) eher um 150 n. Chr. oder um 200 n. Chr. zu datieren sind. – Das erste Fragment enthält eher johanneischen Stoff, das zweite und dritte synoptischen. Das vierte Fragment ist rätselhaft. Enthält es ein Wunder mit einer Saat, die sehr schnell aufgeht? – Wegen der Fragmente 1-3 hat man vermutet, hier seien – außerhalb der Evangelien – noch synoptische und johanneische Traditionen vereint. Ich halte es für nicht gut möglich, daß es sich hier um Bearbeitungen handelt, von einem »fortgeschrittenen Stadium« (Ph. Vielhauer) kann ich nichts erkennen. M. E. ist (mit H. Köster) tatsächlich eher an die Frühzeit zu denken: Der Text ist nach H. Köster sogar »älter als das vierte Evangelium und (gehört) mit seiner Sprache, die eine größere Nähe zu den Synoptikern zeigt, einem Überlieferungsstadium an, das älter ist als die kanonischen Evangelien«. Auch wenn sich beides nicht genau beweisen läßt, legt sich eine frühe Datierung jedenfalls nahe: 75 n. Chr.
Griechischer Text nach A. de Santos Otero: Los evangelios apócrifos, Madrid 1963, 97-100. – Literatur: K. Erlemann, P. Egerton 2, in: New Testament Studies 42 (1996), 12-34 (Frühdatierung).

Fragment 1

Jesus sagte zu den Gesetzeskundigen: »Straft jeden, der gegen das Gesetz handelt und es mißachtet, aber nicht mich! ... [Es kommt darauf an], wie jemand das tut, was er tut.« – Dann wandte er sich an die Führung des Volkes mit den Worten: »Ihr erforscht die Schrift. Ihr meint, ihr hättet das Leben durch sie. Doch die Schrift legt nur Zeugnis ab von mir. Glaubt nicht, ich sei gekommen, um euch bei meinem Vater anzuklagen. Euer Ankläger ist vielmehr Mose, auf ihn habt ihr gehofft.« Da erwiderten sie: »Wir wissen sehr genau, daß Gott zu Mose gesprochen hat, aber dich kennen wir nicht. Woher kommst du?« Jesus antwortete: »Jetzt wird euer Unglaube schon angeklagt. Denn ihr glaubt nicht, was Mose bezeugt. Wenn ihr ihm geglaubt hättet, würdet ihr auch mir glauben. Denn über mich hat er euren Vätern etwas aufgeschrieben.«
... da rieten sie dem Volk, Steine zu sammeln, um ihn zu steinigen. Als die jüdischen Oberen Hand an Jesus legen wollten, um ihn zu

ergreifen und dem Volk auszuliefern, konnten sie ihn nicht ergreifen, denn die Stunde für seine Auslieferung war noch nicht da. Der Herr aber ging mitten durch sie hindurch und entfernte sich von ihnen.

Fragment 2

Da kam ein Aussätziger zu ihm mit den Worten: »Jesus, guter Lehrer. Ich bin gemeinsam mit Aussätzigen herumgezogen und habe mit ihnen in der Herberge gegessen. So wurde ich auch selbst aussätzig. Wenn du es aber willst, kann ich rein werden.« Der Herr antwortete ihm: »Ich will es, sei rein.« Und kaum hatte er das gesagt, da wurde der Aussätzige rein. Der Herr sagte zu ihm: »Geh, zeig dich den Priestern.«

Fragment 3

... sie kamen zu ihm, um ihn auf die Probe zu stellen. Sie fragten ihn, um ihn zu prüfen: »Jesus, guter Lehrer. Wir wissen, daß du von Gott her gekommen bist. Denn das, was du tust, geht noch über das Zeugnis aller Propheten hinaus. Sag uns nun: Ist es erlaubt, den Königen die Steuern zu entrichten, die einer Obrigkeit zukommen? Sollen wir ihnen Steuern zahlen oder nicht?« Doch Jesus durchschaute ihre Absicht, wurde ärgerlich und sagte: »Was nennt ihr mich Lehrer nur mit eurem Mund und hört nicht auf das, was ich euch sage? Ganz richtig hat Jesaja gegen euch prophetische Anklage gerichtet, indem er sagte: ›Dieses Volk ehrt mich nur mit Lippenbekenntnissen, ihre Herzen sind weit weg von mir. Ihr Gottesdienst ist nichts wert ... sie lehren nur Menschengebote.‹«

Fragment 4

(Das Weizenkorn ...) wurde eingeschlossen, es wurde daruntergelegt und unsichtbar. Sein Gewicht war mit keiner Waage meßbar. Als sie nicht wußten, wie sie auf seine merkwürdige Frage antworten sollten, stellte sich Jesus an das Ufer des Jordans, streckte seine Rechte aus ... und säte ... auf den Fluß. Und sodann ... Wasser ... brachte Frucht vor ihren Augen ... zur Freude (?).

Papyrus 11710 Berlin

Papyrusfragment des 6. Jh. s – Dialog zwischen Nathanael und Jesus, verwandt mit Joh 1,29.49. Sowohl die Anrede *Rabbi* als auch der entsprechende Titel für Jesus weisen auf eine sehr frühe Stufe der Überlieferung. Daher 1. Jh.: 75 n. Chr.
Griechischer Text nach A. de Santos Otero: Los evangelios apócrifos, Madrid 1963, 84.

Nathanael legte ein Bekenntnis ab und sagte: »Rabbi, Herr, du bist der Sohn Gottes.« Daraufhin sagte der Rabbi Jesus: »Nathanael, halte dich im Sonnenschein auf.« Nathanael erwiderte: »Rabbi, Herr, du bist Gottes Lamm, und so tilgst du die Sünden der Welt.« – Da sagte der Rabbi Jesus: …

Koptisches Fragment Straßburg

Reste eines außerkanonischen Evangeliums auf Papyrusfetzen des 5. oder 6. Jh. s. »Alle Versuche, diese Fragmente einem bestimmten Evangelium zuzuweisen, sind gescheitert.« W. Schneemelcher (Neutestamentliche Apokryphen, 5. A. I Die Evangelien, Tübingen 1987) bietet eine sehr gründliche Übersetzung einer neuen Durchsicht des koptischen Papyrus. Ausnahmsweise schließen wir uns dem hier an und zitieren die halbwegs kohärenten Stücke aus S. 88f. dieser Ausgabe. Das neuentdeckte »Unbekannte Berliner Evangelium« (UBE) (s. unten) wirft überraschend Licht auf dieses Fragment. Den entscheidenden Hinweis dazu gibt die Serie der »Amen« im 1. Absatz. Derartiges bietet nicht nur das UBE, sondern auch das Tanzlied. Auch die in UBE folgende Mahnrede an die Jünger weist in die Zeit des Leidens vor Gethsemane und nach dem Abendmahl. Schließlich zeigt auch der Schluß Ähnlichkeit mit UBE: Eine Verklärung/Vision mit der Funktion der Jüngerlegitimation wird hier berichtet. Das Kopt. Fragment Straßburg gehört also zu diesem besonderen Typus der »passionsdidaktischen Evangelien«.

... Gib mir nun deine Kraft, o Vater, damit sie mit mir ertragen die Welt. Amen. Ich habe erhalten das Szepter (?) des Reiches ... Ich bin König geworden durch dich, Vater. Du wirst mir alles unterworfen machen. Amen. Durch wen wird der letzte Feind vernichtet werden? Durch Christus. Amen. Durch wen wird der Stachel des Todes vernichtet? Durch den Eingeborenen. Amen. Wem gehört die Herrschaft? Sie gehört dem Sohne. Amen.

Er antwortete und sprach zu uns: Fürchtet euch nicht vor der Vernichtung des Leibes, sondern ... vor der Macht der Finsternis. Gedenket dessen, was ich alles zu euch gesagt habe: Wenn sie mich verfolgt haben, werden sie auch euch verfolgen ... Nun freut euch, daß ich überwunden habe die Welt ... damit ich euch offenbare meine ganze Herrlichkeit und euch zeige die ganze Kraft und das Geheimnis eurer Apostelschaft ... Unsere Augen durchdrangen alle Orte, wir schauten die Herrlichkeit seiner Gottheit und die ganze Herrlichkeit seiner Herrschaft. Er bekleidete uns mit der Kraft unserer Apostelschaft ...

Sekundärer Markusschluß

Dieser sogenannte sekundäre Markusschluß ist nicht einfach aus anderen Evangelien zusammengebaut, sondern enthält selbständige Überlieferungen (vgl. dazu: K. Berger, Die Auferstehung des Propheten…, 1976, S. 573 A 440; S. 618 A 552). Er wurde später aufgrund anderer Überlieferungen hinzugefügt, weil man die Auskunft von 16,8 für unzureichend hielt.

Markus 16,9-20

9 Jesus erstand von den Toten auf, und am frühen Sonntagmorgen
erschien er zuerst Maria Magdalena, der er sieben Dämonen aus-
10 getrieben hatte. / Sie ging zu seinen Gefährten, die um ihn trauerten
11 und weinten, und berichtete ihnen, was ihr widerfahren war. / Als
diese hörten, daß Jesus lebe und ihr erschienen sei, konnten sie es
12 nicht glauben. / Danach aber erschien er in fremder Gestalt zweien
13 seiner Gefährten, die gerade auf dem Weg zum Feld waren. / Diese
erzählten es den anderen, aber die glaubten es auch den beiden
14 nicht. / Zuletzt erschien er den elf Jüngern bei einem gemeinsamen
Mahl. Er tadelte sie wegen ihres Unglaubens und ihrer Sturheit,
weil sie denen, die ihn nach der Auferweckung sahen, keinen Glau-
15 ben geschenkt hatten. / Dann sagte er zu ihnen: »Geht in die ganze
16 Welt und verkündet allen Geschöpfen das Evangelium. / Wer glaubt
17 und sich taufen läßt, wird gerettet werden, / wer aber nicht glaubt,
wird verurteilt werden. An denjenigen, die glauben, werden sich
Wunder zeigen: Wenn sie meinen Namen nennen, werden sie Dä-
18 monen austreiben und in fremden Sprachen reden können. / Wenn
sie Schlangen in die Hand nehmen oder tödliches Gift trinken, wird
ihnen nichts geschehen. Durch Handauflegen können sie Kranke
19 heilen.« / Nach diesen Worten wurde Jesus in den Himmel aufge-
20 nommen und setzte sich zur Rechten Gottes. / Die Gefährten zogen
in die Welt und verkündigten überall das Evangelium. Jesus, der
Herr, half ihnen dabei und bekräftigte die Botschaft durch die
Wunder, die sich an ihnen zeigten.

Das Evangelium nach Petrus

Das Petrus-Evangelium wurde im Winter 1886/87 im Grab eines Mönchs in Oberägypten (Akhmim) gefunden. Es handelt sich um eine Pergamenthandschrift aus dem 8./9. Jh. – Den Namen PetrusEv trägt der Text, weil in V. 26f und V. 50 Petrus in der 1. Person spricht. – Leider sind nur diese Bruchstücke erhalten. – Ein zusätzliches Fragment wurde als Papyrus Oxyrhynchus 2949 entdeckt (aus V. 3-5). Der Text stammt aus dem Ende des 2./Anfang des 3. Jahrhunderts. In dieser Zeit wurde das PetrEv in Ägypten benutzt.

Man hat nicht wirklich erweisen können, daß das PetrEv von den vier kanonischen Evangelien abhängig ist. Eher gehen die vier Evangelien und das PetrEv auf gemeinsame Tradition zurück. Neuerdings wird von H. Köster und J. D. Crossan die Meinung vertreten, das PetrEv sei der älteste erhaltene Bericht über die Passion Jesu. Hauptargumente: Hier bekehren sich die Juden noch angesichts der Passion Jesu. Die große Nähe zum Alten Testament legt jedenfalls eine judenchristliche Herkunft nahe; auch die Polemik spricht nicht dagegen. – Von doketischen Zügen (Jesus hatte nur einen Scheinleib) kann ich nichts sehen.

Zuerst wird das PetrEv zitiert bei Serapion von Antiochien (um 190 n. Chr.).

Datierung: Wegen der Verwandtschaft zu den Berichten in Mt 28 (und Ascensio Jesaiae) kann das PetrEv nicht lange danach entstanden sein. Daher: spätestens 75 n. Chr.

Griechischer Text nach E. Klostermann, Apocrypha I, Berlin 1933, 4-8.

DAS EVANGELIUM NACH PETRUS

I

1 Keiner von den Juden wollte zum Zeichen der Unschuld seine
Hände waschen, auch nicht Herodes oder einer seiner Richter.
Nachdem sie das Händewaschen abgelehnt hatten, erhob sich Pila-
2 tus. / Da befahl König Herodes, den Herrn abzuführen, und sagte:
»Verfahrt mit ihm, wie ich es euch gesagt habe.«

II

3 Auch Joseph (von Arimathia), der Freund des Pilatus und des
Herrn, war dabei. Als er sah, daß man Jesus kreuzigen wollte, ging
er zu Pilatus und bat ihn, den Leichnam des Herrn herauszugeben,
4 damit er ihn beerdigen könne. / Pilatus schickte einen Boten zu
5 Herodes und erbat den Leichnam von ihm. / Herodes gab zur Ant-
wort: »Lieber Bruder Pilatus! Auch wenn niemand seinen Leich-
nam erbeten hätte, hätten wir ihn begraben. Denn der Sabbat steht
vor der Tür. Im Gesetz steht: ›Die Sonne darf nicht untergehen über
einem Getöteten.‹[1]« Da übergab Herodes dem jüdischen Volk am
Tag vor dem Fest der ungesäuerten Brote, dem jüdischen Passah,
den Leichnam Jesu.

III

6 Einige von den Juden umringten den Herrn, rempelten ihn an und
riefen: »Jetzt haben wir diesen feinen Sohn Gottes in der Hand, auf,
7 wir machen ihn fertig!« / Sie zogen ihm einen Purpurmantel an,
setzten ihn auf einen Richterstuhl und sagten zu ihm: »Nun halte
8 ein gerechtes Gericht ab, König Israels!« / Und einer von ihnen
brachte einen Dornenkranz und setzte ihn dem Herrn auf den
9 Kopf. / Andere standen dabei, spuckten ihm ins Gesicht, ohrfeigten
ihn, schlugen ihn mit einem Rohr oder einer Geißel und höhnten:
»Heil dir, Sohn Gottes!«

IV

10 Man schleppte auch zwei Verbrecher heran, die rechts und links
vom Herrn ans Kreuz geschlagen wurden. Er selbst aber schwieg,
11 als empfände er keinen Schmerz. / Dann richteten sie das Kreuz auf
12 und schrieben darauf: »Dies ist der König Israels.« / Seine Kleider

---

[1] Vgl. Dt 21,22f.

legten sie vor ihm auf den Boden und begannen, sie unter sich zu
verteilen oder zu verlosen. / Da fuhr einer von den Verbrechern sie 13
an: »Wir leiden für das Böse, das wir angerichtet haben. Doch er ist
der Heiland der Menschen geworden. Was hat er euch Böses ge-
tan?« / Da wurden sie wütend über Jesus, und sie zerschlugen ihm 14
die Schenkel nicht, damit sein Tod noch qualvoller würde.

V

Es war Mittag. Ganz Judäa lag in völliger Finsternis. Einige Juden 15
wurden ängstlich und unruhig, weil sie meinten, die Sonne sei
schon untergegangen, während Jesus noch am Leben war. Denn in
ihrem Gesetz steht doch, daß die Sonne über einem Getöteten nicht
untergehen dürfe.[2] / Einer von ihnen sagte: »Gebt ihm Galle mit Es- 16
sig zu trinken.« Und sie stellten das Gemisch her und gaben es ihm
zu trinken. / So erfüllten sie alles [was die Schrift über den leiden- 17
den Gerechten sagt] und machten das Maß der Sünden, die sie auf
sich luden, voll. / Viele Leute nahmen Lichter mit auf den Weg, da 18
sie meinten, es sei Nacht, aber sie fielen trotzdem immer wieder
hin. / Da schrie der Herr plötzlich auf und rief: »Meine Kraft, 19
meine Kraft,[3] du hast mich verlassen.« Dann verstummte er, und
Gott nahm ihn auf. / Und zur gleichen Stunde zerriß der Vorhang 20
vor dem Eingang des Tempels in Jerusalem in zwei Stücke.

VI

Einige Juden zogen die Nägel aus den Händen des Herrn und legten 21
ihn auf die Erde. Da bebte die ganze Erde, und die Menschen fürch-
teten sich sehr. / Dann begann die Sonne wieder zu scheinen, es war 22
die neunte Stunde. / Die Juden freuten sich und gaben Joseph (von 23
Arimathia) den Leichnam. Er sollte ihn beerdigen, denn er hatte ja
all das Gute miterlebt, das Jesus getan hatte. / Er nahm den Herrn, 24
ließ ihn waschen und in Leinen hüllen. Dann ließ er ihn in sein ei-
genes Grab legen, das an einer Stelle im sogenannten Josephsgarten
lag.

VII

Doch als die Juden, die Ältesten und die Priester merken, welchen 25
Schaden sie sich selbst zugefügt hatten, schlugen sie sich voll Reue

---

2 Dt 21,23.

3 Die »Kraft« (Gottes) repräsentiert Gott (wie in 1 Kor 1,24) und steht daher – wie der »Name« – an der Stelle des Gottesnamens. Es geht daher um Ps 21,1.

an ihre Brust und riefen: »Weh uns, wir haben Schuld auf uns gela-
den! Jetzt kommt das Gericht über Jerusalem, und das wird das
26 Ende sein.« / Ich aber, Petrus, und die anderen waren wie verwun-
det und versteckten uns. Denn einige Juden suchten uns wie Verbre-
cher und behaupteten, wir wollten den Tempel in Brand setzen. /
27 Die ganze Zeit hindurch fasteten wir, saßen tief betrübt zusammen
und weinten Tag und Nacht, bis es Sabbat wurde.

VIII

28 Als den Schriftkundigen, Pharisäern und Ältesten zu Ohren kam,
daß das ganze Volk wehklagte und sich voll Reue an die Brust
schlug, versammelten sie sich und sagten zueinander: »Wenn bei
seinem Tod so große Dinge geschehen, dann soll uns das darauf
29 aufmerksam machen, wie gerecht er war.« / Die Ältesten bekamen
30 es mit der Angst zu tun, sie gingen zu Pilatus und baten ihn: / »Gib
uns Soldaten, die sollen sein Grab drei Tage lang bewachen. Denn
sonst kommen seine Jünger und stehlen ihn, und dann wird das
Volk denken, daß er von den Toten auferstanden ist. Sie werden
31 uns die Hölle heiß machen«. / Daraufhin gab ihnen Pilatus den
Hauptmann Petronius mit einigen Soldaten mit, die zusammen mit
32 den Ältesten und Schriftkundigen zum Grab gingen. / Alle, die dort
waren, faßten mit an und wälzten mit Hilfe des Hauptmanns und
der Soldaten einen großen Stein herbei. Sie setzten ihn vor den Ein-
33 gang des Grabes / und versiegelten ihn mit sieben Siegeln. Dann
schlugen sie ein Zelt auf und hielten Wache.

IX

34 Früh am Morgen des Sabbat, als die Sonne aufging, kamen eine
Menge Leute aus Jerusalem herbei und schauten sich das versie-
35 gelte Grab an. / In der folgenden Nacht, als der Sonntag herauf-
dämmerte, hielten die Soldaten Wache am Grab, immer zwei im
Wechsel. Da hörten sie plötzlich eine laute Stimme vom Himmel
36 her. / Sie sahen, wie sich der Himmel einen Spaltbreit öffnete und
zwei Männer, von leuchtendem Glanz umhüllt, von dort herabstie-
37 gen und auf das Grab zugingen. / Der Stein am Eingang des Grabes
geriet von selbst ins Rollen und wich zur Seite. Er gab den Eingang
zum Grab frei, und die beiden jungen Männer gingen hinein.

X

38 Als die Soldaten das sahen, weckten sie den Hauptmann und die
39 Ältesten auf, die sich ebenfalls an der Wache beteiligten. / Und wäh-
rend sie noch berichteten, was sie gesehen hatten, bot sich ihnen ein

weiterer erstaunlicher Anblick: Drei Männer traten nebeneinander
aus dem Grab, die zwei äußeren geleiteten den dritten in ihrer
Mitte an den Armen. Hinter ihnen kam ein Kreuz heraus. / Und auf 40
einmal reichten die beiden äußeren Männer mit ihrem Haupt bis
zum Himmel, doch der, den sie in ihrer Mitte führten, überragte
den Himmel. / Eine Stimme vom Himmel fragte: »Hast du den 41
Toten gepredigt?« / Und vom Kreuz her kam die gehorsame Ant- 42
wort: »Ja, das habe ich getan.«

XI

Da überlegten sie miteinander, ob sie zu Pilatus gehen und ihm dies 43
melden sollten. / Als sie sich noch berieten, stand der Himmel 44
plötzlich wieder einen Spaltbreit offen. Eine Gestalt stieg herab und
ging in das Grab hinein. / Als die Leute in der Begleitung des 45
Hauptmanns dies sahen, verließen sie das Grab, das sie bewachten,
und eilten noch in der Nacht zu Pilatus, um ihm alles zu erzählen,
was sie gesehen hatten. Sie waren voller Angst und sagten: »Er war
wirklich Gottes Sohn.« / Darauf erwiderte Pilatus: »Ich trage nicht 46
die geringste Schuld am blutigen Tod des Sohnes Gottes. Denn
nicht ich, sondern ihr habt seinen Tod beschlossen.« / Da wandten 47
sich alle Beteiligten an Pilatus und baten ihn dringend, er solle dem
Hauptmann und den Soldaten befehlen, nichts von dem weiterzu-
geben, was sie gesehen hatten. / Sie sagten: »Es ist besser, die größte 48
Sünde vor Gott zu begehen, als in die Hände des jüdischen Volkes
zu fallen und gesteinigt zu werden.« / Da befahl Pilatus dem Haupt- 49
mann und den Soldaten, nichts weiterzusagen.

XII

Aus Furcht vor den Juden, die vor Zorn glühten, hatte Maria 50
Magdalena, die Jüngerin des Herrn, bei der Grablegung des Herrn
darauf verzichtet, all das zu tun, was die Frauen sonst für einen
Sterbenden und für ihre Lieben tun. / Daher ging sie in der Mor- 51
genfrühe des Herrentages mit ihren Freundinnen zum Grab, in das
der Herr gelegt worden war. / Sie hatten Angst, die Juden würden 52
sie dabei sehen, und sagten zueinander: »Weil wir am Tage seiner
Kreuzigung nicht um ihn weinen und klagen konnten, wollen wir
es wenigstens jetzt an seinem Grab tun. / Doch wer wird uns den 53
Stein vom Eingang des Grabes wegrollen? Wir wollen doch hinein-
gehen, uns neben ihn setzen und uns um ihn kümmern, wie es sich
gehört. / Aber der Stein ist groß, und wir haben Angst, jemand 54
könnte uns sehen. Wenn wir es nicht schaffen, den Stein wegzube-
kommen, dann legen wir alles, was wir zur Erinnerung an ihn mit-

gebracht haben, davor nieder. Wir wollen um ihn weinen und klagen, bis wir wieder heimgehen.«

XIII

55 Aber als sie zum Grab kamen, fanden sie es offen. Sie gingen hin-
ein, und, in Trauer niedergebeugt, sahen sie dort mitten in der
Grabkammer einen jungen Mann sitzen. Er war sehr schön und mit
56 einem leuchtenden Gewand bekleidet. Er sagte zu ihnen: / »Was
wollt ihr hier? Wen sucht ihr? Sucht ihr etwa den Gekreuzigten? Er
ist auferstanden und nicht mehr hier. Wenn ihr es nicht glauben
könnt, müßt ihr euch nur herunterbeugen, dann könnt ihr die Stelle
sehen, wo er lag. Er ist nicht mehr da, denn er ist auferstanden und
57 dorthin gegangen, von wo er gesandt war.« / Da erfaßte die Frauen
Entsetzen, und sie ergriffen die Flucht.

XIV

58 Es war der letzte Tag des Fests der ungesäuerten Brote, das Passah-
fest war zu Ende. Viele verließen Jerusalem und kehrten nach
59 Hause zurück. / Doch wir zwölf Jünger des Herrn weinten und
klagten, und jeder von uns ging voll Trauer über alles Geschehene
60 nach Hause. / Doch ich, Simon Petrus, und mein Bruder Andreas,
nahmen unsere Netze und gingen ans Meer. Mit uns kam Levi, der
Sohn des Alphaios, den der Herr ...

Freer-Logion

Dieser kurze Text ist nach Mk 16,14 eingeschoben nur in Codex W des Neuen Testaments, einer 1906 von Ch. L. Freer für sein Museum in Washington erworbenen Handschrift des späten 4. oder frühen 5. Jh.s n. Chr., der ältesten Majuskel-Handschrift des Neuen Testaments, die die Evangelien in der »westlichen« Anordnung (Mt; Joh, Lk, Mk) enthält. – Der Anfang dieses Logions war schon vorher durch Hieronymus bekannt (Gegen die Pelagianer II 15).
Vor dem Missionsbefehl an die Jünger steht dieser Dialog zwischen Jesus und den Jüngern. Auf das hohe Alter dieser Stelle weist besonders die Rede von der »Gerechtigkeit« und von »offenbaren«. Zur Herrschaft Satans vgl. besonders Act 26,18. Wegen dieser Elemente ist das Stück auf das 1. Jh. n. Chr. zu datieren. In den sekundären Mk-Schluß ist es als eine Art Agraphon hineingeraten.

(*Mk 16,14:* Zuletzt erschien er den elf Jüngern bei einem gemeinsamen Mahl. Er tadelte sie wegen ihres Unglaubens und ihrer Sturheit, weil sie denen, die ihn nach der Auferweckung sahen, keinen Glauben geschenkt hatten.)

Da verteidigten die Jünger ihr Verhalten und sagten: »Unsere Welt ist ohne Gesetz und ohne Glauben. Sie steht unter der Herrschaft Satans. Der Satan verhindert durch böse Dämonen, daß wir Menschen den wahren und wirklichen Gott und seine Kraft erfassen.« Sie baten den Messias: »Laß die Zeit offenbar werden, in der deine Gerechtigkeit herrscht.« Und der Messias erwiderte: »Das Maß der Jahre, in denen Satan herrschen kann, ist schon voll. Doch anderes Schreckliches kommt auf euch zu. Es wird auch die heimsuchen, die gesündigt hatten und für die ich stellvertretend dem Tod übergeben wurde. Daher sollen sie zum wahren und wirklichen Gott umkehren und nicht mehr sündigen. So können sie die Herrlichkeit des Himmels erlangen, die vom Heiligen Geist gewirkt und unvergänglich ist und bedeutet, daß Menschen mit Menschen und Gott mit den Menschen zusammenleben können.

Der Judasbrief

Eigenart: Der Brief richtet sich gegen Irrlehrer und ist als ein antihäretisches Flugblatt zu bezeichnen. Eine Reihe von Stücken ist mit 2 Petr gemeinsam, hier aber origineller und im jüdischen Kontext bewahrt.

Verfasser: Die Erwähnung des Jakobus in 1 legt nahe, daß der Brief vom Herrenbruder Judas stammt.
Datierung: Keineswegs hat man erst gegen Ende des 1. Jh.s. n. Chr. besonders apokalyptisch gedacht. Die Beziehungen zu 2 Petr und zu Paulus legen die Vermutung nahe, daß der Brief zu einer Zeit verfaßt ist, als diese Fragen akut waren, also um 75 n. Chr.

Adressaten: Griechisch sprechende Judenchristen, die möglicherweise ganz wie der Verfasser in der Welt der zwischentestamentlichen Apokalyptik leben. Die Nähe zu paulinischen Gemeinden wird nicht nur am Briefformular erkennbar, sondern auch an der Begrifflichkeit und der Lehre vom Heiligen Geist.

Probleme: Die Irrlehrer meinen offenbar, die Gemeinde dürfe sich soweit über die Engel und auch Dämonen und Teufel erhaben fühlen, daß sie diese mit Worten verfluchen darf. Das aber ist nur das Privileg des Herrn selbst. Gottes Hausinventar ist zu schonen. Die Welt ist sein Haus.

Theologie: Der Judasbrief ist stark apokalyptisch geprägt, er zitiert die Henochüberlieferungen. Erörtert wird die Frage, ob Christen ihre geistliche Vollmacht auch zur Verfluchung der satanischen Gegenseite einsetzen dürfen. – Vgl. weiter: K. Berger, Theologiegeschichte des Urchristentums, 2. A. 1995, zu »Judasbrief«.

DER JUDASBRIEF

Dies schreibt Judas an die berufenen Christen. Ich bin Sklave Jesu 1
Christi und Bruder des Jakobus und richte mich an euch, die Gott,
unser Vater, liebt und Jesus Christus behütet. / Gottes Erbarmen, 2
Gottes Frieden und Gottes Liebe mögen reichlich über euch kom-
men. / Liebe Brüder und Schwestern! Mir liegt es sehr am Herzen, 3
euch etwas über unsere gemeinsame Erlösung zu schreiben. Ich
wünsche mir, daß ihr für den Glauben, der euch, den Heiligen, ein
für allemal als heiliges Gut anvertraut worden ist, kämpft. / Denn 4
es haben sich bei euch Leute eingeschlichen, die das Urteil, das ich
jetzt über sie fällen muß, längst verdient haben, gottlose Menschen,
die Gottes bedingungslose Zuwendung zu uns zu moralischer Un-
verbindlichkeit, ja, zu grenzenloser Beliebigkeit verfälscht haben.
Sie wollten nicht unseren einen und einzigen Herrn Jesus Christus
bekennen. / Denkt daran, was all denen geschah, die ungehorsam 5
waren: Als Gott das Volk Israel aus Ägypten befreit hatte und ei-
nige zum zweiten Mal rebellierten, ließ er sie umkommen. / Seit En- 6
gel ihre Würde vergaßen und den Himmel verließen, um irdische
Frauen zu verführen, läßt Gott sie nun für immer bis zum Weltge-
richt gefesselt in dunklen Kammern schmachten. / Als Sodom und 7
Gomorrha und die umliegenden Städte sich ähnlich sexuell vergin-
gen, indem sich dort Menschen mit Engeln einließen, wurden sie
mit ewigem Feuer bestraft. / Ähnliches tun die Leute, die sich bei 8
euch eingeschlichen haben: Sie bilden sich Traumgesichte ein, las-
sen sich mit Partnern ein, mit denen sie nicht verkehren dürfen, und
führen lästerliche Reden gegen Herrlichkeitsengel und andere
himmlische Majestäten. / So wie damals, als Engel und Dämonen 9
um den Leichnam des Mose stritten und der Erzengel Michael es
nicht wagte, dem Teufel ohne Umschweife seinen Rang unter den
Geistern abzusprechen, sondern nur sagte: »Gott tadelt dich.« / Die 10
sich bei euch eingeschlichen haben, sprechen Mächten die Würde
ab, von denen sie keine Ahnung haben. Ihre Lästerworte werden
auf sie selbst zurückfallen. Denn sie haben soviel Scharfsinn wie ein
dummes Rindvieh und begreifen nichts, was über ihren sogenann-
ten gesunden Menschenverstand hinausgeht. / Wehe ihnen! Denn 11
es wird ihnen ergehen wie Kain, und wie bei Bileam, der gegen Be-
zahlung weissagte, wird die Geldgier ihr Verderben sein. Wie die
Rotte Korach, die sich gegen Mose auflehnte, werden sie an ihren
Widerworten zugrunde gehen.

12 Bei euren gemeinsamen Mahlzeiten schmausen sie frech mit wie ek-
lige Schmarotzer. Schamlos denken sie nur an sich. Sie machen
große Versprechungen wie Wolken, die heraufziehen, aber keinen
Regen bringen. Sie sind Bäume im Spätherbst, die ohne Frucht und
abgestorben dastehen, so daß ihre Wurzeln der Axt zum Opfer fal-
13 len. / Sie sind wilde Meereswellen, die nur ihre eigene Schändlich-
keit aufwirbeln, herumirrende Sterne, die in immerwährende Fin-
14 sternis fallen. / Schon Henoch, der siebte seit Adam in der Reihe der
Menschheitsväter, hat ihnen in prophetischer Rede das Gericht an-
15 gedroht[1]: »Der Herr ist da mit seinen heiligen Heerscharen. / Er
hält Gericht über alle. Alle Gottlosen verurteilt er wegen ihrer Fre-
16 veltaten und ihrer trotzigen Widerworte gegen Gott.« / Sie sind mit
nichts zufrieden und klagen über alles. Sie lassen sich von ihren Ge-
lüsten treiben, nehmen den Mund zu voll und hängen aus Gewinn-
17 sucht ihr Mäntelchen nach dem Wind. / Doch ihr, liebe Brüder und
Schwestern, denkt an die Worte, mit denen die Apostel unseres
18 Herrn Jesus Christus alles vorhergesagt haben: / »Am Ende der Zeit
werden Leute auftreten, die freche, gottlose Reden führen, wie es
19 ihnen gerade in den Sinn kommt, / und die Gemeinde spalten. Sie
haben den Heiligen Geist nicht und kennen nur das Gewöhnliche.«
20 / Ihr dagegen sollt einer den anderen aufbauen in der Kraft unseres
heiligen Glaubens. Der Heilige Geist gebe euch eure Gebete ein. /
21 Seht zu, daß ihr nicht aus der Liebe Gottes herausfallt. Haltet fest
an der Hoffnung, daß ihr durch das Erbarmen Jesu Christi ewig le-
22, 23 ben werdet. / Habt Erbarmen mit den Zweiflern, / rettet diejenigen,
die sich mit Unsicherheit wie mit Feuerbrand quälen, wieder ande-
ren schenkt eure Hilfe, aber hütet euch, daß ihr nicht selbst in heid-
24 nische Gleichmacherei und Unsicherheit verfallt. / Nur einer kann
euch davor bewahren, daß ihr strauchelt. Er allein kann dafür sor-
gen, daß ihr makellos und zu reinem Gotteslob imstande vor Gott
25 hintreten könnt. / Er ist allein unser Gott und Heiland. Durch Jesus
Christus, unseren Herrn, rufen wir ihm zu: »Ihm gebührt die Herr-
lichkeit, Größe, Macht und Gewalt vor aller Zeit und für alle Zeit.
Amen.«

[1] Henochbuch (äth) 1,9.

Clemens von Rom: Der erste Klemensbrief

Eigenart: Clemens, wirklicher oder angeblicher Autor, offenbar Bischof o. Ä. in Rom, greift mit diesem Brief in korinthische Binnenstreitigkeiten ein. Dort hatte man »Älteste« abgesetzt, und Clemens drängt darauf, sie wieder einzusetzen. So plädiert er immer wieder für Frieden und Eintracht. – Der Brief gilt als Dokument für die Übernahme gegenseitiger Verantwortung füreinander durch christliche Gemeinden. – In seinem Schlußteil dokumentiert er mit einem langen Fürbittgebet den umfangreichsten liturgischen Text, den wir aus dem frühen Christentum besitzen. – Der Brief gehörte in verschiedenen Kirchen längere Zeit zum neutestamentlichen Kanon.

Datierung: Die ältere Datierung ging davon aus, daß die Drangsal, von der schon 1,1 berichtet, sich nur auf die Christenverfolgungen unter Domitian beziehen könnte. Diese Verfolgungen sind jedoch eher eine Forschungslegende. Daher ist zu fragen, ob es sich in 1,1 und entsprechend auch im Bericht über das Martyrium Petri und Pauli in 5,3-7 um die Neronische Verfolgung und eventuell nachfolgende vereinzelte Übergriffe auf Christen handeln könnte. – Für eine frühe Datierung spricht, daß das Alte Testament noch die Schrift schlechthin ist. Ob in Kapitel 36 wirklich der Hebräerbrief vorausgesetzt ist, erscheint fraglich. Es geht wohl um eine gemeinsame dogmatisch-schriftgelehrte Tradition. – Um 75 n. Chr.

Adressaten: Adressat ist die Gemeinde von Korinth, die Paulus gestiftet hatte und an die er mindestens zwei erhaltene Briefe gerichtet hat. Aufgrund ihrer starken sozialen Klüftung ist die Gemeinde in Korinth auch in späterer Zeit offenbar nicht zur Ruhe gekommen.

Verfasser: Clemens gilt nach der ältesten röm. Bischofsliste als Schüler des hl. Petrus und als sein dritter Nachfolger in Rom (Petrus, Linus, Cletus, Clemens). Die Petrus/Clemens-Tradition ist in der alten Kirche sehr weit verbreitet. – Schon um 180 n. Chr. wird der Brief des »Clemens an die Korinther« erwähnt (Eusebius, Kirchengeschichte IV 22,1 – Zitat aus Hegesipp).

Theologie: Sein Anliegen (Wiedereinsetzung der abgesetzten Ältesten in Korinth) will der Verfasser durch eine ausgeprägte Ordnungstheologie erreichen. Dazu gehört auch (im Gemeindegebet) die Unterordnung unter die Obrigkeit. Entsprechend seien Petrus und Paulus in erster Linie durch Neid umgekommen, nicht durch eine schlimme Obrigkeit. – Die Auferstehung macht der Verfasser plausibel durch eine Sammlung von Naturgleichnissen. Dazu gehört auch die Erwähnung des Vogels Phönix.

Griechischer Text nach: J. A. Fischer, Schriften des Urchristentums I. Die Apostolischen Väter, Darmstadt 1966.

DER ERSTE KLEMENSBRIEF

Die Gemeinde Gottes in Rom schreibt dies der Gemeinde Gottes in Korinth. Gott hat euch nach seinem Willen durch Jesus Christus, unseren Herrn, berufen und zu seinem Eigentum gemacht. Durch Jesus mögen euch die reiche Gnade und das volle Heil unseres Gottes, der immer und überall herrscht, zuteil werden.

Kapitel 1 Ihr Lieben! Unerwartet und Schlag auf Schlag sind Un- 1
glück und Bedrängnis über uns gekommen. Das ist wohl der
Hauptgrund dafür, daß wir uns recht spät um das kümmern, was
bei euch geschieht. Da geht es unter anderem um den Aufruhr bei
euch. Eine so schmutzige, schändliche Geschichte paßt überhaupt
nicht zu Leuten, die sich Auserwählte Gottes nennen, und sollte ih-
nen ganz fern liegen. Einige wenige unverschämte Störenfriede ha-
ben den Aufstand bis zu einem solchen Grad von Wahnwitz ange-
heizt, daß euer ehrbarer und bei allen bekannter und beliebter
Name dadurch ernstlich in Verruf geraten ist. / Denn daß euer 2
Glaube tatkräftig und fest ist, haben alle, die euch auf der Durch-
reise besucht haben, bestätigt gefunden. Sie haben an eurem Chri-
stentum gerade die freundliche Besonnenheit bewundert und eure
großartige Gastfreundschaft sowie euer konsequentes und sicheres
theologisches Urteil gerühmt. / Denn ihr habt euch immer unpar- 3
teiisch verhalten, die Gebote Gottes bewahrt, euch euren Gemein-
deführern unterworfen und den Älteren unter euch auch die schul-
dige Ehre erwiesen. Die Jüngeren habt ihr dazu angehalten, mit
stilsicherem Augenmaß zu entscheiden. Den Frauen habt ihr ge-
sagt, sie sollten stets so handeln, daß ihr Gewissen rein, unbefleckt
und heilig bleibt, und ihre Männer lieben, wie es sich gehört. Ihr
habt sie gelehrt, sich klug und besonnen zu unterwerfen, wie es ih-
nen geziemt, und alles im Haus gebührend in Ordnung zu halten.

Kapitel 2 Ihr alle habt bescheiden und nicht hochmütig gedacht, 1
euch unterworfen und nicht andere zur Unterwerfung gezwungen,
lieber gegeben als genommen. An dem, was Christus euch an Provi-
ant mit auf den Weg gab, hattet ihr genug. An seinen Worten hieltet
ihr fest, tief im Innersten hieltet ihr sie verwahrt, immer stand euch
vor Augen, wie er gelitten hat. / Tiefen Frieden, reichen Segen durf- 2
tet ihr genießen. Darüber hinaus erfüllte euch die unstillbare Sehn-
sucht, Gutes zu tun. Der Heilige Geist war reich über euch alle aus-

3 gegossen. / Ganz erfüllt von ernsthafter, inniger, vertrauensvoller
Frömmigkeit habt ihr eure Hände betend ausgestreckt zu Gott, der
immer und überall herrscht. Ihr habt ihn um Gnade angefleht für
den Fall, daß ihr gesündigt habt, ohne es zu merken und ohne es zu
4 wollen. / Tag und Nacht habt ihr zum Nutzen aller Geschwister euch
um die Wette darum bemüht, daß alle Auserwählten Erbarmen üb-
ten und ein gutes Gewissen bewahrten und so gerettet würden. /
5 Denn ihr wart durch und durch anständig und ohne Falsch. Ihr wart
6 auch nicht nachtragend gegeneinander. / Jeder Aufruhr, jede Spal-
tung war euch ein Greuel. Wenn einer eurer Brüder sich versündigt
hatte, habt ihr getrauert und seine Fehler auf euch genommen. /
7 Keine gute Tat habt ihr bereut, ihr drängtet euch zu jedem guten
8 Werk. / In Gottesfurcht habt ihr alles getan, im ehrenvollen Licht der
wertvollen, ehrwürdigen Ordnung des Gesetzes. Was Gott geboten
und gefordert hat, hat er euch aufs Herz geschrieben.

1 *Kapitel 3* Gott hat euch verherrlicht und euch groß werden las-
sen. So erfüllte sich das Schriftwort[1]: »*Der Geliebte aß und trank,*
2 *er wurde dick und fett und übermütig.*« / Und das bedeutet: Eifer-
sucht und Neid, Streit und Aufruhr, Verfolgung und Unordnung,
3 Krieg und Gefangenschaft. / Die, die wenig Ansehen genossen,
standen auf gegen die Angesehenen, die Ehrlosen gegen die Ehrba-
4 ren, die Unvernünftigen gegen die Klugen. / Gerechtigkeit und Frie-
den rückten in weite Ferne. [Ihr seid wieder Heiden geworden.]
Keiner fürchtet mehr Gott, euer Glaube an Gott ist trübsichtig ge-
worden. Ihr haltet euch nicht mehr an Gottes Gebote und richtet
euer Leben nicht mehr an Christus aus. Jeder folgt blind seinen
zweifelhaften Gelüsten. Ihr setzt euch für das Unrecht ein und wen-
det euch gegen die Religion. So ist überhaupt der Tod in die Welt
gekommen.[2]

1 *Kapitel 4* In der Schrift heißt es[3]: »*Nach einigen Tagen brachte*
Kain Gott von den Früchten des Feldes ein Opfer dar. Und Abel
brachte Gott von den Erstgeburten der Schafe und von ihrem Fett
2 *ein Opfer dar. / Gott blickte freundlich auf Abel und seine Gaben,*
3 *doch Kain und sein Opfer beachtete er nicht. / Da wurde Kain sehr*
4 *traurig, und sein Gesicht verfinsterte sich. / Da sagte Gott zu Kain:*
›Warum bist du so traurig, und warum ist dein Gesicht so finster?

1 Dt 32,15.
2 Vgl. SapSal 2,24.
3 Gen 4,3-8.

Du hast gesündigt. Denn du hast zwar dein Opfer richtig darge-
bracht, aber die Opfergaben nicht richtig ausgewählt. / Du kannst 5
deine Opfergaben wieder mitnehmen und damit machen, was du
willst.‹ / Da sagte Kain zu seinem Bruder: ›Komm mit aufs Feld!‹ 6
Und als sie dort angekommen waren, griff er ihn an und tötete
ihn.« / Da seht ihr es, liebe Brüder und Schwestern, wie Eifersucht 7
und Neid einen Brudermord hervorgebracht haben. / Wegen der Ei- 8
fersucht seines Bruders floh auch unser Vater Jakob vor Esau. / Und 9
die Eifersucht seiner Brüder war die Ursache dafür, daß Joseph bis
an den Rand des Todes verfolgt wurde und sogar auch in Knecht-
schaft geriet. / Wegen der Eifersucht seiner Stammesbrüder mußte 10
Mose vor Pharao, dem König von Ägypten, fliehen, als einer von
ihnen ihn mit der Frage herausforderte[4]: *»Wer hat dich denn zum*
Richter und Strafvollzieher über uns bestellt? Willst du mich etwa
töten, wie du neulich den Ägypter getötet hast?« / Eifersucht war 11
der Grund, daß Aaron und Mose außerhalb des Lagers nächtigen
mußten. / Die Eifersucht brachte Dathan und Abiron lebend in die 12
Unterwelt hinab, weil sie gegen Mose, Gottes Diener, einen Auf-
stand angezettelt hatten.[5] / Wegen Eifersucht mußte David nicht 13
nur den Neid von Fremden ertragen, sondern wurde auch von Saul,
Israels König, verfolgt.

Kapitel 5 Doch wir wollen mit den Beispielen aus alter Zeit auf- 1
hören und uns denen zuwenden, die in jüngster Zeit ihren Kampf
bestanden haben. Aus unserer Generation gibt es wichtige Bei-
spiele: / Wegen Eifersucht und Neid wurden sehr angesehene und 2
gerechte Säulen der Kirche verfolgt, und sie kämpften bis zum
Tode. / Nehmen wir die heiligen Apostel, die vor unseren Augen 3
starben. / Petrus mußte wegen böser Eifersucht nicht nur eine Müh- 4
sal ertragen, sondern viele. Doch er legte für seinen Glauben Zeug-
nis ab und konnte in die verdiente himmlische Herrlichkeit gelan-
gen. / Wegen Eifersucht und Streit mußte Paulus viel Geduld 5
aufbringen, aber er wurde für diesen Kampf mit dem Preis belohnt.
/ Siebenmal wurde er in Ketten gelegt, er wurde vertrieben und ge- 6
steinigt. Im Osten wie im Westen richtete er die Botschaft aus, und
alle rühmten seinen treuen Glauben. / Er lehrte die ganze Welt die 7
neue Gerechtigkeit (Gottes und der Menschen), gelangte bis an die
Grenze des Westens und legte vor den Machthabern Zeugnis ab. So

[4] Ex 2,14.
[5] Nu 16.

löste er sich von dieser Welt und gelangte in den heiligen Himmel – das größte Vorbild für geduldiges Aushalten.

1 *Kapitel 6* Zu diesen Männern, die heilig lebten, gesellte sich eine
große Schar von Auserwählten, die ebenfalls wegen Eifersucht viele
Martern und Foltern erleiden mußten. Sie sind ein großes Vorbild
2 für euch geworden. / Auch Frauen wurden wegen Eifersucht ver-
folgt. Wie die Danaiden und Dirken haben sie schreckliche und fre-
velhafte Mißhandlungen erlitten. Sie sind um so bewundernswer-
ter, als sie trotz ihrer körperlichen Schwäche die Krone des Sieges
3 errangen. / Eifersucht hat Eheleute einander entfremdet und das
Wort Adams ins Gegenteil verkehrt, das so lautet[6]: *»Dies ist Kno-
chen von meinem Knochen und Körper von meinem Körper.«* /
4 Eifersucht und Streit haben schon große Städte zerstört und große
Völker ausgerottet.

1 *Kapitel 7* Liebe Brüder, wir schreiben euch dies alles nicht nur,
um euch zurechtzuweisen, sondern auch, um es uns selbst ins Ge-
dächtnis zu rufen. Denn wir sind in derselben Kampfarena, und der
2 Kampf ist auch für uns noch nicht zu Ende. / Deswegen wollen wir
alles leere und unnütze Denken hinter uns lassen und uns unserer
Überlieferung zuwenden, die eine weithin berühmte, ehrwürdige
3 Ordnung bietet. / Wir wollen unser Augenmerk auf das richten,
4 was gut und erfreulich ist und was Gott gefallen kann. / Blicken wir
auf das Blut Jesu Christi. Kostbar ist es für Gott, den Vater. [Denn
es bringt Jesu Gehorsam zum Ausdruck.] Es wurde zu unserer Ret-
tung vergossen [weil es unseren Ungehorsam ausgleichen kann],
denn so werden [dank Jesu stellvertretenden Gehorsams] in der
ganzen Welt alle, die umkehren, gnädig angenommen [weil sein
5 Gehorsam für die Schuld aller genügt]. / Wenn wir nun einmal alle
Geschlechter durchgehen, erkennen wir, daß Gott in jeder Genera-
tion wieder von neuem allen, die zu ihm umkehren wollten, eine
6 Gelegenheit dazu gegeben hat. / Noah verkündete Umkehr, und
7 wer gehorchte, wurde gerettet. / Jonas kündigte den Einwohnern
von Ninive an, daß die Zerstörung der Stadt kommen würde. Dar-
aufhin kehrten sie um und versuchten, ihre Sünden dadurch aufzu-
wiegen, daß sie Gott anflehten. Und sie empfingen Vergebung, ob-
wohl sie Gott fremd waren.

---

6 Gen 2,23.

Kapitel 8 Diejenigen, die Gottes Gnade durch den Heiligen Geist 1
verbreiteten, riefen die Menschen zur Umkehr auf. / Und der Herr 2
aller Dinge hat selbst seine Worte über die Umkehr mit einem Eid
bekräftigt[7]: »*So wahr ich lebe, spricht der Herr, ich will nicht, daß*
der Sünder stirbt, sondern daß er sich bekehrt« und dann die be-
deutsame Aufforderung hinzugefügt[8]: / »*Kehr um, Haus Israel,* 3
wendet euch ab von eurer Bosheit. Sage den Kindern meines Vol-
kes: Wenn eure Sünden so zahlreich waren, daß sie von der Erde bis
in den Himmel reichten, und wenn sie röter als Scharlach wären
und schwärzer als Sackleinen, ihr euch aber aus ganzem Herzen zu
mir bekehrt und ›Vater‹ sagt, so will ich euch erhören als mein hei-
liges Volk.« / Und an einer anderen Stelle heißt es[9]: »*Wascht euch* 4
und werdet rein, gebt das Böse in euren Herzen auf, wenn ihr mir
begegnet. Hört auf mit eurer Bosheit, lernt Gutes zu tun, bemüht
euch leidenschaftlich, gerecht zu sein, befreit den, dem Unrecht wi-
derfahren ist, schafft dem Waisenkind Recht und der Witwe Ge-
rechtigkeit, und dann kommt zu mir, und wir reden darüber, wie
wir zueinander stehen, sagt der Herr. Und wenn eure Sünden wie
Purpur sind, werde ich sie weiß machen wie Schnee. Wenn sie wie
Scharlach sind, werde ich sie weiß machen wie Wolle. Und wenn ihr
nur wollt und auf mich hört, werdet ihr die Erdengüter genießen
können. Wenn ihr aber nicht wollt und nicht auf mich hört, wird
euch das Schwert fressen.« Das hat Gott gesagt. / Er möchte, daß 5
alle, die er liebt, umkehren, und so stärkte er sie durch seinen Wil-
len, der überall durchdringt.

Kapitel 9 Darum wollen wir uns Gott großem und herrlichem 1
Willen beugen und ihm gehorchen. Wir wollen sein Erbarmen er-
flehen und vor seiner Güte die Knie beugen, wir wollen uns um-
wenden, damit uns sein Verzeihen erreicht. Dafür wollen wir alles
aufgeben, was nichts bringt und nur Streit und Eifersucht bewirkt,
die zum Tode führen. / Blicken wir lieber auf die Menschen, die 2
wirklich ihr Handeln an Gottes Herrlichkeit ausgerichtet haben. /
Zum Beispiel Henoch: Er wurde entrückt, so daß man nicht wußte, 3
ob er tot war, weil Gott ihn als einen gehorsamen, gerechten Men-
schen erkannt hatte. / Gott fand auch, daß Noah gerecht war, weil 4
er Gott [durch den Bau der Arche gehorsam] gedient und die Neu-
schöpfung der Welt [nach der Flut] verkündet hatte. Durch ihn

[7] Ez 33,11.
[8] Herkunft unbekannt.
[9] Jes 1,16-20.

konnte Gott die Tiere retten, die einträchtig in die Arche gezogen waren.

1 *Kapitel 10* Abraham wurde von Gott als Freund angeredet. Gott
fand, daß er gläubig war, weil er seinen Worten Folge geleistet /
2 und gehorsam sein Land, seine Verwandtschaft und das Haus sei-
nes Vaters verlassen hatte. Wenig Landbesitz, eine nur wenige
Köpfe zählende Verwandtschaft und ein kleines Hauswesen ver-
ließ er, um Gottes Verheißungen zu erlangen. Denn Gott hatte zu
3 ihm gesagt[10]: / »*Verlaß dein Land, deine Verwandtschaft und das
Haus deines Vaters und zieh in das Land, das ich dir zeigen will.
Ich will dich zu einem großen Volk machen, dich segnen und dei-
nen Namen groß machen. Du sollst gesegnet sein. Ich will die seg-
nen, die dich segnen, und die verfluchen, die dich verfluchen.
4 Durch dich will ich alle Völker der Erde segnen.*« / Und damals,
als er sich von Lot trennte, sagte Gott zu ihm[11]: »*Von der Stelle
aus, auf der du nun stehst, blicke nach Norden und Süden, nach
Osten und zum Meer hin. Alles Land, das du sehen kannst, will
5 ich dir und deinen Kindern für immer in Besitz geben. / Und du
sollst so viele Kinder haben, wie die Erde Staubkörner hat. Wenn
jemand die Staubkörner der Erde zählen könnte, dann könnte er
6 auch deine Kinder zählen.*« / An einer anderen Stelle heißt es in
der Schrift[12]: »*Blicke auf zum Himmel und zähle die Sterne, wenn
du sie zählen kannst. So viele Kinder wirst du haben.*« Abraham
7 glaubte Gott, und das wurde ihm als Gerechtheit gewertet. / Weil
Abraham an Gott glaubte und gastfreundlich war, wurde ihm
trotz seines hohen Alters ein Sohn geschenkt. Er wollte ihn gehor-
sam Gott als Opfer darbringen und brachte ihn zu dem Berg, den
Gott ihm gezeigt hatte.

1 *Kapitel 11* Lot wurde aus Sodom gerettet, weil er Gastfreund-
schaft übte und fromm war, obwohl ja das ganze umliegende Land
mit Feuer und Schwefel bestraft wurde. Gott machte offenbar, daß
er die nicht verläßt, die auf ihn hoffen, aber die Widerspenstigen
2 bestraft und züchtigt. / Lots Frau, die mit ihm aus Sodom auszog,
war anderer Meinung als er. Deswegen wurde sie zur Salzsäule ge-
macht, ein Zeichen bis auf den heutigen Tag. So soll allen erkenn-
bar sein, daß die Unentschlossenen und die, die an Gottes Macht

---

10 Gen 12,1-3.
11 Gen 13,14-16.
12 Gen 15,5f.

zweifeln, ins Gericht kommen und für alle Geschlechter zum Warnzeichen werden.

Kapitel 12 Die Dirne Rahab wurde erlöst, weil sie glaubte und 1
gastfreundlich war. / Als Josua, Naves Sohn, Späher nach Jericho 2
ausschickte, erfuhr der König, daß sie gekommen waren, um sein
Land auszukundschaften. Da befahl er seinen Männern, die Späher
zu ergreifen und dem Henker zu übergeben. / Die gastfreundliche 3
Rahab aber nahm sie bei sich auf und verbarg sie in ihrem Obergemach
unter dem Bett. / Nach einiger Zeit standen Leute des Königs 4
vor der Tür und sagten[13]: »*Bei dir sind die Leute ins Haus gegangen,
die unser Land ausspähen sollten. Bring sie heraus, denn so befiehlt
es der König.*« Sie aber antwortete: »*Die Männer, die ihr
sucht, sind zwar zu mir hineingegangen, aber sie haben das Haus
gleich wieder verlassen und ziehen nun ihres Weges.*« Und sie wies
in die Richtung, die von Jericho wegführte. / Dann sagte sie zu den 5
Spähern[14]: »*Ich erkenne ganz deutlich, daß Gott, der Herr, dieses
Land in eure Hände gibt. Denn seine Bewohner zittern in Furcht
und Schrecken vor euch. Wenn ihr das Land nun einnehmt, verschont
mich und das Haus meines Vaters.*« / Die Späher erwiderten: 6
»Es soll so sein, wie du wünschst. Wenn du siehst, daß unsere Leute
herankommen, versammle deine ganze Familie unter deinem Dach,
dann werden sie gerettet. Alle, die außerhalb des Hauses angetroffen
werden, vernichten wir.« / Und sie fügten noch hinzu, sie solle 7
als Zeichen ein rotes Stück Stoff aus ihrem Fenster hängen. So
machten sie im voraus deutlich, daß für alle, die an Gott glauben[15]
und auf ihn hoffen, die Erlösung durch das Blut des Herrn kommen
werde. / Seht also, Brüder, daß Frauen nicht nur Glaube, sondern 8
auch Prophetie gegeben war!

Kapitel 13 Liebe Brüder und Schwestern! Wir wollen demütig 1
sein und nicht mehr angeberisch, aufgeblasen, borniert und jähzornig.
Wir wollen tun, was die Schrift sagt. Denn der Heilige Geist
mahnt[16]: »*Der Kluge sollte sich nicht mit seiner Klugheit brüsten,
der Starke nicht mit seiner Stärke und der Reiche nicht mit seinem
Reichtum. Sondern wer sich rühmen will, der soll sich des Herrn
rühmen. Er soll ihn unermüdlich suchen und verträglich und gerecht*

[13] Vgl. Jos 2,3.
[14] Vgl. Jos 2,9.12.
[15] Vgl. Hebr 11,31; Jak 2,25.
[16] Jer 9,23f; 1 Reg 2,10.

handeln.« Vor allem erinnert euch an die Worte unseres Herrn Jesus,
2 der Freundlichkeit und Langmut empfohlen hat. / Denn Jesus hat
gesagt[17]: *»Übt Erbarmen, damit ihr Erbarmen findet. Vergebt den
anderen, damit euch vergeben wird. Was ihr anderen tut, das wird
man euch vergelten. Wie ihr gebt, so wird man euch geben, wie ihr
urteilt, so werdet ihr beurteilt werden, wie ihr Güte übt, so wird euch
Güte zuteil werden, das Maß, mit dem ihr meßt, wird auch der Maß-
3 stab sein für das, was ihr empfangt.«* / Mit diesem Gebot und mit
diesen Botschaften wollen wir uns stärken und seinen heiligen Wor-
ten gehorsam folgen. Dabei wollen wir demütig sein. Denn die
4 Schrift sagt[18]: / *»Auf den Sanften und Stillen werde ich schauen und
auf den, der meine Worte in heiliger Ehrfurcht bewahrt.«*

1 *Kapitel 14* Gerecht ist es und heilig, wenn wir, liebe Brüder und
Schwestern, Gott gehorchen und nicht denen folgen, die beim
Prahlen und im Gestrüpp schrecklicher Eifersucht die Nase vorn
2 haben. / Denn es ist nicht nur nachteilig für uns, sondern überaus
gefährlich, wenn wir uns tollkühn dem Willen derer anvertrauen,
die Streit und Aufstand schüren und uns auf diese Weise von zu-
3 träglichen Verhältnissen abbringen. / Wir wollen freundlich gegen-
einander sein, weil auch unser Schöpfer barmherzig und milde mit
4 uns ist. / Denn die Schrift sagt[19]: *»Freundliche Menschen werden
das Land bewohnen, Unschuldige werden in ihm wohnen bleiben
5 dürfen.«* / Und anderswo heißt es[20]: *»Ich mußte mitansehen, wie
der Frevler stolz sein Haupt erhob wie die Zedern des Libanon. Als
ich vorüberging, war er mit einem Male verschwunden und nir-
gendwo mehr zu finden.«* Bewahre Anstand und Geradheit, denn
ein Mensch, der Frieden hält, hat Nachkommenschaft.

1 *Kapitel 15* Also wollen wir uns an denen ausrichten, die aus ih-
rem Glauben heraus wirklich Frieden halten, und nicht an denen,
2 die nur so tun, als ob sie Frieden wollen. / Die Schrift sagt[21]: *»Die-
ses Volk ehrt mich nur mit den Lippen, sein Herz ist weit weg von
3 mir.«* / Und anderswo heißt es[22]: *»Mit ihrem Mund segnen sie, doch
4 mit ihrem Herzen verfluchen sie.«* / Und an einer anderen Stelle[23]:

17 Vgl. Mt 5,7; 6,14; 7,1f.12; Lk 6,31.37f.
18 Jes 66,2.
19 Prov 2,21f; Ps 37,9.38.
20 Ps 37,35ff.
21 Jes 29,13.
22 Ps 62,5.
23 Ps 78,36f.

»Sie liebten Gott nur mit ihrem Mund, sie belogen ihn mit ihrer
Zunge. In ihren Herzen waren sie nicht aufrichtig auf der Seite Got-
tes. Sie hielten sich nicht an seinen Bund. / [24]*Deswegen sollen die* 5
bösartigen Lippen verstummen, die gegen den Gerechten Gemeines
äußern.« An einer anderen Stelle heißt es: *»Der Herr wird alle die*
vernichten, die Bösartiges reden und prahlerisch sagen: ›Wir wollen
eine große Rede halten, wissen unsere Worte fein zu setzen – wer
kann schon unser Herr sein?‹ / Aus der Not der Armen und wegen 6
des Geschreis der Bettler will ich jetzt aufstehen, sagt der Herr. Ich
werde Rettung bringen. Ich freue mich darauf.«[25]

Kapitel 16 Christus ist bei den Demütigen, die sich nicht über 1
seine Herde erheben. / Er ist das Zepter, der Repräsentant des gro- 2
ßen Gottes. Der Herr Jesus Christus kam nicht mit prahlerischem,
überheblichem Gepränge, obwohl er es gekonnt hätte. Demütig
war er, wie es auch der Heilige Geist über ihn gesagt hat[26]: / *»Herr,* 3
wer hat meiner Predigt schon geglaubt? Wer hat Gottes Handeln
schon wahrgenommen? Über ihn müssen wir sagen: Er ist wie ein
hilfloses Kind, wie eine halbverdorrte Wurzel in dürstender Erde.
Er hat kein Ansehen, keine Pracht. Wir sahen ihn, doch er hat keine
ansehnliche Gestalt, er ist auch nicht schön, sondern sieht unan-
sehnlich aus, häßlicher als die anderen Menschen. Ein Mensch – ge-
schlagen, gepeinigt, man sieht ihm an, daß er öfter Schwäche
ertragen muß. Denn sein Gesicht hielt er abgewandt, er wurde
mißachtet und galt als nichts.
Er trägt unsere Sünden und leidet an unserer Statt. Wir meinten, er 4
sei einfach nur ein unglücklicher, geschlagener und mißhandelter
Mensch. / Doch er wurde wegen unserer Sünden verwundet und we- 5
gen unserer Vergehen mißhandelt. Damit wir Frieden hätten, wurde
er geschunden. Damit wir geheilt würden, empfing er Striemen. / Wir
alle gingen wie Schafe in die Irre, wie ein Mensch, der seinen Weg 6
nicht findet. / Für unsere Sünden hat ihn der Herr [an seine Peiniger] 7
übergeben, und er hat nichts gesagt, als er mißhandelt wurde. Wie
ein Schaf wurde er zur Schlachtbank geführt, wie ein Lamm gab er
keinen Laut vor dem, der ihn scheren wollte. So sagte er kein Wort,
und weil er so sehr erniedrigt war, wurde das Gericht für ihn aufge-
hoben. / Niemand wird von seinen Nachkommen reden, da sein Le- 8
ben von der Erde entfernt wurde. / Wegen der Vergehen meines Vol- 9

[24] Ps 31,19; 12,3 ff.
[25] Ps 11,4.
[26] Jes 53,1-12.

10 *kes kommt er zu Tode. / Dabei hätten doch die Bösen statt seiner*
begraben werden müssen, die Reichen an seiner Stelle sterben sollen.
Denn er hat keine Sünde begangen, kein unwahres Wort gesagt. Der
11 *Herr wird ihn befreien von der Qual. / Opfert doch lieber für eure*
Sünden, dann werdet ihr erleben, daß eure Kinder lange leben kön-
12 *nen. / Der Herr will die Qual für das Leben des Gerechten mildern.*
Er will ihm Licht zeigen und ihn durch Erkenntnis formen. Er
spricht ihn, den Gerechten, gerecht, da er [mit seinem Leben und
13 *Leiden] vielen gedient hat und ihre Sünden wegnehmen wird. / Des-*
wegen wird er viele beerben und den Besitz verteilen, den er den
Mächtigen abgenommen hat. Denn sein Leben wurde für sie in den
14 *Tod gegeben. Und er wurde unter die Verbrecher gezählt. / Doch er*
hat die Sünden vieler weggetragen und wurde wegen ihrer Sünden
15 *ausgeliefert.«* / Und an einer anderen Stelle[27] sagt er: *»Ich bin kein*
Mensch, sondern ein Wurm. Ich bin Gespött der Menschen, vom
16 *Volk verachtet. / Alle, die mich sahen, verhöhnten mich, murmelten*
etwas und verzogen das Gesicht: ›Er hat auf Gott gehofft, der soll
17 *ihn befreien, soll ihn retten, er will ihn ja [am Leben halten].‹«* / Seht
daher, liebe Brüder und Schwestern, welches Vorbild uns gegeben
wurde. Denn wenn der Herr selbst schon so demütig war, wie demü-
tig müssen wir dann erst sein, die wir doch durch ihn unter das gnä-
dige Joch seiner Herrschaft getreten sind?

1 *Kapitel 17* Wir wollen die Menschen als unsere Vorbilder be-
trachten, die mit Ziegenfellen und Schafspelzen notdürftig beklei-
det die Ankunft des Messias im voraus verkündigt haben. Wir mei-
nen die Propheten Elia und Elisa und auch Ezechiel und darüber
hinaus auch alle, denen Gott ein gutes Zeugnis ausgestellt hat. /
2 Abraham erhielt ein eindrucksvolles Zeugnis: Er wurde Freund
Gottes genannt[28] und sagte beim Anblick von Gottes Herrlichkeit
3 demütig[29]: *»Ich bin Erde und Asche.«* / Über Hiob steht in der
Schrift[30]: *»Hiob war gerecht, ohne Tadel und wahrhaftig, er*
4 *glaubte an Gott und hielt sich fern von allem Bösen.«* / Trotzdem
klagte er sich selbst mit den Worten an[31]: *»Keiner ist frei von*
Schmutz, auch wenn sein Leben nur einen Tag lang dauerte.« /
5 Mose wurde *»treu in seinem ganzen Haus«*[32] genannt. Dadurch,

[27] Ps 22,7-9.
[28] Jes 41,8.
[29] Gen 18,27.
[30] Hiob 1,1.
[31] Hiob 14,4f.
[32] Nu 12,7 LXX.

daß er treu diente, konnte Gott Ägypten durch die Plagen und Leiden bestrafen. Und obwohl er hoch geehrt war, führte er keine großen Reden, sondern antwortete, als Gottes Wort ihn aus dem Dornbusch erreichte[33]: »*Wer bin ich denn, daß du mich sendest? Ich habe eine schwache Stimme und eine schwere Zunge.*« Und an einer anderen Stelle sagte er: »*Ich bin nur Dampf aus dem Topf.*«

Kapitel 18 Das Zeugnis von David ist ein anderes Beispiel. Gott 1
hatte über ihn gesagt[34]: »*Ich habe einen Mann nach meinem Herzen*
gefunden, David, Jesses Sohn. Ich habe ihn mit der Königswürde ge-
salbt, und für immer gilt ihm mein Erbarmen.« / Dennoch sagt Da- 2
vid selbst zu Gott[35]: »*Erbarme dich meiner, Gott, in deinem großen*
Erbarmen. Und weil du so viel vergeben kannst, lösche doch meine
Missetat. / Wasche mich immer mehr von meiner Sünde rein, von 3
meinem Unrecht reinige mich. Denn mein Unrecht erkenne ich an,
und meine Sünde steht allezeit vor meinen Augen. / Vor dir allein 4
habe ich gesündigt, und vor dir habe ich Böses getan. So wirst du mit
deinen Worten als der Gerechte bestätigt, und du siegst in jedem Pro-
zeß, denn du hast immer recht. / Denn schon in Unrecht wurde ich 5
empfangen, und in Sünden sehnte mich meine Mutter herbei. / In 6
schonungsloser Offenheit hast du mir geoffenbart, was geheim und
verborgen in deiner Weisheit ist [alle meine Vergehen]. / Du wirst 7
mich mit dem Ysopbüschel besprengen, und ich werde rein werden.
Du wirst mich waschen, und ich werde weißer als Schnee. / Du wirst 8
Jubel und Freude an meine Ohren dringen lassen. Ich, der ich gede-
mütigt war, werde jubeln. / Schau nicht auf meine Sünden, beseitige 9
all meine Vergehen. / Gott, schaffe in mir ein reines Herz, und einen 10
geraden Geist mache neu in mir. / Wirf mich nicht weg von dir und 11
entziehe mir nicht deinen Heiligen Geist! / Schenke mir wieder, daß 12
ich mich freuen kann über dein Heil, und stärke mich mit dem Geist
der Vernunft. / Die dein Gesetz nicht kennen, will ich deine Wege 13
lehren, und die Ungläubigen werden zu dir umkehren. / Erlöse mich 14
aus Bluttaten, Gott, du mein Heil. / Ich will jubeln über deine 15
Freundlichkeit. Herr, öffne meinen Mund, und ich will dein Lob ver-
künden. / Denn wenn du ein Opfer gewollt hättest, ich hätte es dir 16
gegeben. Brandopfer werden dir nicht gefallen. / Aber ein Herz voller 17
Reue ist ein Opfer, das Gott will. Einen Menschen, der bereit und
demütig ist, wird Gott nicht verachten.«

---

[33] Nu 12,7; Ex 3,11; 4,10.
[34] Ps 88,21.
[35] Ps 50,3-19.

1 *Kapitel 19* Für viele und so wichtige Menschen sind Demut und
bescheidener Gehorsam bezeugt. So haben sie nicht nur uns zum
Guten aufgemuntert, sondern auch die Generationen vor uns, wenn
sie Gottes Wort voll Ehrfurcht und erfüllt von Gottes Wirklichkeit
2 aufgenommen haben. / Durch unsere Betrachtung haben nun auch
wir an vielen großen, berühmten Ereignissen Anteil. Daher wollen
wir uns jetzt wieder unserem Ziel zuwenden, das uns überliefert
wurde und von Anfang an leitet: dem Frieden. Wir wollen unseren
Blick auf Gott, den Vater und Schöpfer der ganzen Welt, richten und
uns nach seinen großen, überwältigenden Friedensgaben und Wohl-
3 taten sehnen. / Wir wollen im Geist und mit den Augen unseres Her-
zens betrachten, wie langmütig er ist, und bedenken, daß er gegen-
über keinem seiner Geschöpfe Haß empfindet.

1 *Kapitel 20* Durch seine lenkende Hand bewegt, unterwerfen sich
2 die Himmel Gott, ohne aufzubegehren. / Ohne einander in die
Quere zu kommen, vollziehen Tag und Nacht den Lauf, den er an-
3 geordnet hat. / Sonne, Mond und die Chöre der Sterne durchwan-
dern auf sein Geheiß einträchtig und ohne jede Abweichung die ih-
4 nen aufgetragenen Wege. / Zu den festgesetzten Zeiten trägt die
Erde nach Gottes Willen zuverlässig Frucht in Fülle für Menschen
und Tiere und läßt für alles, was auf ihr lebt, Nahrung wachsen,
5 ohne von seinen Anweisungen abzuweichen. / Durch dasselbe Re-
gelwerk werden die unerforschlichen Tiefen und die Strafen der
Unterwelt, die man mit Worten nicht beschreiben kann, zusam-
6 mengehalten. / Das unermeßliche Becken des Meeres hat nach der
Schöpfungsordnung die Aufgabe, Wasser zu sammeln, so daß das
Meer nicht die ringsum gesetzten Schranken übersteigt, sondern
7 sich verhält, wie Gott es angeordnet hat. / Denn er hat zum Meer
gesagt[36]: »*Bis hierher darfst du kommen. Deine Wogen sollen in dir*
8 *zusammenfallen.*« / Der für Menschen uferlose Ozean und die Kon-
tinente, die hinter ihm liegen, werden nach denselben göttlichen
9 Anordnungen regiert. / Die Jahreszeiten Frühling, Sommer, Herbst
10 und Winter folgen einander in gutem Einvernehmen. / Die vier
Standquartiere der Winde versehen nach ihren eigenen Zeitplänen
ihren Dienst, ohne daß es zu Kollisionen kommt. Unversiegliche
Quellen reichen den Menschen unermüdlich ihre Brüste zum Leben
– zur Erhaltung der Gesundheit und zum Genuß sind sie ja geschaf-
fen. Auch die kleinsten Tiere kommen in Eintracht und Frieden zu-
11 sammen. / Alle diese Dinge sollen nach Anordnung des großen

36 Hiob 38,11.

Schöpfers und des Herrn aller Dinge in Frieden und Eintracht mit-
einander sein. Allen erweist Gott seine Wohltaten, besonders aber
uns Menschen, die wir durch unseren Herrn Jesus Christus zu sei-
nem Erbarmen geflüchtet sind. / Ihm gebührt die Ehre und die 12
Herrlichkeit in Ewigkeit. Amen.

Kapitel 21 Ihr Lieben! Seht zu, daß Gottes viele Wohltaten uns 1
nicht beim Gericht zum Verhängnis werden, wenn wir uns durch
unseren Lebenswandel als ihrer nicht würdig erweisen und nicht in
Eintracht tun, was gut und wohlgefällig vor Gott ist. / Denn ir- 2
gendwo heißt es[37]: »*Der Geist des Herrn ist das Licht, das die
Kammern des Leibes durchforscht.*« / So nah ist er uns also! Keiner 3
unserer Gedanken und Pläne bleibt ihm verborgen. / Es ist daher 4
gerecht, von dem, was er will, keinerlei Abstriche zu machen. /
Wenn wir schon Anstoß erregen, dann lieber bei dummen, ungebil- 5
deten, aufgeblasenen und eingebildeten Menschen als bei Gott. /
Wir wollen Ehrfurcht vor unserem Herrn Jesus haben, dessen Blut 6
für uns gegeben wurde, unsere Vorgesetzten achten, die Älteren eh-
ren, die Jugend in der Furcht Gottes erziehen, unsere Frauen zum
Guten lenken. / Die Frauen sollen liebenswert keusch, ohne Falsch 7
und nachgiebig sein. Daß sie eine freundliche Zunge haben, sollen
sie durch Schweigen beweisen. Ihre Liebe sollen sie nicht nach be-
sonderer Zuneigung, sondern gleichmäßig auf alle verteilen, die
Gott fürchten, so ist es heilig. / Eure Kinder erzieht christlich, in Le- 8
bensgemeinschaft mit dem Messias. Sie sollen lernen, was Demut
bei Gott vermag, was heilige Liebe bei Gott bewirken kann, wie
Furcht vor Gott etwas Schönes und Großes ist und alle erlösen und
befreien kann, die in ihr leben und anständig bleiben. / Gott kennt 9
alle unsere Gedanken und Absichten genau. Sein Lebensodem ist in
uns, und wenn er will, nimmt er ihn wieder.

Kapitel 22 Der Glaube, der uns mit Jesus Christus verbindet, ver- 1
leiht all dem ein sicheres Fundament. Denn Jesus Christus ruft uns
durch den Heiligen Geist zu[38]: »*Kommt, Kinder, hört mich, ich will
euch lehren, Gott zu fürchten. / Wenn du ein langes, reiches Leben* 2
und gute Tage erleben willst, / dann höre auf mit bösen Reden und 3
heimtückischen Worten. / Wende dich ab vom Bösen und versuche, 4
Gutes zu tun. / Suche Frieden und setze dich mit aller Kraft dafür 5
ein. / Gott blickt voll Freude auf die Gerechten, und er hört gerne 6

[37] Prov 20,27.
[38] Ps 33,12-18.

auf ihr Gebet. Doch er ist gegen die Leute, die vorsätzlich Böses
7 *tun. An sie soll dann niemand mehr denken. / Wenn ein Gerechter*
zu Gott ruft, dann erhört er ihn, erlöst ihn aus allen Nöten.« /
8 [39]*»Ein Sünder wird viele Geißelhiebe empfangen, doch wer auf*
Gott hofft, den hüllt er in den Mantel seines Erbarmens.«

1 *Kapitel 23* Gott ist ein Vater voller Erbarmen und möchte allen
Gutes tun, die ihn fürchten. Für sie hat er ein Herz. Wenn Men-
schen geradewegs zu ihm kommen, wendet er sich ihnen freundlich
2 und herzlich in Gnaden zu. / Deswegen wollen wir nicht zweifeln
und aus seinen reichen, herrlichen Geschenken nicht die falschen
3 Schlüsse ziehen. / Nie möge auf uns die Schriftstelle zutreffen, in
der es heißt[40]: *»Wie unglücklich sind die Zweifler, die im Wider-*
streit [zwischen Denken und Glauben] sagen: ›So haben schon un-
sere Väter geredet, und nun sind wir alt geworden, und nichts von
4 *alledem ist eingetroffen.‹«* / Wer nicht bei solchen geistigen Armuts-
zeugnissen verharren will, soll sich vergegenwärtigen, wie es mit
dem Weinstock geht: Zuerst verliert er das Laub, dann entsteht ein
Sproß, dann ein Blatt, eine Blüte, eine kleine saure Beere, dann eine
süße Traube. Wie schnell geht es, bis der Weinstock Früchte bringt!
5 / Ganz bestimmt wird Gott seinen Willen schnell und plötzlich in
Erfüllung gehen lassen. Das sagt auch die Schrift[41]: *»Schnell wird*
er kommen und nicht zögern. Unerwartet wird der Herr in seinen
Tempel kommen«, er und der Heilige, den ihr erwartet.

1 *Kapitel 24* Denkt doch daran, daß Gott uns immer wieder zeigt,
daß es ganz sicher eine zukünftige Auferstehung gibt. Den Anfang
hat er schon gemacht, indem er Jesus Christus von den Toten auf-
2 erweckte. / Es gibt aber auch zwischendurch immer wieder Aufer-
3 stehung. / Der Tag und die Nacht führen uns Auferstehung vor Au-
gen. In der Nacht schläft alles, am Morgen ersteht es auf. Dann
4 geht der Tag wieder, und die Nacht kommt. / Oder denkt an die
5 Natur, zum Beispiel bei der Saat: / Der Sämann geht hinaus und
wirft den Samen auf das Feld. Die Körner fallen auf die Erde und
vergehen, weil sie nackt daliegen und austrocknen. Dann aber läßt
Gottes großartige Fürsorge sie aus der Vergänglichkeit auferstehen.
Und aus dem einen Samenkorn wachsen viele neue Samenkörner
und bringen selbst wieder Frucht.

---

[39] Ps 31,10.
[40] Herkunft unbekannt. Vgl. 2 Petr 3,4.
[41] Jes 13,22; Mal 3,1.

Kapitel 25 Oder denken wir an das wundersame Geschehen, das 1
sich im Orient, in der Provinz Arabien, zu ereignen pflegt. / Da gibt 2
es einen Vogel namens Phönix. Er ist der einzige seiner Art. Er lebt
500 Jahre, und wenn er dem Sterben nahe ist, baut er sich ein Nest
aus Weihrauch, Myrrhe und anderen wohlriechenden Pflanzen.
Wenn seine Zeit erfüllt ist, geht er in das Nest und stirbt. / Dann ver- 3
fault sein Fleisch, und es entsteht ein Wurm, der ernährt sich vom
Fäulnissaft des verendeten Tieres und bekommt eines Tages Flügel.
Wenn er dann kräftig genug ist, nimmt er das Nest mit den Gebeinen
seines Vorgängers und fliegt damit von Arabien nach Ägypten in die
Stadt Heliopolis. / Und bei Tageslicht, wenn alle es sehen können, 4
legt er seine Last am Altar des Sonnengottes nieder und fliegt zu-
rück. / Wenn die Priester in ihren Zeittafeln nachschauen, stellen sie 5
fest, daß der Phönix genau nach 500 Jahren gekommen ist.

Kapitel 26 Groß und staunenswert ist es, wenn der Schöpfer aller 1
Dinge die auferstehen läßt, die ihm hingebungsvoll voll gläubigen
Vertrauens gedient haben. Durch den Vogel Phönix weist er uns so
auf die Größe der Verheißung hin. / Denn an einer Stelle heißt es[42]: 2
»*Du wirst mich auferstehen lassen, und ich werde dich loben.*« Und
anderswo[43]: »*Ich bin eingeschlafen und schlief, nun bin ich er-*
wacht, denn du bist bei mir.« / Und Hiob sagt[44]: »*Du wirst aufrich-* 3
ten meinen Körper, der all dies erduldet hat.«

Kapitel 27 Weil wir auf die Auferstehung hoffen, wollen wir uns 1
ganz eng an den heften, der treu in seinen Verheißungen und ein ge-
rechter Richter ist. / Da Gott doch selbst das Lügen verboten hat – 2
wie könnte er da lügen? Eine Lüge ist bei Gott ganz und gar un-
möglich. / So möge unser Glaube an ihn neu entfacht werden, und 3
bedenken wir doch, wie nahe ihm alle Dinge und Menschen stehen.
/ Mit seinem bloßen majestätischen Wort hat er alles erschaffen 4
und kann er alles zerstören. / Niemand kann ihn fragen[45]: »*Warum* 5
hast du das so geschaffen?« Und niemand kann seiner Macht wi-
derstehen. Er kann alles tun, wann und wie er will, und nichts von
dem, was er geboten hat, wird je ungültig werden. / Unter seinen 6
Augen ist und geschieht alles. / »*Die Himmel*[46] *künden von Gottes* 7
Herrlichkeit, das Firmament sagt von sich: ›Er hat mich geschaffen.‹

---

[42] Herkunft unbekannt.
[43] Ps 3,6; 23,4.
[44] Hiob 19,26.
[45] SapSal 12,12.
[46] Ps 18,2ff.

Ein Tag ruft es dem anderen zu, eine Nacht gibt der anderen die Kunde weiter. Das geschieht ohne Worte und ohne Rede, denn ihre Stimmen hört man nicht.«

1 *Kapitel 28* Gott sieht also alles und hört alles. Daher wollen wir ihn fürchten und unsere Gelüste auf Böses aufgeben, damit er uns
2 in seinem Erbarmen vor allem künftigen Gericht schützt. / Denn wohin sollte einer vor Gottes starker Hand fliehen? Welche Welt sollte denn den aufnehmen, der sich vor ihm verstecken möchte? In
3 der Schrift sagt es der Prophet an einer Stelle[47]: / *»Wohin soll ich gehen und wo mich verbergen vor deinem Angesicht? Wenn ich zum Himmel hinaufsteige, dann bist du dort. Wenn ich zu den Enden der Erde gehe, dann fängt mich dort deine Rechte auf. Wenn ich in der Unterwelt mein Lager bereite, dann ist dort dein Heiliger Geist.*
4 */ Wohin also sollte einer weglaufen oder dem entrinnen, der doch alles umfaßt?«*

1 *Kapitel 29* So wollen wir also mit reinem Herzen vor Gott hintreten. Wenn wir die Hände zum Gebet erheben, möchten wir das mit reinem und gutem Gewissen tun. Und unseren freundlichen und barmherzigen Vater im Himmel, der uns zu seinen Erwählten ge-
2 macht hat, möchten wir lieben. / Denn so heißt es in der Schrift[48]: *»Als Gott die Völker einteilte, da schickte er Adams Kinder in verschiedene Gegenden und grenzte die Völker entsprechend der Zahl der Engel voneinander ab. Als eigener Anteil verblieb Gott sein*
3 *Volk Israel, das Erbe, das er Jakob zugemessen hatte.«* / Und an einer anderen Stelle heißt es[49]: *»Mitten aus allen anderen Völkern nahm der Herr sich sein Volk, so wie ein Mensch sich die erste Garbe seiner neuen Getreideernte nimmt. Aus jenem Volk wird das Allerheiligste hervorgehen.«*

1 *Kapitel 30* Also sind wir nun Gottes heiliger Anteil und wollen uns heilig verhalten. Daher wollen wir aller Verleumdung, allem sündhaften sexuellen Verkehr, allen Saufgelagen, Umsturzversuchen, heidnischen Lustbarkeiten, auch schändlichem Ehebruch
2 und heidnischer Prahlerei eine Absage erteilen. / Denn *Gott,* sagt die Schrift[50], *ist gegen die Prahler, aber seine Gnade schenkt er den*

---

47 Ps 138,7-10.
48 Dtn 32,8f.
49 Dt 4,34; 14,2.
50 Prov 3,34.

Bescheidenen. / Wir wollen uns nun an die klammern, denen Gott 3
seine Gnade geschenkt hat. Wir wollen bescheiden sein und die
Eintracht wie eine gemeinsame Uniform anlegen. Wir wollen uns
beherrschen und uns von aller Ohrenbläserei und Verleumdung
fernhalten. Wir wollen mit Taten, nicht nur mit Worten Dienste lei-
sten. / Denn die Schrift sagt[51]: »*Wer viel redet, der muß dann auch* 4
viel anhören. Wem das Reden leichtfällt, der soll nicht meinen, er
sei deshalb schon gerecht. / Es kann auch Segen darauf liegen, wenn 5
einer nur kurze Zeit lebt.« Werdet also keine Vielredner. / Wenn 6
einer uns loben soll, dann Gott und nicht wir selbst. Gott kann die
nicht leiden, die sich selbst loben. / Wenn wir etwas gut gemacht 7
haben, dann sollen andere uns loben. So haben es auch schon un-
sere gerechten Väter erfahren. / Was Gott verflucht: Wenn einer 8
dreist, leichtfertig oder vermessen ist. Was Gott segnet: Wenn einer
freundlich, bescheiden und sanft ist.

Kapitel 31 Hängen wir uns also an Gottes Segen an! Und wie kann 1
man es anstellen, daß man gesegnet wird? Überdenken wir wieder,
was mit unseren Vorfahren geschah! / Unser Vater Abraham wurde 2
gesegnet, weil er in der Kraft seines Glaubens gerecht und glaubwür-
dig handelte. / Isaak wußte voll Vertrauen um die Zukunft und ließ 3
sich deshalb gerne als Opfer darbringen. / Wegen seines Bruders ver- 4
ließ Jakob demütig sein Land, ging zu Laban und diente ihm als
Sklave. Dafür wurde ihm das Zwölfstämmereich Israel verliehen.

Kapitel 32 Wer all dieses redlich bedenkt, muß anerkennen, wel- 1
che großartigen Gaben Gott Jakob geschenkt hat. / Denn von ihm 2
stammen alle Priester und Leviten ab, die dem Altar Gottes dienen.
Von ihm stammt Jesus als Mensch ab. Aus seiner Familie kommen
Könige, Herrscher und Fürsten Judas. Auch alle übrigen Stämme,
die aus ihm hervorgegangen sind, stehen in Ansehen und Herrlich-
keit da. Denn Gott hat ihm verheißen[52]: »*Deine Nachkommen-*
schaft wird zahlreich sein wie die Sterne am Himmel.« / Gott hat sie 3
herrlich und groß werden lassen. Nicht sie selbst haben das be-
wirkt, auch nicht ihr Tun oder ihre guten Werke, sondern Gottes
Wille. / Auch uns hat er nach seinem Willen in die Gemeinschaft 4
mit Jesus Christus berufen. So nimmt er uns als seine Verbündeten
an – nicht, weil wir uns selbst gerecht gemacht hätten, weil wir so
weise, klug oder fromm wären oder aus reinem, heiligem Herzen

---

[51] Hiob 11,2f.
[52] Gen 15,5.

gehandelt hätten, sondern nur, weil wir an ihn glauben. Auf diesem Weg hat Gott, der immer und überall herrscht, seit jeher Menschen angenommen und in seiner Gemeinschaft willkommen geheißen. Sein ist alle Herrlichkeit für immer. Amen.

1 *Kapitel 33* Liebe Brüder und Schwestern! Läßt sich aus alledem
etwa schließen, daß wir uns unser gutes Handeln und die Liebe ru-
hig schenken können? Das möge Gott auf keinen Fall zulassen!
Vielmehr wollen wir mit aller Kraft unermüdlich und bereitwillig
2 Gutes tun. / Denn Gott selbst, Schöpfer und Herr aller Dinge, freut
3 sich über seine Werke. / Mit seiner unfaßbar großen Macht hat er
die Himmel errichtet und sie mit seiner unerschöpflichen Weisheit
geordnet. Er trennte die Erde von dem Wasser, das sie umgab, und
gründete sie auf ein festes Fundament, welches nichts anderes ist
als sein Wille. Auf seinen Befehl hin entstanden die Lebewesen auf
der Erde, nachdem er in seiner Macht das Meer und die Tiere, die
4 darin leben, geschaffen hatte. / Zu alledem hinzu formte er mit sei-
nen eigenen heiligen und reinen Händen als Wichtigstes und Größ-
5 tes den Menschen als Abbild seiner selbst.[53] / Denn so sagt Gott[54]:
*»Wir wollen den Menschen machen nach unserem Urbild und uns
ähnlich.«* Und Gott schuf den Menschen, als Mann und Frau
6 machte er sie.[55] / Als Gott all dies vollendet hatte, lobte er alle
Dinge und segnete den Menschen mit den Worten[56]: *»Wachst und
werdet zahlreich!«*
7 Alle Gerechten konnten ebenfalls viele gute Werke als ihre Zierde
vorweisen, und auch der Herr Jesus Christus konnte sich freuen,
8 weil er so viele schöne gute Werke hervorgebracht hatte. / Wir ha-
ben nun dieses Vorbild und müssen uns entschlossen nach seinem
Willen richten. Mit ganzer Kraft wollen wir tun, was die Gerech-
tigkeit[57] fordert.

1 *Kapitel 34* Ein guter Arbeiter nimmt leichten Herzens den Lohn
für seine Arbeit entgegen. Wer jedoch faul und nachlässig war,
2 kann seinem Arbeitgeber nicht in die Augen blicken. / Wir müssen
deshalb ganz energisch darauf aus sein, Gutes zu tun. Denn von
3 Gott kommt alles. / Der Prophet sagt uns voraus[58]: *»Der Herr*

[53] Vgl. Gen 1,26f.
[54] Gen 1,26f.
[55] Vgl. Gen 1,27.
[56] Gen 1,28.
[57] Die Gerechtigkeit ist personifiziert auch in Röm 3,21f; 10,3.6 (!).
[58] Jes 40,10.

kommt, und der Lohn, den er zu verteilen hat, liegt bei ihm bereit.
Er wird jedem nach seinen Taten vergelten.« / Und der Herr er- 4
mahnt uns[59]: »*Glaubt an mich aus ganzem Herzen, seid nicht träge*
und vielmehr bereit zu allem guten Werk.« / Die Grundlage für un- 5
sere Freude und Zuversicht ist nur Gott selbst. Daher wollen wir
uns seinem Willen unterwerfen. Denken wir doch daran, wie die
riesige Menge seiner Engel bereitsteht, um seinen Willen zu tun. /
In der Schrift heißt es[60]: »*Zehntausendmal zehntausend standen* 6
bei ihm, und tausendmal tausend dienten ihm und riefen: ›Heilig,
heilig, heilig, Herr der Heere, die ganze Schöpfung ist voll von seiner
Herrlichkeit.‹« / Auch wir haben uns versammelt und achten ge- 7
wissenhaft darauf, daß wir alle ihn einmütig und wie aus einem
Munde beharrlich darum anflehen, uns Anteil an seinen herrlichen,
großen Verheißungen zu geben. / Denn so sagt es die Schrift[61]: 8
»*Kein Auge hat je gesehen, kein Ohr hat je gehört, keines Menschen*
Herz hat je vernommen, was Gott für die bereitgestellt hat, die auf
ihn warten.«

Kapitel 35 Ihr Lieben! Gottes vortreffliche und staunenswerte 1
Gaben sind: / unzerstörbares Leben, strahlende Gesichter der Ge- 2
rechten, ein fester Halt ohne Ängste, Treue durch Vertrauen, Ge-
nügsamkeit in einer Lebensweise, die an Gott ausgerichtet ist. / Was 3
aber liegt denn dann für die bereit, die jetzt aushalten? Gott weiß
es, er, der Schöpfer und Vater der Welten, der ganz und gar heilig
ist. Er weiß, wie groß und wie schön das sein wird. / Wir wollen 4
also darum kämpfen, daß wir zu denen gehören dürfen, die ausharren, um die Verheißungen zu erlangen. / Wie soll das möglich sein? 5
Wir sollten fest und beharrlich unser Herz auf Gott richten. Wir
sollten erstreben, was Gott angenehm und willkommen ist. Wir
sollen tun, was nach Gottes reinem Willen ist, und ihm nachfolgen
auf dem Weg, der nicht in die Irre führt. Wir sollen uns lossagen
von Ungerechtigkeit und Bosheit, von Habgier und Streitereien,
von Bosheit und Hinterlist, von Ohrenbläserei und Verleumdung,
von Haß gegen Gott, Überheblichkeit und Prahlerei, von Ruhm-
sucht und Ungastlichkeit. / Wer so etwas tut, den haßt Gott, und 6
das betrifft nicht nur die Täter, sondern auch alle anderen, die ihr
Verhalten billigen. / Denn in der Schrift steht[62]: »*Gott sagt zum* 7

[59] Herkunft unbekannt, vgl. 2 Tim 2,21c; 3,17b.
[60] Dan 7,10.
[61] Vgl. auch 1 Kor 2,9. Herkunft unbekannt (apokalyptische Wandertradition).
[62] Ps 49,16-23.

Sünder: ›Warum zählst du meine Gebote und sprichst überhaupt
8 *von meinem Bund? / Verbindlichkeit ist dir doch ein Greuel, und*
meine Worte hast du verworfen. Wenn du einen Dieb gesehen hast,
bist du zu ihm gelaufen, mit Ehebrechern hast du gemeinsame Sa-
che gemacht. Reichlich böse Worte hast du von dir gegeben und
heimtückisch Irreführendes gesagt. Du hast dagesessen und über
deinen Bruder schlecht geredet, du hast ihm Fußangeln ausgelegt,
9 *in denen er sich verfangen sollte. / Das hast du getan, ich aber habe*
geschwiegen. Du hast angenommen, ich würde es machen wie du
10 *und dir ähnlich werden. / Aber ich werde dich entlarven und dir ei-*
11 *nen Spiegel vorhalten.‹ / Begreift dies, die ihr euch entschieden habt,*
Gott zu vergessen. Sonst wird er wie ein Löwe kommen und euch
12 *fangen, und dann gibt es keine Rettung. / ›Ein Lobopfer wird mich*
ehren‹, und das ist der Weg, diesen Weg werde ich ihm zeigen als das
Heil, das Gott schenkt.«

1 *Kapitel 36* Der Weg, auf dem wir unser Heil gefunden haben, ihr
Lieben, ist Jesus Christus. Er ist der Hohepriester, der unsere Op-
fergaben vor Gott bringt, er ist unser Schutzpatron und hilft uns in
2 unserer Schwachheit. / Wenn wir auf ihn sehen, können wir durch
ihn in die Höhen des Himmels blicken. An ihm sehen wir wie in ei-
nem Spiegel Gottes reines, erhabenes Antlitz. Er hat die Augen un-
seres Herzens [für Gott] geöffnet. Durch ihn wächst unser unein-
sichtiger, verdunkelter Sinn zum Licht empor. Durch ihn wollte uns
Gott von der unsterblichen Erkenntnis kosten lassen. Denn auf
Jesus liegt der Widerschein der Hoheit Gottes. Über die Engel ist
er erhoben, weil sein Name [Herr und Gottes Sohn] von ihrem ver-
3 schieden ist.[63] / Denn so steht es in der Schrift[64]: »*Er macht seine*
4 *Engel zu Winden und seine Diener zu Feuerflammen.*« / Über sei-
nen Sohn sagt der Herr aber[65]: »*Mein Sohn bist du, heute habe ich*
dich gezeugt. Du brauchst mich nur darum zu bitten, dann gebe ich
5 *dir die Heidenvölker zum Erbe und die ganze Erde als Besitz.*« / An
einer anderen Stelle[66] sagt er zu ihm: »*Setze dich an meine rechte*
Seite, und ich will dir deine Feinde als Schemel unter deine Füße
6 *legen.*« / Wer anderes sind die »Feinde« als die Bösen und die, die
sich Gottes Willen widersetzen?

---

63 Vgl. Hb 1,5.7.
64 Ps 103,4.
65 Ps 2,7f.
66 Ps 109,1.

Kapitel 37 Liebe Brüder und Schwestern! Unter Gottes vollkom- 1
menen Geboten wollen wir mit Ausdauer kämpfen. / Betrachten 2
wir die Männer, die unter unserer Obrigkeit militärischen Dienst
tun. Diszipliniert, willig und mit unterwürfigem Gehorsam tun sie
das, was befohlen wird. / Nicht alle sind Heerführer oder Kom- 3
mandanten von tausend, hundert, fünfzig oder weniger Soldaten.
Doch jeder befolgt auf seinem Posten, was der König und ihre Vor-
gesetzten angeordnet haben. / Die Großen und Wichtigen können 4
ohne die Kleinen und Unwichtigeren nicht sein, und das gilt auch
umgekehrt. Bei allem gibt es ein Gefüge, und darin liegt der Nut-
zen. / Nehmen wir zum Vergleich unseren Leib[67]: Was wäre der 5
Kopf ohne die Füße? Was wären die Füße ohne den Kopf? Selbst
die geringsten Glieder unseres Körpers sind für den ganzen Leib
notwendig und nützlich. Doch alle wirken zusammen und unter-
werfen sich einer einzigen Ordnung, damit der ganze Leib am Le-
ben gehalten werden kann.

Kapitel 38 Der ganze Leib unserer Gemeinde, die durch und mit 1
Jesus Christus besteht, muß am Leben gehalten werden. Dazu muß
sich jeder seinem Nächsten unterwerfen, wie es seiner Stellung
nach seiner Geistbegabung[68] entspricht. / Der Starke soll für den 2
Schwachen sorgen, der Schwache soll den Starken achten.[69] Der
Reiche soll den Armen unterstützen, der Arme aber soll Gott dan-
ken, daß er ihm jemanden gegeben hat, der seine Not lindert. Der
Weise zeige seine Weisheit nicht in Worten, sondern in guten Wer-
ken. Ist einer demütig, so soll er [um sich seine Demut zu bewah-
ren] das nicht über sich selbst sagen, sondern das Urteil anderen
überlassen. Und wer nicht heiratet, weil er am ganzen Leib heilig
sein will, der soll das nicht hinausposaunen, sondern anerkennen,
daß es Gott ist, der ihm die Enthaltsamkeit schenkt. / Bedenkt, Brü- 3
der und Schwestern, daß wir aus Staub gemacht sind, daß wir
nackt und arm in die Welt gekommen sind und daß uns unser
Schöpfer und Welterbauer, als er uns schuf, aus Grab und Finster-

67 Vgl. 1 Kor 12,12-21.

68 Das Wort »charisma« ist hier mit »Geistbegabung« übersetzt. Der Verfasser des Briefes setzt voraus, daß die unterschiedlichen Geistesgaben von selbst ein hierarchisches Gefüge bilden. Das ist auch in 1 Kor 12 so, wo ebenfalls charismatische Begabung und Hierarchie sich gerade nicht gegenseitig ausschließen.

69 Mit der Rede von den »Starken« und »Schwachen« knüpft der Verfasser an 1 Kor 8-10 an.

nis[70] in die Welt gesetzt hat. Schon bevor wir geboren wurden,
4 hatte er seine Wohltaten für uns vorbereitet. / Alles haben wir von
Gott geschenkt bekommen, und deshalb müssen wir ihm herzlich
dafür danken. Sein ist alle Herrlichkeit, für immer. Amen.

1 *Kapitel 39* Dumme, unverständige, einfältige und ungebildete
Leute möchten uns gerne verspotten und verhöhnen, weil sie sich
selbst gerne einbilden, ganz groß und über uns erhaben zu sein. /
2 Doch was vermag schon ein Sterblicher, welche Kraft hat schon ein
3 aus Erde gemachter Mensch? / Die Schrift sagt[71]: »*(Ein Windhauch
schwebte vorüber ... Er blieb stehen, doch) ... ich konnte sein Aus-
sehen nicht erkennen und hörte nur das Flüstern einer Stimme.*« /
4 Kann etwa ein sterblicher Mensch gerecht dastehen vor Gott? Kann
ein Mensch aufgrund seiner Werke wirklich untadelig sein, wo doch
Gott selbst seinen Dienern nicht vertrauen kann und sogar bei sei-
5 nen Engeln Schwächen feststellt? / Schon der Himmel ist nicht rein
vor Gott, wie steht es dann erst mit den Menschen, die in Lehmhüt-
ten wohnen? Dazu gehören doch auch wir, aus demselben Lehm ge-
formt. Man zerdrückt sie wie eine Motte. Ihr Leben war nur wie
zwischen Morgen und Abend, und schon sind sie nicht mehr da. Da
6 sie sich selbst nicht helfen konnten, gingen sie zugrunde. / Er blies sie
an [mit Lebensodem], doch sie starben, weil sie keine Weisheit hat-
7 ten. / So rufe doch, ob dich jemand erhört oder ob du einen von den
heiligen Engeln siehst!
Unzufriedenheit bringt den Toren um, Eifersucht tötet den Verblen-
8 deten. / Ich sah, daß die Uneinsichtigen Wurzeln schlugen, doch ihr
9 Nahrungsvorrat war bald aufgezehrt. / Ihre Kinder sollen vom
Wohlstand ausgeschlossen bleiben. Sie sollen verspottet werden,
wenn sie an den Türen der noch Schwächeren vorbeigehen, und es
wird keiner dasein, der sie errettet. Denn was für sie vorbereitet war,
werden andere, die Gerechten, essen. Sie selbst können aus ihrem
Unglück nicht errettet werden.

1 *Kapitel 40* Dies ist für uns nun sehr deutlich. Wir haben hineinge-
blickt in die Tiefen dessen, was Gott weiß, und müssen alles in der
2 zeitlichen Reihenfolge tun, wie es der Herr angeordnet hat. / Die Op-
fer und Gottesdienste sollten nicht nach Gutdünken oder unregel-
mäßig abgehalten werden, sondern zu festgesetzten Tagen und Stun-
3 den. / Wo und durch wen diese Dienste vollzogen werden sollen, hat

70 Vgl. Ps 138,15.
71 Hiob 4,16-5,5.

Gott selbst in seinem weisen Ratschluß angeordnet, damit alles in
frommer Ehrfurcht nach seinem Willen geschieht, damit es ihm
wohl gefällt. / Wer nun zu den angeordneten Zeiten Gottesdienst 4
hält, der ist Gott willkommen und seligzupreisen. Denn er folgt ge-
nau den Vorschriften des Herrn, und so verfehlt er sich nicht. / Denn 5
die Dienste der Hohenpriester, Priester und Leviten sind jeweils be-
sonders geregelt, und auch für Laien gibt es besondere Vorschriften.

Kapitel 41 Jeder von uns, liebe Brüder und Schwestern, soll an 1
seinem Platz Gott wohl gefallen und kann dabei ein gutes Gewissen
bewahren, wenn er das, was in der Vorschrift klar angeordnet ist,
ehrfürchtig erfüllt. / Nicht überall werden Gott Tamid-Opfer, Ge- 2
lübde-Opfer, Sündopfer und Schuldopfer dargebracht, sondern nur
in Jerusalem. Auch dort werden sie nicht an jeder Straßenecke dar-
gebracht, sondern nur vor dem Allerheiligsten auf dem Brandop-
feraltar und nur, wenn der Hohepriester und seine oben erwähnten
liturgischen Helfer die Opfergabe vorher als fehlerlos anerkannt
haben. / Wer etwas gegen den Willen Gottes tut, handelt sich den 3
Tod als Strafe ein. / Achtet darauf, liebe Geschwister: Je mehr wir 4
nach Gottes Willen erkennen durften, um so größer ist auch die Ge-
fahr, ernstlich bestraft zu werden.

Kapitel 42 Die Apostel haben uns das Evangelium verkündet. 1
Jesus Christus, der Herr, hat sie uns dazu gesandt. Er selbst wurde
von Gott geschickt. / Also ist der Messias von Gott, sind die Apo- 2
stel von Christus gesandt. Diese hierarchisch geordnete Sendung
war nach Gottes Willen. / Nachdem die Apostel nun von Jesus be- 3
auftragt wurden und sich durch seine Auferstehung ihrer Sache si-
cher geworden waren, festigte Gott sie durch das Wort des Aufer-
standenen in ihrer Treue und erfüllte sie durch den Heiligen Geist
mit fröhlicher Gewißheit. So zogen sie aus und verkündigten als
Evangelium, daß Gottes Herrschaft bald Wirklichkeit werden
sollte. / Sie verkündigten das Evangelium in Stadt und Land. In der 4
Kraft des Heiligen Geistes prüften sie, ob diejenigen, die sie jeweils
zuerst für den Glauben gewonnen hatten, vom Heiligen Geist er-
füllt waren, und setzten sie dann zu Bischöfen[72] und Diakonen über
alle künftigen Gläubigen des jeweiligen Ortes ein. / Das war nichts 5
Neues. Denn schon seit alter Zeit sprach die Schrift über Bischöfe

72 Je nach Datierung des 1 Clem und Einschätzung der Gesamtentwicklung des kirchlichen Amtes kann man hier auch übersetzen »Aufseher und Diener«.

und Diakone, und zwar so: »*Ich will ihre Bischöfe einsetzen, damit sie gerecht sind, und ihre Diakone, damit sie treu sind.*«[73]

1 *Kapitel 43* Es ist doch nichts Besonderes dabei, wenn diejenigen,
die Gott durch Jesus Christus und in Gemeinschaft mit ihm beauf-
tragt hat, das große Werk der Verkündigung des Evangeliums zu
vollziehen, nun Bischöfe und Diakone einsetzten.
Auch der selige Mose, treuer Diener mit allen in seinem Haus, die
zu ihm gehörten, hat alles in heiligen Büchern aufgezeichnet, was
ihm aufgetragen war. Auch die übrigen Propheten sind ihm darin
gefolgt und haben mit Mose zusammen das bezeugt, was er im Ge-
2 setz verordnet hatte. / Wegen der Priesterwürde waren einige eifer-
süchtig geworden, so daß die israelitischen Stämme nun in Aufruhr
und große Erregung gerieten und miteinander stritten, welcher von
ihnen sich mit dem ehrenvollen Namen des Priestertums schmük-
ken dürfe. Da befahl Mose den zwölf Anführern der Stämme, ihm
Stäbe zu bringen, auf denen jeweils der Name des betreffenden
Stammes eingeritzt sein sollte. Mose nahm die Stäbe, band sie zu-
sammen und versiegelte das Bündel mit Siegeln, die die Abdrücke
der Ringe der Stammesführer trugen. Im Offenbarungszelt legte
3 Mose das Bündel auf den Tisch Gottes. / Dann schloß er den Zelt-
4 eingang ab und versiegelte die Schlüssel ähnlich wie die Stäbe. / Er
sagte zu den Stammesführern: »*Liebe Brüder, den Stamm, dessen*
Stab ausschlägt, hat sich Gott erwählt, ihm Priesterdienst zu lei-
5 *sten und ihm Gottesdienst zu halten.*« / Am anderen Morgen rief
er ganz Israel zusammen, etwa sechshunderttausend Menschen,
zeigte den Stammesoberhäuptern die Siegel, öffnete das Offenba-
rungszelt und holte die Stäbe hervor. Er fand, daß der Stab Aarons
6 nicht nur ausgeschlagen hatte, sondern sogar Früchte trug. / Was
meint ihr nun, ihr Lieben, wußte Mose nicht im voraus, daß dies
das Ergebnis sein würde? Ganz gewiß wußte er das, doch er han-
delte so, damit kein Aufruhr in Israel entstehen sollte. Auf diese
Weise sollte der Name des treuen und einzigen Gottes verherrlicht
werden. Sein ist alle Herrlichkeit für immer. Amen.

1 *Kapitel 44* Auch unsere Apostel wußten, daß es um das Amt des
Bischofs Streit geben würde, weil unser Herr Jesus Christus es ih-

[73] In Jes 60,17 LXX steht lediglich: »Ich will dir geben deine Herrscher in Frieden und deine Aufseher in Gerechtigkeit.« Clemens oder andere vor ihm haben die Stelle geändert, um Episkopat und Diakonat schon im AT nachweisen zu können.

nen gesagt hatte. / Obwohl sie also genau wußten, was geschehen 2
würde, setzten sie die Bischöfe und Diakone ein und gaben auch die
Anweisung, daß nach deren Tod andere bewährte Männer ihren
Dienst übernehmen sollten. / So wurden also diese Männer von den 3
Aposteln – oder auch von anderen angesehenen Männern – unter
Zustimmung der ganzen Gemeinde eingesetzt. Wenn solche Männer nun der Herde Christi untadelig gedient haben, ferner bescheiden, friedlich und großherzig waren und ihnen alle über lange Zeit hin ein gutes Zeugnis ausgestellt haben, dann ist es meiner Meinung nach unrecht, sie abzusetzen. / Es kann nur eine große Sünde 4
sein, wenn wir die aus dem Bischofsamt vertreiben, die untadelig
und fromm die Opfer dargebracht haben. / Da muß man ja die frü- 5
heren, verstorbenen Gemeindeältesten geradezu seligpreisen, denen vor ihrem Tod so etwas erspart blieb. In hohem Ansehen[74] und selig sind sie verstorben. Sie müssen keine Angst mehr haben, daß
sie jemand von ihrem Platz entfernt. / Denn ihr habt ja offenkundig 6
einige abgesetzt, die gut mit euch lebten und ihr Amt untadelig in Ehren hielten.

Kapitel 45 Liebe Brüder und Schwestern! Streiten und eifern soll- 1
tet ihr durchaus, doch nur, wenn es dem Heil dient. / Ihr habt die 2
heiligen Schriften durchforscht; sie sind echt und durch den Heili-
gen Geist gegeben. / Wie ihr selbst wißt, steht nichts Unrechtes oder 3
Gefälschtes in ihnen. Niemals werdet ihr dort lesen, daß gerechte
Männer von heiligen Männern abgesetzt worden wären. / Gerechte 4
wurden zwar verfolgt, doch von Verbrechern. Sie wurden ins Gefängnis geworfen, doch von Gottlosen. Sie wurden gesteinigt, aber außerhalb der Legalität. Aus schmutziger, ungerechter Eifersucht
wurden sie getötet. / Obwohl sie das alles erdulden mußten, wurde 5
ihre Geduld später zu ihrem Ruhm. / Dazu ist eine Menge zu sagen: 6
Haben etwa Menschen, die Gott fürchteten, Daniel in die Löwen-
grube geworfen? / Oder waren diejenigen, die Ananias, Azarias 7
und Misael in den Feuerofen gesperrt haben, Menschen, die den einen und höchsten Gott mit aller Hingabe und Ehrerbietung verehrten? Keineswegs. Was für Leute haben so etwas getan? Arme Menschen, die keiner mochte, die ganz verdorben waren. Sie hatten sich dermaßen in Wut hineingesteigert, daß sie die quälten, die sich mit reiner, untadeliger Gesinnung an ihren Gott hielten. Sie wußten ja nicht, daß Gott diejenigen, die mit reinem Gewissen seinem heiligen Namen dienen, auch schützt und daß er für sie kämpft. Sein ist

[74] Wörtlich: »Reich an Früchten ...«.

8 alle Herrlichkeit für immer. Amen. / Diejenigen aber, die vertrau-
ensvoll ausgeharrt haben, wurden mit Herrlichkeit und Ehre ge-
krönt, Gott hat sie erhöht und für immer in sein Gedächtnis einge-
schrieben. Amen.

1 *Kapitel 46* An solche Vorbilder, Brüder und Schwestern, müssen
2 wir uns halten. / Denn die Schrift sagt[75]: »*Haltet euch an die Hei-*
3 *ligen, denn wer sich an sie hält, wird selbst heilig.*« / Und an anderer
Stelle[76] heißt es: »*In der Gesellschaft eines Unschuldigen wirst du*
unschuldig sein, und in der eines Erwählten erwählt, und wenn du
mit einem zusammen bist, der einer Irrlehre aufgesessen ist, wirst
4 *du in die Irre gehen.*« / So wollen wir uns an die Rechtschaffenen
und Anständigen halten, denn sie sind die Auserwählten Gottes. /
5 Warum gibt es dann bei euch soviel Streit und Haß, Zerwürfnisse
6 und Spaltung, ja sogar Krieg? / Wir glauben doch an einen einzigen
Gott, an einen einzigen Christus, ein und derselbe Gnadengeist ist
über uns ausgegossen, und mit demselben Ruf sind wir in die Ge-
7 meinschaft mit Christus berufen worden. / Warum zerfetzen und
zerreißen wir die Glieder Christi, lehnen uns auf gegen den eigenen
Leib und gehen in unserem Wahnsinn so weit, zu vergessen, daß
wir alle miteinander Glieder dieses Leibes sind? Erinnert euch an
8 die Worte Jesu Christi, unseres Herrn. / Denn er hat gesagt: »*Wehe*
dem Menschen, durch den andere in ihrem Glauben irre werden. Er
wäre besser nicht geboren, als daß er einem meiner Auserwählten
zum Stein des Anstoßes wird. Es wäre besser für ihn, er würde mit
einem Mühlstein um den Hals ins Meer gestürzt, als daß er einen
9 *meiner Auserwählten vom Glauben abbringt.*«[77] / Eure Spaltung
hat schon viel zu viele vom Glauben abgebracht, sie mutlos ge-
macht oder in Zweifel gestürzt und uns alle traurig gemacht. Und
dennoch laßt ihr nicht ab von eurem Aufruhr.

1 *Kapitel 47* Nehmt den Brief des seligen Apostels Paulus zur
2 Hand! / Was schrieb er euch zuerst, am Anfang seiner Verkündi-
3 gung? / Er hat euch wirklich geisterfüllt über Kephas, Apollo und
sich selbst geschrieben.[78] Ihr hattet damals Spaltungen verursacht,
4 / durch die ihr jedoch nicht so große Schuld auf euch geladen habt,
weil ihr immerhin Anhänger von Aposteln wart, denen Gott selbst

75 Herkunft unbekannt; zitiert auch in späteren Versionen der Didache.
76 Ps 17,20f.
77 Vgl. Mt 18,6.
78 Vgl. 1 Kor 1,10ff.

ein gutes Zeugnis ausgestellt hatte, und eines Mannes, der sich
auch in ihren Augen bewährt hatte. / Bedenkt aber, was für Leute 5
euch jetzt durcheinandergebracht und das Ansehen eurer allseits
bekannten geschwisterlichen Liebe gemindert haben. / Schändlich, 6
ihr Lieben, sehr schändlich und nicht mit christlichem Leben ver-
einbar ist es, daß – wie man jetzt hört – die gefestigte, traditionsrei-
che Gemeinde von Korinth wegen einer oder zwei Personen einen
Aufstand gegen die Presbyter wagt. / Und diese Kunde hat nicht nur 7
uns erreicht, sondern auch [Juden und Heiden], die anders denken
als wir, so daß wegen eurer Dummheit die Leute über Jesus spotten
und ihr euch selbst in Gefahr gebracht habt.

Kapitel 48 Wir wollen nun den Mißstand schnell beseitigen, uns 1
vor dem Herrn niederwerfen und ihn unter Tränen anflehen, er möge
uns wieder seine Gnade zuwenden, sich mit uns versöhnen und uns
zur alten, heiligen Geschwisterliebe zurückführen. / Denn sie ist das 2
Tor der Gerechtigkeit, das sich ins ewige Leben hinein auftut. So
heißt es in der Schrift[79]: *»Öffnet mir die Tore der Gerechtigkeit. Ich*
will durch sie in den Tempel eintreten und den Herrn lobpreisen. /
[Die Priester antworten:] Darin besteht das Tor zum Tempel des 3
Herrn: Wer gerecht ist, der kann den Tempel betreten.«
Viele Tore gibt es, sie stehen offen. Doch das Tor der Gerechtigkeit 4
ist das Tor Jesu Christi. Selig alle, die durch dieses Tor in den Tem-
pel eintreten und ihren Weg in Heiligkeit und Gerechtigkeit bis zu
Ende gehen, ohne sich beirren zu lassen. / Da mag einer besonders 5
stark im Glauben oder ein anderer begabt sein, theologisch zu re-
den, und wieder ein anderer dazu begabt, das Denken oder die
Worte anderer kritisch zu beurteilen oder ein Leben wie ein Heili-
ger zu führen.[80] / Je größer jemand zu sein meint, desto demütiger 6
sollte er von sich denken und das suchen, was allen nützt, nicht nur
ihm selbst.

Kapitel 49 Wer in der Verbindung mit Jesus Christus die Kraft zu 1
lieben hat, soll die Gebote des Messias halten. / Niemand kann be- 2
schreiben, wie herrlich das Band der Liebe ist, das Gott zu den
Menschen knüpft.[81] / Keiner kann die erhabene Schönheit dieser 3
Liebe beschreiben. / Die Liebe führt in eine Höhe, die man mit 4

---

[79] Ps 117,19f.
[80] Vgl. dazu die Charismen-Listen in 1 Kor 12,8-10; Röm 12,6-9 und 1 Petr 4,8-11.
[81] Vgl. 1 Kor 13,1-10.

5 Worten nicht erfassen kann. / Sie verbindet Gott mit den Men-
schen, sie deckt eine Menge Sünden zu und kann alles aushalten
und alles ertragen. Sie hat nichts Gemeines und nichts Hochmüti-
ges. Sie kennt keine Spaltung und keinen Aufstand. Alles tut sie in
Eintracht. Alle Auserwählten Gottes waren vollkommen in der
6 Liebe. Ohne die Liebe kann Gott nichts gefallen. / In Liebe hat uns
der Herr angenommen. Weil Jesus Christus uns so liebte, hat er
nach Gottes Willen sein Blut für uns gegeben. Er hat seinen Leib für
unseren Leib gegeben und sein Leben für unser Leben.

1 *Kapitel 50* Bedenkt, ihr Lieben, wie groß und wunderbar die
2 Liebe ist. Sie ist unbeschreiblich vollkommen. / Nur der kann in der
Liebe leben, den Gott dafür erwählt. Bitten und erflehen wir also
von ihm, daß wir nach seinem Erbarmen in der Liebe leben dürfen
– untadelig und ohne die allzu menschliche Neigung zu Parteiun-
3 gen. / Alle Generationen seit Adam sind vergangen. Doch die, die
durch Liebe vollendet wurden, [sind nicht einfach vergangen, son-
dern] wohnen durch Gottes Gnade unter den Seligen. Sie werden
aus der Unsichtbarkeit befreit, wenn das Reich des Messias offen-
4 bar wird. / Denn so steht es geschrieben[82]: »*Tretet für eine kurze
Zeit in die Kammern ein, bis der Zorn und die Wut des Herrn ver-
gangen sind. Ich werde nicht vergessen, daß ich euch eine bessere
Zeit versprochen habe, und euch aus euren Gräbern auferwecken*
5 *will.*« / Selig sind wir, ihr Lieben, wenn wir die Gebote Gottes in
einträchtiger Liebe erfüllt haben. So können uns die Sünden verge-
ben werden, wenn wir uns von Gottes Liebe ergreifen lassen. /
6 Denn es steht in der Schrift[83]: »*Selig, deren Übertretungen vergeben
und deren Sünden zugedeckt wurden. Selig, dessen Sünde der Herr*
7 *nicht anrechnet und der nicht betrügt mit seinen Worten.*« / Mit
diesen Worten werden die selig gepriesen, die von Gott durch Jesus
Christus, unseren Herrn, auserwählt wurden. Sein ist alle Herrlich-
keit für immer. Amen.

1 *Kapitel 51* Wir wollen Gott bitten, daß er uns die Fehltritte ver-
gibt, die wir begingen, weil uns der Teufel heimtückisch nachge-
stellt hat. Aber auch diejenigen, die den Aufruhr und die Spaltung
angezettelt haben, müssen auf die gemeinsame Hoffnung blicken. /
2 Denn wer wirklich von Gottesfurcht und von der Liebe Gottes her
lebt, will doch lieber selbst Schmerzen ertragen, als daß seine

[82] Jes 26,20.
[83] Ps 31,1f.

Nächsten Schmerzen ertragen müssen. Er erträgt es lieber, selbst
angeklagt zu werden, als daß die so schön und recht überkommene
Eintracht zerpflückt wird.[84] / Es ist besser, sich zu Fehltritten zu be- 3
kennen, als sein Herz zu verhärten und sich gegen jeden Appell von
außen gefeit zu machen. Leider hatten auch die ihr Herz verhärtet,
die sich gegen Gottes Diener Mose erhoben. Sie wurden für alle
sichtbar gerichtet. / Denn lebendig fuhren sie zur Hölle, und der 4
Tod wurde fortan ihr Hirte. / Weil sie ihr Herz verhärtet hatten, 5
wurden auch Pharao, sein Heer und alle Fürsten Ägyptens, ihre
Wagen und deren Besatzung ins Rote Meer versenkt und kamen
um. Dabei hatten sie doch zuvor die Zeichen und Wunder gesehen,
die in Ägypten geschehen waren, doch sie wollten nicht begreifen,
was Gott ihnen durch seinen Diener Mose damit sagen wollte.

Kapitel 52 Liebe Brüder und Schwestern! Gott braucht gar 1
nichts, er hat nichts nötig, außer daß man ihm die Sünden bekennt.
/ Denn David, der Erwählte, sagt: »*Ich will dem Herrn [meine Sün-*
den] bekennen, und das wird ihm mehr gefallen als ein Jungrind, 2
das Hörner und Klauen ansetzt. Arme sollen es sehen und sich
freuen.«[85] / Und an anderer Stelle sagt er[86]: »*Bring dem Herrn ein* 3
Lobopfer dar und erfülle ihm deine Gelübde. Rufe mich an, wenn
es dir elend ergeht, dann will ich dich erretten, und du wirst mich
lobpreisen. / Denn ein Opfer ist es für Gott, wenn ihr von Herzen 4
bereut.[87]«

Kapitel 53 Ihr kennt die Heilige Schrift, ihr kennt sie wirklich gut 1
und habt euch in die Worte Gottes vertieft. Nur zur Erinnerung
schreibe ich euch dies. / Als Mose auf den Berg Sinai gestiegen war 2
und vierzig Tage und Nächte fastend und in demütigem Gebet zu-
gebracht hatte, da sagte Gott zu ihm[88]: »*Steig schnell herab, denn*
dein Volk, das du aus Ägypten geführt hast, ist abgefallen. Sie sind
sehr bald abgewichen von dem Weg, den du ihnen geboten hast,
und haben sich metallene Gottesbilder gemacht.« / Und weiter 3
sagte der Herr zu Mose[89]: »*Ich habe es dir einmal und noch einmal*
gesagt: Ich habe dieses Volk gesehen, es ist halsstarrig. Laß mich sie
ausrotten und ihren Namen unter dem Himmel auslöschen, dich al-

---

[84] Vgl. 1 Kor 6,7f.
[85] Vgl. Ps 7,18; 117,19 und 68,32f.
[86] Vgl. Ps 49,14f.
[87] Vgl. Ps 50,19.
[88] Dtn 9,12.
[89] Dtn 9,13f.

lein und nicht dieses Volk will ich zu einem großen, wunderbaren
4 *Volk machen.«* / Mose erwiderte[90]: »*Das tu bitte nicht, Herr. Vergib diesem Volk seinen Unglauben, lösche mich auch aus dem Buch*
5 *der Lebenden.«* / Wie sehr hat Mose sein Volk geliebt, wie unübertrefflich vollkommen ist seine Gesinnung! Mit welchem Mut tritt hier der Sklave vor seinen Herrn, bittet um Vergebung für das Volk und wünscht sogar, mit ihnen zusammen ausgelöscht zu werden.

1 *Kapitel 54* Vielleicht gibt es unter euch ja einen, der tapfer ist,
2 Mitleid aufbringen kann und von Liebe erfüllt ist. / Dann soll er sagen: »Wenn durch mich Aufruhr, Streit und Spaltungen entstanden sind, dann will ich lieber auswandern, dann gehe ich, wohin ihr wollt, und tue, was die Gemeinde bestimmt, wenn nur die Herde
3 Christi mit ihren eingesetzten Presbytern Frieden hat.« / Wer das tut, wird sich großen Ruhm als Christ verdienen. Jeder Ort wird
4 ihn aufnehmen, denn Gott gehört die Erde und was sie erfüllt. / So haben es die gehalten, die nach Gottes unverrückbarer Verfassung für sein Reich gehandelt haben, und so werden sie es weiter tun.

1 *Kapitel 55* Aber auch Beispiele von den Heiden möchte ich nennen: Viele Könige und Fürsten haben sich, wenn Pestzeiten bevorstanden, auf den Spruch eines Orakels hin selbst in den Tod gegeben, um durch ihr Blut die Bürger zu retten. Viele sind aus den eigenen Städten ausgewandert, um weiteren Aufruhr zu vermeiden.
2 / Wir erinnern uns, daß viele von uns sich selbst freiwillig in Gefangenschaft ausgeliefert haben, um andere loszukaufen. Viele haben sich selbst in Sklaverei begeben und spendeten ihren Kaufpreis, um andere damit am Leben zu erhalten.
3 Viele Frauen wurden durch Gottes Gnade so gestärkt, daß sie Ta-
4 ten vollbrachten, wie sie sonst nur Männer tun können. / Die selige Judith erbat sich von den Ältesten in einer eingeschlossenen Stadt
5 die Erlaubnis, in das Lager der Fremden hinauszugehen. / Sie setzte sich der Gefahr aus und ging aus Liebe zur Vaterstadt und zu dem eingeschlossenen Volk hinaus. Und Gott gab Holofernes in die
6 Hand dieser Frau. / In nicht geringere Gefahr begab sich auch die glaubensstarke Esther, um das Zwölfstämmevolk Israel zu retten, als ihm der Untergang drohte. Denn durch ihr Fasten und ihr demütiges Gebet konnte sie den ewigen Gott, den Herrn aller Dinge, erfolgreich bitten. Er blickte auf ihre Demut und rettete das Volk, für das sie sich in Gefahr gebracht hatte.

---

[90] Ex 32,31f.

Kapitel 56 Auch wir wollen daher für die beten, die schuldig ge- 1
worden sind. Gott möge ihnen freundliche Demut schenken, daß sie
nicht uns, sondern seinem Willen nachgeben. Wenn wir ihrer so vor
Gott und den heiligen Engeln gedenken, wird es Erfolg haben. Denn
wir haben es aus Barmherzigkeit getan und nichts Wichtiges fehlen
lassen. / Laßt es uns, ihr Lieben, annehmen, wenn andere uns korri- 2
gieren. Niemand sollte darauf mit Unwillen reagieren. Wenn wir
einander Ratschläge geben, dann ist das gut und sehr nützlich. So
geht die Verbindung mit Gottes Willen nicht verloren. / Die Schrift 3
sagt[91]: »*Der Herr hat mich sehr streng erzogen, doch nicht dem Tod*
ausgeliefert. / Wen der Herr liebt, den weist er auch zurecht. Jedes 4
Kind, das er annimmt, straft er auch. / Denn er wird mich«, so sagt 5
der Verfasser an einer Stelle der Schrift,[92] »*gerecht und doch voll Er-*
barmen behandeln, und er wird mir den rechten Weg weisen. Doch
das Öl der Sünder soll mein Haupt nie salben.« / Und an einer ande- 6
ren Stelle heißt es[93]: »*Glücklich der Mensch, den der Herr tadelt.*
Wenn Gott dich zurechtweist, er, der überall herrscht, dann lehne es
nicht ab! Denn er bereitet Schmerz, aber er heilt auch wieder. / Gott 7
hat geschlagen, aber seine Hände haben die Geschlagenen auch wie-
der geheilt. / Sechsmal wird er dich aus Not erretten, beim siebten 8
Mal wird dich kein Unheil treffen. / In der Hungersnot wird er dich 9
vom Tod erretten, im Krieg wird er dich befreien aus der Gewalt des
Schwertes. / Vor der Zunge Geißel wird er dich verbergen, und du 10
sollst dich nicht fürchten, wenn Unheil kommt. / Über Ungerechte 11
und Missetäter darfst du lachen, vor wilden Tieren brauchst du dich
nicht zu fürchten. / Denn die wilden Tiere werden mit dir in Frieden 12
leben. / Dann wirst du erfahren, daß dein Haus Frieden haben wird. 13
In deinem Zelt wirst du genug zu essen haben. / Du wirst erleben, 14
daß du viele Kinder hast. Zahlreich werden sie sein, üppig wie das
Kraut des Feldes. / Wenn du stirbst, wird es sein, wie wenn reifes 15
Korn zur rechten Zeit geerntet wird, wie ein Garbenhaufen auf der
Tenne, der zur rechten Zeit eingebracht wurde.« / Ihr seht also, ihr 16
Lieben, wie sorgsam Gott diejenigen, die er erzieht, auch schützt.
Denn er ist ein guter Vater und erzieht uns, damit wir am Ende Er-
barmen finden.

91 Ps 140,5.

92 D.h.: Mit gottfernen Sündern möchte ich nichts zu tun haben, ich will nicht mit ihnen identifiziert werden.

93 Vgl. Hiob 5,17-26.

1 *Kapitel 57* Ihr, die ihr den Aufruhr angezettelt habt, unterwerft
euch den Presbytern. Nehmt die Kritik an und denkt um, beugt,
2 bildlich gesprochen, eure Knie vor Gott, dem Herrn. / Lernt, euch
zu unterwerfen, und legt alle prahlerischen, hochmütigen und
überheblichen Reden ab. Es ist besser für euch, in der Herde Christi
klein, aber auserwählt dazustehen, als sich übermäßiger Geltung zu
erfreuen und dabei doch von dem ausgeschlossen zu sein, was wir
3 erhoffen. / Denn so sagt es die wunderbare Weisheit Gottes[94]: »*Ich*
4 *will zu euch sprechen und euch lehren: / Weil ihr den Gehorsam ver-*
weigert habt, als ich euch rief, weil ihr nicht zugehört habt, als ich
viele Reden hielt, sondern meine Ratschläge in den Wind geschla-
gen und meine Zurechtweisung nicht angenommen habt, deshalb
werde ich bei eurem Untergang lachen. Ich werde spotten, wenn
euch das Verderben ereilt, wenn Verwirrung über euch hereinbricht
und euch die Katastrophe wie ein Unwetter trifft, wenn Not und
5 *Belagerung euch treffen. / Dann werdet ihr mich anrufen, doch ich*
werde euch nicht erhören. Sünder werden mich suchen, doch nicht
finden. Denn die Weisheit haben sie gehaßt, von der Furcht des
Herrn wollten sie nichts wissen, sie wollten nicht auf meinen Rat
6 *hören, meine Zurechtweisung haben sie belächelt. / So müssen sie*
auslöffeln, was sie sich eingebrockt haben, an den Früchten ihrer
7 *eigenen Gottlosigkeit können sie sich satt essen. / Für ihr Unrecht*
an Unmündigen werden sie den Tod erleiden, und in ihrer Gott-
losigkeit soll sie das Gericht vernichten. Wer aber auf mich hört,
darf voll Hoffnung und Zutrauen auf Erden sein Zelt aufschlagen[95]
und ohne Angst vor allem Bösen ruhig leben.«[96]

1 *Kapitel 58* So wollen wir also dem heiligsten und herrlichen Na-
men Gottes gehorsam sein und dem, was die Weisheit den Unge-
horsamen angedroht hat, zu entgehen versuchen. Dann werden wir
im Vertrauen auf Gottes heiligsten und herrlichen Namen auf Er-
2 den leben können. / Nehmt meinen Rat an, dann werdet ihr nichts
bereuen müssen. Denn so wahr Gott lebt und Jesus Christus und
der Heilige Geist, ist dies der Glaube und die Hoffnung der Erwähl-
ten: Wer demütig mit beharrlicher, unbeirrbarer Güte Gottes Ge-
bote und Forderungen erfüllt, der wird in die Erlösten eingereiht
und zu ihrer Zahl gerechnet und erlöst werden durch Jesus Chri-

94 Prov 1,23-33.
95 Wörtlich: »zelten«, nämlich: im Leib. Der Text spricht beduinische Verhältnisse an.
96 Vgl. Prov 1,23-33; Sir 4,15.

stus, durch den Gott alle Ehre zugesprochen wird für immer und in Ewigkeit. Amen.

Kapitel 59 Wenn einzelne meinen Worten nicht folgen sollten, so 1
sollen sie wissen, daß sie sich verfehlen und gefährlich leben werden. / Wir aber haben dann mit dieser Sünde nichts zu tun. Aber 2
wir werden inständig darum beten und flehen, der Schöpfer aller Dinge möge die Zahl seiner Auserwählten[97] unversehrt erhalten in der ganzen Welt.
Dies möge er geschehen lassen durch Jesus Christus, unseren Herrn, den er liebt und der ihm gehorcht. Durch ihn hat er uns von der Finsternis ins Licht und von der Unwissenheit in die Begegnung mit seinem herrlichen Namen berufen.
So können wir hoffen auf deinen Namen, der vor aller Schöpfung 3
als erster geboren ist.

Du hast uns die Augen des Herzens geöffnet, damit wir dich erkennen können,
der du im höchsten Himmel der einzig allein Höchste bist,
der du der Heilige bist, der im himmlischen Heiligtum wohnt.
Du demütigst den Stolz der Überheblichen,
du vereitelst die Pläne der Heiden,
die Demütigen erhöhst du, und die Hohen demütigst du,
Du machst reich, und du machst arm,
du tötest und machst lebendig.
Du allein schaffst wohltätige Ordnung unter den Geistern
und bist der Gott aller Menschen.
Du siehst in die Abgründe hinein und wachst über die Werke der Menschen.
Du hilfst denen, die in Gefahr sind.
Du rettest die Verzweifelten.
Alle Geister hast du erschaffen, über allen wachst du.
Du hast die Völker zahlreich gemacht auf der Erde.
Aus allen Völkern hast du die erwählt, die dich lieben
um Jesu Christi willen, den du liebst und der dir gehorcht.
Durch Jesus Christus hast du uns erzogen, geheiligt und geehrt.
Wir bitten dich, Herr: Sei unser Helfer und Beschützer. 4

[97] Die »Zahl der Gerechten« ist ein fester Topos der apokalyptischen Texte, so etwa in Apk 6,11 (»Bis die Zahl ihresgleichen« voll ist; Röm 11,12). Nach Apk 7 beträgt diese Zahl symbolisch 144 000. Gemeint ist indes kein Rechenexempel oder eine bestimmte Zahl, sondern Gott hat sie »alle gezählt«, weil er sie liebt und erwählt hat. So geht keiner der Erwählten verloren.

Die von uns, die in Not sind, rette.
Die gefallen sind, richte auf.
Denen, die bitten, zeige dich als Helfer.
Mach die Kranken gesund.
Laß die aus deinem Volk umkehren, die verirrt sind.
Gib den Hungrigen Nahrung.
Erlöse unsere Gefangenen.
Richte die Schwachen auf.
Tröste die Kleinmütigen.
Alle Völker sollen dich erkennen.
Denn du bist allein Gott, und Jesus Christus gehorcht dir,
und wir sind dein Volk, die Schafe deiner Weide.

1 *Kapitel 60* Denn du hast die ewige Ordnung der Welt geoffenbart durch das, was in der Welt wirksam ist:
Du, Herr, hast die Erde gegründet,
Du bist getreu in allen Geschlechtern.
Du bist gerecht in deinen Urteilen und Strafgerichten.
Du bist wunderbar in deiner Kraft und Herrlichkeit.
Du bist der weise Schöpfer und wachst klug über die Erhaltung des Geschaffenen.
Für alles, was man sehen kann, bist du der Gütige.
Du bist der Freundliche für alle, die auf dich vertrauen.
Du bist voll Erbarmen und voller Bereitschaft zu vergeben:
Vergib uns unsere Übertretungen, Ungerechtigkeiten, Fehltritte und Vergehen.
2 Rechne keine Sünde deiner Sklavinnen und Sklaven an.
Mach uns rein durch deine Treue, lenke unsere Schritte, daß wir heilig leben vor dir und gut und wohlgefällig handeln vor dir und unseren Herrschern.
3 Ja, Herr, laß dein Angesicht leuchten über uns zum Heil im Frieden.
Schütze uns durch deine starke Hand.
Befreie uns von aller Sünde durch deinen mächtigen Arm.
Rette uns vor denen, die uns ungerechterweise hassen.
4 Gib Eintracht und Frieden uns und allen Menschen dieser Erde,
so wie du sie auch unseren Eltern gegeben hast, die dich angerufen haben in Glauben und Treue.
Laß uns gehorchen deinem mächtigen Namen, der überall herrscht, und auch unseren Herrschern und Fürsten auf der Erde.

Kapitel 61 Du, Herr, hast in deiner großartigen und unaus- 1
sprechlichen Macht den Königen Vollmacht verliehen. Wir sollen
erkennen, daß du ihnen diese Herrlichkeit und Ehre verliehen hast,
und uns ihnen unterwerfen. So sollen wir uns deinem Willen fügen.
Gib ihnen, Herr, Gesundheit, Frieden, Eintracht und Beständigkeit,
damit sie untadelig die Herrschaft ausüben, die du ihnen gegeben
hast.
Denn du, himmlischer Herr, bist der König der Welten und gibst 2
den Menschen Herrlichkeit, Ehre und Vollmacht über das, was auf
der Erde ist.
Lenke du, Herr, ihren Willen nach dem, was gut und wohlgefällig
vor dir ist, damit sie die von dir verliehene Vollmacht friedlich,
sanft und fromm gebrauchen und in dir einen gnädigen Gott fin-
den. / Du allein kannst dies tun und kannst noch größere Wohl- 3
taten unter uns wirken. Dich lobpreisen wir, und mit unserem
Hohenpriester und dem Bischof unserer Herzen, Jesus Christus,
überbringen wir dir dieses Lob. Durch ihn wird dir auch alle Ehre
und jeder Lobpreis zuteil, jetzt und für immer. Amen.

Kapitel 62 Liebe Brüder und Schwestern, wir haben euch hier 1
über die Art und Weise geschrieben, wie wir Gott verehren, und
euch Ratschläge für das praktische Leben derer gegeben, die
fromm und gerecht leben wollen. / Über Glaube, Umkehr, echte 2
Liebe, über Enthaltsamkeit, Besonnenheit und Geduld haben wir
alles im einzelnen besprochen und euch daran erinnert, daß ihr
Gott, der überall herrscht, in Gerechtigkeit, Treue und Langmut als
Heilige gefallen müßt. Seid eines Sinnes, tragt anderen nicht Böses
nach und übt Liebe und Frieden mit ausdauernder Freundlichkeit.
Auch unsere Eltern haben, wie wir geschrieben haben, Gott gefal-
len, weil sie gegenüber ihm, dem Vater und Schöpfer, und gegen-
über allen Menschen demütig waren. / Ich habe daran besonders 3
gern erinnert, weil ich genau weiß, daß ich an Menschen schreibe,
die gläubig und angesehen sind und die auch die Worte der Schrift
gründlich kennen, mit denen Gott uns erzieht.

Kapitel 63 Es ist angebracht, daß wir im Blick auf diese zahlrei- 1
chen Vorbilder unseren Nacken beugen und gehorchen. So wollen
wir den sinnlosen Aufstand aufgeben, Ruhe geben und versuchen,
möglichst geradlinig zu dem vor uns liegenden Ziel zu gelangen. /
Ihr könnt mir eine riesengroße Freude machen, wenn ihr meinen 2
Brief, den der Heilige Geist mir eingegeben hat, gehorsam befolgt.
Laßt ab von eurem ungerechten Zorn, der doch nur aus Eifersucht

geboren ist. Geht auf meine Bitte ein, die ich in diesem Brief geäu-
3 ßert habe: Haltet Frieden und seid einträchtig. / Ich habe auch
einige kluge, gläubige Männer zu euch geschickt, die von ihrer
Jugend an bis ins Alter untadelig bei uns gelebt haben. Sie sol-
4 len zwischen uns und euch als Zeugen vermitteln. / Dieses habe ich
veranlaßt, damit ihr wißt, wie sehr unsere ganze Sorge darauf
gerichtet ist, daß ihr rasch zum Frieden kommt.

Kapitel 64 Gott nimmt alle Dinge wahr. Er ist der Herr der Geister und der Herr aller Menschen. Er hat unseren Herrn Jesus Christus zu seinem Auserwählten gemacht. Durch ihn hat er auch uns zu seinem eigenen Volk erwählt. Jedem Menschen, der seinen erhabenen, heiligen Namen angerufen hat, gebe er die Kraft, zu glauben, Gott zu fürchten, Frieden zu halten, geduldig und langmütig zu sein, sich selbst zu beherrschen, sich als Gottes Eigentum heilig zu bewahren und stets besonnen zu sein. Daß dies alles vor Gott gelingen möge, gebe er uns durch unseren Mittler, den Hohenpriester und Bischof Jesus Christus. Durch ihn wird Gott alle Herrlichkeit und aller Lobpreis dargebracht, alle Macht und alle Ehre zugesprochen, jetzt und für immer. Amen.

1 *Kapitel 65* Ich sende Claudius Ephebus und Valerius Bito zusam-
men mit Fortunatus zu euch. Schickt sie bald mit dem Friedensgruß
und in Freude zu uns zurück. Hoffentlich können sie mir dann in
Kürze melden, daß der erwünschte und ersehnte Frieden bei euch
eingekehrt ist und ihr in Eintracht beieinander seid. Um so eher
2 kann ich mich über die gute Ordnung bei euch freuen. / Unser Herr
Jesus Christus schenke euch seine Gnade, aber auch allen anderen
überall, die Gott durch ihn berufen hat. Durch Jesus Christus wird
Gott Herrlichkeit und Ehre, Macht, Lobpreis und ewige Herrschaft
zugesprochen von jeher und für immer. Amen.

Der Zweite Klemensbrief

Eigenart: Der Text des 2 Clem ist kein Brief, sondern eher eine Vorlage zu einer vorgelesenen Predigt. So spricht 17,3 davon, daß die Zuhörer nach der Verlesung dieses Textes nach Hause gehen. Im Zentrum steht die immer neu wiederholte Mahnung zur Umkehr.

Quellen: 2 Clem zitiert zahlreiche Schriftstellen und auch Jesusworte, die in dieser Form nicht durch den Wortlaut der Evangelien gedeckt sind. Verwandtschaft besteht zu Eph 5 und zu all den christlichen Autoren, für die das »Fleisch des Messias« ein Thema ist (Corpus Iohanneum, Ignatius v. Antiochien; Hirt des Hermas). Mit 1 Clem hat der Brief nichts zu tun (vgl. aber 2 Clem 11!). Es ist auch ausgeschlossen, daß es sich um denselben Verfasser handelt.

Datierung: Die allgemeinen christlichen Themen sind noch nicht intensiv durchgedrungen. Das heißt: 2 Clem hat nur begrenzt Anteil an gemeinchristlichen Überlieferungen, hauptsächlich an einigen Jesusworten und an der unten kurz zu skizzierenden Pneuma-Ekklesiologie. Da weder Paulus noch schriftliche Evangelien bekannt sind, halte ich eine Datierung um 75 n. Chr. für möglich.

Theologie: Der wichtigste Abschnitt ist Kap. 14. Ohne daß der Brief auf den stellvertretenden Tod Jesu oder seine Auferstehung einginge (!), wird hier eine Systematik entworfen, die vor allem das Verhältnis Christus/Kirche zum Thema hat und es unter der Perspektive von Heiligem Geist und »Fleisch« (menschlicher Leib) darstellt. Wichtig ist für 2 Clem auch die missionarische Wirkung, die von der Gemeinde im ganzen ausgeht.

Griechischer Text nach: K. Wengst, Schriften des Urchristentums II, Darmstadt 1984, 238-268.

DER ZWEITE KLEMENSBRIEF

1 *Kapitel 1* Liebe Brüder und Schwestern! Was von Gott gilt, das
muß auch von Jesus Christus gelten: Er ist Richter über Lebende
2 und Tote. Wie großartig ist unsere Erlösung! / Wenn wir nämlich
gering über Jesus denken, dann können wir auch nur Geringes er-
hoffen. Und wenn wir nur mit halbem Ohr zuhören, als gehe es um
Unwichtiges, versündigen wir uns. Denn dann haben wir nicht die
geringste Ahnung davon, wer uns gerufen hat, woher sein Ruf
kommt und wohin er uns führen will. Wir können gar nicht wahr-
nehmen, was Jesus Christus in seiner Geduld alles für uns gelitten
3 hat. / Welche Gegenleistung könnten wir ihm nur anbieten? Mit
welcher Tat könnten wir würdig auf das antworten, was er uns ge-
4 schenkt hat? Welchen Dank sind wir ihm schuldig? / Denn er hat
uns das Licht geschenkt. Wie ein Vater hat er uns als seine Kinder
5 angeredet. Uns Verlorene hat er erlöst. / Wie sollen wir ihn da nur
gebührend loben, was sollen wir zurückgeben für das, was wir be-
6 kommen haben? / Denn wir waren früher recht engstirnig und be-
teten Götzen aus Stein und aus Holz, aus Gold, Silber und Kupfer
an, lauter Machwerke von Menschen. Unser ganzes Leben war
nichts als Tod. Wir waren in Finsternis eingetaucht, und unsere Au-
gen starrten hoffnungslos ins Dunkel. Doch dann durften wir das
Haupt erheben und ins Licht blicken. Nach Gottes gnädigem Wil-
len durften wir die Nebelschwaden loswerden, die uns umgaben. /
7 Denn in seinem freundlichen Erbarmen hat Gott uns erlöst. Er
hatte gesehen, wie sehr wir irrten, wie verloren wir gewesen wären,
8 wenn er uns nicht die Hoffnung auf Erlösung gegeben hätte. / Denn
er hatte uns schon berufen, als wir noch gar nicht da waren, und
nach seinem Willen hat er uns aus dem Nichts geschaffen.[1]

1 *Kapitel 2* Daher gilt[2]: »Juble, du Unfruchtbare, die du bisher nie Kinder hattest. Du, die du nie Wehen gespürt hast, laß dein Freudengeschrei hören! Denn jetzt hast du, du Einsame, viel mehr Kinder als die Frau, die einen Mann hat.«[3] Mit dem Satz »Juble, du Unfruchtbare, die du bisher nie Kinder hattest« sind wir gemeint.

---

1 Erster christlicher Beleg für die frühjüdische Auffassung von der Schöpfung aus dem Nichts.

2 Vgl. Jes 54,1.

3 Vgl. Gal 4,27.

Denn unsere Kirche war unfruchtbar, bevor sie Kinder bekam. /
Der Satz »Du, die du nie Wehen gespürt hast, laß dein Freudenge- 2
schrei hören!« bedeutet: Wir sollen unsere Anbetung Gott wie ein
Opfer fromm darbringen, damit wir die Angst, von der die Wehen
begleitet sind, überwinden können. / Und mit dem Satz »Denn jetzt 3
hast du, du Einsame, viel mehr Kinder als die Frau, die einen Mann
hat« ist gemeint: Unser Volk schien von Gott im Stich gelassen zu
sein. Doch jetzt sind wir Gläubigen viel zahlreicher geworden als
die, die meinen, sie hätten Gott. / Eine andere Schriftstelle lautet[4]: 4
»Ich bin nicht dazu da, Gerechte zu berufen, sondern Sünder.« /
Das bedeutet: Die verlorengehen, muß man retten. / Denn es ist 5, 6
groß und bewundernswert, wenn man nicht so sehr das stärkt, was
stehen kann, sondern das, was zu fallen droht. / So wollte auch 7
Christus das retten, was sonst verlorengegangen wäre. Durch sein
Kommen hat er viele gerettet, und er hat uns berufen, die wir schon
fast verloren waren.

Kapitel 3 Er hat uns reiches Erbarmen vor allem dadurch erwie- 1
sen, daß wir als Lebendige nun nicht mehr toten Götzen opfern und
sie anbeten müssen. Vielmehr haben wir durch ihn den Vater er-
kannt, den wirklichen, treuen und wahren Vater. Weil er uns Gott
nahe gebracht hat[5], stehen wir immer mit ihm in Verbindung, und
daher bekennen wir uns zu ihm. / Denn er selbst sagt: »Wer mich 2
vor den Menschen bekennt, den werde auch ich vor meinem Vater
bekennen.«[6] / Genau das werden wir davon haben, wenn wir unse- 3
ren Erlöser bekennen.
Worin soll das Bekennen bestehen? Darin, daß wir tun, was er sagt. 4
Daß wir seinen Geboten gehorchen und daß wir ihn nicht nur mit
den Lippen ehren, sondern aus ganzem Herzen und mit dem gan-
zen Verstand. / Bei Jesaja heißt es[7]: »Dieses Volk ehrt mich mit den 5
Lippen, sein Herz aber ist weit entfernt von mir.«

---

4 Vgl. Mk 2,17b.

5 Das Wortfeld »erkennen«, »Erkenntnis« fassen wir hier nicht im theoretischen Sinn, sondern als »nahe bringen«, »in Verbindung setzen«, um die biblische gegenüber der platonisierenden Linie zu betonen.

6 Vgl. besonders Mt 10,32. – Keine der synoptischen Analogien wird genau getroffen (vgl. auch Mk 8,38 und Lk 9,26; 12,8). Daher kann gelten: Der 2 Clem kennt die Evangelien noch nicht in schriftlicher Form, sondern schöpft aus ihrer Tradition.

7 Jes 29,13.

1 *Kapitel 4* Wir wollen ihn nicht nur mit Worten den »Herrn« nen-
2 nen. Denn das kann uns nicht retten. / Denn es heißt[8]: »Wer zu mir
nur ›Herr, Herr‹ sagt, der wird nicht gerettet, sondern wer das
3 Rechte tut.« / Deshalb also, liebe Brüder und Schwestern, wollen
wir ihn mit unserem Handeln bekennen. Das heißt: Wir sollen ein-
ander lieben, wir sollen nicht ehebrechen, einander nicht verleum-
den. Wir sollen nicht eifersüchtig sein, sondern uns selbst beherr-
schen, Barmherzigkeit üben und gütig sein. Wir sollen einer das
Leid des anderen tragen und nicht geldgierig sein. Mit solchen Wer-
4 ken – und nicht mit dem Gegenteil – bekennen wir ihn. / Wir sollen
auch vor Menschen nicht mehr Angst haben als vor Gott.[9] Ihn sol-
5 len wir fürchten. / Jesus hat unser Handeln gemeint, als er sagte:
»Wenn ihr meine Tischgenossen beim Mahl seid, aber meine Ge-
bote nicht haltet, dann werde ich euch hinauswerfen mit den Wor-
ten: ›Hinaus mit euch, ich weiß nicht, wer ihr überhaupt seid und
woher ihr kommt, denn ihr habt Böses getan!‹«

1 *Kapitel 5* Bevor wir das Exil dieser Welt verlassen, liebe Brüder
und Schwestern, wollen wir daher den Willen dessen tun, der uns
berufen hat, und dann werden wir keine Angst davor haben, aus
2 dieser Welt zu gehen. / Denn der Herr hat gesagt[10]: »Ihr werdet wie
3 Schafe mitten unter Wölfen sein.« / Darauf hat Petrus ihn gefragt:
4 »Und wenn nun die Wölfe die Schafe zerreißen?« / Und Jesus hat
ihm geantwortet: »Tote Schafe haben von den Wölfen nichts zu be-
fürchten. Deshalb sollt auch ihr euch nicht vor denen fürchten, die
euch nur töten, aber euch sonst nichts weiter tun können. Habt
vielmehr Angst vor Gott, der nach eurem Tod euch mit Leib und
5 Leben in die Feuerhölle werfen kann.« / Und bedenkt: Der Aufent-
halt in dieser Welt, in der wir nur schwache und sterbliche Men-
schen sind, ist kurz und nicht das wichtigste. Das aber, was uns
Christus verheißen hat, ist groß und wunderbar, es ist die Heimat,
6 das künftige Reich und das ewige Leben. / Wenn wir dies erlangen
wollen, müssen wir heilig und gerecht leben, die Güter dieser Welt
als etwas ansehen, das uns fremd ist, und uns nicht nach ihnen seh-
7 nen. / Denn wenn wir uns danach sehnen, solche Dinge zu besitzen,
dann weichen wir vom gerechten Weg ab.

---

8 Vgl. Mt 7,21.
9 Auslegung von Act 5,29 bzw. der zugrundeliegenden Wert-Auffassung.
10 Vgl. Mt 10,16; der Rest ist im Kanon nicht belegt.

Kapitel 6 Der Herr sagt[11]: »Kein Sklave kann zwei Herren die- 1
nen.« Wenn wir sowohl Gott als auch dem Mammon dienen wol-
len, ist das schädlich für uns. / Denn was hat man davon, wenn ei- 2
nem die ganze Welt[12] zu Füßen liegt, man aber mit seinem Herzen
dafür büßen muß? / Zwischen dieser Welt und der kommenden 3
Welt bestehen unversöhnliche Gegensätze. / Diese Welt bedeutet 4
Ehebruch, Schändung, Geldgier und Betrug, die kommende Welt
aber ist das ganze Gegenteil. / Wir können nicht beide zu Freunden 5
haben. Sondern wir müssen uns von der einen abwenden, wenn wir
nach der Art der anderen leben wollen. / Wir glauben, daß es besser 6
ist, die Dinge dieser Welt zu hassen. Denn sie sind unwichtig, kurz-
lebig und vergänglich. Die Dinge der kommenden Welt dagegen
sollten wir lieben, denn sie sind gut und unvergänglich. / Wenn wir 7
den Willen Christi tun, werden wir die ewige Heimat finden. Ande-
rerseits wird uns nichts vor der ewigen Strafe bewahren, wenn wir
nicht auf seine Gebote hören. / Beim Propheten Ezechiel heißt es in 8
der Schrift[13]: »Auch wenn Noah, Hiob und Daniel aufständen,
dann könnten sie ihre Kinder nicht aus der Gefangenschaft retten.«
/ Wenn schon so gerechte Menschen, die sich durch ihre Recht- 9
schaffenheit so große Verdienste erworben haben, ihre Kinder
nicht retten können, welche Hoffnung dürfen wir uns dann ma-
chen, ins Reich Gottes einzugehen, wenn wir die Taufe nicht rein
und heilig bewahren? Oder wer kann unser Beistand sein, wenn wir
keine heiligen und guten Werke aufzuweisen haben?

Kapitel 7 Daher, liebe Brüder und Schwestern, wollen wir in der 1
Gewißheit kämpfen, daß es bei diesem Wettkampf jetzt ums Ganze
geht. Wir wissen auch, daß an den irdischen Wettkämpfen viele
teilnehmen, doch nicht alle erhalten einen Siegerkranz. Den be-
kommen nur die, die ihr Bestes gegeben haben und die mustergültig
gekämpft haben. / Wir wollen daher so kämpfen, daß wir alle einen 2
Siegerkranz erringen. / Deshalb wollen wir auf einer schönen gera- 3
den Bahn laufen, um die Unvergänglichkeit zu erkämpfen. Alle
miteinander wollen wir uns zum Wettkampf begeben und darum
kämpfen, daß wir einen Siegerkranz erlangen. Und wenn wir auch
nicht alle Sieger sein können, wollen wir doch wenigstens unter den
ersten sein. / Aber man muß auch an folgendes denken: Wer bei 4

[11] Vgl. Lk 16,13.
[12] Vgl. Mk 8,36.
[13] Dieses Zitat faßt einen ganzen Abschnitt dem Sinn nach zusammen; es ist im übrigen Urchristentum nicht belegt: Ez 14,14.18.20.

einem irdischen Wettkampf offensichtlich gegen die Regeln ver-
5 stößt, der wird ausgepeitscht und aus dem Stadion geworfen. / Ihr
könnt euch vorstellen, was der erleiden muß, der beim Kampf um
6 die Unsterblichkeit gegen die Regeln verstößt! / Denn von denen,
die das Siegel der Taufe nicht unverletzt bewahren, heißt es, daß an
ihnen die Würmer ewig nagen werden, ihr Höllenfeuer nicht er-
lischt und daß sie vor allen Menschen zur Schau gestellt werden.

1 *Kapitel 8* Ergreifen wir also die Gelegenheit zur Umkehr, solange
2 wir noch auf Erden sind. / Denn wir sind wie Ton[14] in der Hand des
Töpfers. Wenn der Töpfer ein Gefäß mit seinen Händen formt und
es mißrät oder es fällt auseinander, dann kann er es wieder neu for-
men. Doch wenn er es einmal in den Brennofen geschoben hat,
dann ist nichts mehr zu machen. So können auch wir, solange wir
auf der Welt sind, von ganzem Herzen umkehren und uns von dem
Unrecht abwenden, das wir mit unserem Leib getan haben. Dann
3 kann uns der Herr retten, solange noch Zeit ist. / Aber wenn wir
erst einmal diese Welt verlassen haben, dann können wir weder un-
sere Sünden bekennen, noch gibt es die Möglichkeit zur Umkehr. /
4 Daher, liebe Brüder und Schwestern, wollen wir den Willen des Va-
ters im Himmel tun. Wenn wir uns unseren Leib[15] heilig halten und
Gottes Gebote bewahren, werden wir das ewige Leben empfangen
5 können. / Denn der Herr sagt im Evangelium[16]: »Wenn ihr das Ge-
ringere nicht hüten konntet, wer wird euch da das Wichtigere an-
vertrauen wollen? Denn ich sage euch: Wer im Kleinen zuverlässig
6 ist, der wird es auch im Großen sein.« / Damit meint er: Haltet eu-
eren Leib heilig und bewahrt das Siegel der Taufe unverletzt, damit
ihr für immer leben könnt.

1 *Kapitel 9* Sagt nicht: »Dieser Leib fällt nicht unter das Gericht«
2 oder »Er hat keine Auferstehung zu erwarten«. / Ihr wißt doch sehr
genau, daß ihr in diesem Leib von eurer Blindheit befreit und geret-
3 tet worden seid. / Daher müssen wir diesen Leib wie einen Tempel
4 Gottes hüten.[17] / Denn in eurem Leib seid ihr berufen worden, in
ihm werdet ihr auch bei Gericht und Auferstehung daherkom-

[14] Vgl. Jes 29,16; 45,9; Röm 9,20-23.
[15] Der 2 Clem hat ein anderes Verständnis von Leib als Paulus. Er bezeichnet mit »Fleisch« den menschlichen Leib überhaupt, auch den auferstandenen. Paulus würde als Fleisch nur den sterblichen, schwachen irdischen Leib bezeichnen.
[16] Vgl. Lk 16,10-12.
[17] Vgl. 1 Kor 6,19 und Kontext.

men.[18] / Christus ist unser einziger Herr, er hat uns gerettet. Er war 5
zuvor göttliche Kraft[19] und ist dann leiblicher Mensch geworden.
In diesem Leib hat er uns berufen, und so werden wir auch den
himmlischen Lohn empfangen.
Daher wollen wir einander lieben, damit wir alle dahin gelangen, 6
wo Gott uneingeschränkt herrscht. / Solange wir noch Zeit haben, 7
uns heilen zu lassen, wollen wir uns Gott, dem Arzt, anvertrauen.
Und das Arzthonorar wollen wir auch bezahlen. / Was ist das? Daß 8
wir mit ungeteiltem Herzen umdenken! / Denn Gott kennt den Ver- 9
lauf von Krankheit und Gesundheit im voraus, er weiß auch, was
in unserem Herzen vorgeht. / Deshalb wollen wir ihn nicht nur mit 10
dem Mund loben, sondern mit dem Herzen, damit er uns als seine
Kinder annimmt. / Denn der Herr hat gesagt[20]: »Wer den Willen 11
meines Vaters tut, das sind meine Geschwister.«

Kapitel 10 Daher, liebe Brüder und Schwestern, wollen wir den 1
Willen unseres Vaters tun, der uns berufen hat, damit wir leben
können. Wir wollen eifrig Gutes tun und uns von der Bosheit los-
sagen. Denn sie bereitet unseren Sünden nur den Weg. Die Gottlo-
sigkeit wollen wir fliehen, damit uns unsere Schuld nicht ver-
schlingt. / Denn wenn wir uns Mühe geben, Gutes zu tun, dann 2
werden Wohlstand und Frieden nicht lange auf sich warten lassen.
/ Wer aber auf die hört, die sagen, man müsse die Menschen fürch- 3
ten, dem wird kein Frieden zuteil. Solche Leute ziehen den irdi-
schen Lebensgenuß der Verheißung von Gottes Zukunft vor. /
Doch sie wissen nicht, daß der irdische Genuß große Qualen nach 4
sich zieht, die Verheißung aber große Freude erwirken wird. / Es 5
wäre noch erträglich, wenn solche Leute nur für sich selbst
schwelgten. Doch sie bringen andauernd unschuldigen Menschen
falsche Lehren bei und denken nicht daran, daß sich auf diese
Weise nicht nur sie selbst, sondern auch ihre Hörer ein strenges Ge-
richt einhandeln.

Kapitel 11 Wenn wir aber mit reinem Herzen Gott dienen, wer- 1
den wir gerecht gesprochen werden. Doch wenn wir den Dienst
verweigern, weil wir Gottes Verheißung mißtrauen, werden wir un-
glücklich dastehen. / Auch der Prophet sagt[21]: »Unglücklich sind 2

[18] Der Ausdruck ist wie 1 Kor 15,35 verwendet.
[19] Wörtlich: »göttlicher Geist«.
[20] Vgl. Mk 3,35.
[21] Vgl. 1 Clem 23,3; 2 Petr 3,4.

die Zweifler, die in ihrem Herzen nicht wissen, wohin. Sie sagen:
›Dieses haben wir schon früher und zur Zeit unserer Väter gehört,
doch wir haben Tag für Tag gewartet, und nichts davon hat sich vor
3 unseren Augen erfüllt.‹« / Ihr seid dumm! Ihr könnt eure Situation
mit einem Gewächs vergleichen, zum Beispiel mit dem Weinstock.
Zuerst wirft er die Blätter ab, dann setzt er Sprossen an, dann entwickelt sich eine kleine saure Beere, dann kommt die süße
4 Traube.[22] / So hatte auch mein Volk zuerst unter Unruhe und
Bedrängnis zu leiden, erst dann erfreute es sich besserer Zeiten. /
5 Daher wollen wir, liebe Brüder und Schwestern, nicht zweifeln,
sondern geduldig ausharren, damit wir empfangen können, was
6 wir verdient haben. / Denn Gott, der die Verheißung schenkt, ist
treu. Gegenüber jedem verhält er sich je nach dessen Werken. /
7 Wenn wir also gerecht handeln vor Gott, dann gelangen wir dorthin, wo er allein herrscht, dann werden sich an uns Verheißungen
erfüllen, von denen kein Ohr je gehört, die kein Auge je gesehen hat
und von denen keines Menschen Herz etwas ahnt.[23]

1 *Kapitel 12* So wollen wir also jederzeit auf die Offenbarung der
Herrschaft Gottes gefaßt sein, indem wir voll Liebe und gerecht
handeln. Denn wir wissen doch nicht, wann Gott erscheinen wird.
2 / Denn unser Herr selbst hat auf die Frage, wann sein Reich geoffenbart werde, geantwortet[24]: »Wenn zwei ein einziges sind, wenn
außen dasselbe ist wie innen, wenn es bei der Begegnung von Männern und Frauen nicht mehr Männlich und Weiblich gibt.« / Zwei
sind ein einziges, wenn wir einander die Wahrheit sagen und wenn
4 in zwei Körpern ohne Verstellung derselbe Geist herrscht. / Und bei
»außen dasselbe wie innen« bedeutet das Herz das Innen, der Leib
das Außen. Und so wird es sein: Was man am Leib sehen kann, das
5 entspricht den guten Werken, die aus dem Herzen kommen. / Und
die Aufhebung von »Männlich und Weiblich« bei der Begegnung
von Männern und Frauen, das heißt: Wenn ein Bruder eine Schwester sieht, dann denkt er nicht zuerst daran, daß sie eine Frau ist,
und umgekehrt denkt die Schwester nicht zuerst daran, daß es sich
6 bei dem Bruder um einen Mann handelt. / »Wenn ihr euch so verhaltet«, sagt der Herr, »wird die Herrschaft meines Vaters offenbar
werden.«

22 Vgl. 1 Clem 23,4.
23 Vgl. 1 Kor 2,9 etc.
24 Vgl. ThomasEv 22,4-7; Act Petri.

Kapitel 13 Brüder und Schwestern, laßt uns endlich umkehren! 1
Laßt uns wach sein und das Gute tun! Wir sind sehr unvernünftig
und bösartig. Daher wollen wir die alte Schuld loswerden und von
Herzen umkehren, um uns retten zu lassen, und dabei geht es nicht
darum, daß wir bei anderen Menschen Beifall finden oder vor al-
lem uns selbst gefallen. Sondern es ist wichtig, daß unser gerechtes
Handeln den Menschen außerhalb der Gemeinde gefällt, damit
Gottes Name nicht durch uns in Verruf gerät. / Denn der Herr 2
sagt[25]: »Immerzu kommt mein Name durch euch bei allen Völkern
in Verruf.« Und weiter sagt er: »Wehe dem, durch den mein Name
in Verruf kommt.« Wodurch kommt Gottes Name in Verruf? Da-
durch daß unsere Taten nicht mit unseren Worten übereinstimmen.
/ Denn wenn die Heiden zuerst aus unserem Mund die schönen, 3
großen Worte Gottes hören, bewundern sie diese. Wenn sie aber
dann sehen, wie wir handeln, und feststellen, daß dies unserer Bot-
schaft gar nicht entspricht, dann fangen sie an zu spotten und sa-
gen, unsere Botschaft sei bloß eine Legende und ein Irrtum. / Zum 4
Beispiel hören sie von uns, daß Gott sagt[26]: »Wenn ihr nur die liebt,
die euch wiederlieben, dann könnt ihr nichts mehr von Gott erwar-
ten. Vielmehr wird Gott euch lieben, wenn ihr eure Feinde liebt und
alle, die euch hassen.« Wenn die Nichtchristen solche Sätze hören,
dann staunen sie, daß es so viel Gutes geben kann. Aber wenn sie
merken, daß wir noch nicht einmal die lieben, die uns lieben, ge-
schweige denn die, die uns hassen, dann verspotten sie uns, und der
Name Gottes kommt in Verruf.

Kapitel 14 Wenn wir also, liebe Brüder und Schwestern, den Wil- 1
len Gottes, unseres Vaters tun, dann gehören wir zur ganz ur-
sprünglichen Kirche, zur Kirche des Heiligen Geistes, die schon vor
der Erschaffung von Sonne und Mond gegründet wurde. Wenn wir
aber den Willen des Herrn nicht tun, dann gehören wir zu denen,
die gemeint sind, wenn es in dem Schriftwort heißt[27]: »Mein Haus
ist eine Räuberhöhle geworden.« Daher wollen wir lieber zur Kir-
che des Lebens gehören, damit wir erlöst werden.[28] / Ihr wißt 2
sicher, daß die lebendige [himmlische] Kirche der Leib Christi ist.
Denn die Schrift sagt[29]: »Gott hat den [*einen* anfänglichen himm-

---

[25] Jes 52,5.
[26] Vgl. Lk 6,32.35. Das Wort ist hier unabhängig von der kanonischen Fassung.
[27] Jer 7,11.
[28] Von dieser Kirche sprechen z. B. Hebr 12,23 und Eph 1,4. An anderen Stellen ist es das präexistente Israel.

lischen] Menschen männlich und weiblich erschaffen.« Das Männ-
liche ist Christus, das Weibliche die Kirche.[30] Und nun sagen die
Schriften der Propheten und der Apostel, daß die Kirche nicht erst
jetzt entstanden ist, sondern daß sie von Anfang an besteht. Sie war
zunächst eine himmlische Kirche, so wie auch unser Herr Jesus
Christus zuerst im Himmel war und so ähnlich wie der Heilige
Geist. Erst am Ende der Zeiten ist der himmlische Mensch, Chri-
stus mit seinem Leib, auf Erden erschienen, damit wir erlöst wür-
3 den, / so daß also die himmlische Kirche im menschlichen Leib
Christi sichtbar wurde. Dadurch wurde deutlich, daß jemand, der
die Kirche auf Erden, diesen Tempel des Heiligen Geistes, also sei-
nen menschlichen Leib, gut hütet, wie ein Heiligtum bewahrt und
nicht schändet, sie dann im Himmel als neuen Leib, der ganz vom
Heiligen Geist ist, erhalten wird.
Denn der Bereich der menschlichen Leiblichkeit ist Abbild des Be-
reiches des Heiligen Geistes. Keiner, der das Abbild schändet, wird
das Urbild empfangen können. Das bedeutet, Brüder und Schwe-
stern: Bewahrt den Leib heilig, damit ihr den Heiligen Geist im
4 Himmel empfangen könnt. / Wenn wir sagen: »Der Leib ist die Kir-
che, der Heilige Geist ist der Christus«, dann hat der, der gegen den
Leib frevelt, auch gegen die Kirche gefrevelt. Wer das tut, der wird
5 den Heiligen Geist, das heißt Christus[31], nicht empfangen. / Soviel
Leben und Unvergänglichkeit kann dieser Leib erlangen, wenn sich
mit ihm der Heilige Geist verbindet. Keiner kann mit Worten be-
schreiben, was der Herr denen bereitet hat, die er auserwählt hat.

1 *Kapitel 15* Mit dem, was ich eben gesagt habe, wollte ich euch
vor allem zur Selbstbeherrschung auffordern. Wer meinen Rat be-
folgt, wird es nicht bereuen, sondern sich nicht nur selbst retten,
sondern auch mich, den Ratgeber.[32] Denn wenn man einen Men-

---

[29] Gen 1,26.

[30] »Der Mensch« ist hier nicht ein Menschenpaar, sondern der himmlische Urmensch.

[31] Zum Verständnis entscheidend ist die Rolle des Heiligen Geistes: Einerseits ist der Himmel sein Bereich. Alles, was im Himmel ist, kann nur »pneumatisch« sein. Andererseits ist der Heilige Geist durch Christus in die Welt gekommen, wird also männlich gedacht. Er wohnt in der Kirche, diese ist sein Leib. Der Leib des Christus, also des Heiligen Geistes (männlich), ist daher die Kirche (weiblich). So ist es bei jedem, der Jesus Christus nachfolgt. Er hofft darauf, im Himmel dann einen ganz und gar vom Heiligen Geist bestimmten Leib zu erhalten.

[32] Denn der Lehrer wird auch selbst gerettet, wenn er seine Lehre anbringen kann: 1 Tim 4,16.

schen, der auf Abwegen verlorenzugehen droht, von seinem Vorhaben abbringen kann, dann ist das sehr verdienstvoll.[33] / Das könnte 2
ein schöner Dank gegenüber unserem Schöpfer sein, wenn dann ein
Zwiegespräch in Glauben und Liebe zustande kommt. / So wollen 3
wir versuchen, Gott und die Menschen zu achten, also fromm und
gerecht zu sein und bei dem zu bleiben, was uns als unser Glaube
anvertraut wurde. Voll Zuversicht dürfen wir dann Gott bitten, der
sagt[34]: »Während du noch bittest, bin ich schon da.« / Dieses Wort 4
ist die Ankündigung einer großen Verheißung: Gott sagt von sich
selbst, daß er schneller gibt, als der Beter bitten kann. / Da uns so 5
viel Freundlichkeit geschenkt wird, wollen wir nicht neidisch aufeinander sein, wenn wir auf diese Weise Gutes erlangen. Denn diese Worte bedeuten viel Schönes für die, die sich daran halten. Aber ebenso groß ist auch die Verzweiflung für die, die sich nicht daran halten.

Kapitel 16 Wir haben also, liebe Brüder und Schwestern, einen 1
wichtigen Anstoß zum Umdenken bekommen. Noch haben wir
Zeit und können uns zu Gott wenden, denn er hat uns gerufen.
Noch will er uns annehmen. / Denn wenn wir unsere üppige Le- 2
bensweise aufgeben und uns selbst besiegen, indem wir den zweifelhaften Gelüsten eine Absage erteilen, dann wird sich Jesus unser
erbarmen. / Bedenkt: Der Tag des Gerichts kommt wie ein brennen- 3
der Schmelzofen auf uns zu. Einige der Himmel[35] und die ganze
Erde werden wie Blei über dem Feuer zerschmelzen. Dann werden
die geheimen und offenkundigen Taten aller Menschen sichtbar
werden. / Eine gute Gabe von Herzen ist genauso gut wie Umkehr 4
von Sündenschuld. Besser als Beten ist Fasten. Besser als beides ist eine gute Gabe von Herzen. Liebe kann viele Sündenschuld zudekken,[36] Beten aus gutem Gewissen bewahrt vor dem Tod. Selig, wer sich an diese Dinge hält. Eine gute Gabe von Herzen macht die Sündenschuld leichter.

---

33 Vgl. Jak 5,20.

34 Vgl. Jes 58,9 (3. Person); Barn 3,5.

35 Man unterscheidet im 1. Jh. n. Chr. mehrere Himmel (mindestens drei) von unterschiedlicher Konsistenz. Wenn die Welt »zugrundegeht«, sind davon nur untere Himmel betroffen, sicher nicht der Himmel, in dem Gottes Thron steht.

36 Vgl. 1 Petr 4,8b; Jak 5,20; Prov 10,12.

Kapitel 17 So laßt uns umkehren aus ganzem Herzen. Keiner von
1 uns soll verlorengehen. Wir kennen doch die Gebote und bemühen
uns, sie zu tun, wir bringen Menschen dazu, daß sie sich von den
Götzen abwenden, und unterweisen sie. Und da darf es doch ein-
fach nicht geschehen, daß ein Mensch, der Gott schon kennt, ver-
lorengeht. / Helfen wir also einander, führen wir die Schwachen
2 zum Guten, damit alle erlöst werden. Bringen wir einander auf den
rechten Weg und ermahnen wir uns gegenseitig. / Und wir wollen
3 nicht nur jetzt, in dem Augenblick, in dem uns die Ältesten ermah-
nen, gläubig und aufmerksam sein, sondern auch nachher, wenn
wir nach Hause gegangen sind. Dann wollen wir uns an die Gebote
des Herrn erinnern und uns nicht von den irdischen Begierden ins
Gegenteil wegziehen lassen. Wir wollen häufiger zum Gottesdienst
kommen und uns bemühen, die Gebote des Herrn besser befolgen
zu lernen. Das Ziel ist, daß wir uns alle einmütig versammeln, um
Anteil an Gottes Leben zu bekommen. / Denn der Herr hat ge-
4 sagt[37]: »Ich komme, alle Völker zu sammeln, alle Völker und Na-
tionen.« Damit meint er den Tag, an dem er kommt. Dann wird er
kommen, uns zu erlösen, je nach dem, was einer getan hat. / Und
5 die Ungläubigen werden seine Macht und Herrlichkeit sehen und
es nicht fassen können, wenn sie erkennen, daß Jesus Christus der
Weltherrscher ist. Sie werden rufen: »Wehe uns, du warst es doch,
und wir haben es nicht gemerkt, haben nicht geglaubt und den Äl-
testen nicht gehorcht, die uns doch etwas über unsere Erlösung ver-
kündigten.« Doch ewig werden die Würmer an ihnen nagen, ihr
Feuer erlischt nicht, und sie werden vor allen Menschen zur Schau
gestellt. / Er meint den Tag des Gerichts. Dann werden die von uns
6 zu sehen sein, die Unrecht getan und mit den Geboten Jesu Christi
ein falsches Spiel getrieben haben. / Die Gerechten aber, die gut ge-
7 handelt, geduldig Qualen erlitten und die süßen Versuchungen, die
ihnen das Leben bot, gemieden haben, werden auf die herunter-
schauen, die in die Irre gegangen sind oder durch ihre Worte oder
ihr Handeln Jesus verleugnet haben, und sehen, mit welch schreck-
lichen Qualen sie in unlöschbarem Feuer bestraft werden. Dann
werden die Gerechten Gott die Ehre geben und sagen: »Für den,
der Gott aus ganzem Herzen gedient hat, besteht eine Hoffnung.«

Kapitel 18 Wir wollen zu denen gehören, deren Leben von Dank-
1 barkeit bestimmt ist, die Gottes Erbarmen empfangen und ihm ge-
dient haben – nicht zu denen, die an nichts glaubten und dem Ge-

---

[37] Jes 66,18.

richt verfallen sind. / Auch ich selbst bin noch ganz und gar Sünder
und bin von den Anfechtungen noch nicht losgekommen, ich bin 2
noch mitten unter den Werkzeugen des Teufels – doch ich bemühe
mich, leidenschaftlich gerecht zu sein, um möglichst nahe an die
Gerechtigkeit heranzukommen, denn ich fürchte das kommende
Gericht.

Kapitel 19 Daher, liebe Brüder und Schwestern, lese ich euch
jetzt, nachdem ihr Gottes Wort gehört habt, einen Mahnbrief vor. 1
Hört gut zu, damit ihr selbst gerettet werdet, aber auch ich, der ich
diesen Brief bei euch vorgelesen habe. Denn als Belohnung für mein
Vorlesen erwarte ich von euch, daß ihr euch von Herzen bekehrt
und dadurch Erlösung und Leben erlangt. Wenn wir das tun, wer-
den wir allen jungen Leuten, die um den Glauben und die Gnade
Gottes ringen, ein Ziel vor Augen führen. / Und wenn uns einer ei-
nen Wink gibt und uns dazu bringt, weniger Unrecht und mehr Ge- 2
rechtigkeit zu tun, dann wollen wir darüber nicht ärgerlich oder
unwillig werden, sondern es in Weisheit ertragen. Denn manchmal
merken wir gar nicht, daß wir Böses tun, weil wir keine klare Vor-
stellung haben oder in unserem Herzen nicht recht glauben und
weil kurzlebige Gelüste unseren Verstand verdunkeln. / So wollen
wir das Rechte tun, um schließlich gerettet zu werden. Selig, wer 3
auf diese Regeln hört! Die Zeit des Leidens in dieser Welt ist nur
kurz, die Frucht der Auferstehung zu genießen bedeutet dagegen
ewiges Leben. / Die Gläubigen sollen nicht traurig sein, wenn es
ihnen jetzt schlecht geht. Eine selige Zeit wartet auf sie. Im Kreis 4
ihrer Eltern im Himmel werden sie neues Leben empfangen und
sich für immer freuen.

Kapitel 20 Es soll uns auch nicht beirren, wenn wir sehen, wie
reich die Ungerechten sind und wie die Gläubigen oft Not leiden. / 1
Habt nur Vertrauen, liebe Brüder und Schwestern, unser Leiden ist
nichts anderes als die Probe darauf, ob wir an den lebendigen Gott 2
glauben. Im jetzigen Leben stehen wir im Wettkampf, um im kom-
menden Leben den Siegerkranz zu erhalten. / Noch nie hat ein Ge-
rechter seine Früchte schnell ernten können, sondern immer mußte 3
er auf sie warten. / Wenn Gott den Gerechten ihren Lohn sofort
gäbe, dann wäre das wie eine Art Handel, bei dem es nicht um Gott 4
geht. Gerechtes Handeln »lohnt« sich eben nicht unmittelbar.
Sonst würden wir nur meinen, gerecht zu sein, doch in Wahrheit
wären wir auf einen Handel aus. Deswegen wurde auch ein Engel,
der das so wollte, von Gottes Gericht verurteilt und in Ketten ge-

legt.[38] / Ehre in alle Ewigkeit sei dem einen und einzigen unsichtbaren Gott, dem wahren und treuen Vater, der uns den Retter und Anführer gesandt hat, der uns zur Unsterblichkeit führt. Durch ihn hat er uns geoffenbart, was Bestand hat, und das Leben im Himmel gezeigt. Amen.

[38] Vgl. die Tradition vom Engelsturz in Gen 6,1-4; Jub 5,6.10; 10,5.7 und äth Hen 10,4.11f; 54,3; syr Bar 56,12f. – Allerdings ist dieser spezielle Fall in diesen Texten noch nicht berichtet.

Der zweite Petrusbrief

Eigenart: Ein Brief, der den Judasbrief und synoptische Traditionen (Verklärung Jesu) kennt und daher an Petrus orientiert ist. Thema ist das Verhältnis zwischen Gott und Welt in apokalyptischer Perspektive.

Verfasser: Der Abstand von 1 Petr ist doch so weit, daß man nicht leicht den gleichen Verfasser postulieren kann.

Datierung: Der Brief setzt in 3,15f bereits voraus, daß Paulus – wohl im übergemeindlichen Rahmen – nurmehr schriftlich zugänglich ist; also werden zur Zeit der Entstehung dieses Briefes zumindest an wichtigen Orten Briefesammlungen des Paulus zugänglich sein. Entstehung um 75 n. Chr.

Adressaten: Der Brief richtet sich – wohl im Unterschied zum verwandten Jud – an Heidenchristen.

Probleme: Die Adressaten haben offenbar Probleme mit paulinischen Briefen (älteste direkte Erwähnung!) und dem Ausbleiben der Endereignisse, und im Zusammenhang damit ist ihnen Gottes Wirken in der Schöpfung insgesamt fraglich geworden.

Theologie: Der Verfasser, gut bekannt mit synoptischer Überlieferung, doch keinem Evangelium besonders verbunden, stellt die Verklärung Jesu in den Mittelpunkt. Sie ist der Brückenpfeiler in der Mitte der Zeiten. Denn sie weist darauf, daß prophetische Worte in Erfüllung gingen, und sie zeigt zugleich, wie die Verherrlichten am Ende alle aussehen werden. Gegen die bedrückende Verzögerung des gerechten Gerichts wendet der Verfasser ein, tausend Jahre seien bei Gott wie ein Tag. Aus seiner apokalyptischen Tradition kann er für die Frage, wie es überhaupt weitergehen soll, reiches Material anführen.

DER ZWEITE PETRUSBRIEF

1 *Kapitel 1* Simon Petrus, Sklave und Apostel Jesu des Messias,
schreibt diesen Brief an Christen, denen der gleiche kostbare
Glaube geschenkt wurde wie uns. Der Glaube wurde uns zuteil,
weil unser Gott und unser Retter Jesus Christus in ihrer Gerechtig-
keit Gemeinschaft mit uns haben und uns den Weg des Glaubens
2 eröffnen wollten. / Ich wünsche euch, daß ihr Gott und Jesus, un-
seren Herrn, anerkennt und dabei Heil und Gnade in Fülle emp-
fangt.
3 Gott hat in seiner Macht euch alles geschenkt, was zu einem guten
Leben aus dem Glauben gehört. Weil wir ihn, der uns so herrlich
und mit mächtigen Wundertaten berufen hat, anerkannt haben, /
4 hat er euch die kostbarsten und größten Verheißungen geschenkt,
damit ihr durch sie an Gott selbst Anteil gewinnt und die Triebhaf-
tigkeit und Vergänglichkeit der Welt hinter euch lassen könnt.
5 Diesem Ziel soll nun all euer Eifer gelten: Laßt aus eurem Glauben
6 Tatkraft wachsen, aus der Tatkraft Sensibilität, / aus der Sensibili-
tät Selbstbeherrschung, aus der Selbstbeherrschung Geduld, aus
7 der Geduld das Leben im Glauben, / aus dem Leben im Glauben die
Liebe zu den christlichen Geschwistern und aus dieser die Liebe
8 überhaupt. / Dies alles ist bei euch schon da und kann noch mehr
werden. So könnt ihr tätig werden und auch sehen, daß euer Chri-
9 stentum etwas bewirkt. / Denn wer nichts von alledem hat, der ist
blind oder jedenfalls kurzsichtig, weil er schon wieder vergessen
hat, daß er doch von allen seinen alten Fehlern und seiner Schuld
10 befreit worden ist. / Deswegen, liebe Brüder und Schwestern, be-
müht euch bitte um so eifriger, eure Berufung und eure Zugehörig-
keit zum Glauben zu festigen. Wenn ihr das tut, könnt ihr nie strau-
11 cheln. / Denn so wird euch das Tor zum ewigen Königreich unseres
12 Herrn und Retters Jesus Christus ganz weit aufgetan. / Deswegen
will ich euch immer daran erinnern, obwohl ihr ja Bescheid wißt
und gefestigt seid in der Glaubenswirklichkeit, in der ihr steht.
13 Doch es ist wohl notwendig, euch, solange ich noch in diesem irdi-
schen Zelt bin, wachzuhalten, indem man euch immer wieder an
14 alles erinnert. / Ich weiß, daß ich dieses Zelt bald verlassen muß,
15 weil es mir unser Herr Jesus Christus geoffenbart hat. / Ich setze al-
les daran, daß ihr auch nach meinem Tod ständig an alles erinnert
16 werdet. / Denn ich habe euch das machtvolle Auftreten Jesu Christi
als Augenzeuge seiner Herrlichkeit nahebringen wollen und nicht,

indem ich euch Märchen erzählt habe. / Denn Jesus, der Messias, 17
wurde von Gott dem Vater mit himmlischem Glanz verherrlicht,
als er aus der strahlenden Herrlichkeit Gottes den Ruf vernahm:
»Dies ist mein lieber Sohn, an ihm habe ich meine Freude.«[1] / Wir 18
hörten diese Stimme vom Himmel her, als wir mit ihm auf dem
Berg waren. / Durch das, was die Stimme sagte, wurde für uns ein 19
prophetisches Wort aus der Schrift erfüllt. Daran könnt ihr euch
halten wie an ein Licht, das in der nächtlichen Dunkelheit dieser
Zeit leuchtet, bis der Tag heraufdämmert und die Sonne voller
Klarheit in euren Herzen aufgeht. / Dabei müßt ihr wissen: Keine 20
Prophetie der Schrift erklärt sich von selbst. / Denn die Propheten 21
verdanken ihre prophetische Gabe nicht menschlichem Willen,
sondern wenn Menschen Gottes Wort verkündigt haben, dann geschah das aus der Kraft des Heiligen Geistes.

Kapitel 2 Es gab aber auch falsche Propheten im Volk – so wie 1
auch bei euch falsche Lehrer auftreten werden. Unter einem Deckmantel werden sie verderbliche Irrlehren einführen und den Herrn
leugnen, der sie freigekauft hat. Sie werden jedoch bald umkommen. / Viele von euch werden sich den Lustbarkeiten der falschen 2
Lehrer anschließen, die den wahren Glauben in den Schmutz ziehen und / euch voll Habgier mit Lügenreden einseifen. Doch ihr Ur- 3
teil wartet schon auf sie, ihr schreckliches Ende ist absehbar. / Denn 4
schon seinerzeit hat Gott die Engel, die sich versündigten, nicht mit
Strafe verschont, sondern er hält sie gefesselt in der Hölle gefangen,
bis das endgültige Gericht kommt.[2] / Er hat auch die alte Welt nicht 5
mit Strafe verschont, auch wenn er Noah, den achten Menschen
seit Adam, der die Menschen zur Gerechtigkeit aufrief, vor Strafe
bewahrte, als er die Flut über die Welt der Ungerechten kommen
ließ. / Über Sodom und Gomorrha hat er das Gericht kommen las- 6
sen und sie in Schutt und Asche gelegt. Er setzte damit ein abschreckendes Beispiel für alle, die in Zukunft sündigen. / Aber er 7
rettete Lot, der unter dem ausschweifenden Luxus der Haltlosen
leiden / und als Gerechter unter Gottlosen Tag und Nacht qualvoll 8
alles mitansehen und anhören mußte, was sie Böses taten. / Die zu 9
ihm halten, befreit Gott aus harten Prüfungen, die Ungerechten

[1] Vgl. Jes 42,1; Ps 2,7.
[2] Gemeint ist das Vergehen der Engel nach Gen 6,1 ff. Die Bestrafung der »gefallenen Engel« wird in der apokryphen Henochliteratur geschildert und ist im Neuen Testament auch im Judasbrief V.6 erwähnt. Es geht um eine Aufbewahrung nur bis zum Gericht. Dann werden die Engel gerichtet.

10 aber bewahrt er für die Strafe am Gerichtstag auf. / Dazu zählen be-
sonders diejenigen, die Sklaven ihrer maßlosen, triebhaften Be-
gierde geworden sind und jeden Herrn über sich ablehnen, die das
Maul zu voll nehmen und keine Ehrfurcht vor Engeln und anderen
Trägern himmlischer Herrlichkeit an den Tag legen, sondern läster-
11 liche Reden führen, / so daß noch nicht einmal die Engel, die ihnen
an Macht und Stärke überlegen sind, es wagen, sie vor dem Herrn
in ihrer Schlechtigkeit darzustellen und Anklagen gegen sie vorzu-
12 bringen. / Doch diese Menschen sind wie die Tiere, die keinen Ver-
stand haben und dazu geboren sind, gefangen und vertilgt zu wer-
den. Sie führen freche Reden über Dinge, von denen sie nichts
verstehen. All ihr vergängliches Treiben wird sie aber selbst der
13 Vergänglichkeit anheimgeben. / Zur Belohnung für ihr Unrecht
werden sie selbst ungerecht behandelt werden. Sie halten Schwel-
gerei am hellichten Tag für ein harmloses Vergnügen, in ihrem Lu-
xusleben beflecken sie dauernd ihre Weste, und wenn sie mit euch
14 zusammen essen, hecken sie nur Betrügereien aus. / Ihre Augen sind
voll unmäßiger Sexgier, sie schweifen ruhelos umher, um keine
Sünde auszulassen. Ungefestigte verführen sie, und sie selbst sind
15 Weltmeister der Habgier, Kinder des Fluches. / Sie haben den gera-
den Weg verlassen und sind in die Irre gegangen. Dabei sind sie auf
die Abwege des Bileam, des Sohnes von Beor, geraten, der sich sein
16 Unrecht auch noch liebend gerne bezahlen ließ. / Doch er mußte
sich das eigene Unrecht vorhalten lassen. Ein Esel redete plötzlich
mit menschlicher Stimme und hinderte so den Propheten Bileam
17 daran, eine Dummheit zu begehen. / Solche Leute sind wie Quellen,
die kein Wasser geben, wie Nebelschwaden, die der Sturm treibt.
18 Für sie ist die tiefste Finsternis reserviert. / Sie prahlen überheblich
mit leerem Gerede. Durch Schwelgereien, bei denen die niedrigen
Instinkte aufleben, verführen sie schwache Menschen, die ihnen
kaum entrinnen können, weil sie sich schon im Wahn und Betrug
19 verfangen haben. / Ihnen verkünden die Verführer die Freiheit, ob-
wohl sie doch selbst Sklaven radikaler Vergänglichkeit sind. Denn
20 wem man erliegt, dem ist man auch versklavt. / Einst wollten diese
Leute angeblich den Befleckungen der Welt entfliehen, indem sie
sich an die Erkenntnis unseres Herrn und Erlösers Jesus Christus
hielten. Aber nun haben sie sich wieder in die Genüsse der Welt ver-
stricken lassen und sind ihnen erlegen. So waren sie zuletzt schlim-
21 mer dran als zuerst. / Denn es wäre für sie besser gewesen, sie hät-
ten den christlichen Weg nie kennengelernt, als nun den Rückzug
antreten und das heilige Gebot, das ihnen überliefert und anver-
22 traut wurde, verlassen zu müssen. / Über sie kann man nur sagen:

»Der Köter frißt die eigene Kotze«[3] oder: »Die Sau suhlt sich im eigenen Dreck«, wie es im Sprichwort heißt.

Kapitel 3 Liebe Brüder und Schwestern! Dies ist schon der zweite 1
Brief, den ich euch schreiben muß. In beiden Briefen will ich euch
an etwas erinnern, damit die Lauterkeit wieder wach wird, die
doch in euch ist. / Ich möchte euch an das erinnern, was die heiligen 2
Propheten einst gesagt haben und was eure Apostel euch als Gebot
des Herrn und Erlösers aufgetragen haben.
Zuerst müßt ihr folgendes wissen: Am Ende der Tage kommen 3
selbsternannte freche Wortführer, die sich nur von ihren eigenen
niedrigen Instinkten leiten lassen und zu euch sagen werden: / »Wo 4
bleibt sie denn, die Wiederkunft des Messias, die uns verheißen
wurde? Seit unsere Vorfahren entschlafen sind, ist doch alles so ge-
blieben wie seit Anbeginn der Welt!«[4] / Offenbar ist ihnen jedoch 5
bisher eines entgangen: Himmel und Erde bestanden durch Gottes
Wort am Anfang aus Wasser. / Deswegen wurde auch die alte Welt 6
in der Sintflut durch Wasser zerstört. / Dasselbe Wort Gottes aber 7
hat den jetzigen Himmel und die jetzige Erde für ein Feuer-Gericht
bestimmt, in dem die Gottlosen untergehen werden. / Ihr müßt wis- 8
sen, meine Lieben: Beim Herrn ist ein Tag wie tausend Jahre, und
tausend Jahre sind bei ihm wie ein Tag.[5] / Daher geht es nicht da- 9
rum, daß Gott aus Nachlässigkeit, wie manche sagen, die Erfüllung
der Verheißungen hinauszögert. Sondern in seiner Geduld gibt er
uns noch etwas Zeit. Er will nicht, daß irgend jemand umkommt,
sondern will uns allen Gelegenheit zur Umkehr geben.
Doch der Tag des Herrn kommt überraschend wie ein Dieb. An 10
diesem Tag werden die Himmel krachend einstürzen, die Bestand-
teile der Welt werden brennend vergehen, die Erde und alles, was
auf ihr geschaffen ist, wird vor Gericht gestellt. / Wenn alles ver- 11
geht, solltet ihr wenigstens heilig und Gottes Willen entsprechend
leben. / Denn so müßt ihr euch nicht nur nach der Wiederkunft des 12
Herrn an seinem Tage sehnen, sondern könnt sie sogar beschleuni-
gen.
An diesem Tag werden die Himmel im Feuer vergehen und die Be-
standteile der Welt werden brennen und schmelzen. / Wie Gott es 13
verheißen hat, erwarten wir neue Himmel und eine neue Erde. In
dieser neuen Welt wird Gerechtigkeit herrschen. / Ihr Lieben! Wenn 14

3 Prov 26,11.
4 Vgl. 1 Clem 23,3; 2 Clem 11,4.
5 Ps 90,4.

ihr das wirklich erwartet, dann bemüht euch doch, daß Gott euch
beim Gericht als Träger des Friedens vorfindet, die ohne Schuld
15 und nicht in Sünde verstrickt sind. / Daß unser Gott so geduldig ist,
könnt ihr als Chance zur Rettung ansehen.
So hat es euch ja auch unser lieber Bruder Paulus in der ihm von
16 Gott geschenkten Weisheit geschrieben. / Wie in allen Briefen
spricht er auch in dem, den er euch geschrieben hat, über das Ende
der Welt. Einiges ist in seinen Briefen schwer verständlich. Menschen, die ungebildet und wenig gefestigt sind, verdrehen seine
Worte, wie auch die übrigen Schriften, und das wird ihnen schlecht
17 bekommen. / Ihr aber, meine Lieben, seid jetzt gewarnt. Achtet also
darauf, daß ihr euch nicht durch die Irrlehren derer, die keine Ordnung kennen, verführen laßt und eure religiöse Heimat verliert. /
18 Ich wünsche euch, daß ihr immer tiefer Gottes Gnade findet und
daß euer Wissen und eure Gewißheit über unseren Herrn und Erlöser Jesus Christus weiter wächst. Alle Ehre gebührt ihm jetzt und
für immer.

Der erste Timotheusbrief

Eigenart: Der Brief spiegelt die Auseinandersetzungen in der autoritätslosen Zeit nach dem Tod des Paulus.

Datierung: Der Brief setzt voraus, daß sich die schon in Phil 1,1 bezeugten »Ämter« von Episkopen und Ältesten etwas weiterentwikkelt haben. Denn vom Episkopos ist nurmehr im Singular die Rede. Man kann daher die Zeit um 75 n. Chr. annehmen.

Adressaten: Der Brief läßt erkennen, daß es um die Auseinandersetzungen im Raum Ephesus geht (1,3).

Probleme: Es gibt judaisierende christliche Lehrer, die nach 4,3 sogar die Ehe verbieten wollen und aus Reinheitsrücksichten den Genuß bestimmter Speisen (wohl: z. B. Schweinefleisch) verbieten wollen.

Theologie: Paulus selbst ist das Muster für verwirklichte christliche Heilsbotschaft. Das gilt besonders gegenüber den Irrlehrern. Er ist ein bekehrter Lästerer (1,13), so ist er selbst das wirksamste Gegengift gegen die Gesetzeslehre, auch weil er selbst die Umkehr verkörpert, die sie vollziehen sollen. – Aber der Brief möchte auch für feste Strukturen vor Ort sorgen. Das geschieht, indem er Kataloge mit persönlichen »Amtseigenschaften« für Episkopen (Bischöfe), Diakone, Älteste und Witwen entwirft.

Hier ist etwas zum Problem der frühchristlichen *Pseudepigraphie* zu sagen. Von den 14 in den griechischen Ausgaben des Neuen Testaments Paulus zugeschriebenen Briefen gelten nur sieben als zweifelsfrei echt (Röm, 1.2 Kor, Gal, Phil, 1 Thess, Phm). Der Hebräerbrief gilt schon seit dem 16. Jh. als nicht paulinisch. Die übrigen »unechten« Briefe nehmen auf Paulus Bezug und tragen jedenfalls seinen Namen. Sie stehen auch sicher unter dem Einfluß seiner Theologie. – Daß man überhaupt »unechte« Briefe einem Apostel unterschob (so wohl auch 2 Petr), hängt mit der großen Autoritätskrise nach dem Tod der ersten Apostel zusammen. Für Eph und Kol kann man noch annehmen, daß Schüler des Paulus sie zu Lebzeiten des Apostels verfaßten und so ihren Lehrer ehren wollten. Auch für die anderen Falsch-Zuschreibungen gilt gleichfalls, daß jede kriminelle oder betrügerische Absicht fern liegt. Denn jedenfalls wurde die Autorität des Apostels für Briefe in Anspruch genommen, die seine Lehre fortführten.

DER ERSTE TIMOTHEUSBRIEF

Kapitel 1 Diesen Brief schreibt Paulus, Apostel Jesu Christi, im 1
Auftrag Gottes, unseres Erlösers, und Jesu Christi, auf den wir hof-
fen, / an Timotheus, seinen lieben Schüler im christlichen Glauben. 2
Von Gott, dem Vater, und von Jesus Christus, unserem Herrn, gebe
ich Gnade, Erbarmen und Heil an dich weiter.
Als ich nach Makedonien abreiste, hatte ich dich gebeten, in Ephe- 3
sus zu bleiben. Du solltest einige Leuten dort daran hindern, fal-
sche Lehren zu verbreiten, / und sie davon abhalten, an Phantaste- 4
reien und endlose Stammbäume zu glauben. Denn so etwas führt
nur zu Streitereien und widerspricht Gottes Absicht, Menschen
zum Glauben finden zu lassen. / Vielmehr soll doch die Verkündi- 5
gung die Menschen dazu bewegen, einander aufrichtig zu lieben,
ein gutes Gewissen zu bewahren und einen Glauben zu leben, bei
dem die Tat der Lehre entspricht. / Leider sind einige abgeirrt und 6
heidnischem Geschwätz aufgesessen. / Manche Leute wollen Leh- 7
rer des Gesetzes sein und haben doch nicht nachgedacht über das,
was sie steif und fest behaupten. / Dabei ist es doch so: Das Gesetz 8
ist gut, wenn es sinngemäß angewandt wird. / Wenn einer sich an- 9
ständig verhält, muß er auf das Gesetz nicht achten. Anders ist das
mit denen, die das Gesetz als Feind betrachten oder sich stets dage-
genstellen, mit den Gottlosen und denen, die dem Bösen verfallen
sind, denen nichts heilig ist oder die alles Heilige schänden wollen,
denen, die vor Mord nicht zurückschrecken und sogar ihre Eltern
umbringen, / den Hurern und Kinderschändern, den Menschen- 10
händlern, den notorischen Lügnern und Meineidigen oder denen,
die nach allem trachten, was sonst noch gegen Menschlichkeit und
Ethos verstößt.
Das Maß für unsere Lehre ist das herrliche Evangelium Gottes. Es 11
wurde mir anvertraut im Himmel. / Ich habe Jesus Christus, unse- 12
rem Herrn, zu danken, weil er mir Kraft und Mut gegeben hat für
den Dienst, den er mir anvertraut hat, / obwohl ich doch vorher ge- 13
gen die Gottessohnschaft Jesu gelästert, die Gemeinde verfolgt und
den Christen Böses angetan habe. Doch Gott hat sich meiner er-
barmt, weil ich ja in meinem Unglauben aus Unwissenheit han-
delte. / So reichlich hat er mir sein Wohlwollen erwiesen, daß er mir 14
durch Jesus Christus die Möglichkeit geschenkt hat, zu glauben
und zu lieben. / Das ist ein Grundsatz, den alle annehmen sollten: 15
Jesus Christus ist in die Welt gekommen, um die Gottlosen zu ret-

16 ten, mich zuallererst. / Daß Gott sich meiner erbarmt hat, sollte
dazu dienen, daß Jesus Christus zuerst an mir all seine Langmut be-
weisen konnte. So wollte er für alle ein Vorbild schaffen, damit sie
künftig an ihn glauben und so das ewige Leben erlangen können. /
17 Gott ist der König der Welt und aller Zeit. Er ist der unvergängli-
che, unsichtbare, einzige Gott. Ihm gebührt alle Ehre und Verherr-
lichung für immer und allzeit, amen.
18 Den folgenden Auftrag, lieber Timotheus, erteile ich dir auf der
Grundlage der prophetischen Worte, die über dich in der Gemein-
deversammlung ergangen sind. Richte dich danach in deinem
19 Kampf. / Bewahre den Glauben und das gute Gewissen. Leider ha-
ben einige nicht auf das Gewissen gehört und sind daraufhin am
20 Glauben gescheitert. / Unter ihnen sind Hymenaios und Alexander,
die ich in einem Fluchgebet an Satan übergeben mußte. Der wird
sie so strafen und züchtigen, daß sie das Lästern sein lassen werden.

1 *Kapitel 2* Meine erste Bitte: Für alle Menschen sollt ihr bitten, be-
2 ten, flehen und Gott danken. / Betet für die Könige und alle, die
Macht und Verantwortung haben, daß unser Leben in eine Frie-
denszeit fallen möge, in der wir frei sind von Angst und keiner uns
3 verbietet, an Gott zu glauben und ihn allein anzubeten. / So ist es
4 der Wille Gottes, unseres Erlösers. / Er will, daß alle Menschen da-
durch erlöst werden, daß sie ihn als die wahre Wirklichkeit kennen-
5 lernen. / Denn es gibt nur einen Gott und nur einen Mittler zwi-
6 schen Gott und den Menschen, den Menschen Jesus Christus. / Er
hat sein ganzes Leben für alle Menschen eingesetzt, um ihre Sün-
denschuld durch seine Gerechtigkeit aufzuheben. So bezeugen wir
7 es durch unseren Glauben, jetzt, da Gott es so will. / Für dieses
Zeugnis hat Gott mich als Boten und Apostel und als Lehrer der
Heiden berufen, damit sie an meiner Treue Gottes Verläßlichkeit
erfahren können. Das ist die ganze Wahrheit!
8 Mein Wunsch: Die Männer können beten, wo immer sie wollen.
Doch wenn sie die Hände zum Gebet ausstrecken, dann dürfen es
nur heilige Hände sein, das heißt: Hände von Menschen, die frei
9 sind von Zorn und frei von dummem Gerede. / Ähnliches gilt für
die Frauen: Sie sollen ordentlich gekleidet sein, ihre Zierde sind zu-
rückhaltender Charme und Klugheit. Abzulehnen sind kunstvolle
Frisuren, Gold- und Perlenschmuck und aufwendige Kleidung. /
10 Der Maßstab ist: Bei Frauen, die durch ihr Verhalten grundlegend
11 christliche Mission betreiben, muß alles zusammenpassen. / Im Un-
terschied zu den jungen Männern, die in der Schule laut lernen, sol-
len Frauen sich die überlieferten Lehren leise aneignen und auf

strenge Unterordnung achten. / Ich kann einer Frau nicht gestat- 12
ten,[1] öffentlich zu lehren oder sich Männern gegenüber besserwis-
serisch zu verhalten. Frauen wirken eher hinter den Kulissen. / Zur 13
Begründung: Adam wurde als erster erschaffen, dann Eva. / Und 14
Adam hat sich nicht von der Schlange verführen lassen, Eva wurde
verführt und übertrat das Gebot. / Dafür aber steht den Frauen ein 15
besonderer Weg der Erlösung offen: Wenn sie Kinder bekommen
und mit diesen treu im Glauben, beständig in der Liebe sind und
mit Klugheit ganz Gott gehören und seinen Willen tun, werden sie
erlöst.

Kapitel 3 Das soll als Grundsatz gelten: Wer nach dem Amt des 1
Gemeindeleiters strebt, der will ein gutes Werk tun. / Aber dafür 2
muß er eine Reihe von Voraussetzungen erfüllen: Er soll untadelig
leben und darf nur einmal und nur mit einer Frau verheiratet sein,
weiter soll er nüchtern, besonnen, ordentlich und gastfreundlich
sein und die Lehre gut vermitteln können. / Er darf kein Säufer und 3
kein Schläger sein, nicht geizig, sondern gütig und friedfertig. / Er 4
soll sich in der eigenen Familie als Hausvater bewährt haben und
Kinder haben, die ihn achten und ihm gehorchen. / Denn wenn ei- 5
ner nicht mit der eigenen Familie fertig wird, wie soll er dann die
Gemeinde Gottes leiten können? / Wer eine Gemeinde leitet, soll 6
schon längere Zeit Christ sein, damit er nicht hochmütig wird.
Denn sonst wird er vom Teufel verführt und im Gericht verurteilt.
/ Auch bei den Heiden muß er in gutem Ruf stehen, damit er nicht 7
ins Gerede kommt und damit wieder eine leichte Beute für den Teu-
fel wird.
Ähnliches gilt für die Diakone: Sie sollen ehrbar sein, auf ihr Wort 8
muß Verlaß sein, sie sollen nicht allzusehr dem Wein ergeben sein
und dürfen nicht auf schmutzigen Gewinn aus sein. / Und sie sollen 9
ein reines Gewissen haben, obwohl das ein Merkmal eines Christen
ist, das man nicht sieht. / Bevor jemand Diakon wird, soll man prü- 10
fen, ob er wirklich untadelig ist.
Ähnliches gilt für die Frauen im Diakonenamt: Sie sollen anständig 11
sein, nicht verleumderisch, sondern nüchtern und in allem zuver-
lässig.
Auch die Diakone sollen nur einmal und nur mit einer Frau verhei- 12
ratet sein, sie sollen ihre Kinder und Familien gut leiten können. /
Denn wer als Diakon seine Aufgaben in der Gemeinschaft gut ver- 13
sieht, schafft sich großes Ansehen und hat Freunde in seinem Glau-

[1] Vgl. 1 Kor 14,34-36.

14 ben, da er mit Jesus Christus verbunden ist. / Dies schreibe ich dir
15 in der Hoffnung, dich bald besuchen zu können. / Für den Fall, daß
es doch noch länger dauert, sollst du auf jeden Fall jetzt schon wissen, wie man im Haus Gottes, das heißt: in der Gemeinde des
lebendigen Gottes, leben soll. Diese Gemeinde ist eine Säule in
Gottes heiligem Haus, ein Ort, an dem man Gottes Wirklichkeit
16 wahrnehmen kann. / Und zweifellos ist die verborgene Wirklichkeit unseres Glaubens sehr wichtig[2]: Gott hat Jesus Christus sichtbar gemacht als Mensch und seine Vollmacht bei der Auferstehung
durch den Geist bestätigt. Er ist den Boten erschienen und wurde
unter den Völkern verkündigt. Die Menschen in der Welt glaubten
an ihn, und er wurde in Gottes Herrlichkeit aufgenommen.

1 *Kapitel 4* Durch seine Propheten sagt der Heilige Geist ausdrücklich: Am Ende der Zeiten werden einige vom Glauben abfallen, die
den Eingebungen irrlichternder Geister und den Lehren finsterer
2 Mächte folgen. / Sie glauben die leeren Reden geistiger Falschmün-
3 zer, deren Gewissen durch ihr böses Tun gebrandmarkt wird. / Sie
versuchen, die Ehe zu verbieten und zum Nahrungsverzicht aufzurufen. Dabei hat Gott diese Dinge geschaffen, damit diejenigen, die
glauben und Gottes Wirklichkeit anerkennen, sie dankbar anneh-
4 men können. / Denn alles, was Gott geschaffen hat, ist auch gut, und
5 auf nichts, für das man danken kann, muß man verzichten. / Denn
alles wird heilig, weil Gottes Wort in unserer Mitte ist[3] und weil wir
Gott im Tischgebet um seinen Segen bitten.
6 Wenn du dies den Brüdern und Schwestern weitergibst, dann bist du
ein guter Diakon Jesu Christi. Dann bist du wohlgenährt mit den
Worten des Glaubens und guter Belehrung, der du gefolgt bist. /
7 Doch die schändlichen und albernen Spekulationen sollst du abweisen. Mach dich vertraut mit den Auffassungen des christlichen
8 Glaubens. Das kann man regelrecht einüben. / Körperliche Gymnastik hilft nur für wenige Dinge. Der christliche Glaube dagegen hilft
für alles im Leben, denn mit ihm ist die Verheißung des Lebens jetzt,
9 aber auch des künftigen Lebens verknüpft. / Dies ist ein Grundsatz,
10 den alle annehmen sollten. / Wir scheuen keine Mühe und keinen
Streit, weil der lebendige Gott selbst unsere Hoffnung ist. Er erlöst
alle Menschen, besonders die, die auf ihn vertrauen.

---

2 Es folgt ein wichtiges und altes Textstück, das den christlichen Glauben zusammenfaßt.

3 Vgl. Joh 15,3: Durch das Wort werden nicht nur die Jünger rein, sondern auch das, was die Jünger brauchen.

Dies sollst du verkündigen und lehren. / Keiner soll dich verachten, 11, 12
weil du noch so jung bist. Du kannst vielmehr für die Christen ein
Vorbild werden, indem du überzeugend lehrst, glaubwürdig lebst,
hingebend liebst, tapfer glaubst und Gott als deinen Herrn aner-
kennst. / Bis ich komme, sei eifrig im Vorlesen, unbeirrbar im Mah- 13
nen und beharrlich im Lehren. / Sei bestrebt, die besondere missio- 14
narische Gabe weiterzuentwickeln, die dir verliehen wurde, als
damals in der Gemeinde eine Prophetie auf dich ausgelegt wurde
und der Kreis der Ältesten dir die Hände auflegte. / Dies alles beher- 15
zige gut! Bleibe bei der einen Sache, damit alle deinen Fortschritt
wahrnehmen können. / Gib auf dich acht und bemühe dich um eine 16
gute Darbietung der Lehre. Bleibe bei den Leuten. Denn wenn du so
handelst, wirst du nicht nur dich selbst retten, sondern auch die, die
dir zuhören.

Kapitel 5 Einen Mann, der älter ist als du, sollst du nicht grob an- 1
fahren, sondern ihm wie einem Vater gut zureden. Einen jüngeren
Mann sprich wie einen Bruder an, / eine ältere Frau wie eine Mutter, 2
eine jüngere Frau wie eine Schwester, doch immer sehr höflich.
Halte die Witwen durch Unterstützung in Ehren wie Eltern, doch 3
nur wenn sie mittellos sind. / Wenn eine Witwe dagegen Kinder oder 4
Enkel hat, dann sollen diese zunächst im eigenen Haus und in der
eigenen Familie Ehrerbietigkeit lernen und ihrer Mutter oder Groß-
mutter die Dankesschuld abstatten. So will es Gott. / Wenn eine 5
Witwe aber wirklich mittellos ist und ganz allein steht, dann ist ihre
Hoffnung allein Gott, und sie kann nichts weiter tun, als Tag und
Nacht zu ihm zu beten und zu flehen. / Wenn sie dagegen allzu le- 6
benslustig ist, dann ist sie lebendig tot. / Schärfe es den Witwen ein, 7
daß sie untadelig leben sollen. / Doch wenn eine Witwe ihre eigenen 8
Familienangehörigen, die vielleicht sogar im selben Haus wohnen,
arg vernachlässigt, dann hat sie den Glauben verleugnet und ist
schlimmer als eine Heidin. / Wenn eine Witwe von der Gemeinde 9
versorgt werden soll, darf sie nicht jünger als 60 Jahre sein und nur
einen Mann gehabt haben, / sie soll sich in guten Werken bewährt 10
haben, etwa indem sie Kinder großgezogen, Freunde beherbergt
oder fremden Christen auf der Durchreise den Dienst des Füßewa-
schens angeboten hat, indem sie Bedrängten Beistand geleistet oder
andere gute Werke vollbracht hat. / Jüngere Witwen weise ab! Bei 11
ihnen kann es vorkommen, daß ihre sexuellen Gelüste sich so be-
merkbar machen, daß sie sich als von der Gemeinde versorgte Wit-
wen nicht ausschließlich an Christus binden können, sondern lieber
wieder heiraten wollen. / Dann kann man ihnen mit Recht vorwer- 12

fen, ihr früheres Treueversprechen gegenüber Jesus gebrochen zu
13 haben. / Andere nutzen den Vorteil, von der Gemeinde versorgt zu
werden, dadurch aus, daß sie bei den Nachbarn herumlungern, die
Hände in den Schoß legen und geschwätzig unschickliche Dinge
14 weitertratschen. / Ich finde es besser, wenn jüngere Witwen wieder
heiraten, Kinder bekommen, ihre Familien führen und den Widersa-
15 chern keinen Grund zum Spott geben. / Denn schon etliche sind dem
16 Satan nachgelaufen. / Wenn eine Christin eine Witwe in ihrer Fami-
lie hat, dann soll sie selbst sie versorgen und die Gemeinde nicht be-
lasten, damit diese sich für die wirklich mittellosen Witwen einset-
17 zen kann. / Die Ältesten, die ihren Dienst gut getan haben, sollen
doppelten Unterhalt bekommen, besonders wenn sie sich mit der
Wortverkündigung und der Lehre besondere Mühe gegeben haben.
18 / Denn schon in der Schrift heißt es[4]: »Einem dreschenden Ochsen
soll man das Maul nicht zubinden.« Und weiter: »Wer gearbeitet
19 hat, der hat auch seinen Lohn verdient.« / Eine Klage gegen einen Äl-
testen nimm nicht an, es sei denn, sie beruhe auf der Aussage von
20 zwei oder drei Zeugen.[5] / Wenn sich jemand öffentlich vergangen
hat, dann weise ihn öffentlich vor allen zurecht, damit die anderen
21 abgeschreckt werden. / Ich bitte dich inständig im Angesicht Gottes,
Jesu Christi und seiner ausgewählten heiligen Engel: Urteile nie par-
22 teiisch, begünstige keinen. / Lege niemandem vorschnell die Hände
auf. Laß dich nicht in die Verbrechen anderer verstricken. Handle
23 so, daß du dich nur von Gott abhängig machst. / Trink nicht nur
Wasser, sondern deinem Magen zuliebe auch etwas Wein, du bist ja
24 so oft krank. / Bei einigen Menschen laufen die Vergehen wie Un-
heilsboten offen vor ihnen her auf dem Weg zum Gericht, bei ande-
ren laufen sie hinterher und werden erst im Gericht offenkundig. /
25 Ähnlich liegen bei manchen Menschen die guten Werke von Anfang
an klar zutage, und die anderen können erst am Ende nicht verbor-
gen bleiben.

1 *Kapitel 6* Wer Sklave ist und unter dem Joch der Sklaverei dient,
der lasse seinem Herrn und Besitzer jede nur denkbare Ehre zukom-
men, damit der Name Gottes und das Christentum nicht in Verruf
2 geraten. / Sklaven, die einen christlichen Herrn haben, sollen ihn
nicht verachten, denn er ist ihr Bruder. Sie sollen ihm um so eifriger
als Sklaven dienen, weil er Christ ist und von Gott geliebt wird und
3 dem Sklaven wohl auch Gutes tut. / All dies sollst du lehren und die

[4] Dt 25,4.
[5] Dt 19,15.

Menschen dazu ermahnen! Es gibt Leute, die etwas ganz anderes
lehren und sich nicht an die klaren und nützlichen Worte unseres
Herrn Jesus Christus halten oder an die christliche Lehre. / Solche 4
Leute sind blind, sie haben nichts verstanden, sondern machen sich
mit ihren Tüfteleien und irren Wortgefechten ganz krank. Daraus
entstehen doch nur Neid und Streit, Verunglimpfungen, böse Unter-
stellungen / und ewige Zankereien von ein paar Verrückten, denen 5
die Wahrheit abhanden gekommen ist und die meinen, Christentum
sei eine Sache von Handel, Kauf und Gewinn. / Nun ist Christentum 6
tatsächlich ein großer Gewinn, allerdings nur in Verbindung mit
vollständiger Freiheit von allen irdischen Gütern. / Denn wir haben 7
nichts in die Welt mitgebracht und werden auch nichts mitnehmen
können. / Wenn wir Nahrung und Kleidung haben, wollen wir da- 8
mit zufrieden sein. / Wer es aber auf Reichtum abgesehen hat, der be- 9
gibt sich in größte Gefahr, in die tödliche Falle und unter das Joch
vieler unvernünftiger, schädlicher, maßloser Triebe, die den Men-
schen in Untergang und tiefes Verderben führen. / Die Wurzel aller 10
Übel ist die Geldgier. Einige sind ihr verfallen und dadurch vom
Glauben abgekommen und haben sich auf diese Weise selbst viele
Schmerzen zugefügt. / Du aber gehörst zu Gott. Meide diese Dinge, 11
jage mit Feuereifer anderen Zielen nach: gerecht und sozial zu han-
deln, fromm und heilig zu leben, gläubig und treu, liebevoll und für-
sorglich zu sein, geduldig und unbeirrbar auf das Ziel hinzusteuern,
sanft und leidensfähig zu sein. / An Jesus glauben heißt einen Kampf 12
um das Gute kämpfen. Stelle dich diesem Kampf, damit du das
ewige Leben ergreifen kannst, zu dem du berufen wurdest. Mit un-
serem Bekenntnis hast du dich ja auch vor vielen Zeugen zu diesem
Leben bekannt. / Gott hat alles ins Leben gerufen, und Jesus Chri- 13
stus hat vor Pontius Pilatus das Bekenntnis abgelegt. / Daran will ich 14
dich erinnern und im Blick darauf fordere ich dich auf: Bewahre das,
was uns geboten ist, rein und ohne Tadel bis zum Ende. Denn eines
Tages kommt unser Herr Jesus Christus wieder. / Gott wird das zu 15
einer Zeit geschehen lassen, die er bestimmt, weil er der himmlische
und alleinige Herrscher, der König der Könige und Herr der Herren
ist. / Er allein ist unsterblich, er wohnt in einem Haus von Licht, das 16
kein Sterblicher betreten kann, kein Mensch hat ihn je gesehen oder
wird ihn je sehen können. Ihm gebührt Ehre und Macht für immer.
Amen.

Den reichen Leuten in dieser Welt sollst du sagen: »Seid nicht hoch- 17
mütig, setzt eure Hoffnung nicht auf den Reichtum und seine unge-
wisse Zukunft, sondern auf Gott. Er schenkt uns alles reichlich, da-
mit wir es genießen können / und Gutes tun, damit wir viele gute 18

Werke vollbringen, gern von dem abgeben, was wir haben, und gern
19 etwas für die Gemeinschaft tun. / So sorgen sie dafür, daß wir einen
guten Schatz anhäufen, ein gutes Fundament für die Zukunft, um
das wirkliche Leben zu erlangen.«
20 Lieber Timotheus! Bewahre, was dir anvertraut ist, kümmere dich
nicht um das leere Gerede und die Schwarzweißmalerei sogenannter
21 Theologie. / Einige, die so etwas verkündet haben, sind dabei vom
Glauben abgekommen. Gott bleibe mit seiner Gnade bei euch!

Der zweite Timotheusbrief

Eigenart: Die persönliche Beziehung Paulus/Timotheus steht hier im Vordergrund, daher finden sich oft persönliche Notizen. Durch die enge Bindung an die Person des Paulus soll die Integrität der Lehre bewahrt werden. Im Zentrum steht in 2,1-3,17 eine Mahnrede über den Umgang mit Irrlehrern. Den Anfang bildet eine Aufforderung, nach dem Vorbild des Paulus zu leiden.

Verfasser: Mahnungen dieses Charakters können nur von Paulus selbst formuliert sein oder von einem, der das persönliche Vorbild des Paulus geschickt für seine Zwecke zu benutzen versteht. Vor allem die Abschnitte über die »Epiphanie«, das Erscheinen des Erlösers (und der Titel *Erlöser* selbst) weisen auf eher nichtpaulinischen Ursprung.

Datierung: Wegen der Eigenart der Adressaten und der Beziehungen zur synoptischen Tradition (ohne die Evangelien zu zitieren, also vor deren allgemeiner Verbreitung): um 75 n. Chr.

Adressaten: Die Art der Irrlehrer (2,18: Auferstehung ist schon geschehen; 3,6: Mission unter Frauen) weist durchaus in den Umkreis des Paulus (zur präsentischen Auferstehung vgl. Kol 2,12; Eph 2,5f). Von »gnostischen« Positionen kann noch nicht die Rede sein. Es geht um das Autoritätsvakuum nach dem Tod des Apostels.

Probleme: Im Vordergrund stehen praktische missionarische Maßnahmen. Die christliche Identität in der Lehre scheint weitgehend geklärt.

Theologie: Noch wie bei Paulus selbst wird das Evangelium an der Person des Apostels illustriert. Das paulinische Konzept der Einheit von Bote und Botschaft wirkt daher in einer Weise nach, die allmählich zur Heiligenverehrung führt.

DER ZWEITE TIMOTHEUSBRIEF

1 *Kapitel 1* Paulus, Apostel Jesu Christi, schreibt diesen Brief an
Timotheus, sein liebes Kind. Ich bin Apostel, weil Gott es so will,
und erfülle diesen Dienst, da durch Jesus Christus das Leben verhei-
2 ßen ist. / Dir übermittle ich von Gott, unserem Vater, und von unse-
rem Herrn Jesus Christus Gnade, Erbarmen, Frieden und Heil.
3 Wenn ich bete – nachts oder auch bei Tage –, nenne ich immer wie-
der deinen Namen. Ich tue das voller Dankbarkeit gegenüber Gott.
Er ist der Gott schon meiner Eltern und Ahnen; mit ihnen und wie
sie diene ich noch immer allein ihm, und er schenkt mir ein reines
4 Gewissen in diesem Dienst. / Wenn ich an dich denke, kommt Sehn-
sucht in mir auf: Ich möchte dich sehen. Deine Abschiedstränen
habe ich vor Augen – und ich möchte mich wieder einmal ganz und
5 gar nur freuen. / Ich erinnere mich an deinen kerngesunden Glau-
ben, den ich schon von deiner Großmutter Lois her kenne, den aber
auch deine Mutter Eunike hatte und der nun, so bin ich fest über-
zeugt, in dir lebendig ist.
6 Deswegen möchte ich dich an etwas erinnern: Als ich dir einst die
Hände aufgelegt habe, hast du dadurch Gottes ganz spezielle
Gnade empfangen. Laß diesen Funken wieder zur Glut in dir wer-
7 den. / Denn der Heilige Geist, den Gott uns geschenkt hat, ist nicht
8 ängstlich, sondern kräftig, voll Liebe und Klugheit. / Deshalb
kannst du dich ohne Angst und Scheu zu dem bekennen, was unser
Herr durch sein Wort verkündet und durch seinen Weg bezeugt
hat. Du brauchst dich auch meiner nicht zu schämen, der ich um
seinetwillen in Gefangenschaft bin. Sondern wenn das Evangelium
leidet, dann leide mutig mit! Gott wird dir die Kraft dazu geben. /
9 Er hat uns von allem, was angst macht, befreit und uns berufen, so
daß wir nicht mehr wie die anderen sind, sondern heilig, weil wir
Gott gehören, und geadelt durch Gottes Gnade. Denn was wir sind,
verdanken wir nicht dem eigenen Handeln, sondern Gott. Er hat
uns ganz persönlich gewollt, und seine Absicht war es schon vor
10 ewigen Zeiten, uns ganz eng an Jesus Christus zu binden. / Diese
Gnade Gottes ist erst jetzt sichtbar geworden, da Jesus, der Mes-
sias, unser Befreier, erschienen ist. Er hat den Tod besiegt und uns
Menschen durch das Evangelium mit dem Licht und der Klarheit
11 erfüllt, die Leben, unzerstörbares Leben, bedeuten. / Ich selbst,
Paulus, bin der Herold, Apostel und Lehrer, der dieses Licht aus-
12 breiten soll. / Weil ich diese große Aufgabe habe, kann ich auch sol-

che Leiden ertragen. Ich schäme mich dieser Botschaft nicht und
werde auch am Ende nicht beschämt, denn ich weiß, wem ich mich
anvertraut habe. Und ich bin ganz sicher, daß er mächtig genug ist,
bis zum Tage des Gerichtes den Funken des Lichts in mir zu bewah-
ren, den er selbst meinem Herzen anvertraut hat. / Die Worte, die 13
du von mir gehört hast, nimm dir als Vorbild für dein Wirken. So
hast du Anteil am Leben mit Christus, durch das Glaube zu Liebe
wird. / Den Funken, den Gott dir anvertraut hat, kannst du da- 14
durch bewahren, daß du ihn dem Lufthauch des Heiligen Geistes
aussetzt, der in uns wohnt.
Du weißt sicher, daß mich in der Provinz Asia alle im Stich gelassen 15
haben, darunter auch Phygelos und Hermogenes. / Der Herr 16
schenke sein Erbarmen der Familie des Onesiphoros, denn er hat
mich oftmals aufatmen lassen und keinen Anstoß daran genom-
men, daß ich ein Gefangener bin. / Seit ich in Rom bin, hat er eifrig 17
nach mir gesucht und mich auch gefunden. / Der Herr gebe, daß er 18
am Tage des Gerichts bei ihm Gnade finden kann. Was er in Ephe-
sus alles für die Gemeinde[1] getan hat, weißt du besser als ich.

Kapitel 2 Nun wünsche ich dir, mein lieber Sohn, daß du durch 1
all das, was Jesus Christus dir schenken kann, viel Kraft findest. /
Was du von mir gehört hast, ist ja durch viele Zeugen verbürgt. 2
Trage es Menschen vor, die treu sind und es selbst dann an andere
weitergeben können. / Sei bereit, mit Jesus Christus als sein guter 3
Soldat Böses zu erleiden. / Keiner, der in den Krieg zieht, kümmert 4
sich noch um die Belange des alltäglichen Lebens, sondern nur
noch darum, die Anerkennung des Befehlshabers zu gewinnen. /
Und nur wer streng nach den Regeln kämpft, kann ein Ehrenzei- 5
chen erringen. / Der Bauer, der die Arbeit getan hat, darf sich auch 6
als erster von den Früchten nehmen. / Du verstehst, was ich meine. 7
Der Herr wird dir für alles das rechte Verständnis geben.
Als Christen müssen wir immer folgendes im Gedächtnis behalten: 8
Nach meinem Evangelium ist Jesus Christus aus Davids Geschlecht
der von den Toten Auferstandene. / Weil ich sein Jünger bin, habe 9
ich hier zu leiden, und diese schmerzhafte Wirklichkeit reicht bis zu
den Fesseln, die ich wie ein Schwerverbrecher trage. Doch Gottes
Wort läßt sich nicht in Fesseln legen.
Ich ertrage das alles, damit Gott die Menschen, die er auch liebt 10
und erwählt hat, obwohl sie noch keine Christen sind, genauso wie

1 Das Wort *diakonein* bezeichnet oft die notwendigen Dienste für eine Gemeinschaft. Diese Dienste haben dann »öffentlichen« Charakter.

diejenigen, die schon Christen sind, durch Jesus, den Messias, be-
11 freit und für immer verherrlicht. / Das ist ein guter Grundsatz:
Wenn wir mit Christus sterben, werden wir auch mit ihm leben. /
12 Wenn wir alles geduldig ertragen, werden wir mit ihm regieren.
13 Wenn wir ihn verleugnen, wird er uns auch verleugnen. / Doch in
einem Punkt gilt die Entsprechung nicht: Wenn wir untreu werden,
so bleibt er doch treu, denn er kann sich nicht selbst aufgeben. Und
das gibt uns Grund zum Vertrauen.
14 Denke auch daran und beschwöre die Menschen vor Gott, daß sie
15 nicht um Worte streiten. Das ist unnütz und ärgert die Zuhörer. / Be-
mühe dich darum, daß du dich hier lange bewähren und als uner-
schrockener Missionar unermüdlich dem Wort Gottes eine Schneise
16 schlagen kannst. / Schändliche leere Worte versuche zu vermeiden.
Wer so redet, verbohrt sich immer weiter in seinen Unglauben hin-
17 ein. / Sein Wort findet Fraß wie Krebs. Hymenaios und Philetos sind
18 solche Irrlehrer. / Sie sind von Gottes Wirklichkeit abgeirrt, wenn sie
behaupten, daß Auferstehung schon geschehen sei,[2] und verdrehen
19 so einer Menge Leute den Glauben. / Doch das feste Fundament eu-
res Christseins, das Gott selbst gelegt hat, wird bleiben und stand-
halten. So wie Backsteine einen Stempel tragen, trägt es den Ab-
druck von Gottes Siegel, darauf steht entweder »Der Herr kennt die
Seinen« oder »Wer Gottes Namen nennt, tue kein Unrecht mehr[3]«.
20 In einem großen Haus gibt es nicht nur Gefäße aus Gold und Silber,
sondern auch solche aus Holz und Ton. Die einen dienen vorneh-
21 men Zwecken, die anderen weniger vornehmen.[4] / Wer sich nun
von den genannten Irrlehren freihält, der kann ein Gefäß für
schöne und heilige Dinge sein. Der Herr kann viel Gutes mit ihm
anfangen, weil er zu jeder sinnvollen Aufgabe befähigt ist.
22 Also, lieber Timotheus, halte dich fern von der triebhaften Maßlo-
sigkeit der Jugend. Sei mit Leidenschaft gerecht, von ganzem Her-
zen gläubig, liebe ohne Ende, halte Frieden aus reinem, glühendem
Herzen mit allen, die wie du als Christen beim Beten Gottes Namen
23 anrufen. / Laß dich nicht ein auf törichte und ungebildete Ausein-
24 andersetzungen, denn sie bringen nur Streit. / Ein Sklave Gottes
aber soll nicht herumstreiten, sondern freundlich sein gegen alle
und die Botschaft gut vermitteln; er sollte sich nicht provozieren
25 lassen, sondern Unrecht ertragen können. / Mit sanfter Geduld soll
er die Gegner so weit bringen, daß Gott ihnen vielleicht doch die

---

2 Vgl. Kol 2,12; Eph 2,6; Rheginusbrief (s. u.).
3 Vgl. Nu 16,5; Jes 52,11; 26,13 LXX.
4 Vgl. Röm 9,21.

Gnade schenkt, damit sie umkehren und das Richtige erkennen
können. / Dann werden sie vielleicht wieder nüchtern und entkom- 26
men der Schlinge, mit der sie der Teufel gefangenhält, damit sie sei-
nen Willen tun.

Kapitel 3 Du sollst wissen: In der letzten Zeit vor dem Ende wird 1
es schrecklich werden. / Die Menschen werden selbstverliebt, allein 2
auf Geld aus, protzig und überheblich sein, mit ihren Reden über
den Glauben herziehen, ihre Eltern nicht mehr achten, kein Danke-
schön mehr kennen und nichts Heiliges. / Sie sind unfähig zu Liebe 3
und Versöhnung, verleumderisch, unbeherrscht und rüpelhaft und
hassen das Gute. / Verräter sind sie, rücksichtslos und verblendet, 4
lieben die Lust anstatt Gott, / sie tun sehr fromm, doch ihr Chri- 5
stentum hat weder Saft noch Kraft. Von solchen Menschen halte
dich fern! / Denn solche Leute mit ihrem langen Sündenregister, die 6
allen möglichen Süchten verfallen sind, schleichen sich in die Häu-
ser ein und umgarnen die Frauen, die – neugierig wie sie sind – /
immerfort alles aufnehmen wollen und doch nicht zur richtigen Er- 7
kenntnis kommen können. / So wie die ägyptischen Zauberer Jan- 8
nes und Jambres Mose widerstanden, sind diese Männer, die Chri-
stinnen verderben, der Wahrheit nicht zugänglich, ihr Verstand ist
vergiftet, ihr Glaube hat seine Bewährungsprobe nicht bestanden. /
Doch sie werden nicht wirklich Erfolg haben. Denn genau wie bei 9
Jannes und Jambres ist ihr Unverstand für alle klar erkennbar.
Du, Timotheus, bist dagegen in allem mir nachgefolgt. Denn du 10
lehrst wie ich, führst dein Leben wie ich, verfolgst dasselbe Ziel wie
ich. Glaube, Langmut, Liebe und Geduld einen uns, / dazu Verfol- 11
gungen und Leiden, wie ich sie jetzt wieder in Antiochien, Ikonium
und Lystra zu ertragen hatte. Ich habe diese Verfolgungen auf mich
genommen, und aus allen hat mich Gott errettet. / Solche Verfol- 12
gung droht allen, die versuchen, in der Gemeinschaft mit Jesus
Christus ein religiöses Leben zu führen. / Den bösen Verführern 13
und Zauberern dagegen winkt der Erfolg – auf ihrem Weg in den
Abgrund. Denn sie sind verführte Verführer. / Doch du, lieber Ti- 14
motheus, bleib bei dem, was du gelernt und gläubig angenommen
hast. Vergiß nicht, von wem du es gelernt hast. / Von Kindesbeinen 15
an kennst du ja die Heilige Schrift. Durch sie kannst du erkennen,
was zur Befreiung durch den Glauben an Jesus Christus führt. / Die 16
ganze Heilige Schrift atmet Gottes Geist. Sie hilft uns zu lehren, zu
widerlegen, wiederaufzurichten, sie ist der Maßstab für eine Erzie-
hung zum Miteinander, / damit der Christ gut gerüstet ist, gut aus- 17
gestattet, um das Richtige tun zu können.

1 *Kapitel 4* Im Namen Gottes und im Namen Jesu Christi, der wie-
derkommen wird, um über Lebende und Tote sein Urteil zu spre-
chen und sein Reich zu errichten, fordere ich dich, Timotheus, mit
2 allem Nachdruck auf: / Verkündige das Wort Gottes, sei zur Stelle,
ob es den Leuten paßt oder nicht, entlarve, was verdorben ist, weise
zurecht, was in die Irre geht, ermuntere die Mutlosen und belehre
3 sie geduldig. / Denn es kommt eine Zeit, in der werden die Men-
schen eine lebendige, gesunde Lehre nicht ertragen können. Nach
ihren eigenen angeblichen Bedürfnissen werden sie sich Lehrmei-
4 ster zulegen, die ihnen nach dem Munde reden. / Von der Wirklich-
keit, die unseren Glauben begründet, werden sie nichts hören wol-
5 len, sondern sich neuheidnischer Mythologie zuwenden. / Du aber,
Timotheus, bewahre in allen Dingen einen kühlen Kopf, ertrage die
Widrigkeiten, verkündige das Evangelium und erfülle deinen Auf-
trag mit Hingabe.
6 Ich selbst, Paulus, habe nicht mehr lange zu leben. Mein Leben
zerrinnt wie Wein, der als Trankopfer ausgeschüttet wird. Es ist
7 Zeit, Abschied zu nehmen. / Ich habe den Kampf des Glaubens ge-
kämpft und bin an der Ziellinie des Lebenslaufes angekommen.
8 Den Glauben habe ich treu bewahrt. / So wartet auf mich nur noch
die Krone der Gerechten, mit der mich der Herr am Jüngsten Tag
krönen wird, weil er ja der gerechte Richter ist. Aber die Krone des
Lebens wartet nicht nur auf mich, sondern auf alle, die sich danach
sehnen, daß der Herr wiederkommt.
9, 10 Sieh zu, daß du bald zu mir kommst. / Demas hat mich verlassen.
Weil er die Annehmlichkeiten der sichtbaren und vergänglichen
Welt vorzog, ist er nach Saloniki gegangen. Creszenz ging nach
11 Galatien, Titus nach Dalmatien. / Allein Lukas ist noch bei mir.
Nimm Markus mit und bring ihn zu mir, denn er kann mir nütz-
12 liche Dienste leisten. / Tychikus habe ich nach Ephesus geschickt.
13 / Wenn du kommst, bring meinen Mantel mit, den ich in Troas bei
Karpos zurückgelassen habe, auch die Buchrollen, besonders die
14 aus Pergament. / Alexander, der Schmied, hat mir viel Böses ange-
15 tan. Der Herr wird ihm nach seinem Handeln vergelten. / Meide
auch du ihn, denn er leistet unserer Botschaft heftigen Wider-
stand.
16 Bei meiner ersten Verteidigungsrede vor Gericht war niemand bei
mir und niemand auf meiner Seite. Alle hatten mich verlassen.
17 Möge Gott es ihnen nicht anrechnen! / Nur der Herr leistete mir
Beistand und stärkte mich, damit durch mich die Botschaft zum
Ziel käme und alle Völker sie hörten. Außerdem hat er mich aus
18 dem Rachen des Löwen gerettet. / Der Herr wird mich auch wei-

terhin vor allen bösen Anschlägen bewahren und mir in seinem
himmlischen Reich die Freiheit schenken. Ihm gebührt alle Ehre in
Ewigkeit. Amen.
Grüße Priska und Aquila und die Familie des Onesiphoros. Erastos 19
ist in Korinth geblieben, Trophimus mußte ich krank in Milet zu-
rücklassen. / Gib dir Mühe, vor dem Anbruch des Winters zu kom- 20
men. / Es grüßen dich Eubulos, Pudens, Linus, Claudia und alle an- 21
deren Brüder und Schwestern.
Der Herr behüte dein Herz. Seine Gnade bleibe bei euch allen. 22

Der Titusbrief

Eigenart: Der Brief ist das erste Zeugnis für frühes Christentum in Kreta. Dort »wohnt« Titus. Der Brief setzt sich mit judenchristlichen Positionen auseinander, die er als Irrlehren bezeichnet. Positiv setzt er dagegen eine Epiphanie-Theologie (wie 2 Tim) und entfaltet seine Vorstellungen über das christliche Ältestenamt.

Verfasser: Die Autorität des Paulus wird von einem seiner späteren Schüler dazu benutzt, um im Sinne des Paulus Bedrohungen der beschneidungsfreien Heidenmission abzuwehren.

Datierung: Noch ist die judenchristliche Gefahr für das frühe Heidenchristentum nicht gebannt. Noch kann man sich verläßlich nur auf Paulus berufen, wenn man konsequent Befreiung der Heidenchristen von jüdischen Reinheits- und Ritualvorschriften anstrebt. Noch ist daher die Heidenmission paulinischen Charakters nicht gesichert. Auch im Galaterbrief ging es um eine ähnliche Krise. Zur Datierung muß man daher fragen: Wann im Laufe des 1. Jahrhunderts erstarkt das Judenchristentum so, daß es die paulinische Mission bedroht? Das dürfte auch mit jüdischem Selbstverständnis zusammenhängen. Es müßten seit der Katastrophe der Zerstörung Jerusalems wohl 10 Jahre vergangen sein. Daher Vorschlag der Datierung um 80 n. Chr.

Adressaten: Heidenchristliche Gemeinden im Gebiet und Einflußbereich früherer paulinischer Mission, und zwar in Kreta, wo der Paulusschüler Titus wirkt oder gewirkt hat.

Probleme: Es werden Argumente nachgereicht, die die Verbindlichkeit jüdischer Reinheitsauffassungen abwehren. Derartige Argumentationen finden wir in den Paulusbriefen nicht. In 1,14 ist der Anschluß an Evangelientradition, ohne daß schon Evangelien zitiert werden, unübersehbar.

Theologie: Die Stabilität der Adressaten gegen judaisierende Irrlehren wird gefestigt durch Kataloge mit Eigenschaften, die für bestimmte Stände wünschenswert sind (Älteste als kirchliche Funktionäre; ältere und jüngere Männer und Frauen).

DER TITUSBRIEF

Kapitel 1 Paulus schreibt diesen Brief an Titus, der mit mir im 1
Glauben verbunden ist, als wäre er wirklich mein Sohn. Ich, Paulus, bin Sklave Gottes und Apostel Jesu, des Messias. Der Glaube, den wir, die Gott aus der Menge aller anderen herausgerufen hat, miteinander teilen, entspricht der Wirklichkeit Gottes, die wir ken-
nengelernt haben. / Wenn wir ihr im religiösen Leben gerecht wer- 2
den, dürfen wir auf ein ewiges Leben hoffen. Diese Hoffnung hat uns Gott, der nicht lügen kann, schon vor undenklichen Zeiten ver-
heißen. / Er hat aber jetzt, als er allein es wollte, sein Wort offenbar 3
gemacht, und zwar in der Botschaft, die ich nach dem Auftrag un-
seres Retters und Gottes verkündigen soll. / Lieber Titus, der du 4
Kind Gottes bist, wie wir alle glauben, ich sende dir diesen Brief und übermittle dir von Gott, unserem Vater, und von unserem Erlöser Jesus Christus Liebe und Gnade, Frieden und Heil.
Ich habe dich in Kreta zurückgelassen, damit du das tust, was ich 5
selbst nicht mehr tun konnte. Wie ich dir aufgetragen habe, solltest
du in jeder Stadt Älteste einsetzen. / Ein Ältester soll unbescholten 6
sein, nur mit einer Frau verheiratet gewesen sein und christliche Kinder haben, die weder als verkommen gelten noch widerborstig
sind. / Der Aufseher als Verwalter des Hauses Gottes soll unbe- 7
scholten sein, nicht anmaßend oder jähzornig, nicht weinselig, kein
Schläger, nicht gewinnsüchtig, / sondern gastfreundlich, er soll das 8
Gute lieben und besonnen, gerecht, heilig und enthaltsam sein. /
Dadurch daß er sich an das der Lehre gemäße, treue Wort hält, soll 9
er in der Lage sein, im Sinne der gesunden[1] Lehre die Menschen zu
ermahnen und die Abtrünnigen zu überführen. / Denn besonders 10
unter den getauften Juden gibt es viele Widerspruchsgeister,
Schwätzer und Betrüger, / denen man das Maul stopfen muß. Sie 11
bringen ganze Familien in Verwirrung, weil sie lehren, was nicht
sein darf, und machen noch schändliche Gewinne dabei. / Einer 12
von ihnen, Epimenides, ihr eigener Prophet, hat gesagt: »Alle Kre-
ter lügen, sie sind böse Tiere und faule Säcke.« / Da hat er leider 13
recht. Deswegen weise sie streng zurecht, damit ihr Glaube wieder

1 »Gesunde Lehre« ist ein Fachausdruck der Pastoralbriefe (1.2 Tim und Tit) und bezeichnet das, was sich in allen Auseinandersetzungen und Lehrdisputen als kirchlich zuträglich bewährt hat. Am Ende gilt auch hier die Weisheit: »Was im ganzen und auf Dauer gesund macht, hat Recht«.

14 gesund wird. / Sie sollen sich nicht an jüdische Märchen halten,
15 auch nicht an Menschengebote, die die Wahrheit verkehren. / Denn
für diejenigen, die selbst rein sind, sind auch alle anderen Dinge
rein. Wer aber ein schlechtes Gewissen haben muß oder wer nicht
Christ ist, für den ist nichts rein. Sein Inneres ist ebenso befleckt wie
16 sein Gewissen. / Das sind Leute, die behaupten, Gott zu kennen,
und doch mit ihren Handlungen Gott leugnen. Abscheulich sind
sie, sie wollen nicht hören und sind zu nichts Gutem fähig.

1 *Kapitel 2* Doch du, Titus, sollst die Botschaft lebendig verkündi-
2 gen, denn wir gehören doch dem lebendigen Gott. / Ältere Männer
sollen nüchtern sein, anständig, besonnen, gesund im Glauben, in
3 der Liebe und in der Geduld. / Ältere Frauen sollen in ihrer Haltung
wie Heilige sein, nicht auf üble Nachrede aus, nicht üppigem Wein-
4 genuß ergeben, und sie sollen gut lehren können. / Dann können sie
die jungen Frauen dazu anleiten, klug zu sein und ihren Mann und
5 ihre Kinder zu lieben. / Sie sollen besonnen sein, wie Heilige leben,
das Haus gut versorgen, allen mit Güte begegnen. Sie sollen sich
den eigenen Männern unterwerfen, damit nach außen hin die Bot-
schaft nicht in Verruf gerät.
6, 7 Die jungen Männer ermahne ebenso zur Klugheit. / Sie sollen sich
stets besonnen verhalten. Sei du selbst für sie ein Vorbild für gutes
Verhalten. Als Lehrer sei unbestechlich und verhalte dich so, daß
8 man dich schätzen kann. / Verbreite gesunde, lebendige Lehre, der
man nichts vorwerfen kann. So werden die Gegner beschämt, weil
9 sie nichts Schlechtes über uns sagen können. / Sklaven sollen sich
ihren Herren in allen Dingen unterwerfen und versuchen, ihr
10 Wohlwollen zu gewinnen. Sie sollen keine Widerworte haben / und
nichts unterschlagen, sondern treu und zuverlässig dienen, damit
sie für die Lehre unseres göttlichen Erlösers in jeder Hinsicht eine
Zierde sind.
11 Denn unser Gott und Befreier ist mit offenen Armen zu uns und zu
12 allen Menschen gekommen. / Durch seine Gnade befähigt er uns,
dem Leben ohne Gott eine Absage zu erteilen, die Süchte und Maß-
losigkeit aufzugeben und gegen ein besonnenes, gerechtes und
13 frommes Leben in dieser Welt und Zeit einzutauschen, / ganz erfüllt
von der Hoffnung auf ein seliges Ende und die herrliche Wieder-
14 kunft des großen Gottes und unseres Erlösers Jesus Christus, / der
sein ganzes Leben für uns in die Waagschale geworfen hat, um uns
von aller Schuld zu befreien und uns zu seinem heiligen, ihm allein
gehörenden Volk zu machen. So sind wir dazu befreit, mit Eifer
Gutes zu tun.

Weil das so ist, sollst du mit allem Nachdruck alle lehren, ermah- 15
nen und zurechtweisen, ohne daß dich jemand verachtet.

Kapitel 3 Erinnere die Gemeinden daran, daß sie sich den Behör- 1
den und Machthabern unterordnen und ihnen gehorchen und zu
jeder guten Tat bereit sein sollen. / Über niemanden sollen sie 2
schlecht reden, jeden Streit vermeiden, freundlich sein und allen
Menschen gegenüber auf Gewalt verzichten. / Auch wir waren frü- 3
her einmal recht verkommen, unvernünftig, unfähig zum Gehor-
sam, orientierungslos, Süchten und schillernden Lüsten ergeben,
unübertroffen in Heimtücke und Neid, tief in den Kreislauf des
Hasses verstrickt. / Als aber Gott, unser Erlöser, so freundlich und 4
voll Menschenliebe zu uns kam, / da hat er nicht darauf gesehen, 5
ob wir viel Anständiges getan hätten, sondern sein Erbarmen war
der einzige Maßstab. So hat er uns durch die Taufe gerettet, durch
das Bad, in dem wir noch einmal und ganz neu geboren wurden,
und uns ganz neu seinen Heiligen Geist verliehen. / Den Heiligen 6
Geist können wir empfangen, weil Gott ihn durch die Vermittlung
Jesu Christi, unseres Retters und Befreiers, sehr reichlich über uns
ausgegossen hat. / Dank diesem durch Jesus vermittelten Geschenk 7
kann Gott uns als Gerechte behandeln, dadurch sind wir zugleich
Anwärter auf ein Leben ohne Ende geworden. / Dies kann als fester 8
Grundsatz gelten, und ich möchte, daß du darin ganz sicher bist. /
Um die ganzen dummen Spitzfindigkeiten, die Stammbäume mit 9
Urvätern und Gesetzeslehrern[2], die dies oder das gesagt haben sol-
len, den Streit darüber und die Diskussionen über einzelne Aussa-
gen des Gesetzes sollst du einen großen Bogen machen. Denn sie
sind ebenso nutzlos wie vergeblich. / Wenn du einen Menschen 10
triffst, der glaubt, er könne sich selbst aussuchen, was er glauben
oder nicht glauben soll, dann weise ihn zuerst ein oder zweimal zu-
recht, aber dann schicke ihn fort. / Denn du weißt doch, daß er ver- 11
dreht ist, und weil er sündig ist, hat er sich durch sich selbst verur-
teilt.

[2] Das griechische Wort »Genealogien« ist an dieser Stelle umstritten. Wir deuten es im Sinne frühjüdischen Traditionsverständnisses, wie wir es z. B. aus dem Jubiläenbuch und den Patriarchentestamenten kennen: Da werden die wichtigen Lehren (schon seit vor der Sintflut) jeweils vom Vater auf den Sohn, bzw. vom Großvater auf den Enkel weitergegeben. Auch das rabbinische Traditionsprinzip (Rabbi X sagt etwas im Namen von Rabbi Y) ist ähnlich und hat dieselbe Funktion (Legitimation durch Alter!).

12 Ich werde Artemas oder Tychikos zu dir schicken. Komm dann
13 bitte zu mir nach Nikopolis, wo ich überwintern will. / Sorgt bitte
mit Eifer und Umsicht dafür, daß Zenon, der Gesetzeslehrer, und
Apollos gut auf den Weg kommen und daß ihnen nichts fehlt. /
14 Aber auch unsere eigenen Leute sollten lernen, sich durch gute
Taten auszuzeichnen. Das ist notwendig, sonst trägt ihr Glaube
keine Früchte.
15 Dich grüßen alle, die in meiner Nähe sind. Grüß auch bitte die,
deren Glaube als Liebe zu uns sichtbar wird.
Gott begleite euch alle mit seiner Gnade.

Papyrus Cair[o]ensis

Einleitung: Das Blatt stammt aus dem 6./7. Jh. Grenfell und Hunt meinten anläßlich der Erstausgabe 1903, es handele sich um Reste eines unkanonischen Evangeliums (Catalogue général des antiquités égypt. du Musée du Caïre X, Oxford 1903, Nr. 10735). Andere meinten, es handele sich um einen Teil einer Predigt. Das ist nun grundsätzlich bei allen Apokryphen möglich und zumindest zu Beginn des 20. Jh.s kein Gegensatz zur ersten Annahme. Immerhin enthält der Text Einzelheiten, die in den Evangelien nicht belegt sind. Das pflegt bei Predigten nicht der Fall zu sein. – Griechischer Text hier nach de Santos, Otero: Los evangelios apócrifos, Madrid 1963, S. 86.

Datierung: 90 n. Chr.

(*recto*) Der Engel des Herrn sagte: »Joseph, steh auf, nimm Maria, deine Frau und flieh nach Ägypten und ... jedes Geschenk, und wenn ... seine Freunde ... des Königs ... (*verso*) Soll er dir übersetzen.« Der Engel[1] sagte zur Jungfrau: »Elisabeth, deine Verwandte, hat gleichfalls ein Kind empfangen, und es ist für sie jetzt schon der sechste Monat, obwohl sie doch als unfruchtbar galt.« Im sechsten Jahresmonat, der Thoth heißt, wurde Johannes also von seiner Mutter empfangen. Zuvor mußte der Engel Johannes als den Diener ankündigen, der seinem Herrn vorangeht, wenn er kommt.

1 Der Engel (Archistratege/Oberfeldherr) ist zumeist Michael, selten Raphael. Hier müßte es dem Kontext entsprechend Gabriel sein (Lk 1,19.26).

Anonymes Evangelienfragment aus den Acta Pauli (P. Heid)

Einleitung: C. Schmidt hat in seiner Ausgabe der Acta Pauli nach der Heidelberger koptischen Papyrushandschrift Nr. 1 (Acta Pauli, Leipzig 1904) das »Bruchstück eines apokryphen Evangeliums« aus derselben koptischen Handschrift hinzugesetzt, in der auch die Acta Pauli stehen. Er bietet Übersetzung und Kommentar auf den Seiten 237-240, den koptischen Text auf S. 55*-56*. Es folgt hier eine Neuübersetzung.
C. Schmidt bezeichnete den Text als »tertiäres Produkt« »ohne jeden Wert«. Das ist nun gewiß nicht so, denn hier geht es um eine Unterscheidung von zwei Typen von Wundern, die wir sonst nicht kennen. Auch daß Philippus »zornig« auf den Herrn ist, dürfte eher altertümlich sein. Die Rolle des Philippus und der Stil weisen auf Verwandtschaft zum JohEv.

Datierung: 90 n. Chr.

... die Werke ... wunderten sie sich sehr und überlegten in ihren Herzen. Jesus sagte zu ihnen: »Warum wundert ihr euch darüber, daß ich Tote auferwecke oder Lahmen auf die Beine helfe oder Aussätzige rein mache oder Kranke aufstehen lasse oder daß ich die Gelähmten und die von Dämonen Besessenen[1] geheilt habe oder daß ich die wenigen Brote verteilt und viele satt gemacht habe oder daß ich auf dem Meer gewandelt bin und den Winden befohlen habe [still zu sein]? Wenn ihr all dies glaubt und davon überzeugt seid, dann seid ihr groß. Denn, amen, ich sage euch: Wenn ihr zu diesem Berg sagt: Hebe dich weg und stürze dich ins Meer, ohne daß ihr in eurem Herzen zweifelt, so wird es für euch geschehen.«[2] ... Einer von ihnen, mit Namen Simon, war überzeugt und sagte: »O Herr, die Werke, die du tust, sind wahrhaftig groß. Denn nie haben wir gehört oder gesehen, daß ein Mensch die Toten auferweckt – außer bei dir.« Da sagte der Herr zu ihm: »Um das Werk, das ich selbst [später] tun werde, werdet ihr bitten ... Die anderen Werke aber tue ich sofort, um die Menschen für den Augenblick in der Zeit zu heilen,

[1] Wörtlich: die Dämonen.
[2] Vgl. Mk 11,23; Mt 17,20.

wo sie an diesen Orten sind. Dadurch sollen sie an den glauben, der mich gesandt hat.«[3] Da sagte Simon zu ihm: »Herr, befiehl mir, daß ich rede.« Jesus erwiderte: »Rede, Petrus.« Denn von jenem Tage an hatte Jesus den Jüngern besondere Namen gegeben.[4] Simon fragte: »Was ist denn das für ein Werk, das größer ist als diese …, als Tote aufzuwecken und den Hunger einer so großen Menge zu stillen?« Der Herr antwortete: »Es gibt etwas, das größer ist als dieses, und selig sind die, welche mit ganzem Herzen geglaubt haben.« Da wurde Philippus zornig und rief: »Nun sag doch endlich, was du uns lehren willst!« Jesus aber sagte zu ihm: »Du …«

3 Vgl. Joh 5,24; 11,42.
4 Vgl. Mk 3,16.

Quadratus-Fragment

Erläuterung: Der kurze Text ist erhalten bei Eusebius, Kirchengeschichte 4,3,1f (E. Schwartz). Nach Eusebius hat ein Christ namens Quadratus (Kodratos) dem römischen Kaiser Hadrian (Regierungszeit 117-138) im Jahre 125/26 eine christliche apologetische Schrift überreicht. Vermutlich ist dieser Quadratus identisch mit dem »Propheten« Quadratus, den Eusebius in demselben Werk in § 37,1 erwähnt. Allerdings nennt Eusebius ihn nicht ausdrücklich Apostelschüler, nennt aber seine »apostolische Geradlinigkeit« und sein »hohes Alter«. Nach dem Kirchenhistoriker Philippus von Side (5. Jh. n. Chr.) berichtet auch Papias von Hierapolis noch von denen, die der Herr auferweckt habe. Hat Papias von Quadratus abgeschrieben?

Datierung: 100 n. Chr.

Griechischer Text nach Eusebius (ed. E. Schwartz, GCS 9,1, 302.304).

Was unser Erlöser getan hat, war ständig noch vor aller Augen, denn es war wirklich geschehen: Leute, die geheilt waren, und Leute, die von den Toten auferstanden waren, Leute, die man nicht nur [einmal] als Geheilte und Auferstandene gesehen hatte, sondern die auch ständig da waren, nicht nur solange unser Erlöser auf Erden war, sondern auch nachdem er sich entfernt hatte. Sie lebten noch geraume Zeit, und einzelne waren sogar bis in unsere Tage hinein am Leben.

Das Buch Elchesai

Einleitung: Das Buch Elchesai ist nur in Fragmenten in griechischer Sprache erhalten, und zwar bei den Kirchenlehrern Hippolyt und Epiphanius (3./4. Jh. n. Chr.). Die erhaltenen Fragmente weisen auf ein torahtreues Judentum (Beschneidung, Sabbat, Gebet in Richtung Jerusalem). Elchesai ist eine Offenbarergestalt am Beginn des 2. Jh. n. Chr.. Das, was in seinem Buch aufgeschrieben ist, könnte sich einer Vision oder Offenbarung verdanken, darauf weisen viele Einzelzüge.

Nach eigener Mitteilung trat Elchesai »im dritten Jahr Trajans« öffentlich auf, d. h. im Jahre 101 n. Chr. Schon bei Hippolyt heißt es, Elchesai selbst habe sein Buch von den »Serern« in Parthien erhalten. Damit stehen Person und Lehre, Wirkung und »Kirche« Elchesais in engem Zusammenhang mit dem Parther-Problem, das im 1-2. Jh. n. Chr. zur besonderen Herausforderung für das römische Reich wurde.

Seine Wirkungsgeschichte ist beträchtlich.

Um 220 n. Chr. wird seine Lehre durch Alkibiades nach Rom gebracht. Im Jahre 247 ist nach Eusebius die Gruppe in Cäsarea missionarisch aktiv gewesen. Durch den Kölner Mani-Codex wissen wir, daß der Einfluß Elchesais auf Mani erheblich gewesen sein muß. Denn Mani hat bis zum 24. Lebensjahr in dieser Gruppe gelebt. Der erst seit 1969/70 bekannte Kölner Mani-Codex liefert neue, wichtige Einzelheiten über Elchesai; dieser Codex wurde freilich nach 276 n. Chr. verfaßt, also 150 Jahre nach Elchesais mutmaßlichem Tod.

Die Fragmente werden vor allem aus dem Grund hier geboten, weil sie zeigen können, wie eigenartig die Wege sein konnten, auf denen christliche Botschaft sehr schnell nach Jesu Tod transformiert wurde. Andererseits verbieten sich auch Einordnungen wie »synkretistisch« oder »jüdisch« im Gegensatz zu »christlich« um diese Zeit noch ganz.

Besondere Beachtung verdient die Tauflehre. Wie Jesus und Johannes der Täufer (und später die Mandäer) gehört Elchesai zu den Religionsgründern, für welche die Taufe ganz zentral ist. Die sieben Zeugen bei der Taufe (vgl. 1 Joh 5,7f und Wirkungsgeschichte!) sind Eideshelfer. Denn bei der Taufe wird ein Eid abgelegt, daß der Getaufte nun nicht mehr sündigen werde. Von einem solchen Eid der Christen berichtet nun aber Plinius d. J. in seinem Brief an Trajan (Buch X, Brief 96,7: »sich durch Eid zu verpflichten, kein Verbrechen zu begehen ...«). Offenbar war dieser Brauch weiter verbreitet; auch das Wort *sacramentum* (»Fahneneid«) könnte daher kommen; beim Sakrament stände dann der Eid gewissermaßen für das Ganze der Initiation. Jedenfalls kennen auch pagane Mysterienvereine als Element der Initiation Eide, deren Versprechen das Meiden aller kapitalen ethischen Delikte ist (vgl. zum Verein von Philadelpheia [2. Jh. v. Chr.]: K. Berger, C. Colpe: Religionsgeschichtliches Textbuch zum Neuen Testament, S. 274 Nr. 513: »Wenn sie in dieses Haus kommen, sollen [sie] bei allen Göttern schwören ...«).

Die genannten Eideshelfer bei der Taufe (vgl. Fragment 2) sind de facto nichts anderes als einzelne »Elemente« der Welt (vgl. auch die Eideshelfer in der pseudo-clementinischen Contestatio des Jakobus 2,1 und 4,1: Schwur vor Himmel, Erde, Wasser und Luft).

Aus Fragment 6 wird gut deutlich, was es in Röm 14,5; Gal 4,10 heißen könnte, daß Menschen sich an bestimmte Tage halten.

Nimmt man die beiden letztgenannten Punkte zusammen, so könnte sich ein guter Hintergrund zur Verbindung von »Elementen« mit der Bewahrung von Sabbaten und Tagen in Texten wie Gal 4,9-10 und Kol 2,8.16 ergeben.

Was die Elemente betrifft, so spricht der Kölner Mani-Codex davon, daß Elchesai z. B. Wasser nicht mehr zum Baden mißbrauche, um es nicht zu entehren, und zu einem Klumpen Erde gesagt habe: »Dies ist Fleisch und Blut meines Herrn.« – Hier ist sicher Bekanntschaft mit einschlägigen christlichen Texten vorausgesetzt (z. B. 1 Kor 11, 27). Auch das Brot solle nicht mehr gebacken werden.

Die Lehre von der Wiedertaufe zur Vergebung der Sünden bringt das Buch Elchesai in interessante Beziehung zu der etwa gleichzeitig in Rom im »Hirten des Hermas« (s. u.) behandelten Frage der zweiten Buße. Bei Hermas wird dasselbe Problem nicht durch eine zweite Taufe gelöst, sondern durch die einmalige Möglichkeit einer zweiten Buße. Gemeinsam ist beiden Ansätzen auch, daß zur Begründung dieser Lehre eine neue Offenbarung notwendig ist.

Textbasis: Die Fragmente werden zitiert nach der Ausgabe von G. P. Luttikhuizen: The Revelation of Elchasai, (TSAJ 8), Tübingen 1985. Es werden nur die Fragmente geboten, die in irgendeiner Beziehung zum Christentum stehen.

DAS BUCH ELCHESAI

Fragment 1

»... das Buch sei von einem Engel offenbart worden. Der Engel sei 24 Schoinen, d. h. 96 Meilen, groß und 4 Schoinen breit gewesen, sein Schultermaß habe 6 Schoinen betragen. Seine Fußspuren seien 3,5 Schoinen, also 14 Meilen, in der Länge und 1,5 Schoinen in der Breite und einen halben Schoinos in der Höhe gewesen. Bei diesem Engel war auch eine Frau, deren Maße mit denen der ersten Gestalt übereinstimmten... die männliche Gestalt war der Sohn Gottes, die weibliche der Heilige Geist.«[1]
»Und wie konnte ich die Maße feststellen?« – »Dadurch, daß ich sehen konnte, wie weit ihre Köpfe an die Berge heranreichten. Und nachdem ich festgestellt hatte, wie groß jeder Berg war, wußte ich auch, wie groß Christus und der Heilige Geist waren.«[2]

Fragment 2

»Es sei den Menschen das Evangelium einer neuen Sündenvergebung ... verkündet worden ...
Auch eine Taufe stiftete er ... Wer sich durch egoistische Triebhaftigkeit, Verunreinigung oder Handeln gegen das Gesetz befleckt habe, auch wenn er schon gläubig(er Christ) sei, der erlange Sündenvergebung durch Taufe, wenn er sich bekehre, auf das Buch höre und daran glaube.[3]«

Fragment 3

»Wenn nun ... jemand mit einem Tier oder einem Mann oder einer Schwester oder Tochter sexuell verkehrt, oder die Ehe gebrochen hat oder an Prostitution beteiligt war und wenn er dann Vergebung der Sünden erlangen will, dann höre er dieses Buch an und lasse sich dann zum zweitenmal taufen im Namen des großen und höchsten Gottes und im Namen seines Sohnes, des großen Königs. Er reinige sich und heilige sich, er rufe folgende sieben Zeugen an, die in die-

1 Hippolyt, Widerlegung der Häresien 9,13,1-3.
2 Epiphanius, Häresien 30,17,7.
3 Hippolyt, Widerlegung der Häresien 9,13,3-4.

sem Buche aufgezeichnet sind: den Himmel, das Wasser, die Heiligen Geister, die Engel des Gebets, das Öl, das Salz und die Erde.«[4]
»Nochmals sage ich euch, ihr Ehebrecher und Ehebrecherinnen, ihr lügnerischen Propheten: Wenn ihr umkehren und eine Vergebung eurer Sünden erreichen wollt, dann werdet ihr Frieden haben und bei den Gerechten sein; dann wird der Frieden haben und bei den Gerechten sein, der auf dieses Buch hört und sich ein zweites Mal, nunmehr in Kleidern, taufen läßt.«[5]
»Ein Mann oder eine Frau, ein Junge oder ein Mädchen, die ein rasender, toller Hund, der besessen ist vom Geist des Verderbens, beißt oder wegschleppt oder berührt, sollen sofort davonlaufen und mit allem, was sie anhaben, in einen Fluß oder eine Quelle, wo sie nur tief genug ist, steigen, mit allen Kleidern untertauchen und aus glaubendem Herzen zum großen und höchsten Gott beten. Dann sollen sie die sieben Zeugen anrufen, die in diesem Buche aufgezeichnet sind und sagen:
›Siehe, ich nehme mir zu Zeugen den Himmel, das Wasser, die Heiligen Geister, die Engel des Gebets, das Öl, das Salz und die Erde. Bei diesen sieben bezeuge ich, daß ich nicht mehr sündigen, nicht ehebrechen, nicht stehlen, kein Unrecht tun, niemanden übervorteilen, nicht hassen, nicht freveln noch an irgendeiner Bosheit Gefallen haben werde.‹
Das sollen sie sagen und mit allem, was sie anhaben, im Namen des großen und höchsten Gottes ins Wasser tauchen. Auch die Schwindsüchtigen und Besessenen soll man in sieben Tagen vierzigmal ins kalte Wasser tauchen.«[6]

Fragment 4

»Er entwirft eine Gemeinschaft in Übereinstimmung mit dem Gesetz und sagt, daß die, die zum Glauben kommen, sich beschneiden lassen und nach dem Gesetz leben müßten ...«[7]

Fragment 5

»... Christus sei ein gewöhnlicher Mensch gewesen. Er sei jetzt nicht zum ersten Male von einer Jungfrau geboren worden, son-

4 Hippolyt, Widerlegung der Häresien 9,15,1-2.
5 Hippolyt, Widerlegung der Häresien 9,15,3.
6 Hippolyt, Widerlegung der Häresien 9,15,4-16,1.
7 Hippolyt, Widerlegung der Häresien 9,14,1.

dern schon früher, und zwar vielfach, und habe gelebt und daher schon viele Geburten und Leiber hinter sich; er wandle von Körper zu Körper.«[8]

Fragment 6

»Es gibt böse Gestirne voll Frevel. Daher, ihr Frommen und Jünger: Hütet euch vor der Macht der Tage, an denen sie herrschen. Fangt an diesen Tagen nicht mit einer Arbeit an! Tauft weder Mann noch Frau an den Tagen, da sie Gewalt haben, wenn der Mond an ihnen vorübergeht und mit ihnen geht. Wartet den Tag ab, bis der Mond ihre Bahn verläßt, und dann könnt ihr taufen und jedes Werk beginnen, das ihr tun wollt.
Achtet auch auf den Sabbat, denn er gehört zu diesen Tagen. Hütet euch, am dritten Tag nach dem Sabbat mit etwas zu beginnen.
Denn wenn drei weitere Jahre vergangen sind, seit Kaiser Trajan die Parther besiegt hat, dann gibt es Krieg zwischen den gottlosen Engeln des Nordens. Alle gottlosen Königreiche werden dann verwirrt.«[9]

Fragment 7

»... die Mächte des Alls sind von Gott. Sie sagen nicht, daß Christus einer ist, sondern daß es einen hohen Christus gab, und der ist schon oft für uns in viele Körper gebracht worden und ist jetzt in Jesus. Einmal sagt er, Jesus sei von Gott geboren, ein anderes Mal als Geist, mal aus der Jungfrau und mal nicht. Danach wandert er von einem Körper zum anderen und hat sich vielfach gezeigt.«[10]

Fragment 8

»Sie haben Beschwörungen und Taufen, um die Übereinstimmung mit den Elementen zu erreichen.«[11]

Fragment 9

»Ich bin der Zeuge über euch am Tage des großen Gerichtes.«[12]

---

[8] Hippolyt, Widerlegung der Häresien 9,14,1.
[9] Hippolyt, Widerlegung der Häresien 9,16,2-4.
[10] Hippolyt, Widerlegung der Häresien 10,29,2.
[11] Hippolyt, Widerlegung der Häresien 10,29,3.
[12] Epiphanius, Häresien 19,4,3.

Fragment 10

»Lest diese Worte nicht allen Menschen vor und bewahrt diese Regeln sorgfältig. Denn nicht alle Männer sind treu, und nicht alle Frauen sind zuverlässig.«[13]

Theodoret v. Cyrus (Kompendium der Fabeln der Häretiker MPG 83,393) sagt über die Elchesaïten: »Sie sagen nicht, daß Christus einer ist, sondern daß es einen hohen und einen niedrigen gibt. Schon in früheren Zeiten habe er in vielen Körpern gewohnt, und später ist er herabgestiegen. Einmal sagt er (sc. Elchesai), Jesus sei von Gott, ein anderes Mal wieder bezeichnet er ihn als Geist, seine Mutter war eine Jungfrau ... Und er sagt, daß er weiter von einem zum anderen wandere und daß er in andere Körper eintrete und sich jedesmal unterschiedlich zeige ... Sie lehnen die Apostel vollständig ab. Sie haben ein Buch zusammengesetzt, das nach ihrer Aussage vom Himmel gefallen ist. Wer auf es höre, erhalte Vergebung der Sünden, eine Vergebung, die sich von der unterscheide, die Jesus verheißen.« (Gr. Text bei Luttikhuizen, a. a. O., 148).

13 Hippolyt, Widerlegung der Häresien 9,17,1.

Ignatius von Antiochien: Sieben Briefe

Verfasser: Ignatius war vermutlich Bischof von Antiochien (nach Origenes der zweite Bischof nach Petrus) und ist wohl zwischen 107 und 110 n. Chr. unter Kaiser Trajan (98-117 n. Chr.) in Rom den Märtyrertod gestorben. Er wurde gefangen auf die Reise nach Rom geschickt, auf der Reise entstanden die sieben erhaltenen Abschiedsbriefe an die Gemeinden Kleinasiens. In Troas kamen noch weitere künftige Märtyrer zu diesem Transport hinzu. – Über Ignatius gibt es einen alten Märtyrerbericht.
Daß Ignatius selbst Bischof war, geht aus seinem Brief an die Römer 2,2 hervor. Allerdings beruft er sich in den Briefen sonst nie auf sein bischöfliches Amt, vielleicht aus Rücksicht auf die Ortsbischöfe. Er selbst nennt sich öfter »Gottesträger« (griechisch: *theoforos*), was vermutlich auf eine charismatische Grundkonzeption weist.

Briefe: Überliefert sind die Briefe an die Gemeinden von Ephesus, Magnesia, Tralles, Rom, Philadelphia, Smyrna und schließlich der Brief des Ignatius an den Bischof Polykarp von Smyrna.
Nicht echt sind die Briefe an Hero, an die Tarser, an die Philipper, an die Antiochener, an Maria Cassobolita, an die Jungfrau Maria und ferner überarbeitete, ergänzte griechische und lateinische Fassungen der oben genannten Briefe (alles zu finden bei Franz Diekamp, Patres Apostolici II, Tübingen 1913).

Theologie: In seiner Theologie ist Ignatius ein erstes Beispiel konsequent heidenchristlicher Theologie (auf judenchristlicher Traditionsgrundlage).
Das Christentum, das er in seinen Briefen zu erkennen gibt, setzt einen neutestamentlichen Kanon noch nicht voraus. In seinem Brief an die Epheser (12,2) erwähnt Ignatius paulinische Briefe, doch er zitiert sie nicht. Am Beispiel des Verhältnisses des kanonischen Römerbriefs (8,5.8f) zu Ignatius, An die Epheser 8,2, kann deutlich werden, daß beide einem ähnlichen Sprach- und Denkstil verpflichtet sind. – Ob Ignatius in Eph 18,1 den Text 1 Kor 1,18.20.23 stark verkürzt und aus dem Gedächtnis referiert (Kreuz als Ärgernis), kann man überlegen.
Eine Kenntnis der Evangelien ist für Ignatius auszuschließen.

Gegner: Wo Ignatius auf Gegner zu sprechen kommt, geht es an einigen Stellen um konsequent judenchristliche Positionen; diese Kennzeichnung besagt übrigens nicht, daß es sich um Juden der Abstammung oder Beschneidung nach handeln müßte. Da gibt es Leute, die erklären, nur das im Glauben annehmen zu wollen, was sich auch aufgrund der Schrift beweisen ließe (An die Philadelphier 8,2). Ignatius lehnt diesen Standpunkt ab, und in der Tat lassen sich bei ihm ausgeprägte Schriftbeweise selten finden. Damit steht er in deutlichem Kontrast zum Beispiel zu Hebr, Barn, 1 Clem und dann zu den Apologeten (z. B. Justin). Möglicherweise stand Ignatius mit dieser riskanten Position, die auf die einzig diskutable theologische Legitimationsbasis nicht zurückgriff, allein da.
Andere Gegner des Ignatius sind offensichtlich sogenannte Doketen (Trall 9f; Sm 2; 4,2; 5,2; 6,2). Sie nehmen an, Jesus sei nicht wirklich leibhaftig Mensch geworden, sondern sei womöglich nach der Art eines Engels zu denken. Das wäre die judenchristliche Erklärung des Doketismus. Die heidenchristliche Erklärung müßte davon ausgehen, daß für »griechisch« denkende Menschen ein leidender Gott nicht gut vorstellbar ist. Denn anders als Halbgötter (wie Herakles) sind die Götter »selig« und dem Leiden fern. Möglicherweise ist hier der Ansatzpunkt der ignatianischen Leidenstheologie. Denn als leidender und sterbender Märtyrer will Ignatius lebendiger, glaubwürdiger Zeuge der Botschaft sein. An der Wirklichkeit des Leidens Jesu hängt deshalb alles, weil dem dann auch eine wirkliche Auferstehung und ein wirkliches Himmelreich entsprechen.

Leidenstheologie: Ignatius verkündigt durch sein eigenes Leiden, daß auch der Gottmensch Jesus Christus wirklich gelitten hat. Sein eigenes Leiden versteht er als »die« Form der Nachfolge Jesu Christi, ja der Identifikation mit ihm, und nimmt damit eine sehr altertümliche Position ein, wie sie Paulus zum Beispiel nur noch für sich selbst fordert. Das Mitgestorbensein mit Jesus ist mit der Taufe nicht zu Ende. – Durch das Martyrium wird man nach Ignatius ein neuer Mensch, und das Martyrium versteht Ignatius ohne Einschränkung als kultisches Opfer. Wegen dieser hohen religiösen Bedeutung des Martyriums sehnt sich Ignatius geradezu nach dem eigenen Martyrium. Das eigene Leben daranzusetzen ist für ihn sichtbarer Ausdruck dafür, daß er die Wirklichkeit Gottes ernst nimmt.
So wie es im Martyrium um die Einheit mit Gott geht, steht auch sonst die Konzeption der Einheit im Mittelpunkt des Denkens des Ignatius.

Kirchenverständnis: Grundlegend ist für Ignatius die »Einheit« Gottes und der Kirche. Der eine und einzige Gott offenbart sich immer durch Weitergeben seiner Einheit. Daher ist die Einheit der Kirche die notwendige Kehrseite der Offenbarung Gottes. Und dabei ist die Kirche in ihrem Aufbau und durch ihre »Struktur« selbst lebendiges Evangelium.

Bei Ignatius finden wir zuerst das hierarchische Gefüge von Bischof, Ältesten (Presbytern) und Diakonen, welches dann für die Geschichte der Alten Kirche maßgeblich wurde. Ignatius versteht diese Positionen sowohl rechtlich (nichts darf ohne den Bischof geschehen, z. B. keine Eheschließung) als auch liturgisch, als auch missionarisch im Sinne abbildhafter Verkündigung. Denn der Bischof repräsentiert Gott Vater, die Diakone repräsentieren Jesus Christus, die Presbyter (daher der spätere Ausdruck »Priester«) die Apostel.

So wird alle Autorität durch Abbilden begründet, die Abbildung bedeutet stellvertretende Repräsentation. Einheit ist damit ebenso Kirchen- wie Friedensmodell. Konkret wird die Einheit im Gehorsam gegen den Bischof und in der einen Eucharistiefeier.

Griechischer Text nach: Joseph A. Fischer, Die Apostolischen Väter (Schriften des Urchristentums I), Darmstadt 1966, S. 142-225.

BRIEF DES IGNATIUS AN DIE EPHESER

Ignatius, auch Theophorus genannt, schreibt diesen Brief an die höchst ruhmwürdige Gemeinde in Ephesus, Provinz Asia.
Ihr seid so groß geworden, weil Gott, der Vater, euch reichlich gesegnet hat. Schon vor ewigen Zeiten hat er euch zu unvergänglicher Herrlichkeit ausersehen. Wie Gott und Jesus Christus es wollten, seid ihr auserwählt und für immer geeint dadurch, daß Jesus wahrhaft für euch gelitten hat. Eins mit Christus und in reiner Freude grüße ich euch herzlich.

1

1 Euer Name ist sehr beliebt, und ich höre ihn gerne, weil Gott uns verbindet. Ihr habt euch diesen Namen erworben, weil ihr stets gerecht handelt und weil euer Glaube – wie Christus, unser Retter, es will – Liebe hervorgebracht hat. Ihr habt Gott nachgeeifert, ihr habt euch neu beleben lassen durch den Stellvertretungstod des Herrn und habt ganz und gar so gehandelt, wie es eurem Wesen entspricht.

2 Denn ihr seid sofort herbeigeeilt, mich zu sehen, als ihr hörtet, daß ich von Syrien her durch Ephesus kommen würde, in Fesseln gelegt um des Namens Jesu Christi willen, auf den wir gemeinsam hoffen. Ich hoffe nach wie vor, daß ihr durch euer Gebet dazu beitragt, daß ich in Rom in der Arena gegen wilde Tiere kämpfen muß. Denn nur so kann ich überhaupt Jesu Jünger werden.

3 In der Person des liebenswürdigen Onesimus, eures Bischofs auf Erden, habe ich im Namen Gottes eine große Anzahl von euch empfangen. Ich bete darum, daß ihr ihn liebt, wie Jesus Christus es will, und daß ihr alle genauso werdet wie er. Gelobt sei Gott dafür, daß er euch einen solchen Bischof geschenkt hat und daß ihr das auch wert seid.

2

1 Was meinen Mitsklaven Burrhus betrifft, euren Diakon, einen Mann ganz nach dem Herzen Gottes und in jeder Hinsicht von Gott gesegnet, so hätte ich gern, daß er bei mir bleibt. Das wäre ehrenvoll für euch und euren Bischof. Auch Krokos hat mich besucht, und das war sehr beruhigend für mich. Er ist der Gemeinschaft mit Gott und mit euch würdig. Daß ihr ihn geschickt habt, war ein Musterbeispiel eurer Liebe. Auch ihm schenke Gott, der Vater unseres

Herrn Jesus Christus, ein fröhliches Herz, wie auch Onesimus, Burrhus, Euplus und Fronto. An ihnen habe ich gesehen, wie groß eure Liebe ist.
Ich möchte mich immer über eure Hilfe freuen dürfen, sofern ich 2
ihrer wert bin. Auf jede erdenkliche Weise gilt es, Jesus Christus zu verherrlichen, wie er euch verherrlicht hat, damit ihr Heilige seid, die sich gemeinsam und einhellig dem Bischof und dem Rat der Ältesten unterwerfen.

3

Versteht das nicht so, als wollte ich euch von oben herab Befehle 1
geben. Denn wenn ich auch gefesselt bin um des Namens Jesu willen, gehöre ich doch noch nicht vollkommen zu Jesus Christus. Ich stehe noch am Anfang meiner Jüngerschaft. Und ich spreche zu euch wie zu meinen Mitanfängern. Denn ich müßte erst von euch gesalbt werden und mir so Glaube, Kunst des Lehrens, Geduld und Langmut übertragen lassen.
Dennoch verbietet mir die Liebe zu schweigen, weil es um euch 2
geht. Deswegen will ich euch lieber zureden, euch auf Gottes Willen einzulassen. Denn auch Jesus Christus, unser unzerstörbares Leben, stellt in Person den Willen des Vaters dar. Und die Bischöfe, die jeweils in ihrem Gebiet eingesetzt sind, stehen ihrerseits für den Willen Jesu Christi.

4

Daher müßt ihr euch auch einlassen auf den Willen des Bischofs, 1
wie ihr es ja bereits tut. Denn euer Ältestenrat, der seinem Namen Ehre macht und der Gemeinschaft mit Gott würdig ist, und der Bischof sind so harmonisch aufeinander abgestimmt wie die Saiten einer Zither. Wenn ihr auch so aufeinander abgestimmt seid, erklingt daher Jesus Christus selbst als Lied in eurer Liebe.
Aber auch jeder einzelne soll im Einklang mit den anderen stehen. 2
Nehmt den Ton, den Gott anstimmt, einhellig auf. Singt mit einer Stimme dem Vater, mit Jesus als Chormeister, damit Gott euch hört und an eurem gelungenen Werk erkennt, daß ihr Glieder am Leib seines Sohnes seid. So ist es das Schönste, wenn ihr vollkommen miteinander eins seid. So habt ihr Anteil an Gott.[1]

---

[1] Gott gibt den Menschen Anteil an seiner Einzigkeit und Einheit. So werden sie selbst eins. Darin besteht nach Ignatius Offenbarung Gottes.

5

1 Denn wenn ich schon in so kurzer Zeit mit eurem Bischof so vertraut geworden bin, nicht so sehr in menschlicher, als vielmehr in geistlicher Hinsicht, um wieviel mehr muß ich euch glücklich preisen, die ihr mit ihm so eng verbunden seid wie die Kirche mit Jesus Christus und wie Jesus Christus mit dem Vater, damit alles harmonisch zusammenklingt.

2 Laßt euch nichts weismachen: Wer nicht zur Priesterschaft innerhalb der Altarschranken gehört, bekommt kein Gottesbrot.[2] Genauso ist es mit der Einheit bei uns: Wenn das Gebet von nur zwei Menschen schon eine große Kraft hat, wenn sie eins sind, um wieviel mehr Kraft hat das gemeinsame Gebet des Bischofs und der ganzen Gemeinde.

3 Wer also nicht zur Zusammenkunft der Gemeinde erscheint, der ist schon dem Hochmut verfallen. Damit hat er sich selbst verurteilt, denn es heißt: Gott will nicht die Hochmütigen. Streben wir also danach, nicht etwas anderes zu wollen als der Bischof, damit wir so unseren Willen Gott unterwerfen.

6

1 Je mehr man einen Bischof schweigen sieht, um so größere Ehrfurcht soll man vor ihm haben.[3] Und jeden, den der Hausherr zu seinen Hausgenossen schickt, müssen diese aufnehmen wie den Hausherrn selbst.[4] Den Bischof müssen wir daher für den Herrn selbst nehmen.

2 Onesimus war voll des Lobes, daß ihr alle gut nach Gottes Regeln und nach seiner Ordnung lebt, daß es bei euch keine Grüppchenwirtschaft gibt, sondern ihr vor allem auf Jesus Christus hört, der Gottes Ordnung verkündet.

7

1 Gewisse Leute pflegen sich scheinheilig Christen zu nennen, aber ihr Handeln steht im Widerspruch zu Gott. Um sie müßt ihr einen großen Bogen machen wie bei wilden Tieren. Denn sie sind wie tückische Kampfhunde, die plötzlich zubeißen. Hütet euch vor ihnen, sie sind unverbesserlich.

---

2 Hier geht es um alttestamentliche Typologie: Lev 24,5-9, vgl. Mk 2,26.

3 Das Schweigen gilt als Merkmal Gottes; der schweigende Bischof ist daher sein Abbild.

4 Hier liegt vorderorientalisches Gesandtenrecht zugrunde: Vgl. J. Bühner: Der Gesandte und sein Weg im vierten Evangelium, 1972.

Einer ist Arzt, 2
schwacher Mensch und starker Geist,
geboren und nicht geboren,
Mensch gewordener Gott,
im Tod unzerstörbares Leben,
aus Maria und aus Gott,
erst leidend, dann ohne Leiden,
Jesus Christus, unser Herr.

8
Niemand soll euch täuschen. Aber ihr laßt euch ja auch nicht täu- 1
schen. Denn ihr gehört ganz und gar zu Gott. Wenn sich bei euch
kein quälender Streit einschleicht, dann lebt ihr, wie Gott es will.
Ich will mein Leben bei Gott dafür verpfänden, daß euch das ge-
lingt, weil ihr schon immer als die berühmte Gemeinde von Ephe-
sus dasteht.
Für Streitstifter gilt: Wer nur Menschendinge im Kopf hat, kann 2
dem Heiligen Geist nicht folgen, und umgekehrt. Denn auch der
Glaube wirkt anders als der Unglaube. Und dennoch ist das, was
ihr als Menschen tut, im Heiligen Geist getan, wenn ihr es in Ge-
meinschaft mit Jesus Christus tut.

9
Ich habe Leute kennengelernt, die von Ephesus her hier vorbeika- 1
men und die eine üble Lehre vertraten. Aber ihr habt nicht zugelas-
sen, daß sie diese Saat bei euch ausstreuten. Ihr habt die Ohren ver-
stopft, um diese Saat nicht aufzunehmen. Denn ihr seid Bausteine
für das heilige Haus des Vaters. Ihr werdet in die Höhe gezogen
durch den Baukran Jesu Christi, das Kreuz. Das Seil ist der Heilige
Geist. Der Kranführer ist euer Glaube. Der Weg, der in die Höhe
führt zu Gott, ist die Liebe.
Ihr alle seid mit mir auf dem Weg, wie bei einer Prozession tragt ihr 2
Figuren: Gott, das Heiligtum, Christus, die Heiligen. Reich ge-
schmückt seid ihr mit der Erfüllung der Gebote Jesu Christi. Weil
ich durch mein Schreiben mit euch in Verbindung stehe und eure
Freude teile, bin ich darüber sehr glücklich. Denn ihr liebt nur Gott
und lebt anders als die anderen Menschen.

10
Und für die anderen Menschen betet ohne Unterlaß, denn es be- 1
steht für sie Hoffnung, daß sie umkehren und zu Gott finden. Er-
möglicht es ihnen, daß sie durch das Beispiel eurer Werke zu Jün-

2 gern werden. / Wenn sie zornig sind, sollt ihr dagegen sanft sein. Wenn sie hochmütig reden, sollt ihr dagegen demütig denken. Wenn sie lästern, sollt ihr dagegen beten. Wenn sie irren, sollt ihr dagegen fest im Glauben stehen. Wenn sie derb sind, sollt ihr dagegen zartfühlend sein. Bemüht euch nicht, ihnen mit gleicher Münze
3 heimzuzahlen. / Wir wollen durch Freundlichkeit ihre Geschwister werden, nacheifern aber wollen wir dem Herrn. Wer hat mehr Unrecht erlitten als er? Wer wurde mehr beraubt und mißachtet? Keiner unter euch soll ein Teufelsgewächs sein. Sondern bleibt heilig und vernünftig in Gemeinschaft mit Jesus Christus, als Menschen und als Kinder des Heiligen Geistes.

11

1 Jetzt ist Endzeit. Wir wollen uns für das schämen, was wir angerichtet haben. Die Langmut Gottes wollen wir eher fürchten, damit wir uns nicht leichtsinnig auf sie verlassen und dann verurteilt werden. Denn wir haben die Wahl, entweder uns vor dem kommenden Zorngericht zu ängstigen oder aber uns auf das gegenwärtige Gnadenangebot einzulassen, eines von beiden. Mit Jesus Christus das unzerstörbare Leben zu teilen, allein darauf kommt es an.
2 Das ist das einzig Wichtige für euch. Um eins zu sein mit ihm, trage ich Fesseln. Sie sind eigentlich Perlen.[5] Weil ich sie trage, werde ich hoffentlich auferstehen, wenn ihr darum betet. In eurem Gebet möchte ich stets genannt werden, damit ich auf diese Weise zu den Christen von Ephesus gehöre, die auch früher stets mit den Aposteln eines Sinnes waren, mit ihnen gestärkt durch Jesus Christus.

12

1 Ich weiß genau, wer ich bin und wem ich schreibe. Ich bin verurteilt, ihr habt Erbarmen gefunden. Ich bin gefährdet, ihr seid
2 gefestigt. / Eure Gemeinde ist Durchgangsstation für die, die das Martyrium für Gott erleiden sollen. Ihr gehört zum selben Mysterienverein[6] wie Paulus, ein berühmter und großartiger Mensch. So wie er möchte ich auch sein, wenn ich vor Gott trete. In einem Brief erwähnt er euch dauernd im Zusammenhang mit Jesus Christus.

---

5 Wir haben übersetzt »eigentlich« Perlen, wo im Text steht: pneumatische Perlen. Das Wort »pneumatisch« bedeutet häufig die übertragene Bedeutung, die eine Sache im neuen Kontext bekommt, z. B. Apk 11,8: Sodom und Ägypten, ähnlich hier die Perlen.

6 Vereinsartige Organisation zur Feier von (Geheim-)Kulten mit dem Ziel symbolischer Lebenserneuerung.

13

Seht zu, daß ihr möglichst oft zusammenkommt, um Gott zu dan- 1
ken und ihn zu loben. Denn wenn ihr öfter versammelt seid, wird
die Macht Satans zerstört; und sein Unheilsplan wird vernichtet,
wenn ihr eins seid im Glauben. / Denn es gibt kein größeres Gut als 2
den Frieden. Jeder kriegerische Angriff irdischer oder himmlischer
Mächte wird durch ihn abgewehrt.

14

An all diesem habt ihr Anteil, wenn euer Glaube und eure Liebe, 1
Anfang und Ziel des Lebens, sich fest auf Jesus richten. Der Anfang
ist der Glaube, das Ziel ist die Liebe. Beides zusammengenommen
ist Gott. Alles andere, was zu einem guten Leben gehört, folgt dar-
aus.
Wer seinen Glauben bekennt, sündigt nicht. Wer liebt, haßt nicht. 2
Den Baum erkennt man an seiner Frucht. So werden diejenigen, die
zu Christus gehören, an ihren Taten als Christen erkannt. Denn
jetzt kommt es nicht darauf an, lauthals zu bekennen, sondern dar-
auf, die Kraft des Glaubens zu bewahren bis zum Ende.

15

Es ist besser zu schweigen und etwas zu sein, als zu reden und 1
nichts zu sein. Lehren ist eine gute Sache, wenn der Lehrende auch
selbst tut, was er lehrt. Es gibt nur einen einzigen Lehrer, nämlich
Gott: Er sprach, und es geschah. Seiner Hoheit als Vater des Alls
entsprach es, schweigend zu handeln.[7]
Wer sich Jesu Wort zu eigen macht, der kann auch sein Schweigen 2
zum Vorbild nehmen, um vollkommen zu sein. Dann nämlich,
wenn seine Worte zu Taten werden und er sich dadurch, daß er
schweigend handelt, zu erkennen gibt.
Dem Herrn bleibt nichts verborgen. Auch was wir nicht erkennen, 3
ist ihm vertraut. Wir sollen stets so handeln, daß er in uns wohnen
kann, damit wir sein heiliges Haus sind und er unser Gott in unse-
rer Mitte. So ist es, und es wird auch vollends sichtbar werden,
wenn wir ihn gebührend lieben.

---

[7] Die Betonung des Schweigens wird als Stück hellenistischer Religiosität angesehen; in den viel späteren gnostischen Texten ist Schweigen oft eine der Vermittlungsgrößen zwischen Urgrund und Welt. Immerhin ist aber neuerdings auch in den Hymnen von Qumran das Flüstern als eigene Art der Verlautbarung Gottes belegt (im Unterschied zum lauten Gesang der Engel).

16

1 Täuscht euch nicht, Brüder und Schwestern! Wer Gottes Haus zer-
2 stört, kann sein Reich nicht erben.[8] / Wenn schon die sterben mußten, die das irdische Heiligtum zerstörten, um wieviel eher der, der den Glauben an Gott, für den Jesus Christus gekreuzigt wurde, durch üble Lehre zerstört. Er ist ein Frevler und wird in ein Feuer kommen, das niemand löschen kann, und genauso wird es dem ergehen, der auf ihn hört.

17

1 Der Herr ließ sein Haupt salben, um mit dem Duft des Öls der Kirche Unvergänglichkeit zuwehen zu lassen. Salbt euch nicht mit der stinkenden Lehre des Teufels, der diese Welt regiert. Er soll euch nicht abfangen, bevor ihr das Leben, das vor euch liegt, erreicht. /
2 Warum werden wir nicht alle klug und nehmen wahr, daß wir in Jesus Christus Gott erkennen können? Wollen wir etwa töricht zugrunde gehen, weil wir das Angebot ausschlagen, das uns der Herr mit der Sendung Jesu gemacht hat?

18

1 Ich bin unwürdig und nichtsnutzig und habe die Schande des Kreuzes gewählt. Für die Ungläubigen ist das Kreuz ein unüberwindliches Ärgernis. Wir dagegen hoffen, daß uns das Kreuz rettet und für immer lebendig macht. Verkehrte Welt: Wer gilt dann als weise? Wessen Argumente sind dann klug zu nennen? Wo bleibt der Ruhm der sogenannten Experten?

2 Verkehrte Welt auch hier: Obwohl Jesus unser Gott ist, trug Maria ihn nach Gottes Plan unter ihrem Herzen. Er kam zwar aus Davids Geschlecht, stammte aber vom Heiligen Geist. Er wurde geboren und getauft und hat durch sein Leiden bewirkt, daß das Taufwasser rein und reinigend ist.

19

1 Geheimgehalten wurde vor dem Teufel, dem Herrscher dieser Welt, daß Maria Jungfrau blieb, daß sie Jesus gebar, daß unser Herr starb. Diese drei Geheimnisse schreien um so lauter, als sie in der Stille von Gott selbst gewirkt wurden.

2 Wie wurden sie nun vor der Weltöffentlichkeit enthüllt?

Ein Stern strahlte auf am Himmel,
heller als alle anderen,

---

[8] Vgl. 1 Kor 3,16-17.

unbeschreiblich hell leuchtete er,
ein fremder, neuer Stern.
Alle anderen Gestirne,
auch Sonne und Mond,
standen ringsherum.
Er aber strahlte heller als alle anderen.
Alle fragten verwundert:
Woher kommt dieser neue, unvergleichliche Stern?
Das war das Ende aller Sterndeuterei. 3
Alle Fesseln der Bosheit wurden gesprengt.
Wer nichts über Gott wußte, wurde belehrt,
das alte Reich des Bösen wurde zerstört.
Denn Gott war als Mensch erschienen,
Leben für immer neu zu machen.
Gott setzte seinen Plan in die Tat um.
Weil es dem Tod an den Kragen ging,
geriet alles in Bewegung.

20

Wenn Jesus Christus mich aufgrund eures Gebetes einen zweiten 1
Brief schreiben läßt, dann will ich euch erklären, wie ich den ersten Schritt auf einem Weg getan habe, der mich zu einem neuen Menschen werden läßt, wie Jesus Christus es ist, wenn ich an ihn glaube, ihn liebe und teilhabe an seinem Leiden und seiner Auferstehung. / Das werde ich um so lieber tun, wenn Gott mir offenbart, 2
daß ihr alle ohne Ausnahme in der Gnade Gottes zusammenkommt, in einem einzigen Glauben, eins mit Jesus Christus – der Mensch aus Davids Geschlecht, Menschensohn und Gottes Sohn zugleich ist –, um dem Bischof und dem Rat der Ältesten mit ungeteiltem Herzen zu gehorchen und gemeinsam das eine Brot zu essen, das Mittel, dessen Einnahme unsterblich macht, das Gegenmittel gegen den Tod, durch das man für immer in Gemeinschaft mit Jesus Christus lebt.

21

Gerne würde ich mein Leben geben für euch und für die, die ihr zur 1
Ehre Gottes nach Smyrna geschickt habt. Von dort aus schreibe ich euch in Dankbarkeit gegenüber Gott[9] und in freundschaftlicher Verbundenheit mit Polykarp wie auch mit euch. Denkt an mich,
wie auch Jesus Christus an euch denkt. / Betet für die Kirche in 2

[9] Griechisch: »dem Herrn«. Auch ein Bezug auf Jesus Christus ist denkbar.

Syrien, von wo aus ich, der Geringste der dortigen Christen, gefesselt unterwegs nach Rom bin, denn ich darf der Ehre Gottes dienen. Lebt wohl in der Gemeinschaft mit Gott dem Vater und Jesus Christus. Er ist unsere gemeinsame Hoffnung.

BRIEF DES IGNATIUS AN DIE MAGNESIER

Ignatius, auch Theophorus genannt, schreibt diesen Brief an die Gemeinde in Magnesia am Mäander und grüßt sie: Ihr seid gesegnet durch die Gnade, die Gott, der Vater, durch Jesus Christus, unseren Erlöser, schenkt. Eins mit Gott, dem Vater, und mit Jesus Christus grüße ich euch herzlich.

1

Als ich hörte, daß ihr nach Gottes Willen und Ordnung liebevoll 1
miteinander lebt, freute ich mich sehr. Darum möchte ich jetzt aus
dem Glauben an Jesus Christus heraus an euch schreiben.
Denn weil ich in Fesseln bin, darf ich den Namen Jesu Christi tra- 2
gen, der mich Gott gefällig macht. Und ich lobe die Gemeinden, für die ich im Gebet erflehe, daß sie eins sein mögen als Menschen und im Geist Jesu Christi, der allzeit unser Leben ist, eins sein auch in der Liebe, die aus Glauben entspringt – sie ist ganz wichtig. Das allerwichtigste aber ist die Einheit mit Jesus und dem Vater. Wenn wir in der Gemeinschaft mit Jesus dem Übermut des Teufels, des Herrschers dieser Welt, standhalten und entkommen, dann werden wir zu Gott gelangen.

2

Ich durfte euch in der Person eures ehrwürdigen Bischofs Damas und der würdigen Ältesten Bassus und Apollonius und meines Mitsklaven und Diakons Zotinus begrüßen. Zotinus hätte ich gern als Helfer, denn er unterwirft sich dem Bischof, als gälte es dem gnädigen Gott selbst, und dem Ältestengremium, als gälte es dem Gesetz Jesu Christi.

3

Schlagt nicht Kapital aus der Unerfahrenheit eures Bischofs, son- 1
dern erweist ihm alle Ehrfurcht. Gott, der Vater, gebe euch die Kraft dazu! Ich habe auch gehört, daß die heiligen Ältesten die Tatsache, daß er ganz offensichtlich noch sehr jung ist, nicht als Vorwand zum Ungehorsam genutzt haben. Sondern daß sie sich ihm verständig und nach Gottes Willen gefügt haben, galt nicht eigentlich ihm, sondern dem Vater Jesu Christi, dem Bischof aller.
Zur Ehre Gottes, der uns erwählt hat, sollen wir aufrichtig gehor- 2
chen. Sonst würden wir nicht den sichtbaren Bischof betrügen, son-

dern den unsichtbaren. Dann geht es nicht gegen einen Menschen, sondern gegen Gott, und der kennt die geheimen Gedanken.

4

Man sollte daher nicht nur Christ heißen, sondern es auch sein. So gibt es leider Leute, die den Bischof so nennen, aber doch sich in allem so verhalten, als gäbe es ihn nicht. Solche tun das offenbar nicht mit reinem Gewissen. Denn sie handeln nicht wirklich gemeinsam mit dem Bischof, wie es Gebot ist.

5

1 Dies sage ich, weil das Ende aller Dinge nahe ist. Es gibt zwei Möglichkeiten: Tod oder Leben, und jeder wird dorthin gelangen, wohin er gehört.

2 Es gibt ja auch zwei Sorten Münzen, die einen gehören Gott und die anderen der Welt. Und jede Münzsorte weist eine besondere Prägung auf. So tragen die Ungläubigen die Prägung dieser Welt – die aber glauben, tragen die Liebe als Prägestempel Gottes, des Vaters, den Jesus Christus uns aufgedrückt hat. An seinem Leben haben wir nur Anteil, wenn wir uns freiwillig dafür entscheiden, nach dem Vorbild seines Leidens zu sterben.

6

1 Durch eure bereits genannten Vertreter habe ich euch alle kennengelernt – mit den Augen des Glaubens und der Liebe. Ich ermahne euch: Bemüht euch, in allen Dingen einmütig zu handeln, wie Gott es will. Der Bischof soll den Vorsitz führen an Gottes Stelle, die Ältesten an der Stelle des Kollegiums der Apostel, und die Diakone, die mir besonders lieb sind, haben den Dienst Jesu Christi anvertraut bekommen, der vor aller Zeit beim Vater war und am Ende auf Erden erschienen ist.

2 Habt Ehrfurcht voreinander, wie Gott es wünscht. Niemand soll den Nächsten nur nach irdischen Maßstäben betrachten. Vielmehr liebt einander allezeit, so wie Jesus Christus liebt. Nichts soll euch spalten können. Sondern seid eins mit dem Bischof und mit denen, die den Vorsitz haben. So könnt ihr die ewige Ordnung nachahmen und als Lehrer weitergeben.

7

1 Auch Jesus, der Herr, tat nichts ohne den Vater und war eins mit ihm. Ebenso hielten es auch die Apostel. So sollt auch ihr nichts ohne den Bischof und ohne die Ältesten tun. Heckt auch nicht ir-

gend etwas privat aus, was nur euch vernünftig erscheint, sondern
kommt zusammen! Und dann soll es nur *ein* Gebet, *eine* Bitte, *einen*
Sinn, *eine* Hoffnung geben, gegründet auf gegenseitige Liebe und
auf reine Freude. Nur dann ist Jesus Christus da, und das ist das
Größte.
Kommt alle zusammen, daß ein einziges Haus Gottes entsteht und 2
ein einziger Altar und kommt zu dem einen Jesus Christus, der von
dem einen Vater her kam, auf ihn hin lebte und zu ihm ging.

8

Laßt euch nicht beirren durch fremde Lehren und wertlose alte Le- 1
genden. Denn wer jetzt noch immer nach jüdischen Regeln lebt,
bringt damit zum Ausdruck, daß für ihn die Zeit der Gnade noch
nicht angebrochen ist.
Denn schon die Propheten, die Gott sehr nahe waren, haben nach 2
den Regeln Jesu Christi gelebt und wurden deshalb auch verfolgt.
Weil sie von der kommenden Gnade beseelt waren, haben sie die
Unfolgsamen davon überzeugt, daß es nur einen einzigen Gott gibt,
der sich zeigt in Jesus Christus, seinem Sohn. Dieser ist sein Wort,
das aus dem Schweigen des Vaters hervorgeht, und er hat den Wil-
len dessen, der ihn gesandt hat, ganz erfüllt.

9

Die auf die alte Weise lebten, sind zu neuer Hoffnung gelangt. Daher 1
halten sie nicht mehr den Sabbat, sondern den Sonntag, den Tag des
Herrn. Weil unser Herr gekommen und gestorben ist, ging an die-
sem »Tag der Sonne« unser Leben auf. – Diesen verborgenen Sinn
des Geschehens leugnen zwar manche, aber für uns ist das Anlaß, zu
glauben. Und entsprechend sind wir auch bereit zu leiden, um Schü-
ler unseres einzigen Lehrers Jesus Christus zu werden.
Wie können wir ohne ihn leben? Schon die Propheten waren seine 2
Schüler, und erfüllt vom Heiligen Geist warteten sie auf ihn, ihren
Lehrer.[1] Deswegen hat er sie aus Toten auferweckt, als er kam, weil
sie durch ihr Verhalten von ihrer Erwartung Zeugnis ablegten.

10

Laßt uns also seine Güte dankbar annehmen. Denn wenn er sich 1
unser Handeln zum Vorbild nähme, gäbe es uns schon gar nicht
mehr. Deswegen wollen wir seine Jünger werden und lernen, christ-
lich zu leben. Denn wer sich nicht »Jünger« nennen kann, der ge-

1 Vgl. 1 Petr 1,11; 3 Kor (s. unten).

2 hört nicht zu Gott. / Werft daher den schlechten, alten, verdorbenen Sauerteig weg und verwendet ab jetzt den neuen Sauerteig Jesus Christus.[2] Wie Salz soll er euch haltbar machen, damit keiner
3 von euch verdirbt, denn fauliger Geruch verrät Verdorbenes. / Man kann nicht von Jesus Christus sprechen und gleichzeitig jüdisch leben. Denn nicht das Christentum hat an das Judentum geglaubt, sondern das Judentum an das Christentum, das Menschen jeglicher Zunge, die an Gott glauben, vereint hat.

11

Ich schreibe dies, liebe Gemeinde, aus gegebenem Anlaß. Ich bin zwar viel weniger wert als ihr, aber ich möchte doch dafür sorgen, daß ihr euch nicht von der Irrlehre angeln laßt, sondern daß ihr überzeugt seid von Jesu Geburt, seinem Leiden und seiner Auferstehung unter Pontius Pilatus. Wahrhaft und wirklich ist dies alles Jesus Christus widerfahren. Er ist unsere Hoffnung, von der sich niemand unter euch abwenden soll.

12

Ich möchte mich gerne in jeder Hinsicht über euch freuen, wenn ich das verdient habe. Ich bin zwar in Fesseln, aber ein Nichts gegenüber jedem einzelnen von euch, die ihr nicht in Fesseln seid. Ich weiß, daß ihr nicht aufgeblasen seid, denn ihr habt Jesus Christus in euren Herzen, ja, ich weiß, daß ihr euch sogar selbst herabsetzt, wenn ich euch lobe. So steht es ja auch geschrieben: Der Gerechte klagt sich an.

13

1 Setzt alles daran, gefestigt zu werden in den Geboten des Herrn und der Apostel, damit ihr bei all eurem Tun den rechten Weg geht, als Menschen und vor Gott, in Glaube und Liebe, eins mit Sohn, Vater und Geist, am Anfang und am Ende, gemeinsam mit eurem ehrwürdigen Bischof, prächtig umgeben vom Kreis der Ältesten, die wie ein schön geflochtener Kranz sind, und euren Diakonen, die
2 nach Gottes Herzen sind. / Unterwerft euch dem Bischof und den anderen, so wie Jesus als Mensch sich dem Vater unterwarf und wie die Apostel sich Christus, dem Vater und dem Heiligen Geist unterwarfen, damit ihr alle eins seid als Menschen und vor Gott.

---

[2] Vgl. 1 Kor 5,7.

14
Da ich weiß, daß ihr von Gott ganz erfüllt seid, habe ich euch nur mit knappen Worten ermahnt. Denkt an mich, wenn ihr betet, damit ich zu Gott gelange, denkt an die Kirche in Syrien, der ich mich nicht zuzurechnen wage. Denn ich brauche euer Gebet und eure Liebe, durch die ihr eure Einheit vor Gott findet. Möge doch so die Kirche in Syrien durch eure Gemeinde mit frischem Tau benetzt werden.

15
Aus Smyrna, von wo ich euch schreibe, lassen euch auch einige Leute aus Ephesus grüßen. Sie sind hier zur Ehre Gottes, wie auch einige aus eurer Gemeinde. Gemeinsam mit Polykarp, dem Bischof von Smyrna, haben sie in jeder Hinsicht für mein Wohl gesorgt. Die übrigen Gemeinden grüßen euch herzlich, eins in der Verehrung Jesu Christi. Lebt wohl, seid einig, wie Gott es will, seid unerschütterlich in dem Geist, der Jesus Christus selbst ist.

BRIEF DES IGNATIUS AN DIE TRALLIANER

Ignatius, auch Theophorus genannt, schreibt diesen Brief an die heilige Gemeinde zu Tralles in Asien. Gott, der Vater Jesu Christi, liebt euch. Er hat euch auserwählt und zu seinesgleichen gemacht. Weil Jesus Christus stellvertretend gelitten hat, habt ihr Frieden gefunden untereinander und mit dem Himmel.[1] Jesus ist unsere Hoffnung, weil wir so wie er auferstehen.[2] Ich grüße die Gemeinde herzlich, selbst ganz erfüllt von Gott, mit einem Brief, wie ihn die Apostel schrieben, und wünsche, daß es euch gut geht.

1

1 Ich habe festgestellt, daß eure Gesinnung makellos und eure Geduld unerschütterlich ist, und das nicht bei Bedarf, sondern als Teil eures Wesens. Polybius, euer Bischof, hat es mir erzählt. Er besuchte mich, wie Gott und Jesus Christus es wollten, in Smyrna. Als er sah, daß ich um Jesu Christi willen in Ketten liege, freute er sich so sehr mit mir, daß es mir schien, es sei nicht nur seine, sondern
2 euer aller Freude. / So empfing ich durch ihn eure Zuwendung, die ja nach Gottes Willen ist. So lobte ich Gott, denn ich sah, daß ihr ihm nacheifert.

2

1 Wenn ihr euch eurem Bischof unterwerft, als gälte es Jesus Christus selbst, dann scheint es mir, daß ihr nicht wie andere Menschen lebt, sondern so wie Jesus Christus, der für uns alle gestorben ist, damit ihr, seinen Tod vor Augen, zum Glauben findet und so dem eigenen
2 Tod entrinnt. / Ihr dürft nichts ohne den Bischof tun, so haltet ihr es ja schon. Unterwerft euch aber auch dem Rat der Ältesten, als gälte es den Aposteln Jesu Christi, der unsere Hoffnung ist. Wir sollen nach seinem Willen leben, damit uns das Gericht Gottes dann

---

[1] Wörtlich: »... hat Frieden gefunden in Fleisch und Geist.« Fleisch bedeutet den menschlichen Bereich der Sichtbarkeit, Sterblichkeit und Schwäche, Geist bedeutet den unsichtbaren Bereich Gottes und des göttlichen Lebens.

[2] Wörtlich: »... durch die Auferstehung zu ihm hin.« Das ist aufzufassen als eine Auferstehung nach seinem Urbild; vgl. Joh 5,27. Eine ähnliche Formulierung bietet Asc Jes 3 (s. unten): »auf seine Auferstehung hin«, auch hier könnte bereits die Einbeziehung der Christen in der Auferstehung Jesu im Blick stehen.

so findet. / Aber auch die Diakone, die Treuhänder der Geheimnisse 3
Jesu Christi, sollen in jeder Hinsicht allen zur Seite stehen. Denn sie
sind nicht zum Austeilen von Speisen und Getränken bestellt, son-
dern zu Helfern der Gemeinde Gottes. Sie müssen jeden Anlaß zu
Vorwürfen meiden wie offenes Feuer.

3

Ebenso sollen alle die Diakone achten, als gälte es Jesus Christus, 1
und den Bischof, weil er Abbild des Vaters ist, und die Ältesten, als
gälte es der Ratsversammlung Gottes und dem Kreis der Apostel.
Ohne sie kann von Kirche keine Rede sein. / Ich bin davon über- 2
zeugt, daß dies bei euch so ist. Denn ein lebendiges Zeugnis eures
Zusammenhalts untereinander habe ich hier bei mir in Gestalt eu-
res Bischofs. Seine Haltung ist schon für sich ein starker Appell,
Jünger zu werden. Seine Sanftheit ist in Wahrheit Stärke. Ihn dürf-
ten auch diejenigen achten, die falsche Götter verehren. / Aus Liebe 3
zu euch will ich nicht deutlicher werden, obwohl ich das durchaus
könnte, und euch schonen. Ich bilde mir nicht ein, daß ich als Straf-
fälliger euch wie ein Apostel etwas befehlen kann.

4

Vieles bedenke ich vor Gott, aber ich kenne meine Grenzen und 1
will mich nicht mit großen Sprüchen blamieren. Denn jetzt muß ich
noch mehr als früher auf der Hut sein und mich von denen fernhal-
ten, die mich mit ihren Worten eitel machen. Denn wer das tut, pei-
nigt mich. / Leiden ist für mich zwar das höchste Gut, aber ich 2
glaube nicht, daß ich diese Auszeichnung jetzt schon verdient habe.
Mein großer Fehler ist die Ungeduld, auch wenn die meisten das
nicht merken. Ich brauche Geduld. Durch sie wird der Teufel, der
Fürst dieser Welt, besiegt.

5

Ich könnte euch durchaus etwas über die himmlische Welt schrei- 1
ben[3], aber ich fürchte, daß ich euch damit eher schaden würde, weil
ihr dafür nicht reif seid. Daher nehmt es mir nicht übel, wenn ich
es nicht tue. Ich will nicht, daß euch etwas, das ihr nicht begreift,
im Hals steckenbleibt, so daß ihr daran erstickt. / Denn auch ich 2
bin nicht schon deswegen ein Jünger, weil ich gefesselt bin oder

---

[3] Zur Bedeutung der himmlischen Welt in der frühchristlichen Theologie vgl. K. Berger: Theologiegeschichte des Urchristentums, 2. A. 1995, § 122.

weil ich mit meinem Denken den Himmel erfassen kann, die Ordnungen der Engel, die Einheiten der himmlischen Machthaber, ob sie nun sichtbar werden oder unsichtbar bleiben.[4] Denn für uns gilt: Viele Fehler, wenig Gott.

6

1 Die folgenden Ermahnungen habe ich nicht selbst erdacht, sondern sie sind der Liebe Jesu Christi zu euch zu verdanken. Sättigt euren Geist nur mit christlicher Speise, meidet das fremde Kraut der Irrlehre, dessen Köche hinterlistig Jesus Christus nur als Zutat bei-
2 mengen. / So servieren sie tödliches Gift in Honigwein. Unwissende nehmen diese verderbliche Köstlichkeit nur allzu gerne an, doch es ist der Tod.

7

1 Nehmt euch vor solchen Leuten in acht. Das kann euch nur gelingen, wenn ihr nicht aufgeblasen seid und euch an Jesus Christus haltet, der von Gott Vollmacht hat, und an den Bischof und die An-
2 ordnungen der Apostel. / Im Tempel ist es so: Wer innerhalb der Altarschranken steht, ist rein. Wer außerhalb der Altarschranken steht, ist nicht rein. Das heißt für uns: Wer ohne Bischof, Älteste oder Diakon etwas tut, der ist nicht rein in seinem Gewissen.

8

1 Nicht daß ich so etwas bei euch bemerkt hätte. Doch ich warne euch vorsorglich, denn ich liebe euch und weiß schon, daß der Teufel im Hinterhalt lauern wird. Verzichtet auf Gewalt und seid bereit zu leiden. Erneuert eure Gemeinde auf dem festen Grund des Glaubens und der Liebe. Das eine ist das Fleisch, das andere ist das Blut
2 des Herrn Jesus Christus. / Keiner von euch soll etwas gegen den anderen haben. Tragt Sorge, daß nicht durch dummes Fehlverhalten weniger Menschen die ganze Gemeinde, die doch mit Gott eins ist, bei den Heiden in Mißkredit gebracht wird. Denn es heißt: »Wehe dem, durch den mein Name vor anderen gelästert wird durch ungerechtes Handeln.«

9

1 Seid taub, wenn jemand zu euch redet, der mit Jesus Christus nichts zu tun hat. Denn Jesus Christus ist Davids Sproß, Marias Sohn,

---

4 Zur Verbindung der Geistermächte mit »sichtbar/unsichtbar« vgl. Bauer, Wörterbuch, 6. A., Sp. 228.

wirklich geboren; er hat gegessen und getrunken und wurde wirk-
lich verfolgt unter Pontius Pilatus, wurde wirklich gekreuzigt und
starb. Die Mächte im Himmel, auf Erden und unter der Erde haben
all dies gesehen.[5] / Er wurde wirklich auferweckt aus der Zahl der 2
Toten. Sein Vater hat ihn auferweckt, der in derselben Weise auch
uns auferwecken wird, die wir an ihn glauben, eins mit Jesus Chri-
stus. Denn das ewige Leben haben wir nur gemeinsam mit ihm.

10

Einzelne, die nicht den richtigen Gott haben, Ungläubige, sagen indes, Jesus habe nur zum Schein gelitten. Sie existieren wohl selbst nur zum Schein! Wozu bin ich dann gefesselt, wozu bete ich darum, gegen wilde Tiere kämpfen zu dürfen? Dann würde ich ja umsonst sterben und hätte nur Lügen über den Herrn erzählt.

11

Meidet daher die bösen Seitentriebe, die tödliche Frucht hervor- 1
bringen, von deren Genuß man stirbt. Denn diese Leute sind nicht
vom Vater gepflanzt. / Wären sie es, so wären sie als Äste am Kreu- 2
zesstamm erkennbar, und ihre Frucht wäre unvergänglich. Denn es
gibt kein Haupt ohne Glieder. Gott selbst sagt, daß sie zusammen-
gehören. Er ist selbst diese Einheit. Ihr seid Äste am Kreuzesbaum,
und daher nennt Jesus euch im Hinblick auf sein Leiden Glieder sei-
nes Leibes.

[5] Vgl. Phil 2,10; Eph 1,21; 1 Petr 3,22.

BRIEF DES IGNATIUS AN DIE RÖMER

Ignatius, auch Theophorus genannt, schreibt diesen Brief an die führende Gemeinde in Rom und Umgebung.
Der große Gott, der höchste Vater, und Jesus Christus, sein einziger Sohn, haben eurer Gemeinde ihr Erbarmen und ihre Liebe gezeigt. Erleuchtet seid ihr nach dem Willen Gottes, der auch alle Dinge gewollt hat, im Glauben und in der Liebe, die Jesus Christus, unser Gott, begründet hat. Eure Gemeinde darf in Gemeinschaft mit Gott stehen, ist würdig aller Hochachtung, aller Wertschätzung, jeden Lobes, sie hat jeden Erfolg verdient und steht mit Recht im Ruf der Heiligkeit. Sie ist führend in der Wohltätigkeit, sie folgt dem Gesetz Christi und nennt sich mit Recht Gemeinde Gottes. Ich grüße euch herzlich im Namen Jesu Christi, des Sohnes Gottvaters. Ihr folgt allen seinen Geboten vor den Menschen und vor Gott, ihr seid für alle Zeit von Gottes Gnade erfüllt, jede falsche Farbe ist von euch abgewaschen. In der Gemeinschaft mit Jesus Christus, unserem Gott, sende ich euch von Herzen die besten Grüße.

1

1 Weil ich Gott darum gebeten habe, bin ich nun in der glücklichen
Lage, euch, die ihr in der Gemeinschaft mit Gott stehen dürft, per-
sönlich zu sehen. Viele Male habe ich es erfleht. Weil ich um Jesu
Christi willen in Fesseln bin, hoffe ich, euch begrüßen zu können,
2 wenn Gott mich für würdig hält, mein Lebensziel zu erreichen. / Es
hat schon gut begonnen, und so wird mir hoffentlich die Gnade
zuteil, daß sich meiner Bestimmung keine Hindernisse entgegen-
stellen. Ich habe Angst, daß ihr aus lauter Liebe mein Martyrium
verhindern wollt und mir so schadet. Das dürfte euch nicht schwer-
fallen. Für mich aber wäre es viel leichter, zu Gott zu gelangen,
wenn ihr mich mit eurer Liebe verschont.

2

1 Versucht nicht, Menschen zu gefallen, sondern Gott. Das tut ihr ja
auch schon. Ich jedenfalls werde nie wieder solch eine Chance ha-
ben, zu Gott zu gelangen. Aber auch ihr könnt euch, wenn ihr jetzt
nichts unternehmt, mit keinem größeren Werk einen Namen ma-
chen. Denn wenn ihr jetzt nicht für mich sprecht, kann ich Sprach-
rohr Gottes sein. Wenn euch dagegen nur meine Erdenexistenz am
2 Herzen liegt, dann rede ich nur Menschenworte. / Sorgt einfach nur

dafür, daß ich Gott geopfert werden kann, solange der Altar noch bereit ist. Ihr könnt dann eure Liebe dadurch zeigen, daß ihr in Gemeinschaft mit Jesus Christus im Chorgesang Gott, den Vater, dafür lobpreist, daß er den Bischof von Syrien von dort, wo die Sonne aufgeht, dahin, wo sie untergeht, hat kommen lassen. Denn es ist schön, aus der Welt zu Gott unterzugehen, um bei ihm wieder aufzugehen.

3

Ihr habt nie jemandem etwas mißgönnt. Mißgönnt mir also nicht 1
das Martyrium. Andere habt ihr großherzig belehrt, auch über das Martyrium. Ich wünsche mir, daß das, was ihr lehrt, auch bei euren
Schülern Gestalt annimmt. / Bittet daher nur um körperliche und 2
seelische Kraft für mich, daß ich nicht nur rede, sondern auch wirklich das Martyrium will, damit ich mich nicht nur Christ nennen lasse, sondern es auch bin. Denn wenn ich es bin, dann darf ich auch so heißen, und dann kann ich ein in Treue erprobter Glaubender sein, wenn ich für die Welt nicht mehr zu sehen bin. / Nichts in 3
der Welt Sichtbares ist gut. Unser Gott Jesus Christus ist viel sichtbarer, seitdem er unsichtbar mit dem Vater eins ist. Das Christentum überzeugt durch seine wahre Größe, wenn es von der Welt gehaßt wird, und wirkt nicht durch Überredungskünste.

4

Ich schreibe an alle Gemeinden und schärfe allen ein, daß ich freiwil- 1
lig für Gott sterbe – wenn ihr es nicht verhindert. Ich ermahne euch: Verschont mich mit eurer Fürsorge zum falschen Zeitpunkt! Laßt mich zum Fraß für die Bestien werden, denn durch sie kann ich zu Gott gelangen. Weizen Gottes bin ich, durch die Zähne der wilden Tiere werde ich gemahlen, damit ich reines Brot Christi werde. /
Daher redet den Bestien gut zu, daß sie mich ganz verschlingen und 2
so mein Grab werden, damit ich nach meinem Tod niemandem zur Last falle. Wenn die Welt nicht einmal mehr meinen Leib sieht, werde ich wahrhaft Jünger Jesu Christi sein. Bittet Christus für mich, daß die Bestien das Schlachtmesser sind, durch das ich Gott
zum Opfer dargebracht werde. / Ich kann euch nicht befehlen wie 3
Petrus oder Paulus,[1] denn sie waren Apostel, und ich bin nur ein Verurteilter. Sie waren frei, ich aber bin – bis jetzt noch – Sklave. Doch

[1] Viele sehen hier einen Hinweis auf das Wirken beider Apostel in Rom. Zumindest bezeugt der Brief (wie 1 Clem) wohl das Martyrium beider in Rom.

wenn ich leide, dann kauft Jesus Christus mich frei, weil Jesus Christus für mich bezahlt hat. Und als freier Mensch werde ich, in Gemeinschaft mit ihm, auferstehen. Im Augenblick bin ich in Fesseln und lerne, um Jünger zu werden, nichts Irdisches zu begehren.

5

1 Auf der Fahrt von Syrien nach Rom muß ich schon gegen wilde Tiere kämpfen, zu Lande und zu Wasser, Tag und Nacht, angebunden an zehn Leoparden, das heißt: eine Abteilung von zehn Soldaten. Wenn ich freundlich zu ihnen bin, werden sie erst recht wild. Durch ihre Gemeinheiten werde ich um so mehr zum Jünger, doch
2 bin ich nicht deswegen schon gerecht. / Ich freue mich auf die Bestien, die schon Appetit auf mich haben, und ich wünsche mir, daß sie kurzen Prozeß mit mir machen. Ich werde ihnen auch zureden, mich schnell aufzufressen, damit es mir nicht so ergeht wie anderen, bei denen die Tiere den Schwanz einkniffen und nicht zupackten. Wenn sie nicht freiwillig zupacken wollen, werde ich mit Ge-
3 walt nachhelfen. / Nehmt es mir nicht übel, aber ich weiß selbst, was für mich das Beste ist. Jetzt fange ich an, Jünger zu werden. Weder sichtbare Menschen noch unsichtbare Mächte sollen versuchen, mich davon abzubringen, zu Jesus Christus zu gelangen. Verbrennen und kreuzigen sollen sie mich, Rudel von Bestien sollen über mich herfallen, die Knochen sollen verstreut, die Glieder zerschlagen, der ganze Leib zermahlen werden, alle schrecklichen Strafen des Teufels sollen mich quälen, wenn ich nur zu Jesus Christus gelange.

6

1 Was hätte ich davon, wenn ich die ganze Welt besäße oder alle Königreiche der Welt.[2] Es ist viel schöner für mich, nach dem Vorbild Jesu Christi zu sterben, als König zu sein über die ganze Erde. Ich will zu dem, der für uns gestorben ist. Ich will den, der um unseret-
2 willen auferstanden ist. Ich werde bald geboren. / Seid mir nicht böse, Brüder! Verhindert nicht, daß ich lebe, bewirkt nicht meinen Tod! Den, der Gott gehören will, verschenkt nicht an die Welt! Lockt ihn nicht mit irdischen Gütern! Laßt mich zum reinen Licht
3 gelangen! Dort werde ich Mensch sein. / Erlaubt mir, daß ich dem Leiden meines Gottes nacheifere. Wer ihn in seinem Herzen trägt, muß begreifen, was ich will. Er muß mein Leiden mit mir teilen, weil er meine Nöte versteht.

---

[2] Vgl. Mk 8,36; Lk 4,5 f.

7

Satan, der Herrscher über diese Welt, will mich an sich reißen und 1
Gott aus meinem Denken verbannen. Ihr, die ihr dies hört, sollt
ihm auf keinen Fall dabei helfen. Sondern haltet zu mir und damit
zu Gott. Sagt nicht »Jesus Christus«, wenn ihr die Welt haben
wollt. / Mißgönnt mir mein Martyrium nicht. Und auch wenn ich 2
bei meiner Ankunft in Rom euch um anderes bitte, tut es nicht,
sondern tut das, was ich euch hier schreibe. Denn noch lebe ich und
kann euch schreiben, aber mein Sinn steht nach Sterben. Meine
Liebe zur Welt ist gekreuzigt und dahin, und in mir ist kein Feuer,
das irdische Nahrung sucht. Aber lebendiges Wasser, das wie eine
innere Stimme sagt: Auf, zum Vater! / Die vergänglichen Genüsse 3
dieses Lebens schmecken mir nicht. Ich will Jesus als Brot und
Trank,[3] sein Fleisch und sein Blut, Jesus als Mensch aus Davids
Samen und als unvergängliche Liebe.

8

Ich will nicht mehr leben wie die anderen Menschen, und wenn ihr 1
wollt, kann es so sein. Wollt, damit Gott auch euch will! / Mit die- 2
sen wenigen Zeilen bitte ich euch: Glaubt mir! Jesus Christus wird
euch bestätigen, daß ich die Wahrheit sage. Denn er ist der Mund,
durch den der Vater wahrhaft und ohne Lüge gesprochen hat. /
Bittet für mich, daß ich zum Ziel gelange. Nicht nach den Men- 3
schen richtet sich mein Brief, sondern nach Gottes Willen. Wenn
ich leide, habt ihr es gewollt. Wenn ich dazu nicht für würdig be-
funden werde, habt ihr es nicht gewollt.

9

Gedenkt in eurem Gebet der Kirche in Syrien, die jetzt statt meiner 1
Gott zum Hirten hat. Allein durch Jesus Christus wird sie geführt
werden und durch eure liebevolle Unterstützung. / Ich wage kaum, 2
mich ihnen zuzurechnen, denn ich bin unwürdig, der Geringste un-
ter ihnen, eine Mißgeburt und ein Niemand. Aber wenn ich zu Gott
gelange, werde ich durch sein Erbarmen jemand sein. / In meinen 3
Gedanken grüße ich euch, es grüßen euch auch in Liebe die Ge-
meinden, die mich einfach aus Gastfreundschaft aufgenommen
haben, weil ich zu Jesus Christus gehöre. Übrigens haben auch die
Gemeinden, bei denen ich auf meinem irdischen Weg nicht vorbei-

[3] Dieser Text ist keine Anspielung auf das Abendmahl. Denn es geht nicht um Brot und Wein, sondern um Jesus selbst als das Grundlebensmittel. Vgl. UBE 6,1.

gekommen bin, rechtzeitig Abgesandte in die nächstliegende Stadt geschickt, damit sie mich dort treffen konnten.

10

1 Ich schreibe euch diesen Brief aus Smyrna und lasse ihn durch hilfsbereite Leute aus Ephesus überbringen, denen ich danke. Neben vielen anderen ist auch der von mir sehr geschätzte Krokos bei mir. /
2 Die Leute, die mir von Syrien aus nach Rom vorausgeeilt sind, um durch ihr Geleit Gottes Ruhm zu mehren, habt ihr vermutlich schon getroffen. Sagt ihnen, daß ich bald komme. Denn sie alle sind der Gemeinschaft mit Gott und mit euch würdig. Sorgt in jeder Hinsicht
3 für ihr Wohlergehen. / Ich schreibe dieses am 24. August. Seid wohlbehalten allezeit und wartet auf die Wiederkunft Jesu Christi!

BRIEF DES IGNATIUS AN DIE PHILADELPHIER

Ignatius, auch Theophorus genannt, schreibt diesen Brief an die Gemeinde Gottes, des Vaters, und unseres Herrn Jesus Christus zu Philadelphia in Kleinasien.
Euch wurde Erbarmen zuteil, und ihr seid gegründet in der Eintracht, die Gott euch geschenkt hat. Weil unser Herr gelitten hat, könnt ihr euch jetzt unablässig freuen. Weil er auferstanden ist, dürft ihr auf reiches Erbarmen hoffen. So grüße ich euch, da uns der Tod Jesu Christi verbindet. Über eure Gemeinde kann man sich immer nur freuen, besonders wenn ihr eins seid mit dem Bischof, mit seinen Ältesten und den Diakonen, die eingesetzt sind nach dem Willen Jesu Christi und denen er selbst Stärke und Festigkeit durch seinen Heiligen Geist schenkt, wie er es will.

1

Wie ich erfahren habe, hat dieser Bischof sein Dienstamt für die 1
Gemeinschaft nicht erlangt, weil er selbst oder andere es so gewollt haben, auch nicht aus Ehrgeiz, sondern nach dem Gesetz der Liebe Gottes, des Vaters, und unseres Herrn Jesus Christus. Ich bin tief beeindruckt von seiner freundlichen Güte. Er bringt durch Schweigen weitaus mehr zustande als andere durch belanglose Reden. /
Seine Taten und die Gebote stehen in Einklang wie die Saiten einer 2
Zither. Die Art, wie er seinen Sinn ganz und gar überzeugend an Gott ausrichtet, kann ich nur loben, auch daß er ruhig und beherrscht ist, freundlich wie der lebendige Gott selbst.

2

Als Kinder des wahren, göttlichen Lichts meidet Spaltung und üble 1
Lehren. Wo der Hirte ist, dort schart euch um ihn wie seine Schafe.
/ Denn viele heimtückische Wölfe reißen mit böser Lust Menschen, 2
die für Gott streiten. Aber wenn ihr eins seid, haben sie keine Chance.

3

Haltet euch fern von dem Unkraut! Jesus pflegt es nicht, weil es 1
nicht der Vater gepflanzt hat. Nein, ich habe bei euch keine Spal-
tung gefunden, sondern ich sehe, daß ihr das Unkraut jätet. / Denn 2
wer zu Gott und zu Jesus Christus gehört, der steht auch zum Bischof. Und wer umkehrt und sich einer Gemeinde anschließt, der

ist auf der Seite Gottes und wird nach Jesu Christi Willen leben. /
3 Täuscht euch nicht, liebe Brüder und Schwestern: Wer einem nach-
läuft, der Zwietracht sät, der wird Gottes Reich nicht erben. Einer
fremden Lehrmeinung anzuhängen verträgt sich nicht mit dem Lei-
den Christi.

4

Bemüht euch, ein einheitliches Dankgebet zu verwenden, denn es gibt nur einen Leib, ein Fleisch unseres Herrn Jesus Christus und nur einen Becher, der uns mit Blut und Tod des Herrn vereint,[1] nur einen Altar, so wie es nur einen Bischof mit dem Rat der Ältesten und den Diakonen, meinen Mitsklaven, gibt. So sollt ihr alles nach Gottes Willen tun.

5

1 Liebe Brüder und Schwestern, ich liebe euch innig, ich freue mich
über euch und möchte euch vor Schaden bewahren. Doch eigent-
lich bin das nicht ich, sondern Jesus Christus. Wegen der Gemein-
schaft mit ihm bin ich in Fesseln, aber ich habe Angst, das gesteckte
Ziel nicht zu erreichen. Doch euer Gebet wird mir zur Vollendung
dessen verhelfen, wozu mich Gott barmherzig bestimmt hat. Ich
suche Zuflucht im Evangelium, das Jesus bezeugt, der wirklich
Mensch war, und bei den Zeugnissen der Apostel, die wie ein Älte-
2 stenrat der Kirche sind. / Aber wir wollen auch die Propheten lie-
ben. Sie haben das Evangelium angekündigt, weil sie auf Jesus hoff-
ten und ihn erwarteten, weil sie an ihn glaubten und so gerettet
wurden. Sie waren eins mit ihm, sie waren Heilige, die man nur lie-
ben und bewundern kann und die auch Jesus Christus bezeugt und
in das Evangelium, die gemeinsame Hoffnung, einbezogen hat.

6

1 Wenn aber jemand euch jüdische Lebensweise nahebringen will,
hört nicht auf ihn! Denn es ist besser, von einem Beschnittenen
Christliches zu lernen als von einem Unbeschnittenen Jüdisches.
Wenn aber beide von Jesus Christus nichts sagen, dann sind sie für
mich wie Grabstelen oder Grabplatten, auf denen nur noch
2 menschliche Namen stehen. / Meidet daher die hinterhältigen Tük-

---

1 Es geht hier um Kirche und Christus (ein Leib), um Fleisch und Blut Jesu Christi als die beiden »Bestandteile« seiner menschlichen Person, es geht auch um das Abendmahl (Becher und Anteil: vgl. 1 Kor 10,16). Doch nicht zwingend ist die Annahme, es handele sich hier um Jesu Realpräsenz in Brot und Wein.

ken des Satans, des Herrschers dieser Welt,[2] damit ihr nicht durch
seine Anschläge in Nöte kommt und damit euer Zusammenhalt
nicht leidet. Versammelt euch vielmehr mit ungeteiltem Herzen. /
Ich danke meinem Gott, daß ich vor euch ein gutes Gewissen haben 3
kann und daß niemand privat oder öffentlich behaupten kann, ich
wäre jemandem im kleinen oder im großen zur Last gefallen. Ich
hoffe, daß ihr meine Ermahnungen befolgt, so daß sie nicht einst
als Belastungsmaterial zu eurer Verurteilung dienen.

7

Es gab Leute, die meine Schwächen ausnutzen und mich irreleiten 1
wollten. Doch wenn der Geist von Gott ist, läßt er sich nicht irre-
leiten. Denn er weiß, woher er kommt und wohin er geht, und
bringt das Verborgene ans Licht. Als ich in eurer Mitte war, habe
ich gerufen und ganz laut, nämlich mit Gottes Stimme, gesagt:
»Haltet euch an den Bischof, den Kreis der Ältesten und die Dia-
kone!« / Manche argwöhnten, ich hätte gewußt, daß sich einige ab- 2
gesondert haben, und deshalb so geredet. Doch Jesus, um dessen
Gemeinschaft willen ich Fesseln trage, ist mein Zeuge, daß ich von
keiner Menschenseele davon erfahren hatte. Aber der Heilige Geist
hatte gesagt: »Tut nichts ohne den Bischof, haltet euch rein als Got-
tes Heiligtum, betrachtet die Einheit der Kirche als das höchste
Gut, meidet Spaltungen, eifert Jesus Christus nach, wie auch er sei-
nem Vater nacheifert.«

8

Ich selbst habe immer das Menschenmögliche für die Einheit der 1
Gemeinde getan. Wo Spaltung und Zorn herrschen, dort ist kein
Platz für Gott. Allen aber, die wieder umkehren zur Einheit Gottes
und zum Kreis des Bischofs, vergibt der Herr. Ich setze mein Ver-
trauen auf die Gnade Jesu Christi, der den Bann wieder von euch
nehmen wird. / Ich ermahne euch: Tut nichts im Streit, sondern 2
lernt von Jesus Christus. Einige habe ich nämlich sagen hören:
»Wenn ich etwas nicht in den alten Texten[3] finde, glaube ich es
auch nicht als Botschaft des Evangeliums.« Darauf ich: »Es steht so
tatsächlich in der Bibel geschrieben.« Und sie: »Das ist noch die

[2] Vgl. 2 Kor 4,4; Lk 4,5-6; Eph 2,2.

[3] Damit sind wohl die Schriften des Alten Testaments gemeint und eine Art der Theologie, wie sie zum Beispiel für Apollos vorausgesetzt werden darf (Act 18,24f.) oder im Barnabasbrief, in 1 Clem oder bei Justin (Apologie, Dialogus) praktiziert wird, wo sich praktisch teppichartig eine Schriftstelle an die andere reiht.

Frage!« – Für mich jedoch sind die »alten Texte« Jesus Christus, diese »heiligen alten Texte« sind sein Kreuz, sein Tod, seine Auferstehung und der Glaube, den er möglich gemacht hat. Auf dieser Grundlage will ich, gestützt durch euer Gebet, gerechtfertigt werden.

9

1 Die Priester waren eine gute Einrichtung, doch besser ist der Hohepriester Jesus Christus, der in das Innerste des himmlischen Heiligtums eintreten darf. Ihm allein sind Gottes Geheimnisse anvertraut. Er ist die Tür zum Vater. Durch ihn treten Abraham, Isaak, Jakob, die Propheten, die Apostel und die Kirche zu Gott, in die Einheit
2 mit Gott, ein. / Das ist neu am Evangelium: Der Erlöser ist gekommen, unser Herr Jesus Christus, er hat gelitten und ist auferstanden. Denn die hochgeschätzten Propheten haben mit ihrer Verkündigung ihn gemeint. Das Evangelium vollendet die Unvergänglichkeit. Das alles hat seinen Sinn, wenn ihr glaubt und Liebe übt.

10

1 Ich habe vernommen, daß die Gemeinde im syrischen Antiochien Frieden genießt, den sie eurem Gebet und eurem christlichen Erbarmen verdankt. Da ihr eine Gemeinde Gottes seid, sollt ihr durch Handauflegung einen von euch zum Diakon machen, damit er dort als Gesandter Gottes mit der versammelten Gemeinde feiern und
2 den Namen Gottes loben soll. / Wer als Christ eine solche öffentliche Aufgabe wahrnehmen darf, der ist glücklich zu preisen, und auch ihr werdet dadurch Ruhm ernten. Solch ein Unternehmen ist zur Ehre Gottes durchaus möglich, wenn ihr nur wollt. Auch die Gemeinden in der Nachbarschaft haben Bischöfe oder Älteste und Diakone entsandt.

11

1 Über Philo, den Diakon aus Kilikien, wird Gutes berichtet; er hilft mir zusammen mit Rheus Agathopus bei der Verkündigung von Gottes Wort. Rheus Agathopus ist ein vortrefflicher Mensch, er folgt mir, seit ich in Syrien war. Die Sorgen des irdischen Lebens hat er abgelegt. Philo und Rheus stellen euch auch ein gutes Zeugnis aus. Auch ich danke Gott für euch, denn ihr habt die beiden angenommen wie der Herr euch. Wer sie aber abgelehnt hat, soll seine Rettung suchen in der Gnade Jesu Christi.

Herzliche Grüße von den Brüdern und Schwestern, die in Troas 2
versammelt sind, von wo aus ich euch jetzt schreibe. Burrhus wird den Brief überbringen. Die Epheser und die Smyrnäer haben ihn mir als Ehrengeleit mitgegeben. Jesus Christus, der Herr, wird sie ehren, denn sie hoffen auf ihn mit Leib und Seele, mit Geist und Glauben, in Liebe und Eintracht.
Lebt wohl in Christus Jesus, der unsere gemeinsame Hoffnung ist.

BRIEF DES IGNATIUS AN DIE SMYRNÄER

Ignatius, auch Theophorus genannt, schreibt diesen Brief an die Gemeinde Gottes, des Vaters, und seines Erwählten Jesus Christus zu Smyrna in Kleinasien.
Barmherzig verlieh euch Gott alle Gaben. Ihr seid ganz Glaube und Liebe, euch fehlt kein Himmelsgeschenk, ihr seid Gott wohlgefällig, Heiliges ist euch anvertraut.
Eins mit euch durch Gottes erhabenen Geist und durch sein Wort sende ich euch herzliche Grüße.

1

1 Ich will Jesus Christus, unseren Gott, lobpreisen, der euch durch
diese Gaben an seiner Weisheit teilhaben läßt. Denn ich weiß, daß
ihr unbeirrbar treu seid im Glauben, wie angenagelt am Kreuz un-
seres Herrn Jesus Christus, mit Leib und Seele. Da sich Jesus Chri-
stus töten ließ an eurer Statt, ist seine Liebe euer fester Grund. Ver-
traut ganz auf ihn, unsern Herrn, wahrhaft Mensch aus Davids
Stamm, Gottes Sohn nach Gottes Willen und Kraft, wirklich von
einer Jungfrau geboren, von Johannes getauft, damit er das Maß
2 der Gerechtigkeit ganz erfülle, / wirklich und leibhaftig ans Kreuz
genagelt an unserer Statt unter Pontius Pilatus und Fürst Herodes.
Die Frucht dieses Leidens, für das man Gott preisen kann, ist Erlö-
sung, durch die wir Christen sind. Er hat gelitten, um mit seiner
Auferstehung für allezeit ein weithin sichtbares Zeichen zu setzen,
damit alle an ihn glauben und seine Heiligen werden konnten,
Juden und Heiden, vereint in dem einen Leib seiner Kirche.

2

Er hat all dieses Leiden an unserer Statt auf sich genommen zu unserem Heil. Er hat wirklich gelitten und ist wirklich selbst von den Toten auferstanden. Er hat nicht nur zum Schein gelitten,[1] wie einige sagen, die nicht glauben. Die gibt es wohl selber nur zum Schein! Und was sie denken, werden sie auch selbst erleben, sie werden nämlich ohne Leib als Gespenster herumgeistern.

---

[1] Vgl. Einleitung zu Ignatius.

3

Denn ich glaube, ja ich weiß, daß Jesus auch nach seiner Auferste- 1
hung einen wirklichen Leib hatte. / Als er nämlich zu Petrus und 2
seinen Gefährten trat, sagte er: »Faßt mich an, betastet mich und
seht doch, ich bin kein leibloses Gespenst.« Und sie berührten ihn
sogleich und glaubten, da sie seinen Leib und seinen Geist gespürt
hatten. Deswegen verachteten sie später den Tod. Der Tod konnte
ihnen nichts anhaben. / Nach der Auferstehung aß und trank Jesus 3
mit ihnen leibhaftig, obwohl er im Geist schon mit dem Vater ver-
eint war.

4

Ich hebe dies alles hervor, liebe Gemeinde, weil ich weiß, daß auch 1
ihr so denkt. Ich warne euch aber vor Bestien in Menschengestalt.
Weist sie ab, meidet sogar möglichst jeden Kontakt mit ihnen. Nur
beten sollt ihr für sie, daß sie sich bekehren, was aber wohl schwie-
rig ist. Dazu hat nur Jesus Christus, unser wahres Leben, die
Macht. / Denn wenn das alles unserem Herrn nur zum Schein wi- 2
derfahren ist, dann bin auch ich nur zum Schein gefesselt. Warum
habe ich mich dann dem Tod ausgeliefert, dem Feuer, dem Schwert
und den wilden Tieren? Je näher mir das Schwert kommt, desto nä-
her bin ich Gott. Inmitten der Bestien bin ich mitten in Gott. Wenn
es nur um Jesus Christus geht. Nur um mit ihm zu leiden, dulde ich
alles. Er kann mir die nötige Kraft dazu geben, weil er wirklich
Mensch war.

5

Einige leugnen, daß Jesus ein wirklicher Mensch war, weil sie ihn 1
nicht kennen. Sie verleugnen ihn, aber er hat sie schon vor Gott ver-
leugnet. Denn sie können sich eher mit einem Jesus abfinden, der im
Tod bleibt, als mit einem, der in Gottes Wirklichkeit lebt. Weder die
Worte der Propheten noch das Gesetz des Mose haben sie über-
zeugt, bis jetzt auch nicht die Botschaft des Evangeliums, auch nicht
die Leiden, die jeder einzelne von uns erduldet. / Denn auch über uns 2
denken sie genauso wie über Jesus. Und mit einem, der mich lobt,
aber über meinen Herrn Schlechtes sagt, weil er nicht zugeben kann,
daß er einen menschlichen Leib besaß, kann ich erst recht nichts an-
fangen. Wer seinen Leib leugnet, der hat ihn ganz verleugnet und
trägt seinen eigenen Leib auch nur als Leichnam. / Die Namen dieser 3
Leute, die nicht glauben, will ich gar nicht aufschreiben. Ich möchte
nicht einmal an sie denken, solange sie nicht umdenken und das Lei-
den akzeptieren, das unsere Auferstehung ist.

6

1 Man sollte sich nichts vormachen! Auch den Himmelswesen, auch den Engeln in ihrer Herrlichkeit und den himmlischen Machthabern, seien sie unsichtbar oder sichtbar, droht das Gericht, wenn sie nicht diesen wirklichen gewaltsamen Tod Jesu Christi akzeptieren. Das bedenke jeder für sich. Niemand soll sich auf seinen Rang etwas einbilden. Denn Glaube und Liebe ist das Ganze, nichts ist
2 wichtiger. / Seht denen auf die Finger, die über die uns aus Gnade zuteil gewordene Erlösung Jesu Christi andere Vorstellungen haben. Sie denken nicht nach Gottes Sinn. Nächstenliebe ist ihnen gleichgültig; sie kümmern sich nicht um Witwen und Waisen, nicht um Menschen in Not, nicht um Gefangene und Freigelassene, nicht um Hungernde und Dürstende.

7

1 Sie halten sich fern von Dank- und Lobgebet. Denn sie geben nicht zu, daß man im Dankgebet für den Leib unseres Erlösers Jesus Christus dankt, der für unsere Sünden gelitten und den der Vater gütig auferweckt hat. Diese Menschen, die gegen die Gabe Gottes anreden, werden sich mit ihren Streitereien noch den Tod holen. Sie sollten jedoch lieber geschwisterliche Liebe üben, damit sie aufer-
2 stehen können. / Haltet euch also von solchen Leuten fern! Sprecht weder privat noch öffentlich über sie! Haltet euch vielmehr an die Propheten, besonders aber an das Evangelium, in dem das Leiden Jesu dargestellt und die Verheißung der Auferstehung erfüllt wird. Jedoch meidet Spaltungen! Sie sind der Anfang alles Bösen.

8

1 Folgt alle dem Bischof, wie Jesus Christus dem Vater folgt. Folgt dem Rat der Ältesten, als gälte es den Aposteln. Die Diakone achtet, als gälte es Gottes Gebot. Nichts, was die Gemeinde betrifft, soll ohne Zustimmung des Bischofs geschehen. Es soll nur die Eucharistiefeier gelten, die der Bischof leitet oder die er wenigstens
2 erlaubt. / Wo der Bischof auftritt, sollen sich alle einfinden, so wie in Jesu Christi Gegenwart auch die ganze, weltweite Kirche ist. Ohne Zustimmung des Bischofs darf man nicht taufen und auch keine Gemeindeversammlung, keine »Agape«, abhalten. Denn was der Bischof gutheißt, damit ist auch Gott einverstanden. Das gibt euch Sicherheit, bei allem, was ihr tut.

9
Wir wollen einen klaren Kopf bewahren, solange wir noch Zeit ha- 1
ben, zu Gott umzukehren. Gott und den Bischof anzuerkennen ist
gut. Wer den Bischof ehrt, steht in Ehren bei Gott. Wer hinter dem
Rücken des Bischofs etwas tut, dient dem Teufel. / Daß euch all dies 2
gelinge, möge Gott in seiner Gnade euch reichlich geben. Denn ihr
seid es wert. Ihr habt in jeder Hinsicht für mein Wohl gesorgt, Jesus
Christus wird dasselbe für euch tun. Ihr habt mir eure Liebe ge-
zeigt, nicht nur wenn ich bei euch war, sondern auch sonst. Gott
selbst ist euer Lohn. Um seinetwillen ertragt ihr alles, zu ihm wer-
det ihr gelangen.

10
Ihr habt gut daran getan, Philo und Rheus Agathopous, die mir aus 1
Liebe zu Gott nachgereist sind, aufzunehmen als Treuhänder Chri-
sti, unseres Gottes. Sie danken dem Herrn, daß ihr in jeder Hinsicht
für ihr Wohl gesorgt habt. Nichts von dem, was ihr Gutes getan
habt, ist verloren. / Meine Seele und meine Fesseln gebe ich gerne 2
zum Pfand für euch. Ihr habt sie nicht verachtet, und ihr habt euch
ihrer nicht geschämt. Daher wird auch der sich eurer nicht schä-
men, der die Treue selbst ist, nämlich Jesus Christus.

11
Gott hat euer Gebet für die Gemeinde im syrischen Antiochien er- 1
hört, von wo aus ich nach Gottes Willen als Gefangener unterwegs
bin. Alle Christen dort grüße ich, obwohl ich nicht würdig bin, einer
der ihren zu sein, da ich der Geringste unter ihnen bin. Aber Gott
wollte, daß ich dazugehörte, nicht wegen meines reinen Gewissens,
sondern aus Gnade. Ich bete, daß Gott mir diese Gnade bis zum
Ende gebe, damit ich mit Hilfe eures Gebets zu ihm gelange. / Damit 2
nun euer Tun im Himmel und auf Erden ein gutes Ende findet, sollte
eure Gemeinde Gott zu Ehren jemanden durch Handauflegung zum
Gesandten Gottes bestellen, der in Syrien bei den dortigen Christen
seiner Mitfreude darüber Ausdruck geben soll, daß sie Frieden ha-
ben, daß ihre alte Größe wieder hergestellt wurde und der arme Leib
ihrer Gemeinde wieder gesund geworden ist. / Das scheint mir eine 3
Sache nach Gottes Herzen zu sein. Schickt einen von euch mit einem
Brief dorthin, so daß er einstimmen kann in das Lob des von Gott
geschenkten Friedens, das heißt, daß sie durch euer Gebet sozusagen
den Hafen schon erreicht haben. Da ihr so vortrefflich seid, sollt ihr
auch Vortreffliches ersinnen. Denn wenn ihr das Gute nur tun wollt,
dann wird Gott es euch auch gern ermöglichen.

12

1 Es grüßen euch die lieben Brüder in Troas. Von dort aus schreibe ich euch diesen Brief. Burrhus, den ihr gemeinsam mit euren Brüdern aus Ephesus zu meiner Begleitung abgeordnet habt, wird ihn euch bringen. Er hat in jeder Hinsicht für mein Wohl gesorgt. Alle sollten ihn nachahmen, denn er erfüllt vorbildlich den Dienst Got-
2 tes. Die Gnade Gottes wird ihm dies voll und ganz vergelten. / Ich grüße herzlich euren Bischof, der so ganz nach Gottes Herzen ist, den Rat der Ältesten, die so sind, wie Gott will, meine Mitsklaven, die Diakone, sowie jeden einzelnen und alle aus der Gemeinde. Es schütze euch der Name Jesu Christi, sein Fleisch und Blut, sein Leiden und seine Auferstehung im Leib und im Geist. Ich grüße euch in Verbundenheit mit Gott und mit euch und wünsche euch Gnade, Erbarmen, Frieden und die Kraft zu Geduld allezeit.

13

1 Ich grüße herzlich die Familien meiner Brüder mit Frauen und Kindern, ferner die Jungfrauen, die man Witwen nennt. Lebt wohl in der Kraft Gottes des Vaters! Herzliche Grüße auch von Philo, der
2 bei mir ist. / Ich grüße auch die Familie von Tavia. Ich bete darum, daß sie gefestigt werde in Glauben und Liebe, vor den Menschen und vor Gott. Herzliche Grüße an Alke, an die ich sehnsüchtig denke, ferner an den hochgeschätzten Daphnos sowie an Euteknos und an alle anderen, an jeden einzeln. Lebt wohl in der Gnade Gottes.

BRIEF DES IGNATIUS AN POLYKARP

An Polykarp, den Bischof der Gemeinde der Smyrnäer, der selbst unter dem Bischofsamt Gottes des Vaters und unseres Herrn Jesus Christus steht, von Ignatius, der auch Theophorus genannt wird. Herzliche Grüße sende ich dir.

1

Ich lobe deinen auf Gott gerichteten Sinn, der unerschütterlich ist, 1
als ruhte er auf unbeweglichem Felsen. Ich bin außerordentlich
dankbar, daß ich einen so untadeligen Mann wie dich kennenlernen
durfte; und ich würde mich, in Verbundenheit mit Gott, freuen,
wenn wir weiter in Kontakt bleiben. / Ich möchte dich ermuntern, 2
die Gnade, die du empfangen hast, noch eifriger zu nutzen und allen
ins Gewissen zu reden, damit sie gerettet werden. Nimm dein Amt
wahr in aller Sorgfalt vor den Menschen und vor Gott. Kümmere
dich um die Einheit der Gemeinde, nichts ist wichtiger. Trage alle,
wie auch der Herr dich trägt. Nimm alle in Liebe an, wie du es ja
schon tust. / Bete unaufhörlich darum, daß du noch besser verstehst. 3
Bleibe wach, da du den Heiligen Geist empfangen hast, der des
Schlafes nicht bedarf. Sprich zu jedem einzelnen, wie Gott es tut.
Nimm die Krankheiten aller auf dich, um mit ihnen zu ringen wie
ein vollkommener Wettkämpfer. Je mehr Mühe, desto größer der
Sieg!

2

Wer sich nur mit guten Schülern abgibt, erntet keinen Ruhm. Da- 1
her unterwirf dir lieber sanft die am stärksten von der Dummheit
Befallenen. Nicht jede Wunde wird mit derselben Art von Pflaster
kuriert. Gegen Fieberanfälle verordne feuchte Umschläge. / Ver- 2
halte dich vorsichtig wie eine Schlange in allen Dingen, und sei
allezeit sanft wie eine Taube! Du bist Leib und Heiliger Geist, da-
mit du für das Sichtbare freundliche Worte gebrauchen, für das
Unsichtbare um Offenbarung bitten kannst. So wird dir nichts
entgehen, und du wirst mit reichen Gaben beschenkt sein.
Die Menschen dieser Zeit brauchen jemanden wie dich, um zu 3
Gott zu gelangen. So sehnt sich ein Kapitän nach Wind und ein
vom Sturm Bedrängter nach dem Hafen. Sei wie ein Wettkämpfer
Gottes und laß dir nicht den klaren Blick trüben. Der Siegespreis
ist unvergängliches, ewiges Leben. Das weißt du ja selbst. Ich ver-

pfände mich selbst und meine Fesseln, deren Wert dir ja bewußt ist, für dich.

3

1 Die vertrauenswürdig erscheinen, aber doch anderes lehren, sollen dich nicht erschüttern. Steh fest wie ein Amboß unter den Schlägen. Ein großer Ringkämpfer erträgt alle Schläge und siegt. Gerade um Gottes willen müssen wir alles ertragen, damit auch er uns erträgt.
2 / Werde noch eifriger, als du es schon bist. Beobachte die Zeiten genau. Warte auf den Herrn der Zeiten, der selbst zeitlos ist und unsichtbar, der aber sichtbar wurde um unseretwillen, den man nicht berühren kann und der ohne Leiden ist, der aber gelitten hat um unseretwillen, der alles Erdenkliche um unseretwillen ertragen hat.

4

1 Witwen soll man nicht vernachlässigen. Außer dem Herrn sorge du für sie! Nichts soll geschehen ohne dein Einverständnis. Auch du sollst nichts ohne Gott tun, so hältst du es ja auch schon. Sei stand-
2 haft! / Halte häufiger Versammlungen ab! Gehe allen einzeln nach!
3 / Schätze Sklaven und Sklavinnen nicht gering. Aber auch sie selbst sollen nicht überheblich werden, sondern zur Ehre Gottes noch eifriger dienen, um von Gott die bessere Freiheit zu erlangen. Sie sollen nicht danach trachten, auf Kosten der Gemeinde freigekauft zu werden, denn sonst sind sie nur wieder irdischer Sklaven Bedürfnisse.

5

1 Meide die Künste, die der Teufel gelehrt hat: Magie, Giftmischerei, Waffenschmieden und Schminken. Warne davor in der Predigt. Den Frauen, meinen Schwestern, sage: »Liebt den Herrn und seid mit eurem Leib und eurer Seele zufrieden mit dem Lebenspartner, den ihr habt.« Ebenso verkündige auch den Männern, meinen Brüdern, im Auftrag Jesu Christi: »Liebt eure Frau so wie der Herr die
2 Kirche.«[1] / Wenn jemand in heiliger Keuschheit bleiben kann nach dem Vorbild und zur Ehre Jesu, dann soll er damit nicht prahlen. Wenn er prahlt, ist er verloren. Und wenn er deshalb höher angesehen ist als der Bischof, dann ist er nicht zu retten. Männer und Frauen sollen nur mit Zustimmung des Bischofs heiraten. So soll die Heirat dem Willen des Herrn und nicht der bösen Lust gehorchen. Tut alles zur Ehre Gottes!

---

[1] Vgl. Eph 5,25-32.

6
Hört auf den Bischof, damit auch Gott euch erhört! Ein Pfand will 1
ich sein für alle, die sich dem Bischof, den Ältesten und den Diako-
nen unterwerfen. Mit ihnen möchte ich teilhaben an Gott. Teilt al-
les: eure Mühen, eure Kämpfe, euren Lauf, eure Leiden, euer Schla-
fen und Aufstehen, denn ihr seid Hausverwalter, Wirtschafter und
Gehilfen Gottes. / Versucht es dem recht zu machen, dessen Truppe 2
ihr seid, von dem ihr auch den Sold empfangt. Keiner von euch soll
als Deserteur dastehen! Die Taufe sei euer Waffenarsenal, der
Glaube euer Helm, die Liebe euer Speer, die Geduld eure Rüstung.[2]
Eure Werke sollen Spareinlagen sein, damit ihr ein ordentliches
Guthaben erhaltet. Seid langmütig und sanft miteinander. So ist
auch Gott mit euch. Ich möchte allezeit meine Freude haben an
euch.

7
Da die Gemeinde im syrischen Antiochien, wie ich erfahren habe, 1
dank euren Gebets Frieden hat, habe ich meine Sorgen Gott über-
lassen und bin jetzt zuversichtlicher, daß ich durch Leiden zu Gott
komme und bei der Auferstehung als euer Jünger dastehen kann. /
Vortrefflicher Polykarp, ihr solltet eine Versammlung nach Gottes 2
Willen abhalten und durch Handauflegung jemanden, den ihr sehr
schätzt und der ausdauernd ist, zum Kurier Gottes bestellen, damit
er nach Syrien reisen und dort eure ausdauernde Liebe zur Ehre
Gottes loben darf. / Denn ein Christ hat über sich selbst keine Ver- 3
fügungsgewalt, sondern er steht Gott zur Verfügung. Wenn ihr dies
tut, dann ist es Gottes und euer Werk. Ich vertraue darauf, daß
Gott euch zu diesem guten Gotteswerk beflügelt. Da ich weiß, wie
sehr ihr nach Wahrheit strebt, habe ich mich hier kurz gefaßt.

8
Da ich nach Gottes Willen nun sehr plötzlich von Troas nach Nea- 1
pel transportiert werde, kann ich nicht allen Gemeinden selbst
schreiben. Schreibe du an die Gemeinden, die an dem Weg, den ich
zurückgelegt habe, weiter in Richtung Antiochien liegen, denn du
denkst wie Gott. Sie sollen auch je einen Kurier nach Syrien senden.
Wenn sie selbst Boten haben, sollen sie diese schicken. Sonst sollen
sie Briefe durch deine Boten überbringen lassen, damit ihr durch
diese denkwürdige Unternehmung berühmt werdet, wie du es ver-
dienst. / Ich grüße alle einzeln und auch die Witwe des Epitropos 2

[2] Vgl. 1 Thess 5,8; Eph 6,14-18.

mit ihrem ganzen Haus und den Kindern. Ich grüße auch meinen
Freund Attalus herzlich. Ich grüße den, der die Ehre haben wird,
nach Syrien entsandt zu werden. Gnade sei mit ihm allezeit und mit
3 Polykarp, der ihn entsendet. / Ich bete darum, daß es euch in Ver-
bundenheit mit Jesus Christus, unserem Gott, immer wohl ergehen
möge. Bleibt eins mit Gott und unter seiner Obhut. Herzliche
Grüße an Alke, an die ich sehnsüchtig denke. Lebt wohl in der Gemeinschaft des Herrn!

12

1 Ich grüße euch aus Smyrna zusammen mit den Vertretern der Ge-
meinden Gottes, die bei euch sind und die in jeder Hinsicht
menschlich und geistlich für mein Wohlergehen gesorgt haben. /
2 Daß ich meine Fesseln um Jesu Christi willen trage und bete, zu
Gott zu gelangen, soll euch folgendes lehren: Bleibt weiter einträch-
tig und betet gemeinsam. Denn ihr alle, besonders auch die Älte-
sten, solltet den Bischof entlasten und erfreuen zur Ehre Gottes,
3 Jesu Christi und der Apostel. / Hört bitte in Liebe auf mich, damit
mein Brief nicht zum Beweismittel gegen euch wird. Und betet für
mich, denn ich benötige eure solidarische Fürsprache, damit der
barmherzige Gott mich nicht für unbrauchbar hält, sondern mich
mein Ziel erreichen läßt.

13

1 Smyrnäer und Epheser grüßen euch herzlich. Denkt in euren Gebe-
ten auch an die Kirche Syriens, zu der ich mich in meiner Unwür-
2 digkeit kaum rechnen darf. / Lebt wohl in der Gemeinschaft mit Je-
sus Christus. Unterwerft euch dem Bischof, als gälte es dem Gebot
Gottes, ebenso auch dem Rat der Ältesten, und liebt einander ohne
3 Ausnahme mit ungeteiltem Herzen. / Ich verpfände mich für euch
bei Gott, nicht nur jetzt, sondern auch, wenn ich zu ihm gelange.
Noch bin ich in Gefahr. Doch Gott Vater ist ein treuer Gott. Und
er wird dank der Fürsprache Jesu Christi meine und eure Bitte er-
füllen. Er gebe, daß ihr in Gemeinschaft mit Jesus Christus frei
bleibt von Schuld.

Hermas: Der Hirt des Hermas

Der »Hirt des Hermas« (abgekürzt: PHerm) müßte eigentlich heißen: »Der Hirt, den Hermas gesehen hat«. Es handelt sich um die umfangreichste erhaltene Schrift des frühen Christentums. Von vielen alten Zeugen wird diese Schrift als kanonisch angesehen. So ist sie mit Barn zusammen Teil der Bibel nach dem Codex Sinaiticus (4. Jh., aufbewahrt in London, stammt aus dem St.-Katharinen-Kloster am Sinai), Irenäus v. Lyon (2. Jh.) und Pseudo-Cyprian (3. Jh.) zitieren den Text als »Schrift« bzw. als »Heilige Schrift«. Der Kirchenvater Clemens von Alexandrien zitiert oft aus dieser Schrift. Das Kanonverzeichnis des Canon Muratori (2./3. Jh.) bezeichnet diese Schrift zwar nicht als kanonisch, jedoch als lesenswert. Offen abgelehnt wird die Schrift bei Origenes, Montanisten und in der PetrApk(kopt) aus Nag Hammadi. Die letzteren Zeugnisse setzen sich alle mit der umstrittenen Bußlehre des PHerm auseinander.
Die Schrift umfaßt fünf »Visionen« (abgekürzt als Herm vis), zwölf Mandata (Gebote) (abgekürzt als Herm mand) und zehn Similitudines (Gleichnisse) (abgekürzt als Herm sim).

Überlieferung: Seit langem bekannt ist die lateinische Übersetzung (sie erschien 1513 erstmalig im Druck). Im 19. Jahrhundert wurden zwei griechische Versionen entdeckt (auf dem Athos und im Sinaikloster), dazu Papyrusfragmente. Bekannt sind eine äthiopische und eine sahidische Übersetzung, dazu mittelpersische Fragmente. – Der Schluß der griechischen Version fehlt, und man hat den Auffinder der Athos-Handschrift in Verdacht, den Schluß der griechischen Handschrift einfach aus dem Lateinischen übersetzt zu haben.

Verfasser: Im Canon Muratori, dem 1740 von L. A. Muratori in der Bibliotheca Ambrosiana in Mailand in einer Handschrift des 8. Jh.s gefundenen Kanonverzeichnis aus dem 2./3. Jh., heißt es über diese Schrift: »Neulich hat in unserer Zeit in der Stadt Rom Hermas den »Hirten« verfaßt, der Bischof Pius war sein Bruder. Und daher soll man die Schrift zwar lesen, doch in der Kirche kann er dem Volk weder als Prophet – deren Zahl ist voll – noch als Apostel am Ende der Zeiten öffentlich vorgestellt werden.«

Man geht davon aus, daß der Verfasser um 120 n. Chr. diese Schrift niedergeschrieben hat. N. Brox rechnet mit einem etwas späteren Datum.

Eigenart und Name der Schrift: Der »Hirt des Hermas« besteht durchgehend aus Visionsberichten. Daher ist ebenso der Ich-Stil zu erklären wie auch die autobiographischen Notizen. Zur Gattung Vision gehört auch der Tadel an der Neugier bzw. Dummheit des Offenbarungsempfängers durch den »angelus interpres«, d. h. die vom Himmel gesandte Figur, die das Geschaute deutet. – Die Gattungsbestimmung von M. Dibelius und Ph. Vielhauer als »Apokalypse« ist nach neuerer Sprachgewohnheit nicht mehr angebracht, da man Apokalypse auf typische Endzeit-Texte bezieht. – Ähnlich dem 4. Esra-Buch geht es hier um eine Reihung von Visionsberichten.
Der Name der Schrift kommt daher, daß in zahlreichen Visionen der Deuteengel als ein Mann in weißen Ziegenfellen erscheint. Damit sieht er zeitgenössischen Hirten ähnlich, gleichzeitig aber ist Weiß die Farbe des Himmelsboten. Es ergibt sich auch eine Beziehung zum Hirtenamt von christlichen Gemeindeleitern.
Nach M. Dibelius (S. 425) ist der »Hirt des Hermas« ein »Denkmal des Alltagschristentums der kleinen Leute und breiten Schichten ... deren Leben auch innerlich zu verchristlichen sein Buch beabsichtigt.«

Theologie: Das Hauptgewicht der Schrift liegt auf der Ethik. Diese ist an jüdisch-hellenistischer und allgemein frühchristlicher Popularethik orientiert. Askese ist ebenso bestimmend wie der Ausgleich zwischen arm und reich. Zum Erbe der antiken Popularethik gehört es, daß immer wieder die maßlose Triebhaftigkeit bekämpft wird.
Weder der Sühnetod Jesu noch seine Auferstehung spielen eine erkennbare Rolle. Stattdessen sind die Lehre vom Heiligen Geist, die Geist-Christologie und Ekklesiologie besonders wichtig. – In der Ekklesiologie liegt die besondere theologische Leistung des »Hirten des Hermas«. Die einzelnen verwendeten Bilder, zum Beispiel das Bild vom Turm als Symbol für die Kirche, sind insgesamt einer einzigen konsequenten Linie verpflichtet: Die kirchliche Binnendifferenzierung wird wahrgenommen und theologisch diskutiert. In Differenz zu Paulus (z. B. 1 Kor 12) geht es dabei nicht um die unterschiedlichen Gnadengaben, sondern um differenzierte moralische Qualität. In den Visionen 1-4 ist die Kirche als weibliche Figur

Trägerin der Offenbarung. Sie ist präexistent und trägt Attribute, die im Neuen Testament Jesus hat.
In der Wirkungsgeschichte wurde speziell die Bußlehre dieser Schrift wichtig. Im 1. und 2. Jahrhundert war besonders die Frage umstritten, ob getaufte Christen, die nach der Taufe schwer gesündigt haben, noch einmal neu, »von vorne anfangen« können. Überall dort, wo die Taufe der Christen mit der Gabe des Heiligen Geistes verbunden war (zum Beispiel im Hebr: vgl. 6,4-6), ist die Initiation nicht wiederholbar. Wo es sich dagegen um eine bloße Umkehrtaufe handelt, scheint die Umkehrpredigt durchaus wiederholbar, und mit ihr auch das Angebot der Sündenvergebung nach erfolgter Buße. Auf dieser Linie stehen die Gemeindebriefe der Offenbarung des Johannes (Apk 2-3), die jeweils die Umkehrforderung an Gemeinden stellen, die schon länger Christen sind, aber auch der »Hirt des Hermas«. Die durch den als Engel vom Himmel kommenden Hirten legitimierte Offenbarung besagt: Nur einmal, und zwar jetzt, gibt es eine zweite Chance für diejenigen, die als Christen schwer gesündigt haben. Für alle, die erst Christen werden wollen, gilt nur das Übliche (Umkehr bei der Taufe). Durch diese Einschränkungen wird verhindert, daß man diese Regelung als Freibrief zum Sündigen ausnutzt. Der »Hirt des Hermas« ist in der Folge wegen Laxheit von rigorosen Gruppen angegriffen worden, während er für die Großkirche ein Meilenstein auf dem Weg zur Entwicklung des kirchlichen Bußwesens war.

Textgrundlage: M. Leutzsch: Hirt des Hermas, in: U. H. J. Körtner, M. Leutzsch: Papiasfragmente, Hirt des Hermas (Schriften des Urchristentums 3), Darmstadt 1998.
Sekundärliteratur: N. Brox: Der Hirt des Hermas, Göttingen 1991; M. Dibelius: Der Hirt des Hermas (HNT, Erg.-Bd. Die apostolischen Väter IV), Tübingen 1923.

VISIONEN

Vision 1

1

1 Mein Ziehvater hatte mich an eine Frau namens Rhode nach Rom
verkauft. Als ich sie [nach meiner Freilassung] viele Jahre später
2 wiedersah, gewann ich sie lieb, zunächst wie eine Schwester. / Doch
dann sah ich sie zufällig einmal im Tiber baden. Ich reichte ihr
meine Hand, um ihr aus dem Wasser zu helfen, und als ich sah, wie
schön sie war, schoß mir der Gedanke durch den Kopf: Wie glück-
lich wäre ich, wenn ich eine Frau hätte, die so wunderbar aussieht
und ein solches Auftreten hat! Ich wollte nur noch dieses und gar
nichts anderes mehr.
3 Einige Zeit später war ich zu Fuß unterwegs in eines der Dörfer.[1]
Auf dem langen Weg dorthin bewunderte ich Gottes Kreaturen in
ihrer Größe, Schönheit und Kraft. Irgendwann schlief ich ein. Da
ergriff mich ein Engel und entrückte mich, mitten durch eine un-
wegsame Gegend, in der kein Mensch hätte wandern können. Die
Gegend war abschüssig und von Sturzbächen zerklüftet. Ich watete
durch einen Fluß und gelangte zu einem Ackerfeld auf ebenem Ge-
lände. Da kniete ich nieder und fing an, zu Gott zu beten und ihm
meine Sünden zu bekennen.
4 Während ich noch betete, öffnete sich der Himmel einen Spaltbreit,
und ich erblickte die Frau, nach der ich mich sehnte. Sie sagte vom
5 Himmel her: »Ich grüße dich, Hermas!« / Ich blickte sie an und
fragte: »Verehrte Frau, was machst du hier?« Sie antwortete: »Ich
bin entrückt worden, um vor Gott, dem Herrn, deine Sünden auf-
6 zudecken.« / Ich fragte sie: »Willst du mich jetzt anklagen?«
»Nein«, sagte sie, »höre lieber auf das, was ich dir sagen will: Gott,
der Gott im Himmel, der aus dem Nichts das geschaffen hat, was
ist, und der es sich vermehren und wachsen ließ um seiner heiligen
Kirche willen, ist zornig auf dich, weil du dich mir gegenüber
7 schamlos verhalten hast.« / Ich erwiderte: »Ich soll mich dir gegen-
über schamlos verhalten haben? Wie denn? Habe ich vielleicht ir-
gendwann ein häßliches Wort zu dir gesagt? Ich habe dich immer
wie eine Göttin verehrt, dich immer als meine Schwester betrach-

[1] Geht es hier schon – wie dann in Vision 2,1 – um Cumae? (Vgl. dazu Fußnote 10.)

tet. Was für böse, schwerwiegende Unwahrheiten sagst du da über
mich!« / Sie lachte und sagte: »Böse Begierde ist in deinem Herzen 8
aufgestiegen. Für einen Mann, der gerecht sein möchte, ist es keine
Kleinigkeit, wenn sich die böse Lust in seinem Herzen breitmacht.
Das ist eine Sünde, und zwar eine große! Ein anständiger Mensch
richtet auch seine Gedanken entsprechend aus. Dann ist auch sein
Ansehen im Himmel groß, und Gott wird all sein Tun wohlwollend
begleiten. Menschen, die Böses aushecken, ziehen sich dagegen Tod
und Gefangenschaft zu. Das gilt besonders für Leute, die am lieb-
sten die ganze Welt aufkaufen wollen, die mit ihrem Besitz angeben
und von den Gütern der zukünftigen Welt nichts halten. / Sie wer- 9
den das noch bereuen, denn sie sind Menschen, die nichts zu erhof-
fen haben, sondern an sich und ihrem Leben verzweifeln. Du aber
solltest zu Gott beten. Dann wird er heilen, was du selbst und ihr
alle, deine ganze Familie und alle Christen,[2] falsch gemacht habt.«

2

Als die Frau das gesagt hatte, schloß sich der Himmel wieder. Ich 1
war ganz allein, voller Schrecken und Trauer. »Wenn mir schon
solch ein Vergehen angekreidet wird«, sagte ich mir, »wie kann ich
dann überhaupt gerettet werden? Wie soll ich dann erst Gott we-
gen der Sünden versöhnen, die ich wirklich begangen habe? Mit
welchen Worten kann ich ihn bitten, daß er mir gnädig ist?«
Als mir dies alles so durch den Kopf ging, sah ich plötzlich vor mir 2
einen großen weißen Sessel aus schneeweißer Wolle. Eine alte Frau
in einem hell leuchtenden Mantel trat auf mich zu. In ihrer Hand
hielt sie ein Buch. Sie setzte sich auf den Sessel und wandte sich an
mich: »Sei gegrüßt, Hermas.« Noch immer betrübt und unter Trä-
nen erwiderte ich: »Sei gegrüßt, verehrte Frau.« / Sie fragte mich: 3
»Warum bist du so traurig, Hermas? Du bist doch sonst so gelassen
und nicht aus der Fassung zu bringen, du lachst doch immer.
Warum siehst du so niedergeschlagen und gar nicht fröhlich aus?«
Ich antwortete: »Weil eine sehr nette Frau zu mir gesagt hat, ich
hätte mich ihr gegenüber schamlos verhalten.« / Sie antwortete: 4
»Was du getan hast, darf einer, der an Gott glaubt, nicht tun. Denn
auf jeden Fall hast du diese Frau doch in deinem Herzen begehrt.[3]
Für die, die an Gott glauben, ist ein solcher Wunsch Sünde. Denn
böse Lust auf eine böse Tat ist schon als Gedanke schrecklich und

[2] Wörtlich: alle Heiligen (Kollektivbezeichnung für Christen schon bei Paulus).

[3] Vgl. Mt 5,28.

abscheulich, besonders wenn man so einen würdigen und bewährten Charakter hat wie du, Hermas. Denn du warst doch der Enthaltsame, der immer der bösen Lust aus dem Wege ging, du warst stets unverdorben und grundanständig.

3

1 Doch nicht aus diesem Grund zürnt dir Gott. Vielmehr sollst du deine Kinder wieder auf den rechten Weg bringen, denn sie haben gegen Gott und gegen euch Eltern unrecht getan. Doch aus Liebe zu ihnen hast du sie nicht in die Schranken gewiesen, sondern schrecklich ins Unglück rennen lassen. Deswegen zürnt dir der Herr. Doch er wird alles Böse heilen, das in deiner Familie war. Denn du bist durch ihr Unrecht und ihre Verfehlungen schon genug
2 bestraft, weil sie eure Lebensgrundlage zerstört haben. / Doch der barmherzige Gott zeigt Erbarmen mit dir und deinen Kindern, er wird dich stärken und dir in seiner Herrlichkeit einen festen Halt geben. Doch nimm das alles nicht auf die leichte Schulter, sei vielmehr zuversichtlich und stärke deine Familie. Wie der Schmied sein Eisen mit dem Hammer bearbeitet, damit es so wird, wie er es haben will, so kann das tägliche glaubwürdige Wort jede Bosheit besiegen. Laß dir die Erziehung deiner Kinder auch weiterhin angelegen sein. Denn es ist ja bekannt[4]: Wenn sie aus ganzem Herzen umkehren, dann werden sie zusammen mit allen Heiligen in die Bücher des Lebens eingetragen.«
3 Als die Frau ihre Rede beendet hatte, fragte sie mich: »Soll ich dir etwas vorlesen?« Ich bejahte. Sie sagte: »Höre gut zu und vernimm Gottes Wundertaten[5]!« So hörte ich große und wunderbare Dinge, die ich mir aber nicht merken konnte.[6] Denn alle diese Dinge waren so ungeheuerlich, daß ein Mensch sie nicht ertragen kann.[7] Nur an die letzten Worte kann ich mich erinnern. Sie waren für uns zuträg-

4 Wörtlich: »Denn ich weiß« – derartige Formeln leiten stets traditionellen Wissensbestand ein und rekurrieren auf anerkannte Tradition.

5 Wörtlich: »Herrlichkeiten«. Gemeint sind himmlische Regionen im Sinne frühjüdischer Mystik (vgl. etwa das hebräische Henochbuch); auch das Neue Testament redet von »Herrlichkeit(en)« im Sinne himmlischer Rangstufen (vgl. Judas 8; 2 Petr 2,10). Hier geht es wohl um die wunderbaren Taten Gottes, die Erweise seiner Herrlichkeit sind.

6 Daß man visionär Vernommenes behalten kann, setzt nämlich zusätzlichen Beistand voraus, oft zumindest ein Gebet. Im JohEv bedarf es des Parakleten, um die Offenbarung Jesu zu behalten (Joh 14,26).

7 Es kann sich um den Bericht über eine Himmelsreise handeln. Dazu vgl. 2 Kor 12,4: Auch hier hört Paulus Dinge, die über das Fassungsvermögen hinausgehen.

lich und mild. / (Sie lauteten:) »Es geht um den Gott, den Herrn der 4
himmlischen Mächte.[8] Er hat mit unsichtbarer Macht und mit sei-
ner mächtigen, großen Weisheit die Welt geschaffen. Nach seiner
wunderbaren Absicht hat er seine Schöpfung mit Schönheit ge-
schmückt. Mit kräftigem Wort hat er den Himmel fest werden las-
sen.[9] Er hat die Erde auf Wasser gegründet. In seiner Weisheit und
Fürsorglichkeit hat er seine heilige Kirche gestiftet und sie gesegnet.
Dieser Gott kann Himmel und Berge, Hügel und Meere versetzen,
so daß alles für seine Auserwählten zum geraden Weg und zum ebe-
nen Gefilde wird. So erfüllt er die Verheißung, die er ihnen einst
gab, denn er krönt sie mit Herrlichkeit und schenkt ihnen große
Freude, wenn sie nur die Gebote Gottes bewahren, die sie voll Ver-
trauen und bereit zur Treue angenommen haben.«

4

Als die Frau zu lesen aufgehört und sich von ihrem Sessel erhoben 1
hatte, kamen vier junge Männer, nahmen den Sessel und gingen in
Richtung Osten davon. / Die Frau rief mich zu sich, tippte mir auf die 2
Brust und fragte: »Na, hat dir das gefallen, was ich dir vorgelesen
habe?« Ich erwiderte: »Verehrte Frau, das letzte hat mir gefallen, das
davor war etwas schwierig und anstrengend.« Sie sagte: »Das letzte
war für die Gerechten, das davor für die Heiden und die abgefalle-
nen Christen.« / Während sie noch mit mir redete, erschienen zwei 3
Männer, nahmen sie beim Arm und geleiteten sie in dieselbe östliche
Richtung davon, in die auch der Sessel fortgetragen worden war. Sie
ging heiter mit und rief mir im Weggehen zu: »Nur Mut, Hermas!«

Vision 2

1

Etwa ein Jahr später ging ich wieder nach Cumae[10] und dachte auf 1
dem Fußmarsch an die Vision vom Jahr zuvor. Da wurde ich wieder
von einem Engel entrückt und an denselben Ort gebracht wie im
Vorjahr. / Als ich zu dem Ackerfeld kam, kniete ich nieder und fing 2
an, zu Gott zu beten und seinen Namen zu loben, weil er mich in sei-

[8] So die LXX für »Herr der Heerscharen«, im NT: vgl. 1 Petr 3,22; M Polyk.

[9] Deshalb heißt der Himmel »firmamentum«, weil er stark und fest ist.

[10] Im Griechischen: »in die Dörfer« (komas). Aufgrund der lateinischen Fassung vermuten die meisten, es handle sich um Cumae (griechisch müßte es geheißen haben: koumas). Das wäre für die Identität der erschienenen Frau wichtig, denn in Cumae wohnt die Sibylle.

3 ner Gnade meine früheren Vergehen hatte wissen lassen. / Als ich
vom Beten wieder aufgestanden war, erblickte ich die alte Frau vor
mir, die ich im Jahr zuvor gesehen hatte. Sie wandelte umher, in die
Lektüre eines kleinen Buches vertieft. Auf einmal fragte sie mich:
»Meinst du, daß du den Inhalt dieses Buches den Christen, denen
also, die Gott sich ausgesucht hat, mitteilen kannst?« Ich erwiderte:
»Verehrte Frau, so viel kann ich nicht behalten. Gib mir doch das
4 kleine Buch, dann schreibe ich es ab.« / Ich nahm das Buch, zog mich
in eine Ecke des Feldes zurück und schrieb alles Buchstabe für Buch-
stabe ab, denn die Silben konnte ich nicht identifizieren.[11] Als ich
alle Buchstaben des kleinen Buches abgeschrieben hatte, wurde es
mir plötzlich aus der Hand gerissen. Ich konnte nicht sehen, von
wem.

2

1 Danach fastete ich fünfzehn Tage lang und betete viel zu Gott.
Dann wurde mir offenbart, was die Schrift bedeutete. Es war fol-
2 gendes: / »Hermas, deine Kinder haben Gott mißachtet, gegen den
Herrn böse, unrechte Worte gesagt und ihre Eltern in großer Bos-
heit verraten. Sie mußten sich ›Elternverräter‹ schimpfen lassen,
hatten aber von ihrem Verrat keinen Vorteil. Vielmehr verkamen
sie moralisch immer noch mehr und gaben sich den schlimmsten
sexuellen Ausschweifungen hin, bis das Maß für sie voll war. /
3 Teile dies deinen Kindern mit und auch deiner Frau, die in Zu-
kunft nur noch wie deine Schwester sein wird. Denn auch sie hält
sich mit ihrer Zunge nicht zurück und richtet mit ihr Böses an.
Doch wenn sie dies alles hört, wird sie sich zusammennehmen und
4 Erbarmen finden. / Wenn du deiner Familie alles das, was ich dir
im Auftrag des Herrn offenbare, mitgeteilt hast, dann werden ih-
nen alle Sünden vergeben, die sie vorher begangen haben. Das gilt
auch für alle anderen Christen[12] und ihre Sünden bis zum heutigen
Tag. Sie sollten nur aus ganzem Herzen umkehren und alle Gleich-
5 gültigkeit[13] aus ihrem Herzen verbannen. / Denn Gott hat es sei-
nen Auserwählten bei seiner Herrlichkeit geschworen[14]: Wer sich

---

[11] Daher muß es sich um eine Schrift ohne Vokale handeln, denn sonst wären Silben identifizierbar. Ohne Vokale wurde damals Hebräisch/Aramäisch geschrieben. Das gehört sich auch für ein Himmelsbuch so.

[12] Wörtlich: »Heiligen«.

[13] Andere Möglichkeit: »Zweifel«. Das griechische Wort bedeutet auch »Unentschlossenheit«.

[14] Vgl. zu diesem Satz die Amen-Einleitungen in Jesus-Worten der Evangelien. Auch das Amen ist eine Schwurformel.

nach diesem Stichtag noch schwer vergeht, kann nicht gerettet
werden. Denn die Frist, in der die schon gerechtfertigten Christen
noch umkehren können, ist zu Ende. Für alle Christen gibt es nun
keine Möglichkeit mehr, ein zweites Mal umzukehren. Für die
Heiden gibt es dagegen die Möglichkeit zur (ersten) Bekehrung bis
zum Jüngsten Tag. / Richte nun den Vorstehern der Kirche aus, sie 6
sollen ihren Weg geradlinig und gerecht gehen, damit sie Gottes
reiche, herrliche Verheißungen empfangen können. / Wer gerecht 7
handelt, soll es weiter tun und nicht gleichgültig werden, damit ihr
gemeinsam mit den heiligen Engeln freien Zugang zu Gott habt.
Selig seid ihr, wenn ihr die künftige Bedrängnis aushaltet und den
nicht verleugnet, der euer ewiges Leben ist. / Denn der Herr hat 8
bei seinem Sohn geschworen: ›Wer den Herrn verleugnet, dem
wird das ewige Leben aberkannt.‹[15] Das gilt von jetzt ab und bis
in die Zukunft für alle, die ihn verleugnen. Mit denen aber, die ihn
früher schon verleugnet haben, geht der Herr in seinem großen Erbarmen gnädig um.

3

Und du, Hermas, trage deinen Kindern nichts mehr nach und 1
kümmere dich um deine Schwester, damit sie [umkehren und so]
von ihren früheren Sünden frei werden. Gerade dadurch, daß du
ihnen nichts mehr nachträgst, werden sie auf den richtigen Weg
gebracht. Denn wer Böses nicht vergessen kann, bewirkt Tod,
doch wer es vergessen kann, bewirkt ewiges Leben. Und dich,
Hermas, hat das Unrecht, das deine Familie verursacht hat, in
große persönliche Bedrängnis gebracht. Du hattest dich nicht genügend um sie gekümmert, sondern sie viel zu sehr sich selbst
überlassen, weil du dich ganz von deinen bösen Geschäften hast
vereinnahmen lassen. / Doch daß du nicht vom lebendigen Gott 2
abgefallen bist, das rettet dich jetzt. Außerdem warst du umgänglich und sehr bescheiden. Wenn du weiter so lebst, wird das deine
Rettung sein, und alle, die so handeln und die gerecht und friedfertig leben, werden gerettet werden. Denn solche Menschen überwinden alle Bosheit und werden für immer leben können, in Ewigkeit. / Selig alle, die gerecht handeln, sie werden für immer behütet 3
sein. / Sag dem Maximus: ›Man wird euch sehr in Bedrängnis 4
bringen. Wenn du willst, leugne wieder ab. Doch der Herr ist ganz
nahe bei denen, die umkehren.‹ So steht es im Buch ›Eldad und

[15] Vgl. Mt 10,33; Lk 12,9. Der »Schwur« weist auf eine Amen-Formulierung.

Modad‹[16] geschrieben; diese beiden waren Propheten für das Volk in der Wüste.«

4

1 Als ich schlief, liebe Brüder und Schwestern, erschien mir ein junger Mann von himmlischer Gestalt und sagte zu mir: »Wer, meinst du, war die alte Frau, von der du das kleine Buch bekommen hast?« Ich sagte: »Die Sibylle.« Der junge Mann erwiderte: »Falsch! Sie ist es nicht.« »Wer war es denn dann?« fragte ich. »Die Kirche«, sagte er. Ich fragte ihn: »Warum ist sie eine so alte Frau?« Er erwiderte: »Sie wurde als erstes von allem erschaffen. Deswegen ist sie so alt, und ihretwegen wurde die Welt geschaffen.«[17]
2 Danach erlebte ich eine Vision in meinem Haus. Die alte Frau kam und fragte mich, ob ich das Büchlein schon den Ältesten gegeben hätte. Ich verneinte. »Da hast du recht getan«, sagte sie. »Denn ich muß noch einige Worte hinzufügen. Aber wenn ich meine Worte abgeschlossen habe, dann sollst du sie allen Christen[18] bekannt-
3 machen. / Stelle von dem kleinen Buch zwei Abschriften her und schicke die eine an Clemens, die andere an Grapte. Clemens soll es an die auswärtigen Städte schicken, das ist seine Aufgabe. Grapte aber soll damit die Witwen und Waisen ermahnen. Du aber lies es in dieser Stadt gemeinsam mit den Presbytern vor, die die Kirche leiten.«

Vision 3

1

1 Die dritte Vision, die ich sah, Brüder und Schwestern, verlief so: /
2 Ich hatte viel gefastet und den Herrn gebeten, er möge mir die Offenbarung zeigen, die er mir durch die alte Frau angekündigt hatte. Da erschien mir in derselben Nacht die alte Frau und sagte: »Da du so eifrig und hartnäckig darauf aus bist, alles zu erfahren, geh auf den Acker, wo du deine Graupen anbaust. Dort werde ich dir gegen elf Uhr vormittags erscheinen und dir offenbaren, was du sehen
3 mußt.« / Ich fragte sie: »Verehrte Frau, an welche Stelle des Feldes soll ich kommen?« Sie erwiderte: »Wohin du willst.« So suchte ich einen schönen abgelegenen Platz aus. Noch bevor ich zu ihr sprechen und ihr den Platz nennen konnte, sagte sie mir: »Ich werde zu

[16] Leider sind weitere Zitate aus diesem Buch nicht erhalten. Es findet sich aber bisweilen in Kanon-Verzeichnissen.
[17] Vgl. ThomasEv 13 (Jakobus).
[18] Wörtlich: »Auserwählten«.

der Stelle kommen, die du ausgesucht hast.« / Ich ging nun, liebe 4
Brüder und Schwestern, auf das Feld, schätzte die Stunden und be-
gab mich an die Stelle, zu der ich sie bestellt hatte. Da sah ich eine
Bank aus Elfenbein stehen, darauf lag ein leinenbezogenes Kissen
und darüber ein feines Leinentuch. / Als ich dies alles erblickte, 5
aber sonst niemanden wahrnahm, befiel mich Entsetzen, ich fing an
zu zittern, und die Haare standen mir zu Berge. Dann verfiel ich in
eine Art tiefes Grauen, da ich ganz allein war. Als ich wieder zu mir
kam, erinnerte ich mich an Gottes Herrlichkeit und faßte neuen
Mut. Ich kniete nieder und bekannte dem Herrn meine Sünden wie
beim erstenmal. / Da kam die alte Frau, diesmal in Begleitung von 6
sechs jungen Männern, die ich schon früher gesehen hatte. Sie
stellte sich neben mich und hörte zu, wie ich betete und dem Herrn
meine Sünden bekannte. Dann tippte sie mir auf die Schulter und
sagte: »Hermas, du mußt nicht nur immer für deine eigenen Sün-
den bitten. Bete auch darum, daß ihr, du und deine Familie, wenig-
stens ein wenig rechtschaffen leben könnt.« / Danach ergriff sie 7
meine Hand, zog mich hoch, führte mich zu der Bank und sagte zu
den jungen Männern: »Geht zur Baustelle.« / Als die jungen Män- 8
ner weggegangen und wir allein waren, sagte sie zu mir: »Setz dich
auf die Bank!« Ich entgegnete: »Die Älteren[19] zuerst!« Doch sie
wiederholte: »Setz dich hin.« / Als ich auf der rechten Seite der 9
Bank Platz nehmen wollte, hielt sie mich zurück und gab mir mit
der Hand einen Wink, ich solle mich links hinsetzen. Als ich be-
trübt dastand und darüber nachdachte, warum sie mich nicht
rechts sitzen lassen wollte[20], sagte sie: »Sei nicht enttäuscht, Her-
mas! Der Platz auf der rechten Seite ist für diejenigen reserviert, die
Gott schon liebgewonnen hat und die für seinen Namen schon ge-
litten haben. Dir fehlt noch viel, daß du bei ihnen sitzen dürftest.
Doch wenn du weiterhin auf deinem geraden Weg bleibst, dann
darfst du auch bei ihnen sitzen und bei denen, die solches getan
oder erlitten haben wie sie.«

2

»Was haben sie denn erleiden müssen?« fragte ich. Sie erwiderte: 1
»Hör nur zu: Auspeitschung, Gefängnis, schwere Bedrängnis,

[19] In anderen Übersetzungen heißt es »die Presbyter«. Logischer ist die Interpretation, daß es sich um eine Höflichkeitsbezeugung des Hermas gegenüber der alten Frau handelt.

[20] Wörtlich: »... warum sie mich nicht rechts hatte sitzen lassen.« Er darf sich an dieser Stelle jedoch noch nicht hingesetzt haben, vgl. unten, 2,4.

Kreuzigung, Kämpfe gegen wilde Tiere, weil sie Christen sind.[21]
Deswegen dürfen sie – und alle, die als Christen leiden müssen – auf
der rechten Seite des Altares sitzen. Die übrigen müssen links sit-
zen. Doch ob man nun rechts oder links sitzt, auf beiden Seiten be-
kommt man dieselben Gaben und Verheißungen. Nur haben die,
2 die rechts sitzen dürfen, eine Ehrenstellung. / Auch du möchtest
wohl gerne bei denen auf der rechten Seite sitzen. Aber dazu fehlt
dir noch zu viel! Doch Gott wird dich von deinen Fehlern reinigen,
und alle, die nicht gleichgültig sind[22], wird Gott von allen Sünden,
3 die sie bis heute begangen haben, reinigen.« / Als sie dies gesagt
hatte, wollte sie weggehen. Doch ich bat sie kniefällig beim Herrn,
mir die versprochene Vision zu zeigen.
4 Da ergriff sie wieder meine Hand, und zog mich auf die linke Seite
der Bank, wo ich Platz nehmen sollte. Sie selbst setzte sich rechts
neben mich. Sie ergriff einen Stab aus hellem Licht und fragte:
»Siehst du etwas Großes?« Ich antwortete: »Verehrte Frau, ich sehe
überhaupt nichts.« Sie fragte weiter: »Siehst du nicht, daß dort vor
dir ein großer Turm errichtet wird, der unmittelbar am Wasser steht
5 und aus leuchtenden Quadern gebaut wird?« / Die sechs jungen
Männer, die mit der Frau gekommen waren, waren dabei, einen
viereckigen Turm zu errichten. Zehntausende anderer Männer
schleppten Steine herbei, die einen aus der Meerestiefe, andere vom
Festland. Sie lieferten sie bei den sechs jungen Männern ab, die nah-
6 men sie in Empfang und setzten sie aufeinander. / Die Steine aus der
Meerestiefe konnten so, wie sie waren, in den Bau eingesetzt wer-
den. Denn sie hatten die richtige Form und stimmten mit den ande-
ren Steinen an den Kanten überein, so daß sie fugenlos aufeinander
paßten. Der Turmbau schien daher wie aus einem einzigen Stein zu
7 sein. / Die übrigen Steine, die vom Festland her kamen, wurden ent-
weder in den Bau eingefügt oder beiseite gelegt oder auch zerschla-
8 gen und weit vom Turm weggeworfen. / Die Steine, die rings um
den Turm herum lagen und nicht zum Bauen verwendet wurden,
hatten entweder unebene Flächen oder Risse, teils waren sie an den
Ecken abgebrochen, teils waren sie weiß und rund und paßten nicht
9 in den Bau. / Die anderen Steine, die man weit vom Turm wegge-
worfen hatte, waren auf den Weg geraten, blieben aber nicht dort
liegen, sondern rollten vom Weg aus in die Wildnis. Andere fielen
ins Feuer und verbrannten. Andere fielen nahe ans Wasser und
konnten nicht bis ins Wasser rollen, obwohl sie es gern getan hätten.

[21] Wörtlich: »um des Namens willen«.
[22] Andere Übersetzungen: »die nicht zweifeln«.

3
Als die alte Frau mir all dies gezeigt hatte, wollte sie weggehen. Aber 1
ich sagte zu ihr: »Verehrte Frau, ich habe doch nichts davon, wenn
ich das alles sehe, aber nicht weiß, was es bedeutet.« Sie antwortete
mir: »Du bist ganz schön hartnäckig[23], daß du alles über den Turm
wissen willst.« »Ja«, sagte ich, »verehrte Frau, ich will das doch
meinen Brüdern und Schwestern mitteilen, damit sie froh werden
und, wenn sie es hören, den Herrn in seiner ganzen Herrlichkeit er-
kennen.« / Die alte Frau entgegnete: »Viele werden es hören. Einige 2
werden sich dann freuen, andere aber traurig sein. Doch auch die
Traurigen können fröhlich werden, wenn sie auf das Gehörte hin
umkehren. Ich will dir also erklären, was der Bau des Turmes im ein-
zelnen bedeutet.[24] Aber hör auf, mir dauernd mit Bitten um Offen-
barungen in den Ohren zu liegen. Denn damit ist jetzt Schluß, ihre
Zahl ist vollständig. Freilich glaube ich, daß du trotzdem weiter um
Offenbarungen bitten wirst, denn du läßt nicht locker.
Der Turm dort vor dir, an dem die Männer bauen, das bin ich. Ich, 3
die ich dir jetzt und auch beim vorigen Mal erschienen bin, bin die
Kirche. Frage nun, was du über den Turm wissen willst. Ich will dir
alles erklären, damit du dich mit den Heiligen freust.« / Ich sagte 4
zu ihr: »Verehrte Frau, da du nun schon einmal so freundlich warst,
mir etwas zu offenbaren, tu das bitte auch jetzt.« Sie erwiderte:
»Was dir offenbart werden darf, das wirst du auch erfahren. Nur
muß dein Herz bei Gott sein, und an dem, was du siehst, darfst du
nicht zweifeln.« / Ich fragte sie: »Verehrte Frau, warum ist der 5
Turm am Wasser gebaut?« Sie erwiderte: »Du stellst sehr präzise
Fragen, das habe ich dir schon beim letzten Mal gesagt. Wer so vor-
geht, findet die Wahrheit heraus. Also, weswegen der Turm am
Wasser gebaut ist: Euer Leben ist durch das Wasser der Taufe ge-
rettet worden, und so wird es auch gerettet werden. Das Funda-
ment des Turms ist das Wort dessen, der überall und für immer
herrscht und der den herrlichen Namen (Gott) trägt. Gehalten wird
der Turm durch die unsichtbare Kraft des Herrn.«

4
Ich sagte zu ihr: »Verehrte Frau, das alles ist groß und wunderbar. 1
Aber wer sind die sechs jungen Männer, die den Turm bauen?«

---

23 Andere Übersetzungen: »gerissen«, »verschlagen«, »geriebener Bursche«.

24 Wörtlich: die Auflösung der bildlich verschlüsselten Rede (griechisch: *parabole*) über den Turm.

»Das sind die heiligen Engel Gottes, die zuerst geschaffen worden sind. Ihnen hat der Herr seine ganze Schöpfung übergeben. Sie sollten sie vergrößern, aufbauen und beherrschen. Daher werden
2 sie auch den Bau des Turms zu Ende führen.« / »Und wer sind die anderen, die die Steine herbeischleppen?« »Auch sie sind heilige Engel Gottes. Doch die sechs sind ihre Vorgesetzten. Wenn der Bau fertiggestellt ist, werden sich alle um den Turm herum freuen
3 und Gott loben, weil der Turm vollendet wurde.« / Ich fragte weiter: »Verehrte Frau, ich möchte gerne noch wissen, wie es mit den Steinen weitergeht und was sie bedeuten.« Sie antwortete mir: »Du bist zwar nicht derjenige, der solche Erklärungen am ehesten verdient hätte, andere sind vor dir und besser als du, ihnen hätte das schon längst offenbart werden müssen. Doch damit Gottes Name verherrlicht wird, wurde dir bisher einiges offenbart und wird dir auch noch mehr gezeigt werden, und zwar um der Zweifler willen, die in ihrem Herzen hin und her überlegen, ob alles wirklich so ist oder nicht. Sage ihnen, daß dies alles Wirklichkeit Gottes ist, zu der alles gehört, und daß alles sicher und fest und wohlgegründet ist.

5

1 Laß dir nun etwas sagen über die Steine, die in den Bau gelangen. Die weißen, viereckigen Steine, die an den Kanten aufeinanderpassen, sind die Apostel, Bischöfe, Lehrer und Diakone, die so heilig leben, wie Gott es will. Sie haben den Auserwählten Gottes anständig und würdig als Bischöfe, Lehrer und Diakone gedient. Manche sind schon entschlafen, manche leben noch. Sie haben sich immer einigen können, hielten Frieden miteinander und hörten einander zu. Deswegen passen ihre Kanten im Bau des Turmes genau aneinander.
2 « / »Und wer sind die aus der Meerestiefe, die in den Bau eingefügt wurden und mit den übrigen, schon eingebauten Steinen an den Kanten zusammenpaßten?« »Das sind die, die leiden mußten, weil sie Christen waren.«[25]

3 »Und dann, verehrte Frau, wüßte ich gern noch, wer die anderen Steine sind, die vom Festland her gebracht werden.« »Die einen, die in den Bau eingefügt werden, ohne daß man sie behauen muß, die hat der Herr geprüft. Sie haben aufrichtig gelebt und die Gebote
4 Gottes befolgt.« / »Und wer sind die anderen, die gebracht und dann in das Bauwerk eingesetzt werden?« »Sie sind Neugetaufte, die gläubig sind. Engel leiten sie zu guten Taten an, und Böses kann

[25] Wörtlich: » ... wegen des Namens des Herrn.«

man an ihnen nicht entdecken.« / »Und wer sind die, die man bei- 5
seite geschafft und weggeworfen hat?« »Das sind die, die zwar ge-
sündigt haben, aber umkehren wollen. Deswegen wurden sie nicht
weit vom Turm weggeworfen, denn sie werden, wenn sie umkeh-
ren, für den Turmbau brauchbar sein. Diejenigen, die bald umkeh-
ren werden, werden einen starken Glauben haben, wenn sie einmal
umgekehrt sind, solange der Turm noch gebaut wird. Wenn der
Bau vollendet ist, gibt es keine Gelegenheit zur Umkehr mehr, son-
dern dann bleiben sie draußen. Sie können sich nur damit trösten,
daß sie in der Nähe des Turms liegen.

6

Willst du auch wissen, wer die sind, die zerschlagen und weit vom 1
Turm weggeworfen wurden? Das sind die Ungerechten. Sie sind
nur zum Schein Christen geworden, doch nichts von ihrer Bosheit
hat sich gebessert. Sie haben keine Aussicht auf Rettung, weil sie
wegen ihrer bösen Taten zum Bau nicht verwendbar sind. Deswe-
gen hat man sie zertrümmert und weit vom Bau weggeworfen.
Denn Gott zürnt ihnen, weil sie ihn erzürnt haben. / Die vielen an- 2
deren Steine schließlich, die du hast daliegen sehen und die nicht
für den Bau verwendet wurden, die mit der rauhen, unebenen
Oberfläche, das sind Menschen, die die Wahrheit erkannt haben,
aber nicht dabeigeblieben sind.« / »Und wer sind die mit den Ris- 3
sen?« »Das sind die, die in ihrem Herzen etwas gegeneinander
haben und nicht wirklich Frieden untereinander halten. Äußerlich
halten sie zwar Frieden, wenn sie aber räumlich getrennt sind, dann
zeigt es sich, daß ihre Bosheiten noch immer in ihren Herzen sind.
Soviel zu den Steinen mit Rissen. / Die Steine, deren Ecken abge- 4
brochen sind, das sind Menschen, die zum Glauben gekommen
sind und überwiegend gerecht leben. Doch sie haben auch noch viel
Bosheit an sich. Deswegen haben sie abgebrochene Ecken und sind
nicht einwandfrei.«
»Und die weißen und runden Steine, verehrte Frau, die nicht in 5
den Bau passen, wer sind die?« Die Frau antwortete: »Wie lange
willst du noch so begriffsstutzig sein, daß du nach allem fragen
mußt, weil du nichts verstehst? Das sind Menschen, die zwar
Christen sind, aber auch den Reichtum dieser Welt besitzen. Wenn
sie dann in Bedrängnis geraten, verleugnen sie ihren Herrn, um
ihren Besitz nicht zu verlieren und ihre Geschäfte nicht aufgeben
zu müssen.«
Ich fragte immer noch weiter: »Verehrte Frau, unter welcher Bedin- 6
gung könnten sie denn im Bau verwendet werden?« Sie erwiderte:

»Wenn ihr Reichtum weggeschlagen wird, der sie ganz in Besitz nimmt, dann werden sie passend sein für Gott. Denn wie man einen runden Stein erst behauen und dabei etwas von ihm abschlagen muß, damit er viereckig wird, so muß man auch bei den Reichen dieser Welt etwas von ihrem Reichtum abschlagen, und dann wer-
7 den sie brauchbar für den Herrn. / Denk doch daran, wie es bei dir selbst war: Als du noch reich warst, konnte man dich nicht gebrauchen. Doch jetzt bist du brauchbar und tust etwas für dein Leben. Werdet brauchbar für Gott! Auch du bist einer von diesen Steinen und kannst nun Verwendung finden.«

7

1 Und sie erklärte weiter: »Dann siehst du noch andere Steine, die man weit vom Turm weggeworfen hat, die auf den Weg gefallen und die vom Weg in das unwegsame Gelände gerollt sind. Das sind Menschen, die zwar glaubten, doch wegen ihrer Zweifel den wahren Weg verlassen haben. Sie bilden sich ein, daß sie einen besseren Weg finden können, und so irren sie unglücklich in unwegsamem
2 Gelände umher. / Die aber, die ins Feuer fallen und verbrennen, das sind diejenigen, die endgültig vom lebendigen Gott abgefallen sind. Weil sie unmäßig triebhaft waren und viel Böses getan haben, kommen sie in ihrem Herzen überhaupt nicht auf den Gedanken, daß
3 sie umkehren könnten. / Und willst du auch wissen, wer die übrigen sind, die nah ans Wasser gefallen sind, aber nicht hineinrollen konnten? Das sind Menschen, die das Wort Gottes gehört haben und sich auf den Namen des Herrn taufen lassen wollten. Doch dann fällt ihnen ein, daß man Gott nur wirklich ernst nimmt, wenn man rein und heilig zu leben bereit ist. Dann besinnen sie sich und
4 laufen lieber ihren alten bösen Gelüsten nach.« / So beendete die Frau ihre Auslegung über den Turm.
5 Ein wenig dreist fragte ich sie noch weiter: »Besteht denn eine Möglichkeit zur Umkehr für alle fortgeworfenen Steine, die nicht in den Turmbau paßten? Können sie auch irgendwann einen Platz im Turm finden?« »Eine solche Möglichkeit besteht«, sagte die
6 Frau, »aber in diesen Turm passen sie nicht mehr. / Sie können vielleicht an eine andere Stelle passen, die freilich weit weniger ansehnlich ist, aber erst dann, wenn sie gepeinigt worden sind und eine Zeitlang für ihre Sünden gebüßt haben. Sie werden dorthin gesetzt, weil sie überhaupt die gute Botschaft[26] gehört haben. Nach der Zeit der Buße können sie aus ihren Qualen

[26] Wörtlich: »gerechtes Wort«.

für ihre bösen Taten befreit und an die besagte Stelle gesetzt werden.[27] Doch wenn sie nicht umkehren wollen, können sie wegen ihrer Hartherzigkeit nicht gerettet werden.«

8

Als ich nun keine weiteren Fragen mehr stellte, fragte mich die alte 1
Frau: »Willst du noch etwas sehen?« Das hörte ich mit Freuden,
denn ich wollte sehr gerne etwas sehen. / Sie blickte mich an und 2
sagte lächelnd: »Siehst du auch die sieben Frauen rings um den
Turm?« »Ja, verehrte Frau«, sagte ich. Da sagte sie: »Dieser Turm
wird im Auftrag des Herrn von ihnen gestützt. / Laß dir sagen, wel- 3
che Wirkung sie jeweils haben. Die erste, die ihre Hände gefaltet
hält, ist der Glaube. Durch sie werden alle gerettet, die Gott aus-
erwählt hat. / Die zweite trägt einen Gürtel und sieht tapfer aus. Sie 4
ist die Selbstbeherrschung. Sie ist eine Tochter des Glaubens. Wer ihr
nachfolgt, hat ein glückliches Leben, denn er wird alle bösen Taten
meiden. Er darf darauf vertrauen, das ewige Leben zu haben, wenn
er alle maßlose Triebhaftigkeit meidet.« / »Und die übrigen fünf, 5
verehrte Frau?« »Sie sind jeweils Mutter und Tochter, und zwar in
dieser Reihenfolge: Lauterkeit, Weisheit, Unschuld, Heiligkeit und
Liebe. Wenn du alles das tust, was der Glaube, ihrer aller Mutter, an
Werken fordert, dann kannst du das Leben haben.«
»Ich möchte gerne wissen, verehrte Frau«, sagte ich, »wer von ih- 6
nen welche Wirkung hat.« »Das will ich dir sagen«, erwiderte sie.
/ »Ihre Wirkungen stützen sich gegenseitig, sie folgen eine aus der 7
anderen – je nachdem, wer Mutter und wer Tochter ist. Aus dem
Glauben wird Selbstbeherrschung geboren, daraus dann Lauter-
keit, daraus Unschuld, daraus Heiligkeit, daraus Weisheit, daraus
Liebe. Alle Werke, die sie vollbringen, sind rein, heilig und göttlich.
/ Jeder, der ihnen dient und sich ihre Werke zu eigen machen kann, 8
der darf mit den Heiligen im Turm Gottes wohnen.«
Dann fragte ich sie, ob die Zeit des Weltendes schon da sei. Da 9
schrie sie mich an: »Du dummer Mensch, siehst du nicht, daß am
Turm noch gebaut wird? Das Ende ist dann, wenn der Turm fertig
ist. Doch das wird nicht mehr lange dauern. Nun frag mich nichts
mehr! Diese Erinnerung muß für dich und die Christen erst einmal
genug sein. Denn durch diese Offenbarung seid ihr ja auch mit
neuer Lebenskraft erfüllt worden.[28] / Doch ich habe dies alles nicht 10

[27] Andere Textgrundlage: »Wenn sie sich bekehren ...«
[28] Im Hintergrund steht die Auffassung: Himmlische Offenbarung stärkt die menschliche Vitalität.

für dich allein geoffenbart[29], sondern damit du es allen zur Kennt-
11 nis bringst. / In drei Tagen – so lange brauchst du selbst, um es zu
begreifen – sollst du das, was ich dir jetzt sagen werde, den Chri-
sten weitersagen, damit sie es hören und entsprechend handeln und
von ihren Fehlern loskommen, und du selbst ebenfalls.«

9

1 Und dann sagte sie: »Nun hört mir gut zu, meine Kinder! Ich habe
euch großgezogen in aller Geradheit, Lauterkeit und Würde. Die
Kraft dazu gab mir Gott in seinem Erbarmen. Er hat euch ange-
nommen und sein Wohlwollen wie frischen Tau auf euch herabreg-
nen lassen. So solltet ihr gerecht und heilig und von all eurer
Falschheit und Bosheit frei werden. Doch ihr wolltet mit euren Feh-
2 lern nicht aufhören. / So hört jetzt auf mich: Haltet Frieden unter-
einander, kümmert euch umeinander und helft euch gegenseitig.
Und nehmt nicht für euch allein aus der Brühe, was Gott geschaffen
3 hat, sondern gebt denen etwas ab, die zuwenig haben. / Denn die
einen ziehen sich wegen ihrer Völlerei gesundheitliche Schäden zu
und richten ihren Körper zugrunde. Andere dagegen essen nichts,
weil sie nicht einmal über das Lebensnotwendigste an Nahrung
4 verfügen, so daß ihr Leib daran zugrunde geht. / Mangelnde Mit-
menschlichkeit schadet also auch euch, die ihr genug habt und
5 trotzdem denen nichts abgebt, die nichts haben. / Haltet euch das
kommende Gericht vor Augen! Wenn ihr im Überfluß lebt, sucht
nach den Hungrigen, solange der Turm noch nicht fertig ist. Denn
wenn er erst einmal fertiggestellt ist, werdet ihr Gutes tun wollen,
6 aber keine Gelegenheit mehr dazu haben. / Seht nun zu, ihr ange-
berischen Reichen, daß die Habenichtse nicht so laut stöhnen, daß
es zu Gott im Himmel dringt.[30] Dann bleibt ihr mitsamt eurem
Reichtum aus dem Turm ausgeschlossen.
7 Doch jetzt wende ich mich an euch, die ihr die Gemeinde leitet
und in der ersten Reihe sitzt. Ihr seid nicht viel anders als Giftmi-
scher! Sie transportieren ihr Gift in Kapseln, ihr aber tragt euer
8 Zaubermittel und euer Gift im Herzen. / Ihr stellt euch taub, wollt
eure Herzen nicht reinigen und wollt euch nicht ohne Hinterge-
danken auf dasselbe Ziel hin verständigen. Wenn ihr das tätet,
9 könntet ihr Erbarmen finden bei Gott, dem großen König. / Seht
zu, meine lieben Kinder, daß euch eure Zwietracht nicht das
10 Leben kostet. / Wie wollt ihr denn die Christen, die Auserwählten

29 Vgl. zum Motiv: 1 Petr 1,12a.
30 Vgl. Lev 19,13; Dt 24,14f.

des Herrn, in Zucht nehmen, wenn ihr selbst nicht erzogen seid? Erzieht euch gegenseitig und haltet Frieden miteinander, damit ich froh vor Gott treten und für euch alle eurem Herrn Rechenschaft abgeben kann.«

10

Als die alte Frau ihr Gespräch mit mir beendet hatte, kamen die 1
sechs jungen Männer, die den Bau ausführten, und trugen sie zum
Turm. Dann kamen vier weitere und brachten auch die Bank zum
Turm. Ihre Gesichter konnte ich nicht sehen, denn sie waren von
mir abgewandt. / Als die alte Frau weggetragen wurde, bat ich sie, 2
mir etwas über die drei Gestalten zu offenbaren, in denen sie mir
erschienen war. Sie erwiderte: »Um diese Offenbarung mußt du je-
mand anderen bitten.« / Denn, liebe Brüder und Schwestern, bei 3
der ersten Vision im vorigen Jahr war sie mir ja als sehr alte Frau
erschienen, die auf einem Sessel saß. / In der zweiten Vision war ihr 4
Gesicht jünger, Körper und Haare dagegen älter gewesen, sie hatte
gestanden, während sie mit mir redete, und war fröhlicher gewesen
als beim erstenmal. / In der dritten Vision war sie im ganzen recht 5
jung gewesen und von bestechender Schönheit, nur ihre Haare hat-
ten älter ausgesehen. Sie war fröhlich gewesen und hatte auf einer
Bank gesessen. / Nun war ich sehr traurig, denn ich hätte doch die 6
Offenbarung gern verstanden.
Da sah ich nachts in einer Vision die alte Frau, und sie sagte zu mir:
»Keine Bitte kommt ohne Demut an. Faste also, und der Herr wird
dir geben, was du willst.« / So fastete ich einen Tag lang. In der 7
Nacht darauf erschien mir ein junger Mann und sagte zu mir:
»Warum bittest du fortwährend im Gebet um Offenbarungen? Sieh
zu, daß du nicht vor lauter Bittgebeten deiner Gesundheit schadest.
/ Die Offenbarungen, die du bisher erhalten hast, müssen dir genü- 8
gen. Eindrücklichere Offenbarungen als die, die du gesehen hast,
wirst du kaum erleben können.« / Ich erwiderte: »Herr, ich bitte 9
nur um eine vollständige Offenbarung über die drei Gestalten der
alten Frau.« Der junge Mann entgegnete: »Wie dumm seid ihr
eigentlich? Eure Zweifel verhindern, daß ihr begreift und daß euer
Herz beim Herrn ist.« / Ich wandte ein: »Aber von dir, Herr, kön- 10
nen wir doch (alles) genauer erfahren.«

11

Da sagte er: »Dann werde ich dir nun also etwas über die drei Ge- 1
stalten der Frau sagen, nach denen du gefragt hast. / Warum er- 2
schien sie dir in der ersten Vision als alte Frau auf einem Sessel?

Weil euer Eifer[31] schon recht alt, welk und kraftlos war und weil
3 ihr verweichlicht und gleichgültig geworden wart. / Es war wie bei
einem alten Greis: Er hat keine Hoffnung mehr, wieder jung zu
werden, und wartet nur noch auf den Tod. Weil ihr vom Lebensall-
tag so beansprucht wart, habt auch ihr euch die Kraft rauben las-
sen, seid dann mutlos geworden und habt eure Sorgen nicht auf
den Herrn geworfen. Eure Tatkraft war gebrochen und eure Trau-
4 rigkeit hat euch alt werden lassen.« / »Aber warum, Herr, saß sie
auf einem Sessel?« »Jeder, der schwach ist, muß sich hinsetzen,
weil er nicht genug Kraft hat, um seinen schwachen Leib aufrecht
zu halten. Das ist die Bedeutung der ersten Vision.

12

1 In der zweiten Vision hast du gesehen, daß sie aufrecht stand, sie
sah jünger aus und war fröhlicher als das erste Mal. Nur ihr Leib
und ihre Haare waren älter. Laß dir auch die Bedeutung dieses Zei-
chens[32] erklären.
2 Angenommen, einer ist alt, und weil er noch dazu krank und arm
ist, hat er schon jede Hoffnung für sich aufgegeben und wartet nur
noch auf sein letztes Stündlein. Da macht er plötzlich eine Erb-
schaft. Als er davon hört, wird er wieder ganz munter, ist fröhlich
und kommt wieder zu Kräften. Er ist nicht länger bettlägerig, son-
dern kann stehen, seine Lebensgeister verjüngen sich, obwohl sie
doch durch all die Arbeit seines Lebens schlaff geworden waren, er
sitzt nicht mehr herum, sondern faßt neuen Mut. So ergeht es auch
euch, wenn ihr diese Offenbarung hört, die euch der Herr zukom-
3 men läßt. / Denn er hat sich eurer erbarmt, euren Lebensgeist und
euren Eifer hat er wieder jung gemacht. So konntet ihr ablegen, was
euch schwächt und krank macht, ihr wurdet wieder stark und kräf-
tig im Glauben. Als der Herr eure Kräftigung sah, freute er sich.
Deswegen hat er euch den Turmbau gezeigt, und er wird euch noch
mehr offenbaren, wenn ihr von ganzem Herzen miteinander Frie-
den haltet.

13

1 In der dritten Vision sahst du die Frau noch jünger, schön und fröh-
2 lich und gut aussehend. / Das ist so, wie wenn ein trauriger Mensch
eine gute Botschaft erhält. Dann vergißt er mit einem Male alle frü-

31 Wörtlich: »euer Geist«.

32 Das griechische *parabole* bezeichnet jedes interpretationsbedürftige Zeichen.

heren Kümmernisse und hofft nichts sehnlicher, als daß sich die
gute Nachricht bewahrheiten möge. Er wird Kraft haben zum Gu-
ten, und durch die Freude, die ihm zuteil wurde, wird sein Lebens-
geist und Eifer erneuert. Genau so eine Erneuerung ist euch zuteil
geworden, als ihr gesehen habt, wieviel Gutes mit dem Turmbau
verbunden ist. / Daß du sie auf einer Bank sitzen sahst, bedeutet: 3
Die Frau hat einen festen Stand, denn die Bank hat vier Füße und
steht fest. Auch die Welt wird durch vier Elemente zusammengehal-
ten. / Wer also aus ganzem Herzen umkehrt, wird nicht nur jung 4
werden, sondern auch einen festen Grund unter den Füßen haben.
Nun ist die Offenbarung für dich vollständig. Bitte nicht um wei-
tere Offenbarungen. Sollte etwas notwendig sein, so wird es dir of-
fenbart werden.«

Vision 4

1
Die vierte Vision, liebe Brüder und Schwestern, sah ich zwanzig 1
Tage nach der vorherigen Vision als ein Bild der kommenden Not.
/ Ich war auf der Via Campana unterwegs zum Feld, etwa zwei Ki- 2
lometer[33] von der Hauptstraße entfernt. Die Stelle ist leicht er-
reichbar. / Als ich so allein dahinwanderte, bat ich den Herrn: 3
»Vervollständige mir die Offenbarungen und Visionen, die du mir
durch deine heilige Kirche gezeigt hast. So kannst du mich stärken
und auch denen, die zu dir gehören[34], und denen, die abgefallen
sind, eine Umkehr ermöglichen, damit dein großer, wunderbarer
Name verherrlicht wird, weil du mich dazu ausersehen hast, deine
Wunder zu sehen.« / Und als ich Gott lobte und ihm dankte, da 4
antwortete mir plötzlich eine Art Stimme: »Hermas, verliere nicht
den Mut.« Da wurde ich nachdenklich und begann mich zu fra-
gen: »Warum sollte ich den Mut verlieren, da mich doch Gott so
gefestigt hat und ich so herrliche Dinge gesehen habe?« / Und als 5
ich ein Stück weitergegangen war, liebe Brüder und Schwestern,
erblickte ich eine Staubwolke, die bis zum Himmel zu reichen
schien, und ich fragte mich: »Kommen da große Tiere, die den
Staub aufwirbeln?« Die Staubwolke war etwa 200 Meter von mir
entfernt. / Als sie immer größer wurde, vermutete ich, daß es sich 6
um etwas Überirdisches handelte. Die Sonne brach kurz durch, da
erblickte ich ein riesiges Tier, eine Art Meerungeheuer, aus dessen

33 10 Stadien, je ca. 200 Meter.
34 Wörtlich: »deinen Sklaven«.

Maul feurige Heuschrecken heraussprangen. Es war etwa hundert
7 Fuß lang, der Kopf war so groß wie ein Faß.[35] / Ich fing an zu wei-
nen und bat den Herrn: »Rette mich vor diesem Tier!« Da fiel mir
die Stimme wieder ein, die zu mir gesagt hatte: »Hermas, verliere
8 nicht den Mut!« / Daraufhin, liebe Brüder und Schwestern, habe
ich meinen Glauben wie einen Mantel zum Schutz um mich gelegt,
ich erinnerte mich an die großen Dinge, die mich der Herr gelehrt
hatte, faßte mir ein Herz und ging dem Tier entgegen. Es kam so
ungestüm daher, daß es eine ganze Stadt hätte vernichten können.
9 / Als ich auf das riesige Ungeheuer zukam, legte es sich auf die
Erde, streckte nur seine Zunge heraus und blieb bewegungslos
10 liegen, bis ich an ihm vorbeigegangen war. / Am Kopf des Tie-
res waren vier Farben: Schwarz, Feuer- und Blutrot, Gold und
Weiß.

2

1 Als ich an dem Tier vorbei und etwa dreißig Fuß weitergegangen
war, begegnete mir eine junge Frau, geschmückt wie eine Braut, mit
einem weißen Kleid und weißen Schuhen und mit einer Mitra, die
2 ihre Stirn völlig bedeckte. Ihre Haare waren ganz hell. / Aufgrund
der früheren Visionen erkannte ich, daß es die Kirche sein mußte.
Da wurde ich fröhlicher. Sie begrüßte mich mit den Worten: »Ich
grüße dich, Mensch.« Ich erwiderte den Gruß: »Seid gegrüßt, ver-
3 ehrte Frau.« / Dann fragte sie mich: »Ist dir etwas Besonderes be-
gegnet?« Ich antwortete: »Verehrte Frau, mir ist dieses Tier begeg-
net, das ganze Völker vernichten kann. Doch in der Kraft des Herrn
4 und durch sein Erbarmen konnte ich ihm entfliehen.« / Sie antwor-
tete: »Da hast du aber Glück gehabt! Gut, daß du all deine Sorge
auf den Herrn geworfen und ihm dein Herz geöffnet hast, in dem
festen Glauben, daß nichts außer ihm, dem großen und herrlichen
Namen, dich retten kann.
Deswegen hat Gott seinen Engel gesandt, der über die Tiere ge-
setzt ist.[36] Er heißt Thegri. Er hat dem Untier das Maul zugehal-
ten, so daß es dir nichts antun konnte. Durch deinen Glauben bist
du großer Not entronnen; auch dadurch, daß du beim Anblick des
5 Untiers nicht den Mut verloren hast. / Geh nun hin und verkün-
dige den Auserwählten Gottes, was er Großes getan hat. Sag ih-
nen, daß dieses Tier ein Sinnbild für die kommende große Not ist.

35 Andere Handschriften: »von Ton«.

36 Jeder wichtige Bereich der Schöpfung wird von einem persönlich verantwortlichen Engel geleitet.

Wenn ihr euch nun vorbereitet und aus ganzem Herzen zu Gott
umkehrt, dann könnt ihr der Not entfliehen – vorausgesetzt, daß
euer Herz rein und ohne Schuld ist und daß ihr den Rest eures Le-
bens treu dem Herrn dient. Werft eure Sorgen auf den Herrn,
dann wird er alles zu einem guten Ende bringen. / Vertraut nur auf 6
den Herrn, ihr Kleinmütigen, er vermag alles. Denn er wird seinen
Zorn von euch abwenden, aber er wird seine Strafen schicken,
falls ihr kleinmütig werdet. Wehe denen, die diese Worte hören
und nicht auf sie hören. Es wäre besser für sie, wenn sie niemals
geboren wären.«

3

Ich fragte die junge Frau nach den vier Farben, die das Tier am 1
Kopf hatte. Sie gab mir zur Antwort: »Schon wieder willst du alles
ganz genau wissen.« »Ja, verehrte Frau«, sagte ich, »erkläre mir
doch bitte, was sie bedeuten.« / »Also gut«, sagte sie, »das Schwarz 2
bedeutet diese Welt, in der ihr lebt. / Das Feuer- und Blutrot bedeu- 3
tet, daß diese Welt in Feuer und Blut untergehen wird.

Der goldene Teil, das seid ihr, denn ihr seid dieser Welt entronnen. 4
Wie das Gold durch Feuer von Schlacke befreit und brauchbar wird,
so werdet auch ihr dadurch geprüft, daß ihr unter den anderen lebt.
Wenn ihr (bei eurem Glauben) bleibt und euch von den anderen wie
im Feuer prüfen laßt, dann werdet ihr ganz rein sein. Wie das Gold
seine Schlacke los wird, so werdet auch ihr von aller Trauer und
Angst frei werden. Dann seid ihr rein und zum Bau des Turmes zu
gebrauchen. / Die weiße Farbe ist die kommende Weltzeit. In ihr 5
werden die leben, die Gott erwählt hat, denn sie sind ohne Makel
und rein, von Gott zum ewigen Leben ausgesucht.

Du, Hermas, wende dich nun immer wieder mit deinem Wort an 6
die Christen! Über das Sinnbild der kommenden großen Not wißt
ihr nun Bescheid. Ihr müßt nur wollen, denn wenn ihr euch ent-
sprechend verhaltet, dann kommt es nicht dazu. Denkt nur an das,
was ich zuvor darüber aufgeschrieben habe.« / Nachdem die junge 7
Frau dies gesagt hatte, ging sie weg, und ich konnte nicht sehen,
wohin. Denn es war eine Wolke davor. Ich drehte mich ängstlich
um, weil ich dachte, das Untier käme wieder.

Vision 5

1

1 Als ich in meinem Haus auf meinem Bett saß und betete, kam ein
Mann von herrlicher Gestalt herein. Er sah aus wie ein Hirte[37], mit
weißem Ziegenfell bekleidet, mit einem Ranzen auf den Schultern
und einem Stab in der Hand. Er grüßte mich, und ich erwiderte sei-
2 nen Gruß. / Der Hirte setzte sich sogleich neben mich und stellte
sich vor: »Ich bin vom Heiligsten der Engel ausgesandt worden, um
3 dich für den Rest deines Lebens zu begleiten.« / Ich dachte, er sei
der Teufel, der mich versuchen wollte, und fragte ihn: »Wer bist du?
Ich weiß nämlich, wer mein Schutzengel ist.« Er erwiderte: »Er-
kennst du mich nicht?« »Nein«, sagte ich. »Ich«, sagte er, »bin der
4 Hirte, der für dich als Engel bestellt ist.«[38] / Noch während er re-
dete, änderte sich seine Gestalt, und ich erkannte ihn wieder. Er
war tatsächlich der Engel, der für mich bestellt worden war. Ich
war ganz erschüttert, von Angst erfüllt und ganz elend vor Kum-
mer, weil ich ihm so ungehörig und unvernünftig geantwortet
5 hatte. / Aber er sagte zu mir: »Sei nicht so bestürzt. Halte dich viel-
mehr an die Gebote, die ich dir geben will. Denn Gott hat mich ge-
sandt, damit ich dir noch einmal alles zeige, was du gesehen hast,
und zwar das Wichtigste und was für euch nützlich ist. Zuerst
schreib meine Gebote auf und die Gleichnisse. Das übrige schreib
so auf, wie ich es dir zeige. Ich gebe dir den Auftrag, zuerst die Ge-
bote und Gleichnisse aufzuschreiben, damit du sie immer lesen und
6 beachten kannst.« / So schrieb ich die Gebote und Gleichnisse auf,
7 wie er mir aufgetragen hatte. / Wenn ihr sie hört, bewahrt, danach
lebt und sie mit reinem Herzen in die Tat umsetzt, dann wird der
Herr euch schenken, was er verheißen hat. Wenn ihr sie aber hört
und nicht umkehrt, sondern noch weiter sündigt, werdet ihr das
Gegenteil von Gott empfangen. Was der Hirte, der Engel der Um-
kehr, mir aufzuschreiben befahl, ist folgendes:

[37] Das ist der Hirte, der dem Hermas erscheint. Von ihm hat die ganze Schrift ihren Namen. Zur Erklärung hat man oft entfernte religionsgeschichtliche Analogien bemüht. Doch das Nächstliegende ist: Der »Hirte« ist mit weißen Ziegenfellen bekleidet und durch die weiße Kleidung als himmlische Gestalt erkennbar. Die Bezeichnung Hirte kommt also von der Kleidung.

[38] Hier heißt es jeweils: » ... dem ich übergeben wurde.« Im Hintergrund steht die Auffassung, daß bei der Taufe für jeden Täufling ein Engel bestellt wird. Noch im norddeutschen protestantischen Barock sind die Taufengel architektonisch lebendig!

GEBOTE

Gebot 1

»Als erstes glaube: Gott ist einer und der einzige. Er hat alle Dinge 1
erschaffen und eingerichtet. Er hat alles aus dem Nichts ins Dasein
gerufen. Er umfaßt alles, doch selbst ist er unfaßbar. / Glaube an 2
ihn und fürchte ihn. In der Furcht sei enthaltsam. Das beachte,
dann kannst du alles Böse loswerden und kannst die guten Taten
wie ein Kleid anziehen. Leben von Gott und bei Gott wird dir ge-
schenkt, wenn du dieses Gebot bewahrst.«

Gebot 2

Das zweite Gebot des Hirten war: »Handle geradlinig und ohne 1
böse Hintergedanken. Wie ein Kleinkind sollst du sein, das noch
nichts von der Bösartigkeit weiß, die das Leben der Menschen zer-
stört. / Als erstes: Verleumde niemanden, höre auch keinem gern 2
zu, der verleumdet. Wenn du der Verleumdung, die du hörst, Glau-
ben schenkst, wirst du sonst mitschuldig an dieser Sünde. Denn
wenn du das glaubst, bist auch du gegen deinen Bruder eingestellt.
So hast du Anteil an der Sünde des Verleumders. / Verleumden ist 3
Bosheit, eine dämonische Unruhestifterin. Sie verhindert jeden
Frieden, sie haust dort, wo Streit ist. Wer sich von ihr fernhält, wird
immer mit allen gut auskommen.
Tue nichts, was deiner nicht würdig ist.[39] Dann entsteht kein Är- 4
gernis, alles ist angenehm und heiter. Laß das Gute in deinen Taten
sichtbar werden! Von dem, was Gott dir als Lohn für deine Arbeit
schenkt, gib allen Notleidenden etwas ab, ohne Vorbehalt und
ohne lange zu überlegen, wem du geben sollst und wem nicht. Gib
allen! Denn Gott will, daß wir allen von dem, was er uns schenkt,
etwas abgeben. / Wer etwas empfangen hat, ist Gott Rechenschaft 5
schuldig, warum und wozu er es bekommen hat. Wer in der Not
nimmt, ist nicht schuldig, doch wer Not vorspiegelt und nimmt, der
wird bestraft. / Dann ist der Geber nicht schuldig. Denn er hat vom 6
Herrn den Auftrag bekommen, zu geben. Er hat bei der Ausfüh-
rung dieses Dienstes keinen Unterschied gemacht, wem er geben
und wem er nicht geben soll. Wer so lauter und vorbehaltlos dient,

[39] Wörtlich: »Ziehe Heiligkeit/Ehrerbietigkeit an« (sc. wie ein Kleid).

steht bei Gott in Ehren, und Gott wird ihm das Leben geben. /
7 Halte also dieses Gebot, wie ich es dir aufgetragen habe, dann wird man sagen können, daß du mit deiner Familie glaubwürdig und ohne jeden Makel die Umkehr vollzogen hast.«

Gebot 3

1 Und weiter sagte mir der Hirt: »Liebe die Wahrheit! Nur Wahrheit sollen deine Worte sein. Damit alle Menschen sagen können: Der Heilige Geist, den Gott diesem Menschen ins Herz gegeben hat, ist ein Geist der Wahrhaftigkeit. Dadurch wird Gott verherrlicht, der in deinem Herzen wohnt. Denn jedes Wort Gottes ist verläßlich,
2 Trügerisches und Flatterhaftes ist ihm ganz fremd. / Wer sich nicht an die Wahrheit hält, der wendet sich gegen Gott und bestiehlt ihn, weil er das anvertraute Gut, das er empfangen hat, nicht zurückgibt. Denn Gott hat ihnen Heiligen Geist anvertraut, verläßlichen Geist ohne Lüge. Wer die Verläßlichkeit verschlampt hat und Gott den Geist als verlogenen zurückgeben möchte, der hat nicht nur Gottes Gebot übertreten[40], sondern hat den Herrn bestohlen.« /
3 Als ich das hörte, mußte ich heftig weinen. Als der Hirte mich weinen sah, sagte er tadelnd: »Warum weinst du?« »Weil ich«, antwortete ich, »gar nicht mehr weiß, Herr, ob ich gerettet werden kann.« »Warum das?« fragte er. »Niemals in meinem Leben, Herr«, sagte ich, »habe ich ganz die Wahrheit gesagt, sondern immer bin ich mit allen Leuten unehrlich und verschlagen umgegangen und habe meine Lügen als Wahrheit ausgegeben. Niemals hat mir einer widersprochen, sondern meinem Wort wurde geglaubt. Wie kann ich
4 da überhaupt noch leben, Herr, wenn ich so gelebt habe?« / »Du denkst richtig und wahrhaft«, erwiderte er. »Denn als einer, der Gott gehorcht[41], hättest du in Wahrhaftigkeit leben müssen, und ein schlechtes Gewissen hätte nicht zusammen mit Gottes wahrhaftigem, verläßlichem Geist in deinem Herzen wohnen können. Du hättest auch den heiligen und wahrhaftigen Geist nicht betrüben dürfen.«[42] »Mir hat nie jemand über diese Dinge eine so genaue
5 Auskunft gegeben, Herr.« / »Jetzt bekommst du sie ja. Halte dich

40 Wörtlich: »besudelt, befleckt«. – Das Gebot Gottes ist hier – wie der Heilige Geist, der ja mit ihm zusammen gegeben ist – aufgefaßt als Repräsentation Gottes in der Welt. Ähnlich wie bei Paulus hat der Heilige Geist in sich selbst gesetzartige Struktur.

41 Wörtlich: »als Sklave Gottes«.

42 Die Voraussetzung ist hier: Das Wesen von Gottes Geist ist Freude. Alle Sünde der Christen hängt mit Traurigkeit zusammen, vgl. Eph 4,30.

in Zukunft daran. Dann kann auch deine frühere Lügerei in geschäftlichen Dingen allmählich der Ehrlichkeit weichen. Die Wahrheit der Botschaft wird auch auf deine Reden abfärben. Das ist für dich der Weg zum Leben. Jeder, der dieses Gebot vernimmt und nicht mehr lügt, hat Leben bei Gott und von Gott.«

Gebot 4

1

Als viertes gebot mir der Hirt: »Ich gebiete dir, in sexuellen Dingen 1
anständig zu sein.[43] Der Wunsch nach einer fremden Frau oder
Sexgier oder dergleichen Böses soll nicht in deinem Herzen aufkommen.
Denn wer so etwas tut, begeht eine große Sünde. Wenn
du immer an deine eigene Frau denkst und sie nie vergißt, wirst du
nie eine Sünde begehen. / Doch wenn der Wunsch nach einer ande- 2
ren in deinem Herzen aufsteigt, sündigst du, und das gilt auch
dann, wenn du etwas anderes, ähnlich Schlimmes tust. Für den, der
zu Gott gehört, ist schon der Wunsch allein eine große Sünde. Und
wer den Wunsch dann auch noch in die Tat umsetzt, handelt sich
den Tod ein. / Sieh also zu, daß du solche Wünsche von dir fern- 3
hältst. Denn bei dem, der anständig denkt, in dessen Herzen hat die
Haltlosigkeit keine Chance.«
Ich bat ihn: »Herr, erlaube mir bitte eine kurze Frage.« »Frag nur«, 4
sagte der Hirte. »Herr«, sagte ich, »wenn ein Christ mit einer Christin
verheiratet ist und sie beim Ehebruch ertappt, sündigt der
Mann, wenn er weiterhin mit der Frau zusammenlebt?« / Er erwi- 5
derte: »Solange der Mann nichts davon weiß, sündigt er nicht.
Wenn der Mann aber das Vergehen seiner Frau bemerkt und die
Frau sich nicht ändern will, sondern bei ihrem unanständigen Verhalten
bleibt und er weiter mit ihr zusammenlebt, dann wird er an
ihrer Sünde mitschuldig und an ihrem Ehebruch mit beteiligt.« /
»Was soll denn der Mann machen, wenn die Frau bei ihrem Laster 6
bleibt?« fragte ich. »Er soll sie entlassen«, antwortete er, »und
nicht wieder heiraten. Doch wenn er seine Frau entläßt und eine andere
heiratet, bricht er selbst die Ehe [mit der ersten Frau].«
»Und wenn sich nun die Frau nach der Scheidung besinnt und zu 7
ihrem Mann zurückkehren will, muß sie dann nicht wieder aufgenommen
werden?« / »Ja, gewiß«, sagte er, »wenn ihr Mann sie 8
dann nicht wieder aufnimmt, sündigt er, er zieht sich sogar eine
große Sünde zu. Denn wenn die Frau gesündigt hat und sich be-

[43] Wörtlich: »die Heiligkeit zu bewahren«.

sinnt, dann muß man sie wieder aufnehmen. Allerdings nur ein-
mal.[44] Denn wer zu Gott gehört, der hat eine einzige Möglichkeit
zur zweiten Umkehr. Und eben weil diese Möglichkeit besteht, darf
der Mann, der seine Frau entlassen mußte, keine neue Frau heira-
ten, denn er muß jederzeit damit rechnen, daß die erste Frau zu-
rückkommt. Das gilt genauso für die Frau wie für den Mann.
9 Ehebruch liegt nicht nur dann vor, wenn Verheiratete Verkehr mit
Partnern haben, mit denen sie nicht verheiratet sind[45], sondern
auch dann, wenn man auf heidnische Weise[46] miteinander ver-
kehrt. Wenn daher einer bei diesen Verhaltensweisen bleibt und
sich nicht ändert, dann halte dich von ihm fern und lebe nicht mit
10 ihm zusammen. Sonst bist du an seiner Sünde beteiligt. / Es gilt also
die Vorschrift, daß beide, Mann und Frau, im Falle einer Scheidung
nicht wieder heiraten sollen. Denn es könnte ja sein, daß der ent-
11 lassene Partner sich besinnt. / Ich will im übrigen nicht die Anre-
gung gegeben haben, Ehebruch so zu praktizieren, sondern wer ge-
sündigt hat, soll es nicht weiter tun. Was frühere Sünden betrifft,
so kann Gott sie heilen. Denn er hat Gewalt über alles.«

2

1 Ich drang weiter in ihn: »Freundlicherweise läßt der Herr dich bei
mir wohnen. Ertrage daher noch ein paar Worte von mir, denn ich
bin immer so schwer von Begriff, und weil ich vorher so wenig gut
gelebt habe, ist mein Herz noch nicht aufnahmefähig genug.
Schenk mir Einsicht, denn ich bin sehr dumm und verstehe gar
2 nichts.« / Er erwiderte: »Ich bin der Engel, der über die Umkehr ge-
setzt ist,[47] und schenke allen, die umkehren, Verstehen. Oder
meinst du nicht«, fragte er, »daß gerade die Umkehr Verstehen be-
deutet?« Und dann fuhr er fort: »Umkehr ist ein ganz tiefes Verste-
hen. Denn der Sünder versteht, daß er gegen Gott gehandelt hat,

---

44 Es handelt sich also um eine konkrete Anwendung der Bußlehre des Hermas auf Ehebruch.

45 Wörtlich: »wenn einer sein Fleisch befleckt«: Im Hintergrund dieses Ausdrucks steht die alttestamentlich-priesterliche Anschauung, daß jede Frau, die überhaupt schon einmal mit einem Mann verkehrt hat, für jeden anderen Mann »unrein« (eigentlich: tabu) ist. Das ist hier ausgeweitet: Wer mit anderen als dem Ehepartner verkehrt, verunreinigt sich selbst. Man sollte hier weniger an »unrein« oder »beflecken« im Sinne einer Beschmutzung denken als vielmehr an den Schutz der Familie.

46 Für Juden (und der »Hirt des Hermas« ist auf diesem Hintergrund zu begreifen) sind alle nichtgenitalen Weisen des Verkehrs »heidnisch«, weil man das von Heiden lernen und abgucken konnte.

47 S. oben zu Herm vis 4,2,4 (Engel sind über Hoheitsbereiche »gesetzt«).

und was er getan hat, steigt nochmals in seinem Herzen auf, und dann denkt er um und hört auf, das Böse zu tun, und tut vielmehr nachhaltig das Gute. Er wird demütig und zermartert sein Herz, weil er gesündigt hat. So siehst du, daß Umkehren tiefes Verstehen bedeutet.«

»Deswegen«, sagte ich, »möchte ich von dir alles so genau wissen. 3
Zuallererst nämlich deshalb, weil ich Sünder bin. Darum möchte ich von dir erfahren, welche Werke ich tun muß, um das ewige Leben zu haben. Denn meine Sünden sind doch zahlreich und sehr
verschieden.« / »Du wirst leben«, sagte er, »wenn du meine Gebote 4
bewahrst und sie tust. Und jeder, der meine Gebote hört und sie bewahrt, hat Leben bei und von Gott.«

3

»Ich möchte noch weiter fragen, Herr«, sagte ich. »Sprich nur«, 1
sagte der Hirte. »Ich habe von einigen Lehrern gehört, Herr«, sagte ich, »daß es nach der ersten Umkehr, wenn wir ins Taufwasser hinabsteigen und die Vergebung unserer früheren Sünden empfangen,
keine weitere Umkehr gibt.« / Der Hirte antwortete mir: »Du hast 2
richtig gehört. Genauso ist es. Denn wem einmal die Sünden vergeben worden sind, der darf nicht wieder sündigen, sondern muß in
Heiligkeit leben. / Da du aber alles genau wissen willst, will ich dir 3
noch etwas mitteilen, wobei ich freilich diejenigen, die Christen werden wollen, oder diejenigen, die schon Christen sind, keineswegs ermuntern will, nach der Taufe wieder zu sündigen. Alle, die jetzt eben zum Glauben gekommen sind oder die erst noch Christen werden wollen, haben nach der Taufe keine Möglichkeit einer zweiten Umkehr. Ihnen werden nur die Sünden vergeben, die sie vor der
Taufe begangen haben. / Doch für diejenigen, die schon seit längerer 4
Zeit Christen sind, hat der Herr eine [zweite Möglichkeit zur] Umkehr angesetzt. Denn Gott kennt die Herzen und sorgt für alles vor. Er weiß, wie schwach die Menschen sind, und auch, wie verschlagen der Teufel ist, daß er denen, die zu Gott gehören, Schlimmes antut
und ihnen Böses zufügt. / Da der Herr groß ist in seinem Erbarmen, 5
hat er dieses Erbarmen seinem Geschöpf zugewandt und ihnen diese Möglichkeit zur Umkehr gegeben. Mir wurde die Vollmacht zur Durchführung übertragen.

Doch ich versichere dir: Wenn einer nach der großen, heiligen Beru- 6
fung zum Christsein vom Teufel versucht wird und sündigt, dann hat er nur eine einzige Möglichkeit zur Umkehr. Wenn er dann weiter sündigt, dann nützt es ihm nichts mehr, auch wenn er Buße tut.
Das ewige Leben wird er wohl kaum haben.« / Da sagte ich zu ihm: 7

»Nachdem ich das alles von dir so genau gehört habe, bin ich wie neu geboren. Denn ich weiß, daß ich gerettet werde, wenn ich nicht weiter sündige.« »Du wirst gerettet«, sagte er, »und auch alle, die es so halten werden.«

4

1 Weiter fragte ich den Hirten: »Herr, da du meine Dummheit einmal
ertragen hast, kannst du mir vielleicht auch noch etwas offen-
baren.« »Rede nur«, sagte er. »Angenommen, da ist ein Ehepaar«,
sagte ich, »und die Frau oder der Mann stirbt, und der überlebende
2 Partner heiratet wieder. Ist das dann eine Sünde?« / »Nein«, ant-
wortete der Hirt, »das ist keine Sünde. Doch wenn einer dann un-
verheiratet bleibt, hat er mehr Ansehen [bei den Menschen] und ein
höheres Maß an Herrlichkeit vor Gott. Doch auch wenn er heira-
3 tet, sündigt er nicht. / Bewahre daher deine Reinheit und deine
Würde, dann lebst du von Gott her und mit ihm. Wenn du das, was
ich dir gesagt habe oder noch sagen werde, nur von dem Tag an be-
folgst, da du unter meinen Schutz gestellt wurdest, dann werde ich
4 [auch] in deinem Haus wohnen [können]. / Für deine früheren Sün-
den gibt es Vergebung, wenn du meine Gebote befolgst. Und das
gilt für alle: Ihnen wird vergeben, wenn sie meine Gebote befolgen
und so ein heiliges Leben führen.«

Gebot 5

1

1 »Habe also Geduld«, sagte der Hirte, »und sei einsichtig. Dann wirst
du mit allen bösen Taten fertig werden und kannst gerecht handeln.
2 / Denn wenn du Geduld hast, dann wird der Heilige Geist, der in dei-
nem Herzen wohnt, rein sein und nicht durch einen anderen bösen
Geist verdunkelt werden. Jede Enge ist ihm fremd, für den Men-
schen, in dem er wohnt, gibt es nur Freude und Jubel. Vollkommen
heiter wird dieser Mensch Gott dienen, da er mit sich selbst eins ist.
3 Doch wenn Jähzorn in den Menschen eindringt, fühlt sich der Hei-
lige Geist, der sehr empfindsam ist, in die Enge getrieben. Weil nun
seine Wohnung nicht mehr rein ist, versucht er, von dort wegzukom-
men. Er wird von dem bösen Geist erstickt und hat keine Bewe-
gungsfreiheit mehr, dem Herrn so zu dienen, wie er will, wenn der
Jähzorn alles mit Unreinheit erfüllt hat. Denn in der Geduld wohnt
4 Gott, doch im Jähzorn der Teufel. / Wenn beide Geister an derselben
Stelle zusammenkommen, dann ist das schädlich und ganz schlimm
für den Menschen, in dem sie beide wohnen wollen.

Denn wenn jemand auch nur ein paar Tropfen Wermut in einen 5
Honigtopf schüttet, dann wird der gesamte Honig verdorben. So-
viel Honig kann von so wenig Wermut schlecht werden. Er verliert
den süßen Honiggeschmack und wird für seinen Besitzer nutzlos,
denn er ist bitter und zu nichts zu gebrauchen. Wenn aber kein
Wermut in den Honig geschüttet wird, dann ist der Honig süß und
für seinen Besitzer brauchbar. / Man kann leicht sehen, daß Geduld 6
viel süßer als Honig ist und brauchbar für den Herrn, weil er darin
wohnen kann. Jähzorn aber ist bitter und unnütz. Wenn die Geduld
mit Jähzorn vermischt wird, dann wird die Geduld befleckt, und
Gott kann mit ihrem Gebet nichts anfangen.«
»Ich möchte gerne, Herr«, sagte ich, »etwas über die Wirkweise 7
des Jähzorns erfahren, um mich davor hüten zu können.« »Aller-
dings«, sagte er, »wenn du und deine ganze Familie sich davor
nicht in acht nehmen, dann habt ihr nichts mehr zu erhoffen. Hüte
dich jedenfalls vor dem Jähzorn. Ich bin ja auch bei dir. Und alle,
die aus ganzem Herzen umgekehrt sind, meiden den Jähzorn. Ich
werde bei ihnen sein und sie behüten. Der heiligste Engel hat sie ja
alle für gerecht [das heißt: zu Gottes Freunden][48] erklärt.«

2

»Laß dir nun«, sagte der Hirt, »etwas über die Wirkweise des Jäh- 1
zorns erzählen. Er ist etwas Schlimmes und führt die, die zu Gott
gehören, durch seine Macht auf Abwege, so daß sie die Gerechtig-
keit aus den Augen verlieren. Diejenigen, die fest sind im Glauben,
kann er nicht irreführen, bei ihnen kann er nichts ausrichten, denn
Gottes Kraft begleitet sie. Nur die Leeren und Gleichgültigen kann
er in die Irre führen. / Denn wenn er sieht, daß diese Menschen 2
friedlich dahinleben, nistet er sich in ihrem Herzen ein, und aus
einem völlig nichtigen Anlaß werden Frau oder Mann plötzlich bit-
ter. Das können ganz alltägliche Dinge sein wie das Essen oder
irgendeine Kleinigkeit oder wegen eines Freundes, über Geldanla-
gen[49] und andere törichte Sachen. Denn alles das ist dumm, leer,
töricht und schädlich für alle, die zu Gott gehören.
Die Geduld dagegen ist groß und stark. Ihre Kraft ist mächtig und 3
überlegen. Dort, wo Weite ist, geht es auch ihr gut. Sie ist fröhlich,
voll Jubel, frei von Sorge, sie lobt Gott allezeit. Sie hat nichts Bitte-

---

48 Durch diesen Zusatz soll zum Ausdruck gebracht werden, daß es sich bei diesem Rechtfertigen hier nicht um ein forensisches, sondern um ein soziales Geschehen handelt (sie werden zu Partnern).

49 Wörtlich: »über Geben und Nehmen« (sc. von Zinsen).

res, sie bleibt immer sanft und ruhig. Sie wohnt bei denen, die treu
an ihrem Glauben festhalten, so daß er unversehrt geblieben ist. /
4 Der Jähzorn dagegen ist vor allem töricht, übereilt und dumm. Aus
Unverstand kommt Bitterkeit, daraus Wut, daraus Zorn, daraus
Rachegedanken. Da diese aus so vielen schlimmen Neigungen be-
stehen, wird daraus eine große, unheilbare Sünde.
5 Denn wenn diese vielen bösen Geister zusammen mit dem Heiligen
Geist in einem Gefäß wohnen sollen, dann kann das Gefäß nicht
6 genug Platz bieten, sondern es quillt über. / Der empfindsame Hei-
lige Geist, der es nicht gewohnt ist, mit bösem Geist und Unbelehr-
barkeit die Wohnung teilen zu müssen, zieht sich von diesem Men-
schen zurück und strebt eine Behausung an, die er mit Sanftmut
7 und Ruhe teilen kann. / Wenn sich dann der Heilige Geist von dem
Menschen zurückgezogen hat, in dem er gewohnt hat, wird der be-
treffende Mensch ganz leer. Er hat keinen rechtschaffenen Geist
mehr, wird von bösen Geistern besetzt. Er wird unstet in all seinem
Tun, von den bösen Geistern hierhin und dorthin gezerrt. Er wird
ganz blind, so daß er gute Gedanken gar nicht mehr wahrnehmen
kann.
8 So geht es mit allen Jähzornigen. / Halte dich daher fern von allem
Jähzorn! Er ist ein sehr böser Geist. Ziehe die Geduld an und leiste
dem Jähzorn und der Erbitterung Widerstand. Dann stehst du in
der Würde da, die der Herr liebt. Sieh nun zu, daß du dieses Gebot
besonders beachtest. Denn wenn du dieses Gebot meisterst, dann
kannst du auch die übrigen Gebote bewahren, die ich dir auftragen
werde. Wende dich kräftig diesen Geboten zu, dann wirst du auch
Kraft empfangen. Alle, die nach diesen Geboten leben wollen, müs-
sen auf diese Weise an sie herangehen.«

Gebot 6

1

1 Der Hirt sagte: »Ich habe dir im ersten Gebot aufgetragen, du soll-
test Glauben, Furcht Gottes und Selbstbeherrschung bewahren.«
»Ja, Herr«, sagte ich. »Doch jetzt«, fuhr er fort, »will ich dich über
ihre Wirkweisen aufklären. Du sollst wissen, welche Kraft und
Wirkung jedes von ihnen hat. Denn ihre Wirkungen haben immer
mit den zwei Wegen zu tun, nämlich mit Gerechtem und Ungerech-
2 tem. / Vertraue dich dem Gerechten an, aber nicht dem Ungerech-
ten. Denn der Weg der Gerechtheit ist gerade, der Weg der Unge-
rechtheit ist krumm. Geh auf dem geraden Weg, und meide den
3 krummen. / Der krumme Weg hat kein ebenes Pflaster, er ist viel-

mehr unwegsam und oft voller Hindernisse, holprig und dornig.
Wer auf ihm geht, nimmt Schaden. / Wer dagegen auf dem geraden 4
Weg geht, kann ohne Hindernisse auf ebenem Pflaster laufen. Der
Weg ist weder holprig noch dornig. / Es ist also offenkundig nütz- 5
licher, diesen Weg zu nehmen.« »Ich finde, man sollte lieber auf
dem geraden Weg gehen, Herr«, sagte ich. »Dann tu das auch«,
sagte der Hirte, »und jeder, der von ganzem Herzen zum Herrn
umkehrt, wird diesen Weg wählen.«

2

Der Hirte fuhr fort: »Laß dir nun etwas über den Glauben sagen. 1
Jeder Mensch wird von zwei Engeln begleitet: dem Engel der Ge-
rechtheit und dem Engel des Bösen.« / »Aber, Herr«, fragte ich, 2
»wenn beide Engel bei mir wohnen – woran erkenne ich ihre Wirk-
weisen?« / »Hör mir gut zu«, antwortete er, »dann verstehst du es. 3
Der Engel der Gerechtheit ist empfindsam, nach innen gekehrt,
sanft und ruhig. Wenn seine Regungen in dein Herz hinaufsteigen,
spricht er sogleich mit dir über Gerechtheit, Heiligkeit, Anständig-
keit, Selbstgenügsamkeit, über lauter rechtes Tun und über alles
rühmliche gute Verhalten. Wenn solche Regungen in dein Herz hin-
aufsteigen, dann erkennst du, daß der Engel der Gerechtheit bei dir
ist, denn dies sind seine Wirkweisen. Auf ihn und auf das, was er
wirkt, kannst du dich ruhig einlassen.
Anders ist es mit den Wirkweisen des Engels der Bosheit. Er ist vor 4
allem jähzornig, verbittert und unvernünftig. Was er wirkt, ist böse
und führt die Menschen, die zu Gott gehören, in die Irre. Daß er in
deinem Herzen aufsteigt, kannst du also auch an seinen Wirkungen
erkennen.« / »Jetzt weiß ich aber immer noch nicht, Herr, woran 5
ich ihn erkennen soll«, wandte ich ein.« »Das ist doch ganz ein-
fach«, sagte er, »wenn dich Jähzorn überkommt oder Erbitterung,
dann kannst du annehmen, daß er in dir wirkt. Oder wenn es dich
nach hektischer Geschäftigkeit gelüstet, wenn du aufwendig essen,
trinken oder üppig feiern willst, wenn du vielfältigen, unnötigen
Luxus treibst, möglichst viele Frauen haben willst, wenn du hab-
süchtig, arrogant und prahlerisch bist und was dergleichen mehr
ist. Wenn solche Regungen in dein Herz hinaufsteigen, dann weißt
du, daß sie vom Engel des Bösen kommen. / Wenn du aber seine 6
Wirkweisen erkannt hast, dann halte dich von ihm fern, laß dich
keinesfalls auf ihn ein, denn was er wirkt, ist böse und paßt nicht
zu denen, die zu Gott gehören. Nun weißt du, was beide Engel be-
wirken. Mach dir das klar und begib dich in die Obhut des Engels
der Gerechtheit. / Vom Engel der Bosheit aber sag dich los, denn 7

was er lehrt, ist böse, und das zeigt sich an all dem, was er bewirkt.
Denn selbst ein sehr gläubi-ger Mann oder eine sehr gläubige Frau
können einfach der Sünde nicht widerstehen, wenn die Begehrlich-
8 keit, die von diesem Engel kommt, in ihrem Herzen aufsteigt. / Und
genauso ist es auch, wenn im Herzen eines ganz schlechten Mannes
oder einer ganz schlechten Frau die Wirkungen des Engels der Ger-
echtheit aufsteigen, dann müssen sie unbedingt etwas Gutes tun. /
9 Du siehst also«, sagte er, »daß es gut ist, dem Engel der Gerechtheit
zu folgen, sich vom Engel des Bösen dagegen loszusagen.
10 Soviel also in diesem Gebot über den Glauben. Vertraue dich den
Wirkweisen des Engels der Gerechtheit an. Wenn du das tust, hast
du Leben bei Gott und aus Gott. Du kannst dich darauf verlassen,
daß die Wirkweisen des Engels des Bösen schlimme Folgen haben.
Nur wenn du sie meidest, wirst du Leben haben bei Gott und aus
Gott.«

Gebot 7

1 Der Hirte sagte weiter: »Fürchte Gott und halte seine Gebote.
Wenn du Gottes Gebote hältst, hast du Kraft zu allem Tun, und
jede Tat wird unvergleichlich sein. Denn wenn du den Herrn fürch-
test, machst du alles richtig. Dies ist die Furcht, die nötig ist, damit
2 du gerettet wirst. / Den Teufel aber mußt du nicht fürchten.[50] Denn
wenn du Gott fürchtest, wirst du mit dem Teufel fertig werden,
denn dann hat er keine Macht. Und wer keine Macht hat, den muß
man auch nicht fürchten. Den aber, der Macht und Herrlichkeit
hat, den muß man auch fürchten. Jeden, der Macht hat, muß man
fürchten. Wer aber keine Macht hat, der wird von allen verachtet.
3 / Aber auch die Werke des Teufels muß man fürchten, denn sie sind
böse. Du sollst also nicht nur den Herrn fürchten, sondern auch die
Werke des Teufels und sie nicht tun, sondern meiden.
4 Es gibt also zweierlei Furcht. Hast du die Absicht, etwas Böses zu
tun, so fürchte den Herrn und laß von deiner Absicht ab! Wenn du
dagegen das Gute tun willst, fürchte den Herrn und tu es! Daraus
folgt: Die Furcht vor Gott ist stark, groß und herrlich. Fürchte also
Gott, dann wirst du aus ihm leben. Und alle, die ihn fürchten und
5 seine Gebote halten, werden aus Gott leben.« / »Was bedeutet es,
Herr«, fragte ich, »wenn du über die, die seine Gebote halten,
sagst, daß sie ›aus ihm leben‹ werden?« »Das bedeutet«, sagte er,
»daß jedes Geschöpf den Herrn fürchtet, doch seine Gebote [oft]

---

50 Zu den beiden Arten von Furcht vgl. Mt 10,28.

nicht hält. Wer aber Gott fürchtet und seine Gebote hält, der wird bei Gott Leben haben. Wer aber seine Gebote nicht hält, der hat auch kein Leben.«

Gebot 8

Der Hirt sagte zu mir: »Ich habe dir schon gezeigt, daß alles, was 1
Gott geschaffen hat, zwei Seiten hat. So ist es auch mit der Selbstbeherrschung. Denn einige Dinge muß man sich versagen, andere
aber nicht.« / »Zeige mir, Herr«, sagte ich, »welche Dinge man sich 2
versagen muß und welche nicht.« »Das ist ganz einfach«, sagte er. »Das Böse sollt du dir versagen, es also nicht tun, das Gute aber sollst du dir nicht versagen, sondern das sollst du tun. Wenn deine Selbstbeherrschung darin besteht, daß du dir versagst, das Gute zu tun, dann sündigst du sehr. Wenn sie aber darin besteht, das Böse nicht zu tun, dann handelst du ganz richtig. Meide also alles Böse und tue das Gute.«
»Welches sind denn die bösen Dinge, Herr, die wir uns versagen 3
müssen?« fragte ich. »Das will ich dir gern erklären«, sagte er. »Treibe nicht Ehebruch und geh nicht zu den Dirnen, besaufe dich nicht, weil das zu Unrecht führt, suche nicht maßlosen bösen Luxus, treibe nicht Völlerei und schwelge nicht in Reichtum. Bläh dich nicht auf, sei nicht arrogant und überheblich. Lüge nicht, verleumde nicht, verstell dich nicht, trage den anderen nicht Böses
nach und vermeide lästerliches Herabsetzen. / Alles dies ist das 4
Schlimmste, was ein Mensch in seinem Leben tun kann. Wer zu Gott gehört[51], muß sich diese Dinge versagen. Wenn er das nicht tut, hat er kein Leben bei Gott. Ich will dir auch noch sagen, welche
Folgen sich daraus ergeben.« / »Sicher noch weitere böse Werke, 5
Herr, oder?« »Ja«, sagte er, »da gibt es vieles, was einer, der zu Gott gehört, sich versagen muß. Er darf nicht stehlen, nicht lügen, niemanden berauben, kein falsches Zeugnis ablegen. Er darf nicht habgierig sein, darf der bösen Lust nicht folgen, darf nicht betrü-
gen, nicht prahlen, nicht angeben und dergleichen. / Du meinst 6
doch wohl auch, daß dies alles schlimme Dinge sind?« »O ja, sehr schlimme«, sagte ich, »besonders wenn man zu Gott gehören will.« »Dies alles muß sich der versagen, der zu Gott gehört. Tu also dies alles nicht, damit du bei Gott leben kannst und [auf den himmlischen Tafeln] zu der Zahl derer hinzugerechnet wirst, die diese Dinge meiden. Dies alles sind die Dinge, die du dir versagen mußt.«

51 Wörtlich: »der Sklave Gottes«.

7 Dann fügte er noch hinzu: »Laß dir aber auch sagen, was du nicht
meiden, sondern tun mußt. Das Gute sollst du nicht meiden, son-
8 dern tun.« / Ich fragte: »Sag mir doch, Herr, welche Folgen diese
guten Dinge haben. Dann will ich danach leben und mich ihnen
freiwillig als Sklave verschreiben, um gerettet zu werden, wenn ich
alles getan habe.« »Laß dir sagen«, erwiderte er, »wie sich das
9 Gute äußert, was du also tun und nicht meiden sollst. / Zuallererst
halte treu am Glauben fest, fürchte Gott, liebe Gott und den Näch-
sten, bemühe dich um Eintracht, sage das Rechte und die Wahrheit,
sei geduldig. Das alles ist das Beste, das ein Mensch in seinem Le-
ben tun kann. Wenn jemand das einhält und nicht meidet, ist er se-
lig in seinem Leben.
10 Laß dir auch sagen, was das alles zur Folge hat: Man kann Witwen
Hilfe leisten, Waisen und Bedürftige aufsuchen, Mitchristen aus
Zwangslagen befreien, gastfreundlich sein – Gastfreundlichkeit ist
oft eine gute Tat –, man kann darauf verzichten, sich anderen [mit
Gewalt] zu widersetzen, und in Ruhe und Frieden leben, es fällt ei-
nem leicht, ärmer dazustehen als alle übrigen Menschen, man kann
alte Leute ehren, gerecht sein, geschwisterliche Liebe üben, es
macht einem nichts, wenn man schlecht behandelt wird, man ist
geduldig, nicht nachtragend und in der Lage, Menschen in ihrem
Kummer zu trösten und sie, wenn sie am Glauben irre geworden
sind, nicht fallenzulassen, sondern sie zur Umkehr zu bewegen und
ihnen Mut zu machen. Ferner fällt es einem leicht, die Sünder zu-
rechtzuweisen, Schuldner und Arme nicht unter Druck zu setzen
11 und dergleichen. / Meinst du nicht auch, daß das gut ist?« »Ja,
Herr«, sagte ich, »was könnte es Besseres geben?« Der Hirte:
»Lebe nun danach und verlier es nicht aus den Augen, dann hast
12 du Leben bei Gott. / Halte dieses Gebot. Wenn du das Gute tust
und dich nicht davon fernhältst, wirst du Leben haben bei Gott.
Und wenn du das Böse nicht tust, sondern es meidest, dann wirst
du ebenfalls Leben haben bei Gott. Und alle, die diese Gebote hal-
ten und nach ihnen leben, werden Leben haben bei Gott.«

Gebot 9

1 Der Hirt forderte mich auf: »Jage allen Zweifel von dir fort!
Zweifle auch nicht ängstlich, ob du etwas von Gott erbitten darfst,
indem du dich fragst: Wie darf ich etwas vom Herrn erbitten oder
2 empfangen, da ich doch so gegen ihn gesündigt habe? / Mach dir
darüber keine Gedanken, sondern kehre aus ganzem Herzen zu
Gott zurück und bitte ihn zuversichtlich. Dann wirst du merken,

daß er dich nicht im Stich läßt, sondern dir deinen Herzenswunsch
erfüllt. / Denn anders als die Menschen trägt Gott Böses nicht nach, 3
sondern hat Erbarmen mit seiner Kreatur. / Wirf nun alles Wert- 4
lose, was die Welt zu bieten hat, aus deinem Herzen heraus.[52] Mach
es genauso mit all den schlimmen Dingen, die ich dir zuvor aufge-
zählt habe. Bitte vielmehr den Herrn, und du wirst alles empfan-
gen, worum du bittest. All deine Bitten werden dir erfüllt, wenn du
nur den Herrn zuversichtlich bittest. / Wenn du aber in deinem 5
Herzen zweifelst und mit dir selbst nicht im reinen bist, kannst du
nichts von dem empfangen, was du erbittest. Denn wer Gott gegen-
über zweifelt, der ist mit sich selbst nicht im reinen und erhält
nichts von dem, um was er gebeten hat. / Wer aber vertrauensselig 6
voll Glauben Gott um alles bittet, wird das Erbetene auch empfan-
gen, weil er ja zuversichtlich bittet und nicht zweifelt.
Ein Zweifler aber kann schwerlich gerettet werden, außer wenn er
umkehrt. / Wirf daher aus deinem Herzen den Zweifel hinaus, zieh 7
den Glauben an wie ein Kleid, denn er ist kräftig. Und setze dein
Vertrauen auf Gott, daß er dir alles, um was du ihn bittest, auch ge-
ben wird. Und wenn du einmal den Herrn um etwas gebeten hast
und du es nicht umgehend bekommst, dann verfalle nicht in Zwei-
fel, weil dein Herzenswunsch nicht sofort erfüllt wurde. Denn viel-
leicht will Gott dich auf die Probe stellen, oder du hast Schuld auf
dich geladen, von der du nichts weißt. Und deswegen dauert es et-
was länger, bis deine Bitte erfüllt wird. / Du solltest aber nicht auf- 8
hören, um deinen Herzenswunsch zu beten, denn dann wirst du
das Erbetene schon noch bekommen. Doch wenn du den Mut ver-
lierst und beim Bitten zweifelst, dann gib dir selbst die Schuld und
nicht dem, der dir geben soll. / Behalte diesen Zweifel im Auge! 9
Denn er ist böse und unbelehrbar, viele entwurzelt er aus ihrem
Glauben, auch gläubige und starke Christen. Denn diese Art Zwei-
fel ist ein Kind des Teufels und tut denen Böses an, die zu Gott ge-
hören. / Strafe den Zweifel mit Verachtung und behalte ihm gegen- 10
über bei jeder Gelegenheit die Fassung. Ziehe den Glauben wie ein
Kleid an, denn er ist stark und kräftig. Denn der Glaube verheißt
alles und erfüllt alles. Doch der Zweifel hat kein Selbstvertrauen
und scheitert bei allen Werken, die er tut. / Du siehst also«, sagte 11
er, »daß der Glaube ein Geschenk des Himmels ist, vom Herrn ge-
geben, und daß er große Kraft hat. Der Zweifel aber ist nur ein
Geist von der Erde, vom Teufel, er hat keine Kraft. / Du aber un- 12

[52] Wörtlich: »Reinige dein Herz.« – Der Ausdruck »wirf heraus« (sc. aus dem Herzen) orientiert sich an der Sprache Meister Eckharts.

terstelle dich dem Glauben. Er hat Kraft. Und halte dich fern vom Zweifel, der keine Kraft hat, dann wirst du Leben haben bei Gott. Und alle, die darüber genauso denken, werden Leben haben bei Gott.«

Gebot 10

1

1 Der Hirt sagte zu mir: »Laß die Traurigkeit nicht an dich heran,
2 denn sie ist eine Schwester von Zweifel und Jähzorn.« / »Wie kann
sie deren Schwester sein, Herr«, fragte ich, »wo Jähzorn, Zweifel
und Traurigkeit doch ganz verschieden sind?« »Du bist wirklich
begriffsstutzig«, sagte er, »wenn du nicht verstehst, daß die Trau-
rigkeit schlimmer ist als alle anderen Geister. Sie kann denen, die
zu Gott gehören, sehr gefährlich werden, weil sie mehr als alle an-
deren Geister den Menschen zerstört und den Heiligen Geist hin-
ausdrängt. Andererseits kann sie aber auch viel zur Rettung beitra-
3 gen.« / »Herr«, sagte ich, »ich bin wirklich zu dumm, um diese
verschlüsselten Reden[53] zu verstehen. Ich begreife nicht, wie die
Traurigkeit gleichzeitig den Heiligen Geist hinausdrängen und
4 dann wieder zur Rettung beitragen kann.« / Er erwiderte: »Das ist
ja auch kein Wunder. Menschen [wie du], die nie nach der Wahr-
heit geforscht und nie nach Gott gesucht haben, die nur einen
christlichen Allerweltsglauben haben, die in Geschäfte, Reichtum
und Freundschaften mit Heiden verstrickt und in viele andere Ge-
schäftigkeiten dieser Welt verwickelt sind, können einfach Gottes
verschlüsselte Äußerungen nicht verstehen. Durch all diese Dinge
5 ist ihr Blick getrübt; sie verderben und verwildern. / Wie die guten
Weinberge unter Disteln und Unkraut verwildern, wenn sich keiner
um sie kümmert, so irren die Menschen, die gläubig wurden und
dann in die vielen genannten Dinge hineingeraten, von ihrer
Grundhaltung ab und verstehen nicht mehr, was gerecht ist. Selbst
dann, wenn von Gott oder Wahrheit die Rede ist, denken sie nur
an ihr Geschäft und an nichts anderes und verstehen gar nichts. /
6 Wer aber Gott fürchtet und nach Gott und der Wahrheit forscht,
wer mit seinem Herzen bei Gott ist, der begreift schnell alles, was
man ihm sagt. Denn er hat die Furcht des Herrn in sich. Und wo
der Herr wohnt, da ist auch das Begreifen leicht. Hänge dich also
an den Herrn, dann wirst du alles erfassen und begreifen.

---

53 Das Griechische hat hier wieder *parabole,* ein Wort für jede Art erklärungsbedürftiges Zeichen.

2
Laß dir also erklären, du begriffsstutziger Mensch, wie die Traurig- 1
keit den Heiligen Geist hinausdrängt, aber gleichzeitig auch retten
kann. / Stell dir vor, ein Zweifler macht sich an ein Werk heran, und 2
dieses mißlingt dann aufgrund seines Zweifels. Dann dringt die
Traurigkeit in ihn hinein, betrübt den Heiligen Geist und drängt
ihn hinaus. / Oder aus irgendeinem Anlaß befällt einen Menschen 3
der Jähzorn, und er wird bitterböse. Auch dann dringt die Traurig-
keit in das Herz des Jähzornigen ein. Er wird traurig darüber, wie
er sich verhalten hat, und dann kehrt er um, weil er Böses getan
hat. / Insofern hat diese zuletzt genannte Traurigkeit ihr Gutes und 4
führt zur Rettung, denn der, der sich schlecht verhalten hat, denkt
um. Freilich betrüben sowohl Zweifel als auch Jähzorn den Heili-
gen Geist: Der Zweifel betrübt den Heiligen Geist, weil der Mensch
nicht erreicht hat, was er tun wollte. Der Jähzorn betrübt den Hei-
ligen Geist, weil der Mensch das Böse getan hat. Beides macht den
Heiligen Geist traurig, Zweifel und Jähzorn. / Wirf also die Trau- 5
rigkeit aus dir heraus und bedränge nicht den Heiligen Geist, der
in dir wohnt. Sonst ruft er Gott an und verläßt dich. / Denn der 6
Geist Gottes, der in diese Menschennatur gegeben worden ist, hält
Trauer und Jähzorn nicht aus.

3
Stattdessen zieh die Fröhlichkeit an wie ein Kleid. Gott hat eine 1
Vorliebe für die Fröhlichkeit, sie gefällt ihm. Du sollst dich in der
Fröhlichkeit wohlfühlen. Ein fröhlicher Mensch tut und denkt das
Gute und hat für die Traurigkeit nichts übrig. / Wer aber immer 2
traurig ist, tut Böses. Er tut erstens Böses, indem er den Heiligen
Geist betrübt, der dem Menschen doch als fröhlicher Geist gegeben
ist. Und zweitens tut jeder, der den Heiligen Geist betrübt, unrecht,
weil er nicht betet und nicht Gott lobt. Das Gebet eines traurigen
Menschen besitzt niemals die Kraft, bis zum himmlischen Altar
Gottes hinaufzusteigen.« / »Warum«, fragte ich den Hirten, »kann 3
denn das Gebet eines Traurigen nicht zum Altar hinaufsteigen?« Er
antwortete: »Weil die Traurigkeit in seinem Herzen festsitzt. Wenn
das Gebet mit Traurigkeit vermischt ist, kann es nicht rein zum Al-
tar aufsteigen. So wie Essig und Wein, die man in einem Gefäß
mischt, ihren Geschmack verlieren, so verliert auch der Heilige
Geist, wenn er mit Traurigkeit gemischt wird, seine Kraft zum Ge-
bet. / Wirf also diese böse Traurigkeit aus deinem Herzen hinaus, 4
dann hast du Leben bei Gott. Und das gilt auch für alle anderen:

Sie werden bei Gott leben, wenn sie die Traurigkeit aus ihrem Herzen werfen und alle Fröhlichkeit wie ein Kleid anziehen.«

Gebot 11

1 Dann zeigte der Hirte auf ein paar Menschen, die auf einer Bank saßen, und auf einen Mann, der auf einem Sessel saß. Er sagte zu mir: »Siehst du die Menschen, die auf der Bank sitzen?« »Ja, die sehe ich, Herr«, sagte ich. »Die auf der Bank sind Christen«, sagte er, »und der auf dem Sessel ist ein falscher Prophet. Er will denen, die zu Gott gehören, den Verstand durcheinanderbringen. Doch das gelingt ihm nur bei den Zweiflern, nicht bei denen, die treu zu
2 ihrem Glauben stehen. / Diejenigen, die in ihrem Glauben noch nicht fest sind, laufen zu ihm wie zu einem Wahrsager und fragen ihn, was ihnen die Zukunft bringen wird. Und der falsche Prophet, dem die Kraft des Heiligen Geistes fehlt, gibt ihnen genau die Antwort, die sie gern hören wollen und die ihren bösen Trieben gerade recht kommt, und erfüllt ihre Herzen mit allem, was sie nur hören
3 möchten. / Denn er ist im Inneren ganz leer[54] und gibt Leuten, die selber auch leer sind, leeres Gerede zur Antwort. Denn alles, was man ihn fragt, paßt genau zur Hohlheit der Frager. Gelegentlich redet er auch Wahres. Dann erfüllt ihn der Teufel mit seinem Geist und versucht so, den einen oder anderen Christen zu Fall zu brin-
4 gen. / Diejenigen dagegen, die stark sind im Glauben an Gott, haben die Treue wie ein Kleid angezogen und fallen auf solche Irrgeister nicht herein. Sie halten sich von ihnen fern. Diejenigen aber, die in ihrem Glauben noch schwankend sind und immer wieder anderen Ideen aufsitzen, lassen sich Orakel geben wie die Heiden und laden dadurch eine noch größere Sünde auf sich, weil das Götzendienst ist. Wer einen falschen Propheten befragt, ist ein Götzendiener, er besitzt keinen Funken Wahrheit und ist leer und töricht. /
5 Denn ein Geist, den Gott eingegeben hat, läßt sich nicht ausfragen. Er redet vielmehr von sich aus in der Kraft Gottes, denn er ist von

---

54 Das Wort »leer« gehört zu den für Hermas typischen Wörtern. Im Gegensatz zu »voll« oder »Fülle« (vgl. Joh 1,16; Kol 1,19) meint »leer« nicht Gott und das Göttliche, sondern die »Nichtigkeit« des Kreatürlichen. Die Welt wird als leerer Raum gedacht, den Gott erst mit seiner Fülle anfüllen muß (mit dem Ziel: 1 Kor 15,28b). Auch in heidnischen magischen Papyri ist der nichtsnutzige Geist »leer«. – Diese physikalisch orientierte Metaphorik war für die Physik selbst wichtig (Vorstellung des leeren Raumes). Theologisch impliziert sie: Gott ist dicht gefüllte Substanz (und daher auch beständig).

oben und hat Anteil an der Kraft des Heiligen Geistes. / Der Geist 6
aber, der sich ausfragen läßt und der den Menschen nach dem
Mund redet, ist ein Erdengeist, unbeständig und schwach. Er redet
nur, wenn man ihn ausfragt.«
»Ach, Herr«, sagte ich, »wie soll denn nun ein Mensch erkennen, 7
wer von denen, die behaupten, Propheten zu sein, echt und wer
falsch ist?« Er erwiderte: »Ich werde dir erklären, wie beide Arten
von Propheten sind, und nach dem Maßstab, den ich dir nenne,
kannst du einen echten von einem falschen Propheten unterschei-
den. Einen Menschen, der Gottes Geist hat, kann man an seiner Le-
bensführung erkennen. / Einer, der den Geist vom Himmel her hat, 8
ist vor allem sanft und ruhig, demütig und frei von aller Bosheit. Er
hat mit der sinnlosen Triebhaftigkeit dieser Welt nichts im Sinn und
stellt sich auf die Seite der Geringsten. Wenn einer ihn ausfragt, ant-
wortet er nicht. Er redet nicht unter Ausschluß der Gemeinde mit
ihm im stillen Kämmerlein. Er redet auch nicht, wenn ein Mensch
das wünscht, sondern nur dann, wenn Gott es ihm aufträgt.
Wenn nun ein Mensch mit dem Geist Gottes zu einer Versammlung 9
von guten Christen[55] kommt, deren Glaube vom Heiligen Geist be-
stimmt ist, wird er nach einem Gebet der Gemeinde vom Engel des
prophetischen Geistes erfüllt werden und zu den Leuten sprechen,
wie Gott es will. / So also wird der Geist Gottes offenbar, und das 10
ist seine Wirkweise.«
Dann sagte der Hirte weiter: »Aber laß dir nun auch zeigen, was 11
der irdische Geist ist, der leer und dumpf ist und keine Kraft besitzt.
/ Ein Mensch, der den Geist zu besitzen meint, will vor allem immer 12
über allen anderen stehen und beansprucht überall den ersten
Platz, er ist sehr schnell dreist, unverschämt und vorlaut, sein Le-
bensstil ist luxuriös, er liebt den verführerischen Schein und ver-
langt für seine Prophezeiung Geld. Wenn er nichts bekommt, pro-
phezeit er auch nicht. Kann ein göttlicher Geist etwa Honorar
kassieren und daraufhin prophezeien? Nein, ein Prophet Gottes
kann das nicht! Solche Propheten haben daher einen Erdengeist! /
Ein falscher Prophet kommt grundsätzlich nicht in eine Versamm- 13
lung von guten Christen[56], die meidet er. Er hängt sich vielmehr an
die Ungefestigten und die Leeren. Denen prophezeit er heimlich in
einem versteckten Winkel. Er täuscht sie, indem er ihnen nach dem
Munde redet und ihren Gelüsten entgegenkommt und lauter leeres
Zeug von sich gibt, weil er sich von Leeren ausfragen läßt. Denn

[55] Wörtlich: »von gerechten Menschen«.
[56] Wörtlich: »von gerechten Menschen«.

wenn ein leeres Gefäß an andere leere Gefäße stößt, zerbricht es
nicht, sondern es gibt einen harmonischen Klang [weil sie gut zu-
14 einander passen]. / Wenn jedoch der falsche Prophet in eine Ver-
sammlung von guten Christen kommt, die den Geist Gottes haben
und gerade beten[57], dann ist er plötzlich ganz leer, weil selbst der
Erdengeist vor Angst aus ihm flieht, und dann verstummt der fal-
sche Prophet und bricht zusammen, weil er kein Wort heraus-
15 bringt. / Wenn einer zu seinem im Keller gelagerten Öl oder Wein
ein leeres Gefäß dazugestellt hat, dann findet er, wenn er den Keller
wieder ausräumen will, das Gefäß, das er leer hineingestellt hat,
auch nachher wieder leer vor. So werden auch die leeren Propheten,
wenn sie unter die Geister guter Christen geraten, am Ende so leer
dastehen, wie sie gekommen sind.
16 Wenn man also den Lebensstil beider Arten von Propheten ver-
gleicht, kann man die Menschen, die von sich behaupten, Geistträ-
ger zu sein, anhand ihres Verhaltens und ihrer Lebensführung über-
17 prüfen. / Halte dich an den Geist, der von Gott kommt und der
kräftig ist. Dem Erdengeist dagegen, der leer ist, darfst du nicht ver-
18 trauen, denn er hat keine Kraft und kommt vom Teufel. / Man kann
es auch mit einem Gleichnis sagen: Nimm einen Stein und wirf ihn
zum Himmel und schau, ob du den Himmel triffst. Oder nimm eine
Wasserspritze und spritz Wasser zum Himmel und schau, ob das
19 Wasser durch den Himmel durchspritzt.« / »Wie soll das möglich
sein, Herr?« fragte ich. »Das geht doch beides nicht.« »Siehst du!«
sagte er. »Genau wie dieses Unterfangen daran scheitert, daß du
nicht genug Kraft hast, so scheitern auch die kraftlosen und unfähi-
20 gen Erdengeister. / Denk dagegen an die Kraft, die von oben kommt:
Ein Hagelkorn ist winzig klein, aber wenn es einen Menschen am
Kopf trifft, dann tut es sehr weh. Oder denk an die kleinen Wasser-
tropfen, die vom Dach herunter auf den Stein fallen und ihn langsam
21 aushöhlen. / Du siehst, daß selbst die kleinsten Dinge, wenn sie von
oben her auf die Erde fallen, große Kraft haben. So ist es auch mit
Gottes Geist: Er kommt von oben und ist stark. Diesem Geist kannst
du also trauen, von anderem halte dich fern!«

Gebot 12

1

1 Der Hirte sagte auch zu mir: »Wirf alle maßlose Triebhaftigkeit aus
deinem Herzen und zieh die gute und ernsthafte Sehnsucht wie ein

---

57 Nämlich vor der prophetischen Rede, wie oben.

neues Kleid an. Denn wenn du dich damit bekleidet hast, wirst du
die maßlose Triebhaftigkeit hassen. Dann kannst du sie nach dei-
nem Willen zähmen. / Denn die maßlose Triebhaftigkeit ist wild und 2
nicht einfach zu zähmen. Sie ist wirklich zum Fürchten und macht in
ihrer Wildheit die Menschen regelrecht mürbe, und zwar besonders
grausam dann, wenn einer, der zu Gott gehört, ahnungslos in ihre
Fänge gerät. Menschen, die sich nicht zuvor mit der guten Sehnsucht
bekleidet haben, sondern die nur mit dieser Welt verfilzt sind, macht
sie völlig kaputt und liefert sie dem Tod aus.«
Ich fragte: »Welches sind denn die Wirkungen der maßlosen Trieb- 3
haftigkeit, Herr, die den Menschen dem Tod ausliefert? Sag es mir,
damit ich mich von ihnen fernhalte!« Er erwiderte: »Ich will dir
gern erklären, auf welche Weise die maßlose Triebhaftigkeit dieje-
nigen, die zu Gott gehören, kaputtmachen kann.

2
Da ist zuerst einmal die Gier nach einer anderen Frau oder einem 1
anderen Mann, sodann die Gier nach üppigem Reichtum, nach vie-
len unsinnigen Tafel- und Gaumenfreuden und vielen weiteren tö-
richten Genüssen und Luxusgütern. Für einen, der zu Gott gehört,
ist das alles dumm und leer. / Solche maßlosen Triebe sind böse und 2
töten alle, die zu Gott gehören. Diese Triebhaftigkeit ist böse, ja, sie
ist eine Tochter des Teufels. Ihr müßt euch von der bösen, triebhaf-
ten Maßlosigkeit fernhalten, damit ihr Leben aus Gott haben
könnt. / Wer sich dagegen von diesen Trieben beherrschen läßt und 3
ihnen keinen Widerstand leistet, der geht hoffnungslos zugrunde.
Denn diese Begierden sind tödlich.
Du aber zieh die Sehnsucht nach Gerechtheit[58] wie ein Kleid an. 4
Lege die Furcht Gottes wie eine Rüstung[59] um und widerstehe den
maßlosen Begierden. Denn in der Sehnsucht nach dem Guten
wohnt die Furcht Gottes. Wenn nun die maßlose, böse Begierde
merkt, daß du ihr – mit der Furcht Gottes ausgerüstet – Widerstand
leistest, dann wird sie sogleich das Weite suchen und dir nicht mehr

58 Der PHerm vertritt eine sehr interessante Lehre von der zweifachen Fähigkeit des Menschen, Sehnsucht und Begehren zu entwickeln. Einmal geht es um die bekannte böse Begehrlichkeit, dann aber gibt es auch das Begehren nach Gerechtheit, eine wirkliche Sehnsucht nach dem Guten. Im Unterschied zu platonisierenden Autoren steht der Verfasser des PHerm zusammen mit Irenäus von Lyon recht einsam da. Wie auch sonst bei Irenäus öfter, so wird auch hier jüdisches Erbe greifbar (der doppelte Trieb im Herzen!).

59 Vgl. 1 Thess 5,8; Eph 6,14-17.

unter die Augen treten können, weil sie deine Waffen fürchtet. /
5 Wenn du die maßlose Gier besiegt und im Kampf gegen sie den Sie-
gerkranz davongetragen hast, dann geh zur Sehnsucht nach Ge-
rechtheit und leg ihr deinen Siegespreis zu Füßen. Laß sie als Herrin
über dich bestimmen, wie sie es will. Wenn du der guten Sehnsucht
dienst und dich ihr unterwirfst, dann kannst du mit der bösen maß-
losen Gier fertigwerden und sie unterwerfen, wie du es willst.«

3

1 Ich erwiderte: »Nun würde ich gern wissen, Herr, auf welche Weise
ich der guten Sehnsucht dienen muß.« »Laß es dir sagen«, sagte er,
»handle gerecht und nach deinen inneren Maßstäben, sei dir selbst
treu und fürchte Gott, sei verläßlich und sanft und was sonst alles
noch dazugehört. Dann wirst du ein Mensch, der zu Gott gehört
und den er gern hat, und wirst Leben haben bei ihm. Und jeder, der
2 der guten Sehnsucht dient, wird Leben aus Gott haben.« / Damit
beendete der Hirte seine Rede über die zwölf Gebote und sagte:
»Jetzt hast du diese zwölf Gebote. Lebe nach ihnen und ermahne
auch alle anderen, denen du sie weitergibst, sie sollen, wenn sie
jetzt noch einmal umkehren, diese zweite Umkehr für den Rest ih-
3 res Lebens rein bewahren. / Wenn du diesen Dienst an der Allge-
meinheit, den ich dir hiermit auftrage, sorgfältig ausführst, dann
wirst du viel bewirken. Denn alle Leute, die du zur Umkehr be-
wegst, werden dir sicher dankbar sein und sich von deinen Worten
überzeugen lassen. Denn ich werde mit dir sein und sie dazu brin-
4 gen, daß sie dir kaum widerstehen können.« / Ich erwiderte: »Herr,
diese Gebote sind großartig, beeindruckend und ganz herrlich.
Sie können dem Herzen eines Menschen, der sie befolgen kann,
wirklich Freude machen. Allerdings frage ich mich, Herr, ob ein
Mensch diese Gebote überhaupt erfüllen kann, denn sie sind doch
5 sehr unerbittlich.« / Der Hirte entgegnete: »Wenn du dir vor-
nimmst, daß die Gebote gehalten werden können, dann wird es dir
auch nicht schwerfallen, denn dann sind sie nicht unerbittlich.
Wenn sich aber in deinem Herzen der Gedanke einnistet, ein
Mensch könne sie sowieso nicht halten, dann wirst du es auch
6 nicht können. / Aber eines sage ich dir: Wenn du die Gebote nicht
einhältst, sondern sie außer acht läßt, dann gibt es keine Rettung.
Und das betrifft dich, deine Kinder und deine ganze Familie! Denn
dann hast du dich ja leider selbst auf den Standpunkt gestellt, daß
kein Mensch diese Gebote halten kann.«

4
Diese letzten Worte sagte der Hirt ganz zornig, so daß ich erschrak 1
und mich sehr vor ihm fürchtete. Seine Gestalt hatte sich so verän-
dert, daß kein Mensch seinen Zorn aushalten konnte. / Als er sah, 2
daß ich ganz erschrocken und bestürzt war, wandte er sich mir wie-
der milder und freundlicher zu und sagte: »Du bist unvernünftig,
unverständig und ungefestigt! Stell dir doch die Herrlichkeit Gottes
vor! Sie ist großartig, mächtig und wunderbar. Gott hat die Welt
wegen des Menschen geschaffen, und alle Kreatur hat er dem Men-
schen unterworfen. Er hat ihm die Vollmacht verliehen, alles zu be-
herrschen, was unter dem Himmel ist.« / Ich erwiderte: »Wenn der 3
Mensch die Herrschaft über alle Geschöpfe hat und über sie alle be-
stimmt, dann wird er doch wohl auch diese Gebote meistern kön-
nen!« Er sagte: »Der Mensch kann alles beherrschen und auch
diese Gebote meistern, wenn er den Herrn in seinem Herzen trägt.
/ Für die jedoch, die den Herrn nur auf den Lippen tragen, ihr Herz 4
aber vor Gott verschließen und weit weg sind von Gott, sind diese
Gebote unerbittlich und schwer einzuhalten. / Nehmt daher den 5
Herrn in eure Herzen auf und seid nicht länger leer und wankelmü-
tig im Glauben. Dann werdet ihr erkennen, daß nichts leichter,
menschenfreundlicher und sanfter ist als diese Gebote. / Kehrt um, 6
die ihr nach den Geboten des Teufels lebt, die schwer und bitter,
ohne Maß und ohne Grenze sind. Fürchtet den Teufel nicht, denn
er hat keine Gewalt gegen euch. / Denn ich werde mit euch sein, der 7
Engel der Umkehr, der Macht über den Teufel hat. Der Teufel sät
nur Angst, doch diese hat keine Wirkung. Habt also keine Angst
vor ihm, dann wird er von euch fliehen.«

5
Da fragte ich den Hirten: »Herr, darf ich dazu noch etwas sagen?« 1
Er antwortete: »Sag ruhig, was du auf dem Herzen hast!« Ich sagte:
»Die Menschen haben schon den guten Vorsatz, Gottes Gebote zu
erfüllen, und jeder erbittet sich vom Herrn die Kraft, die Gebote er-
füllen zu können und sich ihnen unterzuordnen. Doch der Teufel
läßt nicht locker und hält die Menschen in seiner Gewalt!« / Der 2
Hirte antwortete: »Die Menschen, die zu Gott gehören und aus gan-
zem Herzen auf ihn hoffen, kann der Teufel gar nicht in seiner Ge-
walt haben. Er kann mit ihnen ringen, aber niederringen kann er sie
nicht. Wenn ihr ihm nun Widerstand leistet, dann wird er besiegt
und wird beschämt von euch fliehen. Nur wer leer ist, fürchtet den
Teufel, als hätte er Macht. / Stell dir vor, ein Mensch füllt besonders 3
gut geeignete Krüge mit gutem Wein, läßt aber einige Krüge halb

leer. Nach einer Weile schaut er nach den Krügen. Die vollen Krüge
muß er nicht überprüfen, denn er weiß, daß sie voll sind. Aber bei
denen, die nur halb voll sind, muß er Angst haben, daß der Wein
sauer geworden ist. Denn in halbvollen Krügen wird der Wein
4 schnell sauer und verliert seinen Geschmack. / So kommt auch der
Teufel zu allen, die zu Gott gehören, und stellt sie auf die Probe. Da
gibt es dann Menschen, die voller Glauben sind, sie leisten ihm kräf-
tig Widerstand, und der Teufel läßt von ihnen ab, weil er keine Stelle
findet, wo er eindringen könnte. Wenn er aber zu den Halbvollen
und den Leeren kommt und eine Schwachstelle findet, dringt er in
sie ein. Er kann in ihnen anrichten, was er will, und sie werden seine
Sklaven.«

6

1 Dann fuhr der Hirte fort: »Ich, der Engel der Umkehr, sage euch
aber: Habt keine Angst vor dem Teufel. Ich bin von Gott gesandt,
mit euch zu sein, wenn ihr von ganzem Herzen umkehrt, und euch
2 stark zu machen im Glauben. / Glaubt nun an Gott! Aufgrund eu-
rer Sünden wart ihr schon am Leben verzweifelt, hattet Schuld auf
Schuld gehäuft und euer Leben belastet. Kehrt jetzt aus ganzem
Herzen um zum Herrn, und für den Rest eures Lebens handelt ge-
recht und tut, was Gott will. Dann wird Gott eure frühere Schuld
heilen, und ihr habt Kraft, die Werke des Teufels abzuwehren.
Wenn der Teufel droht, habt keine Angst. Denn er ist so schlaff wie
3 die Sehne einer Leiche. / Hört also auf mich und fürchtet Gott, der
alles vermag, der retten und verderben kann! Haltet diese Gebote!
4 Dann werdet ihr Leben haben aus Gott.« / Da erwiderte ich: »Herr,
jetzt habe ich Kraft bekommen, alle Gebote Gottes zu erfüllen,
denn du bist mit mir. Ich weiß, daß du die ganze Macht des Teufels
zerschlagen kannst. Wir werden mit ihm fertig werden und können
alle seine Werke vermeiden. Und ich hoffe, Herr, daß ich die Kraft
habe, alle diese Gebote Gottes, die du mir aufgetragen hast, zu hal-
5 ten.« / Der Hirt sagte: »Du wirst sie halten können, wenn du dich
ganz und gar an den Herrn hältst. Das gilt für alle, die die sinnlosen
und maßlosen Begierden aus ihrem Herzen werfen. Dann werden
sie Leben haben aus Gott.«

GLEICHNISSE

Gleichnis 1

Der Hirt fragte mich: »Ihr, die ihr zu Gott gehört, wißt ihr eigent- 1
lich, daß ihr in der Fremde wohnt? Denn eure himmlische Heimat
ist weit entfernt von dieser irdischen Stadt. Wenn ihr aber wißt, wo
ihr künftig wohnen werdet, ist es sinnlos, wenn ihr euch hier Land-
besitz zulegt und kostbare Einrichtungen, Häuser und vergängliche
Wohnungen anschafft. / Wer solche Dinge für seinen irdischen 2
Wohnort anschafft, der kann unmöglich in seine eigentliche Hei-
matstadt zurückkehren. / Du dummer, ungefestigter und unglück- 3
seliger Mensch, du müßtest doch wissen, daß dies alles fremdes
Gut ist, das nicht dir, sondern einem anderen untersteht. Der Herr
dieser irdischen Stadt wird zu dir sagen: ›Ich will nicht, daß du in
meiner Stadt wohnst. Verlaß diese Stadt, denn du hältst dich nicht
an meine Gebote!‹ / Wenn du in dieser Stadt Land, Wohnungen und 4
viele andere wertvolle Dinge besitzt, was machst du dann, wenn du
hinausgeworfen wirst, mit deinem Landbesitz, dem Haus und al-
lem anderen, was du dir angeschafft hast? Der Herr dieses Landes
wird dir mit Recht sagen: ›Entweder du hältst dich an meine Ge-
setze, oder du verschwindest aus meinem Land.‹ / Was machst du 5
dann? Für dich gilt ja in Wirklichkeit das Gesetz deiner eigentli-
chen Heimat. Willst du wegen des Landbesitzes und der anderen
Reichtümer dein heimatliches Gesetz verleugnen und nach dem Ge-
setz dieser irdischen Stadt leben? Das könnte dir später sehr zum
Schaden gereichen. Denn wenn du in deine Heimatstadt zurück-
kehren willst, wird man dich dort nicht aufnehmen, weil du das
Gesetz deiner Stadt verleugnet hast, und man wird dich aus ihr aus-
schließen.
Sieh dich also vor: Da du in der Fremde lebst, schaffe dir nicht 6
mehr an, als was du zum Auskommen brauchst. Halte dich bereit,
die irdische Stadt hinter dir zu lassen, wenn ihr Herrscher dich hin-
auswerfen will, weil du seinem Gesetz nicht Folge leistest, und in
deine Heimatstadt zu gehen und dort nach deinem Gesetz unbehel-
ligt und in Freude leben zu können. / Ihr, die ihr dem Herrn dient 7
und ihn in euren Herzen tragt, nehmt euch also in acht. Tut das,
was Gott will, und denkt an die Gebote und Verheißungen, die er
euch gegeben hat. Ihr könnt fest darauf vertrauen, daß der Herr
seine Verheißungen erfüllen wird, wenn seine Gebote gehalten wer-

8 den. / Anstatt für Landbesitz gebt euer Geld lieber für Menschen in
Not aus! Jeder kümmere sich, so gut er kann, um Witwen und Wai-
sen und mißachte sie nicht. Setzt euren Reichtum und eure ganze
Habe für den Landbesitz und die Häuser ein, die Gott euch gegeben
9 hat. / Denn Gott hat euch reich gemacht, damit ihr ihm diese Dien-
ste leistet. Es ist ja viel besser, Ländereien, Vermögenswerte und
Häuser in der Heimat zu besitzen, die man dann vorfindet, wenn
10 man zurückkommt. / Eine solche Art von Verschwendung ist gut
und macht froh, sie ist frei von Traurigkeit und Angst und voller
Freude. Den Luxus der Heiden sollt ihr nicht nachmachen. Für
11 euch, die ihr zu Gott gehört, ist er nur schädlich. / Gebt euch viel-
mehr eurer eigenen Art von Verschwendung hin, bei der ihr euch
freuen könnt. Stellt kein Falschgeld her, rührt nicht an fremdes Ei-
gentum, ja, denkt nicht einmal sehnsüchtig daran. Denn fremdes
Gut zu begehren ist böse. Wenn du das tust, was dir aufgetragen ist,
wirst du gerettet.«

Gleichnis 2

1 Als ich aufs Feld ging, fiel mein Blick auf eine Ulme und einen
Weinstock, und ich begann, mir über die beiden Gewächse und ihre
Früchte Gedanken zu machen. Da erschien mir der Hirte und
fragte mich: »Na, was denkst du über die Ulme und den Wein-
stock?« Ich antwortete: »Ich denke, Herr, daß sie sehr gut zusam-
2 menpassen.« / Er sagte: »Diese beiden Gewächse sind ein Bild für
diejenigen, die zu Gott gehören.« »Kannst du mir erklären, Herr«,
bat ich ihn, »wieso sie ein Bild für sie sind?« »Schau dir die Ulme
und den Weinstock genau an«, sagte er. »Ja, Herr, das tue ich«,
3 sagte ich. / »Dieser Weinstock«, sagte er, »trägt Früchte, die Ulme
dagegen ist unfruchtbares Holz. Doch der Weinstock kann nur
dann viel Frucht tragen, wenn er an der Ulme hochrankt. Denn
wenn er nicht an der Ulme emporwachsen würde, läge er am Bo-
den, und die Beeren würden verfaulen. Wenn sich nun der Wein-
stock an der Ulme emporrankt, dann bringt er seine Frucht von
4 sich aus und mit Hilfe der Ulme hervor. / Du siehst also, daß die
Ulme viel Frucht bringt, nicht weniger, sondern mehr und reichere
als der Weinstock.« »Wieso mehr, Herr«, fragte ich. »Weil der
Weinstock, der an der Ulme rankt, reiche und gute Frucht bringt«,
antwortete der Hirt, »wenn er aber am Boden dahinkriecht, bringt
er kärgliche und faule Frucht. Dieses Gleichnis bezieht sich auf
Christen, auf Arme und Reiche.«

»In welchem Sinne?« fragte ich. »Erkläre es mir bitte.« »Laß es dir 5
sagen«, entgegnete der Hirte. »Der Reiche hat zwar Vermögen,
doch in seinem Verhältnis zum Herrn ist er arm. Er ist gänzlich von
seinem Reichtum in Anspruch genommen und hat zum Gebet und
Lob Gottes fast gar keine Zeit, so daß diese sehr kärglich ausfallen.
Wenn er überhaupt betet, dann ist sein Gebet klein, schwach und
ohne Wirkung. Wenn sich aber nun der Reiche auf den Armen stützt
und ihm das zum Leben Nötige zukommen läßt, dann darf er glau-
ben, daß er Lohn bei Gott bekommt, weil er für den Armen etwas
getan hat. Denn der Arme ist reich, weil er bitten und lobpreisen
kann und weil sein Beten großen Einfluß bei Gott hat.[1] Deshalb wird
der Reiche den Armen mit allem versorgen, ohne zu zögern. / Der 6
Arme leistet – vom Reichen versorgt – dankbar Fürbitte bei Gott für
seinen Geber. Und der Geber sorgt dann erst recht für den Armen,
damit er keinen Mangel hat in seinem Leben. Denn er weiß, daß das
Gebet des Armen beim Herrn gut ankommt und dort reich ist. / Mit 7
verteilten Rollen bewirken beide das eine Heil. Der Arme bewirkt es
mit seinem Beten – darin liegt sein Reichtum, den er vom Herrn
empfangen hat. Er gibt diesen Reichtum dem Herrn zurück, von
dem er ihn empfangen hat.[2] Und ebenso läßt der Reiche, ohne zu zö-
gern, dem Armen den Reichtum zukommen, den er vom Herrn emp-
fangen hat. Das Ganze ist eine gute Sache und von Gott gewollt.
Denn der Reiche ist über seinem Reichtum zur Einsicht gekommen
und hat mit den Gaben des Herrn dem Armen Gutes getan und da-
mit in rechter Weise einen sozialen Dienst geleistet.
Man nimmt gemeinhin an, daß Ulmen keine Früchte tragen. Man 8
weiß aber nicht und macht sich auch nicht klar, daß die Ulme in
Dürrezeiten das Wasser speichert und den Weinstock tränkt. Und
da der Weinstock nun ständig Wasser hat, trägt er doppelt Frucht,
für sich und für die Ulme. So werden die Armen erst richtig reich,
indem sie für die Reichen beten. Und andererseits ermöglichen die
Reichen durch Unterstützung der Armen, daß sie überhaupt richtig
leben können. / So wirken beide mit an einer gerechten Sache. Kei- 9
nen, der so handelt, wird Gott im Stich lassen, sondern sein Name
wird in den Verzeichnissen der Lebendigen stehen. / Selig die Rei- 10
chen, die verstehen, daß Gott sie reich gemacht hat. Wer dies auf
sich bezieht, wird einen guten sozialen Dienst tun können.«

---

1 Vgl. Ex 22,22f.

2 Im Hintergrund steht die Vorstellung, daß erfolgreich beten zu können eine vitale Kraft ist, die verliehen wird und zurückgeschenkt werden kann. Spirituelle Kraft gilt als dinglich, da man – im Unterschied zu uns (?) – rein Geistiges nicht denken kann.

Gleichnis 3

1 Der Hirte zeigte mir viele Bäume ohne Blätter. Sie schienen wie ver-
dorrt zu sein und sahen alle ähnlich aus. Er fragte mich: »Siehst du
diese Bäume?« »Ich sehe sie, Herr«, sagte ich, »sie sehen alle gleich
aus und sind verdorrt.« »Die Bäume, die du da siehst«, sagte der
2 Hirte, »das sind die Menschen, die in dieser Weltzeit leben.« / »Und
warum, Herr«, fragte ich, »sind sie dann verdorrt und alle gleich?«
»Weil man in dieser Welt nicht erkennen kann, ob jemand ein Ge-
rechter oder ein Sünder ist. Sie sind einander ähnlich. Diese Welt-
zeit ist für die Gerechten ein Winter. Weil sie unter den Sündern le-
3 ben, sind sie nicht zu entdecken. / So ist es auch im Winter mit den
Bäumen: Da alle ohne Blätter sind, kann man nicht erkennen, wel-
che verdorrt sind und welche noch leben. Und so kommen in dieser
Welt weder die Gerechten noch die Sünder zum Vorschein, sondern
alle sehen gleich aus.«

Gleichnis 4

1 Dann zeigte mir der Hirte andere Bäume, von denen die einen junge
Triebe hatten und die anderen verdorrt waren. Und er fragte mich:
»Siehst du diese Bäume?« »Ja, ich sehe sie«, sagte ich, »die einen
2 treiben, die anderen sind verdorrt.« / Er sagte: »Die Bäume mit den
jungen Trieben sind die Gerechten, die in der kommenden Welt le-
ben werden. Denn die kommende Welt ist Sommer für die Gerech-
ten, für die Sünder dagegen Winter. Wenn das Erbarmen Gottes
aufleuchtet, werden die sichtbar, die zu Gott gehören, und alle wer-
3 den sie erkennen können. / Denn wie zur Erntezeit[3] bei jedem
Baum die Früchte in ihrer jeweiligen Art zu sehen sind, so werden
in der kommenden Welt auch die Früchte der Gerechten zu sehen
4 sein. Sie werden gut gediehen sein. / Doch die Heiden und die Sün-
der, die du als vertrocknete Bäume gesehen hast, wird man in der
kommenden Welt als verdorrt und unfruchtbar erkennen und sie
verbrennen, weil sie trockenes Holz sind. Man wird sehen können,
daß sie in ihrem Leben Böses getan haben. Die Sünder wird Gott
verbrennen lassen, weil sie Böses getan haben und nicht umgekehrt
sind. Die Heiden aber wird Gott verbrennen lassen, weil sie ihren
5 Schöpfer nicht erkannt haben. / Sei nun deinerseits fruchtbar, da-
mit man zur Erntezeit sehen kann, was du hervorgebracht hast.

---

[3] Wörtlich: »im Sommer«. Da bei uns Früchte eher im Herbst erkennbar werden, wurde das neutralere »Erntezeit« gewählt.

Viele Geschäfte solltest du einfach meiden, dann kommt es auch
nicht zur Sünde. Denn wer vieles betreibt, sündigt auch viel. Er
wird durch seine Unternehmungen ganz und gar in Anspruch ge-
nommen und kann Gottes Willen nicht mehr folgen.« / Und dann 6
fügte der Hirte hinzu: »Wie kann jemand den Herrn mit Erfolg um
etwas bitten, wenn er seinem Willen nicht mehr folgt? Wer sich an
Gottes Willen hält, dessen Bitten werden erfüllt, wer das aber nicht
tut, der kann auch nichts von Gott erhalten. / Wer dagegen nur eine 7
einzige Sache betreibt, der kann sich auch an Gottes Willen halten.
Er läßt sich nicht verderben und vom Herrn abbringen, sondern
folgt geradlinig Gottes Willen. / Wenn du so handelst, dann kannst 8
du für die kommende Welt Früchte hervorbringen. Und alle, die so
handeln wie du, werden das auch können.«

Gleichnis 5

1

Eines Morgens saß ich auf einem Berg und fastete. Ich dankte Gott 1
für alles, was er an mir schon bewirkt hatte. Da sah ich plötzlich
den Hirten neben mir sitzen. Er fragte mich: »Warum sitzt du hier
so früh am Morgen?« Ich erwiderte: »Weil ich die Statio halte.« /
Er fragte: »Was heißt das, die Statio halten?« Ich antwortete: »Fa- 2
sten, Herr.« »Was für ein Fasten ist das?« fragte er. Ich erwiderte:
»Das normale Fasten, Herr, wie wir es immer machen.« / Da sagte 3
der Hirt: »Ihr versteht nichts vom rechten Fasten vor Gott, und
eure Art zu fasten ist unnütz und hat den Namen Fasten nicht ver-
dient.« »Wie kannst du das sagen, Herr?« »Ich behaupte«, sagte
er, »daß das, was ihr für Fasten haltet, keines ist. Aber ich will dir
beibringen, was ein gültiges und richtiges Fasten vor Gott ist.« »Ja,
Herr«, erwiderte ich, »du machst mich glücklich, wenn ich durch
dich das Fasten kennenlernen kann, das Gott wirklich gefällt.« /
»Hör zu«, sagte der Hirt, »Gott will nicht dieses sinnlose Fasten, 4
denn wenn du so für Gott fastest, tust du noch nichts für die Ge-
rechtigkeit. Das Fasten, das Gott will, sieht so aus: / Tu nichts Bö- 5
ses in deinem Leben, sondern handle geradlinig nach Gottes Wil-
len. Beachte seine Gebote und halte dich an seine Anordnungen.
Laß in deinem Herzen keine maßlose Ichsucht aufsteigen. Du
darfst auf Gott vertrauen, daß du aus ihm leben wirst, wenn du so
handelst, nämlich ihn fürchtest und dich von allem Bösen fern-
hältst. Wenn du das tust, dann ist das ein großes Fasten, wie es
Gott gefällt.

2

1, 2 Ich will dir ein Gleichnis über das Fasten erzählen: / Ein Mann be-
saß Ackerland und viele Sklaven. Einen Teil des Ackerlandes legte
er als Weinberg an. Dann suchte er aus den Sklaven den treuesten
aus, der ihm am liebsten war, denn er wollte auf Reisen gehen. Vor
seiner Abreise rief er den Sklaven zu sich und gab ihm folgenden
Auftrag: ›Übernimm diesen Weinberg, den ich angelegt habe, und
zäune ihn ein, während ich nicht da bin. Sonst brauchst du nichts
am Weinberg zu machen. Führe meinen Auftrag aus, dann werde
ich dich in die Freiheit entlassen.‹ Dann trat der Herr des Sklaven
3 seine Reise an. / Nachdem er abgereist war, machte der Sklave sich
daran, den Weinberg einzuzäunen. Als er alle Pfähle für den Zaun
eingesetzt hatte, bemerkte er, daß der Weinberg voll von Unkraut
4 war. / Da überlegte er bei sich: ›Den Auftrag meines Herrn habe ich
erfüllt. Jetzt werde ich den Weinberg auch noch von Unkraut be-
freien. Dann sieht er gepflegter aus, und außerdem bringt er ohne
Unkraut mehr Frucht, da ihn das Unkraut nicht mehr überwu-
chert.‹ Dann ging er hin und jätete das Unkraut im Weinberg. Alles
Unkraut, das dort wucherte, riß er aus. Dem Weinberg tat das sehr
gut, er wurde prächtig und üppig, weil ihn kein Unkraut mehr er-
5 stickte. / Nach einiger Zeit kam der Besitzer des Weinbergs und
Herr des Sklaven zurück. Als er in den Weinberg ging, sah er, daß
er ordentlich eingezäunt und gejätet worden war und daß alles Un-
kraut ausgerissen worden war. Die Weinstöcke konnten üppig
wachsen, und so freute sich der Herr sehr über die Arbeiten seines
6 Sklaven. / Er rief nun seinen geliebten Sohn und Erben herbei, dazu
auch seine Freunde und seine Ratgeber und erzählte ihnen von dem
Auftrag, den er dem Sklaven gegeben hatte, und von dem Ergebnis.
Alle freuten sich mit dem Sklaven, daß der Herr ihm so ein glän-
7 zende Zeugnis ausstellte. / Der Herr sagte zu ihnen: ›Ich hatte die-
sem Sklaven die Freiheit versprochen, wenn er meinen Auftrag aus-
führte. Er hat sich nicht nur an mein Gebot gehalten, sondern noch
zusätzlich am Weinberg ein gutes Werk getan. Weil er mir durch
seine Haltung so sehr gefallen hat, will ich ihn zum Miterben mei-
nes Sohnes machen. Denn er hat den guten Gedanken, der ihm
8 kam, nicht fallengelassen, sondern in die Tat umgesetzt.‹ / Dem
stimmte auch der Sohn zu, und er war damit einverstanden, den
9 Sklaven zum Miterben zu machen. / Wenige Tage später gab der
Hausherr ein Essen und ließ dem Sklaven reichlich von den Speisen
bringen. Der Sklave nahm von dem, was der Herr ihm zukommen
ließ, soviel er brauchte und verteilte den Rest an seine Mitsklaven.
10 / Diese machten sich über die Speisen her, wurden sehr vergnügt,

und weil er sie so gut behandelt hatte, wünschten sie dem Spender,
er möge bei seinem Herrn noch größere Gnade finden. / All dies 11
kam auch dem Herrn zu Ohren, und er freute sich nochmals über
das Verhalten des Sklaven. Er rief wieder seine Freunde und den
Sohn herbei und erzählte ihnen, was der Sklave mit den Speisen ge-
macht hatte, die er bekommen hatte. Sie pflichteten nun noch freu-
diger dem Entschluß des Herrn bei, den Sklaven zum Miterben des
Sohnes zu machen.«

3
Ich sagte zu dem Hirten: »Herr, ich verstehe diese Gleichnisse nicht 1
und kann sie nicht begreifen, wenn du sie mir nicht erklärst.« /
»Das will ich gerne tun«, sagte er, »und ich will dir alles erläutern, 2
was ich dir erzählt habe. Halte dich an Gottes Gebote, dann wird
er sich über dich freuen, und er wird dich einschreiben in die Zahl
derer, die seine Gebote halten. / Wenn du aber etwas Gutes tust, das 3
nicht vom Gebot vorgeschrieben ist, dann erwirbst du dir noch
größeren Ruhm und stehst noch herrlicher da vor Gott, als das
sonst der Fall wäre. Wenn du also Gottes Gebote hältst und noch
etwas darüber hinaus tust, dann darfst du dich freuen – voraus-
gesetzt, alles geschieht nach dem Gebot.« / Ich erwiderte: »Herr, 4
alles, was du mir aufträgst, werde ich tun. Denn ich weiß, daß du
mir beistehst.« »Ich werde dir beistehen«, sagte er, »weil du so eif-
rig das Gute tun willst, und ich will auch allen anderen beistehen,
die diesen Vorsatz haben. / Diese Art Fasten ist sehr gut«, sagte er, 5
»weil es bedeutet, die Gebote Gottes zu halten. Dieses Fasten sollst
du einhalten. / Vor allem meide böse Reden und maßlose Ichsucht, 6
wirf alle sinnlosen Dinge dieser Welt aus deinem Herzen. Wenn du
das tust, ist das ein vollkommenes Fasten. / So sollst du es machen: 7
Wenn du alles getan hast, von dem ich eben gesprochen habe, dann
nimm an dem Tag, an dem du fastest, nur Brot und Wasser zu dir.
Dann schätze die Höhe der Kosten ab, die du sonst an diesem Tag
für Nahrung aufgewendet hättest, lege den Betrag auf die Seite und
gib ihn einer Witwe, einem Waisenkind oder einem Menschen in
Not. Das ist die wahre Demut, denn von ihr hat ein anderer etwas,
er wird satt gemacht für sein kreatürliches Leben und bittet für dich
zum Herrn. / Wenn du so dein Fasten hältst, wie ich es dir hier ge- 8
biete, dann wird Gott sich über dein Opfer freuen, dieses Fasten
wird als gültiges angerechnet, und ein so vollzogener Gottesdienst
ist schön und fröhlich, und er gefällt Gott. / Dies sollst du so halten, 9
zusammen mit deinen Kindern und deinem ganzen Haus. Hältst du
es ein, dann wirst du glücklich sein. Aber auch alle anderen, die die-

ses hören und befolgen, werden glücklich sein. Alles, was sie vom Herrn erbitten, werden sie empfangen.«

4

1 Ich bat den Hirten nun inständig, mir das Gleichnis vom Ackerland, vom Herrn und vom Weinberg, vom Sklaven, der den Weinberg einzäunte, von den Pfählen, vom Unkraut, das aus dem Weinberg entfernt wurde, vom Sohn und von den Freunden, den Ratgebern zu erklären. Ich hatte begriffen, daß das alles ein Gleich-
2 nis war. / Der Hirt erwiderte mir: »Du bist sehr zudringlich mit deinen Fragen. Eigentlich solltest du überhaupt nicht nachfragen. Denn wenn dir etwas erklärt werden soll, dann wird es dir in jedem Falle erklärt.« Ich entgegnete: »Herr, alles, was du mir zeigst und nicht erklärst, das habe ich vergeblich gesehen, weil ich nicht verstehe, was es bedeutet. Und genauso ist es mit den Gleichnissen. Wenn du sie mir erzählst, aber nicht aufschlüsselst, dann habe ich
3 sie umsonst gehört.« / Der Hirt sagte: »Wer zu Gott gehört und ihn von Herzen liebt,[4] der erbittet Einsicht von ihm und erhält sie auch. Er kann dann jedes Gleichnis aufschlüsseln, und die Worte des Herrn, die in Bildern und Rätselworten gesprochen sind, werden ihm verständlich. Wer aber zu schwach und zu faul zum Beten ist, der weiß auch nicht recht, ob er den Herrn überhaupt um etwas
4 bitten soll. / Doch Gott ist sehr barmherzig, und er gibt ohne Zögern allen, die ihn bitten. Du aber bist doch von dem herrlichen Engel gestärkt worden, und von ihm hast du solche Kraft zum Beten empfangen, und du bist doch auch nicht träge. Bitte doch den
5 Herrn um Einsicht, und er wird sie dir schenken.« / Ich erwiderte: »Herr, dich habe ich hier bei mir. Daher muß ich meine Bitten an dich richten und dich fragen. Denn du zeigst mir alles und sprichst mit mir. Wenn ich das alles ohne dich gesehen oder gehört hätte, hätte ich den Herrn um Erklärung gebeten.«

5

1 Da sagte der Hirt: »Ich habe dir schon einmal gesagt, daß du zudringlich und durchtrieben bist, wenn du um die Entschlüsselung von Gleichnissen bittest. Weil du aber nun so unwiderstehlich nachfragst, will ich dir das Gleichnis erklären, das vom Ackerfeld und all dem anderen handelt. Du kannst es dann allen weitergeben! Laß es dir also erklären«, sagte er, »und versuche, es zu begreifen!

4 Wörtl.: »in seinem Herzen hat«. Was ich im Herzen habe, zu dem habe ich ein »herz«liches Verhältnis.

/ Das Ackerfeld ist diese Welt. Der Besitzer des Ackerfelds ist der 2
Herr, der Schöpfer aller Dinge. Er hat sie vollendet ausgestaltet und
ihnen Kraft verliehen. Der Sohn ist der Heilige Geist. Der Sklave ist
der Sohn Gottes. Der Weinberg ist Gottes Volk, dieses Volk, das er
selbst gepflanzt hat. / Die Zaunpfähle sind die heiligen Engel Got- 3
tes, die sein Volk zusammenhalten. Das Unkraut, das aus dem
Weinberg ausgerissen wurde, sind die bösen Taten derer, die eigent-
lich zu Gott gehören. Die Speisen, die der Herr dem Sklaven vom
Mahl schicken ließ, sind die Gebote, die Gott seinem Volk durch
den Sohn geben ließ.[5] Die Freunde und Ratgeber sind die zuerst ge-
schaffenen Engel. Die Zeit der Abwesenheit des Herrn auf der
Reise ist die Zeit, die bis zu seiner Wiederkunft noch bleibt.« / Dar- 4
aufhin rief ich aus: »Herr, alles ist groß, wunderbar und herrlich.
Hätte ich das etwa von mir aus verstehen können, Herr? Auch kein
Mensch sonst, und wäre er noch so gescheit, hätte das verstehen
können. Erkläre mir noch weiter, Herr, was ich dich fragen
möchte.« / Er forderte mich auf: »Frag mich, wenn du noch etwas 5
wissen willst.« Ich erwiderte: »Warum, Herr, tritt der Sohn Gottes
im Gleichnis als Sklave auf?«

6

Der Hirt antwortete: »Das will ich dir sagen: Der Sohn Gottes tritt 1
nicht als Sklave auf, sondern mit großer Vollmacht und Herrscher-
gewalt.« / Ich erwiderte: »Wie das zusammenhängt, Herr, verstehe 2
ich nicht.« Der Hirt erklärte: »Gott hat den Weinberg gepflanzt,
das heißt: Er hat sein Volk erschaffen und es seinem Sohn überge-
ben. Der Sohn hat die Engel über das Volk eingesetzt, damit sie je-
den einzelnen behüten. Er selbst hat sie von ihren Sünden gereinigt
und dafür große Mühe und viel Last auf sich genommen. Denn nie-
mand kann den Weinberg jäten ohne Mühe und Plage. / Der Sohn 3
hat also selbst das Volk von seinen Sünden befreit und ihm die
Wege zum Leben gezeigt. Denn er gab ihnen das Gesetz, das er von
seinem Vater empfangen hatte.[6] / Du siehst also«, sagte er, »daß er 4

---

[5] Hier ist interessanterweise nicht Mose mit der Sinaigesetzgebung, sondern der Sohn als Mittler des Gesetzes vorgestellt. Von daher besteht eine Beziehung zu Mk 9,7-9 (auf die Gesetzesauslegung Jesu sollte man hören). Daher erscheinen Mose und Elia im Kontrast zu: »Dieser ist mein Sohn.« – Auch die Diskussion über das »neue/alte Gesetz« im Corpus Iohanneum ist auf den »Sohn Gottes« zurückführbar.

[6] Auch hier geht es wieder um die – im Neuen Testament nicht belegte – Auffassung, der Sohn sei Urheber einer Gesetzgebung (vgl. die vorige Fußnote).

Herr des Volkes ist. Er hat von seinem Vater alle Vollmacht dazu
empfangen. Laß dir nun erklären, was es bedeutet, daß der Herr
seinen Sohn und seine herrlichen Engel als Ratgeber herbeigerufen
5 hat, als es um die Erbschaft des Sklaven ging. / Den Heiligen Geist,
der vorher da war und der die ganze Schöpfung erschaffen hat, ließ
Gott im Leib eines Menschen wohnen, den er sich aussuchen
konnte. Dieser Mensch, in dem der Heilige Geist wohnte, unter-
warf sich dem Heiligen Geist, indem er heilig und rein lebte, ohne
6 je den Heiligen Geist zu beflecken. / Da er nun gut und heilig lebte,
alle Mühen und Plagen mit dem Heiligen Geist teilte und mit ihm
in allen Dingen zusammenwirkte und kraftvoll und tapfer war, er-
wählte Gott diese menschliche Natur[7] zum Gefährten des Heiligen
Geistes.[8] Denn ihm gefiel der Lebensweg dieser menschlichen Na-
tur,[9] da sie nicht befleckt wurde, während auf Erden der Heilige
7 Geist in ihr wohnte. / Gott zog also den Sohn und die herrlichen
Engel als Ratgeber hinzu, um auch dieser Menschennatur, nach-
dem sie sich dem Heiligen Geist untadelig unterworfen hatte, eine
Wohnstätte geben zu können. Es sollte nicht so aussehen, als sei die
Menschennatur Jesu um den Lohn für ihren Dienst gebracht wor-
den. Denn jeder Mensch, in dem der Heilige Geist gewohnt hat,
wird seinen Lohn bekommen, wenn er makellos und rein dasteht.
8 / Damit hast du die Auflösung auch dieses Gleichnisses.«

---

[7] Wörtl.: »ihn«, d. h. den menschlichen Leib, den Menschen Jesus (wenn wir der Bedeutung von »Fleisch« nach Joh 1,14 folgen).

[8] Hier liegen wohl die Anfänge der späteren (gnostisch belegten) Lehre von der himmlischen Paargenossenschaft vor. D. h.: Im Raum zwischen Mensch und Gott vermitteln immer paarige Größen, so hier Mensch (Fleisch) und Geist.

[9] Wir übersetzen »menschliche Natur«, weil es sich nicht um einen vollständigen Menschen in unserem modernen Sinne handelt. Auch jeder einzelne Mensch muß sich – das geht aus Abschnitt 7 hervor – gegenüber dieser Menschennatur verhalten. Sie ist andererseits auch nicht sein Körper, etwa im Unterschied zur Seele. Es geht vielmehr – nach der eigenartigen Anthropologie des »Hirten des Hermas« – um alles, was dem Menschen auf Erden gegeben ist: eine sterbliche Leib-Seele-Einheit, vergängliches Leben, alle Gaben des einzelnen. Der Ton liegt dabei nicht auf der Sterblichkeit, sondern darauf, daß dieses alles dem Selbst anvertraut ist und als anvertrautes Gut unbeschädigt zurückgegeben werden muß. Wenn nun noch der Heilige Geist als weitere kostbare Gabe hinzutritt, gilt das Bewahren in doppelter Hinsicht gegenüber zwei Instanzen (Natur und Heiliger Geist). Das Wort »Natur« fügen wir aus der Dogmengeschichte der späteren Zeit hier ein. Denn »Jesus« ist nicht nur »menschliche Natur«.

7
Ich erwiderte: »Ich freue mich sehr, Herr, daß ich diese Aufschlüs- 1
selung hören durfte.« Der Hirte fuhr fort: »Laß dir also sagen: Be-
wahre deine Menschennatur rein und untadelig, damit ihr der Hei-
lige Geist, der in ihr wohnt, ein gutes Zeugnis ausstellt und sie für
gerecht erklärt wird [und mit ihm zusammen wohnen darf]. / Gib 2
gut acht, daß sich niemals der Gedanke in dir festsetzt, du dürftest
diesen Leib, weil er ja vergänglich ist, beliebig mißbrauchen und
beflecken. Denn wenn du deinen Leib befleckst, dann befleckst du
auch den Heiligen Geist [der darin wohnt]. Und wenn du das tust,
kannst du nicht leben.« / Ich fragte: »Wenn aber jemand vorher aus 3
Unwissenheit seinen Leib befleckt hat, wie kann er gerettet wer-
den?« »Solche früheren Verfehlungen aus Unwissenheit«, sagte er,
»kann nur Gott heilen, denn er hat alle Macht. / Aber ab jetzt hüte 4
dich vor Verfehlungen. Dann wird dir der Herr in seinem großen
Erbarmen die früheren Verfehlungen vergeben, wenn du in Zu-
kunft weder deinen Leib noch den heiligen Geist befleckst. Be-
wahre also beide rein, dann wirst du aus Gott leben können.«

Gleichnis 6

1
Eines Tages saß ich in meinem Haus und lobte Gott für alle meine 1
Visionen. Ich bedachte die Gebote in ihrer Schönheit und Kraft, daß
sie soviel Fröhlichkeit ausstrahlen und so herrlich sind, daß sie Men-
schen retten können. Da sagte ich bei mir: ›Man wird mich glücklich
preisen, wenn ich nach diesen Geboten lebe. Und das gilt auch für
jeden anderen, der so lebt.‹ / Während ich das bei mir sagte, sah ich 2
plötzlich den Hirten neben mir sitzen, und er wandte sich an mich
und sagte: »Was bist du noch unschlüssig wegen der Gebote, die ich
dir ausgerichtet habe? Sie sind sehr gut. Du darfst daher gar keine
Ungewißheit mehr zurückbehalten. Zieh vielmehr den Glauben an
Gott wie ein Kleid an und lebe nach den Geboten. Ich will dir die
Kraft verleihen, sie zu halten. / Diese Gebote sind nützlich für alle, 3
die umkehren wollen. Wenn sie nicht nach ihnen leben, war ihre
Umkehr umsonst. / Wenn ihr also umkehrt, legt die Bosheiten dieser 4
Welt ab, die euch nur verderben. Wenn ihr eine konsequent gerechte
Haltung wie ein Kleid anzieht, könnt ihr diese Gebote halten und
fügt euren Sünden keine weiteren hinzu. Und wenn ihr nicht mehr
weiter sündigt, könnt ihr von der Menge eurer früheren Sünden vie-
les tilgen. Lebt also nach meinen Geboten, dann werdet ihr aus Gott
leben. Das war es, was ich euch zu sagen hatte.«

5 Nach diesen Worten sagte der Hirte zu mir: »Komm mit mir aufs
Feld, dann zeige ich dir die Hirten[10] und ihre Schafe.« »Ja, Herr«,
sagte ich, »laß uns gehen.« Wir gelangten in eine Ebene, und er
zeigte mir einen Hirten, einen jungen Mann, der mit einem gelben
6 Gewand bekleidet war. / Er weidete eine riesige Schafherde, und
die Schafe taten sich gütlich, ließen es sich gutgehen und sprangen
vergnügt umher. Der Hirt sah fröhlich aus und ging von einem
Schaf zum anderen. (Ich sah auch noch andere Schafe, die es sich
an derselben Stelle gutgehen ließen, die aber nicht umhersprangen.)[11]

2

1 Der Hirt fragte mich: »Siehst du diesen Hirten?« Ich bejahte. Da
sagte er: »Das ist der Engel des Genusses und des Selbstbetrugs. Er
verdirbt alle, die zu Gott gehören, wenn sie leer sind, und er bringt
sie von der Wahrheit ab, indem er sie durch böse, maßlose Triebe
2 verführt, an denen sie zugrunde gehen. / Denn sie vergessen die Gebote
des lebendigen Gottes und leben in Selbstbetrug und in sinnloser
Genußsucht. Dieser Engel ist dann ihr Ende, den einen bestraft
3 er mit dem Tod, den anderen richtet er zugrunde.« / Ich fragte
den Hirten: »Herr, was ist denn der Unterschied zwischen ›Tod‹
oder ›Zugrunderichten‹?« Der Hirte sagte: »Ich will es dir erklären:
Du hast Schafe gesehen, die sehr vergnügt umhersprangen. Das
sind die, die endgültig von Gott abgefallen sind und sich den maßlosen
Trieben dieser Welt selbst ausgeliefert haben. Für sie gibt es
keine Hoffnung, daß sie zum Leben umkehren können, weil sie
darüber hinaus noch gegen den Namen des Herrn gelästert haben.
4 Auf sie wartet der Tod. / Die anderen Schafe, die du nicht umherspringen,
sondern an einer Stelle zusammen weiden sahst, haben
sich zwar auch der Genußsucht und dem Selbstbetrug ausgeliefert,
doch nicht gegen den Herrn gelästert. Sie haben sich von der Wirklichkeit
Gottes abgekehrt und dem Verderben zugewandt, aber für
sie besteht noch Hoffnung auf Umkehr, und dadurch könnten sie
zum Leben kommen. Für diejenigen, die zugrunde gerichtet wurden,
besteht noch eine Hoffnung auf Erneuerung. Die dagegen
5 schon tot sind, auf die wartet ewiges Verderben.« / Wir gingen wieder
ein wenig weiter, und der Hirte zeigte mir einen anderen Hirten,
der groß und wild aussah und ein weißes Ziegenfell umgehängt
hatte. Er hielt einen ganz harten, knorrigen Stock mit Astlöchern in

[10] Einz. lat. Handschriften setzen voraus: »den Hirten«.
[11] Hinzugesetzt in einigen äthiopischen Handschriften.

der Hand, dazu eine große Peitsche. Er blickte so grimmig drein,
daß es zum Fürchten war. Bitterböse war sein Gesichtsausdruck. /
Dieser Hirte nahm dem jungen Hirten die Schafe weg, und zwar 6
diejenigen, die es sich gütlich taten und es sich gutgehen ließen,
doch nicht umhersprangen. Er trieb sie in ein abschüssiges Gelände
voll von Dornen und Disteln, in denen sich die Schafe so verfingen,
daß sie sich nicht daraus befreien konnten. / Da saßen sie nun fest 7
und mußten Dornen und Disteln fressen. Sie litten sehr, denn der
Hirte schlug auch noch auf sie ein, trieb sie hierhin und dorthin und
gab ihnen keinen Ort, wo sie sich lagern konnten, so daß die Schafe
gar nicht zur Ruhe kamen.

3

Als ich nun sah, daß die Schafe so gepeinigt und geschunden wur- 1
den, wurde ich traurig, weil sie so gequält wurden und man ihnen
keine Atempause gönnte. / Da fragte ich meinen Hirten: »Herr, wer 2
ist dieser gnadenlose und grausame Hirt, der keinerlei Erbarmen
mit diesen Schafen kennt?« Er erwiderte: »Das ist der Engel der
Strafe. Er gehört zu den gerechten Engeln und ist für die Strafe zu-
ständig. / Er nimmt die, die von Gott abgefallen sind und nach 3
ihren maßlosen weltlichen Trieben gelebt haben, und bestraft sie
so, wie es ein jeder verdient hat, mit vielerlei schrecklichen Stra-
fen.« / Ich fragte weiter: »Ich wüßte gern, Herr, was das für vielfäl- 4
tige schreckliche Strafen sind.« »Das kann ich dir sagen«, gab er
zur Antwort. »Es sind die vielfältigen Qualen und Bestrafungen,
die das tägliche irdische Leben bereithält. Die einen werden mit
Verlusten bestraft, andere mit Entbehrungen, wieder andere mit
verschiedenen Krankheiten, bei manchen geht alles drunter und
drüber, andere werden von ordinären Leuten frech behandelt und
haben viel Schlimmes zu erleiden. / Viele lassen keine klare Linie in 5
ihrem Leben erkennen, sie fangen alles mögliche an, doch nichts
gelingt ihnen. Sie jammern, daß sie bei ihren Unternehmungen kein
Glück haben, doch es kommt ihnen nicht in den Sinn, daß ihre ei-
genen bösen Taten der Grund dafür sind, sondern sie geben dem
Herrn die Schuld. / Wenn sie nun von allerlei Nöten gepeinigt wer- 6
den und zerknirscht sind, dann werden sie in meine Obhut überge-
ben, damit ich sie wieder auf den rechten Weg bringe.[12] Dann ge-
lingt es mir vielleicht, ihren Glauben an Gott so zu stärken, daß sie
für den Rest ihres Lebens ohne Abstriche Gottes Willen tun. Wenn
sie nun umkehren, kommt ihnen wieder das Böse in den Sinn, das

[12] Wörtl.: »zu guter Erziehung«.

sie früher getan haben, und dann lobpreisen sie Gott dafür, daß er ein gerechter Richter ist[13] und daß ein jeder zu Recht für seine Taten gelitten hat. In Zukunft werden sie ohne Abstriche Gottes Willen tun. Gottes Wille ist auch der Maßstab für jeden Erfolg, den sie haben werden. Vom Herrn werden sie alles empfangen, um das sie bitten.[14] Und dann werden sie auch den Herrn dafür lobpreisen, daß sie in meine Obhut übergeben wurden[15] und daß sie nichts Böses mehr leiden.«

4

1 Daraufhin bat ich den Hirten: »Herr, offenbare mir noch etwas!«
Er fragte: »Was möchtest du wissen?« Ich erwiderte: »Ich möchte
wissen, Herr, ob für die Genußsüchtigen und für alle, die sich selbst
betrogen haben, die Zeit ihrer Bestrafung durch Qualen genauso
lang ist wie die Zeit ihres bösen Tuns.« Der Hirte erwiderte: »Die
Zeit wird genauso lang sein.« Ich wandte ein: »Das ist doch viel zu
2 kurz. / Wer so gepraßt und Gott vergessen hat, müßte siebenmal so
3 lange gequält werden.« / Der Hirte erwiderte: »Du bist ein Dummkopf und weißt nicht, wie schwer die Qual wiegt.« Ich entgegnete: »Wenn ich es wüßte, Herr, hätte ich dich nicht um Belehrung gebeten.« Er sagte: »Dann will ich dir etwas über das Gewicht von Genuß und Qual sagen. Wenn einer eine Stunde lang in Genuß und Selbstbetrug lebt und dafür eine Stunde lang gequält wird, dann wiegt die eine Stunde der Qual so schwer wie dreißig Tage. Und wenn einer einen Tag lang genießt oder sich selbst betrügt und entsprechend einen Tag lang gequält wird, dann wiegt der eine Tag Qual soviel wie ein ganzes Jahr Folter. Die Zahl der Tage beim Genießen entspricht der Zahl der Jahre bei der qualvolle Strafe. Du siehst also«, sagte er, »daß die Zeit von Genuß und Selbstbetrug im Verhältnis zur Zeit von Bestrafung und Qual sehr kurz ist.«

---

13 Anspielung auf die alttestamentlich-jüdische Gattung der Gerichtsdoxologie: Lobpreis Gottes für sein gerechtes Gericht. Im Hirten des Hermas ein Hinweis auf judenchristliches Milieu.

14 Wie schon die vorangegangene Gerichtsdoxologie (vgl. die vorige Fußnote), so ist auch dieser und der folgende Satz bezogen auf die Situation der Bekehrung, bzw. sie ist der Ort, der Sitz im Leben, für diese Verheißungen. Zum Beispiel ist die Erfüllung aller Gebete an die Vater/Kind-Relation eng gebunden. Von dieser zu reden kommt besonders der Bekehrung zu.

15 Der Hirte ist hier eine Art Schutzengel. Zum Übergebenwerden als Teil des christlichen Anfangs vgl. aber auch Römer 6,15-17: Der apostolischen Lehre entspricht hier der Engel.

5

Ich erwiderte: »Herr, das mit den Zeiten von Selbstbetrug, Genuß 1
und Qual habe ich noch nicht verstanden. Erkläre es mir deutli-
cher.« / Darauf sagte der Hirte: »Du bist wirklich begriffsstutzig. 2
Du willst dein Herz nicht reinigen und Gottes Willen nicht tun. Paß
auf, daß nicht auf einmal die Zeit abläuft und du noch immer
dumm dastehst. Ich will es dir also noch einmal erklären«, fuhr er
fort, »wenn du unbedingt willst, damit du es verstehen kannst. /
Wer einen ganzen Tag lang praßt, sich selbst betrügt und tut, wozu 3
er gerade Lust hat, dem hängt die Dummheit wie ein Schleier über
dem Kopf, so daß er nicht begreift, was er da tut. Bis zum nächsten
Morgen hat er vergessen, was er tags zuvor getan hat. Denn Pras-
sen und Selbstbetrug gehen nicht ins Gedächtnis ein, weil es von
Unverstand vernebelt ist. Anders bei Bestrafung und Qual: Wenn
ein Mensch sie auch nur einen Tag lang erlebt, dann hat er das Ge-
fühl, er würde ein ganzes Jahr lang gestraft und gequält. Denn
Strafe und Qual gehen sehr tief ins Gedächtnis ein.[16] / Wenn nun 4
jemand gleichsam ein volles Jahr lang gequält und bestraft wird,
dann denkt er an den Genuß und den Selbstbetrug und begreift,
daß er all das Böse deswegen erleiden muß. Jeder Mensch, der so
praßt und sich selbst betrügt, wird so gequält. Denn solche Men-
schen hatten das Leben, und dennoch haben sie sich selbst dem Tod
ausgeliefert.«
Ich fragte: »Herr, welche Arten von Genüssen sind schädlich?« Er 5
erwiderte: »Alles, was ein Mensch gern tut, ist Genuß. Auch der
Jähzornige, der sich mit seinem Jähzorn Befriedigung verschafft,
genießt. Ebenso ist es mit Ehebrechern und Trinkern, mit Verleum-
dern und Lügnern, mit Habgierigen und Schwindlern und derglei-
chen Missetätern: Sie befriedigen ihre krankhafte Neigung und ge-
nießen ihre Tat. / Alle diese Arten von Genuß sind schädlich für die, 6
die zu Gott gehören. Wegen dieser Arten von Selbstbetrug müssen
die Täter durch Bestrafung leiden und gequält werden. / Es gibt 7
aber auch Arten des Genießens, durch die Menschen gerettet wer-
den können. Denn viele, die das Gute tun, genießen es und werden
von ihrer eigenen Lust getragen. Solche Art des Genießens steht de-
nen gut zu Gesicht, die zu Gott gehören, und bringen ihnen Leben.
Die zuvor genannten schädlichen Genüsse dagegen bringen Qualen

[16] Die Auffassung dieser Schrift vom Gedächtnis ist ein besonderes Kapitel »historischer Psychologie«. Das, was wir heute unter »Gedächtnis« verstehen, ist nach unserer Wahrnehmung ganz anders gebaut: Wir meinen, daß wir Leid und Schmerz besonders leicht und schnell vergessen und nur das Gute und Schöne länger behalten.

und Strafen ein. Wer dabei bleibt und nicht umkehrt, zieht sich den Tod zu.«

Gleichnis 7

1 Wenige Tage später sah ich den Hirten in derselben Ebene wieder,
wo ich auch die beiden unterschiedlichen Hirten gesehen hatte. Er
fragte mich: »Was suchst du hier?« Ich antwortete: »Ich wollte dich
bitten, Herr, daß du dem Engel der Strafe befiehlst, mein Haus zu
verlassen. Denn er peinigt mich sehr.« Er erwiderte: »Es ist nötig,
daß du gepeinigt wirst. Denn so hat es der Engel der Herrlichkeit
für dich angeordnet. Er will nämlich, daß du auf die Probe gestellt
wirst.« Ich fragte: »Was habe ich denn so Schlimmes getan, Herr,
2 daß ich diesem Engel ausgeliefert bin?« / Er antwortete: »Du hast
eine Menge Verfehlungen begangen, sie sind jedoch nicht so
schlimm, daß du dafür bereits diesem Engel ausgeliefert werden
müßtest. Aber deine Familie hat sich schwer versündigt und viele
Fehler begangen. Deshalb wurde der Engel der Herrlichkeit zornig
über ihr Tun und ordnete an, daß du eine Zeitlang gepeinigt wirst,
damit auch sie umkehren und sich von aller maßlosen Triebhaftig-
keit dieser Welt befreien lassen. Wenn sie also umkehren und sich
reinigen lassen, dann wird auch der Engel der Strafe von dir ablas-
sen.« Ich entgegnete: »Herr, wenn meine Familie so gehandelt hat,
daß der Engel der Herrlichkeit zornig wurde – was habe ich denn
getan?« Der Hirt sagte: »Deine Familie kann nur dadurch gepeinigt
werden, daß du, das Haupt der Familie, gepeinigt wirst. Denn
wenn du gepeinigt wirst, wird zwangsläufig auch deine Familie ge-
peinigt. Wenn es dir aber gut geht, kann es für deine Familie keine
Pein geben.« Ich wandte ein: »Aber sieh doch, Herr, sie sind schon
aus ganzem Herzen umgekehrt!« Er entgegnete: »Das weiß ich
auch, daß sie aus ganzem Herzen umgekehrt sind. Aber meinst du
vielleicht«, fragte er mich, »daß die Sünden sofort erlassen werden,
wenn jemand umkehrt? Keineswegs! Sondern wer umkehrt, muß
sich selbst harter Tortur aussetzen, er muß sehr demütig sein bei al-
lem Tun und vielfältig und häufig gepeinigt werden. Und erst, wenn
er die Peinigungen, die über ihn kommen, geduldig ertragen hat,
wird sicherlich Gott, der alles erschaffen hat und alles stärkt, sich
5 seiner erbarmen und ihm[17] Heilung schenken. / Das wird er um so
sicherer tun, wenn er das Herz dessen, der umkehrt, von jeder bö-
sen Tat frei sieht. Für dich und für deine Familie ist es heilsam,

[17] Wörtl.: »ihnen«, d. h. seinem ganzen Haus auch?

wenn ihr jetzt gepeinigt werdet. Aber was rede ich viel? Du mußt
gepeinigt werden, wie es der Engel des Herrn angeordnet hat, der
dich meiner Obhut übergeben hat. Und du kannst dem Herrn
dankbar sein, weil er dich dazu ausersehen hat, daß dir die Pein
schon vorher angekündigt wurde. Denn wenn du sie im voraus
weißt, kannst du dich besser darauf gefaßt machen.« / Ich bat ihn: 6
»Herr, bleib du bei mir, dann kann ich jede Peinigung ertragen.«
Der Hirte versprach: »Ich werde bei dir sein. Außerdem werde ich
den Strafengel bitten, daß er dich nicht ganz so schlimm peinigt,
sondern daß du schon nach kurzer Zeit der Peinigung wieder so
leben darfst wie vorher. Du mußt nur demütig bleiben und mit reinem
Herzen Gottes Willen tun, und das gilt auch für die Kinder
deiner Familie. Und lebe nach meinen Geboten, die ich dir auftrage,
dann kann deine Umkehr stark und rein sein. / Wenn du und deine 7
Familie dieses beachten, dann wird alle Pein von dir weichen. Und
das gilt auch für alle anderen: Die Pein weicht von ihnen, wenn sie
nach diesen meinen Geboten leben.«

Gleichnis 8

1

Der Hirt zeigte mir einen riesengroßen Weidenbaum, der Ebenen 1
und Berge schützend überdeckte und unter dessen Schirm alle zusammengekommen
waren, die im Namen des Herrn berufen sind.
/ Neben der Weide stand ein herrlicher, riesiger Engel des Herrn mit 2
einer großen Sichel in der Hand. Er schlug Zweige von der Weide
ab und übergab sie dem Volk, das im Schutz der Weide stand. Der
Engel übergab dem Volk kleine, je etwa eine Elle lange Weidenruten.
/ Als alle ihre Ruten in Empfang genommen hatten, legte der 3
Engel die Sichel nieder, und der Baum war unversehrt, so wie ich
ihn vorher gesehen hatte. / Ich wunderte mich und sagte bei mir: 4
»Wieso ist der Baum unversehrt, obwohl so viele Zweige abgeschnitten
wurden?« Der Hirt erwiderte: »Du brauchst dich nicht zu
wundern, daß der Baum unversehrt ist, obwohl so viele Zweige abgeschnitten
wurden. Warte ab«, sagte er, »bis du alles gesehen hast,
dann wird dir erklärt, was es bedeutet.«
Der Engel verlangte nun die Ruten, die er an das Volk verteilt hatte, 5
wieder zurück. Die Menschen wurden in derselben Reihenfolge, in
der sie die Ruten erhalten hatten, zu ihm gerufen, und jeder gab
seine Weidenrute zurück. Der Engel des Herrn nahm sie entgegen
und sah sie genau an. / Von einigen bekam er die Ruten vertrocknet 6
und wie von Würmern angefressen zurück. Denen befahl der Engel,

7 sich gesondert aufzustellen. / Andere gaben vertrocknete Ruten ab,
die aber nicht von Würmern angefressen waren. Auch diesen befahl
8 der Engel, sich gesondert aufzustellen. / Wieder andere gaben halb-
vertrocknete Ruten ab, und auch diese stellten sich gesondert auf.
9 / Eine weitere Gruppe gab ihre Ruten halbvertrocknet und mit Ris-
10 sen ab. Auch sie stellten sich gesondert auf. / Bei manchen waren
die Ruten grün, aber mit Rissen. Auch sie stellten sich gesondert
11 auf. / Bei einigen waren die Ruten halb grün und halb vertrocknet.
12 Auch sie stellten sich gesondert auf. / Andere lieferten Ruten ab, bei
denen zwei Drittel grün waren und ein Drittel vertrocknet. Auch sie
13 stellten sich gesondert auf. / Wieder andere gaben Ruten ab, die zu
zwei Dritteln vertrocknet und zu einem Drittel grün waren. Auch
14 sie stellten sich gesondert auf. / Einige gaben ihre Ruten fast ganz
grün zurück, nur ein kleines Stück war vertrocknet, und zwar die
Spitze, aber dafür hatten sie Risse. Auch sie stellten sich gesondert
15 auf. / Bei anderen war nur ein winziges Stückchen grün und der
16 Rest vertrocknet. Auch sie stellten sich gesondert auf. / Eine ganze
Menge, es war die Mehrheit des Volkes, kamen und brachten ihre
Weidenruten so grün zurück, wie sie ihnen der Engel gegeben hatte.
Über sie freute sich der Engel sehr. Auch sie stellten sich gesondert
17 auf. / Andere gaben Ruten ab, die grün waren und Seitentriebe hat-
ten. Auch sie stellten sich gesondert auf. Über sie freute sich der En-
18 gel noch mehr. / Bei wieder anderen waren die Ruten grün und hat-
ten Seitentriebe, die sogar eine Art Frucht trugen. Die Menschen,
deren Weidenruten so aussahen, waren sehr fröhlich. Über sie ju-
belte der Engel, und auch der Hirte stimmte mit dem Engel in die
Freude über diese Menschen ein.

2

1 Dann befahl der Engel des Herrn, Kränze herzubringen. Es wurden
Kränze aus Palmblättern gebracht, und der Engel bekränzte die
Menschen, die ihre Ruten mit Seitentrieben und Frucht abgegeben
2 hatten, und ließ sie in den Turm gehen. / Auch die anderen, deren
Ruten Seitentriebe hatten, wenn auch ohne Frucht, ließ er in den
3 Turm gehen, gab ihnen jedoch zuvor ein Siegel. / Alle, die in den
Turm einzogen, waren in derselben Weise schneeweiß gekleidet. /
4 Auch die, die ihre Ruten grün abgegeben hatten, wie sie sie bekom-
men hatten, kleidete der Engel weiß ein, gab ihnen ein Siegel und
entließ sie in den Turm.
5 Als der Engel damit fertig war, sagte er zu dem Hirten: »Ich gehe
jetzt. Laß du die anderen in die Mauern des Turmes gehen, je nach-
dem, wie es jeder verdient hat, darin zu wohnen. Prüfe aber sorg-

fältig ihre Weidenruten, bevor du sie hineingehen läßt. Sieh zu, daß
sich keiner an dir vorbeidrückt. Wenn es doch geschieht«, sagte er,
»werde ich sie am Altar überprüfen.«[18] Nachdem er dem Hirten
dies gesagt hatte, ging er weg.
Als der Engel weggegangen war, sagte der Hirte zu mir: »Wir wol- 6
len die Weidenruten von allen nehmen und sie einpflanzen. Viel-
leicht werden einige von ihnen wieder lebendig.« Ich entgegnete:
»Herr, wie sollen diese vertrockneten Ruten wieder leben kön-
nen?« / Er sagte: »Dies ist ein Weidenbaum, Weidenbäume sind 7
sehr widerstandsfähig. Wenn wir die Ruten einpflanzen und sie ein
wenig Feuchtigkeit bekommen, dann werden viele von ihnen wie-
deraufleben. Also will ich es versuchen und ihnen Wasser geben.
Wenn der eine oder andere von ihnen lebensfähig ist, werde ich
mich über sie freuen. Wenn er nicht wiederauflebt, lag es wenig-
stens nicht an mir oder an mangelnder Fürsorge.« / Dann befahl 8
mir der Hirt, sie zu rufen, so wie sie sich aufgestellt hatten. Gruppe
um Gruppe kamen sie und übergaben ihre Weidenruten dem Hir-
ten. Der nahm sie in Empfang und pflanzte sie gruppenweise ein.
Nachdem er sie eingepflanzt hatte, gab er ihnen viel Wasser, so daß
man vor lauter Wasser die Ruten nicht mehr sehen konnte. / Nach- 9
dem er die Ruten begossen hatte, sagte er zu mir: »Wir gehen jetzt
weg und kommen in ein paar Tagen wieder, um nach den Ruten zu
sehen. Denn Gott, der Schöpfer dieses Baumes, will, daß alle leben,
die Zweige von dem Baum bekommen haben. So hoffe ich, daß
diese Ruten wenigstens zum größten Teil aufleben werden, nach-
dem sie Feuchtigkeit bekommen haben und mit reichlich Wasser
begossen worden sind.«

3

Ich bat den Hirten: »Herr, erkläre mir, was dieser Baum bedeutet. 1
Ich kann mir nicht vorstellen, wieso der Baum unversehrt sein
kann, obwohl so viele Zweige abgeschlagen worden sind. Und er
sieht so aus, als sei überhaupt nichts von ihm abgeschlagen wor-
den. Das begreife ich nicht!« / Er erwiderte: »Laß mich es dir erklä- 2
ren! Dieser große Baum, der mit seinen Ästen Ebenen und Berge
und die ganze Erde überdeckt, ist das Gesetz Gottes, das für die
ganze Welt gegeben worden ist. Dieses Gesetz aber ist der Sohn
Gottes, der bis zu den Grenzen der Erde verkündet worden ist. Die
Völker unter dem Schutz des Baumes sind alle, die die Botschaft
gehört und daran geglaubt haben. / Der große, herrliche Engel ist 3

[18] Vgl. Michaels Stellung neben dem himmlischen Altar. Jak 2,21.

Michael. Er hat die Macht über dieses Volk und regiert es. Denn er
gibt den Gläubigen das Gesetz in die Herzen. Er kümmert sich
darum, ob die, denen er das Gesetz gegeben hat, es auch eingehal-
4 ten haben. / Du hast gesehen, daß jeder einzelne eine Weidenrute in
die Hand bekam. Diese Weidenruten sind das Gesetz. Du hast ge-
sehen, daß viele der Ruten unbrauchbar geworden sind. Daran
kannst du alle erkennen, die das Gesetz nicht gehalten haben, und
5 du wirst auch sehen, wo sie dann alle hingehören.« / Ich fragte wei-
ter: »Warum, Herr, hat der Engel die einen in den Turm geschickt
und die anderen dir überlassen?« Er antwortete: »Diejenigen, die
das Gesetz, das sie von ihm empfingen, übertreten haben, hat er zu-
rückgelassen und meiner Obhut unterstellt, damit sie umkehren.
Diejenigen aber, die Freunde des Gesetzes waren und es gehalten
6 haben, hat er unter seiner eigenen Obhut.« / Ich fragte noch weiter:
»Und was sind das für welche, Herr, die bekränzt in den Turm ge-
gangen sind?« Er antwortete: »Die mit dem Kranz haben mit dem
Teufel gerungen und ihn besiegt. Sie haben für das Gesetz gelitten.
7 / Die anderen, deren Ruten ebenfalls grün und mit Seitentrieben,
aber ohne Frucht waren, gerieten für das Gesetz in Bedrängnis,
wenn sie auch nicht gelitten haben, doch sie haben ihr Gesetz nicht
8 verleugnet. / Die, deren Weidenruten so grün waren, wie sie sie be-
kommen hatten, sind würdig und gerecht, sie haben mit ganz rei-
nem Herzen gelebt und die Gebote Gottes eingehalten. Das übrige
wirst du erfahren, wenn ich mir die Ruten ansehe, die wir einge-
pflanzt und begossen haben.

4

1 Nach wenigen Tagen kamen wir wieder an die Stelle. Der Hirt
setzte sich auf den Platz des großen Engels, und ich stellte mich ne-
ben ihn.[19] Er forderte mich auf: »Binde dir eine Schürze um und hilf
2 mir!« Ich band mir eine saubere Leinenschürze um. / Als er sah,
daß ich die Schürze umgebunden hatte und bereit war, ihm zu hel-
fen, forderte er mich auf: »Rufe die Menschen, deren Ruten einge-
pflanzt sind, gruppenweise, so wie sie ihre Ruten abgegeben ha-
ben.« Ich ging auf das freie Feld hinaus und rief alle herbei. Sie
3 stellten sich in Gruppen auf. / Der Hirte befahl: »Jede Gruppe soll
4 ihre eigenen Ruten herausziehen und zu mir bringen.« / Als erste
kam die Gruppe derer, die vertrocknete Ruten mit Rissen gehabt
hatten. Und genauso waren die Ruten auch geblieben. Er befahl

19 Der Lehrer sitzt, der Schüler steht. Das ist die klassische Aufteilung auch im NT.

ihnen, sich gesondert aufzustellen. / Dann kamen die, die vertrock- 5
nete Ruten ohne Risse gehabt hatten. Bei einigen von ihnen waren
die Ruten nun wieder grün, bei anderen aber waren sie vertrocknet
und wie von Würmern angefressen. Denen, die grüne Ruten vor-
zeigten, befahl der Hirt, sich gesondert in einer zweiten Gruppe
aufzustellen. Denen aber, die vertrocknete und angefressene Ruten
zurückgaben, befahl er, sich zu der ersten Gruppe zu stellen. / Dann 6
kamen die, deren Ruten halb vertrocknet mit Rissen gewesen wa-
ren. Viele von ihnen gaben grüne Ruten ohne Risse zurück, einige
grüne Ruten mit Seitentrieben und sogar mit Früchten an den Sei-
tentrieben, so wie sie die gehabt hatten, die mit Kränzen in den
Turm gegangen waren. Einige übergaben die Ruten vertrocknet
und angefressen, andere vertrocknet und nicht angefressen, wieder
andere so, wie sie gewesen waren, halb vertrocknet und mit Rissen.
Der Hirt befahl ihnen allen, sich je nach dem Zustand ihrer Wei-
denruten entweder zu der betreffenden Gruppe dazuzustellen oder
davon getrennt eigene Gruppen zu bilden.

5

Dann gaben die ihre Ruten zurück, die grüne Ruten mit Rissen ge- 1
habt hatten. Alle diese übergaben sie grün und stellten sich zu der
betreffenden Gruppe. Der Hirt freute sich über sie, denn sie alle 2
hatten sich zum Besseren verändert und waren ihre Risse losgewor-
den. / Als nächstes gaben die ihre Ruten zurück, die halb grüne und
halb vertrocknete gehabt hatten. Bei einigen waren sie ganz grün
geworden, bei manchen waren sie vertrocknet und angefressen, bei
anderen grün und mit Seitentrieben. Alle wurden zu ihrer jeweili-
gen Gruppe geschickt. / Dann kamen die, deren Ruten zu zwei Drit- 3
teln grün und zu einem Drittel vertrocknet gewesen waren. Viele
von ihnen hatten jetzt grüne Ruten, viele halb vertrocknete, andere
auch vertrocknete und angefressene. Alle wurden zu ihrer jeweili-
gen Gruppe geschickt. / Danach kamen die, deren Ruten zu zwei 4
Dritteln vertrocknet und zu einem Drittel grün gewesen waren.
Viele von ihnen gaben die Ruten jetzt halbvertrocknet zurück, ei-
nige vertrocknet und angefressen, einige halbvertrocknet und mit
Rissen. Die wenigsten gaben sie grün zurück. Alle stellten sich zu
ihrer jeweiligen Gruppe. / Dann kamen die, deren Ruten grün ge- 5
wesen waren, nur ein wenig vertrocknet und mit wenigen Rissen.
Einige von diesen gaben sie jetzt grün ab, andere grün mit Seiten-
trieben. Auch diese gingen zu ihrer jeweiligen Gruppe. / Dann 6
kamen die, bei denen die Ruten nur ganz wenig grün, sonst aber
vertrocknet gewesen waren. Die Ruten dieser Leute waren nun zum

größten Teil grün mit Seitentrieben und Früchten oder zumindest ganz grün. Über die Entwicklung dieser Ruten freute sich der Hirte sehr. Auch diese Leute stellten sich zu ihrer jeweiligen Gruppe.

6

1 Nachdem der Hirte die Ruten aller Leute angesehen hatte, sagte er zu mir: »Ich hatte dir ja gesagt, daß dieser Baum sehr lebenskräftig ist. Hast du gesehen«, fragte er, »wie viele umgekehrt sind und gerettet werden konnten?« Ich erwiderte: »Das sehe ich, Herr.« Er sagte: »Daran sollst du erkennen, wie überaus barmherzig Gott ist und daß er seinen Heiligen Geist denen gibt, die reif genug sind,
2 umzukehren.« / Ich fragte: »Also sind nicht alle umgekehrt?« Der Hirt antwortete: »Die Gabe umzukehren hat Gott denen geschenkt, bei denen er sah, daß ihr Herz rein werden kann und sie dann aus ganzem Herzen seinen Willen würden tun können. Wo er aber sah, daß die Menschen tückisch und boshaft waren und nur zum Schein umkehren würden, da schenkte er die Umkehr nicht, damit diese Menschen nicht aufs neue sein Gesetz durch ihr Tun verhöhnten.[20]
3 Ich bat den Hirten: »Herr, erkläre mir jetzt im einzelnen, was das für Menschen sind, die ihre Weidenruten zurückgegeben haben, und wo sie hingehören. Das sollen dann die hören, die zum Glauben gekommen sind, die das Siegel des Heiligen Geistes[21] empfangen haben, es aber zerbrochen und nicht unversehrt bewahrt haben, die dann ihre eigenen Taten erkennen und umkehren, noch einmal ein Siegel von dir empfangen und den Herrn lobpreisen, weil er sich ihrer erbarmt und dich geschickt hat, daß du ihre Herzen[22] erneu-
4 erst.« / »Laß mich es dir erklären«, sagte er. »Die, deren Ruten sichtlich vertrocknet und von Würmern angefressen waren, das sind Menschen, die abgefallen sind, die Kirche verraten haben und mit ihren Vergehen ein schlechtes Licht auf den Herrn geworfen[23]

[20] Andere Handschriften: »seinen Namen lästerten«. Das wäre dann ein gebräuchlicher Topos, vgl. Röm 2,24 und Parallelen.

[21] Der Text bietet nur: »das Siegel«. Daß es sich regelmäßig um die Gabe des Heiligen Geistes handelt, geht aus dem überwiegend apotropäischen Charakter des Siegels hervor. Es schützt vor allem gegen böse Geistermächte und gegen den Tod. Das Siegel verhindert, daß diese Mächte in den Menschen eindringen.

[22] Text: »ihre Geister«. Ist an den natürlichen Grundbestand (an »Pneuma« im Sinne von Lebenskraft) gedacht, der immer wieder neu aufgefrischt wird? Diese Vorstellung kommt am ehesten mit den generellen Ansichten des P. Herm überein.

[23] Wörtl.: »den Herrn gelästert«, wie Röm 2,24.

haben. Sie haben sich des Namens des Herrn geschämt, der über
ihnen angerufen worden war. Diese sind vollständig und für immer
für Gott gestorben. Du siehst, daß auch nicht einer von ihnen um-
gekehrt ist, obwohl sie doch die Botschaft gehört haben, die du ih-
nen in meinem Auftrag ausgerichtet hast. Solche Menschen hat das
Leben ganz verlassen. / Die Menschen, die vertrocknete, wenn auch 5
nicht angefressene Ruten zurückgegeben haben, sind dieser ersten
Gruppe sehr nahe. Denn sie waren Scheinchristen, wollten fremde
Lehren einführen und die verwirren, die zu Gott gehören. Beson-
ders hatten sie es auf die Menschen abgesehen, die schuldig gewor-
den waren, denn sie gestatteten ihnen keine Umkehr,[24] sondern
wollten sie mit dummen Lehren beschwatzen. Für sie besteht Hoff-
nung auf Umkehr. / Du siehst, daß viele von ihnen umgekehrt sind, 6
seitdem du ihnen meine Gebote ausgerichtet hast. Viele werden
auch noch umkehren. Die aber nicht umkehren wollen, haben ihr
Leben verloren. Alle aber, die umgekehrt sind, wurden auch gute
Christen. Ihr Ort ist innerhalb der ersten Mauern des Turmes. Ei-
nige sind auch in höhere Stockwerke gelangt. Du kannst nun sehen,
daß es Leben bedeutet, umzukehren, wenn man gesündigt hat.
Nicht umzukehren dagegen bedeutet Tod.«

7

Der Hirte fuhr fort: »Laß dir auch etwas über die Menschen sagen, 1
die halb vertrocknete Ruten mit Rissen zurückgegeben haben. Die,
deren Ruten halb vertrocknet sind, sind die Unentschiedenen. Sie
sind weder lebendig noch tot. / Die mit halbvertrockneten Ruten 2
und Rissen sind Unentschiedene und Verleumder. Sie können kei-
nen Frieden untereinander halten, sondern leben immer in Zwie-
tracht. Auch für sie«, sagte er, »gibt es noch die Möglichkeit der
Umkehr. Du siehst«, sagte er, »daß schon einige von ihnen umge-
kehrt sind. Und bei den anderen besteht weiterhin Hoffnung auf
Umkehr. / Diejenigen von ihnen, die schon umgekehrt sind«, sagte 3
er, »wohnen im Turm. Diejenigen von ihnen, die erst später um-
kehren, werden innerhalb der Mauern wohnen. Diejenigen aber,
die nicht umkehren, sondern bei ihrem Verhalten bleiben, sterben.
/ Diejenigen, die grüne Ruten mit Rissen zurückgegeben haben, wa- 4
ren immer gläubig und gut. Sie neideten aber einander Rang und
Ansehen. Solche Menschen sind allesamt töricht, wenn sie neidisch
auf den Rang eines anderen sind. / Doch als diese meine Gebote 5

24 Hier geht es wieder um die sog. »zweite Buße«, das seelsorgerliche Hauptanliegen dieser Schrift.

vernahmen, haben sie sich, weil sie doch im Kern gute Menschen
sind, vom Bösen losgesagt[25] und sind alsbald umgekehrt. Sie beka-
men eine Wohnung im Turm. Doch wenn einer von ihnen wieder
zurückfällt in Neid und Zwietracht, dann wird er aus dem Turm
6 herausgeworfen und verliert sein ewiges Leben. / Das Leben ist für
alle bestimmt, die die Gebote Gottes halten. In den Geboten steht
aber nichts darüber, daß Rangstreit und Ehrgeiz erlaubt seien, son-
dern nur, daß man geduldig und demütig sein soll. In solchen Men-
schen ist das Leben, das von Gott kommt. Doch bei denen, die
Zwietracht säen und das Gesetz mißachten, ist Tod.

8

1 Die Menschen, die halb grüne und halb vertrocknete Ruten abge-
liefert haben, sind solche, die in ihren Geschäften aufgehen und
sich am Gemeindeleben nicht beteiligen.[26] Deshalb ist ihre eine
2 Hälfte lebendig, aber die andere Hälfte ist tot. / Viele haben auf
meine Gebote gehört und sind umgekehrt. Ihre Wohnung ist im
Turm. Einige von ihnen aber sind endgültig abgefallen. Für sie gibt
es keine Möglichkeit zur Umkehr mehr. Durch ihre Art, Geschäfte
zu betreiben, haben sie Gott Schande bereitet[27] und ihn verleugnet.
Sie haben wegen der Bosheit, die sie verübten, ihr Leben verwirkt.
3 / Manche von ihnen sind auch noch unentschieden. Für sie gibt es
noch die Möglichkeit der Umkehr. Wenn sie bald umkehren, kön-
nen sie im Turm wohnen. Wenn sie erst später umkehren, werden
sie immerhin innerhalb der Mauern wohnen. Wenn sie nicht um-
4 kehren, haben sie ihr Leben verwirkt. / Die Menschen, die ihre Ru-
ten zu zwei Dritteln grün, zu einem Drittel aber vertrocknet abge-
liefert haben, sind solche, die auf verschiedene Weise den Herrn
5 verleugnet haben. / Viele von ihnen sind umgekehrt und konnten
zum Wohnen in den Turm gehen. Viele sind aber auch endgültig
von Gott abgefallen. Sie haben ihr Leben endgültig verwirkt. Einige
von ihnen sind unentschieden und sich nicht einig. Für sie besteht
die Möglichkeit zur Umkehr, wenn sie bald umkehren und nicht
bei ihrem luxuriösen Lebensstil bleiben. Wenn sie auf ihrem Ver-
halten beharren, bereiten auch sie sich selbst den Tod.

25 Wörtl.: »gereinigt«.
26 Wörtl.: »den Heiligen nicht anhängen«.
27 Wörtl.: »den Herrn gelästert«, vgl. oben Röm 2,24.

9
Diejenigen, die Ruten zurückgegeben haben, die zu zwei Dritteln 1
vertrocknet, aber zu einem Drittel grün waren, das sind Menschen,
die zwar gläubig geworden sind, dann aber zu Reichtum kamen
und es zu hohem Ansehen bei den Heiden brachten. Sie gingen
überheblich einher, wurden stolz und verließen die Wahrheit. Sie
hielten nicht zur Gemeinde,[28] sondern lebten mit den Heiden zu-
sammen. Das war für sie der angenehmere Weg. Sie fielen zwar von
Gott nicht ab und blieben Christen, doch sie setzten den Glauben
nicht in die Tat um.[29] / Viele von ihnen kehrten um und erhielten 2
daraufhin eine Wohnung im Turm. / Andere aber schlossen sich 3
endgültig dem heidnischen Lebensstil an, ließen sich von heidni-
schem Gepränge mitreißen, fielen von Gott ab und lebten wie Hei-
den. Gott wird sie wie Heiden behandeln. / Wieder andere von 4
ihnen blieben unentschieden, da sie sich keine Hoffnung machten,
aufgrund ihres Lebenswandels gerettet zu werden. Manche konn-
ten sich nicht entscheiden und verursachten dadurch Spaltungen.
Für diejenigen, die im Zweifel durch ihr eigenes Verhalten noch un-
entschieden waren, gibt es noch die Möglichkeit zur Umkehr. Doch
wenn sie noch eine Wohnung im Turm erhalten wollen, müssen sie
sich schnell zur Umkehr entschließen. Diejenigen aber, die nicht
umkehren, sondern bei ihrem Luxus bleiben, leben nahe am Tod.

10
Die Menschen, die grüne Ruten mit dürren Spitzen und Rissen ab- 1
geliefert haben, waren immer gut und gläubig und angesehen bei
Gott. Aber sie haben doch ein wenig gesündigt, indem sie ihren Ge-
lüsten nachgaben und auch manchmal etwas gegeneinander hatten.
Doch als sie meine Botschaft hörten, sind die meisten sofort umge-
kehrt, so daß sie im Turm wohnen dürfen. / Manche von ihnen blie- 2
ben schwankend, andere säten in ihrer Unentschiedenheit größere
Zwietracht. Für sie gibt es Hoffnung auf Umkehr, denn sie waren
doch immer gut. Von ihnen wird wohl kaum jemand den ewigen
Tod sterben.
Diejenigen aber, die ihre Ruten vertrocknet und mit nur ganz wenig 3
Grün abgegeben haben, das sind Menschen, die nur glauben, aber
nicht gut handeln. Sie sind jedoch nie von Gott abgefallen, waren
gerne Christen und haben andere Christen bereitwillig in ihre Häu-

[28] Wörtl. »zu den Gerechten«.

[29] Wörtl.: »sie taten nicht die Werke des Glaubens«. Die Formulierung ist im Blick auf die paulinische Rechtfertigungslehre interessant.

ser aufgenommen. Als sie von meinem Angebot zur Umkehr hörten, sind sie ohne Zögern umgekehrt und handeln nun ganz, wie es
4 sein soll. / Manche von ihnen leiden auch als Christen und nehmen gerne Bedrängnis auf sich, und zwar im Blick auf ihre früheren Taten. Sie gehören in den Turm.«

11

1 Als der Hirte seine Ausdeutung der Ruten insgesamt beendet hatte, beauftragte er mich: »Geh und fordere alle zur Umkehr auf. Dann werden sie aus Gott leben. Denn aus Erbarmen hat der Herr mich geschickt, um allen die Möglichkeit zur Umkehr zu geben. Zwar sind manche auf Grund ihres Verhaltens nicht reif, gerettet zu werden, doch Gott ist geduldig und will, daß alle, die sein Sohn berufen
2 hat, gerettet werden.« / Ich erwiderte: »Herr, ich hoffe, daß alle meine Botschaft hören und umkehren. Denn ich bin überzeugt davon, daß jeder umkehren wird, wenn er sich nur seine Taten vor
3 Augen führt und wenn er Gott fürchtet.« / Der Hirte antwortete: »Alle wird der Herr von ihren alten Vergehen heilen, wenn sie nur aus ganzem Herzen umkehren, sich von ihren früheren schlechten Taten lossagen und nicht weiter sündigen. Sie dürfen auch nicht an diesen Geboten zweifeln, dann werden sie aus Gott leben. Wer aber weiter sündigt und nach den maßlosen Begierden dieser Welt lebt,
4 der verurteilt sich selbst zum Tod. / Du aber lebe nach meinen Geboten, und dann wirst du aus Gott leben. Und jeder, der das tut und
5 recht handelt, wird aus Gott leben.« / Als der Hirte mir dieses alles gezeigt und gesagt hatte, kündigte er mir an: »Den Rest zeige ich dir in ein paar Tagen.«

Gleichnis 9

1

1 Nachdem ich die Gebote und Gleichnisse[30] des Hirten, des Engels der Umkehr, aufgeschrieben hatte, kam der Hirt wieder zu mir und sagte zu mir: »Ich will dir jetzt alles zeigen, was dir der Heilige Geist geoffenbart hat, als er mit dir in Gestalt der Kirche redete.
2 Denn jener Geist ist der Sohn Gottes. / Weil du körperlich zu schwach warst, empfingst du die Offenbarung nicht durch einen Engel. Nun jedoch bist du durch den Heiligen Geist gekräftigt und stärker geworden, so daß du den Anblick eines Engels ertragen

---

30 Hier reflektiert der Verf. über die großen Abschnitte des Buches, die »Gebote« und die »Gleichnisse«.

kannst. Damals wurde dir durch die Kirche etwas über den Turm-
bau geoffenbart. Du hast alles schön und würdig unter der Gestalt
einer Jungfrau zu sehen bekommen. Jetzt aber geschieht die Offen-
barung durch die Gestalt eines Engels. Doch der Heilige Geist ist
derselbe. / Von mir mußt du alles noch genauer gezeigt bekommen. 3
Denn dazu bin ich von dem herrlichen Engel beauftragt worden, in
deinem Haus zu wohnen, damit du – selbst gut bei Kräften – alles
sehen kannst, ohne wie beim ersten Male zaghaft zu werden.« /
Dann führte mich der Hirte weg nach Arkadien, und auf einem ke- 4
gelförmigen Berg befahl er mir, mich niederzusetzen. Dann zeigte
er mir eine große Ebene und rings um die Ebene zwölf Berge, von
denen jeder anders aussah. / Der erste Berg war schwarz wie Ruß, 5
der zweite war kahl und ohne Pflanzenwuchs. Der dritte war voll
von Dornen und Disteln. / Der vierte hatte halb verdorrte Pflanzen. 6
Der obere Teil der Pflanzen war grün, der Teil an den Wurzeln aber
verdorrt. Manche von den Pflanzen verdorrten, wenn die Sonne
darauf brannte. / Der fünfte Berg war ganz felsig, hatte aber grüne 7
Pflanzen. Der sechste Berg war mit großen und kleinen Rissen über-
sät. In den Rissen wuchsen Pflanzen, doch keine üppigen, sondern
eher welke. / Der siebte Berg trug schöne Pflanzen, der ganze Berg 8
war dicht bewachsen und belebt, alle möglichen Arten von Vögeln
und Tieren weideten darauf. Und je mehr das Getier davon fraß,
um so kräftiger sprossen die Pflanzen auf diesem Berg. Der achte
Berg war übersät mit Quellen, und jede Art Lebewesen, die der
Herr geschaffen hat, stillte seinen Durst an den Quellen dieses Ber-
ges. / Der elfte Berg hatte überhaupt kein Wasser und war ganz 9
wüst. Auf ihm lebten todbringende Schlangen, die Menschen töten.
Der zehnte Berg hatte sehr große Bäume und war ganz schattig.
Im Schatten der Bäume lagerten wiederkäuende Schafe. / Der elfte 10
Berg war ganz dicht mit fruchttragenden Bäumen bewachsen, an
denen über und über alle möglichen Arten der herrlichsten Früchte
prangten, so daß jeder Betrachter Lust bekam, davon zu essen. Der
zwölfte Berg war ganz weiß, sein Anblick machte froh. Der Berg
sah sehr schön aus.

2

In der Mitte der Ebene zeigte mir der Hirte einen großen weißen 1
Felsen, der aus der Ebene aufragte. Der Fels war höher als die Berge
ringsherum und würfelförmig, er hätte die ganze Welt in sich fassen
können. / Der Fels war alt, ein Eingangstor war – offensichtlich erst 2
kürzlich – aus ihm herausgehauen worden. Das Tor strahlte heller
als die Sonne, so daß ich über seinen Glanz staunte. / Rings um das 3

Tor standen zwölf Jungfrauen. Die Jungfrauen, die an den vier Ek-
ken standen, waren, wie ich meinte, besonders herrlich. Aber auch
die anderen waren herrlich, sie standen an den vier Seiten des To-
res, zwei Jungfrauen jeweils in der Mitte zwischen den ersten vier.
4 / Sie trugen ein Leinengewand und ein schönes Mieder; die rechte
Schulter war entblößt, als wollten sie eine Last darauf tragen. So
5 standen sie bereit – fröhlich und guten Mutes. / Als ich das gesehen
hatte, ergriff mich große Verwunderung, wie großartig und herr-
lich das alles war. Ich konnte mir nicht erklären, daß die Jung-
frauen, obwohl sie doch zart waren, trotzdem so fest dastanden, als
6 wollten sie den ganzen Himmel tragen. / Da sprach mich der Hirte
an: »Was grübelst du über Dinge, die du nicht verstehst, und
machst dich nur traurig? Was du nicht verstehen kannst, solltest du
nicht zu erklären versuchen, als wärst du selbst klug genug. Bitte
7 vielmehr den Herrn um Einsicht, damit du es verstehst. / Was hinter
dir liegt, kannst du nicht sehen, wohl aber das, was vor deinen Au-
gen liegt. Quäle dich nicht mit dem ab, was du nicht sehen kannst.
Versuche zu bewältigen, was du siehst. Um den Rest brauchst du
dich nicht zu kümmern. Alles, was ich dir zeige, werde ich dir auch
erklären. Schau dich nun weiter um!«

3

1 Da sah ich sechs sehr große, im Lichtglanz erstrahlende Männer
herankommen, die alle gleich aussahen. Sie riefen eine Menge wei-
terer Männer herbei. Auch diese waren hochgewachsen, sehr
prächtig und sahen kräftig aus. Die sechs ersten Männer befahlen
ihnen, über dem Felsen einen Turm zu bauen. Die Turmbauer
machten großen Lärm beim Bauen und liefen bei dem Tor hierhin
2 und dorthin. / Die Jungfrauen, die um das Tor herum standen, hiel-
ten die Turmbauer zur Eile an. Dabei streckten sie ihre Hände aus,
3 als wollten sie von den Männern etwas entgegennehmen. / Die
sechs ersten Männer ließen aus einem Abgrund Steine für den Bau
des Turmes aufsteigen: zehn würfelförmige, unbehauene, leuch-
4 tende Steine. / Sie riefen die Jungfrauen und befahlen ihnen, alle
Steine, die zum Bau des Turmes kommen würden, durch das Tor
5 hindurch zu tragen und den Turmbauern zu übergeben. / Darauf-
hin legten die Jungfrauen nach und nach die ersten zehn Steine, die
aus der Tiefe aufgestiegen waren, einander auf die Schulter und tru-
gen jeden Stein gemeinsam zum Tor.

4

So wie die Jungfrauen gemeinsam rund um das Tor standen, so tru- 1
gen sie auch die Steine. Die vier, die augenscheinlich kräftiger wa-
ren, stellten sich unter die vier Ecken des Steins, die anderen unter
die Seitenkanten. So trugen sie alle Steine auftragsgemäß durch das
Tor und übergaben sie den Turmbauern. Diese verwendeten die
Steine dann zum Bauen. / Der Turm wurde auf dem großen Felsen 2
und über dem Tor erbaut. Die zehn Steine wurden zusammengefügt
und bedeckten den gesamten Felsen. Sie bildeten das Fundament
des Turmbaus, das von dem Felsen und dem Tor getragen wurde. /
Nach den zehn ersten Steinen stiegen fünfundzwanzig weitere aus 3
der Tiefe empor. Auch sie wurden wie schon die ersten von den
Jungfrauen herbeigetragen und in den Turmbau eingepaßt. Danach
stiegen weitere fünfunddreißig Steine herauf. Sie wurden ebenso in
den Turm eingefügt. Nach diesen kamen vierzig weitere Steine, die
ebenfalls in den Turmbau eingefügt wurden. So entstanden nun
vier Lagen Steine auf dem Fundament des Turms. / Dann stiegen 4
keine weiteren Steine mehr aus dem Abgrund herauf, und auch die
Bauleute machten eine kleine Pause. Doch danach befahlen die
sechs Männer den Umstehenden, sie sollten Steine zum Turmbau
aus den Bergen herbeischaffen. / So wurden nun von allen Bergen 5
Steine in vielfältigen Farben herbeigeschafft, von Männern be-
hauen und den Jungfrauen übergeben. Diese trugen sie durch das
Tor und gaben sie an die Turmbauer weiter. Und sobald die ver-
schiedenfarbigen Steine in den Bau eingefügt wurden, verloren sie
ihre frühere Farbe und wurden sie alle gleich weiß. / Nur einige 6
Steine, die von Männern in den Bau gebracht worden waren, wur-
den nicht weiß, sondern blieben so, wie sie eingesetzt waren. Weil
sie nicht von den Jungfrauen durch das Tor getragen worden wa-
ren, paßten sie nicht in den Turmbau. / Als die sechs Männer sie im 7
Turmbau entdeckten, ließen sie diese unpassenden Steine entfernen
und wieder dort nach unten bringen, wo sie hergekommen waren.
/ Sie sagten zu den Leuten, die sie eingeschmuggelt hatten: »Ihr sollt 8
überhaupt keine Steine in den Bau hineinbringen. Wenn ihr Steine
bringt, dann legt sie neben den Turm, damit die Jungfrauen sie
durch das Tor hineintragen und in den Bau bringen. Denn wenn sie
nicht von den Jungfrauen durch das Tor hinduchgetragen werden«,
sagten sie, »können sie ihre Farben nicht verlieren. Müht euch also
nicht vergeblich!« sagten sie.

5

1 An jenem Tag hörten sie auf zu bauen, doch der Turm war noch nicht fertig. Es sollte daran weitergebaut werden, doch es gab erst einmal eine Unterbrechung. Die sechs Männer ordneten an, daß die Bauleute sich zurückziehen und etwas ausruhen sollten. Doch den Jungfrauen trugen sie auf, den Turm nicht zu verlassen. Ich hatte den Eindruck, sie sollten dort bleiben, um den Turm zu bewa-
2 chen. / Nachdem alle weggegangen waren, fragte ich den Hirten: »Warum, Herr, wurde der Turmbau nicht fertiggestellt?« Er erwiderte: »Der Turmbau kann nicht fertiggestellt werden, bevor nicht der Bauherr kommt und den Bau abnimmt. Denn wenn sich herausstellt, daß irgendwelche Steine spröde sind, wird er sie austau-
3 schen. Für den Bau des Turmes ist sein Wille maßgeblich.« / »Ich möchte gerne wissen, Herr«, sagte ich, »was dieser Bau zu bedeuten hat, auch was der Feld und das Tor, die Berge und die Jungfrauen bedeuten, was es mit den Steinen auf sich hat, die aus dem Abgrund heraufgekommen sind und nicht behauen, sondern so in
4 den Bau eingefügt wurden. / Ich möchte auch wissen, warum für das Fundament zunächst zehn Steine verwendet wurden, dann fünfundzwanzig, dann fünfunddreißig und dann noch einmal vierzig. Und was bedeuten die Steine, die in den Bau eingefügt, dann aber wieder entfernt und neben dem Turm abgelegt wurden? Bitte, Herr, beantworte mir all diese Fragen, damit sie mich nicht länger
5 quälen.« / Der Hirte erwiderte: »Wenn es sich zeigt, daß du nicht aus bloßer Neugier fragst, dann wirst du alles erfahren. In wenigen Tagen kommen wir wieder hierher, und dann wirst du sehen, was weiter mit diesem Turm geschieht. Dann wirst du alle Gleichnisse genau verstehen.«
6 Nach ein paar Tagen kamen wir an die Stelle zurück, an der wir gesessen hatten, und der Hirte sagte zu mir: »Laß uns neben den Turm gehen! Denn der Bauherr kommt, um den Turm zu begutachten.« So gingen wir zum Turm, aber dort war niemand außer den
7 Jungfrauen. / Der Hirte fragte die Jungfrauen, ob der Bauherr etwa schon dagewesen sei. Sie aber sagten, daß er erst noch kommen werde, um den Bau zu begutachten.

6

1 Wenig später sah ich eine Gruppe aus vielen Männern kommen, in ihrer Mitte ging einer, der so groß war, daß er den Turm überragte.
2 / Die sechs Männer, die ich auf der Baustelle als Bauführer gesehen hatte, gingen rechts und links von ihm. Alle, die am Bau gearbeitet hatten, waren bei ihm und viele weitere Gestalten in himmlischer

Herrlichkeit umringten ihn. Die Jungfrauen, die den Turm bewach-
ten, liefen zu ihm und küßten ihn und gingen dicht neben ihm, als
sie nun begannen, um den Turm herumzugehen. / Der große Mann 3
sah sich den Turm ganz genau an und betastete jeden Stein einzeln.
In der Hand hielt er einen Stab, mit dem schlug er an jeden verbau-
ten Stein. / Manche Steine, an die er schlug, wurden schwarz wie 4
Ruß, andere bekamen eine rauhe Oberfläche, andere zeigten Risse
oder abgebrochene Ecken, andere wurden halb weiß und halb
schwarz, andere wurden uneben, so daß sie nicht mehr zu den üb-
rigen Steinen paßten, manche wurden ganz fleckig. So verschiedene
Mängel hatten die Steine, die sich als nicht in Ordnung erwiesen. /
Der Bauherr ließ sie alle aus dem Turm entfernen und neben den 5
Turm legen und befahl, dafür andere Steine herbeizubringen und
an ihrer Stelle einzusetzen. / Die Bauleute fragten ihn, von welchem 6
Berg sie die Ersatzsteine holen sollten. Der Bauherr sagte, sie soll-
ten nicht von den Bergen, sondern aus einer in der Nähe gelegenen
Ebene geholt werden. / Die Ebene wurde umgegraben, und man 7
fand dort weiße würfelförmige und einige runde Steine. Sie wurden
zur Baustelle gebracht und von den Jungfrauen durch das Tor ge-
tragen. / Die würfelförmigen Steine wurden behauen und an die 8
Stelle der herausgenommenen gesetzt. Die runden Steine wurden
nicht in den Bau eingefügt. Sie waren zu hart, um behauen zu wer-
den, und es hätte auch zu lange gedauert. So wurden sie neben den
Turm gelegt, um eventuell noch behauen und in den Bau eingefügt
zu werden. Denn sie waren ganz weiß.

7

Als der Mann in himmlischer Herrlichkeit, der Herr des ganzen 1
Turmes, dieses ausgeführt hatte, rief er den Hirten zu sich und
übergab ihm alle Steine, die aus dem Bau entfernt waren und beim
Turm lagen. Er gab ihm den Auftrag: / »Bearbeite diese Steine sorg- 2
fältig und setze die noch in den Turmbau, die mit den anderen zu-
sammenpassen können. Die aber, die sich nicht einfügen lassen,
wirf weit weg vom Turm!« / Nachdem er dem Hirten dies aufgetra- 3
gen hatte, entfernte er sich mit seinem ganzen Gefolge vom Turm.
Die Jungfrauen stellten sich wieder rings um den Turm, um ihn zu
bewachen.

Ich fragte den Hirten: »Wie können diese Steine doch noch in den 4
Turm kommen, obwohl sie für unbrauchbar erklärt worden sind?«
Der Hirte gab mir zur Antwort: »Siehst du diese Steine?« »Ja,
Herr«, sagte ich. Er erwiderte: »Den größten Teil dieser Steine
werde ich bearbeiten und in den Bau einfügen. Und sie werden mit

5 den übrigen Steinen zusammenpassen.« / »Wie«, fragte ich, »kön-
nen die behauenen Steine denselben Platz ausfüllen?« Er gab mir
zur Antwort: »Die dann zu klein sind, werden innen im Bau ver-
6 wendet, die größeren Steine jedoch werden außen eingesetzt und
dienen dem Zusammenhalt.« / Nach diesen Worten sagte er zu mir:
»Wir wollen jetzt weggehen und nach zwei Tagen wiederkommen.
Dann werden wir diese Steine reinigen und in den Bau einsetzen.
Denn rings um den Turm muß alles gereinigt werden, damit der
Herr, wenn er unerwartet kommt, nicht die Umgebung des Turmes
schmutzig findet und in Zorn gerät. Dann würden diese Steine
nicht für den Bau des Turmes in Frage kommen. Und ich hätte in
7 den Augen des Herrn meine Aufgabe nicht erfüllt.« / Zwei Tage
später kamen wir wieder zum Turm, und der Hirte sagte zu mir:
»Wir wollen alle Steine genau mustern und sehen, wie wir die
Steine, die noch in den Bau hineinkommen können, hineinbekom-
men.« Ich erwiderte: »Schauen wir sie uns an, Herr!«

8

1 Wir nahmen uns zunächst die schwarzen Steine vor. Sie lagen noch
so da, wie sie aus dem Bau entfernt worden waren. Der Hirte ließ
2 sie vom Turm wegbringen und entfernen. / Dann musterte er die
mit unebener Oberfläche. Er nahm viele von ihnen auf, behaute sie
und bat die Jungfrauen, sie in den Turm zu tragen. Die Jungfrauen
hoben sie auf und setzten sie mitten in den Turmbau. Die übrigen
ließ er zu den schwarzen legen, denn sie waren ebenfalls schwarz. /
3 Dann betrachtete er die mit Rissen. Auch von ihnen behaute er
viele und ließ sie durch die Jungfrauen in den Bau bringen. Sie wur-
den außen eingefügt, weil sie sich als einwandfrei erwiesen. Dieje-
nigen, die so viele Risse hatten, daß sie nicht behauen werden
4 konnten, wurden weit vom Turm entfernt weggeworfen. / Dann
musterte er die mit abgebrochenen Ecken. Viele von ihnen erwiesen
sich als schwarz, und einige hatten große Risse. Die ließ er zu den
weggeworfenen Steinen bringen. Die übrigen reinigte und behaute
er und ließ sie in den Bau einfügen. Die Jungfrauen nahmen sie und
setzten sie in der Mitte des Turmbaus ein, denn ihre Tragkraft war
5 schwächer. / Dann betrachtete er die Steine, die halb weiß und halb
schwarz waren. Viele von ihnen waren schwarz geworden, die ka-
men auf den Haufen mit den weggeworfenen Steinen. Die übrigen
wurden von den Jungfrauen zum Bau gebracht. Denn weil sie weiß
waren, wurden sie von den Jungfrauen selbst in den Bau eingefügt.
Sie wurden außen eingesetzt, denn sie erwiesen sich als einwand-
frei. Weil von ihnen überhaupt nichts abgebrochen war, konnten

sie den in der Mitte eingesetzten Steinen Stabilität verleihen. / Dann 6
musterte der Hirt die unebenen und die harten Steine. Nur wenige
von ihnen wurden weggeworfen, weil sie sich als zu hart erwie-
sen, um behauen werden zu können. Die anderen wurden behauen,
von den Jungfrauen weggetragen und in der Mitte des Turmbaus
eingefügt, weil sie keine große Tragkraft hatten. / Dann musterte 7
der Hirt die mit den Flecken. Von ihnen waren nur sehr wenige
schwarz geworden und mußten weggeworfen werden. Die übrigen
erwiesen sich als weiß und einwandfrei. Die Jungfrauen fügten sie
in das Gebäude ein. Wegen ihrer guten Tragkraft wurden sie auf
der Außenseite des Turmes eingefügt.

9

Dann machte der Hirt sich daran, die weißen und runden Steine an- 1
zusehen. Er fragte mich: »Was sollen wir mit diesen Steinen ma-
chen?« Ich erwiderte: »Keine Ahnung, Herr!« »Du hast also eine
Vorstellung, was man mit ihnen machen kann?« / Ich antwortete: 2
»Ich beherrsche dieses Handwerk nicht, ich bin auch kein Stein-
metz und kann mir kein Urteil erlauben.« »Siehst du nicht«, fragte
er, »daß sie ganz rund sind? Wenn ich sie würfelförmig machen
will, muß ich viel von ihnen weghauen. Aber trotzdem müssen un-
bedingt einige von ihnen in den Bau eingesetzt werden.« / Ich erwi- 3
derte: »Wenn das notwendig ist, Herr, warum quälst du dich dann
und suchst nicht einfach für den Bau die aus, die du willst, und
fügst sie ein?« Daraufhin wählte er aus den Steinen die größeren
und helleren aus und behaute sie. Die Jungfrauen nahmen sie und
fügten sie außen am Bau ein. / Die anderen, die übrigblieben, wur- 4
den wieder in die Ebene zurückgebracht, von wo sie geholt worden
waren. Sie wurden aber nicht weggeworfen. »Denn«, sagte der
Hirt, »am Turm muß noch etwas weitergebaut werden. Der Herr
des Turms will auf jeden Fall, daß diese Steine in den Bau eingefügt
werden, denn sie sind ganz weiß.«

Dann wurden zwölf Jungfrauen herbeigerufen, von wunderschöner 5
Gestalt, schwarz gekleidet, mit einem schulterfreien Leibchen und
offenen Haaren. Sie sahen sehr wild aus. Der Hirt ließ sie die vom
Bau weggeworfenen Steine aufnehmen und wieder in die Berge
bringen, von wo sie geholt worden waren. / Fröhlich nahmen sie 6
alle Steine und brachten sie an ihren Ursprungsort zurück. Als
dann alle Steine weggebracht worden waren und rings um den
Turm keiner mehr lag, sagte der Hirte zu mir: »Wir wollen noch
einmal um den Turm herumgehen und sehen, ob es an ihm noch
einen Mangel gibt.« So ging ich mit ihm um den Turm herum. / Als 7

der Hirt sah, daß der Turmbau ansehnlich gelungen war, freute er sich sehr. Der Turm war so schön gebaut, daß ich ihn beim bloßen Anblick liebgewann. Denn er sah aus, als wäre er ohne eine einzige Fuge aus *einem* Stein gebaut, der direkt aus dem Fels herausgemeißelt war, wie ein großer Monolith[31].

10

1 Bei dem Rundgang mit dem Hirten wurde auch ich froh, etwas derart Schönes zu sehen. Der Hirte gab mir den Auftrag: »Geh und hole Kalk und kleine Tonscherben, damit ich die Abdrücke von den weggenommenen und in den Bau eingesetzten Steinen auffüllen
2 kann. Denn rings um den Turm muß es ganz eben werden.« / Ich tat wie geheißen und brachte alles zu ihm. »Hilf mir«, sagte er, »dann ist das Werk bald fertig.« Er füllte die Abdrücke von den Steinen, die in den Bau gelangt waren, auf und ließ den Platz rings
3 um den Turm herum schön sauber fegen. / Die Jungfrauen nahmen Besen und kehrten und beseitigten allen Unrat aus dem Turm. Sie besprengten den Platz um den Turm mit Wasser, so daß er freund-
4 lich und sehr prächtig anzusehen war. / Der Hirt sagte mir: »Jetzt ist alles sauber. Wenn der Herr kommt, um nach dem Turm zu sehen, kann er uns nichts vorwerfen.« Nach diesen Worten wollte er
5 gehen. / Doch ich hielt ihn an seinem Ranzen fest und begann, ihn beim Herrn zu beschwören, er solle mir noch erklären, was er mir gezeigt hatte. Er sagte: »Im Augenblick habe ich keine Zeit, doch ich werde dir alles erklären. Warte auf mich, bis ich wieder-
6 komme.« / Ich entgegnete: »Herr, was soll ich denn hier allein machen?« Er sagte: »Du bist nicht allein. Diese Jungfrauen sind doch auch hier!« Ich bat ihn: »Dann sag ihnen, daß sie sich um mich kümmern sollen!« Der Hirt rief die Jungfrauen herbei und sagte zu ihnen: »Ich vertraue euch den Hermas an, bis ich wiederkomme!«,
7 und dann ging er weg. / Ich war allein mit den Jungfrauen. Sie waren fröhlich und freundlich zu mir, besonders die vier hübschesten unter ihnen.

11

1 Die Jungfrauen sagten zu mir: »Heute kommt er nicht hierher zurück.« Ich entgegnete: »Was soll ich da tun?« Sie sagten: »Warte bis zum Abend auf ihn. Wenn er kommt, wird er mit dir reden, wenn
2 nicht, dann bleibst du eben bei uns, bis er kommt.« / Ich sagte zu ihnen: »Ich will bis zum Abend auf ihn warten. Wenn er nicht

[31] Vgl. dazu die äthiopische Tradition der monolithischen Felsenkirchen.

kommt, gehe ich nach Hause und komme morgen früh wieder.«
Die Jungfrauen erwiderten: »Du bist uns aber anvertraut worden.
Du darfst dich nicht von uns entfernen!« / Ich fragte: »Und wo soll 3
ich bleiben?« Sie antworteten: »Du kannst bei uns schlafen – wie
ein Bruder, nicht wie ein Mann. Denn du bist unser Bruder, und ab
jetzt wohnen wir mit dir zusammen. Denn wir haben dich sehr
lieb.« Mir aber war es peinlich, über Nacht bei ihnen zu bleiben. /
Die eine, die allem Anschein nach die Anführerin war, begann mich 4
zu küssen und zu umarmen. Als die anderen sahen, wie sie mich
umarmte, fingen sie ebenfalls an, mich zu küssen, mich rund um
den Turm zu führen und mir schön zu tun. / Und wie ein Jüngling 5
fing ich an, meinerseits ihnen schön zu tun. Die einen tanzten, die
anderen führten einen Reigen auf, einige sangen. Ich sagte nichts,
zog mit ihnen um den Turm herum und fühlte mich bei ihnen sehr
wohl. / Als es Abend wurde, wollte ich nach Hause gehen. Doch sie 6
ließen mich nicht gehen und hielten mich fest. So blieb ich die
Nacht über bei ihnen und schlief neben dem Turm. / Die Jung- 7
frauen hatten ihre leinenen Röcke auf dem Fußboden ausgebreitet
und ließen mich in ihrer Mitte liegen. Sie taten die ganze Zeit über-
haupt nichts anderes als beten. Auch ich betete unaufhörlich mit
ihnen und nicht weniger als sie. Die Jungfrauen freuten sich, daß
ich so betete. Ich blieb dort bei den Jungfrauen bis um acht Uhr
morgens[32]. / Dann war der Hirt wieder da und fragte die Jung- 8
frauen: »Habt ihr ihn auch nicht belästigt?« Sie erwiderten: »Frag
ihn doch selbst!« Ich sagte: »Herr, es war eine Freude für mich, bei
ihnen zu sein.« Er fragte mich: »Was hast du denn gegessen?« »Ge-
gessen, Herr, habe ich Worte des Herrn die ganze Nacht hin-
durch.« »Haben sie dich gut behandelt?« Ich erwiderte: »Ja, Herr.«
/ Da fragte er: »Nun, was willst du zuerst hören?« »Ich möchte 9
gern, daß du es mir in der Reihenfolge erklärst, in der du es mir ge-
zeigt hast, und mir meine Fragen eine nach der anderen beantwor-
test.« »Das will ich gerne tun«, erwiderte er, »und ich will nichts
vor dir verbergen.«

12

Ich sagte: »Als erstes von allem erkläre mir, Herr, wer der Fels und 1
wer das Tor ist!« Er erwiderte: »Dieser Fels und das Tor, das ist der
Sohn Gottes.« Ich wandte ein: »Wieso? Der Fels, Herr, ist alt, und
das Tor ist neu.« Er antwortete: »Laß es dir erklären und begreife
es, du unverständiger Mensch! / Der Sohn Gottes ist vor Gottes 2

[32] Wörtl.: »bis zur zweiten Stunde«.

ganzer Schöpfung geboren. Daher wurde er Ratgeber seines Vaters
bei seiner Schöpfung. Daher der alte Fels.« Ich entgegnete: »Aber
3 das Tor ist doch neu, Herr.« / Er erwiderte: »Er ist in den letzten
Tagen vor dem Ende der Welt erschienen. Deswegen ist das Tor
neu. Denn die durch das Tor gerettet werden, gehen so dorthin, wo
4 allein Gott herrscht, in Gottes Reich. / Hast du gesehen«, fragte er,
»daß diejenigen Steine, die durch das Tor hineingelangten, für den
Bau des Turmes verwendet wurden, daß aber die, die nicht durch
das Tor hineingelangten, wieder an ihren Platz geworfen wurden?«
Ich erwiderte: »ja, das habe ich gesehen.« »So wird«, sagte er, »nie-
mand in das Reich Gottes hineingelangen, der den Namen des Soh-
5 nes nicht [in der Taufe] annimmt. / Gesetzt den Fall, du willst in
eine Stadt hineingelangen. Diese Stadt ist ringsum von Mauern um-
geben und hat nur ein Tor. Dann kann man doch nur in die Stadt
hineinkommen durch das eine Tor, das sie hat.« Ich stimmte zu:
»Anders wird es kaum möglich sein.« Er sagte: »Wenn man in die
Stadt nur durch ihr Tor hineingelangen kann, dann wird man auch
in das Reich Gottes nur durch den Namen seines geliebten Sohnes
6 hineingelangen können.« / Er fragte mich: »Hast du die Männer
gesehen, die den Turm gebaut haben?« Ich bejahte. Er sagte: »Das
sind alles herrliche Engel. Sie umgeben den Herrn wie eine Mauer.
Das Tor ist der Sohn Gottes. Er ist der einzige Zugang zum Herrn.
7 Anders als durch seinen Sohn gelangt niemand zu ihm hin.«[33] / Er
fragte: »Hast du die sechs Männer gesehen und den herrlichen gro-
ßen Mann in ihrer Mitte, der um den Turm herumging und die un-
brauchbaren Steine aus dem Bau weggeworfen hat?« Ich bejahte. /
8 »Der Mann in himmlischer Herrlichkeit ist der Sohn Gottes«, sagte
er, »und die sechs Männer sind herrliche Engel, die ihn rechts und
links geleiten. Von diesen herrlichen Engeln«, sagte er, »gelangt
keiner zu Gott, außer durch ihn. Wer seinen Namen nicht an-
nimmt, wird nicht in das Reich Gottes eingehen.«

13

1 Ich fragte: »Aber der Turm, wer ist das?« Der Hirte erwiderte:
2 »Der Turm ist die Kirche.« / »Und wer sind die Jungfrauen?« Er er-

33 Hier ist das jüdische Thema der Rivalität zwischen Menschen und Engeln in neuer Variante aufgenommen. Die Engel grenzen Gott von den Menschen ab. Sie stehen für Gottes abweisende Hoheit. Der Sohn dagegen ist für die Menschen der einzige Zugang zu Gott. Daher kommt es darauf an, so wie der Sohn zu werden, um nicht Gottes Herrlichkeit (Engel) spüren zu müssen, sondern Gottes Liebe (Sohn). In der Taufe geschieht die Gleichstellung mit dem Sohn.

widerte: »Das sind heilige Geister.[34] Ein Mensch kann nur unter
der Herrschaft Gottes sein, wenn sie ihm ihr Gewand anziehen.
Wenn man nur ihren Namen annimmt, aber nicht ihr Gewand,
dann nützt es einem nichts. Denn diese Jungfrauen sind die Kräfte[35]
des Sohnes Gottes. Wenn einer seinen Namen trägt, aber nicht
seine Kraft, dann trägt er den Namen vergebens. / Die weggewor- 3
fenen Steine, die du gesehen hast«, sagte er, »sind Menschen, die
zwar den Namen getragen, aber das Gewand der Jungfrauen nicht
angezogen haben.« Ich fragte: »Wie ist ihr Gewand, Herr?« Er er-
widerte: »Ihr Gewand ist nichts anderes als ihre Namen. Wer den
Namen des Sohnes Gottes trägt, muß auch ihre Namen tragen.
Denn auch der Sohn Gottes trägt die Namen dieser Jungfrauen. /
Alle Steine«, sagte er, »die du durch die Hände der Jungfrauen in 4
den Turmbau hast hineingelangen sehen und die im Bau verbleiben
konnten, haben die Kraft dieser Jungfrauen angezogen. / Deswegen 5
siehst du, daß der Turm mit dem Felsen zu einem Monolith gewor-
den ist. So werden alle, die an den Herrn durch seinen Sohn ge-
glaubt und die diese Geister angezogen haben, zu einem Geist und
zu einem Leib. Ihre Gewänder haben eine einzige Farbe. Diejeni-
gen, welche die Namen der Jungfrauen tragen, dürfen im Turm
wohnen.« / Ich fragte: »Die weggeworfenen Steine, Herr – warum 6
wurden sie weggeworfen? Denn sie sind doch durch das Tor ge-
kommen und wurden von den Händen der Jungfrauen in den Turm
eingefügt?« Der Hirt antwortete: »Da du nichts außer acht läßt
und alles genau wissen willst, will ich dir etwas über die weggewor-
fenen Steine sagen.« / Dann fuhr er fort: »Diese haben alle den Na- 7
men des Sohnes Gottes [in der Taufe] angenommen, dazu auch die
Kraft dieser Jungfrauen. Durch den Empfang ihrer Geister wurden
sie stark und waren mit denen zusammen, die zu Gott gehören. Sie
hatten *einen* Geist und waren *ein* Leib und trugen *ein* Gewand.
Denn sie waren ganz einig und versuchten, gerecht zu handeln. /
Doch nach einiger Zeit wurden sie von den Frauen verführt, die du 8
in schwarzen Kleidern, mit bloßen Schultern und offenen Haaren

---

34 Rein formal kommt hier die Doppelheit von Christologie und Pneumatologie zum Ausdruck. Nur gibt es keine Vereinheitlichung im Sinne eines einzigen Heiligen Geistes, vielmehr ist hier noch die archaische Vielzahl erhalten. Ähnlich auch in Jes 11,2f oder in der neutestamentlichen Auffassung von den vielen Geistesgaben.

35 Hier wird die Verbindung von Christologie und Pneumatologie mit Hilfe des Begriffes »Kraft« geleistet, wie er z. B. bei Paulus in 1 Kor geläufig ist: Kraft von x ist die zugehörige Repräsentation der Größe x in der Welt.

gesehen hast und die sehr schön aussahen. Als sie diese Frauen erblickten, war es um sie geschehen. Wie ein Kleid zogen sie deren Kraft an und streiften gleichzeitig das Gewand aus der Kraft der
9 Jungfrauen ab. / So kam es, daß sie vom Haus Gottes weggeworfen und in die Hand der wilden Frauen gegeben[36] wurden. Doch alle, die sich durch die Schönheit dieser Frauen nicht hatten betören lassen, konnten im Haus Gottes bleiben. Das ist«, sagte der Hirte, »die Erklärung für die weggeworfenen Steine.«

14

1 Ich fragte: »Was ist nun, Herr, wenn solche Menschen umkehren, die maßlosen Triebe, die diese Frauen in ihnen geweckt haben, ablegen und sie zu den Jungfrauen zurückkehren, um in ihrer Kraft und nach ihren Werken zu leben? Kommen sie dann nicht in Gottes
2 Haus hinein?« / Er erwiderte: »Doch, sie kommen hinein, wenn sie die Werke dieser Frauen aufgeben, wenn sie die Kraft der Jungfrauen annehmen und nach ihrer Art leben. Deswegen wurde auch die Fertigstellung des Baus unterbrochen, damit diese nach ihrer Umkehr noch in den Turmbau gelangen. Wenn sie aber nicht umkehren, werden andere hineingehen und diese werden endgültig hinausgeworfen.«
3 Für all das dankte ich Gott. Denn er hat sich derer erbarmt, die seinen Namen anriefen. Er hat uns den Engel der Umkehr gesandt, als wir uns gegen ihn verfehlt hatten. So hat er unseren Heiligen Geist erneuert und unseren Lebensgeist wieder jung gemacht, obwohl wir schon ganz am Ende waren und die Hoffnung auf Leben aufgegeben hatten.
4 Dann bat ich den Hirten: »Nun, Herr, erkläre mir, warum der Turm nicht auf ebener Erde erbaut ist, sondern auf dem Felsen und über dem Tor.« Er erwiderte: »Bist du noch immer ohne Verstand und begreifst nichts?« Ich entgegnete: »Ich muß dich, Herr, nach allem fragen, weil ich sonst überhaupt nichts verstehen kann. Denn das alles ist so groß und herrlich und für Menschen unbegreiflich.«
5 / »So laß dich belehren«, sagte er. »Der Name des Sohnes Gottes ist groß und unfaßbar. Er trägt die ganze Welt.[37] Die ganze Schöpfung wird also durch den Sohn Gottes getragen. Was gilt dann deiner Ansicht nach von denen, die von Gottes Sohn berufen sind, die sei-
6 nen Namen tragen und nach seinen Geboten leben? / Siehst du jetzt, welche er trägt? Nämlich die, die aus ganzem Herzen seinen

---

[36] Zu dieser Bedeutung von »übergeben werden« vgl. Röm 1,25!
[37] Vgl. Hebr 1,3.

Namen tragen. Er ist ihr Fundament und trägt sie gerne, denn sie schämen sich nicht, seinen Namen zu tragen.«

15

Ich bat: »Erkläre mir doch, Herr, die Namen der Jungfrauen und 1
auch die Namen der Frauen in den schwarzen Kleidern.« Er erwiderte: »Laß dir die Namen der Jungfrauen sagen, und zwar zuerst
die der kräftigeren, die an den Ecken des Tores standen. / Die erste 2
heißt Glaube, die zweite Selbstbeherrschung, die dritte Kraft und die vierte Geduld. Die anderen, die dazwischen standen, haben folgende Namen: Geradheit, Arglosigkeit, Enthaltsamkeit, Fröhlichkeit, Wahrheitsliebe, Verstehen, Eintracht und Liebe. Wer diese Namen und den Namen des Sohnes Gottes trägt, der kann in Gottes
Reich hineinkommen. / Nun nenne ich«, sagte er weiter, »dir auch 3
die Namen der Frauen mit den schwarzen Kleidern. Die vier kräftigsten von ihnen sind: Treulosigkeit, Zügellosigkeit, Ungehorsam, Betrug. Die danach folgenden heißen: Trauer, Bosheit, Schwelgerei, Jähzorn, Lüge, Unverstand, Verleumdung, Haß. Wenn einer, der zu Gott gehört, diese Namen trägt, dann wird er Gottes Reich zwar sehen,[38] aber nicht hineingelangen.«
Ich fragte: »Und die Steine, Herr, die aus der Tiefe in den Bau ge- 4
langen, wer ist das?« Der Hirt antwortete: »Die ersten zehn, die als Fundament gesetzt wurden, sind die erste Generation, die fünfundzwanzig sind die zweite Generation gerechter Menschen. Die fünfunddreißig sind die Propheten Gottes und seine Diener. Die vierzig
sind Apostel und Lehrer. Sie verkündigen den Sohn Gottes.« / Ich 5
fragte: »Warum, Herr, haben die Jungfrauen auch diese Steine
durch das Tor getragen?« / Er antwortete: »Weil sie als erste diese 6
Geister getragen haben, und sie haben sich nie voneinander getrennt,[39] die Geister nicht von den Menschen und die Menschen nicht von den Geistern. Sondern die Geister blieben bei den Menschen, bis diese entschliefen. Und hätten sie nicht diese Geister in ihrer Begleitung gehabt, so wären sie für den Bau des Turmes nicht brauchbar gewesen.«

---

38 Im Unterschied zum Neuen Testament bedeutet hier Sehen des Reiches etwas anderes als in das Reich hineinzugelangen. Im NT ist beides gleichbedeutend.

39 Oben war bereits angedeutet worden, daß unter bestimmten Bedingungen z. B. der Heilige Geist vom Menschen flieht, in dem er gewohnt hat.

16

1 Ich bat: »Gib mir noch weiter Erklärungen!« Er sagte: »Was willst du wissen?« Ich fragte ihn: »Warum, Herr, mußten die Steine aus der Tiefe heraufsteigen, bevor sie für den Bau verwendet wurden,
2 wenn sie doch schon diese Geister bei sich hatten?« / Er antwortete: »Es war nötig, daß sie durch das Wasser hindurch aus der Tiefe aufstiegen, damit sie lebendig wurden. Denn anders konnten sie nicht in das Reich Gottes eingehen. Sie mußten das, was ihr Leben
3 vorher an Tod erbracht hatte, erst ablegen. / So empfingen auch sie, die eigentlich schon tot waren, das Siegel des Sohnes Gottes und konnten ins Reich Gottes hineingehen. Denn bevor ein Mensch den Namen des Sohnes Gottes trägt, ist er eigentlich tot. Wenn er aber das Siegel empfängt, dann legt er den Tod ab und empfängt das Le-
4 ben. / Das Siegel ist das Wasser. Tot steigen die Menschen in das Wasser hinunter, und lebendig steigen sie wieder hinauf.[40] Diesen Menschen wurde das Siegel gepredigt, und sie machten davon Ge-
5 brauch, um in das Reich Gottes einzugehen.« / »Weshalb, Herr«, fragte ich weiter, »stiegen auch die vierzig Steine aus der Tiefe herauf, obwohl sie das Siegel doch schon erhalten hatten?« Er antwortete: »Diese Apostel und Lehrer, die den Namen des Sohnes Gottes verkündeten, waren entschlafen in der Kraft des Sohnes Gottes und im Glauben an ihn. Sie haben dann denen die Botschaft verkündet, die vorher entschlafen waren, und ihnen das Siegel der Verkündi-
6 gung gegeben. / Sie stiegen also mit ihnen in das Wasser hinab und stiegen wieder hinauf. So sind diese lebend hinabgestiegen und lebend wieder hinaufgestiegen. Dagegen waren die, denen sie gepredigt hatten, tot hinuntergestiegen, aber lebend wieder hinaufgestie-
7 gen. / Durch die Apostel und Lehrer also wurden sie lebendig gemacht und haben den Namen des Sohnes Gottes erkannt. Deshalb sind sie mit ihnen zusammen emporgestiegen und wurden zusammen mit ihnen in den Bau des Turmes eingefügt. Sie konnten unbehauen zusammen verbaut werden. Denn auch diejenigen, denen die Verkündigung zuteil wurde, waren in Gerechtigkeit und in großer Heiligkeit entschlafen. Nur dieses Siegel hatten sie nicht besessen, denn sie waren ja vor ihrem Auftreten schon gestorben. So hast du auch diese Erklärung.« »Ja, Herr«, sagte ich.

---

40 Die hier vertretene Tauflehre entspricht ziemlich genau der von Kol 2,12f und Eph 2,5-7. Anders als in Röm 6 stirbt der Mensch nicht erst in der Taufe, sondern er ist schon vorher (durch seine Sünden) tot.

17
Ich bat: »Gib mir jetzt, Herr, die Erklärung für die Berge. Warum 1
haben sie alle eine andere Gestalt und sind so verschieden?« Er er-
widerte: »Laß dich belehren! Die zwölf Berge sind die zwölf Völ-
ker, die auf der ganzen Welt wohnen und denen die Apostel den
Sohn Gottes verkündet haben.« / »Warum sind die Berge so ver- 2
schieden und haben so unterschiedliche Gestalt? Erkläre es mir,
Herr!« »Ich will es dir sagen«, erwiderte er. »Die zwölf Völker, die
auf der ganzen Erde wohnen, sind zwölf Nationen. Sie fühlen und
denken verschieden. So wie du verschiedene Berge gesehen hast,
so fühlen und denken diese Nationen verschieden. Ich will dir das
Verhalten jeder einzelnen Nation erklären.« / Ich erwiderte: »Zu- 3
erst erkläre mir noch, Herr, warum die Steine, die aus so verschie-
denartigen Bergen kommen, dann, wenn sie in den Turmbau ein-
gefügt werden, genauso in ein und derselben weißen Farbe zu
leuchten begannen wie die Steine, die aus der Tiefe emporgestiegen
waren.« / Er erwiderte: »Weil alle Nationen, die unter dem Himmel 4
wohnen, auf ihr Hören und Glauben hin mit dem Namen des Soh-
nes Gottes benannt werden.[41] Wenn sie das Siegel erhalten, sind sie
einig im Fühlen und Denken, ihr Glaube und ihre Liebe sind eine
einzige, und zusammen mit dem Namen tragen sie auch die Geister
der Jungfrauen. Deshalb leuchtete der Turmbau in einer einzigen
Farbe wie die Sonne. / Nachdem sie zusammen hineingekommen 5
und ein Leib geworden waren, haben einige von ihnen sich selbst
befleckt und wurden aus der Gemeinde der von Gott Angenomme-
nen[42] ausgeschlossen und wurden wieder, wie sie früher waren, nur
schlechter.«

18
Ich fragte: »Wieso konnten sie schlechter werden, da sie doch Gott 1
erkannt hatten?« Er erwiderte: »Wer Gott nicht erkannt hat und
Böses tut, der wird für seine Bosheit bestraft. Wer aber Gott er-
kannt hat, der darf nicht mehr Böses tun, sondern soll Gutes tun. /
Wenn er trotzdem Böses tut, dann ist sein Vergehen doch wohl 2
schlimmer als bei einem, der von Gott nichts weiß. Deswegen wer-
den diejenigen, die Gott nicht kannten und Böses getan haben, zum
Sterben verurteilt. Doch die anderen, die Gott erkannt, seine Groß-

---

[41] Das heißt: In der Taufe wird der Name des Sohnes Gottes über ihnen ausgerufen. Damit wird der Name auf sie gelegt, und sie werden dessen Träger. Wenn der Name das Wichtigste ist, dann sind die Christen durch diesen Akt mit Christus »identisch«.

[42] Wörtl.: »Geschlecht der Gerechten«.

taten gesehen und trotzdem Böses getan haben, die werden doppelt
bestraft mit dem ewigen Tod. Auf folgende Weise wird die Kirche
3 Gottes gereinigt: / Du konntest ja sehen, wie einige Steine aus dem
Turm entfernt, den bösen Geistern ausgeliefert und auf diese Weise
vom Turmbau ausgeschlossen wurden. Alle Gereinigten werden ein
einziger Leib sein. Auch der Turm war nach seiner Reinigung durch
die Taufe wie aus einem einzigen Stein. So wird auch die Kirche
Gottes sein, wenn sie gereinigt ist und wenn die Bösen und Schein-
heiligen, die Lästerer, die Unentschiedenen und die Erfinder ver-
4 schiedenster Bosheiten entfernt worden sind. / Sobald diese hinaus-
geworfen worden sind, wird die Kirche Gottes ein Leib sein, ein
Fühlen und Denken, ein Glaube und eine Liebe. Dann wird Gottes
Sohn unter ihnen sein und sich freuen und jubeln, weil er sein Volk
rein empfangen durfte.« Ich erwiderte: »Großartig, Herr, und
5 wunderbar ist alles. / Doch bitte erkläre mir noch, welche Bedeu-
tung jeder einzelne Berg hat und was für ein Leben dem entspricht.
Denn jeder Mensch, der das zu hören bekommt, soll auf den Herrn
vertrauen und seinen großen, wunderbaren, herrlichen Namen lob-
preisen.« »Laß dir also«, sagte der Hirte, »die Vielfalt der Berge
und der zwölf Völker erklären.«

19

1 Der Hirt sagte: »Die Christen vom ersten Berg, dem schwarzen,
sind solche, die abtrünnig geworden sind und den Herrn lästern,
und solche, die Mitchristen verraten haben. Für sie gibt es keine
Umkehr, nur den Tod. Und deshalb sind sie schwarz. Sie sind ohne
2 Moral. / Vom zweiten Berg, dem kahlen, kommen solche Christen,
die scheinheilig tun und Bosheiten lehren. Sie gleichen den ersten,
da sie keine gerechten Werke vorzuzeigen haben. So wie ihr Berg
ohne Früchte ist, so haben auch diese Menschen zwar den Namen
»Christen«, doch ihr Glaube ist leer, und sie haben keine echte
Frucht aufzuweisen. Für diese Menschen besteht die Möglichkeit
der Umkehr, wenn sie alsbald umkehren. Doch wenn sie die Um-
3 kehr aufschieben, blüht ihnen – wie den ersten – der Tod.« / Ich
fragte: »Herr, warum haben diese die Möglichkeit umzukehren, die
ersten aber nicht, wo doch ihr Verhalten beinahe dasselbe ist?« Der
Hirt erwiderte: »Diese haben Gott nicht gelästert und auch die
Mitchristen nicht verraten. Sie waren scheinheilig aus Profitsucht,
und ihre Lehre haben sie den launischen Wünschen der sündigen
Menschen angepaßt. Sie werden ihre Strafe haben. Sie können um-
kehren, weil sie nicht Lästerer oder Verräter geworden sind.

20

Die Christen vom dritten Berg mit den Dornen und Disteln sind 1
solche Menschen: Manche sind reich, manche in viele Geschäfte
verwickelt. Die Disteln sind die Reichen, die Dornen die Geschäf-
temacher. / Weil sie in zahlreiche und sehr verschiedenartige Ge- 2
schäftigkeiten verwickelt sind, halten sie sich nicht an die anderen
Christen, sondern lassen sich in die Irre locken und ersticken in ih-
ren Unternehmungen. Auch die Reichen werden sich kaum an die
anderen Christen halten, da sie in der Angst leben, von ihnen ange-
bettelt zu werden. Solche Menschen haben kaum eine Chance, in
das Reich Gottes zu kommen.[43] / Es ist ja auch schwer, mit bloßen 3
Füßen über Disteln zu laufen. So ist es auch für solche Menschen
sehr unwahrscheinlich, daß sie in das Reich Gottes kommen. /
Doch ihnen allen bleibt die Möglichkeit der Umkehr. Doch muß es 4
sofort geschehen, damit sie, was sie in früheren Zeiten nicht getan
haben, jetzt nachholen, nämlich Gutes zu tun. Wenn sie nun um-
kehren und etwas Gutes tun, dann werden sie aus Gott leben. Wenn
sie aber bei ihrem Verhalten bleiben, dann werden sie jenen
schwarzen Frauen übergeben werden, die sie töten werden.

21

Die Christen vom vierten Berg mit den vielen Pflanzen, die im obe- 1
ren Teil grün, zu den Wurzeln hin aber verdorrt, zum Teil von der
Sonne versengt waren, sind so: Die einen sind unentschieden, die
anderen haben den Herrn auf den Lippen, aber nicht im Herzen. /
Deswegen sind ihre Fundamente verdorrt und ohne Kraft. Nur ihre 2
Worte sind lebendig, doch ihre Werke sind tot. Solche Leute sind
weder lebendig noch tot. Sie ähneln den Unentschiedenen. Denn
auch diese sind weder grün noch verdorrt, weder leben sie noch
sind sie gestorben. / Denn wie diese Pflanzen vertrockneten, als sie 3
die Sonne sahen, so wenden sich auch die Unentschiedenen, selbst
wenn sie von Bedrängnis nur hören, aus Feigheit dem Götzendienst
zu und schämen sich des Namens ihres Herrn. / Solche sind weder 4
lebendig noch tot. Doch wenn sie bald umkehren, können sie le-
ben. Wenn sie aber nicht umkehren, sind sie damit schon den
Frauen ausgeliefert, die ihnen ihr Leben wegnehmen.

22

Die Christen vom fünften Berg, der grüne Pflanzen hat und felsig 1
ist, sind so: Sie glauben zwar, doch sind sie schwer zu belehren, weil

---

[43] Vgl. Mk 10,23f.

sie dreist und selbstgefällig sind. Sie meinen, alles zu wissen, und
2 wissen doch gar nichts. / Weil sie so dreist sind, hat sie die Einsicht
verlassen, und törichter Unverstand ist bei ihnen eingezogen. Sie loben sich selbst, als hätten sie Verstand, und trotz ihrer Dummheit
3 wollen sie selbsternannte Lehrer[44] sein. / Viele haben sich in dieser
Arroganz als leer entpuppt, weil sie sich zuviel zutrauten. Ein gefährlicher Dämon ist Dreistigkeit gepaart mit leerer Anmaßung. Viele von diesen Menschen sind verworfen worden, manche sind umgekehrt, fingen wieder an zu glauben und ordneten sich den Ein-
4 sichtigen unter, da sie ihre eigene Dummheit einsahen. / Auch für
alle übrigen aus dieser Gruppe besteht die Möglichkeit der Umkehr. Denn sie waren nicht schlecht, sondern nur töricht und dumm. Wenn sie umkehren, werden sie aus Gott leben. Wenn sie aber nicht umkehren, dann ist ihr Platz bei den Frauen, die ihnen Schlimmes antun werden.

23

1 Die Christen vom sechsten Berg, dem mit den großen und kleinen
2 Rissen, in denen verwelkte Pflanzen wachsen, sind so: / Diejenigen,
die kleine Risse zeigen, das sind die Christen, die etwas gegeneinander haben und wegen ihrer üblen Nachreden im Glauben welk geworden sind. Doch viele von ihnen sind umgekehrt. Und die anderen werden noch umkehren, wenn sie meine Gebote hören. Denn ihre üblen Nachreden sind nicht so gewichtig, daher werden sie
3 bald umkehren. / Die anderen aber, die große Risse haben, treiben
ausdauernd üble Nachrede und sind sehr nachtragend, wenn sie Wut aufeinander haben. Solche Menschen wurden vom Turm weit weg geworfen und gelten als untauglich für den Bau. Ewiges Leben
4 haben sie kaum zu erwarten. / Gott, unser Herr, herrscht über alles
und hat Macht über seine ganze Schöpfung. Er trägt denen nichts nach, die ihre Sünden bekennen, sondern er verzeiht. Wie kann da ein sterblicher Mensch voller Sünden einem anderen Menschen gegenüber nachtragend sein, als stände es in seiner Macht, ihn zu ret-
5 ten oder zu verdammen? / Ich als Engel der Umkehr sage euch aber:
Wenn ihr diese falsche Einstellung habt, legt sie ab und kehrt um. Gott wird eure früheren Vergehen heilen, wenn ihr euch von diesem Dämon reinigt. Andernfalls werdet ihr ihm zur Bestrafung mit dem Tod übergeben.

---

44 Vgl. ganz ähnlich Kol 2,23.

24

Die Christen vom siebten Berg mit den schönen, grünen Pflanzen, 1
die gut gediehen und von denen sich alle Arten von Tieren und Vö-
geln des Himmels ernährten, so daß die Pflanzen immer üppiger ge-
diehen, je mehr sie davon fraßen, sind so: / Sie waren immer gerad- 2
linig und arglos, sie waren glücklich, weil sie nichts gegeneinander
hatten, sie freuten sich immer über ihre Mitchristen. Sie zogen den
Heiligen Geist der schon beschriebenen Jungfrauen wie ein Kleid
an. Sie waren stets zu allen Menschen barmherzig und unterstütz-
ten ohne Vorbehalt und ohne Zögern von ihrem Arbeitslohn an-
dere Menschen. / Der Herr sah ihre Lauterkeit und all ihre kind- 3
liche Unschuld. Deshalb vermehrte er den Ertrag ihrer Hände und
segnete sie bei allem ihrem Tun. / Ich sage euch aber, die ihr so seid, 4
ich als Engel der Umkehr: Bleibt so, dann habt ihr für immer viele
Nachkommen. Denn der Herr hat euch geprüft und euch in das
Buch des Lebens zu der Anzahl der Gerechten[45] dazugeschrieben.
Und alle eure Nachkommen werden ihren Platz beim Sohn Gottes
haben, denn von seinem Geist habt ihr empfangen.

25

Die Christen vom achten Berg mit den vielen Quellen, aus denen 1
alle Geschöpfe des Herrn tranken, sind / die Apostel und Lehrer, 2
die auf der ganzen Welt das Evangelium verkündet haben. Lauter
und rein haben sie das Wort Gottes gelehrt. Sie haben nichts unter-
schlagen, um der bösen maßlosen Triebhaftigkeit nachzulaufen, sie
haben vielmehr stets rechtschaffen und ehrlich gelebt, dem Heili-
gen Geist entsprechend, den sie empfangen hatten. Solche Men-
schen haben zu den Engeln Zugang.

26

Die Christen vom neunten Berg, der wüst ist und voller Schlangen 1
und wilden Tieren, die den Menschen vernichten, sind so zu erklä-
ren: / Die mit den Flecken sind Diakone, die ihren Diakonendienst 2
schlecht getan haben. Sie haben Witwen und Waisen ihren Lebens-
unterhalt geraubt und sich an dem Dienst bereichert, den sie doch
zum Dienen empfangen hatten. Wenn sie bei ihrer Besitzgier blei-
ben, dann sind sie tot und dürfen kein Leben erhoffen. Wenn sie
aber umkehren und ihr Diakonenamt tadellos verwalten, dann

45 Zum Motiv der Anzahl der Gerechten (*numerus perfectorum*) vgl. Apk 6,9-11. Weil Gott alles genau abgemessen hat, ist auch die Zahl der Gerechten genau bestimmt.

3 können sie leben. / Die mit der rauhen Oberfläche, das sind die, die
ihren Herrn verleugnet und sich nicht bekehrt haben. Sie sind ver-
wildert und vereinsamt, denn sie halten sich nicht an die Mitchri-
sten. Vielmehr sondern sie sich ab und richten sich selbst zugrunde.
4 / Denn wie ein Weinstock, der irgendwo verlassen an einem Zaun
steht, nicht gepflegt wird, abstirbt, von Unkraut erstickt wird, mit
der Zeit verwildert und für seinen Herrn nicht mehr brauchbar ist,
so haben sich auch diese Menschen selbst aufgegeben, sind verwil-
5 dert und für ihren Herrn unbrauchbar geworden. / Sie können
noch umkehren, sofern es sich herausstellt, daß sie den Herrn nicht
aus tiefster Überzeugung heraus verleugnet haben. Doch wenn es
von Herzen geschah, dann weiß ich nicht, ob sie das Leben noch
6 gewinnen können. / Dies gilt nicht für die Zeit ab jetzt. Ich meine
nicht, daß jeder, der den Herrn verleugnet, umkehren kann. Eine
Rettung kommt für den nicht in Betracht, der von jetzt an seinen
Herrn verleugnen will. Nur für die, die früher den Herrn verleugnet
haben, scheint es jetzt noch eine Möglichkeit der Umkehr zu geben.
Wer also umkehren will, der soll das sofort tun, ehe der Turm fer-
tiggestellt ist. Tut er das nicht, dann wird er von den bösen Frauen
zu Tode gebracht.
7 Und die Steine, deren Ecken abgebrochen sind, sind listige und ver-
leumderische Christen. Das sind die wilden Tiere, die du auf dem
Berg gesehen hast. Denn wie die wilden Tiere mit ihrem Gift die
Menschen vergiften und töten, so zerstören diese Menschen mit ih-
8 ren Worten die anderen und richten sie zugrunde. / Sie sind wegen
ihrer Lebenspraxis in ihrem Glauben gestört. Doch einige sind um-
gekehrt und konnten gerettet werden.
Auch die übrigen von dieser Art können gerettet werden, wenn sie
umkehren. Wenn sie nicht umkehren, dann werden sie von den
Frauen mit dem Tode bestraft, denn sie haben die Macht dazu.

27

1 Die Christen vom zehnten Berg mit den Bäumen, in deren Schutz
2 Schafe sicher sein konnten, / sind Bischöfe und andere gastfreundli-
che Christen, die andere Christen immer bereitwillig und mit echter
Freundlichkeit in ihre Häuser aufgenommen haben. Die Bischöfe
haben in ihrem Dienst unaufhörlich den Bedürftigen und Witwen
3 Schutz geboten und haben stets lauter gelebt. / Der Herr wird sie alle
unaufhörlich beschützen. Gott krönt die mit Herrlichkeit, die so
leben, und ihr Platz ist jetzt schon bei den Engeln, wenn sie ihrem
Dienst vor Gott bis zum Ende treu bleiben.

28
Die Christen vom elften Berg, auf dem Bäume standen, an denen 1
die herrlichsten Früchte prangten, / sind solche, die für den Namen 2
des Sohnes Gottes gelitten haben. Sie haben aus ganzem Herzen be-
reitwillig gelitten und ihr Leben in Gottes Hand gelegt.« / Ich fragte: 3
»Warum, Herr, tragen zwar alle Bäume Früchte, doch einige
Früchte sind schöner als andere?« Der Hirt erwiderte: »Das will ich
dir erklären. Gott hat alle mit Herrlichkeit gekrönt, die gelitten ha-
ben, weil sie an ihn glaubten.[46] Ihnen allen hat Gott die Sünden ver-
geben. Denn sie haben gelitten, weil sie sich zum Sohn Gottes be-
kannten.[47] Weshalb aber sind dennoch ihre Früchte so verschieden,
manche schöner als die anderen? Ich sage es dir: / Alle diejenigen,« 4
sagte er, »die den Behörden vorgeführt wurden und verhört wur-
den, aber nicht geleugnet, sondern bereitwillig gelitten haben, hat
Gott mit ganz besonderer Herrlichkeit gekrönt. Ihre Frucht ist über-
ragend schön. Aber es gibt auch Christen, die in solcher Situation
Angst bekamen, die zu zweifeln anfingen und mit sich kämpften, ob
sie nun ableugnen oder bekennen sollten, die dann aber doch gelit-
ten haben. Ihre Früchte sind kleiner, weil sie mit sich selbst nicht
ganz im reinen waren. Denn das ist doch ein böser Gedanke, wenn
ein Sklave überlegt, ob er seinen Herrn verleugnen soll. / Wer mit 5
solchen Gedanken kämpft, soll zusehen, daß er sie los wird, denn
sonst ist er für Gott tot. Doch ihr, die ihr leidet, weil ihr Christen
seid,[48] ihr müßt Gott lobpreisen, weil er euch die Gnade geschenkt
hat, daß ihr zu ihm gehört, seinen Namen tragt und daß alle eure
Sünden vergeben sind. / Preist euch also glücklich! Ihr dürft ruhig 6
denken, daß ihr etwas Großes vollbracht habt, wenn einer von euch
leidet, weil er zu Gott gehört. Gott schenkt euch Leben, doch ihr
begreift es nicht. Denn eure Sünden belasten euch schwer, und hät-
tet ihr nicht wegen eurer Zugehörigkeit zum Herrn gelitten, dann
wärt ihr wegen eurer Sünden für Gott tot gewesen. / Zu euch, die 7
ihr zwischen Leugnen und Bekennen schwankt, sage ich: Bekennt
euch dazu, daß ihr einen Herrn habt. Leugnet ihr ihn, so werdet ihr
für immer eingesperrt. / Bei allen Völkern ist es üblich, Sklaven zu 8
bestrafen, wenn einer seinen Herrn verleugnet. Was, glaubt ihr,
wird euer Herr, der Macht über alle Dinge hat, in einem solchen
Fall, tun? Werft also diese dummen Gedanken aus euren Herzen,
damit ihr immer aus Gott Leben haben könnt.

[46] W: »um des Namens willen.«
[47] W: »wegen des Namens des Sohnes Gottes.«
[48] W: »um des Namens willen.«

29

1 Die Christen vom zwölften, dem weißen, Berg, sind Christen, die
wie unschuldige Kinder sind. Sie haben keinerlei Böses in ihrem
Herzen und wissen nicht einmal, was Bosheit ist. Vielmehr sind sie
2 immer ganz unschuldig geblieben. / Solche Menschen werden zwei-
fellos in Gottes Herrschaft wohnen, denn nie haben sie Gottes Ge-
bote befleckt,[49] sondern in ihrer Unschuld sind sie alle Tage ihres
3 Lebens bei ihrer Lauterkeit geblieben. / Wenn ihr so bleibt wie die
Kinder«, sagte der Hirt, »ohne Bosheit, dann wird euch Gott mit
größerer Herrlichkeit krönen als alle zuvor Genannten. Denn Gott
krönt alle Kinder mit Herrlichkeit, und sie sind die Ersten bei ihm.
Selig seid ihr, wenn ihr die Bosheit aus euren Herzen werft und die
Freiheit von allem Bösen anzieht. Als erste von allen werdet ihr aus
4 Gott leben.« / Als der Hirte die Gleichnisse über die Berge abge-
schlossen hatte, bat ich ihn: »Herr, erkläre mir noch die Steine, die
aus der Ebene geholt wurden und anstelle der Steine eingesetzt
wurden, die aus dem Turm entfernt wurden. Erkläre mir auch die
runden Steine, die in den Bau eingesetzt wurden und die jetzt noch
rund sind.«

30

1 »Ich will dir alles erklären«, sagte der Hirt. »Die Steine, die aus der
Ebene geholt und anstelle der weggeworfenen in den Bau eingesetzt
2 wurden, das sind die untersten Ausläufer des weißen Berges. / Da
alle Christen von dem weißen Berg sich als gläubig erwiesen, ließ
der Herr dieses Turmes Steine aus den untersten Ausläufer dieses
Berges in den Turmbau einfügen. Denn er wußte, daß diese Steine,
wenn sie in den Bau des Turmes gelangen, weiß bleiben und keiner
3 von ihnen schwarz werden würde. / [50]Denn hätte er Steine aus den
übrigen Bergen für den Turmbau verwendet, so hätte er nochmals
nach dem Turm sehen und ihn reinigen müssen. Doch alle diese, ob
sie nun Gläubige oder erst Anwärter auf den Glauben sind, erwei-
sen sich als weiß. Denn sie sind von derselben Sorte. Selig die Men-
schen von dieser Art, denn ihnen ist das Böse fremd.

4 Nun noch ein Wort über die runden weißen Steine. Auch sie sind
alle aus dem weißen Berg. Laß dir aber erklären, warum sie rund
sind. Durch ihre Reichtümer wurden sie ein wenig verwirrt (und

49 Die Vorstellung ist: Alles, was von Gott direkt herkommt, ist heilig, rein und gut. So auch das Gesetz (vgl. Röm 7,12.14). Zum Ausdruck vgl. auch 1 Tim 6,14.

50 Von hier ab sind ist der Textbestand überwiegend nicht griechisch, sondern lateinisch und äthiopisch erhalten.

haben sich verdunkelt)[51]. Sie sind aber nicht von Gott abgefallen,
und kein böses Wort kam über ihre Lippen, sondern sie waren ge-
recht, geradlinig und treu. / Als Gott sah, wie sie dachten und daß 5
sie im Kern gut waren und auch gut sein konnten, da ließ er ihre
Besitztümer zwar verringern, doch sie nicht für immer beseitigen,
damit ihnen die Möglichkeit erhalten bliebe, mit dem Rest Gutes
zu tun. Sie werden aus Gott leben, weil sie von guter Art sind. Da-
her wurden sie ein wenig behauen und in den Bau des Turmes ein-
gefügt.

31
Die übrigen runden Steine waren für den Turmbau noch nicht ge- 1
eignet, denn sie hatten das Siegel des Heiligen Geistes noch nicht
empfangen. Daher wurden sie an ihren alten Platz zurückgetragen,
weil sie ganz und gar rund sind. / Diese Welt mit all ihren hohlen 2
Reichtümern muß von ihnen abgeschlagen werden, nur so können
sie in das Reich Gottes kommen. Es ist nötig, daß sie in die Herr-
schaft Gottes eintreten, denn der Herr hat diese Art selbst geprüft
(und selig gepriesen)[52]. Von dieser Art wird keiner verlorengehen.
Und selbst wenn einer von ihnen vom erzbösen Teufel versucht
wurde und etwas falsch gemacht hat, dann wird er doch schnell zu
seinem Herrn zurücklaufen. / Ich, der Engel der Umkehr, kann 3
euch alle nur selig preisen, die ihr unschuldig seid wie Kinder. Denn
das Gute, das ihr zu erwarten habt, wird sein, daß Gott euch mit
Herrlichkeit krönt. / Euch allen, die ihr dieses Siegel des Sohnes 4
Gottes empfangen habt, sage ich: Seid lauter, vergeßt eure Verlet-
zungen und bleibt nicht bei eurer Bosheit. Vergeßt die Bitterkeit der
Kränkungen, die ihr erlitten habt. So werdet ihr eine Einheit im
Geist erreichen. Heilt die schlimmen Spaltungen und werft sie von
euch. Dann wird der Herr der Schafe, wenn er kommt, sich freuen.
/ Er freut sich, wenn er alle Schafe gesund vorfindet und nicht einen 5
Teil von ihnen elend. Wenn er Schafe elend findet, dann wehe den
Hirten! / Wenn aber auch die Hirten selbst ins Elend geraten sind, 6
was können sie da dem Besitzer der Herde sagen? Etwa daß die
Schafe sie ins Elend gebracht hätten? Das glaubt ihnen doch nie-
mand. Denn es ist nicht glaubwürdig, daß die Schafe dem Hirten
etwas antun. Vielmehr werden sie wegen ihrer Lügerei bestraft
werden. Ich bin selbst Hirt und muß über euch dem Höchsten Re-
chenschaft ablegen.

---

[51] So nur der äth. Text.
[52] nur äth.

32
1 Sorgt dafür, daß ihr gesund werdet, solange noch an dem Turm ge-
2 baut wird! / Der Herr wohnt dort, wo Menschen den Frieden lie-
ben, denn er liebt den Frieden selbst. Haltet euch aber fern von
Menschen, die böse, streitsüchtig und in Bosheit verkommen sind.
Dann könnt ihr den Heiligen Geist des Herrn, den ihr empfangen
3 hat, unversehrt bewahren. / Denn wenn man einem Färber ein
neues, unversehrtes Gewand zur Bearbeitung gibt, dann will man
es unversehrt zurück haben. Wenn der Färber es einem zerrissen zu-
rückgibt, dann wird man es nicht zurücknehmen wollen, wütend
werden und ihm schwere Vorwürfe machen. »Als ich dir das Ge-
wand gegeben habe, war es einwandfrei. Mit dem Riß, den du ver-
ursacht hast, ist es völlig ruiniert!«[53] wird man zu dem Färber sa-
gen, wenn man einen Riß in dem Kleidungsstück gefunden hat. /
4 Wenn man schon wegen eines Kleidungsstücks traurig wird und
Streit anfängt, weil man es nicht heil zurückbekommt – was,
glaubst du, wird da erst der Herr tun, der dir einen einwandfreien
Heiligen Geist gegeben hat, den du aber so ruiniert hast, daß er für
seinen Besitzer nicht mehr zu gebrauchen ist? Denn durch die Art,
wie du damit umgegangen bist, ist er nutzlos geworden und verdor-
ben. Deswegen wird dich dann der Herr mit dem Tod bestrafen. /
5 Er wird alle die bestrafen, bei denen er feststellt, daß sie anderen
gegenüber nachtragend sind. Denn man darf seine Güte nicht ver-
achten, sondern er verdient es gerade darum besonders, geehrt zu
werden, weil er mit euren Vergehen so nachsichtig ist. Denn da-
durch, daß er euch seine Güte immer wieder anbietet, unterscheidet
sich Gott erheblich von euch. Das soll euch doch nützen!

33
1 Alles, was hier aufgeschrieben ist, habe ich, der Hirte und Engel der
Umkehr, dem Hermas, der zu Gott gehört, gezeigt und gesagt.
Wenn ihr auf meine Worte hört und euch von ihnen überzeugen
laßt, nach ihnen lebt und eure Wege wieder gerade werden laßt,
dann könnt ihr leben. Wenn ihr aber weiterhin so verschlagen und
nachtragend seid, dann kann keiner, der so lebt, aus Gott leben.
Das sage ich euch hiermit!«
2 Dann wandte sich der Hirte noch einmal an mich: »Hast du nun
alles gefragt?« Ich bejahte. »Warum«, entgegnete er, »hast du mich
denn nicht nach den Abdrücken der Steine in der Ebene[54] gefragt,

53 nur eine lat. Hs.
54 Vgl. oben visio IX 10,1-2.

die dann im Bau verwendet wurden, ich meine die Druckstellen, die
wir planiert haben?« »Das habe ich ganz vergessen, Herr«, erwi-
derte ich. / »Laß mich es dir erklären«, sagte der Hirte. »Die Steine 3
waren diejenigen Christen, die jetzt auf meine Gebote gehört haben
und aus ganzem Herzen umgekehrt sind. Gott sah, daß ihre Um-
kehr gut und glaubwürdig war und daß diese Menschen bei ihrer
Umkehr bleiben würden. Daher ließ er nun ihre früheren Sünden
tilgen. Denn diese Abdrücke in der Erde waren ihre Sünden. Sie
wurden eingeebnet, so daß man sie nicht mehr sehen kann.«

Gleichnis 10

1

Nachdem ich dieses Buch geschrieben hatte, kam der Engel, der 1
mich dem Hirten anvertraut hatte, in das Haus, wo ich mich auf-
hielt. Er setzte sich auf ein Bett, und rechts von ihm stand der Hirte.
Der Engel rief mich heran und sagte zu mir: / »Ich habe dich und 2
dein Haus diesem Hirten anvertraut, damit er dich schützt.« Ich er-
widerte: »Das soll er tun, Herr.« Und er sagte mir: »Wenn du also
geschützt werden möchtest vor aller Quälerei und Grausamkeit,
wenn du Erfolg haben möchtest mit allem Guten und mit allem
wirklichen Einsatz, dann lebe nach den Geboten, die er dir gegeben
hat. / Denn wenn du seine Gebote bewahrst, dann wird dir alle 3
Triebhaftigkeit und alle Gier dieser Welt unterworfen sein. Guter
Erfolg in allem, was du unternimmst, wird dir beschieden sein.
Halte seine Bescheidenheit und Würde in Ehren. Sage allen, daß er
bei Gott angesehen ist und gerühmt wird; er verfügt über große
Macht und ist mächtig in seinem Wirken. Ihm allein ist für die
ganze Erde die Vollmacht gegeben, Umkehr zu gewähren. Viel-
leicht machst du dir auch nur aufgrund seiner Bescheidenheit und
Lauterkeit, die er euch gegenüber zeigt, ein falsches Bild von seiner
wirklichen Macht. Verachtet ihr ihn?«

2

Ich erwiderte: »Herr, frag ihn selbst, ob ich seitdem er in meinem 1
Haus ist, etwas getan habe, was nicht sein darf, womit ich ihn ver-
letzt hätte.« / Er erwiderte: »Auch ich weiß, daß du nichts getan 2
hast, was nicht sein darf, und du wirst es auch nicht tun. Ich spre-
che nur noch einmal mit dir, damit du so bleibst. Denn er hat mir
über dich Gutes erzählt. Du aber gib dies an die anderen weiter, da-
mit auch die anderen, die umgekehrt sind, dasselbe denken wie du.
Damit er mir gegenüber günstig über sie urteilt und ich das dann

3 dem Herrn weitergeben kann.« / Ich sagte zu ihm: »Herr, ich will
allen Menschen diese große Tat Gottes verkünden. Ich hoffe, daß
jeder, der früher gesündigt hat und jetzt dies hört, gerne umkehren
4 und das Leben erlangen wird.« / Er erwiderte: »Bleibe bei diesem
Dienst und schöpfe ihn ganz aus. Denn jeder, der die Gebote des
Hirten bewahrt, wird das Leben haben, und Gott wird ihn mit
Herrlichkeit krönen. Wer aber seine Gebote nicht einhält, der ist
vor seinem eigenen Leben auf der Flucht und den verachtet man.
Wer aber die Gebote hält, hat seine Ehre bei Gott. Wer aber den
Hirten verachtet und seine Gebote nicht hält, der liefert sich selbst
dem Tod aus, und jeder, der handelt wie er, wird schuldig an sei-
nem eigenen Leben. Dir aber sage ich: Diene diesen Geboten, dann
kannst du deine früheren Sünden heilen lassen.

3

1 Ich habe dir auch diese jungen Frauen geschickt, damit sie bei dir
wohnen. Denn ich habe gesehen, daß sie dich mögen. Sie können
dir helfen, daß du die Gebote einhalten kannst. Denn niemand
kann ohne diese jungen Frauen die Gebote halten. Ich sehe, daß sie
gerne bei dir sind. So werde ich sie beauftragen, daß sie immer bei
2 deinem Haus bleiben sollen. / Du mußt nur dein Haus in Ordnung
bringen. Denn in einem reinen Haus wohnen die jungen Frauen
gern. Denn sie sind rein und keusch und fleißig und stehen in der
Gnade des Herrn. Wenn sie nun dein Haus rein vorfinden, werden
sie bei dir bleiben. Wenn sich aber Schmutz findet in deinem Haus,
verlassen sie es sofort. Denn diese jungen Frauen können Schmutz
3 nicht leiden.« / Ich entgegnete: »Herr, ich hoffe, ihnen zu gefallen,
auf daß sie gern in meinem Haus wohnen. Denn wie der Engel, dem
du mich anvertraut hast, nichts gegen mich vorbringt, so werden
4 auch sie nichts gegen mich vorbringen.« / Da sagte der Engel zum
Hirten: »Ich sehe, daß hier einer, der zu Gott gehört, leben will und
diese Gebote bewahren und die jungen Frauen in einem reinen
5 Haus beherbergen wird.« / Mit diesen Worten vertraute mich der
Engel dem Hirten aufs neue an, rief die jungen Frauen und sagte zu
ihnen: »Weil ich sehe, daß ihr gerne in seinem Hause wohnt, ver-
traue ich ihn und sein Haus euch an und gebiete euch, dieses Haus
nie zu verlassen.« Die jungen Frauen hörten diese Worte gern.

4

1 Der Hirte sagte zu mir: »Erfülle tapfer deinen Dienst und verkünde
allen Menschen die Großtaten Gottes. Gnade begleitet dich in dei-
nem Amt. Alle, die nach diesen Geboten leben, werden leben und

glücklich sein. Wer sie aber nicht versteht, wird nicht leben und un-
glücklich sein in seinem Leben. / Sage allen, die das Richtige tun 2
können, daß sie nicht aufhören sollen, gute Werke zu tun. Es wird
ihnen nützen. Ich sage aber: Jeder Mensch muß aus seinem Un-
glück erlöst werden. Denn jeder, der buchstäblich Not leidet und
bedürftig ist, der lebt sein tägliches Leben in großer Qual und Not.
/ Wer einen solchen Menschen aus seiner Not befreit, der schafft 3
sich Hoffnung auf große Freude. Denn wer durch solche Not ge-
quält wird, der wird gepeinigt wie ein Mensch in Fesseln. Viele hal-
ten diese Quälereien nicht aus und geben sich den Tod. Wer daher
die Not eines solchen Menschen kennt und ihn nicht davon befreit,
der sündigt schwer und wird schuldig an seinem Leben. / Ihr alle, 4
denen der Herr Gutes geschenkt hat, tut selber Gutes! Schiebt es
nicht auf die lange Bank, damit der Turmbau nicht vorher fertig ist
und ihr vom Bau ausgeschlossen werdet. Einen zweiten Turm wird
es nicht geben. Wegen euch ist der Bau unterbrochen worden.
Wenn ihr euch also nicht beeilt, Gutes zu tun, wird der Turm voll-
endet werden.« / Nachdem der Engel dies gesagt hatte, stand er 5
vom Bett auf, faßte den Hirten und die jungen Frauen bei der Hand
und ging mit ihnen fort. Dabei versprach er, den Hirten und die
jungen Frauen wieder in mein Haus zurückzuschicken.

Polykarp von Smyrna: Zwei Briefe an die Philipper

Einleitung: Unter dem Namen des Polykarp ist in der kirchlichen Tradition ein Brief bezeugt; erst im 20. Jh. entschloß sich P. N. Harrison[1] aus schwerwiegenden Gründen, den Brief in zwei ursprüngliche Brieftexte zu zerlegen. Wir folgen in der Zweiteilung der Ausgabe von Joseph A. Fischer. – Das Martyrium des Polykarp, ein weiterer alter mit dem Namen Polykarp verbundener Text, gehört zu den ältesten christlichen Märtyrerberichten.

Verfasser: Polykarp ist als Bischof von Smyrna bekannt. Er wird von mehreren Gewährsleuten als Schüler der Apostel bezeichnet und wird daher wohl irgendwann im 1. Jh. n. Chr. geboren sein. Er selbst bezeichnet sich in seinem 2. Brief als Menschen, der schon 86 Jahre Christ ist. Demnach muß er bei seinem Martyrium in Smyrna mindestens 86 Jahre, wahrscheinlich aber gegen einhundert Jahre alt gewesen sein.
Das Todesdatum Polykarps ist freilich besonders umstritten. In der gegenwärtigen Forschung schwanken die Angaben zwischen 155, 156 und 177 n. Chr.
Wichtig ist besonders das Zeugnis des Irenäus von Lyon, der Polykarp noch aus gemeinsamer Zeit in Kleinasien her kennt: »Ich kann den Ort angeben, wo der selige Polykarp saß, wenn er sprach, die Plätze, wo er aus- und einging, seine Lebensweise, seine körperliche Gestalt, seine Reden an die Gemeinde, seine Erzählung über seine Bekanntschaft mit Johannes und mit den übrigen, die den Herrn gesehen haben, seinen Bericht über ihre Lehren, ferner das, was er von diesen über den Herrn, über seine Machttaten und seine Lehre gehört hatte. Wie er es von Augenzeugen des Lebens des Logos übernommen hatte, erzählte Polykarp alles im Einklang mit den Schriften.« (Irenäus von Lyon an den römischen Presbyter Florinus, erhalten bei Eusebius, Kirchengeschichte V 20,6). In diesem Text wird Polykarp auch »apostolischer Presbyter« genannt. Nach alter Tradition ist er von Aposteln in Smyrna als Bischof eingesetzt worden.
Bekannt ist seine Reise zu Bischof Anicet (152/55 bis 166/67) nach Rom. Als Vertreter der Provinz Asia verteidigte Polykarp hier die

---

[1] P. N. Harrison: Polycarp's two epistles to the Philippians, Cambridge 1936.

judenchristliche Sitte, den Todestag des Herrn am 14. Nisan zu feiern, gleichgültig, auf welchen Wochentag dieses Datum fiel; weil »der vierzehnte« *quartus decimus* heißt, wird diese Gruppe Quartodecimaner genannt.
In Smyrna war Polykarp monarchisch agierender Bischof mit Presbytern und Diakonen.

Briefe des Polykarp: Irenäus von Lyon berichtet nach Eusebius (Kirchengeschichte V 20,8) dem Presbyter Florinus, Polykarp habe mehrere Briefe geschrieben, und zwar »teils an benachbarte Kirchen, die er stärkte, teils an einzelne Brüder, die er ermahnte und ermunterte«. Irenäus von Lyon berichtet in Adversus haereses III 3,4 von einem Philipperbrief des Polykarp. Nach der von Harrison aufgestellten Hypothese umfaßt der erste Philipperbrief die bisherigen Schlußkapitel 13 und 14, der zweite Philipperbrief dagegen die Kapitel 1-12. So löst sich vor allem die Schwierigkeit in den Angaben über den Tod des Ignatius von Antiochien in Kapitel 9 und 13. Denn 2 Phil 9 berichtet, Ignatius habe den Märtyrertod schon erlitten. 2 Phil könnte daher einige Zeit nach 1 Phil entstanden sein. Der Erste Brief an die Philipper gibt erstmalig Nachricht über eine Sammlung der Briefe des Ignatius von Antiochien.

Datierung: Wegen der direkten zeitlichen Nähe zu Ignatius von Antiochien setzt man die Polykarp-Briefe um 130 n. Chr. an.

Adressaten: Eine ähnliche Verfassung wie für Smyrna gilt auch möglicherweise für die Adressaten-Gemeinde in Philippi (Phil 1,1: Bischöfe und Diakone), obwohl Polykarp für Philippi keinen Bischof nennt. Für Philippi wird auch der Witwenstand bezeugt (2 Phil 4,3).
In 2 Phil wird der »Fall Valens« erörtert. Es handelt sich um einen Presbyter, der sich zusammen mit seiner Frau finanziell etwas zuschulden kommen ließ. Er wurde abgesetzt und exkommuniziert. Beide sollen Buße tun und dann wieder aufgenommen werden. In 2 Phil 6,1f ist von der Rolle der Presbyter im Bußverfahren die Rede.

Theologische Bedeutung: Polykarp vertritt – wie Hebr und 1 Clem – die Lehre von Jesus Christus als Hohepriester (12,2), er kennt aber auch die im Umkreis des Paulus beliebte Formel »in Christus« und die Auffassung von der Gemeinde als Leib.
Immer wieder wird auf das kommende Gericht verwiesen, von der Auferstehung der Gerechten ist die Rede. Nur die Märtyrer sind

jetzt schon beim Herrn. Die guten Werke bedingen Lohn in der Endzeit.
Betont wird die Ethik. Habsucht und Geldgier spielen eine große Rolle, wohl aus aktuellem Anlaß. Angesichts des Martyriums des Polykarp (und der erwähnten Martyrien des Paulus und des Ignatius) ist bemerkenswert, daß Polykarp zum Gebet für die Obrigkeit ermahnt (2 Phil 12,3). Von den Christen ist in dieser Situation Geduld gefordert. In 4,2 bis 6,2 stellt Polykarp sein Anliegen in einer großen Haus- und Gemeindetafel dar.

Griechisch-lateinische Textausgabe: J. A. Fischer: Die beiden Polykarp-Briefe, in: Die Apostolischen Väter (Schriften des Urchristentums II), Darmstadt 1966, S. 227-264.

ERSTER BRIEF DES POLYKARP AN DIE PHILIPPER

Sowohl ihr als auch Ignatius habt mir geschrieben, wenn jemand 1
nach Syrien gehe, solle er auch euren Brief mitnehmen. Das will ich
gern tun, wenn es sich zeitlich ergibt. Wenn ich es nicht selbst tun
kann, schicke ich einen Boten in eurem Auftrag nach Syrien. / Die 2
Briefe des Ignatius an uns sowie ein paar andere Briefe von ihm an
andere Gemeinden schicken wir euch beiliegend, wie ihr verlangt
habt. Ihr könnt großen Nutzen daraus ziehen, denn sie behandeln
die Themen »Glaube« und »Geduld« sowie den ganzen Bereich der
Gestaltung christlichen Gemeindelebens. Bitte, laßt uns wissen,
was ihr über Ignatius und seine Begleiter zuverlässig in Erfahrung
bringt.

ZWEITER BRIEF
DES POLYKARP AN DIE PHILIPPER

An die Gemeinde Gottes in Philippi von Polykarp und den beigeordneten Ältesten. Erbarmen und Gnade in Fülle mögen euch von Gott, dem Mächtigen, und von Jesus Christus, unserem Erlöser zuteil werden.

1

1 In christlicher Verbundenheit habe ich mich sehr mit euch darüber
gefreut, daß ihr die Vertreter der anderen Gemeinden, deren Besuch
ein Zeichen vorbildlicher Solidarität ist, aufgenommen und denen
pflichtbewußt das Geleit gegeben habt, die heilige Fesseln tragen
und dadurch für die von Gott und unserem Herrn wahrhaft Aus-
2 erwählten eine wahre Zierde sind. / Gefreut habe ich mich auch,
daß euer seit jeher gerühmter, fest verwurzelter Glaube noch immer
lebendig ist und unserem Herrn Jesus Christus reiche Früchte
bringt, der es auf sich nahm, für unsere Sünden bis hin zum Tod zu
gehen, den Gott auferweckte, indem er die Wehen der Unterwelt
3 auslöste, so daß diese ihn herausgab. / Obgleich ihr ihn nicht sehen
könnt, habt ihr doch mit unbeschreiblicher, herrlicher Freude an
ihn geglaubt; viele haben euch um diese Freude beneidet. Ihr wißt
ja, daß ihr aus Gnade und nicht wegen eurer Werke gerettet seid,
weil Gott es wollte und Jesus Christus der Mittler ist.

2

1 Darum rafft und gürtet euer Gewand zur Arbeit, und werdet wirk-
liche Sklaven Gottes, die vor ihrem Herrn zittern. Laßt das leere
Geschwätz und die Verblendung der vielen anderen hinter euch.
Richtet euren Glauben auf den, der unseren Herrn Jesus Christus
aus der Schar der Toten erweckt und ihm Herrlichkeit und einen
Thron zu seiner Rechten verliehen hat. Ihm sind alle im Himmel
und auf Erden unterworfen, ihm dient alles, was Atem hat, er wird
kommen als Richter der Lebenden und der Toten. Seine Ermor-
2 dung wird Gott an denen ahnden, die nicht gehorchen. / Der ihn
aus der Schar der Toten auferweckt hat, wird auch uns auferwek-
ken, wenn wir seinen Willen tun, seine Gebote befolgen, lieben,
was er geliebt hat, und uns fernhalten von Unrecht, Habgier, Geld-
gier, Verleumdung und falschem Zeugnis, wenn wir Böses nicht mit
Bösem vergelten, Schmähung nicht mit Schmähung, Faustschlag

nicht mit Faustschlag und Fluch nicht mit Fluch. / Wir wollen 3
daran denken, was uns der Herr gelehrt hat: Richtet nicht, auf daß
ihr nicht gerichtet werdet;[2] vergebt, auf daß euch vergeben wird,[3]
zeigt Erbarmen, auf daß ihr Erbarmen findet. Soviel ihr austeilt, be-
kommt ihr zurück. Und es heißt auch: Selig sind die Armen und die
wegen ihres Christentums Verfolgten, denn ihnen gehört das Reich
Gottes.[4]

3

Dies zum Thema Gerechtigkeit, liebe Brüder und Schwestern. Ich 1
schreibe es nicht aus eigenem Antrieb, sondern weil ihr mich
darum gebeten habt. / Denn weder ich noch sonst jemand wie ich 2
kann an die Weisheit des berühmten seligen Paulus heranreichen.
Er war damals persönlich bei euch und hat euch die Wahrheit ge-
nau und gründlich gelehrt. Aus der Ferne hat er euch Briefe ge-
schrieben. Wenn ihr sie beherzigt, könnt ihr gefestigt werden in
dem Glauben, der euch geschenkt worden ist. / Der Glaube ist un- 3
ser aller Mutter, die Hoffnung geht hinterher, die Liebe zu Gott, zu
Christus und zum Nächsten geht voran. Wenn man sich an diese
drei hält, hat man die im Gebot geforderte Gerechtigkeit erfüllt.
Denn wo Liebe ist, ist jede Sünde fern.

4

Der Anfang alles Bösen ist die Geldgier. Wir bringen aber, wie man 1
weiß, nichts mit auf die Welt, und wir können auch nichts aus
ihr mitnehmen. So wollen wir uns wappnen mit Gerechtigkeit und
uns gegenseitig ermahnen, zuallererst das Gebot Gottes zu halten.
/ Euren Frauen sollt ihr nahelegen, sich an den Glauben, die Liebe 2
und die Reinheit zu halten, die ihnen geschenkt sind. Sie sollen ihre
Ehemänner von ganzem Herzen lieben, allen anderen Menschen
mit der gleichen, züchtigen Liebe begegnen und ihre Kinder in der
Furcht Gottes erziehen. / Die Witwen sollen sich auskennen im 3
christlichen Glauben und unablässig für alle beten. Verleumdung
und Verhetzung, Falschzeugnis, Geldgier und alles, was es sonst
Böses gibt, sollen ihnen unbekannt sein. Sie sollen daran denken,
daß sie Gottes Altar sind und daß jeder Makel entdeckt wird, daß
nichts vor Gott verborgen ist, weder ein Gedanke noch eine Ab-
sicht noch ein Geheimnis des Herzens.

2 Vgl. Mt 7,1.
3 Vgl. Lk 6,37.
4 Vgl. Mt 5,3.11.

5

1 Weil wir wissen, daß Gott keine Mißachtung verträgt, müssen wir in unserem Handeln seinem Gebot und seiner Ehre gerecht werden.
2 / Auch die Diakone, Diener Gottes und Jesu Christi und nicht Diener der Menschen, sollen dem Anspruch der Gerechtigkeit Gottes genügen. Sie sollen nicht verleumden und nicht doppelzüngig sein, nicht geldgierig, sondern in jeder Hinsicht beherrscht, barmherzig und fürsorglich, sie sollen dem bleibenden Urbild des Herrn, der aller Diener war, nacheifern. Wenn wir seinen Willen tun in dieser Welt, werden wir die kommende Welt in Besitz nehmen dürfen. Denn er hat uns die Auferweckung vom Tode und, wenn wir denn glauben und gute Bürger seines Reiches sind, die Mitregentschaft versprochen.

3 Auch die jüngeren Männer sollen niemals Anlaß zu Tadel geben, sie sollen vor allem auf ihre Reinheit achten und sich beherrschen, damit die Bosheit sie nicht überwältigt. Sie sollen sich die böse Lust der Welt vom Leibe halten, denn jede Lust führt Krieg gegen den Heiligen Geist, und weder ein Hurenbock noch ein Lustknabe noch ein Knabenschänder – oder wer sonst Verbotenes tut – wird Gottes Reich erben. Daher sollen sie all dies meiden und sich den Ältesten und Diakonen unterwerfen, als gälte es Gott und Christus. Die jungen Mädchen sollen sich so verhalten, daß sie ein reines Gewissen haben können.

6

1 Die Ältesten sollen zu allen barmherzig und freigebig sein, die Abgeirrten wieder auf den rechten Weg bringen, alle Kranken besuchen, sich um Witwen, Waisen und Arme kümmern, ihr Verhalten stets danach ausrichten, was gut ist vor Gott und den Menschen. Sie sollen nie zornig werden und nie parteilich, nie ungerecht urteilen, nicht geldgierig sein; sie sollen nicht vorschnell von anderen Schlechtes annehmen und nicht zu streng urteilen, sondern sich bewußt sein, daß wir alle Sünder sind.

2 Wenn wir Gott bitten, er möge uns vergeben, dann müssen auch wir den anderen vergeben. Denn unser Gott und Herr sieht uns, und wir werden uns alle vor dem Richterstuhl Christi verantworten
3 müssen. / Darum wollen wir ihm in banger Ehrfurcht dienen. Das hat er selbst befohlen, die Apostel haben es uns als Evangelium verkündet, und die Propheten haben es uns aufgetragen, als sie die Ankunft unseres Herrn voraussagten. Wir wollen nach dem Guten streben, niemandem Anlaß geben, am Christentum irre zu werden,

und Scheinchristen meiden, die orientierungslose Menschen vom Wege abbringen.

7
Denn jeder, der sagt, Jesus Christus sei nicht als Mensch erschie- 1
nen, ist ein Christenfeind. Und wer sagt, Jesus sei nicht gekreuzigt
worden,[5] der ist vom Teufel. Und wer die Worte des Herrn nach
eigener Laune verdreht und behauptet, es gebe weder Auferstehung
noch Gericht, der ist der Kronprinz Satans. / Daher wollen wir 2
nicht auf das dumme Geschwätz der Leute und auf die falschen
Lehren hören, sondern uns wieder auf die Botschaft besinnen, die
uns von Anfang an überliefert ist. Wir wollen zum Gebet einen kla-
ren Kopf behalten, unbeirrbar fasten und Gott, der alles sieht, bit-
ten, daß er uns nicht in Versuchung führt. Denn der Herr hat ge-
sagt: »Der Heilige Geist ist mutig, doch der sterbliche Mensch ist
schwach.«[6]

8
Jesus Christus ist ein Stück Zukunft und der Anfang unseres Lebens 1
in Gerechtigkeit. An ihm wollen wir beharrlich festhalten! Mit sei-
nem eigenen Leib hat er unsere Sünden an das Kreuzesholz ge-
bracht. Er selbst hatte ja keine Sünde begangen und kein böses Wort
gesprochen. So hat er für uns alles erlitten, damit wir in Gerechtig-
keit mit ihm leben können. / Darum wollen wir genauso geduldig 2
werden wie er und ihn lobpreisen, wenn wir seinetwegen leiden. So
hat er durch seinen eigenen Weg unseren Weg vorgezeichnet, und
wir folgen ihm vertrauensvoll.

9
Ich fordere euch alle auf, diese Mahnung zu einem gerechten Leben zu beherzigen und ebensoviel Geduld aufzubringen, wie sie euch der selige Ignatius, der selige Zosimus und der selige Rufus, aber auch andere aus eurer Mitte, Paulus selbst und die übrigen Apostel vorgelebt haben. Ihr glaubt doch, daß sie alle nicht vergeblich diesen Weg gegangen, sondern voll Glauben und Gerechtigkeit an den verdienten Ort gelangt und jetzt beim Herrn sind, mit dem sie auch gelitten haben. Denn sie haben nicht diese Welt geliebt, sondern den, der an unserer Statt gestorben ist und unseretwegen durch Gottes Kraft auferstanden ist.

---

5 Vgl. PetrApk (kopt) 10,11 (s. unten).
6 Vgl. Mk 14,38b.

10

1 Bleibt dabei und eifert dem Herrn nach. Seid stark und unerschütterlich im Glauben, liebt eure Brüder und Schwestern, verbunden durch Gottes Wahrheit, laßt einer dem anderen den Vortritt,
2 freundlich wie der Herr selbst, verachtet niemanden. / Wenn ihr Gutes tun könnt, schiebt es nicht auf, denn Almosengeben befreit vom Tod. Einer sei dem anderen ergeben. Wenn ihr bei den Heiden seid, sei euer Verhalten ohne Tadel. So werden sie euch loben für
3 eure guten Werke, und ihr macht dem Herrn keine Schande. / Wehe aber denen, die dem Namen des Herrn Schande bereiten. Lebt weiter so vernünftig, und bringt das auch den anderen bei.

11

1 Sehr traurig bin ich, daß Valens, der einst bei euch Ältester geworden ist, die ihm übertragene Aufgabe so vernachlässigt. Ich ermahne euch daher, nicht habgierig, sondern keusch und wahrhaftig
2 zu sein. Meidet alles Böse. / Wer sich in diesen Dingen nicht selbst beherrschen kann, wird es auch einem anderen nicht predigen können. Wenn jemand habgierig ist, macht er sich des Götzendienstes schuldig und wird gerichtet, wie es den Heiden droht, die von Gottes Gericht verurteilt werden, weil sie seine Maßstäbe nicht kennen. Ihr wißt doch, daß die Heiligen die Welt richten werden, wie
3 schon Paulus sagt. / Aber bei euch habe ich nichts von Habgier gesehen oder gehört. Denn unter euch hat ja der selige Paulus gewirkt, und er erwähnt euch sogar namentlich in dem Brief, den er euch geschrieben hat.[7] Vor allen Gemeinden, die damals überhaupt Gott verehrten, lobt er euch ausdrücklich. Ich verehrte damals Gott
4 noch gar nicht. / Die Sache mit Valens und seiner Frau macht mich also sehr betrübt. Gott schenke ihnen wahre Reue. Ihr aber seid maßvoll und haltet solche Menschen nicht für Feinde, sondern ruft sie aus ihrem Irrtum zurück und behandelt sie so, als wären sie leidende Glieder, damit euer aller gemeinsamer Leib gesund werden kann. Tut ihr dies, so leistet ihr ein wichtiges Stück Gemeindeaufbau.

12

1 Ich vertraue auf eure Bibelkenntnis. Ihr kennt alle Stellen, mir ist das nicht so gegeben. Nur eine Bibelstelle fällt mir ein: Ihr könnt ruhig böse aufeinander sein, aber laßt es nicht bis zur Verletzung

---

7 Vgl. Phil (s. oben).

kommen. Versöhnt euch, bevor die Sonne untergeht.[8] Selig, wer daran denkt. Aber ich glaube, ihr haltet es so.
Gott, der Vater unseres Herrn Jesus Christus, und Jesus Christus, 2
der ewige Hohepriester und Sohn Gottes, schenke euch Glauben, Treue, Freundlichkeit, Gleichmütigkeit, Geduld, Langmut, Nachsicht und Keuschheit und richte euch dadurch auf. Er gebe euch einen Platz unter seinen Heiligen, uns und euch und allen unter dem Himmel, die an unseren Herrn Jesus Christus und an seinen Vater
glauben, der ihn von den Toten auferweckt hat. / Betet für alle Hei- 3
ligen. Betet auch für die Könige und Fürsten und Machthaber, auch für die, die euch verfolgen und hassen, auch für die Feinde des Kreuzes. Als Frucht eures Glaubens und eurer Liebe soll dieses Gebet allen Menschen erkennbar und Zeichen eurer Vollkommenheit sein.

13

Diesen Brief lasse ich euch von Crescens überbringen, den ich euch jüngst empfohlen habe und auch jetzt ans Herz lege. Denn er hat hier mit uns untadelig zusammengelebt, und das wird bei euch sicher nicht anders sein. Auch seine Schwester empfehle ich euch, für den Fall, daß sie zu euch kommt. Lebt wohl mit allen, die zu euch gehören, in Gemeinschaft mit unserem Herrn Jesus Christus und unter seiner Gnade. Amen.

---

[8] Vgl. Eph 4,26.

Geheimes Markus-Evangelium

Erläuterung: Der amerikanische Forscher Morton Smith fand im Sommer 1958 im griechisch-orthodoxen Kloster Mar Saba, südöstlich von Jerusalem, auf den letzten unbedruckten Seiten einer Ausgabe des Ignatius von Antiochien aus dem Jahre 1646 einen handschriftlichen Eintrag. Es handelte sich um einen Auszug aus einem Brief des Clemens v. Alexandrien an einen Theodorus , in welchem vor einer häretischen Fassung des MkEv gewarnt wird. Clemens zitiert aus dieser Fassung. M. Smith meinte, die beiden Zitate gingen auf eine aramäische Urfassung des MkEv zurück. Nun hat man zwar eine Fülle von Berührungen mit den Evangelien feststellen können, doch die Erzählung selbst ist damit nicht erklärt. Nach dem Urteil von H. Merkel »deutet alles darauf hin, daß das ›geheime Evangelium‹ ein auf der Grundlage der kanonischen Evangelien beruhendes Apokryphon ist« (W. Schneemelcher, Neutestamentliche Apokryphen I, 5. A., S. 92). Dieses Urteil entspricht dem, was der konservative Konsens auch zu allen übrigen Evangelien-Fragmenten ermittelt zu haben meint. Man muß nur die Berührungen mit anderen Evangelien stark genug betonen, dann erscheint jeder vergleichbare Text als sekundäre Kompilation. Auf diese Weise wird das »Dogma« der Alleinherrschaft der kanonischen Evangelien dann wunderbar bestätigt. – Nun ist gewiß richtig, daß man aus dem von M. Smith edierten Text kein Ur-MkEv rekonstruieren kann, und noch viel weniger geht es um eine homosexuelle Geschichte. – Andererseits ist es ebenso unhaltbar, den Text als Kompilation aus den bekannten Evangelien darzustellen. Die Art der Auferweckung zum Beispiel ist nicht »kanonisch« und entspricht dem, was das PetrusEv und die Himmelfahrt des Jesaja über Jesus berichten. Die nächtliche Belehrung entspricht einem jüdischen Topos, wie er im Jubiläenbuch erhalten ist. Auch daß Lazarus der Lieblingsjünger ist, lese ich so nicht im kanonischen JohEv.

Fragment 1

23 (2, 23) Und sie gelangten nach Bethanien. Dort lebte eine Frau, de-
24 ren Bruder gestorben war. / Sie kam, fiel vor Jesus auf die Knie und
25 sagte zu ihm: »Sohn Davids, / erbarme dich meiner!« Die Jünger
aber tadelten sie. Da ging Jesus voller Zorn mit der Frau weg in den

Garten, wo das Grabmal war; und (3,1) sogleich ertönte aus dem 1
Grabmal eine laute Stimme. Jesus ging hin, / wälzte den Stein von 2
der Tür des Grabmals weg und ging sogleich (zu dem Bruder der
Frau) hinein. Er streckte die Hand aus und half ihm aufstehen, in-
dem er / seine Hand ergriff. Der junge Mann aber blickte zu Jesus 4
auf, fiel ihm um den Hals und / bat ihn inständig, bei ihm zu blei- 5
ben. Sie verließen / das Grab und gingen in das Haus des jungen 6
Mannes, der war sehr reich. Nach / sechs Tagen rief Jesus den jun- 7
gen Mann zu sich. Am Abend kommt / er zu ihm, nur mit einem 8
Hemd auf dem bloßen Leib bekleidet. Und / er blieb die ganze 9
Nacht bei Jesus, und Jesus lehrte ihn / das Geheimnis des Reiches 10
Gottes. Danach ging Jesus von dort weg und kehrte an das andere
Ufer des Jordans zurück.

Fragment 2

Jesus gelangte nach Jericho. Dort waren / die Schwestern des jun- 14, 15
gen Mannes, den Jesus auserwählt hatte, und / seine Mutter und 16
Salome; doch Jesus nahm sie nicht auf.

»Unbekanntes Berliner Evangelium«

Dieser als Papyrus Berolinensis 22 220 bekannte Text hat kürzlich für Schlagzeilen gesorgt, da man – voll von dunklen Ahnungen über die »Verschlußsache Jesus« – darin ein »fünftes Evangelium« vermutete. Der Text wurde durch H.-M. Schenke zuerst auf deutsch zugänglich gemacht (Zeitschrift für Antikes Christentum 2 [1998] 199-213), und auf der Basis dieser Übersetzung (!) erfolgte die hier vorgelegte Wiedergabe, da der koptische Text noch nicht gedruckt zugänglich ist. Die Wiedergabe beschränkt sich auf die Passagen, die einen zusammenhängenden Sinn erkennen lassen und nicht nur versprengte einzelne Wörter bieten. Bei der Wiedergabe wurde eine Einteilung in Kapitel und Verse vorgenommen, die bisher nicht besteht.

Trotz dieser Vorbehalte läßt sich über den Inhalt folgendes sagen: Das Evangelium ist auf die Situation des Abschieds Jesu konzentriert. Damit ist es dem vergleichbar, was das JohEv in K. 15-17 als Abschiedsreden bietet und was Mk 14 über Abendmahl, die folgenden Ankündigungen Jesu und Gethsemane berichtet. Besonders gilt dies für das Tanzlied der Acta Iohannis (hier am Ende der Sammlung!), das nicht nur inhaltlich, sondern auch formal zu UBE Kapitel 11 die größten Ähnlichkeiten aufweist. Offensichtlich handelt es sich hier um eine beim Gedächtnis des Leidens des Herrn übliche Form des antiphonarischen Gesangs. Noch weiter führt der Vergleich mit dem oben abgedruckten »koptischen Fragment Straßburg«. Wie UBE und Tanzlied enthält es eine Reihe von mit »Amen« beantworteten Deutungen der Passion Jesu, wie im UBE ist im Anschluß daran die Rede von einer besonderen Offenbarung an die Jünger. Wir haben es demnach wohl mit einem besonderen »passionsdidaktischen« Evangelientyp zu tun.

Der Text erweckt oftmals den Eindruck, als seien Stücke aus den bekannten Evangelien bzw. aus der ihnen vorausliegenden fixierten Tradition regelrecht zitiert und dann midraschartig erweitert worden, und zwar speziell aus den Passagen, in denen der Abschied Jesu ansteht, so etwa aus Mk 14,25-42, hier in UBE 1,4; 3,1-3,6 usw.

Das personifizierte und direkt angeredete Kreuz hat seine genaue Entsprechung im PetrusEv V. 41-42. Die Vermutung, das ganze Stück könne zum PetrusEv gehört haben, ist gleichwohl abwegig, und zwar wegen der Überschneidungen.

Häufig werden Passagen zitiert, die »johanneischer Stil« sind oder – im Sinne »zersagter«, d. h. wieder mündlich veränderter schriftlicher Tradition – aus dem JohEv stammen könnten. Die Glieder-Vorstellung kommt zwar nicht aus dem JohEv, sie paßt aber dennoch ganz gut zu Gedanken aus Joh 14,2 oder Verwandtem.
Neu und ungewohnt ist die Belehrung auf dem Berg, und zwar besonders in der Abschiedssituation. Auf dem Berg wird der Gang Jesu und der Jünger (!) durch die Himmelsräume dargestellt, wie wir das ähnlich aus der Ascensio Jesaiae (Kapitel 10) kennen. Es handelt sich um eine umfassende Offenbarung über die Bedingung der Menschwerdung Jesu, die mit seinem Todesgeschick verbunden ist. Auch der Ort (direkt vor dem Martyrium) entspricht der Ascensio Jesaiae, wo ja auch von Jesaja ein ähnlicher Weg durch die Himmel beschrieben wird wie hier für die Apostel.
Schließlich stimmt die Vorstellung, daß Apostel nach ihrem Tod in der Unterwelt das Evangelium verkündigen sollen, mit dem Hirten des Hermas überein (UBE 2,1 und Hermas, sim 9,16,5; ApkPaul 8,8); aber auch hier besteht wieder Verwandtschaft zum PetrusEv (41).
Schließlich bietet das UBE das Agraphon »Wer mir nahe ist, der ist dem Feuer nahe...« in einem Kontext (9,7), der genuin zu sein scheint (vgl. unten Agraphon Nr. 80).
Bemerkenswert ist, daß wir kein anderes Evangelium kennen, das so judenfreundlich ist wie dieses. Jesus bittet Gott darum, er möge von anderen Menschen und nicht von Juden getötet werden.
Allerdings könnte die Aufteilung in UBE 8,1 auf die gnostische Konzeption vom mehrfachen Christus hinweisen (der eine leidet Schmerzen am Kreuz, der andere lacht; so in der Petrus-Apk aus Nag Hammadi, Kap. 10 [s. unten].). Dies wäre der einzige Hinweis auf eine spätere Datierung.

Datierung: Der Aufbau der Szenen zeigt, daß die kanonischen Evangelien sich zumindest noch nicht durchgesetzt haben. Die enge Verwandtschaft mit PetrusEv, Ascensio Jesaiae und dem Tanzlied weist auf jeden Fall in das 2. Jh. als spätesten Termin. Daher: um 130 n. Chr.

UNBEKANNTES BERLINER EVANGELIUM

1

1 »... wenn das Himmelreich euch ganz nahe ist.[1] Selig, der mit mir
2, 3 im Himmelreich essen wird. / Ihr seid das Salz der Erde.[2] / Und ihr
4 seid das Licht, das die Welt erleuchtet. / Schlaft nicht ein, und über-
5 laßt euch nicht dem Schlummer. / Das Gewand des Reiches habe
ich empfangen, es ist durch das Blut der Weintraube gefärbt.«

2

1 Andreas erwiderte: »Herr ..., wenn ich den Menschen in der Welt
gedient habe, muß ich auch in die Unterwelt hinabsteigen wegen
2 derer, die an jenem Ort gefesselt sind.« / [Jesus:] »Ich aber werde es
euch in Freude offenbaren. Denn ich weiß, daß ihr alles in Freude
3 tun könnt. Denn dem Menschen ist ein freier Wille gegeben. / Jetzt,
solange ihr im Leib seid, dürft ihr das Stoffliche nicht Macht über
euch gewinnen lassen.

3

1 Auf! Wir wollen diesen Ort verlassen, denn der, der mich verraten
2 wird, ist nahe. / Ihr werdet alle fliehen und an mir Anstoß neh-
3, 4 men.[3] / Ihr werdet alle fliehen und mich allein lassen. / Aber ich
5 bleibe nicht allein, denn mein Vater ist bei mir. / Ich und mein Va-
6 ter, wir sind ein und derselbe. / Denn es steht geschrieben: ›Ich
werde den Hirten schlagen, und die Schafe der Herde werden sich
7, 8 zerstreuen.‹ / Ich bin der gute Hirte.[4] / Ich werde mein Leben für
9 euch einsetzen.[5] / Auch ihr sollt euer Leben für eure Freunde ein-
10 setzen, damit mein Vater sich über euch freut. / Mein Vater liebt
11 mich, weil ich seinen Willen tue. / Denn ich bin Gott und wurde
Mensch.«

4

1 [Wir sagten zu Jesus:] »Oder wirst du dich an uns erinnern, uns ru-
fen lassen und aus der Welt holen, so daß wir zu dir kommen?« /

---

1 Wörtlich: »... zu eurer Rechten ist«.
2 Vgl. Mt 5,13.14a.
3 Vgl. Mk 14,27.
4 Vgl. Joh 10,11.
5 Vgl. Joh 10,15b.

Der Heiland sagte zu uns: »Ihr seid meine heiligen Glieder, meine 2
gesegneten Kinder[6].«

5
(Wir waren mit dem Herrn) auf dem Berge. / Auch wir wurden vom 1, 2
Heiligen Geist verwandelte Körper / Unsere Augen konnten nach 3
allen Seiten hin blicken. / Der ganze Himmel wurde vor unseren 4
Augen aufgetan. / Wir erreichten die Himmel. Einer nach dem an- 5
deren tat sich auf. / Bei unserer Ankunft gerieten die Torwächter in 6
Panik. / Die Engel fürchteten sich und flohen, weil sie . . . dachten, 7
sie würden alle umkommen. / Wir sahen, wie unser Erlöser alle 8
Himmel durchquerte.

6
[Jesus sagte:] »Wer nicht meinen Leib und mein Blut empfängt, der 1
gehört nicht zu mir.[7] Amen. / Die zur Rechten und die zur Linken 2
werden mich begleiten.«

7
[Jesus sagte:] »Ich erhebe dich in den Himmel, denn das ist dein 1
Wille, Kreuz. / Fürchte dich nicht, denn ich bin reich. / Ich werde 2, 3
dich mit meinem Reichtum erfüllen. / Ich werde dich besteigen, 4
Kreuz. / Weine nicht, Kreuz, sondern freue dich vielmehr und er- 5
kenne, was der Herr besitzt, wenn er dich verherrlichen wird, denn
er ist reich.
Ich bin reich, ich werde dich mit meinem Reichtum erfüllen. / Noch 6, 7
eine kurze Weile, Kreuz, dann wird das Mangelhafte die Voll-
endung erlangen, das Geringe wird mit Gottes Fülle gefüllt. / Noch 8
eine kurze Weile, Kreuz, dann wird das Gefallene sich erheben. /
Noch eine kurze Weile, Kreuz, dann wird die ganze Fülle Gottes[8] 9
sich erfüllen.

8
Sie warten auf dich. Einer, der lacht und sich freut. Ein anderer, der 1
weint, trauert und klagt. / Du bist mir zuvorgekommen, Kreuz. / 2
Aber ich werde dir auch zuvorkommen . . . / Ihr sollt also nicht 3, 4
wankend werden, wenn ihr mich seht.«

---

6. Wörtlich: »Samen«.
7 Vgl. Ignatius v. Antiochien, An die Römer 7,3; Phld 4,1.
8 Vgl. Kol 1,19.

9

1 Wir wandten uns an ihn: »Herr, lehre uns, in welcher Gestalt du
2 dich uns zeigen und in welchem Leib du kommen wirst.« / Johan-
nes bat: »Herr, wenn du dich uns bei deiner Wiederkunft offen-
barst, dann zeige dich uns nicht in deiner ganzen herrlichen Ge-
stalt, sondern tausche deine herrliche Gestalt gegen eine Gestalt
3 geringerer Herrlichkeit ein, damit wir sie ertragen können. / Sonst
4 werden wir schwach vor Angst, wenn wir dich sehen.« / Da erwi-
derte der Erlöser: »(Ich werde) euch (keine) Angst (machen), damit
5 ihr seht und glauben könnt. / Doch berühren dürft ihr mich nicht,
bis ich zu meinem Vater und eurem Vater, zu meinem Gott und eu-
rem Gott, zu meinem Herrn und eurem Herrn hinaufgestiegen
6 bin.[9] / Denn wenn mir einer zu nahe kommt, wird er verbrennen. /
7, 8 Ich bin das lodernde Feuer. / Wer mir nahe ist, der ist dem Feuer
9, 10 nahe.[10] / Wer mir fern ist, der ist dem Leben fern. / Jetzt also ver-
sammelt euch bei mir, meine heiligen Glieder.«

10

1 Der Heiland sagte zu uns: »Ich bin in eurer Mitte wie ein kleines
2, 3 Kind.« / Wir antworteten: »Amen.« / Der Heiland sagte: »Ich
4 werde nur noch eine kurze Zeit in eurer Mitte sein.« / Wir antwor-
5 teten: »Amen.« / [Er sagte:] »(Die Feinde) beratschlagen schon über
6, 7 mich, bis ich die Welt verlasse. / Denn ich bin ihr fremd. / Seht also!
Jetzt bin ich traurig wegen der Sünden der Welt, doch ich freue
8 mich euretwegen. / Denn ihr habt gut (gekämpft?) in der Welt. /
9 Gebt euch also Mühe, damit ihr mich gewinnt und ich mich über
euer Werk freuen kann.«

11

1, 2 [Er sagte:] »Ich bin der König.« / Wir antworteten: »Amen.«
3, 4 [Er sagte:] »Ich bin der Sohn des Königs.« / Wir antworteten:
»Amen.«
5, 6 [Er sagte:] »Ich bin ... und ihr habt kein ...« / Wir antworteten:
»Amen.«
7 [Er sagte:] »Ich kämpfe für euch, und ihr sollt für mich kämpfen.«
8 / Wir antworteten: »Amen.«
9, 10 [Er sagte:] »Sie senden mich, und ich will euch senden.« / Wir ant-
worteten: »Amen.«

---

9 Vgl. Joh 20,17.
10 Vgl. Agraphon Nr. 80 (s. unten).

[Er sagte:] »Ich will euch die Freude über die Welt mitteilen. / Ich 11, 12
habe aufgehört zu trauern über die Welt, als ob ihr nicht in sie hin-
eingegangen wärt.« / Wir antworteten: »Amen.« 13
[Er sagte:] »Ihr sollt von jetzt ab nicht mehr weinen, sondern euch 14
vielmehr freuen.« / Wir antworteten: »Amen.« 15
[Er sagte:] »Ich habe die Welt besiegt, aber ihr dürft nicht zulassen, 16
daß die Welt euch besiegt.« / Wir antworteten: »Amen.« 17
[Er sagte:] »Ich wurde frei von der Welt, und auch ihr sollt freiwer- 18
den von ihr.« / Wir antworteten: »Amen.« 19
[Er sagte:] »(Die Welt) ... wird mich trinken lassen einen (Kelch des 20
Leidens). Ihr aber sollt empfangen Leben und Ruhe.« / Wir ant- 21
worteten: »Amen«.
[Er sagte:] »Sie werden mich mit einer Lanze in die Seite stechen. / 22
Wer es gesehen hat, soll Zeugnis ablegen, und sein Zeugnis ist 23
wahr.« / Wir antworteten: »Amen.« 24

12

... aus allen Himmeln. Da wurde vor uns, den Aposteln, diese 1
Welt wie Finsternis. / Wir wurden verwandelt, wurden wie die, die 2
in den herrlichen Himmelsräumen sind. / Unsere Augen konnten 3
alle Himmel durchdringen, und die (Gnade?) bekleidete uns mit
der Würde von Aposteln. / Und wir sahen unseren Heiland, als er 4
zum vierten Himmel gelangte. / Und die Unterwelt geriet vor Ehr- 5
furcht ins Zittern. / Die Engel und Erzengel warfen sich auf ihr 6
Angesicht. / ... sie warfen die Kränze, mit denen ihr Haupt be- 7
kränzt war, auf den Boden vor den Thron des Vaters.[11] / Alle Hei- 8
ligen rissen sich die Gewänder vom Leib und warfen sie ..., als der
Sohn ...

13

»Weswegen weinst du und bist so betrübt, so daß alle Engelmächte 1
zu zittern anfangen?« / Er antwortete: »Ich bin sehr betrübt, denn 2
ich werde durch das Volk Israel getötet werden. / Mein Vater, wenn 3
es möglich ist, möge dieser Kelch an mir vorübergehen. / Laß mich 4
durch ein anderes, sündiges heidnisches Volk getötet werden.«
Der Sohn warf sich wirklich nochmals vor seinem Vater auf die 5
Knie mit den Worten: / »Mein Vater ... ich bin bereit, in Freuden 6
zu sterben und für das Menschengeschlecht mein Blut zu vergießen.
/ Ich weine vielmehr nur wegen meiner Geliebten: wegen Abraham, 7
Isaak und Jakob. / Wenn sie stehen können am Tage des Gerichts, 8

---

[11] Vgl. Apk 4,10.

ich aber auf meinem Thron sitzen und die Welt richten werde, werden sie wegen der Herrlichkeit, die mir auf Erden gegeben wurde,
9 zu mir sagen: … / Mein Vater, wenn es möglich ist, möge dieser
10 Kelch an mir vorübergehen …« / … zum drittenmal … »O mein
11 Vater …« / Er ließ mich den Dienst vollenden, bis ich zu ihnen ging.

14

1 »Kein Los übertrifft das eure, und keine Herrlichkeit ist erhabener als eure.«
2 … als er den Lobgesang sprach …
3 Er sagte zu uns: »Meine heiligen Glieder, selig seid ihr …«
4 Wir fragten unseren Heiland: »Welche Stadt ist dies?« Er antwortete: »Es ist das neue Jerusalem, die Stadt, in der meine Auserwählten leben werden …«
5 » … wenn du zur Rechten des Vaters auf deinem Thron sitzt.«
6 » … die Milch gibt, eine, die Honig gibt. Ihr findet Ruhe an der Quelle des Lebenswassers …«
7 » … das Buch des Lebens. Man wird seiner Sippe nicht gedenken, seine Frau wird zur Witwe, und seine kleinen Kinder …«
8 »Ich werde wiederkommen …«

Oden Salomos

Einleitung: Die Oden Salomos sind eine Dichtung in 42 Liedern, deren jedes mit »Halleluja« endet. Erhalten ist diese Sammlung vor allem auf syrisch (Ode 2 fehlt ganz), großenteils aber auch auf koptisch und in einem Fall (Ode 11) auf syrisch und auf griechisch.
Die lange von der Forschung vernachlässigten Texte sind von großer Schönheit und von ungewöhnlich hohem theologischem Niveau. Häufig ergeben sich direkte Parallelen zu paulinischen Schriften oder solchen Texten, die im Umkreis des Paulus verfaßt sind. Auch zum Corpus Iohanneum (JohannesEv und Johannesbriefe) ergeben sich wichtige Analogien. Zitiert werden diese Texte nicht. Die Lage ist daher ähnlich wie bei Ignatius von Antiochien, der ja gleichfalls Paulus und Johannes sehr nahe steht.
Der Name »Oden Salomos« ist sicher nicht ursprünglich und wurde der Sammlung wohl von einem Menschen übergestülpt, der alles, was nach weisheitlichem Lied aussah, Salomo unterschieben wollte.
Vielmehr läßt sich die These verteidigen, der Sprecher fast aller dieser Hymnen sei ursprünglich Jesus Christus selbst. Dann handelte es sich um eine hymnische Offenbarungsrede Jesu Christi.
Zum Beispiel rechnet man damit, daß in Ode 8,9-23; 10,4-6; 36,3-8; 41,8-10; 42,3 dann plötzlich Jesus Christus redet. Es ist zwar richtig, daß diese Verse nur auf ihn passen, aber das gilt von einer ganzen Reihe kompletter Oden, und insofern ist es oft nicht richtig, Zäsuren anzusetzen.

Datierung: Michael Lattke, der sich um die Erforschung der Oden Salomos unschätzbare Verdienste erworben hat, setzt in seinem neuesten Anlauf eine Entstehung um 130 n. Chr. voraus. Dem ist unbedingt zuzustimmen. Angesichts der großen und nicht durch Zitierung vermittelten Nähe zu Paulus, den Deuteropaulinen und zum Corpus Iohanneum ist dieses wohl der späteste Zeitpunkt. Denn im Gegensatz zur älteren Forschung kann ich irgendwelche Reste von entwickelter Gnosis nicht entdecken. Zwar sind die OdSal auf dem Wege zur Gnosis – die Begriffe »Einsicht«, »Verstehen« sind wichtig – doch alle weiteren Merkmale fehlen.

Theologie: Wenn man voraussetzt, daß Jesus (oft) der Sprecher ist, dann ist er vor allem der Offenbarungsmittler. Er gibt Kunde von

Gott, und zwar als Predigt, die zur Umkehr zum Licht auffordert. Insofern geht es um eine typisch heidenchristliche Situation.
Der Tod Jesu hat keine konstitutive Bedeutung. Ähnlich aber wie in Phil 2,9-11 ist die Erhöhung Jesu der Anlaß, daß die universale Völkerwelt an ihn glaubt und sich zu ihm bekennt (10,5). Die Voraussetzung für die Erhöhung ist lediglich, daß Jesus der Gerechte war, d. h. ohne Sünde (10,5).
Die Israel-Thematik kommt nur am Rande vor: Nicht Israel wird gesammelt, sondern die zerstreuten Heidenvölker. Und die Heiden sind jetzt Gottes Volk geworden (10,6). Vom jüdischen Messias ist die Metaphorik des Kampfes geblieben. Doch ähnlich wie in den Überwindersprüchen der Offenbarung des Johannes sind Kampf und Sieg jetzt auf das Böse in der Welt bezogen und jedenfalls nicht mehr militärisch gedacht. Auch Gefangene macht der Messias, aber nur noch im Sinne von Eph 4,8 und in Gestalt bekehrter Heiden.
Ein wohl heidenchristlicher Verfasser wendet sich an Heidenchristen und beschreibt in diesen Liedern die Funktion Jesu Christi.

Textgrundlage: The Odes of Solomon: the Syriac Text, ed. with translation and notes by James Hamilton Charlesworth, Chico/California 1977.
Wichtige Übersetzungen: Walter Bauer: Die Oden Salomos, Berlin 1933; M. Lattke: Oden Salomos (Übersetzung, Einleitung, Kommentar) (Fontes Christiani 19), Freiburg 1995. – Zur Sekundärliteratur vgl. den Forschungsüberblick: M. Lattke: Die Oden Salomos in ihrer Bedeutung für Neues Testament und Gnosis (OBO 25,1-3), Band III Fribourg, Göttingen 1986; ders.: Oden Salomos. Text, Übersetzung, Kommentar, Teil 1: Oden 1 und 3-14, (NTOA 41/1), Göttingen 1999.

DIE ODEN SALOMOS

Ode 1

Wie ein Kranz auf meinem Haupt – so ist für mich der Herr. 1
Nie werde ich ihn ablegen.
Zu einem Kranz ist Gottes Wirklichkeit für mich geflochten, 2
sie ließ deine Zweige in mir aufsprießen.
Denn dieser Kranz ist nicht verwelkt, 3
sondern kann herrlich treiben.
Lebendig bist du auf meinem Haupt 4
und hast Knospen angesetzt auf mir.
Prall und reif sind deine Früchte, 5
voll von dem Heil, das du schenkst.

Ode 2

(fehlt bisher)

Ode 3

Wie ein Kleid ziehe ich an (die Liebe des Herrn). 1
Gott ist wie ein Leib mit all seinen Gliedern. 2
Wie ein Glied durch den Leib lebe ich durch ihn.
Und er liebt mich.
Denn wie sollte ich den Herrn lieben, 3
hätte er mich nicht beständig geliebt?
Wer kann Liebe verstehen 4
außer dem, der selbst geliebt wird?
Ich brenne für den Geliebten, liebe ihn, 5
und wo sein Ruheplatz ist, da bin auch ich.
Ich bin dort nicht fremd, 6
Denn neidlos[1] gibt Gott den Menschen in Fülle.
Er ist der Höchste und der Barmherzige.
Ich wurde mit ihm vereint, 7
denn der Liebende fand den Geliebten.

---

[1] Wörtlich: »Es gibt keinen Neid bei Gott«. Es geht hier womöglich um den Topos der griechischen Götterlehre, daß die Götter in der Regel reichlich geben, ohne dann die Menschen beneiden zu müssen.

Weil ich ihn liebe, den Sohn, werde ich selbst zum Sohn.
8 Denn wer sich an den hängt, der nicht stirbt,
wird sicher selbst dem Tod entrinnen.
9 Und wer begeistert das Leben ersehnt,
der wird leben.
10 So wirkt der Geist des Herrn, der nicht Trug ist,
und lehrt die Menschenkinder seine Wege:
11 »Seid weise, verständig und wachsam.«
Halleluja!

Ode 4

1 Niemand, o mein Gott, kann den heiligen Ort zuschanden machen,
an dem du wohnst.
Keiner kann ihn verändern oder versetzen.
2 Denn keiner hat Macht über ihn.
Du erdachtest dein Heiligtum vor allen anderen Orten,
3 und was älter ist, kann nicht verändert werden
durch das, was später kam und geringer ist.
Du hast dein Herz, Herr, denen geschenkt, die an dich glauben.
4 Du wirst immer sein
und immer Früchte tragen.
5 Denn auch nur eine Stunde an dich zu glauben,
wiegt schwerer als alle Tage und Jahre.
6 Denn niemand, der das Kleid deiner Gnade anzieht,
kann dann noch in Ungnade fallen.
7 Denn alle kennen dein Siegel,
das deine Geschöpfe tragen,
8 das deine himmlischen Mächte besitzen
und deine auserwählten Erzengel.
9 Du gabst uns Gemeinschaft mit dir,
doch nicht, weil du uns brauchtest,
sondern weil wir dich brauchen immerdar.
10 Besprenge mich mit dem Wasser deines Segens,
und öffne deine wunderbaren Quellen,
daß sie uns Milch und Honig fließen lassen.
11 Denn nicht gereut dich
auch nur eines deiner Versprechen.
12 Denn zu Beginn schon sahst du das Ende.
13 Alles gabst du aus freiem Willen.
Du nimmst nichts zurück und willst nicht wiederhaben,
was du gabst.

Denn weil du Gott bist, war für dich offenbar 14
seit Anbeginn, was du bestimmt hast.
Du, Herr, hast alles geschaffen. 15
Halleluja!

Ode 5

Zu dir bekenne ich mich, Herr, 1
weil ich dich liebe.
Herr, Höchster, verlaß mich nicht, 2
denn du bist meine Hoffnung.
Ohne Verdienst empfing ich deine Gnade,[2] 3
und durch sie werde ich leben.[3]
Sollen sie ruhig kommen, meine Verfolger, 4
sie werden mich doch nicht sehen.
Eine dunkle Wolke wird mich ihrem Blick entziehen,[4] 5
und der Schleier der Finsternis wird sie umgeben.
Laß sie das Tageslicht nicht sehen, 6
damit sie mich nicht ergreifen können.
Laß ihre Gedanken zu Geschwülsten[5] werden 7
und alles, was sie aushecken, auf sie selbst[6] zurückfallen[7].
Denn sie haben einen Plan gefaßt, 8
doch sie konnten ihn nicht ausführen.[8]
Voll Bosheit haben sie sich gerüstet,[9] 9
doch sie blieben ohne Erfolg.[10]
Auf den Herrn setze ich meine Hoffnung, 10
und ich werde mich nicht fürchten.
Weil der Herr meine Erlösung[11] ist, 11

---

2 Der koptische Text: »hast du mir dein Recht gegeben«.

3 Der koptische Text: »und ich bin gerettet durch dich«.

4 Syrisch wörtlich: »wird auf ihre Augen fallen«; koptisch: »wird ihre Augen bedecken«.

5 Koptisch: »kraftlos«.

6 Syrisch wörtlich: »soll sich auf ihre Häupter wenden«.

7 Der syrische Satz könnte auch bedeuten: »Alles, was sie weise machen könnte, laß es geändert werden in ihrem Haupt« (Hinweis Charlesworth). Doch für den Judenchristen ist das Herz, nicht das Haupt der Sitz der Gedanken, vgl. die vorangehende Fußnote.

8 Der koptische Text hat hier eine Zeile mehr und fügt hinzu: »Obwohl sie mächtig auftraten, wurden sie besiegt.«

9 Wörtlich: »bereit gemacht«.

10 Koptisch: »Und was sie böse vorbereitet haben, ist auf sie herabgekommen«.

11 Koptisch: »mein Erlöser«.

werde ich keine Angst haben.
12 Wie ein Kranz auf meinem Haupt ist er für mich,
darum werde ich nicht bangen.
13 Und wenn alles ins Wanken gerät,
werde ich doch fest stehen.
14 Und wenn alles Sichtbare zugrunde geht,
ich werde nicht sterben.
15 Denn der Herr ist bei mir,
und ich bin bei ihm.
Halleluja!

Ode 6

1 Wie der Wind[12] die Saiten der Zither zum Schwingen bringt,
daß sie singen,
2 so schwingt der Geist[13] des Herrn in meinen Gliedern,
und ich singe durch die Liebe[14] des Herrn.
3 Denn der Herr räumt weg, was nicht zu ihm paßt,
und alles gehört ihm.
4 So war es seit dem Anfang,
und so wird es sein bis ans Ende.
5 Nichts soll dem Herrn entgegenstehen,
und nichts soll den Aufstand wagen gegen ihn.
6 Der Herr macht, daß der Mensch ihn immer mehr
und immer tiefer erkennt.
Voller Eifer wollte er, daß wir erkennen,
was er uns gnädig geschenkt hat.
7 Er selbst legte uns den Lobpreis für seinen Namen in den Mund,[15]
damit unser menschlicher Geist seinen Heiligen Geist lobpreise.
8 Was als ein Bach entsprang, wurde ein breiter, mächtiger Strom,
der alles fortreißt und zerstört und zum[16] Tempel schwemmt[17],

[12] Der Text ist hier korrupt. Manche haben ergänzt: »die Hand«, doch das erscheint inkohärent.

[13] Im Syrischen ist wie im Hebräischen »Wind« (siehe V.1) dasselbe Wort wie »Geist« (V.2).

[14] Liebe ist hier wie bei Paulus die wichtigste Äußerung des Heiligen Geistes. Zum Singen vgl. Eph 5,19; Kol 3,16.

[15] Diese Auffassung vom geistlichen Lied, inklusive der Verursachung durch den Heiligen Geist, ist eine in den Hymnen von Qumran häufig belegte Anschauung (vgl. K. Berger: Psalmen aus Qumran, 2.A. 1995).

[16] Andere, so auch W. Bauer: »und den Tempel fortgetragen«. Doch das syrische *le* bezeichnet hier wohl die Richtung.

[17] Diese Zeile lautet im Koptischen: »Sie hat alle mitgezogen und sich gegen den Tempel (oder: in Richtung auf den Tempel) gewandt«.

ohne daß Menschen ihn aufhalten[18] 9
oder kunstvoll durch Dämme begrenzen können.
Der Strom überflutete das Antlitz der Erde 10
und erfüllte alles.
Da tranken alle, die Durst hatten auf der Erde, 11
und ihr Durst wurde endgültig gestillt.
Denn der Höchste selbst gab ihnen zu trinken. 12
Selig sind, die diesen Trank ausschenken, 13
weil Gott ihnen sein Wasser anvertraut hat.
Die Menschen konnten ihre ausgedörrten Lippen wieder beleben 14
und ihren gelähmten Willen wieder munter machen[19].
Selbst wo ein Leben fast am Ende war, 15
konnten sie es dem Tod abjagen.
Und Glieder, die schon ihren Dienst versagten, 16
werden gekräftigt und wieder munter gemacht.
Die den Trank ausschenken, schenkten ihnen Kraft 17
zum Vertrauen[20]
und ihren Augen Licht.
Denn alle erkannten, daß sie zum Herrn gehören 18
und leben[21] vom Wasser der Ewigkeit.
Halleluja!

Ode 7

Wenn Unrecht geschieht, bleibt der Zorn nicht aus. 1
Wenn man liebt, läßt die Freude nicht auf sich warten.
Ungehindert kann Freude ihre Früchte ernten.
Meine Freude ist der Herr, mein Weg führt zu ihm, 2
und mein Weg ist schön.
Denn ich habe einen, der mir hilft, es ist der Herr. 3
Er gab mir die Kraft, ihn zu erkennen, neidlos und in Fülle,
denn er gibt gern.

[18] Koptisch: »Befestigungen und Bauten«.

[19] Koptisch: »und Herzensfreude haben die empfangen, die aufgelöst waren« (Lattke).

[20] Wir halten uns hier an die koptische Version und übersetzen das mutmaßlich vorauszusetzende griechische Wort *parrhesia* als »Vertrauen« (es bedeutet auch »Zutrauen, Offenheit«). Die syrische Version (»Kraft für das Kommen«) setzt eine Verlesung des griechischen *parrhesia* als *parusia* voraus. Die unterschiedlichen Versionen sind hier durch Verlesung des mutmaßlichen (nicht erhaltenen) griechischen Urtextes zu erklären.

[21] Koptisch: »sind erlöst durch …«.

Seine Freundlichkeit ließ seine Größe klein erscheinen.
4 Er wurde ein Mensch wie ich, damit ich ihn erfassen konnte.
Seine Gestalt war wie meine, so daß ich ihn anziehen konnte.[22]
5 Als ich ihn sah, verließ mich Furcht und Zittern,
denn er ist Gnade für mich.
6 Er nahm die menschliche Natur an, damit ich ihn verstehen konnte,
er wurde mir ähnlich, damit ich nicht vor ihm zurückwich.
7 Wie alles einen Vater hat, so auch die theologische Einsicht.
Ihr Vater ist das Wort. Durch das Wort wird sie gezeugt.
8 Gott schuf die Weisheit,
darum ist er weiser als alles, was er erschuf.
9 Gott hat mich erschaffen. Noch bevor ich entstand,
wußte er, was ich tun würde, nachdem ich entstanden wäre.
10 Daher erbarmte er sich meiner in seinem großen Erbarmen.
So durfte ich ihn um alles bitten und an ihm selbst Anteil[23] gewinnen.
11 Denn er ist unvergänglich.
Er kann die leere Welt mit seiner Gottheit füllen. Er ist ihr Vater.
12 Er hat dem Menschgewordenen erlaubt, zu denen zu gehen, die sein eigen sind, daß sie ihn als ihren Schöpfer erkennen und sich nicht einbilden, sie hätten sich selbst erschaffen.
13 Denn er hat den Weg gewählt, Menschen zur Einsicht zu bringen.
Er hat den Weg so breit und lang gemacht,[24] daß er zurück zum Himmel führt,
14 und darauf die Spuren seines Lichts hinterlassen.
So führte der Weg vom Anfang bis zum Ende.[25]
15 Denn der Menschgewordene diente Gott,
und Gott freute sich über den Sohn.
16 Alles sollte er in Besitz nehmen, um ihm die Rettung zu bringen, die so ist:
Alle, die als seine Heiligen zu ihm gehören, erkennen den Höchsten.

---

22 Das Anziehen (vgl. von der Taufe: Gal 3,27) wird hier wie bei Paulus als Beginn eines Prozesses der Verähnlichung aufgefaßt. Neu ist dazu hier der Gedanke, daß dieses Jesu Menschwerdung voraussetzt.

23 Das Syrische lautet: »von seinem Opfer«. Möglicherweise ist aber das griechische *thysia* (Opfer) verlesen worden statt des griechischen »*ousia*« (Wesen). Wir setzen das bei unserer Übersetzung voraus.

24 Wörtlich: »Er hat ihn zu vollendeter Vollkommenheit gebracht«.

25 Vgl. Apk 21,6; 22,13.

Der Sohn verkündet die frohe Botschaft denen, die Lieder haben, 17
um den Herrn bei seiner Ankunft zu begrüßen.[26]
Sie gehen ihm entgegen und singen ihm zur vielsaitigen Zither ihre
Lieder mit Freude.
Die Seher gehen Gott voraus, wenn er kommt, 18
man sieht sie, bevor er da ist.
Sie werden den Herrn lobpreisen in seiner Liebe, 19
denn er ist nahe und sieht[27] (die Menschen in ihrer Not).
Aller Haß verschwindet von der Erde, 20
er wird versenkt, wie auch der Neid.
Da ist niemand mehr, der von Gott nichts wissen will, 21
denn die Einsicht, daß es Gott gibt, setzt sich durch.
Alle, die Lieder haben und sie darbringen, besingen die Gnade des 22
höchsten Gottes.
Laß, Herr, ihre Herzen sein wie der lichte Tag. 23
Laß den Klang ihrer Stimmen sein wie die herrliche Schönheit des
Herrn.
Laß, Herr, keinen Menschen sein, 24
der dich nicht kennt und dir nicht singt.
Denn er gab seiner Schöpfung einen Mund, 25
damit sie ihn singend preist.
Bekennt euch zu seiner Macht, 26
verkündet seine Gnade.
Halleluja!

Ode 8

Öffnet, öffnet eure Herzen und jubelt dem Herrn! 1
Laßt eure Liebe aus dem Herzen auf eure Lippen fließen!
Um Früchte zu bringen dem Herrn, ein heiliges Leben, 2
Worte zu sagen in seinem Licht und wach zu bleiben.
Erhebt euch und steht aufrecht, 3
die ihr zuvor erniedrigt wart!
Redet, die ihr im Schweigen verharrtet, 4
denn Gott hat euren Mund geöffnet.
Ihr, die ihr verachtet wart, werdet nun erhöht, 5
denn Jesus Christus, eure Gerechtigkeit, wurde erhöht.
Gottes rechte Hand läßt euch nicht im Stich, 6
und der Herr hilft euch!

---

[26] Vgl. Lk 13,35; Mt 23,39.
[27] Das absolute »Gott sieht« erinnert an Gen 22,14.

7 Gott stellt Frieden für euch bereit,
noch bevor ihr Krieg führt.
8 Hört das Wort von Gottes Wirklichkeit,
macht euch bereit, Gott zu erfahren.
9 Eure schwache Menschennatur wird nicht verstehen, was ich euch sage –
im Gewand eures Leibes könnt ihr nicht begreifen, was ich euch verkünde.
10 Bewahrt mein Geheimnis alle, die von ihm bewahrt werden,
11 Bewahrt den Glauben an mich alle, die durch ihn bewahrt werden.
12 Verlaßt euch darauf, daß ich Gott erfahre,
die ihr in Wahrheit mich erkennt.
13 Liebt mich mit herzlicher Liebe, wenn ihr schon liebt.
14 Denn ich wende mich nicht ab von denen, die zu mir gehören,
weil ich sie kenne.
15 Noch bevor sie entstanden, habe ich an sie gedacht.
Jeden einzelnen schütze ich durch das Siegel meiner Macht.[28]
16 Ich habe ihre Glieder zu einem Leib gefügt und ihnen meine Brüste
gereicht, damit sie meine heilige Milch trinken und dadurch leben.
17 Ich habe Freude an ihnen und schäme mich ihrer nicht.
18 Denn sie sind mein Werk,
sie sind da, weil meine Gedanken machtvoll Gestalt angenommen haben.
19 Niemand kann sich erheben gegen mein Werk,
jedermann soll tun, was meine Gedanken wollen.
20 Ich will sie so, wie sie sind, mit Herz und Verstand. Sie sind mein Eigentum,
und ich habe sie, meine Auserwählten, neben mich zu meiner Rechten gestellt.
21 Meine Gerechtigkeit zieht vor ihnen her und schützt sie,
mein Name wird sie nicht verlassen, denn er ist bei ihnen.
22 Betet, betet ohne Unterlaß. Bleibt in der Liebe des Herrn.
Laßt euch lieben durch den Geliebten
laßt euch bewahren in dem, der lebt,

---

[28] Wörtlich: »Ich habe ihre Angesichter versiegelt«. Der Satz ist so unverständlich. Das »Angesicht« steht für die Person jedes einzelnen Menschen; in der Rede vom Angesicht liegt eine der Wurzeln des späteren Personbegriffs (ähnlich griechisch: *prosopon*). Versiegeln bedeutet: gegen negative äußere Einflüsse schützen, indem man – so im religiösen Bereich – den Betreffenden durch den Heiligen Geist oder durch Taufe etc. seinem Schutz unterstellt.

laßt euch retten durch den, der errettet wurde[29].
Dann werdet ihr bleiben für immer 23
um des Namens eures Vaters willen.
Halleluja!

Ode 9

Öffnet eure Ohren, ich will euch etwas sagen! 1
Schenkt mir euer Herz, dann schenke auch ich euch mein Herz. 2
Hört das Wort des Herrn, hört an, was er will, 3
das heilige Werk, das er für seinen Messias beschlossen hat.
Denn weil Gott es will, könnt ihr leben, 4
er will, daß ihr für immer lebt,
und wenn er euch im Himmel zur Vollendung führt, so ist das für immer.
Laßt euch reich beschenken von Gott, dem Vater. 5
Nehmt an, was der Höchste beschlossen hat!
Laßt euch kräftigen und erlösen durch seine Gnade.
Denn ich verkündige euch Frieden und Heil, euch, seinen Heiligen,[30] 6
damit keiner, der zuhört, im Kampf fällt,
damit alle, die Gott erfahren haben, am Leben bleiben, 7
damit die nicht beschämt werden, die ihn annehmen.
Gottes Wirklichkeit ist ein Kranz, der nicht welkt. 8
Selig alle, die diesen Kranz auf ihrem Haupt tragen.
Gottes Wirklichkeit ist wie ein kostbarer Stein in diesem Kranz, 9
um den Kriege geführt werden wie um eine Krone.
Die Gerechtigkeit, zur Schiedsrichterin bestellt[31], nahm diesen Kranz und gab ihn euch. 10
Setzt den Kranz auf im treuen Bund mit dem Herrn, 11
dann werden alle, die gesiegt haben, ins Buch des Lebens geschrieben werden.[32]
Wenn ihr darin steht, seid ihr als gerecht anerkannt.[33] 12

---

29 Hier geht es noch nicht um den gnostischen Mythos vom erlösten Erlöser, sondern um die Rettung Jesu aus dem Tod durch die Auferweckung.

30 Vergleiche mit »Frieden« und »Heilige« die Präskripte paulinischer Briefe (»Gnade und Frieden ... den Heiligen«). Der Sprecher sieht sich als eine Art Apostel.

31 Die »Gerechtigkeit« ist eine personifizierte, selbständige Größe, die ganz unabhängig »neutral« zwischen Gott und Mensch entscheidet.

32 Vgl. Apk 3,5.

33 Oder: »habt ihr gesiegt«. Das syrische Wort kann Rechtfertigung oder Sieg bedeuten, vgl. 1 Tim 3,16 (dort wörtlich: »gerechtfertigt durch den Heiligen Geist«).

Denn die Gerechtigkeit sieht[34] euch, wie ihr vor ihr steht,
und will, daß ihr gerettet werdet.
Halleluja!

Ode 10

1 Durch sein Wort hat der Herr meinem Mund den Weg gewiesen.
Durch sein Licht hat er mein Herz geöffnet.
2 Er läßt sein unvergängliches Leben in mir wohnen.
Er läßt mich sagen, welche Frucht sein Heil tragen wird,
3 um die zur Umkehr zu bewegen, die sehnsüchtig zu ihm kommen wollen,
und viele Gefangene für die Sache der Freiheit zu machen.
4 Ich faßte Mut, wurde stark und nahm die Welt gefangen.[35]
Die Gefangenen wurden mein zur Ehre des Höchsten, Gottes, meines Vaters.
5 Es sammelten sich die Völker, die zerstreut waren[36],
eigene Sünden befleckten mich nicht.
Weil sich die Heiden zu meiner Erhöhung bekannten[37],
6 wurde eine Spur des Lichts in[38] ihre Herzen gelegt.
Sie wurden für immer mein Volk.[39]
Halleluja!

Ode 11[40]

1 Gott hat mein Herz beschnitten. Mein Herz brachte eine Blüte aus sich hervor,
Gottes Gnade ließ es Knospen treiben, und es trug Früchte für Gott.

---

34 Personifikation wie V. 10 und Röm 10,6.

35 Vgl. zum Motiv: Eph 4,8 (Ps 68,19).

36 In jüdischen Texten werden sonst die unter die Heiden zerstreuten zwölf Stämme versammelt.

37 Vgl. Phil 2,9-11. Gemeinsam mit dem Lied in Phil 2 ist auch das Anliegen im ganzen, nämlich die Heidenmission zu begründen (vgl. K. Berger, Theologiegeschichte, 2.A. 1995, z. St.).

38 Wörtlich: »auf ihre Herzen«.

39 Wie in Zeile 5a wird auch hier eine Israel-Aussage auf Heiden übertragen. – Vgl. zur Schriftgemäßheit hier: Röm 9,25; 1 Petr 2,10; Hosea 2,25, Barn 5,7.

40 Nur diese Ode ist syrisch und griechisch erhalten.

Durch seinen Heiligen Geist hat mich der höchste Gott beschnitten 2
und auf Herz und Nieren[41] geprüft. Er erfüllte mich mit seiner Liebe.
Die Beschneidung durch ihn wurde meine Erlösung. 3
Ich ging meinen Weg im Zeichen seines Heils, stets stand er mir vor Augen[42].
Vom Anfang bis zum Ende schenkte er mir Verstehen. 4
Er stellte mich auf felsigen Grund,[43] so gewann ich Standfestigkeit. 5
Aus der lebendig sprudelnden Quelle des Herrn floß Wasser in 6
Fülle[44],
und das Wasser, Gottes Wort, benetzte meine Lippen.
Ich trank und wurde trunken 7
vom lebendigen Wasser der Unsterblichkeit.
Doch diese Trunkenheit ließ mich den Verstand nicht verlieren, 8
sondern ich wandte mich ab von allem wertlosen Schein,
hin zum Höchsten, meinem Gott, 9
und ich wurde reich durch das, was er mir gnädig schenkte.
Ich entledigte mich aller Dummheit, ließ sie links liegen, 10
zog sie aus wie ein Kleid und warf sie von mir.
Der Herr gab mir ein (neues) Gewand und machte mich neu, 11
durch sein Licht wurde ich sein Eigentum.
Er ließ mich aufleben[45] durch sein reines, grenzenloses Leben, 12
und ich wurde wie das Land, das grünt und blüht und fröhlich ist mit seinen Früchten.
Wie die Sonne, die das Angesicht der Erde erfreut, wurde der Herr 13
für mich.
Meine Augen leuchteten, 14
und mein Angesicht war wie durch Tau erfrischt.
Mit jedem Atemzug genoß ich 15
den Duft der Güte des Herrn
Er führte mich in sein Paradies, 16
wo die köstliche Üppigkeit des Herrn herrscht.

[41] Wörtlich: »und legte meine Nieren offen vor sich dar«. Die wörtliche Übersetzung würde im Deutschen ein medizinisches Mißverständnis hervorrufen.

[42] Wörtlich: »auf dem Weg der Wahrheit«.

[43] Syrisch: »Fels der Wahrheit«.

[44] Wörtlich: »ohne Neid«.

[45] Syrisch: »brachte mich vom Himmel her zur Ruhe (d. h. zur himmlischen Heimat)«.

Dort sah ich[46] liebliche Bäume mit vielen Früchten
und herrlich gewachsenen Kronen.
Ihr Holz war saftig, und es lachten ihre Früchte,
ihre Wurzeln kamen aus der Erde hervor, die keinen Tod kannte,
vom Fluß der Freude bewässert,
um sie herum das Land, in dem sie für immer leben durften.
17 Ich fiel auf die Knie vor Gott,
vor seiner unendlichen Herrlichkeit.
18 Ich sagte: »Selig sind, Herr, die in dieses Land gepflanzt wurden,
die einen Platz in deinem Paradies haben.
19 Sie wachsen so, wie deine Bäume wachsen,
und wenden sich von der Finsternis zum Licht.
20 Wer bei dir gut arbeitet,
bewirkt, daß viele sich zum Guten wenden,[47]
21 von der Bosheit zur Freundlichkeit.
Bei den Pflanzen, die in deiner Erde wachsen, wird alles Bittere verwandelt.
22 Alles wird zur Auslese[48] vor dir. Selig daher, wer das Wasser in deinem Garten verteilt.
Für deine treuen Sklaven wird alles zum Zeichen, das an dich erinnert.«
23 Viel Platz ist in Gottes Paradies.
Aber nichts liegt darin brach.
Alles trägt reiche Frucht.
24 Ehre sei dir, Herr,
in deinem ewigen Wonneparadies.
Halleluja!

Ode 12

1 Gott hat mich erfüllt mit seiner Botschaft,
die soll ich verkündigen.
2 Wie fließendes Wasser gebe ich die Botschaft weiter.
Meine Worte schildern ihre Früchte.
3 Reiche theologische Einsicht schenkte mir Gott,
denn was der Herr sagt, ist verläßlich, alles Licht kommt von ihm.

---

[46] Die folgende Schilderung des *locus amoenus* (Topos: lieblicher Ort) in V. 16 findet sich nur im Griechischen. Besteht eine literarische Beziehung zur Paradiesschilderung in Barn 11,10?

[47] Wörtlich: »führt gute Wendungen (d.h.: Bekehrungen) herbei.« »Arbeiter« ist schon 2 Kor 11,13; Mt 9,38 terminus technicus für »Missionar«.

[48] V. 22 bringt viele Schwierigkeiten. Statt »Auslese« heißt es wörtlich: »dein Rest« (gemeint: der heilige Rest Israels?).

Gott gibt seine Botschaft seinen himmlischen Dienern weiter.[49] 4
Sie fassen seine herrliche Majestät in Worte,
sie verkünden seinen Glanz,
sie tun seinen Ratschluß kund,
sie sagen, was seine Absicht ist,
und lehren[50] seine Werke[51].
Denn das Wort ist unfaßbar schnell. 5
Rasch ist es gesagt, blitzschnell ist es da und überspringt jede Grenze.
Gottes Wort wankt nicht, sondern bleibt für immer stehen. 6
Keiner weiß, wie es von Gott herabgekommen ist und wie es sich ausbreitet.
Doch soweit Gottes Wort reicht, so weit erstreckt sich sein Herrschaftsgebiet[52]. 7
Denn Gott gibt allem Begreifen Licht und Helligkeit.[53]
Eine Generation[54] sprach mit der anderen durch das Wort, 8
und die, die vorher stumm waren, schufen sich eine Sprache.
Vom Wort ging Liebe und Gemeinsamkeit[55] aus. 9
Und einer sagte dem anderen, was er zu sagen hatte.
Durch das Wort wurden Menschen dazu gebracht, 10
ihren Schöpfer zu erkennen, weil es sie einträchtig[56] machte.
Weil Gott zu ihnen gesprochen hatte, 11
kam von ihm her auch die Deutung seiner Rede.[57]
Denn das Wort wohnt im Menschen, 12
und wenn ein Wort echt und treu ist, dann ist das Liebe.
Selig, die durch das Wort alles begriffen 13
und Gott in seiner Wirklichkeit erfahren haben.
Halleluja!

49 Mit Bruston (1912) lesen wir nicht »Äonen« oder »Generationen«, sondern »Sklaven, Diener«.

50 Wir folgen hier dem Vorschlag von Charlesworth, S. 61 f.

51 Andere lesen: »Sklaven«.

52 Zu dieser Lesart vgl. Charlesworth, S. 62.

53 Hier ist eine besondere (stoische) Erkenntnistheorie vorausgesetzt: Die kosmische Dimension von Gottes Wort ist die Grundlage und Ermöglichung des Verstehens überhaupt.

54 Andere übersetzen: »Äonen«, »Welten« im Sinne von »Himmelsräumen«.

55 Wörtlich: »Gleichheit«, vgl. 2 Kor 8,14.

56 Eine originelle Auffassung: Sprache schafft Eintracht, und diese führt zur Gotteserkenntnis, denn die Menschen verstehen die Eintracht als Gabe Gottes.

57 Hier ist die zeitgenössische Auffassung belegt, daß nicht nur Gottes Wort, sondern auch dessen Erklärung eine Gabe Gottes ist (so nach Qumrantexten und in der neutestamentlichen Auslegung der Schrift).

Ode 13

1 Der Herr ist unser Spiegel.[58]
Öffnet die Augen und betrachtet euch darin.
2 Lernt den Ausdruck eures Gesichts kennen,
und stimmt Loblieder an für seinen Geist!
3 Wischt alles Häßliche aus eurem Gesicht,
lernt Gottes Heiligkeit schätzen, und zieht sie an wie ein Kleid,
4 dann werdet ihr stets ohne Makel bei ihm sein.
Halleluja!

Ode 14

1 Wie die Augen des Sohnes auf seinen Vater
so sind, Herr, meine Augen stets auf dich gerichtet.
2 Denn deine Brüste geben mir Milch zur Nahrung[59],
und bei dir ist meine Freude.
3 Wende deine Barmherzigkeit nicht von mir ab, Herr,
und nimm deine Freundlichkeit nicht weg von mir.
4 Strecke mir immer deine Hand entgegen, Herr,
und führe mich bis zum Ende des Weges, wie du es willst.
5 Laß mich eine Freude sein für dich, damit du verherrlicht wirst.
Laß mich erlöst werden von dem Bösen um deines Namens willen.
6 Bleibe weiter so freundlich und tröstlich bei mir,
und laß mich spüren, was deine Liebe bewirkt.
7 Lehre mich die Lieder, die deine Wirklichkeit besingen.
Laß mich durch dich Frucht bringen.
8 Bringe durch mich die Zither deines Heiligen Geistes zum Klingen[60],
daß ich dich, Herr, in allen Tonarten lobpreisen kann.
9 Deine Güte ist so groß, gib mir meinen Anteil daran.
Eile doch, meine Bitten zu erfüllen.
10 Denn du kannst alles geben, was wir brauchen.
Halleluja!

---

58 Vgl. dazu: Tanzlied 5,8 (s. unten): »Ich bin ein Spiegel für euch, die ihr mich kennt.«

59 Wörtlich: »bei dir sind die Brüste für mich«; zur Metaphorik vgl. 8,16; 19,3f.

60 Vgl. Eph 5,19; Kol 3,16.

Ode 15

Wer sich nach dem Sonnentag gesehnt hat, freut sich, wenn die Sonne da ist. 1
So ist der Herr meine Freude.
Denn der Herr ist meine Sonne, und seine Strahlen haben mich aufgeweckt. 2
Sein Licht hat alle Finsternis vor meinen Augen[61] vertrieben.
Er hat mir Augen gegeben zum Sehen, 3
und ich habe seinen heiligen Tag geschaut.
Er hat mir Ohren gegeben zum Hören, 4
und ich habe seine verläßlichen Worte vernommen.
Er hat mir Denkkraft gegeben zum Erkennen, 5
und er hat mich erfreut.
Den Weg des Irrtums habe ich verlassen. 6
Ich bin zu ihm gegangen, und er hat mich erlöst und reich beschenkt[62].
Weil er so freigebig ist, hat er mir gegeben. 7
Herrlich schön, wie er ist, hat er auch mich gemacht.
Wie ein Kleid zog ich Unvergänglichkeit an, 8
weil er durch seinen Namen an mir wirkte,
und legte Vergänglichkeit ab, weil er gütig ist.
Vor meinen Augen hat er den Tod vernichtet, 9
das Totenreich hat er durch mein Wort zerstört.
Über der Herde des Herrn ging unsterbliches Leben auf wie die Sonne. 10
Die an den Herrn glaubten, machten Bekanntschaft mit dem Leben.
Rückhaltlos gab er es denen, die auf ihn bauen.
Halleluja!

Ode 16

Es ist der Beruf des Bauern, den Pflug zu lenken, 1
und der Beruf des Steuermanns, das Schiff zu führen.
Mein Beruf ist es, dem Herrn Lieder zu singen und ihn zu lobpreisen.
Meine Kunst ist es, ihm Hymnen darzubringen und ihm damit zu dienen. 2

---

61 Wörtlich: »von meinem Angesicht«.
62 Wörtlich: »ohne Neid erlöst«.

Denn seine Liebe hat mein Herz stark gemacht
und ließ die Früchte über meine Lippen kommen.
3 Denn meine Liebe ist der Herr,
darum muß ich ihm singen
4 Denn der Lobpreis hat mich gestärkt,
und mein Glaube richtet sich auf ihn.[63]
5 Ich will meinen Mund auftun, damit Gottes Heiliger Geist durch mich verkündet, wie herrlich und majestätisch der Herr ist,
6 was seine Hände geschaffen und seine Finger geformt haben,
7 wie reichlich er sich erbarmt und wie kräftig sein Wort ist.
8 Denn das Wort des Herrn gibt Kunde vom Unsichtbaren
und erfaßt, was Gott denkt.
9 Mit dem Auge kann man sehen, was Gott getan hat,
und das Ohr hört, was er denkt.
10 Er hat die Erde weit gemacht
und das Wasser im Meer gesammelt.
11 Er hat den Himmel ausgespannt und die Sterne an ihren Platz gestellt.
12 Er hat die Schöpfung gegründet und errichtet.
Dann ruhte er aus von seinen Werken.
13 Alle Geschöpfe bewegen sich jedes auf seiner Bahn.
Jedes verrichtet sein Werk und kann nicht stillstehen und nicht aufhören.
14 Die himmlischen Heere unterwerfen sich seinem Wort.
15 Das Licht kommt von der Sonne wie aus seiner Schatzkammer.
Die Nacht ist die Schatzkammer der Finsternis.
16 Gott hat die Sonne für den Tag gemacht,[64] damit es hell wird.
Doch die Nacht bringt Finsternis über das Antlitz der Erde.
17 Einer empfängt vom anderen Gottes Lob und gibt es weiter.
So vollenden sie die Schönheit Gottes.
18 Nichts ist unabhängig vom Herrn,
denn er war schon, bevor überhaupt etwas entstand.
19 Die Welten sind durch sein Wort geworden,
weil er sie in seinem Herzen erdacht hat.
20 Lobt und ehrt seinen Namen.
Halleluja!

---

63 Oder: »Glauben habe ich durch ihn«.
64 Oder: »Die Sonne bewirkt für den Tag...«.

Ode 17

Mein Gott hat mich bekränzt. 1
Mein Kranz ist Leben.
Mein Gott hat mich als gerecht erklärt 2
und mich für immer erlöst.
Er hat mich befreit von allem, was sinnlos ist, 3
und mich nicht verurteilt.
Er hat meine Fesseln zerrissen mit seinen Händen. 4
Er hat mein Gesicht und meine Gestalt neu gemacht, so wurde ich eine neue Person[65].
Als diese lebte ich und wurde erlöst[66].
Ich ließ mich leiten vom Denken an Gottes Wirklichkeit, 5
ich folgte ihm und irrte nicht ab.
Alle, die mich sahen, staunten sehr, 6
weil ich ihnen wie ein Fremder erschien.
Doch Gott kennt mich und hat mich erhöht[67]. 7
Er ist der Höchste, der Vollkommene.
Er verherrlichte mich in seiner Gnade.
Er hat mein Denken in die Höhe seiner Göttlichkeit erhoben.
Vom Himmel her lenkte er meine Schritte. 8
Ich konnte verschlossene Türen öffnen.
Ich zerschlug die eisernen Riegel. 9
Meine eigenen Ketten glühten und schmolzen vor mir.
Nichts blieb mir verschlossen, 10
weil ich alles öffnen konnte.
Ich ging zu allen, die mit mir eingeschlossen waren, um sie zu befreien. 11
Keinen wollte ich gebunden lassen oder binden.
Reichlich teilte ich meine Einsicht mit, 12
voller Liebe leistete ich Fürbitte.
Ich säte meine Frucht in ihre Herzen 13
und ließ sie wachsen[68].

65 Das Syrische verwendet hier das griechische Lehnwort *prosopon*, das man – leicht anachronistisch – mit Person übersetzen kann. Eigentlich bezeichnet das griechische Wort die Rolle, die Maske. Erst im Laufe der christlichen Dogmengeschichte wird daraus der abendländische Personbegriff.

66 Der Erlösungsprozeß ist daher erst vollendet, wenn man nach Maßgabe der neuen Rolle lebt.

67 Zu dieser Lesart: Harris-Mingana und Charlesworth.

68 Wörtlich: »ich veränderte sie durch mich«.

14 Sie konnten meinen Segen empfangen und lebten,
ich sammelte sie bei mir und erlöste sie.
15 Denn sie sind meine Glieder und ich bin ihr Haupt.
16 Lob sei dir, Messias, unserem Haupt.
Halleluja!

Ode 18

1 Der Höchste hat in seiner Liebe mein Herz selig[69] und reich gemacht,
damit ich ihn lobpreise so, wie ich es vermag[70].
2 Er hat meine Glieder gestärkt, so daß sie mit seiner Kraft verbunden blieben[71].
3 So wurde ich von Krankheiten verschont,
und mein Körper stand gefestigt vor dem Herrn (ihm zu Diensten), wie er es wollte.
Denn seine Herrschaft ist voller Festigkeit.
4 Herr, nimm dein Wort nicht von mir,
obwohl es viele gibt, die böse sind.
5 Auch deine göttliche Fülle enthalte mir nicht vor,
obwohl ihre Werke schlecht sind.
6 Laß die Finsternis nicht siegen über das Licht,
laß die Wahrheit nicht fliehen vor der Lüge.
7 Laß deine Hand unsere Erlösung siegreich beenden,
laß sie aufnehmen Menschen von überallher,
halte sie über jeden, den Unglück heimgesucht hat.
8 Mein Gott, dein Wort dient nicht dem Tod und der Lüge,
sondern du willst, daß alle vollkommen werden.
9 Sinnloses Vergehen kennst du nicht
und es hat auch keinen Anteil an dir.
10 Irrwege kennst du nicht,
und sie haben auch nichts mit dir zu tun.
11 Was der Einsicht fernsteht, ist wie Staub,
wie stinkende Fäulnis über dem Sumpf.
12 Die ohne Sinn dahinlebten, hielten ihre Ansichten für großartig,
doch sie wurden wie ihre Ansichten und gingen dahin.
13 Die aber rechte Einsicht gewonnen hatten, dachten nach,

---

69 Wörtlich: »erhöht«, »erhoben«, »in die Höhe gehoben«.
70 Wörtlich: »mit meinem Namen«, d. h. »mir gemäß«.
71 Wörtlich: »daß sie nicht herausfallen sollten aus seiner Kraft«.

und ihre Gedanken zerfraßen ihr Herz nicht[72].
Denn sie dachten unaufhörlich an Gott 14
und spotteten über alle, die der Irrtum gefesselt hielt.
Ihre eigenen Worte waren dagegen wahr und verläßlich, 15
denn Gott hatte sie ihnen eingehaucht.
Seinem herrlichen Namen gilt unser Lob! 16
Halleluja!

Ode 19

Man reichte mir einen Becher Milch[73], 1
und ich trank ihn. Süß ist die Gnade des Herrn.
Der Sohn ist der Becher, 2
der Vater ist der, von dem die Milch kommt.
Der Heilige Geist hat die Milch genommen.
Des Vaters Brüste waren voll, 3
und seine Milch sollte nicht zwecklos verströmen.
Der Heilige Geist öffnete des Vaters Busen 4
und vermischte die Milch aus den beiden Brüsten.
Er reichte der Welt die Milch, ohne daß sie davon wußte. 5
Wer sie annimmt, steht in der Vollkommenheit, wie Gottes rechte
Hand sie gewährt.
Der Schoß der Jungfrau empfing ein Kind, 6
sie wurde schwanger und gebar das Kind.
Durch Gottes große Gnade wurde die Jungfrau Mutter, 7
sie kam in Wehen und gebar einen Sohn, doch ohne Schmerzen[74].
Das geschah nicht ohne Sinn. 8
Maria brauchte keine Hebamme, 9
denn Gott machte sie lebendig, kräftig wie einen Mann.
Sie gebar mit festem Willen. 10
Was sie gebar, war Offenbarung Gottes.
Dadurch daß Gott seine Kraft bewies, bekam sie ein Kind[75].
Ihre Liebe bedeutete Erlösung. Ihre Freundlichkeit bedeutet, 11
daß wir vor dem Tod bewahrt werden.
Durch das, was sie offenbar machte, erwies Gott seine Größe.
Halleluja!

---

72 Wörtlich: »verunreinigten sie nicht«. Unreinheit bedeutet Schädlichkeit für die Lebenssubstanz. Daher die obige Übersetzung.

73 Zum Bild von Milch bzw. Brüsten vgl. 8,16; 14,2; 35,5.

74 Umkehrung der Ankündigung von Gen 3,16. Wenn es um den neuen Adam geht, ist das aufgehoben.

75 Wörtlich: »erwarb sie«.

Ode 20

1 Ein Priester des Herrn bin ich
und leiste ihm Priesterdienst.
2 Das Opfer, das ich ihm darbringe, kommt von ihm selbst:
Es sind die Gedanken, die er mir mitgeteilt hat.
3 Denn das Opfer ist nicht wie die Welt,
seine Gedanken sind nicht wie schwache, sterbliche Kreaturen[76]
und auch nicht wie die, die nur einen irdischen Dienst darbringen.
4 Das Opfer, das der Herr will, ist Gerechtigkeit,
ein reines Herz und lautere Worte.
5 Bringe zum Opfer ein reines Herz.
Dein Herz soll niemals das Herz eines Mitmenschen in Not bringen.
Setze kein anderes Leben der Bedrängnis aus.
6 Kaufe keinen Sklaven, denn er ist wie du selbst.[77]
Versuche nicht, deinen Nächsten zu betrügen!
Nimm ihm nicht die Decke weg, mit der er sich zudeckt!
7 Ziehe die reiche Güte des Herrn an wie ein Kleid,
komm in sein Paradies,
und mache dir einen Kranz von seinem Lebensbaum.
8 Setz ihn auf dein Haupt und freu dich.
Ruhe dich aus in der Ruhe, die er bietet.
9 Gottes Herrlichkeit wird vor dir einhergehen,
Gottes freundliche Gnade wird dich beschenken,
in der herrlichen Heiligkeit Gottes wird es dir köstlich ergehen.
10 Lob und Ehre sei dem Namen Gottes.
Halleluja!

Ode 21

1 Ich erhob meine Arme zum Gebet,
um Gott für sein Erbarmen zu danken.
2 Er streift meine Fesseln von mir ab.
Er hilft mir, er hebt mich auf,
um sich meiner zu erbarmen und mich zu erlösen.
3 Ich legte die Finsternis ab wie ein Kleid

76 Wörtlich: »Fleisch«.
77 Andere lesen hier »Blut« und »Seele«, so W. Bauer: »Erwirb keinen Fremden durch das Blut deiner Seele«. Zu unserer Lesart vgl. Charlesworth.

und zog das Licht an wie ein neues Gewand.
Meine Glieder waren frei von Krankheit, Qual und Schmerzen. 4
Daß Gott an mich dachte, hat mir geholfen, 5
er stand mir immer treu zur Seite.
Er hob mich hinauf in das Licht. 6
Ich durfte vor ihm erscheinen
und war ihm für immer nah, 7
voller Lobpreis und Dank.
Er ließ mein Herz überfließen von Jubel, 8
der strömte aus meinem Mund,
meine Lippen trugen reiche Frucht.
Immer strahlender wurde mein Angesicht 9
vom Jubel über den Herrn und vom Lobpreis.
Halleluja!

Ode 22

Der Herr ließ mich von der Höhe herabkommen 1
und führte mich hinauf aus der Tiefe.
Er sammelt die Menschen, die in der Mitte sind, 2
und gibt sie mir zu eigen[78].
Er zerstreute meine Feinde und meine Gegner. 3
Er gab mir Macht über die Fesseln, daß ich sie lösen kann. 4
Durch mich besiegte er den siebenköpfigen Drachen[79]. 5
Du setztest meinen Fuß auf seine Wurzeln[80],
um seine Nachkommenschaft im Keim zu ersticken.
Du warst bei mir und hast mir geholfen, 6
überall hat mich dein Name schützend umgeben.
Deine Hand machte das Gift des Bösen unwirksam 7
und ebnete den Weg für alle, die an dich glauben.
Sie hast du aus den Gräbern befreit[81], 8
und von den anderen Toten getrennt.
Du hast ihren toten Knochen 9
einen (neuen) Leib angezogen.
Denen, die sich erst nicht bewegen konnten, 10
hast du Kraft zum Leben gegeben.

---

78 Wörtlich: »hat sie mir hinzugefügt«. Kopt.: »er hat sie über sich belehrt«.
79 Bild für den Satan, vgl. Apk 12,3.9; 20,2.
80 Die »Wurzeln« des Satans sind der Ursprung seines Stammbaums. Die Verbindung von Nachkommenschaft und Wurzel ist häufig belegt.
81 Wörtlich: »erwählt«.

11 Wo du gingst und wirktest, war Unvergänglichkeit dein Ziel.
Du hast deine Welt nur dazu in die Vernichtung geführt,
damit alles aufgelöst und dann erneuert wird.
12 Du bist der Fels, auf dem Fundament deiner Verläßlichkeit ruht alles[82].
Auf diesem Felsen bautest du deine Herrschaft[83], in der deine Heiligen wohnen.
Halleluja!

Ode 23

1 Die Heiligen können sich freuen.
Sie allein dürfen die Freude anziehen wie ein Gewand.
2 Gott begnadet die Auserwählten.
Sie allein können die Gnade empfangen, denn sie haben von Anfang an auf sie vertraut.
3 Gott liebt die Auserwählten.
Sie allein dürfen die Liebe anziehen, denn sie haben sie von Anfang an besessen.
4 Wenn ihr euch in eurem Leben immer Gott vor Augen haltet,
werdet ihr merken, daß der Herr neidlos gnädig ist.
Dann werdet ihr über ihn jubeln und ihn immer tiefer kennenlernen.
5 Wenn Gott etwas beschließt, ist es wie ein Brief[84].
Er teilt euch vom Himmel her auf die Erde mit, was er will,
6 mit großer Kraft, so wie jemand, der einen Pfeil vom Bogen schnellen läßt.
7 Viele streckten die Hände aus, um den Brief zu erhaschen und ihn zu lesen,
8 doch der Brief ließ sich nicht fangen.
Sie bekamen Angst vor ihm und dem Siegel, das er trug,
9 denn sie konnten es nicht aufbrechen[85],
weil die Macht, die auf dem Siegel lag, stärker war als sie.
10 Als der Brief wegflog, liefen die Menschen hinterher,
um zu sehen, wo er niederging,
wer ihn lesen durfte und wem er vorgelesen würde.

---

82 Koptisch: »und damit dein Licht Fundament für alle sei«.
83 Koptisch: »deinen Reichtum«.
84 Hier und im folgenden geht es um die »Institution« des Himmelsbriefes, Name für eine göttliche Botschaft, hier wohl des Alten Testaments.
85 Dieselbe Situation bezüglich einer himmlischen Schriftrolle: Apk 5,2f.

Der Brief ließ sich auf einer großen Walze[86] nieder 11
und blieb auf ihr liegen.
So empfing die Walze Insignien von Königtum und Herrschaft. 12
Alles, was ihr im Wege war, streckte sie nieder und walzte sie 13
platt.
Alles, was sich ihr entgegenstellte, drängte sie zurück. 14
Sie schüttete Flüsse zu,
um sie zu überqueren, und machte Wälder dem Erdboden gleich. 15
Sie zog eine breite Spur.
Als die Walze mitsamt dem Brief, der auf ihr lag, bis zu den Füßen 16
des Herrschers vorgedrungen war,
da stieg das Haupt zu den Füßen herab (und Gott kam auf die
Erde).
Der Brief enthielt ein Gebot, 17
die Menschen aller Länder sollten sich sammeln.
Und das Haupt, das sich offenbarte, wurde sichtbar. 18
Der wirkliche Sohn kam vom höchsten Vater.
Der Sohn wurde Erbe aller Dinge und nahm sie in Besitz. 19
Viele Menschen aus den Heidenvölkern wollten ihm etwas antun,
doch es mißlang[87].
Einige Mutige wurden abtrünnig und flohen dann doch. 20
Dann verließ die Verfolger der Mut, und sie gaben auf.
Der Brief war eine große Tafel, die Gott mit seinem Finger auf der 21
Vorder- und Rückseite beschrieben hatte.
Darauf stand der Name des Vaters und des Sohnes und des 22
Heiligen Geistes.
Halleluja!

Ode 24

Eine Taube flog auf das Haupt unseres Herrn Jesus Christus, denn 1
er war ihr Herr,
und setzte sich nieder. Laut ließ sie ihr Gurren hören. 2
Da gerieten die Einheimischen in Furcht und die Fremdlinge 3
in Sorge.
Die Vögel ließen ihre Flügel hängen, 4

[86] Wörtlich: »Rad«. Ein Rad bewerkstelligt kaum das im folgenden Berichtete. Walzen hießen griech. *kylindros*, lat. *cylindrus*. – Das Bild der Od Sal ist bisher religionsgeschichtlich nicht erklärt.

[87] Hieran knüpft sich die Vermutung, der »Brief« enthalte Psalm 2,1f (Zusammenrottung der Heiden und ihrer Könige gegen den Gesalbten). Nach 2,4 mißlingt ihr Anschlag. Vom Sohn ist in Psalm 2,7 die Rede.

und alle Würmer starben in ihren Behausungen.
5 Die Abgründe der Unterwelt taten sich auf und schlossen sich wieder
wie der Schoß einer Gebärenden. Sie sehnten sich nach ihrem Herrn.
6 Doch er wurde ihnen nicht gegeben,
weil er ihnen nicht gehörte.
7 Der Herr ließ die Flut in die Tiefen strömen,
so daß durch seinen Beschluß die zugrunde gingen, die vorher gewesen waren.
8 Denn sie selbst hatten von Anbeginn an alles vernichtet,
bis sie zum Schluß auch das Leben vernichteten.
9 Alles Mangelhafte zerstörten sie.
Denn sie konnten es nicht durch ihr Wort vor der Zerstörung bewahren.
10 Der Herr machte ihre Pläne zunichte,
weil Gottes Zuverlässigkeit nicht bei ihnen war.
11 Denn sie waren in ihrem Herzen übermütig und nicht weise.
12 Der Herr verwarf sie,
weil seine Treue nicht bei ihnen war.
13 Denn der Herr hat seinen Weg kundgetan
und seine Barmherzigkeit weit gemacht.
14 Wer es erfahren hat, weiß, wie heilig Gott ist.
Halleluja!

Ode 25

1 Ich bin meinen Fesseln entronnen und fliehe zu dir, mein Gott.
2 Denn du erlöst mich mit deiner Hand,
du hilfst mir.
3 Die den Aufstand gegen mich wagten[88], hast du daran gehindert, so daß sie verschwunden sind.
4 Denn deine Augen haben mich begleitet,
durch deine Güte rettest du mich.
5 Die Menge verachtete mich, in ihren Augen war ich verworfen,
wie wertloses Blei war ich in ihren Augen.
6 Von dir her kam Stärkung für mich,
du hilfst mir.
7 Rechts und links von mir hast du Leuchter aufgestellt,
damit nichts an mir ohne Licht bleibt.

---

88 Der koptische Text ergänzt: »du hast sie gehemmt . . .«.

Du hast mir deinen Heiligen Geist wie ein Kleid angezogen[89], 8
die Kleidung aus Fellen legte ich ab.
Denn deine Hand hat mich erhöht 9
und ließ alle Krankheit von mir weichen.
Durch deine Treue wurde ich kräftig. 10
Heilig wurde ich, weil du in deiner Gerechtigkeit mir erlaubst,
mit dir zu leben.
Alle meine Feinde bekamen Furcht vor mir, 11
im Namen des Herrn lebte ich als Eigentum des Herrn.
Durch seine[90] Gnade erkennt er mich als gerecht an, so daß ich 12
mit ihm leben kann.
Die Heimat bei ihm besteht für immer. 13
Halleluja!

Ode 26

Ein Loblied für den Herrn will ich singen, denn ich bin sein. 1
Ich will sein heiliges Lied aufsagen, denn mein Herz ist bei ihm. 2
Ich halte die Zither, die ich für ihn schlage, in meinen Händen, 3
und die Lieder, mit denen ich seine Ruhe besinge, sollen nicht
verstummen.
Ich will zu ihm rufen aus ganzem Herzen 4
und ihn lobpreisen und ehren mit meinem ganzen Leib.
Denn von Osten bis Westen gilt: 5
Alles Lob gebührt nur ihm.
Und von Süden bis Norden gilt: 6
Dank und Bekenntnis gebühren nur ihm.
Und vom höchsten Gipfel bis ins tiefste Tal gilt: 7
Alle Vollkommenheit ist bei ihm.
Wer kann, schreibe die Lieder des Herrn ab[91]! 8
Wer kann, lese sie vor!
Wer kann, übe Selbstbeherrschung, damit er lebt, 9
so kann er erlöst werden.
Wer kann, suche seine Heimat beim Höchsten 10
und sage seine heiligen Texte auf.
Wer kann, erzähle die Wunder, die Gott getan hat. 11

[89] Der koptische Text hat: »Du hast mich beschützt im Schatten deiner Barmherzigkeit.«

[90] Der koptische Text bewahrt auch hier die 2. Person.

[91] Die folgenden Sätze sind im Syrischen alle als rhetorische Fragesätze formuliert (z. B. »Wer kann die Lieder des Herrn schreiben?«), haben aber die Bedeutung eines Imperativs.

Denn wer sie erzählt, wird befreit.
Und das, was erzählt wird, bleibt.
12 Für den Menschen genügt es, etwas wahrzunehmen und Ruhe zu finden.
Wer singt, steht in Ruhe da
13 wie ein Fluß, dessen Quelle reichlich sprudelt
und der dahinfließt, um denen zu nützen, die ihn brauchen.
Halleluja!

Ode 27

1 Ich erhob meine Hände zum Lobpreis
und heiligte den Herrn mit meinen Worten.[92]
2 Denn wenn ich meine Arme ausbreite, bilde ich ihn ab.
3 Wenn ich aufrecht dastehe, bin ich der Pfahl des Kreuzes.[93]
Halleluja!

Ode 28

1 Die Tauben beschützen ihre Nestlinge mit ihren Flügeln
und berühren ihre Schnäbel mit ihrem Schnabel.
So hat der Heilige Geist seine Flügel über mein Herz gebreitet.
2 Mein Herz jubelt und hüpft vor Freude
wie das Ungeborene im Schoß seiner Mutter.
3 Ich kam zum Glauben, dadurch fand ich auch die Ruhe,
denn glaubwürdig ist der, dem ich vertraue.
4 Reichlich hat er mich gesegnet.[94]
Alle meine Gedanken sind bei ihm.
5 Weder Säbel noch Schwert können mich von ihm trennen.[95]
6 Denn Gott hat mich gewappnet, ehe es den Tod überhaupt gab.
Er hat mich in seine Arme geschlossen, ohne daß man an Vergänglichkeit denken mußte.[96]
7 Unsterbliches Leben umarmte mich und küßte mich.

92 »Heiligen« ist hier wie in der 1. Vaterunserbitte verstanden und meint das Zusprechen von Heiligkeit. Die wörtliche Übersetzung »heilig halten« bringt weder den sprachlichen Vollzug (Lobpreis) noch das aktive Element zum Ausdruck.
93 Der Beter bildet das Kreuz ab.
94 Ab hier differiert die Verszählung bei den Übersetzern von Ode 28. Wir folgen Charlesworth.
95 Zum Topos »nichts kann trennen von Gott« vgl. Röm 8,38f.
96 Andere: »Ich wurde festgesetzt durch seine unvergänglichen Flügel«.

Aus diesem Leben kommt der Heilige Geist in mir, 8
er kann nicht sterben, weil er Leben ist.
Die mich sahen, wunderten sich, daß man mich verfolgte. 9
Sie meinten, ich sei verschlungen worden, 10
weil sie mich verloren glaubten.
Doch meine Unterdrückung 11
wurde meine Befreiung.
Sie betrachteten mich als Abschaum, 12
weil ich nicht um ihre Gunst gebuhlt hatte.
Weil ich andauernd jedem Gutes tat, 13
haßten sie mich.
Sie umringten mich wie wütende Hunde, 14
die so dumm sind, daß sie auf ihre eigenen Herren losgehen.
Denn ihr Begreifen ist gestört 15
und ihr Verstand nicht in Ordnung.
Doch ich behielt das Wasser des Lebens fest in der Hand. 16
Ihre Bitterkeit konnte ich ertragen, weil ich selbst genug Süßes
ihnen entgegenzusetzen hatte.
Ich ging nicht zugrunde, weil ich nicht ihr Bruder war. 17
Denn ich komme eben von einem ganz anderen Ort als sie[97].
Sie suchten meinen Tod, doch es gelang ihnen nicht, 18
denn ich war älter, als ihre Erinnerung reicht[98].
Vergeblich warfen sie das Los über mich.
Die erst später entstanden, versuchten vergeblich, den Gedanken 19
an den zu beseitigen, der doch vor ihnen da war.
Denn Gottes Gedanken sind nicht zu überlisten. 20
Sein Herz übertrifft alle Weisheit.
Halleluja!

Ode 29

Der Herr ist meine Hoffnung, 1
Durch ihn werde ich nicht beschämt.
Herrlich, wie er ist, schuf er mich. 2
Gnädig, wie er ist, beschenkt er mich.
Voller Liebe, wie er ist, erhöht er mich. 3
Erhaben, wie er ist, hebt er mich auf.
Er führt mich herauf aus den Tiefen des Totenreichs 4
und zerrt mich aus dem Maul des Todes.

---

97 Vgl. z. B. Joh 7,28.
98 Vgl. Joh 8,57-59.

5 Ich erniedrigte meine Feinde,
und der Herr sah mich in seiner Gnade als gerecht an.
6 Ich glaubte an den Messias des Herrn,
und ich bin überzeugt: Er ist selbst der Herr.
7 Er zeigte mir sein Zeichen
und führte mich durch sein Licht.
8 Er gab mir des Zepter seiner Macht,
die Absichten der Heidenvölker zu durchkreuzen
und die Stärke der Helden zu erschüttern.
9 Ich soll Krieg führen durch sein Wort
und den Sieg erringen durch seine Kraft.
10 Durch sein Wort hat der Herr meinen Feind unterworfen.
Er wurde wie Staub, den der Wind wegbläst.
11 Lobpreis brachte ich dem Höchsten dar.
Denn er hat seinen Sklaven groß werden lassen,
den Sohn seiner Sklavin.
Halleluja!

Ode 30

1 Schöpft euch Wasser aus der lebendigen Quelle des Herrn,[99]
denn sie wurde für euch erschlossen.
2 Kommt alle, die ihr Durst habt, und trinkt,
ruht aus an der Quelle des Herrn.
3 Denn sie ist bekömmlich und klar
und gibt dem Herzen dauerhaft Erfrischung.
4 Ihr Wasser ist süßer als Honig,
viel süßer noch als die Honigwabe der Bienen.
5 Denn diese Quelle geht aus von den Lippen des Herrn,
vom Herzen des Herrn kommt ihr Name.[100]
6 Sie strömte hervor, unsichtbar und grenzenlos.
Doch sie war nicht zu erkennen, bis der Herr mitten auf der Erde sichtbar wurde.[101]
7 Selig, die aus ihr getrunken
und die Ruhe gefunden haben durch sie.
Halleluja!

---

99 Vgl. Joh 7,37.
100 Zur Übersetzung vgl. Charlesworth, S. 115.
101 Zur Übersetzung vgl. Charlesworth, S. 115.

Ode 31

Die Urflut der Abgründe verging vor dem Herrn, 1
vor seinem Anblick zerstob die Finsternis.
Der Irrtum verirrte sich und kam um angesichts des Herrn, 2
seine Ausweglosigkeit fiel der Verachtung anheim
und verschwand angesichts der Wirklichkeit Gottes in der
Versenkung.
Der Herr begann zu reden, gütig und voll Freude 3
und sang ein neues Loblied auf Gottes Namen.
Er erhob seine Stimme zum Höchsten 4
und führte ihm die als Kinder zu, die durch ihn entstanden waren[102].
Gott nahm ihn[103] als gerecht an, 5
so gab es ihm sein heiliger Vater.
Kommt her alle,[104] die ihr in Bedrängnis wart, 6
und laßt euch Freude schenken!
Gewinnt euch selbst durch Gottes Gnade. 7
Nehmt das unsterbliche Leben an!
Als ich auftrat, verurteilten sie mich, 8
obwohl ich gar nicht für schuldig befunden wurde.
Sie verteilten meinen Besitz, 9
obwohl ihnen nichts zustand
Doch ich war geduldig, schwieg und blieb friedlich. 10
Ich wollte mich durch sie nicht erschüttern lassen.
Vielmehr stand ich unbeirrt wie ein fester Fels. 11
Ich wurde ausgepeitscht wie von Wogen und hielt stand.
Ihren bitteren Haß ertrug ich demütig, 12
um mein Volk zu erlösen und zu erben.
Ich wollte das, was Gott den Erzvätern verheißen hatte, 13
nicht vereiteln,
alles, was Gott verheißen hatte, um ihre Kinder zu erlösen.
Halleluja!

Ode 32

Die Freude der Seligen kommt aus ihrem Herzen, 1
ihr Licht geht aus von dem, der in ihnen wohnt.

---

[102] Oder: »die er in Händen hatte«.
[103] Wörtlich: »rechtfertigte seine Person«.
[104] Vgl. Mt 11,28.

2 Was sie sagen, kommt aus der Wirklichkeit, die aus sich selbst besteht.
3 Diese Wirklichkeit ist mächtig geworden durch die heilige Kraft des Höchsten.
So ist sie für immer unerschütterlich.
Halleluja!

Ode 33

1 Wieder eilte die Gnade herbei und vertrieb die Unheilsmacht.
Sie stieg in das Verderben hinab, um es zu vernichten.
2 Der Erlöser, in dem die Gnade herabkam, vernichtete die Vernichtung mit jedem Schritt
und zerstörte ihr ganzes böses Netzwerk.
3 Er stand auf dem Gipfel ganz oben und ließ seine Stimme ertönen
vom einen Ende der Erde bis zum anderen.
4 Dann zog er alle zu sich heran, die ihm gehorchten,
und er erschien nicht wie der Böse[105].
5 Doch da erhob sich die vollkommene Jungfrau[106].
Sie predigte und verkündete mit den Worten:
6 »Ihr Söhne der Menschen, kehrt um,
ihr Töchter der Menschen, kommt herbei!
7 Verlaßt die Wege des Verderbers
und kommt zu mir.
8 Dann will ich in euch einziehen,
euch herausführen aus der Zerstörung
und euch weise machen, damit ihr die Wege der Treue Gottes gehen könnt.
9 Ihr werdet weder vergehen noch umkommen.
10 Hört auf mich und laßt euch erlösen!
Ich rede unter euch als die Gnade Gottes.
11 Durch mich werdet ihr erlöst und selig sein.

105 Es ist nicht ganz klar, ob dieser Herrscher nun ein Bösewicht ist oder nicht. Jedenfalls sieht er angeblich nicht so aus. Andererseits richtet sich die Predigt der Tabitha 8 (s. folg. Fußnote) doch an Menschen, die offenbar in die Irre geführt worden sind und die der Umkehr bedürfen.

106 Die Rolle dieser Jungfrau namens »Gnade« kann ein Rätsel der frühchristlichen Literaturgeschichte erklären helfen, die Gestalt der Tabitha in der koptischen Elia-Apk. Deren Rolle gegenüber dem Widersacher entspricht genau der hier beschriebenen. Der Name Tabitha ist demnach syrischen Ursprungs und heißt »Gnade« (*tabutha:* Brockelmann, Lexikon p. 269).

Eure Richterin bin ich.
Wer mich wie ein Kleid angezogen hat, wird nicht fälschlich angeklagt, 12
sondern wird in der neuen Welt unvergänglich sein.
Lebt mit mir auf meine Weise, meine Auserwählten! 13
Denen, die mich suchen, will ich meine Wege bekannt machen.
Sie sollen vertrauen können auf meinen Namen.«
Halleluja!

Ode 34

Wo ein aufrichtiges Herz ist, da ist kein gefährlicher Weg. 1
Wo die Gedanken geradlinig sind, kann einen nichts quälen.
In der Tiefe klaren Denkens gibt es keinen Sturm. 2
Wo jemand von schönem Land umgeben ist, da ist nichts Zwiespältiges. 3
Urbild dessen, was unten ist, 4
ist das, was oben ist.
Denn alles, was wirklich ist, ist eigentlich oben. 5
Unten ist nichts, es erscheint nur den Dummen so.
Gnade wurde offenbart, damit ihr erlöst werdet. 6
Glaubt und lebt und laßt euch erlösen!
Halleluja!

Ode 35

Der Herr ließ Tau über mir regnen. So bedeckte er mich mit wohltuender Erfrischung. 1
Eine Wolke des Friedens ließ er über meinem Haupt stehen.
Sie soll mich allezeit beschützen. 2
Sie hat mich gerettet.
Alle (anderen) wurden erschüttert und erschreckt, 3
Rauch wie nach vollzogenem Gericht kam von ihnen her.
Ich blieb ruhig, da ich in der Ordnung des Herrn stand. 4
Wohltuender als Schatten war sie für mich, wichtiger als ein Fundament.
Der Herr trug mich wie eine Mutter ihr Kind, 5
die Ordnung gab mir Milch, den Tau des Herrn.
So wurde ich groß und stark durch seine Gnade. 6
Ich fand Ruhe und Heimat in seiner Fülle.
Ich erhob meine Hände, als ich mich auf den Weg zum Herrn hinauf begab. 7

Ich richtete mich gerade auf den Höchsten hin.
Ich wurde bei ihm erlöst.
Halleluja!

Ode 36

1 Ich fand Ruhe auf dem Heiligen Geist.
Er hob mich zur Höhe.
2 In der Himmelshöhe des Herrn stellte er mich auf meine Füße
vor seine vollkommene Herrlichkeit.
Ich lobte ihn, indem ich ein Lied an das andere reihte.
3 Im Angesicht Gottes gebar mich der Heilige Geist.
Ich war ein Mensch, wurde aber doch Lichtglanz, Sohn Gottes,
genannt.
4 Ich lobte Gott[107] im Kreis der anderen, die ihn verherrlichten.
Dabei war ich groß unter den Großen.
5 Denn so groß, wie er selbst ist, hat mich der Herr gemacht,
wie er selbst Erneuerung ist, hat er mich erneuert.
6 Vollkommen, wie er ist, hat er auch mich gesalbt.
Ich wurde einer von denen, die nahe bei ihm stehen.
7 Gott öffnete meinen Mund wie eine Wolke, die Tau bringt.
Und mein Herz ließ hervorsprudeln
einen Schwall Gerechtigkeit.
8 Mein Weg zu Gott war voller Frieden und Heil.
Er hat mich fest gegründet im Heiligen Geist, so wie er beschlossen
hat,
ihn zu geben.
Halleluja!

Ode 37

1 Ich erhebe meine Hände zum Herrn
und richte mein Lied an den Höchsten.
2 Ich spreche mit der Stimme meines Herzens,
und Gott hört mich, wenn meine Stimme zu ihm dringt.
3 Sein Wort kommt zu mir
und macht meine Mühen fruchtbar.
4 Sein Wort schenkt mir Heimat in der Güte des Herrn.

---

107 Oder: »Ich wurde gelobt«.

Ode 38

Ich stieg hinauf in das Licht der Wirklichkeit Gottes wie zum Thronwagen. 1
Gottes Treue leitete und führte mich.
Sie ließ mich Abgründe und Schluchten überqueren 2
und rettete mich vor Klippen und Wogen.
Sie wurde für mich der rettende Hafen 3
und legte mich dem unsterblichen Leben in die Arme.
Sie begleitete mich, gab mir Ruhe und ließ mich nicht im Stich. So konnte ich mich nicht verirren. 4
Denn sie war und ist Gottes Treue für immer.
Nichts konnte mir gefährlich werden, weil ich mit ihr lebte. 5
Ich verfiel nicht dem Irrtum, weil ich mich nach ihr richtete.
Kein Wahn konnte ihr standhalten 6
oder ihr entgegentreten.
Gottes Treue bedeutete die rechte Bahn, 7
sie zeigte mir alles, was ich nicht wußte.
Sie wies mich auf jedes Gift der Täuschung hin 8
und auf all die Reize und Lockmittel des Todes, die in Wahrheit Qual bedeuten.
Ich sah den Allverderber und seine Wirkung: 9
Die Braut, die sich schmückte, war verdorben; der Bräutigam verdarb und war verdorben.
Ich fragte: »Wer ist das?« Gottes Treue erwiderte: »Das sind die Menschen, die in die Irre führen, und so wirkt der Wahn. 10
Sie ahmen den Messias, den Geliebten, und seine Braut nur nach. 11
Sie führen die Welt in die Irre und verderben sie.
Sie laden viele Menschen zum Trinkgelage und bewirten sie mit berauschendem Wein. 12
Dann kotzen die Gäste all ihre Weisheit aus, und wenn sie denken, tun sie es ohne Verstand. 13
Danach werden sie wieder hinausgeworfen. 14
Ohne Verstand gehen sie dann umher und verderben andere.
Sie haben kein Herz mehr zum Denken, und wollen auch gar keines haben.«
Ich wurde weise, da ich nicht den Verführern in die Hände fiel. 15
Ich schätzte mich glücklich, daß Gottes Treue mit mir ging.
Ich gewann Festigkeit, lebte und wurde erlöst. 16
Der Herr selbst legte mein Fundament,
denn er pflanzte mich.
Er steckte die Wurzel tief in die Erde, 17

bewässerte sie, festigte und segnete sie. Ihre Frucht ist ganz haltbar.
18 Die Wurzel drang tief ein, ihr Schößling stieg empor. Die Pflanze wuchs und wurde ein großer Baum mit einer vollen Krone.
19 Dadurch, daß Gott so pflanzte und hegte,
stellte er seine Herrlichkeit dar.
20 Denn er sorgte und segnete mit seinem Wort.
Beides ließ er der schönen Anpflanzung zu seiner Rechten angedeihen.
21 Denn seine Pflanzung war gut bedacht,
sein Beschluß gut überlegt.
Halleluja!

Ode 39

1 Die Macht des Herrn ist wie ein wilder Strom.
Wer den Herrn mißachtet, den reißt er kopfüber mit sich.
2 Jeden Schritt macht er unmöglich, jede Furt oder Brücke macht er zunichte.
3 Die Körper rafft er dahin,
die Gesundheit zerstört er.
4 Denn er ist geschwinder und schneller als der Blitz.
5 Nur wer ihn als Glaubender überqueren will,
dem machen die Fluten keine Angst.
6 Wer ohne Makel an seinem Ufer entlanggeht,
dem jagt er keinen Schrecken ein.
7 Denn der Herr selbst ist das Schutzzeichen[108], das die Glaubenden an sich tragen.
Und wer den Fluß im Namen des Herrn überquert, der hat mitsamt dem Zeichen auch die Kenntnis des Wegs.
8 Zieht also den Namen des Herrn an wie ein Kleid und macht Ernst mit der Einsicht in ihn.
Dann werdet ihr gefahrlos die Fluten überqueren,
und die Ströme werden euch gehorchen.
9 Der Herr überbrückte die Fluten durch sein Wort.
Er selbst ging hin und konnte sie zu Fuß überschreiten.
10 Die Spuren seiner Schritte blieben auf dem Wasser und wurden nicht verwischt.
Sie waren eingerammt wie Pfähle.
11 Ringsum erheben sich die Wellen,
doch die Fußspur unseres Herrn und Messias steht fest.

---

108 Vgl. Apk 7,3b.

Sie werden weder verwischt noch beschädigt. 12
Für alle, die nach ihm den Fluß überqueren wollen, weisen sie den Weg, für alle, die den Weg seines Glaubens gehen wollen und seinen Namen anbeten. 13
Halleluja!

Ode 40

Der Honig fließt ohne Unterlaß aus der Bienenwabe. 1
Genauso wie die Milch aus der Brust einer Frau, die ihre Kinder voll Liebe aufzieht.
So beharrlich richtet sich meine Hoffnung auf dich, Herr.
Wie das sprudelnde Wasser der Quelle 2
verströmt mein Herz Hymnen des Herrn.
Meine Lippen singen für ihn ein Lied.
Die Gesänge für ihn versüßen meine Zunge, 3
die Oden, die ich an ihn richte, salben meine Glieder,
der Jubel, den ich ihm darbringe, macht mein Angesicht froh. 4
Durch seine Liebe frohlockt mein Herz.
Durch ihn bin ich ein strahlender Mensch.
Wer ihn fürchtet, darf sich auf ihn verlassen, 5
ganz sicher wird er ihn erlösen.
Ewiges Leben wird er gewinnen, 6
und wer das empfängt, der kann nicht vergehen.
Halleluja!

Ode 41

Alle seine Kinder sollen den Herrn lobpreisen. 1
Im Glauben an ihn wollen wir bauen auf seine Treue.
All seine Kinder möge der Herr beachten. 2
Deshalb wollen wir singen in der Kraft seiner Liebe.
Durch seine Gnade leben[109] wir bei ihm, 3
durch seinen Messias wird uns Leben zuteil.
Denn ein großer, strahlender Tag ist über uns aufgegangen, 4
und Gott ist wunderbar, weil er uns Anteil gibt an seiner Herrlichkeit.
Darum wollen wir alle eins sein im Namen des Herrn 5
und ihn ehren, da er so gütig ist.
Unser Antlitz wird leuchten durch sein Licht, 6

---

109 Andere: »freuen wir uns«.

unsere Herzen werden seine Liebe bedenken Tag und Nacht.
7 Wir wollen jubeln im Jubel des Herrn.
All jene, die mich sehen, werden staunen,
denn ich komme von einem anderen Ort.
8 Der himmlische Vater hat an mich gedacht,
ich war bei ihm als sein Eigentum von Anbeginn der Welt.
9 Ich wurde geboren aus seinem reichen, göttlichen Leben
und aus dem Denken seines Herzens.
10 Sein Wort begleitet uns all unsere Tage.
Der Erlöser gibt uns Leben und verstößt uns nicht.
11 Er hat sich erniedrigt
und wurde erhöht wegen seiner Gerechtigkeit[110].
12 Der Sohn des Allerhöchsten ist erschienen
in der Vollkommenheit seines Vaters.
13 Licht strahlte auf vom Wort,
das von Anbeginn der Welt in ihm wohnt.
14 Der Messias ist wahrhaftig nur ein einziger,
vor Grundlegung der Welt wurde er erwählt,
15 um durch die himmlische Wirklichkeit seines Namens den Menschen für immer Leben zu geben.
16 Dies ist ein neues Lied für den Herrn, gesungen von denen, die ihn lieben.
Halleluja!

Ode 42

1 Ich erhob meine Hände zum Gebet und trat auf den Herrn zu.
Denn das Erheben der Hände ist ein Zeichen für ihn.
2 Wenn ich die Hände erhebe, bedeutet es ganz einfach das Kreuz.
Es wurde auf dem (Leidens-)Weg des Gerechten hinaufgetragen.
3 Für die, die mich nicht kannten, wurde ich gleichsam nutzlos,
denn ich verberge mich vor allen, die mich nicht behalten wollten.
4 Doch ich werde bei denen sein, die mich lieben.
5 Alle meine Verfolger sind tot.
Doch die, die auf mich vertrauten, haben mich gesucht. Denn ich bin der Lebendige.
6 Dann bin ich auferstanden und bin nun bei ihnen.
Ich spreche durch ihren Mund.
7 Denn sie mißachteten ihre Verfolger.
Doch ich legte auf sie das Joch meiner Liebe.

---

110 Vgl. besonders Phil 2,6-11.

ter aufgestellt. Gott hatte ihnen die Freiheit gegeben, diese Stoffe zu verwenden. Sie haben daraus Gestalten gemacht und vergaßen dabei, daß es sich um bloße Materie handelt, die sonst zu anderen Zwecken gebraucht wird, nämlich um ihnen in ihrem täglichen Leben zu dienen. Doch sie beten sie an. Und so gehen sie auch mit dem um, was Gott ihnen zur Nahrung gegeben hatte, den Vögeln in der Luft und den Tieren, die im Meer schwimmen, den Kriechtieren in der Erde und den vierfüßigen Tieren des Feldes, Wieseln und Mäusen, Katzen, Hunden und Affen. Das, was sie selbst essen sollten, haben diese Menschen eßbarem Getier geopfert und haben Toten Totes dargebracht, als wären sie Götter. So sind sie undankbar gegen Gott, denn sie leugnen so durch ihr Tun, daß er existiert.[5]

Fragment 6

Verehrt Gott auch nicht nach der Art der Juden. Denn sie meinen, daß sie allein Gott kennen, aber sie verstehen doch nichts davon. Engeln und Erzengeln, den Monaten und dem Mond lassen sie kultische Verehrung zukommen.[6] Und wenn der Mond nicht scheint, feiern sie den sogenannten ersten Sabbat nicht, auch nicht Neumond, nicht das Fest der ungesäuerten Brote, kein Laubhütten-Fest und kein Versöhnungsfest.[7]

Fragment 7

Daher sollt ihr, so wie es heilig und gerecht ist, das aufnehmen, was wir euch überliefern, und vor allem eines bewahren: die neue Art, Gott zu verehren, nämlich durch Jesus Christus. Denn wir haben in der Schrift gefunden, wie es der Herr sagt: »Siehe, ich schließe mit euch einen neuen Bund – anders als ich den Bund mit euren Vätern am Berg Horeb geschlossen habe.« So hat er einen neuen Bund mit uns geschlossen. Denn das, was Griechen und Juden haben, ist alt. Doch wir sind Christen, das dritte Geschlecht neben Juden und Griechen. Wir verehren Gott auf neue Weise.[8]

---

5 Clemens Alexandrinus, Stromateis VI 5,40. – Origenes, Kommentar zum JohEv XIII 17.
6 Vgl. Gal 4,10.
7 Clemens Alexandrinus, Stromateis VI 5,41. Wörtlich: »großer Tag«.
8 Clemens Alexandrinus, Stromateis VI 5,41.

Fragment 8

Wenn nun einer aus Israel umkehren will und im Blick auf mich und meinen Namen an Gott glaubt, dann werden ihm die Sünden vergeben werden. Nach zwölf Jahren geht hinaus in die Welt, damit niemand sagen kann: Wir haben es nicht gehört.[9]

Fragment 9

Ich habe euch zwölf Jünger auserwählt, da ich meinte, daß ich euch gebrauchen kann.[10] Ich meine, daß ihr treue Apostel seid, und sende euch in die Welt. Allen Menschen auf der Erde sollt ihr das Evangelium verkünden: Sie sollen erkennen, daß es nur einen Gott gibt. Das können sie erkennen durch den Glauben an mich, den Messias. Sie sollen über die Zukunft sagen: Wer hören will und glaubt, wird gerettet. Wer aber nicht glaubt, bezeugt doch, daß er die Botschaft gehört hat, und hat nicht die Entschuldigung, sie nicht gehört zu haben.[11]

Fragment 10

Wenn einer von euch in Unkenntnis etwas getan hat, weil er Gott nicht wirklich kannte, dann werden ihm alle Sünden vergeben, wenn er nur zur Einsicht kommt und umkehrt.[12]

Fragment 11

Wir rollten die Bücher der Propheten auf, die wir da hatten. Sie nennen Jesus Christus teils mit verschlüsselten Worten, teils in Rätseln, teils zuverlässig und mit klaren Worten. So fanden wir darin seine Ankunft, seinen Tod und sein Kreuz beschrieben und auch all die übrigen Martern, die die Juden ihm angetan haben. Wir fanden auch, daß seine Auferweckung und seine Aufnahme in den Himmel beschrieben waren, bevor Jerusalem gegründet wurde. All das, was er leiden mußte und was nach ihm geschehen würde, fanden wir aufgeschrieben. Das alles konnten wir anerken-

[9] Clemens Alexandrinus, Stromateis VI 5,43; 6,48.
[10] Andere Handschrift: »... die der Herr wollte«. Wörtlich: »... habe euch meiner würdig befunden.«
[11] Clemens Alexandrinus, Stromateis VI 6,48.
[12] Clemens Alexandrinus, Stromateis VI 6,48.

nen und so an Gott glauben durch all das, was als Hinweis auf ihn geschrieben stand.[13]

Fragment 12

Denn wir erkannten, daß Gott dieses wirklich angeordnet hat, und sagen nichts ohne Grundlage in der Schrift.[14]

Anhang

Fragment 13

»Ich bin kein körperloser Dämon.«[15]

Fragment 14

»Eine Seele, die sich abmüht, ist Gott nahe.«[16]

Fragment 15

»Ich Unglückseliger bedachte nicht, daß Gott auf die Gesinnung sieht und auf die Stimme des Herzens achtet. Ich willigte in die Sünde ein, indem ich bei mir sagte: ›Gott ist barmherzig und wird mich tragen‹, und da ich nicht sogleich geschlagen wurde, hörte ich nicht auf, sondern verachtete die Vergebung noch mehr und erschöpfte Gottes Langmut.«[17]

Fragment 16

»Reich ist, wer sich vieler erbarmt und wer Gott darin nachahmt, daß er von dem gibt, was er hat. Denn Gott hat allen alles gegeben von dem, was er geschaffen hat. Begreift also, ihr Reichen, daß ihr dienen müßt, da ihr mehr empfangen habt, als ihr braucht. Lernt,

---

13 Clemens Alexandrinus, Stromateis VI 15,128.
14 Clemens Alexandrinus, Stromateis VI 15,128.
15 Wort Jesu zu den Jüngern nach Origenes, De Principiis I, Vorwort 8, angeblich aus der »Lehre des Petrus«.
16 Gregor v. Nazianz, Brief 20,2; Rede 17,5 zitiert aus der »Lehre des Petrus«.
17 Johannes Damascenus, K. Holl TU XX 2, 1899, S. 233, Nr. 502.

daß anderen fehlt, was ihr überreich besitzt. Schämt euch, fremdes Gut zu behalten. Ahmt Gottes Gerechtigkeit nach, dann wird niemand arm sein.«[18]

[18] Johannes Damascenus, K. Holl TU XX 2, 1899, S. 234, Nr. 503.

Hebräer-Evangelium

Erläuterung: Der Titel »Hebräer-Evangelium« bezeichnet Judenchristen als Trägerkreis, und zwar am wahrscheinlichsten griechisch sprechende Judenchristen. Öfter wird das Hebräer-Evangelium gleichgesetzt mit dem Evangelium, das angeblich in hebräischen Buchstaben geschrieben war (z. B. Hieronymus, Brief 120,8 an Hedybia; PL 22,992) oder mit dem, das die Nazaräer und/oder Ebioniten (Irenäus, adv. haer. I 26,2) benutzten, oder gar mit einer angeblichen hebräischen Version des Matthäus-Evangeliums (Epiphanius, Haer nach PG 41,405A). Alle diese Gleichsetzungen finden sich bei A. de Santos, Los evangelios apócrifos, Madrid 1963, 34-47. Dadurch ergeben sich dort 54 Fragmente bzw. Lesarten (für die Fälle, in denen Hieronymus das »Hebräische« notiert).

Daß das Hebräer-Evangelium und das Nazaräer-Evangelium zwei verschiedene Texte seien, ist erst eine These moderner Forschung. Eine kritische Überprüfung der – vor allem durch Mißtrauen gegenüber Hieronymus getragenen – Forschung ergibt allerdings das Gegenteil (vgl. dazu: Peter Leberecht Schmidt: »Und es war geschrieben auf Hebräisch, Griechisch und Lateinisch«: Hieronymus, das Hebräer-Evangelium und seine mittelalterliche Rezeption, in: Filologia mediolatina, Rivista della Fondazione E. Franceschini 5 (1998) 49-93). Demnach ist der Titel »Nazaräer-Evangelium« erst mittelalterlich. Das Hebräer-Evangelium wurde laut Hieronymus von »Nazaräern« gebraucht. Das Hebräer-Evangelium hatte im übrigen folgende Merkmale: Es war aramäisch verfaßt, stand dem Evangelium nach Matthäus nahe und trug den Titel »Evangelium nach den Hebräern«.

Zu den hier gebotenen Fragmenten: Man kann sich vorstellen, daß die Fragmente 8 und 6 am Anfang gestanden haben, Fragment 4 am Ende des Textes. Der hier gebotene Text zeigt einen stark abweichenden Bestand an Jesus-Überlieferungen, der in hohem Maße jüdisch geprägt ist. Antidoketische oder gnostische Züge kann ich nicht erkennen. Daher ist 140 n. Chr. wohl der spätestmögliche Zeitpunkt für die Datierung.

Fragmente

1
Wer staunen kann, wird herrschen, und wer herrscht, wird Ruhe finden.[1]
Vgl. dazu: Wer sucht, ruht nicht, bis er findet. Wer findet, wird staunen. Wer staunt, wird herrschen, wer herrscht, wird Ruhe finden.[2]

2
Sogleich ergriff mich meine Mutter, der Heilige Geist, an einem meiner Haare und trug mich weg auf den großen Berg Tabor.[3]

3
Niemals sollt ihr froh sein, solange ihr nicht euren Bruder liebevoll angeblickt habt.[4]

4
Nachdem der Herr dem Sklaven des Hohenpriesters das Leinentuch gegeben hatte, ging er zu Jakobus und erschien ihm. Denn Jakobus hatte geschworen, von der Stunde an, da er den Becher des Herrn getrunken habe, werde er kein Brot mehr essen, bis er den Herrn von den Toten auferstanden gesehen hätte ... »Bringt einen Tisch und Brot!« sagte der Herr. Dann nahm er das Brot, segnete und teilte es und gab es Jakobus, dem Gerechten, mit den Worten: »Mein Bruder, iß dein Brot, denn der Menschensohn ist von den Toten auferstanden.«[5]

5
Unser Brot für morgen gib uns heute.[6]

---

1 Clemens von Alexandrien, Strom II 9; PG 8,981A. Vgl. ThomasEv 2.
2 Clemens von Alexandrien, Strom V 14; PG 9,141B.
3 Origenes, Johannes-Kommentar 2,6; PG 14,132C; vgl. Jeremia-Homilie 15,4; PG 13,433B; Hieronymus, Commentarius II zu Micha 7,6; PL 25,1221D-1222A. – Zur Sache vgl. den himmlischen Transfer von Propheten und Aposteln, z. B. den des Philippus nach Act 8,39f.
4 Hieronymus, Commentarius III in Ephes. 5,4; PL 26,552D.
5 Hieronymus, De viris illustribus 2; PL 23,641B-643A.
6 Hieronymus, Commentarius I in Matth 6,11; PL 26,44C-D; Tractatus in Psalm 135. Vgl. oben zu Mt 6,11.

6
Als der Herr aus dem Wasser hinaufstieg, da kam der ganze Heilige Geist als Wasserstrahl auf ihn herab und blieb auf ihm. Der Heilige Geist sagte zu ihm: »Mein Sohn, in allen Propheten habe ich dich erwartet, daß du kommst und ich in dir bleiben kann. Denn du bist meine Bleibe, du bist mein erstgeborener Sohn, du regierst in Ewigkeit.«[7]

7
(Es ist ein schweres Vergehen,) wenn einer den Heiligen Geist, der in seinem Bruder ist, betrübt.[8]

8
Als Christus zu den Menschen auf die Erde kommen wollte, erwählte Gott Vater eine starke Kraft im Himmel. Sie hieß Michael. Der Fürsorge dieser Kraft vertraute er Christus an. Die Kraft kam in die Welt, sie wurde Maria genannt, und Christus war sieben Monate in ihrem Leib.[9]

9
Als Joseph hinausblickte, sah er eine Menge Wanderer, die sich gemeinsam der Höhle näherten, und sagte: »Ich will aufstehen und hinausgehen, ihnen entgegen.« Als Joseph hinausgegangen war, sagte er zu Simon: »Mir scheint, die da kommen, sind Wahrsager; denn sieh nur, jeden Augenblick schauen sie zum Himmel auf und besprechen sich miteinander. Außerdem scheinen sie Fremde zu sein, da sie ganz anders aussehen als wir; ihre Kleidung ist sehr prächtig, und sie haben eine dunkle Hautfarbe; auf dem Kopf tragen sie Kopfbedeckungen, ihre Gewänder sehen weich aus, und sie tragen Beinkleider. Schau, jetzt bleiben sie stehen und schauen mich an, und sieh nur, sie haben sich wieder in Bewegung gesetzt und kommen hierher.«[10]

---

7 Hieronymus, Commentarius IV in Jesaja 11,2; PL 24,148B-D.
8 Hieronymus, Commentarius VI in Ezechiel 18,7; PL 25,174B.
9 Pseudo-Cyrill v. Jerusalem, nach: V. Burch: The Gospel according to the Hebrews; some new matter chiefly from Coptic sources, in: JThSt 21 (1920) 310-315; E. A. W. Budge, Texts, kopt. p. 60, engl. p. 637.
10 Sedulius Scottus, Mt-Komm, Hs. Berlin Phil. 1660, 9. Jh., zitiert nach W. Schneemelcher, Neutestamentliche Apokryphen, 5. A., 137. Angeblich »aus dem Evangelium nach den Hebräern«. Das kann freilich auch irgendein anderes judenchristliches Evangelium gewesen sein.

Nazaräer-Evangelium

Einleitung: Ein Teil der sonst häufig dem Nazaräer-Evangelium zugeschriebenen Fragmente ist in unserer Sammlung unter »Hebräer-Evangelium« aufgeführt. Hegesippus (um 180) bezeugt als erster die Existenz einer Schrift namens Nazaräer-Evangelium. Der Terminus »Nazaräer« weist auf Judenchristen. Als Entstehungstermin nennt man die erste Hälfte des 2. Jh. s. Neuere kritische Untersuchungen (s. P. L. Schmidt zum Hebräer-Evangelium) legen die Auffassung sehr nahe, daß Hebräer- und Nazaräer-Evangelium nicht zu trennen sind. Wir folgen in der Zuweisung einzelner Texte zum Nazaräer-Evangelium W. Schneemelcher daher mit dem angezeigten Vorbehalt.

Fragmente

1

Der andere der beiden Reichen fragte Jesus: »Guter Lehrer, was soll ich Gutes tun, damit ich für immer lebe?« Jesus antwortete: »Lieber Mensch, erfülle das Gesetz und die Propheten.« Der Reiche erwiderte: »Das habe ich bereits getan.« Da forderte Jesus ihn auf: »Geh, verkauf all deinen Besitz, verteile ihn unter die Armen, und dann komm und folge mir nach.« Darauf begann der Reiche, sich am Kopf zu kratzen, denn die Aufforderung gefiel ihm nicht. Der Herr fragte ihn: »Wie kannst du sagen, du habest Gesetz und Propheten erfüllt? Im Gesetz steht doch: Liebe deinen Nächsten wie dich selbst. Doch viele deiner Brüder[1] und Schwestern, Kinder Abrahams wie du, starren vor Dreck und sterben vor Hunger. Und derweil ist dein Haus voll von vielen guten Dingen, und nichts davon kommt heraus zu ihnen.« Und zu seinem Jünger Simon gewandt, der bei ihm saß, fuhr Jesus fort: »Simon, Sohn des Johannes, leichter geht ein Kamel durch ein Nadelöhr als ein Reicher in das Himmelreich.«[2]

---

[1] Man beachte: In Lev 19,17f und auch sonst in den Gesetzescorpora des AT mit Sozialgesetzen sind »Nächster« und »Bruder« synonym. Beide bezeichnen den Volksgenossen (und nur ihn).

[2] Pseudo-Origenes, Commentarius in Matthaeum, XV zu 19,16ff.

2
(Der Mann mit der abgestorbenen Hand, vgl. Mk 3,1-6, sagt:) »Ich war Maurer und habe mit meiner Hände Arbeit für meinen Lebensunterhalt gesorgt. Ich bitte dich, Jesus, stelle meine Gesundheit wieder her, damit ich mir nicht ehrlos mein Essen erbetteln muß.«[3]

3
»Unser Brot für morgen gib uns heute.«[4]

4
Die riesige oberste Stufe des Tempelportals spaltete sich.[5]

5
Seine Mutter und seine Brüder sagten zu Jesus: »Johannes der Täufer tauft zur Vergebung der Sünden. Wir wollen hingehen und uns von ihm taufen lassen.« Jesus erwiderte: »Was habe ich gesündigt, daß ich hingehen und mich von ihm taufen lassen soll? Aber vielleicht rede ich aus Unwissenheit[6] so und habe gesündigt, ohne es zu wissen.«

6
[Jesus sagte:] »Wenn dein Bruder gegen dich mit Worten gesündigt und es wiedergutgemacht hat, dann nimm ihn siebenmal am Tag wieder an.« Simon, sein Jünger, fragte: »Siebenmal am Tag?« Der Herr antwortete: »Ich sage dir sogar: Siebenmal siebzigmal. Denn auch bei den Propheten fand sich Sünde[7], obwohl sie doch mit Heiligem Geist gesalbt waren.«[8]

7
Auf dieses Wort des Herrn hin kamen viele Tausende der Juden zum Glauben, die um das Kreuz herumstanden.[9]

---

3 Hieronymus, Commentarius I in Mt 12,13; PL 26,80A-B.
4 Hieronymus, Tract. in Ps 135; Commentarius I in Mt 6,11; PL 26,44C-D.
5 Hieronymus, Commentarius IV in Matthaeum 27,51; PL 26,221B; Epistula 120,8 an Hedybia; Pl 22,992.
6 Hieronymus, Contra Pelagianos III 2; PL 23,597B-598A.
7 Das lateinische »*sermo peccati*« ist im Sinne des hebräischen *dabar* oder des griechischen *rhema*, also als Tatbestand oder Sache, zu verstehen. Demnach ging es bei den Propheten um Sache oder Tatbestand der Sünde.
8 Hieronymus, Contra Pelagianos III 2; PL 23,598A.
9 Haimo v. Auxerre, Jesaja-Kommentar zu 53,12.

8
Solche Strahlen gingen aus seinen Augen hervor, daß sie erschreckt wurden und flohen.[10]

9
(Fußwaschung nach Joh 13:) Er hat die Füße jedes einzelnen geküßt.[11]

10
(Der Engel zu Jesus in Gethsemane:) »Sei standhaft, Herr, denn jetzt kommt die Zeit, in der durch deine Leiden das in Adam verkaufte Geschlecht der Menschen losgekauft werden soll.«[12]

11
Die Juden bestachen vier Soldaten, sie sollten den Herrn so heftig geißeln, bis das Blut von seinem ganzen Körper strömte. Dieselben Soldaten hatten sie auch bestochen, daß sie ihn kreuzigen sollten.[13]

12
(»Vater, vergib ihnen. Denn sie sind unwissend und begreifen nicht, was ihr Tun bedeutet«, vgl. Lk 23,34) »Auf diese ... Rede Jesu Christi hin wurden später achttausend zum Glauben bekehrt; nämlich dreitausend am Pfingsttag ... und nachher fünftausend ...«[14]

[10] Hs. Petrus v. Riga, nach W. Schneemelcher, Neutestamentliche Apokryphen, 5. A., 136.
[11] Historia passionis Domini fol. 25v, nach W. Schneemelcher, Neutestamentliche Apokryphen, 5. A., 137.
[12] Historia passionis Domini fol. 32r, nach W. Schneemelcher, Neutestamentliche Apokryphen, 5. A., 137.
[13] Historia passionis Domini fol. 44r, nach W. Schneemelcher, Neutestamentliche Apokryphen, 5. A., 138.
[14] Historia passionis Domini fol. 55r, nach W. Schneemelcher, Neutestamentliche Apokryphen, 5. A., 138.

Ebioniten-Evangelium

Erläuterung: Alle Nachrichten und Zitate verdanken wir dem Kirchenlehrer Epiphanius (ca. 315-403). Es handelt sich um ein Evangelium synoptischen Typs. Fraglich ist jedoch, ob die Synoptiker dem Verfasser schriftlich vorlagen oder ob er nur aus deren (mündlicher) Tradition schöpft. Da Irenäus von Lyon die Existenz dieses Evangeliums voraussetzt, ist selbst für den Fall, daß die synoptischen Evangelien schriftlich vorgegeben waren, mit einer Entstehung um die Mitte des 2. Jh.s n. Chr. zu rechnen: Daher wird der Text um 140 n. Chr. datiert.
Der Name Ebionäer- oder Ebioniten-Evangelium kommt daher, daß Epiphanius die Fragmente einer judenchristlichen Gruppe zuschreibt, die sich als »die Armen« (von hebr. *ebion*) verstanden haben.
(Griechische Texte auch bei: A. de Santos: Los evangelios apócrifos, Madrid 1963, 47-53).

Fragmente

1
Der Anfang des Evangeliums ... lautet: In der Regierungszeit des Herodes, des Königs von Judäa, trat Johannes als Täufer mit einer Umkehrtaufe am Jordanfluß auf. Er behauptete, von dem Priester Aaron abzustammen und Sohn des Zacharias und der Elisabeth zu sein.[1]

2
Als das Volk getauft war, kam auch Jesus und wurde von Johannes getauft. Als er aus dem Wasser heraufstieg, öffnete sich der Himmel einen Spaltbreit, und Johannes sah den Heiligen Geist in Gestalt einer Taube herab auf ihn zukommen. Und eine Stimme ertönte aus dem Himmel und sagte: »Du bist mein geliebter Sohn, an dir habe ich meine Freude.« Und dann sagte die Stimme: »Ich habe dich heute geboren.« Kaum hatte man dies vernommen, da erstrahlte der Ort in hellem Licht. Als Johannes das sah, fragte er Jesus: »Wer bist du?« Und nochmals kam eine Stimme aus dem Himmel und

[1] Epiphanius, Häresien 30,13; PG 41,428D-429A.

sagte: »Dies ist mein geliebter Sohn, an dem ich meine Freude habe.« Da fiel Johannes Jesus zu Füßen und bat ihn: »Bitte, Herr, taufe du mich.« Doch Jesus wies die Bitte mit den Worten zurück: »Laß es so, denn es gehört sich, daß so alles erfüllt wird.«[2]

3
Ein Mann namens Jesus trat auf. Er war etwa dreißig Jahre alt und hat uns erwählt. Als er nach Kapernaum kam, betrat er das Haus Simons, der mit Beinamen Petrus genannt wird. Dort begann er zu sprechen und sagte: »Als ich am See Tiberias entlang ging, habe ich Johannes und Jakobus, die Söhne des Zebedäus, Simon und Andreas, Thaddäus und Simon, den Zeloten, und Judas Iskariot auserwählt. Und dich, Matthäus, habe ich berufen, als du an der Zollstelle saßest, und du bist mir nachgefolgt. Ich will, daß ihr zwölf Apostel[3] seid, um Israel Zeugnis zu geben.«[4]

4
Und Johannes taufte. Pharisäer gingen zu ihm hinaus und ließen sich taufen, aber auch ganz Jerusalem. Johannes trug ein Gewand aus Kamelhaaren und einen ledernen Gürtel um seine Hüften. Und seine Speise war ... wilder Honig. Dessen Geschmack war wie Manna, wie Kuchen in Öl.[5]

5
»Ich bin gekommen, die Opfer abzuschaffen. Und wenn ihr nicht aufhört zu opfern, wird der Zorn Gottes gegen euch nicht aufhören.«[6]

6
Die Jünger fragten: »Wo möchtest du, daß wir das Passahlamm essen?« Jesus erwiderte: »Habe ich etwa gesagt, daß ich mir wünsche, mit euch Fleisch zum Passahmahl zu essen?«[7]

---

2 Epiphanius, Häresien 30,13; PG 41,428D-429A.
3 Obwohl die Liste nicht zwölf Namen umfaßt, wird der Titel »zwölf Apostel« als stehende Kategorie verwendet. Immerhin setzt das noch voraus, daß der Zwölferkreis als Institution nicht verschwiegen werden konnte.
4 Epiphanius, Häresien 30,13; PG 41,428C-D.
5 Epiphanius, Häresien 30,13,4f.; PG 41,428C-D.
6 Epiphanius, Häresien 30,16,4f.; PG 41,432C-D.
7 Epiphanius, Häresien 30,22,4; PG 41,441D.

Ägypter-Evangelium

Einleitung: Hauptsächlich durch Clemens von Alexandrien wissen wir um das Ägypter-Evangelium. Nach dem 3. Buch seiner Stromateis benutzen die asketisch-sexualfeindlichen Enkratiten (Verfechter einer umfassenden Enthaltsamkeit) dieses Evangelium, u. a. Julius Cassianus. Im 2. Jh. muß es in Ägypten ein Evangelium dieser Art gegeben haben. Im Kontrast zu Hebräer- und Ebioniten-Evangelium kann man davon ausgehen, daß es das Evangelium der heidenchristlichen Ägypter war. Der sexualfeindliche Zug läßt sich von daher gut erklären. Gehörte es zur Gattung der »Dialoge des Erlösers«? War es das einzige von diesen Christen gebrauchte Evangelium? Mit W. Schneemelcher (Neutestamentliche Apokryphen, 5. A., 179) kann man wohl sagen: »Das Ägypter-Evangelium gehört in das 2. Jh., vermutlich in die erste Hälfte.«

Fragmente

1
Salome fragte den Herrn: »Wie lange wird der Tod Macht haben?« Der Herr antwortete: »Solange ihr Frauen gebärt.«[1]

2
Der Erlöser selbst hat gesagt: »Ich bin gekommen, die Werke des Weiblichen zu zerstören.«[2]

---

[1] Clemens von Alexandrien, Stromateis III 45 (Stählin II 217,6.10). – Vor der Antwort des Herrn ist eingeschoben die Bemerkung des Clemens: »... nicht als ob das Leben etwas Schlechtes und die Schöpfung böse sei.« Auf das »Herrenwort« folgt: »... sondern um die natürliche Gesetzmäßigkeit zu lehren.« – Vgl. Strom III 64 (mit den erläuternden Zusätzen »Solange die Frauen gebären«, d. h., solange die Begierden mächtig sind). – Vgl. Excerpta ex Theodoto 67 PG 9,689D-692A.

[2] Clemens von Alexandrien, Stromateis III 63 (Stählin II 225,1-6). – Zur Erläuterung fügt Clemens hinzu: »... *des Weiblichen*, nämlich der Begierde, *die Werke* aber: Werden und Vergehen.«

3
Salome sagte: »So habe ich es also richtig gemacht, daß ich nicht geboren habe?« Der Herr erwiderte: »Jede Pflanze darfst du essen, nur nicht die bittere.«[3]

4
Salome fragte: »Wann wird das allgemein sichtbar erkannt werden, wonach ich gefragt habe?« Der Herr antwortete: »Wenn ihr die Kleider, mit denen ihr eure Scham bedeckt, mit Füßen treten werdet und wenn die zwei, Mann und Frau, eins werden, so daß es keine Männer und Frauen mehr gibt.«[4]

5
Jesus offenbarte den Jüngern: »Vater, Sohn und Heiliger Geist sind ein und derselbe.«[5]

[3] Clemens von Alexandrien, Stromateis III 66 (Stählin II 226,11-16).

[4] Clemens von Alexandrien, Stromateis III 13, vgl. III 91f (Stählin II 238,14-30). – Das Gewand, mit dem die Scham bedeckt wird, ist der Leib. Das Bild hier spielt auf ein Stück des damaligen Alltagslebens an: Kleine Kinder spielten (nackt) auf dem mit Kleidungsstücken weich ausgelegten Fußboden. Wer das Gewand ablegt, mit dem die Scham bedeckt wird, zieht den Leib aus, d. h., er stirbt und wird verwandelt in einen pneumatischen Menschen. Die Sexualität, d. h. das, wessen der Mensch sich schämt, ist an den Leib gebunden. Wenn der Leib abgelegt ist, entfallen auch die Unterschiede zwischen Mann und Frau, da sie dann wie Engel sind – so könnte man es in der Sprache von Lk 20,36 sagen. Vgl. ThomasEv 37 und 22.

[5] Epiphanius Haer 62,2 Holl II 391,4ff.

Epistula Apostolorum (Brief der Apostel)

Einleitung: Erst vor rund einhundert Jahren wurde dieser kostbare Text des 2. Jh.s n. Chr. wiederentdeckt. Die koptische Version fand man 1895 im französischen archäologischen Museum in Kairo, ein Blatt in lateinischer Übersetzung ist das sog. Wiener Palimpsest, und 1912 wurde der äthiopische Text wiedergefunden. Nun stellte sich heraus, daß der koptische Text viele Lücken hatte und daß der gesamte Anfang fehlte. Im Jahre 1919 gab Carl Schmidt eine gründlich kommentierte deutsche Übersetzung des äthiopischen und des koptischen Textes heraus. Auf S. 21f gab er den lateinischen Text wieder, im Anhang den koptischen. 1925 erstellte Hugo Duensing, damals schon Pastor an der Marktkirchengemeinde in Goslar, eine zweite deutsche Übersetzung beider Versionen, an die sich alle weiteren deutschen Wiedergaben (z. B. bei Hennecke und Schneemelcher) in hohem Maße anlehnen. Inzwischen hat man aus der reichen äthiopischen Überlieferung neue Einsichten gewonnen. Daraus wird erkennbar, daß andere äthiopische Zeugen oft dem koptischen Text näherstehen.
Die beiden Versionen sind nicht nur unterschiedlich umfangreich, sondern verfolgen auch unterschiedliche Tendenzen. Die äthiopische Version ist häufig kirchlich-harmonisierend, die koptische Version ist dort vorzuziehen, wo sie erkennbar stärker an jüdischen Vorstellungen orientiert ist (z. B. »Ruhe« statt »Auferstehung«).
Während in den bisherigen Übersetzungen der Text immer zweispaltig geboten wurde, sind wir hier davon abgewichen und bieten den Text in einem Block. Bei der Übersetzung zeigte sich nämlich, daß viele der bisherigen nicht vereinbaren »Parallelen« sich in einer deutschen Übersetzung nach dem hier verfolgten Programm (s. Einleitung) gar nicht auswirken. Alle wichtigen, wirklich übersetzungsrelevanten Abweichungen des einen oder anderen Zeugen wurden in den Fußnoten vermerkt. Für den Haupttext haben wir alles das, was der Tendenz des jeweiligen Zeugen entgegenstand, für besonders beachtenswert gehalten. Weitere Kriterien waren die Kohärenz des Textes und die besondere Nähe zu spezifisch frühjüdischen (weder alttestamentlichen noch altkirchlichen) Inhalten. Bei unserer Übersetzung haben wir auch die bisherigen Kapitel durch Versabschnitte weiter unterteilt, um das Zitieren in Zukunft zu erleichtern.

Literarische Eigenart: Der Text ist als Brief der elf Apostel an die vier Weltgegenden konzipiert (Kapitel 2). Außer dieser Adressierung gibt es keine weiteren brieflichen Elemente. Der Text ist vielmehr ein Exempel der Jüngerbelehrungen zwischen Ostern und Himmelfahrt, wie sie in Act 1,4f summarisch berichtet und dann in zahlreichen sogenannten Evangelien des 2. bis 6. Jahrhunderts weiter entfaltet werden. Hier war der geeignete Ort, Kenntnisse über Jesus unterzubringen, die über kanonische Evangelien hinausgingen.

Entstehungssituation: Laut eigener Angabe ist der Brief gegen Kerinth und Simon Magus gerichtet. Kerinth war ein christlicher Lehrer des 2. Jh.s, dem einerseits grob sinnliche Erwartungen für das Tausendjährige Reich nachgesagt werden, der aber andererseits als Gnostiker verdächtigt wird. Auch eine Engel-Christologie wird mit ihm verknüpft. Die letztere wäre eine judenchristliche Weise, sich die Hoheit Jesu vorzustellen bzw. zurechtzulegen. Aussagen über den wirklichen Leib Jesu in unserem Text (Kapitel 11f) könnten Zeugnis dieser Auseinandersetzung sein. Es ginge dann nicht um den Kampf gegen einen »klassischen« Doketismus, der Jesus nur einen Scheinleib zuspräche. Aus Kapitel 13f geht wohl hervor, daß nach der Ansicht des Verfassers Christus bei der Menschwerdung und nach der Auferstehung, also immer, wenn er sich zwischen Erde und Himmel bewegt, anscheinend die Gestalt von Engeln annimmt, doch selbst kein Engel ist. Zwischen Kapitel 13 und der Himmelfahrt des Jesaja (s. unten) besteht eine enge Beziehung.
Simon Magus ist der in Act 8 erwähnte christliche Lehrer, der aber im Laufe des 2. Jh.s »gnostisiert« wurde. Weder bei Kerinth noch bei Simon läßt sich eindeutig sagen, ob sie in unserem Text schon als klassische Gnostiker angegriffen werden.

Inhalt: Von Kapitel 30 ab bietet unsere Schrift Einblicke in die frühchristliche Missionsgeschichte. In Kapitel 30f wird eine Darstellung der paulinischen Mission geboten, die weder mit dem Selbstzeugnis des Apostels noch mit Act in Übereinstimmung zu bringen ist. In Kapitel 33 wird Jesaja 54,1 zitiert, offenbar ein früher Baustein zur Legitimation der Heidenmission (vgl. Gal 4,21-31; Hebr 12,22; Apk 21).
Die Schrift ist ein kostbarer Beitrag für unsere Kenntnis des Christentums im 2. Jh. Wunder und Gleichnisse werden allegorisch ausgelegt. – Eine hohe Bedeutung hat das Passahfest für die Christen; auch die Befreiung des Petrus (vgl. Act 12) wird auf dieses Datum

gelegt. Wurde nur am Passahfest Agape (Eucharistie) gefeiert? – Die Leiblichkeit der Auferstehung ist von gleicher Bedeutung wie die wirkliche Leiblichkeit Jesu. Trotz asketisch-dualistischer Tendenzen hält unsere Schrift daran fest. Neben der Christologie ist auch immer wieder die Eschatologie das Thema.

Datierung und Ort der Entstehung: Nach der äthiopischen Version 17,2 wird »der Vater«(!) wiederkommen, wenn »das 150. Jahr« vollendet ist. Das heißt wohl: 150 Jahre nach dem Zeitpunkt des Dialogs Jesu mit seinen Jüngern rechnet man mit der Parusie, also für 180 n. Chr. (zur koptischen Version vgl. die zitierte Stelle). Das könnte eine Entstehung um 150 n. Chr. voraussetzen. Aus der älteren Kirche ist keine weitere Berechnung des Endes bekannt, und dies entspricht auch nicht apokalyptischer Denkart. – Nach Meinung der meisten Forscher ist der Text in Ägypten entstanden.

Textgrundlage: Für den koptischen Text wurde benutzt: Carl Schmidt: Gespräche Jesu mit seinen Jüngern nach der Auferstehung. Ein katholisch-apostolisches Sendschreiben des 2. Jh., Leipzig 1919, koptischer Text nach S. 732 (1*-26* mit Register). – Für den lateinischen Text: ders., S. 21f. – Für den äthiopischen Text: L. Guerrier: Testament de Nôtre-Seigneur et de Nôtre Sauveur Jésus-Christ, in: Patrologia Orientalis IX (1913), S. 177-232. (Die ersten elf Kapitel, S. 177-187, sind eine besondere Schrift, die Schmidt im Anhang S. 48*-66* aus der Hand von I. Wajnberg übersetzt bietet und die sonst für sich unter dem Titel »Testament unseres Herrn Jesus Christus« z. B. syrisch überliefert ist, ediert von I. Rahmani, Mainz 1899.)

BRIEF DER APOSTEL

1

1 Diesen Brief hat Jesus Christus seinen Jüngern als Schriftstück ge-
offenbart. Er enthält auch die Darstellung der Art und Weise, wie
Jesus Christus das Schriftstück für das Kollegium der Apostel, also
2 die Jünger Jesu Christi, geoffenbart hat. / Der Brief ist katholisch,
für alle bestimmt und wurde aus Anlaß des Auftretens der Falsch-
apostel Simon und Kerinth verfaßt, damit sich niemand ihnen an-
3 schließt. Denn sie führen mit List die Menschen in den Tod. / Ihr
aber sollt standhaft sein und nicht wanken, ihr sollt euren Glauben
nicht erschüttern lassen und vom Wort des Evangeliums, das ihr
4 gehört habt, nicht abweichen. / Genauso, wie wir es gehört, im
Gedächtnis behalten und für alle Welt aufgeschrieben haben, ver-
trauen wir es euch, unseren Söhnen und Töchtern, im Namen Got-
tes, des Vaters und Herrschers der Welt, und im Namen Jesu Christi
in Freude an und wünschen euch Gottes reiche Gnade.

2

1 Wir, Johannes, Thomas, Petrus, Andreas, Jacobus, Philippus, Bar-
tholomäus, Matthäus, Nathanael, Judas der Zelot und Kephas,
schreiben an die Kirchen des Ostens und Westens und an die im
2 Norden und Süden, / um die Botschaft von unserem Herrn Jesus
3 Christus zu erzählen und zu verkünden. / Wir haben alles genauso
aufgeschrieben, wie es war, als wir ihn nach seiner Auferstehung
von den Toten gehört haben, als wir ihn berühren konnten und er
uns Großartiges, Staunenswertes und Wahres geoffenbart hat.

3

1 Das ist die Tradition, die uns überliefert wurde[1]: Unser Herr und
Erlöser Jesus Christus ist Gott, Sohn Gottes, gesandt von Gott,
dem Herrscher der ganzen Welt[2], von dem, der all das gemacht und
2 erschaffen hat, was so unterschiedliche Namen trägt. / Er regiert
über allen Herrschern, er ist Herr der Herren und König der Kö-
nige, er ist gewaltiger als alle Gewaltigen, er ist der Himmlische,

---

[1] Wörtlich: »Das wissen wir ...« Auch schon im Neuen Testament bezieht sich diese Formel immer auf Traditionsgut. Unsere Übersetzung vermeidet Verwechslung mit modernem »Wissen«.

[2] Hier liegt im Griechischen wohl *pantokrator* zugrunde.

der über den Cherubim und Seraphim thront. Er sitzt zur Rechten
des Thrones des Vaters. / Durch sein Wort hat er den Himmeln zu 3
werden befohlen, hat er die Erde und alles, was auf ihr ist, erbaut
und dem Meer seine unüberschreitbaren Grenzen zugewiesen. /
Durch sein Wort hat er die Tiefen und Quellen erschaffen, die Tag 4
und Nacht sprudeln und auf der Erde fließen. / Er hat Tag und 5
Nacht, Sonne und Mond und die Sterne am Himmel werden lassen.
Er hat Licht und Finsternis getrennt. Durch sein Wort hat er die
Hölle geschaffen. / In einem einzigen Augenblick kann er im Win- 6
ter Regen oder Nebel, Reif und Hagel anordnen, er schafft jeden
einzelnen Tag zu seiner Zeit. / Er läßt die Erde beben und macht sie 7
wieder fest. / Er hat den Menschen nach seinem Bild und seiner Ge- 8
stalt geschaffen. / Er hat durch die Patriarchen und Propheten in 9
Bildern geredet und durch den, den die Apostel verkündigt und die
Jünger berührt haben, in Wahrheit. / Wir glauben, daß er, Gott Va- 10
ter und der Sohn Gottes, das Mensch gewordene Wort ist, von Ma-
ria, der Heiligen Jungfrau, in ihrem Leib getragen, nicht durch die
Lust der schwachen Menschennatur, sondern durch Gottes Willen
erzeugt. / Er wurde in Bethlehem in Windeln gewickelt und ge- 11
offenbart, er wurde großgezogen und wuchs heran – das alles ha-
ben wir gesehen.

4

Folgendes hat unser Herr Jesus Christus getan: Als er von Joseph 1
und seiner Mutter Maria in die Schule geschickt wurde, wo er die
Schrift lernen sollte, sagte sein Lehrer zu ihm: »Sag Alpha!« / Da 2
erwiderte Jesus: »Sag du mir zuerst, was Beta ist!« Dies ist wahr-
haftig und wirklich geschehen.

5

Bei einer Hochzeit zu Kana in Galiläa, zu der Jesus mit seiner Mut- 1
ter und seinen Geschwistern eingeladen war, verwandelte er Wasser
in Wein.[3] / Er erweckte die Toten auf und machte die Lahmen ge- 2
sund, daß sie wieder gehen konnten.[4] / Er heilte den Mann mit der 3
abgestorbenen Hand. / Die Frau, die schon zwölf Jahre an unstill- 4
baren Blutungen litt, berührte den Saum seines Gewandes und war
sofort geheilt. / Und als wir noch staunend über seine Wundertat 5
nachdachten, fragte er: »Wer hat mich berührt?« Wir antworteten:
»Herr, das Menschengewühl hat dich berührt.« / Daraufhin sagte 6

---

3 Joh 2,1-11.
4 Vgl. Lk 7,22; Mt 11,5.

er: »Aber ich habe bemerkt, daß eine Kraft von mir ausgegangen
7 ist.« / Da stellte sich die Frau vor ihn hin und sagte: »Herr, ich habe
dich berührt.« Und Jesus sagte zu ihr: »Geh, dein Glaube hat dich
8 gesund gemacht.«[5] / Dann machte er die Tauben hörend und die
Blinden sehend, trieb bei den Besessenen die Dämonen aus und
9 machte die Aussätzigen rein.[6] / Als der Dämon namens Legion, der
in einem Mann hauste, Jesus begegnete, schrie er auf und rief: »Du
bist zur Unzeit gekommen, uns zu vertreiben. Es ist noch nicht so
10 weit[7], daß wir vernichtet werden.« / Jesus, der Herr, herrschte ihn
an: »Raus aus diesem Menschen! Nie wieder sollst du ihm Böses
tun!« Und der Dämon fuhr in die Säue hinein und versenkte sie im
11 Meer, so daß sie ersoffen.[8] / Danach ging Jesus über das Meer, es
wehte starker Wind. Jesus schrie den Wind an, und da beruhigten
12 sich die Wogen des Meeres.[9] / Als uns Jüngern eines Tages das Geld
ausgegangen war, so daß wir keinen Denar mehr für die Steuer hat-
ten, fragten wir ihn: »Guter Lehrer, was sollen wir dem Steuerein-
13 nehmer sagen?« / Da antwortete Jesus: »Einer von euch soll die An-
gel auswerfen! Er wird einen Fisch herausziehen und einen Denar
in ihm finden. Den könnt ihr dem Steuereinnehmer für mich und
14 für euch geben.«[10] / Später hatten wir einmal nicht mehr genug zu
15 essen, nur noch fünf Brote und zwei Fische. / Da sagte Jesus zu den
Leuten – es waren etwa fünftausend Männer, dazu Kinder und
Frauen –, sie sollten sich lagern. Wir gaben ihnen allen Brotstücke
zu essen, sie aßen und wurden satt, und es blieb so viel davon übrig,
16 daß wir zwölf Körbe füllen konnten.[11] / Da fragten wir den Herrn:
»Welche Bewandtnis hat es mit den fünf Broten?« Und Jesus ant-
17 wortete: / »Sie sind ein Zeichen unseres Glaubens in einer großen
Schar von Christen. Denn diese fünf Brote stehen für den Glauben
an den Vater, den Herrscher aller Welt, den Glauben an Jesus Chri-
stus, unseren Erlöser, den Glauben an den Heiligen Geist, den Hel-
fer, den Glauben an die Heilige Kirche und den Glauben an die Ver-
gebung der Sünden.«

---

[5] Mk 5,25-34.
[6] Vgl. Mk 1,34.
[7] Wörtlich: »Der Tag unseres Verderbens ist noch nicht gekommen.«
[8] Mk 5,1-13.
[9] Mk 6,47-51; 4,35-41.
[10] Mt 17,24-27.
[11] Mk 6,38-44.

6

All dies offenbarte und zeigte uns unser Herr und Erlöser. / Wir ge- 1, 2
ben es an euch weiter, damit ihr Anteil habt an der Gnade Gottes,
an unserem Dienst und an der Herrlichkeit, die uns geschenkt wor-
den ist. / Ihr sollt immer nach dem ewigen Leben trachten. Seid fest 3
und schwankt nicht in eurer Überzeugung und in allem, was ihr
von Jesus Christus glaubt. / Dann wird seine Gnade euch begleiten, 4
und er wird für immer und allezeit euer Erlöser sein.

7

Kerinth und Simon Magus, die gekommen sind, um die Welt zu 1
durchwandern, sind Feinde unseres Herrn Jesus Christus. / Sie ma- 2
chen die vom Glauben abspenstig, die an Jesus Christus, das wahre
Wort und die Tat, glauben. / Hütet euch vor ihnen, denn in ihnen 3
ist Befleckung und Tod[12]. Ihnen drohen am Ende Gericht und Ver-
derben[13].

8

Deswegen haben wir nicht gezögert, euch dieses Zeugnis von unse- 1
rem Herrn und Erlöser Jesus Christus zu schreiben[14]. / Wir waren 2
Augenzeugen dessen, was er getan hat, aber er hat uns auch inspi-
riert[15].

9

Der, für den wir Zeugen sind[16], wurde durch[17] Pontius Pilatus 1
und[18] Archelaus zwischen zwei Räubern gekreuzigt. / Mit ihnen zu- 2
sammen wurde er vom Kreuzesholz abgenommen[19] / und an dem 3
Ort namens »Schädelstätte«[20] begraben. / Dorthin gingen die drei 4
Frauen Sarah[21], Martha[22] und Maria Magdalena mit Salböl, das
sie auf seinen Leichnam ausgießen wollten. / Sie weinten und waren 5
sehr traurig über das, was geschehen war. / Sie näherten sich dem 6

[12] Äth.: »und Bedrängnis«.
[13] Kopt.: »und Verlorensein«.
[14] Nur der kopt. Text spricht vom Schreiben.
[15] Äth.: »und erklärt«.
[16] Kopt. Text ergänzt: »daß er der Herr ist«.
[17] Äth. Text statt dessen: »in den Tagen des«.
[18] Äth. Text ergänzt: »den Fürsten«.
[19] Dieser Satz nur im äth. Text.
[20] Vgl. Joh 19,17; Mk 15,22 usw.
[21] Äth.: »Maria«.
[22] Äth. Text fügt hinzu: »Tochter«.

7 Grabe[23]. / Der Stein war von der Graböffnung weggewälzt worden.
8 / Als sie die Tür des Grabes öffneten, fanden sie den[24] Leichnam
nicht.

10

1 Wie sie aber trauerten und weinten, erschien ihnen der Herr und
2 redete sie an: / »Um wen weint ihr?[25] Hört auf zu weinen! Ihr sucht
3 doch mich! / Eine von euch soll zu euren Brüdern gehen und ihnen
sagen: ›Kommt, unser[26] Lehrer ist von den Toten auferstanden!‹« /
4, 5 Da kam Maria[27] zu uns und sagte es uns. / Wir aber sagten zu ihr:
»Ach, laß uns doch in Ruhe![28] Wer gestorben und begraben ist, der
kann nicht wieder leben.« Wir glaubten ihr einfach nicht, daß der[29]
6 Erlöser von den Toten auferstanden sein sollte. / Darauf ging sie
zum[30] Herrn zurück und klagte: »Keiner von deinen Jüngern hat
7 mir geglaubt, daß du lebst!«[31] / Jesus erwiderte: »Dann soll eine an-
dere von euch nochmals zu ihnen[32] gehen und es ihnen noch einmal
8 sagen.« / Daraufhin kam Sarah[33] mit derselben Botschaft zu uns.
9 Und auch ihr glaubten wir nicht.[34] / Sie kehrte zum Herrn zurück
und berichtete ihm ebenfalls davon.[35]

11

1 Da sagte der Herr zu Maria und den anderen Frauen: »Laßt uns ge-
2 meinsam zu den Jüngern gehen!« / Als der Herr zu uns kam, befan-
3 den wir uns im Inneren des Hauses, in tiefer Trauer. / Wir zweifel-
4 ten und glaubten nicht.[36] / Er rief uns heraus vor die Tür[37], aber wir
dachten, es sei ein Gespenst, und glaubten nicht, daß er es war.[38] /
5 Da sagte er zu uns: »Kommt heraus und fürchtet euch nicht! Ich

23 Kopt.: »und blickten hinein«.
24 Äth: »seinen«.
25 Frage nur im kopt. Text.
26 Kopt.: »der«.
27 Kopt.: »Martha«.
28 Zu dieser Übersetzung vgl. K. Berger: Einführung in die Formgeschichte (UTB 1444) 1987, S. 153-155.
29 Äth.: »unser«.
30 Äth.: »zu unserem«.
31 Äth.: »hat mir deine Auferstehung geglaubt«.
32 »zu ihnen« nur im kopt. Text.
33 Kopt.: »Maria«.
34 Äth.: »und wir beschuldigten sie der Lüge«.
35 Äth. Text ergänzt: »wie Maria«.
36 »und glaubten nicht« nur im äth. Text.
37 Dieser Satz, der von den Evangelien stark abweicht, nur im kopt. Text.
38 Äth. Text ergänzt: »Aber er war es.«

bin euer Lehrer. Ich bin euer Herr[39], den du, Petrus[40], dreimal ver-
leugnet hast. Willst du mich etwa schon wieder verleugnen?« / Vol- 6
ler Zweifel in unserem Herzen[41], ob er es auch wirklich war, gingen
wir zu ihm hinaus. Jesus fragte uns: / »Weshalb zweifelt ihr, und 7
warum seid ihr so ungläubig? Ich habe euch doch selbst erklärt,
daß ich leibhaftig leiden werde[42], daß ich sterben muß und aufer-
stehen werde. / Damit ihr erkennt, daß ich es wirklich bin, lege du, 8
Petrus, deine Finger in die Nägelmale an meinen Händen. Und du,
Thomas, lege deine Finger in die Lanzenstiche an meiner Seite.[43]
Und du, Andreas, sieh nach, ob mein Fuß die Erde berührt und
einen Abdruck hinterläßt.[44] / Denn beim Propheten steht ge- 9
schrieben: ›Ein Gespenst, ein Dämon, macht keine Spur auf der
Erde.‹«[45]

12

Also haben wir ihn berührt und konnten erkennen: Er ist wahrhaf- 1
tig leiblich auferstanden. / Wir fielen nieder auf unser Antlitz, be- 2
kannten unsere Sünden und baten um Verzeihung dafür, daß wir
nicht geglaubt hatten. / Da sagte der Herr, unser Heiland: »Steht 3
auf, ich will euch offenbaren, was[46] oberhalb der sichtbaren Him-
mel ist und welches der Ort eurer zukünftigen Ruhe[47] im Himmel-
reich ist. / Denn der Vater hat mir die Vollmacht gegeben[48], euch 4
und alle, die an mich glauben, hinaufzuführen.«

13

Dann offenbarte uns Jesus weiter: »Als ich vom himmlischen[49] Va- 1
ter her kam, ging ich an den einzelnen Himmeln vorüber. / Dabei 2
zog ich die Weisheit des Vaters wie ein Gewand an und bekleidete
mich so mit der mächtigen Kraft Gottes. / Dann war ich in den ein- 3
zelnen Himmeln. Ich schritt an den Engeln und Erzengeln vorbei,

39 Dieser Satz nur kopt.
40 Äth. Text ergänzt: »ehe der Hahn krähte«.
41 »in unserem Herzen« nur im kopt. Text.
42 Wörtlich: »über mein Fleisch«.
43 Äth. Text hat nur: »in meine Seiten«.
44 »und einen Abdruck hinterläßt« nur im äth. Text.
45 Diese Prophetenstelle gibt es nicht. Vgl. zu dieser Vorstellung später Acta Johannis, Kap. 93. Kopt.: »haftet nicht auf der Erde«.
46 Äth. ergänzt: »was auf Erden und«.
47 Äth.: »eure Auferstehung«.
48 Äth.: »hat mich gesandt«.
49 Äth. und kopt.: »vom Vater des Alls«. Das »All« ist in Texten aus dieser Zeit der himmlische Bereich, nicht die ganze Schöpfung.

ich hatte die gleiche Gestalt wie sie und war wie einer von ihnen. /
4 Ich ging vorüber an den Engelshierarchien[50], Himmelsherrschern
und Mächten, ausgestattet mit der vollen[51] Weisheit dessen, der
5 mich gesandt hat. / Und der Erzfeldherr[52] der Engel, Michael, und
mit ihm Gabriel, Raphael und Uriel folgten mir heimlich[53] bis zum
fünften Himmelsfirmament. Sie dachten, ich sei einer von ihnen. /
6 Das war nur möglich dank der Kraft, die mir der Vater gegeben
7 hatte. / Da ließ ich die Engel einen Jubelgesang anstimmen und zum
Altar des Vaters gehen, um bis zu meiner Rückkehr zum Vater dort
Gottesdienst zu halten. Das konnte ich nur, weil mich Gottes Weis-
8 heit ihm ähnlich gemacht hatte. / Denn ich bin alles in jedem ge-
worden bei ihnen, um zuerst den Willen des Vaters, der mich ge-
sandt hat, vollends zu erfüllen, damit den Menschen das Heil zuteil
wird, und dann zum Vater zurückzukehren.«

14

1 [Dann fragte er uns:] »Wißt ihr, daß der Engel Gabriel zu Maria
kam, um ihr die Botschaft zu bringen?« Wir antworteten: »Ja,
2 Herr.« / Er fragte weiter: »Ihr erinnert euch doch auch sicher, daß
ich neulich zu euch gesagt habe, ich sei den Engeln wie ein Engel
3 geworden?« Wir bejahten. / Da sagte er: »Ich war es, der Maria[54]
in Gestalt des Engels[55] Gabriel erschien und mit ihr sprach. Ihr
Herz nahm mich auf, sie glaubte und lachte[56]. Ich ging in ihren
4 Leib hinein und wurde Mensch. / Da Engel als Boten dienen, nahm
ich Engelsgestalt an und wurde dadurch ein Dienstbote meiner
5 selbst.[57] / Dann ging ich zu meinem Vater zurück.

---

50 Die deutschen Übersetzer: »an den Klassen«. Das äth. Wort heißt hier: »Ordnungen«. Gemeint sind die verschiedenen Engelgruppen. Fehlt im kopt. Text.

51 So nur äth.: »mit dem Maß der Weisheit des Vaters, der ...«.

52 So nur kopt. (vom griechischen *archistrategos*). Äth. Text hat: »Und die Erzengel ...«.

53 So nur lat.

54 Einige äth. Handschriften: »der Jungfrau Maria«.

55 Äth.: »des Erzengels«.

56 »und lachte« nur äthiopische Ursprung ist die allegorisch (fromm) gedeutete Szene mit Sarah in Gen 18,12-15 (ungläubiges Lachen der Sarah; Umdeutung bei Philo v. Alexandrien).

57 Zur Vorstellung vgl. Unbekanntes altgnostisches Werk, Kapitel 8 (Schmidt 344,24).

15

Wenn ihr dann meines Todes gedenkt, das ist das Passah. / Dann 1, 2
wird man einen von euch[58] um meines Namens willen ins Gefäng-
nis werfen. / Er wird sehr betrübt und bekümmert sein, daß ihr das 3
Passah feiert, während er im Gefängnis sitzt und nicht mit euch fei-
ern kann. Er wird sehr traurig darüber sein.[59] / Dann werde ich 4
meine Kraft in Gestalt eines Engels Gabriel[60] senden, und die Tore
des Gefängnisses werden sich öffnen. / Er wird herauskommen und 5
zu euch kommen, um die Nachtwache mit euch zu verbringen und
bei euch zu bleiben[61]. / Wenn dann der Hahn kräht und ihr die Ge- 6
dächtnisfeier für mich und mein[62] Liebesmahl beendet habt, wird
man ihn wieder ins Gefängnis werfen. Das wird zum Zeugnis [für
die Menschen] geschehen. / So wird es sein, bis er freikommt und 7
predigt, wie ich es euch aufgetragen[63] habe.«
Wir fragten ihn: »Herr, hast du nicht das Passah endgültig voll- 8
endet?[64] Müssen wir es denn immer wiederholen, den Becher neh-
men und austrinken[65]?« / Er antwortete: »Ja, das müßt ihr so lange 9
tun, bis ich mit denen wiederkomme, die um meinetwillen getötet
worden sind.«[66]

16

Wir sagten zu ihm: »Herr, groß ist das, was du uns sagst[67] und of- 1
fenbarst. Doch mit welcher Macht und in welcher Gestalt wirst du
kommen?« / Er erwiderte: »Amen, ich sage euch, ich werde so kom- 2
men, wie die Sonne aufgeht, und mein Glanz ist siebenmal herrlicher
als sie. / Auf den Flügeln der Wolken werde ich getragen[68], das Zei- 3
chen des Kreuzes geht vor mir her.[69] / So werde ich herabkommen 4
auf die Erde, um die Lebendigen und die Toten zu richten.«

---

58 Äth. ergänzt: »die ihr vor mir steht«.
59 Dies wiederholt nur der kopt. Text.
60 So nur kopt.
61 Äth. Text statt dessen: »und zu ruhen«.
62 Kopt. Text hat nur »das Gedächtnis und die Agape«.
63 Kopt.: »übergeben«.
64 Dieser Satz nur äth.
65 »den Becher nehmen und austrinken« nur kopt.
66 Äth.: »bis ich komme vom Vater mit meinen Wunden«. Zum Stichwort Leiden wurden also einerseits die Wunden Jesu assoziiert, andererseits die Märtyrer.
67 »sagst und« fehlt im kopt. Text.
68 Vgl. Lk 21,27.
69 Das ist die genaue Umkehrung von PetrusEv 39. Dort geht das Kreuz auf dem Weg aus dem Grab hinter Jesus her.

17

1 Wir fragten ihn: »Herr, wie viele Jahre dauert es noch?« Er antwor-
tete: »Wenn das hundertundfünfzigste Jahr[70] vollendet ist, zwi-
schen Pfingsten und Passahfest, wird die Ankunft meines Vaters
2 sein.« / Wir fragten: »Erst hast du zu uns gesagt ›Ich werde kom-
men‹, und jetzt sagst du ›Der wird kommen, der mich gesandt hat‹
– wie ist es denn nun wirklich?« Jesus antwortete: »Ich bin ganz in
3 meinem Vater, und mein Vater ist in mir.« / Darauf fragten wir ihn:
»Willst du uns wirklich verlassen, bis du wiederkommst? Wo sollen
4 wir denn einen Lehrer hernehmen?« / Jesus entgegnete: »Habt ihr
es noch nicht begriffen? Wie ich bis jetzt hier war, so war ich auch
5 dort bei dem, der mich gesandt hat.« / Wir fragten: »Herr, ist es
6 denn möglich, daß du zur selben Zeit hier und dort bist?« / Jesus
antwortete: »Ich bin ganz im Vater, und der Vater ist in mir. Ich
sehe aus wie er, habe eine Gestalt wie er[71], habe Kraft wie er, bin
vollkommen wie er und bin voll Licht wie er. Ich bin das Wort.[72]

18

1, 2 Ich bin vor ihm eine Kreatur geworden. / Ein Modell von mir ist
3 der reine Gedanke. / Am achten Tag, dem Herrentag, bin ich ge-
4 worden.[73] Das ist die Vollendung der Zahl. / Und ihr werdet mich
5 sehen, wenn ich zu meinem Vater im Himmel gehe. / Ich gebe euch
ein neues Gebot: Ihr sollt einander lieben[74] und euch einander un-
6 terwerfen, und der Friede soll immer unter euch herrschen. / Liebt
eure Feinde, und was ihr nicht wollt, daß euch andere tun, das tut
auch keinem anderen.

---

[70] Kopt. Text hat: »das Hundertstel und das Zwanzigstel«, das sind zusammen 6 Hundertstel. Wenn wir davon ausgehen, daß es sich hier um dieselbe Zahl handelt wie bei den 150, dann ist gemeint: Die Welt dauert 2500 Jahre. Sechs Hundertstel davon sind 150 Jahre. Diese 6 Hundertstel standen nach der Ankunft bzw. Kreuzigung des Sohnes noch aus. Hat man also für um 184 n. Chr. mit der Parusie gerechnet?

[71] Kopt. Text ergänzt: »... im vollendeten Maß und in der Stimme«.

[72] Äth: »sein vollkommenes Wort«.

[73] Den Wortlaut von V. 1 hat bis hierher nur der kopt. Text. Äth.: »Als er gekreuzigt, gestorben und auferstanden war, und als das Werk, das er als leibhaftiger Mensch durch seine Kreuzigung wirkte, vollendet war, in der Zeit bis zu seiner Himmelfahrt in der Vollendung der Zahl, da sagte er dies...« Die »Vollendung der Zahl« entspricht der »Acht« im koptischen Text.

[74] Ab hier bis 19,9 inklusive fehlt im Koptischen ein Blatt.

19
Verkündet dies und lehrt es diejenigen, die an mich glauben. / Ver- 1, 2
kündet das Himmelreich meines Vaters. / Und wie mir mein Vater 3
die Vollmacht gab, so gebe ich sie euch, daß ihr dem himmlischen
Vater seine Kinder bringt. / Ihr sollt verkündigen, sie sollen glau- 4
ben. Ihr müßt sie dem Himmel zuführen.« / Wir entgegneten: 5
»Herr, du kannst das tun, was du gesagt hast, doch wie sollen wir
das fertigbringen?« / Er antwortete: »Amen, ich sage euch, verkün- 6
digt und lehrt, was ich euch sage. Ich werde mit euch sein, denn ich
bin gerne mit euch, damit ihr meine Miterben im Himmelreich
werdet, das dem gehört, der mich gesandt hat. / Amen, ich sage 7
euch, ihr werdet meine Geschwister und Freunde sein, denn mein
Vater liebt euch und alle die, die ihr zum Glauben an mich bringen
werdet. / Amen, ich sage euch, so groß ist die Freude, die mein Va- 8
ter für euch bereithält, daß selbst Engel und Himmelsherrscher sie
zu schauen und zu betrachten begehrten und noch immer begeh-
ren, doch es wird ihnen nicht erlaubt sein, meinen Vater in all sei-
ner Majestät zu sehen.« / Wir baten ihn: »Herr, erkläre uns, wie 9
das, von dem du sprichst, sein wird!« / Jesus antwortete: »Ihr wer- 10
det ein Licht sehen, das kräftiger ist als [geschaffenes] Licht. Es ist
auch vollkommener als alles Vollkommene, das ihr kennt. / Dieses 11
Licht ist der Vater, und er ist vollkommen. Der Sohn wird durch
dieses Licht vollkommen gemacht werden. / Das geschieht durch 12
seinen Tod und seine Auferstehung, und die Vollendung durch die
Auferstehung übertrifft die durch den Tod.[75] / Ich bin nichts ande- 13
res als die rechte Hand des Vaters.« / Wir zwölf[76] sagten zu ihm: 14
»Herr, du hast uns in jeder Hinsicht erlöst und lebendig gemacht.
So sind deine Worte, darauf läßt du uns hoffen.«[77] / Daraufhin 15
sagte Jesus: »Habt Vertrauen und seid gefaßt.[78] Amen, ich sage
euch, eure himmlische Heimat[79] wird so sein, daß ihr nicht essen

---

[75] Vgl. zur Vollendung im Sinne der Verähnlichung mit der himmlischen Welt und mit Gott, und zwar schon durch Jesu Leiden: Hebr 2,10; 5,9.

[76] Fehlt im Koptischen.

[77] »darauf läßt du uns hoffen« nur im Äthiopischen.

[78] Äthiopisch: »und seid stark«, »habt Glauben«; koptisch: »seid ruhigen Herzens«.

[79] Kopt. und äth. Text haben »Ruhe«. Das entspricht der jüdischen Vorstellung vom künftigen Ort im Himmel, der ein Ruheort sein wird (vgl. dazu besonders Hebr 3f). Die Vorstellung vom Ruheort ist entwickelt worden als Umdeutung der Landverheißung des Alten Testaments. Das deutsche Wort »Ruhe« weckt nur Mißverständnisse, denn nicht das Beruhigtsein, sondern der Besitz einer ewigen Heimat ist entscheidend.

und nicht trinken müßt, nicht sorgen und nicht trauern[80] könnt,
16 weder irdische Kleider anlegen noch vergehen könnt. / Und ihr
werdet mit dem, was in der Schöpfung unter euch steht, keine Ge-
meinschaft haben, sondern zur unvergänglichen Schöpfung meines
17 Vaters gehören. / Wie ich allzeit im Vater bin, so werdet auch ihr in
18 mir sein.« / Wir fragten ihn: »Welche Gestalt werden wir dann ha-
19 ben, die von Engeln oder die von irdischen Menschen?« / Er ant-
wortete uns: »Ich habe eure irdische Natur wie ein Kleid angezo-
gen. Darin bin ich geboren, getötet, begraben und auferstanden. /
20 So hat es mein Vater im Himmel bewirkt, damit erfüllt würde, was
der Prophet David über mich[81], meinen Tod und meine Auferste-
21 hung vorhergesagt hat[82], als er rief: / ›Herr, wie zahlreich sind die
geworden, die mich bedrängen. Viele haben sich gegen mich erho-
22 ben. / Viele sagen zu mir: Dein Gott wird dir nicht helfen. Doch du,
Herr, bist mein Beschützer, in dir darf ich mich rühmen, du läßt
23 mich den Kopf hochhalten. / Ich habe laut zu Gott geschrien, und
24 er hat mich erhört.[83] / Ich legte mich hin und schlief ein und stand
25 wieder auf, denn Gott richtete mich auf. / Ich fürchtete mich nicht
vor unzähligen Völkerscharen, die mich umzingeln und mich be-
26 drohen. / Steh auf, Herr, mein Gott, rette mich, denn du hast alle
geschlagen[84] und zu Boden geworfen, die ohne Grund meine
27 Feinde sind. / Du hast die Zähne der Frevler zerschlagen. Bei Gott
ist die Erlösung, und er liebt sein Volk.‹[85]
28 Alles, was die Propheten gesagt haben, ist durch mich erfüllt[86]. /
29, 30 Denn ich war in ihnen[87], habe durch sie gesprochen.[88] / Um wieviel
mehr wird das, was ich selbst gesagt habe, wirklich geschehen, da-
mit der, der mich gesandt hat, verherrlicht wird von euch und von
allen, die an mich glauben.«

20

1 Als Jesus dieses zu uns gesagt hatte, sagten wir zu ihm: »Herr, du
hast uns in allem deine Gnade erwiesen, uns erlöst und uns alles ge-

---

[80] Kopt.: »jubeln«.
[81] »über mich« fehlt im Äthiopischen.
[82] Psalm 3,1-8.
[83] Äth. Text ergänzt: »vom Berg seines Heiligtums«.
[84] »geschlagen und« fehlt im Koptischen.
[85] Äthiop. Text hat: »Und dein Segen sei über deinem Volk«.
[86] Äthiop. Text hat: »erfüllt, geschehen, vollendet«.
[87] »ich war in ihnen« hat der koptische Text.
[88] »ich habe durch sie gesprochen« hat der äthiopische Text. Der koptische und der äthiopische Text bieten hier sich ergänzende Vorstellungen. Zur Sache vgl. z. B. 1 Petr 1,11.

offenbart. Noch eines möchten wir dich fragen, wenn du es gestat-
test.« / Jesus erwiderte: »Ich weiß, daß ihr zuhört[89] und euch von 2
Herzen nach meinen Worten sehnt. So fragt, was ihr wissen möch-
tet. Ich will es euch gerne sagen.

21

Amen, ich sage euch: Wie mich mein Vater von den Toten aufer- 1
weckt hat, so werdet auch ihr leibhaftig[90] auferstehen und hinauf-
genommen werden[91] über alle Himmel, zu dem Ort, über den ich
euch schon früher etwas gesagt habe. / Diesen Ort hat der, der mich 2
gesandt hat, für euch vorbereitet. / Die ganze Geschichte der Zu- 3
wendung Gottes zu euch findet in mir ihr Ziel.[92] / Ich bin nicht ge- 4
boren und doch von einer Frau geboren[93], ich habe keinen Leib
und habe doch einen irdischen Leib angezogen, ich bin aufgewach-
sen wie ihr, die ihr in irdischen Körpern geboren seid. / Denn dazu 5
bin ich gekommen[94]: In der zweiten Geburt werdet ihr leibhaftig
von den Toten auferstehen, in einem Gewand[95], das nicht verwesen
wird, zusammen mit allen, die hoffen und an den glauben, der mich
gesandt hat. / Denn so wünscht es mein Vater, daß ich euch und al- 6
len, die ich liebe, die Hoffnung auf das Reich schenke.«
Daraufhin sagten wir: »Das ist ja etwas ganz Großartiges, was du 7
uns da sagst und uns erhoffen läßt.« / Jesus fragte uns: »Glaubt ihr, 8
daß alles, was ich euch sage, geschehen wird?« / Wir[96] erwiderten: 9
»Ja, Herr.« Da sagte Jesus[97]: »Amen, ich sage euch, ich habe alle
Vollmacht von meinem Vater empfangen, um Menschen aus der
Finsternis ins Licht zurückzuführen, aus der Vergänglichkeit in die
Unvergänglichkeit, aus der Verblendung in die Gerechtheit und aus
dem Tod ins Leben, damit die Gefangenen von ihren Fesseln befreit
werden und damit das, was für Menschen unmöglich ist, vom Va-
ter her möglich wird. / Ich bin die Hoffnung der Verzweifelten, der 10

89 Kopt.: »... daß ihr tragen werdet.«
90 Zusatz im Äthiopischen. Wörtlich: »im Fleisch«.
91 So koptisch. Äthiopisch: »er wird euch hinaufsteigen lassen«.
92 Äthiopisch: »Ich habe alle Barmherzigkeit (Gnade) vollendet«, koptisch: »Ich werde Gottes ganzen Heilsplan [gr.: *oikonomia*] vollenden.«
93 Zum Stil vgl. Tanzlied (s. unten) 5,4-6.
94 Hier in Anlehnung an das Koptische »denn deswegen bin ich gekommen, damit...« (hier bricht der koptische Text ab). Die finale Konstruktion auch im Äthiopischen.
95 Gewand steht hier wie auch sonst für Körper.
96 Im Text: »Sie«.
97 Im Text: »zu ihnen«.

Helfer der Hilflosen, der Schatz der Besitzlosen, der Arzt der Kranken, die Auferstehung der Toten.«

22

1 Als Jesus dies zu uns gesagt hatte, fragten wir ihn: »Herr, ist es wirklich wahr, daß Leib, Seele und Geist zusammen[98] gerichtet
2 werden? / Und ist es wahr, daß die eine Hälfte der Menschheit im Himmelreich Heimat finden wird und die andere Hälfte für immer
3 lebend bestraft wird?« / Jesus tadelte uns: »Wie lange wollt ihr mich denn noch ausfragen!«

23

1 Wir aber ließen nicht locker: »Wir müssen dich fragen, weil du uns
2 mit der Verkündigung und Lehre[99] beauftragt hast. / Deshalb müssen wir alles genau von dir erfahren, damit wir gute Verkündiger werden und die Menschen an dich glauben.«

24

1 Da erklärte uns Jesus: »Die leibliche Auferstehung umfaßt auch
2 Seele und Geist.« / Wir fragten: »Kann denn der Leib lebendig werden, wenn er aufgelöst und verstreut ist? Wir fragen nicht im Unglauben, sondern glauben wirklich, daß geschehen wird, was du
3 sagst.« / Daraufhin wurde Jesus zornig und fuhr uns an: »Ihr Kleingläubigen! Wie lange wollt ihr noch fragen? Fragt nur, was ihr wis-
4 sen wollt, ich werde es euch sagen. / Doch haltet meine Gebote und tut ohne Zögern und rückhaltlos, was ich euch sage. Seid unparteiisch, wendet euer Antlitz nicht von jemandem ab, damit ich nicht
5 mein Antlitz von euch abwende.[100] / Dient auf dem Weg, der eng, gerade und schmal ist. Dann wird[101] mein Vater über euch jubeln.«

25

1 Wir sagten zu Jesus: »Herr, wir schämen uns[102], daß wir soviel fra-
2 gen.« / Er aber beruhigte uns: »Ich weiß ja, daß ihr voll Glauben

---

[98] Zur Dreiteilung: 1 Thess 5,23.

[99] »und Lehre« nur im Äthiopischen.

[100] Der Abschnitt »wendet ... abwende« nur im Koptischen. Er entspricht dem »seid unparteiisch«, das sich nur im Äthiopischen findet. Denn der Ausdruck heißt: »Nehmt nicht das Angesicht von jemandem an.« Das Koptische bietet die sonst nicht belegte negative Wendung und versieht sie mit Talionsstrafe.

[101] Der koptische Text ergänzt: »auch«.

[102] Der äthiopische Text hat: »Du mußt uns für wahnsinnig halten, ...«

und aus ganzem Herzen fragt. Deswegen freue ich mich über euch.
/ Amen, ich sage euch, ich freue mich, daß ihr mich gründlich be- 3
fragt, und genauso freut sich mein Vater, der in mir ist. Daß ihr so
rückhaltlos nachforscht, macht mir Freude und verschafft euch das
Leben.« / Als er dies zu uns gesagt hatte, wurden wir froh, weil er 4
uns so sanft geantwortet hatte.[103] / Wir sagten zu ihm: »Herr, in 5
allen Fragen hast du dich gnädig gezeigt und schenkst du uns das
Leben. Du hast uns auf alles geantwortet, was wir dich gefragt ha-
ben.«[104] / Da fragte er uns: »Was ist denn hinfällig, der irdische 6
Leib oder der Heilige Geist?« Wir erwiderten: »Der irdische Leib!«
/ Jesus antwortete uns: »Was hinfällig ist, wird auferstehen, was 7
verloren ist, wird gefunden[105], was krank und schwach ist, wird ge-
sund werden, damit dadurch mein Vater verherrlicht wird. / Wie er 8
an mir gehandelt hat, so werde ich an euch handeln und an allen,
die an mich glauben.

26

Amen, ich sage euch, Leib und Seele werden zusammen lebendig 1
auferstehen, so daß beide zusammen ihre guten oder schlechten Ta-
ten bekennen und[106] am Ende der Welt im Gericht zur Rechen-
schaft gezogen werden. / Dann sollen die ausgesucht und sicht- 2
bar[107] werden, die geglaubt und sich an das Gebot meines Vaters,
der mich gesandt hat, gehalten haben. / Dann findet das gerechte[108] 3
Gericht statt, denn so will es mein Vater.[109] / Mein Vater hat zu mir 4
gesagt: ›Mein Sohn, am Tage des Gerichtes sollst du dich vor dem
Reichen nicht scheuen und dich des Armen nicht erbarmen.[110] /
Vielmehr übergib jeden ewiger Vergeltung, so wie er gesündigt hat.‹ 5
/ Meinen Auserwählten[111] aber, die sich an die Gebote meines Va- 6
ters[112], der mich gesandt hat, gehalten haben, werde ich im Reiche

---

103 »weil ... hatte« nur im Äthiopischen. Gemeint ist: Im Unterschied zu 24,3 reagiert der Herr nicht zornig.

104 Im Koptischen ist dies ein Fragesatz: »Wirst du uns alles sagen, was wir dich fragen werden?«

105 »was verloren ist ... gefunden« findet sich nur im Koptischen.

106 »bekennen und« nur im Äthiopischen.

107 »und sichtbar« nur im Äthiopischen.

108 Koptisch: »in Strenge«.

109 »denn ... Vater« nur im Äthiopischen.

110 Einzelne äthiopische Handschriften: »den Armen nicht schonen«.

111 Koptisch: »Geliebten«, äthiopisch: »die mich geliebt haben und mich lieben«.

112 Äthiopisch: »mein Gebot«.

meines himmlischen Vaters Leben und ewige Heimat[113] verleihen.
7, 8 / Sie werden sehen, welche Vollmacht er mir verliehen hat. / Ich
kann tun, was ich will, und ich gebe denen, denen ich geben will
und denen ich etwas versprochen[114] habe.

27

1 Deswegen bin ich hinabgestiegen[115] und habe Abraham, Isaak und
2 Jakob, euren Vätern,[116] und den Propheten gepredigt. / Ich habe ih-
nen das Evangelium verkündet, damit sie aus dem Ruheort unten
3 hinaufgehen in den Ruheort oben[117]. / Ich habe ihnen meine rechte
Hand gereicht, damit sie durch die Taufe[118] lebendig werden und
4 Vergebung erlangen und ihnen alle Bosheit verziehen wird.[119] / Wer
aber nicht glaubt und nicht auf mein Gebot hört, dem nützt es auch
5 nichts, wenn er meinen Namen bekennt.[120] / Er ist vergeblich ge-
laufen. Am Ende geht er unter und muß große Schmerzen erlei-
den.[121]

28

1 Ihr aber seid[122] Kinder des Lichts[123] in Gott. Ich habe euch erlöst
von allem Bösen und aus aller Gewalt der Mächte[124], und das gilt
2 auch für alle, die durch euch an mich glauben. / Wie ich euch gesagt
und verheißen habe, werden sie aus dem Gefängnis freikommen,
3 von den Fesseln der Gewalten und dem schrecklichen Feuer.« / Wir
sagten zu ihm: »Herr, du hast uns eine wunderbare Freude ge-
4 macht[125] und uns eine himmlische Heimat gegeben. / Denn treu[126]
hast du unseren Vätern und den Propheten und uns[127] [die Bot-
5 schaft] verkündigt.« / Jesus sagte zu uns: »Amen, ich sage euch: Ich

113 Äthiopisch: »Ruhe im Leben«; koptisch: »eine Ruhe des Lebens«.
114 Vom Versprechen handelt in dem hier zerstörten Teil nur der äthiopische Text.
115 Kopt. statt dessen: »zum Ort des Lazarus«.
116 Kopt. statt dessen: »und habe den Gerechten«, vgl. Lk 16,23.
117 Äth.: »in den Himmel«.
118 »Durch die Taufe« fehlt im Koptischen.
119 Kopt.: »daß sie aus aller Bosheit errettet werden«.
120 Äth.: »an meinen Namen zu glauben«.
121 »und ... erleiden« nur im Äthiopischen.
122 Äth.: »Ich habe euch zu ... gemacht.«
123 Kopt.: »Kinder des Lebens«. Zu Kinder des Lichts vgl. Lk 16,8; 1 Thess 5,5.
124 Äth. (verbessert) und kopt.: »Archonten«.
125 »du hast ... gemacht« nur im Äthiopischen.
126 Äth.: »und zuverlässig«.
127 Äth.: »und jedem«.

werde jeden, der an den, der mich gesandt hat, glaubt oder noch glauben wird, in den Himmel hinaufführen, an den Ort, den der[128] Vater für die Auserwählten[129] vorbereitet hat. Er[130] wird euch[131] die himmlische Heimat[132] geben und das ewige Leben.

29

Wer aber mein Gebot übertreten hat, anderes lehrt und Gebote ab- 1
schafft[133] oder hinzufügt, wer Eigenes[134] lehrt und die Menschen,
die richtig an mich glauben, abspenstig macht, wird ewig be-
straft.«[135] / Wir fragten: »Herr, wird es denn außer den Lehren, die 2
du uns verkündet hast, noch andere geben?« / [Er antwortete:] »So- 3
wohl diejenigen, die Gutes wirken, als auch diejenigen, die Böses
tun, müssen offenbar werden. / Ein gerechtes Gericht wird sie of- 4
fenbar machen, und zwar jeweils nach ihren Werken. / Die Bösen 5
wird man dem Untergang übergeben.« / Da sagten wir zu ihm: »Se- 6
lig sind wir, weil wir dich sehen, weil wir hören, wie du zu uns
redest, und[136] weil unsere Augen die großen Wunder[137] gesehen ha-
ben, die du getan hast!«[138] / Jesus entgegnete: »Die werden selig 7
sein, die mich nicht sehen und [doch] an mich glauben,[139] denn sie
werden durch und in Gottes Kraft vollkommen sein[140]. / Für sie 8
werde ich Leben[141] sein im Reich meines Vaters.« / Wir fragten ihn: 9
»Herr, müssen wir wirklich glauben, daß du uns verlassen wirst?
Du hast doch gesagt: ›Es kommt die Stunde, da ich zu meinem Va-
ter gehe[142].‹«

30

Jesus antwortete: »Geht und verkündet die Botschaft den zwölf 1
Stämmen Israels und den Heiden und dem ganzen Land Israel von

128 Kopt.: »mein«.
129 Äth.: »und den bevorzugt Auserwählten«.
130 Kopt.: »Ich werde euch ... geben.«
131 So nur im Koptischen.
132 Äth.: »die er verheißen hat«.
133 Kopt.: »auflösen«.
134 Äth.: »für die eigene Ehre«.
135 Kopt.: »ewige Strafe empfangen«. V. 1 ist die sog. Kanonisationsformel, vgl. Apk 22,18f; Dt 4,2; 13,1.
136 Kopt.: »denn«.
137 Äth.: »Krafttaten«.
138 Mt 13,16.
139 Joh 20,29.
140 Äth. und kopt.: »vollkommen in dem Vollkommenen«, vgl. Mt 5,48.
141 Äth.: »ewiges Leben«.
142 Kopt.: »hinaufgehe«.

2 Osten bis nach Westen, von Süden bis nach Norden! / Viele werden
3 an den Sohn Gottes, an mich[143], glauben.« / Wir wandten ein:
4 »Herr, wer wird uns glauben, und wer wird uns zuhören, / und wie
sollen wir lehren wie du und Kräfte, Zeichen und Wunder wir-
5 ken?« / Jesus entgegnete: »Geht und lehrt, daß mein Vater kommen
6 wird und auch seine Gnade.[144] / Was mein Vater durch mich getan
7 hat, werde ich durch euch tun.[145] / Ich werde euch meinen Frieden
geben, meinen Heiligen Geist[146] und meine Kraft, so daß sie glau-
8 ben.[147] / Auch ihnen wird meine Kraft gegeben werden[148], damit sie
ihrerseits die Heidenvölker lehren können.

31

1 Ihr werdet einem Mann begegnen, der Saulus heißt, das bedeutet:
Paulus. Er ist Jude, beschnitten nach den Vorschriften des Gesetzes.
2 / Er wird meine Stimme vom Himmel hören, er wird erschrocken
3 sein, zittern und sich so fürchten, / daß seine Augen erblinden.[149]
Aber ihr werdet euren Finger mit Speichel benetzen und ein Kreuz-
4 zeichen auf seine Augen machen. / Tut für ihn alles, was ich für
5 euch getan habe. Führt ihn auch zu anderen. / Dann wird Gott die
Augen dieses Menschen wieder öffnen[150], und er wird den Herrn,
6 meinen himmlischen Vater, lobpreisen. / Er wird großen Einfluß ge-
winnen[151] unter den Heidenvölkern, er wird die Botschaft verkün-
7 den und lehren. / Viele werden, wenn sie ihn hören, sich freuen und
8 erlöst werden. / Aber man wird ihn auch hassen und in die Hände
9 seiner Feinde ausliefern. / Er wird vor sterblichen Königen den
Glauben bekennen und mich – zum Ausgleich dafür, daß er mich
10 verfolgt hatte – ohne Wenn und Aber bekennen. / Er wird die Bot-
schaft verkündigen und lehren. Selbst ein Auserwählter[152] und ein
uneinnehmbares Bollwerk, wird er unter meinen Auserwählten
11 sein. / Der letzte der Letzten[153] wird den Heiden die Botschaft ver-

143 Nur im Äthiopischen.
144 Vgl. Didache 10,6; kopt. statt dessen »die Barmherzigkeit meines Vaters«.
145 Äth.: Zusatz »indem ich mit euch bin«.
146 Kopt.: »und von meinem Heiligen Geist«. Vgl. Joh 20,21f.
147 Kopt.: »daß ihr ihnen prophezeit in einem ewigen Leben«.
148 Kopt.: »werde ich meine Kraft geben«.
149 Act 9,8f; 22,11.
150 Vgl. Act 9,12b.17-18.
151 Wörtlich: »stark sein«.
152 Wörtlich: »ein auserwähltes Gefäß«.
153 1 Kor 15,9.

künden[154] und vollständig den Willen meines Vaters erfüllen. / Ihr 12
habt ja aus den Schriften erfahren, daß eure Väter, die Propheten,
über mich gesprochen haben und daß sich ihre Prophezeiungen in
mir wirklich erfüllt haben. / In gleicher Weise sollt auch ihr den 13
Heidenvölkern zu Wegweisern werden. / Und gebt ihnen jedes 14
Wort weiter, das ich zu euch gesagt habe und das ihr über mich ge-
schrieben habt. / Sagt ihnen, daß ich das Wort des Vaters bin und 15
daß der Vater in mir lehrt, und erinnert sie an das, was in den
Schriften über mich gesagt [und erfüllt worden] ist. / Dann wird 16
Paulus zum Heil der Heidenvölker werden.«[155]

32
Wir fragten Jesus: »Guter Lehrer, dürfen wir mit den Heidenvöl- 1
kern zusammen gemeinsam auf das himmlische Erbe hoffen?« / Er 2
antwortete: »Ihr seht doch, die Finger einer Hand sind alle ver-
schieden, verschieden sind auch die Ähren auf dem Feld, und auch
die Obstbäume tragen alle nach ihrer Art verschiedenes Obst.« /
Wir fragten: »Herr, ist das wieder als Gleichnis gemeint?«[156] / Jesus 3, 4
antwortete: »Macht euch keine Sorgen! Amen, ich sage euch: Ihr
seid meine Brüder. Uns zusammen gehört das Himmelreich bei mei-
nem Vater. Denn so will es der Vater. / Amen, ich sage euch: Auch 5
denen, die ihr lehrt und die an mich glauben, werde ich dieses ver-
heißen.«

33
Dann fragten wir Jesus: »Wann, Herr, werden wir diesem Mann 1
begegnen? Wann wirst du zu deinem Vater und zu unserem Gott
und Herrn gehen?« / Er antwortete: »Dieser Mann wird von Kili- 2
kien her nach Damaskus in Syrien kommen, weil er die Kirche zer-
stören will, die ihr errichten werdet. / Ich werde durch euch zu ihm 3
reden, so daß er bald zum Glauben kommen wird. / In diesem 4
Glauben wird er stark sein, damit sich das Prophetenwort er-
füllt[157]: / *Aus dem Land Syrien will ich beginnen ein neues Jerusa-* 5
lem zu berufen. / Sion werde ich mir unterwerfen und gefangenneh- 6

[154] Gal 1,16; 2,8f.

[155] Vgl. dagegen Act 18,24f.28, wo der Schriftbeweis von Apollos geführt wird und Aquila und Priscilla eher in umgekehrter Richtung »Nachhilfe« in paulinischer Lehre geben. Hier wird dagegen Paulus als der große Schriftgelehrte dargestellt, was außer in Röm und Gal recht selten geschieht.

[156] Mt 13,10.

[157] Vgl. Jes 54,1.

7 *men. / Die Unfruchtbare, die bisher keine Kinder hatte, wird*
8 *kinderreich werden. / Die Tochter meines Vaters wird man sie nen-*
9, 10 *nen. / Sie wird meine Braut sein.* / Denn so war es der Wunsch Got-
11 tes, der mich gesandt hat. / Diesen Mann werde ich verwandeln, so
daß er seinen bösen Plan, nach Damaskus zu gehen, nicht erfüllt. /
12, 13 Mein Vater wird durch ihn verherrlicht werden. / Denn wenn ich
zum Himmel gehe und bei meinem Vater bin, werde ich ihn vom
Himmel her ansprechen, und alles wird geschehen, wie ich es euch
über ihn vorhergesagt habe.«

34

1 Wir sagten zu Jesus: »Herr, du hast uns so Wichtiges gesagt und
2 verkündet. / Du hast uns Großes geoffenbart, das noch nie jemand
3 ausgesprochen hat. / Du hast uns in allen Dingen beruhigt und hast
4 uns Gnade erwiesen. / Nach deiner Auferstehung hast du uns dieses
5 alles geoffenbart, damit wir wirklich gerettet werden. / Du hast uns
gesagt: ›Zeichen und Wunder werden am Himmel und auf der Erde
6 geschehen, ehe das Ende der Welt kommt.‹ / Lehre uns, das Ende
7 der Welt zu erkennen.« / Er antwortete: »Ich will euch lehren, was
an euch geschehen soll und was an denen geschehen soll, die ihr
lehren werdet und die glauben, und auch an denen, die Paulus[158]
8 hören und an mich glauben werden, / was also mit all diesen am
Ende der Welt geschehen wird.« Darauf fragten wir ihn: »Was wird
9 denn dann geschehen, Herr?« / Er antwortete: »Dann werden alle,
die glauben, und alle, die nicht glauben, eine Trompete[159] am Him-
mel hören und große Sterne sehen, die so hell sind, daß man sie so-
10 gar am Tage sehen kann. / Man wird einen Drachen vom Himmel
11 herabfallen sehen, der bis zur Erde reicht.[160] / Sterne fallen wie
12 Feuer herunter, dazu große Hagelschloßen aus Feuer. / Sonne und
13 Mond kämpfen miteinander. / Immer wieder erschrecken Donner-
14 schläge und Blitze die Menschen. / Donner krachen, die Erde bebt,
Städte stürzen ein, und die Menschen sterben unter den Ruinen. /
15, 16 Die Erde verdorrt zusehends, weil kein Regen fällt. / Eine verhee-
rende Seuche wütet. Viele sterben so schnell, daß man sie kaum be-
17 statten kann. / Die im Bett der Eltern schlafenden Kinder werden
18 den Eltern entrissen und hinausgetragen. / Die Eltern werden sich
nicht um ihre Kinder kümmern und die Kinder nicht um ihre El-

158 Andere Handschriften: »euch«.
159 Vgl. 1 Thess 4,16.
160 Andere Handschriften: »Sterne steigen vom Himmel und berühren die Erde.« – Zum Drachen: vgl. Apk 12,9.

tern. / Keiner wird einen Gedanken an seinen Nächsten verschwen- 19
den. Die im Stich Gelassenen werden sich erheben und triumphie-
rend auf die blicken[161], von denen sie im Stich gelassen wurden. Ein
allgemeiner Umsturz wird alles erfassen. / Alle hassen und werden 20
gehaßt, kommen in Not und bringen andere in Not. Eifersucht
herrscht. Dem einen wird man etwas wegnehmen, um es dem an-
deren zu geben. / Aber danach kommt es noch viel, viel schlimmer. 21
Beklagt die, die Gottes Gebot nicht gehorcht haben!

35

Dann wird mein Vater zornig werden, weil die Menschen so böse 1
sind und so oft gesündigt haben. Der Greuel ihrer bösen Taten la-
stet auf ihnen, denn sie haben ihr Leben in Korruptheit geführt.« /
Wir fragten ihn: »Herr, und was haben die zu erwarten, die auf 2
dich hoffen?« / Er antwortete: »Das müßtet ihr längst wissen![162] / 3
Amen, ich sage euch: Der Prophet David hat über mich gesprochen 4
und über die, die zu mir gehören. Und so auch über die, die an mich
glauben werden. / In der Welt wird es Betrüger und Feinde der Ge- 5
rechtigkeit geben.[163] / An ihnen wird sich die Prophezeiung Davids 6
erfüllen: ›Sie eilen schnell zum Blutvergießen[164], ihre Zunge sinnt
Betrug[165], und Schlangengift ist auf ihren Lippen.[166] Und ich sehe,
daß du mit einem Dieb zusammensitzt und mit einem Hurer ge-
meinsame Sache machst.[167] / Du sitzt herum und schmähst deine 7
Geschwister, du stellst ihnen eine Falle.[168] / Hast du vielleicht ge- 8
glaubt, ich sei so wie du?‹[169] / Hört gut zu, wie der Prophet Gottes 9
über all dies geredet hat, damit alles erfüllt wird, was vorhergesagt
worden ist.«

36

Wir fragten den Herrn: »Herr, werden dann nicht die Heiden über 1
uns sagen: ›Wo ist ihr Gott?‹«[170] / Er antwortete: »Die[171] Auser- 2
wählten werden daran offenbar werden, daß sie nach der Bedräng-

[161] Vgl. Weisheit Salomos 5,1ff.
[162] Lk 24,25.
[163] Act 13,10.
[164] Vgl. Ps 13,3 LXX.
[165] Ps 49,19b LXX; Ps 13,3.
[166] Ps 13,3 LXX.
[167] Vgl. Ps 49,18.
[168] Ps 49,20.
[169] Ps 49,21.
[170] Vgl. Ps 78,18 LXX.
[171] Andere Handschriften: »meine«.

3 nis durch solche Not die Welt in Frieden verlassen.« / Wir fragten
weiter: »Wenn sie die Welt verlassen, bedeutet das den Untergang
4 für alle, die sie verfolgt haben?« / Jesus antwortete: »Nein, ihre
Qualen werden für sie der Prüfstein[172] sein, ob sie glauben und an
5 mein Wort denken und mein Gebot tun. / Sie müssen nicht lange
warten, sondern werden bald auferstehen. So soll Gott, der mich
6 gesandt hat, verherrlicht werden und ich mit ihm. / Denn er hat
7 mich zu euch gesandt. / Dieses sage ich zu euch, ihr aber sollt es Is-
rael und den Heidenvölkern so weitersagen, daß sie es hören. /
8 Auch sie sollen gerettet werden, das heißt, sie sollen an mich glau-
9 ben und dadurch der Gefahr des Untergangs entkommen. / Wer der
Todesgefahr entfliehen konnte, den wird man ergreifen, im Gefäng-
10 nis festhalten und foltern wie einen Dieb.« / Wir fragten: »Herr,
werden die Glaubenden das gleiche Geschick erleiden wie die Un-
gläubigen? Wirst du die dem Untergang Entkommenen ebenso be-
11 strafen?« / Er erwiderte: »Sie haben sich wie Sünder und Ungläu-
12 bige verhalten, obwohl sie an meinen Namen glaubten.« / Wir
fragten: »Herr, haben diejenigen, die dem Untergang entgangen
13 sind, denn kein ewiges Leben?« / Er sagte: »Wer mit seinem Tun
meinen Vater verherrlicht hat, der wird im Haus meines Vaters
wohnen.«[173]

37

1 Wir baten ihn: »Herr, offenbare uns, was danach geschehen wird.«
2 / Jesus sagte: »Am Ende der Welt wird ein Krieg auf den anderen
folgen. In allen vier Himmelsrichtungen wird die Welt erschüttert.
3 Alle Menschen werden sich gegenseitig bekriegen. / Darauf wird
bei Wetter und Wolken ein Chaos ausbrechen. Finsternis und
4 Dürre sind die Folge.[174] / Das wieder führt zur Verfolgung derer,
5 die an mich glauben, und der Auserwählten. / Die Menschen wer-
den uneins sein und streiten. Sie werden sich gegenseitig heimtük-
6 kisch Fallen stellen. / Manche unter ihnen glauben an mich. Die an-
7 deren folgen dem Bösen und vertreten eitle Lehren. / Den letzteren
wird man nachlaufen und sich all ihrer Macht unterwerfen, ihrem
Reichtum, ihrer Verworfenheit, ihrer Trunksucht und ihren Beste-
chungsgeschenken. Man wird sie nur nach ihrem gesellschaftlichen
Ansehen beurteilen.

---

[172] Vgl. Weisheit Salomons 3,6.
[173] Joh 14,23.
[174] Vgl. Lk 21,10ff.

38
Diejenigen aber, die sich danach sehnen, Gottes Antlitz zu schauen, 1
lassen sich bei einem reichen Bösewicht nicht durch das gesellschaft-
liche Ansehen blenden[175] und werden den, der sie verführen will,
nicht ehren, sondern zur Umkehr ermahnen. / Sie werden vom Vater 2
gekrönt werden, ebenso wie auch die gerettet werden, die ihren
Nächsten zur Umkehr bringen. / Wer so handelt, ist Kind der Weis- 3
heit[176] und Kind des Glaubens. / Wer das nicht ist, der haßt und ver- 4
folgt seine Geschwister, der kümmert sich nicht um seinen Bruder
oder seine Schwester, sondern macht seinem Nächsten das Leben
schwer. / Doch es gibt Menschen, die nach der Wirklichkeit Gottes 5
und aus lebendigem, erfahrenem Glauben heraus leben.[177] / Sie ha- 6
ben die Weisheit erkannt. [178] / Und sie haben geduldig Leiden ertra- 7
gen.[179] / Ein Leben in freiwilliger Armut ist ihr Ziel. / Sie ertragen 8, 9
Haß[180] und Schmähung. / Sie werden gequält und verfolgt.[181] / An- 10, 11
dere lassen ihren Hochmut an ihnen aus. / Sie leben in Hunger und 12
Durst und haben vieles ertragen. / Dafür werden sie im Himmel selig 13
sein und für immer mit mir leben. / Wehe denen, die sie hassen[182] 14
und hochmütig verachten. / Ihr Ende ist das Verderben.« 15

39
Wir fragten: »Wird es so sein, daß du uns verläßt, um wiederzu- 1
kommen und Gericht über die Menschen zu halten?«[183] / Und dann 2
fragten wir weiter: »Herr, wird dieses Gericht für Sünder und für
Gerechte gleichermaßen gerecht sein?[184] / Wird man an jenem Tag 3
nicht zu dir sagen: ›Du läßt doch die Menschen zur Gerechtigkeit
oder auch zur Sünde hinführen[185], du hast selbst Finsternis und
Licht, Böses und Gutes voneinander geschieden!‹[186] « / Jesus ant- 4

[175] Sirach 10,23.
[176] Vgl. Lk 7,35b.
[177] Der koptische Text fügt hinzu: »Sie lieben mich.«
[178] Dieser Vers nur im Äthiopischen.
[179] Der äth. Text ergänzt: »um der Gerechtigkeit willen«, der kopt. Text hat »sie erdulden Schmähungen und die, die sie hassen«.
[180] Nur kopt. Text.
[181] Kopt. Text: »Sie waren nackt.«
[182] Nur äth. Text.
[183] Vers 1 nur im kopt. Text.
[184] Übernahme der Lesart von C. Schmidt, S. 122f.
[185] Kopt. Text: »Dir war nichts daran gelegen, ob etwas gerecht oder ungerecht, Licht oder Finsternis, böse oder gut war.«
[186] Äth. Handschrift im Britischen Museum: »Du hast Finsternis und Licht, Böses und Gutes geschaffen.«

wortete[187]: »Adam hatte die Vollmacht empfangen, sich zwischen
5 den zwei Möglichkeiten zu entscheiden. / Er wählte das Licht,
streckt die Hand danach aus und nahm es.[188] Die Finsternis wies er
6 zurück und warf sie von sich. / So haben alle Menschen die Mög-
lichkeit, an das Licht zu glauben, das Leben ist und das der Vater
7 ist, der mich gesandt hat. / Und wer an mich glaubt und die Werke
8 des Lichts tut[189], der wird in ihnen[190] leben. / Wenn er jedoch nach
außen hin behauptet, daß er zum Licht gehört, in Wirklichkeit aber
Werke der Finsternis tut, dann wird er nichts zu seiner Verteidigung
sagen können, und er wird auch sein Antlitz nicht erheben können,
9 um mich, den Sohn Gottes, anzublicken. / Denn ich werde zu ihm
sagen: ›Als du gesucht hast, hast du gefunden; als du gebeten hast,
10 hast du empfangen[191] – / warum lehnst[192] du mich also ab, warum
11 begreifst du uns nicht? / Weshalb hast du dich von mir und von
12 meinem Reich[193] entfernt und mich verleugnet?‹[194] / Ihr könnt also
sehen[195], daß jeder die Möglichkeit hat, zu leben oder zu sterben. /
13 Und doch wird jeder, der mein Gebot tut, ein Kind des Lichts[196]
14 und meines Vaters[197] sein. / Und um derentwillen, die meine Ge-
bote bewahren und tun[198], bin ich vom Himmel herabgekommen.
15, 16 / Ich bin das Wort und bin Mensch geworden / und habe gelitten[199]
17 und gelehrt[200]. / Es gibt Menschen, die gerettet werden[201], und sol-
18 che, die für immer verloren sind. / Letztere werden an Leib und
Geist mit Feuer bestraft.«[202]

40

1 Wir sagten zu ihm: »Herr, wir machen uns Sorgen um die, die be-
2 straft werden.« / Und er erwiderte: »Das ist ganz richtig, denn die
Gerechten sorgen sich um die Sünder und richten Bittgebete für sie

---

187 Kopt. Text: »Ich werde ihnen antworten: ...«.
188 Kopt. Text: »Er legte seine Hand darauf« .
189 »und die Werke des Lichts tut« nur im kopt. Text.
190 »in ihnen« nur im kopt. Text.
191 Vgl. Lk 11,9f.
192 Äth. Text und einige Handschriften.: »tadelst«.
193 »und von meinem Reich« nur im äth. Text.
194 Äth. Text: »bekannt und dann noch verleugnet«.
195 Nur im äth. Text.
196 Vgl. Lk 16,8; 1 Thess 5,5.
197 Hinzufügung im kopt. Text: »der in mir ist«.
198 Kopt. Text: »die meine Gebote verderben«.
199 Äth. Text: »bin gestorben«
200 Äth.: »und Menschen ihre Unkenntnis nachgewiesen«.
201 Kopt. Text: »die Geladenen werden gerettet«.
202 Kopt. Text: »lebendig gepeinigt und gezüchtigt«.

an Gott[203].« / Wir fragten ihn: »Herr, wendet sich niemand im 3
Gottesdienst an dich?« / Er antwortete: »Doch, das Gebet der Ge- 4
rechten für die Sünder will ich erhören.« / Wir sagten: »Herr, all 5
dies hast du uns gelehrt[204], und du hast uns deine Gnade erwie-
sen.[205] / Wir werden es denen verkündigen, die dafür geeignet 6
sind.[206] / Werden wir dafür bei dir belohnt werden?« 7

41
Jesus sagte zu uns: »Geht und verkündet die Botschaft und werdet 1
gute Sklaven und Verwalter[207].« / Wir erwiderten: »Wenn wir die 2
Botschaft verkünden, dann bist doch in Wirklichkeit du derjenige,
der das tut.[208] / Herr, du bist doch unser Vater.«[209] / Jesus entgeg- 3, 4
nete: »Väter müssen keineswegs immer Verwalter[210] oder Lehrer
sein.« / Wir wandten ein: »Herr, du hast doch zu uns gesagt: ›Nennt 5
niemanden auf Erden Vater oder Lehrer, denn nur der Vater im
Himmel ist euer Vater.‹ Und jetzt sagst du: ›Ihr werdet wie ich[211] vie-
ler Kinder Väter sein und Lehrer und Verwalter.‹« / Jesus antwor- 6
tete: »Da habt ihr ganz recht. Amen, ich sage euch: Jeder, der auf
euch hört und an mich glaubt, erhält das Licht des Siegels[212] und die
Taufe[213] durch mich, und durch mich werdet ihr Väter und Lehrer.«

42
Wir fragten: »Herr, wie ist es möglich, daß jeder von uns diese drei 1
Aufgaben[214] erfüllen kann?« / Jesus antwortete: »Väter wird man 2
euch nennen, weil ihr voll Liebe und Barmherzigkeit ihnen alles
über das Himmelreich geoffenbart habt. / Verwalter werdet ihr hei- 3
ßen, weil sie durch meine Hand von euch die Taufe empfangen, die
Leben und Vergebung der Sünden bedeutet. / Und Lehrer werdet 4
ihr genannt werden, weil ihr ihnen in Fülle[215] das[216] Wort überlie-

203 Kopt. Text statt dessen: »meinen Vater«.
204 Äth. Text zusätzlich: »und hast uns belebt«.
205 Kopt. Text: »und uns errettet«.
206 Kopt. Text fügt hinzu: »gerettet zu werden«.
207 Kopt. Text: »Arbeiter«.
208 »Wenn wir ... handelt« nur im kopt. Text.
209 Dieser Vers nur im äth. Text.
210 Nur äth.
211 »Wie ich« nur äth.
212 Wohl die gegen die Mächte des Bösen schützende Geistverleihung.
213 Nur im kopt. Text.
214 Vater, Lehrer und Verwalter.
215 Wörtlich: »neidlos«.
216 Äth.: »mein«.

5 fert habt. / Ihr habt sie zurechtgewiesen, und sie haben sich be-
6 kehrt, als ihr sie zur Rechenschaft gezogen habt.[217] / Obwohl sie
reich waren, habt ihr euch nicht davor gescheut, und ihr habt nicht
7 auf die Person geschaut. / Vielmehr habt ihr die Gebote meines Va-
8 ters gehalten und in die Tat umgesetzt. / Mein himmlischer Vater
wird euch reich belohnen. Denen, die ihr unterwiesen habt, wird
Gott die Sünden vergeben, und er wird ihnen das ewige Leben
9 schenken und am Reich der Himmel Anteil geben.« / Wir sagten:
»Selbst wenn wir[218] zehntausend Zungen zum Reden hätten, wir
10 würden dir doch nicht angemessen Dank sagen können.« / Jesus
entgegnete: »Tut nur, was ich euch sage. Tut es so, wie ich es selbst
auch[219] getan habe.

43

1, 2 Seid wie die klugen Mädchen. / Sie haben gewacht und sind nicht
eingeschlafen. Sie sind mit ihren Lampen dem Herrn, dem Bräuti-
gam, entgegengegangen und mit ihm hineingegangen in den Hoch-
3 zeitssaal. / Die dummen Mädchen dagegen konnten nicht wach
4 bleiben, sondern sind eingeschlafen.« / Wir fragten ihn: »Herr, wer
5 sind die Klugen und wer die Dummen?« / Jesus erwiderte: »Die
klugen Mädchen sind die fünf, die der Prophet[220] Töchter Gottes
6 nennt. Hört ihre Namen.«[221] / Wir aber waren sehr betrübt über
7 die anderen, die ausgeschlossen worden waren. / Jesus sagte zu uns:
»Die fünf klugen Mädchen sind Glaube, Liebe, Freude[222], Friede
8 und Hoffnung. / Wer glaubt und diese hat, wird allen anderen ein
Wegweiser sein, die an mich und an den, der mich gesandt hat,
9 glauben. / Ich bin der Herr und der Bräutigam. Mich haben die
Mädchen in Empfang genommen, sie sind mit mir in den Hoch-
zeitssaal hineingegangen, haben sich mit mir[223] zu Tisch begeben
10 und haben viel Freude gehabt. / Die fünf dummen Mädchen jedoch
haben geschlafen. Als sie aufwachten und an die Tür des Hoch-
zeitssaales klopften, fanden sie die Türen verschlossen. Da weinten
11 sie[224], weil ihnen nicht geöffnet wurde.«[225] / Wir fragten ihn:

[217] Äth. Text setzt hinzu: »Und ich werde ihnen sagen«.

[218] Äth.: »sie«.

[219] Äth. Text setzt hinzu: »euch«.

[220] Man verweist auf Ps 81,6 LXX »Kinder Gottes«, doch das überzeugt nicht.

[221] Nur im äth. Text; die Namen folgen erst in Vers 7.

[222] Kopt.: »Erbarmen«.

[223] Äth.: »mit dem Bräutigam«.

[224] Kopt: »da waren sie traurig«.

»Herr, warum öffnen die klugen Schwestern, die im Hochzeitshaus
sind, den dummen nicht? Warum sind sie nicht traurig ihretwegen?
Warum haben sie den Bräutigam nicht angefleht, ihnen zu öff-
nen?«[226] / Jesus antwortete: »Doch, sie sind schon traurig und be- 12
kümmert ihretwegen, und sie haben den Bräutigam angefleht, doch
er ließ keine Gnade walten.«[227] / Wir fragten Jesus: »Herr, wann 13
werden die dummen Mädchen dank der Fürbitte der klugen Mäd-
chen in den Hochzeitssaal hineingehen können?« / Jesus antwor- 14
tete: »Wer ausgeschlossen ist, der ist ausgeschlossen.« / Wir frag- 15
ten: »Ist das endgültig entschieden?[228] Wer sind die dummen
Mädchen?« / Jesus antwortete: »Hört ihre Namen[229]: Erkenntnis, 16
Einsicht, Gehorsam, Geduld und Barmherzigkeit. / Unter denen, 17
die geglaubt und mich bekannt haben, waren sie es, die eingeschla-
fen sind, also meine Gebote nicht befolgt haben.[230]

44
Diejenigen, die eingeschlafen waren, haben meine Gebote nicht ge- 1
tan.[231] / Sie werden außerhalb des Reiches stehen und außerhalb 2
der Hürde des Schafhirten. / Wer aber außerhalb der Hürde ist, den 3
wird der Wolf[232] fressen. / Er wird gerichtet[233] und zum Tod ver- 4
urteilt. / Er muß viel leiden und wird böse gepeinigt und gequält.[234] 5
Er wird zerstückelt[235] und lange und schmerzvoll bestraft und
kann doch nicht schnell sterben.«

45
Wir sagten zu Jesus: »Herr, wunderbar hast du uns alles offen- 1
bart.« Er antwortete: »Habt ihr es jetzt verstanden?«[236] / Wir sag- 2
ten zu ihm: »Herr, fünf Mädchen ist es gegeben[237], in dein Reich

225 Äth.: »weil die Türen verschlossen waren«.
226 Die letzte Frage nur im koptischen Text.
227 Äth.: »sie konnten ihretwegen nichts erlangen«.
228 Kopt. vielleicht: »Wir haben verstanden.«
229 Nur im kopt. Text.
230 Vgl. 44,1.
231 Diese Deutung weicht – wie auch die Allegorisierung – erheblich von Mt 25,1-13 ab, so daß man fragen darf, ob dieser Text bekannt war. In Mt 25,5 heißt es ausdrücklich, *alle* seien eingeschlafen.
232 Kopt.: »die Wölfe«.
233 Nur äth.: »obwohl er gehört hat«.
234 Kopt. Text fügt hinzu: »mit Martern, und er wird keine Ruhe haben«.
235 Nur äth.
236 So kopt.; äth.: »Versteht und begreift diese Worte!«
237 Kopt.: »durch die fünf kann man hoffen, ...«

3 zu kommen. / Und fünf sind ausgeschlossen. Aber die, die wach ge-
blieben und mit dem Bräutigam in den Hochzeitssaal gegangen
sind, werden sich wegen der anderen, die eingeschlafen waren,
4 nicht so recht freuen können.« / Jesus sagte: »Die klugen Mädchen
werden sich freuen, daß sie mit dem Herrn, dem Bräutigam, hin-
5 eingehen durften. / Und sie werden gleichzeitig traurig sein wegen
der anderen, die eingeschlafen waren, denn sie sind doch ihre
6, 7 Schwestern. / Zusammen sind sie zehn Töchter Gottes.« / Wir sag-
ten: »Herr, du bist doch so groß, da müßtest du eigentlich ihren
8 Schwestern Gnade erweisen.« / Jesus erwiderte: »Das ist nicht eure
Sache, sondern das müßt ihr dem überlassen, der mich gesandt hat,
und ich bin eins mit ihm.

46

1 Ihr aber geht und verkündet meine Worte[238], fürchtet niemanden
und laßt euch von niemandem blenden, besonders nicht von den
Reichen, die mein Gebot nicht tun, sondern in ihrem Reichtum
2, 3 schwelgen.« / Wir fragten ihn: »Meinst du nur die Reichen?« / Er
antwortete: »Ich meine auch die anderen, sobald sie ein wenig zum
Leben[239] haben. Wenn sie gegenüber den Armen nicht knausern,
sondern ihnen abgeben, wird man sie Wohltäter nennen.

47

1 Wenn aber einer gegen seinen Nächsten so sehr gesündigt hat, daß
er unter der Last, die er zu tragen hat, zusammenbricht, dann soll
2 dieser ihn zurechtweisen, weil er gegen ihn gehandelt hat. / Wenn
der Sünder sich daraufhin bekehrt, erhält er das ewige Leben[240].
Aber auch der, der ihn zurechtgewiesen hat, wird zum Lohn das
3 ewige Leben empfangen. / Wenn ein Bedürftiger seinen Wohltäter
sündigen sieht und ihn nicht zurechtweist, weil er ihm gefallen will,
4 wird ihn die ganze Strenge des Gerichts treffen. / Denn wenn ein
Blinder einen Blinden führt, werden beide in eine Grube fallen.[241] /
5 Und wenn einer wegen der Geschenke, die er erhalten hat, vorein-
genommen ist und den Schenkenden begünstigt, wird er genauso
bestraft wie der, der aufgrund seiner Geschenke durch die Vorein-
6 genommenheit des anderen begünstigt wurde. / Dann gilt, was der
Prophet gesagt hat: ›Wehe denen, die den Sünder begünstigen und

[238] Kopt. Text fügt hinzu: »aufrichtig und schön«.
[239] »sobald sie ... haben« nur im kopt. Text.
[240] Vgl. Jak 5,20.
[241] Mt 15,14.

ihn um seiner Person willen wegen eines Bestechungsgeschenkes ge-
rechtsprechen.[242] Ihr Gott ist der Bauch.‹[243] / Ihr werdet sehen, daß 7
sie nach diesem Maßstab gerichtet werden. / Amen, ich sage euch: 8
Am Ende der Welt werde ich den Reichen nicht schonen, noch mit
dem Armen Mitleid haben.

48

Siehst du mit eigenen Augen einen Menschen sündigen, so weise 1
ihn zunächst unter vier Augen zurecht. / Wenn er auf dich hört, so 2
hast du ihn gewonnen. / Hört er aber nicht auf dich, so nimm einen 3
anderen oder einen dritten hinzu und weise ihn zurecht. / Hört er 4
auch dann nicht auf dich, so soll er für dich wie ein Heide oder
Zöllner sein.[244]

49

Wenn du etwas nur vom Hörensagen kennst, was deinen Bruder 1
oder deine Schwester belastet, so schenke dem Gerücht keinen 2
Glauben. / Verleumde nicht und höre keine Verleumdungen an. /
Denn so sagt die Schrift: ›Höre nicht zu, wenn es gegen deinen Bru- 3
der geht. Nur wenn du es gesehen hast, tadele ihn, weise ihn zu-
recht und bekehre ihn.‹«[245] / Wir wandten ein: »Herr, du hast uns 4
über alle Fragen belehrt und uns ermahnt. Aber entsteht dann un-
ter den Christen, die an die Verkündigung deines Namens glauben,
nicht leicht Zwietracht, Streit, Eifersucht, sinnloses Gegeneinan-
der, Haß und Not? / Denn du hast doch gesagt, sie sollen einander 5
unvoreingenommen zurechtweisen. / Wenn aber einer zurecht- 6
weist, dann kann man ihn leicht hassen, und dann kommt es zur
Sünde!« / Jesus erwiderte: »Dazu wird das Gericht stattfinden, daß 7
man den Weizen in die Scheune bringt und die Spreu ins Feuer
wirft.[246]

50

[Es wird tatsächlich so sein:] Wer Böses verabscheut und nicht mit- 1
macht, wer Mitchristen tadelt, die mein Gebot nicht tun, der wird
gehaßt und verfolgt, verachtet und verspottet werden. / Man wird 2
absichtlich Unwahres über ihn verbreiten und sich gegen alle ver-

[242] Kopt.: »Wehe denen, die den Gottlosen rechtfertigen um eines Geschenks willen.«
[243] Phil 3,19.
[244] Vgl. Mt 18,15-17.
[245] Vgl. z. B. Sir 19,5-10.
[246] Vgl. Mt 13,30.41f.

3 schwören, die mich lieben. / Obwohl das Tadeln doch nur dazu
4 dient, daß sie gerettet werden, / wird einer, der tadelt, zurechtweist
und ermahnt, trotzdem gehaßt, an den Rand gedrängt und verach-
5 tet werden. / Man wird sich fernhalten von dem, der einem Gutes
6 will. / Doch wer so leiden muß, den wird der Vater als Märtyrer an-
sehen, weil er sich nicht aus niederen Motiven und in falschem Ei-
7 fer eingemischt hat, sondern um der Gerechtigkeit willen.« / Wir
8 fragten Jesus: »Herr, wird das auch unter uns geschehen?« / Er ant-
wortete: »Habt keine Angst vor dem, was nur wenige betreffen
9 wird.« / Wir fragten ihn: »Was wird das sein?« Jesus antwortete:
»Es wird eine fremde Lehre geben, und dadurch wird Verwir-
10 rung[247] entstehen. / Menschen, die nur auf ihren eigenen Ruhm be-
11 dacht sind, werden eine wertlose Lehre verkünden. / Das wird ein
12 tödliches Ärgernis[248] sein. / Leute werden als Lehrer auftreten und
diejenigen, die an mich glauben, von meinem Gebot abbringen
13 wollen, so daß sie das ewige Leben verlieren. / Wehe denen, die
14 mein Wort und mein Gebot fälschen. / Wehe denen, die auf sie hö-
ren und sich von der Lehre des Lebens und vom Gebot, das zum
Leben führt, entfernen. Sie werden gemeinsam für immer bestraft
werden.«

51

1 Als Jesus dies gesagt und das Gespräch zu Ende geführt hatte,
2 wandte er sich nochmals an uns: / »Nach drei Tagen und drei Stun-
den wird der, der mich gesandt hat, kommen, damit ich mit ihm
3 gehe.« / Als er noch redete, donnerte und blitzte es, die Erde bebte,
der Himmel öffnete sich einen Spaltbreit, und eine Wolke[249] aus
4 Licht nahm Jesus auf. / Wir hörten die Stimmen vieler Engel, die
freuten sich, lobten Gott und sangen: »Versammle uns bei dir, Prie-
5 ster, im Licht der Herrlichkeit.« / Als Jesus dem Firmament des
Himmels nahe war[250], hörten wir ihn sagen: »Geht in Frieden.«[251]

247 Äth.: »oder Polemik«.

248 Äth. Handschriften: »ein Ärgernis der Unzucht«.

249 Vgl. Act 1,9.

250 Äth. Handschriften: »Als sie nahe waren«.

251 Äth. Handschriften: »Die Liebe ist das Band der Vollkommenheit. Der Name der heiligen Kirche ist die Gerechtigkeit.« Und er sagte ihnen: »Friede euch, Kinder des Friedens!«

Testimonium Veritatis

Einleitung: Das »Testimonium Veritatis« (Das wahre Zeugnis) gehört zu den Schriften aus der Bibliothek von Nag Hammadi (NHC 9,3). Der Name der Schrift ist aus 14,1 erschlossen (literarkritisch das Ende des 1. Teils der Schrift); der Schluß des Manuskripts fehlt. Der Text ist wohl ursprünglich griechisch und dürfte in Ägypten entstanden sein. Der Gattung nach handelt es sich jedenfalls im ersten Stück um eine abgeschlossene Homilie (1,1-13,13). Danach folgen einige Exkurse zu besonderen Themen. Darunter fällt besonders ein Midrasch zu Gen 3 auf.

Gegner: Die gegnerische Position ist vor allem immer wieder die katholische (Taufe, Martyrium und leibliche Auferstehung, Gesetz). Doch auch andere gnostische Richtungen (Valentinianer, Basilides, Simonianer, Isidor, vgl. 20,10-11) werden bekämpft. – Die Polemik gegen die katholischen Positionen ist bisweilen sehr scharf. Die antihäretischen Züge zeigen, daß der Verfasser dieser Schrift nicht zu den Häretikern gerechnet werden will, sondern wahrhaft katholisch sein möchte.

Theologie: Die Schrift verficht eine radikale Askese, Kapitel 13 enthält eine detaillierte gnostische Ethik, auch die Ehe wird abgelehnt. Verarbeitete Traditionen: Jüdische Auslegungen von Gen 3 (Schlange); Nachrichten über das Wirken von David und Salomo, von Johannes dem Täufer und Jesus; JohEv, Paulus, »Himmelfahrt des Jesaja« in 11,1.

Verfasser und Entstehungszeit: Wegen ähnlicher Passagen bei dem von Clemens von Alexandrien, Stromateis in 3,91ff zitierten Julius Cassianus (Schrift: »Über die Enthaltsamkeit«) hat man angenommen, er sei der Verfasser. Der Bezug zu Gnostikern des 2. Jh.s legt eine Entstehung um die Mitte des 2. Jh.s nahe. Auch die recht häufigen Erwähnungen des Martyriums weisen auf die Mitte des 2. Jh.s.

Textgrundlage: B. A. Pearson: Nag Hammadi Codices IX and X (The Coptic Gnostic Library 15), Leiden 1981; Übersetzung: ibid., S. 122-171.

DAS WAHRE ZEUGNIS

1
1 [29] Ich will zu denen sprechen, die hören können – nicht mit den
2 Ohren des Leibes, sondern mit den Ohren des Verstandes. / Denn
viele haben nach der Wahrheit gesucht und konnten sie nicht finden.
3 / Der alte Sauerteig der Pharisäer und Gesetzesgelehrten hält sie fest
4 im Griff. / Der Sauerteig, das ist die dumpfe Begierde der Engel, Dä-
5 monen und Sterne. / Und die Pharisäer und Schriftgelehrten sind dem
Diktat der Mächte, die Gewalt über sie haben, unterworfen.

2
1 Denn keiner, der unter dem Gesetz ist, kann zur Wahrheit aufblik-
2, 3 ken. / Man kann schließlich nicht zwei Herren dienen. / Denn ei-
4 nerseits ist es offenbar, daß das Gesetz nicht rein ist. [30] / Ande-
5 rerseits gehört aber zum Licht volle Reinheit. / (Ein Beispiel:) Das
Gesetz befiehlt jemandem, einen Ehemann oder eine Ehefrau zu
nehmen und so viele Nachkommen zu zeugen wie Sand am Meer.
6 / Die Herzen derer, die in dieser Welt gezeugt wurden, werden
7 durch die Freude an der Begierde gefesselt. / Daher sind sie Men-
8 schen, die beflecken und befleckt werden. / So soll die Prophezeiung
9 der Schrift durch sie erfüllt werden. / Die Begierden helfen offenbar
der Welt und halten diejenigen vom Licht fern, die nicht am Herr-
scher der Finsternis vorbeigehen können, ohne ihm den letzten
Pfennig Tribut gezahlt zu haben.

3
1 Doch dann trat der Menschensohn aus der Unvergänglichkeit her-
2, 3 vor. / Er war ganz rein. / Er kam in die Welt und ging zum Jordan-
fluß. Kaum hatte der Jordan ihn gesehen, da floß er in die umge-
4 kehrte Richtung.[1] / Von der Herkunft Jesu legte Johannes Zeugnis
5, 6 ab. / Denn er sah die Kraft, die auf den Jordan herunterkam, / und
erkannte, daß die Herrschaft irdischer Zeugung an ihr Ende ge-
7 kommen war. / Der Jordan steht für die körperliche Kraft, das
8 heißt: [31] für die sinnlichen Vergnügungen. / Das Wasser des Jor-
9 dans steht für die Sehnsucht nach sexueller Vereinigung. / Johannes
ist der Herrscher über den Mutterschoß.

---

1 Diese Tradition ist auch im mandäischen Johannesbuch bekannt; vgl. dazu G. Mayer (in Vorbereitung).

4
Die Offenbarung des Menschensohnes für uns lautet: / »Ihr solltet 1, 2
das Wort der Wahrheit annehmen, / und zwar ganz und gar. Aber 3
wenn jemand ganz unbelehrbar ist, wird es ihm schwerfallen, das
Gewicht der finsteren Taten, die er begangen hat, zu mindern. / Die 4
anderen aber, die wissen, was Unvergänglichkeit ist, können gegen
die Begierden ankämpfen. / Ich habe euch gesagt: Baut nichts und 5
sammelt keine Schätze an dem Ort, den die Räuber durchwühlen[2],
sondern bringt Frucht für den Vater.«

5
Töricht in ihrem Herzen sind diejenigen, die laut sagen: »Wir sind 1
Christen«, in Wirklichkeit aber nur mit Worten und nicht mit Kraft
Christen sind. Sie liefern sich der Unwissenheit aus und damit ei-
nem Tod nach Menschenart. / Sie wissen nicht, wohin sie gehen 2
[32] und wer Christus ist. / Sie denken, daß sie leben werden, aber 3
das ist in Wirklichkeit ein Irrtum. / Sie laufen den Mächten und Ge- 4
walten nach. / Sie sind eine leichte Beute für sie, weil sie so unwis- 5
send sind. / Denn wenn nur laute Bekenntnisse als Zeugnis für die 6
Rettung ausreichten, dann könnte die ganze Welt unter der Herr-
schaft der Mächte leben und trotzdem gerettet werden. / Aber so 7
sind sie selbst schuld an ihrem Irrtum. / Durch ihre Unwissenheit 8
machen sie sich selbst kaputt. / Genauso ein Streben nach leerem 9
Ruhm ohne Gerechtigkeit wäre es, wenn Gott Vater ein Menschen-
opfer verlangen würde.

6
Der Menschensohn zog ihre ersten guten Werke an wie ein Kleid. / 1
Er stieg hinab in die Unterwelt und vollbrachte viele große Taten. / 2
Er weckte die Toten in der Unterwelt auf.[3] / Da wurden die Welt- 3, 4
herrscher der Finsternis neidisch [33] auf ihn, weil sie keine Schuld
an ihm fanden. / Außerdem machte der Menschensohn das, was sie 5
an den Menschen anrichteten, zunichte. / Er heilte die Lahmen, die 6
Blinden, die Gelähmten, die Tauben und die von Dämonen Beses-
senen. / Er konnte auch auf dem Meer gehen. / Deswegen reinigte 7, 8
er seinen Körper ... / Sie sind blinde Blindenführer wie ihre Jünger. 9
/ Sie bestiegen das Boot, und als sie etwa 30 Stadien entfernt waren, 10
sahen sie Jesus auf dem Wasser gehen. / Diese sind Zeugen, die 11

[2] Vgl. Mt 6,19f.
[3] Vgl. 1 Petr 3,19-21; 4,6.

12 nichts taugen. Denn sie legen nur über sich selbst Zeugnis ab.[4] / Sie
sind wirklich krank und können nicht selbst aufstehen. [34]

7

1 Wer angesichts des Leidens und Sterbens eines Märtyrers erlebt
hat, was Vollkommenheit ist, könnte auf den Gedanken kommen,
2 zu sagen: / »Wenn wir uns auch wegen des Namens Jesu dem Tod
3 ausliefern, können wir gerettet werden.« / Doch die Sache verhält
sich anders. So sprechen diese Menschen gar nicht. Sie sagen viel-
4 mehr [über die Märtyrer]: / »Die Planeten haben es so gewollt,
daß sie ihr vergängliches Erdendasein beschließen mußten.« Diese
haben sich selbst ausgeliefert.

8

1 Doch diese törichten Leute sind wie alle anderen Dummköpfe. Sie
2 haben nicht das Wort, das Leben gibt. / Einige sagen: »Am Jüngsten
Tag werden wir sicher bei der [35] Auferstehung dabei sein.« /
3, 4 Doch sie wissen nicht, was sie sagen. / Denn der Jüngste Tag besteht
5 darin, daß die, die zu Christus gehören ... / Als die Zeit erfüllt war,
6 hat er ihre finsteren Gewalthaber besiegt. / Sie fragten, womit sie
gefesselt seien, und sagten, sie würden sich am liebsten selbst be-
7 freien. / Und sie lernten sich selbst kennen und erfuhren, wer sie
8 jetzt sind, oder genauer: wo sie jetzt sind / und wo der Ort ist, [35]
9 an dem sie von ihrer Unwissenheit ausruhen werden. / Denn sie
10 sind jetzt zur Einsicht gelangt. / Christus wird sie in die Himmels-
11 höhen hinaufführen. / Denn sie haben dem Unverstand eine Absage
12 erteilt und sind zur Einsicht gelangt. / So jemand hat den Sohn des
13 Menschen erkannt, das heißt: sich selbst. / Darin besteht das voll-
kommene Leben: daß die Menschen sich selbst erkennen, indem sie
14 den Himmelsstaat[5] erkennen. / Deshalb: Erwarte nicht die leibliche
15 Auferstehung! [37] Sie ist nur Zerstörung. / Und alle, die eine leib-
liche Auferstehung erwarten, die es nicht gibt, sind immer noch
16 ganz ihrem Fleisch verhaftet. / Sie kennen weder die Kraft Gottes,
noch verstehen sie die Schrift[6] und ihre Auslegung, weil sie zwar
viel wissen, aber nichts verstehen.

---

4 Vgl. Joh 5,31.
5 Wörtlich: »das All«, ein technischer Ausdruck für das Himmelreich.
6 Vgl. Mk 12,24.

9

Das Geheimnis, über das der Menschensohn gesprochen hat ... vor 1
Gott leben unter dem leichten Joch. / Wer das Leben gebende Wort 2
nicht in seinem Herzen hat, wird sterben. / Daran, wie sie handel- 3
ten und wie sie in die Irre gingen, hat der Menschensohn ihre Ge-
danken durchschaut. [38] / ... sie verstehen nicht, daß der Men- 4
schensohn von (Gott) gekommen ist. / Aber wer nach (Jerusalem) 5
zum Opfer heraufgekommen ist, der stirbt auf menschliche Weise
und liefert sich selbst aus zum Tod ... / Wer ihn aufrichtig und in 6
Kraft und mit aller möglichen Einsicht aufnimmt, den wird er in die
Himmelshöhe, in das ewige Leben, hinaufbringen. / Wer ihn aber 7
ohne Einsicht aufnimmt, den werden die Vergnügungen beherr-
schen, die schädlich für ihn sind. [39] / Solche Menschen sagen 8
dann wohl: »Gott hat Glieder für unseren Gebrauch geschaffen,
damit wir, wenn wir ohnehin immer unreiner werden, wenigstens
unseren Spaß haben sollen.« / Auf diese Weise wollen sie bei ihrem 9
Handeln Gott auf ihrer Seite haben. / Sie haben keine Beständigkeit 10
auf Erden. / Aber auch den Himmel werden sie nicht erlangen. [...] 11

10

Als Jesus am Jordanfluß zu Johannes kam, um sich taufen zu las- 1
sen, kam der Heilige Geist auf ihn herab wie eine Taube. [...] / Wir 2
müssen also davon ausgehen, daß er aus einer Jungfrau geboren
wurde und einen menschlichen Leib annahm. [40] Er ... empfing
Kraft. / Sind nun auch wir selbst aus einer Jungfrau hervorgekom- 3
men oder durch das Wort gezeugt worden? / Nein, wir sind durch 4
das Wort *wieder*geboren worden. / Deshalb wollen wir stark wer- 5
den wie Jungfrauen ...

11

Jesaja wurde mit einer Säge in zwei Teile geteilt.[7] / Genauso wurden 1, 2
wir vom Menschensohn durch das Wort vom Kreuz in zwei Teile
geteilt. / Er trennt[8] den Tag von der Nacht, das Licht von der Fin- 3
sternis, das Vergängliche vom Unvergänglichen, den Mann von der
Frau. / Was mit Jesaja geschah, ist Vorbild [41] für jeden Leib. / Die 4, 5
Säge ist das Wort des Menschensohnes, welches uns, das heißt: un-
ser besseres Selbst, von dem trennt, was aus dem Fehlverhalten der
Engel entstanden ist.

---

[7] Vgl. AscJes 5,1-14.
[8] Vgl. Hebr 4,12.

12

1 Den wirklichen Gott kennt allein der Mensch, der alle Dinge der
2, 3 Welt vergißt. / Er hat der Welt im ganzen eine Absage erteilt / und
4 den Saum von Gottes Kleid ergriffen. / Er hat sich wie ein Fels in
5 die Brandung gestellt / und hat die Begierde ganz und gar unter
6 Kontrolle. / Er hat sich selbst viele Fragen gestellt: Wie viele Gewal-
7 ten beherrschen ihn? / Wer hat ihn gefesselt? Wo ist der, der seine
8, 9 Fesseln lösen wird? / Was ist Licht? Was ist Finsternis? / Wer hat die
10 Erde geschaffen? Und wer ist Gott? / Wer sind die Engel? [42] Und
11, 12 was ist die Seele? / Was ist der Geist? Und was ist die Stimme? / Wer
13, 14 spricht? Und wer hört? / Wer läßt leiden? Und wer leidet? / Wer hat
15 den vergänglichen Körper gezeugt? / Worin besteht die Ordnung
16 der Welt? / Warum sind manche lahm und manche blind? Warum
17 sind manche reich und manche arm? / Warum sind manche macht-
18 los und manche Räuber? / Solch ein Mensch kämpft gegen die Ge-
19 danken, die ihm Mächte, Gewalten und Dämonen eingeben, / und
20 läßt sie nirgends wohnen. / Er hat gegen die Begierden angekämpft,
21, 22 die sie verursachen. / Er hat ihre [43] Irrtumstaten verurteilt. / Er
hat sich von den Vergehen gereinigt, die er mit einem Leib beging,
23 der nicht sein eigener war.[9] / Er ist aufgestanden und aufrecht in
24 sich selbst geworden. Denn er existiert in jedem Menschen. / Er hat
in sich selbst die Möglichkeit, zwischen Tod und Leben zu wählen.
25 / Als er die Macht empfing, hat er sich nach rechts gewandt und ist
26 in den Bereich der Wahrheit eingetreten. / Alles, was auf die linke
27 Seite gehört, hat er vergessen. / Er ist jetzt erfüllt mit Weisheit, mit
gutem Rat, mit Erkenntnis und Einsicht, mit einer unvergänglichen
28, 29 Macht. / Er hat seine Fesseln zerbrochen / und alle verurteilt, von
denen die Erde gemacht wurde[10].

13

1 Und er hat sich selbst bezwungen. Er hat angefangen, sich kennen-
2 zulernen und mit seinem Verstand zu sprechen. / Dieser Verstand
ist der Vater der Wahrheit, die ihm über die beseelten Himmels-
sphären[11], die immer schon da waren[12], und über die Jungfrau, die
3 das Licht hervorbrachte, Auskunft gibt. / Er hat über die den gan-
zen himmlischen Bereich überflutende Macht nachgedacht, [44] die

[9] Wörtlich: »mit fremder Hand«.
[10] Der Verfasser vertritt die gnostische, zumindest gnostisierende Meinung, die Welt der sichtbaren Dinge sei nicht vom wahren Gott, sondern von den Mächten und Gewalten geschaffen worden.
[11] Wörtlich: »Äonen«.
[12] Wörtlich: »ungezeugt«.

ihn ergriffen hat. / Er geht bei seinem Verstand in die Schule, der 4
himmlisch-männlich ist. / Er hat für sich selbst beschlossen zu 5
schweigen, bis der Tag kommen würde, an dem er selbst soweit
wäre, in den Himmel aufgenommen zu werden. / Geschwätzigkeit 6
und Wortstreitereien verwirft er für sich selbst. / Er erduldet die 7
Welt und alles in der Welt. Er erträgt sie und alle die bösen Dinge.
/ Er hat Geduld mit jedem Menschen. / Er stellt sich mit jedem 8, 9
Menschen auf eine Stufe, wahrt aber den nötigen Abstand. / Und 10
wenn jemand etwas haben will, dann bringt er es ihm. / So kann er 11
vollkommen und heilig werden. / ... er wurde von Weisheit erfüllt. 12
Er gab Zeugnis für die Wahrheit. / Er ging in das unvergängliche 13
Reich, von dem er herkam. Jetzt verließ er die Welt, die wie die
Nacht erscheint, und er verließ die unsichtbaren Weltherrscher, die
Sterne in ihr herumwirbeln.

14
Dies ist nun [45] das wahre Zeugnis. / Wenn der Mensch sich selbst 1, 2
kennt und wenn er Gott kennt, der über der Wahrheit ist, dann kann
er gerettet und mit der unvergänglichen Krone gekrönt werden.

15
Johannes wurde vom Wort mit Hilfe einer Frau namens Elisabeth 1
gezeugt. / Christus ist gezeugt durch das Wort mit Hilfe einer Jung- 2
frau namens Maria. / Was bedeutet dieses Geheimnis? / Johannes 3, 4
wurde gezeugt mit Hilfe eines Mutterschoßes, der alt war. / Aber 5
Christus ging hindurch durch den Mutterschoß einer Jungfrau. / Sie 6
empfing und gebar den Erlöser. / Dennoch war sie offenkundig wei- 7
terhin Jungfrau. / Warum verharrt ihr im Irrtum und sucht nicht 8
nach diesen Geheimnissen, die um unseretwillen so dargestellt wur-
den?

16
In der Schrift gibt es den Bericht darüber, daß Gott Adam folgendes 1
Gebot gab: / »Du darfst von jedem Baum essen, nur nicht vom 2
Baum in der Mitte des Paradieses. / Denn wenn du davon ißt, wirst 3
du am gleichen Tag gewiß sterben[13].« / Doch die Schlange war klü- 4
ger [46] als alle anderen Tiere im Paradies. / Sie sagte zu Eva: 5
»Wenn ihr von dem Baum in der Mitte des Paradieses eßt, werden
sich die Augen eures Herzens auftun[14].« / Eva ließ sich überreden. 6

[13] Vgl. Gen 2,16f.
[14] Vgl. Gen 3,5.

7 Sie streckte ihre Hand aus, / nahm eine Frucht vom Baum und aß.
8 Sie gab auch ihrem Mann etwas davon, der bei ihr war. / Da merk-
9 ten sie plötzlich, daß sie nackt waren. / Sie nahmen ein paar Feigen-
blätter und legten sie um ihre Lenden.

17
1 Doch um die Abendzeit kam Gott und ging mitten im Paradies auf
2, 3 und ab. / Als Adam ihn sah, versteckte er sich. / Gott fragte:
4 »Adam, wo bist du?« / Adam antwortete: »Hier, unter dem Feigen-
5 baum.«[15] / Da wußte Gott, daß Adam von dem Baum gegessen
6 hatte, über den er ihm gesagt hatte: »Davon darfst du nicht essen.«
7 / Er fragte Adam: »Wer hat [47] dich dazu angestiftet?« / Adam
8 antwortete: »Die Frau, die du mir gegeben hast.«[16] / Und Eva sagte:
9 »Die Schlange hat mich dazu angestiftet.«[17] / Gott verfluchte die
10 Schlange und nannte sie Teufel. / Er sagte: »Sieh an, nun ist Adam
wie einer von uns geworden, er kann ja Böse und Gut unterschei-
11 den.«[18] / Und dann sagte er: »Wir wollen ihn aus dem Paradies hin-
12 auswerfen. / Denn sonst ißt er noch vom Baum des Lebens und lebt
für immer.«[19]

18
1, 2 [48] Was ist denn das für ein Gott? / Erst gönnte er Adam nicht,
3 vom Baum der Erkenntnis zu essen. / Zweitens fragte er: »Adam,
4 wo bist du?« / Er hat es nicht von Anfang an gewußt! Gott hat also
5 kein Vorauswissen. / Danach sagte er: »Wir wollen ihn aus diesem
Ort hinauswerfen, sonst ißt er vom Baum des Lebens und lebt für
6 immer.«[20] / Damit hat er zweifellos gezeigt, daß er bösartig und
7, 8 neidisch ist. / Und was für ein Gott ist das? / Groß ist die Blindheit
9 derer, die lesen, aber es nicht verstehen. / Gott hat gesagt: »Ich bin
10 der eifersüchtige Gott. / Ich will die Sündenschuld der Väter auf die
11 Kinder legen – über drei, ja über vier Generationen hin.« / Und er
sagte: »Ich will ihr Herz gefühllos machen und ihren Verstand
blind, damit sie das, was in der Schrift steht, nicht begreifen.«[21] /
12 Das hat er zu denen gesagt, die an ihn glauben und ihm dienen.

---

15 Vgl. Gen 3,9.
16 Vgl. Gen 3,11.
17 Vgl. Gen 3,13.
18 Vgl. Gen 3,22a.
19 Vgl. Gen 3,22b-23.
20 Vgl. Gen 3,22b-23.
21 Vgl. Jes 6,9f; 29,10f.

19

An einer Stelle schrieb Mose: / »In einer Schlange machte er den 1, 2
Teufel für die, die von ihm abstammen.« / In einem anderen Buch, 3
das Exodus heißt, steht es so[22]: »Er stritt gegen Magier, als der Ort
voll von Schlangen war. / Die Schlangen waren sehr böse. Da 4
wurde der Stab in der Hand des Mose eine Schlange. / Die ver- 5
schlang die Schlangen der Magier.« / An einer anderen Stelle steht: 6
»Er machte eine Schlange aus Bronze und befestigte sie an einer
Stange. [49] / Wer auf diese bronzene Schlange blickt, wird nieman- 7
dem schaden können. / Wer die bronzene Schlange anblickt, wird 8
gerettet werden.«[23] / Dieses Zeichen bedeutet Christus: Wer an ihn 9
glaubt, empfängt Leben. Wer nicht an ihn glaubt, wird sterben! /
Was ist das für ein Glaube? ... [50] / Keiner versteht Christus in der 10, 11
Weise, die dem Geist Gottes entspricht, der nur sagt: »Wir glauben
an Christus.« / Denn dies ist der Weg, den Mose in jedem Buch be- 12
schreibt. / Das Buch des Geschlechtes Adams ist geschrieben für 13
die, die noch im Geschlecht des Gesetzes sind. / Sie folgen dem Ge- 14
setz und gehorchen ihm ...

20

[55] ... die Zahl 8. Wir sollten diesen Ort der Erlösung annehmen. 1
/ Doch sie wissen nicht, was Erlösung ist. Sie geraten in Unglück 2
und ... Tod im Wasser. / Dies ist ihre Todestaufe. / [56] ... er voll- 3, 4
endete den Weg des Ketzers Valentin. / Er spricht über die Zahl 8. 5
/ Seine Schüler sind ähnlich wie die Schüler Valentins. / Außerdem 6, 7
verlassen sie das Gute. Sie beten Götzen an ... / Er hat viele Worte 8
gesprochen und viele Bücher geschrieben. / [57] Sie sind offenkun- 9
dig in Verwirrung. Die Welt hat sie betrogen. Denn sie gehen mit all
ihren leeren Gedanken zur Welt. / Das gleiche gilt auch für Isidorus, 10
seinen Sohn, wie für Basilides, alles Ketzer. [58] / Die Simonianer, 11
ebenfalls Ketzer, nehmen Frauen und zeugen Kinder ... / Aber sie 12
enthalten sich ...

21

[66] In einem unauslöschlichen Feuer werden sie bestraft. / Aber 1, 2
diese, die vom Geschlecht des Menschensohnes sind, haben geoffen-
bart ... / Und er hat Weisheit und Rat und Einsicht und Verstehen 3
und Kenntnis und Macht und Wahrheit ... / [67] Sie (versagen sich) 4
weder Vergnügen noch Lust, noch wird man sie festhalten können.

---

22 Ex 7,8-12.
23 Vgl. Nu 21,8.

5, 6 / Es ist gut, wenn sie rein werden. / Denn dann können sie jedem zei-
gen, daß sie aus dem Geschlecht des Menschensohnes kommen,
7 denn über sie hat der Erlöser Zeugnis abgelegt. / Doch die zum Sa-
men Adams gehören, sind an ihren Taten zu erkennen und an dem,
was sie wirken. Sie haben von ihrer bösen Begierde nicht
8 abgelassen ... / Sie schlafen miteinander in der Stillzeit.[24] [68] /
9, 10 Doch andere werden im Tod ... gefangen. / Sie lassen sich auf alle
10 möglichen Abwege verführen ... sie finden Gefallen an ungerecht
11 erworbenem Geld. / Sie verleihen Geld, um Geschäfte zu machen[25].
12, 13 / Sie schlagen die Zeit tot und arbeiten nicht. / Aber der, der das Geld
hervorbringt[26], bringt auch den sexuellen Verkehr hervor.

22
1 Wer all diesem eine Absage erteilen kann, zeigt, daß er aus der Ge-
2, 3 neration des Menschensohnes ist. / Er kann sie anklagen. / Er
4, 5 macht das Außen wie das Innen[27]. / Er gleicht einem Engel. / Als er
sich zurückzog, verstummte er, gab alle Geschwätzigkeit und
6 Wortgefechte auf. [69] / Aber das eine, lebenspendende Wort hat er
7 gesprochen. / Er, der den Vater im Himmel kannte, ist zur Heimat
8 gelangt[28]. / Er hat mit Suchen aufgehört, da er gefunden hat. / Als
9, 10 er gefunden hatte, schwieg er. / Wenige Dinge pflegte er zu denen
zu sagen, die ... in ihrem Herzen die Einsicht ...

23
1 Manche treten in den Glauben ein, indem sie eine Taufe empfan-
gen, denn sie betrachten das als Grund, auf Erlösung zu hoffen. Sie
2 nennen die Taufe »Siegel«. / Sie wissen nicht, daß die Väter der
Welt für den Bereich (der Welt) offenkundig sind. Doch der Ge-
3 taufte selbst weiß, daß er versiegelt ist. / Der Menschensohn hat
keinen seiner Jünger getauft. Doch wenn jene, die getauft sind, zum
Leben gelangten, würde die Welt bald leer werden, und die Väter
4 der Taufe würden befleckt ... / Die wahre Taufe ist aber etwas
Besonderes. Man findet sie, indem man der Welt eine Absage er-
5 teilt.[29] / Doch alle, die nur mit Worten widersagen, lügen. Sie kom-
men zum Ort der Angst. Überdies werden sie darin erniedrigt. /

---

[24] Vgl. auch Lev 15,19ff.
[25] Vgl. Dt 23,20f.
[26] Wörtlich: »der Vater des Geldes«.
[27] Vgl. ThomasEv 22; MartPetri (s. unten 13,13f.; 14,10; 2 Clem 12,2-4; PhilEv 69,1).
[28] Wörtlich: »zur Ruhe gekommen«.
[29] Vgl. Röm 6,4-8; Gal 5,24; 6,14.

Genauso wie die, die einst verdammt waren, werden sie etwas emp- 6
fangen. / Sie sind böse in ihrem Handeln. Manche fallen ab [70] 7
durch Götzendienst.

24

Andere sind von Dämonen besessen wie König David. Er legte das 1
Fundament für Jerusalem. / Sein Sohn Salomo, den er in Ehebruch 2
zeugte, baute Jerusalem mit Hilfe von Dämonen, denn er empfing
deren Kräfte. / Als er den Bau beendet hatte, setzte er die Dämonen 3
gefangen. / Er setzte sie in sieben Wasserkrüge, wo sie längere Zeit 4
blieben. / Als die Römer nach Jerusalem hinaufzogen, entdeckten 5
sie die Wasserkrüge, und sofort flohen die Dämonen aus den Krü-
gen wie aus einem Gefängnis. / Danach blieben die Wasserkrüge 6
rein. Seit jenen Tagen hausen die Dämonen in Menschen, die ohne
Einsicht sind. Sie sind auf der Erde geblieben.
Wer ist David? Wer ist Salomo? Was bedeutet »das Fundament le- 7
gen«? Wer sind die Dämonen? Was bedeuten die Wasserkrüge? Wer
sind die Römer? Dies alles sind Geheimnisse ... [71] / ... wie ein 8
Salamander, der in das hell lodernde Feuer springt und sich in den
Glutofen stürzt ... [72] / Der Menschensohn ist offenbar geworden 9
durch die sprudelnde Quelle der Unsterblichkeit ... / [73] Er ist 10
rein ... Ein freier Mann ist nicht neidisch. Er ist von jedermann frei,
auch von jeder Anmaßung und jedem Neid, (obwohl) dessen
Macht groß ist ... / Sie sagen: »Selbst wenn ein Engel vom Himmel 11
kommt und euch etwas anderes predigt als ich, dann soll er ver-
flucht sein.«[30] Sie lassen nicht die ... Freiheit. / ... Denn sie sind 12
noch unreif ... sie können das Gesetz nicht halten, das durch diese
Irrlehren bestätigt wird ... obwohl nicht sie es sind, sondern die
Mächte des Sabaoth ... / Er wurde getauft und wurde göttlich. Er 13
flog hinauf. Aber sie ergriffen ihn nicht. Sie konnten ihn nicht wie-
der hinabbringen. / Alle wollen ihn ergreifen, voller Unkenntnis, 14
und hören auf die, die mit Hilfe von geschnitzten Dingen und aus-
geklügelten Tricks in den Winkeln lehren. Sie können nicht ...

---

[30] Vgl. Gal 1,8.

Interpretation der Gnosis

Einleitung: Der mit »Inter« abgekürzte Traktat gehört zu den Funden von Nag Hammadi (XI 1). Schon früh hat der Traktat wegen seiner Ekklesiologie (Lehre von der Kirche) Interesse gefunden. Man kann sagen: So wie der Rheginusbrief (NHC I 3) die paulinische Lehre von der Auferstehung fortführt, geschieht es hier mit der paulinischen Lehre über die Gemeinde. Verwandt sind in der gnostischen Literatur vor allem das »Evangelium Veritatis« und die »Exzerpte aus Theodotus«, ferner offensichtlich valentinianische Traktate (besonders: Theorien über Abbild und Spur, »mehrfache« Christologie). Die Schrift bietet eine stark gnostisierende Auslegung der wichtigsten christlichen Grundbegriffe.

Situation der Adressaten: Einerseits gibt es viele, die neidisch sind auf »höhere« Gaben bei einzelnen Christen, andererseits scheinen Begabtere auf die anderen herabzublicken, als gehörten sie gar nicht dazu und wären fremd. Ämter gibt es in der Gemeinde noch nicht, wohl aber unterschiedliche »Charismen«. Daher kann der Verfasser sein Anliegen nicht im Blick auf ein bestehendes Amt durchsetzen, das die bedrohte Einheit der Kirche retten könnte. Auch von gemeinsamer Eucharistiefeier ist nicht die Rede.

Theologie: Wie bei Paulus, so ist hier das Bild der Gemeinde orientiert an Charismen (darunter z. B. Prophetie, geistgewirkte Rede, Auslegung bzw. Unterscheidung) und am Leib Christi, wobei aber im Unterschied zu Paulus und mit Eph und Kol Christus als das Haupt stark betont wird.
Der Verfasser versucht, Einheit und Verschiedenheit auszugleichen. Gott gibt (durch Jesus Christus, das Haupt) jede Gabe, jede Einzelgabe ist für alle da. Jede (auch gedankliche) Isolation bedeutet Trennung vom Leib.
Im Unterschied zu Paulus bezeichnet er alles als Gabe des Hauptes, hebt durchaus den unterschiedlichen Rang der Glieder hervor (der Finger soll sich freuen, daß er überhaupt dazugehören darf). Neu ist auch das Bild der Wurzeln, die untereinander zusammenhängen. Dadurch wird eine gemeinsame Teilhabe an den Früchten ermöglicht. Immer wieder wird gesagt, daß auch der Pneumatiker nur empfängt. Wie auch in anderen Schriften des 2. Jh.s spielt eine große Rolle, daß Gott oder Göttliches frei ist von Mißgunst oder

Neid und reichlich, neidlos mitteilt. Die Neidlosigkeit des Göttlichen wird zum Maßstab auch für das Miteinander in der Gemeinde.
Die Vorstellung, daß jeder an der Gnade des anderen irgendwie teilhat, findet sich nach dem Zeugnis des Irenäus von Lyon (Gegen die Häresien 1,13,3f) bei den Markosianern. Markos, der Lehrer, bezeichnet andere als »Teilhaber seiner Gnade«.

Textgrundlage: NHC XI 1 nach Ch. W. Hedrick, Nag Hammadi Codices XI, XII, XIII (The Coptic Gnostic Library; Nag Hammadi Studies 28), Leiden 1990. – Wichtige Übersetzungen: J. M. Robinson, The Nag Hammadi Library, Leiden 1977, S. 427-434; G. Lüdemann, M. Janßen: Die Bibel der Häretiker, 1997, S. 553-562.

DIE INTERPRETATION DER GNOSIS

1

1 [1] Sie kamen zum Glauben durch Zeichen, Wunder und Macht-
2 erweise[1]. / Das Abbild (des wahren Christus), das durch die Mei-
nungen der Menschen entstanden ist, folgte dem wahren Christus,
3 aber das Abbild wurde verspottet und erniedrigt. / Bevor sie eine
4 Vision (die sie aufklärte) erfassen konnten, flohen sie. / Sie hatten
5 gar nicht gehört, daß Christus gekreuzigt worden sei. / Doch unser
Geschlecht flieht, da es noch immer nicht glaubt, daß Christus le-
6 bendig ist. / So soll unser Glaube heilig und rein sein, in seiner Wir-
kung nicht auf sich selbst gegründet, sondern sich dadurch stützen,
7 daß er in Christus gepflanzt ist. / Deshalb soll man nicht fragen:
Woher soll ein Mensch Geduld bekommen, die doch der Maßstab
8 dafür ist, ob sein Glaube groß oder klein ist?[2] / Denn jeder ist von
9 den Dingen überzeugt, die er glaubt. / Glaubte er nicht, so könnte
10 man ihn nicht überreden. / Wenn ein Mensch glaubt, so ist das eine
11 große Sache für ihn. / Denn er teilt nicht den Unglauben der Welt.

2

1 Die Welt ist der Ort von Unglauben und Tod. Und der Tod existiert
2 als [2] ... (...) / Der Glaube ist eine heilige Sache. Er macht es mög-
3 lich, Dinge als Abbild und Gleichnis zu sehen. / Das Gegenteil, der
Unglaube, besteht darin, daß man keine Abbildhaftigkeit erkennen
kann. Je nachdem, was Gott schenkt, bekommt der Mensch auch
4 Hilfe. / Es war unmöglich für sie, zur Unvergänglichkeit zu
5 gelangen ... / Wer elend ist, wird nicht glauben können. Er kann
unmöglich eine große Kirche hervorbringen. Wie will er das auf der
6 Grundlage einer kleinen Versammlung bewirken? / Er ist hervorge-
7 gangen aus der »Spur«[3]. / Auch Abbildhaftigkeit wird ja, wie man
8 sagt, durch die »Spur« erfaßt, die sie hinterläßt. / Das Gefüge der
9 Welt erkennt durch Abbildhaftigkeit. / Doch Gott nimmt durch

---

1 Wörtlich: »Gebilde«, »Produkte«. Vgl. Hebr 2,4.

2 Das heißt: Glaube und Geduld gehören zusammen. Die Tradition ließ Glauben im wesentlichen zu einer Sache der Geduld werden. Vgl. dazu etwa Jak 1,3; 1 Petr 1,7.

3 Es geht hier um ein Stück gnostischer Erkenntnistheorie. Auf der Seite des Irdischen stehen Abbildhaftigkeit und die »Spur« als unvollkommene Weisen des Erkennens. Dem wird hier das Erkennen Gottes gegenübergestellt.

seine Glieder wahr. / Er kannte sie, bevor sie gezeugt waren, und sie 10
werden auch ihn kennen. / Und der eine, der vom ersten her jeden 11
zeugte, wird in ihnen wohnen. / Er wird über sie herrschen. Denn 12
das ist notwendig für jeden.

3

[3] Der Erlöser entfernte sich, weil das so sein muß. / Nicht ganz 1, 2
unwissend, doch nur irdisch ist das Wort[4], das den Erlöser zum
Ehemann nahm. / Der Erlöser existiert als Abbild, denn das Wort 3
existiert gleichfalls. Genauso existiert das (weibliche) Abbild, das
uns hervorgebracht hat. / Und letzteres ließ den Erlöser wissen, daß 4
es der Mutterschoß ist. / Das Abbild wirkt ein Wunder: Es läßt uns 5
Geduld noch übertreffen. / Und das Wunderbare ist: Der Erlöser 6
liebt den, der als erster duldete, daß eine Jungfrau (unter ihm
stand). (...) / Deswegen ergab sie sich ihm auf ihrem Weg... [4] / 7
Er war der erste, der unsere Augen auf diese Jungfrau gelenkt hat. 8
/ Die Jungfrau ist an das Kreuz geheftet, das in dieser Welt ist.[5] / 9
Wir sehen, daß die höchste Autorität das Wasser[6] dieser Jungfrau 10
dem gewährte, der ein Zeichen an sich hat.[7]
Dies ist das Wasser der Unsterblichkeit, das die großen Mächte ihm 11
gewähren, während er unten ist als Ebenbild des kleinen Sohnes als
Jungfrau. Seinetwegen hörte sie nicht auf. (...)

4

(...) [5] Einige fielen auf den Weg, andere fielen auf die Steine. An- 1
dere aber säte er in die Dornen. / Wieder anderen gab er zu 2
trinken... und der Schatten...[8]

5

Dies ist die unvergängliche Wirklichkeit. Sie besteht vor dem Zeit- 1
punkt, da die Seelen die getöteten (Menschen) verlassen. / Doch er 2
wurde verfolgt in dieser Welt durch die »Spur«[9], die der Erlöser
hinterlassen hatte. / Und er wurde gekreuzigt und starb. / Er starb 3, 4
nicht seinen eigenen Tod, denn er hatte es nicht verdient, getötet zu
werden. / Sondern er starb wegen der Kirche der Sterblichen. / Er 5, 6

---

4 Hier: »logos«.
5 Zur Deutung des Gekreuzigten als Jungfrau vgl. OdSal und die koptische Elia-Apokalypse.
6 Taufwasser oder Wortverkündigung?
7 Vgl. dazu die Bedeutung der Zeichen in Apk 7,3.
8 Hier liegt offenbar eine (allegorische?) Deutung von Mk 4,3-9 par vor.
9 Zum Begriff der »Spur« vgl. oben 2,6-7.

wurde angenagelt, zum Zeichen, daß die Menschen ihn in der Kir-
7 che bewahren sollten. / Er antwortete der Kirche mit Demut, weil
8 er in dieser Weise das Leiden ertrug, das er ertrug. / Jesus ist für uns
ein Abbild ...

6

1 [6] ... das Gefüge der Welt und ihre große Bitterkeit ... Räuber ...
und Sklaven ... hinab nach Jericho[10], hinab zu jenen, die warten
werden, während der gesamte Mangel (der Welt) sie aufhebt für die
endgültige Wirklichkeit, die ihr Anteil ist.
2 Denn er brachte uns hinab und hat uns gefesselt mit den Ketten un-
3 seres Körpers. / Denn der Körper ist eine Herberge, in der die
4 Mächte und Gewalten hausen. / Der Mensch, der darin wohnt,
5 wurde in der Schöpfung gefangengesetzt. / Er mußte vieles leiden,
und die Mächte und Gewalten zwangen ihn, ihnen Sklavendienste
6, 7 zu leisten. / Sie verpflichteten ihn, den Gewalten zu dienen. / Sie
spalteten die Kirche, um zu erben ...

7

1 [7] [8] [9] ... der Lehrer ... sollte er sich verstecken, als wäre er ein
2 Gott, der seine Werke umschließt und zerstört. / Denn er sprach
3 auch mit der Kirche und machte sich selbst zu ihrem Lehrer. / Er
lehrte sie Unsterblichkeit und beseitigte den anmaßenden Lehrer,
4 indem er sie zu sterben lehrte. / Dieser Lehrer richtete eine leben-
5 dige Schule ein, in der man zu leben lernt. / Denn der andere Lehrer
6 hat eine andere Schule, er lehrt uns tote Schriften.[11] / Der Lehrer
des Lebens forderte uns auf, uns aus der sichtbaren Welt zu entfer-
7 nen. / Andererseits haben uns die Schriften über unseren Tod be-
lehrt.

8

1 Die Lehre, die uns der Lehrer des Lebens gab, ist folgende: »Nennt
2 auf Erden niemand euren Vater. / Ein einziger ist euer Vater, der im
3, 4 Himmel.[12] / Ihr seid das Licht der Welt.[13] / Diejenigen sind meine
5 Geschwister und Freunde, die den Willen des Vaters tun.[14] / Denn
welchen Nutzen hat es, wenn du die Welt gewinnst, aber dein

---

10 Vgl. Lk 10,30-37.
11 Vgl. 2 Kor 3,6-7.
12 Mt 23,9.
13 Mt 5,14.
14 Mt 12,50.

Leben, dich selbst, verlierst?[15] / Denn als wir noch im Finsteren 6
waren, da waren wir es gewohnt, viele Vater zu nennen. Denn wir
kannten den wahren Vater nicht. / Dies macht alle Sünden aus. (...) 7
[10] Worin besteht nun der Glaube, den der Lehrer gestiftet hat 8
und der ihn von der Unwissenheit und Finsternis des blinden Auges
des Herzens befreit hat? / Der Glaube erinnerte ihn an die Gaben 9
seines Vaters und des Geschlechtes (aus dem er stammt). / Denn er 10
sagte zu dem Geschlecht: »Die Welt gehört dir nicht. Nimm die Ge-
stalt, in der sie ist, nicht an, sie bringt keinen Nutzen. / Sie ist viel- 11
mehr nutzlos und eine Strafe. / Laß dich lieber von dem belehren, 12
der verspottet wurde. / Das ist Nutzen und Gewinn für dich. / 13
Nimm seine Gestalt auf. In dieser Gestalt lebt er im Angesicht des 14
Vaters. / Seine Gestalt ist das Wort und die Himmelshöhe.« / So 15, 16
hast du ihn belehrt, bevor du in die Irre gegangen bist, als du im
Körper lebtest, der (zum Tode) verurteilt ist.

9
Auch ich bin sehr gering geworden. / So konnte ich durch meine 1, 2
Niedrigkeit[16] dich hinaufnehmen in die Himmelshöhe, von der du
herabgefallen warst. / Du wurdest in diese Grube gebracht. / Wenn 3, 4
du jetzt an mich glaubst, dann nehme ich dich mit nach oben. / Das 5
geschieht, indem du auf die Gestalt blickst, die du jetzt siehst. (Da-
durch wirst du verwandelt.) / Ich werde dich auf meinen Schultern 6
tragen.[17] / Tritt ein durch die Seite, aus der du stammst.[18] / Verbirg 7, 8
dich vor den wilden Tieren.[19] / Die Last, die du trägst, ist nicht 9
mehr deine Last. Wann immer du gehst ...

10
[11] Der Schlaf wurde zum Weiblichen gezählt ... der Schlaf 1
brachte Arbeit und den Sabbat, der die Welt ist. / Denn zunächst 2
wurde der Sabbat zum Vater gezählt. Er brachte den Sabbat und
den Auszug aus der Welt der wilden Tiere. / Denn die Welt stammt 3
von den wilden Tieren ab und ist selbst ein wildes Tier. / Deshalb 4
ist der, der verlorenging, angesehen als einer, der schlau ist und der

15 Mt 16,26.
16 Vgl. Phil 2,7f.
17 Vgl. dazu das Bild des Auferstandenen in PetrEv 39 und Ascensio Jesaiae 3.
18 Gemeint ist wohl die Rippe Adams, aus der Eva und damit das irdische Leben stammt (Gen 2). Erst später hat man Verbindungen zur Seitenwunde Jesu gezogen (Excerpta ex Theodoto 61,3).
19 Die wilden Tiere sind ein geläufiges Bild für die maßlosen Triebe.

5 von den Tieren abstammt, die hervorkamen. / Sie ziehen ihm ein
6 Kleid, einen Leib, an, in dem er nur verurteilt werden kann. / Denn
eine Frau besaß kein anderes Kleid, das sie ihren Nachkommen an-
ziehen sollte, außer dem, das sie zuerst am Sabbat heranbrachte. /
7, 8 Im Himmel gibt es kein wildes Tier. / Und der himmlische Vater
9 hält den Sabbat nicht, sondern er treibt den Sohn an. / Durch den
Sohn fährt er (auch am Sabbat) fort, sich mit den Himmelssphären
10 zu versorgen. / Der Vater besitzt lebendige und vernunftgemäße
Elemente, mit denen er meine Glieder als Kleidungsstücke anzieht.
[12]

11

1, 2 ... floß heraus und brachte den Verspotteten hervor. / Der verspot-
3 tet wurde, wechselte seinen Namen. / Er erschien als irdischer Kör-
4 per zugleich mit dem, der wie der Spott ist. / Wer aber gedemütigt
5 ist, hat keine Helfer. / Er braucht die Herrlichkeit nicht, die ihm
nicht gehört. Er hat seine eigene Herrlichkeit mit dem Namen »der
6 Sohn«. / Jetzt ist er gekommen, auf daß wir verherrlicht würden
7 durch den Erniedrigten. / Es ist der Verachtete, der am Ort der Ver-
8 achteten wohnt. / Und durch den, der verspottet wurde, empfangen
9 wir Vergebung der Sünden. / Und durch den, der verspottet und er-
löst wurde, empfangen wir Gnade.

12

1, 2 Doch wer hat den erlöst, der verspottet wurde? / Das ist der, der
3 aus dem Namen Gottes herkommt. / Aber gerade so, wie der irdi-
sche Körper einen Namen braucht, so ist der irdische Körper auch
eine Sphäre, ein Bereich der Wirklichkeit, den die Weisheit (aus
4 sich) herausgesetzt hat. / Diese Sphäre nahm die Größe dessen (in
5 sich) auf, der herabkam. / So konnte sie in den eintreten, der ver-
6 spottet wurde. / Dadurch konnten wir der Schande des Leichnams
entgehen und wiederhergestellt werden im Fleisch und Blut des...
[13]
7 Sie nahmen den Sohn an, obwohl er ein vollständiges Geheimnis
war, jedes seiner Glieder.
8 Als er schrie, trennte er sich von der Kirche wie Teile der Finsternis
9 von der Mutter, während seine Füße Spuren hinterließen. / Diese
Spuren brannten den Weg ein, der zum Vater hinaufführt.

13

1, 2 Aber wie wurde die Kirche ihr Haupt? / Die Kirche erstellte die
Wohnung und brachte das Licht hervor für die, die darin wohnen.

/ So konnten sie die hinaufsteigende Kirche sehen. / Denn das 3, 4
Haupt zog sich selbst aus der Grube. / Es war am Kreuz nach unten 5
geneigt. / So blickte es hinab in das Reich des Todes, damit die, die 6
unten waren, nach oben blicken könnten. / Blickt daher zum Bei- 7
spiel ein Mensch einen anderen an, so blickt das Gesicht dessen, der
zuerst auf den Boden geblickt hat, dann hinauf. / So blickte einst 8
auch das Haupt aus der Höhe herab zu seinen Gliedern. Und wir,
seine Glieder, gingen dann nach oben, wo das Haupt war. / Das 9
Kreuz duldete es, daß die Glieder angenagelt wurden, allein zu dem
Zweck, daß sie in der Lage wären ... [14]

14

Die Vollendung geschieht dann so: Der, den sie mit dem Zeichen 1
versehen hat, wird erfüllt durch den, der das Zeichen vergeben hat.
/ Und die Kinder, die übrigbleiben, werden ausharren, bis die gött- 2
liche Welt sich getrennt hat und ihre Gestalt empfängt.
Und so wird der Erlaß vollzogen werden. / Für eine Frau, die bis zu 3, 4
ihrem Tod geehrt ist, war die Länge der Zeit nützlich. / So wird es 5
auch mit dem sein, was der Erlaß in die Welt setzt. / Der geboren 6
ist, wird den Körper[20] erhalten, der für ihn bestimmt ist. So wird er
vollkommen werden. / Er ist neidlos großzügig, denn der Sohn 7
Gottes wohnt in ihm. / Und wenn er die Welt erwirbt, dann wird 8
alles, was er besitzt, vom Feuer zerstört werden, / weil es den Vater 9
sehr verachtet hat und ihm gegenüber hochmütig war.
Dazu noch dies: Als der große Sohn nach seinen kleinen Brüdern 10
ausgesandt wurde, verbreitete er das Edikt des Vaters und verkün-
dete es im Widerspruch zur Welt. / Er beseitigte den alten Schuld- 11
brief[21], der die Menschen nur verurteilte. / So lautete das Edikt: 12
»Alle, die sich selbst in Sklaverei begeben haben, sind in und mit[22]
Adam verurteilt worden. Jetzt sind sie aus dem Tod befreit worden,
haben Vergebung für ihre Sünden erlangt und sind erlöst worden
durch ...« [15]

15

Christus entfernte sich von allen diesen, da er seine Glieder von 1
ganzem Herzen liebt. (...) / Wer neidisch ist, bringt seine Glieder 2
gegeneinander auf. / Wer nicht neidisch ist, wird nicht von den an- 3
deren Gliedern getrennt und auch nicht von all dem Guten, das er

---

[20] Andere: »Glanz«, »Ehre«, »Ansehen«.
[21] Vgl. Kol 2,14.
[22] Vgl. Röm 5,12.

4 sieht. / Da wir einen Bruder haben, der uns so einschätzt wie sich
selbst, gibt man dem die Ehre, der uns die Gnade gibt.
5 Überdies sollte jeder von uns die Gabe genießen, die er von Gott
6 empfangen hat. / Wir sollten nicht neidisch sein. Denn wir wissen
doch, daß jeder, der neidisch ist, sich seinen eigenen Weg verbaut.
7 / Durch Neid zerstört er nur sich selbst und seine Gabe. Außerdem
8 hat er keine Ahnung von Gott. / Er sollte sich freuen und fröhlich
sein und auf diese Weise seinen Anteil an der Gnade und am Geschenk Gottes genießen.
9 Wenn ein anderer eine prophetische Gabe hat, so versuche ohne
Zögern, diese Gabe auch für dich zu nutzen und daran teilzuhaben.
10 / Neid ist keine Art, deinem Bruder oder deiner Schwester zu begegnen. (...) [16]
11 Bei ihrem Nachdenken über andere sollten sie sich möglichst in
deren Wünsche hineinversetzen.
12 Denn dein Bruder und deine Schwester besitzen ihre eigene Gna-
13 dengabe. / Mach dich nicht kleiner, als du bist. Vielmehr freue dich
14 und sage Dank, und laß dich dabei vom Heiligen Geist leiten. / Bitte
für den anderen, daß du die Gnadengabe, die in ihm wohnt, teilen
15, 16 darfst. / Betrachte ihn nicht als einen, der dir ganz fremd ist, / son-
dern als einen, der zu dir gehört. Jedes Glied hat ihn empfangen.
17 Wenn du das Haupt liebst, dem sie alle gehören, dann besitzt du
auch das Haupt, das alle diese Gaben unter deinen Brüdern und
Schwestern ausgeteilt hat.

16

1 Macht jemand Fortschritte bei der Wortverkündigung? Reg dich
2 nicht darüber auf! / Frag nicht: »Warum darf er schon wieder reden
3, 4 und ich nicht?« / Denn das, was er sagt, gehört auch dir. / Und es
ist dieselbe Kraft, die dem einen die Gabe verleiht, Worte zu unter-
scheiden und auszulegen[23], dem anderen die Gabe zu reden. [17]
5 Das Wort ... / Auge ... oder Hand ..., sie gehören zu einem einzi-
6 gen Körper. / Alle, die zu uns gehören, dienen gemeinsam dem
7 Haupt. / Aber jedes der Glieder betrachtet es als ein Glied.
8 Nun können sie nicht alle der Fuß sein oder Augen oder Hände. /
9 Denn diese Körperteile können allein gar nicht leben. Für sich sind
10 sie tot. / Wir wissen: Wer sie herausnimmt und für sich hält, läßt sie

[23] Hier geht es um die bekannte *diakrisis*. Sowohl die Übersetzung »Auslegung« wie die andere »Unterscheidung« (sc. zwischen legitim und illegitim) ist für das griechische Wort in 1 Kor 12,10 erwogen worden; vgl. dazu G. Dautzenberg, Urchristliche Prophetie, 1978.

sterben. / Warum liebst du die Glieder, die noch tot sind, statt derer, 11
die lebendig sind? / Woher weißt du so genau, daß einer von deinen 12
Brüdern und Schwestern ganz beschränkt sein soll? / Beschränkt 13
bist du, wenn du sie haßt und neidisch auf sie bist. / Wenn du nicht 14
bereit bist, die Verteilung der Gaben, die das Haupt vornimmt, zu
achten, dann hast du keinen Anteil an der jeweiligen Gabe, die in
dem anderen wohnt. / Du sollst vielmehr Gott für alle Glieder dan- 15
ken und ihn bitten, daß er auch dir die Gnade gibt, die er ihnen ge-
geben hat. / Denn das Wort ist reich, neidlos und gütig. / Es gewährt 16, 17
einem jeden aus seinem Volk Gaben ohne Neid ... [18] / ... da sie 18
gar nicht gegeneinander kämpfen wegen ihrer Unterschiede. / Viel- 19
mehr leiden sie miteinander und arbeiten miteinander. Wenn einer
leidet, dann leiden auch die anderen mit ihm. Wenn einer gesund
wird, dann werden auch die anderen mit ihm gesund.

17

Mehr noch: Selbst wenn ihre Eintracht nur eine irdische Eintracht 1
wäre, die sie bei ihrem Auszug aus dieser Existenz hinter sich lie-
ßen, könnten sie schon in den Himmel gelangen. / Um wieviel mehr 2
gilt das für die, die an der wahren, göttlichen Eintracht Anteil zu
haben bereit sind. / Sie sollten miteinander versöhnt werden. 3
Klage nicht dein Haupt an, weil es dich nicht zum Auge bestimmt 4
hat, sondern zum Finger. / Und sei nicht neidisch auf diejenigen, die 5
als (anderer) Körperteil, als Auge, Hand oder Fuß, bestellt sind. /
Sei dankbar, daß du nicht außerhalb des Leibes stehen mußt.[24] / Im 6, 7
Gegenteil: Du hast dasselbe Haupt, für das auch Auge, Hand, Fuß
und der Rest der Körperteile existieren. / [19] Weshalb verachtest 8
du den, der bestimmt ist zum ... ? (...)
Einige leben in der sichtbaren Kirche. Das ist die Kirche der Men- 9
schen. Sie sind sich ganz einig, einander die Fülle der beseelten
Himmelssphäre, ihrer himmlischen Heimat, zu verkündigen. / An- 10
dere dagegen leben auf den Tod hin in der Kirche. Sie sind für die
Kirche eigentlich tot. / Die ersteren dagegen leben auf das Leben 11
hin. Sie lieben das überreiche Leben.

18

Jeder, der zum Rest gehört, überdauert dank seiner eigenen Wur- 1
zel. / Er bringt die Frucht, die ihm gemäß ist. Die Wurzeln sind un- 2
tereinander verbunden, und daher sind die Früchte nicht teilbar. Sie
sind das Beste, das eine jede Wurzel zu geben hat. / Die einzelnen 3

---

[24] Vgl. 1 Kor 12,16.

Glieder besitzen die Früchte, die für sie und für jeden einzelnen da
4 sind. / Laßt uns nun werden wie die Wurzeln, da wir ja gleich
sind ... [20]

19

1 Wenn du es rein hältst, bleibt es in mir. Wenn du es einschließt, ge-
hört es dem Teufel. Auch wenn du seine wirksamen Kräfte tötest,
wird es dich begleiten.
2 Wenn die Seele tot ist, wurde das noch immer durch die Herrscher
3, 4 und Mächte bewirkt. / Was hältst du von Geistmacht? / Warum
5 verfolgen sie Menschen dieser Art bis in den Tod? / Sind sie nicht
6 damit zufrieden, bei der Seele zu sein und sie so zu suchen? / Denn
alle Orte sind für sie verschlossen durch die Menschen, die zu Gott
7 gehören, solange sie im irdischen Körper leben. / Doch sie können
diese Menschen nicht sehen, denn die Menschen, die zu Gott gehö-
8 ren, leben durch den Heiligen Geist. / So reißen sie das auseinander,
was sichtbar ist, als ob sie dadurch diese Menschen finden könnten.
9 / Doch was haben sie davon? Sie sind irrsinnig und verrückt. Sie
10 spalten ihre Umgebung. / Sie graben sinnlos die Erde um ...
11 Wenn die Sünden schon zahlreich sind, wie schlimm ist dann erst
12 der Neid in der Kirche des Erlösers. / Denn jeder konnte beide Ar-
ten von Übertretung begehen, die eines Eingeweihten und die eines
13 gewöhnlichen Menschen. / Dennoch besitzen sie nur eine einzige
14, 15 Kraft. / Was uns betrifft – wir sind Eingeweihte des Wortes. / Ver-
gehen wir uns gegen das Wort, dann sündigen wir mehr als die
16 Gottlosen. / Doch wenn wir alle Sünden überwinden, empfangen
17 wir die Siegeskrone. / Auch unser Haupt wurde ja vom Vater mit
Herrlichkeit gekrönt.

Brief an Rheginus

Einleitung: Der sogenannte Rheginusbrief (so wegen 1,1 usw.) ist in den Funden von Nag Hammadi auf koptisch erhalten (NHC I 3). Die verlorene Urfassung war zweifellos in griechischer Sprache abgefaßt. Der Brief hat nur ein Thema: die Erneuerung der Lehre von der Auferstehung, wie sie sich bei Paulus und in Eph und Kol findet. Außer der wiederholten Anrede enthält der Text wenig Briefliches. Immerhin ist Kapitel 10 so etwas wie eine Nutzanwendung für das Verhalten.

Gegner: Die Schrift wendet sich gegen Leute, die nicht an die Auferstehung glauben (2,3). Das müssen nicht unbedingt »Gnostiker« sein, obwohl die Schilderung des Hochmuts (1,4) an Gnostiker-Karikaturen erinnert. Viel näher liegt es jedenfalls, die allgemeine Skepsis der Zeitgenossen als »Hintergrund« der Schrift anzunehmen.

Theologie: Der Brief legt den Ton auf die schon geschehene Auferstehung, die nur noch sichtbar werden wird. Damit geht er der anstößigen Formulierung der Auferstehung der Leiber aus dem Weg, besonders in der Form, in der sie die Apologeten des 2. Jh.s. dann betonen werden (Athenagoras; Pseudo-Justin). Er kann sich aber auf Eph 2,5f; Kol 2,12 berufen. Der Verfasser dringt sehr tief in die paulinische Gedankenwelt ein. Man kann sagen, daß er Paulus nähersteht als die Apologeten. Die Position des Verfassers selbst ist jedenfalls nicht gnostisch zu nennen. Ansätze zur späteren gnostischen Theorie von Pleroma und Weltentstehung finden sich z. B. in 6,8.

Datierung: Der Brief zeigt eine große Nähe zum Milieu der Entstehung von Eph. Daher kann er nicht allzulange danach entstanden sein. Er ist eines der wenigen Dokumente dafür, daß eine paulinische Lehre verstanden und weiterentwickelt worden ist. Eine gnostische Mythologie ist keineswegs vorausgesetzt, jedenfalls nicht in entfalteter Art. Daher: Entstehung um 150 n. Chr.

Textgrundlage: Koptischer Text nach NHC I 4. – Wichtige Übersetzungen: M. L. Peel: Gnosis und Auferstehung, Neukirchen 1974 (koptischer Text im Anhang); J. M. Robinson, The Nag Hammadi Library, Leiden 1977, S. 50-53.

In [ ] stehen die Folia der Handschrift. Die Einteilung in Kapitel und Verse wird hier neu eingeführt.

DIE ABHANDLUNG
ÜBER DIE AUFERSTEHUNG

1
[43] Mein lieber Sohn Rheginus! 1
Manche Leute streben danach, vieles zu wissen, / manchmal auch, 2, 3
wenn sie sich mit Fragen beschäftigen, für die es noch keine Ant-
wort gibt. / Haben sie aber Erfolg, so bilden sie sich gewaltig etwas 4
darauf ein. / Ich kann mir nicht vorstellen, daß solche Leute noch 5
im Bereich des Wortes Gottes[1] stehen. / Sie suchen etwas, das weit 6
über die Heilsgewißheit hinausschießt, die wir doch durch unseren
Erlöser Jesus Christus [44] erlangt haben, / als wir mit der Wirk- 7
lichkeit Gottes in Berührung kamen, in der wir unseres Heils gewiß
wurden und eine Heimat[2] fanden.

2
Doch da du mich nun ebenso höflich wie freundlich nach der Auf- 1
erstehung fragst, will ich dir antworten: / Sie ist notwendig. / Gewiß 2, 3
gibt es viele, die nicht an sie glauben. Doch einige wenige sind da-
von überzeugt.[3] / Deshalb wollen wir die Sache diskutieren. 4
Wir fragen: Wie war es damals, als unser Herr einen menschlichen 5
Leib hatte? Damals, nachdem er sich als Sohn Gottes geoffenbart
hatte? / Er lebte in dieser Welt, gerade dort, wo du bist. Er redete 6
über das Gesetz der Natur – in meinen Worten: Er sprach über den
Tod. / Nun war aber, lieber Rheginus, der Sohn Gottes zugleich 7
auch der Menschensohn. / Er hatte beides in sich, Menschheit und 8
Gottheit. / So sollte er einerseits den Tod besiegen, weil er Sohn 9
Gottes war. / Und andererseits sollte er als Menschensohn die Men- 10
schen in die himmlische Welt der göttlichen Fülle zurückbringen. /
Denn ursprünglich stammt er von oben, aus dem Himmel, er ist ein 11
Abkömmling göttlicher Wirklichkeit. / Das war, bevor die Ord- 12
nung der Welt entstand. / Viele Machthaber und Gottheiten ent- 13
standen in dieser Ordnung.

---

1 Wörtlich: »Wort der Wahrheit«.
2 Wörtlich: »die Ruhe erlangten«.
3 Wörtlich: »finden sie«.

3

1 [45] Mir ist bewußt, daß ich bei der Antwort auf deine Frage
2 schwierige Begriffe verwende. / Doch wo es um Gottes Wort geht,
3 ist nichts zu schwierig. / Die Antwort ist schon sichtbar geworden.
4 Kein Problem ist ungelöst geblieben. / Über die Entstehung der
5 Dinge wurde alles offen mitgeteilt. / Die Lösung der Probleme be-
steht darin, daß das Böse vernichtet wird und daß die Auserwähl-
6 ten offenbar werden. / So werden Gottes Wirklichkeit und der
Heilige Geist offenbar. Die »Gnade« gehört zu Gottes Wirklich-
keit.

4

1 Der Erlöser hat den Tod verschlungen[4] – das weißt du sehr wohl. /
2, 3 Er legte die vergehende Welt beiseite. / Er verwandelte sich in einen
4 Äon, eine unvergängliche Himmelsmacht. / Er ließ das Sichtbare
durch das Unsichtbare verschlungen werden und erstand von den
5 Toten auf. / So hat er uns den Weg geschenkt, auf dem wir unsterb-
6 lich werden können. / Dann gilt, was der Apostel sagt[5]: »Wir leiden
mit ihm, wir stehen mit ihm von den Toten auf, wir gehen in den
7 Himmel mit ihm.« / Es ist deutlich, daß wir in dieser Welt ihn tra-
8 gen.[6] / Wir sind die Strahlen (er ist die Sonne). Er umfaßt uns bis
zu unserem Versinken, das heißt, bis zu unserem leiblichen Tod in
9 diesem Leben. / Dann zieht er uns zum Himmel, wie die Sonne ihre
10 Strahlen einsammelt. Nichts hält uns dabei zurück. / Das ist die
11 Auferstehung durch den Heiligen Geist[7]. [46] / Sie verschlingt die
bloße Unsterblichkeit der Seele, die man psychische[8] Auferstehung
nennen könnte, oder die bloße Wiederbelebung des Körpers, die
12 eine nur körperliche Auferstehung wäre. / Sie verschlingt sie, das
heißt, sie umfaßt, überbietet und ersetzt sie.

---

4 Vgl. 1 Kor 15,54f.

5 Mischzitat aus Röm 8,17 und Eph 2,5-6.

6 Vgl. die Selbstcharakterisierung des Ignatius von Antiochien als »Gottesträger« im Präskript seiner Briefe.

7 Wörtlich: »pneumatische Auferstehung«. Nach 1 Kor 15 ist ihre Antriebskraft der Heilige Geist *(pneuma)*.

8 Die Unterteilung in drei Stufen – »pneumatisch« (durch den Heiligen Geist bewirkt), »psychisch« (auf der Basis der natürlichen Psyche des Menschen) und »sarkisch« (auf der Basis der sterblichen Körperlichkeit) – findet sich zuerst hier. Später wird daraus in gnostischen Traktaten eine Dreiteilung von Menschengruppen schon in der Gegenwart. Der Rheginusbrief geht noch nicht so weit.

5

Wenn einer das nicht glauben kann, so hat jedenfalls der Versuch, 1
ihn durch Überreden dazu zu bringen, keine Chance. / Denn es geht 2
um einen Standpunkt des Glaubens, mein Sohn, nicht um Überre-
dung. / Der Grundsatz heißt: Wer tot ist, wird auferstehen. / Es gibt 3, 4
unter den Philosophen in dieser Welt einen, der glaubt. / Er wird 5
am Ende auferstehen. / Gebt nicht dem Philosophen, der in dieser 6
Welt lebt, Anlaß zu meinen, daß er durch eigene Kraft und von sich
aus zum Himmel zurückkehre.
In unserem Glauben haben wir den Menschensohn kennengelernt. 7
/ Wir glauben, daß er von den Toten auferstanden ist. / Von ihm sa- 8, 9
gen wir: Er hat den Tod vernichtet. / Weil er ein Großer ist, an den 10
man glaubt, sind auch die groß, die an ihn glauben.

6

Die Hoffnung derer, die erlöst sind, wird keine leere Hoffnung 1
sein.[9] / Die Erwartung derer, die den Menschensohn kennen, wird 2
nicht enttäuscht werden.[10] / Wir sind dazu auserwählt, erlöst und 3
befreit zu werden. / Wir sind von Anbeginn dazu ausersehen,[11] 4
nicht so dumm zu sein wie die Leute ohne Einsicht. / Vielmehr sol- 5
len wir in die Weisheit derer eintreten, die Gottes Wirklichkeit ken-
nen. / Tatsächlich können wir die göttliche Wirklichkeit, die wir 6
bewahren, nie im Stich lassen. Sie war auch schon immer da.
Stark ist das Gefüge der göttlichen Welt der Fülle. / Klein ist dage- 7, 8
gen das, was sich davon löste und was dann zu dieser sichtbaren
Welt wurde. / Das Göttliche wird umfaßt. / Es ist nicht [47] entstan- 9, 10
den, sondern es war schon immer.

7

Deshalb bezweifle nie die Auferstehung, lieber Rheginus! / Denn 1, 2
wenn du nicht schon vorher einen Körper hattest, so hast du ihn
doch bekommen, als du zur Welt kamst. / Warum solltest du nicht 3
einen Körper bekommen, wenn du in den himmlischen Machtbe-
reich eintrittst, und zwar dann einen Körper, der besser ist als der
irdische? Der wäre dann auch Grund des Lebens für dich. / Das, 4
was deinetwegen entstanden ist, ist dein. / Und das, was dein ist, ist 5
auch bei dir. / Bei deiner Existenz in dieser Welt fehlt dir doch 6
etwas, und du wolltest doch von mir wissen, was das ist.

---

[9] Wörtlich: »Das Denken ... wird nicht zugrunde gehen.«
[10] Wörtlich: »Der Verstand ... wird nicht zugrunde gehen.«
[11] Vgl. Eph 1,4.

8

1 Die Nachgeburt des Körpers ist das Altern, und du bist vergäng-
2, 3 lich. / Doch das, was du verlieren wirst, wird dir nützen. / Denn du
4 wirst nicht das Bessere aufgeben, wenn du gehst. / Das Schlechtere
an dir wird immer weniger, doch an seine Stelle tritt die Gnade.[12] /
5 Nichts erlöst uns von dieser Welt. Doch die himmlische Welt, die
wir selbst sind und die wir in uns tragen, bedeutet, daß wir erlöst
6 sind. / Erlöst sind wir von einem Ende bis zum anderen, ganz und
gar. So wollen wir darüber denken und es auf diese Weise zu begrei-
fen versuchen.

9

1 Einige möchten beim Suchen nach Antworten auf unsere Frage er-
fahren, ob der Erlöste, wenn er seinen Körper verläßt, sofort geret-
2 tet wird. / Gib keinem Anlaß, an folgendem zu zweifeln: Die sicht-
3 baren Körperglieder sind tot und [48] werden nicht gerettet. / Nur
lebendige Glieder werden nämlich auferstehen. Jetzt existieren sie
4 verborgen in den sichtbaren Gliedern. / Was ist denn nun die Auf-
erstehung? Sie ist stets Enthüllung derer, die schon auferstanden
5 sind. / Du erinnerst dich sicher an deine Lektüre des Evangeliums,
6 wo es heißt: Elia erschien und mit ihm Mose. / Deshalb sollst du
nun nicht meinen, die Auferstehung sei ein leerer Wahn. Sie ist kein
7 leerer Wahn, sondern Wirklichkeit. / Man könnte viel eher sagen,
daß die Welt ein leerer Wahn ist – und nicht die Auferstehung, die
8 doch unser Herr und Erlöser, Jesus Christus, begründet hat. / Aber
was erzähle ich dir da? Diejenigen, die jetzt leben, werden sterben.
9 Wie sehr geben sie sich Wahnvorstellungen hin! / Reiche werden
10 arm, Könige werden gestürzt. / So ist die Welt eine Wahnvorstel-
11 lung – ich sollte nicht noch weiter über sie schimpfen. / Doch die
12 Auferstehung ist anders. Sie ist die Wirklichkeit, die feststeht. / Sie
ist die Offenbarung dessen, was besteht. Sie ist Verwandlung der
13 Dinge, sie ist Übergang in etwas Neues. / Denn die Unvergänglich-
keit [49] kommt herab auf das Vergängliche. Das Licht fließt herab
14 auf die Finsternis und verschlingt sie. / Der göttliche Reichtum füllt
15 den Mangel. / Das alles sind Umschreibungen und Bilder für die
Auferstehung. So kommt das Gute zustande.

[12] Ein ähnliches Verständnis von Gnade im Sinne des endgültigen Heilsgutes: Didache 10,6 und Joh 1,17. Vgl. 2 Kor 4,16.

10

Deswegen, lieber Rheginus, halte dich nicht mit Kleinigkeiten auf, 1
sondern bedenke mutig das Ganze. / Nimm in deinem Leben nicht 2
die kreatürliche Schwäche zum Maßstab, nur um nicht aufzufallen.
/ Fliehe vor allen Spaltungen und Fesseln, dann hast du schon die 3
Auferstehung. / Wir alle werden sterben und wissen das. Auch 4
wenn wir viele Jahre in diesem Leben zubringen, gelangen wir da-
hin. Ebenso kannst du dich als auferstanden betrachten und als je-
mand, der schon dahin gelangt ist. / Du bist schon auferstanden. 5
Trotzdem tust du seltsamerweise so, als müßtest du noch sterben,
obwohl doch der alte Mensch (in dir) weiß, daß er schon gestorben
ist. / Solche Inkonsequenz lasse ich nicht zu! 6
Jeder Mensch sollte auf viele Weisen versuchen, konsequent zu 7
leben. / So kann jeder erlöst werden von dieser Welt. Er läuft nicht 8
in die Irre, sondern wird sich selbst so geschenkt, wie er zuerst ge-
wesen ist.

11

Diese Überzeugung habe ich aus der großen Freigebigkeit meines 1
[50] Herrn Jesus Christus empfangen. / Dich und deine Geschwi- 2
ster, meine Kinder, habe ich so gelehrt, ohne etwas von dem weg-
zulassen, was ihr braucht, um gefestigt zu werden. / Sollte ich etwas 3
in diesem Brief zu umständlich dargelegt haben, dann will ich euch
auf Anfrage hin gerne alles genauer erklären. / Sei nicht neidisch 4
auf Leute aus eurer Mitte, die solche nützliche Hilfe gleichfalls lei-
sten können. Habe Mut, sie zu fragen. / Viele werden auf das blik- 5
ken, was ich dir geschrieben habe. Diesen sage ich: Der Herr
schenke euch seinen Frieden und sei euch gnädig. / Ich grüße dich 6
zusammen mit denen, die euch geschwisterlich lieben.

Evangelium Veritatis

Einleitung: Seinen Namen verdankt der Traktat aus Nag Hammadi den ersten beiden Worten des erhaltenen koptischen Textes. Der Text ist in zwei Fassungen, in Codex I und in Codex XII, erhalten; in letzterem nur fragmentarisch.
Immerhin erwähnt Irenäus von Lyon ein Evangelium unter diesem Titel. Ob beide Werke identisch sind, ist offen. Traditionsgeschichtlich verwandt ist das PhilippusEv.
Der Text ist eine Predigt und enthält auch – eine Seltenheit in gnostischen Texten – direkte ethische Einzelweisungen.

Theologie: Die Wirklichkeit ist geschichtet; im unsichtbaren Bereich Gottes sind alle Größen personhaft vorgestellt. Der himmlische Bereich wird intensiv spekulativ erschlossen. Pleroma ist der gesamte Bereich göttlichen, reichen Lebens. Darin bestehen die einzelnen Äonen, beseelte Himmelssphären. Unter dem »All« versteht der Verfasser so etwas wie den beseelten Himmelsstaat.
Der Verfasser verfügt auch über breites Wissen über die menschliche Psyche. Diese Kenntnisse setzt er dazu ein, die Entstehung der materiellen Welt zu denken (aus Trauer und Angst) und auch den Zustand vor der Hinwendung zu Gott zu beschreiben (Schilderung von Alpträumen). Typisch valentinianische Lehren, wie der Fall der Sophia, fehlen. Der Zielpunkt der Heilsvorstellungen ist immer wieder die »Ruhe«, d. h. die vollkommene Ähnlichkeit mit Gott in Bewegungslosigkeit und Unvergänglichkeit. Eine große Rolle spielen Liebe und Zärtlichkeit im Rahmen der mystischen Gotteserfahrung.

Datierung: Wenn Irenäus unsere Schrift meint, gehört sie ins 2. Jh. Für ein frühes Entstehungsdatum sprechen gelegentliche judenchristliche Reste (19,9f). Datierung daher – trotz recht weit entfalteter Gnosis – um 150 n. Chr.

Textgrundlage: NHC I,3. – H. W. Attridge und G. E. McRae in: Nag Hammadi Codex I (The Coptic Gnostic Library; Nag Hammadi Studies), Leiden 1977; Ch. W. Hedrick, Nag Hammadi Codices XI, XII, XIII (The Coptic Gnostic Library; Nag Hammadi Studies 28), Leiden 1990, S. 332-342. – Wichtige Übersetzungen: J. M. Robinson, The Nag Hammadi Library, Leiden 1977,

S. 37-49; G. Lüdemann, M. Janßen: Die Bibel der Häretiker, 1997, S. 27-41; M. Krause, Die Gnosis II, Stuttgart 1971, S. 63-84. Die Einteilung in Kapitel und Verse ist hier neu vorgenommen.

DAS WAHRE EVANGELIUM

1

1 [16] Das wahre Evangelium ist eine Freude für die, denen der
himmlische Vater die Gnade geschenkt hat, daß sie ihn kennenler-
2, 3 nen dürfen, / und zwar durch die Kraft des Wortes. / Das Wort ist
4 hervorgekommen aus Gottes reicher Fülle. / Das Wort ist im Den-
5, 6 ken und im Geist des Vaters. / Man nennt es Erlöser. / Das Wort ist
der Name für das Werk, das es zur Erlösung derer tun soll, [17] die
7 den Vater nicht kennen. / Der Name Evangelium bedeutet: Hier
wird den Menschen Hoffnung geoffenbart. Hier können alle, die
suchen, das finden, was sie suchen.

2

1 Als die göttliche Welt, der himmlische Staat[1], entstanden war, fing
sie an, nach dem Ursprung zu suchen, aus dem sie hervorgegangen
2 war. / Einerseits war der himmlische Staat eng mit dem undenkbar
3 Unfaßbaren verbunden, der über allem Denken steht. / Anderer-
seits führte (bei dieser Suche) die Unwissenheit über den Vater
dazu, daß der himmlische Staat sich ängstigte und sich fürchtete. /
4 Die Angst wurde dicht wie ein Nebel, so daß niemand mehr etwas
5, 6 sehen konnte. / Daher konnte der Irrtum stark werden. / Er wirkte
im Stofflichen, das zu ihm gehörte, doch ohne Erfolg, denn er
7 wußte nicht über die Wirklichkeit Bescheid. / Der Irrtum beschäf-
tigte sich mit aller Macht damit, einen schönen Ersatz für die wahre
Wirklichkeit zu schaffen: die sichtbare Welt.

3

1 Der Undenkbare und Unfaßbare wurde dadurch nicht erniedrigt. /
2 Denn das war alles nichts: die Angst, das Vergessen und das Ge-
3 bilde aus Lüge und schönem Schein. / Dagegen ist die wahre Wirk-
lichkeit das, was feststeht, was unveränderlich, unerschütterlich
4, 5 und vollkommen schön ist. / Verachtet daher den Irrtum! / Weil er
so entstand, hat er keine Wurzel. Er entstand in einem Nebel, weil
6 man den Vater nicht klar erkennen konnte. / Seine Werke sind Ver-

[1] Wörtlich: »All«. Die Texte des 2. Jh.s verstehen unter dem entsprechenden Wort alle Mitglieder der himmlischen Welt. Versuchsweise geben wir es daher mit »Himmelsstaat« oder »himmlischer Staat« wieder.

gessenheit und Schrecken. / Mit ihrer Hilfe will er die Menschen, 7
die in der Mitte wohnen, verführen und gefangennehmen.

4
[18] Daß der Irrtum so intensiv Vergessen bedeutete, war nicht 1
klar. / Es ist nicht ein ... durch den Vater. / Das Vergessen entstand 2, 3
nicht durch den Vater, aber doch seinetwegen. / Im Vater dagegen 4
entsteht die Einsicht. / Sie ist erschienen, damit das Vergessen ver- 5
schwindet und man den Vater kennenlernt. / Denn das Vergessen 6
gibt es, weil der Vater unbekannt war. Wenn man daher den Vater
kennenlernt, dann wird von da an das Vergessen nicht mehr beste-
hen können.

5
Dies ist das Evangelium Gottes, nach dem die Menschen suchen. / 1
Jesus Christus hat es geoffenbart. Er ist das verborgene Geheimnis. 2
/ Er hat dieses Evangelium den Vollkommenen geoffenbart, weil 3
der Vater barmherzig ist. / Durch dieses Evangelium hat er denen 4
das Licht gebracht, die wegen des Vergessens im Finstern sitzen. /
Er erleuchtete sie und zeigte ihnen einen Weg. / Dieser Weg ist die 5, 6
Wirklichkeit, die er ihnen zeigte.

6
Deswegen verfolgte ihn der Irrtum voller Zorn. / Er quälte und ver- 1, 2
nichtete ihn. / Jesus wurde an ein Kreuz genagelt. / Er wurde eine 3, 4
Frucht, die jeden, der davon aß, dazu brachte, den Vater kennenzu-
lernen. / Diese Frucht führte nicht zum Untergang. / Denen, die 5, 6
aßen, schenkte er Freude darüber, daß sie gefunden hatten, was sie
suchten. / Denn er fand sie in sich, und sie fanden ihn in sich. 7

7
Die göttliche Welt, der himmlische Staat, war mit dem undenkbar 1
Unfaßbaren, dem Vater und dem Vollkommenen, der sie geschaf-
fen hatte, eng verbunden. / Der himmlische Staat brauchte den Va- 2
ter, weil dieser alle Vollkommenheit (der Dinge) in sich behielt und
nicht an den himmlischen Staat weitergab. / Doch der Vater ist 3
nicht neidisch. In der Tat – welchen Neid könnte es zwischen ihm
und seinen Gliedern geben? [19] / Hätte er der himmlischen Welt[2] 4
seine Vollkommenheit schon geschenkt ..., dann hätten die Dinge

[2] So übersetzen wir im Unterschied zum »himmlischen Staat« den »Äon«, sofern er sich auf die himmlische Welt-Zeit-Einheit bezieht.

5 nicht zum Vater kommen können. / Er hält die Vollendung der
6 Dinge in sich. Er gibt sie ihnen, wenn sie zu ihm zurückkehren. / In
7 der Vollendung gibt es dann nur ein einziges Erkennen. / Er hat den
himmlischen Staat geschaffen, und der himmlische Staat war in
ihm und brauchte ihn.

8 Gott ist wie ein Lehrer: Wenn jemand von einem anderen nicht ge-
nügend weiß, ihn aber kennenlernen und lieben möchte, dann
braucht er einen Lehrer, der konsequent ist und Zeit für ihn hat. So
ist das einzige, was die himmlische Welt braucht, daß sie den Vater
9 kennenlernt. / Er ging in die Schulen und verkündete das Wort wie
10 ein Lehrer. / Es kamen Menschen zu ihm, die sich für die einzig Klu-
11 gen hielten, und stellten ihn auf die Probe. / Doch er beschämte sie,
12 denn sie waren leer.[3] / Sie haßten ihn, denn sie waren nicht wirklich
klug.

8

1, 2 Danach kamen auch die kleinen Kinder. / Sie wissen, wer der Vater
3 ist. / Wenn sie größer geworden sind, erklärt man ihnen, auf welche
4 verschiedenen Weisen sich der Vater offenbart. / Sie erkannten und
wurden erkannt.[4] Sie empfingen Herrlichkeit und verherrlichten.[5] /
5 An der Liebe ihres Herzens wurde offenbar, daß sie in das leben-
6 dige Buch der Lebenden eingetragen sind.[6] / Dieses Buch ist im
Denken und im Geist [20] des Vaters geschrieben. In Gottes Unzu-
gänglichkeit war es schon seit der Zeit vor Grundlegung der Welt[7]
vorhanden.

7 Keiner außer dem, für den es aufbewahrt wird und der (als das
Lamm) geschlachtet wurde[8], hatte Zugang zu ihm und konnte es
8 öffnen. / Wäre dieses Buch nicht bekannt geworden, hätte keiner
von denen, die an Erlösung glaubten, erkennbar werden können. /
9 Deswegen hat Jesus, der Barmherzige und Treue, geduldig gelitten,
bis er dieses Buch empfangen und öffnen durfte. Denn er wußte,
daß sein Tod Leben für viele bedeutet.

9

1 Es ist wie bei einem Testament: Was der verstorbene Hausherr be-
sessen hat, ist so lange verborgen, wie das Testament nicht eröffnet

3 Zum technischen Gebrauch von »leer« vgl. P Herm Gebot 11.
4 Vgl. Gal 4,9.
5 Vgl. Röm 8,30b.
6 Vgl. 2 Kor 3,2f und Phil 4,3; Apk 13,8.
7 Vgl. Eph 1,4.
8 Vgl. Apk 5,2-4.

ist. / So ist es auch mit der himmlischen Welt: Sie blieb so lange ver- 2
borgen, wie der Vater für den himmlischen Staat unsichtbar war. /
Denn der Vater existiert aus sich heraus, und alle Räume gehen aus 3
ihm hervor. / Deswegen erschien Jesus. Er nahm das Buch. Er 4
wurde an ein Kreuz genagelt. Er veröffentlichte den Beschluß des
Vaters am Kreuz.[9] / Welch große, erhabene Lehre! Er erniedrigte 5
sich bis zum Tod, obwohl ewiges Leben sein Kleid war.[10] / Nach- 6
dem er die vergänglichen Lumpen abgestreift hatte[11], zog er die Un-
vergänglichkeit an, die ihm niemand nehmen kann. / Er betrat die 7
leeren Hallen der sichtbaren Welt, in denen die Angst regiert. / Er 8
ging an denen vorbei, die im Vergessen ihrer Heimat nackt gewor-
den waren. / Er war die Einsicht und die Vollkommenheit selbst. Er 9
konnte enthüllen, was im Herzen des Vaters verborgen war. [21] /
Er konnte die Menschen unterweisen, die seine Lehren annehmen 10
wollen. / Die, welche seine Lehren annehmen, sind die Lebendigen. 11
Sie sind eingeschrieben in das Buch der Lebenden. / Sie werden über 12
sich selbst belehrt. / Der Vater empfängt sie, wenn sie zu ihm zu- 13
rückkehren. / Weil der Vater den himmlischen Staat vollendet, ist 14
es für dessen Glieder notwendig, zu ihm hinaufzugehen. / Jeder, der 15
Einsicht hat, muß auch empfangen, was ihm gehört, und er nimmt
es in Besitz.[12] / Wer ohne Einsicht ist, dem fehlt etwas. Das, was 16
ihm fehlt, ist wichtig, da es ihn vollenden kann. / Die Vollendung 17
des himmlischen Staates liegt beim Vater. Sie muß daher zu ihm
hinaufsteigen. Jeder muß empfangen, was ihm zusteht. / Gott hat 18
alle diese Menschen vorher aufgeschrieben, nachdem er sie ge-
schaffen hat, um die zu beschenken, die von ihm herstammten.

10

Die, deren Namen Gott im voraus wußte, ließ er allesamt rufen. / 1
Wer Einsicht hat, dessen Namen hat der Vater ausgesprochen. / 2
Der, dessen Name nicht genannt wurde, ist ohne Einsicht. / Denn 3, 4
wie kann einer hören, den keiner mit seinem Namen aufgerufen
hat? / Wer aber bis zuletzt ohne Einsicht ist, der ist ein Geschöpf 5
des Vergessens, und er wird mit dem Vergessen zusammen verge-
hen. / Sollte es anders sein, dann müßte man die Frage, warum 6
diese armseligen Menschen [22] keinen Namen haben, warum sie
nicht gerufen wurden, anders beantworten. / Deshalb gilt: Einer, 7

[9] Vgl. Kol 2,14.
[10] Vgl. Phil 2,6-8; 2 Kor 8,9.
[11] Im Tod legte Jesus das Kleid des irdischen, vergänglichen Leibes ab.
[12] Wörtlich: »Er zieht es an sich.«

der Einsicht hat, der ist von oben. Wird er gerufen, dann hört er
und antwortet. Er wendet sich zu dem um, der ihn ruft, und steigt
8, 9 zu ihm hinauf. / Er erkennt, daß er mit dem Ruf gemeint ist. / Da
er Einsicht hat, tut er den Willen dessen, der ihn gerufen hat. Er
10 möchte ihm gefallen.[13] / Er wird mit der himmlischen Heimat be-
11, 12 lohnt.[14] / Gott ehrt ihn, indem er seinen Namen auf ihn legt.[15] / Wer
solcherart Einsicht hat, der weiß, woher er gekommen ist und wo-
13 hin er gehen wird. / Seine Einsicht ist wie bei einem, der betrunken
war und dann wieder nüchtern wurde. Als er wieder bei sich war,
14 konnte er seine Dinge in Ordnung bringen. / Dann führte er viele
15 andere aus dem Irrtum zurück. / Er zog (wie ein Hirte) vor ihnen
her, bis er sie wieder in die Räume zurückgebracht hatte, aus denen
16 sie sich entfernt hatten, als sie dem Irrtum verfielen. / (Dieser erlö-
sende Rückweg) geschah wegen der Tiefe Gottes[16], der jeden Weg
17 umfaßt, ohne daß es etwas gäbe, das ihn umfaßt. / (Es ist) ein gro-
ßes Wunder, daß sie so nahe beim Vater waren, obwohl sie ihn
nicht kannten. Es war auch ein Wunder, daß sie allein hervorkom-
men konnten, da sie doch den, bei dem sie waren, gar nicht mit
18 dem Verstand erfassen und kennen konnten. / Der Vater offenbarte
die Erlösung durch Einsicht, und alles, was von ihm kommt, das
ganze himmlische System, war mit ihm einig dabei.

11

1 Dieses Wissen steht in dem lebendigen Buch, das er am Ende den
himmlischen Sphären offenbarte, [23] und zwar als Buchstaben
2 dieses Buches. / Das sind weder Vokale noch Konsonanten, die man
3 lesen und zu denen man Sinnloses denken könnte. / Vielmehr sind
es Buchstaben der göttlichen Wirklichkeit. Sie kann nur ausspre-
4 chen, wer sie kennt. / Jeder Buchstabe ist ein vollständiger Gedanke
5 – wie eine vollständige Buchrolle. / Denn es sind Buchstaben, die
6 die göttliche Einheit selbst geschrieben hat. / Der Vater hat sie für
die beseelten Himmelssphären[17] geschrieben, damit sie durch die
Buchstaben von seiner Hand den Vater erkennen.

---

[13] Vgl. 2 Kor 5,9.

[14] Wörtlich: »Er empfängt Ruhe.« – Das Wort »Ruhe« nimmt im frühchristlichen Zeitalter die Bedeutung von himmlischer Landverheißung an.

[15] So geschieht es sonst bei den Engeln. Ist hier daran gedacht, daß die Menschen »im Himmel« engelgleich werden?

[16] Das Wort »Gottes« haben wir hier eingefügt. Vgl. dazu 1 Kor 2,10. Die Tiefe Gottes gilt als unauslotbar.

[17] Wörtlich: »Äonen«.

12

Gottes Weisheit erwägt das Wort. In der Belehrung spricht er es 1
aus. So wird seine Einsicht offenbar. / Daß er geduldig ist, krönt 2
sein Wort. Seine Freude stimmt damit überein. / Seine Herrlichkeit 3
hat sein Wort erhöht. Sein Antlitz hat es geoffenbart. / Seine Ruhe 4
hat es aufgenommen, seine Liebe einen Körper dazu gebildet. Seine
Treue hat es umfangen. / Auf diese Weise geht das Wort des Vaters 5
hinaus in den Himmelsstaat, es ist die Frucht [24] seines Herzens
und die Gestalt, in der sein Wille sich äußert. / Doch es trägt den 6
Himmelsstaat. Es erwählt alle, die dazugehören. / Es nimmt ihrer 7
aller Bild auf, reinigt sie und führt sie zurück zum Vater, zur Mut-
ter. / Er, Jesus, ist von grenzenloser Güte. 8

13

Der Vater offenbart sein Herz. Das Herz ist der Heilige Geist. Der 1
Heilige Geist offenbart, was verborgen ist an Gott. / Verborgen ist 2
sein Sohn. / Die beseelten Himmelsräume sollten ihn durch das Er- 3
barmen des Vaters kennenlernen. / Sie sollten sich nicht mehr ab- 4
mühen mit der Suche nach dem Vater. / Vielmehr sollen sie in ihm 5
zur Ruhe kommen und wissen, daß er die Ruhe und die Heimat ist.
Als der Vater den Mangel (der Welt) behoben hatte, löste er die äu- 6
ßere Erscheinung auf – die Gestalt der äußeren Erscheinung ist die
Welt, in der er gedient hatte.[18] / Denn der Ort, an dem Neid und 7
Streit herrschen, ist mangelhaft im Gegensatz zu dem Ort, an dem
nur Einheit existiert. Dieser Ort ist vollkommen. / Der Mangel kam 8
in die Welt, weil man den Vater nicht kannte. / Daher wird, sowie 9
man den Vater kennenlernt, der Mangel nicht länger bestehen. / Es 10
ist wie bei einem, der zuerst nichts weiß und dann zur Erkenntnis
kommt, so daß sich seine Unwissenheit auflöst. Oder wie bei der
Finsternis, die schwindet, wenn das Licht erscheint. [25] / So löst 11
sich auch der Mangel auf, wenn das Vollkommene kommt. / Von 12
diesem Augenblick an ist dann die körperliche Gestalt nicht mehr
sichtbar. Sie wird vergehen, wenn sie sich mit dem Einen verbindet.
/ Jetzt sind ihre Werke noch verstreut. / Doch zu gegebener Zeit 13, 14
wird die Einheit die Räume von allem Mangel des Zertrenntseins
heilen. In der Einheit wird jeder sich retten können. / Durch Ein- 15
sicht wird jeder sich reinigen können, weil er von der Vielfalt in die
Einheit gelangt. / Das Stoffliche wird er dann in sich selbst aufhe- 16
ben, so wie das Licht die Finsternis verzehrt und das Leben den
Tod.

---

[18] Vgl. Mk 10,45.

14

1 Wenn nun all dies an einem jeden von uns geschehen ist, dann müs-
sen wir vor allem dafür sorgen, daß das Haus[19] heilig und still ist
2 für die Einheit. / Es ist wie bei Menschen, die aus einer Mietwoh-
nung wegziehen und zuvor alle zerbrochenen Gefäße beseitigen,
3 damit der Hausherr keinen Schaden davon hat. / Dann freut sich
der Hausherr, wenn er anstelle der zerbrochenen Gefäße welche be-
kommt, die heil und tadellos sind.
4, 5 Das Gericht, das von oben kommt [26], richtet jeden. / Es ist wie
ein gezücktes zweischneidiges Schwert, das nach dieser oder jener
Seite schneiden kann.
6 Das Wort ist zunächst im Herzen derer, die es sagen. Doch dann
trat es unter den Menschen auf. Da war es nicht nur ein Laut, son-
7 dern wurde ein Körper. / Da gab es unter den Gefäßen Unruhe,
denn einige wurden geleert, andere gefüllt; einige füllte man auf,
8 andere entleerte man ganz. / Einige wurden gereinigt, andere zer-
brochen.
9 Alle Räume wurden erschüttert und verwirrt, denn sie hatten ihre
10 Ordnung und Festigkeit verloren. / Der Irrtum war verwirrt und
wußte nicht, was er tun sollte. Er war betrübt und klagte, er wisse
11, 12 nicht, was er tun solle. / Dann näherte sich ihm die Einsicht. / Wir
wissen, daß so etwas das Ende des Irrtums und all dessen ist, was
von ihm kommt. Der Irrtum wird dann leer und bricht zusammen.

15

1 Die Wahrheit, die Wirklichkeit Gottes, wurde mitten unter uns ge-
2 offenbart. / Alle, die aus ihr hervorgekommen waren, erkannten
3 sie. / Sie begrüßten den Vater getragen von der Kraft der göttlichen
Wirklichkeit mit einer vollkommenen Kraft, die sie mit dem Vater
4 verbindet. / Denn jeder liebt die Wahrheit, weil sie der Mund des
5 Vaters ist, und seine Zunge ist der Heilige Geist. / Wer sich der
Wahrheit anschließt [27], der schließt sich dem Mund des Vaters
6 durch seine Zunge an. / Das geschieht, wann immer er den Heiligen
7 Geist empfängt. / Denn so wird der Vater offenbar, so zeigt er sich
den beseelten Himmelssphären.
8 Der Vater offenbarte alles, was von ihm bis dahin verborgen war.
9 Er legte es offen dar. / Denn wer umfaßt alles, wenn nicht der Vater
10, 11 allein? / Alle Räume kommen von ihm her. / Sie wußten, daß sie
von ihm her kommen wie Kinder von einem erwachsenen Men-

[19] Geht es um die Kirche? Oder ist jeder einzelne das Haus des Heiligen Geistes?

schen. / Sie erkannten, daß sie weder Gestalt noch Namen empfan- 12
gen hatten. Beides muß der Vater erst für jeden einzelnen hervor-
bringen. / Dann, wenn sie durch seine Erkenntnis Gestalt erhalten, 13
haben sie ihn doch noch nicht kennengelernt, obwohl sie wirklich
in ihm sind. / Doch der Vater besitzt vollkommene Selbsterkennt- 14
nis, denn er kennt jeden Raum in sich. / Wenn er es will, läßt er 15
jeden oder jegliches in Erscheinung treten. Das tut er, indem er ihm
Gestalt verleiht und einen Namen gibt. / Er gibt jedem einen Na- 16
men und veranlaßt, daß es entsteht. / Vor ihrer Entstehung kennen 17
die Geschöpfe ihn, der ihnen Gestalt verleiht, nicht.
Ich behaupte nicht, daß die, die noch nicht entstanden sind, gar 18
nichts sind. / Vielmehr sind sie [28] in ihm. Und er wünscht, daß 19
sie entstehen, wann er will. Das ist wie mit der Heilszeit, die da
kommen soll. / Bevor alle Dinge erscheinen, weiß er jeweils, was er 20
hervorbringen will. / Doch das, was er hervorbringt, das Produkt 21
oder die Frucht, weiß von nichts und handelt auch nicht, bevor es
nicht in Erscheinung getreten ist. / So kommt also jeder Raum im 22
Vater aus dem, der existiert und der es aus dem geschaffen hat, was
nicht existiert. / Denn wer keine Wurzel hat, hat auch keine Frucht. 23
/ Doch obwohl er bei sich selbst denkt: »Ich bin geworden«, wird 24
er durch sich selbst zerstört. / Deswegen wird der, der überhaupt 25
nicht existiert, auch nicht entstehen.
Was soll er also von sich denken? / Soll er von sich denken: »Ich bin 26, 27
entstanden wie die Schatten und die Erscheinungen der Nacht«? /
Wenn das Licht den Schrecken erleuchtet, den er bekommen hat, 28
dann wird er erkennen, daß der Schrecken sich in nichts auflöst. /
So kannten sie den Vater nicht [29], da sie ihn nicht sahen. 29

16

Da Schrecken und Verwirrung, Unsicherheit, Zweifel und Spaltung 1
bestanden, gab es viele falsche Vorstellungen, die durch diese wirk-
ten. / Leere Wahngebilde herrschten, als wären die Menschen in 2
Schlaf gesunken und befänden sich in wirren Träumen. / So träum- 3
ten sie: Entweder ist da ein Ort, zu dem sie hinfliehen, oder kraftlos
kommen sie von der Jagd auf andere zurück. Oder sie sind in
Handgemenge verwickelt, oder sie empfangen selber Schläge. / Sie 4
sind aus großer Höhe heruntergefallen, oder sie heben in die Luft
ab, obwohl sie noch nicht einmal Flügel haben. / Manchmal ist ih- 5
nen, als wenn Menschen sie schlachten, obwohl da keiner ist, der
sie verfolgt. / Oder sie töten ihre Nachbarn, denn sie haben sich mit 6
deren Blut befleckt.

7 Wenn sie durch alle diese Torturen gegangen sind und aufwachen,
dann sehen sie, die doch mitten unter all diesen Schrecknissen wa-
8 ren, nichts mehr. Denn diese alle existierten nicht. / So ist der Weg
9 derer, die die Unwissenheit wie einen Schlaf abgelegt haben. / Sie
glauben nicht mehr an die Wirklichkeit dieser Dinge [30], sondern
10 sie lassen alles hinter sich wie einen nächtlichen Traum. / Daß sie den
Vater kennengelernt haben, bedeutet für sie eine Art Morgenröte. /
11 So ist für jeden die Zeit, da er keine Einsicht hatte, wie die Zeit, da
12, 13 er schlief. / Und der Weg zur Erkenntnis ist wie ein Erwachen. / Wie
14 gut ist es für den Menschen, der zurückkehrt und aufwacht. / Und
selig ist der Mensch, der die Augen des Blinden geöffnet hat.

17

1 Und der Heilige Geist lief ihm nach und beeilte sich, ihn aufzuwek-
2 ken. / Er reichte dem, der auf dem Boden lag, seine Hand und stellte
ihn wieder auf die Füße, denn er hatte noch nicht aufstehen kön-
3 nen. / Der Heilige Geist gab den Menschen die Möglichkeit, den
4 Vater und die Offenbarung seines Sohnes kennenzulernen. / Denn
als sie ihn gesehen und gehört hatten, ermöglichte er ihnen, ihn zu
kosten und zu riechen und den geliebten Sohn anzufassen.
5 Dann erschien er ihnen und belehrte sie über den Vater, den Unbe-
6, 7 greiflichen. / Er hauchte in sie ein, was Gottes Geist will. / Er tat
Gottes Willen, und als viele das Licht empfangen hatten, kehrte er
8 [31] zu ihm zurück. / Denn die stofflich gesonnenen Menschen wa-
ren ihm fremd. Sie entdeckten nicht, wessen Bild er war, und er-
9, 10 kannten ihn nicht. / Denn er kam in körperlicher Gestalt. / Doch
nichts konnte seinen Lauf aufhalten, denn der Unvergänglichkeit
11 kann man nicht widerstehen. / Er sagte neue Dinge, die im Herzen
des Vaters sind. Die Worte, die er sagte, waren ganz rein.[20]

18

1 Als das Licht durch Jesu Mund gesprochen und seine Stimme Le-
ben hervorgebracht hatte, gab er den Menschen die Möglichkeit,
zu denken und zu verstehen, er gab ihnen Gnade und Rettung und
den machtvollen Heiligen Geist aus der Grenzenlosigkeit und die
2 zärtliche Zuneigung des Vaters. / Er bereitete den Bestrafungen und
Quälereien ein Ende, denn sie führten doch nur Menschen, die
Gnade nötig hatten und in Irrtum und Fesseln vegetierten, von ihm
3 weg in die Irre. / Beides zerstörte er mit Macht und vernichtete es
4 durch seine Weisheit. / Er wurde zum Weg für die, die in die Irre

[20] Vgl. Joh 15,3; 13,10.

gegangen waren. / Er wurde zur Einsicht für die, die unwissend wa- 5
ren. / Er wurde eine Entdeckung für alle, die auf der Suche waren. 6
/ Er wurde Stärkung für die, die schwankten. / Er wurde Makel- 7, 8
losigkeit für die, die sich beschmutzt hatten.

19

Er ist der Schafhirt, der die neunundneunzig Schafe [32] zurück- 1
ließ, die nicht verloren waren. / Er ging, das eine zu suchen, das 2
sich verlaufen hatte. / Er jubelte, als er es wiederfand. Denn 99 ist 3
eine Zahl, die man mit der linken Hand formt.[21] / Doch wenn das 4
eine Schaf gefunden ist, dann geht die ganze Zahl auf die rechte
Hand über. / Um die rechte Hand für die 100 voll zu machen, 5
fehlte das eine. Das Mangelhafte auf der linken Hand wurde so
angezogen und hinübergebracht auf die rechte Hand. So kommt
die Zahl 100 zustande. / Wenn man das Wort »hekaton«, also 6
100, ausspricht, dann hat man auch »hen«, das ist: eins, gesagt.
Das ist ein Zeichen für den Vater, denn er ist einer. / Selbst am 7
Sabbat arbeitete der Herr für das Schaf, das in die Grube gefallen
war.[22] / Er rettete dem Schaf das Leben, indem er es aus der Grube 8
zog, damit ihr, Kinder des inneren Verstehens, innerlich versteht,
was der Sabbat ist. / Am Sabbat soll man sich um das Heil küm- 9
mern.[23] / Deshalb sollte man am Sabbat über den Tag im Himmel 10
sprechen, der keine Nacht hat, und man sollte vom Licht spre-
chen, das nicht untergeht, weil es vollkommen ist. / Sagt es mit 11
Überzeugung: Ihr selbst seid der vollkommene Tag, und in euch
wohnt das Licht, das nicht untergeht.[24] / Sprecht über die Wahr- 12
heit mit denen, die sie suchen. Sprecht über die Einsicht mit denen,
die sich in ihrem Irrtum verfehlt haben. / [33] Helft denen auf die 13
Füße, die gestrauchelt sind, und streckt eure Hände aus zu den
Kranken. / Speist die Hungrigen, verschafft den Geplagten eine 14
Zuflucht, richtet die auf, die aufstehen wollen, weckt die Schläfer

[21] Ein Beleg für internationale Händlersprache. Die Einer bis drei, einfache Zehner und Hunderter werden mit der rechten Hand geformt. Die 99 läßt sich in der Tat mit der linken Hand allein bilden (5 Zehner, 4 Zehner, 5 Einer, 4 Einer). Vgl. dazu Irenäus von Lyon, Gegen die Häresien 16,2 (valentinianische Gnostiker). – Text: Mt 18,12.14; Lk 15,3-6.

[22] Vgl. Mt 12,11; vgl. Lk 14,5. – Allerdings handelt es sich nicht um eine Jesuserzählung, so daß das EvVer wohl eher mit Mt 12,11 verwandtes apokryphes Gut voraussetzt.

[23] Der Text zeigt, daß der Verfasser noch am jüdischen Sabbat festhält und ihn auch auf jüdische Weise begangen haben will. Die folgende Anweisung V. 10 ist sicher älteres judenchristliches Traditionsgut.

[24] Vgl. 1 Thess 5,6f.

15 auf! / Ihr selbst seid die Klugheit, die schon weitergekommen ist. /
16 Wenn Stärke so ist, wird sie noch stärker.
17 Beschäftigt euch mit eurem Eigenen, nicht mit anderen Dingen, die
18 ihr schon abgelegt habt. / Kehrt nicht zu dem, was ihr erbrochen
19, 20 habt, zurück, um es nochmal zu essen.[25] / Seid keine Motten! / Seid
21 keine Würmer, denn das habt ihr schon abgeschüttelt. / Gebt dem
Teufel kein Hausrecht! Denn ihr habt ihn doch schon entmachtet.
22 / Stärkt nicht Leute, die Hindernisse für euch sind. Wenn sie gefal-
23 len sind, würdet ihr ihnen doch nur wieder aufhelfen. / Den Verbre-
cher muß man nicht so gut behandeln wie den Ordentlichen. /
24 Denn der Verbrecher übertritt die Gesetze, der Ordentliche wirkt
25 unter anderen Menschen. / Deshalb sollt ihr den Willen des Vaters
tun, denn ihr kommt von ihm her!

20

1 Denn der Vater ist voll zärtlicher Liebe zu euch. Er will das, was
2 (für alle) gut ist. / Er hat das zur Kenntnis genommen, was euch be-
3 trifft. Ihr sollt darin bestätigt werden. / Denn an den Früchten er-
4 kennt man das, was ihr getan habt. / Die Kinder des Vaters [34]
sind wie sein Duft[26], gehen von ihm aus und sind ein Stück von ihm
5 bei anderen. / Denn sie stammen aus seiner ganz persönlichen Zu-
6 wendung.[27] / Deswegen liebt der Vater die, die überall sein Duft
7 sind.[28] / Und wenn sich der Geruch zu sehr mit Stofflichem ver-
8 mischt, dann läßt er seinen Duft durch das Licht reinigen. / Dort,
wo er weilt, läßt er jeden Geruch, jede Gestalt und jedes Geräusch
9 weit überschreiten. / Denn nicht die Ohren riechen den Duft, son-
dern der Atem hat den Sinn für den Duft und zieht den Geruch in
10, 11 sich ein. / So geht der Duft wieder in den Duft des Vaters ein. / Der
Vater gewährt ihm Herberge und bringt ihn wieder an den Ort, wo
er hergekommen ist, aus dem ersten Geruch, der dann (außerhalb
12 des Körpers) kälter wurde. / Duft ist etwas wie ein Lebenshauch,
aber auch wie kaltes Wasser, das auf lockerer Erde gefriert, so daß
13 die Menschen, die das sehen, nur meinen, sie sähen Erde. / Danach
14 löst er sich wieder auf. / Wenn der Atem ihn einzieht, wird er warm.
15 / Die kalten Düfte sind aus der Trennung (vom Atem) entstanden.
16 / Deshalb ist der Glaube gekommen und hat die Trennung beseitigt.
17 / Er brachte die warme göttliche Fülle der Liebe, damit der kalte

---

[25] Vgl. 2 Petr 2,22.
[26] Vgl. dieselbe Metapher 2 Kor 2,15f.
[27] Wörtlich: »sie stammen aus der Gnade seines Angesichts«.
[28] Vgl. auch hierzu 2 Kor 5,15f.

Duft nicht wiederkommt, sondern statt dessen die Einheit des vollkommenen Denkens entsteht.

21

Dies ist das Wort des Evangeliums darüber, wie Gottes Fülle für die 1
gefunden werden kann, die sich nach [35] der Erlösung vom Him-
mel her sehnen. / Sie warten voller Hoffnung. Sie sind Abbilder des 2
Lichts ohne Schatten. Gerade in dieser Zeit schickt sich die göttliche
Fülle an, zu kommen. / Daß das Stoffliche einen Mangel hat, ist nicht 3
daher zu erklären, daß der grenzenlose Vater gerade zur Zeit des
Mangels kommt, um sich auszubreiten. Freilich konnte niemand sa-
gen, daß der unvergängliche Vater gerade so kommen würde. / Viel- 4
mehr war es so: Die Tiefe[29] des Vaters nahm zu. Kein Gedanke des
Irrtums war da – jedenfalls nicht bei ihm. / Allmählich breitete sich 5
die Tiefe immer weiter aus. Mal scheitert sie, dann aber steht sie wie-
der ohne Schwierigkeiten aufrecht da. Letzteres ist der Fall, wenn
Gott entdeckt wird, der zum Menschen gekommen ist, um ihn zu-
rückzubringen. / Die Rückkehr nennt man dann Umkehr. 6
Deshalb atmete die Unvergänglichkeit aus. / Sie ging dem nach, der 7, 8
gesündigt hatte, damit er Ruhe fände. / Denn im Mangel ist es die 9
Aufgabe des Lichts, Vergebung zu bringen. Sie geschieht durch das
Wort aus reicher Fülle Gottes. / Denn der Arzt eilt dorthin, wo 10
Krankheit ist. Er will sie heilen. / Wer an etwas Mangel leidet, ver- 11
birgt es nicht, denn das, was dem einen fehlt, hat ein anderer. / So 12
ist es mit der reichen Fülle Gottes. Sie hat selbst keinen Mangel,
aber sie füllt auf, was anderen mangelt. / Gott hat diese Fülle von 13
sich aus gegeben [36]. So soll der, der Mangel leidet, Gnade emp-
fangen. / Denn als er unter dem Mangel litt, erfreute er sich nicht 14
der Gnade. / Und wo es keine Gnade gab, fand sich Minderwertig- 15
keit. / Als Gott nun das Minderwertige annahm, wurde sichtbar, 16
was fehlte. Doch jetzt war es voll göttlichen Reichtums. / So wird 17
das wahre Licht gefunden, es leuchtete[30] für das Minderwertige auf
und ist unveränderlich.

22

Deshalb wurde mitten unter den Menschen über Christus gespro- 1
chen: / Die verwirrt waren, sollten zurückkehren können. Er wollte 2
sie salben. / Die Salbung ist die Gnade des Vaters, der sich ihrer er- 3
barmen wird. / Die, die er gesalbt hat, sind vollkommen geworden 4

---

[29] Vgl. 1 Kor 2,10.
[30] Vgl. 1 Joh 2,8.

5 und gehören zur himmlischen Welt. / Denn bei vollen Krügen pflegt
6 man die Öffnung (mit Pech) zu verschließen. / Doch wenn der Ver-
schluß bei einem Gefäß nicht dicht ist, wird es leer. Das liegt an
7 dem Material, mit dem das Gefäß versiegelt[31] wird. / Denn wenn
die Versiegelung sich auflöst, zieht etwas wie ein Atem daran. /
8 Doch der Vater, der keinen Mangel kennt, entfernt kein Siegel und
9 entleert nichts. / Sondern wo ein Mangel entsteht, füllt ihn der Va-
10 ter im Himmel wieder auf. / Er ist gütig und kennt alles, was er in
seinen Paradiesgarten gepflanzt hat. Sein Paradies ist der Ort, an
dem er ruht.

23

1 [37] Die himmlischen Gedanken des Vaters muß man sich auf fol-
gende Weise vorstellen, und so könnten die Worte sein, mit denen
2 er nachsinnt. / Jedes seiner Worte kommt aus seinem einzigen Wil-
3 len, und der geht darauf, sein Wort zu offenbaren. / In seinem Den-
ken bestehen unfaßbare Tiefen[32], doch das Wort, das als erstes her-
vorkam, offenbarte die Tiefen zusammen mit Gottes Vernunft. Die
4 Vernunft spricht das eine Wort im Schweigen der Gnade. / Gottes
Vernunft nannte man das Denken, da Gottes Worte darin waren,
5 bevor sie geoffenbart wurden. / Zuerst trat Gottes Geist in Erschei-
nung, und zwar zu einer Zeit, als es dem Willen dessen, der wollte,
6 gefiel. / Der Vater hat seine Heimat im Willen. Der Wille gefällt
7 ihm. / Nichts entsteht ohne den Vater, und nichts entsteht ohne sei-
8 nen Willen. Sein Wille ist unerforschlich. / Die Spur, die Gott hin-
9 terläßt, ist sein Wille. / Keiner kennt Gottes Willen. Es ist auch
10 nicht möglich, ihn zu untersuchen, um ihn zu erfassen. / Sondern
zu der Zeit, da er will, ist das, was der Vater will, sein Wunsch,
11 auch wenn der Anblick den Geschöpfen nicht gefällt. / Doch Gott
12 kennt ihrer aller Anfang und Ende. / Denn am Ende wird er sie di-
13 rekt fragen. / Am Ende empfangen alle Einsicht in den verborgenen
14 Vater. [38] / Von ihm ging der Anfang aus. Zu ihm werden alle zu-
rückkehren, die von ihm ausgegangen sind. Und sie sind in Erschei-
nung getreten zur Ehre und Freude seines Namens.

24

1, 2 Der Name des Vaters ist der Sohn. / Zuerst gab er dem einen Na-
men, der von ihm her kommt, dieser war er selbst (Gott), und er

[31] Der semantische Übergang von Verschließen zu Versiegeln ist beabsichtigt, und zwar im Blick auf V. 8.

[32] Vgl. 1 Kor 2,10; Apk 2,24.

brachte ihn als Sohn hervor. / Er gab ihm seinen eigenen Namen, 3
der ihm gehörte. Es ist der, dem alles gehört, das um ihn, den Vater,
herum existiert. / Ihm gehört der Name, und ihm gehört der Sohn. 4
/ Ihn kann man sehen, doch der Name ist unsichtbar. / Denn er al- 5, 6
lein ist das Geheimnis des Unsichtbaren. Das Geheimnis gelangt an
die Ohren, die dann vollständig gefüllt sind mit dem Geheimnis
durch ihn. / Denn den Namen des Vaters spricht man nicht aus. / 7
Doch in seinem Sohn ist er offenbar. 8
Der Name ist in dieser Hinsicht etwas Großes. / Wer also wird ei- 9, 10
nen Namen sagen können für ihn, den großen Namen, außer allein
der, dem der Name gehört, und die Kinder des Namens, auf denen
der Name des Vaters ruht und die umgekehrt auch selbst in seinem
Namen ruhen?

25

Da der Vater nicht in der Zeit entstanden ist, hat er allein ihn für 1
sich als Namen hervorgebracht. / Das geschah, bevor er die beseel- 2
ten Himmelssphären hervorbrachte. / So sollte der Name des Va- 3
ters über ihnen sein als ihr Herr.[33] / So ist über ihren Häuptern der 4
wahre, göttliche [39] Name. Er ist ganz fest, denn er befiehlt mit
vollkommener Macht. / Denn dieser Name besteht nicht aus blo- 5
ßen Worten und Benennungen, vielmehr ist er unsichtbar. / Nur 6
dem Sohn allein gab der Vater einen Namen, weil allein der Sohn
den Vater sieht. / Und allein der Vater hat die Macht, dem Sohn ei- 7
nen Namen zu geben. / Denn wer nicht existiert, der hat keinen Na- 8
men. Was für einen Namen soll man dem geben, der nicht existiert?
/ Aber wer existiert, der existiert auch mit seinem Namen. / Und er 9, 10
allein kennt seinen Namen.[34] / Er allein weiß, wie man dem Sohn 11
einen Namen gibt. Er ist der Vater. Der Sohn ist des Vaters Name.
/ Der Vater hat den Namen nicht in der Sache verborgen, sondern 12
der Name war da. / Den Sohn benannte allein der Vater. / Der 13, 14
Name ist daher der des Vaters, so wie der Name des Vaters der
Sohn ist. / Barmherzigkeit könnte doch überhaupt nur beim Vater 15
einen Namen finden.

26

Aber ganz sicher wird einer zu seinem Nächsten sagen: »Keiner 1
gibt doch jemandem einen Namen, der vor ihm da war. Sondern
umgekehrt: Die Eltern geben den Kindern einen Namen.« [40] /

---

33 Vgl. Kol 1,16f.
34 Vgl. Apk 2,17b.

2, 3 Zuerst müssen wir fragen: Was ist der Name? / Es geht um den
wahren Namen, also nicht den, den der Vater gegeben hat. Sondern
4 es ist der Name im eigentlichen Sinn. / Daher empfing der Sohn den
Namen nicht als Darlehen wie andere, je nach der Art, in der jeder
5 einzelne mit ihm versehen wird. / Vielmehr ist es der Name im ei-
6 gentlichen Sinn. / Es gibt keinen anderen (außer Gott), der ihm den
7 Namen gab. / Vielmehr konnte man den Sohn nicht benennen und
nicht beschreiben, bis der Vater, der Vollkommene, seinen Namen
8 ausgesprochen hatte. / Er hat die Macht, den Namen des Sohnes
auszusprechen und ihn zu sehen.
9 Dem Vater gefiel es also, daß sein Name, den die Menschen lieben,
10 sein Sohn sein sollte. / Und ihm, dem Sohn, der aus seiner göttlichen
11 Tiefe[35] kam, gab er seinen Namen. / Da redete der Sohn über seine
Geheimnisse, da er wußte, daß der Vater nichts Böses an sich hat. /
12 Der Vater hat den Sohn hervorgebracht, damit dieser über den Him-
mel und den Ort der Ruhe des Vaters, aus dem der Sohn gekommen
13 ist, sprechen sollte. [41] / So sollte er die beseelte Fülle der göttlichen
Welt und den großen Namen des Vaters und alle seine Freundlich-
14 keit loben. / Der Sohn spricht darüber, woher ein jeder gekommen
15 ist und wo er (als Erlöster) eingesetzt worden ist. / Er wird eilends
zurückkehren wollen, um vom Himmel, an dem er schon vorher
(und immer) gestanden hat, zu nehmen, indem er einen Geschmack
davon bekommt, Nahrung und Wachstum von dorther empfängt. /
16 Seine eigene himmlische Heimat ist seine göttliche Fülle.

27

1 Alles, was vom Vater kommt[36], sind beseelte Bereiche göttlicher
2 Fülle[37]. / Die Wurzel all dessen, was vom Vater kommt, liegt in dem
3 Einen, der sie alle aus sich hat wachsen lassen. / Er gab ihnen ihre Be-
4 stimmungen. / Jeder einzelne ist in Erscheinung getreten, damit alle
5 durch ihr eigenes Denken … / Denn dort, wohin sie ihre Gedanken
senden, liegt auch ihre Wurzel. Und von dorther werden sie auch in
6 die Höhe zum Vater hinaufgenommen. / Gott ist ihr Haupt.[38] /
7, 8 Wenn sie auf dem Weg zu ihm sind, hilft er ihnen. / Sie können sagen:
»Wir haben Anteil an seinem Gesicht bekommen, weil er uns geküßt
9 hat.« / Doch sie sind damit nicht vor aller Augen [42], denn sie ha-
10 ben sich nicht über sich selbst erhoben. / Weder haben sie die Herr-

---

35 Vgl. 1 Kor 2,10.
36 Etwas fragwürdiger Fachausdruck: wörtlich: »Emanationen«.
37 Fachausdruck: »Pleroma«, hier im Plural.
38 Wörtlich: »Sie besitzen sein Haupt« (sc. als das ihre).

lichkeit des Vaters herabgesetzt, noch dachten sie geringschätzig
über ihn oder meinten, daß er bitter oder zornig sei. / Sondern sie 11
glaubten an ihn, der nichts Böses an sich hat, der unerschütterlich
und freundlich[39] ist; er hat alle Räume gekannt, bevor sie geworden
sind, und muß daher nicht belehrt werden.

28

Das ist die Art derer, die am Himmel teilhaben, der von unermeß- 1
licher Größe ist. / Sie warten allein auf den Einen, den Vollkomme- 2
nen, der für sie da ist. / Sie müssen nicht in die Unterwelt hinabstei- 3
gen. Weder Neid noch Murren noch Tod haben sie in sich. / Sie 4
finden Ruhe und Heimat in dem, der ruht. / Weder müssen sie sich 5
plagen, noch müssen sie sich krümmen, wenn es um die Wahrheit
geht. / Sie sind selbst die Wahrheit göttlicher Wirklichkeit. / Der Va- 6, 7
ter ist eng mit ihnen verbunden, und sie sind mit dem Vater verbun-
den, und sie sind vollkommen. / Nichts kann sie vom wahrhaft Gu- 8
ten trennen. / Sie haben keinen Mangel, sondern sind ruhig und 9
gelassen. Der Heilige Geist erfrischt sie. / Auf ihre Wurzel werden 10
sie hören. / Sie werden sich mit den Dingen beschäftigen, in denen 11
man seine Wurzel findet. Dann schaden sie ihrem Leben nicht.[40] /
Dies betrifft die Seligen, hier sind sie angesprochen![41] 12

29

Die übrigen, wo immer sie sind, sollen wissen: Da ich in der Ruhe 1
und Gelassenheit lebe, kann ich über nichts [43] anderes mehr
sprechen. / Sondern in dieser Ruhe und Gelassenheit werde ich 2
sein. / Ich muß mich allezeit mit dem Vater des Himmelsstaates be- 3
schäftigen sowie mit den wahren Geschwistern, über welche die
Liebe des Vaters ausgegossen ist und in deren Mitte er nicht fehlt.
/ Diese Geschwister werden in ihrer wahren Wirklichkeit offenbar 4
werden. Denn sie leben schon im wahren und ewigen Leben. / Sie 5
sprechen vom vollkommenen Licht. / Sie sind erfüllt mit dem Sa- 6
men, den der Vater in sie hineinlegt. / Dieser Same ist in seinem 7
Herzen und in seiner reichen Fülle. / Sein Heiliger Geist jubelt in 8
ihm und preist Gott, in dem er war. Denn er ist gut. / Seine Kinder 9
sind vollkommen und machen seinem Namen alle Ehre. / Denn er 10
ist der Vater, und Kinder, die so sind, liebt er.

---

39 Wörtlich: »süß« – ein Ausdruck emotionaler Nähe.

40 Vgl. Mk 8,35; Mt 16,26.

41 Vgl. zur Formulierung die Sätze, die mit »Hier ist ...« beginnen, z. B. Apk 13,10.

Papias-Fragmente

Einleitung: Etwa um 110 n. Chr. hat Papias, gleichzeitig oder später Bischof im kleinasiatischen Hierapolis (schon Kol 4,13 erwähnt), ein fünfbändiges Werk über die Auslegung von Herrenworten verfaßt. Diese Schrift ist nicht erhalten, war aber weithin bekannt und wird in der Alten Kirche oft zitiert. Die Bedeutung des Papias besteht darin, daß er frühe Nachrichten über die Entstehung der Evangelien nach Johannes, Markus und Matthäus bringt und auch die drei Johannesbriefe und den Ersten Petrusbrief erwähnt. Der Wert der Informationen, die Papias bringt, ist umstritten. Neuerdings bezweifelt man, daß er wirklich Apostelschüler war, und begnügt sich damit, in ihm einen Mann der dritten Generation zu sehen.

Theologie: Theologisch ist Papias interessant als Vertreter eines krassen Chiliasmus (ein Tausendjähriges Reich wird nach der Auferstehung auf Erden sein; wunderbare Fruchtbarkeit der Natur)[1] und als recht wundergläubig (vgl. Fragment 5, darin unter V. 9 und V. 12 sowie die Judaslegende nach Fragment 6). Eusebius von Cäsarea hält Papias für beschränkt (Fragment 5,12-13).
Freilich ist auch wichtig, daß Papias die mündliche Tradition höher schätzt als die schriftliche (wie das eben im ganzen Bereich der Fall ist, in dem »Agrapha« tradiert werden). Trotzdem suchte er wohl in seinem Werk um 110 die rechtgläubige Tradition festzuschreiben.
Die Notiz über das MkEv setzt voraus, daß Petrus beim Predigen das Griechische nicht ausreichend beherrschte und deshalb einen Dolmetscher nötig hatte. Ephesus wird schon nicht mehr mit Paulus, sondern mit »Johannes« in Verbindung gebracht.

Textgrundlage: U. H. J. Körtner: Papiasfragmente, in: ders. und M. Leutzsch: Schriften des Urchristentums III, Darmstadt 1998, S. 3-103.

---

1 Auch Justinus der Märtyrer (Mitte 2. Jh.; in Kleinasien zum Christentum übergetreten) hielt die Erwartung der leiblichen Auferstehung, des Tausendjährigen Reiches und des neuen Jerusalem für unaufgebbare Bestandteile des rechten Glaubens.

FRAGMENTE AUS PAPIAS

1[2]

Der oben erwähnte Segen gilt – und das ist kein Widerspruch – für 3
künftige Zeiten des Reiches Gottes. Dann werden die Gerechten herrschen. Sie werden von den Toten auferstehen. Dann wird auch die erneuerte und vom Tod befreite Schöpfung eine große Menge aller möglichen Nahrung hervorbringen, weil der Himmel Tau gibt und die Erde fruchtbar ist. So haben sich die Alten erinnert, die Johannes, den Jünger des Herrn, gesehen haben. Sie sagten, sie hätten von ihm gehört, daß der Herr ihn über die Endzeit belehrt und gesagt habe:

»Es kommen Tage, in denen Weinstöcke wachsen, von denen jeder einzelne zehntausend Zweige hat. An jedem Zweig sind zehntausend Ranken, an einer Ranke zehntausend Triebe, an einem Trieb zehntausend Trauben, an einer Traube zehntausend Beeren. Jede ausgepreßte Beere wird fünfundzwanzig Maß Wein bringen. Und wenn einer der Heiligen eine Traube anrührt, dann wird eine andere schreien: ›Ich bin noch besser, nimm mich, preise durch mich den Herrn.‹

Ebenso wird ein Weizenkorn zehntausend Ähren hervorbringen. Und jede Ähre wird zehntausend Körner haben, und jedes Korn wird zehn Pfund weißen, reinen Weizen geben. Auch die Obstsorten, die Samen, die Kräuter werden sich entsprechend vermehren. Alle Tiere, die diese Nahrung von der Erde empfangen und genießen, werden friedlich und in Eintracht miteinander leben. Sie werden sich gehorsam dem Menschen unterwerfen.«

Dies hat Papias, Hörer des Johannes, Gefährte des Polykarp, ein 4
Mann von früher, im vierten Teil seiner Bücher bezeugt. Insgesamt hat er fünf Bücher geschrieben.[3] Er fügt hinzu: »Dieses kann nur annehmen, wer glaubt.« Und als Judas, der Verräter, sagt er ferner, den Glauben verweigert und gefragt habe, wie denn der Herr solche Art von Fruchtbarkeit zustande bringen wolle, da habe der Herr geantwortet: »Diejenigen, die in das Reich Gottes hineinkommen, werden es sehen.« Von diesen Zeiten hat der Prophet Jesaja

---

2 Irenäus von Lyon, Gegen die Häresien, V 33, 3-4.

3 Dieser Satz findet sich wörtlich auf griechisch bei Eusebius, Kirchengeschichte III 39,1, Schwartz GCS 9,284.

gesprochen, als er sagte: »Es wird der Fuchs mit dem Lamm gemeinsam weiden.«

2[4]

Irenäus und andere erzählen, Johannes, der Theologe und Apostel, habe noch zur Zeit Trajans gelebt. Nach ihm wurden Papias von Hierapolis und der Bischof Polykarp von Smyrna als seine Hörer bekannt.

3[5]

Als nun das Wort Gottes auf diesem Weg zu ihnen gelangte, erlosch die Kraft Simons (des Magiers) und wurde – wie auch der Mann selbst – nicht mehr gesehen.
In den Herzen derer, die Petrus zuhörten, hinterließ das Licht der wahren Religion einen großen Eindruck. Daher wollten sie sich nicht damit begnügen, daß sie ihn nur einmal mit der ungeschriebenen Lehre der heiligen Verkündigung gehört hatten. Sie baten deshalb den Begleiter des Petrus, Markus – sein Evangelium genießt jetzt große Verbreitung –, sehr nachdrücklich, ihnen eine schriftliche Fassung der mündlichen Rede des Petrus zu hinterlassen. Sie ließen nicht locker, bis Markus eingewilligt hatte, und so wurden sie Auslöser für die Entstehung des Evangeliums, das nach Markus benannt ist.
Der Heilige Geist offenbarte dies dem Apostel (Petrus), und so erfuhr er von dem Unternehmen. Er freute sich über den Eifer der Leute und autorisierte die Schrift für die Predigt in den Gemeinden. Clemens (von Alexandrien) berichtet darüber im sechsten Buch der Hypotyposen. Papias, Bischof von Hierapolis, berichtet das gleiche. Petrus erwähnt Markus in seinem ersten Brief, den er, wie er sagt, in Rom selbst aufgesetzt hat. Die Stadt nennt er bildlich Babylon, als er schreibt: »Es grüßen euch die Miterwählten in Babylon und Markus, mein Sohn.«

4[6]

1 Damals (zur Zeit Trajans) war in der Provinz Asia der Apostelschüler Polykarp sehr angesehen. Er hatte die bischöfliche Aufsicht über

4 Eusebius von Caesarea, Chronicon II (Jahre Abrahams 2114), Schoene II 162.

5 Eusebius von Caesarea, Kirchengeschichte II, 15 Schwartz GCS 9,138.140.

6 Eusebius von Caesarea, Kirchengeschichte III, 36,1-2 Schwartz GCS 9,274.

die Kirche in Smyrna von denen erhalten, die Augenzeugen und Diener des Herrn waren.

Ebenfalls zu dieser Zeit wurde Papias bekannt, auch er war Bi- 2
schof, und zwar in der Gemeinde von Hierapolis. Ebenso auch der bei den meisten bis heute bekannte Ignatius, der als zweiter Nachfolger des Petrus Bischof von Antiochien wurde.

5[7]

Von Papias sind fünf Bücher unter dem Titel »Auslegung von Her- 1
renworten« verbreitet. Auch Irenäus erwähnt diese als seine einzigen Werke und sagt dazu:
»Auch Papias, der Hörer des Johannes und Gefährte des Polykarp war, ein Mann aus alter Zeit, bezeugt dieses schriftlich im vierten seiner Bücher. Fünf Bücher hat er geschrieben.«

Soweit Irenäus. Doch Papias selbst hat im Vorwort seines Werkes 2
keineswegs behauptet, er sei Hörer und Augenzeuge der heiligen Apostel gewesen. Er erklärt nur, daß er die Aussagen über den Glauben von deren Bekannten übernommen habe. So sagt er:

»Ich zögere nicht, für dich das zu meinen Erklärungen hinzuzuset- 3
zen, was ich damals von den Älteren genau erfahren habe und woran ich mich gut erinnern kann. Ich verbürge mich dafür, daß es wahr ist. Denn anders, als sonst üblich, freute ich mich nicht über die Leute, die viel reden, sondern über die, welche die Wahrheit lehren. Ich freue mich auch nicht, wenn jemand fremdartige Gebote in Erinnerung ruft, sondern wenn er an die Gebote erinnert, die der Herr dem Glauben gegeben hat und die von der Wahrheit selbst
herkommen. / Wenn mir aber einer begegnete, der den Alten nach- 4
gefolgt war, dann wollte ich von ihm wissen, was die noch Älteren gesagt haben, also zum Beispiel Andreas oder Petrus, Philippus oder Thomas, Jakobus oder Johannes oder Matthäus oder ein anderer der Apostel des Herrn, oder auch Aristion und der Presbyter Johannes, Jünger des Herrn. Denn ich nahm an, daß mir Informationen aus Büchern nicht so viel bringen würden wie mündliche Berichte von lebenden Zeitzeugen.«

Hier ist bemerkenswert, daß er zweimal den Namen Johannes 5
nennt. Beim erstenmal erwähnt er ihn zusammen mit Petrus, Jakobus, Matthäus und den übrigen Aposteln. Damit meint er offensichtlich den Evangelisten. Den anderen Johannes nennt er in einem neuen Satz im Zusammenhang mit anderen, die nicht Apo-

---

7 Eusebius von Caesarea, Kirchengeschichte III, 39 Schwartz GCS 9,284-292.

stel waren, wobei er als ersten Aristion aufführt, den er ausdrück-
6 lich als Presbyter bezeichnet. / Schon dadurch wird der Bericht be-
stätigt, daß es in der Provinz Asia zwei Männer namens Johannes
gegeben habe, deren beider Gräber in Ephesus lägen, wovon wie-
derum eines bis heute das Grab des Johannes genannt werde. Auch
das muß man bedenken: Es ist wahrscheinlich, daß der zweite Jo-
hannes (oder wenn man will: der erste) die Offenbarung geschaut
7 hat, die unter seinem Namen überliefert wird. / Und der jetzt von
uns vorgestellte Papias bekennt, daß er die Worte der Apostel von
denen empfangen habe, die diesen nachgefolgt sind. Doch Aristion
und Johannes den Alten habe er selbst gehört. In seinen Büchern
führt er deshalb häufig unter ihrem Namen genannte Überlieferun-
8 gen an. / Auch dieses zu sagen ist gewiß nicht nutzlos: Es ist gut,
wenn man zu den erwähnten Aussprüchen des Papias andere seiner
Lesefrüchte hinzufügt, in denen er merkwürdige Dinge und ande-
res, was ihm gewissermaßen aus der Überlieferung zugetragen
9 wurde, erzählt. / Daß sich der Apostel Philippus zusammen mit sei-
nen Töchtern in Hierapolis aufgehalten hat, ist bereits gesagt wor-
den. Hier ist anzumerken: Von den Töchtern des Philippus will Pa-
pias, der zu ihrer Zeit lebte, eine Wundererzählung erhalten haben.
Er berichtet, daß zu seiner Zeit eine Totenauferstehung stattgefun-
den habe. Außerdem sei an Justus, der den Beinamen Barsabas
trug, ein weiteres Wunder geschehen. Er habe von einer Flüssigkeit
getrunken, die offenkundig giftig war, sei aber durch die Gnade des
Herrn heil davongekommen.

10 Die Apostelgeschichte berichtet, daß die heiligen Apostel diesen Ju-
stus nach der Himmelfahrt des Herrn zusammen mit Matthias zur
Wahl aufgestellt hätten. Dann hätten sie unter Gebeten ausgelost,
wer anstelle des Judas in den Kreis der Zwölf aufgenommen wer-
den sollte: »Und sie stellten zwei Männer auf, Joseph, genannt Bar-
sabas, mit Beinamen Justus, und Matthias, und sie beteten und
11 sagten: ...« / Papias hat noch weiteres aufgezeichnet, das er, wie er
sagt, gewissermaßen aus ungeschriebener Tradition erhalten habe,
darunter unbekannte Gleichnisse des Erlösers, Lehren von ihm und
12 auch andere, noch legendenhaftere Dinge. / Dazu gehört auch, daß
er behauptet, nach der Auferstehung der Toten werde es tausend
Jahre geben, in denen das Reich Christi in körperlicher Weise hier
auf Erden bestehen werde. Ich glaube, daß er hier Erzählungen der
Apostel aufnimmt, dabei aber Dinge, die symbolisch gesagt und als
Geheimnis verstanden werden sollten, zu wörtlich genommen hat.
13 / Er war nicht besonders helle, wie man aus seinen Worten schlie-
ßen kann. Doch wurde er für die meisten kirchlichen Schriftsteller

nach ihm, die sich auf sein Alter beriefen, zur Quelle für sehr ähn-
liche Lehren, wie es bei Irenäus deutlich wird und bei anderen, die
ähnlich dachten. / In seiner Schrift gibt er auch andere Erzählungen 14
des erwähnten Aristion über Herrenworte wieder und ebenso auch
Überlieferungen von Johannes dem Alten. Nachdem wir die wis-
sensdurstigen Leser auf all dies hingewiesen haben, müssen wir
seinen bisher zitierten Äußerungen noch die Überlieferungen hin-
zufügen, die er über den Evangelisten Markus bietet: / »Und dies 15
sagte Johannes der Alte: ›Markus war Dolmetscher des Petrus und
schrieb alles genau auf, woran er sich erinnerte. Doch nicht in der
Reihenfolge, in welcher der Herr gesprochen oder gehandelt hatte.
Denn er hatte den Herrn nicht selbst gehört und war ihm auch
nicht nachgefolgt, sondern er war Schüler des Petrus und hatte die-
sen gehört. Petrus gestaltete seine Lehrvorträge je nach Gelegen-
heit, aber nicht um eine (chronologische) Zusammenstellung der
Worte des Herrn zu geben. Daher hat Markus nicht direkt falsch
gehandelt, als er einiges aus der Erinnerung aufschrieb. Denn er
hatte nur eine Sorge: Nichts von dem, was er gehört hatte, auszu-
lassen und nichts Falsches zu berichten.‹« / So hat also Papias über 16
Markus berichtet.

Über Matthäus sagt er folgendes: »Matthäus hat die Aussprüche in hebräischer Sprache zusammengestellt. Jeder hat sie übersetzt, so gut er konnte.«

Papias hat auch von Zeugnissen aus dem Ersten Johannesbrief und 17
aus dem Ersten Petrusbrief Gebrauch gemacht. Er erzählt auch eine
andere Geschichte, über eine Frau, die wegen vieler Sünden vor
dem Herrn angeklagt wurde. Diese Geschichte steht im Hebräer-
evangelium. Auch dieses muß außer dem bereits Dargestellten not-
wendig erwähnt werden.

6[8]

(Aus Apollinaris)

Judas starb nicht, als er sich erhängte. Sondern er lebte weiter, weil er herabgeholt wurde, bevor ihn die Schlinge erwürgte. Die Apostelgeschichte bezeugt, daß er »mitten aufplatzte, bevor er kopfüber stürzte, so daß seine Eingeweide herausquollen«.[9] Papias, der Schüler des Johannes, erzählt dies genauer im vierten Buch der Erklärung der Herrenworte. Da sagt er folgendes: »Judas lebte als ab-

[8] Apollinaris von Laodicea (Rekonstruktion aus Katenen), J. Reuss TU 61,47f.

[9] Act 1,18.

schreckendes Beispiel der Gottlosigkeit in dieser Welt. Sein Leib war so sehr angeschwollen, daß er dort nicht mehr hindurchkommen konnte, wo noch ein Wagen leicht hindurchfahren kann. Noch nicht einmal sein dicker Kopf paßte da hindurch. Man sagt, daß seine Augenlider so stark angeschwollen waren, daß er überhaupt kein Licht mehr sah. Selbst mit dem Augenspiegel eines Arztes konnte man seine Augen nicht mehr erkennen, so tief lagen sie unter der Körperoberfläche. Sein Schamglied sah unanständiger und größer aus als alle Schamteile sonst. Er hatte aus dem ganzen Körper zusammenfließende Eiterströme und Würmer an sich, die ihn schon bei Verrichtung seiner Bedürfnisse wie zum Hohn quälten. Nach vielen Qualen und Züchtigungen sei er, so heißt es, auf seinem eigenen Grundstück gestorben. Und wegen des Gestanks ist das Grundstück bis heute öde und unbewohnt. Heute noch kann keiner daran vorübergehen, ohne sich die Nase zuzuhalten. So weit breitete sich selbst auf der Erde der Gestank von seinem Körper aus.

7[10]

Papias war Hörer des Johannes und Bischof von Hierapolis in der Provinz Asia. Er verfaßte nur fünf Bücher, denen er den Titel gab: »Auslegung der Reden des Herrn«. Im Vorwort behauptet er, nicht unterschiedlichen Meinungen zu folgen, sondern sich an die Berichte der Apostel zu halten. Daher sagte er: »Ich untersuchte, was Andreas, Petrus, ferner Philippus, Thomas, Jakobus, Johannes, Matthäus oder ein anderer der Jünger des Herrn gesagt hatten. Auch kümmerte ich mich um das, was Aristion und Johannes der Alte, Schüler des Herrn, gesagt hatten. Denn Bücher sind für mich nützlich, wenn ich sie lese, jedoch nicht so nützlich wie die lebendige Stimme, die bis heute in ihren Urhebern zu hören ist.«
Aus dem Namensverzeichnis ist ersichtlich, daß man zwischen dem Johannes, der zu den Aposteln gehört, und dem anderen Johannes, dem Alten, den Papias nach Aristion nennt, unterscheiden muß. Dies sage ich wegen der älteren Ansicht, nach der, wie von den meisten überliefert wird, die beiden letzten Johannesbriefe nicht vom Apostel, sondern von Johannes dem Alten stammten, der auch die jüdische Lehre vom Tausendjährigen Reich verbreitet haben soll. Auch Irenäus, Apollinaris und andere, die behaupten, nach der Auferstehung werde der Herr in einem irdischen Körper mit den Heiligen als König regieren, schließen sich Papias an. Auch Tertul-

[10] Hieronymus, Über die berühmten Männer 18, Richardson TU 14,1,19.

lian in seinem Buch über die Hoffnung der Glaubenden, Victorin von Pettau und Lactantius werden durch diese Meinung verführt.

8[11]
Es ist das falsche Gerücht zu dir gedrungen, ich hätte die Bücher des Flavius Iosephus und ferner die Schriften des heiligen Papias und des heiligen Polykarp übersetzt. Ich habe weder die Muße noch die Kraft, derart bedeutende Werke in der Schönheit einer anderen Sprache zu formulieren.

9[12]
Irenäus, Bischof der Kirche von Lyon, ein Mann aus apostolischer Zeit und Schüler des Papias, welcher Hörer des Evangelisten Johannes gewesen sei...

10[13]
Papias von Hierapolis, ein Hörer des Theologen Johannes, Freund des Polykarp, schrieb fünf Bücher über Herrenworte. In diesen zählt er die Apostel auf. Zu den Jüngern des Herrn zählt er nach Petrus und Johannes sowohl Philippus, Thomas, Matthäus, Aristion als auch einen anderen Johannes, den er auch Presbyter (Ältester) nennt. Deswegen glauben manche, von diesem Johannes stammten die beiden kleineren Johannesbriefe, die in den katholischen Briefen unter seinem Namen gesammelt sind. Doch die Älteren schreiben ihm nur den Ersten Johannesbrief zu. Irrtümlich denken auch einige, er sei der Vater der Offenbarung. Papias irrt, was das Tausendjährige Reich betrifft, nach ihm auch Irenäus. Papias erzählt im zweiten Buch, Johannes der Theologe und sein Bruder Jakobus seien von den Juden getötet worden. Weiter erzählt der genannte Papias, Barsabas, der auch Justus heißt, sei unversehrt geblieben, als er von den Ungläubigen auf die Probe gestellt wurde und im Namen Christi Schlangengift getrunken habe. Diese Nachricht habe er von den Töchtern des Philippus. Er berichtet auch von anderen Wundern, besonders über die Mutter des Manaimos, die von den Toten auferstanden sei, und ferner, daß die Toten, die durch Jesus Christus auferstanden seien, bis in die Zeit Hadrians gelebt hätten.

---

11 Hieronymus, Brief 71,5 (An Lucinus Baeticus), Hilberg CSEL 55,6.
12 Hieronymus, Brief 75,5 (An Theodora Spana über den Tod des Lucinus), Hilberg CSEL 55,32.
13 Philippus Sidetes, Kirchengeschichte, Fragment de Boor TU 5,2,170.

11[14]

Was die Inspiration des Buches (der Offenbarung des Johannes) betrifft, meine ich, nicht lange Worte machen zu müssen. Denn dessen Glaubwürdigkeit bezeugen Gregor der Theologe und Kyrillos, beide verstorben, dazu noch aus den älteren Zeiten Papias, Irenäus, Methodius und Hippolyt. Anregungen habe ich von diesen empfangen, und so bin ich zu diesem Ergebnis gekommen, ähnlich wie wir an anderen Stellen Auszüge aus diesen Autoren liefern.

12[15]

Papias sagt wörtlich: »Einigen von ihnen«, und er meint wohl: den seit alters göttlichen Engeln, »gab Gott auch die Macht, über die Erde zu herrschen, sie zu verwalten, und befahl ihnen, gut zu herrschen.« Und er sagt auch: »Daß ihre Ordnung ein Ende fand, war nicht sehr nützlich.«

13[16]

Was die äußerliche Erziehung betrifft, so ist der große Dionysius (Areopagita) völlig ausreichend. Man nennt jemanden »Kind«, wenn man entweder den Herrn nachahmt, der sagt: »Kinder, ihr habt wohl keinen Fisch?« – also im allgemeinen Sinn als Anrede an Vertraute –, oder wenn man die meint, die gegenüber Gott strenge Lauterkeit übten. So sagt es auch Papias im ersten Buch seiner Auslegungen zu den Herrenworten, ebenso erklärt es Clemens von Alexandrien im Paidagogos.

14[17]

»Einen überaus seligen Genuß...« Das meint er, indem er auf Papias, seinerzeit Bischof von Hierapolis in der Provinz Asia verweist. Er lebte zur Zeit des göttlichen Evangelisten Johannes. Im vierten Buch seiner Erklärungen von Herrenworten schreibt er über den Genuß an Speisen, den man nach der Auferstehung haben werde. Das ist eine Lehre, an die auch Apollinaris glaubte und die manche »Chiliasmus« nennen. Doch wie können – wie es einige Klug-

14 Andreas von Caesarea, Kommentar zur Apokalypse, Praefatio, nach J. Schmid Studien I,10f.

15 Andreas von Caesarea, Kommentar zur Apokalypse K. 34, nach J. Schmid, Studien I 129f.

16 Maximus Confessor, Scholia zu Dionysius Areopagita, Über die himmlische Hierarchie 2, Corder PG 4,48f.

17 Maximus Confessor, Scholia zu Dionysius Areopagita, Über die himmlische Hierarchie 7, Cordes PG 4,176.

schwätzer wissen wollen – die Bücher des heiligen Dionysius von Apollinaris stammen, wenn sie Apollinaris widerlegen? Auch Irenäus von Lyon sagt im fünften Buch »Gegen die Häretiker« dasselbe und führt als Zeugen seiner Aussage Papias an.

15[18]
Um der Wahrheit die Ehre zu geben: Wir haben die Grundinformation von Papias von Hierapolis, dem Vortrefflichen, bezogen und sie auch benutzt. Er hatte mit dem Mann Umgang, der an der Brust des Herrn lag. Wir haben uns auch an Clemens und Pantainos, Priestern der alexandrinischen Gemeinde, und den alten, vor den Synoden tätigen Exegeten orientiert. Sie haben das Sechstagewerk der Bibel auf Christus und die Kirche bezogen.

16[19]
Die ältesten kirchlichen Ausleger haben die Paradiesesgeschichte allegorisch gedeutet. Dazu gehören der Philosoph Philo, Zeitgenosse der Apostel, der wichtige Autor Papias, ein bedeutender Schüler des Johannes in Hierapolis, ferner Irenäus von Lyon, der Märtyrer und Philosoph Justin, Pantainos von Alexandrien, ferner Clemens, der Verfasser der »Stromateis«, sowie ihre Schüler. Dazu gehören auch die beiden über die Maßen klugen Kappadokier, die beide Gregor hießen. Sie alle haben die Geschichte vom Paradies auf die Kirche Christi bezogen. Deshalb behaupten sie auch alle, es gebe ein überirdisches Paradies.

17[20]
Nach Domitian regierte Kaiser Nerva ein Jahr lang. Nerva rief Johannes von der Insel zurück und ließ ihn frei. Er durfte in Ephesus wohnen. Von den zwölf Aposteln war er damals allein noch am Leben. Er verfaßte das nach ihm benannte Evangelium und starb den Märtyrertod. Papias, Bischof von Hierapolis, hatte ihn noch gesehen und schreibt im zweiten Buch seiner »Herrenworte«, er sei von Juden getötet worden. So hat er also zusammen mit seinem Bruder erfüllt, was Christus über sie, ihr Bekenntnis und ihre Zustimmung gesagt hatte. Als der Herr sie fragte: »Könnt ihr den Kelch trinken, den ich trinke?«, nickten sie bereitwillig und bejahten. Da sagte

18 Anastasius Sinaita, Betrachtungen zum Sechstagewerk I, Pitra Analecta Sacra II 160f.

19 Anastasius Sinaita, Betrachtungen zum Sechstagewerk VII, PG 89,961f; Nolte ThQ 1867,55f.

20 Georgios Monachos, Chronik, Nolte ThQ 44 (1862) 466f.

Jesus: »Meinen Kelch werdet ihr trinken, aber ihr werdet auch mit der Taufe, mit der ich getauft werde, getauft.« So war es denn auch. Denn Gott kann nicht lügen. Daher behauptet auch der hochgelehrte Origenes in seiner Auslegung zum Matthäus-Evangelium, Johannes habe das Martyrium erlitten. Auch der hochgelehrte Eusebius sagt in seiner Kirchengeschichte: »Thomas hat Parthien als Aufgabenfeld erhalten, Johannes aber die Provinz Asia. Dort starb er nach einiger Zeit in Ephesus.«

18[21]
Er akzeptiert nicht, was der zu den Heiligen gerechnete Bischof Gregor von Nyssa über die Wiederherstellung aller Dinge gesagt hat. Daher läßt er auch nicht die von Papias von Hierapolis, Bischof und Märtyrer, und Irenäus, dem heiligen Bischof von Lyon, aufgestellte Behauptung gelten, das Reich der Himmel bestehe aus dem Genuß irdisch sichtbarer Speisen.

19[22]
Wir lehnen auch den großen Methodius von Patara ab, der zu den Märtyrern gehörte. Er hatte in Patara die Leitung der Gemeinde inne. Ebenso sind wir teilweise anderer Meinung als Irenäus, Bischof von Lyon, und Papias von Hierapolis. Irenäus ließ sich die Krone des Martyriums aufsetzen, die anderen sind Männer aus apostolischer Zeit, die auch durch ihre Lebensführung wunderbar leuchteten.

20[23]
Papias von Hierapolis, ein lieber Schüler des Johannes, hat uns in seinen für die Allgemeinheit bestimmten letzten fünf Büchern berichtet: »Das Evangelium des Johannes ist für die Gemeinden veröffentlicht und ihnen von Johannes, als er noch am Leben war, übergeben worden. Papias hat sogar das Evangelium nach dem Diktat des Johannes richtig aufgeschrieben. Aber der Häretiker Markion, den Papias verworfen hat, weil er »Widersprüche« zu sehen meinte, ist auch von Johannes verworfen worden. Papias (?) hat Johannes Schriften und Briefe von den Brüdern, die in Pontus lebten, überbracht.

21 Stephanus Gobarus PG 103,1104.
22 Photius, Briefe Buch 1,24,21 PG 102,813.816.
23 Argumentum secundum Iohannem, de Bruyn, RevBen 40 (1928) 198f.

21[24]

Als letzter hat Johannes mit dem Beinamen »Donnersohn« das Evangelium seinem wackeren Schüler Papias von Hierapolis diktiert. Damit wollte er die (anderen Evangelisten) ergänzen, die schon vor ihm den Völkern auf der ganzen Erde das Wort verkündet hatten. Johannes war damals schon in hohem Greisenalter. Das berichten Irenäus, Eusebius sowie andere glaubwürdige Historiker, die in der Tradition stehen. Anlaß sei gewesen, daß zu jener Zeit schlimme Ketzereien aufkamen.

22

Vier (Frauen namens Maria) kann man im Evangelium finden: Maria, die Mutter des Herrn, Maria, die Frau des Kleophas oder des Alphaios, nämlich die Mutter des Bischofs und Apostels Jakobus sowie von Simon, Thaddäus und auch Joseph. Ferner Maria Salome, die Frau des Zebedäus und Mutter des Evangelisten Johannes und des Jakobus. Ferner Maria Magdalena. Jakobus, Judas und Joseph waren Söhne einer Tante des Herrn. Ebenso waren Jakobus und Johannes Söhne einer anderen Tante des Herrn. Maria, die Mutter von Jakobus dem Jüngeren und von Joseph, die Frau des Alphaios, von der Johannes[25] sagt, sie gehöre zu Kleophas, und zwar entweder über ihren Vater, durch die Familie oder die entferntere Verwandtschaft oder aus einem anderen Grund, war eine Schwester Marias, der Mutter des Herrn. Maria Salome wird entweder wegen ihres Mannes oder wegen einer Stadt so genannt. Einige nennen sie »die Frau des Kleophas«, weil sie zwei Männer gehabt hat.

23[26]

Und Papias spricht in seinen Reden folgendermaßen: »Der Himmel ertrug nicht die irdischen Gedanken des Drachens; denn es ist unmöglich, daß das Licht am Dunkel teilhat. Er fiel auf den Boden, um hier zu leben; und als der Mensch hierherkam, wo er war, ließ er ihn nicht in natürlichen Leidenschaften leben, sondern verführte ihn zu vielen Übeln. Aber Michael und seine Heerscharen, die Wächter der Welt sind, halfen der Menschheit, wie auch Daniel er-

24 Catena Patrum Graecorum, in S. Iohannem, Prooemium Lightfoot, Apostolic Fathers 524.

25 Joh 19,25.

26 Vgl. dazu: F. Siegert: Unbeachtete Papiaszitate bei armenischen Schriftstellern, in: NTSt 27 (1981) 605-614 (aus dem armenischen Apk-Kommentar des Andreas von Cäsarea). Kritisch dazu Körtner, S. 15f.

fuhr, sie gaben Gesetze und machten die Propheten weise. Und all dies war der Kampf gegen den Drachen, der die Menschen in Versuchung brachte. Nun verlängerte sich der Krieg im Himmel bis zu Christus. Doch Christus kam; und das Gesetz, das einem anderen unmöglich war, erfüllte er mit seinem Körper, nach dem Apostel. Er wies die Sünde ab und richtete Satan und verbreitete seine Gerechtigkeit durch den Tod über alle. Als dies aber geschah, wurde der Sieg Michaels und seiner Heerscharen, der Wächter der Menschheit, vollendet; und der Drache konnte nicht mehr widerstehen. Denn der Tod Christi machte ihn zuschanden und warf (ihn) auf die Erde, weswegen auch Christus sagte: »Ich sah Satan vom Himmel fallen wie einen Blitz.«[27]

27 Vgl. Lk 10,18.

Evangelium des Philippus

Einleitung: Das Philippus-Evangelium gehört zu den Funden aus Nag Hammadi (Oberägypten). In Codex II steht es direkt hinter dem Thomas-Evangelium (s. o.). Mit diesem hat es viele Gemeinsamkeiten. Diese betreffen vor allem die Form. Denn es handelt sich um eine unverbundene Reihung von Stücken der Jesus-Überlieferung. Theologiegeschichtlich steht das PhilEv der späteren Gnosis offensichtlich aber sehr viel näher als das ThomasEv. Der rätselhafte Charakter der meisten Worte ist daher gegenüber dem ThomasEv noch verstärkt. Daher steht der Interpret und Übersetzer oft vor unlösbaren Schwierigkeiten. Freilich ist zu bedenken, daß uns die kanonischen Jesusworte auch deshalb verständlicher erscheinen, weil wir uns jahrhundertelang daran gewöhnt und z. T. unsere Kultur darauf gebaut haben. Jedenfalls wird der ja auch von Mk 4,33f behauptete grundsätzliche Rätselcharakter der Worte Jesu hier besonders gut erkennbar.
Immerhin ist so viel deutlich: Die Adressaten des PhilEv kennen Sakramente (Taufe, Abendmahl und das Sakrament des Brautgemachs). Nach Logion 59 werden noch Wasser- und Geisttaufe unterschieden.
Einerseits ist das Christentum durch Heidenmission bestimmt, doch immer wieder finden sich offenbar ältere Traditionen, die nur aus dem Judentum, aus seiner Schriftauslegung und sogar rabbinischer Schultradition erklärbar sind. Typisch gnostisch ist dagegen die Auffassung vom Erlöser als dem Bräutigam der unteren Sophia. – Die enge Beziehung zwischen Jesus und dem Heiligen Geist besitzt Ähnlichkeiten mit 2 Clem 14 und dem Hirten des Hermas.
Man hat das PhilEv in die Nähe markosianischer und jedenfalls valentinianischer Gnosis gerückt. Die Rolle des Philippus ist außer im JohEv auch in der Pistis Sophia, einer umfangreichen gnostischen Schrift des 3. Jh.s ausgeprägt. Viele Themen des JohEv werden hier noch weiterdiskutiert (z. B. Fleisch des Menschensohnes essen bedeutet, ihn aufzunehmen; s. zu Joh 6). Schon in Kapitel 2 wird der frühneutestamentliche Gegensatz von Sohn und Sklave diskutiert (vgl. Gal 4,3-7; Hebr 3,1-5; Mk 12).

Abfassungszeit: Mit H.-M. Schenke ist für das 2. Jh. zu plädieren, und zwar aus den im vorangehenden Abschnitt erläuterten traditionsgeschichtlichen Gründen.

Textgrundlage: B. Layton, W. W. Isenberg: The Gospel according to Philip, in: B. Layton: Nag Hammadi Codex II 2-7, Vol. 1 (NHS 20), Leiden 1989, 142-215. – H.-M. Schenke: Das Philippus-Evangelium (NHC II 3), neu herausgegeben, übersetzt und erklärt. Berlin 1997. – Vgl. auch A. Helmbold: Translation Problems in the Gospel of Philip, in: NTSt 11 (1964) 90-93. – J.-E. Ménard, L'Évangile selon Philippe, Straßburg u. Paris 1967.
Die Unterteilung der Logien in Verse ist hier neu vorgenommen worden.

EVANGELIUM DES PHILIPPUS

1
Ein Hebräer bringt wieder einen Hebräer hervor. / Letzteren nennt 1, 2
man einen »Proselyten«. / Aber ein Proselyt kann nicht wieder 3
einen Proselyten hervorbringen. / Manche Menschen existieren 4
nur, während andere darüber hinaus Nachkommen hervorbringen,
die ihnen ähnlich sind.

2
Ein Sklave trachtet nur danach, frei zu werden, aber ihm geht es 1
nicht darum, das Vermögen seines Herrn zu erwerben. / Ein Sohn 2
ist dagegen nicht nur Sohn, sondern legt auch Wert darauf, das
Erbe seines Vaters anzutreten.

3
Wer das erbt, was tot ist, ist selbst tot und tritt nur das Erbe der 1
Toten an. / Wer das erbt, was lebt, ist lebendig und tritt das Erbe 2
des Lebendigen und der Toten an. / Die Toten erben nichts. Denn 3
wie könnte ein Toter überhaupt etwas erben? / Aber wenn ein Toter 4
das erbt, was lebt, dann wird er nicht sterben, sondern lebendig
werden.

4
Ein heidnischer Mensch stirbt nicht. / Denn weil er niemals gelebt 1, 2
hat, kann er auch nicht sterben. / Wer aber zum Glauben an die 3
Wahrheit gekommen ist, der hat das Leben gefunden. / Weil er seit 4
dem Tag, da Christus in die Welt kam, lebt, kann er aber auch ster-
ben.

5
So ist es mit der Wirklichkeit: Die Welt wird geschaffen, / die Städte 1, 2
werden geschmückt, / die Toten werden weggetragen. 3

6
Als wir Hebräer waren, da waren wir vaterlos und hatten nur un- 1
sere Mutter [den Berg Sion]. / Als wir Christen wurden, bekamen 2
wir Vater [Gott im Himmel] und Mutter [den Heiligen Geist].

7

1, 2 Wer im Winter sät, erntet im Sommer. / Der Winter ist diese Welt,
3, 4 / der Sommer ist der zweite Äon. / Laßt uns in dieser Welt säen, da-
5 mit wir im Sommer ernten. / Deswegen ist es nicht gut, schon im
Winter Bittgebete zu sprechen [denn diese würden sich nur auf Ir-
6, 7 disches richten]. / Nach dem Winter kommt der Sommer. / Wenn
jemand schon im Winter ernten will, wird er nur die Halme ausrei-
ßen und nichts ernten.

8

1, 2 Denn solches Getreide bringt dem Menschen keine Ernte. / Es ist
nicht nur unfruchtbar, sondern macht am Sabbat auch seinen Ak-
ker unfruchtbar.

9

1 Christus ist gekommen, einige loszukaufen, andere zu retten, wie-
2 der andere zu erlösen. / Diejenigen, die Fremde waren, kaufte er los
3 und machte sie zu seinem Eigentum. / Diejenigen, die sein Eigen-
4 tum waren, nahm er beiseite / und machte sie zum Pfand, weil er es
5 so wollte. / Als er [auf Erden] erschien, gab er sein Leben, weil er
6 es so wollte. / Aber schon seit die Welt besteht, gab er sein Leben,
7 weil er es wollte. / Dann kam er zum ersten Mal, weil er es wollte,
8 um sein Leben wieder zurückzunehmen. / Denn es war als Pfand
9 gegeben / und unter die Räuber gefallen und gefangengenommen
10 worden. / Aber er rettete es. Und er erlöste die Guten und die Bösen
in der Welt.

10

1 Licht und Finsternis, Leben und Tod, Rechts und Links sind Brü-
2, 3 der. / Man kann sie nicht trennen. / Deswegen sind die Guten nicht
gut, die Bösen nicht böse, Leben ist nicht Leben, und Tod ist nicht
4, 5 Tod. / Alles wird zu dem zerfließen, was es im Ursprung war. / Doch
die über die Welt erhaben sind, können nicht zerfließen. Sie sind
ewig.

11

1 Die Namen, die man den Dingen in der Welt gibt, führen uns leicht
2 in die Irre. / Denn sie lenken unseren Sinn vom Wahren ab und zum
3 Unwahren hin. / Das geschieht zum Beispiel, wenn jemand das
4 Wort »Gott« hört. / So ist es auch mit »Vater«, »Sohn«, »Heiliger
Geist«, »Leben«, »Licht«, »Auferstehung« und »Kirche« und allen
5 anderen Bezeichnungen. / Menschen verstehen darunter nicht, was

es wirklich und wahrhaftig ist, sondern was es nicht ist, es sei denn,
sie hätten das Wahre erkannt. / Die Namen, die man hört, gehören 6
zu dieser Welt, sie sollen in die Irre führen. / Würden diese Namen 7
im anderen Äon [im Himmel] gebraucht, so könnten sie nicht als
Namen in der Welt / und nicht für weltliche Dinge verwendet wer- 8
den. / Im zweiten Äon sind sie nicht mehr nötig. 9

12

Einen einzigen Namen spricht man in der Welt nicht aus: / Das ist 1, 2
der Name, den der Vater dem Sohn gegeben hat, der Name, der
über allen Dingen ist, der Name des Vaters. / Denn der Sohn würde 3
nicht Vater, trüge er nicht den Namen des Vaters. / Diejenigen, die 4
diesen Namen empfangen haben, kennen ihn zwar, doch sie spre-
chen ihn nicht aus. / Aber diejenigen, die ihn nicht empfangen ha- 5
ben, kennen ihn nicht einmal.
Gott in seiner Wahrheit hat um unseretwillen die Namen in der 6
Welt geschaffen, / weil man ohne Namen die Wirklichkeit Gottes 7
nicht lehren kann. / Es gibt nur eine einzige Wahrheit. / Aber um 8, 9
unseretwillen ist sie auch viele Wahrheiten und hat viele Namen. /
Denn durch die vielen Namen lernen wir die eine Wahrheit in 10
Liebe.

13

Die Mächte der Welt sahen, daß der Mensch mit den wahrhaft Gu- 1
ten gemeinsame Sache machte, und wollten ihn in die Irre führen.
/ Also bemächtigten sie sich der Namen der wahrhaft Guten und 2
gaben sie denen, die nicht gut sind. / So wollten sie die Menschen 3
durch die Namen verführen und sie an die fesseln, die nicht gut
sind. / Aber wenn Gott ihnen später Gnade erweist, wird er sie aus 4
den Reihen der Nichtguten herausnehmen und sie zu den Guten
setzen. / Da die Mächte der Welt dies wußten, wollten sie den freien 5
Menschen einfach für immer zum Sklaven machen.

14

Es gibt Mächte, die kämpfen gegen den Menschen, weil sie nicht 1
wollen, daß er gerettet wird. / Denn wenn der Mensch gerettet 2
wird, werden keine Opfer mehr dargebracht. / Dann werden keine 3
Tiere mehr geopfert. / Aber auch diejenigen, denen das Opfer dar- 4
gebracht wird, die Götzen, sind Tiere. / Als die Opfertiere den Göt- 5
zen dargebracht wurden, lebten sie, aber beim Opfer starben sie. /
Als der Mensch [dem lebendigen] Gott dargebracht wurde, war er 6
tot, doch beim Opfer kam er zum Leben.

15
1, 2 Bevor Christus kam, gab es kein Brot in der Welt. / In dem Paradies,
in dem Adam war, wuchsen zwar viele Bäume zur Ernährung der
3 Tiere, aber kein Weizen als Nahrung für den Menschen. / Der
4 Mensch aß dasselbe wie die Tiere. / Doch als Christus, der voll-
kommene Mensch, vom Himmel kam, brachte er Brot mit, um dem
Menschen eine passende Nahrung zu geben.

16
1 Die Mächte der Welt dachten, sie wirkten ihre Taten durch eigene
2 Kraft und eigenen Willen. / Doch im verborgenen wirkte der Hei-
3 lige Geist durch sie, wie er es wollte. / Die Wahrheit, die von An-
4 fang an da war, ist überall ausgesät. / Viele sehen, wie sie ausgesät
wird, wenige aber werden erleben, wie sie geerntet wird.

17
1 Einige haben gesagt, Maria habe durch den Heiligen Geist empfan-
2, 3 gen. / Sie irren sich. Sie wissen nicht, was sie sagen. / Wann ist ein
weibliches Wesen je durch ein weibliches Wesen[1] schwanger gewor-
4 den? / Maria ist Jungfrau. Keine Geistermacht hat sie je befleckt. /
5 Für die Hebräer, also für die Apostel und die Apostelschüler[2], ist sie
6 ein großes heiliges Wort[3]. / Keine Macht hat diese Jungfrau besudelt,
7 die Mächte besudeln sich nur gegenseitig. / Und der Herr hätte nicht
gesagt: »Mein Vater im Himmel«, wenn er nicht noch einen anderen
8 Vater gehabt hätte. / Sonst hätte er einfach gesagt: »Mein Vater«.

18
1 Der Herr sagte zu den Jüngern: »Aus jedem anderen Haus dürft ihr
2, 3 etwas heraustragen / und in das Haus des Vaters bringen. / Aber aus
dem Haus des Vaters dürft ihr nichts wegnehmen und heraustragen.«

19
1, 2, 3 *Jesus* ist ein Eigenname[4]. / *Christus* ist ein Beiname[5]. / Deswegen
gibt es das Wort *Jesus* in keiner anderen Sprache, sein Name ist im-

[1] Im Hebräischen ist das Äquivalent zu »Geist«, *ruach*, meistens (nicht immer!) grammatisch feminin. Daher wird dann der Heilige Geist als »Geistin« betrachtet.
[2] Wörtlich: »die Apostolischen«.
[3] Wörtlich: »Eid, Fluch, Anathema« – jedenfalls etwas, das man mit sakraler Sprache ausgrenzt.
[4] Wörtlich: »geheimer Name«.
[5] Wörtlich: »offenkundiger Name«.

mer Jesus, so wie er [bei uns] genannt wird. / Christus – wie er auch 4
genannt wird – heißt auf syrisch *Messiah*, das bedeutet »der Gesalbte«, auf griechisch *Christos*. / Ebenso haben wahrscheinlich 5
auch alle anderen in ihrer Sprache ein Wort mit dieser Bedeutung,
mit dem sie es übersetzen. / »Der Nazarener« ist auch ein Beiname 6
dessen, der den Eigennamen [*Jesus*] trägt.

20
»Christus« umfaßt alles: Mensch, Engel, Geheimnis und Vater.

21
Wer behauptet, der Herr sei erst gestorben und dann auferstanden, 1
ist im Irrtum. / Denn er ist erst auferstanden und dann gestorben. / 2
Wer nicht zuerst aufersteht, der wird dann [wirklich] sterben. Gott 3
lebt, dieser Mensch aber würde sterben.

22
Niemand versteckt einen wichtigen, wertvollen Gegenstand in ei- 1
nem anderen unwichtigen Gegenstand. / Manch einer hat schon 2
eine Sache, die viele Zehntausende wert war, in einen Gegenstand
gesteckt, der nur einen Pfennig wert war.[6] / So ist es auch mit der 3
Seele. Sie ist wertvoll und geriet in einen wertlosen Leib.

23
Einige fürchten sich davor, nackt aufzuerstehen.[7] / Deswegen wol- 1, 2
len sie bei der Auferstehung ihren alten menschlichen Körper anbehalten und gewissermaßen »im Fleisch« auferstehen. / Sie wissen 3
nicht, daß gerade diejenigen nackt sind, die einen schwachen,
sterblichen Körper haben, die also das Fleisch anhaben. / Wer das 4
Fleisch ausziehen kann, ist für sich selbst nicht nackt.
»Fleisch und Blut wird das Reich Gottes nicht erben können«[8], 5
heißt es. / Was für ein Fleisch kann nicht erben? / Das Fleisch, mit 6, 7
dem wir jetzt bekleidet sind.[9] / Und welches Fleisch kann erben? / 8
Das Fleisch Jesu und sein Blut. / Deswegen sagt Jesus: »Wer mein 9, 10
Fleisch nicht ißt und mein Blut nicht trinkt, hat kein Leben in
sich.«[10] Was heißt das? / Sein Fleisch ist das Wort, und sein Blut ist 11

[6] Vgl. 2 Kor 4,7a.
[7] Vgl. 2 Kor 5,3.
[8] Vgl. 1 Kor 15,50.
[9] Wörtlich: »das auf uns ist«.
[10] Vgl. Joh 6,53f.

12 der Heilige Geist. / Wer diese empfangen hat, der hat Nahrung,
13 Trank und Kleidung. / Aber auch die anderen, die behaupten, daß
14 das Fleisch nicht auferstehen kann, muß ich tadeln. / Sie haben
15 beide unrecht. / Du sagst mir: »Das Fleisch kann nicht auferste-
16 hen!« / Aber dann mußt du sagen, was denn statt dessen auferste-
17 hen kann, damit wir dich [als Lehrer] ernst nehmen können. / Du
antwortest: »Der Geist, der im Fleisch wohnt, und dieses Licht im
18 Fleisch ist es.« / Aber das, was du da nennst, gibt es so doch nur im
19 Fleisch. / Nichts von dem, was du nennen kannst, gibt es außerhalb
20 des Fleisches. / Es ist daher nötig, in diesem Fleisch aufzuerstehen,
da alles in ihm ist.

24

1 In dieser Welt sind diejenigen, die ihre Kleider [die sterblichen Kör-
2 per] anziehen, wertvoller als die Kleider. / Wenn Gott herrschen
wird, sind die Kleider [die verklärten Leiber] wertvoller als diejeni-
gen, die sie angezogen haben.

25

1, 2 Durch Wasser und Feuer wird alles, der ganze Ort, die ganze Welt,
gereinigt. / Das Sichtbare wird durch das Sichtbare gereinigt, das
3 Unsichtbare durch das Unsichtbare. / Manche Dinge sind verbor-
4 gen, weil das Sichtbare den Zugang verstellt. / So gibt es zum Bei-
spiel [himmlisches Lebens-]Wasser im sichtbaren Wasser, und un-
sichtbares Feuer im Salböl (Chrisma).

26

1, 2 Jesus hat sein Körperkleid unbemerkt gewechselt. / Denn er er-
3 schien nicht so, wie er wirklich war, / sondern so, wie sie ihn ertra-
4 gen konnten. / Er offenbarte sich den Großen als Großer und den
Kleinen als Kleiner, den Engeln als Engel und den Menschen als
5 Mensch. / Sein Logos, also sein wahres Wesen, blieb für alle un-
6 sichtbar. / Nur einige sahen ihn, dachten aber, sie sähen sich selbst.
7 / Als er seinen Jüngern auf dem Berg in Herrlichkeit erschien[11], war
8 er nicht klein, sondern groß geworden. / Aber zuvor hatte er die
Jünger groß gemacht, damit sie ihn in seiner Größe sehen könn-
9 ten.[12] / Jesus sagte an jenem Tage in der Danksagung (Eucharistie):

---

[11] Vgl. Mk 9,2-9 par.

[12] Denn auch hier gilt das Prinzip, daß man dem ähnlich sein muß, den man erkennen will.

»Du, Gott, hast den Vollkommenen, das Licht, vereinigt mit dem Heiligen Geist.[13] Vereinige die Engel auch mit uns, ihren Abbildern.«[14]

27

Verachte nicht das Lamm [Jesus in seiner Niedrigkeit]. / Denn ohne 1, 2
das Lamm kann man den König gar nicht sehen. / Niemand, der 3
nackt [ohne Zeichen der Gerechtigkeit] ist, darf zum König eintreten.

28

Der himmlische Mensch hat mehr Kinder als der irdische Mensch. 1
/ Wenn schon Adam viele Kinder hat, die doch sterben, / dann hat 2, 3
der vollkommene Mensch noch viel mehr Kinder – Kinder, die nicht sterben, sondern unaufhörlich gezeugt werden.

29

Der Vater zeugt ein Kind. / Doch das Kind kann keine Kinder zeu- 1, 2
gen. / Denn wer gezeugt wurde, kann nicht selbst zeugen.[15] / Das 3, 4
Kind bekommt keine Kinder, sondern Geschwister.

30

Alle, die in der Welt gezeugt werden, entstehen auf natürliche 1
Weise. / Die anderen werden in der Kraft des Heiligen Geistes ge- 2
zeugt. / Der vollkommene Mensch wird mit der himmlischen Ver- 3
heißung ernährt. / Weil der Logos vom Himmel gekommen ist, 4
kann er sich durch den Mund [Gottes, aus dem er hervorkäme] ernähren und wird vollkommen.

31

Die Vollkommenen werden durch einen Kuß schwanger und gebä- 1
ren. / Deswegen küssen wir einander. / Wir werden schwanger 2, 3
durch die Gnade, die in dem jeweils anderen ist.

---

13 Daß die Erhöhung Jesu seine Vereinigung mit dem Heiligen Geist bedeutet, sagt auch der »Hirt des Hermas«; vgl. auch 1 Tim 3,16 (»gerechtfertigt durch den Heiligen Geist«).

14 Erster Beleg für die Bitte, gemeinsam mit den Engeln und Erzengeln Gott loben zu dürfen, die zu Beginn der Eucharistie, in der sog. Präfation, gesprochen wird.

15 Vgl. dazu Logion 1 oben.

32
1 Drei Frauen waren ständig beim Herrn: seine Mutter Maria, seine
Schwester und Magdalena, die man »seine Gefährtin« nannte. /
2 Seine Schwester, seine Mutter und seine Gefährtin heißen Maria.

33
1 »Vater« und »Sohn« sind Namen, die immer das gleiche bedeuten.
2 »Heiliger Geist« ist ein Name mit zwei Bedeutungen. / Vater und
Sohn sind überall: oben und unten, im verborgenen und im Sicht-
3 baren. / Der Heilige Geist ist im Sichtbaren, das heißt: unten. Oder
er ist im verborgenen, das heißt: oben.

34
1, 2 Den Heiligen dienen auch böse Mächte. / Der Heilige Geist hat sie
3 geblendet. / Sie sollen denken, sie dienten einem gewöhnlichen
Menschen, wenn sie in Wirklichkeit etwas für die Heiligen tun. /
4 Eines Tages bat ein Jünger den Herrn um etwas, das von dieser
5 Welt ist. / Jesus sagte zu dem Jünger: »Bitte deine Mutter, dann
wird sie dir von den Dingen geben, die einem anderen und nicht
uns gehören.«

35
1 Die Apostel sagten zu den Jüngern: »Es wäre schön, wenn unser
ganzes Opfer gesalzen wäre!« Das bedeutet, daß es Gott wohlge-
2, 3 fällt. / Mit »Salz« meinten sie die *Sophia*. / Ohne dieses Salz kann
kein Opfer Gott gefallen.

36
1, 2 Die *Sophia* ist unfruchtbar und kinderlos. / Daher nannte man sie
3 Salz. / Durch den Heiligen Geist hat sie dennoch zahlreiche Kinder.

37
1, 2 Was dem Vater gehört, das gehört auch dem Sohn. / Aber solange
der Sohn klein ist, vertraut man ihm das, was ihm gehört, noch
3 nicht an. / Wenn er jedoch ein Mann geworden ist, gibt ihm der
Vater alles, was er besitzt.

38
1 Ihr Verlorenen! Was der Geist zeugt, geht durch ihn auch wieder
2 verloren. / Deshalb wird durch ein und denselben Atem das Feuer
entfacht und ausgeblasen.

39
Echamoth ist von *Echmoth* zu unterscheiden. / *Echamoth* heißt 1, 2
einfach Weisheit. / Aber *Echmoth* ist die Weisheit des Todes, die 3
den Tod kennt; man nennt sie »kleine Weisheit«.

40
Es gibt zahme Tiere wie Rind, Esel und dergleichen. / Andere Tiere 1, 2
sind wild und leben fern von den zahmen Tieren in der Einöde. /
Mit Hilfe der zahmen Tiere bestellt der Mensch das Feld und er- 3
nährt dadurch sich selbst sowie die zahmen und die wilden Tiere. /
Ähnlich ist es mit dem vollkommenen Menschen. / Durch Mächte, 4, 5
die sich ihm fügen, kann er »das Feld bestellen«, und so sorgt er da-
für, daß alle entstehen, / der ganze Raum der sichtbaren Welt, die 6
Guten, die Bösen, die Rechten, die Linken. / Der Heilige Geist ist 7
Hirt über alle und regiert alle Mächte, die zahmen und die wilden,
auch die, die fern von den anderen sind. / Er sammelt sie und hält 8
sie durch den Pferch zusammen, damit sie [auch die, die es wollten]
nicht entkommen können.

41
Adam ist geschaffen, und er ist schön. / Auch von seinen Kindern 1, 2
würde man erwarten, daß sie die Schönheit des Geschaffenen ha-
ben. / Wäre Adam nicht geschaffen, sondern gezeugt[16], so würde 3
man erwarten, daß sein Same schön ist. / Doch er ist nun einmal 4
geschaffen. Wenn er jetzt aber Kinder zeugt – welche Art von
Schönheit haben diese?

42
Erst entstand der Ehebruch, dann der Mord. / [Kain] wurde in Ehe- 1, 2
bruch gezeugt, sein Vater war die Schlange [der Teufel]. / So wurde 3
er ein Mörder wie sein Vater und tötete seinen Bruder. / Tatsächlich 4
ist jede Art von Geschlechtsverkehr zwischen Partnern verschiede-
ner Art Ehebruch.

43
Gott ist ein Färber. Die guten Farben, die man die echten nennt, 1
vergehen nur, wenn auch der Stoff vergeht. So ist es auch mit den
Menschen, die Gott eingefärbt hat. Seine Farben sind durch ihre
Bestandteile unvergänglich. Gott färbt, indem er in Wasser ein-
taucht.

[16] »gezeugt« ist der Sohn Gottes nach Ps 2,7, z. B. Act 13,33.

44

1 Die Dinge, die zur Wirklichkeit im Raum Gottes gehören, kann nur
2 sehen, wer so wie sie geworden ist. / Beim Menschen in der Welt ist
das nicht so. Er kann die Sonne sehen, ohne die Sonne zu sein. /
3 Und er kann den Himmel, die Erde und alles andere sehen, ohne so
4 zu sein. / Anders ist es bei der Sphäre der Wirklichkeit Gottes, der
5 Wahrheit. / Wenn man etwas von dieser Wirklichkeit sieht, wird
6, 7 man ein Teil davon. / Man sieht den Geist und wird Geist. / Man
8 sieht Christus und wird Christus. / Man sieht den Vater und wird
9 der Vater. / In dieser sichtbaren Welt sieht man daher alle Dinge au-
10 ßer sich selbst. / In der unsichtbaren Welt, am Ort Gottes, dagegen
11 sieht man sich selbst. / Denn was man sieht, wird man.

45

1 Der Glaube empfängt [Gutes von Gott], die Liebe gibt [Gutes an
2, 3 andere]. / Ohne Glauben kann keiner etwas empfangen. / Ohne
4 Liebe kann keiner etwas geben. / Daher glauben wir, um zu emp-
5 fangen. Und daher lieben wir, um zu geben. / Denn wenn jemand
nicht aus Liebe gibt, hat er nichts davon.[17]

46

Wer den Herrn nicht empfangen hat, ist noch Hebräer.

47

1, 2 Die Apostel, die vor uns waren, nannten Jesus so: / Jesus Nasoräer
3 Messias. Das heißt soviel wie: Jesus Nasoräer Christus. / Der letzte
Name ist *Christus*, der erste *Jesus*. In der Mitte steht *Nasoräer* oder
4 *Nazarener*. / *Messias* hat zwei Bedeutungen: »Christus«, also der
5 Gesalbte, und »der, der gemessen wurde«. / *Jesus* ist hebräisch und
6 bedeutet »Retter«. / *Nazara* ist die Wahrheit. Der *Nazarener* ist da-
7 her »der, der die Wahrheit ist«. / Christus ist gemessen worden, der
Nazarener und Jesus haben gemessen.

48

1 Wenn eine Perle in den Schmutz geworfen wird, verliert sie dadurch
2 nicht ihren Wert. / Sie gewinnt auch nicht an Wert, wenn sie mit
Balsam gesalbt wird. Sondern sie hat stets denselben Wert bei ih-
3 rem Herrn. / So ist es auch mit den Kindern Gottes. Was auch im-
mer mit ihnen geschieht, sie haben in den Augen ihres Vaters stets
denselben Wert.

---

[17] Vgl. 1 Kor 13,3. Wörtlich: »nützt es ihm gar nichts«.

49

Wenn einer sagt: »Ich bin Jude«, bringt das niemanden aus dem 1
Gleichgewicht. / Wenn einer sagt: »Ich bin Römer«, findet das kei- 2
ner weiter beunruhigend. / Wenn einer sagt: »Ich bin Grieche« – 3
oder Barbar, Sklave, Freigelassener –, wird auch keiner aus der
Ruhe geraten. / Wenn aber einer sagt: »Ich bin Christ«, wird jeder 4
unsicher und weiß nicht, wie er sich verhalten soll. / Ich würde 5
mich freuen, wenn es bei mir auch so wäre. / Denn selbst die [bö- 6
sen] Mächte können es nicht ertragen, den Namen des Messias zu
hören.

50

Gott ist ein Menschenfresser.[18] / Deshalb werden für ihn Menschen 1, 2
geschlachtet. / Bevor man Menschen schlachtete, hat man Tiere ge- 3
opfert. / Denn die Götter, denen sie geopfert wurden, waren keine 4
richtigen Götter, sondern Götzen.

51

Glas- und Tongefäße entstehen durch Feuer. / Der Unterschied be- 1, 2
steht darin, daß Glasgefäße, wenn sie zerbrechen, wiederhergestellt
werden können. Denn sie sind durch den Atemhauch des Glasblä-
sers entstanden. / Wenn Tongefäße zerbrechen, sind sie für immer 3
zerstört. Sie sind ohne Atemhauch entstanden.

52

Ein Esel hatte einen Mühlstein im Kreise herumgezogen und dabei 1
hundert Meilen zurückgelegt. / Als er losgebunden wurde, lief er an 2
derselben Stelle weiter im Kreis. / Manche Menschen reisen den 3
ganzen Tag umher und kommen doch an kein Ziel. / Wenn es 4
Nacht wird, sehen sie keine Stadt und kein Dorf, nichts Geschaffe-
nes und nichts Gewachsenes, keine gute Macht und keinen Engel.
/ Vergeblich haben sich diese Unglückseligen geschunden. 5

53

Die Eucharistie ist Jesus. / Denn sie heißt auf syrisch *Pharisatha*, 1, 2
das heißt: »das Ausgebreitete«. / Jesus ist gekommen, um für die 3
Welt gekreuzigt zu werden, das heißt: die Arme am Kreuz auszu-
breiten.

---

[18] Vgl. dagegen Logion 93.

54
1, 2 Der Herr ging in Levis Färberei. / Er nahm 72 Stoffe in verschiede-
3 nen Farben und warf sie in den Kessel. / Als er sie wieder herauszog,
4 waren sie alle weiß. / Und er sagte: »Als ein solcher Färber ist der
Menschensohn gekommen.«[19]

55
1 Die Weisheit, die man die unfruchtbare nennt, ist die Mutter der
2 Engel und die Gefährtin des himmlischen Erlösers. / Der irdische
3 Erlöser liebte Maria Magdalena mehr als alle Jünger. / Er küßte sie
4 oft auf ihren Mund. / Da wurden die Jünger eifersüchtig und murr-
5, 6 ten. Sie fragten: / »Warum liebst du sie mehr als uns alle?« / Der Er-
löser entgegnete: »Warum liebe ich euch nicht so sehr wie sie?«

56
1 Wenn ein Sehender und ein Blinder zusammen im Dunkeln stehen,
2 gibt es keinen großen Unterschied zwischen ihnen. / Doch wenn es
hell wird, kann der eine das Licht sehen, und für den anderen bleibt
es dunkel.

57
1 Der Herr sagte: »Selig, wer schon immer da war, bevor er ins irdi-
2 sche Dasein trat. / Denn er war und wird sein.«

58
1 Daß der Mensch den anderen Kreaturen überlegen ist, kann man
2 nicht sehen, weil es für das Auge verborgen ist. / Der Mensch kann
sogar Herr über Tiere sein, die größer und stärker sind als er, grö-
ßer an Gestalt – soweit man sehen kann – und stärker an Körper-
3 kraft – soweit man sie erahnen kann. / Denn er sorgt für ihr Wohl.
4, 5 / Wenn er sie verstößt, beißen sie sich gegenseitig tot. / Früher ha-
ben sie sich gegenseitig aufgefressen, weil sie keine Nahrung fan-
6 den. / Jetzt aber bekommen sie Nahrung, weil der Mensch die Erde
bearbeitet hat.

59
1 Wenn einer in das [Tauf-]Wasser hinabsteigt und heraufkommt,
ohne etwas empfangen zu haben, aber dennoch sagt: »Ich bin
2 Christ«, so hat er den Namen *Christ* nur geliehen bekommen. / Hat
er dagegen den Heiligen Geist empfangen, so hat er den Namen

[19] Vgl. Gleichnis vom Färber in Logion 43.

Christ als Geschenk erhalten. / Ein Geschenk nimmt man dem Be- 3
schenkten nicht wieder weg. / Etwas Geliehenes dagegen fordert 4
man zurück. / So ist es, wenn einer das Sakrament der Taufe[20] emp- 5
fängt.

60

Groß ist das Sakrament der Ehe. / Ohne sie gäbe es die Welt nicht. 1, 2
/ Denn die Existenz der Welt hängt vom Menschen ab und der Fort- 3
bestand des Menschen von der Hochzeit. / Denkt jetzt zunächst an 4
den Verkehr ohne sexuelle Befleckung [weil er das himmlische Ur-
bild ist][21]. Er hat große Kraft! / Nur das Abbild ist sexuelle Beflek- 5
kung.

61

Es gibt männliche und weibliche unreine Geister. / Die männlichen 1, 2
wollen mit den Seelen verkehren, die in weiblichen Körpern woh-
nen. / Die weiblichen wollen mit den Seelen verkehren, die in 3
männlichen Körpern wohnen. Das rührt daher, daß der erste
Mensch ungehorsam war. / Ihnen kann nur entrinnen, wer schon 4
eine männliche Kraft als Bräutigam oder eine weibliche Kraft als
Braut empfangen hat. / Das geschieht durch die im Sakrament bild- 5
lich dargestellte Feier des Brautgemachs. / Wenn nämlich die tö- 6
richten weiblichen Geister einen Mann allein dasitzen sehen, stür-
zen sie sich auf ihn, umgarnen ihn und beflecken ihn. / Ebenso ist 7
es mit den törichten männlichen Geistern. Wenn sie eine schöne
Frau sehen, die allein lebt, verführen sie sie und tun ihr Gewalt an,
um sie zu beflecken. / Wenn sie aber Mann und Frau beieinander- 8
sitzen sehen, können sich die weiblichen Geister nicht an den Mann
und die männlichen Geister nicht an die Frau heranmachen, und
auch niemand anders würde das wagen. / So also verhält es sich mit 9
dem Verkehr zwischen Engeln und Geistern und ihren mensch-
lichen Abbildern.
Wer die Welt, aus der er kommt, verläßt, den kann sie nicht zurück- 10
halten. / Er ist über Begierde und Furcht erhaben und kann dem 11
Neid nicht erliegen. / Jeder andere würde von diesen großen, gieri- 12
gen Mächten ergriffen und erwürgt. Denn wie könnte er ihnen ent-
kommen? Wie könnte er sich vor ihnen verbergen? / Manche kom- 13
men und sagen: »Wir sind gläubig«, damit sie dem unreinen Geist

[20] Im Koptischen steht hier nur »Mysterium«, der alte Name für »Sakrament«.

[21] Vgl. 2 Clem 14.

14 oder Dämon entgehen. / Denn wenn sie den Heiligen Geist hätten,
könnte sich kein unreiner Geist an sie heranmachen.

62

1 Die schwache, sterbliche Sinnlichkeit des Menschen sollst du weder
2 fürchten noch lieben. / Wer sie fürchtet, über den wird sie Herr. /
3 Wer sie liebt, den lähmt und verschlingt sie.

63

1 Der Mensch ist entweder in dieser Welt, oder er ist auferstanden [in
der himmlischen Welt], oder er befindet sich an einem Ort zwischen
2 beiden Welten. / An solch einem Ort möchte ich keineswegs sein. /
3, 4 In dieser sichtbaren Welt gibt es Gutes und Böses. / Aber das Gute
5 ist nicht gut und das Böse nicht böse. / Nach dieser Welt gibt es je-
doch ein Böses, das wirklich böse ist: Man nennt es das Zwischen-
6 reich, es ist der Tod. / Während wir in dieser sichtbaren Welt leben,
7 sollten wir uns die Auferstehung erwerben. / Denn dann können
wir, wenn wir den sterblichen Leib ablegen, Ruhe finden und müs-
8 sen nicht im Zwischenreich bleiben. / Denn dort verirren sich viele
9 auf dem Wege. / Es ist gut, die Welt zu verlassen, bevor man gesün-
digt hat.

64

1 Einige wollen den Wunsch nach Sünde verspüren, es gelingt ihnen
2 aber nicht. / Andere verspüren zwar den Wunsch nach Sünde, brin-
gen es jedoch nicht fertig, sie zu tun. Das nützt ihnen aber nichts, /
3, 4 denn ihr Streben nach Sünde macht sie schon zu Sündern. / Aber
auch vor denen, die den Wunsch nach Sünde nicht verspüren, wird
sich die Gerechtigkeit verbergen. Sie verbirgt sich vor dem, der
nicht zum Tun kommt, und vor dem, der nicht zum Wunsch
5 kommt. / Der Wille ist wichtig, nicht erst das Tun.

65

1 Ein Apostelschüler sah in einer Vision einige Menschen, die an feu-
rige Ketten gefesselt in einem brennenden Haus eingeschlossen wa-
2 ren. / Sie hatten [Krüge mit] Wasser in ihren Händen und waren in
3 das brennende Haus geworfen worden. / Jemand sagte zu dem
Apostelschüler: »Sie hätten ihre Seelen retten können, aber sie ha-
4 ben nicht gewollt. / Daher mußten sie zur Strafe an diesen Ort.«
Der Ort heißt »die äußere Finsternis«, denn man wird dorthin hin-
ausgeworfen.

66
Die Seele und der Geist sind aus Wasser und Feuer entstanden. / 1
Der Mensch, der dem Geheimnis des Brautgemachs gemäß ist, ist 2
aus Wasser, Feuer und Licht entstanden. / Das Feuer bedeutet Sal- 3
bung, das Licht bedeutet Feuer. / Damit meine ich nicht irdisches 4
Feuer, das ohne Gestalt ist, sondern himmlisches Feuer. Seine Ge-
stalt ist weiß. Es ist strahlend, es ist schön, und es verleiht Schön-
heit.

67
Die Wahrheit ist nicht als nackte Idee in die Welt gekommen, son- 1
dern in Gestalten und Abbildern. / Nur so kann die Welt die Wahr- 2
heit aufnehmen. / Es gibt eine Wiedergeburt und ein Abbild der 3
Wiedergeburt. / Es ist gewiß notwendig, daß man durch den zei- 4
chenhaften Vorgang der Taufe, der die Wiedergeburt abbildet, wie-
dergeboren wird.
Was ist Auferstehung? Damit wir begreifen, was Auferstehung ist, 5
muß ihr Abbild als Zeichen vollzogen werden.
Was ist Wiederherstellung?[22] Durch das Sakrament bewirkt der 6
Bräutigam, daß das Brautgemach, durch das sie abgebildet ist,
wahr wird [daß also Mann und Frau wieder eins werden]. / So sol- 7
len wir nicht nur den *Namen* des Vaters und des Sohnes und des
Heiligen Geistes erwerben, sondern sie selbst. / Wenn jemand sie 8
nicht erwirbt, wird ihm auch der Name (»Christ«) weggenommen.
/ Man empfängt sie durch eine Salbung mit dem Balsam der Kraft 9
des Kreuzes. / Diese Kraft nannten die Apostel die »rechte« und die 10
»linke« Kraft. / Wer sie empfangen hat, ist nicht mehr nur ein 11
Christ, sondern der Christus.

68
Gott hat alles als Sakrament vollzogen: / Taufe, Salbung, Euchari- 1, 2
stie, Erlösung und Brautgemach.

69
Der Herr sagte: »Ich bin gekommen, um das Untere wie das Obere 1
und das Äußere wie das Innere zu machen.[23] / Ich bin gekommen, 2
um sie an jenem Ort [bei Gott] zu vereinigen.«
In dieser Welt offenbarte sich Jesus in Abbildern und Zeichen. 3

[22] Vgl. unten, Logion 76, wo in ähnlichem Zusammenhang von »Erlösung« die Rede ist.

[23] Vgl. Thomas-Ev 22; 2 Clem 12,2-4; Mart Petri 13,14,14,10.

4 Wer sagt: »Es gibt einen himmlischen Menschen« oder: »Es gibt so-
5 gar einen Menschen oberhalb von ihm«, irrt. / Geoffenbart worden
6 ist vielmehr der »untere« Mensch [Jesus]. / Und über ihm ist der,
7 dem das Verborgene gehört [der Vater]. / Denn zu Recht unter-
scheidet man »das Innere, das Äußere und das, was außerhalb des
8 Äußeren ist«. / Deswegen hat der Herr das Verderben die »äußere
Finsternis« genannt. Denn außerhalb von ihr gibt es nichts anderes.
9, 10 / Er sagte: »Mein Vater, der im verborgenen ist« / und: »Geh in
deine Kammer, schließ deine Tür ab und bete zu deinem Vater, der
11 im verborgenen ist.«[24] / Das heißt: »der innerhalb von ihnen allen
12 [den Menschen] ist«. / Aber innerhalb von ihnen allen ist das Ple-
13 roma [die Weise, wie Gott in der Welt ist]. / Abgesehen davon gibt
14 es nichts anderes innerhalb von ihm, / von dem es heißt: »der, der
oberhalb von ihnen ist«.

70

1 Vor Christus kamen einige dort heraus [aus dem Paradies] und
2 konnten dann nicht wieder hinein. / Und sie gingen dorthin [in die
3 Welt], von wo sie dann nicht mehr herauskonnten. / Christus aber
kam und brachte die, die hineingegangen waren, heraus [aus der
Welt, in den Himmel] und die, die hinausgegangen waren, [wieder
ins Paradies] hinein.

71

1, 2 Als Eva in Adam war, gab es keinen Tod. / Als sie von ihm getrennt
3 wurde, entstand der Tod. / Wenn sie wieder in ihn hineingeht und
er sie zu sich nimmt, wird es keinen Tod mehr geben.

72

1 »Mein Gott, mein Gott, wozu, Herr, hast du mich verlassen?« /
2, 3 Diese Worte sagte Jesus[25] am Kreuz. / Denn dort wurde er [von
4, 5 Gott] getrennt[26]. / Er ist durch Gott erzeugt worden / und von den
Toten auferstanden. Sein Leib ist jetzt vollkommen [wieder eins mit
6 Gott]. / Er besitzt tatsächlich einen Leib, aber es ist ein wahrer Leib.
7 / Unser Leib dagegen ist nicht wahr, er ist nur ein Abbild des wah-
ren Leibes.

---

[24] Vgl. Mt 6,6.
[25] Vgl. Mk 15,34.
[26] Wörtlich: »geteilt«.

73
Für Tiere gibt es kein Brautgemach, auch nicht für Sklaven und für 1
mißbrauchte Frauen. / Sondern nur für freie Männer und für Jung- 2
frauen.

74
Durch den Heiligen Geist sind wir (wieder)geboren. / Aber durch 1, 2
Christus sind wir in beiden geboren, in Mann und Frau. / In beiden 3
werden wir vom Geist gesalbt. / Als wir geboren wurden, wurden 4
wir wieder eins.

75
Ohne Licht kann sich niemand sehen, weder im Wasser noch im 1
Spiegel. / Ohne Wasser oder Spiegel wird man sich aber auch bei 2
Licht nicht sehen können. / Daher ist es nötig, mit beidem zu tau- 3
fen, mit Licht und Wasser. / Das Licht ist die Salbung. 4

76
In Jerusalem gab es drei Häuser für die Opfergaben: / Das eine, das 1, 2
sich zum Westen hin öffnete, hieß »das Heilige«. / Das andere, das 3
sich zum Süden hin öffnete, hieß »das Heilige des Heiligen«. / Das 4
dritte, das sich zum Osten hin öffnete, hieß »das Heilige der Heili-
gen«. Dort darf nur der Hohepriester eintreten. / »Das Heilige« ist 5
die Taufe. »Das Heilige des Heiligen« ist die Erlösung, »Das Heilige
der Heiligen« ist das Brautgemach. / Taufe umfaßt Auferstehung 6
und Erlösung. / Erlösung geschieht im Brautgemach. / Das Brautge- 7, 8
mach ist im Bereich Gottes, in dem, was höher ist als das, wozu wir
gehören. / Nichts gleicht dem Brautgemach. Zu ihm gehören die, 9
die in Geist und Wahrheit anbeten. / Sie beten nicht in Jerusalem an. 10
/ Es gibt Menschen, die zwar in Jerusalem anbeten, aber auf das Sa- 11
krament warten, das »das Heilige der Heiligen« heißt. / Der Vor- 12
hang, der »das Heilige der Heiligen« abtrennt, war [bei Jesu Tod]
zerrissen. / Genau das aber ist unser Sakrament des Brautgemachs, 13
Abbild des himmlischen Brautgemachs. / Der Vorhang ist deshalb 14
von oben nach unten zerrissen, weil einige von unten nach oben ge-
hen müssen.

77
Wer das vollkommene Licht angezogen hat, den können die un- 1
sichtbaren Mächte nicht sehen. / Sie können ihm daher auch nicht 2
in die Quere kommen. / Im Sakrament der Vereinigung, das heißt: 3
des Brautgemachs, zieht man dieses Licht an.

78
1 Wäre die Frau nicht vom Mann getrennt worden, so müßten sie
2 beide nicht sterben. / Weil sie vom Mann getrennt wurde, ist der
3 Tod entstanden. / Christus ist gekommen, um diese Trennung wie-
4 der zu beseitigen. Er wollte die beiden wieder vereinigen.[27] / Er
wollte auch denen, die infolge der Trennung gestorben sind, neues
Leben geben und sie wieder eins werden lassen.

79
1, 2 Die Frau wird mit dem Mann im Brautgemach eins. / Wer sich so
3 vereinigt hat, kann nicht mehr voneinander getrennt werden. / Eva
konnte von Adam nur deshalb getrennt werden, weil sie nicht im
Brautgemach vereinigt worden waren.

80
1, 2 Adams Seele entstand durch ein Anhauchen.[28] / Ihr wurde der
3 Geist als Gefährte zur Seite gestellt. / Der Geist, der ihm gegeben
4 wurde, ist seine Mutter. / Als ihm der Geist gegeben wurde, wurde
5 seine Seele [weggenommen und] durch den Geist ersetzt. / Als er
mit dem Geist vereinigt war, konnte er Worte sprechen, die den
6 Mächten unverständlich waren. / Sie beneideten ihn, denn sie wa-
7 ren von dieser Einheit im Geist ausgeschlossen. / Aus diesem Grund
erdachten sie ein symbolisches Brautgemach für sich selbst.

81
1, 2 Jesus offenbarte sich am Jordan. / Die Fülle der Herrschaft Gottes
3 bestand darin, / daß der, der vor allen Dingen geboren war, neu ge-
4 boren wurde, / daß der, der einst gesalbt worden war, neu gesalbt
5 wurde / und daß der, der befreit worden war, nun andere befreite.

82
1, 2 Darf ich euch ein Geheimnis sagen? / Der Vater der himmlischen
Welt vereinigte sich mit einer Jungfrau, die herabgekommen war. /
3, 4 An jenem Tag leuchtete für ihn ein feuriger Stern. / Er erschien in
dem großen Brautgemach (des Himmels), und deswegen entstand
5 an diesem Tag sein Leib. / Der Leib verließ das Brautgemach als ei-
6 ner, der durch Bräutigam und Braut erzeugt wurde. / Durch sie hat

[27] Diese Stelle ist der Schlüssel für die Lehre vom Brautgemach. Durch Jesus Christus wird die Einheit des Getrennten so wiederhergestellt, daß sie danach viel intensiver ist, als sie es je war.
[28] Vgl. Gen 2,7.

Jesus alles im Brautgemach geordnet. / Jeder Jünger soll in die Ruhe 7
des Brautgemachs eingehen.

83
Adam kam durch zwei Jungfrauen in die Welt, durch den Geist und 1
die Jungfrau Erde. / Christus wurde von *einer* Jungfrau geboren, 2
um den Fehltritt, der am Anfang geschehen war, wieder in Ord-
nung zu bringen.

84
Zwei Bäume wachsen im Paradies, der eine bringt Tiere hervor, der 1
andere Menschen. / Adam aß die Frucht des Baumes, der Tiere her- 2
vorbringt. / So wurde er ein Tier und brachte weitere Tiere hervor. 3
/ Deswegen beten die Kinder Adams Tiere an. 4
Der Baum, dessen Frucht Adam aß, ist der Baum der Erkenntnis. / 5
Weil er von diesem Baum aß, wurde die Sünde größer. / Hätte er die 6, 7
Frucht des anderen Baumes gegessen, die Frucht des Lebensbau-
mes, der Menschen hervorbringt, dann würden sogar die Götter
die Menschen verehren.

85
Gott erschuf den Menschen [damit er ihn verehren sollte]. / Aber 1, 2
wenn jetzt die Menschen Gott erschaffen wollen, / erschaffen sie in 3
der Welt Götter und beten ihre Geschöpfe auch noch an. / Eigent- 4
lich müßten die Götter die Menschen anbeten.

86
Was ein Mensch tut, kommt aus seiner Kraft. / Deshalb nennt man 1, 2
seine Werke auch seine »Kräfte«. / Auch seine Kinder gehören zu 3
seinen Werken, obwohl sie aus einem Augenblick der Ruhe heraus
entstanden sind. / So bestimmten seine Kräfte seine Werke, aber 4
seine Ruhe bestimmt seine Kinder, sie wird in ihnen sichtbar. / Das 5
hat damit zu tun, daß er (Gottes) Ebenbild ist. / Geschaffen als 6
Ebenbild, stellt der Mensch Dinge mit seiner physischen Kraft her,
aber seine Kinder bringt er aus der Ruhe hervor.

87
In dieser Welt dienen die Sklaven den Freien. / Im Himmelreich 1, 2
wird der Freie den Sklaven dienen. / Die Kinder des Brautgemachs 3
werden den Kindern der Ehe dienen.

88
1 Die Kinder des Brautgemachs besitzen nur einen Namen: Ruhe. Sie
2 haben die Ruhe gemeinsam. / Sie müssen keine Gestalt annehmen,
3 denn sie haben Kontemplation. Sie sind zahlreich. / Als ihren
Schatz sehen sie nicht die Dinge an, die unten und verachtenswert
sind. Sondern sie richten sich an den Dingen aus, die oben sind, obwohl sie sie nicht kennen.

89
1, 2 Wer sich taufen läßt, geht hinunter zum Wasser. / Wer die Taufe
3 empfängt, wird vollkommen sein. / Denn er hat gesagt: So sollen
wir alle Gerechtigkeit erfüllen.[29]

90
1 Wer erklärt, daß er zuerst sterben und dann auferstehen will, der
2 irrt. / Wer nicht während seines Erdenlebens zuerst die Auferste-
3 hung empfängt, der wird nichts empfangen, wenn er stirbt. / So
muß man es auch verstehen, wenn von der Taufe gesagt wird: Sie
4 ist eine große Sache. / Denn wer sie empfängt, wird leben.

91
1 Der Apostel Philippus sagte: »Joseph, der Zimmermann, pflanzte
2 einen Garten, weil er Holz für sein Handwerk brauchte. / Aus ei-
3 nem der Bäume, die er gepflanzt hatte, baute er das Kreuz. / Sein
4 eigenes Kind hing an dem, was er gepflanzt hatte. / Sein Kind war
Jesus, seine Pflanzung war das Kreuz.«

92
1, 2 Dagegen steht der Baum des Lebens mitten im Paradies. / Es ist der
3 Ölbaum, der das Salböl (Chrisma) hervorbringt. / Und vom Salböl
kommt die Auferstehung.

93
1, 2, 3 Diese Welt ist ein Leichenfresser.[30] / Alles, was sie frißt, ist tot. / Die
4 Wahrheit ist ein Lebensfresser. / Deswegen wird jemand, der sich
5 von der Wahrheit ernährt, nicht sterben. / Jesus ist vom Ort des
Himmels gekommen und hat himmlische Nahrung mitgebracht. /
6 Denen, die sich sehr danach sehnen, gibt er Leben, damit sie nicht
sterben.

---

[29] Vgl. Mt 3,15.
[30] Vgl. dagegen Logion 50.

94

(These:) / Gott schuf ein Paradies. / Der Mensch wurde in das Pa- 1, 2
radies gesetzt. / Es gab viele Bäume dort für ihn, und der Mensch 3
lebte an diesem Ort. / (Einwand:) Hier wird mir gesagt werden: »Iß 4
oder iß nicht, gerade wie du willst.« / Hier werde ich alles essen. 5
(These:) / Hier ist der Baum der Erkenntnis, der Adam tötete. 6
(Einwand:) / Aber hier erweckt der Baum der Erkenntnis den Men- 7
schen zum Leben.
(These:) / Das Gesetz war der Baum. / Das Gesetz kann nur die Er- 8, 9
kenntnis des Guten und des Bösen vermitteln. / Es konnte Adam 10
nicht vom Bösen befreien und auch nicht in das Gute versetzen, /
vielmehr brachte es den Tod über alle, die von ihm aßen. / Denn als 11, 12
Gott sagte: »Iß dies, iß aber das andere nicht«, da war das der An-
fang des Todes.

95

Das Chrisma, also die Salbung, ist mehr als die Taufe. Denn wegen 1
des Wortes »Chrisma« heißen wir »Christen«, / und nicht wegen 2
des Wortes »Taufe«. / Vom Chrisma hat also der Christ seinen Na- 3
men. / Denn der Vater salbte den Sohn, der Sohn salbte die Apostel, 4
und die Apostel salbten uns. / Wer gesalbt ist, besitzt alles. / Er be- 5, 6
sitzt die Auferstehung, das Licht, das Kreuz und den Heiligen Geist.

96

Der Vater gab Christus im Brautgemach den Heiligen Geist, und er 1
empfing ihn. / Der Vater wohnte im Sohn und der Sohn im Vater. / 2
Das ist die Herrschaft Gottes. 3

97

Schön hat der Herr gesagt: »Einige sind lachend in die Herrschaft 1
Gottes eingetreten. Sie sind wieder herausgekommen. Sie sind nicht
darin geblieben.« Die Gründe: / Der eine war kein Christ. / Der an- 2, 3
dere hat seine Handlung nachher bereut. / Als Christus in das Was- 4
ser gestiegen war, kam er herauf und lachte über alles in der Welt.
Weil er diesen alten Lappen verachtete, wird er lachend aus ihm
herauskommen.

98

So ist es auch mit dem Brot und dem Kelch und dem Öl, auch wenn
es ein anderes Sakrament gibt, das höher ist als diese.

99

1, 2 Die Welt entstand durch einen Mißerfolg. / Der, der sie erschuf,
3 wollte sie unvergänglich und unsterblich schaffen. / Aber es ist ihm
4 nicht gelungen. / Denn die Welt war nicht unvergänglich, und der
5 sie geschaffen hatte, war es auch nicht. / Denn Dinge sind vergäng-
6 lich, Kinder aber nicht. / Nichts und niemand kann unvergänglich
7 werden, außer auf dem Weg über Kindschaft. / Wer aber nicht emp-
fangen kann, der wird erst recht nicht geben können.

100

1, 2 Der Kelch, über dem gebetet wird, enthält Wein und Wasser. / Bei-
des ist Sinnbild für das Blut, für das in der Eucharistie gedankt
3 wird. / Und der Kelch ist voll Heiligen Geistes, der dem ganz voll-
4 kommenen Menschen gehört. / Wenn wir den Kelch austrinken,
dann empfangen wir bei uns selbst den vollkommenen Menschen.

101

1, 2 Das lebendige Wasser ist ein Leib. / Es ist nötig, daß wir [durch das
3 Wasser] den lebendigen Menschen anziehen. / Wenn deshalb je-
mand ins Wasser hinabsteigt, entkleidet er sich, um den lebendigen
Menschen anzuziehen.

102

1, 2 Ein Pferd bringt ein Pferd hervor. / Ein Mensch bringt einen Men-
3, 4 schen hervor. / Ein Gott bringt einen Gott hervor. / Ebenso ist es
beim Bräutigam und bei der Braut. Ihre Kinder wurden im Braut-
5 gemach empfangen. / Kein Jude wurde je von griechischen Eltern
6 geboren, solange die Welt besteht. / Und als Christen stammen wir
7 nicht von den Juden ab. / Es gibt ein anderes Volk, das gesegnet ist,
und dieses kann man als »erwähltes Volk des lebendigen Gottes«,
als »wahrer Mensch«, »Menschensohn« oder »Same des Men-
8 schensohnes« bezeichnen. / In dieser Welt heißt es: »Dieses wahre
9 Geschlecht«. / Wo sie sind, da sind Kinder des Brautgemachs.

103

1 In dieser Welt gibt es Vereinigung zwischen Mann und Frau, ein
2 Sich-Ergänzen von Kraft und Schwäche. / In der himmlischen Welt
ist die Vereinigung anders.

104

1, 2 Wir nennen sie zwar genauso »Vereinigung«, / es gibt jedoch noch
3 viele andere Namen, / die erhaben sind über jeden Namen, den man

nennen kann.[31] / [Es gibt Unterschiede]: Einige sind stärker als die 4
Starken. / Denn wo Stärke ist, da gibt es immer Starke und Stär- 5
kere. / Der eine ist stärker, und der andere ist nur stark. / Doch 6, 7
beide sind eins. / Die weniger Starken werden über den rein irdi- 8
schen, sinnlichen Sinn nicht hinauskommen.

105

Nicht alle, die die göttliche Welt erkennen, müssen sich selbst er- 1
kennen. / Einige, die keine Selbsterkenntnis gewonnen haben, kön- 2
nen sich nicht über das freuen, was sie besitzen. / Aber die sich 3
selbst erkannt haben, werden ihren Besitz genießen. [Nur darin be-
steht der Unterschied.]

106

Den vollkommenen Menschen wird man weder ergreifen noch se- 1
hen können. / Denn wenn man ihn sehen könnte, dann könnte man 2
ihn auch festhalten [und beherrschen]. / Man kann diese Gnade nur 3
erwerben, indem man das vollkommene Licht anzieht und selbst
vollkommenes Licht wird. / Wer es anzieht, ... hat das Vollkom- 4
mene.

107

Es ist erforderlich, daß wir gänzlich vollkommen werden, bevor 1
wir diese Welt verlassen. / Wer alles empfängt, aber nur bis zur 2
Hälfte des Weges geht, bleibt unvollkommen. / Nur Jesus weiß, wie 3
sein Ende sein wird.

108

Der reine Mensch ist ganz rein, einschließlich seines Leibes. / Denn 1, 2
wenn er das Brot empfangen hat, macht er es rein. / Auch den Be- 3
cher und alles übrige, was er nimmt, macht er rein. / Wie sollte er 4
da nicht auch seinen eigenen Leib rein machen?

109

Jesus hat erfüllt und entleert: Das Wasser der Taufe hat er mit Hei- 1
ligem Geist erfüllt, den Tod hat er entleert. / Daher steigen wir in 2
das Wasser hinab, aber das bedeutet nicht, daß wir in den Tod hin-
absteigen. / Denn der Geist der Welt kann uns nicht mehr leer ma- 3
chen. / Wenn der Geist der Welt weht, kommt der Winter, wenn der 4
Heilige Geist weht, kommt der Sommer.

31 Vgl. Phil 2,9.

110
1, 2 Wer die Erkenntnis der Wahrheit hat, ist frei. / Der Freie sündigt
3, 4 nicht. / Wer sündigt, ist Sklave der Sünde. / Die Mutter dessen, der
5 frei ist, ist die Wahrheit, sein Vater ist das Erkennen. / Die, die nicht
6 sündigen dürfen, nennt die Welt »frei«. / Diejenigen, die nicht sün-
digen können, hebt die Erkenntnis der Wahrheit in die Höhe, das
heißt: Sie macht sie frei und befähigt sie, sich über die ganze sicht-
7 bare Welt zu erheben. / Liebe dagegen baut [die Gemeinde] auf.[32] /
8 Wer durch Erkenntnis frei geworden ist, der wird doch zum Skla-
ven wegen der Liebe zu denen, die noch nicht durch Erkenntnis frei
9 werden konnten. / Aber Erkennen wird sie fähig machen, frei zu
10 werden. / Liebe bezeichnet nie etwas als ihr Eigentum, obgleich
11 doch alles ihr gehört. / Sie sagt nicht: »Das gehört dir nicht« oder
»Das gehört mir«, sondern sie sagt: »Alles dies gehört dir.«[33]

111
1 Die Liebe aus der Kraft des Heiligen Geistes ist wie Wein und Duft.
2, 3 / Alle, die sich mit ihr salben, haben Freude daran. / Auch diejeni-
gen, die in der Nähe stehen, solange die Gesalbten da sind, haben
4 Anteil an dieser Freude. / Wenn die Gesalbten nicht mehr bei ihnen
stehen und weggehen, dann sind sie wieder in ihrem altem Ge-
5 stank. / Der Samaritaner gab dem Verletzten nur Wein und Öl[34],
6 also nichts anderes als die Salbe [der Liebe]. / Sie heilte die Wun-
den, denn Liebe deckt eine Menge Sünden zu.[35]

112
1 Die Kinder, die eine Frau bekommt, sind immer dem Mann ähn-
2 lich, den sie liebt. / Ist ihr Gatte der Vater, sind sie ihm ähnlich.
3 Aber genauso ist es bei einem Ehebrecher. / Es ist oft so, daß eine
Frau nur unfreiwillig mit ihrem Mann schläft, während ihr Herz
4 bei dem Ehebrecher ist, mit dem sie sonst schläft. / Dann wird das
5 Kind dem Ehebrecher ähnlich sein. / Ihr lebt mit dem Sohn Gottes
6 zusammen. / Daher: Liebt nicht die Welt, sondern den Herrn, damit
eure Kinder nicht der Welt, sondern dem Herrn ähnlich sind.

---

[32] Vgl. 1 Kor 8,1.
[33] Vgl. 1 Kor 3,21f.
[34] Vgl. Lk 10,34.
[35] Vgl. 1 Petr 4,8.

113
Ein Mensch verbindet sich mit einem anderen Menschen, ein Pferd 1
mit einem anderen Pferd, ein Esel mit einem Esel. / Jeder verbindet 2
sich mit einem Artgenossen. / Das gilt auch für Geister, für den Lo- 3
gos und das Licht. / Einen Menschen liebt ein anderer Mensch, mit 4
einem Geist verbindet sich ein anderer Geist. / Wenn einer Logos 5
wird, verbindet sich der Logos mit ihm. Und so ist es auch mit dem
Licht. / Wenn du einer von denen wirst, die zum Himmel gehören, 6
dann werden diese in dir Ruhe finden. / Wenn du Pferd oder Esel, 7
Rind oder Hund, Schaf oder ein anderes Tier wirst, die draußen und
unten sind, dann kann dich kein Mensch und kein Geist lieben, auch
nicht der Logos oder das Licht. / Dann können weder die, die im 8
Himmel sind, noch die, die ins Innere des Menschen gehören, in dir
Ruhe finden, und du hast auch keinen Anteil an ihnen.

114
Wer gegen seinen Willen Sklave ist, kann frei werden. / Aber man- 1, 2
che Menschen sind durch die Gnade des Herrn freigekauft worden.
Wenn sie sich wieder in die Sklaverei verkaufen, können sie nicht
mehr befreit werden.

115
Wenn man in der Landwirtschaft dieser Welt etwas in die Scheune 1
bringen kann, hat man es vier Elementen zu verdanken: Wasser,
Erde, Wind und Licht. / Auch Gottes Landwirtschaft beruht auf 2
vier Elementen: Glaube, Hoffnung, Liebe und Erkenntnis.[36] / Der 3
Erde entspricht der Glaube, denn in ihm fassen wir Wurzeln. / Dem 4
Wasser entspricht die Hoffnung, denn davon leben wir. / Dem 5
Wind entspricht die Liebe, denn durch sie wachsen wir. / Dem Licht 6
entspricht die Erkenntnis, denn durch sie reifen wir.

116
Die Gnade ist viererlei: sie ist irdisch, sie ist himmlisch, sie kommt 1
vom höchsten Himmel, und sie wohnt in der Wahrheit.[37] / Selig, 2
wer nie einen Menschen betrübt hat. / Solch ein Mensch ist Jesus 3
Christus: Er stellte sich der ganzen Welt entgegen, doch er machte
niemandem das Leben schwer. / Wer so handelt, der ist selig, denn 4
er ist vollkommen. Er ist der Logos.

---

36 Zu ergänzen: Und beide Arten Elemente werden nun miteinander verbunden.

37 Dieser Vers ist im Manuskript schlecht erhalten.

117

1 Fragt uns über ihn aus, denn es ist schwierig [zu verstehen], und
wie sollen wir das große Werk vollbringen [es euch verständlich
2 machen]? / Wie wird jeder die himmlische Verheißung[38] erlangen
können?

118

1 Vor allem gehört es sich nicht, irgend jemanden zu betrüben, sei er
2 groß oder klein, ungläubig oder gläubig. / Gott gibt die himmlische
3 Verheißung denen, die an guten Taten Gefallen finden. / Es gibt
welche, für die es gut ist, daß Gott nur dem die Verheißung ge-
4 währt, der gut ist. / Wer das Gute tut, kann sich nicht selbst die
5 himmlische Verheißung geben. Was er will, erreicht er nicht. / Der
Gute kann andere nicht betrüben, außer wenn sie sich selbst in Be-
6 drängnis bringen. / Das geschieht manchmal, weil er gut ist. Doch
7 ihre eigene Schlechtigkeit betrübt die Menschen. / Wer die Qualitä-
ten eines Vollkommenen besitzt, gibt den guten Menschen Grund
8 zur Freude. / Einige werden aber gerade dadurch betrübt.

119

1 Es gab einen Hausherrn, der hatte alles erlangt: Kinder und Skla-
ven, Vieh, Hunde und Schweine, Weizen, Gerste, Spreu und Gras
2 und ägyptisches Brot[39], Fleisch und Eicheln. / Er war klug und
3 wußte, welche Nahrung jedem einzelnen zuträglich war. / Den Kin-
4 dern legte er fertiges Brot und Fleisch vor. / Den Sklaven legte er
5 ägyptisches Brot und Mehl vor. / Dem Vieh warf er Gerste, Spreu
6, 7 und Gras vor. / Den Hunden warf er Knochen vor. / Die Schweine
8 fütterte er mit Eicheln und Brotkrumen. / Ebenso ist es mit dem
9 Jünger Gottes. / Wenn er klug ist und weiß, was er als Jünger tun
muß, werden ihn die körperlichen Erscheinungsformen nicht täu-
schen, sondern er wird auf die Beschaffenheit der Seele eines jeden
10 blicken und entsprechend mit ihm reden. / Es gibt viele Tiere in der
11 Welt, die menschliche Gestalt haben. / Wenn er diese richtig unter-
scheidet, kann er den Schweinen Eicheln zuwerfen, dem Vieh aber

[38] Anders als in den üblichen Übersetzungen wird das griechische Lehnwort *anapausis* an dieser Stelle so wie im hellenistischen Judentum üblich mit »himmlischem Ruheort« im Sinne der Verheißung gedeutet.

[39] Das fast immer mit »Rhizinus« übersetzte Wort gibt in der üblichen Übersetzung keinen Sinn. Denn Rhizinus ist unter gar keinen Umständen ein Nahrungsmittel. Zur Bedeutung als ägyptisches Getreide vgl. K. Berger: Manna, Mehl und Sauerteig, Stuttgart 1993, S. 67f.

Gerste, Spreu und Gras und den Hunden Knochen. / Den Sklaven 12
gibt er Vorläufiges, den Kindern Vollkommenes.

120
Es gibt den Menschensohn und den Sohn des Menschensohns. / 1
Der Herr ist der Menschensohn, und der Sohn des Menschensoh- 2
nes ist der, der durch den Menschensohn geschaffen wird. / Der 3
Menschensohn empfing von Gott die Fähigkeit zu schaffen. / Er 4
kann auch zeugen.

121
Wer die Fähigkeit zu schaffen hat, der ist ein Geschöpf. / Wer die Fä- 1, 2
higkeit zu zeugen hat, ist ein Gezeugter. / Wer schafft, kann nicht 3
zeugen. / Wer zeugt, kann auch schaffen. / Man sagt aber: Wer 4, 5
schafft, zeugt. Aber was er zeugt, ist ein Geschöpf. Denn die Gezeug-
ten sind nicht seine Kinder, sondern seine Werke. / Wer schafft, 6
wirkt sichtbar, und er ist auch selbst sichtbar. / Wer dagegen zeugt, 7
wirkt im verborgenen und ist verborgen. / Wer schafft, der schafft im 8
Sichtbaren. / Wer zeugt, der zeugt die Kinder im verborgenen. 9

122
Keiner weiß es, wann Ehemann und Ehefrau miteinander verkeh- 1
ren, außer den beiden. / Denn für die, die eine Frau genommen ha- 2
ben, ist Ehe in der Welt ein Geheimnis. / Wenn schon die Ehe, in der 3
man sich befleckt, ein Geheimnis ist, um wieviel mehr ist die reine,
himmlische Ehe ein wahres Geheimnis. / Sie ist nicht körperlich, 4
sondern rein. Sie kommt nicht aus Sehnsucht, sondern aus dem
Willen.[40] / Sie gehört nicht zur Finsternis oder zur Nacht, sondern 5
zum Tag und zum Licht. / Wenn eine Ehe öffentlich zum Anschauen 6
ist, dann ist sie Prostitution geworden. / Die Braut spielt dann die 7
Rolle der Dirne nicht erst, wenn sie von einem anderen Mann
schwanger ist, sondern auch, wenn sie ihr Schlafgemach verläßt
und man sie sieht. / Die Braut sollte sich nur ihrem Vater und ihrer 8
Mutter zeigen, dem Freund des Bräutigams und den Hochzeitsgä-
sten. / Nur diese dürfen jeden Tag in die Brautkammer eintreten. / 9
Die anderen dürfen sich danach sehnen, wenigstens ihre Stimme zu 10
hören und ihr Parfüm zu genießen. / Wie die Hunde dürfen sie sich 11
ernähren von den Brotkrümeln, die vom Tisch fallen. / Ein Bräuti- 12
gam und eine Braut gehören zum Brautgemach. / Bevor sie heiraten 13

40 Vgl. Joh 1,13.

und eins werden, darf keiner den Bräutigam zusammen mit der Braut sehen.

123
1 Als Abraham in der Vision sah, was ihm zu sehen bestimmt war,
2 brach er in Jubel aus.[41] / Daraufhin beschnitt er sich die Vorhaut. /
3, 4 So zeigt er uns, daß es nötig ist, das Fleisch zu vernichten.[42] / Die
meisten Dinge der Welt haben Bestand und leben, solange ihr Inne-
5, 6 res verborgen ist. / Wird es sichtbar, sind sie gestorben. / Solange
die Eingeweide des Menschen verborgen sind, ist er Mensch. /
7 Wenn seine Eingeweide sichtbar werden und aus ihm herauskom-
8 men, stirbt der Mensch. / So ist es auch mit dem Baum. Solange
9 seine Wurzel bedeckt ist, wächst und lebt er. / Wird die Wurzel frei-
10 gelegt, dann trocknet er aus. / So ist es mit allem in der Welt, das
gezeugt und geboren ist, nicht nur mit dem Sichtbaren, sondern
11 auch mit dem Unsichtbaren. / Denn solange die Wurzel des Bösen
verborgen ist, ist es stark. Wird sie erkannt, so löst es sich auf. Wird
sie ganz offenbar, so vergeht es.
12 Deswegen heißt es: Die Axt ist schon an die Wurzel der Bäume ge-
13 legt.[43] / Die Axt soll aber nicht abschlagen, denn was abgeschlagen
14 ist, sprießt wieder. / Vielmehr soll die Axt tief in die Wurzel eindrin-
15 gen, um sie ans Licht zu bringen. / Jesus riß die Wurzel der ganzen
16 sichtbaren Welt aus. Andere rissen sie nur teilweise aus. / Was uns
selbst betrifft, so laßt jeden von uns die Wurzel des Bösen in uns
selbst freilegen und die Bosheit mit ihrer Wurzel aus unserem eige-
17 nen Herzen herausreißen. / Wenn wir sie nur erkennen, wird sie
18 ausgerissen werden. / Doch wenn wir davor die Augen verschlie-
ßen, schlägt das Böse Wurzel in uns und trägt sogar Früchte in un-
19 serem Herzen. / Es beherrscht uns, wir sind seine Sklaven. Es
nimmt uns gefangen, so daß wir tun, was wir nicht wollen[44], und
20 nicht tun können, was wir wollen. / Es ist gerade deshalb mächtig,
21 weil wir es nicht erkannt haben. / Solange es lebt, hat es Wirkun-
22, 23 gen. / Unkenntnis ist die Mutter allen Übels. / Unwissenheit führt
24 zum Tod, denn die Unwissenden waren nicht und sind nicht. / Die
dagegen mit Gottes wahrer Wirklichkeit verbunden sind, werden
25 vollendet, wenn die ganze Wahrheit sichtbar wird. / Denn die

[41] Vgl. Joh 8,56.
[42] Diese stark asketische Auslegung der Beschneidung findet sich wiederholt im hellenistischen Judentum, z. B. bei Philo v. Alexandrien, Über die Einzelgesetze I, 9.
[43] Vgl. Mt 3,10 par.
[44] Vgl. Röm 7,19.

Wahrheit hat mit der Unwissenheit etwas gemeinsam: Solange sie
verborgen ist, ruht sie bei sich selbst. Doch wenn sie enthüllt ist und
wahrgenommen wird, dann lobt man sie. / Weil die Wahrheit stär- 26
ker ist als Unwissenheit und Irrtum, schenkt sie die Freiheit. / Der 27
Logos sagte: »Wenn ihr die Wahrheit anerkennt, wird sie euch be-
freien.«[45] / Unwissenheit leistet Sklavendienste. / Wissen ist Frei- 28, 29
heit. / Wenn wir die Wahrheit kennen, werden wir auch ihre 30
Früchte bei uns finden. / Wenn wir mit ihr verbunden sind, wird sie 31
uns Vollkommenheit bringen.

124
Jetzt haben wir die sichtbaren Dinge der Schöpfung. / Wir sagen: 1, 2
»Sie sind die starken Dinge und wertvoll.« Aber die verborgenen
Dinge sind schwach und wertlos. / Anders steht es, wenn man von 3
den Dingen ausgeht, die offensichtlich wahr sind: Dann sind die
sichtbaren Dinge schwach und wertlos, während die verborgenen
Dinge stark und wertvoll sind. / Die Geheimnisse der göttlichen 4
Wahrheit werden nur in Bild und Gleichnis offenbar.

125
Doch die Kammer des Brautgemachs bleibt verborgen. / Sie ist das 1, 2
Allerheiligste.[46] / Wie Gott die Schöpfung eingerichtet hat, war zu- 3
nächst hinter dem Vorhang verborgen. / Doch wenn der Vorhang 4
zerreißt und wenn offenbar wird, was dahinter war, dann wird
dieses Haus, das heißt: die Welt, verlassen und zerstört sein. / Der 5
Demiurg, der Schöpferengel, wird von hier fliehen, doch nicht ins
Allerheiligste, / weil er sich nicht mit dem unvermischten Licht und 6
dem reinen göttlichen Bereich verbinden kann, sondern unter den
Flügeln des Kreuzes[47] und unter den Armen des Gekreuzigten Zu-
flucht suchen muß. / Wie eine Arche wird dies ihn retten, wenn die 7
Wasserfluten sie überspülen wollen.
Die wenigen, die zum Stamm der Priesterschaft gehören, können 8
mit dem Hohenpriester hinter den Vorhang gehen. / Deswegen ist 9
der Vorhang nicht nur an der Spitze zerrissen. / Denn sonst stände 10
das Allerheiligste nur für die offen, die oben im Himmel sind. /
Vielmehr zerriß der Vorhang von oben bis unten.[48] / Die oben im 11, 12

[45] Vgl. Joh 8,32.
[46] Vgl. Logion 76.
[47] Erster Beleg für das später ikonographisch verwendete Bild vom Flügelkreuz (»gekreuzigter Seraph«; vgl. Franziskus von Assisi und die russische Ikonographie des 17. Jh.s), auch als »Seele Jesu« bezeichnet.
[48] Vgl. Mt 27,51 par.

Himmel haben den Vorhang für uns, die wir unten sind, geöffnet,
13 damit wir in das Geheimnis der Wahrheit eintreten können. / Diese
unsichtbare Wirklichkeit (der Wahrheit) ist jedoch wertvoller als
14 die sichtbare, denn sie ist stark. / Wenn wir aber in sie eintreten,
dann geschieht das durch Sakramente, die schwach und scheinbar
15 wertlos sind. / Verglichen mit der vollkommenen Herrlichkeit sind
16 sie tatsächlich wertlos. / Es gibt eine Herrlichkeit, die jede andere
Herrlichkeit übersteigt, und es gibt eine Kraft, die jede andere Kraft
17 übertrifft. / Deswegen hat Gott die vollkommenen Dinge, zusam-
men mit der verborgenen Wahrheit, für uns zugänglich gemacht. /
18 Er hat uns das Allerheiligste geoffenbart, und das Brautgemach hat
uns eingeladen.

19, 20 Solange das Böse verborgen ist, hat es keine Wirkung. / Doch in der
21 Saat des Heiligen Geistes wuchert es noch immer weiter.[49] / Das
22 Böse, das sind die Sklaven der Ungerechtigkeit. / Aber wenn das
Böse sichtbar wird, dann wird sich das vollkommene Licht über sie
23 alle ergießen. / Und alle, die im Licht stehen, werden dann die Sal-
24 bung [des Heiligen Geistes] empfangen. / Dann werden die Sklaven
frei sein und die Gefangenen befreit werden.

126

1 Jede Pflanze, die nicht mein himmlischer Vater gepflanzt hat, wird
2 ausgerissen werden.[50] / Die voneinander getrennt sind, wird Gott
3, 4 vereinigen. / Was leer ist, wird Gott füllen. / Alle, die in das Braut-
5 gemach eingehen, werden das Licht anzünden. / Bei den irdischen
6 Hochzeiten leuchtet das Feuer nur nachts und erlischt dann. / Das
Geheimnis dieser Hochzeit aber vollendet sich am Tag und bei
Licht. Und dieser Tag und sein Licht werden nicht verlöschen.

127

1 Wenn einer Kind des Brautgemachs wird, empfängt er das Licht. /
2 Wer es hier nicht empfängt, kann es auch im Himmel nicht emp-
3 fangen. / Wer es empfängt, den kann man nicht sehen und nicht
4 festhalten. / Niemand kann ihm etwas antun, auch wenn er in der
5 Welt lebt. / Und wenn er die Welt verläßt, hat er die göttliche Wirk-
lichkeit schon in Sakramenten, geheimnisvollen Zeichen, empfan-
6 gen, / mit deren Hilfe die Welt schon ein Stückchen vom kommen-
den Äon für ihn erhalten hat. Und der bedeutet für ihn göttliche

[49] Anspielung auf das Gleichnis vom Unkraut unter dem Weizen in Mt 13,24-30.

[50] Vgl. Mt 15,13.

Fülle. / Das geschieht so: Allein für ihn ist der kommende Äon [in 7
den Zeichen] sichtbar. / Er ist nicht verborgen in Finsternis und 8
Nacht, sondern in einem vollkommenen Tag ohne Ende und in einem heiligen Licht.

Agrapha

Einleitung: Unter »Agrapha« (Singular: Agraphon; wörtlich: »ungeschrieben«, d.h. »nicht aufgeschrieben«) versteht man Worte Jesu oder der Apostel, die nicht in den Evangelien oder in den Apostelbriefen verzeichnet sind. Aus der gelegentlichen Zitierung von Herrenworten bei Paulus kann man ersehen, daß diese isolierte Zitierung sehr ursprünglich ist. In manchen Bereichen des Christentums, besonders wohl im arabischen Kulturkreis, ist diese Weise, sich auf Jesus oder die Apostel zu berufen, lange beibehalten worden. – Die verfaßten Evangelien bedeuteten gegenüber dieser Art des Sich-Berufens auf Jesus etwas prinzipiell Neues. Denn in den Evangelien interpretieren sich die einzelnen Jesusworte nicht nur gegenseitig, sie werden vor allem auch interpretiert durch ihre Anordnung (das müßte die »Kompositionskritik« feststellen) und durch ihre Einbindung in das Leben und Geschick Jesu.
Sehr häufig sind Agrapha bei griechischen und frühen syrischen Kirchenvätern des Ostens.
Eine besondere Rolle spielen die arabischen Jesus-Agrapha. Sie sind in moslemischen Quellen erhalten, wurden von Asin et Palacios ediert und sind hier insgesamt zum ersten Male ins Deutsche übersetzt worden. Dasselbe gilt für die Agrapha im syrischen Liber Graduum (Buch der Stufen), ed. Kmosko.

Theologie: Der theologische Wert der Agrapha ist regelmäßig unterschätzt worden. Dort, wo Agrapha überliefert werden, herrschen im Prinzip auch noch lange nach der Fixierung des neutestamentlichen Kanons archaische Regeln der Überlieferung. Somit werden ganz andere christliche »Konfessionen« sichtbar als diejenigen, die sich auf den Kanon verständigen konnten.
Die Datierung der Agrapha ist in der Regel ebenso unmöglich wie eine Bestimmung ihrer Echtheit. Grundsätzlich kann für die theologische Frage nach dem Wert gelten: Der Wert eines Agraphons nimmt zu, wenn inhaltliche Brücken zu den nachweisbar ältesten Überlieferungen aus dem 1. Jh. im neutestamentlichen Kanon bestehen. In solchen Fällen können Agrapha einen bedeutenden Kommentarwert besitzen, d.h., mit ihrer Hilfe lassen sich kanonische oder ältere Worte gut illustrieren.
Man kann sich ferner dazu entschließen, Sammlungen wie das ThomasEv oder das PhilippusEv als Kollektionen von Agrapha zu

bezeichnen. Freilich sollte man nicht verkennen, daß diesen Schriften, die in der Tat Sammlungen nach Art der Logoi Sophon (»Worte der Weisen«) sind, im einzelnen auch bewußte Komposition in der Abfolge der Logien zugrunde liegt.

Die hier vorliegende Sammlung von Agrapha ist die umfangreichste und mutmaßlich vollständigste, die bisher erstellt worden ist.

Ältere Sammlungen von Agrapha: A. Resch: Agrapha, 2. A. Leipzig 1906, Nachdruck: Darmstadt 1967; W. Morrice, Hidden Sayings of Jesus. Words attributed to Jesus outside the four Gospels, London 1997; J. Jeremias, Unbekannte Jesusworte, Gütersloh 1965; R. Dunkerley, Beyond the Gospels, London 1957.

AGRAPHA

Jesus-Agrapha

Agraphon Nr. 1
Selig ist, wer gibt, und nicht, wer nimmt.[1]

Agraphon Nr. 2
Frauen dürfen auf öffentlichen kirchlichen Versammlungen nicht
reden, denn das ist verboten. Sie sollen sich unterordnen, wie auch
35 das Gesetz vorschreibt. / Wenn sie etwas wissen wollen, sollen sie
zu Hause ihren Ehemann fragen. Für eine Frau gehört es sich nicht,
36 auf einer Versammlung zu reden. / Hat das Wort Gottes etwa bei
euch [in Korinth] seinen Ursprung? Und ihr wart auch nicht die
37 einzigen, an die es gerichtet war! / Wenn mir jemand widersprechen
zu müssen glaubt, weil er sich als Prophet betrachtet oder für geistbegabt hält, dann soll er wissen: Was ich euch schreibe, ist Gebot des Herrn.[2]

Agraphon Nr. 3
Wenn sie euch in der nächsten [Stadt] verfolgen, flieht in die übernächste.[3]

Agraphon Nr. 4
Ich sage euch aber: Am Gerichtstag werden die Menschen über jedes gute Wort Rechenschaft ablegen müssen, das sie nicht gesagt haben.[4]

Agraphon Nr. 5
(Frage: Wer muß Steuern zahlen, die Fremden?) Simon sagte: »Ja, die Fremden.« Darauf Jesus: »Dann zahle auch du Steuern, denn du bist ihnen fremd.«[5]

---

1 Resch Agraphon Nr. 3 = Act 20,35.
2 Resch Agraphon Nr. 7: 1 Kor 14,34-37.
3 Resch Agraphon Nr. 12 = Codex Cantabrigiensis zu Mt 10,23.
4 Resch Agraphon Nr. 13 = syrisches Lektionar zu Mt 12,36.
5 Resch Agraphon Nr. 14 = Codex A. Peckover zu Mt 17,26.27.

Agraphon Nr. 6
Ihr aber strebt danach, vom Kleinen her groß zu werden, und nicht danach, vom Großen her kleiner zu werden.[6]

Agraphon Nr. 7
Und wer Verstand hat, der verstehe es![7]

Agraphon Nr. 8
Jedes Opfer wird mit Salz gewürzt.[8]

Agraphon Nr. 9
An diesem Tag sah Jesus einen Menschen am Sabbat arbeiten und sagte zu ihm: »Lieber Mann, selig bist du, wenn du weißt, was du tust. Wenn du das aber nicht weißt, bist du verflucht und ein Gesetzesbrecher.«[9]

Agraphon Nr. 10
Wißt ihr nicht, wes Geistes Kinder ihr seid? Der Menschensohn ist nicht gekommen, Menschenleben zu vernichten, sondern Menschen gesund zu machen.[10]

Agraphon Nr. 11
Wachst in meinem Dienst als Diener.[11]

Agraphon Nr. 12
Wehe uns wegen unserer Sünden. Denn das Gericht ist über Jerusalem gekommen, und sein Ende ist da.[12]

Agraphon Nr. 13
Er nahm es und gab ihnen das, was übrig war.[13]

6 Resch Agraphon Nr. 15 = Codex syrus Curetonianus zu Mt 20,28.
7 Resch Agraphon Nr. 17 = Codex Cantabrigiensis zu Mk 4,9.
8 Resch Agraphon Nr. 18 = Codex Cantabrigiensis zu Mk 9,49.
9 Resch Agraphon Nr. 23 = Codex Cantabrigiensis zu Lk 6,5.
10 Resch Agraphon Nr. 24 = Codex syrus Curetonianus zu Lk 9,55.56.
11 Resch Agraphon Nr. 26 = Codex Cantabrigiensis zu Lk 22,28.
12 Resch Agraphon Nr. 27 = Codex syrus Curetonianus und andere zu Lk 23,48.
13 Resch Agraphon Nr. 28: Lk 24,43 Codex syrus Curetonianus und andere zu Lk 23,43.

Agraphon Nr. 14
Wenn ihr gegenüber der Welt nicht fastet, werdet ihr das Königreich nicht finden. Wenn ihr den Sabbat nicht haltet, könnt ihr den Vater nicht sehen.[14]

Agraphon Nr. 15
Unser Herr hat zu Johannes gesagt: »Komm her, taufe mich.« Aber Johannes entgegnete: »Ich darf dir nichts wegnehmen (schon gar nicht Sünden, die du nicht hast).« Da sagte Jesus: »Lege deine rechte Hand auf meinen Kopf, dann werde ich [durch mich von dir] getauft.«[15]

Agraphon Nr. 16
Dein Heiliger Geist komme und mache uns rein.[16]

Agraphon Nr. 17
Führe uns nicht in eine Versuchung, die wir nicht bestehen können.[17]

Agraphon Nr. 18
So wie ihr freundlich seid, wird Gott zu euch freundlich sein.[18]

Agraphon Nr. 19
Haltet euch fest an die Heiligen [= Christen]. Denn wer sich fest an sie hält, wird geheiligt.[19]

Agraphon Nr. 20
So müssen mich die, die mich sehen und in mein Reich kommen wollen, durch Drangsal und Leiden hindurch ergreifen [= in Gemeinschaft mit mir kommen].[20]

---

14 Resch Agraphon Nr. 48 = Papyrus Oxyrhynchos Grenfell & Hunt I p. 8,4-8.
15 Resch Agraphon Nr. 60 = Severus v. Alexandrien, Über den Taufritus, p. 25.
16 Resch Agraphon Nr. 61: Lk 11,2 nach Gregor v. Nyssa und Minuskel 700 etc.
17 Resch Agraphon Nr. 62 = Liturgie v. Alexandrien etc.
18 Resch Agraphon Nr. 66 = 1 Clem 13,2.
19 Resch Agraphon Nr. 67 = 1 Clem 46,2 und Clemens v. Alexandrien, Stromateis V 8,53.
20 Resch Agraphon Nr. 68 = Barn 7,11 und Acta Iohannis.

Agraphon Nr. 21
Deine Spende soll in deiner Hand schwitzen, bis du genau weißt, wem du sie geben sollst.[21]

Agraphon Nr. 22
Wie ich euch antreffe, so werde ich euch richten.[22]

Agraphon Nr. 23
Unser Haus ist im Himmel.[23]

Agraphon Nr. 24
Das Schwache wird durch das Starke gerettet.[24]

Agraphon Nr. 25
Der Böse ist der Versucher.[25]

Agraphon Nr. 26
Gott hat den Himmel geschaffen und die Erde und alles in ihnen gemacht.[26]

Agraphon Nr. 27
Das Gute muß kommen. Glücklich ist der, durch den es kommt. Ebenso muß das Böse notwendig kommen, doch wehe dem, durch den es kommt.[27]

Agraphon Nr. 28
Gebt dem Bösen keinen Vorwand.[28]

Agraphon Nr. 29
Bewahrt meine Geheimnisse und die meiner Hausgenossen.[29]

---

21 Resch Agraphon Nr. 70 = Did 1,6; Sib II 78f und Augustinus sowie Petrus Comestor.

22 Resch Agraphon Nr. 76 = Justinus, Dialogus 47.

23 Resch Agraphon Nr. 78 = Justinus, De resurrectione 9.

24 Resch Agraphon Nr. 79 = Apostolische Kirchenordnung.

25 Resch Agraphon Nr. 80 = Clementinische Homilien III 55.

26 Resch Agraphon Nr. 81 = Clementinische Homilien 10,3.

27 Resch Agraphon Nr. 82 = Clementinische Homilien 12,29 und Afraates, Homilie 5.

28 Resch Agraphon Nr. 83 = Clementinische Homilien 19,2.

29 Resch Agraphon Nr. (84) = Clementinische Homilien 19,20; Clemens v. Alexandrien, Stromateis V 10,64; Theodoret; Joh. Chrysostomus; Joh. Damascenus.

Agraphon Nr. 30
Bittet um das Große, so bekommt ihr das Kleine dazu.[30]

Agraphon Nr. 31
Werdet gute Geldwechsler: Prüft alles genau, und dann lehnt das Wertlose ab und behaltet das Gute.[31]

Agraphon Nr. 32
Wer will, soll die Fesseln abstreifen.[32]

Agraphon Nr. 33
Brüder und Miterben sind die, die den Willen meines Vaters tun. Auf Erden sollt ihr niemanden Vater nennen. Denn im Himmel ist der Vater, von dem alle Vaterschaft im Himmel und auf Erden herkommt.[33]

Agraphon Nr. 34
Jeder, der Anteil an Gottes Herrschaft erlangt, ist versucht worden, oder: Wer nie versucht wurde, hat sich nie bewähren können.[34]

Agraphon Nr. 35
Wegen der Schwachen war ich schwach, wegen der Hungrigen habe ich gehungert, wegen der Durstigen habe ich gedürstet.[35]

Agraphon Nr. 36
Macht den Heiligen Geist nicht traurig, der in euch wohnt. Löscht das Licht nicht aus, das in euch leuchtet.[36]

Agraphon Nr. 37
Ihr seht mich in euch, so wie ihr euer Bild im Wasser oder im Spiegel wiedererkennt.[37]

---

30 Resch Agraphon Nr. (86) = Clemens v. Alexandrien, Stromateis I 24,158, Origenes; Eusebius; Ambrosius.
31 Resch Agraphon Nr. (87) = Clemens v. Alexandrien, Stromateis I 28,177; Origenes; Pamphilus; Basilius d. Große; Cyrill v. Jerusalem; Ps.-Athanasius etc.
32 Resch Agraphon Nr. (88) = Clemens v. Alexandrien, Stromateis VI 6,44.
33 Resch Agraphon Nr. 89 = Clemens v. Alexandrien, eclog prophet. § 20.
34 Resch Agraphon Nr. 90 = Tertullian, Über die Taufe § 20; Didaskalie etc.
35 Resch Agraphon Nr. 91 = Origenes, Kommentar zu Matthäus 13,2.
36 Resch Agraphon Nr. 92 = Pseudo-Cyprian, Über die Würfelspieler c. 3.
37 Resch Agraphon Nr. 93 = Pseudo-Cyprian, Über die zwei Berge c. 13.

Agraphon Nr. 38
Laßt die Sonne nicht über eurem Zorn [gegen euren Bruder oder eure Schwester] untergehen![38]

Agraphon Nr. 39
Selig, wer darüber trauert, daß die Gottlosen verlorengehen können.[39]

Agraphon Nr. 40
Betet und bleibt hellwach.[40]

Agraphon Nr. 41
Die nahe sind, gehören mir, und die fern sind, gehören mir.[41]

Agraphon Nr. 42
Die Heiden werden gerechter dastehen als ihr.[42]

Agraphon Nr. 43
Es gibt falsche Messiasse und falsche Lehrer. Sie bestreiten die Gnade des Heiligen Geistes und wissen nicht, daß er auch über die Gnade des Christwerdens hinaus geschenkt wird. Ihnen kann weder in dieser noch in der kommenden Welt verziehen werden.[43]

Agraphon Nr. 44
Als Jesus sich vierzig Tage lang zum Fasten zurückzog, waren die Jünger traurig und warteten auf seine Botschaft, denn sie waren seine Gefäße. Er hatte zu ihnen gesagt: »Ich habe euch erwählt, ehe die Erde geworden ist.«[44]

Agraphon Nr. 45
Wie der Dieb in der Nacht, so kommt der letzte Tag.[45]

---

38 Resch Agraphon Nr. 94 = Syrische Didaskalie, Flemming, S. 65 etc. – Vgl. Eph 4,26.
39 Resch Agraphon Nr. 95 = Didaskalie V 15, Lagarde.
40 Resch Agraphon Nr. 96 = Afraat ed. Bert p. 66. – Vgl. Mk 14,38.
41 Resch Agraphon Nr. 97 = Apostolische Konstitutionen II 54.
42 Resch Agraphon Nr. 98 = Apostolische Konstitutionen II 60.
43 Resch Agraphon Nr. 99 = Apostolische Konstitutionen VI 18.
44 Resch Agraphon Nr. 100 = Ephraem der Syrer, Evangelien-Konkordanz Mösinger p. 50.
45 Resch Agraphon Nr. 101 = Didymus, Über die Dreifaltigkeit III 22; Epiphanius. – Vgl. 1 Thess 5,2.

Agraphon Nr. 46
Wer arbeitet, muß sich damit begnügen, daß er davon leben kann.[46]

Agraphon Nr. 47
Es gibt eine tödliche Verwirrung, die zum Tod führt, und es gibt eine heilsame Verwirrung, die zum Leben führt.[47]

Agraphon Nr. 48
Wundert euch nicht über die Wunderzeichen. Der Besitzanteil, den ihr von mir bekommt, ist größer, als ihn die ganze Welt geben kann.[48]

Agraphon Nr. 49
Wer mit dem Pflug das Feld bearbeitet, hofft [auf die Ernte]. So ist es auch mit dem, der heiratet: Er hofft auf Erben.[49]

Agraphon Nr. 50
Kümmert euch um Glaube und Hoffnung. Daraus entsteht Liebe zu Gott und den Menschen. Sie schenkt das ewige Leben.[50]

Agraphon Nr. 51
Ich bin die Tür zum Leben. Wer durch mich hindurchgeht, geht zum Leben.[51]

Agraphon Nr. 52
Ich bin der, den Mose gemeint hat, als er prophezeite: »Einen Propheten wie mich wird euch der Herr, unser Gott, aus euren Brüdern erwecken. Auf ihn hört in allen Dingen! Wer auf jenen Propheten nicht hört, wird sterben.«[52]

---

46 Resch Agraphon Nr. 102 = Epiphanius, Häresien 80,5.
47 Resch Agraphon Nr. 103 = Hieronymus, Kommentar zu Ezechiel 17 und Brief an Pammachius.
48 Resch Agraphon Nr. 104 = Makarius, Homilie 12,17.
49 Resch Agraphon Nr. 105 = Makarius, Homilie 14,1.
50 Resch Agraphon Nr. 106 = Makarius, Homilie 37 Anfang.
51 Resch Agraphon Nr. 107 = Clementinische Homilien III 52. – Vgl. Joh 10,9.
52 Resch Agraphon Nr. 108 = Clementinische Homilien III 53. – Vgl. Dt 18,15.

Agraphon Nr. 53
Amen, ich sage euch: Wenn ihr nicht wiedergeboren werdet durch lebendiges Wasser im Namen des Vaters, des Sohnes und des Heiligen Geistes, werdet ihr nicht in das Reich der Himmel gelangen.[53]

Agraphon Nr. 54
Meine Liebe gebe ich euch.[54]

Agraphon Nr. 55
Du, Vater, hast mich geboren. Und ich bin vom Vater ausgegangen und komme von ihm her.[55]

Agraphon Nr. 56
Ich klopfe an, und wenn einer öffnet, dann werden ich und mein Vater zu ihm kommen und uns bei ihm einquartieren.[56]

Agraphon Nr. 57
Bei mir werden meine zwölf Diakone sein.[57]

Agraphon Nr. 58
Ich bin das lebendige Wasser.[58]

Agraphon Nr. 59
Amen, ich sage euch: Ich bin nicht aus dieser Welt, doch Johannes wird euer Vater sein, bis er zu mir ins Paradies kommt und dann bei mir ist.[59]

Agraphon Nr. 60
Siehe, dein Sohn. Dieser wird meinen Platz einnehmen.[60]

53 Resch Agraphon Nr. 109 = Clementinische Homilien XI 26. – Vgl. Joh 3,5.
54 Resch Agraphon Nr. 110 = Clemens v. Alexandrien, Welcher Reiche gerettet werden kann 37.
55 Resch Agraphon Nr. 111 = Epiphanius, Häresien 69,53.
56 Resch Agraphon Nr. 112 = Epiphanius, Häresien 69,63.
57 Resch Agraphon Nr. 118 = Epiphanius, Häresien 76,6.
58 Resch Agraphon Nr. 119 = Petrus Siculus, Geschichte der Manichäer 29.
59 Resch Agraphon Nr. 120 = Templer-Evangelium (Johannes) zu Joh 17,26.
60 Resch Agraphon Nr. 121 = Templer-Evangelium (Johannes) zu Joh 19,26.

Agraphon Nr. 61
Es werden Tage kommen, da wird es Weinstöcke geben, jeder mit zehntausend Ästen, und auf einem Ast zehntausend Zweige und auf einem Zweig zehntausend Triebe und auf jedem Trieb zehntausend Trauben und auf jeder Traube zehntausend Beeren, und jede ausgepreßte Beere ergibt 25 Krüge Wein. Und wenn dann einer der Heiligen eine Beere nimmt, wird sogleich eine andere rufen: »Ich bin besser, nimm mich, lobe Gott durch mich!« Ähnlich wird ein Korn Weizen zehntausend Ähren hervorbringen, und jedes Korn liefert fünf Maß reinen Weizens. Und die übrigen Früchte, Samen und Kräuter werden genauso reich sein. Und alle Tiere, die diese Speisen essen, werden von der Erde angenommen werden und werden miteinander friedlich und zahm leben, den Menschen in aller Ehrfurcht untertan.[61]

Agraphon Nr. 62
Siehe, ich mache das Erste zum Letzten und das Letzte zum Ersten.[62]

Agraphon Nr. 63
Wenn ihr mit mir bei Tisch sitzt und meine Gebote nicht haltet, dann werde ich euch fortstoßen und sagen: »Weg von mir, ich kenne euch nicht, woher kommt ihr denn, ihr untauglichen Arbeiter?«[63]

Agraphon Nr. 64
Jesus zu Petrus: »Nach ihrem Tod müssen die Schafe die Wölfe nicht mehr fürchten. Fürchtet euch daher nicht vor denen, die euch nur töten und euch nicht noch mehr antun können.«[64]

Agraphon Nr. 65
Wenn ihr das Geringe nicht bewahren konntet, wer wird euch das Große anvertrauen? Denn ich sage euch: Wer getreu ist im kleinen, der wird es auch im großen sein.[65]

---

61 Resch Agraphon Nr. 122 = Papias nach Irenäus, Gegen die Häresien V 33,3-4.
62 Resch Agraphon Nr. 123 = Barn 6,13; syrische Didaskalie 26; Didaskalie der Apostel.
63 Resch Agraphon Nr. 124 = 2 Clem 4,5.
64 Resch Agraphon Nr. 125 = 2 Clem 5,2-4.
65 Resch Agraphon Nr. 126 = 2 Clem 8,5 und Irenäus, Gegen die Häresien II 34,3; Hilarius.

Agraphon Nr. 66
Bewahrt auf Erden den Leib rein und das Siegel der Taufe ohne Flecken, damit wir das ewige Leben bekommen. [66]

Agraphon Nr. 67
Ihr habt offenbar keinen Zugang zur großen Weisheit des Schöpfers aller Dinge und Gottes, der überall herrscht.[67]

Agraphon Nr. 68
Er selbst sagte, daß er von den Schriftgelehrten und Pharisäern viel erleiden müsse, daß er gekreuzigt werden müsse und am dritten Tage auferstehen werde, daß er dann wieder in Jerusalem mit seinen Jüngerinnen und Jüngern gemeinsam trinken und essen werde. Und er hat vorhergesagt, daß in der Zeit bis zur Wiederkunft Verderber [der Wahrheit] und Falschpropheten in seinem Namen auftreten würden.[68]

Agraphon Nr. 69
Was einer für sich an Gutem will, soll er auch für den Nächsten wollen.[69]

Agraphon Nr. 70
Habt ihr noch immer keinen Glauben?[70]

Agraphon Nr. 71
Zuerst muß ein Irrlehrer ein falsches Evangelium verbreiten. Und nach der Zerstörung des Tempels in Jerusalem muß das wahre Evangelium insgeheim weitergegeben werden. Dann entstehen wieder neue Irrlehren. Danach muß gegen das Ende hin zuerst der Antichrist kommen, und dann muß der wahre Messias, unser Jesus, sichtbar werden.[71]

Agraphon Nr. 72
Wenn aber jemand, dem der christliche Bruderkuß gefallen hat, behauptet, er müsse besser doppelt gegeben werden, dann sollte man

66 Resch Agraphon Nr. 127 = 2 Clem 8,6.
67 Resch Agraphon Nr. 129 = Justinus, Dialogus 38.
68 Resch Agraphon Nr. 130 = Justinus, Dialogus 51.
69 Resch Agraphon Nr. 131 = Justinus, Dialogus 93; Clementinische Homilien 7,4.
70 Resch Agraphon Nr. 132 = Justinus, Dialogus 106.
71 Resch Agraphon Nr. 134 = Clementinische Homilien II 17.

doch eher doppelt niederknien, denn wenn auch nur ein wenig an der Gesinnung fehlt, stehen wir außerhalb des ewigen Lebens.[72]

Agraphon Nr. 73
Der Vater hat allen je das zugeteilt, was sie verdienen.[73]

Agraphon Nr. 74
Laß dich und dein Leben retten.[74]

Agraphon Nr. 75
Wenn du deinen Bruder siehst, erblickst du deinen Gott.[75]

Agraphon Nr. 76
Wer verheiratet ist, soll seine Frau nicht entlassen, und wer nicht verheiratet ist, soll nicht heiraten. Wer vorsätzlich Ehelosigkeit gelobt hat, soll unverheiratet bleiben.[76]

Agraphon Nr. 77
»Das Reich der Heiligen wird herrlich und wunderbar sein.« Judas fragt: »Wer wird das erleben dürfen?« Jesus anwortet: »Diejenigen, die es verdienen.«[77]

Agraphon Nr. 78
Wenn Begierde oder Bosheit im Herzen eines Menschen aufsteigen, dann ist das so schlimm, als hätte er sie bereits in die Tat umgesetzt.[78]

Agraphon Nr. 79
Ich habe zu euch allen meine Sklaven, die Propheten, geschickt. [Die Weisheit schickt ihre Kinder.][79]

---

72 Resch Agraphon Nr. 137 = Athenagoras, Gesandtschaft 32.
73 Resch Agraphon Nr. 140 = Irenäus v. Lyon, Gegen die Häresien V 36,2.
74 Resch Agraphon Nr. 141 = Clemens v. Alexandrien, Exzerpte aus Theodotus § 2.
75 Resch Agraphon Nr. 144 = Clemens v. Alexandrien, Stromateis I 19,94; II 15,71; Tertullian, Über das Gebet 26.
76 Resch Agraphon Nr. 145 = Clemens v. Alexandrien. Stromateis III 15,97.
77 Resch Agraphon Nr. 146 = Hippolyt, Daniel-Kommentar IV 60.
78 Resch Agraphon Nr. 147 = Tertullian, Über den Götzendienst 23.
79 Resch Agraphon Nr. 149 = Origenes, Homilie zu Jeremia 14,5; Tertullian, Gegen Markion 4,31.

Agraphon Nr. 80
Wer mir nahe ist, der ist dem Feuer nahe. Und wer fern von mir ist, der ist fern von Gottes Heil.[80]

Agraphon Nr. 81
Bewahrt die Gebote, fügt nichts hinzu, nehmt nichts davon weg.[81]

Agraphon Nr. 82
[Jesus sagt:] »Wenn ihr Glauben habt, so wird auch ein Berg sich von euch entfernen.« Und er sagt weiter: »Zweifelt nicht, sonst versinkt ihr in der Welt, wie Simon, als er zweifelte, im Meer zu versinken begann.«[82]

Agraphon Nr. 83
Wenn einer Gott sein Gebet darbringen will, muß er zuerst genau prüfen, ob seine Gabe auch makellos rein und ohne Flecken ist, und wenn er dann sein Opfer darbringt, wird es nicht auf der Erde bleiben.[83]

Agraphon Nr. 84
Ihr seid Kinder Kains und nicht Kinder Abrahams.[84]

Agraphon Nr. 85
Die Welt wird auf Gnade erbaut werden.[85]

Agraphon Nr. 86
Wenn jemand um meinetwillen alles aufgibt, wird er bei der zweiten Wiederkunft das ewige Leben erben.[86]

Agraphon Nr. 87
Mein Name ist angerufen über euch. Und ihr seid Tempel meiner Gottheit.[87]

---

80 Resch Agraphon Nr. 150 = Origenes, Homilie zu Jeremia 20,3; Didymus zu Psalm 88,8. – Jetzt auch im unbekannten Berliner Evangelium (UBE) 9,7 belegt (siehe oben).
81 Resch Agraphon Nr. 155 = Dionysius v. Korinth, bei Eusebius, Kirchengeschichte IV 23,12; Tertullian, Gegen Hermogenes 22 etc.
82 Resch Agraphon Nr. 159 = Afraat (Bert p. 15).
83 Resch Agraphon Nr. 160 = Afraat (Bert p. 66).
84 Resch Agraphon Nr. 161 = Afraat (Bert p. 278).
85 Resch Agraphon Nr. 162 = Afraat (Bert p. 380).
86 Resch Agraphon Nr. 163 = Agathangelus (Lagarde p. 34,81).
87 Resch Agraphon Nr. 165 = Agathangelus (Lagarde p. 37).

Agraphon Nr. 88
(Jesus zu Jerusalem): »Sodom ist gerechter als du.«[88]

Agraphon Nr. 89
Wehe denen, die Besitz haben und dennoch von anderen eine Gabe erschleichen. Wehe denen, die sich selber helfen können und doch von anderen Hilfe wollen. Am Tag des Gerichts wird jeder Gott, dem Herrn, Rechenschaft ablegen müssen.[89]

Agraphon Nr. 90
Selig die Barmherzigen, denn Gott wird sich ihrer erbarmen. Wehe den Unbarmherzigen. Gott wird sich ihrer nicht erbarmen.[90]

Agraphon Nr. 91
In Verkleidung werden sie einherkommen.[91]

Agraphon Nr. 92
Auf dieser Erde sollt ihr nichts erwerben.[92]

Agraphon Nr. 93
Die im Geist Gottes handeln, sind Gottes Kinder.[93]

Agraphon Nr. 94
Wo einer ist, da bin auch ich. Wo zwei sind, dort bin auch ich. Und wenn wir drei sind, sind wir schon eine Gemeinde.[94]

Agraphon Nr. 95
Diese Zeitgenossen ekeln mich an. Zehnmal, zwanzigmal, hundertmal haben sie meine Geduld auf die Probe gestellt.[95]

---

88 Resch Agraphon Nr. 166 = Origenes, Homilie zu Jeremias VIII 7 etc.
89 Resch Agraphon Nr. 167 = Didache 1,5; Hermas, mand II 5 etc.
90 Resch Agraphon Nr. 169 = Ephraem der Syrer Opp I 30.
91 Resch Agraphon Nr. 170 = Ephraem der Syrer Opp I 140.
92 Resch Agraphon Nr. 171 = Ephraem der Syrer Opp II 232; Doctrina Addaei etc.
93 Resch Agraphon Nr. 173 = Ephraem der Syrer, Evangelienkonkordanz (Mösinger c. 6).
94 Resch Agraphon Nr. 175 = Ephraem der Syrer, Evangelienkonkordanz (Mösinger c. 14).
95 Resch Agraphon Nr. 178 = Ephraem der Syrer, Evangelienkonkordanz (Mösinger c. 17).

Agraphon Nr. 96
Er wird das Haus seines Reiches von allem Ärgernis reinigen.[96]

Agraphon Nr. 97
Ich bin der, der durch die Propheten gesprochen hat.[97]

Agraphon Nr. 98
Den Lebendigen, der vor euch ist, habt ihr weggeschickt, und über die Toten ... (?)[98]

Agraphon Nr. 99
Ehrt die Dämonen, nicht damit sie euch nützen, sondern damit sie euch nicht schaden.[99]

Agraphon Nr. 100
Seid tapfer im Krieg und kämpft gegen die alte Schlange, dann werdet ihr am ewigen Reich teilhaben.[100]

Agraphon Nr. 101
Was muß man tun für den Leib? Kümmert euch um nichts anderes als um gerechtes Handeln.[101]

Agraphon Nr. 102
Wer staunt, wird König sein, und wer König ist, wird Ruhe finden.[102]

Agraphon Nr. 103
Neulich trug mich meine Mutter, der Heilige Geist, an einem meiner Haare auf den hohen Berg Tabor.[103]

96 Resch Agraphon Nr. 179 = Ephraem der Syrer, Evangelienkonkordanz (Mösinger c. 18).

97 Resch Agraphon Nr. 185 = Epiphanius, Häresien 23,5; 41,3; 66,42; Ancoratus 53.

98 Resch Agraphon Nr. 188 = Augustinus, Contra adversarium legis et prophetarum II 4.

99 Resch Agraphon Nr. 191 = Euthymius, Panoplia Dogmatica 27,2.

100 Resch Agraphon Nr. 192 = Altenglische Homilien I 151; II 185.

101 Resch Agraphon Nr. 193 = Catena zu Matthäus aus Theodotus Monachus.

102 Resch Apokryphon Nr. 1 = Clemens v. Alexandrien, Stromateis II 9,45. – Vgl. ThomasEv 2.

103 Resch Apokryphon Nr. 2 = Origenes, Kommentar zu Johannes II 6; Homilie zu Jeremia XV 4.

Agraphon Nr. 104

Ein anderer Reicher fragte Jesus: »Guter Lehrer, was muß ich Gutes tun, um in das ewige Leben zu kommen?« Jesus antwortete: »Handle nach dem Gesetz und den Propheten!« Der Reiche antwortete: »Das habe ich getan.« Da sagte Jesus: »Geh, verkaufe alles, was du besitzt, verteile den Erlös an die Armen und komm, folge mir nach.« Da kratzte sich der Reiche am Kopf, denn das gefiel ihm gar nicht. Der Herr aber sagte zu ihm: »Wie kannst du behaupten: ›Ich habe nach dem Gesetz und den Propheten gehandelt‹? Im Gesetz steht doch: Liebe deinen Nächsten wie dich selbst. Und sieh dich um: Deine Brüder und Schwestern, Abrahams Kinder, stecken im Kot, sterben vor Hunger, während dein Haus voll ist von vielen guten Dingen und doch nicht eines davon den Weg zu den Armen gefunden hat.« Und dann drehte er sich um zu Simon, seinem Jünger, der bei ihm saß, und sagte: »Simon, Sohn des Johannes, eher paßt ein Kamel durch ein Nadelöhr, als daß ein Reicher in den Himmel hineingeht.«[104]

Agraphon Nr. 105

Da waren drei Sklaven. Der erste verpraßte das Vermögen mit Dirnen und Flötenspielerinnen, der andere vervielfältigte es, der dritte vergrub die Geldsumme. Den ersten lobte der Herr, den zweiten tadelte er, den dritten aber warf er ins Gefängnis.[105]

Agraphon Nr. 106

Ich wählte mir die Guten aus, die mein himmlischer Vater mir gegeben hat.[106]

Agraphon Nr. 107

Es war unter Kaifas, dem Hohenpriester, als Herodes in Judäa als König herrschte. Da trat Johannes der Täufer auf und vollzog Umkehrtaufen am Jordan. Man sagte, er stamme aus dem Geschlecht des Priesters Aaron, seine Eltern waren Zacharias und Elisabeth. Alle kamen zu Johannes hinaus. Und als Johannes dort taufte, kamen auch Pharisäer zu ihm, um sich taufen zu lassen, und ganz Jerusalem. Johannes trug ein Gewand aus Kamelhaar und einen Ledergürtel um die Lenden. Er ernährte sich von

104 Resch Apokryphon Nr. 3 = Origenes, Kommentar zu Matthäus XV 14.
105 Resch Apokryphon Nr. 5 = Eusebius, Theophania (p. 155).
106 Resch Apokryphon Nr. 6 = Eusebius, Theophania syr. (IV 13).

wildem Honig, der wie Manna schmeckte, und in Öl gebackenen Fladen.[107]

Agraphon Nr. 108

Als sich das Volk taufen ließ, kam auch Jesus und ließ sich von Johannes taufen. Als er aus dem Wasser wieder hinaufstieg, tat sich der Himmel auf, und Johannes sah den Heiligen Geist in Gestalt einer Taube herabkommen und in ihn hineingehen. Und vom Himmel her sagte eine Stimme: »Du bist mein geliebter Sohn, an dir habe ich meine Freude.« Und weiter: »Ich habe dich heute zur Welt gebracht.«[108]

Agraphon Nr. 109

Und kaum war das geschehen, da erstrahlte helles Licht an dem Ort. Johannes erblickte das Licht und fragte Jesus: »Bist du es, Herr?« Da ertönte erneut eine Stimme vom Himmel her und sagte zu ihm: »Dies ist mein lieber Sohn, an ihm habe ich meine Freude.«[109]

Agraphon Nr. 110

Da fiel Johannes vor ihm nieder: »Bitte, Herr, taufe du mich!« Jesus versuchte, ihn von seinem Vorhaben abzubringen, und sagte: »Laß mich von dir getauft werden, denn so sollen wir alles erfüllen.«[110]

Agraphon Nr. 111

Er ist gekommen, die Opfer abzuschaffen. Und wenn ihr nicht mit Opfern aufhört, wird auch Gottes Zorn über euch nicht aufhören.[111]

Agraphon Nr. 112

Es trat ein Mann namens Jesus auf, etwa 30 Jahre alt. Er hat uns erwählt. Als er nach Kapernaum kam und das Haus des Simon, der auch Petrus heißt, betrat, begann er mit folgendem Bericht: »Ich

---

107 Resch Apokryphon Nr. 7.

108 Resch Apokryphon Nr. 8.

109 Resch Apokryphon Nr. 9. Vgl. Justin, Dial 88 (315 D): Dann kam Jesus an den Jordan, wo Johannes taufte. Als er in das Wasser hinabstieg, strahlte feuriges Licht über dem Jordan auf, und als er aus dem Wasser hinaufstieg, da kam der Heilige Geist wie eine Taube auf ihn herab.

110 Resch Apokryphon Nr. 10.

111 Resch Apokryphon Nr. 11.

ging am Ufer des Sees Tiberias entlang und erwählte Johannes und Jakobus, die Söhne des Zebedäus, ferner Simon und Andreas sowie Thaddäus und Simon, den Zeloten, und auch Judas Iskariot. Und dich, Matthäus, habe ich gerufen, als du an der Zollstelle saßest. Und du bist mir nachgefolgt. Ich will nun, daß ihr zusammen zwölf Apostel seid, zum Zeugnis für Israel. Ich habe euch zwölf Jünger ausgewählt, da ich glaube, daß ihr meiner würdig seid.«[112]

Agraphon Nr. 113
Sie sagten zu Jesus: »Deine Mutter und deine Geschwister stehen draußen.« Jesus erwiderte: »Meine Mutter und meine Geschwister? Wer ist das denn?« Dann zeigte er auf seine Jünger und sagte: »Dies sind meine Geschwister und meine Mutter. Meine Geschwister sind alle, die den Willen meines Vaters tun.«[113]

Agraphon Nr. 114
Die Jünger fragten: »Wo möchtest du, daß wir das Passah-Essen vorbereiten?« Jesus antwortete: »Ich habe mich sehr danach gesehnt, dieses gebratene Passah-Fleisch mit euch zu essen.«[114]

Agraphon Nr. 115
Die Mutter und die Geschwister des Herrn sagten zu ihm: »Johannes der Täufer tauft zur Vergebung der Sünden. Wir wollen hingehen und uns von ihm taufen lassen.« Jesus erwiderte ihnen: »Welche Sünde habe ich denn begangen, daß ich von ihm getauft werden müßte?«[115]

Agraphon Nr. 116
Als der Herr aus dem Wasser herausgestiegen war, da ergoß sich der Heilige Geist auf ihn herab, blieb bei ihm und redete ihn an: »Mein Sohn, in allen Propheten habe ich dich erwartet, um, wenn du kämst, bei dir zu bleiben. Denn du bist der, bei dem ich bleiben kann. Du bist mein erster Sohn, der in Ewigkeit regieren wird.«[116]

---

112 Resch Apokryphon Nr. 12 = Epiphanius, Häresien 30,13,2-3.
113 Resch Apokryphon Nr. 13 = Epiphanius, Häresien 30,14.
114 Resch Apokryphon Nr. 14 = Epiphanius, Häresien 30,22. Anders dagegen im Ebioniten-Evangelium, Kap. 6.
115 Resch Apokryphon Nr. 16 = Hieronymus, Gegen Pelagius III 2.
116 Resch Apokryphon Nr. 17 = Hieronymus, Kommentar zu Jesaja 11,2.

Agraphon Nr. 117
Ihr dürft nur dann fröhlich sein, wenn ihr eurem Bruder oder eurer Schwester in Liebe begegnet seid.[117]

Agraphon Nr. 118
Unser Brot für morgen gib uns heute.[118]

Agraphon Nr. 119
Meine Mutter, der Heilige Geist, trug mich an einem meiner Haare.[119]

Agraphon Nr. 120
Jesus sagte: »Wenn dein Bruder mit seinem Wort gesündigt, dir dann aber Genugtuung geleistet hat, sollst du ihm siebenmal am Tag verzeihen.« Da fragte Simon, sein Jünger: »Siebenmal am Tag?« Der Herr antwortete ihm: »Ich sage dir sogar: siebenmal siebzigmal am Tag. Auch bei den Propheten fand sich noch Sünde, nachdem sie schon mit dem Heiligen Geist gesalbt worden waren.«[120]

Agraphon Nr. 121
»Warum seid ihr so verwirrt, und was für Gedanken regen sich in euren Herzen? Faßt mich an, dann werdet ihr sehen: Ich bin kein körperloser Dämon.« Da faßten sie ihn an und glaubten.[121]

Agraphon Nr. 122
Nachdem der Herr sein Schweißtuch dem Sklaven des Hohenpriesters gegeben hatte, ging er zu Jakobus und erschien ihm. Denn Jakobus hatte geschworen: »Von dem Tage an, seit ich von dem Kelch des Herrn getrunken habe, esse ich kein Stück Brot, bis ich sehe, daß er von den Toten auferstanden ist.« Nach einer Weile sagte der Herr: »Bringt einen Tisch und schafft Brot herbei.« Dann nahm er

---

117 Resch Apokryphon Nr. 19 = Hieronymus, Kommentar an die Epheser V 3.4.

118 Resch Apokryphon Nr. 20 = Hieronymus, Kommentar zu Matthäus 6,11.

119 Resch Apokryphon Nr. 22 = Hieronymus, Kommentar zu Micha 7,6; zu Jesaja 40,12; zu Ezechiel 16,13.

120 Resch Apokryphon Nr. 23 = Hieronymus, Gegen Pelagius III 2 etc.

121 Resch Apokryphon Nr. 29 = Hieronymus, Vorwort zu Jesaja 18; De viris illustr c. 16; Origenes, De principiis c. 8.

das Brot, sprach das Dankgebet, zerteilte es und gab Jakobus dem Gerechten ein Stück mit den Worten: »Mein Bruder, iß dein Brot, denn der Menschensohn ist von den Toten auferstanden.«[122]

Agraphon Nr. 123
Salome fragte: »Bis wann herrscht der Tod?« Der Herr antwortete: »Solange ihr Frauen Kinder bekommt. Denn ich bin gekommen, die Frauendinge abzuschaffen.« Salome erwiderte: »Dann habe ich doch gut daran getan, keine Kinder zu bekommen.« Der Herr ermahnte sie: »Jede Pflanze darfst du essen, nur die Pflanze mit der Bitterkeit des Todes nicht.« Salome wollte wissen: »Wann wird man das erkennen, was du vorhin gesagt hast?« Der Herr antwortete: »Wenn ihr euren Leib so mit Füßen tretet wie kleine Kinder, die ihre Kleider auf dem Boden ausbreiten und darauf spielen. Zieht den Leib aus, dessen wir uns oft schämen müssen. Dann werden die zwei zu einem, Männliches und Weibliches, und dann gibt es weder Mann noch Frau.«[123]

Agraphon Nr. 124
»Von früh bis spät, von abends bis früh sorgt euch nicht um eure Nahrung und eure Kleidung, fragt nicht danach, was ihr essen oder was ihr anziehen sollt. Die Lilien wachsen, aber sie nähen nicht, und ihr seid doch viel mehr wert als die Lilien. Ihr braucht nur ein einziges Gewand … Wer könnte seinen Körper auch nur um eine Elle größer machen? Gott wird euch euer Gewand geben.« Seine Jünger fragten ihn: »Wann wirst du uns erscheinen, wann werden wir dich sehen?« Jesus antwortete: »Wenn ihr euch auszieht … und keine Scham mehr empfindet. Ihr habt den Schlüssel zur Wahrheit versteckt. Ihr selbst seid nicht hineingegangen und habt auch denen, die hineingehen wollten, nicht die Tür geöffnet.«[124]

Agraphon Nr. 125
Derselbe ist der Vater und der Sohn und der Heilige Geist.[125]

Agraphon Nr. 126
Unser Herr sagte: »Es möge ihnen vergeben werden.« Und dann

---

[122] Resch Apokryphon Nr. 30 = Hieronymus, De viris illustr II etc.
[123] Resch Apokryphon Nr. 34 = Clemens v. Alexandrien, Stromateis III 6,45 etc. – Vgl. ThomasEv 22.
[124] Resch Apokryphon Nr. 35 = Pap. Oxyrhynchus, Grenfell & Hunt II 39.
[125] Resch Apokryphon Nr. 38 = Epiphanius, Häresien 62,2.

sagte er noch einmal über sie: »Mein Vater, sie wissen nicht, was sie getan haben und was sie reden. Wenn es möglich ist, vergib ihnen.«[126]

Agraphon Nr. 127
In der Nacht, als der Sonntag anbrach, erschien er Maria von Magdala und Maria, der Tochter des Jakobus, und im Morgengrauen des Sonntags trat er bei Levi zur Tür herein, und dann erschien er auch uns und sagte nachdrücklich zu uns: »Ich möchte nicht, daß ihr in diesen Tagen um meinetwillen fastet, oder habe ich es nötig, daß ihr eure Seele quält?«[127]

Agraphon Nr. 128
Wer mich sucht, wird mich in Kindern, die sieben Jahre oder älter sind, finden. Denn in ihnen werde ich, der ich verborgen bin, im 14. Äon als Verborgener offenbar.[128]

Agraphon Nr. 129
Ich stand auf einem hohen Berg und sah einen großen und einen kleinen Menschen. Da hörte ich eine Donnerstimme. Ich ging nahe heran, um sie zu verstehen. Sie sagte zu mir: »Ich bin du, und du bist ich. Und wo du bist, da bin ich. Ich bin über alle ausgesät. Und überall, wo immer du willst, kannst du mich einsammeln. Wenn du mich sammelst, sammelst du dich.«[129]

Agraphon Nr. 130
(Jesus zu Petrus:) »Amen, dein Auge wird in Ewigkeit nie für das Licht dieser Welt verschlossen werden.«[130]

Agraphon Nr. 131
Rette dich und dein Leben.[131]

---

126 Resch Apokryphon Nr. 44 = Syrische Didaskalie 25 (Achelis, Flemming p. 127,6).
127 Resch Apokryphon Nr. 46 = Syrische Didaskalie 21 (Achelis, Flemming p. 107,2).
128 Resch Apokryphon Nr. 51 = Hippolyt, Philosophumena V 7.
129 Resch Apokryphon Nr. 52 = Epiphanius, Häresien 26,3.
130 Leben des Schenute, ed. Amelineau (Iselin TU 13,1 p. 26) (Resch S. 291).
131 Theodotus (Gnostiker 2. Jh.) nach: Clemens v. Alexandrien, Excerpta ex Theodoto (W. Morrice, Hidden Sayings, S. 171).

Agraphon Nr. 132
Die Schwachen sollen durch die Starken gerettet werden.[132]

Agraphon Nr. 133
Wer den Leib des Herrn nimmt und sich danach wäscht, der soll verflucht sein. So hat es der Herr gesagt.[133]

Agraphon Nr. 134
Ich gehe hin, um noch einmal gekreuzigt zu werden.[134]

Agraphon Nr. 135
Ich schließe mit euch einen neuen Bund, wie ich mit euren Vätern am Berge Horeb einen Bund geschlossen habe.[135]

Agraphon Nr. 136
Der Herr sagte zu den Aposteln: »Wenn aus Israel einer auf meinen Namen hin umkehren will und an Gott glaubt, dann werden ihm die Sünden vergeben.«[136]

Agraphon Nr. 137
Die bei mir sind, haben mich nicht verstanden.[137]

Agraphon Nr. 138
Du sollst nicht Böses mit Bösem vergelten.[138]

Agraphon Nr. 139
Über mich steht geschrieben: Selig, die mich sehen und glauben. Dreimal selig, die mich nicht sehen und glauben.[139]

Agraphon Nr. 140
Gesegnet, der vor dem Werden des Menschen da war.[140]

---

132 Apostolische Kirchenordnung, 3. Jh. (W. Morrice, Hidden Sayings, S. 173f), über Frauen im Gottesdienst.
133 Kanon der Heiligen Apostel, ed. de Lagarde, vgl. Resch, Agrapha, S. 271 Nr. 59.
134 Acta Pauli und Passio Petri et Pauli, vgl. Resch, Agrapha, S. 271 Nr. 60.
135 Jesus-Wort nach Clemens v. Alexandrien, Stromateis VI 5, S. 760.
136 Clemens v. Alexandrien, Stromateis VI 5, S. 762.
137 Actus Petri c. Simone c. 10 (Lipsius, S. 58).
138 Acta Philippi c. 135 Bonnet (Resch, Agrapha, S. 280).
139 Lehre des Addai und Abgar-Brief, vgl. Resch, Agrapha, S. 28f.
140 Armenischer Irenäus, Epideixis c. 43 (Resch, Agrapha, S. 285).

Agraphon Nr. 141

Unser »Erlöser« zu den Jüngern: »Euer Körper ist den Engeln gleich geworden, und ihr werdet Wunder tun wie ich; siehe, ich habe euch die Gabe verliehen, Tote aufzuerwecken, und euch die Macht gegeben, Kranke zu heilen und alle Macht des Feindes zu besiegen.«[141]

Agraphon Nr. 142

Der »Herr« im Evangelium: »Wehe denen, die sich selbst für fromm halten und ihren Nächsten verachten.«
»Denn der Herr liebt die Unterwürfigen und erniedrigt die, die sich selbst überheben.«[142]

Agraphon Nr. 143

»Der Herr (Jesus)«: »Wer flucht oder zürnt, wen Gott dabei findet (im Gericht) oder wer diesen Mangel nicht behoben hat, der wird nicht zur Vollkommenheit gelangen.«[143]

Agraphon Nr. 144

»Der Herr (Jesus)«: »Halte jeden beliebigen Menschen für vorzüglicher als dich selbst und sei für alle alles.«[144]

Agraphon Nr. 145

»Der Herr (Jesus)«: »Wer nicht – wie ich es ihm gezeigt habe – in meine Fußstapfen tritt und in die Häuser der Zöllner und Dirnen geht, um sie zu belehren, der wird nicht vollkommen sein.«[145]

Agraphon Nr. 146

»Der Herr (Jesus)«: »Wenn schon ich, der ich nicht gesündigt und nicht gefehlt habe, mich so demütig verhalte, obwohl ich euer Herr und Meister bin, um wieviel demütiger müßtet ihr sein, die ihr Sklaven seid und gesündigt habt.«[146]

141 Kebra Nagast K. 74, Bezold, S. 76.
142 Kebra Nagast K. 100, Bezold, S. 113.
143 Lib Grad II,4,1 Kmosko 31.
144 Lib Grad II,6,1.
145 Lib Grad II,6,2 Kmosko 38.
146 Lib Grad II,8 Kmosko 44.

Agraphon Nr. 147
»Der Herr (Jesus)«: »Niemand, der handelt und dabei an die Dinge der Welt gebunden ist, kann dem gefallen, der ihn erwählt hat.«[147]

Agraphon Nr. 148
Jesus: »Wie ihr gefunden werdet, so werdet ihr angenommen werden.«[148]

Agraphon Nr. 149
Der »Herr«: »Nachdem ihr (den Feind) durchbohrt habt und geschlagen worden seid und wenn ihr gesiegt habt und aus dem Kampf als Sieger aufsteigt und mit dem Kampfpreis in der Hand aus dieser Welt geht, dann sind eure Fehler vergessen, und Gott wird euch so als mit dem Sieg Gekrönte annehmen, wie er euch im Sieg findet.«[149]

Agraphon Nr. 150
Der »Herr«: »Erhebt euch über die Erde, sorgt nicht.«[150]

Agraphon Nr. 151
Der »Herr«: »Wenn du siehst, daß dein Bruder gesündigt hat, ermahne ihn in Liebe. Wenn er nicht auf dich hört und du es ihm nicht nachsehen kannst oder wenn du deine Ohren nicht verschließen kannst, so daß du das Böse, das dein Bruder getan hat, doch hörst, dann geh zu ihm und mach ihm Vorhaltungen unter vier Augen. Denn Liebe deckt eine Menge Sünden zu, und Haß weckt das Gericht auf. Wenn er auf dich hört, hast du deinen Bruder gewonnen. Wenn er aber nicht auf dich hört und du deinen Bruder nicht einfach links liegen lassen kannst, dann rede mit ihm in Anwesenheit eines Dritten. Wenn er auch dann nicht folgt und du dich nicht beruhigen kannst, dann rede mit ihm in Anwesenheit von zwei weiteren Zeugen. Wenn er immer noch nicht einsichtig ist und du nicht darüber hinwegsehen kannst, dann weise ihn vor drei Zeugen zurecht. Wenn du dann noch keine Ruhe hast und er sich trotzdem nicht schämt, dann stelle ihn vor der ganzen Gemeinde zur Rede. Wenn er aber auch auf die Gemeinde nicht hört, dann laß die Sache auf sich beruhen und kümmere dich nicht weiter um ihn. Es reicht

147 Lib Grad III,1 Kmosko 47 verweist auf 2 Tim 2,4.
148 Lib Grad III,3 Kmosko 51 und XV 4 Kmosko 344.
149 Ibid.
150 Lib Grad III,6 Kmosko 58.

nun, betrachte ihn einfach als einen der Heiden, die kein Gesetz haben.«[151]

Agraphon Nr. 152
»Das Böse kommt, doch wehe dem, durch dessen Hand es kommt.«[152]

Agraphon Nr. 153
»Die Welt kann den Beistand des Heiligen Geistes nicht empfangen, aber die Gerechten unter den Kindern der Welt können das Geschenk des Einswerdens empfangen.«[153]

Agraphon Nr. 154
Jesus: »Wenn ihr Blut trinken wollt, dann trinkt meins. Wenn ihr mein Blut trinkt, werdet ihr leben; wenn ihr das Blut eines anderen trinkt, müßt ihr sterben.«[154]

Agraphon Nr. 155
Der Herr zu den Jüngern: »Die Vollkommenheit, die ich bei meiner Wiederkunft bringen werde, gebe ich euch: Wenn ich den Beistand, den Heiligen Geist, sende, mache ich auch euch vollkommen. Denn ihr habt mich erwartet und habt die Vollkommenheit der oberen Engel erstrebt. Von dort ist Adam heruntergefallen. Ich will euch und euren Vater Adam hinaufnehmen in die Höhe, aus der ihr gefallen seid.«[155]

Agraphon Nr. 156
Der Herr: »Ich habe den Propheten versprochen, daß ich kommen und sie vollenden werde.«[156]

Agraphon Nr. 157
Der »Herr« über die, die ungerecht angreifen: »Betet geduldig für sie, damit sie gerettet werden. Wenn sie Buße getan haben, dann

151 Lib Grad IV 1 und XI 2 Kmosko 85f.
152 Lib Grad V8 Kmosko 114, vgl. Clem Hom 12,29: Das Gute muß kommen, selig der, durch den es kommt. Ebenso muß das Böse kommen, wehe dem, durch den es kommt (vgl. Mt 18,7).
153 Lib Grad V 18 Kmosko 132. Wörtlich: »Geschenk der Vermischung«; damit ist das Sakrament des Brautgemachs gemeint (vgl. PhilEv).
154 Lib Grad IX 6 Kmosko 217.
155 Lib Grad IX 12 Kmosko 229.
156 Lib Grad IX 13 Kmosko 232.

werden sie sich selbst ihrer Sünden schämen und zu euch kommen und leben. Wenn sie aber nicht Buße tun und in ihrer Sünde verharren, dann seid unbesorgt. Denn an jenem Tag des Gerichtes, an dem ich in meiner Herrlichkeit offenbar werde, werdet ihr mit mit verherrlicht vor aller Kreatur, und die Sünder werden niederfallen vor mir und vor aller Kreatur, der niederen und der höheren. Ihr aber, freut euch nicht über ihre Niederlage, sondern betet für sie, daß sie auf(er)stehen können.«[157]

Agraphon Nr. 158
(Über Jesus: Er wird Männer aus Galiläa nehmen, ihnen Gesetze geben und sagen:) »Predigt das Wort, das ihr von mir empfangen habt, den Völkern der 72 Sprachen.«[158]

Agraphon Nr. 159
(Jesus sagte zu seinen Gefährten:) »Handelt, wie ihr mich habt handeln sehen. Lehrt die Menschen, was ich euch gelehrt habe, seid für sie, was ich für euch gewesen bin.« [159]

Agraphon 160
Vater, Sohn und Heiliger Geist sagten: »Wir haben alle Dinge in Liebe geschaffen. Und als Adam sündigte, ist der Sohn gehorsam auf dem Flügel des Engels Gabriel herabgestiegen. Wegen Maria ist die ganze Welt erschaffen worden.«[160]

Arabische Agrapha

Agraphon Nr. 161
Wer sich mit der Lehre beschäftigt, danach handelt und sie weitergibt, der wird groß genannt werden im Reich der Himmel.[161]

---

157 Lib Grad XX 13 Kmosko 564.
158 Griechische Tiburtina, ed. P. J. Alexander: The Oracle of Baalbek, 1967, Z. 45-47, gr. S. 12.
159 Sh. Pines, The Jewish Christians of the Early Centuries of Christianity According to a New Source, in: The Israel Academy of Sciences and Humanities Proceedings, II 13, Jerusalem 1966, 5.25.
160 Äthiopisches Buch der Geheimnisse des Himmels und der Erde, ed. J. Perruchon (Patrologia Orientalis I 1), Paris 1947, 76.
161 Michael Asin et Palacios Nr. 1.

Agraphon Nr. 162
Wie viele Bäume gibt es! Doch nicht alle tragen Früchte. Wie viele Früchte gibt es! Doch nicht alle sind gut. Wie viele Lehren gibt es! Doch nicht alle sind nützlich.[162]

Agraphon Nr. 163
Breitet die Weisheit nicht aus vor den Augen derer, die es nicht wert sind. Denn dann tut ihr der Weisheit unrecht. Aber haltet die, die es wert sind, nicht von der Weisheit fern. Denn dann tut ihr ihnen unrecht. Seid wie ein guter Arzt. Er setzt die Arznei gegen die Krankheit ein. Wer die Weisheit einem Unwürdigen verabreicht, ist dumm. Wer den Würdigen von ihr fernhält, ist ungerecht. Die Weisheit hat ihr eigenes Recht und ihre eigenen Vertrauten, nämlich die, die ihrer würdig sind. Jedem, der ein Recht hat, gib sein Recht.[163]

Agraphon Nr. 164
Legt die Perlen nicht den Schweinen um den Hals. Denn Weisheit ist mehr als eine Perle, und wer sie verachtet, ist schlechter als ein Schwein.[164]

Agraphon Nr. 165
Die Weisen, die nichts taugen, sind wie ein Stein, der vor den Quellmund eines Flusses gefallen ist. Weder kann er selbst Wasser in sich aufnehmen, noch läßt er Wasser für die Saat auf den Acker fließen. Die Weisen, die nichts taugen, sind auch wie eine Latrinenröhre. Außen sind sie mit weißem Gips verkleidet, innen voller Gestank. Sie sind auch wie Gräber, außen gepflegt wie ein Wohnraum, innen aber voll Totengebein.[165]

Agraphon Nr. 166
Was wird man unter Weisen von dem halten, der zuerst den Weg zum zukünftigen Leben einschlägt, dann aber auf den Weg zum Leben dieser Welt abbiegt? Und was wird man unter Weisen von dem halten, der nach Gottes Wort sucht, um es anderen zu sagen, es aber selbst nicht wirklich erfüllt?[166]

---

162 Michael Asin et Palacios Nr. 2.
163 Michael Asin et Palacios Nr. 3.
164 Michael Asin et Palacios Nr. 4.
165 Michael Asin et Palacios Nr. 5.
166 Michael Asin et Palacios Nr. 6.

Agraphon Nr. 167
Gott sprach zu Jesus: »Sohn Marias! Predige zuerst dir selbst. Wenn du das getan hast, kannst du auch den Völkern predigen. Tust du es nicht, treibst du mir die Schamröte ins Gesicht.«[167]

Agraphon Nr. 168
Wer Weisheit gelernt hat, aber nicht danach handelt, ist wie eine Frau, die insgeheim Ehebruch treibt. Wenn sie schwanger wird und ihre Schwangerschaft für alle offenkundig ist, muß sie vor Scham erröten. So wird auch Gott den, der nicht tut, was er gelernt hat, vor den Augen aller beschämen.[168]

Agraphon Nr. 169
Strebt nicht nach neuem Wissen, bevor ihr nicht alles getan habt, was ihr schon wißt.[169]

Agraphon Nr. 170
Jesus machte sich auf, Gott um Regen zu bitten, und ging mit den Jüngern zum Gebet in die Wüste. Als sie dort ankamen, sagte Jesus zu den Jüngern: »Wer von euch schon einmal gesündigt hat, der kehre um in sein Haus.« Da gingen alle nach Hause, außer einem. Jesus fragte ihn: »Hast du etwa noch nie gesündigt?« Er erwiderte: »Bei Gott, ich bin mir keines Vergehens bewußt. Nur einmal kam, als ich gerade betete, eine Frau nahe an mir vorbei, und ich habe sie mit diesem Auge angesehen. Aber als sie an mir vorübergegangen war, habe ich mein Auge mit dem Finger herausgebohrt und hinter der Frau hergeworfen.« Da sagte Jesus zu ihm: »Dann ruf du doch Gott um Regen an, und ich sage zu deinem Gebet das Amen.« Der Jünger tat, wie geheißen, und sogleich war der Himmel mit Wolken bedeckt. Es regnete, und die Hungersnot war gebannt.[170]

Agraphon Nr. 171
Gebet Jesu: »Gott, ich habe keine Kraft, das zu meiden, was ich verabscheue. Ich besitze auch nicht das Nützliche, das ich erhoffte. Die Dinge dieser Welt sind in der Hand meines Nächsten, und ich stehe da wie einer, der das Werk seiner Hände verpfändet hat.

---

167 Michael Asin et Palacios Nr. 7.
168 Michael Asin et Palacios Nr. 8.
169 Michael Asin et Palacios Nr. 9.
170 Michael Asin et Palacios Nr. 10.

Kein Armer ist bedürftiger als ich. Aber laß nicht zu, o Herr, daß mein Feind sich an meinem Los freut oder daß mein Freund mich mit seinem übertriebenen Mitleid bedrängt.
Laß nicht zu, daß mir etwas geschieht, was für mein geistliches Leben schädlich ist. Laß nicht zu, daß die Sorge um die Dinge dieser Welt meine größte Sorge ist. Unterwirf mich nicht der Macht dessen, der sich meiner nicht erbarmt, lebendiger, ewiger Gott.«[171]

Agraphon Nr. 172
(Johannes der Täufer hat Gerstenbrot gegessen und deshalb das Morgengebet verschlafen. Gott spricht zu ihm:) »Johannes! Hast du ein besseres Haus als meines, einen besseren Schutz als meinen je finden können? Ich schwöre bei meiner Macht und Hoheit, Johannes, hättest du das Paradies auch nur einmal gesehen, so wäre dein Leib vor Sehnsucht geschmolzen und du hättest deine Seele ausgehaucht. Und wenn du nur einmal die Hölle gesehen hättest, so wäre dein Leib geschmolzen und du hättest mit den Tränen auch allen Unrat aus deinem Leib fließen lassen und statt des Gewands aus Kamelhaaren ein Kleid aus Tierfell angezogen.«[172]

Agraphon Nr. 173
(Als Maria auf der Suche nach dem Jesuskind ist, weisen Weber ihr den falschen Weg.) Maria betet: »O Gott, wende deinen Segen ab von ihrem Handwerk! Mach ihre Familie arm, und alle sollen sie verächtlich anschauen!« Ihr Gebet wurde erhört.[173]

Agraphon Nr. 174
Gott soll Jesus geoffenbart haben: »Wenn du mir so eifrig dientest wie alle im Himmel und auf Erden, hättest aber in deinem Herzen weder die Liebe, mit der man den Nächsten liebt in Gottes Kraft, noch den Haß, mit dem man vom Nächsten Abstand nimmt in Gottes Kraft, so würde es dir nichts nützen.«[174]

Agraphon Nr. 175
Jesus hat gesagt: »Macht euch liebenswert für Gott, indem ihr den Haß der Sünder auf euch zieht. Nähert euch Gott, indem ihr von ihnen weggeht, sucht Gottes Zustimmung, indem ihr dafür sorgt,

171 Michael Asin et Palacios Nr. 11.
172 Michael Asin et Palacios Nr. 12.
173 Michael Asin et Palacios Nr. 13.
174 Michael Asin et Palacios Nr. 14.

daß sie euch ablehnen.« Die Jünger fragten: »Bei Gottes Geist, mit wem können wir denn dann zusammen sein?« Jesus antwortete: »Wählt euch die zu Freunden, deren Anblick euch an Gott erinnert, deren Worte eure guten Taten mehren und deren Verhalten euch sehnsüchtig macht nach dem ewigen Leben.«[175]

Agraphon Nr. 176
Jesus fragte seine Jünger: »Was macht ihr, wenn ihr seht, daß euer Bruder schläft und der Wind sein Untergewand weggeweht hat, so daß er bloßliegt?« Die Jünger antworteten: »Wir decken die nackte Stelle zu.« Jesus aber erwiderte: »Das tut ihr nicht! Sondern ihr entblößt auch noch seine Scham!« – Da fragten die Jünger: »Guter Gott, wer tut denn so etwas?« Jesus antwortete: »Jemand, der hört, wie ein anderer seinem Bruder übel nachredet, und nicht nur in die üble Nachrede einstimmt, sondern noch eine daraufsetzt.«[176]

Agraphon Nr. 177
Der Teufel soll Jesus erschienen sein und ihn aufgefordert haben: »Sag: Es gibt keinen anderen Herrn außer Gott.« Jesus erwiderte: »Der Satz ist wahr, aber dennoch wiederhole ich ihn jetzt nicht, weil du ihn formuliert hast. Denn auch diesen Satz kann man unterschiedlich auslegen.«[177]

Agraphon Nr. 178
Als Jesus, der Sohn Marias, geboren war, kamen ein paar Dämonen zum Teufel und sagten zu ihm: »Heute haben wir Götzenbilder ohne Köpfe auf der Erde liegen sehen.« Da sagte der Teufel: »Das ist ja etwas ganz Neues! Wartet hier auf mich!« Der Teufel flog von Ost nach West bis zu den Grenzen der Erde, fand aber nichts von alledem. Schließlich fand er den neugeborenen Jesus, von Engeln umgeben. Da kehrte er zu den Dämonen zurück und sagte: »Heute ist ein Prophet geboren. Noch nie wurde ein Mensch von einer Frau empfangen oder geboren, ohne daß ich dabei war. Dieser Prophet ist die Ausnahme. Gebt daher die Hoffnung auf, daß nach dieser Nacht noch Götzenbilder von Menschen angebetet werden. Dennoch sollt ihr aber die Kinder Adams immer wieder in Versu-

175 Michael Asin et Palacios Nr. 15.
176 Michael Asin et Palacios Nr. 16.
177 Michael Asin et Palacios Nr. 17.

chung führen, indem ihr ihnen einredet, irgend etwas sei schnell und leicht zu tun.«[178]

Agraphon Nr. 179
Jesus wurde gefragt: »Wer hat dir gutes Verhalten beigebracht?« Jesus erwiderte: »Niemand hat mich unterwiesen. Nur eines ist schrecklich: Wenn einer nicht weiß, daß er nichts weiß. Diese Art Unwissenheit habe ich gemieden.«[179]

Agraphon Nr. 180
Jesus sagt: »Selig, wer davon abläßt, etwas Gegenwärtiges zu begehren um eines verheißenen Gutes willen, das noch nicht da ist und das er noch nicht gesehen hat.«[180]

Agraphon Nr. 181
Jesus sagt: »Ihr Apostel alle, euren Bauch laßt ihr durstig und eure Leiber unbekleidet. So werden eure Herzen Gott schauen.«[181]

Agraphon Nr. 182
(Nach 60 Tagen Fasten denkt Jesus plötzlich an Brot, daraufhin bricht die Vision ab. Ein kleines Brot liegt vor ihm auf der Erde. Jesus erblickt einen Greis und spricht ihn an:) »Bitte Gott für mich. Ich war in Verzückung, doch dann kam mir ein Stück Brot in den Sinn, und die Vision war zu Ende.« Da erwiderte der Greis: »Wenn du wüßtest, daß auch mir, nachdem ich dich schon kennengelernt hatte, die Erinnerung an Brot in den Sinn gekommen ist, könntest du mich nicht schonen. Sooft ich etwas zu essen hatte, habe ich es unwissend und unaufmerksam gegessen.«[182]

Agraphon Nr. 183
Jesus sagt: »Hütet euch davor, eine Frau anzusehen. Denn das sät Begierde ins Herz und bedeutet Versuchung.«[183]

---

178 Michael Asin et Palacios Nr. 18.
179 Michael Asin et Palacios Nr. 19.
180 Michael Asin et Palacios Nr. 20.
181 Michael Asin et Palacios Nr. 21.
182 Michael Asin et Palacios Nr. 22.
183 Michael Asin et Palacios Nr. 23. – Vgl. Mt 5,28.

Agraphon Nr. 184
Johannes wurde gefragt: »Wo fängt die Hurerei an?« Er antwortete: »Wenn man eine Frau anblickt und sie begehrt.«[184]

Agraphon Nr. 185
Jesus wurde gefragt: »Was muß man tun, damit man sicher ins Paradies kommt?« Jesus antwortete: »Nie ein Wort sagen.« Die Jünger sagten: »Das schaffen wir nicht!« Darauf Jesus: »Dann redet wenigstens nur Gutes.«[185]

Agraphon Nr. 186
Jesus sagte: »Fromm sein gegenüber Gott besteht aus zehn Teilen: neun Teilen Schweigen und einem Teil Alleinsein.«[186]

Agraphon Nr. 187
Jesus sagte: »Wer viel lügt, dessen Ansehen geht verloren. Wer mit Bediensteten herumstreitet, dessen Geduld nimmt ab. Wer sich um vieles kümmert, dessen Leib wird krank. Wer lasterhaft lebt, der geißelt sich selbst.«[187]

Agraphon Nr. 188
Es wird berichtet, an Jesus sei ein Schwein vorbeigegangen. Jesus sagte zu ihm: »Geh hin in Frieden.« Man warf ihm vor: »Beim Heiligen Geist! So redest du mit einem Schwein?« Jesus erwiderte: »Ich mag meine Zunge keine unanständigen Ausdrücke lehren.«[188]

Agraphon Nr. 189
Jesus ging mit seinen Aposteln an einem toten Hund vorbei, der schon stank. Die Apostel sagten: »Wie schrecklich stinkt dieser Hund!« Jesus erwiderte: »Was für schöne weiße Zähne er hat!«[189]

Agraphon Nr. 190
Johannes sagte zu Jesus: »Du sollst nicht zürnen.« Jesus erwiderte: »Ich kann den Zorn nicht unterdrücken, denn ich bin nur ein

184 Michael Asin et Palacios Nr. 24. – Vgl. Mt 5,28.
185 Michael Asin et Palacios Nr. 25.
186 Michael Asin et Palacios Nr. 26.
187 Michael Asin et Palacios Nr. 27.
188 Michael Asin et Palacios Nr. 28.
189 Michael Asin et Palacios Nr. 29.

Mensch.« Johannes sagte: »Verzichte auf Reichtümer.« Jesus antwortete: »Das kann ich.«[190]

Agraphon Nr. 191
Johannes fragte Jesus: »Was ist das Schrecklichste?« Jesus erwiderte: »Der Zorn Gottes.« Johannes antwortete: »Wie ziehe ich mir Gottes Zorn zu?« Jesus antwortete: »Indem du deinem Nächsten zürnst.« Johannes fragte: »Was läßt den Zorn entstehen und wachsen?« Jesus erwiderte: »Stolz, Prahlerei, Anmaßung und Unbeherrschtheit.«[191]

Agraphon Nr. 192
Der Messias, Marias Sohn, ging an einer Gruppe von Juden vorbei. Sie schmähten ihn. Er aber segnete sie. Da wunderten sich seine Schüler: »Die anderen schmähen dich, und du segnest sie?« Jesus erwiderte: »Jeder Mensch kann nur ausgeben, was er bei sich hat.«[192]

Agraphon Nr. 193
Im Evangelium soll geschrieben stehen: »Wer Gottes Vergebung erbittet für die, die ihm unrecht getan haben, der vertreibt einen Dämon.«[193]

Agraphon Nr. 194
Jesus sagte: »Nehmt euch diese Welt nicht zum Herrn, denn dann wird sie euch zum Sklaven nehmen. Deponiert euren Schatz bei dem, der ihn nicht verschwendet. Denn wer einen Schatz in dieser Welt deponiert hat, muß den Verlust befürchten. Aber wer einen Schatz bei Gott deponiert hat, braucht keinen Verlust zu befürchten.«
Jesus sagte: »Liebe Apostel! Ich habe diese Welt für euch unterworfen und zur Kapitulation gezwungen. Gebt acht, daß sie sich nicht hinter meinem Rücken wieder erheben kann. Denn die Welt ist deshalb schlecht, weil sich diejenigen, die in ihr leben, nicht Gott unterwerfen. Das ewige Leben kann doch nur erlangen, wer die Welt hinter sich läßt, oder nicht? Lebt daher in der Welt wie Durchreisende, nicht wie Einwohner. Denkt daran, daß die Liebe zur Welt

---

190 Michael Asin et Palacios Nr. 30.
191 Michael Asin et Palacios Nr. 31.
192 Michael Asin et Palacios Nr. 32.
193 Michael Asin et Palacios Nr. 33.

die Wurzel jeder Schuld ist und daß ein Augenblick der Begierde denen, die sich darauf einlassen, sehr oft ewige Traurigkeit einbringt.«

Jesus hat auch gesagt: »Ich habe für euch diese Welt unterworfen, damit ihr auf ihrem Rücken thronen könnt wie auf einem erlegten Tier. Weder Könige noch Frauen können euch durch Versuchungen erweichen. Was die Könige angeht: Laßt euch nicht auf einen Streit um die Welt mit ihnen ein. Sie werden euch nicht daran hindern, sie und ihre Reichtümer zu verlassen. Was die Frauen angeht: Macht euch immun gegen sie durch Fasten und Beten.«

Jesus hat auch gesagt: »Die Welt besteht aus Menschen, die suchen und gesucht werden. Wer das ewige Leben sucht, den sucht die Welt, um ihn zu verführen, um vollständig alles zu sammeln, was für das gegenwärtige Leben nötig ist. Wer aber diese Welt sucht, den sucht das ewige Leben bis zu dem Tag, da der Tod kommt und ihn am Kragen packt.«[194]

Agraphon Nr. 195

Jesus sagte: »Liebe zu dieser Welt und Liebe zum ewigen Leben können nicht gleichzeitig im Herzen eines Glaubenden wohnen. Auch Feuer und Wasser können nicht in demselben Gefäß zusammenbleiben.«[195]

Agraphon Nr. 196

Die Jünger sagten zu Jesus: »Ach, nähmst du dir doch ein Haus, das dich schützt.« Jesus erwiderte: »Uns reichen die abgenutzten Kleider derer, die vor uns gelebt haben.«[196]

Agraphon Nr. 197

(Bei einem Unwetter suchte Jesus in einem Zelt Zuflucht; da sich dort aber eine Frau aufhielt, flüchtete er weiter in eine Höhle.) Er betete: »Mein Gott, für jedes Geschöpf hast du ein Haus bereitgestellt, wohin es sich flüchten kann. Nur für mich hast du keinen Zufluchtsort!« Da offenbarte ihm Gott: »Dein Zufluchtsort ist der feste Thron meiner Barmherzigkeit. Am Tage des Gerichts werde ich dir hundert schöne Mädchen zur Frau geben, die ich mit eigener Hand geformt habe, und viertausend Jahre lang wirst du auf deinem Thron alle Speisen bekommen, die dein Herz begehrt. Ein Tag

194 Michael Asin et Palacios Nr. 34.
195 Michael Asin et Palacios Nr. 35.
196 Michael Asin et Palacios Nr. 36.

davon wird sein wie das Leben der ganzen Welt. Und dann wird mein Herold diesen Ruf verkünden: ›Wo sind die Frommen, die auf die Güter dieser Welt verzichten? Kommt her und seht ihn euch an, den Thron dessen, der wahrhaft enthaltsam war, und gebt ihm die Ehre, Jesus, dem Sohn Marias.‹« [197]

Agraphon Nr. 198
Jesus, Marias Sohn, sagte: »Wehe dem Menschen, der die Welt liebt! Wie schwer wird er sterben, wenn er die Welt und alles, was darin ist, verlassen muß! Auf die Welt hat er seine Hoffnung gesetzt, und sie hat ihn betrogen. Auf sie hat er vertraut, und sie hat ihn enttäuscht. Wehe denen, die von der Welt betrogen wurden! Was sie von sich weisen, wird sie vernichten; was sie lieben, wird sie verlassen; und was ihnen angedroht ist, wird über sie kommen. Wehe dem Menschen, der sich um die Welt sorgt und dessen Werke Sünden sind. Für seine Schuld wird er bald mit Schande bedeckt werden!«[198]

Agraphon Nr. 199
Jesus ging durch ein Dorf, in dem die Bewohner tot vor den Eingängen ihrer Häuser und auf den Straßen lagen. Jesus sagte: »Seht her, ihr Apostel! Gottes Zorn muß sie ganz plötzlich dahingerafft haben. Sonst hätten sie sich sicher gegenseitig begraben.« Die Jünger sagten: »Wir möchten wissen, was mit ihnen geschehen ist.« Jesus flehte zu Gott, und Gott sagte zu ihm: »Wenn es Nacht wird, rufe sie zu dir, dann werden sie dir selbst ihre Geschichte erzählen.« Als es Nacht wurde, stieg Jesus auf einen Hügel und rief immer wieder: »Kommt her, ihr Dorfbewohner!« Einer von ihnen antwortete: »Da bin ich und gehorche dir, Geist Gottes!« Jesus fragte ihn: »Was ist mit euch geschehen, und wie ist es dazu gekommen?« Er antwortete: »Nach einer friedlichen Nacht fanden wir uns am nächsten Morgen plötzlich in der Hölle wieder.« Jesus fragte weiter: »Und warum ist das geschehen?« Der andere antwortete: »Wir liebten die Welt und machten mit Sündern gemeinsame Sache.« Da fragte Jesus: »Wie sehr habt ihr die Welt geliebt?« Er antwortete: »So wie ein Kind seine Mutter. Wenn sie uns freundlich aufnahm,

---

[197] Michael Asin et Palacios Nr. 37. Vgl. über den Millenarismus auch Hieronymus, Buch III In Matthaeum 19: »Wer eine Frau um des Herrn willen aufgegeben hat, wird in Zukunft hundert empfangen« (zu Mt 19,27-29).

[198] Michael Asin et Palacios Nr. 38.

waren wir froh, wenn sie uns den Rücken zukehrte, waren wir traurig und weinten und jammerten.« Jesus fragte: »Und was ist mit deinen Mitbürgern, warum haben sie mir nicht geantwortet?« Er antwortete: »Wilde und grausame Engel haben sie mit feurigen Fesseln angekettet.« Da wunderte sich Jesus: »Aber du, du bist doch einer von ihnen, warum konntest du mir antworten?« Er sagte: »Ich war zwar bei ihnen, doch nicht einer von ihnen. Als Gottes Strafe auf uns kam, hat sie mich gemeinsam mit ihnen getroffen. Aber ich schwebe noch über dem Höllenschlund. Ich weiß noch nicht, ob ich gerettet oder kopfüber hineingeworfen werde.« Da sagte der Messias zu seinen Aposteln: »Da habt ihr's! Wenn man Gerstenbrot mit Salz ißt, ein Gewand aus Kamelhaar anzieht und auf einem Misthaufen schläft, hat man schon eine Menge getan, wenn es nützt, das Seelenheil in diesem und im zukünftigen Leben zu erlangen.«[199] (Vgl. Nr. 70)

Agraphon Nr. 200
Jesus hat gesagt: »Was ist das für ein Mensch, der ein Haus auf Wellen bauen will? So ist die Welt. Glaubt nicht, daß sie fester Grund und Boden ist!«[200]

Agraphon Nr. 201
Die Jünger baten Jesus: »Sag uns einen Grund, weshalb Gott uns lieben könnte!« Jesus antwortete: »Wenn ihr die Welt haßt, dann wird Gott euch lieben.«[201]

Agraphon Nr. 202
Jesus hat gesagt: »Liebe Apostel! Wenn ihr Gottes Gebote ganz erfüllen wollt, begnügt euch mit den billigsten Dingen der Welt. Bei den Heiden ist es umgekehrt: Sie besitzen die Welt ganz und gar und geben sich mit sehr wenig Gottesdienst zufrieden.«[202]

Agraphon Nr. 203
Der Messias hat gesagt: »Suchst du die Welt zu gewinnen, damit du fromm und heilig leben kannst? Gott gefällt es viel besser, wenn du die Welt hinter dir läßt.« Und er fügte hinzu: »Zumindest dies kann man doch einsehen: Die Sorge, wie man die Güter der Welt bewah-

199 Michael Asin et Palacios Nr. 39.
200 Michael Asin et Palacios Nr. 40.
201 Michael Asin et Palacios Nr. 41.
202 Michael Asin et Palacios Nr. 42.

ren kann, hindert einen daran, an Gott zu denken. Und an Gott zu denken ist das Größte und Beste, was man tun kann.«[203]

Agraphon Nr. 204

Jesus, Marias Sohn, hat gesagt: »Die Würze meiner Speise ist der Hunger, mein Unterkleid die Furcht Gottes, das Oberkleid ist Wolle. Mein Wintermantel ist der warme Sonnenschein; meine Leuchte ist der Mond; mein Reitpferd sind meine Füße; Speise und Lebensunterhalt ist für mich alles, was die Erde von sich aus hervorbringt. Obwohl ich nichts besitze, wird es täglich Abend für mich; obwohl ich kein Gut mein eigen nenne, wird es täglich Morgen für mich. Niemand auf der ganzen Welt ist reicher als ich.«[204]

Agraphon Nr. 205

In einer Vision schaute Jesus die Welt als zahnloses altes Weib, doch reich mit Schmuck behängt. Er fragte sie: »Mit wie vielen Männern warst du verheiratet?« Das Weib antwortete: »Ich kann sie gar nicht zählen, so viele waren es.« Jesus fragte: »Sind sie alle gestorben, so daß du als Witwe übriggeblieben bist, oder haben sie sich von dir scheiden lassen?« Das Weib antwortete: »Ich habe sie alle eigenhändig umgebracht!« Da sagte Jesus: »Wehe den Männern, die dich geheiratet haben, ohne aus dem Geschick deiner früheren Männer zu lernen. Dabei hätten sie doch sehen können, wie du sie einzeln umgebracht hast. Und doch waren sie so unvorsichtig, dich zu heiraten!«[205]

Agraphon Nr. 206

Jesus hat gesagt: »Diese Welt ist eine Brücke. Geht wie Wanderer über sie hinweg. Hängt nicht an ihr wie Leute, die auf ihr wohnen.«[206]

Agraphon Nr. 207

Jesus hat gesagt: »Amen, ich sage euch: So wie ein Kranker die Nahrung ansieht und doch keinen Appetit hat, weil er große Schmerzen leidet, so freut sich auch der Liebhaber dieser Welt nicht am Glauben und erfährt nicht, wie er schmeckt, weil er in die Welt

203 Michael Asin et Palacios Nr. 43.
204 Michael Asin et Palacios Nr. 44.
205 Michael Asin et Palacios Nr. 45.
206 Michael Asin et Palacios Nr. 46. – Vgl. K. Berger, Die Weisheitsschrift aus der Kairoer Geniza, 1989, 2. A. 1996, zu WKG 2,18.

verliebt ist. Amen, ich sage euch: Ein wildes Füllen, das noch nicht geritten oder mit der Peitsche gezähmt wurde, ist ungelehrig und kann sich noch so oder so entwickeln. Genauso bleiben auch die Herzen der Menschen hart und eigenwillig, solange sie nicht weich gemacht sind durch den Gedanken an den Tod und die Zucht der Frömmigkeit. Amen, ich sage euch: Wie ein Mutterschoß, wenn er nicht zerrissen oder vertrocknet ist, gleich einem Gefäß für flüssigen Honig sein könnte, so können auch die Menschenherzen, wenn sie nicht durch Gier verdorben, durch Geiz besudelt oder durch Bequemlichkeiten vertrocknet sind, ein Gefäß für die Weisheit sein.«[207]

Agraphon Nr. 208
Jesus hat gesagt: »Wer die Welt sucht, ist wie ein Mensch, der Meerwasser trinkt. Je mehr er trinkt, um so größer wird der Durst, bis das Meerwasser ihn umbringt.«[208]

Agraphon Nr. 209
Die Apostel fragten Jesus: »Warum kannst du übers Wasser gehen, wir aber nicht?« Jesus fragte zurück: »Wie hoch schätzt ihr Denar und Drachme?« Die Jünger antworteten: »Sehr hoch.« Jesus entgegnete: »Für mich sind sie Dreck.«[209]

Agraphon Nr. 210
Jesus sagte: »Dreifaches Unheil liegt im Reichtum. Das eine ist, daß man ihn aus ungerechter Quelle erwirbt.« Die Jünger wandten ein: »Aber wenn das nicht der Fall ist?« Jesus antwortete: »Dann gibt man ihn für Dinge aus, die nicht erlaubt sind.« Wieder wandten die Jünger ein: »Aber wenn man das nicht tut?« Jesus erwiderte: »Dann macht man sich zu viele Sorgen um den Reichtum und kann nicht an Gott denken.«[210]

Agraphon Nr. 211
Jesus hat gesagt: »Wünscht euch vor allem etwas, das durch kein Feuer zerstört werden kann.« Die Jünger fragten: »Was ist das?« Jesus antwortete: »Was ihr euren Nächsten Gutes tut.«[211]

---

207 Michael Asin et Palacios Nr. 47.
208 Michael Asin et Palacios Nr. 48.
209 Michael Asin et Palacios Nr. 49.
210 Michael Asin et Palacios Nr. 50.
211 Michael Asin et Palacios Nr. 51.

Agraphon Nr. 212

Es traf sich, daß der Teufel Johannes, dem Sohn des Zacharias, leibhaftig erschien. Johannes fragte den Teufel: »Welcher Mensch ist dir besonders lieb, welchen verabscheust du besonders?« Der Teufel erwiderte: »Am liebsten ist mir ein geiziger Christ. Am meisten verabscheue ich den freigebigen Sünder.« Johannes fragte: »Warum das denn?« Da antwortete der Teufel: »Wenn ein Mensch geizig ist, dann genügt mir das schon. Was aber den freigebigen Sünder betrifft: Ich fürchte, daß Gott seine Freigebigkeit sieht und ihn dann gnädig aufnimmt.« Dann drehte der Teufel Johannes den Rücken zu und murmelte: »Wärst du nicht Johannes, ich hätte es dir nicht verraten.«[212]

Agraphon Nr. 213

Jesus, Marias Sohn, hat gesagt: »Ihr unglaubwürdigen Weisen! Ihr fastet, betet und spendet! Aber das, was ihr anderen vorschreibt, tut ihr selbst nicht, und was ihr andere lehrt, paßt nicht zu eurem eigenen Verhalten. Was für ein schändliches Leben führt ihr! Mit Worten und Wünschen wendet ihr euch an Gott, aber euer Handeln ist nur von der Gier diktiert. Was nützt es euch, wenn ihr eure Haut wascht, während eure Herzen vor Dreck starren? Amen, ich sage euch: Seid nicht wie das Sieb, das nach außen gutes Mehl herausgibt, innen drin aber nur Kleie behält. Aus eurem Mund kommen zwar sehr weise Worte, doch in euren Herzen bleibt der Haß. Ihr seid Sklaven dieser Welt! Wie will der das künftige Leben erlangen, der noch giert nach den Gütern dieser Welt und der nie genug bekommt? Amen, ich sage euch: Wegen dem, was ihr tut, werden eure Herzen weinen. Denn diese Welt legt ihr euch unter die Zunge als Eintrittsgeld für den Himmel, die guten Werke aber legt ihr geringschätzig unter eure Füße. Amen, ich sage euch: Ihr zerstört euer ewiges Leben, indem ihr nach einem glücklichen irdischen Leben strebt. Das Glück dieser Welt ist euch wichtiger als das Glück des zukünftigen Lebens. Kein Mensch ist weiter vom rechten Weg entfernt als ihr! Wehe euch, ihr faulen Ratgeber! Wie lange noch wollt ihr denen, die nachts einen Weg gehen, die Richtung weisen, selbst aber winkend vor der Haustür stehenbleiben? Den Völkern, die die Dinge der Welt genießen, haltet ihr mahnende Reden, aber doch nur, damit sie euch diese Dinge Stück für Stück überlassen. Wehe euch! Was nützt es einem finsteren Haus, wenn man ein Licht auf das Dach stellt, während das Innere eine

---

212 Michael Asin et Palacios Nr. 52.

verlassene dunkle Höhle ist? So nützt es auch euch nichts, wenn die Weisheit in euren Worten leuchtet, während euer Herz leer und ohne Erkenntnis ist. Ihr seid Sklaven dieser Welt! Nicht Sklaven, die ihren wirklichen Herrn fürchten, aber auch nicht Freie, denn die sind freigebig. Nicht mehr lange, dann wird die Welt selbst euch aus euren Wurzeln reißen und euch hinauswerfen, daß ihr vornüber auf die Nase fallt. Dann wird sie euch die Nase auf den Boden drücken und euch am Schopf packen, damit ihr eure Sündenschuld büßt. Sie wird euch vor sich hertreiben und jeden einzelnen von euch splitternackt dem Engel mit der Waage übergeben, der Gutes und Böses wiegt. Dieser Engel wird eure Schmach offenbaren und euch die Strafe zumessen, die der Bosheit eures Handelns entspricht.«[213]

Agraphon Nr. 214
Drei Reisende gingen einen Weg entlang und fanden einen Schatz. Sie sprachen zueinander: »Wir haben Hunger, einer von uns soll gehen und uns etwas zu essen kaufen.« Da ging einer von ihnen los, um Essen zu kaufen. Er dachte bei sich: »Es wäre doch eine gute Idee, wenn ich ein tödliches Gift in das Essen mischte. Wenn die beiden anderen davon kosten, dann sterben sie, und ich brauche den Schatz nicht mit ihnen zu teilen.« Also vergiftete er das Essen. Inzwischen waren die beiden anderen übereingekommen, daß sie ihn töten würden, wenn er zu ihnen zurückkäme, weil sie ebenfalls den Schatz allein besitzen wollten. Als der erste mit dem vergifteten Essen wiederkam, töteten sie ihn. Dann kosteten sie von dem Essen und starben. Als Jesus mit seinen Jüngern an dem Ort vorbeikam, sagte er zu ihnen: »So ist die Welt! Diese drei hat sie getötet, sie selbst aber hat ihre Opfer überdauert. Wehe denen, die die Welt nur in dieser Welt suchen.«[214]

Agraphon Nr. 215
Jesus, der Messias, hat gesagt: »Wenn Fastentag ist, soll man sein Haar kämmen und seine Augen mit Salbe bestreichen, aber die Lippen mit der Hand anfeuchten, damit die anderen nicht sehen, daß

213 Michael Asin et Palacios Nr. 53. Die Sitte, Verstorbenen ein Geldstück unter die Zunge zu legen, entstammt der griechischen Mythologie. Die Hinterbliebenen bezahlten damit das Fährgeld für den Totengott Charon, der die Toten über den Styx bis zum Eingangstor des Hades führte. Wertlose Grabbeigaben wurden dagegen unter die Füße gelegt.

214 Michael Asin et Palacios Nr. 54.

man fastet. Und wenn einer mit der rechten Hand eine Gabe spendet, soll es die linke Hand nicht wissen. Und wenn er betet, soll er den Vorhang an der Schlafzimmertür zuziehen. Denn Gott verteilt Lob genauso unbemerkt, wie er die Dinge verteilt, die zum Leben notwendig sind.«[215]

Agraphon Nr. 216
Der Messias hat gesagt: »Selig der, den Gott seine Botschaft gelehrt hat, bevor er stirbt. Denn so wird er nicht in Hochmut sterben.«[216]

Agraphon Nr. 217
Der Messias hat gesagt: »Selig die Demütigen in dieser Welt, denn am Tage des Gerichtes werden sie die besseren Plätze erhalten. Selig, die Frieden stiften zwischen Menschen in dieser Welt, denn am Tage des Gerichts werden sie das Paradies erben. Selig, die in dieser Welt ein reines Herz haben, denn sie werden am Tage des Gerichts Gott sehen.«[217]

Agraphon Nr. 218
Gott offenbarte Jesus: »Wenn ich dir eine Wohltat zukommen lasse und du sie dankbar und demütig annimmst, dann werde ich die Wohltat vollkommen machen.«[218]

Agraphon Nr. 219
Der Messias hat gesagt: »Ein Samenkorn sprießt in guter Erde, aber nicht auf hartem Fels. So wirkt die Weisheit in einem demütigen Herzen, nicht aber in einem stolzen. Wer seinen Kopf so hoch trägt, daß er damit bis ans Dach reicht, wird ihn sich anstoßen. Wer aber mit gebeugtem Haupt eintritt, dem spendet das Dach des Hauses Schatten und Schutz.«[219]

Agraphon Nr. 220
Jesus sagt: »Üppige Kleider, kaltes Herz.«[220]

---

215 Michael Asin et Palacios Nr. 55.
216 Michael Asin et Palacios Nr. 56.
217 Michael Asin et Palacios Nr. 57. – Vgl. Mt 5,7-9.
218 Michael Asin et Palacios Nr. 58.
219 Michael Asin et Palacios Nr. 59.
220 Michael Asin et Palacios Nr. 60.

Agraphon Nr. 221
Jesus sagt: »Was kommt ihr zu mir in Asketengewändern, wo doch eure Herzen wie die von reißenden Wölfen sind? Ihr könnt ruhig Königskleider anziehen, aber übt eure Herzen in Gottesfurcht.«[221]

Agraphon Nr. 222
Die Apostel sagten zum Messias: »Sieh, wie schön dieser Tempel ist.« Jesus erwiderte ihnen: »Mein Volk, mein Volk! Amen, ich sage euch: Gott wird keinen Stein dieses Tempels auf dem anderen lassen. Den ganzen Tempel wird er zerstören wegen der Sünden seines Volkes.[222] Denn Gott sind Gold, Silber und die schönen Steine, die ihr bestaunt, nicht wichtig. Nicht dieses Zeug liebt Gott, sondern ein gutes Herz. Wegen des Herzens läßt Gott blühen und wachsen. Wenn das Herz aber nicht gut ist, wird er genauso wegen des Herzens die Erde verwüsten.«[223]

Agraphon Nr. 223
Jesus war so vollkommen bescheiden, daß er zum Schlafen mit einem Stein als Kopfkissen vorliebnahm. Da trat der Teufel zu ihm und fragte ihn: »Hast du nicht um des zukünftigen Lebens willen dieser Welt abgesagt?« Jesus erwiderte: »Ja. Was willst du damit sagen?« Der Teufel antwortete: »Einen Stein als Kopfkissen zu nehmen, wie du es getan hast, bedeutet Genuß an den Freuden dieses Lebens. Weshalb legst du deinen Kopf nicht auf die Erde?« Sogleich warf Jesus den Stein weg und legte seinen Kopf auf die Erde.[224]

Agraphon Nr. 224
Der Messias hat gesagt: »Ihr werdet nicht erlangen, was ihr liebt, wenn ihr nicht ertragt, was ihr haßt.«[225]

Agraphon Nr. 225
Jesus, der Sohn Marias, spricht: »Früher hat man euch gesagt: Zahn um Zahn und Nase um Nase. Ich aber sage euch: Leistet dem Bösen Widerstand, aber nicht mit Bösem! Sondern wenn einer deinen rechten Kinnbacken zerschlagen hat, dann halte ihm auch den linken hin. Und wenn einer deinen Mantel geraubt hat, gib ihm

221 Michael Asin et Palacios Nr. 61.
222 Vgl. Mk 13,2.
223 Michael Asin et Palacios Nr. 62.
224 Michael Asin et Palacios Nr. 63.
225 Michael Asin et Palacios Nr. 64.

auch die Hose. Wer dich mit Gewalt gezwungen hat, tausend Schritte mitzugehen, den begleite zweitausend Schritte.«[226]

Agraphon Nr. 226
Als Zacharias vor den ungläubigen Kindern Israels fliehen mußte, verbarg er sich in einem Baum. Als seine Verfolger das bemerkten, holten sie eine Säge, um den Baum zu zersägen. Als die Säge den Kopf des Zacharias erreichte, stöhnte er. Da sagte Gott zu ihm: »Zacharias, wenn ich dich noch einmal stöhnen höre, werde ich dich ohne Zögern aus der Reihe der Propheten streichen.« Da ertrug Zacharias geduldig den Schmerz, bis sie ihn in zwei Teile zersägt hatten.[227]

Agraphon Nr. 227
(Ein Räuber erblickt Jesus und einen seiner Apostel, der hinter ihm hergeht, und will sich ihnen auf dem Weg anschließen. Er versucht, den Apostel einzuholen und sagt bei sich:) »Da ich ein Sünder bin, darf ich aber nicht so nahe bei diesem frommen Mann gehen.« (Der Apostel erblickt den Räuber und will ihn hinter sich lassen.) Da sagt Gott zu Jesus: »Sag den beiden, daß von jetzt an jeder von ihnen seinen Weg zum Heil von vorne beginnen muß, denn ich erkläre alles für nichtig, was sie bisher getan haben. Die guten Taten des Apostels erkläre ich für nichtig wegen seines Stolzes, und was den anderen Menschen betrifft, so erkläre ich auch seine bösen Taten für nichtig, weil er sich selbst verachtet hat.« Jesus teilte dies den beiden mit, lud den Räuber ein, ihn auf der Wanderschaft zu begleiten, und machte ihn zu einem seiner Apostel.[228]

Agraphon Nr. 228
Der Messias sagte: »Ihr Apostelschar! Ihr habt Angst vor den Sünden. Wir aber, die Propheten, fürchten den Unglauben.«[229]

Agraphon Nr. 229
(Johannes der Täufer weint so bitterlich, daß auch Bäume und Steine sich erweichen lassen.) Er sagt (zu Zacharias): »Der Engel Gabriel hat mich gelehrt, daß zwischen Paradies und Hölle eine

[226] Michael Asin et Palacios Nr. 65. – Vgl. Mt 5,38-41.
[227] Michael Asin et Palacios Nr. 66.
[228] Michael Asin et Palacios Nr. 67.
[229] Michael Asin et Palacios Nr. 68.

große Wüste ist, die man allein mit der Kraft der Tränen durchqueren kann.«[230]

Agraphon Nr. 230
Der Messias hat gesagt: »Ihr Apostelschar! Furcht vor Gott und Liebe zum Paradies bewirken, daß man geduldig ist im Leiden und sich trennt von dieser Welt. Amen, ich sage euch: Gerstenbrot essen, ein rauhes Tuch anziehen und zusammen mit den Hunden auf dem Misthaufen schlafen, das ist doch wenig auf der Suche nach dem Paradies.«[231]

Agraphon Nr. 231
Der Messias kam auf seiner Wanderung an einem Menschen vorbei, der in sein eigenes Gewand gehüllt dalag und schlief. Jesus weckte ihn und sagte: »Steh auf, Schläfer, und denk an Gott!« Der aber entgegnete: »Was willst du von mir? Ich habe diese Welt schon denen überlassen, die von dieser Welt sind.« Da sagte Jesus zu ihm: »Dann schlaf weiter, Freund!«[232]

Agraphon Nr. 232
Der Messias hat gesagt: »Kaum wird ein Reicher in den Himmel kommen!«[233]

Agraphon Nr. 233
Der Messias hat gesagt: »Ich liebe die Armut und hasse den Reichtum.« Von allen Namen, mit denen man ihn anredete, war ihm dieser der liebste: »Du armer Mann!«[234]

Agraphon Nr. 234
Der Messias hat gesagt: »Schielt nicht nach dem Reichtum der Heiden, der von dieser Welt ist. Denn der Glanz ihrer Reichtümer läßt das Licht eures Glaubens matt aussehen.«[235]

Agraphon Nr. 235
Der Messias hat gesagt: »Die Welt ist eine Brücke. Geht darüber, aber laßt euch nicht darauf nieder.« Jemand bat Jesus: »Lieber Pro-

230 Michael Asin et Palacios Nr. 69.
231 Michael Asin et Palacios Nr. 70.
232 Michael Asin et Palacios Nr. 71.
233 Michael Asin et Palacios Nr. 72. – Vgl. Mk 10,23b.
234 Michael Asin et Palacios Nr. 73.
235 Michael Asin et Palacios Nr. 74.

phet, könntest du uns sagen, wie wir ein Haus bauen sollen, in dem wir Gott anbeten können?« Jesus entgegnete: »Geht und baut ein Haus auf dem Wasser!« Da fragten die Jünger: »Wie kann ein Haus Bestand haben, das auf Wasser gebaut ist?« Jesus antwortete ihnen: »Und wie kann Anbetung Gottes Bestand haben auf dem Fundament der Liebe zur Welt?«[236]

Agraphon Nr. 236
Der Messias hat gesagt: »Vier Dinge sind nur mit großer Mühe zu erlangen: Schweigen, der Anfang des frommen Lebens, die Demut, oft an Gott zu denken, und Bescheidenheit in bezug auf die Notwendigkeiten dieser Welt.«[237]

Agraphon Nr. 237
Jesus, Marias Sohn, trug Kleider aus Kamelhaaren, nährte sich von den Früchten der Bäume, er hatte kein Kind, das hätte sterben können, und kein Haus, das man hätte zerstören können. Er sammelte keine Schätze für den nächsten Tag und schlief an der Stelle, an der die Nacht ihn überraschte.[238]

Agraphon Nr. 238
Johannes kleidete sich mit so hartem Tuch, daß es seine Haut durchscheuerte. So mied er die Annehmlichkeiten weicher Kleidung und zärtlicher Berührung. Eines Tages bat ihn seine Mutter, statt des härenen Gewandes einen Wollmantel zu tragen. Als Johannes das getan hatte, sagte Gott zu ihm: »Johannes, du hast die Welt lieber als mich!« Da weinte Johannes, zog das wollene Gewand aus und das harte Gewand wieder an.[239]

Agraphon Nr. 239
Jesus saß im Schatten einer Hauswand bei einem Menschen. Als ihn der Besitzer des Hauses von dort vertrieb, sagte er: »Nicht du hast mich von dort vertrieben, sondern Gott, dem es gar nicht gefallen hat, daß ich es mir im Schatten einer Hauswand gutgehen ließ.«[240]

---

236 Michael Asin et Palacios Nr. 75. – Vgl. Agraphon Nr. 206.
237 Michael Asin et Palacios Nr. 76.
238 Michael Asin et Palacios Nr. 77.
239 Michael Asin et Palacios Nr. 78.
240 Michael Asin et Palacios Nr. 79.

Agraphon Nr. 240
Der Messias sagte zu den Kindern Israels: »Ich empfehle euch reines Wasser als Trank, die Kräuter des Waldes als Beikost und Gerstenbrot als Nahrung. Meidet Weizenbrot, denn dafür könntet ihr Gott niemals angemessen danken.«[241]

Agraphon Nr. 241
Der Messias trug nichts anderes bei sich als einen Kamm und eine Tasse. Als er einen Menschen erblickte, der sich den Bart mit seinen Fingern kämmte, warf er sofort den Kamm weg. Als er einen anderen sah, der mit seinen Händen zum Trinken Wasser aus einem Fluß schöpfte, warf er sogleich die Tasse weg.[242]

Agraphon Nr. 242
Jesus sagte: »Schaut euch die Vögel an, sie säen nicht, sie ernten nicht und sammeln nicht in Scheunen. Doch Gott ernährt sie Tag um Tag.[243] Wenn ihr aber einwendet: ›Wir haben einen größeren Magen als sie‹, dann sage ich euch: Schaut euch die Kamele an. Gott hat ihnen die Dinge zur Nahrung bestimmt, die von der Natur hervorgebracht werden.«[244]

Agraphon Nr. 243
Jesus hat gesagt: »Weise ist, wer sich freut, wenn Unglück und Krankheit seinen Leib und seinen Reichtum treffen. Denn man darf hoffen, daß dies dazu beitragen wird, daß ihm seine Sünden vergeben werden.«[245]

Agraphon Nr. 244
Ich bin mit einem Zeichen von eurem Herrn zu euch gekommen: Ich mache euch aus Lehm etwas, das so aussieht wie Vögel. Dann blase ich hinein, und wenn Gott will, werden es wirkliche Vögel.[246] Und wenn Gott will, werde ich Blinde und Aussätzige heilen und Tote (wieder) lebendig machen. Und ich werde euch von dem erzählen, was ihr in euren Häusern eßt und speichert (ohne es gesehen zu haben). Wenn ihr gläubig seid, ist das für euch ein Zeichen.[247]

---

241 Michael Asin et Palacios Nr. 80.
242 Michael Asin et Palacios Nr. 81.
243 Vgl. Mt 6,26.
244 Michael Asin et Palacios Nr. 82.
245 Michael Asin et Palacios Nr. 83.
246 Vgl. Kindheitsevangelium des Thomas (s. unten) 2,2-4.
247 Koran, Sure 3,49 (Paret).

Agraphon Nr. 245
Und (ich bin gekommen, um) zu bestätigen, was von der Thora vor mir da war. Ich will euch einiges von dem erlauben, was euch (durch euer Gesetz) verboten worden ist. Ich bin mit einem Zeichen von eurem Herrn zu euch gekommen. Daher fürchtet Gott und gehorcht mir. Gott ist mein und euer Herr. Dient ihm. Das ist ein gerader Weg.[248]

Agraphon Nr. 246
Als Jesus aber feststellte, daß sie ungläubig waren, sagte er: »Wer sind meine Helfer (auf dem Weg) zu Gott?« Die Jünger sagten: »Wir sind die Helfer Gottes. Wir glauben an ihn.«[249]

Agraphon Nr. 247
Christus hat (selber) gesagt: »Ihr Kinder Israel! Dient Gott, meinem und eurem Herrn.«[250]

Agraphon Nr. 248
Ihr Kinder Israel! Ich bin von Gott zu euch gesandt, um zu bestätigen, was von der Thora vor mir da war, und einen Gesandten mit hochlöblichem Namen zu verkünden, der nach mir kommen wird.[251]

Agraphon Nr. 249
Die Welt ist ein Ort des Übergangs; dafür gibt es viele Beispiele. Seid Pilger in der Welt und laßt euch warnen durch die Spuren derer, die euch vorausgegangen sind.[252]

Agraphon, Nr. 250
Geh in der Mitte, aber bleib auf einer Seite.[253]

Agraphon Nr. 251
Achte darauf, wie du dich Sündern gegenüber verhältst.[254]

---

248 Koran, Sure 3,50 und 51 (Paret).
249 Koran, Sure 3,52 (Paret). Vgl. ebenso: Koran, Sure 61,14.
250 Koran, Sure 5,76 (Paret).
251 Koran, Sure 61,6 (Paret).
252 Jacut, Geographisches Lexikon (D. S. Margoliouth: Christ in Islam, in: Expository Times 5 [1893/94] 59.107.177f.503f.561, Nr. 2).
253 Baidawi, Koran-Kommentar (D. S. Margoliouth: Christ in Islam, in: Expository Times 5 [1893/94] 59.107.177f.503f.561, Nr. 3).
254 Zamakhshari, Koran-Kommentar Margoliouth 41.

Agraphon Nr. 252
Seid wachsam und habt Geduld bis sich das, was in den Evangelien über das Weltende geschrieben steht, erfüllt hat. Es kommt bestimmt... Meine Erwählten, ihr seid doch erwählt und ausgesucht auf der ganzen Welt, habt ein wenig Geduld, bis das erfüllt ist, was im Gesetz geschrieben steht.[255]

Agrapha der Apostel

Agraphon Nr. 253
Selig, wer fastet, um dafür einen Armen zu ernähren.[256]

Agraphon Nr. 254
Der Erlöser hat uns aufgetragen, Opfer darzubringen, doch nicht durch unverständige Tiere oder Räucherwerk, sondern durch geistgewirkte Lieder, Lobpreisungen, Danksagungen sowie durch Gemeinschaft mit dem Nächsten und gute Werke ihm gegenüber.[257]

Agraphon Nr. 255
Wer am Sonntag seinem Leben Schaden zufügt, ist bei Gott verflucht.[258]

Agraphon Nr. 256
Achtet euren Bischof wie Christus, wie es die seligen Apostel euch befohlen haben. Wer innerhalb des Altarraums steht, ist rein. Deswegen gehorcht er dem Bischof und den Ältesten. Wer draußen steht, der handelt ohne Bischof, Älteste und Diakone. Ein solcher Mensch ist in seinem Gewissen befleckt und schlimmer als ein Nichtgläubiger.[259]

Agraphon Nr. 257
(Petrus:) »Wenn derselbe Mensch erst baut und dann das Gebäude einreißt, was hat er davon außer Mühen?«[260]

---

255 Brief des Pisuntios, vgl. A. Périer, Lettre de Pisuntios, évêque de Qeft, à ses fidèles, in: ROC 9 (19) (1914) 302-323, arabischer Text S. 302, französische Übersetzung S. 316.
256 Origenes, Lev Homilie X 2.
257 Epiphanius Haer 33,5 p. 220 AB; 56,57 p. 669D-670A.
258 Epiphanius Haer 70,11 p. 823 D aus einer »Anordnung der Apostel«.
259 Pseudo-Ignatianen, Trall 7.

Agraphon Nr. 258
(Paulus:) »Urteilt nicht nach eigenem Ermessen über eure Brüder.«[261]

Agraphon Nr. 259
(Petrus:) »Wer leidet, ist Gott nahe.«[262]

Agraphon Nr. 260
(Matthias:) »Kämpft gegen die menschliche Schwäche und gegen die Anfälligkeit der menschlichen Natur. Gebt ihr in keiner Weise nach, und gebt euch nicht egoistischer Triebhaftigkeit hin. Das Wachstum der Seele muß man mit Glauben und Erkenntnis fördern.«[263]

Agraphon Nr. 261
(Matthias:) »Staune über das, was vor dir liegt.«[264]

Agraphon Nr. 262
(Matthias:) »Wenn der Nachbar des Erwählten gesündigt hat, dann hat der Erwählte gesündigt.«[265]

Agraphon Nr. 263
(Barnabas:) »In einem schlechten Wettkampf ist der Sieger unglücklicher als der Besiegte, denn er geht mit größerer Sünde davon.«[266]

Agraphon Nr. 264
Die »Apostel«: »Diejenigen, welche seinen (Christi) Leib und sein Blut empfangen haben, sind alle Brüder, ihre Mutter ist die christliche Kirche und ihr Vater Gott; zusammen mit Christus, den sie empfangen haben, sprechen sie laut: ›Vater unser im Himmel‹.«[267]

260 Oecumenius, Kommentar z. Jakobusbrief 5,16 (Resch, Agrapha, S. 277).
261 Optatus v. Mileve, De Schismate Donatistarum I 5 (Dupin S. 5).
262 Gregor v. Nazianz, Brief 16 an seinen Bruder Caesarius und Elias von Kreta (Resch, Agrapha, S. 279).
263 Clemens v. Alexandrien, Stromateis III 4,26.
264 Clemens v. Alexandrien, Stromateis II 9,45.
265 Clemens v. Alexandrien, Stromateis VII 13,82 (Resch, Agrapha, S. 282).
266 Vgl. Resch, Agrapha, S. 282 Nr. 77.
267 Kebra Nagast K. 28, Bezold p. 18.

Agraphon Nr. 265
(Paulus:) »Die viele Weiber nehmen, bringen selbst Strafe auf sich.«[268]

Agraphon Nr. 266
(Paulus:) »Hat nicht der Same Abrahams jenen Samen Sems emporgehoben?«[269]

Agraphon Nr. 267
(Der Apostel:) »Sucht sie (sc. die Worte Gottes) heute, morgen und für immer.«[270]

Agraphon Nr. 268
(Petrus:) »Unter die Wölfe hat uns der Herr gesandt, nicht unter gerechte Schafe.«[271]

Agraphon Nr. 269
(Paulus) zu den »Heiden«: »Gebt acht, daß euer Besitz nicht ungerecht ist, daß ihr nicht sündig baut, daß ihr nicht wie für ewig baut, daß ihr nicht wie für ewig besitzt, daß ihr die Welt nicht verschwenderisch verbraucht, denn die sichtbare Gestalt der Welt vergeht sehr schnell.«[272]

Agraphon Nr. 270
(Paulus:) »Du sollst alles mit allen sein.«[273]

---

268 Ibid.
269 Kebra Nagast K. 95, Bezold p. 102. Bezold bemerkt dazu (Röm 4,2): »Der Sinn ist offenbar: Ebenso wie Abraham wurden auch die Abessinier durch den Glauben gerechtfertigt.«
270 Lib Grad I 1 Kmosko 12.
271 Lib Grad V 18 Kmosko 133.
272 Lib Grad X 5 Kmosko 260; vgl. 1 Kor 7,31.
273 Lib Grad XI 4 Kmosko 279.

DIE APOKALYPSE PETRI

Unter dem Namen Petrus-Apokalypse sind aus dem 2. Jh. n. Chr. drei unterschiedliche Texte bekannt, die griechische, die äthiopische und die koptische Petrus-Apokalypse. Die griechische und äthiopische Version sind miteinander literaturgeschichtlich verwandt. Die koptische Apokalypse ist ein ganz eigener Text.

A) Die griechische Petrus-Apokalypse

Einleitung: Der griechische Text wurde in einem ersten Fragment 1892 von U. Bouriant zum ersten Male publiziert. Es handelte sich um einen Fund, den man 1886/87 bei Akhmim in Ägypten gemacht hatte: In einem Mönchsgrab fand man die griechische Petrus-Apokalypse und dazu Teile des griechischen Henochbuches und des Petrus-Evangeliums (siehe oben). Alle drei Texte waren im 8./9. Jh. geschrieben. Dank eines übereinstimmenden Zitates bei Clemens von Alexandrien, *Eclogae propheticae* 41, und eines in ibid., 48, konnte der Text als Petrus-Apokalypse identifiziert werden. Weitere Textfunde aus der Oxforder Bodleiana (1911) und aus der Wiener Papyrussammlung (1931) kamen hinzu. Adolf v. Harnack hat 1893 den Text in 34 Abschnitte geteilt.
Inhaltlich erörtert der Text in der Hauptsache Strafen in der Unterwelt, wie sie der Antike z. B. seit dem 5. Buch der homerischen Odyssee und dem 6. Buch von Vergils Aeneis geläufig waren (vgl. die zusammenfassende Darstellung von A. Dieterich, *Nekyia*, 1893, ^{2}1913).
Clemens v. Alexandrien betrachtet die Petrus-Apokalypse als heilige Schrift.
Neuerdings wird bedeutungsvoll, wo die Petrus-Apokalypse im Leben Jesu verortet wird: nach dem Abendmahl und vor dem Gebet Jesu in Gethsemane. An derselben Stelle setzt das Unbekannte Berliner Evangelium ein (s. oben): Hier wie dort ist dieses der Ort einer Verklärungsszene auf dem Berg, hier wie dort wird die »Zukunft« des Heils geoffenbart. Sowohl das koptische Fragment Straßburg (s. oben) wie das Tanzlied (s. unten) hatten mutmaßlich denselben »Sitz im Leben«, nämlich als passionsdidaktisch orientierte narrativ-liturgische Stücke.

Textgrundlage: E. Klostermann: Apocrypha I: Reste des Petrus-Evangeliums, der Petrus-Apokalypse und des Kerygma Petri, Kl. Texte 3, Berlin 1933.

1

1 »... Viele von ihnen werden Lügenpropheten sein. Sie werden heil-
lose Lebensweisen lehren und vielfältige Regeln verbreiten, die
2 nicht zum Heil führen. / Sie selbst werden dem Unheil anheimfal-
3 len. / Dann wird Gott zu denen kommen, die an mich glauben. Das
sind die, welche von Hunger und Durst gequält werden, Not leiden
und sich in diesem irdischen Leben einer Bewährungsprobe unter-
ziehen. Gott wird die verurteilen, die unrecht getan haben.«

2

4 Dann sagte der Herr weiter: »Wir wollen auf den Berg gehen und
5 beten[1].« / Wir zwölf Jünger gingen mit ihm und baten ihn: »Zeige
uns eins von unseren verstorbenen Geschwistern, die als Gerechte
aus der Welt gegangen sind. Wenn wir feststellen können, wie sie
aussehen, können wir selbst neuen Mut schöpfen und den Men-
schen, die auf uns hören, Mut machen.«

3

6 Und als wir beteten, standen in einer Erscheinung plötzlich zwei
Männer vor dem Herrn. Wir konnten ihren Anblick nicht ertragen.
7 / Denn von ihrem Antlitz ging ein Licht aus, das hell wie die Sonne
war. Ihr Gewand strahlte so hell, wie keines Menschen Auge es je ge-
sehen hatte. Keine Sprache kann beschreiben und kein Herz kann
erfassen, wie herrlich ihr Gewand und wie schön ihre Gestalt war. /
8 Als wir die Männer sahen, waren wir außer uns. Denn ihre Körper
9 leuchteten weißer als aller Schnee und röter als jede Rose. / Das Rote
an ihnen war mit dem Weißen vermischt. Ich kann ganz einfach ihre
10 Schönheit gar nicht beschreiben. / Ihr Haar war gelockt und lieb-
lich und fügte sich mit ihrem Antlitz und den Schultern zusammen
wie ein Kranz aus Nardenblüten und bunten Blumen oder wie ein
Regenbogen in den Lüften. So wunderschön war ihr Anblick.

---

[1] Berg und Erscheinung sind auch typisch für die verwandten Texte UBE und kopt. Fragment Straßburg.

4
Als wir ihre Schönheit sahen, konnten wir uns nicht fassen. Denn 11
sie waren so plötzlich erschienen. / Und ich wandte mich an den 12
Herrn und fragte ihn: »Wer sind diese Menschen?« / Der Herr ant- 13
wortete: »Das sind unsere gerechten Brüder und Schwestern, deren
Gestalt ihr sehen wolltet.« / Ich fragte ihn weiter: »Und wo sind alle 14
die anderen Gerechten, und wie ist die Himmelssphäre, in der sie
in solcher Herrlichkeit leben?«

5
Daraufhin zeigte mir der Herr ein riesiges Gebiet außerhalb dieser 15
Welt, in überhellem Licht. Die Luft dort flimmerte von Sonnen-
strahlen, und auf dem Boden blühten unverwelkliche Blumen, der
ganze Ort war voller Pflanzen, die wunderschön blühten, niemals
welkten und gesegnete Früchte trugen. / Die Blüten dufteten so in- 16
tensiv, daß der Duft sogar bis zu uns herüberzog. / Die Bewohner 17
dieses Gebietes trugen leuchtende Gewänder wie Engel, die hell wa-
ren wie der ganze Ort. / Sie lebten dort mit Engeln zusammen. / 18
Alle, die dort wohnten, trugen den gleichen Glanz, und ganz ein- 19
stimmig lobten sie Gott, den Herrn. / Und der Herr sagte zu uns: 20
»Dies ist das Gebiet eurer Brüder und Schwestern, der gerechten
Menschen.«

6
Diesem Ort gegenüber sah ich auch noch einen anderen Ort, der 21
war ganz düster. Es war der Ort der Strafe. Die dort Bestraften und
die strafenden Engel waren finster gekleidet, und auch die Luft des
Ortes war ganz finster.

7
Dort waren einige an ihrer Zunge aufgehängt, weil sie gegen den 22
gerechten Weg[2], das Christentum, gelästert hatten. Zur Strafe zün-
gelte Feuer unter ihnen.

8
Es gab da auch einen großen See voll von brennendem Schlamm, in 23
dem steckten Menschen, die sich von der Gerechtigkeit abgewandt
hatten. Bei ihnen standen Engel und quälten sie.

---

2 Vgl. Mt 21,32.

9

24 Außerdem waren dort noch andere zu sehen: Frauen, die an ihren Haaren über dem kochenden Schlamm hingen, weil sie sich zum Ehebruch geschmückt hatten, und die Männer, die sich mit ihnen zu schändlichem, ehebrecherischem Tun eingelassen hatten und nun, an ihren Füßen aufgehängt, mit ihren Köpfen im Schlamm steckten und schrien: »Wenn wir das gewußt hätten, daß wir hierher kommen würden ...«.

10

25 Ich sah auch die Mörder und ihre Mitwisser, die in eine Schlucht voll von giftigem Gewürm geworfen waren, das sie quälte, so daß sie sich in ihrer Bestrafung wanden, von den Würmern wie von finsteren Wolken bedrängt. Die Ermordeten aber standen daneben, sahen, wie schrecklich es ihren Mördern erging, und riefen: »Gott, gerecht ist dein Gericht.«

11

26 Ganz in der Nähe erblickte ich eine andere Schlucht, wo Eiter und stinkender Ausfluß von Bestraften zu einem großen See herabfloß. Dort saßen Frauen bis zum Hals im Eiter, ihnen gegenüber eine große Menge heulender Embryos. Von ihnen gingen Feuerblitze aus, die in die Augen der Frauen einschlugen[3]. Das waren die Frauen, die unehelich schwanger geworden und die Kinder abgetrieben hatten.

12

27 Andere Männer und Frauen standen an einem finsteren Ort bis zum Bauch in einem Flammenmeer. Sie wurden von bösen Geistern gegeißelt, und an ihren Eingeweiden taten sich nimmermüde Würmer gütlich. Das waren Menschen, welche die Gerechten verfolgt und ausgeliefert hatten.

13

28 Nahe bei ihnen fand ich noch mehr Frauen und Männer, die ihre Lippen zerbissen und denen zur Peinigung feurige Eisen in die Au-

3 Vgl. Clemens v. Alexandrien, *Eclogae propheticae* 41: »Die Schrift sagt: Die ausgesetzten Kinder werden einem Engel Temeluchos übergeben, durch ihn werden sie erzogen und wachsen auf. Sie werden sein wie die hundertjährigen Gläubigen hier. Darum sagt auch Petrus in seiner *Offenbarung*: ›Und ein feuriger Blitz ging von jenen Kindern aus und schlug in die Augen der Frauen ein.‹«

gen gestoßen wurden. Das waren die, welche den gerechten Weg[4], das Christentum, gelästert und schlecht über ihn geredet hatten.

14

Ihnen gegenüber standen andere Männer und Frauen, die ihre Zun- 29
gen zerbissen und brennendes Feuer im Mund hatten. Das waren die falschen Zeugen.

15

An einem anderen Ort lagen kleine, scharfe, glühende Steine, 30
schärfer als Schwerter und spitzer als jeder Spieß. In schmutzige Lumpen gekleidete Männer und Frauen mußten sich zur Strafe auf ihnen hin- und herwälzen. Das waren die Reichen, die ihr Herz an ihren Reichtum gehängt hatten und mit Waisen und Witwen kein Erbarmen zeigten, sondern Gottes Gebot mißachteten.

16

Dann war da noch ein großer See, voll von Eiter, Blut und kochen- 31
dem Schlamm. In dem standen Männer und Frauen bis zu den Knien. Das waren solche, die Geld verliehen und dafür Wucherzinsen verlangt hatten.

17

Andere Männer und Frauen wurden von einem hohen Abhang her- 32
untergetrieben. Wenn sie unten ankamen, wurden sie von ihren Peinigern angetrieben, wieder den Abhang hinaufzusteigen, von wo aus sie sogleich wieder hinuntergetrieben wurden. Bei dieser Bestrafung ließ man ihnen keine Ruhe. Dies sind die Männer, die ihren Körper besudelten, indem sie wie Frauen auftraten, und die Frauen, die miteinander geschlafen hatten, als wären sie Mann und Frau.

18

Bei jenem Abhang war ein Ort voller Feuer. Dort standen die Män- 33
ner, die sich mit eigenen Händen Götzenbilder geschnitzt hatten, anstatt Gott anzubeten.[5]

---

4 Vgl. Mt 21,32.

5 Vgl. dazu das Fragment aus der Bodleiana in Oxford (M. R. James, 1911): »... (Männer und) Frauen, halten Ketten und geißeln sich selbst vor den verführerischen Götzenbildern. Unaufhörlich werden sie gepeinigt werden. Nahe bei ihnen werden andere Männer und Frauen sein ..., das sind die, die den Weg Gottes ganz verlassen haben und ...«. Der Zu-

19

In ihrer Nähe waren andere Männer und Frauen, die sich ohne Unterlaß und ohne Ende gegenseitig mit feurigen Ruten schlugen.

20

34 Und nahe bei ihnen waren nochmals andere Frauen und Männer,
die im Feuer gebraten, gewendet und gebacken wurden. Das waren
solche, die den Weg Gottes verlassen hatten.

B) Die äthiopische Petrus-Apokalypse

Einleitung: Die äthiopische Fassung der alten Petrus-Apokalypse ist seit 1910 bekannt (S. Grébaut), doch erst M. R. James konnte diese Version 1911 einordnen und bestimmen.
Die äthiopische Fassung enthält Elemente der griechischen Version.

Textgrundlage: S. Grébaut: La seconde venue du Christ et la résurrection des morts, in: ROC 1910, 198-214.307-323.425-439 (äthiopisch und französisch). Andere Übersetzung: C. D. G. Müller, Die Offenbarung des Petrus, in: W. Schneemelcher, Neutestamentliche Apokryphen II 1989, 566-578 (nach W. Duensing).
Die Verseinteilung ist hier neu eingeführt worden.

1

1 Als Jesus Christus auf dem Ölberg saß, näherten sich ihm seine Jün-
2 ger. / In der Einsamkeit[6] haben wir ihn angebetet, ihn angefleht und
gebeten: »Offenbare uns, welches die Zeichen sein werden, die uns
zeigen, daß du wiederkommst und daß das Ende der Welt da ist. /
3 Dann können wir die Zeit verstehen und begreifen, in der du kom-
4 men wirst. / Wir können dann auch die nächste Generation unter-
weisen. Wir predigen ihnen das Wort deines Evangeliums und set-
5 zen sie in deiner Kirche ein. / Wenn sie die Botschaft hören, sollen
6 sie sich bemühen zu erkennen, wann du wiederkommst.« / Unser
Herr antwortete: »Gebt acht, daß man euch nicht verführt, daß ihr
7 nicht zweifelt und fremden Göttern dient. / Viele werden kommen

sammenhang von Götzendienst und sexueller Perversion (hier Kapitel 17 und 18) ist auch von Paulus in Röm 1,22-27 angesprochen worden.

[6] Äthiopisch: »jeder für sich« – vielleicht Wiedergabe von Mt 24,3 parr (in der Einsamkeit).

in meinem Namen und sagen: ›Ich bin der Christus.‹ Glaubt ihnen
nicht, und geht nicht zu ihnen hin. / In Wirklichkeit wird der Men- 8
schensohn kommen, ohne daß man es vorher weiß. / Denn so wie 9
der Blitz, der vom Osten bis zum Westen her sichtbar ist, so werde
ich kommen auf den Wolken des Himmels mit einem großen Heer
in meiner Herrlichkeit. / Mein Kreuz wird vor mir hergehen. / Ich 10, 11
werde kommen in meiner Herrlichkeit und siebenmal heller strah-
len als die Sonne. / Ich werde kommen in meiner Herrlichkeit mit 12
allen meinen Heiligen und mit meinen Engeln. / Das wird gesche- 13
hen, wenn mein Vater mir eine Krone auf mein Haupt setzt, damit
ich die Lebendigen und die Toten richte und jedem vergelte nach
seinen Werken.

2

Um das zu verstehen, nehmt den Feigenbaum als Beispiel. / Wenn 1, 2
seine Sprosse hervorkommen und seine Zweige getrieben haben,
dann kommt das Ende der Welt.« / Ich, Petrus, erwiderte: »Erkläre 3
mir, wie wir das mit dem Feigenbaum verstehen sollen. / Woran 4
sollen wir das Ende der Welt erkennen, denn der Feigenbaum
sprießt doch alle Tage und bringt jedes Jahr seinen Besitzern
Früchte. Was bedeutet also das Beispiel des Feigenbaums? Wir ver-
stehen es nicht.« / Da fragte mich der Lehrer: »Weißt du nicht, daß 5
der Feigenbaum das Haus Israel ist? / Hör zu: Ein Mann hatte in 6
seinem Garten einen Feigenbaum gepflanzt. / Der trug keine Fei- 7
gen. Lange Jahre schaute der Mann vergeblich nach, ob er Früchte
trug. / Da er nie welche fand, sagte er zum Gärtner: ›Reiß diesen 8
Feigenbaum aus, damit unser Land nicht für uns nutzlos ist.‹ / Der 9
Gärtner sagte zu Gott: ›Wir, deine Sklaven, wollen zuerst das Land
von Unkraut reinigen, den Boden unter dem Baum umgraben und
ihn gut wässern. / Erst wenn er dann nicht gleich Frucht bringt, 10
wollen wir seine Wurzeln aus dem Garten entfernen und einen an-
deren Feigenbaum an seine Stelle pflanzen.‹ / Verstehst du nicht, 11
daß der Feigenbaum das Haus Israel ist? / Wahrlich, ich sage dir, in 12
den letzten Tagen, wenn seine Zweige getrieben haben, werden lüg-
nerische Messiasse kommen. / Sie werden große Versprechungen 13
machen und sagen: ›Ich bin der Christus, der in die Welt gekommen
ist.‹ / Und wenn die Menschen die Bösartigkeit ihrer jeweiligen 14
Werke gesehen haben, werden sie hinter ihnen hergehen und den
ersten Christus ableugnen, ihn, den man gekreuzigt hat und dem
unsere Väter Lobpreis sagten. / Man wird gewaltig sündigen. Der 15
Lügner aber ist nicht Christus. Wenn sich einer ihm widersetzt,
wird er ihn mit dem Schwert töten. / Es wird viele Märtyrer geben. 16

17 / Dann werden die Zweige des Feigenbaumes, nämlich des Hauses
18 Israel, treiben. / Mit eigener Hand wird es Märtyrer schaffen. Viele
19 werden sterben und Märtyrer werden. / Henoch und Elia werden
gesandt werden, um die Menschen zu überzeugen, daß der Lügen-
20 messias der Verführer ist. / Der Verführer muß in die Welt kommen
und Zeichen und Wunder tun, um die Menschen zu verführen. /
21 Deshalb werden die, die durch seine Hand gestorben sind, Mär-
tyrer[7] sein und zu den guten und gerechten Märtyrern gezählt wer-
22 den. / Sie haben in ihrem Leben Gott gefallen.«

3

1 Mit seiner Rechten zeigte mir Jesus Christus die Seelen aller Men-
schen und auf seiner rechten Handfläche ein Bild der Ereignisse, die
2 am Jüngsten Tag eintreten werden. / Er zeigte mir, wie Gerechte
3 und Sünder getrennt werden. / Er ließ mich sehen, wie es denen er-
gehen wird, die ein rechtes Herz haben, und wie die Bösen für im-
4 mer ausgerottet werden. / Wir sahen, wie die Sünder bitterlich
weinten. Sie weinten so heftig, daß alle, die es sahen, von ihrem
Weinen angesteckt wurden, die Gerechten, die Engel und auch Je-
5 sus Christus selbst. / Ich wandte mich an Jesus Christus und sagte:
»Herr, du hast ja selbst über die Sünder gesagt: Es wäre besser für
6 sie, sie wären nicht geschaffen.« / Der Erlöser erwiderte: »Petrus,
warum sagst du, es wäre besser für sie, sie wären nicht geschaffen?
7 / Du streitest hier gegen Gott! Gottes Erbarmen ist unübertrefflich.
Auch du würdest dich der Kreaturen Gottes nicht mehr erbarmen,
8 als er es tut. / Denn Gott hat sie erschaffen und aus dem Nichtsein
9 ins Dasein gebracht. / Du warst ergriffen, als du gesehen hast, wie
10 die Sünder am Ende der Tage klagen. / Doch ich will dir zeigen, was
sie getan haben und wie sie sich gegen den Höchsten versündigt ha-
ben.

4

1 Laß dir zeigen, was sie in den letzten Tagen zu erwarten haben,
2 wenn der Tag Gottes kommt. / Am Tag des Urteils, wenn der Herr
richtet, werden alle Menschenkinder vom Osten bis zum Westen
vor meinem Vater zusammengerufen werden. Er ist der, der für im-
3 mer lebt. / Er wird dem Totenreich gebieten, es möge seine stähler-

---

[7] Zur Tradition vom Martyrium des Henoch und des Elia durch die Hand des Antichristen, zu ihrer anschließenden Auferstehung und Himmelfahrt, vgl. die 1. Hälfte des Buches K. Berger, Die Auferstehung des Propheten und die Erhöhung des Menschensohnes, Göttingen 1976.

nen Riegel öffnen und alles zurückgeben, was in ihm ist. / Ebenso 4
wird er auch den wilden Tieren und Vögeln gebieten, alles Men-
schenfleisch zurückzugeben, das sie gefressen haben. / Denn Gott 5
will, daß die Menschen wieder erscheinen. / In Wirklichkeit geht 6
nichts verloren vor Gott. / Nichts ist für ihn unmöglich, denn alles 7
gehört ihm. / Am Tage des Gerichtes, wenn alles beurteilt wird, ist 8
alles (wieder) da. / Denn Gott befiehlt es so mit seinem Wort, 9
genauso wie er die Welt erschaffen hat und alles, was darin ist. /
Allem, was darin ist, hat er befohlen. / Auch am Ende der Zeit wird 10, 11
das so sein. Denn für Gott ist alles möglich. / So sagt er auch in der 12
Schrift: ›Menschensohn, rede als Prophet zu diesen Gebeinen und
sage zu ihnen: Knochen zu den Knochen in Glieder, Muskel, Ner-
ven, Fleisch, Haut und Haare, dazu eine Seele und einen Geist.‹[8]
/ Dies alles soll der große Engel Urael nach Gottes Befehl ausfüh- 13
ren. / Denn ihn hat Gott für die Auferstehung der Toten im Gericht 14
bestellt.
Betrachtet genau die Samenkörner, die man in die Erde sät. / Trok- 15, 16
ken und wie ohne Leben sind sie, wenn man sie in die Erde legt. /
Doch sie leben auf, werden fruchtbar, und die Erde gibt sie zurück 17
wie anvertrautes Gut[9]. / Wenn jemand stirbt, ist er das Samenkorn, 18
das in die Erde gelegt wird. Dann wird er lebendig und dem Leben
zurückgegeben. / [Wenn er das schon am Samenkorn tut,] um wie- 19
viel mehr wird Gott an denen handeln, die an ihn glauben und die
seine Auserwählten sind. / Um ihretwillen hat er doch alles erschaf- 20
fen. / Am Tage des Gerichts wird er sie auferwecken. / Dann wird 21, 22
die Erde alles zurückgeben. Denn auch sie muß gemeinsam mit al-
len anderen gerichtet werden, aber auch der Himmel zusammen
mit ihr.

5

Am Tage des Gerichts werden auch die abgeurteilt, die vom Glau- 1
ben an Gott abgefallen sind und die schwer gesündigt haben. / Feu- 2
erfluten werden auf sie gelenkt. Dunkel und Finsternis werden her-
einbrechen, so daß die ganze Welt sie wie ein Kleid anzieht und
durch sie verhüllt wird. / Die Meere werden umgeformt und in glü- 3
hende Kohlen verwandelt. / Alles, was auf der Erde ist, wird bren- 4
nen. Das Meer wird zu Feuer. / Ein bitteres, nie verlöschendes Feuer 5
wird unter dem Himmel sein. / Es fließt für das Zorngericht. / 6
Durch die Feuerflammen werden die Sterne zerfließen und so wer- 7

---

[8] Ez 37,4-10.
[9] Vgl. 1 Kor 15,42-44.

8 den, als wären sie nie geschaffen worden. / Da es kein Wasser gibt,
werden die festen Firmamente des Himmels zerfallen und so wer-
9 den, als wären sie nie geschaffen worden. / Es wird keine Blitze am
10 Himmel mehr geben. / Die Welt wird durch Zauberei erschreckt. /
11 Die Geister der Leichname, die Totengeister, werden genauso wie
12 die Sterne sein und durch Gottes Befehl zu Feuer werden. / Dann
13 werden alle Kreaturen schmelzen. / Die Menschen im Osten wer-
14 den nach Westen fliehen und die im Westen nach Osten. / Die im
Süden sind, werden nach Norden fliehen, und die im Norden sind,
15 nach Süden. / Doch wo sie auch sind, wird sie der Zorn treffen, der
16 mit schrecklichem Feuer wütet. / Das unauslöschliche Feuer wird
17 sie jagen und in den Feuerstrom des Zorngerichts treiben, / der
nicht erlischt, in dem Feuer glüht und dessen Wogen kochend aus-
18 einanderfallen. / Deshalb werden die Menschen vor Schmerz mit
den Zähnen knirschen.

6

1 Alle werden mich auf einer unvergänglichen Wolke von Licht kom-
2 men sehen. / Die Engel Gottes werden bei mir sein und mit mir auf
meinem herrlichen Thron zur Rechten meines himmlischen Vaters
3, 4 sitzen. / Mein Vater wird mir eine Krone aufs Haupt setzen. / Wenn
5 die Völker das sehen, werden sie weinen, jedes für sich. / Mein Va-
6 ter wird ihnen befehlen, in den Feuerbach zu gehen. / Vor jedem
7 einzelnen werden die Werke stehen, die er getan hat. / Jedem wird
8 nach seinem Tun vergolten werden. / Die Erwählten, die das Gute
9 getan haben, werden zu mir kommen. / Keiner von ihnen wird den
10 Tod erleben müssen, aber auch nicht das verzehrende Feuer. / Doch
die Bösen, die Sünder und die Scheinheiligen werden in den Ab-
11 gründen der Finsternis sein, die nicht vergeht. / Das Feuer wird sie
12 bestrafen, und Engel bringen ihre Sünden herbei. / Sie schaffen für
sie einen Ort, wo sie – je nachdem, worin sie gesündigt haben – für
13 immer bestraft werden. / Urael, Engel Gottes, bringt die Sünder
herbei, die in der Sintflut umgekommen sind, und auch die Geister,
die sich in allen Götzen und Gußbildern, in magischen Liebesamu-
letten und in Bildern aufhalten, auch die Geister, die auf den Bergen
14 und in Steinen am Weg hausen und die man Götter nannte. / Zu-
sammen mit den Dingen, in denen sie hausten, wird man sie in ewi-
15 gem Feuer verbrennen. / Wenn sie so samt ihrer Behausung vernich-
tet sind, werden sie ewiger Strafe anheimfallen.

7

Dann werden alle Männer und Frauen an den Ort gehen, für den 1
sie bestimmt sind. / Die gegen den gerechten Weg, das Christentum, 2
gelästert haben, wird man an ihrer Zunge aufhängen.[10] / Für sie 3
wird ein Feuer angezündet, das nicht verlöscht.
Ein weiterer Strafort ist eine große mit brennendem Schlamm ge- 4
füllte Grube. / Darin sind Menschen, die die Gerechtigkeit verleug- 5
net haben. Strafengel quälen sie und zünden das Feuer an, das sie
bestrafen soll.[11]
Zwei Frauen sind an Nacken und Haaren aufgehängt und in die 6
Grube geworfen worden. / Sie hatten sich prächtige Frisuren ge- 7
macht, nicht weil das gut aussieht, sondern weil sie so Männer fan-
gen und verderben wollten, indem sie unerlaubt mit ihnen Sex trie-
ben.[12] / Die Männer, die mit ihnen unerlaubt verkehrt haben, 8
werden an den Schenkeln aufgehängt an diesem brennenden Ort. /
Sie sagen zueinander: ›Wenn wir das gewußt hätten, daß wir in 9
diese ewige Qual kommen würden!‹[13]
Die Mörder und ihre Mitwisser werden ins Feuer geworfen, an 10
einen Ort voller giftiger Tiere. / Sie werden gequält und haben 11
keine Ruhe und erleiden große Schmerzen. / Die Würmer in ihrem 12
Leib sind so zahlreich wie (ein Schwarm Heuschrecken) und sehen
aus wie eine finstere Wolke.[14] Der Engel Esrael bringt die Ermorde-

[10] Vgl. griech. Petrus-Apokalypse 7 (22): Dort waren einige an ihrer Zunge aufgehängt, weil sie gegen den gerechten Weg, das Christentum, gelästert hatten. Zur Strafe züngelte Feuer unter ihnen.

[11] Vgl. griech. Petrus-Apokalypse 8 (23): Es gab da auch einen großen See voll von brennendem Schlamm, in dem steckten Menschen, die sich von der Gerechtigkeit abgewandt hatten. Bei ihnen standen Engel und quälten sie.

[12] Vgl. griech. Petrus-Apokalypse 9 (24a): Außerdem waren dort noch andere zu sehen: Frauen, die an ihren Haaren über dem kochenden Schlamm hingen, weil sie sich zum Ehebruch geschmückt hatten, und die Männer, die sich mit ihnen im schändlichen ehebrecherischen Tun eingelassen hatten und nun, an ihren Füßen aufgehängt, mit ihren Köpfen im Schlamm steckten und schrien: »Wenn wir das gewußt hätten, daß wir hierher kommen würden …«.

[13] Vgl. griech. Petrus-Apokalypse 9 (24b): … und die Männer, die sich mit ihnen in schändlichem, ehebrecherischem Tun eingelassen hatten und nun, an ihren Füßen aufgehängt, mit ihren Köpfen im Schlamm steckten und schrien: »Wenn wir das gewußt hätten, daß wir hierher kommen würden …«.

[14] Vgl. griech. Petrus-Apokalypse 10 (25a): Ich sah auch die Mörder und ihre Mitwisser, die in eine Schlucht voll von giftigem Gewürm geworfen waren, das sie quälte, so daß sie sich in ihrer Bestrafung wanden, von den Würmern wie von finsteren Wolken bedrängt.

13 ten heran. / Sie können die Qual ihrer Mörder sehen und sagen zu-
14 einander: ›Gottes Gericht ist gerecht und richtig.[15] / Wir haben
zwar gehört, aber es nicht geglaubt, daß wir an diesen ewigen Ge-
richtsort kommen würden.‹

8

1 Bei diesen Flammen ist eine große, sehr tiefe Grube. Darin sammelt
sich alles mögliche von überallher: Abgesondertes, Ekliges und
2 Ausgeschiedenes. / Frauen stecken bis zum Nacken darin, und ihre
3 Bestrafung ist sehr schmerzvoll. / Das sind die, die ihre Kinder ab-
treiben und das Werk Gottes, des Schöpfers, der sie gemacht hat,
zerstören.

4, 5 Ihnen gegenüber ist ein anderer Ort. Dort sitzen ihre Kinder. / Zwei
6 sind lebendig und schreien zum Herrn. / Blitze gehen von den Kin-
dern aus und durchbohren die Augen derer, die durch unerlaubten
Verkehr ihr elendes Ende bewirkt haben.

7, 8 Oberhalb davon stehen andere nackte Männer und Frauen. / Ihre
Kinder stehen ihnen gegenüber an einem Ort, an dem sie [vor
9 Schmerz] außer sich sind. / Sie seufzen und schreien zu Gott wegen
ihrer Eltern mit den Worten: ›Das sind die, die (uns) vernachlässigt
10 und verflucht haben, die deine Gebote übertreten haben. / Sie haben
uns getötet und den Engel verflucht, der uns geschaffen hatte. Sie
hängten uns auf und enthielten uns das Licht vor, das du doch für
11 alle geschaffen hast.‹ / Aus den Brüsten ihrer Mütter kommt die
12 Milch heraus, gerinnt und stinkt. / Daraus gehen fleischfressende
Tiere hervor, die sich verselbständigen und sich gegen ihren Ur-
13 sprung kehren. / Die Tiere werden sie und auch ihre Männer quä-
len für immer. Denn sie haben Gottes Gebot verlassen und ihre
14 Kinder getötet. / Ihre Kinder wird man dem Schutzengel Temlakos
15 geben.[16] / Ihre Mörder wird man dagegen ewig quälen, weil Gott es
so will.

---

[15] Vgl. griech. Petrus-Apokalypse 10 (25b): Die Ermordeten aber standen daneben, sahen, wie schrecklich es ihren Mördern erging, und riefen: »Gott, gerecht ist dein Gericht.«

[16] Vgl. Clemens von Alexandrien, Eclogae propheticae 48f: »Petrus sagt in der Offenbarung, daß die abgetriebenen Kinder das bessere Los empfangen. Sie würden einem Schutzengel (griechisch: *temeluchos*) übergeben, damit sie den besseren Aufenthalt erlangten, als wenn sie gelitten hätten. (...) Die Milch der Frauen aber, die von ihren Brüsten herabfließt und gerinnt, wird winzige fleischfressende Tiere erzeugen, und diese laufen an ihnen hinauf und verzehren sie ...«.

9

Der Engel des Zorns, Esrael, bringt Männer und Frauen herbei, die 1
bis zur Hälfte ihres Körpers brennen. / Der Engel wirft sie an einen 2
finsteren Ort, in die Hölle. / Ein Engel des Zorns peinigt sie mit 3
aller Qual. Würmer, die nicht schlafen, fressen ihre Eingeweide.[17] /
Das sind die, die meine Gerechten verfolgen und ausliefern.[18] 4
Andere zerbeißen sich ihre Zunge, sie werden mit glühendem Eisen 5
gequält, ihre Augen werden verbrannt.[19] / Das sind die, die gegen 6
meine Gerechtigkeit gelästert und an ihr gezweifelt haben.[20]
Anderen Männern und Frauen schneidet man die Lippen ab, denn 7
ihre Werke sind lauter Betrug. Feuer zerfrißt ihren Mund und ihre
Eingeweide.[21] / Das sind die, welche Märtyrer getötet haben, indem 8
sie diese fälschlich denunzierten.[22]
Nahe bei ihnen ist eine Stelle mit einem Stein wie eine Feuersäule. 9
Die Säule ist spitzer als Schwerter. / Darauf werden Männer und 10
Frauen in wertloses, schmutziges Zeug gekleidet, damit sie das Ge-
richt erleiden in einer Qual, die nicht nachläßt.[23] / Das sind die 11
Menschen, die ihr Herz an ihren Reichtum gehängt hatten. Frech
und Gott ins Angesicht haben sie Witwen und die Mutter mit ihren
Waisenkindern verachtet[24].

[17] Vgl. griech. Petrus-Apokalypse 12 (27a): Andere Männer und Frauen standen an einem finsteren Ort bis zum Bauch in einem Flammenmeer. Sie wurden von bösen Geistern gegeißelt, und an ihren Eingeweiden taten sich nimmermüde Würmer gütlich.

[18] Vgl. griech. Petrus-Apokalypse 12 (27b): Das waren Menschen, welche die Gerechten verfolgt und ausgeliefert hatten.

[19] Vgl. griech. Petrus-Apokalypse 13 (28a): Nahe bei ihnen fand ich noch mehr Frauen und Männer, die ihre Lippen zerbissen und denen zur Peinigung feurige Eisen in die Augen gestoßen wurden.

[20] Vgl. griech. Petrus-Apokalypse 13 (28b): Das waren die, welche den gerechten Weg, das Christentum, gelästert und und schlecht über ihn geredet hatten.

[21] Vgl. griech. Petrus-Apokalypse 14 (29a): Ihnen gegenüber standen andere Männer und Frauen, die ihre Zungen zerbissen und brennendes Feuer im Mund hatten.

[22] Vgl. griech. Petrus-Apokalypse 14 (29b): Das waren die falschen Zeugen.

[23] Vgl. griech. Petrus-Apokalypse 15 (30a): An einem anderen Ort lagen kleine, scharfe, glühende Steine, schärfer als Schwerter und spitzer als jeder Spieß. In schmutzige Lumpen gekleidete Männer und Frauen mußten sich zur Strafe auf ihnen hin- und herwälzen.

[24] Vgl. griech. Petrus-Apokalypse 15 (30b): Das waren die Reichen, die ihr Herz an ihren Reichtum gehängt hatten und mit Waisen und Witwen kein Erbarmen zeigten, sondern Gottes Gebot mißachteten.

10
1 An einem anderen Ort ist (ein See) aus lauter Ausscheidungen. /
2 Dort wirft man Männer und Frauen hinein, so daß sie bis zu den
3 Knien darin stecken.[25] / Das sind die, welche Geld gegen Zinsen
ausleihen.[26]
4 Andere Männer und Frauen stoßen sich selbst von einem Abhang
hinunter, dann laufen sie wieder nach oben. Dämonen treiben sie
5 an.[27] / Das sind die Götzendiener. Sie stellen sich selbst ganz oben
6 hin[28], und dann werden sie hinabgestürzt. / Und das tun sie im-
merzu, und so besteht ihre Qual für immer.[29]
7 Da gibt es Männer, die sich das Glied wegoperieren lassen[30],
8 Frauen, die mit ihnen waren, / und Männer, die wie Frauen mitein-
ander verkehrt und sich so befleckt haben.[31]
9 Bei ihnen (...) und unter ihnen legt der Engel Esrael einen Platz mit
10 großem Feuer an. / Dies ist das Gericht über die goldenen und sil-
bernen Götzen[32], alle anderen Götzen, Werke von Menschenhand,
ferner über das, was aussah wie Katzen und Löwen, Kriechtiere[33]
11 und wilde Tiere. / Ferner ist es das Gericht über Menschen, die Bil-
der davon gemacht hatten, Männer und Frauen in feurigen Ket-

---

25 Vgl. griech. Petrus-Apokalypse 16 (31a): Dann war da noch ein großer See, voll von Eiter, Blut und kochendem Schlamm. In dem standen Männer und Frauen bis zu den Knien.

26 Vgl. griech. Petrus-Apokalypse 16 (31b): Das waren solche, die Geld verliehen und dafür Wucherzinsen verlangt hatten.

27 Vgl. griech. Petrus-Apokalypse 17 (32a): Andere Männer und Frauen wurden von einem hohen Abhang heruntergetrieben. Wenn sie unten ankamen, wurden sie von ihren Peinigern angetrieben, wieder den Abhang hinaufzusteigen, von wo aus sie sogleich wieder hinuntergetrieben wurden.

28 C. D. G. Müller übersetzt: »man stellt sie an das Ende des Denkens (wohl für die Höhe)«.

29 Vgl. griech. Petrus-Apokalypse 17 (32b): Bei dieser Bestrafung ließ man ihnen keine Ruhe.

30 Wörtlich: »welche ihr Fleisch geschnitten haben als Apostel eines Mannes«, d. h. die Verschnittenen, die nur von weitem *aussehen wie* Männer, aber keine sind. So ist auch der Apostel nur der Repräsentant dessen, der ihn sendet, doch *nicht substantiell* er selbst.

31 Vgl. griech. Petrus-Apokalypse 17 (32c): Dies sind die Männer, die ihren Körper besudelten, indem sie wie Frauen auftraten, und die Frauen, die miteinander geschlafen hatten, als wären sie Mann und Frau.

32 Vgl. griech. Petrus-Apokalypse 18 (33a): Bei jenem Abhang war ein Ort voller Feuer. Dort standen die Männer, die sich mit eigenen Händen Götzenbilder geschnitzt hatten, anstatt Gott anzubeten.

33 Vgl. Röm 1,23.

ten.[34] / Sie werden bestraft, weil sie angesichts der Götzenbilder in 12
die Irre gegangen sind. So werden sie für immer gerichtet.
Bei diesen sind andere Männer und Frauen, die in der Flamme des 13
Gerichtes brennen. Ihre Qual ist für immer.[35] / Das sind die, die 14
Gottes Gebot verlassen haben und dem Weg der Dämonen gefolgt
sind.[36]

11

Außerdem ist da noch ein anderer, sehr hoch gelegener Ort (...). / 1
Die Männer und Frauen, die sich verfehlen, sollen den Abhang hin- 2
unter in den Schrecken hineinrollen. / Und während das Feuer 3
fließt, das für sie vorbereitet ist, steigen sie hinauf und werden im-
mer wieder hinuntergerollt. Diese Quälerei hört nie auf. / Das sind 4
die, die Vater und Mutter nicht geehrt haben und sich von ihnen
ferngehalten haben, wie es ihnen beliebte. / Deshalb werden sie für 5
immer bestraft.
Weiter läßt der Engel Esrael Kinder und Jungfrauen herbeikom- 6
men, um ihnen Menschen zu zeigen, die mit vieler Pein gequält und
so bestraft werden. / Sie werden aufgehängt, und fleischfressende 7
Vögel hacken auf sie ein und bringen ihnen viele Wunden bei. / Das 8
sind die Menschen, die darauf vertraut haben, daß ihre Sünden sie
glücklich machen würden. Sie haben ihren Eltern nicht gehorcht,
sie sind den Regeln ihrer Ahnen nicht gefolgt und haben die Älteren
nicht geehrt. / Bei ihnen sind Jungfrauen, die mit Finsternis geklei- 9
det werden.[37] / Sie werden entsetzlich bestraft, indem ihre Körper 10
auseinandergerissen werden. / Das sind solche, die nicht bis zur 11
Heirat jungfräulich geblieben sind. / Darum werden diese jungen 12
Frauen so empfindlich bestraft.
Andere Männer und Frauen müssen ohne Ruhepause ihre Zunge 13
zerbeißen und werden dazu noch mit ewigem Feuer gequält. / Das 14
sind die Sklaven, die ihren Herren nicht gehorcht haben. Auch ihre
Strafe ist für immer.

---

34 Vgl. griech. Petrus-Apokalypse 18 (33b): In ihrer Nähe waren andere Männer und Frauen, die sich ohne Unterlaß und ohne Ende gegenseitig mit feurigen Ruten schlugen.

35 Vgl. griech. Petrus-Apokalypse 19 (34a): Und nahe bei ihnen waren nochmals andere Frauen und Männer, die im Feuer gebraten, gewendet und gebacken wurden.

36 Vgl. griech. Petrus-Apokalypse 19 (34b): Das waren solche, die den Weg Gottes verlassen hatten.

37 Vgl. die direkte Parallele in P Herm: Schwarzgekleidete Jungfrauen als Strafgeister (sim 9,9,5; 9,13,8).

12
1 In der Nähe dieses Straforts stehen blinde und stumme Männer
2 und Frauen in weißen Gewändern. / Sie drängen sich eng aneinan-
3 der. / Dabei fallen sie auf die Kohlen, die ein nie verlöschendes
4 Feuer speisen. / Das sind Menschen, die Almosen geben und dabei
5 sagen: ›Wir sind gerecht vor Gott.‹ / Aber sie haben gar nicht die
Gerechtigkeit gesucht.
6 Esrael, der Engel des Herrn, läßt sie aus diesem Kohlenfeuer her-
7 ausgehen. / Er hat für sie eine quälende Bestrafung vorgesehen, und
8 zwar: / einen Fluß aus Feuerströmen. Alle, die bestraft sind, müssen
9, 10 zum Fluß hinuntersteigen. / Dort stellt Urael sie auf. / Er bringt Feu-
11 erräder herbei. / Sie drehen sich sehr schnell, und dadurch werden
die Männer und Frauen an das Rad gepreßt.
12, 13 Alle, die dort unten in der Grube sind, brennen. / Das sind die Zau-
14 berer und Zauberinnen. / Solche Feuerräder gibt es in unüberseh-
barer Zahl bei jeder Bestrafung durch Feuer.

13
1 Dann werden Engel meine Auserwählten und Gerechten kommen
2, 3 lassen. / Sie sind vollkommen in aller Gerechtheit. / Die Engel tra-
gen sie auf ihren Händen, und die Gerechten sind angetan mit den
4 Kleidern des ewigen Lebens. / Die Gerechten werden die sehen, die
5 sie gehaßt haben. / Denn deren Strafe wird für immer ihre Rache
6, 7 sein. / Jeder wird nach seinen Werken Vergeltung erhalten. / Alle,
die bestraft werden, rufen im Chor: ›Hab Erbarmen mit uns. Jetzt
8 haben wir Gottes Gericht kennengelernt. / Er hat es uns zuvor an-
gekündigt, aber wir haben es nicht geglaubt!‹
9, 10 Dann wird der Engel Tartaruchos kommen. / Er wird sie schreck-
lich bestrafen und zu ihnen sagen: ›Jetzt bereut ihr. Doch jetzt gibt
es keine Zeit mehr für Reue. Denn nun ist von eurem Leben nichts
11 mehr übrig.‹ / Alle werden antworten: ›Gottes Gericht ist gerecht.
Wir haben gehört und erkannt, daß sein Gericht gut ist. Denn wir
werden so bestraft, wie wir gehandelt haben.‹

14
1 Dann werde ich meinen Auserwählten und Gerechten die Taufe
2 und das Heil geben, um das sie mich gebeten haben. / Das wird sein
in Acherusia und in Elysium.[38] Was die Gerechten dann bekom-

[38] Die Taufe im acherusischen See verbindet griechische Vorstellungen von der Unterwelt mit dem jüdisch-christlichen Taufmotiv. Das war möglich, denn das Acheron-Motiv geht von einem Fluß oder See aus, der durch-

men[39], wird mit Blumen geschmückt sein. / Ich werde hingehen 3
und mich mit ihnen freuen.
Ich lasse die Völker in mein Reich eintreten, das für alle Zeit sein 4
wird. / In der Gemeinschaft mit meinem himmlischem Vater werde 5
ich ihnen das geben, was nicht vergeht. Ich habe es ihnen verspro-
chen.
Dies habe ich, lieber Petrus, zu dir gesagt und dir verkündet. / Geh 6, 7
daher in die Stadt des Westens, nach Rom, in den Weinberg, den
ich dir beschreiben werde.
Du bist auserwählt in der Verheißung, die ich dir gegeben habe. / 8
Verbreite daher in der ganzen Welt mein Evangelium in Frieden. / 9
Die Menschen werden sich freuen, / meine Worte werden Quell der 10, 11
Hoffnung und des Lebens werden, / und plötzlich wird die Welt 12
nicht mehr sein.«[40]

15
Mein Herr, Jesus Christus, unser König, sagte zu mir: / »Wir wollen 1, 2
auf den heiligen Berg gehen.«[41] / Und Jesu Jünger schlossen sich an. 3
Sie beteten.[42] / Da waren auf einmal zwei Männer dort (auf dem 4
Berg). / Wir konnten nicht in ihr Gesicht blicken, denn es ging von 5
ihnen ein Licht aus, das heller als die Sonne leuchtete. Ihre Gewän-
der glänzten. / Man kann das gar nicht erklären. Nichts in der Welt 6
ist damit zu vergleichen.[43] Mit menschlicher Sprache kann man

quert werden muß. Da die Menschen aber gewiß nicht rein vor Gott treten, ist die Taufe im acherusischen See eine frühe heidenchristliche Antwort auf die Frage, wie der Mensch denn rein zu Gott gelangen könne – nämlich durch eine himmlische Waschung. Später ersetzt die Fegefeuer-Vorstellung das Motiv der acherusischen Taufe. Daß hier unbefangen von einer Taufe gesprochen wird, weist noch in die Zeit, in der christliche Theologie wesentlich überhaupt an Tauf-Vorstellungen festgemacht wurde. Vgl. auch: E. Peterson, in: Frühkirche, Judentum, Gnosis, 1959, 310-332.

39 Gemeint ist: ihre himmlische Heimat (jüdisch: ihr Ruheort). Die Blumenzierde entspricht dem *locus amoenus* (angenehmer Ort) des Elysiums nach alter Auffassung.

40 Vgl. Apk 21,1b. – Literarkritisch gesehen könnte hier der Schluß einer älteren Fassung oder Quellenschrift liegen. Ab Kapitel 15 werden die Parallelen zur griechischen Petrus-Apokalypse wieder aufgenommen.

41 Vgl. griech. Petrus-Apokalypse 2 (4): Dann sagte der Herr weiter: Wir wollen auf den Berg gehen und beten.

42 Vgl. griech. Petrus-Apokalypse 2 (5): Wir zwölf Jünger gingen mit ihm und baten ihn: ...

43 Vgl. griech. Petrus-Apokalypse 3 (6): Und als wir beteten, standen in einer Erscheinung plötzlich zwei Männer vor dem Herrn. Wir konnten

nicht ausreichend die Lieblichkeit und die Schönheit ihrer Gestal-
7 ten beschreiben.[44] / In der Tat war ihr Anblick wunderbar und stau-
8 nenswert. / Ihr Anblick war leuchtender als Kristall. Ihr Körper und
9 ihr Haupt ist anzusehen wie eine Rose.[45] / Ihr Haupt (ist wunder-
bar). Seine[46] Haare fielen auf die Schultern, duftend wie Narde,
10 verziert mit schönen Blumen. / Wie ein Regenbogen, der ins Wasser
11 eintaucht, war sein Haar. / So war die Schönheit seines Aussehens,
wie mit schönstem Schmuck geziert.[47]
12 Als wir diese plötzlich sahen, gerieten wir in Staunen.[48]

16
1 Und ich wandte mich an Gott Jesus Christus und fragte: »Mein
2 Herr, wer ist das?« / Er antwortete: »Das sind Mose und Elia.«[49] /
3 Ich fragte: »Wo sind denn Abraham, Isaak, Jakob und die übrigen
4 gerechten Väter?«[50] / Da zeigte er uns einen großen geöffneten Gar-
ten, voll schöner Bäume und gesegneter Früchte, voller Duft und
5 Wohlgerüche.[51] Der Duft war schön und reichte bis zu uns. / Ich

ihren Anblick nicht ertragen. (7) Denn von ihrem Antlitz ging ein Licht aus, das hell wie die Sonne war. Ihr Gewand strahlte so hell, wie keines Menschen Auge es je gesehen hatte. Keine Sprache kann beschreiben …

44 Vgl. griech. Petrus-Apokalypse 3 (7): … und kein Herz kann erfassen, wie herrlich ihr Gewand und wie schön ihre Gestalt war.

45 Vgl. griech. Petrus-Apokalypse 3 (8): Als wir die Männer sahen, waren wir außer uns. Denn ihre Körper leuchteten weißer als aller Schnee und röter als jede Rose. (9) Das Rote an ihnen war mit dem Weißen vermischt.

46 Hier übergangslos auf Jesus bezogen.

47 Vgl. griech. Petrus-Apokalypse 3 (10): Ihr Haar war gelockt und lieblich und fügte sich mit ihrem Antlitz und den Schultern zusammen wie ein Kranz aus Nardenblüten und bunten Blumen oder wie ein Regenbogen in den Lüften. So wunderschön war ihr Anblick.

48 Vgl. griech. Petrus-Apokalypse 4 (11): Als wir ihre Schönheit sahen, konnten wir uns nicht fassen. Denn sie waren so plötzlich erschienen.

49 Vgl. griech. Petrus-Apokalypse 4 (12): Und ich wandte mich an den Herrn und fragte ihn: »Wer sind diese Menschen?« (13) Der Herr antwortete: »Das sind unsere gerechten Brüder und Schwestern, deren Gestalt ihr sehen wolltet.«

50 Vgl. griech. Petrus-Apokalypse 4 (14): Ich fragte ihn weiter: »Und wo sind alle die anderen Gerechten, und wie ist die Himmelssphäre, in der sie in solcher Herrlichkeit leben?«

51 Vgl. griech. Petrus-Apokalypse 5 (15): Daraufhin zeigte mir der Herr ein riesiges Gebiet außerhalb dieser Welt, in überhellem Licht. Die Luft dort flimmerte von Sonnenstrahlen, und auf dem Boden blühten unverwelkliche Blumen, der ganze Ort war voller Pflanzen, die wunderschön blühten, niemals welkten und gesegnete Früchte trugen.

sah (...) viele seiner Früchte.[52] / Da fragte mich Jesus Christus, 6
mein Herr und Gott: »Hast du die Scharen der Väter gesehen?« /
(Ich erwiderte): »Ich freue mich, glaube und schließe mich ihnen 7
an.« / (Jesus sagte): »Alle, die man verfolgt, weil sie denselben ge- 8
rechten Weg gehen wie ich, bekommen diese himmlische Heimat,
so werden sie geehrt und verherrlicht werden.«[53]
Da verstand ich, was im Buch meines Herrn Jesus Christus ge- 9
schrieben steht. / Ich fragte ihn: »Herr, willst du, daß ich hier drei 10
Hütten baue, eine für dich, eine für Mose und eine für Elia?« / Er 11
entgegnete zornig: »Der Teufel führt wohl Krieg gegen dich. Er hat
deinen Verstand umnebelt. / Du wirst von den Gütern dieser Welt 12
besiegt. / Doch nimm mit Augen und Ohren zur Kenntnis: / Es gibt 13, 14
nur eine Hütte. Mein Vater im Himmel hat mir und den Erwählten
eine Hütte gebaut, die nicht von Menschenhand ist.« / Das sahen 15
wir voll Freude und jubelten.

17

Da ertönte plötzlich eine Stimme vom Himmel: / »Dies ist mein 1, 2
Sohn. Ihn liebe ich und er gefällt mir. / Und meine Gebote (soll er 3
euch lehren).« / Eine große, strahlend weiße Wolke schwebte über 4
unsere Köpfe. / Sie nahm unseren Herrn und Mose und Elia fort. / 5
Da ergriffen mich Zittern und Entsetzen. / Als wir nach oben blick- 6, 7
ten, öffnete sich der Himmel einen Spaltbreit. / Wir sahen leibhaf- 8
tige Menschen, die herankamen und unseren Herrn und Mose und
Elia begrüßten.[54] / Dann gingen sie in den zweiten Himmel zurück. 9
/ So wurde die Schriftstelle erfüllt, in der es heißt: »Diese Menschen 10
suchen Gott, sie suchen das Antlitz des Gottes Jakobs.« / Alle im 11
Himmel fürchteten und entsetzten sich sehr. / Die Engel sammelten 12
sich, damit die Schriftstelle erfüllt würde, in der es heißt: »Öffnet
die Tore, ihr Fürsten!« / Darauf wurde der Himmel wieder ge- 13
schlossen. / Wir beteten, stiegen vom Berg herab und lobten Gott. 14
/ Er hat die Namen der Gerechten im Himmel in das Buch des 15
Lebens eingeschrieben.

---

52 Vgl. griech. Petrus-Apokalypse 5 (16): Die Blüten dufteten so intensiv, daß der Duft sogar bis zu uns herüberzog.

53 Vgl. griech. Petrus-Apokalypse 5 (26): Und der Herr sagte zu uns: »Dies ist das Gebiet eurer Brüder und Schwestern, der gerechten Menschen.«

54 Im Unterschied zum Verklärungsbericht in Mk 9,2-7 parr liegt der Schwerpunkt hier nicht auf der Christologie, vielmehr gewährt die Verklärung einen Einblick in den Himmel und damit in das Geschick aller Gerechten.

C) Die koptische Petrus-Apokalypse

Einleitung: Der Text schließt an Mk 12 an: Jesus sitzt im Tempel und lehrt die Jünger, speziell Petrus. Visionen im Tempel sind keineswegs ungewöhnlich (vgl. Lk 1,8-20 und Act 22,17-21). Der Inhalt der Vision ist das Leiden Jesu.

Textgrundlage: M. Krause, V. Girgis, Die Petrus-Apokalypse, in: F. Altheim, R. Stiehl (Hg.): Christentum am Roten Meer II 1973, 152-179 (200-229). B. A. Pearson: Nag Hammadi Codex VII, in: J. M. Robinson, H. J. Klimkeit: Nag Hammadi and Manichaean Studies, 30, Leiden 1996. Übersetzungen: A. Werner, in: W. Schneemelcher, Neutestamentliche Apokryphen II 633-643.
Die Einteilung in Kapitel und Verse ist hier neu eingeführt. Die Paginierung aus NHC VII 3 ist beibehalten.

1

1 [70] Es war das dreihundertste Jahr nach der Erbauung des Tem-
2 pels, im Monat der zehnten Säule. / Gott ruhte, denn es war (der
erste Wochen)tag, dessen Zahl lebendig und unberührt ist.
3 Der Erlöser saß im Tempel und sagte zu mir:
4 »Petrus! Gesegnet sind alle, die zum Vater gehören und zum Him-
5 mel oberhalb der Himmel. / Der Vater hat das Leben denen zugäng-
6 lich gemacht, die aus dem Leben stammen. / Das geschah durch
7 mich, denn ich habe sie daran erinnert. / Sie sind die Steine, die zu
8 einem festen Bau aufgebaut werden. / Denn sie werden auf mein
Wort hören und lernen, zwischen Lehren, die ungerecht und gesetz-
los sind, und gerechten Worten, [71] die von oben stammen, zu un-
9 terscheiden. / So sollen sie jedes Wort erfassen, das aus dieser Fülle
10 von Gottes Wirklichkeit kommt. / Sie können das, wenn sie bereit
11 waren, sich durch ihn das Licht bringen zu lassen. / Ihn haben die
12 Mächte gesucht und nicht gefunden. / Kein Kind der Propheten hat
13 ihn angekündigt. / Denn erst jetzt ist er sichtbar und offenkundig
14 erschienen. / Er ist der Menschensohn, der über den Himmeln
thront, der vor Menschen gleichen Wesens sichtbar geworden ist.

2

1 Doch du, Petrus, bleibe vollkommen fest, wie es schon dein Name
2 sagt.[55] / Ich habe dich erwählt und durch dich einen Anfang ge-

[55] Griech. *petra*, »der Fels«, wird als Name wichtig in der Offenbarungsliteratur des 2. und 1. Jh.s n. Chr., denn Festigkeit und Vollkommenheit sind für diesen Zeitgeschmack identisch.

macht für die übrigen, die ich berufen habe, damit sie zur Einsicht
kommen. / Sei also standhaft! Denn im Unterschied zu dem ersten 3
Christus, der dich berufen hat, wird es einen zweiten Christus ge-
ben, der diesen Gerechten nur nachahmt (und der leiden wird). /
Der erste Christus hat dich dazu berufen, daß du ihn richtig er- 4
kennst, das heißt: Du mußt den Unterschied und Abstand zwischen
beiden erkennen. / Denn der Nachahmer ist verworfen, er kommt 5
gefesselt an den Gelenken seiner Hände und Füße und bekrönt von
den Menschen, die in der Mitte wohnen. / Seinen leuchtenden Kör- 6
per werden sie den Römern ausliefern und dabei meinen, [72] einen
guten Dienst zu tun. / Für die Auslieferung wird ein Lohn bezahlt 7
werden, / und in dieser Nacht wird er dreimal versuchen, dich dazu 8
zu bringen, abtrünnig zu werden.«

3
Als der Herr das sagte, sah ich, wie die Priester und das Volk mit 1
Steinen auf uns zuliefen, um uns zu töten. / Ich geriet in Todesäng- 2
ste. / Der Herr sagte zu mir: »Petrus, ich habe dir oft gesagt, daß sie 3
Blinde ohne Blindenführer sind.[56] / Wie blind sie sind, das kannst 4
du leicht erkennen. Halte dir beide Hände vor die Augen und sag,
was du siehst.« / Ich tat, was er sagte, und sah nichts. Ich sagte zu 5
ihm: »So kann doch niemand etwas sehen!« / Da forderte mich der 6
Herr auf: »Tu es noch einmal.« / [Als ich es tat,] ergriffen mich 7
Angst und Freude. Denn ich sah ein neues Licht. / Es war heller als 8
das Licht des Tages und kam auf den Erlöser herab. / Ich berichtete 9
ihm von dem, was ich gesehen hatte. / Da wandte er sich nochmals 10
an mich und sagte: »Halte deine Hände an deine Ohren und höre
auf das, was [73] Priester und Volk sagen werden.« / Da hörte ich, 11
wie die Priester und Schriftgelehrten einen Plan faßten, während
draußen das Volk lärmte. / Als ich das dem Erlöser berichtete, sagte 12
er zu mir: »Höre genau hin, was sie sagen.« / Da bemühte ich mich, 13
genau zuzuhören, und sagte dann: »Während du hier sitzt, lobprei-
sen sie dich.« / Als ich dies gesagt hatte, erwiderte der Erlöser: »Ich 14
habe dir ja gesagt, daß sie blind und taub sind.
Doch nun höre auf das, was ich dir als geheime Botschaft anver-
traue. / Bewahre es für dich und sag es keinem Menschen dieser 15
Welt. / Denn hier in dieser Welt wird man deinen Anspruch grund- 16
sätzlich bestreiten[57]. / Denn man weiß nichts von dir. / Wo aber 17, 18
Einsichtige sind, wird man dich loben.

[56] Vgl. Mt 15,14.
[57] Wörtlich: »lästern«.

4

1, 2 Am Anfang werden viele unsere Verkündigung annehmen. / Aber
dann werden sie sich wieder abwenden, weil der Teufel es so will,
3 der sie in die Irre führt und Vater ihres Irrtums sein wird. / Denn
4 sie haben getan, was er will. / Die wahren Diener des Wortes wird
der Teufel dagegen in Prozessen vorführen, denn das ist seine Art
5 zu richten. / Und die mit [74] den wahren Dienern des Wortes Um-
gang hatten, werden sie einfangen, sofern sie ohne Einsicht waren. /
6 Dagegen werden sie jeden, der aufrichtig gut ist, dem Henker auslie-
7 fern. / Bis diese Märtyrer endlich regieren, wird man dagegen den
angeblich erneuerten Christus preisen und zugleich die Begründer
der sogenannten Erneuerung, das sind Leute, die nach dir kommen
8 werden. / Doch sie werden sich an den Namen eines Toten[58] hängen
9 und meinen, daß sie dadurch rein werden. / Doch so werden sie sich
10 erst recht besudeln (weil es ein Toter ist). / Sie werden sich an einen
11 schlimmen Betrüger und eine schillernde Lehre ausliefern / und von
12 Spaltung beherrscht werden. / Denn einige von ihnen werden die
Wahrheit grundsätzlich bestreiten[59] und eine üble Lehre verkün-
13, 14 den. / Sie alle werden Böses gegeneinander reden. / Einige werden
sich nach dem Namen eines Mannes benennen, der mit einer nack-
ten Frau kommt, einer Prostituierten, die vielgestaltig schillernd[60]
15 und in jeder Hinsicht dem Leiden ausgesetzt ist[61]. / Und [75] wer
so lehrt, wird die Menschen auch nach ihren Träumen fragen. /
16 Und wenn sie sagen, der Traum stamme von einem Dämon – was
freilich ihrer Irrlehre im ganzen entspräche –, dann kommen sie
doch ins Verderben und nicht in die Unsterblichkeit.

5

1, 2 Denn Böses kann keine gute Frucht bringen. / Jeder, woher er auch
3 stammt, bringt das hervor, das ihm ähnlich ist. / Schließlich stam-
4 men nicht alle aus der Wahrheit oder Unsterblichkeit. / Jeder, der
nur aus den Räumen der Welt stammt, ist in unseren Augen dem
5 Tod verfallen. / Denn er ist immer nur Sklave, für die Begierden ge-
schaffen. Ewiges Verderben ist sein Erbteil, darin existiert er, von
da kommt er, weil er die stofflichen Geschöpfe liebt, die mit ihm zu-
sammen entstanden sind.

---

[58] Gemeint: der irdische Jesus am Kreuz.
[59] Wörtlich: »lästern«.
[60] Die Vielgestaltigkeit ist eigentlich ein Attribut der Göttlichkeit, vgl. die vielgestaltige Weisheit nach Eph 3.
[61] Gemeint ist wohl Simon Magus mit seiner Frau Helena, die in der Sicht der Kirchenlehre zuvor Prostituierte war.

Ganz anders die Menschen, die unsterblich sein werden, lieber Pe- 6
trus. / Doch solange die letzte Stunde noch nicht da ist, werden sich 7
beide gleichen, der Tote und der Lebendige. / Der Lebendige kann 8
sein wahres Wesen noch nicht offenbaren. / Denn er allein [76] ist 9
unsterblich und beschäftigt sich mit Unsterblichem. / Er hat den 10
Glauben und sehnt sich danach, die Toten zu verlassen. / Denn bei 11
Disteln oder Dornen sucht man nicht nach Feigen, wenn man halb-
wegs bei Sinnen ist. / Auch sucht man bei stacheligen Sträuchern 12
keine Weintrauben.[62] / Denn alles entsteht immer dort, wo es hin- 13
gehört. / Wenn etwas da existiert, wo nichts Gutes ist, können nur 14
Verderben und Tod das Ende sein. / Das andere entsteht am ewigen 15
Baum des Lebens und der Unsterblichkeit, die zum Leben gehört,
und dann sind die Früchte auch entsprechend. / Alles, was (eigent- 16
lich) nicht ist, wird sich in nichts auflösen. / Das gehört zusammen, 17
wie auch Taube und Blinde sich mit ihresgleichen zusammentun.

6

Doch andere werden sich hinwenden zu üblen Lehren, die [trügeri- 1
sche] Mysterien verbreiten, die viele verführen. / Das sind Leute, 2
die die wahren Mysterien nicht verstehen, obwohl sie über das re-
den, was sie nicht verstehen. / Sie prahlen damit, daß sie allein das 3
Mysterium Gottes besitzen. / In ihrem Hochmut werden sie sogar 4
neidisch auf die unsterbliche Seele, die zum Pfand geworden ist.
(Denn um die bemühen sich alle möglichen Mächte, doch sie selbst
haben nicht solchen Zulauf:) / Denn alle Gewalten, Mächte und 5
Kräfte der Räume in dieser Welt wünschen sich, zu denen zu gehö-
ren, die in dieser Welt zur Unsterblichkeit bestimmt sind, um von
ihnen anerkannt und geehrt zu werden. / Sie selbst gehören nicht 6
zu Gott, haben sich selbst vergessen und sind (von den zur Unsterb-
lichkeit Bestimmten) nicht gerettet oder auch nur auf den Weg ge-
bracht worden. / Sie haben nur selbst das Verlangen, unauflöslich 7
zu werden.[63] / Denn wenn der zur Unsterblichkeit Bestimmte durch 8
einen verständigen Geist an Kraft gewinnt, dann dringen sogleich
Dämonen ein, die von den schon Verführten kommen.

7

Auch viele andere stehen der Wahrheit entgegen. / Sie sind Sendbo- 1, 2
ten des Irrtums und werden mit ihrer Irrlehre und mit ihrem Gesetz

[62] Vgl. Lk 6,44.

[63] D. h., sie möchten sozusagen Trittbrettfahrer auf dem Weg zum Heil werden, ohne viel dafür zu tun.

3 gegen meine reinen Gedanken vorgehen. / Denn sie sehen alles nur
aus einem einzigen Blickwinkel und denken, Gutes und Böses
4 stammten aus derselben Wurzel. / So verhökern sie mein Wort.[64] /
5 Zu ihrer Lehre wird ein hartes »Schicksal«[65] gehören, unter dessen
Herrschaft die zur Unsterblichkeit Bestimmten bis zu meiner Wie-
derkunft vergeblich in Bahnen laufen sollen.

8

1 Aus ihrem Kreis werden Leute auftreten, die (...) (leugnen), daß
ich ihre Sünden vergebe, in die sie durch das Wirken des Wider-
2 sachers gefallen sind. / Dabei habe ich sie doch vollständig aus der
3 Sklaverei erlöst, um ihnen Freiheit zu schenken. / Sie werden aber
nur eine schwache Nachahmung der wahren Vergebung bewirken,
4 da sie auf den Namen eines Toten hin geschieht. / Das ist die Ver-
5 gebung nach den Schriften des Hermas.[66] / Er ist der Erstgeborene
6 der Ungerechtigkeit. / Dadurch sollen die »Kleinen« gehindert wer-
7 den, an das wirkliche Licht zu glauben. / So stehen auch die Arbei-
ter, die in die Finsternis draußen geworfen werden, außerhalb des
8 Reiches der Kinder des Lichts. / Sie gehen nicht hinein und lassen
aber auch andere nicht hinein, die hineingehen möchten. Sie wollen
deren Vernichtung bewirken.

9

1 Wieder andere aus der Gruppe der Irrenden sind Leute, die meinen,
sie hätten die Weisheit der wahren Geschwisterlichkeit, die Freund-
schaft mit den Gefährten aufgrund gemeinsamer Abstammung,
2 schon ganz und gar in sich. / Doch statt dessen wird es bei ihnen
nur eine schwache Nachahmung geben, einen Verein von »Bet-
3 schwestern«[67] [statt einer wahren Bruderschaft]. / Das sind Men-
schen, die ihre Geschwister unterdrücken, indem sie erklären:
»Gottes Erbarmensgeschenk besteht darin, daß es für uns allein Er-
4 lösung geben wird.« / Dabei wissen sie offenbar nicht, daß die, die
bei der Unterdrückung der Kleinen ohne Widerspruch nur zuge-
schaut haben, dieselbe Strafe erleiden wie diejenigen, die es ihnen
angetan haben.

---

64 Vgl. 2 Kor 2,17.
65 Griech. Lehnwort: *heimarmene*.
66 Vgl. das Werk »Hirt des Hermas« (s. oben).
67 In der gnostischen Abwertung der Frau ist es Zeichen der Minderwertigkeit, wenn die Kirche als »Schwesterschaft« bezeichnet wird. Die negative Konnotation wird in der Übersetzung durch »Betschwestern« angedeutet.

Andere von denen außerhalb eurer Gruppe werden sich Bischof 5
nennen lassen oder Diakone, als ob Gott ihnen Vollmacht gegeben
hätte. / Sie erstreben die ersten Plätze. Doch sie sind die Gräben 6
ohne Wasser.«[68]
Ich aber sagte: »Was du mir gesagt hast, macht mir angst. Denn nur 7
wenige widerstehen, soweit ich sehe, der Verführung. / Dagegen 8
gibt es viele, die viele Lebendige verführen werden und sie sogar
zerstören. / Es genügt schon, daß sie deinen Namen aussprechen, 9
dann wird man ihnen glauben.«
Der Erlöser antwortete: »Nur eine begrenzte Zeit lang werden sie 10
über die Kleinen herrschen. / Wenn die Zeit der Verirrung zu Ende 11
ist, wird sich die unsterbliche Weltzeit der Einsicht erneuern. /
Diese Weltzeit wird ihren Irrtum mit der Wurzel ausreißen und die 12
Vertreter des Irrtums beschämen. / Der Irrtum wird offenbar wer- 13
den, ohne daß es jemand verhindern könnte[69]. / Dann werden die 14
anderen die Einsicht empfangen. Und sie können sich nicht verän-
dern, Petrus.
Komm nun, wir wollen sehen, wie der himmlische Vater sein Vor- 15
haben erfüllt. / Es werden Leute kommen, die sich das über mich 16
gefällte Urteil selbst zuziehen werden. / Sie werden beschämt wer- 17
den. / Mir können sie nichts anhaben. Du aber, Petrus, wirst mitten 18
unter ihnen stehen. Fürchte dich nicht, auch wenn du ja sonst öfter
verzagt bist. [81] / Ihr Verstand wird verschlossen werden, denn der 19
Unsichtbare ist (als Zeuge) zu ihnen getreten.«

10

Nachdem der Erlöser dieses gesagt hatte, erschien es mir, als würde 1
er von oben ergriffen. / Und ich fragte: »Was sehe ich, Herr? Grei- 2
fen sie nach dir und greifst du nach mir? / Oder wer steht da neben 3
dem Kreuz, heiter und lachend, während sie einem anderen auf
Füße und Hände schlagen?«
Der Erlöser antwortete: »Der, den du heiter und lachend neben 4
dem Kreuz stehen siehst, das ist der lebendige Jesus. / Der, in dessen 5
Hände und Füße sie die Nägel schlagen, ist dagegen nur sein
schwaches, sterbliches Abbild. Er ist das sogenannte Lösegeld, ihn
allein können sie zerstören. / Er ist nur nach dem Bild des lebendi- 6
gen Jesus entstanden. Sieh ihn und mich doch genau an!«
Als ich genug gesehen hatte, sagte ich: »Herr, niemand sieht dich, 7
laß uns von hier fliehen.« / Doch er erwiderte: »Ich habe dir schon 8

[68] Vgl. 2 Petr 2,17.
[69] Wörtlich: »in voller Freiheit«.

9 gesagt, daß sie blind sind. Laß sie gewähren! / An dem, was sie re-
den, kannst du doch erkennen, wie wenig Einsicht sie haben. [82]
10 / Denn anstelle meines Sklaven haben sie den zerstört, den sie sich
in ihrer leeren Herrlichkeit eingebildet haben.«
11 Dann sah ich jemanden näherkommen, der aussah wie der Erlöser
12 und wie der, der lachend neben dem Kreuz stand. / Er war ganz er-
13 füllt mit Heiligem Geist, der Erlöser. / Ein unaussprechliches Licht
umgab sie beide, eine große Schar unbeschreiblich herrlicher Engel,
14 die sie lobten. / Ich, Petrus, habe ihn gesehen, er ist als der offenbar
15 geworden, der verherrlicht. / Er sagte zu mir: »Sei standhaft! Denn
dir ist es gegeben, die Geheimnisse unverhüllt zu erkennen. Der,
den sie angenagelt haben, ist der Erstgeborene, das Haus der Dä-
16 monen, der Steinkrug. / In ihm wohnen die Dämonen, der Mensch
des Elohim ist er, des minderwertigen Schöpfers, der Mensch des
17 Kreuzes unter dem Gesetz. / Doch der andere, der neben ihm steht,
18 das ist der lebendige Erlöser. Er war zuvor in ihm. / Doch dann
wurde er ergriffen, und der Erlöser entkam. Nun steht er schaden-
froh dabei und sieht, daß die, welche ihm Böses angetan haben, un-
tereinander zerspalten sind. [83] Daher lacht er über ihre Blindheit,
19 denn er weiß, daß sie Blindgeborene sind. / Es leidet nur das, was
20 leiden kann, eben der Körper, der nur Lösegeld ist. / Doch der, der
21 ihnen entkommen ist, das ist mein körperloser Leib. / Ich selbst bin
nur geistlich wahrzunehmen wie Gottes Geist, erfüllt von strahlen-
22, 23 dem Licht. / Diesen hast du zu mir kommen sehen. / Wenn das voll-
kommene Licht mit meinem heiligen Geist verbunden wird, dann
sind alle Christusgestalten eins.
24 All dies, was du gesehen hast, sollst du nun den anderen, die nicht
25 aus dieser Welt stammen, überliefern. / Nur bei unsterblichen Men-
26 schen kann eine solche Gabe wirken. / Also nur bei denen, die er-
27 wählt wurden in ihrem unsterblichen Wesen. / Es ist offenbar stark
genug, den Heiligen Geist zu empfangen, der seine Fülle mitteilt.
28 Deswegen habe ich gesagt: ›Wer schon etwas hat, der wird noch
mehr bekommen, so daß er im Überfluß hat. Wer aber nichts hat,
dem wird das Wenige, das er hat, weggenommen werden, damit es
29 anderen zu dem hinzugegeben wird, was sie schon haben[70].‹ / Der
30 Mensch, der nichts hat, das ist der Mensch dieser Welt. / Er ist
gänzlich tot, denn er ist aus der Pflanzung dieser Schöpfung in die-
31 sem Gesindel hervorgegangen. [84] / Das sind die Menschen, die
meinen, jemanden ergreifen zu können, bei dem sich zeigt, daß er
unsterblich ist.

---

[70] Vgl. Mt 25,29.

Nimm all deinen Mut zusammen, hab keine Angst. / Denn ich 32, 33
werde dich begleiten, damit keiner deiner Feinde dich überwältigt.
/ Friede sei mit dir! Sei standhaft!« 34
Nachdem der Erlöser dieses gesagt hatte, kam Petrus wieder zu 35
sich.

Der Brief an die Laodizener

Einleitung: Offenbar war Kol 4,16 der Anlaß für die Entstehung dieses Briefes. Denn hier wird auf einen Brief verwiesen, der an die Christen von Laodizea geschrieben sei. Was Laod. 20 dann fordert, ist in Kol 4,16 vorbereitet.
Inhaltlich bringt der Brief gegenüber Paulus nichts Neues. Freilich ist er mehr als eine bloße sinnlose Kompilation. Im Stil paulinischer Briefe ist zusammengestellt, was der »testamentarischen« Situation besonders angemessen ist (Bewahren, Einigkeit, Gericht, Differenz zwischen persönlichem Hören und Brief, Schlußphase im Leben des Paulus).

Datierung: Der Canon Muratori (3. Jh.) nennt einen Laodizenerbrief und greift ihn als unecht an, doch weiß niemand, ob der dort genannte Brief mit unserem identisch ist. Freilich zeigt unser Brief nichts Anti-Markionitisches, wie man es nach Canon Muratori vermuten könnte. Adolf v. Harnack stellte die interessante Hypothese auf, der Laodizenerbrief sei eine markionitische Fälschung, »das einzige vollständige Schriftwerk, das uns aus der markionitischen Kirche ältester Zeit erhalten ist«. Harnack hatte sich durch die Ähnlichkeit des ersten Verses mit Gal 1,1 wohl zu stark beeindrucken lassen. Nach neuerer Einschätzung: Entstehung zwischen dem 2. und dem 4. Jh.

Textgrundlage: Lat. Fassung nach E. Nestle, K. Aland, Novum Testamentum Graece et Latine, 17. A. Stuttgart 1956, S. XII. Andere Übersetzung: W. Schneemelcher, Neutestamentliche Apokryphen II 43 f.

AN DIE LAODIZENER

Der Apostel Paulus schreibt diesen Brief an die Brüder und Schwe- 1
stern in Laodizea. Apostel bin ich nicht von Menschen her und
nicht durch Menschen bestellt, sondern durch Jesus Christus. / Von 2
Gott, unserem Vater und von unserem Herrn Jesus Christus gebe
ich Gnade und Heil an euch weiter.
Ich danke Christus in all meinem Beten, daß ihr ausharrt in Ge- 3
meinschaft mit ihm und weiterhin tut, was er will. So erwartet ihr
den verheißenen Tag des Gerichtes. / Ich wünsche euch, daß euch 4
das leere Geschwätz einiger Leute nicht abtrünnig machen möge.
Sie schleichen sich bei euch ein und möchten euch von der Wahr-
heit des Evangeliums abbringen, das ich verkündige. / Nun wird 5
Gott dafür sorgen, daß alles, was ich getan habe, damit das Evan-
gelium vorankommt, ... auf daß ihr euren Dienst leistet und
freundlich handelt, denn das alles dient dem Heil des ewigen Le-
bens. / Meine Fesseln, die ich in der Gemeinschaft mit Jesus Chri- 6
stus erleide, sind jetzt öffentlich sichtbar geworden. Darüber bin
ich froh und glücklich. / Was immer durch eure Gebete und unter 7
dem Beistand des Heiligen Geistes geschieht, sei es durch Leben, sei
es durch Tod, hilft mir zum ewigen Heil. / Denn mein Leben besteht 8
in Christus, und zu sterben ist mir eine Freude. / Durch seine Barm- 9
herzigkeit wird Christus unter euch dafür sorgen, daß ihr dieselbe
Liebe habt und alle einmütig seid.
Bewahrt also, meine Lieben, was ihr in meiner Gegenwart gehört 10
habt, und handelt, so wie ihr es früher getan habt, in der Furcht
Gottes. / Dann habt ihr das ewige Leben. / Denn Gott handelt in 11, 12
euch, und darum könnt ihr alles, was ihr tut, ohne Vorbehalt tun. /
Im übrigen: Freut euch, meine Lieben, in der Gemeinschaft mit 13
Christus. Meidet Leute, die schmutzigem Gewinn nachjagen. / Alle 14
eure Gebete sollen offen sein vor Gott. Seid standfest in der Gesin-
nung Christi. / Tut das, was geradlinig, wahr, keusch, gerecht und 15
liebenswert ist. / Was ihr gehört und angenommen habt, das be- 16
wahrt in euren Herzen. Dann wird Friede unter euch sein. / (Grüßt 17
alle Brüder mit einem heiligen Kuß.)[1]
Es grüßen euch die Heiligen. / Die Gnade unseres Herrn Jesus sei in 18, 19
euren Herzen. / Und laßt diesen Brief bei den Kolossern vorlesen 20
und den an die Kolosser auch bei euch.

---

1 V. 17 fehlt in einigen Handschriften; vgl. 1 Thess 5,26.

Der dritte Brief an die Korinther

Einleitung: Der sogenannte Dritte Korintherbrief ist Teil der koptischen Paulusakten, doch möglicherweise ein schon vorgegebenes Dokument. Der Brief ist ein Zeugnis des Kampfes um die leibliche Auferstehung angesichts der gnostischen (und rationalistischen?) Kritik. Im Kontext der Acta Pauli geht diesem Text ein Brief der Korinther voraus.
Entstehungszeit: Die Acta Pauli sind insgesamt vor 200 n. Chr. verfaßt, da Tertullians »Über die Taufe« sie voraussetzt.

1 Paulus schreibt diesen Brief an die Brüder und Schwestern in Ko-
rinth. Ich bin Gefangener Jesu Christi. Ich grüße euch.
2 Ich bin in vielen Bedrängnissen. So wundere ich mich auch nicht,
wenn die Lebensregeln des Bösen so schnell bei euch eindringen. /
3 Mein Herr Jesus Christus wird eilends kommen, denn er wird von
4 denen, die seine Worte außer Kraft setzen, so sehr mißachtet. / Ich
habe euch zu Anfang überliefert, was ich von den Aposteln vor mir
übernommen habe, welche die ganze Zeit über mit Jesus Christus
5 zusammen waren. / Demnach wurde unser Herr Jesus Christus von
Maria geboren und stammt aus dem Geschlecht Davids. Der Vater
6 sandte vom Himmel her den Heiligen Geist in sie herab, / damit Je-
sus in die Welt kommen, durch sein eigenes Menschsein alle Men-
schen erlösen und dann uns Menschen von den Toten auferwecken
7 sollte, wie er selbst sich als Urbild gegeben hat. / Und weil der
8 Mensch von seinem Vater geschaffen ist, / hat er ihn aufgesucht, als
er verlorengegangen war, damit er durch die Aufnahme in die
9 Kindschaft lebendig gemacht würde. / Denn Gott, der überall
herrscht, der Himmel und Erde gemacht hat, sandte zuerst die Pro-
10 pheten zu den Juden, um sie aus ihren Sünden zu retten. / Sein
Wunsch war, das Haus Israel zu retten. Deswegen hat er einen Teil
vom Geist Christi in die Propheten gesandt[1], die über lange Zeiten
11 hin den wahren Gottesdienst verkündeten. / Doch der Herrscher
der Welt[2] wollte in seiner Ungerechtigkeit selbst Gott[3] über sie

[1] Der Satzteil »hat ... gesandt« nur im Lateinischen.
[2] Lehnwort aus dem Griechischen: *archon*. Hier nicht (nur) im Sinne politischer Herrscher zu verstehen, sondern als unsichtbarer Weltherrscher.
[3] Vgl. 2 Kor 4,4.

sein, legte Hand an sie und tötete sie. Er fesselte alle schwachen
Menschen durch ihre maßlosen Begierden an seinen Willen. Denn
das Gericht der Welt war nahe. / Doch Gott, der überall herrscht, 12
wollte sein Gebilde nicht verwerfen und / sandte den (Heiligen) 13
Geist durch Feuer in Maria, die Galiläerin.[4] / Sie glaubte von gan- 14
zem Herzen und empfing in ihrem Leib den Heiligen Geist, damit
Jesus in die Welt kommen konnte. / So sollte der Böse eben durch 15
einen Leib besiegt werden, weil er auch sonst in Leibern wirkte,
und es sollte gezeigt werden, daß er nicht Gott ist. / Denn Jesus 16
Christus hat durch seinen eigenen Leib alle Menschen gerettet und
durch den Glauben zum ewigen Leben geführt. / Durch seine Ger- 17
echtheit hat er in seinem eigenen Leib einen Tempel dargestellt. /
Dadurch wurden wir erlöst. / Nicht Kinder der Gerechtheit, son- 18, 19
dern Kinder des Zorns sind Menschen, die die Weisheit Gottes zu-
rückweisen, indem sie erklären, Gott habe Himmel und Erde und
alles, was in ihnen ist, nicht geschaffen. / Sie sind Kinder des Zorns, 20
denn sie haben nur den Glauben der verfluchten Schlange. / Wendet 21
euch von ihnen ab und flieht vor ihrer Lehre! / Denn ihr seid nicht 22
Kinder des Ungehorsams, sondern der Kirche, die Gott liebt. / Des- 23
wegen ist die Zeit der Auferstehung gepredigt worden. / Wer aber 24
behauptet, daß es leibliche Auferstehung nicht gibt, dessen Aufer-
stehung wird es auch nicht geben, / wenn sie nicht an den leiblich 25
Auferstandenen glauben.

Denn solche Leute verstehen nichts vom Säen des Weizens oder an- 26
derer Pflanzen. Nackt werden sie in die Erde geworfen. Wenn sie
vergangen sind, stehen sie nach Gottes Willen wieder auf, und zwar
leiblich und bekleidet[5]. / Der Leib, der (in die Erde) gelegt wird, 27
wird nicht nur auferweckt, sondern (auch) reich und in vieler Hin-
sicht gesegnet. / Wenn es erlaubt ist, nicht nur die Samen als Bild 28
anzuführen, sondern auch edlere Körper: / Jona, Sohn des Ama- 29
thios, wurde, da er den Niniviten nicht predigen wollte, sonden
floh, von einem Wal verschlungen. / Nach drei Tagen und drei 30
Nächten hat Gott das Gebet des Jona aus der tiefsten Hölle erhört,
und Jona hatte keinerlei Schaden genommen, kein Haar ging ver-
loren. / Ihr Kleingläubigen! Um wieviel mehr wird Gott euch, die 31
ihr an Christus geglaubt habt, auferwecken, so wie Christus selbst
auferstanden ist. / Auf die Gebeine des toten Elisa haben die Kinder 32
Israels einen menschlichen Leichnam gelegt – und er stand auf. So

4 Zu diesem Vers vgl. A. F. J. Klijn, 8f.
5 Vgl. 1 Kor 15,37.

werdet auch ihr, auf den Leib und die Gebeine und den Geist des
Herrn gelegt, an jenem Tag unversehrt auferstehen.
33, 34 Wenn ihr andere Lehren annehmt, fallt mir nicht zur Last. / Denn
ich trage diese Fesseln an meinem Leib, um Christus zu gewinnen.
Ich trage seine Wundmale an meinem Leib, um zur Auferstehung
35 von den Toten zu gelangen. / Dieser Grundsatz geht auf die seligen
Propheten und das heilige Evangelium zurück. Wer sich daran hält,
wird Lohn empfangen (und das ewige Leben in der Auferstehung
36 von den Toten). / Wer aber davon abweicht, wird mit Feuer be-
37 straft, ebenso auch alle die, die vorher so gedacht haben. / Sie sind
38 Menschen ohne Gott, Natterngezücht. / Wendet euch von ihnen ab,
39 Gott gebe euch die Kraft dazu! / Friede, Gnade und Liebe sollen mit
euch sein. Amen.

Acta Pauli

Einleitung: Ähnlich wie die frühchristlichen Petrus-Apokryphen (vgl. unten), so sind auch die Paulus-Apokryphen Gegenstand einer eigenen Spezialwissenschaft. Da sind zunächst einmal die verschiedenen Paulus-Akten. Ob sie gemeinsam auf »die alten Paulus-Akten« zurückgehen, die schon Tertullian erwähnt, ist fraglich. Es ist daher gegenwärtig nicht möglich, eine Grundfassung zu rekonstruieren.
Tertullian schreibt in seiner Schrift »Über die Taufe« um 200 n. Chr.: »Wenn nun die Frauen, die die gefälschten Paulus-Akten zitieren, um am Beispiel der Thekla[1] die Erlaubnis zu verteidigen, daß Frauen lehren und taufen dürfen, so sollen sie wissen: Der Presbyter in der Provinz Asia, der diese Schrift verfaßt hat, als könne er dem Ansehen des Paulus etwas von dem seinigen hinzufügen, ist von seinem Amt zurückgetreten, nachdem er überführt war und gestanden hatte, die Fälschung aus Liebe zu Paulus begangen zu haben.«

a) *Paulus-Akten*
Fragmente sind vor allem in zwei in Deutschland aufbewahrten Papyri erhalten:
Papyrus Hamburgensis (Hg. C. Schmidt und W. Schubart: Praxeis Paulou, 1936) – ein griechischer Papyrus;
Papyrus Heidelbergensis (Hg. C. Schmidt: Acta Pauli, 1904, 2. A. 1906, Nachdr. 1965) – ein koptischer Papyrus.
Dazu kommen weitere Papyri: PapMichigan 1317 und PapBerolonensis 13893 nebst PapMichigan 3788 sowie Papyrus Oxyrhynchus 1602.
Erhalten sind ferner lateinische, syrische, äthiopische, altslawische und armenische Versionen.

Eine kritische Gesamt-Edition steht aus. Daher ist es nicht möglich, einen Eindruck von der Fülle der Überlieferungen zu bieten.

b) *Paulus-Martyrien*
Diese sind – wegen des gemeinsamen Gedenktages am 29. Juni – häufig mit den Petrus-Martyrien verbunden:

[1] Die Worte *exemplum Theclae* sind textkritisch nicht gesichert.

Passio Petri et Pauli (Pseudo-Hegesipp),
Acta Petri et Pauli (Pseudo-Marcellus).
Die lat. Passio apostolorum Petri et Pauli: Lipsius-Bonnet AAA I, 223-234. – Die griech. Acta Petri et Pauli (Teil der Pseudo-Marcellus-Texte): Lipsius-Bonnet AAA I, 178-222.

Acta Petri et Pauli orientalia;
Passio Petri et Pauli (lat.).
Zu den armenischen Akten: P. Vetter: Die armenischen apokryphen Apostelakten I, Die Petrus- und Paulus-Akten, in: ThQ 1906, 161-186; die lat. Passion der Apostel Petrus und Paulus edierten Lipsius-Bonnet AAA I, 223-234.

Acta Petri et Pauli und andere Petrustexte
Die griech. Acta Petri et Pauli edierten Lipsius-Bonnet, AAA I 178-222. – Zu anderen Petrus-Texten vgl. bes. K. Berger: Unfehlbare Offenbarung, in: Kontinuität und Einheit FS F. Mußner, Freiburg 1981, 261-326, bes. § 1, S. 261-265; (bes. interessant: hebräische Petrus-Legende I-III).

Davon zu unterscheiden ist das »katholische« Martyrium, das (zusammen mit dem des Paulus) in griech. und lat. Fassung in AAA (Lipsius-Bonnet) I, 118-177 abgedruckt ist (= ein Teil des Pseudo-Marcellus).

c) *Paulus-Apokalypsen*
Die älteste erhaltene Paulus-Apokalypse ist die aus Nag Hammadi (s. o.).

Darüber hinaus gibt es einen einheitlichen Grundtypus von Paulus-Apokalypsen, der Bestrafungen und Belohnungen im »Jenseits« schildert, die Paulus auf einer Himmelsreise zu sehen bekommt. Dieser Typ Apokalypsen ist verhältnismäßig spät entwickelt worden. Im Abendland war besonders die lateinische Paulus-Apokalypse sehr wirksam (Einwirkung auf Dantes Göttliche Komödie).
Lateinische Paulus-Apokalypse:
Visio Sancti Pauli, ed. Th. Silverstein, 1935 (aufgrund der St. Gallener Handschrift 317).
Griechische Paulus-Apokalypse (verkürzter Text):
ed. K. Tischendorf, Apocalypses apocryphae, 18676, 34-69.
Armenische Paulus-Apokalypse:

P. Vetter, Die armenische Paulus-Apokalypse, in: ThQ 88 (1906) 568-595; 89 (1907) 58-75.
Syrische Paulus-Apokalypse:
ed. G. Ricciotti, Apocalypsis Pauli syriace, in: Orientalia 2 (1933) 1-25.120-149.
Koptische Paulus-Apokalypse (streng zu unterscheiden von der aus Nag Hammadi):
E. A. Wallis Budge, Miscellaneous Coptic Texts, 1915 (engl. Übers. S. 1043-1084).

Im folgenden werden erst die »Akten des Paulus und der Thekla« geboten, und zwar in neuer Übersetzung auf der Grundlage des griechischen Textes bei M. Bonnet: Acta Apostolorum Apocrypha I 1, Leipzig 1891, repr. 1959, 235-272. – Die Verseinteilung ist hier neu vorgenommen. Im Anschluß daran bieten wir eine Neuübersetzung des griechischen Papyrus Hamburgensis der Acta Pauli (Einleitung dazu s. unten).
Aus den koptischen Paulus-Akten des Papyrus Heidelbergensis wird der sog. Dritte Korintherbrief hier als eigener Text geboten (s. o.).

Die *theologische Bedeutung* der Acta Pauli et Theclae besteht darin, daß hier ein von der Großkirche akzeptiertes Zeugnis weiblicher Jüngerschaft vorliegt. Der Text dürfte vor 200 n. Chr. entstanden sein (vgl. oben das Zitat aus Tertullian). Thekla gilt als die erste Märtyrerin der Christenheit.

DIE AKTEN
DES PAULUS UND DER THEKLA

1
1 Nach der Flucht aus Antiochien zog Paulus nach Ikonium hinauf.
2 / Seine Begleiter waren Demas und der Kupferschmied Hermoge-
3 nes. / Sie waren scheinheilig bis auf die Knochen und hängten sich
4 an Paulus, als liebten sie ihn. / Paulus jedoch richtete sich allein
nach der Freundlichkeit des Messias und tat ihnen nichts Böses,
5 sondern war sehr freundlich zu ihnen. / Deshalb brachte er ihnen
alles nahe, was der Herr gesagt hatte, auch die christliche Lehre. /
6 Er legte ihnen das Evangelium aus, sprach über die Auferstehung
des Messias, des Auserwählten, wie sie ihm geoffenbart worden
7 war. / Diese Offenbarung legte er ihnen Wort für Wort aus.

2
1 Ein Mann namens Onesiphorus hatte gehört, daß Paulus nach Iko-
2 nium gekommen sei. / Mit seinen Kindern Simmias und Zenon so-
wie mit seiner Frau Lektra ging er ihm entgegen, um ihn bei sich
3 aufzunehmen. / Titus hatte ihm das Aussehen des Paulus geschil-
4 dert, / obwohl er ihn selbst noch nicht leibhaftig gesehen hatte, son-
dern nur seine eigene Vorstellung davon hatte, wie er aussah.

3
1, 2 Onesiphorus ging auf die Königstraße, die nach Lystra führt. / Dort
stellte er sich hin, um auf Paulus zu warten, und verglich jeden, der
3 vorbeikam, mit der Beschreibung, die Titus ihm gegeben hatte. / Da
sah er Paulus kommen, einen Mann von kleinem Wuchs, kahlköp-
fig und mit krummen Beinen, aber aufrechter Haltung. Er hatte zu-
sammengewachsene Augenbrauen, eine etwas zu lange Nase, aber
4 er sah liebenswürdig aus. / Zeitweise sah er aus wie ein Mensch,
dann wieder wie ein Engel.

4
1, 2 Als Paulus auf Onesiphorus zukam, lächelte er. / Onesiphorus
3 sagte: »Willkommen, Sklave des gelobten Gottes!« / Paulus erwi-
4 derte den Gruß: »Gott sei dir und deiner Familie gnädig!« / Da
wurden Demas und Hermogenes eifersüchtig und überschlugen
5 sich geradezu vor Scheinheiligkeit. / Demas sagte: »Wir gehören
wohl nicht zum gelobten Gott, denn uns hast du nicht begrüßt.« /

Onesiphorus erwiderte: »Ich kann nicht entdecken, daß ihr irgend 6
etwas Gutes getan habt. Solltet ihr aber trotzdem bedeutende Christen sein, so kommt auch ihr in mein Haus und seid mir willkommen.«

5

Als Paulus in das Haus des Onesiphorus kam, waren alle hocher- 1
freut. Alle, die zu seinem Haus gehörten, beugten das Knie und bra-
chen das Brot. / Paulus sprach über die notwendige Askese und die 2
Auferstehung. / Er sagte: 3
»Glückselig, die ein reines Herz haben, sie werden Gott schauen.
Glückselig, die ihren Leib rein gehalten haben, sie werden Tempel 4
Gottes sein.
Glückselig, die enthaltsam waren, denn mit ihnen wird Gott spre- 5
chen.
Glückselig, die sich von der Welt losgesagt haben, denn sie werden 6
Gott gefallen.
Glückselig, die Frauen haben, aber mit ihnen umgehen, als hätten 7
sie keine, denn sie werden bei Gott ihre Heimat finden.
Glückselig, die Angst vor Gott haben, denn sie werden Engel Got- 8
tes werden.

6

Glückselig, die vor Gottes Wort zittern, denn sie werden ermutigt 1
werden.
Glückselig, die Jesu Christi Weisheit angenommen haben, denn sie 2
werden Kinder des Höchsten genannt werden.
Glückselig, die ihre Taufe bewahrt haben, denn sie werden eine 3
Heimat haben beim Vater und beim Sohn.
Glückselig, die sich geöffnet haben, Jesus Christus zu verstehen, 4
denn sie werden im Licht sein.
Glückselig, die in der Liebe zu Gott die sichtbare Welt verlassen 5
haben. Denn sie werden über Engel richten, und Gottes rechte
Hand wird sie segnen.
Glückselig, die Barmherzkeit üben, denn sie werden Erbarmen 6
finden. Die Bitterkeit des Gerichtstages wird an ihnen vorüber-
gehen.
Glückselig, die ihren Leib rein bewahrt haben, denn sie werden 7
Gott gefallen. Sie werden den Lohn für ihre Heiligkeit nicht ver-
lieren.
Denn das Wort des Vaters wird für sie zum Heil am Tag seines 8
Sohnes. Für immer werden sie eine Heimat haben.«

7
1, 2 All dies sagte Paulus in der Hausgemeinde des Onesiphorus. / Unter
den Zuhörenden war eine junge Frau namens Thekla, die mit einem
3 jungen Mann namens Thamyris verlobt war. / Sie saß Tag und
Nacht an einem Fenster des Hauses, das auf den Platz hinausging,
auf dem Paulus predigte, und hörte zu, wie Paulus über die Heilig-
4 keit von Leib und Seele sprach. / Keinen Augenblick verließ sie ihren
Platz am Fenster, denn sie fühlte sich voller Freude zum Glauben
5 hingezogen. / Als sie sah, wie auch viele andere junge und ältere
Frauen zu Paulus strömten, sehnte sie sich danach, Paulus selbst ein-
mal gegenüberstehen zu dürfen und ihn die Botschaft von Jesus
6 Christus verkündigen zu hören. / Denn sie hatte Paulus noch nie von
Angesicht gesehen, nur seine Botschaft hatte sie gehört.

8
1 Da sie nicht vom Fenster wich, ließ Theokleia, ihre Mutter, Thamy-
2 ris holen. / Der kam hocherfreut herbeigeeilt, weil er dachte, er
3 solle sie jetzt schon heiraten. / Er fragte Theokleia: »Wo ist denn
4 meine Thekla?« / Theokleia antwortete: »Ich muß dir etwas Merk-
5 würdiges erzählen, Thamyris. / Seit drei Tagen und drei Nächten
steht Thekla nun schon nicht mehr von ihrem Platz am Fenster auf.
6 / Sie ißt nicht und trinkt nicht, sondern himmelt einen fremden
Mann an, der trügerische und schillernde Lehren verbreitet, als
7 wäre er für sie der Inbegriff der Freude. / Ich verstehe überhaupt
nicht, wie sich ein so zurückhaltendes Mädchen derart betören las-
sen kann.

9
1 Lieber Thamyris, dieser Mensch wiegelt die Stadt Ikonium auf, und
2 macht auch deine Thekla verrückt. / Alle Frauen und alle jungen
3 Männer laufen ihm nach. / Er lehrt sie, man müsse den einen und
einzigen Gott verehren und heilig, das heißt: enthaltsam, leben. /
4 Auch meine Tochter klebt wie eine Spinne am Fenster und wird von
seinen Worten in Bann gezogen wie von einer fremdartigen Leiden-
5 schaft und gefährlichen Sucht. / Sie hängt förmlich an seinen Lip-
6 pen und läßt sich von seinen Worten verzaubern. / Geh du mal zu
ihr und rede mit ihr, du bist schließlich ihr Verlobter.«

10
1 Thamyris, verliebt und zugleich voller Angst vor ihrer Verwirrtheit,
2 ging zu Thekla. / Er sagte: »Thekla, meine Braut, warum sitzt du
3, 4 hier? / Was für eine Sucht hat dich behext? / Komm zu deinem Tha-

myris zurück und laß deine Scham wieder die Oberhand gewin-
nen.« / Ihre Mutter sprach ebenso mit ihr: »Kind, was sitzt du hier, 5
blickst zu Boden und antwortest nichts? Du bist ja ganz verstört!«
/ Alle brachen in Tränen aus – Thamyris, weil er seine Braut verlo- 6
ren hatte, Theokleia, weil sie ihr Kind hatte hergeben müssen, die
Sklavinnen, weil sie keine Herrin mehr hatten. / Große Verwirrung 7
und Trauer herrschten im Haus. / Trotz allem ließ aber Thekla 8
nicht ab von ihrem Verhalten, sondern dachte nur an das Wort des
Paulus.

11

Doch dann stand Thamyris auf, ging auf die Straße und beobach- 1
tete alle, die bei Paulus aus- und eingingen. / Da sah er zwei Män- 2
ner, die heftig miteinander stritten. Er fragte sie: / »Wer seid ihr, 3
bitte, und wer ist der bei euch da drinnen, der junge Männer und
junge Frauen betrügerisch verwirrt und ihnen einflüstert, daß sie
nicht heiraten, sondern unverheiratet bleiben sollen? / Ich gebe 4
euch viel Geld, wenn ihr mir über ihn etwas sagen könnt. Denn ich
bin hier der Bürgermeister in der Stadt.«

12

Demas und Hermogenes, denn das waren die beiden Männer, ant- 1
worteten: / »Wer er ist, wissen wir nicht. Doch er nimmt den jungen 2
Männern ihre Frauen und den jungen Frauen ihre Männer weg. /
Als Begründung sagt er: ›Ihr werdet nur auferstehen können, wenn 3
ihr ehelos und heilig bleibt. / Beschmutzt euren Leib nicht, sondern 4
haltet ihn heilig.‹«

13

Als Thamyris das hörte, sagte er zu den beiden: »Kommt in mein 1
Haus, liebe Herren, ruht euch bei mir aus.« / Er lud sie zu einer üp- 2
pigen Mahlzeit mit viel Wein und großem Aufwand ein. Die Tafel
war prächtig gedeckt. / Der Wein floß in Strömen – das alles tat 3
Thamyris, weil er Thekla liebte und sie zur Frau haben wollte. / Als 4
sie so tafelten, sagte er zu den beiden: »Erzählt mir, was er lehrt,
liebe Herren, ich möchte diese Lehre auch kennenlernen. / Denn ich 5
mache mir große Sorgen um Thekla, sie hat sich an diesen fremden
Mann gehängt, und dann kann ich sie nicht heiraten.«

14

Demas und Hermogenes empfahlen ihm: »Laß ihn vor den Statt- 1
halter Castellius führen. / Als Begründung gibst du an, daß er die 2

3 Menschen zur neuen Lehre der Christen verführt. / Dann wird er
4 Paulus beseitigen, und Thekla wird deine Frau. / Wir können dir
übrigens sagen: Die Auferstehung, die dieser Paulus ankündigt, ist
5 schon geschehen.[1] / Wir sind doch in unseren Kindern auferstan-
6 den. / Wir sind auferstanden, indem wir den wahren Gott kennen-
gelernt haben.«[2]

15

1 Als Thamyris dies hörte, erfüllten ihn Eifersucht und Wut. Er stand
morgens früh auf und ging in das Haus des Onesiphorus, begleitet
von einigen angesehenen Männern und Ordnungshütern sowie von
einer großen Menge Menschen. Sie hatten sich mit Knüppeln be-
2 waffnet und sagten zu Paulus: / »Du hast die Stadt Ikonium durch-
einander gebracht. Meine Verlobte hast du mir abspenstig ge-
3, 4 macht. / Wir wollen zum Statthalter Castellius gehen!« / Die ganze
Menschenmenge rief: »Weg mit dem Zauberer! Er hat alle unsere
Frauen verhext und das Volk aufgewiegelt.«

16

1 Thamyris trat vor den Statthalter, der auf dem Amtssessel Platz ge-
2 nommen hatte, / und rief: »Prokonsul! Wir wissen nicht, woher
dieser Mensch kommt. Er will unsere jungen Mädchen nicht heira-
3, 4 ten lassen. / Er soll dir sagen, weshalb er dies lehrt.« / Demas und
Hermogenes flüsterten Thamyris zu: »Sag, daß er Christ ist, dann
5 wird er ihn beseitigen.« / Der Statthalter dachte ein Weilchen über
6 diese Worte nach, dann rief er Paulus und fragte ihn: / »Wer bist
du? Was lehrst du? Man wirft dir ja eine ganze Menge vor!«

17

1 Da antwortete Paulus: »Da dies ein Verhör über meine Lehre ist, so
2 höre, verehrter Statthalter! / Gott ist der Lebendige, der Gott, der
Gerechtigkeit schafft, der eifersüchtige Gott, der Gott, der keine
3 Dinge nötig hat. / Er hat mich gesandt, weil er die Menschen er-
4 lösen will. / Ich soll die Menschen von Vergänglichkeit und Unrein-
heit, von aller maßlosen Lust und vom Tod befreien. Sie sollen
5 nicht mehr unrecht tun. / Deswegen hat Gott seinen Sohn ge-
6 schickt, den ich im Evangelium verkünde. / Ich lehre, daß durch ihn

[1] Vgl. 2 Tim 2,18.

[2] Der Satz »indem ... haben« fehlt in einigen Handschriften. Denn inhaltlich ist der Satz eine in gnostische Richtung weisende Interpretation des Satzes von der schon geschehenen Auferstehung. Dagegen war die Auferstehung in den Kindern (V. 5) eher alttestamentlich gedacht.

die Menschen Hoffnung haben. / Denn er allein hat mitgelitten mit 7
der Welt, die im Irrtum lag, damit die Menschen nicht mehr nur
verurteilt sind, sondern glauben und Gott fürchten, damit sie wis-
sen, was heilig ist, und die Wirklichkeit Gottes lieben. / Wenn ich 8
nun lehre, was Gott mir geoffenbart hat, was tue ich da Unrechtes,
Herr Statthalter?« / Der Beamte hörte Paulus an, dann ließ er ihn 9
fesseln und ins Gefängnis abführen, um ihn bei späterer Gelegen-
heit gründlicher zu verhören.

18
Thekla aber streifte ihr Armband ab und gab es dem Wächter am 1
Gefängnistor. / Daraufhin ließ der sie hinein, und sie ging sogleich 2
in das Gefängnisgebäude. / Dem Gefängniswärter schenkte sie ei- 3
nen silbernen Spiegel, woraufhin dieser sie zu Paulus hineingehen
ließ. / Sie setzte sich zu seinen Füßen und hörte von ihm die Groß- 4
taten Gottes. / Paulus hatte überhaupt keine Angst, sondern war 5
sehr zuversichtlich in der Hoffnung auf Gott. / Auch Theklas 6
Glaube nahm zu. Sie küßte seine Fesseln.

19
Bald wurde Thekla von ihrer Familie und von Thamyris vermißt, 1
und man begann sie zu suchen. / Einer der Mitsklaven des Tür- 2
hüters verriet, daß sie nachts das Haus verlassen habe. / Als sie ihn 3
weiter ausfragten, sagte er: »Sie ist zu dem fremden Mann ins Ge-
fängnis gegangen.« / Daraufhin liefen sie zum Gefängnis und fan- 4
den sie dort, wie er ihnen gesagt hatte, sozusagen mitgefesselt aus
Liebe. / Da stürmten sie aus dem Gefängnis, alle Leute hinter ihnen 5
her, und rannten zum Statthalter.

20
Der Statthalter ließ Paulus vor die Gerichtsschranken führen. / 1
Thekla jedoch wälzte sich an der Stelle, an der Paulus im Gefängnis 2
gesessen und sie gelehrt hatte, auf dem Boden hin und her. / Dann 3
ließ der Statthalter auch sie zum Verhör vorführen. / Voll Freude 4
und Jubel kam Thekla zum Gericht. / Als dann Paulus nochmals 5
vorgeführt wurde, schrie das Volk laut: / »Weg mit ihm, dem He- 6
xenmeister!« / Der Statthalter jedoch hörte mit Wohlgefallen, wie 7
Paulus über die heiligen Werke Christi redete. Nach einer Bera-
tungspause rief er Thekla und fragte sie: / »Warum willst du Tha- 8
myris nicht heiraten, wie es das Gesetz der Ikonier vorsieht?« / Als 9
Thekla schwieg, schrie Theokleia, ihre Mutter: »Auf den Scheiter-
haufen mit dem Gesetzesbrecher! / Auf den Scheiterhaufen mit der 10

Unglücksbraut, mitten im Amphitheater, damit alle Frauen, die er
gelehrt hat, Angst bekommen!«

21

1 Der Statthalter mußte viel ausstehen. Er ließ Paulus geißeln und zur
Stadt hinauswerfen. Thekla aber verurteilte er zum Tod durch Ver-
2 brennen. / Er erhob sich sogleich und ging in das Theater. Der
ganze Volkshaufen zog mit ihm, um das unabwendbare Spektakel
3 zu genießen. / Thekla aber schaute sehnsüchtig, ob sie Paulus ir-
gendwo sah, wie ein Schaf in der Wüste nach dem Hirten Ausschau
hält.
4 Als sie in die Menge blickte, sah sie plötzlich den Herrn in der Ge-
5 stalt des Paulus dort sitzen. Sie sagte: / »Als ob er befürchtete, daß
ich nicht standhaft wäre, ist Paulus gekommen, um nach mir zu se-
6 hen.« / Sie blickte ihm ins Gesicht, doch er ging fort in den Himmel.

22

1 Die Jungen und Mädchen brachten Holz und Stroh für den Schei-
2 terhaufen herbei. / Als Thekla nackt hereingeführt wurde, fing der
Statthalter an zu weinen. Er bewunderte die Kraft, die in ihr war. /
3 Die Henkersknechte schichteten das Holz auf und befahlen Thekla,
4 den Scheiterhaufen zu besteigen. / Sie aber breitete die Arme aus,
um so das Zeichen des Kreuzes abzubilden[3], und stieg auf das
5 Holz. / Die Henkersknechte zündeten unten das Feuer an. Doch
obwohl das Feuer mächtig aufflammte, berührte es sie nicht. /
6 Denn Gott in seinem Erbarmen ließ ein unterirdisches Grollen hör-
bar werden, und von oben her überschattete eine Wolke voll Was-
7 ser und Hagel das Theater. / Die ganze Flut ergoß sich auf sie, viele
8 gerieten in gefährliche Not und kamen um. / So wurde das Feuer
gelöscht, und Thekla wurde gerettet.

23

1 Paulus aber hielt sich mit Onesiphorus, dessen Frau und Kindern
in einer offenen Grabanlage am Weg von Ikonium nach Daphne
2 auf, um mit ihnen dort zu fasten. / Als sie eine Reihe von Tagen ge-
fastet hatten, sagten die Kinder zu Paulus: »Wir haben Hunger!« /
3, 4 Doch sie hatten kein Geld, um Brot zu kaufen. / Denn Onesiphorus
hatte die weltlichen Dinge hinter sich gelassen und folgte Paulus

3 In den Apokryphen des 2. Jh.s geläufiger Gestus: Der senkrecht Stehende bildet den Stamm des Kreuzes ab, die beiden ausgestreckten Arme sind Zeichen für die Balken.

mit seiner ganzen Familie nach. / Da zog Paulus sein Obergewand 5
aus und sagte: »Geh, mein Kind, kauf ein paar Brote und bring sie
uns her.« / Als der Junge beim Einkaufen war, erblickte er seine 6
Nachbarin Thekla. / Da geriet er ins Staunen und fragte sie: »Thek- 7
la, was machst du denn hier?« / Thekla antwortete: »Ich bin aus 8
dem Feuer gerettet worden, und jetzt bin ich auf der Suche nach
Paulus.« / Da sagte der Junge: »Komm mit, ich führe dich zu ihm. 9
Denn wegen dir stöhnt er und betet und fastet schon seit sechs
Tagen.«

24

Als Thekla zu der Grabhöhle kam, hatte Paulus gerade auf Knien 1
gebetet: / »Vater Jesu Christi, laß das Feuer Thekla nicht anrühren! 2
Steh du ihr bei, denn sie ist dein.« / Thekla aber stand hinter Paulus 3
und rief: »Vater, der du den Himmel und die Erde gemacht hast, du
Vater deines geliebten Kindes Jesus Christus, ich lobe dich, denn du
hast mich aus dem Feuer gerettet, damit ich Paulus wiedersehen
kann!« / Paulus stand auf, erblickte sie und sagte: »Gott, der du die 4
Herzen erkennst, du Vater unseres Herrn Jesus Christus, ich lobe
ich, weil du mir so schnell geschenkt hast, um was ich dich gebeten
habe, und weil du mich erhört hast.«

25

Im Inneren der Grabanlage begrüßten sich alle liebevoll.[4] / Paulus, 1, 2
Onesiphorus und alle anderen jubelten. / Sie hatten fünf Brote, Ge- 3
müse, Wasser und Salz. Fröhlich gedachten sie der heiligen Taten
Jesu Christi. / Thekla sagte zu Paulus: »Ich will mich kahl scheren 4
lassen und dir folgen, wohin du auch gehst.« / Paulus antwortete: 5
»Die Zeiten sind böse, und du siehst sehr gut aus. Möge keine zweite
Versuchung, die noch heftiger ist als die erste, über dich kommen,
die dich dazu bringt, nicht auszuhalten und feige zu werden.[5]« /

---

4 Wörtlich: »Es war große Liebe in dem Grabmal«. Zweifellos wird das im folgenden berichtete Mahl als Liebesmahl (Agape-Feier) gedacht worden sein. Doch die Erwähnung der Werke Christi im folgenden Vers verbietet wohl eine Unterscheidung vom Abendmahl. Denn dort wird ja der Werke Christi gedacht. Zur Deutung des Kreuzes in diesem Sinn vgl. PetrEv.

5 Die erste Versuchung bestand nach dem Kontext darin, lieber das Martyrium zu erdulden als einen irdischen Mann zu heiraten. Auch die zweite Versuchung könnte – siehe den Hinweis auf die Schönheit der Thekla – in sexuellem »Vergehen« bestehen. Aus 40,5 geht hervor, daß es um das biblische Tabu transsexueller Betätigung geht.

6 Thekla erwiderte: »Gib mir das Siegel[6], das die Gemeinschaft mit
Christus festigt. Dann kann keine Versuchung Herr über mich wer-
7 den.[7]« / Paulus sagte zu ihr: »Gedulde dich, dann wirst du das Was-
ser empfangen.«[8]

26

1 Paulus schickte Onesiphorus mit seiner ganzen Familie nach Iko-
2 nium zurück. / Er selbst nahm Thekla mit auf die Reise nach
3 Antiochien. / Als sie die Stadt betraten, wurde ein Syrer namens
Alexander beim Anblick der Thekla von Verlangen erfüllt und ver-
4 suchte Paulus durch Geld und Geschenke zu erweichen. / Paulus
aber sagte zu ihm: »Ich habe kein Verhältnis mit der Frau[9], die du
5 meinst. Sie ist auch nicht meine Frau.« / Alexander aber war ein
6 kräftiger Mann und umarmte sie auf offener Straße. / Thekla
7 wehrte sich und rief Paulus um Hilfe. / Heftig schrie sie auf: »Tu
einer fremden Frau nicht Gewalt an! Eine Frau, die Gott als Sklavin
gehört, darfst du nicht zwingen! Ich bin die ranghöchste Frau in
Ikonium. Ich bin aus der Stadt vertrieben worden, weil ich Thamy-
8 ris nicht heiraten wollte.« / Sie packte Alexander und zerfetzte sein
Obergewand, riß ihm den Kranz ab, den er auf dem Kopf trug, und
machte ihn zum Gespött der Leute.

27

1 Alexander aber führte sie vor den Statthalter, teils aus (enttäusch-
ter) Liebe, teils weil er das, was ihm widerfahren war, als Verlet-
2 zung seiner Ehre betrachtete (und davon loskommen wollte). / Als
Thekla bekannte, daß sie das, was Alexander ihr vorwarf, getan
3 hatte, verurteilte der Statthalter sie zum Tierkampf.[10] / Die anderen
Frauen aber gerieten in Wut und schrien vor den Gerichtsschran-
4 ken: »Ein schlechtes Urteil! Ein gottloses Urteil!« / Thekla bat den
5 Statthalter, bis zum Tierkampf unberührt bleiben zu dürfen. / Eine
reiche Königin namens Tryphaina, deren Tochter gestorben war,
nahm Thekla in Verwahrung und fand Trost an ihr.

---

[6] Taufe und Mitteilung des Heiligen Geistes.

[7] Das Siegel verschließt einen Gegenstand und macht ihn unempfänglich gegen Außeneinflüsse.

[8] Das Siegel ist daher hier bereits – anders als in der Frühzeit des 1. Jh.s – mit der Taufe identisch.

[9] Die Übersetzer geben meist wörtlich wieder: »Ich kenne die Frau nicht …«. Das wäre eine reichlich plumpe Lüge. Vielmehr geht es hier um das Kennen/Erkennen zwischen Mann und Frau nach Lk 1,34 etc.

[10] Einige Versionen ergänzen: »da Alexander Spiele veranstaltete.«

28
Als nun die wilden Tiere in einem Umzug herumgeführt werden 1
sollten, band man Thekla auf einer wilden Löwin fest. Die Königin
Tryphaina folgte ihr. / Aber die Löwin, auf der Thekla saß, leckte 2
ihr die Füße. Da geriet die Volksmenge außer sich. / Als ihr Verbre- 3
chen wurde auf einem Plakat »Tempelräuberin« angegeben. / Doch 4
Frauen und Kinder schrien: »O Gott, ein gottloses Urteil wird in
unserer Stadt vollstreckt!« / Nach dem Umzug nahm Tryphaina 5
Thekla wieder zu sich. / Denn ihre verstorbene Tochter Falconilla 6
war ihr im Traum erschienen und hatte zu ihr gesagt: / »Mutter, 7
nimm die fremde, einsame Thekla an meiner Statt an. / Sie soll für 8
mich beten, damit ich an den Ort der Gerechten komme!«

29
Als Tryphaina nun Thekla nach dem Umzug mit den wilden Tieren 1
wieder zu sich nach Hause nahm, war sie traurig, denn der Tier-
kampf sollte am nächsten Tag sein. / Sie liebte sie wie ihre Tochter 2
Falconilla und sagte: »Thekla, mein zweites Kind, bete für meine
Tochter, damit sie in Ewigkeit lebt. Denn so habe ich es im Traum
gesehen.« / Thekla betete, ohne zu zögern: »Mein Gott, Sohn des 3
Höchsten im Himmel, erfülle ihr diesen Wunsch, daß ihre Tochter
Falconilla für immer lebt.« / Als Thekla dies sagte, war Tryphaina 4
sehr betrübt, daß solche Schönheit den Tieren vorgeworfen werden
sollte.

30
Als es Morgen wurde, kam Alexander, um sie abzuholen, denn er 1
selbst veranstaltete die Tierkämpfe. / Er sagte zu Tryphaina: »Der 2
Statthalter hat bereits seinen Platz eingenommen, das Volk macht
schon Lärm und fordert den Beginn des Kampfes. Gib die Tier-
kämpferin heraus, ich will sie mitnehmen.« / Tryphaina aber schrie 3
so laut auf, daß er floh, und rief: »Zum zweiten Mal wird mein
Haus von der Trauer um Falconilla betroffen. Und keiner hilft mir,
mein Kind nicht, denn es ist tot, und mein Mann nicht, denn ich
bin Witwe. / Gott Theklas, meines Kindes, steh Thekla bei!« 4

31
Da schickte der Statthalter Soldaten, die Thekla abführen sollten. / 1
Tryphaina aber trat nicht zur Seite, sondern nahm sie bei der Hand 2
und geleitete sie zur Arena mit den Worten: / »Meine Tochter Fal- 3
conilla haben sie zu Grabe geführt. Dich, Thekla, führe ich zum
Tierkampf.« / Da weinte Thekla heftig und betete seufzend zum 4

5 Herrn: / »Herr, mein Gott, auf den ich vertraue, zu dem ich mich
flüchte, du hast mich aus dem Feuer errettet, gib Tryphaina, die mit
deiner Sklavin mitgelitten hat, ihren Lohn, denn sie hat mich heilig
bewahrt.«

32

1 Da entstand großer Lärm, die Tiere brüllten, das Volk schrie und
einige Frauen, die dabei saßen, riefen: »Her mit der Tempelräube-
2 rin!« / Andere schrien: »Dieser Frevel soll die Stadt zugrunde rich-
ten! Töte uns alle, Statthalter! Elendes Theater! Ungerechtes Ur-
teil!«

33

1 Man riß Thekla aus Tryphainas Armen, zog sie nackt aus und ließ
ihr nur einen Lendenschurz. Dann wurde sie in die Arena gestoßen.
2, 3 / Zuerst wurden Löwen und Bären auf sie losgelassen. / Eine wilde
4 Löwin lief auf Thekla zu und legte sich zu ihren Füßen nieder. / Da
5 erhoben die Frauen ein lautes Wehgeschrei. / Dann lief eine Bärin
6 auf Thekla zu. / Doch die Löwin lief der Bärin entgegen und riß sie
7 in Stücke. / Danach wollte sich ein Löwe auf sie stürzen. Er war auf
8 Menschen abgerichtet und gehörte Alexander. / Aber die Löwin
9 verbiß sich mit dem Löwen, und sie töteten sich gegenseitig. / Da
wurde die Klage der Frauen noch lauter, denn nun war auch die Lö-
win tot, die Thekla beigestanden hatte.

34

1, 2 Dann ließen die Veranstalter viele Tiere in das Stadion. / Thekla
3 stand mit ausgebreiteten Armen da und betete. / Als sie das Gebet
beendet hatte, sah sie sich um und erblickte ein großes, mit Wasser
4 gefülltes Becken. / Da sagte sie: »Jetzt ist es Zeit, daß ich durch die
5 Taufe gewaschen werde.« / Sie sprang in die Grube hinein und rief:
»Im Namen Jesu Christi taufe ich mich, denn dies ist mein letzter
6 Tag.« / Als die Frauen und das ganze Volk das sahen, weinten sie
7 und riefen: »Stürz dich doch nicht selbst ins Wasser!« / Auch der
Statthalter weinte, weil er daran dachte, daß ihre Schönheit nun ge-
8 fräßigen Fischen zum Opfer fallen würde. / Thekla also stürzte sich
9 im Namen Jesu Christi ins Wasser. / Die Fische aber waren wie
durch den Feuerschein eines Blitzes geblendet und trieben tot an
10 der Wasseroberfläche. / Eine Feuerwolke hüllte Thekla ein, so daß
die wilden Tiere ihr nichts tun konnten und auch kein Mensch ihre
Nacktheit sah.

35

Dann wurden andere, noch schrecklichere Bestien auf Thekla los- 1
gelassen. / Die Frauen klagten, doch dann warfen die einen eine 2
Menge Kräuter, Narde und Zimt, die anderen indische Gewürz-
pflanzen in die Arena, so daß dort eine Menge Spezereien herum-
lagen. / Deren Duft betäubte die Bestien so stark, daß sie friedlich 3
einschliefen und Thekla nicht anrührten. / Da sagte Alexander zum 4
Statthalter: »Ich habe sehr wilde Stiere. Auf denen wollen wir die
Tierkämpferin festbinden.« / Der Statthalter erlaubte es schweren 5
Herzens und sagte: »Mach doch, was du willst.« / Nun wurde 6
Thekla mit jedem Fuß an einem Stier festgebunden. / Dann wurden 7
die Geschlechtsteile der Stiere mit glühenden Eisen traktiert, damit
sie noch mehr gereizt würden und Thekla töteten. / Die Stiere woll- 8
ten zwar losspringen, doch ringsum loderte eine Flamme auf. Sie
brannte die Stricke durch, mit denen Thekla festgebunden war. So
war sie frei, als wäre sie nicht gefesselt.

36

Tryphaina, die in der Nähe der Arena am Tor stand, fiel in Ohn- 1
macht. / Da riefen ihre Sklavinnen: »Königin Tryphaina ist tot.« / 2
Das hörte der Statthalter, und da bekam die ganze Stadt es mit der 3
Angst zu tun. / Alexander fiel dem Statthalter zu Füßen und rief: 4
»Hab Erbarmen mit mir und mit der Stadt! Laß die Tierkämpferin
frei, damit nicht auch die Stadt zugleich mit ihr umkommt. / Denn 5
wenn der Kaiser von diesen Vorfällen hört, wird er nicht nur uns,
sondern auch die ganze Stadt vernichten, denn Tryphaina, die eben
gestorben ist, war ja seine Verwandte.«

37

Der Statthalter rief Thekla aus der Arena, wo sie mitten unter den 1
wilden Tieren stand, und fragte sie: »Wer bist du? Was ist mit dir,
daß keines der wilden Tiere dich berührt?« / Thekla erwiderte: »Ich 2
bin Sklavin des lebendigen Gottes. Und was mit mir ist? Ich habe
an Gottes Sohn, der ihm gefallen hat, geglaubt. / Deswegen hat kei- 3
nes der wilden Tiere mich berührt. / Denn er allein ist der Weg[11] zur 4
Rettung und die Grundlage[12] für das Leben ohne Tod. / Er ist die 5
Zuflucht der Bedrängten, die Erquickung für alle, die in Not sind,

---

11 Andere lesen hier statt »Weg« (*hodos*): »Ziel« (*horos*) (das »Ziel der Rettung«).

12 Dasselbe griech. Wort *hypostasis* wie in Hebr 11,1 (Grundlage der Wirklichkeit).

6 der Schutz für alle Verzweifelten. / Kurzum: Wer an ihn nicht
glaubt, der kann nicht leben, sondern wird für immer tot sein.«

38

1 Als der Statthalter das hörte, ließ er Kleider bringen und forderte
2 Thekla auf: »Zieh die Kleider an!« / Thekla erwiderte: »Gott hat
mich bekleidet, als ich nackt mitten unter den wilden Tieren war.
3 Er wird mich am Tage des Gerichtes mit Heil bekleiden.« / Dann
4 nahm sie die Kleider und zog sie an. / Kaum war das geschehen, da
gab der Statthalter eine Verfügung heraus: »Thekla, die fromme
5 Sklavin Gottes, entlasse ich für euch in die Freiheit.« / Alle Frauen
6 schrien laut, und wie aus einem Munde lobten sie Gott: / »Es gibt
7 nur einen Gott[13], und der hat Thekla gerettet.«/ Die ganze Stadt er-
bebte von ihrem Geschrei.

39

1 Als Tryphaina die frohe Botschaft vernahm, kam sie Thekla mit
2 einer großen Menge Volks entgegen. / Sie umarmte sie und rief:
3 »Jetzt glaube ich, daß Tote auferweckt werden. / Jetzt glaube ich,
4 daß (auch) mein (erstes) Kind lebt. / Komm herein, ich will dir alles
5 überschreiben, was ich besitze.« / Thekla ging mit Tryphaina in de-
6 ren Haus und ruhte sich dort acht Tage lang aus. / Sie unterrichtete
Tryphaina im Wort Gottes, so daß auch die meisten von den Skla-
vinnen zum Glauben kamen. Große Freude herrschte im ganzen
Haus.

40

1 Thekla aber sehnte sich nach Paulus und ließ überall nach ihm for-
2, 3 schen. / Man sagte ihr, er sei in Myra. / Da nahm sie Sklaven und
Sklavinnen, kleidete sich für die Reise an und schneiderte sich ein
4 Obergewand nach Männerart. / So reiste sie nach Myra und fand
5 dort Paulus, der gerade das Wort Gottes verkündete. / Sie trat zu
ihm, doch als er sie und ihre Gefolgschaft sah, erschrak er. Denn er
6 dachte, sie sei einer anderen Versuchung erlegen.[14] / Thekla las ihm
seine Befürchtungen vom Gesicht ab und beruhigte ihn: »Ich habe
das Bad (der Taufe) genommen, Paulus. Denn derselbe Gott, der

[13] Hier steht die bekannte hellenistische Formel: »Es gibt nur einen Gott ...«, die in der Geschichte der Mission oft die entscheidende Reaktion des Publikums auf den Machterweis des biblischen Gottes ist.

[14] Gedacht ist wohl an das alttestamentliche Verbot, sich (transvestitisch) die Kleider des jeweils anderen Geschlechts anzuziehen: Dt 22,5.

mir[15] bei der Verkündigung des Evangeliums geholfen hat, hat mir auch bei der Taufe seine Mitwirkung nicht versagt.«

41
Paulus nahm Thekla bei der Hand und führte sie in das Haus des 1
Hermias. / Er ließ sich alles von ihr erzählen und staunte sehr. Alle, 2
die es hörten, wurden (in ihrem Glauben) gestärkt und beteten für
Tryphaina. / Da stand Thekla auf und erklärte dem Apostel Paulus: 3
»Ich gehe nach Ikonium.« / Paulus erwiderte: »Geh dorthin und 4
lehre das Wort Gottes.« / Tryphaina schickte Thekla viele Klei- 5
dungsstücke und Gold, und sie überließ alles Paulus für den Dienst
an den Armen.

42
Dann reiste Thekla nach Ikonium. / Sie betrat das Haus des Onesi- 1, 2
phorus und warf sich an der Stelle auf den Boden, wo Paulus geses-
sen und die Worte Gottes gelehrt hatte. Unter Tränen betete sie: /
»Mein Gott, du bist auch der Gott dieses Hauses. Hier ist mir das 3
Licht aufgegangen, Jesus Christus, Gottes Sohn. / Du hast mir im 4
Gefängnis geholfen, mich vor Fürsten unterstützt und mich aus
Feuer und vor wilden Tieren gerettet. / Du bist Gott, und dein ist 5
die Herrlichkeit für immer. Amen.«

43
Sie stellte fest, daß Thamyris gestorben, ihre Mutter aber noch am 1
Leben war. / Sie rief ihre Mutter herbei und sagte zu ihr: »Theo- 2
kleia, meine Mutter, kannst du glauben, daß es im Himmel einen
lebendigen Herrgott gibt? / Wenn du Geld brauchst, wird dir der 3
Herr durch mich welches geben. / Wenn du dich nach deinem Kind 4
sehnst, ich stehe an deiner Seite.« / Nachdem sie dieses Zeugnis ab- 5
gelegt hatte, reiste sie nach Seleukia. / Vielen Menschen brachte sie 6
das Licht durch das Wort Gottes. / Am Ende ihres Lebens entschlief 7
sie sanft.

15 Andere haben hier: »dir« (sc. Paulus).

Der griechische Papyrus Hamburgensis der Acta Pauli

Einleitung: Der Papyrus Hamburgensis umfaßt 10 Blätter (= 20 Seiten) einer Papyrushandschrift aus der Zeit um 300 n. Chr. Inhaltlich geht es um die Episode in Ephesus, den Aufenthalt des Apostels in Korinth, die Fahrt von Korinth nach Italien und einen Teil des Martyriums. – Wie auch in den Acta Pauli et Theclae ist auffällig, wie sehr Paulus darauf bedacht ist, nicht selbst die Taufe zu spenden. Das ist im Blick auf 1 Kor 1,14-17 sicher ein interessanter historischer Zug.

Textgrundlage: C. Schmidt und W. Schubart, Praxeis Paulou, Acta Pauli, 1936.
Die (vorläufige, nur auf diese HS bezogene) Einteilung in Kapitel und Verse wurde hier vorgenommen, obwohl eine kritische Ausgabe der Acta Pauli noch aussteht.

Kapitel 1 (Verhör und Verteidigung des Paulus vor dem Hegemon
1 in Ephesus:) »Sag nun, was es mit dem Gott auf sich hat, den du ver-
2 kündest.« / Paulus erwiderte ihm: »Tu, was du ohnehin tun wolltest.
3 / Denn du hast keine Macht über mich, abgesehen von meinem Leib.
4 Mich selbst wirst du nicht töten können. / Doch höre, wie auch du
gerettet werden kannst. Nimm dir alle meine Worte zu Herzen! /
5 (Glaube an den einen Gott,) der Sonne und Erde, Sterne und Mächte
und Gewalten und alles, was in der Welt ist, zum Gebrauch des
6 Menschen gemacht hat. / (Doch die Menschen) werden verführt und
beherrscht (durch Götzen) aus reinem Gold und Silber und kostba-
7 ren Steinen. / (So sind sie ausgeliefert) dem Ehebruch und den
8 Saufgelagen … / Sie haben auf das geschaut … was zum Betrug
führte, sie gingen … hindurch und wurden getötet.
9 Jetzt aber will der Herr, daß wir in Gemeinschaft mit Gott leben.
10 / Er will nicht, daß wir wegen des Irrwahns, der in der Welt
11 herrscht, in Sünden sterben. / Deshalb rettet er uns durch heilige
Menschen, die verkünden: ›Kehrt um und glaubt, daß es nur einen
Gott gibt und einen Jesus Christus und daß es keinen anderen gibt.
12 / Denn eure Götter sind aus Erz, Stein oder Holz. Sie können weder
essen noch sehen noch hören. Sie können noch nicht einmal stehen.
13 / Entscheidet euch jetzt für die richtige Auffassung! Laßt euch ret-

ten! Sonst zürnt Gott euch und verbrennt euch mit dem Feuer, das
nicht erlischt, und von euch bleibt nichts übrig[1]!« / Als der Hege- 14
mon dieses hörte – er war im Theater mit dem Volk – sagte er:
»Liebe Epheser, daß dieser Mann gut gesprochen hat, weiß ich
selbst. / Doch ihr wollt das sicher zu diesem Zeitpunkt nicht hören. 15
Entscheidet nun, was mit ihm geschehen soll.« / Die einen sagten, 16
man solle ihn verbrennen, ... die Goldschmiede sagten: »In den
Tierkampf mit dem Mann!« / Als daraufhin großer Tumult ent- 17
stand, verurteilte ihn der Hegemon zum Tierkampf. / Hierony- 18
mus ..., nachdem er ihn hatte geißeln lassen. / Die Brüder und 19
Schwestern weinten nicht, da es gerade die Zeit zwischen Ostern
und Pfingsten war (also die kirchliche Freudenzeit), sie beugten
auch nicht die Knie (zum Klagegebet), sondern sie beteten stehend
voller Jubel. / Nach sechs Tagen veranstaltete Hieronymus einen 20
Umzug der Tiere. Alle konnten sehen und bestaunen, wie groß die
Tiere waren.

Kapitel 2 Paulus saß gefangen ... da hörte er das Rumpeln der 1
Wagen, auf denen die Tiere gebracht wurden. / Als der Löwe an der 2
Nebentür der Arena vorbeikam, wo Paulus gefangen saß, brüllte er
laut. Da schrie das ganze Volk: »Da ist der Löwe!« / Denn der 3
Löwe brüllte wild und grimmig, so daß sogar Paulus erschrak und
vom Beten abgelenkt wurde.
In Ephesus wohnte Diophantos, ein Freigelassener des Hierony- 4
mus. Seine Frau war Schülerin des Paulus und saß Tag und Nacht
zu seinen Füßen. / Deshalb wurde Diophantos eifersüchtig und for- 5
derte nachdrücklich, daß man Paulus endlich den Tieren vorwerfen
solle. / Nun wollte auch Artemilla, die Frau des Hieronymus, gerne 6
zuhören, wenn Paulus betete. / Daher sagte sie zu Eubula, der Frau 7
des Diophantos, sie wolle Gebet und (Lehre) des Tierkämpfers hö-
ren. / Eubula ging hin und meldete dies dem Paulus, und er freute 8
sich sehr darüber und sagte: »Bring sie her!« / Da zog Artemilla 9
sich dunklere Kleider an und ging mit Eubula zu Paulus. / Als Pau- 10
lus sie erblickte, seufzte er und sagte: »Liebe Frau, du hast viel
Macht in der Welt, kannst über viel Geld verfügen und bist eine
Wohlstandsbürgerin! / Setz dich hier auf den Boden und vergiß 11
Reichtum, Schönheit und Schmuck! / Das alles wird dir nichts nüt- 12
zen, wenn du nicht Gott anbetest, der für Dreck hält, was hier
mächtig ist, der dagegen die wunderbaren Dinge, die dort im Him-
mel gelten, kostenlos gibt. / Gold geht zugrunde, Reichtum ver- 13

[1] Wörtlich: »Euer Andenken verliert ihr.«

zehrt sich, Kleider nutzen sich ab, Schönheit altert, große Städte
verfallen, und die Welt geht im Feuer zugrunde, denn die Menschen
14 sind ungerecht. / Allein Gott bleibt und die Kindschaft, die er ver-
15 schenkt. / Durch ihn allein kann man gerettet werden.
16 Setz deine Hoffnung also auf Gott, Artemilla, er wird dich erretten.
Setz deine Hoffnung auf Christus, und er wird deine Sünden verge-
17 ben. / Er wird dir den Kranz der Freiheit geben, damit du ab jetzt
nicht mehr vor Götzenbildern und Opferdüften kriechen mußt,
sondern dem lebendigen Gott dienen kannst, dem Vater Jesu Chri-
18, 19 sti. / Sein ist die Herrlichkeit für immer.« / Als Artemilla dieses zu-
20 sammen mit Eubula hörte, bat sie Paulus, sie zu taufen[2]. / Für den
nächsten Tag war der Tierkampf angesetzt.

1 *Kapitel 3* Hieronymus hörte durch Diophantos, daß die Frauen
2 Tag und Nacht Paulus zu Füßen saßen. / Da wurde er sehr zornig
3 auf seine Frau Artemilla und die Freigelassene Eubula. / Nach der
Hauptmahlzeit zog er sich schnell zurück, um den Tierkampf so
4 schnell wie möglich veranstalten zu können. / Die Frauen fragten
Paulus: »Sollen wir einen Schlosser holen, damit er dich losmacht
5 und du uns im Meer taufen kannst?« / Paulus erwiderte: »Nein, das
will ich nicht. Denn ich setze mein Vertrauen auf Gott, der die
6 ganze Welt aus Fesseln befreit hat.« / Da Sabbat war und der Sonn-
tag[3], an dem Paulus mit den Tieren kämpfen sollte, bevorstand, rief
7 er Gott an und betete: / »Jesus Christus, mein Gott, du hast mich
befreit aus so viel Unheil, gib, daß vor den Augen der Artemilla und
der Eubula, die dir gehören, die Fesseln um meine Handgelenke
8 zerbrechen.« / Als Paulus so gebetet hatte, kam ein Kind herein,
lieblich lächelnd, löste die Fesseln des Paulus und war plötzlich ver-
9 schwunden. / Diese Vision und die wunderbare Lösung seiner Fes-
seln bewirkte, daß Paulus nicht länger wegen des bevorstehenden
10, 11 Tierkampfes bedrückt war. / Jubelnd tanzte er wie im Paradies. / Er
nahm Artemilla bei der Hand und verließ den engen, dunklen
12 Raum, in dem die Gefangenen bewacht wurden. / Als sie, von den
Wächtern unbemerkt, ins Freie gelangt und in Sicherheit waren, be-
13 kannte Paulus seinen Gott mit den Worten: / »Die Tore ... deine
Weise, uns zu führen ... Laß Artemilla eingeweiht werden mit dem
14 Siegel in Gemeinschaft mit dem Herrn.« / Auf den Namen Gottes
hin sprangen die verschlossenen Tore auf ..., die Wächter wurden
in tiefem Schlaf gehalten.

---

2 Wörtlich: »waschen in Gott«.
3 Wörtlich: »der Herrentag«.

Kaum war das geschehen, da gingen Artemilla, der selige Paulus 15
und Eubula hinaus, niemand sah sie in der Dunkelheit. / Ein junger 16
Mann, der Paulus ähnlich sah und nicht mit der Laterne, sondern
mit dem Licht leuchtete, das von seinem heiligen Leib ausstrahlte,
ging ihnen voraus. / Sie kamen ans Meer, der Leuchtende stand 17
ihnen gegenüber. / Paulus sprach ein Gebet, legte Artemilla die 18
Hand auf und ... das Wasser im Namen Jesu Christi, woraufhin im
Meer gewaltiger Wellengang entstand. / Artemilla fürchtete sich 19
sehr und wurde beinahe ohnmächtig. / (Paulus) sagte: »Du, der du 20
strahlst und leuchtest, komm zu Hilfe, damit nicht die Heiden
sagen ...«

Kapitel 4 »... Paulus ist aus dem Gefängnis geflohen, nachdem er 1
Artemila umgebracht hat.« / Der junge Mann lächelte, da kam 2
Artemilla zu sich und ging im Morgengrauen ins Haus zurück. /
Paulus war ins Gefängnis zurückgekehrt, während die Wachen 3
schliefen. Dann brach er das Brot und brachte Wasser dar, gab den
Versammelten vom Trank des Wortes und schickte Artemilla zu
ihrem Mann Hieronymus. / Danach vertiefte er sich ins Gebet. / Als 4, 5
es Morgen wurde, fingen die Bürger an zu schreien: »Auf zur
Schau! Wir wollen mal sehen, wie der mit Tieren kämpft, der Gott
in sich hat!« / Hieronymus selbst ließ sich sehen, nicht nur um den 6
Verdacht (zu entkräften), seine Frau sei ermordet worden, sondern
auch (um zu demonstrieren, daß er Herr der Lage sei), weil Paulus
nicht geflohen war. / Er befahl Diophantos und den anderen, die 7
Sklaven waren, Paulus in die Arena zu führen. / Stumm und ge- 8
beugt ließ Paulus sich zur Arena schleppen, denn die Stadt trium-
phierte über ihn. / So führten sie ihn dorthin und stießen ihn so- 9
gleich in die Arena. / Daß Paulus dies mit solcher Würde ertrug, 10
war allen Leuten unangenehm. / Artemilla und Eubula wurden aus 11
Sorge um das Schicksal des Paulus gefährlich krank. / Da machte 12
sich auch Hieronymus ernstlich Sorgen um seine Frau. / Dazu kam 13
noch, daß das Gerücht von ihrer Ermordung in der Stadt umging
und seine Frau nicht bei ihm war.
Als Hieronymus Platz genommen hatte, ordnete der Obertierwart 14
an, einen Löwen auf Paulus loszulassen. / Der Löwe war erst kürz- 15
lich eingefangen worden und sehr wild ... daß Paulus getötet
würde. / ... aus dem Käfig ... betete ... / Alle staunten sehr ... ge- 16, 17
waltig. / Paulus ... sein eigenes Werk, das Gebet ... und legte sein 18
Bekenntnis ab. / Der Löwe blickte sich um, zeigte sich von allen Sei- 19
ten, kam herangelaufen und legte sich neben Paulus nieder wie ein
wohlerzogenes Lamm, ja wie sein Sklave.

20 Als Paulus das Gebet beendet hatte und wie aus dem Schlaf er-
wachte, sagte der Löwe mit Menschenstimme zu Paulus: »Gottes
21 Gnade begleite dich!« / Paulus erschrak nicht, sondern erwiderte:
»Gottes Gnade begleite dich, Löwe!« und legte ihm die Hand auf.
22 / Da schrie die ganze Volksmenge: »Weg mit dem Zauberer! Weg
23 mit dem Giftmischer!« / Der Löwe aber blickte Paulus an ..., und
als Paulus dem Löwen ins Gesicht sah, bemerkte er, daß es der
24 Löwe war, der ihm begegnet war und sich hatte taufen lassen. / In
der Kraft des Glaubens fragte Paulus: »Bist du der Löwe, den ich
25, 26 getauft habe?« / Der Löwe antwortete: »Ja.« / Paulus fragte noch-
27 mals: »Und wie wurdest du eingefangen?« / Der Löwe antwortete
ganz kurz[4]: »Wie du, Paulus.«
28 Nun ließ Hieronymus viele wilde Tiere auf Paulus los, die ihn um-
bringen sollten. Gegen den Löwen stellte er Bogenschützen auf, da-
29 mit sie auch ihn beseitigten. / Da schoß aus heiterem Himmel plötz-
lich ein dichtes, ganz gewaltiges Hagelgewitter vom Himmel herab.
30 Viele starben, und die übrigen flüchteten alle. / Der Hagel tat weder
Paulus noch dem Löwen etwas, doch die anderen wilden Tiere
31 wurden durch die Masse der Hagelkörner getötet. / Hieronymus
32 schlug ein Hagelkorn aufs Ohr und riß es ab. / Das Volk rief bei der
Flucht: »Gott, rette uns!«, »Du Gott des Tierkämpfers, rette uns!«
33 / Paulus verabschiedete sich vom Löwen, der freilich jetzt nichts
mehr sagte. Er verließ die Arena, ging zum Hafen hinunter und
34 stieg auf ein Schiff nach Makedonien. / Viele wollten abfahren, da
35 sie meinten, die Stadt würde untergehen. / Paulus mischte sich un-
36 ter die Flüchtlinge. / Der Löwe aber lief in das Gebirge zurück, aus
dem er herkam.
37 Artemilla und Eubula trauerten und fasteten ... was mit Paulus ge-
38 worden war. / Nachts kam ... sichtbar in das Schlafgemach, wo sie
einander trösteten, Hieronymus aber sein eiterndes Ohr versorgte.
39, 40 / Zu Eubula und der Artemilla ... sagte ihnen: / »Trauert nicht we-
gen Paulus ... denn im Namen Jesu Christi und in der Kraft dessen,
der überall herrscht, ist Paulus, sein Sklave, nach Makedonien ab-
gereist, um dort die Beschlüsse des Herrn auszuführen (...)« ... er-
41 griff sie großes Staunen. / Hieronymus aber lag vor Schmerzen die
ganze Nacht schlaflos und betete: »Gott, der du dem Tierkämpfer
geholfen hast, rette mich durch das Kind, das in meinem Traumge-
sicht bei verschlossenen Türen durch das Schlafzimmer gehen
42 konnte.« / Der aber sah in großer Furcht ... die Ärzte ... rief mit
lauter Stimme: »Weil Jesus Christus es will, werde wieder ganz,

4 Wörtlich: »mit einer einzigen Stimme« bzw. »mit einem einzigen Wort«.

Ohr.« Und es geschah so, wie ihm das Kind befohlen hatte: »Mit Honig behandle dich selbst!«

Kapitel 5 Paulus kam von Philippi her nach Korinth in das Haus 1
des Epiphanius. / Da freuten sich alle sehr. Alle Christen erfaßte Ju- 2
bel, aber sie weinten auch, als Paulus erzählte, was er in Philippi im
Arbeitshaus erlitten hatte und was ihm an den anderen Orten zu-
gestoßen war. / Seine Tränen verschafften ihm Erleichterung. / Aus- 3, 4
dauernd beteten alle für ihn. / Paulus selbst pries sich selig, daß sie 5
so einmütig jeden Tag im Gebet zu Gott seinen Dienst begleiteten.
/ Unübertrefflich groß war die Freude, und das Wohlwollen der 6
Brüder und Schwestern bestärkte ihn so, daß er sie noch vierzig
Tage belehrte und ihnen berichtete, wie standfest und geduldig / er 7
alle Fährnisse überstanden hatte und welche großen Taten er dank
Gottes Geschenk vollbringen durfte. / Bei jedem Bericht lobte er 8
Gott, der überall herrscht, und Jesus Christus, der sich an jedem
Ort über Paulus gefreut hatte. / Als die Tage in Korinth zu Ende 9
gingen und Paulus nach Rom abreisen mußte, trauerten die Brüder
und Schwestern, da es ungewiß war, wann sie ihn wiedersehen
würden. / Ganz vom Heiligen Geist erfüllt, sagte Paulus zu ihnen: 10
»Liebe Brüder und Schwestern, bemüht euch eifrig um Fasten[5] und
Liebe. / Ich gehe weg in einen Feuerofen ... und kann nicht beste- 11
hen, wenn mir der Herr nicht die Kraft verleiht. / Auch David be- 12
gleitete Saul ... obwohl er Nabal zürnte, wurde er überredet von
der Frau des Nabal. Denn Jesus Christus, Gott, war mit ihm ... die-
ses kostbare Fasten ... daß ich Gottes Beschluß vollziehe ... in Ge-
duld.«
Da wurde Kleobios vom Heiligen Geist erfüllt und sagte: »Liebe 13
Brüder und Schwestern! Paulus muß jetzt Gottes ganzen Beschluß
vollziehen und hinaufziehen zum ... des Todes ... / Er hat Großes 14
in der Unterweisung vollbracht, in der Theologie[6] und in der Mis-
sion[7]. / Angefeindet und beneidet muß er aus dieser Welt gehen.« / 15
Als die versammelten Christen und Paulus dies vernommen hatten, 16
beteten die Brüder und Schwestern: »Du Gott unseres Herrn, Vater
des Messias, hilf Paulus, deinem Sklaven, damit er uns noch erhal-
ten bleibt, weil wir im Glauben noch so wenig stark sind!« / Paulus 17

5 Die HS – *neoteta* [Jugend] – wird hier von vielen verbessert zu *nesteian* [Fasten].
6 Wörtlich: »Erkenntnis«.
7 Wörtlich: »Aussaat des Wortes«.

war vor Abschiedsschmerz ganz mitgenommen und fastete mit ihnen bis zu Ende. Er brachte das Opfer (des Lobes) dar.[8]

1 *Kapitel 6* (Es ist von einem Wunder die Rede.) / Myrte fragte:
»Brüder und Schwestern, warum erschreckt ihr, da ihr dieses
2 Zeichen seht? / Paulus, der Sklave des Herrn, wird so viele in Rom
retten und vielen das Wort als Nahrung geben, daß man sie nicht
zählen kann und daß sie bekannter[9] werden als alle anderen Glau-
3 benden. / Die Herrlichkeit unseres Herrn Jesus Christus wird wun-
4 derbar durch ihn wirken. / Rom wird durch ihn viel Gnade erlan-
5, 6 gen.« / Dann verstummte[10] der Geist in Myrte. / Danach nahmen
alle von dem Brot, sättigten sich, wie es in der Fastenzeit üblich ist,
und sangen Psalmen Davids und Lieder. Auch Paulus freute sich. /
7 Die Nacht brachten sie wachend zu, wie es Gottes Wille ist. Am
nächsten Morgen sagte Paulus: »Liebe Brüder und Schwestern, am
8 Freitag werde ich nach Rom aufbrechen. / Denn ich will nicht zö-
gern zu tun[11], was Gott mir aufgetragen und auferlegt hat, denn
9 dazu hat er mich bestellt.« / Als die Gemeinde das hörte, wurden
alle Brüder und Schwestern sehr betrübt und taten gemeinsam al-
les, um Paulus außer seiner Abreise keinen zusätzlichen Grund zur
10 Traurigkeit zu geben. / Als er das Schiff bestieg, begleiteten ihn alle
11 mit ihrem Gebet. / Der Kapitän des Schiffes hieß Artemon, Paulus
12 hatte ihn getauft. / ... daß ihm so viele Menschen anvertraut
13 würden ... der Herr einsteige ... / Nachdem das Schiff abgelegt
hatte, blieb Artemon stets in Paulus' Nähe: Gemeinsam vertrauten
sie sich der Gnade an und lobten den Herrn Jesus Christus, daß er
14 für Paulus sorgen werde. / Als sie auf hoher See waren und es still
wurde, fiel Paulus in tiefen Schlaf, er hatte ja lange gefastet und mit
15 der Gemeinde die Nächte durchwacht. / Da kam plötzlich der Herr
über das Meer zu Paulus. Er stieß Paulus an und sagte: »Wach auf,
16 und mach die Augen auf!« / Paulus erwachte und sagte: »Du bist
Jesus Christus, mein Herr, du bist der König der Himmel. Doch
warum bist du so traurig und bedrückt, Herr? Sag mir, was dich be-
17 drückt. Denn ich leide sehr darunter, daß ich dich so sehe.« / Der
Herr sagte zu Paulus: »Paulus, geh nach Rom und ermahne die Ge-

[8] Vgl. Hebr 13,15. Ist der Ausdruck »Opfer des Lobes« hier schon Fachausdruck für die christliche Eucharistiefeier?

[9] Wörtlich: »ihre Zahl wird sichtbar werden über alle ...«.

[10] Wörtlich: »als dann der Geist zur Ruhe gekommen war«.

[11] Hier verwendet der Verfasser dasselbe Verb *katechein*, das aus 2 Thess 2,6.7 bekannt ist. Hier wie dort geht es dabei um Verzögerung von Gottes Willen durch kreatürliche Aktivität.

schwister, daß sie dem Ruf treu bleiben, mit dem der Vater sie in
seine Nähe berufen hat.« / Dann ging der Herr vor ihnen auf dem 18
Meer her ... wie ein Stern zeigte er (den Weg). / Als die Seefahrt zu 19
Ende war, ... stieg Paulus sehr betrübt an Land. / Er sah dort einen 20
Mann stehen, der den Kapitän Artemon erwartete und ihn be-
grüßte, als er ihn sah ...
Der Herr sagte zu Paulus: »Paulus, ich werde noch einmal gekreu- 21
zigt werden.« Paulus erwiderte: »O nein, Herr, das möchte ich
nicht erleben.«

Kapitel 7 ... und er sagte zu ihm: »Claudius, dies ist Paulus, der 1
Freund des Herrn, ich habe ihn mitgebracht.« / Claudius begrüßte 2
Paulus mit einer Umarmung. / Ohne Zögern trug er selbst zusam- 3
men mit Artemon das Gepäck vom Schiff in sein Haus. / Alle freu- 4
ten sich sehr und erzählten den Brüdern, was Paulus erlebt hatte,
und alle im Haus des Claudius waren froh und dankbar. / Denn 5
Claudius sah, wie Paulus zusehends heiterer wurde und die Bot-
schaft[12] verkündete. Paulus sagte:
»Liebe Gemeinde, ihr Soldaten Christi, hört zu! / Sehr oft hat Gott 6, 7
Israel aus der Hand des Bösen gerettet. Solange sie die Gebote Got-
tes hielten, hat er sie nicht verlassen. / Er hat sie aus der Macht des 8
bösen Pharao befreit, ebenso vom König Gog, der noch ruchloser
war, ebenso von Adar und den Heiden. / Und solange sie ihre 9
Pflichten gegenüber Gott einhielten, gab er ihren Kindern[13] das ver-
heißene Land Kanaan und unterwarf ihnen die Heiden. / Vieles 10
schenkte er ihnen in der Wüste und in Gegenden, wo kein Wasser
war. / Zu alledem schickte er ihnen Propheten, die unseren Herrn 11
Jesus Christus ankündigen sollten. / Der Reihe nach empfingen sie 12
alle ein Stück vom Geist Christi[14] und erhielten Anteil an ihm. /
Denn sie mußten viel leiden und wurden vom Volk getötet.[15] / Aber 13, 14
die Israeliten fielen vom lebendigen Gott ab, weil sie ihren Gelüsten
folgten. / So verloren sie das ewige Erbe. / Doch nun, liebe Brüder 15, 16
und Schwestern, haben wir eine besondere Probe zu bestehen. /
Wenn wir uns darin bewähren, werden wir freien Zugang zum 17
(Thron des) Herrn haben, und Jesus Christus wird uns die Zuflucht
und Schutzwehr geben, die er uns gerne gewährt. Denn er hat sich
für uns gegeben. Er ist ja von Gottes Art.

---

12 Wörtlich: »das Wort der Wahrheit«.
13 Wörtlich: »aus der Frucht der Lende«.
14 Vgl. dazu 1 Petr 1,11, 3 Kor 10 (siehe oben).
15 Dieses ist die Theorie vom gewaltsamen Geschick aller Propheten in Israel, vgl. 1 Thess 2,14f und Act 7,52.

18, 19 Ihr habt die Botschaft empfangen; sie lautet: / Am Ende der Zeiten
hat Gott um unseretwillen seinen kräftigen Heiligen Geist herabge-
20 schickt auf die schwachen Menschen. / Er hat ihn auf Maria, die
Galiläerin, herabkommen lassen, um das Wort der Propheten zu
21 erfüllen. / Sie trug Jesus Christus in ihrem Leib und gebar ihn, un-
seren Erlöser, in Bethlehem in Juda. In Nazareth wurde er aufgezo-
22 gen. / Er ging dann nach Jerusalem und lehrte die ganze Umgebung
23 das Evangelium: / »Die Herrschaft Gottes ist nahe gekommen,
flieht die Finsternis, nehmt das Licht an, denn ihr sitzt im Todes-
24, 25 schatten. / Ein Licht ist euch aufgegangen.« / Jesus Christus hat
große, wunderbare Dinge getan. Er hat aus den Stämmen (Israels)
zwölf Männer erwählt, die ihm in Liebe und Glauben folgten. Er
hat Tote auferweckt, Kranke geheilt, Aussätzige rein gemacht und
Blinde geheilt.

Kapitel 8 (Paulus wird vom Kaiser verhört. Der Kaiser sagt:)
1 »... Du gehörst zu dem großen König, aber du bist mein Gefangener.
2 / Wie kommst du darauf, in das Reich der Römer einzudringen und
3 Soldaten aus meinem Herrschaftsbereich anzuwerben?« / Paulus
antwortete, ganz erfüllt vom Heiligen Geist: »Kaiser, nicht nur aus
deiner Herrschaft werben wir Soldaten an, sondern aus der ganzen
4 Welt. / Denn der Auftrag lautet, niemanden auszuschließen, der Sol-
5 dat für unseren König sein will. / Wenn du das auch gern tun willst,
6 tritt in seine Dienste! / Weder Reichtum noch aller Glanz des irdi-
7 schen Lebens wird dich retten können. / Denn Gold geht zugrunde,
Reichtum wird aufgezehrt, Kleider werden aufgebraucht, Schönheit
altert ..., und die Welt kommt ins Feuer, weil die Menschen so
8 schlecht sind. / Allein Gott bleibt und die Kindschaft, die er schenkt.
9 Nur durch sie kann man erlöst werden. / Wenn du dich ihm unter-
10 wirfst und ihn bittest, kannst auch du erlöst werden. / Denn an einem
einzigen Tag wird er die Welt mit Feuer bezwingen.«
11 Als der Kaiser dies hörte, befahl er, alle gefesselten Christen zu ver-
12 brennen. / Paulus sollte nach dem römischen Gesetz enthauptet
13 werden. / Trotzdem hielt sich Paulus mit der Botschaft keineswegs
schweigsam zurück, sondern gab sie mutig weiter an den Präfekten
14 Longinus und den Hauptmann Cestus. / Durch das Wirken des
Teufels waren in Rom schon so viele Christen ohne Prozeß hinge-
15 richtet worden. / Daher stellten sich die Römer vor dem Palast auf
und riefen: »Es reicht! Das sind unsere Leute, du nimmst den Rö-
16 mern ihre Kraft!« / Daraufhin gebot der Kaiser Einhalt und ordnete
an, kein Christ dürfe mehr angerührt werden, bis er selbst ihren
17 Fall untersucht hätte. / Auf dieses Edikt hin wurde Paulus dem Kai-

ser nochmals vorgeführt. Nero blieb dabei, daß er enthauptet wer-
den sollte. / Doch Paulus sagte: »Kaiser, für meinen König lebe ich 18
nicht nur diese kurze Zeit des Erdenlebens. / Und wenn du mich 19
enthaupten läßt, wird folgendes geschehen: Ich werde auferweckt
werden und dir erscheinen. / Denn ich bin dann nicht gestorben, 20
sondern ich lebe für meinen Herrn Jesus Christus und in seiner
Kraft. Er wird kommen, um die Welt zu richten.«
Longinus und Cestus fragten Paulus: »Woher habt ihr diesen Kö- 21
nig, und wie könnt ihr ihm bis zum Tod glauben, ohne eure Mei-
nung zu ändern?« / Paulus lehrte sie die Botschaft und sagte: »Liebe 22
Freunde, ...«

Kapitel 9 (Schilderung des Weltgerichts) »... Er wird die Erde 1
verbrennen, so daß sie ganz rein ist.« / Sie aber baten ihn: »Wir bit- 2
ten dich, hilf uns, so zu werden, wie du bist, dann werden wir dich
freilassen.« / Paulus erwiderte: »Ich bin kein Fahnenflüchtiger, son- 3
dern ein am Gesetz orientierter Soldat meines lebendigen Gottes. /
Wüßte ich, daß ich ohnehin sterbe, so würde ich es tun, Longinus 4
und Cestus. / Da ich aber für Gott lebe und von ihm her, da ich 5
auch mich selbst liebe, gehe ich zum Herrn, um mit ihm wiederzu-
kommen in der Herrlichkeit seines Vaters.«[16] / Sie sagten zu ihm: 6
»Wie sollen wir leben, wenn du enthauptet bist?« / Während sie 7
noch miteinander sprachen, schickte Nero zwei Boten, Parthenius
und Pheretas, die nachsehen sollten, ob Paulus schon enthauptet
sei. Sie fanden ihn aber noch lebendig. / Paulus rief sie zu sich und 8
sagte zu ihnen: »Glaubt an den lebendigen Gott, der uns und alle,
die an ihn glauben, von den Toten auferwecken wird.« / Die beiden 9
antworteten: »Wir gehen zu Nero. Wenn du nach deinem Tod auf-
erstehst, wollen wir an deinen Gott glauben.«
Longinus und Cestus baten um ihre Rettung, und Paulus sagte ih- 10
nen: »Wenn ihr alsbald hier an mein Grab kommt, werdet ihr zwei
Männer dort beten finden, die dort beten: Titus und Lukas. Sie
werden euch das Siegel der Gemeinschaft mit dem Herrn geben. /
Dann stellte sich Paulus mit dem Gesicht nach Osten, betete lange 11
und sagte: »Vater meines Herrn Jesus Christus, in seine Hände
lege... ich meinen Geist, und ich bitte dich, Herr Jesus Christus,
nimm ihn auf!« / In seinem Gebet sprach er hebräisch zu den Vä- 12
tern. Als er das Gebet beendet hatte, sagte er nichts weiter, sondern
hielt nur dem Henker seinen Nacken hin. / Als der Henker ihm das 13
Haupt abgeschlagen hatte, spritzte Milch auf seine Kleider. / Als er 14

[16] Vgl. 1 Thess 3,13.

und die Umstehenden das sahen, wunderten sie sich ... und gingen weg und meldeten es dem Kaiser.

1 *Kapitel 10* ... das Geschehene, daß Milch herausgespritzt war,
2 als das Haupt abgeschlagen wurde. / Der Kaiser wunderte sich und
fand keine Erklärung. Um die neunte Stunde standen viele beim
Kaiser, Philosophen, Freunde und der Hauptmann. Da kam Pau-
3 lus. / Paulus erschien allen und sagte durch den Heiligen Geist:
»Seht, Paulus, der Soldat Gottes, ist nicht gestorben. Vielmehr lebe
4 ich. / Aber dir wird es recht bald sehr schlecht ergehen, denn du
5 hast unschuldiges Blut auf Erden vergossen.« / Als der Kaiser das
hörte, befahl er, alle Gefangenen freizulassen, Patroclus und die
Freunde des Barsabas.
6 Wie Paulus angeordnet hatte, gingen der Hauptmann und seine Be-
gleiter in der Morgenfrühe voll Furcht und Zagen zum Grab des
7 Paulus. / Als sie nahe an das Grab herangekommen waren, sahen sie
zwei Männer im Gebet und in ihrer Mitte Paulus. Da gerieten sie au-
8 ßer sich. / Aber auch Titus und Lukas, die beiden Männer, wurden
von menschlicher Furcht ergriffen und wandten sich zur Flucht. /
9 Doch der Hauptmann und seine Begleiter liefen hinter ihnen her und
10 holten sie ein. Sie sagten zu Titus und Lukas: / »Wir verfolgen euch
nicht, um euch zu töten – wie ihr vielleicht denkt –, sondern um das
Leben zu empfangen. Schenkt es uns, wie Paulus es angeordnet hat,
11 der noch vor kurzem mit euch gebetet hat.« / Als Titus und Lukas
das hörten, freuten sie sich sehr und gaben ihnen das Siegel (der
Taufe) in Gemeinschaft mit dem Herrn.

Apokalypse des Paulus

Einleitung: Die Apokalypse des Paulus gehört zu den Texten aus Nag Hammadi (NHC V 17,19-24,9).

Datierung: Da die Valentinianer ein ausgeprägtes Interesse an der Gestalt des Paulus hatten, kann man das 2. Jh. als Zeit der Entstehung vermuten. Für eine vorsichtige Schätzung kommt die Mitte des 2. bis 4. Jh.s in Frage.

Theologie: Der Text ist eine Auseinandersetzung mit 2 Kor 12,1-5. Während Paulus nach 2 Kor 12 nur bis zum dritten Himmel entrückt wird (für damalige Verhältnisse durchaus hoch genug, um bis zu Gottes Thron zu gelangen), wird er nach der Apokalypse bis zum 10. Himmel entrückt. Der »alte Mann«, den Paulus nach Kapitel 8 dieses Textes im siebenten Himmel begrüßt, ist wohl der traditionelle Schöpfergott. Doch zusammen mit den zwölf Aposteln geht Paulus in den zehnten Himmel. – Die Zehnzahl stammt aus der Sibyllinistik und meint die Sphäre, die dem heidnischen Seher und Propheten zukommt. Für Gnostiker bedeutet die Rezeption dieser Überlieferung: Paulus und auch sogar die Zwölf stehen höher als der Schöpfergott!

Textgrundlage: NHC V. 2 17,19-24,9 nach W. R. Murdock und G. W. MacRae, in: D. M. Parrott, Nag Hammadi Codices V. 2-5 und VI (NHS 11), Leiden 1979, S. 47-63.

DIE APOKALYPSE DES PAULUS

1 *Kapitel 1* (...) auf dem Weg. Und er fragte ihn: »Wo geht es hier
2 nach Jerusalem?« / Der kleine Junge antwortete: »Sag mir deinen
3 Namen, dann zeige ich dir die Straße.« / Er wußte freilich, wer Pau-
4 lus war. / Aber er wollte mit Paulus reden und fand so einen Anlaß,
5 mit ihm ins Gespräch zu kommen. / Dann sagte er: »Ich weiß, wer
6 du bist, Paulus. / Denn du wurdest von deiner Mutter Leib an ge-
7 segnet.[1] / Ich bin gekommen, weil du nach Jerusalem zu deinen
8 Mit-Aposteln hinaufgehen sollst. / Dazu bist du berufen worden. /
9 Und ich bin der (Heilige)[2] Geist, der dich begleitet.
10, 11 Weck deinen Verstand auf... Paulus... [19] / bei den Fürsten und
diesen Gewalten, sowohl Erzengeln als auch Kräften, zusammen
12 mit dem ganzen Geschlecht der Dämonen... / der für einen Seelen-
samen Leiber auftut...«

1 *Kapitel 2* Nachdem der Geist diese Rede beendet hatte, sagte er
2 zu mir: / »Weck deinen Verstand auf, Paulus, dann wirst du erken-
3 nen, daß der Berg, auf dem du stehst, der Berg von Jericho ist. / Im
4 Sichtbaren sollst du das verborgene Unsichtbare erkennen. / Geh
daher zu den zwölf Aposteln, denn sie sind auserwählte Geister, sie
5 wollen dich begrüßen.« / Paulus blickte in die Höhe und sah, wie
sie ihn begrüßten.

1 *Kapitel 3* Darauf hob der Heilige Geist, der mit Paulus gespro-
chen hatte, ihn hoch bis in den dritten Himmel, und er schritt durch
2 ihn hindurch bis zum vierten Himmel. / Der Heilige Geist sagte zu
3 ihm: »Sieh mal, dein Ebenbild auf der Erde!« / Da blickte Paulus
4 nach unten und sah die Menschen, die auf der Erde waren. / Er
5 blickte nach (oben) und sah die, die auf dem... waren. / Dann [20]
blickte er wieder hinunter und sah die zwölf Apostel rechts und
6 links von sich in der Schöpfung, / und der Geist wanderte vor ihnen
her.

---

1 Vgl. Jer 1,5; Gal 1,15.
2 Zu dieser Ergänzung vgl. 3,1.

Kapitel 4 Ich sah im vierten Himmel verschiedene Arten[3] götter- 1
gleiche Engel.[4] / Ich sah die Engel einen Menschen aus dem Land 2
der Toten wegtragen. / Sie setzten ihn an der Pforte zum vierten 3
Himmel nieder. / Dann peitschten ihn die Engel aus. / Der Mensch 4, 5
fragte: »Was für eine Sünde habe ich denn in der Welt getan?« / Der 6
Pförtner[5] am Tor zum vierten Himmel erwiderte: / »Es war nicht 7
richtig, daß du alle diese Freveltaten begangen hast, die in der Welt
der Toten (üblich) sind.« / Der Mensch erwiderte: »Schaffe Zeugen 8
herbei! Sie sollen dir zeigen, in was für einem Körper ich sein
mußte, als ich diese bösen Dinge getan habe. / Möchtest du ein 9
Buch bringen, um daraus vorzulesen?«

Kapitel 5 Es erschienen die drei Zeugen. / Der erste sagte: »Ich 1, 2
bin genauso in eine leibliche Existenz geraten wie du. / Ich kam um 3
die zweite Stunde und stritt gegen dich, bis du in Wut, Zorn und
Neid geraten bist.« / Der zweite Zeuge sagte: »Auch ich bin in der 4
Welt gewesen. Ich kam um die fünfte Stunde hinein, sah dich und
begehrte dich. Doch jetzt verklage ich dich wegen der Morde, die
du begangen hast.« / Dann sagte der dritte Zeuge: »Ich bin um die 5
zwölfte Stunde des Tages zu dir gekommen, kurz vor Sonnenunter-
gang. / Ich habe dich mit Finsternis umhüllt, bis du deine Sünden 6
fertig getan hattest.«
Als der Mensch alle diese Dinge hörte, blickte er zu Boden und 7
schämte sich. / Dann blickte er wieder auf und wurde zu Boden ge- 8
worfen. / Als er zu Boden fiel, traf er auf einen (neuen) Leib, der für 9
ihn bereitet worden war. / Damit waren die Zeugenaussagen abge- 10
schlossen.

Kapitel 6 Dann blickte ich nach oben und sah den Heiligen Geist, 1
und er sagte zu mir: / »Paulus, komm, mach dich auf und komm zu 2
mir.« / Da ging ich los, die Pforte wurde aufgetan, und ich ging in 3
den fünften Himmel hinauf. / Ich sah meine Mit-Apostel neben mir 4
gehen. Der Heilige Geist begleitete uns. / Im fünften Himmel sah 5
ich einen großen Engel mit einem eisernen Stab in der Hand. / Bei 6
ihm waren noch drei weitere Engel. / Ich blickte ihnen ins Ange- 7
sicht. / Sie wetteiferten miteinander, mit Peitschen in den Händen, 8
die Menschen zum Gericht zusammenzupferchen.

[3] Wörtlich: »je nach ihrer Art«.
[4] Gemeint sind wohl die Elohim-Wesen der alttestamentlichen Psalmen, für die Martin Luther die Übersetzung »Gottwesen« gewählt hat.
[5] Wörtlich: »Zöllner«.

1 *Kapitel 7* Ich wanderte weiter mit dem Heiligen Geist, und die
2 Pforte tat sich vor mir auf. / Dann gingen wir hinauf in den sechsten
3, 4 Himmel. / Ich sah meine Mit-Apostel neben mir gehen. / Der Hei-
5 lige Geist wies uns den Weg.[6] / Ich blickte nach oben und sah, wie
ein großes Licht von oben auf den sechsten Himmel herunter-
6 schien. / Ich sagte zu dem Pförtner, der im sechsten Himmel seinen
Dienst versah: »Öffne mir und dem Heiligen Geist, der vor mir her-
7 geht.« / Er öffnete uns. Darauf gelangten wir bis hinauf in den sieb-
ten Himmel.

1, 2 *Kapitel 8* Ich sah mitten im Licht einen alten Mann. / Sein Thron
3 im siebten Himmel war siebenmal heller als die Sonne. / Der alte
Mann sprach zu mir: »Wohin des Wegs, Paulus? Du bist gesegnet
4 und vom Mutterleib an auserwählt[7].« / Ich blickte hinüber zum Hei-
5 ligen Geist, er nickte kurz und forderte mich auf: / »Sprich mit ihm!«
6 / Also antwortete ich: »Ich will dahin gehen, wo ich hergekommen
7, 8 bin.« / Der alte Mann fragte: »Woher kommst du denn?« / Ich ant-
wortete: »Ich werde in die Welt der Toten hinabsteigen, um die Ge-
fangenen zu befreien, die in der babylonischen Gefangenschaft weg-
9 geführt wurden[8].« / Der alte Mann entgegnete: »Wie willst du von
10 mir wegkommen? Sieh doch die Mächte und Gewalten an!« / Da
sagte der Heilige Geist zu mir: »Gib ihm das Zeichen, das du hast,
11 dann wird er dir öffnen.« / Ich gab dem alten Mann das Zeichen. Da
(wandte er sein Gesicht von mir ab, so daß ich entwischen konnte)
und blickte nach unten auf seine Schöpfung und auf jene, die seine
Gewalten sind.

1 *Kapitel 9* Dann öffnete sich der siebte Himmel, und wir gingen
2 hinauf zur Achtheit. / Ich sah die zwölf Apostel. Sie grüßten mich,
3 und wir gingen hinauf in den neunten Himmel. / Ich grüßte alle, die
im neunten Himmel waren, und wir gingen hinauf in den zehnten
4 Himmel. / Ich grüßte meine Mit-Geister

Die Apokalypse des Paulus.

---

6 Andere: »führte mich vor ihnen«. – Zu unserer Korrektur vgl. Schneemelcher, Apokryphen II, S. 632 A 9.

7 Vgl. Jer 1,5; Gal 1,15.

8 Vgl. Hirt des Hermas, Gleichnisse 9,16,5.

Akten des Petrus

Einleitung: Die wichtigsten Stoffe der außerbiblischen Petrus-Überlieferungen sind: a) die Auseinandersetzungen zwischen Simon Magus und Simon Petrus; Petrus hat hier Philippus aus Act 8 übernommen und widerlegt Simon durch seine größere Wunderkraft; b) Offenbarungen des Auferstandenen an Petrus zwischen Auferstehung und Himmelfahrt. Petrus ist hier häufig der maßgebliche Offenbarungszeuge; c) Instruktionen des Petrus an seinen Schüler Clemens und damit das Konzept der pseudo-clementinischen Literatur, die sich betont rechtgläubig-katholisch darstellt; d) die Verkündigung des Petrus, v. a. in Rom. Die Predigten des Petrus sind wichtige Beispiele frühchristlicher Heidenpredigt überhaupt; e) das Martyrium des Petrus in Rom mit der »Quo vadis«-Legende und der Tradition von der Kreuzigung des Petrus mit dem Kopf nach unten.

In der Überlieferung sind bisweilen die »Taten«, noch öfter aber die Martyrien des Petrus und des Paulus gemeinschaftlich überliefert. Das hängt mit dem gemeinsamen Gedenktag am 29. Juni zusammen.

Die gnostischen Petrus-Texte sind gut daran erkennbar, daß eine Rivalität zwischen Petrus und einigen Jüngerinnen Jesu besteht. Dem entspricht andererseits, daß Petrus häufig mit dem Klerus der werdenden Großkirche in Beziehung gesetzt wird, teilweise sogar direkt als Lehrer des Klerus gedacht ist. Die Rivalität zu Jüngerinnen findet darin ihre Erklärung, denn die gnostischen Kreise bewahren noch das ältere Modell der Hauskirchen, in denen Frauen als Autoritäten wichtiger waren. Auch in der Wundertradition (Tochter des Petrus; Tochter des Gärtners usw.) erscheint Petrus als ausgesprochen frauenfeindlich.

Ferner wird Petrus häufig als – im Vergleich zu Paulus – judenfreundlich dargestellt (vgl. Gal 2,7.9), besonders in der weitgehend unerforschten Literatur der Pseudo-Clementinen (Homilien, Recognitionen), von denen bisher nur geringe Teile in moderne Sprachen übersetzt wurden (Vorarbeiten leistete G. Strecker).

Die verbreiteten Offenbarungsschriften unter dem Namen des Petrus sind Antwort auf ein zentrales hermeneutisches Problem: Wie ist gegenwärtige Auslegung der christlichen Botschaft als verbindlich darzustellen? Die Antwort ist ähnlich dem, was sich W. Werde für das MarkusEv als das Messiasgeheimnis dachte: Petrus selbst

und er allein hat die Lehre jeweils bereits empfangen und sie als Schrift geheim und sicher jeweils an Auserwählte übermitteln lassen. Petrus hat einen Überschuß an Offenbarung empfangen, von dem nur ein Teil im neutestamentlichen Kanon bewahrt wurde, alles übrige aber wurde geheim tradiert. Alle, die durch Petrus so erkennen wie Petrus, sind »in ihm«. Der Unfehlbarkeitsanspruch des römischen Bischofs wird daher innerhalb des Kategoriensystems der Offenbarungsliteratur religionsgeschichtlich verständlich.
In den beiden Zentren Antiochien und Alexandrien ist die Rolle des Petrus in der Offenbarungsliteratur über viele Jahrhunderte sehr stabil. Antiochien ist durch Gal 2,11-14 bezeugt, Alexandrien gilt als der Wirkungsort des Petrus-Schülers Markus; die Petrus-Traditionen Ägyptens müssen ebenso alt sein wie die engen Beziehungen zwischen dem alten syrischen und dem alten ägyptischen Christentum. Auch spätere Offenbarungen an Schenute werden noch als Petrus-Offenbarungen ausgegeben.

Apokryphe Petrus-Schriften sind vor allem in den Ostkirchen weit verbreitet. Im Westen hatte der Papst als Nachfolger Petri das Sagen und hat ipso facto die Bildung von Petrus-Apokryphen verhindert. Ein Verzeichnis der apokryphen Petrus-Schriften bietet K. Berger: Unfehlbare Offenbarung, in: Kontinuität und Einheit, Festschrift F. Mußner, Freiburg 1981, 261-326, speziell 261-265.

Evangelium des Petrus (s. o.)
Eine 1886/7 in Akhmim in Oberägypten gefundene Pergamenthandschrift des 8./9. Jh.s, entstanden im 1. Jh. n. Chr., enthält nur 60 Verse aus der Passionsgeschichte Jesu. In V. 38-42 wird die Auferstehung Jesu direkt geschildert, und zwar wird Jesus von zwei Engeln aus dem Grab abgeholt. Vorher hatte Jesus den Entschlafenen gepredigt. Der Text endet damit, daß die Jünger wieder zum Meer gehen. Polemik gegen Juden; Gesamttendenz umstritten (judenchristlich? doketisch?).

Apokalypsen des Petrus
Als Apokalypsen des Petrus gelten folgende Texte: a) ein wohl aus der 1. Hälfte des 2. Jh.s stammender Text einer Handschrift aus Akhmim (gefunden 1886/7) mit Schilderung der Höllenstrafen (dazu zwei kleinere weitere griechische Fragmente), b) ein äthiopischer Text »Das zweite Kommen Christi und die Auferstehung der Toten«, im Kern mit a) verwandt, wohl auch 2. Jh., jetzt innerhalb

der äthiopischen Pseudo-Clementinen; c) ein gnostischer Text aus Nag Hammadi (VII 3), datierbar m. E. nicht spät, sondern Ende des 2. Jh.s – Petrus wird von Jesus belehrt. Thema ist die Deutung des Leidens Jesu und Polemik von Agnostikern (»die Kleinen«) gegen kath. Hierarchie, auch gegen den »Hirten des Hermas« wegen angeblicher Laxheit in der Bußfrage.
Die Übersetzungen von a), b) und c) sind oben abgedruckt. Hinzu kommen:
d) Arabische Petrus-Apk I, übers. von E. Bratke, in: ZwTh 36 (1893) 453-493, 469-474, e) Arabische Petrus-Apk II (karschunisch), übers. von A. Mingana: The Apocalypse of Peter (Woodbrooke Studies 3,2), Cambridge 1931, 93-152.209-282.349-407.

Kerygma Petri (s. oben)
Nur aus Einzelzitaten (vor allem bei Clemens von Alexandrien) bekannte griech. Schrift, datiert zwischen 80 und 120 n. Chr. Inhalt war, wie der Name sagt, die »Verkündigung des Petrus«. Gab es Ähnlichkeiten mit den Reden der Apg? Inhalt: der Glaube an den einen Gott (gegen Polytheismus) und Abwehr des Judentums. Kaum ausgeprägte Christologie; Bußmahnungen und andere Mahnreden. Übergänge zur apologetischen Literatur?

Der Brief des Petrus an Philippus
Gnostischer Text aus Nag Hammadi (VIII 2), datiert Ende 2. bis Mitte 3. Jh. n. Chr. Petrus gibt Philippus in dem einleitenden Brief Anweisungen, es folgt ein Dialog der Jünger mit dem Auferstandenen, dann sprechen die Jünger miteinander, es folgt eine Petrus-Rede und Erscheinung Jesu mit Aussendung der Jünger am Ende. Im Rahmen Ähnlichkeiten mit Apg 1-12, der Inhalt ist gnostisch. Oft ist von Sich-Versammeln und Zusammenkommen die Rede.
Übersetzungen: J. M. Robinson, The Nag Hammadi Library in English, Leiden 1977, 394-398; W. Schneemelcher, Neutest. Apokryphen I ^{5}1987, 275-284; G. Lüdemann, M. Janßen: Die Bibel der Häretiker, Stuttgart 1997, 499-506.

Die Taten des Petrus und der zwölf Apostel
Gnostischer Text aus Nag Hammadi (VI 1), datiert 2.-3. Jh. n. Chr. Erzählt wird eine Schiffsreise des Petrus und seiner zehn Mit-Apostel; ein Arzt namens Lithargoel offenbart sich als Jesus. Tendenz: für Armut und Askese, gegen Reichtum; kaum typisch gnostische Elemente. Die Schrift ähnelt Apostelakten und gnostischen Dialogtexten. Eine wichtige Rolle spielt ein Perlenverkäufer.

Übersetzungen: J. M. Robinson, The Nag Hammadi Library in English, Leiden 1977, 265-270; H.-M. Schenke: ThLZ 98 (1973) 13-19; W. Schneemelcher: Neutest. Apokryphen II ^{5}1989, 374-380; G. Lüdemann, M. Janßen: Die Bibel der Häretiker, Stuttgart 1997, 318-325.

Acta Petri (u. *Actum Petri* BG 8502)
Martyrium Petri; Martyrium Petri (Pseudo-Linus)
Aus den alten Petrus-Akten sind erhalten: a) die sog. Actus Vercellenses (Vercelli-Akten), eine lat. Übersetzung des 3. oder 4. Jh.s n. Chr., abgedruckt bei Lipsius-Bonnet, AAA I als »Actus Petri cum Simone« S. 45-103; daraus sind S. 45-78/79 übers. bei W. Schneemelcher, Neutest. Apokryphen II^5 258-283; b) Kopt. Pap. Berlin 8502; er enthält die Geschichte der »Tochter des Petrus« (vgl. dazu: W. Schneemelcher, Neutest. Apokryphen II^5 1989 S. 256). (Leiden kann eine Gottesgabe sein, wenn es dazu dient, Jungfräulichkeit zu bewahren.) c) Von W. Schneemelcher, Neutest. Apokryphen II^5 S. 283-289 wird der griechische Text nach Lipsius-Bonnet AAA I, 78/79-102 (»Martyrium des Heiligen Apostels Petrus«) übersetzt. – Das angeblich von Linus, dem Nachfolger Petri in Rom verfaßte lat. »gnostische« Martyrium Petrus bieten Lipsius-Bonnet, AAA I, 1-22. – Davon zu unterscheiden ist das »katholische« Martyrium, das (zusammen mit dem des Paulus) in griech. und lat. Fassung in AAA (Lipsius-Bonnet) I, 118-177 abgedruckt ist (= ein Teil des Pseudo-Marcellus).

Doctrina Petri (syr)
Historia Petri (syr); *Vita Petri* (slav)
Eine syrische »Verkündigung des Petrus« meldet BHO 936. Eine syrische Petrushomilie publizierten A. Bensly etc., Fragments of Ancient Homilies in Palestinian Syriac (Anecdota Oxon Semitic Series I, 9), Oxford 1896, 47-49.50-75.76-98. – Ein syrisches Fragment der Reisen des Petrus edierte F. Nau in ROC 14 (1909) 131-134 (»Fragment syriaque des voyages de Saint Pierre«). Ebenfalls eine syrische Petrus-Legende edierte Petrus Bedjan in den Acta martyrum et sanctorum I, Paris/Leipzig 1890 (Nachdr. Hildesheim 1968) »Histoire syriaque de Pierre«. – Zur slav. Überlieferung: I. Franko: Beiträge aus dem Kirchenslavischen zu den Apokryphen des Neuen Testaments, in: ZNW 3 (1902) 315-335 II: Zu den gnostischen Periodoi Petrou (Reisen des Petrus).

Passio Petri et Pauli (Pseudo-Hegesipp)
Acta Petri et Pauli (Pseudo-Marcellus)
Die lat. Passio apostolorum Petri et Pauli: Lipsius-Bonnet AAA I, 223-234. – Die griech. Acta Petri et Pauli (Teil der Pseudo-Marcellus-Texte): Lipsius-Bonnet AAA I ,178-222.

Acta Petri et Pauli orientalia;
Passio Petri et Pauli (lat.)
Zu den armenischen Akten: Petrus Vetter: Die armenischen apokryphen Apostelakten I, Die Petrus- und Paulus-Akten, in: ThQ 1906, 161-186; die lat. Passion der Apostel Petrus und Paulus edierten Lipsius-Bonnet AAA I, 223-234.

Acta Petri et Pauli und andere Petrus-Texte
Die griechischen Acta Petrus et Pauli edierten Lipsius-Bonnet, AAA I, 178-222. – Zu anderen Petrus-Texten vgl. bes. K. Berger: Unfehlbare Offenbarung, in: Kontinuität und Einheit FS F. Mußner, Freiburg 1981, 261-326, bes. § 1, S. 261-265; (bes. interessant: hebr. Petrus-Legende I-III).

Hier wird eine erste deutsche Übersetzung des Martyriums des Petrus nach Pseudo-Linus geboten. Textgrundlage ist der lateinische Text nach M. Bonnet, Acta Apostolorum Apocrypha I,1, p. 1-22. Die Entstehung ist Ende des 2. Jh.s n. Chr. anzusetzen. Der Text enthält auch die berühmte Quo-vadis-Legende. Diese Version wird bisweilen als »gnostisch« bezeichnet. Der Leser wird selbst ermitteln können, was davon zu halten ist. »Linus« ist der Überlieferung nach der erste Nachfolger Petri im Amt des Bischofs von Rom.
Die Verseinteilung ist hier neu.

DAS MARTYRIUM DES HEILIGEN APOSTELS PETRUS, VON BISCHOF LINUS VERFASST.

1 *Kapitel 1* Vielfältig und zahlreich sind die Beweise für den heil-
2 vollen Weg und das Leben des Petrus. / Häufig hat er herausragende
3 Wunder gewirkt. / Hinderliche, oder vielmehr: unterschiedliche,
Streitigkeiten hat er mit Simon, dem Magier, und anderen zahlrei-
chen Boten des Antichrist für den Namen des wahren Christus aus-
4 gefochten. / Nach einem schrecklichen Unflat von vielfachem Lei-
den und bitteren Geißelungen und Kerker sah der heilige Petrus
Anlaß zu Jubel vor dem Herrn und brachte Tag und Nacht mit den
5 Brüdern Gott Dank. / Dies geschah in einer Schar von Menschen,
6 die zum Glauben an unseren Herrn Jesus Christus kamen. / Petrus
war mit Gebet, Lehre und den übrigen Christenpflichten befaßt. /
7 Er ermahnte die an Christus Glaubenden besonders zu keuscher
8 und enthaltsamer Lebensführung. / Die Stadt Rom, dem Erdkreis
im Rang überlegen, reich und mächtig, erhob sich voll geistiger An-
maßung und tat sich, wie es bei Reichtum und Sicherheit zu gesche-
9 hen pflegt, durch unanständige Liederlichkeit hervor. / Doch wenn
der Geist sich erhebt, liegt es nahe, auf das Körperliche verächtlich
10 herabzublicken. / Auf die Predigten des heiligen Petrus hin verspür-
ten viele nach Alter, Stellung und Adel sehr unterschiedliche Frauen
11 daher eine große Liebe zur Keuschheit, / und auch die meisten rö-
mischen Ehefrauen wollten, soweit es an ihnen lag, ihre Herzen
und zugleich auch ihre Körper lieber vom Verkehr mit Männern
rein bewahren.

1 *Kapitel 2* Aber als die Zeit herankam, in der die Treue und die
Mühen des heiligen Apostels belohnt werden sollten, war das Haupt
des Verderbens, der Antichrist Nero, die Ursache für ein schreck-
2 liches Unrecht. / Er ließ nämlich Petrus in einem scheußlichen Ge-
fängnis an seinen Füßen und den anderen Gliedmaßen fesseln.
3 Als er dort gefesselt lag, besuchten ihn vier Konkubinen des Präfek-
ten Agrippa namens Agrippina, Eucharia, Eufemia und Dionis. /
4 Sie hörten Petrus predigen, daß man keusch sein solle, und nahmen
5 alles, was unser Herr Jesus Christus gewirkt hat, begierig auf. / Da-
her fanden sie keine Freude mehr daran, Objekte von Agrippas Be-
6 gierden zu sein, sondern ärgerten sich darüber. / Sie verabredeten,
sich der Keuschheit zu weihen, und schworen, sich gegenseitig mit

Rat und Tat zur Seite zu stehen. / Gestärkt durch den Herrn Jesus 7
Christus beschlossen sie, Agrippa niemals mehr zu Willen zu sein.
/ Als sie sich ihm nicht nur im Bett verweigerten, sondern über- 8
haupt jeden Kontakt mit ihm mieden, wurde Agrippa sehr ver-
drießlich und traurig. / Er schickte sorgfältige und erfahrene Detek- 9
tive aus und erfuhr von ihnen, daß die Frauen sehr eifrig zu Petrus
pilgerten. / Da bestellte er sie zu sich und beklagte sich, benommen 10
von heftigstem Liebesverlangen: / »Ich weiß genau, wo ihr gewesen 11
seid. / Dieser Christ da hat euch gelehrt, mit mir nicht zu verkehren 12
und euch vor euren Konkubinen-Pflichten zu drücken. / Doch ich 13
bin sicher, daß er mit seinen Zauberkünsten eure Liebe zu mir nicht
hat schwächen können.« / Dann wollte er die Frauen durch alle 14
möglichen Schmeicheleien erweichen. Doch sie schenkten seinem
Liebeswerben kein Gehör und ignorierten seine anzüglichen Ge-
sten, denn sie waren durch das Wort des Apostels gefestigt und
standhaft. / Als aber der Präfekt Agrippa sah, daß sie seiner Begehr- 15
lichkeit einmütig widerstanden und auf seine Schmeicheleien nicht
eingingen, sondern weiterhin der Lehre des Petrus folgten, ver-
suchte er, sie mit schrecklichen Drohungen gefügig zu machen. / Er 16
drohte, er würde sie bei lebendigem Leibe verbrennen und Petrus
so schwer bestrafen, daß sein Andenken aus dem Gedächtnis aller
Menschen unter dem Himmel getilgt würde. / Doch auch so gelang 17
es ihm nicht, sie dazu zu bewegen, ihre Reinheit dem schmutzigen
Beischlaf zu opfern. / Denn sie sagten, sie würden lieber für ihre 18
Keuschheit alle Pein erleiden, als die Enthaltsamkeit aufgeben, die
sie Christus versprochen hatten.
Da wurde der Präfekt Agrippa sehr zornig auf den Apostel und 19
schwor ihm zähneknirschend Rache. Er suchte nur nach einer Ge-
legenheit, ihn möglichst unauffällig zu beseitigen.

Kapitel 3 Inzwischen war die Xandips, die Frau des Albinus, der 1
mit dem Kaiser eng befreundet war, mit vielen anderen vornehmen
Frauen zu Petrus gekommen. / Als sie seine Predigt vom keuschen 2
Leben hörte, verweigerte sie sich nicht nur ihrem Mann, sondern
mied auch alle anderen Vergnügungen des Lebens. / Albinus war 3
sehr bekümmert und drohte, er werde Petrus mit vielen Foltern zu-
setzen. / Gleichzeitig versuchte er, seine Frau Xandips zunächst 4
durch schlimme Drohungen und dann mit liebevoller Sanftheit von
ihrem Vorhaben abzubringen. / Er schickte einen Boten zu dem ihm 5
freundschaftlich verbundenen Präfekten Agrippa und vertraute
ihm alles an, was er aufgrund von Petrus' Wirken von seiner Frau
zu erleiden hatte. / Er bat Agrippa im Namen ihrer alten Freund- 6

schaft, Petrus auch für sein Ungemach büßen zu lassen. Sonst
7 würde er es selbst tun. / Agrippa sandte ihm eine Botschaft zurück
und klagte ihm ebenfalls sein Leid, daß er genauso oder noch mehr
8 durch Petrus leiden müsse. / Abends ging Albinus zu Bett und ließ
Xandips rufen. Als er sie weder mit Schmeicheln noch mit Drohen
9 zu dem ersehnten Beischlaf bewegen konnte, / schmiedete er einen
Plan, wie er mit Agrippas Hilfe Petrus eine Falle stellen und seinen
10 Hexenkünsten endgültig einen Riegel vorschieben könnte. / Doch
seine Frau Xandips roch den Braten und schickte einen sehr treuen
11 Boten zu Petrus mit der Botschaft, / er solle die Stadt verlassen. Nur
12 so werde er dem tückischen Anschlag entgehen. / Gleichzeitig be-
nachrichtigte sie auch Marcellus, den Sohn des Präfekten Marcus,
der vorher die schlimme Lehre Simons des Magiers abgewehrt
hatte und nun dem Apostel treu und hilfsbereit in allen Dingen er-
geben war. Auch den anderen Christen erzählte sie von dem Plan,
den ihr Mann und der Präfekt Agrippa miteinander ausgeheckt
hatten.
13 Am folgenden Tag versammelte sich der Senat. Einige Senatoren
14 standen auf und erklärten: / »Wir tun eurer Großmut, edle Männer,
kund und zu wissen, daß Paulus die Ordnung in der ewigen Stadt
auf den Kopf stellt, indem er Scheidungen propagiert statt Ehen,
uns unsere Frauen abspenstig macht und hier ein neues, unbekann-
15 tes Gesetz einführt.« / Mit diesen Worten stachelten sie auch andere
dazu an, sich heftig aufzuregen und ein gerichtliches Vorgehen ge-
16 gen Petrus zu beantragen. / Alle beglückwünschten Agrippa, weil
er das, was er allein nicht gegen Petrus ausrichten konnte, nun über
17 den Senat erreicht hatte. / Doch Petrus und den anderen Christen
blieb dies nicht verborgen. Denn einige Leute aus dem Senat, denen
der Herr durch Petrus das Licht des Glaubens geschenkt hatte, lie-
ßen ihnen die Nachricht durch einen schnellen Boten zukommen.

1 *Kapitel 4* Deswegen baten Marcellus und andere Christen Petrus,
2 er solle sich aus Rom absetzen. / Doch Petrus erwiderte: »Liebe Ge-
schwister und Kinder! Man darf nicht vor Leiden fliehen, die man
wegen Christus, des Herrn, erleiden muß. Denn er selbst hat sich
freiwillig für unser Heil dem Tod ausgesetzt.«
3 Doch Marcellus und die anderen weinten sehr und baten: »Zeig Er-
barmen, Petrus, barmherziger Vater, mit den jungen Leuten und
4 mit denen, die noch ungefestigt im Glauben sind. / Laß uns und sie
5 nicht allein zurück unter den Massen der Ungläubigen.« / Da sagte
Petrus zu denen, die ihn anflehten: »Wenn ihr mir zur Flucht ratet,
empfehlt ihr mir doch, den Herzen der Jugendlichen und Kinder

mit meinem Beispiel die Furcht vor Leiden einzuprägen. / Doch ich 6
muß ohne Wenn und Aber zum Wort Gottes stehen, und ich muß
die heiligen Grundlagen der Enthaltsamkeit bewahren, die ich
selbst gelegt habe. / Ihr meint, ich müsse fliehen, um den Tod zu 7
meiden. / Doch nach dem Tod sehne ich mich unter vielem Stöhnen 8
und mit täglichem Seufzen, denn er ist der Eingang zum Leben. /
Durch diesen Tod müssen wir den Herrn verherrlichen, das hat er 9
auch selbst so offenbart.«[1]
Als die Brüder und Schwestern dies hörten, stimmten sie ein Klage- 10
lied an: / »Wahrhaftiger Vater, wo sind deine Worte, mit denen du 11
kürzlich versprochen hast, daß du bereit bist, für unser Leben den
Tod auf dich zu nehmen? Und nun können wir nicht durchsetzen,
daß du es für unser Heil erträgst, noch eine Weile zu leben, bis wir
etwas kräftiger sind!«
Auch die jungen Männer, die Petrus sorgfältig erzogen und in Glau- 12
ben und Keuschheit eifrig bewahrt hatte, streckten die Hände zum
Himmel empor und dann ihm entgegen wie Menschen in äußerster
Todesnot; sie warfen sich auf den Boden und riefen: / »Guter Pe- 13
trus, Vater und Hirte, nächst deinem Herrn in Güte unübertreff-
lich! Du hast uns doch mit mütterlicher Liebe durch den heiligen
Taufbrunnen für den Herrn neu geboren. Wozu hast du das getan,
wenn du uns dann doch dem Rachen schrecklicher Wölfe aussetzt?
Denn der Trost, mit dem wir uns trösten könnten, ist noch nicht
ausgereift, und dein Herz ist grausam, das war früher bei dir nie
so.«
Die Frauen streuten sich Asche aufs Haupt und schrien: »Soll das 14
die Barmherzigkeit sein, die du von deinem Erlöser zu predigen
pflegtest? Dem Erlöser, der sich auf deine Tränen hin, nachdem du
ihn verleugnet hattest in seiner Freundlichkeit für immer auf Ver-
geben festgelegt hat? / Und du läßt dich bei diesen Flüssen von Trä- 15
nen nicht einmal für eine kurze Zeit erweichen, vor allem, da du
doch dadurch dem Herrn im irdischen Leib dienen und so die
Krone für immer erlangen könntest, die für dich bestimmt ist.«

Kapitel 5 Selbst die Gefängniswärter Processus und Martinianus, 1
vereint mit den übrigen Wärtern und allen, die Dienst taten, dran-
gen in ihn: / »Du kannst fliehen, wohin du willst. Denn wir glau- 2
ben, daß der Kaiser dich schon vergessen hat. / Nur der böse 3
Agrippa, verzehrt von der Liebe zu seinen Mätressen und Opfer zü-
gelloser Leidenschaft, will dich möglichst schnell beseitigen. / Denn 4

[1] Joh 21,19: Petrus muß durch seinen Tod den Herrn verherrlichen.

gäbe es einen kaiserlichen Befehl gegen dich, dann hätte Paulinus,
ein berühmter Mann, für den wir dich bewachen müssen, uns ja
5 schon dein Todesurteil übergeben. / Du hast uns doch im Namen
der Heiligen Dreifaltigkeit an der Quelle in dem benachbarten ma-
mertinischen Kerker getauft. Wir waren zum Glauben gekommen,
wurden unter Gebet getauft, und der Felsen hatte auf wunderbare
6 Weise das Zeichen des Kreuzes gebildet. / Seitdem durftest du über-
all hingehen, wohin du wolltest, und niemand hat dich gehindert. /
7 Das wäre auch jetzt noch so, wenn nicht der teuflische Brand, der
die Stadt quält, Agrippa noch wütender gemacht hätte, als er ohne-
hin schon war.
8 Deswegen bitten wir dich, der du uns das Heil vermittelt[2] hast,
9 gönne uns diese Gelegenheit, auch für dich etwas zu tun. / Du hast
uns von den Fesseln der Sünden und Dämonen befreit – nun sollst
du aus den schrecklichen Fesseln des Kerkers und dieser Fußeisen,
über die wir Vollmacht haben, befreit werden: Wir erlauben es dir
nicht nur, sondern bitten dich sogar darum, daß du frei von hier
weggehst, damit es der Rettung des ganzen Volkes zugute kommt.«
10 / Auch Witwen und Waisen und Menschen, die durch das Alter ent-
kräftet waren, rauften sich die Haare, schlugen sich auf die Wan-
11 gen, entblößten ihre Brust und riefen: / »Andere, die uns mit ihrem
Dienst erhalten haben, hast du von unterschiedlichsten Gebrechen
geheilt und sogar vom Tod auferweckt. Und nun willst du uns,
12 treuer Vater, dich selbst entziehen? / Oder schick doch uns alle dir
voraus, damit die Menschen, die deine Belehrung entbehren müs-
sen, und die Leiber, die dein Dienst nicht mehr tröstet, nicht um-
13 kommen. / Nur wenn du uns vorausschickst, lassen wir dich dahin
eilen, wohin du willst. Laß nicht zu, daß wir nach dem Tod des
Herrn nun auch unser Leben sterben sehen und selbst zurückblei-
ben im Leben und armselig sterben.«

1 *Kapitel 6* Petrus hörte diese Bitten, die von allen Seiten an ihn ge-
richtet wurden. Er war über alles menschliche Maß barmherzig
und konnte keinen Bedrängten weinen sehen, ohne selbst Tränen
zu vergießen. So ließ er sich von all den Tränen erweichen und
2 sagte: / »Gut. Aber keiner von euch soll mit mir gehen, sondern ich
will mich verkleiden, damit man mich nicht erkennt, und dann
3 allein losgehen.« / In der folgenden Nacht verabschiedete er sich
nach feierlichem Gebet von den Brüdern und Schwestern, vertraute

[2] Den »Diener« als Vermittler zu denken, das ist auch der Schlüssel zum Verständnis von Gal 2,17.

sie im Segen Gott an und machte sich allein auf den Weg. / Als er 4
losging, fielen ihm die Binden ab, die um seine von den Fußeisen
aufgescheuerten Beine gewickelt waren.
Als er gerade zum Stadttor hinausgehen wollte, sah er Christus, der 5
ihm entgegenkam. / Er fiel auf die Knie und fragte: »Herr, wohin 6
gehst du?« / Christus antwortete: »Ich gehe nach Rom, um mich 7
noch einmal kreuzigen zu lassen.«[3] / Petrus wunderte sich: »Du 8
wirst noch einmal gekreuzigt, Herr?« / Der Herr bestätigte: »Ja, ich 9
werde noch einmal gekreuzigt.« / Da sagte Petrus: »Herr, dann will 10
ich umkehren und mit dir zurückgehen.«[4] / Als er das gesagt hatte, 11
stieg der Herr in den Himmel hinauf. / Petrus folgte ihm mit seinen 12
Gedanken und weinte bitterlich. / Als er sich dann besann, begriff 13
er, daß der Herr über sein eigenes Martyrium geredet hatte. In ihm
würde der Herr leiden. Denn der Herr leidet in den Auserwählten,
indem er barmherzig mitleidet und sie dann festlich verherrlicht.

Kapitel 7 Petrus kehrte voller Freude in die Stadt zurück, er lobte 1
Gott und erzählte den Brüdern und Schwestern, daß ihm der Herr
begegnet sei und ihm erklärt habe, er müsse in ihm noch einmal ge-
kreuzigt werden. / Als Petrus so sein Martyrium ankündigte, wein- 2
ten und klagten alle. / Alle waren tief betrübt darüber und sagten 3
weinend: »Guter Hirt, sieh deine Schafe an. Gib all denen Unter-
stützung, deren Glaube allzu schwach[5] ist und noch Stärkung
durch deine Predigt benötigt. / Denk an die unsicheren Gemüter, 4
die durch dich gefestigt werden müssen.« / Petrus sagte zu ihnen: 5
»Der Herr kann leicht die Herzen seiner Sklaven und Sklavinnen
kräftigen, auch ohne daß ich durch meine Ermahnung meinen be-
scheidenen Anteil dazu leiste. / Denn die, die er gepflanzt hat, läßt 6
er zu dem Zweck wachsen, daß sie auch andere pflanzen können. /
Doch ich bin nur wie ein Sklave und muß dem Willen des Herrn 7
folgen. / Wenn er will, daß ich wegen euch noch am Leben bleibe, 8
dann widerspreche ich nicht. / Und wenn er bestimmt hat, daß ich 9
für seinen Namen leiden muß und er mich durch mein Martyrium
aufnehmen will, dann bin ich froh und juble in seiner Gnade.«

Kapitel 8 Als Petrus mit diesen und ähnlichen Worten seine Brü- 1
der und Schwestern tröstete und sie ihre Tränen nicht zurückhalten

3 An Hebr 6,6 ist hier nicht zu denken. Denn im Mart. Petri wird das Wieder-Gekreuzigt-Werden positiv bewertet.

4 Vgl. Acta Pauli 6,21 (griech. Pap. Hamburg).

5 Das Thema »Schwäche« des Glaubens in Rom wird auch im paulinischen Römerbrief verwandelt, vgl. Röm 4,19-20 und 14,1.3; 15,1.

konnten, kam Hieros und mit ihm vier Gerichtsdiener und zehn
2 weitere Männer. / Sie rissen Petrus aus dem Kreis der Brüder und
Schwestern weg und führten ihn gefesselt vor Agrippa, den Stadt-
3 präfekten. / Agrippa sagte zu ihm: »Du verbrecherisches Subjekt,
das große Vertrauen, das du beim Volk und bei den Frauen genießt,
die sich auf deinen Rat hin ihren ehelichen Pflichten entziehen,
4 hast du dir erschlichen. / Du hast dich auch des Frevels gegen die
Götter schuldig gemacht, indem du einen gewissen Christus –
oder wie er immer heißen mag – einführst und irgendwelche
läppischen und sinnlosen Lehren gegen den heiligen römischen
Kultbrauch und gegen die Frömmigkeit der ewigen Stadt verbrei-
test.«
5 Da begann das Antlitz des Apostels zu leuchten wie die Sonne[6],
6 und er sagte: / »Ich weiß schon, worauf du hinauswillst, du geiler
Bock, du schändest, was dir in die Finger kommt, du bist unüber-
trefflich im Erfinden von Grausamkeiten, du verfolgst Unschuldige,
deckst jeden Betrug, stiftest zu jeder Falschheit an, du Ausgeburt
7 des Satans. / Du kennst den Ruhm nicht, auf den ich mein Rühmen
gründe. Nur daher kannst du sagen, daß Männer und Frauen mei-
8 nen Einfluß begründen.« / Agrippa erwiderte: »Wenn du so genau
weißt, was ich nicht weiß, dann kläre mich doch schnell auf!« /
9 Petrus entgegnete: »Mein Ruhm ist nur das Kreuz meines Herrn
10 Jesus Christus, dessen Sklave ich bin.« / Da fragte Agrippa: »Du
willst also genauso gekreuzigt werden, wie dein Gott gekreuzigt
11 worden ist?« / Petrus gab zur Antwort: »Ich bin es nicht wert, an
einem aufrechtstehenden Kreuz die Welt zum Zeugen meines Mar-
12 tyriums zu machen. / Doch durch beliebige andere Peinigungen will
13 ich liebend gern den Spuren seines Leidens nachfolgen.« / Da gab
der Präfekt, der an Inkontinenz litt und dringend hinaus mußte,
den Befehl, den Apostel zu kreuzigen. Als Grund dafür gab er
»Aberglauben« an.

1 *Kapitel 9* Sogleich strömte eine riesige Menschenmenge zusam-
men. Junge und Alte, Frauen und Männer, Reiche und Arme, Wit-
wen und Waisenkinder, Schwache und Mächtige, alle schrien laut:
2 / »Warum wird Petrus hingerichtet? Welches Verbrechen hat er be-
3 gangen? Wodurch hat er der Stadt geschadet? / Es ist Unrecht, Un-
schuldige zu verurteilen! Man muß doch fürchten, daß Gott den
Tod eines so bedeutenden und großen Mannes rächen wird und uns
4 alle umkommen läßt!« / Wütend wandten sich die Volksmassen ge-

[6] Vgl. Act 6,15b.

gen Agrippa und versuchten, ihm Petrus unbeschädigt zu entreißen
und ihn in Schutz zu nehmen. / Ganz Rom war in Aufruhr durch 5
das wilde Geschrei der ungezählten Menschen. / Da besann sich Pe- 6
trus einen Augenblick, kletterte auf eine erhöhte Stelle, gebot mit
einem Wink dem Volk Schweigen und sagte: »Meine Herren und
alle, die ihr an Gott glaubt, die ihr für Christus Kriegsdienst leistet!
/ Ihr alle, die ihr auf Christus eure Hoffnung setzt! / Wenn eure 7, 8
Liebe zu mir echt ist und wenn ihr es mit der Treue, die ihr mir er-
weist, wirklich ernst meint, dann ruft mich nicht zurück auf dem
Weg zum Herrn, laßt mich meinen Weg zu Christus ungehindert ge-
hen. / Haltet euch daher ruhig, freut euch und seid heiter, damit ich 9
dem Herrn meine Opfergabe freudig darbringen kann. / Denn wer 10
gerne gibt, den liebt Gott.[7]« / Nur mit Mühe gelang es ihm, mit die- 11
sen Worten die tobende Menge zu beruhigen und den Präfekten aus
der Schußlinie zu bringen. / Viele Leute waren wild entschlossen, 12
den Präfekten zu lynchen. / Sie fürchteten nur, den Apostel zu be- 13
trüben. Denn der folgte dem Beispiel seines Meisters, der gesagt
hat: »Wenn ich wollte, könnte ich für mich mehr als zwölf Legio-
nen Engel erbitten.«[8]

Kapitel 10 Zusammen mit dem Apostel und den Gerichtsdienern 1
erschien schließlich eine große Menschenmenge an dem Ort, der
Naumachiae genannt wird, oben auf dem Hügel, neben dem Obe-
lisken des Nero. / Dort war ein Kreuz aufgestellt. / Als Petrus das 2, 3
weinende Volk erblickte, das drauf und dran war, noch einmal ei-
nen Aufstand anzuzetteln, sagte er mit klarer Stimme: / »Ich be- 4
schwöre euch, Brüder und Schwestern, hindert mich nicht an mei-
nem Opfergang! Wütet nicht gegen Agrippa, und seid ihm nicht
feindlich gesonnen! / Er ist nur ein Rädchen in einem Laufwerk, das 5
ein anderer beherrscht. / Denn hinter meiner Verurteilung, soweit 6
sie das leibliche Leben betrifft, steht der Teufel. Er mißbraucht
seine Erlaubnis (zu strafen, die ihm Gott zugestanden hat). / Denn 7
es schmerzt ihn, daß ihm durch mich Menschen entzogen wurden,
die er gerne mißbraucht und geschändet hätte. Stattdessen sind
diese Menschen Stätten der Selbstzucht geworden, Tempel Christi,
Stätten der Ehre und Begnadung. / Deshalb, liebe Geschwister und 8
Kinder, hört auf mich! Denn Jesus Christus, der Herr, hat mir in
einer Offenbarung angezeigt, daß es so kommen wird. / Der Jünger 9
steht nicht über dem Lehrer und der Sklave nicht über seinem

---

7 Vgl. Prov 22,8; 2 Kor 9,7.
8 Mt 26,53.

10 Herrn.[9] / Deshalb möchte ich so bald wie möglich dem Herrn ge-
11 hören, wenn ich diesen irdischen Körper ausgezogen habe.[10] / Denn
12 es ist jetzt Zeit für mich, auch mein Opfer darzubringen. / Denkt
an die Zeichen und Wunder, der Heilungen, die ihr gesehen und er-
fahren habt. Christus hat sie gewirkt, und ich habe ihm dabei ge-
13 dient. / Vieler Menschen Krankheiten sind geheilt worden, damit
14 aller Menschen Herzen gerettet werden. / Tote Körper sind aufer-
15 weckt worden, damit tote Herzen wieder lebendig werden. / Doch
16 was rede ich hier und verzögere meinen Gang ans Kreuz? / Lebt
wohl, Geschwister, seid geduldig und bewahrt, was ihr gehört
17 habt. / Ich vertraue euch Jesus Christus, dem Herrn, an.«

1 *Kapitel 11* Petrus ging zum Kreuz, stellte sich davor hin und
2, 3 sagte: / »Name des Kreuzes, verborgenes Geheimnis! / Unaus-
sprechliche Gnade! Denn im Namen des Kreuzes gibt es Frieden. /
4 Kreuz, du hast Gott mit dem Menschen verbunden und hast ihn
aus der Gefangenschaft und Knechtschaft des Teufels großartig be-
5 freit. / Kreuz, du stellst dem Menschengeschlecht das Leiden des
Erlösers der Welt und die Erlösung aus der Gefangenschaft, in der
sich der Mensch befand, im wahren Glauben immer und ohne Ab-
6 striche dar. / Kreuz! Täglich teilst du den Leib des reinen Lammes
7 den gläubigen Völkern aus. / Das gefährliche Gift der Schlange
8 wehrst du ab durch den Kelch des Heils, / und das feurige Schwert,
das den Eingang zum Paradies schützt, hältst du fortwährend von
9 denen fern, die glauben! / Kreuz, täglich schaffst du Frieden zwi-
10 schen Menschen auf der Erde und Himmelsmächten. / Den Tod des
Mittlers, der von den Toten auferstanden ist und der nicht mehr
stirbt, erneuerst du stets für den ewigen Vater, indem die Kirche für
11 ihre Kinder handelt. / Durch glückliche Sendung erneuerst du den
Tod des Mittlers und gestaltest ihn neu.
12 Um deinetwillen erleide ich Gewalt. Und auch jetzt, da ich vor der
Ablösung vom Endlichen stehe, will ich nicht ruhen, vom Kreuz
her das verborgene Geheimnis zu verkünden, das Gott selbst ist. /
13 Einstmals hat es meine Seele ausgerufen.
14 Die ihr an Christus glaubt, laßt euch sagen: Das, was sichtbar ist,
15 müßt ihr nicht für das Kreuz halten! / In dem, was euch sichtbar
16 erscheint, ist etwas anderes unsichtbar verborgen. / Ihr alle, die ihr
hören könnt, laßt nun, da die letzte Stunde meines Lebens gekom-
men ist, von allen sinnlichen Freuden ab, und wendet eure Herzen

[9] Vgl. Mt 10,24.
[10] Vgl. 2 Kor 5,4.

von dem, was sichtbar ist, hin zu dem, was unsichtbar ist. / Ihr sollt 17
wissen, daß in der Verbindung mit Christus durch das Kreuz die Er-
lösung geheimnisvoll geschehen ist. / Durch die Hand derer, die das 18
Geschäft vollziehen, den Leib zu töten, mußt du, Petrus, deinen
Leib der Erde zurückgeben – er wird ihr willkommen sein.«

Kapitel 12 Dann sagte Petrus zu den Obersten der Scharfrichter: 1
»Was zögert ihr noch? Warum, ihr Gerichtsdiener, laßt ihr für mich
einen Aufschub nach dem anderen zu? / Vollstreckt, was euch auf- 2
getragen ist!
Zieht mir das Kleid meines sterblichen Leibes aus, damit ich mich 3
mit dem, was ich dem Heiligen Geist nach bin[11], an den Herrn hän-
gen kann.« / Dann bat er die Henkersgehilfen inständig: »Ich bitte 4
euch, ihr guten Helfer auf meinem Weg zum Heil, kreuzigt mich
mit dem Kopf nach unten und mit den Füßen nach oben. / Denn es 5
gehört sich nicht, daß ich, der letzte Sklave, genauso gekreuzigt
werde wie der Herr der Welt, der für das Heil der ganzen Welt ge-
litten hat. / Ich will ja durch mein Leiden nur ihn verherrlichen. / 6
Dann kann ich das Geheimnis des Kreuzes stets anblicken, und die 7
Umstehenden können besser hören, was ich von da unten aus
sage.« / Als sie ihn so ans Kreuz gehängt hatten, tröstete Petrus die 8
weinenden Leute vom Kreuz aus und sprach sie auf wunderbare
Weise an: / »Groß und tief ist das Geheimnis des Kreuzes. / Mit 9, 10
Worten unfaßbar und unzertrennbar ist das Band der Liebe. /
Durch das Kreuz zieht Gott alle Dinge an sich. / Es ist der Baum des 11, 12
Lebens, durch den die Herrschaft des Todes zerstört worden ist. /
Dies hast du mir geoffenbart, Herr, öffne auch die Augen all dieser 13
Menschen, damit sie sehen, worin die Heimat[12] des ewigen Lebens
besteht.«
Als Petrus dieses gesagt hatte, öffnete Gott die Augen derer, die trau- 14
erten und über sein Martyrium Tränen vergossen. / Sie sahen Engel 15
mit Kränzen aus Rosenblüten und Lilien dastehen. Im Scheitelpunkt
des aufgerichteten Kreuzes stand Petrus und empfing von Christus
ein Buch. / Die Worte, die er sagte, las er daraus vor. / Als sie das sa- 16, 17
hen, wurden sie so fröhlich im Herrn, daß auch die Nichtgläubigen
und die Henkersknechte plötzlich verschwanden und sich wie
Rauch auflösten, als sie sahen, daß diejenigen, die zuvor traurig ge-
wesen waren und geweint hatten, nun jubelten und fröhlich waren.

---

11 Vgl. 2 Kor 5,4f.

12 Wörtlich: »der Trost«. Gemeint ist aber auch hier der himmlische Landbesitz, die (ewige) »Ruhe«.

1 *Kapitel 13* Als Petrus sah, daß viele, die zuvor geweint hatten,
nun seine Herrlichkeit sehen konnten, dankte er dem Herrn Jesus
2 Christus mit den Worten: / »Du allein, Herr, bist zu Recht aufrecht
3 am Kreuzesstamm gekreuzigt worden. / Denn du hast die ganze
4 Welt von der Sünde erlöst. / Dich will ich auch im Martyrium nach-
5 ahmen. / Doch ich will mir nicht das Recht anmaßen, aufrecht ge-
6 kreuzigt zu werden. / Denn wir sind von Adam her nur als Men-
7 schen und ganz als Sünder geboren. / Doch du bist Gott von Gott,
8 wahres Licht vom wahren Licht vor aller Welt. / Am Ende der Zei-
ten bist du für uns Menschen als Mensch ohne die ansteckende Seu-
che der Menschen geboren worden und bist der herrliche Erlöser
9 des Menschen. / Du bist immer aufrecht, immer der Höchste, im-
10 mer erhaben. / Wir sind dagegen als Menschen Kinder des ersten
Menschen, der nicht mit den Füßen, sondern mit dem Kopf nach
11 unten gelaufen ist.[13] / Sein Fall wird sichtbar durch das Menschen-
12 geschlecht. / Denn so werden wir geboren, mit dem Kopf nach un-
13 ten. Doch dann kehrt sich alles um. / Und was eigentlich rechts ist,
14 das ist jetzt links, was links ist, das ist rechts geworden. / Denn bei
den Ureltern dieses Lebens ist die Ordnung des Lebens umgekehrt
15 worden.[14] / Denn diese Welt hält für rechts, was eigentlich links ist.
16 / In dieser Welt hast du uns, Herr, wie die Niniviten gefunden, und
als wir kurz vor dem Untergang waren, hast du uns mit deiner hei-
ligen Verkündigung befreit.

[13] Vgl. die rabbinische Theorie, daß die Paradieseinwohner auf dem Kopf gingen. Siehe dazu L. Ginzberg, Legends of the Jews, VI 236 (Anm. 75); für Isaak gilt das lebenslänglich: vgl. a. a. O., V 263, Anm. 301 (wegen Gen 24,65). Anlaß für diese Theorie ist wohl, daß Kinder in der Regel mit dem Kopf voraus geboren werden. Die übliche Ursprungslage wird in das Paradies zurückverlegt. Im Unterschied zur rabbinischen Legende gilt das umgedrehte Existieren aber hier schon als Strafe, vgl. 14,4.6. Weniger wahrscheinlich ist ein Einfluß der Legende nach Ginzberg, Legends of the Jews V 86: Ein Teil von Adams Leib wurde zu Erde, und dieser Teil der Erde wurde bewohnt, während der Rest zu Wüste wurde. Dieser Teil ist offensichtlich als Adams Haupt gedacht (?). Wörtlich heißt es hier: »der sein Haupt in die Erde steckte«.

[14] Die Umkehrung der Gegensätze ist ein wichtiges Thema der neutestamentlichen Apokryphen, vgl. dazu ThomasEv 22; 2 Clem 12,2-4 und PhilEv 69. Es handelt sich hier um eine Transformation der Umkehr- und Kreuzestheologie. Die Umkehrung der Werte (vgl. auch hier 14,8-10) wird durch sinnliche Bilder anschaulich gemacht (innen–außen, rechts–links, oben–unten). Bezogen ist die Umkehrung auf die Bekehrung oder auf die Verwandlung des Menschen im »Himmel«. Im Martyrium des Petrus ist der Bezug zur Kreuzestheologie noch gut erkennbar.

Kapitel 14 Ihr aber, Brüder und Schwestern, ihr seid doch zum 1
Hören berufen. Hört mit dem Herzen, was ich euch zu sagen habe!
/ Vernehmt das Geheimnis aller Kreatur und den Anfang aller Dinge. 2
/ Denn durch die Art, wie ich gekreuzigt werde, bilde ich den ersten 3
Menschen ab. / Dadurch daß er mit dem Kopf nach unten existierte, 4
also auf dem Kopf herumlief, zeigte er an, daß das Menschenge-
schlecht einst, also vor Christus, verloren war. / Denn alle, die von 5
ihm abstammten, waren ein totes Geschlecht ohne lebendige Bewe-
gung. / Doch von der Barmherzigkeit Gottes gezogen, kam (Jesus,) 6
der Ur-Anfang (und Schöpfungsmaßstab) in die Welt. Er kam in
leiblicher Existenz zu dem, den ein gerechtes Urteil auf die Erde ge-
worfen hatte.
Den, der am Kreuz aufgehängt war, hat er im Bild dieser ehrenvol- 7
len Berufung, nämlich der des Kreuzes, wiederhergestellt.
Für uns hat er das, was durch den bösen Irrtum der Menschen zu- 8
vor vertauscht worden war, wieder zurechtgerückt. Das (Zeitliche,
Irdische und) Gegenwärtige wurde jetzt links und das, was man für
links hielt, ewig (wie es sein soll). / Mit seiner rechten Hand ver- 9
herrlichend hat er alle Dinge zu ihrer eigenen Bestimmung zurück-
verwandelt. So hat er als gut gewertet, was nicht für gut gehalten
wurde. Er hat für gut erklärt, was für böse gehalten wurde. / Daher 10
sagt der Herr in einem geheimnisvollen Wort: ›Wenn ihr nicht die
Rechte zur Linken macht und die Linke zur Rechten, wenn ihr
nicht das, was oben ist, zu dem macht, was unten ist, was vorher
ist, zu dem, was nachher ist, dann könnt ihr das Reich Gottes nicht
wahrnehmen.‹[15]
So verstehe ich den Sinn dieses Satzes. Und dies ist die Art, in der 11
die körperlichen Augen der Menschen mich jetzt sehen. / Es ist ein 12
Abbild des ersten Menschen. / Ihr aber, meine Lieben, hört dies, 13
und vollendet es dadurch, daß ihr euch bekehrt. / Ihr habt ja auch 14
euren ersten Irrtum aufgegeben und seid zur Glaubensgewißheit
umgekehrt. So sollt ihr beharrlich euren Weg gehen und euch durch
ein gutes Leben der himmlischen Heimat zuwenden, zu der ihr be-
rufen seid. / Denn der Weg, auf dem ihr diesen Abstand überwin- 15
det, ist Christus. / Ihr sollt daher mit Christus Jesus, dem wahren 16
Gott, auf das Kreuz hinaufsteigen. / Denn allein er ist das wahre 17
Wort. Daher sagt auch der Heilige Geist: ›Christus ist das Wort und
die Stimme Gottes.‹[16] / Das *Wort* bezeichnet dieses aufrecht ste- 18

[15] Vgl. 2 Clem 12,2-4; ThomasEv 22; PhilEv 69.
[16] Apokryphes Zitat unbekannter Herkunft. Vgl. aber Kerygma Petri 1 (s. o.).

19 hende Holz, an dem ich gekreuzigt werde. / Weil aber die *Stimme*
zum Körper gehört, der gesalbt wird, was für die Gottheit nichts
bedeutet, bedeuten die Seitenarme des Kreuzes die menschliche Na-
20 tur. / Diese hat es beim ersten Menschen erleiden müssen, durch Irr-
21 tum verändert zu werden. / Doch durch den, der Gott und Mensch
22 ist, hat sie die wahre Bestimmung zurückgewonnen. / Der Schlüs-
sel, der als Nagel in der Mitte (den Querbalken an das gerade Holz
heftet), besteht in Umkehr, Buße und Glauben.«

1 *Kapitel 15* Nach diesen Worten begann Petrus mit lebhaftem Ge-
2 sichtsausdruck und heiterem Antlitz zu beten: / »Herr Jesus Chri-
stus, Wort des Lebens, du hast mir dies alles kundgetan, und ich
danke dir, daß du mir geoffenbart hast, was ich über das Kreuz ge-
3 sagt habe, das ich gepriesen habe. / Nicht mit dem Herzen, in das
oft etwas eindringt, was nicht hineingehört, auch nicht mit den Lip-
pen, die hier angenagelt sind, auch nicht mit der Zunge, durch die
Wahres und Falsches herauskommt, auch nicht mit dem Wort und
durch irdischen Stoff greifbar gemacht, sondern mit der Stimme,
die durch Schweigen vernommen wird, sage ich dir Dank, guter
4 König. / Diese Stimme wird nicht offen wahrgenommen, geht nicht
aus einem vergänglichen Mund hervor, dringt nicht in körperliche
5 Ohren ein, ist nicht irdisch und ertönt nicht auf der Erde. / Sie ist
nicht in greifbaren Buchrollen aufgeschrieben, wird nicht greifbar
6 bewegt und existiert nicht greifbar. / In jenem Geist danke ich dir,
Jesus Christus, mein Herr und Lehrer, durch den ich an dich glau-
ben kann, durch den ich dich verstehe, dich liebe und dich festhalte.
7 / Ich danke dir mit der Stimme, mit der ich dich anrede, mit der ich
8 dir in die Rede falle. / Denn du bist nur verstehbar für einen Geist,
9 der ganz geblieben und bescheiden ist. / Du bist für mich, Herr, Va-
ter und Freund, Ursprung und Vollendung des Heils. Du bist Sehn-
10 sucht, Erquickung und Sättigung. / Du bist für mich alles, und alle
Dinge liegen für mich in dir. Du bist für mich das Ganze, und alles,
11 was ist, das bist du für mich. / Denn du bist für mich alles. In dir
12 leben wir, bewegen wir uns und sind wir.[17] / Und deshalb sind wir
13 unbedingt auf dich angewiesen, wie auf alle Dinge. / Und du, gib
14 uns, was du verheißen hast. / Das ist das, was noch kein Auge je
gesehen und kein Ohr je gehört hat und was auch in keines Men-
15 schen Herz gedrungen ist. / Das ist das, was du für die vorbereitet
16 hast, die dich lieben.[18] / Dies hebe auf für deine Sklaven, dies teile

[17] Act 17,28.
[18] Vgl. 1 Kor 2,9 etc.

ihnen zu und schenke es ihnen. / Denn du bist der gute Hirte, der 17
Höchste, der Gute, der wahre Sohn Gottes. / Dir vertraue ich die 18
Schafe an, die du mir übergeben hast. / Sammle diese Schafe in 19
deine Herde und bewahre uns. / Denn du bist der Eingang zu den 20
Schafen und der Türhüter. Du bist die Weide und die Erquickung
des ewigen Lebens. / Dir gebührt die Herrlichkeit mit dem Vater 21
und dem Heiligen Geist jetzt und für immer. Amen.«

Kapitel 16 Und sowie das Volk mit lauter Stimme »amen« geant- 1
wortet hatte, gab Petrus sein Leben (an Gott) zurück. / Als Marcel- 2
lus sah, daß der heilige Apostel verstorben war, nahm er sogleich,
ohne erst jemanden um Erlaubnis zu bitten, mit eigenen Händen
seinen heiligen Leib vom Kreuz, und wusch ihn mit Milch und sehr
gutem Wein. / Er zerrieb 50 Pfund Mastix und Aloe, dazu Myrrhe 3
und wohlriechende Blätter, schließlich orientalische Myrrhe und
verschiedene duftende Kräuter und salbte ihn sehr sorgfältig. /
Dann füllte er einen neuen Sarkophag mit attischem Honig und 4
setzte darin den mit aromatischen Stoffen einbalsamierten Leich-
nam bei. / In der Nacht wachte Marcellus am Grab und weinte voll 5
brennender Sehnsucht. Er hatte beschlossen, sein ganzes Leben
lang nicht vom Grab seines geliebten Lehrers zu weichen. / Da kam 6
der heilige Petrus zu ihm. Als Marcellus ihn erblickte, fing er an zu
zittern, aber Petrus zog ihn sogleich hoch und stellte ihn neben sich.
/ Dann sagte der heilige Apostel zu ihm: »Bruder Marcellus, du hast 7
doch sicher gehört, daß der Herr gesagt hat: ›Laß die Toten ihre To-
ten begraben!‹[19]« / Marcellus erwiderte: »Ja, lieber Lehrer, das 8
habe ich gehört.« / Da sagte Petrus: »Benimm dich nicht wie ein To- 9
ter, der Tote beerdigt und beweint, sondern wie ein Lebendiger, der
sich mit dem, der lebt und in Freuden ist, mitfreut. Deshalb laß die
Toten ihre Toten begraben. / Du aber tu, was du von mir gelernt 10
hast: Geh hin und verkündige Gottes Herrschaft.« / Mit Worten 11
voller Gnade berichtete Marcellus allen Brüdern und Schwestern
davon. Durch die Verdienste des heiligen Petrus wurde diese Gnade
im Namen unseres Herrn Jesus Christus und in der Heiligung
durch den Heiligen Geist bestätigt.

Kapitel 17 Als Nero erfuhr, daß der heilige Petrus, den er zu fol- 1
tern, nicht aber zu töten befohlen hatte, gestorben war, schickte er
einen Boten und ließ den Präfekten Agrippa ergreifen, / weil er Pe- 2
trus hatte töten lassen, ohne Nero zu fragen. Dabei hatte Nero

[19] Mt 8,22; vgl. Lk 9,60.

selbst doch vorgehabt, ihn mit verschiedensten Foltern zu strafen.
3 / Denn er war darüber erbost, daß ihn Simon Magus, den er zum
Anwalt seines Heils erkoren hatte, aufgrund von Petrus' Zauberei
verlassen hatte. Ihn schmerzte der Verlust eines so wichtigen Freun-
des, der ihm und dem Staat, wie er bekannte, unschätzbare Vorteile
verschafft hatte.
4 Durch Intervention von Freunden erreichte Agrippa, daß er nur sei-
nes Amtes als Präfekt enthoben wurde und in Ungnade sein Leben
5 zu Hause führen konnte. / So war der Zorn des Kaisers zwar abge-
wendet, doch der Rache des göttlichen Gerichts entkam er nicht.
6 Denn bald ging er elend zugrunde. / Dann wandte sich Nero der
Verfolgung derer zu, von denen er gehört hatte, daß sie vertrautere
7 Anhänger des Petrus gewesen seien. / Durch ihre Bestrafung wollte
8 er seine Rachegelüste gegenüber Petrus befriedigen. / Der hei-
lige Apostel aber warnte die Brüder und Schwestern durch Offen-
barungen und legte ihnen nahe, Nero zu meiden wie ein wildes
Tier.
9 Dann sah Nero in einer Vision den heiligen Petrus vor sich stehen.
Er wurde auf seinen Befehl windelweich geprügelt und hörte diese
Worte: »Laß deine Finger von den Sklaven und Sklavinnen unseres
Herrn Jesus Christus, du Verbrecher. Du kannst sie doch nicht fest-
10 halten.« / Nero erschrak zutiefst und konnte sich kaum beruhigen.
11 / Die Brüder und Schwestern freuten sich und jubelten, in enger
12 Verbundenheit mit dem Herrn. / Sie wurden durch häufige Visio-
13 nen, in denen sie den Apostel Petrus sahen, gestärkt. / Sie verherr-
lichten Gott, den Herrn, der überall herrscht, und den Herrn Jesus
Christus gemeinsam mit dem Heiligen Geist, dem Herrlichkeit,
Macht und Anbetung gebühren für immer. Amen.

Der Diognetbrief

Einleitung: Die an einen Mann namens Diognet adressierte Schrift kann man ruhig als Brief bezeichnen, da die Adressiertheit das einzige konstante Merkmal antiker Briefe ist. Freilich sind auch das LukasEv und die Act an einen Mann namens »Theophilus« adressiert, ohne daß sie deswegen Briefe wären. Nicht alle adressierten Texte sind mithin Briefe.

Die wichtigste Handschrift für diesen Brief (einst in einem Fischladen in Istanbul erstanden) wurde 1870 bei der Beschießung der Straßburger Bibliothek Opfer preußischer Kanonen. Erhalten sind noch drei wertlose Abschriften dieses »Archetyps« aus dem 13./14. Jh.

Kein antiker oder mittelalterlicher Schriftsteller hat diese Schrift je erwähnt. Auch ihre Datierung ist in der Forschung umstritten. Zumeist wird der Zeitraum zwischen 190 und 330 n. Chr. angegeben, als Entstehungsort wird Alexandrien vermutet.

Man hat in dieser Schrift nach Kapitel 10 eine Zäsur angenommen. Denn bis Kapitel 10 werden heidnische Leser angesprochen, das Alte Testament wird nicht besonders beachtet oder gar zitiert. In den Kapiteln 11-12 dagegen sind offenbar Christen als Leser angesprochen, das Alte Testament wird verwendet.

Inhaltlich bietet die Schrift jedenfalls keine Gnosis. Die »Welt« wird nicht radikal abgelehnt.

Die Schrift wird hier aufgenommen, weil sie eine offenbar typische (bei den Apologeten des 2. und 3. Jh.s dann entfaltete) Einführungsschrift in das Christentum ist. Die ersten Kapitel stellen dar, warum man als halbwegs vernünftiger Mensch weder Heide noch Jude sein kann. Wie der Erste Petrusbrief (und Hebr) hält auch Diogn fest an dem Status der Christen, die er als »Fremdlinge« in der Welt betrachtet. Sie sind eigentlich »Bürger des Himmels«. Elemente dieser Art sind eher archaischen Charakters, da sie von einem Christentum in typischer Minderheitssituation ausgehen. Von »genereller Anpassung«, »Volkskirche« oder einem halbwegs beruhigten bürgerlichen Status der christlichen Gemeinde kann noch keine Rede sein.

Eine sehr wichtige konkrete Besonderheit nennt der Brief in 5,6: Christen setzen Neugeborene nicht aus. Auch daß sie das »Bett« (sexuellen Umgang mit jedermann) nicht zur Kollektivsache erklären, zeichnet sie offenbar aus.

Noch intensiver als in 1 Petr und Hebr hat das abweichende Sozialverhalten der Christen die Folge, daß sie verfolgt werden.
Der Diognetbrief ist wichtig, weil hier für das 2. Jh. n. Chr. ein Beleg für die Eigenart christlicher Werbung und Selbsteinschätzung vorliegt, und zwar angesichts einer vom 1. Jh. nicht sehr verschiedenen Situation.

Textgrundlage: K. Wengst Schriften des Urchristentums II, Darmstadt 1984, S. 282-348.

DER DIOGNETBRIEF

Kapitel 1 Lieber Diognet! Ich sehe, daß du dich sehr eifrig bemühst, das Christentum zu studieren. Du willst sehr genau wissen und gründlich erforschen, was für einen Gott und welchen Kult die Christen haben. Dabei sind sie innerlich frei von der Welt und haben die Kraft, den Tod zu verachten. Sie haben es nicht nötig, an die sogenannten Götter der Griechen zu glauben, und auch die abergläubischen Riten der Juden machen sie nicht mit. Statt dessen bringen sie einander viel Liebe entgegen. Man kann fragen, warum es diese neue Sorte Menschen und ihre Religion nicht schon längst
2 gibt, sondern erst seit kurzem. / So lasse ich mich gerne von deinem Eifer anregen und bitte Gott, er, der uns das Reden und das Hören schenkt, möge mir die Gabe schenken, so zu sprechen, daß du viel davon hast, und dir die Gabe schenken, so zuzuhören, daß es mir keinen Kummer macht.

Kapitel 2 Du tust gut daran, dich freizumachen von allem, was bisher dein Denken bestimmt hat. Besonders wichtig ist es, alle eingefahrenen Denkfehler und Vorurteile zu überwinden. Du kannst ein von Grund auf neuer Mensch werden, wenn du dich ganz darauf einläßt, eine – wie du selbst gesagt hast – unerhört neue Botschaft zu vernehmen. So solltest du nicht nur mit den Augen, auch mit dem Verstand prüfen, was es mit den sogenannten Göttern auf
2 sich hat, was ihr Wesen und was ihre Art ist. / Unter den Göttern ist der eine aus Stein, so wie das Pflaster, auf dem man geht. Der andere ist aus Kupfer, nicht besser als die Töpfe und Pfannen, die wir täglich gebrauchen. Der dritte ist aus Holz und womöglich bereits verfault. Wieder ein anderer ist aus Silber und muß bewacht werden, damit er nicht gestohlen wird. Manche sind aus Eisen und vielleicht vom Rost zerfressen, manche aus Ton und kein bißchen
3 edler als ein Nachttopf. / Alle sind aus vergänglicher Materie – wenn aus Eisen, dann im Feuer weich gemacht, geformt durch den Eisen- oder Silberschmied oder den Töpfer. Und jedes Götzenbild, das durch künstlerische Technik diese oder jene Gestalt erhalten hat, hätte vorher jede andere Gestalt bekommen können und kann auch jetzt noch eine andere Gestalt bekommen. Und alle Gegenstände, die aus dem gleichem Material sind, können durch densel-
4 ben Handwerker zu derselben Gestalt geformt werden. / Und andererseits könnte auch das, was ihr jetzt anbetet, von Menschen zu

ganz gewöhnlichen Gegenständen umgeformt werden. Schließlich
sind sie alle taub und blind, ohne Seele und Empfindung, leblos,
5 verweslich und vergänglich. / Und so etwas nennt ihr Götter, sol-
chen Gegenständen dient ihr und betet sie an. Am Ende werdet ihr
6 noch genauso wie sie. / Ihr haßt die Christen, weil sie nicht an diese
7 Götter glauben. / Und ihr wiegt euch zwar in dem Glauben, daß ihr
eure Götter lobt – aber verachtet ihr sie in Wirklichkeit nicht doch
noch mehr als die Christen? Und wenn ihr die Götzen aus Stein und
aus Ton anbetet, ohne sie bewachen zu lassen, aber die silbernen
und goldenen nachts einschließt und tagsüber Wächter bei ihnen
aufstellt, damit sie vor Diebstahl geschützt sind, dann verhöhnt
8 und verspottet ihr sie doch eigentlich noch viel mehr. / Ihr meint,
eure Götzen zu ehren, indem ihr ihnen Opfer mit Blut und Fettge-
rüchen darbringt – wenn sie das wahrnehmen können, muß es eher
eine Strafe für sie sein. Wenn sie aber nichts wahrnehmen können,
9 dann habt ihr sie auf diese Weise überführt. / Da wir gerade über
Strafe reden: Würde vielleicht einer von euch es aushalten, wenn
man ihm das antäte, was ihr da praktiziert? Kein denkender und
fühlender Mensch würde so etwas freiwillig ertragen, weil es all sei-
nen Sinnen und seiner Vernunft widerstrebt. Nur ein Stein hält das
aus, denn er nimmt nichts wahr. Und daß er es aushält, ist der Be-
10 weis dafür, daß er nichts wahrnimmt. / Warum Christen sich sol-
chen Göttern nicht unterwerfen, darüber wäre noch einiges zu sa-
gen. Doch wer dem, was ich bisher gesagt habe, nicht zustimmen
kann, an den möchte ich keine weiteren Worte verschwenden.

1 *Kapitel 3* Sodann wirst du wohl vor allem über die Unterschiede
zwischen christlicher und jüdischer Religion Bescheid wissen wol-
2 len. / Die Juden haben ganz recht, wenn sie den Götzendienst ableh-
nen und wenn sie fordern, daß man nur den einen Gott anbeten und
ihn als den Herrn betrachten soll. Doch wenn sie ihn kultisch vereh-
3 ren, wie es oben geschildert wurde, dann ist das ganz falsch. / Denn
damit tun sie ja dasselbe wie die Griechen und opfern Götzen, die
nichts fühlen und taub sind – ein Musterbeispiel von Dummheit. Sie
bringen Gott Opfer dar, als ob er es nötig hätte, und das müßten sie
4 doch eher für Torheit halten als für Frömmigkeit. / Denn Gott, der
den Himmel und die Erde gemacht hat und auch alles, was darin ist,
der uns alles schenkt, was wir nötig haben, hat doch wohl selbst kei-
nes von den Dingen nötig, die er denen, die ihn damit zu beschenken
5 wähnen, selbst gegeben hat. / Die Juden, die ihm durch Blut, Fett-
geruch und Brandopfer Ehre bezeugen und denken, daß sie ihn da-
mit loben können, unterscheiden sich meiner Ansicht nach gar nicht

von den Leuten, die taube Götzen ehren.[1] Denn die einen meinen, denen Ehrbezeugungen erweisen zu müssen, die diese gar nicht annehmen können. Und die anderen möchten dem Ehrbezeugungen zukommen lassen, der sie gar nicht nötig hat.

Kapitel 4 Außerdem glaube ich nicht, daß du erst von mir hören 1
mußt, daß es lächerlich und undiskutabel ist, wie ängstlich sie mit
Speisen sind, wie abergläubisch mit dem Sabbat, wie eingebildet
auf die Beschneidung, wie heuchlerisch mit Fasten und Neumon-
den. / Es kann doch nicht in Ordnung sein, daß sie die Dinge, die 2
Gott zum Gebrauch für die Menschen geschaffen hat, in gute auf
der einen und unbrauchbare oder überflüssige auf der anderen Seite
sortieren. / Es ist auch einfach gottlos, wenn sie behaupten, Gott 3
verbiete ihnen, am Sabbat Gutes zu tun.[2] / Und man kann doch nur 4
darüber lachen, wenn sie die Beschneidung, die ihren Körper ver-
stümmelt, als Zeichen der Erwählung herausstellen, als würden sie
deshalb von Gott besonders geliebt. / Auch zeugt es doch eher von 5
Unverstand als von Frömmigkeit, wie sie Mond und Sterne nicht
aus den Augen lassen, bestimmte Monate und Tage einhalten und
die von Gott festgesetzten Phasen der Zeit und deren Abfolge will-
kürlich in Feste und Trauerzeiten einteilen.[3]
Darüber, wie sich die Christen von der heidnischen Dummheit und 6
Täuschung einerseits sowie von der jüdischen Geschäftigkeit und
Angeberei andererseits abheben, weißt du nun wohl genug. Doch
das Geheimnis der christlichen Religion wirst du wohl kaum von
einem Menschen erfahren können.

Kapitel 5 Denn die Christen unterscheiden sich von anderen 1
Menschen nicht durch ihren Wohnort, ihre Sprache oder ihre Bräu-
che. / Weder wohnen sie in eigenen Städten, noch sprechen sie einen 2
besonderen Dialekt, noch haben sie eine ungewöhnliche Lebens-
weise. / Die christliche Lehre hat kein besonders einfallsreicher 3
oder fleißiger Mensch erfunden, und die Christen vertreten auch
nicht nur einfach irgendeine andere menschliche Lehre. / Sie woh- 4
nen in Städten, in denen man Griechisch oder andere Sprachen
spricht, so wie es sich für jeden ergeben hat. In Kleidung, Nahrung
und in allem, was sonst zum Leben gehört, schließen sie sich dem
jeweils Üblichen an. Und doch haben sie ein erstaunliches und an-

---

1 Vgl. Gal 4,8f.
2 Vgl. Mk 3,4f.
3 Vgl. Gal 4,9; Kol 2,16.

5 erkannt wunderbares Gemeinschaftsleben.[4] / Sie leben zwar an ih-
rem jeweiligen Heimatort, doch wie Fremde.[5] Sie beteiligen sich als
Mitbürger an allem, doch ertragen sie es nur wie Durchreisende.
6 Jede Fremde ist ihre Heimat, und jede Heimat ist ihnen fremd. / Sie
heiraten und bekommen Kinder wie andere auch, aber sie setzen
7 die Neugeborenen nicht aus. / Ihren Tisch bieten sie allen an, aber
8 nicht ihr Bett. / Sie leben als schwache Menschen[6], richten sich je-
9 doch nicht nach menschlichem Willen. / Sie halten sich auf Erden
10 auf, doch sie leben als Bürger des Himmels.[7] / Sie gehorchen den
bestehenden Gesetzen, und doch überbieten sie diese Gesetze durch
die Art und Weise, wie sie leben.
11 Sie lieben alle Menschen – und werden doch von allen verfolgt.[8] /
12 Man kennt sie nicht[9], und doch werden sie verurteilt. Man tötet
13 sie, doch Gott macht sie lebendig.[10] / Sie sind arm, doch bereichern
sie viele.[11] Sie leiden Mangel an allem und haben doch alles im
14 Überfluß. / Man greift ihre Ehre an, und doch kommen sie trotz
ihrer Schande zu Ruhm. Man schmäht sie, und sie bekommen doch
15 recht. / Wenn sie geschmäht werden, segnen sie. Wenn sie beleidigt
16 werden, zeigen sie den anderen ihre Hochachtung. / Sie tun Gutes
– und werden wie Verbrecher bestraft. Aber wenn man sie bestraft,
17 freuen sie sich, als hätten sie das Leben gewonnen. / Von Juden wer-
den sie bekämpft wie Fremde. Von Griechen werden sie verfolgt.
Und doch kann keiner, der sie haßt, sagen, warum er sie haßt.

1 *Kapitel 6* Um es kurz zu sagen: Was die Seele im Körper ist, das
2 sind die Christen in der Welt. / Die Seele ist über den ganzen Körper
3 verteilt und die Christen über alle Städte der Welt. / Die Seele
wohnt im Leib, aber sie hat dort nicht ihren Ursprung. Und die
Christen leben in der Welt, aber sie haben dort nicht ihren Ur-
4 sprung. / Die Seele ist unsichtbar und in einem sichtbaren Körper
eingesperrt. Auch die Christen leben sichtbar in der Welt. Doch
5 ihre Religion bleibt unsichtbar. / Der Körper haßt die Seele und be-
kämpft sie, obwohl sie ihm kein Unrecht getan hat. Denn die Seele

[4] Das griech. Wort *politeia* steht für einen gemeinschaftlichen Lebensstil.
[5] Vgl. 1 Petr 4,4.
[6] Hier steht im Griechischen das Wort *sarx*, das menschliche Schwachheit, Sterblichkeit und Verführbarkeit bezeichnet.
[7] Vgl. Phil 3,20.
[8] Vgl. 1 Kor 4,12; 2 Tim 3,12.
[9] Vgl. 2 Kor 6,9.
[10] Vgl. 2 Kor 6,9.
[11] Vgl. 2 Kor 6,10.

hindert den Körper daran, sich ganz den Lüsten hinzugeben. So
haßt die Welt auch die Christen, obwohl diese ihr nichts Böses ge-
tan haben, nur weil die Christen sich den maßlosen Trieben wider-
setzen. / Und umgekehrt gilt auch: Die Seele liebt den Leib, der 6
sie doch haßt. Und die Christen lieben diejenigen, die sie hassen. /
Die Seele ist im Körper eingesperrt, doch sie hält ihn zusammen. 7
So sind auch die Christen gleichsam in der Welt eingesperrt, doch
sie halten die Welt zusammen. / Eine unsterbliche Seele wohnt 8
in einem sterblichen Leib. Auch die Christen wohnen inmitten der
Vergänglichkeit und hoffen auf Unvergänglichkeit im Himmel. /
Obwohl die Seele nicht gut mit Speise und Trank versorgt wird, 9
kann sie doch gedeihen. Und auch die Christen werden von Tag zu
Tag mehr, obwohl man sie mit Strafen verfolgt. / So wichtig ist der 10
Posten, auf den Gott die Christen gestellt hat, und sie dürfen sich
dem nicht entziehen.

Kapitel 7 Denn die Überlieferung der Christen ist keine irdische 1
Erfindung, und das, was sie so sorgsam hüten, ist kein menschlicher
Einfall, und die Geheimnisse, die ihnen anvertraut sind, haben sie
nicht selber erdacht. / Sondern hier ist wirklich der unsichtbare 2
Gott selbst am Werk, er, der alles beherrscht und alles erschaffen
hat. Vom Himmel her hat er selbst ein Stück seiner eigenen Wirk-
lichkeit, das heilige und unbegreifliche Wort, in die Menschen hin-
eingelegt und in ihnen fest werden lassen. Anders als man vermuten
könnte, schickte er nicht irgendeinen seiner Diener zu den Men-
schen, einen Engel oder einen Fürsten der unsichtbaren Mächte
oder einen von den unsichtbaren Gebietern über irdische Dinge
oder einen von den Statthaltern in den Himmelsregionen, sondern
vielmehr den Baumeister und Hersteller aller Dinge selbst, durch
den[12] er die Himmel geschaffen und das Meer in seine Grenzen ein-
geschlossen hat und dessen geheimen Regeln alle Elemente der
Schöpfung folgen, der die Bahn vorgeschrieben hat, auf der die
Sonne ihren täglichen Lauf vollzieht, der dem Mond befohlen hat,
nachts zu leuchten, so daß er ihm gehorcht, der den Sternen befoh-
len hat, dem Lauf des Mondes zu folgen, so daß sie ihm gehorchen,
der alles geordnet, begrenzt und unterworfen hat: die Himmel und
was in ihnen ist, die Erde und was auf ihr wohnt, das Meer und was
in ihm wimmelt, das Feuer, die Luft, die Unterwelt, die Dinge in der
Höhe und in der Tiefe und die in der Mitte zwischen beiden. Diesen
Herrn aller Dinge hat er zu ihnen gesandt.

---

[12] Vgl. Joh 1,3; 1 Kor 8,6.

3 Doch er hat ihn gewiß nicht, wie Menschen denken könnten, ge-
4 sandt, damit er Tyrannei, Angst und Terror einführt. / Nein, son-
dern freundlich und sanft[13], wie ein König seinen Sohn sendet, hat
er uns einen König gesandt. Er hat ihn wie einen Gott zu den Men-
schen gesandt, nämlich weil er retten will, weil er überzeugen will
5 – nicht mit Gewalt, denn Gewalt steht Gott nicht gut an. / Er hat
ihn geschickt, weil er zum Kommen auffordern will und nicht ver-
6 folgen, weil er liebt und nicht verurteilt. / Er wird ihn freilich auch
als Richter senden. Und wer wird dann vor seiner Ankunft beste-
hen können? . . .
7 Du siehst doch, wie die Christen den Bestien vorgeworfen werden,
damit sie den Herrn verleugnen, doch sie werden nicht besiegt.[14] /
8 Und je mehr sie bestraft werden, um so größer wird die Zahl derer,
9 die zum christlichen Glauben kommen. / Das ist offensichtlich
nicht Menschenwerk, sondern Gottes Machterweis, Zeichen seines
hilfreichen Eingreifens[15].

1 *Kapitel 8* Bevor er kam, hatte kein Mensch überhaupt eine Ah-
2 nung davon, wer Gott ist. / Oder würdest du dich etwa an die lee-
ren und läppischen Sprüche der ach so glaubwürdigen Philosophen
halten? Einige von ihnen haben gesagt, Gott sei Feuer. Wo sie selbst
hinkommen werden, das nennen sie also Gott! Andere nennen das
Wasser oder alle möglichen anderen von Gott geschaffenen Ele-
3 mente Gott. / Wenn aber nur eine dieser Meinungen annehmbar
wäre, dann könnte auch jedes andere Geschöpf gleichfalls als Gott
4 bezeichnet werden. / Das sind doch alles nur Spiegelfechtereien und
5 Täuschungsmanöver von Schwindlern. / Kein Mensch hat Gott je
gesehen[16] oder ist ihm begegnet. Sondern Gott selbst hat sich ge-
6 zeigt, / indem er die Möglichkeit eröffnete, daß wir glauben kön-
nen.[17] Denn allein durch den Glauben hat er sich selbst gezeigt. Al-
7 lein im Glauben ist es gestattet, Gott zu sehen. / Denn Gott, der
Herr und Schöpfer aller Dinge, der alles gemacht hat, indem er alle
Dinge geordnet und unterschieden hat, ist nicht nur menschen-

---

13 Vgl. Mt 5,5; 11,29.

14 Zu dieser Bedeutung von »siegen« vgl. Apk 2,17 etc.; 5,5.

15 Das griech. Wort *parusia* wird hier so wiedergegeben, weil von der Ankunft oder Wiederkunft nicht die Rede sein kann.

16 Vgl. Joh 1,18a.

17 Vgl. Clemens v. Alexandrien, Protreptikos I (10,3): »Die Tore des Logos werden mit dem Schlüssel des Glaubens geöffnet . . . Das konnte zuvor keiner erkennen außer denen, die durch Christus eintreten, durch den allein Gott geschaut wird.«

freundlich, sondern auch langmütig. / Er ist immer derselbe, und 8
wird es auch weiter sein, freundlich und gütig und treu, jeder Zorn
ist ihm fremd, er allein ist gut. / Sein gewaltiges und unaussprech- 9
liches Denken hat er allein dem Sohn mitgeteilt.[18] / Zunächst schien 10
es so, als vernachlässige er uns und kümmere sich nicht um uns,
weil er seine Absicht geheimnisvoll zurückhielt und verwahrte. /
Als er aber durch seinen lieben Sohn öffentlich sichtbar werden 11
ließ, was er von Anfang an vorbereitet hatte, hat er es uns ermög-
licht, gleichzeitig seine Gaben zu erlangen, sie wahrzunehmen und
danach zu handeln. Wer von uns hätte das je erwartet?

Kapitel 9 Alles dies hatte Gott schon längst für sich selbst und 1
mit seinem Sohn erdacht. Trotzdem hat er es bis zum Ablauf der
früheren Zeit ertragen, wie wir nach unserem Willen ohne Ord-
nung dahintrieben, verführt durch Gier und Maßlosigkeit. Es war
nicht so, daß er sich über unsere Sünden gefreut hätte, sondern er
duldete[19] sie lediglich. Und das bedeutete auch nicht, daß er all das
Unrecht damals gebilligt hätte, vielmehr bereitete er schon die jet-
zige Zeit der Gerechtigkeit vor. Es wurde damals ganz deutlich, daß
wir mit unserem Tun das Leben nicht erlangen konnten. Doch
dank Gottes Freundlichkeit ist es jetzt für uns möglich geworden.
Was uns betrifft, so haben wir bewiesen, daß wir aus eigener Kraft
unmöglich in das Reich Gottes gelangen können. Doch durch Got-
tes Macht können wir das jetzt. / Wir hatten das Maß unserer 2
Schuld randvoll gemacht, und es war vollkommen klar, daß Gott
darauf mit Bestrafung und Tod reagieren mußte.
Dann aber kam die Zeit, in der Gott seine Freundlichkeit und zu-
gleich seine Macht offenbaren wollte. Wie überwältigend sind Got-
tes Menschenfreundlichkeit und Liebe! Er hat uns nicht gehaßt und
nicht verstoßen, hat uns unsere Missetaten nicht nachgetragen, son-
dern uns langmütig und voller Erbarmen ertragen. Er hat unsere
Sünden auf sich genommen, er hat seinen eigenen Sohn als Lösegeld
für uns hergegeben – den Heiligen für die Frevler, den Unschuldigen
für die Schuldigen, den Gerechten für die Ungerechten, den Ewigen
für die Vergänglichen, den Unsterblichen für die Sterblichen. / Ein- 3
zig seine Gerechtigkeit konnte unsere Sünden zudecken.[20] / Allein 4
durch den Sohn Gottes konnten wir in unserer Bosheit und Gott-
ferne gerecht gemacht werden. / Was für ein liebevoller Tausch! Wie 5

[18] Vgl. Mt 11,27.
[19] Vgl. Röm 3,26; Act 17,30a.
[20] Vgl. 2 Kor 5,21.

unauslotbar war hier Gottes Schöpfersorge. Und so unerwartet war seine Zuwendung! Die Schuld so vieler Menschen wurde durch den einen gerechten Menschen beseitigt. Die Gerechtigkeit des einen Menschen hat viele ungerechte Menschen gerecht gemacht.
6 Gott hat uns für die Vergangenheit beweisen können, daß wir so, wie wir sind, unmöglich das Leben erlangen können. Jetzt aber hat er uns den Erlöser geschickt und damit bewiesen, daß er auch das erlösen kann, was unerlösbar schien. Aus diesen beiden Gründen sollen wir, so wünscht er es sich, auf seine Freundlichkeit vertrauen. Wir sollen ihn als den betrachten, der uns väterlich ernährt, der mit gutem Rat unser Lehrer ist, ein vernünftiger Arzt, der uns mit seinem Licht ehrt und verherrlicht, der uns kräftigt und am Leben erhält. Deshalb brauchen wir uns nicht um Kleidung und Nahrung zu sorgen.

1 *Kapitel 10* Wenn auch du dich diesem Glauben anschließen
möchtest, dann versuche zunächst zu erfassen, wer Gott, der Vater,
2 ist. / Denn er hat die Menschen geliebt und ihretwegen die Welt geschaffen. Er hat ihnen alles unterworfen, was auf der Erde ist[21]. Er hat ihnen Sprache und Verstand verliehen. Allein ihnen hat er erlaubt, zu ihm hinaufzublicken. Er hat sie nach seinem eigenen Aussehen geformt und seinen einzigen Sohn zu ihnen gesandt. Ihnen hat er das Reich im Himmel verheißen. Er wird es ihnen geben, wenn sie ihn lieben.
3 Wenn du dir das zu Herzen nimmst, wird dich unvorstellbare
Freude erfüllen. Und du wirst den, der dich so herzlich zuerst ge-
4 liebt hat, innig lieben können. / Und wenn du ihn liebst, dann
kannst du auch seine Freundlichkeit weitergeben. Und dann kann
wirklich ein Mensch Gott nachahmen[22], denn das will Gott. /
5 Denn dann sind wir nicht mehr glücklich, wenn wir den Nächsten
unterjochen, wenn wir mehr besitzen möchten als die anderen,
wenn wir reich sind oder wenn wir die, die ärmer sind, in unsere
Gewalt bekommen. Das ist nicht Nachahmung Gottes, denn das
6 alles liegt göttlicher Würde völlig fern. / Sondern nur wer seinem
Nächsten die Last abnimmt[23], nur wer mit dem, worin er stärker ist, dem Schwächeren helfen will, nur wer das, was er von Gott empfängt, den Bedürftigen zukommen läßt, der wird zum Gott für alle, die seine Liebe empfangen, denn er handelt wie Gott.

---

[21] Vgl. Gen 1,26.28-30.
[22] Vgl. Mt 5,48.
[23] Vgl. Gal 6,2.

Dann kannst du, obwohl du noch auf der Erde bist, begreifen, daß 7
es einen Gott gibt, der im Himmel regiert. Dann wirst du anfan-
gen, von Gottes wunderbaren Geheimnissen zu reden. Dann wirst
du alle lieben und bewundern, die dafür bestraft wurden, daß sie
sich zu Gott bekannt haben. Dann wirst du allen Trug und alle
Täuschung der Welt verdammen. Denn dann wirst du das wirkli-
che Leben im Himmel erkennen. Dann wirst du den Tod, der hier
eine Scheingeltung besitzt, verachten, den wahren Tod aber fürch-
ten, der denen vorbehalten ist, die zum ewigen Feuer verurteilt
werden. Dieses Feuer wird eine endgültige Strafe sein für die, die
ihm verfallen sind. / Wer eine Ahnung davon hat, was das ewige 8
Feuer ist, wird dann die bewundern, die das andere, das zeitliche
Feuer[24] hier in der Welt um der Gerechtigkeit willen ertragen ha-
ben, und er wird sie selig preisen.

Kapitel 11 Ich meine, daß ich nichts Abwegiges oder Unvernünf- 1
tiges sage. Als Schüler der Apostel will ich Lehrer der Völker sein.
Mit dem, was mir überliefert worden ist, möchte ich denen zu
Diensten sein, die gerne die Wahrheit hören. / Denn wohl jeder, der 2
ordentlich unterrichtet worden ist und das Wort Gottes liebgewon-
nen hat, möchte genauer erfahren, was Gott durch Jesus, sein
Wort, den Jüngern geoffenbart hat, als er, Gottes Wort, bei den
Jüngern auftrat und offen zu ihnen sprach. Diejenigen, denen der
Glaube fremd war, haben ihn nicht verstanden. Doch den Jüngern
hat er alles erklärt. Er hat ihren Glauben anerkannt, und daher
durften sie die Geheimnisse des Vaters erfahren.[25]
Gott hat Jesus, sein Wort, gesandt, damit er ihn der Welt offenba- 3
ren sollte. Das jüdische Volk hat ihn mißachtet, die Apostel haben
ihn verkündet, die Völker haben an ihn geglaubt.[26]
Er war von Anbeginn, ist aber neu erschienen. Menschen erkann- 4
ten, daß er seit jeher war. Und doch wird er immer wieder neu in
den Herzen der Heiligen geboren. / Er ist der, der immer ist, und 5
jeweils jetzt glaubt man an ihn als Gottes Sohn. Durch ihn wird die
Kirche reich beschenkt.
Und die Gnade breitet sich aus und gewinnt Macht unter den Hei-
ligen. Sie schenkt Verstehen, offenbart Geheimnisse, verkündet die
Zeit, in der die Verheißungen erfüllt werden, sie freut sich über die

[24] Das zeitliche Feuer sind die Leiden des Gerechten hier in der Welt, vgl. dazu 1 Petr 1,7.

[25] Die drei letzten Sätze sind wie ein Kommentar zu Mk 4,11-13.

[26] Die Verse 3-5 sind ein Kommentar zu 1 Tim 3,16.

Glaubenden und schenkt sich denen, die sie suchen, wenn sie den Glauben und das, was seit den Vätern bei uns gilt, nicht verletzen.
6 / Dann kann man Lieder singen über die Ehrfurcht vor dem Gesetz, kann kennenlernen, was die Propheten uns geben können, fängt an, den Evangelien zu vertrauen und die Überlieferungen der Apostel zu bewahren.[27] Dann führt die Gnade, die der Kirche gegeben ist, einen Freudentanz auf.[28]
7 Bereite der Gnade keinen Kummer, dann wirst du die Botschaft des Logos verstehen, die er durch die ausrichten läßt, die er will und
8 wann er will. / Die Liebe zur Botschaft verbindet euch mit uns. Unter Mühen verkünden wir die Botschaft, aber Jesus, Gottes Wort, will es so, er hat uns dazu aufgerufen.

1 *Kapitel 12* Wenn ihr diese Worte eifrig lest und zur Kenntnis nehmt, werdet ihr merken, wieviel Gott denen schenkt, die ihn wirklich lieben. Wenn ihr in euren Herzen blühende, fruchtbringende Bäume wachsen laßt und euch mit den reichen Früchten schmückt,
2 werdet ihr selbst wie ein schöner Paradiesgarten sein. / Denn in einem solchen Garten im Paradies stehen der Baum der Erkenntnis[29] und der Baum des Lebens.[30] Der Baum der Erkenntnis bringt nicht selbst den Tod, sondern der Ungehorsam. [Und Leben vom Baum des Lebens gibt es nur für den, der Gottes Gebote gehorsam be-
3 wahrt.] / Denn die Aussage der Schrift ist ganz klar: Am Anfang hat Gott mitten im Paradies einen Baum der Erkenntnis und einen Baum des Lebens gepflanzt. Dadurch wollte er zeigen, daß es Leben durch Erkenntnis gibt. Als sich die ersten Menschen der Erkenntnis bedienten und dabei schuldig wurden, verloren sie durch die Täu-
4 schung der Schlange das Leben[31]. / Denn weder gibt es Leben ohne Erkenntnis noch sichere Erkenntnis ohne wahres Leben. Deshalb
5 wurden beide Bäume nebeneinander gepflanzt. / Diese Bedeutung der biblischen Angaben kannte der Apostel Paulus, und deshalb tadelt er die Menschen, die sich der Erkenntnis bedienen, ohne das göttliche Gebot zu beachten, das zum Leben führt. Er sagt[32]: »Die

---

27 Hier bilden sich bereits Elemente eines frühen christlichen Kanons heraus!

28 Hier spiegelt sich wohl liturgisches Gut. Vgl. dazu besonders das Tanzlied (s. unten) der Acta Iohannis Kapitel 94-96. Dort findet sich auch der Ausdruck »Die Gnade tanzt« (K. 95), den der Diognetbrief hier zitiert.

29 Vgl. Gen 2,9b; 2,17.

30 Vgl. Gen 2,9a; 3,22.

31 Wörtlich: »wurden sie nackt gemacht«, d. h. (des Lebens) beraubt.

32 1 Kor 8,1.

Erkenntnis bläht auf, die Liebe baut auf.« / Wer meint, er wüßte 6
etwas, obwohl er nicht die wahre, vom Leben bezeugte Erkenntnis
besitzt, der hat gar nichts erkannt. Er wird von der Schlange ge-
täuscht, weil er das Leben nicht liebt. Doch wer mit Furcht [vor
Gott] erkennt und das Leben sucht, der pflanzt auf Hoffnung, da er
eine Frucht erwartet. / Dein Herz möge ganz Erkenntnis sein, das 7
wahre begriffene Wort aber dein Leben! / Wenn du einen Baum 8
solcher Art trägst und solche Frucht erntest, dann kannst du immer
das essen, was Gott wünscht. Die Schlange kann es nicht berühren,
die Täuschung erreicht es noch nicht einmal an der Schale, auch Eva
wird nicht verführt, sondern man muß sie als Jungfrau ansehen. / So 9
wird das Heil sichtbar, die Apostel können begreifen, daß das Pas-
sah des Herrn, die Parusie, bald kommt; die Zeiten werden gebün-
delt; was nach der Welt kommt, wird vorbereitet; das Wort Gottes,
Jesus, freut sich, die Heiligen zu lehren. Denn durch ihn wird der
Vater gelobt. Ihm gebührt die Ehre in aller Zeit. Amen.

Melito von Sardes: Passah-Homilie

Einleitung: Melito war laut Nachricht bei Eusebius (Kirchengeschichte 4,26,1) zur Zeit des Kaisers Marc Aurel, d.h. in der 2. Hälfte des 2. Jh. s n. Chr., Bischof in Sardes und wurde dort auch bestattet. Eusebius (Kirchengeschiche 5,24,5) teilt auch mit, daß Melito Quartodecimaner war, d.h., daß er Ostern nicht an einem Sonntag, sondern jeweils am 14./15. Nisan feierte. Insgesamt soll Melito 17 Schriften verfaßt haben, darunter auch zwei Bücher über das Passahfest. Ob diese mit der hier übersetzten Passah-Homilie identisch waren, ist mehr als fraglich. Ab 1855 wurden von W. Cureton syrische Fragmente aus Schriften Melitos publiziert. Die vorliegende Passahhomilie wurde erst im 20. Jh. gefunden und 1960 von M. Testuz publiziert. Die erste deutsche Übersetzung stammt von Josef Blank. Daß es seither um diese Schrift wieder still geworden ist, hängt auch mit ihrem Antijudaismus zusammen. Doch unseres Erachtens tut man Melito mit diesem Vorwurf im großen und ganzen unrecht, und zwar mit der Folge, daß man die große literarische, rhetorische und theologische Leistung dieser Schrift völlig vergißt. Diese Leistung besteht darin, daß Melito die jüdische Passahtradition umfassend typologisch mit der christlichen Ostertradition vergleicht. Kein anderer Autor hat die typologische Methode so umfassend und phantasievoll eingesetzt. Dabei sind die Abschnitte 11-30 offensichtlich ein im ganzen übernommenes Stück hellenistisch-jüdischer Auslegung der Passahtradition ohne christliche Elemente. Bei den übrigen Stücken wird man lernen müssen, sorgfältig zu differenzieren zwischen einer Schriftauslegung, wie sie auch der Hebr kennt und praktiziert, einer grundsätzlichen Gegenüberstellung von Gesetz und Gnade wie Joh 1,17, die durchaus jüdischen Kategorien entspricht (wenn Jesus eben der Messias war), zwischen prophetischem »Schriftbeweis« und eben einer geringeren Anzahl von Beschimpfungen Israels wegen des Todes Jesu. Offensichtlich war Melito nicht über die historischen Zusamenhänge, nach denen er die Römer hätte stärker belasten müssen, informiert.
In vielen Einzelheiten zeigt Melito sich unabhängig von den Berichten der vier kanonischen Evangelien, z. B. im Abschnitt 98.
Viele Passagen (z. B. 66-72) sind theologisch und rhetorisch großartig zu nennen und zeugen von tiefer Durchdringung des gesamten biblischen Stoffes auf das Leiden des Gerechten hin.
Textgrundlage: O. Perler (SC), Paris 1966

ÜBER DAS PASSAH

Aus der Schrift wurde soeben der Bericht über den Auszug der Ju- 1
den aus Ägypten vorgelesen. Die Worte des Geheimnisses, das da-
mit verkündigt worden ist, will ich nun entschlüsseln. Ihr habt ge-
hört, wie das Lamm[1] geschlachtet und das Volk gerettet wurde.
Nun begreift also, ihr Lieben: Es geht um etwas, das zugleich neu 2
und alt, ewig und zeitlich, vergänglich und unvergänglich, sterb-
lich und unsterblich ist. Das Geheimnis des Passah / war alt, denn 3
es steht im Gesetz. Es ist neu, denn es betrifft Jesus, Gottes Wort.
Es geschah in der Zeit, weil es ein Entwurf, ein Modell von etwas
Künftigem war. Es ist ewig, denn dadurch schenkt Gott seine
Gnade. Es war vergänglich in dem Augenblick, in dem der Schaf-
bock geschlachtet wurde. Es ist unvergänglich, weil Gott so Leben
gibt. Es war sterblich, weil man alle Menschen in der Erde be-
gräbt. Es ist unsterblich, weil es jetzt Auferstehung von den Toten
gibt.

Das Gesetz war alt, das Wort ist neu, 4
Das Modell war zeitlich, ewig ist die Gnade.
Der Schafbock war vergänglich, unvergänglich ist der Herr.
Wie ein Lamm wurde er geschlachtet; er ist auferstanden,
weil er Gott ist.
Wie ein Schafbock wurde er zur Schlachtbank geführt, doch
er war kein Schafbock.
Er war stumm wie ein Lamm, doch er war kein Lamm,
denn das Modell ist nicht mehr gültig, das Wahre, das bleibt,
ist jetzt da[2].
Denn an die Stelle des Lammes trat Gott, 5
und an die Stelle des Schafbocks trat ein Mensch.
In ihm wurde der Messias sichtbar,
er, der alles in sich umfaßt.

---

1 Im folgenden Text werden im Griechischen die beiden Wörter *probaton* (Schafbock) und *amnos* (Lamm) verwendet. Wenn die Wortwahl auf eine begriffliche Unterscheidung zurückzuführen ist, wurde in der Übersetzung ebenfalls begrifflich zwischen »Schafbock« und »Lamm« unterschieden. In den Fällen, in denen die Wortwahl im griechischen Text aus Gründen des Rhythmus erfolgte, wird in der Übersetzung trotzdem das begrifflich gemeinte Wort verwendet, um die Kohärenz des Textes zu wahren.

2 Wörtlich: »wurde gefunden«.

6 Denn die Schlachtung des Schafbocks,
das Fest des Passah
und die Schrift des Gesetzes
sind in Jesus Christus enthalten.
Um seinetwillen geschah alles in der Zeit des alten Gesetzes
und noch viel mehr in der Zeit des neuen Wortes.
7 Denn aus dem Gesetz wurde das Wort,
aus dem Alten kam das Neue,
beides kam aus Sion und Jerusalem.
Aus dem Gesetz wurde Gnade,
aus dem Lamm wurde der Sohn,
aus dem Schafbock wurde der Mensch,
aus dem Menschen wurde Gott.
8 Denn der als Sohn geboren
und wie ein Lamm zur Schlachtbank geführt
und wie ein Mensch begraben wurde,
ist aus den Toten auferstanden als Gott,
seinem Wesen nach Gott und Mensch.
9 Dies alles ist er:
Weil er richtet, ist er Gesetz, weil er lehrt, ist er das Wort, und weil
er rettet, ist er Gnade. Weil er hervorbringt, ist er Vater, und weil
er hervorgebracht wird, ist er Sohn; weil er leidet, ist er ein Schaf-
bock, und weil er begraben wird, ist er ein Mensch. Doch weil er
aufersteht, ist er Gott.
10 Er ist Jesus, der Christus. Sein ist die Herrlichkeit für immer. Amen.
11 Dies ist das Geheimnis des Passah. So steht es im Gesetz geschrie-
ben, und so wurde es vorhin vorgelesen.

Laßt mich nun die Worte der Schrift auslegen. Sie handeln von dem Auftrag, den Gott Mose in Ägypten erteilte. Gott wollte Pharao durch Leiden unter Druck setzen, um Israel von seinen Leiden zu befreien. Beides hat er durch Mose getan.
12 Gott sagte zu Mose: »Nimm ein fehlerloses, reines Lamm.
Schlachte es am Abend, gemeinsam mit den Kindern Israels. Eßt es
in der Nacht, aber beeilt euch. Keinen Knochen sollt ihr an ihm zer-
13 brechen. / So«, sagt Gott, »sollt ihr es halten: In einer einzigen
Nacht sollt ihr, jede Sippe und jedes Haus für sich, es ganz auf-
essen. Tragt dabei Reisekleidung, und habt die Wanderstäbe bei der
Hand. Denn so ist das Passah Gottes, den Kindern Israels zur Erin-
nerung für immer.
14 Nehmt das Blut des Lammes und bestreicht damit die Außentüren
eurer Häuser. Das Blut auf den Pfosten am Eingang soll als Zeichen

dienen, damit der Engel vorbeigeht. Denn ich will Ägypten schla-
gen. In einer einzigen Nacht sollen alle, Mensch und Tier, ihre Kin-
der verlieren.«
Da schlachtete Mose das Lamm, und in der Nach vollzog er mit 15
den Kindern Israels die Mysterienfeier[3]: Er versiegelte die Türen
der Häuser zum Schutz des Volkes und zur Abwehr des Engels. /
Als aber das Lamm geschlachtet, das Passah gegessen und die My- 16
sterienfeier vollzogen war, da wurde das Volk fröhlich, weil Israel
zum Schutz versiegelt worden war. Dann kam der Engel, um Ägyp-
ten zu schlagen, weil es in diese Mysterien nicht eingeweiht war,
keinen Anteil am Passah hatte und nicht mit Blut versiegelt war. Es
war nicht durch den Heiligen Geist geschützt, weil es feindlich und
ohne Glauben war.
So hat der Engel Ägypten geschlagen und in einer einzigen Nacht 17
seiner Kinder beraubt. Als der Engel unter den Israeliten umher-
ging, sah er, daß sie durch das Blut des Lammes versiegelt [und ge-
schützt] waren. Dann kam er zu den Ägyptern. Den halsstarrigen
Pharao machte er durch Trauer gefügig und zog ihm ein Trauerge-
wand[4] an. Nicht nur Pharao riß sich sein Obergewand vom Leibe[5],
sondern ganz Ägypten riß sich voll Trauer über seine Erstgebore-
nen das Gewand vom Leibe. / Denn ganz Ägypten versank in Pla- 18
gen und Not, in Tränen und Wehklagen. Die Ägypter wandten sich
in tiefer Trauer an Pharao, sie rissen sich nicht nur nach außen hin
vor Trauer die Kleider vom Leib, sondern die Frauen rissen sich
auch im Herzen die Brüste vom Leib und trauerten um die, die sie
gestillt hatten. / Das war ein ungewohntes Schauspiel: hier Men- 19
schen, die sich an die Brust schlugen, dort welche, die wehklagten,
in ihrer Mitte ein trauernder Pharao in Sack und Asche, eingehüllt
in tiefste Finsternis wie in ein Trauergewand, rings um ihn Ägypten
wie ein Trauerkleid. / Denn Ägypten umhüllte Pharao wie ein Man- 20
tel aus Wehklagen, dem Tyrannen auf den Leib geschneidert. Bit-
tere Trauer, tiefe Finsternis und den Verlust der Kinder hatte der
Engel der Gerechtigkeit dem starrsinnigen Pharao angezogen. Der
Engel ging gegen die Erstgeborenen vor. Schnell und unersättlich
griff der Tod nach ihnen. / Noch nie hatte man ein Siegeszeichen[6] 21
dieser Art gesehen: Wie durch einen einzigen Schlag waren alle tot

3 Wörtlich: »Er vollzog das Geheimnis« [gr. *mysterion*]. Gemeint ist jedoch ein antikes Mysterium im technischen Sinne des Wortes.

4 Wörtlich: »dunkles Gewand«.

5 Trauerritus, vgl. Mk 14,63.

6 Griech. *tropaion*, eigentlich die Markierung des Punktes, an dem der Feind die Flucht antrat, »Wendezeichen«.

hingefallen. Wer umzukehren und zu fliehen versuchte, fiel hin und wurde zum Fraß des Todes.

22 Ihr werdet staunen, wenn ich euch erzähle, welch unerhörtes Geschehen die Ägypter heimsuchte: eine lange Nacht, undurchdringliche Finsternis, der Tod zum Greifen nah und ein würgender Engel, ein Totenreich, das nach ihren Erstgeborenen dürstete. /

23 Doch was nun kommt, ist noch unerhörter und fürchterlicher: In der greifbaren Finsternis lauert der ungreifbare Tod. Die unglücklichen Ägypter konnten die Finsternis mit Händen greifen. Doch der findige Tod ergriff ihre Erstgeborenen, als es der Engel befahl.

24 Wenn einer die Finsternis berührte, wurde er zum Sterben hinausgeführt.

Wenn ein Erstgeborener mit der Hand einen finsteren Körper berührte, stieß er zutiefst erschrocken einen furchtbaren, jämmerlichen Schrei aus und rief:

»Wen hat meine Rechte da berührt?
Wer ist das nur, vor dem ich so zittern muß?
Wer umgibt mich ganz mit Finsternis?
Wenn du mein Vater bist, hilf!
Wenn du meine Mutter bist, zeige Mitleid!
Wenn du mein Bruder ist, sprich mit mir!
Wenn du mein Freund bist, steh mir bei!
Wenn du mein Feind bist, mach dich davon!
Denn ich bin ein Erstgeborener.«

25 Und bevor der Erstgeborene ausgeredet hatte, packte ihn schon das große Schweigen und sagte zu ihm: »Mein Erstgeborener bist du. Ich bin für dich bestimmt, ich bin das Schweigen des Todes.«

26 Ein anderer Erstgeborener, der bemerkt hatte, daß alle Erstgeborenen ausgerottet werden sollten, verleugnete sich selbst, um nicht bitter sterben zu müssen, und rief: »Ich bin kein Erstgeborener, ich bin als dritter geboren.« Doch er konnte den Engel nicht täuschen. Der Engel heftete sich an ihn, vornüber stürzte er schweigend hinab. Durch einen einzigen Schlag kamen alle Erstgeborenen der Ägypter um; die erste Saat, der Erstgeborene, der Ersehnte und Auserwählte, er wurde auf dem Boden hingestreckt. Das betraf nicht nur die Menschen, sondern auch die nicht mit Vernunft ausgestatteten Tiere.

27 Auf den Weiden des Landes hörte man das Gebrüll des Viehs, das den Verlust seiner Jungen beklagte. Denn Kühe, die ein Kälbchen bekommen, und Stuten, die ein Fohlen geboren hatten, und alle üb-

rigen Säugetiere jammerten bitterlich und erbarmenswürdig um ihre erstgeborenen Nachkommen.

Die Menschen seufzten und weinten über den Verlust ihrer Erst- 28
geborenen, die nun tot waren und ganz Ägypten mit dem Kadavergestank unbestatteter Leichen erfüllten.

Die Ägypter boten einen schrecklichen Anblick: Frauen mit aufge- 29
lösten Haaren, Väter mit aufgelöstem Verstand stießen schreckliche Klagerufe in ägyptischer Sprache aus: »Ach, wir Unglücklichen, kinderlos sind wir, weil uns durch einen einzigen Schlag unsere Erstgeborenen genommen wurden!« Sie schlugen sich wehklagend an ihre Brust oder klatschten mit den Händen den Rhyth-
mus des Totentanzes. / Ägypten traf das schreckliche Unglück, 30
plötzlich kinderlos geworden zu sein. Israel aber war geschützt durch die Schlachtung des Lammes. Durch das vergossene Blut wurde es mit hellem, schützendem Licht verklärt. Der Tod des Lammes war für das Volk eine schützende Mauer.

Dies ist ein unerhörtes, unsägliches Geheimnis: 31

Die Schlachtung des Lammes wurde zur Rettung für Israel.
Der Tod des Lammes wurde Leben für das Volk.
Das Blut hielt den Würgengel fern.
Sage mir, Engel, was hielt dich ab? 32
War es die Schlachtung des Lammes,
oder war es das Leben des Herrn?
War es der Tod des Lammes,
oder war es das Modell für das Geschick des Herrn?
War es das Blut des Lammes,
oder war es der Geist des Herrn?
Es ist klar: Du schrecktest zurück, 33
weil hier das Geschick des Herrn geheimnisvoll angedeutet war,
weil du sahst, daß die Schlachtung des Lammes das Leben des Herrn vollzog,
weil du, als das Lamm getötet wurde und starb,
das Geschick des Herrn im voraus sahst.
Darum schlugst du nicht Israel,
sondern machtest allein Ägypten kinderlos.

Das ist ein neues Mysterium! Ägypten wird geschlagen und ver- 34
nichtet, Israel wird bewahrt und gerettet. Hört, was dieses Mysterium bedeutet:

Alles, was gesagt wurde oder geschah, ist ein verschlüsseltes Zei- 35
chen, in dem sich Gottes Absicht ankündigt. Denn jedes Wort und jedes Ereignis ist ein Gleichnis. Die Worte sind ein Gleichnis, und die Ereignisse sind ein Modell für das Zukünftige. Damit wird das,

was geschehen soll, im voraus sichtbar gemacht und das, was ge-
sagt[7] werden wird, durch ein Gleichnis erhellt.
36 Vor jeder Ausführung steht ein Entwurf, ein Modell.
So wird das Zukünftige sichtbar, indem man sich ein Bild davon
macht.
Ein Modell des Zukünftigen wird aus Wachs oder Ton oder Holz
hergestellt, damit man sich das Zukünftige besser vorstellen kann.
Das Zukünftige wird höher und größer sein, stärker und schöner,
37 viel reicher in der Ausstattung, / aber an einem kleinen, vergängli-
chen Modell kann man sehen, wie es sein wird. Doch wenn dann
das Eigentliche kommt, auf das sich das Modell bezog, das es im
voraus abbildete, dann wird das Modell unbrauchbar und verliert
seine Gültigkeit. Dem Eigentlichen und Wahren muß dann wei-
chen, was nur sein Abbild war. Das, was einst wertvoll war, wird
wertlos, wenn das sichtbar wird, was das eigentlich Wertvolle ist.
38 Denn jedes Ding hat seine Zeit.[8]
Das Modell hat seine Zeit, und die Sache selbst hat ihre Zeit.
Man macht ein Modell, weil man daran sehen kann, wie die Sache
selbst einmal sein wird. Dann kann man die Sache selbst in dem
Modell sehen.[9] Das Modell braucht man, weil danach das Zukünf-
tige entsteht. Doch wenn man die Sache selbst hergestellt hat, dann
will man nur sie allein haben. Dann kann man nur noch sie allein
lieben. Denn in ihr allein kann man das Urbild sehen, die kon-
krete[10], wirkliche Gestalt.
39 Wie bei den vergänglichen Abbildern, so ist es auch bei den unver-
gänglichen, wie bei den irdischen, so auch bei den himmlischen.
Denn Gottes Heilstat und das, was er wirklich ist, wurden im Volk
Israel vorher abgebildet. Und die Lehren des Evangeliums wurden
vom Gesetz vorher verkündet.
40 Das Volk Israel war Modell und Entwurf.
Das Gesetz war als Gleichnis aufgeschrieben.
Das Evangelium legt das Gesetz aus und ist seine Erfüllung.
Die Kirche ist die Herberge der Wahrheit.
41 Das Modell ist wertvoll, solange die eigentliche Wirklichkeit noch
nicht da ist.

---

7 Gemeint ist die christliche Botschaft.
8 Vgl. Kohelet 3,1-8.
9 Andere Übersetzung: »Du besorgst den Stoff für das Vorbild«. Gegen diese Übersetzung spricht, daß das Wort für »Stoff« sonst für das »eigentliche Ding« gebraucht wird.
10 Wörtlich: »den Stoff«.

Über das Gleichnis kann man staunen, doch dann kommt die Auslegung.
Das bedeutet: Das Volk Israel war wertvoll, bevor die Kirche entstand.
Und das Gesetz war großartig, bevor das Licht des Evangeliums aufstrahlte.
Doch seitdem die Kirche entstanden ist, seitdem das Evangelium 42
voransteht, ist das Modell bedeutungslos geworden. Es hat seine Bedeutung an die eigentliche Wirklichkeit abgegeben. Das Gesetz ist erfüllt worden und hat seine Bedeutung an das Evangelium abgegeben – genauso wie das Modell dadurch bedeutungslos wird, daß es durch die eigentliche Wirklichkeit ersetzt wird. Das Gleichnis ist bedeutungslos geworden, als es durch die Auslegung, die das wahre
Licht ist, abgelöst wurde. / So wurde auch das Gesetz erfüllt, als das 43
Licht des Evangeliums aufleuchtete. Und das Volk Israel verlor seine Bedeutung, als die Kirche entstand. Das Modell verlor seine Bedeutung, als der Herr erschien. Und heute wurde wertlos, was einst wertvoll war, weil das erschienen ist, was eigentlich wertvoll ist.
Denn einst war die Schlachtung des Lammes wertvoll, 44
doch jetzt ist sie wertlos, weil der Herr gelebt hat.
Einst war der Tod des Lammes wertvoll,
doch jetzt ist er wertlos, weil der Herr uns gerettet hat.
Einst war das Blut des Lammes wertvoll,
doch jetzt ist es wertlos, weil der Herr uns den Geist gesandt hat.
Einst war das stumme Schaf wertvoll,
doch jetzt ist es wertlos, weil der schuldlose Sohn gekommen ist.
Einst war der irdische Tempel wertvoll,
doch jetzt ist er wertlos, weil Christus vom Himmel gekommen ist.
Einst war das irdische Jerusalem wertvoll, 45
doch jetzt ist es wertlos, weil wir das himmlische Jerusalem haben.
Einst war das auf Israel begrenzte Erbe wertvoll,
doch jetzt ist es wertlos, weil die Gnade grenzenlos ist.
Denn Gottes Herrlichkeit wurde nicht nur an einem einzigen Ort oder auf einem kleinem Raum eingesetzt, sondern Gott hat seine Gnade über alle Grenzen der Erde hinweg ausgegossen, und dort hat Gott, der Allherrscher, durch Jesus Christus gewohnt, dem die Herrlichkeit für immer gehört. Amen.
Ihr habt nun gehört, was es mit dem Modell und dem eigentlichen 46
Ding auf sich hat. Hört nun auch, wie das Geheimnis selbst zustande kam. Was ist das Passah? Es hat seinen Namen vom Ereignis her. Denn »Passah« kommt von »Passion«, vom Leiden. Laßt euch nun sagen, wer der Leidende und wer derjenige ist, der mit dem

47 Leidenden mitleidet. / Laßt euch auch sagen, warum der Herr auf
die Erde gekommen ist, um zuerst den Leib des leidenden Men-
schen anzuziehen und ihn dann in die Himmelshöhe hinaufzuzie-
hen[11]. Am Anfang machte Gott Himmel und Erde und alles, was
darin ist. Dann formte er durch das Wort aus Erde den Menschen
und gab dieser Spezies[12] auch Anteil an seinem Atem. Er setzte den
Menschen in das Paradies gen Osten, nach Eden[13], damit er es sich
dort wohl ergehen ließe, und gebot ihm: »Von jedem Baum im Pa-
radies dürft ihr essen, nur von dem Baum der Erkenntnis von Gut
und Böse nicht. An dem Tag, an dem ihr davon eßt, müßt ihr ster-
ben.«[14]

48 Der Mensch aber war so geschaffen, daß er Gutes und Böses auf-
nehmen konnte, so wie eine Ackerfurche zweierlei Samen aufneh-
men kann. Er nahm daher den Rat des gierigen Feindes auf, griff
nach [der Frucht an] dem Baum, übertrat das Gebot und wurde
Gott ungehorsam. Daraufhin wurde er in diese Welt hinausgewor-
fen wie ein Verurteilter ins Gefängnis.

49 Als der Mensch, nachdem er von der Frucht des Baumes gegessen
und sich auf der Erde ausgebreitet hatte, sehr zahlreich und sehr alt
geworden war, hinterließ er seinen Kindern als Erbe nicht Heilig-
keit, sondern Sexgier, nicht Unsterblichkeit, sondern Sterblichkeit,
nicht Ehre, sondern Schande, nicht Freiheit, sondern Sklaverei,
nicht Königtum, sondern Tyrannis, nicht Leben, sondern Tod,
50 nicht Heil, sondern Verderben. / Unerhört und schrecklich war das
Unheil, das die Menschen auf der Erde erleiden mußten. Und das
kam so: Die tyrannische Sünde riß sie an sich und warf sie in die
Wogen der maßlosen Triebe, wo unersättliche Begierden, Ehebruch
und Sexgier, Ausschweifung und Haltlosigkeit, Geldgier und
Mord, Blutvergießen und böse, ungesetzliche Tyrannei sie mitris-
51 sen. / Der Vater zog gegen den Sohn den Dolch, und der Sohn legte
Hand an den Vater. Der ruchlose Sohn prügelte seine Mutter, ein
Bruder tötete den anderen, ein Fremdling tat dem anderen unrecht,
ein Freund ermordete den anderen, ein Mensch schnitt dem ande-
ren die Gurgel durch mit tyrannischer Hand.

52 Seither wurden alle Menschenmörder und Brudermörder, Vater-
mörder und Kindesmörder auf der Erde geboren. Es kam sogar
zum Schrecklichsten und Äußersten: Eine Mutter legte Hand an

---

[11] Wörtlich: »hinaufreißen«, »entrücken«.
[12] Griech. *eidos* im naturwissenschaftlichen Sinne verstanden.
[13] Vgl. Gen 2,8.
[14] Vgl. Gen 2,16.

die, die sie selbst geboren hatte, sie tat denen Gewalt an, die sie an ihren Brüsten genährt hatte, die Frucht ihres Leibes begrub sie in ihrem Leib, so daß die unselige Mutter selbst ein schreckliches Grab wurde. Das Kind, das sie gebären sollte, verschlang sie selbst.
/ Ich will nicht weitersprechen! Noch viel mehr Schreckliches, un- 53
zählige andere Beweise der Haltlosigkeit zeigten sich unter den Menschen.

Ein Vater mißbrauchte seine Tochter,
ein Sohn trieb Unzucht mit seiner Mutter,
ein Bruder mit dem anderen,
Männer mit Männern,
ein jeder trieb es mit der Frau seines Nächsten.
Über all das freute sich die Sünde. 54
Bereitwillig besorgte sie dem Tod Quartier bei den Menschen. Die toten Leiber der Menschen legte sie ihm zum Fraß vor.
Bei jedem Menschen hinterließ sie ihre Spur, und dort, wo sie es tat, mußten die Menschen sterben.
Alle Menschen verfielen in ihrer Schwäche der Sünde, und seitdem 55
ist jeder Leib dem Tod unterworfen. Jeder Mensch wurde vertrieben aus dem Haus seines Leibes, und was aus Erde genommen war, löste sich wieder in Erde auf.
Und was Gott geschenkt hatte, wurde im Totenreich eingeschlossen,
was so schön zueinander gefügt war, wurde getrennt,
der schöne Leib zerstückelt.
Denn der Mensch wurde zerteilt durch den Tod. 56
Unerhörtes Unglück und Ketten hielten ihn in Haft.
Als Kriegsgefangener wurde er festgehalten unter dem Schatten des Todes, und so war er, das Ebenbild Gottes, des Vaters, in Todeseinsamkeit.
Aus diesem Grunde wurde das Geheimnis
des Passah am Leib des Herrn vollzogen.
Von langer Hand hatte der Herr sein Leiden in die Geschichte ein- 57
geordnet,
den Erzvätern, den Propheten, dem ganzen Volk
hatte er es durch das Gesetz und die Worte der Propheten eingeprägt.
Das was neu und großartig geschehen sollte,
wurde lange zuvor in den Gang der Geschichte eingepaßt,
damit es, wenn es dann geschähe, Glauben fände,
da es doch seit langer Zeit Gestalt gewonnen hatte.
So ist das Erlösungsgeheimnis des Herrn, das von langer Hand 58
gestaltet wurde, erst jetzt sichtbar geworden.

Es findet Glauben, da es jetzt vollendet ist,
obwohl die Menschen es für neu halten.
Denn das Erlösungsgeheimnis des Herrn ist alt und neu. Alt ist es, weil ein Modell schon da war, neu ist es, weil erst jetzt die Gnade geschenkt wird.
Doch wenn man auf das Modell blickt, kann man sehen, daß nun das Eigentliche in Erfüllung gegangen ist.

59 Wenn du also das Erlösungsgeheimnis des Herrn im Modell sehen
willst, dann blicke auf Abel, der wie er ermordet wurde, auf Isaak,
der wie er gefesselt wurde, auf Josef, der wie er verkauft wurde, auf
Mose, der wie er ausgesetzt wurde, auf David, der wie er verfolgt
wurde, auf die Propheten, die wie er gelitten haben, und zwar we-
60 gen Christus. / Blicke aber auch auf das Lamm, das in Ägypten ge-
schlachtet wurde, das die Ägypter schlug und durch sein Blut Israel
rettete.
61 Durch die Stimme der Propheten wurde das Erlösungsgeheimnis
des Herrn vorher verkündet. Denn Mose sagte zum Volk: »Bei Tag
und Nacht werdet ihr euer Leben vor euren Augen hängen sehen,
62 und ihr werdet doch an euer Leben nicht glauben.«[15] / Und David
sagt: »Wann sind die Heidenvölker wutentbrannt und trachten die
Nationen nach Leerem? Die Könige der Erde haben sich aufge-
stellt, und die Fürsten haben sich zusammengerottet gegen den
63 Herrn und gegen seinen Messias.«[16] / Und Jeremias sagt: »Ich
werde wie ein unschuldiges Lamm zur Schlachtbank geführt. Sie
führen Böses gegen mich im Schilde und sagen: ›Wir wollen Holz-
stücke in sein Brot tun und ihn aus dem Land der Lebendigen her-
64 ausdrängen, damit sich keiner an ihn erinnert‹.«[17] / Und Jesaja sagt:
»Wie ein Schaf wurde er zur Schlachtbank geführt, und wie ein
Lamm vor dem, der es schert, stumm bleibt, so hat er seinen Mund
nicht aufgetan. Seine Nachkommenschaft wird niemand zählen
65 können.«[18] / Viele Propheten haben noch vieles andere über das Er-
lösungsgeheimnis des Passah verkündet, welches Christus ist. Ihm
gebührt die Herrlichkeit für immer, amen.
66 Um des leidenden Menschen willen kam er vom Himmel auf die
Erde. Durch den Schoß der Jungfrau hat er den leidenden Men-
schen angezogen. Als Mensch ist er erschienen und hat die Leiden
des Leidenden durch seinen leidensfähigen Leib aufgenommen. So

[15] Dtn 28,66.
[16] Ps 2,1f.
[17] Jer 11,19.
[18] Jes 53,7f.

überwand er die körperlichen Leiden. Durch den Heiligen Geist, der nicht sterben kann, hat er den menschentötenden Tod getötet.
Denn er wurde wie ein Lamm abgeführt 67
und wie ein Schaf geschlachtet.
Er erlöste uns aus der Dienstbarkeit gegenüber der Welt
wie aus dem Land Ägypten.
Er befreite uns aus der Sklaverei des Teufels
wie aus der Macht Pharaos.
Er versiegelte uns mit seinem eigenen Heiligen Geist
und die Glieder unseres Leibes mit seinem eigenen Blut.
Er hat die Schmach des Todes wie ein Kleid angezogen. 68
Er hat den Teufel in Trauer versetzt wie Mose Ägypten.
Er hat uns aus der Sklaverei zur Freiheit erlöst,
aus der Finsternis zum Licht, aus dem Tod zum Leben,
aus der Tyrannei zum ewigen Königreich.
Er hat uns zur neuen Priesterschaft gemacht
und zum Volk, das für immer sein eigen ist.
Er ist das Passah, das uns erlöst hat. 69
Er hat viel und oftmals gelitten.
Er wurde in Abel ermordet und in Isaak gefesselt,
er war in Jakob Fremdling,
er wurde in Joseph verkauft und in Mose ausgesetzt.
Er wurde in den Propheten entehrt.
In der Jungfrau wurde er Mensch, 70
er wurde am Kreuz aufgehängt
und in der Erde begraben,
er wurde aus Toten auferweckt
und in die Himmelshöhen aufgenommen.
Er ist das Schaf, das den Mund nicht auftut. 71
Er ist das Lamm, das geschlachtet wurde.
Er wurde aus Maria, dem schönen Mutterschaf, geboren.
Er wurde aus der Herde herausgegriffen und zur Schlachtbank geschleppt.
Am Abend wurde er geschlachtet und in der Nacht begraben.
Am Kreuz wurden seine Gebeine nicht zerschlagen,
und in der Erde verweste er nicht.
Er ist aus Toten erstanden und hat den Menschen aus dem Erdengrab auferstehen lassen.
Er wurde getötet. Wo geschah das? Mitten in Jerusalem. Warum 72
geschah es? Weil er ihre Lahmen geheilt und ihre Aussätzigen rein gemacht hat, weil er ihren Blinden das Licht wiedergegeben und ihre Toten auferweckt hat. Deswegen hat er gelitten.

In Gesetz und Propheten steht irgendwo geschrieben:
»Sie haben mir Böses angetan statt Gutes,
sie haben mich kinderlos gemacht und Böses gegen mich ausgedacht, sie haben gesagt: Wir wollen den Gerechten fesseln,
denn er steht uns im Wege.«[19]

73 Was für ein unerhörtes Unrecht hast du getan, Israel!
Du hast den entehrt, der dich geehrt hat,
du hast dem das Ansehen genommen, der dir Ansehen gegeben hat.
Du hast den verleugnet, der sich zu dir bekannt hat.
Du hast den zurückgewiesen, der dir die Botschaft gebracht hat.
Du hast den getötet, der dich lebendig gemacht hat.
Was hast du getan, Israel!

74 Steht etwa nicht in der Schrift: »Du sollst kein unschuldiges Blut vergießen, damit du nicht böse umkommst«?[20] Israel sagt: »Ich habe den Herrn getötet.« – »Warum hast du das getan?« – »Er mußte ja doch sterben!« Du bist im Irrtum, Israel, wenn du dir den Mord an Jesus so rechtfertigen willst.

75 Denn er mußte zwar leiden, doch nicht gerade durch dich.
Er mußte zwar mißhandelt werden, doch nicht gerade durch dich.
Er mußte verurteilt werden, doch nicht gerade durch dich.
Er mußte zwar aufgehängt werden, doch nicht gerade durch deine Hände.

76 So hättest du, Israel, Gott anrufen müssen: »O Herr, wenn es schon nötig ist, daß dein Sohn leiden muß, und wenn dies dein Wille ist, dann soll er leiden, doch nicht durch mich, sondern durch andere Völker. Dann sollen ihn Unbeschnittene verurteilen, doch nicht ich; dann sollen ihn die Hände eines Tyrannen annageln, doch nicht meine.«

77 Doch du, Israel, hast so nicht zu Gott gebetet. Du hast dich vor deinem Herrn nicht freigehalten von Schuld. Du hast auf Gottes Werke nicht mit Ehrfurcht geantwortet. Du hast nicht mit Ehrfurcht geantwortet,
als der Herr die abgestorbene Hand am Körper des Kranken wiederherstellte[21],
als er die kranken Augen mit seinen Händen öffnete,
als er die gelähmten Körper mit seiner Stimme wiederaufrichtete,
als er das unerhörte Wunder wirkte, einen Toten aus dem Grab aufzuerwecken, in dem er schon vier Tage lag.[22]

---

19 Ps 34,12; Jes 3,10.
20 Vgl. 1 Sam 19,5.
21 Vgl. Mt 12,9-13.
22 Vgl. Joh 11,39-44.

Du hast all das übersehen wollen und abends zur Schlachtung des
Herrn spitze Nägel besorgt und falsche Zeugen, / Fesseln und Gei- 79
ßeln, Essig und Galle, Schwert und Drangsal wie gegen einen
Raubmörder. Denn du hast Geißelhiebe für seinen Leib und Dornen für sein Haupt geliefert, du hast zugelassen, daß sie seine edlen Hände fesselten, die dich aus Erde geformt haben, und du hast seinen edlen Mund, der dich mit Lebensodem gefüllt hat, mit Galle gefüllt.

Und du hast den Herrn getötet am großen Fest.
Du warst in Festfreude, doch ihn hungerte. 80
Du hast Wein getrunken und Brot gegessen,
doch er nahm Essig und Galle zu sich.
Dein Antlitz strahlte vor Festfreude, doch er wurde von Leid überschattet.
Du hast gejubelt, doch er wurde verfolgt.
Du hast mit Festgesängen gefeiert,
doch er wurde verurteilt.
Du gabst Befehle, er wurde gekreuzigt.
Du hast getanzt, er wurde begraben.
Du lagst auf weichem Polster hingestreckt,
er lag im Grab im Leichenhemd.
O Israel, du verletzt das Gesetz! 81
Du hast unerhörtes Unrecht begangen,
denn du hast dem Herrn unerhörte Leiden zugefügt,
deinem Herrn, der dich geschaffen, geformt und geehrt
und dir den Namen »Israel« gegeben hat, das heißt: »der Gott sieht«.
Du aber hast dich nicht als »Israel« erwiesen, 82
denn du hast Gott nicht gesehen.
Du hast den Herrn nicht erkannt, du, Israel, hast nicht gewußt,
daß dieser der erstgeborene Sohn Gottes ist,
der vor der Morgenröte geboren ist und
selbst das Licht geschaffen hat;
der den Tag leuchten ließ und die Finsternis vom Licht schied;
der die erste Schranke gesetzt hat, die Erde fest aufgehängt
und die Tiefe getrocknet;
der das Firmament ausgespannt und die Welt geschmückt hat;
der die Sterne am Himmel geordnet und 83
die Himmelsleuchten zum Leuchten gebracht hat;
der die Engel im Himmel schuf und die himmlischen Throne erbaute;
der den Menschen auf der Erde gemacht hat;

der dich, Israel, erwählt und dich geführt hat in der Zeit von Adam bis Noah
und von Noah bis Abraham
und von Abraham bis zu Isaak, Jakob und den zwölf Patriarchen;
84 der dich nach Ägypten hinabgeführt und dich behütet hat;
der dich dort ernährte und durch das Licht der Feuersäule geführt hat;
der dich in der Wolke beschirmte, das Rote Meer teilte, dich hindurchführte
und deinen Feind vertrieb;
85 der dir Manna vom Himmel und Wasser aus dem Felsen zu trinken gab;
der dir das Land [der Verheißung] als Besitz vermachte;
der Propheten zu dir sandte und deine Könige eingesetzt hat;
86 der zu dir kam, um deine Leidenden zu heilen,
der deine Toten auferweckt hat.
Gegen ihn hast du gefrevelt, gegen ihn hast du Unrecht getan.
Ihn hast du getötet. Ihn hast du verkauft.
Vom ihm hast du Geld erpreßt, als du die Doppeldrachme der Tempelsteuer für seinen Kopf fordertest.
87 Undankbares Israel, komm, laß uns darüber streiten, wie groß deine Undankbarkeit ist!
Was ist es dir wert, daß er dich geführt hat?
Was ist es dir wert, daß er deine Väter erwählt hat?
Was ist dir der Weg nach Ägypten wert und daß du dort durch den guten Joseph ernährt wurdest?
88 Was sind dir die zehn Katastrophenschläge gegen deine Feinde wert,
was die nächtliche Feuersäule, die Wolke bei Tag und der Durchzug durch das Rote Meer?
Was ist es dir wert, daß Gott dir Manna vom Himmel gab, Wasser aus dem Felsen und Gesetze am Horeb, daß er dir das Land zum Erbe gab und alles Schöne, was dich dort erwartet?
Was ist es dir wert, daß er die Kranken geheilt hat?
Was ist dir die abgestorbene Hand wert, die er wieder gesund gemacht hat?
Was sind dir die Toten wert, die er auferweckt hat, nachdem sie schon vier Tage im Grab lagen?
Unschätzbar ist der Wert all dessen, was er dir geschenkt hat.
Du aber hast nichts dafür gegeben,
du hast es ihm mit Undank vergolten,
hast Gutes mit Bösem wettgemacht,

statt Freude hast du ihm Leiden geschenkt, statt Leben Tod.
Du hättest an seiner Statt sterben müssen. 91
Wenn Feinde einem Volk den König rauben, dann gibt es deswegen Krieg,
dann wird deswegen eine Stadtmauer geschleift,
eine Stadt gestürmt,
Lösegeld gezahlt,
dann werden Gesandte ausgeschickt, die über seine Freilassung verhandeln,
damit er ins Leben zurückgeschickt
oder wenigstens begraben wird.
Du aber hast dich gegen deinen König entschieden. 92
Am Passahfest hast du ihn getötet, ihn,
den die Heiden anbeten,
den die Unbeschnittenen bewundern,
den die anderen Völker verherrlichen,
wegen dem Pilatus seine Hände in Unschuld wusch –
ihn hast du getötet am Passahfest.
Das Fest der ungesäuerten Brote ließest du zum bitteren Fest werden, 93
so wie es von dir in der Schrift[23] heißt: »Eßt Ungesäuertes mit Bitterkraut.«
Bitter waren die Nägel, die du gespitzt hast.
Bitter wurde dein Mund, als du deine scharfen Zähne zeigtest.
Bitter waren die falschen Zeugen, die du aufgestellt hast.
Bitter waren die Stricke, die du zurechtgelegt, die Geißeln, die du geflochten hast.
Bitter wurde Judas, den du gedungen hast.
Bitter wurde Herodes, dem du nachgelaufen bist.
Bitter wurde Kaiphas, dem du blind gehorchtest.
Bitter war der Gallentrank, den du zubereitet, und der Essig, den du angesetzt hast.
Bitter waren die Dornenzweige, die du gepflückt hast.
Bitter wurde die Fessel, mit der du seine Hände gebunden hast.
Mitten in Jerusalem hast du den Herrn getötet.
Hört her, ihr Heidenvölker alle, und seht, was geschah: 94
ein unerhörter Mord mitten in Jerusalem, in der Stadt des Gesetzes,
in der Stadt der Hebräer, in der Stadt der Propheten, in der Stadt,
von der man glaubte, sie sei gerecht.
Wer wurde ermordet – und wer ist der Mörder?

---

[23] Ex 12,8.

Ich wage es kaum auszusprechen und muß es doch sagen.
Denn wäre der Mord nachts geschehen oder in der Wüste –
dann hätte ich schweigen können.
Doch der ungerechte Mord an dem Gerechten geschah
mitten auf der Straße, mitten in der Stadt,
am hellichten Tag, als alle zuschauten.
95 So wurde er am Kreuz erhöht[24],
darüber ein Schild, wer der Ermordete ist.
Wer ist er? Es ist schwer auszusprechen, doch noch schwerer, es zu verschweigen. Hört also mit Zittern, wer der war, dessentwegen die Erde erzitterte.
96 Der die Erde aufgehängt hat, wurde aufgehängt.
Der die Himmel angenagelt hat, wurde angenagelt.
Der die himmlische Welt[25] befestigte, wurde [am Kreuz] befestigt.
Der Herr wurde geschmäht.
Gott wurde ermordet.
Der König Israels wurde hingerichtet
durch Israels Hand.
97 Was für ein unerhörter Mord, welch unglaubliches Verbrechen!
Nackt und entstellt hat man den Herrn,
ohne ihm ein Gewand zu gönnen,
unwürdig zur Schau gestellt.
Die Gestirne wandten sich ab auf ihrer Bahn,
und der Tag verfinsterte sich, um den zu verbergen,
der nackt am Kreuz hing.
Doch nicht, um den Leib des Herrn mit Schatten zu bedecken,
sondern die Augen dieser Menschen.
98 Denn als das Volk nicht erbebte, da bebte die Erde.
Als das Volk keine Furcht zeigte, fürchteten sich die Himmel.
Als das Volk sich sein Gewand nicht vom Leibe riß, taten es die Engel.
Als das Volk keine Klagerufe ertönen ließ,
da donnerte vom Himmel her der Herr, und Gott ließ seine Stimme hören.[26]
99 Und du, Israel, hast trotz alledem vor dem Herrn nicht gezittert
und den Herrn nicht gefürchtet.

[24] Wie im JohEv ist das Wort »erhöhen« allein auf die Kreuzigung bezogen, nicht auf die Auferstehung, Himmelfahrt oder Einsetzung »zur Rechten«.

[25] Wörtlich: »das All«, in dieser Periode Ausdruck für die himmlische Welt.

[26] Ps 117,14 – Kein Element der biblischen Evangelien.

Du hast um den Herrn keine Klagerufe geäußert und um die Erstgeborenen nicht getrauert.
Als der Herr aufgehängt war, hast du
dir nicht dein Gewand vom Leib gerissen
und so auch nicht um andere Ermordete getrauert.
Du hast den Herrn verlassen und dich von ihm nicht finden lassen.
Du hast den Herrn zu Boden geworfen und wurdest selbst erniedrigt, bis du am Boden lagst.
Nun liegst du tot da.
Doch er ist aus Toten auferstanden 100
und in Himmelshöhen hinaufgegangen.

Epilog

Der Herr hat den Menschen angezogen
und hat gelitten wegen dem, der leidet.
Er wurde gefesselt wegen dem, der festgehalten wurde.
Er wurde schuldig gesprochen wegen dem, der schuldig ist.
Er wurde begraben, weil wir alle begraben werden.
Er ist aus Toten auferstanden und hat gerufen: 101
»Wer will einen Prozeß gegen mich führen? Soll er doch kommen!«[27]
Ich habe den Verurteilten befreit.
Ich habe den Toten lebendig gemacht.
Ich habe den Begrabenen auferweckt.
Wer möchte mein Gegner sein? 102
»Ich«, sagt der Christus, »habe den Tod vernichtet und über den Feind triumphiert. Ich habe das Totenreich niedergetreten.
Ich habe den Starken gebunden[28] und den Menschen
hinweggerissen in die Höhen des Himmels.
Ich, der Christus.
Kommt also, all ihr Stämme der Menschen, die ihr mit Sünden zu 103
einem Teig verknetet seid![29]
Laßt euch die Sünden vergeben.
Denn ich bin eure Vergebung.
Ich bin das rettende Passahlamm.
Ich bin das Lamm, das für euch geschlachtet wurde.

---

27 Jes 50,8.
28 Vgl. Mt 12,29, hier auf Jesu Tod bezogen.
29 Zum Bild: vgl. Mt 13,33; Lu 13,20f. – sachlich hier jedoch entgegengesetzt. Erster Beleg für die »massa perditionis« (Gesamtheit aller Verlorenen).

Ich bin euer Lösegeld, ich bin euer Leben, ich bin eure Auferstehung,
ich bin euer Licht, ich bin eure Rettung, ich bin euer König.
Ich führe euch hinauf in Himmelshöhen,
ich will euch den Vater zeigen, der schon immer war.
Mit meiner rechten Hand werde ich euch auferwecken.«

104 Er war es, der Himmel und Erde gemacht und am Anfang den Menschen geschaffen hat,
der Gesetz und Propheten vorher verkündet
und in einer Jungfrau Mensch wurde,
der am Holz des Kreuzes aufgehängt wurde und aus Toten auferstanden ist,
der hinaufgegangen ist in Himmelshöhen und rechts vom Vater sitzt,
der die Vollmacht hat, alles zu richten und zu retten,
durch den der Vater alles gemacht hat von Anfang bis in alle Zeit.

105 Er ist das A und das O, er ist Anfang und Ende[30],
der unaussprechliche Anfang und das unbegreifliche Ende.
Er ist der Christus, er ist der König, er ist Jesus [der Heiland],
er ist der Heerführer, er ist der Herr,
er ist von den Toten auferstanden, er sitzt rechts vom Vater,
er trägt den Vater und wird vom Vater getragen.
Ihm gebührt Herrlichkeit und Macht für immer. Amen.

Von Melito: Über das Passah
Friede dem, der es abschreibt, und dem, der es liest, und allen, die den Herrn lieben mit lauterem Herzen.

Fragment

Lobt den Vater, ihr Heiligen,
singt eurer Mutter Kirche ein Lied, ihr Jungfrauen!
Wir wollen singen und ihn verherrlichen, wir Heiligen.
Jubelt[31], ihr alle, die ihr festlich geschmückt zur Hochzeit kommt,
denn Christus ist da, euer Bräutigam![32]
Trinkt Wein, ihr Bräute und Bräutigame!

---

30 Vgl. Apk 22,13.
31 Wörtlich: »erhöht euch«.
32 Vgl. Mt 25,1-13.

Protevangelium des Jakobus

Einleitung: Das Protevangelium des Jakobus (auch: Kindheit Martins, Offenbarung Jakobs) verdankt seinen Namen der Tatsache, daß es sich mit den *prota* (griech.), »den ersten Dingen«, nämlich der Geburt und Kindheit Jesu befaßt. Es gehört daher zu den Kindheitsevangelien, von denen in der hier vorliegenden Sammlung auch das Kindheitsevangelium nach Thomas übersetzt ist. Man kann annehmen, daß das ProtEv Jak und das KindhEv Thomas zu den ältesten Zeugen dieser Literatur gehören. Spätere Zeugnisse sind dann das arabische Kindheitsevangelium, das Pseudo-Matthäus-Evangelium (lateinisch) und die Geschichte von Josef dem Zimmermann, später dann zahlreiche »Marienleben« usw.
Für die Kunstgeschichte sind alle diese Texte von größter Bedeutung geworden. Zum Beispiel geht die Tradition von der Höhle als Geburtsstätte Jesu auf das ProtEv Jak zurück, die Anwesenheit von Ochs und Esel auf das Pseudo-Matthäus-Evangelium und die spätere Legenda Aurea des Jacobus a Voragine.
Während das ProtEv Jak in der lateinischen Tradition nur mit einer alten Handschrift vertreten ist, wurde es um so häufiger auf griechisch, syrisch, georgisch und besonders altkirchenslavisch überliefert. Als Originalsprache gilt das Griechische.
Die Entstehung wird gegen Ende des zweiten Jh. s n. Chr. vermutet. Der Verfasser gibt vor, er sei Jakobus (Kapitel 25), der »Halbbruder« Jesu aus der ersten Ehe Josephs.
Obwohl das ProtEv Jak in der römischen Kirche nicht in den Kanon aufgenommen worden ist (schon das Decretum Gelasianum verhält sich ablehnend), war es für die Mariologie (Jungfrauenschaft Mariens auch nach der Geburt Jesu) von grundlegender Bedeutung.
Inhaltlich schildert das Evangelium genau alle Vorgänge von der wunderbaren Geburt Mariens (Eltern: Anna und Joachim) an bis zur ausdrücklichen Konstatierung und Bezeugung der Jungfräulichkeit Mariens durch die Hebamme Salome, der Flucht nach Ägypten und der Ermordung des Zacharias, des Vaters Johannes des Täufers. Das »Evangelium« betont besonders die makellose Heiligkeit Mariens.
Es ist umstritten, ob der Verfasser Judenchrist oder Heidenchrist war.

Textgrundlage: E. de Strycker (1961) (auf der Basis von Papyrus Bodmer 5).

PROTEVANGELIUM DES JAKOBUS

1 *Kapitel 1* Joachim war, so berichten es die »Geschichten der
zwölf Stämme Israels«, ein sehr reicher Mann. Er brachte Gott
doppelt so viele Opfergaben wie gefordert, weil er sich sagte: »Was
ich zusätzlich opfere, soll dem ganzen Volk zugute kommen, und
was ich darbringe, damit mir vergeben wird, soll ein Sühnopfer vor
2 dem Herrn für mich sein.« / Als der große Tag des Herrn, das Laub-
hüttenfest, näherrückte und die Israeliten ihre Opfer darbrachten,
pflanzte sich Ruben vor Joachim auf und sagte: »Es steht dir nicht
zu, daß du als erster deine Gaben darbringst, denn du hast in Israel
3 noch keine Kinder hervorgebracht.« / Joachim wurde sehr traurig,
aber dann sagte er sich: »Ich will im Verzeichnis der zwölf Stämme
des Volkes nachsehen, ob ich der einzige bin, der in Israel keine
Nachkommen erzeugt hat.« Und er forschte in dem Verzeichnis
nach und fand heraus, daß tatsächlich alle Gerechten in Israel Kin-
der gehabt hatten. Doch ihm fiel ein, daß Abraham erst in seinem
letzten Lebensabschnitt seinen Sohn Isaak von Gott geschenkt be-
4 kam. / Weil Joachim so traurig war, zog er sich, ohne seiner Frau
Bescheid zu sagen, in die Bergeinsamkeit zurück. Dort schlug er
sein Zelt auf, fastete vierzig Tage und vierzig Nächte und sagte bei
sich: »Ich werde nicht eher wieder hinuntergehen, um zu essen oder
zu trinken, als bis mir Gott, der Herr, geholfen hat. Mein Gebet soll
Speise und Trank für mich sein.«

1 *Kapitel 2* Anna, seine Frau, hatte derweil zweifach Grund zum
Klagen und Trauern. Sie sagte: »Ich trauere, weil ich Witwe bin,
2 und ich trauere, weil ich keine Kinder habe.« / Als aber dann der
große Tag des Herrn, das Laubhüttenfest, herangekommen war,
sagte Judith, ihre Sklavin, zu ihr: »Hör auf, dich in Demut zu ver-
kriechen! Heute ist doch der große Tag des Herrn, da darfst du
nicht trauern. Hier habe ich ein Kopftuch für dich, das mir meine
Aufseherin geschenkt hat. Nimm es, ich darf es doch nicht tragen,
denn ich bin nur eine Sklavin, und es ist viel zu prächtig für mich.«
3 / Doch Anna entgegnete: »Laß mich in Ruhe, das kann ich doch
nicht machen! Gott hat mich tief gedemütigt. Und wer weiß, viel-
leicht hast du das Kopftuch ja von jemandem, der es nicht rechtmä-
ßig erworben hat, und bist nur gekommen, um mich in diese Ge-
schichte hineinzuziehen.« Judith erwiderte: »Für diesen Verdacht
könnte ich dir eigentlich Böses wünschen, aber du bist ja genug ge-

straft, weil der Herr schon deinen Mutterschoß verschlossen hat,
so daß du kein Kind bekommen kannst in Israel.« / Da bedauerte 4
Anna, was sie gesagt hatte. Sie legte ihre Trauerkleider ab, wusch
sich Gesicht und Haare, zog ihr Brautkleid an und ging um die
neunte Stunde (also mittags um drei) hinunter, um sich ein wenig
im Garten zu ergehen. Da fiel ihr Blick auf einen Lorbeerbaum[1]. Sie
setzte sich darunter und betete flehentlich zum Herrn: »Herr, Gott
unserer Väter, segne mich und erhöre mein Gebet, so wie du auch
den Mutterschoß Sarahs gesegnet und ihr ihren Sohn Isaak ge-
schenkt hast.«

Kapitel 3 Als sie zum Himmel aufblickte, sah sie in der Krone des 1
Lorbeerbaums ein Spatzennest. Da klagte sie bei sich: »Weh mir,
was bin ich wert? Wer hat mich gezeugt? Und welcher Mutterschoß
hat mich geboren?[2] Denn vor den Kindern Israel bin ich zum Fluch
geworden[3], und sie haben mich geschmäht, verspottet[4] und aus
dem Tempel des Herrn vertrieben.
Weh mir! Was für eine Frau bin ich nur? Ich bin nicht einmal wie 2
die Vögel des Himmels[5], denn die Vögel des Himmels sind frucht-
bar vor dir, Herr!
Weh mir! Was für eine Frau bin ich nur? Ich bin nicht einmal wie
die Tiere des Feldes, denn die Tiere des Feldes sind fruchtbar vor
dir, Herr!
Weh mir! Was für eine Frau bin ich nur? Ich bin nicht einmal wie
dieses Wasser, denn die Wasser sind fruchtbar vor dir, Herr![6]
Weh mir! Was für eine Frau bin ich nur? Ich bin nicht einmal wie
dieses Land, denn das Land ist fruchtbar vor dir, Herr![7]

Kapitel 4 Da stand auf einmal ein Engel des Herrn vor ihr und 1
sagte: »Anna, Anna, der Herr hat dein Gebet erhört! Du wirst
schwanger werden und ein Kind gebären, und von diesem Kind
wird die ganze Welt sprechen.« Anna erwiderte: »So wahr der

---

1 Der Lorbeerbaum spielt im Mittelmeerraum um diese Zeit in Reinigungsriten, Zauberei und Wahrsagung eine große Rolle.

2 Die Frage nach den Eltern bezieht sich immer auf den Wert des Kindes.

3 Gal 3,13.

4 »Schmähen« und »verspotten« nur in einzelnen Handschriften.

5 Einzelne Handschriften fügen hinzu: »vernunftlose Wesen«.

6 Einzelne Handschriften fügen hinzu: »Sie sprudeln freudig dahin, und ihre Fische preisen dich.«

7 Einzelne Handschriften fügen hinzu: »Diese Erde bringt ihre Frucht zu jeglicher Zeit und preist dich, Herr.«

Herr, mein Gott, lebt: Wenn ich ein Kind bekomme, sei es ein Junge
oder ein Mädchen, dann werde ich es Gott, meinem Herrn, als Ge-
schenk darbringen, und das Kind soll alle Tage seines Lebens Gott
2 dienen.« / Da kamen zwei Engel und sagten zu Anna: »Gleich
kommt Joachim, dein Mann, mit seinen Hirten und Tieren.« Denn
kurz vorher war ein Engel des Herrn zu Joachim herabgekommen
und hatte zu ihm gesagt: »Joachim, Joachim, der Herr hat dein Ge-
bet erhört, steig vom Berg hinunter. Denn deine Frau Anna soll ein
3 Kind empfangen.« / Joachim stieg hinunter, rief seine Hirten zu
sich und sagte zu ihnen: »Bringt mir zehn schneeweiße, reine Läm-
mer herbei. Sie sollen dem Herrn, meinem Gott, gehören. Und
bringt mir zwölf zarte Kälber für die Priester und Ältesten und hun-
4 dert Ziegenböcke, die sollen für das Volk sein.« / Dann ging er mit
seinen Hirten und den Tieren nach Hause. Anna stand an der Tür,
und als sie ihn kommen sah, lief sie ihm entgegen, fiel ihm um den
Hals und sagte: »Jetzt weiß ich, daß Gott der Herr mich reich ge-
segnet hat. Denn ich bin keine Witwe mehr und werde in meinem
Leib empfangen.« Den ganzen ersten Tag verbrachte Joachim zu
Hause, um auszuruhen.

1 *Kapitel 5* Als er am folgenden Tag zum Tempel ging, um seine
Opfergaben darzubringen, dachte er bei sich: »Wenn Gott, der
Herr, mir gnädig ist, wird es an der Stirnbinde des Priesters zu er-
2 kennen sein.« / Und während er seine Gaben darbrachte, achtete er
genau darauf, ob sich an der Stirnbinde des Priesters, als er zum Al-
tar hinaufstieg, ein Zeichen zeigte. Aber er sah keine Sünde daran.[8]
Da sagte sich Joachim: »Jetzt weiß ich, daß der Herr mir gnädig ist
und mir meine Sünden vergeben hat.« Und eins mit sich und seinem
Glauben[9] stieg er hinab vom Tempel und ging in sein Haus.
3 Allmählich erfüllten sich für Anna die Monate[10], und im neunten
Monat gebar sie ein Kind. Sie fragte die Hebamme: »Was ist es
denn?« Die Hebamme antwortete: »Es ist ein Mädchen.« Da nahm
Anna das Kind auf den Arm und rief: »Heute ist der glücklichste
Tag[11] meines Lebens!« Und sie legte die Kleine an die Brust, stillte
sie und gab ihr den Namen Maria. Nach der achtzig Tage dauern-

---

8 Die Sünde hätte wohl durch Verfärbung sichtbar werden sollen. Möglicherweise ist aber auch an das Schulterkleid des Priesters (Ephod) gedacht, das Orakelfunktion hatte.

9 Wörtl.: »gerechtfertigt«. Vgl. Lk 18,14.

10 Andere Handschrift: »sechs Monate, wie der Engel gesagt hatte«.

11 Wörtl.: »erhöht wurde meine Seele«.

den Schonfrist beendete Anna mit den üblichen Zeremonien die Zeit des Wochenbetts.

Kapitel 6 Maria wurde von Tag zu Tag kräftiger. Als sie sechs 1
Monate alt war, stellte ihre Mutter sie probeweise auf den Boden, um zu sehen, ob sie schon stehen konnte. Die kleine Maria machte sieben Schritte und landete genau wieder in den Armen ihrer Mutter. Da hob Anna das Kind in die Höhe und rief: »So wahr der Herr, mein Gott, lebt: Du sollst keine Schritte mehr auf dieser Erde gehen, bevor ich dich nicht in den Tempel Gottes gebracht habe!« Und sie richtete ihr Schlafgemach als Tempel ein, in den nichts Geheimes oder Unreines hineindringen durfte. Sie ließ reine jüdische
Mädchen kommen, die mit Maria spielen[12] sollten. / Als Maria ein 2
Jahr alt war, gab Joachim ein großes Festessen, zu dem er die Hohenpriester und Priester, die Schriftgelehrten und Ältesten und das ganze Volk Israel einlud. Er brachte das Kind zu den Priestern, und diese segneten es mit den Worten: »Du Gott unserer Väter, segne dieses Kind, und mach, daß alle Generationen für immer seinen Namen nennen!«, und das ganze Volk antwortete: »So soll es sein, so soll es sein, amen.« Dann brachte Joachim das Kind vor die Hohenpriester, und sie segneten es mit den Worten: »Gott der Himmelshöhen, blicke auf dieses Kind herab und segne es mit dem
größtmöglichen Segen.« / Danach nahm Anna die Kleine mit hin- 3
auf in das zum Heiligtum umgewandelte Schlafgemach, gab ihr die Brust und stimmte ein Dankeslied an: »Ein Lied will ich singen dem Herrn, meinem Gott, denn er hat mir Gutes getan und besiegt meiner Feinde Spott. Welch einzigartigen, überreichen Beweis seiner Gnade gab mir der Herr! Den Kindern Rubens meldet: Anna stillt! Hört ihr zwölf Stämme Israels: Anna stillt!« Dann legte sie Maria in ihrem zum Heiligtum umgewandelten Schlafgemach zu Bett und ging hinaus, um die Gäste zu bedienen. Als das Mahl zu Ende war, kehrten die Gäste fröhlich und voll Lob für den Gott Israels nach Hause zurück.

Kapitel 7 Die Monate vergingen, und das Kind wurde größer. Als 1
Maria zwei Jahre alt war, sagte Joachim zu Anna: »Wir wollen sie in den Tempel des Herrn hinaufbringen und das Versprechen erfüllen, das wir dem Herrn gegeben haben, damit er sich nicht von uns

[12] Es ist unklar, welches griechische Verb hier gemeint ist, entweder »ablenken« oder »dienen« oder »waschen«.

abwendet[13] und dann unsere Gabe nicht mehr willkommen ist.« Anna entgegnete: »Laß uns warten, bis sie drei ist, dann wird sie nicht mehr so sehr nach Vater und Mutter verlangen.« Joachim
2 stimmte zu. / Als Maria drei Jahre alt wurde, sagte Joachim: »Ruft die jüdischen Mädchen herein, die noch rein sind. Jede von ihnen soll eine brennende Fackel tragen, damit Maria unterwegs nicht wieder umkehren will und ihr Herz nicht vom Tempel weggelockt wird.« Und so machten sie sich auf den Weg hinauf zum Tempel des Herrn. Der Priester nahm Maria entgegen, schloß sie in die Arme und segnete sie mit den Worten: »Der Herr hat deinen Namen groß gemacht für alle Generationen. An dir wird Gott am Ende der Zeiten seine Erlösung der Kinder Israels sichtbar werden
3 lassen.« / Dann setzte der Priester Maria auf die dritte Stufe des Altars, und der Herr legte seine Gnade auf das anmutige Kind, sie tanzte[14] mit ihren Füßchen, und das ganze Volk Israel gewann sie lieb.

1 *Kapitel 8* Als Marias Eltern vom Tempel wieder hinunter nach Hause zogen, wunderten sie sich und lobten Gott dafür, daß das Kind so willig zurückblieb. Maria wurde im Tempel des Herrn wie ein Täubchen gehalten und bekam ihre Speise von der Hand eines
2 Engels. / Als sie zwölf Jahre alt wurde, gingen die Priester miteinander zu Rate: »Maria ist jetzt im Tempel des Herrn zwölf Jahre alt geworden. Was sollen wir nun tun, damit das Heiligtum des Herrn nicht befleckt wird?« Und sie sagten zu dem Hohenpriester: »Du stehst doch am[15] Altar Gottes. Geh ins Allerheiligste hinein und frage Gott ihretwegen im Gebet um Rat. Was uns der Herr offenbart, das wollen wir tun.« Der Hohepriester ging ins Allerheiligste, legte das hohepriesterliche Schultergewand, das Ephod[16], mit den zwölf Glöckchen an und fragte Gott im Gebet um Rat wegen Maria. Da stand plötzlich ein Engel des Herrn vor ihm und sagte:

---

13 So nach der syrischen Version. Griech.: »Damit uns der Herr nicht eine Botschaft sendet«.

14 Der Text bezeugt, daß die spätere liturgische Gleichsetzung von »Weisheit« und Maria schon früh bekannt war: Im Jerusalemer Tempel pflegten keine kleinen Mädchen zu tanzen. Doch man darf deswegen dem Verfasser des ProtEvJak nicht vorwerfen, er sei judenchristlich nicht gebildet genug. In Prov 8,30 heißt es von der Weisheit, daß sie (als Gottes Tochter) »allezeit vor ihm spielte«, was die jüdische Auslegung mit »tanzte« wiedergeben konnte (vgl. auch Mt 11,17).

15 Oder »auf dem«, Formulierung wie Apk 8,3; Amos 9,1 LXX.

16 Ex 28,31-35. Die Zwölfzahl der Glöckchen aus einer Vermischung mit Ex 28,17-21.

»Zacharias, Zacharias, geh hinaus und rufe alle Witwer des Volkes zusammen. Jeder soll einen Stab tragen, und wem Gott ein Zeichen gibt, der soll sie zur Frau bekommen.« Also gingen die Boten in das ganze umliegende judäische Land, ließen die Trompete Gottes ertönen, und alle Witwer versammelten sich.

Kapitel 9 Auch Joseph legte seine Zimmermannsaxt zur Seite und 1
ging hinaus, um sich ihnen anzuschließen. Mit Stäben in der Hand
gingen sie gemeinsam zum Hohenpriester. Der nahm ihnen die
Stäbe ab, ging in den Tempel und sprach ein Gebet darüber. Als er
sein Gebet beendet hatte, nahm er die Stäbe wieder auf, ging hinaus
und verteilte sie wieder an die Männer. Doch kein Zeichen war an
ihnen zu sehen. Josef erhielt seinen Stab als letzter. Da kam eine
Taube aus dem Stab heraus und setzte sich auf Josephs Kopf. Der
Priester sagte zu ihm: »Du hast die Jungfrau des Herrn zugeteilt be-
kommen. Behüte sie gut!«[17] / Joseph entgegnete: »Ich habe schon 2
Kinder und bin alt, und sie ist ein junges Mädchen. Die Israeliten
werden mich nur verspotten.« Aber der Priester ermahnte Joseph:
»Fürchte den Herrn, deinen Gott, und denk an das, was Gott an
Dathan, Abiram und Korah getan hat und wie die Erde sich einen
Spaltbreit auftat und sie wegen ihrer Widerrede verschlang.[18] Gib
acht, Joseph, daß dies nicht auch in deinem Haus geschieht.« / Da 3
bekam Joseph es mit der Angst zu tun und nahm Maria in seine
Obhut. Er sagte zu ihr: »Ich habe dich aus dem Tempel des Herrn
empfangen. Ich muß dich aber in meinem Haus allein lassen und
weggehen, um auf meinen Baustellen nach dem Rechten zu sehen.
Der Herr wird dich so lange behüten, bis ich wieder da bin.«

Kapitel 10 Eines Tages beschlossen die Priester nach längerer Be- 1
ratung: »Wir wollen für den Tempel des Herrn einen Vorhang an-
fertigen lassen.« Der (Hohe-)Priester sagte: »Ruft mir reine Jung-
frauen aus dem Stamm Davids herbei.« Die Diener machten sich
auf die Suche und fanden sieben Jungfrauen. Da fiel dem Priester
auch das Mädchen namens Maria ein, und er erinnerte sich, daß sie
aus dem Stamm Davids und rein für Gott war. Daher ließ er sie
ebenfalls von den Dienern holen. / Alle Jungfrauen wurden nun in 2
den Tempel des Herrn geführt. Der (Hohe-)Priester sagte: »Wir
müssen auslosen, wer von ihnen welches Garn spinnen soll: den

[17] Zu der Wortverbindung »Jungfrau ... behüten« (wörtl.: »bewahren«) vgl. 1 Kor 7,37.

[18] Numeri 16,1.31-33.

Goldfaden, den Amiant[19], das Leinen[20], die Seide, das Hyazinthblau, den echten Purpur[21] und den echten Scharlach[22].« Auf Maria fiel das Los, den echten Purpur und den Scharlach zu verspinnen. Sie nahm beides und ging in ihr Haus. In diesem Moment wurde Zacharias stumm. Für die Zeit, bis er wieder reden konnte, nahm Samuel sein Priesteramt wahr. Maria aber nahm den Scharlach [und den Purpur] mit nach Hause und spann.

1 *Kapitel 11* Eines Tages ging Maria mit einem Krug hinaus, um
Wasser zu schöpfen. Da hörte sie eine Stimme, die zu ihr sagte: »Sei
gegrüßt! Gott ist dir gnädig, der Herr ist mit dir. Auf dir liegt Got-
tes Segen mehr als auf allen anderen Frauen.«[23] Sie blickte nach
rechts und nach links, konnte aber nicht sehen, woher die Stimme
kam. Zitternd ging sie ins Haus zurück. Sie setzte den Krug nieder,
nahm ihren Purpurfaden wieder auf, setzte sich auf ihren Stuhl und
2 spann den Purpur. / Da stand plötzlich der Engel des Herrn vor ihr
und sagte: »Hab keine Angst, Maria, Gott hat dich gnädig auser-
wählt.[24] Du wirst schwanger werden durch sein Wort.« Maria aber
zweifelte und dachte bei sich: »Soll ich durch den Herrn, den leben-
digen Gott, schwanger werden und dann gebären wie jede andere
3 Frau?« / Da sagte der Engel des Herrn: »So wird es nicht sein, Ma-
ria. Denn die Kraft Gottes wird dich umhüllen.[25] Deshalb wird
dein Kind ganz heilig sein und Gottes Sohn heißen.[26] Und du sollst
ihm den Namen Jesus geben, denn er wird sein Volk von seinen
Sünden befreien.«[27] Maria sagte: »Ich bin des Herrn Sklavin und
stehe gehorsam vor ihm. So wie er es sagt, soll es mit mir gesche-
hen.«[28]

1 *Kapitel 12* Und Maria spann den Purpur- und den Scharlachfaden bis zu Ende und lieferte das Garn dem Priester ab. Der Priester segnete sie mit den Worten: »Maria, Gott, der Herr, hat deinen Namen groß gemacht, und für alle Generationen der Welt bist du

[19] Ein Material, das ein Gewebe unbrennbar macht.
[20] Zu den Gespinstfäden: Ex 35,25.
[21] Aus der Purpurschnecke gewonnener Farbstoff (blau und rot).
[22] Aus dem Weibchen der Kermes-Schildlaus auf den Blättern der Steineiche gewonnener Farbstoff.
[23] Vgl. Lk 1,28.42.
[24] Vgl. Lk 1,30f.
[25] Vgl. Lk 1,35.
[26] Vgl. Lk 1,32.
[27] Vgl. Lk 1,31; Mt 1,21.
[28] Vgl. Lk 1,38.

gesegnet.« / Das erfüllte Maria mit großer Freude. Sie ging zu ihrer 2
Verwandten Elisabeth und klopfte an die Haustür. Als Elisabeth
das hörte, legte sie den scharlachfarbenen[29] Faden, an dem sie
spann, beiseite und lief zur Tür, um zu öffnen. Als sie Maria er-
blickte, segnete sie sie mit den Worten: »Wie ist es nur möglich, daß
die Mutter meines Herrn zu mir kommt?[30] Denn das Kind, das ich
unter dem Herzen trage, hüpfte in meinem Leib vor Freude und
segnete dich.« Maria dachte nicht an die geheimnisvollen Worte,
die der Erzengel Gabriel zu ihr gesagt hatte. Sie blickte zum Him-
mel auf und sagte: »Wer bin ich denn, Herr, daß alle Menschen
mich segnen und lobpreisen?« / Und sie blieb drei Monate bei Eli- 3
sabeth. Von Tag zu Tag wurde ihr Bauch dicker. Maria fürchtete
sich und verbarg sich in ihrem Haus vor den Israeliten. Sie war
16 Jahre alt, als diese geheimnisvollen Dinge geschahen.

Kapitel 13 Als Maria im sechsten Monat schwanger war, kam Jo- 1
sef von seinen Baustellen nach Hause. Als er ins Haus kam und sah,
daß seine Frau schwanger war, raufte er sich das Haar, warf sich zu
Boden auf den Strohsack und weinte bitterlich: »Wie[31] kann ich zu
dem Herrn, meinem Gott, aufblicken? Wie soll ich Gott im Gebet
wegen dieses Mädchens um Rat fragen? Denn ich habe sie aus dem
Tempel des Herrn, meines Gottes, als Jungfrau empfangen, und ich
habe nicht auf sie aufgepaßt. Wer hat mich hintergangen? Wer hat
diesen Frevel in meinem Haus begangen und die Jungfrau geschän-
det? Wiederholt sich bei mir etwa die Geschichte Adams? Als der
sich zum Lobpreis Gottes eine Zeitlang entfernt hatte, kam die
Schlange, fand Eva allein und verführte sie.[32] So ist es auch mir er-
gangen.« / Dann erhob sich Joseph von seinem Strohsack, rief Ma- 2
ria herein und sagte zu ihr: »Gott hat dich doch so sehr umsorgt!
Warum hast du das getan? Hast du den Herrn, deinen Gott, verges-
sen? Warum hast du dich so erniedrigt? Du wurdest im Allerheilig-
sten aufgezogen und hast deine Nahrung aus der Hand eines Engels
empfangen!« / Maria weinte bitterlich und erklärte: »Ich bin rein 3
und von keinem Mann berührt.« Joseph entgegnete: »Woher ist
dann das Kind, das du unter dem Herzen trägst?« Maria sagte: »So
wahr mein Gott lebt, ich weiß nicht, wie ich dazu gekommen bin.«

[29] Der Verfasser setzt voraus: Auch Elisabeth hat dasselbe Recht wie Maria. Andere Handschriften ersetzen durch »Leinen« oder »ihre Handarbeit«.
[30] Vgl. Lk 1,43.
[31] Wörtl.: »Mit welchem Angesicht«.
[32] Außerbibl. rabbinische Tradition: Targum Pseudo-Jonathan zu Gen 4,1.

1 *Kapitel 14* Da befiel Joseph große Angst. Er zog sich von Maria
zurück und überlegte, was er mit ihr machen sollte. Er dachte bei
sich: »Wenn ich ihre Sünde verheimliche, vergehe ich mich gegen
Gottes Gesetz.[33] Wenn ich sie vor den Israeliten bloßstelle, so hätte
ich Angst für den Fall, daß das Kind in ihr von einem Engel[34] ist
und ich dann unschuldiges Blut zur Todesstrafe ausliefere. Was soll
ich denn machen? Ich will mich ohne großes Aufsehen von ihr tren-
2 nen!«[35] Dann umhüllte ihn die Nacht. / Im Traum erschien ihm ein
Engel des Herrn und sagte zu ihm: »Hab keine Angst wegen Maria!
Das Kind unter ihrem Herzen hat sie vom Heiligen Geist empfan-
gen. Sie wird einen Jungen gebären, und du sollst ihn Jesus nennen.
Denn er wird sein Volk von seinen Sünden befreien.«[36] Da wachte
Joseph auf, erhob sich von seinem Lager, lobte den Gott Israels, der
ihm diese Gnade erwiesen hatte, und behielt Maria in seiner Ob-
hut.

1 *Kapitel 15* Kurz darauf kam Annas, der Schriftkundige, zu ihm
und fragte ihn: »Warum bist du nicht in unserer Ratsversammlung
erschienen?« Joseph antwortete: »Ich war erschöpft von der Reise
und mußte erst einmal einen Tag lang ausruhen.« Annas wandte
2 sich um und sah, daß Maria schwanger war. / Da lief er, so schnell
er konnte, zum (Hohen-)Priester und meldete ihm: »Joseph, für
den du Leumundszeuge bist, hat sich schwer vergangen.« Der Prie-
ster fragte: »Was soll das heißen?« Annas gab zur Antwort: »Er hat
die Jungfrau befleckt, die er aus dem Tempel des Herrn empfangen
hat. Er hat unerlaubt mit ihr geschlafen und den Israeliten den Voll-
zug seiner Ehe nicht mitgeteilt.« Da sagte der Priester: »Das soll Jo-
seph getan haben?« Annas, der Schriftkundige, antwortete: »Du
kannst ja jemanden hinschicken – er wird bezeugen, daß Maria
schwanger ist!« Also schickte der Priester Zeugen hin, die Annas'
Aussage bestätigt fanden und Maria und Joseph dem Gericht vor-
führten.
3 Der (Hohe-)Priester fragte Maria: »Warum hast du das getan?
Warum hast du dich so erniedrigt und den Herrn, deinen Gott, ver-
gessen? Du bist doch im Allerheiligsten aufgezogen worden und

---

33 Dt 22,13.21.

34 Vgl. die Fußnote zu 13,1. – Die Targume diskutieren, ob es Ramael oder »der Engel des Herrn« war. Vgl. auch die Diskussion über die Geburt des Noah und dessen mögliche Erzeugung durch Engel im äthiopischen Henochbuch 106,1-6.

35 Vgl. Mt 1,19.

36 Vgl. Mt 1,20f.

hast deine Nahrung aus der Hand eines Engels empfangen! Du hast
die heiligen Gesänge gehört und vor Gott getanzt. Warum hast du
das getan?« Da weinte Maria bitterlich und sagte: »So wahr der
Herr, mein Gott, lebt: Ich bin rein vor ihm, und kein Mann hat
mich berührt.« / Da wandte sich der Priester an Joseph und fragte: 4
»Warum hast du das getan?« Joseph antwortete: »So wahr mein
Gott lebt: Ich habe ihr nichts getan.« Der Priester erwiderte: »Gib
kein falsches Zeugnis, sondern sage die Wahrheit! Du hast uner-
laubt mit ihr geschlafen und es nicht den Israeliten angezeigt. Du
hast dein Haupt nicht unter die starke Hand Gottes gelegt[37], auf
daß deine Nachkommenschaft gesegnet sei.« Joseph schwieg.

Kapitel 16 Da sagte der Priester: »Gib die Jungfrau zurück, die 1
du aus dem Tempel des Herrn empfangen hast!« Joseph brach in
Tränen aus. Der Priester sagte: »Ich will euch von dem Wasser zu
trinken geben, das der Herr zur Prüfung angeordnet hat.[38] Dann
werden eure Vergehen vor unseren Augen offenbar.« / Der Priester 2
gab Joseph von dem Wasser zu trinken und schickte ihn ins Ge-
birge. Er kam wohlbehalten zurück. Dann gab er auch Maria von
dem Wasser zu trinken und schickte sie ins Gebirge. Sie kam eben-
falls wohlbehalten zurück. Und das ganze Volk wunderte sich, daß
an ihnen kein Vergehen erkennbar war. / Da sagte der Priester: 3
»Wenn der Herr eure Sünden nicht offenbar macht, dann kann
auch ich euch nicht verurteilen.« Und er schickte sie fort. Joseph
nahm Maria bei der Hand und ging mit ihr voll Freude nach Hause
und lobte den Gott Israels.

Kapitel 17 Kaiser Augustus hatte angeordnet, daß sich alle Leute 1
im judäischen Bethlehem in Steuerlisten eintragen lassen sollten.
Da sagte Joseph: »Ich will meine Söhne eintragen lassen. Aber was
soll ich mit diesem Mädchen machen? Als was soll ich sie eintragen
lassen? Als meine Frau? Da müßte ich mich ja schämen! Als meine
Tochter? Aber alle Israeliten wissen, daß sie nicht meine Tochter
ist. Wenn es soweit ist, wird es sich zeigen, was der Herr will.« Er
sattelte die Eselin und setzte Maria darauf. Sein Sohn führte das
Tier, und Samuel ging hinterher. Als sie etwa drei Meilen von Beth-
lehem entfernt waren, wandte sich Joseph zu Maria um und sah,
daß sie traurig dreinschaute. Er dachte bei sich: »Vielleicht tritt das
Kind sie." Als er sich nochmals umdrehte, sah er, daß sie lachte. Da

[37] 1 Petr 5,6; Hiob 22,29.
[38] Numeri 5,11-31.

fragte er sie: »Was hast du denn, Maria? Ich sehe, daß du bald
lachst und bald traurig bist.« Maria antwortete: »Ich kann zwei
Völker erkennen, eines weint und trauert, das andere freut sich und
3 jubelt.« / Als sie die Hälfte der Strecke zurückgelegt hatten, sagte
Maria zu Joseph: »Hilf mir vom Esel herunter, das Kind drängt
und will heraus.« Da hob Joseph Maria vom Esel herunter und
fragte sie: »Wo soll ich dich hinbringen, und wie soll ich dich bei
der Geburt schützen? Die Gegend ist so einsam.«

1 *Kapitel 18* Da erblickte Joseph plötzlich eine Höhle. Er führte
Maria hinein und ließ seine Kinder bei ihr. Dann ging er hinaus, um
in der Gegend um Bethlehem eine jüdische Hebamme zu suchen. /
2 [Später erzählte er:] »Ich ging umher und kam nicht vom Fleck. Ich
blickte zum Himmel und sah, wie die Luft vor Staunen stillstand,
und ich blickte hinauf zum Himmelsgewölbe und sah, wie es in seiner Bahn innehielt, und die Vögel des Himmels flogen nicht weiter. Als ich zur Erde blickte, sah ich Arbeiter, die sich zum Essen um eine Schüssel herum niedergelassen hatten. Und die etwas kauen wollten, kauten nicht, und die etwas aufheben wollten, waren in der Bewegung erstarrt, und die einen Bissen zum Munde führen wollten, saßen mit ausgestreckter Hand da, und alle blickten wie erstarrt zum Himmel. Da wurden Schafe vorbeigetrieben, doch sie kamen nicht vorwärts, sondern blieben auf der Stelle, und der Hirte hob seine Hand, um sie mit dem Stecken zu schlagen, doch seine Hand blieb in der Luft stehen. Ich blickte auf den Lauf des Flusses und sah die Ziegen, die ihre Mäuler ans Wasser gesetzt hatten und nicht tranken. Und dann ging plötzlich alles in seinem Ablauf weiter.

1 *Kapitel 19* Da kam eine Frau vom Gebirge herab und fragte mich: ›Was suchst du?‹ Ich antwortete: ›Ich suche eine jüdische Hebamme.‹ Sie fragte weiter: ›Bist du aus Israel?‹ Ich bejahte. Sie fragte: ›Und wer ist die Frau, die dort in der Höhle niederkommen wird?‹ Ich antwortete: ›Meine Verlobte.‹ Sie entgegnete: ›Sie ist also nicht deine Frau?‹ Ich sagte zu ihr: ›Maria wurde im Tempel des Herrn aufgezogen, das Los bestimmte sie mir zur Frau. Doch sie ist nicht meine Frau, sondern hat vom Heiligen Geist empfangen. Komm und sieh selbst.‹«
2 Die Hebamme ging mit Joseph mit. / Als sie zur Höhle kamen, war die Höhle auf einmal von einer Wolke aus Licht erfüllt. Da rief die Hebamme: »Was für ein Wunder darf ich heute erleben! Meine Augen haben Erstaunliches gesehen! Für Israel wird das Heil gebo-

ren.« Kaum hatte sie das gesagt, da verschwand die Wolke aus der Höhle. Dafür erschien ein Licht, das so hell war, daß unsere Augen es nicht ertragen konnten. Wenig später verschwand das Licht, und man sah das Kind, das kam näher und nahm die Brust seiner Mutter. Da schrie die Hebamme auf und rief: »Was für ein großer Tag für mich! Ich habe ein unglaubliches Ereignis gesehen.« Sie trat aus der Höhle. Da kam ihr Salome entgegen. Sie sagte zu ihr: »Salome, Salome, ich habe ein unerhörtes Ereignis zu erzählen. Eine Jungfrau hat ein Kind geboren, das ihr Menschenleib gar nicht fassen kann.« Da sagte Salome: »So wahr der Herr, mein Gott, lebt, ich kann nur glauben, daß eine Jungfrau ein Kind geboren hat, wenn ich meinen Finger in ihre Scheide legen und alles nachprüfen kann.«

Kapitel 20 Da ging die Hebamme zu Maria hinein und sagte zu 1
ihr: »Maria, lege dich bereit. Denn wir streiten heftig über dich.«
Als Salome ihren Finger in Marias Scheide legte, brach sie in Weh-
geschrei aus und rief: »Weh mir! Ich bin gottlos und ungläubig. Ich
habe den lebendigen Gott versuchen wollen. Da! Meine Hand fällt
von mir ab, als wäre sie verbrannt.« / Sie fiel vor dem Herrn auf die 2
Knie und rief: / »Gott meiner Väter, denk daran, daß ich ein Kind 3
Abrahams, Isaaks und Jakobs bin. Laß nicht zu, daß die Israeliten
meine Sünde erkennen, sondern laß mich weiter den Dienst an den
Armen tun. Du weißt ja, Herr, daß ich meinen Dienst in deinem
Namen verrichte und meinen Lohn von dir erhalte.« / Da stand 4
plötzlich ein Engel des Herrn vor ihr und sagte zu ihr: »Salome, Sa-
lome, der Herr hat dich erhört. Strecke deine Arme aus und drücke
das Kind an dich, dann wirst du geheilt werden und froh sein.« /
Salome trat hinzu, nahm das Kind in die Arme und sagte: »Ich will 5
es anbeten, denn in Israel ist ein großer König geboren worden.«
Und sogleich war Salome geheilt, und sie trat aus der Höhle heraus,
wieder mit Gott und sich selbst im reinen[39]. Eine Stimme ertönte
vom Himmel: »Salome, Salome, sage das Wunderbare, das du ge-
sehen hast, nicht weiter, bis das Kind nach Jerusalem kommt.«

Kapitel 21 Als Joseph gerade die Abreise aus Judäa vorbereitete, 1
entstand in Bethlehem große Unruhe. Denn es waren Magier ge-
kommen, die erkundigten sich: »Wo ist der neugeborene König der
Juden? Wir haben seinen Stern im Osten gesehen und sind gekom-
men, ihn anzubeten.« / Als Herodes das hörte, erschrak er und ließ 2
die Magier zu sich kommen. Im Beisein der Hohenpriester verhörte

39 Wörtlich: »gerechtfertigt«.

er sie und fragte: »Was für ein Zeichen für den neugeborenen König habt ihr am Himmel gesehen?« Die Magier antworteten: »Wir sahen einen riesigen Stern mitten unter den anderen Sternen erstrahlen. Er stellte mit seinem Licht die anderen Sterne in den Schatten, so daß sie gar nicht mehr zu leuchten schienen. Daran haben wir erkannt, daß für Israel ein König geboren ist, und jetzt sind wir hergekommen, um ihn anzubeten.« Da sagte Herodes: »Geht und sucht ihn, und wenn ihr ihn gefunden habt, dann meldet es mir, da-
3 mit auch ich hingehen kann, um ihn anzubeten.« / Die Magier gingen weg. Der Stern, den sie im Osten gesehen hatten, zog vor ihnen her, bis sie zu der Höhle gelangten. Drinnen in der Höhle erblickten sie das Kind mit seiner Mutter Maria. Da holten sie aus ihren Satteltaschen Gold, Weihrauch und Myrrhe, die sie dem Kind zum Ge-
4 schenk machten. / Der Engel offenbarte ihnen, daß sie nicht nach Judäa gehen sollten, und daraufhin kehrten sie auf einem anderen Weg in ihre Heimat zurück.

1 *Kapitel 22* Als Herodes merkte, daß ihn die Magier genarrt hatten, wurde er zornig und schickte gedungene Mörder aus mit dem Auftrag: »Tötet alle Kinder, die etwa zwei Jahre oder jünger sind.«
2 / Maria hörte, daß die Kinder getötet wurden. Da bekam sie große Angst, nahm ihr Kind, wickelte es in Windeln und legte es in eine
3 Ochsenkrippe. / Auch Elisabeth hörte, daß man nach Johannes suchte. Daher nahm sie ihn, stieg ins Gebirge hinauf und schaute sich um, wo sie ihn verstecken könnte. Als sie kein Versteck fand, stöhnte sie laut: »Berg Gottes, nimmt Mutter und Kind auf!« Sogleich öffnete sich der Berg einen Spaltbreit und nahm sie auf. Er ließ etwas Licht für sie durchschimmern, denn der Engel des Herrn war mit ihnen und behütete sie.

1 *Kapitel 23* Herodes schickte Leute aus, nach Johannes[40] zu suchen. Er ließ Zacharias fragen: »Wo hältst du deinen Sohn versteckt?« Der aber gab ihnen zur Antwort: »Ich bin Diener Gottes und habe ständig im Tempel des Herrn zu tun. Ich weiß nicht, wo
2 mein Sohn ist.« / Da zogen die Späher wieder ab und meldeten alles Herodes. Der wurde zornig und sagte: »Sein Sohn wird König über Israel werden.« Er ließ ihm ausrichten: »Sag die Wahrheit! Wo ist dein Sohn? Du weißt, daß dein Leben in meiner Hand liegt.« Die

[40] Im Unterschied zum MtEv werden hier die Berichte über Johannes und Jesus auch im Zusammenhang mit dem Kindermord miteinander verwoben.

Boten gingen zu Zacharias und taten, wie ihnen geheißen. / Da ließ 3
Zacharias seinerseits Herodes ausrichten: »Ich werde ein Märtyrer
Gottes sein, wenn du mein Blut vergießt. Denn der Herr wird mein
Leben annehmen, da du im Vorraum des Tempels des Herrn un-
schuldiges Blut vergießt.« In der Morgendämmerung wurde Za-
charias ermordet.[41] Die Israeliten wußten nicht, daß man ihn er-
mordet hatte.

Kapitel 24 Die Priester gingen vielmehr wie gewohnt zur Stunde 1
der Begrüßung. Doch diesmal kam ihnen nicht wie sonst immer Za-
charias mit seinem Segen entgegen. Da stellten sich die Priester im
Vorraum auf und warteten auf ihn, um ihn mit einem Gebets-
wunsch zu begrüßen und den Herrn zu preisen. / Als er nicht kam, 2
bekamen sie Angst. Schließlich faßte einer Mut und ging hinein. Da
sah er neben dem Altar geronnenes Blut. Er hörte eine Stimme sa-
gen: »Zacharias ist ermordet worden, und sein Blut wird nicht ab-
gewaschen, bis der kommt, der ihn rächen wird.« Als er die Stimme
hörte, erschrak er, ging hinaus und meldete es den anderen Prie-
stern. / Da faßten sich auch die ein Herz, gingen in den Tempel hin- 3
ein und sahen, was geschehen war. Und in diesem Augenblick bra-
chen die Balken des Tempeldachs in Wehklagen aus, und die Priester
zerrissen vor Trauer ihre Gewänder, von oben bis unten. Seine Lei-
che fanden sie nicht, doch sein Blut war zu Stein geworden. Sie wur-
den von Angst ergriffen und meldeten dem ganzen Volk: »Zacha-
rias ist ermordet worden.« Alle Stämme des Volkes hörten es. Die
Priester betrauerten ihn und hielten drei Tage und drei Nächte lang
die Totenklage. / Nach drei Tagen beratschlagten sie, wen sie als sei- 4
nen Nachfolger bestimmen sollten. Das Los fiel auf Simeon. Ihm
war vom Heiligen Geist geoffenbart worden, er werde noch zu sei-
nen Lebzeiten Christus als Mensch sehen dürfen.[42]

Kapitel 25 Ich, Jakobus, habe diese Geschichte aufgeschrieben.
Als nach dem Tod des Herodes in Jerusalem Unruhen entstanden 1
waren, begab ich mich in die Wüste, bis sich der Aufruhr gelegt
hatte. Ich lobte Gott, den Herrn, der mir die Gnade und die Weis-
heit geschenkt hatte, diese Geschichte aufzuschreiben. / Gott be-
gleite mit seiner Gnade alle, die unserem Herrn Jesus Christus treu 2
bleiben. Ihm sei die Ehre für immer. Amen.

---

41 Vgl. Mt 23,35.
42 Vgl. Lk 2,26.

Kindheitsevangelium des Thomas

Einleitung: Das »Kindheitsevangelium« des Thomas ist grundsätzlich zu unterscheiden vom – hauptsächlich koptisch erhaltenen – Thomasevangelium aus dem 1. Jh., welches einzelne Worte Jesu enthält, aber keine Wundergeschichten. Das »Kindheitsevangelium« des Thomas enthält hingegen zahlreiche kurze Erzählungen, in erster Linie wunderbaren Inhalts. Alle diese Erzählungen betreffen Jesus vor dem 12. Lebensjahr. Sie folgen damit einem Topos der antiken biographischen Literatur: Schon an den wunderbaren Ereignissen in der Kindheit wird die künftige Größe eines Menschen erkennbar. Im Unterschied zu den kanonischen Evangelien beansprucht eine derartige Sammlung niemals, das Ganze oder auch nur das Wichtigste zu bieten. Es geht um typische »ergänzende«, komplettierende Literatur zu bis dahin weißen Flächen in der Biographie.
Im Unterschied zum koptischen ThomasEv hat dieses Evangelium weite Verbreitung genossen und war sehr bekannt. Außer zwei griechischen Versionen gab es eine lateinische und eine syrische, eine äthiopische und georgische und besonders viele slavische Fassungen.

Datierung: Das Ende des 2. Jh.s wird allgemein als Zeitpunkt der Entstehung angenommen.

Textgrundlage: Griechische Version A mit Ergänzungen nach A. de Santos Otero, Los evangelios apócrifos, Madrid 1963, 285-306. Zu den slavischen Versionen: A. de Santos Otero, Das kirchenslavische Evangelium des Thomas, Berlin 1967.

KINDHEITSEVANGELIUM

Die Kindheit unseres Herrn und Gottes und Heilandes Jesus Christus
Des israelitischen Philosophen Thomas Erzählung über die Kindheit des Herrn.

1
Ich, Thomas der Israelit, hielt es für nötig, allen Brüdern und Schwestern aus den Heidenvölkern von der Kindheit unseres Herrn Jesus Christus zu erzählen und von den Großtaten zu berichten, die er gewirkt hat, nachdem er in unserem Land geboren war. So fing es an:

2
Als Jesus fünf Jahre alt war, gab es einmal einen starken Regenguß. 1
Jesus spielte an einer seichten Stelle am Bach. Er leitete das vorbei-
fließende Wasser in kleine Vertiefungen, sammelte es dort und
machte es augenblicklich – allein durch sein Wort – ganz klar. /
Dann knetete er weichen Lehm und formte daraus zwölf Spatzen. 2
Es war an einem Sabbat. Es waren auch noch andere Kinder dabei,
die mit ihm spielten. / Als ein Jude sah, was Jesus am Sabbat beim 3
Spielen tat, ging er sofort zu Joseph, seinem Vater, und sagte zu
ihm: »Dein Sohn spielt am Bach. Er hat aus Lehm zwölf Spatzen
geformt. Damit hat er den Sabbat entweiht.« / Joseph eilte an die 4
angegebene Stelle, sah, was Jesus gemacht hatte, und rief: »Warum
tust du verbotene Dinge am Sabbat?« Doch Jesus klatschte in die
Hände und rief den Spatzen zu: »Los, fliegt weg.« Da breiteten die
Spatzen ihre Flügel aus und flogen laut tschilpend davon. / Als das 5
die Juden sahen, staunten sie sehr. Sie gingen hin und erzählten
ihren Ältesten, was sie Jesus hatten tun sehen.

3
Einmal spielte der Sohn des Schriftgelehrten Annas mit Jesus zu- 1
sammen [am Bach]. Er nahm einen Weidenzweig und ließ das Was-
ser aus dem kleinen Teich abfließen, den Jesus angelegt hatte. / Als 2
Jesus das sah, wurde er wütend und schrie ihn an: »Du bist ein ge-
meines Biest, was haben dir die Teiche und das Wasser getan? Du
sollst sofort zu einem Baum verdorren, ohne Blätter, ohne Wurzel,
ohne Früchte!« / Kaum hatte Jesus das gesagt, da verdorrte der 3
Junge vollständig. Dann ging Jesus einfach nach Hause. Doch die

Eltern des Jungen hoben ihr verdorrtes Kind auf und weinten, denn es war ja noch so klein. Sie brachten es zu Joseph und warfen ihm vor: »Schau mal, was dein Sohn für Sachen macht!«

4

1 Als Jesus wieder einmal durchs Dorf ging, kam ein Junge gelaufen
und rempelte ihn an der Schulter an. Jesus wurde wütend und
sagte: »Du sollst deinen Weg nicht weiter gehen!« Sofort fiel der
Junge um und war tot. Einige Leute, die das mitangesehen hatten,
wunderten sich: »Woher kommt dieses Kind nur? Jedes seiner
2 Worte wird ja sofort Wirklichkeit!« / Und die Eltern des toten Jun-
gen liefen zu Joseph, machten ihm Vorhaltungen und sagten: »Mit
so einem Kind kannst du nicht bei uns im Dorf wohnen. Bring ihm
doch lieber bei, zu segnen anstatt zu fluchen. Denn er bringt unsere
Kinder um!«

5

1 Da rief Joseph seinen Sohn zu sich, knöpfte ihn sich vor und wies
ihn zurecht: »Warum tust du so etwas? Die Leute müssen leiden,
und dann hassen und verfolgen sie uns.« Jesus erwiderte: »Ich
weiß, daß dies nicht deine Worte sind. Trotzdem sage ich lieber
nichts, weil du es bist. Die Leute aber sollen ihrer Strafe nicht ent-
gehen!« Kaum hatte er das gesagt, da erblindeten die Leute, die ihn
2 angeklagt hatten. / Und alle, die es sahen, bekamen große Angst,
und Ratlosigkeit machte sich breit. Sie sagten über Jesus: »Jedes
Wort, das er sagt, ob gut oder böse, ist sofort Wirklichkeit und
Wunder.« Als Joseph wieder einmal sah, daß Jesus so etwas tat,
3 stand er auf und zog ihm die Ohren lang. / Doch der kleine Jesus
wurde böse und sagte zu ihm: »Es reicht jetzt, daß du suchst und
nicht findest. Dein Tun hat keinen Sinn. Das war nicht klug von dir.
Du weißt doch, daß ich zu dir gehöre. Mach mich doch nicht trau-
rig.«

6

1 Aus irgendeinem Grund stand ein Lehrer namens Zachäus dabei
und hörte, wie Jesus so mit seinem Vater sprach. Er staunte sehr,
2 daß ein Kind so etwas sagte. / Ein paar Tage später suchte er Joseph
auf und sagte zu ihm: »Du hast ein aufgewecktes Kind, der Kleine
hat Verstand. Gib ihn zu mir in die Schule, damit er die Schrift
lernt. Aber ich will ihm nicht nur die Schrift beibringen, sondern
auch alles mögliche Wissen und ihn außerdem erziehen, damit er
weiß, daß man ältere Leute grüßt und ihnen Respekt entgegen-

bringt wie dem eigenen Großvater und daß man mit seinem Vater
und den anderen Kindern anständig umgeht.« / Der Lehrer erklärte 3
eindringlich Jesus alle Buchstaben von Alpha bis Omega, einen
nach dem anderen. Da blickte Jesus ihn an und sagte: »Wenn du
das innere Wesen des Alpha nicht kennst, wie willst du da anderen
das Beta beibringen? Du bist ein Angeber! Wenn du wirklich Be-
scheid weißt, lehre zuerst das Alpha, und dann glauben wir dir
auch alles über das Beta.« Dann fing Jesus an, den Lehrer über den
ersten Buchstaben auszufragen, doch der konnte ihm nicht antwor-
ten. / Da sagte Jesus vor vielen Zuhörern zu Zachäus: »Hör zu, 4
Lehrer, jetzt erkläre ich dir den Aufbau des ersten Buchstabens. Er
besteht aus zwei Geraden und einem Mittelstrich. Der Mittelstrich
geht durch die beiden Geraden hindurch, die ihrerseits oben spitz
zusammenlaufen. Drei Linien sind es, die wie im Reigen beieinan-
derstehen, drei gleich lange Teile hat das Alpha.«

7

Als der Lehrer Zachäus diese langwierige, komplizierte und ausge- 1
klügelte Erklärung des ersten Buchstabens aus dem Mund des Jun-
gen hörte, wurde er angesichts seiner gelehrten Beweisführung
höchst verlegen und sagte zu den Umstehenden: »Ach, ich Un-
glücksrabe, jetzt bin ich aber in die Enge getrieben. Da habe ich mir
etwas eingebrockt, als ich dieses Kind unterrichten wollte. / Nimm 2
ihn bitte wieder mit nach Hause, Bruder Joseph. Ich ertrage seinen
strengen Blick nicht, auch nicht noch einmal seine herzlose Art zu
reden. Dieses Kind ist nicht von dieser Welt. Es kann auch Feuer
bändigen. Es ist wohl vor der Erschaffung der Welt geboren wor-
den.[1] Ich weiß nicht, welcher Leib es getragen, welcher Mutter-
schoß es ernährt hat. Ich bin am Ende, Freund, der Junge bringt
mich aus der Fassung, ich verstehe ihn nicht. Ich dreimal Unglück-
licher, ich habe mich getäuscht. Ich wollte einen Schüler, doch ei-
nen Lehrer habe ich bekommen. / Meine Freunde! Ich bin blamiert 3
bis auf die Knochen. Ich alter Mann habe mich von einem Kind be-
siegen lassen. Angesichts dieses Kindes kann ich nur noch verzwei-
feln und sterben. Denn wie soll ich ihm noch ins Gesicht sehen?
Und wenn alle wissen, daß ein Knirps mich eines Besseren belehrt
hat, was soll ich da noch sagen? Und was kann ich noch Kluges
über die Linien des ersten Buchstabens ausführen? Ich weiß es
nicht, Freunde. Denn ich habe weder Anfang noch Ende davon ver-

1 Das gilt sonst von Engeln. Zum Stichwort »Feuer« vgl. äthiop. Henoch-
buch 106,2.4.

4 standen. / Ich bitte dich also, Bruder Joseph, nimm ihn wieder mit
nach Hause. Dieses Kind ist irgend etwas Großes, ein Gott, ein En-
gel oder ich weiß nicht, was sonst.«

8

1 Als die Juden Zachäus trösteten, lachte Jesus laut und sagte: »Jetzt
soll das Früchte tragen, was du lehrst. Die Menschen, die blind im
Herzen sind, sollen sehen können. Ich bin vom Himmel gekom-
men, um die einen zu verfluchen und andere nach oben zu rufen.
So hat es mir der aufgetragen, der mich wegen euch gesandt hat.«
2 / Kaum hatte er das gesagt, da waren alle, die unter seinen Fluch
gefallen waren, sofort wieder gesund und munter. Von da an wagte
keiner mehr, ihn zu erzürnen, um nicht seinen Fluch auf sich zu zie-
hen und zum Krüppel zu werden.

9

1 Einige Tage später spielte Jesus auf dem Dachgarten des Hauses.
Einer von den Jungen, die mit ihm spielten, fiel vom Dach herunter
und war tot. Als die anderen Kinder das sahen, liefen sie weg, und
2 Jesus stand allein da. / Da kamen die Eltern des toten Kindes und
beschuldigten Jesus. Doch der sagte: »Ich habe ihn wirklich nicht
hinuntergeworfen.« Doch sie fingen an, handgreiflich zu werden. /
3 Da sprang Jesus vom Dach herab und stellte sich neben der Leiche
des Jungen auf. Er rief laut: »Zenon!« – so hieß der Junge – »Steh
auf und sag uns: Hab ich dich hinuntergeworfen oder nicht?« Der
Junge stand auf und sagte: »Nein, Herr, du hast mich keineswegs
hinuntergeworfen, sondern mich wieder auf die Beine gestellt.« Als
die Leute das sahen, erschraken sie. Die Eltern des Kindes lobten
Gott für das geschehene Wunder und fielen vor Jesus auf die Knie.

10

1 Einige Tage später war ein junger Mann dabei, in einem Winkel
Holz zu spalten. Da rutschte ihm die Axt aus der Hand und spaltete
2 seinen ganzen Fuß. Er drohte zu verbluten. / Als die Menschen
lärmend zusammenliefen, rannte auch Jesus dorthin. Gewaltsam
bahnte er sich einen Weg durch das Volk, dann berührte er den ver-
letzten Fuß des jungen Mannes, und sogleich war dieser geheilt. Je-
sus sagte zu dem jungen Mann: »Steh jetzt auf, spalte das Holz wei-
ter und denke an mich.« Als die vielen Menschen sahen, was
geschehen war, fielen sie vor dem Kind auf die Knie und sagten:
»Wahrhaftig, in diesem Kind wohnt Gottes Geist.«

11

Als Jesus sechs Jahre alt war, schickte ihn seine Mutter mit einem 1
Krug zum Wasserholen. Als er das Wasser nach Hause trug, stieß
er im Gedränge mit dem Krug an, so daß er zerbrach. / Da zog Jesus 2
sein wollenes Obergewand[2] aus, legte es [zu einem Beutel] zusammen, füllte das Wasser hinein und brachte es seiner Mutter. Als seine Mutter sah, welches Wunder geschehen war, drückte sie ihn an ihr Herz. Was sie ihn hatte tun sehen, bewahrte sie als Geheimnis bei sich.

12

Ein anderes Mal, zur Zeit der Saat, ging Jesus mit seinem Vater aus, 1
um Weizen auf ihren Acker zu säen. Und während der Vater säte,
legte auch der kleine Jesus ein Weizenkorn in die Erde. / Als dann 2
die Ernte kam und man das Getreide auf die Tenne schaffte, waren aus dem einen Weizenkorn hundert Scheffel Körner geworden. Da rief Jesus alle Armen des Dorfes auf die Tenne und schenkte ihnen den Weizen. Was davon übrig war, nahm Joseph. Als Jesus dieses Wunder wirkte, war er acht Jahre alt.[3]

13

Jesu Vater war Zimmermann. Damals stellte er aber auch Pflüge und 1
Joche her. Eines Tages erhielt er von einem reichen Mann den Auf-
trag, ein Bett anzufertigen. Doch das eine der beiden Bretter war zu
kurz. Joseph wußte nicht, was er tun sollte. Da sagte Jesus zu seinem
Vater: »Leg die beiden Bretter so auf den Boden, daß sie an der einen
Seite gleichauf liegen.« / Joseph tat wie geheißen. Dann ging Jesus 2
auf die andere Seite, ergriff das kürzere Brett und streckte es, bis es genauso lang war wie das andere. Als sein Vater Joseph das sah, staunte er sehr. Er umarmte das Kind, drückte es an sich und sagte: »Wie selig bin ich, daß mir Gott dieses Kind geschenkt hat.«

14

Als nun Joseph sah, daß Jesus älter, reifer und vernünftiger wurde, 1
beschloß er noch einmal, daß er die Schrift lernen sollte. Also ging er mit ihm zu einem anderen Lehrer. Der Lehrer sagte zu Joseph: »Ich will ihm erst Griechisch, dann Hebräisch beibringen.« Der

[2] Das griech. Wort *palion* an dieser Stelle entspricht dem lateinischen *pallium*, das ein wollenes Bekleidungsstück für den Oberkörper bezeichnet.

[3] Vgl. zur Tradition der überreichen Fruchtbarkeit in messianischer Zeit die Überlieferungen von Kerinth und Irenäus; s. o. bei »Papias«.

Lehrer hatte von den Kenntnissen des Knaben gehört und fürchtete sich vor ihm. Trotzdem schrieb er ihm das Alphabet auf und las es ihm eine ganze Weile immer wieder vor, doch Jesus schwieg beharr-
2 lich. / Schließlich sagte Jesus: »Wenn du wirklich Lehrer bist und die Buchstaben genau kennst, dann sag mir etwas über die Bedeutung des Alpha. Ich erkläre dir dann das Beta.« Der Lehrer war gekränkt und gab Jesus eine Ohrfeige. Das tat dem Jungen weh, und daraufhin verfluchte er den Lehrer. Der wurde sofort ohnmächtig
3 und fiel der Länge nach auf die Nase. / Jesus ging wieder nach Hause zu Joseph. Der aber war traurig. Er ordnete an, daß ihn seine Mutter nicht vor die Tür lassen sollte, damit ihn die Leute nicht lynchten.

15

1 Einige Zeit später sagte ein anderer Lehrer, ein guter Freund Josephs: »Bring mir den Jungen in die Schule. Vielleicht kann ich ihm mit guten, freundlichen Worten die Buchstaben beibringen.« Joseph sagte zu ihm: »Wenn du den Mut hast, Bruder, dann nimm ihn zu dir.« Unter großer Angst und widerstrebend nahm der Lehrer
2 ihn mit. Doch Jesus ging gern mit ihm. / Keck betrat er das Schulhaus. Als er ein Buch auf dem Lesepult liegen sah, nahm er es in die Hand, las jedoch nicht die Buchstaben, die darin standen, sondern machte den Mund auf und lehrte in der Kraft des Heiligen Geistes. Den Umstehenden, die ihm zuhörten, erläuterte er das Gesetz. Viele Leute strömten zusammen, standen bei ihm und hörten ihm zu. Sie staunten, daß sich seine Worte so schön anhörten, und wunderten sich über seine Redegewandtheit, wo er doch noch ein Kind
3 war. / Als aber Joseph das hörte, wurde ihm angst und bange, und er lief schnell zum Schulhaus. Denn er befürchtete, daß auch dieser Lehrer zum Krüppel werden könnte (wenn Jesus ihn verfluchte). Doch der Lehrer sagte zu Joseph: »Ich muß dir was sagen, Bruder. Ich habe diesen Jungen als Schüler angenommen, doch er ist sehr begabt und wirklich klug. Aber trotzdem bitte ich dich, Bruder,
4 nimm ihn wieder mit nach Hause.« / Als Jesus das hörte, lachte er den Lehrer an und sagte: »Weil du das richtig gesagt und wahres Zeugnis abgelegt hast, soll wegen dir der andere Lehrer, den ich verflucht habe, geheilt werden.« Sogleich wurde der andere Lehrer geheilt. Joseph nahm das Kind und ging mit ihm nach Hause.

16

1 Eines Tages schickte Joseph seinen anderen Sohn, Jakobus, aus, er sollte Reisig sammeln und nach Hause tragen. Jesus lief ihm nach.

Als Jakobus das Reisig sammelte, biß ihn eine Natter in die Hand.
/ Er lag schon hingestreckt da und war dem Tode nahe, da kam Je- 2
sus herbei und blies seinen Atem auf den Schlangenbiß. Sogleich
hörte der Schmerz auf, das Tier zerplatzte, und Jakobus war sofort
gesund.

17

Kurze Zeit danach starb in Josephs Nachbarschaft ein krankes 1
Kind. Die Mutter weinte sehr. Als Jesus von der großen Trauer er-
fuhr und die lauten Totenklagen hörte, lief er sofort hin. Er sah das
kleine Kind tot daliegen, berührte seine Brust und sagte: »Ich sage
dir, Kind, du sollst nicht tot sein, sondern lebendig und mit deiner
Mutter leben.« Und sogleich schlug das Kind die Augen auf und
lachte. Jesus sagte zu der Frau: »Nimm dein Kind, gib ihm Milch
und vergiß mich nicht.« / Als die Umstehenden das sahen, gerieten 2
sie ins Staunen und sagten: »Dieses Kind ist wahrhaft Gott oder
Engel Gottes, denn jedes seiner Worte ist zugleich schon fertige
Tat.« Jesus aber ging von dort weg und spielte mit anderen Kin-
dern.

18

Einige Zeit später wurde ein Haus errichtet, und es entstand großer 1
Baulärm. Jesus war gerade in der Nähe und lief hin. Da sah er
plötzlich einen Toten daliegen. Er faßte ihn an der Hand und sagte:
»Ich sage dir, Mensch, steh auf, tu deine Arbeit.« Sogleich stand
der Mensch auf und betete Jesus an. / Als das aber die Leute sahen, 2
gerieten sie ins Staunen und sagten: »Dieser Junge ist vom Himmel.
Denn er hat viele vom Tod errettet und kann immer, sein ganzes
Leben lang, Menschen retten.«

19

Als Jesus zwölf Jahre alt war, zogen seine Eltern wie jedes Jahr zu- 1
sammen mit Verwandten und Bekannten nach Jerusalem zum Pas-
sahfest. Nach den Festtagen machten sie sich wieder auf den Heim-
weg. Während sie schon unterwegs waren, kehrte Jesus heimlich
nach Jerusalem zurück. Seine Eltern nahmen an, er habe sich den
Reisegefährten angeschlossen. / Daher suchten sie ihn erst am Ende 2
der ersten Tagesreise bei ihren Verwandten und Bekannten. Als sie
ihn nicht fanden, wurden sie traurig und kehrten in die Stadt zu-
rück, um ihn zu suchen. Nach insgesamt drei Tagen fanden sie ihn
im Tempel. Er saß mitten unter den Lehrern, lauschte ihren Aus-
führungen und stellte ihnen Fragen. Alle, die zuhörten, wunderten

sich, wie dieser Zwölfjährige den Schriftgelehrten und Lehrern des
Volkes die Hauptstücke des Gesetzes erklärte und die Sinnsprüche
3 der Propheten deutete, so daß sie völlig sprachlos waren. / Seine
Mutter Maria trat auf ihn zu und sagte: »Ach, Kind, warum hast
du uns dies angetan? Wir suchen dich verzweifelt!« Jesus erwi-
derte: »Wieso habt ihr mich denn gesucht? Ihr hättet euch doch
4 denken können, daß ich im Haus meines Vaters sein muß!« / Die
Schriftkundigen und Pharisäer fragten Maria: »Bist du seine Mut-
ter?« Sie bejahte. Da sagten sie zu ihr: »Glücklicher bist du als alle
anderen Frauen, denn Gott hat dein Kind gesegnet. Solche Herr-
lichkeit, solche Haltung und Weisheit haben wir noch nie gesehen
5 oder gehört.« / Da stand Jesus auf, folgte seiner Mutter und ging
gehorsam mit seinen Eltern. Seine Mutter bewahrte alles in Erinne-
rung, was geschehen war. Jesus aber gedieh und wurde immer wei-
ser, älter und angesehener. Ihm gebührt die Herrlichkeit für immer.
Amen.[4]

Anhang I[5]

Wie Maria und Joseph mit Jesus nach Ägypten flohen

1

Als große Aufregung entstand, weil Herodes nach dem Herrn Jesus Christus suchen ließ, um ihn zu töten, sagte der Engel zu Joseph: »Nimm Maria und ihr Kind, und flieh nach Ägypten vor denen, die ihn suchen, um ihn zu töten.« Als Jesus nach Ägypten kam, war er zwei Jahre alt.

2

Als er durch ein Ackerfeld ging, auf dem man gerade ausgesät hatte, streckte er die Hand aus, nahm von den Samenkörnern, legte sie aufs Feuer und röstete sie. Dann begann er zu essen.

3

Als sie nach Ägypten gekommen waren, nahmen sie das Gastrecht im Haus einer Witwe in Anspruch. Sie blieben dort ein Jahr.

---

4 Vgl. Luk 2,41-52.

5 Aus dem lat. ThomasEv, Text nach A. de Santos Otero, Los evangelios apócrifos, Madrid 1963, 303-306.

4
Jesus wurde drei Jahre alt. Als er andere Kinder beim Spielen sah, schloß er sich ihnen an. Er nahm einen Stockfisch und legte ihn in eine Schüssel. Dann befahl er dem Fisch, mit dem Schwanz zu schlagen. Und der Fisch begann, mit dem Schwanz zu schlagen. Dann sagte er zu dem Fisch: »Wirf das Salz ab, das du an dir hast, und spring wieder ins Wasser.« So geschah es. Als die Nachbarn sahen, was Jesus getan hatte, gingen sie zu der Witwe, in deren Haus Maria, Jesu Mutter, wohnte, und erzählten es ihr. Als die Witwe davon hörte, warf sie Maria unverzüglich aus dem Haus.

Wie ein Lehrer Jesus aus der Stadt warf

1
Als Jesus mit Maria, seiner Mutter, mitten über das Forum einer Stadt ging, sah er einen Lehrer, der seine Schüler unterrichtete. Auf einmal fielen zwölf Spatzen, die sich (auf einem Mauersims) balgten, an der Wand entlang hinunter genau in den Schoß eben dieses Lehrers, der gerade Unterricht hielt. Als Jesus das sah, blieb er belustigt stehen und lachte.

2
Als der Lehrer sah, daß Jesus lachte, trug er seinen Schülern in großem Zorn auf: »Geht, bringt ihn zu mir her.« Als sie ihn herbeigezerrt hatten, zog der Lehrer Jesus die Ohren lang und fragte ihn: »Worüber mußtest du denn so lachen?« Jesus antwortete: »Guter Lehrer, ich hatte eine Handvoll Weizenkörner. Die habe ich den Spatzen gezeigt und ihnen hingestreut. Immer wenn sie dachten, einer von den anderen wollte eins nehmen, pickten sie es sich aus dem Haufen heraus. Daraus hat sich die Balgerei entwickelt.« Dann blieb er noch so lange stehen, bis das Spiel der Spatzen zu Ende war. Daraufhin sagte der Lehrer, Jesus und seine Mutter sollten die Stadt verlassen.

Wie Jesus aus Ägypten vertrieben wurde

1
Der Engel des Herrn kam zu Maria und sagte zu ihr: »Nimm dein Kind und kehre ins jüdische Land zurück. Denn die, die ihm nach dem Leben trachteten, sind tot.« Da stand Maria auf, nahm Jesus und ging in die Stadt Nazareth, die innerhalb der Besitzungen seines Vaters liegt.

2
Als Joseph nach dem Tod des Herodes Ägypten verließ, brachte er Jesus in die Wüste, bis in Jerusalem Ruhe eingekehrt war und diejenigen, die dem Knaben nach dem Leben trachteten, ihm nichts mehr anhaben konnten. Und Joseph dankte Gott, daß er ihm Klugheit geschenkt und er Gnade vor ihm gefunden hatte.

Anhang II

Jesus und der Färber[6]

Eines Tages spielte Jesus mit anderen Kindern draußen im Freien. Da kam er an der Werkstatt eines Färbers vorbei, der Salem hieß. In der Werkstatt lagen viele Tücher, die gefärbt werden sollten. Jesus trat in die Werkstatt des Färbers, nahm alle Tücher und warf sie in einen mit Indigofarbe gefüllten Kessel. Als Salem hereinkam und feststellte, daß alle Tücher unbrauchbar geworden waren, fing er laut zu schreien an und beschimpfte den Herrn Jesus: »Was hast du mir angetan, Sohn Marias? Du hast mich bei allen Bewohnern der Stadt unmöglich gemacht. Jeder hatte für sein Tuch eine bestimmte Farbe bestellt, und nun bist du gekommen und hast alles verdorben!« Da erwiderte der Herr Jesus: »Wenn du die Tücher umgefärbt haben willst, mach ich das gerne.« Und er zog die Tücher eins nach dem anderen aus dem Kessel – in genau der Farbe, wie sie jeder einzelne Kunde bestellt hatte. Als die Juden dieses wunderbare Zeichen sahen, lobten sie Gott.

---

6 Aus dem arabischen Kindheitsevangelium und aus der Pariser Handschrift des ThomasEv. Der Text ist wohl aus dem 2. Jh., weil er im Philippus-Evangelium 54 eine Parallele hat, die auf einen gemeinsamen alten Grundstoff verweist. Das arabische Kindheitsevangelium ist zugänglich in lat. Übersetzung bei K. v. Tischendorf, Evangelia apocrypha, Leipzig, 2. A. 1876, 181-209 (Nachdruck Hildesheim 1966).

Das Evangelium nach Maria

Einleitung: Das Evangelium nach Maria (Magdalena) gehört zu den Texten des koptischen Papyrus Berolinensis 8502. Es ist eines der »Evangelien«, die Dialoge zwischen dem Auferstandenen und Jüngern und Jüngerinnen zum Inhalt haben.
In den Kapiteln 8 und 9 findet sich eine bemerkenswerte Diskussion über die Rolle der Frau unter gnostischen Offenbarungsträgern. Dabei kommt die traditionell kritische Rolle des Apostels Petrus gegenüber Frauen (vgl. ThomasEv 114) zur Sprache und wird mit Argumenten klassischer Erwählungstheologie abgewiesen.

Datierung: Der Text gehört wohl noch in die Anfänge der gnostischen Bewegung. Die Auseinandersetzung mit dem katholischen Kirchenchristentum wird in dem Konflikt zwischen Petrus und Maria deutlich. Die hervorragende Rolle des Andreas (vor Petrus) weist auf ältere Zeiten (vgl. K. Berger, Im Anfang war Johannes, 1997). Auch der aus dem Corpus Iohanneum bekannte Streit über die Frage, ob und inwiefern Jesus ein neues Gebot gegeben habe, findet sich hier fortgesetzt. Eine Datierung um 160 n. Chr. ist daher jedenfalls zu rechtfertigen.

Textgrundlage: W. C. Till, Die gnostischen Schriften des koptischen Papyrus Berolinensis 8502, 2. A. bearb. von H.-M. Schenke, Berlin 1972, 62-79.
Die Einteilung in Kapitel und Verse ist hier neu. Die Seiten der Handschrift werden in eckigen Klammern angegeben.

DAS EVANGELIUM NACH MARIA

1
1 [7] (fragte ...) »Wird nun das Stoffliche zerstört werden oder
2 nicht?« / Der Erlöser antwortete: »Alle Wesen[1], alle Gestalten[2], alle
3 Geschöpfe[3] bestehen ineinander und miteinander. / Sie werden wie-
4 der vergehen, bis auf die Wurzel. / Denn das Stoffliche[4] löst sich nur
5 bis zu den Wurzeln ihres Wesens hin auf. / Hört genau zu und be-
zieht es auf euch![5]«

2
1 Petrus fragte ihn: »Da du uns schon alle möglichen Dinge erklärt
hast, erkläre uns auch noch folgendes: Worin besteht die Sünde der
2 Welt?« / Der Erlöser antwortete: »Die Sünde besteht nicht, sondern
ihr begeht sie, wenn euer Handeln dem Wesen nach wie Unzucht
3 ist. Das nennt man Sünde. / Das Gute hat jedoch mitten unter euch
gewirkt, um jedes Wesen wieder in seine Wurzel einzusetzen.« /
4 Dann fuhr er fort: »Ihr seid krank und sterbt, weil ihr eure Liebe
5 an ein [8] Scheingut geheftet habt.[6] / Versucht, das auf euch anzu-
wenden![7]
6 Das Stoffliche hat eine unvergleichlich heftige Leidenschaft hervor-
gebracht. Doch sie kommt aus etwas, das dem Wesen entgegen-
7, 8 steht. / Daraufhin entsteht ein Aufruhr im ganzen Leib. / Deshalb
habe ich euch gesagt: Seid mutig, und auch wenn ihr jetzt mutlos
seid, so könnt ihr doch Mut fassen, weil das Wesen so viele Gestal-
9 ten haben kann. / Hört genau zu und bezieht es auf euch!«

3
1 Als der selige (Erlöser) dieses gesagt hatte, umarmte er sie alle zum
2 Abschied und sagte: / »Friede sei mit euch! Nehmt meinen Frieden
an! Hütet euch, daß niemand euch in die Irre leite mit den Worten
3 ›Seht hier!‹ oder ›Seht da!‹ / Der Menschensohn ist vielmehr in eu-

---

[1] Griech. Lehnwort *physis*. Das Wort *physis* – von uns mit »Wesen« übersetzt – ist ein Leitwort der folgenden Verse bis 2,6.
[2] Griech. Lehnwort *plasma*.
[3] Griech. Lehnwort *ktisis*.
[4] Wörtlich: »die *physis* der *hyle*«.
[5] Wörtlich: »Wer Ohren hat zu hören, der höre!«
[6] Wörtlich: »weil ihr liebt, was euch betrügen wird«.
[7] Wörtlich: »Wer verstehen kann, der möge verstehen!«

rem Innern. / Folgt ihm nach! Wer ihn sucht, wird ihn finden. / Geht 4, 5
daher zu den Menschen und verkündet das Evangelium vom Reich.
/ Ich habe kein Gebot erlassen außer dem, das ich für euch festge- 6
setzt habe. / Ich habe auch kein Gesetz gegeben, wie Gesetzgeber es 7
tun, bei dem man immer sagen könnte: Es betrifft mich nicht, ich
werde dadurch nicht erfaßt.«
Nach diesen Worten ging der Erlöser weg. / Die Jünger und Jünge- 8, 9
rinnen aber waren traurig, weinten sehr und sagten: »Wie sollen wir
zu den Heidenvölkern gehen und das Evangelium vom Menschen-
sohn predigen? / Wenn nicht einmal er (von Drangsal bei der Ver- 10
kündigung) verschont wurde, wie sollen wir da verschont werden?«

4

Da stand Maria auf, umarmte alle zum Gruß und sagte zu ihren 1
Brüdern (und Schwestern): / »Weint nicht! Seid nicht traurig und 2
nicht verzagt! / Denn die Gnade des Erlösers wird euch alle beglei- 3
ten und euch beschützen. / Wir wollen vielmehr seine Größe prei- 4
sen, denn er hat uns erschaffen und zu Menschen gemacht.«
Nachdem Maria das gesagt hatte, lenkte sie die Gedanken der Mit- 5
jünger auf Gott, das wahre Gute. Sie begannen, über die Worte des
Erlösers zu diskutieren. / [10] Petrus bat Maria Magdalena: 6
»Schwester, wir wissen, daß der Erlöser dich mehr als die übrigen
Frauen liebte. / Sag uns die Worte des Erlösers, an die du dich erin- 7
nerst und die du kennst, die wir aber nicht kennen, weil wir sie
nicht gehört haben.« / Maria gab zur Antwort: »Ich will euch ver- 8
künden, was vor euch bisher verborgen ist.«

5

Sie begann mit ihrer Rede: »Ich sah den Herrn in einer Vision. Da 1
sagte ich zu ihm: ›Herr, ich habe dich heute in einer Vision ge-
schaut.‹ / Der Erlöser antwortete: ›Du Glückliche, daß du bei mei- 2
nem Anblick nicht außer Fassung gerätst. / Denn wo das Verstehen[8] 3
ist, da ist der Schatz.‹ / Ich fragte ihn: ›Herr, sag mir: Wenn einer 4
eine Vision hat, nimmt er sie mit der natürlichen Seele auf oder mit
dem Heiligen Geist?‹ / Der Erlöser erwiderte: ›Nicht mit der Seele 5
und nicht mit dem Heiligen Geist, sondern durch das Verstehen. /
Das liegt in der Mitte zwischen beiden. Das Verstehen sieht die 6
Vision, und es ist (...).‹

---

[8] Griechisches Lehnwort: *nous*. Der »Nous« ist für das hellenistische Judentum und die frühe Gnosis das höchste geistig-geistliche Vermögen des Menschen.

6
1 (...) [15] Und die Begehrlichkeit[9] sagte: ›Ich habe nicht gesehen,
wie du[10] heruntergekommen bist. Jetzt aber sehe ich dich hinauf-
2, 3 steigen. / Wieso lügst du, da du doch zu mir gehörst?‹[11] / Die Seele
antwortete: ›Ich habe dich gesehen. Du hast mich nicht gesehen
4 und mich nicht erkannt. / Ich war ein Kleid für dich, aber du hast
5 mich nicht erkannt.‹ / Nachdem die Seele das gesagt hatte, ging sie
weg und jubelte voll Freude.
6 Da gelangte sie zur dritten Gewalt, deren Name Unwissenheit ist. /
7 Diese fragte die Seele: ›Wohin gehst du? Man hat dich ergriffen, als
du in Bosheit verfallen warst. Deshalb solltest du nicht richten!‹ /
8 Die Seele erwiderte: ›Warum richtest du mich, obwohl ich nicht ge-
9 richtet habe? / Ich bin ergriffen worden, obwohl ich nicht ergriffen
10 habe. / Ich bin nicht erkannt worden, aber ich habe erkannt, daß
das geschaffene All vergeht, sowohl die irdischen Dinge [16] als
auch die himmlischen.‹

7
1 Nachdem die Seele die dritte Gewalt hinter sich gelassen hatte, stieg
sie aufwärts und sah die vierte Gewalt.
2, 3 (Der gesamte Weg der Seele nach oben) ist siebengestaltig.[12] / Die
erste Gestalt ist die Finsternis, die zweite die Begehrlichkeit, die
dritte die Unwissenheit, die vierte die Todesangst, die fünfte das
Reich der Schwäche[13], die sechste die törichte Klugheit, die siebte
4 die zornige Weisheit. / Das sind die sieben, die dem Zorn verfallen
5 sind. / Sie fragen die Seele: ›Woher kommst du, Seele, durch die die
6 Menschen sterben? / Wohin gehst du, Seele, die du von Ort zu Ort
7 gehst?‹ / Die Seele antwortet: ›(Der Körper, der) mein Behältnis
8 war, ist getötet worden. / (Die Begehrlichkeit, die mich von der

---

[9] In dem Abschnitt 6,1-7,15 wird der Aufstieg der irdischen Seele vom Sichtbaren zum Unsichtbaren zum Thema. Auf ihrem Weg muß die Seele verschiedene Hindernisse überwinden. Die einzelnen Stationen ihres Weges werden im Sinne von Zollstationen vorgestellt. Die Gewalten, die die Seele überwinden muß, sind negative Eigenschaften, Laster etc. In 8,7-15 wird die erreichte Erlösung verkündet. – Die erste Station, deren Dialog mit der »Seele« hier erhalten ist, ist die Begehrlichkeit.

[10] Fem.; bezogen auf die kreatürliche Seele.

[11] Die Begehrlichkeit möchte die Seele gerne bei sich behalten und besitzen. Daher dieses Argument.

[12] Es folgt jetzt eine Kurzfassung des Weges nach oben insgesamt. Davon hat die Übersetzung nach dem erhaltenen Wortlaut schon die Stationen Begehrlichkeit und Unwissenheit mitverfolgen können.

[13] Griechisches Lehnwort: *sarx*.

gen sie eine Debatte über einen erfundenen mittelalterlichen Philosophen an. Bald fiel Taubes ein, erläuterte brillant die Seelenlehre des Denkers. Nicht lange zuvor hatte schon Gershom Scholem über seinen wenig später verstoßenen Studenten Taubes geklagt, dieser würde lieber rhapsodisch die Gedanken anderer variieren, statt philologisch streng zu arbeiten. In der Tat hat Taubes wenig Bücher veröffentlicht. Ein Vielschreiber war er trotzdem, wie Muller herausgefunden hat: Bis zu zehn Briefe schrieb er jeden Tag, besonders gern philosophiehistorisch untermauerte Denkschriften für Universitätsverwaltungen, außerdem Leserbriefe und Zeitungsartikel.

Taubes hatte an einer Jeschiwa studiert, verinnerlichte aber die protestantische Theologie seines Lehrers Karl Barth. Er bewunderte Paulus als ersten Linken, als egalitären Ideologen, als seinen Vorläufer also, war von Anfang an Unterstützer der radikalsten Studentengruppen und saß 1967 auf allen Podien. Ein paar Jahre später riet er Marcuse davon ab, an die Freie Universität zu kommen, weil dort alle so dogmatisch seien. Nach einer mentalen Krise Mitte der Siebziger hielt er dann sein Seminar für von DDR-Agenten unterwandert.

Die Generation Theorie hörte bei dem rhetorischen Genie Taubes noch in den Achtzigern. Auf dem Höhepunkt der Studentenproteste hatte schon Alexandre Kojève, Europabeamter und sowjetischer Agent, den Jüngern in Taubes' Seminar geraten, lieber Griechisch zu lernen. So verkörpert Taubes das Pathos der Theorie im 20. Jahrhundert. Das Jahrhundert der Extreme war auch ein Zeitalter der Theoriebesessenheit. Taubes, der religiöse Kommunist, riet seinen ökonomiefixierten Studenten: „Seid schlau, bleibt beim Überbau.“ TIM B. MÜLLER

heiße Medienthemen wie das Schulmassaker von Erfurt nahm Finckh sich vor. Schließlich inszenierte er mit Schülern eine possierliche Version von Wedekinds „Frühlings Erwachen“, bei dem die Erwachsenen per Video von TV-Stars

von 2003 ein abgefilmtes Theaterstück, dazu ein ziemlich lahmes und langes, dessen Hype sich eigentlich nur dadurch erklären ließ, dass Filmkritiker nie ins Theater gehen und deswegen überwältigt waren von dieser „anderen“ Ästhe-

sich so schnell auskalkuliert hat, wie seine erste Produktion abgelaufen ist. Drei Wochen müssten reichen für die Lehre: Ruhm allein durch Casting funktioniert bisher nur im Privatfernsehen. Und das darf ruhig so bleiben. TILL BRIEGLEB

Erfolge mit ihr zurück, 1986 erschien „Das Gesetz der Begierde“, 1988 „Frauen am Rande des Nervenzusammenbruchs“. Aber was sind schon 20 Jahre. Nichts, ein Lufthauch im ewigen Wind von La Mancha. PETER BURGHARDT

Noch ein van Gogh in Otterlo

Die Erben von Salomon van Deventer haben dessen wertvolle Kunstsammlung dem Kröller-Müller-Museum vermacht

Der Mann, dessen Erben dem Kröller-Müller-Museum im niederländischen Otterlo gerade 28 Werke der Klassischen Moderne geschenkt haben, war eine schillernde Persönlichkeit. Fünf Jahre lang, von 1940 bis 1945, leitete Salomon van Deventer das Museum selbst; und mit dessen Gründerin, der deutschen Industriellengattin Helene Kröller, war er seit 1908 eng vertraut. Zeitgenössische Quellen unterstellten den beiden gar eine Liaison, für die es allerdings keine Beweise gibt.

Belegt hingegen ist van Deventers Nähe zum NS-Regime während der deutschen Besetzung der Niederlande. 1945 wurde er als Direktor entlassen und beschuldigt, er habe Werke aus Museumsbesitz an die Deutschen verkauft. Die Ermittlungen endeten mit einem Freispruch: Zwar hatte van Deventer im Juni 1942 tatsächlich Vincent van Goghs Spätwerk „Kornfeld mit Mohnblumen“ für 60 000 Gulden an Hitlers Gauleiter in Wien, Baldur von Schirach, verkauft. Das einst vom Ehepaar Kröller-Müller erworbene Gemälde gehörte zu jenem Zeitpunkt aber offenbar bereits zur Privatsammlung des Museumsdirektors. Noch kurz zuvor war es allerdings im offiziellen Bestandskatalog des Museums aufgeführt worden. Drei Werke deutscher Altmeister, darunter eines von Hans Baldung Grien, hatte van Deventer bereits anderthalb Jahre zuvor auf Anordnung Görings herausgegeben. Im niederländischen Nationalarchiv findet sich ein Brief, den der Museumsleiter mit „Heil Hitler“ unterzeichnet hat. Weitere Dokumente hält die Familie unter Verschluss; sie stehen auch dem Kröller-Müller-Museum nicht zur Verfügung.

Nach dem Tod von Samuel van Deventers Sohn Jan Solomon Rudy Karl-Eugen haben dessen Erben nun 28 Kunstwerke aus der Privatsammlung dem Kröller-Müller-Museum vermacht. Zu den wichtigsten Arbeiten zählen Zeichnungen von Gauguin, Seurat und Redon. Unter den Gemälden sind Werke von Daubigny, Herbin und Jongkind sowie ein größeres Konvolut des niederländischen Konstruktivisten Bart van der Leck. Teuerstes Stück der Schenkung ist das 1887 in Paris entstandene Van-Gogh-Gemälde „Liegender Akt“, dessen Eigenhändigkeit erst vor kurzem bestätigt wurde. Ein gefälschtes „Selbstbildnis“ van Goghs aus der berüchtigten Berliner Galerie Otto Wacker hingegen behält die Familie.

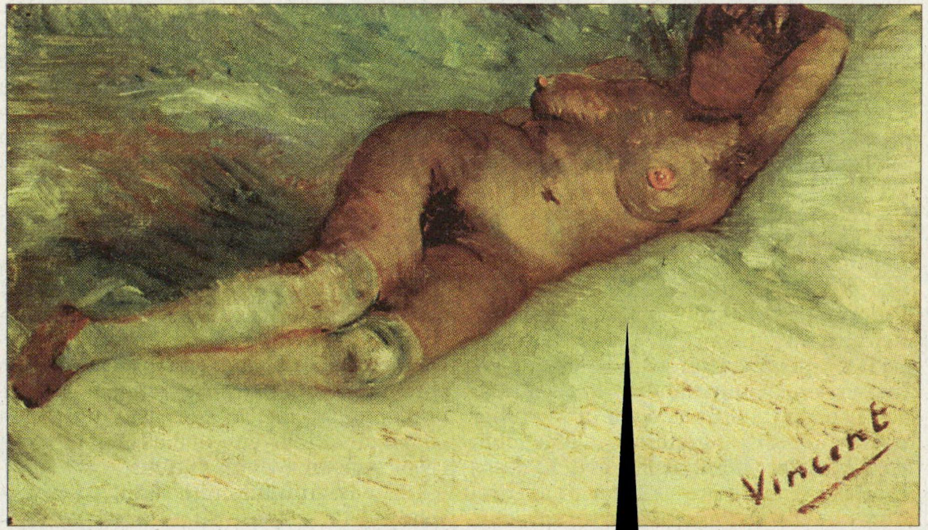

Van Gogh: „Liegender Akt“, 1887 in Paris gemalt Foto: Kröller-Müller-Museum

Erbschaftssteuern mit Kunstwerken zu bezahlen, hat in den Niederlanden durchaus Tradition, Weil es die Möglichkeit schon seit vielen Jahren gibt, hat Amsterdam seit 1973 mit dem Van Gogh Museum eines der meistbesuchten Kunsthäuser der Welt. Die Familie van Gogh und das Kultur- und Finanzministerium verhinderten damals, dass der Nachlass in alle Winde verstreut wurde. Die Deventer-Stiftung wird vom 15. April an im wiedereröffneten restaurierten Van-de-Velde-Flügel des Kröller-Müller-Museums ausgestellt. (Info: www.kmm.nl)

STEFAN KOLDEHOFF

SZ 11.4.2006

Das Evangelium des Bösewichts

Die eben veröffentlichten Papyrusblätter des so genannten Judas-Evangeliums bekunden die ewige Wiederkehr gnostischer Gedanken / Von Peter Lampe

Dem Bösewicht über die Schulter zu schauen, wie er sein Evangelium schreibt, bevor er sich den Strick um den Hals legt – wer hätte nicht davon geträumt? Waren es nur die dreißig Silberlinge? Wir werden es nie erfahren. Stattdessen sehen wir einem Gnostiker des zweiten oder eher dritten Jahrhunderts zu, der eine nicht minder fesselnde Geschichte über seine eigene Zeit preisgibt, über seine christliche Glaubensgemeinschaft und ihr gestörtes Verhältnis zur etablierten Großkirche.

Bereits der Lyoner Bischof Irenaeus wetterte um 180 n. Chr. gegen Gnostiker, die sich zu Bösewichten und Dummköpfen der Bibel wie Kain und Esau hingezogen fühlten und ihr eigenes Verhältnis zur Großkirche im Verhältnis des Judas zu den übrigen Jüngern gespiegelt sahen. Ob Irenaeus bereits über „unseren" Judas-Gnostiker die Stirne runzelte, lässt sich nicht entscheiden. Der seit dem letzten Wochenende „unsrige" schrieb auf Griechisch. Sein Text wurde ins Koptische übersetzt. Eine Abschrift wurde irgendwann zwischen 220 und 340 n. Chr. in schönen Lettern gefertigt und in einem Codex mit drei weiteren gnostischen Schriften zusammengebunden.

Aus der Wüste Ägyptens tauchte der Codex 1983 im Genfer Hotelzimmer eines ägyptischen Antikenhändlers auf. Drei Millionen Dollar sollte der Fund kosten. Auch angelaufenes Silber klimpert. Niemand vermochte zu zahlen, sodass das Manuskript jahrelang in einem Banksafe auf Long Island vor sich hin gammelte, bis eine Zürcher Antikenhändlerin es der Gelehrtenwelt zur Verfügung stellte. Pünktlich zur Karwoche annonciert *National Geographic* der Weltöffentlichkeit eine Edition.

Jesus lachte – im Judas-Evangelium. Am meisten über die anderen Jünger. Gebete rattern sie als Pflichtübung ab. Sie preisen den unerträglichen Schöpfergott dieser Welt, der gegen den anderen, guten Gott jenseits des Universums agitiert. Sie pflanzen „Bäume ohne Frucht in meinem Namen in schändlicher Weise" und sind vom selben Schlag wie ein „Tempelpriester", wie ein „Diener des Irrtums". Hinter der literarischen Figur des Jüngerkreises leuchtet wie hinter einem Transparent die etablierte Großkirche des dritten Jahrhunderts auf.

Geheimnisse des Königreichs

Den Idealjünger Judas dagegen winkt Jesus gleich zu Beginn des Textes beiseite: „Komm weg von den anderen. Dann werde ich dir die Geheimnisse des Königsreichs erzählen." Gnostiker liebten es, ihre Einsichten in die literarische Form einer Geheimlehre Jesu zu kleiden, ließ sich mit diesem Trick doch das eigene Denken autorisieren und zugleich erklären, warum niemand vorher von diesen Lehren gehört hatte. So prangt über dem Judas-Evangelium „Geheimbericht von der Offenbarung, welche Jesus im Gespräch mit Judas Iskariot . . . drei Tage, bevor er Passah feierte, sprach." Dergleichen lässt sich heute in Silberlinge ummünzen. Vielen modernen Christen, die ihrer Kirche den Rücken kehrten, juckt in den Ohren, dass schon in der Spätantike Menschen an einer etablierten Kirche und an einer unerträglichen Welt litten. Finden sie Antworten auf ihre Existenzfragen bei den Gnostikern?

„Jesus sprach zu Judas: Siehe, dir wurde alles gesagt. Du wirst über alle hinauswachsen. Denn du wirst den Mann, der mich kleidet, opfern." Mithilfe des gnostisch-dualistischen Menschenbildes wird der Judasverrat zur heilsgeschichtlichen Glanzleistung stilisiert. Judas avanciert zum Geburtshelfer des in Jesus innewohnenden göttlichen Seins, das sich vorzeitig aus seiner materiellen Hülle befreit, indem es mit Hilfe des Verrats gekreuzigt wird. Welche Anthropologie steht dahinter? Einigen Auserwählten wie Jesus und den Gnostikern wohnt ein göttlicher Energiepartikel inne, der, vom obersten Gott herkommend, in die Materie der Welt versprengt wurde. Der physische Körper „kleidet" das göttliche Einsprengsel ein, nimmt es lästig gefangen. Rettung findet, wer sich des Göttlichen im Inneren bewusst wird und, angeleitet vom Lehrer Jesus, es für den Aufstieg vorbereitet, hinweg aus dem Physischen, hinauf zum obersten Gott. Die anderen bleiben zurück. Sie verstehen nichts. Auch nicht die Jünger. Das hört sich nach einer leib-feindlichen Spielart von New Age an. But it's Old Age.

So wissen wir es nun seit der Karwoche 2006: Nicht die Silberlinge, nein, geheime Auftragsworte Jesu bewegten Judas dazu, im dunklen Garten den Meister zu küssen, um ihn den Häschern anzuzeigen. Selbstlos ruinierte Judas den eigenen Ruf („fluchen wird man dir"). Wir, die wir nichts begriffen, stempelten ihn zum Synonym des Verrats. Was wären wir ohne die gnostischen Schriften?

Die Frage stellt sich nicht nur in ironischem Ton. Nach dem Zweiten Weltkrieg wurden zahlreiche unbekannte gnostische Schriften der Spätantike entdeckt, unter anderem Evangelien „der Wahrheit", „des Philippus" oder der „Maria Magdalena". Letztere beflügelt moderne Phantasie. Dan Browns Romanbestseller „The Da Vinci Code" spielt auf der Magdalenen-Geige weiter, demnächst im Kino. Browns Idee fesselt, dass jeder von uns soeben im Bus einem direkten Nachkommen von Jesus und Maria Magdalena die Hand gedrückt haben könnte: über die Generationen hinweg siebzig Handschläge bis zu Jesus! Aber wie heißt es bei Matthäus? „Ich war ein Fremder, und ihr nahmt mich nicht auf. Ich war schwach, und ihr habt nicht nach mir geschaut". Der kanonische Jesus der Bergpredigt wäre für jeden von uns einen Handschlag entfernt.

Als historische Hartmünze bieten die spätantiken Gnostikerschriften über den Mann aus Nazareth fast nichts. Im Thomas-Evangelium zum Beispiel werden ein paar unbekannte Jesusworte überliefert, die mit hoher Wahrscheinlichkeit auf den historischen Jesus zurückgehen – etwa das Gleichnis vom leeren Krug. Historische Hartmünze liefern die gnostischen Schriften insofern, als sie unser Wissen über die Vielfalt des spätantiken Christentums anreichern. Im zweiten und dritten Jahrhundert pulsierte dieser Pluralismus in der Frühphase des Christentums besonders heftig.

Doch bedarf es nicht der gnostischen Schriften, um die Fiktion eines frühen monolithischen Christentums, das erst später in Pluralismus erblühte, zu verabschieden. In den neutestamentlichen Schriften bereits des ersten Jahrhunderts leuchtet eine atemberaubende Buntheit der Traditionen auf. Kanonisiert wurde im Neuen Testament eine Vielfalt – was weiterreichende theologische Folgen zeitigen müsste, als die Konfessionen bislang bereit waren, sich einzugestehen. Eine Christenheit, die sich auf Gründonnerstag vorbereitet, könnte sich zum Beispiel vor Augen halten, dass sich die verschiedenen Auffassungen der Konfessionen über das „Wie" der Christuspräsenz in der Eucharistie samt und sonders bereits auf neutestamentliche Abendmahlstraditionen zurückführen lassen. Die kanonische Varianz an diesem Punkt zwingt zur Einsicht, dass nicht das „Wie", sondern das „Dass" wichtig wäre. Das Kirchenvolk weiß das schon lange. Vielleicht werden die Kirchen sich in den nächsten tausend Jahren einmal von dieser schlichten Einsicht leiten lassen und in versöhnter Vielfalt gemeinsam an einen Tisch treten.

Der Autor lehrt Neutestamentliche Theologie an der Universität Heidelberg.

rechten Bahn) abgewendet hat, ist überwunden worden. / Die Be- 9
gierde, die in mir war, ist versiegt. / Die Unwissenheit ist gestorben. 10
/ In einer (irdischen) Welt wurde ich erlöst [17] von einer (himmli- 11
schen) Welt. / In einer (irdischen) Gestalt wurde ich erlöst von einer 12
himmlischen[14] Gestalt. / Ich wurde erlöst aus der Fessel, nichts er- 13
kennen zu können. / Doch diese Fessel ist zeitlich begrenzt. / Nach 14, 15
dem Ende dieser Zeit werde ich die himmlische Heimat erlangen,
wenn die Zeit des Äons in Schweigen angebrochen ist.‹«

8

Als Maria das gesagt hatte, schwieg sie. Bis dahin hatte der Erlöser 1
mit ihr gesprochen. / Andreas sagte zu den Brüdern: »Sagt, was ihr 2
zu Marias Worten denkt. / Ich wenigstens glaube nicht, daß der Er- 3
löser das gesagt hat. Denn dies sind doch fremde Lehren.« / Petrus 4
äußerte sich dazu und fragte dann die Jünger, ob dem Erlöser so et-
was zuzutrauen sei: / »Sollte der Erlöser heimlich mit einer Frau ge- 5
sprochen haben, sie bevorzugt haben vor uns und (das alles nicht)
offen? Was sollen wir denn jetzt tun? Sollen wir umdenken und auf
sie hören? Hat der Erlöser sie gegenüber uns bevorzugt?«

9

[18] Da weinte Maria Magdalena und sagte zu Petrus: »Mein Bru- 1
der Petrus, was glaubst du denn? / Glaubst du, ich hätte mir das in 2
meinem Herzen selbst ausgedacht oder ich lüge über den Erlöser?«
/ Levi beruhigte sie und sagte zu Petrus: »Petrus, du bist schon im- 3
mer ein Hitzkopf gewesen. Und nun kanzelst du eine Frau ab, als
wäre sie der Teufel persönlich. / Doch wenn der Erlöser sie für ihre 4
Aufgabe befähigt hat, wer bist du denn, daß du sie einfach für un-
glaubwürdig erklärst? / Sicher kennt der Erlöser sie ganz genau. / 5
Deshalb hat er sie mehr als uns geliebt. / Wir sollten uns vielmehr 6, 7
schämen und den vollkommenen Menschen wie ein Gewand anzie-
hen.[15] / Dann sollten wir Abschied nehmen, wie er es uns geboten 8
hat, und das Evangelium verkünden. / Dabei sollten wir über das 9
hinaus, was der Erlöser gesagt hat, kein weiteres Gesetz verkün-
den.« / Als Levi das gesagt hatte, machten sich die Jünger auf den 10
Weg, um das Evangelium zu verkündigen und zu predigen.
Das Evangelium nach Maria.

---

14 Wörtlich: »oberen«.
15 Vgl. Eph 4,24.

Die markionitischen Prologe zu Paulus

Einleitung: Diese kurzen Einleitungen sind die klassischen Prologe in der lateinischen Bibel Europas; nach A. v. Harnack stehen sie in 14 von 20 alten Haupt-Handschriften der Vulgata. Der Irrlehrer Pelagius (4./5. Jh.) ist der älteste Zeuge für sie. Ursprünglich sind sie wohl griechisch verfaßt, doch davon ist nichts erhalten.

Theologie: Markion ist im 2. Jh. n. Chr. ein bedeutender (Irr-)Lehrer der Kirche, der das Christentum von allen jüdischen Bestandteilen reinigen und dies durch Ausschluß des AT und vieler neutestamentlicher Passagen auch normativ werden lassen will.
Die Prologe sind markionitisch, weil sie ein Christentum verwerfen, das das Alte Testament im Kanon bewahrt. Judaistisch sind in ihrer Sicht alle nicht-paulinischen Missionare. »Aus der Polemik gegen den Katholizismus heraus sind sie entsprungen und sollen der Auslegung der Paulusbriefe die markionitische Richtung geben. Geradezu rätselhaft ist es, daß die Katholiken diese Tendenz nicht durchschaut und arglos die Prologe rezipiert haben« (A. v. Harnack, a. a. O., 131*). Die Wirkung ist nicht ausgeblieben und zeigt sich deutlich bis heute.

Datierung: A. v. Harnack urteilt, Markion selbst sei wohl kaum der Verfasser, wohl aber ein späterer Markionit, »aber ihre große Verbreitung in der katholischen Kirche des Abendlandes erfordert die Annahme, daß sie spätestens am Ende des 2. Jahrhunderts entstanden sind« (a. a. O., 131*).

Textgrundlage: A. von Harnack, Marcion. Das Evangelium vom fremden Gott, Leipzig, 2. A. 1924 (Nachdruck Darmstadt 1985), Beilage 3C (»Die Marcionitischen Prologe«), 127*-129* nach D. de Bruyne, Rev. Bénéd., 1907, 1-16.257ff.

Zum Galaterbrief:
Die Galater sind Griechen. Sie haben das Wort der Wahrheit zuerst vom Apostel (Paulus) empfangen. Doch nach seiner Abreise wurden sie von lügnerischen Aposteln in Versuchung geführt, sich dem Gesetz und der Beschneidung zuzuwenden. Der Apostel ruft sie zurück zum wahren Glauben, indem er ihnen von Ephesus aus schreibt.

Zu den Korintherbriefen:
Die Korinther sind Einwohner von Achaia. Wie die Galater haben sie zuerst vom Apostel (Paulus) das Wort der Wahrheit gehört. Lügenhafte Apostel haben sie vielfältig abtrünnig werden lassen. Einige wurden durch die wortreiche Beredsamkeit der Philosophie, andere durch eine Sekte mit dem jüdischen Gesetz infiltriert. Der Apostel ruft sie zurück zur wahren und dem Evangelium gemäßen Weisheit. Durch die Hand des Timotheus schreibt er ihnen von Ephesus aus. Nachdem die Korinther Buße getan haben, schreibt er ihnen von Troas aus einen Trostbrief und lobt sie sehr, um sie zum Besseren zu ermahnen.

Zum Römerbrief:
Die Römer bewohnen eine Gegend Italiens. Lügnerische Apostel haben sie zuerst aufgesucht. Unter dem Namen unseres Herrn Jesus Christus waren sie in ein Christentum eingeführt worden, das aus Gesetz und Propheten bestand. Der Apostel ruft sie zum wahren Glauben nach dem Evangelium zurück, indem er ihnen von Korinth aus schreibt.

Zu den Thessalonicherbriefen:
Die Thessalonicher sind Makedonen. Nachdem sie das Wort der Wahrheit angenommen haben, sind sie auch in der Verfolgung durch ihre Mitbürger im Glauben standhaft geblieben. Auch haben sie nicht angenommen, was lügnerische Apostel verkündeten. Paulus lobt sie in seinem Brief, den er von Athen aus schreibt.
Den zweiten Brief an die Thessalonicher hat der Apostel geschrieben, um sie über die Endzeit und die Enthüllung des Widersachers zu belehren. Er hat ihn von Athen aus geschrieben.

Zum Laodizenerbrief:
Die Laodizener sind Bewohner der Provinz Asia. Lügnerische Apostel hatten hier zuvor Einfluß gewonnen. Der Apostel hat sie nicht selbst besucht, sondern will sie durch seinen Brief wieder auf die rechte Bahn bringen.

Zum Kolosserbrief:
Auch die Kolosser sind – wie die Laodizener – Bewohner der Provinz Asia. Auch hier waren zuvor lügnerische Apostel gewesen. Auch zu ihnen kommt der Apostel nicht persönlich, sondern will sie durch seinen Brief wieder auf die rechte Bahn bringen. Sie haben das Wort des Evangeliums von Archippus gehört, der auch ein

Dienstamt bei ihnen bekleidete. Also schreibt der Apostel ihnen von Ephesus aus, bereits in Gefangenschaft.

Zum Philipperbrief:
Die Philipper sind Makedonen. Sie hatten das Wort der Wahrheit angenommen, waren dem Glauben treu geblieben und hatten keinen lügnerischen Aposteln Gehör geschenkt. Der Apostel lobt sie sehr, als er ihnen aus römischer Kerkerhaft durch die Hand des Epaphroditus einen Brief schreibt.

Zum Philemonbrief:
An Philemon hat Paulus zugunsten seines Sklaven Onesimus einen vertraulichen Brief geschrieben, und zwar aus römischer Kerkerhaft.

Zum Ersten Timotheusbrief:
Paulus gibt Timotheus Anweisungen und belehrt ihn über die Einsetzung des Bischofsamtes, des Diakonats und der gesamten kirchlichen Ordnung.
Ebenso ermahnt er Timotheus zum Martyrium und zur Einhaltung des Bekenntnisses, ferner spricht er über das kommende Weltende und über sein eigenes Martyrium.

Zum Titusbrief:
Paulus ermahnt Titus und belehrt ihn über die Funktion des Ältestenamts, den geistlichen Lebenswandel und das Vermeiden des Kontakts mit Häretikern, die an jüdische Schriften glauben.

Tatian: Evangelienharmonie

Einleitung: Der Syrer Tatian († ca. 190) war Sohn heidnischer Eltern und wurde in Rom Schüler Justins des Märtyrers (um 165 n. Chr.). Etwa um das Jahr 172 n. Chr. ging Tatian in den Orient zurück. Wohl erst dort verfaßte er – wohl unter Gebrauch einer altsyrischen Bibelübersetzung – in syrischer Sprache eine Evangelienharmonie. Als Entstehungsdatum wird die Zeit 165-180 n. Chr. angenommen. Tatian wurde im Osten Enkratit, d. h., er vertrat ein rigoroses Christentum, das Enthaltsamkeit auf allen Gebieten der menschlichen Bedürfnisse predigte (vgl. unten zu Lk 2,36; Mt 19,4).
»Evangelienharmonie« bedeutet: Tatian hat die Berichte der vier Evangelien zu einer einzigen Erzählung kompiliert. Dabei ließ er sich vom Rahmen des JohEv leiten und fügte dem die anderen Stoffe in mutmaßlich zeitlicher Reihenfolge ein. Die Absicht war offenbar, auf diese Weise eine »authentische«, zusammenhängende, umfassende, einheitliche Darstellung des Lebens Jesu zu geben. Bis in das 5. Jh. gebrauchte die syrische Kirche diesen Text beim Gottesdienst. Die theologische Leistung besteht hauptsächlich darin: Durch die neue teppichartige Anordnung der Stoffe aus den Evangelien wird eine bestimmte Neu-Interpretation erreicht; im Rahmen einer Kompositionskritik wäre das im einzelnen zu untersuchen. Bisher liegt dagegen in den Studien zu Tatian das Gewicht zumeist auf der Textkritik. Dabei konnte man viele Lesarten des Codex Bezae (5./6. Jh.; »westl. Text«; Cambridge) bestätigt finden.
Theologiegeschichtlich ist der Versuch Tatians deshalb interessant, weil seine Kompilation eine Möglichkeit gewesen wäre, das Nebeneinander der Evangelien in einem »Kanon« zu umgehen. Es wäre für die Kirchen wesentlich einfacher gewesen, aufgrund einer in dieser Weise »autorisierten« Biographie eine Einheitsüberzeugung durchzusetzen. Doch am Ende ist Tatian gescheitert. Die Einzelevangelien (in der syrischen Kirche Da-Mepharreshe genannt, »Evangelium der Getrennten«, d. h. vier Evangelien) blieben erhalten.
Die Wirkungsgeschichte dieser Kompilation ist enorm. Schon vor 223 n. Chr. wurde wohl eine griechische Version angefertigt (1933 fand man ein Bruchstück davon in Dura Europos im Irak), sehr früh entstand auch das altlateinische Diatessaron. Während auf der Basis des syrischen Ur-Diatessaron die arabischen, persischen, armenischen und georgischen Versionen sowie die (syrische) Peshitta-Version entstanden, war das altlateinische Diatessaron die Grundlage für

alle westlichen Versionen. Diese wurden später teilweise mit der Vetus Latina und der Vulgata (den im Umlauf befindlichen lateinischen Bibelübersetzungen) harmonisiert. Die wichtigsten Vertreter sind die altniederländische Version und der Codex Fuldensis (546 n. Chr.).
Der Name »Diatessaron« kommt aus dem Griechischen und bedeutet »(Rundgang) durch die vier (Evangelien)«. Freilich sind nicht alle antiken Gewährsleute der Meinung, daß es sich nur um vier Evangelien handelte. Mindestens ein Autor spricht davon, daß es fünf waren (Titel also: Diapente), und das macht die Sache noch einmal besonders interessant. Denn in der Tat sind eine Reihe von Informationen bei Tatian zu finden, die er nicht aus den vier Evangelien hat. Das fünfte Evangelium könnte das rätselhafte Hebräer-Evangelium gewesen sein (s. o.) oder aber auch die (griechische) Evangelienharmonie, die sein Lehrer Justin benutzt haben könnte.
Tatians Evangelien-Harmonie ist in modernes Deutsch noch nie »kritisch« übersetzt worden – nur aus dem Jahre 1926 gibt es eine in Heidelberg erschienene Übersetzung der arabischen Version von E. Preuschen. Die Schwierigkeiten, die sich einer kritischen Übersetzung in den Weg stellen, liegen auf der Hand: Noch leichter als in den Bibelhandschriften konnte man in den Versionen des Diatessaron die jeweils eigene Tendenz eintragen. Die Textgeschichte des Diatessaron erlaubt auch aus diesem Grund nicht den Rekurs auf eine einheitliche Textbasis.
Um wenigstens einen ungefähren Eindruck zu vermitteln, haben wir nach unserer eigenen Übersetzung der vier Evangelien die Ausgabe des Diatessaron von Hope W. Hogg: The Diatessaron of Tatian, in: A. Menzies, Ante-Nicene Fathers Vol. 9, 1896/97, 2. A. 1995, 35-138, zugrunde gelegt und bieten nur den Anfang (Abschnitt 1-4) und das Ende (Abschnitt 55) des Diatessaron. Sie beruht auf der – wesentlich an den arabischen Versionen orientierten – Ausgabe von Augustinus Ciasca: Tatiani Evangeliorum harmoniae arabice, Rom 1888.

Textgrundlage: Augustinus Ciasca: Tatiani Evangeliorum harmoniae arabice, Rom 1888.
Vgl. ferner: C. C. de Bruin: Diatessaron Haarense, Leiden 1970; ders., Diatessaron Cantabrigiense, Leiden 1970. – J. P. Palthen(ius): Tatiani Alexandrini harmoniae evangelicae antiquissima versio theotisca, Greifswald 1706 (= MS Junius 13; Oxford, Bodleiana MS 5125). – Vgl. Th. Zahn: Tatian's Diatessaron, Erlangen 1881; W. L. Petersen: Tatian's Diatessaron. Its Creation, Dissemination, Significance, and History in Scholarship, Leiden 1994.

Markante Textbelege:

Mt 1,19: statt »ihr Mann« (sc. Mariens) hat Tatian nur »Joseph«.
Mt 1,24: statt »(Joseph) bewachte seine Frau« hat Tatian: »bewachte Maria«.
Mt 1,25: statt »(Joseph) erkannte sie nicht« hat Tatian: »er lebte in Reinheit mit ihr«.
Mt 2,11: statt »Gold, Weihrauch und Myrrhe« hat Tatian: »Gold, Myrrhe, Weihrauch«.
Mt 3,15-16: neu bei Tatian ist ein »Licht«, das bei Jesu Taufe im Jordan gesehen wird (wie in anderen apokryphen Evangelien).
Mt 4,24: statt »Mondsüchtige« hat Tatian (Diat 7,10) »Söhne der Dächer«.
Mt 6,11: statt »unser täglich Brot« hat Tatian (Diat 9,34): »gib uns die Macht unseres Tages«.
Mt 8,4: statt »bringe dar, was Mose angeordnet hat« hat Tatian: »und erfülle das Gesetz«.
Mt 11,19: statt »Weintrinker« hat Ephraem der Syrer in seiner Version des Diat »trinkt«.
Mt 15,22: statt »Kanaanäerin« hat Tatian: »Und jene Frau war eine Chanifitin« (die sich zur orthodoxen Richtung des Abu Chanifa hält). (Diat 20,48).
Mt 16,24: statt »er soll sein Kreuz auf sich nehmen« hat Tatian: »er soll sein Kreuz auf seine Schultern nehmen«.
Mt 19,4: statt »der geschaffen hat... sagte«, hat Tatian: »und Adam sagte« (Gott hat nicht die Ehe gestiftet; asketische Tendenz).
Mt 26,29: statt »ich werde nicht mehr vom Weinstock trinken« hat Tatian: »ich werde nicht mehr trinken«.
Mt 27,34: statt »Wein mit Galle vermischt« hat Tatian: »Essig mit Galle«.
Mt 27,52: statt »Leiber entschlafener Heiliger« hat Tatian: »Tote standen auf«.
Mk 10,30: statt »mit Verfolgungen« hat das pers. Diat: »alle ihre Bedrängnis und Angst«.

Lk 1,35: statt »wird heilig genannt werden« hat Tatian: »wird rein sein«.
Lk 1,51: statt »mit starker Hand hat er mir geholfen« hat Tatian: »er schafft Sieg mit seinem Arm«.
Lk 2,22: die Worte »Friede auf Erden« ergänzt Tatian, Diat 2,22 um »und gute Hoffnung«.

Lk 2,25: statt »fromm« hat Tatian, Diat 2,33 von Simeon »enthaltsam«.
Lk 2,30: statt »dein Heil« hat Tatian, Diat 2,38 »dein Erbarmen«.
Lk 2,36: statt »sieben Jahre ihrer Jungfrauenzeit« hat Tatian: »sieben Tage mit ihrem Mann« (die Ehezeit wird verkürzt).
Lk 7,30: statt »(die Pharisäer) verachteten Gottes Willen« hat Tatian: »vergewaltigten Gottes Willen«.
Lk 7,42: statt »Wer von beiden liebte ihn mehr?« hat Tatian: »Wen von beiden liebte er mehr?«
Lk 11,28: »zu hören ... und bewahren« fügt das altniederländische Diatessaron (Lüttich) hinzu: »und danach handeln«.
Lk 14,26: statt »haßt« (sc. die Verwandten) hat Tatian: »verläßt«.
Lk 20,35: statt zu »werden nicht verheiratet noch heiraten« ergänzt Tatian: »wer es wert ist«.

Joh 2,10: »wenn sie betrunken sind« fehlt im armen. Diat.
Joh 3,33: »bezeugt daß Gott wahr ist« hat Tatian (Diat 6,16) »Wer sein Zeugnis angenommen hat, der hat sich dafür entschieden, daß er wahrhaftig Gott ist«.
Joh 13,9: statt »auch die Hände und den Kopf« hat Tatian: »meinen Kopf und meinen ganzen Leib«.

DIATESSARON

Im Namen des einen Gottes, des Vaters und des Sohnes und des Heiligen Geistes. Ihm sei die Ehre allezeit. Wir beginnen, mit der Hilfe des höchsten Gottes, das wahre Evangelium zu schreiben, den blühenden Garten, genannt Diatessaron, ein Werk, das von Tatian aus den vier Evangelien zusammengesetzt wurde.

Abschnitt 1

[1]Zuerst war das Wort da, Gott nahe und von Gottes Art. / Es war 1, 2
am Anfang bei Gott. / Alle Dinge sind durch das Wort entstanden. 3
Ohne das Wort konnte nichts werden. / In ihm war das Leben, und 4
für die Menschen ist Leben auch Licht. / Das Licht macht die Fin- 5
sternis hell, und die Finsternis hat das Licht nicht verschluckt.
[2]Zu der Zeit, als Herodes König von Judäa war, lebte ein Priester 6
namens Zacharias aus dem Geschlecht Abija mit seiner Frau Elisa-
beth, die von den Töchtern Aarons abstammte. / Beide führten ein 7
gerechtes Leben vor Gott, streng und ohne Tadel befolgten sie alle
Gebote Gottes. / Sie waren kinderlos, denn Elisabeth war unfrucht- 8
bar, und beide waren schon im fortgeschrittenen Alter. / Eines Tages 9
hatte Zacharias Priesterdienst im Tempel, wie es der Zeitplan vor-
sah. / Die einzelnen priesterlichen Dienste wurden nämlich ausge- 10
lost, und Zacharias war das Weihrauchopfer zugefallen. / Draußen 11
vor dem Bereich, in dem sich der Altar für Rauchopfer befand,
stand eine große Menschenmenge und betete. / Als Zacharias den 12
Tempel betrat, sah er einen Engel des Herrn rechts vom Rauchop-
feraltar stehen. / Er erschrak sehr, große Angst ergriff ihn. / Der En- 13, 14
gel redete ihn an: »Fürchte dich nicht, Zacharias! Dein Flehen
wurde erhört: Deine Frau Elisabeth wird dir einen Sohn schenken,
und du sollst ihn Johannes nennen. / Du wirst dich freuen und ju- 15
beln, und viele Menschen werden über seine Geburt glücklich sein,
/ denn er wird groß sein in den Augen Gottes. Wein oder anderes 16
Rauschgetränk wird er nicht trinken. Vom Mutterschoß an wird er
vom Heiligen Geist erfüllt sein, / und er wird viele Israeliten zu Gott, 17
ihrem Herrn, bekehren, / dem er als Bote vorausgeht in dem glei- 18

[1] Diat I 1-4 vgl. Joh 1,1-5.
[2] Diat I 6-81 vgl. Lk 1,5-80.

chen Geist und der gleichen Kraft wie Elia. Er wird die Eltern mit
den Kindern versöhnen und die Abtrünnigen Redlichkeit lehren. Er
19 bereitet das Volk auf Gottes Kommen vor.« / Zacharias fragte den
Engel: »An welchem Zeichen kann ich denn erkennen, daß du die
Wahrheit sagst? Ich bin doch ein alter Mann, und meine Frau ist
20 auch nicht mehr jung.« / Der Engel antwortete: »Ich bin Gabriel,
der Engel, der vor Gottes Thron steht. Gott hat mich geschickt, dir
21 diese frohe Botschaft zu verkünden. / Das Zeichen, das du ver-
langst, ist dieses: Zur Strafe dafür, daß du meinen Worten nicht ge-
glaubt hast, wirst du stumm sein, bis alles Versprochene eingetrof-
22 fen und erfüllt ist.« / Draußen vor dem Tempel wartete das Volk auf
Zacharias, und die Leute fragten sich, warum er sich verspätete. /
23 Als er dann herauskam und nicht sprechen konnte, wurde ihnen
klar, daß er im Tempel eine Erscheinung gehabt hatte. Er versuchte
sich durch Gebärden verständlich zu machen, aber er blieb weiter-
24 hin stumm. / Als die Zeit des Priesterdienstes zu Ende war, zogen
25 sie wieder in ihr Haus. / Nach einiger Zeit wurde Elisabeth schwan-
26 ger und zog sich fünf Monate lang ganz zurück. Sie sagte: / »Gott
hat jetzt an mir gehandelt und hat meine Kinderlosigkeit beseitigt;
sie war eine Schande in den Augen der Menschen.«
27 Als Elisabeth im sechsten Monat schwanger war, schickte Gott den
28 Engel Gabriel nach Nazareth, in ein galiläisches Dorf. / Gabriel
wurde zu einer Jungfrau namens Maria gesandt, die mit einem
29 Mann namens Joseph verlobt war. / Der Engel trat zu Maria ins
Haus und sagte: »Ich grüße dich, Gott ist dir gnädig, der Herr ist
30 mit dir, Gott hat dich vor allen anderen Frauen gesegnet.« / Maria
erschrak, denn sie wußte nicht, was dieser Gruß bedeuten sollte. /
31 Da sagte der Engel: »Hab keine Angst, Maria, Gott hat dich gnädig
32 auserwählt. / Du wirst jetzt schwanger werden und einen Sohn ge-
33 bären, den sollst du Jesus nennen. / Er wird zu den Großen gehö-
ren, ja, er wird Sohn Gottes, des Allerhöchsten, heißen. Gott der
34 Herr wird ihm den Thron seines Vaters David geben. / Und er wird
König sein über Israel, Jakobs Haus, für alle Zeit. Und sein Reich
35 wird für immer bestehen.« / Maria fragte: »Wie soll das alles ge-
36 schehen, ich habe doch keinen Mann?« / Der Engel antwortete:
»Der Heilige Geist wird über dich kommen, und die Kraft Gottes
wird dich umhüllen. Deswegen wird dein Kind rein sein und Gottes
37 Sohn heißen. / Nimm folgendes als Zeichen: Auch Elisabeth, deine
Verwandte, ist trotz ihres hohen Alters schwanger geworden, sie
wird einen Sohn bekommen und ist schon im sechsten Monat, ob-
38 wohl es doch hieß, sie sei unfruchtbar. / Doch bei Gott ist nichts un-
39 möglich.« / Da sagte Maria: »So will ich denn dem Herrn gehor-

chen, dein Wort gehe an mir in Erfüllung.« Dann verschwand der
Engel.

Sogleich machte sich Maria eilends auf in das judäische Gebirgs- 40
dorf, / wo Zacharias und Elisabeth wohnten. Sie begrüßte Elisa- 41
beth, / und als diese Marias Gruß hörte, hüpfte das Kind in ihrem 42
Leib vor Freude. Der Heilige Geist kam über sie, / und sie rief laut: 43
»Auf dir liegt Gottes Segen, mehr als auf allen anderen Frauen, und
gesegnet ist dein Kind. / Wie ist es nur möglich, daß die Mutter mei- 44
nes Herrn zu mir kommt? / Denn als ich deinen Gruß hörte, hüpfte 45
das Kind in meinem Leib vor Freude und Jubel. / Du bist glücklich 46
zu preisen, weil du daran geglaubt hast, daß Gottes Verheißung an
dir in Erfüllung geht.«

Da sagte Maria[3]: 47
»Lobpreisen will ich den Herrn
und mich freuen an Gott, meinem Heiland. 48
Gnädig nimmt er mich an, mich unwürdige Frau, 49
so daß mich nun glücklich preisen alle, die je geboren.
Großes hat Gott an mir getan in seiner Macht, 50
ich lobe seinen heiligen Namen.
Er übt Erbarmen allezeit 51
an denen, die ihn fürchten.
Mit starker Hand hat er gesiegt 52
und die Übermütigen in alle Winde zerstreut.
Die Mächtigen hat er vom Thron gestürzt 53
und die Elenden aufgerichtet.
Die Hungrigen hat er satt gemacht 54
und die Reichen leer ausgehen lassen.
Er hat sich Israels angenommen, seines Kindes, 55
und sich unser erbarmt.
Er hat nicht vergessen, was er Abraham und seinen Kindern für alle 56
Zeit verhieß.«
Nachdem Maria etwa drei Monate bei Elisabeth geblieben war, 57
kehrte sie nach Hause zurück.
Für Elisabeth aber kam der Zeitpunkt der Geburt, und sie gebar ih- 58
ren Sohn. / Als ihre Nachbarn und Verwandten hörten, daß sie durch 59
Gottes großes Erbarmen Mutter geworden war, freuten sie sich mit
ihr. / Am achten Tag kamen sie zur Beschneidung des Kindes alle zu- 60
sammen. Sie wollten ihn Zacharias nennen, nach seinem Vater, /

[3] Vgl. dazu 1 Sam 2,1-10 (Lobgesang der Hanna).

61 doch seine Mutter Elisabeth widersprach: »Nein, er soll Johannes
62 heißen.« / Die Verwandten erwiderten: »Aber niemand in der ganzen
63 Verwandtschaft heißt so!« / Und sie bestürmten seinen Vater Zacha-
64 rias, er solle über den Namen seines Sohnes entscheiden. / Zacharias
bat um eine Schreibtafel und schrieb darauf: »Er soll Johannes hei-
65 ßen.« Da staunten alle. / Und mit einem Male löste sich seine Zunge,
66 er konnte wieder sprechen und lobte Gott. / Da wurde den Nachbarn
angst und bange, und bald erzählte man sich im ganzen judäischen
67 Bergland, was da geschehen war. / Alle, die es hörten, waren tief in
ihrem Herzen berührt, und sie sagten: »Was wird aus dem Jungen
wohl noch werden? Auf ihn hat Gott seine Hand gelegt.«
68 Und auf Zacharias, seinen Vater, kam der Heilige Geist, so daß er
in prophetischer Rede verkündete:
69 »Gelobt sei der Herr, der Gott Israels,
der sein Volk erlöst und befreit hat.
70 Im Geschlecht Davids, der ihm gehorsam war, hat er ein kräftiges
Zeichen des Heils gesetzt,
71 wie er es verheißen hat
durch seine Propheten von Anfang an.
72 Er hat versprochen, uns zu retten vor unseren Feinden,
aus der Hand derer, die uns hassen.
73 So zeigt er unseren Eltern sein Erbarmen,
indem er wahr macht, was er beim heiligen Bundesschluß gelobt hat.
74 Denn er hatte unserem Vater Abraham geschworen,
75 daß er uns die Kraft schenken wollte,
von Angst und von Feinden befreit
76 heilig und gerecht ihm zu dienen
alle Tage unseres Lebens.
77 Dich, Johannes, wird man Prophet Gottes, des Höchsten, nennen.
Denn als sein Bote wirst du ihm vorausgehen,
du wirst sein Wegbereiter sein.
78 Gottes Volk wirst du die Erlösung nahebringen
durch Vergebung seiner Sünden.
79 Denn unser Gott hat mit uns Erbarmen.
Wenn er zu uns kommt, wird es sein, wie wenn die Sonne aufgeht.
80 Er wird leuchten für uns, die wir in des Todes tiefem Schatten sitzen,
und er lenkt uns auf den Weg des Friedens.
81 Der kleine Johannes wuchs heran und wurde groß und stark durch
den Geist. Bis zu seinem öffentlichen Auftreten in Israel lebte er in
der Wüste.

Abschnitt 2

[4]Dies ist die Geburtsgeschichte Jesu, des Messias. Seine Mutter, 1
Maria, war mit Joseph verlobt. Noch bevor sie miteinander ge-
schlafen hatten, stellte es sich heraus, daß Maria ein Kind erwar-
tete, und zwar durch Wirkung des Heiligen Geistes. / Daraufhin 2
entschloß sich Joseph, der ein guter Mann war, sie nicht öffentlich
bloßzustellen, sondern sich ohne weiteres Aufsehen von ihr zu tren-
nen. / Als er noch darüber nachdachte, erschien ihm im Traum ein 3
Engel des Herrn, der sagte zu ihm: »Joseph, der Nachkomme Da-
vids, hab keine Angst und nimm deine Frau Maria zu dir. Das
Kind, das sie unter dem Herzen trägt, hat sie durch den Heiligen
Geist empfangen. / Es ist ein Junge, nenne ihn Jesus. Denn er wird 4
sein Volk aus seinen Sünden befreien. / So soll sich erfüllen, was 5
Gott durch den Propheten verkündigt hat[5]: / ›Eine Jungfrau wird 6
schwanger werden und einen Sohn zur Welt bringen. Man wird ihn
›Emmanuel‹ nennen, das heißt ›Gott mit uns‹.« / Joseph erwachte 7
und tat alles, was ihm der Engel des Herrn gesagt hatte. Er nahm
Maria zu sich / und schlief nicht mit ihr, bis das Kind geboren 8
wurde.
[6] Zu eben dieser Zeit erging von Kaiser Augustus ein Erlaß, daß je- 9
dermann sich in Steuerlisten eintragen lassen solle. / Dies war die 10
erste derartige Erfassung, und sie fand in der Amtsperiode des Qui-
rinius als Legat von Syrien statt. / Daraufhin gingen alle Leute zu 11
dem Ort, von dem ihre Familie herkam, um sich dort registrieren
zu lassen. / Joseph, der von David abstammte, ging daher aus Na- 12
zareth in Galiläa hinauf in Davids Geburtsort Bethlehem in Judäa,
/ um sich zusammen mit seiner Verlobten Maria, die ein Kind er- 13
wartete, registrieren zu lassen. / Als sie in Bethlehem waren, kam 14
der Zeitpunkt der Geburt, / und Maria gebar ihren ersten Sohn. Sie 15
wickelte ihn in Windeln und legte ihn in eine Futterkrippe, denn sie
hatten keine Unterkunft in der Herberge gefunden. / Zu derselben 16
Zeit hielten gerade einige Hirten auf freiem Feld in der Umgebung
von Bethlehem Nachtwache bei ihrer Herde, / als plötzlich ein En- 17
gel des Herrn vor ihnen erschien und ein gleißender Glanz vom
Himmel her rings um sie aufleuchtete. Sie standen starr vor Schrek-
ken. / Da sagte der Engel: »Habt keine Angst, denn was ich euch zu 18
sagen habe, wird euch mit großer Freude erfüllen und gilt dem gan-

[4] Diat II 1-8 = Mt 1,18-25a.
[5] Jes 7,14.
[6] Diat 2,9-47 = Lk 2,1-39.

19 zen Volk. / In der Stadt Davids ist heute einer geboren worden, der
20 euer Retter sein wird: Christus, der Herr. / Und so werdet ihr ihn
erkennen: Er ist ein kleines Kind in Windeln, das in einer Futter-
21 krippe liegt.« / Und plötzlich war der Engel umringt von einer un-
überschaubaren Schar von anderen Engeln, die lobten Gott und
22 riefen: / »Alle Ehre Gott im Himmel und Frieden den Menschen auf
Erden, die Gott erwählt hat.«
23 Als dann die Engel wieder zum Himmel aufgefahren waren, sagten
die Hirten zueinander: »Wir wollen nach Bethlehem gehen und se-
hen, was dort geschehen ist, wie der Herr uns hat wissen lassen.« /
24 Sie machten sich sogleich auf den Weg nach Bethlehem, und dort
25 fanden sie Maria und Josef und das Kind in der Krippe. / Als sie das
Kind sahen, berichteten sie, was der Engel zu ihnen über dieses
26 Kind gesagt hatte, / und alle, die dabei waren, hörten es voller Stau-
27 nen. / Maria aber merkte sich jedes Wort, und tief in ihrem Herzen
28 erinnerte sie sich an das, was sie selbst gehört hatte. / Dann kehrten
die Hirten zu ihren Herden zurück, und sie lobten Gott und dank-
ten ihm für alles, was sie gehört und der Weisung des Engels fol-
29 gend gesehen hatten. / Als das Kind acht Tage nach seiner Geburt
beschnitten wurde, erhielt es den Namen Jesus, wie der Engel Ma-
ria vor der Empfängnis befohlen hatte.

30 Nach Ablauf der vierzig Tage, die das Gesetz des Mose als heilige
Zeit für eine junge Mutter vorschreibt, wurde Jesus von seinen El-
tern nach Jerusalem gebracht. Dort sollte er Gott zu Füßen gelegt
31 werden, / denn im Gesetz Gottes heißt es[7], daß jeder erstgeborene
32 Sohn Gott gehören und daher heilig genannt werden soll. / Man
kann einen erstgeborenen Sohn nur von diesem Anspruch Gottes
freikaufen, indem man ein Turteltaubenpärchen oder zwei Jungvö-
33 gel opfert[8]. / Damals lebte in Jerusalem ein gerechter und enthalt-
samer Mann namens Simeon, der, vom Heiligen Geist erfüllt, sich
34 nichts sehnlicher wünschte als eine heilvollere Zeit für Israel. / Ihm
hatte der Heilige Geist geweissagt, daß er noch vor seinem Tode mit
35 eigenen Augen den Messias Gottes sehen sollte. / Gottes Geist
führte ihn gerade in den Tempel, als Jesus von seinen Eltern dorthin
36 gebracht wurde, um der Gesetzesvorschrift Genüge zu tun. / Da
nahm er Jesus auf den Arm und lobte Gott mit folgenden Worten:
37 / »Nun kannst du, Herr, deinen Sklaven freilassen, denn dein Wort
hat sich erfüllt und das Heil ist da.

---

[7] Ex 13,2.12.15.
[8] Lev 12,8; 5,11; Nu 6,10.

Jetzt sehe ich selbst, wie du Erbarmen / gewirkt hast 38, 39
vor den Augen aller Völker.
Um die Heiden zu erleuchten, hast du ein Licht angezündet 40
und Israel, dein Volk, mit Herrlichkeit gekrönt.«
Die Eltern Jesu wußten nicht, was sie von all dem halten sollten, 41
was über ihr Kind gesagt wurde. / Simeon segnete sie und sagte zu 42
Maria, Jesu Mutter: »An diesem Kind werden dereinst in Israel
viele so sehr Anstoß nehmen, so daß sie fallen. Für viele andere
aber wird es eine Stütze sein, an der sie sich aufrichten können.
Jesus wird umstritten sein in Israel. / An ihm werden sich die Gei- 43
ster derart scheiden, daß deutlich wird, wer ein jeder ist. Dein Herz
aber wird von einem Schwert durchbohrt werden.«
Auch die uralte Prophetin Hanna, eine Tochter Fanuels aus dem 44
Stamm Aser, die nach ihrer Jungmädchenzeit sieben Jahre lang mit
ihrem Mann gelebt hatte, / nun schon seit 84 Jahren Witwe war 45
und im Tempel lebte, wo sie Gott diente, indem sie ständig fastete
und betete, / trat hinzu, stimmte ein Lied zum Lob Gottes an und 46
richtete eine Prophezeiung über Jesus an alle, die auf die Erlösung
Jerusalems hofften. / Nachdem Jesu Eltern alles getan hatten, was 47
das Gesetz Gottes vorschreibt, kehrten sie nach Galiläa in ihr Dorf
Nazareth zurück.

Abschnitt 3

[9]Danach[10] gelangten Sterndeuter aus dem Osten nach Jerusalem 1
und erkundigten sich: / »Wo ist der König der Juden, der hier ge- 2
rade geboren wurde? Wir haben nämlich seinen Stern im Osten ge-
sehen und sind hergekommen, um ihn anzubeten.« / Als König He- 3
rodes das hörte, bekam er große Angst, die auch auf die anderen
Menschen in Jerusalem übergriff. / Er rief alle Hohenpriester und 4
Schriftkundigen des Volkes zusammen und fragte sie, wo dieser
König der Juden geboren werden sollte. / Die Antwort lautete: »In 5
Bethlehem in Judäa.« Denn so steht es beim Propheten[11]: / »Du, 6
Bethlehem, bist keineswegs die geringste unter den wichtigen Städ-
ten Judas. Denn aus dir soll ein König hervorgehen, der mein Volk
Israel führen wird wie ein Hirt seine Herde.« / Da rief Herodes un- 7
ter Ausschluß der Öffentlichkeit die Sterndeuter zu sich und erkun-

[9] Diat 3,1-23 = Mt 2,1b-23.
[10] Mt 2,1a wird durch diese Formel ersetzt.
[11] Micha 5,1.3.

digte sich nach dem genauen Zeitpunkt, zu dem ihnen der Stern er-
8 schienen sei. / Dann schickte er sie nach Bethlehem und sagte:
»Geht und forscht genau nach dem Kind. Meldet mir, wenn ihr es
gefunden habt, damit auch ich hingehen und es anbeten kann.« /
9 Der Bitte des Königs folgend, gingen die Sterndeuter nach Bethle-
hem. Und der Stern, den sie im Osten gesehen hatten, zog ihnen
10 voraus, bis er über dem Ort stehenblieb, wo das Kind war. / Als sie
11 den Stern wiedererkannten, brachen sie in freudigen Jubel aus. / Sie
gingen in das Haus, sahen das Kind mit seiner Mutter Maria, fielen
auf die Knie und beteten es an. Sie öffneten ihre Schatzbehälter und
12 brachten ihm Geschenke, Gold, Myrrhe und Weihrauch dar. / Da
sie im Traum eine himmlische Weisung erhielten, nicht wieder zu
Herodes zu gehen, zogen sie auf einem anderen Weg in ihr Land zu-
rück.
13 Als sie fortgezogen waren, erschien Joseph ein Engel des Herrn im
Traum und forderte ihn auf: »Steh auf, nimm dein Kind und seine
Mutter und fliehe nach Ägypten. Bleibe dort, bis ich dir Bescheid
sage. Denn Herodes wird das Kind suchen, um es zu beseitigen.« /
14 Als Joseph mitten in der Nacht erwachte, stand er sogleich auf,
15 nahm das Kind und seine Mutter und floh nach Ägypten. / Dort
blieb er bis nach Herodes' Tod. So sollte Gottes Wort in Erfüllung
gehen, das durch den Propheten verkündet worden war[12]: »Aus
Ägypten habe ich meinen Sohn herbeigerufen.«
16 Als Herodes dann merkte, daß die Sterndeuter ihn getäuscht hat-
ten, packte ihn große Wut, und er ließ in Bethlehem und Umgebung
alle Knaben bis zum Alter von zwei Jahren – das war der Zeitraum,
17 den ihm die Sterndeuter angegeben hatten – umbringen. / Da
18 wurde erfüllt, was der Prophet Jeremia gesagt hatte[13]: / »Aus Rama
hörte man Geschrei, Wehklagen und bitteres Weinen. Rachel weint
um ihre Kinder, sie ist untröstlich, weil sie nicht mehr da sind.«
19 Nach Herodes' Tod erschien Joseph in Ägypten ein Engel des Herrn
20 im Traum, / der sagte zu ihm: »Steh auf, nimm dein Kind und seine
Mutter und zieh in das Land Israel. Denn die Menschen, die dem
21 Kind nach dem Leben trachteten, sind gestorben.« / Joseph stand
auf, nahm das Kind und seine Mutter und machte sich auf in das
22 Land Israel. / Als er aber hörte, daß Archelaos als Nachfolger von
Herodes König über Judäa geworden war, bekam er Angst, dorthin
zu gehen. Im Traum empfing er die Weisung, nach Galiläa zu ziehen.

[12] Hos 11,1; Nu 23,22.
[13] Jer 31,15.

/ Er zog nach Galiläa und ließ sich in Nazareth nieder. So sollte das 23
Prophetenwort erfüllt werden: »Er wird Nazoräer heißen«.
[14]Und das Kind wuchs heran und wurde klug und verständig. Got- 24
tes Segen lag auf ihm. / Jesu Eltern pflegten jedes Jahr zum Passah- 25
fest nach Jerusalem zu gehen. / So hielten sie es auch, als Jesus 26
zwölf Jahre alt war. / Als sie sich nach den Festtagen auf den Rück- 27
weg machten, blieb Jesus unbemerkt in Jerusalem. / Seine Eltern, 28
die annahmen, daß er sich den anderen Pilgern angeschlossen
hatte, gingen zunächst eine Tagesreise weit und suchten ihn dann
bei Verwandten und Bekannten.
Als sie ihn nicht fanden, kehrten sie nach Jerusalem zurück, um ihn 29
dort zu suchen. / Nach insgesamt drei Tagen fanden sie ihn im Tem- 30
pel, wo er mitten unter den Lehrern saß und mit ihnen diskutierte. /
Alle, die ihn hörten, staunten über seine Auffassungsgabe und seine 31
Antworten. / Als seine Eltern ihn dort sitzen sahen, waren sie sehr er- 32
schüttert, und Maria sagte zu Jesus: »Mußtest du uns das antun?
Dein Vater und ich haben dich gesucht und waren schon in großer
Sorge.« / Jesus erwiderte: »Ihr hättet mich nicht suchen sollen. Ihr 33
hättet euch doch denken können, daß ich im Haus meines Vaters
bin.« / Seine Eltern verstanden seine Antwort nicht. / Jesus aber ging 34, 35
gehorsam mit seinen Eltern nach Nazareth hinunter. Maria be-
wahrte alles in ihrem Herzen. / Jesus wurde älter, größer und klüger, 36
so daß Gott und die Menschen ihre Freude an ihm hatten.
/ Kaiser Tiberius herrschte nun schon fünfzehn Jahre, Pontius Pila- 37
tus war Statthalter in Judäa, Herodes Antipas regierte über einen
Teil Galiläas, sein Bruder Philipp über einen Teil von Ituräa und des
Trachoniterlandes und Lysanias über einen Teil von Abilene, / in Je- 38
rusalem waren Hannas und Kaiphas Hohepriester. Da wurde Jo-
hannes, der Sohn des Zacharias, der in der Wüste lebte, von Gott
berufen. / Er durchzog die ganze Gegend am Jordan und forderte 39
die Menschen auf, zu Gott umzukehren und sich taufen zu lassen,
damit ihnen ihre Sünden vergeben würden. / [15]Er trat in der judäi- 40
schen Wüste auf und predigte. / Er sagte: »Kehrt um, denn Gottes 41
Herrschaft ist nahe an uns herangerückt.« / Schon der Prophet 42
Jesaja[16] hat gesagt: »In der Wüste wird einer auftreten und rufen: /
[17]›Baut für den Herrn eine Straße, ebnet seinen Weg. / Füllt alle 43, 44

---

14 Diat 3,24-39 = Lk 2,40-3,3.
15 Diat 3,40-42 = Mt 3,1b-3a.
16 Jes 40,3. Jesaja sagt das nicht über Johannes, sondern über Gott oder einen Engel selbst.
17 Diat 3,43-45 = Lk 3,4b-6.

Täler auf, tragt Berge und Hügel ab. Begradigt alle Windungen der
45 Wege und glättet jede holprige Stelle. / Denn alle Menschen sollen
Gottes Heil erfahren.«
46 [18]Er war zur Zeugenschaft bestellt und sollte Zeugnis ablegen von
47 dem Licht, damit alle durch ihn zum Glauben kämen. / Er war
nicht selbst das Licht, sondern sollte nur Zeugnis ablegen von dem
Licht.
48 Aber einer war wirklich das Licht und strahlt hell in jeden Men-
49 schen hinein, der zur Welt kommt. / Er war in der Welt; die Welt
50 entstand durch ihn, doch sie wies ihn ab. / Er kam in die Welt, die
durch ihn geworden und deshalb sein eigen war, doch seine eigenen
51 Menschen nahmen ihn nicht an. / Denen aber, die ihn annahmen,
gab er die Freiheit, sich seinem Namen anzuvertrauen und Kinder
52 Gottes zu werden, / aus Gott geboren und nicht kreatürlich, nicht
aus menschlichem Trieb oder Willen.
53 Das Wort erschien in einem Menschen und wohnte bei uns. Wir sa-
hen seine Herrlichkeit, die so herrlich ist, wie wenn der einzige
Sohn von seinem Vater allen Ruhm allein erbt. Dieses Wort ist ganz
54 Gnade und ganz Gottes Wesen. / Johannes legt Zeugnis ab von
ihm: »Diesen meinte ich, als ich sagte: ›Nach mir kommt einer, der
55 vor mir entstanden ist, weil er früher da war als ich.‹« / Denn nur
so konnten wir alle, ob vor ihm oder nach ihm, aus dem schöpfen,
56 was ihm in Fülle gegeben ist, Gnade und nochmals Gnade. / Durch
Mose gab Gott das Gesetz, durch Jesus Christus wurde uns Gnade
und Gottes Wesen selbst zuteil.

Abschnitt 4

1 Keiner hat Gott je gesehen. Der einzige Sohn, der von Gottes Art ist
und seinen Platz neben dem Vater hat, brachte von ihm Kunde.
2 Und als die Juden aus Jerusalem Priester und Leviten zu Johannes
sandten, um ihn zu fragen: »Wer bist du?«, bekannte und beteuerte
3, 4 dieser / ohne Wenn und Aber: »Ich bin nicht der Messias.« / Sie frag-
ten: »Wer bist du dann? Bist du Elia?« Er sagte: »Nein.« »Bist du der
5 Prophet?« Darauf er: »Nein.« / Sie fragten noch einmal: »Wer bist
du? Wir müssen doch denen, die uns geschickt haben, eine Antwort
6 überbringen. Was sagst du selbst über dich?« / Johannes antwortete:
»Ich bin die Stimme dessen, der in der Wüste ruft: Ebnet den Weg für
den Herrn! So hat es der Prophet Jesaja gesagt.«

---

[18] Diat 3,46-4,11 = Joh 1,7-28.

Und einige von denen, die man zu ihm geschickt hatte, gehörten zu 7
den Pharisäern, / und die fragten: »Warum taufst du, wenn du we- 8
der der Messias noch Elia noch der Prophet[19] bist?« / Johannes ant- 9
wortete: »Ich taufe mit Wasser. Unter euch ist einer, den ihr nicht
kennt. / Er ist mein Nachfolger. Ich wäre nicht einmal würdig, ihm 10
die Riemen seiner Sandalen zu lösen.« / Dies geschah in Bethanien, 11
auf der anderen Seite des Jordan, wo Johannes taufte.

Abschnitt 55

[20]Die elf Jünger aber zogen nach Galiläa auf den Berg, zu dem Je- 1
sus sie bestellt hatte. / Manche erblickten Jesus und beteten ihn an, 2
andere aber zweifelten. / [21]Zuletzt erschien er den elf Jüngern bei 3
einem gemeinsamen Mahl. Er tadelte sie wegen ihres Unglaubens
und ihrer Sturheit, weil sie denen, die ihn nach der Auferweckung
sahen, keinen Glauben geschenkt hatten. / [22]Dann sagte Jesus zu 4
ihnen: »Mir hat Gott alle Vollmacht im Himmel und auf der Erde
gegeben. [23]Wie mich der Vater gesandt hat, sende ich euch. [24]Geht
in die ganze Welt / und verkündet allen Geschöpfen das Evange- 5
lium. / [25]Lehrt alle Völker und tauft sie auf den Namen des Vaters, 6
des Sohnes und des Heiligen Geistes. / Lehrt sie, daß sie alles be- 7
wahren sollen, was ich euch aufgetragen habe. Ich bin bei euch al-
lezeit bis an das Ende der Welt [und der Zeit]. / [26]Wer glaubt und 8
sich taufen läßt, wird gerettet werden, wer aber nicht glaubt, wird
verurteilt werden. / An denjenigen, die glauben, werden sich Wun- 9
der zeigen: Wenn sie meinen Namen nennen, werden sie Dämonen
austreiben und in fremden Sprachen reden können. / Wenn sie 10
Schlangen in die Hand nehmen oder tödliches Gift trinken, wird ih-
nen nichts geschehen. Durch Handauflegen können sie Kranke hei-
len. / [27]Wartet in der Stadt, bis ihr Gottes Kraft anziehen könnt wie 11
eine Rüstung, wie ein neues strahlendes Kleid. / [28]Nachdem unser 12

[19] Vgl. Dtn 18,15.18.
[20] Diat 55,1-2 = Mt 28,16-17.
[21] Diat 55,3 = Mk 16,14.
[22] Diat 55,4 = Mt 28,18b.
[23] Diat 55,4b = Joh 20,21b.
[24] Diat 55,5a = Mk 16,15b.
[25] Diat 55,5b.7 = Mt 28,19b-20.
[26] Diat 55,8-10 = Mk 16,16-18.
[27] Diat 55,11 = Lk 24,49b.
[28] Diat 55,12 = Mk 16,19a.

Herr Jesus zu ihnen gesprochen hatte, nahm er sie mit nach Betha-
13 nien. [29]Er erhob seine Hände zum Segen. / [30]Und während er sie
noch segnete, war er verschwunden, in den Himmel aufgenommen
14 und setzte sich zur Rechten Gottes. / [31]Und sie beteten ihn an, und
voller Freude kehrten die Jüngerinnen und Jünger nach Jerusalem
15 zurück, / und sie wurden nicht müde, Gott im Tempel zu loben.
Amen.
16 [32]Und sie zogen in die Welt und verkündigten überall das Evange-
lium. Jesus der Herr half ihnen dabei und bekräftigte die Botschaft
17 durch die Wunder, die sich an ihnen zeigten. / [33]Jesus hat noch vie-
les andere getan. Wollte man es alles schriftlich niederlegen, selbst
die ganze Welt würde wohl die Buchrollen nicht fassen.

[29] Diat 55,12 = Lk 24,50.
[30] Diat 55,13b = Mk 16,19c.
[31] Dia 55,14-15 = Lk 24,52-53.
[32] Diat 55,16 = Mk 16,20.
[33] Diat 55,17 = Joh 21,25.

FRÜHE CHRISTLICHE INTERPOLATIONEN IN JÜDISCHEN SCHRIFTEN

Einleitung: Bei den Christen des 2. Jh.s bestand eine besondere Weise, sich theologisch zu äußern, darin, daß man zu vorhandenen jüdischen Texten christliche Zusätze und Einschübe verfaßte. Ohne das Wie des schriftstellerischen Vorgangs genauer zu reflektieren, bezeichnen wir diese Textpartien vorläufig und etwas ungenau als Interpolationen. Diese Zusätze sind in der Regel nicht Glossen oder Kommentare zum Überlieferten, sondern sind eigenständige, aus christlichen Traditionen gespeiste Texte, die trotz ihrer Eigengestalt häufig zum Alten wichtige Querverbindungen aufweisen.

Der Vorgang ist für die Theologiegeschichte höchst beachtenswert und oftmals noch gar nicht recht beachtet. In unserer Ausgabe können solche Texte nur exemplarisch herangezogen werden. Vor allem soll damit auf ein interessantes Phänomen hingewiesen werden, nämlich auf christliche Theologie, die sich ganz im Rahmen zeitgenössischer oder etwas älterer jüdischer Traktate abspielt.

Denn es geht offenbar darum: Jüdische Schriften (wie zum Beispiel die Schrift »Himmelfahrt des Jesaja«, entstanden etwa zu Anfang des 1. Jh.s n. Chr.) werden weiterhin gelesen und benutzt. Die Schriften bleiben sogar in der Regel offenbar im ganzen Umfang erhalten. Das, was Christen hinzufügen, setzt das Alte fort und stellt es dadurch in neues Licht. Dieser Vorgang der Anstückung und Ergänzung weist häufig auf stark judenchristlich geprägte frühe Theologie. Bei den Sibyllinen äußert sich das zum Beispiel darin, daß der Rahmen der apokalyptischen Gerichtspredigt vollständig übernommen und sogar noch weitergeführt wird.

Zum anderen sind diese Vorgänge der Ergänzung und Anstückung möglicherweise nicht ohne Bedeutung für die Kanonbildung in Gestalt der zwei Testamente, des Alten und des Neuen Testaments. Denn hier wird ja in ganz ähnlicher Weise das christliche Schriftgut als Ergänzung des alttestamentlich-jüdischen Grundstocks angesehen. Auch hier besteht nicht der geringste Zweifel, daß das Alte weiterhin gilt.

1. Himmelfahrt des Jesaja 3,13-4,21

Einleitung: Die Himmelfahrt des Jesaja (auch: Ascensio Jesaiae oder Martyrium des Jesaja) ist eine jüdische Schrift aus dem 1. Jh. n. Chr., die sich mit dem Martyrium des Propheten Jesaja befaßt. Der Name »Himmelfahrt« (lat. Ascensio) rührt daher, daß Jesaja unmittelbar vor seinem Martyrium in den Himmel aufsteigt und dort himmlische Geheimnisse mitgeteilt bekommt, ähnlich wie es Jesus nach dem Unbekannten Berliner Evangelium (s. o.) ergeht. – Erhalten ist diese Schrift vollständig in äthiopischer Sprache, aber auch in lateinischen und griechischen Fragmenten.

Theologisch ist diese Schrift auch deshalb wichtig, weil Jesaja mit anderen Propheten zusammen vegetarisch in den Bergen lebt und auch in der Kleidung (Säcke) eine Bußtracht ähnlich wie Johannes der Täufer angelegt hat.

Der Teufel ist neben dem jüdischen König Manasse sein Hauptgegner. Nach K. 3 ist der Teufel vor allem wegen der Weissagungen des Jesaja über den »Geliebten« wütend auf Jesaja. Inhaltlich sind diese Aussagen über Jesus sehr alt und gehören sicher in das 1. Jh. n. Chr. Sie weisen Ähnlichkeit mit 1 Tim 3,16 und dem PetrusEv auf. Besonders interessant ist die Schilderung des Vorgangs der Auferstehung.

3

13 Denn Beliar war sehr wütend auf Jesaja, weil dieser eine Vision gehabt und den Teufel (Samael) entlarvt und auch weil er die Ankunft des Geliebten [des Messias] aus dem siebten Himmel geoffenbart hatte. Jesaja hatte gesagt: »Er wird verwandelt werden und hinabsteigen. Er wird die Gestalt eines Menschen erhalten und verfolgt werden, und die Kinder Israels werden ihn grausam peinigen. Er wird zwölf Jünger haben und mit Verbrechern zusammen gekreuzigt
14 werden. Er wird begraben werden, / und seine zwölf Gefährten werden an ihm Anstoß nehmen. Wächter werden das Grab bewachen. /
15 Am Ende der Welt wird der Engel der Kirche, der im Himmel ist, herabsteigen. Am dritten Tage werden der Engel des Heiligen Geistes und Michael, der Anführer der heiligen Engel, sein Grab öffnen, /
17 und der Geliebte [der Messias] wird auf ihren Schultern sitzend aus
18 dem Grab herauskommen. Er wird seine Jünger aussenden. / Und diese werden alle Völker und Nationen zu Jüngern machen, indem

sie die Auferstehung des Geliebten [des Messias] verkündigen. Und
jeder, der sich seinem Kreuz gläubig anvertraut, wird gerettet. Dann
wird er in den siebten Himmel hinaufgehen, von woher er auch ge-
kommen ist. / Und viele und immer mehr von denen, die an ihn glau- 19
ben, werden in der Kraft des Heiligen Geistes reden. / In dieser Zeit 20
werden viele Zeichen und Wunder geschehen. / Und danach, wenn 21
seine Wiederkunft nahe ist, werden sich seine Jünger von der pro-
phetischen Rede seiner zwölf Apostel, von ihrem Glauben, ihrer
Liebe und ihrem heiligen Leben entfernen. / Und wenn er wieder- 22
kommt, wird es viele Irrlehren geben. / In jener Zeit wird es viele ge- 23
ben, die herrschen wollen, obwohl sie doch ganz leer und ohne Weis-
heit sind. / Viele bösartige Älteste und ungerechte Hirten werden 24
ihre Schafe hüten, und weil sie keine heiligmäßigen Hirten hatten,
werden sie zu Räubern an ihren eigenen Schafen werden. / Und viele 25
werden das herrliche Kleid der Heiligen mit dem Kleid der Habgie-
rigen vertauschen. In jener Zeit wird man oft auf das Ansehen der
Personen Rücksicht nehmen und die Ehre dieser Welt lieben. / Und 26
viele werden Verleumdungen vorbringen und sich selbst zu unrecht
rühmen, wenn der Herr nahe ist, und der Heilige Geist wird sich von
vielen zurückziehen. / In jener Zeit wird es nur noch wenige Prophe- 27
ten geben, deren Rede Kraft hat, nur den einen oder anderen hier
oder dort. / Denn der Geist des Irrtums und der Sexgier, der Ruhm- 28
gier und der Geldgier wird seine Macht ausüben. / In der letzten Zeit 30
wird großer Streit [um die Wahrheit] sein, denn jeder wird verkün-
den, was ihm beliebt. / Um die prophetischen Reden der Propheten 31
vor mir werden sie sich nicht kümmern, und sie werden meine Visio-
nen mißachten, um die Gelüste ihres Herzens zu verkündigen.

4

So, Hiskia und Jasub, mein Sohn, wird die Zeit am Ende der Welt 1
sein. / Wenn das Ende der Welt kommt, dann wird Beliar herabstei- 2
gen, der große Fürst und König, der diese Welt regiert hat, seitdem
sie besteht. Er wird herabsteigen von seinem Firmament in der Ge-
stalt eines Menschen, und zwar in der eines ungerechten Königs,
eines Muttermörders. So ist dieser König. / Er wird die Pflanzung, 3
die von den zwölf Aposteln des Geliebten, des Messias, angelegt
wurde, durch Verfolgung bedrohen. Und von den Zwölfen wird
einer in seine Hand übergeben werden.[1] / Wenn dieser Herrscher, 4

1 Geht es hier um Judas/Satan oder um eine Anspielung auf das Martyrium des Petrus oder des Paulus unter Nero? Das Verb »übergeben« wird sonst mit Judas als Subjekt gebraucht.

Beliar, in der Gestalt dieses Königs (Nero) kommt, werden mit ihm
alle Mächte dieser Welt kommen.[2] Und sie werden ihm in jedem
Wunsch gehorchen. Mit seinem Wort wird er die Sonne nachts auf-
gehen lassen, und er wird machen, daß der Mond mittags um zwölf
5 erscheint. / Und er wird in der Welt alles tun, was er will. Er wird
tun und reden wie der Geliebte, der Messias, und er wird sagen:
6 ›Ich bin Gott, und vor mir gab es keinen Gott.‹ / Und alle Menschen
7 der Welt werden an ihn glauben. / Und sie werden ihm opfern und
ihn anbeten und sagen: ›Er allein ist Gott, und außer ihm gibt es
8 keinen.‹ / Und die meisten von denen, die sich vereinigt hatten, um
den Geliebten, den Messias, zu empfangen, werden sich ihm zu-
9 wenden. / Und die Macht seiner Wunder wird in jeder Stadt und in
10 jedem Land spürbar sein. / Und in jeder Stadt, in die er kommen
11 will, wird er zuvor sein Bild aufstellen. / Seine Herrschaft wird drei
12 Jahre, sieben Monate und siebenundzwanzig Tage dauern. / Und es
gibt viele Gläubige und Heilige, die den erlebt[3] haben, den sie er-
hofft hatten; er wurde gekreuzigt, Jesus, der Messias, der Herr. Zu-
erst habe ich, Jesaja, ihn gesehen: Er wurde gekreuzigt und ist hin-
aufgestiegen. Doch von denen, die an ihn geglaubt haben, werden
in jenen Tagen nur wenige als seine Diener übrigbleiben. Sie fliehen
13 von Wüste zu Wüste und erwarten sein Kommen. / Und nach 1332
Tagen wird der Herr mit seinen Engeln und den Heerscharen der
Heiligen in der Herrlichkeit des siebten Himmels aus dem siebten
Himmel kommen und Beliar mit seinen Heerscharen in die Hölle
14 führen. / Und all denen, die er in dieser Welt im leiblichen Leben an
Gott glaubend vorfindet, wird er Ruhe bringen. Doch die Sonne
15 wird schamrot werden. / Er wird auch allen Ruhe bringen, die we-
gen des Glaubens an ihn Beliar und seine Könige verflucht haben.
Und mit dem Herrn werden die Heiligen kommen, in ihren Klei-
dern, die oben im siebten Himmel aufbewahrt sind. Mit dem Herrn
werden die kommen, die in ihrer himmlischen Gestalt entspre-
chende Kleider angelegt haben.[4] Sie werden herabsteigen und in
der Welt sein. Zusammen mit den Heiligen, die in den himmlischen
Kleidern, den Leibern der Heiligen, kommen, wird der Herr die
stärken, die noch im irdischen Leib sind. Und er wird denen dienen,
16 die in dieser Welt wachsam waren.[5] / Und dann werden sich die

[2] Beachte: Martyrologischer Kontext und negative Bewertung der Mächte der Welt, vgl. K. Berger, Wozu ist der Teufel da?, Stuttgart 1998, 79-84.

[3] Wörtlich: »gesehen«.

[4] Wörtlich: »deren Geister (im Sinne von pneumatischer Identität) Kleider (im Sinne himmlischer Leiber) angelegt haben«.

[5] Vgl. Lk 12,37.

Gläubigen in ihren Leibern nach oben wenden, und ihr alter Leib
wird in der Welt bleiben. / Dann wird der Geliebte, der Messias, 17
diesen Himmel und diese Erde im Zorn schelten, auch die Berge
und Hügel, die Städte und die Wüste, die Bäume und den Engel der
Sonne und den des Mondes, ferner jeden Ort, an dem der Teufel
sich offenbart und offen handelt in dieser Welt. Auferstehung und
Gericht wird sein mitten unter ihnen in jenen Tagen, und der Geliebte,
der Messias, wird Feuer von sich ausgehen lassen, und es
wird alle Frevler vernichten, und sie werden sein, als wären sie nie
geschaffen.«

2. Testamente der zwölf Patriarchen

2.1 Testamentum Ruben

Einleitung: Das Testament des Ruben gehört zu den sog. Testamenten der zwölf Patriarchen. Es handelt sich dabei um eine aus zwölf Einzelabschnitten bestehende Schrift. Jeder Abschnitt ist dem Lebensende und den letzten Worten je eines Patriarchen (= Sohnes Jakobs) gewidmet. In dem hier zitierten Stück geht es (wahrscheinlich) um eine Deutung des Todes Jesu. Diese Auffassung finden wir auch in Eph 1,21; Kol 2,15.

6,11f »... in Levi hat der Herr sich einen auserwählt, zu herrschen über alle Völker. / Fallt vor seinem Samen auf die Knie, denn er wird für uns sterben in sichtbaren Kriegen [gegen die Menschen] und in unsichtbaren Kriegen [gegen die Mächte des Himmels], und er wird unter uns sein als König der Ewigkeiten.«

2.2 Testamentum Simeon 6,5-7 und Verwandtes

Einleitung: Darzustellen ist hier eine Tradition, an welcher der Übergang von jüdischen Erwartungen zu christlichen Anschlüssen noch sprachlich nachvollziehbar zu sein scheint. Es geht um eine Variante der sog. Bundesformel, besonders eindrücklich belegt in Apk 21,3.7: Gott verheißt, bei, mit und unter seinem Volk zu wohnen und so die Gemeinschaft mit seinem Volk innig und untrennbar herzustellen. Im Rahmen dieses Erscheinens Gottes unter den Menschen finden sich judenchristliche Aussagen in den Patriarchen-Testamenten, die hier direkt anschließen und daraus Aussagen christologischer Art machen.

Die neueren Aussagen betonen den Leib, die Niedrigkeit und Armut und das gemeinsame Essen mit den Menschen. All das gehört *nicht* als Anti-Doketismus in die Dogmengeschichte des 2. Jh.s n. Chr., sondern betont die Zuwendung Gottes zu den Menschen, die eben außerhalb der Ebene von Geister-, Engel- oder Gespenstererscheinungen liegen soll.[6]

Alttestamentliche Vorstufen:
Sach 2,14: »Siehe, ich komme, und ich werde in deiner Mitte wohnen, sagt der Herr.«
Ez 37.27: »Es wird meine Wohnung bei ihnen sein, und ich werde ihr Gott sein, und sie werden mein Volk sein.«
(2 Chron 6,18: »Wohnt denn wirklich Gott bei den Menschen auf der Erde?«)
Bar 3,38 LXX »Danach erschien Gott auf der Erde und wandelte unter den Menschen«.

Ältere Formulierungen in den Testamenta Patriarcharum:
Testament des Levi 2,11: »Durch deinen Stamm und durch Juda wird Gott unter den Menschen erscheinen, er rettet bei ihnen alle Menschen.«
Testamentum Naphtali 8,3: »Gott wird erscheinen, wohnend unter den Menschen auf der Erde, zu retten ganz Israel ...«

Neuere Formulierungen in den Testamenta Patriarcharum:

Testamentum Dan 5,13:
»Der Herr wird inmitten Israels mit den Menschen wandeln, und der Heilige Israels wird über sie herrschen in Niedrigkeit und Armut. Und wer an ihn glaubt, wird in Wahrheit als König regieren im Himmel.«

Testamentum Aser 7,2f:
»... bis der Höchste auf die Erde kommt. / Er wird kommen wie ein Mensch, mit den Menschen zu essen und zu trinken, und er wird in aller Ruhe den Kopf des Drachens durch das Wasser hindurch zertreten, in der Gestalt eines Menschen wird Gott Israel retten und alle Völker.«

---

6 Zum Thema vgl. J. Kurowski: Interpolata christiana, Diss. Heidelberg 2001.

Testamentum Benjamin 10,7:
»Ihr werdet den König der Himmel anbeten, der in der Gestalt eines Menschen in Niedrigkeit auf der Erde erschienen ist.«

Testamentum Simeon 6,5-7:
»Der Herr, der große Gott Israels, wird als Mensch auf der Erde erscheinen und durch sich Adam retten. Dann werden alle Geister des Irrtums den Menschen zur Unterwerfung anheimgegeben, und die Menschen werden über die bösen Geister herrschen. / Dann werde ich auferstehen... Denn Gott hat einen Leib angenommen und mit den Menschen gegessen und sie gerettet.«

Testamentum Sebulon 9,8:
»Dann wird euch der Herr als Licht der Gerechtigkeit aufgehen. Heilung und Erbarmen ist auf seinen Flügeln; er wird alle gefangenen Menschen vom Teufel loskaufen, und jeder Geist des Irrtums wird überwunden werden. Er wird alle Völker bekehren, um Israel eifersüchtig zu machen, und ihr werdet ihn in der Gestalt eines Menschen sehen.«

Vgl. auch Ignatius, An die Epheser 19,2f:
»Ein Stern... Die Unwissenheit verschwand, das alte Reich wurde vernichtet, als Gott in Menschengestalt erschien zu neuem, ewigem Leben«.
Der gesamte Sprachduktus entspricht den Testamenten. Ignatius repräsentiert damit zu Beginn des 2. Jh.s eine breitere theologische Strömung, die sich (später?) auch in den christlichen Stücken der Testamente der Patriarchen niedergeschlagen hat.

2.3 Testamentum Levi

Einleitung: In Kapitel 4 ist der Bezug auf Jesus eingefügt in die für Testamente typische Abfallsweissagung. – Nach Kapitel 8 wird Jesus als König, als neuer Priester (es geht um Levis Testament!) und als »höchster Prophet« gedacht. – In Kapitel 16 steht die Erneuerung des Gesetzes durch Jesus im Blickpunkt und sodann das Geschick des Tempels. In Kapitel 18 könnte es sich um eine vorsynoptische Doublette zur Taufe Jesu handeln (vgl. auch die Herabkunft allein des Geistes auf Jesus nach Joh 1,33).

4

4 »Und dir und deiner ganzen Nachkommenschaft wird Segen gege-
ben werden, bis der Herr durch das Erbarmen seines Sohnes in
Ewigkeit alle Völker besucht. Doch deine Söhne werden Hand an
ihn legen und ihn kreuzigen.«

8

11 »Sie sagten zu mir: ›Levi, dein Same wird in drei Reiche geteilt wer-
12 den, ein Zeichen der Herrlichkeit des kommenden Herrn. / Der
glaubt, wird der erste sein. Ein größeres Erbe als seines wird es
13, 14 nicht geben. / Der zweite wird zum Priestertum gehören. / Der
dritte wird einen neuen Namen erhalten. Denn ein König wird aus
Juda aufstehen, und nach der Art der Heiden wird er für alle Hei-
15 den ein neues Priestertum stiften. / Seine Ankunft wird unbe-
schreiblich sein wie die eines höchsten Propheten aus dem Samen
Abrahams unseres Vaters.‹«

16

3 »Und den Mann, der in der Kraft des Höchsten das Gesetz erneu-
ert, werdet ihr als Irrlehrer bezeichnen, und zuletzt werdet ihr glau-
ben, ihn getötet zu haben – doch von seiner Auferstehung werdet
ihr nichts wissen, und sein unschuldiges Blut habt ihr in Bosheit auf
4 euer Haupt kommen lassen. / Seinetwegen wird euer Tempel ver-
5 lassen sein und bis auf den Grund befleckt. / Und euer Tempel wird
nicht rein sein, sondern unter den Heiden seid ihr verflucht und
verstreut, bis er wieder zu euch kommt, bis er sich euer erbarmt
und euch annimmt in Glauben und Wasser.«

18

6 »Die Himmel werden sich einen Spaltbreit öffnen, und aus dem
Tempel der Herrlichkeit wird eine Heiligung auf ihn kommen, mit
7 väterlicher Stimme wie von Abraham, Isaaks Vater. / Und die Herr-
lichkeit des Herrn wird …«

2.4 Testamentum Juda

Einleitung: Testament Juda bietet eine ausführlichere Variante zu dem gerade erwähnten Text aus Testamentum Levi 18. Dieser Text enthält ebenfalls noch keinen Bezug zur Johannestaufe, die an Jesus als Urbild der Christentaufe hätte vollzogen werden müssen. (Das JohEv erweist sich auch darin als archaisch.) Statt dessen wird der

Zusammenhang von Geist und Gebotserfüllung gut erkennbar, der für paulinisches Christentum wichtig ist.

24

»... aus meinem Geschlecht wird ein Mensch aufstehen wie die 1
Sonne der Gerechtigkeit. Er wird leben unter den Menschen in
Sanftmut und Gerechtheit, und man wird keine Sünde an ihm fin-
den. / Der Himmel wird sich einen Spaltbreit auftun, um über ihm 2
als Segen vom heiligen Vater den Heiligen Geist auszugießen. Und
er selbst wird den Geist der Gnade auf euch ausgießen. / Und ihr 3
werdet seine Kinder sein in Wahrheit, und ihr werdet alle seine Ge-
bote halten, von den ersten bis zu den letzten. / Er wird Sproß Got- 4
tes sein, und dies ist die Quelle zum Leben für alle Menschen ... /
In ihm wird eine gerechte Herrschaft[7] für die Völker aufgehen, 5
durch die alle, die den Herrn anrufen, gerichtet und gerettet wer-
den.«

2.5 Testamentum Joseph 19,3

Einleitung: Der zitierte Text aus den Abschiedsworten des Patriarchen Joseph (im Rahmen der Testamente der zwölf Patriarchen) weist besondere Beziehungen zur Offenbarung des Johannes auf (Kapitel 5 und 12), ohne doch als deren Wiedergabe bezeichnet werden zu können. Vielmehr stoßen wir hier auf ein Stück »Hintergrund« der Offenbarung des Johannes: jüdische Apokalyptik als visionäres Drama in Tiergestalten.

»Und ich sah, daß aus dem Stamme Juda eine Jungfrau geboren 3
wurde, bekleidet mit einem Leinengewand. Aus ihr ging ein makel-
loses Lamm hervor, an dessen linker Seite war etwas wie ein Löwe.
Und alle Tiere stürmten gegen ihn, doch das Lamm besiegte sie und
vernichtete sie bis zur endgültigen Vernichtung. / Und die Engel und 4
die Menschen und die ganze Erde freuten sich über ihn. / Das wird 5
in ihrer Zeit geschehen, in der letzten Zeit. / Ihr nun, meine Kinder, 6
haltet die Gebote des Herrn und ehrt Juda und Levi, denn aus ihnen
wird das Lamm Gottes hervorgehen, das die Heidenvölker und
Israel durch Gnade retten wird.«

7 Wörtlich: »Zepter der Gerechtigkeit«.

2.6 Testamentum Benjamin 3,8

Einleitung: Eine zusammenfassende Deutung des Todes Jesu findet sich hier als Prophetie des Erzvaters Jakob über seinen Sohn Joseph (!). Die Typologie Joseph/Jesus ist in der Alten Kirche verbreitet.

»In dir wird die himmlische Prophetie über das Lamm Gottes und den Erlöser der Welt erfüllt werden. Denn durch den gewaltsamen, blutigen Tod beim Bundesschluß[8] wird ein Unschuldiger übergeben werden für die Ungerechten, und ein Sündloser wird sterben für die Gottlosen. So werden die Völker und Israel gerettet, und der Teufel und seine Diener werden vernichtet.«

2.7 Testamentum Benjamin 9,2-5

Einleitung: Der Verfasser dieses Orakels versteht die Erhöhung Jesu genau wie das JohEv im Sinne der Kreuzigung, und ebenso johanneisch spricht er dann vom Hinaufsteigen. Daß Jesus noch schlicht »Prophet« genannt wird, spricht für jüdisches Milieu.

2 »Die zwölf Stämme werden sich dort [im Tempel in Jerusalem] versammeln, aber auch alle Heidenvölker, bis der Höchste durch die Ankunft des einzigen Sohnes, eines Propheten sein Heil sendet. /
3 Und er wird in den ersten Tempel kommen, und dort [in Jerusalem] wird der Herr mißhandelt, verhöhnt und am Kreuz erhöht werden.
4 / Und der Vorhang des Tempels wird zerreißen, und der Geist Gottes wird wie Feuer ausgegossen und auf die Heidenvölker übergehen.
5 hen. / Und er wird aus dem Reich des Todes heraufkommen und hinaufgehen von der Erde bis in den Himmel. Ich erkannte, wie demütig er auf Erden und wie herrlich er im Himmel ist.«

2.8 Testamentum Benjamin 11,2f

Einleitung: Der kurze Abschnitt bezieht sich auf Paulus, den Völkermissionar. V. 2 spricht über Licht und Stimme, die Paulus auf Erden hörte, wie es Lukas in Act 9,3f beschreibt. Das Bild des Wolfes (für den Herrn!) ist dem Neuen Testament fremd. Der Sinn ist: Der Herr hat Paulus Israel entrissen und ihn zu den Heiden ge-

[8] Wörtlich: »durch das Blut des Bundes«. Der Ausdruck kommt in Ex 24,8 und in den synoptischen Abendmahlsberichten vor.

schickt. Daß der Name des Paulus »wie Musik« ist, findet sich weder im Neuen Testament noch in Paulus-Akten.
Der Text spricht im Griechischen noch von den »Synagogen der Heiden«, setzt daher eine Zeit voraus, in der sich der christliche Sprachgebrauch mit »Kirche« (griech.: *ekklesia*) noch nicht durchgesetzt hatte. Daher: Ende 1., Anfang 2. Jh.

»In der letzten Zeit wird aus meinem Stamm ein Auserwählter des 2
Herrn erstehen. Er hört auf der Erde seine Stimme und handelt nach
seinem Willen. Allen Völkern gibt er das Licht neuer Einsicht, ein
Licht der Erkenntnis, das in Israel zum Heil aufgetreten ist. Wie ein
Wolf raubt er Menschen aus Israel und gibt sie der Versammlung der
Völker. / Bis zur Vollendung der Zeiten wird er in den Versammlun- 3
gen der Heiden und auch bei ihren Herrschern sein. Sein Name wird
wie Musik in ihrem Munde sein. / Sein Werk und sein Wort wird in 4
heiligen Büchern aufgezeichnet sein. Für immer wird er Gottes Aus-
erwählter sein. / Über ihn unterrichtete mich mein Vater Jakob und 5
sagte: ›Er wird auffüllen, was deinem Stamm noch fehlt.‹«

3. Abschnitte aus den griechischen Sibyllinen

Einleitung: Die sibyllinischen Bücher sind im antiken Rom und dann auch im Judentum und im Christentum eine Gattung prophetischer Bücher, in der Regel in Hexameter-Form. Als Trägerinnen sind die sog. Sibyllen gedacht, also in jedem Falle nicht-jüdische bzw. nicht-christliche, »heidnische« Frauen, die von einem Gott inspiriert Orakel äußern, die dann aufgeschrieben werden. Bekannt sind z. B. die Sibylle von Cumae oder die von Tibur.
Die römische Institution der sibyllinischen Orakel hatte ihren Sinn darin, daß drohendes Unheil auf kultische Weise abgewendet werden konnte. Die sibyllinischen Sprüche wurden oft so verstanden, daß sie auf kultische Defekte oder besonders mangelhaft verehrte Gottheiten aufmerksam machten. Zur Abwendung des Unheils war es dann nötig, sich religiös zu »ändern«. Dieser Punkt fiel bei jüdischer »Propaganda« seit dem 3. Jh. v. Chr. auf fruchtbaren Boden. Denn es war leicht möglich, die Botschaft vom kommenden Gericht und die Möglichkeit, dem Feuer zu entgehen, an die Notwendigkeit zu binden, sich zu dem bisher vernachlässigten oder unbekannten jüdischen Gott zu bekehren. Gericht und Umkehrpredigt fügten sich daher gut dem römischen Ansatz der Sibyllinistik ein: Drohendes Unheil ist durch größere kultische Sorgfalt abzu-

wehren. Die 14 erhaltenen griechischen Sibyllen sind eine jüdische und christliche Mischkomposition, die im Laufe mehrerer Jahrhunderte gewachsen ist. Darüber hinaus sind sibyllinische Bücher in allen Sprachen des christlichen Orients erhalten, auch auf lateinisch. Dabei orientieren sich die mit dem Namen der tiburtinischen Sibylle verbundenen Bücher an einem Schema von zehn Weltwochen.
Die sibyllinischen Bücher gehören zu dem am wenigsten erforschten Gebiet der Apokalyptik.
Querverbindungen zu anderen frühchristlichen Apokryphen bestehen z. B. im Falle des »Hirten des Hermas«, der es wohl zumindest teilweise mit der Sibylle von Cumae zu tun gehabt haben könnte.
Textgrundlage: J. Geffcken: Die Oracula Sibyllina, (GCS), Leipzig 1902.

Sibyllinen Buch VIII 217-250

Das nachfolgende Stück aus Sib VIII 217-250 ist ein christlicher Einschub (vor 200 n. Chr.) in der Form eines Akrostichons. Das heißt: Die jeweils ersten Buchstaben aller Zeilen des Gedichts sind jeweils ein Bestandteil (Buchstabe) der von oben nach unten zu lesenden Worte, die in diesem Fall zusammen folgendes ergeben: »Jesous Chr[e]istos, theou hyios, soter, stauros«, d. h. »Jesus Christus, Gottes Sohn, Erlöser, Kreuz.« Nimmt man nur die Anfangsbuchstaben jedes *Wortes*, dann ergibt sich I. CH. TH. HY. S. Das ergibt das griechische Wort »Ichthys« = Fisch. So wird der Fisch als Geheimsymbol der Christen im Altertum erklärt.
Der Sinn des Akrostichon ist es, leicht zu merkende Verse mit wichtigen Lehrinhalten zu bieten.
Aufschlußreich ist, in wie starkem Maße gegen Ende des 2. Jh.s noch immer Themen des Weltgerichts wesentlich sind.

217 I In Angst wird schwitzen die Erde, ein Zeichen des nahen Gerichtes.
218 E Es wird kommen vom Himmel der ewige König der Zeiten,
219 S Sterbliche alle zu richten und alle Welt, wenn er da ist.
220 O Ob Glaubende oder nicht, alle Menschen werden Gott sehen,
221 U Umgeben von seinen Heiligen, den Höchsten am Ende der Zeiten.
222 S Sitzend auf dem Stuhle des Richters, um sterbliche Menschen zu richten.

223 CH Chaos, unfruchtbar, voll Dornen – so wird die ganze Welt sein,
224 R Reichtum werfen die Menschen dann weg und auch ihre Götzen.
225 E Erde, Himmel und Meer – alles vom Feuer verzehrt.
226 I Im Reich des Todes zerbricht die festen Tore das Feuer.
227 S Sehen werden leibhaftig alle Toten das Licht der Freiheit,
228 T Teilhaber sind nur die Heiligen, die Bösen straft ewiges Feuer.
229 O Offenlegen wird jeglicher dann, was er heimlich getan.
230 S Sein verschlossenes Herz wird durch Gottes Fackeln geöffnet.

231 TH Thema ist nur das eine: Alles weint und knirscht mit den Zähnen.
232 E Erbleichen wird der Sonne Licht, und der Reigen der Sterne verglimmt.
233 O Ordnung des Himmels vergeht. Er wird eingerollt, Mondlicht verlischt.
234 U Unterstes kehrt sich zuoberst, Täler stehn auf, Höhen verschwinden.

235 HY Hybris stolz ragender Höhen muß keiner mehr fürchten.
236 I Ist da noch irgendein Berg oder ein flaches Land?
237 O Ohne Schiff jedes Meer, alles verdorrt Blitz und Brand,
238 S Samt ihren Quellen versiegen die rauschenden Flüsse.

239 S Schmerzvoll beklagt der Ton der Trompete vom Himmel
240 O Ohne Trost die Greuel der Menschen und das Leiden der Welt.
241 T Tiefe Abgründe zeigt die Erde, das Reich der Toten.
242 E Einfinden werden sich alle beim Richterstuhl Gottes, des Königs.
243 R Rauschend vom Himmel her kommt ein Strom von Feuer und Schwefel.

244 S Siegel wird sein für die Menschen das Kreuz, ein deutliches Zeichen.
245 T Tröstendes, innig ersehntes Horn des Heils[9] ist dies Holz.

---

9 Vgl. Lk 1,69.

246 A Ansteckendes Leben den Frommen, steter Anstoß der Welt.
247 U Unter den Berufenen schafft es Erleuchtung durch zwölffache Quelle.
248 R Regieren wird dann immerdar der eiserne Stab des Hirten.
249 O Ohne Zweifel verkündet das Akrostichon jetzt diesen Gott.
250 S So ist der unsterbliche Heiland, der König, der für uns gelitten.

Dieser Abschnitt liest sich als eine frühe christliche Predigt mit origineller und charakteristischer Position bei der Betonung der für den Verfasser wichtigen Elemente aus den Evangelien.
Auch das direkt anschließende Stück V. 251-336 ist christlicher Einschub:

Sibyllinen Buch VIII 251-336

Die theologische Position ist heidenchristlich. Kritik gegenüber dem jüdischen Gesetz ist deutlich ausgeprägt; der Verfasser versteht das Christentum strikt gesetzesfrei. Immer wieder wird der »Logos« (Jesus als Schöpfungswort und Weltvernunft) hervorgehoben.

251 Mose hat ihn bereits dargestellt, als er die Arme zum Kreuz ausbreitete[10],
252 als er Amalek durch den Glauben besiegte, damit das Volk erkenne,
253 wer von Gott Vater erwählt[11] und wer der Ehren wert ist.
254 Der Stab Davids und der Stein, den er aufgerichtet hat –
255 wer an den glaubt, wird das ewige Leben haben.
256 Denn nicht in Herrlichkeit, sondern als sterblicher Mensch wird er in die Schöpfung kommen,
257 elend, entehrt und häßlich, um den Elenden Hoffnung zu geben.
258 Dem vergänglichen Körper wird er himmlische Gestalt geben, den Nicht-Glaubenden wird er himmlischen Glauben schenken.

---

[10] Vgl. Ex 17,11.
[11] Gemeint ist Jesus.

259 Eine neue Gestalt gibt er dem Menschen, der von Anfang an war,
260 dem Menschen, den Gott mit eigenen Händen geformt hat.
261 Doch die Schlange hat ihn listig verführt, so daß er dem
262 Todesgeschick verfiel. Um auch zwischen Gut und Böse unterscheiden zu können,
263 hat der Mensch Gott verlassen und menschlichen Bräuchen gedient.
264 Denn von Anfang an nahm Gott ihn als ersten Ratgeber zu sich,
265 und er, der überall herrscht, sagt: »Wir beide, lieber Sohn, wollen
266 als Abbild unserer Erscheinung den sterblichen Menschen machen.
267 Ich will ihn erst mit Händen formen, dann wirst du mit dem Wort
268 unsere Gestalt abbilden, damit wir ein gemeinsames Kunstwerk herstellen.«
269 Da sie es so gemeinsam beschlossen haben, wird er in die Schöpfung kommen
270 und das ähnliche Abbild in eine heilige Jungfrau hineintragen.
271 Im Taufwasser wird er erleuchten, zugleich durch die Hände der Ältesten.
272 Alles bewirkt er durch das Wort, jede Krankheit heilt er.
273 Die Stürme läßt er durch sein Wort aufhören, auf dem Meer wird er wandeln,
274 wenn es wütend tobt, im Frieden und durch Glauben.[12]
275 Mit fünf Broten und einem Fisch aus dem Meer
276 wird er fünftausend Männer in der Wüste satt machen.
277 Und die übriggebliebenen Stücke wird er alle sammeln.
278 Zwölf Körbe wird er damit füllen, damit die Heidenvölker hoffen können.
279 Er wird Menschen selig preisen und Arme lieben,
280 Menschen, die Gutes und nicht Böses vergelten,
281 die geschlagen und gegeißelt werden, die gerne arm sind.
282 Er erkennt alles, sieht jeden und hört alles.
283 So wird er das Innere durchschauen und freilegen zum Gericht.
284 Denn er selbst ist Hören, Sehen und Verstehen aller.

---

12 Daß Jesus durch Glauben auf dem Meer wandelt, fehlt den neutest. Berichten.

285 Er hat als Wort alle Gestalten geschaffen, und ihm gehorcht alles.
286 Er rettet Tote und heilt jede Krankheit.
287 Zuletzt gerät er in die Hände der gesetzlosen Heiden und derer, die nicht glauben.
288 Mit ihren unheiligen Händen werden sie Gott schlagen,
289 mit unreinem Mund und giftigem Speichel ihn anspeien.
290 Den Geißelhieben wird er seinen heiligen Rücken ausliefern.
291 Denn er selbst wird der Welt die Heilige Jungfrau ausliefern.
292 Wenn man ihn schlägt, wird er schweigen, damit niemand erkennt,
293 wer er ist und von wem er stammt, woher er kommt, daß er mit den Toten redet.
294 Einen Kranz aus Dornen wird er tragen. Denn in Dornen
295 hat der ewige Kranz der erwählten Heiligen seinen Ursprung.
296 Mit dem Stab stechen sie in seine Seite, weil ihr Gesetz es so will.[13]
297 Denn mit Stäben, die von einem anderen Geist bewegt werden,
298 wurde er bestimmt zum Gericht über Menschen, das Zorn und Vergeltung ist.[14]
299 Doch wenn sich das alles vollendet, was ich gesagt habe,
300 dann wird in ihm sich jedes Gesetz auflösen auf ihn hin,
301 das von Anfang in Gestalt von Menschenregeln gegeben wurde, weil das Volk nicht gehorchte.[15]
302 Doch er wird die Arme ausbreiten und so die ganze Welt in Besitz nehmen[16].
303 Als Speise gab man ihm Galle, Essig als Trank.
304 Für diesen ungastlichen Tisch[17] werden sie büßen müssen.
305 Der Tempelvorhang zerriß, und mitten am Tag
306 wird drei Stunden lang gewaltige, finstere Nacht sein.

---

[13] Vgl. Joh 19,34.

[14] Gemeint ist vielleicht der »eiserne Stab« zum Gericht nach Ps 2,8f. Der »andere Geist« wäre dann der Geist als der vernichtende Sturm im Gericht, vgl. vielleicht Lk 3,16.

[15] Die Theorie von Mk 10,4f wird hier ausgeweitet. Offenbar werden alle menschlichen Gesetze (inklusive des jüdischen) als Zugeständnis an den menschlichen Ungehorsam gesehen. Vgl. dazu schon: K. Berger, Hartherzigkeit und Gottes Gesetz, in: ZNW 61 (1970) 1-47.

[16] Wörtlich: »abmessen«. Vgl. Joh 12,32.

[17] Das Verhalten der Juden beim Karfreitagsgeschehen wird als Verstoß gegen das heilige Gesetz der Gastfreundschaft gedeutet.

307 Man sollte nicht mehr dem verborgenen Tempel und dem geheimen Gesetz dienen
308 und den Wahngebilden der Welt, deshalb wurde das Verborgene jetzt offenbar.
309 Das geschah, als der mächtige Herr, der ewige, auf die Erde herabstieg.
310 Er geht auch zum Totenreich und verkündet Hoffnung
311 allen Heiligen, das Ende der Zeit und den letzten Tag.
312 Er wird den Tod töten[18], wenn er drei Tage tot war.
313 Dann wird er von den Toten zurückkehren und ans Licht kommen.
314 Als erster Auferstandener zeigt er den Anfang denen, die berufen sind.
315 Sie sind ja gewaschen mit dem Wasser der ewigen Quelle,
316 abgewaschen ist alle frühere Schuld. Jetzt sind sie von oben geboren
317 und sollen nicht mehr dienen den gesetzlosen Sitten der Welt.
318 Zuerst wird seinen eigenen Jüngern und Jüngerinnen dann der Herr erscheinen
319 leibhaftig, wie er vorher war, an Händen und Füßen wird er zeigen
320 die vier seinen Gliedern eingehämmerten Wundmale,
321 Osten und Westen, Mittag und Norden.[19]
323 Das ist die Zahl der Reiche der Welt, die die schändliche Tat vollbringen, als Vorbild für uns.
324 Gruß dir, heilige Tochter Sion, du hast viel erduldet,
325 Dein König selbst steigt auf einen Esel und zieht hinein.[20]
326 Sanft erscheint er allen, damit er das Joch, das wir tragen,
327 unser Sklavenjoch, das wir kaum tragen können, auf seinen Nacken legt
328 und die Gesetze auflöst, die zu unserem Gott nicht passen[21], und auch die drückenden Fesseln.
329 Ihn sollst du als deinen Gott anerkennen, denn er ist Gottes Sohn.
330 Ihn sollst du verherrlichen, ihn im Herzen tragen.

---

[18] Vgl. Hebr 2,14.

[19] Hier wird die universale theologische Bedeutung des Kreuzes aus seiner Gestalt begründet, die später in der Kunstgeschichte so wichtig ist.

[20] Vgl. Sach 9,9; Mt 21,5.

[21] Wörtlich: »gottlos«. Doch das hellenistische Wort »*atheos*« hat andere Konnotationen als das deutsche Wort »gottlos«. Es bezeichnet jemanden, der den falschen Gott hat.

331 Liebe ihn aus ganzer Seele, und trage seinen Namen.
332 Lege die früheren Satzungen[22] ab, und laß dich waschen in seinem Blut.
333 Denn durch deine Gesänge oder Gebete kann er nicht versöhnt werden.
334 Er gibt nichts auf vergängliche Opfer, denn er selbst ist unvergänglich.
335 Nur wenn du einen Hymnus aus heiligem Mund von Herzen singst,
336 dann kannst du erkennen, wer er ist, und dann wirst du deinen Vater sehen.

4. Die Leiter Jakobs

Einleitung: Der folgende Text findet sich im Anhang einer nur noch altslawisch erhaltenen apokryphen Schrift, in welcher der Traum Jakobs in Bethel (Gen 28,10ff) ausgelegt wird; daher kommt der Name der Schrift »Leiter Jakobs«. Eine kritische Ausgabe gibt es nicht; es gibt eine ältere deutsche Übersetzung von N. Bonwetsch (»Die Apokryphe Leiter Jakobs«, in: Göttinger Nachrichten, Phil.-Hist. Kl. [1900] 76-87, und eine neuere amerikanische Übersetzung von H. G. Lunt (»Ladder of Jacob«, in: J. H. Charlesworth: The Old Testament Pseudepigrapha II, London 1985, 401-411). Lunt datiert die Schrift in das 1. Jh. n. Chr. Über Kapitel 7 vermutet er, es komme von der slaw. Fassung der »Erzählung des Aphroditianus« (vgl. E. Bratke: Das sogenannte Religionsgespräch am Hof der Sasaniden, TU N. F. 4.3a [1899] 101-106) her. Leider sagt das nichts über den religionsgeschichtlichen Wert. Denn als Bericht über Jesus ist der Text durchaus einzigartig und setzt die Evangelien nicht voraus. Die Formulierung in V. 20 erinnert an die Christologie der Patriarchentestamente (s. o.). Die Reaktion der Götzen ist ein altes Motiv der Prophetenleben (Jeremia); die Verbindung des »Unteren mit dem Oberen« geht auf ägyptische Königsorakel zurück (der neue König verbindet beide Ägypten).

1 *Kapitel 7* Was die Engel betrifft, die du die Leiter hinab- und hin-
2 aufsteigen sahst: / In den letzten Zeiten wird ein Mensch dasein, der
vom Allerhöchsten kommt und der sich nichts sehnlicher wünscht,
als die oberen Dinge [im Himmel] mit den unteren Dingen [auf der

[22] Andere Möglichkeit: »die früheren Götter«.

Erde] zu verbinden. / Bevor er kommt, werden eure Söhne und 3
Töchter von ihm weissagen, und eure jungen Männer werden Vi-
sionen[23] über ihn haben. / Und folgende Zeichen werden ihn an- 4
kündigen, wenn er kommt: / Ein Baum, der mit der Axt abgehauen 5
wurde, wird Blut träufeln.[24] / Dreimonatige Kleinkinder werden 6
vernünftig sprechen.[25] / Ein Kind im Mutterleib wird den Weg die- 7
ses Menschen verkündigen. / Ein junger Mensch wird sein wie ein 8
alter Mensch. / Und wenn der Ersehnte kommt, dann wird nie- 9
mand bemerken, welchen Weg er nimmt.

Dann wird die Erde verherrlicht werden, da sie himmlische Herr- 10
lichkeit empfängt. / Das, was oben im Himmel war, wird auch un- 11
ten auf der Erde sein. / Aus deiner Nachkommenschaft wird eine 12
königliche Wurzel aufsprießen. / Sie wird emporsteigen und die 13
Macht des Bösen vernichten. / Der Erwartete wird der Retter für je- 14
des Land[26] sein und wird denen Ruhe schenken, die sich plagen. Er
wird wie eine Wolke sein, welche die ganze Welt vor der brennen-
den Hitze beschattet. / Wenn er nicht käme, würde das Ungeordnete 15
nicht geordnet.[27] / Wenn er nicht käme, könnten die unteren Dinge 16
[auf der Erde] nicht mit den oberen Dingen [im Himmel] verbunden
werden. / Wenn er kommt, werden Götzenbilder aus Erz und Stein 17
und alle Schnitzwerke drei Tage lang laut sprechen. / Sie werden 18
den Weisen Kunde von ihm geben und werden sie wissen lassen,
was auf der Erde geschehen wird. / Durch einen Stern werden die- 19
jenigen, die ihn auf der Erde sehen wollen, den Weg zu dem finden,
den die Engel im Himmel nicht sehen durften. / Dann wird Gott, 20
der überall herrscht, in einem Leib auf der Erde sein, und umfangen
von den leiblichen Armen seiner Mutter wird er das Menschenge-
schick erneuern. / Er wird Eva wieder lebendig machen, die durch 21
die Frucht des Baumes starb. / Dann wird der Betrug der Gottlosen 22
überführt werden, und alle Götzenbilder werden auf ihr Angesicht
fallen. / Sie werden von ihm beschämt werden, weil er der Würdige 23
ist. / Denn durch Eingeben von Traumgesichten hatten sie gelogen. 24
Von nun an werden sie weder herrschen noch prophezeien können.
/ Ehrlos und ohne Herrlichkeit werden sie dastehen. 25

Denn der, der kommt, wird ihnen Macht und Gewalt wegnehmen. 26
/ Er wird die Verheißung einlösen[28], die er Abraham gegeben hat. 27

---

23 Vgl. Joel 3,1; Act 2,17.
24 Vgl. 4 Esra 5,5; Barn 12,1.
25 Vgl. 4 Esra 6,21.
26 Andere Übersetzung: »für die Heiden«.
27 Das ist die Funktion des neuen, messianischen Gesetzes.
28 Wörtlich: »die Wahrheit bzw. Gerechtigkeit bezahlen«.

28 Alles Scharfe rundet er ab, und alles Rauhe macht er glatt. / Und
29 alles Ungerechte wirft er in Meerestiefe.[29] / Er wird Wunder tun am
30 Himmel und auf der Erde. / Er wird verwundet werden in der Mitte
31 des Tempels.[30] / Und wenn er verwundet wird, dann naht auch die
32 Rettung und das Ende alles Verderbens. / Denn die ihn verwundet
haben, werden selbst verwundet werden, und diese Wunde wird in
33 Ewigkeit nicht heilen. / Und alle Kreatur wird den Verwundeten an-
beten, und viele werden ihre Hoffnung auf ihn setzen.[31] / Er wird
34 bekannt werden überall und unter allen Heiden. Und wer seinen
Namen anerkennt, wird nicht zuschanden werden. / Seine eigene
35 Herrschaft und Jahre werden ewig dauern.

5. Über den Logos bei Philo von Alexandrien

Einleitung: Von Philo von Alexandrien (ca. 20 v. Chr. bis 60 n. Chr.), dem bedeutendsten jüdischen Philosophen des Altertums, der jüdische, platonische und stoische Elemente miteinander verbunden hat, sind zahlreiche Schriften in griechischer und armenischer Sprache erhalten. Zu den letzteren gehören die »Fragen und Antworten zum Buche Exodus«. Dort heißt es zunächst (II 117, Übersetzung R. Marcus) über den Logos (Gottes Weltvernunft):
»Das Haupt aller Dinge ist der ewige Logos des ewigen Gottes. Unter ihn ist, als wären es die Füße oder die anderen Glieder, die ganze Welt gelegt, über die er hingeht und auf der er fest steht.«
An dieser Stelle folgt ein christlicher Einschub:
»[Jesus] Christus ist der Herr, denn er sitzt zur Rechten seines Vaters und Gottes. Doch nicht aus diesem Grunde geht er über die Welt hin und regiert sie. Vielmehr liegt es an der vollkommenen Fülle der Welt selbst ...«
Dann fährt der mutmaßlich vorgegebene Text fort:
»Ihretwegen braucht die Welt zur Fürsorge und Aufsicht die allerbeste Verteilungsordnung, und wegen ihrer eigenen vollkommenen Hinneigung zu Gott bedarf sie des göttlichen Logos, so wie Lebewesen ein Haupt gebrauchen, ohne das sie nicht leben können.«

Vorlage und Einschub zeigen, wie intensiv sich Philosophie, Judentum und Christentum berühren können.

29 Vgl. Micha 7,19.
30 Wörtlich: »des geliebten Hauses«.
31 Vgl. Jes 11,10.

Das Tanzlied in den Acta Johannis

Einleitung: Die Kapitel 94-97 der Acta Iohannis (3. Jh. n. Chr.) sind ausgefüllt durch das sogenannte Tanzlied. Bevor Jesu Leiden beginnt, erklärt er in einem Rollenspiel den Jüngern den Sinn dieses Leidens.
Es handelt sich wohl um ein übernommenes liturgisches Stück. Darauf weisen vom Kontext der Johannesakten unabhängige Zitate aus dem Lied bei Augustinus (Brief 237,5-9), darauf weist aber jetzt vor allem der neu gefundene und oben übersetzte Text des »Unbekannten Berliner Evangeliums«. Denn dieses beschreibt dieselbe Situation und bringt in K. 10 und 11 dieselbe Art von Hymnus (Aufbau zweiteiliger Aussagen) mit dem Refrain der Jünger »Amen«. Den Ausdruck »Die Gnade tanzt« (4,1) kennt auch der oben übersetzte Diognetbrief in 11,6.

Theologie: Der Vollzug des Tanzlieds vermittelt Einsicht in das Leiden Christi und ist zugleich Teilhabe an ihm. Man kann daher sagen: Der Tanz der Jünger um den Tanzmeister Jesus herum hat hier »sakramentalen« Charakter. In Kapitel 3 unserer Zählung geht es besonders um die heilsvermittelnde Funktion Jesu. Dem entspricht, daß der Zeigecharakter des ganzen Tanzes einfach als Mysterium bezeichnet wird, und auch das Geheimhaltungsgebot für Mysterien darf nicht fehlen (6,2). Der Tanz gilt auch in Mysterienkulten im Umfeld des Neuen Testaments als Initiation. Das Verstehen des Leidens ist zugleich dessen Überwindung.
In der Christologie werden im Tanzlied »hymnisch« erste Schritte in Richtung einer Zwei-Naturen-Lehre gewagt (vgl. 6,10).

Textgrundlage: Acta Iohannis, ed. M. Bonnet, in: Acta Apostolorum Apocrypha II 1, Leipzig 1898, Nachdruck Darmstadt 1959, 197-199. Andere Übersetzung: K. Schäferdiek, in: Schneemelcher, Apokryphen II 166-168. Die Einteilung in Kapitel und Verse ist hier neu vorgenommen worden. In eckigen Klammern stehen die Kapitelangaben nach M. Bonnet.

DER HYMNUS CHRISTI

1

1 [94] Bevor die bösen Juden Jesus ergriffen, die ihr Gesetz von ei-
ner bösen Schlange haben, versammelte Jesus uns alle und sagte: /
2 »Bevor ich jenen Menschen ausgeliefert werde, wollen wir den Va-
ter in einem Hymnus besingen und auf das zugehen, was vor uns
3 liegt.« / Er forderte uns auf, uns an den Händen zu fassen und einen
4 Kreis zu bilden. / Er trat selbst in die Mitte und sagte: »Antwortet
5 mir mit ›amen‹.« / Dann begann er den Hymnus zu singen[1]:

2

1 »Ehre sei dir Vater« –
Und wir bildeten einen Kreis und antworteten ihm: »Amen.«
»Ehre sei dir, Wort,
Ehre sei dir, Gnade.« – »Amen.«
»Ehre sei dir, Geist,
Ehre sei dir, Heiliger,
Ehre sei deiner Herrlichkeit.« – »Amen.«
2 »Wir loben dich, Vater.
Wir danken dir, du Licht ohne Finsternis.« – »Amen.«
[95] »Wofür wir danken, sage ich: . . .«

3

1 »Gerettet werden will ich,
und retten will ich.«[2] – »Amen.«
2 »Erlöst werden will ich,
und erlösen will ich.«[3] – »Amen.«
3 »Verwundet werden will ich,
und verwunden will ich.« – »Amen.«
4 »Gezeugt werden will ich[4],
und zeugen will ich.« – »Amen.«

---

1 Augustinus, Brief 237,5-9 (Goldbacher, CSEL 57), p. 531,7.9: Singen will ich, tanzt alle.

2 Augustinus, Brief 237,5-9 (Goldbacher, CSEL 57), p. 530,17: Retten will ich, und gerettet werden will ich.

3 Augustinus, Brief 237,5-9 (Goldbacher, CSEL 57), p. 529,3.29: Lösen will ich und gelöst werden will ich.

4 Augustinus, Brief 237,5-9 (Goldbacher, CSEL 57), p. 531,4: Gezeugt werden will ich.

»Essen will ich, 5
und genossen werden will ich.« – »Amen.«
»Hören will ich, 6
und gehört werden will ich.« – »Amen.«
»Verstanden werden will ich, 7
und ganz Verstehen bin ich.« – »Amen.«
»Gewaschen werden will ich, 8
und waschen will ich.« – »Amen.«

4
Die Gnade tanzt.[5] 1
»Flöten will ich, 2
und ihr sollt alle tanzen.«[6] – »Amen.«
Ein Klagelied singen will ich, 3
und ihr sollt an eure Brust schlagen.«[7] – »Amen.«
»Die eine, einzige Achtheit[8] 4
lobsingt mit uns.« – »Amen.«
»Die Zwölfzahl 5
tanzt im Himmel.« – »Amen.«
»Der ganze Himmel[9] 6
kann tanzen.« – »Amen.«
»Wer nicht tanzt, 7
weiß nicht, was geschieht.« – »Amen.«

5
»Fliehen will ich, 1
und bleiben will ich.« – »Amen.«
»Schmücken will ich, 2
und geschmückt werden will ich.«[10] – »Amen.«

---

[5] Vgl. Diognet 11,6.
[6] Augustinus, Brief 237,5-9 (Goldbacher, CSEL 57), p. 531,7.9: Singen will ich, tanzt alle.
[7] Augustinus, Brief 237,5-9 (Goldbacher, CSEL 57) p. 531,12: Wehklagen will ich, schlagt euch alle (an die Brust).
[8] Bezeichnung der acht obersten Syzygien (Paargenossenschaften) im obersten Himmel. Die Achtheit überbietet die Siebenheit um einen Zähler, ist daher der Inbegriff des Vollkommenen. Der Ausdruck geht auf ägyptische Götter zurück.
[9] Text verderbt; man könnte auch übersetzen: »Das Ziel (Omega) aller Dinge kann tanzen. Amen.«
[10] Augustinus, Brief 237,5-9 (Goldbacher, CSEL 57), p. 531,13f: Schmükken will ich, und geschmückt werden will ich.

3 »Geeint werden will ich,
und einen will ich.« – »Amen.«
4 »Ein Haus habe ich nicht,
doch Häuser habe ich.«[11] – »Amen.«
5 »Einen Platz habe ich nicht,
doch Plätze habe ich.« – »Amen.«
6 »Einen Tempel habe ich nicht,
doch Tempel habe ich.« – »Amen.«
7 »Ein Licht bin ich für dich,
wenn du mich siehst«.[12] – »Amen.«
8 »Ein Spiegel bin ich für dich,
wenn du mich verstehst.« – »Amen.«
9 »Eine Tür bin ich für dich,
wenn du bei mir anklopfst.«[13] – »Amen.«
10 »Ein Weg bin ich für dich
auf der Wanderschaft.« – »Amen.«

6

1 [96] Wenn du meinem
Chortanz folgst,
dann sprichst du
mit mir, in meiner Kraft.
2 Wenn du zuschaust
und meine Mysterien nachtanzt,
dann schweig über sie.[14]
3 Wenn du tanzt,
dann schau, wie ich tanze;
denn das Menschen-Leiden,
das ich jetzt erleide,
ist dein Leiden.
4 Denn du sähst nicht
dein Leiden,
wäre ich nicht als das Wort
dir vom Vater gesandt.

---

11 Zum Stil vgl. Epist Apost 21,4.

12 Augustinus, Brief 237,5-9 (Goldbacher, CSEL 57), p. 531,18: Ein Licht bin ich für dich, der du mich siehst.

13 Augustinus, Brief 237,5-9 (Goldbacher, CSEL 57), p. 531,20f: Eine Tür bin ich dir, der du an mir anklopfst.

14 Augustinus, Brief 237,5-9 (Goldbacher, CSEL 57), p. 531,26: Der du siehst, was ich tue, schweige über meine Werke.

Du siehst, was ich leide, 5
du sahst mich leiden,
und als du es sahst,
bliebst du nicht stehen,
sondern du begannst dich zu bewegen.[15]
Diese Bewegung sollte dich verstehen lehren.[16] 6
Doch du hast ein Ruhelager.
Ruh aus bei mir.
Wer ich bin, 7
das wirst du verstehen, wenn ich fort bin.
Was man jetzt an mir sieht,
das bin ich nicht.
Du wirst es sehen,
wenn du selbst kommst.
Wenn du um mein Leiden wüßtest, 8
hättest du die Freiheit vom Leiden.
Erkenne das Leiden,
dann bist du vom Leiden frei.
Was du nicht weißt, 9
will ich dich lehren.
Dein Gott bin ich, 10
nicht der Gott des Verräters.
Mit heiligen Seelen 11
will ich im Einklang stehen.
Erkenne das weise Wort, 12
sage mir noch mal: 13
Ehre sei dir, Vater,
Ehre sei dir, Wort,
Ehre sei dir, Heiliger Geist,
wenn du mein Denken erlernen willst.[17] 14
Ich habe das Wort aufgeführt wie ein Spiel
und bin doch nicht beschämt worden.[18]
Ich habe getanzt, 15
doch du begreife das Ganze.

---

15 Wörtlich: »du wurdest in Bewegung gesetzt«.

16 Wörtlich: »du wurdest bewegt, um weise zu machen«.

17 Der Text ist hier ganz verderbt. Die Übersetzung ist daher sehr hypothetisch.

18 Augustinus, Brief 237,5-9 (Goldbacher, CSEL 57), p. 532,17f: Mit dem Wort habe ich über alles gescherzt und bin durchaus nicht zum Scherz geworden.

Wenn du es begriffen hast, sag:
Ehre sei dir, Vater.« – »Amen.«

[97] Nachdem der Herr, ihr Lieben, mit uns getanzt hatte, ging er weg. Wie Verirrte oder wie Schlaftrunkene auf der Flucht torkelten wir – der eine hierhin, der andere dorthin.

ZWEI ALTE CHRISTUS-HYMNEN

A) Clementinischer Christus-Hymnus

Einleitung: Clemens v. Alexandrien († vor 215 n. Chr.), der erste christliche Gelehrte, bietet in seinem Paidagogos 3,12 (am Schluß des Werkes) einen älteren Hymnus, der den Charakter eines Lobgebetes hat.

Du hältst
die arglosen Füllen im Zaum, du bist
Flügel von Vögeln, die ein Ziel haben,
sicheres Steuer des Schiffes,
Hirt königlicher Lämmer.

Sammle deine arglosen Kinder,
daß sie dich fromm loben und aufrichtig in Hymnen preisen
mit unschuldigem Mund, dich, Christus, den Erzieher der Kinder.

Du, König der Heiligen, Wort, das alles bezwingt,
du bist der Weisheit des höchsten Vaters Herr.
Du bist Stütze in irdischen Leiden und schenkst ewige Freuden.
Du bist Erlöser der sterblichen Menschen,
du bist Hirte und Sämann, Steuer und Zaum, himmlischer Flügel
für die ganze heilige Herde.
Du bist der Menschenfischer derer, die sich retten lassen
aus dem Meer der Bosheit. Du fängst Fische, die du rein machst,
aus den feindlichen Fluten, dein Köder ist süßes Leben, wie nur du es gibst.
Führe uns, Hirte der christlichen Schafe.
Führe uns an, heiliger König unberührter Kinder.
Denn deine Fußstapfen sind der Weg zum Himmel.
Du bist stets lebendiges Wort, unermeßliche Zeit, unverlöschliches Licht,
du bist Quell des Erbarmens, wirkst mächtige Taten,
du bist heiliges Leben derer, die Gott loben.

Jesus Christus, du bist himmlische Milch aus den süßen Brüsten
der begnadeten Braut, der Weisheit Gottes, aus der du kommst.

Wir sind Säuglinge, nähren uns mit kindlichem Mund aus himmlischer Brust.
Mit dem Tau des Heiligen Geistes gesättigt
wollen wir dich loben, gemeinsam reine Hymnen singen
für dich, Christus, den König, als Entgelt für das Leben.
Lauteren Herzens wollen wir den Hymnus hinaufsenden zu dir,
dem mächtigen Sohn.
Die wir von Christus stammen, sind ein Chor des Friedens.
Als besonnenes Volk wollen wir gemeinsam loben den Gott des Friedens.

B) Christushymnus aus Buch VI der Sibyllinen

Einführung: Das gesamte Buch VI der Sibyllinen ist ein Christus-Hymnus, der im folgenden neu übersetzt wird. Überraschend ist die Parallele zur jüdischen Schriftauslegung zu Gen 2 und die Auffassung, daß der Heilige Geist Gott zum Vater gemacht hat.

Den großen, berühmten Sohn des unsterblichen Gottes will ich von Herzen besingen.
Der höchste Gott ist sein Vater, er übergab ihm den Thron zum Besitz,
bevor er überhaupt geboren war. Denn als ihm Menschennatur verliehen war,
trat er zum zweiten Mal auf, getauft in den Fluten des Jordanflusses,
der schimmernd dahinfließt, seine Wellen bewegend.
Er hat das Feuer des Gerichtes umgangen und wird als erster Gott als zärtlichen Vater sehen.
Gott wurde Vater, weil er durch den Geist sein Sohn war, sichtbar im weißen Gefieder der Taube.
Er wird als reine Blüte erblühen, Quellen werden reichlich fließen.
Er wird den Menschen die Wege zeigen, er wird auf die Pfade weisen, die in den Himmel
führen. Alle wird er belehren mit weisen Reden.
Er wird kommen zum Gericht und das ungehorsame Volk überzeugen.
Er wird rühmen alle, die zum himmlischen Vater gehören.
Über Wellen wird er mit dem Fuß schreiten, Kankheit der Menschen heilen.
Tote wird er erwecken und vieler Art Schmerzen vertreiben.

Aus ein paar Broten werden viele Menschen satt,
wenn Davids Haus einen Sproß treibt. In seiner Hand wird sein die ganze Welt, die Erde, der Himmel, das Meer.
Er wird leuchten über die Erde wie ein Blitz, so wie ihn einst erscheinen sahen die zwei, die aus den Seiten voneinander gezeugt waren.[1]
Dies wird geschehen, wenn die Erde sich voll Hoffnung auf das Kind freut.
Dir allein, Palästina, Sodoms Land, steht viel Böses bevor.
Denn du selbst hast voll bösem Willen deinen Gott nicht erkannt,
der den sterblichen Menschen sichtbar erschien.
Sondern du hast ihn mit Dornen gekrönt und ihm bittere Galle gemischt.
So hast du ihn geschmäht. Das wird böse Folgen für dich haben.
O Kreuzesholz, du bedeutest Seligkeit. Gott hing an dir ausgebreitet.
Die Erde wird dich nicht fassen, nicht halten können, den Himmel wirst du als dein Haus dir ausersehen,
wenn dein feuriges Auge, Gott, wie ein Blitz aufleuchtet.

---

[1] Vgl. hier die jüdische Auslegung zu Gen 2: vgl. PhilippusEv 82a; Ph. Ménard: L'Évangile selon Philippe, 1967, 202. – Adam und Eva sahen den (Menschensohn als) Blitz, nachdem sie bei Evas Erschaffung voneinander getrennt waren. So werden sie ihn auch als Blitz sehen, wenn er kommt, um die Menschen wieder zu einem zu machen.

Das Hochzeitslied aus den Acta Thomae

Einleitung: Die Thomasakten (ActThom) gehören zu den apokryphen Apostelakten des 3. Jh. s. Sie sind in griechischer, syrischer und lateinischer Sprache erhalten. Sie wurden wohl ursprünglich syrisch verfaßt und dann ins Griechische übersetzt. In diesen Akten sind zwei ältere Stücke aufgehoben, das gnostische sogenannte Perlenlied, gewissermaßen die Urform des gnostischen Mythos (Anfang 3. Jh.), und das Hochzeitslied auf die Kirche und ihren Bräutigam in den Kapiteln 6-7. Nach neuerer Forschung (H. Kruse, 1984) gehört das Hochzeitslied noch in das 2. Jh. Der Text ist in dreifacher Hinsicht wichtig: kulturgeschichtlich als Hochzeitslied (Lobpreis der Braut), als Dokument der Wirkungsgeschichte von Mt 25,1-9 und als Zeugnis allegorischer Theologie des 2. Jh.s insbesondere im Rahmen der Bräutigam-Christologie. Die Passah-Homilie des Melito von Sardes (s. oben) ist in der schriftstellerischen Technik der allegorischen Darstellung mit diesem Lied verwandt. Eine gnostische Deutung des Liedes wird mittlerweile ganz abgelehnt, und es geht auch nicht um das Verhältnis der Einzelseele zu ihrem Bräutigam, sondern der Blick ist auf die Kirche gerichtet. Man beachte auch die Auffassung vom Heiligen Geist als Mutter bzw. Weisheit am Schluß des Liedes.

Textgrundlage: A. F. J. Klijn, The Acts of Thomas (= Suppl. NT, V) Leiden 1962 (syr.) und M. Bonnet, Acta apostolorum apocrypha II,2: Acta Thomae, Darmstadt 1959 (Nachdruck) (griech.).

Wichtige Literatur: Heinz Kruse: Das Brautlied der syrischen Thomas-Akten, in: OCP 50, 1984, 291-330. G. Hoffmann: Zwei Hymnen der Thomasakten, in: ZNW 4 (1903), 273-309, insbes. 295-309.

Meine Kirche ist eine Braut, eine Tochter des Lichts.[1]
Sie erstrahlt in königlichem Glanz.
Stolz und liebreizend blickt sie drein,
Hell leuchtet ihre Schönheit.
Ihre Kleider sind wie Frühlingsblumen,

[1] Der griechische Text hat nur: »Meine Braut ist eine Tochter des Lichts.«

Von denen lieblicher, süßer Duft ausströmt. 6
Wie eine Königin hält sie ihr Haupt, 7
Das ihren ganzen Leib wie mit himmlischem Trank stärkt. 8
Auf ihrem Haupt ruht Gottes Wirklichkeit. 9
Bis in die Fußspitzen wird, wenn sie tanzt, ihre Seligkeit sichtbar. 10
Ihr Mund ist geöffnet. 11
Das steht ihr gut zu Gesicht. 12
Zweiunddreißig Sänger[2] 13
Singen Hymnen auf sie. 14
Ihre Zunge ist wie ein Vorhang. 15
Wer den Raum betritt, hebt den Vorhang in die Höhe. 16
Ihr Hals ist wie ein hoher, schlanker[3] Turm, 17
Den der Schöpfer selbst erbaut hat. 18
Mit ihren beiden Händen stellt sie 19
den Ort der Seligen[4] dar. 20
Ihre zehn Finger 21
sind die Tore der Stadt.[5] 22
Ihr Brautgemach ist hell erleuchtet. 23
Es atmet den Duft von Balsam und allerlei Wohlgerüchen. 24
Es ist voll von süßem Duft[6] 25
Von Myrrhen 26
Und Myrten. 27
Darinnen sind Blumen[7] ausgestreut und viele duftenden Blüten. 28
Die Türen[8] sind mit Schilfrohr[9] verziert. 29
Bei ihr sind all ihre Brautjungfern, 30
Alle, die sie geladen[10] hat, 13
Es sind sieben[11] an der Zahl. 32
Sie tanzen vor ihr.[12] 33

---

[2] Gemeint sind die 32 Zähne in ihrem Mund. Die gnostische Deutung auf 32 Äonen ist vom Text nicht gedeckt.

[3] Wörtlich: »mit vielen Stufen«.

[4] Syrischer Text: »den Ort des Lebens«; Handschriften im griechischen Text: »den Ort der seligen Zeiten« oder »den Chor«.

[5] Griechische Version: »zeigen auf die Tore«; syrische Version: »öffnen die Tore«.

[6] Syrische Version: »von Weihrauch« oder »ein Rauchaltar ist errichtet«.

[7] Syrische Version nach Hoffmann: »Myrtenzweige«.

[8] Griechische Version H: »die Türen der himmlischen Kirche«.

[9] Syrische Version: »mit Kalmus«.

[10] Griechische Version: »auserwählt«. – Vgl. Mt 22,10.

[11] Die Zahl 7 weist auf die sieben sogenannten Diakone von Act 6,1-6 im Unterschied zu den zwölf Aposteln, vgl. Zeile 34.

[12] Syrische Version: »spenden ihr Lobpreis«.

34 Zwölf Diener[13] hat sie, die ihren Befehlen gehorchen.[14]
35 Sie halten Ausschau nach dem Bräutigam,[15]
36 Um mit Licht erfüllt zu werden durch seinen Anblick.
37 Sie werden für immer bei ihm sein[16]
38 In der Freude, die nicht vergeht.[17]
39 Und sie werden mitfeiern bei dem Hochzeitsmahl,
40 Zu dem sich die Großen versammeln.
41 Sie werden in der Seligkeit bleiben,
42 Die alle genießen dürfen, die nicht mehr den Tod erleiden.
43 Sie werden die königlichen Gewänder anziehen
44 Und die leuchtenden Kleider[18] anlegen.
45 Braut und Bräutigam[19] werden sich freuen und jubeln und den Vater aller Dinge verherrlichen.
46 Sie haben ja sein herrliches Licht empfangen,
47 Und wurden vom Anblick ihres Herrn erleuchtet
48 Und mit seinem Himmelstrank gesättigt,
49 Der niemals versiegt.
50 Sie haben von dem Wein getrunken,
51 Der all ihren Durst und all ihr Verlangen stillt.
52 Sie verherrlichten und besangen
53 In Gemeinschaft mit dem Heiligen Geist[20]
54 Ihren himmlischen Vater und ihre Mutter, die Weisheit.[21]

---

13 Gemeint sind die zwölf Apostel.
14 Syrische Version: »die ihresgleichen zum Ziel führen«.
15 Vgl. Mt 25,1-6.
16 Vgl. Mt 25,10.
17 Syrische Version stattdessen: »und in sein Königreich gelangen, das nie vergeht«.
18 Syrische Version fügt hinzu: »ihres Herrn«.
19 Wörtlich: »beide«; nach manchen Autoren »die Sieben und die Zwölf«.
20 Griechische Version: »mit dem lebendigen Geist der Wahrheit«.
21 Syrische Version: »Preist den Vater und dem eingeborenen Sohn, und dankt dem Geist, der seine Wahrheit ist!«

ABKÜRZUNGEN

WEITERFÜHRENDE LITERATUR

SCHRIFTEN
DES NEUTESTAMENTLICHEN
KANONS

Abkürzungen

AAA	Acta Apostolorum Apocrypha, ed. M. Bonnet, 3 Bde (Nachdruck 1985-1997)
Act	Acta Apostolorum (Apostelgeschichte)
Act PaulThecl	Akten des Paulus und der Thekla
ActAndr	Andreas-Akten
ActJoh	Johannes-Akten
ActPaul	Paulus-Akten (Acta Pauli, um 150 n. Chr.)
ActPaul P Hamb	Akten des Paulus nach dem griechischen Hamburger Papyrus
ActPaul P Heid	Akten des Paulus nach dem koptischen Heidelberger Papyrus
ActPetr	Petrus-Akten
ActThom	Thomas-Akten
ÄgEv	Ägypter-Evangelium (um 140 n. Chr.)
Agr	Agrapha (1. bis 5. Jh.)
Am	Amos
Anon EvFrgm ActPauli	Anonymes Evangelium in den Acta Pauli (90 n. Chr.)
Apk	Johannes-Apokalypse
ApkAbr	Abraham-Apokalypse
ApkEl	Elia-Apokalypse
ApkMos	Mose-Apokalypse
ApkPaul	Paulus-Apokalypse
ApkPetr	Petrus-Apokalypse
ApkSedr	Sedrach-Apokalypse
Arist	Aristeasbrief
AscJes	Ascensio Jesaiae
AssMos	Asumptio Mosis
äthHen	äthiopisches Henochbuch
Barn	Barnabasbrief
Cant	Canticum (Hoheslied)
I-II Chr	1. und 2. Chronikbuch
1 Clem	Erster Klemensbrief (75 n. Chr.)
2 Clem	Zweiter Klemensbrief (75 n. Chr.)
Dan	Daniel
Did	Didache
Diogn	Diognetbrief (160 n. Chr.)
Dtjes	Deuterojesaja
Dt oder Dtn	Deuteronium (5. Buch Mose)
EbionEv	Ebioniten-Evangelium (um 140 n. Chr.)
EpAp	Epistula Apostolorum (Brief der Apostel, um 150 n. Chr.)

Eph	Epheserbrief
EpJac	Apokrypher Jakobusbrief von Nag Hammadi
EpJer	Epistula Jeremiae
EpRheg	Epistula (Brief) an Rheginus (150 n. Chr.)
III-IV Esr	3. und 4. Esrabuch
Esr	Esra
Est	Esther
Evang Mariae	Evangelium der Maria Magdalena (um 160 n. Chr.)
EvVer	Evangelium Veritatis (Das wahre Evangelium, um 150 n. Chr.)
Ex	Exodus (2. Buch Mose)
Ez	Ezechiel
Gal	Galaterbrief
Gen	Genesis (1. Buch Mose)
grBar	griechsche Baruch-Apokalypse
grHen	griechisches Henochbuch
Hab	Habakuk
Hag	Haggai
Hebr	Hebräerbrief
HebrEv	Hebräer-Evangelium (um 140 n. Chr.)
hebrHen	hebräisches Henochbuch
Herm	Hirt des Hermas
Herm mand	Hermas, mandata (Gebote)
Herm sim	Hermas, similitudines (Gleichnisse)
Herm vis	Hermas, visiones (Visionen)
Hi	Hiob
Hos	Hosea
IgnEph	Brief des Ignatius an die Epheser
IgnMagn	Brief des Ignatius an die Magnesier
IgnPhld	Brief des Ignatius an die Philadelphier
IgnPol	Brief des Ignatius an Polykarp
IgnRöm	Brief des Ignatius an die Römer
IgnSm	Brief des Ignatius an die Smyrnäer
IgnTrall	Brief des Ignatius an die Trallianer
Inter	Interpretation der Gnosis (um 150 n. Chr.)
Jak	Jakobusbrief
Jdc	Judicum (Richter)
Jdt	Judith
Jer	Jeremia
Jes	Jesaja
Joel	Joel
1-3 Joh	1., 2. und 3. Johannesbrief
Joh	Johannes(evangelium)
Jon	Jona
Jos	Josua

JosAs	Joseph und Aseneth
Jub	Jubiläenbuch
Jud	Judasbrief
Ker Petri	Kerygma Petri (um 140 n. Chr.)
KindhEvThom	Kindheitsevangelium des Thomas (griechisch, um 160 n. Chr.)
Koh	Kohelet (Prediger)
KOHipp	Kirchenordnung des Hippolyt
Kol	Kolosserbrief
kopt Frgm Straßbg	Koptisches Fragment Straßburg (75 n. Chr.)
3 Kor	Dritter Brief an die Korinther (150 n. Chr.)
I-II Kor	1. und 2. Korintherbrief
Laod	Laodizenerbrief (150 n. Chr.)
Lev	Leviticus (3. Buch Mose)
LibAnt	Liber Antiquitatum Biblicarum (Ps.-Philo)
Lk	Lukas(evangelium)
LXX	Septuaginta (Griechische Übersetzung des Alten Testaments, mit Zusätzen)
I-IV Makk	1. bis 4. Makkabäerbuch
Mal	Maleachi
MartJes	Martyrium des Jesaja
MartPol	Martyrium des Polykarp
Melito, P. Hom	Melito von Sardes, Passahomilie (um 160 n. Chr.)
Mi	Micha
Mk	Markus(evangelium)
Mt	Matthäus(evangelium)
Nah	Nahum
NazEv	Nazaräer-Evangelium (um 140 n. Chr.)
Neh	Nehemia
Num	Numeri (4. Buch Mose)
Ob	Obadja
Od Sal	Oden Salomos (um 140 n. Chr.)
OrMan	Oratio Manassis
P Cair	Papyrus Cairoensis (90 n. Chr.)
P Egert	Papyrus Egerton 2 (75 n. Chr.)
P Herm	Hirt des Hermas (120 n. Chr.)
P Herm mand	Hirt des Hermas, Mandata (Gebote)
P Herm sim	Hirt des Hermas, similitudines (Gleichnisse)
P Herm vis	Hirt des Hermas, Visionen
P 11710	Papyrus 11710 Berlin (75 n. Chr.)
P. O.	Patrologia orientalis
P Oxy 840	Papyrus Oxyrhynchos 840 (60/65 n. Chr.)
P Oxy 1224	Papyrus Oxyrhynchos 1224 (60/65 n. Chr.)
Pap	Papias
Papias-Frgm	Papias-Fragmente (um 150 n. Chr.)

1-2 Petr	1. und 2. Petrusbrief
PetrApk	Petrus-Apokalypse (griechisch, koptisch, äthiopisch)
PetrEv	Petrus-Evangelium (75 n. Chr.)
Phil	Philipperbrief
PhilEv	Philippus-Evangelium
Phlm	Philemonbrief
Polyk	Polykarpbrief
ProtEvJak	Prot-Evangelium des Jakobus (um 160 n. Chr.)
Prov	Proverbia (Sprüche)
Ps	Psalm(en)
PsSal	Psalmen Salomos
Q	Logienquelle (60/65 n. Chr.)
1 QS	Sektenregel von Qumran (Qumrantexte, dt. von Joh. Maier, UTB)
Quadr Frgm	Quadratus-Fragment (um 100 n. Chr.)
I-II Reg	1. und 2. Regum (Königsbücher)
Röm	Römerbrief
Ruth	Ruth
Sach	Sacharja
1-2 Sam	1. und 2. Buch Samuel
Sib	Sibyllinen
Sir	Jesus Sirach
slHen	slawisches Henochbuch
syrBar	syrische Baruch-Apokalypse
Tanzlied	Das Tanzlied in den Acta Iohannis
Tatian, Diat	Tatian, Diatessaron (Evangelienharmonie, 180 n. Chr.)
TestAbr	Testament Abrahams
TestAss	Testament Assers
TestBenj	Testament Benjamins
TestDan	Testament Dans
TestGad	Testament Gads
TestHiob	Testament Hiobs
TestIss	Testament Issachars
TestJos	Testament Josephs
TestJud	Testament Judas
TestLev	Testament Levis
TestNaph	Testament Naphtalis
TestRub	Testament Rubens
TestSeb	Testament Sebulons
TestSim	Testament Simeons
TestVer	Testimonium Veritatis (um 150 n. Chr.)
TestXII	Testamente der Zwölf Patriarchen
1-2 Thess	1. und 2. Thessalonicherbrief

ThEv	Thomas-Evangelium (70-80 n. Chr.)
ThomEv (griech)	griechisches Kindheitsevangelium H. Thomas
Thr	Threni (Klagelieder)
1-2 Tim	1. und 2. Timotheusbrief
Tit	Titusbrief
Tob	Tobit
Trjes	Tritojesaja
UBE	Unbekanntes koptisches Evangelium Berlin (140 n. Chr.)
VitAd	Vita Adae et Evae
Weish	Weisheit Salomos
Zeph	Zephanja
ZusDan	Zusätze zu Dan
ZusEst	Zusätze zu Esther

Weiterführende Literatur

1. Einführungen in das Neue Testament
Udo Schnelle: Einleitung in das Neue Testament, 2. A. 1996
für Textgeschichte: (Alfred Wikenhauser,) Josef Schmid, Einleitung in das Neue Testament, 1973

2. Literaturgeschichte des Urchristentums
Philipp Vielhauer: Geschichte der urchristlichen Literatur, 1975
vgl. auch Helmut Köster: Einführung in das Neue Testament, 1980

3. Theologiegeschichte des Urchristentums
Unter diesem Titel gibt es zwei gegensätzliche Darstellungen: Walter Schmithals (1994) und Klaus Berger (1994, 2. A. 1995; 3.A. in Vorb.)

4. Einzelkommentare (in der Reihenfolge dieser Ausgabe)
Vorbemerkung: Zu einer Reihe von Schriften gibt es keinen eigenen Kommentar; es finden sich aber wertvolle weiterführende Einleitungen in den beiden Bänden des Werkes von Wilhelm Schneemelcher: Neutestamentliche Apokryphen I. II, Tübingen (I: 6. A. 1990). 1989, hier abgekürzt mit [Schneemelcher],
und in den Editionen in der Reihe »Schriften des Urchristentums I-III« (Wiss. Buchgesellschaft Darmstadt), hier abgekürzt mit [Schriften I-III], sowie in den Editionen der Reihe der Nag Hammadi Studies, hier abgekürzt [NHSt]

Die Kommentare sind nur mit Verfassernamen und nicht mit vollem Titel angeführt, da unter dem betr. Namen jeweils nur ein Kommentar zu der betreffenden Schrift existiert und diese Schrift auch im Titel regelmäßig genannt wird (z. B. »Das Markus-Evangelium« etc.). Wichtige Titel wurden großenteils bei unserer Einführung schon jeweils genannt.

Der Zweite Johannesbrief (50 n. Chr.)
Kommentar: Hans-Josef Klauck

Der Dritte Johannesbrief (50 n. Chr.)
Kommentar: Hans-Josef Klauck

Paulus: Der Erste Thessalonicherbrief (50 n. Chr.)
Kommentar: Traugott Holtz

Der Zweite Thessalonicherbrief (50 n. Chr.)
Kommentar: Wolfgang Trilling

Der Erste Petrusbrief (50-55 n. Chr.)
Kommentar: Norbert Brox; Leonhard Goppelt

Der Erste Johannesbrief (55 n. Chr.)
Kommentar: Georg Strecker; Hans-Josef Klauck

Der Jakobusbrief (55 n. Chr.)
Kommentar: Hubert Frankemölle

Paulus: Der Erste Korintherbrief (55 n. Chr.)
Kommentar: Wolfgang Schrage; Helmut Merklein

Paulus: Der Zweite Korintherbrief (55/56 n. Chr.)
Kommentar: Hans Windisch

Paulus: Der Galaterbrief (56 n. Chr.)
Kommentar: Hans Dieter Betz; Franz Mußner

Paulus: Der Römerbrief (56 n. Chr.)
Kommentar: Klaus Haacker, Ulrich Wilckens

Der Hebräerbrief (56 n. Chr.)
Kommentar: Erich Gräßer; Hans-Friedrich Weiss

Paulus: Der Philipperbrief (56-58 n. Chr.)
Kommentar: Joachim Gnilka; Michael Wolter

Der Epheserbrief (60 n. Chr.)
Kommentar: Eudolf Schnakkenburg

Der Kolosserbrief (60 n. Chr.)
Kommentar: Michael Wolter; Eduard Schweizer

Der Barnabasbrief (60 n. Chr)
Kommentar: F. R. Prostmeier

Paulus: Der Philemonbrief (61 n. Chr.)
Kommentar: Peter Stuhlmacher

Die Logienquelle (60/65 n. Chr.)
Kommentar: Dieter Zeller

Papyrus Oxyrhynchos 840 (60/65 n. Chr.) [Schneemelcher]

Papyrus Oxyrhynchos 1224 (60/65 n. Chr.) [Schneemelcher]

Die Didache (60/65 n. Chr)
Kommentar: Kurt Niederwimmer

Fajjum-Fragment (60/65 n. Chr.) [Schneemelcher]

Das Evangelium nach Johannes (68/69 n. Chr.)
Kommentar: Ulrich Wilckens

Prophet Johannes: Die Offenbarung des Johannes (68/69 n. Chr.)
Kommentar: Ulrich B. Müller

Fragment Joh 7,53-8,12 (vor 70 n. Chr.)
Kommentar: (s. zum JohEv)

Das Evangelium nach Markus (vor 70 n. Chr.)
Kommentar: Eudolf Pesch; Dieter Lührmann; Joachim Gnilka

Das Evangelium nach Lukas (65-71 n. Chr.)
Kommentar: Francois Bovon

Die Apostelgeschichte (65-71 n. Chr.)
Kommentar: Rudolf Pesch

Das Evangelium nach Matthäus (71 n. Chr.)
Kommentar: Ulrich Luz

Thomas-Evangelium (kopt/griech) (70-80 n. Chr.) [Schneemelcher]

Papyrus Egerton 2 (75 n. Chr.) [Schneemelcher]

Papyrus 11710 Berlin (75 n. Chr.) [Schneemelcher]

Kopt Fragment Straßburg (75 n. Chr.) [Schneemelcher]

Sekundärer Markusschluß (75 n. Chr.)
Kommentar: (s. zum MkEv)

Das Evangelium nach Petrus (75 n. Chr.) [Schneemelcher]

Freer Logion (75 n. Chr.)
Kommentar: (s. zum MkEv) [Schneemelcher]

Der Judasbrief (75 n. Chr.)
Kommentar: Anton Vögtle; Henning Paulsen

Clemens von Rom: Der Erste Klemensbrief (75 n. Chr.)
Kommentar: Joseph A. Fischer [Schriften I]; Rudolf Knopf

Der Zweite Klemensbrief (75 n. Chr.)
Kommentar: Klaus Wengst [Schriften II]

Der Zweite Petrusbrief (75 n. Chr.)
Kommentar: Anton Vögtle; Henning Paulsen

Der Erste Timotheusbrief (75 n. Chr.)
Kommentar: Jürgen Roloff

Der Zweite Timotheusbrief (75 n. Chr.)
Kommentar: Joachim Jeremias; Martin Dibelius

Der Titusbrief (80 n. Chr.)
Kommentar: Joachim Jeremias; Martin Dibelius

Papyrus Cairoensis (90 n. Chr.) [Schneemelcher]

Apokryphes Evangelium in den Acta Pauli (90 n. Chr.)
Einleitung: Carl Schmidt, Acta Pauli, Leipzig 1904, 237ff

Quadratus-Fragment (um 100 n. Chr.)
Kommentar: Joseph A. Fischer [Schriften I]

Das Buch Elchesai (um 110 n. Chr.)
Einleitung: G. P. Luttikhuizen: The Revelation of Elchasai, 1985

Ignatius von Antiochien: 7 Briefe (117 n. Chr.)
Kommentar: Walter Bauer/Henning Paulsen; Joseph A. Fischer [Schriften I]

Hermas: Der Hirt des Hermas (120 n. Chr.)
Kommentar: Norbert Brox, vgl. [Schriften III]

Polykarp von Smyrna: 2 Briefe an die Philipper (130 n. Chr.)
Kommentar: Joseph A. Fischer [Schriften I]

Das Geheime Markus-Evangelium (130 n. Chr.) [Schneemelcher]

Unbekanntes Berliner Evangelium (140 n. Chr.)

Oden Salomos (140 n. Chr.)
Kommentar: Michael Lattke

Kerygma Petri (140 n. Chr.) [Schneemelcher]

Hebräer-Evangelium (140 n. Chr.) [Schneemelcher]

Nazareer-Evangelium (140 n. Chr.) [Schneemelcher]

Ebioniten-Evangelium (140 n. Chr.) [Schneemelcher]

Ägypter-Evangelium (140 n. Chr.) [Schneemelcher]

Epistula Apostolorum (150 n. Chr.) [Schneemelcher]

Testimonium Veritatis (150 n. Chr.) [NHSt]

Interpretation der Gnosis (150 n. Chr.) [NHSt]

Brief an Rheginus (150 n. Chr.) [NHSt]
Kommentar: Malcolm Lee Peel: Gnosis und Auferstehung, 1974

Evangelium Veritatis (150 n. Chr.) [NHSt]

Papias-Fragmente (150 n. Chr.)

Evangelium des Philippus (150 n. Chr.)
Kommentar: Jacques E. Ménard

Die Agrapha (1. bis 5. Jahrh.)
Einleitung: William Morrice, Hidden Sayings of Jesus, 1997

Die Apokalypse Petri (150 n. Chr.) [Schneemelcher] [NHSt]

Der Brief an die Laodicener (150 n. Chr.) [Schneemelcher]
Der Dritte Brief an die Korinther (150 n. Chr.) [Schneemelcher]
Akten des Paulus (150 n. Chr.) [Schneemelcher]
Apokalypse des Paulus (kopt) (150 n. Chr.) [NHSt] und [Schneemelcher]
Akten des Petrus (150 n. Chr.) [Schneemelcher]
Der Diognetbrief (160 n. Chr.)
Kommentar: Klaus Wengst [Schriften II]
Melito von Sardes: Passahhomilie (160 n. Chr.)
Kommentar: Josef Blank (erste deutsche Übersetzung); Othmar Perler (Edition)
Prot-Evangelium des Jakobus (160 n. Chr.) [Schneemelcher]
Kindheitsevangelium des Thomas (160 n. Chr.) [Schneemelcher]
Evangelium der Maria (160 n. Chr.)
Einleitung: Walter Till: Die gnostischen Schriften des koptischen Papyrus Berolinensis 8502, Berlin 1972
Markionitische Prologe zu Paulus (180 n. Chr.)
Tatian, Evangelienharmonie (180 n. Chr.)
Frühe christliche Interpolationen in frühjüdischen Schriften (2. Jh n. Chr.)
Das Tanzlied in den Acta Iohannis (vor 200 n. Chr.)
Zwei alte Christushymnen (vor 200 n. Chr.)

Schriften des neutestamentlichen Kanons

Das Evangelium nach Matthäus (S. 569)
Das Evangelium nach Markus (S. 390)
Das Evangelium nach Lukas (S. 435)
Das Evangelium nach Johannes (S. 313)

Die Apostelgeschichte (S. 506)

Der Römerbrief (S. 148)
Der Ertste Korintherbrief (S. 82)
Der Zweite Korintherbrief (S. 113)
Der Galaterbrief (S. 134)
Der Epheserbrief (S. 212)
Der Philipperbrief (S. 205)
Der Kolosserbrief (S. 222)
Der Erste Thessalonicherbrief (S. 40)
Der Zweite Thessalonicherbrief (S. 48)
Der Erste Timotheusbrief (S. 734)
Der Zweite Timotheusbrief (S. 753)
Der Titusbrief (S. 760)
Der Philemonbrief (S. 264)

Der Hebräerbrief (S. 182)

Der Jakobusbrief (S. 73)
Der Erste Petrusbrief (S. 53)
Der Zweite Petrusbrief (S. 737)
Der Erste Johannesbrief (S. 63)
Der Zweite Johannesbrief (S. 35)
Der Dritte Johannesbrief (S. 38)
Der Judasbrief (S. 682)

Die Offenbarung des Johannes (S. 360)